Amico Lettore

SPEIRS

*Questo volume rappresenta
la 35 esima edizione
della Guida Michelin Italia.*

*La sua selezione di alberghi e ristoranti,
realizzata in assoluta indipendenza,
è il risultato
delle indagini dei suoi ispettori,
che completano
le vostre preziose informazioni e giudizi.*

*I colori, introdotti quest'anno nella Guida,
costituiscono un nuovo passo avanti
verso la chiarezza e una gradevole
presentazione delle informazioni.*

*Desiderosa di mantenersi sempre aggiornata
per fornire un buon servizio,
la Guida sta già preparando
la sua prossima edizione.*

*Soltanto la Guida dell'anno merita perciò
la vostra fiducia. Pensate a rinnovarla...*

Buon viaggio con Michelin

D0236374

La scelta
di un albergo, di un ristorante

Questa guida Vi propone una selezione di alberghi e ristoranti stabilita ad uso dell'automobilista di passaggio. Gli esercizi, classificati in base al confort che offrono, vengono citati in ordine di preferenza per ogni categoria.

CATEGORIE

🏰🏰	Gran lusso e tradizione	💥💥💥💥💥
🏰🏰	Gran confort	💥💥💥💥
🏰	Molto confortevole	💥💥💥
🏰	Di buon confort	💥💥
🏠	Abbastanza confortevole	💥
⌂	Semplice, ma conveniente	
senza rist	L'albergo non ha ristorante	
	Il ristorante dispone di camere	con cam

AMENITÀ E TRANQUILLITÀ

Alcuni esercizi sono evidenziati nella guida dai simboli rossi indicati qui di seguito. Il soggiorno in questi alberghi dovrebbe rivelarsi particolarmente ameno o riposante.
Ciò può dipendere sia dalle caratteristiche dell'edifico, dalle decorazioni non comuni, dalla sua posizione e dal servizio offerto, sia dalla tranquillità dei luoghi.

🏰🏰 a 🏠	Alberghi ameni
💥💥💥💥💥 a 💥	Ristoranti ameni
«Parcofiorito»	Un particolare piacevole
🐿	Albergo molto tranquillo o isolato e tranquillo
🐿	Albergo tranquillo
← mare	Vista eccezionale
←	Vista interessante o estesa

Le località che possiedono degli esercizi ameni o tranquilli sono riportate sulle carte da pagina 44 a 53 e 681.
Consultatele per la preparazione dei Vostri viaggi e, al ritorno, inviateci i Vostri pareri; in tal modo agevolerete le nostre inchieste.

La tavola

LE STELLE

Alcuni esercizi meritano di essere segnalati alla Vostra attenzione per la qualità tutta particolare della loro cucina. Noi li evidenziamo con le « **stelle di ottima tavola** ».

Per questi ristoranti indichiamo tre specialità culinarie e alcuni vini locali che potranno aiutarVi nella scelta.

❀❀❀ | **Una delle migliori tavole, vale il viaggio**
Tavola meravigliosa, grandi vini, servizio impeccabile, ambientazione accurata... Prezzi conformi.

❀❀ | **Tavola eccellente, merita una deviazione**
Specialità e vini scelti... AspettateVi una spesa in proporzione.

❀ | **Un'ottima tavola nella sua categoria**
La stella indica una tappa gastronomica sul Vostro itinerario.
Non mettete però a confronto la stella di un esercizio di lusso, dai prezzi elevati, con quella di un piccolo esercizio dove, a prezzi ragionevoli, viene offerta una cucina di qualità.

PASTI ACCURATI A PREZZI CONTENUTI

Talvolta desiderate trovare delle tavole più semplici a prezzi contenuti. Per questo motivo abbiamo selezionato dei ristoranti che, per un rapporto qualità-prezzo particolarmente favorevole, offrono un pasto accurato spesso a carattere tipicamente regionale. Questi ristoranti sono evidenziati nel testo con la sigla **Pas**, evidenziata in rosso, davanti ai prezzi dei menu, es **Pas** 20/25000.

*Consultate le carte delle località con stelle e con **Pas** (pagine 44 a 53).*

I vini e le vivande : vedere p. 42 e 43

7

I prezzi

I prezzi che indichiamo in questa guida sono stati stabiliti nell'estate 1989. Potranno pertanto subire delle variazioni in relazione ai cambiamenti dei prezzi di beni e servizi. Essi s'intendono comprensivi di tasse e servizio (salvo specifica indicazione es. 15 %).

Gli alberghi e i ristoranti vengono menzionati in carattere grassetto quando gli albergatori ci hanno comunicato tutti i loro prezzi e si sono impegnati, **sotto la propria responsabilità,** ad applicarli ai turisti di passaggio, in possesso della nostra guida.

Entrate nell'albergo o nel ristorante con la guida alla mano, dimostrando in tal modo la fiducia in chi Vi ha indirizzato.

I prezzi sono indicati in lire, o in franchi svizzeri per le località del Cantone Ticino.

PASTI

➜	Esercizio che presenta un pasto semplice per meno di 20000 (bevande escluse)
Pas 15/20000	**Menu a prezzo fisso ;** minimo 15000, massimo 20000
bc	Bevanda compresa
Pas carta 20/25000	**Pasto alla carta** – Il primo prezzo corrisponde ad un pasto semplice comprendente : antipasto, piatto del giorno e dessert. Il secondo prezzo corrisponde ad un pasto più completo (con specialità) comprendente : due piatti, formaggio e dessert.
☕ 7000	Prezzo della prima colazione (supplemento eventuale se servita in camera)
	In assenza di menu o di carta, i piatti del giorno sono proposti a voce

CAMERE

cam 25/40000	Prezzo minimo 25 000 per una camera singola e prezzo massimo 40000 per una camera per due persone
cam ☕ 30/50000	Prezzo della camera compresa la prima colazione
▤ 5000	Supplemento per l'aria condizionata

MEZZA PENSIONE

1/2 P 90/110000	Prezzo minimo e massimo della mezza pensione per persona per giorno, in alta stagione. La maggior parte degli alberghi pratica anche, su richiesta, la pensione completa. È comunque consigliabile prendere accordi preventivi con l'albergatore per stabilire le condizioni definitive.

LA CAPARRA – CARTE DI CREDITO

Alcuni albergatori chiedono il versamento di una caparra. Si tratta di un deposito-garanzia che impegna tanto l'albergatore che il cliente. Vi raccomandiamo di farVi precisare le norme riguardanti la reciproca garanzia di tale caparra.

AE ⑤ ⓞ Ɛ VISA | Carte di credito accettate dall'esercizio

Le cittá

20100	Codice di Avviamento Postale
✉ 28042 Baveno	Numero di codice e sede dell'Ufficio Postale
✆ 0371	Prefisso telefonico interurbano. Dall' estero non formare lo O
P	Capoluogo di Provincia
Piacenza	Provincia alla quale la località appartiene
988 ②	Numero della carta Michelin e numero della piega
108 872 ab	Popolazione residente al 31-12-1988
alt. 175	Altitudine
Stazione termale } Sport invernali }	Genere della stazione
1500/2000	Altitudine della località e altitudine massima raggiungibile con le risalite meccaniche
⛷ 3	Numero di funivie o cabinovie
⛷ 7	Numero di sciovie e seggiovie
⛷	Sci di fondo
a.s. luglio-settembre	Periodo di alta stagione
EX A	Lettere indicanti l'ubicazione sulla pianta
⛳ 18	Golf e numero di buche
❋ ≼	Panorama, vista
✈	Aeroporto
🚗	Località con servizio auto su treno. Informarsi al numero di telefono indicato
⛴	Trasporti marittimi
⛴	Trasporti marittimi (solo passeggeri)
🛈	Ufficio informazioni turistiche
A.C.I.	Automobile Club d'Italia

Le curiosità

GRADO DI INTERESSE

★★★	Vale il viaggio
★★	Merita una deviazione
★	Interessante

UBICAZIONE

Vedere	Nella città
Dintorni	Nei dintorni della città
Escursioni	Nella regione
N, S, E, O	La curiosità è situata : a Nord, a Sud, a Est, a Ovest
per ② o ④	Ci si va dall'uscita ② o ④ indicata con lo stesso segno sulla pianta
6 km	Distanza chilometrica
—	I musei sono generalmente chiusi il lunedì

Le piante

Curiosità

Edificio interessante ed entrata principale

Costruzione religiosa interessante :
  Cattedrale, chiesa o cappella

Viabilità

Autostrada, strada a carreggiate separate
  svincolo : completo, parziale,

Grande via di circolazione

Senso unico – Via impraticabile

Via pedonale – Tranvia

Pasteur   P   P   Via commerciale – Parcheggio

Porta – Sottopassaggio – Galleria

Stazione e ferrovia

Funicolare – Funivia, Cabinovia

Ponte mobile – Battello per auto

Simboli vari

Ufficio informazioni turistiche

Moschea – Sinagoga

Torre – Ruderi – Mulino a vento

Giardino, parco, bosco – Cimitero – Calvario

Stadio – Golf – Ippodromo

Piscina : all'aperto, coperta

Vista – Panorama

Monumento – Fontana – Centro commerciale

Porto per imbarcazioni da diporto – Faro

Aeroporto – Stazione della Metropolitana – Autostazione

Trasporto con traghetto :
  passeggeri ed autovetture, solo passeggeri

(3)   Simbolo di riferimento comune alle piante ed alle carte
Michelin particolareggiate

Ufficio centrale di fermo posta – Telefono

Ospedale – Mercato coperto

Edificio pubblico indicato con lettera :

P   H   Prefettura – Municipio

J   Palazzo di Giustizia

M   T   Museo – Teatro

U   Università, grande scuola

POL.   Polizia (Questura, nelle grandi città)

A.C.I.   Automobile Club d'Italia

Le piante topografiche sono orientate col Nord in alto.

Ami lecteur

Le présent volume représente la 35 e édition
du Guide Michelin Italia.

Réalisée en toute indépendance,
sa sélection d'hôtels et de restaurants
est le fruit des recherches de ses inspecteurs,
que complètent
vos précieux courriers et commentaires.

La couleur, introduite cette année
dans l'ensemble de l'ouvrage,
est un nouveau pas vers la clarté
et l'agrément de son information.

Soucieux d'actualité et de service,
le Guide prépare déjà sa prochaine édition.

Seul le Guide de l'année
mérite ainsi votre confiance.
Pensez à le renouveler...

Bon voyage avec Michelin

Sommaire

Le choix
d'un hôtel, d'un restaurant

Ce guide vous propose une sélection d'hôtels et restaurants établie à l'usage de l'automobiliste de passage. Les établissements, classés selon leur confort, sont cités par ordre de préférence dans chaque catégorie.

CATÉGORIES

🏰	Grand luxe et tradition	XXXXX
🏨	Grand confort	XXXX
🏛	Très confortable	XXX
🏠	De bon confort	XX
🏠	Assez confortable	X
🏠	Simple mais convenable	
senza rist	L'hôtel n'a pas de restaurant	
	Le restaurant possède des chambres	con cam

AGRÉMENT ET TRANQUILLITÉ

Certains établissements se distinguent dans le guide par les symboles rouges indiqués ci-après. Le séjour dans ces hôtels se révèle particulièrement agréable ou reposant.
Cela peut tenir d'une part au caractère de l'édifice, au décor original, au site, à l'accueil et aux services qui sont proposés, d'autre part à la tranquillité des lieux.

🏰 à 🏠	Hôtels agréables
XXXXX à X	Restaurants agréables
« Parcofiorito »	Élément particulièrement agréable
🏖	Hôtel très tranquille ou isolé et tranquille
🏖	Hôtel tranquille
⤎ mare	Vue exceptionnelle
⤎	Vue intéressante ou étendue.

Les localités possédant des établissements agréables ou tranquilles sont repérées sur les cartes pages 44 à 53 et 681.
Consultez-les pour la préparation de vos voyages et donnez-nous vos appréciations à votre retour, vous faciliterez ainsi nos enquêtes.

L'installation

Les chambres des hôtels que nous recommandons possèdent, en général, des installations sanitaires complètes. Il est toutefois possible que dans les catégories 🏨, 🏠 et 🟰, certaines chambres en soient dépourvues.

30 cam	Nombre de chambres
🛗	Ascenseur
🗔	Air conditionné
📺	Télévision dans la chambre
✎	Établissement en partie réservé aux non-fumeurs
☎	Téléphone dans la chambre relié par standard
☎	Téléphone dans la chambre, direct avec l'extérieur
♿	Chambres accessibles aux handicapés physiques
🏕	Repas servis au jardin ou en terrasse
🛁	Cure thermale
🏊 🏊	Piscine : de plein air ou couverte
🏖 🌳	Plage aménagée – Jardin de repos
🎾 ⛳18	Tennis à l'hôtel – Golf et nombre de trous
🏛 25 a 150	Salles de conférences : capacité des salles
🚗	Garage gratuit (une nuit) aux porteurs du Guide de l'année
🚗	Garage payant
🅿	Parking réservé à la clientèle
🚫	Accès interdit aux chiens (dans tout ou partie de l'établissement)
Fax	Transmission de documents par télécopie
20 aprile-5 ottobre	Période d'ouverture, communiquée par l'hôtelier
stagionale	Ouverture probable en saison mais dates non précisées. En l'absence de mention, l'établissement est ouvert toute l'année.

La table

LES ÉTOILES

Certains établissements méritent d'être signalés à votre attention pour la qualité de leur cuisine. Nous les distinguons par **les étoiles de bonne table.**

Nous indiquons, pour ces établissements, trois spécialités culinaires et des vins locaux qui pourront orienter votre choix.

❀❀❀ | **Une des meilleures tables, vaut le voyage**
Table merveilleuse, grands vins, service impeccable, cadre élégant... Prix en conséquence.

❀❀ | **Table excellente, mérite un détour**
Spécialités et vins de choix... Attendez-vous à une dépense en rapport.

❀ | **Une très bonne table dans sa catégorie**
L'étoile marque une bonne étape sur votre itinéraire.
Mais ne comparez pas l'étoile d'un établissement de luxe à prix élevés avec celle d'une petite maison où à prix raisonnables, on sert également une cuisine de qualité.

REPAS SOIGNÉS A PRIX MODÉRÉS

Vous souhaitez parfois trouver des tables plus simples, à prix modérés ; c'est pourquoi nous avons sélectionné des restaurants proposant, pour un rapport qualité-prix particulièrement favorable, un repas soigné, souvent de type régional. Ces restaurants sont signalés par les lettres **Pas** en rouge. Ex. **Pas** 20/25000.

Consultez les cartes des localités (étoiles de bonne table *et* **Pas**) *pages 44 à 53.*

Les vins et les mets : voir p. 42 et 43

17

Les prix

Les prix que nous indiquons dans ce guide ont été établis en été 1989. Ils sont susceptibles de modifications, notamment en cas de variations des prix des biens et services. Ils s'entendent taxes et services compris (sauf indication spéciale, ex. 15 %).

Les hôtels et restaurants figurent en gros caractères lorsque les hôteliers nous ont donné tous leurs prix et se sont engagés, **sous leur propre responsabilité,** à les appliquer aux touristes de passage porteurs de notre guide.

Entrez à l'hôtel le Guide à la main, vous montrerez ainsi qu'il vous conduit là en confiance.

Les prix sont indiqués en francs suisses pour les localités helvétiques (Cantone Ticino).

REPAS

◄	Etablissement proposant un repas simple à moins de 20000 (sans boisson)
Pas 15/20000	**Menus à prix fixe ;** minimum 15000 maximum 20000
bc	Boisson comprise
Pas carta 20/25000	**Repas à la carte** – Le premier prix correspond à un repas normal comprenant : hors-d'œuvre, plat du jour et dessert. Le 2e prix concerne un repas plus complet (avec spécialité) comprenant : deux plats, fromage et dessert.
⌣ 7 000	Prix du petit déjeuner (supplément éventuel si servi en chambre).
	En l'absence de menu et de carte, les plats du jour sont proposés verbalement

CHAMBRES

cam 25/40000	Prix minimum 25000 pour une chambre d'une personne prix maximum 40000 pour une chambre de deux personnes.
cam ⌣ 30/50000	Prix des chambres petit déjeuner compris
▤ 5000	Supplément pour l'air conditionné

DEMI-PENSION

1/2 P 90/110000	Prix minimum et maximum de la demi-pension par personne et par jour, en saison. La plupart des hôtels saisonniers pratiquent également, sur demande, la pension complète. Dans tous les cas, il est indispensable de s'entendre par avance avec l'hôtelier pour conclure un arrangement définitif.

LES ARRHES – CARTES DE CRÉDIT

Certains hôteliers demandent le versement d'arrhes. Il s'agit d'un dépôt-garantie qui engage l'hôtelier comme le client. Bien faire préciser les dispositions de cette garantie.

AE S ① E VISA | Cartes de crédit acceptées par l'établissement

Les villes

20100	Numéro de code postal
⊠ **28042** Baveno	Numéro de code postal et nom du bureau distributeur du courrier
✆ 0371	Indicatif téléphonique interurbain (de l'étranger ne pas composer le zéro)
P	Capitale de Province
Piacenza	Province à laquelle la localité appartient
988 ②	Numéro de la Carte Michelin et numéro du pli
108 872 ab	Population résidente au 31-12-1988
alt. 175	Altitude de la localité
Stazione termale	Station thermale
Sport invernali	Sports d'hiver
1500/2000 m	Altitude de la station et altitude maximum atteinte par les remontées mécaniques
⛷ 3	Nombre de téléphériques ou télécabines
🎿 7	Nombre de remonte-pentes et télésièges
🎿	Ski de fond
a.s. luglio-settembre	Période de haute saison
EX A	Lettres repérant un emplacement sur le plan
⛳	Golf et nombre de trous
☀ ≤	Panorama, point de vue
✈	Aéroport
🚗	Localité desservie par train-auto. Renseignements au numéro de téléphone indiqué
⛴	Transports maritimes
⛴	Transports maritimes pour passagers seulement
🛈	Information touristique
A.C.I.	Automobile Club d'Italie

Les curiosités

INTÉRÊT

★★★	Vaut le voyage
★★	Mérite un détour
★	Intéressant

SITUATION

Vedere	Dans la ville
Dintorni	Aux environs de la ville
Escursioni	Excursions dans la ville
N, S, E, O	La curiosité est située : au Nord, au Sud, à l'Est, à l'Ouest
per ① o ④	On s'y rend par la sortie ① ou ④ repérée par le même signe sur le plan du Guide et sur la carte
6 km	Distance en kilomètres
	Les musées sont généralement fermés le lundi

Les plans

Hôtels
Restaurants

Curiosités

Bâtiment intéressant et entrée principale
Édifice religieux intéressant :
  Cathédrale, église ou chapelle

Voirie

Autoroute, route à chaussées séparées
  échangeur : complet, partiel
Grande voie de circulation
Sens unique – Rue impraticable
Rue piétonne – Tramway
Pasteur Rue commerçante – Parc de stationnement
Porte – Passage sous voûte – Tunnel
Gare et voie ferrée
Funiculaire – Téléphérique, télécabine
Pont mobile – Bac pour autos

Signes divers

Information touristique
Mosquée – Synagogue
Tour – Ruines – Moulin à vent
Jardin, parc, bois – Cimetière – Calvaire
Stade – Golf – Hippodrome
Piscine de plein air, couverte
Vue – Panorama
Monument – Fontaine – Centre commercial
Port de plaisance – Phare
Aéroport – Station de métro – Gare routière
Transport par bateau :
  passagers et voitures, passagers seulement
Repère commun aux plans et aux cartes Michelin
détaillées
Bureau principal de poste restante – Téléphone
Hôpital – Marché couvert
Bâtiment public repéré par une lettre :
P   H   Préfecture – Hôtel de ville
   J   Palais de justice
M   T   Musée – Théâtre
   U   Université, grande école
  POL.   Police (commissariat central)
A.C.I. Automobile Club

Les plans de villes sont disposés le Nord en haut.

Lieber Leser

*Der Rote Michelin-Führer Italia
liegt nun schon in der
35. Ausgabe vor.
Er bringt eine
in voller Unabhängigkeit getroffene,
bewußt begrenzte Auswahl
an Hotels und Restaurants.
Sie basiert auf den regelmäßigen
Überprüfungen durch unsere Inspektoren,
komplettiert durch die zahlreichen
Zuschriften und Erfahrungsberichte
unserer Leser.*

*Die in diesem Jahr eingeführte
farbige Gestaltung des Führers
ist ein weiterer Schritt
in unserem Bemühen um
Modernisierung und Aktualisierung.*

*Wir sind stets um die Aktualität
unserer Informationen bemüht
und bereiten schon jetzt
den Führer des nächsten Jahres vor.
Nur die neueste Ausgabe
ist wirklich zuverlässig —
denken Sie bitte daran,
wenn der nächste
Rote Michelin-Führer erscheint.*

Gute Reise mit Michelin !

Inhaltsverzeichnis

Wahl
eines Hotels, eines Restaurants

Die Auswahl der in diesem Führer aufgeführten Hotels und Restaurants ist für Durchreisende gedacht. In jeder Kategorie drückt die Reihenfolge der Betriebe (sie sind nach ihrem Komfort klassifiziert) eine weitere Rangordnung aus.

KATEGORIEN

🏨	Großer Luxus und Tradition	XXXXX
🏨	Großer Komfort	XXXX
🏨	Sehr komfortabel	XXX
🏨	Mit gutem Komfort	XX
🏠	Mit ausreichendem Komfort	X
🏡	Bürgerlich	
senza rist	Hotel ohne Restaurant	
	Restaurant vermietet auch Zimmer	con cam

ANNEHMLICHKEITEN

Manche Häuser sind im Führer durch rote Symbole gekennzeichnet (s. unten.) Der Aufenthalt in diesen Hotels ist wegen der schönen, ruhigen Lage, der nicht alltäglichen Einrichtung und Atmosphäre und dem gebotenen Service besonders angenehm und erholsam.

🏨 bis 🏡	Angenehme Hotels
XXXXX bis X	Angenehme Restaurants
« Parcofiorito»	Besondere Annehmlichkeit
🦢	Sehr ruhiges, oder abgelegenes und ruhiges Hotel
🦢	Ruhiges Hotel
≤ mare	Reizvolle Aussicht
≤	Interessante oder weite Sicht

Die Übersichtskarten S. 44 bis 53 und 681, auf denen die Orte mit besonders angenehmen oder ruhigen Häusern eingezeichnet sind, helfen Ihnen bei der Reisevorbereitung. Teilen Sie uns bitte nach der Reise Ihre Erfahrungen und Meinungen mit. Sie helfen uns damit, den Führer weiter zu verbessern.

Einrichtung

Die meisten der empfohlenen Hotels verfügen über Zimmer, die alle oder doch zum größten Teil mit einer Naßzelle ausgestattet sind. In den Häusern der Kategorien 🏠, 🏡 und 🌳 kann diese jedoch in einigen Zimmern fehlen.

30 cam	Anzahl der Zimmer
🛗	Fahrstuhl
🗔	Klimaanlage
TV	Fernsehen im Zimmer
🍽	Haus teilweise reserviert für Nichtraucher
☏	Zimmertelefon mit Außenverbindung über Telefonzentrale
☎	Zimmertelefon mit direkter Außenverbindung
♿	Für Körperbehinderte leicht zugängliche Zimmer
🍴	Garten-, Terrassenrestaurant
♨	Thermal-kur
⤢ ⊠	Freibad, Hallenbad
🏖 ⊸	Strandbad – Liegewiese, Garten
% 🏌	Hoteleigener Tennisplatz – Golfplatz und Lochzahl
🏛 25 a 150	Konferenzräume (Mindest- und Höchstkapazität)
🚗	Garage kostenlos (nur für eine Nacht) für die Besitzer des Michelin-Führers des laufenden Jahres
🚙	Garage wird berechnet
Ⓟ	Parkplatz reserviert für Gäste
🐕	Hunde sind unerwünscht (im ganzen Haus bzw. in den Zimmern oder im Restaurant)
Fax	Telefonische Dokumentenübermittlung
20 aprile-5 ottobre	Öffnungszeit, vom Hotelier mitgeteilt
stagionale	Unbestimmte Öffnungszeit eines Saisonhotels. Häuser ohne Angabe von Schließungszeiten sind ganzjährig geöffnet.

Küche

DIE STERNE

Einige Häuser verdienen wegen ihrer überdurchschnittlich guten Küche Ihre besondere Beachtung. Auf diese Häuser weisen die Sterne hin.

Bei den mit « **Stern** » ausgezeichneten Betrieben nennen wir drei kulinarische Spezialitäten und regionale Weine, die Sie probieren sollten.

❀❀❀ | **Eine der besten Küchen : eine Reise wert**
Ein denkwürdiges Essen, edle Weine, tadelloser Service, gepflegte Atmosphäre ... entsprechende Preise.

❀❀ | **Eine hervorragende Küche : verdient einen Umweg**
Ausgesuchte Menus und Weine ... angemessene Preise.

❀ | **Eine sehr gute Küche : verdient Ihre besondere Beachtung**
Der Stern bedeutet eine angenehme Unterbrechung Ihrer Reise. Vergleichen Sie aber bitte nicht den Stern eines sehr teuren Luxusrestaurants mit dem Stern eines kleineren oder mittleren Hauses, wo man Ihnen zu einem annehmbaren Preis eine ebenfalls vorzügliche Mahlzeit reicht.

SORGFÄLTIG ZUBEREITETE, PREISWERTE MAHLZEITEN

Für Sie wird es interessant sein, auch solche Häuser kennenzulernen, die eine sehr gute, vorzugsweise regionale Küche zu einem besonders günstigen Preis/Leistungs-Verhältnis bieten. Im Text sind die betreffenden Restaurants durch die roten Buchstaben **Pas** vor dem Menupreis kenntlich gemacht, z. B. **Pas** 20/25000.

Siehe Karten der Orte mit « Stern » und **Pas** *S. 44 bis S. 53.*

Welcher Wein zu welchem Gericht : siehe S. 42 und 43

Preise

Die in diesem Führer genannten Preise wurden uns im Sommer 1989 angegeben. Sie können sich mit den Preisen von Waren und Dienstleistungen ändern. Sie enthalten Bedienung und MWSt. (wenn kein besonderer Hinweis gegeben wird, z B 15 %)

Die Namen der Hotels und Restaurants, die ihre Preise genannt haben, sind fett gedruckt. Gleichzeitig haben sich diese Häuser verpflichtet, die von den Hoteliers selbst angegebenen Preise den Benutzern des Michelin-Führers zu berechnen.

Halten Sie beim Betreten des Hotels den Führer in der Hand. Sie zeigen damit, daß Sie aufgrund dieser Empfehlung gekommen sind.

Die Preise sind für die Schweizer Orte (Kanton Tessin) in Schweizer Franken angegeben.

MAHLZEITEN

→ Pas 15/20000	Mahlzeiten unter 20000 (ohne Getränke) **Feste Menupreise :** Mindestpreis 15000, Höchstpreis 20000
bc	Getränke inbegriffen
Pas carta 20/25000	**Mahlzeiten « à la carte »** – Der erste Preis entspricht einer einfachen Mahlzeit und umfaßt Vorspeise, Hauptgericht, Dessert. Der zweite Preis entspricht einer reichlicheren Mahlzeit (mit Spezialität) bestehend aus : zwei Hauptgängen, Käse, Dessert
⌷ 7000	Preis des Frühstücks (wenn es im Zimmer serviert wird kann ein Zuschlag erhoben werden) Falls weder eine Menu- noch eine « à la carte » – Karte vorhanden ist, wird das Tagesgericht mündlich angeboten

ZIMMER

cam 25/40000	Mindestpreis 25000 für ein Einzelzimmer, Höchstpreis 40000 für ein Doppelzimmer
cam ⌷ 30/50000	Zimmerpreis inkl. Frühstück
▤ 5000	Zuschlag für Klimaanlage

HALBPENSION

1/2 P 90/110000	Mindestpreis und Höchstpreis für Halbpension pro Person und Tag während der Hauptsaison Es ist ratsam, sich beim Hotelier vor der Anreise nach den genauen Bedingungen zu erkundigen In den meisten Hotels können Sie auf Anfrage auch Vollpension erhalten. Auf jeden Fall sollten Sie den Endpreis mit dem Hotelier vereinbaren

ANZAHLUNG – KREDITKARTEN

Einige Hoteliers verlangen eine Anzahlung. Diese ist als Garantie sowohl für den Hotelier als auch für den Gast anzusehen.
Es ist ratsam, sich beim Hotelier nach den genauen Bestimmungen zu erkundigen.

AE 〔S〕 ⓪ E 𝘝𝘐𝘚𝘈 I Vom Haus akzeptierte Kreditkarten

Städte

20100	Postleitzahl
✉ 28042 Baveno	Postleitzahl und Name des Verteilerpostamtes
✆ 0371	Vorwahlnummer (bei Gesprächen vom Ausland wird die erste Null weggelassen)
P	Provinzhauptstadt
Piacenza	Provinz, in der der Ort liegt
988 ②	Nummer der Michelin-Karte und Faltseite
108872 ab	Einwohnerzahl (Volkszählung vom 31.12.1988)
alt. 175	Höhe
Stazione termale	Thermalbad
Sport invernali	Wintersport
1500/2000 m	Höhe des Wintersportortes und Maximal-Höhe, die mit Kabinenbahn oder Lift erreicht werden kann
🚠 3	Anzahl der Kabinenbahnen
🚡 7	Anzahl der Schlepp- oder Sessellifts
🎿	Langlaufloipen
a. s. luglio-settembre	Hauptsaison von ... bis ...
EX A	Markierung auf dem Stadtplan
⛳ 18	Golfplatz und Lochzahl
✳ ≼	Rundblick – Aussichtspunkt
✈	Flughafen
🚗	Ladestelle für Autoreisezüge – Nähere Auskunft unter der angegebenen Telefonnummer
⛴	Autofähre
⛵	Personenfähre
🛈	Informationsstelle
A.C.I.	Automobilclub von Italien

Sehenswürdigkeiten

BEWERTUNG

★★★	Eine Reise wert
★★	Verdient einen Umweg
★	Sehenswert

LAGE

Vedere	In der Stadt
Dintorni	In der Umgebung der Stadt
Escursioni	Ausflugsziele
N, S, E, O	Im Norden (N), Süden (S), Osten (E), Westen (O) der Stadt
per ① o ④	Zu erreichen über die Ausfallstraße ① bzw. ④, die auf dem Stadtplan und auf der Michelin-Karte identisch gekennzeichnet sind
6 km	Entfernung in Kilometern
	Museen sind im allgemeinen montags geschlossen.

Stadtpläne

- Hotels
- Restaurants

Sehenswürdigkeiten

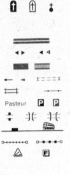

Sehenswertes Gebäude mit Haupteingang

Sehenswerter Sakralbau
  Kathedrale, Kirche oder Kapelle

Straßen

Autobahn, Schnellstraße
  Anschlußstelle : Autobahneinfahrt und/oder-ausfahrt,

Hauptverkehrsstraße

Einbahnstraße – nicht befahrbare Straße

Fußgängerzone – Straßenbahn

Pasteur   Einkaufsstraße – Parkplatz

Tor – Passage – Tunnel

Bahnhof und Bahnlinie

Standseilbahn – Seilschwebebahn

Bewegliche Brücke – Autofähre

Sonstige Zeichen

Informationsstelle

Moschee – Synagoge

Turm – Ruine – Windmühle

Garten, Park, Wäldchen – Friedhof – Bildstock

Stadion – Golfplatz – Pferderennbahn

Freibad – Hallenbad

Aussicht – Rundblick

Denkmal – Brunnen – Einkaufszentrum

Jachthafen – Leuchtturm

Flughafen – U-Bahnstation – Autobusbahnhof

Schiffsverbindungen :
  Autofähre – Personenfähre

Straßenkennzeichnung (identisch auf Michelin – Stadt-
plänen und – Abschnittskarten)

Hauptpostamt (postlagernde Sendungen) – Telefon

Krankenhaus – Markthalle

Öffentliches Gebäude, durch einen Buchstaben
gekennzeichnet :

P   H   Präfektur – Rathaus

    J   Gerichtsgebäude

M   T   Museum – Theater

    U   Universität, Hochschule

  POL.   Polizei (in größeren Städten Polizeipräsidium)

A.C.I.   Automobilclub von Italien

Die Stadtpläne sind eingenordet (Norden = oben).

Dear Reader

The present volume is the 35th edition
of the Michelin Guide Italia.

The unbiased and independent selection
of hotels and restaurants
is the result of local visits and enquiries
by our inspectors.
In addition we receive considerable help
from our readers invaluable letters
and comments.

Full colour has been introduced this year
throughout the guide in order to
make the presentation of the information
much clearer and more attractive.

It is our purpose
to provide up-to-date information
and thus render a service to our readers.
The next edition is already in preparation.

Therefore, only the guide of the year
merits your complete confidence,
so please remember to use the latest edition

Bon voyage

Contents

Choosing
a hotel or restaurant

This guide offers a selection of hotels and restaurants to help the motorist on his travels. In each category establishments are listed in order of preference according to the degree of comfort they offer.

CATEGORIES

🏰🏰🏰	Luxury in the traditional style	XXXXX
🏰🏰	Top class comfort	XXXX
🏰	Very comfortable	XXX
🏠	Comfortable	XX
🏠	Quite comfortable	X
🏡	Simple comfort	
senza rist	The hotel has no restaurant	
	The restaurant also offers accommodation	con cam

PEACEFUL ATMOSPHERE AND SETTING

Certain establishments are distinguished in the guide by the red symbols shown below.
Your stay in such hotels will be particularly pleasant or restful, owing to the character of the building, its decor, the setting, the welcome and services offered, or simply the peace and quiet to be enjoyed there.

🏰🏰🏰 to 🏠	Pleasant hotels
XXXXX to X	Pleasant restaurants
« Parcofiorito »	Particularly attractive feature
⌁	Very quiet or quiet, secluded hotel
⌁	Quiet hotel
≤ mare	Exceptional view
≤	Interesting or extensive view

The maps on pages 44 to 53 and 681 indicate places with such peaceful, pleasant hotels and restaurants.
By consulting them before setting out and sending us your comments on your return you can help us with our enquiries.

Hotel facilities

In general the hotels we recommend have full bathroom and toilet facilities in each room. However, this may not be the case for certain rooms in categories 🏠, 🏠 and 🏠.

30 cam	Number of rooms
🛗	Lift (elevator)
▤	Air conditioning
📺	Television in room
⤬	Hotel partly reserved for non-smokers
☏	Telephone in room: outside calls connected by the operator
☎	Direct-dial phone in room
♿	Rooms accessible to disabled people
🌳	Meals served in garden or on terrace
♨	Hydrotherapy
🏊 🏊	Outdoor or indoor swimming pool
🏖 🌿	Beach with bathing facilities – Garden
🎾 ⛳₁₈	Hotel tennis court – Golf course and number of holes
🛋 25 a 150	Equipped conference hall (minimum and maximum capacity)
🚗	Free garage (one night) for those having the current Michelin Guide
🚗	Hotel garage (additional charge in most cases)
Ⓟ	Car park for customers only
🐕	Dogs are not allowed in all or part of the hotel
Fax	Telephone document transmission
20 aprile-5 ottobre	Dates when open, as indicated by the hotelier
stagionale	Probably open for the season – precise dates not available. Where no date or season is shown, establishments are open all year round.

36

Cuisine

STARS

Certain establishments deserve to be brought to your attention for the particularly fine quality of their cooking. **Michelin stars** are awarded for the standard of meals served.

For each of these restaurants we indicate three culinary specialities and a number of local wines to assist you in your choice.

❀❀❀	**Exceptional cuisine, worth a special journey** Superb food, fine wines, faultless service, elegant surroundings. One will pay accordingly!
❀❀	**Excellent cooking, worth a detour** Specialities and wines of first class quality. This will be reflected in the price.
❀	**A very good restaurant in its category** The star indicates a good place to stop on your journey. But beware of comparing the star given to an expensive « de luxe » establishment to that of a simple restaurant where you can appreciate fine cuisine at a reasonable price.

GOOD FOOD AT MODERATE PRICES

You may also like to know of other restaurants with less elaborate, moderately priced menus that offer good value for money and serve carefully prepared meals, often of regional cooking.

In the guide such establishments are shown with the word **Pas** in red just before the price of the menu, for example **Pas** 20/25000.

Please refer to the map of star-rated restaurants and good food at moderate prices **Pas** *(pp 44 to 53).*

Food and wine: see pages 42 and 43

Prices

Prices quoted are valid for summer 1989. Changes may arise if goods and service costs are revised. The rates include tax and service charge (unless otherwise indicated, eg. 15 %).

Hotels and restaurants in bold type have supplied details of all their rates and **have assumed responsability** for maintaining them for all travellers in possession of this Guide.

Your recommendation is self-evident if you always walk into a hotel, Guide in hand.

Prices are given in Swiss francs for towns near the Swiss border (Ticino).

MEALS

←	Establishment serving meals for less than 20000 (drinks not included)
Pas 15/20000	**Set meals** – Lowest 15000 and highest 20000 prices for set meals
bc	House wine included
Pas carta 20/25000	**« A la carte » meals** – The first figure is for a plain meal and includes hors-d'œuvre, main dish of the day with vegetables and dessert. The second figure is for a fuller meal (with « spécialité ») and includes 2 main courses, cheese, and dessert
☕ 7000	Price of continental breakfast (additional charge when served in the bedroom)
	When the establishment has neither table-d'hôte nor « à la carte » menus, the dishes of the day are given verbally.

ROOMS

cam 25/40000	Lowest price 25000 for a single room and highest price 40000 for a double
cam ☕ 30/50000	Price includes breakfast
▤ 5000	Additional charge for air conditioning

HALF BOARD

1/2 P 90/110000	Lowest and highest prices per person, per day in the season. Most of the hotels also offer full board terms on request. It is essential to agree on terms with the hotelier before making a firm reservation.

DEPOSITS – CREDIT CARDS

Some hotels will require a deposit, which confirms the commitment of customer and hotelier alike. Make sure the terms of the agreement are clear.

AE 〔§〕 ⓪ E VISA | Credit cards accepted by the establishment

Towns

20100	Postal number
✉ **28042** Baveno	Postal number and name of the post office serving the town
✆ 0371	Telephone dialling code. Omit O when dialling from abroad
ℙ	Provincial capital
Piacenza	Province in which a town is situated
988 ②	Number of the appropriate sheet and section of the Michelin road map
108872 ab	Population (figures from 31.12.88 census)
alt. 175	Altitude (in metres)
Stazione termale	Spa
Sport invernali	Winter sports
1500/2000 m	Altitude (in metres) of resort and highest point reached by lifts
🚡 3	Number of cable-cars
⛷ 7	Number of ski and chair-lifts
🎿	Cross-country skiing
a. s. luglio-settembre	High season period
EX A	Letters giving the location of a place on the town plan
⛳ 18	Golf course and number of holes
✳ ≤	Panoramic view, viewpoint
✈	Airport
🚗	Place with a motorail connection; further information from phone no. listed
⛴	Shipping line
🚤	Passenger transport only
🅱	Tourist Information Centre
A.C.I.	Italian Automobile Club

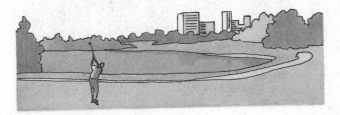

Sights

STAR-RATING

★★★	Worth a journey
★★	Worth a detour
★	Interesting

LOCATION

Vedere	Sights in town
Dintorni	On the outskirts
Escursioni	In the surrounding area
N, S, E, O	The sight lies north, south, east or west of the town
per ①, ④	Sign on town plan and on the Michelin road map indicating the road leading to a place of interest
6 km	Distance in kilometres
	Museums and art galleries are generally closed on Mondays

Town plans

•		**Hotels**
•		**Restaurants**

Sights

Place of interest and its main entrance

Interesting place of worship :
    Cathedral, church or chapel

Roads

Motorway, dual carriageway
    Interchange : complete, limited

Major through route

One-way street – Unsuitable for traffic

Pedestrian street – Tramway

Pasteur   Shopping street – Car park

Gateway – Street passing under arch – Tunnel

Station and railway

Funicular – Cable-car

Lever bridge – Car ferry

Various signs

Tourist information Centre

Mosque – Synagogue

Tower – Ruins – Windmill

Garden, park, wood – Cemetery – Cross

Stadium – Golf course – Racecourse

Outdoor or indoor swimming pool

View – Panorama

Monument – Fountain – Shopping centre

Pleasure boat harbour – Lighthouse

Airport – Underground station – Coach station

Ferry services :
    passengers and cars, passengers only

③ Refence number common to town plans and Michelin maps

Main post office with poste restante – Telephone

Hospital – Covered market

Public buildings located by letter :

P   H   Prefecture – Town Hall

J   Law Courts

M   T   Museum – Theatre

U   University, College

POL.   Police (in large towns police headquarters)

A.C.I.   Italian Automobile Club

North is at the top on all town plans.

I VINI e le VIVANDE

Les VINS et les METS

Vivande e vini di una stessa regione si associano molte volte con successo.

Un piatto preparato con una salsa al vino si accorda, se possibile, con lo stesso vino.

Qualche consiglio sull' accostamento vini - vivande :

Cuisine et vins d'une même région s'associent souvent harmonieusement.

Un mets préparé avec une sauce au vin s'accommode, si possible, du même vin.

Voici quelques suggestions de vins selon les mets :

Vini bianchi secchi	**1** Cortese di Gavi — Erbaluce di Caluso
	2 Lugana — Pinot Oltrepò — Riesling Oltrepò
Vins blancs secs	**3** Gewürztraminer — Pinot Bianco — Sylvaner
	4 Sauvignon — Soave — Tocai — Colli Orientali
Herbe Weißweine	**5** Albana secco — Trebbiano
	6 Montecarlo — Vernaccia di S. Gimignano
	7 Colli Albani — Frascati — Torgiano Bianco
Dry white wines	**8** Martina Franca — Ostuni
	9 Nuragus di Cagliari — Vermentino
	10 Alcamo — Etna Bianco — Mamertino

Vini rossi leggeri	**1** Dolcetto — Ghemme — Grignolino
	2 Barbacarlo — Bonarda d'Oltrepò — Chiaretto del Garda — Franciacorta Rosso
Vins rouges légers	**3** Blauburgunder — Caldaro — Lagrein Kretzer
	4 Pinot Nero — Valpolicella
Leichte Rotweine	**5** Gutturnio — Lambrusco
	6 Rosato di Bolgheri
Light red wines	**7** Cerveteri Rosso — Colli del Trasimeno Rosso
	8 Castel del Monte
	9 —
	10 Ciclopi — Faro

Vini rossi robusti	**1** Barbaresco — Barbera — Barolo — Gattinara
	2 Barbera d'Oltrepò — Inferno — Sassella
Vins rouges corsés	**3** Santa Maddalena — Teroldego Rotaliano
	4 Amarone — Cabernet — Merlot — Refosco
Kräftige Rotweine	**5** Sangiovese
	6 Brunello — Chianti — Montecarlo
	7 Cesanese del Piglio — Torgiano Rosso
Full bodied red wines	**8** Primitivo di Gioia
	9 Campidano di Terralba — Cannonau — Oliena
	10 Cerasuolo di Vittoria — Corvo

Vini da dessert	**1** Brachetto — Caluso Passito — Moscato
	2 Moscato Oltrepò
Vins de dessert	**3** Moscato — Vin Santo di Toblino
	4 Picolit — Ramandolo — Recioto Bianco
	5 Albana amabile
Dessertweine	**6** Aleatico di Portoferraio
	7 Aleatico di Gradoli
Dessert wines	**8** Aleatico di Puglia — Moscato di Trani
	9 Ogliastra — Torbato Passito
	10 Malvasia di Lipari — Marsala — Passito

Welcher WEIN zu welchem GERICHT

FOOD and WINE

Speisen und Weine aus der gleichen Region harmonieren oft geschmacklich besonders gut.

Wenn die Sauce eines Gerichts mit Wein zubereitet ist, so wählt man nach Möglichkeit diesen als Tischwein.

Nebenstehend Vorschläge zur Wahl der Weine:

Food and wines from the same region usually go very well together.

Dishes prepared with a wine sauce are best accompanied by the same kind of wine.

Here are a few hints on selecting the right wine with the right dish:

PRINCIPALI REGIONI VINICOLE
PRINCIPALES RÉGIONS VINICOLES
HAUPTWEINBAUGEBIETE
MAIN WINE REGIONS

3 Trentino Alto Adige
2 Lombardia
4 Friuli Veneto
Milano
Venezia
1 Piemonte
5 Emilia Romagna
Liguria
Firenze
Marche
6 Toscana
I. d'Elba
7 Umbria Lazio
Abruzzi
Roma
8 Puglia
Napoli
Campania
Basilicata
9 Sardegna
Palermo
Calabria
10 Sicilia

Oltre ai vini più conosciuti, esistono in molte regioni d'Italia dei vini locali che, bevuti sul posto, Vi riserveranno piacevoli sorprese.

Neben den bekannten Weinen gibt es in manchen italienischen Regionen Landweine, die Sie am Anbauort trinken sollten. Sie werden angenehm überrascht sein.

En dehors des vins les plus connus, il existe en maintes régions d'Italie des vins locaux qui, bus sur place, vous réserveront d'heureuses surprises.

In addition to the fine wines there are many Italian wines, best drunk in their region of origin and which you will find extremely pleasant.

LE STELLE   ❀
LES ÉTOILES   ❀ ❀
❀ ❀ ❀

DIE STERNE
THE STARS

AMENITÀ E TRANQUILLITÀ

L'AGRÉMENT

ANNEHMLICHKEIT

PEACEFUL ATMOSPHERE AND SETTING

il testo le texte Ortstext text	la carta la carte Karte map
🐾	◇
🏠🏠 .... 🏠	◈
🏠🏠 ... 🏠 + 🐾	◆

PASTI ACCURATI a prezzi contenuti

REPAS SOIGNÉS
à prix modérés

SORGFÄLTIG ZUBEREITETE
preiswerte Mahlzeiten

GOOD FOOD
at moderate prices

Pas 25000	―

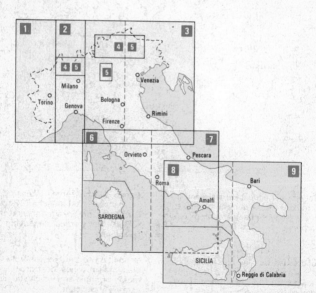

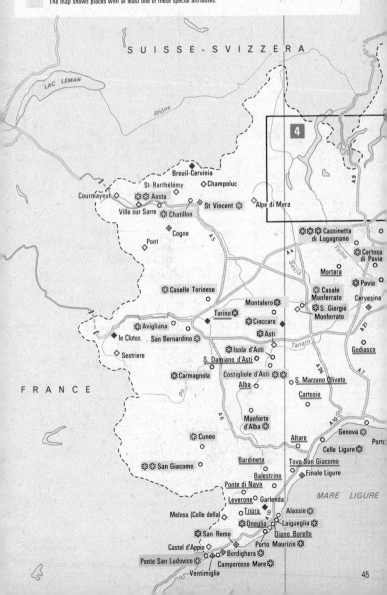

La carta tematica raggruppa l'insieme delle risorse a lato ed indica le località che ne possiedono almeno una.

La carte regroupe l'ensemble de ces ressources, elle situe les localités possédant au moins l'une d'entre elles.

Jede Ortschaft auf der Karte besitzt mindestens ein Haus, das mit einem der nebenstehenden Symbole ausgezeichnet ist.

The map shows places with at least one of these special attributes.

1

SUISSE - SVIZZERA

LAC LÉMAN

Rhône

4

FRANCE

Breuil-Cervinia
St-Barthélémy ◇ Champoluc
Courmayeur ◇ ✿✿ Aosta ◇
Ville sur Sarre ◇ ✿ Chatillon ◆ St Vincent ✿ ◇ Alpe di Mera
Cogne
Pont

Cassinetta ✿✿✿ di Lugagnano
✿ Certosa di Pavia
Mortara
✿ Pavia Cervesina

✿ Caselle Torinese
Montalero ✿ ✿ Casale Monferrato
Torino ✿ ◆ ✿ Cioccaro ✿ S. Giorgio Monferrato
✿ Avigliana ✿ Asti
le Clotes San Bernardino ✿ Tanaro Godiasco
Sestriere ✿ Isola d'Asti
S. Damiano d'Asti
✿ Carmagnola Costigliole d'Asti ✿✿ ✿ S. Marzano Oliveto
Alba Cartosio
Monforte d'Alba ✿
✿ Cuneo Altare Genova ✿ Porto
Celle Ligure ✿
✿✿ San Giacomo Bardineto Tovo San Giacomo
Balestrino ◇ Finale Ligure
Ponte di Nava
Leverone ◇ Garlenda MARE LIGURE
Melosa (Colle della) ◇ Triora ◆ Alassio ✿
✿ Oneglia Laigueglia ✿
✿ San Remo Diano Borello
Castel d'Appio ◇ Porto Maurizio ✿
Ponte San Ludovico ◇ Bordighera ✿
Camporosso Mare ✿
Ventimiglia

45

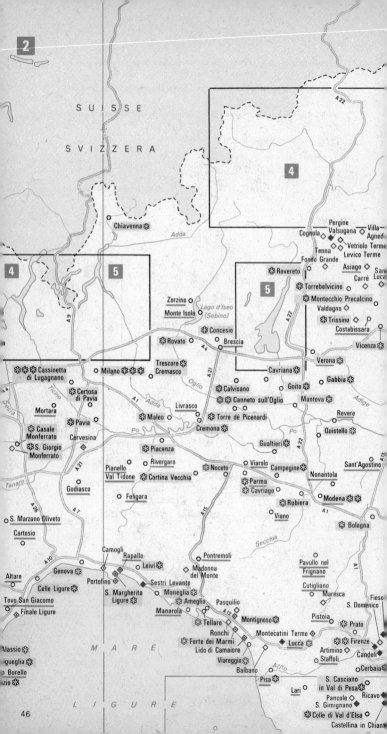

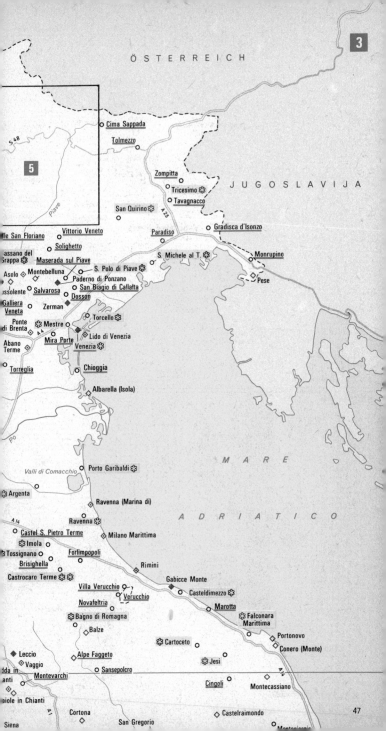

ÖSTERREICH

JUGOSLAVIJA

5

S 48

Piave

Cima Sappada
Tolmezzo

Zompitta
Tricesimo ✿
Tavagnacco
San Quirino ✿

A 23

Gradisca d'Isonzo

lle San Floriano
Vittorio Veneto
Solighetto
assano del
Grappa ✿
Maserada sul Piave
Asolo ◇ Montebelluna
S. Polo di Piave ✿
Paradiso
S. Michele al T. ✿
Monrupino

ussolente
Salvarosa
Dosson
Paderno di Ponzano
San Biagio di Callalta
Pese

Galliera
Veneta
Zerman
Ponte
di Brenta ✿ Mestre
Torcello ✿

A 4
Mira Porte
Abano
Terme
Lido di Venezia
Venezia ✿

Torreglia
Chioggia

Albarella (Isola)

Po

MARE

Valli di Comacchio
Porto Garibaldi ✿

✿ Argenta

Ravenna (Marina di)

ADRIATICO

A 14
Ravenna ✿
Castel S. Pietro Terme
✿ Imola
Milano Marittima

Tossignano
Forlimpopoli
Brisighella
Rimini
Castrocaro Terme ✿ ✿
Gabicce Monte
Villa Verucchio
Casteldimezzo ✿
Novafeltria
Verucchio
Marotta
✿ Bagno di Romagna
✿ Falconara
Marittima
Balze
Portonovo
✿ Cartoceto
Conero (Monte)
◆ Leccio
◆ Vaggio
Alpe Faggeto
✿ Jesi
A 14
da in
anti
Montevarchi
Sansepolcro
Cingoli
Montecassiano
aiole in Chianti
Cortona
Castelraimondo
47
Siena
San Gregorio

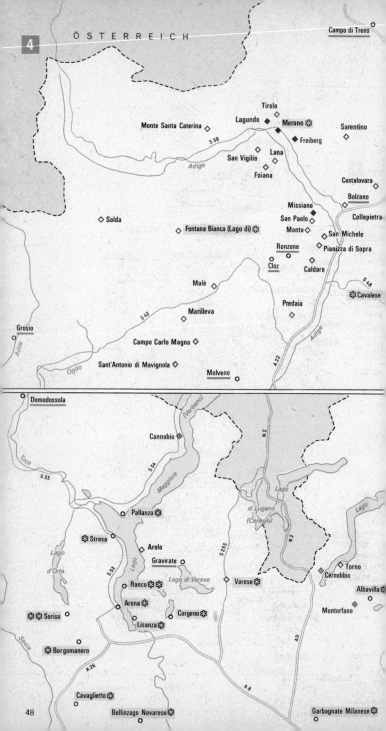

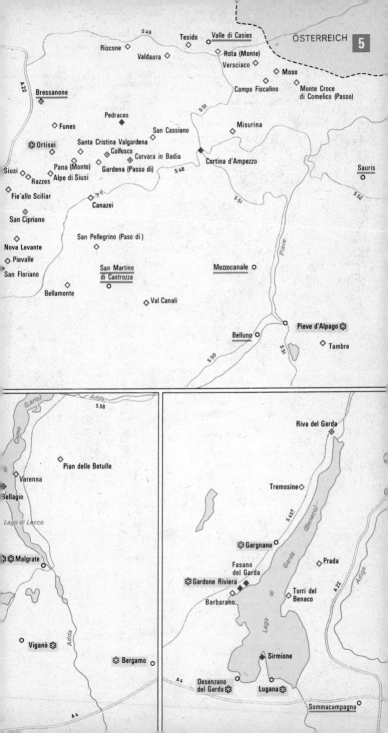

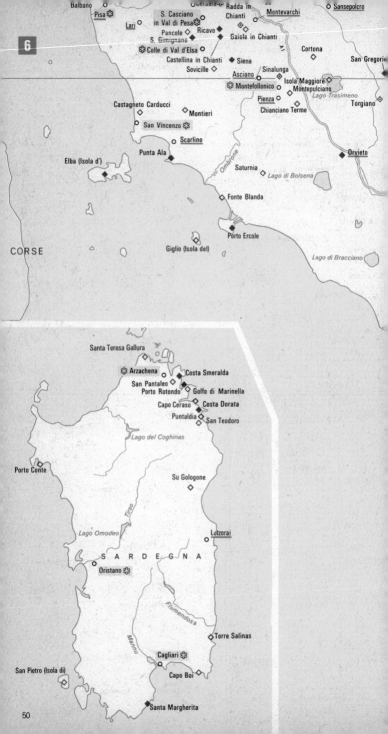

Balbano

Pisa ✿

S. Casciano
in Val di Pesa

Lari

Pancole
Ricavo

S. Gimignano

✿ Colle di Val d'Elsa

Castellina in Chianti

Sovicille

Cerbaia

Radda in
Chianti

Montevarchi

Sansepolcro

Gaiole in Chianti

✦ Siena

Asciano

✿ Montefollonico

Sinalunga

Isola Maggiore

Montepulciano

Cortona

San Gregori

A1

Lago Trasimeno

Torgiano

Pienza

Castagneto Carducci

✦ Montieri

Chianciano Terme

San Vincenzo ✿

Scarlino

Saturnia

Lago di Bolsena

Orvieto

Elba (Isola d')

Punta Ala

Ombrone

Fonte Blanda

CORSE

Giglio (Isola del)

Porto Ercole

Lago di Bracciano

Santa Teresa Gallura

✿ Arzachena

✦ Costa Smeralda

San Pantaleo

Porto Rotondo

✦ Golfo di Marinella

Capo Ceraso

✦ Costa Dorata

Puntaldia

San Teodoro

Lago del Coghinas

Porto Conte

Su Gologone

Tirso

Lago Omodeo

Lotzorai

S A R D E G N A

Oristano ✿

Flumendosa

Mannu

Torre Salinas

Cagliari ✿

San Pietro (Isola di)

Capo Boi

Santa Margherita

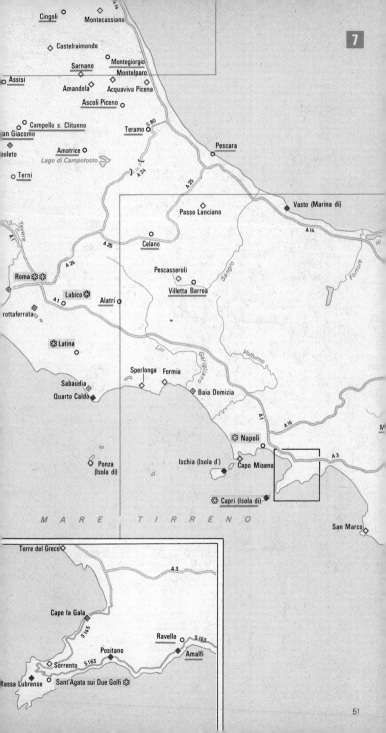

Cingoli

Montecassiano

Castelraimondo

Sarnano

Montegiorgio

Montelparo

Assisi

Amandola

Acquaviva Picena

Ascoli Piceno

Campello s. Clitunno

san Giacomo

Teramo

S 80

poleto

Amatrice

Lago di Campotosto

Pescara

Terni

A 24

Tevere

A 1

Passo Lanciano

A 25

Vasto (Marina di)

A 14

di

Celano

Roma

A 24

Pescasseroli

Sangro

Fortore

Labico

A 1

Alatri

Villetta Barrea

rottaferrata

Lirí

Garigliano

Volturno

Latina

Sperlonga

Formia

Sabaudia

Quarto Caldo

Baia Domizia

A 1

A 16

M

Napoli

Ponza
(Isola di)

Ischia (Isola d')

Capo Miseno

A 3

Capri (Isola di)

San Marco

M A R E   T I R R E N O

Torre del Greco

A 3

Capo la Gala

S 145

Ravello

S 163

Positano

Amalfi

Sorrento

S 163

assa Lubrense

Sant'Agata sui Due Golfi

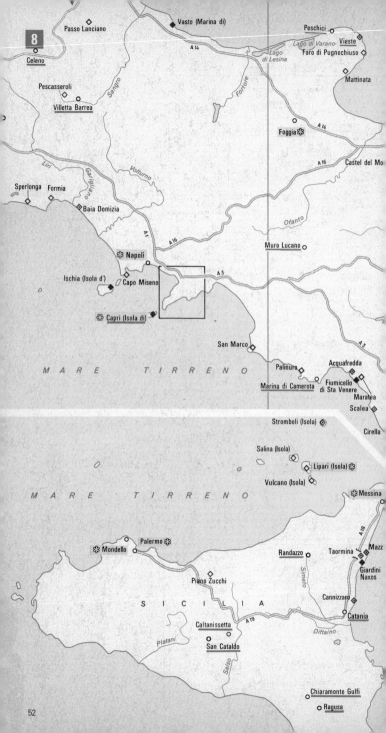

Passo Lanciano

Vasto (Marina di)

Peschici

Lago di Varano
Vieste

Faro di Pugnochiuso

A 14

Lago
di Lesina

Celano

Mattinata

Pescasseroli

Villetta Barrea

Sangro

Foggia ✿

A 14

A 16

Castel del Mo

Volturno

Forrore

Lin

Sperlonga Formia

Garigliano

Baia Domizia

Ofanto

Muro Lucano

A 1

A 16

✿ Napoli

A 3

Ischia (Isola d')

Capo Miseno

✿ Capri (Isola di)

San Marco

A 3

Acquafredda

M A R E   T I R R E N O

Palinuro

Fiumicello
di Sta Venere

Marina di Camerota

Maratea

Scalea

Stromboli (Isola)

Cirella

Salina (Isola)

Lipari (Isola) ✿

Vulcano (Isola)

M A R E   T I R R E N O

✿ Messina

A 18

✿ Palermo ✿

Randazzo

Taormina

Mazz

✿ Mondello

Giardini
Naxos

Piano Zucchi

Simeto

Cannizzaro

S I C I L I A

Catania

Caltanissetta

A 19

Dittaino

San Cataldo

Platani

Salso

Chiaramonte Gulfi

Ragusa

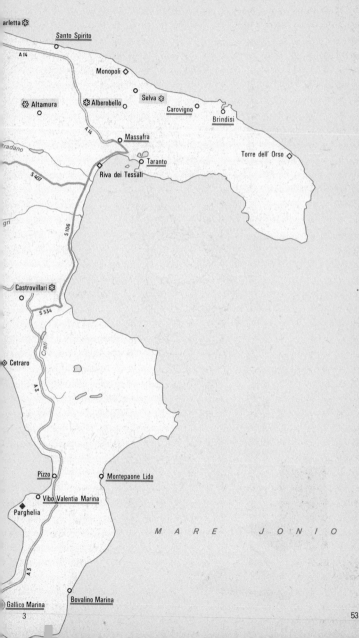

MARE ADRIATICO

arletta ✤

Santo Spirito

A 14

Monopoli ◇

Altamura ✤

Alberobello ✤

Selva ✤

Carovigno

Brindisi

A 14

Massafra

Torre dell' Orso ◇

radano

Taranto

S 407

Riva dei Tessali

gri

S 106

Castrovillari ✤

S 534

Crati

Cetraro ◇

A 3

Pizzo

Montepaone Lido

Vibo Valentia Marina

Parghelia

MARE JONIO

A 3

Gallico Marina

Bovalino Marina

Località

Localités
Ortsverzeichnis
Places

MICHELIN

ABANO TERME

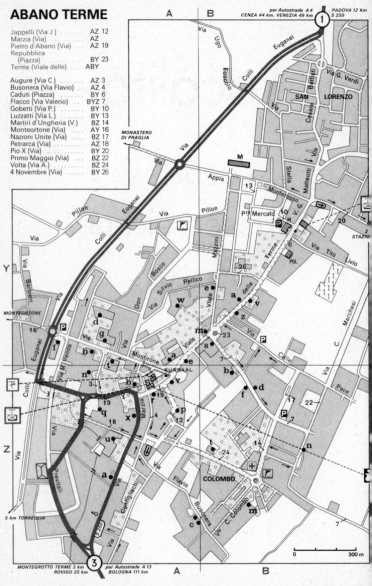

🏨 **Gd H. Orologio**, viale delle Terme 66 ℰ 669111, Telex 430254, Fax 669072, « Grande parco con 🏊 riscaldata », ♨, 🏊, 🎾 – 🛗 🗏 📺 ☎ ♿ ⇔ 🚗 🅿 – 🔬 100. 🆎 🔄 ⑩ 🇪 🆚🆂🅰
🐾 rist   AY **a**
23 marzo-5 novembre – Pas 65000 – 🍽 25000 – **165 cam** 170/280000 appartamenti 550/660000 – ½ P 190/270000.

La Residence ⑤, via Monte Ceva 8 ☎ 668333, Telex 431368, ♣, ⛱ riscaldata, ⛱, ☘, ✂ – |♦| ▤ ▣ ☎ ⇔ Ⓟ. AE ⓢ ⓞ E VISA. ✻ rist AY **d**
25 febbraio-18 novembre – Pas 50000 – ⊐ 12000 – **116 cam** 119/150000 appartamenti 190/215000 – ½ P 81/145000.

Bristol Buja, via Monteortone 2 ☎ 669390, Telex 430210, Fax 667910, « Giardino con ⛱ riscaldata », ♣, ⛱, ✂ – |♦| ▤ ▣ ☎ ⇔ Ⓟ. AE ⓢ ⓞ E VISA. ✻ rist AY **g**
chiuso dal 20 novembre al 20 dicembre – Pas 40/50000 – ⊐ 12000 – **141 cam** 98/136000 appartamenti 156/176000 – ½ P 100/130000.

President, via Montirone 31 ☎ 668288, Telex 430280, Fax 667909, ♣, ⛱ riscaldata, ⛱, ☘ – |♦| ▤ ▣ ☎ ⇔ Ⓟ. AE ⓢ ⓞ E VISA. ✻ rist AY **t**
Pas 35000 – **120 cam** ⊐ 90/160000 appartamenti 200/240000 – ½ P 100/127000.

Trieste e Victoria, via Pietro d'Abano 1 ☎ 669101, Telex 430250, Fax 669779, « Parco-giardino con ⛱ riscaldata », ♣, ⛱, ✂ – |♦| ▤ ▣ ☎ ♿ Ⓟ. AE ⓢ ⓞ E VISA. ✻ rist AZ **v**
marzo-novembre – Pas 35/40000 – **90 cam** ⊐ 85/135000 appartamenti 155/185000 – ½ P 86/136000.

Gd H. Magnolia, via Volta 6 ☎ 667233, Telex 430241, Fax 668021, ♣, ⛱ riscaldata, ⛱, ☘ – |♦| ▤ ▣ ☎ ♿ Ⓟ – 🔬 60 a 250. AE ⓢ ⓞ E VISA. ✻ rist BZ **t**
Pas 45000 – ⊐ 22000 – **140 cam** 147/221000 appartamenti 259/311000 – ½ P 125/175000.

Savoia, via Pietro d'Abano 49 ☎ 667111, Telex 430225, Fax 667046, « Parco giardino », ♣, ⛱ riscaldata, ⛱, ✂ – |♦| ▤ ▣ ☎ ♿ Ⓟ – 🔬 100. AE ⓢ ⓞ E VISA. ✻ rist AZ **q**
marzo-ottobre – Pas 45/50000 – ⊐ 11000 – **171 cam** 126/190000 appartamenti 156/220000 – ½ P 87/118000.

Ritz, via Monteortone 19 ☎ 669990, Telex 430222, Fax 667549, ♣, ⛱ riscaldata, ⛱, ☘, ✂ – |♦| ▤ ▣ ☎ Ⓟ – 🔬 80. AE ⓢ ⓞ E VISA. ✻ rist AY **f**
Pas 44000 – ⊐ 13000 – **147 cam** 87/110000 – ½ P 111/141000.

Mioni Pezzato, via Marzia 34 ☎ 668377, Telex 430082, « Parco-giardino con ⛱ riscaldata », ♣, ⛱, ✂ – |♦| ▤ ☎ Ⓟ. AE ⓢ ⓞ E VISA. ✻ rist AZ **u**
23 dicembre-6 gennaio e 3 marzo-25 novembre – Pas 40000 – ⊐ 12000 – **197 cam** 90/130000 – ½ P 82/111000.

Metropole ⑤, via Valerio Flacco 99 ☎ 668622, Telex 431509, Fax 668120, « Giardino con ⛱ riscaldata », ♣, ⛱, ✂ – |♦| ▤ ☎ ⇔ Ⓟ. ✻ BZ **n**
chiuso dal 6 gennaio al 3 marzo – Pas 30/40000 – **121 cam** ⊐ 94/143000 appartamenti 173/183000, ▤ 5000 – P 100/120000.

Terme Astoria, piazza Cristoforo Colombo 1 ☎ 669030, Telex 430215, Fax 669030, « Giardino con ⛱ riscaldata », ♣, ⛱, ✂ – |♦| ▤ ☎ Ⓟ. AE ⓢ ⓞ E VISA. ✻ rist BZ **m**
chiuso dal 3 dicembre al 25 febbraio – Pas 30000 – ⊐ 14000 – **93 cam** 85/107000 – ½ P 79/96000.

Due Torri-Morosini, via Pietro d'Abano 18 ☎ 669277, Telex 430460, Fax 669927, « Giardino-pineta », ♣, ⛱ riscaldata, ⛱, ✂ – |♦| ⇎ cam ▤ ☎ Ⓟ. AE ⓢ ⓞ E VISA. ✻ rist AZ **b**
marzo-novembre – Pas 35000 – ⊐ 10000 – **91 cam** 93/131000 – ½ P 66/114000.

Terme Internazionale ⑤, viale Mazzini 5 ☎ 8600300, Telex 430039, Fax 8600322, « Parco ombreggiato », ♣, ⛱ riscaldata, ⛱, ✂ – |♦| ▤ ☎ ♿ ⇔ Ⓟ. AE ⓢ ⓞ E VISA. ✻ rist
23 dicembre-6 gennaio e marzo-20 novembre – Pas 37/42000 – ⊐ 13000 – **140 cam** 85/160000, ▤ 5000 – ½ P 85/95000. AY **w**

Centrale, via Jappelli 37 ☎ 669860, Telex 431806, Fax 668897, ♣, ⛱ riscaldata, ⛱, ☘, ✂ – |♦| ▤ rist ☎ ♿ Ⓟ. AE ⓢ ⓞ E VISA. ✻ rist AZ **p**
20 dicembre-3 gennaio e marzo-novembre – Pas 30000 – **135 cam** ⊐ 71/128000 – ½ P 74/96000.

Ariston Molino, via Augure 5 ☎ 669061, Telex 431513, Fax 669061, « Giardino con ⛱ riscaldata », ♣, ⛱, ✂ – |♦| ▤ ☎ Ⓟ – 🔬 60. ⓢ ⓞ E VISA. ✻ rist AZ **n**
marzo-novembre – Pas 40/60000 – ⊐ 14000 – **175 cam** 72/110000, ▤ 6000 – ½ P 77/99000.

Panoramic Hotel Plaza, piazza Repubblica 23 ☎ 669333, Telex 430230, ♣, ⛱ riscaldata, ⛱, ☘ – |♦| ▤ ☎ Ⓟ BY **s**
126 cam.

Harrys', via Marzia 50 ☎ 667011, Fax 668500, ♣, ⛱ riscaldata, ⛱, ☘ – |♦| ⇎ cam ▤ rist ☎ Ⓟ. AE ⓢ E VISA. ✻ rist AZ **a**
febbraio-novembre – Pas 27000 – ⊐ 7000 – **66 cam** 70/108000 – ½ P 59/94000.

Smeraldo ⑤, via Flavio Busonera 174 ☎ 669865, ♣, ⛱ riscaldata, ⛱, ☘, ✂ – |♦| ▤ rist ☎ Ⓟ. AE ⓢ VISA. ✻ rist ABZ **c**
20 dicembre-7 gennaio e 13 marzo-novembre – Pas 36000 – **73 cam** ⊐ 81/112000 – ½ P 68/79000.

Quisisana Terme, viale delle Terme 67 ☎ 8600252, Telex 430285, Fax 8600356, « Giardino », ♣, ⛱ riscaldata, ⛱, ✂ – |♦| ▤ ☎ Ⓟ. AE ⓢ ⓞ E VISA. ✻ BY **v**
19 dicembre-10 gennaio e marzo-20 novembre – Pas 40000 – **95 cam** ⊐ 95/143000, ▤ 14500 – ½ P 68/117000.

Universal, via Valerio Flacco 28 ☎ 669349, Fax 669772, ♣, ⛱ riscaldata, ⛱, ☘ – |♦| ▤ rist ☎ Ⓟ. AE ⓢ E VISA. ✻ rist BZ **b**
Pas 35000 – ⊐ 9000 – **115 cam** 48/82000 – P 87/97000.

segue →

🏨 **All'Alba,** via Valerio Flacco 32 ℰ 669244, ♨, ⌫ riscaldata, 🔲, ☞, ❌ – 🕴 ↔ ☎ 🕭 🅿
➕ 🕮 🕭 ⓞ 🗲 ▥ ⅏ rist   BZ **f**
Pas 20/25000 – ☳ 7000 – **132 cam** 55/90000 – ½ P 55/68000.

🏨 **Terme Columbia,** via Augure 15 ℰ 669606, ♨, ⌫ riscaldata, 🔲, ☞ – 🕴 ▤ ☎ 🅿 🕮 🕭
▥ ⅏ rist   AY **b**
20 dicembre-6 gennaio e 13 marzo-novembre – Pas 36000 – **102 cam** ☳ 90/112000, ▤ 8000
– ½ P 68/80000.

🏨 **Terme Salus,** via Marzia 2 ℰ 669056, ♨, ⌫ riscaldata, 🔲, ☞ – 🕴 ☎ 🅿 🕮 🕭 ⓞ 🗲 ▥
          AZ **x**
Pas 32000 – **76 cam** ☳ 60/100000 – ½ P 60/69000.

🏨 **Terme Italia,** viale Mazzini 7 ℰ 8600400, « Parco ombreggiato », ♨, ⌫ riscaldata, 🔲, ❌
– 🕴 ▤ rist ☎ 🕭 🅿 🕮 🕭 ⓞ 🗲 ▥ ⅏ rist   BY **e**
marzo-novembre – Pas 32/37000 – ☳ 11000 – **132 cam** 70/115000 – ½ P 70/77000.

🏨 **Terme Milano,** viale delle Terme 169 ℰ 669444, Fax 669444, ♨, ⌫ riscaldata, 🔲, ☞, ❌
– 🕴 ▤ rist ☎ 🅿 🕮 🕭 ⓞ 🗲 ▥ ⅏ rist   AY **e**
chiuso dal 7 gennaio al 1° marzo – Pas 30000 – ☳ 7500 – **101 cam** 58/94000 – ½ P 57/74000.

🏨 **Terme Verdi** ⚜, via Flavio Busonera 200 ℰ 667600, ♨, ⌫ riscaldata, 🔲, ☞ – 🕴 ▤ rist
☎ 🅿 ⅏   ABZ **c**
Pas 27000 – ☳ 12000 – **90 cam** 64/81000 – P 64/82000.

🏦 **Terme Patria,** viale delle Terme 56 ℰ 669644, Telex 431879, Fax 669079, ♨, ⌫ riscaldata,
🔲, ☞ – 🕴 ▤ rist ☎ 🅿 ⅏ rist   BY **a**
chiuso dal 5 gennaio al 28 febbraio e dal 4 al 20 dicembre – Pas 26/35000 – ☳ 7500 –
95 cam 60/80000 – ½ P 42/70000.

🏦 **Bologna,** via Valerio Flacco 29 ℰ 669178, Telex 431878, ♨, ⌫ riscaldata, 🔲, ☞ – 🕴
▤ rist ☎ 🕭 🅿 🕮 🕭 ▥ ⅏ rist   BZ **d**
marzo-novembre – Pas 26000 – ☳ 7000 – **121 cam** 64/107000 – ½ P 57/66000.

🏦 **Aurora,** via Pietro d'Abano 13 ℰ 669081, Fax 669373, ♨, ⌫ riscaldata, 🔲 – 🕴 ☜ ☍ 🅿
➕ 🕮 🕭 🗲 ▥ ⅏ rist   AZ **r**
Pas 20/40000 – ☳ 4000 – **109 cam** 52/75000 – ½ P 51/58000.

🏦 **Principe,** viale delle Terme 89 ℰ 668277, Fax 793772, ♨, ⌫ riscaldata, 🔲, ☞ – 🕴 ↔ rist
▤ rist ☜ 🕭 🅿 ▥ ⅏ rist   BY **z**
marzo-novembre – Pas 30000 – ☳ 7500 – **70 cam** 57/81000 – ½ P 49/68000.

🏦 **Villa Pace,** viale delle Terme 64 ℰ 668100, ♨, ⌫ riscaldata, 🔲, ☞ – 🕴 ▤ rist ☎ 🅿 ▥
🗲 ▥ ⅏ rist   ABY **m**
marzo-novembre – Pas 27000 – ☳ 7000 – **81 cam** 42/75000 – ½ P 49/66000.

a Monteortone O : 2 km AY – ✉ **35030** :

🏩 **Michelangelo** ⚜, ℰ 9935111, Fax 9935236, ♨, ⌫ riscaldata, 🔲, ☞, ❌ – 🕴 ▤ ☎ 🅿 – 🔏
100
stagionale – **111 cam.**

🏩 **Leonardo da Vinci** ⚜, ℰ 9935057, Telex 430390, Fax 9935236, ♨, ⌫ riscaldata, 🔲, ☞,
❌ – 🕴 ↔ cam ▤ ☎ 🕭 🅿 🕮 🕭 ⓞ 🗲 ▥ ⅏
marzo-novembre – Pas 40000 – ☳ 18000 – **105 cam** 106/188000 – ½ P 101/118000.

🏩 **Reve Monteortone,** ℰ 668633, Telex 431832, ♨, ⌫ riscaldata, 🔲, ☞, ❌ – 🕴 ▤ rist ☎ 🅿
stagionale – **114 cam.**

🏦 **Atlantic,** ℰ 669015, ♨, ⌫ riscaldata, 🔲, ☞ – 🕴 ☜ 🅿 🕭 ▥ ⅏ rist
➕ *marzo-novembre* – Pas 20000 – **60 cam** ☳ 55/78000 – ½ P 60000.

Vedere anche : *Torreglia* SO : 5 km AZ.

ABBADIA SAN SALVATORE 53021 Siena 🮐🮐🮐 ⑮㉕ – 7 452 ab. alt. 825 – Sport invernali : al
Monte Amiata : 1 350/1 730 m ≰8, ≱ – 🕿 0577.
🛈 via Mentana 97-La Piazzetta ℰ 778608.
Roma 181 – ✦Firenze 143 – Grosseto 80 – Orvieto 65 – Siena 75 – Viterbo 82.

🏨 **Giardino,** via 1° Maggio 63 ℰ 778106, ☞ – 🕴 🕮. ⅏
20 dicembre-5 maggio e 15 giugno-settembre – Pas carta 21/35000 – ☳ 4500 – **39 cam**
47/67000 – ½ P 60/65000.

🏦 **K 2** ⚜, via del Laghetto 15 ℰ 778609, ≼ – 🕮 🅿. ⅏
chiuso dal 20 al 30 settembre – Pas *(chiuso giovedì)* carta 23/33000 – ☳ 5000 – **14 cam**
50/70000 – ½ P 50/58000.

🏦 **Adriana,** via Serdini 76 ℰ 778116 – 🕴 ↔ rist ☎. 🕮 🕭 🗲 ▥. ⅏
➕ Pas carta 20/29000 – ☳ 3000 – **39 cam** 50/70000 – ½ P 60000.

🏦 **Roma,** via Matteotti 32 ℰ 778015, ☞ – 🕮
➕ Pas 15/20000 – ☳ 4000 – **20 cam** 20/40000 – ½ P 30/35000.

al monte Amiata O : 14 km – alt. 1 738 :

🏨 **La Capannina** ⚜, ✉ 53021 ℰ 789713, ≼ – 🕮. ⅏ cam
Natale-Pasqua e luglio-settembre – Pas carta 21/38000 – ☳ 10000 – **35 cam** 50/75000 –
½ P 60/90000.

ABBAZIA Vedere nome proprio dell'abbazia.

ABBIATEGRASSO 20081 Milano 988 ③, 219 ⑱ – 27 608 ab. alt. 120 – ✪ 02.

Roma 590 – Alessandria 74 – ◆Milano 23 – Novara 29 – Pavia 33.

🏦 **Italia** senza rist, piazza Castello 31 ℰ 9462871, Fax 9462873 – ⧏ ☰ TV ☎. ஊ ⑤ VISA. ⋘
chiuso dal 24 dicembre al 7 gennaio ed agosto – ☲ 15000 – **39 cam** 72/103000.

XX **Da Oreste,** piazza Castello 29 ℰ 94966457, prenotare, « Servizio estivo sotto un pergolato » – ☰
chiuso mercoledì ed agosto – Pas carta 33/59000.

a Cassinetta di Lugagnano N : 3 km – ✉ 20080 :

XXXX ✿✿✿ **Antica Osteria del Ponte,** ℰ 9420034, Fax 9420610, Coperti limitati; prenotare – ☰ ⑫. ஊ ⓞ. ⋘
chiuso domenica, lunedì, dal 1° al 15 gennaio ed agosto – Pas carta 80/135000
Spec. Raviolo al foie gras e tartufi neri in consommé (gennaio-aprile), Filetti di triglia alla mediterranea (primavera-estate), Anitra al miele e spezie. **Vini** Franciacorta, Barbaresco.

ABETONE 51021 Pistoia 988 ⑭ – 794 ab. alt. 1 388 – a.s. Pasqua, 15 luglio-agosto e Natale – Sport invernali : 1 388/1 892 m ⧸5 3 ⧹5 15, ⧸≭ – ✪ 0573.

🖪 piazzale delle Piramidi ℰ 60383, Telex 572495.

Roma 361 – ◆Bologna 109 – ◆Firenze 90 – Lucca 65 – ◆Modena 96 – Pistoia 51.

🏦 **Bellavista,** ℰ 60028, ≼, « Giardino » – ☜ ⑫. ⋘ rist
15 dicembre-15 aprile e 15 giugno-15 settembre – Pas 20/25000 – ☲ 7000 – **17 cam** 66/81000 – ½ P 60/70000.

🏦 **Regina,** ℰ 60007, ≼ – ☜ 🚗 ⑫. ஊ ⑤ ⓞ ᴇ VISA. ⋘ rist
20 dicembre 15 aprile e 25 giugno-15 settembre – Pas 25/27000 – ☲ 5000 – **26 cam** 43/67000 – ½ P 54/63000.

XX **La Capannina,** con cam, ℰ 60562, ≼
7 cam.

XX **Da Pierone,** ℰ 60068, ≼ – ஊ ⑤ ⓞ ᴇ VISA. ⋘
chiuso giovedì, dal 20 giugno al 10 luglio e dal 10 al 22 ottobre – Pas carta 31/47000.

a Le Regine SE : 2,5 km – ✉ 51020 :

🏦 **Da Tosca,** ℰ 60317, ≼ – ⑫. ⋘
20 dicembre-20 aprile e luglio-10 settembre – Pas 20/24000 – ☲ 6000 – **13 cam** 36/60000 – ½ P 50/52000.

ABRUZZI (Massiccio degli) ★★★ L'Aquila 988 ㉗ – Vedere Guida Verde.

ABTEI = Badia.

ACCEGLIO 12021 Cuneo 988 ⑪, 81 ⑨ – 275 ab. alt. 1 200 – a.s. Pasqua-agosto e Natale – ✪ 0171 – Roma 698 – Cuneo 55 – ◆Milano 269 – ◆Torino 118.

🏦 **Le Marmotte** ⤸, località Frere E : 1,5 km ℰ 99041, ≼, 🛲 – 🚗 ⑫. ⋘
chiuso novembre – Pas carta 26/43000 – ☲ 7000 – **9 cam** 44/72000 – ½ P 64/70000.

ACCETTURA 75011 Matera 988 ㉙ – 2 847 ab. alt. 799 – ✪ 0835.

Roma 433 – Matera 81 – Potenza 76 – ◆Taranto 134.

🏦 **Croccia** ⤸, ℰ 675394 – ⑤. ⋘
chiuso dal 1° al 15 febbraio – Pas *(chiuso venerdì)* carta 21/30000 – ☲ 4500 – **10 cam** 20/32000 – ½ P 37000.

ACCIAROLI 84041 Salerno 988 ㉘ ㉝ – a.s. luglio e agosto – ✪ 0974.

Roma 344 – Agropoli 31 – Battipaglia 62 – ◆Napoli 137 – Salerno 86 – Sapri 102.

🏦 **La Playa,** ℰ 904002, ≼, 🏖, ⋘ – ⧏ ☰ cam ☜ ⑫. ⋘ rist
giugno-settembre – Pas carta 27/42000 – ☲ 7000 – **77 cam** 41/50000, ☰ 4000 – P 63/74000.

X **La Scogliera,** ℰ 904014, ≼, 🍴 – ⑫. ⓞ
chiuso dal 15 dicembre al 15 gennaio – Pas carta 17/27000 (15%).

ACI CASTELLO Catania 988 ㊲ – Vedere Sicilia alla fine dell'elenco alfabetico.

ACIREALE Catania 988 ㊲ – Vedere Sicilia alla fine dell'elenco alfabetico.

ACI TREZZA Catania 988 ㊲ – Vedere Sicilia alla fine dell'elenco alfabetico.

ACQUABONA Livorno – Vedere Elba (Isola d') : Portoferraio.

ACQUAFREDDA Potenza – Vedere Maratea.

ACQUAPARTITA Forlì – Vedere Bagno di Romagna.

ACQUARIA Modena – Vedere Montecreto.

ACQUASANTA TERME 63041 Ascoli Piceno 👥👥👥 ⊚ – 3 816 ab. alt. 392 – Stazione termale, a.s. luglio-settembre – ✪ 0736.
Roma 173 – L'Aquila 98 – Ascoli Piceno 18.

XX **La Casaccia,** 𝒫 984141 – 🖭 ⁂
   chiuso lunedì e gennaio – Pas carta 21/30000.

ACQUASERIA 22010 Como 👥👥👥 ⑨ – alt. 208 – ✪ 0344.
Roma 665 – Como 39 – ♦Lugano 32 – ♦Milano 87 – Sondrio 64.

🏠 **Da Luigi,** 𝒫 50057 – ☎ 🅟. 📺 ⓞ 🔃 𝕍𝕀𝕊𝔸. ⁂
   chiuso novembre – Pas *(chiuso mercoledì)* carta 25/42000 – ⌫ 5000 – **20 cam** 35/50000 – ½ P 35/40000.

ACQUASPARTA 05021 Terni 👥👥👥 ㉖ – 4 483 ab. alt. 320 – ✪ 0744.
Roma 111 – Orvieto 61 – ♦Perugia 61 – Spoleto 24 – Terni 22 – Viterbo 70.

🏠 **Villa Stella** senza rist, 𝒫 930758, 🚗 – ☎ 🅟. ⓞ. ⁂
   aprile-settembre – ⌫ 4000 – **10 cam** 42/60000.

ACQUAVIVA PICENA 63030 Ascoli Piceno – 2 903 ab. alt. 360 – ✪ 0735.
Roma 239 – ♦Ancona 96 – Ascoli Piceno 42 – Macerata 76 – ♦Pescara 75 – Teramo 57.

🏠 **Abbadetta** ⌂, 𝒫 764041, ≤ campagna e mare, « Terrazze-giardino con ⤢ », ⁂ – ⊞ ☏
→ 🅟. ⁂ rist
   15 maggio-settembre – Pas carta 18/25000 – ⌫ 5000 – **53 cam** 35/55000 – ½ P 38/55000.

ACQUI TERME 15011 Alessandria 👥👥👥 ⑫⑬ – 21 070 ab. alt. 164 – Stazione termale – ✪ 0144.
🖪 corso Bagni 9 𝒫 52142.
Roma 573 – Alessandria 34 – Asti 47 – ♦Genova 75 – ♦Milano 130 – Savona 59 – ♦Torino 106.

🏨 **Ariston,** piazza Matteotti 𝒫 52996 – ⊞ 📺 ☎ – 🅰 60. 🖭 🔃 ⓞ 🔃 𝕍𝕀𝕊𝔸. ⁂ rist
   chiuso dal 20 dicembre al 31 gennaio – Pas carta 21/30000 – ⌫ 6500 – **36 cam** 43/63000 – ½ P 47/56000.

🏠 **Pineta,** passeggiata dei Colli 𝒫 50688, ≤, ⤢ – ⊞ ☏ 🅟. ⁂ rist
→ *aprile-ottobre* – Pas 20000 – ⌫ 4000 – **100 cam** 35/55000 – ½ P 49000.

🏠 **Mignon,** via Monteverde 34 𝒫 52594 – ☏ 🅟. 🖭 🔃 ⓞ 🔃 𝕍𝕀𝕊𝔸
→ *chiuso febbraio* – Pas 20/25000 – ⌫ 6000 – **25 cam** 35/50000 – ½ P 40/42000.

🏠 **Piemonte,** viale Einaudi 19 𝒫 52382, 🚗 – 🚗 🅟. ⁂ rist
→ *15 aprile-ottobre* – Pas 20/28000 – ⌫ 6000 – **23 cam** 22/40000 – ½ P 30000.

XX **Piero Parisio,** via Circonvallazione 11 𝒫 57034 – ⁂⟷ 🅟. 🖭 🔃 𝕍𝕀𝕊𝔸
   chiuso lunedì, gennaio e dal 23 luglio all'8 agosto – Pas carta 24/45000.

XX **Il Ciarlocco,** via Don Bosco 1 𝒫 57720, Coperti limitati; prenotare – 🖭 🔃 ⓞ 🔃 𝕍𝕀𝕊𝔸
   chiuso domenica, febbraio ed agosto – Pas carta 22/40000.

XX **La Schiavia,** vicolo della Schiavia 𝒫 55939, solo su prenotazione – 🖭 🔃 🔃 𝕍𝕀𝕊𝔸
   chiuso domenica e dal 1° al 20 agosto – Pas carta 33/45000.

XX **Carlo Parisio,** via Mazzini 14 𝒫 56650, prenotare – 🖭 🔃 🔃 𝕍𝕀𝕊𝔸. ⁂
   chiuso lunedì e dal 10 al 24 luglio – Pas carta 25/45000.

X **San Marco,** via Ghione 5 𝒫 52456 – 🅟. ⁂
   chiuso febbraio, dal 1° al 14 luglio e lunedì da dicembre a gennaio – Pas carta 23/34000.

ACRI 87041 Cosenza 👥👥👥 ㊳ – 22 845 ab. alt. 700 – ✪ 0984.
Roma 560 – ♦Cosenza 41 – ♦Taranto 168.

🏠 **Panoramik,** 𝒫 954885 – ⊞ ☎ 🅟. 🔃 𝕍𝕀𝕊𝔸. ⁂
→ Pas *(chiuso lunedì)* carta 20/31000 – ⌫ 3000 – **32 cam** 35/55000 – ½ P 38/40000.

ADRIA 45011 Rovigo 👥👥👥 ⑮ – 21 308 ab. alt. 4 – ✪ 0426.
🖪 piazza Bocchi 6 𝒫 42554.
Roma 478 – Chioggia 33 – ♦Ferrara 55 – ♦Milano 290 – ♦Padova 49 – Rovigo 22 – ♦Venezia 64.

X **Molteni** con cam, via Ruzzina 2 𝒫 21295, 🍴 – ⁂ cam
   chiuso dal 23 dicembre al 6 gennaio – Pas *(chiuso sabato)* carta 27/48000 – ⌫ 3500 – **8 cam** 37/50000.

X **Laguna** con cam, via San Francesco 2 𝒫 22431 – ⁂ cam
   Pas *(chiuso sabato e domenica sera)* carta 22/32000 – ⌫ 2500 – **14 cam** 24/40000 – ½ P 42/48000.

AGARONE – Vedere Cantone Ticino alla fine dell'elenco alfabetico.

AGAZZANO 29010 Piacenza – 1 903 ab. alt. 184 – ✪ 0523.
Roma 534 – ♦Milano 88 – Piacenza 23.

X **Il Cervo** con cam, 𝒫 97208 – ⁂
   Pas *(chiuso martedì e dal 10 gennaio al 15 febbraio)* carta 25/33000 – ⌫ 5000 – **14 cam** 30/45000 – ½ P 35000.

AGLIANO **14041** Asti 219 ⑮ – 1 737 ab. alt. 262 – ✪ 0141.

Roma 603 – Asti 19 – ♦Milano 139 – ♦Torino 79.

    🏛 **Fons Salutis,** O : 2 km ℰ 954018, 🍽, « Parco ombreggiato », 🏊 – 🅿. 🛅 *VISA*. 🛇
    chiuso da dicembre a febbraio – Pas *(chiuso lunedì da ottobre a marzo)* carta 27/45000 – 🖵
    8000 – **30 cam** 46/73000 – ½ P 50/55000.

AGNO 427 ⑳, 219 ⑧ – Vedere Cantone Ticino alla fine dell'elenco alfabetico.

AGNONE **86061** Isernia 988 ㉗ – 6 171 ab. alt. 800 – ✪ 0865.

Roma 220 – Campobasso 71 – Isernia 45.

    🏛 **Sammartino** 🦢, largo Pietro Micca 44 ℰ 78239 – 🛗
    22 cam.

AGNUZZO 219 ⑧ – Vedere Cantone Ticino alla fine dell'elenco alfabetico.

AGOGNATE Novara 219 ⑰ – Vedere Novara.

AGORDO **32021** Belluno 988 ⑤ – 4 299 ab. alt. 611 – ✪ 0437.

Dintorni Valle del Cordevole★★ NO per la strada S 203.

🛈 via 4 Novembre 4 ℰ 62105.

Roma 646 – Belluno 29 – ♦Bolzano 85 – Cortina d'Ampezzo 60 – ♦Milano 338 – ♦Venezia 135.

    🏛 **Milano,** strada statale ℰ 62046, ≤, 🍽 – 🛗 ☎ 🅿. 🛅 🛞 🔾 🄴 *VISA*. 🛇 rist
    Pas *(chiuso lunedì)* carta 25/40000 – 🖵 6000 – **34 cam** 45/70000 – ½ P 45/55000.

AGRATE BRIANZA **20041** Milano 988 ③, 219 ⑲ – 11 385 ab. alt. 162 – ✪ 039.

Roma 587 – ♦Bergamo 31 – ♦Brescia 77 – ♦Milano 18 – Monza 7.

    🏨 **Colleoni,** via Cardano 2 ℰ 654391, Telex 326423, Fax 654495 – 🛗 🖾 📺 ☎ ⛭ 🚗 🅿 – 🛗
    25 a 180. 🛅 🛞 🔾 🄴 *VISA*. 🛇 rist
    Pas *(chiuso sabato)* carta 35/63000 – 🖵 14000 – **173 cam** 110/170000 appartamenti 170000
    – ½ P 125/145000.

    XX **La Carbonara,** a Cascina Offelera SO : 3 km ℰ 651896, 🍽, Coperti limitati; prenotare –
    🅿. 🛅 *VISA*
    chiuso sabato, domenica, dal 25 dicembre al 2 gennaio ed agosto – Pas carta 30/60000.

AGRIGENTO 🅿 988 ㊱ – Vedere Sicilia alla fine dell'elenco alfabetico.

AGROPOLI **84043** Salerno 988 ㉘㊳ – 16 643 ab. – a.s. Pasqua e 15 giugno-15 settembre –
✪ 0974.

Dintorni Rovine di Paestum★★★ N : 11 km.

Roma 312 – Battipaglia 33 – ♦Napoli 107 – Salerno 57 – Sapri 110.

    🏛 **Mare,** ℰ 823666, ≤, 🖾, 🍽 – 🛗 ☎ 🅿. 🛅 🛞 🔾 *VISA*. 🛇
    Pas *(chiuso martedì)* carta 26/36000 – 🖵 7000 – **41 cam** 35/53000 – ½ P 58/60000.

    🏛 **Carola,** ℰ 823005, « Servizio rist. estivo all'aperto », 🍽 – 🕾 🅿. 🛅 🛞 🄴 *VISA*. 🛇
    chiuso dall'8 gennaio all'8 febbraio – Pas carta 28/38000 (10%) – 🖵 6000 – **34 cam** 36/52000
    – P 70000.

    🏠 **Serenella,** ℰ 823333 – 🛗 🕾 ⛭ 🅿. 🛇 rist
    Pas carta 22/36000 (10%) – 🖵 6000 – **32 cam** 33/46000 – ½ P 45/50000.

    XX **U' Saracino,** SO : 1,5 km ℰ 825050, 🍽 – 🅿. 🛅 🛞 🔾 🄴 *VISA*. 🛇
    chiuso dal 10 al 30 novembre, martedì e a mezzogiorno dal 16 maggio al 10 novembre – Pas
    carta 30/50000.

    XX **Il Ceppo,** SE : 1,5 km ℰ 824308 – 🅿. 🛅 🛞 🄴 *VISA*. 🛇
    chiuso mercoledì e dall'11 settembre al 4 ottobre – Pas carta 20/42000 (12%).

AGUGLIANO **60020** Ancona – 3 134 ab. alt. 203 – ✪ 071.

Roma 279 – ♦Ancona 16 – Macerata 44 – Pesaro 67.

    🏠 **Al Belvedere,** ℰ 907190, 🍽 – ☎ 🅿. 🛅 🄴 *VISA*. 🛇
    Pas *(chiuso mercoledì)* 20/25000 – 🖵 4000 – **20 cam** 30/39000 – ½ P 32/34000.

AHRNTAL = Valle Aurina.

AIROLO 427 ⑮, 218 ⑪ – Vedere Cantone Ticino alla fine dell'elenco alfabetico.

ALA DI STURA **10070** Torino 988 ⑫, 219 ⑫, 77 ⑩ – 500 ab. alt. 1 075 – a.s. luglio-agosto e
Natale – ✪ 0123.

Roma 729 – Balme 7,5 – ♦Milano 177 – ♦Torino 51 – Vercelli 117.

    🏛 **Raggio di Sole,** ℰ 55191, ≤, 🍽 – 🛗 🕾 ⛭ 🅿. 🛞 🄴 *VISA*
    chiuso ottobre – Pas carta 23/41000 – 🖵 6000 – **29 cam** 35/70000 – P 60/70000.

ALAGNA VALSESIA 13021 Vercelli 988 ②, 219 ④ – 436 ab. alt. 1 191 – a.s. Pasqua, luglio-15 agosto e Natale – Sport invernali : 1 191/3 590 m ≤3 ≤3, ≠ – ۞ 0163.
Roma 715 – Biella 96 – ♦Milano 141 – Novara 95 – ♦Torino 155 – Vercelli 101.

  🏨 **Cristallo,** ℰ 91285, ← – 🔁 🕿. 🗚 🗟 ⓪ Ɛ 𝗩𝗜𝗦𝗔. 🦐 rist
    Pas *(chiuso ottobre e novembre)* 22000 – ⏄ 6000 – **29 cam** 56/98000 – ½ P 67/86000.

ALANNO 65020 Pescara – 3 825 ab. alt. 295 – ۞ 085 – Roma 188 – L'Aquila 84 – ♦Pescara 37.

  XX **Villa Alessandra** 🦐 con cam, ℰ 8573108, 🚗 – 🔲 🕿 🅿. 🗚 ⓪ 𝗩𝗜𝗦𝗔. 🦐
  ♦ Pas *(chiuso martedì e novembre)* carta 19/31000 – ⏄ 3000 – **7 cam** 38/55000 appartamento 65000 – ½ P 40000.

ALASSIO 17021 Savona 988 ⑫ – 11 901 ab. – ۞ 0182.

🏌 (chiuso mercoledì da settembre a giugno) a Garlenda ⊠ 17030 ℰ 580012, Fax 580561, NO 17 km Y – 🛈 via Gibb 26 ℰ 40346.
Roma 597 ① – Cuneo 117 ① – ♦Genova 98 ① – Imperia 24 ② – ♦Milano 221 ① – San Remo 47 ② – Savona 52 ① – ♦Torino 160 ①.

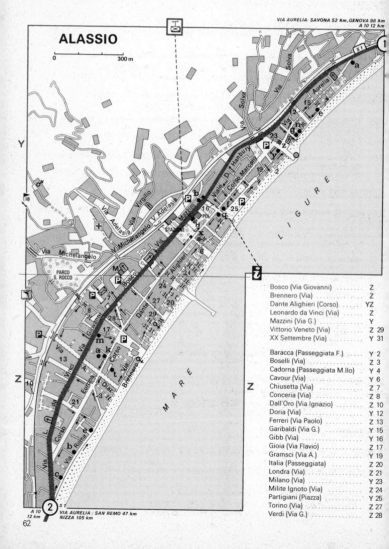

VIA AURELIA: SAVONA 52 Km, GENOVA 98 km
A 10 12 km

Bosco (Via Giovanni)	Z
Brennero (Via)	Z
Dante Alighieri (Corso)	YZ
Leonardo da Vinci (Via)	Z
Mazzini (Via G.)	Y
Vittorio Veneto (Via)	Z 29
XX Settembre (Via)	Y 31
Baracca (Passeggiata F.)	Y 2
Boselli (Via)	Z 3
Cadorna (Passeggiata M.llo)	Y 4
Cavour (Via)	Y 6
Chiusetta (Via)	Z 7
Conceria (Via)	Z 8
Dall'Oro (Via Ignazio)	Z 10
Doria (Via)	Y 12
Ferreri (Via Paolo)	Z 13
Garibaldi (Via G.)	Y 15
Gibb (Via)	Y 16
Gioia (Via Flavio)	Z 17
Gramsci (Via A.)	Y 19
Italia (Passeggiata)	Z 20
Londra (Via)	Y 21
Milano (Via)	Y 23
Milite Ignoto (Via)	Z 24
Partigiani (Piazza)	Y 25
Torino (Via)	Z 27
Verdi (Via G.)	Z 28

A 10
12 km
VIA AURELIA : SAN REMO 47 km
NIZZA 105 km

🏨🏨 **Gd H. Diana**, via Garibaldi 110 ℰ 42701, Telex 270655, ≤, « Terrazza-giardino ombreggiata », ⬛, 🏊 – ⬛ 📺 ☎ 🅿 – 🏊 100. 🆎 🕙 ⓘ E VISA ⬥ rist   Y a
chiuso dicembre e gennaio – Pas carta 37/63000 – ⬚ 18000 – **77 cam** 110/154000 – ½ P 95/183000.

🏨🏨 **Spiaggia**, via Roma 78 ℰ 40279, Telex 271617, Fax 40279, ≤, « Terrazza-solarium », 🏊 – ⬛ 📺 📺 ☎. 🆎 🕙 ⓘ E VISA ⬥ rist   Z c
chiuso dal 20 ottobre al 23 dicembre – Pas 35/55000 – ⬚ 25000 – **83 cam** 85/142000 – ½ P 120/130000.

🏨🏨 **Gd H. Méditerranée**, via Roma 63 ℰ 42564, Telex 272213, ≤, « Terrazza-giardino », 🏊 – ⬛ ▤ rist 📺 ☎ 🚗. 🆎 🕙 ⓘ E VISA ⬥   Z b
Pasqua-ottobre – Pas 35/40000 – **74 cam** ⬚ 80/150000 – ½ P 135/140000.

🏨 **Toscana**, via Flavio Gioia 4 ℰ 40657, Fax 43146, 🏊 – ⬛ 📺 ☎ – 🏊 120. 🆎 ⓘ VISA ⬥ rist   Z m
chiuso dal 15 ottobre al 19 dicembre – Pas *(chiuso lunedì)* carta 26/37000 – **65 cam** ⬚ 53/94000 – ½ P 62/88000.

🏨 **Europa e Concordia**, piazza Partigiani 1 ℰ 43324, Telex 282663, ≤, 🏊 – ⬛ ☎. 🆎 🕙 ⓘ E VISA ⬥ rist   Y f
marzo-ottobre – Pas *(solo per clienti alloggiati)* 25/35000 – ⬚ 8000 – **60 cam** 85/130000 – ½ P 60/90000.

🏨 **Columbia**, passeggiata Cadorna 12 ℰ 40329, ≤, 🏊 – ⬥ ☎. 🕙 E VISA ⬥ rist   Y n
chiuso dal 21 ottobre al 20 dicembre – Pas *(chiuso lunedì)* 28/44000 – ⬚ 6500 – **29 cam** 52/100000 – ½ P 72/90000.

🏨 **Nuovo Suisse**, via Mazzini 119 ℰ 40192, Telex 275535, Fax 460267, 🏊 – ⬛ ☎. 🕙 E VISA ⬥ rist   Y b
chiuso dal 10 novembre al 24 dicembre – Pas 20/32000 (10%) – ⬚ 6000 – **49 cam** 49/80000 – ½ P 50/88000.

🏨 **Firenze** senza rist, corso Dante 35 ℰ 43239, 🏊 – ⬛ 📺 ☎ 🅖 🅿. 🆎 ⓘ VISA   Z a
chiuso dal 10 gennaio al 20 marzo – **24 cam** ⬚ 53/94000.

🏨 **Lido**, via 4 Novembre 9 ℰ 40158, ≤, 🏊 – ⬛ 📺. ⬥ rist   Y g
aprile-20 ottobre – Pas *(solo per clienti alloggiati)* 35/40000 – **52 cam** ⬚ 70/125000 – ½ P 59/112000.

🏨 **New West End**, via Roma 42 ℰ 42230, ≤ – 📺 📺. 🆎 🕙 ⓘ E VISA ⬥ rist   Z e
chiuso da novembre al 22 dicembre – Pas carta 33/53000 – ⬚ 7500 – **54 cam** 70/98000 – ½ P 45/85000.

🏨 **Enrico**, corso Dante 368 ℰ 40000, Fax 40075 – ⬛ ▤ rist 📺 ☎. 🆎 🕙 ⓘ E VISA ⬥   Y q
chiuso novembre – Pas *(chiuso lunedì)* 25/27000 – ⬚ 12000 – **32 cam** 70/100000 – ½ P 60/80000.

🏨 **Ideal**, corso Dante 45 ℰ 40376, 🏊 – ⬛. ⬥ rist   Z k
maggio-15 ottobre – Pas 20/27000 – ⬚ 7000 – **64 cam** 51/70000 – ½ P 50/70000.

🏨 **Rosa**, via Conti 10 ℰ 40821 – ⬛ ☎ 📺 ⬥   Z t
chiuso da novembre al 9 dicembre – Pas 20/30000 – ⬚ 7500 – **45 cam** 45/80000 – ½ P 55/75000.

🏨 **Lamberti** senza rist, via Gramsci 57 ℰ 42747 – ⬛ 📺 🅿. 🕙 E. ⬥   Y y
aprile-20 ottobre – **21 cam** ⬚ 65/100000.

🏨 **Eden**, passeggiata Cadorna 20 ℰ 40281, ≤, « Servizio rist. estivo in terrazza », 🏊 – ⬥ rist ☎. 🆎 🕙 E VISA ⬥   Y e
febbraio-ottobre – Pas *(solo per clienti alloggiati)* – **29 cam** ⬚ 35/80000 – ½ P 63/70000.

XXX ❀ **Palma**, via Cavour 5 ℰ 40314, Coperti limitati; prenotare – 🆎 🕙 ⓘ E VISA   Y x
chiuso martedì e dal 7 novembre al 3 dicembre – Pas carta 50/75000
Spec. Ciuppin Provenzale, Raviolo panciuto di branzino, Triglie al vino rosso. Vini Pigato, Rossese.

X **Trianon**, piazza San Francesco 1 ℰ 43968 – 🆎 ⓘ VISA ⬥   Y z
chiuso lunedì sera, martedì e gennaio – Pas carta 34/60000.

ALATRI 03011 Frosinone 🔲🔲🔲 ⊛ – 24 687 ab. alt. 502 – 🕿 0775.
Vedere Acropoli★ : ≤★★ – Chiesa di Santa Maria Maggiore★.
Roma 93 – Avezzano 89 – Frosinone 11 – Latina 65 – Rieti 125 – Sora 39.

X **La Rosetta** con cam, via Duomo 35 ℰ 450068 – 🆎 ⓘ. ⬥
chiuso dal 5 al 30 novembre – Pas *(chiuso venerdì)* carta 22/30000 – ⬚ 4000 – **10 cam** 20/34000 – P 45/52000.

ALBA 12051 Cuneo 🔲🔲🔲 ⊛ – 30 672 ab. alt. 172 – 🕿 0173.
Dintorni Strada panoramica★ delle Langhe verso Ceva.
Roma 644 – Alessandria 65 – Asti 30 – Cuneo 62 – ◆Milano 155 – Savona 99 – ◆Torino 59.

🏨 **Savona**, via Roma 1 ℰ 42381, Telex 222396 – ⬛ ▤ rist 📺 ☎ 🅿 – 🏊 70 a 150. 🆎 🕙 ⓘ E VISA ⬥ – Pas *(chiuso martedì)* 22000 – **103 cam** ⬚ 52/92000 – ½ P 67000.

🏨 **Motel Alba** senza rist, corso Asti 5 ℰ 363251, Telex 225278, Fax 362990, ⬙ – ▤ ☎ 🅖 🅿 – 🏊 70. 🆎 🕙 ⓘ E VISA – ⬚ 8000 – **64 cam** 45/76000.

XX **Da Beppe**, corso Coppino 20 ℰ 43983 – ▤. 🆎 🕙 ⓘ E VISA ⬥
chiuso martedì e luglio – Pas carta 32/50000.

XX **Daniel's**, corso Canale 28 (NO : 1 km) ℰ 43969 – 🅿. 🆎 VISA
chiuso martedì e dal 1° al 25 agosto – Pas carta 30/45000.

X **La Capannina,** borgo Moretta strada Profonda 21 *&* 43952 – Ⓟ
chiuso lunedì (escluso i giorni festivi) – **Pas** carta 26/46000.

X **San Giorgio,** corso Europa 22/a *&* 35757 – ▤. ⅋
◆ *chiuso lunedì e dal 20 luglio al 15 agosto* – Pas carta 20/35000.

a Castelrotto NO : 4 km – ✉ 12050 :

XXX **La Villa,** *&* 361497, solo su prenotazione – ▤ Ⓟ. ⒜ 🅢. ⅋
chiuso domenica sera, lunedì e gennaio – Pas 50000.

ALBA ADRIATICA 64011 Teramo �"🲹🲹 ⑰ – 9 477 ab. – a.s. luglio e agosto – ⓣ 0861 – 🲥 piazza
Aldo Moro 6 *&* 72426. Roma 219 – ◆Ancona 104 – L'Aquila 110 – Ascoli Piceno 36 – ◆Pescara 49 – Teramo 37.

🏨 **Meripol,** lungomare Marconi 390 *&* 77744, ≼, 🟰, 🐾, ▦ – ▤ ▤ ⊛ Ⓟ. ⒜ 🅢. 🆅🅸🆂🅰
⅋ rist
maggio-settembre – Pas (solo per clienti alloggiati) – **44 cam** ⊑ 50/75000 – ½ P 61/98000.

🏨 **Sporting,** lungomare Marconi 414 *&* 72510, ≼, 🟰, 🐾 – ▤ ⊛ Ⓟ. ⅋
◆ *maggio-20 settembre* – Pas 18/26000 – ⊑ 5000 – **40 cam** 44/70000 – ½ P 35/65000.

🏨 **Impero,** lungomare Marconi 134 *&* 72422, ≼, 🟰, 🐾 – ▤ ⊛ Ⓟ. ⒜ ⓞ 🆅🅸🆂🅰. ⅋ rist
◆ *maggio-settembre* – Pas 20000 – ⊑ 8000 – **60 cam** 45/70000 – P 50/80000.

🏨 **Eden,** lungomare Marconi 438 *&* 77251, ≼, 🟰, 🐾 – ▤ ⊛ Ⓟ. ⅋
maggio-settembre – Pas 22/28000 – ⊑ 12000 – **52 cam** 45/68000 – ½ P 50/72000.

🏨 **Royal,** lungomare Marconi 208 *&* 72644, ≼, 🟰 – ▤ ⊛ Ⓟ. ⅋ rist
10 maggio-20 settembre – Pas 24/35000 – ⊑ 10000 – **64 cam** 45/70000 – ½ P 40/66000.

🏨 **Riccione,** viale della Vittoria 7 *&* 72337, 🟰, 🐾, ✕ – ▤ ⊛ Ⓟ. ⅋ rist
◆ *maggio-settembre* – Pas 15/20000 – ⊑ 10000 – **70 cam** 80/110000 – ½ P 34/67000.

🏨 **Doge,** lungomare Marconi 392 *&* 72508, ≼, 🟰, 🐾 – ▤ ⊛ Ⓟ. ⅋ rist
maggio-settembre – Pas (solo per clienti alloggiati) 24000 – ⊑ 8000 – **48 cam** 40/60000 –
P 47/77000.

🏡 **Joli,** via Olimpica 3 *&* 77477, 🐾 – ▤ ☎ Ⓟ. ⅋
◆ *15 maggio-15 settembre* – Pas (solo per clienti alloggiati) 15/20000 – ⊑ 8000 – **27 cam**
35/55000 – P 40/65000.

XX **Atlante** con cam, via Vittorio Veneto 41 *&* 72344 – ▤ 📺 ⊛ Ⓟ – 🜛 60. ⒜ 🆅🅸🆂🅰. ⅋
Pas *(chiuso domenica sera e lunedì)* carta 23/40000 – **18 cam** ⊑ 40/55000.

ALBAIRATE 20080 Milano 🲴🲹🲩 ⑱ – 3 095 ab. alt. 125 – ⓣ 02.
Roma 590 – ◆Milano 16 – Novara 36 – Pavia 37.

XXX **Charlie,** via Pisani Dossi 28 *&* 9406635 – Ⓟ. ⒜ 🅢 🅴 🆅🅸🆂🅰. ⅋
chiuso mercoledì, dal 1° al 10 gennaio ed agosto – Pas carta 70/80000.

ALBANETO 02010 Rieti – alt. 1 052 – ⓣ 0746.
Roma 126 – L'Aquila 57 – Ascoli Piceno 86 – Rieti 48 – Terni 53.

X **La Tana del Lupo,** *&* 935042, 🍴 – ▤ Ⓟ. ⅋
◆ *chiuso martedì* – Pas carta 20/28000.

ALBANO LAZIALE 00041 Roma 🲴🲹🲹 ㉖ – 31 010 ab. alt. 384 – ⓣ 06.
Vedere Villa Comunale★ – Chiesa di Santa Maria della Rotonda★.
🲥 via Olivella 2 *&* 9321323 – Roma 26 – Anzio 33 – Frosinone 75 – Latina 43 – Terracina 77.

🏨 **Miralago** 🐾, via dei Cappuccini 12 (NE : 1,5 km) *&* 9322253, « Servizio rist. estivo in
giardino », 🍴 – ☎ 🛏 Ⓟ. 🅢 🅴 🆅🅸🆂🅰. ⅋
chiuso novembre – Pas carta 35/50000 – ⊑ 8500 – **35 cam** 61/91000 – ½ P 100000.

🏡 **Motel del Mare,** via Olivella 100/104 (O : 1 km) *&* 9322335 – ▤ ⊛ Ⓟ. ⅋
Pas 22/32000 – ⊑ 6000 – **30 cam** 42/65000 – ½ P 65/70000.

ALBARELLA (Isola) Rovigo – Vedere Rosolina.

ALBAVILLA 22031 Como 🲴🲹🲩 ⑨ – 5 311 ab. alt. 331 – ⓣ 031.
Roma 628 – Como 11 – Lecco 20 – ◆Milano 48 – Varese 38.

XX ⊛ **Il Cantuccio,** *&* 628736, Coperti limitati; prenotare – 🅢 🅴 🆅🅸🆂🅰. ⅋
chiuso lunedì e martedì a mezzogiorno – Pas carta 54/73000 (10%)
Spec. Terrina di fegati rosa, Taglierini con salsiccia e zafferano, Lombata di capriolo con verdure brasate. Vini
Arneis, Barbaresco.

ALBENGA 17031 Savona 🲴🲹🲹 ⑫ – 22 247 ab. – ⓣ 0182 – Vedere Città vecchia★.
Roma 589 – Cuneo 109 – ◆Genova 90 – Imperia 34 – ◆Milano 213 – San Remo 57 – Savona 44.

🏡 **Marisa,** via Pisa 28 *&* 50241 – ⊛. ⒜ 🅢 ⓞ 🅴 🆅🅸🆂🅰. ⅋
chiuso ottobre – Pas 26/28000 – ⊑ 8000 – **16 cam** 39/59000 – P 60/63000.

XX **Punta San Martino,** regione San Martino *&* 51225, « Giardino » – 🜛 Ⓟ. ⓞ
chiuso lunedì e dal 7 gennaio al 15 febbraio – Pas carta 30/46000.

XX **Minisport,** viale Italia 35 *&* 53458 – ⒜ 🅢 ⓞ 🅴 🆅🅸🆂🅰
chiuso gennaio e mercoledì da ottobre a maggio – Pas carta 37/65000.

ALBEROBELLO 70011 Bari 988 ㉘ – 10 447 ab. alt. 416 – ✆ 080 – Vedere Località★★★ –
Trullo Sovrano★ – Roma 502 – ◆Bari 55 – ◆Brindisi 68 – Lecce 106 – Matera 69 – ◆Taranto 45.

🏨 **Dei Trulli** ⏲, via Cadore 32 🏶 721130, Fax 721044, 🛋, « Caratteristiche costruzioni
indipendenti », 🛋, 🌳 – ☜☞ 🔲 📺 ☎ 🅿 – 🛗 40. 🆎 🟦 🆅🆂🅰 🛇
Pas carta 33/51000 (15%) – 🖙 18000 – **28 cam** 100/170000 – ½ P 120/140000.

🏨 **Colle del Sole**, via Indipendenza 63 🏶 721370 – 🚗 🆎 🟦 🅾 🅴 🆅🆂🅰 🛇
Pas carta 16/25000 – 🖙 4000 – **18 cam** 35/53000 – ½ P 48/53000.

🍴🍴 ✿ **Il Poeta Contadino**, via Indipendenza 21 🏶 721917 – 🆎 🅾 🆅🆂🅰
chiuso dal 7 gennaio al 14 febbraio e venerdì da ottobre a marzo – Pas carta 26/39000 (15%)
Spec. Orecchiette alla crema di porcini, Agnello al forno, Grigliate di pesce.

🍴🍴 **Trullo d'Oro**, via Cavallotti 29 🏶 721820 – ☜☞ 🔲. 🆎 🟦 🅾 🅴 🆅🆂🅰
chiuso lunedì e gennaio – Pas carta 28/43000 (15%).

🍴 **Il Torchio**, via Monte San Michele 57 🏶 721888 – ☜☞. 🆎 🟦 🅾 🆅🆂🅰
chiuso martedì da ottobre a marzo – Pas carta 23/36000.

🍴 **Terminal**, via Indipendenza 4 🏶 725103 – 🟦 🅾 🅴 🆅🆂🅰
chiuso lunedì e dal 5 al 30 gennaio – Pas carta 19/32000 (15%).

sulla strada statale 172 NO : 4 km :

🍴🍴 **La Chiusa di Chietri**, ⊠ 70011 🏶 725481, « Grazioso giardino ombreggiato » – 🔲 🅿 –
🛗 100 a 200. 🆎 🟦 🅾 🅴 🆅🆂🅰 🛇
chiuso martedì e novembre – Pas carta 24/51000 (15%).

ALBIGNASEGO 35020 Padova – 17 402 ab. alt. 11 – ✆ 049.
Roma 487 – ◆Ferrara 71 – ◆Padova 7 – ◆Venezia 48.

sulla strada statale 16 :

🏨 **Master** senza rist, SO : 5 km ⊠ 35020 🏶 711611 – 🛗 🔲 📺 ☎ 🅿 – 🛗 30. 🅴
🖙 8000 – **28 cam** 45/65000, 🔲 6500.

🍴 **La Cicala**, NO : 3 km ⊠ 35020 🏶 684642, Solo piatti di pesce – 🅿
chiuso lunedì – Pas carta 27/41000.

ALBINEA 42020 Reggio nell'Emilia – 6 508 ab. alt. 259 – ✆ 0522.
Roma 437 – ◆Milano 159 – ◆Modena 35 – ◆Parma 37 – Reggio nell'Emilia 10.

🍴 **L'Altra Noce**, verso Scandiano E : 3 km ⊠ 42010 Borzano 🏶 910120 – 🔲 🅿. 🆎 🅾 🆅🆂🅰
🛇 – *chiuso martedì e dal 6 agosto al 4 settembre – Pas carta 25/36000.*

ALBINIA 58010 Grosseto 988 ㉕ – a.s. Pasqua e 15 giugno-15 settembre – ✆ 0564.
Roma 155 – Civitavecchia 79 – ◆Firenze 173 – Grosseto 32 – Orbetello 11 – Orvieto 104.

🏨 **Corallo** senza rist, via Paolieri 27 🏶 870065 – 🛗 ☎. 🆎 🟦. 🛇
🖙 6500 – **25 cam** 40/69000.

🍴 **Poggio al Pero**, via Maremmana 181 🏶 870066, Fax 870012 – 🆎 🅾 🆅🆂🅰
chiuso mercoledì, gennaio e febbraio – Pas carta 24/47000 (10%).

ALBINO 24021 Bergamo – 15 550 ab. alt. 347 – ✆ 035.
Roma 621 – ◆Bergamo 13 – ◆Brescia 65 – ◆Milano 67.

🍴 **Angelo Bianco**, via Mazzini 78 🏶 754255 – 🆎 🆅🆂🅰 🛇
chiuso domenica ed agosto – Pas carta 22/50000.

ALBISSOLA MARINA 17012 Savona 988 ⑬ – 5 961 ab. – ✆ 019.
Vedere Parco★ e sala da ballo★ della Villa Faraggiana – 🅱 via dell'Oratorio 2 🏶 481648.
Roma 541 – Alessandria 90 – Cuneo 103 – ◆Genova 41 – ◆Milano 164 – Savona 4,5 – ◆Torino 146.

Pianta : vedere Savona

🏨 **Corallo**, via Repetto 116 🏶 481784 – 🚗. 🆎 🟦 🅾 🅴 🆅🆂🅰 🛇 rist   CV **a**
*marzo-novembre – Pas (chiuso lunedì) 25/35000 – 🖙 8000 – **21 cam** 75000 – ½ P 50/70000.*

🏨 **Villa Chiara e Garden**, viale Faraggiana 5 🏶 485253, Fax 485255, 🌳 – 🔲 rist 📺 ☎ 🅿.
🆎 🟦 🅾 🅴 🆅🆂🅰 🛇 rist   CV **b**
*chiuso dal 20 dicembre al 5 gennaio – Pas carta 25/35000 – 🖙 10000 – **37 cam** 52/70000 –
½ P 50/67000.*

🏨 **Villa Verde**, via Gentile 16 🏶 487283, Fax 487284 – ☎ 🅿. 🆎 🅾 🅴 🛇 rist   CV **e**
*chiuso novembre – Pas 25/45000 – **29 cam** 🖙 50/70000 – ½ P 45/60000.*

🍴🍴 **Ai Pescatori-da Gianni**, corso Bigliati 82/88 🏶 481200 – 🛇   CV **n**
chiuso martedì e novembre – Pas carta 30/54000 (15%).

🍴🍴 **Al Cambusiere**, via Repetto 86 🏶 481663 – 🆎 🟦 🅾 🆅🆂🅰. 🛇   CV **a**
chiuso lunedì e dal 15 gennaio al 15 febbraio – Pas carta 36/60000 (15%).

🍴🍴 **Lanterna Verde**, corso Bigliati 106 🏶 486383 – 🆎 🟦 🅴 🆅🆂🅰   CV **a**
chiuso giovedì – Pas carta 21/33000 (15%).

ad Albisola Superiore N : 1,5 km – ⊠ 17013 :

🍴 **Il Barbagianni**, via della Rovere 11 🏶 489919, Coperti limitati; prenotare – 🟦 🅴 🆅🆂🅰
        CV **x**
chiuso a mezzogiorno e mercoledì – Pas carta 35/50000.

ALESSANDRIA 15100 P 988 ⑬ – 94 500 ab. alt. 95 – ✆ 0131.

📷 Margara (chiuso dicembre, gennaio e lunedì) a Fubine ✉ 15043 ☎ 778555, per ④ : 17,5 km;

📷 La Serra (chiuso lunedì) a Valenza ✉ 15048 ☎ 954778 per ① : 7 km.

🛈 via Savona 26 ☎ 51021.

A.C.I. corso Cavallotti 19 ☎ 60553.

Roma 575 ② – ◆Genova 81 ② – ◆Milano 90 ② – Piacenza 94 ② – ◆Torino 91 ④.

ALESSANDRIA

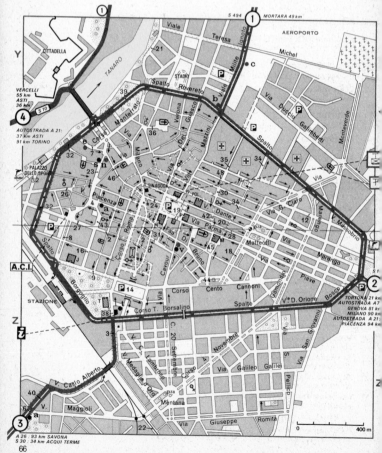

🏨 **Alli Due Buoi Rossi,** via Cavour 32 ℰ 445252, Telex 211397, Fax 445255 – 🔄 📧 📺 ☎ –
Z v
🏪 130. 🆎 🅑 ⓞ 🄴 𝘝𝘐𝘚𝘈
Pas vedere rist Red Oxen – ☲ 21000 – **56 cam** 165/240000 appartamenti 360/420000.

🏨 **Lux** senza rist, via Piacenza 72 ℰ 51661 – 🔄 📧 📺 ☎ ⟵ – 🏪 30 a 100. 🆎 🅑 🄴 𝘝𝘐𝘚𝘈
Y a
56 cam ☲ 80/118000.

🏠 **Domus** senza rist, via Castellani 12 ℰ 43305 – 🔄 📺 ☎ ℗ 🅑 🅓 ⓞ 🄴 𝘝𝘐𝘚𝘈 ⁒
Z t
☲ 8000 – **27 cam** 70/108000.

🏠 **Royal** senza rist, corso Carlo Marx 20 ℰ 342284 – 📺 ☎ ℗ – 🏪 30. 🅑
Z a
☲ 5000 – **27 cam** 48/80000.

🏠 **Europa,** via Palestro 1 ℰ 446226, Fax 42498 – 🔄 ☎ ⟵ – 🏪 30. 🆎 🅑 🅓 ⓞ 🄴 𝘝𝘐𝘚𝘈
Y s
⁒
Pas *(chiuso domenica ed agosto)* carta 29/44000 (15%) – ☲ 12000 – **33 cam** 48/80000.

🍴🍴🍴 **Red Oxen,** via Cavour 32 ℰ 445050, Fax 62294 – 📧 🆎 🅑 🅓 ⓞ 🄴 𝘝𝘐𝘚𝘈
Z v
chiuso dal 5 al 26 agosto e Natale – Pas carta 48/84000 (15%).

🍴🍴 **Osteria degli Etruschi,** spalto Rovereto 52 ℰ 222579 – 📧 🅑 🄴 𝘝𝘐𝘚𝘈
Y b
chiuso mercoledì – Pas carta 31/47000.

🍴🍴 **Il Grappolo,** via Casale 28 ℰ 53217 – 🆎 🅑 ⁒
Y e
chiuso lunedì sera, martedì, dal 7 al 16 gennaio e dal 5 al 28 agosto – Pas carta 30/47000.

🍴🍴 **Torino,** via Vochieri 108 ℰ 441991 – 📧 ⁒
Y n
chiuso venerdì – Pas carta 27/40000.

🍴 **Aeroporto,** viale Milite Ignoto 1 ℰ 222201, 🐝 – ℗ 🅑 🄴 𝘝𝘐𝘚𝘈
Y c
chiuso lunedì e dal 10 al 30 gennaio – Pas carta 26/41000.

sulla strada statale 31 per ④ : 5 km :

🏨 **Residence San Michele** senza rist, ✉ 15040 San Michele ℰ 318100, Fax 318406 – 🔄 📧
📺 ☎ ℗ 🆎 🅑 🅓 ⓞ 🄴 𝘝𝘐𝘚𝘈 ⁒
☲ 10000 – **58 cam** 90/125000.

ALFONSINE 48011 Ravenna 𝟿𝟾𝟾 ⑮ – 12 217 ab. alt. 6 – ✆ 0544.

Roma 396 – ♦Bologna 73 – ♦Ferrara 57 – ♦Firenze 133 – Forlì 42 – ♦Milano 283 – Ravenna 17.

🍴🍴 **Stella** con cam, corso Matteotti 12 ℰ 81148 – 📧 rist ☎. 🆎 🅑 🅓 🄴 𝘝𝘐𝘚𝘈 ⁒
⟵ chiuso dal 7 al 28 agosto – Pas *(chiuso sabato)* carta 20/40000 – ☲ 6000 – **10 cam** 33/46000.

ALGHERO Sassari 𝟿𝟾𝟾 ㉝ – Vedere Sardegna alla fine dell'elenco alfabetico.

ALGUND = Lagundo.

ALLEGHE 32022 Belluno 𝟿𝟾𝟾 ⑤ – 1 530 ab. alt. 979 – a.s. marzo-aprile, 15 luglio-15 settembre e
Natale – Sport invernali : 979/2 100 m ⛷ 1 ⛷6, ⛷ (vedere anche Zoldo Alto) – ✆ 0437.

Vedere Lago★.

Escursioni Valle del Cordevole★★ Sud per la strada S 203.

🛈 piazza Kennedy 17 ℰ 723333, Fax 723881.

Roma 665 – Belluno 48 – ♦Bolzano 84 – Cortina d'Ampezzo 41 – ♦Milano 357 – ♦Venezia 154.

🏨 **Sport Hotel Europa** ⛱, ℰ 723362, Fax 723906, ≤ – 🔄 ☎ ⟵ ℗ ⁒
15 dicembre-aprile e 20 giugno-settembre – Pas *(chiuso mercoledì)* carta 32/46000 – ☲
10000 – **33 cam** 60/90000 – ½ P 90/110000.

🏠 **Coldai,** ℰ 723305, ≤ – 📺 ☎ ℗ ⁒
chiuso maggio e ottobre – Pas *(chiuso martedì)* carta 22/38000 – ☲ 10000 – **29 cam**
60/80000 – ½ P 32/75000.

🏠 **Alleghe e Rist. N' Zunaia,** ℰ 723527 e rist ℰ 723539, ≤ – ☎. 🅑 🅓 🄴 𝘝𝘐𝘚𝘈 ⁒
chiuso novembre – Pas *(chiuso martedì e maggio)* carta 28/46000 – **16 cam** ☲ 70/100000 –
½ P 60/80000.

a Caprile NO : 4 km – ✉ 32023 :

🏨 **Alla Posta,** ℰ 721132, Fax 721677, 🖪 – 🔄 📺 ☎ ⟵ ℗ 🆎 🅓 ⁒
20 dicembre-5 maggio e 15 giugno-15 settembre – Pas *(chiuso mercoledì)* carta 34/49000 –
☲ 8000 – **56 cam** 70/140000 – ½ P 70/120000.

ALMENNO SAN SALVATORE 24031 Bergamo 𝟚𝟙𝟡 ⑳ – 5 478 ab. alt. 325 – ✆ 035.

Roma 612 – ♦Bergamo 11 – Lecco 27 – ♦Milano 54 – San Pellegrino Terme 17.

🍴 **Palanca,** ℰ 640800, ≤ – ℗ 🆎 🅑 🅓 ⓞ 🄴 𝘝𝘐𝘚𝘈
⟵ chiuso martedì e dal 1° al 15 luglio – Pas carta 20/30000.

ALPE DI MERA Vercelli 𝟚𝟙𝟡 ⑥ – Vedere Scopello.

ALPE DI SIUSI **(SEISER ALM) 39040** Bolzano – alt. 1 826 – a.s. 15 dicembre-15 gennaio, febbraio-15 aprile e luglio-settembre – Sport invernali : 1 826/2 210 m ⛷ 1 ⛷ 15, ⚕ (vedere anche Castelrotto) – 🕿 0471 – Vedere Posizione pittoresca★★.

🅱 ✗ 72904 – Roma 674 – ◆Bolzano 23 – Bressanone 28 – ◆Milano 332 – Ortisei 15 – Trento 89.

🏠 **Plaza,** ✗ 727973, Fax 727820, ≤, 🛋 – 🕿 🚗 🅿. 🆎 VISA. 🛇 rist
dicembre-aprile e giugno-settembre – Pas carta 25/50000 – **42 cam** solo ½ P 55/80000.

🏠 **Steger Dellai** 🏊, ✗ 727964, ≤, 🏊 in laghetto, 🛋 – 🕿 👌 🅿. 🛇 rist
18 dicembre-20 aprile e 10 giugno-settembre – Pas 30/40000 – **59 cam** solo ½ P 75/100000.

ALPE FAGGETO Arezzo – Vedere Caprese Michelangelo.

ALPICELLA Savona – Vedere Varazze.

ALPINO Novara 🔢 ⑥ – alt. 800 – ✉ **28040** Gignese – 🕿 0323.

🛶 (aprile-settembre; chiuso martedì in bassa stagione) a Vezzo ✉ 28040 ✗ 20101, SE : 1,5 km.
Roma 666 – ◆Milano 89 – Novara 65 – Orta San Giulio 17 – Stresa 9 – ◆Torino 141.

🏠 **Alpino Fiorente** 🏊, ✗ 20103, ≤, 🛋 – 🍽 🕿 🅿. 🛇
15 giugno-15 settembre – Pas carta 22/38000 – 🖵 5000 – **39 cam** 48/80000 – ½ P 50/70000.

ALSENO 29010 Piacenza – 4 517 ab. alt. 79 – 🕿 0523.
Roma 487 – ◆Milano 93 – ◆Parma 31 – Piacenza 29.

a Cortina Vecchia SO : 5 km – ✉ **29010** :

XX ❀ **Da Giovanni,** ✗ 948304, Coperti limitati; prenotare – 🅿. 🆎 🅱 ① E VISA. 🛇
chiuso lunedì sera, martedì, dal 2 al 18 gennaio e dal 16 agosto al 5 settembre – Pas carta 37/59000
Spec. Salamino in crema di funghi, Pisarei e fasô, Stracotto alla piacentina con polenta (ottobre-marzo). **Vini** Monterosso dei colli Piacentini, Gutturnio.

ALTAMURA 70022 Bari 🔢 ㉘ – 56 003 ab. alt. 473 – 🕿 080.
Vedere Rosone★ e portale★ della Cattedrale.
Roma 461 – ◆Bari 44 – ◆Brindisi 128 – Matera 19 – Potenza 102 – ◆Taranto 84.

🏠 **Svevia,** via Matera 2A ✗ 8712570, 🎪 – 🍽 📺 🕿 🅿. VISA. 🛇 rist
Pas carta 23/34000 – 🖵 7500 – **22 cam** 52/72000 – ½ P 60000.

XX ❀ **Del Corso,** corso Federico di Svevia 76 ✗ 841453 – ▤. 🆎 VISA. 🛇
chiuso mercoledì e dal 15 al 30 luglio – Pas carta 29/55000
Spec. Cavatelli con funghi, Scampi arrosto, Grigliata di agnello, salsiccia e involtini di animelle. **Vini** Sauvignon, Sassicaia.

ALTARE 17041 Savona – 2 470 ab. alt. 397 – 🕿 019.
Roma 567 – Asti 101 – Cuneo 80 – ◆Genova 68 – ◆Milano 191 – Savona 14 – ◆Torino 123.

X **Quintilio** con cam, ✗ 58000 – 🛇
chiuso settembre – **Pas** *(chiuso mercoledì)* carta 25/40000 – 🖵 4000 – **6 cam** 30/48000.

ALTAVILLA VICENTINA 36077 Vicenza – 7 488 ab. alt. 45 – 🕿 0444.
Roma 541 – ◆Milano 198 – ◆Padova 39 – ◆Venezia 73 – ◆Verona 44 – Vicenza 8.

🏠 **Genziana,** località Selva SO : 2,5 km ✗ 572159, Fax 520616, ≤, 🏊, 🛋 – ▤ 📺 🕿 🅿. 🆎 🅱.🛇
Pas *(chiuso martedì)* 25000 – 🖵 5000 – **27 cam** 65/90000 appartamenti 100000, ▤ 6000 – ½ P 70000.

a Tavernelle NO : 1,5 km – ✉ **36077** Tavernelle Vicentina :

🏠 Corona, senza rist, ✗ 573612 – 🐾 🅿 – **24 cam**

ALTICHIERO Padova – Vedere Padova.

ALTIPIANO LACENO Avellino – Vedere Bagnoli Irpino.

ALTISSIMO 36070 Vicenza – 1 764 ab. alt. 672 – 🕿 0444.
Roma 568 – ◆Milano 218 – Trento 102 – ◆Verona 65 – Vicenza 36.

XX **Casin del Gamba,** strada per Castelvecchio NE : 2,5 km ✗ 687709, Coperti limitati; prenotare – 🅿. 🆎 🅱. 🛇
chiuso domenica sera, lunedì, dal 10 al 15 gennaio e dal 16 al 31 agosto – Pas carta 43/61000.

ALTOMONTE 87042 Cosenza – 4 989 ab. alt. 485 – 🕿 0981.
Vedere Tomba★ di Filippo Sangineto nella Cattedrale – San Ladislao★ di Simone Martini nel museo – Roma 482 – Castrovillari 38 – ◆Cosenza 71.

🏠 **Barbieri,** via San Nicola 30 ✗ 948072, Fax 948073, ≤, 🛋 – 📺 🐾 🚗 🅿. 🆎 🅱 ① VISA
Pas carta 26/45000 – **24 cam** 🖵 45/80000 – ½ P 65/75000.

ALTOPASCIO 55011 Lucca 988 ⑭ – 9 772 ab. alt. 19 – ✿ 0583.

Roma 332 – ♦Firenze 58 – ♦Livorno 60 – Lucca 18 – ♦Milano 288 – Pisa 36 – Pistoia 27 – Siena 86.

🏠 **Cavalieri del Tau**, via Gavinana 32 ℘ 25131, Fax 24283, 🎐 – 🕴 🖂 TV 🕿 🅿 🕼 E VISA.
 ⚘
 Pas carta 24/37000 – ☞ 10000 – **30 cam** 55/83000.

ALZANO LOMBARDO 24022 Bergamo – 11 643 ab. alt. 294 – ✿ 035.

Roma 608 – ♦Bergamo 7 – ♦Brescia 59 – ♦Milano 54.

XX **Al Catenone** con cam, ℘ 516134 – ⚘ rist. AE 🕼 ⓞ E VISA. ⚘
 chiuso dal 1° al 15 gennaio e dal 20 luglio al 20 agosto – Pas (chiuso lunedì) carta 39/58000
 – ☞ 5000 – **8 cam** 35/45000 – ½ P 60000.

ALZATE BRIANZA 22040 Como 219 ⑱ – 3 776 ab. alt. 371 – ✿ 031.

Roma 621 – ♦Bergamo 46 – Como 10 – ♦Milano 42.

🏠 **Villa Odescalchi** ⚘, ℘ 630822, Fax 632079, « Villa del 17° secolo in un parco », 🟰, ⚘ –
 TV 🕿 🅿 – 🛎 30 a 40. AE. ⚘ rist
 chiuso dal 24 dicembre al 6 gennaio – Pas (chiuso martedì) carta 40/55000 – ☞ 15000 –
 25 cam 90/121000 – ½ P 115/120000.

AMALFI 84011 Salerno 988 ㉗ – 5 937 ab. – a.s. Pasqua, giugno-settembre e Natale – ✿ 089.

Vedere Posizione e cornice pittoresche*** – Duomo di Sant'Andrea* : chiostro del Paradiso**
– Vie* Genova e Capuano – Atrani* E : 1 km.

Dintorni Ravello*** NE : 6 km – Grotta dello Smeraldo** O : 5 km – Vallone di Furore** O :
7 km.

🛃 corso delle Repubbliche Marinare 25/27 ℘ 871107.

Roma 272 – Avellino 61 – Caserta 85 – ♦Napoli 62 – Salerno 25 – Sorrento 34.

🏰 **Santa Caterina**, ℘ 871012, Telex 770093, Fax 871351, ≼ golfo, « Terrazze fiorite digradanti
 sul mare con ascensori per la spiaggia », 🟰, 🚣 – 🕴 ⚘ cam 🖂 TV 🕿 🚗 🅿 – 🛎 80.
 AE 🕼 ⓞ E VISA. ⚘ rist
 Pas 50/60000 – ☞ 15000 – **70 cam** 210/360000 appartamenti 480/850000 – ½ P 160/220000.

🏠 **Luna Convento**, ℘ 871002, Telex 770161, Fax 871333, ≼ golfo, « Soggiorno in un chiostro
 del 13° secolo », 🟰, 🚣, 🎐 – 🕴 🕿 🚗 🅿 🕼 ⚘ rist
 Pas 40/45000 – ☞ 15000 – **45 cam** 90/140000 appartamenti 200000 – ½ P 105/135000.

🏠 **Miramalfi**, ℘ 871588, Telex 720325, Fax 871588, ≼ Amalfi e golfo, « Sulla scogliera domi-
 nante il mare con ascensore per la spiaggia », 🟰, 🚣, 🎐 – 🕴 🕿 🅿. AE 🕼 ⓞ E VISA.
 ⚘ rist
 Pas carta 39/57000 – ☞ 12000 – **44 cam** 52/90000 – ½ P 85000.

🏠 **Dei Cavalieri**, ℘ 831333, Telex 770073, Fax 831354, ≼ Amalfi e golfo, « Terrazze fiorite
 digradanti sul mare » – 🕴 🖂 cam 🕿 🕹 🅿. AE 🕼 ⓞ E VISA. ⚘
 Pas (solo per clienti alloggiati) – ☞ 15000 – **60 cam** 50/80000, 🖂 10000 – ½ P 55/90000.

🏠 **La Bussola**, ℘ 871533, Telex 721519, Fax 871369, ≼ – 🕴 🕿 🅿. AE 🕼 E VISA. ⚘ rist
 Pas 28000 – ☞ 9000 – **64 cam** 52/85000 – ½ P 78000.

🏠 **Residence**, ℘ 871183, ≼ – 🕴 🕿 🕹. AE 🕼 VISA. ⚘
 aprile-ottobre – Pas 23/25000 – ☞ 6000 – **27 cam** 50/80000 – ½ P 70/75000.

🏠 **Aurora**, senza rist, ℘ 871209, ≼, 🚣, – 🕴 🕿 🕹 🚗 🅿. AE 🕼 VISA. ⚘
 aprile-15 ottobre – ☞ 9000 – **31 cam** 48/84000.

🏠 **Lidomare** senza rist, ℘ 871332, Fax 857972, ≼ – 🕿. AE 🕼 ⓞ E VISA
 ☞ 8000 – **14 cam** 50/58000.

XX **Amalfi Rendez-Vous**, ℘ 872755, ≼ – ⚘
 chiuso martedì da novembre a marzo – Pas carta 26/40000 (10%).

X **Lo Smeraldino**, ℘ 871070, ≼, 🎐 – 🅿. AE 🕼 ⓞ E VISA. ⚘
 chiuso dal 15 gennaio al 15 febbraio e mercoledì in bassa stagione – Pas carta 30/43000
 (10%).

X **Da Ciccio Cielo-Mare-Terra**, O : 3 km ℘ 831265, ≼ – 🅿. AE. ⚘
 chiuso martedì e febbraio – Pas carta 23/49000.

X **La Caravella**, ℘ 871029 – AE 🕼 VISA
→ chiuso dal 10 al 30 novembre e martedì da dicembre ad aprile – **Pas** carta 17/35000 (10%).

X **La Taverna del Doge**, ℘ 872303 – 🖂. AE 🕼 ⓞ E VISA
 chiuso novembre e lunedì da dicembre a marzo – Pas carta 23/50000 (10%).

X **Il Tarì**, ℘ 871832 – 🖂. AE 🕼 ⓞ E VISA
 chiuso mercoledì e dal 5 novembre al 5 dicembre – Pas carta 23/37000 (10%).

 verso Pogerola O : 5 km :

🏰 **Gd H. Excelsior** ⚘, 🖂 84011 ℘ 871344, Telex 770194, ≼ golfo, costa ed Amalfi, 🎐,
 « Terrazze fiorite con 🟰 » – 🕴 🕿 🅿 – 🛎 100. AE 🕼 ⓞ E VISA. ⚘ rist
 aprile-ottobre – Pas 42000 – ☞ 20000 – **97 cam** 74/105000 appartamenti 128/165000 –
 ½ P 76/111000.

AMALFI (Grotta di) Salerno – Vedere Smeraldo (Grotta dello).

AMALFITANA (Costiera) Napoli e Salerno – Vedere Costiera Amalfitana.

AMANDOLA 63021 Ascoli Piceno 988 ⑯ – 4 064 ab. alt. 550 – ✆ 0736.

Roma 215 – ◆Ancona 109 – Ascoli Piceno 42 – Macerata 50 – Porto San Giorgio 56.

🏠 **Paradiso** ⤸, ☎ 847468, ≼, 🍴, 🌳, ✗ – 🛗 🅿 🔅 🎉
Pas carta 21/31000 – 🍴 4000 – **40 cam** 35/58000 – ½ P 40/50000.

AMANTEA 87032 Cosenza 988 ㊳ – 12 193 ab. – ✆ 0982.

Roma 514 – Catanzaro 67 – ◆Cosenza 43 – ◆Reggio di Calabria 160.

🏨 **Palmar,** S : 1,5 km ☎ 41673, ✗ – 🛗 🧺 🌳 🚗 🅿 – 🔏 200. 🆎 ⓞ 𝘝𝘐𝘚𝘈 🎉 cam
Pas *(chiuso lunedì)* carta 26/39000 – 🍴 5000 – **40 cam** 50/70000 – ½ P 40/70000.

🏠 **Socievole,** ☎ 41388 – 🛗 🌳 🚗 🅿
52 cam.

sulla strada statale 18 S : 4 km :

🏨 **La Scogliera,** ✉ 87032 ☎ 46219, Fax 46803, ≼, 🍴, 🐎, 🌳 – 🛗 ☎ 🚗 🅿 – 🔏 60. 🆎
🔅 ⓞ 𝘝𝘐𝘚𝘈 🎉 rist
Pas carta 24/40000 – 🍴 4500 – **38 cam** 60/100000 – ½ P 40/80000.

AMATRICE 02012 Rieti 988 ㉖ – 3 142 ab. alt. 955 – ✆ 0746.

Roma 144 – L'Aquila 75 – Ascoli Piceno 57 – Rieti 66 – Terni 91.

🏠 **Roma,** ☎ 85035, ≼ – 🛗 🍴 cam 📺 ☎ 🅿 ⓞ 🎉 cam
🍴 **Pas** carta 18/30000 – 🍴 3500 – **34 cam** 40/70000 – P 60/75000.

✗✗ **Lo Scoiattolo,** S : 1,5 km ☎ 85086, ≼, 🍴, « Laghetto con pesca sportiva », 🔲, 🌳 – 🅿
chiuso lunedì – Pas carta 24/38000.

AMBIVERE 24030 Bergamo 219 ㉑ – 1 976 ab. alt. 261 – ✆ 035.

Roma 607 – ◆Bergamo 6 – ◆Brescia 58 – ◆Milano 53.

✗ **Antica Osteria dei Cameli,** ☎ 908000, prenotare – 🅿 🔅 🎉
chiuso lunedì, martedì sera, dal 31 gennaio al 4 febbraio e dal 10 al 30 agosto – Pas
carta 37/56000.

ANCONA

Garibaldi (Corso)	ABZ
Stamira (Corso)	AZ

Bruno (Via Giordano)	CY 3
Carlo Alberto (Corso)	CY 4
Giovanni XXIII (Via)	AY 6
Marconi (Via)	AZ 8
Martiri d.Resistenza (V.)	CY 9
Pizzecolli (Via Ciriaco)	AYZ 13
Plebiscito (Piazza)	AZ 14
Raffaello Sanzio (Via)	CY 15
Repubblica (Piazza)	AZ 17
Ricostruzione (V. della)	CY 18
Roma (Piazza)	AZ 19
Stamira (Piazza)	BZ 20
Thaon de Revel (Via)	CZ 21
Vecchini (Via)	BZ 22
24 Maggio (Piazzale)	BZ 23

70

AMBRIA Bergamo – Vedere Zogno.

AMEGLIA 19031 La Spezia – 4 945 ab. alt. 80 – ✆ 0187.
Roma 400 – ♦Genova 107 – Massa 17 – ♦Milano 224 – Pisa 57 – ♦La Spezia 16.

🏛 ✿ **Paracucchi-Locanda dell'Angelo** 🏊, SE : 3 km strada provinciale Sarzana-Marinella 𝄐 64391, Fax 64393 – ⟲ cam 🔲 📺 ☎ 🅿 – 🔬 250. 🅰🅴 🕃 ⓞ 🅴 𝘝𝘐𝘚𝘈. 🛠
Pas *(chiuso gennaio)* carta 70/80000 – ☲ 16000 – **37 cam** 90/130000.
Spec. Risotto al piccione e tartufo nero, Zuppa di scampi, Salmone farcito di branzino con salsa ai finocchi.
Vini Pinot grigio, Chianti.

a Montemarcello S : 5,5 km – ⊠ 19030 :

✗ **Il Gabbiano**, ⌂ con cam, 𝄐 600066, « Servizio estivo in terrazza con ≼ », 🛠
stagionale – **12 cam**.

AMELIA 05022 Terni 🄸🄸🄸 ㉕ ㉖ – 11 155 ab. alt. 406 – ✆ 0744.
🄳 via Orvieto 1 𝄐 981453.
Roma 93 – ♦Perugia 92 – Terni 24 – Viterbo 42.

🏛 **Scoglio dell'Aquilone** ⌂, O : 2 km 𝄐 983005, Fax 983025, ≼, « Giardino ombreggiato »
– 📺 ☎ 🅿 – 🔬 300. 𝘝𝘐𝘚𝘈. 🛠
Pas *(chiuso martedì)* carta 25/41000 – ☲ 9000 – **38 cam** 55/80000 – ½ P 65000.

✗✗ **La Gabelletta**, via Tuderte 20 𝄐 982159 – 🅿. 🅰🅴 🕃 ⓞ 🅴 𝘝𝘐𝘚𝘈
chiuso lunedì e dal 15 luglio al 15 agosto – Pas carta 35/55000.

AMIATA (Monte) Siena e Grosseto – Vedere Abbadia San Salvatore.

ANACAPRI Napoli – Vedere Capri (Isola di).

ANCONA 60100 🄿 🄸🄸🄸 ⑯ – 103 877 ab. – a.s. luglio e agosto – ✆ 071.
Vedere Duomo di San Ciriaco★ AY – Loggia dei Mercanti★ AZ F – Chiesa di Santa Maria della Piazza★ AZ B.

🏌 e 🏌 Conero (chiuso lunedì e dal 15 gennaio al 15 febbraio) a Sirolo ⊠ 60020 𝄐 7360613, Fax 7360612, per ① : 12 km.

✈ di Falconara per ③ : 13 km 𝄐 56257 – Alitalia, Agenzia Cagidemetrio, piazza Roma 21 ⊠ 60121 𝄐 58892.

🄳 Stazione Ferrovie Stato ⊠ 60126 𝄐 41703 – via Thaon de Revel 4 ⊠ 60124 𝄐 33249, Fax 31966 – corso Stamira 60 ⊠ 60122 𝄐 204882.

A.C.I. corso Stamira 78 ⊠ 60122 𝄐 55335.

Roma 319 ③ – ♦Firenze 263 ③ – ♦Milano 426 ③ – ♦Perugia 166 ③ – ♦Pescara 156 ② – ♦Ravenna 161 ③.

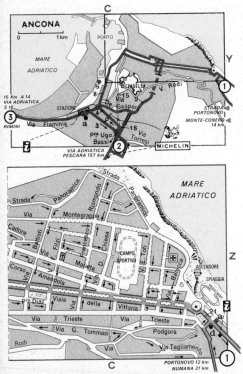

🏛 **Gd H. Passetto** ⌂ senza rist, via Thaon de Revel 1 ⊠ 60124 𝄐 31307, Fax 32856 – 🛗 🔲 📺 ☎ ♿ ⟵ 🅿 – 🔬 45. 🅰🅴 ⓞ 𝘝𝘐𝘚𝘈. 🛠 CZ **d**
☲ 15000 – **45 cam** 120/190000.

🏛 **Gd H. Palace**, lungomare Vanvitelli 24 ⊠ 60121 𝄐 201813, Fax 201813 – 🛗 🗐 🔲 📺 ☎ ⟵ – 🔬 50. 🅰🅴 🕃 ⓞ 🅴 𝘝𝘐𝘚𝘈. 🛠 rist AY **k**
chiuso dal 22 dicembre al 7 gennaio – Pas 35/45000 – ☲ 10000 – **41 cam** 115/160000.

🏛 **Fortuna** senza rist, piazza Rosselli 15 ⊠ 60126 𝄐 42662, Telex 561286, Fax 42662 – 🛗 🔲 📺 ☎ ⟵. 🅰🅴 🕃 ⓞ 🅴 𝘝𝘐𝘚𝘈
☲ 6000 – **57 cam** 55/90000. CY **a**

segue →

XXX **Passetto,** piazza 4 Novembre ⊠ 60124 ℰ 33214, ≤, « Servizio estivo in terrazza » – ⚼
ⓞ 𝖵𝖨𝖲𝖠   CZ **a**
chiuso dal 9 al 21 agosto e mercoledì (escluso dal 15 giugno-al 15 settembre) – Pas
carta 37/68000 (13%).

XX **La Moretta,** piazza Plebiscito 52 ⊠ 60122 ℰ 202317, 🝞 – ⚼ 🅱 ⓞ 𝖤 𝖵𝖨𝖲𝖠   AZ **n**
chiuso domenica e dal 13 al 18 agosto – Pas carta 35/50000 (10%).

XX **Miscia,** molo Sud ⊠ 60125 ℰ 201376, Solo piatti di pesce – ▤. ⚼ 🅱 ⓞ 𝖤 𝖵𝖨𝖲𝖠   CY **s**
chiuso domenica sera, 25-26-27 dicembre e 1-2 gennaio – Pas 60/85000.

a Torrette per ③ : 4 km – ⊠ **60020** :

🏛 **Sporting,** senza rist, ℰ 888294, Fax 888813 – 📶 📺 ☎ ⓟ – 🏛 30 a 150
100 cam.

X **Carloni,** ℰ 888239 – ▤. ⚼ 🅱 ⓞ 𝖤 𝖵𝖨𝖲𝖠
chiuso lunedì – Pas carta 25/43000 (12%).

a Palombina Nuova per ③ : 6 km – ⊠ **60020** :

🏛 **MotelAgip,** ℰ 888241, Fax 888241, ≤ – 📶 📺 ☎ ⓟ. ⚼ 🅱 ⓞ 𝖤 𝖵𝖨𝖲𝖠. 🝞 rist
Pas *(chiuso sabato)* 25000 – **51 cam** ⊇ 72/114000 – ½ P 84/100000.

a Portonovo per ① : 12 km – ⊠ **60020.**
Vedere Chiesa di Santa Maria★.

🏛 **Fortino Napoleonico** 🦢, ℰ 801124, Fax 801314, « In una fortezza ottocentesca », 🐾,
🝞 – ▤ 📺 ☎ ♿ ⓟ. ⚼ 🅱 ⓞ 𝖤 𝖵𝖨𝖲𝖠. 🝞 rist
Pas (prenotare) carta 45/70000 – ⊇ 10000 – **30 cam** 130000 appartamenti 200000 –
½ P 120/150000.

🏛 **Emilia** 🦢, in collina O : 2 km ℰ 801145, Fax 801330, ≤, « Collezione di quadri d'arte
moderna », 🝔, 🝞, ❀ – 📶 📺 ☎ ♿ ⓟ – 🏛 40. ⚼ 🅱 ⓞ 𝖵𝖨𝖲𝖠. 🝞
marzo-novembre – Pas carta 45/60000 (8%) – ⊇ 10000 – **30 cam** 70/85000 – ½ P 95/115000.

🏠 **Internazionale** 🦢, ℰ 801001, ≤ mare e costa, ❀ – 📺 ☎ ⓟ. 𝖵𝖨𝖲𝖠
Pas carta 31/60000 – ⊇ 8000 – **30 cam** 55/94000 – ½ P 70/82000.

MICHELIN, strada statale 16 - Adriatica km 307, località Baraccola CY – ⊠ 60131, ℰ 2865333.

⟪**ANDALO**⟫ 38010 Trento ❾❽❽ ④ – 978 ab. alt. 1 050 – a.s. 15 dicembre-Epifania e febbraio-marzo
– Sport invernali : 1 050/2 103 m ✦1 ≰10, ✚ (vedere anche Fai della Paganella e Molveno) –
✪ 0461.

Dintorni 🝊★★ dal Monte Paganella 30 mn di funivia.

🖪 piazza Centrale ℰ 585836, Telex 401385.

Roma 625 – ✦Bolzano 60 – ✦Milano 214 – Riva del Garda 48 – Trento 38.

🏛 **Piccolo Hotel** 🦢, ℰ 585710, ≤ gruppo di Brenta – 📶 🍽 📺 ☎ 🚗 ⓟ. 🅱 𝖵𝖨𝖲𝖠. 🝞
20 dicembre-20 aprile e 22 giugno-10 settembre – Pas 23/28000 – **24 cam** ⊇ 53/90000
appartamenti 112/139000 – ½ P 64/70000.

🏛 **Dal Bon** 🦢, ℰ 585839, ≤ – 📶 ☎ ⓟ. 🝞
➡ *20 dicembre-marzo e luglio-agosto* – Pas (solo per clienti alloggiati) 15/24000 – **29 cam**
⊇ 40/76000 – ½ P 55/84000.

🏛 **Maria,** ℰ 585828, Fax 585855 – 📶 📺 ☎ ♿ ⓟ – 🏛 150. 🅱. 🝞
Pas carta 25/47000 – ⊇ 10000 – **70 cam** 60/120000 – ½ P 70/92000.

🏛 **Andalo,** ℰ 585849, ≤, ❀ – 📶 ☎ 🚗 ⓟ. 🅱 𝖤 𝖵𝖨𝖲𝖠. 🝞
➡ *20 dicembre-marzo e 20 giugno-10 settembre* – Pas (solo per clienti alloggiati) 15/20000 –
36 cam ⊇ 45/79000 – ½ P 43/63000.

🏛 **Continental** 🦢, ℰ 585689, ≤ – 📶 🍽 ☎ ⓟ. 🝞
➡ *20 dicembre-Pasqua e giugno-15 settembre* – Pas carta 18/28000 – **29 cam** ⊇ 42/68000 –
½ P 70/80000.

🏛 **Splendid,** ℰ 585777, ≤ gruppo di Brenta – 📶 ☎ ⓟ. 🝞
➡ *15 dicembre-marzo e 20 giugno-10 settembre* – Pas 20/25000 – **57 cam** ⊇ 85/100000 –
½ P 40/80000.

🏠 **Negresco** 🦢, ℰ 585555, ≤, ❀ – 📶 ☎ 🚗 ⓟ. 🝞
➡ *15 dicembre-Pasqua e giugno-settembre* – Pas (solo per clienti alloggiati) 18000 – ⊇ 6000
– **23 cam** 42/67000 – ½ P 42/60000.

🏠 **Alaska,** ℰ 585631, ≤ – 📶 ☎ 🚗 ⓟ. 🝞
➡ *dicembre-marzo e 15 giugno-10 settembre* – Pas (solo per clienti alloggiati) 15000 – ⊇ 5000
– **26 cam** 80000 – ½ P 60000.

🏠 **Cristallo,** ℰ 585744, ≤ – 📶 ☎ ⓟ. 𝖵𝖨𝖲𝖠. 🝞
➡ *dicembre-23 aprile e 15 giugno-15 settembre* – Pas carta 19/25000 – ⊇ 8000 – **30 cam**
42/70000 – ½ P 55/65000.

🏠 **Olimpia,** ℰ 585715, ≤, ❀ – 📶 ☎ 🚗 ⓟ. 🝞
➡ *15 dicembre-22 aprile e 20 giugno-15 settembre* – Pas 18/20000 – ⊇ 7000 – **27 cam** 75000
– ½ P 35/60000.

🏠 **Serena,** ℰ 585727, ≤ – 📶 ☎ 🚗 ⓟ. 𝖵𝖨𝖲𝖠. 🝞
➡ *20 dicembre-22 aprile e 15 giugno-15 settembre* – Pas (solo per clienti alloggiati) 17/22000
– ⊇ 8000 – **33 cam** 36/48000 – ½ P 38/58000.

ANDORA 17020 Savona – 6 546 ab. – ✿ 0182.

🛈 via Fontana 1 𝒫 85796.

Roma 601 – ♦Genova 102 – Imperia 16 – ♦Milano 225 – Savona 56 – Ventimiglia 63.

a Marina di Andora – ⊠ 17020 :

🏠 **Liliana,** via del Poggio 23 𝒫 85083 – 🛗 ≼⇔ cam 🏤 ⇌. ⚞
↔ *aprile-15 ottobre* – Pas 20/35000 – ⚏ 8000 – **36 cam** 40/55000 appartamenti 110000 – ½ P 40/55000.

🏠 **Moresco,** via Aurelia 96 𝒫 85414, ≼ – 🛗 🏤. 🅰🄴 🛐 🄾 🄴 𝗩𝗜𝗦𝗔. ⚞ rist
↔ *chiuso da novembre al 22 dicembre* – Pas (solo per clienti alloggiati) 20/25000 – ⚏ 7000 –
35 cam 45/66000 – ½ P 65/72000.

🏠🏠 **Rocce di Pinamare,** via Aurelia 39 𝒫 85223, ≼, 🌣, « Terrazza fiorita sul mare », 🚲 –
🄿. 🅰🄴 🛐 🄾 🄴 𝗩𝗜𝗦𝗔
chiuso mercoledì e novembre – Pas carta 38/74000.

a San Pietro N : 4 km – ⊠ 17020 Andora :

🏠🏠 **Pan de Cà,** via Conna 13 𝒫 80290 – 🄿
chiuso a mezzogiorno (escluso sabato-domenica da dicembre a maggio), martedì e dal 15 ottobre al 15 novembre – Pas 33000 bc.

ANDRIA 70031 Bari 👁👁👁 ㉘ – 89 398 ab. alt. 151 – ✿ 0883.

Roma 399 – Bari 58 – Barletta 12 – ♦Foggia 82 – Matera 78 – Potenza 119.

🏠🏠 **La Siepe,** via Bonomo 97/b 𝒫 24413 – 🄾 𝗩𝗜𝗦𝗔. ⚞
chiuso venerdì – Pas carta 25/35000 (10%).

Vedere anche : *Castel del Monte* S : 17 km.

ANGERA 21021 Varese 👁👁👁 ②, 👁👁👁 ⑦ – 5 420 ab. alt. 205 – ✿ 0331.

Vedere **Affreschi dei maestri lombardi**★★ nella Rocca.

Roma 640 – ♦Milano 63 – Novara 47 – Stresa 33 – Varese 31.

🏠 **Dei Tigli,** 𝒫 930836 – 🏤 ⇌. 🅰🄴 🄾 𝗩𝗜𝗦𝗔. ⚞
marzo-ottobre – Pas (solo per clienti alloggiati) – ⚏ 7000 – **28 cam** 52/70000.

🏠 **Del Porto,** 𝒫 930490, 🌣 – ⚞
chiuso martedì sera, mercoledì e dal 10 gennaio al 10 febbraio – Pas carta 29/70000.

ANGOLO TERME 25040 Brescia – 2 570 ab. alt. 420 – a.s. luglio-settembre – ✿ 0364.

Roma 618 – ♦Bergamo 55 – ♦Bolzano 174 – ♦Brescia 59 – Edolo 48 – ♦Milano 100.

🏛 **Terme,** 𝒫 54066, ≼ – 🛗 ☎ ᕓ ⇌ 🄿. ⚞ rist
aprile-ottobre – Pas carta 22/34000 – ⚏ 6000 – **80 cam** 60000 – ½ P 39/55000.

ANGUILLARA SABAZIA 00061 Roma – 8 751 ab. alt. 175 – ✿ 06.

Roma 32 – Civitavecchia 59 – Terni 90 – Viterbo 59.

🏠 **Da Zaira,** 𝒫 9018082, ≼, 🌣 – 🄿. 🅰🄴 ⚞
chiuso martedì e dal 20 dicembre al 10 gennaio – Pas carta 21/33000 (10%).

ANITA 44010 Ferrara – alt. 3 – ✿ 0532.

Roma 403 – ♦Bologna 78 – ♦Ferrara 64 – ♦Milano 291 – ♦Ravenna 24.

🏠 **Spaventapasseri,** 𝒫 801220 – 🄿
↔ *chiuso dal 15 gennaio al 28 febbraio, lunedì sera e martedì (escluso luglio-agosto)* – Pas carta 20/31000.

ANNONE (Lago di) Como 👁👁👁 ⑨ – Vedere Oggiono.

ANNONE VENETO 30020 Venezia 👁👁👁 ⑤ – 3 283 ab. alt. 11 – ✿ 0422.

Roma 576 – Pordenone 24 – Treviso 42 – ♦Trieste 117 – Udine 78 – ♦Venezia 63.

🏠 **Da Guido** con cam, 𝒫 769193 – 🔲 rist 📺 ⇌ 🄿. 🄾 𝗩𝗜𝗦𝗔. ⚞
chiuso gennaio – Pas (chiuso lunedì) carta 21/38000 – ⚏ 4000 – **6 cam** 20/35000.

ANSEDONIA Grosseto 👁👁👁 ㉕ – ⊠ 58016 Orbetello Stazione – a.s. Pasqua e 15 giugno-15 settembre – ✿ 0564.

Vedere **Città antica di Cosa**★.

Roma 145 – Civitavecchia 69 – ♦Firenze 186 – Grosseto 45 – Orbetello 10 – Viterbo 81.

🏠 **Vinicio** con cam, 𝒫 881220, ≼ mare – 🔲 rist 🄿. 🅰🄴 🛐 🄾. ⚞ rist
Pas (chiuso martedì e novembre) carta 31/43000 (10%) – ⚏ 10000 – **8 cam** 35/58000 – ½ P 75/80000.

ANTAGNOD Aosta 👁👁👁 ④ – Vedere Ayas.

ANTERSELVA DI MEZZO e DI SOTTO (ANTHOLZ MITTERTAL und NIEDERTAL) Bolzano 👁👁👁 ⑤ – Vedere Rasun Anterselva.

ANTEY-SAINT-ANDRÈ 11020 Aosta 📖 ⓖ – 503 ab. alt. 1 080 – a.s. 15 febbraio-15 marzo, Pasqua, 15 luglio-agosto e Natale – 🕿 0166.

🛈 località Grand Moulin 𝒫 48266.

Roma 729 – Aosta 33 – Breuil-Cervinia 20 – ◆Milano 167 – ◆Torino 96.

  🏠 **Filey,** località Filey 𝒫 48212, ≤, 🚗 – 🛌 🚗 🅿. 🛠
    chiuso dal 17 settembre al 6 dicembre – Pas *(chiuso martedì)* carta 26/43000 – 🖵 5500 –
    39 cam 35/70000 – ½ P 65/70000.

  🏠 **La Grolla,** località Filey 𝒫 48277, ≤, 🚗 – 🅿. 🛠 rist
    20 dicembre-10 gennaio e 15 giugno-10 settembre – Pas carta 24/35000 – 🖵 5000 – **12 cam**
    33/60000 – ½ P 55/60000.

  🏠 **Des Roses,** località Poutaz 𝒫 48248, ≤, 🚗 – 🚗 🅿. 🛠 rist
  ◆ *6 dicembre-5 maggio e 25 giugno-20 settembre* – Pas 14/20000 – 🖵 5000 – **21 cam**
    38/58000 – ½ P 47/55000.

    Vedere anche : *Torgnon* O : 7 km.
               La Magdeleine E : 8 km.

ANTIGNANO Livorno – Vedere Livorno.

    *Le pubblicazioni turistiche **Michelin***
    offrono la possibilità di organizzare preventivamente il
    viaggio, conseguendo vantaggi insperati.

ANZIO 00042 Roma 📖 ⓖ – 32 386 ab. – Stazione balneare – 🕿 06.
Vedere Guida Verde.

🚢 per Ponza 15 giugno-15 settembre giornaliero (2 h 30 mn) – Caremar-agenzia Vecchiarelli, via Innocenziano 47/51 𝒫 9831231.

🚢 per Ponza giornalieri (1 h 10 mn) – Aliscafi SNAV e Agenzia Helios, via Innocenziano 18 𝒫 9845085, Telex 613086, Fax 9845097.

🛈 riviera Zanardelli 105 𝒫 9845147.

Roma 60 – Frosinone 81 – Latina 25 – Ostia Antica 49.

  🏩 **Gd H. dei Cesari,** via Mantova 3 𝒫 9874751, Fax 9874751, ≤, 🔟, 🏖, 🚗 – 🛗 🖃 🕿 🚗
    🅿 – 🔟 25 a 250. 🆎 🗓 ⓞ 🗉 **VISA**. 🛠
    Pas carta 30/55000 (15%) – **108 cam** 🖵 120/170000 – ½ P 103/160000.

  🏩 **Lido Garda,** piazza Caboto 8 𝒫 9845389, ≤, 🔟, 🏖, 🚗 – 🛗 🌐 🅿 – 🔟 30 a 300. 🆎 🗓
    ⓞ 🗉 **VISA**. 🛠
    Pasqua-15 settembre – Pas (solo per clienti alloggiati e *chiuso sino al 31 maggio*) 35000 –
    🖵 6000 – **32 cam** 50/80000 – ½ P 65000.

  XXX **Flora,** via Flora 9 𝒫 9846001, Fax 9831259 – 🖃. 🆎 🗓 ⓞ 🗉 **VISA**. 🛠
    chiuso martedì e dal 22 dicembre al 4 gennaio – Pas carta 55/85000.

  XX **All'Antica Darsena,** piazza Sant'Antonio 1 𝒫 9845146, ≤ – 🆎 🗓 ⓞ 🗉 **VISA**. 🛠
    chiuso lunedì – Pas carta 37/48000 (12%).

  X Al Turcotto, riviera Mallozzi 44 𝒫 9846340, ≤ – 🅿.

    a Lavinio Lido di Enea NO : 8 km – ✉ 00040 – a.s. 15 giugno-agosto :

  🏩 **Succi** 🛍, località Tor Materno 𝒫 9871798, ≤ – 🛗 📺 🕿 🚗. 🆎 🗓 ⓞ 🗉 **VISA**. 🛠
    Pas carta 35/51000 (15%) – 🖵 12000 – **39 cam** 73/93000 – ½ P 75000.

ANZOLA DELL'EMILIA 40011 Bologna – 9 627 ab. alt. 40 – 🕿 051.

Roma 381 – ◆Bologna 13 – ◆Ferrara 57 – ◆Modena 26.

  🏩 **Alan** senza rist, via Emilia 46/b 𝒫 733562, Fax 733562 – 🛗 🖃 📺 🕿 🅿. 🆎 🗓 **VISA**
    🖵 10000 – **61 cam** 70/96000.

  🏩 **Lu King** senza rist, via Emilia 65 𝒫 734273, Telex 520327, Fax 735098 – 🛗 📺 🕿 🅿. 🆎 🗓
    ⓞ 🗉 **VISA**. 🛠
    42 cam 🖵 80/110000.

  XX **Il Ristorantino-da Dino,** via 25 Aprile 11 𝒫 732364 – 🖃. 🆎 🗓 ⓞ 🗉 **VISA**. 🛠
    chiuso domenica sera, lunedì ed agosto – Pas carta 26/45000.

AOSTA (AOSTE) 11100 🄿 📖 ②, 📖 ②, 📖 ⓖ – 36 505 ab. alt. 583 – a.s. Pasqua, luglio-settembre e Natale – Sport invernali : a Pila : 1 814/2 709 m 🚡 3 🚠 8 – 🕿 0165.

Vedere Collegiata di Sant'Orso Y : capitelli★★ del chiostro★ – Finestre★ del Priorato di Sant'Orso Y – Monumenti romani★ : Porta Pretoria Y A, Arco di Augusto Y B, Teatro Y D, Anfiteatro Y E, Ponte Y G.

Escursioni Valle d'Aosta★★ : ≤★★★ Est, Sud-Ovest.

🛈 piazza Chanoux 3 e 8 𝒫 40526 e 35655, Telex 210208.

A.C.I. piazza Roncas 7 𝒫 362208.

Roma 746 ② – Chambéry 197 ③ – ◆Genève 139 ③ – Martigny 72 ① – ◆Milano 184 ② – Novara 139 ② – ◆Torino 113 ②.

74

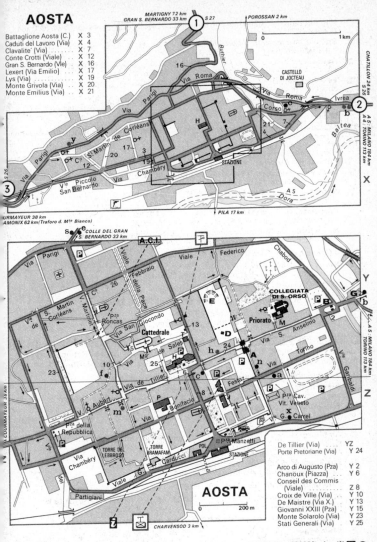

AOSTA

🏨 **Valle d'Aosta** senza rist, corso Ivrea 146 ℰ 41845, Telex 212472, Fax 236660, ≼ – 🛗 TV ☎
    ᒼ ⟵ 🅿 – 🔬 70. AE 🕲 ⓞ E VISA   X b
    ⌷ 8500 – **104 cam** 110/157000.

🏨 **Europe,** piazza Narbonne 8 ℰ 236363, Fax 40566 – 🛗 ▤ rist TV ☏. AE 🕲 ⓞ E VISA
    Pas carta 32/49000 – ⌷ 10000 – **72 cam** 100/150000.   Y c

🏨 **Ambassador,** via Duca degli Abruzzi 2 ℰ 42230, ≼ – 🛗 🝙 & ᒼ ⟵ 🅿 AE 🕲 ⓞ E VISA 🛠
    chiuso dal 5 al 30 novembre – Pas carta 33/48000 – ⌷ 8000 – **40 cam** 82000 appartamenti
    130000 – ½ P 72000.   X c

🏨 **Turin,** via Torino 14 ℰ 44593, Fax 761377 – 🛗 🝙 ᒼ ⟵. AE 🕲 ⓞ E VISA   Y a
    chiuso dal 15 novembre al 20 dicembre – Pas (chiuso lunedì) carta 27/40000 – ⌷ 8000 –
    51 cam 53/84000 – ½ P 52/63000.

🏨 **Residence Montblanc** senza rist, viale Gran San Bernardo 2 ℰ 44522, Fax 31859 – 🛗 ☎
    & 🅿. AE 🕲 ⓞ E VISA 🛠   Y e
    ⌷ 6000 – **70 cam** 55/85000.

segue →

🏠 **Mignon** senza rist, viale Gran San Bernardo 7 ✆ 40980 – 📺 ☎ 🚗 🅿 🆎 🕃 ➀ E *VISA*
22 cam ⌕ 70/107000.   Y s

🏠 **Bus**, via Malherbes 18 ✆ 43645, Fax 43646 – 🛗 ☎ 🚗 🅿 🆎 🕃 ➀ E *VISA*   Y f
Pas 21000 – ⌕ 8000 – **39 cam** 55/90000 – ½ P 58/75000.

🏠 **Roma** senza rist, via Torino 7 ✆ 41000, Fax 32404 – 🛗 ☎ 🚗 🆎 🕃 ➀ E *VISA*   Y n
chiuso dal 7 gennaio al 6 febbraio – ⌕ 8000 – **33 cam** 55/85000.

🏠 **Le Pageot** senza rist, via Carrel 31 ✆ 32433 – 📺 ☎ 🚗 🆎 🕃 ➀ E *VISA* ⚝   Z x
⌕ 8000 – **18 cam** 52/83000.

🏠 **Cecchin**, via Ponte Romano 27 ✆ 45262 – ☎ 🚗 🕃 ➀ E *VISA* ⚝   Y b
chiuso dal 15 ottobre al 15 dicembre – Pas (chiuso lunedì) carta 22/38000 – ⌕ 6000 –
10 cam 45/75000 – ½ P 60000.

XXX ☼☼ **Cavallo Bianco**, via Aubert 15 ✆ 362214, Coperti limitati; prenotare, « Antica stazione
di posta » – 🆎 ➀ *VISA* ⚝   Z m
chiuso domenica sera e lunedì (escluso luglio-agosto) – Pas 70/90000.
Spec. Tortino di melanzane ed astice in crema di pomodoro, Tournedos à la Carbonade. Cosce di rana in
guazzetto. Vini Chardonnay, Grenache rosso.

XX **Le Foyer**, corso Ivrea 146 ✆ 32136 – 🍽 🅿 🆎 🕃 ➀ E *VISA* ⚝   X b
chiuso martedì, dal 5 al 20 gennaio e dal 5 al 20 luglio – Pas carta 34/50000.

X **Agip**, corso Ivrea 138 ✆ 44565 – 🍽 🅿 🆎 🕃 ➀ E *VISA* ⚝   X b
chiuso lunedì da ottobre a maggio – Pas carta 29/46000.

X **Piemonte**, via Porta Pretoria 13 ✆ 40111 – 🕃 ➀ E *VISA* ⚝   Y h
chiuso domenica, gennaio e giugno – Pas carta 25/38000.

X **Al Traforo - Da Marino**, via Parigi 136 ✆ 553308, prenotare – 🅿 ➀ *VISA*   X y
chiuso lunedì, aprile ed ottobre – Pas carta 23/42000.

a Charvensod S : 3 km Z – alt. 746 – ✉ 11020 :

X **Borbey**, ✆ 41877 – ⚝
chiuso lunedì, giugno ed ottobre – Pas carta 25/43000.

a Pila S : 17 km X – alt. 1 814 – ✉ 11020 Gressan :

🏨 **Plan Bois** ⚝, ✆ 521052, ← – 📺 ☎ 🚗 🅿 – stagionale – **22 cam**.

Vedere anche : **Saint Cristophe** per ② : 4 km.
Quart-Villefranche per ② : 9 km.

APPIANO SULLA STRADA DEL VINO (EPPAN AN DER WEINSTRASSE) 39057 Bolzano 🤯🤯🤯
④., 🯈🯉🯊 ⑳ – 10 600 ab. alt. (frazione San Michele) 418 – a.s. aprile e luglio-15 ottobre – ☼ 0471.
🅱 piazza Municipio 1 ✆ 52206 – Roma 641 – ◆Bolzano 10 – Merano 32 – ◆Milano 295 – Trento 57.

a San Michele (St. Michael) – ✉ 39057 San Michele Appiano :

🏨 **Angerburg** ⚝, ✆ 52107, « Grazioso giardino » – ☎ 🅿. ⚝ rist
aprile-2 novembre – Pas carta 21/35000 – **35 cam** ⌕ 44/84000 – ½ P 47/59000.

🏨 **Tschindlhof** ⚝, ✆ 52225, ←, « Giardino-frutteto con ⚎ » – ☎ 🅿 ⚝ rist
◆ Pasqua-ottobre – Pas (solo per clienti alloggiati) 15/25000 – **13 cam** ⌕ 55/94000 –
½ P 60/68000.

🏨 **Aichberg** ⚝ senza rist, ✆ 52247, « Giardino-frutteto con ⚎ riscaldata » – 📺 ☎ 🅿 🕃
E ⚝
Pasqua-1° novembre – **12 cam** ⌕ 45000.

XX **Zur Rose**, ✆ 52249 – *VISA*
chiuso domenica e luglio – Pas carta 32/55000.

a Cornaiano (Girlan) NE : 2 km – ✉ 39050 :

XX **Marklhof-Bellavista**, ✆ 52407, ←, « Servizio estivo in terrazza » – 🅿 🆎 🕃 E
chiuso lunedì e dal 25 giugno al 7 luglio – Pas carta 32/46000.

a Monte (Berg) NO : 2 km – ✉ 39057 San Michele Appiano :

🏠 **Steinegger** ⚝, ✆ 52248, ← vallata, ⚎, ⚎, ☀, ⚝ – ☎ 🅿 ⚝ rist
◆ aprile-novembre – Pas (chiuso mercoledì) carta 19/30000 – **21 cam** ⌕ 45/90000 –
½ P 45/50000.

a San Paolo (St. Pauls) N : 3 km – ✉ 39050 San Paolo Appiano :

🏨 **Uli** ⚝, ✆ 52503, ←, ⚎ riscaldata, ☀ – 🛗 ☎ 🅿 ⚝
aprile-1° novembre – Pas (solo per clienti alloggiati e chiuso a mezzogiorno) – **25 cam**
⌕ 60/120000 – ½ P 73/83000.

🏨 **Michaelis Hof** ⚝ senza rist, ✆ 51432, ←, ☀ – 📺 ☎ 🅿. ⚝
Pasqua-5 novembre – **12 cam** ⌕ 50000.

🏨 **Weingarten** ⚝, ✆ 52299, ⚎, ⚎, ☀, ⚝ – 🅿 – stagionale – **28 cam**.

a Missiano (Missian) N : 4 km – ✉ 39050 San Paolo Appiano :

🏨 **Schloss Korb** ⚝, ✆ 633222, ← vallate, « In un castello medioevale », ⚎, ⚎, ☀, ⚝ –
🛗 ☎ 🅿 – 🏛 30 a 100
aprile-5 novembre – Pas carta 49/77000 – **56 cam** ⌕ 83/150000 appartamenti 260000 –
½ P 100000.

a Frangarto (Frangart) NE : 4 km – ✉ 39010 :

XX **Sparerhof**, ℰ 633119, ≤ – **❷** 🅱 **E** ~~VISA~~. ⚞
chiuso mercoledì, dal 24 al 31 dicembre e dal 15 luglio al 15 agosto – Pas carta 29/45000.

APPIANO GENTILE 22070 Como 👁👁👁 ⑱ – 6 588 ab. alt. 368 – ✆ 031.

🔝 La Pinetina (chiuso martedì) ℰ 933202.

Roma 617 – Como 15 – ✦Milano 40 – Saronno 18 – Varese 20.

XX **La Tarantola**, NO : 2,5 km ℰ 930990, « Servizio estivo in terrazza » – **❷** 🝙 🅱 **E** ~~VISA~~. ⚞
chiuso mercoledì – Pas carta 39/66000.

APRICA 23031 Sondrio 👁👁👁 ③④ – 1 598 ab. alt. 1 181 – Sport invernali : 1 181/2 309 m ≼ 6 ≼ 11, ⚑ – ✆ 0342.

🆔 via Roma 175 ℰ 746113, Fax 747732.

Roma 674 – ✦Bolzano 141 – ✦Brescia 116 – ✦Milano 157 – Sondrio 30 – Passo dello Stelvio 79.

🏨 **Bozzi**, ℰ 746169, Fax 747766, ≤, « Giardino » – 📳 ➾ ⇔ **❷** – 🕍 50. ⚞ rist
dicembre-25 aprile e luglio-agosto – Pas 18/35000 – ➱ 8000 – **45 cam** 80/140000 – P 60/120000.

🏨 **Cristallo**, ℰ 746159, ≤, 🚿 – 📳 ☜ ♿ **❷** 🖾 ~~VISA~~. ⚞ rist
dicembre-aprile e 20 giugno-20 settembre – Pas 20/30000 – ➱ 8000 – **30 cam** 37/60000 – ½ P 50/80000.

🏨 **Larice Bianco**, ℰ 746275, ≤ – 📳 ☎ **❷**. ⚞ rist
dicembre-aprile e giugno-settembre – Pas *(chiuso mercoledì)* 20/25000 – ➱ 10000 – **25 cam** 35/60000 – ½ P 45/75000.

🏨 **Sport**, ℰ 746134 – 📳 ☎ **❷**. ⚞ rist
Pas *(chiuso martedì)* 23000 – ➱ 7000 – **22 cam** 38/58000 – ½ P 41/68000.

🏨 **Eden**, ℰ 746253, ≤ – 📳 ➾ ⇔ **❷**. 🖾 ~~VISA~~. ⚞ rist
dicembre-aprile e luglio-settembre – Pas *(chiuso venerdì)* carta 25/44000 – ➱ 8500 – **21 cam** 40/63000 – ½ P 46/66000.

XX **Di Arrigo**, ℰ 746131 – 🖾 🅱 ⑩ **E** ~~VISA~~. ⚞
chiuso martedì, maggio e dal 15 al 30 settembre – Pas carta 24/34000 (10%).

APRICALE 18030 Imperia 👁👉👉 ⑱, 👉👉 ⑳ – 546 ab. alt. 273 – ✆ 0184.

Roma 668 – ✦Genova 169 – Imperia 55 – ✦Milano 292 – San Remo 30 – Ventimiglia 16.

XX **La Capanna-da Baci**, ℰ 208137, prenotare – 🖾 🅱 **E** ~~VISA~~. ⚞
chiuso lunedì sera, martedì e dal 20 febbraio al 10 marzo – Pas 21/28000.

X **La Favorita** ≫, con cam, ℰ 208186 – **❷**. ⚞ cam
chiuso dall'8 al 30 gennaio – Pas carta 21/31000 – ➱ 4000 – **6 cam** 42000.

AQUILEIA 33051 Udine 👁👁👁 ⑥ – 3 475 ab. alt. 5 – ✆ 0431.

Vedere Basilica★★ : affreschi★★ della cripta carolingia, pavimenti★★ della cripta degli Scavi – Rovine romane★.

Roma 635 – Gorizia 32 – Grado 11 – ✦Milano 374 – ✦Trieste 45 – Udine 37 – ✦Venezia 124.

X **La Colombara**, NE : 2 km ℰ 91513 – **❷**. ~~VISA~~. ⚞
chiuso lunedì – Pas carta 26/45000.

ARABBA 32020 Belluno 👁👁👁 ⑤ – alt. 1 602 – a.s. 15 febbraio-Pasqua, 15 luglio-agosto e Natale – Sport invernali : 1 602/2 950 m ≼ 2 ≼ 6 (anche sci estivo sulla Marmolada), ⚑ a Campolongo (Passo) – ✆ 0436.

🆔 ℰ 79130, Telex 440823, Fax 79300 – Roma 709 – Belluno 74 – Cortina d'Ampezzo 37 – ✦Milano 363 – Passo del Pordoi 11 – Trento 127 – ✦Venezia 180.

🏨 **Sport Hotel Arabba**, ℰ 79321, Telex 440832, Fax 79121, ≤ Dolomiti – 📳 ≫ cam 📺 ☎ ♿ **❷**. 🅱 **E** ~~VISA~~. ⚞
20 dicembre-aprile e luglio-15 settembre – Pas *(chiuso mercoledì)* 25/35000 – ➱ 15000 – **45 cam** 80/154000 – ½ P 70/100000.

🏨 **Olympia**, ℰ 79235, ≤ Dolomiti – 📳 ➾ **❷**. ~~VISA~~. ⚞ rist
20 dicembre-aprile e 20 giugno-settembre – Pas 15/22000 – ➱ 11000 – **29 cam** 67/88000 – ½ P 48/88000.

🏨 **Royal** senza rist, ℰ 79293, ≤ – ☎ ⇔ **❷**. ⚞
12 cam ➱ 55/80000.

X **Posta**, con cam, ℰ 79105, ≤ – ➾ **❷** – *stagionale* – **13 cam**.

Vedere anche : *Campolongo (Passo di)* N : 4,5 km.

ARBATAX Nuoro 👁👁👁 ㉞ – Vedere Sardegna (Tortoli) alla fine dell'elenco alfabetico.

ARBOREA Oristano 👁👁👁 ㉝ – Vedere Sardegna alla fine dell'elenco alfabetico.

ARCETO Reggio nell'Emilia – Vedere Scandiano.

Firenze – Vedere Firenze.

ARCEVIA 60011 Ancona 988 ⑯ – 6 002 ab. alt. 535 – ✿ 0731.
Roma 240 – ♦Ancona 73 – Foligno 83 – Pesaro 74.

 🏨 **Park Hotel** ॐ, ℰ 9595, ☞ – ‖ ↔ rist ☎ 🅿 – 🔬 30 a 80. 🆎 🔇 *VISA*
  chiuso dal 10 al 30 novembre – Pas *(chiuso lunedì)* carta 25/37000 – ☲ 7000 – **38 cam**
  36/56000 – ½ P 48/52000.

ARCO 38062 Trento 988 ④ – 12 273 ab. alt. 91 – a.s. 15 dicembre-15 gennaio e Pasqua –
✿ 0464 – 🖪 viale delle Palme 1 ℰ 516161, Telex 401560.
Roma 576 – ♦Brescia 81 – ♦Milano 176 – Riva del Garda 6 – Trento 36 – Vicenza 95.

 🏨 **Palace Hotel Città,** ℰ 531100, Telex 401023, Fax 516208, ⤓ riscaldata, ☞ – ‖ 📺 ☎ &
  🅿 – 🔬 50. 🆎 🔇 🕕 🖪 *VISA*. ❦ rist
  chiuso dal 5 novembre al 15 dicembre – Pas *(chiuso martedì)* carta 27/40000 – ☲ 9000 –
  80 cam 90/130000 – ½ P 75/110000.

 🏨 **Al Sole,** ℰ 516676, – ‖ 📺 ☎. 🆎 🔇 🖪 *VISA*
  chiuso novembre – Pas *(chiuso lunedì)* carta 21/30000 – ☲ 5000 – **22 cam** 35/60000 –
  ½ P 43000.

 🏨 **Marchi,** ℰ 517171 – ‖ 📺 ☎. 🔇 🖪 *VISA*. ❦ rist
  Pas carta 23/37000 – ☲ 5000 – **17 cam** 45/80000 – ½ P 60000.

 🏨 **Pace,** ℰ 516398 – ‖ ▤ rist ☎. 🔇 🖪 *VISA*
  Pas carta 23/32000 – ☲ 5000 – **42 cam** 32/60000 – ½ P 38/40000.

 XX **La Lanterna, località Prabi 10** (N : 2,5 km) ℰ 517013, prenotare – 🅿. 🔇 *VISA*
  chiuso martedì – Pas carta 24/45000.

 XX **Alla Lega,** ℰ 516205, 🎟 – 🅿 *VISA*. ❦
  chiuso mercoledì e dal 4 novembre al 6 dicembre – Pas carta 22/32000.

 X **Da Gianni,** località Chiarano, ℰ 516464 – ▤. 🆎 *VISA*. ❦
 ➜ *chiuso lunedì e settembre* – Pas carta 17/28000.

ARCORE 20043 Milano 219 ⑲ – 15 080 ab. alt. 193 – ✿ 039.
Roma 594 – ♦Bergamo 39 – Como 43 – Lecco 30 – ♦Milano 22 – Monza 7.

 🏨 **Sant'Eustorgio,** ℰ 6013718, Fax 617531, 🎟, « Giardino ombreggiato » – ‖ 📺 ☎ 🅿. 🆎
  🔇 🕕 🖪 *VISA*
  chiuso dal 26 dicembre al 7 gennaio e dal 7 agosto al 3 settembre – Pas *(chiuso venerdì e
  domenica sera)* carta 39/64000 – ☲ 9000 – **40 cam** 85/110000 appartamenti 150000.

ARDENNO 23011 Sondrio – 2 954 ab. alt. 290 – ✿ 0342.
Roma 682 – Chiavenna 43 – Lecco 64 – ♦Milano 120 – Sondrio 19.

 🏨 **Isola Masino, strada statale** ℰ 660348 – 🅿. *VISA*. ❦
  chiuso dal 19 dicembre al 4 febbraio – Pas *(chiuso lunedì)* carta 26/35000 (10%) – ☲ 7000 –
  33 cam 25/50000 – ½ P 40/44000.

ARDENZA Livorno – Vedere Livorno.

ARDESIO 24020 Bergamo – 3 667 ab. alt. 593 – a.s. luglio-agosto e Natale – Sport invernali : a
Valcanale 987/1 800 m ≤3, ⚡ – ✿ 0346.
Roma 638 – ♦Bergamo 37 – ♦Brescia 89 – Edolo 83 – ♦Milano 84.

 a Valcanale NO : 7 km – alt. 987 – ⊠ 24020 Ardesio :

 🏨 **Concorde** ॐ, ℰ 33050, ≤ – 🅿. ❦ rist
  chiuso dal 15 al 30 settembre – Pas *(chiuso lunedì)* carta 21/29000 – ☲ 2500 – **26 cam**
  28/35000 – ½ P 25/43000.

ARDORE MARINA 89037 Reggio di Calabria – ✿ 0964.
Roma 711 – Catanzaro 107 – ♦Reggio di Calabria 89.

 🏨 **Euro Hotel, S** : 1 km ℰ 61025, Fax 61024, ≤, ⤓, 🎠, ❦ – ‖ ▤ 📺 ☎ 🅿 – 🔬 70 a 1000.
  🆎. ❦
  Pas carta 29/48000 – ☲ 6000 – **56 cam** 85/122000 – ½ P 54/82000.

 XX **L'Araneto,** ℰ 629271, Fax 629039 – 🅿. 🆎 🔇 🕕 🖪 *VISA*. ❦
  chiuso martedì – Pas carta 24/42000 (10%).

AREMOGNA L'Aquila – Vedere Roccaraso.

ARENZANO 16011 Genova 988 ⑬ – 11 644 ab. – a.s. 15 dicembre-15 gennaio, 15 marzo-15
aprile e giugno-settembre – ✿ 010.
🖺 Della Pineta (chiuso martedì ed ottobre) a Punta San Martino ℰ 9111817, O : 1 km.
🖪 via Cambiaso 1 ℰ 9127581 – Roma 527 – Alessandria 77 – ♦Genova 28 – ♦Milano 151 – Savona 23.

 🏨 **Ena,** ℰ 9127379, ≤ – ‖ ☎. 🆎 🔇 🖪 *VISA*. ❦ rist
  Pas *(chiuso da ottobre ad aprile)* 26/34000 – ☲ 8000 – **23 cam** 44/63000 – ½ P 54/64000.

 X **Parodi,** ℰ 9126637, Fax 9123181 – ▤. 🆎 🔇 🕕 🖪 *VISA*
  chiuso martedì e dal 15 al 30 ottobre – Pas carta 26/42000.

Roma 597 – Como 36 – ◆Milano 16 – Varese 50.

XX **Castanei,** viale Alfa Romeo NO : 1,5 km 🖉 9380053 – 🗐 🅿 AE 🕄 ⑩ E ꞁ𝘝𝘐𝘚𝘈꞉. ✄
chiuso domenica, dal 24 dicembre al 2 gennaio ed agosto – Pas carta 23/41000.

*Les principales voies commerçantes figurent en rouge
au début de la liste des rues des plans de villes.*

AREZZO 52100 🄿 𝟫𝟪𝟪 ⑮ – 91 742 ab. alt. 296 – ✪ 0575.
Vedere Affreschi di Piero della Francesca★★★ nella chiesa di San Francesco ABY – Chiesa di
Santa Maria della Pieve★ : facciata★★ BY **B** – Crocifisso★★ nella chiesa di San Domenico BY –
Piazza Grande★ BY – Portico★ e ancona★ della chiesa di Santa Maria delle Grazie AZ – Opere
d'arte★ nel Duomo BY.

🄑 piazza Risorgimento 116 🖉 20839.
A.C.I. viale Luca Signorelli 24/c 🖉 25253.
Roma 214 ④ – ◆Ancona 211 ② – ◆Firenze 81 ④ – ◆Milano 376 ④ – ◆Perugia 74 ③ – Rimini 153 ①.

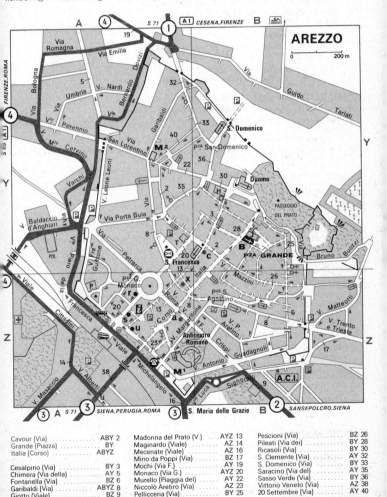

🏨 **Minerva**, via Fiorentina 6 ℰ 27891, Telex 573535, Fax 27891 – 🛗 🗖 📺 ☎ 🕹 ➡ 🅿 – 🔬
400. 🆔 🕄 ① VISA 🐾
AY **n**
Pas *(chiuso dal 1° al 20 agosto)* carta 25/39000 (15%) – ☲ 9000 – **118 cam** 57/90000 –
½ P 70/75000.

🏨 **Etrusco**, via Fleming 39 ℰ 381483, Telex 575098, Fax 382131 – 🛗 🗖 📺 ☎ 🕹 ➡ 🅿 – 🔬
400. 🆔 🕄 ① VISA 🐾 rist
1 km per ④
Pas carta 24/35000 – ☲ 8000 – **80 cam** 58/85000 – ½ P 70/75000.

🏨 **Continentale**, piazza Guido Monaco 7 ℰ 20251 – 🛗 🗖 rist 📺 ☎ 🕹 – 🔬 110 a 180. 🆔
① E VISA 🐾 rist
AZ **r**
Pas *(chiuso domenica sera e dal 1° al 14 agosto)* carta 23/37000 – ☲ 7000 – **74 cam**
55/85000 – ½ P 75/80000.

🏨 **Europa** senza rist, via Spinello 43 ℰ 357701 – 🛗 🗖 🖭. 🆔 VISA 🐾
AZ **u**
☲ 9000 – **45 cam** 64/101000.

🍴🍴 **Buca di San Francesco**, piazza San Francesco 1 ℰ 23271, « Ambiente d'intonazione
trecentesca » – 🆔 🕄 VISA
BY **c**
chiuso lunedì sera, martedì e luglio – Pas carta 28/40000 (15%).

🍴🍴 **Le Tastevin**, via de' Cenci 9 ℰ 28304, prenotare – 🗖. 🆔 🕄 VISA 🐾
AZ **x**
chiuso lunedì e dal 5 al 27 agosto – Pas carta 30/43000.

🍴 **Spiedo d'Oro**, via Crispi 12 ℰ 22873 – 🗖. 🐾
AZ **a**
chiuso giovedì e dal 1° al 15 luglio – Pas carta 22/32000 (12%).

sulla superstrada dei 2 Mari per ② : 8 km :

🍴 **Il Torrino**, ⊠ 52100 ℰ 360264, 🚗 – 🗖 🅿. 🆔 🕄 ① E VISA 🐾
chiuso lunedì – Pas carta 24/38000.

Vedere anche : *Giovi* per ① : 8 km.
Chiassa Superiore per ① : 9 km.

Roma 645 – Como 20 – ♦Lugano 43 – Menaggio 15 – ♦Milano 68 – Varese 44.

🏨 **Belvedere**, ℰ 821116, ≤ lago e monti, 🌴, « Terrazza-giardino sul lago » – 🅿. 🕄 E VISA
🐾 rist
Pasqua-ottobre – Pas carta 34/51000 (15%) – ☲ 7000 – **17 cam** 30/60000 – ½ P 65/70000.

🍴 **La Griglia** con cam, strada per Schignano SO : 3 km ℰ 821147, « Servizio estivo
all'aperto », 🌴 – 🅿. 🕄 E VISA
chiuso gennaio e febbraio – Pas *(chiuso martedì escluso da luglio a settembre)*
carta 30/45000 – ☲ 6000 – **6 cam** 56000 – ½ P 47/49000.

Roma 393 – ♦Bologna 17 – ♦Ferrara 34 – ♦Milano 223 – ♦Modena 41.

🍴🍴 **L'800**, via Centese 33 ℰ 893032 – 🅿. 🆔 ① VISA 🐾
chiuso domenica – Pas carta 35/50000.

🍴 **Bolognese**, via Centese 216 (NO : 3 km) ℰ 891553, 🌴, Coperti limitati; prenotare – 🅿.
🐾
chiuso domenica e dal 1° al 15 agosto – Pas carta 23/32000.

Roma 432 – ♦Bologna 50 – ♦Ferrara 34 – ♦Milano 261 – ♦Ravenna 40.

🍴🍴🍴 ✿ **Il Trigabolo**, piazza Garibaldi ℰ 804121, Fax 852235 – 🗖. 🆔 🕄 ① E VISA 🐾
chiuso domenica sera, lunedì e dal 19 al 26 febbraio – Pas carta 60/85000 (10%)
Spec. Insalata d'agnello all'olio di Brisighella (primavera), Lasagne croccanti con verdure in salsa di prosciutto,
Sella di lepre in salsa di frutti di bosco. Vini Chardonnay, Cabernet-Sauvignon.

a Campotto S : 6 km – ⊠ 44010 :

🍴 **Giannina**, ℰ 808300 – 🅿. 🆔
chiuso lunedì sera, martedì e dal 10 al 30 luglio – Pas carta 29/63000.

Roma 473 – ♦Ferrara 50 – ♦Milano 304 – ♦Padova 63 – ♦Ravenna 72 – Rovigo 36 – ♦Venezia 97.

🍴🍴 **Due Leoni** con cam, corso del Popolo 21 ℰ 71138 – 🖦 rist 🗖 rist. 🆔 VISA 🐾 rist
chiuso dal 1° al 15 luglio – Pas *(chiuso lunedì)* carta 30/42000 – ☲ 5000 – **15 cam** 32/47000
– ½ P 45000.

Roma 26 – Latina 39.

🏨 **Appian**, via Appia Nuova 55 (SE : 1 km) ℰ 9333026, 🌊, 🐾 – 🛗 ☎ 🅿 – 🔬 80. 🆔 🕄 ①
VISA 🐾 rist
Pas *(chiuso il week-end)* carta 23/35000 – ☲ 7000 – **90 cam** 45/65000.

80

18011 Imperia 𝟿𝟾𝟾 ⑳, 𝟷𝟿𝟻 ㉖ – ✆ 0184.

Vedere Dipinti⋆ nella chiesa di San Domenico a Taggia⋆ N : 3,5 km.

🖪 Villa Boselli 𝒫 43733.

Roma 631 – ◆Genova 132 – Imperia 15 – ◆Milano 255 – Ventimiglia 25.

  🏨 **Vittoria Grattacielo,** Lungomare 𝒫 43495, Telex 271345, Fax 41484, ≤, « Giardino con ∑ », 🗖, 🚲, ⚓ ➡ 🅿 – 🛗 100. 🖭 🕄 ⓞ 🖸 𝕍𝕊𝔸. ⋘
    chiuso dal 15 ottobre al 22 dicembre – Pas 43/50000 – **77 cam** ⊂⊃ 95/169000 – P 135/160000.

  🏠 **Svizzera,** Lungomare 𝒫 43152 – 🛗 ⋈ rist 🕿 🅿 🖭 𝕍𝕊𝔸. ⋘
    chiuso da ottobre al 18 dicembre – Pas (solo per clienti alloggiati) 30/40000 – ⊂⊃ 8000 –
    29 cam 39/67000 – P 50/85000.

  XX **La Conchiglia,** Lungomare 33 𝒫 43169 – 🕄 ⓞ 🖸 𝕍𝕊𝔸. ⋘
    chiuso novembre e mercoledì (escluso luglio-agosto) – Pas carta 36/75000.

  X **Da Pino,** via Andrea Doria 66 𝒫 42463 – 🖭 🕄 ⓞ 🖸 𝕍𝕊𝔸
    chiuso giovedì e dal 20 novembre al 20 dicembre – Pas carta 32/76000.

28010 Novara 𝟸𝟷𝟿 ⑥ – 289 ab. alt. 615 – ✆ 0323.

Roma 667 – Domodossola 47 – ◆Milano 90 – Novara 52 – ◆Torino 125 – Varese 58.

  X **La Tana della Volpe,** 𝒫 821119, ≤, Coperti limitati; prenotare, « In una vallata verdeggiante » – 🅿
    chiuso lunedì – Pas carta 28/43000.

Varese 𝟸𝟷𝟿 ⑦ – alt. 225 – ⊠ 21038 Leggiuno Sangiano – ✆ 0332.

Roma 651 – Laveno Mombello 8 – ◆Milano 74 – Novara 61 – Sesto Calende 22 – Varese 23.

  XX **Sasso Moro** ⌂ con cam, 𝒫 647230, ≤ lago, « Terrazza sul lago con servizio estivo », ⚓ – 🅿 🖭
    chiuso da gennaio al 15 febbraio – Pas (chiuso martedì) carta 31/53000 – ⊂⊃ 4000 – **15 cam**
    44/58000 – ½ P 50/56000.

  X **Campagna** con cam, 𝒫 647107 – 🕾 🅿 𝕍𝕊𝔸. ⋘
    chiuso novembre – Pas (chiuso martedì) carta 25/50000 – ⊂⊃ 5000 – **15 cam** 38/50000 –
    ½ P 42/45000.

28041 Novara 𝟿𝟾𝟾 ②③, 𝟸𝟷𝟿 ⑦⑰ – 15 884 ab. alt. 212 – a.s. aprile e giugno-15 settembre – ✆ 0322.

Vedere Lago Maggiore⋆⋆⋆ – Colosso di San Carlone⋆ – Polittico⋆ nella chiesa di Santa Maria – ≤⋆ sul lago e Angera dalla Rocca.

🖪 piazza Stazione 𝒫 243601.

Roma 641 – ◆Milano 64 – Novara 40 – Stresa 16 – ◆Torino 116 – Varese 32.

  🏨 **Atlantic,** corso Repubblica 124 𝒫 46521, Telex 200482, Fax 48358, ≤ – 🛗 🗏 📺 🕿 🕹 – 🛗 30 a 100. 🖭 🕄 ⓞ 🖸 𝕍𝕊𝔸. ⋘ rist
    Pas 48000 – ⊂⊃ 15000 – **75 cam** 120/155000 appartamenti 170/195000 – ½ P 90/130000.

  🏠 **Giardino,** corso Repubblica 1 𝒫 45994, Telex 200444, Fax 249401, ≤ – 🛗 📺 🕿 🕹. 🖭 🕄 ⓞ 🖸 𝕍𝕊𝔸
    Pas 25/45000 – ⊂⊃ 12000 – **50 cam** 72/87000 – ½ P 86000.

  🏠 **Antares** senza rist, via Gramsci 13 𝒫 243438 – 🛗 🕾 ⚓. 🖭 🕄 ⓞ 🖸 𝕍𝕊𝔸
    ⊂⊃ 8000 – **50 cam** 60/90000.

  🏠 **Florida** senza rist, piazza del Popolo 32 𝒫 46212, ≤ – 🛗 🕾. ⋘
    11 marzo-7 novembre – ⊂⊃ 7500 – **21 cam** 60/80000.

  XXX ❀ **Taverna del Pittore,** piazza del Popolo 39 𝒫 243366, ≤, prenotare, « Terrazza sul lago con servizio estivo » – 🖭 🕄 ⓞ 🖸 𝕍𝕊𝔸. ⋘
    chiuso lunedì e dal 5 dicembre al 31 gennaio – Pas carta 50/80000 (10%)
    Spec. Ragoût di mare in sfoglia croccante, Vellutata di crostacei in crosta (ottobre-marzo), Rana pescatrice agli scampi (aprile-giugno). Vini Traminer, Dolcetto.

  XX **Al Cantuccio,** piazza del Popolo 1 𝒫 243343 – 🗏. 🕄
    chiuso lunedì ed agosto – Pas carta 42/65000.

  XX **Del Barcaiolo,** piazza del Popolo 20/23 𝒫 243388, 🍽, « Taverna caratteristica » – 🖭 ⓞ 𝕍𝕊𝔸. ⋘
    chiuso mercoledì e dal 20 luglio al 20 agosto – Pas carta 32/50000 (10%).

  a Mercurago SO : 2 km – ⊠ 28040 :

  X **Dal Barba,** 𝒫 243589, 🍽 – 🕄 ⓞ 🖸 𝕍𝕊𝔸. ⋘
    chiuso lunedì sera e martedì – Pas carta 32/50000.

35032 Padova – 1 934 ab. alt. 56 – ✆ 0429.

Vedere Guida Verde.

Roma 478 – Mantova 85 – ◆Milano 268 – ◆Padova 25 – Rovigo 27 – ◆Venezia 61.

  XX **La Montanella,** 𝒫 718200, ≤, « Servizio estivo all'aperto », 🍽 – 🗏 🅿 🖭 ⓞ. ⋘
    chiuso martedì sera, mercoledì, dal 2 gennaio al 17 febbraio e dal 6 al 17 agosto – Pas carta 29/53000.

  XX **Aganoor,** SO : 1,5 km 𝒫 718140, ≤, 🍽, 🍽 – 🅿. ⋘
    chiuso martedì sera, mercoledì e da gennaio al 15 febbraio – Pas carta 31/45000.

81

ARSIÈ 32030 Belluno 988 ⑤ – 3 086 ab. alt. 314 – ✆ 0439.

Roma 580 – Belluno 44 – Trento 68 – Vicenza 71.

🏠 **Flaminio**, ℰ 59067 – 🅿. ⚠
→ Pas *(chiuso lunedì)* carta 20/32000 – ♋ 5000 – **22 cam** 40/62000 – ½ P 39/44000.

ARTA TERME 33022 Udine – 2 299 ab. alt. 442 – Stazione termale (maggio-ottobre), a.s. luglio-15 settembre e Natale – ✆ 0433.

🛈 via Roma 22/24 ℰ 92002.

Roma 696 – ♦Milano 435 – Monte Croce Carnico 25 – Tarvisio 71 – Tolmezzo 8 – ♦Trieste 129 – Udine 60.

a Piano d'Arta N : 2 km – alt. 564 – ✉ 33020 :

🏛 **Gardel**, ℰ 92588, 🚃 – 🛗 📺 ☎ 🕭 🅿 – 🔬 200. 🕭
→ *chiuso da novembre al 20 dicembre* – Pas *(chiuso giovedì)* carta 20/27000 – **50 cam** ♋ 40/65000 – ½ P 50/55000.

🏠 **Belvedere**, ℰ 92006, ≤ – ☎ 🅿
33 cam.

🍴🍴 **Salon** con cam, ℰ 92003 – 🛗 ☎ 🅿. 🖭 🕭 🄴 🗺 ⚠
chiuso dal 10 novembre al 10 dicembre – Pas carta 29/42000 – **24 cam** ♋ 63/92000 – ½ P 41/48000.

ARTIMINO Firenze – Vedere Carmignano.

ARZACHENA Sassari 988 ㉓ – Vedere Sardegna alla fine dell'elenco alfabetico.

ASCIANO 53041 Siena 988 ⑮ – 6 248 ab. alt. 200 – ✆ 0577.

Roma 209 – ♦Firenze 124 – ♦Perugia 89 – Siena 25.

🍴 **La Pievina**, località Pievina NO : 5,5 km ℰ 718368 – 🅿
chiuso lunedì, martedì e dal 5 al 25 agosto – **Pas** carta 25/40000.

Europe   Se il nome di un albergo è stampato in carattere magro,
          chiedete al vostro arrivo le condizioni che vi saranno praticate.

ASCOLI-PICENO

Popolo (Piazza del)	A 18
Roma (Piazza)	A 21
Trento e Trieste (Corso)	A 25

Arringo (Piazza)	A 2	Ponte Maggiore	B 14
Bartolomei (Via)	AB 3	Ponte Pta Cartara	A 15
Bonaccorsi (Via)	A 4	Ponte Pta Solestà	A 16
Buonaparte (Via)	B 5	Ponte Pta Tufilla	
Cairoli (Via)	A 6	(Nuovo)	B 17
Cecco d'Ascoli		Pretoriana (Via)	A 20
(Piazza)	A 7	Solestà (Via)	A 22
Fortezza (V. d.)	A 8	Trebbiani (Via)	A 24
Indipendenza (V.)	B 9	Trivio (Via del)	A 26
Matteotti (Piazza)	B 13	20 Settembre (V.)	A 27

Vedere Piazza del Popolo★★ A : palazzo dei Capitani del Popolo★, chiesa di San Francesco★,
Loggia dei Mercanti★ – Quartiere vecchio★ A : ponte di Solestà★, chiesa dei Santi Vincenzo ed
Anastasio★ – Corso Mazzini★ AB – Polittico del Crivelli★ nel Duomo B A – Battistero★ B A.

🛈 corso Mazzini 229 ✆ 258115 – piazza del Popolo ✆ 255240.

A.C.I. viale Indipendenza 38/a ✆ 45920.

Roma 191 ③ – ◆Ancona 122 ② – L'Aquila 101 ② – ◆Napoli 331 ② – ◆Perugia 175 ③ – ◆Pescara 88 ② – Terni
150 ③.

Pianta pagina a lato

🏨 **Pennile** 🦙 senza rist, via Spalvieri ✆ 41645, ☞ – 📺 🕾 🚗 🄿 🎟 🛆 🄾. 🛠
　　 ☲ 2000 – **33 cam** 39/61000. 　　　　　　　　　　　　　　　per viale Marconi 　B

🏋 **Gallo d'Oro,** corso Vittorio Emanuele 13 ✆ 253520 – 🍽. 🄰🄴 🛆 🄾 VISA 　　B　n
　　 chiuso domenica sera, lunedì e dal 20 dicembre al 5 gennaio – **Pas** carta 24/33000.

🏋 **Pennile,** via Spalvieri 13 ✆ 42504 – 🄿. 🛆 🄾 　　　　　　　per viale Marconi 　B
　　 chiuso venerdì – Pas carta 23/35000.

　　 Vedere anche : **Folignano** SE : 8 km.

Sport invernali : sull'Altopiano : 1 001/2 005 m ⚡1 ⚡65, ⚡ – ✆ 0424.

🛅 (giugno-ottobre) ✆ 46271.

🛈 piazza Carli 56 ✆ 462221, Telex 480828, Fax 462445.

Roma 589 – ◆Milano 261 – ◆Padova 88 – Trento 63 – Treviso 83 – ◆Venezia 121 – Vicenza 55.

🏨 **Paradiso,** via Monte Valbella 33 ✆ 462660 – 🛗 🕾 – 🚿 100. 🛠
　　 15 dicembre-15 aprile e giugno-settembre – Pas 31000 – ☲ 12000 – **42 cam** 80/100000 –
　　 ½ P 49/89000.

🏨 **Bellevue** 🦙, località Kaberlaba ✆ 63367, ≤ Altopiano, 🛠 – 🛗 🕾 🚗 🄿. 🛠
　　 Pas carta 25/34000 – ☲ 9000 – **22 cam** 72/90000 – ½ P 80000.

🏨 **La Baitina** 🦙 località Kaberlaba ✆ 462149, ≤ Altopiano, ☞ – 🛗 📺 🕾 🄿 – 🚿 300. 🛠
　　 chiuso novembre – Pas carta 28/38000 – ☲ 10000 – **37 cam** 72/90000 – ½ P 82000.

🏨 **Croce Bianca,** via 4 Novembre 30 ✆ 462642 – 🛗 ⟨⟩ 🕾 🄿. 🛠
　　 15 dicembre-15 aprile e 15 giugno-15 ottobre – Pas (chiuso mercoledì) 31000 – **36 cam**
　　 ☲ 80/100000 – ½ P 89000.

🏩 **Erica,** via Garibaldi 55 ✆ 462113 – 🛗 ⟨⟩ cam 🕾 🚗 🄿. 🛠
　　 15 dicembre-18 aprile e 10 giugno-20 settembre – Pas 25000 – ☲ 9000 – **35 cam** 49/85000
　　 – ½ P 50/70000.

🏩 **Miramonti** 🦙, località Kaberlaba ✆ 462526, ≤, ☞, 🛠 – 🛗 ⟨⟩ 🕾 🄿. 🛠
　　 dicembre-aprile e giugno-settembre – Pas 25/30000 – ☲ 12000 – **29 cam** 70/90000 –
　　 ½ P 55/75000.

🏩 **Europa,** via 4 Novembre 65 ✆ 462659 – 🕾. VISA. 🛠
　　 chiuso ottobre e novembre – Pas carta 25/35000 – ☲ 7000 – **27 cam** 48/60000 –
　　 ½ P 65/75000.

🏩 **Vescovi** 🦙, via Don Viero 80 ✆ 462614, ≤ – 📺 🕾 🚗 🄿. 🛠 rist
　　 20 dicembre-marzo e 15 giugno-15 settembre – Pas 20/25000 – ☲ 7000 – **19 cam** 60/90000
　　 – ½ P 40/70000.

🏋 **Casa Rossa,** località Kaberlaba ✆ 462017, ≤ – 🄿. 🄰🄴
　　 chiuso ottobre e giovedì in bassa stagione – Pas carta 25/39000.

🏋 **Aurora** 🦙 con cam, via Ebene 71 ✆ 462469, Coperti limitati; prenotare – 🄿. 🛠
　　 Pas (chiuso lunedì) carta 23/33000 – ☲ 5000 – **8 cam** 25/49000.

ASOLO 31011 Treviso 988 ⑤ – 6 648 ab. alt. 204 – 🕾 0423.

Vedere Guida Verde.

🖪 via Santa Caterina 258 (Villa De Mattia) 𝒫 52183.

Roma 559 – Belluno 65 – ◆Milano 255 – ◆Padova 47 – Trento 104 – Treviso 35 – ◆Venezia 65 – Vicenza 51.

🏨 **Villa Cipriani** 🈂, 𝒫 55444, Telex 411060, Fax 52095, ≤ pianura e colline, 🞵 – 🛊 🗐 🖃 🕾
🚗 🅿 🖭 ⑤ ⑩ 𝙴 VISA
Pas carta 68/100000 – 🖂 20000 – **31 cam** 251/327000 – ½ P 227/259000.

🏨 **Duse** senza rist, 𝒫 55241, Fax 950404 – 🛊 🖃 🕾. 🖭 ⑤ ⑩ 𝙴 VISA
🖂 7500 – **12 cam** 50/85000.

🏵🏵 **Charly's One**, 𝒫 52201 – 🖭 ⑤ ⑩ 𝙴 VISA
chiuso novembre, giovedì sera e venerdì (escluso da giugno a settembre) – Pas
carta 29/42000.

🏵 **Hosteria Cà Derton**, 𝒫 52730 – 🖭 VISA
chiuso lunedì sera, martedì, dal 17 al 28 febbraio e dal 17 al 28 agosto – Pas carta 21/32000.

sulla strada provinciale per Castelfranco Veneto S : 4 km :

🏵 **Da Mario-Croce d'Oro**, ⌧ 31011 𝒫 564075 – 🅿 VISA 🎤
➤ chiuso martedì sera, mercoledì e dal 10 al 29 agosto – Pas carta 20/30000.

ASSAGO Milano 219 ⑱ – Vedere Milano, dintorni.

Read carefully the introduction it is the key to the Guide.

ASSISI 06081 e 06082 Perugia 988 ⑯ – 24 534 ab. alt. 424 – 🕾 075.

Vedere Basilica di San Francesco*** A : affreschi*** nella Basilica inferiore, affreschi di
Giotto*** nella Basilica superiore.
Chiesa di Santa Chiara** BC – Rocca Maggiore** B : 🎤** – Duomo di San Rufino* C :
facciata** – Piazza del Comune* B 3 : tempio di
Minerva* A – Via San Francesco* AB – Chiesa di
San Pietro* A.

Dintorni Eremo delle Carceri** E : 4 km C –
Convento di San Damiano* S : 2 km BC – Basilica di
Santa Maria degli Angeli* SO : 5 km A.

🖪 piazza del Comune 12 ⌧ 06081 𝒫 812534, Telex 660122.

Roma 177 ② – Arezzo 99 ③ – ◆Milano 475 ③ – ◆Perugia 26
③ – Siena 131 ③ – Terni 76 ②.

🏨 **Subasio**, via Frate Elia 2 ⌧ 06081 𝒫 812206,
Telex 662029, Fax 816691, ≤, 🞵, « Terrazze
fiorite » – 🛊 ≪ cam 🕾 🕭. ⑤ ⑩ 𝙴 VISA
🎤 rist   A f
Pas carta 40/53000 – 🖂 15000 – **62 cam**
95/140000 – ½ P 115/140000.

🏨 **Giotto**, via Fontebella 41 ⌧ 06082 𝒫 812209,
Telex 563259, ≤, 🞵, 🞵 – 🛊 ≪ rist 🖃 🕾 🕭.
🚗 🅿 🖭 ⑤ ⑩ 𝙴 VISA. 🎤 rist   A c
Pas (chiuso dal 15 novembre al 15 marzo) carta 41/55000 – 🖂 15000 – **70 cam** 75/130000 –
½ P 110/120000.

🏨 **Fontebella**, via Fontebella 25 ⌧ 06082 𝒫
812883, Fax 812941, ≤ – 🛊 🕾 🅿. 🖭 ⑤ ⑩ 𝙴
VISA   B e
Pas vedere rist Il Frantoio – 🖂 13000 – **37 cam**
90/140000 – ½ P 88/125000.

🏨 **Umbra** 🈂, vicolo degli Archi 6 ⌧ 06081 𝒫
812240, « Servizio rist. estivo all'aperto » – 🕾
🕭. 🖭 ⑩. 🎤   B x
chiuso dal 10 gennaio al 15 marzo – Pas (chiuso
martedì e dal 15 novembre al 15 dicembre) carta 34/47000 – 🖂 10000 – **25 cam** 55/80000.

🏨 **Dei Priori**, corso Mazzini 15 ⌧ 06081 𝒫 812237 – 🛊 🕾 🕭. 🖭 ⑤ ⑩ 𝙴 VISA. 🎤 rist B n
➤ marzo-10 novembre – Pas 20000 – 🖂 8000 – **28 cam** 51/73000 – ½ P 73000.

🏨 **Windsor Savoia**, viale Marconi 1 ⌧ 06082 𝒫 812210, Telex 564074, ≤, 🞵 – 🛊 🖭   A g
34 cam.

🏨 **San Francesco**, via San Francesco 48 ⌧ 06082 𝒫 812281, Fax 816237, ≤ – 🛊 ≪ cam 🖃
🕭. 🖭 ⑤ ⑩ 𝙴 VISA. 🎤 rist   A b
Pas (solo per clienti alloggiati) 30/38000 – 🖂 14500 – **44 cam** 55/80000 – ½ P 78/89000.

🏨 **San Pietro**, piazza San Pietro 5 ⌧ 06082 𝒫 812452 – 🛊 🖃 rist 🕾. 🖭 VISA   A s
Pas carta 22/37000 – 🖂 8000 – **46 cam** 58/82000 – ½ P 70/80000.

🏨 **Roma** senza rist, piazza Santa Chiara 15 ⌧ 06081 𝒫 812390 – 🛊 ≪ 🕭. 🖭 ⑤ ⑩ 𝙴 VISA
🖂 6000 – **29 cam** 38/55000.   C t

🏨 **S. Giacomo**, via San Giacomo 6 ⌧ 06081 𝒫 816778 – 🛊 ≪ 🕾. 🎤   A e
Pas carta 21/35000 – 🖂 6000 – **28 cam** 36/54000 – P 54/65000.

🏠 **Berti** senza rist, piazza San Pietro 24 ⊠ 06081 ℘ 813466 – 📶 ☎. 🆎 🆂 ⓞ ☒ 🆅🆂🅰. ❀
🖵 6000 – **10 cam** 36/55000. A a

🏠 **Sole,** corso Mazzini 35 ⊠ 06081 ℘ 812373, Fax 813706 – 📶 ☎. 🆎 🆂 ⓞ ☒ 🆅🆂🅰. ❀
Pas *(chiuso da novembre a marzo e mercoledi)* carta 26/46000 – 🖵 7000 – **35 cam** 42/60000
– ½ P 53/58000. B z

🏠 **Posta Panoramic,** via San Paolo 17/19 ⊠ 06081 ℘ 812558, ≤ – 🆎 🆅🆂🅰. ❀
20 marzo-6 novembre – Pas *(chiuso mercoledi)* carta 23/36000 – 🖵 5000 – **20 cam** 33/50000
– ½ P 51000. B y

🏠 **Del Viaggiatore,** via Sant'Antonio 14 ⊠ 06081 ℘ 816297 – 📶 ☎. 🆎 ⓞ 🆅🆂🅰. ❀
Pas vedere rist Del Viaggiatore – 🖵 6000 – **11 cam** 42/60000. B g

XXX **Medio Evo,** via Arco dei Priori 4/b ⊠ 06081 ℘ 813068, « Rinvenimenti archeologici » –
🍽 🆎 🆂 ⓞ ☒ 🆅🆂🅰. ❀
chiuso mercoledi, dal 7 gennaio al 1° febbraio e dal 3 al 21 luglio – Pas carta 33/47000. B h

XX **Buca di San Francesco,** via Brizi 1 ⊠ 06081 ℘ 812204, ☞ – 🆎 🆂 ⓞ ☒ 🆅🆂🅰
chiuso lunedi e dal 1° al 28 luglio – Pas carta 28/42000 (10%). B v

XX **Il Frantoio,** vicolo Illuminati ⊠ 06082 ℘ 812977, « Servizio estivo in terrazza con ≤ » –
🅿 🆎 🆂 ⓞ ☒ 🆅🆂🅰. ❀
chiuso lunedi – Pas carta 44/75000. A u

XX **La Fortezza,** vicolo della Fortezza 2/b ⊠ 06081 ℘ 812418 – 🆎 🆂 ⓞ ☒ 🆅🆂🅰
chiuso giovedi – **Pas** carta 23/36000. B c

X **Del Viaggiatore,** via Sant'Antonio 2 ⊠ 06081 ℘ 812424 – 🆎 ⓞ 🆅🆂🅰. ❀
chiuso martedi – Pas carta 21/32000. B a

a Santa Maria degli Angeli SO : 5 km A – ⊠ 06088 :

🏠 Villa Elda, via Patrono d'Italia 139 ℘ 8041756, ☞ – 📶 ☜ & 🅿 – **60 cam.**

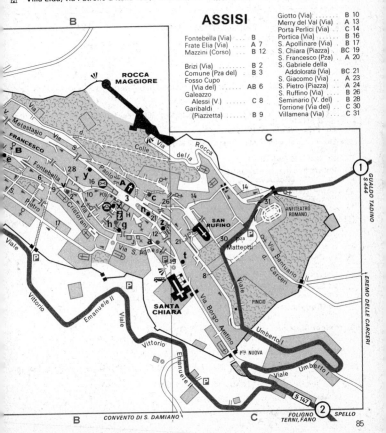

ASSISI

Fontebella (Via) ...	B
Frate Elia (Via) ...	A 7
Mazzini (Corso) ...	B 12
Brizi (Via) ...	B 2
Comune (Pza del) ...	B 3
Fosso Cupo (Via del) ...	AB 6
Galeazzo Alessi (V.) ...	C 8
Garibaldi (Piazzetta) ...	B 9
Giotto (Via) ...	B 10
Merry del Val (Via) ...	A 13
Porta Perlici (Via) ...	C 14
Portica (Via) ...	B 16
S. Apollinare (Via) ...	B 17
S. Chiara (Piazza) ...	BC 19
S. Francesco (Pza) ...	A 20
S. Gabriele della Addolorata (Via) ...	BC 21
S. Giacomo (Via) ...	A 23
S. Pietro (Piazza) ...	A 24
S. Ruffino (Via) ...	B 26
Seminario (V. del) ...	B 28
Torrione (Via del) ...	C 30
Villamena (Via) ...	C 31

a Petrignano NO : 9 km per ③ – ✉ **06086** :

XX **Poppy inn-Locanda del Papavero** ॐ con cam, ℰ 8038041, « Servizio rist. estivo i giardino » – ☎ **ℙ**. ⁄Æ **ⓞ** 𝘝𝘐𝘚𝘈
chiuso Natale – Pas *(chiuso mercoledì da settembre a maggio)* carta 27/45000 – ☲ 10000 –
9 cam 52/72000 – ½ P 73000.

a Rocca Sant'Angelo NO : 12 km – ✉ **06086** Petrignano :

X **La Rocchicciola,** ℰ 8038161, 😤 – 𝘝𝘐𝘚𝘈. 𝒮𝒳
chiuso martedì e luglio o agosto – Pas carta 25/60000.

a San Gregorio NO : 13 km – ✉ **06081** Assisi :

🏛 **Castel San Gregorio** ॐ, ℰ 8038009, ≤, 🚗 – ☎ **ℙ**. ⁄Æ **⑤ ⓞ** E 𝘝𝘐𝘚𝘈. 𝒮𝒳
chiuso dal 15 al 30 gennaio – Pas (prenotare) 35000 – ☲ 9000 – **12 cam** 52/74000 –
½ P 80000.

Les guides Michelin

Guides Rouges (hôtels et restaurants) :

Benelux, Deutschland, España Portugal, Main Cities Europe, France, Great Britain and Ireland

Guides Verts (Paysages, monuments et routes touristiques) :

Allemagne, Autriche, Belgique, Canada, Espagne, Grèce, Hollande, Italie, Londres, Maroc, New York, Nouvelle Angleterre, Portugal, Rome, Suisse
... et la collection sur la **France.**

ASTI 14100 ℙ 🔲🔲🔲 ⑫ – 74 906 ab. alt. 123 – 🟢 0141.

Vedere Battistero di San Pietro★ B A.

Dintorni Monferrato★ per ①.

🅱 piazza Alfieri 34 ℰ 50357.

A.C.I. piazza Medici 21/22 ℰ 53534.

Roma 615 ② – Alessandria 37 ② – ♦Genova 116 ② – ♦Milano 127 ② – Novara 103 ② – ♦Torino 55 ④.

Pianta pagina a lato

🏛 **Aleramo** senza rist, via Emanuele Filiberto 13 ℰ 55661, Fax 55661 – 🛗 ▤ 📺 ☎ 🚗. ⁄Æ **⑤**
ⓞ E 𝘝𝘐𝘚𝘈. 𝒮𝒳
☲ 12000 – **40 cam** 65/120000.   B a

🏛 **Lis** senza rist, viale Fratelli Rosselli 10 ℰ 55051, Fax 353845 – 📺 ☎ 🚗 – 🔬 50. ⁄Æ **⑤ ⓞ**
E 𝘝𝘐𝘚𝘈
☲ 7000 – **30 cam** 70/120000.   B r

🏛 **Palio** senza rist, via Cavour 106 ℰ 34371, Fax 34373 – 🛗 ▤ 📺 ☎ – 🔬 25. ⁄Æ **⑤ ⓞ** E 𝘝𝘐𝘚𝘈
☲ 12000 – **29 cam** 85/125000, ▤ 10000.   B b

🏛 **Rainero** senza rist, via Cavour 85 ℰ 353866, Fax 353866 – 🛗 ▤ 📺 ☎ 🚗 – 🔬 80. ⁄Æ **⑤**
ⓞ E 𝘝𝘐𝘚𝘈
☲ 8000 – **37 cam** 48/72000, ▤ 6000.   B c

XXX ✿ **Gener Neuv,** lungo Tanaro 4 ℰ 57270, Coperti limitati; prenotare – 🍴 **ℙ**. **⑤ ⓞ** 𝘝𝘐𝘚𝘈.
𝒮𝒳   per ③
chiuso domenica sera, lunedì, agosto e dicembre o gennaio – Pas carta 60/85000
Spec. Antipasti regionali, Agnolotti alla piemontese, Faraona farcita alle erbe. Vini Gavi, Grignolino.

XX **La Colonna,** via Cesare Battisti 14 ℰ 32059, Coperti limitati; prenotare – 🍴 ⁄Æ **⑤ ⓞ** E
𝘝𝘐𝘚𝘈. 𝒮𝒳   B x
chiuso domenica – Pas carta 37/60000.

XX **La Grotta,** corso Torino 366 ℰ 214168 – **ℙ**. ⁄Æ **⑤ ⓞ** E 𝘝𝘐𝘚𝘈. 𝒮𝒳   per ④
chiuso lunedì sera, martedì ed agosto – Pas carta 25/40000.

X **La Greppia,** corso Alba 140 ℰ 53262   A
chiuso lunedì – Pas carta 22/34000.

X **Falcon Vecchio,** via San Secondo 8 ℰ 53106 – 𝘝𝘐𝘚𝘈   B e
chiuso domenica sera, lunedì e dal 9 al 21 agosto – Pas carta 38/55000.

sulla strada statale 10 per ④ : 4 km (Valle Benedetta) :

🏨 **Hasta Hotel** ॐ, ✉ 14100 ℰ 213312, Fax 219580, ≤, 🚗, 𝒳 – 🍴 cam ▤ 📺 ☎ 🚗 **ℙ** –
🔬 40. ⁄Æ **⑤ ⓞ** 𝘝𝘐𝘚𝘈. 𝒮𝒳
Pas carta 45/72000 – ☲ 15000 – **26 cam** 96/140000 – ½ P 115/140000.

a Castiglione per ② : 8 km – ✉ **14100** Asti :

X Da Aldo, ℰ 206008 – **ℙ**.

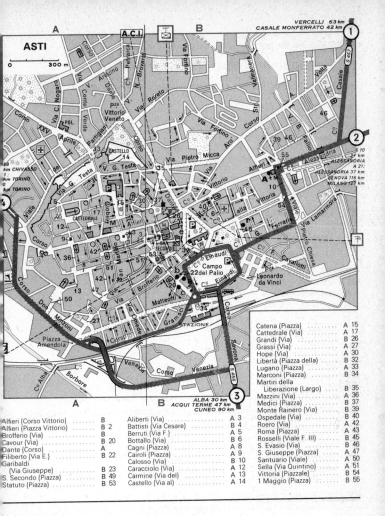

ASTI

0 — 300 m

A.C.I.

VERCELLI 63 km
CASALE MONFERRATO 42 km

Catena (Piazza)	A 15
Cattedrale (Via)	A 17
Grandi (Via)	B 26
Grassi (Via)	A 27
Hope (Via)	A 30
Libertà (Piazza della)	B 32
Lugano (Piazza)	A 33
Marconi (Piazza)	B 34
Martiri della	
Liberazione (Largo)	B 35
Mazzini (Via)	A 36
Medici (Piazza)	B 37
Monte Rainero (Via)	B 39
Ospedale (Via)	B 40
Roero (Via)	A 42
Roma (Piazza)	B 43
Rosselli (Viale F. III)	B 45
S. Evasio (Via)	A 46
S. Giuseppe (Piazza)	A 47
Santuario (Viale)	B 50
Sella (Via Quintino)	A 51
Vittoria (Piazzale)	B 54
1 Maggio (Piazza)	B 55

ALBA 30 km
ACQUI TERME 47 km
CUNEO 90 km

Alfieri (Corso Vittorio)	B	Aliberti (Via)	A 3
Alfieri (Piazza Vittorio)	B 2	Battisti (Via Cesare)	B 4
Brofferio (Via)	B 20	Berruti (Via F.)	A 5
Cavour (Via)	A	Bottallo (Via)	B 6
Dante (Corso)	B 22	Cagni (Piazza)	A 8
Filiberto (Via E.)		Cairoli (Piazza)	A 9
Garibaldi		Calosso (Via)	B 10
(Via Giuseppe)	B 23	Caracciolo (Via)	A 12
S. Secondo (Piazza)	B 49	Carmine (Via del)	A 13
Statuto (Piazza)	B 53	Castello (Via al)	A 14

ATRI 64032 Teramo ⑨⑧⑧ ㉗ – 11 471 ab. alt. 442 – ✿ 085.

Vedere Cattedrale★ – **Dintorni** Paesaggio★★ (Bolge) NO verso Teramo.

Roma 237 – ◆Ancona 145 – L'Aquila 76 – ◆Pescara 32 – Teramo 41.

   ✕   **Campana d'Oro,** piazza Duomo 23 ℰ 870177 – 🍽. 🖭 🕃 𝘝𝘐𝘚𝘈. ⋘
       chiuso lunedì – Pas carta 24/37000.

ATRIPALDA 83042 Avellino – 11 054 ab. alt. 280 – ✿ 0825.

Roma 249 – Avellino 4 – ◆Napoli 61 – Salerno 38.

   ✕✕ **Al Cenacolo,** via Appia 67/s ℰ 624626 – 🍽. 🕃 ⓞ
       chiuso martedì – Pas carta 29/50000 (12%).

ATTIGLIANO 05012 Terni ⑨⑧⑧ ㉘ – 1 688 ab. alt. 95 – ✿ 0744.

Dintorni Sculture★ nel parco della villa Orsini a Bomarzo SO : 6 km.

Roma 87 – Orvieto 34 – Terni 42 – Viterbo 26.

   🏛 **Umbria,** in prossimità casello autostrada A1 S : 1 km ℰ 994222, Telex 563218, Fax 994340
     – 🛗 🍽 ☎ 🚗 🅿 – 🔬 100. 🖭 🕃 ⓞ 🖪 𝘝𝘐𝘚𝘈. ⋘
     Pas (chiuso lunedì da ottobre a giugno) carta 26/40000 – 🖵 7000 – **62 cam** 53/78000.
     🍽 7000 – ½ P 62000.

`AUER` = Ora.

`AUGUSTA` Siracusa 988 ⑰ – Vedere Sicilia alla fine dell'elenco alfabetico.

`AUNA DI SOTTO` (Unterinn) Bolzano – Vedere Renon.

`AURONZO DI CADORE` 32040 e 32041 Belluno 988 ⑤ – 3 852 ab. alt. 864 – Sport invernali 864/1 585 m ≤3, ⚡ – ✪ 0435.
🄱 via Roma 10 ⊠ 32041 ℰ 9426.
Roma 663 – Belluno 62 – Cortina d'Ampezzo 34 – ♦Milano 402 – Tarvisio 135 – Treviso 123 – Udine 124 – ♦Venezia 152.

   🏠 **Juventus** ⑤, ⊠ 32040 ℰ 9221, Fax 99284, ≤, 🐎 – 📳 ☎ 🄿. _VISA_. ⋘
       chiuso novembre – Pas carta 23/43000 – **50 cam** ⊊ 45/80000 – ½ P 50/60000.

   🏠 **Panoramic** ⑤, ⊠ 32040 ℰ 9398, ≤, 🐎 – 🄿. ⋘
       20 giugno-20 settembre – Pas carta 22/33000 – ⊊ 6000 – **32 cam** 47/69000 – ½ P 40/55000.

   🏠 **Al Lago** ⑤, ⊠ 32040 ℰ 9314, ≤, « Piccolo giardino ombreggiato » – 🄿. ⋘
       giugno-settembre – Pas _(chiuso giovedì)_ 26/32000 – ⊊ 8000 – **28 cam** 55/80000 – ½ P 35/53000.

`AVEGNO` 16030 Genova – 1 959 ab. alt. 92 – ✪ 0185.
Roma 486 – ♦Genova 27 – ♦Milano 161 – Portofino 22 – ♦La Spezia 88.

   ✖ **Lagoscuro-da Ferreccio** ⑤ con cam, ℰ 79017 – ⋘
   → _chiuso dal 15 gennaio al 15 febbraio_ – Pas _(chiuso martedì)_ carta 20/31000 – ⊊ 3000 – **13 cam** 25/45000 – ½ P 34/38000.

`AVELENGO` (HAFLING) 39010 Bolzano 218 ⑳ – 600 ab. alt. 1 290 – a.s. febbraio-aprile, 15 luglio-settembre e Natale – ✪ 0473.
Roma 680 – ♦Bolzano 43 – Merano 15 – ♦Milano 341.

   🏠 **Hirzer** ⑤, ℰ 99306, ≤, 🏖, 🔳, 🐎 – ☎ 🚐 🄿 – **20 cam**.

   🏠 **Viertlerhof** ⑤, ℰ 99428, 🔳 – 📳 📺 ☎ 🚐 🄿 – **23 cam**.

   🏠 **Messnerwirt** ⑤, ℰ 99493, ≤, 🏖 – 📺 ☎ 🄿. 📳 E _VISA_
       chiuso dal 15 novembre al 20 dicembre – Pas _(chiuso lunedì)_ carta 22/40000 – **12 cam** ⊊ 60000 – ½ P 40/45000.

`AVELLINO` 83100 🄿 988 ㉗㉘ – 56 152 ab. alt. 351 – ✪ 0825.
🄱 piazza Libertà 50 ℰ 35175.
A.C.I. viale Italia 217 ℰ 36459.
Roma 245 – Benevento 39 – Caserta 58 – ♦Foggia 118 – ♦Napoli 57 – Potenza 138 – Salerno 38.

   🏨 **Jolly**, via Tuoro Cappuccini 97/a ℰ 25922, Telex 722584, Fax 780029 – 📳 🗏 📺 ☎ 🄿 – 🅰️ 100 a 250. 🄰🄴 📳 ⓞ E _VISA_ ⋘ rist
       Pas 40000 – **72 cam** ⊊ 120/165000 – ½ P 123/160000.

   ✖✖ **La Caveja**, via Scandone 48 ℰ 38277 – 🗏. 🄰🄴 📳. ⋘
       chiuso lunedì – Pas carta 20/38000 (15%).

   ✖ Martella, via Chiesa Conservatorio 10 ℰ 31117.

   ✖ **Malaga**, via Tedesco 347 ℰ 626045, Solo piatti di pesce – 🗏. 📳 ⓞ E _VISA_ ⋘
       chiuso martedì ed agosto – Pas carta 31/42000 (10%).

`AVEZZANO` 67051 L'Aquila 988 ㉖ – 36 379 ab. alt. 697 – ✪ 0863.
Roma 105 – L'Aquila 54 – Latina 133 – ♦Napoli 188 – ♦Pescara 107.

   🏨 **Principe** senza rist, via Oslavia angolo via Corradini ℰ 551146 – 📳 📺 ☎ 🚐 – 🅰️ 200. 🄰🄴 📳 ⓞ E _VISA_ ⋘
       ⊊ 3000 – **60 cam** 53/70000.

   🏠 **Motel Belvedere**, strada statale Tiburtina Valeria al km 118 (NE : 2,5 km) ℰ 59171 – 📺 ☎ 🚐 🄿. 🄰🄴 📳 ⓞ E _VISA_ ⋘
       Pas vedere rist Belvedere – ⊊ 9000 – **39 cam** 46/63000.

   ✖✖ **La Lanterna**, corso della Libertà 96/98 ℰ 555101, prenotare – 🄰🄴 📳 ⓞ E _VISA_ ⋘
       chiuso sabato – Pas carta 30/43000.

   ✖✖ **Belvedere**, strada statale Tiburtina Valeria al km 118 (NE : 2,5 km) ℰ 599327 – 🄿. 🄰🄴 _VISA_
   → _chiuso lunedì_ – Pas carta 20/33000.

   ✖ **Aquila**, corso della Libertà 26 ℰ 554152 – 🗏. 🄰🄴 _VISA_ ⋘
       chiuso lunedì – Pas carta 21/31000 (15%).

`AVIATICO` 24020 Bergamo – 489 ab. alt. 1 022 – ✪ 035.
Roma 624 – ♦Bergamo 23 – ♦Brescia 74 – ♦Milano 69.

   🏨 **Cantül**, ℰ 761010, ≤, 🐎 – 🄿. 🄰🄴 📳 ⓞ. ⋘
       Pas _(chiuso lunedì)_ carta 24/33000 – ⊊ 6000 – **20 cam** 35/60000 – ½ P 50000.

AVIGLIANA 10051 Torino 988 ⑫, 77 ⑩ – 9 574 ab. alt. 390 – ✆ 011.

Dintorni Sacra di San Michele★★★: ≼★★★ NO : 13,5 km.

ᴛᴇ Le Fronde (marzo-novembre; chiuso lunedì) ℰ 938053 – 🛅 corso Laghi 240 ℰ 938650.

Roma 689 – ◆Milano 161 – Col du Mont Cenis 59 – Pinerolo 33 – ◆Torino 24.

XX **Corona Grossa,** piazza Conte Rosso 38 ℰ 938371 – 🕼 🖃 𝘝𝘐𝘚𝘈
    chiuso a mezzogiorno (esclusi i giorni festivi) ed agosto – Pas carta 31/50000.

    ai laghi S : 3 km :

XXX ✿ **La Maiana,** ℰ 938805, ≼ lago e monti, « Terrazza », 🛱 – ❷ – 🔏 80. 🕮. 🛠
    chiuso domenica sera, lunedì, dal 15 gennaio al 15 febbraio ed agosto – Pas carta 44/68000
    Spec. Tortino di verdura, Gnocchetti Maiana, Bue brasato al Barolo (autunno-inverno). **Vini** Cortese, Dolcetto di
    Dogliani.

XXX **Hermitage** con cam, ℰ 938150, ≼ lago e monti, 🛱 – ☞ ❷. 🕼 🖪 𝘝𝘐𝘚𝘈. 🛠
    chiuso gennaio – Pas *(chiuso martedì)* carta 40/50000 – 🖙 5000 – **8 cam** 68000.

X **Caccia Reale,** ℰ 938717 – ❷. 🕼 🖪 𝘝𝘐𝘚𝘈. 🛠
    chiuso mercoledì e settembre – Pas carta 23/42000.

AVIGLIANO 85021 Potenza 988 ㉘ – 11 787 ab. alt. 916 – ✆ 0971.

Roma 383 – ◆Bari 143 – ◆Foggia 120 – ◆Napoli 178 – Potenza 20.

🏠 **Gala,** ℰ 82387, ≼ – 🛗 📺 ☎ ⇐⇒ ❷. 𝘝𝘐𝘚𝘈. 🛠
→ Pas *(chiuso lunedì)* carta 20/30000 – 🖙 2000 – **34 cam** 35/50000 – ½ P 49/53000.

AYAS 11020 Aosta 219 ④ – 1 270 ab. alt. 1 453 – ✆ 0125.

🛅 a Champoluc, via Varasch ℰ 307113.

Roma 732 – Aosta 58 – Ivrea 57 – ◆Milano 170 – ◆Torino 99.

    ad Antagnod N : 3,5 km – alt. 1 699 – ✉ **11020** Ayas – a.s. febbraio-15 marzo, Pasqua,
    luglio-agosto e Natale :

🏠 **Chalet,** ℰ 306616, ≼, 🛱 – ❷. 🛠
→ *chiuso maggio ed ottobre* – Pas *(chiuso martedì dal 15 settembre a giugno)* 18/20000 – 🖙
    6000 – **8 cam** 38/60000 – ½ P 50/54000.

    Vedere anche : *Champoluc* NE : 5,5 km.

AZZANO MELLA 25020 Brescia – 1 514 ab. alt. 95 – ✆ 030.

Roma 560 – ◆Brescia 13 – Cremona 48 – ◆Milano 100 – ◆Verona 83.

🏨 **Niga,** via Milano 1 ℰ 9747915 e rist ℰ 9748103 – 🛗 ☞ ⇐⇒ ❷ – 🔏 60 a 150 – **23 cam**.

BACOLI 80070 Napoli 988 ㉗ – 26 465 ab. – a.s. luglio-settembre – ✆ 081.

Vedere Cento Camerelle★ – Piscina Mirabile★.

Roma 242 – Formia 77 – ◆Napoli 24 – Pozzuoli 8.

XX **La Misenetta,** ℰ 8679169 – 𝘝𝘐𝘚𝘈. 🛠
    chiuso dal 23 dicembre al 3 gennaio, dal 12 al 28 agosto e lunedì – Pas carta 34/50000
    (15%).

    a Capo Miseno SE : 2 km – ✉ **80070** :

🏠 **Cala Moresca** 🛠, via del Faro 28 ℰ 8670595, Fax 8670557, ≼ golfo e costa, 🏔 – 🛗 📺
    ☞ ❷ – 🔏 70. 🕼 ⑩ 🖪 𝘝𝘐𝘚𝘈. 🛠
    Pas carta 34/68000 – **28 cam** 🖙 74/104000 – ½ P 116000.

    a Baia N : 3,5 km – ✉ **80070** . **Vedere** Terme★★.

XXX L'Altro, ℰ 8687196, Coperti limitati; prenotare – 🖃.
XX Arturo al Fusaro, con cam, ℰ 8543130, 🏔, 🛱 – 🖃 rist ❷ – **6 cam**.
XX **Dal Tedesco** 🛠 con cam, via Temporini 8 (N : 1,5 km) ℰ 8687175, ≼, « Servizio estivo in
    terrazza » – 🦆 ⇐⇒ ❷. 🕮 ⑩. 🛠
    Pas *(chiuso martedì, dal 10 al 20 agosto e dal 20 dicembre al 6 gennaio)* carta 37/55000 (12%)
    – 🖙 10000 – **9 cam** 23/31000 – ½ P 60/90000.

BADIA (ABTEI) Bolzano – 2 652 ab. – a.s. febbraio-aprile, 15 luglio-agosto e Natale – Sport
invernali : 1 315/2 077 m ≰ 2 ≴ 44, ⨾ – ✆ 0471.

Da Pedraces : Roma 712 – Belluno 92 – ◆Bolzano 71 – Cortina d'Ampezzo 55 – ◆Milano 366 – Trento 132.

    a Pedraces (Pedratsches) – alt. 1 315 – ✉ **39036** – 🛅 ℰ 839695 :

🏰 **Sporthotel Teresa,** ℰ 839623, Fax 839823, ≼, 🖾, 🛱, 🛠 – 🛗 🦆 rist 🖃 rist 📺 ☎ ⇐⇒
    ❷. 🕮. 🛠 rist
    chiuso maggio e novembre – Pas *(chiuso lunedì)* carta 31/43000 – 🖙 16000 – **48 cam**
    70/130000 appartamenti 66/145000 – ½ P 85/135000.

🏠 **Lec da Sompunt** 🛠, SO : 3 km ℰ 847015, ≼, « Parco con laghetto » – ☎ ❷. 🕼 🖪
    dicembre-15 aprile e 15 giugno-settembre – Pas carta 24/34000 – **30 cam** 🖙 40/80000 –
    ½ P 50/70000.

🏠 **Gran Ander** 🛠, ℰ 839718, ≼ Dolomiti – ☎ ❷. 🛠 rist
    20 dicembre-25 aprile e 25 giugno-20 settembre – Pas carta 27/42000 – 🖙 12000 – **16 cam**
    36/80000 – P 50/70000.

a La Villa (Stern) S : 3 km – alt. 1 484 – ⊠ 39030.
🏠 ✆ 847037, Telex 401005, Fax 847277 :

🏨 **Christiania**, ✆ 847016, ≤ Dolomiti, ⌿, 🐾 – 🛗 📺 ☎ 🅿. 🅗 🅔. 🍴 rist
15 dicembre-marzo e luglio-settembre – Pas (solo per clienti alloggiati) – ⊊ 14000 –
31 cam 59/115000 – ½ P 99/130000.

🏨 **Dolomiti**, ✆ 847143, ≤, 🐾, 🍴 – 🛗 🍴 rist ☎ 🅿. 🍴 rist
chiuso maggio e novembre – Pas carta 23/39000 – **45 cam** ⊊ 64/114000 – ½ P 50/86000.

🏨 **Ladinia**, ✆ 847044, Fax 847394, 🐾 – 🛗 📺 ☎ 🅿. 🅗 🅞 🅔 VISA. 🍴 rist
chiuso ottobre, novembre e aprile o maggio – Pas carta 28/51000 – **35 cam** ⊊ 80000 –
½ P 50/98000.

🏨 **La Villa** ⑤, ✆ 847035, ≤ Dolomiti, « Giardino-pineta » – 🛗 ☎ 🅿. 🍴
➡ *7 dicembre-22 aprile e 23 giugno-23 settembre* – Pas 20/30000 – ⊊ 15000 – **39 cam**
50/100000 – ½ P 45/82000.

🏠 **Lara**, ⑤ senza rist, ✆ 847257 – 📺 ☎ 🅿
stagionale – **28 cam**.

🍴🍴 **L' Fanà**, ✆ 847022, ⑅, Rist. e taverna caratteristica – 🍽 🅿. 🅗 🅔 VISA
dicembre-aprile e giugno-ottobre – Pas carta 28/45000.

a San Cassiano (St. Kassian) SE : 6 km – alt. 1 535 – ⊠ 39030.
🏠 ✆ 849422 :

🏨 **Ciasa Salares** ⑤, SE : 2 km ✆ 849445, Fax 849369, ≤ pinete e Dolomiti, ⌧, 🐾 – 📺 ☎
⟺ 🅿
stagionale – **40 cam**.

🏨 **Armentarola** ⑤, SE : 2 km ✆ 849522, Fax 849389, ≤ pinete e Dolomiti, ⌧, 🐾 – ☎ ⟺
🅿. VISA
18 dicembre-9 aprile e 12 giugno-15 ottobre – Pas carta 30/45000 – **52 cam** ⊊ 70/120000 –
½ P 70/130000.

🏨 **Rosa Alpina**, ✆ 849500, Fax 849377, ⌧ – 🛗 ☎ 🅕 ⟺ 🅿. 🍴 rist
dicembre-13 aprile e 21 giugno-settembre – Pas (chiuso giovedì) carta 27/41000 – **45 cam**
⊊ 80/150000 – ½ P 75/120000.

🏨 **Gran Paradiso**, SE : 1,5 km ✆ 849424, ≤ pinete e Dolomiti, 🐾 – 📺 ☎ ⟺ 🅿. 🍴 rist
3 dicembre-aprile e 15 giugno-settembre – Pas carta 24/43000 – **31 cam** ⊊ 26/50000 –
½ P 45/65000.

🏨 **La Stüa** ⑤, ✆ 849456, ≤ pinete e Dolomiti – ⑅ rist 🍽 rist ☎ 🅿. 🍴 rist
➡ *7 dicembre-20 aprile e 20 giugno-settembre* – Pas carta 20/30000 – **25 cam** ⊊ 40/75000 –
½ P 50/88000.

🏨 **Fanes** ⑤, ✆ 849470, Fax 849383, ≤ pinete e dolomiti – ⑅ 📺 ☎ 🅿. 🍴 rist
➡ *4 dicembre-aprile e 10 giugno-20 ottobre* – Pas 20000 – **50 cam** ⊊ 40/70000 – ½ P 90/107000.

🏠 **Ciasa Antersies** ⑤, ✆ 849417, ≤ pinete e Dolomiti, 🐾 – ⑅ rist 📺 ☎ 🅿. VISA. 🍴 rist
4 dicembre-25 aprile e luglio-settembre – **21 cam** solo ½ P 54/78000.

🏠 **Gran Ancëi** ⑤, SE : 2,5 km ✆ 849540, ≤ Dolomiti, « In pineta », 🐾 – ☎ 🅿. 🍴
➡ *10 dicembre-20 aprile e giugno-settembre* – Pas 15/20000 – **27 cam** ⊊ 20/36000 –
½ P 45/53000.

BAGNAIA 01031 Viterbo – alt. 441 – ☎ 0761.

Vedere Villa Lante ★★.

Roma 109 – Civitavecchia 63 – Orvieto 52 – Terni 57 – Viterbo 5.

🍴 **Biscetti** con cam, via Gandin 11 ✆ 288252 – 🅿. 🅰🅴. 🍴 cam
chiuso luglio – Pas (chiuso giovedì) carta 24/35000 (10%) – ⊊ 5000 – **10 cam** 40/55000 –
½ P 55/65000.

BAGNARA Perugia – Vedere Nocera Umbra.

BAGNARA CALABRA 89011 Reggio di Calabria 🔢🔢🔢 ㊴ – 11 858 ab. alt. 50 – ☎ 0966.

Roma 679 – Catanzaro 135 – ♦Cosenza 164 – ♦Reggio di Calabria 34.

🍴 **Taverna Kerkira**, ✆ 372260 – 🅗 VISA. 🍴
chiuso lunedì, martedì, giugno, ottobre e novembre – Pas carta 32/50000.

BAGNI DEL MASINO Sondrio 🔢🔢🔢 ③, 🔢🔢🔢 ⑭ – alt. 1 172 – ⊠ 23010 San Martino Valmasino –
☎ 0342.

Roma 699 – ♦Bergamo 115 – Lecco 82 – ♦Milano 138 – Sondrio 35.

🏨 **Terme Bagni Masino** ⑤, ✆ 640803, ♨, 🐾, 🍴 – 🛗 ☜ ⟺ 🅿. 🍴
17 giugno-settembre – Pas 35000 – ⊊ 10000 – **55 cam** 35/90000 – ½ P 60/80000.

When touring in Northern Lombardy and in the Valle d'Aosta,
use Michelin Map 🔢🔢🔢 at a scale of 1:200 000.

BAGNI DI LUCCA 55021 e 55022 Lucca 988 ⑭ – 7 603 ab. alt. 150 – Stazione termale (15 maggio-15 ottobre), a.s. luglio-agosto e Natale – ✆ 0583.

🛈 via Umberto I n° 139 ℰ 87946.

Roma 375 – ◆Bologna 113 – ◆Firenze 101 – Lucca 27 – Massa 72 – ◆Milano 301 – Pistoia 53 – ◆La Spezia 101.

🏠 **Bridge** senza rist, piazza di Ponte a Serraglio 10 (O : 1,5 km) ⊠ 55021 ℰ 87147 – 🛗 ⚙. 🆎 🅗 ⓞ 🄴 𝑉𝐼𝑆𝐴. ❀
 � 6000 – **12 cam** 36/52000.

XX **Circolo dei Forestieri**, piazza Jean Varraud ⊠ 55022 ℰ 86038, 🌣 – 🆎. ❀
 chiuso lunedì e dal 6 al 30 gennaio – Pas carta 24/35000.

XX **La Ruota**, O : 2,5 km ⊠ 55026 Fornoli ℰ 86071 – 🅗 🄴 𝑉𝐼𝑆𝐴. ❀
 chiuso lunedì sera, martedì ed agosto – Pas carta 26/40000.

BAGNO A RIPOLI 50012 Firenze 988 ⑮ – 27 527 ab. alt. 77 – ✆ 055.

Roma 270 – Arezzo 74 – ◆Firenze 7 – Montecatini Terme 63 – Pisa 106 – Siena 71.

XX **Centanni**, ℰ 630122, ≤ colline, « Servizio estivo serale in giardino » – 🗏 🅿. 🅗 🄴 𝑉𝐼𝑆𝐴
 chiuso sabato a mezzogiorno, domenica ed agosto – Pas carta 38/52000.

XX **Villa l'Apparita**, ℰ 632332, ≤, 🌣, solo su prenotazione, « In una villa cinquecentesca », 🍽 – 🅿.

BAGNO DI ROMAGNA 47021 Forlì 988 ⑮ – 6 279 ab. alt. 491 – Stazione termale (marzo-novembre), a.s. luglio-settembre – ✆ 0543.

🛈 via Lungosavio 10 ℰ 911046.

Roma 289 – Arezzo 65 – ◆Bologna 125 – ◆Firenze 90 – Forlì 62 – ◆Milano 346 – ◆Ravenna 86 – Rimini 87.

🏨 **Tosco Romagnolo**, ℰ 911260, 🏊 – 🛗🗏 🄴 📺 🕿 🕹 ⇔. 🆎 🅗 ⓞ 🄴 𝑉𝐼𝑆𝐴. ❀
← Pasqua-ottobre – Pas 20/23000 – ⊏⊐ 10000 – **51 cam** 65/90000 – ½ P 40/63000.

🏨 **Euroterme**, ℰ 917979, Fax 911133, ↯, 🏊 riscaldata – 🛗 ⇄ cam 📺 ⚙ 🅿. 🆎 🅗 ⓞ 🄴 𝑉𝐼𝑆𝐴. ❀
 marzo-novembre – Pas 30000 – **218 cam** ⊏⊐ 100/160000.

🏠 **Balneum**, ℰ 911085, 🍽 – 🛗🗏 🕹 ⇔ 🅿. 🆎 🅗 𝑉𝐼𝑆𝐴. ❀
 chiuso gennaio e febbraio – Pas (chiuso lunedì) carta 22/31000 – ⊏⊐ 6000 – **40 cam** 46/67000 – ½ P 40/50000.

🏠 **Al Tiglio**, ℰ 911266, 🍽 – 🛗 ⇔ 🅿. 🆎 🅗 ⓞ 🄴 𝑉𝐼𝑆𝐴. ❀ rist
← Pas (chiuso giovedì) carta 19/26000 – ⊏⊐ 4500 – **16 cam** 36/56000 – ½ P 35/40000.

XXX ❀ **Paolo Teverini**, ℰ 911260, Coperti limitati; prenotare – 🆎 🅗 ⓞ 🄴 𝑉𝐼𝑆𝐴. ❀
 Pasqua-novembre – Pas carta 40/55000
 Spec. Tortelli di patate al burro e salvia, Gamberi di fiume (giugno-novembre), Filetto di sogliola alle melanzane e tartufo nero. Vini Albana, Borgo dei Guidi.

 ad Acquapartita NE : 10 km – ⊠ 47021 Bagno di Romagna :

X **Belvedere-da Crescio** con cam, ℰ 917352, ≤ – 🅿. 🆎 𝑉𝐼𝑆𝐴. ❀
← giugno-settembre – Pas (chiuso lunedì) carta 29/46000 – **10 cam** ⊏⊐ 30/50000 – P 40/50000.

 Un conseil Michelin :

 pour réussir vos voyages, préparez-les à l'avance.

 Les cartes et guides Michelin, vous donnent toutes indications utiles sur :

 itinéraires, visite des curiosités, logement, prix, etc.

BAGNOLI IRPINO 83043 Avellino – 3 880 ab. alt. 670 – Sport invernali : all'Altipiano Laceno 1 054/1 665 m ≰3, 🎿 – ✆ 0827.

Roma 289 – Avellino 43 – Benevento 64 – ◆Foggia 124 – ◆Napoli 100 – Potenza 116 – Salerno 75.

🏠 **Belvedere**, ℰ 62050 – 🆎 🄴. ❀
← Pas (chiuso mercoledì) carta 17/26000 (10%) – ⊏⊐ 5000 – **18 cam** 25/40000 – ½ P 35/42000.

 all'Altipiano Laceno SE : 6 km – alt. 1 054 – ⊠ 83043 Bagnoli Irpino :

🏠 **4 Camini** 🐾, ℰ 68086, ≤, 🏊 riscaldata, 🍽, ❀ – 🛗 ⚙ ⇔ 🅿 – 🔥 150. ❀
 22 dicembre-Pasqua e luglio-agosto – Pas carta 21/30000 (10 %) – ⊏⊐ 12000 – **52 cam** 35/60000 – ½ P 63000.

BAGNOLO Grosseto – Vedere Santa Fiora.

BAGNOLO SAN VITO 46031 Mantova – 5 253 ab. alt. 18 – ✆ 0376.

Roma 460 – Mantova 13 – ◆Milano 188 – ◆Modena 58 – ◆Verona 49.

 a San Giacomo Po S : 2,5 km – ⊠ 46031 Bagnolo San Vito :

X **Da Alfeo**, ℰ 414046 – ❀
← chiuso martedì ed agosto – Pas carta 18/30000.

BAGNO VIGNONI Siena – Vedere San Quirico d'Orcia.

BAIA Napoli – Vedere Bacoli.

BAIA DOMIZIA 81030 Caserta – a.s. 15 giugno-15 settembre – ✆ 0823.
Roma 167 – Caserta 53 – Gaeta 29 – Abbazia di Montecassino 53 – ✦Napoli 67.

🏨 **Domizia Palace** ⟨⟩, ℰ 930118, Telex 721379, Fax 930068, ≤, « Giardino-pineta con ⟁ »
🏖 – 🛗 ⟨⟩ cam ▤ 🚿 🅿 – 🔏 100 a 350. 🆎 🅾 🆅🆂🅰 🕱
30 marzo-30 ottobre – Pas 30000 – 🖙 11000 – **110 cam** 72/110000 – ½ P 87000.

🏨 **Della Baia** ⟨⟩, ℰ 721344, Fax 721556, ≤, 🏖, 🚗, ⟨⟩ – ⟨⟩ cam 🅿 🆎 🅱 🅾 🅴 🆅🆂🅰 🕱
maggio-settembre – Pas 45/50000 – 🖙 12000 – **56 cam** 80/120000 – ½ P 105000.

BAIARDO 18031 Imperia 🅸🅽🆂 ⑱⑳ – 381 ab. alt. 900 – ✆ 0184.
Roma 668 – ✦Genova 169 – Imperia 55 – ✦Milano 292 – San Remo 27 – Ventimiglia 23.

🏨 **La Greppia** ⟨⟩, ℰ 93051 (prenderà il 673051), ≤, 🚗 – 🅿 🕱 rist
Pas *(chiuso venerdì)* carta 25/40000 – 🖙 5000 – **10 cam** 25/50000 – ½ P 45000.

BAIA SARDINIA Sassari 🅸🅽🆂 ㉝㉞ – Vedere Sardegna (Arzachena) alla fine dell'elenco alfabetico.

BALBANO Lucca – Vedere Lucca.

BALDISSERO TORINESE 10020 Torino – 2 680 ab. alt. 421 – ✆ 011.
Roma 656 – Asti 42 – ✦Milano 140 – ✦Torino 14.

🍴🍴 **Osteria del Paluc,** via Superga 44 ℰ 9408750, solo su prenotazione – 🅿 🆎 🅾
chiuso domenica sera e lunedì – Pas 55000.

BALESTRINO 17020 Savona – 510 ab. alt. 371 – ✆ 0182.
Roma 587 – ✦Genova 88 – Imperia 50 – ✦Milano 211 – Savona 42.

🍴 **La Greppia,** ℰ 988020 – 🕱
✦ *chiuso lunedì ed ottobre* – Pas carta 19/26000.

BALZE Forlì – Vedere Verghereto.

BARANO D'ISCHIA Napoli – Vedere Ischia (Isola d').

BARATTI Livorno – Vedere Piombino.

BARBARANO Brescia – Vedere Salò.

BARBERINO DI MUGELLO 50031 Firenze 🅸🅽🆂 ⑭⑮ – 8 414 ab. alt. 268 – ✆ 055.
Roma 308 – ✦Bologna 79 – ✦Firenze 34 – ✦Milano 273 – Pistoia 49.

in prossimità casello autostrada A 1 SO : 4 km :

🍴🍴 **Cosimo de' Medici,** ✉ 50030 Cavallina ℰ 8420370 – 🅿 🆎 🅱 🅾 🅴 🆅🆂🅰
chiuso lunedì ed agosto – Pas carta 27/40000 (10%).

BARBERINO VAL D'ELSA 50021 Firenze – 3 416 ab. alt. 373 – ✆ 055.
Roma 266 – Arezzo 99 – ✦Firenze 31 – Pisa 81 – Siena 36.

🏨 **Primavera** senza rist, località San Filippo S : 2 km ℰ 8075584, ≤ – 🛗 ☎ 🚿 🚗 🅿 🕱
🖙 6000 – **27 cam** 35/55000.
🍴 **La Collinetta,** località San Filippo S : 2 km ℰ 8075047 – ▤ 🅿 🆎 🅱 🅾 🅴 🕱
chiuso giovedì – Pas carta 21/36000.

BARBIANO Ravenna – Vedere Cotignola.

BARCELLONA POZZO DI GOTTO Messina 🅸🅽🆂 ㉞ – Vedere Sicilia alla fine dell'elenco alfabetico.

BARCUZZI Brescia – Vedere Lonato.

BARDASSANO Torino – Vedere Gassino Torinese.

BARDINETO 17020 Savona 🅸🅽🆂 ⑫ – 711 ab. alt. 711 – ✆ 019.
Roma 604 – Cuneo 84 – ✦Genova 105 – Imperia 65 – ✦Milano 228 – Savona 59.

🏨 **Piccolo Ranch,** ℰ 790038, ≤ – 🛗 ⟨⟩ 🚗 🅿 – 🔏 80. 🆎 🆅🆂🅰 🕱
✦ *chiuso dal 15 gennaio al 28 febbraio* – Pas *(chiuso mercoledì)* carta 19/37000 – 🖙 5000 –
23 cam 35/70000 – ½ P 40/45000.

BARDOLINO 37011 Verona 🔢 ④ – 5 898 ab. alt. 68 – ☎ 045.

Vedere Chiesa★.

🏛 piazza Matteotti 53 🖉 7210872.

Roma 517 – ◆Brescia 60 – Mantova 59 – ◆Milano 147 – Trento 84 – ◆Venezia 145 – ◆Verona 28.

🏨 **San Pietro,** 🖉 7210139, ⤢, 🐟 – 🛗 🕿 🅿. 🌿
12 marzo-ottobre – Pas *(chiuso venerdì)* 22/25000 – ⬚ 12000 – **44 cam** 60/80000 –
½ P 40/68000.

🏨 **Cristina,** 🖉 7210339, Fax 7212697, ⤢, 🐟, 🌿 – 🛗 🕿 rist
8 aprile-15 ottobre – Pas 27000 – **48 cam** ⬚ 70/105000 – ½ P 52/73000.

🏨 **Kriss,** 🖉 7212433, Fax 7210242, 🛶, 🐟 – 🛗 🕿 🅑 🅴 🆅🆂🅰. 🌿 rist
Pas *(chiuso martedì)* 26000 – ⬚ 12000 – **32 cam** 80000 – ½ P 50/70000.

🏠 **Speranza,** 🖉 7210355 – 🛗 🍴 rist 🕿. 🅑 🅴 🆅🆂🅰. 🌿
chiuso gennaio – Pas *(chiuso mercoledì)* carta 27/39000 – **22 cam** ⬚ 47/73000 –
½ P 40/52000.

🏠 **Bologna,** 🖉 7210003 – 🛗 ⬚ 🅿. 🅞. 🌿 rist
10 marzo-20 ottobre – Pas *(chiuso venerdì)* 25000 – ⬚ 10000 – **21 cam** 42/59000 –
½ P 35/51000.

🏠 **Santa Maria,** 🖉 7210101 – 🕿 🅿. 🌿
chiuso da novembre al 20 dicembre – Pas carta 21/31000 – ⬚ 7000 – **19 cam** 40/55000 –
½ P 48000.

🍴🍴 **Aurora,** 🖉 7210038 – 🅰🅴 🅑 🅞 🅴 🆅🆂🅰. 🌿
chiuso lunedì – Pas carta 30/45000.

a Cisano S : 2 km – ⊠ **37010** :

🍴🍴 **Taverna Scalchi,** 🖉 7211917, 🍽 – 🅰🅴 🅑 🅞 🅴 🆅🆂🅰. 🌿
chiuso lunedì, martedì a mezzogiorno e dal 10 gennaio al 10 febbraio – Pas carta 40/63000.

BARDONECCHIA 10052 Torino 🔢 ⑪, 🔢 ⑧ – 3 308 ab. alt. 1 312 – a.s. febbraio-15 marzo,
Pasqua, 15 luglio-agosto e Natale – Sport invernali : 1 312/2 750 m ≴22, ⚓ – ☎ 0122.

🚗 🖉 9171.

🏛 viale Vittoria 42 🖉 99032.

Roma 754 – Briançon 46 – ◆Milano 226 – Col du Mont Cenis 51 – Sestriere 36 – ◆Torino 89.

🏨 **Riky,** viale della Vittoria 22 🖉 9353 – 🛗 🅿
stagionale – **64 cam.**

🏨 **Des Geneys-Splendid** ⟡, viale Einaudi 21 🖉 99001, 🐟 – 🛗 🕿 🅿 – 🏛 40. 🆅🆂🅰. 🌿 rist
15 dicembre-25 aprile e luglio-agosto – Pas 30000 – ⬚ 12000 – **57 cam** 89/115000 –
½ P 60/105000.

🏨 **La Betulla,** viale della Vittoria 4 🖉 9846 – 🛗 🕿 ⤢. 🅰🅴 🆅🆂🅰. 🌿
22 dicembre-15 aprile e 21 giugno-10 settembre – Pas carta 29/47000 – ⬚ 10000 – **40 cam**
45/70000 – ½ P 75/85000.

🏨 **Asplenia,** viale della Vittoria 31 🖉 9870 – 🛗 🕿 🅿. 🅑 🅴 🆅🆂🅰. 🌿 rist
15 dicembre-15 aprile e 15 giugno-agosto – Pas 25000 – **25 cam** ⬚ 75/100000 – P 55/95000.

🏠 **La Quiete** ⟡, via San Francesco d'Assisi 26 🖉 9859, 🐟
– **15 cam.**

🍴🍴 **Tabor** con cam, via Stazione 6 🖉 9857 – 🕿. 🅑 🆅🆂🅰
Pas carta 35/51000 – ⬚ 8000 – **21 cam** 70/90000 – ½ P 60/100000.

BAREGGIO 20010 Milano 🔢 ⑱ – 13 203 ab. alt. 138 – ☎ 02.

Roma 590 – ◆Milano 16 – Novara 33 – Pavia 49.

🏠 **Novara Fiera,** strada statale 🖉 90276541, Fax 90276224 – 🛗 🍴 📺 🕿 🅿 – 🏛 100. 🅑 🅞
🅴 🆅🆂🅰. 🌿 rist
chiuso dal 4 al 19 agosto – Pas carta 33/47000 – ⬚ 9000 – **51 cam** 78/114000 –
½ P 90/110000.

BARGA 55051 Lucca – 10 479 ab. alt. 410 – ☎ 0583.

Roma 385 – ◆Firenze 111 – Lucca 37 – Massa 56 – ◆Milano 277 – Pistoia 71 – ◆La Spezia 95.

🏠 **La Pergola,** 🖉 711239, Fax 711144 – 🛗 ⬚ 🅿. 🅰🅴. 🌿
Pas vedere rist La Pergola – ⬚ 6000 – **23 cam** 40/64000 – P 63000.

🏠 **Villa Libano,** 🖉 73059, 🐟 – 🛗 🕿 🅿. 🅰🅴. 🌿
➛ chiuso novembre – Pas *(chiuso venerdì)* carta 20/26000 – ⬚ 4000 – **27 cam** 28/50000 –
½ P 40/45000.

🍴 **La Pergola,** 🖉 73086 – 🅰🅴. 🌿
chiuso dal 20 novembre al 20 dicembre e venerdì da ottobre a giugno – Pas carta 23/34000.

BARGECCHIA Lucca – Vedere Massarosa.

BARGHE 25070 Brescia – 1 073 ab. alt. 295 – ☎ 0365.

Roma 564 – ◆Brescia 32 – Gardone Riviera 23 – ◆Milano 122 – ◆Verona 79.

🍴🍴 **Da Girelli Benedetto,** 🖉 84140, prenotare – 🅰🅴 🆅🆂🅰. 🌿
chiuso martedì, Pasqua, dal 15 giugno al 15 luglio e Natale – Pas 60/65000 (10%).

93

70100 🅿 🏭🏭🏭 ☜ – 356 847 ab. – ✪ 080.

Vedere Città vecchia* CDY : basilica di San Nicola** DY **A**, Cattedrale* DY **B**, castello* CY – Cristo* in legno nella pinacoteca BX **M**.

✈ di Palese per viale Europa : 9 km AX ✆ 374654 – Alitalia, via Calefati 37/41 ✉ 70121 ✆ 216609.

🚗 ✆ 216801.

🛈 via Melo 253 ✉ 70121 ✆ 5242244 – corso Vittorio Emanuele 68 ✉ 70121 ✆ 219951.

A.C.I. via Serena 26 ✉ 70126 ✆ 331354.

Roma 449 ④ – ◆Napoli 261 ④.

Alighieri (Via Dante)	AX 2	
Bellomo (Via Generale N.)	AX 6	
Brigata Bari (Via)	AX 9	
Brigata Regina (Via)	AX 10	
Buozzi (Sottovia Bruno)	AX 12	
Costa (Via Nicola)	AX 18	
Cotugno (Via Domenico)	AX 20	
Crispi (Via Francesco)	AX 21	
De Gasperi (Corso Alcide)	BX 25	
Fanelli (Via Giuseppe)	BX 29	
Flacco (Via Orazio)	BX 34	
Japigia (Viale)	BX 42	
Magna Grecia (Via)	BX 45	
Maratona (Via di)	AX 47	
Oberdan (Via Guglielmo)	BX 52	
Omodeo (Via Adolfo)	BX 55	
Orlando (Viale V. E.)	AX 56	
Papa Giovanni XXIII (Viale)	BX 58	
Papa Pio XII (Viale)	BX 58	
Pasteur (Via Louis)	AX 60	
Peucetia (Via)	BX 61	
Repubblica (Viale della)	BX 6	
Starita (Lungomare Giambattista)	AX 7	
Van Westerhout (Viale)	AX 7	
Verdi (Via Giuseppe)	AX 8	
2 Giugno (Largo)	BX 8	

🏨🏨🏨 **Palace Hotel,** via Lombardi 13 ✉ 70122 ✆ 216551, Telex 810111, Fax 5211499 – 🛗 🗔 📺 ☎ ⅋ 🚗 – 🔬 50 a 450. 🖭 🕄 ⓞ 🗉 𝗩𝗜𝗦𝗔 ❄. CY **b**
Pas *(chiuso sabato sera, domenica ed agosto)* carta 30/47000 – **202 cam** ⊇ 185/290000 appartamenti 350/480000 – ½ P 150/250000.

🏨🏨🏨 **Gd H. Ambasciatori,** via Omodeo 51 ✉ 70125 ✆ 410077, Telex 810405, Fax 410077, ⇐ 🏊, 🚿 – 🛗 🗔 📺 ☎ ⅋ 🚗 – 🔬 25 a 500. 🖭 🕄 ⓞ 🗉 𝗩𝗜𝗦𝗔 ❄ rist BX **v**
Pas *(chiuso domenica, lunedì a mezzogiorno ed agosto)* carta 38/56000 – ⊇ 16000 – **177 cam** 150/230000 appartamenti 340/480000 – ½ P 150/200000.

🏨🏨🏨 **Villa Romanazzi-Carducci** ⑤ senza rist, via Capruzzi 326 ✉ 70124 ✆ 5227400, Tele. 812292, Fax 360297, « Parco », 🏊 – 🛗 🗔 📺 ☎ 🚗 ℗ – 🔬 25 a 125. 🖭 🕄 ⓞ 🗉 𝗩𝗜𝗦𝗔 ❄ AX **•**
89 cam ⊇ 170/268000 appartamenti 268/667000.

🏨🏨 **Jolly,** via Giulio Petroni 15 ✉ 70124 ✆ 364366, Telex 810274, Fax 365219 – 🛗 🗔 📺 ☎ 🚗 – 🔬 25 a 800. 🖭 🕄 ⓞ 🗉 𝗩𝗜𝗦𝗔 ❄ rist DZ **•**
Pas 33000 – **164 cam** ⊇ 175/230000 – ½ P 148/208000.

🏨🏨 **Executive Business** senza rist, corso Vittorio Emanuele 201 ✉ 70122 ✆ 5216810, Tele. 810208, Fax 5216810 – 🛗 🗔 📺 ☎ ⅋ 🚗 – 🔬 70 a 80. 🖭 🕄 ⓞ 🗉 𝗩𝗜𝗦𝗔 CY **•**
⊇ 18000 – **21 cam** 110/180000.

BARI

BAR, DUBROVNIK, CORFU, PATRASSO

GRAN PORTO — PORTO NUOVO — P.zale Cristoforo Colombo

MARE ADRIATICO

STAZIONE MARITTIMA

CASTELLO

CITTÀ VECCHIA

PORTO VECCHIO — MOLO S. ANTONIO

Piazza Garibaldi

AIR TERMINAL

Pinacoteca

CALABRO-LUCANE

CENTRALE

A 14 — S 100 : TARANTO

S 16 BRINDISI — TARANTO

Gd H. e d'Oriente senza rist, corso Cavour 32 ✉ 70121 ✆ 544422, Telex 810024, Fax 540011 – 🛗 ▤ 📺 ☎ – 🔼 35 a 220. 🅰🅴 🅱 ⓞ ᴇ 𝒱𝒾𝒮𝒜
172 cam ☞ 100/165000 appartamenti 220000. — DYZ **p**

Gd H. Leon d'Oro, piazza Aldo Moro 4 ✉ 70122 ✆ 235040, Telex 810311, Fax 5211555 – 🛗 ▤ 📺 ☎ ⇔ – 🔼 60. 🅰🅴 𝒱𝒾𝒮𝒜 ℅ rist — DZ **h**
Pas carta 33/50000 – ☞ 12000 – **109 cam** 97/157000 – ½ P 120/132000.

segue →

🏨 **7 Mari** senza rist, via Verdi 60 ⊠ 70123 ℰ 441500, ≤ – 🛗 🗏 📺 ☎ 🄿 – 🏄 100. 🗚🗏 🛐 ⑩
　 E 🚾 ⚡
　 ☲ 7500 – **56 cam** 76/99000, 🗏 10000. AX a

🏨 **Boston** senza rist, via Piccinni 155 ⊠ 70122 ℰ 216633 – 🛗 ⬡ 🗏 📺 ☎ 🚗 . 🗚🗏 🛐 ⑩ E
　 🚾 CY e
　 ☲ 10000 – **70 cam** 90/135000.

🏨 **Plaza** senza rist, piazza Luigi di Savoia 15 ⊠ 70121 ℰ 540077 – 🛗 🛋. 🚾 ⚡ DZ g
　 chiuso dal 1° al 24 agosto – ☲ 10000 – **40 cam** 80/140000.

XXX **La Pignata**, via Melo 9 ⊠ 70122 ℰ 232481 – 🗏. 🗚🗏 🛐 ⑩ E 🚾 ⚡ DY n
　 chiuso mercoledì ed agosto – Pas carta 36/69000.

XX **Vecchia Bari**, via Dante Alighieri 47 ⊠ 70121 ℰ 5216496, « Locale caratteristico con
　 volte in tufo » – 🗚🗏 🛐 ⑩ 🚾 ⚡ DZ y
　 chiuso venerdì e domenica sera – Pas carta 44/60000 (12%).

XX **Executive**, via Amendola 197/G-N ⊠ 70126 ℰ 339577 – 🗏 🄿. 🗚🗏 🛐 ⑩ E 🚾 ⚡ BX a
　 chiuso venerdì, domenica sera e dal 5 al 25 agosto – Pas carta 29/42000.

XX **Marc'Aurelio**, via Fiume 1 ⊠ 70121 ℰ 5212820 – 🗏. 🗚🗏 🛐 ⑩ E 🚾. ⚡ DY n
　 chiuso lunedì – Pas carta 27/42000.

XX **Sorso Preferito**, via Vito Nicola De Nicolò 46 ⊠ 70121 ℰ 235747 – 🗏. 🗚🗏 🛐 ⑩ E 🚾
　 chiuso domenica – Pas carta 25/42000. DY m

XX **Ai 2 Ghiottoni**, via Putignani 11 ⊠ 70121 ℰ 232240 – 🗏. 🗚🗏 🛐 ⑩ E 🚾. ⚡ DY d
　 chiuso domenica e dal 1° al 23 agosto – Pas carta 43/61000.

XX La Panca, piazza Massari 8 ⊠ 70122 ℰ 5216096, « Caratteristiche decorazioni » CY t

XX **Taverna Verde**, largo Adua 18/19 ⊠ 70121 ℰ 540309 – 🗏 DY a
─ chiuso domenica – Pas carta 16/24000 (15%).

XX **Damiano**, via De Giosa 37 ⊠ 70123 ℰ 544516 – 🗏. 🗚🗏 🛐 ⑩ E 🚾. ⚡ DZ a
　 chiuso domenica ed agosto – Pas carta 35/50000.

X **La Lanterna Verde**, via Brigata Regina 69 ⊠ 70123 ℰ 347098 – 🗏. ⚡ AX b
─ chiuso lunedì – Pas carta 20/32000.

　 sulla tangenziale sud-complanare ovest SE : 5 km per ① :

🏨 **Majesty**, ⊠ 70126 ℰ 491099, Telex 811256, 🏊, 🌲, ✎, – 🛗 🗏 📺 ☎ 🄿 – 🏄 25 a 150. 🗚🗏
　 🛐 E 🚾. ⚡
　 chiuso dal 22 dicembre al 7 gennaio – Pas *(chiuso le sere di venerdì e domenica)*
　 carta 28/40000 – ☲ 7500 – **67 cam** 71/112000, 🗏 10000 – ½ P 90/128000.

　 a Carbonara di Bari S : 6,5 km BX – ⊠ **70012** :

XX **Taberna**, via Ospedale di Venere 6 ℰ 350557, « In una vecchia cantina con volte in tufo »
　 – 🗏 🄿. 🗚🗏 🛐 ⑩ E 🚾 ⚡
　 chiuso lunedì ed agosto – Pas carta 28/46000.

　 Vedere anche : **Palese** per ⑥ : 9 km.
　 　　　　　　　 Modugno per ⑤ : 10 km.
　 　　　　　　　 Santo Spirito per ⑥ : 11 km.
　 　　　　　　　 Torre a Mare per ① : 12 km.

MICHELIN, contrada Prete 5 (zona Industriale) AX – ⊠ 70123, ℰ 441511.

BARLETTA 70051 Bari 🔲🔲🔲 ㉘ ㉙ – 87 724 ab. – 🕿 0883.
Vedere Colosso★★ – Castello★ – Museo Civico★ – Reliquiario★ nella basilica di San Sepolcro.
🛈 via Gabbiani 4 ℰ 31373.
Roma 397 ③ – ♦Bari 62 ② – ♦Foggia 79 ③ – ♦Napoli 208 ③ – Potenza 128 ③ – ♦Taranto 145 ②.

Pianta pagina a lato

🏨 **Artù**, piazza Castello 67 ℰ 302621, Fax 302622, 🌲 – 🗏 📺 ☎ 🄿. 🗚🗏 🛐 ⑩ E 🚾. ⚡ b
　 Pas carta 30/44000 – ☲ 10000 – **32 cam** 65/115000, 🗏 8000 – ½ P 70/80000.

🏨 **Royal**, via Leontina de Nittis 13 ℰ 31139, Fax 302631 – 🛗 🗏 rist 📺 ☎ 🕹. 🗚🗏 🛐 ⑩ E 🚾
─ ⚡ rist e
　 Pas *(solo per clienti alloggiati e chiuso a mezzogiorno)* 20/35000 – ☲ 8000 – **34 cam**
　 56/93000.

XXX ❀ **Bacco**, via Sipontina 10 ℰ 38398 (prenderà il 517460), Coperti limitati; prenotare – 🗏
　 ⑩ 🚾
　 chiuso domenica sera, lunedì, agosto e Natale – Pas carta 60/80000
　 Spec. Cavatelli al gorgonzola, Orecchiette al sugo di capretto, Carré di agnello glassato, Scaloppe di salmone
　 alla mentuccia. **Vini** Preludio, Rosso del Salento.

XX **Il Brigantino**, litoranea di Levante ℰ 33345, ≤, 🌳, 🏊, 🐟 – 🄿 – 🏄 100. 🛐 ⑩ per ①
　 chiuso mercoledì e gennaio – Pas carta 28/48000 (15%).

X **Antica Cucina**, via Milano 73 ℰ 521718 – 🗏. 🗚🗏 🛐 ⑩ E 🚾. ⚡ f
　 chiuso dal 25 luglio al 25 agosto e la sera dei giorni festivi – Pas carta 26/48000.

X **Luna Rossa**, corso Vittorio Emanuele 65 ℰ 301030 – 🗏. 🗚🗏 🛐 ⑩ E 🚾 s
　 chiuso mercoledì – Pas carta 21/34000.

X **Hostaria la Casaccia**, via Cavour 40 ℰ 33719 – 🗏. ⚡ a
　 chiuso lunedì – Pas carta 28/37000.

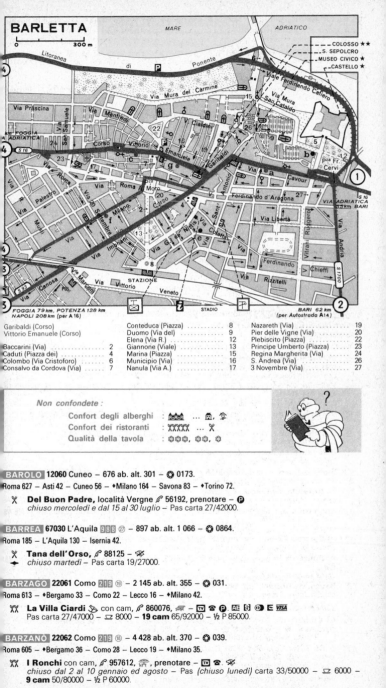

BARLETTA

0 — 300 m

MARE — ADRIATICO

COLOSSO ★★
S. SEPOLCRO
MUSEO CIVICO ★
CASTELLO ★

Litoranea

di — Ponente

Via Mura del Carmine

Viale Ferdinando Cafiero

Via Prascina

Via Manfredi

Via Mura San Cataldo

Corso Vittorio Emanuele

Garibaldi

Pza Fr. Cervi

Via Roma

Corso

Via Ferdinando d'Aragona

Cavour

VIA ADRIATICA 55 km BARI

Via Libertà

Via

Via Imbriani

STAZIONE

Via Vittorio Veneto

Via Ferdinando

Chieffi

Via Rizzitelli

STADIO

FOGGIA 79 km, POTENZA 128 km
NAPOLI 208 km (per A16)

BARI 62 km
(per Autostrada A14)

Garibaldi (Corso)		Conteduca (Piazza)	8	Nazareth (Via)	19
Vittorio Emanuele (Corso)		Duomo (Via del)	9	Pier delle Vigne (Via)	20
		Elena (Via R.)	12	Plebiscito (Piazza)	22
Baccarini (Via)	2	Giannone (Viale)	13	Principe Umberto (Piazza)	23
Caduti (Piazza dei)	4	Marina (Piazza)	15	Regina Margherita (Via)	24
Colombo (Via Cristoforo)	6	Municipio (Via)	16	S. Andrea (Via)	26
Consalvo da Cordova (Via)	7	Nanula (Via A.)	17	3 Novembre (Via)	27

Non confondete :

Confort degli alberghi : 🏨 ... 🏠, 🏚
Confort dei ristoranti : XXXXX ... X
Qualità della tavola : 🏵🏵🏵, 🏵🏵, 🏵

BAROLO 12060 Cuneo – 676 ab. alt. 301 – ✆ 0173.
Roma 627 – Asti 42 – Cuneo 56 – ◆Milano 164 – Savona 83 – ◆Torino 72.

X **Del Buon Padre,** località Vergne ✆ 56192, prenotare – 🅿
chiuso mercoledì e dal 15 al 30 luglio – Pas carta 27/42000.

BARREA 67030 L'Aquila 🟦🟦🟦 ㉗ – 897 ab. alt. 1 066 – ✆ 0864.
Roma 185 – L'Aquila 130 – Isernia 42.

X **Tana dell'Orso,** ✆ 88125 – ⚘
🔻 chiuso martedì – Pas carta 19/27000.

BARZAGO 22061 Como 🟦🟦🟦 ⑱ – 2 145 ab. alt. 355 – ✆ 031.
Roma 613 – ◆Bergamo 33 – Como 22 – Lecco 16 – ◆Milano 42.

XX **La Villa Ciardi** 🍃 con cam, ✆ 860076, 🍴 – 📺 🕿 🅿 🆎 🚗 ⓣ 🅴 🆅🆂🅰
Pas carta 27/47000 – 🗷 8000 – **19 cam** 65/92000 – ½ P 85000.

BARZANÒ 22062 Como 🟦🟦🟦 ⑱ – 4 428 ab. alt. 370 – ✆ 039.
Roma 605 – ◆Bergamo 36 – Como 28 – Lecco 19 – ◆Milano 35.

XX **I Ronchi** con cam, ✆ 957612, 🍴, prenotare – 📺 🕿 ⚘
chiuso dal 2 al 10 gennaio ed agosto – Pas (chiuso lunedì) carta 33/50000 – 🗷 6000 –
9 cam 50/80000 – ½ P 60000.

97

BARZIO 22040 Como 🔢🔢🔢 ③, 🔢🔢 ⑩ – 1 308 ab. alt. 770 – Sport invernali : a Piani di Bobbio 806/1 940 m – ⛷ 1 ⬥ 9, ⛷ (vedere anche a Cremeno, Piani di Artavaggio) – ✪ 0341.

🅱 piazza Garibaldi 8 ✆ 996255 – Roma 636 – ♦Bergamo 48 – Como 44 – Lecco 15 – ♦Milano 71 – Sondrio 84.

🏨 **Gd H. Ballestrin** ⌂, ✆ 996111, ≤, ⬛, ⤤ – ▮ ✎ cam ☎ ℗. 🄰🄴 ⑩ 𝚅𝙸𝚂𝙰. ⍟ rist
  Natale-Pasqua e giugno-settembre – Pas 45/50000 – ⚏ 10000 – **50 cam** 70/120000 – ½ P 90/130000.

🔼🔼 **Esposito** con cam, ✆ 996200, ⤤ – 🄰🄴 𝚅𝙸𝚂𝙰. ⍟
→ Pas *(chiuso lunedì dal 16 settembre al 15 giugno)* carta 20/34000 – ⚏ 5000 – **14 cam** 25/55000 – ½ P 35/45000.

BASELGA DI PINÈ 38042 Trento 🔢🔢🔢 ④ – 4 020 ab. alt. 964 – a.s. 15 dicembre-15 gennaio e Pasqua – ✪ 0461 – 🅱 via Cesare Battisti 98 ✆ 557028, Fax 557577.

Roma 606 – Belluno 116 – ♦Bolzano 75 – ♦Milano 260 – ♦Padova 136 – Trento 18 – ♦Venezia 169.

🏨 **Nazionale,** a Miola ✆ 557019, ≤, ⤤ – ▮ ℗. ⍟ rist
  chiuso dal 15 ottobre al 30 novembre – Pas *(chiuso martedì escluso luglio-agosto)* carta 25/35000 – ⚏ 5000 – **54 cam** 50/90000 – ½ P 50/60000.

🏨 **Edera,** a Tressilla ✆ 557221 – ▮ ✎ ℗. 𝚅𝙸𝚂𝙰. ⍟
  chiuso lunedì escluso Natale-6 gennaio e luglio-agosto) carta 23/37000 – **30 cam** ⚏ 40/78000 – ½ P 48/55000.

🏠 **Villa 2 Pini,** a Vigo ✆ 557030, ≤, ⬛, ⤤ – ℗. ⍟ rist
→ *18 giugno-15 settembre* – Pas 20/24000 – ⚏ 7000 – **20 cam** 60000 – ½ P 50/55000.

🏠 **2 Camini,** a Vigo ✆ 557200, ⤤ – 📺 ℗. 🄰🄴 🄱 🄴 𝚅𝙸𝚂𝙰
  chiuso dal 15 ottobre al 15 novembre – Pas *(chiuso lunedì dal 15 settembre al 15 giugno)* carta 23/33000 – ⚏ 6000 – **10 cam** 70000 – ½ P 40/55000.

🔼🔼 **La Scardola** con cam, a Miola ✆ 557647 – ℗. ⍟
  chiuso marzo – Pas *(chiuso mercoledì in bassa stagione)* carta 22/31000 – ⚏ 5000 – **9 cam** 25/42000 – ½ P 38/40000.

🔼 **La Vecchia Segheria,** ✆ 558004 – ⍟
  chiuso dal 20 al 30 maggio, dal 1° al 15 novembre e mercoledì (escluso luglio-15 settembre) – Pas carta 21/33000.

BASSANO DEL GRAPPA 36061 Vicenza 🔢🔢🔢 ⑤ – 38 755 ab. alt. 129 – ✪ 0424.

Vedere Museo Civico★ – **Escursioni** Monte Grappa★★★ NE : 32 km.

🅱 viale delle Fosse 9 ✆ 24351.

Roma 543 – Belluno 80 – ♦Milano 234 – ♦Padova 43 – Trento 88 – Treviso 47 – ♦Venezia 76 – Vicenza 35.

🏩 **Belvedere,** piazzale Generale Giardino 14 ✆ 29845, Telex 431216, Fax 29849 – ▮ 🖃 📺 ☎ ⟷ – 🔬 120. 🄰🄴 🄱 ⑩ 🄴 𝚅𝙸𝚂𝙰. ⍟
  Pas vedere Rist. Belvedere – ⚏ 17000 – **96 cam** 94/130000 – ½ P 75/90000.

🏩 **Palladio,** via Gramsci 2 ✆ 511591, Fax 511723 – ✎ cam 🖃 📺 ☎ ⟷ ℗ – 🔬 160. 🄰🄴 🄱 ⑩ 🄴 𝚅𝙸𝚂𝙰. ⍟
  Pas vedere rist. La Rotonda – **66 cam** ⚏ 94/138000.

🏠 **Victoria** senza rist, viale Diaz 33 ✆ 22300, Fax 503130 – ✎ 🖃 📺 ☎ ℗. 🄱 🄴 𝚅𝙸𝚂𝙰
  ⚏ 5000 – **23 cam** 48/65000, 🖃 6500.

🏠 **Brennero** senza rist, via Torino 7 ✆ 212248, Fax 27021 – 📺 ☞. 🄰🄴 🄱 ⑩ 🄴 𝚅𝙸𝚂𝙰
  chiuso dal 24 dicembre al 6 gennaio – ⚏ 6500 – **22 cam** 50/70000.

🔼🔼🔼 **Belvedere,** via delle Fosse 1 ✆ 26602, Fax 29848 – 🖃
  chiuso domenica ed agosto – Pas carta 35/50000.

🔼🔼🔼 **San Bassiano,** viale dei Martiri 36 ✆ 212453, prenotare – 🄰🄴 🄱 ⑩ 🄴 𝚅𝙸𝚂𝙰. ⍟
  chiuso domenica ed agosto – Pas carta 40/63000.

🔼🔼 **La Rotonda,** via Gramsci 8 ✆ 23245 – 🖃. 🄰🄴 🄱 ⑩ 🄴 𝚅𝙸𝚂𝙰. ⍟
  chiuso domenica sera, lunedì a mezzogiorno e dal 1° al 15 agosto – Pas carta 29/41000.

🔼🔼 **Rugantino** con cam, viale Vicenza 85 ✆ 24813, Solo piatti di pesce, prenotare – 📺 ☎ ⟷ ℗. 🄱 🄴 𝚅𝙸𝚂𝙰
  chiuso agosto – Pas *(chiuso domenica)* carta 31/60000 – **10 cam** ⚏ 70/90000.

🔼🔼 **Al Sole-da Tiziano,** via Vittorelli 41/43 ✆ 23206 – 🄰🄴 🄱 ⑩ 🄴 𝚅𝙸𝚂𝙰
  chiuso lunedì e luglio – Pas carta 29/41000 (10%).

🔼🔼 **Al Ponte-da Renzo,** via Volpato 60 ✆ 25269, ≤, « Servizio estivo in giardino » – ✎ ℗. 𝚅𝙸𝚂𝙰
  chiuso lunedì sera, martedì e gennaio – Pas carta 33/44000 (10%).

🔼 **Bauto,** via Trozzetti 27 ✆ 34696 – 𝚅𝙸𝚂𝙰. ⍟
  chiuso domenica ed agosto – Pas carta 34/60000.

  sulla strada statale 47 :

🏩 **Al Camin,** SE : 2 km 🖂 36022 Cassola ✆ 212740, Fax 212740, « Servizio rist. estivo in giardino », ⤤ – ▮ 🖃 📺 ☎ ℗ – 🔬 20 a 80. 🄰🄴 🄱 ⑩ 𝚅𝙸𝚂𝙰. ⍟
  Pas *(chiuso domenica)* carta 40/57000 – **46 cam** ⚏ 75/140000 – ½ P 75/90000.

🔼🔼🔼 ❀ **Cà 7,** N : 1,5 km 🖂 36061 Bassano del Grappa ✆ 25005, 🌳, « Villa veneta del 18° secolo » – ℗. 🄰🄴 🄱 ⑩ 🄴 𝚅𝙸𝚂𝙰
  chiuso domenica sera, lunedì, dal 7 al 18 agosto e dal 1° al 15 novembre – Pas carta 43/89000.

  Vedere anche : **Romano d'Ezzelino** NE : 3 km.

🏨 **Turim,** strada statale 147 Assisana E : 1 km 𝒫 8001601, ⬛ – ⬛ 🕿 🅿. 🄰🄴 🚫 ⓪ 🄴 𝗩𝗜𝗦𝗔. ❀
Pas *(chiuso venerdì)* carta 28/40000 – ⬭ 10000 – **46 cam** 49/70000 – ½ P 65/70000.

ad Ospedalicchio O : 5 km – ⊠ **06083** Bastia :

🏨 **Lo Spedalicchio,** 𝒫 8010323, « In una fortezza trecentesca », � – ⬛ 🍴 rist 📺 🕿 🅿 –
🔼 90. 🄰🄴 ⓪ 𝗩𝗜𝗦𝗔. ❀
Pas *(chiuso lunedì e dal 15 al 30 luglio)* carta 31/45000 – ⬭ 10000 – **25 cam** 52/77000 –
½ P 70000.

🏠 **Terme Euganee,** 𝒫 525055, 🎋, 🌲 – 🅿. ❀
15 marzo-novembre – Pas 21000 – ⬭ 5000 – **42 cam** 27/43000 – ½ P 36/46000.

BAVENO 28042 Novara 🄈🄑🄒 ③, 🄉🄑🄒 ⑥⑦ – 4 485 ab. alt. 205 – a.s. Pasqua e luglio-15 settembre
– ✪ 0323 – Vedere Guida Verde – 🚢 per le Isole Borromee giornalieri (da 10 a 30 mn) –
Navigazione Lago Maggiore 𝒫 23552 – 🆎 corso Garibaldi 16 𝒫 24632.
Roma 661 – Domodossola 37 – Locarno 51 – ◆Milano 84 – Novara 60 – Stresa 4 – ◆Torino 137.

🏩 **Gd H. Dino,** corso Garibaldi 52 𝒫 22201 (prenderà il 922201), Telex 200217, Fax 924515, ≼
isole Borromee, « Terrazza-giardino sul lago », ⬛, ⬛, ❀ – ⬛ 🔄 cam 🖩 📺 🕿 🚗 🅿 –
🔼 50 a 1300. 🄰🄴 🚫 ⓪ 𝗩𝗜𝗦𝗔. ❀ rist
chiuso gennaio e febbraio – Pas carta 51/70000 – ⬭ 26000 – **262** 210/265000 –
½ P 120/240000.

🏨 **Splendid,** 𝒫 24583 (prenderà il 924583), Telex 200217, Fax 924515, ≼, « Giardino ombreggiato », ⬛, 🏊 – ⬛ 🕿 🅿. 🄰🄴 🚫 ⓪ 🄴 𝗩𝗜𝗦𝗔. ❀ rist
25 marzo-20 ottobre – Pas carta 52/73000 – ⬭ 16500 – **106 cam** 120/140000 – ½ P 125000.

🏨 **Simplon,** 𝒫 24112 (prenderà il 924112), Telex 200217, Fax 924515, ≼, « Parco ombreggiato
con ⬛ e ❀ » – ⬛ 🚗 🅿 🄰🄴 🚫 ⓪ 🄴 𝗩𝗜𝗦𝗔. ❀ rist
25 marzo-ottobre – Pas 25/40000 – ⬭ 15000 – **90 cam** 75/115000 – ½ P 50/95000.

🏨 **Romagna,** S : 1 km 𝒫 24879 (prenderà il 924879), ≼ isole Borromee, 🏊 – 📺 🕿 🅿. 🄰🄴
🚫 ⓪ 🄴 𝗩𝗜𝗦𝗔. ❀ rist
marzo-dicembre – Pas carta 28/46000 – ⬭ 7000 – **17 cam** 60/75000 – ½ P 50/55000.

🏠 **Elvezia,** 𝒫 924106, 🌲 – 🅿. 🄰🄴 🚫 ⓪ 🄴 𝗩𝗜𝗦𝗔. ❀
15 marzo-ottobre – Pas carta 25/40000 – ⬭ 5000 – **17 cam** 25/45000 – ½ P 40/44000.

🏛 **La Ripa,** 𝒫 924589, « Giardino in riva al lago con ≼ isole Borromee », 🏊 – 🅿
← *aprile-settembre* – Pas 19000 – ⬭ 5000 – **9 cam** 25/46000 – ½ P 40/45000.

Vedere anche : *Borromee (Isole)* SE : 10/30 mn di battello.
Feriolo NO : 3 km.

🏠 **Della Rocca,** 𝒫 831217, 🌳, « Piccolo parco » – ⬛ 🕿 🅿 – 🔼 80. 🚫 ⓪ 🄴 𝗩𝗜𝗦𝗔. ❀
chiuso gennaio – Pas *(chiuso lunedì)* carta 29/50000 – ⬭ 7000 – **24 cam** 60/90000 –
½ P 90000.

✗ **Al Borgo Antico,** località Masciaga 𝒫 674291 – 🅿. 🄰🄴 🚫 𝗩𝗜𝗦𝗔
chiuso lunedì sera e dal 5 al 20 agosto – Pas carta 22/37000.

🏠 **Belvedere-u Rissu,** SO : 2,5 km 𝒫 86659, ≼ – 🚗 🅿 ❀ rist
chiuso gennaio – Pas *(chiuso lunedì)* carta 22/29000 – ⬭ 7000 – **19 cam** 26/40000 –
P 48000.

✗ **La Pergola,** 𝒫 86612, « Servizio estivo all'aperto » – 🚫 🄴 𝗩𝗜𝗦𝗔. ❀
chiuso giovedì – Pas carta 30/48000.

✗ **Al Vecchio Mulino,** località Case Gelana SO : 4 km 𝒫 86161, « Servizio estivo in terrazza
lungo un torrente » – 🅿. ❀
chiuso lunedì – Pas carta 29/46000.

🏩 **Villa Carlotta,** 𝒫 76461, Telex 200490, Fax 76705, ≼, « Parco ombreggiato », ⬛ riscaldata,
🏊, ❀ – ⬛ 🖩 📺 🕿 🔄 🅿 – 🔼 30 a 600. 🄰🄴 🚫 ⓪ 🄴 𝗩𝗜𝗦𝗔. ❀ rist
Pas carta 37/53000 – **110 cam** ⬭ 98/156000 – ½ P 82/127000.

🏩 **Milano,** 𝒫 76525, ≼, 🌳, 🏊 – ⬛ 📺 🕿 🅿. 🄰🄴 🚫 ⓪ 🄴 𝗩𝗜𝗦𝗔. ❀ rist
Pas carta 30/52000 – **51 cam** ⬭ 74/124000 – ½ P 64/88000.

22021 Como 𝟵𝟴𝟴 ③, 𝟮𝟭𝟵 ⑨ – 3 084 ab. alt. 216 – ✪ 031.

Vedere Posizione pittoresca★★★ – Giardini★★ di Villa Serbelloni – Giardini★★ di Villa Melzi.

⚓ per Cadenabbia (10 mn) e Varenna (15 mn), giornalieri – Navigazione Lago di Como, al pontile ✆ 950180.

🛈 piazza della Chiesa 14 ✆ 950204.

Roma 643 – ♦Bergamo 55 – Como 31 – Lecco 22 – ♦Lugano 63 – ♦Milano 78 – Sondrio 104.

🏰 **Gd H. Villa Serbelloni** ⚲, ✆ 950216, Telex 380330, Fax 951529, ≤ lago e monti, 🍴, « Parco con installazioni balneari e 🏊 riscaldata », 🚣, 🎾 – 🛗 ☎ 🕹 🅿 – 🔬 40 a 120. 🟦 ① Ⓔ 𝘝𝘐𝘚𝘈. 🍴 rist
15 aprile-20 ottobre – Pas 60000 – **95 cam** ⚌ 230/330000 appartamenti 640000 – ½ P 190/205000.

🏨 **Belvedere,** ✆ 950410, Fax 950102, ≤ lago e Grigna, 🍴, 🏊, 🌳 – 🛗 ☎ 🅿. 🟦 𝘝𝘐𝘚𝘈. 🍴 rist
aprile-10 ottobre – Pas carta 30/46000 – ⚌ 10000 – **50 cam** 57/86000 – ½ P 76000.

🏨 **Du Lac,** ✆ 950320, Telex 326299, Fax 951624, ≤ lago e monti, « Terrazza roof-garden » – 🛗 ☎. 🟦 🕹 Ⓔ 𝘝𝘐𝘚𝘈. 🍴 rist
Pasqua-15 ottobre – Pas carta 29/50000 – ⚌ 13000 – **48 cam** 63/90000 – ½ P 69/79000.

🏠 **Fioroni,** ✆ 950392 – ☎ 🅿. 🟦 🟦 Ⓔ 𝘝𝘐𝘚𝘈
➡ *chiuso gennaio* – Pas 20/25000 – ⚌ 8000 – **16 cam** 40/60000 – ½ P 40/55000.

🏠 **Silvio,** SO : 2 km ✆ 950322, ≤, 🍴 – ☎ 🅿. 🟦
➡ *chiuso gennaio e febbraio* – Pas carta 20/36000 – ⚌ 5000 – **17 cam** 40/60000 – ½ P 48/52000.

✗ **Bilacus,** ✆ 950480, 🍴 – 𝘝𝘐𝘚𝘈
15 marzo-ottobre; chiuso lunedì escluso luglio-settembre – Pas carta 23/38000 (10%).

sulla strada per Civenna verso il passo del Ghisallo :

✗ **La Busciona-da Teo,** S : 4,5 km ✉ 22021 ✆ 964831, ≤ lago e monti, 🍴 – 🅿
chiuso lunedì e dal 15 al 30 ottobre – Pas carta 27/38000.

38030 Trento – alt. 1 372 – a.s. febbraio-Pasqua e Natale – ✪ 0462.

Roma 668 – Belluno 73 – ♦Bolzano 62 – Cortina d'Ampezzo 90 – ♦Milano 322 – Trento 84.

🏨 **Sole** ⚲, ✆ 56299, ≤, 🌳 – 🛗 ☎ 🕹 🅿. 🅂 🍴
dicembre-Pasqua e giugno settembre – Pas 28/33000 – ⚌ 8000 – **37 cam** 60/95000 – ½ P 55/85000.

🏨 **Bellamonte,** ✆ 56116, Fax 56116, ≤ gruppo delle Pale e pinete, 🌳 – ☎ 🅿. 🟦 🅂 🕹 Ⓔ
➡ 𝘝𝘐𝘚𝘈. 🍴
chiuso ottobre e novembre – Pas *(chiuso mercoledì)* 18/22000 – **31 cam** ⚌ 75/120000 – ½ P 48/63000.

🏠 **Stella Alpina,** ✆ 56114, ≤ – 🛗 🅿. 🍴
➡ *chiuso novembre* – Pas *(chiuso lunedì)* 17/19000 – ⚌ 6000 – **33 cam** 30/54000 – ½ P 40/50000.

🏠 **Margherita,** ✆ 56140, ≤ – 🛗 🅿. 🍴
➡ *chiuso dal 30 aprile al 20 giugno, dal 30 settembre al 1° novembre e dal 15 novembre al 5 dicembre* – Pas 17/20000 – ⚌ 5000 – **28 cam** 30/54000 – ½ P 42/50000.

22051 Como 𝟵𝟴𝟴 ③, 𝟮𝟭𝟵 ⑨ – 3 462 ab. alt. 204 – ✪ 0341.

Vedere Guida Verde.

Roma 648 – ♦Bergamo 60 – Chiavenna 40 – Como 56 – Lecco 27 – ♦Milano 83 – Sondrio 55.

🏨 **Meridiana,** ✆ 821126, ≤, « Giardino in riva al lago », 🚣 – 🛗 ➖ 🐎 🅿 – 🔬 40. 🟦 🅂 ① Ⓔ 𝘝𝘐𝘚𝘈
chiuso dal 21 dicembre al 19 gennaio – Pas *(chiuso lunedì)* carta 30/47000 – ⚌ 8000 – **34 cam** 45/65000 – ½ P 50/55000.

✗ **Al Cavallo Bianco** con cam, ✆ 821101 – 🅿. 🟦 Ⓔ 𝘝𝘐𝘚𝘈
Pas *(chiuso giovedì da ottobre a marzo)* carta 26/41000 – ⚌ 6500 – **9 cam** 20/49000 – P 50/60000.

Forlì 𝟵𝟴𝟴 ⑮ – 12 616 ab. – a.s. 15 giugno-agosto – ✪ 0541.

Roma 350 – ♦Bologna 111 – Forlì 49 – ♦Milano 321 – Pesaro 55 – ♦Ravenna 38 – Rimini 14.

a Bellaria – ✉ **47041.**

🛈 via Leonardo da Vinci (Palazzo del Turismo) ✆ 44108 :

🏨 **Miramare,** via Colombo 37 ✆ 44131, ≤, 🏊 – 🛗 ➖ cam ▦ rist 🐎 🅿. 🟦 ① 𝘝𝘐𝘚𝘈. 🍴 rist
➡ *20 maggio-25 settembre* – Pas 20/30000 – ⚌ 7000 – **55 cam** 45/80000 – ½ P 40/78000.

🏨 **Elizabeth,** via Rovereto 11 ✆ 44119, Fax 45680, ≤, 🏊 riscaldata – 🛗 📺 ☎ 🚐 🅿. 🟦 🟦 ①
➡ 𝘝𝘐𝘚𝘈. 🍴 rist
Pasqua-20 ottobre – Pas 20000 – **50 cam** ⚌ 60/100000 appartamenti 120/130000 – ½ P 50/60000.

🏨 **Gambrinus,** viale Panzini 101 ✆ 49421, ≤, 🏊, 🌳 – 🛗 ☎ 🅿. 🟦 ① 𝘝𝘐𝘚𝘈. 🍴
➡ *maggio-settembre* – Pas *(solo per clienti alloggiati)* 15/25000 – ⚌ 8000 – **63 cam** 45/85000 – ½ P 50/60000.

🏨 **Ermitage,** via Ala 11 ✆ 47633, Fax 45680, ≤, 🏊 riscaldata – 🛗 📺 ☎ 🅿. 🟦 🅂 ① 𝘝𝘐𝘚𝘈
➡ 🍴 rist
20 maggio-20 settembre – Pas 20000 – **60 cam** ⚌ 60/100000 appartamenti 120/130000 – ½ P 50/60000.

🏨 **Nautic-Riccardi,** viale Panzini 128 ℰ 345600, ⅃, ☞ – 🛗 ☎ 🅿. ⋘
↔ *maggio-settembre* – Pas (solo per clienti alloggiati) 20/25000 – ☲ 8000 – **33 cam** 50/90000
– ½ P 48/55000.

🏨 **Giorgetti Palace Hotel,** via Colombo 39 ℰ 49121, ≤ – 🛗 🕭 🅗 🅿. ⋘ rist
↔ *15 maggio-settembre* – Pas 17/22000 – ☲ 8000 – **54 cam** 40/80000 – ½ P 35/52000.

🏨 **Semprini,** via Volosca 18 ℰ 346337, ≤, 🐾 – 🛗 ☎ 🚗 🅿. ⋘ rist
↔ *15 maggio-settembre* – Pas (solo per clienti alloggiati) 15/20000 – **39 cam** ☲ 60000 –
P 42/58000.

🏨 **La Pace,** via Zara 10 ℰ 47519, ≤ – 🛗 ↔ cam 🕭 🅿. 𝘝𝘐𝘚𝘈 ⋘ rist
↔ *15 maggio-20 settembre* – Pas 20/28000 – ☲ 7000 – **37 cam** 56/60000 – ½ P 41/52000.

🏨 **Roma,** via Arbe 13 ℰ 44225, ≤, ⅃ riscaldata – 🛗 ↔ rist 🕭 🅿. 𝘝𝘐𝘚𝘈 ⋘
↔ *15 maggio-settembre* – Pas 20/28000 – ☲ 12000 – **67 cam** 40/60000 – ½ P 55/58000.

🏨 **Orizzonte,** via Rovereto 10 ℰ 44298, ≤ – 🅿. 🖼 E 𝘝𝘐𝘚𝘈 ⋘ rist
maggio-settembre – Pas (solo per clienti alloggiati) – **28 cam** ☲ 30/55000 – ½ P 35/45000.

🏠 **Miranda** senza rist, viale Italia 23 ℰ 346290, ☞ – 🛗 🅿
15 maggio-settembre – **50 cam** ☲ 35/60000.

🏠 **Orchidea,** viale Panzini 37 ℰ 47425, « Giardino ombreggiato » – ☎ 🅿. 🖼 ⓘ. ⋘ rist
20 maggio-20 settembre – Pas 25/3000 – **33 cam** ☲ 42/72000 – P 38/52000.

🏠 **Elite,** viale Italia 29 ℰ 346615, ≤ – 🛗 🕭 🅿. ⋘ rist
↔ *15 maggio-settembre* – Pas 12/17000 – **30 cam** ☲ 28/45000 – ½ P 28/45000.

🏠 **Le Pleiadi,** viale Panzini 102 ℰ 44636 – 🛗 ☎ 🅿. 🖼 𝘝𝘐𝘚𝘈 ⋘
↔ *20 maggio-17 settembre* – Pas (solo per clienti alloggiati) 14/20000 – ☲ 8000 – **30 cam**
27/48000 – ½ P 29/45000.

✕ **Rubicone da Virgilio** con cam, piazza Marcianò 19 ℰ 45116 – 🛗 📺 ☎
Pas *(chiuso martedì)* carta 21/37000 – **25 cam** ☲ 30/50000 – ½ P 28/35000.

a Igea Marina – ✉ 47044.

🛈 (aprile-settembre), viale Pinzon 190 ℰ 330052 :

🏨 **Agostini,** viale Pinzon 68 ℰ 331510, ≤ – 🕭 🅿. ⋘ rist
15 maggio-25 settembre – Pas 25/35000 – **50 cam** ☲ 45/80000 – ½ P 45/60000.

🏨 **Touring** senza rist, viale Pinzon 217 ℰ 631619 (prenderà il 331619), ≤, ⅃, 🐾, ☞ – 🛗 🕭
🅿. 🖼 𝘝𝘐𝘚𝘈. ⋘
15 giugno-15 settembre – **33 cam** ☲ 50/80000.

🏨 **Globus,** viale Pinzon 193 ℰ 330195, ≤ – 🛗 🍽 rist 🕭 🅿. E 𝘝𝘐𝘚𝘈 ⋘ rist
↔ *10 maggio-25 settembre* – Pas 15/25000 – ☲ 8000 – **54 cam** 30/50000 – ½ P 32/45000.

🏨 **K 2,** viale Pinzon 212 ℰ 630064, ≤ – 🛗 🕭 🅿. ⋘
↔ *maggio-settembre* – Pas (solo per clienti alloggiati) 18/21000 – ☲ 8000 – **53 cam** 45/60000
– ½ P 25/49000.

🏨 **Strand Hotel,** viale Pinzon 161 ℰ 331726, ≤ – 🛗 🍽 rist 🕭 🅿. 🖼 ⓘ 𝘝𝘐𝘚𝘈 ⋘ rist
↔ *Pasqua e maggio-settembre* – Pas 20/22000 – ☲ 10000 – **33 cam** 42/60000 – ½ P 32/48000.

🏠 **Diplomatic,** viale Pinzon 248 ℰ 630254, ≤, ☞ – 🛗 ↔ cam 🕭 🅿. ⋘ rist
↔ *maggio-15 settembre* – Pas 12/15000 – **27 cam** ☲ 35/45000 – ½ P 30/40000.

🏠 **Elios,** viale Pinzon 116 ℰ 331300, Fax 331772, ≤ – 🛗 🍽 cam 🕭 🅿. ⋘ rist
↔ *aprile-ottobre* – Pas 20/25000 – ☲ 10000 – **29 cam** 45/65000 – ½ P 46/60000.

🏠 **Victoria,** viale Pinzon 246 ℰ 330253, ≤ – 🛗 🕭 🅿. 🖼 ⓘ 𝘝𝘐𝘚𝘈 ⋘
↔ *aprile-15 ottobre* – Pas (solo per clienti alloggiati e *chiuso aprile ed ottobre*) 16/22000 –
27 cam ☲ 45/60000 – ½ P 38/43000.

✕ **Tolmino,** viale Pinzon 8 ℰ 44031, ≤ – 🅿. 🖼 🖼 ⓘ E 𝘝𝘐𝘚𝘈
chiuso dal 2 al 25 gennaio e lunedì in bassa stagione – Pas carta 25/38000.

BELLARIVA Forlì – Vedere Rimini.

BELLINZAGO NOVARESE 28043 Novara 🗺 ⑰ – 8 084 ab. alt. 191 – ✦ 0321.
Roma 634 – ✦Milano 60 – Novara 15 – Varese 45.

✕✕ ❀ **Grillo,** via Don Minzoni 48 ℰ 985523, Coperti limitati; prenotare – 🖼 E 𝘝𝘐𝘚𝘈. ⋘
chiuso domenica, lunedì, agosto e dal 19 al 31 dicembre – Pas carta 30/53000
Spec. Ravioli di brasato (inverno), Puledro in salsa all'aglio (estate-autunno), Sella di agnello in crosta di erbe aromatiche. **Vini** Erbaluce, Ghemme.

BELLINZONA 🗺 ⊗ ❀, 🗺 ⑧, 🗺 ⑫ – Vedere Cantone Ticino alla fine dell'elenco alfabetico.

BELLUNO 32100 🅿 🗺 ⑤ – 36 003 ab. alt. 389 – a.s. 15 luglio-agosto e Natale – ✦ 0437.
Vedere Piazza del Mercato★ 6 – Piazza del Duomo★ 2 : palazzo dei Rettori★ P, polittico★ nel Duomo – Via del Piave : ≤★.
🛈 via Psaro 21 ℰ 940083, Fax 940073 – piazza dei Martiri 27/e ℰ 28746, Telex 440077.
A.C.I. piazza dei Martiri 46 ℰ 213132.
Roma 617 ① – Cortina d'Ampezzo 71 ① – ✦Milano 320 ② – Trento 112 ② – Udine 117 ① – ✦Venezia 106 ① – Vicenza 120 ②.

🏨 **Delle Alpi,** via Jacopo Tasso 13 ℰ 940545, Telex 440887 – 🛗 📺 ☎. 🅢 🕦 E VISA
Pas vedere rist. Delle Alpi – **40 cam** ⊊ 85/115000.
a

🏰 **Villa Carpenada** 🦢, via Mier 158 ℰ 28343, Fax 28345, « In un bosco » – 📺 ☎ 🅿. 🖭 ⅍ per ②
Pas carta 27/45000 – ⊊ 12000 – **28 cam** 100/140000 – ½ P 80000.

🏠 **Dolomiti** senza rist, via Carrera 46 ℰ 27077 – 🛗 🕭
⊊ 3000 – **32 cam** 44/68000.
s

🏠 **Astor** senza rist, piazza dei Martiri 26/e ℰ 24922, ⇐ – 🛗 ☎ 🕭, 🖭 🅢 🕦 E VISA
⊊ 5000 – **32 cam** 52/84000.
n

XX **Delle Alpi,** via Jacopo Tasso 15 ℰ 940302 – 🖭 🅢 🕦 E VISA
chiuso domenica – Pas carta 26/40000.
a

XX **Al Borgo,** via Anconetta 8 ℰ 926755, Fax 926411, 🌲 – 🅿. 🖭 🅢. ⅍ per ④
chiuso lunedì sera e martedì – Pas carta 25/43000.

XX **Al Sasso,** via del Consiglio 12 ℰ 27701 – 🖿
b

BELLUNO

Martiri (Piazza dei) 4
Duomo (Pza) 2
Gabelli (Via A.) 3
Matteotti (Via) 5
Mercato (Pza del) 6
Piloni (Piazza) 7
Rialto (Via) 8
V. Emanuele II (Pza) 9

0   200 m

MEL 16 km
FELTRE 32 km   NEVEGAL

Vedere anche : *Nevegal* SE : 12 km.

BENACO Vedere Garda (Lago di).

BENEVENTO 82100 🄿 988 ㉗ – 65 236 ab. alt. 135 – ✪ 0824.
Vedere Arco di Traiano** – Museo del Sannio* : Chiostro* – 🖪 via Giustiniani 34 ℰ 25424.
A.C.I. via Salvator Rosa 24/26 ℰ 21582 – Roma 241 – ◆Foggia 111 – ◆Napoli 68 – Salerno 75.

XX **Antica Taverna,** via Annunziata 134 ℰ 21212 – 🕦 VISA
chiuso domenica sera da ottobre a giugno – Pas carta 27/37000 (10%).

XX **Pedicini,** via Grimoldo Re 16 ℰ 21731 – 🕦 VISA. ⅍
chiuso lunedì e Ferragosto – Pas carta 20/35000 (12%).

sulla strada statale 7 - via Appia :

🏨 **La Cittadella,** contrada Piano Cappelle SE : 4 km ⊠ 82100 ℰ 51719 – 🛗 ⇄ ☎ ⇦ 🅿 – 🔬 300. ⅍
Pas carta 26/41000 (15%) – ⊊ 5000 – **54 cam** 38/81000 – ½ P 69/83000.

XXX Le Vecchie Carrozze, contrada Piano Cappelle SE : 5 km ⊠ 82100 ℰ 78115 – 🅿.

BERCETO 43042 Parma 988 ⑭ – 2 859 ab. alt. 790 – ✪ 0525.
Roma 463 – ◆Bologna 156 – Massa 80 – ◆Milano 165 – ◆Parma 60 – ◆La Spezia 65.

🏨 Il Poggio, ℰ 60088, ⇐ – 🍽 🅿 – **31 cam**.

X **Vittoria-da Rino** con cam, piazza Micheli ℰ 64306 – 🖭 🅢 🕦 E VISA. ⅍
chiuso dal 20 dicembre al 31 gennaio – Pas (chiuso lunedì) carta 29/57000 – ⊊ 7000 – **15 cam** 25/35000 – ½ P 45000.

BERGAMO 24100 🄿 988 ③ – 118 078 ab. alt. 249 – ✪ 035.
Vedere Città alta*** ABY – Piazza del Duomo** AY 12 : Cappella Colleoni**, Basilica di Santa Maria Maggiore* : arazzi**, arazzo della Crocifissione**, pannelli**, abside*, Battistero* – Piazza Vecchia* AY **38** – ⇐* dalla Rocca AY – Città bassa* : Accademia Carrara** BY M – Quartiere vecchio* BYZ – Piazza Matteotti* BZ 19.
🏌 L'Albenza (chiuso lunedì) ad Almenno San Bartolomeo ⊠ 24030 ℰ 640028, per ⑧ : 15 km;
🏌 La Rossera (chiuso martedì) a Chiuduno ⊠ 24060 ℰ 838600, per ② : 15 km.
⇙ di Orio al Serio per ③ : 3,5 km ℰ 312315 – Alitalia, via Casalino 5 ℰ 224425.
🖪 via Paleocapa 4/D ℰ 242226 – vicolo Aquila Nera ℰ 232730 – **A.C.I.** via Angelo Maj 16 ℰ 247621.
Roma 601 ④ – ◆Brescia 52 ④ – ◆Milano 47 ④.

102

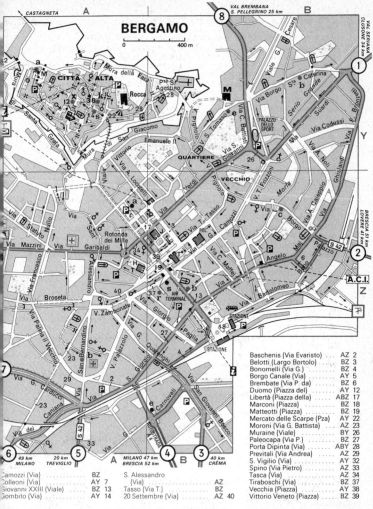

BERGAMO

0   400 m

🏠 **Cristallo Palace e Rist. L'Antica Perosa,** via Betty Ambiveri 35 ℰ 311211, Telex 304090, Fax 312031 – 📶 🗗 📺 🕿 🕭 🚄 🚗 📮 – 🔬 500. 🖭 ⑤ ⓞ ᴇ 𝘝𝘐𝘚𝘈. 🛠 rist
Pas *(chiuso domenica)* carta 45/68000 – ☲ 18000 – **86 cam** 120/180000 appartamenti 300000 – ½ P 175000.   per via San Giovanni Bosco   BZ

🏠 **Excelsior San Marco,** piazza della Repubblica 6 ℰ 232132, Telex 301295, Fax 223201 –
📶 🗗 📺 🕿 🕭 – 🔬 30 a 250. 🖭 ⑤ ⓞ ᴇ 𝘝𝘐𝘚𝘈. 🛠 rist   AZ   a
Pas *(chiuso domenica)* carta 57/83000 – ☲ 16000 – **151 cam** 138/209000 appartamenti 314000 – ½ P 176000.

🏠 **Città dei Mille** senza rist, via Autostrada 3/c ℰ 317400, Fax 317385 – 📶 📺 🕿 📮. 🖭 ⑤ ᴇ
𝘝𝘐𝘚𝘈. 🛠   BZ   e
☲ 12000 – **40 cam** 55/85000.

🏠 **Arli** senza rist, largo Porta Nuova 12 ℰ 222014, Fax 239732 – 📶 🚗. 🖭   BZ   s
☲ 7500 – **48 cam** 55/85000.

XXX ✿ **Dell'Angelo-Antico Ristorante,** via Borgo Santa Caterina 55 ℰ 237103, « Servizio estivo all'aperto » – 🖭 ⑤ ⓞ ᴇ 𝘝𝘐𝘚𝘈   BY   b
chiuso lunedì – Pas carta 56/78000
Spec. Astice e scampi in salsa alla pesca (estate), Tagliolini su fonduta di tartufi e carpaccio di porcini (autunno), Tagliata di anitra in salsa di ribes. **Vini** Franciacorta, Valcalepio.

XX **La Sagrestia,** via San Bernardino 51 c 247419, Coperti limitati; prenotare – ▣. ⧫ 🔕
VISA. AZ **b**
chiuso domenica, lunedì a mezzogiorno ed agosto – Pas carta 70/90000.

XX ❀ **Da Vittorio,** viale Papa Giovanni XXIII n° 21 218060 – ▣. ⧫ 🔕 ⓞ Ε _VISA_ BZ **b**
chiuso mercoledì e dall'8 al 18 agosto – Pas carta 64/102000
Spec. Insalata di astice con vinaigrette al tartufo nero, Risotto alla crema di scampi e zucchine, Rombo con patate e porcini. **Vini** Gavi, Brico dell'Uccellone.

XX ❀ **Lio Pellegrini,** via San Tomaso 47 247813, Coperti limitati; prenotare – ⧫ ⓞ BY **e**
chiuso lunedì, martedì a mezzogiorno, dall'8 al 15 gennaio e dal 6 al 27 agosto – Pas carta 42/68000
Spec. Insalatina calda di mare con scampi e capesante, Farfalline di pasta ai funghi porcini, Filetto di fassone scottato in padella con insalatine e carciofi. **Vini** Arneis, Cabernet.

XX **Taverna Valtellinese,** via Tiraboschi 57 243331 – ⧫ 🔕 ⓞ _VISA_ BZ **r**
chiuso domenica sera, lunedì ed agosto – Pas carta 32/45000.

XX **Öl Giopì e la Margì,** via Borgo Palazzo 25 242366, Fax 249206 – ⧫ ⓞ Ε _VISA_. ⋘
chiuso lunedì, dal 1° al 10 gennaio ed agosto – Pas 30/40000. BZ **c**

alla città alta – alt. 366 :

XXX **Taverna del Colleoni,** piazza Vecchia 7 232596, ⌗ – ▣. ⧫ 🔕 ⓞ Ε _VISA_. ⋘ AY **x**
chiuso lunedì e dal 1° al 20 agosto – Pas carta 50/85000.

XX **Gourmet** ⋙ con cam, via San Vigilio 1 256110, « Servizio estivo in giardino » – ▣ ☎
Ⓟ. ⧫ 🔕 ⓞ Ε _VISA_. ⋘ AY
Pas _(chiuso martedì)_ carta 52/77000 – ⊃ 12000 – **10 cam** 56/85000 – ½ P 130000.

XX **Il Pianone,** via al Pianone 21 216016, « Servizio estivo in terrazza panoramica », ⌁ –
Ⓟ. ⧫ 🔕 ⓞ Ε _VISA_ 2,5 km via per Castagneta AY
chiuso mercoledì, giovedì a mezzogiorno e dal 10 gennaio al 5 febbraio – Pas carta 35/53000.

XX **San Vigilio** con cam, via San Vigilio 15 253179, ≤, Coperti limitati; prenotare, « Servizio
estivo in terrazza panoramica » – ▣ ☎ Ⓟ. ⧫ 🔕 Ε _VISA_. ⋘ AY
Pas _(chiuso domenica sera, lunedì e gennaio)_ carta 50/70000 – ⊃ 12000 – **7 cam** 85000.

XX **Trattoria del Teatro,** piazza Mascheroni 3 238862 – ▣ AY **a**
chiuso lunedì e dal 15 al 30 luglio – Pas carta 32/45000.

XX **Agnello d'Oro** con cam, via Gombito 22 249883, Fax 235612 – ⧓ ☎. ⧫ 🔕 ⓞ Ε _VISA_.
⋘ rist AY **k**
Pas _(chiuso domenica sera, lunedì e dal 2 gennaio al 13 febbraio)_ carta 39/70000 – ⊃ 8000 –
20 cam 36/58000 – ½ P 85000.

XX **Valletta,** via Castagneta 19 239587, prenotare, « Servizio estivo in terrazza » – ⧫ 🔕 Ε
VISA. ⋘ AY
chiuso domenica sera, lunedì, dal 1° al 15 gennaio ed agosto – Pas carta 40/58000.

X **Da Ornella,** via Gombito 15 232736 – ⧫ 🔕 Ε _VISA_ AY **s**
chiuso giovedì, venerdì a mezzogiorno, dal 7 al 18 gennaio e dal 15 giugno al 15 luglio – Pas
carta 26/41000.

Vedere anche : _Torre Boldone_ per ① : 4,5 km.

BERGEGGI 17042 Savona – 990 ab. alt. 110 – ۞ 019.
Roma 556 – Cuneo 102 – ◆Genova 58 – Imperia 63 – ◆Milano 180 – Savona 11.

XXX **Claudio** con cam, 859750, prenotare, « Servizio estivo in terrazza con ≤ », ☐ – ▣ 📺
☎ Ⓟ – ⧎ 50. ⧫ _VISA_. ⋘ cam
chiuso dal 2 al 25 gennaio – Pas _(chiuso lunedì)_ carta 60/80000 – ⊃ 10000 – **12 cam**
80/120000 – ½ P 100/130000.

BERGIOLA MAGGIORE Massa-Carrara – Vedere Massa.

BERTINORO 47032 Forlì 988 ⑮ – 8 357 ab. alt. 257 – ۞ 0543.
Vedere ≤★ dalla terrazza vicino alla Colonna dell'Ospitalità.
Roma 343 – ◆Bologna 77 – Forlì 14 – ◆Milano 296 – ◆Ravenna 33 – Rimini 41.

🏨 **Panorama** ⋙ senza rist, piazza della Libertà 8 445465, ≤ – ⧓ 📺 ☎ ⅙. ⧫ 🔕 ⓞ Ε
VISA. ⋘
chiuso dicembre e gennaio – ⊃ 10000 – **16 cam** 50/80000.

X **Belvedere,** via Mazzini 7 445127, ⌗ – ⧫ ⓞ _VISA_. ⋘
chiuso mercoledì e novembre – Pas carta 32/47000.

BESNATE 21010 Varese 219 ⑰ – 4 654 ab. alt. 300 – ۞ 0331.
Roma 622 – Gallarate 7 – ◆Milano 45 – Novara 40 – Varese 17.

XX **La Maggiolina,** 274225 – ▣ Ⓟ. ⧫ 🔕
chiuso martedì ed'agosto – Pas carta 31/49000.

BETTOLA 29021 Piacenza 988 ⑬ – 3 672 ab. alt. 329 – ۞ 0523.
Roma 546 – ◆Bologna 184 – ◆Milano 99 – Piacenza 34.

X **Due Spade,** piazza Cristoforo Colombo 62 917789, ⌗ – ⋘
chiuso martedì (escluso luglio-settembre) – Pas carta 28/43000.

BETTOLLE Siena 988 ⑮ – Vedere Sinalunga.

BIANCO 89032 Reggio di Calabria 988 ㊴ – 3 919 ab. – ☎ 0964.
Roma 722 – Catanzaro 118 – ♦Reggio di Calabria 78.

🏨 **Vittoria,** 𝒫 911014 – 🛗 ☎ 🅿. 🖭 🕃 🕘 🗲 𝘝𝘐𝘚𝘈. 🦞 rist
➡ Pas *(aprile-ottobre)* 20/30000 – 🖙 8000 – **64 cam** 45/70000 – ½ P 45/63000.

BIASCA 427 ⑮, 218 ⑫ – Vedere Cantone Ticino alla fine dell'elenco alfabetico.

BIBIONE 30020 Venezia 988 ⑥ – a.s. 15 giugno-agosto – ☎ 0431.
🛈 viale Aurora 101 𝒫 43362, Telex 450377, Fax 439997.
Roma 613 – Latisana 19 – ♦Milano 352 – Treviso 89 – ♦Trieste 98 – Udine 67 – ♦Venezia 102.

🏨 **Principe,** via Ariete 41 𝒫 43256, Telex 461075, ≤, 🏊, 🐾, 🦞 – 🛗 🖃 rist ☎ 🅿. 🖭 🕃 🕘
  🗲 𝘝𝘐𝘚𝘈. 🦞 rist
  15 maggio-15 settembre – Pas 27000 – **80 cam** 🖙 90/160000 – ½ P 85/95000.

🏨 **Corallo,** via Pegaso 38 𝒫 43222, ≤, 🏊, 🐾, 🌳 – 🛗 🖃 rist ☎ 🅿. 🦞
  15 maggio-settembre – Pas (solo per clienti alloggiati) – **80 cam** 🖙 80/150000 – P 50/100000.

🏨 **Palace,** via del Leone 44 𝒫 43349, ≤, 🏊, 🐾, 🌳 – 🛗 ☎ 🅿. 🦞 rist
➡ *14 maggio-16 settembre* – Pas 20/25000 – **80 cam** 🖙 64/112000 – ½ P 64/70000.

🏨 **Concordia,** via Maia 149 𝒫 43433, ≤, 🐾 – 🛗 🕭 🔄. 🖭. 🦞 rist
➡ *20 maggio-20 settembre* – Pas 16000 – **44 cam** 🖙 50/80000 – ½ P 46/59000.

🏨 **Leonardo da Vinci,** corso Europa 92 𝒫 43416, Fax 438408, 🐾 – 🛗 🕮 🅿. 🦞 rist
➡ *20 maggio-15 settembre* – Pas (solo per clienti alloggiati) 15/26000 – 🖙 5000 – **54 cam**
  50/90000 – ½ P 52/60000.

🏨 **Ariston,** corso Europa 98 𝒫 43138, 🏊, 🐾, 🌳 – 🛗 🕭 ♿ 🅿. 🖭 🕃 🕘 🗲 𝘝𝘐𝘚𝘈. 🦞
➡ *15 maggio-20 settembre* – Pas 20/25000 – 🖙 6000 – **39 cam** 55/77000 – ½ P 63/69000.

🏨 **Nevada,** località Lido del Sole O : 2,5 km 𝒫 43346, Fax 438408, 🐾 – 🛗 ☎ 🕭 🚗 🅿. 🖭
➡ 🕘. 🦞 rist
  15 maggio-15 settembre – Pas carta 20/40000 – **40 cam** 🖙 52/80000 – ½ P 50/60000.

🗙 **Da Gianni,** corso del Sole 96 𝒫 43609, 🌤 – ◁▷ 🅿. 🖭 🕃 🗲 𝘝𝘐𝘚𝘈. 🦞
  chiuso dal 23 ottobre al 20 dicembre e martedì in bassa stagione – Pas carta 25/51000.

a Bibione Pineda O : 5 km – ✉ **30020** Bibione.
🛈 viale dei Ginepri 𝒫 43362 :

🏨 **Esplanada** 📎, via delle Dune 6 𝒫 43260, Fax 430832, « Pineta con 🏊 e 🦞 », 🐾 – 🛗 🖃
➡ 🔄 🅿. 🦞
  15 maggio-settembre – Pas 20/25000 – 🖙 15000 – **80 cam** 65/105000 – ½ P 65/80000.

🏨 **San Marco** 📎, via delle Ortensie 2 𝒫 43301, Fax 438381, « Pineta con 🏊 », 🐾 – 🛗 ☎
  🅿. 🦞
  15 maggio-15 settembre – Pas 22/24000 – 🖙 10000 – **57 cam** 65/100000 – ½ P 52/77000.

🏨 **Horizonte,** via degli Ontani 31 𝒫 43218, « Giardino ombreggiato », 🐾 – 🖃 rist 🕮 🅿.
➡ 🕃 🗲 𝘝𝘐𝘚𝘈. 🦞 rist
  10 maggio-28 settembre – Pas 19/23000 – 🖙 6000 – **25 cam** 40/63000 – ½ P 52/57000.

*Des modifications et des améliorations sont constamment apportées
au réseau routier italien.
Achetez l'édition la plus récente de la carte Michelin 988 à 1/1 000 000.*

BIELLA 13051 Vercelli 988 ②, 219 ⑮ – 51 541 ab. alt. 424 – ☎ 015.
🛈 Le Betulle (aprile-novembre; chiuso lunedì) a Magnano ✉ 13050 𝒫 679151, per ④ : 18 km.
🄰.🄲.🄸 viale Matteotti 11 𝒫 25225.
Roma 676 ② – Aosta 101 ④ – ♦Milano 102 ② – Novara 56 ② – Stresa 72 ① – ♦Torino 74 ③ – Vercelli 42 ②.

Pianta pagina seguente

🏨 **Astoria** senza rist, viale Roma 9 𝒫 402750, Telex 214083, Fax 8491691, « Elegante arredamento » – 🛗 🖃 🖭 ☎ – 🔬 50 a 70. 🖭 🕃 🕘 🗲 𝘝𝘐𝘚𝘈. 🦞   **v**
  chiuso agosto – 🖙 15000 – **49 cam** 110/150000 appartamento 260000.

🏨 **Augustus** senza rist, via Orfanotrofio 𝒫 27554, Telex 215860, Fax 29257 – 🛗 🖃 🖭 ☎ 🅿.
  🖭 🕃 🕘 🗲 𝘝𝘐𝘚𝘈   **s**
  36 cam 🖙 105/150000.

🏨 **Michelangelo** senza rist, piazza Adua 5 𝒫 8492362, Telex 223177, Fax 8492649 – 🖭 ☎
  ◁▷. 🖭 🕃 🕘 🗲 𝘝𝘐𝘚𝘈. 🦞   **r**
  🖙 9000 – **19 cam** 79/110000.

🏨 **Coggiola,** senza rist, via Cottolengo 5 𝒫 8491912, 🌳 – 🛗 ☎   **b**
  32 cam.

105

XX **Prinz Grill,** via Torino 14
☎ 30302, prenotare – 🍽️.
🖭 🕃 ⓞ Ε 𝖵𝖨𝖲𝖠 ⫽ u
*chiuso domenica, dal 1°
al 15 gennaio ed agosto*
– Pas carta 44/76000.

XX **Il Bagatto,** via della Repubblica 45 ☎ 28671 – 🖭
🕃 ⓞ Ε 𝖵𝖨𝖲𝖠 f
chiuso lunedì ed agosto
– Pas carta 31/48000.

XX **Grilli,** via Cottolengo 26
☎ 8491623 – 🅿️. 🕃 ⓞ Ε
𝖵𝖨𝖲𝖠 ⫽ c
chiuso mercoledì – Pas
carta 23/60000.

XX **San Paolo,** viale Roma
4 ☎ 22209 – 🍽️. 🖭 🕃 ⓞ
Ε 𝖵𝖨𝖲𝖠. ⫽ a
chiuso venerdì ed agosto
– Pas carta 36/60000.

XX **Taverna del Piazzo,** via
Avogadro 10-rione Piazzo
☎ 22724 – 🖭 🕃 Ε 𝖵𝖨𝖲𝖠 x
chiuso lunedì – Pas carta 29/45000.

X **Trattoria della Rocca,**
via della Vittoria 90-rione
Chiavazza ☎ 351027 – 🅿️
chiuso martedì – Pas carta 23/40000. 2 km per ①

a Vaglio NE : 4 km –
✉ 13050 :

X **Al Peschereccio,** ☎
561351 – 🅿️
*chiuso lunedì e dal 25
agosto al 15 settembre* –
Pas carta 30/53000.

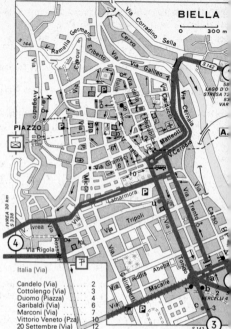

Italia (Via)	
Candelo (Via)	2
Cottolengo (Via)	3
Duomo (Piazza)	4
Garibaldi (Via)	6
Marconi (Via)	7
Vittorio Veneto (Pza)	10
20 Settembre (Via)	12

Vedere anche : ***Pralungo*** N : 5 km.
Sordevolo per ④ : 8 km.
Oropa NO : 13 km.
San Paolo Cervo N : 14 km.

BIGOLINO Treviso – Vedere Valdobbiadene.

BINASCO 20082 Milano 👆👆👆 ③⑬ – 6 413 ab. alt. 101 – 🕿 02.
Roma 573 – Alessandria 75 – ♦Milano 17 – Novara 63 – Pavia 19 – ♦Torino 152.

🏛️ **Corona,** via Matteotti 20 ☎ 9052280, Fax 9054353 – 🛗 🍽️ 📺 🕿 🕭 🅿️. 🖭 🕃 ⓞ Ε 𝖵𝖨𝖲𝖠
⫽ rist
chiuso agosto – Pas *(chiuso sabato)* carta 31/45000 – ⊑ 10000 – **50 cam** 62/85000 –
½ P 55000.

XX **Hosteria della Pignatta,** largo Loriga 5 ☎ 9054046 – 🖭
chiuso martedì ed agosto – Pas carta 29/41000 (10%).

BIODOLA Livorno – Vedere Elba (Isola d') : Portoferraio.

BIOGGIO 👆👆👆 ㉓, 👆👆👆 ⑥ – Vedere Cantone Ticino alla fine dell'elenco alfabetico.

BISSONE 👆👆👆 ㉓, 👆👆👆 ⑧ – Vedere Cantone Ticino alla fine dell'elenco alfabetico.

BIVIGLIANO 50030 Firenze – alt. 580 – a.s. luglio e agosto – 🕿 055.
Roma 295 – ♦Bologna 98 – ♦Firenze 18 – Forlì 105 – ♦Milano 292.

🏛️ **Giotto Park Hotel** 🌳, ☎ 406608, ≼, « Parco ombreggiato », ⫽ – 📺 🕭 🅿️ – 🛗 100
🖭 🕃 ⓞ Ε 𝖵𝖨𝖲𝖠. ⫽ rist
marzo-20 ottobre – Pas *(chiuso martedì, mercoledì a mezzogiorno, marzo ed ottobre)*
33/38000 – **35 cam** ⊑ 85/140000 – ½ P 80/90000.

🏠 **Gli Scoiattoli** 🌳, ☎ 406610, ≼, 🍴 – 🅿️. 🖭 𝖵𝖨𝖲𝖠. ⫽ rist
marzo-novembre – Pas carta 27/48000 – ⊑ 8000 – **20 cam** 35/68000 – ½ P 69000.

XX **Villa Vecchia,** verso Pratolino S : 3 km ☎ 409476, 🍴, « Parco ombreggiato » – 🅿️. 🖭 🕃
ⓞ Ε 𝖵𝖨𝖲𝖠. ⫽
chiuso mercoledì, giovedì a mezzogiorno e dal 2 gennaio al 14 febbraio – Pas carta 25/40000.

BIZZARONE 22020 Como 219 ⑧ – 1 284 ab. alt. 433 – ✪ 031.
Roma 644 – Como 20 – Varese 19.

☒ **Cornelio** con cam, via Milano 1 ℰ 948787 – 🕿 🅿 – 🛗 25. 🆎 🕃 🕦 🔢 VISA. ⛟
Pas *(chiuso mercoledì)* carta 25/42000 – 🖵 6000 – **9 cam** 35/55000 – P 56000.

BOARIO TERME Brescia 988 ④ – Vedere Darfo Boario Terme.

BOBBIO 29022 Piacenza 988 ⑬ – 4 017 ab. alt. 272 – Stazione termale (maggio-ottobre) –
✪ 0523 – 🖪 (maggio-settembre), piazza San Francesco 2 ℰ 936178.
Roma 558 – Alessandria 84 – ♦Bologna 196 – ♦Genova 94 – ♦Milano 110 – Pavia 88 – Piacenza 46.

🏠 **Piacentino**, ℰ 936266 – 🛗 🕿 🅿. 🆎 🕃 🕦 🔢 VISA. ⛟
Pas *(chiuso lunedì da novembre ad aprile)* carta 25/38000 – 🖵 7000 – **20 cam** 44/68000 –
½ P 40/58000.

☒ **Dei Cacciatori** con cam, ℰ 936267
chiuso dal 7 gennaio al 18 marzo – Pas *(chiuso mercoledì)* carta 23/37000 – 🖵 4000 –
11 cam 40/60000 – ½ P 40/50000.

a San Salvatore S : 3,5 km – ✉ **29022** Bobbio :

☒ **Rà Ca' Longa** con cam, ℰ 936948 – 🅿. 🆎
Pas *(chiuso lunedì)* carta 29/46000 – 🖵 8000 – **11 cam** 35/48000 – ½ P 53/60000.

BOCCA DI MAGRA 19030 La Spezia – ✪ 0187.
Roma 404 – ♦Genova 110 – Lucca 60 – Massa 21 – ♦Milano 227 – ♦La Spezia 21.

🏠 **Garden**, ℰ 65086 – 🕿 🅿. ⛟ rist
chiuso gennaio – Pas *(chiuso lunedì)* carta 22/34000 – 🖵 7500 – **12 cam** 55000 – ½ P 55000.

🏠 **Orsa Maggiore**, ℰ 65116, ≤, 🎇, 🚗 – 🕿. ⛟ rist
27 marzo-settembre – Pas carta 22/41000 – 🖵 8000 – **25 cam** 24/43000 – ½ P 57000.

☒☒ **La Lucerna di Ferro**, ℰ 601206, 🎇 – 🅿. 🆎 🕃. ⛟
chiuso dal 15 dicembre al 1° marzo, lunedì sera e martedì da settembre a maggio – Pas
carta 43/68000.

☒☒ **Capannina Ciccio**, ℰ 65568, ≤, 🎇 – 🆎 🕃 🕦 🔢 VISA
chiuso martedì e novembre – Pas carta 37/46000 (12%).

BOGLIACO Brescia – Vedere Gargnano.

BOGLIASCO 16031 Genova – 4 722 ab. – ✪ 010.
Roma 491 – ♦Genova 13 – ♦Milano 150 – Portofino 23 – ♦La Spezia 92.

☒☒ **Il Tipico**, località San Bernardo N : 4 km ℰ 3470754, ≤ mare e costa – 🅿. VISA. ⛟
chiuso lunedì e novembre – Pas carta 41/59000.

BOGNANCO (Fonti) 28030 Novara 988 ②, 219 ⑤ – 394 ab. alt. 986 – Stazione termale
(giugno-settembre) – ✪ 0324.
🖪 piazzale Giannini 5 ℰ 34127.
Roma 709 – Domodossola 11 – ♦Milano 132 – Novara 102 – Stresa 52 – ♦Torino 176.

🏠 **Pace**, ℰ 481359 – ५-० 🅿. 🕃. ⛟
giugno-settembre – Pas carta 26/35000 – **41 cam** 🖵 30/55000 – ½ P 42/45000.

BOISSANO 17020 Savona – 1 693 ab. alt. 121 – ✪ 0182.
Roma 583 – ♦Genova 83 – Imperia 49 – Savona 37 – ♦Torino 170.

☒ **A Funtanetta**, ℰ 98279
chiuso mercoledì e novembre – Pas carta 28/34000.

BOLETO 28010 Novara 219 ⑥ – alt. 696 – ✪ 0322.
Vedere Santuario della Madonna del Sasso** NO : 4 km.
Roma 664 – Domodossola 54 – ♦Milano 87 – Novara 49 – ♦Torino 123 – Varese 55.

☒☒ **Panoramico** ⑤ con cam, ℰ 981109, ≤ lago d'Orta e Mottarone, 🚗 – 🅿. 🆎 🕃 🔢 VISA.
⛟
chiuso gennaio – Pas *(chiuso martedì)* carta 25/38000 (10%) – 🖵 5000 – **12 cam** 65000 –
P 50/65000.

BOLLATE 20021 Milano 219 ⑱⑲ – 43 275 ab. alt. 154 – ✪ 02.
Roma 595 – Como 37 – ♦Milano 11 – Novara 45 – Varese 40.

🏠 **La Torretta**, strada statale Varesina NO : 2 km ℰ 3505997, Telex 352815, Fax 33300826,
🎇 – 🛗 🔳 cam 📺 🕿 🅿 – 🛗 80. 🆎 🕦 VISA
Pas *(chiuso venerdì e dal 2 al 26 agosto)* carta 33/46000 – 🖵 8000 – **60 cam** 70/100000 –
P 130000.

ad Ospiate O : 1 km – ✉ 20021 Ospiate di Bollate :

☒☒ **Al Mulino**, viale Repubblica 75 ℰ 3502286, 🎇, prenotare – 🔳 🅿. 🆎. ⛟
chiuso lunedì e dal 7 al 28 agosto – Pas carta 50/90000.

Vedere Piazze Maggiore e del Nettuno★★★ BY: fontana del Nettuno★★, basilica di San Petronio★★ BY A, palazzo Comunale★ BY H, palazzo del Podestà★ BY B – Piazza di Porta Ravegnana★★ CY: Torri Pendenti★★ (⛛★★) – Mercanzia★ – Chiesa di Santo Stefano★ CY F – Museo Civico Archeologico★ BY M – Pinacoteca Nazionale★★ CX M – Chiesa di San Giacomo Maggiore★ CX D – Strada Maggiore★ CY – Chiesa di San Domenico★ BZ K: arca★★ del Santo, tavola★ di Filippino Lippi – Palazzo Bevilacqua★ BY E – Postergale★ nella chiesa di San Francesco AX N.

Dintorni Madonna di San Luca: portico★, ≼★ su Bologna e gli Appennini SO : 5 km EU.

🏌 (chiuso lunedì) a Chiesa Nuova di Monte San Pietro ✉ 40050 ℰ 969100, O : 16 km DU.

✈ di Borgo Panigale NO : 6 km DET ℰ 311578 – Alitalia, via Marconi 34 ✉ 40122 ℰ 212333.

🚗 ℰ 372126.

🄸 piazza Maggiore 6 ✉ 40121 ℰ 239660 – Stazione Ferrovie Stato ✉ 40121 ℰ 246541.

A.C.I. via Marzabotto 2 ✉ 40122 ℰ 389908.

Roma 379 ⑦ – ♦Firenze 105 ⑦ – ♦Milano 210 ⑨ – ♦Venezia 152 ①.

BOLOGNA
PIANTA D'INSIEME

Alberto Mario (Via)	FU 2		Barbieri (Via Francesco)	FT 9
Amaseo (Via Romolo)	FT 3		Barca (Via della)	EU 12
Arno (Via)	GU 5		Battaglia (Via della)	FU 13
Artigiano (Via dell')	FT 6		Bentivogli (Via Giuseppe)	FU 15
Bandiera (Via Irma)	EU 8		Beverara (Via della)	EFT 16

Gd H. Baglioni, via dell'Indipendenza 8 ✉ 40121 ☎ 225445, Telex 510242, Fax 234840 – |♦| ⇆ cam ▤ TV ☎ – 🏛 30 a 80. AE ⊕ ● E VISA. ✂ — BX **e**
Pas vedere rist I Carracci – **117 cam** ☕ 250/355000 appartamenti 440/550000 – ½ P 230/280000.

Royal Hotel Carlton, via Montebello 8 ✉ 40121 ☎ 249361, Telex 510356, Fax 249724 – |♦| ▤ TV ☎ ♿ 🚗 – 🏛 30 a 800. AE ⊕ ● E VISA. ✂ — BV **g**
chiuso agosto – Pas *(chiuso domenica)* 60/80000 – **230 cam** ☕ 250/330000 appartamenti 450/530000.

Pullman Hotel Bologna, viale Pietramellara 59 ✉ 40121 ☎ 248248, Telex 520643, Fax 249421 – |♦| ▤ TV ☎ ♿ – 🏛 80. AE ⊕ ● E VISA. ✂ — BV **q**
Pas vedere rist Risbo' – **244 cam** ☕ 175/260000.

Crest Hotel, piazza della Costituzione 1 ✉ 40128 ☎ 372172, Telex 510676, Fax 357662, 🏊, 🌳 – |♦| ⇆ cam ▤ TV ☎ 🚗 Ⓟ – 🏛 350. AE ⊕ ● E VISA. ✂ rist — FT **h**
Pas *(chiuso domenica)* 40000 – ☕ 27500 – **162 cam** 155/220000 appartamento 400000.

Cadriano (Via)	FT	17
Castiglione (Via)	FU	18
Cavazzoni (Via Francesco)	GU	19
Codivilla (Via Alessandro)	FU	25
Colombo (Via Cristoforo)	ET	27
Dagnini (Via Giuseppe)	FU	28
De Coubertin (Via)	EU	31
Ferravilla (Via Edoardo)	FT	34
Firenze (Via)	GU	36
Gagarin (Via Yuri)	ET	38
Gandhi (Viale M. K.)	ET	42
Jacopo della Lana (Via)	FU	43
Marconi (Via Guglielmo)	DU	47
Marco Polo (Via)	ET	48
Martelli (Via Tommaso)	GU	49
Matteotti (Via Giacomo)	FT	52
Mazzini (Via Giuseppe)	FU	54
Mezzofanti (Via Giuseppe)	FU	55
Montefiorino (Via)	EU	57
Oriani (Viale Alfredo)	FU	61
Ospedaletto (Via dell')	DT	62
Palagi (Via Pelagio)	FU	64
Panigale (Via)	DT	65
Persicetana Vecchia (Via)	DT	67
Pietra (Via della)	DT	68
Pirandello (Via Luigi)	GT	69
Porrettana (Via)	DEU	72
Putti (Via Vittorio)	FU	75
Sabbioni (Via dei)	FU	81
Sabotino (Via)	EU	82
Saffi (Via Aurelio)	ET	83
San Mamolo (Via)	EU	87
Santa Barbara (Via)	FU	89
Sigonio (Via Carlo)	FU	92
Sturzo (Via Don Luigi)	EU	93
Timavo (Via del)	ET	96
Tolmino (Via)	EU	97
Tosarelli (Via Bruno)	GT	98

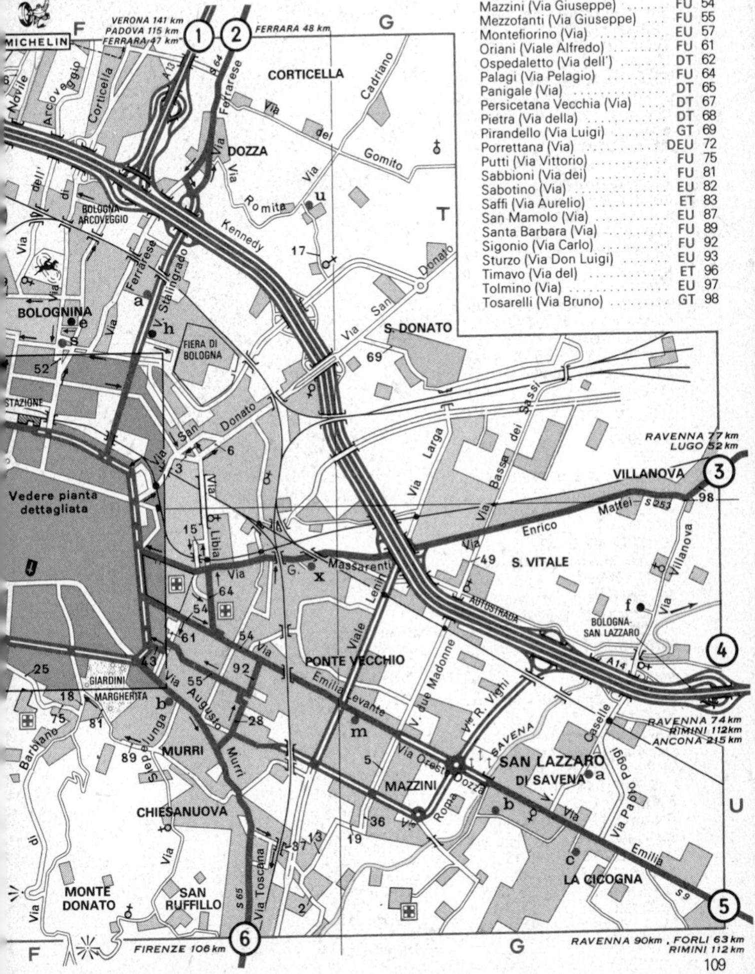

🏰 **Jolly,** piazza 20 Settembre 2 ⊠ 40121 ☎ 248921, Telex 510076, Fax 249764 – 🛗 🗐 📺 ☎ – 🔬 420. 🖭 🗗 ⊙ 🗉 VISA 🎉 rist CV **a**
Pas 49000 – **176 cam** ☷ 180/270000 – ½ P 184/229000.

🏰 **Al Cappello Rosso** senza rist, via de' Fusari 9 ⊠ 40123 ☎ 261891, Telex 512870, Fax 227179 – 🛗 🗐 📺 ☎ 🖭 🗗 ⊙ 🗉 VISA BY **x**
31 cam ☷ 190/280000 appartamenti 330000.

🏰 **Roma,** via Massimo d'Azeglio 9 ⊠ 40123 ☎ 274400, Telex 583270 – 🛗 🗐 📺 ☎ ☻. 🖭 🗗 ⊙ 🗉 VISA 🎉 rist
Pas (chiuso dal 1° al 23 agosto) 38000 – ☷ 15000 – **84 cam** 80/110000. 🗐 12000 – ½ P 120/133000. BY **x**

🏰 **Gd H. Elite,** via Aurelio Saffi 36 ⊠ 40131 ☎ 437417, Telex 510067, Fax 424968 – 🛗 🗐 📺 ☎ ☻ – 🔬 120. 🖭 🗗 ⊙ 🗉 VISA 🎉 AV **c**
chiuso dal 25 luglio al 25 agosto – Pas vedere rist Cordon Bleu – **84 cam** ☷ 150/220000 appartamenti 300000 – ½ P 150000.

🏛 **Internazionale** senza rist, via dell'Indipendenza 60 ⊠ 40121 ☎ 245544, Telex 511038, Fax 249544 – 🛗 🗐 📺 ☎ ☻ – 🔬 25. 🖭 🗗 ⊙ 🗉 VISA BCV **p**
140 cam ☷ 165/250000.

🏛 **Milano Excelsior,** viale Pietramellara 51 ⊠ 40121 ☎ 246178, Telex 510213, Fax 249448 – 🛗 🗐 📺 ☎ – 🔬 30 a 120. 🖭 🗗 ⊙ 🗉 VISA 🎉 rist BV **s**
Pas 25/30000 – **72 cam** ☷ 160/210000 appartamenti 267/299000 – ½ P 171/223000.

🏚 **Corona d'Oro 1890** senza rist, via Oberdan 12 ⊠ 40126 ☎ 236456, Telex 224657, Fax 262679 – 🛗 🗐 📺 ☎ – 🔬 50. 🖭 🗗 ⊙ 🗉 VISA CX **a**
chiuso agosto – **35 cam** ☷ 120/260000.

🏚 **Re Enzo** senza rist, via Santa Croce 26 ⊠ 40122 ☎ 523322, Telex 512892, Fax 554035 – 🛗 🗐 📺 ☎ ☻ 🖭 🗗 ⊙ 🗉 VISA 🎉 AX **a**
chiuso dal 28 luglio al 19 agosto – ☷ 14000 – **51 cam** 80/110000.

🏚 **Dei Commercianti** senza rist, via de' Pignattari 11 ⊠ 40124 ☎ 233052, Fax 224733 – 🛗 🗐 📺 ☎ ☻. 🖭 🗗 ⊙ 🗉 VISA 🎉 BY **n**
31 cam ☷ 92/130000.

🏚 **City Hotel** senza rist, via Magenta 10 ⊠ 40128 ☎ 372676, Fax 372032, ☻ – 🛗 🗐 📺 ☎ 🅿 – 🔬 35. 🖭 🗗 ⊙ 🗉 VISA 🎉 FT **e**
☷ 12000 – **50 cam** 85/120000.

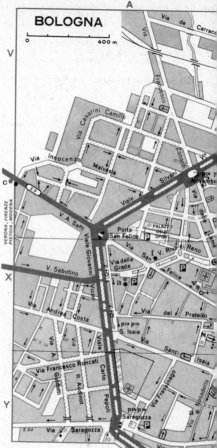

🏨 **Fiera e Rist. Il Mercante,** via Stalingrado 82 ⊠ 40128 🖉 377735 e rist 🖉 358519, Telex 222132, Fax 352947 – 🛗 🗐 🔟 ☎ 🚗 🅿 – 🔬 50. 🖭 🛐 ⑪ *VISA*. 🛠
  Pas *(chiuso domenica)* carta 35/53000 – 🖵 15000 – **88 cam** 155/220000.
  FT **a**

🏨 **Palace** senza rist, via Montegrappa 9 ⊠ 40121 🖉 237442, Telex 220696 – 🛗 🗐 🔟 ☎ 🚗.
  🖭 🛐 ⑪ 🗉 *VISA*
  🖵 10000 – **113 cam** 75/104000, 🗐 5000.
  BX **a**

🏨 **Alexander** senza rist, viale Pietramellara 45 ⊠ 40121 🖉 247118, Telex 520564 – 🛗 🗐 🗐
  ☎ – 🔬 60. 🖭 🛐 ⑪ 🗉 *VISA*
  chiuso agosto – **108 cam** 🖵 110/170000, 🗐 30000.
  BV **w**

🏨 **Maggiore** senza rist, via Emilia Ponente 62/3 ⊠ 40133 🖉 381634, Telex 226262, Fax 312161
  – 🛗 🔟 ☎ 🅿 – 🔬 35. 🖭 🛐 ⑪ 🗉 *VISA*. 🛠
  chiuso dal 1° al 21 agosto – **60 cam** 🖵 87/128000.
  ET **c**

🏨 **Donatello** senza rist, via dell'Indipendenza 65 ⊠ 40121 🖉 248174, Fax 248174 – 🛗 ⇔ 🗐
  🔟 ☎. 🖭 ⑪ *VISA*
  🖵 8000 – **38 cam** 75/100000.
  CV **s**

🏨 **San Felice** senza rist, via Riva di Reno 2 ⊠ 40122 🖉 557457 – 🛗 🔟 ☎ &. 🖭 🛐 🗉 *VISA*. 🛠
  🖵 10000 – **36 cam** 80/110000.
  AX **f**

🏠 **Touring** senza rist, via Mattuiani 1/2 ⊠ 40124 🖉 584305, Fax 334763 – 🛗 🔟 ☎ – 🔬 40.
  🖭 🛐 *VISA*
  🖵 12000 – **38 cam** 58/78000.
  BZ **b**

🏠 **Astoria** senza rist, via Fratelli Rosselli 14 ⊠ 40121 🖉 521410, Fax 524739 – 🛗 🗐 🗐 ☎. 🖭
  🛐 ⑪ *VISA*. 🛠
  🖵 8000 – **38 cam** 80/110000.
  BV **v**

🏠 **Astor** senza rist, via Fioravanti 42/2 ⊠ 40129 🖉 356663 – 🛗 🗐 🔟 ☎ 🚗. 🖭 🛐 ⑪ 🗉 *VISA*.
  🛠
  chiuso dall'8 al 21 agosto – 🖵 5000 – **31 cam** 80/110000.
  BV **a**

🏠 **Orologio** senza rist, via IV Novembre 10 ⊠ 40123 🖉 231253, Fax 231253 – 🛗 ☎. 🖭 🛐 ⑪
  🗉 *VISA*
  🖵 10000 – **31 cam** 58/77000.
  BY **x**

XXXX **I Carracci,** via Manzoni 2 ⊠ 40129 🖉 270815, Rist. elegante, prenotare – 🗐. 🖭 🛐 ⑪ 🗉
  VISA. 🛠
  chiuso domenica e dal 25 luglio al 25 agosto – Pas carta 68/88000.
  BX **e**

XXX ۞ **Notai,** via de' Pignattari 1 ⊠ 40124 🖉 228694, 🌧, Rist. elegante-souper, prenotare –
  🖭 🛐 ⑪ *VISA*
  chiuso domenica – Pas carta 54/80000
  BY **n**
  Spec. Insalata delizia dei Notai, Tagliatelle al profumo di cedro e prosciutto crudo, Tagliata di filetto alle erbe
  fini. Vini Trebbiano, Cabernet-Sauvignon.

XXX ۞ **Cordon Bleu,** via Aurelio Saffi 38 ⊠ 40131 🖉 423466, Rist. e piano-bar – 🗐. 🖭 🛐 ⑪
  🗉 *VISA*. 🛠
  chiuso domenica, lunedì a mezzogiorno e dal 25 luglio al 25 agosto – Pas carta 53/75000
  AV **c**
  Spec. Purea di fave e cicorietta con olio extra vergine, Garganelli alla pievese (inverno), Petto d'anitra in salsa
  di ciliege all'estense. Vini Decugnano dei Barbi, Capitel San Rocco.

XXX **Silverio,** via Nosadella 37/a ⊠ 40123 🖉 330604, prenotare – 🗐. 🖭 ⑪ *VISA*. 🛠
  chiuso lunedì ed agosto – Pas carta 50/70000.
  AY **a**

XXX **Taverna 3 Frecce,** strada Maggiore 19 ⊠ 40125 🖉 231200, «In un edificio del 13°
  secolo » – 🖭 ⑪ *VISA*. 🛠
  chiuso domenica sera, lunedì, dal 24 dicembre al 6 gennaio ed agosto – Pas carta 46/70000.
  CY **a**

XXX **Battibecco,** via Battibecco 4 ⊠ 40123 🖉 275845, 🌧 – 🗐. 🖭 ⑪ *VISA*. 🛠
  chiuso sabato, domenica, dal 1° di agosto e dal 24 al 31 dicembre – Pas carta 52/67000.
  BY **v**

XX **Franco Rossi,** via Goito 3 ⊠ 40126 🖉 238818 – 🗐. 🖭 🛐 ⑪ *VISA*. 🛠
  chiuso luglio, domenica da maggio ad agosto e martedì negli altri mesi – Pas carta 48/64000.
  BX **p**

XX **Bitone,** via Emilia Levante 111 ⊠ 40139 🖉 546110 – 🗐. 🖭 🖭 *VISA*. 🛠
  chiuso lunedì, martedì, dal 15 al 31 gennaio ed agosto – Pas carta 42/67000.
  GU **m**

XX **Rosteria Luciano,** via Nazario Sauro 19 ⊠ 40121 🖉 231249, Rist. a coperti limitati;
  prenotare – 🗐. 🖭 🛐 ⑪ *VISA*. 🛠
  chiuso martedì sera, mercoledì, agosto e dal 24 dicembre al 1° gennaio – Pas carta 41/60000
  (12%).
  BX **r**

XX **La Cesoia-da Pietro,** via Massarenti 90 ⊠ 40138 🖉 342854, Rist. con specialità umbro-
  laziali – 🖭 🛐 ⑪ 🗉 *VISA*
  chiuso domenica sera, lunedì e dal 28 luglio al 22 agosto – Pas carta 32/53000.
  CY **c**

XX **Risbo',** via Pietramellara 59/2 ⊠ 40121 🖉 246270 – 🗐. 🖭 🛐 ⑪ *VISA*. 🛠
  chiuso sabato, domenica ed agosto – Pas carta 34/57000.
  CV **b**

XX **Grassilli,** via dal Luzzo 3 ⊠ 40125 🖉 222961, 🌧, Rist. a coperti limitati; prenotare – 🗐.
  🖭 🛐 ⑪ *VISA*
  *chiuso dal 15 luglio al 15 agosto, dal 23 dicembre al 1° gennaio, mercoledì e le sere dei
  giorni festivi* – Pas carta 48/73000 (14%).
  CY **a**

XX **Rodrigo,** via della Zecca 2/h ⊠ 40121 🖉 220445 – 🗐. 🖭 ⑪ *VISA*
  chiuso domenica ed agosto – Pas carta 40/73000 (12%).
  BX **w**

XX **Il Tartufo,** via del Porto 34 ⊠ 40122 🖉 521057 – 🗐. 🖭 🛐 ⑪ 🗉 *VISA*. 🛠
  chiuso sabato da giugno a luglio, domenica ed agosto – Pas carta 50/80000.
  BV **e**

CX **e**

XX **Donatello,** via Righi 8 ⊠ 40126 ℰ 235438
chiuso sabato e domenica sera – Pas carta 24/32000 (13%).

BX **d**

XX **La Braseria,** via Testoni 2 ⊠ 40123 ℰ 264584 – ▦. ஊ ⓪ ᴠⁱˢᴬ
chiuso domenica e dal 20 dicembre al 10 gennaio – Pas carta 32/56000 (15%).

FT **u**

XX **La Fabbreria,** via Cadriano 15 ⊠ 40127 ℰ 500709, 佘 – ▦ ℗ ▯ ⓪ ᴠⁱˢᴬ. ⅍
chiuso domenica sera, lunedì e dal 1° al 28 agosto – Pas carta 34/48000.

BCX **c**

XX **Al Cardinale,** via Altabella 3/a ⊠ 40126 ℰ 260930 – ▦. ஊ ▯ ⓪ Ε ᴠⁱˢᴬ. ⅍
chiuso domenica ed agosto – Pas carta 30/52000 (10%).

CZ **a**

XX **Antica Osteria Romagnola,** via Rialto 13 ⊠ 40124 ℰ 263699, Rist. a coperti limitati; prenotare – ▦. ஊ ▯ ⓪
chiuso lunedì, martedì a mezzogiorno, dal 24 dicembre al 6 gennaio ed agosto – Pas carta 30/53000.

ET **r**

XX **Da Sandro al Navile,** via del Sostegno 15 ⊠ 40131 ℰ 6343100, 佘 – ▦ ℗ – 🏛 35. ஊ
▯ ⓪ ᴠⁱˢᴬ. ⅍
chiuso domenica e dal 1° al 26 agosto – Pas carta 34/52000.

BX **x**

XX **Dal Duttòur Balanzon,** via Fossalta 3 ⊠ 40125 ℰ 232098 – ▦. ஊ ▯ ⓪ Ε ᴠⁱˢᴬ. ⅍
chiuso sabato – Pas carta 29/43000.

AX **v**

XX **All'Abbadia,** via dell'Abbadia 4 ⊠ 40122 ℰ 236415 – ▦. ஊ ▯ ⓪ ᴠⁱˢᴬ. ⅍
chiuso domenica sera, lunedì ed agosto – Pas carta 29/42000.

FU **b**

XX **Trattoria dello Sterlino,** via Murri 71 ⊠ 40137 ℰ 342751, 佘 – ஊ ⓪. ⅍
chiuso sabato ed agosto – Pas carta 24/39000.

CY **d**

X **Trattoria Leonida,** vicolo Alemagna 2 ⊠ 40125 ℰ 239742, 佘 – ▦. ஊ ▯ ⓪ ᴠⁱˢᴬ
chiuso domenica – Pas carta 28/42000 (12%).

FU **x**

X **La Terrazza,** via del Parco 20 ⊠ 40138 ℰ 531330, 佘 – ஊ ▯ ⓪
chiuso domenica e dal 1° al 16 agosto – Pas carta 38/52000.

AX **a**

X **Alla Grada,** via della Grada 6 ⊠ 40122 ℰ 523323, Rist. e rosticceria – ▦. ஊ ▯ ⓪ ᴠⁱˢᴬ. ⅍
chiuso lunedì, martedì, dal 7 al 18 gennaio e dal 7 al 31 agosto – Pas carta 34/49000.

BCY **e**

X **Da Carlo,** via Marchesana 6 ⊠ 40124 ℰ 233227, Trattoria con servizio estivo sotto una loggia – ▦. ▯ ⓪ Ε ᴠⁱˢᴬ
chiuso martedì, dal 1° al 20 gennaio e dal 23 agosto al 1° settembre – Pas carta 34/50000 (13%).

CX **z**

X **Teresina,** via Oberdan 4 ⊠ 40126 ℰ 228985, 佘, Coperti limitati; prenotare

DT **b**

X **Nonno Rossi,** via dell'Aeroporto 38 ⊠ 40132 ℰ 401295, 佘 – ℗. ஊ ⓪ ᴠⁱˢᴬ. ⅍
Pas carta 28/40000 (10%).

FT **s**

X **Paolo,** piazza dell'Unità 9/d ⊠ 40128 ℰ 357858 – ஊ ⓪ ᴠⁱˢᴬ. ⅍
chiuso martedì, venerdì sera, dal 23 dicembre al 7 gennaio e dal 1° al 22 agosto – Pas carta 25/35000.

BX **c**

X **Ruggero,** via degli Usberti 6 ⊠ 40121 ℰ 236056, Trattoria d'habitués – ஊ ▯ ⓪ ᴠⁱˢᴬ. ⅍
chiuso sabato a mezzogiorno, domenica, dal 2 al 12 gennaio e dall'8 al 31 agosto – Pas carta 33/50000 (12%).

BX **t**

X **Da Bertino,** via delle Lame 55 ⊠ 40122 ℰ 522230, Trattoria d'habitués – ஊ ▯ ⓪ Ε ᴠⁱˢᴬ. ⅍
chiuso domenica, dal 24 dicembre al 2 gennaio e dal 4 al 31 agosto – Pas carta 22/30000.

a Casteldebole O : 7 km DT – ⊠ **40132** Bologna :

DT **a**

XX **Antica Trattoria del Cacciatore,** via Caduti di Casteldebole 25 ℰ 564203, Ambiente rustico – ஊ ⓪ ᴠⁱˢᴬ. ⅍
chiuso domenica sera, lunedì, dal 1° all'8 gennaio e dal 3 al 20 agosto – Pas carta 39/51000 (13%).

a Borgo Panigale NO : 7,5 km DT – ⊠ **40132** Bologna :

DT **h**

🏨 **MotelAgip,** via Lepido 203 ℰ 401130, Telex 512566 – 🛗 ▦ 📺 ☎ ℗ – 🏛 35. ஊ ▯ ⓪ Ε ᴠⁱˢᴬ. ⅍ rist
Pas *(chiuso domenica)* 31000 – **64 cam** ☲ 97/146000 – ½ P 102/127000.

a Villanova E : 7,5 km GU – ⊠ **40055** :

GU **f**

🏨 **Novotel,** via Villanova 31 ℰ 781414, Telex 213412, Fax 781752, ⤢, ⚲ – 🛗 ▦ 📺 ☎ ♿ ℗ – 🏛 400. ஊ ▯ ⓪ Ε ᴠⁱˢᴬ. ⅍ rist
Pas carta 38/56000 – **206 cam** ☲ 170/250000.

Vedere anche : *San Lazzaro di Savena* SE : 6 km.
Casalecchio di Reno SO : 7 km.
Castel Maggiore N : 10 km.

MICHELIN, a Castel Maggiore (N : 10 km per via di Corticella FT), via Bonazzi 32 (zona Industriale) – ⊠ 40013 Castel Maggiore, ℰ 713157, Fax 712952.

L'EUROPE en une seule feuille
Carte Michelin n° **920**.

BOLSENA 01023 Viterbo 988 ㉕ – 4 080 ab. alt. 348 – ☎ 0761.

Vedere Chiesa di Santa Cristina★.

Roma 138 – Grosseto 121 – Siena 109 – Viterbo 32.

🏨 **Columbus,** viale Colesanti ✆ 799009, Telex 612457, Fax 799009 – ▤ TV ☎ Ⓟ. 🅂 E VISA
✱ rist
marzo-16 novembre – Pas carta 27/42000 – **38 cam** ☕ 65/95000 – ½ P 57/62000.

✗ **Da Picchietto,** via Porta Fiorentina 15 ✆ 799158, 🌳 – 🅂 VISA. ✱
chiuso lunedì e dal 25 settembre al 15 ottobre – Pas carta 20/30000 (10%).

BOLZANO (BOZEN) 39100 P 988 ④, 218 ⑳ – 100 944 ab. alt. 262 – ☎ 0471.

Vedere Via dei Portici★ – Duomo★ – Pala★ nella chiesa dei Francescani – Pala d'altare scolpita★ nella chiesa parrocchiale di Gries per corso Libertà A.

Dintorni Gole della Val d'Ega★ SE per ①.

Escursioni Dolomiti★★★ Est per ①.

🚗 ✆ 972072.

ℹ piazza Walther 8 ✆ 970660 Telex 400444, Fax 975658 – piazza Parrocchia 11 ✆ 993808, Telex 400158, Fax 975448.

A.C.I. corso Italia 19/a ✆ 30003.

Roma 641 ② – ♦Innsbruck 118 ① – ♦Milano 283 ② – ♦Padova 182 ② – ♦Venezia 215 ② – ♦Verona 154 ②.

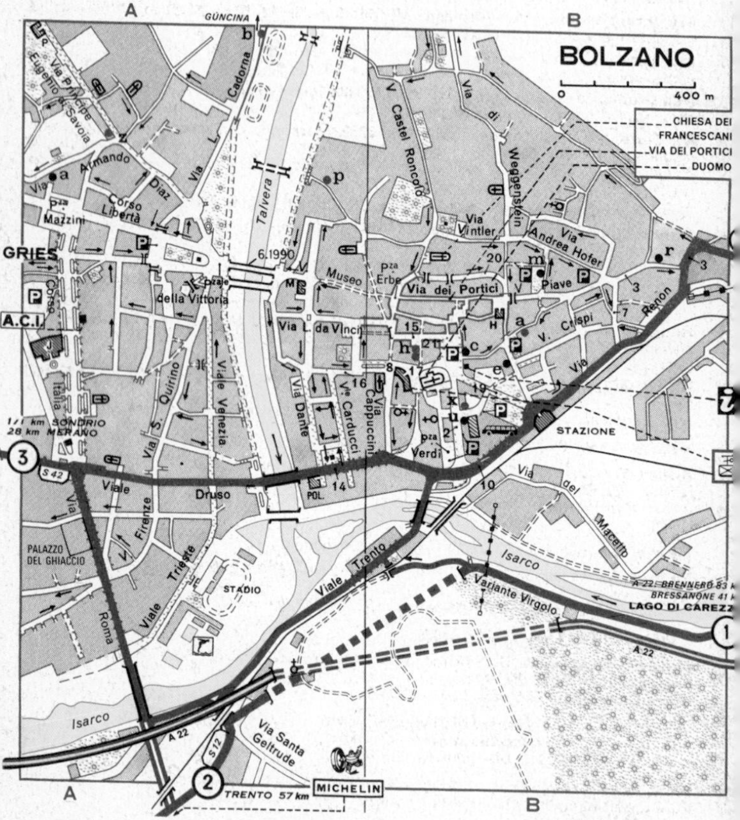

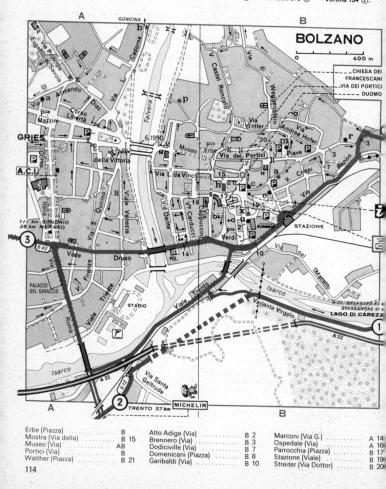

Erbe (Piazza) .... B
Mostra (Via della) .... B 15
Museo (Via) .... AB
Portici (Via) .... B
Walther (Piazza) .... B 21

Alto Adige (Via) .... B 2
Brennero (Via) .... B 3
Dodiciville (Via) .... B 7
Domenicani (Piazza) .... B 8
Garibaldi (Via) .... B 10

Marconi (Via G.) .... A 14
Ospedale (Via) .... A 16
Parrocchia (Piazza) .... B 17
Stazione (Viale) .... B 19
Streiter (Via Dottor) .... B 20

Park Hotel Laurin e Rist. Belle Epoque, via Laurino 4 ℰ 980500, Telex 401088, Fax 981208, ㍲, « Parco fiorito con ⤳ riscaldata » – 🛗 🗏 rist 📺 ☎ 🄿 – 🛆 35 a 50. 🄰🄴 🄾 🄴
🆅🆂🅰
B e
Pas *(chiuso sabato)* carta 57/87000 – ⌷ 15500 – **108 cam** 135/185000.

Grifone-Greif, piazza Walther 7 ℰ 977056, Telex 400081, ㍲ – 🛗 🗏 rist 📺 ☎ 🚗 – 🛆
25 a 300. 🄰🄴 🅑🅢 🄾 🄴 🆅🆂🅰
B c
Pas *(chiuso domenica)* carta 42/77000 – ⌷ 17500 – **130 cam** 130/175000 – ½ P 135/177000.

Luna-Mondschein, via Piave 15 ℰ 975642, Telex 400309, ㍲, « Giardino » – 🛗 📺 ☎
🚗 – 🛆 80. 🄰🄴 🅑🅢 🄾 🄴 🆅🆂🅰. 🛇 rist
B m
Pas *(chiuso domenica)* carta 30/56000 – ⌷ 8000 – **74 cam** 80000 appartamenti 120000 –
½ P 110000.

Alpi, via Alto Adige 35 ℰ 970535, Telex 400156, Fax 970535 – 🛗 🗏 📺 ☎ – 🛆 100. 🄰🄴 🅑🅢
🄾 🄴 🆅🆂🅰. 🛇 rist
B u
Pas *(chiuso domenica)* carta 27/45000 – **110 cam** ⌷ 102/156000.

Scala-Stiegl, via Brennero 11 ℰ 976222, Fax 976222, « Servizio rist. estivo in giardino »,
⤳ – 🛗 📺 ☎ 🚗 🄿 – 🛆 50. 🄰🄴 🅑🅢 🄾 🄴 🆅🆂🅰
B r
Pas carta 27/45000 – ⌷ 10500 – **60 cam** 70/105000 – ½ P 70/90000.

Castel Guncina-Reichrieglerhof, ⑤, via Miramonti 9 ℰ 285742, ≤ monti e città, ㍲,
« Parco con ⤳ riscaldata », 🛇 – 🛗 📺 ☎ 🄿 – 🛆 200. 🛇 rist
chiuso gennaio – Pas *(chiuso martedì)* carta 27/55000 – **18 cam** ⌷ 50/150000.
O : 2 km per via Cadorna   A

Asterix senza rist, piazza Mazzini 35 ℰ 273301 – 🛗 📺 🚗 🄿. 🄰🄴 🅑🅢 🄾 🄴 🆅🆂🅰
A a
⌷ 5500 – **24 cam** 61/85000.

Gurhof ⑤, via Rafenstein 17 ℰ 975012, ≤, ㍲ – 🛗 ☎ 🚗 🄿. 🄰🄴 🅑🅢 🄾 🄴 🆅🆂🅰
Pas *(chiuso mercoledì)* 17/20000 – **18 cam** ⌷ 43/68000 – ½ P 48000.
N : 2 km per via Cadorna   A

Da Abramo, piazza Gries 16 ℰ 280141, Fax 288214, « Servizio estivo all'aperto » – ✸ 🗏.
🄰🄴
per corso Libertà   A
chiuso domenica – Pas carta 38/62000.

Rastbichler, via Cadorna 1 ℰ 41131, « Servizio estivo all'aperto » – 🄰🄴. 🛇
A b
chiuso domenica, dal 15 al 31 gennaio e dal 1° al 15 luglio – Pas carta 31/57000.

Castel Mareccio, via Claudia de' Medici 12 ℰ 979439, « In un antico maniero del '200 »
A p
chiuso domenica, dal 14 gennaio e dal 1° al 20 agosto – Pas carta 34/50000.

Tabasco, via Conciapelli 38 ℰ 976562, ㍲, prenotare
B a

Zur Kaiserkron', piazza della Mostra 1 ℰ 970770, ㍲ – 🄰🄴 🅑🅢 🄾 🄴 🆅🆂🅰
B h
chiuso sabato sera e domenica – Pas carta 35/51000.

Chez Frederic, via Armando Diaz 12 ℰ 271011, ㍲ – 🗏. 🄰🄴 🄾
A z
chiuso lunedì sera, martedì e dal 5 al 27 luglio – Pas carta 27/45000.

Da Cesare, via Perathoner 15 ℰ 976638 – 🗏. 🄰🄴 🄾 🆅🆂🅰
B x
chiuso venerdì – Pas carta 26/42000 (10%).

Posta, vicolo Parrocchia 6 ℰ 974043 – 🄰🄴 🅑🅢 🄾 🄴 🆅🆂🅰
B h
chiuso martedì – Pas carta 23/51000.

a San Giacomo (St. Jakob) per ② : 4 km – ✉ 39100 Bolzano :

Park Hotel Werth senza rist, ℰ 940103, Fax 941514, ⤳, ㍲, 🛇 – 🛗 ✸ 📺 ☎ 🚗 🄿. 🄰🄴
🆅🆂🅰
23 cam ⌷ 70/100000.

Lewald con cam, ℰ 940330, « Servizio estivo all'aperto », 🛇 – 🄿. 🄰🄴 🅑🅢 🄴 🆅🆂🅰
chiuso dal 10 al 25 febbraio e dal 21 giugno al 10 luglio – Pas *(chiuso domenica sera e
lunedì)* carta 30/50000 – ⌷ 6000 – **10 cam** 40/60000 – ½ P 46000.

sulla strada statale 38 :

Pircher, via Merano 52 (per ③ : 4 km) ✉ 39100 ℰ 917513, ⤳, ㍲ – 🛗 📺 ☎ 🄿. 🄰🄴 🅑🅢 🄾
🄴. 🛇
Pas vedere rist Pircher – **22 cam** ⌷ 50/80000 – ½ P 70000.

Bagni di Zolfo-Schwefelbad, via San Maurizio 93 (per ③ : 5 km) ✉ 39100 ℰ 918412 –
🛗 📺 ☎ 🄿. 🄰🄴 🅑🅢 🄾 🄴. 🛇 rist
Pas *(chiuso domenica)* carta 25/42000 – **38 cam** ⌷ 50/72000 – ½ P 42/52000.

Pircher, via Merano 52 (per ③ : 4 km) ✉ 39100 ℰ 917513 – 🗏 🄿. 🄰🄴 🅑🅢 🄾 🄴 🆅🆂🅰. 🛇
chiuso martedì – Pas carta 30/48000.

Moritzingerhof, via Merano 113 (per ③ : 5 km) ✉ 39100 ℰ 917491, ㍲ – 🄿. 🅑🅢 🄾. 🛇
chiuso lunedì – Pas carta 21/29000.

MICHELIN, a Laives, via B. Franklin 9 per ② : 8 km – ✉ 39055 Laives, ℰ 954031.

BOLZANO VICENTINO 36050 Vicenza – 4 451 ab. alt. 44 – ✪ 0444.
Roma 539 – ✦Padova 38 – Treviso 54 – Vicenza 9.

　XX　**Locanda Grego** con cam, ✆ 526588 – ⇆ 📺 ☎ 🅿 – 🏛 35. 🖭 🖼 ➀ E 𝘝𝘐𝘚𝘈. ⍓
　　　chiuso dal 23 luglio al 22 agosto – Pas (chiuso domenica in luglio e mercoledì negli altri
　　　mesi) carta 29/42000 – ☲ 7000 – **17 cam** 35/55000 – ½ P 65/70000.

BOLZONE Cremona – Vedere Ripalta Cremasca.

BONAGIA Trapani – Vedere Sicilia (Valderice) alla fine dell'elenco alfabetico.

BONASSOLA 19011 La Spezia 📖 ⑬ – 1 127 ab. – ✪ 0187.
Roma 456 – ✦Genova 83 – ✦Milano 218 – ✦La Spezia 42.

　🏠　**Belvedere** ✆ 813622, ≤, « Giardino » – ☎ 🅿. ⍓
　　　chiuso dal 10 gennaio al 15 febbraio – Pas (solo per clienti alloggiati) 30/50000 – ☲ 15000
　　　– **24 cam** 40/60000 – ½ P 60000.

　🏠　**Delle Rose,** ✆ 813713 – ☎. 🖼 E 𝘝𝘐𝘚𝘈. ⍓
　　　aprile-15 ottobre – Pas carta 30/43000 – ☲ 8000 – **30 cam** 30/52000 – ½ P 46/63000.

BONDENO 44012 Ferrara 📖 ⑭⑮ – 17 302 ab. alt. 11 – ✪ 0532.
Roma 443 – ✦Bologna 67 – ✦Ferrara 20 – Mantova 72 – ✦Milano 227 – ✦Modena 57 – Rovigo 52.

　XX　**Tassi** con cam, viale Repubblica 23 ✆ 893030 – 🅿. 𝘝𝘐𝘚𝘈. ⍓ cam
　　　chiuso dal 7 al 19 gennaio e dal 15 al 31 luglio – Pas (chiuso lunedì) carta 31/50000 – ☲
　　　6000 – **8 cam** 60000 – ½ P 70000.

BONDONE (Monte) Trento 📖 ④ – alt. 2 098 – a.s. Pasqua e Natale – Sport invernali :
1 350/2 098 m ⛟1 ⛸8, ⚐ – ✪ 0461.
🔋 (dicembre-aprile e luglio-agosto) a Vaneze ✆ 47128.
Roma 611 – ✦Bolzano 78 – ✦Milano 263 – Riva del Garda 57 – Trento 23.

　　　　a Vason N : 2 km – alt. 1 680 – ✉ 38040 Vaneze :

　🏠　**Montana** ⍓, ✆ 47171, Fax 47177, ≤ gruppo di Brenta, ✺ – 🛗 📺 ☎ 🚗 🅿. 🖭 🖼 ➀ E
　　　𝘝𝘐𝘚𝘈. ⍓ rist
　　　dicembre-15 aprile e 20 giugno-10 settembre – Pas 25/30000 – ☲ 8000 – **30 cam** 55/95000
　　　– ½ P 60/75000.

BONFERRARO 37060 Verona – alt. 20 – ✪ 045.
Roma 481 – ✦Ferrara 35 – Mantova 17 – ✦Modena 79 – ✦Verona 35.

　XX　**Sarti,** ✆ 7320233, « Servizio estivo in giardino » – 🍽 🅿. 🖭 🖼 E 𝘝𝘐𝘚𝘈. ⍓
　　　chiuso martedì – Pas carta 26/50000.

BONORVA Sassari – Vedere Sardegna alla fine dell'elenco alfabetico.

BÒRBORE Cuneo – Vedere Vezza d'Alba.

BORCA DI CADORE 32040 Belluno – 686 ab. alt. 945 – a.s. 15 luglio-agosto e Natale – ✪ 0435.
🔋 via Roma 70 ✆ 82015.
Roma 657 – Belluno 56 – Cortina d'Ampezzo 15 – ✦Milano 399 – ✦Venezia 146.

　🏠　**Bories** senza rist, ✆ 82521, ≤ – 🛗 ☎ 🅿. ⍓
　　　☲ 8000 – **33 cam** 45/70000.

BORDIGHERA 18012 Imperia 📖 ⑫, 📙 ㉓, 📗 ㉚ – 11 529 ab. – ✪ 0184.
Vedere Località ★★.
🔋 via Roberto 1 (palazzo del Parco) ✆ 262322.
Roma 654 – ✦Genova 155 – Imperia 35 – ✦Milano 278 – Monte Carlo 32 – San Remo 12 – Savona 109.

　🏩　**Gd H. del Mare** ⍓, a Capo Migliarese E : 2 km ✆ 262201, Telex 270535, Fax 262394, ≤
　　　mare, « Giardino pensile con ⛲ », ⚓, ✺ – 🛗 🍽 📺 ☎ 🅿 – 🏛 100 a 300. 🖭 🖼 E 𝘝𝘐𝘚𝘈.
　　　⍓ rist
　　　chiuso da ottobre al 22 dicembre – Pas (chiuso lunedì) carta 50/78000 – ☲ 20000 – **109 cam**
　　　105/215000 appartamenti 450000. 🍽 12000 – ½ P 130/210000.

　🏰　**Gd H. Cap Ampelio** ⍓, via Virgilio 5 ✆ 264333, Telex 282553, Fax 264244, ≤ mare e
　　　costa, « Giardino con ⛲ » – 🛗 📺 ☎ 🚗 🅿 – 🏛 170. 🖭 🖼 ➀ E 𝘝𝘐𝘚𝘈. ⍓ rist
　　　chiuso dal 20 novembre al 20 dicembre – Pas (chiuso martedì) carta 37/60000 – ☲ 16000 –
　　　100 cam 95/160000 – ½ P 124/166000.

　🏨　**Parigi,** lungomare Argentina 16 ✆ 261406, ≤, ⚓ – 🛗 📺 ☎ ♿. 🖭 🖼 ➀ E 𝘝𝘐𝘚𝘈. ⍓
　　　chiuso da novembre al 19 dicembre – Pas 30/40000 – ☲ 15000 – **41 cam** 95/150000 –
　　　½ P 100/125000.

Britannique et Jolie, via Regina Margherita 35 *𝄎* 261464, « Giardino fiorito » – 🛗 🐕 🅿
🖃 E 𝗩𝗜𝗦𝗔. 𝒮𝒾 rist
chiuso dal 26 settembre al 19 dicembre – Pas 45000 – 🖙 6000 – **56 cam** 55/96000 –
½ P 73/90000.

Villa Elisa, via Romana 70 *𝄎* 261313, Telex 272540, 🗺 – 🛗 📺 🐕 🅿. 🎗 🖃 E 𝗩𝗜𝗦𝗔. 𝒮𝒾 rist
chiuso da novembre al 20 dicembre – Pas (solo per clienti alloggiati) 30/44000 – 🖙 7500 –
30 cam 56/89000 – ½ P 72/105000.

Florida, via Vittorio Emanuele 310 *𝄎* 263545 – 🛗 🐕 🅿. 🎗 🖃 ⓞ E 𝗩𝗜𝗦𝗔. 𝒮𝒾 rist
chiuso da ottobre a dicembre – Pas 35000 – 🖙 10000 – **83 cam** 60/94000 – ½ P 63/105000.

Centrohotel senza rist, piazza Eroi della Libertà *𝄎* 265265 – 🛗 ⊱ 📺 🐕. 🎗 🖃 ⓞ E 𝗩𝗜𝗦𝗔
chiuso dal 5 al 30 novembre – 🖙 7500 – **32 cam** 48/80000.

Astoria, via Torquato Tasso 2 *𝄎* 262906, « Giardino fiorito » – 🛗 📺 ☎ 🅿
24 cam.

Della Punta senza rist, via Sant'Ampelio 27 *𝄎* 262555, < – 🛗 🐕. 🎗 🖃 ⓞ E 𝗩𝗜𝗦𝗔
chiuso dal 21 ottobre al 18 dicembre – 🖙 6500 – **18 cam** 49/64000.

Dei Fiori senza rist, via Arziglia 38 *𝄎* 262287, < – 🛗 🅿. 🎗 🖃 E 𝗩𝗜𝗦𝗔. 𝒮𝒾
chiuso da novembre al 20 dicembre – 🖙 5000 – **21 cam** 40/60000.

Michelin, via 1° Maggio 29 *𝄎* 266218, 🗺 – 🛗 ☎ 🅿. 🎗 🖃 ⓞ E 𝗩𝗜𝗦𝗔. 𝒮𝒾 rist
Pas carta 38/52000 – 🖙 10000 – **13 cam** 46/78000 – ½ P 80/85000.

Sirena, via Regina Margherita 26 *𝄎* 262528, 🗺 – 🛗 📺 ☎ 🅿. 𝒮𝒾
chiuso ottobre e novembre – Pas 20000 – **19 cam** 🖙 35/65000 – ½ P 60000.

Aurora, via Pelloux 42/b *𝄎* 261311 – 🛗 🐕 🅿. 🎗 🖃 E 𝗩𝗜𝗦𝗔. 𝒮𝒾
chiuso dal 21 ottobre al 19 dicembre – Pas (solo per clienti alloggiati) 18/35000 – 🖙 8000 –
30 cam 55/80000 – ½ P 75000.

Mirelia, via Cesare Balbo 7 *𝄎* 262351 – ☎ 🅿. 🎗 🖃 ⓞ E 𝗩𝗜𝗦𝗔. 𝒮𝒾
chiuso da novembre al 17 dicembre – Pas (solo per clienti alloggiati) – 🖙 8000 – **14 cam**
30/58000 – ½ P 55/60000.

XX ✿ **Carletto,** via Vittorio Emanuele 339 *𝄎* 261725 – 🖃. 🎗 🖃 ⓞ E 𝗩𝗜𝗦𝗔
chiuso mercoledì e dal 20 novembre al 20 dicembre – Pas carta 45/60000 (10%)
Spec. Carpaccio di gamberi e carciofi (inverno) o porcini (estate), Tagliolini verdi agli scampi, Branzino ai
carciofi (inverno) o ai porcini (estate). Vini Pigato, Rossese.

XX **Il Nelson,** via Roberto 61 *𝄎* 266681, Coperti limitati; prenotare – 🖃. 🎗 🖃 E 𝗩𝗜𝗦𝗔
chiuso lunedì escluso luglio ed agosto – Pas carta 30/55000.

XX **Mistral,** via Aurelia 23 *𝄎* 262306, Coperti limitati; prenotare – 🖃. 🎗 🖃 ⓞ E 𝗩𝗜𝗦𝗔
chiuso mercoledì, dal 21 gennaio al 7 febbraio e dal 15 al 30 giugno – Pas carta 39/62000.

XX **La Reserve Tastevin,** via Arziglia 20 *𝄎* 261322, <, 🗺, 🏊 – 🅿. 🎗 🖃 ⓞ E 𝗩𝗜𝗦𝗔
*chiuso dal 2 novembre al 17 dicembre, domenica sera e lunedì (escluso dal 18 giugno al 17
settembre)* – Pas carta 43/64000.

XX **Le Chaudron,** piazza Bengasi 2 *𝄎* 263592, Coperti limitati; prenotare.

XX **Esperance,** via Pasteur 78 *𝄎* 290719, Coperti limitati; prenotare – 🅿
chiuso lunedì – Pas carta 38/57000.

XX **Chez Louis,** corso Italia 30 *𝄎* 261602 – 🎗 🖃 ⓞ E 𝗩𝗜𝗦𝗔
chiuso dal 2 novembre al 4 dicembre e martedì da ottobre a giugno – Pas carta 27/54000
(15%).

X **Piemontese,** via Roseto 8 *𝄎* 261651 – 🎗 🖃 ⓞ E 𝗩𝗜𝗦𝗔
chiuso martedì e dal 6 novembre al 17 dicembre – Pas carta 22/39000 (10%).

Vedere anche : *Vallecrosia* O : 2 km.
Camporosso Mare O : 3 km.

BORGARO TORINESE 10071 Torino – 9 946 ab. alt. 254 – ✿ 011.
Roma 689 – ✦Milano 142 – ✦Torino 9.

Atlantic e Rist. Rubino, via Lanzo 163 *𝄎* 4701947, Telex 221440, Fax 4701783, « Terrazza
panoramica con 🏊 » – 🛗 🖃 📺 ☎ ⇔ 🅿 – 🔬 50 a 800. 🎗 🖃 ⓞ E 𝗩𝗜𝗦𝗔
Pas *(chiuso domenica e dal 4 al 25 agosto)* carta 34/50000 – **92 cam** 🖙 130/180000 –
½ P 135/165000.

BORGHETTO Piacenza – Vedere Piacenza.

BORGHETTO Verona – Vedere Valeggio sul Mincio.

Gute Küche

haben wir durch ✿, ✿✿ oder ✿✿✿ kenntlich gemacht.

BORGHETTO D'ARROSCIA 18020 Imperia – 595 ab. alt. 155 – 🕾 0183.

Roma 604 – ♦Genova 105 – Imperia 31 – ♦Milano 228 – Savona 59.

a Gazzo NO : 6 km – alt. 610 – ⊠ **18020** Borghetto d'Arroscia :

✗ **La Baita,** 𝒮 31083
giugno-settembre; da ottobre a maggio aperto da venerdì a domenica e i giorni festivi – Pas
35000 bc.

a Leverone NE : 7 km – alt. 500 – ⊠ **18020** Borghetto d'Arroscia :

✗ **Castagneto,** 𝒮 382033, ≼, prenotare – 🅿
→ *chiuso venerdì* – Pas 20/25000.

BORGIO VEREZZI 17022 Savona – 2 345 ab. – 🕾 019.

Roma 574 – ♦Genova 75 – Imperia 50 – ♦Milano 198 – Savona 29.

🏨 **Villa Rose,** 𝒮 610461 – 🛗 ☜. ❀
chiuso novembre e dicembre – Pas *(chiuso mercoledì)* carta 28/46000 – ☲ 7000 – **41 cam**
55/75000 – ½ P 50/63000.

✗✗ **Doc,** 𝒮 611477, Coperti limitati; prenotare – 🛅 𝕍𝕀𝕊𝔸. ❀
chiuso febbraio, lunedì e martedì escluso da maggio ad ottobre – Pas carta 45/60000.

a Verezzi N : 3,5 km – alt. 200 – ⊠ **17022** Borgio Verezzi :

✗ **Antica Osteria Saracena del Bergallo,** 𝒮 610487, ≼ vallata e mare, ☜ – ❀
→ *chiuso lunedì e novembre* – Pas carta 20/37000.

BORGO A BUGGIANO 51011 Pistoia – alt. 41 – 🕾 0572.

Roma 326 – ♦Firenze 52 – ♦Livorno 68 – Lucca 24 – ♦Milano 296 – Pisa 44 – Pistoia 18.

✗✗ **Stranobar,** 𝒮 32382, ☜, prenotare – 🅿
chiuso a mezzogiorno, martedì ed agosto – Pas carta 24/45000.

✗✗ **Da Angiolo,** 𝒮 32014, Solo piatti di pesce – 🔲. 🄰🄴
chiuso lunedì, martedì ed agosto – Pas carta 38/58000 (10%).

BORGO A MOZZANO 55023 Lucca – 7 669 ab. alt. 97 – 🕾 0583.

Roma 368 – ♦Firenze 96 – Lucca 22 – ♦Milano 296 – Pistoia 65.

🏨 **Milano,** località Socciglia 𝒮 88109, ☜ – 🛗 ☎ 🅿. 🛅 🄴 𝕍𝕀𝕊𝔸
chiuso novembre – Pas *(chiuso lunedì)* carta 24/41000 – ☲ 7000 – **22 cam** 30/48000 –
½ P 48000.

BORGOFRANCO D'IVREA 10013 Torino 🔢🔢🔢 ⑭ – 3 717 ab. alt. 253 – 🕾 0125.

Roma 688 – Aosta 63 – Ivrea 6 – ♦Milano 121 – ♦Torino 56.

✗✗ **Casa Vicina-da Roberto,** località Ivozio N : 2,5 km 𝒮 752180, ≼, prenotare a mezzogiorno, « Servizio estivo in terrazza » – ☜❀ 🅿. 🄰🄴 🛅 🄾 𝕍𝕀𝕊𝔸
chiuso mercoledì e dall'8 al 23 gennaio – Pas carta 34/60000.

BORGO MAGGIORE Forlì – Vedere San Marino.

BORGOMANERO 28021 Novara 🔢🔢🔢 ②, 🔢🔢🔢 ⑯ – 19 331 ab. alt. 306 – 🕾 0322.

Roma 647 – Domodossola 59 – ♦Milano 70 – Novara 32 – Stresa 28 – ♦Torino 106 – Varese 38.

🏨 **Ramoverde** senza rist, via Matteotti 1 𝒮 81479, Fax 89767 – 🛗 📺 ☎ 🚗 🅿 – 🔦 40 a
110. 🄰🄴 🛅 🄴 𝕍𝕀𝕊𝔸
chiuso domenica, dal 22 dicembre al 7 gennaio e dal 13 al 29 luglio – **40 cam** ☲ 62/93000.

✗✗✗ ❀ **Pinocchio,** via Matteotti 147 𝒮 82273, Fax 835075, prenotare, « Giardino » – 🅿. 🄰🄴 🛅
🄾 𝕍𝕀𝕊𝔸. ❀
chiuso lunedì, martedì a mezzogiorno, dal 20 luglio al 12 agosto e dal 26 al 31 dicembre –
Pas carta 45/80000 (10%)
Spec. Carpaccio di salmone al basilico, Lasagnette al ragù di agnello e timo, Piccione all'aceto balsamico. Vini
Arneis, Ghemme.

✗✗ **Atrium,** via Rossignoli 1 𝒮 846175, prenotare, « In un edificio ottocentesco » – ☜❀. 🄰🄴 🛅
🄾 𝕍𝕀𝕊𝔸. ❀
chiuso domenica – Pas carta 50/60000.

✗✗ **San Pietro,** piazza Martiri 6 𝒮 82285 – 🄰🄴 🛅 🄴 𝕍𝕀𝕊𝔸. ❀
chiuso mercoledì, dal 1° al 10 gennaio e dal 5 al 25 agosto – Pas carta 23/43000.

· ✗✗ **San Francesco** con cam, via Maggiate 107 𝒮 845860, ☞ – 🛗 ☎ 🚗 🅿. 🄰🄴 🛅 🄾 🄴 𝕍𝕀𝕊𝔸
chiuso dal 6 al 31 agosto – Pas *(chiuso lunedì)* carta 31/52000 – ☲ 8000 – **16 cam** 62/88000
– ½ P 75/80000.

✗✗ **Da Paniga,** via Maggiora 86 𝒮 82259 – 🅿 – 🔦 60
chiuso la sera.

61040 Pesaro e Urbino – 778 ab. alt. 469 – a.s. 15 giugno-agosto – ✆ 0722.
Roma 291 – ◆Ancona 134 – Arezzo 69 – Pesaro 74 – San Marino 67 – Urbino 38.

XX **Da Rodolfo-la Diligenza** con cam, ✆ 89124 – 🗛 🖪 E 𝘝𝘐𝘚𝘈. ⚘ rist
chiuso dal 1° al 15 settembre – Pas (chiuso mercoledi) 35/50000 bc – 🖙 6000 – **7 cam**
35/45000 – ½ P 40/45000.

X **Oasis di San Benedetto** ⌂ con cam, località Lamoli S : 5 km ✆ 80133, ⚘ – 🅿
12 cam.

Bologna – Vedere Bologna.

35010 Padova – 5 869 ab. alt. 18 – ✆ 049.
Roma 511 – ◆Milano 254 – ◆Padova 20 – Treviso 33 – Vicenza 50.

XX **Al Faraone,** ✆ 5798006 – 🗛 🖪 ⓞ E 𝘝𝘐𝘚𝘈. ⚘
chiuso lunedi, sabato a mezzogiorno, dal 1° al 15 gennaio e dal 1° al 15 agosto – Pas
carta 30/45000.

12011 Cuneo 𝟿𝟪𝟪 ⑫ – 10 798 ab. alt. 641 – ✆ 0171.
Roma 651 – Cuneo 8 – ◆Milano 224 – Savona 106 – Colle di Tenda 25 – ◆Torino 102.

🏨 **Oasis** senza rist, via Po 28 ✆ 262121 – 🛗 📺 ☎ 🚗 🅿 – 🔬 50. 𝘝𝘐𝘚𝘈
🖙 10000 – **49 cam** 46/77000.

Les nouveaux **Guides Verts touristiques Michelin,** c'est :

– un texte descriptif plus riche,
– une information pratique plus claire,
– des plans, des schémas et des photos en couleurs,
– ...et, bien sûr, une actualisation détaillée et fréquente.

Utilisez toujours la dernière édition.

13011 Vercelli 𝟿𝟪𝟪 ②, 𝟤𝟣𝟫 ⑯ – 15 169 ab. alt. 354 – ✆ 0163.
Roma 665 – Biella 45 – ◆Milano 91 – Novara 45 – ◆Torino 107 – Vercelli 51.

🏨 **La Campagnola,** via Varallo 244 (N : 2 km) ✆ 22676, Fax 25448, ⚘ – 🛗 📺 ☎ 🚗 🅿. 🗛
🖪 ⓞ E 𝘝𝘐𝘚𝘈. ⚘
Pas (chiuso venerdi) carta 31/44000 – 🖙 8000 – **31 cam** 44/66000 – ½ P 60000.

🏨 **Garden** senza rist, via Vittorio Veneto 62 ✆ 21968 – 🛗 📺 ☎ 🚗 🅿. 🖪 E 𝘝𝘐𝘚𝘈. ⚘
🖙 10000 – **31 cam** 55/85000.

XX **Unione,** via Marconi 1 ✆ 22500, 🍽.

23032 Sondrio 𝟿𝟪𝟪 ④, 𝟤𝟣𝟪 ⑰ – 4 052 ab. alt. 1 225 – Stazione termale – Sport
invernali : 1 225/3 012 m ⛷3 ⛷15, ⛷ – ✆ 0342.
🖪 via allo Stelvio 10 ✆ 903300, Telex 314389, Fax 904696.
Roma 763 – ◆Bolzano 123 – ◆Milano 202 – Sondrio 64 – Passo dello Stelvio 20.

🏨 **Palace Hotel,** ✆ 903131, Telex 340173, Fax 903366, 🖾, ⚘, ⚘ – 🛗 📺 ☎ 🚗 🅿 – 🔬
110. 🗛 ⓞ 𝘝𝘐𝘚𝘈. ⚘
chiuso novembre – Pas (chiuso da maggio al 15 giugno ed ottobre) 40/45000 – 🖙 20000 –
83 cam 130/220000 appartamenti 230/260000 – ½ P 230/250000.

🏨 **Baita dei Pini,** ✆ 904346, Fax 904700, ⚘ – 🛗 ☎ 🚗 🅿 – 🔬 100. 🗛 ⓞ 𝘝𝘐𝘚𝘈. ⚘ rist
dicembre-20 aprile e 15 giugno-20 settembre – Pas 28000 – 🖙 12000 – **46 cam** 48/80000 –
½ P 50/90000.

🏨 **Nazionale,** ✆ 903361, ⚘ – 🛗 🖪 🅿. 🗛 ⓞ 𝘝𝘐𝘚𝘈. ⚘
dicembre-aprile e giugno-ottobre – Pas 26000 – 🖙 8500 – **48 cam** 45/80000 – ½ P 50/92000.

🏨 **Posta,** ✆ 904753, Fax 904484 – 🛗 📺 ☎. 🗛 🖪 ⓞ E 𝘝𝘐𝘚𝘈. ⚘ rist
dicembre-15 aprile e luglio-20 settembre – Pas (chiuso lunedi) carta 32/41000 (15%) – 🖙
12000 – **54 cam** 49/83000 appartamenti 140/180000 – ½ P 62/92000.

🏨 **Rezia,** ✆ 904721, Fax 905197, ⚘ – 🛗 📺 ☎ 🚗 🅿 – 🔬 45. 🗛 🖪 ⓞ E 𝘝𝘐𝘚𝘈. ⚘
Pas (chiuso lunedi) 30/50000 – 🖙 15000 – **45 cam** 100/150000 – ½ P 75/125000.

🏨 **Larice Bianco,** ✆ 904693, Fax 904614, ⚘ – 🛗 ☎ 🅿. 🗛 🖪 E 𝘝𝘐𝘚𝘈. ⚘ rist
dicembre-Pasqua e giugno-settembre – Pas 30000 – 🖙 12000 – **45 cam** 49/85000 –
½ P 98000.

🏨 **San Lorenzo,** ✆ 904604 – 🛗 ☎ ⚘ 🚗 🅿. 🗛. ⚘
chiuso novembre – Pas (chiuso martedi) 23/28000 – 🖙 8000 – **38 cam** 45/75000 –
½ P 48/75000.

🏨 **Alù** ⌂, ✆ 904504, ≤ – 🛗 ⚘ ⚘ 🅿. ⓞ 𝘝𝘐𝘚𝘈. ⚘
◆ 4 dicembre-20 aprile e 30 giugno-15 settembre – Pas 17/26000 – 🖙 8000 – **30 cam** 47/78000
– ½ P 55/85000.

🏨 **Astoria,** ✆ 904541, – 🛗 ⚘ ⚘ 🚗 🅿. 🗛 𝘝𝘐𝘚𝘈. ⚘
◆ dicembre-aprile e 10 giugno-20 settembre – Pas (chiuso martedi) 18/28000 – 🖙 6500 –
44 cam 44/77000 – ½ P 45/85000.

segue →

🏠 **Everest**, ℰ 901291, ≤, 🍴 – 🛗 ⋈ rist ☎ 🚗. ✻
   20 dicembre-aprile e 20 giugno-settembre – Pas (solo per clienti alloggiati) 21000 – ⌑ 600
   – **26 cam** 31/50000 – ½ P 46/56000.

🏠 **Cervo**, ℰ 904744 – ☎. 🕮 𝖵𝖨𝖲𝖠. ✻ rist
   dicembre-aprile e 15 giugno-settembre – Pas 22/25000 – ⌑ 7000 – **23 cam** 31/53000 –
   ½ P 46/60000.

🏠 **Vallecetta**, ℰ 904587, ≤, 🍴 – 🛗 ☎ ᕓ 🚗 🅿 🕮 🕃 ⑩ 𝖤 𝖵𝖨𝖲𝖠. ✻ rist
   4 dicembre-29 aprile e 10 giugno-10 ottobre – Pas *(chiuso martedì)* 22/24000 – ⌑ 7000 –
   38 cam 31/53000 – ½ P 60000.

🏠 **Silene**, ℰ 901364 – 🛗 🅿. ✻
   chiuso maggio e novembre – Pas 24000 – ⌑ 7000 – **15 cam** 32/55000 – ½ P 45/50000.

🏠 **Dante**, ℰ 901329 – 🛗 ☎. ✻
➡ *dicembre-aprile e 15 giugno-settembre* – Pas 18/20000 – ⌑ 5000 – **19 cam** 29/47000 –
   ½ P 50/55000.

🏠 **La Baitina dei Pini** senza rist, ℰ 903022, 🍴 – ☎ 🚗 🅿
   dicembre-20 aprile e giugno-20 settembre – ⌑ 8000 – **10 cam** 35/60000.

✗✗ **Baiona**, via per San Pietro SE : 2 km ℰ 904243, prenotare – 🅿. 🕮 🕃. ✻
   dicembre-20 aprile e luglio-15 settembre ; chiuso a mezzogiorno e lunedì – Pas (menu
   sorpresa) 38000.

✗✗ **Taulà**, ℰ 904771, « In un antico fienile » – 🕮 🕃 𝖤 𝖵𝖨𝖲𝖠
   chiuso martedì e da novembre al 5 dicembre – Pas carta 38/60000.

   a Ciuk SE : 5,5 km o 10 mn di funivia – alt. 1 690 – ⊠ **23032** Bormio :

✗ **Baita de Mario** 🐾 con cam, ℰ 901424, ≤ – 🛗 ☎ 🅿. ✻ cam
   dicembre-25 aprile e luglio-20 settembre – Pas carta 26/38000 – ⌑ 6000 – **22 cam** 40/60000
   – P 58/73000.

   Vedere anche : *Stelvio (Passo dello)* NE : 20 km.

BORNO 25042 Brescia – 2 771 ab. alt. 903 – a.s. febbraio, 15 luglio-agosto e Natale – Sport
invernali : 903/1 695 m ✦1 ✦4, ✦ – 🕲 0364.
Roma 634 – ✦Bergamo 72 – ✦Bolzano 171 – ✦Brescia 76 – ✦Milano 117.

✗ **Belvedere** con cam, ℰ 41052 – 🅿. ✻ cam
   chiuso settembre – Pas *(chiuso mercoledì)* carta 25/36000 – ⌑ 4000 – **24 cam** 30/45000 –
   ½ P 40000.

BORROMEE (Isole) ★★★ Novara 🗟🗟🗟 ⑦ – alt. 200 – a.s. aprile e luglio-15 settembre – 🕲 0323.
Vedere Isola Bella★★★ – Isola Madre★★★ – Isola dei Pescatori★★.

🚢 per Baveno, Verbania-Pallanza e Stresa (da 10 a 30 mn), giornalieri – Navigazione Lago
Maggiore: Isola Bella ℰ 30391 e Isola dei Pescatori ℰ 30392.

Piante delle Isole : vedere Stresa

   Isola Bella – ⊠ **28050**.

✗ **Elvezia**, ℰ 30043, ≤ – 🕮 🕃 ⑩ 𝖤 𝖵𝖨𝖲𝖠   Z c
   aprile-ottobre – Pas carta 34/45000.

   Isola Superiore o dei Pescatori – ⊠ **28049** Stresa

🏠 **Verbano** 🐾, ℰ 30408, ≤ Isola Bella e lago, « Servizio rist. estivo in terrazza », 🍴 – ☎.
🕮 🕃 ⑩ 𝖤 𝖵𝖨𝖲𝖠   Z e
   chiuso dall'8 gennaio al 28 febbraio – Pas *(chiuso mercoledì)* carta 31/52000 (10%) – **12 cam**
   ⌑ 70/110000 – ½ P 90000.

BORSO DEL GRAPPA 31030 Treviso – 3 864 ab. alt. 279 – 🕲 0423.
Roma 551 – Belluno 67 – ✦Milano 241 – ✦Padova 52 – Trento 55 – Treviso 52 – Vicenza 44.

✗✗ **Chat qui Rit**, ℰ 561405, Solo piatti di pesce – 🅿. 𝖵𝖨𝖲𝖠
   chiuso martedì e dal 5 al 25 agosto – Pas carta 44/67000 (10%).

BOSA MARINA Nuoro 🗟🗟🗟 ㉝ – Vedere Sardegna alla fine dell'elenco alfabetico.

ROME

The English edition of the **Michelin Green Guide**
describes the Eternal City in 29 recommended walks :
the ancient monuments and beautiful buildings,
the historic sites and districts,
the museums and their works of art.

BOSCO CHIESANUOVA 37021 Verona 988 ④ – 2 953 ab. alt. 1 104 – Sport invernali : 1 104/1 805 m ⚡2 ⚡9, 🏂 – ✿ 045.

🛈 piazza della Chiesa 35 ☏ 7050088.

Roma 534 – ♦Brescia 101 – ♦Milano 188 – ♦Venezia 145 – ♦Verona 31 – Vicenza 82.

🏠 **Piccola Mantova** ⏆, via Aleardo Aleardi 12 ☏ 7050135, ☞, ⚒ – ⇔ ℗. ⚒
   chiuso ottobre – Pas *(chiuso mercoledì)* carta 24/32000 – ⊇ 5000 – **16 cam** 27/40000 – ½ P 40000.

BOSCO LUGANESE 219 ⑧ – Vedere Cantone Ticino alla fine dell'elenco alfabetico.

BOSCO MARENGO 15062 Alessandria – 2 444 ab. alt. 121 – ✿ 0131.

Roma 565 – Alessandria 16 – ♦Genova 60 – ♦Milano 96.

XX **Pio V**, ☏ 759666, Coperti limitati; prenotare, « Edificio settecentesco con giardino fiorito » – ⒶⒺ 🚫 ⓪ Ⓔ 𝘝𝘐𝘚𝘈. ⚒
   chiuso mercoledì – Pas 50/70000.

BOSCOTRECASE 80042 Napoli – 12 139 ab. alt. 86 – a.s. maggio-15 ottobre – ✿ 081.

Roma 233 – ♦Napoli 21 – Salerno 37.

XX **La Giara** ⏆ con cam, via Panoramica 6 ☏ 8581117, ≤, « Servizio estivo all'aperto », ⊒ – 🅿 ℗
   Pas carta 22/30000 (12%) – ⊇ 5000 – **18 cam** 50/60000 – ½ P 55000.

BOSNASCO 27040 Pavia – 572 ab. alt. 124 – ✿ 0385.

Roma 538 – Alessandria 69 – ♦Genova 123 – ♦Milano 66 – Pavia 28 – Piacenza 25.

XX La Buta, ☏ 72017 – ℗.

BOSSOLASCO 12060 Cuneo – 647 ab. alt. 757 – ✿ 0173.

Roma 610 – Asti 57 – Cuneo 54 – ♦Milano 176 – Savona 64 – ♦Torino 85.

🏠 Bellavista, ☏ 793102, ≤ – ℗
   16 cam.

Le nuove guide Verdi turistiche Michelin offrono :
– un testo descrittivo più ricco,
– un'informazione pratica più chiara,
– piante, schemi e foto a colori.
…e naturalmente sono delle opere aggiornate frequentemente.
Utilizzate sempre l'ultima edizione.

BOTTICINO Brescia – 9 622 ab. alt. 160 – ✉ 25080 Botticino Mattina – ✿ 030.

Roma 560 – ♦Brescia 9 – ♦Milano 103 – ♦Verona 44.

XX **Fausto Marchetti**, a Botticino Mattina ☏ 2691368, ☞, Coperti limitati; prenotare – ℗
   chiuso domenica sera e lunedì – Pas carta 37/60000.

BOVALINO MARINA 89034 Reggio di Calabria – ✿ 0964.

Roma 715 – Catanzaro 110 – ♦Reggio di Calabria 86.

X **Villa Franca**, ☏ 61402, ☞ – ⇔. ⒶⒺ 🚫 ⓪ Ⓔ 𝘝𝘐𝘚𝘈
   Pas carta 21/36000.

BOVES 12012 Cuneo 988 ⑫ – 8 585 ab. alt. 590 – ✿ 0171.

Roma 645 – Cuneo 9 – ♦Milano 225 – Savona 100 – Colle di Tenda 32 – ♦Torino 103.

🏠 **Trieste**, ☏ 680375, ☞ – 🛗 ⊛ ℗. 𝘝𝘐𝘚𝘈. ⚒
   Pas *(chiuso lunedì)* carta 18/27000 – ⊇ 6000 – **19 cam** 35/55000 – ½ P 38/42000.

X **La Taverna**, ☏ 680390 – ⒶⒺ 🚫 ⓪ 𝘝𝘐𝘚𝘈
   chiuso lunedì – Pas carta 20/36000 (10%).

   a Fontanelle O : 2 km – ✉ 12012 Fontanelle di Boves :

🏠 **Fontanelle-da Politano**, ☏ 680383, ☞ – ⊛ ℗. 𝘝𝘐𝘚𝘈. ⚒ rist
➡   Pas *(chiuso lunedì sera e martedì)* carta 16/30000 – ⊇ 3000 – **18 cam** 26/55000 – ½ P 33/38000.

XX **Della Pace**, ☏ 680398, ☞, Coperti limitati; prenotare – ⓪
   chiuso domenica sera e lunedì – Pas carta 30/50000 (10%).

   a San Giacomo S : 6 km – ✉ 12012 San Giacomo di Boves :

XXXX ❀❀ **Al Rododendro**, ☏ 680372, Confort accurato, solo su prenotazione – ℗ ⒶⒺ 🚫 ⓪ Ⓔ 𝘝𝘐𝘚𝘈. ⚒
   chiuso domenica sera, lunedì, gennaio ed agosto – Pas carta 45/75000 (15%)
   Spec. Animelle brasate, Porcini con tartufi (autunno), Filetto all'agrodolce. **Vini** Chardonnay, Barolo.

121

BOVOLONE 37051 Verona 🔲🔲🔲 ④ – 12 911 ab. alt. 24 – ✪ 045.
Roma 498 – ◆Ferrara 76 – Mantova 41 – ◆Milano 174 – ◆Padova 74 – ◆Verona 24.

🏛 **Sasso,** via San Pierino SE : 3 km ℰ 7100433 – 🔲 🔳 rist 📺 ☎ 🚗 🅿. 🆎 🔢 Ε 𝘝𝘐𝘚𝘈. 🛠
➡ Pas *(chiuso sabato e dal 2 al 20 gennaio)* 20/30000 – 🔲 6000 – **33 cam** 50/75000 – ½ P 52/65000.

🞨🞨 **La Düja,** via Garibaldi 8 ℰ 7102558, Coperti limitati; prenotare – 🔢 Ε 𝘝𝘐𝘚𝘈
chiuso lunedì, dal 2 al 10 gennaio e dal 10 al 30 agosto – Pas carta 23/44000.

BOZEN = Bolzano.

BOZZOLO 46012 Mantova 🔲🔲🔲 ⑭ – 4 361 ab. alt. 30 – ✪ 0376.
Roma 490 – Cremona 41 – Mantova 28 – ◆Milano 132 – ◆Parma 40.

🞨 **Croce d'Oro** con cam, ℰ 91191 – 🚗 🅿
chiuso dal 24 dicembre al 3 gennaio e dal 30 luglio al 21 agosto – Pas *(chiuso domenica)* carta 21/31000 – 🔲 5000 – **10 cam** 35/58000.

BRA 12042 Cuneo 🔲🔲🔲 ⑫ – 26 672 ab. alt. 280 – ✪ 0172.
Roma 648 – Asti 44 – Cuneo 46 – ◆Milano 170 – Savona 103 – ◆Torino 56.

🏛 **Elisabeth,** piazza Giolitti 8 ℰ 422486 – 🔲 📺 ☎. 🆎 🔢 ⓞ Ε 𝘝𝘐𝘚𝘈. 🛠
➡ Pas *(chiuso venerdì ed agosto)* carta 20/30000 – 🔲 8000 – **27 cam** 60/80000.

🏛 **Cavalieri** senza rist, piazza Carlo Alberto ℰ 413304 – 🔲 📺 🚗 – 🔺 30 a 150. 🔢 Ε 𝘝𝘐𝘚𝘈
🔲 4000 – **30 cam** 43/73000.

🞨🞨 **Badellino** con cam, piazza 20 Settembre 3 ℰ 412335 – 🚗 🅿. 🆎 🔢 ⓞ Ε 𝘝𝘐𝘚𝘈. 🛠
chiuso dal 1° al 22 agosto – Pas *(chiuso martedì)* carta 24/38000 – 🔲 3000 – **20 cam** 33/55000 – ½ P 45/55000.

🞨🞨 **Battaglino,** piazza Roma 18 ℰ 412509 – 🅿. 🆎 🔢 ⓞ Ε 𝘝𝘐𝘚𝘈
chiuso lunedì, dal 2 al 10 gennaio e dal 16 agosto al 5 settembre – Pas carta 38/55000.

BRACCIANO 00062 Roma 🔲🔲🔲 ㉖ – 11 140 ab. alt. 280 – ✪ 06.
🔢 via Claudia 72 ℰ 9024451.
Roma 39 – Civitavecchia 51 – Rieti 116 – Terni 100 – Viterbo 54.

🞨 **Casina del Lago** con cam, al lago ℰ 9024025, ≤, 🌳 – 🅿. 🛠
Pas *(chiuso martedì)* carta 28/50000 (15%) – 🔲 7000 – **20 cam** 50/70000 – ½ P 50000.

BRAIES (Lago di) (PRAGSER SEE) Bolzano 🔲🔲🔲 ⑤ – alt. 1 493.
Vedere Lago★★★.
Roma 744 – ◆Bolzano 106 – Brennero 97 – Cortina d'Ampezzo 48 – ◆Milano 405 – Trento 166.

BRALLO DI PREGOLA 27050 Pavia 🔲🔲🔲 ⑬ – 1 234 ab. alt. 951 – ✪ 0383.
Roma 586 – ◆Genova 90 – ◆Milano 110 – Pavia 78 – Piacenza 74 – Varzi 17.

🏠 **Normanno,** al passo ℰ 500189 – ☎. 🛠 rist
➡ Pas *(chiuso mercoledì)* carta 24/40000 – 🔲 5000 – **25 cam** 75000 – P 60/70000.

a Feligara E : 2 km – ✉ 27050 Brallo di Pregola :

🞨 **Baly** con cam, ℰ 500118, 🌳 – 🛠
➡ Pas *(chiuso mercoledì)* 18/35000 – 🔲 6000 – **11 cam** 30/32000 – P 35000.

BRANZI 24010 Bergamo – 817 ab. alt. 874 – a.s. luglio e agosto – ✪ 0345.
Roma 650 – ◆Bergamo 49 – Foppolo 9 – Lecco 71 – ◆Milano 91 – San Pellegrino Terme 24.

🏠 **Branzi,** ℰ 71121 – 🚗 🅿 🆎 🔢 𝘝𝘐𝘚𝘈
Pas *(chiuso martedì)* carta 22/32000 – 🔲 5000 – **22 cam** 25/45000 – ½ P 35/50000.

BRATTO Bergamo – Vedere Castione della Presolana.

BREGANZE 36042 Vicenza 988 ④ ⑤ – 7 346 ab. alt. 110 – ☎ 0445.
Roma 552 – Belluno 97 – •Milano 235 – •Padova 51 – Trento 78 – •Venezia 84 – Vicenza 20.

✕ **Al Toresan** con cam, ✆ 873622 – ☎ Ⓟ. AE ⓞ VISA. ✂
Pas *(chiuso dal 15 luglio al 15 agosto, giovedì e venerdì a mezzogiorno)* carta 25/39000 – ☕ 5500 – **12 cam** 60/80000 – P 65/75000.

BREGANZONA 219 ⑧ – Vedere Cantone Ticino alla fine dell'elenco alfabetico.

BREGUZZO 38081 Trento – 555 ab. alt. 798 – a.s. Natale – ☎ 0465.
Roma 617 – •Bolzano 107 – •Brescia 83 – •Milano 174 – Trento 47.

🏨 **Carlone,** ✆ 91014 – |‡| ▤ rist Ⓟ. E. ✂
chiuso dal 1° al 20 novembre – Pas *(chiuso martedì)* carta 23/38000 – ☕ 6000 – **60 cam** 42/74000 – ½ P 45/60000.

BRENDOLA 36040 Vicenza – 5 344 ab. alt. 156 – ☎ 0444.
⛳9 Colli Berici (chiuso lunedì) ✆ 601780, Fax 322015.
Roma 547 – •Padova 47 – •Verona 45 – Vicenza 16.

🏨 **La Rocca,** piazza del Mercato ✆ 601444, Telex 481422 – |‡| ▤ TV ☎. ⓢ ⓞ E VISA. ✂ rist
Pas carta 20/33000 – ☕ 5000 – **27 cam** 50/62000, ▤ 4000 – ½ P 63000.

✕ **Da Toni Cuco,** via Arcisi 6 (SO : 7 km) ✆ 889548, ☂, prenotare – Ⓟ
chiuso lunedì, martedì, dal 7 al 18 gennaio e luglio – Pas carta 27/38000.

GRÜNE REISEFÜHRER
Landschaften, Baudenkmäler
Sehenswürdigkeiten
Touristenstraßen
Tourenvorschläge
Stadtpläne und Übersichtskarten.

BRENO 25043 Brescia 988 ④ – 5 546 ab. alt. 342 – a.s. febbraio, 15 luglio-agosto e Natale – ☎ 0364.
Dintorni Capo di Ponte: parco Nazionale delle Incisioni Rupestri★★ N : 10 km.
Roma 627 – •Bergamo 67 – •Bolzano 157 – •Brescia 69 – Passo di Gavia 66 – •Milano 112 – Sondrio 76.

🏨 Castello, ✆ 21421 – |‡| ☎ Ⓟ
42 cam.

BRENTA (Massiccio di) ★★★ Trento 988 ④ – Vedere Guida Verde.

BRENZONE 37010 Verona – 2 340 ab. alt. 75 – ☎ 045.
ℹ via Colombo 4 ✆ 7420076.
Roma 547 – •Brescia 85 – Mantova 86 – •Milano 172 – Trento 69 – •Venezia 172 – •Verona 60.

🏨 **Rely Hotel,** ✆ 7420026, Fax 7420025, ←, « Parco con ⛱ » – ☎ Ⓟ. ⓢ ⓞ E VISA. ✂
20 aprile-5 ottobre – Pas 20/40000 – ☕ 7000 – **32 cam** 50/80000 – ½ P 40/85000.

🏠 **Piccolo Hotel,** ✆ 7420024, ←, ☂ – ☎ Ⓟ. ✂ rist
7 aprile-21 ottobre – Pas *(chiuso mercoledì)* carta 20/31000 – ☕ 10000 – **22 cam** 35/55000 – ½ P 46000.

a Castelletto di Brenzone SO : 3 km – ✉ 37010 Brenzone.
ℹ (15 giugno-15 settembre) ✆ 602156 :

🏠 **Rabay,** ✆ 7430273, ☂, ⛱, 🎾, ☀ – |‡| ☎ Ⓟ. ✂ rist
10 marzo-20 ottobre – Pas (solo per clienti alloggiati) 20/26000 – ☕ 10000 – **37 cam** 52/78000 – ½ P 42/52000.

BRESCIA 25100 Ⓟ 988 ④ – 197 821 ab. alt. 149 – ☎ 030.
Vedere Piazza della Loggia★ BY **9** – Pinacoteca Tosio Martinengo★ CZ – Via dei Musei★ CY – Museo romano★ costruito sulle rovine di un tempio Capitolino★ CY **M1** – Avori★★ e Croce di Desiderio★★ nel museo d'Arte Cristiana CY **M2** – Chiesa di San Francesco★ AY – Facciata★ della chiesa di Santa Maria dei Miracoli AYZ **A** – Incoronazione della Vergine★ nella chiesa dei SS. Nazaro e Celso AZ **N** – Annunciazione★ e Deposizione dalla Croce★ nella chiesa di Sant'Alessandro BZ **G** – Interno★, polittico★ e affresco★ nella chiesa di Sant'Agata BY **R**.
⛳18 e ⛳9 Franciacorta (chiuso martedì) a Nigoline di Corte Franca ✉ 25040 ✆ 984167 per ⑤ : 20 km.
ℹ corso Zanardelli 34 ✉ 25121 ✆ 43418.
A.C.I. via 25 Aprile 16 ✉ 25123 ✆ 40561.
Roma 535 ④ – •Milano 93 ⑤ – •Verona 66 ②.

Vittoria, via delle 10 Giornate 20 ⊠ 25121 ℰ 280061, Telex 304514, Fax 280065 – 🛗 🗐 📺 🕿 ఉ. – 🔬 35 a 125. 🕮 🖽 ⑩ ⋿ 𝘝𝘐𝘚𝘈. 𝒮𝒮 rist
BY **a**
Pas carta 40/70000 – **65 cam** 🖙 225/280000 appartamenti 365000.

Master, via Apollonio 72 ⊠ 25124 ℰ 399037, Telex 304114, Fax 47284 – 🛗 📺 🕿 🅿 – 🔬 25 a 100. 🕮 🖽 ⑩ ⋿ 𝘝𝘐𝘚𝘈.
Pas carta 36/53000 – 🖙 10000 – **76 cam** 90/150000 – ½ P 110000.
BY **m**

Ai Ronchi-Motor Hotel, viale Bornata 22 ⊠ 25123 ℰ 362061 – 🛗 🗐 📺 🕿 🚗 🅿. 🕮 ⑩ 𝘝𝘐𝘚𝘈. 𝒮𝒮 rist
2,5 km per ⑥
Pas *(chiuso sabato a mezzogiorno, domenica ed agosto)* carta 27/48000 – 🖙 9500 – **44 cam** 65/100000 – ½ P 75000.

Ambasciatori, via Santa Maria Crocifissa di Rosa 90 ⊠ 25124 ℰ 308461, Fax 381883 – 🛗 🗐 📺 🕿 🚗 🅿 – 🔬 200. 🕮 🖽 ⋿ 𝘝𝘐𝘚𝘈. 𝒮𝒮
per via Lombroso CY
Pas *(chiuso domenica e dal 13 al 25 agosto)* carta 28/43000 – 🖙 7000 – **65 cam** 65/100000 – ½ P 83000.

Alabarda, via Labirinto 6 ⊠ 25125 ℰ 341065, Telex 305388 – 🛗 📺 🕿 🅿. 🕮 🖽 ⑩ ⋿ 𝘝𝘐𝘚𝘈. 𝒮𝒮 rist
2,5 km per ⑤
Pas *(chiuso domenica)* 18/26000 – 🖙 8000 – **28 cam** 58/94000 – P 75/95000.

Igea, viale Stazione 15 ⊠ 25122 ℰ 44221, Fax 44224 – 🛗 📺 🕿. 🕮 🖽 ⑩ ⋿ 𝘝𝘐𝘚𝘈. 𝒮𝒮
Pas *(chiuso domenica)* carta 21/30000 – 🖙 7000 – **62 cam** 70/120000 – ½ P 77/87000.
AZ **x**

Industria, via Orzinuovi 58 ⊠ 25125 ℰ 340521, Telex 328477, Fax 347904 – 🛗 🗐 📺 🕿 🚗 🅿 – 🔬 90. 🕮 🖽 ⑩ ⋿ 𝘝𝘐𝘚𝘈. 𝒮𝒮 rist
per ⑤
Pas *(chiuso domenica)* carta 23/44000 – 🖙 10000 – **70 cam** 60/94000 – ½ P 85000.

Capri senza rist, sulla statale 11 ⊠ 25080 S. Eufemia della Fonte ℰ 360149 – 📺 🕿 🅿. 🕮 🖽 ⑩ ⋿ 𝘝𝘐𝘚𝘈
2,5 km per ②
chiuso dal 20 luglio al 5 agosto – 🖙 8000 – **21 cam** 50/80000.

Astron senza rist, via Togni 14 ⊠ 25128 ℰ 48220 – ⴵ. 𝒮𝒮
AZ **s**
🖙 5000 – **20 cam** 40/55000.

XXX **La Sosta,** via San Martino della Battaglia 20 ⊠ 25121 ℰ 295603, « Edificio del 17° secolo » – 🕮 ⑩ 𝘝𝘐𝘚𝘈
BZ **n**
chiuso lunedì e dal 5 al 27 agosto – Pas carta 45/70000.

XX **Olimpo-il Torricino,** via Fura 131 ⊠ 20125 ℰ 347565 – 🅿. 🕮 ⑩ 𝘝𝘐𝘚𝘈
per ⑤
chiuso lunedì e dal 13 al 20 agosto – Pas carta 31/45000.

XX **La Stretta,** via Stretta 63 ⊠ 25128 ℰ 2002367 – 🗐 🕮 🖽 ⑩ ⋿ 𝘝𝘐𝘚𝘈. 𝒮𝒮
chiuso lunedì – Pas carta 36/62000.

XX **Raffa,** corso Magenta 15 ⊠ 25121 ℰ 49037 – 🕮 ⑩ 𝘝𝘐𝘚𝘈
BZ **c**
chiuso domenica ed agosto – Pas carta 30/51000 (10%).

X **Gottardino,** via San Gottardo 4 ⊠ 25128 ℰ 43532, « Servizio estivo in terrazza con ⋜ » – 🅿. 𝒮𝒮
4 km per via Panoramica CY
chiuso domenica sera, lunedì ed agosto – Pas carta 31/45000.

X **Antica Fonte,** via Fontane 45 ⊠ 25060 Mompiano ℰ 2004480, « Servizio estivo sotto un pergolato » – 𝒮𝒮
2,5 km per via Lombroso CY
chiuso lunedì ed agosto – Pas carta 25/33000.

X **Nuovo Nando,** via Ambra d'Oro 119 ⊠ 25124 ℰ 364288 – 🅿. 🕮 🖽 ⑩ ⋿ 𝘝𝘐𝘚𝘈
per ②
chiuso giovedì – Pas carta 27/50000.

X **La Mezzeria,** via Trieste 66 ⊠ 25121 ℰ 40306 – 𝒮𝒮
CZ **a**
chiuso domenica, luglio ed agosto – **Pas** carta 28/42000.

3,5 km per ①
BZ **c**

4 km per via Panoramica CY

2,5 km per via Lombroso CY

per ②

CZ **a**

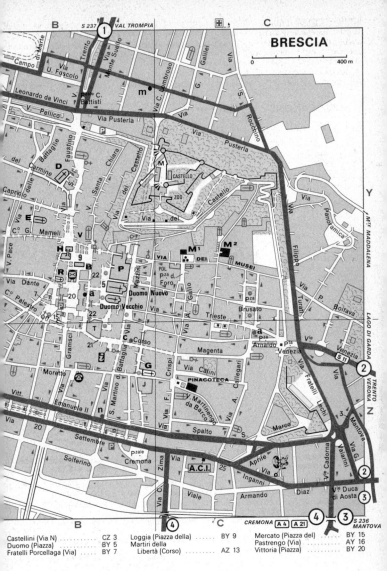

BRESCIA

Castellini (Via N)	CZ 3	Loggia (Piazza della)	BY 9	Mercato (Piazza del)	BY 15
Duomo (Piazza)	BY 5	Martiri della		Pastrengo (Via)	AY 16
Fratelli Porcellaga (Via)	BY 7	Libertà (Corso)	AZ 13	Vittoria (Piazza)	BY 20

Sant'Eufemia della Fonte per ② : 2 km – ⊠ 25080 :

XX Hosteria, via 28 Marzo 2/A ℘ 360605, Coperti limitati; prenotare.

a Roncadelle per ⑤ : 7 km – ⊠ 25030 :

🏨 **Continental** senza rist, ℘ 2582721, Telex 304132, Fax 2583108 – 🛗 🗏 📺 ☎ & ⇌ 🅿 – 🔬 25 a 110. 🖭 🕃 ⓞ 🗈 �. ⅀
chiuso dal 6 al 20 agosto – ⊊ 15000 – **52 cam** 80/130000.

🏨 **President**, ℘ 2780061, Telex 301144, Fax 2780260, 💥 – 🛗 🗏 📺 ☎ ⇌ 🅿 – 🔬 250. 🖭 🕃 ⓞ 🗈 �. ⅀
Pas *(chiuso domenica)* carta 32/44000 – **67 cam** ⊊ 80/125000 – ½ P 94/102000.

MICHELIN, via Inganni 23 CZ – ⊠ 25123, ℘ 43562.

125

Vedere Chiostro★ e Tesoro★ nel Duomo A – Cortile★ e museo Diocesano★ nel palazzo Vescovile: sculture lignee★★, ancone scolpite★, collezione di presepi★.

Dintorni Plose★★★ : 💥★★★ SE per funivia.

🅱 viale Stazione 9 ℰ 22401, Telex 400638.

Roma 681 ② – ✦Bolzano 40 ② – Brennero 43 ① – Cortina d'Ampezzo 109 ② – ✦Milano 336 ② – Trento 100 ②.

BRESSANONE

Non fate rumore
negli alberghi :
i vicini vi saranno
riconoscenti.

Ne faites pas de bruit
à l'hôtel,
vos voisins
vous en sauront gré.

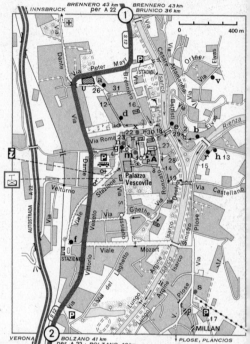

🏨🏨 **Elefante,** via Rio Bianco 4 ℰ 32750, Telex 401277, Fax 36579, « Costruzione del 16° secolo con arredamento antico; giardino con ⅃ riscaldata » – 🗏 rist 📺 ☎ 🚗 🅿 – 🔏 50. 𝓥𝓘𝓢𝓐
🧺 rist
Natale-7 gennaio e marzo-10 novembre – Pas *(chiuso lunedì escluso dal 10 luglio al 10 novembre)* carta 48/68000 – ⬜ 16000 – **43 cam** 75/150000 – ½ P 130/140000.
a

🏨🏨 **Dominik** ⌗, via Terzo di Sotto 13 ℰ 30144, Telex 401524, Fax 36554, ≤, 🔲, 🌱 – 🛗
↔ cam ☎ 🚗 🅿. 🆎 🖭 E 𝓥𝓘𝓢𝓐. 🧺
15 marzo-4 novembre – Pas *(chiuso martedì)* carta 37/63000 – **29 cam** ⬜ 120/240000 – ½ P 110/140000.
b

🏨 **Temlhof** ⌗, via Elvas 76 ℰ 36658, Fax 35539, ≤ monti e città, « Giardino con ⅃ », 🔲, 🌱 – ☎ 🅿. 🆎 🖭 🔘. 🧺 rist
chiuso dal 10 novembre al 23 dicembre – Pas *(chiuso a mezzogiorno escluso luglio-agosto e martedì)* carta 33/51000 – **52 cam** ⬜ 70/160000 – ½ P 100/120000.
v

🏨 **Grüner Baum,** via Stufles 11 ℰ 32732, Telex 401643, Fax 39419, « Giardino con ⅃ riscaldata », 🔲, 🌱 – 🛗 🗏 rist ☎ 🚗 – 🔏 150. 🆎 🖭 E 𝓥𝓘𝓢𝓐. 🧺 rist
chiuso dall'11 novembre al 19 dicembre – Pas *(chiuso martedì)* carta 18/32000 – ⬜ 10000 – **70 cam** 55/78000 – ½ P 70/98000.
e

🏨 **Mirabel** ⌗, senza rist, via Guggenberg 4 ℰ 36058, 🌱 – 🛗 ↔ ☎ 🚗 🅿. 🖭 E 𝓥𝓘𝓢𝓐
7 aprile-4 novembre – **19 cam** ⬜ 48/84000.
h

🏨 **Corona d'Oro-Goldene Krone,** via Fienili 4 ℰ 35154, Fax 35014, 🌳 – 🛗 📺 ☎ 🕭 🅿. 🖭 E 𝓥𝓘𝓢𝓐
chiuso dal 10 gennaio al 28 febbraio – Pas *(chiuso martedì)* carta 21/43000 – **36 cam** ⬜ 45/85000 – ½ P 48/58000.
d

🏨 **Jarolim,** piazza Stazione 1 ℰ 36230, Fax 33155, « Giardino ombreggiato con ⅃ » – 🛗 ↔ cam 🗏 rist ☎ 🅿. 🆎 🖭 🔘 E 𝓥𝓘𝓢𝓐. 🧺 rist
Pas *(chiuso martedì)* carta 21/32000 – ⬜ 9000 – **35 cam** 40/65000 – ½ P 48/58000.
f

🏠 **Sole-Sonne,** via Sant'Erardo 8 ℰ 36271 – 📳 📺 ☎. 🆎 🅱 ① *VISA*   **g**
◆ *chiuso dal 7 gennaio al 15 febbraio* – Pas *(chiuso martedì)* 15/20000 – ⊈ 7000 – **16 cam**
31/53000 – ½ P 52/57000.

🏠 **Senoner,** lungo Rienza 22 ℰ 32525, Fax 32436, 🔆, 🐾 – ☎ 🚗 🅿. 🆎 🅱 ① E *VISA*.
◆ 🛠 rist   **r**
chiuso dal 7 al 20 gennaio, dal 2 al 23 maggio e dal 6 novembre al 1° dicembre – Pas
18/25000 – **22 cam** ⊈ 50/125000 – ½ P 50/80000.

XX **Oste Scuro-Finsterwirt,** vicolo del Duomo 3 ℰ 35343, « Ambiente caratteristico con
arredamento antico » – E *VISA*. 🛠   **m**
chiuso domenica sera, lunedì, dal 10 gennaio al 10 febbraio e dal 26 giugno al 10 luglio –
Pas carta 26/44000.

XX **Fink,** via Portici Minori 4 ℰ 34883, Fax 35268 – 🔲. 🆎 🅱 ① E *VISA*   **n**
chiuso mercoledì e dal 15 giugno al 5 luglio – Pas carta 30/49000.

X Rudis, via Tratten 9 ℰ 30080, 🔆   **x**

X **Plose,** via Plose ℰ 34787 – 🅿. 🆎. 🛠   **s**
chiuso lunedì – Pas carta 27/43000.

ad Elvas NE : 4 km – alt. 814 – ✉ **39042** Bressanone :

🏠 **Hofstatt** ⑤, ℰ 35420, ⇐ – 🐎 🚗 🅿
◆ *chiuso dal 15 gennaio al 28 febbraio* – Pas *(chiuso lunedì)* 14000 – **18 cam** ⊈ 27/54000 –
½ P 35/40000.

al bivio Plancios-Plose SE : 17,5 km – alt. 1 760 :

🏠 **Edith** ⑤, ✉ 39040 Sant'Andrea in Monte ℰ 51307, Fax 51307, ⇐ Dolomiti e vallata, 🔲 –
☎ 🅿. 🆎. 🛠 rist
20 dicembre-20 aprile e giugno-ottobre – Pas *(chiuso mercoledì)* carta 25/34000 – **22 cam**
⊈ 38/72000 – ½ P 42/58000.

Vedere anche : *Novacella* per ① : 3 km.

Die im Michelin-Führer

verwendeten Zeichen und Symbole haben
*- dünn oder **fett** gedruckt, rot oder **schwarz** -*
jeweils eine andere Bedeutung.
Lesen Sie daher die Erklärungen aufmerksam durch.

BREUIL-CERVINIA 11021 Aosta 🔢🔢🔢 ②, 🔢🔢🔢 ③ – alt. 2 050 – a.s. febbraio-15 aprile, agosto e
Natale – Sport invernali : 2 050/3 480 m 🚠 6 🚡16, 🎿 (anche sci estivo) – ✦ 0166.

Vedere Località★★.

🎿 Cervino (luglio-15 settembre) ℰ 949131.

🏢 via Carrel 29 ℰ 949136, Telex 211822.

Roma 749 – Aosta 53 – Biella 104 – ◆Milano 187 – ◆Torino 116 – Vercelli 122.

🏨 **Cristallo** ⑤, ℰ 948121, Telex 210626, Fax 948377, ⇐ Cervino e Grandes Murailles, 🔲, 🌊,
🛠 – 📳 ↯ 📺 ☎ 🚗 – 🏛 60. 🆎 🅱 ① E *VISA*. 🛠
3 dicembre-2 maggio e luglio-agosto – Pas 40000 – **85 cam** ⊈ 185/310000 appartamenti
370000 – ½ P 190000.

🏨 **Hermitage** ⑤, ℰ 948998, Fax 949032, ⇐ Cervino e Grandes Murailles, 🔲, 🌊 – 📳 📺 ☎
🚗 🅿 🅱 E *VISA*. 🛠 rist
12 novembre-10 maggio e 8 luglio-15 settembre – Pas *(chiuso giovedì)* 38/43000 – ⊈ 22000
– **32 cam** 110/200000 – ½ P 100/180000.

🏠 **Europa,** ℰ 948660, Fax 948660, ⇐ Cervino – 📳 ☎ 🚗 🅿. 🆎 🅱 E *VISA*. 🛠
dicembre-10 maggio e luglio-settembre – Pas 25/35000 – ⊈ 10000 – **39 cam** 50/85000 –
½ P 80/105000.

🏠 **Au Planet,** ℰ 949426, Fax 948827, ⇐ Cervino – 📳 ☎ 🚗 🅿. 🛠
31 ottobre-1° maggio e luglio-15 settembre – Pas 35000 – ⊈ 20000 – **44 cam** 86000
appartamenti 70/134000 – ½ P 70/128000.

🏠 **Astoria,** ℰ 949062, ⇐ Cervino – 📳 ↯ rist ☎ 🚗. 🛠 rist
dicembre-aprile e 15 luglio-agosto – Pas carta 26/38000 (15%) – ⊈ 10000 – **27 cam** 50/80000
– ½ P 65/96000.

🏠 **Edelweiss,** ℰ 949078, ⇐ Cervino e Grandes Murailles – 📳 🐎 🅿. 🛠 rist
chiuso giugno ed ottobre – Pas 25/30000 – ⊈ 15000 – **35 cam** 50/80000.

🏠 **Breithorn,** ℰ 949042, ⇐ Cervino e Grandes Murailles – 📳 ↯ cam ☎ 🅿. 🆎 🅱 E *VISA*.
🛠 rist
dicembre-15 maggio e luglio-25 settembre – Pas 25/30000 – ⊈ 10000 – **24 cam** 40/75000 –
½ P 50/75000.

XX **Cime Bianche** ⑤ con cam, ℰ 949046, ⇐ Cervino e Grandes Murailles, « Ambiente
tipico » – ☎ 🚗 🅿. 🆎 ① *VISA*. 🛠
Pas carta 30/52000 – ⊈ 9000 – **15 cam** 49/85000 – ½ P 65/95000.

segue →

sulla strada statale 406 :

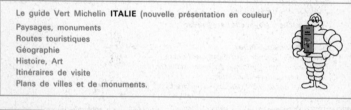

🏨 **Chalet Valdôtain,** SO : 1,4 km ⊠ 11021 ✆ 949428, Fax 948874, ≤ Cervino e Grandes Murailles, 🛏 – 🛎 ☎ 🚗 🅿. ⚠ 🕃 🗲 𝗩𝗜𝗦𝗔. 🎇 rist
dicembre-aprile e giugno-settembre – Pas carta 33/49000 – **35 cam** � 75/130000 – ½ P 75/105000.

🏨 **Les Neiges d'Antan** 🌄, SO : 4 km ⊠ 11021 ✆ 948775, ≤ Cervino e Grandes Murailles – ☎ 🅿. 𝗩𝗜𝗦𝗔. 🎇 rist
6 dicembre-1° maggio e 3 luglio-4 settembre – Pas carta 40/65000 – � 10000 – **30 cam** 50/80000 – ½ P 70/80000.

🏨 **Lac Bleu,** SO : 1 km ⊠ 11021 ✆ 949103, ≤ monti e Cervino – 🅿. 🎇 rist
3 dicembre-aprile e luglio-25 settembre – Pas *(chiuso lunedì)* carta 25/38000 – � 7000 – **20 cam** 39/65000 – ½ P 53/62000.

BREZZO DI BEDERO 21010 Varese 👥👥👥 ⑦ – 813 ab. alt. 352 – ✪ 0332.
Roma 665 – Bellinzona 44 – ♦Lugano 27 – Luino 4 – ♦Milano 86 – Novara 84 – Varese 30.

verso Luino N : 3,5 km :

🏨 **Belvedere,** ⊠ 21010 ✆ 531347, ≤ lago e monti, 🌇 – 🎇
chiuso dal 21 dicembre al 7 marzo – Pas *(chiuso martedì)* 25000 – � 7500 – **11 cam** 38000. – ½ P 51000.

BRIAN Venezia – Vedere Caorle.

Le guide Vert Michelin **ITALIE** (nouvelle présentation en couleur)

Paysages, monuments
Routes touristiques
Géographie
Histoire, Art
Itinéraires de visite
Plans de villes et de monuments.

BRINDISI 72100 👤 👥👥👥 ⊛ – 92 611 ab. – a.s. 15 luglio-settembre – ✪ 0831.
Vedere Colonna romana★ (termine della via Appia).
✈ di Casale per ① : 6 km ✆ 413231 – Alitalia, corso Garibaldi 53 ✆ 529091.
🚂 ✆ 21975.
🛈 piazza Dionisi ✆ 21944 – via Rubini 19 ✆ 21091.
A.C.I. via Buozzi ✆ 83053.
Roma 563 ④ – ♦Bari 113 ④ – ♦Napoli 375 ④ – ♦Taranto 72 ③.

Pianta pagina a lato

🏨 **Majestic,** corso Umberto I n° 151 ✆ 222941, Telex 813378, Fax 24071 – 🛎 🌫 🗐 📺 ☎ 🅿 – 🕍 70 a 80. ⚠ 🕃 ⓞ 🗲 𝗩𝗜𝗦𝗔. 🎇   Z **a**
Pas *(chiuso venerdì)* 25/28000 – **68 cam** � 89/137000 – ½ P 93/112000.

🏨 **Mediterraneo,** viale Aldo Moro 70 ✆ 82811, Telex 813291, Fax 87858 – 🛎 🗐 📺 ☎ 🚗 – 🕍 60. ⚠ 🕃 ⓞ 𝗩𝗜𝗦𝗔. 🎇 rist   X **h**
Pas carta 27/38000 – � 9000 – **65 cam** 77/117000 – ½ P 86/104000.

🏨 **La Rosetta e Rist. Le Privè,** via San Dionisio 2 ✆ 23423, Fax 563110 – 🛎 🌫 cam 🗐 📺 ☎ 🚗. ⚠ 🕃 ⓞ 🗲 𝗩𝗜𝗦𝗔. 🎇 rist   Y **g**
Pas carta 27/42000 (15%) – � 10000 – **40 cam** 70/99000 appartamento 200000 – ½ P 90/100000.

🏨 **L'Approdo** senza rist, via del Mare 50 ✆ 529667, ≤ – 🛎 🌫 📺 ☎ 🚗. ⚠ 🕃 ⓞ 🗲 𝗩𝗜𝗦𝗔 � 5000 – **23 cam** 60/85000.   Z **c**

XXX **La Lanterna,** via Tarantini 14 ✆ 224026, « Servizio estivo in giardino » – 🗐. ⚠ 🕃 ⓞ 🗲 𝗩𝗜𝗦𝗔. 🎇   Y **d**
chiuso domenica ed agosto – Pas carta 40/50000.

X **Penny,** piazza Dionisi 5/6 ✆ 563013 – 🗐. ⚠ 🕃 ⓞ 🗲 𝗩𝗜𝗦𝗔. 🎇   Y **n**
chiuso domenica sera, lunedì, dal 22 dicembre al 3 gennaio e dal 15 agosto al 2 settembre – Pas carta 39/61000 (15%).

X **Antica Trattoria della Nassa,** via Colonne 49/51 ✆ 26005   Y **i**
chiuso lunedì.

X **Il Cantinone,** via De Leo 4 ✆ 222122, « Ambiente caratteristico » – 🕃 𝗩𝗜𝗦𝗔   Y **e**
✦ *chiuso martedì e dal 15 al 28 agosto* – Pas carta 18/25000.

BRINDISI

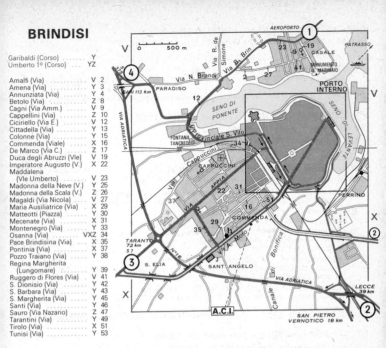

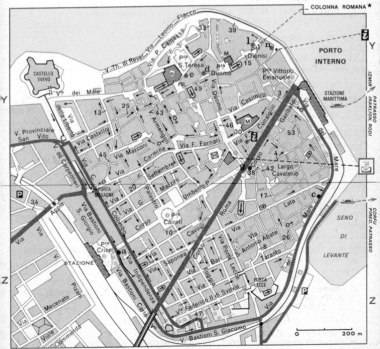

BRIONA 28072 Novara 🔲🔢 ⑯ – 1 166 ab. alt. 216 – ✆ 0321.

Roma 636 – ◆Milano 63 – Novara 17 – Vercelli 32.

a Proh SE : 5 km – ✉ 28072 Briona :

✗ **Trattoria del Ponte,** ☎ 826282 – 🔲 🅿. ✖
chiuso lunedì sera, martedì e dal 29 luglio al 14 agosto – Pas carta 22/36000.

BRIONE 🔲🔢 ㉔, 🔲🔢 ⑫ – Vedere Cantone Ticino (Locarno) alla fine dell'elenco alfabetico.

BRIOSCO 20040 Milano 🔲🔢 ⑲ – 5 032 ab. alt. 271 – ✆ 0362.

Roma 611 – Como 21 – Lecco 23 – ◆Milano 33.

✗✗ **La Rizulin,** ☎ 95014, ✖ – 🅿. 🅰🅴. ✖
chiuso domenica sera, lunedì ed agosto – Pas carta 27/40000.

BRISIGHELLA 48013 Ravenna 🔲🔢 ⑮ – 7 898 ab. alt. 115 – a.s. 15 luglio-settembre – ✆ 0546.

Roma 355 – ◆Bologna 62 – Faenza 13 – ◆Ferrara 110 – ◆Firenze 90 – Forlì 27 – ◆Milano 278 – ◆Ravenna 44.

🏨 **Terme** ✖, ☎ 81144, ≼, « Giardino ombreggiato », ♨ – 🗐 ☎ 🅿. 🅰🅴. ✖
maggio-15 ottobre – Pas carta 24/35000 – 🍽 5000 – **56 cam** 45/65000 – ½ P 37/43000.

🏨 **La Meridiana** ✖, ☎ 81590, ✖ – 🗐 ☎ ⑤ ♿ 🅿 – 🔼 150
stagionale – **56 cam.**

🏨 **Valverde** ✖, ☎ 81388, « Giardino ombreggiato » – 🗐 ☎ 🅿. ✖
◆ *5 aprile-novembre* – Pas *(chiuso sino al 5 maggio)* carta 20/30000 – 🍽 4000 – **40 cam**
40/60000 – ½ P 41/51000.

✗✗ **Gigiolè** con cam, ☎ 81209, prenotare – 🗐 ☎. ✖ rist
chiuso febbraio e dal 10 al 25 luglio – Pas *(chiuso lunedì)* carta 32/45000 (18%) – 🍽 6000 –
17 cam 38/49000 – ½ P 35000.

✗✗ **La Grotta,** ☎ 81829, prenotare – 🔲. 🅰🅴 ⑤ ⓞ 🆅🆂🅰. ✖
chiuso martedì, gennaio e dal 1° al 15 giugno – Pas 21/30000.

BRISSAGO 🔲🔢 ㉔ 🔲🔢 ⑦ – Vedere Cantone Ticino alla fine dell'elenco alfabetico.

BRIVIO 22050 Como 🔲🔢 ⑳ – 3 816 ab. alt. 207 – ✆ 039.

Roma 608 – ◆Bergamo 21 – Como 34 – Lecco 15 – ◆Milano 38.

✗ **Bella Venezia,** ☎ 5320007, « Servizio estivo in riva all'Adda » – 🅿
chiuso lunedì sera e martedì – Pas carta 36/60000.

BRIXEN = Bressanone.

BRONI 27043 Pavia 🔲🔢 ⑮ – 10 301 ab. alt. 88 – ✆ 0385.

Roma 548 – Alessandria 62 – ◆Milano 58 – Pavia 20 – Piacenza 37.

sulla strada statale 10 NE : 2 km :

✗✗ **Liros** con cam, ✉ 27043 ☎ 51007 – 🅿. 🅰🅴 ⑤ ⓞ 🄴 🆅🆂🅰
chiuso dal 1° al 15 gennaio – Pas *(chiuso lunedì)* carta 28/42000 – 🍽 5000 – **19 cam**
38/48000.

BRUNATE 22034 Como 🔲🔢 ⑨ – 1 700 ab. alt. 716 – ✆ 031.

Roma 631 – ◆Bergamo 62 – Como 6 km o 7 mn di funicolare – ◆Milano 54.

✗✗ **Moro,** a San Maurizio N : 2 km ☎ 221003, ✿, Coperti limitati; prenotare – ⑤ 🆅🆂🅰
chiuso mercoledì – Pas carta 34/54000.

BRUNECK = Brunico.

BRUNICO (BRUNECK) 39031 Bolzano 🔲🔢 ⑤ – 12 274 ab. alt. 835 – a.s. febbraio, Pasqua,
15 luglio-15 settembre e Natale – Sport invernali : a Plan de Corones : 835/2 275 m ≼7 ≼23, ✚ –
✆ 0474.

🛈 via Europa ☎ 85722, Telex 400350, Fax 84544.

Roma 715 – ◆Bolzano 77 – Brennero 68 – Cortina d'Ampezzo 59 – Dobbiaco 28 – ◆Milano 369 – Trento 137.

🏨 **Andreas Hofer,** via Campo Tures 1 ☎ 85469, ✖ – 🗐 ☎ ⟷ 🅿. ⑤ 🄴 🆅🆂🅰. ✖ rist
◆ *chiuso dal 12 al 26 maggio e dal 24 novembre al 16 dicembre* – Pas *(chiuso sabato)*
carta 20/31000 – 🍽 6000 – **54 cam** 40/70000 – ½ P 50/60000.

🏨 **Bologna** senza rist, via Leonardo da Vinci 1 ☎ 85917, Fax 84288 – 🗐 ☎ ⟷ 🅿. 🅰🅴 ⑤ ⓞ
🄴 🆅🆂🅰
chiuso dal 20 maggio al 10 giugno e dal 25 ottobre al 20 novembre – **25 cam** 🍽 38/72000.

a San Giorgio (St. Georgen) N : 2 km – alt. 823 – ✉ 39031 :

🏨 **Gissbach** ✖, ☎ 21273, 🔲 – 🗐 ☎ ⟷ 🅿. ✖ rist
◆ *chiuso novembre* – Pas 15/20000 – **21 cam** 🍽 46/81000 – ½ P 43/65000.

a Riscone (Reischach) SE : 3 km – alt. 960 – ⊠ 39031 :

🏨 **Royal Hotel Hinterhuber** ⊗, 🖉 21221, Telex 400650, Fax 20848, ≤ monti e pinete, 🔄 riscaldata, 🔲, 🐎, ⚒ – 🛗 ⇄ rist 🗐 rist 🗺 🕭 ᕼ ⇌ 🅿. 🆎 🗗 🗉 🗝 🕬 rist
20 dicembre-21 aprile e giugno-14 ottobre – Pas carta 25/38000 – **56 cam** ⇌ 80/160000 appartamenti 120/260000 – ½ P 60/100000.

🏨 **Rudolf**, 🖉 21223, ≤, 🔲 – 🛗 🗺 🕿 ⇌ 🅿. 🆎 🗗 🗐 🗉 🕬 rist
Pas *(chiuso novembre)* carta 24/45000 – **37 cam** ⇌ 80/110000 – ½ P 61/101000.

🏨 **Petrus** ⊗, 🖉 84263, Fax 84267, ≤, 🐎 – 🛗 🕿 ⇌ 🅿. 🗗 🗉 🗝 🕬 rist
7 dicembre-13 aprile e 25 maggio-17 ottobre – Pas carta 18/30000 – **28 cam** ⇌ 51/102000 –
½ P 52/72000.

🏨 **Majestic** ⊗, 🖉 84887, ≤, 🔄 riscaldata, 🐎 – 🛗 🗐 rist 🕿 🅿. 🕬 rist
23 dicembre-22 aprile e giugno-18 ottobre – Pas *(chiuso lunedì)* carta 25/40000 – **33 cam**
⇌ 38/65000 – ½ P 39/60000.

BRUSSON 11022 Aosta 🮂🮂🮂 ② , 🮂🮂🮂 ④ – 927 ab. alt. 1 331 – a.s. Pasqua, 15 giugno-15 settembre
e Natale – ✆ 0125.
🛈 piazza Municipio 1 🖉 300240.
Roma 726 – Aosta 52 – Ivrea 51 – ♦Milano 164 – ♦Torino 93.

🏨 **Moderno**, località Fontaine 🖉 300118 – 🛗 ☎ 🅿. 🕬
dicembre-25 aprile e 8 giugno-15 settembre – Pas *(chiuso lunedì)* 25/30000 – ⇌ 5000 –
24 cam 45/65000 – P 60000.

🏨 **Laghetto**, località Diga 🖉 300179, ≤ – 🅿. 🕬
↪ Pas *(chiuso mercoledì)* 18000 – ⇌ 6000 – **17 cam** 25/46000 – P 46/52000.

BUBBIO 14051 Asti – 975 ab. alt. 224 – ✆ 0144.
Roma 589 – Alessandria 52 – Asti 38 – ♦Genova 89 – ♦Milano 142 – Savona 76.

🍴 **Teresio**, 🖉 8128 – 🕬
↪ *chiuso mercoledì e dal 26 settembre al 15 ottobre* – Pas carta 16/35000.

BUDOIA 33070 Pordenone – 1 988 ab. alt. 140 – a.s. febbraio, 1-15 agosto e Natale – ✆ 0434.
Roma 595 – Belluno 64 – ♦Milano 334 – Pordenone 16 – Treviso 55 – ♦Trieste 128 – Udine 66 – ♦Venezia 84.

🍴 **Da Renè**, con cam, 🖉 654017, 🏠, 🐎 – 🗐 rist 🗺 🅿
6 cam.

BUDONI Nuoro – Vedere Sardegna alla fine dell'elenco alfabetico.

BUDRIO 40054 Bologna 🮂🮂🮂 ⑮ – 13 744 ab. alt. 25 – ✆ 051.
Roma 401 – ♦Bologna 19 – ♦Ferrara 46 – ♦Ravenna 66.

🏨 **Sport Hotel** senza rist, via Massarenti 10 🖉 803515 – 🛗 ☎ 🅿. 🆎 🗗. 🕬
chiuso dal 5 al 15 agosto e dal 24 dicembre al 1° gennaio – ⇌ 2000 – **31 cam** 45/55000.

🍴 **Giardino**, via Gramsci 20 🖉 801128, 🐎 – 🅿.

🍴 **Elle 70**, via Garibaldi 10 🖉 801678, Coperti limitati; prenotare
chiuso domenica, dal 1° al 5 gennaio ed agosto – Pas carta 33/48000.

BUDRIO Reggio nell'Emilia – Vedere Correggio.

BURANO Venezia – Vedere Venezia.

BURAGO DI MOLGORA 20040 Milano 🮂🮂🮂 ⑲ – 4 152 ab. alt. 182 – ✆ 039.
Roma 591 – ♦Bergamo 37 – Lecco 33 – ♦Milano 23 – Monza 9.

🏨 **Brianteo**, 🖉 682118 (prenderà il 6082118), Telex 352650, Fax 6082118, 🏠 – 🛗 🗺 🕿 🅿 –
🚌 70. 🆎 🗗 🗐 🗉 🗝 🕬
chiuso dal 23 dicembre al 3 gennaio e dal 1° al 24 agosto – Pas *(chiuso domenica)*
carta 28/52000 – ⇌ 8000 – **50 cam** 85/120000 appartamenti 170000 – ½ P 70/120000.

BURGSTALL = Postal.

BURGUSIO (BURGEIS) Bolzano 🮂🮂🮂 ⑧ – Vedere Malles Venosta.

BUSCATE 20010 Milano 🮂🮂🮂 ⑰ – 4 352 ab. alt. 177 – ✆ 0331.
Roma 611 – Gallarate 15 – ♦Milano 37 – Novara 21.

🍴🍴 **Scià on Martin** con cam, 🖉 800558, 🏠 , prenotare – 🕿 🅿. 🆎 🗗 🗉 🗝 🕬
chiuso Natale – Pas *(chiuso sabato a mezzogiorno e domenica)* carta 36/56000 – **13 cam**
⇌ 90/120000 – ½ P 95/105000.

BUSSANA 18032 Imperia 🅘🅑🅢 ⑳ – 🐖 0184.

Roma 633 – ◆Genova 134 – Imperia 17 – ◆Milano 257 – Ventimiglia 23.

XX **Ai Torchi,** via al Mare 𝄞 52104, Coperti limitati; prenotare – 🗐 🅿 VISA
chiuso mercoledì da giugno a settembre, anche martedì negli altri mesi; in agosto chiuso
solo a mezzogiorno escluso i week-end – Pas carta 35/75000.

BUSSETO 43011 Parma 🅘🅑🅢 ⑭ – 7 114 ab. alt. 39 – 🐖 0524.

Roma 490 – ◆Bologna 128 – Cremona 25 – Fidenza 15 – ◆Milano 93 – ◆Parma 40 – Piacenza 31.

🏨 **I Due Foscari,** piazza Carlo Rossi 15 𝄞 92337, « Servizio rist. estivo in terrazza », 🐎 – 🗐
🕾 🅿 🕼 🗐 VISA 🛠
Pas (chiuso lunedì, gennaio ed agosto) carta 37/60000 – 🖵 10000 – **18 cam** 50/80000 –
½ P 85000.

XX **Ugo,** via Mozart 3 𝄞 92307, Fax 92956 – 🗐. 🕮 ⓪. 🛠
chiuso lunedì, martedì e gennaio – Pas carta 27/40000.

XX **Ritiro,** via Consolatico Superiore 43 (SO : 1,5 km) 𝄞 91398, « In un convento del 17° secolo »
– 🅿.

BUSSOLENGO 37012 Verona 🅘🅑🅢 ④ – 14 192 ab. alt. 127 – 🐖 045.

Roma 504 – Garda 20 – Mantova 43 – ◆Milano 150 – Trento 87 – ◆Venezia 128 – ◆Verona 12.

🏛 **Agnello d'Oro,** via Mazzini 13 𝄞 7150154 – 🛗 🗐 rist 🅿 VISA
◆ chiuso dal 15 giugno al 6 luglio – Pas (chiuso domenica sera e lunedì) carta 20/30000 – 🖵
5000 – **25 cam** 36/65000 – ½ P 47/57000.

sulla strada statale 11 S : 3 km :

🏨 **Crocioni Hotel Rizzi** senza rist, ✉ 37012 𝄞 7151193, Telex 481435, Fax 7156986 – 🛗 📺
🕾 🕭 🕳 🅿 – 🕮 50 a 200. 🕮 VISA
chiuso dal 22 dicembre al 10 gennaio – 🖵 9000 – **58 cam** 55/80000.

BUSSOLINO GASSINESE Torino – Vedere Gassino Torinese.

BUSTO ARSIZIO 21052 Varese 🅘🅑🅢 ③, 🅑🅘🅖 ⑰ ⑱ – 78 015 ab. alt. 224 – 🐖 0331.

Roma 611 – Como 40 – ◆Milano 35 – Novara 30 – Stresa 51 – Varese 27.

🏨 **Astoria e Rist. Da Moreno,** viale Duca d'Aosta 14 𝄞 636422, Fax 679610 – 🛗 🗐 rist 🕾
🕭 🕳 – 🕮 200. 🕮 VISA 🛠
Pas (chiuso sabato ed agosto) carta 35/55000 (15%) – 🖵 8000 – **47 cam** 59/78000 – P 130000.

Vedere anche : *Olgiate Olona* NE : 3 km.

BUTTRIO 33042 Udine – 3 657 ab. alt. 79 – 🐖 0432.

Roma 641 – Gorizia 26 – ◆Milano 381 – ◆Trieste 57 – Udine 11.

XX **Locanda alle Officine** con cam, strada statale SE : 1 km 𝄞 674047 – ⤡ 🗐 🕾 🅿. 🕮 🕳
⓪ 🕮 VISA. 🛠
Pas (chiuso lunedì) carta 28/45000 – 🖵 6000 – **8 cam** 32/49000, 🗐 5000 – ½ P 52000.

X **Trattoria al Parco,** 𝄞 674025, 🍽, 🐎 – 🅿
chiuso martedì sera, mercoledì e dal 25 luglio al 25 agosto – Pas carta 21/37000.

CADEMARIO 🅑🅘🅖 ⑧ – Vedere Cantone Ticino alla fine dell'elenco alfabetico.

CADERZONE 38080 Trento – 534 ab. alt. 723 – a.s. febbraio-Pasqua e Natale – 🐖 0465.

Roma 625 – ◆Bolzano 107 – ◆Brescia 99 – ◆Milano 190 – Trento 55.

X **Al Ponte,** 𝄞 84294.

CAERANO DI SAN MARCO 31031 Treviso – 6 458 ab. alt. 123 – 🐖 0423.

Roma 548 – Belluno 59 – ◆Milano 253 – ◆Padova 47 – Trento 109 – Treviso 26 – ◆Venezia 56 – Vicenza 48.

🏨 **Europa** senza rist, 𝄞 650341, Fax 650397 – 🛗 🗐 📺 🕾 🕭. 🕮 🕳 🕼 VISA. 🛠
🖵 6000 – **24 cam** 48/78000, 🗐 4500.

CAFRAGNA Parma – Vedere Collecchio.

CAGLIARI 🅿 🅘🅑🅢 ㉝ – Vedere Sardegna alla fine dell'elenco alfabetico.

CAINO 25070 Brescia – 1 386 ab. alt. 398 – 🐖 030.

Roma 549 – ◆Brescia 14 – ◆Milano 107.

sulla strada statale 237 E : 3 km :

XX **Il Miramonti,** ✉ 25070 𝄞 630023, 🐎 – 🅿
chiuso lunedì – Pas carta 40/61000 (10%).

CALAFURIA Livorno – Vedere Livorno.

CALA GONONE Nuoro 988 ③ – Vedere Sardegna (Dorgali) alla fine dell'elenco alfabetico.

CALALZO DI CADORE 32042 Belluno – 2 410 ab. alt. 806 – a.s. 15 luglio-agosto e Natale – © 0435.
🚗 ℰ 32253.
🛈 bivio Stazione ℰ 32348, Fax 32349.
Roma 646 – Belluno 45 – Cortina d'Ampezzo 32 – ♦Milano 388 – ♦Venezia 135.

  🏠 **Ferrovia,** bivio Stazione ℰ 31541, Fax 33792 – 🛗 📺 🕿 🅿 – 🏛 60. 🅰🅴 𝘝𝘐𝘚𝘈. 🦌
  ➡ Pas *(chiuso domenica)* carta 20/35000 – 🍽 8000 – **39 cam** 70/89000 – P 75000.

  🏠 **Calalzo,** bivio Stazione ℰ 32248, Fax 33600 – 🛗 📺 🕿 🚗 🚗. 🗓 ⓞ 𝘝𝘐𝘚𝘈
  chiuso dal 21 settembre al 17 ottobre – Pas *(chiuso venerdì)* carta 22/33000 (10%) – 🍽 6000
  – **38 cam** 50/80000 – ½ P 40/60000.

CALAMANDRANA 14042 Asti – 1 449 ab. alt. 314 – © 0141.
Roma 599 – Alessandria 36 – Asti 35 – ♦Genova 98 – ♦Milano 130 – ♦Torino 95.

  ✕ **Il Torchio,** località San Vito E : 1,5 km ℰ 75621 – 🦌 🅿 – 🏛 80.

  ✕ **Violetta,** Valle San Giovanni N : 2,5 km ℰ 75151, prenotare – 🅿. 🦌
  chiuso mercoledì e gennaio – Pas 35/45000 bc.

CALASETTA Cagliari 988 ㉝ – Vedere Sardegna alla fine dell'elenco alfabetico.

CALAVINO 38072 Trento – 1 164 ab. alt. 409 – a.s. dicembre-aprile – © 0461.
Roma 605 – ♦Bolzano 77 – ♦Brescia 100 – Trento 17.

  ✕✕ **Da Cipriano,** ℰ 564720, 🍴 – 🦌
  chiuso a mezzogiorno, mercoledì e settembre – Pas carta 21/31000.

CALCERANICA AL LAGO 38050 Trento – 1 068 ab. alt. 463 – a.s. Natale – © 0461.
🛈 (giugno-settembre) ℰ 723301.
Roma 606 – Belluno 95 – ♦Bolzano 75 – ♦Milano 260 – Trento 18 – ♦Venezia 147.

  🏠 **La Piroga,** ℰ 723150, ≤, 🛥, 🌳 – 📺 🕿 🅿. 🦌
  ➡ *giugno-settembre* – Pas carta 20/29000 – 🍽 5000 – **17 cam** 25/39000 – ½ P 39/43000.

CALDARO SULLA STRADA DEL VINO (KALTERN AN DER WEINSTRASSE) 39052 Bolzano
988 ④, 218 ⑳ – 6 240 ab. alt. 426 – a.s. aprile e luglio-15 ottobre – © 0471.
🛈 piazza Principale 8 ℰ 963169.
Roma 635 – ♦Bolzano 15 – Merano 37 – ♦Milano 292 – Trento 53.

  🏠 Cavallino Bianco-Weisses Rössl, ℰ 963137 – 🛗 🕿 🅿
  stagionale – **20 cam.**

  🏠 **Stella d'Oro-Goldener Stern,** ℰ 963153, 🍴 – 🕿. 🅴 𝘝𝘐𝘚𝘈
  aprile-ottobre – Pas *(chiuso lunedì)* carta 25/41000 – **27 cam** 🍽 43/72000 – ½ P 48/53000.

  ✕✕ **Kaltererhof,** ℰ 962191
  chiuso domenica e dal 5 gennaio al 5 marzo – Pas carta 28/66000.

  a Pianizza di Sopra (Oberplanitzing) N : 3 km – ✉ 39052 Caldaro sulla Strada del Vino :

  🏠 **Tannhof** 🦌, ℰ 52377, ≤, « In un bosco e servizio rist. estivo in terrazza panoramica », 🏊,
  🌳 – 🅿. 🦌 rist
  3 marzo-novembre – Pas carta 23/35000 – **21 cam** 🍽 35/60000 – ½ P 28/40000.

  al lago S : 5 km :

  🏠 **Seeleiten,** ✉ 39052 ℰ 960200, Fax 960200, ≤, 🔲, 🛥, 🌳 – 🛗 🦌 🕿 🕭 🅿. 🅰🅴 🅴
  marzo-15 novembre – Pas carta 25/35000 – **35 cam** 🍽 78/125000 – ½ P 70/85000.

  🏠 **Seehof-Ambach** 🦌, ✉ 39052 ℰ 960098, ≤, « Prato-giardino », 🛥 – 🕿 🅿. 🦌 rist
  aprile-2 novembre – Pas carta 30/40000 – **27 cam** 🍽 80/150000 – ½ P 75/92000.

  🏠 **Seegarten,** ✉ 39052 ℰ 960260, ≤, « Servizio rist. estivo in terrazza », 🛥 – 🕿 🅿
  aprile-ottobre – Pas *(chiuso mercoledì)* carta 21/33000 – **22 cam** 🍽 42/84000.

  🏠 **Seeberg** 🦌 senza rist, ✉ 39052 ℰ 960038, ≤, 🔲, 🌳 – 🕿 🅿
  aprile-ottobre – **16 cam** 🍽 33/66000.

CALDERARA DI RENO 40012 Bologna – 9 799 ab. alt. 30 – © 051.
Roma 382 – ♦Bologna 13 – ♦Firenze 108 – ♦Milano 213 – ♦Venezia 165.

  a Lippo SO : 3 km – ✉ 40012 Calderara di Reno :

  🏠 Brianza, via Don Minzoni 16 ℰ 726333 e rist. ℰ 725343, Fax 725278 – 🔳 📺 🕿 🅿 – 🏛 50
  52 cam.

CALDIERO 37042 Verona – 4 789 ab. alt. 44 – © 045.
Roma 517 – ♦Milano 174 – ♦Padova 66 – ♦Venezia 99 – ♦Verona 15 – Vicenza 36.

  ✕ **Da Renato,** strada statale 11 (NO : 1,5 km) ℰ 982572 – 🔳 🅿 🅰🅴 ⓞ 𝘝𝘐𝘚𝘈
  chiuso lunedì sera, martedì, luglio ed agosto – Pas carta 34/47000.

CALDIROLA 15050 Alessandria 988 ⑬ – alt. 1 180 – Sport invernali : 1 180/1 137 m ≤1 –
☎ 0131.

Roma 577 – Alessandria 62 – ♦Genova 92 – ♦Milano 110 – Piacenza 81.

  XX **La Gioia,** ℰ 78912 – ☻ AE ⑤ E *VISA* ≫
     chiuso lunedì e novembre – Pas carta 30/51000.

CALDOGNO 36030 Vicenza – 8 871 ab. alt. 54 – ☎ 0444.

Roma 548 – ♦Padova 47 – Trento 86 – Vicenza 8.

  XX **Molin Vecio,** via Giaroni 56 ℰ 585168, « Ambiente caratteristico » – ≪⊗ ☻ AE ⑤ *VISA*
     chiuso lunedì sera e martedì – Pas carta 22/32000 (10%).

CALDONAZZO 38052 Trento – 2 365 ab. alt. 485 – a.s. Natale – ☎ 0461.

🛈 (giugno-settembre) ℰ 723192.

Roma 608 – Belluno 93 – ♦Bolzano 77 – ♦Milano 262 – Trento 20 – ♦Venezia 145.

  🏠 **Due Spade,** ℰ 723113, 🛶, 🎋 – �| ≫
  ← *maggio-settembre* – Pas *(chiuso lunedì)* 18/20000 – 🖵 6000 – **24 cam** 35/60000 –
     ½ P 45/48000.

CALENZANO 50041 Firenze – 15 004 ab. alt. 109 – ☎ 055.

Roma 290 – ♦Bologna 94 – ♦Firenze 13 – ♦Milano 288 – Prato 6.

          Pianta di Firenze : percorsi di attraversamento

  🏨🏨 **Delta Florence,** via Vittorio Emanuele 1/A ℰ 8876302, Telex 571626, Fax 8874606 – ⍾ ☰
     TV ☎ ☻ – 🔏 30 a 200. AE ⑩ *VISA* ≫   ET **a**
     Pas 30000 – 🖵 12000 – **238 cam** 100/150000 – ½ P 130000.

  🏨🏨 **First Hotel,** via Ciolli 5 ℰ 8876042, Telex 574036, Fax 8825755, 🛶, ※ – ⍾ ☰ TV ☎ ♿ ☻
     – 🔏 40 a 250. AE ⑤ ⑩ E *VISA* ≫ rist   ET **b**
     Pas *(chiuso venerdì)* carta 30/45000 – 🖵 15000 – **102 cam** 105/157000 appartamenti 210000.

  🏨 **Valmarina** senza rist, via Baldanese 146 ℰ 8825336, Fax 8825127 – ⍾ ☰ TV ☎ ♿ ☞ AE
     ⑤ E *VISA* ≫   ET **f**
     🖵 10000 – **34 cam** 77/110000.

  X **La Terrazza,** via del Castello 25 ℰ 8873302, ≼ – AE ⑩ *VISA*   ET **e**
     chiuso domenica, lunedì ed agosto – Pas carta 27/45000.

     a Carraia N : 4 km – ✉ 50041 Calenzano :

  X **Gli Alberi,** ℰ 8819912 – ☻ AE ⑤ ⑩ E *VISA*. ≫
     chiuso martedì e dal 15 al 28 gennaio – Pas carta 27/40000 (5%).

     a Croci di Calenzano N : 11 km – alt. 427 – ✉ 50041 Calenzano :

  XX **Carmagnini del 500,** a Pontenuovo S : 3 km ℰ 8819930 – ☻ – 🔏 40. AE ⑤ ⑩. ≫
     chiuso lunedì, dal 15 al 28 febbraio e dell'8 al 22 agosto – Pas carta 28/40000.

CALICE (KALCH) Bolzano – Vedere Vipiteno.

CALICE LIGURE 17020 Savona – 1 336 ab. alt. 70 – ☎ 019.

Roma 575 – Cuneo 102 – ♦Genova 76 – Imperia 56 – ♦Milano 199 – Savona 30.

  X **Viola** con cam, ℰ 65440, 🎋 – ☻ *VISA* ≫ rist
  ← *chiuso gennaio e febbraio* – Pas carta 19/35000 – 🖵 5000 – **20 cam** 45/55000 – ½ P 45/50000.

CALLIANO 14031 Asti – 1 411 ab. alt. 271 – a.s. dicembre-Pasqua – ☎ 0141.

Roma 628 – Alessandria 37 – Asti 16 – ♦Milano 103 – ♦Torino 69 – Vercelli 47.

  X Ciabôt del Grignölin, strada Chiesetta 9 (S : 1,5 km) ℰ 928195, 🎋 – ☻.

CALLIANO 38060 Trento – 954 ab. alt. 186 – ☎ 0464.

Roma 570 – ♦Milano 225 – Riva del Garda 31 – Rovereto 9 – Trento 15.

  🏠 **Aquila,** ℰ 84110, Fax 84566, « Giardino con 🛶 » – ⍾ ≪⊗ ☰ rist ☎ ☻. ≫
     Pas *(chiuso domenica)* carta 22/31000 – **47 cam** 🖵 61/98000 – ½ P 58000.

CALOLZIOCORTE 24032 Bergamo 988 ③, 219 ⑩ – 14 479 ab. alt. 237 – ☎ 0341.

Roma 616 – ♦Bergamo 26 – Como 36 – Lecco 7 – ♦Milano 47.

  X **Lavello,** S : 1 km ℰ 641088, ≼, « Servizio estivo in riva all'Adda » – ☻ AE ⑤ ⑩ E *VISA*.
     ≫
     chiuso martedì sera, mercoledì e dal 1° al 25 dicembre – Pas carta 27/45000.

  X **Italia da Ezio,** via Galli 46 ℰ 641019 – ☻ ⑤ E ≫
     chiuso lunedì ed agosto – Pas carta 24/55000.

134

CALOSSO 14052 Asti – 1 422 ab. alt. 399 – ☎ 0141.

Roma 636 – Alessandria 49 – Asti 24 – ♦Genova 112 – ♦Milano 142 – ♦Torino 84.

✗ **Da Elsa,** località San Bovo E : 1 km ☎ 853142 – ⇔ P. AE Ⓢ VISA
chiuso la sera da domenica a mercoledì – Pas 25/40000.

CALTAGIRONE Catania 988 ㊱㊲ – Vedere Sicilia alla fine dell'elenco alfabetico.

CALTANISSETTA P 988 ㊱ – Vedere Sicilia alla fine dell'elenco alfabetico.

CALTIGNAGA 28010 Novara 219 ⑰ – 2 188 ab. alt. 179 – ☎ 0321.

Roma 633 – ♦Milano 59 – Novara 8,5 – ♦Torino 99.

✗✗ **Cravero** con cam, strada statale ☎ 52696, 帀 – TV ☎ ⇔ P. AE Ⓢ E VISA. ✻ cam
chiuso dal 1° al 7 gennaio ed agosto – Pas *(chiuso lunedì sera e martedì)* carta 28/53000 – ☐ 6000 – **12 cam** 50/70000.

CALUSO 10014 Torino 988 ⑫ – 7 288 ab. alt. 303 – ☎ 011.

Roma 678 – Aosta 88 – ♦Milano 121 – Novara 75 – ♦Torino 34.

✗✗ **Gardenia,** corso Torino 9 ☎ 9832249, 帀, Coperti limitati; prenotare – ⇔ P. AE
chiuso giovedì e dal 15 luglio al 15 agosto – Pas carta 30/51000.

CALVISANO 25012 Brescia – 6 660 ab. alt. 63 – ☎ 030.

Roma 523 – ♦Brescia 27 – Cremona 44 – Mantova 55 – ♦Milano 117 – ♦Verona 66.

✗✗✗ ✿ **Al Gambero,** ☎ 968009, Coperti limitati; prenotare – ✻
chiuso mercoledì, la sera del 24 dicembre, dall'8 al 14 gennaio ed agosto – Pas carta 39/61000
Spec. Terrina di lumache alle erbe fini, Riso con zucca e gamberi, Sella d'agnello al forno. **Vini** Bianco e rosso di Franciacorta.

CALVIZZANO 80012 Napoli – 8 999 ab. alt. 134 – ☎ 081.

Roma 222 – Caserta 30 – ♦Napoli 11.

🏨 **Da Donato,** via Marano Qualiano 17 ☎ 5862170 – 𝄃 P. AE Ⓢ ⓓ VISA. ✻
Pas *(chiuso venerdì)* carta 40/80000 – ☐ 10000 – **22 cam** 45/90000.

CAMAIORE 55041 Lucca 988 ⑭ – 30 957 ab. alt. 47 – ☎ 0584.

Roma 376 – ♦Livorno 51 – Lucca 18 – ♦La Spezia 59.

✗✗ **Emilio e Bona,** località Lombrici N : 3 km ☎ 989289, 帀, « Vecchio frantoio in riva ad un torrente » – AE Ⓢ ⓓ E VISA. ✻
chiuso lunedì e gennaio – Pas carta 40/55000.

✗ **Il Centro Storico,** via Cesare Battisti 66 ☎ 989786, 帀 – AE Ⓢ E VISA. ✻
chiuso lunedì e dal 2 al 30 gennaio – Pas carta 21/42000 (10%).

a Capezzano Pianore O : 4 km – ✉ 55040 :

✗ **Il Campagnolo,** via Italica 332 ☎ 913675, 帀 – ✻
chiuso mercoledì e novembre – Pas carta 25/42000.

Vedere anche : ***Lido di Camaiore*** SO : 8 km.

CAMALDOLI 52010 Arezzo 988 ⑮ – alt. 816 – ☎ 0575.

Vedere Località★★ – Eremo★ N :2,5 km.

Roma 261 – Arezzo 46 – ♦Firenze 71 – Forlì 90 – ♦Perugia 123 – ♦Ravenna 113.

a Moggiona SO : 5 km strada per Poppi – alt. 708 – ✉ 52010 :

✗ **Il Cedro,** ☎ 556080
chiuso lunedì dal 16 settembre al 14 giugno – Pas carta 19/29000 (10%).

CAMANDONA 13050 Vercelli 219 ⑮ – 425 ab. alt. 792 – ☎ 015.

Roma 685 – Biella 17 – ♦Milano 111 – Novara 68 – Vercelli 60.

✗ **Renalda,** ☎ 748172 – Ⓢ VISA. ✻
chiuso domenica sera, lunedì e dal 15 gennaio al 15 febbraio – Pas carta 27/38000.

CAMERINO 62032 Macerata 988 ⑯ – 7 645 ab. alt. 671 – a.s. luglio-15 settembre – ☎ 0737.

🅸 piazza Cavour 9 ☎ 2534.

Roma 207 – ♦Ancona 93 – Ascoli Piceno 91 – Macerata 48 – ♦Perugia 87 – Terni 104.

🏨 I Duchi, via Varino Favorino 72 ☎ 3541 – 𝄃 ☎ – 🔬 60
49 cam.

CAMIGLIATELLO SILANO 87052 Cosenza 🖫🖫🖫 ⑳ – alt. 1 272 – Sport invernali : 1 272/1 790 m
≾1 ≴2, ⚁ – ❸ 0984.

Escursioni Massiccio della Sila★★ Sud.

Roma 553 – Catanzaro 128 – ◆Cosenza 31 – Rossano 83.

🏛 **Sila,** ℰ 578484, Fax 578286 – 🕸 📺 ☎ ᴄ 🚗 – 🅿 🝙 🕅 ⑳ 𝗩𝗜𝗦𝗔 ⊗
      Pas carta 29/40000 – **32 cam** 🝙 65/110000 – ½ P 60/80000.

🏛 **Aquila-Edelweiss,** ℰ 578044 – 🕸 🕾 🅿 🕅 ⑪ 𝗘 𝗩𝗜𝗦𝗔 ⊗
      Pas carta 34/50000 (10%) – 🝙 7000 – **40 cam** 73/100000 – P 80/110000.

🏛 **Cristallo,** ℰ 578013 – 🕸 🕾 🝙 🕅 ⑪ 𝗩𝗜𝗦𝗔 ⊗
      Pas (solo per clienti alloggiati) – 🝙 7000 – **47 cam** 60/93000 – ½ P 45/75000.

🏛 **Tasso,** ℰ 578113, Fax 578114 – 🕸 🕾 🚗 🅿
      20 dicembre-Pasqua e 20 giugno-20 settembre – Pas 22/30000 – 🝙 8000 – **82 cam** 52/72000
      – ½ P 45/65000.

🏠 **Lo Sciatore,** ℰ 578105 – 🕸 ☎ ⊗
      Pas carta 22/31000 – 🝙 6000 – **31 cam** 80000 – ½ P 75000.

🏠 **Leonetti,** ℰ 578075 – ⊗
      Pas (chiuso lunedì) carta 24/38000 – 🝙 5000 – **40 cam** 40/70000 – ½ P 55/60000.

🏠 **Cozza,** ℰ 578034 – 🕸 🕾 ⊗
      Pas 22000 – 🝙 5000 – **38 cam** 65/95000 – ½ P 50/65000.

      verso il lago di Cecita NE : 8 km :

✕ **La Tavernetta,** ✉ 87052 Camigliatello Silano – 🅿 𝗩𝗜𝗦𝗔
      chiuso mercoledì e dal 15 al 30 novembre – Pas carta 25/40000.

CAMIN Padova – Vedere Padova.

CAMINO 15020 Alessandria – 903 ab. alt. 252 – ❸ 0142.

Roma 633 – Alessandria 54 – Asti 40 – ◆Milano 94 – ◆Torino 64 – Vercelli 25.

✕ **Del Peso,** ℰ 669122 – 🅿.

CAMNAGO VOLTA Como – Vedere Como.

CAMOGLI 16032 Genova 🖫🖫🖫 ⑳ – 6 438 ab. – a.s. Pasqua, 15 giugno-settembre e Natale –
❸ 0185.

Vedere Località★★.

Dintorni Penisola di Portofino★★★ – San Fruttuoso★★ SE : 30 mn di motobarca.

🖪 via 20 Settembre 33/r ℰ 770235.

Roma 486 – ◆Genova 26 – ◆Milano 162 – Portofino 15 – Rapallo 11 – ◆La Spezia 88.

🏨 **Cenobio dei Dogi** 📎, via Cuneo 34 ℰ 770041, Telex 281116, Fax 772796, ≤, « Parco e
      terrazze sul mare », ⽟, 🐴⊚, ⊗ – 🕸 🍽 rist 📺 ☎ 🅿 – 🔏 200. 🝙 🕅 𝗘 𝗩𝗜𝗦𝗔 ⊗ rist
      chiuso dal 7 gennaio al 28 febbraio – Pas carta 67/85000 – **88 cam** 🝙 160/336000 –
      ½ P 200/230000.

🏠 **Casmona,** salita Pinetto 13 ℰ 770015, ≤ – 🕾. 🕅 ⑪ 𝗘 𝗩𝗜𝗦𝗔 ⊗ rist
      Pas (chiuso martedì in bassa stagione) carta 25/61000 – 🝙 5000 – **34 cam** 35/65000 –
      ½ P 60/65000.

🏠 **Riviera** senza rist, via Cuneo 5 ℰ 771420 – 🕾. 🕅 ⑪ 𝗘 𝗩𝗜𝗦𝗔
      chiuso dal 6 gennaio al 23 marzo e dal 24 ottobre al 21 dicembre – 🝙 5000 – **27 cam**
      35/65000.

✕✕ **Rosa,** largo Casabona 11 ℰ 771088, ≤ porticciolo e golfo Paradiso, 🎇 – 🝙
      chiuso martedì, dal 15 al 28 febbraio e dal 6 novembre al 6 dicembre – Pas carta 45/80000.

✕✕ **Terrazza Bellini,** via 20 Settembre 62 ℰ 770737, Coperti limitati; prenotare, « Servizio
      estivo sotto un pergolato » – 🝙
      chiuso lunedì, dal 1° al 15 febbraio e dal 1° al 15 novembre – Pas carta 41/70000.

✕✕ **Vento Ariel,** calata Porto ℰ 771080, Solo piatti di pesce, Coperti limitati; prenotare – 🝙
      🕅 ⑪ 𝗘 𝗩𝗜𝗦𝗔
      chiuso mercoledì e febbraio – Pas carta 40/75000.

✕ **Il Gattonero,** piazzetta Colombo ℰ 770242, 🎇, Solo piatti di pesce, Coperti limitati;
      prenotare – 🝙 🕅 ⑪ 𝗘 𝗩𝗜𝗦𝗔
      chiuso martedì e dal 7 gennaio al 7 febbraio – Pas carta 40/60000.

✕ **Tony,** salita San Fortunato 9 ℰ 770110, Solo piatti di pesce – 🝙 🕅 𝗘 𝗩𝗜𝗦𝗔
      chiuso mercoledì e dal 4 al 30 novembre – Pas carta 36/52000.

      a Ruta E : 4 km – alt. 265 – ✉ 16030.

Vedere Portofino Vetta★★ S :2 km (strada a pedaggio) – Trittico★ nella chiesa di San
Lorenzo a San Lorenzo della Costa E : 1 km.

✕ **Bana,** località Bana N : 1,5 km ℰ 772478, ≤, 🎇, prenotare – 🅿 ⊗
      chiuso lunedì – Pas carta 29/45000.

a San Rocco S : 6 km – alt. 221 – ✉ **16030** San Rocco di Camogli.
Vedere Belvedere★★ dalla terrazza della chiesa.

XX **Rocca 82,** ℰ 772813, ≤ golfo, 🌇 – 🗏 🖭 🕄 ⑩ 𝘝𝘐𝘚𝘈. ᭎
chiuso martedì e dal 5 novembre al 5 dicembre – Pas carta 26/42000.

Vedere anche : *San Fruttuoso* SE : 30 mn di motobarca.

CAMPAGNANO DI ROMA 00063 Roma – 5 993 ab. alt. 270 – 🕐 06.
Roma 33 – Bracciano 28 – Terni 82 – Viterbo 50.

X **Da Righetto,** ℰ 9041036, « Rist. tipico » – 🖭 🕄 🖭 𝘝𝘐𝘚𝘈. ᭎
chiuso martedì escluso i giorni festivi – Pas carta 21/30000 (12%).

CAMPEGINE 42040 Reggio nell'Emilia – 3 995 ab. alt. 34 – 🕐 0522.
Roma 442 – Mantova 59 – ♦Parma 18 – Reggio nell'Emilia 16.

in prossimità strada statale 9 - via Emilia SO : 3,5 km :

XX ❀ **Trattoria Lago di Gruma,** ✉ 42040 ℰ 679336, 🌇, prenotare – 🅿. 🖭 🕄 ⑩ 🄴 𝘝𝘐𝘚𝘈. ᭎
chiuso martedì, gennaio e dal 6 al 25 luglio – Pas carta 40/57000
Spec. Fegatini e grana all'aceto balsamico, Crespelle di ortiche con fonduta (aprile-novembre), Petto d'anitra
con frutta di stagione all'aceto balsamico. Vini Sauvignon.

CAMPELLO SUL CLITUNNO 06042 Perugia – 2 320 ab. alt. 290 – 🕐 0743.
Vedere Fonti del Clitunno★ N : 1 km – Tempietto di Clitunno★ N : 3 km.
Roma 141 – Foligno 16 – ♦Perugia 53 – Spoleto 11 – Terni 42.

🏠 **Benedetti,** in prossimità via Flaminia O : 1 km ℰ 520675 – 🗏 🖭 ☎ 🅿. 🕄. ᭎
Pas *(chiuso martedì e dal 15 al 31 luglio)* carta 23/33000 – ⊇ 7000 – **15 cam** 40/58000 –
½ P 60000.

X **Le Casaline** 🌿 con cam, verso Silvignano E : 4 km ✉ 06049 Spoleto ℰ 521113, 🌇, 🌳
– 🕹 🅿. 🖭 🕄 ⑩ 🄴 𝘝𝘐𝘚𝘈
Pas *(chiuso lunedì)* carta 24/36000 – ⊇ 6000 – **7 cam** 38/55000 – ½ P 55000.

CAMPESE Grosseto – Vedere Giglio (Isola del) : Giglio Porto.

CAMPIGLIA 19023 La Spezia – alt. 382 – 🕐 0187.
Roma 427 – ♦Genova 111 – ♦Milano 229 – Portovenere 15 – ♦La Spezia 9.

X **La Luna,** ℰ 758051, prenotare – 🕄 🄴 𝘝𝘐𝘚𝘈. ᭎
chiuso martedì e dal 15 gennaio al 5 marzo – Pas carta 31/44000.

X **La Lampara,** ℰ 758035, ≤, prenotare
chiuso lunedì, dal 2 gennaio al 1° marzo e dal 25 settembre al 25 ottobre – Pas carta 33/43000.

CAMPIGLIO Modena – Vedere Vignola.

CAMPIONE D'ITALIA 22060 (e CH 6911) Como 🚗🚗🚗 ③, 🚗🚗🚗 ⑧ – 2 155 ab. alt. 280 – 🕐 091 di
Lugano, dall'Italia 00.41.91.
Roma 648 – Como 27 – ♦Lugano 10 – ♦Milano 72 – Varese 30.

I prezzi sono indicati in franchi svizzeri

XX **Taverna,** ℰ 687201, 🌇 – 🖭 ⑩ 🄴 𝘝𝘐𝘚𝘈
chiuso mercoledì, giovedì a mezzogiorno e Natale – Pas carta 53/90 (15%).

CAMPITELLO DI FASSA 38031 Trento – 707 ab. alt. 1 442 – a.s. febbraio-Pasqua e Natale –
Sport invernali : 1 442/2 389 m (passo Sella) ⚡1, ⚘ – 🕐 0462 – 🖀 ℰ 61137.
Roma 684 – ♦Bolzano 48 – Cortina d'Ampezzo 61 – ♦Milano 342 – Moena 13 – Trento 102.

🏠 **Gran Paradis,** ℰ 67333, ≤ Catinaccio e pinete, 🔲, 🌳 – 🛗 🖭 ☎ 🅿. 🖭 🕄 🄴 𝘝𝘐𝘚𝘈. ᭎
↓ 18 dicembre-18 aprile e 10 giugno-15 ottobre – Pas *(chiuso lunedì)* 15/24000 – ⊇ 10000 –
39 cam 40/80000 – ½ P 54/70000.

🏠 **Salvan,** ℰ 61427, ≤ Dolomiti, 🔲, 🌳 – 🛗 ☎ 🅿. 🖭 🕄 🄴 𝘝𝘐𝘚𝘈. ᭎
20 dicembre-aprile e 20 giugno-settembre – Pas 24/26000 – ⊇ 6000 – **26 cam** 65/120000 –
½ P 55/90000.

🏠 **Alaska,** ℰ 61430, ≤ Dolomiti e pinete, 🔲 – ☎ 🅿. ᭎
20 dicembre-aprile e luglio-25 settembre – Pas 18/29000 – ⊇ 8000 – **30 cam** 60/110000 –
½ P 57/85000.

🏠 **Crepes de Sela,** ℰ 61538, ≤ Dolomiti – ☎ 🅿. ᭎
15 dicembre-aprile e giugno-15 ottobre – Pas 17/25000 – **16 cam** ⊇ 50/100000 –
½ P 49/52000.

🏠 **Villa Kofler,** ℰ 61244, ≤ Dolomiti – 🅿. ᭎
20 dicembre-aprile e 20 giugno-settembre – Pas 20/25000 – ⊇ 11000 – **22 cam** 35/60000 –
½ P 46/52000.

CAMPITELLO MATESE Campobasso 988 ㉗ – alt. 1 429 – ⊠ 86027 San Massimo – Spor
invernali : 1 429/1 845 m ≤2 ≤3, ⚡ – ✆ 0874.

Roma 216 – Benevento 76 – Campobasso 43 – Caserta 114 – Isernia 39.

🏨 **Kristall**, ℰ 784127, ≤ – 🛗 📺 ☎ 🅿. 🚐. 🛠 rist
Pas carta 24/31000 – **36 cam** ⌑ 70000 – ½ P 55/75000.

CAMPO Trento – Vedere Lomaso.

CAMPO ALL'AIA Livorno – Vedere Elba (Isola d') : Marciana Marina.

CAMPOBASSO 86100 🅿 988 ㉗ – 51 119 ab. alt. 700 – ✆ 0874.
🅱 piazza della Vittoria 14 ℰ 95662.
A.C.I. via Cavour 8/12 ℰ 92941.

Roma 226 – Benevento 63 – ♦Foggia 88 – Isernia 49 – ♦Napoli 131 – ♦Pescara 161.

🏨 **Roxy,** piazza Savoia 7 ℰ 91741 – 🛗 🔲 📺 ☎ 🅿 – 🚑 220. 🗚 🛠 🅾 VISA. 🛠 rist
Pas carta 26/37000 – ⌑ 6000 – **70 cam** 55/80000 appartamenti 80/100000 – ½ P 65/75000.

🏨 **Skanderbeg,** via Novelli ℰ 93341 – 🛗 📺 🅿 – 🚑 200. 🗚 🛠 🅾 E VISA. 🛠
→ Pas *(chiuso dal 21 al 30 dicembre e dal 1° al 7 gennaio)* carta 20/32000 – ⌑ 4000 – **68 cam**
45/65000 – ½ P 50/55000.

🏨 **Kappa,** via Sant'Antonio dei Lazzari 21 ℰ 67441 – 🛗 📺 ☎ 🅿 – 🚑 300
41 cam.

🏠 **Eden,** contrada Colle delle Api N : 3 km ℰ 698441 – ☎ 🅫 🅿
60 cam.

✗ **Il Potestà,** vico Persichillo 1 ℰ 311101 – 🗚 🛠 🅾 E VISA. 🛠
chiuso domenica – Pas carta 35/50000.

a Ferrazzano SE : 4 km – alt. 872 – ⊠ 86010 :

✗ **Da Emilio,** ℰ 978376 – ≤⇒. 🛠
chiuso martedì e luglio – Pas carta 23/32000.

CAMPO CARLO MAGNO Trento 988 ④, 218 ⑱⑲ – Vedere Madonna di Campiglio.

CAMPOCATINO Frosinone – Vedere Guarcino.

CAMPO DI GIOVE 67030 L'Aquila 988 ㉗ – 940 ab. alt. 1 064 – Sport invernali : 1 064/2 400 m
≤1 ≤4 – ✆ 0864.

Roma 172 – L'Aquila 85 – ♦Pescara 91 – Sulmona 18.

🏠 **Abruzzo,** ℰ 40105, ≤ – 🅿. 🗚. 🛠
→ Pas 15/30000 – ⌑ 3000 – **22 cam** 30/55000 – ½ P 45/50000.

CAMPO DI TRENS (FREIENFELD) 39040 Bolzano – 2 323 ab. alt. 993 – ✆ 0472.

Roma 703 – ♦Bolzano 62 – Brennero 19 – Bressanone 25 – Merano 94 – ♦Milano 356.

🏨 **Bircher,** località Maria Trens O : 0,5 km ℰ 67122, ≼, 🔲 – 🛗 ☎ 🅿. 🗚 VISA. 🛠
chiuso dall'8 gennaio al 9 febbraio – Pas *(chiuso martedì)* carta 25/37000 – **32 cam**
⌑ 32/60000 – ½ P 44/48000.

CAMPO FISCALINO (FISCHLEINBODEN) Bolzano – Vedere Sesto.

CAMPOGALLIANO 41011 Modena 988 ⑭ – 6 552 ab. alt. 43 – ✆ 059.

Roma 412 – ♦Milano 168 – ♦Modena 11 – ♦Parma 54 – ♦Verona 94.

✗ **Trattoria del Cacciatore,** località Saliceto Buzzalino ℰ 526227, ≼ – 🅿. 🛠
chiuso lunedì – Pas carta 28/44000.

CAMPOLONGO (Passo di) Belluno – alt. 1 875 – a.s. 15 febbraio-15 aprile, 15 luglio-agosto e
Natale – Sport invernali : 1 875/2 478 m ≤6, ⚡.

Roma 711 – Belluno 78 – ♦Bolzano 70 – Cortina d'Ampezzo 41 – ♦Milano 367 – Trento 131.

🏨 **Boé,** ⊠ 32020 Arabba ℰ (0436) 79144, Fax (0436) 79275, ≤ Dolomiti – 🛗 ☎ 🅫 ⇐ 🅿. 🗚
🛠 🅾 E. 🛠
dicembre-aprile e giugno-settembre – Pas *(chiuso martedì)* carta 23/34000 – ⌑ 15000 –
34 cam 60/100000 – ½ P 40/100000.

CAMPORA SAN GIOVANNI 87030 Cosenza 988 ㉟ – ✆ 0982.

Roma 522 – Catanzaro 59 – ♦Cosenza 56 – ♦Reggio di Calabria 152.

🏨 **Comfortable,** N : 2,5 km ℰ 46048, ⊿ – 🛗 ≤⇒ 🅫 🅿. 🗚 🛠 🅾 E VISA. 🛠
→ chiuso novembre – Pas *(chiuso lunedì da ottobre a maggio)* 20/38000 – ⌑ 4000 – **38 cam**
35/60000 – ½ P 40/50000.

CAMPOROSSO MARE 18030 Imperia 195 ㉙, 84 ⑳ – ☎ 0184.
oma 655 – ♦Genova 156 – Imperia 42 – ♦Milano 278 – San Remo 15.

✕✕✕ ❀ **Gino,** ✆ 291493, Coperti limitati; prenotare – 🅿. AE ⓢ ⓞ E VISA
chiuso lunedì sera, martedì, dal 10 al 21 dicembre e dal 18 giugno al 13 luglio – Pas carta 42/61000 (15%)
Spec. Insalata di crostacei, Trenette al pesto, Zuppetta di pesce, Branzino al profumo di basilico. **Vini** Vermentino, Rossese.

CAMPOSANTO 41031 Modena – 2 945 ab. alt. 20 – ☎ 0535.
oma 409 – ♦Bologna 40 – ♦Ferrara 45 – Mantova 73 – ♦Modena 27.

🏨 **Gran Paradiso,** località Cadecoppi E : 4,5 km ✆ 87391, 🌳 – ▤ 📺 ☎ 🚗 🅿. ⓢ VISA. ✗
➜ Pas (solo per clienti alloggiati, *chiuso a mezzogiorno e domenica*) 18/25000 – ☕ 9000 – **30 cam** 45/70000.

CAMPOTOSTO 67013 L'Aquila – 995 ab. alt. 1 442 – ☎ 0862.
oma 162 – L'Aquila 47 – ♦Pescara 111 – Rieti 92 – Teramo 63.

✕ **Valle** 🐦 con cam, ✆ 900119, ≤ lago e Gran Sasso – ✗ cam
maggio-settembre – Pas *(chiuso lunedì)* carta 28/39000 – ☕ 5000 – **9 cam** 60000 – ½ P 50000.

CAMPOTTO Ferrara – Vedere Argenta.

CAMPO TURES (SAND IN TAUFERS) 39032 Bolzano 988 ⑤ – 4 411 ab. alt. 874 – a.s. aprile, 15 luglio-15 settembre e Natale – Sport invernali : a Monte Spico : 874/2 360 m ⛷6, ⛷ – ☎ 0474.
oma 730 – ♦Bolzano 92 – Brennero 83 – Dobbiaco 43 – ♦Milano 391 – Trento 152.

🏨 **Feldmüllerhof** 🐦, ✆ 68127, Fax 68935, 🏊, 🏊, 🌳 – 🛗 ☎ 🅿. ✗ rist
15 dicembre-20 aprile e 15 maggio-20 ottobre – Pas *(chiuso lunedì)* carta 26/35000 – **30 cam** ☕ 45/80000 – ½ P 65/75000.

🏨 **Spanglerhof,** ✆ 68144, 🏊 – ☎ 🅿. ✗ rist
➜ *dicembre-Pasqua e giugno-ottobre* – Pas *(chiuso mercoledì)* carta 16/28000 – **19 cam** ☕ 46/88000 – ½ P 50/65000.

✕ **Peralba-Plankensteiner** con cam, ✆ 68029 – E
chiuso novembre – Pas *(chiuso domenica)* carta 23/33000 – ☕ 7000 – **10 cam** 22/40000 – ½ P 38/44000.

a Molini di Tures (Mühlen) S : 2 km – ✉ 39032 Campo Tures :

🏨 **Monte Spicco-Speikboden** 🐦, ✆ 68212, ≤, 🏊, 🌳 – ▤ rist ☎ 🅿. ⓞ E VISA. ✗
➜ *20 dicembre-16 aprile e 10 maggio-3 ottobre* – Pas *(chiuso lunedì)* 15/25000 – **21 cam** ☕ 45/80000 – ½ P 43/53000.

CAMUCIA 52042 Arezzo 988 ⑮ – alt. 265 – ☎ 0575.
oma 195 – Arezzo 28 – Cortona 5 – ♦Firenze 113 – ♦Perugia 49 – Siena 65.

🏨 **Nuovo Centrale** senza rist, ✆ 603378 – 🛗. AE ⓢ ⓞ E VISA
☕ 5000 – **22 cam** 33/45000.

CANAZEI 38032 Trento 988 ⑤ – 1 720 ab. alt. 1 465 – a.s. febbraio-Pasqua e Natale – Sport invernali : 1 465/2 850 m 🚡4 ⛷8, ⛷ – ☎ 0462.
Dintorni Passo di Sella*** : ✵*** N : 11,5 km – Passo del Pordoi*** NE : 12 km.
Escursioni ≤** dalla strada S 641 sulla Marmolada SE.
ℹ via Roma 34 ✆ 61113, Telex 400012.
Roma 687 – Belluno 85 – ♦Bolzano 51 – Cortina d'Ampezzo 58 – ♦Milano 345 – Trento 105.

🏨 **Croce Bianca,** ✆ 61111, ≤, 🌳 – 🛗 ☎ 🅿. AE ⓢ ⓞ E VISA. ✗ rist
15 dicembre-5 maggio e 20 giugno-15 ottobre – Pas *(chiuso martedì)* carta 28/41000 – ☕ 9500 – **41 cam** 70/118000 – ½ P 62/100000.

🏨 **Tyrol** 🐦, ✆ 61156, ≤ Dolomiti e pinete, « Giardino ombreggiato » – 🛗 ☎ 🅿. ⓢ E VISA.
➜ ✗
20 dicembre-20 aprile e 20 giugno-settembre – Pas 20/27000 – ☕ 9000 – **36 cam** 46/86000 – ½ P 63/78000.

🏨 **Faloria,** ✆ 61118, ≤, 🌳 – 🛗 ☎ 🅿. ⓢ E VISA. ✗ rist
dicembre-aprile e giugno-15 ottobre – Pas carta 21/32000 – ☕ 13000 – **35 cam** 48/92000 – ½ P 63/82000.

🏨 **Andreas,** ✆ 62106, ≤ – 🛗 ☎ 🅿. ⓢ E VISA. ✗
20 dicembre-6 aprile e luglio-settembre – Pas carta 26/53000 – ☕ 16000 – **30 cam** 64/99000 – ½ P 55/106000.

segue →

🏦 **La Perla,** 🖉 62453, ≤ – 🛗 🗹 ☎ 🅿. 🗲 🗉 **VISA**. 🛠 rist
chiuso maggio e novembre – Pas carta 24/35000 – 🖙 10000 – **22 cam** 48/85000 –
½ P 60/75000.

🏦 **Diana** 🆊, 🖉 61477, ≤ – 🛗 🕾 🅿. 🛠 rist
◆ *20 dicembre-20 aprile e luglio-20 settembre* – Pas 19/25000 – 🖙 15000 – **29 cam** 65/85000
– ½ P 54/85000.

🏠 **Chalet Pineta** 🆊, 🖉 61162, ≤ – 🕾 🖙 🅿. 🛠
◆ *20 dicembre-20 aprile e 20 giugno-20 settembre* – Pas 15/20000 – **20 cam** 🖙 35/65000 –
½ P 65000.

a Penia S : 3 km – ✉ **38030** Alba di Canazei :

🏠 **Dolomites Inn** 🆊, 🖉 62212, ≤ Dolomiti, 🗺, – ☎ 🅿. 🛠 rist
Pas *(20 dicembre-15 aprile e 20 giugno-20 settembre)* carta 32/48000 – 🖙 12000 – **16 cam**
45/72000 – ½ P 68/85000.

CANDELI Firenze – Vedere Firenze.

CANDELO **13062** Vercelli 🗓🗓🗓 ⑮ – 7 552 ab. alt. 340 – 🕓 015.
Roma 671 – Biella 5 – ◆Milano 97 – Novara 51 – ◆Torino 77 – Vercelli 37.

XX **Taverna del Ricetto,** 🖉 53066, « In un villaggio medioevale fortificato » – 🛠
chiuso lunedì, martedì a mezzogiorno e dal 15 luglio al 15 agosto – Pas carta 42/65000
(15%).

CANDIA CANAVESE **10010** Torino 🗓🗓🗓 ⑭ – 1 319 ab. alt. 286 – 🕓 011.
Roma 681 – Aosta 83 – Asti 69 – ◆Milano 117 – ◆Torino 36 – Vercelli 47.

XX Da Tonio, 🖉 9834656, Coperti limitati; prenotare.

CANELLI **14053** Asti 🗓🗓🗓 ⑫ – 10 464 ab. alt. 157 – 🕓 0141.
Roma 603 – Alessandria 41 – Asti 29 – ◆Genova 104 – ◆Milano 131 – ◆Torino 84.

🏠 **Asti** 🆊 senza rist, viale Risorgimento 44/b 🖉 834220 – 🛗 🕾 🅿. 🗚 🗉 ⓞ 🗲 **VISA**
🖙 8000 – **24 cam** 45/72000.

🏠 **Al Grappolo d'Oro,** viale Risorgimento 21 🖉 823812 – 🖙 cam 🍽 rist 🕾 🅿. 🛠
chiuso agosto – Pas *(chiuso lunedì)* carta 24/39000 – 🖙 6000 – **16 cam** 34/55000 –
½ P 38/40000.

XX **San Marco,** via Alba 136 🖉 833544 (prenderà il 823544) – 🗉 **VISA**. 🛠
chiuso martedì sera, mercoledì e dal 20 luglio al 10 agosto – Pas carta 28/45000.

CANICATTI Agrigento 🗓🗓🗓 ㊱ – Vedere Sicilia alla fine dell'elenco alfabetico.

CANINO **01011** Viterbo 🗓🗓🗓 ㉕ – 5 217 ab. alt. 229 – 🕓 0761.
Roma 133 – Civitavecchia 57 – Grosseto 92 – Viterbo 45.

X Il Giardino 🆊 con cam, località Roggi O : 4,5 km 🖉 438415, 🗺 – 🅿
8 cam.

CANNERO RIVIERA **28051** Novara 🗓🗓🗓 ②③, 🗓🗓🗓 ⑦ – 1 232 ab. alt. 225 – 🕓 0323.
Vedere Insieme★★.
Roma 687 – Locarno 25 – ◆Milano 110 – Novara 87 – Stresa 30 – ◆Torino 161.

🏦 **Cannero** 🆊, 🖉 788046, ≤, 🏊 riscaldata, 🛠 – 🛗 🖙 rist 🕾 🕹 🅿. 🗚 🗉 ⓞ 🗲 **VISA**. 🛠 rist
6 marzo-4 novembre – Pas carta 32/52000 (10%) – **36 cam** 🖙 56/100000 – ½ P 64/70000.

CANNETO SULL'OGLIO **46013** Mantova – 4 540 ab. alt. 35 – 🕓 0376.
Roma 493 – ◆Brescia 51 – Cremona 32 – Mantova 38 – ◆Milano 123 – ◆Parma 43.

X **Margot** con cam, 🖉 70129 – 🖙 cam ☎ 🅿. 🛠
chiuso dal 1° al 20 agosto e dal 27 dicembre al 2 gennaio – Pas *(chiuso venerdì)*
carta 21/32000 – **7 cam** 🖙 38/60000 – ½ P 40000.

verso Carzaghetto NO : 3 km :

XXX ⊛⊛ **Dal Pescatore,** ✉ 46013 🖉 70304, Fax 723001, Coperti limitati; prenotare, « Servizio
estivo in giardino » – 🍽 🅿. 🗚 🗉 🗲 🛠
chiuso lunedì, martedì, dal 2 al 13 gennaio e dal 6 al 29 agosto – Pas carta 62/87000
Spec. Tortelli di zucca, Sella di agnello al Cabernet, Stracotto di cavallo. **Vini** Bianco e rosso di Franciacorta.

CANNIGIONE Sassari – Vedere Sardegna (Arzachena) alla fine dell'elenco alfabetico.

CANNIZZARO Catania – Vedere Sicilia alla fine dell'elenco alfabetico.

CANNOBIO 28052 Novara 988 ② ③, 219 ⑦ – 5 238 ab. alt. 224 – ✆ 0323.

Vedere Orrido di Sant'Anna★ O : 3 km.

Roma 694 – Locarno 18 – ◆Milano 117 – Novara 94 – ◆Torino 168.

🏛 **Pironi,** via Marconi 35 ℘ 70624, « In un antico palazzo » – 🛗 ☜ – 🏩 80
10 cam.

🏛 **Belvedere** ﻌ, O : 1 km ℘ 70159, 🏞, « Parco giardino con ⬛ riscaldata » – ❷. 📵 ⓞ E 𝘝𝘐𝘚𝘈. ✄
20 marzo-10 ottobre – **16 cam** solo ½ P 60/70000.

XX **Villa Maria,** via 27-28 Maggio ℘ 70160, « Servizio estivo in terrazza sul lago » – 📵 E 𝘝𝘐𝘚𝘈. ✄
chiuso martedì e dal 15 gennaio al 15 febbraio – Pas carta 28/40000.

XX **Scalo,** piazza Vittorio Emanuele ℘ 71480, 🏞 – 📵 ⓞ E 𝘝𝘐𝘚𝘈
chiuso lunedì e novembre – Pas carta 28/55000.

sulla strada statale 34 :

🏛 **Campagna,** N : 1 km ⊠ 28052 ℘ 71481, Fax 71879, ≤, ﻌ – 🛗 ☜ 🔥 ❷. 📵 E 𝘝𝘐𝘚𝘈
marzo-ottobre – Pas carta 30/40000 (15%) – � 10000 – **36 cam** 65/90000 – ½ P 65/70000.

XXX **Del Lago** con cam, località Carmine Inferiore S : 3 km ⊠ 28052 ℘ 70595, ≤, prenotare, « Terrazze-giardino in riva al lago », ﻌ – ▤ rist ☎ ❷. 📭 📵 ⓞ E 𝘝𝘐𝘚𝘈. ✄
chiuso dal 29 gennaio al 1° marzo e dal 20 novembre al 23 dicembre – Pas (chiuso martedì e mercoledì a mezzogiorno) carta 45/80000 – � 12000 – **10 cam** 35/60000.

X **Molinett,** S : 2 km ⊠ 28052 ℘ 70151, ≤, « Servizio estivo su terrazzino ombreggiato », ﻌ – ❷. ✄
chiuso mercoledì e dal 19 dicembre al 21 febbraio – Pas carta 27/43000.

X Cà Bianca, S : 5 km ⊠ 28052 ℘ 788038, ≤, 🏞, 🌳 – ❷.

CANONICA D'ADDA 24040 Bergamo 219 ⑳ – 3 486 ab. alt. 143 – ✆ 02.

Roma 602 – ◆Bergamo 20 – ◆Brescia 66 – Lecco 43 – ◆Milano 31 – Piacenza 73.

XX **Adda-da Manzotti,** ℘ 9094048 – 𝘝𝘐𝘚𝘈
chiuso martedì e dal 16 al 24 agosto – Pas carta 27/40000.

CANONICA LAMBRO Milano 219 ⑲ – alt. 231 – ⊠ **20050** Triuggio – ✆ 0362.

Roma 597 – ◆Bergamo 37 – Como 32 – Lecco 31 – ◆Milano 24 – Monza 9.

🏛 **Fossati** ﻌ senza rist, ℘ 970402, Fax 971396 – 🛗 📺 ☜ ☞ ❷ – 🏩 40. 📭 📵 ⓞ 𝘝𝘐𝘚𝘈
⊠ 10000 – **45 cam** 75/100000 appartamento 200000.

XX **Canonica-Fossati,** ℘ 970212, 🏞, « Caratteristica antica costruzione in un sito verdeggiante » – ❷. 📭
chiuso lunedì, dal 3 al 10 gennaio e dall' 8 al 22 agosto – Pas carta 36/50000 (15%).

X **La Zuccona,** N : 1 km ℘ 930786, prenotare – ❷
chiuso lunedì sera, martedì ed agosto – Pas carta 32/46000.

CANOVE DI ROANA 36010 Vicenza – alt. 1 001 – a.s. febbraio, luglio-agosto e Natale – ✆ 0424.

Roma 585 – Asiago 4 – ◆Milano 266 – Trento 63 – ◆Venezia 117 – Vicenza 51.

🏛 **Paradiso,** ℘ 692037 – 📺 ☎. ✄
◆ Pas (chiuso lunedì) carta 18/28000 – ⊠ 5000 – **21 cam** 50/70000 – ½ P 45/55000.

CANTELLO 21050 Varese 219 ⑧ – 3 904 ab. alt. 404 – ✆ 0332.

Roma 640 – Como 26 – ◆Lugano 29 – ◆Milano 59 – Varese 9.

XX **Madonnina** con cam, ℘ 417731, 🏞, 🌳 – ✄ rist 📺 ☎ ❷. 📭 ⓞ 𝘝𝘐𝘚𝘈
Pas (chiuso lunedì) carta 46/60000 – ⊠ 8000 – **12 cam** 80/100000 appartamento 200000 – ½ P 80000.

CANTÙ 22063 Como 988 ③, 219 ⑲ – 36 437 ab. alt. 369 – ✆ 031.

Roma 608 – ◆Bergamo 53 – Como 10 – Lecco 33 – ◆Milano 36.

🏛🏛 **Canturio** senza rist, via Vergani 28 ℘ 703035, Fax 720211 – 🛗 ▤ 📺 ☎ 🔥 ❷ – 🏩 35. 📭 📵 ⓞ E 𝘝𝘐𝘚𝘈. ✄
chiuso agosto e dal 24 al 31 dicembre – ⊠ 9000 – **28 cam** 70/100000.

🏛 **Sigma,** via Grandi 32 ℘ 700589 – 🛗 📺 ☎ ❷ – 🏩 50. 📭 ⓞ 𝘝𝘐𝘚𝘈. ✄ rist
Pas (chiuso domenica ed agosto) carta 32/51000 – ⊠ 7000 – **40 cam** 64/95000 – ½ P 78000.

XXX **Nuova Trattoria Fossano,** località Vighizzolo ℘ 730601 – ❷
chiuso martedì – Pas carta 22/37000.

XX **Le Querce,** località Mirabello ℘ 731336, 🏞, « Parco ombreggiato » – ▤ ❷. 📭
chiuso lunedì sera, martedì e dal 1° al 25 agosto – Pas carta 34/55000.

XX **Al Ponte,** via Vergani 25 ℘ 712561, 🏞 – 📭 ⓞ
chiuso lunedì ed agosto – Pas carta 35/45000.

CANZO 22035 Como 🏙️ ⑨ – 4 374 ab. alt. 387 – ✪ 031 – 🗓️ piazza della Chiesa 4 ✆ 682457.
Roma 620 – Bellagio 20 – ◆Bergamo 56 – Como 22 – Lecco 23 – ◆Milano 52.

🏨 **Croce di Malta** 🦢, ✆ 681228, Fax 684475, « Giardino ombreggiato » – 📶 ☎ 🅿 – 🔬 25 a 50. 🖭 🕃 🔁 𝖵𝖨𝖲𝖠
chiuso dal 10 al 31 gennaio – Pas *(chiuso venerdì)* carta 35/51000 – 🖵 8000 – **36 cam** 78/110000 – ½ P 80/110000.

🏨 **Volta,** via Volta 58 ✆ 681225 – 📶 📺 ☎ 🅿. 🖭 🕃 𝖵𝖨𝖲𝖠
Pas *(chiuso dal 1° al 15 ottobre)* carta 30/46000 – 🖵 10000 – **16 cam** 45/70000 – ½ P 65000.

✗ **Zuppiera,** ✆ 681431, 🐴 – 🅿. 🖭 🕃 ⓞ. 🛇
chiuso mercoledì – Pas carta 35/55000.

CAORLE 30021 Venezia 🏙️ ⑤ – 11 489 ab. – a.s. 15 giugno-agosto – ✪ 0421.
🗓️ piazza Giovanni XXIII n° 3 ✆ 81401.
Roma 587 – ◆Milano 326 – ◆Padova 96 – Treviso 63 – ◆Trieste 112 – Udine 81 – ◆Venezia 76.

🏨 **Airone,** via Pola 1 ✆ 81570, Fax 82074, ≤, « Giardino ombreggiato e 🏊 », 🐴, 🛇 – 📶 ▤ ☎ 🅿 – 🔬 60. ⓞ 𝖵𝖨𝖲𝖠. 🛇
26 maggio-22 settembre – Pas 33000 – **62 cam** 🖵 80/120000 – ½ P 91/116000.

🏨 **Metropol,** via Emilia 1 ✆ 82091, Fax 81416, 🏊 riscaldata, 🐴, 🛇 – 📶 ▤ rist 🌐 🅿. 🖭 🕃 🔁 𝖵𝖨𝖲𝖠
10 maggio-23 settembre – Pas 25/35000 – **44 cam** 🖵 50/90000 – ½ P 48/58000.

🏨 **Sara,** piazza Veneto 6 ✆ 81123, ≤, 🐴 – 📶 ▤ rist 🔥 🅿
stagionale – **42 cam**.

🏨➡ **Savoy,** riviera Marconi ✆ 81879, Fax 81879, ≤, 🏊, 🐴 – 📶 🌐 🔥 🅿. 🛇 rist
maggio-23 settembre – Pas 20/23000 – **44 cam** 🖵 70/100000 – ½ P 48/65000.

🏨➡ **Garden,** piazza Belvedere 2 ✆ 210036, Fax 81481, ≤, 🐴, 🐴, 🛇 – 📶 🔁 🔥 🅿 – 🔬 40. 🛇 rist
maggio-settembre – Pas 15/20000 – 🖵 5000 – **50 cam** 48/68000 – ½ P 40/55000.

🏨 **Stellamare,** via del Mare 8 ✆ 81203, Fax 83752, ≤, 🐴 – 📶 📺 🌐 🅿. 🖭 🕃 🔁 ⓞ 🔁 𝖵𝖨𝖲𝖠 🛇
15 aprile-15 ottobre – Pas carta 29/47000 – **30 cam** 🖵 48/80000 – ½ P 46/56000.

🏨 **Serena** senza rist, lungomare Trieste 39 ✆ 81133, Fax 81133, ≤, 🐴 – 📶 🌐 🅿. 🖭 🕃 🔁 𝖵𝖨𝖲𝖠
aprile-settembre – **36 cam** 🖵 40/80000.

🏨 **Panoramic,** lungomare Trieste 62 ✆ 81101, ≤, 🐴 – 📶 🌐 🚗 🅿. 🔁 𝖵𝖨𝖲𝖠. 🛇 rist
maggio-settembre – Pas *(chiuso a mezzogiorno)* carta 24/37000 – 🖵 12500 – **60 cam** 54/91000 – ½ P 56/75000.

✗✗ **Duilio** con cam, strada Nuova 19 ✆ 81087, 🍽️, prenotare – ▤ rist 📺 🌐 🅿 – 🔬 50. 🖭 🕃 ⓞ 🔁 𝖵𝖨𝖲𝖠 🛇
chiuso dal 1° al 20 gennaio – Pas *(chiuso lunedì dal 15 settembre al 30 maggio)* carta 24/37000 – 🖵 7000 – **29 cam** 50/88000 – ½ P 48/63000.

a Porto Santa Margherita SO : 6 km oppure 2 km e traghetto – ✉ 30021 Caorle.
🗓️ (maggio-settembre) corso Genova 21 ✆ 82230 :

🏨 **San Giorgio,** ✆ 260050, Fax 261077, ≤, 🏊, 🐴, 🐴, 🛇 – 📶 ☎ 🅿. 🖭 🕃 𝖵𝖨𝖲𝖠 🛇 rist
24 maggio-23 settembre – Pas *(solo per clienti alloggiati)* 24/28000 – 🖵 12000 – **100 cam** 80/100000, ▤ 10000 – ½ P 78/105000.

🏨 **Oliver,** ✆ 260002, ≤, « Piccola pineta », 🏊, 🐴 – 📶 ▤ rist 🌐 🔥 🅿. 🖭 🕃 ⓞ 🔁 𝖵𝖨𝖲𝖠 🛇
maggio-settembre – Pas carta 30/45000 – 🖵 10000 – **66 cam** 60/99000 – ½ P 47/75000.

a Brian O : 8 km – ✉ 30021 Caorle :

✗✗ **Brian,** ✆ 237444 – 🅿
chiuso mercoledì escluso da aprile ad ottobre – Pas carta 25/45000.

a Duna Verde SO : 10 km – ✉ 30021 Caorle :

🏨 **Playa Blanca** 🦢, ✆ 299282, ≤, 🏊, 🐴 – 📶 ☎ 🅿. 🛇
15 maggio-20 settembre – Pas 30000 – 🖵 8000 – **45 cam** 68/95000 – ½ P 50/80000.

a San Giorgio di Livenza NO : 12 km – ✉ 30020 :

✗✗ **Al Cacciatore,** ✆ 80331, 🍽️ – ▤ 🅿. 🕃 🛇
chiuso mercoledì – Pas carta 26/45000.

CAPALBIO 58011 Grosseto 🏙️ ㉘ – 4 086 ab. alt. 217 – a.s. Pasqua e 15 giugno-15 settembre
– ✪ 0564 – Roma 139 – Civitavecchia 63 – Grosseto 60 – Orbetello 25 – Viterbo 75.

🏨 **Valle del Buttero** 🦢, senza rist, località La Valle ✆ 896097, ≤ – 📺 ☎ 🅿. 🛇
chiuso febbraio – 🖵 5000 – **42 cam** 47/79000.

✗ **La Torre da Carla,** ✆ 896070 – 🖭 🕃 🔁 𝖵𝖨𝖲𝖠 🛇
chiuso febbraio e giovedì *(escluso agosto)* – Pas carta 31/52000 (15%).

✗ **Da Maria,** ✆ 896014 – ▤. 🛇
chiuso febbraio e martedì in bassa stagione – Pas carta 21/38000 (15%).

✗ **La Porta,** ✆ 896311 – 🖭 ⓞ 𝖵𝖨𝖲𝖠 🛇
chiuso martedì in bassa stagione – Pas carta 25/36000 (15%).

CAPANNETTE DI PEJ Piacenza – Vedere Pian dell'Armà.

CAPANNOLI 56033 Pisa – 4 910 ab. alt. 51 – ۞ 0587.
Roma 344 – ◆Firenze 61 – ◆Livorno 39 – Pisa 32 – Siena 95.

XX Lando e Lucia, via Volterrana 117 ℰ 609257.

CAPANNORI 55012 Lucca – 43 937 ab. alt. 16 – ۞ 0583.
Roma 344 – ◆Firenze 70 – ◆Livorno 52 – Lucca 6 – ◆Milano 280 – Pisa 28 – Pistoia 39.

XX **Forino,** via Carlo Piaggia 15 ℰ 935302 – **℗**. 🖭 ⓞ _VISA_
chiuso lunedì sera, martedì ed agosto – Pas carta 26/45000.

sulla strada statale 435 :

🏠 **Country,** NE : 8 km ⌧ 55010 Gragnano ℰ 974133, Fax 974344, 🍴, 🏊 – 🛏 🖭 🔟 ☎ ℗ –
🏩 70. 🖭 🕃 ⓞ 🅴 _VISA_. 🛳
Pas carta 28/45000 – ⊊ 10000 – **60 cam** 55/85000, 🖭 8000 – ½ P 55/65000.

XX **Al Covo,** NE : 9 km ⌧ 55010 Lappato ℰ 975853, 🍴 – ℗. 🖭 🕃 _VISA_
chiuso mercoledì sera, giovedì e dal 1° al 25 agosto – Pas carta 25/43000.

CAPEZZANO PIANORE Lucca – Vedere Camaiore.

CAPO BOI Cagliari ⑼⑻⑻ ⑭ – Vedere Sardegna (Villasimius) alla fine dell'elenco alfabetico.

CAPO CERASO Sassari – Vedere Sardegna (Olbia) alla fine dell'elenco alfabetico.

CAPO D'ORLANDO Messina ⑼⑻⑻ ㉟㊲㊳ – Vedere Sicilia alla fine dell'elenco alfabetico.

CAPO D'ORSO Sassari – Vedere Sardegna (Palau) alla fine dell'elenco alfabetico.

CAPO LA GALA Napoli – Vedere Vico Equense.

CAPOLAGO Varese ㉜⑼⑼ ⑦ ⑧ – Vedere Varese.

CAPOLIVERI Livorno – Vedere Elba (Isola d').

CAPO MISENO Napoli – Vedere Bacoli.

CAPO TAORMINA Messina – Vedere Sicilia (Taormina) alla fine dell'elenco alfabetico.

CAPO VATICANO Catanzaro – Vedere Tropea.

CAPRAIA (Isola di) Livorno ⑼⑻⑻ ⑭ – 287 ab. alt. da 0 a 447 (monte Castello) – a.s. 15 giugno-15
settembre – ۞ 0586.

Capraia – ⌧ 57032.
🚢 per Livorno giornaliero (2 h 30 mn); per l'Isola d'Elba-Portoferraio 15 giugno-
settembre lunedì, negli altri mesi mercoledì e giovedì (2 h) – Toremar-agenzia Della Rosa,
via Assunzione ℰ 905069.

🏠 **Il Saracino** ⑂, ℰ 905018, Fax 905062 – 🛏 🔟 🕿. _VISA_. 🛳
Pas 30/55000 – **29 cam** ⊊ 95/160000 – ½ P 100/140000.

CAPRESE MICHELANGELO 52033 Arezzo – 1 720 ab. alt. 653 – ۞ 0575.
Roma 260 – Arezzo 45 – ◆Firenze 123 – ◆Perugia 95 – Sansepolcro 26.

X **Buca di Michelangelo** ⑂ con cam, ℰ 793921, ≤ – 🛳
→ *chiuso dal 10 al 25 febbraio* – Pas *(chiuso mercoledì)* carta 16/24000 – ⊊ 4000 – **19 cam**
30/50000 – ½ P 30/38000.

ad Alpe Faggeto O : 6 km – alt. 1 177 – ⌧ 52033 Caprese Michelangelo :

X **Fonte della Galletta** ⑂ con cam, ℰ 793925, ≤ val Tiberina, 🍴 – 🕿 ℗. 🖭. 🛳
→ Pas *(chiuso mercoledì da ottobre a giugno)* carta 17/30000 – ⊊ 5000 – **18 cam** 30/40000 –
½ P 32/37000.

CAPRI (Isola di) ★★★ Napoli ⑼⑻⑻ ㉗ – 12 593 ab. alt. da 0 a 589 (monte Solaro) – a.s. Pasqua e
giugno-settembre – ۞ 081.
La limitazione d'accesso degli autoveicoli è regolata da norme legislative.
Vedere Marina Grande★ BY – Escursioni in battello : giro dell'isola★★★ BY, grotta Azzurra★★ BY
(partenza da Marina Grande).
🚢 per Napoli (1 h 15 mn) e Sorrento (45 mn), giornalieri – Caremar-agenzia Catuogno, Marina
Grande ℰ 8370700; per Napoli (1 h 15 mn) Sorrento (40 mn), giornalieri e Ischia giugno-settembre
escluso i giorni festivi (1 h 20 mn) – Navigazione Libera del Golfo, Marina Grande ℰ 8370819; per
Ischia aprile-ottobre giornaliero (1 h 15 mn) – Libera Navigazione Lauro, Marina Grande ℰ
8377577.
🚤 per Sorrento giornalieri (30 mn) – Alilauro, Marina Grande 2/4 ℰ 8376995; per Napoli giornalieri
(45 mn) – SNAV-agenzia Staiano, Marina Grande ℰ 8377577 – e Caremar-agenzia Catuogno,
Marina Grande ℰ 8370700.

CAPRI

ANACAPRI

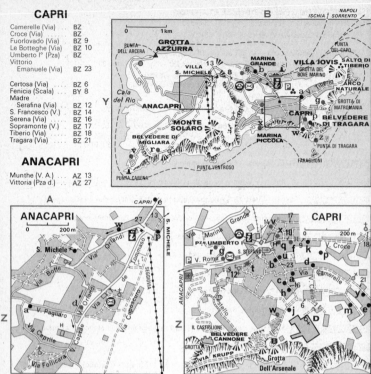

Anacapri ★★★ – 5 115 ab. alt. 275 – ✉ **80071**.

Vedere Monte Solaro★★★ BY : ⚶★★★ per seggiovia 15 mn – Villa San Michele★ BY : ⚶★★★ – Belvedere di Migliara★ BY 1 h AR a piedi – Pavimento in maiolica★ nella chiesa di San Michele AZ.

🛈 via Orlandi 19/a ℰ 8371524

🏨 **Europa Palace**, via Capodimonte 2 ℰ 8370955, Telex 710397, Fax 8370955, ≤, 🌸, « Terrazze fiorite con 🏊 » – 🛗 🗐 📺 ☎ – 🔬 400. 🖭 🕄 ⑩ 🖪 𝖵𝖨𝖲𝖠. ⟡   AZ **p**
aprile-ottobre – Pas carta 50/78000 – **100 cam** � 180/325000 appartamenti 500/570000 – ½ P 168/220000.

🏨 **Villa Patrizia**, senza rist, via Pagliaro 55 ℰ 8371014, « Giardino-frutteto » – ☎   AZ **a**
stagionale – **35 cam**.

🏨 **Bella Vista** ⑤, via Orlandi 10 ℰ 8371463, ≤, 🌸 – 🕾 🅿. 🖭 ⑩. ⟡   AZ **e**
aprile-ottobre – Pas (chiuso lunedì) carta 27/40000 – **15 cam** ⊆ 64/115000 – ½ P 68/79000.

🏨 **Biancamaria** senza rist, via Orlandi 54 ℰ 8371000 – 🕾. 🖭 🕄 ⑩ 🖪 𝖵𝖨𝖲𝖠. ⟡   AZ **w**
aprile-ottobre – **15 cam** ⊆ 60/95000.

🍴 **La Rondinella,** via Orlandi 245 ℰ 8371223, 🌸 – 🖭 🕄 🖪 𝖵𝖨𝖲𝖠   AZ **d**
chiuso febbraio e giovedì in bassa stagione – Pas carta 26/48000 (11%).

a Punta Carena SO : 4 km :

🍴 **Lido del Faro,** ℰ 8371798, ≤ mare e scogli, 🌸, 🏊, 🏖 – 🖭 🕄 𝖵𝖨𝖲𝖠   BY **v**
maggio-ottobre – Pas carta 33/51000.

a Migliara SO : 30 mn a piedi :

🍴 **Da Gelsomina,** ℰ 8371499, ≤ Ischia e golfo di Napoli, « Servizio estivo in terrazza panoramica »   BY **r**
chiuso martedì in bassa stagione – Pas carta 23/40000 (10%).

Capri ★★★ 🔢🔢🔢 ⚅ – 7 478 ab. alt. 142 – ⊠ **80073**.

Vedere Belvedere Cannone★★ BZ accesso per la via Madre Serafina★ BZ **12** – Belvedere di Tragara★★ BY – Villa Jovis★★ BY : ✳★★, salto di Tiberio★ – Giardini di Augusto ←★★ BZ **B** – Via Krupp★ BZ – Marina Piccola★ BY – Piazza Umberto I★ BZ – Via Le Botteghe★ BZ **10** – Arco Naturale★ BY.

🄱 piazza Umberto I n° 19 ☏ 8370686

🏨🏨🏨 **Gd H. Quisisana**, via Camerelle 2 ☏ 8370788, Telex 710520, Fax 8376080, ≤ mare e Certosa, 🍽, « Giardino con ⤴ », ✵ – 🛗 🗏 📺 ☎ – 🔬 25 a 400. 🖭 🕃 ⓞ Ⅳ 🎫 . ⊛
Pasqua-ottobre – Pas carta 65/115000 – **150 cam** ⊴ 280/490000 appartamenti 700/980000 – ½ P 300/340000.
BZ **a**

🏨🏨 **Scalinatella** 🈂 senza rist, via Tragara 8 ☏ 8370633, Telex 721204, Fax 8378291, ≤ mare e Certosa, ⤴ riscaldata – 🛗 🗏 ☎
15 marzo-5 novembre – **28 cam** ⊴ 220/420000.
BZ **e**

🏨🏨 **Luna** 🈂, viale Matteotti 3 ☏ 8370433, Telex 721247, Fax 8377459, ≤ mare, Faraglioni e Certosa, 🍴, « Terrazze e giardino con ⤴ » – 🛗 🗏 cam ☎. 🖭 🕃 ⓞ Ⅳ 🎫 . ⊛ rist
aprile-ottobre – Pas carta 45/60000 – ⊴ 20000 – **44 cam** 140/250000, 🗏 7500 – ½ P 140/190000.
BZ **j**

🏨🏨 **La Palma e Rist. Relais la Palma,** via Vittorio Emanuele 39 ☏ 8370133, Telex 722015, Fax 8376966, 🍴 – 🛗 🗏 📺 ☎ – 🔬 25 a 160. 🖭 🕃 ⓞ Ⅳ 🎫 . ⊛ rist
BZ **u**
Pas *(chiuso a mezzogiorno dal 15 giugno al 15 settembre)* carta 29/73000 – **80 cam** ⊴ 180/280000 – ½ P 125/180000.

🏨🏨 **La Pazziella** 🈂 senza rist, via Giuliani 4 ☏ 8370044, « Giardino fiorito » – 🗏 ☎. 🖭 🕃 ⓞ Ⅳ 🎫 . ⊛
BZ **p**
19 cam ⊴ 160/250000 appartamenti 280/350000.

🏨🏨 **Punta Tragara** 🈂, via Tragara 57 ☏ 8370844, Telex 710261, Fax 8377790, ≤ Faraglioni e costa, 🍴, « Terrazza panoramica con ⤴ riscaldata » – 🛗 🗏 📺 ☎. 🖭 🕃 ⓞ Ⅳ 🎫 . ⊛
22 marzo-22 ottobre – Pas carta 61/104000 – **33 appartamenti** ⊴ 325/530000.
BY **p**

🏨 **La Pineta** 🈂, via Tragara 6 ☏ 8370644, Telex 710011, Fax 8376445, ≤ mare e Certosa, « Terrazze fiorite in pineta », ⤴ – 🗏 📺 ☎. 🖭 🕃 ⓞ Ⅳ 🎫 . ⊛
BZ **y**
Pas snack – **52 cam** ⊴ 170/250000, 🗏 15000.

🏨 **Regina Cristina** 🈂, via Serena 20 ☏ 8370744, Telex 710531, 🍴, ⤴, 🍴 – 🛗 🗏 cam ☎ – 🔬 70. 🖭 🕃 ⓞ Ⅳ 🎫 . ⊛ rist
BZ **c**
Pas 40000 – **55 cam** ⊴ 115/200000, 🗏 15000 – ½ P 105/130000.

🏨 **Villa delle Sirene**, via Camerelle 51 ☏ 8370102, Fax 8370922, ≤, 🍴, « Giardino-limonaia con ⤴ » – 🛗 🗏 🈺. 🖭 🕃 ⓞ Ⅳ 🎫
BZ **d**
aprile-ottobre – Pas *(chiuso martedì)* carta 27/45000 – **35 cam** ⊴ 110/210000, 🗏 20000 – ½ P 120/160000.

🏨 **La Brunella** 🈂, via Tragara 24 ☏ 8370122, Telex 721451, Fax 8370430, ≤ mare e costa, 🍴, « Terrazze fiorite », ⤴ riscaldata – ☎. 🖭 🕃 ⓞ Ⅳ 🎫 . ⊛
BY **w**
19 marzo-5 novembre – Pas carta 29/52000 (12%) – **18 cam** ⊴ 90/170000 – ½ P 120000.

🏨 **Gatto Bianco**, via Vittorio Emanuele 32 ☏ 8370446, Fax 8378060, « Servizio rist. estivo sotto un pergolato » – 🛗 🗏 cam ☎. 🖭 🕃 ⓞ Ⅳ 🎫 . ⊛
BZ **b**
27 dicembre-6 gennaio e aprile-ottobre – Pas 35/45000 (10%) – **44 cam** ⊴ 90/160000, 🗏 15000 – ½ P 110/135000.

🏨 **Villa Sarah** 🈂 senza rist, via Tiberio 3/a ☏ 8377817, ≤, « Giardino ombreggiato » – 🈺. 🖭 . ⊛
BY **a**
Pasqua-ottobre – **18 cam** ⊴ 80/140000.

🏨 **Flora** 🈂 senza rist, via Serena 26 ☏ 8370211, Fax 8378949, ≤ mare e Certosa, « Terrazza fiorita » – 🗏 ☎. 🖭 🕃 ⓞ Ⅳ 🎫
BZ **h**
aprile-ottobre – **24 cam** ⊴ 144/280000.

🏨 **La Vega** 🈂 senza rist, via Occhio Marino 10 ☏ 8370481, ≤, « Terrazza panoramica con ⤴ » – 🈺. 🖭 🕃 ⓞ Ⅳ 🎫
BZ **m**
Pasqua-ottobre – **24 cam** ⊴ 100/170000.

🏨 **Florida** 🈂 senza rist, via Fuorlovado 34 ☏ 8370710, 🍴 – 🈺. 🖭 🕃 ⓞ Ⅳ 🎫
BZ **k**
⊴ 12000 – **19 cam** 54/90000.

🏴🏴🏴 **La Certosella**, via Tragara 15 ☏ 8370713, ≤, « Servizio estivo in terrazza con ⤴ riscaldata » – 🖭 🕃 ⓞ Ⅳ 🎫 . ⊛
BY **p**
28 marzo-ottobre; chiuso martedì (escluso luglio-settembre) – Pas carta 60/95000.

🏴🏴 ⌽ **La Capannina**, via Le Botteghe 14 ☏ 8370732, Fax 8370732, prenotare la sera – 🗏. 🖭 🕃 Ⅳ 🎫 . ⊛
BZ **q**
15 marzo-6 novembre; chiuso mercoledì (escluso agosto) – Pas carta 37/55000 (15%)
Spec. Ravioli alla caprese, Linguine al sugo di scorfano, Grigliata mista di pesce. **Vini** Capri.

🏴🏴 **La Pigna,** via Roma 30 ☏ 8370280, ≤ golfo di Napoli, « Servizio estivo in giardino-limonaia » – 🖭 🕃 ⓞ Ⅳ 🎫
BY **t**
Pasqua-ottobre; chiuso martedì (escluso luglio-settembre) – Pas carta 30/51000 (15%).

🏴🏴 **Casanova,** via Le Botteghe 46 ☏ 8377642 – ✵🈺. 🖭 🕃 ⓞ Ⅳ 🎫
BZ **f**
aprile-ottobre; chiuso giovedì (escluso luglio-settembre) – Pas carta 35/61000 (15%).

🏴🏴 **La Tavernetta**, via Lo Palazzo 23/a ☏ 8376864 – 🖭 🕃 Ⅳ 🎫
BZ **g**
chiuso lunedì e dal 15 gennaio al 15 febbraio – Pas carta 29/61000 (12%).

segue →

✗ **Al Grottino**, via Longano 27 ℰ 8370584 – 🔲. 🖭 𝘃𝘪𝘴𝘢   BZ **v**
chiuso martedì, dal 26 gennaio al 9 marzo e dall' 11 novembre al 28 dicembre – Pas
carta 22/35000 (15%).

✗ **La Sceriffa**, via Acquaviva 29 ℰ 8377953, ≼   BZ **n**
aprile-ottobre; chiuso martedì e dal 15 luglio al 15 settembre anche a mezzogiorno – Pas
carta 24/43000 (12%).

✗ **Geranio**, viale Matteotti 8 ℰ 8370616, 😤 – 🖭 𝘃𝘪𝘴𝘢. 🛠   BZ **w**
aprile-15 ottobre; chiuso giovedì – Pas carta 34/60000 (15%).

✗ **Da Gemma**, via Madre Serafina 6 ℰ 8370461, ≼ mare – 🖭 ① 🄴 𝘃𝘪𝘴𝘢   BZ **t**
chiuso lunedì e da novembre al 5 dicembre – Pas carta 24/43000 (15%).

✗ **Buca di Bacco-da Serafina**, via Longano 25 ℰ 8370723 – 🔲   BZ **x**

all'arco naturale E : 20 mn a piedi :

✗ **Le Grottelle**, ℰ 8370469, ≼ mare, 😤   BY **g**
stagionale.

ai Faraglioni SE : 30 mn a piedi oppure 10 mn di barca da Marina Piccola :

✗ **Da Luigi**, ℰ 8370591, « Servizio estivo all'aperto con ≼ Faraglioni e mare », 🐾 – 🖭
𝘃𝘪𝘴𝘢. 🛠   BY **z**
Pasqua-settembre; chiuso la sera – Pas carta 55/85000.

Marina Grande 80070.

🛈 banchina del Porto ℰ 8370634

🏨 **Palatium e Rist. La Camelia**, ℰ 8376144, Fax 8376150, ≼ golfo di Napoli, 😤, 🏊 – 🛗
🔲 📺 ☎ 🖭 🛗 ① 🄴 𝘃𝘪𝘴𝘢   BY **b**
Pasqua-15 ottobre – Pas carta 40/60000 – **42 cam** ⚏ 250/300000 appartamenti 360/400000 –
½ P 200/250000.

✗ **Da Paolino**, ℰ 8376102, 😤 – 🖭   BY **s**
marzo-novembre; chiuso mercoledì – Pas carta 37/63000.

Marina Piccola – ✉ 80073 Capri

✗✗✗ **Canzone del Mare**, ℰ 8370104, Fax 8370541, ≼ Faraglioni e mare, 😤, « Stabilimento
balneare con 🏊 » – 🖭 𝘃𝘪𝘴𝘢. 🛠   BY **x**
Pasqua-ottobre; chiuso la sera – Pas carta 62/96000.

CAPRIATE SAN GERVASIO 24042 Bergamo 𝟸𝟷𝟿 ⑳ – 6 727 ab. alt. 186 – 🕿 02.
Roma 601 – ✦Bergamo 17 – Lecco 38 – ✦Milano 35 – Treviglio 17.

🏨 **Cabina**, ℰ 9091100, Fax 90939911, 🌳 – 🛗 🔲 rist 📺 ☎ 🅿. 🖭 🛗 ① 🄴 𝘃𝘪𝘴𝘢. 🛠 rist
chiuso agosto – Pas *(chiuso martedì)* carta 29/52000 – ⚏ 5000 – **23 cam** 50/65000 –
½ P 60/80000.

✗✗✗ **Vigneto** 🦐 con cam, ℰ 90939351, ≼ Adda, « Servizio estivo all'aperto in riva al fiume »
🌳 – 🛗 🔲 ☎ 🅿 – 🔬 30. 🖭 🛗 🄴 𝘃𝘪𝘴𝘢
chiuso agosto – Pas *(chiuso martedì)* carta 50/65000 – ⚏ 11000 – **11 cam** 75/100000.

CAPRILE Belluno – Vedere Alleghe.

CARAMANICO TERME 65023 Pescara 𝟿𝟾𝟾 ㉗ – 2 271 ab. alt. 700 – Stazione termale
(15 marzo-novembre) – 🕿 085.
🛈 viale della Libertà 19 ℰ 9290348.
Roma 202 – L'Aquila 88 – Chieti 43 – ✦Pescara 54 – Sulmona 45.

🏨 **Petit Hotel Viola**, ℰ 9290250 (prenderà il 922292), ≼ – 𝘃𝘪𝘴𝘢. 🛠
➔ *15 aprile-novembre –* Pas *(chiuso venerdì)* 16/18000 – ⚏ 2500 – **28 cam** 37/72000 –
P 45/65000.

✗ **La Tana del Lupo**, frazione Scagnano 17/19 (NO : 4 km) ℰ 928196 – 🛠
➔ *chiuso martedì escluso luglio ed agosto –* Pas carta 17/29000.

CARANO 38033 Trento – 818 ab. alt. 1 086 – a.s. febbraio-Pasqua e Natale – 🕿 0462.
Roma 648 – ✦Bolzano 46 – Cortina d'Ampezzo 100 – Trento 60.

🏨 **Bagni e Miramonti**, ℰ 30220, ≼, 🌳 – 🛗 ☎ 🅿. 🛗 🄴 𝘃𝘪𝘴𝘢. 🛠
15 dicembre-15 aprile e 15 giugno-15 settembre – Pas carta 28/41000 – ⚏ 8000 – **32 cam**
66/88000 – ½ P 50/72000.

CARATE BRIANZA 20048 Milano 𝟸𝟷𝟿 ⑲ – 15 382 ab. alt. 252 – 🕿 0362.
Roma 598 – ✦Bergamo 38 – Como 26 – ✦Milano 30 – Monza 12.

🏨 Fossati, via Donizetti 14 ℰ 901384, « Giardino ombreggiato » – 📺 🖭 🅿 – 🔬 200
18 cam.

Vedere anche : *a Besana Brianza :* Calò.

CARATE URIO 22010 Como 219 ⑨ – 1 261 ab. alt. 204 – ✪ 031.
Roma 636 – Como 11 – ♦Lugano 43 – Menaggio 24 – ♦Milano 59.

※ **Giardino-Fioroni** con cam, ℰ 400141, ≤ lago, « Servizio estivo sotto un pergolato » – 📶
🅱 ⓞ 🖲 🖾
marzo-15 novembre – Pas *(chiuso mercoledì escluso dal 15 giugno al 15 settembre)*
carta 26/42000 (10%) – 🖵 6500 – **6 cam** 47/57000 – ½ P 55/60000.

CARAVAGGIO 24043 Bergamo – 13 764 ab. alt. 111 – ✪ 0363.
Roma 564 – ♦Bergamo 25 – ♦Brescia 55 – Crema 19 – Cremona 57 – ♦Milano 37 – Piacenza 57.

al Santuario SO : 1,5 km :

🏠 **Verri,** ⊠ 24040 Misano di Gera d'Adda ℰ 84622, Fax 340350 – 📶 📺 ☎ 🚗 🅿 – 🔥 200.
🖾 🅱 ⓞ 🖲 🖾
Pas *(chiuso mercoledì e dal 1° al 21 agosto)* carta 25/45000 – 🖵 5500 – **35 cam** 38/54000 –
½ P 52000.

※※ **Dè Firem Rostec,** ⊠ 24040 Misano di Gera d'Adda ℰ 84380 – 🅿. 🛠
chiuso dal 1° al 14 agosto, mercoledì e la sera escluso sabato e domenica – Pas
carta 22/50000.

CARBONARA DI BARI Bari – Vedere Bari.

CARBONERI Asti – Vedere Montiglio.

CARDADA 219 ⑦⑧, 218 ⑪ – Vedere Cantone Ticino (Locarno) alla fine dell'elenco alfabetico.

CARDANO AL CAMPO 21010 Varese 219 ⑰ – 11 460 ab. alt. 238 – ✪ 0331.
Roma 620 – Gallarate 3 – ♦Milano 43 – Novara 34 – Varese 21.

🏠 **Cardano** senza rist, superstrada della Malpensa ℰ 261011, Telex 328577, Fax 262163 – 📶
🚨 📺 ☎ 🕭 🚗 – 🔥 70. 🖾 🅱 ⓞ 🖲 🖾
🖵 15000 – **33 cam** 95/125000.

CARESANABLOT 13030 Vercelli 219 ⑯ – 685 ab. alt. 134 – ✪ 0161.
Roma 637 – ♦Milano 80 – Novara 27 – ♦Torino 76 – Vercelli 4.

※※ Osteria Cartamusica, via Vercelli 40 ℰ 33020 – 🖭.

CAREZZA AL LAGO (KARERSEE) Bolzano – alt. 1 609 – ⊠ 39056 Nova Levante – a.s. feb-
braio-Pasqua, luglio-settembre e Natale – Sport invernali : vedere Costalunga (Passo di) e Nova
Levante – ✪ 0471.
Vedere Lago★★★.
Roma 672 – ♦Bolzano 27 – Passo Costalunga 2 – ♦Milano 330 – Trento 91.

🏠 **Alpenrose** 🌲 ℰ 612139, ≤ – 🚨 ☎ 🚗 🅿. 🖾 🅱 🖲 🖾. 🛠 rist
🚹 *dicembre-aprile e giugno-ottobre* – Pas carta 18/27000 – **28 cam** 🖵 50/90000 –
½ P 50/70000.

🏠 **Similde-Simhild** 🌲, ℰ 612169, 🌳 – 🕊 rist ☎ 🅿. 🛠 rist
🚹 *26 dicembre-20 aprile e 20 giugno-10 ottobre* – Pas carta 19/34000 – **9 cam** 🖵 30/70000 –
½ P 38/50000.

CAREZZA (Passo di) (KARERPASS) Bolzano e Trento – Vedere Costalunga (Passo di).

CARIMATE 22060 Como 219 ⑱ – 3 353 ab. alt. 296 – ✪ 031.
§ (chiuso lunedì) ℰ 790226.
Roma 620 – Como 19 – ♦Milano 30.

※※ **Al Torchio del Castello,** ℰ 791486, prenotare – 🖾 ⓞ 🖾. 🛠
chiuso lunedì sera, martedì, dal 21 dicembre al 3 gennaio e dal 1° al 22 agosto – Pas
carta 38/53000.

CARINI Palermo 988 ㉟ – Vedere Sicilia alla fine dell'elenco alfabetico.

CARLOFORTE Cagliari 988 ㉝ – Vedere Sardegna (San Pietro, isola di) alla fine dell'elenco
alfabetico.

CARMAGNOLA 10022 Torino 988 ⑫ – 24 539 ab. alt. 240 – ✪ 011.
Roma 663 – Asti 58 – Cuneo 71 – ♦Milano 184 – Savona 118 – Sestriere 92 – ♦Torino 27.

※※※ ✿ **La Carmagnole,** via Sottotenente Chiffi 31 ℰ 9712673, solo su prenotazione – 🅿
chiuso a mezzogiorno (escluso domenica) e dal 1° al 21 agosto – Pas 85000 bc
Spec. Tortino di tartufi bianchi (autunno-inverno). Carciofi in crema con quenelle di prosciutto cotto (inverno).
Ossobuco speziato con sformato di verdure. Vini Arneis, Barbaresco.

※※ **San Marco** con cam, via San Francesco di Sales 18 ℰ 9770485 – 📺 🅿. 🖾 🅱 ⓞ 🖾. 🛠
🚹 chiuso dal 1° al 21 agosto – Pas *(chiuso domenica sera e lunedì)* carta 20/37000 – 🖵 5000
– **9 cam** 28/55000.

CARMIGNANO 50042 Firenze – 8 836 ab. alt. 200 – 🕿 055.

Roma 298 – ✦Firenze 22 – ✦Milano 305 – Pistoia 23 – Prato 15.

   ad Artimino S : 7 km – alt. 260 – ✉ 50040 :

🏨🏨 **Paggeria Medicea** ᠗, ℰ 8718081, Telex 571502, Fax 8718080, ≼, « Edificio del '500 » 🛋, ✖ – ▤ 📺 ☎ & 🅿 – 🔬 50 a 500. 🖭 🕃 ⓞ 🗲 🎹
   Pas vedere rist Biagio Pignatta – ☑ 11000 – **37 cam** 100/170000, ▤ 3000 – ½ P 105/120000.

✕✕ **Biagio Pignatta,** ℰ 8718086, ≼ – 🅿. 🕃 ⓞ 🗲 🎹
   chiuso mercoledì e giovedì a mezzogiorno – Pas carta 27/46000 (10%).

✕✕ Da Delfina, ℰ 8718074, ≼, prenotare – 🅿.

CARNELLO Frosinone – Vedere Isola del Liri.

CARNIA 33010 Udine 🔢🔢🔢 ⑥ – alt. 257 – 🕿 0432.

Roma 681 – ✦Milano 420 – Tarvisio 51 – ✦Trieste 114 – Udine 47 – ✦Venezia 170.

🏨 **Carnia,** ℰ 978106, Fax 978187 – ▤ rist 📺 ☎ 🚗 🅿 – 🔬 50. 🖭 🕃 ⓞ 🗲 🎹. ✾
   Pas *(chiuso lunedì da ottobre a maggio)* carta 29/40000 – ☑ 7000 – **41 cam** 56/89000 –
   ½ P 55/70000.

CARONA 🔢🔢🔢 ⑧ – Vedere Cantone Ticino alla fine dell'elenco alfabetico.

CAROVIGNO 72012 Brindisi 🔢🔢🔢 ㉚ – 14 215 ab. alt. 171 – 🕿 0831.

Roma 538 – ✦Bari 88 – ✦Brindisi 27 – ✦Taranto 61.

🏨 **Villa Jole,** via Ostuni O : 1 km ℰ 991311 – 🛗 ▤ ☎ 🅿. 🕃 ⓞ 🗲 🎹. ✾ rist
   Pas carta 25/35000 (10%) – ☑ 6000 – **30 cam** 45/74000, ▤ 5000 – ½ P 65000.

✕ **Gallo d'Oro,** via Benedetto Croce 51 ℰ 996976 – ✾
➡ chiuso martedì – Pas carta 17/29000.

CARPEGNA 61021 Pesaro – 1 601 ab. alt. 748 – a.s. 15 giugno-agosto – 🕿 0722.

Roma 319 – Pesaro 88 – Rimini 69.

🏨 **Paradiso,** ℰ 77242, ☞ – ⇆ ☎ 🅿
➡ aprile-ottobre – Pas carta 19/26000 – **32 cam** ☑ 50/60000 – ½ P 40/45000.

CARPI 41012 Modena 🔢🔢🔢 ⑭ – 60 635 ab. alt. 28 – 🕿 059.

Vedere Piazza dei Martiri★ – Castello dei Pio★.

Roma 424 – ✦Bologna 62 – ✦Ferrara 73 – Mantova 53 – ✦Milano 176 – ✦Modena 18 – Reggio nell'Emilia 27 –
✦Verona 87.

🏨🏨 **Touring,** viale Dallai 1 ℰ 686111, Fax 686229, ㈜, ☞ – 🛗 ▤ cam 📺 ☎ 🅿 – 🔬 50. 🖭 🕃
   ⓞ 🗲 🎹. ✾ rist
   Pas *(chiuso venerdì ed agosto)* carta 40/55000 (15%) – ☑ 12000 – **70 cam** 110/150000 –
   P 140/155000.

🏨 **Orizzonte** senza rist, viale Dallai 38 ℰ 680530, Telex 520237 – 🛗 ▤ ☎ 🚗. 🖭 🕃 ⓞ 🗲
   🎹
   chiuso Natale, Pasqua e dal 23 luglio al 28 agosto – ☑ 13000 – **27 cam** 62/87000 appartamenti 100/190000, ▤ 6000.

🏨 **Duomo** senza rist, via Cesare Battisti 25 ℰ 686745 – 🛗 ▤ 📺 ☜ 🅿. 🖭 🕃 ⓞ 🎹. ✾
   chiuso dal 3 al 26 agosto – ☑ 14000 – **16 cam** 60/82000, ▤ 11000.

✕✕ **Al Paradise,** viale Cavallotti 39 ℰ 640319 – 🅿. 🕃 ⓞ 🗲 🎹. ✾
   chiuso domenica e dal 1° al 20 agosto – Pas carta 42/68000.

✕✕ **Da Magnani,** via Bellentanina 6 ℰ 686094 – 🖭 ⓞ. ✾
   chiuso sabato sera, domenica e dal 5 al 29 agosto – Pas carta 28/38000.

✕ **Da Giorgio** con cam, via Giuseppe Rocca 5 ℰ 685365 – ▤ rist ☎. 🖭 ⓞ 🗲
   chiuso dal 1° al 26 agosto – Pas carta 27/36000 – ☑ 2500 – **14 cam** 28/44000 – ½ P 50000.

CARRAIA Firenze – Vedere Calenzano.

CARRARA 54033 Massa-Carrara 🔢🔢🔢 ⑭ – 68 852 ab. alt. 80 – 🕿 0585.

Dintorni Cave di marmo di Fantiscritti★★ NE : 5 km – Cave di Colonnata★ E : 7 km.

🖪 piazza 2 Giugno 14 ℰ 70894.

Roma 400 – ✦Firenze 126 – Massa 7 – ✦Milano 233 – Pisa 55 – ✦La Spezia 33.

🏨 **Michelangelo,** corso Carlo Rosselli 3 ℰ 777161 – 🛗 ☜. 🖭 🕃 ⓞ 🗲 🎹
➡ Pas *(chiuso a mezzogiorno e domenica)* 20/22000 – ☑ 6000 – **31 cam** 55/80000 –
   ½ P 63/75000.

✕✕ Soldaini, via Mazzini 11 ℰ 71459.

   a Colonnata E : 7 km – ✉ 54030 :

✕✕ **Venanzio,** ℰ 73617, Coperti limitati; prenotare – ✾
   chiuso giovedì e domenica sera – Pas carta 32/45000.

148

CARRARA (Marina di) 54036 Massa-Carrara 988 ⑭ – a.s. Pasqua e luglio-agosto – 🕿 0585.

🛈 piazza Menconi 6/b 🖉 632218.

Roma 396 – Carrara 7 – ◆Firenze 122 – Massa 10 – ◆Milano 229 – Pisa 53 – ◆La Spezia 26.

  🏨 **Mediterraneo,** via Genova 2/h 🖉 785222, Telex 501409, 🚗 – 🛗 ⇌ 📺 🕿 🅿 – 🛦 80. 🖭
    🖸 E 𝘝𝘐𝘚𝘈. 🛠
    Pas carta 26/36000 – 🖭 6000 – **48 cam** 55/80000 – ½ P 75/80000.

  🏨 **Carrara** senza rist, via Petacchi 21 ⊠ 54031 Avenza 🖉 52371, Fax 50344 – 🛗 📺 🕿. 🖭 🖸
    🕦 E 𝘝𝘐𝘚𝘈
    38 cam 🖭 45/70000.

  XX **Il Muraglione,** via del Parmignola 13 ⊠ 54031 Avenza 🖉 58771, Coperti limitati; prenotare
    – 🛠.

  XX **Da Gero,** viale 20 Settembre 305 🖉 55255, 🏠 – 🛠
    chiuso domenica e dal 23 dicembre al 10 gennaio – Pas carta 34/51000.

CARRÈ 36010 Vicenza – 2 744 ab. alt. 219 – 🕿 0445.

Roma 564 – ◆Milano 246 – Treviso 77 – Vicenza 25.

  🏨 **La Rua** 🍴 senza rist, località Cà Vecchia O : 4 km 🖉 893088 – 📺 🕿 🅿. 🖭 𝘝𝘐𝘚𝘈. 🛠
    14 cam 🖭 48/74000.

CARRÙ 12061 Cuneo 988 ⑫ – 3 993 ab. alt. 364 – 🕿 0173.

Roma 620 – Cuneo 31 – ◆Milano 203 – Savona 75 – ◆Torino 74.

  X **Vascello d'Oro,** 🖉 75478 – 🛠
    chiuso lunedì e luglio – Pas carta 22/35000.

CARSOLI 67061 L'Aquila 988 ㉖ – 4 850 ab. alt. 640 – 🕿 0863.

Roma 67 – L'Aquila 59 – Avezzano 45 – Frosinone 81 – Rieti 56.

  XX **L'Angolo d'Abruzzo,** 🖉 997429, 🏠 – 🖭 🖸 🕦 E 𝘝𝘐𝘚𝘈. 🛠
    chiuso lunedì – Pas carta 27/48000.

  X **Al Caminetto,** 🖉 995105 – 🖭 🖸 🕦 E 𝘝𝘐𝘚𝘈
    chiuso lunedì dal 15 settembre al 15 giugno – Pas carta 23/31000 (10%).

CARTOCETO 61030 Pesaro e Urbino – 5 537 ab. alt. 235 – 🕿 0721.

Roma 280 – ◆Ancona 78 – Pesaro 30 – Urbino 33.

  XXX 🕸 **Symposium,** O : 1,5 km 🖉 898320, Coperti limitati; prenotare, « Servizio estivo in
    giardino » – 🅿
    chiuso a mezzogiorno e lunedì – Pas carta 36/55000
    Spec. Zuppa di funghi, Maltagliati ai ceci, Ravioli di magro al tartufo, Filetto alla Rossini. Vini Bianchello,
    Pignoco.

CARTOSIO 15015 Alessandria – 836 ab. alt. 236 – 🕿 0144.

Roma 578 – Acqui Terme 13 – Alessandria 47 – ◆Genova 79 – ◆Milano 137 – Savona 46 – ◆Torino 115.

  XX **Cacciatori** 🍴 con cam, 🖉 40123 – 🅿. 🛠
    chiuso dal 1° al 20 febbraio e dal 1° al 15 luglio – Pas *(chiuso giovedì)* carta 26/43000 – 🖭
    10000 – **10 cam** 40/48000.

    sulla strada statale 334 S : 6 km :

  X **La Cascata,** ⊠ 15015 🖉 40143, ⇐ – 🅿. 🛠
    chiuso mercoledì, dal 2 gennaio al 20 febbraio e dal 1° al 10 luglio – Pas carta 30/51000.

CASACORBA Treviso – alt. 31 – ⊠ 31030 Albaredo – 🕿 0423.

Roma 535 – ◆Milano 247 – ◆Padova 35 – Treviso 18 – ◆Venezia 38.

  X **Al Munaron,** S : 1 km 🖉 451143, « Giardino con laghetto e voliere » – 🅿
    chiuso lunedì e dal 6 al 20 agosto – Pas carta 24/41000.

CASALECCHIO DI RENO 40033 Bologna 988 ⑭ – 35 172 ab. alt. 60 – 🕿 051.

🛈 autostrada A 1-Cantagallo 🖉 572263.

Roma 372 – ◆Bologna 7 – ◆Firenze 98 – ◆Milano 205 – ◆Modena 36.

Pianta d'insieme di Bologna

  🏨 **Pedretti,** 🖉 572149, 🏠 – 🕿 🅿 🖭 🖸 🕦 𝘝𝘐𝘚𝘈. 🛠   DU **n**
    Pas *(chiuso venerdì)* carta 32/47000 (14%) – 🖭 5000 – **24 cam** 60/90000 – ½ P 90000.

CASALE CORTE CERRO 28022 Novara 219 ⑥ – 3 023 ab. alt. 372 – 🕿 0323.

Roma 671 – Domodossola 32 – Locarno 53 – ◆Milano 94 – Novara 61 – Stresa 14 – ◆Torino 135.

  XX **Da Cicin** con cam, strada statale E : 1 km 🖉 846702 – ☜ 🅿. 🖸 🕦 E 𝘝𝘐𝘚𝘈. 🛠
    chiuso dal 1° al 23 agosto – Pas *(chiuso lunedì)* carta 22/36000 – 🖭 3000 – **18 cam**
    37/56000 – ½ P 40/44000.

15033 Alessandria 988 ⑫ – 39 877 ab. alt. 116 – ✆ 0142.

Roma 611 – Alessandria 30 – Asti 42 – ◆Milano 75 – Pavia 66 – ◆Torino 70 – Vercelli 23.

🏨 **Garden** senza rist, viale Montebello 1/h ✆ 71701 – 📶 🗏 ☎ 🚗 – 🔬 50. 🖭 🚺 🕦 E 𝑉𝐼𝑆𝐴.
　 ⟡
　 chiuso agosto – 🍽 10000 – **55 cam** 49/83000 appartamenti 132000.

XXX ✿ **La Torre**, via Garoglio 3 per salita Sant'Anna ✆ 70295 – 🅿. 🚺 🕦 E 𝑉𝐼𝑆𝐴
　 chiuso mercoledì e dal 1° al 20 agosto – Pas carta 41/69000
　 Spec. Terrina di pollo e funghi porcini (maggio-novembre), Risotto ai peperoni e gorgonzola, Sella di coniglio
　 al basilico ed olive nere. **Vini** Gavi, Grignolino.

XXX **Alfeo**, piazza Cesare Battisti 32 ✆ 2493 – 🗏. 🖭 🚺 🕦 E 𝑉𝐼𝑆𝐴. ⟡
　 chiuso lunedì ed agosto – Pas carta 27/48000.

X **Faro**, via Luparia 25 ✆ 54062 – 🗏. ⟡
　 chiuso domenica sera, lunedì ed agosto – Pas carta 22/33000.

　 Vedere anche : *San Giorgio Monferrato* SO : 7 km.

26041 Cremona 988 ⑭ – 13 011 ab. alt. 26 – ✆ 0375.

Roma 474 – ◆Brescia 70 – Cremona 40 – Mantova 40 – ◆Milano 138 – ◆Parma 24 – Reggio nell'Emilia 45.

🏨 **City**, via Cavour 54 ✆ 42118, 🍃 – ☎ 🅿. 🖭 🚺 🕦 E 𝑉𝐼𝑆𝐴. ⟡
　 chiuso dal 1° al 25 agosto – Pas *(chiuso domenica sera e lunedì)* carta 35/50000 – 🍽 9000
　 – **20 cam** 45/70000 – ½ P 60000.

20071 Milano 988 ⑬ – 13 977 ab. alt. 61 – ✆ 0377.

Roma 524 – Cremona 32 – ◆Milano 51 – Pavia 42 – Piacenza 16.

🏨 **Fiesta e Rist. Cà Rosada**, viale della Stazione ✆ 84871 e rist ✆ 84945 – 📶 🗏 ☎ 🅿 –
　 🔬 50. ⟡ rist
　 Pas *(chiuso domenica)* carta 29/56000 – 🍽 8000 – **36 cam** 60/80000 – ½ P 80000.

Napoli 988 ㉗ – Vedere Ischia (Isola d').

33072 Pordenone 988 ⑤ – 7 684 ab. alt. 44 – ✆ 0434.

Roma 608 – Pordenone 20 – Udine 31 – ◆Venezia 95.

🏨 **Al Posta**, ✆ 868921, 🍽, 🍃 – 📺 ☎ 🅿 – 🔬 50. 🖭 🚺 🕦 𝑉𝐼𝑆𝐴. ⟡
　 Pas *(chiuso lunedì)* carta 31/45000 – 🍽 6000 – **20 cam** 45/71000 – ½ P 65/75000.

(GASTEIG) Bolzano – Vedere Vipiteno.

06043 Perugia 988 ⑯㉖ – 3 220 ab. alt. 645 – ✆ 0743.

🛈 piazza Garibaldi 1 ✆ 71147.

Roma 138 – Ascoli Piceno 94 – ◆Perugia 104 – Rieti 60 – Terni 66.

🏨 **Delle Rose**, ✆ 76241, Telex 563243, Fax 76240, 🍃 – 📶 ☎ & 🅿 – 🔬 600
　 stagionale – **160 cam**.

🏨 **Monte Meraviglia**, ✆ 76142, Telex 564007, Fax 71127 – 📶 ☎ & 🅿. ⟡ rist
　 Pas 22/25000 – 🍽 6000 – **130 cam** 55/80000 – ½ P 60/65000.

🏨 **Cursula**, ✆ 76206 – 📶 ☎ 🅿. 🖭 🕦
　 Pas *(chiuso mercoledì)* carta 36/58000 – 🍽 4000 – **30 cam** 55/80000 – ½ P 52/60000.

X **La Tavernetta-Mini Hotel** con cam, ✆ 71387 – ✥ rist ☎. 🚺 🕦 𝑉𝐼𝑆𝐴. ⟡
　 chiuso dal 20 dicembre al 10 gennaio – Pas *(chiuso martedì)* carta 20/31000 (10%) – 🍽 4500
　 – **7 cam** 37/50000 – ½ P 40000.

　 a Roccaporena O : 5 km – alt. 707 – ✉ 06043 Cascia :

🏨 **Casa del Pellegrino**, ✆ 71205, Fax 76580, ≤, 🍃 – ☎ & 🅿. 🖭 🕦. ⟡
← aprile-ottobre – Pas carta 19/27000 – 🍽 3000 – **75 cam** 38/54000 – ½ P 43000.

56034 Pisa 988 ⑭ – 3 103 ab. alt. 125 – Stazione termale (giugno-settembre) – ✆ 0587.

🛈 via Galilei 2 ✆ 646258 – Roma 335 – ◆Firenze 77 – ◆Livorno 41 – Pisa 38 – Pistoia 61 – Siena 100.

🏨 **Villa Margherita**, via Marconi 20 ✆ 646113, « Giardino ombreggiato » – 📶 ☎ & 🅿. 🖭
　 🕦. ⟡ rist
　 aprile-novembre – Pas 22/30000 – 🍽 6000 – **38 cam** 45/68000 – ½ P 55/58000.

🏨 **La Speranza**, via Cavour 42 ✆ 646215, Fax 646355, 🍃 – 📶 🗏 rist ☎ 🅿. 🖭. ⟡ rist
　 aprile-novembre – Pas *(chiuso venerdì)* 26000 – 🍽 7000 – **45 cam** 58000 – ½ P 50/60000.

🏨 **Giuntini**, viale della Vittoria 21 ✆ 646247, 🍃 – 🗏 rist ☎ &. ⟡
← maggio-ottobre – Pas carta 20/32000 – 🍽 5000 – **19 cam** 40/55000 – ½ P 42/47000.

53010 Siena – alt. 452 – ✆ 0577.

Roma 244 – Grosseto 57 – ◆Perugia 117 – Siena 26.

🏨 **Mirella**, ✆ 817667, Fax 817575, 🍃 – ☎ 🅿. 🖭 🕦. ⟡
　 chiuso dal 15 dicembre al 15 marzo – Pas *(chiuso mercoledì)* carta 21/31000 – 🍽 5000 –
　 24 cam 53/84000 – ½ P 55/60000.

CASEI GEROLA 27050 Pavia ⑼⑻⑻ ⑬ – 2 680 ab. alt. 81 – ✆ 0383.
Roma 574 – Alessandria 35 – ◆Milano 57 – Novara 61 – Pavia 36.

🏨 **Motel K** senza rist, via Valloni 6 ✆ 61821 – ↝⊑ 🖿 📺 ☎ 🅿. ℁ 𝘝𝘐𝘚𝘈
⊐ 8000 – **26 cam** 58/82000.

🏠 **Bellinzona**, via Mazzini 15 ✆ 61525 – 🖿 📺 ☎ 🅿. ℁ 🛈 🄴 𝘝𝘐𝘚𝘈. ⁓
Pas *(chiuso sabato)* carta 30/45000 – ⊐ 5000 – **19 cam** 45/60000 – ½ P 55000.

CASELLE TORINESE 10072 Torino ⑼⑻⑻ ⑫ – 13 156 ab. alt. 277 – ✆ 011.
✈ Città di Torino N : 1 km ✆ 5778361.
Roma 691 – ◆Milano 144 – ◆Torino 14.

🏨 ❀ **Jet Hotel e Rist. Antica Zecca,** ✆ 9963733, Telex 215896, Fax 9961544, « Edificio del
16° secolo » – 🛗 🖿 📺 ☎ & 🅿 – 🛦 50 a 80. ℁ 🛅 🛈 🄴 𝘝𝘐𝘚𝘈. ⁓ rist
chiuso dal 3 al 19 agosto – Pas *(chiuso lunedì)* carta 45/80000 – ⊐ 10000 – **77 cam**
137/184000
Spec. Gratin di sfoglia all'uovo e fiori di zucca (primavera-estate), Rane grigliate al profumo di timo (primavera-estate), Sella di coniglio farcita al tartufo. Vini Cortese, Pelaverga.

CASERE (KASERN) Bolzano – Vedere Valle Aurina.

CASERTA 81100 🅿 ⑼⑻⑻ ㉗ – 67 274 ab. alt. 68 – ✆ 0823.
Vedere La Reggia★★.
Dintorni Caserta Vecchia★ NE : 10 km – Museo Campano★ a Capua NO : 11 km.
🛈 corso Trieste 39 (angolo piazza Dante) ✆ 321137.
A.C.I. via Nazario Sauro 10 ✆ 321442.
Roma 192 – Avellino 58 – Benevento 48 – Campobasso 114 – Abbazia di Montecassino 81 – ◆Napoli 33.

🏨 **Centrale** senza rist, via Roma 170 ✆ 321855, Fax 326557 – 🛗 🖿 ☎. ℁ 🛈 🛈 𝘝𝘐𝘚𝘈. ⁓
⊐ 6500 – **41 cam** 48/66000, 🖿 5000.

🏨🏨 **Antica Locanda-Massa 1848,** via Mazzini 55 ✆ 321268, 🌳 – ℁ 🛈 𝘝𝘐𝘚𝘈. ⁓
chiuso domenica sera, lunedì e dal 5 al 20 agosto – Pas carta 31/43000 (15%).

🏨🏨 Leucio, località San Leucio NO : 4 km ⊠ 81020 San Leucio ✆ 301241 – 🅿.

🏨 **La Tegola**, viale Carlo III n° 3 ✆ 442689 – 🅿. ⁓
chiuso mercoledì, domenica, Pasqua, agosto e Natale – Pas carta 25/50000 (15%).

a San Nicola la Strada S : 2 km – ⊠ 81020 :

🏨🏨 **Reggia Palace Hotel,** viale Carlo III ✆ 458500, Telex 720013, Fax 457611 – 🛗 ↝⊑ cam 🖿
📺 ☎ 🅿 – 🛦 800 a 1000. ℁ 🛅 🛈 🄴 𝘝𝘐𝘚𝘈. ⁓
Pas 30/35000 – **160 cam** ⊐ 93/133000 appartamenti 170/205000 – ½ P 110000.

a Caserta Vecchia NE : 10 km – alt. 401 – ⊠ 81020 :

🏨 **Al Ritrovo dei Patriarchi,** località Sommana ✆ 371510 – 🖿 🅿. ℁ 🛅 🛈 𝘝𝘐𝘚𝘈
chiuso venerdì – Pas carta 31/49000 (10%).

CASIER 31030 Treviso – 6 547 ab. alt. 5 – ✆ 0422.
Roma 539 – ◆Padova 52 – Treviso 6 – ◆Venezia 32.

a Dosson SO : 3,5 km – ⊠ 31030 :

🏨 **Alla Pasina,** ✆ 382112 – ℁ 🛈 𝘝𝘐𝘚𝘈. ⁓
◆ chiuso lunedì sera, martedì e dal 26 luglio al 17 agosto – Pas carta 18/35000.

CASLANO ⑷⑵⑺ ⑳, ⑵⑴⑼ ⑧ – Vedere Cantone Ticino (Ponte Tresa) alla fine dell'elenco alfabetico.

CASOLA VALSENIO 48010 Ravenna – 2 959 ab. alt. 195 – ✆ 0546.
Roma 380 – ◆Bologna 61 – ◆Firenze 82 – Forlì 42 – ◆Milano 277 – ◆Ravenna 60.

🏨 **Valsenio,** località Valsenio NE : 2 km ✆ 73179, 🌳 – ↝⊑ 🅿. ⁓
◆ chiuso lunedì e a mezzogiorno escluso sabato e domenica – Pas carta 18/24000.

CASOLE D'ELSA 53031 Siena – 2 671 ab. alt. 417 – ✆ 0577.
Roma 269 – ◆Firenze 63 – ◆Livorno 97 – Siena 39.

🏨 **Gemini** con cam, ✆ 948622, ≤, 🌳, 🐎 – ☎ 🅿. ℁ 🛅 🛈 🄴 𝘝𝘐𝘚𝘈. ⁓
chiuso gennaio e febbraio – Pas *(chiuso martedì)* carta 21/32000 (10%) – ⊐ 6000 – **9 cam**
45/70000 – ½ P 58000.

CASPOGGIO 23020 Sondrio ⑵⑴⑻ ⑮ – 1 576 ab. alt. 1 098 – Sport invernali : 1 098/2 200 m ≤6
vedere anche Chiesa in Valmalenco) – ✆ 0342.
Roma 713 – ◆Bergamo 130 – ◆Milano 153 – Sondrio 15.

🏨 **Baita al Doss,** a Santa Elisabetta ✆ 461152, ≤ – 🅿. ℁
chiuso lunedì da aprile a giugno e dal 15 settembre a novembre – Pas carta 27/40000.

CASSINASCO 14050 Asti – 644 ab. alt. 447 – © 0141.

Roma 594 – Alessandria 44 – Asti 34 – ◆Genova 94 – ◆Milano 137 – ◆Torino 93.

XX **Dei Caffi,** O : 2 km ℰ 851121, Coperti limitati; prenotare – ⇦⇨. 𝐀𝐄 🕅 ⓄⒹ 𝐄 𝒱𝐼𝑆𝐴. 🛠
chiuso domenica sera, mercoledì e gennaio – Pas 45/60000 bc.

CASSINA SAVINA Milano 𝟚𝟙𝟡 ⑲ – Vedere Cesano Maderno.

CASSINA VALSASSINA 22040 Como 𝟚𝟙𝟡 ⑲ – 447 ab. alt. 849 – © 0341.

Roma 634 – Como 42 – ◆Milano 69 – Lecco 13 – Sondrio 81.

X **La Lucciola,** ℰ 996525 – 🛠
chiuso dal 1° al 20 settembre, mercoledì (escluso luglio-agosto) e Natale – Pa
carta 25/40000.

CASSINETTA DI LUGAGNANO Milano 𝟚𝟙𝟡 ⑱ – Vedere Abbiategrasso.

CASSINO 03043 Frosinone 𝟡𝟠𝟠 ⑳ – 34 477 ab. alt. 45 – © 0776.

Dintorni Abbazia di Montecassino** – Museo dell'abbazia** O : 9 km.

🆔 via Condotti 7 ℰ 21292.

Roma 130 – Caserta 71 – Frosinone 56 – Gaeta 47 – Isernia 48 – ◆Napoli 98.

🏨 **Forum Palace Hotel,** via Casilina Nord ℰ 301211, Telex 610641, Fax 302116 – ▐≱▌ ⇦⇨ ▤
☎ ⇨ Ⓟ – 🔬 300. 𝐀𝐄 ⓄⒹ 𝒱𝐼𝑆𝐀. 🛠
Pas carta 30/48000 – ⇩ 10000 – **104 cam** 82/105000, ▤ 8000 – ½ P 70/103000.

🏨 **Rocca,** via Sferracavallo 105 ℰ 25427, Fax 25427, 🔧, 🛠 – ▐≱▌ 📺 ☎ Ⓟ. 𝐀𝐄 ⓄⒹ 𝒱𝐼𝑆𝐴. 🛠
Pas carta 25/38000 – ⇩ 7000 – **35 cam** 40/50000 – ½ P 54000.

🏨 **Al Boschetto,** via Ausonia 54 ℰ 301227, Fax 301227, ☞ – ▐≱▌ ☜ Ⓟ. 𝐀𝐄 ⓄⒹ. 🛠
Pas carta 23/42000 – ⇩ 8000 – **45 cam** 31/46000 – ½ P 50/55000.

🏨 **Diana** senza rist, via Ausonia 22 ℰ 300301, ☞ – ▐≱▌ ☜ ⇨ Ⓟ. 🛠
⇩ 9500 – **33 cam** 35/55000.

CASTAGNETO CARDUCCI 57022 Livorno – 8 302 ab. alt. 194 – a.s. 15 giugno-15 settembre
© 0565.

Roma 272 – ◆Firenze 143 – Grosseto 84 – ◆Livorno 57 – Piombino 33 – Siena 119.

🏨 **La Torre** ⬟, SO : 6 km ℰ 775268, « In campagna » – ☜ Ⓟ. 🕅 ⓄⒹ 𝒱𝐼𝑆𝐴. 🛠
Pas carta 29/40000 – ⇩ 7000 – **11 cam** 48/74000 – ½ P 58000.

a Donoratico NO : 6 km – ✉ 57024 :

🏨 **Bambolo,** N : 1 km ℰ 775206, Fax 775346, 🔧, ☞ – 📺 ☎ Ⓟ. 𝐀𝐄 𝒱𝐼𝑆𝐴. 🛠
Pas vedere rist Bambolo – **35 cam** ⇩ 71/110000.

🏨 **Cucciolo** senza rist, ℰ 775156 – Ⓟ. 𝐀𝐄 🕅 ⓄⒹ 𝒱𝐼𝑆𝐴. 🛠
chiuso dal 15 novembre al 15 dicembre – ⇩ 3500 – **16 cam** 37/52000.

XX **Bambolo,** N : 1 km ℰ 775055, ☞ – Ⓟ. 𝐀𝐄 𝒱𝐼𝑆𝐴. 🛠
chiuso gennaio e lunedì da ottobre ad aprile – Pas carta 25/39000 (10%).

a Marina di Castagneto NO : 9 km – ✉ 57024 Donoratico :

🏨 **Le Dune,** ℰ 745790, 🏖 – 📺 ☎ Ⓟ. 𝒱𝐼𝑆𝐴. 🛠
21 aprile-6 ottobre – Pas *(chiuso sino al 2 giugno e dal 14 settembre al 6 ottobre*
carta 30/54000 (15%) – **23 cam** ⇩ 80/120000 – P 80/130000.

🏨 **I Ginepri,** ℰ 744029, Fax 744344, « Giardino ombreggiato », 🏖 – ▐≱▌ ☎. 🕅 ⓄⒹ 𝐄 𝒱𝐼𝑆𝐴. 🛠
marzo-ottobre – Pas carta 33/47000 (10%) – ⇩ 8000 – **50 cam** 44/74000 – ½ P 72/86000.

CASTAGNETO PO 10090 Torino – 1 149 ab. alt. 473 – © 011.

Roma 685 – Aosta 105 – ◆Milano 122 – Novara 77 – ◆Torino 26 – Vercelli 59.

X **La Pergola,** ℰ 912933, ☞ – 𝐀𝐄
chiuso martedì e dall'8 gennaio al 22 febbraio – Pas carta 25/41000.

CASTAGNITO 12050 Cuneo – 1 513 ab. alt. 350 – © 0173.

Roma 639 – Asti 26 – Cuneo 69 – ◆Milano 146 – ◆Torino 56.

X **Il Porto,** strada statale E : 3,5 km ℰ 211127, Solo piatti di pesce – Ⓟ
chiuso a mezzogiorno (escluso i giorni festivi) e lunedì – Pas 35/50000 bc.

CASTAGNOLA 𝟚𝟙𝟡 ⑧ – Vedere Cantone Ticino (Lugano) alla fine dell'elenco alfabetico.

CASTELBELLO CIARDES (KASTELBELL TSCHARS) 39020 Bolzano 𝟚𝟙𝟠, ⑲ – 2 337 ab. alt. 58
– © 0473.

Roma 688 – ◆Bolzano 51 – Merano 23.

sulla strada statale 38 O : 4,5 km :

🏨 **Sand,** ✉ 39020 ℰ 624130, ≤, 🔧, 🔲, ☞, 🛠 – ▐≱▌ ☎ 𝐀𝐄 🕅 ⓄⒹ 𝐄 𝒱𝐼𝑆𝐴. 🛠 rist
chiuso dal 20 gennaio al 20 marzo – Pas *(chiuso mercoledì)* carta 32/50000 – **35 car**
⇩ 50/90000 – P 65/95000.

152

CASTEL D'AIANO 40034 Bologna – 1 719 ab. alt. 772 – ✆ 051.

Roma 367 – ◆Bologna 59 – ◆Firenze 90 – ◆Milano 300.

a Rocca di Roffeno NE : 7 km – ✉ 40040 :

✗ **La Rugiada**, ✆ 912820 – **Ⓟ**. ⚘
chiuso lunedì – Pas carta 25/36000.

CASTEL D'APPIO Imperia 𝟷𝟿𝟻 ⑱⑲ – Vedere Ventimiglia.

CASTEL D'ARIO 46033 Mantova – 3 944 ab. alt. 24 – ✆ 0376.

Roma 478 – ◆Ferrara 96 – Mantova 15 – ◆Milano 188 – ◆Verona 49.

✗ **Stazione**, ✆ 660217 – ▤. ⚘
chiuso lunedì sera, martedì, dal 3 al 17 gennaio e luglio – Pas carta 22/31000.

CASTEL D'AZZANO 37060 Verona – 9 104 ab. alt. 44 – ✆ 045.

Roma 495 – Mantova 32 – ◆Milano 162 – ◆Padova 92 – ◆Verona 10.

🏨 **Cristallo** senza rist, ✆ 519000, Fax 8520244 – 🛗 ⇆ ▤ 📺 ☎ ⇌ **Ⓟ**. ⒶⒺ 🕃 ⓞ Ⓔ 𝖵𝖨𝖲𝖠. ⚘
chiuso dal 15 dicembre al 15 gennaio – ⌴ 10000 – **80 cam** 65/85000.

CASTELDEBOLE Bologna – Vedere Bologna.

CASTEL DEL MONTE Bari 𝟿𝟾𝟾 ㉘㉙ – alt. 556 – ✉ 70031 Andria – ✆ 0883.
Vedere Castello★★.

Roma 416 – ◆Bari 55 – Barletta 29 – ◆Foggia 99 – Matera 71 – Potenza 103 – ◆Taranto 138.

✗✗ Ostello di Federico ⑊ con cam, ✆ 83043 – ▤ rist ☎ **Ⓟ**
7 cam.

CASTEL DEL PIANO 58033 Grosseto – 4 425 ab. alt. 632 – a.s. luglio-agosto e 15 dicembre-15 gennaio – ✆ 0564.

Roma 201 – ◆Firenze 141 – Grosseto 60 – Orvieto 84 – Siena 73 – Viterbo 101.

🏨 **Impero**, ✆ 955337, ☞, ✗ – 🛗 ☎ **Ⓟ**. ⒶⒺ 🕃 𝖵𝖨𝖲𝖠. ⚘ rist
Pas carta 23/36000 – ⌴ 6000 – **53 cam** 38/62000 – ½ P 53/66000.

a Prato della Contessa E : 12 km – alt. 1 500 – ✉ 58033 Castel del Piano :

🏨 **Contessa**, ✆ 955378, ≼ – ⇆ rist ☎ ⇌ **Ⓟ** – 🕍 100. 🕃. ⚘
15 dicembre-10 aprile e luglio-15 settembre – Pas carta 26/37000 – ⌴ 5000 – **28 cam** 55/95000 – ½ P 65/85000.

CASTEL DEL RIO 40022 Bologna – 1 101 ab. alt. 221 – ✆ 0542.

Roma 438 – ◆Bologna 59 – ◆Firenze 79 – ◆Milano 269.

🏠 **Gallo**, ✆ 95924 – 🛗 ☎ – 🕍 50. 🕃 Ⓔ 𝖵𝖨𝖲𝖠. ⚘
Pas (chiuso martedì dal 15 settembre al 15 giugno) carta 26/40000 – ⌴ 7000 – **24 cam** 65/75000 – ½ P 30/50000.

CASTELDIMEZZO Pesaro e Urbino – alt. 197 – ✉ 61010 Fiorenzuola di Focara – ✆ 0721.

Roma 312 – ◆Milano 348 – Pesaro 12 – Rimini 29 – Urbino 41.

✗✗ ❀ **Taverna del Pescatore**, ✆ 208116, ≼ mare, ➳ – ⒶⒺ ⓞ. ⚘
17 marzo-28 ottobre; chiuso martedì – Pas carta 45/68000
Spec. Tagliolini al sapore di mare, Zuppa di pesce, Grigliata di pesce misto. Vini Bianchello del Metauro, Verdicchio.

CASTELFIDARDO 60022 Ancona 𝟿𝟾𝟾 ⑯ – 15 020 ab. alt. 199 – ✆ 071.

Roma 303 – ◆Ancona 24 – Macerata 40 – ◆Pescara 125.

🏨 **Parco e Rist. Vito Pardo**, via Donizetti 2 ✆ 7821605 – 🛗 ▤ 📺 ☎ **Ⓟ** – 🕍 400. 🕃 Ⓔ 𝖵𝖨𝖲𝖠. ⚘
Pas (chiuso martedì) carta 32/55000 – ⌴ 8000 – **32 cam** 70/100000 appartamenti 160/180000, ▤ 5000 – ½ P 75000.

✗ La Sorgente, via Sardegna 3 (NE : 3 km) ✆ 789786, Rist. di campagna – **Ⓟ**.

CASTELFRANCO EMILIA 41013 Modena 𝟿𝟾𝟾 ⑭ – 20 894 ab. alt. 42 – ✆ 059.

Roma 398 – ◆Bologna 26 – ◆Ferrara 69 – ◆Firenze 125 – ◆Milano 183 – ◆Modena 13.

✗ **La Lumira**, ✆ 926550 – **Ⓟ**. ⒶⒺ 🕃 ⓞ Ⓔ 𝖵𝖨𝖲𝖠. ⚘
chiuso domenica, dal 1° al 7 gennaio ed agosto – Pas carta 25/45000.

sulla strada statale 9 - via Emilia SE : 6 km :

🏨 **Eurhotel**, ✉ 41010 Piumazzo ✆ 932131, Fax 932130 – 🛗 📺 ☜ **Ⓟ**. ⒶⒺ 🕃 ⓞ Ⓔ 𝖵𝖨𝖲𝖠. ⚘ rist
➡ Pas (solo per clienti alloggiati) 18/23000 – ⌴ 7000 – **49 cam** 57/80000 – ½ P 55/65000.

CASTELFRANCO VENETO 31033 Treviso 🗺️⑤ – 29 231 ab. alt. 42 – ✆ 0423.

Vedere Madonna col Bambino★★ del Giorgione nella Cattedrale.

Roma 532 – Belluno 74 – ◆Milano 239 – ◆Padova 32 – Trento 109 – Treviso 27 – ◆Venezia 45 – Vicenza 34.

🏡 **Alla Torre** senza rist, piazzetta Trento e Trieste 7 ✆ 498707, Fax 498737 – 🛗 🗐 📺 ☎ 👌
🚗 – 🔬 70. 🆎 🕕 ⑩ 🗲 𝚅𝙸𝚂𝙰
⬜ 10000 – **39 cam** 85/125000.

🏡 **Roma** senza rist, via Fabio Filzi 39 ✆ 495041, Fax 495253 – 🛗 🗐 📺 ☎ 👌 🅿 – 🔬 50. 🆎 🕃
🕕 🗲 𝚅𝙸𝚂𝙰
⬜ 9000 – **68 cam** 52/82000.

🗙🗙 **Alle Mura**, via Preti 69 ✆ 498098, Rist. con specialità di mare, Coperti limitati; prenotare
– 🤏
chiuso giovedì ed agosto – Pas carta 30/50000.

🗙🗙 **Alla Torre**, piazza 24 Maggio 2/4 ✆ 495445, 🌿 – 🗐. 🆎 🕃 🕕 🗲 𝚅𝙸𝚂𝙰
chiuso martedì, Natale, Capodanno, Pasqua e dal 1° al 20 agosto – Pas carta 30/43000.

🗙🗙 Antico Moretto, via San Pio X n° 6 ✆ 492244, 🌿.

🗙 **Osteria ai Due Mori**, vicolo Montebelluna 24 ✆ 497174, 🌿, Coperti limitati; prenotare
– 𝚅𝙸𝚂𝙰. 🦿
chiuso mercoledì e giovedì a mezzogiorno – Pas carta 28/37000.

a Salvarosa NE : 3 km – ✉ 31033 Castelfranco Veneto :

🏡 **Ca' delle Rose**, ✆ 490232, 🌿 – 🛗 🗐 ☎ 🅿. 🆎 🕃 🗲 𝚅𝙸𝚂𝙰
chiuso dal 7 al 20 agosto – Pas vedere rist Barbesin – ⬜ 7000 – **20 cam** 36/64000, 🗐 6500.

🗙🗙 **Barbesin**, ✆ 490446 – 🗐 🅿
chiuso mercoledì sera, giovedì, dal 29 dicembre al 15 gennaio ed agosto – **Pas** carta 25/38000.

🗙🗙 Da Rino Fior, ✆ 490462, 🌿 – 🗐 🅿.

Vedere anche : *Casacorba* E : 10 km.

CASTEL GANDOLFO 00040 Roma 🗺️⑳ – 6 984 ab. alt. 426 – ✆ 06.

Vedere Guida Verde.

🏌 (chiuso lunedì) ✆ 9313084 – 🅘 (aprile-ottobre) piazza della Libertà ✆ 9360340.

Roma 25 – Anzio 36 – Frosinone 76 – Latina 46 – Terracina 80.

🏡 **Garden e Rist. La Perla**, via Spiaggia al Lago 6 ✆ 9360064, Telex 616244, Fax 4817912
🌿 – 🛗 📺 ☎ 🅿 – 🔬 50. 🆎 🕃 🕕 🗲 𝚅𝙸𝚂𝙰
Pas carta 30/47000 – **26 cam** ⬜ 95/135000 appartamenti 135/160000 – ½ P 90/110000.

🏠 Castelvecchio ⩘ senza rist, viale Pio XI ✆ 9360308, Fax 9360579, ≤, « Terrazza » – 🛗 🗐
📺 ☎ 🅿 – **16 cam**.

CASTELGOMBERTO 36070 Vicenza – 4 548 ab. alt. 145 – ✆ 0445.

Roma 553 – ◆Milano 207 – ◆Verona 54 – Vicenza 24.

🗙 **Al Cacciatore**, via Foscola 3 ✆ 940006 – 🦿
chiuso lunedì e dal 23 luglio al 20 agosto – Pas carta 21/37000.

CASTELLABATE 84048 Salerno 🗺️⑳⑳ – 7 578 ab. alt. 278 – a.s. luglio e agosto – ✆ 0974.

Roma 328 – Agropoli 13 – ◆Napoli 122 – Salerno 71 – Sapri 123.

a Santa Maria NO : 5 km – ✉ 84072 :

🏡 **Gd H. Santa Maria**, ✆ 961001, Telex 722634, ≤, 🏖 – 🛗 🗐 🅿 – 🔬 60. 🆎 𝚅𝙸𝚂𝙰. 🦿 rist
22 marzo-ottobre – Pas carta 24/40000 – ⬜ 6000 – **61 cam** 51/74000 – ½ P 75/83000.

🏠 **Sonia**, ✆ 961172, ≤, 🏖 – 🦿
aprile-ottobre – Pas carta 22/32000 – ⬜ 6000 – **20 cam** 32/44000 – ½ P 45/50000.

🗙🗙 **I Due Fratelli**, N : 1,5 km ✆ 961188, ≤, 🌿 – 🅿. 🆎 🕃 🕕 🗲 𝚅𝙸𝚂𝙰. 🦿
chiuso mercoledì e novembre – Pas carta 27/45000 (10%).

a San Marco SO : 5 km – ✉ 84071 :

🏡 **Castelsandra** ⩘, ✆ 966021, Telex 770032, Fax 966021, ≤ mare e costa, « In un bosco »
🌲, 🗙 – 🗐 📺 ☎ 🅿 – 🔬 350. 🆎 🕃 🕕 🗲 𝚅𝙸𝚂𝙰. 🦿
aprile-ottobre – Pas carta 34/46000 – **125 cam** ⬜ 180/310000 – ½ P 70/140000.

🏡 **L'Approdo**, ✆ 966001, ≤, 🏖 🌿 cam ☎. 🆎 🕃 🕕 . 🦿 rist
aprile-settembre – Pas carta 26/35000 (13%) – ⬜ 7500 – **52 cam** 60/75000 – ½ P 75/85000.

CASTELLAMMARE DEL GOLFO Trapani 🗺️㊵ – Vedere Sicilia alla fine dell'elenco alfabetico.

CASTELLAMMARE DI STABIA 80053 Napoli 🗺️㉗ – 68 462 ab. – Stazione termale, a.s.
luglio-settembre – ✆ 081.

Vedere Antiquarium★.

Dintorni Scavi di Pompei★★★ N : 5 km – Monte Faito★★ : ※★★★ dal belvedere dei Capi e ※★★★
dalla cappella di San Michele (strada a pedaggio).

🅘 piazza Matteotti 34 ✆ 8711334.

Roma 238 – Avellino 50 – Caserta 55 – ◆Napoli 29 – Salerno 31 – Sorrento 19.

🏨 **Delle Terme,** via delle Terme ✆ 8716366, 🎵, ✠ – 🛗 🗏 🅿 – 🏄 70. 🅱 E 𝗩𝗜𝗦𝗔, ✠ rist
marzo-ottobre – Pas 25/30000 – **105 cam** ⇄ 80/150000 appartamenti 180/200000 –
½ P 90/130000.

🏨 **Stabia,** corso Vittorio Emanuele 101 ✆ 8722577, Fax 8722577, « Rist roof-garden con ≤
mare e costa » – 🛗 ✠ 🗏 📺 ☎ 🚗 🖭 🅱 ⓞ E 𝗩𝗜𝗦𝗔, ✠
Pas 30000 – **92 cam** ⇄ 80/130000 appartamenti 180000 – ½ P 90/105000.

🏨 **La Medusa** ⌘, via Passeggiata Archeologica 5 ✆ 8723383, Fax 8717009, ≤, 🍽, 🎵, 🌳 –
🛗 ✠ cam 📺 🛐 🅿 🖭 🅱 ⓞ E 𝗩𝗜𝗦𝗔, ✠
Pas 30/39000 – ⇄ 10500 – **54 cam** 80/130000 – ½ P 90/110000.

🏨 **Torre Varano,** via Passeggiata Archeologica ✉ 80054 Gragnano ✆ 8718200, ≤, 🎵, ✠ –
🛗 ☎ 🅿 – 🏄 80. 🖭 🅱 ⓞ 𝗩𝗜𝗦𝗔, ✠ rist
Pas *(aprile-novembre)* 30000 – ⇄ 7000 – **67 cam** 43/66000 – ½ P 67000.

CASTELLAMONTE 10081 Torino 9⃞8⃞8⃞ ㉒, 2⃞1⃞9⃞ ⑬⑭ – 8 888 ab. alt. 345 – ✆ 0124.
Roma 693 – Aosta 81 – Ivrea 18 – ♦Milano 131 – Novara 85 – ♦Torino 39.

✕✕ **Tre Re** con cam, piazza Martiri della Libertà 27 ✆ 585470 – 🖼 🅿 – 🏄 80. 🖭 🅱 ⓞ E
𝗩𝗜𝗦𝗔, ✠ rist
Pas *(chiuso lunedì e martedì a mezzogiorno)* carta 35/58000 – ⇄ 7000 – **12 cam** 50/70000.

CASTELLANA GROTTE 70013 Bari 9⃞8⃞8⃞ ㉙ – 17 827 ab. alt. 290 – ✆ 080.
Vedere Grotte★★★ SO : 2 km.
Roma 488 – ♦Bari 40 – ♦Brindisi 82 – Lecce 120 – Matera 65 – Potenza 154 – ♦Taranto 60.

🏨 **Le Soleil,** via Conversano N : 1 km ✆ 8965133, Fax 8961409 – 🗏 ☎ & 🅿 – 🏄 120. 🖭 🅱
ⓞ 𝗩𝗜𝗦𝗔, ✠
Pas *(chiuso lunedì e novembre)* carta 26/41000 (10%) – ⇄ 10000 – **60 cam** 50/69000, 🛏 5000
– ½ P 66/71000.

alle grotte SO : 2 km :

✕ **Da Ernesto e Rosa-Taverna degli Artisti,** ✉ 70013 ✆ 8968234, 🍽 – 🗏. ✠
chiuso dicembre e giovedì da ottobre a giugno – Pas carta 19/30000 (15%).

CASTELLANETA MARINA 74011 Taranto – a.s. 15 giugno-agosto – ✆ 099.
🛅 (chiuso martedì da ottobre a maggio) a Riva dei Tessali ✉ 74011 Castellaneta ✆ 6439251,
Telex 860086, SO : 10 km.
Roma 487 – ♦Bari 99 – Matera 57 – Potenza 128 – ♦Taranto 33.

🏨 **Villa Giusy** ⌘, ✆ 643036, « In pineta », 🎵, 🌳 – ✠ cam 🖭 🖭 𝗩𝗜𝗦𝗔, ✠
Pas 25/30000 – ⇄ 6500 – **24 cam** 70000 – ½ P 70/80000.

a Riva dei Tessali SO : 10 km – ✉ 74025 Marina di Ginosa :

🏨 **Golf Hotel** ⌘, ✆ 6439251, Telex 860086, Fax 6439255, 🍽, « In un vasto parco », 🏖,
🌳, ✠, 🎾 – 🗏 📺 ☎ 🅿 – 🏄 150. 🖭 🅱 ⓞ E 𝗩𝗜𝗦𝗔, ✠ rist
chiuso dall'11 gennaio all'11 febbraio e dall'8 novembre al 3 dicembre – Pas carta 50/70000
– ⇄ 25000 – **70 cam** 156000 – ½ P 158/198000.

CASTELLANZA 21053 Varese 2⃞1⃞9⃞ ⑱ – 15 559 ab. alt. 217 – ✆ 0331.
Roma 606 – Como 33 – ♦Milano 29 – Novara 36 – Varese 31.

✕✕ **Chalet dei Platani-da Terry,** via dei Platani 1 ✆ 504414, 🍽 – 🅿
chiuso martedì sera e mercoledì – Pas carta 36/56000.

CASTELL'ARQUATO 29014 Piacenza 9⃞8⃞8⃞ ⑬ – 4 470 ab. alt. 225 – ✆ 0523.
Roma 495 – ♦Bologna 134 – Cremona 39 – ♦Milano 96 – ♦Parma 41 – Piacenza 32.

✕✕ **La Rocca-da Franco,** ✆ 803154, ≤ – ✠
chiuso mercoledì, gennaio e luglio – Pas carta 30/45000.

✕ **Faccini,** località Sant'Antonio N : 3 km ✆ 896340, 🍽 – 🅿. ✠
chiuso mercoledì e dal 1° al 20 luglio – Pas carta 26/41000.

CASTELLETTO DI BRENZONE Verona – Vedere Brenzone.

CASTELLETTO D'ORBA 15060 Alessandria – 1 854 ab. alt. 187 – ✆ 0143.
Roma 558 – Alessandria 32 – ♦Genova 59 – ♦Milano 107 – Savona 70.

🏨 **De Negri,** ✆ 840008 – 🛗 🅿 – 🏄 200. 🖭. ✠ rist
Pas carta 19/30000 – ⇄ 3000 – **48 cam** 30/40000 – ½ P 30/40000.

I prezzi del pernottamento e della pensione possono subire aumenti
in relazione all'andamento generale del costo della vita ;
quando prenotate fatevi precisare il prezzo dall'albergo.

Roma 251 – Arezzo 67 – ◆Firenze 50 – Siena 21.

🏠 **Villa Casalecchi** ⟷, S : 1 km ✆ 740240, ≤, 🐟, 🐎 – ☎ ℗. 𝔸𝔼 ⑤ ⓪ 𝐄 𝐕𝐈𝐒𝐀. ⚭ rist
     28 marzo-ottobre – Pas carta 58/80000 – 🍴 18000 – **16 cam** 160000 appartamenti 190/225000
     – ½ P 180000.

🏠 **Salivolpi** ⟷ senza rist, ✆ 740484, Fax 741034, 🐟, 🐎 – 🐎 ℗. ⚭
     🍴 7000 – **19 cam** 60000.

✗ **Antica Trattoria la Torre,** ✆ 740236 – ⑤ 𝐄 𝐕𝐈𝐒𝐀. ⚭
     chiuso venerdì e dal 1° al 15 settembre – Pas carta 25/40000.

     a Ricavo N : 4 km – ✉ 53011 Castellina in Chianti :

🏛 **Tenuta di Ricavo** ⟷, ✆ 740221, Fax 741014, ≤, « Borgo rustico », 🐟, 🐎 – ⇆ rist ⅋ ℗
     ⚭
     aprile-ottobre – Pas (prenotare) carta 43/60000 – **25 cam** solo ½ P 132/180000.

Roma 308 – ◆Firenze 105 – ◆Livorno 40 – Pisa 49 – Pistoia 89 – Siena 103.

🏠 **Il Poggetto** ⟷, ✆ 695205, ≤, « Giardino ombreggiato », 🐟, ⚮ – ⇆ ℗. ⚭
     chiuso gennaio – Pas carta 24/34000 – 🍴 7000 – **31 cam** 40/60000 – ½ P 38/48000.

Roma 612 – Alessandria 26 – Asti 11 – ◆Milano 121 – ◆Torino 65.

✗✗ **La Fioraia,** ✆ 60106, Coperti limitati; prenotare
      chiuso lunedì e dal 18 luglio al 7 agosto – Pas 50000.

Roma 221 – Avellino 42 – Benevento 53 – Caserta 34 – ◆Napoli 15 – Salerno 57.

     verso Pomigliano d'Arco :

🏠 **Quadrifoglio,** viale Kennedy 8 ✆ 8844222, Fax 8842090 – ▯ ▤ 📺 ☎ ℗ – ⅍ 150. 𝔸𝔼 𝐕𝐈𝐒𝐀
     ⚭ rist
     Pas carta 38/68000 (12%) – **72 cam** 🍴 95/160000 – ½ P 140000.

Natale – ✆ 0462.

🅱 (luglio-agosto) ✆ 30045 e 30082.

Roma 645 – Belluno 95 – ◆Bolzano 39 – Cortina d'Ampezzo 100 – ◆Milano 303 – Trento 63.

🏠 **Los Andes** ⟷, ✆ 30098, Fax 32230, ⌧ – ▯ ☎ ⅋ ℗. 𝐕𝐈𝐒𝐀. ⚭ rist
     chiuso novembre – Pas (solo per clienti alloggiati) 25/35000 – 🍴 18000 – **41 cam** 70/120000
     – ½ P 50/78000.

🏠 **Olimpionico,** ✆ 30744, Fax 20188, ≤ – ▯ ⇆ cam ☎ ⅋ ℗. 𝔸𝔼 ⑤ ⓪ 𝐄 𝐕𝐈𝐒𝐀. ⚭ rist
↔   *chiuso novembre* – Pas carta 20/28000 – 🍴 7000 – **41 cam** 55/92000 – ½ P 60/75000.

Roma 478 – ◆Brescia 62 – Cremona 54 – Mantova 12 – ◆Milano 145 – ◆Parma 57.

✗ **Tre Re,** ✆ 438034 – ℗. 𝔸𝔼 ⓪. ⚭
   chiuso lunedì sera, martedì e dal 10 luglio al 5 agosto – Pas carta 24/40000.

Roma 43 – Avezzano 70.

✗ **Sgommarello,** a Collerminio SO : 4 km ✆ 449127, ≤, 🌿, 🐎 – ℗. ⚭
   chiuso mercoledì e dal 15 luglio al 10 agosto – Pas carta 24/38000.

Roma 387 – ◆Bologna 10 – ◆Ferrara 38 – ◆Milano 214.

🏠 **Olimpic,** via Galliera 23 ✆ 700861, Fax 700776 – ▯ ▤ 📺 ☎ ⟵ ℗ – ⅍ 40. 𝔸𝔼. ⚭ rist
     Pas *(chiuso domenica ed agosto)* carta 25/33000 – 🍴 5000 – **63 cam** 55/77000
     ½ P 65/70000.

🏠 **Rally,** via Curiel 4 ✆ 711186 – ▯ 📺 🐎 ⟵ ℗. 𝔸𝔼 ⓪. ⚭
     Pas *(chiuso agosto)* carta 23/35000 – 🍴 9000 – **28 cam** 70/96000.

MICHELIN, via Bonazzi 32 (zona Industriale), ✆ 713157.

Roma 296 – ◆Ferrara 44 – Mantova 49 – ◆Modena 73 – ◆Padova 39.

✗ **Portoncino Rosso,** via Matteotti 15/a ✆ 81698, Coperti limitati; prenotare – ▤. 𝔸𝔼 𝐄
   ⓪ 𝐄 𝐕𝐈𝐒𝐀. ⚭
   chiuso martedì sera e mercoledì – Pas carta 22/42000.

42024 Reggio nell'Emilia – 7 061 ab. alt. 27 – ✿ 0522.
Roma 440 – ◆Bologna 78 – Mantova 56 – ◆Milano 142 – ◆Parma 22 – Reggio nell'Emilia 15.

🏠 **Poli** senza rist, ℰ 683168, Fax 683774 – 🛗 📺 🕿 ⟵ 🅿. ◮ 🕃 ⑩ 𝑽𝑰𝑺𝑨. ⚘
☐ 5000 – **28 cam** 54/83000.

XX **Poli-alla Stazione**, ℰ 682342, 🍴, 🢂 – 🅿. ◮ 🕃 ⑩ 𝑽𝑰𝑺𝑨. ⚘
chiuso martedì ed agosto – Pas carta 31/45000.

42035 Reggio nell'Emilia 𝟿𝟪𝟪 ⑭ – 9 616 ab. alt. 700 – a.s. luglio-15
settembre – ✿ 0522.
🛈 piazza Martiri della Libertà 12 ℰ 810430.
Roma 470 – ◆Bologna 108 – ◆Milano 180 – ◆Parma 58 – Reggio nell'Emilia 43 – ◆La Spezia 90.

🏠 **Bismantova** ⚲, ℰ 812218 – ⚱ rist 📺 🕿. ◮ 🕃 E 𝑽𝑰𝑺𝑨. ⚘
chiuso ottobre – Pas *(chiuso martedì in bassa stagione)* carta 23/34000 – ☐ 9000 – **18 cam**
40/65000 – ½ P 45/55000.

55032 Lucca 𝟿𝟪𝟪 ⑭ – 6 409 ab. alt. 277 – ✿ 0583.
Roma 395 – ◆Bologna 141 – ◆Firenze 121 – Lucca 47 – ◆Milano 263 – ◆La Spezia 81.

XX **La Lanterna**, località Piano Pieve N : 1,5 km ℰ 63364 – 🅿.
chiuso lunedì sera, martedì e novembre – Pas carta 21/32000.

X **Da Carlino**, con cam, via Garibaldi 15 ℰ 62045, 🢂 – 🅿 – **32 cam**.

62022 Macerata 𝟿𝟪𝟪 ⑯ – 4 171 ab. alt. 307 – ✿ 0737.
Roma 217 – ◆Ancona 85 – Fabriano 27 – Foligno 60 – Macerata 42 – ◆Perugia 93.

🏠 **Bellavista** ⚲, via Sant'Anna 11 ℰ 470717, ⟵ – 🛗 ☞ 🅿. ◮ 🕃 ⑩ 𝑽𝑰𝑺𝑨. ⚘
chiuso dal 23 dicembre al 7 gennaio – Pas *(chiuso sabato)* carta 25/37000 – ☐ 6000 –
22 cam 35/55000 appartamento 90000 – ½ P 45/55000.

06060 Perugia – alt. 653 – ✿ 075.
Roma 208 – Arezzo 58 – ◆Perugia 28 – Siena 90.

🏠 **La Fattoria**, ℰ 845322, Fax 845197, 🍴 – 🛗 🕿 🅿. ◮ 🕃 ⑩ E 𝑽𝑰𝑺𝑨
Pas carta 23/32000 – **28 cam** ☐ 56/94000 – ½ P 58/65000.

(KASTELRUTH) 39040 Bolzano 𝟿𝟪𝟪 ④ – 5 505 ab. alt. 1 060 – a.s. febbraio-
aprile, luglio-settembre e Natale – Sport invernali : 1 060/1 481 m ⚟2, ⚞ (vedere anche Alpe di
Siusi) – ✿ 0471 – 🛈 ℰ 71333, Telex 400110, Fax 70188.
Roma 667 – ◆Bolzano 26 – Bressanone 25 – ◆Milano 325 – Ortisei 12 – Trento 86.

🏠 **Agnello Posta-Post Hotel Lamm**, ℰ 71343, ⟨, 🔲, 🢂 – 🛗 🕿 🅿. E
Pas *(chiuso lunedì in bassa stagione)* carta 26/47000 – ☐ 8000 – **41 cam** 65/150000 appartamenti 150/240000 – P 80/90000.

🏠 **Cavallino d'Oro-Goldenes Rössl**, ℰ 706337, Fax 72820, ⟨ – 🕿. 𝑽𝑰𝑺𝑨
chiuso dal 5 novembre al 15 dicembre – Pas *(chiuso martedì)* carta 27/41000 – **25 cam**
☐ 55/100000 – ½ P 56/74000.

🏠 **Belvedere-Schönblick** senza rist, ℰ 706336, ⟨ – 🕿 🅿.
21 dicembre-Pasqua e giugno-20 ottobre – **34 cam** ☐ 41/72000.

Vedere anche : *Siusi* S : 3 km.
Alpe di Siusi SE : 11 km.

Cuneo – Vedere Alba.

29015 Piacenza 𝟿𝟪𝟪 ⑬ – 12 015 ab. alt. 74 – ✿ 0523.
Roma 532 – Alessandria 76 – ◆Genova 130 – ◆Milano 62 – Pavia 34 – Piacenza 20.

🏠 **Palace Hotel** senza rist, via Emilia Pavese 4 ℰ 840641, Fax 840643 – 🛗 🖥 📺 🅿. ◮ ⑩
𝑽𝑰𝑺𝑨
chiuso agosto – ☐ 10000 – **52 cam** 84/120000.

40024 Bologna 𝟿𝟪𝟪 ⑮ – 17 120 ab. alt. 75 – Stazione termale
(aprile-novembre), a.s. luglio-15 settembre – ✿ 051.
🛈 piazza 20 Settembre 3 ℰ 941110.
Roma 395 – ◆Bologna 22 – ◆Ferrara 67 – ◆Firenze 109 – Forlì 41 – ◆Milano 235 – ◆Ravenna 55.

🏠 **Park Hotel**, viale Terme 1010 ℰ 941101, 🢂 – 🛗 📺 🕿 🅿. ◮. ⚘
chiuso dal 20 dicembre al 10 gennaio – Pas *(solo per clienti alloggiati)* 22/28000 – ☐ 5000
– **25 cam** 55/90000 – P 50/55000.

XX **Terantiga** con cam, località Varignana O : 9 km 🖂 40060 Osteria Grande ℰ 945114 – 🖥.
𝑽𝑰𝑺𝑨. ⚘
chiuso gennaio ed agosto – Pas *(chiuso lunedì)* carta 31/41000 – ☐ 4000 – **10 cam** 45/60000
– ½ P 60000.

X **Trattoria Trifoglio**, località San Giovanni in Bosco N : 13 km ℰ 949066, 🍴 – 🅿. ◮ 🕃
⑩ E 𝑽𝑰𝑺𝑨. ⚘
chiuso lunedì ed agosto – Pas carta 26/45000.

157

CASTELSARDO Sassari 988 ㉓ – Vedere Sardegna alla fine dell'elenco alfabetico.

CASTEL TOBLINO Trento – alt. 250 – ✉ 38070 Sarche – a.s. dicembre-Pasqua – ☎ 0461.
Roma 605 – •Bolzano 78 – •Brescia 100 – •Milano 195 – Riva del Garda 25 – Trento 17.

XX **Castel Toblino,** ✆ 44036, « In un castello medioevale; piccolo parco » – P. ✻
10 marzo-10 novembre; chiuso martedì (escluso luglio e agosto) – Pas carta 30/43000.

CASTELVECCANA 21010 Varese – 1 833 ab. alt. 281 – ☎ 0332.
Roma 66 – Bellinzona 46 – Como 59 – •Milano 87 – Novara 79.

X **Da Pio** con cam, località San Pietro ✆ 547483, ☂, prenotare – ☎ P. AE ⓑ ⓓ E VISA. ✻
chiuso gennaio e febbraio – Pas *(chiuso martedì)* carta 30/60000 – **11 cam** ☐ 45/70000.

CASTELVERDE 26022 Cremona – 4 082 ab. alt. 53 – ☎ 0372.
Roma 526 – •Brescia 55 – Cremona 6 – •Milano 86.

a Livrasco E : 1 km – ✉ 26022 Castelverde :

X **Valentino,** ✆ 52557 – P. ✻
✦ *chiuso martedì e dal 15 al 31 agosto* – **Pas** carta 20/30000.

CASTELVETRANO Trapani 988 ㉟ – Vedere Sicilia alla fine dell'elenco alfabetico.

CASTELVETRO DI MODENA 41014 Modena – 7 602 ab. alt. 152 – ☎ 059.
Roma 406 – •Bologna 40 – •Milano 189 – •Modena 19.

Zoello, località Settecani N : 5 km ✆ 702635, ☂ – |♦| ⇔ cam ☎ P. VISA. ✻ rist
Pas *(chiuso venerdì, dal 24 dicembre al 6 gennaio ed agosto)* carta 21/31000 – ☐ 6000 – **38 cam** 35/60000 – ½ P 55/65000.

CASTEL VITTORIO 18030 Imperia – 493 ab. alt. 430 – ☎ 0184.
Roma 683 – Imperia 65 – San Remo 42 – Ventimiglia 28.

X **Busciun,** ✆ 241073, prenotare – ⓑ VISA
chiuso martedì e dal 30 settembre al 15 ottobre – Pas carta 21/33000.

CASTEL VOLTURNO 81030 Caserta 988 ㉗ – 15 312 ab. – a.s. 15 giugno-15 settembre – ☎ 081.
Roma 190 – Caserta 37 – •Napoli 40.

XX **Scalzone,** via Domiziana al km 34,200 ✆ 851217 – P. AE
chiuso lunedì, Natale e Pasqua – Pas carta 23/42000 (12%).

CASTIGLIONCELLO 57012 Livorno 988 ⑭ – a.s. 15 giugno-15 settembre – ☎ 0586.
ℹ (maggio-settembre) via Aurelia 967 ✆ 752017.
Roma 300 – •Firenze 137 – •Livorno 21 – Piombino 61 – Pisa 42 – Siena 109.

Atlantico ⛶, via Martelli 12 ✆ 752440, ☂ – |♦| ☎ ♿ P. ✻ rist
Pasqua-settembre – Pas carta 30/44000 – **41 cam** ☐ 55/80000 – ½ P 65/75000.

Miramare ⛶, via Pineta 2 ✆ 752435, Fax 752435, ≤ mare, « In pineta » – |♦| ☎ P. AE ⓑ E VISA. ✻ rist
aprile-settembre – Pas 30/38000 – ☐ 10000 – **64 cam** 53/75000 – ½ P 73/89000.

Martini ⛶, via Martelli 3 ✆ 752140, ☂ – |♦| ☎ ♿ P. AE. ✻
Pasqua-15 settembre – Pas 25/35000 – ☐ 5000 – **35 cam** 50/80000 – ½ P 65/70000.

Residence San Domenico ⛶ senza rist, via Martelli 22 ✆ 752116, ☂ – TV ☎. ✻
aprile-settembre – **12 cam** ☐ 86/102000.

Villa Saint Vincent ⛶, via Aosta 3 ✆ 752445, ☂ – ☎ P. E. ✻
aprile-settembre – Pas (solo per clienti alloggiati) 30000 – ☐ 7000 – **17 cam** 50/70000 – ½ P 65/80000.

CASTIGLIONE Asti – Vedere Asti.

CASTIGLIONE DEL LAGO 06061 Perugia 988 ⑮ – 13 417 ab. alt. 304 – ☎ 075.
ℹ piazza Mazzini 10 ✆ 952184.
Roma 182 – Arezzo 46 – •Firenze 126 – Orvieto 74 – •Perugia 49 – Siena 78.

Fazzuoli senza rist, piazza Marconi ✆ 951119, Fax 951359 – ☎. ⓓ VISA. ✻
chiuso febbraio – ☐ 5000 – **27 cam** 40/60000.

XX **L'Acquario,** via Vittorio Emanuele 69 ✆ 952132 – ⓑ E VISA. ✻
chiuso martedì, gennaio e febbraio – Pas carta 22/32000.

X Orti, viale Garibaldi 14/a ✆ 951230, ☂ – P.

sulla strada statale 71 N : 7 km :

✗ **La Badiaccia,** ⊠ 06061 ℰ 954188, ☞ – 📵 AE 🕄 ⓞ E VISA. ⋇
chiuso lunedì e luglio – Pas carta 23/39000.

a Panicarola SE : 11 km – ⊠ **06060** :

✗✗ **Il Bisteccaro,** ℰ 9589327, ☞ – AE 🕄 ⓞ E VISA. ⋇
chiuso martedì – Pas carta 30/45000.

Vedere anche : *Isola Maggiore* NE : 30 mn (circa) di battello.

CASTIGLIONE DELLA PESCAIA 58043 Grosseto 988 ㉔ – 8 016 ab. – a.s. Pasqua e 15
giugno-15 settembre – ✪ 0564.

◨ piazza Garibaldi ℰ 933678.

Roma 205 – ◆Firenze 162 – Grosseto 22 – ◆Livorno 114 – Siena 94 – Viterbo 141.

🏨 **Riva del Sole,** NO : 2 km ℰ 933625, Telex 500034, Fax 935607, « In pineta », ⊼ riscaldata,
🏖, ☞, ⋇ – ⋇❖ rist 🖥 ⚙ ♿ 📵 – 🏛 220. AE 🕄 ⓞ E VISA. ⋇
maggio-ottobre – Pas carta 26/53000 – ⊈ 10000 – **176 cam** 120/240000 – ½ P 85/150000.

🏨 **L'Approdo,** via Ponte Giorgini 29 ℰ 933466, ← – 🖩 🕿. AE ⓞ VISA. ⋇
chiuso novembre e dicembre – Pas 28/45000 – ⊈ 12000 – **48 cam** 86/114000 –
½ P 93/122000.

🏨 **Miramare,** via Veneto 35 ℰ 933524, Fax 935771, ←, 🏖 – 🖩 🕿. AE ⓞ VISA. ⋇
aprile-ottobre – Pas carta 30/46000 – ⊈ 7500 – **35 cam** 45/75000 – ½ P 80000.

🏨 **Lucerna,** via 4 Novembre 27 ℰ 933620, ☞, ⋲ – ⋇❖ rist ⚙ 📵 🕄 ⓞ E VISA
Pas (chiuso dal 15 ottobre a Pasqua) carta 30/43000 – ⊈ 7000 – **53 cam** 42/70000 –
½ P 68/78000.

🏨 **Piccolo Hotel,** via Montecristo 7 ℰ 937081 – ⋇❖ rist 🕿 ♿ 📵. ⋇
Pasqua e 15 maggio-settembre – Pas 26000 – ⊈ 12000 – **22 cam** 45/75000 – ½ P 86000.

🏨 **Perla,** via Arenile 3 ℰ 938023 – 📵. ⋇
aprile-15 ottobre – Pas (solo per clienti alloggiati) 25000 – ⊈ 7000 – **14 cam** 33/55000 –
½ P 70000.

✗ **Da Romolo,** corso della Libertà 10 ℰ 933533 – ⋇
chiuso martedì e novembre – Pas carta 30/60000 (15%).

✗ **Il Fagiano,** piazza Garibaldi 4 ℰ 934037 – AE 🕄
chiuso mercoledì e febbraio – Pas carta 24/41000.

a Tirli N : 17 km – alt. 400 – ⊠ **58040** :

✗✗ **Tana del Cinghiale** con cam, ℰ 945810, ☞ – 📵. AE ⓞ. ⋇
chiuso dal 10 gennaio al 10 febbraio – Pas (chiuso mercoledì) carta 30/54000.

CASTIGLIONE DELLE STIVIERE 46043 Mantova 988 ④ – 16 129 ab. alt. 116 – ✪ 0376.

Roma 509 – ◆Brescia 28 – Cremona 57 – Mantova 38 – ◆Milano 122 – ◆Verona 49.

🏨 **Belvedere e Rist. Da Monica** ⑤, via Guardi 20 ℰ 638035, Fax 638035, ← – 🖩 🖥 TV 🕿
⋲ 📵 – 🏛 60 a 150. AE 🕄 ⓞ E VISA. ⋇
Pas carta 33/51000 – ⊈ 10000 – **39 cam** 94/121000 – ½ P 88/98000.

🏨 **La Grotta** ⑤, senza rist, viale dei Mandorli 22 ℰ 632530, Fax 639295, ☞ – TV 🕿 📵 – 🏛
25 a 40. AE VISA
⊈ 8000 – **27 cam** 55/85000.

✗ **Hostaria Viola,** località Fontane ℰ 638277, Coperti limitati; prenotare – 📵. VISA. ⋇
chiuso lunedì, dal 17 al 22 aprile, da luglio al 15 agosto e dal 24 dicembre al 7 gennaio – Pas
carta 26/37000.

a Grole SE : 3 km – ⊠ 46043 Castiglione delle Stiviere :

✗✗ **Tomasi,** ℰ 630873, Coperti limitati; prenotare, « Servizio estivo in giardino » – 📵. AE 🕄
ⓞ E VISA. ⋇
chiuso domenica ed agosto – Pas carta 32/50000.

CASTIGLION FIORENTINO 52043 Arezzo 988 ⑮ – 11 332 ab. alt. 345 – ✪ 0575.

Roma 209 – Arezzo 17 – ◆Firenze 100 – ◆Perugia 60 – Siena 60.

🏨 **Park Hotel,** strada statale ℰ 658173, ⊼ – 🖩 ☞ ♿ ⋲ 📵. 🕄 E VISA
◆ Pas (chiuso sabato) 20000 – ⊈ 7000 – **62 cam** 43/67000 – ½ P 45/50000.

✗ **Da Muzzicone,** piazza San Francesco 7 ℰ 658403 – ⋇❖. AE 🕄 E VISA. ⋇
chiuso martedì – Pas carta 27/55000.

CASTIGNANO 63032 Ascoli Piceno – 3 000 ab. alt. 474 – ✪ 0736.

Roma 225 – ◆Ancona 120 – Ascoli Piceno 34 – ◆Pescara 95.

🏨 **Teta,** via Borgo Garibaldi 98 ℰ 91412, ← – 🖩 🕿 ⋲ 📵. 🕄 E VISA. ⋇
◆ Pas (chiuso venerdì) carta 15/21000 – **18 cam** ⊈ 25/35000 – ½ P 28/35000.

159

24020 Bergamo – 3 131 ab. alt. 870 – a.s. luglio-agosto
Natale – Sport invernali : al Monte Pora : 1 350/1 880 m ≰8, ≴ – ۞ 0346.
Roma 643 – ♦Bergamo 42 – ♦Brescia 89 – Edolo 80 – ♦Milano 88.

🏠 **Aurora,** 🎣 60004, ≼ – 🛗 🅿. 🆎 🕃 🕕. 🚿 rist
chiuso dal 1° al 15 ottobre – Pas *(chiuso martedì)* carta 21/38000 – 🖵 6000 – **24 ca**
40/54000 – P 41/68000.

a Bratto NE : 2 km – alt. 1 007 – ✉ 24020 :

🏨 **Milano e Rist. Al Caminone** ⋟, 🎣 31211, ≼, 🎐 – 🛗 ☎ ৬ 🅿 – 🔬 30 a 160. 🕃 🆅🆂🅰
chiuso dal 5 al 25 ottobre – Pas *(chiuso lunedì)* carta 33/48000 – 🖵 7000 – **50 cam** 60/900
– ½ P 80000.

🏠 **Pineta,** 🎣 31121, ≼, 🎐 – 🛗 ⬚ 🅿. 🚿 rist
Pas *(chiuso lunedì)* 25/35000 – 🖵 10000 – **40 cam** 45/65000 – ½ P 55/65000.

🏠 **Eurohotel,** 🎣 31513, ≼ – 🛗 ⬚ 🅿. 🚿
chiuso dal 15 settembre al 15 ottobre – Pas 22/30000 – 🖵 7500 – **23 cam** 42/60000
½ P 68000.

🟉🟉 **Cascina delle Noci,** 🎣 31251, ≼, prenotare, 🎐 – 🅿
chiuso lunedì e da ottobre a maggio aperto solo sabato e domenica – Pas carta 31/42000.

47011 Forlì 🤍🤍🤍 ⑮ – 5 199 ab. alt. 68 – Stazione termale (april
novembre), a.s. 15 luglio-settembre – ۞ 0543 – 🚩 via Garibaldi 1 🎣 767162.
Roma 342 – ♦Bologna 74 – ♦Firenze 98 – Forlì 11 – ♦Milano 293 – ♦Ravenna 38 – Rimini 60.

🏨🏨 **Gd H. Terme,** 🎣 767114, Telex 550272, Fax 768135, « Parco ombreggiato », ┻ –
⋞ cam 📺 ৬ 🅿 – 🔬 100. 🆎 🕃 🕕 🄴 🆅🆂🅰. 🚿 rist
15 aprile-ottobre – Pas 40000 – 🖵 12000 – **100 cam** 85/130000 – P 77/85000.

🏨 **Ambasciatori,** 🎣 767345, Fax 767345, ⌶, 🎐 – 🛗 ⋞ cam 📺 ☎ 🅿. 🆎 🕃 🕕 🄴
🚿 rist
aprile-novembre – Pas 25/35000 – 🖵 7000 – **28 cam** 60/100000 – ½ P 45/55000.

🏨 **Garden,** 🎣 766366, Fax 766366, ⌶, 🎐, 🍴 – 🛗 ▤ rist 📺 ☎ 🅿 – 🔬 100. 🆎 🕃 🕕 🆅
🚿
Pas 27/38000 – 🖵 5000 – **29 cam** 60/85000 – ½ P 55/65000.

🏨 **Piccolo Hotel,** 🎣 767139, 🎐 – 🛗 ⬚ 🅿. 🚿
maggio-ottobre – Pas 25000 – 🖵 6000 – **41 cam** 40/70000 – P 45/55000.

🏨 **Eden,** 🎣 767600, ≼, 🎐 – 🛗 ⬚ 🅿. 🆎 🕃 🕕 🄴 🆅🆂🅰. 🚿
— aprile-15 novembre – Pas 20/24000 – 🖵 39/63000 – ½ P 36/40000.

🟉🟉🟉 ۞۞ **La Frasca,** 🎣 767471, Coperti limitati; prenotare, « Servizio estivo in giardino »,
– 🅿. 🆎 🕕. 🚿
chiuso martedì, dal 2 al 20 gennaio e dal 1° al 15 agosto – Pas carta 80/125000
Spec. Mezzelune di mare con melanzane e zucchine al timo, Piccione allo scalogno con peperoni arrosti
Cassata all'italiana con frutti di bosco. Vini Albana, Calbanesco.

🟉🟉 **La Cantinaza,** 🎣 767130 – ▤. 🆎 🕃 🕕 🄴 🆅🆂🅰. 🚿
chiuso mercoledì – Pas carta 31/51000.

🟉 **Al Laghetto,** 🎣 767230 – 🅿. 🆎 🕃 🕕 🆅🆂🅰
chiuso lunedì ed ottobre – Pas carta 33/44000.

73030 Lecce – ۞ 0836.
Roma 660 – ♦Bari 199 – ♦Brindisi 87 – Lecce 48 – Otranto 23 – ♦Taranto 125.

alla grotta Zinzulusa N : 2 km – Vedere Guida Verde :.

🏨 **Orsa Maggiore** ⋟, ✉ 73030 🎣 97029, ≼, « Fra gli olivi » – 🛗 ⬚ 🅿. 🆎 🕃 🕕 🄴 🆅🆂🅰
Pas carta 21/33000 – 🖵 9000 – **30 cam** 78000 – ½ P 60/78000.

87012 Cosenza 🤍🤍🤍 ۞ – 22 429 ab. alt. 350 – ۞ 0981.
Roma 453 – Catanzaro 168 – ♦Cosenza 75 – ♦Napoli 247 – ♦Reggio di Calabria 261 – ♦Taranto 152.

🏠 **President Joli Hotel,** corso Luigi Saraceni 22 🎣 21122 – 🛗 ▤ 📺 ☎ 🅿. 🆎 🕃 🕕 🄴 🆅🆂🅰
🚿
Pas carta 26/41000 – 🖵 6000 – **48 cam** 65/100000 – ½ P 65/80000.

🟉🟉 ۞ **Alia** con cam, via Jetticelle 69 🎣 46370 – ▤ 📺 🅿. 🕕 🆅🆂🅰
chiuso domenica – Pas carta 38/50000 – **16 cam** *(chiuse sino a marzo)* 🖵 60/130000 –
½ P 70/110000
Spec. Pasticcio di fegati misti, Budino di cavolfiore, Raviolo al burro d'anice, Cavatelli con melanzane, Arrosti
di vitello con bottarga. Vini Corvo, Lacrima di Castrovillari.

🅿 🤍🤍🤍 ۞ – Vedere Sicilia alla fine dell'elenco alfabetico.

88100 🅿 🤍🤍🤍 ۞ – 103 174 ab. alt. 343 – ۞ 0961.
Vedere Villa Trieste★ – Pala★ della Madonna del Rosario nella chiesa di San Domenico.
🏌 Porto d'Orra (chiuso lunedì) a Catanzaro Lido ✉ 88063 🎣 791045, NE : 7 km.
🚩 piazza Prefettura 🎣 45530 – 🄰.🄲.🄸. viale dei Normanni 99 🎣 74131.
Roma 612 ③ – ♦Bari 364 ③ – ♦Cosenza 97 ③ – ♦Napoli 406 ③ – ♦Reggio di Calabria 161 ③ – ♦Taranto 298 ③

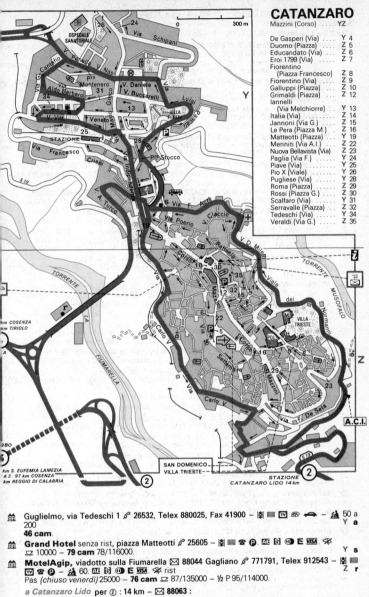

CATANZARO

Mazzini (Corso) .... **YZ**

De Gasperi (Via)	Y 4
Duomo (Piazza)	Z 5
Educandato (Via)	Z 6
Eroi 1799 (Via)	Z 7
Fiorentino	
(Piazza Francesco)	Z 8
Fiorentino (Via)	Z 9
Galluppi (Piazza)	Z 10
Grimaldi (Piazza)	Z 12
Iannelli	
(Via Melchiorre)	Y 13
Italia (Via)	Z 14
Jannoni (Via G.)	Z 15
Le Pera (Piazza M.)	Z 16
Matteotti (Piazza)	Y 19
Menniti (Via A.I.)	Z 22
Nuova Bellavista (Via)	Z 23
Paglia (Via F.)	Y 24
Piave (Via)	Y 25
Pio X (Viale)	Y 26
Pugliese (Via)	Z 28
Roma (Piazza)	Z 29
Rossi (Piazza G.)	Z 30
Scalfaro (Via)	Y 31
Serravalle (Piazza)	Y 32
Tedeschi (Via)	Y 34
Veraldi (Via G.)	Z 35

🏨 Guglielmo, via Tedeschi 1 ℰ 26532, Telex 880025, Fax 41900 – 🛗 🗐 📺 ☎ 🚗 – 🔬 50 a Y a
200
46 cam.

🏨 **Grand Hotel** senza rist, piazza Matteotti ℰ 25605 – 🛗 🗐 ☎ 🅿️ 🆎 🛐 ⓪ 🇪 𝗩𝗜𝗦𝗔 ⚡ Y s
⌂ 10000 – **79 cam** 78/116000.

🏨 **MotelAgip,** viadotto sulla Fiumarella ⊠ 88044 Gagliano ℰ 771791, Telex 912543 – 🛗 Z r
📺 ☎ 🅿️ – 🔬 60. 🆎 🛐 ⓪ 🇪 𝗩𝗜𝗦𝗔 ⚡ rist
Pas *(chiuso venerdì)* 25000 – **76 cam** ⌂ 87/135000 – ½ P 95/114000.

a Catanzaro Lido per ② : 14 km – ⊠ 88063 :

🏨 **Stillhotel** ⚓, via Melito Porto Salvo 102/A ℰ 32851, ≼ – 🗐 📺 ☎ 🅿️ 🆎 🛐 🇪 𝗩𝗜𝗦𝗔 ⚡
Pas vedere rist La Brace – ⌂ 8000 – **30 cam** 70/100000 – P 90/100000.

XXX **La Brace,** via Melito di Porto Salvo 102 ℰ 31340, ☂ – 🗐 🅿️ 🛐 ⓪ 🇪 𝗩𝗜𝗦𝗔 ⚡
chiuso lunedì – Pas carta 31/46000 (10%).

Pour vos excursions au Nord de la Lombardie et en Val d'Aoste
utilisez la **carte Michelin** n° **219** à 1/200 000.

🛈 piazza Nettuno ☎ 963341.

Roma 315 – ♦Ancona 92 – ♦Bologna 130 – Forlì 69 – ♦Milano 341 – Pesaro 17 – ♦Ravenna 74 – Rimini 22.

🏨 **Caravelle,** via Padova 6 ☎ 962416, Telex 551084, Fax 962417, ≤, 🔼, 🐾, ✖ – 🛗 📺 ⚠ ●
🚗 – 🛆 30. 🖭 🔢 ⓞ 🅴 *VISA*. ✳ rist
chiuso dal 10 novembre al 20 dicembre – Pas (chiuso dal 20 settembre al 20 maggi
carta 39/55000 – **45 cam** 🖙 80/160000 – ½ P 100/140000.

🏨 **Negresco,** viale del Turismo 6 ☎ 963281, Telex 551228, ≤, 🔼 riscaldata – 🛗 🕿 🕭 ⓖ
↔ ✳ rist
10 maggio-settembre – Pas 20/28000 – 🖙 11000 – **80 cam** 66/100000 – ½ P 70/81000.

🏨 **Victoria Palace,** viale Carducci 24 ☎ 962921, Telex 550074, Fax 962921, ≤ – 🛗 🗐 rist ●
🅿. 🖭 🔢 ⓞ 🅴 *VISA*. ✳ rist
maggio-settembre – Pas 23/32000 – **88 cam** 🖙 87/151000 – ½ P 40/100000.

🏨 **Diplomat,** viale del Turismo 9 ☎ 967442, ≤, 🐾 – 🛗 🕿 🕭 🅿. 🔢 🅴 *VISA*. ✳ rist
↔ *20 maggio-15 settembre –* Pas *(chiuso a mezzogiorno)* 20/35000 – 🖙 12000 – **89 cam**
50/90000 – ½ P 45/75000.

🏨 **Savoia,** viale Carducci 38 ☎ 961174, Telex 551084, 🔲 – 🛗 🗐 rist 🕾 🅿. ✳ rist
maggio-ottobre – Pas *(solo per clienti alloggiati)* 30000 – 🖙 6000 – **53 cam** 55/90000
½ P 75000.

🏨 **Napoleon,** viale Carducci 52 ☎ 963439, ≤, 🐾 – 🛗 🕿 🅿. 🖭 🔢 ⓞ 🅴 *VISA*. ✳ rist
20 maggio-20 settembre – Pas 30/35000 – 🖙 7000 – **52 cam** 43/53000 – P 75/90000.

🏨 **Beaurivage,** viale Carducci 82 ☎ 963101, ≤, 🐾 – 🛗 🅿. 🖭 🔢 ⓞ 🅴 *VISA*. ✳ rist
maggio-settembre – Pas 21/26000 – 🖙 10000 – **69 cam** 47/82000 – ½ P 52/78000.

🏨 **Royal,** viale Carducci 30 ☎ 954133, Fax 954670, ≤, 🔼 riscaldata, 🐾 – 🛗 🕿 🅿. ✳
↔ *maggio-settembre –* Pas *(solo per clienti alloggiati)* 15/29000 – 🖙 10500 – **65 cam** 59/106000
– ½ P 72/85000.

🏨 **Europa Monetti,** via Curiel 39 ☎ 954159, 🔼 – 🛗 🕾 🚗 🅿. ✳ rist
↔ *15 maggio-20 settembre –* Pas *(solo per clienti alloggiati)* 19/22000 – **77 cam** 🖙 42/76000
½ P 35/65000.

🏨 **Moderno-Majestic,** via D'Annunzio 15 ☎ 954169, ≤, 🐾 – 🛗 🕿 🅿. 🖭. ✳ rist
↔ *15 maggio-25 settembre –* Pas 15/20000 – 🖙 6000 – **60 cam** 30/50000 – ½ P 58/64000.

🏨 **Columbia,** lungomare Rasi Spinelli 36 ☎ 953122, ≤ – 🛗 🕿 🅿. 🅴. ✳ rist
maggio-settembre – Pas *(solo per clienti alloggiati)* – 🖙 8000 – **52 cam** 40/70000
½ P 37/67000.

🏨 **Splendid,** viale Carducci 84 ☎ 961520, Fax 967149, ≤, 🔼, 🐾 – 🛗 ✳ cam 🕿 🅿. *VISA*. ✳ ris
Natale e Pasqua-ottobre – Pas carta 25/38000 – 🖙 10000 – **50 cam** 90000 – ½ P 47/87000.

🏨 **Mediterraneo,** via Facchini 11 ☎ 963468 – 🛗 ✳ cam 🕿 🅿. 🔢 *VISA*. ✳ rist
25 maggio-15 settembre – Pas 22000 – 🖙 7000 – **60 cam** 75/80000 – ½ P 30/59000.

🏨 **Astoria,** viale Carducci 22 ☎ 961328, ≤ – 🛗 🕾 🚗 🅿. ✳ rist
maggio-settembre – Pas *(solo per clienti alloggiati)* – 🖙 10000 – **54 cam** 50/75000
½ P 52/62000.

🏨 **Regina,** viale Carducci 40 ☎ 954167, ≤ – 🛗 🕾 🅿. ✳
↔ *13 maggio-23 settembre –* Pas 18000 – 🖙 8000 – **62 cam** 45/77000 – ½ P 54/70000.

🏨 **Nord Est,** viale Carducci 60 ☎ 961293, ≤ – 🛗 🕾 🅿. ✳ rist
↔ *20 maggio-settembre –* Pas 18/24000 – **71 cam** 🖙 45/77000 – ½ P 38/66000.

🏨 **Maxim,** via Facchini 7 ☎ 962137 – 🛗 🗐 rist 🕾 🅿. ✳ rist
↔ *20 maggio-20 settembre –* Pas 15/28000 – **66 cam** 🖙 45/75000 – ½ P 37/60000.

🏨 **La Rosa,** viale Carducci 80 ☎ 958000, ≤ – 🛗 🕿 🕭 🅿. ⓞ. ✳ rist
↔ *20 maggio-20 settembre –* Pas 15/20000 – 🖙 5000 – **53 cam** 30/66000 – ½ P 48/54000.

🏨 **Renzo,** lungomare Rasi Spinelli 44 ☎ 963312, ≤ – 🛗 🕾 🅿. 🖭 🔢 ⓞ 🅴 *VISA*. ✳
maggio-settembre – Pas carta 25/39000 – **48 cam** 🖙 45/75000 – P 50/70000.

🏨 **Belsoggiorno,** viale Carducci 88 ☎ 963133, ≤, 🐾 – 🛗 🕾 🅿. ✳ rist
↔ *20 maggio-20 settembre –* Pas 17/22000 – 🖙 6500 – **44 cam** 40/70000 – P 38/64000.

🏨 **Suisse,** viale Bovio 67 ☎ 953675 – 🛗 🕾 🅿. 🖭 🔢 ⓞ *VISA*. ✳
↔ *Pasqua-settembre –* Pas 16/20000 – 🖙 8500 – **18 cam** 31/59000 – ½ P 37/57000.

🍴🍴 **Ristorante,** via del Porto 171 ☎ 960742 – ⓞ *VISA*
chiuso a mezzogiorno, mercoledì (escluso luglio-agosto) ed ottobre – Pas carta 45/55000.

🍴 **Protti** con cam, via Emilia Romagna 185 ☎ 954457 – 🛗 📺 🕿 🅿. *VISA*
Pas *(chiuso lunedì da ottobre al 15 maggio)* carta 29/45000 – 🖙 3000 – **20 cam** 30/48000.

🍴 **Al Dollaro** con cam, via Fiume 7 ☎ 962791 – 🛗 rist 📺 🕿. 🖭 🔢 ⓞ 🅴 *VISA*. ✳ cam
↔ *chiuso gennaio –* Pas *(chiuso lunedì da ottobre a maggio)* carta 20/40000 – 🖙 5500
7 cam 38/55000 – ½ P 40/50000.

Roma 254 – Avellino 43 – Caserta 76 – ♦Napoli 45 – Salerno 8.

🏨 **2 Torri** 🐾, a Rotolo E : 2 km ☎ 843830, Fax 843370, ≤, 🔼, ✖ – 🛗 🗐 📺 🕿 🚗 🅿. 🖭
VISA. ✳
Pas 25000 – 🖙 5000 – **35 cam** 46/65000 – ½ P 60000.

🏨 **Victoria Maiorino,** corso Mazzini 4 ☎ 464022 – 🛗 🕿 🚗 🅿
61 cam.

XX Le Bistrot, corso Umberto I n° 203 ℰ 341617 – 🍽.

X Da Vincenzo, via Garibaldi 7 ℰ 464654.

a Corpo di Cava SO : 4 km – alt. 400 – ✉ 84010 Badia di Cava de' Tirreni :

🏨 **Scapolatiello** ⑤, ℰ 463911, Fax 464100, ≤, 🍴, «Terrazza-giardino », 🏊 – 🛗 📺 ☎ 🅿
– 🔒 100. 🆎 🕚 ⑩ 💌. 🦟 rist
Pas carta 24/35000 (15%) – ⪥ 6000 – **48 cam** 55/80000 – ½ P 70/75000.

CAVAGLIA 13042 Vercelli 🟨🟨🟨 ② ⑫, 🟨🟨🟨 ⑮ – 3 534 ab. alt. 272 – ✪ 0161.

oma 657 – Aosta 99 – ◆Milano 93 – ◆Torino 55 – Vercelli 28.

sulla strada statale 143 :

🏨 **Green Park Hotel**, SE : 3,5 km ✉ 13042 ℰ 966771, Telex 223212, Fax 966620, 🐎 – 🛗 🏊
🍴 📺 ☎ – 🔒 80. 🆎 🕚 ⑩ E 💌. 🦟
Pas 30/40000 – ⪥ 8000 – **38 cam** 90/120000 – ½ P 123000.

XX Dei Fiori, SE : 3,5 km ✉ 13042 ℰ 966395 – 🅿.

CAVAGLIETTO 28010 Novara 🟨🟨🟨 ⑯ – 406 ab. alt. 233 – ✪ 0322.

oma 647 – ◆Milano 74 – Novara 22.

XX ✿ **Arianna** con cam, ℰ 806134, prenotare – 🅿. 💌. 🦟 cam
chiuso dal 1° al 16 gennaio e dal 25 luglio al 10 agosto – Pas *(chiuso martedì)* 35/65000 – ⪥
5000 – **6 cam** 35/50000
Spec. Ravioli di coniglio al rosmarino (estate), Storione con sedani all'olio d'oliva (autunno), Insalata di galletto
in agrodolce (primavera). **Vini** Chardonnay, Ghemme.

CAVAGNANO Varese 🟨🟨🟨 ⑧ – Vedere Cuasso al Monte.

CAVAION VERONESE 37010 Verona – 3 449 ab. alt. 190 – ✪ 045.

oma 521 – ◆Brescia 81 – ◆Milano 169 – Trento 74 – ◆Verona 31.

🏠 **Andreis**, ℰ 7235035 – 🅿. 🦟
◆ Pas *(chiuso lunedì da ottobre al 14 giugno)* 20/28000 – ⪥ 5000 – **15 cam** 35/48000 –
½ P 42/45000.

CAVALESE 38033 Trento 🟨🟨🟨 ④ – 3 579 ab. alt. 1 000 – a.s. febbraio-Pasqua e Natale – Sport
nvernali : ad Alpe Cermis : 1 000/2 250 m ✈2 ✈7, 🎿 – ✪ 0462.

🏢 via Fratelli Bronzetti 4 ℰ 30298, Telex 400096, Fax 20649.

oma 648 – Belluno 92 – ◆Bolzano 42 – Cortina d'Ampezzo 97 – ◆Milano 302 – Trento 64.

🏨 **San Valier**, ℰ 31285, 🔳 – 🛗 ☎ 🔥 🅿. 🆎 🕚 ⑩. 🦟
dicembre-Pasqua e giugno-15 ottobre – Pas carta 28/48000 – ⪥ 8000 – **42 cam** 110000 –
½ P 82000.

🏨 **Trunka Lunka**, ℰ 30233, 🐎 – 📺 ☎ 🚗 🅿. 🆎 🕚 ⑩. 🦟
Pas 30/40000 – ⪥ 15000 – **18 cam** 75/125000 – ½ P 75/100000.

🏨 **Park Hotel Azalea** ⑤, ℰ 30109, ≤, «Giardino fiorito » – 🛗 ☎ 🅿. 🆎 🕚 ⑩ E 💌. 🦟
dicembre-aprile e giugno-novembre – Pas 25/30000 – ⪥ 8000 – **35 cam** 70/110000 –
½ P 55/70000.

🏠 **Orso Grigio**, ℰ 31481, Fax 20231 – 🛗 ☎. 🕚 E 💌. 🦟
Pas carta 23/40000 – ⪥ 8000 – **27 cam** 60/90000 – ½ P 56/76000.

🏠 **Panorama** ⑤, ℰ 31636, ≤, 🐎 – ☎ 🅿. 🆎 🕚 💌. 🦟 rist
◆ *20 giugno-20 settembre e 2 dicembre-25 aprile* – Pas *(solo per clienti alloggiati)* 20000 – ⪥
7000 – **28 cam** 42/66000 – ½ P 58/61000.

🏠 **Fiemme** ⑤ senza rist, ℰ 31720, ≤ monti e vallata – 📺 🕚 🅿. 🦟
15 cam ⪥ 77000 appartamenti 139000.

XX ✿ **Mas del Saügo** ⑤ con cam, località Masi SO : 4 km ℰ 30788, ≤, solo su prenotazione,
«In un maso del '700 », 🐎 – ⤝ 🅿. 💌. 🦟
Pas (menu suggeriti dal proprietario; *chiuso giovedì*) 80/90000 – **4 cam** ⪥ 100/160000
Spec. Frittata di zucchine in salsa al limone, Zuppa di lavarello, Gallinella al vino bianco e aromi. **Vini** Pinot
bianco, Cabernet.

XX **Primola**, ℰ 32933 – 🆎 🕚 ⑩ E 💌. 🦟
chiuso martedì (escluso dal 24 dicembre al 2 gennaio, luglio ed agosto) – Pas carta 25/37000.

XX **La Stua** con cam, ℰ 30235, Coperti limitati; prenotare – 📺 ☎. 🕚 ⑩ E 💌
chiuso novembre – Pas *(chiuso martedì in bassa stagione)* carta 28/35000 – ⪥ 10000 –
19 cam 45/76000 – ½ P 50/60000.

🚢 da Treporti (O : 11 km) per : Burano (15 mn), Torcello (22 mn), Murano (45 mn) e Venezia Fondamenta Nuove (1 h 10 mn), giornalieri – Informazioni a Punta Sabbioni 𝒫 966015.

Roma 571 – Belluno 117 – ♦Milano 310 – ♦Padova 80 – Treviso 61 – ♦Trieste 136 – Udine 105 – ♦Venezia 51.

🏠 **Fenix** ⌂, via Francesco Baracca 45 (E : 2 km) 𝒫 968040, ≤, ⩘, ✵ – 🛗 ☎ 🅿. 🖭. ⅏ ris
◆ *15 maggio-settembre* – Pas 20000 – ⊑ 10000 – **64 cam** 62/94000 – ½ P 50/78000.

✕✕ **Trattoria Laguna,** via Pordelio 444 𝒫 968058 – 🍽. 🖭 🅱 ⓘ **E** 𝒱𝒮𝒜. ⅏
chiuso giovedì a mezzogiorno dal 15 giugno al 15 settembre, tutto il giorno negli altri mesi Pas carta 34/60000.

a Treporti O : 11 km – ⊠ 30010 :

✕ **Al Pescatore,** 𝒫 966196, ≤, ⩘ – 🅿. ⅏
◆ *marzo-novembre; chiuso martedì* – Pas carta 20/31000.

Roma 654 – Biella 36 – ♦Milano 80 – Novara 34 – ♦Torino 97.

sulla strada statale 142 S : 2 km :

✕✕ **Imazio,** ⊠ 28010 𝒫 80144 – 🅿. 🖭 🅱 ⓘ **E** 𝒱𝒮𝒜. ⅏
chiuso martedì e dall'11 al 31 gennaio – Pas carta 24/44000.

Roma 560 – ♦Genova 117 – ♦Milano 46 – Pavia 8 – Piacenza 62.

sulla strada statale 35 SE : 2 km :

🏠 **Le Gronde,** località Tre Re ⊠ 27051 𝒫 553942, Fax 553942 – 🛗 🍽 📺 ☎ 🚗 🅿 – 🔬 3C 160. 🖭 🅱 ⓘ 𝒱𝒮𝒜. ⅏ cam
Pas carta 32/50000 – ⊑ 7000 – **28 cam** 65/90000 – ½ P 100000.

Roma 600 – ♦Bergamo 13 – ♦Brescia 45 – ♦Milano 54.

🏠 **Giordano,** via Leopardi 𝒫 840266 – ☎ 🅿. ⅏
Pas *(chiuso lunedì ed agosto)* carta 29/46000 – ⊑ 8000 – **22 cam** 32/45000.

Roma 436 – ♦Milano 145 – ♦Parma 23 – Reggio nell'Emilia 9.

✕✕ ❀ **Picci,** 𝒫 57201 – 🍽. 🖭 🅱 ⓘ **E** 𝒱𝒮𝒜. ⅏
chiuso lunedì sera, martedì, dal 26 dicembre al 20 gennaio e dal 5 al 25 agosto – P carta 50/65000
Spec. Caramelle agli aromi di bosco, Insalata di filetto all'aceto balsamico con uvetta e pinoli, Filetto coniglio al finocchio selvatico. **Vini** Malvasia, Montepulciano d'Abruzzo.

Roma 502 – ♦Brescia 39 – Mantova 32 – ♦Milano 131 – ♦Verona 45.

✕✕✕ ❀ **La Capra-Vecchia Fornace,** 𝒫 82101 – 🅿 – 🔬 120. ⅏
chiuso martedì – Pas carta 42/58000
Spec. Filetto d'oca all'agro, Gratin di funghi porcini, Risotto con lumache, Petto di faraona in salsa al rabarbar **Vini** Soave, Bardolino.

Roma 240 – Arezzo 45 – ♦Firenze 58 – Siena 39.

✕ **Pitena,** E : 3 km 𝒫 966016, ⩘, 🚗 – 🅿. 🅱 **E** 𝒱𝒮𝒜. ⅏
◆ *chiuso martedì sera, mercoledì ed agosto* – Pas carta 15/25000.

Roma 89 – Frosinone 14 – Latina 49 – ♦Napoli 150.

✕ **Delle Rose,** piazza Mancini 14 𝒫 600050 – ⅏
◆ *chiuso martedì ed agosto* – Pas carta 18/31000.

Roma 592 – Alessandria 55 – ♦Genova 112 – ♦Milano 90 – Piacenza 82.

a Serra del Monte SO : 3,5 km – ⊠ 27050 Cecima :

✕ **Locanda del Diavolo,** 𝒫 59123 – 🖭 🅱 ⓘ. ⅏
chiuso mercoledì – Pas carta 27/56000.

CECINA 57023 Livorno 988 ⑭ – 24 729 ab. alt. 15 – ✆ 0586.

Roma 285 – ◆Firenze 122 – Grosseto 98 – ◆Livorno 36 – Piombino 46 – Pisa 55 – Siena 98.

🏠 **Il Palazzaccio** senza rist, via Aurelia Sud 300 ✆ 682510 – ☞ **P.** ⚡
ⴤ 10000 – **30 cam** 54/74000.

XX **Scacciapensieri**, via Verdi 22 ✆ 680900, Coperti limitati; prenotare – 🆎 ⓪ 𝓥𝓘𝓢𝓐. ⚡
chiuso lunedì – Pas carta 49/68000.

XX **Trattoria Senese**, via Diaz 23 ✆ 680335 – 🍽. 𝓥𝓘𝓢𝓐. ⚡
chiuso martedì e dal 10 al 31 gennaio – Pas carta 30/48000 (10%).

CECINA (Marina di) 57023 Livorno – a.s. 15 giugno-15 settembre – ✆ 0586.

Roma 288 – Cecina 3 – ◆Firenze 125 – ◆Livorno 39 – Pisa 58.

🏠 **Il Gabbiano**, viale della Vittoria 109 ✆ 620248, ≤, 🐎 – ☞ **P.** ⚡
Pas carta 32/44000 – ⴤ 10000 – **26 cam** 54/74000 – P 58/83000.

🏠 **Massimo,** via Zaccaria 3 ✆ 620216, « Giardino ombreggiato » – 🛗 **P.** 🅂 E 𝓥𝓘𝓢𝓐. ⚡
Pas (solo per clienti alloggiati) 24000 – ⴤ 7000 – **36 cam** 60/85000 – ½ P 65/80000.

X **El Faro**, viale della Vittoria 70 ✆ 620164, ≤, 🐎 – 🆎 ⓪ 𝓥𝓘𝓢𝓐
chiuso mercoledì e da novembre al 5 dicembre – Pas carta 42/60000.

CEFALÙ Palermo 988 ㊱ – Vedere Sicilia alla fine dell'elenco alfabetico.

CEGLIE MESSAPICO 72013 Brindisi 988 ㉚ – 21 070 ab. alt. 303 – ✆ 0831.

Roma 564 – ◆Bari 92 – ◆Brindisi 38 – ◆Taranto 38.

X Al Fornello-da Ricci, contrada Montevicoli ✆ 977104 – **P.**

X **Da Gino,** contrada Montevicoli ✆ 977916 – **P.** ⓪ 𝓥𝓘𝓢𝓐. ⚡
chiuso venerdì e settembre – Pas carta 25/40000.

CELANO 67043 L'Aquila 988 ㉘ – 10 743 ab. alt. 800 – ✆ 0863.

Roma 118 – Avezzano 16 – L'Aquila 67 – Pescara 94.

X **Gole di Celano-da Guerrinuccio,** borgo Sardellino S : 1,5 km ⊠ 67041 Aielli ✆ 791471
– ⚡ **P.** 🆎 🅂 ⓪
chiuso lunedì – **Pas** carta 17/26000.

CELLE LIGURE 17015 Savona 988 ⑬ – 5 145 ab. – ✆ 019.

🛈 largo Giolitti 7 ✆ 990021.

Roma 538 – Alessandria 86 – ◆Genova 39 – ◆Milano 162 – Savona 7,5.

🏠 **San Michele**, via Monte Tabor 26 ✆ 990017, ⛴, 🌳 – 🛗 ☞ **P.** ⚡ rist
giugno-settembre – Pas 35/45000 – ⴤ 18000 – **51 cam** 80/90000 – ½ P 70/90000.

🏠 **Riviera**, via Colla 55 ✆ 990541, Fax 993411 – 🛗 ☎ 🚻. 🆎 🅂 ⓪ E 𝓥𝓘𝓢𝓐. ⚡ rist
chiuso da novembre al 20 dicembre – Pas 30/40000 – ⴤ 6000 – **48 cam** 60/80000 –
½ P 45/95000.

🏠 **Felice** senza rist, via Mulino a Vento 26 ✆ 990174, ⛴, ⚡ – ☎ **P.** ⚡
Pasqua-settembre – ⴤ 6000 – **17 cam** 49/70000.

🏠 **Piccolo Hotel**, via Lagorio 25 ✆ 990015 – 🛗 ☞ **P.** ⚡
aprile-settembre – Pas 30000 – ⴤ 10000 – **26 cam** 55/80000 – ½ P 65000.

🏠 **Ancora**, via De Amicis 3 ✆ 990052 – ☎ **P.** 🆎 🅂 E 𝓥𝓘𝓢𝓐. ⚡ rist
aprile-settembre – Pas *(chiuso martedì)* 30/35000 – ⴤ 8000 – **41 cam** 45/65000 –
½ P 40/55000.

XX **Mosè**, via Colla 30 ✆ 991560 – 🆎 🅂 ⓪ E 𝓥𝓘𝓢𝓐
chiuso mercoledì e dal 15 ottobre al 15 dicembre – Pas carta 30/61000.

sulla strada statale 1 - via Aurelia E : 1,5 km :

XX ✿ **Villa Alta**, ⊠ 17015 ✆ 990939, ≤, �& , Coperti limitati; prenotare, 🌳 – 🆎 𝓥𝓘𝓢𝓐. ⚡
chiuso martedì e dal 7 gennaio al 10 marzo – Pas carta 50/70000 (15%)
Spec. Spaghetti o riso all'aragosta, Sogliola Bercy, Pasticceria della Casa. **Vini** Pigato, Sassicaia.

CEMBRA 38034 Trento – 1 543 ab. alt. 677 – a.s. dicembre-aprile – ✆ 0461.

🛈 ✆ 683110.

Roma 611 – Belluno 130 – ◆Bolzano 63 – ◆Milano 267 – Trento 23.

🏠 **Al Caminetto,** ✆ 683007 – 🍽 rist **P.** ⚡
– Pas *(chiuso lunedì)* carta 15/22000 – **27 cam** ⴤ 28/52000 – ½ P 34000.

CENTO 44042 Ferrara 988 ⑭⑮ – 29 055 ab. alt. 15 – ✆ 051.

Roma 410 – ◆Bologna 33 – ◆Ferrara 35 – ◆Milano 207 – ◆Modena 37 – ◆Padova 103.

🏠 **Europa**, via 4 Novembre 16 ✆ 903319, Fax 902213 – 🛗 🍽 📺 ☞ **P.** ⚡ rist
Pas carta 26/41000 – ⴤ 8500 – **44 cam** 40/68000. 🍽 6500 – ½ P 65000.

🏠 **Al Castello**, via Giovannina 57 (O : 2 km) ✆ 6836053, Fax 6835990, ⚡ – 🛗 🍽 📺 ☞ **P.** –
🚗 400. 𝓥𝓘𝓢𝓐. ⚡
Pas 25000 – ⴤ 13000 – **68 cam** 42/72000 appartamenti 180000. 🍽 14000 – ½ P 70000.

CEPARANA 19020 La Spezia – alt. 36 – ✪ 0187.
Roma 415 – ◆Genova 98 – ◆Parma 107 – ◆La Spezia 11.

  ✗ **Mileo,** NO : 3 km ℰ 945096, « Servizio estivo all'aperto » – 🅿 🅗 🅔 𝗩𝗜𝗦𝗔. ⫸
     chiuso lunedì sera, martedì e dal 17 agosto al 7 settembre – Pas carta 22/39000.

CEPRANO 03024 Frosinone 𝟵𝟴𝟴 ㉘ – 8 647 ab. alt. 120 – ✪ 0775.
Roma 99 – Avezzano 84 – Frosinone 25 – Isernia 78 – Latina 71 – ◆Napoli 122.

  🏨 **Ida,** in prossimità casello autostrada A 2 ℰ 950040 – 🛗 🖳 rist ☎ ⇔ 🅿 🅰🅴 🅾. ⫸
     chiuso dal 24 dicembre al 2 gennaio – Pas carta 23/33000 – 🖂 6000 – **36 cam** 37/57000 –
     ½ P 45/60000.

CERBAIA Firenze – Vedere San Casciano in Val di Pesa.

CERCENASCO 10060 Torino – 1 614 ab. alt. 256 – ✪ 011.
Roma 689 – Cuneo 60 – ◆Milano 183 – Sestriere 70 – ◆Torino 31.

  ✗ **Centro,** ℰ 9809247 – 🖳 🅗 🅾 🅔
     chiuso mercoledì e dal 1° al 10 agosto – Pas carta 21/40000.

CERESE DI VIRGILIO Mantova – Vedere Mantova.

CERESOLE REALE 10080 Torino 𝟵𝟴𝟴 ⑫, 𝟮𝟭𝟵 ⑫ – 164 ab. alt. 1 620 – ✪ 0124.
Roma 738 – Aosta 126 – ◆Milano 176 – ◆Torino 81.

  🏠 **Blanchetti** 🦢, ℰ 95174, ≤ – ☎. ⫸ rist
     Pas *(chiuso mercoledì da ottobre a marzo)* carta 23/35000 – 🖂 6000 – **11 cam** 57/107000 –
     P 65/80000.

CERETTO LOMELLINA 27030 Pavia – 234 ab. alt. 109 – ✪ 0384.
Roma 606 – Alessandria 55 – ◆Genova 111 – ◆Milano 52.

  ✗✗ **Cascina Bovile,** strada per Nicorvo ℰ 56123 – 🅿 🅗 🅾 𝗩𝗜𝗦𝗔. ⫸
     chiuso domenica sera, lunedì e dal 5 al 20 agosto – Pas 70/75000.

CERIGNOLA 71042 Foggia 𝟵𝟴𝟴 ㉘ – 54 210 ab. alt. 124 – ✪ 0885.
Roma 366 – ◆Bari 90 – ◆Foggia 37 – ◆Napoli 178.

  ✗✗✗ **Il Bagatto,** via Tiro a Segno 7 ℰ 427850, 🌦 – 🖳 🅰🅴 🅾 𝗩𝗜𝗦𝗔. ⫸
     chiuso lunedì ed ottobre – Pas carta 22/37000.

CERMENATE 22072 Como 𝟮𝟭𝟵 ⑱ – 7 958 ab. alt. 332 – ✪ 031.
Roma 612 – Como 16 – ◆Milano 30 – Varese 28.

  ✗ **Castello,** via Castello 26/28 ℰ 771563 – 🅿 🅰🅴. ⫸
     chiuso lunedì, martedì sera, dal 24 al 29 dicembre ed agosto – Pas carta 33/46000.

CERNOBBIO 22012 Como 𝟵𝟴𝟴 ③, 𝟮𝟭𝟵 ⑧⑨ – 7 290 ab. alt. 202 – ✪ 031.
Vedere Località★★ – Giardino★★ di Villa d'Este (hotel).
🛣 Villa d'Este (chiuso gennaio e febbraio) a Montorfano ✉ 22030 ℰ 200200, SE : 11 km.
🔼 via Regina 33/b ℰ 510198.
Roma 630 – Como 5 – ◆Lugano 33 – ◆Milano 53 – Sondrio 98 – Varese 30.

  🏰🏰🏰 **Gd H. Villa d'Este** 🦢, ✉ 22010 ℰ 511471, Telex 380025, Fax 512027, ≤, 🌳, « Grande
     parco digradante sul lago », ⤶ riscaldata, 🌊, ✗ – 🛗 🖳 rist ☎ ♨ ⇔ 🅿 – 🔬 250. 🅰🅴
     🅾 🅔 𝗩𝗜𝗦𝗔. ⫸ rist
     aprile-novembre – Pas carta 75/140000 – **158 cam** 🖂 380/600000 appartamenti 1300000.

  🏨🏨 **Asnigo** 🦢, NE : 2 km ℰ 510062, Fax 510249, ≤ lago e monti – 🛗 📺 ☎ 🅿 – 🔬 30. 🅰🅴
     🅾 🅔 𝗩𝗜𝗦𝗔. ⫸ rist
     Pas carta 39/56000 – 🖂 15000 – **30 cam** 110/157000 appartamenti 195/322000 –
     ½ P 116/121000.

  🏨🏨 **Regina Olga,** ℰ 510171, Telex 380821, Fax 340604, ≤, ⤶ riscaldata, 🌦 – 🛗 📺 ☎ ⇔ 🅿
     – 🔬 120. 🅰🅴 🅗 🅾 🅔 𝗩𝗜𝗦𝗔. ⫸ rist
     Pas vedere rist Cenobio – **83 cam** 🖂 152/227000 appartamenti 330000 – ½ P 135/177000.

  🏨 **Miralago,** ℰ 510125, Telex 380321, ≤ – 🛗 📺 ☎. 🅰🅴 🅾 🅔 𝗩𝗜𝗦𝗔. ⫸ rist
     marzo-novembre – Pas *(chiuso lunedì)* carta 28/41000 – 🖂 13000 – **30 cam** 63/89000 –
     ½ P 72/77000.

  ✗✗✗ Cenobio, ℰ 512710, 🌦 – 🖳.

  ✗✗ **Terzo Crotto,** ℰ 512304, « Servizio estivo all'aperto » – 🅿 🅰🅴 🅗 🅾 🅔 𝗩𝗜𝗦𝗔. ⫸
     chiuso lunedì e gennaio – Pas carta 37/57000 (15%).

CERNUSCO SUL NAVIGLIO 20063 Milano 219 ⑱ – 24 496 ab. alt. 133 – ✪ 02.

🔏 Molinetto (chiuso lunedì) ℰ 9238500.

Roma 583 – ✦Bergamo 38 – ✦Milano 14.

    XX **Vecchia Filanda,** via Pietro da Cernusco 2/A ℰ 9249200, Coperti limitati; prenotare – 🖦.
        AE ⑤ ⑩ ☑ VISA ⅍
        chiuso sabato a mezzogiorno, domenica, dal 24 dicembre al 7 gennaio, Pasqua, 25 aprile, 1°
        maggio ed agosto – Pas carta 40/61000.

    XX **Lo Spiedo da Odero,** via Verdi 48 ℰ 9242781, 🏡 – ⑤ VISA ⅍
        chiuso domenica sera, lunedì, dal 1° al 15 gennaio ed agosto – Pas carta 37/60000.

CERRINA MONFERRATO 15020 Alessandria – 1 549 ab. alt. 225 – ✪ 0142.

Roma 626 – Alessandria 46 – Asti 37 – ✦Milano 98 – ✦Torino 58 – Vercelli 40.

    a Montalero O : 3 km – ✉ 15020 :

    XX ✿ **Castello di Montalero,** ℰ 94146, solo su prenotazione, « Costruzione settecentesca in
        un parco ombreggiato » – ⓟ. ⓞ. ⅍
        chiuso lunedì – Pas 65000
        Spec. Zuppa di porcini e tartufi (autunno), Sformato di crema di peperoni (inverno), Faraona al limone (pri-
        mavera-estate). **Vini** Gavi, Grignolino.

CERTALDO 50052 Firenze 988 ⑭ – 16 061 ab. alt. 67 – ✪ 0571.

Roma 270 – ✦Firenze 56 – ✦Livorno 75 – Siena 40.

    XX **Charlie Brown,** via Guido Rossa 13 ℰ 664534 – VISA ⅍
        chiuso martedì e dal 10 al 25 agosto – Pas carta 29/55000.

CERTOSA DI PAVIA 27012 Pavia 988 ③ ⑬ – 2 988 ab. alt. 91 – ✪ 0382.

Vedere Certosa✶✶✶ E : 1,5 km.

Roma 572 – Alessandria 76 – ✦Bergamo 84 – ✦Milano 27 – Pavia 9 – Piacenza 62.

    XX ✿ **Vecchio Mulino,** via al Monumento 5 ℰ 925894, Coperti limitati; prenotare, « Servizio
        estivo in giardino » – ⓟ. AE ⑤ ⑩ E VISA ⅍
        chiuso domenica sera, lunedì, dal 1° al 10 gennaio e dal 31 luglio al 30 agosto – Pas
        carta 42/70000
        Spec. Terrina di trota e pesce persico, Ravioli di stufato al tartufo nero, Petto d'anatra alle erbe aromatiche. **Vini**
        Riesling italico, Cirga'.

    XX **Chalet della Certosa,** sul piazzale antistante il Monastero ℰ 925615, « Servizio estivo in
        giardino » – ⓟ. AE ⑤ ⑩ E ⅍
        chiuso lunedì e gennaio – Pas carta 35/55000 (12%).

CERVESINA 27050 Pavia – 1 265 ab. alt. 72 – ✪ 0383.

Roma 580 – Alessandria 46 – ✦Genova 102 – ✦Milano 72 – Pavia 25.

    XXX **Il Castello di San Gaudenzio** 🐾 con cam, S : 3 km ℰ 75025, Telex 311399, Fax 75025,
        prenotare, « Castello del 14° secolo in un parco » – 🖦 📺 ☎ ⓟ – 🔬 80. AE ⑤ ⑩ E VISA
        ⅍
        Pas *(chiuso martedì)* carta 28/47000 – ☲ 10000 – **12 cam** 85/140000 appartamenti 175/200000
        – P 120/170000.

CERVETERI 00052 Roma 988 ㉕ – 18 597 ab. alt. 81 – ✪ 06.

Vedere Necropoli della Banditaccia✶✶ N : 2 km.

Roma 51 – Civitavecchia 33 – Ostia Antica 42 – Tarquinia 52 – Viterbo 72.

    X **L'Oasi-da Pino,** ℰ 9953482, 🏡 – 🖦. ⅍
        chiuso lunedì e dal 5 al 30 novembre – Pas carta 23/46000.

CERVIA 48015 Ravenna 988 ⑮ – 25 001 ab. – Stazione termale (aprile-ottobre), a.s. 15 giugno-
agosto – ✪ 0544.

🔏 (chiuso gennaio, febbraio e martedì da ottobre a maggio) ℰ 992786.

🏛 piazza Garibaldi (maggio-settembre) ℰ 971013.

Roma 382 – ✦Bologna 96 – ✦Ferrara 98 – Forlì 28 – ✦Milano 307 – Pesaro 76 – ✦Ravenna 22 – Rimini 30.

    🏨 **Gd H. Cervia,** lungomare Grazia Deledda 9 ℰ 970500, Fax 972086, ≤, 🐾₅ – 📳 🖦 📺 ☎
        ⓟ – 🔬 200. AE ⑤ ⑩ E VISA ⅍
        aprile-settembre – Pas 40/50000 – **56 cam** ☲ 98/149000.

    🏨 **Nettuno,** lungomare D'Annunzio 34 ℰ 971156, ≤, ⌁ riscaldata, ⩓ – 📳 🕮 ⓟ. ⑤ E VISA.
   ↝ ⅍ rist
        maggio-settembre – Pas 20/30000 – ☲ 10000 – **45 cam** 40/75000 – ½ P 46/76000.

    🏨 **Strand e Gambrinus,** lungomare Grazia Deledda 104 ℰ 971773, Fax 973984, ≤ – 📳 ☎
        ⓟ. AE ⑤ ⑩ E VISA ⅍
        25 maggio-15 settembre – Pas 22000 – ☲ 6000 – **66 cam** 40/60000 – ½ P 39/58000.

    🏨 **Bristol,** lungomare D'Annunzio 22 ℰ 71518, ≤ – 📳 🖦 rist ☎ ⓟ. ⅍ rist
        maggio-20 settembre – Pas 22/35000 – ☲ 7000 – **51 cam** 35/60000 – ½ P 50/60000.

    🏨 **K 2 Cervia,** viale dei Mille 98 ℰ 971025, ⩓ – ⅍ 📺 ☎ ⓟ. AE ⑤ ⑩ E VISA
        Pasqua-ottobre – Pas 30000 – ☲ 8000 – **40 cam** 50/70000 – ½ P 65000.

🏨 **Universal,** lungomare Grazia Deledda 118 ℰ 71418, Fax 971746, ⛾ riscaldata, ⌂ – ▮ ▤
☎ ⇌ 🅿. 🛗 𝗩𝗜𝗦𝗔 ፠ rist
10 marzo-15 ottobre – Pas 25/35000 – ⚏ 9000 – **42 cam** 50/75000 – ½ P 70/84000.

🏨 **Beau Rivage,** lungomare Grazia Deledda 116 ℰ 971010, ≤, ⌂ – ▮ ▤ ☎ 🅿. 🛗 𝗩𝗜𝗦𝗔
፠ rist
Pasqua-settembre – Pas 25/35000 – ⚏ 9000 – **40 cam** 50/75000 – ½ P 70/84000.

🏨 **Buenos Aires,** lungomare Grazia Deledda 130 ℰ 973174, ≤ – ▮ ▤ rist ☜ 🅿 – 🔬 120
𝖠𝖤 🛗 ⓞ 𝖤 𝗩𝗜𝗦𝗔. ፠ rist
aprile-ottobre – Pas 25/35000 – ⚏ 7000 – **62 cam** 45/70000 – ½ P 50/56000.

🏦 **Milazzo,** viale Milazzo 120 ℰ 971062 – ▮ ▤ rist 📺 ☜ 🅿 – *stagionale* – **27 cam**.

🏦 **Ascot,** viale Titano 14 ℰ 72318, ⛾ riscaldata, ⌂ – ▮ ▤ rist ☜ 🅿. ፠
➤ *15 maggio-15 settembre* – Pas (solo per clienti alloggiati) 20/30000 – ⚏ 8000 – **30 cam**
50/60000 – P 50/55000.

🏦 **Gadames,** viale Cristoforo Colombo 40 ℰ 970461 – ▮ ⇆ cam ☜. 𝖠𝖤 🛗 𝗩𝗜𝗦𝗔. ፠ rist
maggio-settembre – Pas 21000 – ⚏ 9000 – **35 cam** 34/57000 – ½ P 48/51000.

✗✗ I Rubini, viale Nettuno 3 ℰ 72327, ☂.

✗✗ Al Teatro, via 20 Settembre 169 ℰ 71639, prenotare.

✗ **La Pescheria,** via Nazario Sauro 122 ℰ 971108 – 🛗 𝖤 𝗩𝗜𝗦𝗔. ፠
chiuso dal 7 gennaio al 5 febbraio e mercoledì (escluso da giugno al 15 settembre) – Pas
carta 37/48000.

a Pinarella S : 2 km – ✉ **48015** Pinarella di Cervia.
🛈 viale Titano ℰ 988869 :

🏨 **Antares,** viale Italia 282 ℰ 987414, ⛾ riscaldata, ⌂ – ▮ ☜ 🅿. 𝖠𝖤 🛗 ⓞ. ፠
15 maggio-25 settembre – Pas (solo per clienti alloggiati) 25000 – ⚏ 9000 – **30 cam**
38/58000 – ½ P 53000.

🏨 **Garden,** viale Italia 250 ℰ 987144, Fax 987620, ⛾, 🐾, ⌂, ✗ – ▮ ▤ rist ☎ 🅿. ፠ rist
➤ *15 maggio-settembre* – Pas 20/25000 – ⚏ 9000 – **55 cam** 45/75000 – ½ P 50/57000.

🏦 **Buratti,** viale Italia 194 ℰ 987549, 🐾, ⌂ – ▮ ▤ ☜ 🅿. ፠
Pasqua-settembre – Pas 22/30000 – ⚏ 9000 – **40 cam** 33/55000 – ½ P 36/51000.

🏦 Everest, viale Italia 230 ℰ 987214, ⌂ – ▮ 🅿 – *stagionale* – **42 cam**.

a Milano Marittima N : 2 km – ✉ **48016** Cervia - Milano Marittima.
🛈 viale Romagna 107 ℰ 993435, Fax 992515 :

🏯 **Mare e Pineta,** viale Dante 40 ℰ 992262, Telex 550869, Fax 992739, « Parco pineta »,
⛾ riscaldata, 🐾, ✗ – ▮ ▤ cam ☜ 🅿 – 🔬 250. 𝖠𝖤 🛗 ⓞ 𝖤 𝗩𝗜𝗦𝗔. ፠ rist
14 maggio-19 settembre – Pas 50000 – ⚏ 15000 – **197 cam** 150/190000 – ½ P 110/210000.

🏨 **Exclusive Waldorf,** VII Traversa 17 ℰ 994343, Telex 550834, Fax 993428, ≤, « Giardino
con ⛾ riscaldata », 🐾, – ▮ ▤ 📺 ☎ 🅿. 𝖠𝖤 🛗 ⓞ 𝖤 𝗩𝗜𝗦𝗔. ፠ rist
aprile-ottobre – Pas (solo per clienti alloggiati) 50/60000 – ⚏ 20000 – **23 cam** 105/200000
– ½ P 100/180000.

🏨 **Rouge,** III Traversa 26 ℰ 992201, Fax 994379, ≤, ⛾ riscaldata, ⌂, ✗ – ▮ ▤ rist ☎ 🅿. 𝖠𝖤
🛗 ⓞ 𝖤 𝗩𝗜𝗦𝗔. ፠ rist
aprile-settembre – Pas carta 40/60000 – ⚏ 15000 – **84 cam** 75/115000 – ½ P 92/112000.

🏨 **Aurelia,** viale 2 Giugno 34 ℰ 992082, Telex 550339, ≤, « Giardino », ⛾ riscaldata, 🐾,
– ▮ ▤ rist ☎ 🅿 – 🔬 130. 𝖠𝖤 🛗 ⓞ 𝖤 𝗩𝗜𝗦𝗔. ፠ rist
Pasqua-ottobre – Pas 40000 – ⚏ 12000 – **105 cam** 90/100000 – ½ P 110/125000.

🏨 **Miami,** III Traversa 31 ℰ 991628, Telex 550270, ≤, ⛾ riscaldata, ⌂ – ▮ ▤ ☎ 🅿. 𝖠𝖤 🛗
ⓞ 𝖤 𝗩𝗜𝗦𝗔. ፠ rist
marzo-novembre – Pas (solo per clienti alloggiati) 40/50000 – ⚏ 120/195000 –
½ P 92/117000.

🏨 **Bellevue Beach** ☜, XIX Traversa ℰ 994233, ≤, ⛾ riscaldata, 🐾, ⌂ – ▮ ▤ rist 🅿. 𝖠𝖤
🛗 🛗 𝗩𝗜𝗦𝗔. ፠ rist
10 maggio-25 settembre – Pas 35/50000 – ⚏ 16000 – **70 cam** 75/120000 appartamenti
195/240000 – ½ P 95/113000.

🏨 **Deanna Golf Hotel,** viale Matteotti 131 ℰ 991365, « Giardino », ⛾ riscaldata – ▮ ☎ 🅿.
𝖠𝖤 🛗 ⓞ 𝖤 𝗩𝗜𝗦𝗔. ፠ rist
aprile-ottobre – Pas 40000 – ⚏ 15000 – **67 cam** 65/90000 – ½ P 82/87000.

🏨 **Le Palme,** VII Traversa 12 ℰ 994660, Telex 563052, Fax 994179, ≤, « Giardino ombreggiato », ⛾ riscaldata, ✗ – ▮ ☎ 🅿. ፠ rist
15 maggio-21 settembre – Pas 25/30000 – ⚏ 15000 – **84 cam** 65/100000 – ½ P 72/117000.

🏨 **Gallia,** piazzale Torino 16 ℰ 994692, « Giardino ombreggiato », ⛾ riscaldata, ✗ – ▮ ▤
☎ 🅿. 🛗 𝗩𝗜𝗦𝗔. ፠ rist
maggio-26 settembre – Pas 30/50000 – ⚏ 13000 – **99 cam** 100/130000 – ½ P 104/164000.

🏨 **Doge,** viale 2 Giugno 36 ℰ 992071, Telex 551223, ≤, ⛾ riscaldata, 🐾, ⌂ – ▮ ▤ rist ☎
♿ 🅿. 𝖠𝖤 🛗 ⓞ 𝖤 𝗩𝗜𝗦𝗔. ፠ rist
15 maggio-settembre – Pas carta 35/45000 – ⚏ 15000 – **78 cam** 80/120000 – ½ P 85/105000.

🏨 **Michelangelo,** viale 2 Giugno 113 ℰ 994470, Fax 972382, « Giardino », ⛾ riscaldata – ▮
▤ 📺 ☎ ♿ 🅿. 𝖠𝖤 🛗 ⓞ 𝖤 𝗩𝗜𝗦𝗔. ፠ rist
chiuso gennaio e febbraio – Pas 30/40000 – ⚏ 8500 – **47 cam** 85/140000 – ½ P 70/100000.

🏠 **Globus,** viale 2 Giugno 59 ☎ 992115, 🔥 riscaldata, 🏖 – 📶 ☰ rist ☎ 🔥 🅿 🕼 🛇 🛠 rist
Pasqua-settembre – Pas 25/35000 – 🍴 10000 – **48 cam** 77000 – ½ P 55/77000.

🏠 **Kent,** viale 2 Giugno 142 ☎ 992048, Fax 994472, « Piccolo giardino ombreggiato » – 📶 ☎
🅿 AE 🕼 ⓪ 🄴 VISA 🛠 rist
10 maggio-settembre – Pas 35/48000 – 🍴 12000 – **45 cam** 45/72000 – ½ P 50/70000.

🏠 **Acapulco,** VI Traversa 19 ☎ 992396, Fax 992396, 🔸 – 📶 ☰ rist ☎ 🛠 rist
15 maggio-20 settembre – Pas 30000 – 🍴 10000 – **49 cam** 45/70000 – ½ P 56/77000.

🏠 **Ariston,** via Corsica 16 ☎ 994659, 🔸, 🏖 – 📶 ☎ 🅿
stagionale – **59 cam**.

🏠 **Parco,** viale 2 Giugno 49 ☎ 991130, 🏖 – 📶 🍴✕ cam ⊛ 🔥 🅿 🛠
15 maggio-20 settembre – Pas (solo per clienti alloggiati) – 🍴 8000 – **33 cam** 43/66000 –
½ P 62/71000.

🏠 **Sahara,** anello del Pino 4 ☎ 992001, 🔥 riscaldata, 🏖 – 📶 ☰ ☎ 🅿 VISA 🛠 rist
10 maggio-settembre – Pas 25/40000 – 🍴 12000 – **56 cam** 45/70000 – P 55/75000.

🏠 **Sorriso,** VIII Traversa 19 ☎ 994063, Fax 903123, 🔥 riscaldata – 📶 ☰ ⊛ 🅿 🕼 🄴 VISA.
🛠 rist
maggio-ottobre – Pas 35000 – 🍴 17000 – **32 cam** 47/75000, ☰ 4000 – ½ P 77/81000.

🏠 **Nadia,** viale Puccini 1 ☎ 991421, 🏖 – ☎ 🅿 🕼 🄴. 🛠 rist
chiuso gennaio – Pas (solo per clienti alloggiati e *chiuso da ottobre ad aprile*) 25000 – 🍴
7500 – **28 cam** 40/50000 – ½ P 40/59000.

🏠 **Fenice,** XVII Traversa 6 ☎ 991497, 🏖 – 📶 ☰ rist ☎ 🅿 AE ⓪. 🛠
15 maggio-20 settembre – Pas (solo per clienti alloggiati) 25000 – 🍴 10000 – **46 cam**
50/70000 – ½ P 51/58000.

🏠 **King,** XII Traversa 14 ☎ 994323, 🔸 – 📶 ☰ ⊛ 🅿. 🛠 rist
➤ *10 maggio-25 settembre* – Pas 20/25000 – 🍴 8000 – **46 cam** 50/70000 – ½ P 45/65000.

🏠 **Mazzanti,** via Forlì 51 ☎ 991207, 🔸 – 📶 ☎ 🅿. AE 🕼 🄴 VISA. 🛠 rist
maggio-settembre – Pas 25/30000 – 🍴 8000 – **42 cam** 45/70000 – ½ P 65000.

🏠 **Saratoga,** viale 2 Giugno 156 ☎ 994216 – 📶 ☰ ⊛ 🅿. 🛠
➤ *20 aprile-20 settembre* – Pas (chiuso sino al 15 maggio) 16/21000 – 🍴 10000 – **41 cam**
40/65000 – ½ P 35/58000.

🏠 **Mirage,** XVI Traversa 9 ☎ 994322, 🏖 – 📶 ☎ 🅿. AE ⓪ 🄴 VISA. 🛠
10 maggio-20 settembre – Pas 25/30000 – 🍴 8000 – **39 cam** 46/74000 – ½ P 45/63000.

🏠 **Ridolfi,** anello del Pino 18 ☎ 994547, 🏖 – 📶 ☎ 🅿. 🛠 rist
maggio-20 settembre – Pas 22000 – 🍴 9000 – **36 cam** 55/70000 – ½ P 65/70000.

🏠 **Saraceno,** viale 2 Giugno 37 ☎ 992099, 🏖 – 📶 ⊛ 🅿. 🛠
14 maggio-20 settembre – Pas 20000 – 🍴 10000 – **45 cam** 40/70000 – ½ P 45/62000.

🏠 **Majestic,** X Traversa 23 ☎ 994122, 🔸, 🏖 – 📶 ☰ rist ☎ 🔥 🅿. 🛠
maggio-settembre – Pas 22000 – 🍴 8000 – **50 cam** 40/65000 – ½ P 51/59000.

🏠 **Silver,** via Spalato 10 ☎ 992312 – 📶 ⊛ 🅿. 🛠
➤ *5 maggio-settembre* – Pas (solo per clienti alloggiati) 20000 – 🍴 8000 – **52 cam** 63000 –
½ P 40/55000.

🏠 **Santiago,** viale 2 Giugno 42 ☎ 992392 – 📶 ☎. AE ⓪ VISA. 🛠 rist
➤ *aprile-15 ottobre* – Pas 20/25000 – 🍴 9000 – **27 cam** 38/60000 – ½ P 35/50000.

XXX **Le Jardin,** viale Matteotti 46 ☎ 994657, 🌳, prenotare – ☰. AE 🕼 ⓪ 🄴 VISA
chiuso a mezzogiorno (escluso i festivi), dal 15 ottobre al 15 novembre e lunedì in maggio –
Pas carta 41/80000.

XX **Al Caminetto,** viale Matteotti 44 ☎ 994292, 🌳, prenotare – AE 🕼 ⓪ 🄴 VISA
chiuso a mezzogiorno (escluso i festivi), dal 15 gennaio al 28 febbraio e novembre – Pas
carta 55/93000.

XX **Dal Marinaio,** viale Puccini 8 ☎ 992458, Solo piatti di pesce – AE 🕼 ⓪ 🄴 VISA. 🛠
chiuso martedì e gennaio – Pas carta 42/62000.

    a Tagliata SE : 3,5 km – ✉ **48015** Tagliata di Cervia.
    🅱 via Sicilia ☎ 987945 :

🏠 **Park Hotel Zaira,** via Pinarella 185 ☎ 987315, 🔥, 🏖 – 📶 ⊛ 🅿. 🛠 rist
15 maggio-settembre – Pas carta 30/54000 – 🍴 12000 – **36 cam** 38/60000 – ½ P 37/55000.

XX **La Tortuga,** viale Sicilia 26 ☎ 987193, 🌳 – 🅿. AE ⓪ VISA
chiuso gennaio e mercoledì da ottobre a maggio – Pas carta 32/50000.

CERVIGNANO DEL FRIULI 33052 Udine 🔢🔢🔢 ⑥ – 12 023 ab. alt. 3 – 🕿 0431.
Roma 627 – Gorizia 28 – ♦Milano 366 – ♦Trieste 47 – Udine 29 – ♦Venezia 116.

🏠 **Internazionale e Rist. La Rotonda,** via Ramazzotti ☎ 30751, Fax 34801 – 📶 ☎ 🅿 – 🔬
150. AE 🕼 ⓪ 🄴 VISA. 🛠
Pas (chiuso domenica) carta 29/44000 – 🍴 10000 – **69 cam** 60/100000 – ½ P 65/80000.

X **Al Campanile** con cam, località Scodovacca E : 1,5 km ☎ 32018 – 🅿. 🛠
chiuso settembre ed ottobre – Pas (chiuso lunedì sera e martedì) carta 22/32000 – 🍴 4000
– **12 cam** 32/49000 – ½ P 45/48000.

CERVINIA Aosta 🔢🔢🔢 ②, 🔢🔢🔢 ③ – Vedere Breuil-Cervinia.

CERVO 18010 Imperia – 1 270 ab. alt. 66 – ✪ 0183.
Roma 605 – Alassio 12 – ◆Genova 106 – Imperia 12 – ◆Milano 228 – San Remo 35.

XX **San Giorgio,** centro storico ℰ 400175, 😊, Coperti limitati; prenotare, « Raccolta di
   quadri »
   chiuso martedì e dal 10 gennaio al 20 febbraio; in novembre aperto solo sabato e domenica
   a mezzogiorno – Pas carta 35/50000.

X **Da Serafino,** centro storico ℰ 408185, ≼
   chiuso martedì e novembre – Pas carta 30/61000.

CESANA TORINESE 10054 Torino 988 ⑪, 77 ⑧ ⑨ – 952 ab. alt. 1 354 – a.s. febbraio, Pasqua,
luglio-agosto e Natale – Sport invernali : a Sansicario, Monti della Luna e Claviere : 1 360/2 610 m
⚞19, ⚟ – ✪ 0122.

🛈 (dicembre-Pasqua e luglio-settembre) piazza Vittorio Amedeo 3 ℰ 89202.
Roma 752 – Bardonecchia 25 – Briançon 21 – ◆Milano 224 – Sestriere 11 – ◆Torino 87.

🏨 **Edelweiss,** ℰ 897121, ≼ – ☎ 🅿
   stagionale – **19 cam**

🏠 **Chaberton,** ℰ 897163, ☞ – 📶 ☎ ⇌ 🅿. 🕪 E 𝘝𝘐𝘚𝘈. 🎐 cam
   chiuso maggio e novembre – Pas *(chiuso martedì)* carta 22/38000 – ⌒ 8000 – **27 cam**
   60/80000 – ½ P 50/70000.

   a Mollières N : 2 km – ✉ 10054 Cesana Torinese :

X **La Selvaggia,** ℰ 89290 – 🅿. 🎐
   chiuso giugno ed ottobre – Pavia 35 – Varese 54.

   a San Sicario E : 5 km – alt. 1 700 – ✉ 10054 Cesana Torinese :

🏨 **Rio Envers** ⍥, ℰ 811333, ≼ monti – 📶 📺 ⇌ 🅿. 🎐
   20 dicembre-16 aprile – Pas 50000 – ⌒ 10000 – **45 cam** 100/140000 – ½ P 100/120000.

CESANO Ancona – Vedere Senigallia.

CESANO BOSCONE 20090 Milano 219 ⑱ – 27 140 ab. alt. 120 – ✪ 02.
Roma 582 – ◆Milano 12 – Novara 48 – Pavia 35 – Varese 54.

🏨 **Roma** senza rist, via Poliziano 2 ℰ 4581805, Fax 4500473 – 📶 🖃 📺 ☎ 🅿 – 🔬 25. 🕪
   ⓞ E 𝘝𝘐𝘚𝘈
   chiuso dal 10 al 20 agosto – **34 cam** ⌒ 140/200000 appartamento 270000.

CESANO MADERNO 20031 Milano 219 ⑲ – 31 653 ab. alt. 198 – ✪ 0362.
Roma 613 – ◆Bergamo 52 – Como 29 – ◆Milano 20 – Novara 61 – Varese 41.

   a Cassina Savina E : 4 km – ✉ 20030 :

X **La Cometa,** via Podgora 12 ℰ 504102 – 🕪 E 𝘝𝘐𝘚𝘈. 🎐
   chiuso lunedì ed agosto – Pas carta 24/61000.

CESENA 47023 Forlì 988 ⑮ – 89 630 ab. alt. 44 – ✪ 0547.
Vedere Biblioteca Malatestiana★.
Roma 336 – ◆Bologna 89 – Forlì 19 – ◆Milano 300 – ◆Perugia 168 – Pesaro 69 – ◆Ravenna 33 – Rimini 30.

🏨🏨 **Casali,** via Benedetto Croce 81 ℰ 22745, Telex 550480 – 📶 🖃 📺 ☎ ₺ ⇌ 🅿 – 🔬 25 a
   150. 🕪 🕪 ⓞ E 𝘝𝘐𝘚𝘈
   Pas vedere rist Casali – ⌒ 12000 – **48 cam** 95/165000 appartamenti 200/250000.

🏨 **Meeting Hotel** senza rist, via Romea 545 ℰ 333160, Fax 333160 – 📶 🖃 📺 ☎ ⇌ 🅿 –
   🔬 60. 🕪 🕪 E 𝘝𝘐𝘚𝘈. 🎐
   chiuso dal 20 al 30 dicembre – ⌒ 8500 – **26 cam** 70/100000. 🖃 5000.

XXX **Casali,** via Benedetto Croce 81 ℰ 27485, 😊 – 🕪 🕪 ⓞ E 𝘝𝘐𝘚𝘈. 🎐
   chiuso lunedì e dal 20 luglio al 10 agosto – Pas carta 35/80000.

XX **Da Gianni,** via Dell'Amore 9 ℰ 21328 – 🕪 E 𝘝𝘐𝘚𝘈. 🎐
   chiuso giovedì – Pas carta 30/50000.

XX **Circolino,** corte Dandini 10 ℰ 21875, Coperti limitati; prenotare – 🕪 ⓞ 𝘝𝘐𝘚𝘈. 🎐
   chiuso a mezzogiorno, martedì e settembre – Pas 40/50000.

XX **La Grotta,** vicolo Cesuola 19 ℰ 22734 – 🕪 ⓞ E 𝘝𝘐𝘚𝘈
   chiuso lunedì sera, martedì e dal 15 luglio al 15 agosto – Pas carta 28/40000.

CESENATICO 47042 Forlì 988 ⑮ – 20 282 ab. – a.s. 15 giugno-agosto – ✪ 0547.
🛈 viale Roma 112 ℰ 80091.
Roma 358 – ◆Bologna 98 – ◆Milano 309 – ◆Ravenna 30 – Rimini 22.

🏨 **Pino,** via Anita Garibaldi 7 ℰ 80645, Fax 84788, ☞ – 📶 🖃 📺 ☎ – 🔬 40. 🕪 🕪 ⓞ E 𝘝𝘐𝘚𝘈.
   🎐
   Pas *(chiuso lunedì)* carta 29/59000 – ⌒ 10000 – **53 cam** 68/105000 appartamenti 110/145000.
   🖃 6000 – ½ P 53/76000.

🏨 **Internazionale,** via Ferrara 7 ℰ 80231, ≼, 🏊 riscaldata, 🐾≼, 🎐 – 📶 🖃 rist 🅿. 🎐 rist
   ⇌ *giugno-settembre* – Pas 20/25000 – ⌒ 6000 – **51 cam** 45/75000 – ½ P 60/100000.

170

Esplanade, viale Carducci 120 🖉 82405 – 🛗 ⇔ 🍽 rist ⇐, 🕃 E *VISA*. 🏖 rist
15 maggio-settembre – Pas 20/35000 – � 10000 – **56 cam** 48/82000 – ½ P 48/79000.

Britannia, viale Carducci 129 🖉 80041, Fax 81799, ≤, « Giardino-terrazza », 🏊, 🐎 – 🛗
🍽 rist 🕿 ⅋ 🛳 – ☎ 🅿 ᴬᴱ 🕃 ⓞ E *VISA*. 🏖
21 aprile-16 settembre – Pas *(chiuso sino al 25 maggio)* 27/35000 – ⊡ 14000 – **44 cam**
65/100000 – ½ P 68/113000.

San Pietro, viale Carducci 194 🖉 82496, Fax 81830, ≤, 🏊 – 🛗 🐎 🅿 – 🔬 100. ᴬᴱ 🕃 E
VISA. 🏖
7 aprile-15 ottobre – Pas *(solo per clienti alloggiati e chiuso sino al 10 maggio ed ottobre)*
22/30000 – ⊡ 6500 – **80 cam** 54/85000 – ½ P 50/64000.

Torino, viale Carducci 55 🖉 80044, ≤, 🏊 riscaldata – 🛗 🍽 rist 🐎 🅿. ᴬᴱ 🕃 ⓞ E *VISA*. 🏖
15 maggio-settembre – Pas *(solo per clienti alloggiati)* 24/27000 – ⊡ 7000 – **45 cam** 80000
– ½ P 39/78000.

Sporting, viale Carducci 191 🖉 83082, ≤, 🐎 – 🛗 🍽 rist 🐎 🅿. 🏖
20 maggio-20 settembre – Pas *(solo per clienti alloggiati)* – ⊡ 7500 – **40 cam** 45/60000 –
½ P 38/55000.

Roxy, viale Carducci 193 🖉 82004, 🏊 riscaldata – 🛗 🍽 rist 🐎 🅿. 🏖
15 maggio-20 settembre – Pas *(solo per clienti alloggiati)* 18/35000 – ⊡ 8000 – **40 cam**
45/70000 – ½ P 47/57000.

Miramare, viale Carducci 2 🖉 80006, Fax 84785, ≤ – 🛗 🕿 🅿. ᴬᴱ 🕃 ⓞ E *VISA*. 🏖 rist
Pas *(chiuso martedì)* carta 26/50000 – ⊡ 10000 – **30 cam** 55/85000 – ½ P 40/70000.

Atlantica, viale Bologna 28 🖉 83630, ≤ – 🛗 🐎 🅿. ᴬᴱ 🕃. 🏖
maggio-settembre – Pas carta 27/43000 – ⊡ 8000 – **30 cam** 35/65000 – ½ P 45/55000.

Bisanzio, via Montegrappa 3 🖉 82565, ≤, 🐎 – 🛗 🕿 🅿. 🏖
12 maggio-20 settembre – Pas *(solo per clienti alloggiati)* – **34 cam** 45/75000 –
½ P 31/65000.

Ori, viale da Verrazzano 14 🖉 81880 – 🛗 🕿 🅿. 🏖
maggio-settembre – Pas 20/35000 – ⊡ 7000 – **27 cam** 40/60000 – ½ P 42/49000.

Domus Mea senza rist, via del Fortino 7 🖉 82119, Fax 82441 – 🛗 🐎 🅿. ᴬᴱ 🕃 ⓞ E *VISA*.
🏖
13 maggio-15 settembre – ⊡ 5500 – **29 cam** 32/52000.

Rondinella, viale Zara 86 🖉 83106, 🐎 – 🛗 🕿 🅿. ᴬᴱ *VISA*. 🏖 rist
maggio-settembre – Pas 16/22000 – ⊡ 7000 – **34 cam** 40/60000 – ½ P 35/45000.

Tiboni 🌦, via Abba 86 🖉 82089 – ᴬᴱ. 🏖
15 maggio-15 settembre – Pas 13/16000 – ⊡ 4500 – **13 cam** 22/40000 – ½ P 28/34000.

Zanotti, viale Roma 44 🖉 80039 – 🕿. *VISA*. 🏖
8 aprile-23 settembre – Pas carta 22/36000 – ⊡ 4500 – **30 cam** 39/55000 – ½ P 36/46000.

XX **Al Gallo-da Giorgio,** via Baldini 21 🖉 81067 – ᴬᴱ 🕃 ⓞ E *VISA*. 🏖
chiuso mercoledì, dal 1° al 15 gennaio e dal 1° al 15 settembre – Pas carta 39/61000.

XX **Teresina,** viale Trento 🖉 81108, ≤ – 🅿. ᴬᴱ 🕃 ⓞ E *VISA*. 🏖
chiuso mercoledì e dal 7 al 18 gennaio – Pas carta 45/74000.

XX **Gambero Rosso,** molo Levante 🖉 81260, ≤ – ᴬᴱ 🕃 ⓞ E *VISA*
marzo-ottobre; chiuso martedì sino al 15 maggio e dal 10 settembre – Pas carta 48/66000
(15%).

X **Federico,** via Nino Bixio 3 🖉 82461 – 🅿. ᴬᴱ *VISA*. 🏖
chiuso martedì – Pas carta 42/55000.

X **La Buca,** corso Garibaldi 41 🖉 82474, 🍽 – ᴬᴱ 🕃 ⓞ E *VISA*. 🏖
chiuso lunedì – Pas carta 34/53000.

X **Faro,** molo di Ponente 🖉 83627
stagionale.

X **Da Marchino** con cam, via Mazzini 95 🖉 83777, 🏊, 🐎 – 🕿 🅿. ᴬᴱ 🕃 ⓞ E *VISA*
Pas *(chiuso lunedì da ottobre a maggio)* carta 31/55000 – ⊡ 6000 – **35 cam** 46/70000 –
½ P 39/54000.

X **Marengo,** via Canale Bonificazione 71 🖉 83200, 🐎 – 🅿. 🏖
chiuso martedì – Pas carta 28/41000.

a Valverde S : 2 km – ⊠ 47042 Cesenatico :

Caesar, viale Carducci 290 🖉 86500, Fax 86654, ≤, 🏊 riscaldata, 🏌 – 🛗 🕿 ⅋ 🅿. ᴬᴱ 🕃 E
VISA. 🏖 rist
maggio-settembre – Pas 20/30000 – **55 cam** ⊡ 45/60000 – P 45/70000.

Colorado, viale Carducci 306 🖉 86242, Fax 86242 – 🛗 🕿 🅿. 🏖
maggio-settembre – Pas 25000 – **45 cam** ⊡ 60/80000 – ½ P 40/57000.

Metropolitan, via Canova 76 🖉 86266 – 🛗 🅿. ᴬᴱ 🕃 ⓞ E *VISA*. 🏖 rist
20 maggio-20 settembre – Pas *(solo per clienti alloggiati)* – ⊡ 5000 – **30 cam** 35/55000 –
½ P 25/40000.

Tridentum, viale Michelangelo 25 🖉 86287, Fax 87522, 🏊 – 🛗 🐎 🅿. ⓞ. 🏖 rist
maggio-settembre – Pas 18/21000 – **52 cam** ⊡ 50/75000 – ½ P 45/50000.

segue →

a Zadina Pineta N : 2 km – ⊠ **47042** Cesenatico :

🏨 **Beau Soleil** ⚘, viale Mosca 43 𝒫 82209 – |≢| 🍴 rist ☎ 🅿. 🎉 rist
← *Pasqua-settembre* – Pas 20/35000 – **48 cam** ☲ 45/80000 – ½ P 46/60000.

🏨 **Renzo** ⚘, viale dei Pini 55 𝒫 82316 – |≢| 🍴 rist ☜ 🅿. 🔝 ᵛᶦˢᵃ. 🎉 rist
maggio-settembre – Pas (solo per clienti alloggiati) – ☲ 7000 – **24 cam** 40/60000 –
½ P 35/48000.

🏨 **Wonderful** ⚘ senza rist, viale Mosca 45 𝒫 81241 – ☎ 🅿
maggio-settembre – **32 cam** ☲ 45/80000.

🍴 **La Scogliera-da Roberto,** via Londra 36 𝒫 83281 – 🎉
chiuso lunedì e settembre – Pas carta 26/56000.

a Villamarina S : 3 km – ⊠ **47042** Cesenatico :

🏨 **Park Hotel Grilli** ⚘, viale Torricelli 12 𝒫 87174, Fax 87255, ⅃ riscaldata, 🌴, 🎉 – |≢|
☜ cam 🍴 🔟 ☎ ⚓ – 🔬 90. 🔝 🛐 🔊 E ᵛᶦˢᵃ. 🎉 rist
Pas *(7 maggio-1° ottobre)* 30/40000 – **44 cam** ☲ 81/185000 appartamenti 160/200000 –
½ P 65/93000.

🏨 **David,** viale Carducci 297 𝒫 86154, ← – |≢| ☎ & 🅿. 🔝 🛐 🔊 E ᵛᶦˢᵃ. 🎉 rist
maggio-settembre – Pas 25/40000 – ☲ 8000 – **38 cam** 60/110000 – ½ P 50/73000.

CESIOMAGGIORE 32030 Belluno – 4 052 ab. alt. 479 – ✪ 0439.
Roma 606 – Belluno 22 – Feltre 13 – ♦Milano 301 – ♦Padova 106 – Trento 94 – ♦Venezia 96.

🏨 Posta, 𝒫 43035 – ☎ 🅿
9 cam.

🍴 Speranza, località Soranzen 𝒫 43249, Coperti limitati; prenotare – 🅿.

CESSALTO 31040 Treviso 🔢🔢🔢 ⑤ – 3 121 ab. alt. 5 – ✪ 0421.
Roma 562 – Belluno 81 – ♦Milano 301 – Treviso 33 – Udine 77 – ♦Venezia 51.

🏨 **Romana** senza rist, 𝒫 327194 – 🔟 ☜ 🅿. 🔝 🔊. 🎉
☲ 3000 – **18 cam** 28/45000.

🍴🍴 **Al Ben Vegnù,** 𝒫 327200 – ☜←. 🔝 🛐 🔊 E ᵛᶦˢᵃ. 🎉
chiuso martedì, mercoledì a mezzogiorno, dal 7 al 20 gennaio e dall'11 luglio al 5 agosto –
Pas carta 30/52000.

CESUNA 36010 Vicenza – alt. 1 052 – a.s. febbraio, luglio-agosto e Natale – ✪ 0424.
Roma 582 – Asiago 8 – ♦Milano 263 – Trento 67 – ♦Venezia 114 – Vicenza 48.

🏨 **Belvedere,** 𝒫 67000, 🌴 – 🅿
Pas carta 23/32000 – ☲ 4000 – **24 cam** 35/60000 – ½ P 37/47000.

CETONA 53040 Siena – 2 973 ab. alt. 384 – ✪ 0578.
Roma 155 – Orvieto 62 – ♦Perugia 50 – Siena 89.

🏨 **Belverde,** 𝒫 238003, 🌴 – ☜ 🅿
Pas carta 22/31000 – ☲ 6000 – **20 cam** 40/46000 – ½ P 41000.

CETRARO 87022 Cosenza 🔢🔢🔢 ㉞ – 11 191 ab. alt. 120 – ✪ 0982.
🏌 San Michele, località Bosco ⊠ 87022 Cetraro 𝒫 91012, NO : 6 km.
Roma 466 – Catanzaro 115 – ♦Cosenza 55 – Paola 21.

sulla strada statale 18 NO : 6 km :

🏨 **Gd H. San Michele** ⚘, ⊠ 87022 𝒫 91012, Fax 91430, ←, 🌊, « Giardino-frutteto », ⅃,
🏊, 🎉 – |≢| 🍴 🔟 🅿 – 🔬 40 a 160. 🔝 🛐 🔊 E ᵛᶦˢᵃ. 🎉 rist
chiuso novembre – Pas 35/70000 – ☲ 15000 – **65 cam** 170/225000 appartamenti 250000.

CEVA 12073 Cuneo 🔢🔢🔢 ⑫ – 5 703 ab. alt. 388 – ✪ 0174.
Roma 595 – Cuneo 52 – ♦Milano 219 – Savona 50 – ♦Torino 95.

🍴 **Italia,** 𝒫 71340
chiuso giovedì e dal 1° al 25 luglio – Pas carta 27/40000.

CHALLAND-SAINT-ANSELME 11020 Aosta 🔢🔢🔢 ⑭ – 701 ab. alt. 1 050 – a.s. Pasqua, 15
giugno-15 settembre e Natale – ✪ 0125.
Roma 721 – Aosta 47 – Ivrea 45 – ♦Milano 159 – ♦Torino 88.

🏨 **La Torretta,** località Torretta 𝒫 965218, ← – |≢| & 🅿. 🎉
Pas *(chiuso lunedì)* carta 21/34000 – ☲ 5000 – **24 cam** 60000 – ½ P 51000.

🍴 **Le Soleil** con cam, frazione Corliod 𝒫 965204, ←, 🌴 – 🅿. ᵛᶦˢᵃ. 🎉
Pas *(chiuso giovedì)* carta 22/40000 – ☲ 5000 – **9 cam** 26/50000 – ½ P 35/40000.

🛪 via Varasch ℰ 307113.

Roma 737 – Aosta 63 – Biella 92 – ◆Milano 175 – ◆Torino 104.

🏚 **Anna Maria** ⟨⟩, ℰ 307128, ≤, « Giardino e pineta » – ☎ 🅿. 𝚅𝙸𝚂𝙰. ⚘
   2 dicembre-22 aprile e 20 giugno-15 settembre – Pas 30/35000 – ⌑ 10000 – **20 cam**
   50/85000 – ½ P 70/88000.

🏚 **Castor,** ℰ 307117, ⇌ – 🛎 ☎ 🅿. 🅸 𝚅𝙸𝚂𝙰. ⚘
   4 dicembre-26 aprile e 20 giugno-20 settembre – Pas carta 29/47000 – ⌑ 8000 – **32 cam**
   60/85000 – ½ P 68/83000.

Roma 716 – Aosta 59 – Ivrea 43 – ◆Milano 156 – ◆Torino 85.

🏚 **Beau Séjour** ⟨⟩, frazione Mellier ℰ 37122, ≤ – ⥂ rist 🅿. ⚘ rist
━ Pas 15/20000 – **21 cam** ⌑ 20/40000 – ½ P 40/42000.

Roma 723 – Aosta 26 – Breuil-Cervinia 27 – ◆Milano 160 – ◆Torino 89.

🏚 **Rendez Vous e Rist. Da Beppe,** prossimità casello autostrada ℰ 61662, ≤ – 🛎 ☎ &
   ⇌ 🅿. 🅰🅴 🅱 ⓞ 🄴 𝚅𝙸𝚂𝙰
   Pas *(chiuso martedì)* carta 21/33000 – ⌑ 6000 – **35 cam** 55/75000 – ½ P 55/65000.

🏚 **Marisa,** via Pellissier 10 ℰ 61845, ≤, ⇌ – 🛎 📺 ☎ & ⇌ 🅿. 🅰🅴 🅱 ⓞ 🄴 𝚅𝙸𝚂𝙰. ⚘
   chiuso dal 20 ottobre al 15 novembre – Pas *(chiuso lunedì)* carta 28/44000 – ⌑ 6000 –
   28 cam 55/75000 – ½ P 55/65000.

🏚 **Le Verger** senza rist, via Tour de Grange 53 ℰ 62314, ≤ – 🛎 ⥂ ☎ 🅿
   ⌑ 6000 – **14 cam** 35/55000.

XXX ⭐ **Parisien,** regione Panorama 1 ℰ 37053, Coperti limitati; prenotare – 🅿. 🅰🅴 🅱 ⓞ 🄴
   𝚅𝙸𝚂𝙰
   chiuso a mezzogiorno (escluso i giorni festivi e prefestivi), giovedì e dal 7 al 25 luglio – Pas
   carta 42/62000
   Spec. Rigatoni all'amatriciana, Trota alla fiamma in salsa Principessa, Filetto di bue al forno con salsa al
   dragoncello. **Vini** Blanc de Morgex, Carema.

XX **La Terrazza,** regione Panorama 3 ℰ 2548, « Servizio estivo in terrazza » – 🅿. 🅰🅴 🅱 ⓞ 🄴
   𝚅𝙸𝚂𝙰. ⚘
   chiuso giovedì e dal 1° al 20 giugno – Pas carta 28/50000.

🛏 Le Chiocciole (marzo-novembre; chiuso martedì) ℰ 48772.

Roma 646 – Asti 51 – Cuneo 46 – Savona 97 – ◆Torino 54.

X **Vittorio Veneto-da Aldo,** via San Pietro 32 ℰ 48003, « Servizio estivo all'aperto » – 🅰🅴
   🅱. ⚘
   chiuso mercoledì – Pas carta 25/40000.

Vedere Guida Verde.

🛈 piazza Italia 67 ℰ 63167 – piazza Gramsci ℰ 31292 – parco Stabilimento Acqua Santa (maggio-ottobre)
ℰ 64054.

Roma 167 – Arezzo 73 – ◆Firenze 132 – ◆Milano 428 – ◆Perugia 65 – Siena 85 – Terni 120 – Viterbo 104.

🏨 **Gd H. Excelsior,** via Sant'Agnese 6 ℰ 64351, Telex 572640, Fax 64355, ⊾ riscaldata – 🛎
   🗏 📺 ☎ 🅿 – 🕭 50 a 250. 🅰🅴 𝚅𝙸𝚂𝙰. ⚘
   Pasqua-ottobre – Pas 50000 – ⌑ 15000 – **78 cam** 110/180000 appartamenti 360000 –
   ½ P 110/130000.

🏨 **Michelangelo** ⟨⟩, via delle Piane 146 ℰ 64004, Telex 574278, Fax 60480, ≤, « Parco
   ombreggiato », ⊾ riscaldata, ⚘ – 🛎 🗏 📺 ☎ & 🅿. 🅰🅴 🅱 ⓞ 🄴 𝚅𝙸𝚂𝙰. ⚘ rist
   26 dicembre-4 gennaio, Pasqua e 25 aprile-23 ottobre – Pas 45000 – ⌑ 11000 – **63 cam**
   85/120000 – ½ P 110000.

🏨 **Grande Alb. Fortuna** ⟨⟩, via della Valle 76 ℰ 64661, Fax 64661, ≤, « Giardino », ⊾ riscaldata, ⚘ – 🛎 ⥂ cam 🗏 rist 📺 ☎ 🅿 – 🕭 500. 🅰🅴 ⓞ. ⚘ rist
   15 aprile-5 novembre – Pas 30/36000 – ⌑ 10000 – **88 cam** 63/98000 – ½ P 70/80000.

🏨 **Ambasciatori,** viale della Libertà 512 ℰ 64371, Telex 570102, Fax 64371, ⊾ riscaldata – 🛎
   🗏 📺 ☎ ⇌ 🅿 – 🕭 300. 🅰🅴 ⓞ 𝚅𝙸𝚂𝙰. ⚘
   Pas 30000 – **116 cam** ⌑ 80/120000, 🗏 10000 – P 85/105000.

Gd H. Terme, piazza Italia 8 ✆ 63254, Telex 575456, Fax 63524, ⛱, ⛱, 🌳 – 🛗 ⇆ cam ▤ TV ☎ P – 🏛 90. AE ⓢ ⊙ E VISA. ✂
chiuso dal 15 gennaio al 15 febbraio – Pas carta 54/83000 – ☕ 15000 – **63 cam** 110/160000 appartamenti 170/180000 – ½ P 140/150000.

Moderno, viale Baccelli 10 ✆ 63754, ⛱ riscaldata, 🌳, 🎾 – 🛗 ▤ TV ☎ P. VISA. ✂ rist
Pas 35000 – ☕ 7000 – **70 cam** 90/130000 – ½ P 65/100000.

Gd H. Boston, piazza Italia 5 ✆ 63472, Fax 60218 – 🛗 ▤ TV ☎ ♿ 🚗 – 🏛 100. AE ⓢ ⊙ E VISA. ✂
aprile-ottobre – Pas 35/40000 – ☕ 10000 – **97 cam** 100/140000, ▤ 5000 – ½ P 80/110000.

Grande Alb. Le Fonti, viale della Libertà 523 ✆ 63701, Telex 583069, ← – 🛗 ⇆ rist ▤ ☎ 🚗. AE VISA. ✂ rist
Pas 25/50000 – ☕ 20000 – **68 cam** 100/130000 appartamenti 150/230000, ▤ 10000 – ½ P 70/100000.

Gd H. Capitol, viale della Libertà 492 ✆ 64681, ⛱ – 🛗 TV ☎ ♿ 🚗 – 🏛 110. AE ⓢ ⊙ VISA. ✂
Pasqua-ottobre – Pas 30/35000 – ☕ 7000 – **68 cam** 70/105000 – P 85/110000.

Raffaello 🔇, via dei Monti 3 ✆ 64633, Fax 64633, « Giardino », ⛱ riscaldata, 🎾 – 🛗 ▤ rist TV ☎ ♿ 🚗 P. AE ⓢ ⊙ E VISA. ✂ rist
15 aprile-ottobre – Pas 30/35000 – ☕ 8000 – **70 cam** 75/110000 appartamenti 110/130000 – P 70/95000.

President, viale Baccelli 260 ✆ 64131, « ⛱ riscaldata su terrazza panoramica », 🌳 – 🛗 ⇆ cam TV ☎ P. AE ⊙. ✂
15 aprile-ottobre – Pas (solo per clienti alloggiati) – ☕ 10000 – **78 cam** 80/100000 – ½ P 90000.

Continentale, piazza Italia 56 ✆ 63272, ⛱ riscaldata – 🛗 ▤ TV ☎. AE ⓢ. ✂ rist
Pas *(chiuso martedì)* carta 26/36000 – ☕ 8000 – **45 cam** 60/95000 – P 75/95000.

Sole 🔇, via delle Rose 40 ✆ 60194, 🌳 – 🛗 ▤ rist ☎ P. AE ⓢ VISA. ✂ rist
Pasqua-ottobre – Pas 30000 – **72 cam** ☕ 53/85000 – ½ P 55/78000.

Milano, viale Roma 46 ✆ 63227, 🌳 – 🛗 ▤ rist TV ☎ P. AE ⊙ VISA. ✂ rist
15 aprile-15 novembre – Pas 30000 – **61 cam** ☕ 80/120000 – P 95000.

Alba, viale della Libertà 288 ✆ 64300, Fax 60577, 🌳 – 🛗 ▤ TV ☎ P – 🏛 200. ⓢ E VISA. ✂ rist
Pas 35/40000 – ☕ 10000 – **66 cam** 58/90000, ▤ 10000 – P 65/85000.

Ricci, via Giuseppe di Vittorio 51 ✆ 63906, 🌳 – 🛗 ▤ rist ☎ P – 🏛 250. AE ⓢ E VISA. ✂ rist
Pas 25/35000 – ☕ 8000 – **61 cam** 53/85000 – ½ P 48/65000.

Carlton Elite, via Ugo Foscolo 21 ✆ 64395, ⛱, 🌳 – 🛗 ⇆ cam ☎ ♿ P. ✂ rist
aprile-ottobre – Pas 25/30000 – ☕ 5000 – **54 cam** 53/80000 – ½ P 52/73000.

Minerva, via Ingegnoli 31 ✆ 64640, ⛱ riscaldata – 🛗 ▤ ☎ P. AE ⊙. ✂ rist
Pasqua-ottobre – Pas 25/28000 – ☕ 6500 – **58 cam** 45/70000, ▤ 4000 – ½ P 50/59000.

Macerina, via Macerina 27 ✆ 64241, 🌳 – 🛗 ☎ P. ✂ rist
maggio-ottobre – Pas 25000 – ☕ 4500 – **80 cam** 55/85000 – ½ P 42/62000.

Atlantico Palace Hotel, viale della Libertà 494 ✆ 63881, 🌳 – 🛗 ⇆ cam ▤ ☎ 🚗 P. AE ⓢ VISA. ✂ rist
aprile-ottobre – Pas 30000 – ☕ 12500 – **70 cam** 78/95000, ▤ 5000 – ½ P 60/90000.

Firenze 🔇, via della Valle 52 ✆ 63706, Fax 63700 – 🛗 ⇆ ▤ ☎ P. ✂
Pasqua-ottobre – Pas 32000 – ☕ 4500 – **33 cam** 44/66000 – ½ P 58000.

Irma, viale della Libertà 302 ✆ 63941, 🌳 – 🛗 ▤ rist ☎ P. ✂ rist
16 aprile-ottobre – Pas 35000 (18%) – ☕ 8000 – **70 cam** 53/72000 – P 75/88000.

San Paolo, via Ingegnoli 22 ✆ 60221 – 🛗 ▤ rist ☎ P. AE. ✂
aprile-ottobre – Pas carta 21/28000 – ☕ 6000 – **38 cam** 54/77000 – ½ P 42/58000.

Cosmos, via delle Piane 44 ✆ 60496, ⛱ – 🛗 TV ☎ 🚗 P. ⓢ E VISA. ✂ rist
aprile-ottobre – Pas 27000 – ☕ 8000 – **37 cam** 50/80000 – P 65000.

Montecarlo, viale della Libertà 478 ✆ 63903, ⛱ riscaldata, 🌳 – 🛗 ⇆ cam ▤ rist ☎ P. ✂ rist
maggio-ottobre – Pas 25/30000 – ☕ 5000 – **42 cam** 49/76000 – ½ P 56/68000.

Patria, viale Roma 56 ✆ 64506 – 🛗 TV ☎. AE ⊙ VISA. ✂ rist
15 aprile-15 novembre – Pas 28000 – **36 cam** ☕ 60/80000 – ½ P 75000.

Bellaria, via Verdi 57 ✆ 64691 – 🛗 ▤ rist ☎ P. ✂ rist
aprile-ottobre – Pas 25000 – ☕ 4000 – **54 cam** 60/70000 – ½ P 48/65000.

Suisse, via delle Piane 62 ✆ 63820, Fax 60273 – 🛗 TV ☎ P. AE ⊙ VISA. ✂ rist
aprile-ottobre – Pas 20000 – ☕ 6000 – **34 cam** 40/60000 – ½ P 48/50000.

Santa Chiara, via dei Colli 50 ✆ 63312, ⛱ riscaldata – 🛗 ▤ rist ☎ P – 🏛 100
stagionale – **60 cam**.

CHIARAMONTE GULFI Ragusa 988 ㊲ – Vedere Sicilia alla fine dell'elenco alfabetico.

CHIARAVALLE MILANESE Milano 219 ⑲ – Vedere Milano, dintorni.

CHIARI **25032** Brescia 988 ③ – 16 751 ab. alt. 148 – ✆ 030.
Roma 578 – ♦Bergamo 41 – ♦Brescia 29 – Cremona 74 – ♦Milano 82 – ♦Verona 93.

XX **La Graticola,** viale Teosa 20 ✆ 7101800 – ✻
chiuso mercoledì ed agosto – Pas carta 29/51000.

XX **Zucca,** via Andreoli 10 ✆ 711739 – ▤ Ⓟ. AE ⑸ ⓞ E VISA
chiuso lunedì e dal 1° al 20 agosto – Pas carta 27/43000.

CHIASSA SUPERIORE **52030** Arezzo – alt. 266 – ✆ 0575.
Roma 224 – Arezzo 9 – ♦Firenze 87 – Sansepolcro 25.

X **Il Mulino,** ✆ 361878, ⛱ – Ⓟ. AE VISA. ✻
◆ *chiuso martedì e dal 1° al 25 agosto* – Pas carta 20/35000.

CHIASSO 427 ㉔㉕, 219 ⑧ – **Vedere Cantone Ticino alla fine dell'elenco alfabetico.**

*Le pubblicazioni turistiche **Michelin***
offrono la possibilità di organizzare preventivamente il
viaggio, conseguendo vantaggi insperati.

CHIAVARI **16043** Genova 988 ⑬ – 28 978 ab. – ✆ 0185.
Vedere Basilica dei Fieschi★.
☐ corso Assarotti 1 ✆ 310241.
Roma 467 – ♦Genova 38 – ♦Milano 173 – ♦Parma 134 – Portofino 22 – ♦La Spezia 69.

🏨 **Giardini,** via Vinelli 9 ✆ 313951, Fax 313953 – |‡| ☎ ⇔ Ⓟ – 🏂 35. AE ⑸ ⓞ E VISA. ✻ rist
Pas 35/40000 – ☐ 10000 – **54 cam** 80/110000 – ½ P 100/105000.

🏨 **Monterosa,** via Monsignor Marinetti 6 ✆ 300321 – |‡| ☎ ⇔. ✻
Pas *(chiuso lunedì)* carta 26/44000 (12%) – ☐ 8000 – **72 cam** 38/50000 – ½ P 68/70000.

🏨 **Torino** senza rist, corso Colombo 151 ✆ 312231 – ▤ TV ☎ ♿ ⇔. AE ⑸ ⓞ E VISA
☐ 8000 – **32 cam** 50/80000.

🏨 **Moderno,** piazza Nostra Signora dell'Orto 26 ✆ 305571 – |‡| ☎ Ⓟ. ⑸ ⓞ E VISA. ✻ rist
◆ *chiuso novembre* – Pas 20/30000 – ☐ 8000 – **45 cam** 40/60000 – ½ P 50/60000.

🏨 **Mignon,** via Salietti 7 ✆ 309420 – |‡| ☎. AE ⑸ VISA. ✻ rist
Pas *(chiuso novembre)* 25/30000 – ☐ 4500 – **32 cam** 38/60000 – ½ P 50/60000.

XXX **Lord Nelson Pub,** corso Valparaiso 27 ✆ 302595, ≤, Coperti limitati; prenotare, « Veranda in riva al mare » – AE ⓞ VISA. ✻
chiuso lunedì e dal 5 novembre al 5 dicembre – Pas carta 62/100000.

XX **L'Armia,** corso Garibaldi 68 ✆ 305441 – ▤. AE VISA. ✻
chiuso lunedì e febbraio – Pas carta 35/52000.

XX **Copetin,** piazza Gagliardo 15/16 ✆ 309064, ⛱, Solo piatti di pesce – VISA. ✻
chiuso martedì sera, mercoledì, dicembre e gennaio – Pas carta 48/80000 (10%).

XX **Il Girarrosto,** via Tappani 26 ✆ 309682, ⛱, Solo piatti di pesce, prenotare – ⑸ ⓞ E VISA
chiuso lunedì e novembre – Pas carta 31/60000.

XX **Piazzetta,** piazza Cademartori 34 ✆ 301419, Coperti limitati; prenotare – AE ⑸ E VISA
chiuso a mezzogiorno (escluso domenica), lunedì, dall'8 gennaio all'8 febbraio e domenica sera da ottobre a giugno – Pas carta 45/60000.

X **Da Felice,** via Risso 71 ✆ 308016, Coperti limitati; prenotare – ✻
chiuso lunedì – Pas carta 23/40000.

a Leivi N : 6,5 km – alt. 300 – ✉ **16040** :

XX ✿ **Cà Peo** ⛱ con cam, sulla strada panoramica E : 2 km ✆ 319090, ≤ mare e città, solo su prenotazione – Ⓟ. VISA. ✻ rist
chiuso novembre – Pas *(chiuso lunedì e martedì a mezzogiorno)* carta 60/80000 – ☐ 10000 – 5 appartamenti 120000
Spec. Ravioli di triglia, Tomaxelle (involtini tipici), Mele alla fiamma con uvetta pinoli e gelato di castagne. Vini Lumassina, Ormeasco.

X **Pepèn,** largo Marconi 1 ✆ 319010, Ambiente caratteristico – AE ⑸ ⓞ E VISA. ✻
chiuso lunedì sera, martedì ed ottobre – Pas 35000 bc.

CHIAVENNA **23022** Sondrio 988 ③, 218 ⑭ – 7 452 ab. alt. 333 – ✆ 0343.
Vedere Fonte battesimale★ nel battistero – ≤★ dalla rupe del Paradiso.
Roma 684 – ♦Bergamo 96 – Como 85 – ♦Lugano 77 – ♦Milano 115 – Saint-Moritz 49 – Sondrio 61.

🏨 **Crimea,** ✆ 34343 – |‡| ☎ Ⓟ. AE ⑸ E VISA. ✻ rist
chiuso dal 25 settembre al 15 ottobre – Pas *(chiuso giovedì)* carta 27/42000 – ☐ 8000 – **31 cam** 38/65000 – ½ P 52/58000.

🏨 **Aurora,** ✆ 35145, Fax 35145 – ⇔ rist ▤ rist ☎ Ⓟ. AE ⓞ VISA. ✻
Pas *(chiuso giovedì da ottobre a maggio)* carta 24/40000 – ☐ 8000 – **41 cam** 35/60000 – ½ P 45/55000.

segue →

XX ۞ **Al Cenacolo,** 🌮 32123, 🍴, Coperti limitati; prenotare – 🅰🅴 𝗩𝗜𝗦𝗔
   chiuso martedì sera, mercoledì e giugno – Pas carta 28/43000
   Spec. Pizzoccheri alla chiavennasca, Capretto arrosto (primavera), Capriolo alla panna (autunno-inverno), Sorbetto di prugne al Calvados. **Vini** Grumello.

X **Crotto Ombra,** 🌮 33403, 🍴 – 🅰🅴 𝗩𝗜𝗦𝗔
   chiuso martedì – Pas carta 21/36000.

   a Mese SO : 2 km – ✉ **23020** :

X **Crotasc,** 🌮 41003, « Servizio estivo in terrazza ombreggiata » – 🅿
   chiuso martedì da Pasqua a novembre; negli altri mesi anche lunedì, mercoledì e giovedì –
   Pas carta 25/40000.

▭ **CHIENES** (KIENS) 39030 Bolzano – 2 420 ab. alt. 778 – a.s. aprile, luglio-15 settembre e Natale
– ۞ 0474.

Roma 705 – ♦Bolzano 67 – Brennero 58 – Brunico 10 – ♦Milano 366 – Trento 127.

   a San Sigismondo (St. Sigmund) O : 2,5 km – ✉ **39030** :

🏠 **Rastbichler,** 🌮 55363, ≤, ▦ – 🛗 🍴 rist 🍷 🕭, ⟸ 🅿 ۞. 🌂
   chiuso da novembre al 17 dicembre – Pas 18/25000 – **37 cam** ⊐ 45/80000 – ½ P 41/52000.

▭ **CHIERI** 10023 Torino 🔢🔢🔢 ۞ – 30 907 ab. alt. 315 – ۞ 011.

Roma 649 – Asti 35 – Cuneo 96 – ♦Milano 159 – ♦Torino 18 – Vercelli 77.

🏠 **La Maddalena,** via Fenoglio 4 🌮 9472729, 🌾 – 🕾 🅿. 🌂
   chiuso dal 4 al 20 agosto – Pas *(chiuso sabato)* 25000 – ⊐ 6500 – **17 cam** 60/80000 –
   ½ P 65000.

🏠 **Tre Re** senza rist, corso Torino 64 🌮 9471029 – 🛗 🕾 ⟸ 🅿
   chiuso agosto – ⊐ 8000 – **30 cam** 60/75000.

```
Si le coût de la vie subit des variations importantes,
les prix que nous indiquons peuvent être majorés.
Lors de votre réservation à l'hôtel, faites-vous préciser le prix définitif.
```

▭ **CHIESA IN VALMALENCO** 23023 Sondrio 🔢🔢🔢 ③, 🔢🔢 ⑮ – 2 830 ab. alt. 1 000 – Sport invernali : 1 000/2 336 m ⟨2 ⟨3, ⟨ (vedere anche Caspoggio) – ۞ 0342.

🄱 piazza Santi Giacomo e Filippo 1 🌮 451150, Fax 452505.

Roma 712 – ♦Bergamo 129 – ♦Milano 152 – Sondrio 14.

🏠 **Rezia** ⟨, 🌮 451271, ≤, ▦, 🌾 – 🛗 🕾 🅿. 🍽. 🌂
   20 dicembre-15 aprile e 20 giugno-15 settembre – Pas *(chiuso lunedì)* 24/27000 – ⊐ 7000 –
   30 cam 38/65000 – ½ P 58/65000.

🏠 **Tremoggia,** 🌮 451106, ≤, 🌾 – 🛗 📺 🕾 🅿. 🅰🅴 🚻 ۞ 𝗘 𝗩𝗜𝗦𝗔. 🌂
   Pas *(chiuso mercoledì)* carta 26/40000 – ⊐ 10000 – **43 cam** 45/80000 – P 55/95000.

🏠 **La Betulla** senza rist, 🌮 451100, ≤ – 🛗 🕾 🕭, ⟸ 🅿. 🌂
   dicembre-aprile e 20 giugno-settembre – ⊐ 3000 – **30 cam** 38/60000.

🏠 **La Lanterna,** 🌮 451438 – ⟨⊃ cam 🅿. 🅰🅴. 🌂 rist
   dicembre-10 maggio e 25 giugno-10 ottobre – Pas carta 21/30000 – ⊐ 5000 – **17 cam**
   26/50000 – ½ P 35/40000.

   a Primolo N : 4 km – alt. 1 274 – ✉ **23020** :

🏠 **Roseg,** 🌮 451293, ≤ vallata e Pizzo Scalino, 🌾 – 🅿. 🌂 rist
   chiuso novembre – Pas *(chiuso martedì)* 18/22000 – ⊐ 6000 – **28 cam** 19/50000 –
   ½ P 30/40000.

▭ **CHIESSI** Livorno – Vedere Elba (Isola d') : Marciana.

▭ **CHIETI** 66100 🄿 🔢🔢🔢 ㉗ – 57 043 ab. alt. 330 – a.s. 15 giugno-agosto – ۞ 0871.

Vedere Giardini⋆ della Villa Comunale – Guerriero di Capestrano⋆ nel museo Archeologico degli Abruzzi.

🄱 via Spaventa 29 🌮 65231.

🄰.🄲.🄸. piazza Garibaldi 3 🌮 32307.

Roma 205 ③ – L'Aquila 101 ③ – Ascoli Piceno 103 ① – ♦Foggia 186 ① – ♦Napoli 244 ③ – ♦Pescara 14 ①.

Pianta pagina a lato

🏠 **Dangiò e Rist. La Regine,** via Solferino 20 🌮 347358, Fax 346984, ≤, 🌾 – 🛗 🔳 rist 📺
   🕾 🅿 – 🔬 50 a 300. 🅰🅴 🚻 ۞ 𝗘 𝗩𝗜𝗦𝗔. 🌂   3 km per ①
   Pas carta 36/54000 – ⊐ 12000 – **38 cam** 60/80000 – ½ P 75/100000.

XX **Venturini,** via De Lollis 10 🌮 65863 – 🅰🅴 🚻 ۞. 🌂   e
   chiuso martedì – Pas carta 23/33000.

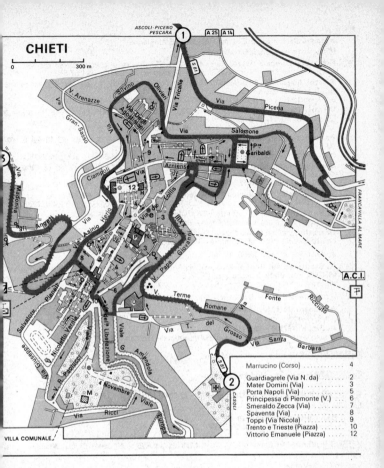

CHIETI

0   300 m

CHIGGIOGNA 427 ⑮ · 218 ⑫ – Vedere Cantone Ticino alla fine dell'elenco alfabetico.

CHIGNOLO PO 27013 Pavia – 3 003 ab. alt. 71 – © 0382.
Roma 537 – Cremona 48 – Lodi 22 – ♦Milano 55 – Pavia 30 – Piacenza 29.

   sulla strada statale 234 NE : 3 km :

XX **Da Adriano,** ⊠ 27013 ℰ 76119, 😕, 🐜 – ℗
   chiuso lunedì sera, martedì e dal 20 luglio al 10 agosto – Pas carta 31/43000.

CHIOGGIA 30015 Venezia 988 ⑤ – 53 738 ab. – a.s. 15 giugno-agosto – © 041.
Vedere Duomo★.
Roma 510 – ♦Ferrara 93 – ♦Milano 279 – ♦Padova 42 – ♦Ravenna 98 – Rovigo 55 – ♦Venezia 53.

XX **Ai Dogi,** calle Ponte Zitelle Vecchie 708 ℰ 401525, 😕 , « Ambiente in stile veneziano » –
   ▤. AE ⑤ ⓪ E VISA
   chiuso lunedì – Pas carta 32/52000.

XX **Bella Venezia,** calle Corona 51 ℰ 400500, 😕 – AE ⑤ ⓪ E VISA
   chiuso giovedì e dall'8 gennaio al 1° febbraio – Pas carta 24/40000.

XX **El Gato,** campo Sant'Andrea 653 ℰ 401806, 😕 – AE ⑤ ⓪ E VISA
   chiuso lunedì e dall'8 gennaio al 9 febbraio – Pas carta 21/50000.

X   **Mano Amica,** piazzetta Vigo ℰ 401721, 😕 – AE ⑤ ⓪ E VISA
   chiuso lunedì e gennaio – Pas carta 29/38000.

X   **Al Bersagliere,** via Cesare Battisti 293 ℰ 401044 – AE ⑤ ⓪ E VISA
   chiuso martedì – Pas carta 23/39000.

a Lido di Sottomarina E : 1 km – ⊠ **30019** Sottomarina.

🏢 lungomare Adriatico Centro ℰ 401068 :

🏨 **Ritz,** largo Europa ℰ 491700, Telex 433216, ≼, 🏊, 🏖, 🌳 – 🔄 😑 🅿 ⅋ 🅾 *VISA*. 🛠
maggio-settembre – Pas carta 36/51000 – **84 cam** 🚿 70/100000 – ½ P 57/67000.

🏨 **Bristol,** lungomare Adriatico 46 ℰ 5540389, Telex 433201, ≼, 🏊, 🏖, 🌳 – 🔄 🔄 cam 😑
🅿 ⅋ 🅱 🅾 E *VISA*. 🛠 rist
aprile-settembre – Pas 30000 – 🚿 8000 – **68 cam** 60/100000 – ½ P 68/75000.

🏨 **Vittoria Palace,** lungomare Adriatico 28 ℰ 400848, Telex 410415, Fax 400848, ≼, 🏖 – 🔄
➡ 📺 🔄 ⅋ 🅿 ⅋ 🅱 🅾 E *VISA*. 🛠 rist
15 maggio-settembre – Pas 20/25000 – **66 cam** 🚿 72/120000 – ½ P 55/70000.

🏨 **Park Hotel,** lungomare Adriatico ℰ 490740, ≼, 🏖, 🌳 – 🔄 😑 🅿 ⅋ 🅱 🅾 E *VISA*. 🛠
rist
marzo-ottobre – Pas *(chiuso lunedì)* 25/30000 – **41 cam** 🚿 48/80000 – ½ P 50/55000.

🏨 **Capinera,** lungomare Adriatico 12 ℰ 400961, ≼, 🏖 – 🔄 🔄 🖥 rist 😑 🅿 ⅋ 🅱 🅾 E *VISA*
maggio-settembre – Pas 23/25000 – 🚿 6000 – **46 cam** 50/70000 – ½ P 45/61000.

🏨 **Stella d'Italia,** viale Veneto 37 ℰ 400600 – 🔄 😑 🅿 ⅋ 🅱 🅾 E *VISA*. 🛠 cam
Pas *(chiuso venerdì e novembre)* carta 23/37000 – **27 cam** 🚿 40/65000 – ½ P 45/57000.

🍴🍴 **Ai Vaporetti,** campo Traghetto 1256 ℰ 400841, ≼ – ⅋ 🅱 🅾 E *VISA*. 🛠
chiuso martedì e dal 10 al 30 gennaio – Pas carta 34/45000.

🍴 **Garibaldi,** via San Marco 1924 ℰ 5540042, 🌳 – ⅋ 🅾 *VISA*. 🛠
chiuso lunedì e dal 1° al 20 ottobre – .Pas carta 35/50000.

sulla strada statale 309 S : 8 km :

🍴🍴 **Al Bragosso del Bepi el Ciosoto,** via Romea 294/4 ⊠ 30010 Sant'Anna di Chioggia ℰ
4950395, Solo piatti di pesce – 🖥 🅿. 🛠
chiuso mercoledì e novembre – **Pas** carta 24/32000.

a Cavanella d'Adige S : 12 km – ⊠ **30010** :

🍴 **Al Centro da Toni,** ℰ 497501
chiuso lunedì – Pas carta 28/47000.

🍴 **Al Pin,** ℰ 497800 – 🅿. 🛠
chiuso mercoledì, dal 15 al 30 luglio e novembre – Pas carta 29/54000.

CHIRIGNAGO Venezia – Vedere Mestre.

CHIUGIANA Perugia – Vedere Corciano.

CHIURO 23030 Sondrio – 2 399 ab. alt. 390 – 🕲 0342.
Roma 708 – Edolo 37 – ♦ Milano 148 – Sondrio 10.

🍴 **San Carlo,** ℰ 482272 – 🅿. 🛠
chiuso giovedì – Pas carta 25/37000.

CHIUSA (KLAUSEN) Bolzano 🅹🅸🅸 ④ – 4 228 ab. alt. 525 – ⊠ **39043** Chiusa d'Isarco – a.s.
aprile e luglio-15 ottobre – 🕲 0472.
·Vedere Guida Verde.
Roma 671 – ♦Bolzano 30 – Bressanone 11 – Cortina d'Ampezzo 98 – ♦Milano 329 – Trento 90.

🏨 **Posta-Post,** piazza Thinne ℰ 47514, « Giardino con 🏊 » – 🔄 😑 ➡ 🅿 🅱 E *VISA*. 🛠 rist
Pas *(chiuso giovedì)* carta 22/32000 – 🚿 7000 – **60 cam** 27/52000 – ½ P 43/47000.

CHIUSA DI PESIO 12013 Cuneo 🅹🅸🅸 ⑫ – 3 391 ab. alt. 585 – a.s. luglio e agosto – 🕲 0171.
Roma 633 – Cuneo 15 – ♦Milano 229 – Savona 88 – ♦Torino 97.

🍴 **Dell'Angelo,** ℰ 734591, 🌳 – 🅿. 🛠
chiuso martedì e novembre – Pas carta 21/31000.

CHIUSI 53043 Siena 🅹🅸🅸 ⑮ – 9 227 ab. alt. 375 – 🕲 0578.
Vedere Museo Etrusco★.
Roma 159 – Arezzo 67 – Chianciano Terme 12 – ♦Firenze 126 – Orvieto 51 – ♦Perugia 54 – Siena 79.

🍴🍴 **Zaira,** via Arunte 12 ℰ 20260 – ⅋ 🅱 🅾 E *VISA*. 🛠
chiuso dal 2 al 16 novembre e lunedì (escluso luglio-settembre) – Pas carta 27/40000.

a Querce al Pino O : 4 km – ⊠ **53043** Chiusi :

🏨 **Il Patriarca** 🏖, ℰ 274007, ≼, « Parco » – 😑 🅿. 🛠 rist
Pas *(chiuso mercoledì)* carta 31/42000 – 🚿 7500 – **22 cam** 60/70000 – ½ P 65/68000.

🏨 **Ismaele,** ℰ 274077, 🏊, 🛠 – 🖥 rist 😑 ➡ 🅿 – 🔄 200. 🅱 E *VISA*
➡ *chiuso gennaio* – Pas *(chiuso lunedì)* 20/35000 – 🚿 7000 – **46 cam** 50/80000 – ½ P 70000.

🏨 **Rosati,** ℰ 274008, ≼, 🌳 – 🔄 rist 🕿 ➡ 🅿 *VISA*. 🛠 rist
chiuso dal 20 dicembre al 10 gennaio – Pas *(chiuso sabato)* carta 22/30000 – 🚿 6000 –
29 cam 39/64000 – ½ P 47000.

al lago N : 3,5 km :

☆☆ **La Fattoria** ⑤ con cam, ✉ 53043 ℰ 21407, Fax 21407, ← – **℗**. 🖭 🕃 ⓞ **E** 𝘝𝘐𝘚𝘈. ⅋ cam
chiuso febbraio – Pas *(chiuso lunedì escluso luglio-settembre)* carta 28/48000 – ☲ 8000 –
7 cam 65000 – ½ P 65000.

CHIVASSO 10034 Torino 🖦🖦🖦 ⑫ – 25 455 ab. alt. 183 – ✿ 011.
Roma 684 – Aosta 103 – ♦Milano 120 – ♦Torino 24 – Vercelli 57.

🏛 **Ritz** senza rist, via Roma 17 ℰ 9102191, Fax 9116068 – 🖹 🖭 ☎ **℗**. 🖭 🕃 ⓞ **E**. ⅋
☲ 8000 – **35 cam** 59/82000.

☆ **Centauro** con cam, via Torino 90 ℰ 9102169 – 🖹 ⇜ rist **℗**. 🕃 **E** 𝘝𝘐𝘚𝘈. ⅋
chiuso agosto – Pas *(chiuso sabato)* carta 30/40000 – ☲ 5000 – **9 cam** 42/60000 –
½ P 58/60000.

CIAMPINO Roma – Vedere Roma.

CICAGNA 16044 Genova – 2 586 ab. alt. 87 – ✿ 0185.
Roma 480 – ♦Genova 33 – ♦La Spezia 82.

☆ **La Taverna Lina,** località Monleone ℰ 92179, Coperti limitati; prenotare – ⅋
➜ *chiuso lunedì ed agosto* – Pas carta 15/23000.

CICOGNARA Mantova – Vedere Viadana.

CIGLIANO 13043 Vercelli 🖦🖦🖦 ② ⑫, 🖅🖅🖅 ⑮ – 4 557 ab. alt. 237 – ✿ 0161.
Roma 666 – Aosta 95 – Asti 71 – ♦Milano 102 – ♦Torino 40 – Vercelli 32.

☆ **Del Moro** con cam, ℰ 43186 – **℗**. ⅋ cam
chiuso agosto – Pas *(chiuso lunedì)* carta 22/35000 – ☲ 3000 – **10 cam** 28/50000 –
½ P 40/45000.

CIMA SAPPADA Belluno – Vedere Sappada.

CIMOLAIS 33080 Pordenone – 519 ab. alt. 575 – a.s. febbraio, 15 luglio-agosto e Natale –
✿ 0427 – Roma 636 – Belluno 35 – Cortina d'Ampezzo 70 – ♦Milano 378 – Pordenone 51 – Treviso 96.

🏚 **Margherita,** ℰ 87060, ← – **℗**. ⅋
➜ Pas *(chiuso lunedì)* carta 20/30000 – ☲ 5000 – **12 cam** 30/55000 – ½ P 38/42000.

CINGOLI 62011 Macerata 🖦🖦🖦 ⑯ – 10 059 ab. alt. 631 – a.s. luglio-15 settembre – ✿ 0733.
🖪 via Ferri 17 ℰ 612444 – Roma 250 – ♦Ancona 52 – Ascoli Piceno 122 – Gubbio 96 – Macerata 30.

🏚 **Miramonti** ⑤, via dei Cerquatti 31 ℰ 612239, ← vallata, « Giardino ombreggiato », ⅋ –
☎ **℗**. 🖭 ⓞ 𝘝𝘐𝘚𝘈. ⅋
chiuso novembre – **Pas** *(chiuso lunedì)* carta 27/35000 – ☲ 6000 – **22 cam** 36/69000 –
½ P 50000.

☆☆ **Diana** con cam, via Cavour 21 ℰ 612313 – 🕾. 𝘝𝘐𝘚𝘈. ⅋ cam
chiuso ottobre – Pas *(chiuso lunedì)* carta 22/37000 – ☲ 5000 – **14 cam** 36/54000 –
½ P 46/48000.

CINISELLO BALSAMO 20092 Milano 🖅🖅🖅 ⑱ – 78 597 ab. alt. 154 – ✿ 02.
Roma 583 – ♦Bergamo 42 – Como 41 – Lecco 44 – ♦Milano 13 – Monza 7.

Pianta d'insieme di Milano (Milano p. 4 e 5)

🏛 **Lincoln** senza rist, via Lincoln 65 ℰ 6172657 – 🖹 🖃 🖭 ☎ **℗**. 🕃 **E** 𝘝𝘐𝘚𝘈. ⅋   HK **b**
chiuso dal 10 al 16 agosto – ☲ 8000 – **18 cam** 90/128000.

🏛 **Go-Garden,** viale Brianza 50 ℰ 6187955 – 🖹 🖃 🖭 ☎ **℗** – 🛦 25 a 200. 🖭 🕃 ⓞ **E**
➜ 𝘝𝘐𝘚𝘈   HK **e**
Pas *(chiuso a mezzogiorno, sabato e domenica)* 20/35000 – **50 cam** ☲ 90/138000 – ½ P 95000.

☆☆ **L'Orchidea,** via Lincoln 65 ℰ 6173511 – 🖃. 🖭 🕃 **E** 𝘝𝘐𝘚𝘈   HK **b**
chiuso domenica ed agosto – Pas carta 30/43000.

CINISI Palermo 🖦🖦🖦 ㊺ – Vedere Sicilia alla fine dell'elenco alfabetico.

CINQUALE Massa – Vedere Montignoso.

CIOCCARO Asti – Vedere Moncalvo.

CIRELLA 87020 Cosenza – ✿ 0985.
Roma 440 – Castrovillari 84 – Catanzaro 141 – ♦Cosenza 82 – Sapri 56.

🏚 **Guardacosta** ⑤, ℰ 86012, Fax 86227, ← mare e costa, « Giardino ombreggiato », 🏊,
🖎, ⅋ – 🖹 ☎ **℗**. ⅋ rist
aprile-settembre – Pas carta 29/40000 – ☲ 7500 – **58 cam** 70/95000, 🖃 6500 – ½ P 65/84000.

CIRIÈ 10073 Torino 988 ⑫ – 18 380 ab. alt. 344 – ✪ 011.
Roma 698 – Aosta 113 – ♦Milano 144 – ♦Torino 21 – Vercelli 74.

  XXX **Mario,** corso Martiri della Libertà 41 𝒫 9203490, prenotare – 🍽. 🕃 𝚅𝙸𝚂𝙰 ✒️
     chiuso lunedì sera, martedì ed agosto – Pas carta 32/55000.

  X **Roma,** via Roma 17 𝒫 9203572 – ✒️
     chiuso mercoledì e domenica sera – Pas carta 25/45000.

CIRÒ MARINA 88072 Catanzaro 988 ㊳㊴ – 14 391 ab. – ✪ 0962.
Roma 561 – Catanzaro 114 – ♦Cosenza 136 – Crotone 36 – ♦Taranto 210.

  🏨 **Il Gabbiano** ⑂, N : 2 km 𝒫 31338, ≤, 🐥₀ – ᐦᐧᐦ 📺 ☎ 🅿. ✒️ cam
     chiuso novembre – Pas carta 28/38000 – **40 cam** ⤶ 60/99000 – ½ P 50/80000.

CISANO Verona – Vedere Bardolino.

CISANO BERGAMASCO 24034 Bergamo 219 ⑳ – 5 398 ab. alt. 275 – ✪ 035.
Roma 619 – ♦Bergamo 18 – Como 38 – Lecco 15 – ♦Milano 41.

  XX **La Sosta,** 𝒫 781066, ≤, 🌳 – ᐦᐧᐦ 🅿. 𝙰𝙴 🕃 𝚅𝙸𝚂𝙰
     chiuso mercoledì e dal 1° al 7 gennaio – Pas carta 34/58000.

  XX **Fatur,** 𝒫 781287, 🌳 – 🅿. 𝙰𝙴 🕃 𝙴 𝚅𝙸𝚂𝙰 ✒️
     chiuso martedì e dal 1° al 15 agosto – Pas carta 30/51000.

CISTERNINO 72014 Brindisi 988 ㉙㉚ – 11 912 ab. alt. 393 – ✪ 080.
Roma 524 – ♦Bari 74 – ♦Brindisi 49 – Lecce 87 – Matera 87 – ♦Taranto 42.

  🏨 **Aia del Vento,** 𝒫 718388, Telex 813892, Fax 718370, ≤ – 🍽 rist ☎ 🅿 – 🔬 100. 𝙰𝙴 🕃 ⓞ
     𝙴 𝚅𝙸𝚂𝙰. ✒️
     marzo-ottobre – Pas *(chiuso venerdì)* carta 21/30000 – ⤶ 5000 – **27 cam** 40/65000 –
     ½ P 40/60000.

  X **Arcobaleno,** 𝒫 718247 – 🅿
     chiuso martedì – Pas carta 22/32000 (15%).

CITARA Napoli – Vedere Ischia (Isola d') : Forio.

CITTADELLA 35013 Padova 988 ⑤ – 17 859 ab. alt. 49 – ✪ 049 – Vedere Cinta muraria*.
Roma 527 – Belluno 94 – ♦Milano 227 – ♦Padova 28 – Trento 102 – Treviso 38 – ♦Venezia 61 – Vicenza 22.

  🏨 **2 Mori,** borgo Bassano 143 𝒫 5970338, « Servizio rist. estivo in giardino » – ᐦᐧᐦ rist 📺 ☎
     🕭 🅿 – 🔬 300. 𝚅𝙸𝚂𝙰. ✒️
     Pas *(chiuso lunedì e dal 5 al 20 agosto)* carta 29/40000 – ⤶ 5000 – **26 cam** 50/65000 –
     ½ P 70/80000.

CITTÀ DELLA PIEVE 06062 Perugia 988 ⑮ – 6 505 ab. alt. 508 – ✪ 0578.
Roma 154 – Arezzo 77 – Chianciano Terme 23 – Orvieto 47 – ♦Perugia 43 – Siena 89 – Viterbo 94.

  🏨 **Vannucci,** viale Vanni 1 𝒫 298063, 🌫 – 🕮 🅿. ✒️
     Pas *(chiuso giovedì)* carta 18/30000 – ⤶ 4500 – **32 cam** 45/60000 – ½ P 45/50000.

CITTÀ DI CASTELLO 06012 Perugia 988 ⑮ – 38 085 ab. alt. 288 – ✪ 075.
🏢 viale De Cesare 2/b 𝒫 8554817 – Roma 258 – Arezzo 24 – ♦Perugia 56 – ♦Ravenna 137.

  🏨 **Garden,** viale Bologni NE : 1 km 𝒫 8550593, Fax 8550574 – 🕮 ᐦᐧᐦ cam 🍽 📺 ☎ 🚗 🅿 –
     🔬 100. 𝙰𝙴 🕃 ⓞ 𝙴 𝚅𝙸𝚂𝙰. ✒️ rist
     Pas carta 22/33000 – ⤶ 8000 – **57 cam** 52/72000, 🍽 7000 – ½ P 64/76000.

  🏨 **Tiferno,** piazza Sanzio 13 𝒫 8550331, Telex 661040, Fax 397217 – ᐦᐧᐦ 📺 ☎ – 🔬 40. 𝙰𝙴 🕃
     ⓞ 𝙴 𝚅𝙸𝚂𝙰. ✒️ rist
     Pas *(chiuso lunedì)* carta 28/44000 – ⤶ 10000 – **18 cam** 76/120000 – ½ P 75/108000.

  XX **Il Bersaglio,** viale Orlando 14 𝒫 8555534 – 🅿. 𝙰𝙴 🕃 𝚅𝙸𝚂𝙰 ✒️
     chiuso mercoledì – Pas carta 30/42000.

CITTADUCALE 02015 Rieti 988 ㉖ – 6 358 ab. alt. 450 – ✪ 0746.
Roma 88 – L'Aquila 47 – Ascoli Piceno 103 – Rieti 10.

  🏨 **Pace,** 𝒫 62127 – 🕃 ⓞ
     Pas carta 21/29000 – ⤶ 3500 – **16 cam** 25/40000 – ½ P 40000.

CITTANOVA Modena – Vedere Modena.

CITTÀ SANT'ANGELO 65013 Pescara 988 ㉗ – 9 849 ab. alt. 320 – a.s. luglio e agosto – ✪ 085.
Roma 223 – L'Aquila 120 – ♦Pescara 20 – Teramo 58.

     in prossimità casello autostrada A 14 E : 9,5 km :

  🏨🏨 **MotelAgip,** ✉ 65013 𝒫 95321, Fax 95325 – 🕮 🍽 📺 ☎ 🅿 – 🔬 30 a 150. 𝙰𝙴 🕃 ⓞ 𝙴 𝚅𝙸𝚂𝙰
     ✒️ rist
     Pas 28000 – **85 cam** ⤶ 72/124000 – ½ P 91/101000.

  🏨 **Motel Amico,** ✉ 65013 𝒫 95174 – 🕮 🐥 🚗 🅿 – 🔬 60. 🕃 𝚅𝙸𝚂𝙰. ✒️ rist
     Pas carta 25/38000 – ⤶ 9000 – **62 cam** 49/83000.

CIUK Sondrio 218 ⑰ – Vedere Bormio.

CIVATE 22040 Como 219 ⑨ – 3 479 ab. alt. 269 – ☎ 0341.
Roma 619 – Bellagio 23 – Como 24 – Lecco 5 – ◆Milano 51.

- ❌ **Cascina Edvige,** località Roncaglio ℰ 550350 – 𝐏. ⁕
  ◆ *chiuso martedì ed agosto* – Pas carta 20/31000.

CIVEZZANO Trento – Vedere Trento.

CIVIDALE DEL FRIULI 33043 Udine 988 ⑥ – 11 028 ab. alt. 138 – ☎ 0432.
Vedere Tempietto★★ – Museo Archeologico★.
🛈 largo Boiani 4 ℰ 731398.
Roma 655 – Gorizia 30 – ◆Milano 394 – Tarvisio 102 – ◆Trieste 65 – Udine 17 – ◆Venezia 144.

- 🏨 **Roma** senza rist, piazza Picco ℰ 731871 – 📳 𝐏 – 🛄 100. 🖭 𝑽𝑰𝑺𝑨
  ☲ 6000 – **49 cam** 44/72000.
- ❌❌ **Alla Frasca,** via De Rubeis 10 ℰ 731270 – 🖭 ⑩ 𝑽𝑰𝑺𝑨
  chiuso lunedì – Pas carta 25/40000.
- ❌❌ **Al Fortino,** via Carlo Alberto 46 ℰ 731217 – 𝐏. ⁕
  chiuso lunedì sera, martedì, dal 10 al 30 gennaio e dal 10 al 25 agosto – Pas carta 29/40000.
- ❌ Zorutti, borgo di Ponte 7 ℰ 731100 – 𝐏.

CIVITA CASTELLANA 01033 Viterbo 988 ㉖ – 15 752 ab. alt. 145 – ☎ 0761.
Vedere Portico★ del Duomo.
Roma 79 – ◆Perugia 119 – Terni 50 – Viterbo 51.

a Quartaccio NO : 5,5 km – ✉ **01034** Fabrica di Roma :

- 🏨 **Aldero,** ℰ 514757 – 📺 ☎ 𝐏 – 🛄 25. 🖭 🚺 ⑩ 🄴 𝑽𝑰𝑺𝑨. ⁕
  chiuso dal 5 al 20 agosto – Pas *(chiuso domenica)* carta 25/40000 – ☲ 7000 – **26 cam**
  50/80000 – ½ P 65000.

CIVITANOVA MARCHE 62012 Macerata 988 ⑯ – 36 940 ab. – a.s. luglio e agosto – ☎ 0733.
🛈 corso Garibaldi 15 ℰ 73967.
Roma 276 – ◆Ancona 47 – Ascoli Piceno 79 – Macerata 27 – ◆Pescara 113.

- 🏨 **Miramare,** viale Matteotti 1 ℰ 770888, Telex 561431, ≈ – 📳 📺 ☎ ⴑ ⇐ – 🛄 150
  61 cam.
- 🏨 **Pamir,** via Santorre di Santarosa 17/19 ℰ 771777 – 📳 📺 ☎. 🖭 🚺 ⑩ 🄴 𝑽𝑰𝑺𝑨. ⁕
  Pas *(giugno-settembre)* 25/30000 – ☲ 8000 – **26 cam** 40/70000 – ½ P 65/70000.
- 🏨 **Tortuga,** senza rist, viale Vittorio Veneto 134 ℰ 771844 – 📳 ☎
  18 cam.
- 🏨 **Girasole,** via Cristoforo Colombo 204 ℰ 771316 – 📺 ☎ ⇐ 𝐏. 🖭 ⑩. ⁕
  Pas *(chiuso venerdì e dal 1° al 15 settembre)* carta 23/34000 – ☲ 3500 – **22 cam** 38/66000 –
  ½ P 55000.
- ❌❌ **Da Enzo,** corso Dalmazia 213 ℰ 74877, Solo piatti di pesce, « Servizio estivo all'aperto »
  – 🖭 🚺 🄴 𝑽𝑰𝑺𝑨
  chiuso lunedì e dal 15 al 30 settembre – Pas carta 25/40000.
- ❌❌ Gabbiano, con cam, via IV Novembre 256 ℰ 70113, Solo piatti di pesce
  20 cam.

CIVITAVECCHIA 00053 Roma 988 ㉕ – 51 009 ab. – ☎ 0766.
Vedere Guida Verde.
⛴ per Cagliari giornaliero (13 h), Olbia giornaliero (7 h) ed Arbatax mercoledì e venerdì (9 h)
– Tirrenia Navigazione, Stazione Marittima ℰ 28801, Telex 611215, Fax 21707.
🛈 viale Garibaldi 40 ℰ 25348.
Roma 78 – Grosseto 111 – ◆Napoli 293 – ◆Perugia 186 – Terni 117.

- ❌❌ **Villa dei Principi,** via Borgo Odescalchi 11/a ℰ 21200, ≤ – 𝐏 – 🛄 100. 🖭 🚺 ⑩ 🄴 𝑽𝑰𝑺𝑨
  chiuso martedì e luglio – Pas carta 45/65000.
- ❌❌ **La Scaletta,** lungoporto Gramsci 65 ℰ 24334 – ⟨⟩. 🚺. ⁕
  chiuso martedì e settembre – Pas carta 36/53000.
- ❌ **Alla Lupa,** via Santa Fermina 5 ℰ 25703
  chiuso martedì e dal 1° al 15 settembre e dal 22 al 28 dicembre – Pas carta 21/32000.

sulla strada statale 1 - via Aurelia S : 3 km :

- 🏨 Sunbay Park Hotel, ✉ 00053 ℰ 22801, ≤, 🏊, 🐾, ≈ – 📳 🖳 📺 ☎ ⴑ 𝐏 – 🛄 25 a 100
  59 cam.

CIVITELLA ALFEDENA 67030 L'Aquila – 308 ab. alt. 1 121 – ☎ 0864.
Roma 184 – L'Aquila 130 – Campobasso 98 – Chieti 116 – ◆Pescara 127 – Sulmona 60.

- 🏨 **Valdirose** ⁂, ℰ 89110, ≤ lago di Barrea – 📳 ☎ ⇐ 𝐏. ⁕ rist
  Pas 18/30000 – ☲ 8000 – **59 cam** 55000 – ½ P 65/70000.

CIVITELLA DEL TRONTO 64010 Teramo 988 ⑯ – 5 733 ab. alt. 580 – ✆ 0861.

Roma 200 – ✦Ancona 123 – Ascoli Piceno 21 – ✦Pescara 75 – Teramo 18.

⚹ **Zunica** con cam, ℰ 91319, ≼ vallata – 🎐 &. ⛝
↦ chiuso dal 2 al 15 novembre – Pas *(chiuso mercoledì)* carta 20/30000 – ⌑ 5000 – **21 cam** 30/50000 – ½ P 33/38000.

CLAVIERE 10050 Torino 988 ⑪, 77 ⑧⑧ – 184 ab. alt. 1 760 – a.s. febbraio, Pasqua, luglio-agosto e Natale – Sport invernali : ai Monti della Luna, Cesana Torinese e San Sicario : 1 360/2 610 m ≼19, sf – ✆ 0122.

🛈 (giugno-ottobre) ℰ 878917 o ℰ (011) 2398346.

🛈 via Nazionale 30 ℰ 878856.

Roma 758 – Bardonecchia 31 – Briançon 15 – ✦Milano 230 – Sestriere 17 – Susa 40 – ✦Torino 93.

🏠 **Miramonti** ⌂, ℰ 878804, ≼ – ☎ 🅿. ⛝ rist
↦ dicembre-aprile e luglio-agosto – Pas *(solo per clienti alloggiati)* 20000 – ⌑ 5000 – **21 cam** 45/60000 – ½ P 45/60000.

🏠 **Piccolo Chalet,** ℰ 878806, ≼ – 🅿. ⛝
↦ dicembre-aprile e luglio-agosto – Pas 20/25000 – ⌑ 7000 – **23 cam** 35/55000 – P 60/70000.

CLES 38023 Trento 988 ④, 218 ⑲ – 5 996 ab. alt. 658 – a.s. Pasqua e Natale – ✆ 0463.

Dintorni Lago di Tovel★★★ SO : 15 km.

Roma 626 – ✦Bolzano 54 – Passo di Gavia 73 – Merano 57 – ✦Milano 284 – Trento 44.

🏠 **Cles,** ℰ 21300, ✿ – 🎐 ☎ ⟲, 🅰🅴 🚻 🅴 𝗩𝗜𝗦𝗔. ⛝ rist
chiuso dal 15 al 30 giugno – Pas *(chiuso domenica in bassa stagione)* carta 21/29000 – ⌑ 6000 – **41 cam** 43/58000 – ½ P 45/50000.

⚹ **Antica Trattoria da Bepi** con cam, ℰ 21631
chiuso giugno – Pas *(chiuso sabato)* carta 24/36000 – ⌑ 3500 – **7 cam** 30/55000 – ½ P 50000.

CLOZ 38020 Trento – 699 ab. alt. 793 – a.s. dicembre-aprile – ✆ 0463.

Roma 647 – ✦Bolzano 44 – ✦Brescia 167 – Trento 50.

⚹⚹ **Al Molin,** ℰ 84617, Coperti limitati; prenotare – ⛝
chiuso dal 25 giugno al 3 luglio, dal 15 al 30 ottobre e giovedì in bassa stagione – Pas
carta 24/38000.

CLUSANE SUL LAGO 25040 Brescia – alt. 195 – ✆ 030.

Roma 580 – ✦Bergamo 34 – ✦Brescia 31 – Iseo 5 – ✦Milano 75.

⚹⚹ **La Punta-da Dino,** ℰ 989037, ✿ – 🅿. ⛝
chiuso mercoledì e novembre – Pas carta 29/42000.

CLUSONE 24023 Bergamo 988 ③ – 8 147 ab. alt. 648 – a.s. luglio e agosto – ✆ 0346.

Roma 635 – ✦Bergamo 34 – ✦Brescia 81 – Edolo 74 – ✦Milano 80.

🏨 **Erica,** ℰ 21667 – 🎐 📺 ☎ ⟲ 🅿 – 🔬 100. 🅰🅴. ⛝
Pas *(chiuso martedì)* carta 32/50000 – ⌑ 7000 – **23 cam** 43/64000 – ½ P 60/65000.

⚹⚹ **Aquiletta** ⌂ con cam, località Ponte Selva SO : 3 km ℰ 701196, ✿ – 📺 ⟲ 🅿. 🅰🅴
7 aprile-ottobre – Pas carta 25/43000 – ⌑ 6000 – **12 cam** 40/50000 – ½ P 40000.

Vedere anche : *Rovetta* E : 3 km.

COAREZZA Varese 219 ⑰ – Vedere Somma Lombardo.

COAZZE 10050 Torino 77 ⑩ – 2 491 ab. alt. 747 – ✆ 011.

Roma 694 – ✦Milano 174 – Pinerolo 28 – Susa 42 – ✦Torino 37.

⚹⚹ **Piemonte** con cam, ℰ 9349130, ✿ – 🎐 ⟲ 🅿. 🚻 🅴 𝗩𝗜𝗦𝗔. ⛝
chiuso settembre – Pas *(chiuso mercoledì)* carta 28/42000 – ⌑ 8000 – **29 cam** 80/100000 – ½ P 50/70000.

COCCAGLIO 25030 Brescia – 6 266 ab. alt. 162 – ✆ 030.

Roma 573 – ✦Bergamo 36 – ✦Brescia 24 – Cremona 69 – ✦Milano 77 – ✦Verona 88.

🏠 **Touring,** ℰ 723784, Fax 721084 – 📺 ☎ ⟲ 🅿. 🅰🅴 🚻 ⓞ 🅴 𝗩𝗜𝗦𝗔. ⛝
Pas *(chiuso martedì)* carta 23/34000 (10%) – ⌑ 6000 – **33 cam** 40/70000 – ½ P 60000.

COCCONATO 14023 Asti – 1 572 ab. alt. 491 – ✆ 0141.

Roma 649 – Alessandria 67 – Asti 32 – ✦Milano 118 – ✦Torino 45 – Vercelli 50.

⚹ **Cannon d'Oro** con cam, ℰ 907024, ≼✖. 🅰🅴 🚻 ⓞ 𝗩𝗜𝗦𝗔. ⛝
chiuso gennaio – Pas *(chiuso lunedì sera e martedì)* carta 30/45000 – ⌑ 6000 – **9 cam** 30/60000 – ½ P 50000.

CODEMONDO Reggio nell'Emilia – Vedere Reggio nell'Emilia.

CODOGNO 20073 Milano 🔢 ⑬ – 14 338 ab. alt. 58 – ✪ 0377.

Roma 522 – Cremona 28 – ✦Milano 67 – ✦Parma 72 – Pavia 46 – Piacenza 14.

✗ **Tre Re,** via Roma 31 ℘ 32420, Coperti limitati; prenotare la sera
   chiuso domenica sera, lunedì ed agosto – Pas carta 26/45000.

✗ **Leoncino,** piazza della Repubblica 1/4 ℘ 32238
   chiuso giovedì e dal 22 giugno al 14 luglio – Pas carta 22/34000.

CODROIPO 33033 Udine 🔢 ⑤⑥ – 14 247 ab. alt. 44 – ✪ 0432.

Roma 612 – Belluno 93 – ✦Milano 351 – Treviso 86 – ✦Trieste 77 – Udine 24.

   a Iutizzo S : 2 km – ✉ **33033** Codroipo :

✗ **Da Bosco,** ℘ 900190 – 🅿. 🕸
   chiuso mercoledì sera, giovedì ed agosto – Pas carta 18/42000.

   a Passariano SE : 2 km – ✉ **33033** Codroipo :

✗✗ Del Doge, ℘ 906591 – 🅿.

   sulla strada statale 13 E : 5 km :

🏠 **Frecce Tricolori,** ✉ 33033 Codroipo ℘ 906237 – 📺 ☎ ⇐ 🅿. 🕮 VISA
   Pas (solo per clienti alloggiati) 20/25000 – � 4000 – **24 cam** 40/65000 – ½ P 45/50000.

COGGIOLA 13013 Vercelli 🔢 ⑬ – 2 720 ab. alt. 454 – ✪ 015.

Roma 672 – Biella 31 – ✦Milano 98 – ✦Torino 114 – Vercelli 58.

🏠 **Italia,** ℘ 78230 – 🕸 ⇐ 🅿. 🕸
   Pas *(chiuso venerdì)* carta 20/30000 – ⊏ 4000 – **11 cam** 30/50000 – P 50/55000.

COGNE 11012 Aosta 🔢 ②. 🔢 ⑫. 🔢 ⑳ – 1 448 ab. alt. 1 534 – a.s. Pasqua, luglio-agosto e
Natale – Sport invernali : 1 534/2 245 m ⸗1 ⸗3, ⸗ – ✪ 0165.

🔳 piazza Chanoux 38 ℘ 74040.

Roma 774 – Aosta 27 – Courmayeur 52 – Colle del Gran San Bernardo 60 – ✦Milano 212.

🏨 **Bellevue,** ℘ 74825, Fax 749192, ⩽ Gran Paradiso, 🔲 – 🛗 ☎ ₺ 🅿 – 🔬 150. 🔛 E VISA.
   🕸 rist
   22 dicembre-17 aprile e giugno-settembre – Pas *(chiuso mercoledì in bassa stagione)* 35000
   – ⊏ 12000 – **45 cam** 100/150000 appartamenti 140/160000 – ½ P 126/135000.

🏨 **Miramonti,** ℘ 74030, ⩽, 🌲 – 🛗 ☎ ₺ 🅿. 🕸 rist
   22 dicembre-18 aprile e 3 giugno-7 ottobre – Pas 26/36000 – ⊏ 8000 – **25 cam** 53/85000 –
   ½ P 90/98000.

🏨 **Mont Blanc,** ℘ 74211, ⩽, 🌲 – 🛗 ☎ ₺ 🅿. 🕮 🔛 ① E VISA. 🕸
   20 dicembre-Pasqua e 15 giugno-settembre – Pas 20/24000 – **20 cam** ⊏ 55/100000 –
   ½ P 60/70000.

🏨 **Grand Paradis,** ℘ 74070, 🌲 – 🛗 🕸. 🔛 ① VISA. 🕸 rist
   23 dicembre-8 gennaio, 5 febbraio-2 aprile e 10 giugno-24 settembre – Pas 25000 – ⊏ 7500
   – **27 cam** 52/73000 – ½ P 55/69000.

🏨 **Sant'Orso,** ℘ 74821, ⩽ Gran Paradiso – 🛗 ☎ ⇐ 🅿. 🕮 🔛 E VISA. 🕸
   chiuso dal 7 novembre al 1° dicembre – Pas carta 22/35000 – **30 cam** ⊏ 61/102000 –
   ½ P 52/75000.

🏠 **Petit Hotel,** ℘ 74010, ⩽ – 🛗 ☎ ₺ ⇐ 🅿. 🕸 rist
   chiuso dall'8 gennaio al 4 febbraio e dal 2 aprile al 25 giugno – Pas *(chiuso mercoledì)*
   16/30000 – **19 cam** ⊏ 30/60000 – ½ P 50/55000.

🏠 **La Madonnina del Gran Paradiso,** ℘ 74078, ⩽, 🌲 – ☎ 🅿. 🕸 rist
   chiuso maggio e novembre – Pas carta 21/30000 – ⊏ 6000 – **22 cam** 35/67000 –
   ½ P 62/68000.

✗✗ **Lou Ressignon,** ℘ 74034 – 🅿. 🕮 🔛 ① E VISA
   chiuso lunedì sera, martedì, dal 15 al 25 giugno e dal 15 al 30 novembre – Pas carta 24/38000
   (5%).

   a Cretaz N : 1,5 km – ✉ **11012** Cogne :

✗✗ **Notre Maison** con cam, ℘ 74104, ⩽, « Caratteristico arredamento, giardino-solarium »,
   🌲 – 🛗 🕸 ₺ ⇐ 🅿
   chiuso ottobre e novembre – Pas *(chiuso lunedì)* carta 25/44000 – **12 cam** ⊏ 50/94000 –
   ½ P 83000.

   a Lillaz SE : 4 km – alt. 1 615 – ✉ **11012** Cogne :

🏨 **L'Arolla** 🐾, ℘ 74052 – ☎. 🕸
   febbraio-aprile e giugno-settembre – Pas carta 30/44000 – ⊏ 9000 – **14 cam** 70000 –
   ½ P 60/75000.

✗✗ **Lou Tchappè,** ℘ 74379 – 🅿. 🕸
   chiuso lunedì, gennaio e ottobre o novembre – Pas carta 23/37000.

COGNENTO Modena – Vedere Modena.

COGNOLA Trento – Vedere Trento.

COGOLETO 16016 Genova – 9 519 ab. – ✪ 010.
Roma 527 – Alessandria 75 – ◆Genova 28 – ◆Milano 151 – Savona 19.

 XX   Gustin, ☎ 9181925 – 🗐 ⓟ.

COGOLLO DEL CENGIO 36010 Vicenza – 3 088 ab. alt. 357 – ✪ 0445.
Roma 570 – ◆Milano 252 – Trento 61 – Treviso 83 – Vicenza 31.

   sulla strada statale 350 NO : 3,5 km :

 X   **All'Isola** ⌧ 36010 ☎ 880341, Coperti limitati; prenotare – ⓟ. ⚤
    chiuso domenica ed agosto – Pas carta 24/33000.

COLFIORITO 06030 Perugia 🔢🔢🔢 ⑯ – alt. 760 – ✪ 0742.
Roma 182 – ◆Ancona 121 – Foligno 26 – Macerata 66 – ◆Perugia 61.

 🏤   **Villa Fiorita,** ☎ 681125, Fax 681579, ≤, 🏊, ⚼ – 🛗 📺 ☎ 🔥 ⓟ. ⚏ 𝘝𝘐𝘚𝘈
    chiuso dal 24 gennaio al 7 febbraio – Pas *(chiuso martedì)* carta 23/36000 – ⌧ 8000 –
    30 cam 50/70000 – ½ P 55/60000.

COLFOSCO (KOLFUSCHG) Bolzano – Vedere Corvara in Badia.

COLICO 22050 Como 🔢🔢🔢 ③, 🔢🔢🔢 ⑩ – 5 719 ab. alt. 209 – ✪ 0341.
Vedere Lago di Como★★★.

 🚢   per Bellagio-Tremezzo-Como aprile-settembre giornalieri (3 h) – Navigazione Lago di
Como, via Cavour ☎ 940815.

 🚤   per Bellagio-Tremezzo-Como giornalieri (1 h 20 mn) – Navigazione Lago di Como, via Cavour
☎ 940815.
Roma 661 – Chiavenna 26 – Como 68 – Lecco 41 – ◆Milano 97 – Sondrio 41.

 🏠   Isolabella, ☎ 940101 – ⓟ
    42 cam.

 XX   **Da Gigi** con cam, ☎ 940268, � – 🛅 𝘝𝘐𝘚𝘈
    chiuso maggio ed ottobre – Pas *(chiuso giovedì)* carta 24/39000 (10%) – ⌧ 6000 – **12 cam**
    50/70000 – ½ P 50/55000.

   Europe   Wenn der Name eines Hotels dünn gedruckt ist,
                   hat uns der Hotelier Preise und Öffnungszeiten nicht angegeben.

COLLALBO (KLOBENSTEIN) Bolzano – Vedere Renon.

COLLE Vedere nome proprio del colle.

COLLECCHIO 43044 Parma 🔢🔢🔢 ⑭ – 10 966 ab. alt. 106 – ✪ 0521.
Roma 469 – ◆Bologna 107 – ◆Milano 126 – ◆Parma 11 – Piacenza 65 – ◆La Spezia 101.

 🏠   **Pineta,** ☎ 805226 – 🛗 🗐 ☎ ⓟ. ⚤
    Pas *(chiuso martedì a mezzogiorno)* carta 27/43000 – ⌧ 7000 – **40 cam** 35/55000, 🗐 5000 –
    ½ P 60/70000.

 XXX **Villa Maria Luigia-di Ceci,** ☎ 805489, « Giardino ombreggiato » – ⓟ. ⚏ ⓪ 𝘝𝘐𝘚𝘈. ⚤
    chiuso giovedì, dall'11 al 31 gennaio e dal 9 al 24 agosto – Pas carta 41/61000.

   sulla strada statale 62 NE : 5 km :

 XX   **Il Baule,** ⌧ 43044 ☎ 804110, « Servizio estivo sotto un pergolato » – ⓟ. 𝘝𝘐𝘚𝘈
    chiuso domenica, martedì sera e dal 15 al 31 agosto – Pas carta 26/36000.

   a Cafragna SO : 9 km – ⌧ 43030 Gaiano :

 X   **Cafragna-Camorali,** ☎ (0525) 2363, �, Coperti limitati; prenotare – ⓟ
    chiuso domenica sera, lunedì, dal 25 dicembre al 15 gennaio ed agosto – Pas carta 34/53000.

COLLE DI VAL D'ELSA 53034 Siena 🔢🔢🔢 ⑭⑮ – 16 543 ab. alt. 223 – ✪ 0577.
Roma 255 – Arezzo 88 – ◆Firenze 49 – Pisa 87 – Siena 25.

 🏤   **La Vecchia Cartiera,** via Oberdan 5/9 ☎ 921107, Fax 923688 – 🛗 📺 ☎ ⟸ ⓟ – 🔥 70
    ⚏ 🛅 ⓪ ⋿ 𝘝𝘐𝘚𝘈. ⚤
    Pas vedere rist La Vecchia Cartiera – ⌧ 8000 – **40 cam** 46/84000.

 🏤   **Villa Belvedere** 🦢, località Belvedere E : 2 km ☎ 920966, �, « Villa settecentesca »
    🎠 – ☎ ⓟ – 🔥 80. ⚏ 🛅 ⓪ ⋿ 𝘝𝘐𝘚𝘈
    Pas *(chiuso mercoledì)* carta 30/41000 – **15 cam** ⌧ 90/110000 – ½ P 85/90000.

 🏤   **Arnolfo** senza rist, via Campana 8 ☎ 922020, Fax 922324 – 🛗 📺 ☎. ⚏ 🛅 ⓪ ⋿ 𝘝𝘐𝘚𝘈. ⚤
    chiuso dal 10 gennaio al 10 febbraio – ⌧ 6500 – **28 cam** 45/70000.

XXX ❀ **Arnolfo,** piazza Santa Caterina 2 ⌀ 920549, 💈, Coperti limitati; prenotare – ⇔. 🅰🅴
🛈. ⮕
chiuso martedì e dal 10 gennaio al 10 febbraio – Pas carta 44/67000
Spec. Terrina di coniglio alle erbe aromatiche (primavera), Saccottini di ricotta e rucola, Piccione brasato al Chianti (autunno-inverno). **Vini** Vernaccia, Sammarco.

XX **La Vecchia Cartiera,** via Oberdan 5 ⌀ 921107 – 🅿. 🅰🅴 🅱 🅾 🄴 🆅🅸🆂🅰. ⮕
chiuso domenica sera, lunedì e dal 4 al 23 luglio – Pas carta 28/40000 (10%).

XX **L'Antica Trattoria,** piazza Arnolfo 23 ⌀ 923747, 💈 – 🅰🅴 🅱 🅾 🄴 🆅🅸🆂🅰. ⮕
chiuso lunedì sera, martedì e dal 12 al 28 agosto – Pas carta 30/50000.

COLLEFERRO 00034 Roma 🔢🔢🔢 ㉘ – 20 590 ab. alt. 238 – ☎ 06.
Roma 52 – Fiuggi 33 – Frosinone 39 – Latina 48 – Tivoli 44.

🏠 **Astoria,** viale Savoia 69/71 ⌀ 974724, 🌳 – 🛗 ☎ 🅿. 🅱 🅾 🆅🅸🆂🅰. ⮕
Pas carta 21/30000 (10%) – 🍴 6000 – **27 cam** 35/55000 – ½ P 47000.

XX **Muraccio di S. Antonio,** via Latina (contrada Ovili) ⌀ 974011, ≤, 💈, 🌳 – 🅿. 🅰🅴 🅾.
⮕
chiuso martedì – Pas carta 24/39000.

COLLE ISARCO (GOSSENSASS) 39040 Bolzano 🔢🔢🔢 ④ – alt. 1 098 – a.s. febbraio-aprile, 15 luglio-agosto e Natale – Sport invernali : 1 098/2 706 m ⬆6, ⚡ – ☎ 0472.
🛈 piazza Ibsen ⌀ 62372.
Roma 714 – ◆Bolzano 76 – Brennero 7 – Bressanone 36 – Merano 64 – ◆Milano 375 – Trento 136.

🏠 **Erna,** ⌀ 62307, ⮕ – ⇔ cam 🅿. ⮕
chiuso da ottobre al 15 dicembre – Pas *(chiuso giovedì)* carta 25/35000 – 🍴 7500 – **15 cam** 32/54000 – ½ P 40/50000.

COLLEPIETRA (STEINEGG) 39050 Bolzano – alt. 820 – ☎ 0471.
Roma 656 – ◆Bolzano 15 – ◆Milano 314 – Trento 75.

🏠 **Steineggerhof** ⮕, NE : 1 km ⌀ 676573, ≤ Dolomiti, 🔲 – 🛗 🅰. ⮕
⬅ *aprile-ottobre e 20 dicembre-7 gennaio* – Pas *(chiuso giovedì)* 18000 – 🍴 10000 – **34 cam** 25/40000 – ½ P 35/42000.

COLLODI 51014 Pistoia 🔢🔢🔢 ⑭ – alt. 120 – ☎ 0572.
Vedere Giardini⋆ del castello Garzoni.
Roma 337 – ◆Firenze 63 – Lucca 17 – ◆Milano 293 – Pistoia 32 – Siena 99.

X **All'Osteria del Gambero Rosso,** ⌀ 429364 – 🍽
chiuso lunedì sera, martedì e novembre – Pas carta 23/36000 (10%).

COLLOREDO DI MONTE ALBANO 33010 Udine – 2 269 ab. alt. 213 – ☎ 0432.
Roma 652 – Tarvisio 80 – ◆Trieste 85 – Udine 14 – ◆Venezia 141.

XX **La Taverna,** ⌀ 859045, 💈, 🌳 – 🅰🅴 🅱 🅾 🄴 🆅🅸🆂🅰. ⮕
chiuso mercoledì e dal 15 luglio al 15 agosto – Pas carta 36/53000.

a Mels NO : 3 km – ✉ 33030 :

XX **Là di Pètros,** ⌀ 859626 – 🅿. 🅾 🆅🅸🆂🅰. ⮕
chiuso martedì – Pas carta 28/42000.

COLOGNOLA AI COLLI 37030 Verona – 6 500 ab. alt. 177 – ☎ 045.
Roma 519 – ◆Milano 176 – ◆Padova 68 – ◆Venezia 101 – ◆Verona 17 – Vicenza 38.

X **Al Portego,** ⌀ 7650083, Solo piatti di pesce – ⮕
chiuso domenica sera, lunedì e giugno – Pas carta 28/40000.

sulla strada statale 11 SO : 2,5 km :

XX **Posta Vecia** con cam, ✉ 37030 ⌀ 7650243, « Piccolo zoo » – ⇔ 📺 🅿 – 🏛 80. 🅰🅴 🅾
🆅🅸🆂🅰. ⮕
chiuso agosto – Pas *(chiuso domenica sera e lunedì)* carta 34/65000 – 🍴 10000 – **12 cam** 55/70000.

COLOMBARE Brescia – Vedere Sirmione.

COLONNATA Massa-Carrara – Vedere Carrara.

COLORNO 43052 Parma 🔢🔢🔢 ⑭ – 7 311 ab. alt. 29 – ☎ 0521.
Roma 466 – ◆Bologna 104 – ◆Brescia 79 – Cremona 49 – Mantova 47 – ◆Milano 130 – ◆Parma 15.

🏠 **Versailles** senza rist, ⌀ 816960 – 🍽 📺 ☎ 🅿. 🅱 🅾 🄴 🆅🅸🆂🅰. ⮕
chiuso dal 23 dicembre al 10 gennaio ed agosto – 🍴 5000 – **33 cam** 40/60000.

a Sacca N : 4 km – ✉ 43052 Colorno :

XX **Stendhal-da Bruno,** ⌀ 815493, « Servizio estivo all'aperto » – 🅿. 🅰🅴 🅱 🅾 🄴 🆅🅸🆂🅰. ⮕
chiuso martedì, dal 1° al 15 gennaio e dal 22 luglio all'8 agosto – Pas carta 33/45000 (10%).

COL SAN MARTINO Treviso – Vedere Farra di Soligo.

COMABBIO 21020 Varese 219 ⑦ – 800 ab. alt. 307 – ✪ 0331.
Roma 634 – Laveno Mombello 20 – ♦Milano 57 – Sesto Calende 10 – Varese 23.

    al lago S : 1,5 km :

XX **Da Cesarino,** ✉ 21020 ℰ 979072 – 🅿
    chiuso mercoledì, dal 3 al 18 febbraio e dal 12 al 30 agosto – Pas carta 39/59000.

COMACCHIO 44022 Ferrara 988 ⑮ – 21 286 ab. – a.s. 15 giugno-agosto – ✪ 0533.
Dintorni Regione del Polesine★ Nord.
Roma 419 – ♦Bologna 93 – ♦Ferrara 53 – ♦Milano 298 – ♦Ravenna 36 – ♦Venezia 121.

    a Porto Garibaldi E : 5 km – ✉ **44029.**
    🛈 (giugno-agosto) viale dei Mille ℰ 327580 :

XXX ✿ **Il Sambuco,** via Caduti del Mare 30 ℰ 327478, 🏠 – 🗐. AE ⑤ ① E VISA. ⚇
    chiuso lunedì, dal 15 al 30 gennaio e dal 15 al 30 novembre – Pas carta 50/92000
    Spec. Tagliolini con calamari e pomodoro fresco, Fritto di calamari zanchette e scampi, Filetto di rombo co
    salsa al pepe rosa. Vini Sauvignon.

XX **Pacifico-da Franco,** via Caduti del Mare 10 ℰ 327169 – AE ⑤ ① VISA. ⚇
    chiuso lunedì e dal 15 novembre al 10 dicembre – Pas carta 38/59000.

X **La Baita da Ivan,** via Calatafimi 52 ℰ 327426 – AE. ⚇
    chiuso martedì – Pas carta 45/75000.

    a Lido degli Estensi SE : 7 km – ✉ **44024.**
    🛈 viale Carducci 31 ℰ 327574 :

🏨 **Conca del Lido,** viale Pascoli 42 ℰ 327459, Telex 216149, ⤢ riscaldata – 🔰 ☎ & 🅿 – 🔰
➛ 200. AE ⑤ ① VISA. ⚇ rist
    aprile-settembre – Pas 15/27000 – ☲ 7000 – **59 cam** 45/62000 – ½ P 43/70000.

🏨 Tropicana, via Ugo Foscolo 2 ℰ 327301, ⤢ – 🔰 ☎ 🅿
    stagionale – **65 cam**.

🏨 **Logonovo,** viale delle Querce 109 ℰ 327520, Telex 226406, Fax 327531, ⤢ – 🔰 ☎ 🅿. 🔰
    E VISA. ⚇ rist
    Pas *(aprile-settembre)* carta 24/33000 – ☲ 7500 – **41 cam** 45/72000 – ½ P 40/60000.

    a Lido di Pomposa NE : 8 km – ✉ **44020** San Giuseppe di Comacchio.
    🛈 (giugno-agosto) via Alpi Orientali ℰ 380228 :

🏨 **Lido,** viale Mare Adriatico 23 ℰ 380136, ≤, 🏖 – 🔰 ☎ 🅿. AE ⑤ ① E VISA. ⚇
➛ *15 maggio-settembre* – Pas 20/25000 – ☲ 6500 – **44 cam** 38/60000 – ½ P 40/50000.

    a Lido di Spina SE : 9 km – ✉ **44024** Lido degli Estensi.
    🛈 (giugno-agosto) viale degli Etruschi ℰ 330250 :

🏨 **Gallia,** viale Leonardo ℰ 330318, Fax 330318, ⤢, 🌿 – 🔰 🗐 rist ☎ 🅿
    48 cam.

🏨 **Continental,** viale Tintoretto 71 ℰ 330120, ≤, ⤢ – 🔰 ☎ 🅿. VISA. ⚇
    Pas carta 24/34000 – ☲ 7000 – **34 cam** 70000 – ½ P 66000.

🏨 **Caravel,** viale Leonardo 56 ℰ 330106, « Giardino ombreggiato » – 🔰 ☎ 🅿. AE ⑤ ① E
    VISA. ⚇ rist
    chiuso dal 24 dicembre al 6 gennaio – Pas *(solo su prenotazione in bassa stagione*
    carta 25/39000 – ☲ 7000 – **22 cam** 39/59000 – ½ P 40/63000.

    a Lido delle Nazioni NE : 10 km – ✉ **44020** San Giuseppe di Comacchio.
    Dintorni **Abbazia di Pomposa**★★ N : 14 km.
    🛈 (giugno-agosto) viale Inghilterra ℰ 890683 :

🏨 **Quadrifoglio,** viale Inghilterra 2 ℰ 39316, Telex 510073, Fax 39185, ≤, ⤢ – 🔰 ☎ & 🅿. 🔰
    ① E VISA. ⚇ rist
    aprile-ottobre – Pas 22000 – ☲ 6500 – **68 cam** 40/67000 – ½ P 42/58000.

COMANO TERME Trento – Vedere Lomaso.

COMAZZO 20060 Milano 219 ⑳ – 1 089 ab. alt. 99 – ✪ 02.
Roma 566 – ♦Bergamo 38 – ♦Milano 26 – Piacenza 70.

X Da Bocchi, località Bocchi SO : 1,5 km ℰ 9061038, 🏠 – 🅿.

COMELICO SUPERIORE 32040 Belluno – 3 034 ab. alt. (frazione Candide) 1 210 – ✪ 0435.
Roma 678 – Belluno 77 – Cortina d'Ampezzo 64 – Dobbiaco 32 – ♦Milano 420 – ♦Venezia 167.

    a Padola NO : 4 km da Candide – ✉ **32040** – a.s. 15 luglio-agosto e Natale :

🏨 **D'la Varda** ⚇, ℰ 67031, ≤ – 🅿. ⚇
    dicembre-15 aprile e 15 giugno-settembre – Pas carta 22/30000 – ☲ 4000 – **13 cam** 30/5600C
    – ½ P 39/49000.

COMERIO 21025 Varese 𝟚𝟙𝟡 ⑦ – 2 180 ab. alt. 382 – ✆ 0332.

Roma 642 – ♦Milano 64 – Varese 8.

🏛 **Bel Sit,** ℰ 743706, Fax 730171 – 🔋 📺 ☎ 🅿 – 🔏 200. 🆎 🆂 🕦 🅴 𝚅𝙸𝚂𝙰. ⋘ rist
Pas *(chiuso venerdì e domenica sera)* carta 30/48000 – ☲ 10000 – **30 cam** 58/79000 –
½ P 60/65000.

COMISO Ragusa 𝟡𝟪𝟪 ㊲ – Vedere Sicilia alla fine dell'elenco alfabetico.

Halten Sie beim Betreten des Hotels oder des Restaurants
den Führer in der Hand.
Sie zeigen damit, daß Sie aufgrund dieser Empfehlung gekommen sind.

COMO 22100 𝙿 𝟡𝟪𝟪 ③, 𝟚𝟙𝟡 ⑧⑨ – 90 060 ab. alt. 202 – ✆ 031.

Vedere Lago★★★ – Duomo★★ – Broletto★★ – Chiesa di San Fedele★ AZ – Basilica di Sant'Abondio★ AZ – ≪★ su Como e il lago da Villa Olmo 3 km per ④.

⌕ Villa d'Este (chiuso gennaio e febbraio) a Montorfano ⊠ 22030 ℰ 200200, per ② : 6 km;
⌕ e 🔟 (chiuso lunedì) a Monticello di Cassina Rizzardi ⊠ 22070 ℰ 928055, per ③ : 10 km;
⌕ (chiuso lunedì) a Carimate ⊠ 22060 ℰ 790226, per ③ : 18 km;
⌕ La Pinetina (chiuso martedì) ad Appiano Gentile ⊠ 22070 ℰ 933202, per ③ : 15 km.

⛴ per Tremezzo-Bellagio-Colico aprile-settembre giornalieri (3 h); per Tremezzo-Bellagio-Lecco aprile-settembre giornalieri (2 h 45 mn) – Navigazione Lago di Como, piazza Cavour ℰ 72278.

⛴ per Tremezzo-Bellagio-Colico (1 h 20 mn) e Tremezzo-Bellagio-Lecco aprile-settembre (1 h 5 mn), giornalieri – Navigazione Lago di Como, piazza Cavour ℰ 272278.

🛈 piazza Cavour 17 ℰ 274064 – Stazione Centrale ℰ 267214.

A.C.I. viale Masia 79 ℰ 573433.

Roma 625 ③ – ♦Bergamo 56 ② – ♦Milano 48 ③ – Monza 42 ② – Novara 76 ③.

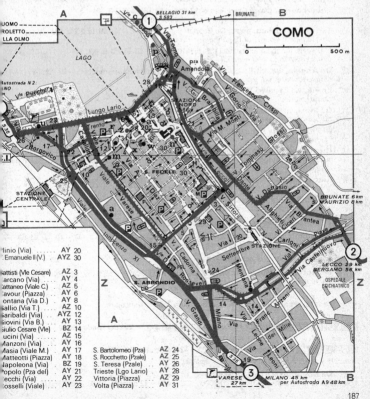

Plinio (Via)	AY 20			
Emanuele II (V.)	AYZ 30			
Battisti (Vle Cesare)	AZ 3	S. Bartolomeo (Pza)	AZ 24
Arcano (Via)	AY 4	S. Rocchetto (Pzale)	AZ 25
Cattaneo (Viale C.)	AY 5	S. Teresa (Pzale)	AY 26
Cavour (Piazza)	AY 6	Trieste (Lgo Lario)	AY 28
Fontana (Via D.)	AY 8	Vittoria (Piazza)	AZ 29
Gallio (Via T.)	AZ 10	Volta (Piazza)	AY 31
Garibaldi (Via)	AYZ 12		
Giovini (Via B.)	AY 13		
Giulio Cesare (Vle)	BZ 14		
Lucini (Via)	AZ 15		
Manzoni (Via)	AY 16		
Masia (Viale M.)	AY 17		
Matteotti (Piazza)	BZ 19		
Napoleona (Via)	AY 18		
Popolo (Pza del)	AY 21		
Recchi (Via)	AY 22		
Rosselli (Viale)	AY 23		

187

🏨🏨 **Barchetta Excelsior,** piazza Cavour 1 ✆ 266531, Telex 380435, Fax 272424, ≼ – 🛗 ▤ ◆
👌 – 🛁 25 a 50. 🖭 🖾 ⊙ ⋿ 𝘝𝘐𝘚𝘈. 🦺 rist   AY
Pas *(chiuso domenica)* carta 40/60000 – **76 cam** 🖙 156/200000 appartamenti 303000
½ P 192000.

🏨🏨 **Metropole Suisse** senza rist, piazza Cavour 19 ✆ 269444, Telex 350426, Fax 300808, ◆
🕾 – 🛗 🖭 🖾 ⊙ ⋿ 𝘝𝘐𝘚𝘈   AY
chiuso dal 18 dicembre al 14 gennaio – 🖙 15000 – **71 cam** 110/140000 appartamen
200000.

🏨🏨 **Como** senza rist, via Mentana 28 ✆ 266173, « Terrazza fiorita e panoramica con 🏊 risca
data » – 🛗 👌 🚗 🅿. 🖭 ⊙ 𝘝𝘐𝘚𝘈   BZ
🖙 12000 – **68 cam** 100/130000.

🏨🏨 **Firenze** senza rist, piazza Volta 16 ✆ 300333, Fax 300101 – 🛗 📺 ☎. 🖭 🖾 ⊙ ⋿ 𝘝𝘐𝘚𝘈
🖙 15000 – **24 cam** 110/150000.   AY

🏨 **Plinius** senza rist, via Garibaldi 33 ✆ 273067, Fax 300486 – 🛗 ☎. 🖭 🖾 ⊙ ⋿ 𝘝𝘐𝘚𝘈   AYZ ◼
chiuso dicembre – 🖙 15000 – **31 cam** 66/96000.

🏨 **Park Hotel** senza rist, viale Rosselli 20 ✆ 572615, Fax 574302 – 🛗 ☎. 🖭 🖾 ⊙ ⋿ 𝘝𝘐𝘚𝘈
marzo-ottobre – 🖙 10000 – **40 cam** 65/95000.   AY

🏨 **Continental,** viale Innocenzo XI n° 15 ✆ 260485, Fax 273343 – 🛗 📺 ☎ 🚗 – 🛁 300. ◻
🖾 ⊙ ⋿ 𝘝𝘐𝘚𝘈. 🦺 rist   AZ
Pas carta 33/49000 – 🖙 8000 – **65 cam** 75/105000 – ½ P 115000.

🏠 **Tre Re,** via Boldoni 20 ✆ 265374 – ☎ 🚗 🅿. 🖾 ⋿ 𝘝𝘐𝘚𝘈. 🦺 rist   AY ◼
chiuso dal 10 dicembre al 9 gennaio – Pas 30/35000 – 🖙 8000 – **31 cam** 60/90000
½ P 75/80000.

XXX **Sant'Anna,** via Turati 1/3 ✆ 505266, prenotare la sera – ▤. 🖭 🖾 ⊙ ⋿ 𝘝𝘐𝘚𝘈. 🦺   per (
chiuso venerdì, sabato a mezzogiorno e dal 25 luglio al 25 agosto – Pas carta 50/6800
(10%).

XXX **Villa Maderni,** via Cardano 53 ✆ 210660, prenotare – ▤ 🅿. 🖭 🖾 ⊙ ⋿ 𝘝𝘐𝘚𝘈. 🦺
*chiuso dal 1° al 15 gennaio, dall'8 al 22 agosto, domenica dal 15 giugno al 15 settembre
lunedì negli altri mesi* – Pas carta 51/64000.   4 km per (

XXX **Imbarcadero,** piazza Cavour 20 ✆ 277341 – 🖭 🖾 ⊙ ⋿ 𝘝𝘐𝘚𝘈. 🦺   AY
chiuso domenica e dal 1° al 7 gennaio – Pas carta 41/60000.

XX **Terrazzo Perlasca,** piazza De Gasperi 8 ✆ 260142, ≼ – ▤. 🖭 🖾 ⊙ ⋿ 𝘝𝘐𝘚𝘈   AY
chiuso lunedì e dal 1° al 15 gennaio – Pas carta 39/53000.

XX **L'Opera,** lungo Lario Trento 11 ✆ 263470, ≼ – ▤. 🖭 🖾 ⊙ ⋿ 𝘝𝘐𝘚𝘈. 🦺   AY
chiuso domenica sera e lunedì – Pas carta 38/52000.

XX **Da Angela,** via Ugo Foscolo 16 ✆ 263460, Coperti limitati; prenotare – 🖭 ⊙. 🦺   AY
chiuso lunedì e luglio o agosto – Pas carta 52/68000.

XX **Er Più,** via Castellini 21 ✆ 272154 – 𝘝𝘐𝘚𝘈. 🦺   per via Milan
chiuso martedì – Pas carta 32/50000.

XX **Da Pizzi,** viale Geno 12 ✆ 266100, ≼, « Servizio estivo in giardino » – 🖭 🖾 ⊙ 𝘝𝘐𝘚𝘈
chiuso giovedì e dal 28 dicembre al 20 febbraio – Pas carta 39/59000.   AY

XX **Ul Pinchett,** via Fontana 19 ✆ 263266 – 🖭 🖾 ⊙ ⋿ 𝘝𝘐𝘚𝘈. 🦺   AY
Pas carta 28/39000.

XX **Crotto del Lupo,** via Pisani Dossi-Cardina ✆ 570881, prenotare la sera, « Servizio estiv
in terrazza ombreggiata » – 🅿. 🖭 🖾 ⋿ 𝘝𝘐𝘚𝘈. 🦺   3 km per (
chiuso lunedì ed agosto – Pas carta 30/45000.

X **Rino Alpino,** via Vittani 7 ✆ 273028   AY
chiuso lunedì e dal 10 al 31 luglio – Pas carta 27/41000 (10%).

X **Teatro Sociale,** via Maestri Comacini 8 ✆ 264042   AY
chiuso martedì – Pas carta 28/51000.

a Camnago Volta per ② : 3 km – ✉ 22030 :

XXX **Navedano,** via Pannilani ✆ 261080, « Servizio estivo in terrazza », 🚗 – 🅿. 🖭 🖾 ⊙. 🦺
chiuso martedì e dal 1° al 15 agosto – Pas carta 40/65000 (10%).

sulla strada statale 342 per ③ : 4 km :

X **Trattoria del Mosè,** via privata Lazzago 8 ✉ 22100 ✆ 521159, prenotare, « Servizi
estivo in giardino » – 🅿
chiuso lunedì ed agosto – Pas carta 24/31000.

Vedere anche : *Brunate* NE : 6 km oppure 7 mn di funicolare.

COMO (Lago di) o **LARIO** ★★★ Como 🔢 ③, 🔢 ⑧⑨ – Vedere Guida Verde.

COMUNANZA 63044 Ascoli Piceno 🔢 ⑯ – 2 956 ab. alt. 448 – ✆ 0736.
Roma 206 – Ascoli Piceno 33 – Macerata 59 – Rieti 130.

X **Da Roverino** con cam, ✆ 96242 – ☎. 🖾. 🦺
Pas *(chiuso domenica)* carta 20/30000 – 🖙 5000 – **13 cam** 25/45000 – ½ P 38000.

CONCA DEI MARINI 84010 Salerno – 703 ab. – a.s. Pasqua, giugno-settembre e Natale –
✦ 089 – Roma 272 – Amalfi 5 – ◆Napoli 57 – Salerno 30 – Sorrento 35.

🏠 Belvedere, ℰ 831282, Telex 770184, ≤ mare e costa, « Terrazza con ⤴ », 🏖 – 🛗 ☎ 🅿
stagionale – **34 cam**.

CONCESIO 25062 Brescia – 12 113 ab. alt. 218 – ✦ 030.
Roma 544 – ◆Bergamo 50 – ◆Brescia 9 – ◆Milano 91.

XXX ✿ **Miramonti l'Altro,** località Costorio ℰ 2751063 – 🗔 🅿. 🆎 ⓞ. ⛝
chiuso lunedì ed agosto – Pas carta 38/61000
Spec. Code di scampi con dadolada di pomodoro fresco, Risotto con funghi porcini e formaggio dolce, Petto
d'anitra all'aceto di lampone. **Vini** Traminer, Franciacorta rosso.

CONEGLIANO 31015 Treviso 🟨🟨🟨 ⑤ – 35 906 ab. alt. 65 – ✦ 0438.
Vedere Sacra Conversazione★ nel Duomo – ✿★ dal castello – Affreschi★ nella Scuola dei
Battuti – 🖪 viale Carducci 32 ℰ 21230.
Roma 571 – Cortina d'Ampezzo 109 – ◆Milano 310 – Treviso 28 – Udine 81 – ◆Venezia 60 – Vicenza 88.

🏠 Cristallo, corso Mazzini 45 ℰ 35445, Fax 35445 – 📺 ☎ 🅿 – 🔬 50 – **44 cam**.

🏠 **Sporting Hotel** 🌲 senza rist, via Diaz 37 ℰ 24955, Fax 34138, ⤴, ☞, ⛝ – 📺 ☎ 🚗 🅿
– 🔬 50. 🆎 🛅 🗉 𝕍𝕀𝕊𝔸. ⛝
🖃 7000 – **17 cam** 75/104000.

🏠 **Città di Conegliano,** via Parrilla 1 ℰ 21445, Fax 31890 – 🛗 ⇔ cam 🗏 📺 ☎ ᕫ 🚗 🅿 –
🔬 50. 🆎 🛅 ⓞ 🗉 𝕍𝕀𝕊𝔸. ⛝ rist
chiuso dal 3 al 23 agosto – Pas (solo per clienti alloggiati e chiuso a mezzogiorno) 25/30000
– 🖃 8000 – **57 cam** 60/89000 – ½ P 70/76000.

🏠 **Canon d'Oro,** via 20 Settembre 131 ℰ 34246, « Terrazze fiorite con fontana » – 🛗 🗏 cam
📺 ☎ 🅿. 🛅 𝕍𝕀𝕊𝔸. ⛝ rist
Pas (chiuso sabato) carta 24/36000 – 🖃 7000 – **29 cam** 55/100000 – ½ P 85/97000.

🏠 **Cima,** via 24 Maggio 61 ℰ 34761, ☞ – 🛗 🗏 rist 🏖 🚗 🅿 – 🔬 100. ⛝
◆ chiuso dal 18 luglio al 16 agosto – Pas (chiuso martedì) 20/30000 – 🖃 6000 – **18 cam**
39/69000 – ½ P 55/60000.

XX **Tre Panoce,** via Vecchia Trevigiana 50 (O : 2 km) ℰ 60071, ☞ – 🗏 🅿 – 🔬 50. 🆎 ⓞ
𝕍𝕀𝕊𝔸. ⛝
chiuso domenica sera, lunedì, dal 1° al 9 gennaio ed agosto – Pas carta 28/40000.

XX **Al Salisà,** via 20 Settembre 2 ℰ 24288, 🎇, prenotare – 🆎 🛅 ⓞ 🗉 𝕍𝕀𝕊𝔸. ⛝
chiuso martedì sera, mercoledì ed agosto – Pas carta 28/49000.

sulla strada statale 13 NE : 4 km :

🏠 Palladio, ✉ 31020 San Fior ℰ 400089 – 📺 🏖 🅿 – **28 cam**.

CONERO (Monte) Ancona – Vedere Sirolo.

CONSELICE 48017 Ravenna 🟨🟨🟨 ⑮ – 9 217 ab. alt. 6 – ✦ 0545.
Roma 407 – ◆Bologna 48 – ◆Ferrara 50 – Forlì 54 – ◆Ravenna 43.

XX Selice, con cam, ℰ 89798, ☞ – 🛗 🗏 rist ☎ 🅿 – **14 cam**.

CONSUMA 50060 Firenze ed Arezzo 🟨🟨🟨 ⑮ – alt. 1 058 – ✦ 055.
Roma 279 – Arezzo 57 – ◆Firenze 34 – Pontassieve 16.

X **Sbaragli** con cam, ℰ 8306500 – 🅿. 🆎 🛅 ⓞ 🗉 𝕍𝕀𝕊𝔸
aprile-ottobre – Pas (chiuso martedì) carta 22/32000 – 🖃 5000 – **32 cam** 30/48000 –
½ P 42/48000.

CONVENTO Vedere nome proprio del convento.

COPPITO L'Aquila – Vedere L'Aquila.

CORATO 70033 Bari 🟨🟨🟨 ㉙ – 42 907 ab. alt. 232 – ✦ 080.
Roma 414 – ◆Bari 49 – Barletta 27 – ◆Foggia 97 – Matera 64 – ◆Taranto 132.

sulla strada statale 98 S : 3 km :

🏠 **Appia Antica,** ✉ 70033 ℰ 8722504, ☞ – 🛗 ⇔ cam 🗏 🏖 🛁 🅿 ⓞ 𝕍𝕀𝕊𝔸
◆ Pas (chiuso sabato) 19/39000 – 🖃 4000 – **54 cam** 55/77000 – ½ P 63/67000.

CORCIANO 06073 Perugia – 12 857 ab. alt. 368 – ✦ 075.
Roma 185 – Arezzo 65 – ◆Perugia 13 – Siena 97 – Terni 96.

X **Il Convento,** ℰ 6978946, « Taverna caratteristica » – 🅿. ⛝
chiuso lunedì e dal 15 gennaio al 15 febbraio – Pas carta 20/37000 (10%).

a Chiugiana S : 3 km – ✉ 06073 Corciano :

🏠 **Conca del Sole,** ℰ 79249, ≤, « Villini indipendenti nel verde », ⤴, ⛝ – 🏖 🛁 🅿 – 🔬
200. 🆎 🛅 𝕍𝕀𝕊𝔸. ⛝
Pas (chiuso martedì e dal 15 novembre al 15 febbraio) carta 30/43000 – 🖃 9000 – **35 cam**
60/80000 appartamenti 112/124000 – ½ P 80000.

ad Ellera S : 4 km – ⊠ **06074** Ellera Umbra :

🏠 Il Perugino, ℰ 798741 – 📶 📺 ☎️ 📩 🅿️ – **50 cam**.

a San Mariano S : 7 km – ⊠ **06070** :

✗✗ Ottavi, ℰ 774718.

CORDIGNANO **31016** Treviso – 5 728 ab. alt. 56 – 😊 0438.
Roma 577 – Belluno 48 – Treviso 42 – Udine 70 – ♦Venezia 71.

✗ **Da Piero,** ℰ 999139 – 🅿️
← *chiuso lunedì e luglio* – Pas carta 16/28000.

COREDO **38010** Trento – 1 329 ab. alt. 831 – a.s. Pasqua e Natale – 😊 0463.
Roma 624 – ♦Bolzano 50 – Sondrio 130 – Trento 38.

✗✗ **Roen,** ℰ 36295, Coperti limitati; prenotare
chiuso lunedì sera, martedì e novembre – Pas carta 26/35000.

CORGENO Varese 🗺️ ⑰ – alt. 270 – ⊠ **21029** Vergiate – 😊 0331.
Roma 631 – Laveno Mombello 25 – ♦Milano 54 – Sesto Calende 7 – Varese 22.

✗✗✗ ❀ **La Cinzianella** 🌿 con cam, ℰ 946337, ≤, « Servizio estivo in terrazza panoramica »,
🌳 – ☎️ 🅿️. 🖅 🛏️ 🕐 🗲 🆅🆂🅰️. ✵
chiuso gennaio – Pas *(chiuso lunedì sera da ottobre ad aprile e martedì negli altri mesi)*,
carta 53/73000 – 🖙 12000 – **10 cam** 55/75000 – ½ P 70/80000
Spec. Sformato dell' orto alle due salse, Bianco di pollo farcito, Cassata all'amarena in salsa di frutta. **Vini** Riesling Italico, Cavariola.

CORINALDO **60013** Ancona 🗺️ ⑯ – 5 352 ab. alt. 203 – 😊 071.
Roma 285 – ♦Ancona 51 – Macerata 74 – Pesaro 46 – Urbino 47.

✗✗ **I Tigli** con cam, ℰ 679349, 🌳 – 📺 ☎️. 🛏️ 🗲 🆅🆂🅰️
Pas carta 25/38000 – 🖙 6000 – **14 cam** 35/55000 – ½ P 38/44000.

CORLO Modena – Vedere Formigine.

CORMONS **34071** Gorizia 🗺️ ⑥ – 7 624 ab. alt. 56 – 😊 0481.
Roma 645 – Gorizia 13 – ♦Milano 384 – ♦Trieste 49 – Udine 24 – ♦ Venezia 134.

🏠 **Felcaro** 🌿, via San Giovanni 45 ℰ 60214, « Servizio rist. estivo all'aperto », 🏊, 🌳, ✗✗
– 📺 ☎️ 🅿️ – 🏋️ 50. 🖅 🛏️ 🕐 🗲 🆅🆂🅰️
Pas *(chiuso lunedì)* 25000 – 🖙 7000 – **49 cam** 36/90000 – ½ P 59/75000.

✗✗ **Al Cacciatore-della Subida,** NE : 2 km ℰ 60531, 🌳, « Ambiente caratteristico », 🌳,
✗✗ – 🅿️
chiuso martedì, mercoledì e febbraio – Pas carta 30/46000.

✗✗ **Al Giardinetto,** via Matteotti 54 ℰ 60257, 🌳 – 🛏️ 🗲 🆅🆂🅰️
chiuso lunedì sera e martedì – Pas carta 25/35000.

✗✗ **Da Biagi-la Pentolaccia,** via Isonzo 37 ℰ 60397, 🌳 – 🅿️
← *chiuso domenica* – Pas carta 20/35000.

CORNAIANO (GIRLAN) Bolzano 🗺️ ⑳ – Vedere Appiano.

CORNEDO VICENTINO **36073** Vicenza – 9 354 ab. alt. 200 – 😊 0445.
Roma 559 – ♦Milano 212 – ♦Venezia 93 – ♦Verona 59 – Vicenza 29.

sulla strada statale 246 SE : 4 km :

✗ **Due Platani,** via Campagnola 16 ⊠ 36073 ℰ 947007, 🌳, Coperti limitati; prenotare – 🅿️
🖅 🕐 🆅🆂🅰️ – *chiuso domenica sera, lunedì ed agosto* – Pas carta 29/44000.

CORNIGLIANO LIGURE Genova – Vedere Genova.

CORNUDA **31041** Treviso 🗺️ ⑤ – 5 154 ab. alt. 163 – 😊 0423.
Roma 553 – Belluno 54 – ♦Milano 258 – ♦Padova 52 – Trento 109 – Treviso 28 – ♦Venezia 58 – Vicenza 58.

✗✗ **Cavallino,** ℰ 83301, Solo piatti di pesce – 🅿️. 🖅 🛏️ 🕐 🗲 🆅🆂🅰️
chiuso domenica sera, lunedì e dal 6 al 28 agosto – Pas carta 33/49000.

✗ **Da Armando,** ℰ 83390, Solo piatti di pesce, prenotare la sera – 🅿️
chiuso martedì e settembre – Pas carta 30/50000.

CORPO DI CAVA Salerno – Vedere Cava de' Tirreni.

CORREGGIO **42015** Reggio nell'Emilia 🗺️ ⑭ – 19 704 ab. alt. 33 – 😊 0522.
Roma 422 – ♦Bologna 58 – ♦Milano 167 – ♦Verona 88.

a Budrio SO : 3 km – ⊠ **42015** Correggio :

🏠 **Locanda delle Vigne** 🌿, ℰ 697345, Fax 697345 – 🅿️
Pas *(chiuso lunedì)* carta 31/57000 – 🖙 8500 – **12 cam** 75/92000.

25040 Brescia – 5 031 ab. alt. 214 – ۞ 030.
Roma 576 – ◆Bergamo 35 – ◆Brescia 28 – ◆Milano 76.

  ✗   **Franciacorta**, ℰ 984405, ⅃, 🛱 – ⊖
      chiuso martedì ed agosto – Pas carta 22/38000 (10%).

CORTEMILIA **12074** Cuneo 👪👪👪 ⑫ – 2 718 ab. alt. 247 – ۞ 0173.
Roma 613 – Alessandria 71 – Cuneo 106 – ◆Milano 166 – Savona 68 – ◆Torino 90.

  🏠   **San Carlo,** corso Divisioni Alpine 11 ℰ 81546, 🛱 – 🛗 ☎ ⇔ ⊖. 🕹 ⅇ 𝕍𝕀𝕊𝔸 ✼ cam
      chiuso dal 22 al 30 dicembre – Pas carta 21/32000 – ⌷ 7000 – **16 cam** 42/64000 – ½ P 47000.

If you write to a hotel abroad,
enclose an International Reply Coupon
(available from Post Offices).

CORTINA D'AMPEZZO **32043** Belluno 👪👪👪 ⑤ – 7 539 ab. alt. 1 224 – a.s. febbraio-15 marzo,
Pasqua, agosto e Natale – Sport invernali : 1 224/3 244 m ⬷6 ⬷28, ⬈ – ۞ 0436.

Vedere Posizione pittoresca★★★.

Dintorni Tofana di Mezzo : ※★★★ 15 mn di funivia – Tondi di Faloria : ※★★★ 20 mn di funivia –
Belvedere Pocol : ※★★ 6 km per ④.

Escursioni Dolomiti★★★ per ④.

🛈 piazza Roma ℰ 3231, Telex 440004.

Roma 672 ③ – Belluno 71 ③ – ◆Bolzano 133 ① – ◆Innsbruck 165 ① – ◆Milano 411 ③ – Treviso 132 ③.

  🏰🏰   **Miramonti Majestic** ⑤, località Pezziè 103 ℰ 4201, Telex 440069, Fax 867019,
      ≤ conca diCortina e Do-
      lomiti, « Parco con 🔲 »,
      🔲, ✼ – 🛗 📺 ☎ ⇔ ⊖
      – 🔏 50 a 250. 🔚
      ⅇ 𝕍𝕀𝕊𝔸 ✼ rist
      20 dicembre-2 aprile e lu-
      glio-agosto – Pas car-
      ta 72/97000 – ⌷ 20000 –
      121 cam 230/380000 ap-
      partamenti 450/570000 –
      ½ P 189/320000.
               2 km per ③

  🏰   **Cristallo** ⑤, via Menar-
      di 42 ℰ 4281, Telex
      440090, Fax 868058, ≤
      conca di Cortina e Dolo-
      miti, ⅃ riscaldata, 🛱,
      ✼ – 🛗 📺 ☎ ⇔ ⊖ –
      🔏 80. 🔚 🕹 ⅇ 𝕍𝕀𝕊𝔸
      ✼ rist   Z x
      19 dicembre-2 aprile e lu-
      glio-10 settembre – Pas
      60000 – **81 cam**
      ⌷ 259/446000 apparta-
      menti 517000 – P 322000.

  🏰   **Gd H. Savoia,** via Roma
      62 ℰ 3201, Telex 440811,
      Fax 2731, « Parco e ter-
      razza con ⅃ e ≤ Dolomi-
      ti », ✼ – 🛗 ☎ ⇔ ⊖ –
      🔏 50 a 250. 🔚 🕹 🕔
      ⅇ 𝕍𝕀𝕊𝔸 ✼ rist   Z w
      20 dicembre-12 aprile e 15
      luglio-5 settembre – Pas
      50/80000 – ⌷ 25000 –
      142 cam 210/350000 –
      ½ P 195/310000.

  🏰   **Sporting Hotel Villa**
      Blu ⑤, località Verocai
      ℰ 867541, Fax 868129,
      ≤ Dolomiti, 🛱, ✼ –
      🛗 📺 ☎ ⇔ ⊖ 𝕍𝕀𝕊𝔸
      ✼ rist   Y d
      20 dicembre-10 aprile e 28
      giugno-25 settembre –
      Pas carta 39/68000 –
      49 cam ⌷ 230/280000 –
      ½ P 105/240000.

Italia (Corso)	YZ 8
Battisti (V. Cesare)	YZ 2
Corona (Ponte)	Y 3
Difesa (Via della)	Z 4
Franchetti (Via B.)	Z 6
Grohmann (Via)	Y 7
Mercato (Via)	Z 9
Poste (Largo delle)	Z 10
Ria de Zeto (Via)	YZ 12
Roma (Piazza)	Z 13
S. Francesco (Piazzetta)	Z 15
Spiga (Via)	Z 16
Stadio (Via dello)	Y 17
Venezia (Piazza)	Z 19
29 Maggio (Via)	Z 20

De la Poste, piazza Roma 14 ✆ 4271, Telex 440044, Fax 3589, ← Dolomiti – |♦| ☎ ♿ ⇔ Ⓟ. AE. ✈ Z s
chiuso dal 20 ottobre al 19 dicembre – Pas carta 50/93000 – **80 cam** ▭ 220/370000 appartamenti 380/480000 – ½ P 140/270000.

Splendid Hotel Venezia, corso Italia 209 ✆ 3291, Telex 440817, Fax 868188, ← Dolomiti – |♦| TV ☎ ♿ Ⓟ. AE ⓓ VISA. ✈ rist Y g
20 dicembre-1° aprile e luglio-settembre – Pas 48/65000 – **92 cam** ▭ 200/350000 – ½ P 170/280000.

Parc Hotel Victoria, corso Italia 1 ✆ 3246, « Arredamento rustico elegante; piccolo parco ombreggiato » – |♦| TV ☎ ♿ Ⓟ. AE Ⓢ ⓓ E VISA. ✈ rist Z y
21 dicembre-1° aprile e 10 luglio-15 settembre – Pas carta 47/70000 – ▭ 15000 – **45 cam** 160/300000 appartamenti 350/450000 – ½ P 125/260000.

Europa, corso Italia 207 ✆ 3221, Telex 440043, Fax 868204, ← Dolomiti – |♦| TV ☎ ♿ Ⓟ. AE Ⓢ ⓓ E VISA. ✈ rist Y s
chiuso da novembre al 10 dicembre – Pas 50/60000 – **52 cam** ▭ 170/310000 – ½ P 155/255000.

Cortina, corso Italia 94 ✆ 4221, Telex 328507, Fax 860760 – |♦| ☎ ♿. AE Ⓢ ⓓ E VISA ✈ rist Z
18 dicembre-10 aprile e 15 giugno-20 settembre – Pas 40/70000 – **48 cam** ▭ 190/310000 – ½ P 95/240000.

Ancora, corso Italia 62 ✆ 3261, ←, « Servizio rist. estivo in terrazza » – |♦| TV ☎ Ⓟ. AE Ⓢ ⓓ E VISA. ✈ rist Z
20 dicembre-Pasqua e luglio-15 settembre – Pas carta 37/56000 – **71 cam** ▭ 170/310000 – ½ P 180/250000.

Menardi, via Majon 112 ✆ 2400, ← Dolomiti, « Elegante arredamento; parco ombreggiato » – |♦| ☎ ⇔ Ⓟ. VISA. ✈ Y
21 dicembre-20 aprile e 22 giugno-23 settembre – Pas 25/40000 – **48 cam** ▭ 75/140000 – ½ P 100/125000.

Corona, via Cesare Battisti 15 ✆ 3251, Fax 867339, ← Dolomiti – |♦| ☎ ♿ Ⓟ. Ⓢ ⓓ E VISA. ✈ rist Y
20 dicembre-marzo e luglio-10 settembre – Pas 30/40000 – **44 cam** ▭ 130/210000 – ½ P 110/170000.

Concordia Parc Hotel, corso Italia 28 ✆ 4251, Fax 868151, « Parco ombreggiato » – |♦| ☎ ⇔ Ⓟ. AE Ⓢ E VISA. ✈ Z
22 dicembre-marzo e 10 luglio-agosto – Pas 30/50000 – ▭ 10000 – **60 cam** 130/220000 – ½ P 110/180000.

Franceschi, via Cesare Battisti 86 ✆ 867041, Fax 2909, ← Dolomiti, « Parco », ⚘ – |♦| ☎ ⇔ Ⓟ. ✈ Y
16 dicembre-18 aprile e 22 giugno-settembre – Pas 30/50000 – ▭ 10000 – **51 cam** 120/210000 – ½ P 83/170000.

Trieste, via Majon 28 ✆ 2245, ← Dolomiti – |♦| ☎ Ⓟ. AE Ⓢ E VISA. ✈ Y
20 dicembre-marzo e 20 giugno-20 settembre – Pas carta 31/51000 – ▭ 10000 – **28 cam** 70/120000 – ½ P 80/110000.

Nord Hotel, via La Verra 1 ✆ 4707, ← Dolomiti e conca di Cortina – ☎ Ⓟ. ✈ rist
6 dicembre-10 aprile e 20 giugno-settembre – Pas 25/45000 – ▭ 12000 – **34 cam** 70/120000 – ½ P 84/105000. 2 km per ①

Columbia senza rist, via Ronco 75 ✆ 3607, ← Dolomiti, ⛱ – TV ☎ Ⓟ. AE Ⓢ VISA. ✈
dicembre-29 aprile e giugno-ottobre – ▭ 8000 – **21 cam** 65/100000. Y

Pontechiesa, via Marangoni 3 ✆ 867342, Fax 867343, ← Dolomiti, ⛱ – |♦| TV ☎ ♿ Ⓟ. VISA. ✈ Y
dicembre-13 aprile e 15 giugno-21 settembre – Pas 28000 – ▭ 9000 – **35 cam** 85/160000 – ½ P 105/120000.

Fanes, via Roma 136 ✆ 3427, Fax 5027, ← Dolomiti, ⛱ – TV ☎ Ⓟ. AE Ⓢ ⓓ E VISA ✈ rist Z
22 dicembre-22 aprile e 13 giugno-4 novembre – Pas carta 28/51000 (15%) – ▭ 10000 – **25 cam** 130/160000 – ½ P 120/140000.

MotelAgip, via Roma 70 ✆ 861400, ← – |♦| ☎ ⇔ Ⓟ. AE Ⓢ ⓓ E VISA. ✈ rist Z
Pas *(chiuso domenica in bassa stagione)* 28000 – **42 cam** ▭ 104/178000 – ½ P 80/103000.

Montana senza rist, corso Italia 94 ✆ 3366 – |♦| TV ☎ Ⓟ. AE Ⓢ ⓓ VISA Z
dicembre-Pasqua e giugno-5 ottobre – ▭ 6500 – **30 cam** 45/76000.

Panda senza rist, via Roma 64 ✆ 860344, ← Dolomiti – ☎ Ⓟ. AE Ⓢ E VISA. ✈ Z
chiuso maggio e novembre – ▭ 7500 – **18 cam** 63/115000.

Villa Nevada senza rist, via Ronco 64 ✆ 4778, ← conca di Cortina e Dolomiti – ☎ Ⓟ. ✈
dicembre-15 aprile e luglio-settembre – ▭ 8000 – **14 cam** 50/90000. Y

XXX **El Toulà,** via Ronco 123 ✆ 3339, prenotare, ← conca di Cortina e Dolomiti, ⛱ – Ⓟ. AE ⓓ VISA Y
20 dicembre-15 aprile e 15 luglio-15 settembre; chiuso lunedì – Pas carta 57/78000 (15%).

XX **Tivoli,** località Lacedel ✆ 866400, ← Dolomiti, Coperti limitati; prenotare, « Servizio estivo in terrazza » – AE ⓓ VISA 2 km per ④
dicembre-aprile e luglio-settembre; chiuso lunedì – Pas carta 32/48000.

XX **Meloncino-al Lago,** località Lago Ghedina ✆ 860376, ←, ⛱, prenotare, « Chalet in riva al laghetto » – Ⓟ. ✈ 9 km per ④
chiuso martedì, giugno e novembre – Pas carta 41/57000.

XX Da Leone e Anna, via Alverà 112 ℰ 2768, Cucina sarda, prenotare – ℗   2,5 km per ②
stagionale.

XX **Da Beppe Sello** con cam, via Ronco 68 ℰ 3236, ≼ Dolomiti – ☜ ℗. AE ⓞ VISA. ⋧ rist
chiuso dal 10 aprile al 15 maggio e dal 20 settembre al 31 ottobre – Pas (chiuso martedì)
carta 30/48000 – ⌨ 7000 – **12 cam** 52/120000 – ½ P 90/100000.   Y e

XX **Tana della Volpe,** via dello Stadio 27 a/b ℰ 867494, 佘, prenotare – ℗. AE VISA. ⋧
chiuso dal 10 al 18 gennaio, dal 15 giugno al 15 luglio e mercoledì in bassa stagione – Pas
carta 43/59000.   Y z

X **Bellavista-il Meloncino,** località Gillardon ℰ 861043, ≼ conca di Cortina e Dolomiti,
Coperti limitati; prenotare, « Servizio estivo in terrazza » – ℗. ⋧   5 km per ④
chiuso martedì, giugno e novembre – Pas carta 41/57000.

X **El Zoco,** via Cademai 18 ℰ 860041, Coperti limitati; prenotare – ℗. ⓞ VISA. ⋧
5 dicembre-Pasqua e 15 giugno-10 novembre; chiuso lunedì – Pas carta 40/61000.
     1,5 km per ①

X **Baita Fraina,** località Fraina ℰ 3634, ≼ Dolomiti, « Servizio estivo in terrazza » – ℗. VISA.
⋧   2 km per ③
dicembre-aprile e luglio-settembre; chiuso lunedì – Pas carta 31/50000.

a Pocol per ④ : 6 km – alt. 1 530 – ⊠ 32043 Cortina d'Ampezzo :

🏨 **Sport Hotel Tofana,** ℰ 3281, Telex 440073, ≼ Dolomiti, 🐎, ⋧ – 🛗 ☎ 🚗 ℗. AE ⑂ ⓞ
E VISA. ⋧ rist
21 dicembre-8 aprile e luglio-8 settembre – Pas (chiuso lunedì in bassa stagione)
carta 28/40000 – **83 cam** ⌨ 90/170000 – ½ P 108/126000.

🏨 **Villa Argentina,** ℰ 5641, ≼ Dolomiti, 🐎 – 🛗 ℗. AE. ⋧ rist
20 dicembre-8 aprile e luglio-10 settembre – Pas (chiuso martedì) 28/36000 – ⌨ 10000 –
106 cam 85/150000 – ½ P 110/135000.

Le piante topografiche sono orientate col Nord in alto.

CORTINA VECCHIA Piacenza – Vedere Alseno.

CORTONA 52044 Arezzo 🄈🄈🄈 ⑮ – 22 623 ab. alt. 650 – ✆ 0575.

Vedere Museo Diocesano★★ – Museo dell'Accademia Etrusca★ nel palazzo Pretorio – Tomba
della Santa★ nel santuario di Santa Margherita B – Chiesa di Santa Maria del Calcinaio★ 3 km
per ②.

🛈 via Nazionale 72 ℰ 603056.

Roma 200 ② – Arezzo 29 ② – Chianciano Terme 55 ② – ✦Firenze 117 ② – ✦Perugia 54 ② – Siena 70 ②.

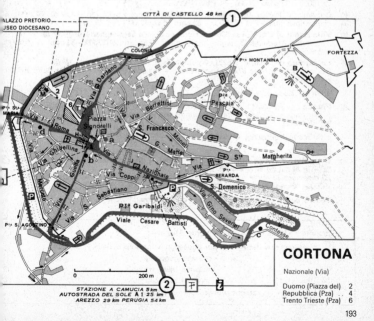

CORTONA

Nazionale (Via)

Duomo (Piazza del)	2
Repubblica (Pza)	4
Trento Trieste (Pza)	6

🏨 **Oasi G. Neumann** ⬙, via Contesse 1 ℰ 603188, ≤ vallata, « Parco ombreggiato » – 📺
P – 🏄 100 a 250. 🎉 c
aprile-settembre – Pas 24000 – ☲ 6000 – **36 cam** 44/67000 – ½ P 56/60000.

🏨 **San Michele** senza rist, via Guelfa 15 ℰ 604348 – 📳 📺 ☎ 👌. 🝆 🕃 ⓞ E ᴠɪꜱᴀ. 🎉 b
chiuso dal 12 gennaio a febbraio – ☲ 7500 – **34 cam** 50/75000 appartamenti 100000.

🏨 **Sabrina** senza rist, via Roma 37 ℰ 604188 – 🝆 🕃 ⓞ ᴠɪꜱᴀ. 🎉 o
☲ 4000 – **7 cam** 40/60000.

✕✕ **La Loggetta**, piazza Pescheria 3 ℰ 603777, 🕱 – 🝆 🕃 ⓞ ᴠɪꜱᴀ a
chiuso lunedì, da ottobre a marzo anche domenica sera e dal 2 gennaio al 2 febbraio – Pas
carta 21/59000 (10%).

Vedere anche : *Camucia* per ② : 5 km.

CORVARA IN BADIA 39033 Bolzano 🄈🄇🄇 ⑤ – 1 234 ab. alt. 1 568 – a.s. febbraio-aprile, 15
luglio-agosto e Natale – Sport invernali : 1 568/2 800 m ⚡2 ⚡44, ⚡ – ❀ 0471.
🄗 Municipio ℰ 836176, Telex 401555.
Roma 704 – Belluno 85 – ◆Bolzano 65 – Brunico 37 – Cortina d'Ampezzo 47 – ◆Milano 364 – Trento 125.

🏨 **Sassongher** ⬙, a Pescosta ℰ 836085, Fax 836542, ≤ gruppo Sella e vallata, 🔲 – 📳
📳 rist 📺 ☎ **P** – 🏄 90. 🝆. 🎉
20 dicembre-20 aprile e luglio-settembre – Pas carta 50/62000 – ☲ 15000 – **50 cam**
95/170000 – ½ P 95/170000.

🏨 **La Perla**, ℰ 836132, Telex 401685, Fax 836568, ≤ Dolomiti, « Giardino con 🏊 riscaldata »
– 📳 📳 rist 📺 ☎ **P**. 🕃 ⓞ E ᴠɪꜱᴀ. 🎉
16 dicembre-25 aprile e 24 giugno-settembre – Pas 48/60000 – ☲ 20000 – **50 cam** 110/210000
appartamenti 180/260000 – ½ P 99/168000.

🏨 **Sport Hotel Panorama** ⬙, ℰ 836083, Telex 401220, Fax 836449, ≤ gruppo Sella e
vallata, 🔲, ✕ – 📳 📺 ☎ **P**. 🝆 🕃 E ᴠɪꜱᴀ. 🎉
20 dicembre-20 aprile e luglio-22 settembre – Pas carta 27/38000 – ☲ 18000 – **32 cam**
54/98000 – ½ P 80/158000.

🏨 **Posta-Zirm**, ℰ 836175, Telex 400844, Fax 836580, ≤ gruppo Sella, 🔲 – 📳 📳 rist 📺 📳
P. 🕃. 🎉 rist
chiuso novembre – Pas carta 28/38000 – **74 cam** ☲ 98/180000 appartamenti 220000 –
½ P 89/115000.

🏨 **Salvan**, ℰ 836015, ≤ gruppo Sella e Sassongher, 🔲, 🜸, ✕ – ☎ **P**. 🝆 🕃 E ᴠɪꜱᴀ
3 dicembre-22 aprile e giugno-10 ottobre – Pas carta 31/49000 – **36 cam** ☲ 100/200000 –
½ P 90/100000.

🏨 **Tablè**, ℰ 836144, Fax 836313, ≤ gruppo Sella – 📳 📺 📺 **P**. 🝆. 🎉
➡ *20 dicembre-15 aprile e 20 maggio-20 ottobre* – Pas (solo per clienti alloggiati) 20/25000 –
☲ 15000 – **27 cam** 120000 – ½ P 60/110000.

🏨 **Col Alto**, ℰ 836009, Telex 400209, Fax 836009, ≤ gruppo Sella, 🔲 – 📳 ☎ **P**. 🎉 rist
➡ *chiuso novembre* – Pas 18/25000 – **62 cam** ☲ 55/90000 – ½ P 75/100000.

🏨 **Villa Eden**, ℰ 836041, Fax 836489, ≤ gruppo Sella e Sassongher – 📳 📺 ☎ **P**. 🎉 rist
5 dicembre-20 aprile e 15 giugno-20 settembre – Pas carta 24/32000 – **33 cam** ☲ 60/100000
– ½ P 55/98000.

✕ **La Tambra** con cam, ℰ 836281, ≤ gruppo Sella, Rist. e self-service – 📺 **P**
6 dicembre-24 aprile e 10 giugno-settembre – Pas carta 24/44000 – **18 cam** ☲ 78/156000 –
½ P 67/83000.

sulla strada statale 244 S : 2,5 km :

🏨 **Planac** ⬙, 🖂 39033 ℰ 836210, Fax 836598, ≤ gruppo Sella – ☎ **P**. 🕃 E ᴠɪꜱᴀ. 🎉 rist
8 dicembre-22 aprile e 3 giugno-settembre – Pas 24/43000 – **34 cam** ☲ 55/100000 –
½ P 65/100000.

a Colfosco (Kolfuschg) O : 3 km – alt. 1 645 – 🖂 39030.
🄗 ℰ 836145 :

🏨 **Cappella**, ℰ 836183, Telex 400643, Fax 836561, ≤ gruppo Sella e vallata, « Giardino », 🔲,
✕ – 📳 📳 rist 📺 ☎ 👌. 🝆 **P**. 🎉 ᴠɪꜱᴀ. 🎉
20 dicembre-22 aprile e 16 giugno-settembre – Pas (chiuso lunedì) carta 29/50000 – ☲
19000 – **40 cam** 90/150000 appartamenti 130/170000 – ½ P 78/150000.

Vedere anche : *Campolongo (Passo di)* S : 6,5 km.

« Scoprite » l'**Italia** con la guida Verde Michelin :

descrizione dettagliata dei paesaggi pittoreschi e delle "curiosità" ;

storia e geografia ;

musei e belle arti ;

itinerari regionali ;

piante topografiche di città e monumenti.

COSENZA 87100 P 988 – 105 813 ab. alt. 237 – 0984.

Vedere Tomba d'Isabella d'Aragona★ nel Duomo ZA.

via Pasquale Rossi ℰ 390595.

A.C.I. via Tocci 2/a ℰ 74381.

Roma 519 ⑤ – ◆Napoli 313 ⑤ – ◆Reggio di Calabria 190 ⑤ – ◆Taranto 205 ⑤.

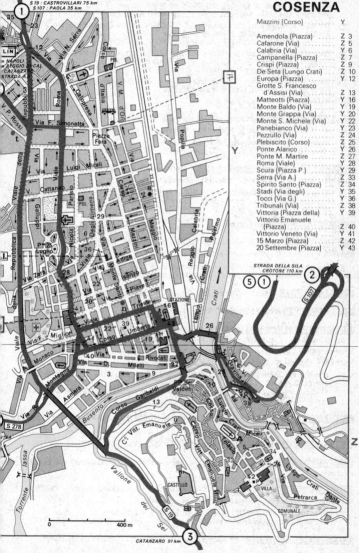

COSENZA

🏨 **Centrale,** via del Tigrai 3 ℰ 73681, Telex 912599, Fax 75750 – ▮ ▦ 🔲 📺 ☎ 🚗 🅿 AE 🅂 E
VISA. ⋐ rist   Y s
Pas carta 28/39000 – ⊡ 7000 – **48 cam** 72/110000 – ½ P 90000.

XX La Calavrisella, via Gerolamo De Rada 11/a ℰ 28012 – ▦   Y t

X **Da Giocondo,** via Piave 53 ℰ 29810 – ⋐   Y n
chiuso domenica ed agosto – Pas carta 30/45000.

in prossimità uscita nord autostrada A 3 o sulla strada statale 19 per ① :

🏨 **Europa,** contrada Roges ⊠ 87036 Rende ℰ 465064, Telex 800075, Fax 465070, 🔫 – 🛗 ▤
📺 ☎ 🅿 – 🏛 120. 🖭 🕃 ⓪ 🇪 𝘝𝘐𝘚𝘈. 🛠 rist
Pas carta 35/49000 – **79 cam** 🚇 92/135000 – ½ P 92/114000.

🏨 **San Francesco,** contrada Commenda ⊠ 87036 Rende ℰ 461721, Telex 800048, Fax
464520, 🔫 – 🛗 ▤ ☎ 🅿 – 🏛 500. 🖭 🕃 ⓪ 🇪 𝘝𝘐𝘚𝘈. 🛠 rist
Pas carta 30/42000 – **144 cam** 🚇 84/128000 – ½ P 95/101000.

🏛 **Domus Residence,** via Bernini 4 ⊠ 87030 Castiglione Cosentino Scalo ℰ 839652, Fax
839967 – 🛗 ⇆ rist ▤ 🛏 🕹 🛬 🅿 – 🏛 30 a 50. 𝘝𝘐𝘚𝘈
Pas carta 21/32000 – 🚇 5000 – **64 cam** 60/100000 – ½ P 68/82000.

🏛 **MotelAgip,** bivio strada statale 107 ⊠ 87030 Castiglione Cosentino Scalo ℰ 83910?
Telex 912553 – 🛗 ▤ 📺 ☎ 🅿 – 🏛 50. 🖭 🕃 ⓪ 🇪 𝘝𝘐𝘚𝘈. 🛠 rist
Pas 28000 – **65 cam** 🚇 110/170000 – ½ P 112/137000.

🏛 **Sant'Agostino** senza rist, contrada Roges, via Modigliani 49 ⊠ 47036 Rende ℰ 461782
📺 ☎ 🅿 🖭. 🛠 – 🚇 5000 – **26 cam** 65/95000.

MICHELIN, via degli Stadi 77 Y, ℰ 31521.

COSSANO BELBO 12054 Cuneo – 1 186 ab. alt. 244 – ✆ 0141.
Roma 614 – Alessandria 52 – Asti 31 – Cuneo 89 – ◆Genova 114 – ◆Milano 142 – ◆Torino 86.

🍴 **Della Posta-da Camulin,** ℰ 88126 – 🖭 ⓪
chiuso lunedì e dal 15 luglio al 13 agosto – Pas carta 25/37000.

COSSATO 13014 Vercelli 𝟿𝟾𝟾 ②, 𝟸𝟷𝟿 ⑮ – 15 460 ab. alt. 253 – ✆ 015.
Roma 668 – Biella 11 – ◆Milano 94 – ◆Torino 82 – Vercelli 43.

🍴🍴 **Tina** con cam, via Matteotti 21 ℰ 93403 – 🕃 𝘝𝘐𝘚𝘈
Pas *(chiuso domenica e dal 4 al 21 agosto)* carta 29/50000 – 🚇 7000 – **10 cam** 39/62000
½ P 52000.

COSTA Trento – Vedere Folgaria.

COSTABISSARA 36030 Vicenza – 4 767 ab. alt. 51 – ✆ 0444.
Roma 546 – ◆Milano 209 – ◆Padova 45 – ◆Venezia 78 – Vicenza 7.

🍴 **Da Lovise,** ℰ 557062, « Servizio estivo sotto un pergolato » – 🅿
chiuso lunedì e dal 29 luglio al 15 agosto – ,Pas carta 24/35000.

COSTA DORATA Sassari – Vedere Sardegna (Porto San Paolo) alla fine dell'elenco alfabetico

---

COSTALOVARA (WOLFSGRUBEN) Bolzano – Vedere Renon.

COSTALUNGA (Passo di) (KARERPASS) Trento 𝟿𝟾𝟾 ④⑤ – alt. 1 753 – a.s. Pasqua e Natal?
– Sport invernali : 1 753/2 035 m ≤3, ⚃ (vedere anche Nova Levante).
Vedere ≤★ sul Catinaccio – Lago di Carezza★★★ O : 2 km.
Roma 674 – ◆Bolzano 29 – Cortina d'Ampezzo 81 – ◆Milano 332 – Trento 93.

🏛 **Savoy,** ⊠ 38039 Vigo di Fassa ℰ (0471) 612124, ≤ Dolomiti e pinete, 🔫 – 🛗 ⇆ rist ⁅
⇨ 🅿. 🇪 𝘝𝘐𝘚𝘈. 🛠 rist
21 dicembre-15 aprile e 15 giugno-15 ottobre – Pas carta 22/30000 – **35 cam** 🚇 65/11000
– ½ P 70/80000.

COSTA PARADISO Sassari – Vedere Sardegna (Trinità d'Agultu) alla fine dell'elenco alfabetico.

COSTA ROTIAN Trento – Vedere Folgarida.

COSTA SMERALDA Sassari 𝟿𝟾𝟾 ㉓㉔ – Vedere Sardegna (Arzachena) alla fine dell'elenco alfabetico.

COSTA VOLPINO 24062 Bergamo – 8 401 ab. alt. 251 – a.s. luglio e agosto – ✆ 035.
Roma 608 – ◆Bergamo 43 – ◆Brescia 49 – ◆Milano 88 – Sondrio 102.

🍴🍴 **Franini** con cam, ℰ 971017 – 📺 🅿. 🖭 🕃 ⓪ 🇪 𝘝𝘐𝘚𝘈. 🛠 cam
Pas *(chiuso mercoledì)* carta 31/44000 – 🚇 8000 – **14 cam** 45/60000 – P 85/95000.

COSTIERA AMALFITANA ★★★ Napoli e Salerno 𝟿𝟾𝟾 ㉗㉘ – Vedere Guida Verde.

COSTIGLIOLE D'ASTI 14055 Asti 𝟿𝟾𝟾 ⑫ – 5 930 ab. alt. 242 – ✆ 0141.
Roma 629 – Acqui Terme 34 – Alessandria 51 – Asti 15 – ◆Genova 108 – ◆Milano 141 – ◆Torino 70.

🍴🍴🍴 ❀❀ **Guido,** piazza Umberto I n° 27 ℰ 966012, solo su prenotazione – 🕃. 🛠
chiuso a mezzogiorno, domenica e i giorni festivi – Pas 90/120000
Spec. Sformati di verdure, Insalata tiepida con fegati d'anitra, Agnolotti alla costigliolese, Sella di coniglio al
vino. **Vini** Arneis, Barbaresco.

COTIGNOLA 48010 Ravenna – 7 037 ab. alt. 19 – ✿ 0545.
Roma 396 – ◆Bologna 53 – Forli 28 – ◆Ravenna 25.

✗ **Da Giovanni** con cam, ℰ 40138 – ☎. ஊ ▨▨. ≫
  Pas *(chiuso sabato)* carta 23/42000 – ⟠ 8000 – **10 cam** 30/46000 – ½ P 53000.

  a Barbiano O : 4,5 km – ⊠ **48010** :

🏨 **Villa Bolis,** ℰ 78347 e rist ℰ 78630, ☞ – ▤ ⬛ ☻ ➋ – 🏛 25. ஊ ▨▨. ≫
  Pas *(chiuso lunedì ed agosto)* carta 31/48000 – ⟠ 8000 – **11 cam** 48/76000.

COURMAYEUR 11013 Aosta 🔢 ①, 🔢 ①, 🔢 ⑨ – 2 868 ab. alt. 1 228 – a.s. 15 febbraio-Pasqua, 15 luglio-agosto e Natale – Sport invernali : 1 228/2 736 m ✇ 6 ✇ 15, ✇; anche sci estivo : 1 370/3 460 m ✇ 3 – ✿ 0165.

Vedere Località★★ – Escursioni Valle d'Aosta★★ : ≼★★★ per ②.
✇ (luglio-settembre) a Planpincieux ⊠ 11013 ℰ 89103, NE : 6 km BX.
🅱 piazzale Monte Bianco ℰ 842060, Telex 215871, Fax 842072.
Roma 784 – Aosta 38 – Chamonix 24 ① – Colle del Gran San Bernardo 70 ② – ◆Milano 222 ② – Colle del Piccolo San Bernardo 28 ②.

Pianta pagina a lato

🏰 **Royal e Golf,** via Roma 83 ℰ 843621, Telex 214312, Fax 842093, ≼ monti e ghiacciai, ⬛ riscaldata, ☞ – ▤ ⬛ ☎ ஃ ⇦ ➋ – 🏛 25 a 70. ஊ ▨ ⓞ ▨▨. ≫ rist
  AZ **a**
  dicembre-aprile e luglio-agosto – Pas 65000 ed al Rist. **Grill Cipriani** *(chiuso a mezzogiorno)*
  carta 60/80000 – **92 cam** ⟠ 235/425000 appartamenti 610/720000 – ½ P 130/246000.

🏰 **Pavillon,** strada Regionale 60 ℰ 842420, Telex 210541, Fax 844984, ≼ monti, ⬛ – ▤ ⬛ ☎
  ஃ ⇦ ➋ – 🏛 40. ஊ ▨ ⓞ E ▨▨. ≫ rist
  BY **t**
  dicembre-aprile e giugno-settembre – Pas 40000 ed al Rist. **Grill Le Bistroquet** *(chiuso a mezzogiorno e lunedì)* carta 40/60000 – ⟠ 16000 – **38 cam** 150/260000 appartamenti 260/400000 – ½ P 145/220000.

🏨 **Palace Bron** ≫, a Plan Gorret E : 2 km ℰ 842545, Fax 844015, ≼ Dente del Gigante e vallata, « Posizione panoramica in pineta », ☞ – ▤ ⬛ ☎ ➋ – 🏛 50. ≫
  20 dicembre-22 aprile e 30 giugno-16 settembre – Pas *(chiuso lunedì)* 50/60000 – ⟠ 18000
  – **26 cam** 130/230000 appartamento 580000 – ½ P 125/195000.
  BY **u**

🏨 **Del Viale,** viale Monte Bianco 74 ℰ 842227, Fax 844513, ≼ monti, ☞ – ⬛ ☻ ⇦ ➋. ஊ
  ⓞ E ▨▨. ≫ rist
  BY **c**
  chiuso maggio e novembre – Pas carta 36/51000 – ⟠ 10000 – **23 cam** 52/84000 –
  ½ P 50/120000.

🏨 **Cresta et Duc,** via Circonvallazione 7 ℰ 842585, Telex 211060, Fax 842591, ≼ monti – ▤
  ☎ ➋. ஊ ▨ ⓞ E ▨▨. ≫ rist
  AZ **e**
  18 dicembre-21 aprile e 24 giugno-9 settembre – Pas 30000 – ⟠ 15000 – **39 cam** 52/85000
  – ½ P 75/120000.

🏨 **Bouton d'Or** senza rist, superstrada Traforo del M.te Bianco ℰ 842380, Fax 842152, ≼
  monti e vallata, ☞ – ▤ ⬛ ☎ ⇦ ➋. ஊ ▨ ⓞ E ▨▨
  AZ **x**
  8 dicembre-1° maggio e 2 giugno-4 novembre – ⟠ 9500 – **21 cam** 53/85000.

🏨 **Courmayeur,** via Roma 158 ℰ 842323, Fax 845125 – ▤ ⬛ ☻ ➋. ▨ E ▨▨. ≫ rist   AZ **h**
  chiuso ottobre e novembre – Pas *(chiuso lunedì)* 28/32000 – ⟠ 10000 – **25 cam** 55/85000 –
  P 75/115000.

🏨 **Chetif,** strada la Villette ℰ 843503, ≼ monti – ▤ ⬛ ☻ ➋. ஊ ▨ ⓞ E ▨▨. ≫ rist   AZ **f**
  dicembre-aprile e giugno-settembre – Pas 32/35000 – ⟠ 10000 – **18 cam** 54/86000 –
  ½ P 60/100000.

🏨 **Crampon** senza rist, strada la Villette 8 ℰ 842385, Fax 842385, ≼ monti e vallata, ☞ – ▤
  ☻ ➋. ▨ E ▨▨. ≫
  AZ **b**
  20 dicembre-aprile e luglio-15 settembre – ⟠ 9000 – **24 cam** 53/85000.

🏨 **Majestic,** strada Regionale 36 ℰ 841025, Telex 211065, Fax 844705, ≼ monti, ☞ – ▤
  ≫ rist ⬛ ☻ ➋. ஊ ▨ ⓞ E ▨▨. ≫ rist
  BY **t**
  chiuso dal 5 al 30 novembre – Pas 27/44000 – ⟠ 15000 – **56 cam** 55/90000 – ½ P 90/130000.

🏨 **Centrale,** via Mario Puchoz 7 ℰ 842944, Fax 842945, ≼, ☞ – ▤ ⬛ ☻ ஃ ⇦ ➋. ஊ ⓞ
  ▨▨. ≫ rist
  AZ **t**
  dicembre-Pasqua e 20 giugno-15 settembre – Pas *(solo per clienti alloggiati)* – ⟠ 11500 –
  32 cam 54/89000 – P 70/129000.

🏨 **Croux** senza rist, via Circonvallazione 94 ℰ 842437, Fax 842506, ≼ monti, ☞ – ▤ ☻ ➋. ஊ
  ⓞ E ▨▨
  AZ **d**
  20 dicembre-15 aprile e 27 giugno-25 settembre – ⟠ 9000 – **30 cam** 53/85000.

🏠 **Svizzero e Rist. Le Talus,** superstrada Traforo del M.te Bianco ℰ 842035 e rist ℰ 842920, ≼
  monti, ☞ – ☎ ➋ – **29 cam**.
  AZ **n**

🏠 **Select,** strada Regionale 27 ℰ 842460, ≼ monti – ⬛ ☻ ➋. ▨ E ▨▨. ≫ rist   BY **n**
  dicembre-25 aprile e 15 giugno-settembre – Pas 32000 – ⟠ 10000 – **15 cam** 60/105000 –
  ½ P 65/95000.

🏠 **Panei-Fiocco di Neve,** viale Monte Bianco 64 ℰ 842358, ≼ monti, ☞ – ☎ ➋. ஊ ▨ ⓞ
  E ▨▨. ≫
  BY **s**
  chiuso dal 2 al 26 giugno e dal 3 novembre al 2 dicembre – Pas *(solo per clienti alloggiati e
  chiuso a mezzogiorno)* 30/35000 – ⟠ 15000 – **12 cam** 60/86000 – ½ P 75/90000.

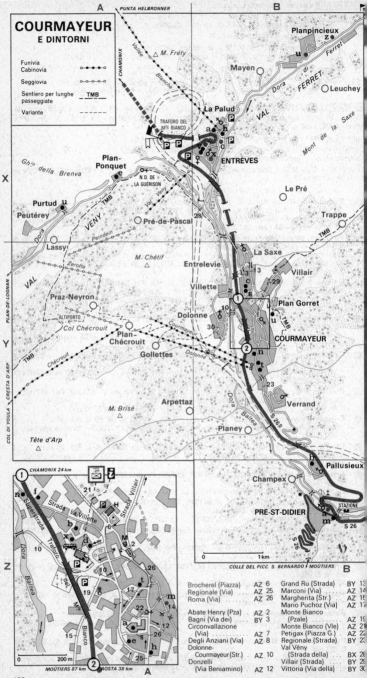

COURMAYEUR
E DINTORNI

Funivia
Cabinovia

Seggiovia

Sentiero per lunghe   TMB
passeggiate

Variante

PUNTA HELBRONNER

M. Fréty

Vallée Blanche

CHAMONIX

TRAFORO DEL
MTE BIANCO

Plan-
Ponquet

Ghio della Brenva

N.D. DE
LA GUÉRISON

Val Veny

Purtud

Peutérey

Lassy

M. Chétif

Pré-de-Pascal

Peindein

VENY

Zerotta

VAL

Plan-
Chécrouit

Praz-Neyron

ALTIPORTO

Col Chécrouit

PLAN-DE-LOGNAN

COL DI YOULA   CRESTA D'ARP

Chécrouit

TMB

Courmayeur

Dolonne

Gollettes

Dolonne

M. Brisé

Arpettaz

Tête d'Arp

Planey

Planpincieux

Mayen

Leuchey

Dora di FERRET

VAL

Mont de la Saxe

La Palud

ENTRÈVES

Le Pré

Trappe

La Saxe

TMB

Villair

Entrelevie

Villette

Plan Gorret

Dolonne

COURMAYEUR

Verrand

Dora Baltea

S 26d

Pallusieux

Champex

PRÉ-ST-DIDIER

STAZIONE

S 26

COLLE DEL PICC. S. BERNARDO / MOÛTIERS

CHAMONIX 24 km

Strada
Superstrada

La Villette

Strada Villair

Traforo

Dora
Baltea

Mt
Bianco

MOÛTIERS 87 km   AOSTA 38 km

0   200 m

0   1 km

Brocherel (Piazza)	AZ 6	Grand Ru (Strada)	BY 13
Regionale (Via)	AZ 25	Marconi (Via)	AZ 14
Roma (Via)	AZ 26	Margherita (Str.)	AZ 15
		Mario Puchoz (Via)	AZ 17
Abate Henry (Pza)	AZ 2	Monte Bianco	
Bagni (Via dei)	BY 3	(Pzale)	AZ 19
Circonvallazione		Monte Bianco (Vle)	AZ 21
(Via)	AZ 7	Petigax (Piazza G.)	AZ 22
Degli Anziani (Via)	AZ 8	Regionale (Strada)	BY 23
Dolonne-		Val Vény	
Courmayeur (Str.)	AZ 10	(Strada della)	BX 28
Donzelli		Villair (Strada)	BY 29
(Via Beniamino)	AZ 12	Vittoria (Via della)	BY 30

198

XX **Pierre Alexis 1877,** via Marconi 54 ℰ 843517 – VISA m
chiuso ottobre e novembre, lunedì (escluso agosto) e da settembre a marzo anche martedì a mezzogiorno – Pas carta 28/48000.
AZ

X **Le Vieux Pommier,** piazzale Monte Bianco 25 ℰ 842281 – **ℙ** AE ⑤ ⓞ E VISA. ℅
chiuso lunedì ed ottobre – Pas carta 26/41000.
AZ c

ad Entrèves N : 4 km – alt. 1 306 – ⊠ 11013 Courmayeur :

🏨 **Pilier d'Angle,** ℰ 89129, Fax 89525, ≤ Monte Bianco, 🛋 – ☎ 🚗 **ℙ**. AE ⑤ E VISA. ℅
chiuso maggio, ottobre e novembre – Pas carta 35/50000 – ⏃ 10000 – **24 cam** 55/85000 – ½ P 65/100000.
BX v

🏨 **La Grange** senza rist, ℰ 89274 – 📶 ☎ **ℙ**. AE ⑤ ⓞ E VISA
dicembre-aprile e luglio-settembre – ⏃ 10000 – **23 cam** 84000.
BX v

🏨 **La Brenva,** Fax 845106 – 📺 ☎ **ℙ**. ⑤ ⓞ E VISA. ℅ rist
Pas carta 46/68000 – ⏃ 10000 – **14 cam** 50/100000 – ½ P 95/115000.
ABX v

X **Maison de Filippo,** ℰ 89968, 🌣, « Caratteristica locanda valdostana » – **ℙ**. AE ⑤ E VISA
chiuso martedì, da giugno al 15 luglio e novembre – Pas 35/40000.
BX x

in Val Ferret :

🏨 **Astoria,** a La Palud N : 5 km alt. 1 360 ⊠ 11013 ℰ 89910, ≤ – 📶 🚲 🚗 **ℙ**. ℅
BX h
15 dicembre-aprile e luglio-20 settembre – Pas *(chiuso giovedì)* carta 30/45000 – ⏃ 10000 – **33 cam** 40/80000 – ½ P 50/70000.

🏨 **Vallée Blanche** senza rist, a La Palud N : 5 km alt. 1 360 ⊠ 11013 ℰ 89933, ≤ – 🚗 **ℙ**. ℅
BX a
chiuso dal 15 maggio al 15 giugno e dal 15 ottobre a novembre – ⏃ 5000 – **23 cam** 40/60000.

XX **La Clotze,** a Planpincieux N : 7 km alt. 1 600 ⊠ 11013 ℰ 89928, 🛋, ℅ – **ℙ**. ℅
BX u
chiuso mercoledì, dal 10 giugno al 10 luglio e dal 15 al 30 ottobre – Pas carta 29/43000.

XX **La Palud-da Pasquale,** a La Palud N : 5 km alt. 1360 ⊠ 11013 ℰ 89169 – **ℙ**. AE ⑤ E VISA. ℅
BX c
chiuso mercoledì e novembre – Pas carta 30/44000.

X **Chalet Proment,** a Planpincieux N : 8 km alt. 1 600 ⊠ 11013 ℰ 89947 – **ℙ**. AE ⑤ E VISA. ℅
BX z
dicembre-aprile e 15 giugno-settembre; chiuso lunedì in bassa stagione – Pas carta 36/60000.

in Val Veny :

🏨 **Purtud** 🌭, a Purtud NO : 6 km alt. 1 492 ⊠ 11013 ℰ 89960, ≤, 🛋 – 📶 ☎ **ℙ**. ℅ rist
AX u
15 giugno-15 settembre – Pas 15/20000 – **29 cam** ⏃ 50/90000 – ½ P 70/80000.

🏨 **Val Veny** 🌭, a Plan-Ponquet NO : 4 km alt. 1 480 ⊠ 11013 ℰ 89904, ≤, 🛋 – **ℙ**. ℅ rist
AX e
luglio-agosto – Pas carta 24/35000 – ⏃ 6000 – **20 cam** 35/60000 – ½ P 45/55000.

X **Chalet del Miage,** a Plan-de-Lognan NO : 12 km alt. 1 689 ⊠ 11013, ≤, 🛋 – **ℙ**
AY
luglio-settembre – Pas 28/35000.

CREAZZO 36051 Vicenza – 9 764 ab. alt. 112 – ✿ 0444.
·ma 541 – ◆Milano 203 – ◆Padova 40 – ◆Venezia 73 – Vicenza 6,5.

XX **Alla Rivella,** N : 1,5 km ℰ 520794, 🌣 – **ℙ**. AE
chiuso martedì sera e mercoledì – Pas carta 21/33000.

CREMA 26013 Cremona 🔢🔢🔢 ③ – 33 612 ab. alt. 79 – ✿ 0373.
·ma 546 – ◆Bergamo 40 – ◆Brescia 51 – Cremona 38 – ◆Milano 44 – Pavia 52 – Piacenza 38.

🏨 **Palace Hotel** senza rist, via Cresmiero 10 ℰ 81487, Fax 86876 – 📶 🍽 📺 ☎ 🚗. AE ⑤ E VISA
⏃ 12000 – **46 cam** 66/108000.

XX **In Contrada Serio,** via Mazzini 80 ℰ 83814 – AE ⑤ E VISA
chiuso martedì – Pas carta 30/50000.

XX **Guada'l Canal,** località Santo Stefano NO : 2,5 km ℰ 200133, Trattoria rustica in un vecchio cascinale, Coperti limitati; prenotare – **ℙ** AE ⓞ VISA
chiuso domenica sera, lunedì ed agosto – Pas carta 41/66000.

Vedere anche : *Offanengo* NE : 5 km.

CREMENO 22040 Como 🔢🔢🔢 ⑩ – 807 ab. alt. 797 – Sport invernali : a Piani di Artavaggio : ¦49/1 910 m ⚡1 ⚡5 (vedere anche a Barzio, Piani di Bobbio) – ✿ 0341.
·ma 635 – ◆Bergamo 47 – Como 43 – Lecco 14 – ◆Milano 70 – Sondrio 83.

XX **Al Clubino** con cam, ℰ 996145, 🛋 – ☎ **ℙ**. ⑤ VISA. ℅ cam
Pas *(chiuso martedì da novembre a marzo)* carta 38/55000 (15%) – ⏃ 7000 – **21 cam** 80/105000 – ½ P 80/90000.

a Maggio SO : 2 km – ⊠ 22040 :

🏨 **Maggio,** ℰ 996440, 🛋 – **ℙ**. ℅
Pas *(chiuso martedì)* carta 23/35000 – ⏃ 4500 – **22 cam** 25/58000 – ½ P 45/55000.

Roma 605 – ◆Bergamo 44 – Como 17 – Lecco 23 – ◆Milano 37.

XX **Vignetta,** 𝒫 607280, 🍽, 🎄 – 🅿 🛇
  chiuso martedì e dal 1° al 25 agosto – Pas carta 33/47000.

XX **Letizia,** 𝒫 607188 – 🅿 🛇
  chiuso martedì – Pas carta 32/50000.

CREMOLINO 15010 Alessandria – 807 ab. alt. 405 – ✪ 0143.
Roma 559 – Alessandria 50 – ◆Genova 61 – ◆Milano 124 – Savona 71 – ◆Torino 135.

XX **Bel Soggiorno,** 𝒫 879012 – 🅿 🗚🖪 🕏 ⓘ 🗏 VISA 🛇
  chiuso mercoledì, dal 10 al 30 gennaio e dal 20 al 30 luglio – Pas carta 29/47000.

Wenn Sie an ein Hotel im Ausland schreiben,

fügen Sie Ihrem Brief einen internationalen Antwortschein bei

(im Postamt erhältlich).

CREMONA 26100 🅿 988 ⑬ ⑭ – 76 085 ab. alt. 45 – ✪ 0372.
Vedere Piazza del Comune★★ BZ : campanile del Torrazzo★★★, Duomo★★, Battistero★ BZ L –
Palazzo Fodri★ BZ D – Museo Civico★ ABY M – Ritratti★ e ancona★ nella chiesa di Sant'Agostino
AZ B – Interno★ della chiesa di San Sigismondo 2 km per ③.
🛈 piazza del Comune 5 𝒫 23233.
A.C.I. corso 20 Settembre 19 𝒫 29601.
Roma 517 ④ – ◆Bergamo 98 ② – ◆Brescia 52 ② – ◆Genova 180 ④ – Mantova 66 ② – ◆Milano 95 ④ – Pavia
86 ④ – Piacenza 34 ④.

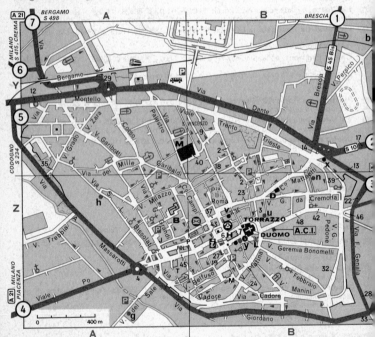

CREMONA

Campi (Corso)		BZ
Cavour (Piazza)		BZ 6
Garibaldi (Corso)		AYZ
Matteotti (Corso)		BYZ
Aselli (Via)		BYZ 2
Boccaccino (Via)		BZ 3
Cadorna (Piazza L.)		AZ 4
Comune (Piazza del)		BZ 7

Geromini (Via Felice)		BY 9
Ghinaglia (Via F.)		AY 12
Ghisleri (Via A.)		BY 13
Libertà (Piazza della)		BY 14
Mantova (Via)		BY 17
Manzoni (Via)		BY 18
Marconi (Piazza)		BZ 19
Marmolada (Via)		BZ 22
Mazzini (Corso)		BZ 23
Melone (Via Altobello)		BZ 24
Monteverdi (Via Claudio)		BZ 27
Novati (Via)		BZ 28

Risorgimento (Piazza)		AY
S. Maria in Betlem (Via)		BZ
S. Rocco (Via)		AY
Spalato (Via)		AY
Stradivari (Via)		BZ
Tofane (Via)		BZ
Ugolani Dati (Via)		BY
Vacchelli (Corso)		BZ
Verdi (Via)		BZ
Vittorio Emanuele II (Corso)		AZ
4 Novembre (Piazza)		BZ
20 Settembre (Corso)		BZ

🏨 **Continental,** piazza della Libertà 26 ℰ 434141, Telex 325353, Fax 434141 – 🛗 🗐 cam 📺
🅟 – 🛗 200. 🖭 🕄 ⓞ 🗲 🚾   BY **x**
Pas carta 35/58000 – 🖵 12000 – **57 cam** 90/140000 – ½ P 135000.

🏨 **Duomo,** via Gonfalonieri 13 ℰ 35242 e rist ℰ 35296 – 🗐 rist 📺 ☎. 🖭 🕄 ⓞ 🗲 🚾 ⬩%
Pas 20/30000 – 🖵 8000 – **23 cam** 60/80000 – ½ P 70000.   BZ **y**

🏨 **Astoria** senza rist, via Bordigallo 19 ℰ 30260 – 🛗 🖭 🕄 ⓞ 🗲 🚾
🖵 7500 – **32 cam** 52/73000.   BZ **v**

🗴🗴🗴 ❀ **Ceresole,** via Ceresole 4 ℰ 23322, Coperti limitati; prenotare – 🖭 🕄 ⓞ 🗲 🚾 ⬩%
chiuso domenica sera, lunedì, dal 22 al 30 gennaio e dal 6 al 28 agosto – Pas carta 50/74000
Spec. Zuppa di fagioli e calamari, Filetto di rombo con pomodori e melanzane, Spuma di torrone in salsa di
nocciole. **Vini** Pinot Franciacorta, Pinot nero.   BZ **u**

🗴🗴🗴 ❀ **Aquila Nera,** via Sicardo 3 ℰ 25646, Coperti limitati; prenotare – 🛗 40. 🕄 ⓞ 🗲 🚾
⬩%   BZ **y**
chiuso domenica sera e lunedì – Pas carta 50/60000
Spec. Code di scampi con patè di funghi, Ravioli di san pietro in salsa d'astice, Costolette d'agnello alla menta.
Vini Ronco delle Acacie, Franciacorta rosso.

🗴🗴 **Dordoni,** via del Sale 58 ℰ 22703 – 🅟 – 🛗 80. 🖭 🕄 ⓞ 🗲 🚾   AZ **g**
chiuso lunedì sera e martedì – Pas carta 30/45000.

🗴🗴 **Il Ceppo,** via Casalmaggiore Bassa 224 ℰ 434259 – 🅟. 🖭 🕄 🗲 🚾 ⬩%
chiuso martedì, dal 7 al 21 gennaio e dal 1° al 15 luglio – Pas carta 24/39000.
                4 km per via San Rocco   BZ

🗴 **La Trappola,** via Cavitelli 10 ℰ 28509, Solo piatti di pesce   BYZ **n**
chiuso lunedì, martedì e dal 16 agosto al 16 settembre – Pas carta 26/38000.

🗴 **In Cittadella,** via Bissolati 38 ℰ 30510, 🍽   AZ **h**
chiuso giovedì, dal 10 al 25 febbraio e dal 1° al 22 agosto – Pas carta 23/37000.

🗴 **Alba,** via Persico 40 ℰ 433700, prenotare – ⬩%   BY **b**
chiuso domenica, lunedì, dal 24 dicembre al 7 gennaio ed agosto – Pas carta 21/30000.

a Migliaro per ⑦ : 2,5 km – ✉ **26100** Cremona :

🗴🗴 **La Borgata,** via Bergamo 205 ℰ 25648 – 🅟 – 🛗 70. 🕄 🚾
chiuso lunedì sera, martedì ed agosto – Pas carta 32/53000.

sull'autostrada A 21 o in prossimità casello per ② : 3 km :

🏨 **MotelAgip,** ✉ 26100 ℰ 434101, Telex 340620, Fax 451097 – 🛗 🗐 📺 ☎ 🅟 – 🛗 30 a 50.
🖭 🕄 ⓞ 🗲 🚾. ⬩% rist
Pas 28000 – **77 cam** 🖵 82/139000 – ½ P 99/110000.

CRESPANO DEL GRAPPA 31017 Treviso – 3 778 ab. alt. 300 – ✆ 0423.
Roma 555 – Bassano del Grappa 12 – Belluno 64 – ♦Milano 252 – ♦Padova 54 – Treviso 41 – ♦Venezia 71 –
Vicenza 47.

🗴 **Alla Campana,** con cam, ℰ 53056, 🍽 – 🅟
10 cam.

CRESPELLANO 40056 Bologna – 6 800 ab. alt. 64 – ✆ 051.
Roma 385 – ♦Bologna 19 – ♦Modena 28.

🗴 **San Savino,** S : 1 km ℰ 964148 – 🅟. 🚾 ⬩%
chiuso martedì ed agosto – Pas carta 24/34000.

CRESPINO 45030 Rovigo 🤍🤍🤍 ⑮ – 2 441 ab. alt. 1 – ✆ 0425.
Roma 460 – ♦Ferrara 39 – ♦Padova 58 – Rovigo 17.

🗴🗴🗴 **Rizzi,** via Passodoppio 31 (O : 3 km) ℰ 77238, Coperti limitati; prenotare, 🍽 – 🅟. 🚾 ⬩%
chiuso martedì – Pas carta 30/46000.

CRETAZ Aosta 🤍🤍🤍 ⑫ – Vedere Cogne.

CREVALCORE 40014 Bologna 🤍🤍🤍 ⑭ – 11 525 ab. alt. 20 – ✆ 051.
Roma 402 – ♦Bologna 31 – ♦Ferrara 49 – ♦Milano 195 – ♦Modena 25.

🗴 **Trattoria Papi,** via Paltrinieri 62 ℰ 981651, 🍽 – 🅟. 🖭 ⓞ
chiuso lunedì, venerdì sera, Natale ed agosto – Pas carta 22/31000.

CREVOLADOSSOLA 28035 Novara 🤍🤍🤍 ⑥ – 4 633 ab. alt. 337 – ✆ 0324.
Roma 703 – Locarno 48 – ♦Milano 126 – Novara 96 – Stresa 46.

🗴🗴 **Continental,** statale Sempione 210 ℰ 33200 – 🗐. 🖭 🕄 ⓞ 🗲 🚾
chiuso lunedì sera, martedì, dal 1° al 15 gennaio e dal 1° al 15 agosto – Pas carta 24/41000.

CROCE D'AUNE (Passo) Belluno – Vedere Pedavena.

CROCI DI CALENZANO Firenze – Vedere Calenzano.

CRODO 28036 Novara 2️⃣1️⃣7️⃣ ⑲ – 1 675 ab. alt. 508 – ✆ 0324.
Roma 712 – Domodossola 14 – ◆Milano 136 – Novara 105 – ◆Torino 179.

a Viceno NO : 4,5 km – alt. 896 – ✉ **28036** Crodo :

🏨 **Pizzo del Frate** ⤵, località Foppiano NO : 3,5 km alt. 1 250, 𝆕 61233, ≤ monti, 🐎 – 🅿.
◆ ⓘ
chiuso dal 10 gennaio al 30 aprile – Pas *(chiuso martedì dal 15 settembre al 15 giugno)*
carta 20/30000 – ⇆ 4000 – **16 cam** 20/40000 – ½ P 30/35000.

🏨 **Edelweiss** ⤵, 𝆕 61027, ≤, 🐎 – 🅿. ⓘ
◆ *chiuso dal 15 al 31 ottobre* – Pas *(chiuso martedì dal 15 settembre al 15 giugno)*
carta 20/30000 – ⇆ 4000 – **18 cam** 20/40000 – ½ P 30/35000.

CROSA Vercelli 2️⃣1️⃣9️⃣ ⑥ – Vedere Varallo.

CROTONE 88074 Catanzaro 9️⃣8️⃣8️⃣ ㊴㊵ – 61 602 ab. – ✆ 0962.
🛈 via Torino 148 𝆕 23185.
Roma 593 – Catanzaro 73 – ◆Napoli 387 – ◆Reggio di Calabria 228 – ◆Taranto 242.

🏨🏨 **Casarossa** ⤵, lungomare SE : 4 km 𝆕 29825, Telex 890038, ≤, « Spiaggia attrezzata con
🔺 », ℀ – 🛗 🗏 🅿. ℀
31 maggio-27 settembre – Pas *(solo per clienti alloggiati)* 25/40000 – ⇆ 10000 – **182 cam**
75/110000 – P 70/150000.

🏨 **Tortorelli**, viale Gramsci 𝆕 29930 – ☎ 🅿. ℀
◆ Pas *(solo per clienti alloggiati)* 19/25000 – ⇆ 3000 – **16 cam** 42/62000 – ½ P 45/54000.

❌❌ **Bella Romagna**, via Poggioreale 87 𝆕 21943 – 🗏. 🛗 ⓘ E 𝖵𝖨𝖲𝖠
chiuso lunedì – Pas carta 27/56000 (10%).

❌❌ **La Sosta**, via Corrado Alvaro 𝆕 23831 – 🗏. ℀
chiuso domenica sera da ottobre a marzo e negli altri mesi anche domenica a mezzogiorno
– Pas carta 36/53000 (15%).

CUASSO AL MONTE 21050 Varese 2️⃣1️⃣9️⃣ ⑧ – 2 718 ab. alt. 532 – ✆ 0332.
Roma 648 – Como 43 – ◆Lugano 31 – ◆Milano 72 – Varese 16.

a Cavagnano SO : 2 km – ✉ **21050** Cuasso al Monte :

❌❌ **Alpino** ⤵ con cam, 𝆕 939083, 🐎 – 🛗 ☎ 🅿. 𝖵𝖨𝖲𝖠 ℀
Pas *(chiuso lunedì)* carta 32/52000 – ⇆ 8000 – **18 cam** 53/72000 – ½ P 48/53000.

CUNEO 12100 🅿 9️⃣8️⃣8️⃣ ⑫ – 55 775 ab. alt. 543 – ✆ 0171.
🛈 corso Nizza 17 𝆕 693258.
A.C.I. corso Brunet 19/b 𝆕 55961.
Roma 643 ② – Alessandria 126 ① – Briançon 198 ① – ◆Genova 144 ② – ◆Milano 216 ① – ◆Nice 126 ③ – Sa
Remo 111 ③ – Savona 98 ② – ◆Torino 94 ①.

Pianta pagina a lato

🏨🏨 **Principe** senza rist, via Cavour 1 𝆕 693355 – 🛗 ⤢ 📺 ☎. 🗛 🛗 ⓘ E 𝖵𝖨𝖲𝖠   Y o
⇆ 8000 – **41 cam** 70/105000.

🏨🏨 **Royal Superga** senza rist, via Pascal 3 𝆕 693223 – 🛗 📺 ☎ 🅿. 🗛 🛗 𝖵𝖨𝖲𝖠   Y o
⇆ 8000 – **26 cam** 60/80000.

🏨 **Smeraldo** senza rist, corso Nizza 27 𝆕 56367 – 📺 ☎. 🗛 🛗 ⓘ E 𝖵𝖨𝖲𝖠. ℀   Z ◆
⇆ 10000 – **19 cam** 60/86000.

🏨 **Siesta**, via Vittorio Amedeo 2 𝆕 681960 – 📺 ☎ 🅿. 🗛 🛗 ⓘ E 𝖵𝖨𝖲𝖠   Y ≫
Pas *(chiuso domenica)* carta 22/37000 – ⇆ 7000 – **20 cam** 45/76000 – P 35/40000.

🏨 **Torrismondi**, via Coppino 33 𝆕 66025 – 🛗 ⤢ 📺 ☎. 🗛 🛗 ⓘ E 𝖵𝖨𝖲𝖠   Z e
Pas *(chiuso lunedì)* carta 22/39000 – ⇆ 9000 – **25 cam** 55/80000 – ½ P 55/70000.

🏨 **Ligure**, via Savigliano 11 𝆕 681942 – ⤢ rist ☎. 🗛 🛗 ⓘ E 𝖵𝖨𝖲𝖠   Y v
chiuso dal 10 gennaio al 1° febbraio – Pas *(chiuso venerdì)* carta 22/38000 – ⇆ 7000 –
26 cam 34/55000 – ½ P 42/45000.

❌❌ **Tre Citroni**, via Bonelli 2 𝆕 62048 – 🗛 🛗 ⓘ E 𝖵𝖨𝖲𝖠. ℀   Y c
chiuso mercoledì, dal 15 al 30 giugno e dal 15 al 30 settembre – Pas carta 38/63000.

❌❌ ✿ **Le Plat d'Etain**, corso Giolitti 18 𝆕 681918, Cucina francese, Coperti limitati; prenotare
– 🗏. 🗛 🛗 ⓘ 𝖵𝖨𝖲𝖠. ℀   Z i
chiuso domenica – Pas carta 65/89000
Spec. Terrine de saumon au Chablis, Feuilleté au jambon ou aux oignons, Filet flambé Plat d'Etain. **Vini** Arneis,
Barbaresco.

❌❌ **Cervino**, corso Giolitti 27 𝆕 62000 – 🛗 E 𝖵𝖨𝖲𝖠   Z a
◆ *chiuso sabato* – Pas carta 20/30000.

❌ **Cavallo Nero** con cam, piazza Seminario 8 𝆕 62017 – 🗏 rist ☎ 🅿. ℀ cam   Y r
Pas *(chiuso lunedì da settembre al 15 giugno)* carta 21/34000 (15%) – ⇆ 6000 – **25 cam**
40/58000 – ½ P 50000.

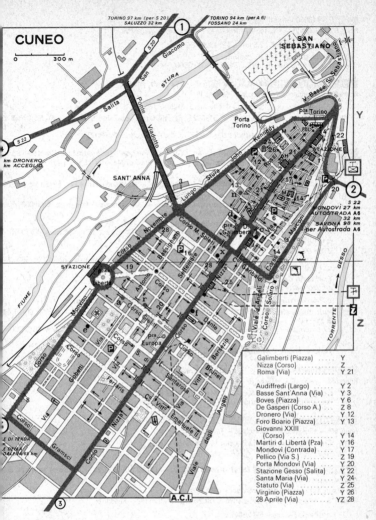

CUNEO

0   300 m

TORINO 97 km (per S 20)
SALUZZO 32 km

TORINO 94 km (per A 6)
FOSSANO 24 km

SAN SEBASTIANO

km DRONERO
km ACCEGLIO

SANT'ANNA

Porta Torino

STAZIONE

MONDOVÌ 27 km
AUTOSTRADA A6
SAVONA 98 km
per Autostrada A6

Galimberti (Piazza)	Y
Nizza (Corso)	Z
Roma (Via)	Y 21
Audiffredi (Largo)	Y 2
Basse Sant'Anna (Via)	Y 3
Boves (Piazza)	Y 6
De Gasperi (Corso A.)	Z 8
Dronero (Via)	Y 12
Foro Boario (Piazza)	Y 13
Giovanni XXIII (Corso)	Y 14
Martiri d. Libertà (Pza)	Y 16
Mondovì (Contrada)	Y 17
Pellico (Via S.)	Z 19
Porta Mondovì (Via)	Y 20
Stazione Gesso (Salita)	Y 22
Santa Maria (Via)	Y 24
Statuto (Via)	Z 25
Virginio (Piazza)	Y 26
28 Aprile (Via)	YZ 28

A.C.I.

a Madonna dell'Olmo per ① : 3 km – ⊠ **12020** :

✗   **Locanda da Peiu,** 𝒸 412174 – 🄿 ⁊⁊
   chiuso lunedì ed agosto – Pas carta 23/42000.

CUPRA MARITTIMA 63012 Ascoli Piceno – 4 449 ab. – a.s. luglio e agosto – ✆ 0735.

Dintorni Montefiore dell'Aso : polittico⋆⋆ del Crivelli nella chiesa NO : 12 km.

Roma 240 – ◆Ancona 80 – Ascoli Piceno 43 – Macerata 60 – ◆Pescara 78 – Porto San Giorgio 19.

🏦   **Cristal,** 𝒸 777942, ≼, ⍩, 🏖, 🚙 – ☜. 🄰🄴 ⁊⁊ rist
   ◆ *15 giugno-agosto* – Pas carta 20/40000 – ⌸ 4000 – **28 cam** 65000 – ½ P 35/60000.

🏠   **Giosuè,** 𝒸 777149, ≼ – ⍾ ☜. 🄰🄴 ① 🆅🅸🆂🅰 ⁊⁊ rist
   Pasqua-settembre – Pas 15/22000 – **33 cam** ⌸ 35/65000 – P 35/58000.

🏠   **Europa,** 𝒸 778034, 🏖 – ⍾ ☜. 🄰🄴 ⁊⁊
   chiuso dal 15 al 30 ottobre – Pas *(chiuso lunedì)* carta 21/33000 – ⌸ 5000 – **30 cam** 30/50000 – ½ P 30/40000.

CUREGLIA 219 ⑧ – Vedere Cantone Ticino (Lugano) alla fine dell'elenco alfabetico.

203

CURINO 13060 Vercelli 🗓🗓 ⑮ ⑯ – 520 ab. alt. 355 – ✆ 015.
Roma 669 – Biella 25 – ◆Milano 95 – Novara 49 – ◆Torino 85 – Vercelli 45.

    a San Nicolao E : 2,5 km – ✉ 13060 Curino :

❌ **La Birola,** ☎ 958126, prenotare, ≤
◆ *chiuso lunedì e martedì* – Pas carta 20/35000.

CUSANO MILANINO 20095 Milano 🗓🗓 ⑲ – 21 860 ab. alt. 151 – ✆ 02.
Roma 600 – ◆Bergamo 46 – Como 36 – ◆Milano 10.

    Pianta d'insieme di Milano (Milano p. 4 e 5)

❌❌ **Da Chiara,** via Manzoni 36 ☎ 6193622, 🍴, Rist. con specialità di mare – 🅿. 🖭 🕃 ⓞ 🄴
    🗺🗺   GK 🄷
  chiuso lunedì sera, martedì e dal 3 al 31 agosto – Pas carta 35/53000.

CUTIGLIANO 51024 Pistoia – 1 879 ab. alt. 670 – a.s. Pasqua, luglio-agosto e Natale – Sport
invernali : a Doganaccia : 1 600/1 850 m ⚡1 ⚡3, ⚡; a Pian di Novello : 1 125/1 770 m ⚡4, ⚡ –
✆ 0573 – 🄯 via Tigri 24 ☎ 68029, Telex 572490.
Roma 348 – ◆Firenze 70 – Lucca 52 – ◆Milano 285 – ◆Modena 111 – Montecatini Terme 44 – Pistoia 38.

🏨 **Italia,** ☎ 68008, « Giardino ombreggiato » – ☜. 🕸
  chiuso dal 30 aprile al 20 giugno e dal 15 ottobre al 20 dicembre – Pas carta 30/38000 – ⌑
  5000 – **33 cam** 40/60000 – P 65/75000.

🏨 **Miramonte,** ☎ 68012, ≤, « Giardino ombreggiato » – ☜. 🕸
  20 dicembre-aprile e giugno-settembre – Pas 25/30000 – ⌑ 6000 – **36 cam** 40/70000 –
  ½ P 40/50000.

🏠 **Villa Patrizia,** ☎ 68024, ≤, 🍂 – ☜ 🅿. 🖭. 🕸 rist
  20 dicembre-aprile e 25 giugno-15 settembre – Pas (solo per clienti alloggiati) 25/35000 –
  ⌑ 6000 – **19 cam** 50/75000 – ½ P 60/80000.

❌ **Trattoria da Fagiolino,** ☎ 68014
  chiuso martedì sera, mercoledì e novembre – Pas carta 25/37000.

    a Pian di Novello NO : 9 km – alt. 1 125 – ✉ 51020 Piano degli Ontani :

🏨 **Piandinovello** ⚜, ☎ 673076, Fax 590632, ≤, 🍂, ❌ – 🛗 ☎ 🕭 ↔ 🅿 – 🕭 200. 🖭 🕃 ⓞ
  🄴 🆅🆂🅰. 🕸
  20 dicembre-15 aprile e luglio-agosto – Pas 24/26000 – ⌑ 7000 – **66 cam** 48/83000 –
  ½ P 65/80000.

  Vedere anche : *Pianosinatico* NO : 6 km.

CUVIO 21030 Varese 🗓🗓 ⑦ – 1 388 ab. alt. 309 – ✆ 0332.
Roma 652 – Luino 16 – ◆Milano 75 – Novara 67 – Varese 20.

❌ **Corona** con cam, ☎ 650106 – ☎ 🅿. 🕃 ⓞ 🄴 🆅🆂🅰. 🕸
◆ Pas *(chiuso lunedì)* carta 19/29000 – ⌑ 3000 – **30 cam** 32/42000 – ½ P 30000.

DALMINE 24044 Bergamo 🗓🗓🗓 ③, 🗓🗓 ⑳ – 17 719 ab. alt. 207 – ✆ 035.
Roma 604 – ◆Bergamo 8 – ◆Brescia 58 – ◆Milano 40.

🏨 **Touring** senza rist, via Puccini 14 ☎ 563466 – 🛗 🅿
  ⌑ 8000 – **19 cam** 44/64000.

DARFO BOARIO TERME 25047 Brescia 🗓🗓🗓 ④ – 13 193 ab. alt. 221 – Stazione termale, a.s.
giugno-settembre – ✆ 0364.
🄯 a Boario Terme, piazzale Autostazione ☎ 531609.
Roma 613 – ◆Bergamo 54 – ◆Bolzano 170 – ◆Brescia 56 – ◆Milano 99 – Sondrio 89.

    a Boario Terme – ✉ 25041 :

🏨🏨 **Rizzi,** ☎ 531617, 🍂 – 🛗 🖵 rist 🖻 ↔. 🖭 ⓞ 🆅🆂🅰. 🕸 rist
  15 maggio-10 ottobre – Pas 30/35000 – ⌑ 12000 – **55 cam** 75/100000 – P 60/100000.

🏨🏨 **Brescia,** ☎ 531409 – 🛗 🖻 ☎ ↔ 🅿 – 🕭 50. 🖭 🆅🆂🅰. 🕸
  Pas *(chiuso venerdì da novembre a maggio)* carta 27/38000 – ⌑ 7000 – **50 cam** 55/90000 –
  ½ P 55/60000.

🏨🏨 **Terme,** ☎ 531061, Telex 531993, « Parco con ⚡ riscaldata », ≛, ❌ – 🛗 ↔ ↔ 🅿. 🖭
  ⓞ 🆅🆂🅰. 🕸
  15 maggio-15 ottobre – Pas 35/45000 – **77 cam** ⌑ 70/95000 – ½ P 75/90000.

🏨 **Diana,** ☎ 531403 – 🛗 🖻 ☎ 🅿. 🕸 rist
  aprile-ottobre – Pas 22000 – ⌑ 6000 – **43 cam** 50/80000 – ½ P 50/55000.

🏨 **Mina,** ☎ 531098 – 🛗 🖻 ☎ ↔ 🅿. 🕸
  aprile-ottobre – Pas 25/30000 – ⌑ 3000 – **42 cam** 47/74000 – P 47/60000.

🏨 **San Martino,** ☎ 531209 – 🛗 🖻 ☎ 🕭 🅿 – 🕭 100. 🕸
  Pas 22/25000 – ⌑ 5000 – **38 cam** 40/65000 – ½ P 44/53000.

❌ **Mignon,** ☎ 531043 – 🅿
  chiuso domenica e dal 20 luglio al 20 agosto – Pas carta 28/45000.

  Vedere anche : *Gianico S : 6 km*.

EIVA MARINA 19013 La Spezia 988 ⑬ – 1 576 ab. – ✆ 0187.
ma 450 – Passo del Bracco 14 – ◆Genova 67 – ◆Milano 202 – ◆La Spezia 52.

🏨 **Lido**, località Fornaci 𝒫 815997, Fax 816476, ≤ – 📺 🐬 🅿 🔄 🖪 🕒 E 𝘝𝘐𝘚𝘈, 🛠
aprile-settembre – Pas carta 36/60000 – ⊡ 11000 – **12 cam** 65/100000 – ½ P 80/90000.

🏨 **Clelia**, 𝒫 815827, Telex 272524, Fax 816234, 🛠 – ☎ 🚗 🅿 🔄 🖪 🕒 E 𝘝𝘐𝘚𝘈, 🛠 rist
chiuso dal 15 ottobre al 15 dicembre – Pas (chiuso lunedì sino al 31 marzo) carta 21/40000 –
24 cam 36/64000 – ½ P 57/66000.

🏠 **Marinella**, 𝒫 815832 – ☎ 🅿 𝘝𝘐𝘚𝘈, 🛠 rist
marzo-ottobre – Pas carta 24/40000 – ⊡ 6000 – **33 cam** 60000 – ½ P 60/65000.

🏠 **Riviera**, località Fornaci 𝒫 815805, 🛶 – ☎ 🅿 🛠
Pasqua-settembre – Pas carta 30/41000 – ⊡ 7000 – **28 cam** 40/50000 – ½ P 55/65000.

🏠 **Caravella**, 𝒫 815833, ≤, 🍽, 🛶 – 📺 ☎ 🔄 🖪 🕒 E 𝘝𝘐𝘚𝘈
Pas (chiuso mercoledì) carta 30/62000 – ⊡ 7000 – **20 cam** 35/55000 – ½ P 50/70000.

🕱🕱 **Il Maestrale-da Tullio**, 𝒫 815850, 🍽 – 🔄 🖪 🕒 𝘝𝘐𝘚𝘈, 🛠
marzo-settembre; chiuso mercoledì – Pas carta 28/53000.

DEMONTE 12014 Cuneo – 2 144 ab. alt. 778 – a.s. dicembre-marzo e luglio-agosto – ✆ 0171.
ma 669 – Barcelonnette 74 – Cuneo 26 – ◆Milano 242 – Colle di Tenda 42 – ◆Torino 120.

🕱 **Moderno** con cam, 𝒫 95116, 🐴 – ✕ 🅿 🖪 🕒 𝘝𝘐𝘚𝘈
← Pas (chiuso martedì) carta 17/26000 – ⊡ 4000 – **15 cam** 37/56000 – ½ P 30/40000.

DENICE 15010 Alessandria – 239 ab. alt. 387 – ✆ 0144.
ma 608 – Alessandria 56 – Asti 62 – ◆Genova 93 – ◆Milano 147 – ◆Torino 122.

🕱 **Cacciatori**, 𝒫 92025, solo su prenotazione – 🔄 🖪 🕒 E 𝘝𝘐𝘚𝘈
chiuso a mezzogiorno escluso i giorni festivi, dal 15 luglio al 10 agosto e dal 24 al 30
dicembre – Pas carta 41/64000.

DERUTA 06053 Perugia 988 ⑮⑯ – 7 570 ab. alt. 218 – ✆ 075.
ma 153 – Assisi 33 – Orvieto 54 – ◆Perugia 20 – Terni 63.

🏨 **Melody**, strada statale 3 bis-E 7 (SO : 1,5 km) 𝒫 9711186, Fax 9711018 – 🛗 📺 ☎ 🕭 🚗
← 🅿 – 🛎 60. 🔄 🖪 🕒 E 𝘝𝘐𝘚𝘈, 🛠 rist
Pas carta 20/29000 – ⊡ 6000 – **47 cam** 55/80000 – ½ P 60/70000.

DESENZANO DEL GARDA 25015 Brescia 988 ④ – 20 535 ab. alt. 96 – a.s. Pasqua e luglio-15
settembre – ✆ 030.
Vedere Ultima Cena★ del Tiepolo nella chiesa parrocchiale – Mosaici romani★ nella Villa Romana.
🛇 e 🛇 Gardagolf (chiuso lunedì) a Soiano del Lago ⊠ 25080 𝒫 674707, SE : 10 km.
🛈 via Porto Vecchio (Palazzo del Turismo) 𝒫 9141510, Fax 9144209.
ma 528 – ◆Brescia 31 – Mantova 67 – ◆Milano 118 – Trento 130 – ◆Verona 43.

🏨 **Park Hotel**, lungolago Cesare Battisti 19 𝒫 9143494, Telex 302059, Fax 9142280 – 🛗 🖥 📺
☎ 🚗 – 🛎 80. 🔄 🖪 🕒 E 𝘝𝘐𝘚𝘈, 🛠 rist
Pas 27/32000 (15%) – ⊡ 12000 – **65 cam** 75/100000 – ½ P 70/80000.

🏨 **City** senza rist, via Nazario Sauro 29 𝒫 9911704, Telex 304073, Fax 9911706 – 🛗 🖥 📺 ☎ 🕭
🚗 🅿 🖪
chiuso dal 20 dicembre al 3 gennaio – ⊡ 10000 – **32 cam** 70/90000.

🏨 **Piccola Vela**, viale Dal Molin 20 𝒫 9141134, 🏊, 🐴 – 🛗 📺 ☎ 🕭 🚗 🅿 – 🛎 30 a 50. 🔄
🖪 🕒 E 𝘝𝘐𝘚𝘈, 🛠
chiuso dal 30 gennaio al 1° marzo – Pas (chiuso mercoledì) carta 33/50000 (da marzo ad
ottobre al rist La Vela) – ⊡ 9000 – **34 cam** 56/82000 – ½ P 70/75000.

🏨 **Sole e Fiori** senza rist, via Gramsci 40 𝒫 9121021 – 🛗 🖥 📺 ☎ 🕭 🚗 🖪 E 𝘝𝘐𝘚𝘈, 🛠
⊡ 10000 – **45 cam** 90/120000.

🏨 **Tripoli** senza rist, piazza Matteotti 18 𝒫 9144333, Fax 9141305 – 🛗 🖥 📺 ☎ 🔄 🖪 🕒 E
𝘝𝘐𝘚𝘈
⊡ 10000 – **24 cam** 70/90000.

🏨 **Villa Rosa** senza rist, lungolago Cesare Battisti 89 𝒫 9141974, Fax 9143782, 🐴 – 🛗 ✕ 🖥
📺 ☎ 🚗 🅿 🔄 🖪 🕒 E 𝘝𝘐𝘚𝘈
⊡ 12000 – **38 cam** 75/95000.

🏨 **Miralago** senza rist, viale Dal Molin 27 𝒫 9141185, Fax 9144209, ≤, 🛶 – 🛗 📺 ☎ 🅿 🔄
🖪 E 𝘝𝘐𝘚𝘈
chiuso dicembre – ⊡ 9500 – **28 cam** 65/86000.

🏨 **Nazionale** senza rist, viale Marconi 23 𝒫 9141501, Fax 9141410, 🏊 – 🛗 📺 🐬 🅿 🖪 E 𝘝𝘐𝘚𝘈
chiuso dicembre e gennaio – ⊡ 9000 – **28 cam** 55/75000.

🏨 **Piroscafo**, via Porto Vecchio 11/17 𝒫 9141128, Fax 9144209, ≤, 🍽 – 🛗 📺 ☎ 🔄 🖪 🕒
E 𝘝𝘐𝘚𝘈, 🛠
chiuso gennaio – Pas (chiuso giovedì) carta 31/47000 (15%) – ⊡ 9000 – **32 cam** 56/70000
– ½ P 60/70000.

🏨 **Benaco**, viale Cavour 30 𝒫 9141710, Fax 9141273, 🏊, 🐴 – 📺 ☎ 🅿 🔄 🖪 🕒 E 𝘝𝘐𝘚𝘈,
🛠 rist
marzo-novembre – Pas (solo per clienti alloggiati e chiuso sino a maggio, ottobre e
novembre) 22000 – ⊡ 8500 – **24 cam** 56/72000 – ½ P 65000.

XXX **Esplanade,** via Lario 10 ℰ 9143361, ≤, 🛱 – 🅿 ⑩ 𝖵𝖨𝖲𝖠 ⫞
  chiuso mercoledì – Pas carta 35/57000 (10%).

XXX ❀ **Cavallino,** via Gherla 22 (ang. via Murachette) ℰ 9120217, « Servizio estivo all'aperto
  – 🎟 🖪 ⑩ 🖪 𝖵𝖨𝖲𝖠 ⫞
  chiuso lunedì e martedì a mezzogiorno – Pas carta 37/59000
  Spec. Anguilla in foglia di cavolo nero all'aceto balsamico, Raviolo di carpa alla crema di coste e tartufo, Se
  d'agnello al patè di olive. **Vini** Custoza, Chiaretto del garda.

XX **Antico Chiostro,** via Anelli ℰ 9141319, Coperti limitati; prenotare – 🖪 🖪 𝖵𝖨𝖲𝖠
  chiuso mercoledì, dal 20 dicembre al 7 gennaio, luglio o agosto – Pas carta 32/62000.

XX **Taverna Tre Corone,** via Stretta Castello 16 ℰ 9141962, prenotare – ⫞
  chiuso dicembre e martedì da ottobre a giugno – Pas carta 28/44000 (20%).

XX **Il Molino,** piazza Matteotti 16 ℰ 9141340 – 🖪 🖪 𝖵𝖨𝖲𝖠 ⫞
  chiuso lunedì e dal 15 dicembre al 15 gennaio – Pas carta 25/54000 (10%).

XX **La Vela** con cam, viale Dal Molin 25 ℰ 9141318, ≤, ▲▬, – ☎ 🅿 🎟 🖪 ⑩ 🖪 𝖵𝖨𝖲𝖠 ⫞
  6 marzo-ottobre – Pas *(chiuso mercoledì)* carta 33/50000 – ☲ 9000 – **12 cam** 75000
  ½ P 65/70000.

X **Toscana,** via San Benedetto 10 ℰ 9121586, 🛱.

▮**DESIO** 20033 Milano 𝟿𝟾𝟾 ③, 𝟤𝟣𝟫 ⑲ – 33 899 ab. alt. 196 – ✿ 0362.
Roma 590 – Bergamo 49 – Como 32 – Lecco 35 – ◆Milano 22 – Novara 62.

🏨 **Selide,** via Matteotti 1 ℰ 624441, Fax 627406 – 🖪 🖪 ☎ ▲▬ – 🔼 100. 🎟 🖪 ⑩ 🖪 𝖵𝖨𝖲
  ⫞ rist
  Pas *(chiuso domenica ed agosto)* carta 29/47000 – ☲ 7000 – **71 cam** 70/102000 – ½ P 6000

▮**DEUTSCHNOFEN** = Nova Ponente.

▮**DIAMANTE** 87023 Cosenza 𝟿𝟾𝟾 ㊳ – 5 241 ab. – ✿ 0985.
Roma 444 – Castrovillari 88 – Catanzaro 137 – ◆Cosenza 77 – Sapri 60.

🏨 **Ferretti,** ℰ 81428, ≤, 🔼, ▲▬, ✕ – 🖪 ⟷ cam 🝢 🖪 🅿 🎟 🖪 ⑩ 𝖵𝖨𝖲𝖠 ⫞ rist
  aprile-settembre – Pas carta 40/55000 – ☲ 7000 – **45 cam** 85/125000 – ½ P 62/120000.

🏨 **Riviera Bleu,** ℰ 81363, ≤, ▲▬ – 🝢 🖪 🅿 🖪 🖪 ⑩ 𝖵𝖨𝖲𝖠 ⫞
  aprile-settembre – Pas carta 21/32000 – ☲ 5000 – **54 cam** 70/95000 – ½ P 50/85000.

🏠 **Solemare,** sulla strada statale 18 (E : 1 km) ℰ 81609, ≤, 🛱 – ☎ 🅿 🖪 🖪 ⑩ 𝖵𝖨𝖲𝖠 ⫞
  Pas *(chiuso ottobre)* carta 20/34000 – ☲ 6000 – **16 cam** 45/80000 – ½ P 55/75000.

Vedere anche : *Cirella* N : 4 km.

▮**DIANO MARINA** 18013 Imperia 𝟿𝟾𝟾 ⑫ – 6 585 ab. – ✿ 0183.
Vedere Guida Verde.
🅸 corso Garibaldi 60 (Giardini Ardissone) ℰ 496956.
Roma 608 – ◆Genova 109 – Imperia 8 – ◆Milano 232 – San Remo 31 – Savona 63.

🏨 **Gd H. Majestic** ⌂, via degli Oleandri 15 ℰ 495445, Telex 271025, ≤, « Piccolo parco
  oliveto », 🔼 riscaldata, ▲▬ – 🝢 🅿
  stagionale – **80 cam.**

🏨 **Bellevue-Mediterranée,** via Generale Ardoino 2 ℰ 402693, Fax 402693, ≤, 🔼 riscaldata
  ▲▬ – 🝢 🅿 🖪 🖪 𝖵𝖨𝖲𝖠 ⫞ rist
  chiuso da novembre al 20 dicembre – Pas 35/40000 – ☲ 12000 – **71 cam** 60/100000
  ½ P 56/95000.

🏨 **Caravelle** ⌂, via Sausette 24 ℰ 496033, ≤, 🔼, ▲▬, 🛱, ✕ – 🝢 ⟷ 🅿 ⫞ rist
  maggio-settembre – Pas (solo per clienti alloggiati) 40000 – ☲ 16500 – **48 cam** 85000 –
  P 65/105000.

🏨 **Golfo e Palme,** viale Torino 12 ℰ 495096, ≤, ▲▬ – 🝢 ☎ 🅿 🎟 🖪 ⑩ 🖪 𝖵𝖨𝖲𝖠 ⫞ rist
  maggio-10 ottobre – Pas (solo per clienti alloggiati) 38000 – ☲ 14000 – **41 cam** 60/75000 –
  ½ P 80/103000.

🏨 **Gabriella** ⌂, via dei Gerani 9 ℰ 403131, Fax 405055, « Giardino », ▲▬ – 🝢 ☎ 🅿 ⫞ rist
  10 maggio-10 ottobre – Pas (solo per clienti alloggiati) 25/30000 – ☲ 13000 – **52 cam**
  48/70000 – ½ P 60/72000.

🏨 **Sasso,** via Biancheri 7 ℰ 494319 – 🝢 🝢 🅿 🎟 🖪 🖪 𝖵𝖨𝖲𝖠 ⫞ rist
  chiuso dal 18 ottobre al 19 dicembre – Pas 25/35000 – ☲ 12000 – **39 cam** 53/85000 –
  ½ P 45/84000.

🏨 **Palace,** viale Torino 2 ℰ 495479, Telex 273885, ≤ – 🝢 ☎ 🎟 🖪 ⑩ 🖪 𝖵𝖨𝖲𝖠 ⫞ rist
  chiuso da novembre al 22 dicembre – Pas 27/31000 – ☲ 11000 – **46 cam** 55/77000 –
  ½ P 45/74000.

🏨 **Torino,** via Milano 42 ℰ 495106, Telex 271505, Fax 404602, 🔼 – 🝢 🖪 ☎ ▲▬ 🅿 ⫞
  chiuso novembre e dicembre – Pas 20/30000 – ☲ 8000 – **83 cam** 45/75000 – ½ P 59/75000.

🏠 **Napoleon,** via Oleandri 1 ℰ 495374, Fax 495146, 🔼 – 🝢 ☎ 🅿 𝖵𝖨𝖲𝖠 ⫞
  15 febbraio-15 ottobre – Pas 20/30000 – ☲ 8000 – **39 cam** 40/60000 – ½ P 50/70000.

🏠 **Metropol,** via Divina Provvidenza 2 ℰ 495545, ≤, « Giardino con 🔼 » – 🝢 🅿 ⫞ rist
  aprile-ottobre – Pas *(chiuso a mezzogiorno)* carta 18/35000 – ☲ 10000 – **34 cam** 41/57000
  – ½ P 39/65000.

Piccolo Hotel, via Sant'Elmo 10 ✆ 495422, Fax 401255 – |♦| ⇹ rist ▤ rist ☎. AE ⓢ ⓓ E VISA. ✻
chiuso dal 5 novembre al 26 dicembre – Pas (solo per clienti alloggiati) 31000 – ☐ 17000 – **29 cam** 60/72000 – ½ P 45/77000.

Riviera, viale Torino 8 ✆ 495888, ≤ – |♦|. AE ⓢ E VISA. ✻
19 marzo-12 ottobre – Pas 20/30000 – ☐ 6000 – **35 cam** 39/80000 – ½ P 44/74000.

Palm Beach, via 20 Settembre 5 ✆ 495284, ≤, ☂ – |♦| ☎. AE ⓢ E VISA. ✻
19 marzo-12 ottobre – Pas 20/30000 – ☐ 6000 – **25 cam** 45/80000 – ½ P 44/74000.

Caprice, corso Roma 19 ✆ 495061 – |♦| ☎. AE ⓢ E VISA. ✻
chiuso novembre – Pas carta 29/53000 – ☐ 6500 – **21 cam** 40/60000 – ½ P 50/70000.

Il Caminetto, via Olanda 1 ✆ 494700, ☂ – Ⓟ. AE ⓢ ⓓ E VISA
chiuso lunedì, dal 25 febbraio al 10 marzo e dal 5 al 20 novembre – Pas carta 35/50000.

a Diano Borello NO : 5 km – alt. 194 – ✉ **18013** Diano Marina :

Candidollo, ✆ 43025, Coperti limitati; prenotare – AE ⓢ ⓓ E VISA. ✻
aprile-ottobre; chiuso lunedì a mezzogiorno e martedì – **Pas** carta 20/29000.

DIGONERA Belluno – Vedere Rocca Pietore.

DIMARO **38025** Trento 218 ⑲ – **1 046 ab. alt. 766 – a.s. febbraio-Pasqua e Natale – Sport invernali : vedere Folgarida – ☎ 0463.**

Roma 646 – Bolzano 70 – Madonna di Campiglio 18 – ♦Milano 233 – Passo del Tonale 26 – Trento 64.

Vittoria ⛰, ✆ 94113, Fax 94600, ≤, ☂ – ☎ Ⓟ. ✻
5 dicembre-aprile e 20 giugno-20 settembre – Pas *(chiuso mercoledì in bassa stagione)* 22/26000 – ☐ 14000 – **30 cam** 78/125000 – ½ P 50/67000.

Vedere anche : ***Folgarida*** SO : 6 km.

DOBBIACO **(TOBLACH) 39034** Bolzano 988 ⑤ – **3 008 ab. alt. 1 243 – a.s. febbraio, marzo, 15 luglio-15 settembre e Natale – Sport invernali : 1 243/1 625 m ⛷5, ⛷ – ☎ 0474.**

Vedere Guida Verde.

via Roma 21 ✆ 72132, Telex 400569.

Roma 705 – Belluno 104 – ♦Bolzano 105 – Brennero 96 – Lienz 47 – ♦Milano 404 – Trento 165.

Santer, ✆ 72142, Fax 72797, ≤, ▣ – |♦| ☎ ♿ Ⓟ
chiuso da novembre al 15 dicembre – Pas *(chiuso lunedì)* carta 33/44000 – **43 cam** ☐ 55/103000 – ½ P 75/90000.

Cristallo Walch, ✆ 72138, ≤ Dolomiti, ▣, ☂ – ⇹ cam ☎ Ⓟ. AE ⓢ. ✻ rist
18 dicembre-marzo e giugno-settembre – Pas 18/25000 – ☐ 10000 – **29 cam** 60/110000 – ½ P 75/97000.

Park Hotel Bellevue, ✆ 72101, Fax 72807, « Parco ombreggiato » – ☎ Ⓟ. AE ⓓ. ✻ rist
20 dicembre-marzo e giugno-settembre – Pas 20/30000 – **44 cam** ☐ 65/130000 – ½ P 75/87000.

Sole-Sonne, ✆ 72225, Fax 72814, ≤, ▣ – |♦| ☎ ⇔ Ⓟ. ✻
chiuso da novembre al 15 dicembre – Pas *(chiuso lunedì)* carta 27/40000 (10%) – **50 cam** ☐ 55/100000 – ½ P 50/65000.

Moritz, ✆ 72510 – ☎ Ⓟ. ✻
chiuso dal 21 aprile al 21 maggio e novembre – Pas *(chiuso giovedì)* carta 25/35000 – ☐ 8000 – **16 cam** 44/70000 – ½ P 42/68000.

Urthaler ✆ 72241 – |♦| ☎ Ⓟ
chiuso novembre – Pas *(chiuso martedì)* 14/16000 – **23 cam** ☐ 35/60000 – ½ P 46/50000.

Toblacher Hof, ✆ 72217, ≤, ☂ – |♦| ☎ Ⓟ. ✻
chiuso dal 1° al 15 maggio e novembre – Pas *(chiuso martedì)* 17/21000 – **23 cam** ☐ 50/95000 – ½ P 40/65000.

Monica ⛰, ✆ 72216, ≤ – ☎ Ⓟ. ✻
chiuso da novembre al 20 dicembre – Pas *(chiuso martedì)* carta 22/30000 – **25 cam** ☐ 38/58000 – ½ P 40/55000.

Dolomiten, ✆ 72136 – ☎ Ⓟ
25 cam.

sulla strada statale 49 :

Hubertus Hof, SO : 1 km ✉ 39034 ✆ 72276, ≤ Dolomiti, ☂ – ☎ Ⓟ. ✻
20 dicembre-10 aprile e giugno-15 ottobre – Pas *(chiuso lunedì)* 16/18000 – **27 cam** ☐ 85000 – ½ P 44/65000.

Gratschwirt con cam, SO : 1,5 km ✉ 39034 ✆ 72293, ☂ – TV ☎ Ⓟ. ⓢ ⓓ E VISA
20 dicembre-Pasqua, maggio-15 giugno e luglio-15 ottobre – Pas *(chiuso martedì)* carta 24/47000 – **10 cam** ☐ 40/80000 – ½ P 61/75000.

a Santa Maria (Aufkirchen) O : 2 km – ✉ **39034** Dobbiaco :

Oberhammer ⛰, ✆ 72195, ≤ Dolomiti – ☎ Ⓟ. ⓢ E
chiuso da novembre al 15 dicembre – Pas carta 22/31000 – **20 cam** ☐ 35/60000 – ½ P 42/48000.

al monte Rota (Radsberg) NO : 5 km o 10 mn di seggiovia alt. 1 650 :

🏛 **Alpino Monte Rota-Alpen Ratsberg** ⮜, ⌧ 39034 ℰ 72213, ≼ Dolomiti, 🖫, ⚒
⬅ ≡ rist ☎ ⮐ 🅿. ⚒ rist
16 dicembre-14 aprile e 26 maggio-28 ottobre – Pas carta 20/29000 – ⬚ 6000 – **25 c**
40/60000 – ½ P 46/64000.

DOGANA NUOVA Modena – Vedere Fiumalbo.

DOLCEACQUA 18035 Imperia ⅟⅟⅟ ⑨, ⅟⅟⅟ ⑳ – 1 891 ab. alt. 57 – ✆ 0184.
Roma 662 – ◆Genova 163 – Imperia 49 – ◆Milano 286 – San Remo 23 – Ventimiglia 9,5.

XX **Castel Doria,** ℰ 206158, 🌣 – 🆎 🅵 𝘝𝘐𝘚𝘈
   chiuso mercoledì dal 15 settembre a giugno – Pas carta 28/47000.

XX **La Vecchia,** ℰ 206024, ⇜, ⚒ – 🅿. 🆎 𝘝𝘐𝘚𝘈. ⚒
   chiuso mercoledì – Pas (menu suggeriti) 30/35000.

DOLEGNA DEL COLLIO 34070 Gorizia – 527 ab. alt. 88 – ✆ 0481.
Roma 656 – Gorizia 25 – ◆Milano 396 – ◆Trieste 61 – Udine 27.

XX **Da Venica,** via Mernico 37 ℰ 60177, Fax 60177, 🌣, ⚒ – 🅿. 🆎 🅵 ⓪ 𝘝𝘐𝘚𝘈. ⚒
   chiuso martedì, mercoledì, gennaio e febbraio – Pas carta 29/40000.

a Ruttars S : 6 km – ⌧ 34070 Dolegna del Collio :

XXX **Al Castello dell'Aquila d'Oro,** ℰ 60545, prenotare, « Servizio estivo all'aperto » –
   – 🔏 150. 🅵 ⓪ 𝘝𝘐𝘚𝘈. ⚒
   chiuso lunedì e martedì – Pas carta 47/71000 (10%).

DOLO 30031 Venezia ⅟⅟⅟ ⑤ – 13 858 ab. alt. 8 – ✆ 041.
Dintorni Villa Nazionale★ di Strà : Apoteosi della famiglia Pisani★★ del Tiepolo SO : 6 km.
Escursioni Riviera del Brenta★★ Est per la strada S 11.
Roma 510 – Chioggia 38 – ◆Milano 249 – ◆Padova 19 – Rovigo 60 – Treviso 35 – ◆Venezia 22.

🏛 **Villa Ducale,** E : 2 km ℰ 420094, « Villa veneta dell'800 con parco » – ☎ 🅿. 🆎 ⓪ E 🖫
   ⚒
   chiuso gennaio e febbraio – Pas (solo per clienti alloggiati e *chiuso a mezzogiorno*) 35/550
   – ⬚ 10000 – **14 cam** 70/100000 – ½ P 75/80000.

XX **Locanda alla Posta,** E : 1 km ℰ 410740, 🌣, Solo piatti di pesce – ▤ 🅿. 🆎 ⓪. ⚒
   chiuso martedì ed agosto – Pas carta 44/77000.

DOLOMITI ★★★ Belluno, Bolzano e Trento ⅟⅟⅟ ④⑤ – Vedere Guida Verde.

DOMAGNANO Forlì – Vedere San Marino.

DOMODOSSOLA 28037 Novara ⅟⅟⅟ ②, ⅟⅟⅟ ⑥ – 19 553 ab. alt. 277 – ✆ 0324.
A.C.I. via De Gasperi 12 ℰ 42008.
Roma 698 – Locarno 78 – ◆Lugano 79 – ◆Milano 121 – Novara 92.

🏛 **Corona,** via Marconi 8 ℰ 42114 – 🛗 ⇜ 📺 ☎ 🅿. 🆎 🅵 ⓪ E 𝘝𝘐𝘚𝘈
   Pas carta 27/50000 – ⬚ 10000 – **32 cam** 70/90000 – ½ P 80000.

🏠 **Eurossola,** piazza Matteotti 36 ℰ 481326 – 🛗 📺 ☎ 🅿. 🅵 ⓪ E 𝘝𝘐𝘚𝘈. ⚒
   Pas *(chiuso lunedì da ottobre a maggio)* carta 22/38000 – ⬚ 6000 – **23 cam** 60/85000
   ½ P 55/60000.

X **Sciolla,** piazza Convenzione 5 ℰ 42633 – ⇜. ⓪. ⚒
   chiuso mercoledì, dall'8 al 20 gennaio e dal 23 agosto all'11 settembre – Pas carta 23/36000

X **Pattarone,** via Gentinetta 14 ℰ 43666 – 🅵 𝘝𝘐𝘚𝘈
⬅ *chiuso lunedì e luglio* – Pas carta 19/35000.

sulla strada statale 33 S : 2 km :

🏠 **Europa,** ⌧ 28037 ℰ 481032 – 🛗 📺 ☎ 🍴 ⮐ 🅿. 🆎 🅵 ⓪ E 𝘝𝘐𝘚𝘈. ⚒ rist
   chiuso dicembre – Pas carta 24/35000 – ⬚ 7000 – **22 cam** 60/80000 – ½ P 68/72000.

DONNALUCATA Ragusa – Vedere Sicilia alla fine dell'elenco alfabetico.

DONNAS 11020 Aosta ⅟⅟⅟ ⑭ – 2 511 ab. alt. 322 – ✆ 0125.
Vedere Fortezza di Bard★ NO : 2,5 km.
Roma 701 – Aosta 48 – Ivrea 26 – ◆Milano 139 – ◆Torino 68.

X **Les Caves de Donnas,** via Roma 99 ℰ 82737 – 🅿. 𝘝𝘐𝘚𝘈. ⚒
   chiuso giovedì e dal 15 al 30 giugno – Pas carta 21/32000.

DONORATICO Livorno – Vedere Castagneto Carducci.

DORGALI Nuoro ⅟⅟⅟ ㉞ – Vedere Sardegna alla fine dell'elenco alfabetico.

DORMELLETTO 28040 Novara 🔢 ⑦ – 2 494 ab. alt. 235 – ☎ 0322.
⊸oma 639 – ♦Milano 62 – Novara 38 – Stresa 19.

    ✗ **Locanda Anna,** 𝒫 497113 – 🅿. 🗓
       chiuso lunedì, dal 25 giugno al 10 luglio e dal 15 novembre al 1° dicembre – Pas
       carta 27/39000.

DOSSON Treviso – Vedere Casier.

DOZZA 40050 Bologna – 4 826 ab. alt. 190 – ☎ 0542.
⊸oma 392 – ♦Bologna 31 – ♦Ferrara 76 – Forlì 38 – ♦Milano 244 – ♦Ravenna 52.

    ✗✗ **Canè** con cam, 𝒫 678120, ≤, 🏠 – 📺 🅿. 🆎 ⓞ 𝘝𝘐𝘚𝘈. 🦌
       chiuso gennaio – Pas *(chiuso lunedì)* carta 27/44000 – 🖙 5000 – **10 cam** 60000 – P 50/80000.

       a Toscanella N : 5 km – ⊠ **40060** :

    🏠 **Gloria,** via Emilia 42 𝒫 673438, Fax 672702 – 📶 🍽 📺 ☎ 🅿. 🆎 ⓞ 𝘝𝘐𝘚𝘈. 🦌
       Pas *(chiuso a mezzogiorno, domenica, luglio ed agosto)* – **24 cam** 🖙 130/190000.

DRAGA SANT'ELIA Trieste – Vedere Pese.

DRAPIA 88030 Catanzaro – 2 416 ab. alt. 265 – ☎ 0963.
⊸oma 642 – Catanzaro 98 – ♦Cosenza 127 – Reggio di Calabria 146.

    🏠 **Maddalena** 🦐, 𝒫 67025, ≤, 🛆, ✗ – 🅿. ⓞ. 🦌 rist
    ⬦ Pas carta 19/31000 – **16 cam** 🖙 40/50000 – ½ P 33/63000.

DRUOGNO 28030 Novara 🔢 ⑥ – 987 ab. alt. 835 – ☎ 0324.
⊸oma 713 – Domodossola 15 – Locarno 34 – ♦Milano 137 – Novara 106 – ♦Torino 180.

    🏠 **Colombo,** 𝒫 94343, ≤ – 🅿. 🦌 rist
       chiuso novembre – Pas *(chiuso martedì)* carta 22/34000 – **26 cam** 🖙 40/50000 –
       ½ P 40/45000.

DUINO AURISINA 34013 Trieste 🔢 ⑥ – 8 274 ab. – ☎ 040.
🎋 (maggio-settembre) sull'autostrada A 4-Duino Sud 𝒫 208281.
⊸oma 649 – Gorizia 23 – Grado 32 – ♦Milano 388 – ♦Trieste 22 – Udine 51 – ♦Venezia 138.

    🏠 **Duino Park Hotel** 🦐 senza rist, 𝒫 208184, Fax 208526, 🛆 – 📶 📺 ☎ 🅿. 🆎 🗓 ⓞ 📧 𝘝𝘐𝘚𝘈.
       🦌
       🖙 15000 – **18 cam** 63/94000.

    🏠 **MotelAgip,** sull'autostrada A 4 o statale 14 𝒫 208273, Telex 461098 – 📶 🍽 📺 ☎ 🅿. 🆎
       🗓 ⓞ 📧 𝘝𝘐𝘚𝘈. 🦌 rist
       Pas 28000 – **80 cam** 🖙 83/134000 – ½ P 102/118000.

    ✗ **Al Pescatore** con cam, 𝒫 208188 – 🅿. 🦌
       Pas *(chiuso giovedì dal 15 settembre al 15 giugno)* carta 25/45000 – 🖙 6000 – **8 cam**
       42/69000 – ½ P 65000.

       Vedere anche : *Sistiana* E : 3 km.

DUNA VERDE Venezia – Vedere Caorle.

DUNO 21030 Varese 🔢 ⑦ – 134 ab. alt. 530 – ☎ 0332.
⊸oma 653 – Luino 16 – ♦Milano 76 – Novara 68 – Varese 24.

    ✗ **Ur Torc,** 𝒫 651143, prenotare
       chiuso martedì e dal 20 giugno al 10 luglio – Pas carta 25/38000.

EBOLI 84025 Salerno 🔢 ㉘ – 34 253 ab. alt. 115 – ☎ 0828.
Roma 292 – Avellino 67 – ♦Napoli 86 – Potenza 77 – Salerno 35.

    🏠 **Grazia,** 𝒫 366038 – 📶 ⟷ ☎ 🕭 🚗 🅿 – 🕌 200. 🆎 🗓 ⓞ 📧 𝘝𝘐𝘚𝘈
       Pas carta 20/35000 (10%) – 🖙 8000 – **45 cam** 39/55000 – ½ P 40/45000.

EDOLO 25048 Brescia 🔢 ④ – 4 495 ab. alt. 699 – a.s. luglio e agosto – ☎ 0364.
🎋 piazza Martiri della Libertà 2 𝒫 71065.
Roma 653 – ♦Bergamo 96 – ♦Bolzano 126 – ♦Brescia 100 – ♦Milano 141 – Sondrio 45.

    🏠 **Eurohotel** senza rist, via Marconi 40 𝒫 72621 – 📶 📺 ☎ 🚗 🅿. 🆎 🗓 ⓞ 𝘝𝘐𝘚𝘈. 🦌
       🖙 5000 – **17 cam** 40/60000.

    🏠 **Dei Larici,** piazza Martiri della Libertà 18/19 𝒫 71006 – 📶. 🆎 ⓞ. 🦌 rist
    ⬦ *chiuso dal 31 ottobre al 15 novembre* – Pas *(chiuso domenica)* carta 20/33000 – 🖙 6000 –
       21 cam 32/50000 – ½ P 40/52000.

EGADI (Isole) Trapani 🔢 ㉟ – Vedere Sicilia alla fine dell'elenco alfabetico.

🚐 dell'Acquabona (chiuso lunedì in bassa stagione) ✉ 57037 Portoferraio 🖉 940066, Tel 590220, SE : 8 km da Portoferraio.

🛥️ vedere Portoferraio e Porto Azzurro.

🛈 vedere Portoferraio

ISOLA D'ELBA

Capoliveri – 2 655 ab. – ✉ 57031.

Vedere ❄★★ dei Tre Mari.

Porto Azzurro 5 – Portoferraio 16.

✗ Il Chiasso, 🖉 968709, Coperti limitati; prenotare, « Ambiente caratteristico » – 🆎 🆂 ⓞ E 𝘝𝘐𝘚𝘈 ❄
  Pasqua-ottobre; chiuso a mezzogiorno e martedì in bassa stagione – Pas carta 31/5500 (10%).

a Naregno NE : 3 km – ✉ 57031 Capoliveri :

🏠 Villa Rodriguez ⑩, 🖉 968423, ≤, 🏖️, 🌳 – ⓟ ❄
  aprile e giugno-settembre – Pas carta 28/43000 – ☷ 10000 – 31 cam 39/55000 – ½ P 63/69000.

a Lido NO : 7,5 km – ✉ 57031 Capoliveri :

🏨 Antares ⑩, 🖉 940131, Fax 940084, ≤, 🏖️ – ⊛ ᠔ ⓟ 🆎 🆂 ⓞ E 𝘝𝘐𝘚𝘈 ❄ rist
  21 aprile-14 ottobre – Pas 15000 (a mezzogiorno e solo per clienti alloggiati) 40000 (la sera) – ☷ 15000 – 31 cam 55/80000 – ½ P 115/125000.

Marciana – 2 282 ab. alt. 375 – ✉ 57030.

Vedere ≤★.

Dintorni Monte Capanne★★ : ❄★★.

Porto Azzurro 37 – Portoferraio 28.

a Poggio E : 3 km – alt. 300 – ✉ 57030 :

✗✗ Publius, 🖉 99208, « Servizio estivo all'aperto con ≤ » – 🆎 🆂 ⓞ E 𝘝𝘐𝘚𝘈
  15 marzo-15 novembre; chiuso lunedì in bassa stagione – Pas carta 29/47000.

✗ Monte Capanne con cam, 🖉 99083, ≤, 🍴 – 🆎 🆂 ⓞ. ❄ cam
  aprile-settembre – Pas (chiuso mercoledì) carta 28/40000 – ☷ 6000 – 11 cam 30/45000 – ½ P 48/54000.

✗ Da Luigi, località Lavacchio S : 2 km 🖉 99413 – ⓟ 🆎 🆂 ⓞ E 𝘝𝘐𝘚𝘈
  22 aprile-settembre; chiuso lunedì – Pas carta 29/40000 (12%).

a Sant'Andrea NO : 6 km – ✉ **57030** Marciana :

🏨 **Cernia** ⑤, 🖉 908194, ≤, « Giardino », ⏋, 🎇 – 🏐 🅿. 🎇 rist
20 marzo-25 ottobre – Pas carta 27/46000 (10%) – ☲ 15000 – **20 cam** 54/80000 –
½ P 78/88000.

🏨 **Piccolo Hotel Barsalini** ⑤, 🖉 908013, « Piccolo giardino e terrazza fiorita » – ⇐⇒ rist
🏤 🅿. 🖭 🖾. 🎇
20 marzo-20 ottobre – Pas carta 28/45000 – **20 cam** ☲ 75000 – ½ P 72/82000.

🏨 **Gallo Nero** ⑤, 🖉 908017, ≤, ⏋, 🐎, 🎇 – 🏤 🕭 🅿. 🖾 *VISA*. 🎇 rist
20 marzo-25 ottobre – Pas carta 29/43000 (10%) – ☲ 12000 – **21 cam** 54/80000 –
½ P 48/92000.

a Chiessi SO : 12 km – ✉ **57030** Pomonte :

XX **Perseo** con cam, 🖉 906010, Fax 906010 – 🕿 🅿. 🖾. 🎇
chiuso dal 15 gennaio al 15 febbraio – Pas carta 25/36000 (5%) – ☲ 11000 – **15 cam** 55000
– ½ P 63000.

a Spartaia E : 12 km – ✉ **57030** Procchio :

🏨 **Désirée** ⑤, 🖉 907311, Telex 590649, Fax 907884, ≤, « Giardino », ⏋, 🐎, 🎇 – 🖵 🕿 🕭
🅿. 🖾 🕭 🗉 🖾 *VISA*. 🎇 rist
14 aprile-10 ottobre – Pas 40/45000 – **69 cam** ☲ 110/220000 appartamenti 360/440000 –
½ P 130/170000.

🏨 **Valle Verde**, 🖉 907545, « Giardino », 🐎 – 🏐 🅿. 🖾 🕭. 🎇
maggio-15 ottobre – Pas 30/40000 – ☲ 18000 – **36 cam** 60/100000 – ½ P 125/135000.

a Procchio E : 13,5 km – ✉ **57030** :

🏨 **Edera**, 🖉 907525, 🐎 – 🅿. 🖾 *VISA*. 🎇
Pas (solo per clienti alloggiati e *chiuso a mezzogiorno*) – ☲ 12500 – **16 cam** 54/90000 –
½ P 50/85000.

🏨 **Delfino** ⑤ senza rist, 🖉 907455, 🐎 – 🏤 🅿. 🖾 🕭. 🎇
☲ 7000 – **14 cam** 39/78000.

X **Lo Zodiaco**, 🖉 907630, 🏞 – 🖾 🕭. 🎇
maggio-5 ottobre – Pas carta 27/44000 (10%).

a Campo all'Aia E : 15 km – ✉ **57030** Procchio :

🏨 **Brigantino** ⑤, 🖉 907453, ⏋, 🐎, 🐎, 🎇 – 🕭 🅿. 🎇 rist
aprile-settembre – Pas (solo per clienti alloggiati) 20/28000 – ☲ 9000 – **30 cam** 45/75000 –
½ P 78/80000.

a Pomonte SO : 15 km – ✉ **57030** :

🏨 **Da Sardi** ⑤, 🖉 906045 – 🅿 – **18 cam**.

Marciana Marina 988 ㉔ – 2 052 ab. – ✉ **57033**.
Porto Azzurro 29 – Portoferraio 20.

🏨 **Gabbiano Azzurro** senza rist, 🖉 99226, ⏋, 🐎 – ⇐⇒ 🏤 🕭 🅿. 🖾. 🎇
☲ 5000 – **40 cam** 45/70000.

🏨 **Marinella**, 🖉 99018, Fax 99018, ≤, ⏋, 🐎, 🎇 – 📱 🏤 🅿. 🖾 🗉 🗉. 🎇
aprile-ottobre – Pas 20/25000 – ☲ 7000 – **57 cam** 50/80000 – ½ P 49/88000.

🏨 **Imperia**, senza rist, 🖉 99082 – 🖾 🕭 *VISA*
☲ 5000 – **21 cam** 30/59000.

XX **Rendez-Vous da Marcello**, 🖉 99251, ≤, 🏞 – 🖾 🗉 🕭 🗉 *VISA*
chiuso dall'8 gennaio al 10 febbraio e mercoledì in bassa stagione – Pas carta 36/55000.

X **La Fiaccola**, 🖉 99094, ≤, 🏞 – 🖾
aprile-settembre; chiuso giovedì – Pas carta 22/35000 (10%).

Marina di Campo 988 ㉔ – ✉ **57034**.
Marciana Marina 13 – Porto Azzurro 26 – Portoferraio 17.

🏨 **Montecristo** senza rist, 🖉 976861, Fax 976597, ⏋ – 📱 🗉 🖵 🕿 🕭 🅿. 🖾 🗉 🗉 🗉 E *VISA*. 🎇
23 marzo-21 ottobre – **43 cam** ☲ 170/280000.

🏨 **Barcarola 2** senza rist, 🖉 97255, 🐎 – 🏤 🅿
aprile-settembre – ☲ 15000 – **28 cam** 54/80000.

🏨 **Punto Verde** senza rist, 🖉 977482, Fax 977486 – 🖵 🕿 🅿. 🖾 🕭
Pasqua-15 ottobre – **32 cam** ☲ 65/114000.

🏨 **Dei Coralli** ⑤, 🖉 97336, Fax 97337, ⏋, 🐎, 🎇 – 📱 🕿 🅿. 🖾 🗉 E *VISA*. 🎇 rist
maggio-settembre – Pas (solo per clienti alloggiati) – **60 cam** ☲ 102/124000 –
½ P 60/105000.

🏨 **Santa Caterina**, 🖉 976452, Fax 976745, 🐎 – 📱 🕿 🅿. 🖾. 🎇
16 aprile-settembre – Pas (solo per clienti alloggiati) 18/25000 – ☲ 15000 – **41 cam** 50/80000
– ½ P 71/90000.

🏨 **Barracuda**, 🖉 976893, Telex 501589, ⏋, 🐎 – 🕿 🅿. 🖾 🗉 🕭. 🎇
15 aprile-15 ottobre – Pas (chiuso a mezzogiorno) 17/26000 – ☲ 10000 – **44 cam** 54/80000
– ½ P 44/90000.

✗ **Bologna,** 🗐 976105, Fax 976105 – 🖭 🛅 🕙 🗲 𝘝𝘐𝘚𝘈
aprile-15 ottobre; chiuso martedì – Pas carta 29/52000 (10%).

✗ **La Triglia,** 🗐 97059 – 🗏. 🖭 🛅 🕙 🗲 𝘝𝘐𝘚𝘈
10 marzo-ottobre; chiuso giovedì in bassa stagione – Pas carta 28/42000 (10%).

a La Pila N : 2,5 km – ⊠ **57034** Marina di Campo :

✗ **Da Gianni,** all'aeroporto 🗐 976965 – 🅿
marzo-ottobre – Pas carta 25/32000.

a Fetovaia O : 8 km – ⊠ **57030** Seccheto :

🏨 **Lo Scirocco** 🦢, 🗐 987060, Fax 987244 – 🗐 ☎ 🅿. 🛅 𝘝𝘐𝘚𝘈. 🛠 rist
aprile-20 ottobre – Pas carta 24/37000 (10%) – **28 cam** ⊊ 60/113000 – ½ P 47/102000.

🏠 **Galli** 🦢, 🗐 987065, Fax 987011, 🍴 – ☎ 🅿. 🛠
aprile-ottobre – Pas 33000 – ⊊ 16000 – **18 cam** 52/78000 – ½ P 70/88000.

⸺⸺⸺⸺⸺
| Porto Azzurro | 🯲🯸🯸 ㉔ – 3 053 ab. – ⊠ **57036**.

🛥 per Rio Marina-Piombino (esclusi mercoledì e sabato) giornalieri (1 h 20 mn)
Toremar-agenzia Giovannoni, banchina IV Novembre 🗐 95004, Telex 501685.
Marciana Marina 29 – Portoferraio 15.

🏠 **Belmare,** 🗐 95012, ≤ – 🏔. 🖭 🛅 🕙 🗲 𝘝𝘐𝘚𝘈. 🛠
Pas *(chiuso venerdì)* carta 25/37000 – ⊊ 8000 – **27 cam** 50/75000 – ½ P 60/70000.

✗✗ **Longone Inn,** 🗐 957995 – 🕙
chiuso lunedì e novembre – Pas carta 32/45000.

⸺⸺⸺⸺⸺
| Portoferraio | 🯹🯸🯸 ㉔ – 11 660 ab. – ⊠ **57037**.

Dintorni Villa Napoleone di San Martino* SO : 6 km.

Escursioni Strada per Cavo e Rio Marina : ≤★★.

🛥 per Piombino giornalieri (1 h); per Livorno 15 giugno-settembre giornaliero (3 h); pe
l'Isola di Capraia 15 giugno-settembre lunedì e negli altri mesi mercoledì e giovedì (2 h)
Toremar-agenzia Lari e Palombo, calata Italia 22 🗐 918080, Telex 590018; per Piombin
giornalieri (1 h) – Navarma, viale Elba 4 🗐 918101, Telex 590590, Fax 916758.
🄴 calata Italia 26 🗐 92671.
Marciana Marina 20 – Porto Azzurro 15.

🏨 **Crystal** senza rist, 🗐 917971, Fax 918772 – ⥥ 🗏 📺 ☎. 🖭 🛅 🕙 🗲 𝘝𝘐𝘚𝘈. 🛠
chiuso novembre – ⊊ 20000 – **15 cam** 90/150000.

🏠 **Villa Ombrosa,** 🗐 915672, ≤, 🔥 – ☎ 🅿. 🖭 🛅 🕙 🗲. 🛠
Pas 23/28000 – ⊊ 9000 – **47 cam** 59/80000 – ½ P 45/84000.

🏠 **Nuova Padulella,** O : 1 km 🗐 915506, Telex 502148, Fax 916510, ≤ – 🗐 ☎ ᕗ 🅿. 🖭 🛅 🕙
🗲 𝘝𝘐𝘚𝘈. 🛠
chiuso da dicembre al 30 gennaio – Pas *(chiuso da novembre a marzo)* 28000 – ⊊ 12000 –
37 cam 54/80000 – ½ P 45/75000.

🏠 **Touring** senza rist, 🗐 915851 – 🗐 📺 🏔. 🖭 🛅 🕙 🗲 𝘝𝘐𝘚𝘈. 🛠
⊊ 8000 – **25 cam** 52/76000.

✗ **La Ferrigna,** 🗐 92129 – 🖭 🛅
15 marzo-15 novembre – Pas carta 25/41000 (10%).

a San Giovanni S : 3 km – ⊠ **57037** Portoferraio :

🏨 **Airone** 🦢, 🗐 917447, Telex 501829, Fax 917484, ⛲, 🏊, 🔥, 🛠 – 🗐 🗏 📺 ☎ 🅿 – ⽊
180. 🖭 🛅 🕙 🗲 𝘝𝘐𝘚𝘈. 🛠 rist
Pas carta 25/59000 – **85 cam** ⊊ 130/180000 – ½ P 114000.

a Viticcio O : 5 km – ⊠ **57037** Portoferraio :

🏠 **Paradiso** 🦢, 🗐 915385, Fax 916694, ≤, 🍴, 🛠 – 🏔 🅿. 🛠 rist
aprile-settembre – Pas carta 24/39000 (10%) – ⊊ 12000 – **34 cam** 50/75000 – ½ P 45/80000

a San Martino SO : 6 km – ⊠ **57037** Portoferraio :

🏠 **Il Caminetto,** 🗐 915700 – ☎ 🅿 🖭 🕙. 🛠 rist
aprile-settembre – Pas carta 19/36000 (10%) – ⊊ 12000 – **17 cam** 54/80000 – ½ P 42/77000

a Picchiaie S : 7 km – ⊠ **57037** Portoferraio :

🏨 **Picchiaie Residence** 🦢 senza rist, 🗐 933072, ≤ colline e golfo, 🏊, 🔥, 🛠 – 🅿. 🖭 🕙
14 maggio-25 settembre – – ⊊ 12000 – **50 cam** 86/138000.

a Magazzini SE : 8 km – ⊠ **57037** Portoferraio :

🏨 **Fabricia** 🦢, 🗐 933181, Telex 590033, Fax 933185, ≤ golfo e Portoferraio, 🏊, 🔥, 🛠, 🛠
– ☎ 🅿. 🖭 🕙. 🛠 rist
13 aprile-7 ottobre – Pas 60000 – ⊊ 18000 – **75 cam** 130/190000 – ½ P 82/165000.

ad Acquabona SE : 8,5 km – ⊠ **57037** Portoferraio :

✗ **Al Vecchio Papa,** 🗐 940056 – 𝘝𝘐𝘚𝘈. 🛠
chiuso lunedì in bassa stagione – Pas carta 37/58000.

a Biodola O : 9 km – ✉ **57037** Portoferraio :

🏨 **Hermitage** ⤴ ⚘, 𝒫 969932, Telex 500219, Fax 969984, ≤, « Piccole costruzioni in pineta », ⤴, ⚓, ⚘, ※ – ⌷ ▤ 📺 ☎ 🄿, ᴁ 🄴, ❀ rist
maggio-settembre – Pas 48/64000 – **90 cam** solo ½ P 171/252000.

🏨 **Biodola** ⤴, 𝒫 969966, ≤, ⤴ riscaldata, ☒, ⚓, ☞, ※ – ⌷ ▤ rist ☎ 🄿. ᴁ 🄴. ❀ rist
aprile-20 ottobre – Pas 45/60000 – **68 cam** solo ½ P 143/199000.

a Scaglieri O : 9 km – ✉ **57037** Portoferraio :

🏨 **Danila** ⤴, 𝒫 969915, ☞ – ☎ 🄿. ᴁ 🖼 🄴. ❀ rist
aprile-15 ottobre – Pas carta 26/47000 – **25 cam** ☐ 54/80000 – ½ P 42/74000.

✗ **Da Luciano**, 𝒫 969952, ≤ – ᴁ 🖼 ⓞ 🄴 𝗩𝗜𝗦𝗔
Pasqua-ottobre; chiuso mercoledì in bassa stagione – Pas carta 23/36000.

ad Ottone SE : 11 km – ✉ **57037** Portoferraio :

🏨 **Villa Ottone** ⤴, 𝒫 933042, Fax 933376, « Parco ombreggiato », ⤴, ⚓, ※ – ⌷ ⅆ 🄿.
ᴁ 🖼 ⓞ 🄴 𝗩𝗜𝗦𝗔. ❀ rist
10 maggio-settembre – Pas 30/50000 – ☐ 16000 – **70 cam** 130/205000 – ½ P 79/155000.

──────────

Rio Marina – 2 407 ab. – ✉ **57038.**

Porto Azzurro 12 – Portoferraio 20.

🏨 **Rio**, 𝒫 962016, Telex 501832, Fax 962662 – ⌷ ☎. ᴁ. ❀ rist
aprile-settembre – Pas *(chiuso a mezzogiorno)* carta 26/45000 – ☐ 8000 – **35 cam** 52/78000
– ½ P 50/87000.

✗ **La Canocchia**, 𝒫 962432 – ▤.

a Cavo N : 7,5 km – ✉ **57030** :

🏨 **Marelba** ⤴, 𝒫 949900, ☞ – ☎ 🄿. ❀
20 aprile-settembre – Pas 28000 – **52 cam** ☐ 69000 – ½ P 50/89000.

🏨 **Pierolli**, 𝒫 949812, Fax 949637, ≤ – 🄿. ᴁ 🖼 ⓞ 🄴 𝗩𝗜𝗦𝗔. ❀
aprile-settembre – Pas carta 25/35000 – ☐ 12000 – **22 cam** 56/80000 – ½ P 37/80000.

──────────

ELLERA Perugia – Vedere Corciano.

──────────

ELVAS Bolzano – Vedere Bressanone.

──────────

EMPOLI **50053** Firenze 🟨🟨🟨 ⑭ – 43 640 ab. alt. 27 – 🕾 **0571.**

Roma 302 – ♦Firenze 33 – ♦Livorno 60 – ♦Milano 321 – Montecatini Terme 35 – Pisa 50 – Pistoia 35 – Siena 66.

🏨 **Tazza d'Oro**, via Giuseppe del Papa 46 𝒫 72129 – ⌷ ☎ – 🔏 80. ᴁ 🖼 ⓞ 🄴 𝗩𝗜𝗦𝗔
← Pas *(chiuso agosto)* carta 19/27000 – ☐ 5000 – **51 cam** 39/65000 – ½ P 48000.

🏨 **Il Sole** senza rist, piazza Don Minzoni 18 𝒫 73779 – ⌷ ☎. 𝗩𝗜𝗦𝗔
☐ 8000 – **12 cam** 48/82000.

✗ **Bianconi**, via Tosco Romagnola 70 𝒫 590558 – ▤ 🄿. ᴁ 𝗩𝗜𝗦𝗔
chiuso mercoledì e dal 20 luglio al 3 agosto – Pas carta 22/33000 (15%).

──────────

ENNA 🄿 🟨🟨🟨 ⊗ – Vedere Sicilia alla fine dell'elenco alfabetico.

──────────

ENTRACQUE **12010** Cuneo 🟥🟥🟥 ⑦ – 893 ab. alt. 904 – a.s. luglio-agosto e Natale – 🕾 **0171.**

Roma 667 – Cuneo 24 – ♦Milano 240 – Colle di Tenda 40 – ♦Torino 118.

🏨 **Miramonti**, 𝒫 978222 – ⸎ ☞ 🄿
← *chiuso dal 20 al 30 ottobre* – Pas (solo per clienti alloggiati e *chiuso dal 17 aprile al 31
maggio*) 15/18000 – ☐ 6000 – **14 cam** 39/60000 – ½ P 47000.

──────────

ENTRÈVES Aosta 🟨🟨🟨 ①, 🟥🟥🟥 ①, 🟦🟦 ⑨ – Vedere Courmayeur.

──────────

EOLIE (Isole) Messina 🟨🟨🟨 ⊗⊗⊗ – Vedere Sicilia alla fine dell'elenco alfabetico.

──────────

EPPAN AN DER WEINSTRASSE = Appiano sulla Strada del Vino.

──────────

EQUI TERME **54022** Massa Carrara – alt. 250 – 🕾 **0585.**

Roma 437 – ♦La Spezia 45 – Massa 48 – ♦Parma 122.

✗ **La Posta** con cam, 𝒫 97937. ❀
← *chiuso dal 10 gennaio al 1° marzo* – Pas *(chiuso martedì)* carta 19/29000 – **7 cam** ☐ 30/45000
– ½ P 35000.

213

ERACLEA 30020 Venezia 988 ⑤ – 11 837 ab. alt. 2 – a.s. 15 giugno-agosto – ✆ 0421.

Roma 569 – Belluno 102 – ◆Milano 308 – ◆Padova 78 – Treviso 45 – ◆Trieste 120 – Udine 89 – ◆Venezia 58.

ad Eraclea Mare SE : 10 km – ✉ 30020 :

🏨 **Park Hotel Pineta** ⅋, 𝒫 66063, Fax 66196, « Giardino ombreggiato », ⤳, 🐎 – 🗏 rist
↝ ☎ 🅿 ॐ
15 maggio-25 settembre – Pas 17/24000 – **45 cam** ⊊ 50/80000 – ½ P 49/61000.

ERBA 22036 Como 988 ③, 219 ⑨ – 16 095 ab. alt. 323 – ✆ 031.

Roma 622 – Como 14 – Lecco 15 – ◆Milano 44.

🏨 **Castello di Pomerio**, via Como 5 𝒫 627516, Telex 380463, Fax 628245, ⤳, 🔄, ☞, ॐ –
🛗 📺 ☎ & 🅿 – 🔬 200. 🖭 🕄 ⑩ E 𝗩𝗜𝗦𝗔. ॐ rist
Pas carta 85/100000 (15%) – **58 cam** ⊊ 190/250000 appartamenti 280/330000.

🏠 **Erba**, via Milano 12/d 𝒫 640681 – 📺 ☜ ↝ 🅿 🖭 🕄 ⑩ E 𝗩𝗜𝗦𝗔. ॐ rist
Pas *(chiuso domenica)* carta 21/35000 – ⊊ 4000 – **22 cam** 48/70000 – ½ P 60000.

✗ **La Vispa Teresa**, via XXV Aprile 115 𝒫 641667, Rist. e pizzeria – 🖭 ⑩
chiuso lunedì e dal 31 luglio al 26 agosto – Pas carta 35/60000.

ERBUSCO 25030 Brescia – 6 303 ab. alt. 251 – ✆ 030.

Roma 578 – ◆Bergamo 28 – ◆Brescia 23 – ◆Milano 69.

✗✗✗ Club XVII Miglio, via Baluccanti 12 𝒫 7267166, Rist. e piano bar, Coperti limitati; prenotare
– 🗏 – *chiuso a mezzogiorno*.

✗✗ **Da Bertoli**, via per Iseo 29 (NE : 5 km) 𝒫 7241017, Fax 724017, 🌧, ☞ – ॐ 🅿 🖭 🕄 ⑩
E 𝗩𝗜𝗦𝗔
chiuso lunedì e dal 7 al 21 agosto – Pas carta 32/60000.

ERCOLANO 80056 Napoli 988 ㉗ – 63 579 ab. – ✆ 081.

Vedere Terme★★★ – Casa a Graticcio★★ – Casa dell'Atrio a mosaico★★ – Casa Sannitica★★ –
Casa del Mosaico di Nettuno e Anfitrite★★ – Pistrinum★★ – Casa dei Cervi★★ – Casa del
Tramezzo carbonizzato★ – Casa del Bicentenario★ – Casa del Bel Cortile★ – Casa del Mobilio
carbonizzato★ – Teatro★ – Terme Suburbane★.

Dintorni Vesuvio★★★ NE : 14 km e 45 mn a piedi AR.

Roma 224 – ◆Napoli 11 – Pozzuoli 26 – Salerno 46 – Sorrento 39.

🏨 **Puntaquattroventi**, via Marittima 59 𝒫 7773041, Fax 7773757, ≼ – 🛗 🗏 ☎ 🅿 – 🔬
60 a 160. 🖭 ⑩ 𝗩𝗜𝗦𝗔. ॐ cam
Pas carta 31/55000 (15%) – **37 cam** ⊊ 86/160000 – ½ P 135000.

✗✗ **La Piadina**, via Cozzolino 10 𝒫 7717141 – 🅿 🖭 🕄 ⑩ 𝗩𝗜𝗦𝗔. ॐ
chiuso martedì – Pas carta 23/42000 (12%).

ERICE Trapani 988 ㉟ – Vedere Sicilia alla fine dell'elenco alfabetico.

ESTE 35042 Padova 988 ⑤ – 17 967 ab. alt. 15 – ✆ 0429.

Vedere Museo Nazionale Atestino★ – Mura★.

Roma 480 – ◆Ferrara 64 – Mantova 76 – ◆Milano 220 – ◆Padova 32 – Rovigo 29 – ◆Venezia 69 – Vicenza 45.

🏨 **Beatrice d'Este**, viale delle Rimembranze 1 𝒫 3681, Fax 601957 – ॐ rist 🗏 rist ☞ 🅿 –
🔬 30 a 100. ॐ rist
Pas *(chiuso domenica sera)* carta 22/31000 – ⊊ 5000 – **30 cam** 30/50000 – ½ P 39000.

🏠 **Centrale**, piazza Beata Beatrice 14 𝒫 601757 – 🛗 🅿 & 🖭 🕄 E 𝗩𝗜𝗦𝗔. ॐ rist
Pas carta 24/38000 – ⊊ 6000 – **21 cam** 30/50000 – ½ P 43000.

ETNA Catania 988 ㉗ – Vedere Sicilia alla fine dell'elenco alfabetico.

ETROUBLES 11014 Aosta 219 ② – 408 ab. alt. 1 280 – a.s. Pasqua, 15 giugno-15 settembre e
Natale – ✆ 0165.

Roma 760 – Aosta 14 – Colle del Gran San Bernardo 18 – ◆Milano 198 – ◆Torino 127.

🏠 **Col Serena**, 𝒫 78218, ≼ – 📺 ☎ 🅿 🖭 🕄 ⑩ E 𝗩𝗜𝗦𝗔. ॐ cam
chiuso maggio e novembre – Pas *(chiuso giovedì)* carta 26/43000 – ⊊ 7000 – **16 cam**
43/68000 – ½ P 60000.

✗✗ **Croix Blanche**, 𝒫 78238 – 🅿 🖭 🕄 ⑩ E 𝗩𝗜𝗦𝗔
chiuso maggio, dal 15 novembre al 15 dicembre e lunedì – Pas carta 26/50000.

FABRIANO 60044 Ancona 988 ⑯ – 28 661 ab. alt. 325 – ✆ 0732.

Vedere Piazza del Comune★ – Piazza del Duomo★.

Dintorni Grotte di Frasassi★★ N : 11 km..

Roma 216 – ◆Ancona 76 – Foligno 58 – Gubbio 36 – Macerata 69 – ◆Perugia 72 – Pesaro 116.

🏨 **Janus Hotel Fabriano**, piazza Matteotti 45 𝒫 4191, Fax 5714 – 🛗 🗏 📺 ☞ 🅿 – 🔬
200. 🖭 🕄 ⑩ E 𝗩𝗜𝗦𝗔. ॐ
Pas *(chiuso sabato e dal 1° al 24 agosto)* carta 32/50000 – ⊊ 10000 – **82 cam** 75/130000
appartamenti 170000, 🗏 8000 – ½ P 90000.

🏨 Aristos, senza rist, via Cavour 103 𝒫 22308 – 📺 ☎ – **8 cam**.

XX **Il Cantoncino,** piazza dei Partigiani 10 ℘ 24455 – ✕⊶. AE ⑤ ⑩ E *VISA*. ✘
chiuso dal 1° al 22 agosto, lunedì e da maggio a settembre anche domenica sera – Pas
carta 35/51000.

X **Pollo,** via Corridoni 22 ℘ 24584 – AE. ✘ – *chiuso martedì* – Pas carta 25/40000.

X Marchegiana, piazza Cairoli 1 ℘ 23919.

sulla strada statale 76 NE : 5 km :

XX **Old Ranch** ⅏, con cam, località Piaggia d'Olmo ⊠ 60044 Fabriano ℘ 627610, « Servizio
estivo in giardino » – ✕⊶ Ⓟ AE ⑤ ⑩ E *VISA*. ✘
chiuso dal 25 giugno al 15 luglio – Pas *(chiuso martedì)* carta 24/48000 (10%) – � 5000 –
5 cam 35/50000.

FABRO 05015 Terni – 2 808 ab. alt. 364 – ✿ 0763.

Roma 144 – Arezzo 83 – ✦Perugia 50 – Siena 95 – Terni 94.

X **La Bettola del Buttero** con cam, in prossimità casello autostrada A 1 ℘ 82446
e hotel ℘ 82063, 🏛, 🖙 – ⊕ Ⓟ. AE. ✘
Pas *(chiuso dal 24 dicembre al 3 gennaio, dal 5 al 24 agosto, sabato sera e domenica)*
carta 24/41000 – � 6500 – **15 cam** 47/67000.

FAENZA 48018 Ravenna ⑨⑧⑧ ⑮ – 54 259 ab. alt. 35 – ✿ 0546.

Vedere Museo Internazionale della Ceramica★★ – Pinacoteca Comunale★ M1.

Roma 368 ② – ✦Bologna 49 ④ – ✦Firenze 104 ③ – ✦Milano 264 ① – ✦Ravenna 31 ① – Rimini 67 ①.

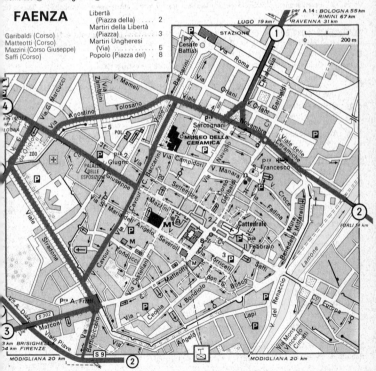

FAENZA

Garibaldi (Corso)
Matteotti (Corso)
Mazzini (Corso Giuseppe)
Saffi (Corso)

Libertà
(Piazza della) 2
Martiri della Libertà
(Piazza) 3
Martiri Ungheresi
(Via) 5
Popolo (Piazza del) . 8

🏨 **Vittoria,** corso Garibaldi 23 ℘ 21508, Fax 29136 – 📶 📺 ☎ – 🔬 200. AE ⑤ ⑩ E *VISA*   n
Pas vedere rist Canon d'Oro – � 8000 – **41 cam** 70/130000 – ½ P 85/95000.

XXX **Amici Miei,** corso Mazzini 54 (Galleria Gessi) ℘ 661600 – AE E *VISA*. ✘   a
chiuso domenica sera, lunedì ed agosto – Pas carta 37/57000.

XX **Canon d'Oro,** vicolo Cannone 9 ℘ 663993, 🏛 – AE ⑤ ⑩ E *VISA*. ✘   n
chiuso domenica ed agosto – Pas carta 30/45000.

215

sulla strada statale 9 SE : 2 km per ② :

XX **Antica Romagna,** ✉ 48018 Faenza 🖉 30242, « Servizio estivo in giardino » – 🅿 🖭 𝚅𝙸𝚂𝙰
chiuso giovedì – Pas carta 22/32000.

a Santa Lucia delle Spianate SE : 6,5 km per via Mons. Vincenzo Cimatti – ✉ 48018 Faenza :

X **Monte Brullo,** 🖉 42014, 🏤, 🖼 – 🅿 ⚭
➡ *chiuso martedì, febbraio e novembre* – Pas carta 19/28000.

FAI DELLA PAGANELLA 38010 Trento – 830 ab. alt. 958 – a.s. febbraio-Pasqua e Natale – Sport invernali : 958/2 120 m ≤4 (vedere anche Andalo e Molveno) – 🕿 0461.
🚹 via Cesare Battisti 🖉 583130.
Roma 616 – ◆Bolzano 55 – ◆Milano 222 – Riva del Garda 57 – Trento 34.

🏨 **Arcobaleno,** 🖉 583306, Fax 583306, ≤ – 🛗 rist 🖭 🕿 🚗 – 🚾 120. 🖪. ⚭
➡ Pas *(chiuso lunedì)* carta 20/44000 – **37 cam** ☲ 45/80000 – ½ P 60/75000.

🏨 **Negritella** 🕭, 🖉 583145, ≤ – 🕿 🅿. ⚭
➡ *dicembre-Pasqua e giugno-10 settembre* – Pas *(chiuso lunedì)* 18000 – ☲ 6000 – **19 cam** 32/58000 – P 48/55000.

FAIDO 4️⃣2️⃣7️⃣ ⑤ 2️⃣1️⃣8️⃣ ⑫ – Vedere Cantone Ticino alla fine dell'elenco alfabetico.

FAITO (Monte) ★★ Napoli – alt. 1 103.
Vedere ❋★★★ dal Belvedere dei Capi – ❋★★★ dalla cappella di San Michele.
Roma 253 – Castellammare di Stabia 15 (per strada a pedaggio) oppure 10 mn di funivia – ◆Napoli 44 – Salerno 46 – Vico Equense 15.

FALCADE 32020 Belluno 9️⃣8️⃣8️⃣ ⑤ – 2 336 ab. alt. 1 145 – a.s. luglio-agosto e Natale – Sport invernali : 1 145/2 550 m ≤1 ≤10, ⚡ – 🕿 0437.
🚹 piazza Municipio 1 🖉 599241, Telex 440821, Fax 599242.
Roma 667 – Belluno 50 – ◆Bolzano 64 – ◆Milano 348 – Trento 108 – ◆Venezia 156.

🏨 **Molino,** località Molino 🖉 599070, Fax 599445, ≤, 🖼 – 🖭 🕿 🅿. ⚭
dicembre-15 aprile e 15 giugno-15 settembre – Pas carta 24/48000 – **14 cam** ☲ 80/150000 – ½ P 90/130000.

🏨 **Stella Alpina,** 🖉 599046, ≤ – 🛗 🕿 ⛾ 🅿. ⚭
dicembre-maggio e 15 giugno-settembre – Pas carta 23/32000 – ☲ 4000 – **37 cam** 60/73000 – ½ P 45/70000.

🏨 **Arnica,** località Canès 🖉 599523, ≤ – 🕿 🅿
stagionale – **22 cam**.

FALCONARA MARITTIMA 60015 Ancona 9️⃣8️⃣8️⃣ ⑯ – 30 052 ab. – a.s. luglio e agosto – 🕿 071.
✈ O : 0,5km 🖉 56257.
🚹 via Cavour 3 🖉 910458.
Roma 279 – ◆Ancona 13 – Macerata 61 – Pesaro 63.

🏨 **Touring** 🕭, via degli Spagnoli 🖉 9160005, Fax 913000, 🌊 riscaldata – 🛗 🖭 🕿 🅿 – 🚾 200. 🖭 🖪 𝙴 𝚅𝙸𝚂𝙰 ⚭ rist
Pas vedere Rist. Da Ilario – ☲ 3500 – **75 cam** 48/75000 – ½ P 56/66000.

🏨 **Avion** 🕭, via Caserme 6 🖉 9170444, 🖼, ⚒ – 🛗 🕾 🅿
35 cam.

XX ✿ **Villa Amalia** con cam, via degli Spagnoli 4 🖉 912045 – 🖭 🖭 🕿 🚗 ⑪ 𝚅𝙸𝚂𝙰 ⚭
Pas *(chiuso martedì)* carta 40/52000 – ☲ 8000 – **7 cam** 53/84000, 🍽 8000
Spec. Cappelletti di scorfano, Rana pescatrice farcita al salmone in foglia di lattuga, Scampi al Verdicchio. Vini Verdicchio, Rosso Conero.

XX **Paradiso,** via Toscana 9 🖉 911672.

XX **Da Ilario,** via Tito Speri 2 🖉 9170678
chiuso domenica sera, lunedì, gennaio e febbraio – Pas carta 39/53000.

Vedere anche : *Marina di Montemarciano* O : 4 km.

FALERNA 88042 Catanzaro 9️⃣8️⃣8️⃣ ㊴ – 3 749 ab. alt. 550 – 🕿 0968.
Roma 576 – Catanzaro 64 – ◆Cosenza 61 – ◆Reggio di Calabria 157.

a Falerna Scalo SO : 10 km – ✉ 88040 :

X **Vesuvio 1** con cam, 🖉 97094 – 🍽 rist 🖭 🖪 ⑪ 𝙴 𝚅𝙸𝚂𝙰 ⚭
Pas *(chiuso martedì)* carta 28/44000 – **11 cam** ☲ 40/50000 – P 60/80000.

a Falerna Marina O : 11 km – ✉ 88042 :

🏨 **Torino 2,** N : 1 km 🖉 93053, Fax 93381, ≤, 🏖, ⚒ – 🛗 🖭 🕾 🅿. 🖭 𝚅𝙸𝚂𝙰
Pas carta 28000 – ☲ 12000 – **47 cam** 84000 – ½ P 59/77000.

Roma 688 – Belluno 87 – ◆Bolzano 93 – Cortina d'Ampezzo 16 – ◆Milano 430 – ◆Venezia 177.

al monte Lagazuoi N : 5 mn di funivia – alt. 2 750 :

✗ Rifugio Lagazuoi, ✉ 32043 Cortina d'Ampezzo ℰ (0436) 867303, ⁂ Dolomiti, « Ampia
terrazza solarium »
stagionale.

FALZES **(PFALZEN) 39030** Bolzano – 1 986 ab. alt. 1 022 – 🕲 0474.
Roma 711 – ◆Bolzano 65 – Brunico 5.

🏠 **Edy,** ℰ 58141, ≤, ☒, ▣, ☞ – ⇔ 🅿. ❀
➔ *chiuso da novembre al 18 dicembre* – Pas (solo per clienti alloggiati) 16000 – **30 cam**
🕸 37/74000 – ½ P 40/46000.

ad Issengo (Issing) NO : 1,5 km – ✉ **39030** Falzes :

✗✗ **Al Tanzer** 🐾 con cam, ℰ 55366 – ☎ 🅿. 🗟 E 𝚅𝙸𝚂𝙰
Pas *(chiuso martedì)* carta 34/55000 – **23 cam** 🕸 40/70000 – ½ P 39/65000.

a Molini (Mühlen) NO : 2 km – ✉ **39030** Chienes :

✗✗ **Schöneck,** ℰ 55550, ≤, 🍴 – 🅿. 🗟 E 𝚅𝙸𝚂𝙰 ❀
chiuso lunedì, dal 20 gennaio al 15 febbraio e dal 25 giugno al 5 luglio – Pas carta 30/63000.

FANO **61032** Pesaro e Urbino 🔲🔲🔲 ⑯ – 52 674 ab. – a.s. 15 giugno-agosto – 🕲 0721.
Vedere Corte Malatestiana★ – Dipinti del Perugino★ nella chiesa di Santa Maria Nuova.
🛈 viale Cesare Battisti 10 ℰ 803534.
Roma 289 ③ – ◆Ancona 65 ② – ◆Perugia 123 ③ – Pesaro 11 ④ – Rimini 51 ②.

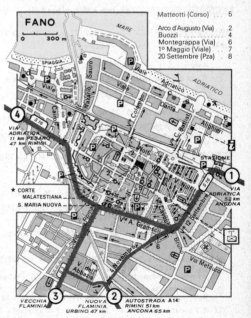

Matteotti (Corso)	5
Arco d'Augusto (Via)	2
Buozzi	4
Montegrappa (Via)	6
1º Maggio (Viale)	7
20 Settembre (Pza)	8

🏨🏨 **Elisabeth Due,** piazzale
Amendola 2 ℰ 866146, ≤
– 🛗 ▤ 📺 ☎. 🅰🅴 🅾 𝚅𝙸𝚂𝙰.
❀ rist   **d**
Pas 28/35000 – 🕸 10000 –
32 cam 110/165000 appartamenti   180/220000 –
½ P 90/115000.

🏨🏨 **Gd H. Elisabeth** senza
rist, viale Carducci 12 ℰ
804241, ☞ – 🛗 📺 🅰🅴 🅾
𝚅𝙸𝚂𝙰   **r**
🕸 10000 – **37 cam** 105/
160000.

🏨 **Augustus,** via Puccini 2
ℰ 809781 – ▤ 📺 ☎. 🅰🅴
🅾 𝚅𝙸𝚂𝙰. ❀   **f**
Pas *(chiuso lunedì)* car-
ta 26/47000 – **24 cam**
🕸 55/75000 – ½ P 45/
63000.

🏨 **Continental,** viale Adriatico 148 ℰ 800670, ≤ – 🛗
☎ 🅿. ❀   **e**
20 maggio-20 settembre –
Pas (solo per clienti alloggiati) – 🕸 6000 – **52 cam**
41/59000 – ½ P 49/54000.

🏨 **Corallo,** via Leonardo da
Vinci 3 ℰ 804200, Fax
803637 – 🛗 ▤ rist 📺 ☎.
🅰🅴 🗟 🅾 E 𝚅𝙸𝚂𝙰 ❀   **s**
*chiuso dal 24 dicembre al
6 gennaio* – Pas *(chiuso le
sere di sabato e domenica)*
carta 38/50000 – 🕸 6000
– **22 cam** 41/60000 –
½ P 40/55000.

🏨 **Angela,** viale Adriatico 13 ℰ 801239, ≤ – 📺 ☎   **x**
22 cam.

✗✗ **Il Ristorantino-da Giulio,** viale Adriatico 100 ℰ 805680, Solo piatti di pesce – ❀   **c**
chiuso martedì, dal 1º all'8 gennaio ed ottobre – Pas carta 35/50000.

Vedere anche : *Marotta* per ① : 13 km.

Roma 638 – Biella 44 – ♦Milano 64 – Novara 18 – ♦Torino 86 – Vercelli 31.

  🏠 **Tre Re,** S : 1 km 🖉 829271 – 🛇 📺 🖛 🅿 📶
  ↦ *chiuso agosto* – Pas *(solo per clienti alloggiati e chiuso a mezzogiorno, venerdì, sabato domenica)* 20000 – 🍷 4000 – **16 cam** 27/43000.

Roma 224 – Chieti 52 – Isernia 78 – ♦Pescara 71.

  🏠 **Del Camerlengo,** E : 1 km 🖉 980136, Telex 600373, Fax 980080, 🏊, 🐎, 🎾 – 🛇 ☎ 🅿
  ↦ 🛇
  Pas 17/21000 – 🍷 6000 – **44 cam** 36/55000 – ½ P 45/55000.

Roma 434 – Matera 129 – Potenza 153 – Sapri 76 – ♦Taranto 141.

  🏠 **Borea,** 🖉 572004 – 🛇 🖛 🅿 📶
  ↦ Pas *(chiuso lunedì)* carta 20/30000 – **40 cam** 🍷 20/35000 – ½ P 30000.

Roma 560 – ♦Genova 123 – Piacenza 43.

  XX **Locanda Cantoniera,** S : 4,5 km 🖉 919113, solo su prenotazione – 🛇
  aprile-ottobre; chiuso mercoledì – Pas carta 40/60000.

Roma 590 – Belluno 71 – Treviso 35 – ♦ Venezia 72.

  a Soligo E : 3 km – ✉ **31020** :

  X **Casa Rossa,** località San Gallo 🖉 840131, ≤ vallata, 🍴, Solo carne alla griglia – 🅿
  🛇
  chiuso mercoledì, giovedì, gennaio e febbraio – Pas carta 35/50000.

  a Col San Martino O : 3 km – ✉ **31010** :

  X **Adamo,** 🖉 989360 – 🅿 🛇
  chiuso martedì e dal 15 luglio al 10 agosto – Pas carta 23/36000.

Dintorni Regione dei Trulli★★★ Sud.
🛈 piazza Ciaia 9 🖉 713086.
Roma 507 – ♦Bari 57 – ♦Brindisi 58 – Lecce 96 – Matera 86 – Taranto 49.

  X **Rifugio dei Ghiottoni,** via Nazionale dei Trulli 116 🖉 714800 – 🔲 🛇 E 🆅🆂🅰 🛇
  chiuso mercoledì e luglio – Pas carta 20/30000 (15%).

  a Selva O : 5 km – alt. 396 – ✉ **72010** Selva di Fasano.
  🛈 (giugno-settembre) via Toledo 🖉 799182 :

  🏨 **Sierra Silvana** 🏡, 🖉 9331322, Telex 813344, Fax 9331207, 🍴, 🏊, 🐎 – 🛇 🔲 ☎ 🅹 🅿 –
  🛗 40 a 350. 🆀🅴 🛇 🆂🅾 E 🆅🆂🅰 🛇
  15 marzo-15 novembre – Pas 29/35000 – 🍷 9000 – **120 cam** 75/102000 – ½ P 87/110000.

  🏠 **La Silvana** 🏡, 🖉 9331161, ≤ – 🖛 🅿 🆅🆂🅰 🛇
  Pas *(chiuso venerdì)* carta 22/32000 (15%) – 🍷 6000 – **18 cam** 45/72000 – ½ P 60/65000.

  XXX ✿ **Fagiano,** 🖉 9331157, « Servizio estivo all'aperto » – 🍴 🅿 🆀🅴 🛇 🆂🅾 E 🆅🆂🅰 🛇
  chiuso novembre e martedì da ottobre a giugno – Pas carta 35/48000 (15%)
  Spec. Orecchiette alla crudaiola (estate), Schiaffoni con funghi porcini, Capretto alla brace. **Vini** Locorotondo, Salice Salentino.

  XX **Rifugio dei Ghiottoni 2,** 🖉 9331520, 🍴 – 🔲 🅿 🆅🆂🅰 🛇
  ↦ *chiuso mercoledì e dal 10 al 31 gennaio* – Pas carta 20/31000.

  Vedere anche : *Savelletri* NE : 7 km.
                  Torre Canne E : 13 km.

FAUGLIA 56043 Pisa – 2 829 ab. alt. 91 – ✪ 050.
Roma 323 – ✦Firenze 83 – ✦Livorno 24 – Pisa 22 – Siena 106.

   XX **Vallechiara,** NO : 2 km 📞 65553, �耒 – 🍴 **❷**. **VISA**. 🛇
      chiuso lunedì sera, martedì e novembre – Pas carta 25/35000.

FAVER 38030 Trento – 811 ab. alt. 673 – a.s. dicembre-aprile – ✪ 0461.
Roma 611 – ✦Bolzano 65 – Cortina d'Ampezzo 133 – Trento 24.

   X All'Olivo, E : 1,5 km 📞 683121, prenotare – **❷**.

FAVIGNANA (Isola di) Trapani – Vedere Sicilia (Egadi, isole) alla fine dell'elenco alfabetico.

FEISOGLIO 12050 Cuneo – 497 ab. alt. 706 – ✪ 0173.
Roma 616 – Alessandria 69 – Cuneo 60 – ✦Milano 163 – Savona 75 – ✦Torino 87.

   XX **Piemonte-da Renato,** 📞 831116, solo su prenotazione – **❷**. 🛇
      Pasqua-15 dicembre – Pas (menu suggeriti dal proprietario) 45000.

FELIGARA Pavia – Vedere Brallo di Pregola.

FELTRE 32032 Belluno 👁👁👁 ⑤ – 20 083 ab. alt. 324 – ✪ 0439.
Vedere Piazza Maggiore★ – Via Mezzaterra★.
🛈 largo Castaldi 7 📞 2540, Fax 2839.
Roma 593 – Belluno 31 – ✦Milano 288 – ✦Padova 93 – Trento 81 – Treviso 58 – ✦Venezia 88 – Vicenza 84.

   🏨 **Doriguzzi,** viale Piave 2 📞 2003, Fax 83660 – 🍴 📺 ☎ 🚗 **❷** – 🔬 50. 🖾 🕃 E **VISA**
      Pas carta 22/36000 – 🖙 10000 – **21 cam** 70/90000 – ½ P 45/60000.
   🏨 **Nuovo** senza rist, vicolo Fornere Pazze 5 📞 2110 – 🍴 📺 ☎ & **❷**. 🖾 🕃 **VISA**
      🖙 6000 – **30 cam** 40/70000.
   🏠 **Park Hotel** senza rist, via Trevigiana 1 📞 83725 – ⇆ ☎. 🛇
      🖙 6000 – **14 cam** 40/65000.

FENEGRÒ 22070 Como 👁👁👁 ⑱ – 2 242 ab. alt. 290 – ✪ 031.
Roma 615 – Como 18 – ✦Milano 38.

   XX **In,** via Monte Grappa 20 📞 935702 – 🍴 **❷**. 🖾 🕃 ⑩ **VISA**
      chiuso domenica sera, lunedì e dal 1° al 26 agosto – Pas carta 34/51000.

FENER 32030 Belluno 👁👁👁 ⑤ – alt. 198 – ✪ 0439.
Roma 564 – Belluno 43 – ✦Milano 269 – ✦Padova 63 – Treviso 39 – ✦Venezia 69.

   X **Tegorzo** con cam, al ponte 📞 779547, 🛇 – ☎ **❷**. 🛇
      chiuso dal 14 al 30 giugno – Pas *(chiuso mercoledì)* carta 25/38000 – 🖙 5000 – **25 cam**
      45/65000 – ½ P 25/40000.

FENESTRELLE 10060 Torino 👁👁👁 ⑪, 👁👁 ⑨ – 705 ab. alt. 1 154 – ✪ 0121.
Roma 727 – ✦Milano 219 – Sestriere 21 – ✦Torino 72.

   🏠 **Camoscio,** via Umberto I n° 67 📞 83940 – 🛇
      chiuso settembre – Pas *(chiuso giovedì)* carta 21/36000 – 🖙 5000 – **18 cam** 26/55000 –
      P 46/58000.

FERENTINO 03013 Frosinone 👁👁👁 ㉖ – 18 893 ab. alt. 393 – ✪ 0775.
Dintorni Anagni : cripta★★★ nella cattedrale★★, quartiere medioevale★, volta★ del palazzo
Comunale NO : 15 km.
Roma 75 – Fiuggi 23 – Frosinone 12 – Latina 66 – Sora 42.

   🏨🏨 **Bassetto,** via Casilina Sud al km 74,600 📞 244931, Fax 244399, �耒 – 🍴 🗏 📺 **❷**. 🖾 🕃 ⑩
      E **VISA**.
      Pas carta 34/48000 – **72 cam** 🖙 60/90000 – ½ P 80/90000.
   XX **Primavera,** via Casilina Nord al km 70 📞 395021, Fax 245295, 🌤 – 🗏 **❷**. 🖾 🕃 ⑩ E **VISA**.
      🛇
      chiuso lunedì – Pas carta 26/40000 (10%).

FERIOLO 28040 Novara 👁👁 ⑥ – alt. 195 – a.s. aprile e luglio-15 settembre – ✪ 0323.
Roma 664 – Domodossola 35 – Locarno 48 – ✦Milano 87 – Novara 63.

   🏨 **Carillon** senza rist, 📞 28115, ≤, « Giardino in riva al lago », 🐾 – 🍴 ☎ & **❷**. 🕃 ⑩ E
      VISA
      Pasqua-settembre – 🖙 7000 – **25 cam** 45/80000.
   🏠 **Oriente** senza rist, 📞 28143, 🌺 – **❷**
      15 marzo-10 ottobre – 🖙 5000 – **8 cam** 40000.
   XX **Serenella** con cam, 📞 28112, 🌤, 🌺 – **❷**. 🖾 🕃 ⑩ E **VISA**
      chiuso dal 7 gennaio al 28 febbraio – Pas *(chiuso mercoledì)* carta 27/41000 – 🖙 5000 –
      14 cam 45/60000 – ½ P 50/55000.
   X **Mirafiori,** 📞 28128, ≤, « Servizio estivo in terrazza »
      marzo-ottobre; chiuso mercoledì – Pas carta 23/39000 (10%).

61033 Pesaro e Urbino – 6 602 ab. alt. 199 – a.s. 15 giugno-agosto – **☎** 0722.
Roma 270 – ◆Ancona 102 – ◆Perugia 91 – Pesaro 44.

    ✗ **Cà Tommaso,** località Cà Tommaso O : 2 km ℘ 54341, In un casale di campagna – **🅿** **VISA**. ✗
    chiuso giovedì, dal 1° al 15 luglio, dal 23 al 29 dicembre e 1° gennaio – Pas carta 26/40000.

FERMO **63023** Ascoli Piceno **988** ⑯ – 35 223 ab. alt. 321 – a.s. luglio-15 settembre – **☎** 0734.
Vedere Posizione pittoresca★ – ←★★ dalla piazza del Duomo★ – Facciata★ del Duomo.
🛈 piazza del Popolo 5 ℘ 228738.
Roma 263 – ◆Ancona 69 – Ascoli Piceno 67 – Macerata 41 – ◆Pescara 102.

    ✗ **Da Nasò,** via di Crollalanza 45 ℘ 229661 – 🖭 🕃 ⓸ 🗲 **VISA**
    chiuso lunedì e dal 20 agosto al 5 settembre – Pas carta 22/35000.

FERRARA **44100** **🅿** **988** ⑮ – 142 070 ab. alt. 10 – **☎** 0532.
Vedere Duomo★★ BYZ – Castello Estense★ BY **B** – Palazzo Schifanoia★ BZ **E** : affreschi★★ –
Palazzo dei Diamanti★ BY **F** : pinacoteca nazionale★, affreschi★★ nella sala d'onore – Corso
Ercole I d'Este★ BY – Palazzo di Ludovico il Moro★ BZ **M** – Casa Romei★ BZ **L** – Palazzina di
Marfisa d'Este★ BZ **N.**
🛈 piazza Municipale 19 ℘ 35017 – **A.C.I.** via Padova 17/17a ℘ 52723.
Roma 423 ③ – ◆Bologna 47 ③ – ◆Milano 252 ③ – ◆Padova 73 ④ – ◆Venezia 110 ④ – ◆Verona 102 ④.

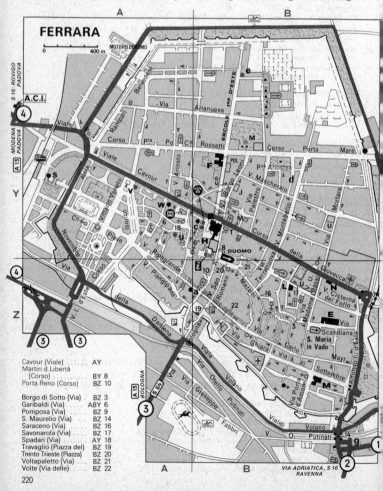

Cavour (Viale)	AY
Martiri d.Libertà (Corso)	BY 8
Porta Reno (Corso)	BZ 10
Borgo di Sotto (Via)	BZ 3
Garibaldi (Via)	ABY 6
Pomposa (Via)	BZ 9
S. Maurelio (Via)	BZ 14
Saraceno (Via)	BZ 16
Savonarola (Via)	BZ 17
Spadari (Via)	AY 18
Travaglio (Piazza del)	BZ 19
Trento Trieste (Piazza)	BZ 20
Voltapaletto (Via)	BZ 21
Volte (Via delle)	BZ 22

🏨🏨 **Ripagrande,** via Ripagrande 21 ℰ 34733 (prenderà il 765250), Telex 521169, Fax 202677, « Palazzo dell'11° secolo; servizio rist. estivo in cortile » – 🛗 🗏 🔟 🕾 – 🔬 30 a 80, 🖭 🕃
🔾 🖪 𝓥𝓘𝓢𝓐, 🞉 rist
ABZ **a**
Pas *(chiuso lunedì e dal 25 luglio al 25 agosto)* carta 35/50000 (10%) – **40 cam** ⊊ 150/220000
– ½ P 145000.

🏨🏨 **De la Ville** senza rist, piazzale Stazione 11 ℰ 53101, Fax 52074 – 🛗 🗏 🔟 🕾 ㊅ – 🔬 25 a
200. 🕃 𝓥𝓘𝓢𝓐
AY **s**
⊊ 16000 – **80 cam** 110/180000 appartamenti 200/250000.

🏨🏨 **Astra,** viale Cavour 55 ℰ 26234, Telex 226150 – 🛗 🗏 🔟 🕾 ㊅ – 🔬 100. 🖭 🕃 🔾 🖪 𝓥𝓘𝓢𝓐,
🞉 rist
AY **w**
Pas *(chiuso domenica ed agosto)* carta 41/58000 – ⊊ 17000 – **77 cam** 110/180000 appartamenti 230/330000 – ½ P 75/105000.

🏨 **Touring** senza rist, viale Cavour 11 ℰ 206200 – 🛗 🕾 🅿 🖭 🔾 𝓥𝓘𝓢𝓐
BY **c**
⊊ 12000 – **39 cam** 55/80000.

𝕏𝕏𝕏 **L'Oracolo,** via Montebello 79 ℰ 47837, Coperti limitati; prenotare, « Servizio estivo in un
fresco cortile » – 🗏, 🖭 🕃 🖪 𝓥𝓘𝓢𝓐
BY **d**
chiuso domenica e lunedì a mezzogiorno – Pas carta 48/70000.

𝕏𝕏 **La Provvidenza,** corso Ercole I d'Este 92 ℰ 205187, 🛱 – 🅿. 🖭 🔾 𝓥𝓘𝓢𝓐. 🞉
BY **e**
chiuso lunedì e dall'11 al 17 agosto – Pas carta 29/43000 (10%).

𝕏𝕏 **La Romantica,** via Ripagrande 36 ℰ 765975 – 🖭 🕃 🔾 🖪 𝓥𝓘𝓢𝓐. 🞉
ABZ **a**
chiuso mercoledì – Pas carta 24/43000 (10%).

𝕏𝕏 **Grotta Azzurra,** piazza Sacrati 43 ℰ 37320 (prenderà il 209152) – 🗏. 🖭 🕃 🔾 🖪 𝓥𝓘𝓢𝓐
chiuso mercoledì, dal 2 al 10 gennaio e dal 15 al 30 luglio – Pas carta 24/35000 (10%). AY **u**
per ②

𝕏𝕏 **La Goccia,** via Ravenna 105 ℰ 65154, 🛱 – 🅿
chiuso lunedì – Pas carta 28/36000.

𝕏 **Vecchia Chitarra,** via Ravenna 13 ℰ 62204 – 🖭 🕃 🔾 🖪 𝓥𝓘𝓢𝓐. 🞉
BZ **g**
chiuso martedì, dal 9 al 16 gennaio e dal 31 luglio al 22 agosto – Pas carta 23/34000.

𝕏 **Max,** piazza della Repubblica 16 ℰ 34930 (prenderà il 209309), 🛱 – 🖭 🕃 🔾 🖪 𝓥𝓘𝓢𝓐. 🞉
chiuso sabato, dal 15 al 30 gennaio e dal 1° al 15 luglio – Pas carta 23/33000.
BY **r**

𝕏 **Al Giglio,** corso Isonzo 1/E ℰ 206374, 🛱 – 🞉
AY **v**
↙ *chiuso lunedì e dal 15 al 31 gennaio* – Pas carta 20/42000.

a **Marrara** per ② : 17 km – ⊠ **44040** :

𝕏𝕏 **Trattoria da Ido,** ℰ 421064, Coperti limitati; prenotare – 🅿. 🖭 🔾 𝓥𝓘𝓢𝓐. 🞉
chiuso domenica, lunedì, dal 1° al 15 gennaio, dal 1° al 15 luglio e dal 1° al 10 settembre –
Pas carta 27/39000 (10%).

FERRAZZANO Campobasso – Vedere Campobasso.

FERRERA DI VARESE 21030 Varese 𝟚𝟙𝟡 ⑦ – 555 ab. alt. 299 – ✪ 0332.
Roma 651 – Lugano 21 – ◆Milano 73 – Varese 17.

𝕏 Osteria dei Cacciatori, ℰ 716290, prenotare – 🅿.

FERRO DI CAVALLO Perugia – Vedere Perugia.

FERTILIA Sassari 𝟿𝟠𝟠 ㉝ – Vedere Sardegna (Alghero) alla fine dell'elenco alfabetico.

FETOVAIA Livorno – Vedere Elba (Isola d') : Marina di Campo.

FEZZANO La Spezia – Vedere Portovenere.

FIASCHERINO La Spezia – Vedere Lerici.

Benutzen Sie auf Ihren Reisen in Europa :

die Michelin-Länderkarten (1:400 000 bis 1:1 000 000) ;

die Michelin-Abschnittskarten (1:200 000) ;

die Roten Michelin-Führer (Hotels und Restaurants) :
**Benelux, Deutschland, España Portugal, Main Cities Europe, France,
Great Britain and Ireland**

die Grünen Michelin-Führer (Sehenswürdigkeiten und interessante Reisegebiete) :
Italien, Spanien

die Grünen Regionalführer von **Frankreich**
(Sehenswürdigkeiten und interessante Reisegebiete) :
**Paris, Bretagne, Côte d'Azur (Französische Riviera), Elsaß Vogesen Champagne,
Korsika, Provence, Schlösser an der Loire.**

Vedere Duomo★ : portico centrale★★.

Roma 478 – ◆Bologna 116 – Cremona 47 – ◆Milano 103 – ◆Parma 23 – Piacenza 42.

🏨 **Astoria** senza rist, via Gandolfi 5 ✆ 524314 – 📳 🗏 📺 🐾. 𝑉𝐼𝑆𝐴
   chiuso dal 1° al 17 agosto – 🍽 8000 – **30 cam** 42/62000.

✖✖ **Astoria**, via Gandolfi 7 ✆ 524588 – 🗏. 🖭 🔱 ⓞ 𝐄 𝑉𝐼𝑆𝐴
   chiuso lunedì e dal 4 al 18 agosto – Pas carta 27/42000.

✖ **Ugolini** con cam, via Malpeli 90 ✆ 522422 – 🐾
   chiuso dal 24 dicembre al 15 gennaio – Pas *(chiuso giovedì)* carta 29/40000 – 🍽 4500 –
   10 cam 16/28000 – ½ P 35/50000.

FIÈ ALLO SCILIAR (VÖLS AM SCHLERN) 39050 Bolzano – 2 593 ab. alt. 880 – a.s. febbraio-aprile, luglio-settembre e Natale – ✆ 0471.

Roma 657 – ◆Bolzano 16 – Bressanone 40 – ◆Milano 315 – Trento 76.

🏨 **Emmy** 🦢, ✆ 725006, Fax 725484, ≤ Dolomiti, 🏊, 🐾 – 📳 📺 🕿 🅿. 🐾 rist
   chiuso da novembre al 18 dicembre – Pas carta 38/55000 – **30 cam** 🍽 95/158000 appartamenti 190000 – ½ P 79/89000.

🏨 **Turm**, ✆ 725014, Fax 725474, ≤, « Raccolta di quadri d'autore », 🏊 riscaldata, 🏊, 🐾 – 📳
   🕿. 𝑉𝐼𝑆𝐴. 🐾 rist
   chiuso dal 15 novembre la 20 dicembre – Pas *(chiuso giovedì)* carta 32/53000 – **23 cam**
   🍽 73/146000 – ½ P 60/85000.

🏨 **Völserhof** 🦢, ✆ 725421, ≤, 🏊 riscaldata, 🐾 – 📳 🕿 🅿. 🐾 rist
   chiuso dal 7 gennaio al 4 febbraio – Pas *(chiuso lunedì)* carta 36/54000 – **27 cam** 🍽 50/90000
   – ½ P 40/62000.

🏠 **Rose-Wenzer**, ✆ 72016, ≤, 🍽, 🏊, 🐾 – 📳 🕿
◆ *chiuso dal 15 gennaio al 7 febbraio* – Pas *(chiuso mercoledì)* carta 17/31000 – 🍽 8500 –
   34 cam 24/37000 – ½ P 45/57000.

🏠 **Heubad** 🦢, ✆ 72020, ≤, 🍽, 🏊 riscaldata, 🐾 – 📳 🏊 cam 🕿 ⟵ 🅿. 🐾 rist
   chiuso da novembre al 20 dicembre – Pas *(chiuso mercoledì escluso luglio ed agosto)*
   carta 24/33000 – **36 cam** 🍽 45/90000 – ½ P 60/66000.

✖✖ **Tschafon**, ✆ 72024, 🍽, solo su prenotazione – 🅿.

Ferienreisen wollen gut vorbereitet sein.

Die Straßenkarten und Führer von Michelin

geben Ihnen Anregungen und praktische Hinweise zur Gestaltung Ihrer Reise :
Streckenvorschläge, Auswahl und Besichtigungsbedingungen
der Sehenswürdigkeiten, Unterkunft, Preise... u. a. m.

FIERA DI PRIMIERO 38054 Trento 988 ⑤ – 535 ab. alt. 717 – a.s. 15 dicembre-15 gennaio e Pasqua – ✆ 0439.

🅱 piazza Municipio ✆ 762407.

Roma 616 – Belluno 66 – ◆Bolzano 99 – ◆Milano 314 – Trento 101 – Vicenza 103.

🏨 **Iris**, ✆ 62000, ≤, « Giardino ombreggiato » – 📳 📺 🅿. 📳 𝐄 𝑉𝐼𝑆𝐴. 🐾 rist
   5 dicembre-24 aprile e giugno-settembre – Pas carta 24/36000 – 🍽 7000 – **90 cam** 55/100000
   – ½ P 70/85000.

🏨 **Mirabello**, ✆ 764241, ≤, 🍽 – 📳 🏊 🕿 🅿. 🐾
◆ *20 dicembre-Pasqua e giugno-15 settembre* – Pas 20/30000 – 🍽 12000 – **43 cam** 66/103000
   – ½ P 59/71000.

🏨 **Tressane**, ✆ 62205, « Giardino ombreggiato » – 📳 🐾 🅿. 🖭 🔱 ⓞ 𝐄 𝑉𝐼𝑆𝐴. 🐾 rist
◆ Pas carta 20/30000 – 🍽 6000 – **37 cam** 50/85000 – ½ P 65/70000.

🏠 **Aurora**, ✆ 62386 – 📳 🗏 rist 🕿. 🖭. 🐾 rist
   20 dicembre-6 gennaio, Pasqua e giugno-settembre – Pas 19/23000 – 🍽 5500 – **26 cam**
   65/86000 – ½ P 54/66000.

🏠 **La Perla** 🦢, ✆ 762115 – 📳 🕿 🅿. 🐾 rist
◆ Pas carta 18/28000 – 🍽 5500 – **24 cam** 40/70000 – ½ P 45000.

in Val Canali NE : 7 km :

✖ **Rifugio Chalet Piereni**, 🦢 con cam, alt. 1 100 ✉ 38054 ✆ 62348, ≤ Pale di San Martino –
   🅿
   stagionale – **15 cam**.

FIESOLE 50014 Firenze 988 ⑭⑮ – 15 281 ab. alt. 295 – ✆ 055.

Vedere Paesaggio★★★ – ≤★★ su Firenze – Convento di San Francesco★ – Interno★ e opere di
Mino da Fiesole★ nel Duomo – Zona archeologica : sito★, Teatro romano★, museo★ M1 –
Madonna con Bambino e Santi★ del Beato Angelico nella chiesa di San Domenico SO : 2,5 km FT
(pianta di Firenze).

🅱 piazza Mino da Fiesole 45 ✆ 598720.

Roma 285 – Arezzo 89 – ◆Firenze 8 – ◆Livorno 124 – ◆Milano 307 – Pistoia 45 – Siena 76.

Pianta di Firenze : percorsi di attraversamento

🏨🏨 **Villa San Michele** ⬧, via Doccia 4 ℘ 59451, Telex 570643, ≤ Firenze e colli, 🍴, « Costruzione quattrocentesca con parco e giardino », ⬧ – 🗐 cam ☎ 🅿 🖭 🕙 🔟 **E**
VISA. 🛠 rist   FT **b**
aprile-novembre – Pas carta 86/105000 –
28 cam (solo ½ P) appartamento
1200/1600000 – ½ P 580/890000.

🏨 **Aurora**, piazza Mino da Fiesole 39 ℘ 59100, Fax 59587, ≤, 🍴, 🚗 – 🗐 cam 🔟 ☎ 🅿 – 🔬 25 a 180. 🖭 🕙 🕙 **E VISA**
🛠 rist   **a**
Pas *(chiuso domenica sera, lunedì e novembre)* carta 41/66000 (10%) – 🖂 16000 –
26 cam 120/190000.

🏨 **Villa Bonelli**, via Francesco Poeti 1 ℘ 59513 – 🗐 🚗 🖭 🕙 🕙 **E VISA**. 🛠 rist
Pas *(solo per clienti alloggiati e chiuso a mezzogiorno)* carta 35/50000 – **23 cam** 🖂 61/88000 – ½ P 69/79000.   **b**

a San Domenico S : 2,5 km FT – 🖂 **50016 :**

🏨 **Bencistà** ⬧, ℘ 59163, ≤ Firenze e colli, « Fra gli oliveti », 🚗 – 🌤 ☎ 🅿. 🛠 rist   FT **c**
40 cam solo ½ P 63/82000.

a Maiano S : 3 km FT – 🖂 50016 San Domenico :

✗ **Trattoria le Cave di Maiano,** ℘ 59133, prenotare, « Servizio estivo in terrazza con ≤ colli » – 🅿. 🖭 🕙 🕙 **E VISA**   FT **e**
chiuso domenica sera, giovedì ed agosto – Pas carta 33/45000.

ad Olmo NE : 9 km FT – 🖂 50014 Fiesole :

🏨 **Dino,** ℘ 548932, ≤ – ☎ 🅿 🖭 🕙 🕙 **E VISA**. 🛠 rist
Pas *(chiuso mercoledì escluso giugno-settembre)* carta 18/32000 (12%) – 🖂 9000 – **18 cam** 45/68000 – P 65000.

FIESSO D'ARTICO 30032 Venezia – 5 811 ab. alt. 9 – 🕲 041.
Roma 508 – ♦Milano 247 – ♦Padova 14 – Treviso 42 – ♦Venezia 25.

🏨 **Villa Giulietta,** via Riviera del Brenta 169 ℘ 5161500, Fax 5161212 – 🗐 🔟 ☎ 🅿 – 🔬 200. 🖭 🕙 🕙 **E VISA**. 🛠
Pas vedere rist Da Giorgio – 🖂 9000 – **27 cam** 55/88000.

✗✗ **Da Giorgio,** via Riviera del Brenta 228 ℘ 5160204 – 🗐 🅿. 🖭 🕙 🕙 **E VISA**. 🛠
chiuso mercoledì ed agosto – Pas carta 25/47000.

FIGINO SERENZA 22060 Como 219 ⑧ – 4 393 ab. alt. 330 – 🕲 031.
Roma 622 – Como 14 – ♦Milano 34.

🏨 **Park Hotel e Villa Argenta,** ℘ 780792, Fax 780117, 🚗 – 🗐 cam ☎ 🚗 🅿 – 🔬 30 a 60. 🖭 🕙 🕙 **E VISA**
chiuso agosto – Pas *(chiuso domenica)* carta 30/46000 – 🖂 8000 – **40 cam** 71/99000.

FIGLINE VALDARNO 50063 Firenze 988 ⑮ – 15 836 ab. alt. 126 – 🕲 055.
Roma 241 – Arezzo 45 – ♦Firenze 37 – ♦Perugia 121 – Siena 59.

🏨 **Torricelli,** via San Biagio 2 ℘ 958139, Fax 958481 – 🔋 🗐 rist ☎ 🅿 – 🔬 60. 🖭 🕙 🕙 **E VISA**
Pas *(chiuso sabato)* carta 21/41000 – 🖂 6000 – **39 cam** 60/80000.

✗✗ **Principe,** via Roma 2 ℘ 951923 – 🗐. 🖭 🕙 **E VISA**
chiuso lunedì e luglio – Pas carta 27/45000.

✗ **Papillon,** piazza Ficino 83 ℘ 952676 – 🖭 🕙
chiuso domenica ed agosto – Pas carta 22/37000.

FILOTTRANO 60024 Ancona 988 ⑯ – 9 002 ab. alt. 270 – 🕲 071.
Roma 277 – ♦Ancona 41 – Macerata 22 – ♦Perugia 136.

🏨 **7 Colli** ⬧, via Gemme 1 ℘ 7220833 – 🔋 🗐 rist ☎ 🅿. 🕙 **E VISA**. 🛠 cam
chiuso dal 20 dicembre al 6 gennaio – Pas carta 21/30000 – 🖂 6000 – **20 cam** 35/60000 – ½ P 40/50000.

Ne confondez pas :

Confort des hôtels	: 🏨🏨🏨 ... 🏠, 🏡
Confort des restaurants	: ✗✗✗✗✗ ... ✗
Qualité de la table	: 🕸🕸🕸, 🕸🕸, 🕸

223

Vedere Finale Borgo★ NO : 2 km.

Escursioni Castel San Giovanni : ≤★ 1 h a piedi AR (da via del Municipio).

🛈 via San Pietro 14 ✆ 692581.

Roma 571 – Cuneo 116 – ◆Genova 72 – Imperia 52 – ◆Milano 195 – Savona 26.

🏨 **Punta Est,** via Aurelia 1 ✆ 600611, ≤, « Antica dimora in un parco ombreggiato », ⅃, ▲≤ – 🗐 ☎ 😊 – 🔬 100. 🖭 𝘝𝘐𝘚𝘈. ⋘
maggio-settembre – Pas 40/50000 – � 15000 – **37 cam** 100/150000 appartamenti 200/230000 – ½ P 115/125000.

🏨 **Moroni,** viale delle Palme 20 ✆ 692222, Telex 271305, ≤, ▲≤ – 🗐 ⟲. ⋘ rist
maggio-settembre – Pas 30/38000 – ⊒ 15000 – **113 cam** 80/130000 – ½ P 93/108000.

🏨 **Miramare,** via San Pietro 9 ✆ 692467, ≤ – 🗐 📺 🕿 ఉ. 🖭 🕄 ⓞ 🄴 𝘝𝘐𝘚𝘈. ⋘
chiuso dal 24 ottobre al 20 dicembre – Pas carta 33/50000 – ⊒ 13000 – **35 cam** 72/100000 – ½ P 80/100000.

🏨 **Internazionale,** via Concezione 3 ✆ 692054, Fax 692053, ▲≤ – 📺 🕿. 🖭 🕄 ⓞ 🄴 𝘝𝘐𝘚𝘈. ⋘ rist
chiuso dal 28 ottobre al 28 dicembre – Pas 32/38000 – ⊒ 12000 – **32 cam** 70/89000 – ½ P 53/88000.

✕✕ **La Lampara,** vico Tubino 4 ✆ 692430, Coperti limitati; prenotare – ⋘
chiuso mercoledì e dal 20 ottobre al 30 novembre – Pas carta 50/60000.

✕ **Il Mare in Tavola-da Nene,** via Concezione 64 ✆ 692495, prenotare
chiuso martedì e novembre – Pas carta 45/84000.

✕ **Negro,** via Concezione 15/16 ✆ 691657, prenotare – 🖭 🕄 ⓞ 🄴 𝘝𝘐𝘚𝘈. ⋘
chiuso a mezzogiorno in luglio-agosto, lunedì e gennaio – Pas carta 35/60000.

a Perti Alto NO : 6 km – alt. 145 – ✉ 17024 Finale Ligure :

✕ **Osteria del Castel Gavone,** ✆ 692277, « Servizio estivo in terrazza con ≤ colline e mare » – 🖭 🕄 𝘝𝘐𝘚𝘈
chiuso martedì e dal 10 al 30 gennaio – Pas carta 26/43000.

Vedere anche : *Varigotti* E : 5 km.

Roma 639 – ◆Bergamo 38 – ◆Brescia 85 – Edolo 76 – ◆Milano 84.

✕ Stavros Grill, ✆ 72116, prenotare – 😊.

Vedere anche : *Rovetta* O : 1 km.

Roma 617 – Como 10 – ◆Milano 35.

✕✕ **La Madunina,** ✆ 927496 – 😊. 🖭 🕄 ⓞ 🄴 𝘝𝘐𝘚𝘈. ⋘
chiuso mercoledì – Pas carta 29/41000.

Roma 421 – ◆Modena 15 – Reggio nell'Emilia 35.

🏨 **Executive,** circondariale San Francesco 2 ✆ (0536) 832010 e rist ✆ 832673, Telex 224667, Fax 830229 – 🗐 🖃 📺 🕿 ⟲ 😊 – 🔬 200. 🖭 🕄 ⓞ 🄴 𝘝𝘐𝘚𝘈. ⋘
chiuso agosto – Pas carta 32/56000 – ⊒ 10000 – **60 cam** 118/175000 appartamenti 275000.

Roma 495 – Cremona 31 – ◆Milano 87 – ◆Parma 37 – Piacenza 23.

✕✕ **La Campana,** via Emilia 11 ✆ 943833 – 😊. 🖭 🕄 ⓞ 🄴 𝘝𝘐𝘚𝘈. ⋘
chiuso lunedì – Pas carta 26/38000 (10%).

Le guide Vert Michelin **ITALIE** (nouvelle présentation en couleur)

Paysages, monuments
Routes touristiques
Géographie
Histoire, Art
Itinéraires de visite
Plans de villes et de monuments.

FIRENZE 50100 P 988 ⑮ – 417 487 ab. alt. 49 – ۞ 055.

Vedere Duomo** : esterno dell'abside***, cupola*** (※※**) – Campanile** : ※※** – Battistero** : porte***, mosaici*** – Museo dell'Opera del Duomo** – Piazza della Signoria** – Loggia della Signoria** : Perseo*** di B. Cellini – Palazzo Vecchio** – Galleria degli Uffizi*** – Palazzo e museo del Bargello*** – San Lorenzo** : chiesa**, Biblioteca Laurenziana**, tombe dei Medici*** nelle Cappelle Medicee** – Palazzo Medici-Riccardi** : affreschi di Benozzo Gozzoli***, sala di Luca Giordano** – Chiesa di Santa Maria Novella** : affreschi del Ghirlandaio***, Crocifisso di Brunelleschi**, affreschi** della cappella degli Spagnoli nel Chiostro Verde* – Ponte Vecchio* – Palazzo Pitti** : galleria Palatina***, museo degli argenti**, opere dei Macchiaioli** nella galleria d'Arte Moderna* – Giardino di Boboli* ABZ : ※** dal Forte del Belvedere – Convento e museo di San Marco** : opere di Fra Angelico*** – Galleria dell'Accademia** : grande galleria** – Piazza della Santissima Annunziata* CX : affreschi* nella chiesa E, portico* ornato di medaglioni** nell'Ospedale degli Innocenti M3 – Chiesa di Santa Croce** : Cappella dei Pazzi** – Passeggiata ai Colli** : chiesa di San Miniato al Monte**.

Palazzo Strozzi** BY F – Affreschi di Masaccio** nella chiesa di Santa Maria del Carmine AY G – Cenacolo di San Salvi** FU K – Orsanmichele* : tabernacolo dell'Orcagna** BCY L – La Badia Y S : campanile*, bassorilievo in marmo**, tombe*, Apparizione della Vergine a San Bernardo* di Filippino Lippi – Cappella Sassetti** e cappella dell'Annunciazione* nella chiesa di Santa Trinità BY N – Chiesa di Santo Spirito* ABY R – Cenacolo di Sant'Apollonia* CVX V – Cenacolo del Ghirlandaio* AX X – Loggia del Mercato Nuovo* BY Y – Casa Buonarroti* DY Z – Musei : Archeologico* (Chimera d'Arezzo**) CX M4, dell'Antica Casa Fiorentina* BY M5, di Storia della Scienza* CY M6, Opificio delle Pietre Dure* CX M7.

Dintorni Ville Medicee** : giardino* di villa della Pretaia FT B – Villa di Poggio a Caiano* per ⑩ : 17 km – Chiostro* nella Certosa del Galluzzo EFU.

🏌 Dell'Ugolino (chiuso lunedì) a Grassina ☑ 50015 ℰ 2051009, S : 12 km FU.

✈ di Peretola NO : 4 km ET ℰ 373498 – Alitalia, lungarno Acciaiuoli 10/12 r, ☑ 50123 ℰ 27889.

🛈 via Manzoni 16 ☑ 50121 ℰ 2478141 – via de' Tornabuoni 15 ☑ 50123 ℰ 216544, Telex 572263.

A.C.I. viale Amendola 36 ☑ 50121 ℰ 27841, Telex 571202.

Roma 277 ③ – ◆Bologna 105 ⑧ – ◆Milano 298 ⑧.

Piante pagine seguenti

🏨 **Excelsior,** piazza Ognissanti 3 ☑ 50123 ℰ 264201, Telex 570022, Fax 210278, « Servizio rist. estivo in terrazza con ≤ » – 🛗 🗏 🖵 ☎ & – 🔏 50 a 350. 🖭 🗗 ⓄD 🗲 𝕍𝕀𝕊𝔸. ⅌ rist AY g
Pas carta 88/136000 – ☑ 21000 – **205 cam** 357/524000 appartamenti 893/1428000.

🏨 **Savoy,** piazza della Repubblica 7 ☑ 50123 ℰ 283313, Telex 570220, Fax 284840 – 🛗 🗏 🖵 ☎ & – 🔏 150. 🖭 🗗 ⓄD 🗲 𝕍𝕀𝕊𝔸. ⅌ rist BY e
Pas *(chiuso a mezzogiorno)* carta 48/75000 – **101 cam** ☑ 330/530000 appartamenti 850/1030000.

🏨 **Villa Medici e Rist. Lorenzo de' Medici,** via Il Prato 42 ☑ 50123 ℰ 261331, Telex 570179, Fax 261336, ☄, 🛌 – 🛗 🗏 🖵 ☎ – 🔏 30 a 90. 🖭 🗗 ⓄD 🗲 𝕍𝕀𝕊𝔸. ⅌ rist AX g
Pas carta 60/90000 – ☑ 20000 – **107 cam** 350/555000 appartamenti 607/1190000 – ½ P 265/465000.

🏨 **Regency e Rist. Relais le Jardin,** piazza Massimo D'Azeglio 3 ☑ 50121 ℰ 245247, Telex 571058, Fax 2342938, « Grazioso giardino » – 🛗 ⁵ॸ 🗏 🖵 ☎ ⟵. 🖭 🗗 ⓄD 𝕍𝕀𝕊𝔸. DX c
⅌ rist
Pas *(chiuso domenica)* carta 70/110000 – ☑ 20000 – **38 cam** 320/470000 appartamenti 650/860000.

🏨 **Brunelleschi,** piazza Santa Elisabetta 4 ☑ 50122 ℰ 562068, Telex 575805, Fax 219653 – 🛗 ⁵ॸ cam 🗏 🖵 ☎ – 🔏 100. 🖭 🗗 ⓄD 🗲 𝕍𝕀𝕊𝔸. ⅌ rist CY p
Pas carta 43/67000 – **94 cam** ☑ 220/308000 appartamenti 350/480000 – ½ P 170/220000.

🏨 **Grand Hotel Baglioni,** piazza Unità Italiana 6 ☑ 50123 ℰ 218441, Telex 570225, « Rist roof-garden con ≤ » – 🛗 ⁵ॸ rist 🗏 🖵 ☎ & – 🔏 60 a 280. 🖭 🗗 ⓄD 🗲 𝕍𝕀𝕊𝔸. ⅌ rist BX e
Pas carta 43/58000 – **195 cam** ☑ 205/300000 appartamenti 400/450000 – ½ P 200/255000.

🏨 **Grand Hotel** senza rist, piazza Ognissanti 1 ☑ 50123 ℰ 278781, Telex 570055, Fax 217400 – 🛗 🗏 🖵 ☎. 🖭 🗗 ⓄD 🗲 𝕍𝕀𝕊𝔸 AXY a
☑ 25000 – **36 cam** 381/560000 appartamenti 952/1547000.

🏨 **Jolly,** piazza Vittorio Veneto 4/a ☑ 50123 ℰ 2770, Telex 570191, Fax 2770, « 🛌 su terrazza panoramica » – 🛗 🗏 🖵 ☎ – 🔏 30 a 100. 🖭 🗗 ⓄD 🗲 𝕍𝕀𝕊𝔸. ⅌ rist AX u
Pas 50000 – **167 cam** ☑ 200/300000 – ½ P 200/250000.

🏨 **Majestic,** via del Melarancio 1 ☑ 50123 ℰ 264021, Telex 570628, Fax 268428 – 🛗 🗏 🖵 ☎ ⟵ – 🔏 80. 🖭 🗗 ⓄD 🗲 𝕍𝕀𝕊𝔸. ⅌ rist BX u
Pas *(chiuso domenica)* 40/45000 – ☑ 22000 – **104 cam** 190/250000 appartamento 420000 – ½ P 150/240000.

🏨 **Plaza Hotel Lucchesi,** lungarno della Zecca Vecchia 38 ☑ 50122 ℰ 264141, Telex 570302, Fax 2480921, ≤ – 🛗 🗏 🖵 ☎ – 🔏 100. 🖭 🗗 ⓄD 🗲 𝕍𝕀𝕊𝔸. ⅌ rist DY f
Pas *(solo per clienti alloggiati e chiuso domenica)* carta 54/81000 – **97 cam** ☑ 220/315000 appartamenti 423000.

🏨 **De la Ville** senza rist, piazza Antinori 1 ☑ 50123 ℰ 261805, Telex 570514, Fax 261809 – 🛗 🗏 🖵 ☎ – 🔏 60. 🖭 🗗 ⓄD 🗲 𝕍𝕀𝕊𝔸. ⅌ BX n
75 cam ☑ 210/300000 appartamenti 590000.

🏨 **Berchielli** senza rist, piazza del Limbo 6 r ☑ 50123 ℰ 264061, Telex 575582, ≤ – 🛗 🗏 🖵 ☎ – 🔏 80. 🖭 🗗 ⓄD 𝕍𝕀𝕊𝔸. ⅌ BY b
74 cam ☑ 199/278000 appartamenti 398/458000.

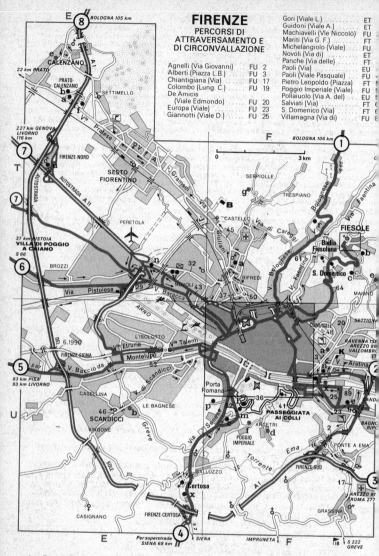

FIRENZE

PERCORSI DI
ATTRAVERSAMENTO E
DI CIRCONVALLAZIONE

Agnelli (Via Giovanni) .... FU 2
Alberti (Piazza L.B.) .... FU 3
Chiantigiana (Via) .... FU 17
Colombo (Lung. C.) .... FU 19
De Amicis
 (Viale Edmondo) .... FU 20
Europa (Viale) .... FU 23
Giannotti (Viale D.) .... FU 25

Gori (Viale L.) .... ET
Guidoni (Viale A.) .... ET
Machiavelli (Vle Niccolò) .... FT
Mariti (Via G. F.) .... FT
Michelangiolo (Viale) .... FU
Novoli (Via di) .... ET
Panche (Via delle) .... FT
Paoli (Via) .... EU
Paoli (Viale Pasquale) .... FT
Pietro Leopoldo (Piazza) .... FT
Poggio Imperiale (Viale) .... FU
Pollaiuolo (Via A. del) .... EU
Salviati (Via) .... FT 66
S. Domenico (Via) .... FT 74
Villamagna (Via di) .... FU 8

BOLOGNA 105 km
BOLOGNA 106 km

22 km PRATO
227 km GENOVA
LIVORNO 116 km
37 km PISTOIA
VILLA DI POGGIO A CAIANO
S 66
6.1990
83 km PISA
93 km LIVORNO
Per superstrade SIENA 68 km
AREZZO 81
ROMA 277

CALENZANO
PRATO-CALENZANO
SETTIMELLO
FIRENZE-NORD
SESTO FIORENTINO
PERETOLA
BROZZI
SERPIOLLE
TRESPIANO
CASTELLO
FIESOLE
Badia Fiesolana
S. Domenico
MAIANO
SETTIGN
RIFREDI
NOVOLI
ARNO
L'ISOLOTTO
MONTELUPO
FIRENZE-SIGNA
CASELLINA
SCANDICCI
VINGONE
LE BAGNESE
Porta Romana
PASSEGGIATA AI COLLI
POGGIO IMPERIALE
RAVENNA
AREZZO
VALLOMBR
Aretina
PONTE A EMA
FIRENZE-SUD
GALLUZZO
CASIGNANO
Certosa
FIRENZE-CERTOSA
GRASSINA
SIENA
IMPRUNETA
GREVE
S 222

🏨 **Bernini** senza rist, piazza San Firenze 29 ✉ 50122 ℰ 278621, Telex 573616, Fax 268272 – 🛗
📺 ☎ – 🛎 40. 🅰🅴 🕃 ⓪ 🅴 𝘝𝘐𝘚𝘈
86 cam ☷ 210/300000 appartamenti 360/510000.
CY x

🏨 **Montebello Splendid,** via Montebello 60 ✉ 50123 ℰ 298051, Telex 574009, Fax 211867,
🌭 – 🛗 🗏 📺 ☎. 🅰🅴 🕃 ⓪ 🅴 𝘝𝘐𝘚𝘈. ⅋ rist
Pas *(chiuso domenica)* 30000 – **41 cam** ☷ 229/318000 – ½ P 194/264000.
AX e

🏨 **Michelangelo,** via Fratelli Rosselli 2 ✉ 50123 ℰ 278711, Telex 571113, Fax 278711 – 🛗 🗏
📺 ☎ 🚗 – 🛎 50 a 200. 🅰🅴 🕃 ⓪ 🅴 𝘝𝘐𝘚𝘈. ⅋ rist
Pas carta 38/52000 – **138 cam** ☷ 210/280000 – ½ P 208/257000.
AX w

🏨 **Anglo American,** via Garibaldi 9 ✉ 50123 ℰ 282114, Telex 570289, Fax 268513 – 🛗 🗏 📺
☎ 🕃. – 🛎 50 a 150. 🕃 🅴 𝘝𝘐𝘚𝘈. ⅋ rist
Pas *(chiuso domenica)* 45/55000 – **107 cam** ☷ 195/270000 appartamenti 330/370000 –
½ P 175/235000.
AX d

🏥 **Gd H. Minerva,** piazza Santa Maria Novella 16 ⊠ 50123 ℰ 284555, Telex 570414, Fax
268281, ⅃ – |≡| 🗐 🖸 🕿 🕹 – 🖄 30 a 90. 🖭 🕃 ⓪ 🗲 🗷🗚 ⅙ rist
Pas carta 41/60000 – ☲ 18000 – **96 cam** 185/244000 appartamenti 345000 – ½ P 239000.
BX s

🏥 **Pullman Astoria Palazzo Gaddi,** via del Giglio 9 ⊠ 50123 ℰ 298095, Telex 571070, Fax
214632 – |≡| 🗐 🖸 🕿 🕹 – 🖄 50 a 130. 🖭 🕃 ⓪ 🗲 🗷🗚 ⅙ rist
Pas *(chiuso domenica)* carta 36/50000 – **88 cam** ☲ 205/300000 appartamenti 505/600000 –
½ P 145/195000.
BX f

🏥 **Augustus** senza rist, piazzetta dell'Oro 5 ⊠ 50123 ℰ 283054, Telex 570110, Fax 268557 –
|≡| ≡ 🖸 🕿 🕹. 🖭 🕃 ⓪ 🗲 🗷🗚
☲ 15000 – **67 cam** 170/220000 appartamenti 340000.
BY a

🏥 **Kraft,** via Solferino 2 ⊠ 50123 ℰ 284273, Telex 571523, Fax 298267, « Rist. roof-garden con
≤ », ⅃ – |≡| ≡ 🖸 🕿
68 cam.
AX c

🏥 **Londra,** via Jacopo da Diacceto 16 ⊠ 50123 ℰ 262791, Telex 571152, Fax 210682, 🏞 – |≡|
≡ 🖸 🕿 🕹 🚗 – 🖄 200. 🖭 🕃 ⓪ 🗲 🗷🗚 ⅙ rist
Pas carta 42/65000 – ☲ 18000 – **101 cam** 185/244000 – ½ P 172/222000.
AX n

🏥 **Lungarno** senza rist, borgo Sant'Jacopo 14 ⊠ 50125 ℰ 264211, Telex 570129, Fax 268437,
≤, « Collezione di quadri moderni » – |≡| ≡ 🖸 🕿 – 🖄 30. 🖭 🕃 ⓪ 🗲 🗷🗚
☲ 15000 – **66 cam** 170/240000 appartamenti 330/350000.
BY d

🏥 **Raffaello,** viale Morgagni 19 ⊠ 50134 ℰ 439871, Telex 580035, Fax 434374 – |≡| ≡ 🖸 🕿
– 🖄 120. 🖭 🕃 ⓪ 🗲 🗷🗚 ⅙ rist
Pas carta 32/48000 – **141 cam** ☲ 140/182000 appartamenti 350/450000 – ½ P 170/180000.
FT a

🏥 **Alexander,** viale Guidoni 101 ⊠ 50127 ℰ 4378951, Telex 574026, Fax 416818 – |≡| ≡ 🖸 🕿
🅿 – 🖄 50 a 400. 🖭 🕃 ⓪ 🗲 🗷🗚
Pas carta 35/56000 – **98 cam** ☲ 170/240000 – ½ P 175/205000.
ET v

🏥 **Crest e Rist. La Tegolaia,** viale Europa 205 ⊠ 50126 ℰ 686841, Telex 570376, Fax
686806, ⅃ riscaldata, 🛲 – |≡| ⅟✕ cam ≡ 🖸 🕿 🕹 🅿 – 🖄 50 a 100. 🖭 ⓪ 🗲 🗷🗚 ⅙ rist
Pas carta 35/56000 – **92 cam** ☲ 190/250000.
FU e

🏥 **J e J,** senza rist, via di Mezzo 20 ⊠ 50121 ℰ 240951, Telex 570554, Fax 240282 – ≡ 🖸 🕿
🅿. 🖭 🕃 ⓪ 🗲 🗷🗚
☲ 16000 – **20 cam** 164/248000 appartamenti 300/350000.
DY c

🏥 **Principe** senza rist, lungarno Vespucci 34 ⊠ 50123 ℰ 284848, Telex 571400, Fax 283458, ≤,
🛲 – |≡| ≡ 🕿. 🖭 🕃 ⓪ 🗲 🗷🗚
☲ 15000 – **21 cam** 160/230000.
AX b

🏥 **Pierre** senza rist, via de' Lamberti 5 ⊠ 50123 ℰ 217512, Telex 573175, Fax 296573 – |≡| ≡
🕿. 🖭 ⓪ 🗷🗚
☲ 18000 – **39 cam** 185/249000.
BY k

🏦 **Continental** senza rist, lungarno Acciaiuoli 2 ⊠ 50123 ℰ 282392, Telex 580525, « Terrazza
fiorita con ≤ » – |≡| ≡ 🖸 🕿 🕹. 🖭 🕃 ⓪ 🗲 🗷🗚
☲ 15000 – **61 cam** 135/200000 appartamenti 300000.
BY a

🏦 **Loggiato dei Servi** senza rist, piazza SS. Annunziata 3 ⊠ 50122 ℰ 219165, Telex
575808, Fax 289595 – |≡| 🖸 🕿. 🖭 🕃 ⓪ 🗲 🗷🗚
☲ 15000 – **25 cam** 97/152000 appartamenti 220/320000.
CX d

🏦 **Fleming** senza rist, viale Guidoni 87 ⊠ 50127 ℰ 4376331, Telex 574027, Fax 416818 – |≡| ≡
🖸 🕿 🕹 – 🖄 100. 🖭 🕃 ⓪ 🗲 🗷🗚
100 cam ☲ 85/140000.
ET v

🏦 **Goldoni** senza rist, via Borgo Ognissanti 8 ⊠ 50123 ℰ 284080 – |≡| ≡ 🖸 🕿. 🖭 🕃 ⓪ 🗲
🗷🗚
☲ 18000 – **20 cam** 80/120000.
AY x

🏦 **Calzaiuoli** senza rist, via Calzaiuoli 6 ⊠ 50122 ℰ 212456, Telex 580589 – |≡| ≡ 🖸 🕿. 🖭
🕃 ⓪ 🗲 🗷🗚
☲ 9000 – **37 cam** 77/116000.
CY s

🏦 **Ville sull'Arno** senza rist, lungarno Colombo 5 ⊠ 50136 ℰ 670971, Telex 573297, ≤, ⅃ –
≡ 🕹 🚗 🅿. 🖭 🕃 ⓪ 🗲 🗷🗚
☲ 14000 – **47 cam** 125/215000.
FU v

🏦 **Golf** senza rist, viale Fratelli Rosselli 58 ⊠ 50123 ℰ 293088, Telex 571630, Fax 268432 – |≡|
≡ 🖸 🅿. 🕃 🗲 🗷🗚. ⅙
☲ 17500 – **39 cam** 78/120000.
AV k

🏦 **Columbus,** lungarno Colombo 22/a ⊠ 50136 ℰ 677251, Telex 570273 – |≡| ≡ 🕿 🅿
99 cam.
FU n

🏦 **Della Signoria** senza rist, via delle Terme 1 ⊠ 50123 ℰ 214530, Telex 571561 – |≡| ⅟✕
🖸 🕿. 🖭 🕃 ⓪ 🗲 🗷🗚
27 cam ☲ 160/200000.
BY z

🏦 **Ambasciatori** senza rist, via Alamanni 3 ⊠ 50123 ℰ 287421, Telex 571390, Fax 212360 –
|≡| ≡ 🖸 🕿 – 🖄 50. 🖭 🕃 ⓪ 🗲 🗷🗚
☲ 22000 – **94 cam** 90/120000. ≡ 10000.
AX s

🏦 **Balestri** senza rist, piazza Mentana 7 ⊠ 50122 ℰ 214743, Fax 298042 – |≡| ≡ 🕿. 🖭 🗷🗚
⅙
marzo-novembre – ☲ 20000 – **50 cam** 85/115000 appartamento 200000. ≡ 5000.
CY m

segue →

FIRENZE

0   300 m

SESTO FIORENTINO

A 1
A 11
S 66

MICHELIN

★★ S. LORENZO
★★ STA MA NOVELLA

LE CASCINE

Vittorio Veneto

83 km PISA
AUTOSTRADA A 1

S 67

PTE DELLA
VITTORIA

Lungarno   Italia   Amerigo

V. della Fonderia

ARNO

Pisana

Borgo

V.le   R.   Sanzio

Via dell'Orto

PONTE VECCHIO ★
PALAZZO PITTI ★★

GIARDINO DI BOBOLI

FORTE DEL BELVEDERE

pza T.
Tasso

VIA
CASSIA
SIENA 68 km

AUTOSTRADA
DEL SOLE (A 1)
per Superstrada:
SIENA 68 km

Porta Romana

Piazzale della
Porta Romana

228

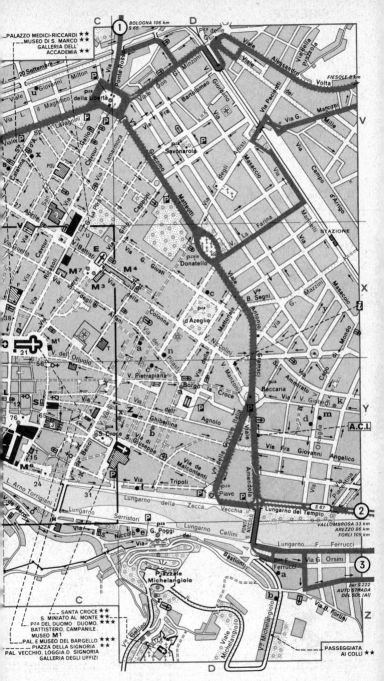

PALAZZO MEDICI-RICCARDI ★★
MUSEO DI S. MARCO ★★
GALLERIA DELL
ACCADEMIA ★★

P.za delle
Cure

FIESOLE 8 km
Volta

Pza
della libertà

R.za
Savonarola

pzale
Donatello

pza
d'Azeglio

B. Segni

STAZIONE

V. dell'Oriuolo

V. Pietrapiana

Borgo
Croce

pza
Beccaria

A.C.I.

dell'
Agnolo

Ghibellina

S. Croce
S. Giuseppe

Via de
Malcontenti

Via Fra Giovanni Angelico

Tripoli

pza
Piave

L. Arno Torrigiani

Lungarno della Zecca
Vecchia

Lungarno del Tempio

S 67

VALLOMBROSA 33 km
AREZZO 86 km
FORLI 109 km

Lungarno

Serristori

pza
G. Poggi

Lungarno Cellini

dei

Lungarno F. Ferrucci

Via G. Orsini

Via/

Niccolò

Bastioni

pza F.
Ferrucci

Piazzale
Michelangiolo

per S 222
AUTO STRADA
DEL SOL (A1)

Viale Michelangiolo

Via B. Forlini

Viale Gallileo

PASSEGGIATA
AI COLLI ★★

229

FIRENZE

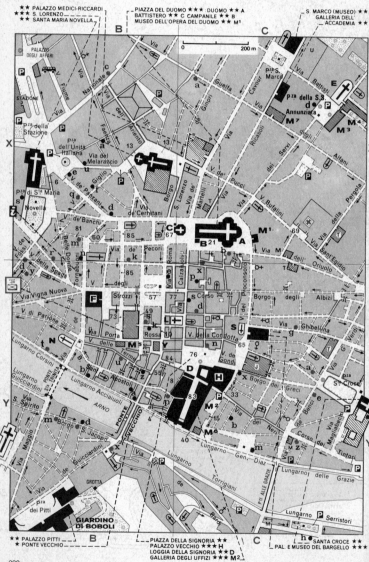

★★ PALAZZO MEDICI-RICCARDI
★★★ S. LORENZO
★★ SANTA MARIA NOVELLA

PIAZZA DEL DUOMO ★★★ DUOMO ★★ A
BATTISTERO ★★ C CAMPANILE ★★ B
MUSEO DELL'OPERA DEL DUOMO ★★ M¹

S. MARCO (MUSEO)
GALLERIA DELL'
— ACCADEMIA ★★

★★ PALAZZO PITTI
★ PONTE VECCHIO

PIAZZA DELLA SIGNORIA ★★
PALAZZO VECCHIO ★★★ H
LOGGIA DELLA SIGNORIA ★★ D
GALLERIA DEGLI UFFIZI ★★★ M²

SANTA CROCE ★★
PAL. E MUSEO DEL BARGELLO ★★★

230

🏨 **Villa Azalee** senza rist, viale Fratelli Rosselli 44 ⊠ 50123 ℰ 214242, Fax 268264 – 🔄 📺 ☎. 🅰🅴 🕃 🕦 🖸 🝝 𝑉𝐼𝑆𝐴   AVX **y**
⌖ 16500 – **25 cam** 77/115000.

🏨 **David** senza rist, viale Michelangiolo 1 ⊠ 50125 ℰ 6811695, Telex 574553, Fax 680602 – 🛗 🔄 🔄 🕭 🅿. 🕃 🕦 🖸 𝑉𝐼𝑆𝐴. 🛠   DZ **a**
⌖ 15000 – **25 cam** 75/115000.

🏨 **Caravel** senza rist, via Alamanni 9 ⊠ 50123 ℰ 217651 – 🛗 🔄 🝝. 🅰🅴 𝑉𝐼𝑆𝐴. 🛠   AX **s**
⌖ 12000 – **59 cam** 85/124000.

🏨 **Royal** senza rist, via delle Ruote 52 ⊠ 50129 ℰ 483287, « Giardino » – 🛗 ☎ 🕭 🅿. 🅰🅴 🕃 🅴 𝑉𝐼𝑆𝐴 – **29 cam** ⌖ 98/143000.   CV **x**

🏨 **City** senza rist, via Sant'Antonino 18 ⊠ 50123 ℰ 211543, Telex 573389, Fax 6812595 – 🔄 🔄 📺 🝝. 🅰🅴 🕃 🕦 🖸 𝑉𝐼𝑆𝐴   BX **a**
18 cam ⌖ 89/139000.

🏨 **Villa Liberty** senza rist, viale Michelangiolo 40 ⊠ 50125 ℰ 6810581, 🚗 – 🛗 🔄 📺 🝝. 🅰🅴 🕃 🕦 🅴   DZ **b**
16 cam ⌖ 89/139000.

🏨 **Rapallo**, via di Santa Caterina d'Alessandria 7 ⊠ 50129 ℰ 472412, Telex 574251 – 🛗 🔄 🔄 🝝. 🅰🅴 🕃 𝑉𝐼𝑆𝐴. 🛠   CV **s**
Pas (solo per clienti alloggiati) carta 28/42000 (12%) – ⌖ 10000 – **30 cam** 86/119000 – ½ P 79/117000.

🏨 **Franchi** senza rist, via Sgambati 28 ⊠ 50127 ℰ 372425, Telex 580425 – 🛗 ☎ 🅿. 🅰🅴 🕃 🕦 🅴 𝑉𝐼𝑆𝐴   ET **n**
⌖ 10000 – **35 cam** 70/105000.

🏨 **Arizona** senza rist, via Farini 2 ⊠ 50121 ℰ 245321, Telex 575572 – 🛗 📺 🝝. 🅰🅴 🕃 🕦 🅴 𝑉𝐼𝑆𝐴. 🛠   DX **n**
21 cam ⌖ 85/135000.

🏨 **Astor** senza rist, viale Milton 41 ⊠ 50129 ℰ 483391, Telex 573155 – 🛗 📺 ☎. 🅰🅴 🕃 🕦 🅴 𝑉𝐼𝑆𝐴   CV **u**
⌖ 13000 – **23 cam** 70/105000.

🏨 **Fiorino** senza rist, via Osteria del Guanto 6 ⊠ 50122 ℰ 210579 – 🔄 🝝   CY **b**
⌖ 8000 – **23 cam** 55/82000, 🔄 8000.

🏨 **Jane** senza rist, via Orcagna 56 ⊠ 50121 ℰ 677383 – 🛗 🔄 ☎ – 🔬 120. 🛠   DY **m**
⌖ 8000 – **24 cam** 55/77000, 🔄 4000.

🏨 **Orcagna** senza rist, via Orcagna 57 ⊠ 50121 ℰ 670500 – 🛗 ☎. 🕃 🕦 🅴 𝑉𝐼𝑆𝐴   DY **d**
⌖ 7500 – **18 cam** 45/67000.

🏨 **San Remo** senza rist, lungarno Serristori 13 ⊠ 50125 ℰ 2342823, Fax 2342269 – 🛗 🔄 🝝. 🅰🅴 🕃 🅴 𝑉𝐼𝑆𝐴   DZ **e**
20 cam ⌖ 83/126000.

🏨 **Ariston** senza rist, via Fiesolana 40 ⊠ 50122 ℰ 2476980, Telex 571603 – 🝝. 🅰🅴 🕃 🅴 𝑉𝐼𝑆𝐴   DX **a**
⌖ 8000 – **29 cam** 42/62000.

🏨 **Silla** senza rist, via dei Renai 5 ⊠ 50125 ℰ 2342888, Fax 2341437 – 🝝. 🅰🅴 🕃 🕦 🅴 𝑉𝐼𝑆𝐴   CY **h**
32 cam ⌖ 87/120000.

XXXX ✿✿ **Enoteca Pinchiorri**, via Ghibellina 87 ⊠ 50122 ℰ 242777, Fax 244983, Coperti limitati; prenotare, « Servizio estivo in un fresco cortile » – 🔄. 🅰🅴 𝑉𝐼𝑆𝐴   CDY **x**
chiuso domenica, lunedì a mezzogiorno, agosto e dal 24 al 28 dicembre – Pas carta 90/150000 (12%)
Spec. Spiedino di coda di rospo con pomodoro pancetta e cipolle croccanti, Tortellini misti di pesce in salsa di triglie, Piccione al vino rosso. **Vini** Castello di Ama, Cannaio di Montevertine.

XXXX **Sabatini**, via de' Panzani 9/a ⊠ 50123 ℰ 282802, Fax 210293, Gran tradizione – 🔄. 🅰🅴 🕃 🕦 🅴 𝑉𝐼𝑆𝐴   BX **q**
chiuso lunedì – Pas carta 50/76000 (13%).

XXX **Al Lume di Candela**, via delle Terme 23 r ⊠ 50123 ℰ 294566, Fax 210906, Coperti limitati; prenotare – 🔄. 🅰🅴 🕃 🕦 🅴 𝑉𝐼𝑆𝐴   BY **u**
chiuso domenica, lunedì a mezzogiorno e dal 10 al 25 agosto – Pas carta 44/65000 (16%).

XXX **Corsini**, lungarno Corsini 4 ⊠ 50123 ℰ 217706 – 🔄. 🅰🅴 🕃 🕦 🅴 𝑉𝐼𝑆𝐴. 🛠   BY **t**
chiuso lunedì – Pas carta 39/58000 (10%).

XXX **Harry's Bar**, lungarno Vespucci 22 r ⊠ 50123 ℰ 296700, Coperti limitati; prenotare – 🔄. 🅰🅴 𝑉𝐼𝑆𝐴   AY **x**
chiuso domenica e dal 15 dicembre al 10 gennaio – Pas carta 41/61000 (16%).

XXX **Al Campidoglio**, via del Campidoglio 8 r ⊠ 50123 ℰ 287770 – 🔄. 🅰🅴 🕃 🕦 🅴 𝑉𝐼𝑆𝐴. 🛠   BXY **k**
chiuso giovedì – Pas carta 33/53000 (12%).

XX **I 4 Amici**, via degli Orti Oricellari 29 ⊠ 50123 ℰ 215413, Solo piatti di pesce – 🔄. 🅰🅴 🕃 🕦 🅴 𝑉𝐼𝑆𝐴. 🛠   AX **h**
chiuso mercoledì ed agosto – Pas carta 34/53000 (12%).

XX **Don Chisciotte**, via Ridolfi 4 r ⊠ 50129 ℰ 475430 – 🔄. 🅰🅴 🕃 🕦 🅴 𝑉𝐼𝑆𝐴. 🛠   BV **u**
chiuso domenica e lunedì – Pas carta 36/60000.

XX **La Posta**, via de' Lamberti 20 r ⊠ 50123 ℰ 212701 – 🔄. 🅰🅴 🕃 🕦 🅴 𝑉𝐼𝑆𝐴   BY **s**
chiuso martedì – Pas carta 37/67000 (13%).

XX **La Loggia**, piazzale Michelangiolo 1 ⊠ 50125 ℰ 2342832, « Servizio estivo all'aperto con ≼ » – 🔄 🅿 – 🔬 100. 🅰🅴 🕃 🕦 🅴 𝑉𝐼𝑆𝐴. 🛠   DZ **r**
chiuso mercoledì e dal 10 al 25 agosto – Pas carta 33/51000 (13%).

XX ❀ **Da Noi,** via Fiesolana 46 r ✉ 50122 ✆ 242917, Coperti limitati; prenotare – ✂   DX
chiuso a mezzogiorno, domenica, lunedì ed agosto – Pas carta 48/55000
Spec. Spaghetti al nasellone, Agnello affumicato a caldo, Dentice con zabaglione di cedrina, Bavarese
limone, salsa al ginger e miele. **Vini** Pinot bianco, Chianti.

XX **13 Gobbi,** via del Porcellana 9 r ✉ 50123 ✆ 298769, Rist. con specialità toscane – ▣ E
⓪ E 𝑽𝑰𝑺𝑨   AX
chiuso domenica, lunedì e dal 31 luglio al 30 agosto – Pas carta 35/52000 (12%).

XX **Buca Mario,** piazza Ottaviani 16 r ✉ 50123 ✆ 214179, Trattoria caratteristica – ▣ AE
⓪ E 𝑽𝑰𝑺𝑨   BXY
chiuso mercoledì, giovedì a mezzogiorno ed agosto – Pas carta 39/55000 (10%).

XX **Acquerello,** via Ghibellina 156 r ✉ 50122 ✆ 2340554 – ▣ AE 🅢 ⓪ E 𝑽𝑰𝑺𝑨   CY
chiuso giovedì e dal 3 al 17 agosto – Pas carta 29/47000 (12%).

XX **Pierot,** piazza Taddeo Gaddi 25 r ✉ 50142 ✆ 702100 – ▣ AE 🅢 ⓪ E 𝑽𝑰𝑺𝑨   AX
chiuso domenica e dal 15 al 31 luglio

XX **Leo in Santa Croce,** via Torta 7 r ✉ 50122 ✆ 210829 – ▣ AE 🅢 ⓪ E 𝑽𝑰𝑺𝑨 ✂   CY
chiuso lunedì e dal 20 luglio al 20 agosto – Pas carta 28/45000 (12%).

XX **La Vecchia Cucina,** viale Edmondo De Amicis 1 r ✉ 50137 ✆ 660143, Fax 660143
Coperti limitati; prenotare – ▣ AE 𝑽𝑰𝑺𝑨 ✂   FU
chiuso domenica – Pas carta 40/55000.

XX **Il Profeta,** borgo Ognissanti 93 r ✉ 50123 ✆ 212265 – ▣ AE 𝑽𝑰𝑺𝑨   AX
chiuso domenica e lunedì – Pas carta 35/45000.

XX **Mamma Gina,** borgo Sant'Jacopo 37 r ✉ 50125 ✆ 296009 – ▣ AE 🅢 ⓪ E 𝑽𝑰𝑺𝑨 ✂
chiuso domenica e dal 7 al 21 agosto – Pas carta 33/52000 (12%).   BY

XX **Le Fonticine,** via Nazionale 79 r ✉ 50123 ✆ 282106 – ▣ AE 𝑽𝑰𝑺𝑨 ✂
chiuso lunedì e dal 22 luglio al 22 agosto – Pas carta 38/58000 (12%).   BX

XX **Osteria n. 1,** via del Moro 20 r ✉ 50123 ✆ 284897   BY
chiuso domenica ed agosto – Pas carta 39/50000.

XX **Paoli,** via dei Tavolini 12 r ✉ 50122 ✆ 216215, Rist. caratteristico, « Decorazioni imitanti lo
stile trecentesco » – AE 🅢 ⓪ E 𝑽𝑰𝑺𝑨   CY
chiuso martedì – Pas carta 29/48000.

XX **Il Giardino di Barbano,** piazza Indipendenza 3 r ✉ 50129 ✆ 486752, « Servizio estivo in
giardino » – AE 🅢 ⓪ E 𝑽𝑰𝑺𝑨   BV
chiuso mercoledì – Pas carta 26/48000 (12%).

XX **Cibreo,** via dei Macci 118 ✉ 50122 ✆ 2341100, Fax 244966, Coperti limitati; prenotare –
AE 🅢 ⓪ E 𝑽𝑰𝑺𝑨   DY
chiuso domenica, lunedì, dal 1° al 7 gennaio, dal 4 al 10 aprile ed agosto – Pas carta 38/50000
(15%).

XX **Dino,** via Ghibellina 51 r ✉ 50122 ✆ 241452 – ▣ AE 🅢 ⓪ E 𝑽𝑰𝑺𝑨 ✂   DY
chiuso domenica sera, lunedì e dal 30 luglio al 27 agosto – Pas carta 30/44000 (12%).

XX **Ottorino,** via delle Oche 12-16 r ✉ 50122 ✆ 218747 – ✂ ▣ AE 🅢 ⓪ E 𝑽𝑰𝑺𝑨   CXY
chiuso domenica ed agosto – Pas carta 44/64000.

XX **La Capannina di Sante,** piazza Ravenna ang. Ponte da Verrazzano ✉ 50126 ✆ 688345,
≤, ⌂, Rist. con soli piatti di pesce – AE 🅢 ⓪ 𝑽𝑰𝑺𝑨 ✂   FU
chiuso domenica, lunedì a mezzogiorno, dal 10 al 20 agosto e dal 24 al 31 dicembre – Pas
carta 43/67000.

XX **Buca Lapi,** via del Trebbio 1 r ✉ 50123 ✆ 213768, Taverna caratteristica – ▣ AE ⓪ 𝑽𝑰𝑺𝑨
chiuso domenica e lunedì a mezzogiorno – Pas carta 34/51000 (12%).   BX

X **Celestino,** piazza Santa Felicita 4 r ✉ 50125 ✆ 296574 – ▣ AE 🅢 ⓪ E 𝑽𝑰𝑺𝑨   BY
chiuso domenica e dal 5 al 20 agosto – Pas carta 33/45000 (12%).

X **Il Tirabusciò,** via de' Benci 5 r ✉ 50122 ✆ 2476225, Coperti limitati; prenotare – ▣
chiuso mercoledì e giovedì – Pas carta 20/29000 (12%).   CY

X **Le Quattro Stagioni,** via Maggio 61 r ✉ 50125 ✆ 218906, Coperti limitati; prenotare –
▣ AE 🅢 ⓪ 𝑽𝑰𝑺𝑨   ABY
chiuso domenica, dal 21 dicembre al 4 gennaio e dal 9 al 31 agosto – Pas carta 30/44000.

X Cavallino, via delle Farine 6 r ✉ 50122 ✆ 215818, Rist. d'habitués, « Servizio estivo all'aperto
con ≤ » – ▣   CY

X **La Martinicca,** via del Sole 27 r ✉ 50123 ✆ 218928 – ▣ AE ⓪ 𝑽𝑰𝑺𝑨   BX
chiuso martedì – Pas carta 29/48000.

X **La Carabaccia,** via Palazzuolo 190 r ✉ 50123 ✆ 214782 – ✂   AX
chiuso domenica, lunedì a mezzogiorno ed agosto – Pas carta 29/42000.

X **Trattoria Vittoria,** via della Fonderia 52 r ✉ 50142 ✆ 225657, Specialità di mare – ▣ AE
🅢 ⓪ E 𝑽𝑰𝑺𝑨   AX
chiuso mercoledì ed agosto – Pas carta 38/50000 (12%).

X **Cammillo,** borgo Sant'Jacopo 57 r ✉ 50125 ✆ 212427, Trattoria tipica fiorentina – ▣ AE
🅢 ⓪ E 𝑽𝑰𝑺𝑨   BY
chiuso mercoledì, giovedì, dal 20 dicembre al 15 gennaio e dal 1° al 21 agosto – Pas
carta 42/73000.

X **Antico Fattore,** via Lambertesca 1 ✉ 50122 ✆ 261215 – AE ✂   BY
chiuso domenica, lunedì e dal 1° al 21 agosto – Pas carta 26/42000 (12%).

✗ **Cafaggi,** via Guelfa 35 r ✉ 50129 ✆ 294989 – ▤ CX **a**
chiuso domenica sera, lunedì ed agosto – Pas carta 28/52000 (12%).

✗ **Baldini,** via il Prato 96 r ✉ 50123 ✆ 287663 – ▤. AE ⓢ ◑ E VISA. ✱ AX **m**
chiuso sabato, dal 24 dicembre al 3 gennaio e dal 1° al 20 agosto – Pas carta 26/37000.

✗ **La Conchiglia,** via Gioberti 46 r ✉ 50121 ✆ 669957, Rist. con specialità di mare – ▤. AE ⓢ ◑ E VISA. ✱ DY **k**
chiuso domenica – Pas carta 35/54000 (10%).

✗ **Del Carmine,** piazza del Carmine 18 r ✉ 50124 ✆ 218601 – ⓢ AY **s**
chiuso domenica ed agosto – Pas carta 27/35000.

✗ **Il Fagioli,** corso Tintori 47 r ✉ 50122 ✆ 244285, Trattoria tipica toscana CY **z**
chiuso agosto, domenica e in estate anche sabato – Pas carta 28/41000.

✗ **Il Caminetto,** via dello Studio 34 r ✉ 50122 ✆ 296274, 🏕 – AE ⓢ VISA CX **b**
chiuso mercoledì – Pas carta 25/44000 (10%).

✗ **Alla Vecchia Bettola,** viale Ludovico Ariosto 32 r ✉ 50124 ✆ 224158, « Ambiente caratteristico » – ✱ AY **a**
chiuso domenica, lunedì ed agosto – Pas carta 25/43000.

ai Colli S : 3 km FU :

🏨 **Gd H. Villa Cora e Rist. Taverna Machiavelli** ⛰, viale Machiavelli 18 ✉ 50125 ✆ 2298451, Telex 570604, Fax 229086, 🏕, « Parco fiorito con ⛱ » – |◆| ▤ TV ☎ P – 🏛 50 a 150. AE ⓢ ◑ E VISA. ✱ rist FU **b**
Pas carta 47/68000 (15%) – ☕ 24000 – **48 cam** 306/486000 appartamenti 738/927000.

🏨 **Torre di Bellosguardo** ⛰ senza rist, via Roti Michelozzi 2 ✉ 50124 ✆ 2298145, ✳ città e colli, « Parco e terrazza con ⛱ » – |◆| ☎ P. AE ⓢ ◑ E VISA FU **p**
☕ 16000 – **13 cam** 200/270000 appartamenti 370000.

🏨 **Villa Carlotta** ⛰, via Michele di Lando 3 ✉ 50125 ✆ 220530, Telex 573485, Fax 2336147, 🌳 – |◆| ⇔ ▤ TV ☎ P. AE ⓢ ◑ E VISA. ✱ rist AZ **a**
Pas 33/44000 – **26 cam** ☕ 210/294000 – ½ P 131/254000.

🏨 **Villa Belvedere** ⛰ senza rist, via Benedetto Castelli 3 ✉ 50124 ✆ 222501, Telex 575648, Fax 223163, ⩽ città e colli, « Parco-giardino con ⛱ », 🎾 – |◆| ▤ TV ☎ ♿ P. AE ⓢ ◑ E VISA. ✱ FU **c**
marzo-novembre – **27 cam** ☕ 145/215000.

🏨 **Villa Betania** ⛰ senza rist, viale del Poggio Imperiale 23 ✉ 50125 ✆ 222243, 🌳 – ☎ P FU **m**
☕ 13000 – **15 cam** 82/111000.

✗✗ **Antico Crespino,** largo Enrico Fermi 15 ✉ 50125 ✆ 221155, ⩽ – AE ⓢ ◑ E VISA FU **f**
chiuso mercoledì – Pas carta 42/72000 (13%).

ad Arcetri S : 5 km FU – ✉ **50125** Firenze :

✗ **Omero,** via Pian de' Giullari 11 r ✆ 220053, Trattoria di campagna con ⩽, « Servizio estivo in terrazza » – AE ◑ FU **d**
chiuso martedì ed agosto – Pas carta 28/38000 (13%).

a Galluzzo S : 6,5 km EU – ✉ **50124** Firenze :

🏨 **Relais Certosa,** via Colle Ramole 2 ✆ 2047171, Telex 574332, Fax 268575, ⩽, 🌳, 🎾 – |◆| ⇔ ▤ TV ☎ P – 🏛 30. AE ⓢ ◑ E VISA. ✱ rist EU **x**
Pas carta 36/60000 – **69 cam** ☕ 195/265000 appartamenti 380000 – ½ P 129/193000.

a Candeli per ③ : 7 km FU – ✉ **50010** :

🏨 **Villa La Massa e Rist. Il Verrocchio** ⛰, ✆ 630051, Telex 573555, Fax 632579, ⩽, 🏕, « Dimora settecentesca con arredamento in stile », ⛱, 🌳 – |◆| ▤ TV ♿ P – 🏛 100. AE ⓢ ◑ E VISA. ✱ rist
Pas *(chiuso lunedì e martedì a mezzogiorno da novembre a marzo)* carta 56/87000 – ☕ 22000 – **38 cam** 240/430000 appartamenti 415/580000 – ½ P 210/275000.

verso Trespiano N : 7 km FT :

🏨 **Villa le Rondini** ⛰, via Bolognese Vecchia 224 ✉ 50139 Firenze ✆ 400081, Telex 575679, Fax 268212, ⩽ città, « Ville fra gli olivi », ⛱, 🌳, 🎾 – ⇔ rist ☎ ♿ P – 🏛 80. AE ⓢ ◑ E VISA. ✱ rist FT **r**
Pas carta 40/100000 – **33 cam** ☕ 90/142000 – ½ P 99/152000.

a Serpiolle N : 8 km FT – ✉ **50142** Firenze :

✗✗ **Lo Strettoio,** ✆ 403044, 🏕, solo su prenotazione, « Villa seicentesca fra gli olivi » – ▤ P. ✱ – *chiuso domenica, lunedì ed agosto* – Pas carta 38/50000. FT **g**

sull'autostrada al raccordo A 1 - A 11 NO : 10 km ET :

🏨 **MotelAgip,** ✉ 50013 Campi Bisenzio ✆ 4211881, Telex 570263, Fax 4211881 – |◆| ▤ TV ☎ ♿ P – 🏛 200. AE ⓢ ◑ E VISA. ✱ rist ET **u**
Pas *(chiuso domenica)* 50000 – **163 cam** ☕ 129/213000 – ½ P 163/245000.

Vedere anche : *Scandicci* SO : 6 km EU.
Bagno a Ripoli E : 7 km FU.
Fiesole NE : 8 km FT.
Calenzano NO : 13 km ET.
Bivigliano per ① : 18 km.

MICHELIN, viale Belfiore 41 AV – ✉ 50144, ✆ 356641.

FISCHLEINBODEN = Campo Fiscalino.

FIUGGI 03014 Frosinone 988 ⊛ – 8 204 ab. alt. 747 – Stazione termale (aprile-novembre) – ✪ 0775.

🛦 (chiuso martedì da ottobre a marzo) a Fiuggi Fonte ✉ 03015, ℰ 55250, S : 4 km.

🖪 (aprile-novembre) piazza Frascara 4 ℰ 55019.

Roma 82 – Avezzano 94 – Frosinone 32 – Latina 88 – ◆Napoli 183.

🏛 **Anticoli,** via Verghetti 70 ℰ 55667, 🛋 – 🛗 🕾 🖭 🕸
Pas 26000 – � 8000 – **18 cam** 20/40000 – ½ P 45000.

XX **Il Rugantino,** via Diaz 300 ℰ 55400, 🍴 – 🕸
◆ chiuso lunedì – Pas carta 15/30000.

a Fiuggi Fonte S : 4 km – alt. 621 – ✉ 03015 :

🏩 **Silva Hotel Splendid,** corso Nuova Italia 40 ℰ 55791, Fax 506546, « Giardino ombreggiato con 🛆 » – 🛗 🖪 cam 🖭 ⅍ 🖸 – 🛦 240. 🖭 🗟 🕥. 🕸 rist
maggio-ottobre – Pas 45000 – ⊒ 13500 – **120 cam** 108/136000 – ½ P 100/135000.

🏩 **Vallombrosa e Majestic,** via Vecchia Fiuggi 209 ℰ 55531, Fax 506646, « Giardino ombreggiato », 🛆 riscaldata – 🛗 ⅍ 🖪 🖸 – 🛦 60 a 80. 🖭 🗟 🕥 🖪 𝚅𝙸𝚂𝙰. 🕸 rist
Pas 60000 – ⊒ 15000 – **65 cam** 118/195000 – P 117/157000.

🏩 **Villa Igea,** corso Nuova Italia 32 ℰ 55435, 🛆, 🛋 🖸. 🖭 🕥. 🕸 rist
15 maggio-15 ottobre – Pas 35/50000 – ⊒ 9000 – **65 cam** 104/125000 – ½ P 95/130000.

🏩 **Imperiale,** via Prenestina 29 ℰ 55055, 🛋 – 🛗 🖙 🖸. 🛦 150. 🖭 🕥 𝚅𝙸𝚂𝙰 🕸
21 maggio-23 ottobre – Pas 35000 – ⊒ 10000 – **97 cam** 44/72000 – ½ P 54/70000.

🏛 **San Giorgio,** via Prenestina 31 ℰ 55313, 🛋 – 🛗 🖙 cam 🖪 rist ⊛ 🖸 🖭 𝚅𝙸𝚂𝙰 🕸
aprile-novembre – Pas 27/30000 – ⊒ 6000 – **85 cam** 47/66000 – ½ P 65/75000.

🏛 **Tripoli,** via 4 Giugno 13 ℰ 55136, 🍴 – 🛗 🖪 rist ⊛ 🖸
stagionale – **90 cam**.

🏛 **Moderno,** via dei Villini 11 ℰ 55005, 🛋 – 🛗 🖪 rist ⊛ 🖸. 🕸
giugno-settembre – Pas 25000 – ⊒ 6000 – **48 cam** 44/70000 – P 65/80000.

🏛 **Alfieri,** viale Fonte Anticolana 49 ℰ 55646 – 🛗 🖙 🖪 🖸. 🕸 rist
aprile-ottobre – Pas carta 30/45000 – ⊒ 6500 – **40 cam** 35/55000 – ½ P 48/58000.

🏛 **Fiuggi Terme,** via Prenestina 9 (SE : 0,5 km) ℰ 55212, Fax 506566, 🛆, 🛋, 🎾 – 🛗 🖙 cam ⊛ 🖸 – 🛦 250. 🖭 🗟 🕥 🖪 𝚅𝙸𝚂𝙰. 🕸 rist
Pas 36000 – ⊒ 8000 – **53 cam** 50/70000 – ½ P 64/79000.

🏛 **Mondial Park Hotel,** via Sant'Emiliano 82 ℰ 55848, 🛆 – 🛗 🖙 rist 🖪 rist ⊛ 🚗 🖸 – 🛦 80. 🕸 rist
maggio-ottobre – Pas 25/35000 – ⊒ 50/75000 – ½ P 70000.

🏛 **Casina dello Stadio e del Golf,** via 4 Giugno 19 ℰ 55027, 🛋 – 🛗 ⊛ 🚗 🖸. 🖭 🕸
aprile-ottobre – Pas 28/31000 – ⊒ 8000 – **49 cam** 42/59000 – ½ P 50/60000.

🏛 **Michelangelo,** via Rettifilo 24 ℰ 55601 – 🛗 ⊛ 🖸. 🕸
maggio-ottobre – Pas 33/44000 – **72 cam** ⊒ 61/99000 – ½ P 83000.

🏛 **Iris Crillon,** via Fiume 7 ℰ 55077 – 🛗 ⊛ 🖸. 🖭. 🕸
aprile-ottobre – Pas 25000 – ⊒ 5000 – **40 cam** 45/70000 – ½ P 63000.

🏛 **Daniel's,** via Prenestina SE : 1 km ℰ 55759, 🎾 – 🛗 🖪 rist ⊛ 🖸
stagionale – **38 cam**.

🏛 **Fiore,** via XV Gennaio 5 ℰ 55126 – 🛗 ⊛ 🖸. 🖭 🕥. 🕸
maggio-ottobre – Pas 30000 – ⊒ 6000 – **38 cam** 36/51000 – ½ P 50/60000.

🏠 **Sporting,** circonvallazione Macchiadoro 2 ℰ 55965 – 🛗 ⊛
stagionale – **37 cam**.

🏠 **Edison** 🖘, via De Medici 33 ℰ 55875, 🛋 – 🛗 🖙 cam ⊛ 🖸. 🖭 🕥. 🕸 rist
aprile-ottobre – Pas 22/25000 – ⊒ 4000 – **24 cam** 33/51000 – ½ P 38/48000.

🏠 **Mirage,** via Diaz 295 ℰ 55496 – 🛗 ⊛ 🖸. 🕸
15 maggio-15 ottobre – Pas 24000 – ⊒ 2500 – **33 cam** 35/46000.

XX **Le Sorgenti,** via Diaz 289 ℰ 54101, 🍴 – 🖸. 🖭 🗟 🕥 🖪 𝚅𝙸𝚂𝙰. 🕸
chiuso martedì – Pas carta 28/40000.

FIUMALBO 41022 Modena – 1 568 ab. alt. 935 – a.s. luglio-agosto e Natale – ✪ 0536.

Roma 369 – ◆Bologna 104 – Lucca 73 – Massa 101 – ◆Milano 263 – ◆Modena 88 – Pistoia 59.

a Dogana Nuova S : 2 km – ✉ 41020 :

🏠 **Val del Rio,** ℰ 73901, ≤ – 🛗 🖙 cam 🖸. 🕸
Pas carta 26/36000 – ⊒ 7000 – **27 cam** 30/55000 – ½ P 45/49000.

🏠 **Bristol,** ℰ 73912, ≤ – 🖸. 🖭 🕥. 🕸
◆ Pas *(chiuso giovedì)* 18/22000 – ⊒ 6000 – **23 cam** 29/55000 – ½ P 45/50000.

FIUMARA Messina – Vedere Sicilia (Capo d'Orlando) alla fine dell'elenco alfabetico.

234

Potenza – Vedere Maratea.

FIUMICINO 00054 Roma 988 ㉖ ㉗ – ☻ 06.

✈ Leonardo da Vinci, NE : 3,5 km ℰ 60121.

Roma 28 – Anzio 52 – Civitavecchia 66 – Latina 78.

🏨 **Mach 2**, via Portuense 2467 ℰ 6442149 – 🛗 ☰ 🕾 **❷**
   34 cam.

XX **Bastianelli al Molo**, via Torre Clementina 312 ℰ 6440118, ≤ – 🛦 50. 🆀 🕄 ① E 🚾. ⅏
   chiuso lunedì – Pas carta 51/78000.

XX **Gina al Porto**, viale Traiano 141 ℰ 6820422, ≤, 佘, Solo piatti di pesce.

XX **Bastianelli al Centro**, via Torre Clementina 88 ℰ 6440095, Fax 601570 – 🆀 🕄 ① E 🚾.
   ⅏
   chiuso mercoledì – Pas carta 40/61000.

XX **La Perla** con cam, via Torre Clementina 214 ℰ 6440038, 佘, Solo piatti di pesce – **❷**. 🆀.
   ⅏
   chiuso dal 20 agosto al 15 settembre – Pas (chiuso martedì) carta 35/66000 – ⚌ 6000 –
   7 cam 40/60000.

X **Arenella da Zi Pina**, via Torre Clementina 180 ℰ 6440080, 佘, Solo piatti di pesce – 🆀
   🕄 ① E 🚾. ⅏
   chiuso mercoledì – Pas carta 29/51000 (10%).

FIVIZZANO 54034 Massa-Carrara 988 ⑭ – 10 844 ab. alt. 373 – ☻ 0585.

Roma 437 – ◆Firenze 163 – Massa 41 – ◆Milano 221 – ◆Parma 116 – Reggio nell'Emilia 94 – ◆La Spezia 39.

🏠 **Il Giardinetto**, ℰ 92060, « Terrazza-giardino ombreggiata » – ⅏
   chiuso dal 4 al 30 ottobre – Pas (chiuso lunedì da novembre a giugno) carta 20/31000 – ⚌
   4500 – **15 cam** 22/40000 – ½ P 38000.

Per viaggiare in Europa, utilizzate :

Le carte Michelin scala 1/400 000 a 1/1 000 000 **Le Grandi Strade** ;

Le carte Michelin dettagliate ;

Le guide Rosse Michelin (alberghi e ristoranti) :

Benelux, Deutschland, España Portugal, Main Cities Europe, France,
Great Britain and Ireland

Le guide Verdi Michelin che descrivono le curiosità e gli itinerari di visita :
musei, monumenti, percorsi turistici interessanti.

FOGGIA 71100 🅿 988 ㉘ – 159 236 ab. alt. 70 – a.s. Pasqua e agosto-settembre – ☻ 0881.

Vedere Guida Verde.

🛈 via Senatore Emilio Perrone 17 ℰ 23650.

A.C.I. via Mastelloni (rione Pio X) ℰ 636833.

Roma 363 ④ – ◆Bari 132 ① – ◆Napoli 175 ④ – ◆Pescara 180 ①.

Pianta pagina seguente

🏨 ✿ **Cicolella**, viale 24 Maggio 60 ℰ 3890, Telex 810273, Fax 78984 – 🛗 ☰ 📺 🕾 ᕦ – 🛦 50 a
   200. 🆀 🕄 ① E 🚾
   Pas (chiuso sabato, domenica, dal 23 dicembre al 6 gennaio e dal 5 al 20 agosto)
   carta 38/60000 (15%) – ⚌ 12000 – **125 cam** 120/215000 appartamenti 308000 – ½ P 170000
   Spec. Troccoli (pasta) alla foggiana, Involtini alla foggiana, Agnello cutturiello (spezzatino). Vini Lupinello,
   Torre Quarto.   Y c

🏨 **White House** senza rist, via Monte Sabotino 24 ℰ 21644, Telex 812043 – 🛗 ☰ 📺 🕾. 🆀
   🕄 ① E 🚾
   ⚌ 11000 – **40 cam** 110/200000.   Y b

🏨 **President**, via degli Aviatori 80 ℰ 79648, Fax 21741 – 🛗 ☰ 📺 🕾 ᕬ **❷** – 🛦 200 a 700.
   🆀 🕄 ① E 🚾. ⅏   X a
   Pas (chiuso venerdì) carta 31/41000 (10%) – ⚌ 8000 – **136 cam** 63/90000, ☰ 5000 –
   ½ P 95000.

🏨 **Palace Hotel Sarti** senza rist, viale 24 Maggio 48 ℰ 23321, Telex 810615 – 🛗 ᕦ ☰ 📺
   🕾. 🆀 🕄 ① E 🚾   Y u
   ⚌ 5000 – **78 cam** 60/90000, ☰ 10000.

XX **In Fiera-Cicolella**, viale Fortore angolo via Bari ℰ 32166, 佘 – ☰ **❷** – 🛦 300. 🆀 🕄 ①
   E 🚾   X r
   chiuso lunedì e martedì – Pas carta 36/53000 (15%).

XX **La Mangiatoia**, viale Virgilio 2 ℰ 34457, 佘 – ᕦ ☰ **❷**. 🆀 🕄 ① E 🚾. ⅏ 2 km per ③
   chiuso lunedì – Pas carta 35/65000.

X **Nuova Bella Napoli-da Amerigo**, via Azzarita 28 ℰ 26188, 佘   Y e

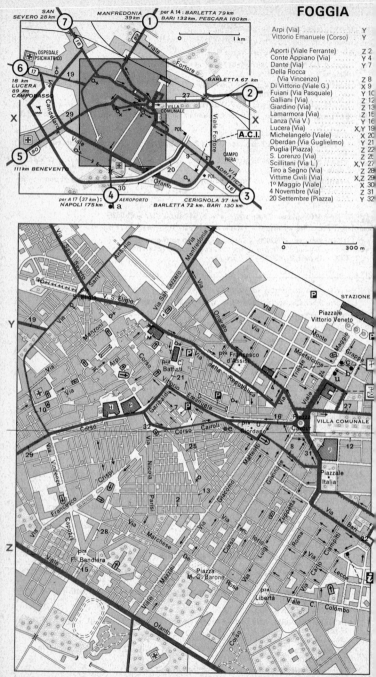

FOGGIA

236

FOLGARIA 38064 Trento 988 ④ − 3 033 ab. alt. 1 168 − a.s. febbraio-15 marzo, Pasqua e Natale
- Sport invernali : 1 168/1 987 m ≰ 1 ≰ 19, ⚹ − ◉ 0464.

🛈 Trentino (giugno-settembre) località Cirè ⊠ 38057 Pergine ℰ (0461) 532057, Telex 400282, Fax
(0461) 510544 o ℰ (0464) 71495, NE : 2 km.

▮ via Roma 60 ℰ 71133.

Roma 582 − ♦Bolzano 87 − ♦Milano 236 − Riva del Garda 42 − Rovereto 20 − Trento 27 − ♦Verona 95 − Vicenza
93.

🏨 **Villa Wilma** ⤸, ℰ 71278, ≤ − ☎ ❷ 🅂 ⚘
   dicembre-marzo e 15 giugno-20 settembre − Pas *(chiuso venerdì)* 22/24000 − ⚌ 6000 −
   22 cam 54/96000 − ½ P 68/78000.

🏨 **Vittoria,** ℰ 71122, ≤ − 🛐 ⤢ 📺 ☜ ❷ 🄰🄴 🅂 _VISA_ ⚘ rist
   15 dicembre-15 aprile e 10 giugno-settembre − Pas carta 20/27000 − ⚌ 10000 − **42 cam**
   60/100000 − ½ P 50/80000.

🏨 **Aquila,** ℰ 71103 − ☎. ⚘
   chiuso maggio e novembre − Pas *(chiuso giovedì)* carta 22/38000 − ⚌ 8000 − **29 cam**
   41/52000 − ½ P 40/55000.

🏨 **Genzianella,** ℰ 71371 − ⤢ rist ☎. ⚘
   Pas *(chiuso giovedì)* 18/30000 − ⚌ 10000 − **16 cam** 37/60000 − ½ P 40/55000.

   a Costa NE : 2 km − alt. 1 257 − ⊠ 38064 Folgaria :

🏨 **Sayonara,** ℰ 71186, ≤, ⚞, ⚘ − 🛐 ☎ ♿ ⟚ ❷. ⚘
   20 dicembre-15 marzo e 25 giugno-5 settembre − Pas 15/35000 − ⚌ 5000 − **32 cam** 35/60000
   − P 70000.

🏨 **Nevada** ⤸, ℰ 71495, ≤, 🄽 − ⤢ cam ☎ ⟚ ❷. 🅂 _VISA_. ⚘
   15 dicembre-15 aprile e 25 giugno-15 settembre − Pas 18/22000 − **60 cam** ⚌ 60/110000 −
   ½ P 80/90000.

🏨 **Garden,** ℰ 71482, ≤ − 🛐 ☎ ⟚ ❷. ⚘
   10 dicembre-15 aprile e 15 giugno-15 settembre − Pas *(chiuso martedì)* 20000 − ⚌ 6000 −
   25 cam 70000 − ½ P 45/65000.

   a Fondo Grande SE : 3 km − alt. 1 335 − ⊠ 38064 Folgaria :

🏨 **Cristallo** ⤸, ℰ 71320, ≤ − 🛐 ☜ ⟚ ❷. ⚘
   dicembre-10 aprile e 20 giugno-10 settembre − Pas carta 40/55000 − ⚌ 10000 − **34 cam**
   50/80000 − ½ P 70/80000.

   a Serrada SO : 5 km − alt. 1 250 − ⊠ 38060 Serrada di Folgaria :

🏨 **Villa Cristina** ⤸, ℰ 77117, ≤ − ❷. ⚘
   15 dicembre-15 aprile e 15 giugno-15 settembre − Pas *(chiuso lunedì)* 19000 − ⚌ 7000 −
   18 cam 50/80000 − ½ P 49/58000.

FOLGARIDA Trento 218 ⑥ − alt. 1 302 − ⊠ 38025 Dimaro − a.s. febbraio-Pasqua e Natale −
Sport invernali : 1 302/2 160 m ≰ 2 ≰ 5; a Marilleva : 900/2 234 m ≰ 4 ≰ 2, ⚹ − ◉ 0463.

▮ ℰ 96113.

Roma 653 − ♦Bolzano 75 − Madonna di Campiglio 11 − ♦Milano 225 − Passo del Tonale 33 − Trento 71.

🏨 **Park Hotel** ⤸, ℰ 96110, ≤, ⚞, ⚘ − ❷
   stagionale − **86 cam**.

🏨 **Gran Baita,** ℰ 96263, Fax 96153 − 🛐 ☜ ♿ ⟚ ❷. 🄰🄴 🅂 🄴 _VISA_. ⚘
   19 dicembre-10 aprile e luglio-6 settembre − Pas 25000 − **47 cam** ⚌ 80/128000 −
   ½ P 75/115000.

🏨 **Sun Valley,** ℰ 96208, ≤, ⚞ − 📺 ☜ ⟚ ❷. ⚘
   dicembre-aprile e 15 giugno-15 settembre − Pas carta 28/44000 − **20 cam** ⚌ 56/97000 −
   ½ P 68/82000.

🏨 **Derby,** ℰ 96163 − 🛐 ☎ ❷. ⚘
   5 dicembre-marzo e luglio-agosto − Pas 17/22000 − **58 cam** ⚌ 42/67000 − ½ P 36/77000.

🏨 **Piccolo Hotel Taller** ⤸, ℰ 96234, ≤ − ☎ ❷. 🄰🄴 🅂 🄴 _VISA_. ⚘
   dicembre-Pasqua e luglio-15 settembre − Pas 22000 − ⚌ 7000 − **21 cam** 43/68000 −
   ½ P 78000.

   a Costa Rotian N : 5 km − alt. 950 − ⊠ 38025 Dimaro :

🏨 **Costa Rotian** ⤸, ℰ 94307, ≤, 🄽, ⚘ − 🛐 ☜ ⟚ ❷. ⚘
   18 dicembre-2 aprile e 24 giugno-10 settembre − Pas 28/33000 − ⚌ 5500 − **35 cam** 51/83000
   appartamenti 147/176000 − ½ P 52/83000.

FOLIGNANO 63040 Ascoli Piceno − 7 632 ab. alt. 319 − ◉ 0736.

Roma 252 − ♦Ancona 119 − ♦Pescara 84 − Ascoli Piceno 8 − Teramo 29.

🏨 Villa Pigna ⤸, via Assisi 33 (N : 4 km) ℰ 491868, ⚞ − 🛐 📺 ☎ ❷ − 🄰 60 a 300
   54 cam.

237

FOLIGNO 06034 Perugia 988 ⑯ – 53 562 ab. alt. 234 – Vedere Guida Verde – ✆ 0742.

Dintorni Spello★ : affreschi★★ nella chiesa di Santa Maria Maggiore NO : 6 km – Montefalco★ ☀★★★ dalla torre Comunale, affreschi★★ nella chiesa di San Francesco (museo), affresco★ Benozzo Gozzoli nella chiesa di San Fortunato SO : 12 km.

🛈 porta Romana 126 ✆ 60459.

Roma 158 – ◆Ancona 134 – Assisi 18 – Macerata 92 – ◆Perugia 35 – Terni 59.

🏨 **Nuovo Poledrini** senza rist, viale Mezzetti 2 ✆ 60259 – 🛗 🗐 📺 ⊚ & AE ⑤ ⑩ **41 cam** ⏢ 72/105000.

🏨 **Umbria** senza rist, via Cesare Battisti 1 ✆ 52821 – 🛗 ☎ & AE ⑤ ⑩ VISA ⏢ 6000 – **43 cam** 55/80000.

✕✕ Villa Roncalli, 🔊 con cam, via Roma 25 (S : 1 km) ✆ 670291, 🌿 – 📺 ☎ 🅿 – 🔬 50 **10 cam**

✕ Da Remo, via Cesare Battisti 49 ✆ 50079, 🍴.

✕ **Le Mura** con cam, via Bolletta 27 ✆ 57344, Fax 57344 – 📺 ☎ AE ⑤ ⑩ VISA 🍴 Pas *(chiuso martedì)* carta 21/28000 – ⏢ 4000 – **18 cam** 55/80000 – ½ P 65000.

FOLLONICA 58022 Grosseto 988 ㉚㉔ – 21 659 ab. – a.s. Pasqua e 15 giugno-15 settembre ✆ 0566 – 🛈 viale Italia ✆ 40177.

Roma 234 – ◆Firenze 152 – Grosseto 47 – ◆Livorno 91 – Pisa 110 – Siena 84.

🏨 **Giardino,** piazza Vittorio Veneto 10 ✆ 41546, Fax 44457 – 🛗 ❌ 🗐 rist ☎ AE ⑤ 🍴 Pas carta 28/35000 – **48 cam** ⏢ 46/76000 – ½ P 65/85000.

🏨 **Parco dei Pini,** via delle Collacchie 7 ✆ 53280 – 🛗 ❌ cam ☎ 🅿 AE ⑤ ⑩ E VISA 🍴 rist Pas carta 22/34000 – ⏢ 8500 – **23 cam** 47/75000 – ½ P 60/80000.

🏨 **Aziza** senza rist, lungomare Italia 142 ✆ 44441, 🏖, 🌿 – ⊛ ⑤ 🍴 *maggio-ottobre* – **20 cam** ⏢ 80/100000.

🏨 **Miramare** senza rist, lungomare Italia 84 ✆ 41521, ≤, 🌿 – 🍴 *Pasqua-ottobre* – ⏢ 10000 – **25 cam** 35/58000.

✕✕✕ **Leonardo Cappelli già Paolino,** piazza 25 Aprile 33 ✆ 44637 – ⑤ ⑩ E VISA 🍴 *chiuso settembre, febbraio, lunedì (in luglio-agosto solo lunedì a mezzogiorno) e da ottobre maggio anche domenica sera* – Pas carta 27/47000.

✕✕ Martini, via Pratelli 14 ✆ 44102.

✕✕ **Il Veliero,** SE : 3 km ✆ 45122 – ❌ 🗐 AE ⑤ ⑩ E VISA *chiuso mercoledì in bassa stagione* – Pas carta 26/44000 (15%).

FONDI 04022 Latina 988 ㉘ – 31 027 ab. alt. 8 – ✆ 0771.

Roma 131 – Frosinone 64 – Latina 59 – ◆Napoli 110.

✕✕ **Vicolo di Mblò,** corso Italia 126 ✆ 502385, « Rist. caratteristico » *chiuso martedì* – Pas carta 39/50000.

FONDO 38013 Trento 988 ④, 218 ⑳ – 1 393 ab. alt. 988 – a.s. Pasqua e Natale – ✆ 0463.

Roma 637 – ◆Bolzano 36 – Merano 39 – ◆Milano 294 – Trento 55.

🏨 **Alla Pineta,** ✆ 81176 – ⊛ 🅿 – 🔬 80 AE ⑤ ⑩ E VISA ➡ *chiuso novembre* – Pas *(chiuso giovedì)* 13/18000 – ⏢ 6500 – **21 cam** 35/60000 – ½ P 35/45000.

FONDO GRANDE Trento – Vedere Folgaria.

FONDOTOCE Novara 219 ⑥ – Vedere Verbania.

FONNI Nuoro 988 ㉝ – Vedere Sardegna alla fine dell'elenco alfabetico.

FONTANA BIANCA (Lago di) (WEISSBRUNNER SEE) Bolzano 218 ⑲ – Vedere Ultimo-Santa Gertrude.

FONTANAFREDDA 33074 Pordenone – 9 038 ab. alt. 42 – ✆ 0434.

Roma 590 – Belluno 59 – ◆Milano 329 – Pordenone 7 – Treviso 50 – ◆Trieste 120 – Udine 58 – ◆Venezia 79.

✕ **Fassina,** ✆ 99196, 🍴, « Giardino ombreggiato in riva ad un laghetto » – 🅿 AE ⑤ ⑩ VISA 🍴 *chiuso mercoledì e sabato a mezzogiorno* – Pas carta 25/36000 (10%).

FONTANE BIANCHE Siracusa – Vedere Sicilia (Siracusa) alla fine dell'elenco alfabetico.

FONTANEFREDDE (KALTENBRUNN) Bolzano – alt. 950 – ✉ 39040 Montagna – a.s. aprile e luglio-15 ottobre – ✆ 0462.

Roma 638 – Belluno 102 – ◆Bolzano 32 – ◆Milano 296 – Trento 56.

🏨 **Pausa,** sulla statale NO : 1 km ✆ 87035, ≤, 🍴 – 🛗 ☎ 🅿 🍴 rist ➡ *chiuso dal 10 al 25 gennaio e dal 10 al 25 giugno* – Pas *(chiuso martedì sera e mercoledì)* carta 20/28000 – ⏢ 8000 – **30 cam** 28/50000 – ½ P 35/50000.

FONTANELLATO 43012 Parma – 6 121 ab. alt. 43 – ✪ 0521.

Vedere Affresco★ del Parmigianino nella Rocca di San Vitale.

Roma 477 – Cremona 58 – ♦Milano 109 – ♦Parma 19 – Piacenza 49.

sulla strada statale 9 - via Emilia S : 5 km :

🏠 **Tre Pozzi,** ⊠ 43012 🖋 825347 e rist 🖋 825119 – 📲 🏢 cam 📺 ☎ 🅿 – 🛋 60. 🖭 🎫. 🛞
Pas *(chiuso lunedì e dal 20 luglio al 20 agosto)* carta 26/41000 – ☲ 5000 – **40 cam** 50/75000.

FONTANELLE Cuneo – Vedere Boves.

FONTE BLANDA 58010 Grosseto – alt. 10 – a.s. Pasqua e 15 giugno-15 settembre – ✪ 0564.

Roma 163 – Civitavecchia 87 – ♦Firenze 164 – Grosseto 24 – Orbetello 19 – Orvieto 112.

🏠 **Cala di Forno,** 🖋 885573 – ☎. 🛞
chiuso novembre – Pas *(chiuso mercoledì)* 25/30000 – ☲ 5000 – **21 cam** 40/70000 –
½ P 45/70000.

✗ Dono il Bracconiere, NE : 2 km 🖋 885523, 🍽, 🏕 – 🅿.

sulla strada statale 1-via Aurelia S : 2 km :

🏰🏰 **Corte dei Butteri** 🐾 ⊠ 58010 🖋 885546, Telex 580103, Fax 886282, ≤, « Parco con ⚏ e
🛞 », 🚣 – 📲 🔆 rist 📺 ☎ 🕭 🚗 🅿 – 🛋 35. 🖭 🎫. 🛞 rist
27 aprile-20 ottobre – Pas carta 32/45000 – **77 cam** ☲ 200/480000 appartamenti 380/650000
– ½ P 255000.

a Talamone SO : 4 km – ⊠ 58010 :

🏠 **Capo d'Uomo** senza rist, 🖋 887077, ≤, 🍽 – 🕭 🅿. 🛞
aprile-settembre – ☲ 6000 – **24 cam** 48/80000.

✗ **La Buca,** 🖋 887067, 🍽, Solo piatti di pesce – 🖃. 🖭 🅾 🎫. 🛞
chiuso a mezzogiorno (escluso sabato-domenica), gennaio e febbraio – Pas carta 35/65000.

FOPPOLO 24010 Bergamo 🕮🕮🕮 ③ – 202 ab. alt. 1 515 – a.s. luglio-agosto e Natale – Sport
invernali : 1 515/2 167 m ≰10, sf – ✪ 0345.

Roma 659 – ♦Bergamo 58 – ♦Brescia 110 – Lecco 80 – ♦Milano 100.

🏠 **Des Alpes,** via Cortivo 9 🖋 74037, ≤ – 📲 📧 🅿. 🛞 rist
8 dicembre-20 aprile e luglio-agosto – Pas 25000 – ☲ 7500 – **30 cam** 41/65000 – ½ P 78000.

🏠 **Rododendro,** via Piave 2 🖋 74015, ≤ – 📲. 🖭 🅱 🅴 🎫
Pas carta 25/37000 – ☲ 6000 – **12 cam** 35/50000 – ½ P 55/60000.

FORCOLA 23010 Sondrio – 957 ab. alt. 276 – ✪ 0342.

Roma 684 – Lecco 61 – Sondrio 20.

✗✗ **La Brace,** 🖋 660408, 🍽, 🏕 – 🅿. 🖭 🅱 🅾 🅴 🎫
chiuso lunedì e dal 1° al 20 luglio – Pas carta 25/42000.

FORIO Napoli 🕮🕮🕮 ㉗ – Vedere Ischia (Isola d').

FORLÌ 47100 🅿 🕮🕮🕮 ⑮ – 110 260 ab. alt. 34 – ✪ 0543.

Vedere Guida Verde.

✈ Luigi Ridolfi per ② : 6 km 🖋 780049.

🛈 corso della Repubblica 23 🖋 25532.

A.C.I. corso Garibaldi 45 🖋 32313.

Roma 354 ③ – ♦Bologna 63 ④ – ♦Firenze 109 ③ – ♦Milano 282 ① – ♦Ravenna 27 ① – Rimini 49 ②.

Pianta pagina seguente

🏰🏰 **Della Città,** via Fortis 8 🖋 28297, Fax 28297 – 📲 🔆 rist 🖃 📺 ☎ 🅿 – 🛋 100 a 300. 🖭 🅱
🅾 🅴 🎫. 🛞 rist **r**
Pas carta 30/40000 – ☲ 7500 – **55 cam** 120/170000 appartamenti 190000, 🖃 20000 –
½ P 120/150000.

🏠 **Air Hotel** senza rist, via Morandi 7 🖋 781470 – 🖃 📺 📧 🅿. 🖭 🅱 🅾 🅴 🎫   3 km per ②
☲ 6000 – **24 cam** 60/100000.

🏠 **Masini,** corso Garibaldi 28 🖋 28072, 🍽 – 📲 🖃 rist 📺 ☎ 🕭. 🖭 🅱 🅾 🅴 🎫. 🛞 **c**
Pas carta 28/38000 – ☲ 6000 – **42 cam** 43/69000 – ½ P 54/60000.

🏠 **Lory** senza rist, via Lazzarini 20 🖋 25007 – 🔆 🅿 **a**
☲ 2500 – **30 cam** 30/52000.

🏠 **Astoria** senza rist, piazza Ordelaffi 4 🖋 26220 – 📲 📧. 🖭 **m**
☲ 3000 – **36 cam** 30/50000.

✗✗ Porta San Pietro, vicolo Porta San Pietro 2 🖋 32061, Coperti limitati; prenotare – 🖃 **b**

✗ **Vecchia Forlì,** via Maroncelli 4 🖋 26104, 🍽 – 🖭 🅱 🅾 **x**
chiuso lunedì – Pas carta 32/55000.

✗ **A m'arcörd...,** via Solferino 1/3 🖋 27349, 🍽 – 🖭 🅾. 🛞 **s**
chiuso mercoledì – Pas carta 22/38000.

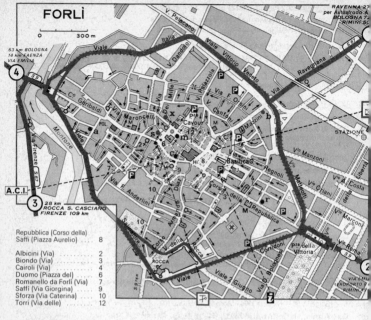

sulla strada statale 9 - via Emilia per ④ : 2 km :

🏨 **Principe,** ⊠ 47100 ℰ 701570 – 🛗 ≣ 📺 ☎ 🅿 – 🔬 100. 🅰🅴 ⓞ. ❄
Pas *(chiuso a mezzogiorno, venerdì, domenica ed agosto)* carta 26/42000 – � 6000
46 cam 73/120000.

in prossimità casello autostrada A 14 per ① : 4 km :

🏨 **S. Giorgio,** via Ravegnana ⊠ 47100 ℰ 722300, Fax 723640 – 🛗 ≣ 📺 ☎ 🅖 ⇔ 🅿 – 🔬
25 a 110. 🅰🅴 🅖 ⓞ 🅴 𝗩𝗜𝗦𝗔. ❄ rist
Pas carta 38/55000 – � 15000 – **36 cam** 100/160000.

FORLIMPOPOLI 47034 Forlì 🟨🟨🟨 ⑮ – 11 189 ab. alt. 30 – ✆ 0543.
Roma 362 – ◆Bologna 71 – Cesena 11 – Forlì 8 – ◆Milano 290 – Pesaro 80 – ◆Ravenna 35 – Rimini 41.

XX **Edo** con cam, via Emilia 10 ℰ 741245 – ❄ rist ≣ ▥ ⇔ 🅿 – 🔬 100. 🅰🅴 🅖 ⓞ 🅴 𝗩𝗜𝗦𝗔. ❄
Pas *(chiuso sabato)* carta 22/33000 – � 5000 – **20 cam** 35/50000. ▥ 2000.

a Selbagnone SO : 3 km – ⊠ 47034 Forlimpopoli :

XX Al Maneggio, SO : 1 km ℰ 742042, solo su prenotazione, « Antica villa patrizia di campa
gna » – 🅿.

FORMAZZA 28030 Novara 🟨🟨🟨 ②, 🟥🟥🟥 ⑧ – 481 ab. alt. 1 280 – a.s. 15 luglio-15 agosto e Natal
– Sport invernali : 1 280/1 754 m ≰4, ⩍ – ✆ 0324.
Roma 735 – Domodossola 37 – Iselle 45 – Locarno 115 – ◆Milano 159 – Novara 128 – ◆Torino 200.

X **Rotenthal** ⬙ con cam, frazione Ponte ℰ 63060, ← – ☎ 🅿 🅖 🅴 𝗩𝗜𝗦𝗔. ❄
← *chiuso novembre* – Pas *(chiuso mercoledì)* carta 20/35000 – � 5000 – **9 cam** 24/42000 –
½ P 38/46000.

FORMIA 04023 Latina 🟨🟨🟨 ㉖㉗ – 33 383 ab. – a.s. Pasqua e luglio-agosto – ✆ 0771.

🚢 per Ponza giornalieri (2 h 30 mn) – Caremar-agenzia Jannaccone, banchina Azzurra ℰ
22710, Telex 680029, Fax 460267.

🚤 per Ponza giornalieri (1 h 20 mn) – Caremar-agenzia Jannaccone, banchina Azzurra ℰ 22710,
Telex 680029, Fax 460267.

🛈 via Unità d'Italia 30/34 ℰ 21490 – Roma 153 – Caserta 71 – Frosinone 79 – Latina 76 – ◆Napoli 86.

🏨 Castello Miramare ⬙, località Pagnano ℰ 700138, ≤ golfo di Gaeta, 🍴, 🚲 – ❄ ≣ 📺
☎ 🅿 – 🔬 80 – **10 cam**.

🏨 Caposele, via Porto Caposele ℰ 21925, ← – 🛗 ≣ ▥ – 🔬 100 – **52 cam**.

X **Conchiglia e Corallo,** lungomare Repubblica 9 ℰ 22120 – 🅿. 🅰🅴 ⓞ 𝗩𝗜𝗦𝗔
chiuso martedì – Pas carta 26/40000.

240

sulla strada statale 7 - via Appia :

🏨🏨 **Grande Alb. Miramare,** via Appia 44 (E : 2 km) ⊠ 04023 ℰ 267181, Telex 680010, Fax
267188, ≤, « Parco fiorito », ☒, 🏖 – 📺 ☎ 🅿 – 🔏 80. 🖭 🕃 ⓞ 🗲 *VISA*. ⅏ rist
Pas 50/70000 (15%) – ☲ 12000 – **62 cam** 55/65000 appartamenti 100/110000 –
½ P 140/150000.

🏨 **Fagiano Palace,** via Appia 80 (E : 3 km) ⊠ 04023 ℰ 266681, ≤, 🏖, ☞, ⅏ – 🔌 ☎ 🅿 –
🔏 200. 🖭 🕃 ⓞ 🗲 *VISA*. ⅏ rist
Pas 40/60000 – ☲ 10000 – **54 cam** 40/60000 – ½ P 80/90000

🏨 **Bajamar,** a Marina di Santo Janni E : 4 km ⊠ 04023 ℰ 28110, Telex 680292, ≤, 🏖, ☞ –
🔌 🍴 cam ☎ 🅿, 🖭 🕃 ⓞ 🗲 *VISA*. ⅏ rist
Pas 30000 – ☲ 12000 – **80 cam** 45/69000 – P 85000.

✕✕ **Italo,** viale Unità d'Italia O : 2,5 km ⊠ 04023 ℰ 21529, 🎇 – 🗏 🅿 *VISA*. ⅏
chiuso lunedì e dal 23 dicembre al 4 gennaio – Pas carta 41/62000.

✕✕ **Sirio,** viale Unità d'Italia O : 3,5 km ⊠ 04023 ℰ 21917, 🎇 – 🅿. 🖭 ⓞ *VISA*. ⅏
chiuso martedì e dal 14 al 30 novembre – Pas carta 28/57000.

FORMIGINE 41043 Modena 🔢🔢🔢 ⑭ – 24 752 ab. alt. 82 – 🕭 059.

🏌 e 🏌 (chiuso lunedì) a Colombaro di Formigine ⊠ 41050 ℰ 553597.

Roma 415 – ◆Bologna 50 – ◆Milano 181 – ◆Modena 11.

a Corlo O : 3 km – ⊠ **41040** :

🏨 **Globo** senza rist, ℰ 557131, Fax 572759 – 🔌 ⛏ 🍴 📺 ☎ 🚗 🅿 – 🔏 50. 🖭 🕃 🗲 *VISA*. ⅏
☲ 15000 – **67 cam** 60/80000.

FORNI AVOLTRI 33020 Udine 🔢🔢🔢 ⑤ – 867 ab. alt. 888 – a.s. 15 luglio-agosto e Natale –
🕭 0433.

Roma 691 – Belluno 91 – Cortina d'Ampezzo 77 – ◆Milano 433 – Tolmezzo 36 – ◆Trieste 158 – Udine 88.

🏠 **Samassa** 🦢, ℰ 72020 – 🚗 🅿. ⅏
aprile-ottobre – Pas *(chiuso martedì)* carta 25/35000 – ☲ 5000 – **36 cam** 30/45000 –
½ P 36/40000.

FORNI DI SOPRA 33024 Udine 🔢🔢🔢 ⑤ – 1 252 ab. alt. 907 – a.s. 15 luglio-agosto e Natale –
Sport invernali : 907/2 065 m ⭤7, ⭤ – 🕭 0433.

🛈 via Cadore 1 ℰ 88024.

Roma 676 – Belluno 75 – Cortina d'Ampezzo 62 – ◆Milano 418 – Tolmezzo 43 – ◆Trieste 165 – Udine 95.

🏠 **Edelweiss,** ℰ 88017, ≤, ☞ – 🔌 ☎ 🅿. ⅏
chiuso ottobre e novembre – Pas *(chiuso martedì)* carta 24/34000 – ☲ 6500 – **23 cam**
38/60000 – ½ P 36/46000.

🏠 **Coton,** ℰ 88066 – 🔌 📺 ☎ 🕭 🅿. 🖭 *VISA*
Pas *(chiuso martedì)* carta 21/31000 – **21 cam** ☲ 63/94000 – ½ P 38/50000.

FORNO DI ZOLDO 32012 Belluno 🔢🔢🔢 ⑤ – 3 177 ab. alt. 848 – 🕭 0437.

🛈 ℰ 78341.

Roma 638 – Belluno 37 – Cortina d'Ampezzo 44 – ◆Milano 380 – Pieve di Cadore 31 – ◆Venezia 127.

🏨 **Corinna,** ℰ 78564, ≤, ☞ – ⛏ rist ☎ 🚗 🅿. *VISA*. ⅏
chiuso maggio e settembre – Pas *(chiuso lunedì)* carta 28/47000 – ☲ 8000 – **27 cam**
80/100000 – ½ P 50/85000.

🏠 **De Feo,** ℰ 78191 – 🅿. ⅏
chiuso da aprile al 15 giugno – Pas *(chiuso lunedì)* 17/30000 – ☲ 5000 – **27 cam** 37/58000
– ½ P 37/49000.

a Mezzocanale SE : 10 km – alt. 620 – ⊠ 32012 Forno di Zoldo :

✕ **Mezzocanale-da Ninetta,** ℰ 78240 – 🅿. ⅏
chiuso mercoledì, dal 20 al 30 giugno e settembre – **Pas** carta 21/32000.

FORTE DEI MARMI 55042 Lucca 🔢🔢🔢 ⑭ – 9 949 ab. – a.s. febbraio, Pasqua, 15 giugno-15
settembre e Natale – 🕭 0584.

🛈 piazza Marconi ℰ 80091.

Roma 378 – ◆Firenze 104 – ◆Livorno 54 – Lucca 34 – Massa 10 – ◆Milano 241 – Pisa 35 – ◆La Spezia 41 –
Viareggio 10.

🏨🏨 **Augustus** 🦢, viale Morin 169 ℰ 80202, Telex 590673, Fax 89875, « Parco-giardino con
graziose ville », ☒ riscaldata, 🏖 – 🔌 📺 🅿 – 🔏 150. 🖭 🕃 ⓞ 🗲 *VISA*. ⅏ rist
15 maggio-10 ottobre – Pas 55/60000 – ☲ 25000 – **67 cam** 200/375000 appartamenti
410/450000 – ½ P 230/265000.

🏨🏨 **Ritz,** via Flavio Gioia 2 ℰ 84131, Telex 590524, Fax 89019, 🎇, ☞ – 🔌 ⛏ rist 📺 ☎ 🅿. 🖭
🕃 ⓞ 🗲 *VISA*. ⅏
Pas 50000 – ☲ 15000 – **32 cam** 140/195000 – ½ P 135/180000.

🏨🏨 **Augustus Lido** senza rist, viale Morin 72 ℰ 81442, « Giardino ombreggiato », 🏖 – 🔌 ☎
🅿. 🖭 🕃 ⓞ 🗲 *VISA*
20 maggio-settembre – ☲ 22000 – **19 cam** 170/295000.

Villa Roma Imperiale ॐ, via Corsica 9 ☏ 80841, Fax 82839, « Parco-pineta » – 📺 ☎. 🅰🅴 ⓪. ⌖
Pas 40/55000 – **18 cam** ⊐ 160/250000 – ½ P 160/185000.

California Park Hotel ॐ, via Colombo 32 ☏ 82222, Fax 83530, « Giardino ombreggiato con ⌂ » – 🛗 ☎ 🅿 – 🔬 200. 🅰🅴 🕄 ⓪ 🅴 𝚅𝙸𝚂𝙰.
maggio-settembre – Pas 45/55000 – **41 cam** ⊐ 150/220000 – ½ P 150/160000.

Hermitage ॐ, via Cesare Battisti ☏ 80022, Telex 590673, Fax 89875, « Giardino con ⌂ », 🔜 – 🛗 🖃 ☎ 🅿. 🅰🅴 🕄 ⓪ 🅴 𝚅𝙸𝚂𝙰. ⌖ rist
25 maggio-25 settembre – Pas 45/55000 – ⊐ 18000 – **66 cam** 145/260000 – ½ P 155/190000.

Raffaelli Park Hotel, via Mazzini 37 ☏ 81494, Telex 590239, Fax 81498, « Piccolo giardino », ⌂ alla 🔜 – 🛗 📺 ☎ 🅿 – 🔬 90. 🅰🅴 🕄 ⓪ 🅴 𝚅𝙸𝚂𝙰. ⌖ rist
Pas 40/50000 (da giugno a settembre all'Hotel Raffaelli-Villa Angela) – **34 cam** ⊐ 164/274000 – ½ P 190/205000.

St. Mauritius, via 20 Settembre 28 ☏ 82131, Fax 617443, 🍽, « Giardino ombreggiato » – 🛗 🅿 ⓪ 𝚅𝙸𝚂𝙰. ⌖ rist
26 maggio-29 settembre – Pas 35/40000 – ⊐ 18000 – **39 cam** 100/160000 – ½ P 130/170000.

Grand Hotel, via Giorgini 1 ☏ 82031, Telex 502074, Fax 86215, ≼, ⌂ – 🛗 🖃 📺 ☎ ⅙. 🅰🅴 ⓪ 𝚅𝙸𝚂𝙰.
Pas 45/50000 – ⊐ 14000 – **60 cam** 150/185000 – ½ P 145/170000.

Il Negresco, lungomare Italico 82 ☏ 83533, Telex 590319, Fax 89655, ≼, ⌂ – 🖃 📺 ☎ 🅿 – 🔬 60. 🅰🅴 🕄 ⓪ 🅴 𝚅𝙸𝚂𝙰.
Pas 45/55000 – ⊐ 17000 – **34 cam** 180/250000 – ½ P 140/200000.

Atlantico, via Torino 2 ☏ 81422, Fax 89012, 🍽 – 🛗 🖃 rist 🅿. 𝚅𝙸𝚂𝙰. ⌖ rist
15 marzo-15 ottobre – Pas (solo per clienti alloggiati) 52000 – ⊐ 10000 – **45 cam** 110/140000 – P 96/162000.

Adams Villa Maria, viale Italico 110 ☏ 752424, Fax 752112, ≼, « Giardino ombreggiato », ⌂, 🔜 – 🛗 🅿. 🅰🅴 🕄 ⓪ 𝚅𝙸𝚂𝙰. ⌖ rist
giugno-settembre – Pas 30/40000 – **39 cam** ⊐ 120/220000 – ½ P 120/150000.

Alcione, viale Morin 137 ☏ 89952, ⌂ – 🛗 ☎ 🅿. 🅰🅴 🕄 ⓪ 𝚅𝙸𝚂𝙰. ⌖
25 maggio-settembre – Pas (solo per clienti alloggiati) – ⊐ 15000 – **45 cam** 110/140000 – ½ P 110/130000.

Tirreno, viale Morin 7 ☏ 83333, 🍽, « Giardino ombreggiato » – ☎. 🅰🅴 ⓪ 𝚅𝙸𝚂𝙰. ⌖
aprile-settembre – Pas 49000 – ⊐ 13000 – **59 cam** 58/83000 – P 143000.

Raffaelli-Villa Angela, via Mazzini 64 ☏ 80652, Fax 81498, « Parco ombreggiato », ⌂ alla 🔜 – 🛗 ☎ 🅿. 🅰🅴 ⓪ 🅴 𝚅𝙸𝚂𝙰. ⌖ rist
10 maggio-10 ottobre – Pas 40/50000 – **38 cam** ⊐ 63/99000 – P 130/140000.

Astoria Garden ॐ, via Leonardo da Vinci 16 ☏ 80754, « In pineta », ⌂, 🍽 – ☎ 🅿. 🅰🅴 🕄 ⓪ 🅴 𝚅𝙸𝚂𝙰. ⌖ rist
25 maggio-settembre – Pas 35/45000 – ⊐ 12500 – **25 cam** 75/90000 – ½ P 75/120000.

La Pineta al Mare, via Mazzini 65 ☏ 81043, « Terrazza-giardino in pineta » – 🛗 📺 ☎ 🅿.
stagionale – **28 cam**.

Piccolo Hotel, viale Morin 24 ☏ 80332, Fax 86203, 🍽 – 🛗 🖃 cam 📺 ☎ 🅿. 🕄 🅴 𝚅𝙸𝚂𝙰. ⌖ rist
15 maggio-settembre – Pas 40/55000 – ⊐ 15000 – **32 cam** 100/140000, 🖃 25000 – ½ P 75/140000.

Le Pleiadi ॐ, via Civitali 51 ☏ 881188, « Giardino-pineta » – 🛗 🕸 🅿. 🅰🅴 🕄 ⓪ 🅴 𝚅𝙸𝚂𝙰. ⌖ rist
maggio-settembre – Pas 30/48000 – ⊐ 15000 – **30 cam** 56/83000 – ½ P 65/120000.

Bandinelli, via Torino 3 ☏ 80391 – ☎. ⌖ rist
chiuso novembre e dicembre – Pas (solo per clienti alloggiati) 25/40000 – ⊐ 10000 – **52 cam** 52/77000 – P 65/100000.

Kyrton ॐ, via Raffaelli 14 ☏ 81341, « Giardino ombreggiato » – 🕸 🅿. 🕄 𝚅𝙸𝚂𝙰. ⌖ rist
aprile-settembre – Pas (solo per clienti alloggiati) 35000 – ⊐ 15000 – **18 cam** 50/80000 – ½ P 85/110000.

Sonia, via Matteotti 42 ☏ 81247, 🍽 – ☎. ⌖
Natale-6 gennaio e Pasqua-ottobre – Pas (solo per clienti alloggiati) 25/35000 – **20 cam** ⊐ 50/100000 – ½ P 65/90000.

Olimpia, via Marco Polo 4 ☏ 81046 – 🕸
stagionale – **28 cam**.

Viscardo, via Cesare Battisti 4 ☏ 82588, 🍽 – ⤶ cam 🕸 🅿. ⌖
20 maggio-settembre – Pas (solo per clienti alloggiati) 40000 – ⊐ 15000 – **20 cam** 90000 – P 80/100000.

🍴🍴 ✸ **Lorenzo,** via Carducci 61 ☏ 84030, prenotare – 🖃. 🅰🅴 🕄 ⓪ 𝚅𝙸𝚂𝙰. ⌖
chiuso a mezzogiorno in luglio-agosto, lunedì e dal 15 dicembre al 31 gennaio – Pas carta 60/70000 (15%)
Spec. Carpaccio tiepido di branzino, Bavette al profumo di pesce, San Pietro primavera. **Vini** Vermentino, Montecarlo.

🍴🍴 **La Barca,** viale Italico 3 ☏ 89323, 🍽 – 🅿
chiuso dal 10 novembre al 5 dicembre, martedì da giugno al 15 marzo anche lunedì sera negli altri mesi – Pas carta 43/70000 (15%).

🍴 **Tre Stelle,** via Montauti 6 ☏ 80220.

in prossimità casello autostrada A 12 - Versilia :

🏨 **Versilia Holidays e Rist. La Vela,** SE : 3 km ⊠ 55042 ℰ 84001, Telex 590575, Fax 84006, ⌧, 🌤, 🥂 – 📶 🖹 📺 ☎ 🅿 – 🛗 120. 🖭 🕄 ⑩ 🔁 𝘝𝘐𝘚𝘈. 🛠 rist
Pas carta 40/60000 – � 20000 – **78 cam** 225000 – ½ P 145/175000.

XX Madeo, SE : 3 km ⊠ 55042 ℰ 84068, « Servizio estivo in giardino » – 🅿.

FORTEZZA (FRANZENSFESTE) 39045 Bolzano – 956 ab. alt. 801 – a.s. aprile e luglio-settembre – 🕄 0472.
oma 688 – ◆Bolzano 50 – Brennero 33 – Bressanone 10 – Brunico 33 – ◆Milano 349 – Trento 110.

🏠 **Posta-Reifer,** ℰ 48605, ⌧, ⌧ – 📶 🅿. 🖭 🕄 𝘝𝘐𝘚𝘈
chiuso dal 16 novembre al 19 dicembre – Pas *(chiuso lunedì)* carta 23/35000 – ⊡ 9000 –
26 cam 30/40000 – ½ P 47/55000.

FOSSACESIA MARINA 66020 Chieti – 🕄 0872 – Roma 249 – Chieti 56 – ◆Pescara 39.

🏠 **Levante,** ℰ 60169 – ☎ 🅿. 🖭 🕄 🔁 𝘝𝘐𝘚𝘈. 🛠
Pas *(chiuso domenica da ottobre a marzo)* carta 22/45000 – ⊡ 6000 – **24 cam** 45/60000 –
½ P 50/60000.

FOSSALTA MAGGIORE Treviso – alt. 7 – ⊠ 31040 Chiarano – 🕄 0422.
oma 568 – ◆Milano 307 – Pordenone 34 – Treviso 36 – ◆Trieste 115 – Udine 84 – ◆Venezia 57.

XX **Tajer d'Oro,** ℰ 746392, Solo piatti di pesce, « Arredamento stile Vecchia America » – 🖥 🅿
chiuso martedì, dal 10 al 20 gennaio e dal 1° al 20 agosto – Pas carta 34/45000.

FOSSANO 12045 Cuneo 988 ⑫ – 23 104 ab. alt. 377 – 🕄 0172.
oma 631 – Asti 65 – Cuneo 24 – ◆Milano 191 – Savona 87 – Sestriere 112 – ◆Torino 70.

XX **Apollo,** viale Regina Elena 19 ℰ 62417, Coperti limitati; prenotare – 🛠
chiuso martedì e luglio – Pas carta 25/36000.

FOSSATO DI VICO 06022 Perugia – 2 412 ab. alt. 581 – 🕄 075.
Roma 201 – ◆Ancona 88 – Gubbio 22 – Macerata 83 – ◆Perugia 58 – Pesaro 103.

ad Osteria del Gatto SO : 2 km – ⊠ 06022 Fossato di Vico :

🏠 Camino Vecchio, ℰ 919231 – ☎ 🅿 – 🛗 40 – **22 cam.**

FOSSOMBRONE 61034 Pesaro e Urbino 988 ⑯ – 9 918 ab. alt. 118 – a.s. 15 giugno-agosto –
🕄 0721 – Roma 261 – ◆Ancona 87 – Fano 28 – Gubbio 53 – Pesaro 39 – San Marino 68 – Urbino 19.

sulla via Flaminia Vecchia O : 3 km :

🏠 **Al Lago,** ⊠ 61034 ℰ 726129, Fax 726243, ⌧ – ☎ 🅿. 𝘝𝘐𝘚𝘈. 🛠 rist
Pas *(chiuso sabato)* carta 19/29000 – ⊡ 4000 – **26 cam** 39/57000 – ½ P 42/46000.

FOXI Cagliari – Vedere Sardegna (Quartu Sant'Elena) alla fine dell'elenco alfabetico.

FRABOSA SOPRANA 12082 Cuneo 988 ⑫ – 1 055 ab. alt. 891 – a.s. 15 luglio-agosto e Natale
– Sport invernali : 891/1 741 m ✂1 ✂5, ⊿ – 🕄 0174.
🖪 piazza del Municipio 129 ℰ 34010.
Roma 632 – Cuneo 32 – ◆Milano 228 – Savona 87 – ◆Torino 96.

🏨 **Miramonti,** ℰ 344533, ≤, « Terrazza », 🥂 – 📶 🚗 ☎ 🅿. 𝘝𝘐𝘚𝘈. 🛠 rist
20 dicembre-10 aprile e 15 giugno-25 settembre – Pas 20000 – ⊡ 4000 – **50 cam** 38/60000 –
½ P 38/60000.

🏠 **Bossea,** ℰ 244012 – 📶 📺 🚗. 🛠 rist
20 dicembre-Pasqua e giugno-ottobre – Pas 16/28000 – ⊡ 8000 – **28 cam** 60/75000 –
½ P 60/65000.

🏠 **Gildo,** ℰ 244009 – 📶 ☎. 𝘝𝘐𝘚𝘈
15 dicembre-15 aprile e giugno-15 settembre – Pas carta 25/35000 – ⊡ 5000 – **18 cam**
45/76000 – ½ P 45/65000.

FRABOSA SOTTANA 12083 Cuneo – 1 187 ab. alt. 641 – Sport invernali : a Prato Nevoso :
1 497/1 928 m ✂12, ⊿ ; ad Artesina : 1 315/2 100 m ✂11 – 🕄 0174.
Roma 629 – Cuneo 29 – ◆Milano 225 – Savona 84 – ◆Torino 93.

🏠 **Italia,** ℰ 244000 – 📶 🅿. 𝘝𝘐𝘚𝘈. 🛠 rist
15 dicembre-aprile e luglio-15 settembre – Pas carta 19/30000 – ⊡ 5000 – **28 cam** 30/45000
– ½ P 30/35000.

a Prato Nevoso S : 11 km – alt. 1 497 – ⊠ 12083 Frabosa Sottana – a.s. 15 dicembre-
Epifania, febbraio-marzo e luglio-agosto :

🏠 La Capanna, ℰ 334134, ≤ monti – 📶 – *stagionale* – **30 cam.**

243

FRANCAVILLA AL MARE 66023 Chieti 🗺️ ㉗ – 20 490 ab. – a.s. 15 giugno-agosto – 🕿 085.
🖪 piazzale Sirena ℰ 817169.
Roma 216 – L'Aquila 115 – Chieti 19 – ◆Foggia 171 – ◆Pescara 8.

  🏨 **Punta de l'Est,** viale Alcione 188 ℰ 4910474, ≤, 🐾ₛ – 🗖 rist ☎ 🅿. ① 🆅🆂🅰 ⚶
       10 maggio-25 settembre – Pas 23000 – ☷ 6000 – **48 cam** 50/75000 – ½ P 70/75000.

  XX **La Nave,** viale Kennedy 2 ℰ 817115, ㄇ – 🅰 60. 🖭 🚸 ① 🄴 🆅🆂🅰
       chiuso mercoledì, dal 15 al 30 settembre e dal 20 al 30 dicembre – Pas carta 34/45000 (10%).

  X **Apollo 12,** viale Nettuno 45 ℰ 817177 – 🖭 🚸 ① 🄴 🆅🆂🅰
       chiuso martedì, dal 24 dicembre al 15 gennaio e dal 22 al 30 settembre – Pas carta 26/38000
       (10%).

FRANCAVILLA DI SICILIA Messina 🗺️ ㉗ – Vedere Sicilia alla fine dell'elenco alfabetico.

FRANGARTO (FRANGART) Bolzano 🗺️ ⑳ – Vedere Appiano sulla Strada del Vino.

FRANZENSFESTE = Fortezza.

FRASCATI 00044 Roma 🗺️ ㉖ – 19 914 ab. alt. 322 – 🕿 06.
Vedere Villa Aldobrandini★.
Escursioni Castelli romani★★ Sud, SO per la strada S 216 e ritorno per la via dei Laghi (circuito di
60 km).
🖪 piazza Marconi 1 ℰ 9420331.
Roma 22 – Castel Gandolfo 10 – Fiuggi 66 – Frosinone 68 – Latina 51 – Velletri 22.

  🏨 **Eden Tuscolano,** via Tuscolana O : 2,5 km ℰ 9408591, ㄹ – 🅿. 🖭 🚸 ①
       Pas carta 25/38000 – ☷ 7500 – **32 cam** 45/68000 – ½ P 58000.

  XX **Cacciani,** via Diaz 13 ℰ 9420378, « Servizio estivo in terrazza » – 🖭 ①. ⚶
       chiuso dall'8 al 20 gennaio, dal 16 al 25 agosto, la sera dei giorni festivi (escluso da aprile ad
       ottobre) e martedì – Pas carta 37/52000.

  X **La Frasca,** via Lunati 3 ℰ 9420311 – 🖭 🚸 🆅🆂🅰
       chiuso mercoledì – Pas carta 30/48000.

FREGENE 00050 Roma 🗺️ ㉕ – a.s. 15 giugno-agosto – 🕿 06.
Roma 38 – Civitavecchia 52 – Rieti 106 – Viterbo 97.

  🏨 **La Conchiglia,** ℰ 6460229, Fax 6460229, ≤, « Servizio rist. estivo in giardino » – 🗖 ☎ 🅿
       – 🅰 40. 🖭 🚸 ① 🄴 🆅🆂🅰 ⚶
       Pas carta 35/61000 – ☷ 12000 – **36 cam** 95000 – ½ P 90000.

FREIBERG Bolzano – Vedere Merano.

FREIENFELD = Campo di Trens.

FRETO Modena – Vedere Modena.

FROSINONE 03100 🄿 🗺️ ㉖ – 47 282 ab. alt. 291 – 🕿 0775.
Dintorni Abbazia di Casamari★★ E : 15 km.
🖪 piazzale De Matthaeis 41 ℰ 872525.
A.C.I. via Firenze 49 ℰ 850006.
Roma 83 – Avezzano 78 – Latina 55 – ◆Napoli 144.

  🏨🏨 **Henry,** via Piave 10 ℰ 854321, Telex 613406, Fax 853713 – 🗖 📺 ☎ 🅿 – 🅰 40 a 80. 🖭 🚸
       ① 🄴 🆅🆂🅰. ⚶
       Pas carta 38/56000 – **63 cam** ☷ 90/130000 – ½ P 90/100000.

  🏨🏨 **Cesari,** in prossimità casello autostrada A 2 ℰ 83321, Telex 613047, Fax 83322 – 🛗 🗖 📺
       ☎ 🅿 – 🅰 30 a 200. 🖭 🚸
       Pas carta 31/46000 – **56 cam** ☷ 71/110000.

  🏨 **Palombella,** via Maria 234 ℰ 873549, ㄹ – 🛗 ⊱⊶ 📺 ⇌ 🅿. ① 🆅🆂🅰 ⚶
       Pas carta 25/34000 – ☷ 8500 – **34 cam** 50/76000 – ½ P 75000.

  XX **Il Quadrato,** piazzale De Matthaeis 53 ℰ 874474 – 🗖 🅿. ⚶
       chiuso domenica sera in maggio-giugno, tutto il giorno negli altri mesi – Pas carta 25/52000

  XX **Le Tre Stelle,** sulla strada statale 155 N : 3,5 km ✉ 03011 Alatri ℰ 407833 – 🗖 🅿 – 🅰
       60. 🖭. ⚶
       chiuso lunedì – Pas carta 25/35000.

  X **Hostaria Tittino,** vicolo Cipresso 2/4 ℰ 851227. 🖭 🚸 ①
       chiuso domenica ed agosto – Pas carta 28/46000.

When touring in Northern Lombardy and in the Valle d'Aosta,
use **Michelin Map** 🗺️ at a scale of 1:200 000.

LE GUIDE MICHELIN DU PNEUMATIQUE.

En 1889, Edouard Michelin prend la direction de l'entreprise qui porte son nom. Peu de temps après, il dépose le brevet du pneumatique démontable pour bicyclette. Tous les efforts de l'entreprise se concentrent alors sur le développement de la technique du pneumatique. C'est ainsi qu'en 1895, pour la première fois au monde, un véhicule automobile baptisé "l'Eclair" roule sur pneumatiques. Testé sur ce véhicule lors de la course Paris-Bordeaux-Paris, le pneumatique démontre immédiatement sa supériorité sur le bandage plein. Créé en 1898, le Bibendum symbolise l'entreprise qui, de recherche en innovation, du pneu vélocipède au pneu avion, impose le pneumatique à toutes les roues. En 1946, c'est le dépôt du brevet du pneu radial ceinturé acier, l'une des innovations majeures du monde du transport.

C'est cette volonté permanente de battre demain le pneu d'aujourd'hui pour offrir le meilleur service à l'utilisateur qui a permis à Michelin de devenir le leader mondial du pneumatique.

QU'EST - CE QU'UN PNEU ?

Produit de haute technologie, le pneu constitue le seul point de liaison de la voiture avec le sol. Ce contact correspond, pour une roue, à une surface équivalente à celle d'une carte postale. Le pneu doit donc se contenter de ces quelques centimètres carrés de gomme au sol pour remplir un grand nombre de tâches souvent contradictoires dans des conditions très diverses :

Porter le véhicule à l'arrêt, mais aussi résister aux transferts de charge considérables à l'accélération et au freinage.

Transmettre la puissance utile du moteur ainsi que les efforts de freinage.

Rouler régulièrement, plus sûrement, plus longtemps pour un plus grand plaisir de conduire.

Guider le véhicule avec la plus grande précision possible, quels que soient l'état du sol et les conditions climatiques.

Amortir les irrégularités de la route, en assurant le confort du conducteur et des passagers ainsi que la longévité du véhicule.

Durer, c'est - à - dire garder au meilleur niveau ses performances pendant des millions de tours de roue.

Quelques conseils importants: afin de vous permettre d'exploiter au mieux toutes les qualités de vos pneumatiques, nous vous proposons de lire attentivement les informations et les conseils qui suivent :

Le pneu est le seul point de liaison de la voiture avec le sol.

Comment lit-on un pneu ?

① « Bib» repérant l'emplacement de l'indicateur d'usure.
② Marque enregistrée. ③ Largeur du pneu: ≃ 185mm.
④ Série du pneu H/S: 70. ⑤ Structure: R (radial).
⑥ Diamètre intérieur: 14 pouces (correspondant à celui de la jante). ⑦ Type du pneu: MXV. ⑧ Indice de charge: 88 (560kg). ⑨ Symbole de vitesse: H (210 km/h).
⑩ Pneu sans chambre: Tubeless. ⑪ Marque enregistrée.

Symboles de vitesse maximum:

Q : 160km/h
R : 170km/h
S : 180km/h
T : 190km/h
H : 210km/h
V : 240km/h
ZR : supérieure à 240km/h.

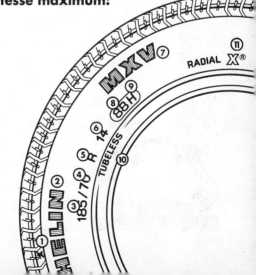

GONFLEZ VOS PNEUS, MAIS GONFLEZ-LES BIEN

POUR EXPLOITER AU MIEUX LEURS PERFORMANCES ET ASSURER VOTRE SECURITE.

Contrôlez la pression de vos pneus dans de bonnes conditions :

Un pneu perd régulièrement et naturellement de la pression (en moyenne 0,04 bar par mois). Il vous faut donc contrôler périodiquement (1 fois par mois) la pression de vos pneus, sans oublier la roue de secours. La pression d'un pneu doit toujours être vérifiée à froid, c'est-à-dire une heure au moins après l'arrêt de la voiture ou après avoir parcouru 2 ou 3 km à faible allure. Il ne faut jamais dégonfler un pneu chaud.

Le surgonflage : Si vous devez effectuer un long trajet à vitesse soutenue ou si la charge de votre voiture est particulièrement importante, il est généralement conseillé de majorer la pression de vos pneus. Mais attention, l'écart de pression avant-arrière, nécessaire à l'équilibre du véhicule doit être impérativement respecté. Consultez les tableaux de gonflage Michelin chez tous les professionnels de l'automobile et chez les spécialistes du pneu.

Le sous-gonflage : Lorsque la pression de gonflage est insuffisante, les flancs du pneu travaillent anormalement ; ce qui entraîne une fatigue excessive de la carcasse, une élévation de température et une usure anormale. Le pneu

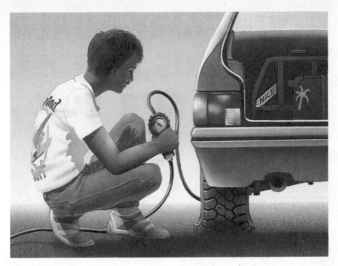

Vérifiez la pression de vos pneus régulièrement et avant chaque voyage.

subit alors des dommages irréversibles qui peuvent entraîner sa destruction. Le sous-gonflage dégrade la précision de guidage de votre véhicule et met en cause votre sécurité.

Le bouchon de valve : En apparence il s'agit d'un détail: c'est pourtant un élément essentiel de l'étanchéité. Aussi n'oubliez pas de le remettre en place après vérification de la pression en vous assurant de sa parfaite propreté.

Voiture tractant caravane, bateau .....

Dans ce cas particulier, il ne faut jamais oublier que le poids de la remorque accroît considérablement la charge du véhicule. Il est donc nécessaire d'augmenter la pression des pneus arrière de votre voiture en vous conformant aux indications des tableaux de gonflage que Michelin diffuse très largement. Pour de plus amples renseignements, demandez conseil à votre revendeur de pneumatiques, c'est un véritable spécialiste.

OUR FAIRE DU E
VOS PNEUS, GARDEZ
UN ŒIL SUR EUX .

Afin de préserver longtemps les qualités de vos pneus, il est impératif de les faire contrôler régulièrement et avant chaque grand voyage. Il faut savoir que la durée de vie d'un pneu peut varier dans un rapport de 1 à 4 et parfois plus, selon son entretien, l'état du véhicule, le style de conduite et l'état des routes! Les ensembles roue-pneumatique doivent être parfaitement équilibrés pour éviter les vibrations qui peuvent apparaître à partir d'une certaine vitesse. Ces vibrations, outre leur désagrément, détériorent les suspensions, affectent la tenue de route et endommagent les pneus par une usure irrégulière. Vous confierez l'équilibrage à un professionnel du pneumatique car cette opération nécessite un outillage très spécialisé.

Voici quelques facteurs qui influent sur l'usure et la durée de vie de vos pneumatiques :

les caractéristiques du véhicule (poids, puissance…), le profil

Une conduite sportive réduit la durée de vie des pneus.

des routes (rectilignes, sinueuses), le revêtement (granulométrie: sol lisse ou rugueux), l'état mécanique du véhicule (réglage des trains avant, arrière, état des suspensions et des freins…), le style de conduite (accélérations, freinages, vitesse de passage en courbe…) , la vitesse (en ligne droite à 120 km/h un pneu s'use deux fois plus vite qu'à 70 km/h), la pression des pneumatiques (si elle est incorrecte, les pneus s'useront beaucoup plus vite et de manière irrégulière).

Sans oublier les événements de nature accidentelle (chocs contre trottoirs, nids de poule…) qui, en plus du risque de

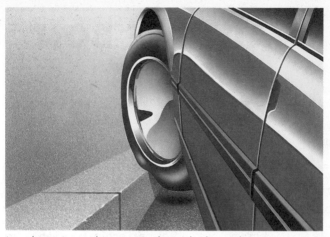

Les chocs contre les trottoirs, les nids de poule... peuvent endommager gravement vos pneus.

déréglage et de détérioration de certains éléments du véhicule, peuvent provoquer des dommages internes au pneumatique dont les conséquences ne se manifesteront parfois que bien plus tard. Un contrôle régulier de vos pneus vous permettra donc de détecter puis de corriger rapidement des anomalies telles que: usure anormale, perte de pression... A la moindre alerte, blessure accidentelle par exemple, adressez - vous immédiatement à un revendeur spécialiste qui interviendra pour préserver les qualités de vos pneus, votre confort et votre sécurité.

SURVEILLEZ L'USURE DE VOS PNEUMATIQUES:

Comment ? Tout simplement en observant la profondeur de la sculpture. C'est un facteur de sécurité, en particulier sur sol mouillé. Tous les pneus possèdent des indicateurs d'usure de 1,6 mm d'épaisseur. Ces indicateurs sont repérés par un Bibendum situé aux "épaules"des pneus Michelin. Un examen visuel suffit pour connaître le niveau d'usure de vos pneumatiques. Mais attention, même si vos pneus n'ont pas encore atteint la limite d'usure légale (en France, la profondeur restante de la sculpture doit être supérieure à 1mm sur l'ensemble de la bande de roulement), leur capacité d'évacuer l'eau aura naturellement diminué avec l'usure.

FAITES LE BON CHOIX POUR ROULER EN TOUTE TRANQUILLITE .

Le type de pneumatique qui équipe d'origine votre véhicule a été déterminé pour optimiser ses performances. Il vous est cependant possible d'effectuer un autre choix en fonction de votre style de conduite, des conditions climatiques, de la nature des routes et des trajets effectués.

Dans tous les cas, il est indispensable de consulter un spécialiste du pneumatique, lui seul pourra vous aider à trouver la solution la mieux adaptée à votre utilisation.

Montage, démontage du pneu ; c'est l'affaire d'un spécialiste :

Un mauvais montage ou démontage du pneu peut détériorer celui-ci et mettre en cause votre sécurité : il faut donc confier cette tâche à un spécialiste.

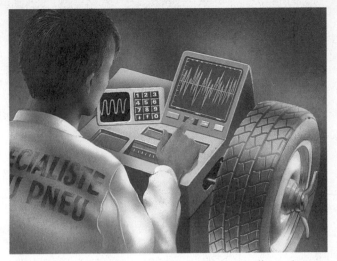

Le montage et l'équilibrage d'un pneu, c'est l'affaire d'un spécialiste.

Il est conseillé de monter le même type de pneu sur l'ensemble du véhicule. Pour obtenir la meilleure tenue de route, les pneumatiques neufs ou les moins usés doivent être montés à l'arrière de votre voiture.

En cas de crevaison, seul un professionnel du pneu saura effectuer les examens nécessaires et décider de son éventuelle réparation.

Il est recommandé de changer la valve ou la chambre à chaque intervention.

Nous déconseillons de monter une chambre à air avec un pneu tubeless.

INNOVER POUR ALLER PLUS LOIN

Concevoir les pneus qui font avancer tous les jours 2 milliards de roues sur la terre, faire évoluer sans relâche plus de 3000 types de pneus différents, c'est ce que font chaque jour 4500 chercheurs dans les centres de recherche Michelin.

Leurs outils : des ordinateurs qui calculent à la vitesse de 100 millions d'opérations par seconde, des laboratoires et des centres d'essais installés sur 6000 hectares en France, en Espagne et aux Etats-Unis pour parcourir quotidiennement 25 fois le tour du monde soit plus d'un million de kilomètres. Leur volonté : écouter, observer puis optimiser chaque fonction du pneumatique et tester sans relâche les solutions qui permettront de battre demain le pneu d'aujourd'hui.

AU SERVICE DU CONDUCTEUR : LES CARTES ET LES GUIDES MICHELIN

Depuis la naissance de l'automobile, les Cartes et les Guides Michelin sont les compagnons les plus précieux de l'usager de la route. Vendus chaque année à 16 millions d'exemplaires les Guides Rouges hôteliers, les cartes routières et les Guides Verts touristiques apportent des informations précises et pratiques régulièrement mises à jour. Ils offrent par leur complémentarité et leur indépendance de jugement un service particulièrement bien adapté à l'automobiliste.

RENSEIGNEMENTS UTILES.

Vous avez des observations, vous souhaitez des précisions concernant l'utilisation de vos pneumatiques Michelin, écrivez-nous à: Manufacture Française des Pneumatiques Michelin. Boîte postale consommateurs .

63040 Clermont-Ferrand cedex.

Assistance Michelin Itinéraires :

Minitel: 3615 code Michelin.

- Centre de Renseignements Autoroutes , tél: (1) 47 05 90 01
Minitel: 3614 code ASFA.

- Centre National d'Informations Routières, tél:(1) 48 94 33 33
Minitel: 3615 code Route.

- Centres Régionaux d'Information et de Coordination Routière.

Bordeaux 56 96 33 33
Ile-de-France-Centre .... (1) 48 99 33 33
Lille 20 47 33 33
Lyon 78 54 33 33
Marseille 91 78 78 78
Metz 87 63 33 33
Rennes 99 32 33 33

DATE	CHIFFRE COMPTEUR	OPERATIONS

50054 Firenze 🔢🔢🔢 ⑭ – 20 579 ab. alt. 55 – ✆ 0571.

Roma 313 – ◆Firenze 44 – ◆Livorno 49 – Lucca 33 – Montecatini Terme 23 – Pisa 39 – Pistoia 32 – Siena 71.

  ✗   **Da Renato**, via Trento 13 ☎ 20209 – ▤. 🛃
  ◆   *chiuso sabato e dal 4 al 25 agosto* – Pas carta 18/35000.

     a Ponte a Cappiano NO : 4 km – ✉ 50050 :

  ✗✗   **Le Vedute**, NO : 3 km ☎ 297201, 斎, 霖 – ➋. 🆅🅸🆂🅰. ⸗
     chiuso martedì ed agosto – Pas carta 45/55000 (12%).

24030 Bergamo 🔢🔢🔢 ⑩ – 253 ab. alt. 1 001 – ✆ 035.

Roma 633 – ◆Bergamo 31 – Lecco 46 – ◆Milano 74.

  ✗   **Canella** ⸙ con cam, ☎ 866042, ⬿ – ➋
     Pas *(chiuso martedì)* carta 17/26000 – **7 cam** ⸗ 25/35000 – P 30/42000.

Pavia – alt. 87 – ✉ 27050 Corvino San Quirico – ✆ 0383.

Roma 559 – Alessandria 50 – ◆Genova 106 – ◆Milano 59 – Pavia 21 – Piacenza 50 – Voghera 13.

  ✗✗   **Nazionale da Angelo** con cam, ☎ 86130 – 🛗 ▤ 📺 ☎ ➋. 🅰🅴 ① 🅴 🆅🅸🆂🅰
     Pas carta 36/55000 – ⸗ 7000 – **40 cam** 40/55000 – ½ P 50/55000.

39040 Bolzano 🔢🔢🔢 ④⑤ – 2 270 ab. alt. 1 159 – a.s. luglio-settembre e
Natale – ✆ 0472.

Roma 680 – ◆Bolzano 38 – Bressanone 19 – ◆Milano 337 – Ortisei 33 – Trento 98.

  🏨   **Sport Hotel Tyrol** ⸙, località Santa Maddalena ☎ 40104, ⬿ gruppo delle Odle e pinete,
     ⊾ riscaldata, 霖 – 🛗 ☎ ⬥ ➋. 🅴. ⸗ rist
     27 maggio-21 ottobre – Pas carta 25/37000 – **28 cam** ⸗ 49/90000 – ½ P 54/62000.

  🏨   **Kabis** ⸙, località San Pietro ☎ 40126, ⬿, 霖 – 🛗 ⸗ rist ☎ ⬅ ➋
     aprile-ottobre – Pas *(chiuso mercoledì in bassa stagione)* carta 25/32000 – **40 cam**
     ⸗ 44/80000 – ½ P 47/50000.

Messina – Vedere Sicilia alla fine dell'elenco alfabetico.

Pesaro e Urbino – alt. 177 – a.s. 15 giugno-agosto.

Roma 259 – ◆Ancona 97 – Fano 38 – Gubbio 43 – Pesaro 49 – Urbino 19.

  ✗✗   **La Ginestra** ⸙ con cam, ✉ 61040 Furlo ☎ (0721) 700046, ⊾, 霖, ✗ – ▤ rist 📺 ☎ ➋.
     🅰🅴 ① 🆅🅸🆂🅰. ⸗
     chiuso gennaio – Pas *(chiuso lunedì da febbraio ad aprile)* carta 29/45000 – ⸗ 8000 –
     10 cam 40/60000 – ½ P 60000.

84010 Salerno – 743 ab. alt. 300 – a.s. luglio e agosto – ✆ 089.
Vedere Vallone★★.

Roma 264 – ◆Napoli 52 – Salerno 35 – Sorrento 40.

  ✗   **Hostaria di Bacco** con cam, ☎ 874583, ⬿, « Servizio estivo in terrazza » – ➋. 🅰🅴 🛃 ①
     🅴 🆅🅸🆂🅰. ⸗
     Pas *(chiuso venerdì)* carta 20/37000 (10%) – ⸗ 5000 – **12 cam** 45000 – ½ P 50000.

Verona – Vedere Isola della Scala.

61011 Pesaro e Urbino 🔢🔢🔢 ⑯ – 5 556 ab. – a.s. 15 giugno-agosto – ✆ 0541.
🛈 viale della Vittoria 41 ☎ 954424.

Roma 316 – ◆Ancona 93 – Forlì 70 – ◆Milano 342 – Pesaro 16 – Rimini 23.

  🏨🏨   **Alexander**, via Panoramica 35 ☎ 954166, ⬿, ⊾ riscaldata, 霖 – 🛗 ⸗ cam 📺 ☎ ⬥ ➋.
  ◆   🅰🅴. ⸗ rist
     maggio-settembre – Pas 20/30000 – ⸗ 8000 – **50 cam** 55/80000 – ½ P 45/50000.

  🏨   **Majestic**, via Balneare 10 ☎ 953744, ⬿, ⊾ riscaldata – 🛗 ⊛ ➋. 🅰🅴. ⸗ rist
     10 maggio-settembre – Pas 20/25000 – ⸗ 7000 – **55 cam** 50/70000 – ½ P 45/70000.

  🏨   **Losanna**, piazza Giardini Unità d'Italia 3 ☎ 950367, ⊾ riscaldata, 霖 – 🛗 ⊛ ➋. ⸗ rist
  ◆   *10 maggio-settembre* – Pas 20000 – ⸗ 7000 – **67 cam** 40/60000 – ½ P 60/75000.

  🏨   **Giovanna Regina**, via Vittorio Veneto 173 ☎ 958181, Fax 954728, ⬿ – 🛗 ⊛. 🅰🅴 🛃 ① 🅴
  ◆   🆅🅸🆂🅰. ⸗ rist
     27 maggio-20 settembre – Pas (solo per clienti alloggiati) 20/25000 – **43 cam** ⸗ 45/70000 –
     P 55/70000.

  🏨   **Bellavista**, piazza Giardini Unità d'Italia 9 ☎ 954640, Fax 958105, ⬿ – 🛗 ▤ rist ⊛ ➋. ⸗
     aprile-26 settembre – Pas 22/32000 – ⸗ 7000 – **58 cam** 60/75000 – ½ P 50/55000.

  🏨   **Club Hotel**, via Panoramica 33 ☎ 968419, ⬿, ⊾ – 🛗 ☎ ➋. ⸗
     maggio-settembre – Pas (solo per clienti alloggiati) – ⸗ 6000 – **46 cam** 41/65000 –
     ½ P 72/75000.

segue →

🏨 **Nobel,** via Vittorio Veneto 99 ℰ 954039 – 🛗 🕾 🄿 ✼ rist
15 maggio-settembre – Pas 23000 – 😅 7500 – **37 cam** 43/63000 – ½ P 38/68000.

🏨 **Marinella,** via Vittorio Veneto 127 ℰ 950453, Fax 950426, ≤ – 🛗 📺 🕾 🕮 🗟 🕦 🖹 🎫
✼ rist
Pasqua-settembre – Pas 25/30000 – 😅 10000 – **45 cam** 40/60000 – ½ P 62/72000.

🏨 **Sans Souci,** via Mare 9 ℰ 950164, ≤ – 🛗 🕾 🄿 ✼ rist
aprile-settembre – Pas 25/30000 – 😅 6000 – **39 cam** 41/60000 – ½ P 40/71000.

🏠 **Tre Stelle,** via Gabriele D'Annunzio 12 ℰ 954697 – 🛗 ⇐⇒ 🕾 ✼
➡ *maggio-settembre* – Pas 20/50000 – **50 cam** 😅 39/57000 – ½ P 34/51000.

🏠 **Augusta,** via Vittorio Veneto 77 ℰ 950001 – 🛗 ✼
25 maggio-25 settembre – **30 cam** solo ½ P 35/49000.

a Gabicce Monte E : 2,5 km – alt. 144 – ✉ **61011** Gabicce Mare :

🏨 **Capo Est** 🏖, località Vallugola ℰ 953333, Telex 550637, ≤ mare e porticciolo, « Terrazze
fiorite e panoramiche con 🏊 e ✼ », Ascensore per la spiaggia – 🛗 🕾 🄿 – 🛢 25 a 100
🕮 🕦 ✼ rist
maggio-settembre – Pas 50/60000 – 😅 12000 – **84 cam** 160/260000 – P 112/160000.

✗ **Grottino,** ℰ 953195, ≤, 🎪 – 🎫 ✼
chiuso da gennaio al 15 febbraio e mercoledì da ottobre a maggio – Pas carta 36/55000.

GABRIA Gorizia – alt. 39 – ✉ **34070** Savogna d'Isonzo – 🕿 0481.
Roma 648 – Gorizia 8 – ✦Milano 387 – ✦Trieste 36 – Udine 40.

✗✗ **Da Tommaso** con cam, S : 1 km ℰ 882004, 🎪, 🌳 – 🄿 🕮 🗟 🎫
Pas *(chiuso domenica sera e lunedì)* carta 23/35000 – 😅 6000 – **9 cam** 30/65000 –
½ P 48/57000.

GAETA 04024 Latina 🐾🐾🐾 ㉖㉗ – 24 040 ab. – a.s. Pasqua e luglio-agosto – 🕿 0771.
Vedere Golfo★ – Candelabro pasquale★ nel Duomo.
🛈 piazza Traniello 19 ℰ 462767 – (luglio-agosto) piazza 24 Maggio ℰ 461165.
Roma 141 – Caserta 79 – Frosinone 87 – Latina 74 – ✦Napoli 94.

🏨 **Sèrapo,** a Sèrapo ℰ 741403, Telex 680441, Fax 741405, ≤, 🎪, 🏖, 🐾, 🌳, ✼ – 🛗 ⇐⇒
🕾 🄿 – 🛢 100. 🕮 🗟 🎫 ✼
Pas carta 34/52000 – 😅 7000 – **179 cam** 45/75000 – ½ P 60/75000.

✗✗ **La Salute,** piazza Caboto 1 ℰ 460050 – 🖹.

✗ **Taverna del Marinaio,** via Faustina 43 ℰ 461342, 🎪 – 🕮
chiuso mercoledì escluso dal 15 giugno al 15 settembre – Pas carta 20/35000 (15%).

sulla strada statale 213 O : 7 km :

🏨 **Summit,** ✉ 04024 ℰ 741741, Telex 680333, Fax 741747, ≤ mare e costa, « Terrazza
giardino », 🏖 – 🛗 🖹 rist 📺 🕾 🄿 – 🛢 150. 🕮 🗟 🎫 ✼
chiuso gennaio e febbraio – Pas 38000 – 😅 15000 – **69 cam** 60/93000 – ½ P 95/115000.

GAIOLE IN CHIANTI 53013 Siena – 2 343 ab. alt. 356 – 🕿 0577.
Roma 252 – Arezzo 56 – ✦Firenze 69 – Siena 28.

✗✗ **Castello di Spaltenna** 🏖 con cam, ℰ 749483, Fax 749269, ≤, Coperti limitati; prenotare
« In un antico castello » – 📺 🕾 🄿 🕮 🗟 🕦 🖹 🎫
chiuso dal 15 gennaio al 28 febbraio – Pas carta 45/65000 (10%) – **15 cam** 😅 130/210000.

✗ **Badia,** località Coltibuono NE : 5,5 km ℰ 749424, ≤, « Servizio estivo all'aperto » – 🄿 🕮
🗟 🕦 🎫
chiuso lunedì e da novembre al 15 dicembre – Pas carta 29/44000 (10%).

GAIS 39030 Bolzano – 2 470 ab. alt. 841 – 🕿 0474.
Roma 720 – ✦Bolzano 82 – Cortina d'Ampezzo 64 – Trento 142.

🏠 **Windschar,** ℰ 54123, Fax 54380, ≤, 🏊, 🏖, 🌳 – 🛗 ⇐⇒ 🄿
20 dicembre-Pasqua e maggio-ottobre – Pas (solo per clienti alloggiati) – **70 cam**
😅 43/80000 – ½ P 32/60000.

GALATINA 73013 Lecce 🐾🐾🐾 ㉚ – 29 296 ab. alt. 78 – 🕿 0836.
Vedere Chiesa di Santa Caterina d'Alessandria★.
Dintorni Facciata★ della chiesa del Crocifisso della Pietà a Galatone SO : 9 km.
Roma 628 – ✦Bari 171 – ✦Brindisi 59 – Lecce 20 – Otranto 30 – ✦Taranto 93.

🏠 **Maurhotel,** via Pavia ℰ 61971 – 🛗 🖹 rist 📺 🕾 ⇐⇒. 🗟 🕦 🖹 🎫
➡ Pas *(chiuso domenica)* 20/40000 – 😅 6000 – **24 cam** 37/52000 – ½ P 50000.

GALEATA 47010 Forlì 🐾🐾🐾 ⑮ – 2 284 ab. alt. 235 – 🕿 0543.
Roma 308 – ✦Firenze 99 – Forlì 34 – ✦Perugia 134 – Rimini 75.

✗ **Locanda Romagna,** ℰ 981695
chiuso sabato, dal 2 al 10 gennaio e dal 1° al 21 luglio – Pas carta 22/39000.

GALLARATE 21013 Varese 🔢🔢🔢 ③, 🔢🔢🔢 ⑰ – 46 387 ab. alt. 238 – ✆ 0331.

Roma 617 – Como 50 – ◆Milano 40 – Novara 34 – Stresa 42 – Varese 18.

🏨 **Jet Hotel** senza rist, via Tiro a Segno 22 ℰ 785534, Fax 772686, ⬛ riscaldata – 🛗 🖵 📺 ☎ 🔥 ⬅ 🅿. 🖭 🕃 Ⓞ Ⲉ 🆅🆂🅰
⚏ 14000 – **30 cam** 90/120000.

🏨 **Astoria**, piazza Risorgimento 9/a ℰ 791043, Telex 351005, Fax 772671 – 🛗 📺 ☎ 🔥 – 🔲
50 a 200. 🖭 🕃 Ⓞ Ⲉ 🆅🆂🅰. 🛠
Pas vedere rist Astoria – ⚏ 15000 – **49 cam** 59/78000.

🏴 **Raffieri**, via Trombini 1/a ℰ 793384, 🏵 – ⬅⬅. 🖭 🕃 Ⓞ Ⲉ 🆅🆂🅰
chiuso lunedì ed agosto – Pas carta 31/51000.

🏴 **Risorgimento-da Damiano**, piazza Risorgimento 8 ℰ 793594 – 🍴. 🖭 🕃 ⓄⲈ 🆅🆂🅰. 🛠
chiuso domenica e dal 5 al 25 agosto – Pas carta 38/60000.

🏴 **Trattoria Fornasetta**, località Crenna ℰ 798682, prenotare – 🖭 🕃 Ⓞ Ⲉ 🆅🆂🅰
chiuso lunedì, sabato a mezzogiorno, dal 1° al 7 gennaio e dal 4 al 25 agosto – Pas
carta 37/67000.

🏴 **Astoria**, piazza Risorgimento 9 ℰ 786777 – 🍴. 🖭 🕃 Ⓞ Ⲉ 🆅🆂🅰
chiuso venerdì – Pas carta 36/55000.

GALLIATE 28066 Novara 🔢🔢🔢 ③, 🔢🔢🔢 ⑰ – 13 451 ab. alt. 154 – ✆ 0321.

Roma 617 – Como 68 – ◆Milano 43 – Novara 7 – Stresa 53 – ◆Torino 100 – Varese 45.

al Ponte di Turbigo NE : 4 km – ✉ 28066 Galliate :

🏴 **Chalet Bovio**, ℰ 861664, 🌂 – 🍴 🅿. 🖭 Ⓞ
chiuso lunedì sera, martedì e dal 17 al 29 agosto – Pas carta 27/41000 (10%).

GALLICO MARINA 89055 Reggio di Calabria – ✆ 0965.

Roma 700 – Catanzaro 156 – Gambarie d'Aspromonte 32 – ◆Reggio di Calabria 9 – Villa San Giovanni 7.

🏨 **Fata Morgana**, ℰ 370009, ≤, ⬛ – 🛗 🍴 📺 ☎ 🅿 – 🔲 100. 🕃 Ⓞ 🆅🆂🅰
Pas vedere rist Fata Morgana – ⚏ 4000 – **32 cam** 66/99000 – ½ P 75000.

🏴 **Fata Morgana**, ℰ 370012, ≤ – 🕃 Ⓞ 🆅🆂🅰
chiuso martedì escluso da luglio al 15 settembre – **Pas** carta 22/33000 (15%).

GALLIERA VENETA 35015 Padova – 6 251 ab. alt. 30 – ✆ 049.

Roma 535 – ◆Padova 36 – Trento 109 – Treviso 32 – Vicenza 34.

🏴 **Al Palazzon**, località Mottinello Nuovo ℰ 5965020, 🏵 – 🍴 🅿. 🛠
chiuso domenica e lunedì – **Pas** carta 26/37000.

🏴 **Al Palazzino**, via Roma 29 ℰ 5969224, Coperti limitati; prenotare, 🌂 – 🅿. 🖭 🆅🆂🅰. 🛠
chiuso mercoledì – Pas carta 28/44000.

GALLINARO 03040 Frosinone – 1 209 ab. alt. 550 – ✆ 0776.

Roma 134 – Frosinone 51 – Isernia 66.

🏠 **Tramp's** 🛋, bivio Settefrati NE : 3 km ℰ 65135, ≤, ⬛, 🌂, 🎾 – ☎ 🅿. 🕃 Ⲉ 🆅🆂🅰. 🛠
Pas carta 22/40000 – ⚏ 9000 – **36 cam** 28/42000 – ½ P 55000.

GALLIPOLI 73014 Lecce 🔢🔢🔢 ㉚ – 20 876 ab. – ✆ 0833.

Vedere Interno* della chiesa della Purissima.

Roma 628 – ◆Bari 190 – ◆Brindisi 76 – Lecce 37 – Otranto 47 – ◆Taranto 93.

🏴 **Marechiaro**, lungomare Marconi ℰ 476143, ≤ – 🖭 🕃 Ⓞ Ⲉ 🆅🆂🅰
chiuso martedì da ottobre a maggio – Pas carta 19/30000 (14%).

sulla strada Litoranea SE : 6 km :

🏨 **Gd H. Costa Brada** 🛋, ✉ 73014, ℰ 22551, Telex 860273, Fax 22555, ≤, « Giardino
ombreggiato con ⬛ riscaldata e 🎾 », 🏖 – 🛗 🍴 📺 ☎ 🅿 – 🔲 50 a 250. 🖭 🕃 Ⓞ Ⲉ
🆅🆂🅰. 🛠
Pas carta 40/65000 – **78 cam** ⚏ 99/154000 – ½ P 110/176000.

Vedere anche : Sannicola NE : 8 km.

GALLUZZO Firenze – Vedere Firenze.

Gli alberghi o ristoranti ameni sono indicati nella guida
con un simbolo rosso.
Contribuite a mantenere
la guida aggiornata segnalandoci
gli alberghi e ristoranti dove avete soggiornato piacevolmente.

🏯🏯🏯 ... 🏠

XXXXX ... X

GALZIGNANO TERME 35030 Padova – 4 201 ab. alt. 22 – Stazione termale (marzo-novembre) a.s. aprile-15 giugno e 15 agosto-ottobre – ✿ 049.

🛅 (chiuso gennaio, febbraio e lunedì) a Valsanzibio ✉ 35030 Galzignano ♟ 9130078, S : 3 km.

Roma 477 – Mantova 94 – ◆Milano 255 – ◆Padova 21 – Rovigo 34 – ◆Venezia 60.

Sporting Hotel Terme ⬧, ♟ 525500, Telex 430248, Fax 526466, ≼, ♨, ⌁ riscaldata, ⬛, ☞, ℀ – 🗌 ⤢ cam 🍽 rist ☎ ᗕ ⟚ ℗. ℀ rist
marzo-15 novembre – Pas 41000 – ⌧ 12500 – **118 cam** 80/115000 appartamenti 180000 – ½ P 110/119000.

Majestic Hotel Terme ⬧, ♟ 525444, Telex 430223, Fax 526466, ≼, ♨, ⌁ riscaldata, ⬛, ☞, ℀ – 🗌 🍽 rist ☎ ᗕ ⟚ ℗ – 🔬 100. ℀ rist
marzo-ottobre – Pas 41000 – ⌧ 12500 – **125 cam** 80/115000 appartamenti 163000 – ½ P 91/100000.

Splendid Hotel Terme ⬧, ♟ 525333, ≼, ♨, ⌁ riscaldata, ⬛, ☞, ℀ – 🗌 ⤢ 🍽 rist ☎ ⟚ ℗. ℀ rist
marzo-12 novembre – Pas 42000 – ⌧ 12500 – **108 cam** 80/115000 – ½ P 91/100000.

Green Park Hotel Terme ⬧, ♟ 525511, Fax 526466, ≼, ♨, ⌁ riscaldata, ⬛, ☞, ℀ – 🗌 🍽 rist ☎ ℗. ℀ rist
marzo-10 novembre – Pas 42000 – ⌧ 12500 – **92 cam** 76/110000 appartamenti 158000 – ½ P 87/96000.

GAMBOLÒ 27025 Pavia – 7 744 ab. alt. 106 – ✿ 0381.

Roma 595 – Alessandria 48 – ◆Milano 42 – Novara 34 – Pavia 32 – Vercelli 42.

✗ Al Castello, ♟ 938136 – ℗.

GANDRIA 427 ㉔, 219 ⑧ – Vedere Cantone Ticino alla fine dell'elenco alfabetico.

GANNA Varese 219 ⑧ – alt. 456 – ✉ 21039 Valganna – ✿ 0332.

Roma 644 – ◆Lugano 21 – Luino 17 – ◆Milano 67 – Varese 11.

✗✗ 3 Risotti 3, ♟ 719720 – 🍽 ℗. 🅰🅴 🆂 ⓞ 🅴 𝘝𝘐𝘚𝘈
chiuso mercoledì (escluso dal 16 luglio al 15 settembre) – Pas carta 32/46000.

GANZIRRI Messina – Vedere Sicilia (Messina) alla fine dell'elenco alfabetico.

GARBAGNATE MILANESE 20024 Milano 219 ⑱ – 24 890 ab. alt. 179 – ✿ 02.

Roma 588 – Como 33 – ◆Milano 16 – Novara 48 – Varese 36.

✗✗✗ ✿ La Refezione, via Milano 166 ♟ 9958942, Coperti limitati; prenotare – ℗. 🅰🅴
chiuso domenica, lunedì a mezzogiorno, dal 1° al 10 gennaio ed agosto – Pas carta 50/72000. Spec. Insalata tiepida di polipo e patate, Minestra di pane, Filetto di manzo al forno. **Vini** Pinot grigio, Dolcetto.

a Santa Maria Rossa SO : 2 km – ✉ 20024 Garbagnate Milanese :

✗✗ Alle Magnolie, ♟ 9955640, « Servizio estivo in giardino » – ℗. 🅰🅴 🆂 ⓞ 𝘝𝘐𝘚𝘈
chiuso lunedì sera, martedì ed agosto – Pas carta 43/64000.

GARDA 37016 Verona 988 ④ – 3 475 ab. alt. 68 – ✿ 045.

Vedere Punta di San Vigilio★★ O : 3 km – 🛈 lungolago Regina Adelaide ♟ 7255194.

Roma 527 – ◆Brescia 64 – Mantova 65 – ◆Milano 151 – Trento 82 – ◆Venezia 151 – ◆Verona 39.

Regina Adelaide, ♟ 7255013, Telex 341078, « Giardino » – 🗌 📺 ℗ – 🔬 60. 🅰🅴 🆂 🅴
𝘝𝘐𝘚𝘈. ℀ rist
Pas *(chiuso dal 15 gennaio all'8 marzo e dal 15 ottobre al 19 dicembre)* carta 26/41000 – **54 cam** ⌧ 90/120000 appartamenti 160/190000 – ½ P 70/110000.

Du Parc, via Marconi 3 ♟ 7255343, Fax 7256188, ≼, ☞ – 🗌 🍽 rist ☎ ℗. 🅰🅴 🆂 ⓞ 𝘝𝘐𝘚𝘈 ℀
15 giugno-settembre – Pas *(chiuso a mezzogiorno)* 40000 – ⌧ 20000 – **26 cam** 65/100000 – ½ P 90/120000.

Flora ⬧, ♟ 7255348, « Giardino con ⌁ riscaldata e ℀ » – 🗌 ☎ ⟚ ℗ – 🔬 40. ℀
Pasqua-15 ottobre – Pas carta 28/35000 – ⌧ 12000 – **63 cam** 74/95000 – ½ P 70/90000.

Terminus, ♟ 7255030, ≼, 🍴, ☞ – 🗌 ⊛ ℗ – *stagionale* – **40 cam**.

Cortina senza rist, ♟ 7255433 – ⊛ ℗. ℀
marzo-ottobre – **27 cam** ⌧ 55/85000.

San Marco, ♟ 7255008, Fax 7256749 – ☎ ℗. ℀
marzo-ottobre – Pas carta 27/38000 – ⌧ 15000 – **15 cam** 65000 – ½ P 60000.

Giardinetto, ♟ 7255051, ≼, 🍴 – 🗌 ☎. ℀ cam
aprile-ottobre – Pas *(chiuso giovedì)* carta 24/36000 – **24 cam** ⌧ 85000 – ½ P 45/65000.

Tre Corone, ♟ 7255033, ≼, 🍴 – 🗌 ⤢ rist. ℀
marzo-ottobre – Pas *(chiuso mercoledì)* carta 25/44000 – ⌧ 9000 – **26 cam** 55/68000 – ½ P 65000.

Conca d'Oro, ♟ 7255275, ≼ – ⓞ. ℀ rist
marzo-novembre – Pas *(chiuso martedì, marzo e novembre)* carta 25/36000 – **19 cam** ⌧ 55/84000 – ½ P 49/65000.

verso Costermano :

Cipriani e Rist. Da Remigio, E : 2 km ✉ 37010 Costermano ☎ 7200064, Fax 7200275, « Servizio estivo in terrazza con ← », – |$| TV ☎ P. AE 🅂 ① E VISA. ✻ cam
Pas *(chiuso giovedì)* carta 22/39000 – ☐ 10000 – **30 cam** 60/90000 – ½ P 70/80000.

XX **Stafolet,** E : 1,5 km ✉ 37016 ☎ 7255427, – P
chiuso lunedì e novembre – Pas carta 30/48000.

GARDA (Lago di) o BENACO *** Brescia, Trento e Verona 988 ④ – Vedere Guida Verde.

GARDENA (Passo di) (GRÖDNER JOCH) Bolzano – alt. 2 137 – a.s. febbraio-aprile, 15 luglio-agosto e Natale – Sport invernali : vedere Selva di Val Gardena.

Roma 695 – Belluno 96 – ♦Bolzano 54 – Brunico 46 – Cortina d'Ampezzo 58 – ♦Milano 353 – Trento 114.

Cir, ✉ 39048 Selva di Val Gardena ☎ (0471) 75127, ← Dolomiti e vallata – ☎ P
stagionale – **34 cam**.

GARDOLO Trento – Vedere Trento.

Halten Sie beim Betreten des Hotels oder des Restaurants den Führer in der Hand.
Sie zeigen damit, daß Sie aufgrund dieser Empfehlung gekommen sind.

GARDONE RIVIERA 25083 Brescia 988 ④ – 2 525 ab. alt. 85 – a.s. Pasqua e luglio-15 settembre – ☎ 0365.

Vedere Posizione pittoresca** – Tenuta del Vittoriale* (residenza e tomba di Gabriele d'Annunzio) NE : 1 km.

(chiuso martedì) a Bogliaco ✉ 25080 ☎ 643006, NE : 10 km.

corso Repubblica 35 ☎ 20347.

Roma 551 – ♦Bergamo 88 – ♦Brescia 34 – Mantova 90 – ♦Milano 129 – Trento 91 – ♦Verona 66.

Grand Hotel, ☎ 20261, Telex 300254, Fax 22695, ←, « Terrazza fiorita sul lago con riscaldata », – |$| cam ☎ P – 50 a 350. AE 🅂 ① E VISA. ✻ rist
aprile-ottobre – Pas 45000 – **180 cam** ☐ 137/240000 – ½ P 140/157000.

Montefiori, ☎ 21118, Fax 21488, ← lago, « Villette in un parco », – TV ☎ P – 180. AE 🅂 ① VISA. ✻ rist
chiuso novembre – Pas carta 24/42000 – **36 cam** ☐ 70/120000 – ½ P 80/90000.

Parkhotel Villa Ella, ☎ 21030, ← lago, « Parco ombreggiato con » – |$| P. AE 🅂 ① E VISA. ✻ rist
aprile-settembre – Pas 40000 – **44 cam** ☐ 80/140000 – ½ P 70/75000.

Monte Baldo, ☎ 20951, ←, « Terrazza-giardino sul lago con », – |$| ☎ P. AE VISA. ✻ rist
20 aprile-settembre – Pas 27/32000 – ☐ 9500 – **45 cam** 53/88000 – ½ P 69/78000.

Villa Capri, senza rist, ☎ 21537, « Giardino sul lago », – ☎ P
stagionale – **36 cam**.

Bellevue, ☎ 20235, ←, « Giardino » – |$| P. VISA. ✻ rist
aprile-10 ottobre – Pas 24000 – ☐ 7500 – **31 cam** 48/65000 – ½ P 60000.

XXX ✿ **Villa Fiordaliso** con cam, ☎ 20158, Fax 919012, ←, « Villa storica con servizio estivo all'aperto », – TV ☎ P. AE 🅂 ① E VISA. ✻
chiuso gennaio e febbraio – Pas *(chiuso domenica sera e lunedì)* carta 47/74000 (10%) – **7 cam** ☐ 128000 – ½ P 127000
Spec. Mazzancolle alle verdure, Risotto alle capesante e zafferano, Filetto di vitello all'erba cipollina e scalogno.
Vini Chardonnay, Cabernet franc.

XX **Casinò,** al bivio per il Vittoriale ☎ 20387, « Servizio estivo in terrazza sul lago » – P. AE 🅂 ① E VISA. ✻
chiuso lunedì, gennaio e febbraio – Pas carta 34/47000.

XX **La Stalla,** strada per il Vittoriale ☎ 21038, – P. AE ① VISA. ✻
chiuso gennaio e martedì (escluso luglio-settembre) – Pas carta 30/50000.

a Fasano del Garda NE : 2 km – ✉ **25080** :

Gd H. Fasano, ☎ 21051, Fax 21054, ← lago, « Terrazza-giardino sul lago con riscaldata », – |$| cam ☎ P – 100. ✻ rist
12 maggio-settembre – Pas carta 41/51000 – ☐ 22000 – **70 cam** 101/183000 – ½ P 114/136000.

Villa del Sogno, ☎ 20228, Fax 21145, ← lago, « Parco e terrazze con », – |$| ☎ P – 60. AE 🅂 ① E VISA. ✻
aprile-15 ottobre – Pas 50000 – **35 cam** ☐ 140/240000 – ½ P 130/150000.

Il Riccio, ☎ 21987, ←, « Giardino », – |$| ☎ P. ✻
15 maggio-settembre – Pas 25/35000 – ☐ 10000 – **25 cam** 49/68000 – ½ P 55/67000.

Vedere anche : *Salò* (Barbarano).

GARESSIO 12075 Cuneo 圆圆圆 ⑫ – 4 101 ab. alt. 621 – Stazione termale (giugno-settembre) 🕓 0174.

🖪 via al Santuario 𝒫 81122.

Roma 615 – Cuneo 72 – Imperia 62 – ✦Milano 239 – Savona 70 – ✦Torino 115.

 🏚 **Ramo Verde,** via Garibaldi 108 𝒫 81075 – 🕮 🅿. ℀
 ➡ *15 marzo-ottobre* – Pas *(chiuso venerdì)* carta 20/33000 – ☲ 5000 – **23 cam** 40/60000 – ½ P 48/50000.

 🏚 **Italia,** corso Paolini 28 𝒫 81027, ☞ – 🕮 ᵭ 🅿. 🖭 🕃 � 🚾 ℀
 ➡ *giugno-settembre* – Pas carta 17/29000 – ☲ 4000 – **54 cam** 30/58000 – P 50/60000.

GARGANO (Promontorio del) ★★★ Foggia 圆圆圆 ㉘ – Vedere Guida Verde.

GARGAZON = Gargazzone.

GARGAZZONE (GARGAZON) 39010 Bolzano 圆圆 ㉕ – 1 107 ab. alt. 267 – a.s. aprile-maggio e 15 luglio-ottobre – 🕓 0473.

Roma 563 – ✦Bolzano 17 – Merano 11 – ✦Milano 315 – Trento 75.

 🏚 **Alla Torre-Zum Turm,** 𝒫 292325, « Giardino-frutteto con ⊼ riscaldata » – ☎ 🅿
 chiuso febbraio – Pas *(chiuso giovedì)* carta 27/40000 – **14 cam** ☲ 32/64000 – P 48/50000.

GARGNANO 25084 Brescia 圆圆圆 ④ – 3 273 ab. alt. 98 – a.s. Pasqua e luglio-15 settembre – 🕓 0365.

Vedere Guida Verde.

🇫🇹 (chiuso martedì) a Bogliaco ⊠ 25080 𝒫 643006, S : 1,5 km.

Roma 563 – ✦Bergamo 100 – ✦Brescia 46 – ✦Milano 141 – Trento 79 – ✦Verona 78.

 🏨 **Giulia** 🐾, 𝒫 71022, ≤, ☞, « Giardino in riva al lago », ⊼ riscaldata, 🐾₀ – ☎ 🅿. 🚾 ℀ rist
 aprile-ottobre – Pas carta 42/60000 – ☲ 10000 – **30 cam** 60/100000 – ½ P 90/95000.

 🏨 **Palazzina,** 𝒫 71118, ≤, « ⊼ su terrazza panoramica », ☞ – 🕮 🅿. 🖭 🚾 ℀
 ➡ *aprile-settembre* – Pas *(chiuso lunedì)* carta 20/34000 – ☲ 9000 – **25 cam** 45/65000 – ½ P 60000.

 🏚 **Bartabel,** 𝒫 71330, ≤ – 🕮 ⤢ rist. ℀ cam
 chiuso novembre – Pas *(chiuso lunedì)* carta 24/37000 – ☲ 6000 – **10 cam** 35/50000 – ½ P 43/45000.

 ✕✕✕ ❀ **La Tortuga,** 𝒫 71251, Coperti limitati; prenotare – 🍽. 🖭 🕃 🚾 ℀
 chiuso lunedì sera (escluso giugno-settembre), martedì e da gennaio al 15 marzo – Pas carta 55/65000 (10%)
 Spec. Tortino di verdure, Pesce di lago in salsa allo scalogno, Petto di faraona al Madera. **Vini** Lugana, Franciacorta rosso.

 a Villa S : 1 km – ⊠ **25084** Gargnano :

 🏚 **Livia,** 𝒫 71233, ⊼, ☞ – ☎ 🅿. 🚾 ℀
 Pasqua-15 ottobre – Pas carta 25/39000 – ☲ 9000 – **25 cam** 45/65000 – ½ P 60000.

 ✕✕ **Baia d'Oro,** 🐾 con cam, 𝒫 71171, ≤, « Servizio estivo in terrazza sul lago » – ☎ ⇆
 stagionale – **11 cam.**

 a Bogliaco S : 1,5 km – ⊠ **25080** :

 ✕✕ **Allo Scoglio,** 𝒫 71030, ☞ – ℀
 chiuso venerdì, gennaio e febbraio – Pas carta 32/48000.

GARGONZA Arezzo – Vedere Monte San Savino.

GARLASCO 27026 Pavia 圆圆圆 ⑬ – 9 713 ab. alt. 94 – 🕓 0382.

Roma 585 – Alessandria 61 – ✦Milano 44 – Novara 40 – Pavia 22 – Vercelli 48.

 🏨 **I Diamanti** senza rist, via Leonardo da Vinci 59 𝒫 822777, Telex 352539, Fax 800981 – 🕮 🏢
 🖂 ☎ ᵭ ⇆ 🅿 – 🕮 50. 🖭 🕃 E 🚾 ℀
 ☲ 8000 – **39 cam** 68/95000, 🍽 15000.

 ✕✕ **Le Rotonde,** via Leonardo da Vinci 48 𝒫 821171, ⊼, ☞, ℀ – 🍽 🅿. 🖭 ℀
 chiuso lunedì ed agosto – Pas carta 25/45000.

GARLATE 22050 Como 圆圆圆 ⑩ – 2 407 ab. alt. 212 – 🕓 0341.

Roma 615 – ✦Bergamo 29 – Como 34 – Lecco 6 – ✦Milano 47.

 🏨 **Nuovo,** 𝒫 680243 – 🍽 ☎ ⇆ 🅿 – 🕮 60. 🖭 ① 🚾 ℀
 chiuso agosto – Pas *(chiuso lunedì)* carta 40/65000 – ☲ 10000 – **50 cam** 44/74000.

 ✕✕ **Kalcherin,** 𝒫 681326, ☞ – 🅿. 🖭 🕃 ① E 🚾 ℀
 chiuso lunedì e novembre – Pas carta 38/64000.

17033 Savona – 681 ab. alt. 70 – ✆ 0182.

🔒 (chiuso mercoledi da settembre a giugno) ✆ 580012, Fax 580561.

Roma 592 – Albenga 10 – ✦Genova 93 – Imperia 37 – ✦Milano 216 – Savona 47.

🏨 **La Meridiana** ⮝, ✆ 580271, Telex 272123, Fax 580150, 🌳, ☲, 🎾 – 🛗 ⮝ cam 📺 ☎ & 🅿 🅰🅴 🅰🅴 ① 🅴 𝗩𝗜𝗦𝗔, 🍽 rist
chiuso dall'8 gennaio al 1° marzo – Pas (chiuso a mezzogiorno; prenotare) carta 52/90000 –
🔲 18000 – **18 cam** 180/240000 appartamenti 245/320000 – ½ P 175/205000.

XX **Claro de Luna,** strada per Caso E : 3 km ⮝ 17038 Villanova d'Albenga ✆ 580348, Solo
piatti di pesce – ⮝ 🅿 🅱 🅴 𝗩𝗜𝗦𝗔
chiuso a mezzogiorno (escluso i giorni festivi), martedì ed ottobre – Pas carta 40/60000.

10090 Torino 🔢🔢🔢 ⑫ – 8 383 ab. alt. 219 – ✆ 011.

Roma 665 – Asti 52 – ✦Milano 130 – ✦Torino 15 – Vercelli 60.

a Bussolino Gassinese E : 2,5 km – ⮝ **10090** :

X **Defilippi,** ✆ 9606274, 🌳 – 🅿
chiuso martedì – Pas carta 28/43000.

a Bardassano SE : 5 km – ⮝ **10090** Gassino Torinese :

X **Ristoro Villata,** via Val Villata 25 ✆ 9605818, 🌳, solo su prenotazione – 🅿. 🍽
chiuso venerdì ed agosto – Pas carta 42/88000.

47043 Forlì – a.s. 15 giugno-agosto – ✆ 0547.

Roma 353 – ✦Bologna 102 – Forlì 41 – ✦Milano 313 – ✦Ravenna 35 – Rimini 17.

🏨 **Flamingo,** viale Giulio Cesare 31 ✆ 87171, ≼, ☲ riscaldata, 🎾 – 🛗 ☎ 🚗 🅿. 🅱 🅴 𝗩𝗜𝗦𝗔.
🍽 rist
maggio-settembre – Pas (solo per clienti alloggiati) – 🔲 7000 – **46 cam** 50/65000 –
½ P 46/65000.

🏨 **Miramare,** viale Giulio Cesare 63 ✆ 87313, ≼, ☲ – 🛗 ⊛ 🅿. 🍽 rist
⮝ maggio-settembre – Pas (solo per clienti alloggiati) 20/30000 – 🔲 5000 – **52 cam** 53/83000
– ½ P 38/59000.

🏨 **Capitol,** viale Giulio Cesare 27 ✆ 86553, ≼, ☲, 🎾 – 🛗 ☎ 🚗. 𝗩𝗜𝗦𝗔. 🍽 cam
⮝ 10 maggio-27 settembre – Pas (solo per clienti alloggiati) 18/30000 – **50 cam** 🔲 45/80000 –
½ P 52/62000.

🏨 **Park Hotel Miriam,** via Bologna 8 ✆ 86138, ☲ – 🛗 ☎ 🅿. 🍽 rist
Pasqua-settembre – **42 cam** (solo pens) – ½ P 48/54000.

🏨 **Imperiale,** viale Giulio Cesare 82 ✆ 86875 – 🛗 ☎ 🅿. 🍽 rist
⮝ maggio-settembre – Pas 20/40000 – 🔲 7000 – **37 cam** 40/80000 – ½ P 53/60000.

🏨 **Magnolia,** via Trieste 31 ✆ 86814, 🌳 – 🛗 ⮝ cam ⊛ 🅿. 🍽 rist
maggio-settembre – Pas (solo per clienti alloggiati) 21/26000 – 🔲 5500 – **38 cam** 45/85000
– ½ P 36/50000.

🏨 **Estense,** via Gramsci 30 ✆ 87068, Fax 87489 – 🛗 ☎ 🅿. 🅰🅴 ① 🅴 𝗩𝗜𝗦𝗔. 🍽 rist
⮝ chiuso novembre – Pas 15/22000 – 🔲 6000 – **37 cam** 50/70000 – ½ P 30/50000.

🏨 **Sant'Andrea,** viale Matteotti 66 ✆ 85360 – 🅿. 🍽 rist
⮝ 20 maggio-20 settembre – Pas (solo per clienti alloggiati) – 🔲 5000 – **18 cam** 33/48000 –
½ P 42/45000.

🏨 **Simon,** viale Matteotti 41 ✆ 85224, Fax 85885, ☲ – 🛗 ▤ rist ☎ 🅿. 🍽
⮝ chiuso da dicembre al 15 febbraio – Pas carta 19/29000 – **43 cam** 🔲 42/68000 – ½ P 34/48000.

🏨 **Fantini,** viale Matteotti 10 ✆ 87009 – 🛗 & 🅿. 🍽 rist
⮝ 20 maggio-20 settembre – Pas (solo per clienti alloggiati) 17/22000 – 🔲 6500 – **35 cam**
29/46000 – ½ P 32000.

13045 Vercelli 🔢🔢🔢 ②, 🔢🔢🔢 ⑯ – 8 884 ab. alt. 265 – ✆ 0163.

Roma 653 – Biella 29 – ✦Milano 79 – Novara 33 – ✦Torino 91 – Vercelli 35.

XX **Dui Camin,** corso Garibaldi 165 ✆ 834446 – 🅿 🅰🅴 🅱 ① 🅴 𝗩𝗜𝗦𝗔. 🍽
chiuso lunedì, dall'8 al 24 gennaio e dall'8 al 24 agosto – Pas carta 39/59000.

X **Impero** con cam, corso Garibaldi 81 ✆ 833232 – 🅿. 🅱 🅴 𝗩𝗜𝗦𝗔
chiuso dall'8 al 20 agosto – Pas (chiuso venerdì) carta 26/41000 (10%) – 🔲 5000 – **18 cam**
28/45000 – ½ P 30/35000.

X **Dei Passeggeri,** corso Valsesia 244 ✆ 833183 – 🍽
chiuso giovedì – Pas carta 22/38000.

25085 Brescia 🔢🔢🔢 ④ – 9 094 ab. alt. 199 – ✆ 0365.

Roma 574 – ✦Brescia 23 – ✦Milano 117 – Trento 94.

a Soprazocco E : 4 km – ⮝ **25085** Gavardo :

X **Trattoria alle Trote,** ✆ 31294 – 🅿.

GAVERINA TERME 24060 Bergamo – 826 ab. alt. 511 – a.s. luglio e agosto – 🕾 035.
Roma 605 – ♦Bergamo 26 – ♦Brescia 56 – ♦Milano 72.

🏨 **Grande Alb. Terme** ⑤, alle fonti E : 1,5 km 𝒫 810020, ☞, ℀ – 🛗 ☜ 🚗. ℀
maggio-ottobre – Pas 25/37000 – ☲ 6500 – **80 cam** 37/54000 – ½ P 40/55000.

GAVI 15066 Alessandria ⑨⑧⑧ ⑬ – 4 483 ab. alt. 215 – 🕾 0143.
Roma 554 – Acqui Terme 42 – Alessandria 33 – ♦Genova 48 – ♦Milano 97 – Savona 84 – ♦Torino 136.

🍴🍴 **Cantine del Gavi,** via Mameli 50 𝒫 642458, Coperti limitati; prenotare – ℀
chiuso lunedì, dal 6 al 25 gennaio e dal 10 al 25 luglio – Pas carta 36/53000.

verso Tassarolo NO : 5 km :

🍴 **Da Marietto,** ⊠ 15066 Rovereto di Gavi 𝒫 682118, ☞ – 🅿. ℀
chiuso domenica sera, lunedì e gennaio – Pas carta 25/36000.

GAVINANA 51025 Pistoia – alt. 820 – a.s. luglio e agosto – 🕾 0573.
🅱 piazza Ferrucci 𝒫 66191 – Roma 337 – ♦Bologna 87 – ♦Firenze 63 – Lucca 53 – ♦Milano 288 – Pistoia 27.

🏨 **Villa Ada,** 𝒫 66034, ☞ – ⇷ rist 🅿. ℀
🚹 giugno-settembre – Pas (solo per clienti alloggiati) 18/22000 – **41 cam** ☲ 32/60000 – ½ P 30/50000.

GAVIRATE 21026 Varese ⑨⑧⑧ ③, ②①⑨ ⑦ – 9 139 ab. alt. 261 – 🕾 0332.
Roma 641 – ♦Milano 66 – Varese 10.

🍴 **Tipamasaro,** 𝒫 743524, prenotare i festivi – ⇷ 🅿. 🛱. ℀
chiuso lunedì – **Pas** carta 22/32000.

GAVOI Nuoro ⑨⑧⑧ ㉝ – Vedere Sardegna alla fine dell'elenco alfabetico.

GAZOLDO DEGLI IPPOLITI 46040 Mantova – 2 482 ab. alt. 35 – 🕾 0376.
Roma 490 – ♦Brescia 58 – Mantova 21 – ♦Verona 45.

🍴🍴 **Casa Nodari,** 𝒫 657122, prenotare – 🅿
chiuso i giorni festivi e domenica – Pas carta 31/48000.

GAZZANIGA 24025 Bergamo – 4 920 ab. alt. 386 – 🕾 035.
Roma 620 – ♦Bergamo 19 – ♦Brescia 71 – ♦Milano 60.

🍴 **Giardino,** via Dante 64 𝒫 711265, « Servizio estivo in giardino » – ⇷ 🅿. 🆎 🛱 E 🆅🅸🆂🅰. ℀
chiuso mercoledì e dal 15 al 30 ottobre – Pas carta 22/36000.

GAZZO Imperia – Vedere Borghetto d'Arroscia.

GELA Caltanissetta ⑨⑧⑧ ㊱ – Vedere Sicilia alla fine dell'elenco alfabetico.

GEMONA DEL FRIULI 33013 Udine ⑨⑧⑧ ⑥ – 11 278 ab. alt. 272 – 🕾 0432.
Roma 665 – ♦Milano 404 – Tarvisio 64 – ♦Trieste 98 – Udine 29.

🏨 **Park Hotel,** via Divisione Julia 23 𝒫 980915, Fax 980917, 🍴 – 🛗 ⇷ 📺 ☎ 🕭 🚗 🅿 –
🚹 80. 🆎 🛱 E 🆅🅸🆂🅰. ℀
Pas vedere rist Ai Celti – ☲ 7000 – **40 cam** 56/89000.

🏨 **Da Willy,** via Barigaria 72 ⊠ 33010 Ospedaletto di Gemona 𝒫 981671 – 🛗 📺 ☎ 🕭 🅿
🆎 🛱 E 🆅🅸🆂🅰. ℀ rist
Pas (chiuso lunedì escluso luglio, agosto e dicembre) carta 22/35000 – ☲ 5000 – **18 cam** 45/70000 – ½ P 45/60000.

🍴🍴 **Ai Celti,** via Divisione Julia 23 𝒫 983229, 🍴 – ▤ 🅿
chiuso domenica e luglio – Pas carta 27/47000.

verso Osoppo SO : 3,5 km :

🍴 **Al Boschetto** con cam, ⊠ 33013 Gemona Piovega 𝒫 980910, Fax 970890 – 🅿. 🆎 🛱 ⑩
E 🆅🅸🆂🅰. ℀
Pas carta 26/39000 (15%) – **12 cam** ☲ 25/40000 – ½ P 35000.

GEMONIO 21036 Varese ②①⑨ ⑦ – 2 385 ab. alt. 325 – 🕾 0332.
Roma 647 – Lugano 39 – ♦Milano 73 – Varese 15.

🍴🍴 **Antico Vedani,** 𝒫 601458, 🍴 – ⇷ 🅿. 🆎
chiuso martedì – Pas carta 45/77000.

GENAZZANO 00030 Roma – 4 945 ab. alt. 374 – 🕾 06.
Roma 49 – Frosinone 56 – Latina 62 – Palestrina 11.

sulla strada statale 155 SE : 5 km :

🍴🍴 **Da Rossi,** ⊠ 00030 𝒫 9579058, 🍴, ☞ – 🅿 – 🚹 80. 🛱
chiuso martedì – Pas carta 21/31000.

GENEROSO (Monte) ④②⑦ ㉔㉕, ②①⑨ ⑧ – Vedere Cantone Ticino alla fine dell'elenco alfabetico.

Vedere Porto✶✶ AXY – Quartiere dei marinai✶ BY – Piazza San Matteo✶ BY 85 – Cattedrale di San Lorenzo✶ : facciata✶✶ BY K – Via Garibaldi✶ : galleria dorata✶ nel palazzo Cataldi BY B, pinacoteca✶ nel palazzo Bianco BY D, galleria d'arte✶ nel palazzo Rosso BY E – Palazzo dell'Università✶ AX U – Galleria Nazionale di palazzo Spinola✶ : Adorazione dei Magi✶✶ di Joos Van Cleve BY – Campanile✶ della chiesa di San Donato BY L – San Sebastiano✶ di Puget nella chiesa di Santa Maria di Carignano BZ N – Villetta Di Negro CXY – ≤✶ sulla città e sul mare, museo Chiossone✶ M – ≤✶ sulla città dal Castello BX R per ascensore – Cimitero di Staglieno✶ F – Escursioni Riviera di Levante✶✶✶ Est e SE.

✈ Cristoforo Colombo di Sestri Ponente per ④ : 6 km 🗷 26901 – Alitalia, via 12 Ottobre 188 r ⊠ 16121 🗷 54937 – 🚗 🗷 2695 (int. 2451).

🚢 per Cagliari giugno-settembre martedì e negli altri mesi giovedì e sabato (20 h 45 mn) ed Olbia giugno-settembre giornaliero e negli altri mesi martedì, venerdì e domenica (13 h); per Arbatax 20 luglio-agosto lunedì e venerdì, negli altri mesi mercoledì e venerdì (18 h 30 mn); Porto Torres giornaliero (12 h 30 mn); per Palermo giugno-settembre giovedì e negli altri mesi mercoledì, sabato e domenica (23 h 30 mn) – Tirrenia Navigazione, Stazione Marittima, Pontile Colombo ⊠ 16126 🗷 258041, Telex 270186, Fax 2698225; per Palermo lunedì, mercoledì e sabato (22 h) – Grandi Traghetti, via Fieschi 17 ⊠ 16128 🗷 589331, Telex 271132, Fax 5509333.

🛈 Stazione Principe ⊠ 16126 🗷 262633 – Stazione Brignole ⊠ 16121 🗷 562056 – all'Aeroporto ⊠ 16154 🗷 26905247 – A.C.I. viale Brigate Partigiane 1 ⊠ 16129 🗷 567001.

Roma 501 ② – ◆Milano 142 ⑦ – ◆Nice 194 ⑤ – ◆Torino 170 ⑤.

Piante pagine seguenti

🏨🏨🏨 **Savoia Majestic** (dipendenza **Londra e Continentale**), via Arsenale di Terra 5 ⊠ 16126 🗷 261601, Telex 270426, Fax 261883 – 🛗 ⇄ 🗏 🎞 🕾 ৬. 🔏 100. 🖭 🕃 ◑ 🗲 𝘝𝘐𝘚𝘈. 🦪 rist   AX h
Pas carta 45/78000 – **123 cam** ⊆ 155/220000 appartamenti 290000 – ½ P 155/200000.

🏨🏨 **Bristol** senza rist, via 20 Settembre 35 ⊠ 16121 🗷 592541, Telex 286550, Fax 561756 – 🛗 🗏 🗟 🗏 🕾 – 🔏 200. 🖭 🕃 ◑ 🗲 𝘝𝘐𝘚𝘈   CY n
130 cam ⊆ 180/250000 appartamenti 420000.

🏨🏨 **Astoria** senza rist, piazza Brignole 4 ⊠ 16122 🗷 873316, Telex 275009, Fax 817326 – 🛗 ⇄ 🎞 🕾 – 🔏 100. 🖭 🕃 ◑ 🗲 𝘝𝘐𝘚𝘈   CY d
⊆ 10000 – **73 cam** 110/140000.

🏨🏨 **Jolly Hotel Plaza,** via Martin Piaggio 11 ⊠ 16122 🗷 893642, Telex 283142, Fax 891850 – 🛗 ⇄ cam 🗏 🎞 🕾 🅿 – 🔏 80 a 160. 🖭 🕃 ◑ 🗲 𝘝𝘐𝘚𝘈. 🦪 rist   CY q
Pas 45/60000 – **91 cam** ⊆ 165/260000 appartamenti 360000, 🗏 15000 – ½ P 170/205000.

🏨 **Alexander** senza rist, via Bersaglieri d'Italia 19 ⊠ 16126 🗷 261371, Fax 265257 – 🛗 🗏 🎞 🕾. 🖭 🕃 ◑ 🗲 𝘝𝘐𝘚𝘈   AX u
⊆ 10000 – **35 cam** 68/96000.

🏨 **City Hotel** senza rist, via San Sebastiano 6 ⊠ 16123 🗷 5545, Telex 271686, Fax 586301 – 🛗 🗏 🎞 🕾 ৬. – 🔏 25. 🖭 🕃 ◑ 🗲 𝘝𝘐𝘚𝘈   CY e
71 cam ⊆ 150/210000, 🗏 5000.

🏨 **Viale Sauli** senza rist, viale Sauli 5 ⊠ 16121 🗷 561397, Fax 590092 – 🛗 🗏 🎞 🕾. 🖭 🕃 ◑ 🗲 𝘝𝘐𝘚𝘈   CY f
49 cam ⊆ 75/110000.

🏨 **Rio** senza rist, via al Ponte Calvi 5 ⊠ 16124 🗷 290551, Telex 270481, Fax 290554 – 🛗 ⇄ cam 🎞 🕾. 🖭 🕃 ◑ 🗲 𝘝𝘐𝘚𝘈. 🦪 rist   BX e
Pas (chiuso a mezzogiorno e domenica) carta 27/38000 – ⊆ 8000 – **47 cam** 60/90000 – ½ P 50/60000.

🏨 **Galles** senza rist, via Bersaglieri d'Italia 13 ⊠ 16126 🗷 262820, Fax 252295 – 🛗 ⇄ 🎞 🕾 ৬. 🖭 🕃 ◑ 🗲 𝘝𝘐𝘚𝘈   AX s
⊆ 8000 – **20 cam** 70/85000.

🏨 **Vittoria,** via Balbi 33/45 ⊠ 16126 🗷 261923, Fax 268552 – 🛗 🎞 🕾. 🖭 🕃 ◑ 🗲 𝘝𝘐𝘚𝘈   AX p
Pas 22/27000 – ⊆ 8000 – **56 cam** 55/80000 – ½ P 65/80000.

🏠 **Agnello d'Oro,** vico delle Monachette 6 ⊠ 16126 🗷 262084 – 🛗 🕾. 🕃 ◑ 🗲 𝘝𝘐𝘚𝘈   AX t
Pas (solo per clienti alloggiati e chiuso da ottobre a marzo) – ⊆ 9000 – **38 cam** 58/79000 – ½ P 60/65000.

🏠 **Assarotti** senza rist, via Assarotti 40/c ⊠ 16122 🗷 885822 – 🕾. 🖭   CX y
⊆ 9000 – **24 cam** 35/58000.

🏠 **Brignole** senza rist, vico del Corallo 13 r ⊠ 16122 🗷 561651, Fax 565990 – ⇄ 🗏 🎞 🕾. 🦪   DY k
⊆ 9000 – **26 cam** 65/95000, 🗏 14000.

XXX **Da Giacomo,** corso Italia 1 r ⊠ 16145 🗷 369647, 🌤, Rist. elegante moderno – ⇄ 🗏 🅿. 🖭 🕃 ◑ 𝘝𝘐𝘚𝘈. 🦪   DZ n
chiuso domenica – Pas carta 77/103000.

XXX **Saint Cyr,** piazza Marsala 8 ⊠ 16122 🗷 886897, Rist. elegante moderno – 🗏. 🖭 🕃 ◑ 🗲 𝘝𝘐𝘚𝘈   CY r
chiuso sabato, domenica, dal 23 dicembre al 7 gennaio e dal 6 al 31 agosto – Pas carta 50/72000 (16%).

segue →

253

XX   **Mata Hari,** via Gropallo 1 r ⊠ 16122 ℰ 870027, Coperti limitati; prenotare – ⇔ ▣ 〓 🗚 🔄
      ① 〓 𝘷𝘪𝘴𝘢   DY a
      chiuso sabato a mezzogiorno e domenica – Pas carta 37/60000.

XX   **Zeffirino,** via 20 Settembre 20 ⊠ 16121 ℰ 591990, Rist. rustico moderno – ⇔ 🗚 🔄 ①
      〓 𝘷𝘪𝘴𝘢 – *chiuso mercoledì* – Pas carta 47/90000.   CY b

XX ❀ **Gran Gotto,** via Fiume 11 r ⊠ 16121 ℰ 564344 – 〓 🗚 🔄 〓 𝘷𝘪𝘴𝘢   DY m
      chiuso sabato a mezzogiorno, domenica, i giorni festivi e dal 12 al 31 agosto – Pas
      carta 50/73000 (10%)
      Spec. Sfogliatine agli asparagi o ai funghi, Gnocchetti di branzino al pesto, Gamberoni al vapore in salsa di
      pomodoro maggiorana ed aceto balsamico. **Vini** Pigato, Rossese.

XX   **Il Melograno,** via Macaggi 62 r ⊠ 16121 ℰ 546407, Rist. d'habitués a coperti limitati –
      〓 ⛝   CZ s
      chiuso domenica e dall'8 al 31 agosto – Pas carta 32/49000.

XX   **Del Mario,** via Conservatori del Mare 35 r ⊠ 16123 ℰ 297788 – 🗚 🔄 〓 𝘷𝘪𝘴𝘢   BY h
      chiuso sabato – Pas carta 30/50000.

XX   Santa Chiara, a Boccadasse, via Capo Santa Chiara 69 r ⊠ 16146 ℰ 3770081, ≼, « Servizio
      estivo in terrazza sul mare »   G w

XX   **Gheise,** via Boccadasse 29 ⊠ 16146 ℰ 3770086, « Servizio estivo in giardino » – 🗚
      chiuso lunedì e dal 28 luglio al 31 agosto – Pas carta 32/50000.   G e

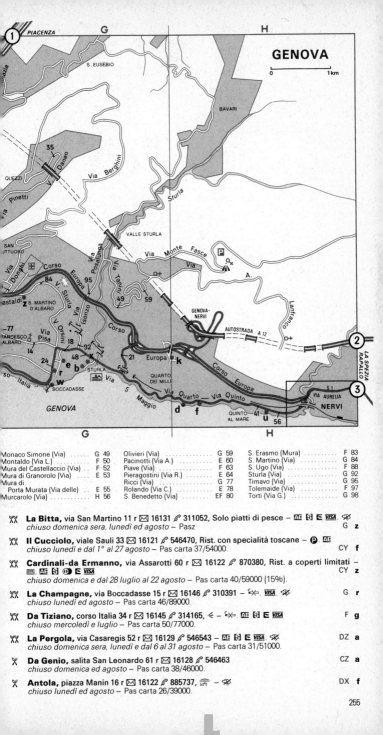

 (map of GENOVA)

Monaco Simone (Via) ...... G 49	Olivieri (Via) .... G 59	S. Erasmo (Mura) .... F 83
Montaldo (Via L.) .... F 50	Pacinotti (Via A.) .... E 60	S. Martino (Via) .... G 84
Mura del Castellaccio (Via) .. F 52	Piave (Via) .... F 63	S. Ugo (Via) .... F 88
Mura di Granarolo (Via) .... E 53	Pieragostini (Via R.) .... E 64	Sturla (Via) .... G 92
Mura di	Ricci (Via) .... G 77	Timavo (Via) .... G 95
Porta Murata (Via delle) .. E 55	Rolando (Via C.) .... E 78	Tolemaide (Via) .... F 97
Murcarolo (Via) .... H 56	S. Benedetto (Via) ..... EF 80	Torti (Via G.) .... G 98

XX **La Bitta,** via San Martino 11 r ⊠ 16131 𝒫 311052, Solo piatti di pesce – ⒶⒺ 🕄 Ⓔ 𝘝𝘐𝘚𝘈. ⌘

   chiuso domenica sera, lunedì ed agosto – Pasz   G z

XX **Il Cucciolo,** viale Sauli 33 ⊠ 16121 𝒫 546470, Rist. con specialità toscane – Ⓟ. ⒶⒺ

   chiuso lunedì e dal 1° al 27 agosto – Pas carta 37/54000.   CY f

XX **Cardinali-da Ermanno,** via Assarotti 60 r ⊠ 16122 𝒫 870380, Rist. a coperti limitati –

   🍽 ⒶⒺ 🕄 ⓪ Ⓔ 𝘝𝘐𝘚𝘈   CY z

   chiuso domenica e dal 28 luglio al 22 agosto – Pas carta 40/59000 (15%).

XX **La Champagne,** via Boccadasse 15 r ⊠ 16146 𝒫 310391 – ⤴⨯. 𝘝𝘐𝘚𝘈. ⌘

   chiuso lunedì ed agosto – Pas carta 46/89000.   G r

XX **Da Tiziano,** corso Italia 34 r ⊠ 16145 𝒫 314165, ≤ – ⤴⨯. ⒶⒺ 🕄 Ⓔ 𝘝𝘐𝘚𝘈   F g

   chiuso mercoledì e luglio – Pas carta 50/77000.

XX **La Pergola,** via Casaregis 52 r ⊠ 16129 𝒫 546543 – ⒶⒺ 🕄 Ⓔ 𝘝𝘐𝘚𝘈. ⌘   DZ a

   chiuso domenica sera, lunedì e dal 6 al 31 agosto – Pas carta 31/51000.

X **Da Genio,** salita San Leonardo 61 r ⊠ 16128 𝒫 546463   CZ a

   chiuso domenica ed agosto – Pas carta 38/46000.

X **Antola,** piazza Manin 16 r ⊠ 16122 𝒫 885737, ☞ – ⌘   DX f

   chiuso lunedì ed agosto – Pas carta 26/39000.

GENOVA

0   200 m

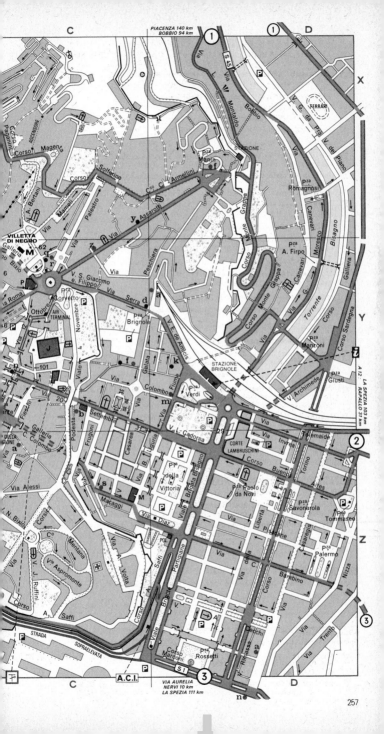

a San Pier d'Arena per ④ : 5 km E – ⊠ 16149 Genova :

XX **La Torre del Mangia,** piazza Montano 24 r ℰ 465607 – 🍽, 🖭 🕃 ⓞ 🗲 🚾   E
chiuso domenica sera, lunedì ed agosto – Pas carta 43/65000.

XX **Al Tartufo,** salita Forte Crocetta 1 (N : 3 km) ℰ 460139 – 🅿 – 🔏 40 a 60. 🖭 🕃 ⓞ 🗲 🚾   E
chiuso lunedì, dal 2 all'8 gennaio e dal 30 luglio al 14 agosto – Pas carta 39/60000.

a Sturla per ② o ③ : 6 km G – ⊠ 16147 Genova :

XX **Gianni,** via del Tritone 4 ℰ 388379 – 🖭 ⓞ 🚾   G
chiuso martedì – Pas carta 30/47000.

X **La Madia,** via del Tritone 20 r ℰ 388327, 🍴   G

a Quarto dei Mille per ② o ③ : 7 km GH – ⊠ 16148 Genova :

XX **Antica Osteria del Bai,** via Quarto 12 ℰ 387478, Fax 392684, ≤ – 🖭 🕃 ⓞ 🗲 🚾 😂   H
chiuso lunedì, dall'8 al 20 gennaio e dal 1° al 20 agosto – Pas carta 52/68000.

XX **Antica Osteria della Castagna,** via Romana della Castagna 20 r ℰ 332676, 🍴, Solo
piatti di pesce – 🖭   H
chiuso domenica sera, lunedì e dal 1° al 15 luglio – Pas carta 45/67000.

XX **7 Nasi,** via Quarto 16 ℰ 337357, Rist. a mare con ≤, 🏊, 🐎 – 🅿. 🖭 🕃 ⓞ 🗲 🚾   H
chiuso martedì – Pas carta 27/40000 (12%).

a Cornigliano Ligure per ④ : 7 km – ⊠ 16152 Genova :

X **Da Marino,** via Rolla 36 r ℰ 412674, Rist. d'habituès, prenotare – 🖭 🚾
chiuso la sera, sabato, domenica ed agosto – Pas carta 27/55000.

a Quinto al Mare per ② o ③ : 8 km H – ⊠ 16166 Genova :

X **Cicchetti 1860,** via Gianelli 41 r ℰ 331641, Trattoria tipica   H
chiuso martedì ed agosto – Pas carta 30/48000.

a San Desiderio NE : 8 km per via Maggiolo G – ⊠ 16133 Genova :

X **Bruxaboschi,** via Francesco Mignone 8 ℰ 3450302, « Servizio estivo in giardino » – 🅿 –
🔏 30. 🖭
chiuso domenica sera, lunedì, agosto e Natale – Pas carta 29/48000.

a Sestri Ponente per ④ : 10 km – ⊠ 16154 Genova :

X **Baldin,** piazza Tazzoli 20 r ℰ 671095 – 🖭 🕃 ⓞ 🚾 😂
chiuso domenica, dal 1° al 6 gennaio e dal 6 al 21 agosto – Pas carta 30/48000.

a Pegli per ④ : 13 km – ⊠ 16155 Genova :

🏨 **Mediterranée e Rist. Torre Antica,** Lungomare 69 ⊠ 16155 ℰ 683041 e rist ℰ 683703
Telex 271312, Fax 683044, ≤, 🐠 – 🛗 📺 ☎ & 🅿 – 🔏 120. 🖭 🕃 🗲 🚾
Pas *(chiuso dal 5 al 26 agosto)* carta 32/60000 – 🗖 9000 – **88 cam** 88/125000.

X **Nanni,** via Benedetto Zaccaria 12 r ⊠ 16156 ℰ 680377, ≤ – 🖭 ⓞ 🚾 😂
chiuso martedì – Pas carta 33/52000.

Vedere anche : *Nervi* per ② : 10 km.

MICHELIN, a San Quirico in Val Polcevera per ⑥ : 12 km, lungo torrente Secca 36/L nero –
⊠ 16163 Genova. ℰ 710871.

00045 Roma 𝟵𝟴𝟴 ⊛ – 19 765 ab. alt. 435 – ✆ 06.
Roma 30 – Anzio 33 – Castel Gandolfo 7 – Frosinone 71 – Latina 39.

🏠 **Villa Robinia,** viale Fratelli Rosselli 25 ℰ 9396409, 🐠 – 🛗 🕾 🅿 😂
Pas *(solo per clienti alloggiati)* 24/26000 – 🗖 6500 – **30 cam** 32/52000 – ½ P 46/50000.

XX **Osteria dell'Infiorata,** via Italo Belardi 55 ℰ 9399933, 🍴 – 🍽. 🖭 🕃 ⓞ 🗲 🚾
chiuso lunedì – Pas carta 26/41000 (15%).

XX **Dal Bracconiere,** piazza Frasconi 16 ℰ 9396621, 🍴
chiuso mercoledì – Pas carta 36/53000.

GERA LARIO 22010 Como 𝟮𝟭𝟵 ⑩ – 914 ab. alt. 203 – ✆ 0344.
Roma 685 – Como 59 – ♦Lugano 52 – Menaggio 24 – ♦Milano 107 – Sondrio 44.

X **Pace** con cam, ℰ 84141, ≤, 😂 – 🅿. 🖭 🕃 ⓞ 🗲 🚾
chiuso dal 15 gennaio al 15 febbraio – Pas *(chiuso lunedì escluso giugno-settembre)*
carta 25/33000 – 🗖 5000 – **13 cam** 26/54000 – ½ P 35000.

GERENZANO 21040 Varese 𝟮𝟭𝟵 ⑱ – 7 844 ab. alt. 225 – ✆ 02.
Roma 603 – Como 24 – ♦Lugano 53 – ♦Milano 26 – Varese 27.

🏨 **Concorde** senza rist, strada statale ℰ 9682317, Telex 340237, Fax 9681002 – 🛗 🍽 📺 ☎
🛬 🅿 – 🔏 100. 🖭 🕃 ⓞ 🗲 🚾
🗖 14000 – **44 cam** 81/114000.

XX **La Croce d'Oro,** strada statale ℰ 9689550, 🍴, prenotare – 🅿. 🖭 ⓞ
chiuso domenica, lunedì a mezzogiorno ed agosto – Pas carta 39/59000.

GEROLA ALTA 23010 Sondrio 988 ③, 219 ⑩ – 306 ab. alt. 1 050 – ✆ 0342.
Roma 689 – Lecco 71 – ◆Lugano 85 – ◆Milano 127 – Sondrio 38 – Passo dello Spluga 80.

  🏠 **Pineta** ⑤, località Fenile SE : 3 km alt. 1 238, 𝒫 690050, ≤ – 😱
       chiuso ottobre – Pas *(chiuso martedì da settembre a maggio)* carta 22/32000 – � 5000 –
       20 cam 23/35000 – ½ P 37/40000.

GHEDI 25016 Brescia 988 ④ – 14 008 ab. alt. 85 – ✆ 030.
Roma 525 – ◆Brescia 21 – Mantova 56 – ◆Milano 118 – ◆Verona 65.

  ✗ **Trattoria Santi,** via Calvisano SE : 4 km 𝒫 901345, 🚗 – 😱
  ➥ chiuso mercoledì e gennaio – Pas carta 18/27000.

GHIFFA 28055 Novara 219 ⑦ – 2 387 ab. alt. 202 – ✆ 0323.
Roma 679 – Locarno 33 – ◆Milano 102 – Novara 78 – Stresa 22 – ◆Torino 153.

  🏠 **Park Hotel Paradiso,** 𝒫 59548, ≤, 🍴, « Piccolo parco con ⊠ riscaldata », 🚗 – 🛗
       ✗✗ rist 😱 😱
       15 marzo-ottobre – Pas 25000 – **15 cam** ⊠ 57/90000 – ½ P 68000.

  🏠 **Ghiffa,** 𝒫 59285, Fax 59585, ≤, 🍴, « Terrazza-giardino sul lago », 🐎 – 🛗 ✗✗ rist 🍴 😱
       🏧 🅱 ⓘ Ⓔ 𝚅𝙸𝚂𝙰. ✗✗ rist
       aprile-settembre – Pas 30000 – ⊠ 12000 – **24 cam** 60/80000 – ½ P 60/70000.

GIANICO 25040 Brescia – 1 697 ab. alt. 281 – ✆ 0364.
Roma 612 – ◆Bergamo 55 – ◆Bolzano 176 – ◆Brescia 55 – ◆Milano 102.

  ✗✗ **Rustichello,** via Tadini 12 𝒫 532976, Coperti limitati; prenotare – 🍽 😱. 🏧 🅱 𝚅𝙸𝚂𝙰. ✗✗
       chiuso lunedì e martedì – Pas carta 32/54000.

GIARDINI NAXOS Messina 988 ③⑦ – Vedere Sicilia alla fine dell'elenco alfabetico.

GIAVENO 10094 Torino 988 ⑫ – 12 524 ab. alt. 506 – a.s. luglio e agosto – ✆ 011.
Roma 698 – ◆Milano 169 – Susa 38 – ◆Torino 33.

  ✗ **San Roch,** via Parco Abbaziale 1 𝒫 9376913, prenotare – 🅱 Ⓔ 𝚅𝙸𝚂𝙰
      chiuso lunedì – Pas carta 40/60000.

GIGLIO (Isola del) Grosseto 988 ㉔ – 1 599 ab. alt. da 0 a 498 (Poggio della Pagana) – a.s.
Pasqua e 15 giugno-15 settembre – ✆ 0564.
La limitazione d'accesso degli autoveicoli è regolata da norme legislative.

    Giglio Porto 988 ㉔ – ✉ 58013.
    🛳 per Porto Santo Stefano giornalieri (1 h) – Toremar-agenzia Cavero, al porto 𝒫
    809349, Telex 502122.
    🛈 via Umberto I n° 44 𝒫 809265

  🏠 **Arenella** ⑤, NO : 2,5 km 𝒫 809340, ≤ mare e costa, 🚗 – 🍴 😱. ✗✗
       Pas *(chiuso dal 25 settembre al 31 maggio)* carta 30/41000 – ⊠ 6000 – **24 cam** 43/86000 –
       ½ P 70/83000.

  ✗ **La Vecchia Pergola,** 𝒫 809080, ≤, « Servizio estivo in terrazza »
      chiuso febbraio e dal 15 ottobre a dicembre – Pas carta 26/38000.

  ✗ Da Meino, 𝒫 809228, ≤, « Veranda sul mare ».

    a Giglio Castello NO : 6 km – ✉ **58012** Giglio Isola :

  ✗ **Da Maria,** 𝒫 806062 – 🅱
      chiuso mercoledì, gennaio e febbraio – Pas carta 32/50000.

    a Campese NO : 8,5 km – ✉ **58012** Giglio Isola :

  🏠 **Campese** ⑤, 𝒫 804003, ≤, 🐎 – 🍴 & 😱. ✗✗ rist
       19 aprile-settembre – Pas carta 27/41000 – ⊠ 6000 – **39 cam** 46/76000 – ½ P 57/61000.

GINOSA MARINA 74025 Taranto – a.s. luglio e agosto – ✆ 099.
🏌 (chiuso martedì da ottobre a maggio) a Riva dei Tessali ✉ 74011 Castellaneta 𝒫 6439251,
Telex 862286.
Roma 481 – ◆Bari 106 – Matera 51 – Potenza 122 – ◆Taranto 40.

  🏠 **Emiliano** ⑤, 𝒫 627001, « In pineta » – 🍴 😱. 🅱
  ➥ Pas carta 19/30000 – ⊠ 4500 – **20 cam** 38/55000 – ½ P 50/60000.

GIOIA DEI MARSI 67055 L'Aquila – 2 380 ab. alt. 735 – ✆ 0863.
Roma 137 – L'Aquila 83 – Isernia 90 – ◆Pescara 102.

  🏠 **Filippone,** S : 1 km 𝒫 88111, ⊠, 🚗 – 🛗 ✗✗ 🍽 rist 😱 😱 – 🏛 80 a 150. 🏧 🅱 ⓘ Ⓔ 𝚅𝙸𝚂𝙰.
       ✗✗ cam
       Pas carta 23/34000 – ⊠ 5000 – **40 cam** 35/65000 – ½ P 50/60000.

GIOVI 52010 Arezzo – alt. 335 – ✪ 0575 – Roma 223 – Arezzo 8 – ◆Firenze 86 – Sansepolcro 29.

XX **Antica Trattoria al Principe**, ℰ 362046, 佘 – ⁜. ⅌
chiuso lunedì e dal 25 luglio al 20 agosto – Pas carta 28/55000.

GIOVINAZZO 70054 Bari 🄈🄇🄇 ㉘ – 21 411 ab. – ✪ 080.
Dintorni **Cattedrale**★ di Bitonto S : 9 km.
Roma 432 – ◆Bari 18 – Barletta 37 – ◆Foggia 115 – Matera 62 – ◆Taranto 106.

X **Toruccio**, ℰ 8942432, ≼, 佘 – ⁜ ℗ ⅌
chiuso martedì e dal 1° al 15 novembre – Pas carta 28/40000 (15%).

sulla strada statale 16 SE : 3 km :

🏨 **Gd H. Riva del Sole** ⑊, ✉ 70054 ℰ 8943166, Telex 810430, Fax 8943260, ⤓, 🏊, ⅏,
⅌ – ⑆ 🅣🆅 ℗ – ⅍ 80 a 150. 🄰🄴 🄗 ⑩ 🄴 🆅🆂🄰. ⅌
Pas carta 29/45000 – **90 cam** ⊇ 84/145000, ▤ 10500 – ½ P 85/124000.

GIUBIASCO ④②⑦ ㉔㉕, ②①⑨ ⑧ – Vedere Cantone Ticino alla fine dell'elenco alfabetico.

GIULIANOVA LIDO 64022 Teramo 🄈🄇🄇 ⑰ – 22 466 ab. – a.s. luglio e agosto – ✪ 085.
🅱 piazza Roma ℰ 8004840.
Roma 209 – ◆Ancona 113 – L'Aquila 100 – Ascoli Piceno 45 – ◆Pescara 39 – Teramo 27.

🏨 **Gd H. Don Juan**, lungomare Zara 97 ℰ 867341, Telex 600061, Fax 8004805, ≼, ⤓, ⅏,
⚲, ⅌ – ⑆ 🖳 ⅍ ℗ – ⅍ 80. 🄰🄴 🄗 ⑩ 🄴 🆅🆂🄰. ⅌ rist
19 maggio-25 settembre – Pas 30/32000 – **148 cam** ⊇ 80/120000 appartamenti 150000 –
½ P 108/128000.

🏨 **Promenade**, lungomare Zara 119 ℰ 8003338, ≼, « Giardino ombreggiato », ⤓, ⅏ – ⑆
▤ rist ℗ ℗. 🆅🆂🄰. ⅌ rist
15 maggio-settembre – Pas 30000 – ⊇ 5000 – **50 cam** 50/70000 – P 45/80000.

🏨 **Ritz**, via Quinto 3 ℰ 863470, Fax 8004748, ⅏ – ⑆ ▤ rist ☎ ℗. ⅌ rist
maggio-settembre – Pas 25/30000 – ⊇ 8000 – **50 cam** 45/70000 – ½ P 65/70000.

🏨 **Baltic**, lungomare Zara ℰ 867242, Fax 867241, « Giardino ombreggiato », ⅏ – ⑆ ℗ ℗
🆅🆂🄰. ⅌ rist
20 maggio-20 settembre – Pas 20000 – ⊇ 8000 – **42 cam** 46/70000 – ½ P 54/73000.

🏨 **Cristallo**, lungomare Zara 73 ℰ 8003780, Fax 8004838, ≼, ⅏ – ⑆ 🅣🆅 ☎ – ⅍ 60. 🄰🄴
⑩ 🄴 🆅🆂🄰. ⅌
Pas *(chiuso dal 20 dicembre al 14 gennaio)* carta 23/46000 – ⊇ 6000 – **54 cam** 48/75000 –
½ P 38/70000.

🏨 **Fabiola**, lungomare Zara ℰ 862908, ⅏ – ⑆ ℗ ℗. 🄗 🆅🆂🄰. ⅌
Pasqua-settembre – Pas 24/30000 – ⊇ 5000 – **28 cam** 30/65000 – ½ P 53/63000.

XX **Del Torrione**, piazza Buozzi 63 ✉ 64021 Giulianova Alta ℰ 863895, « Servizio estivo in
terrazza con ≼ » – ⑆ ⑩ 🆅🆂🄰
chiuso lunedì, martedì a mezzogiorno e dall'8 gennaio al 16 febbraio – Pas carta 27/54000.

XX **Da Beccaceci**, via Zola 18 ℰ 8003550 – ▤. 🄰🄴 🄗 ⑩ 🄴 🆅🆂🄰
chiuso lunedì sera, martedì e dal 15 al 31 dicembre – Pas carta 37/60000.

XX **Martin Pescatore**, via La Spezia 5 ℰ 8003782, 佘 – ⑩. ⅌
chiuso lunedì e dal 25 settembre al 15 ottobre – **Pas** carta 26/41000.

XX **Il Gabbiano**, via Marsala 20 ℰ 8004930.

XX **Lucia** con cam, via Lampedusa 12 ℰ 8005807 – 🄗 🄴 🆅🆂🄰. ⅌
Pas *(chiuso lunedì)* carta 28/42000 – ⊇ 5000 – **7 cam** 20/40000 – ½ P 45/50000.

X **L'Ancora**, via Turati angolo via Cermignani ℰ 863591 – ▤ ℗.

GIZZERIA LIDO 88020 Catanzaro – ✪ 0968.
Roma 576 – Catanzaro 39 – ◆Cosenza 61 – Lamezia Terme (Nicastro) 13 – Paola 57 – ◆Reggio di Calabria 132.

X **Pesce Fresco** con cam, strada statale NO : 2 km ℰ 466200 – ℗. 🄰🄴 🄗 ⑩ 🄴 🆅🆂🄰. ⅌ cam
Pas *(chiuso venerdì da ottobre a marzo)* carta 27/39000 – **23 cam** ⊇ 38/65000 – ½ P 50/55000.

GLORENZA (GLURNS) 39020 Bolzano ②①⑨ ⑧ – 793 ab. alt. 920 – a.s. luglio-15 settembre e
Natale – ✪ 0473 – Roma 720 – ◆Bolzano 83 – ◆Milano 260 – Passo di Resia 24.

🏨 **Posta**, ℰ 81208 – ⟵ ℗. ⅌ rist
chiuso dall'8 gennaio al 1° aprile – Pas *(chiuso venerdì)* carta 22/34000 – ⊇ 7000 – **25 cam**
26/46000 – ½ P 38/43000.

GLURNS = Glorenza.

GNOSCA ④②⑦ ㉔㉕, ②①⑨ ⑫ – Vedere Cantone Ticino alla fine dell'elenco alfabetico.

GODIASCO 27052 Pavia – 2 403 ab. alt. 194 – ✪ 0383.
Roma 587 – Alessandria 48 – ◆Genova 105 – ◆Milano 83 – Pavia 48 – Piacenza 75.

X **Italia** con cam, ℰ 90958, 佘 – 🅣🆅 ℗ ℗. 🄗 🄴 🆅🆂🄰
chiuso gennaio – **Pas** *(chiuso martedì)* 25/40000 – ⊇ 8000 – **10 cam** 35/50000 –
½ P 40/45000.

GODO Ravenna – Vedere Russi.

GOITO 46044 Mantova 988 ④ ⑭ – 9 124 ab. alt. 30 – ✆ 0376.
Roma 487 – ◆Brescia 50 – Mantova 16 – ◆Milano 141 – ◆Verona 35.

XXX ❀ **Al Bersagliere,** via Statale 258 ℰ 60007, 🌲 – 🗏 🅿. 🖭 ⓪ 𝗩𝗜𝗦𝗔. ⬥
chiuso lunedì, martedì a mezzogiorno, dal 2 al 12 gennaio e dal 7 al 24 agosto – Pas
carta 53/70000
Spec. Risotto con tinca, Pesce persico con porri (autunno), Lombo di coniglio profumato alle erbe (primavera-estate). **Vini** Custoza, Rosso Saline.

GOLFO ARANCI Sassari 988 ㉔ – Vedere Sardegna alla fine dell'elenco alfabetico.

GOLFO DI MARINELLA Sassari – Vedere Sardegna (Olbia) alla fine dell'elenco alfabetico.

GORGO AL MONTICANO 31040 Treviso – 3 728 ab. alt. 11 – ✆ 0422.
Roma 574 – Treviso 32 – ◆Trieste 116 – Udine 85 – ◆Venezia 63.

🏠 **Revedin** ⬆, via Palazzi 4 ℰ 740669, Fax 740669, 🌲, « Villa veneta del 15° secolo in un parco » – 🗐 ☎ 🅿 – 🔬 50. 🖭 🖸 ⓪ 🖪 𝗩𝗜𝗦𝗔. ⬥
Pas (solo piatti di pesce; chiuso gennaio, lunedì e da novembre ad aprile anche domenica sera) carta 33/58000 – 🖙 10000 – **32 cam** 58/98000 – ½ P 108/125000.

GORIZIA 34170 🅿 988 ⑥ – 39 542 ab. alt. 86 – ✆ 0481.
🏌 (chiuso gennaio, febbraio e lunedì) a San Floriano del Collio ⊠ 34070 ℰ 884131.
✈ di Ronchi dei Legionari SO : 25 km ℰ 7731 – Alitalia, Agenzia Appiani, corso Italia 60 ℰ 530266.
🛈 corso Verdi 100/e ℰ 83870.
A.C.I. via Trieste 171 ℰ 21266.
Roma 649 – Ljubljana 113 – ◆Milano 388 – ◆Trieste 45 – Udine 37 – ◆Venezia 138.

🏨 **Palace Hotel e Rist. Kappa,** corso Italia 63 ℰ 82166, Telex 461154, Fax 31658 – 🛗
⬥ ⟺ rist 🗏 🗐 ☎ 🅿 – 🔬 80. 🖭 🖸 🖪. ⬥ rist
Pas (chiuso sabato e domenica sera) carta 20/31000 – 🖙 10000 – **70 cam** 63/94000 apparta-mento 150000; 🗏 10000.

🏠 **Alla Transalpina,** via Caprin 30 ℰ 530038 e rist ℰ 32984 – 🛗 🗏 rist ☎ 🅿
Pas (chiuso dal 1° al 15 gennaio) carta 24/38000 – 🖙 3500 – **55 cam** 33/58000.

XX **Lanterna d'Oro,** borgo del Castello ℰ 85565 (prenderà il 535565), 🌲 – 🖭 🖸 ⓪ 🖪 𝗩𝗜𝗦𝗔
chiuso domenica sera, lunedì e dal 2 al 20 gennaio – Pas carta 24/39000.

X Antica Trattoria Stella d'Oro, piazza Sant'Antonio 3/1 ℰ 834399.

sulla strada statale 351 SO : 4 km :

XX **Al Fogolar,** ⊠ 34070 Lucinico ℰ 390107, 🌲, 🌲 – 🅿. ⬥
chiuso lunedì – Pas carta 26/45000.

GORLE 24020 Bergamo – 4 025 ab. alt. 268 – ✆ 035.
Roma 603 – ◆Bergamo 3 – ◆Milano 49.

XX **Del Baio,** viale Zavaritt 224 ℰ 342262, 🌲 – 🖭 🖸 ⓪ 🖪 𝗩𝗜𝗦𝗔
chiuso lunedì e dal 15 al 30 agosto – Pas carta 41/65000.

GORO 44020 Ferrara 988 ⑮ – 4 391 ab. alt. 1 – ✆ 0533.
Roma 487 – ◆Ferrara 64 – ◆Padova 87 – ◆Ravenna 65 – ◆Venezia 98.

X **Da Primon,** via Cesare Battisti ℰ 996071, Solo piatti di pesce – 🅿. ⬥
chiuso martedì – Pas carta 25/51000.

X **Ferrari,** via Brugnoli 244 ℰ 996448, Solo piatti di pesce – 🖸 🖪 𝗩𝗜𝗦𝗔. ⬥
chiuso mercoledì sera – Pas carta 32/55000.

GOSSENSASS = Colle Isarco.

GOZZANO 28024 Novara 988 ②, 219 ⑯ – 6 085 ab. alt. 359 – ✆ 0322.
Dintorni Santuario della Madonna del Sasso** NO : 12,5 km.
Roma 653 – Domodossola 53 – ◆Milano 76 – Novara 38 – ◆Torino 112 – Varese 44.

🏨 **Nuova Italia,** ℰ 94393, Fax 93774, 🌲, 🏊 – 🛗 ⟺ 🗐 ⬥ & 🅿 – 🔬 150. 🖸 𝗩𝗜𝗦𝗔
chiuso gennaio – Pas carta 26/41000 – 🖙 9000 – **36 cam** 58/82000 – ½ P 54/58000.

sulla strada statale 229 N : 2,5 km :

X **Poncetta,** ⊠ 28024 Novara ℰ 94392, ≤ – 🅿. ⬥
chiuso mercoledì e settembre – Pas carta 23/40000.

GRADARA 61012 Pesaro e Urbino 988 ⑯ – 2 523 ab. alt. 142 – ✆ 0541.

Vedere Rocca★.

Roma 315 – ♦Ancona 89 – Forlì 76 – Pesaro 15 – Rimini 30 – Urbino 44.

XX **Mastin Vecchio di Adriano,** ℰ 964024, « Tipico ambiente medioevale; servizio estivo in terrazza » – ℀
chiuso lunedì e dal 1° al 20 novembre – Pas carta 37/51000.

XX **La Botte,** ℰ 964404, « Ambiente caratteristico; servizio estivo in giardino » – ᴀᴇ ⓞ 𝖵𝖨𝖲𝖠
chiuso mercoledì e dal 7 al 25 novembre – Pas carta 35/40000.

GRADISCA D'ISONZO 34072 Gorizia 988 ⑥ – 6 280 ab. alt. 32 – a.s. agosto e settembre – ✆ 0481 – 🆔 via Ciotti, Palazzo Torriani ℰ 99217.

Roma 639 – Gorizia 12 – ♦Milano 378 – ♦Trieste 42 – Udine 31 – ♦Venezia 128.

🏨 **Franz,** viale Trieste 45 ℰ 99211, Telex 461254 – 🛗 🔲 📺 ☎ 🅖 🅟. ᴀᴇ 🅑 ⓞ E 𝖵𝖨𝖲𝖠. ℀ rist
Pas (chiuso venerdì e domenica sera) carta 22/36000 – 🖵 7000 – **37 cam** 63/94000, 🔲 800
– ½ P 75000.

XX **Al Ponte,** viale Trieste 122 (SO : 2 km) ℰ 99213, « Servizio estivo sotto un pergolato » –
🅟. ᴀᴇ ⓞ. ℀
chiuso lunedì sera, martedì e dal 1° al 28 luglio – **Pas** carta 27/44000.

X **Al Commercio,** via della Campagnola 6 ℰ 99358 – 🅑 ⓞ 𝖵𝖨𝖲𝖠. ℀
chiuso domenica sera, lunedì, dal 1° all'11 febbraio e dal 1° al 20 agosto – Pas carta 22/37000.

GRADISCUTTA Udine – alt. 22 – ✉ 33030 Varmo – ✆ 0432.

Roma 606 – ♦Milano 345 – Pordenone 35 – ♦Trieste 88 – Udine 32 – ♦Venezia 95.

XX **Da Toni,** ℰ 778003, Fax 778004, 🏠, « Giardino » – 🅟 – 🄰 100. ᴀᴇ 🅑 𝖵𝖨𝖲𝖠. ℀
chiuso lunedì e dal 15 luglio al 14 agosto – Pas carta 29/42000.

GRADO 34073 Gorizia 988 ⑥ – 9 286 ab. – Stazione termale (giugno-settembre), a.s. luglio e agosto – ✆ 0431.

Vedere Quartiere antico★ : postergale★ nel Duomo.

🆔 viale Dante Alighieri 72 ℰ 80135, Telex 460502.

Roma 646 – Gorizia 43 – ♦Milano 385 – Treviso 122 – ♦Trieste 54 – Udine 48 – ♦Venezia 135.

🏨 **Savoy,** via Carducci 33 ℰ 81171, Fax 83305, 🔲, 🏠, ℀ – 🛗 🔲 rist ☎ 🅟. ⓞ. ℀ rist
25 marzo-2 novembre – Pas 30000 – **78 cam** 72/120000 – ½ P 66/105000.

🏨 **Adria,** viale Europa Unita 18 ℰ 80656, Telex 460594, Fax 83519 – 🛗 🔆 📺 ☎ 🅟. ᴀᴇ 🅑 ⓞ
E 𝖵𝖨𝖲𝖠. ℀ rist
aprile-ottobre – Pas 30000 – **70 cam** 🖵 70/130000 – ½ P 85/95000.

🏨 **Diana,** via Verdi 3 ℰ 82247, Fax 83330 – 🛗 🔆 cam 📺 ☎. ᴀᴇ 🅑 ⓞ E 𝖵𝖨𝖲𝖠. ℀ rist
aprile-4 novembre – Pas 23/32000 – 🖵 10000 – **63 cam** 66/110000 – ½ P 66/90000.

🏨 **Antares** senza rist, via delle Scuole 4 ℰ 84961 – 🛗 📺 ☎ 🅟. 🅑 E 𝖵𝖨𝖲𝖠. ℀
marzo-ottobre – **19 cam** 🖵 65/120000.

🏨 **Friuli,** riva Ugo Foscolo 14 ℰ 80841, ≼ – 🛗 🔲 📺 ☎ 🅟. 🅑 𝖵𝖨𝖲𝖠. ℀ rist
5 maggio-25 settembre – Pas 22000 – 🖵 7000 – **45 cam** 42/70000, 🔲 2000 – ½ P 56/63000.

🏨 **Il Guscio** senza rist, via Venezia 2 ℰ 82200, « Giardino » – 🛗 🐾 🅟. ⓞ
maggio-settembre – **12 cam** 🖵 50/72000.

🏨 **Tiziano Palace,** riva Slataper 8 ℰ 80884, ≼ – 🛗 🔲 🐾. ᴀᴇ 🅑 ⓞ E 𝖵𝖨𝖲𝖠. ℀ rist
maggio-settembre – Pas 35000 – 🖵 10000 – **94 cam** 63/94000 appartamenti 187000, 🔲 5000
– ½ P 87000.

🏨 **Serena,** riva Sant'Andrea 31 ℰ 80697 – ☎. ᴀᴇ 🅑 ⓞ E 𝖵𝖨𝖲𝖠
↤ aprile-14 ottobre – Pas (solo per clienti alloggiati) 20000 – 🖵 6000 – **16 cam** 42/74000 –
½ P 53/63000.

🏨 **Cristina,** viale Martiri della Libertà 11 ℰ 80989, 🏠 – 🅟
↤ aprile-settembre – Pas 20/35000 – 🖵 6000 – **26 cam** 30/55000 – ½ P 50000.

🏨 **Villa Rosa** senza rist, via Carducci 12 ℰ 81100 – 🛗 🐾
15 aprile-ottobre – 🖵 6500 – **27 cam** 29/48000.

X **Al Balaor,** calle Zanini 3 ℰ 80150, 🏠 – 🔲. 🅑 𝖵𝖨𝖲𝖠. ℀
chiuso giovedì escluso da giugno a settembre – Pas carta 30/50000.

X **Alla Fortuna-da Nico,** via Marina 10 ℰ 80470 – ⓞ
chiuso giovedì e gennaio – Pas carta 36/55000 (10%).

X **All'Androna,** calle Porta Piccola 4 ℰ 80950, 🏠 – 🔲. ᴀᴇ 🅑 ⓞ E 𝖵𝖨𝖲𝖠. ℀
chiuso dal 20 dicembre al 1° marzo e martedì in bassa stagione – Pas carta 34/57000.

alla pineta E : 4 km :

🏨 **Al Bosco,** località La Rotta ℰ 80485, 🏖 – 🛗 ☎ 🅟. ℀
maggio-settembre – Pas 26000 – 🖵 8000 – **47 cam** 45/82000 – ½ P 60/75000.

🏨 **Plaza,** via Pegaso 1 ℰ 80226, Telex 460336, 🔲, 🏖 – 🛗 🐾. ᴀᴇ 🅑 ⓞ E 𝖵𝖨𝖲𝖠. ℀ rist
↤ 20 maggio-20 settembre – Pas 20000 – 🖵 10000 – **45 cam** 53/78000, 🔲 4000 – ½ P 56/76000.

🏨 **Mar del Plata,** viale Andromeda 5 ℰ 81081, « Giardino-pineta », 🏖 – 🛗 ☎ 🅟. 🅑 ⓞ E
𝖵𝖨𝖲𝖠. ℀ rist
15 maggio-settembre – Pas 25000 – 🖵 8000 – **35 cam** 50/80000 – ½ P 50/65000.

GRANAROLO DELL'EMILIA 40057 Bologna – 6 779 ab. alt. 28 – ☎ 051.
Roma 390 – •Bologna 11 – •Firenze 106 – •Ravenna 86.

a Quarto Inferiore S : 3 km – ✉ 40127 :

XX **Il Santapaola,** via San Donato 3 ✆ 767276 – ▤ Ⓟ. AE ⓢ ⓞ VISA. ✻
chiuso sabato a mezzogiorno, domenica ed agosto – Pas carta 36/50000.

GRANCONA 36040 Vicenza – 1 561 ab. alt. 36 – ☎ 0444.
Roma 553 – •Padova 32 – •Verona 42 – Vicenza 24.

a Pederiva E : 1,5 km – ✉ 36040 Grancona :

X **Isetta** con cam, ✆ 889521 – ☎ Ⓟ. ✻
chiuso luglio – Pas *(chiuso martedì sera e mercoledì)* carta 23/40000 – ☐ 5000 – **5 cam** 28/50000 – ½ P 35000.

GRAN SAN BERNARDO (Colle del) Aosta 988 ①②, 219 ②, 74 ⑩ – alt. 2 469 – a.s. luglio e agosto – Roma 778 – Aosta 32 – •Genève 148 – •Milano 216 – •Torino 145 – Vercelli 151.

Italia, ✉ 11010 Saint Rhémy ✆ (0165) 780908, ≤ – Ⓟ. AE ⓢ ⓞ E VISA
giugno-settembre – Pas carta 24/41000 – ☐ 8000 – **15 cam** 32/52000 – ½ P 47/59000.

GRAPPA (Monte) Belluno, Treviso e Vicenza 988 ⑤ – alt. 1 775 – **Vedere** Monte***.
Roma 575 – Bassano del Grappa 32 – Belluno 63 – •Milano 271 – •Padova 74 – Trento 120 – •Venezia 107 – Vicenza 67.

GRAVINA IN PUGLIA 70024 Bari 988 ㉙ – 38 724 ab. alt. 350 – ☎ 080.
Roma 449 – •Bari 56 – Matera 26 – Potenza 85 – •Taranto 96.

Peucezia, via Bari 96 ✆ 851548 – |♦| ⇆ cam ▣ ☎ ⇔. ⓞ VISA. ✻
Pas carta 20/32000 – ☐ 5000 – **28 cam** 42/70000 – ½ P 48/55000.

GRAZZANO BADOGLIO 14035 Asti – 734 ab. alt. 299 – ☎ 0141.
Roma 616 – Alessandria 33 – Asti 25 – •Milano 101 – •Torino 68 – Vercelli 47.

XX **Natalina,** località Madonna dei Monti N : 2 km ✆ 925185, ☂, Coperti limitati; prenotare – Ⓟ. AE VISA. ✻
chiuso giovedì, gennaio e in agosto a mezzogiorno – Pas carta 30/50000.

X **Il Bagatto,** ✆ 925110, ☂ – AE VISA. ✻
chiuso martedì, dal 6 al 25 gennaio e dal 1° al 20 luglio – Pas carta 20/37000.

GRAZZANO VISCONTI 29020 Piacenza – alt. 113 – ☎ 0523.
Roma 526 – •Genova 130 – •Milano 78 – Piacenza 14.

XX **Biscione,** ✆ 870149, « In un borgo caratteristico » – ⓢ E VISA. ✻
chiuso martedì e gennaio – Pas carta 42/60000.

GRECCIO 02040 Rieti 988 ㉖ – 1 496 ab. alt. 705 – ☎ 0746 – **Vedere** Convento*.
Roma 94 – Rieti 16 – Terni 24.

XX **Il Nido del Corvo,** ✆ 753181, ≤ – Ⓟ. AE ⓞ. ✻
Pas carta 22/33000 (10%).

GRESSONEY-LA-TRINITÉ 11020 Aosta 988 ②, 219 ④ – 269 ab. alt. 1 637 – a.s. febbraio-15 marzo, Pasqua, 15 luglio-agosto e Natale – Sport invernali : 1 637/2 861 m ⛡1 ⛷12, ⛸ – ☎ 0125.
ℹ Municipio ✆ 366143.
Roma 733 – Aosta 85 – Ivrea 58 – •Milano 171 – •Torino 100.

Residence Hotel, località Edelboden ✆ 366148, ≤ – |♦| ⇔ Ⓟ. AE ⓢ ⓞ E VISA. ✻ rist
dicembre-aprile e luglio-settembre – Pas carta 25/36000 – ☐ 10000 – **35 cam** 55/90000 – ½ P 55/90000.

Lo Scoiattolo, ✆ 366313, ≤, ☂ – ⇔ Ⓟ – **14 cam**.

GRESSONEY-SAINT-JEAN 11025 Aosta 988 ②, 219 ④ – 754 ab. alt. 1 385 – a.s. febbraio-15 marzo, Pasqua, 15 luglio-agosto e Natale – Sport invernali : 1 385/2 020 m ⛷3, ⛸ – ☎ 0125.
ℹ Villa Margherita ✆ 355185.
Roma 727 – Aosta 79 – Ivrea 52 – •Milano 165 – •Torino 94.

Lyskamm, ✆ 355436, ≤, ☂ – |♦| ⇔ Ⓟ. AE. ✻
3 dicembre-15 aprile e 20 maggio-ottobre – Pas carta 21/32000 – ☐ 6000 – **23 cam** 50/80000 – ½ P 55/75000.

Gran Baita, ✆ 355241, ≤ – ⇔ Ⓟ. ✻
chiuso dall'11 maggio al 20 giugno ed ottobre – Pas *(chiuso mercoledì)* carta 26/38000 – ☐ 6000 – **14 cam** 36/66000 – ½ P 55/61000.

Flora Alpina, località Belciucken ✆ 355179, ≤ – ⇔ Ⓟ. ✻
dicembre-aprile e giugno-settembre – Pas 20/25000 – ☐ 4000 – **15 cam** 65/70000 – ½ P 55/70000.

Roma 260 – Arezzo 64 – ◆Firenze 27 – Siena 40.

   🏨 **Del Chianti** senza rist, 𝒫 853763, Fax 853763, ⅀ – 📶 🖿 ☎. 𝔸𝔼 🕃 ⓄⒹ 𝐄 𝑉𝐼𝑆𝐴
     ⚏ 7000 – **16 cam** 61/90000.

   🏨 **Giovanni da Verrazzano,** 𝒫 853189, Fax 853648, 🍴 – ☎. 𝔸𝔼 🕃 ⓄⒹ 𝐄 𝑉𝐼𝑆𝐴. ❄
     chiuso dal 15 gennaio al 15 febbraio – Pas *(chiuso domenica sera e lunedì)* carta 26/45000 –
     ⚏ 8000 – **11 cam** 50/80000 – ½ P 60000.

     a Panzano S : 6 km – alt. 478 – ✉ **50020** :

   🏨 **Villa Sangiovese,** 𝒫 852461, Fax 852463, « Servizio rist. estivo all'aperto » – ☎. 🕃 𝐄
     𝑉𝐼𝑆𝐴. ❄
     chiuso febbraio – Pas *(chiuso mercoledì)* carta 25/42000 – **17 cam** ⚏ 80/160000 apparta-
     menti 180/210000.

Roma 514 – ◆Milano 168 – ◆Venezia 125 – ◆Verona 11.

   🏨 **La Pergola,** via La Guardia 1 𝒫 907071 – 🖿 📺 🏖 🚗 🅿. 🕃 𝐄 𝑉𝐼𝑆𝐴
     Pas carta 25/40000 – ⚏ 8000 – **29 cam** 54/81000, 🖿 9000 – ½ P 70/85000.

Roma 677 – ◆Trieste 8 – Udine 65 – ◆Venezia 150.

   🏨 **Riviera e Maximilian's,** strada costiera 22 𝒫 224396, Fax 224300, ≼ – 📶 ☎ 🅿 – 🔬 60.
     𝔸𝔼 🕃 ⓄⒹ 𝐄 𝑉𝐼𝑆𝐴. ❄
     Pas carta 29/52000 – **57 cam** ⚏ 63/94000 – ½ P 80/95000.

   ✕✕ **Principe di Metternich,** al mare 𝒫 224189, 🍴 – 𝔸𝔼 ⓄⒹ 𝑉𝐼𝑆𝐴
     chiuso lunedì e gennaio – Pas carta 26/49000.

Roma 657 – Biella 38 – ◆Milano 83 – Novara 37 – ◆Torino 100 – Vercelli 44.

   ✕ **La Baracca,** 𝒫 417103 – 🅿. 𝔸𝔼 🕃 ⓄⒹ 𝐄 𝑉𝐼𝑆𝐴
   ➤ *chiuso lunedì ed agosto* – Pas carta 17/31000.

Roma 633 – Alessandria 75 – Asti 39 – Cuneo 60 – ◆Milano 163 – Savona 88 – ◆Torino 67.

   ✕✕ **Trattoria Enoteca del Castello,** 𝒫 62159, « Castello-museo del 13° secolo » – 🅿. ⓄⒹ.
     ❄
     chiuso martedì e gennaio – Pas 45000.

Roma 552 – Alessandria 31 – ◆Genova 61 – ◆Milano 99.

   ✕ **La Taverna** con cam, 𝒫 680128 – 𝔸𝔼 🕃
     chiuso 25-26 dicembre e dal 1° al 20 gennaio – Pas *(chiuso lunedì)* carta 26/38000 – ⚏ 5000
     – **6 cam** 30/45000 – ½ P 40000.

Roma 739 – ◆Milano 178 – Sondrio 40 – Passo dello Stelvio 44 – Tirano 14.

   ✕✕ **Sassella** con cam, 𝒫 845140, Fax 845668 – 📶 📺 🅇 ⚷ 🚗 🅿 – 🔬 50. 𝔸𝔼 ⓄⒹ 𝑉𝐼𝑆𝐴
     Pas *(chiuso lunedì dal 15 settembre al 15 giugno)* carta 25/42000 – ⚏ 8000 – **18 cam**
     42/75000 – ½ P 65/70000.

Vedere Museo Archeologico e d'Arte della Maremma★.
🖪 viale Monterosa 206 𝒫 22534.
A.C.I. via Mazzini 109 𝒫 21071.
Roma 187 – ◆Livorno 134 – ◆Milano 428 – ◆Perugia 176 – Siena 73.

   🏨 **Bastiani Grand Hotel** senza rist, piazza Gioberti 64 𝒫 20047, Telex 502051, Fax 29321 –
     📶 🖿 📺 ☎. 𝔸𝔼 🕃 ⓄⒹ 𝐄 𝑉𝐼𝑆𝐴. ❄
     ⚏ 15000 – **48 cam** 105/210000.

   🏨 **Lorena,** via Trieste 3 𝒫 25501 – 📶 🖿 📺 🅇 ⚷ 🚗 🅿 – 🔬 80. 𝔸𝔼 🕃 ⓄⒹ 𝐄 𝑉𝐼𝑆𝐴. ❄
     Pas *(chiuso domenica)* carta 27/42000 – ⚏ 9000 – **55 cam** 100/160000 appartamenti
     160/220000 – ½ P 70/100000.

   🏨 **Sanlorenzo,** senza rist, via Piave 22 𝒫 27918 – 📶 ☎
     31 cam.

   🏨 **Nalesso** senza rist, via Senese 35 𝒫 412441, Fax 412442 – 📶 ☎ 🅿. ❄
     ⚏ 9000 – **33 cam** 38/68000.

🏠 **La Maremma** senza rist, via Fulceri Paolucci de' Calboli 11 *ℰ* 22293 – 🛗 ☎. 🖭 🕼 🕮
⚿
☲ 8000 – **30 cam** 35/55000.

🏠 **Leon d'Oro**, via San Martino 46 *ℰ* 22128 – ☎. 🖭 🕼 E 𝘝𝘐𝘚𝘈. ⚿
Pas *(chiuso domenica)* carta 21/30000 – ☲ 7000 – **31 cam** 31/52000 – ½ P 45/65000.

XX **Buca di San Lorenzo**, via Manetti 1 *ℰ* 25142 – 🖭 🕼 🕮 E 𝘝𝘐𝘚𝘈. ⚿
chiuso lunedì – Pas carta 48/64000 (10%).

XX **La Maremma**, via Fulceri Paolucci de' Calboli 5 *ℰ* 21177 – 🍽. 🖭 🕼 🕮 𝘝𝘐𝘚𝘈
chiuso domenica sera, lunedì e dal 1° al 20 agosto – Pas carta 22/34000.

XX **Canapone**, piazza Dante 3 *ℰ* 24546 – 🖭 🕼 🕮
chiuso domenica e dal 1° al 20 luglio – Pas carta 27/39000.

X **Antiche Mura,** via Mazzini 29 *ℰ* 414589, Coperti limitati; prenotare – 🖭 🕼 🕮 E 𝘝𝘐𝘚𝘈. ⚿
ottobre-marzo; chiuso lunedì – Pas carta 32/43000 (10%).

sulla strada statale 1 - via Aurelia S : 2 km :

🏨 **MotelAgip**, ✉ 58100 *ℰ* 24100, Fax 24123 – 🛗🍽 ☎ 🅿 – 🔬 30. 🖭 🕼 🕮 E 𝘝𝘐𝘚𝘈. ⚿ rist
Pas *(chiuso lunedì)* 25000 – **32 cam** ☲ 48/88000 – ½ P 60/71000.

🏨 **Mediterraneo**, viale 24 Maggio 70 *ℰ* 34500, Fax 35261, ≤, ▲⊙ – 🛗 ⫘ rist ☎ 🅿. 𝘝𝘐𝘚𝘈. ⚿
chiuso dal 7 novembre al 9 dicembre – Pas carta 26/41000 – ☲ 9000 – **52 cam** 69/80000 –
½ P 65/90000.

🏠 **Rosmarina**, via delle Colonie 35 *ℰ* 34408 – ☎. 🕮. ⚿
Pas carta 30/42000 – ☲ 8000 – **16 cam** 49/79000 – ½ P 45/86000.

X **Da Mario**, via Baracca 2 *ℰ* 34472, 🦞 – 🖭 🕼 🕮 𝘝𝘐𝘚𝘈
marzo-15 settembre; chiuso lunedì – Pas carta 32/42000 (10%).

a Principina a Mare S : 6 km – ✉ **58046** Marina di Grosseto :

🏨 **Grifone** ⬙, *ℰ* 34300, Fax 36293, « In pineta », 🦞 – 🛗🍽 ☎. 🖭 🕼 🕮 E 𝘝𝘐𝘚𝘈. ⚿
aprile-15 ottobre – Pas carta 30/45000 – ☲ 10000 – **40 cam** 51/78000. 🍽 2500 –
½ P 70/92000.

🏨 **Gd H. Villa Fiorio,** viale Dusmet 28 *ℰ* 9459276, Fax 9459279, 🦞, « Piccolo parco con
🏊 » – 🔁⚿📺🅿 – 🔬 40. 🖭 🕼 🕮 E 𝘝𝘐𝘚𝘈. ⚿
Pas carta 43/63000 – ☲ 15000 – **20 cam** 110/140000 – ½ P 130000.

XX **Taverna dello Spuntino**, via Cicerone 20 *ℰ* 9459366 – 🍽. ⚿
chiuso mercoledì e dal 1° al 20 agosto – Pas carta 35/54000.

XX **Al Fico**, via Anagnina 134 *ℰ* 9459214, « Giardino-pineta con servizio estivo all'aperto » –
🅿. 🖭 🕼 🕮. ⚿
chiuso mercoledì e dal 16 al 24 agosto – Pas carta 40/55000.

XX **Da Mario-La Cavola d'Oro,** via Anagnina 35 *ℰ* 9459955, 🦞 – 🅿. 🖭
chiuso lunedì – Pas carta 25/41000.

🏨 **Roma,** *ℰ* 631145, ≤, ▲⊙ – 🛗 🍽 🅿. 🖭 🕼 🕮 E 𝘝𝘐𝘚𝘈. ⚿
🔻 *giugno-20 settembre* – Pas 20/25000 – ☲ 5000 – **60 cam** 50/60000 – ½ P 64000.

XX **Locanda del Tempo,** località Grottammare Alta *ℰ* 631259, prenotare – 🖭 🕼 🕮 E 𝘝𝘐𝘚𝘈
chiuso a mezzogiorno, martedì e novembre – Pas carta 36/51000.

X **Osteria dell'Arancio,** località Grottammare Alta *ℰ* 631059, 🦞, « Locale caratteristico
con menu tipico »
chiuso a mezzogiorno e mercoledì – Pas 35000 bc.

verso San Benedetto del Tronto :

🏨 **Exodus**, S : 2,5 km ✉ 63013 *ℰ* 581304, « Giardino », ▲⊙ – 🛗🍽 rist ⚿ 🅿. 🖭 🕮. ⚿ rist
🔻 *20 aprile-settembre* – Pas 20/25000 – ☲ 3000 – **39 cam** 40/60000 – ½ P 30/60000.

XX **Tropical,** S : 2 km ✉ 63013 *ℰ* 581000, 🦞, Solo piatti di pesce, ▲⊙ – 🖭 🕼 🕮 E 𝘝𝘐𝘚𝘈
*chiuso domenica sera (escluso giugno, luglio ed agosto), lunedì e dal 20 ottobre al 10
novembre* – Pas carta 33/56000.

GRUMELLO DEL MONTE 24064 Bergamo – 5 709 ab. alt. 208 – ✪ 035.
Roma 583 – ◆Bergamo 21 – ◆Brescia 35 – Cremona 80 – ◆Milano 62.

XX   **Cascina Fiorita,** N : 1 km ℘ 830005, ≼, 🦌 – ❷
    chiuso lunedì ed agosto – Pas carta 34/49000.

GSIES = Valle di Casies.

GUALTIERI 42044 Reggio nell'Emilia – 5 989 ab. alt. 22 – ✪ 0522.
Roma 450 – Mantova 36 – ◆Milano 152 – ◆Modena 48 – ◆Parma 30 – Reggio nell'Emilia 25.

🏛 ❀ **A. Ligabue,** ℘ 828120, Fax 829294 – ▤ 🆃🆅 ☎ ❷ – 🔬 50. 🝙 🔛 ⓞ E 𝘝𝘐𝘚𝘈. ✑
    chiuso dal 23 dicembre al 2 gennaio e dal 31 luglio al 19 agosto – Pas (chiuso domenica
    sera e lunedì) carta 30/47000 – ⟅ 10000 – **36 cam** 52/80000 appartamenti 110000 – ½ P 75000
    Spec. Spaghetti all'astice, San Pietro ai porcini, Petto d'anitra ai lamponi. **Vini** Gavi, Franciacorta rosso.

GUARCINO 03016 Frosinone – 1 782 ab. alt. 625 – Sport invernali : a Campocatino : 1 787/1 909
m ⛷4, 🎿 – ✪ 0775.
Roma 91 – Avezzano 99 – Frosinone 22 – Latina 76.

    a Campocatino N : 18 km – alt. 1 787 – ⊠ 03016 Guarcino :

🏛 **Roby** 🦢, ℘ 441351, ≼ monti – ☎. 🝙 🔛 ⓞ E 𝘝𝘐𝘚𝘈. ✑
    10 dicembre-aprile – Pas carta 32/45000 – **23 cam** ⟅ 50/80000 – ½ P 70/80000.

GUARDAMIGLIO 20070 Milano – 2 522 ab. alt. 49 – ✪ 0377.
Roma 516 – Cremona 34 – ◆Milano 58 – Pavia 49 – Piacenza 7.

X   Hostaria il Cavallo, località Valloria E : 4 km ℘ 51016, 🏡 – ❷.

GUARDIA PIEMONTESE MARINA 87020 Cosenza – ✪ 0982.
Roma 473 – Castrovillari 105 – Catanzaro 108 – ◆Cosenza 48 – Paola 14.

🏛 **Mediterraneo,** ℘ 94122, 🏖 – ▤❘ ☎ ❷. 🝙 ⓞ. ✑ rist
◆   giugno-settembre – Pas 20/26000 – ⟅ 8000 – **54 cam** 55/95000 – ½ P 50/85000.

    Vedere anche : **Terme Luigiane** NE : 2 km.

GUARDIA VOMANO 64020 Teramo – alt. 192 – ✪ 085.
Roma 200 – ◆Ancona 137 – L'Aquila 85 – Ascoli Piceno 62 – ◆Pescara 39 – Teramo 26.

    sulla strada statale 150 S : 1,5 km :

X   **3 Archi,** ⊠ 64020 ℘ 898140 – ❷. 🝙 🔛 ⓞ E 𝘝𝘐𝘚𝘈. ✑
    chiuso mercoledì e novembre – Pas carta 22/35000.

GUASTALLA 42016 Reggio nell'Emilia 🐾🐾🐾 ⑭ – 13 242 ab. alt. 25 – ✪ 0522.
Roma 453 – ◆Bologna 91 – Mantova 33 – ◆Milano 156 – ◆Modena 51 – ◆Parma 34 – Reggio nell'Emilia 28.

🏠 **Old River,** viale Po ℘ 824676, 🏡 – ▤❘ ▤ rist 🅰🅾 ⇔ ❷ – 🔬 150. 🝙 🔛 ⓞ E 𝘝𝘐𝘚𝘈. ✑
    Pas (chiuso venerdì ed agosto) carta 31/45000 – ⟅ 7000 – **30 cam** 55/82000 – P 75000.
XX **La Barriera,** piazza Martiri e Patrioti 3 ℘ 825597, 🏡 – ▤. ✑
    chiuso lunedì, martedì e dal 15 giugno al 15 luglio – Pas carta 28/51000.

    sulla strada per Novellara S : 5 km :

XX **La Briciola,** ℘ 831378, Solo piatti di pesce, Coperti limitati; prenotare, 🦌 – ❷. 🔛 ⓞ E
    𝘝𝘐𝘚𝘈. ✑
    chiuso mercoledì, dal 6 al 20 gennaio e dal 1° al 21 agosto – Pas carta 28/46000.

GUBBIO 06024 Perugia 🐾🐾🐾 ⑮⑯ – 32 280 ab. alt. 529 – ✪ 075.
Vedere Città vecchia★★★ – Palazzo dei Consoli★★ B – Palazzo Ducale★ D – Teatro romano★ R –
Affreschi★ di Ottaviano Nelli nella chiesa di San Francesco F – Affresco★ di Ottaviano Nelli nella
chiesa di Santa Maria Nuova K.
🅱 piazza Oderisi 6 ℘ 9273693.
Roma 217 ② – ◆Ancona 109 ② – Arezzo 92 ④ – Assisi 54 ③ – ◆Perugia 39 ③ – Pesaro 92 ④.

Pianta pagina a lato

🏛 Bosone, via 20 Settembre 22 ℘ 9272008 – ▤❘ ☎ 🚻   **d**
    Pas vedere rist Taverna del Lupo – **35 cam.**
🏛 **San Marco,** via Perugina 5 ℘ 9272349, Fax 9273716 – ☎. 🝙 🔛 ⓞ E 𝘝𝘐𝘚𝘈. ✑ rist   **x**
    Pas carta 24/40000 (10%) – ⟅ 5000 – **52 cam** 47/66000 – ½ P 50/55000.
🏠 **Oderisi-Balestrieri** senza rist, via Mazzatinti 2 ℘ 9273747 – ⇔   **a**
    ⟅ 5000 – **37 cam** 36/52000.
🏠 Gattapone, via Beni 11 ℘ 9272489   **n**
    Pas vedere rist Taverna del Lupo – **15 cam.**

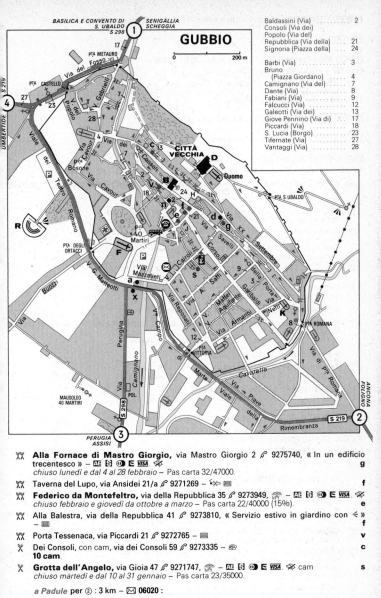

GUBBIO

XX **Alla Fornace di Mastro Giorgio,** via Mastro Giorgio 2 ℰ 9275740, « In un edificio trecentesco » – 𝔸𝔼 𝕊 ⓞ 𝔼 𝘝𝘐𝘚𝘈. 𝒮𝒮 **g**
chiuso lunedì e dal 4 al 28 febbraio – Pas carta 32/47000.

XX **Taverna del Lupo,** via Ansidei 21/a ℰ 9271269 – ⤢⤢ 🗐 **f**

XX **Federico da Montefeltro,** via della Repubblica 35 ℰ 9273949, 🍴 – 𝔸𝔼 𝕊 ⓞ 𝔼 𝘝𝘐𝘚𝘈. 𝒮𝒮 **e**
chiuso febbraio e giovedì da ottobre a marzo – Pas carta 22/40000 (15%).

XX **Alla Balestra,** via della Repubblica 41 ℰ 9273810, « Servizio estivo in giardino con ≤ » – 🗐 **r**

XX **Porta Tessenaca,** via Piccardi 21 ℰ 9272765 – 🗐 **v**

X **Dei Consoli,** con cam, via dei Consoli 59 ℰ 9273335 – 🕾 **c**
10 cam.

X **Grotta dell'Angelo,** via Gioia 47 ℰ 9271747, 🍴 – 𝔸𝔼 𝕊 ⓞ 𝔼 𝘝𝘐𝘚𝘈. 𝒮𝒮 cam **s**
chiuso martedì e dal 10 al 31 gennaio – Pas carta 23/35000.

   a Padule per ② : 3 km – ⊠ 06020 :

🏨 Padule, ℰ 9291327 – 🕼 🕾 & 🅿
16 cam.

GUIDONIA MONTECELIO 00012 Roma 𝟿𝟾𝟾 ㉖ – 54 978 ab. alt. 105 – 🕿 0774.
Roma 24 – L'Aquila 108 – Rieti 71 – Terni 100.

   a Montecelio NE : 5 km – alt. 389 – ⊠ 00014 :

X **Spadaro,** ℰ 510042 – 𝔸𝔼 𝕊 ⓞ 𝔼. 𝒮𝒮
chiuso martedì ed agosto – Pas carta 28/40000 (15%).

267

Nuoro – Vedere Sardegna (Gavoi) alla fine dell'elenco alfabetico.

HAFLING = Avelengo.

IDRO 25074 Brescia 988 ④ – 1 404 ab. alt. 391 – ✪ 0365.
Roma 577 – ◆Brescia 45 – ◆Milano 135 – Salò 33.

XX **Alpino** con cam, località Crone ℰ 83146 – 劇 ☎ ⇌ . ℀
  chiuso dal 7 gennaio al 15 febbraio – Pas *(chiuso martedì)* carta 27/41000 – ⌂ 8500 –
  24 cam 42/78000 – ½ P 49000.

IGEA MARINA Forlì – Vedere Bellaria Igea Marina.

IL GIOVO Savona – Vedere Pontinvrea.

IMOLA 40026 Bologna 988 ⑮ – 61 850 ab. alt. 47 – ✪ 0542.
Roma 384 – ◆Bologna 33 – ◆Ferrara 81 – ◆Firenze 98 – Forlì 30 – ◆Milano 249 – ◆Ravenna 44.

🏨 **Gd H. Donatello e Rist. Nettuno,** via Rossini 25 ℰ 680800, Telex 522114, ⌁ – 劇 🛏 📺
  ☎ ઙ ๋ – 🔬 30 a 350. 🏧 🛈 ☰ 🚾 ℀ rist
  Pas 40000 – ⌂ 16000 – **150 cam** 224000 – P 175000.

🏨 **Ziò,** viale Nardozzi 14 ℰ 35274 – 🍴 📺 ☎ – 🔬 50. 🏧 🛈 ☰ 🚾 . ℀
  Pas *(chiuso sabato e domenica sera)* carta 27/38000 – **34 cam** ⌂ 70/90000 – ½ P 70000.

XXXX ✿ **San Domenico,** via Sacchi 1 ℰ 29000, Coperti limitati; prenotare – 🍴. 🏧 🛈 🚾
  chiuso lunedì, dal 1° al 15 gennaio e dal 23 luglio al 17 agosto – Pas carta 72/107000 (10%)
  Spec. Bouquet di patate e capesante all'erba cipollina, Uovo in raviolo con tartufo bianco, Carrè di agnello al
  rosmarino. **Vini** Trebbiano, Sangiovese.

XX **Naldi,** via Santerno 13 ℰ 29581 – 🍴 🅿. 🏧 🛈 ☰ 🚾 . ℀
  chiuso domenica – Pas carta 35/52000.

X **Locanda Moderna,** via 20 Settembre 22 ℰ 23122 – 🍴. 🏧 🛈 🚾 ℀
  chiuso lunedì e dal 7 al 22 agosto – Pas carta 24/35000.

  in prossimità casello autostrada A 14 N : 4 km :

🏨 **Molino Rosso,** ✉ 40026 ℰ 640300, Telex 520147, Fax 640249, ℀ – 劇 🍴 📺 ☎ ⇌ 🅿.
  🏧 🛈 ☰ 🚾 . ℀
  Pas carta 38/59000 (15%) – ⌂ 9000 – **80 cam** 120/180000.

  a Sasso Morelli N : 1,5 km – ✉ 40020 :

X **Trattoria Sterlina,** N : 1,5 km ℰ 55030, ☞ – 🅿. ℀
  chiuso mercoledì e dal 1° al 24 settembre – Pas carta 22/30000.

  Vedere anche : *Mordano* NE : 10 km.
                         Tossignano SO : 17 km.

IMPERIA 18100 🅿 988 ⑫ – 41 204 ab. – ✪ 0183.
🛈 viale Matteotti 54 bis ℰ 24947 – viale Matteotti 22 ℰ 60730.
A.C.I. piazza Unità Nazionale 23 ℰ 25742.
Roma 615 ② – ◆Genova 116 ② – ◆Milano 239 ② – San Remo 23 ④ – Savona 70 ② – ◆Torino 178 ②.

Pianta pagina a lato

  ad Oneglia – ✉ 18100 Imperia :

🏨 **Centro,** senza rist, piazza Unità Nazionale 4 ℰ 273771 – 劇 📺 ⌂⌂
  21 cam.   AX n

🏨 **Kristina,** spianata Borgo Peri 8 ℰ 23564, Fax 23565 – ⌂⌂. 🛏 ☰ 🚾   AX b
  Pas carta 21/42000 – ⌂ 8500 – **23 cam** 48/70000 – ½ P 42/70000.

XX **Salvo-Cacciatori,** via Vieussex 14 ℰ 23763 – 🍴. 🏧 🛏   AX e
  chiuso lunedì e dal 15 giugno al 10 luglio – **Pas** carta 21/44000 (12%)

XX ✿ **Albatros,** piazza Nino Bixio ℰ 24611 – 🍴. 🏧 🛈 ☰ 🚾   AX r
  chiuso lunedì – Pas carta 35/60000
  Spec. Fricassea con scampi, Risotto al nero di seppie, Misto di pesce e crostacei in salsa al profumo di timo.
  Vini Pigato, Rossese.

X **Da Clorinda,** via Garessio 96 ℰ 21982   BX u
⟵ *chiuso lunedì e dal 7 al 23 agosto* – Pas carta 20/36000.

X **Beppa,** via Doria 24 ℰ 24286 – 🏧 🛈 ☰ 🚾 ℀   AX s
  chiuso martedì e dal 10 al 30 novembre – Pas carta 30/50000.

X **Chez Braccio Forte,** calata Cuneo 33 ℰ 24752 – 🏧 🛏 🛈 ☰ 🚾   AX a
  chiuso lunedì e gennaio – Pas carta 36/60000 (10%).

  a Porto Maurizio – ✉ 18100 Imperia :

🏨 **Corallo,** corso Garibaldi 29 ℰ 61980, ⟨ – 劇 📺 ⌂⌂ 🅿 – 🔬 40 a 70. 🏧 🛏 ☰ 🚾 . ℀
  Pas *(chiuso venerdì e dal 10 ottobre al 15 dicembre)* carta 30/56000 – ⌂ 7000 – **42 cam**
  50/90000 – ½ P 80000.   BZ n

IMPERIA

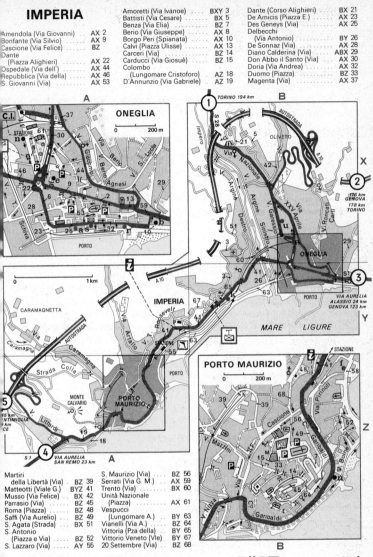

XXX ⊛ **Nannina,** viale Matteotti 56 ℰ 20208, ≤, prenotare – 🅰🅴 🅱 🅴 𝘝𝘐𝘚𝘈   BY **k**
   chiuso domenica sera, lunedì e febbraio – Pas carta 45/68000
   Spec. Antipasti di mare caldi, Linguine con scampi e zucchine, Merluzzo con patate. **Vini** Vermentino, Rossese.

XX ⊛ **Lanterna Blu-da Tonino,** borgo Marina ℰ 63859, prenotare – 🅿 🅰🅴 🅱 🅾 🅴
   𝘝𝘐𝘚𝘈   BZ **f**
   chiuso martedì sera, mercoledì, dal 1° al 15 giugno e dal 15 al 30 novembre – Pas
   carta 65/105000
   Spec. Novellini saltati con olive rosmarino e carciofi, Pappardelle con bottarga gamberoni e maggiorana, Pesce
   cappone in guazzetto con capperi. **Vini** Vermentino, Ormeasco.

   a Piani N : 5 km per via Caramagna AY – ⊠ **18100** Imperia :

X   **Al Vecchio Forno,** ℰ 680269, 🏡 , Coperti limitati; prenotare – 🅰🅴 🅱 🅴 𝘝𝘐𝘚𝘈
   chiuso mercoledì ed ottobre – Pas carta 29/54000.

269

IMPRUNETA **50023** Firenze 988 ⑭⑮ – 15 098 ab. alt. 275 – ✿ 055.
Roma 278 – Arezzo 82 – ◆Firenze 13 – Pisa 89 – Siena 61.

    a Pozzolatico N : 6 km – ⊠ **50023** Impruneta :

XX **I Tre Pini,** 𝒫 208065, « Servizio estivo all'aperto », 🏕 – ▤ 🅿 AE ⊙
    chiuso lunedì e gennaio – Pas carta 27/46000 (10%).

INCISA IN VAL D'ARNO **50064** Firenze 988 ⑮ – 5 026 ab. alt. 122 – ✿ 055.
Roma 248 – Arezzo 52 – ◆Firenze 33 – Siena 63.

🏔 **Galileo** senza rist, in prossimità area di servizio Reggello 𝒫 863341, Telex 574455, ⊐, %
    – 🛗 ▤ 🕿 ⭳ ⇔ 🅿 – 🔏 150. AE 🕃 ⊙ E VISA
    ⊏⊐ 8000 – **63 cam** 65/95000.

INDUNO OLONA **21056** Varese 219 ⑧ – 9 771 ab. alt. 397 – ✿ 0332.
Roma 638 – Lugano 29 – ◆Milano 60 – Varese 4,5.

🏔 **Villa Castiglioni,** via Castiglioni 1 𝒫 200201, « Villa antica con parco secolare » – 📺 🕿
    🅿. AE 🕃 E VISA
    Pas carta 47/75000 – ⊏⊐ 15000 – **23 cam** 119/162000 appartamenti 250000 – ½ P 140/150000.

XX **2 Lanterne,** via Ferrarin 25 𝒫 200368, 🏡, prenotare, 🏕 – 🅿. AE 🕃 ⊙ VISA. 🎾
    chiuso lunedì, il 26 dicembre, le sere di Natale e Capodanno, dal 9 al 30 gennaio e dal 1° al
    10 agosto – Pas carta 34/57000.

XX **Olona-da Venanzio,** via Olona 38 𝒫 200333, prenotare, 🏕 – 🅿. AE 🕃 ⊙ E VISA. 🎾
    chiuso lunedì, il 26 dicembre, le sere di Natale e Capodanno e dal 20 agosto al 2 settembre –
    Pas carta 39/70000.

INNICHEN = San Candido.

INTRA Novara 219 ⑦ – Vedere Verbania.

INTRAGNA 427 ㉓, 219 ⑦, 218 ⑪ – Vedere Cantone Ticino alla fine dell'elenco alfabetico.

INVERIGO **22044** Como 219 ⑨ – 7 721 ab. alt. 340 – ✿ 031.
Roma 605 – ◆Bergamo 43 – Como 16 – Erba 8 – Lecco 22 – ◆Milano 37.

🏠 **Bosco Marino** ⦈, 𝒫 607117, Fax 607117, ≤, « Parco ombreggiato » – 🛗 🕿 🅿 – 🔏 40 a
    120. AE 🕃 ⊙ E VISA. 🎾
    Pas 35/50000 – ⊏⊐ 9000 – **38 cam** 65/95000 – ½ P 75/85000.

    Vedere anche : *Cremnago* O : 1 km.

INVORIO **28045** Novara 219 ⑥ – 3 519 ab. alt. 416 – ✿ 0322.
Roma 649 – ◆Milano 71 – Novara 40 – ◆Torino 113 – Varese 40 – Vercelli 57.

    a Talonno S : 2,5 km – ⊠ **28045** Invorio :

X **Vittorio,** 𝒫 55212 – 🅿. 🎾
    chiuso mercoledì, dal 1° al 15 gennaio e dal 1° al 15 agosto – Pas carta 21/35000.

INZAGO **20065** Milano 219 ⑳ – 8 474 ab. alt. 138 – ✿ 02.
Roma 592 – ◆Bergamo 25 – ◆Milano 26.

X **Del Ponte,** 𝒫 9549319, 🏡 – 🕃 E VISA. 🎾
    chiuso domenica ed agosto – Pas carta 25/38000.

ISCHIA (Isola d') ★★★ Napoli 988 ㉗ – 46 626 ab. alt. da 0 a 788 (monte Epomeo) – Stazione
termale, a.s. luglio-settembre – ✿ 081.
La limitazione d'accesso degli autoveicoli è regolata da norme legislative.

🛳 per Capri giugno-settembre escluso i giorni festivi (1 h 20 mn) – Navigazione Libera del
Golfo, 𝒫 991620; per Napoli (1 h 15 mn), Pozzuoli (1 h) e Procida (30 mn), giornalieri – Caremar-
agenzia Tufano, banchina del Redentore 𝒫 991781; per Pozzuoli giornalieri (1 h), Capri aprile-
ottobre giornaliero (1 h 15 mn) e Napoli giornalieri (1 h 15 mn) – Libera Navigazione Lauro, 𝒫
991963.

🛥 per Napoli giornalieri (40 mn) – Alilauro, al porto 𝒫 991888 – e Caremar-agenzia Tufano,
banchina del Redentore 𝒫 991781; per Procida-Napoli giornalieri (40 mn) – Aliscafi SNAV-ufficio
Turistico Romano, via Porto 5/9 𝒫 991215, Telex 710364.

Piante pagine seguenti

    Barano – 7 182 ab. alt. 224 – ⊠ 80070 Barano d'Ischia.
    Vedere Monte Epomeo★★★ 4 km NO fino a Fontana e poi 1 h e 30 mn a piedi AR.

    a Testaccio S : 2 km – ⊠ **80070** Barano d'Ischia :

🏠 **St. Raphael Terme,** 𝒫 990508, Fax 993725, ≤, « Terrazza panoramica con ⊐ riscaldata »,
    ⇟, ⬜ – 🛗 🕿 cam 📺 ☎. AE ⊙. 🎾 rist   U s
    aprile-17 novembre – Pas (solo per clienti alloggiati) 30000 – ⊏⊐ 10000 – **37 cam** 55/77000
    – ½ P 95/105000.

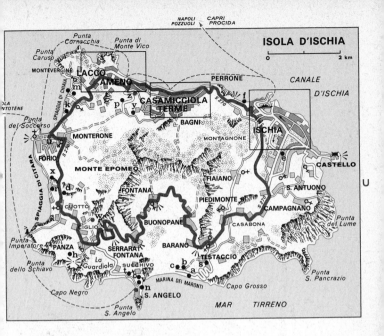

ISOLA D'ISCHIA

a Maronti S : 4 km – ⊠ **80070** Barano d'Ischia :

Parco Smeraldo ⑤, ℰ 990127, Telex 720210, ≤, « Terrazza fiorita con ⑤ riscaldata »,
♨, ♠, ❀ – ❀ ※ rist
7 aprile-29 ottobre – **64 cam** (solo pens) – P 127/132000.   U **a**

Villa San Giorgio ⑤, ℰ 990098, ≤, « Terrazza fiorita con ⑤ riscaldata », ♠ – ☎ ℗.
※ rist
7 aprile-21 ottobre – **40 cam** (solo pens) – P 90/99000.   U **b**

Helios Terme ⑤, ℰ 990001, Fax 990268, ≤, ♨, ♠ – ▤ ☜ ℗. ⚠ ⑤ ⑥ ⬧ ⚠ ※ rist
aprile-ottobre – Pas 25000 – ☑ 3500 – **35 cam** 36/55000 – ½ P 60/65000.   U **c**

Casamicciola Terme 988 ㉗ – 6 632 ab. – ⊠ **80074**.

Manzi, ℰ 994722, Fax 994975, ☜, ♨, ⑤ riscaldata, ☞, ❀ – ⧈ ▤ ☎. ⚠ ⑤ ⑥ ⬧ ⚠
※ rist
aprile-ottobre – Pas 70000 – ☑ 15000 – **62 cam** 72/125000 – ½ P 115/131000.   Y **a**

Elma, ℰ 994122, Telex 710584, ≤, ☜, ♨, ⑤ riscaldata, ▦, ☞, ❀ – ⧈ ▤ ☎ ℗. ⚠
⑤ ⑥ ⬧ ⚠ ※ rist
aprile-ottobre – Pas 25/50000 – **68 cam** ☑ 135/190000 – ½ P 130/140000.   Y **f**

Stefania ⑤, ℰ 994130, ♨, ▦ – ☎ ℗. ※ rist
aprile-ottobre – Pas (solo per clienti alloggiati) – ☑ 12000 – **30 cam** 40/60000 –
½ P 63/80000.   Y **d**

Forio 988 ㉗ – 11 379 ab. – ⊠ **80075** – **Vedere** Spiaggia di Citara★.

Mezzatorre ⑤, località Sammontano N : 3 km ℰ 986111, Fax 987992, ☜, ♨, ⑤, ♠,
☞ – ⧈ ▤ �📺 ☎ ℗. ⚠ ⑤ ⑥ ⬧ ⚠ ※
aprile-ottobre – Pas 75000 – **58 cam** ☑ 220/320000 appartamenti 400000 – ½ P 230000.   Z **c**

La Bagattella ⑤, località San Francesco ℰ 986072, « Giardino fiorito con ⑤ », ♨, ▦ –
✍ ※ rist
marzo-novembre – Pas (chiuso a mezzogiorno) – **35 cam** solo ½ P 70/90000.   U **m**

Parco Maria ⑤, via Provinciale Panza 212 ℰ 907322, Telex 722006, Fax 907363, ≤, « Terrazze con ⑤ riscaldata », ♨, ▦ – ☎ ℗. ⚠ ※ rist
chiuso dal 2 gennaio al 15 febbraio e dal 6 al 23 dicembre – Pas 25/50000 – ☑ 12000 –
76 cam 45/100000 – ½ P 85/100000.   U **d**

Zaro ⑤, località San Francesco ℰ 987110, ≤, ⑤ riscaldata, ☞ – ✍ cam ☜ ℗. ※ rist
aprile-ottobre – Pas 25/30000 (12%) – ☑ 6000 – **45 cam** 60/100000 – ½ P 90000.   U **m**

Splendid, NE : 1,5 km ℰ 987374, ≤, ⑤ riscaldata, ☞ – ☜ ℗. ⚠ ⑤ ⑥ ⬧ ⚠ ※ rist
aprile-ottobre – Pas 32000 – ☑ 9000 – **40 cam** 47/71000 – ½ P 68/82000.   U **k**

La Romantica, via Marina 46 ℰ 997345, ☜ – ⚠ ⑥ ⚠ ※
chiuso mercoledì in bassa stagione – Pas carta 23/45000 (15%).   U **u**

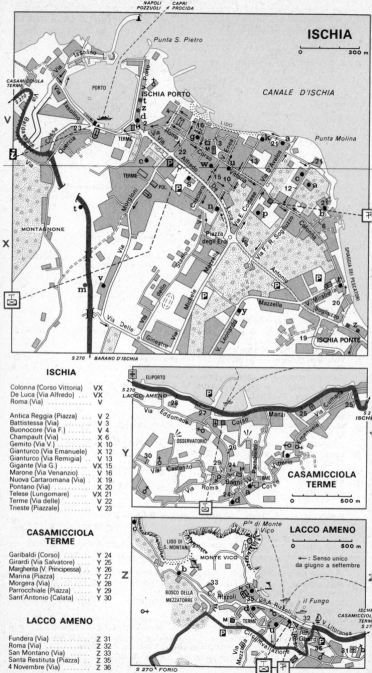

ISCHIA

ISCHIA

CASAMICCIOLA TERME

LACCO AMENO

a Citara S : 2,5 km – ⊠ **80075** Forio :

🏠 **Parco Regine,** ℰ 907366, Telex 720073, Fax 907300, ≼, « Terrazze-giardino panoramiche »,
⊡, ⅀ riscaldata (coperta in inverno), ☞ – ☎ 🅿 – 🔏 350
U x
stagionale – **88 cam**.

🏠 **Citara** 🈴, ℰ 907098, Fax 908043, ≼ – ☒ ☎ 🅿. 🄰🄴 🕕 *VISA*. ✂ rist
U r
aprile-ottobre – Pas (solo per clienti alloggiati) – **51 cam** ⊇ 45/70000 – ½ P 65/70000.

a Panza S : 4,5 km – alt. 155 – ⊠ **80070** :

🍴 **Da Leopoldo,** O : 0,5 km ℰ 907086, ≼ – 🅿. 🄰🄴
U h
giugno-ottobre; chiuso a mezzogiorno da lunedì a venerdì – Pas carta 20/38000 (10%).

🍴 **Montecorvo,** N : 1,5 km ℰ 998029, ≼, « Servizio estivo in terrazza-giardino panoramica »
U w
– 🅿. 🈴. ✂
marzo-ottobre; chiuso a mezzogiorno (escluso da marzo a giugno) – Pas carta 26/49000
(8%).

Ischia ★ 🄖🄖🄖 ㉗ – 17 424 ab. – ⊠ **80077** Porto d'Ischia.

Vedere Castello★★.

🛈 via Iasolino ℰ 991146, Telex 722338

🏠 **Excelsior** 🈴, via Emanuele Gianturco 19 ℰ 991020, Telex 721201, ≼, « Parco-pineta con
⅀ riscaldata », ⊡, ◻, 🐎 – ☒ ☰ cam 🆃🆅 ☎ 🅿 – 🔏 50. 🄰🄴 🕓 🕕 🄴 *VISA*. ✂ rist
X a
aprile-ottobre – Pas carta 70/90000 – ⊇ 24000 – **72 cam** 118/249000 – ½ P 237/249000.

🏠 **Jolly** 🈴, via De Luca 42 ℰ 991744, Telex 710267, Fax 993156, « Giardino con ⅀ riscaldata »,
⊡, ◻ – ☒ ☰ 🆃🆅 ☎ 🅿 – 🔏 80 a 200. 🄰🄴 🕓 🕕 🄴 *VISA*. ✂
V c
15 marzo-15 novembre – Pas 50000 – **208 cam** ⊇ 165/300000 – ½ P 200/224000.

🏠 **Gd H. Punta Molino** 🈴, lungomare Vincenzo Telese 14 ℰ 991544, Telex 710465, Fax
991562, ≼ mare, 🍴, « Parco-pineta e terrazza fiorita con ⅀ », ⊡, 🐎 – ☒ ☰ 🆃🆅 ☎ 🅿. 🄰🄴
🕓 🕕 🄴 *VISA*. ✂
X b
12 aprile-28 ottobre – Pas carta 56/85000 – **88 cam** solo ½ P 155/235000.

🏠 **Il Moresco** 🈴, via Gianturco 16 ℰ 981355, Telex 720065, Fax 992338, ≼, « Giardino con
⅀ », ⊡, ◻ – ☒ ❖ ☰ 🆃🆅 ☎. 🄰🄴 🕓 🕕 🄴 *VISA*. ✂
X c
aprile-ottobre – Pas carta 50/71000 – ⊇ 30000 – **73 cam** 140/210000 appartamenti
250/350000 – ½ P 160/200000.

🏠 **Continental Terme,** via Michele Mazzella 74 ℰ 991588, Telex 720065, Fax 992338, « Giardino fiorito con ⅀ riscaldata », ⊡, ◻, ✂ – ☒ ❖ ☰ 🐎 – 🔏 200 a 330. 🄰🄴 🕓 🕕 🄴 *VISA*.
✂ rist
U e
aprile-ottobre – Pas 25/40000 – **218 cam** ⊇ 105/190000 appartamenti 200/240000 –
½ P 120/170000.

🏠 **Hermitage e Park Terme** 🈴, via Leonardo Mazzella 67 ℰ 992997, Telex 722565, Fax
991344, « Terrazze-giardino con ⅀ riscaldata », ⊡, ✂ – ☒ 🆃🆅 ☎ 🅿. 🄰🄴 🕕 *VISA*. ✂
24 *marzo-3 novembre* – Pas (solo per clienti alloggiati) 40/45000 – ⊇ 20000 – **98 cam**
110/175000 – ½ P 83/148000.
X y

🏠 **Alexander,** lungomare Vincenzo Telese 3 ℰ 993124, Telex 722302, ≼, « Terrazza con ⅀
riscaldata », ⊡ – ☒ ☰ 🐎 🅿. ✂
V a
aprile-ottobre – Pas 48000 – ⊇ 18000 – **91 cam** 100/120000 – ½ P 140/180000.

🏠 **Mare Blu,** via Pontano 40 ℰ 982555, Fax 982938, ≼, ⊡, ⅀, 🐎, ☞ – ☒ ☰ ☎. 🄰🄴 *VISA*. ✂
13 *aprile-25 ottobre* – Pas (solo per clienti alloggiati) 38/50000 – **40 cam** ⊇ 100/150000 –
½ P 120/140000.
X r

🏠 **Le Querce** 🈴, via Baldassarre Cossa 29 ℰ 982378, Fax 993261, ≼ mare, 🍴, « Terrazze-
giardino con ⅀ riscaldata » – ☎ 🅿. 🈴. ✂
U f
26 *marzo-ottobre* – Pas 24/43000 (10%) – **41 cam** ⊇ 100/160000 – ½ P 85/105000.

🏠 **Aragona Palace Terme,** via Porto 12 ℰ 981383, ≼, ⊡, ⅀ riscaldata – ☒ ☰ 🆃🆅 ☎
V d
stagionale – **40 cam**.

🏠 **La Villarosa** 🈴, via Giacinto Gigante 5 ℰ 991316, « Parco ombreggiato con ⅀ riscaldata », ⊡ – ☒ 🐎 🕓 🄴 *VISA*. ✂ rist
VX w
20 *aprile-ottobre* – Pas (solo per clienti alloggiati) 30/35000 – ⊇ 25000 – **37 cam** 65/100000
– ½ P 95/105000.

🏠 **President,** via Nuova Circumvallazione ℰ 993890, Fax 993725, ≼, ⊡, ⅀ riscaldata, ◻ –
☒ ☎ 🅿. 🄰🄴 🕓 🕕 🄴 *VISA*. ✂ rist
X t
marzo-novembre – Pas 35000 – ⊇ 12000 – **79 cam** 80/100000 – ½ P 102/112000.

🏠 **Bristol Hotel Terme,** via Venanzio Marone 10 ℰ 992181, Fax 981762, ⊡, ⅀ riscaldata,
☞ – ☒ 🐎 🛎, 🄰🄴 🕓 🕕 🄴 *VISA*. ✂ rist
V g
aprile-ottobre – Pas 36000 – ⊇ 7500 – **39 cam** 56/98000 – ½ P 76/84000.

🏠 **Central Park Terme,** via De Luca 6 ℰ 993517, Fax 993176, ⊡, ⅀ riscaldata, ☞ – ☒
☰ rist ☎ 🛎 🅿. ✂
X n
aprile-ottobre – Pas 45000 – ⊇ 16000 – **45 cam** 105/165000 – ½ P 115000.

🏠 **Nuovo Lido,** via Remigia Gianturco 33 ℰ 991550, ≼, ⅀ – ☒ ❖ cam ☎ 🅿. 🄰🄴 🕓 🕕 🄴
VISA. ✂ rist
V k
15 aprile-15 ottobre – Pas 40/45000 – ⊇ 13000 – **39 cam** 53/90000 – ½ P 80/110000.

🏨 **Regina Palace**, via Cortese 18 ℰ 991344, Fax 991344, « Giardino con ⛲ riscaldata » – 🛗 ☷ ☎ 🅿. 🖭 ⓪ 𝘝𝘐𝘚𝘈. ✁
  X p
  chiuso gennaio e febbraio – Pas 50000 – **60 cam** ☲ 140/210000 – ½ P 95/160000.

🏨 **Bellevue,** via Morgioni 83 ℰ 991851, Telex 710124, ⛲ riscaldata – 🛗 ☎. 🖭 🚺 ⓪ 𝐄 𝘝𝘐𝘚𝘈.
  ✁ rist
  X v
  15 marzo-ottobre – Pas (solo per clienti alloggiati) 28/35000 – **37 cam** ☲ 50/90000 –
  ½ P 70/80000.

🏨 **Felix Hotel Terme**, via De Luca 48 ℰ 991201, ♨, ⛲ riscaldata, ⚘ – 🛗 ☞ 🅿. 🖭 ✁ rist
  X s
  aprile-ottobre – Pas 35/45000 – ☲ 7000 – **52 cam** 50/70000 – ½ P 80/85000.

🏨 **Villa Diana** senza rist, corso Vittoria Colonna 212 ℰ 991785 – ☜. ✁
  VX u
  7 aprile-ottobre – **25 cam** ☲ 41/70000.

XX **Damiano**, via Nuova Circumvallazione ℰ 983032, ≤ mare – ✁
  X m
  aprile-settembre; chiuso a mezzogiorno escluso domenica – Pas carta 40/80000 (12%).

XX **Gennaro**, via Porto 66 ℰ 992917, ≤ – 🖭 🚺 ⓪ 𝐄 𝘝𝘐𝘚𝘈
  V t
  19 marzo-ottobre; chiuso martedì in marzo ed aprile – Pas carta 36/65000 (15%).

XX **Ò Purticciull'**, via Porto 42 ℰ 993222, ≤, prenotare – 🖭 🚺 ⓪ 𝐄 𝘝𝘐𝘚𝘈
  V z
  marzo-novembre; chiuso a mezzogiorno da luglio al 15 settembre – Pas carta 60/80000
  (12%).

  ad Ischia Ponte E : 2 km – ✉ **80070** :

X **Pirozzi**, via Seminario 51/53 ℰ 991121, ≤, ☂ – ☰ 🖭 🚺 ⓪ 𝐄 𝘝𝘐𝘚𝘈. ✁
  X z
  chiuso lunedì e novembre – Pas carta 22/50000 (12%).

X **Di Massa**, via Seminario 35 ℰ 991402, ≤
  X z
  stagionale.

Lacco Ameno – 4 019 ab. – ✉ **80076.**

🏨 **Regina Isabella e Royal Sporting** ☞, ℰ 994322, Telex 710120, Fax 986043, ≤ mare,
  ☂, ♨, ⛲ riscaldata, ⛵, ⚘, ✵ – 🛗 ☰ ☎ 🅿. 🖭 🚺 ⓪ 𝐄 𝘝𝘐𝘚𝘈. ✁ rist
  Z a
  15 aprile-15 ottobre – Pas 107000 – ☲ 27000 – **133 cam** 201/376000 appartamenti 433/775000
  – ½ P 332/390000.

🏨 **Terme di Augusto**, ℰ 994944, Telex 710635, Fax 994975, ♨, ⛲ riscaldata, ▦ – 🛗 ☰ 📺
  ☎ 🅿 – 🔔 200. 🖭 🚺 ⓪ 𝐄 𝘝𝘐𝘚𝘈. ✁ rist
  Z u
  15 aprile-15 ottobre – Pas 50/60000 – **115 cam** ☲ 120/210000 – ½ P 125/145000.

🏨 **San Montano** ☞, NO : 1,5 km ℰ 994033, Telex 710690, Fax 986043, ≤ mare e costa, ☂,
  « Terrazze ombreggiate con ⛲ riscaldata », ♨, ✵ – 🛗 ☰ cam 📺 ☎ 🅿. 🖭 🚺 ⓪ 𝐄 𝘝𝘐𝘚𝘈.
  ✁ rist
  Z b
  12 aprile-21 ottobre – Pas 87000 – ☲ 24000 – **67 cam** 111/197000 appartamenti 308000 –
  ½ P 192/251000.

🏨 **Park Hotel Terme Michelangelo** ☞, S : 1 km ℰ 995134, Telex 721104, Fax 995553, ≤,
  « Terrazza panoramica con ⛲ riscaldata », ♨, ▦, ⚘ – ☎ 🅿. 🖭. ✁ rist
  U p
  aprile-ottobre – Pas 40/50000 – **70 cam** ☲ 98/180000 – ½ P 104/175000.

🏨 **La Reginella**, ℰ 994300, « Giardino ombreggiato con ⛲ », ♨, ▦, ⚘, ✵ – 🛗 ☰ 📺 ☎
  🅿 – 🔔 60 a 600. 🖭 🚺 ⓪ 𝐄 𝘝𝘐𝘚𝘈. ✁ rist
  Z d
  3 marzo-28 ottobre – **52 cam** (solo pens) – P 184/194000.

🏨 **Grazia** ☞, S : 1,5 km ℰ 994333, Telex 721254, Fax 994860, ≤, ♨, ⛲ riscaldata, ⚘, ✵ – 🛗
  ☎ 🅿. 𝘝𝘐𝘚𝘈. ✁ rist
  U y
  aprile-ottobre – Pas 30/40000 – ☲ 12000 – **58 cam** 90/130000 – ½ P 96/103000.

XX **La Briciola**, ℰ 996060, ☂, prenotare
  U z
  stagionale.

Sant'Angelo ★ – ✉ **80070.**

Vedere Serrara Fontana : ≤★★ su Sant'Angelo N : 5 km.

🏨 **San Michele** ☞, ℰ 999276, Telex 710368, ≤ mare, « Giardino con ⛲ riscaldata », ♨ – ☎
  – 🔔 130. ✁ rist
  U v
  aprile-ottobre – Pas 40/45000 – **50 cam** ☲ 85/130000 – ½ P 125/135000.

🏨 **La Palma** ☞, ℰ 999215, Fax 999526, ≤ mare, « Terrazze fiorite » – ☎ 🅿. ✁ rist
  U v
  15 marzo-ottobre – Pas (solo per clienti alloggiati) 28/35000 – **43 cam** ☲ 60/100000 –
  ½ P 95/100000.

🏨 **Miramare** ☞, ℰ 999219, Telex 721045, Fax 999325, ≤ mare, ☂, ✵ – ☎. ✁ rist
  U n
  aprile-ottobre – Pas 60000 – **50 cam** ☲ 75/140000 – ½ P 120/150000.

🏨 **Casa Celestino** ☞, ℰ 999213, Fax 710368, ≤, ☂ – ☜. ✁ rist
  U t
  Pasqua-ottobre – Pas 25000 – ☲ 10000 – **19 cam** 50/80000 – ½ P 75/80000.

XX **Dal Pescatore**, ℰ 999206, ☂ – 🚺 𝐄 𝘝𝘐𝘚𝘈
  U n
  chiuso dal 7 gennaio a febbraio – Pas carta 29/54000 (15%).

L'EUROPE en une seule feuille

Carte Michelin n° 9️⃣2️⃣0️⃣.

ISCHITELLA 71010 Foggia – 4 618 ab. alt. 310 – a.s. luglio-15 settembre – © 0884.
Roma 385 – ◆Bari 184 – Barletta 122 – ◆Foggia 100 – ◆Pescara 184.

a Isola Varano O : 15 km – ⊠ 71010 Ischitella :

🏨 **La Bufalara** ⤸, ℰ 97037, ≤, « Parco-pineta », ♨, 🏖, ※ – 🛗 🍽 🅿 ⒶⒺ 🅑 𝗩𝗜𝗦𝗔. ※ rist
   Pas *(chiuso martedì)* 25/38000 – ⊊ 5000 – **60 cam** 60/90000 – ½ P 80/93000.

🏨 **Bally,** ℰ 97023, 🏖, ☞, ※ – 🛗 🅿. 𝗩𝗜𝗦𝗔. ※ rist
◆ aprile-10 ottobre – Pas *(chiuso martedì)* carta 15/25000 – ⊊ 3500 – **39 cam** 30/45000 –
   ½ P 32/46000.

ISEO 25049 Brescia 🥇🥈🥉 ③④ – 7 973 ab. alt. 198 – a.s. Pasqua e luglio-15 settembre – © 030.
Vedere Lago✶.
Escursioni Monte Isola✶✶ : ※✶✶ dal santuario della Madonna della Ceriola (in battello).
🛈 lungolago Marconi 2/c ℰ 980209.
Roma 581 – ◆Bergamo 39 – ◆Brescia 23 – ◆Milano 80 – Sondrio 122 – ◆Verona 96.

🏨 **Ambra,** porto Gabriele Rosa 2 ℰ 980130, Fax 9821361, ≤ – 🔟 🕿. ※ rist
   chiuso novembre – Pas *(chiuso mercoledì)* carta 22/43000 – ⊊ 7000 – **31 cam** 55/80000 –
   ½ P 72000.

🏨 **Milano,** lungolago Marconi 4 ℰ 980449, 🍽, – 🔟 🕿. 🅑 ⓞ Ⓔ 𝗩𝗜𝗦𝗔. ※ rist
   Pas *(chiuso lunedì da ottobre a marzo)* carta 25/42000 – ⊊ 7000 – **15 cam** 40/58000 –
   ½ P 54000.

🍽🍽🍽 **Le Maschere,** vicolo della Pergola 7 ℰ 9821542, Coperti limitati; prenotare – ⒶⒺ 🅑 𝗩𝗜𝗦𝗔.
   ※
   chiuso domenica sera e lunedì – Pas carta 47/70000.

🍽 **Gallo Rosso,** vicolo Nulli 9 ℰ 980505, prenotare – ⒶⒺ 🅑 Ⓔ 𝗩𝗜𝗦𝗔
   chiuso giovedì e venerdì a mezzogiorno – Pas carta 31/48000.

🍽 **Al Castello,** via Mirolte 53 ℰ 981285, « Servizio estivo all'aperto » – 🅑. ※
   chiuso martedì, mercoledì a mezzogiorno, dal 5 al 21 marzo e dal 1° al 18 ottobre – Pas
   carta 28/45000.

🍽 **Leon D'Oro,** largo Dante 2 ℰ 981233 – 🅑 Ⓔ 𝗩𝗜𝗦𝗔
   chiuso lunedì e novembre – Pas carta 27/38000.

   Vedere anche : *Pilzone* N : 2 km.
               Cremignane SO : 3 km.
               Clusane sul Lago O : 5 km.

ISERA 38060 Trento – 2 161 ab. alt. 243 – © 0464.
Roma 563 – ◆Milano 218 – Trento 27 – ◆Verona 77.

🍽🍽🍽 **Il Poggio,** ℰ 438500, ≤, 🍽, ♨, ☞ – 🅿. ⒶⒺ. ※
   chiuso martedì e gennaio – Pas carta 31/48000.

ISERNIA 86170 🅿 🥇🥈🥉 ⑦ – 21 538 ab. alt. 457 – © 0865.
🛈 via Farinacci 9 ℰ 3992.
A.C.I. via Kennedy 48/50 ℰ 50732.
Roma 177 – Avezzano 130 – Benevento 82 – Latina 149 – ◆Napoli 111 – Pescara 147.

🏨 **La Tequila** ⤸, via San Lazzaro ℰ 412346, ♨, ☞ – 🛗 🕿 ♿ 🅿 – 🔏 30 a 400. ⒶⒺ 🅑 ⓞ.
   ※ rist
   Pas *(chiuso domenica sera)* carta 27/38000 – **60 cam** ⊊ 66/105000 – ½ P 75000.

🏨 **Europa,** strada statale per Campobasso ℰ 411450, Fax 235287 – 🛗 🔀 cam 🚗 🅿. ⒶⒺ 🅑
   Ⓔ 𝗩𝗜𝗦𝗔. ※
   Pas carta 27/52000 – ⊊ 7500 – **33 cam** ⊊ 50/75000 – ½ P 75000.

🍽 **Emma** con cam, contrada Valgianese SE : 5 km ℰ 26386 – 🔟 🕿 🅿. ⒶⒺ 🅑 ⓞ Ⓔ 𝗩𝗜𝗦𝗔. ※
◆ Pas carta 20/33000 – ⊊ 2500 – **20 cam** 38/57000 – ½ P 45000.

   sulla fondovalle Trigno E : 3 km :

🏨 **Santa Maria del Bagno,** ⊠ 86090 Pesche ℰ 238143 – 🛗 🚗 ♿ 🅿 – 🔏 120. 🅑 Ⓔ 𝗩𝗜𝗦𝗔.
   ※ rist
   Pas *(chiuso lunedì)* carta 27/37000 – ⊊ 4000 – **27 cam** 36/52000 – ½ P 55000.

ISIATA Venezia – Vedere San Donà di Piave.

ISOLA... ISOLE Vedere nome proprio della o delle isole.

ISOLA BELLA Novara 🥇🥈🥉 ⑦ – Vedere Borromee (Isole).

ISOLACCIA Sondrio 🥇🥈🥉 ⑰ – Vedere Valdidentro.

ISOLA COMACINA Como 🥇🥈🥉 ⑨ – alt. 213 – ⊠ 22010 Sala Comacina.
Da Sala Comacina 5 mn di barca.

🍽 **Locanda dell'Isola,** ℰ (0344) 55083, ≤, 🍽, « Su un isolotto disabitato; servizio e menu
   tipici »
   marzo-ottobre; chiuso martedì escluso giugno-settembre – Pas 68000 bc.

ISOLA D'ASTI 14057 Asti – 2 011 ab. alt. 245 – ✪ 0141.

Roma 623 – Asti 10 – ♦Genova 124 – ♦Milano 130 – ♦Torino 64.

sulla strada statale 231 SO : 2 km :

XXX ❀ **Il Cascinalenuovo** con cam, ⌧ 14057 ✆ 958166, ⌧, ⌧, ✖ – ☎ ⌧ Ⓟ – ⌧ 100. ⌧
⌧ ⌧. ✖
chiuso dal 1° al 20 agosto – Pas *(chiuso domenica sera e lunedì)* carta 45/66000 – ⌧ 8000
– **13 cam** 50/75000 appartamenti 120000 – ½ P 90000.
Spec. Composta di coniglio sott'olio con aglio e salvia, Zuppa di funghi porcini, Piccione glassato al Barbaresco.
Vini Dolcetto.

ISOLA DEL GRAN SASSO D'ITALIA 64045 Teramo ⌧ ㉘ – 5 069 ab. alt. 415 – ✪ 0861.

Escursioni Gran Sasso** SO : 6 km.

Roma 190 – L'Aquila 75 – ♦Pescara 69 – Teramo 30.

X **Insula** con cam, borgo San Leonardo 78 ✆ 97202, ≤ – ✖
chiuso dal 10 gennaio al 15 marzo e dal 20 ottobre al 20 dicembre – Pas *(chiuso giovedì)*
carta 21/31000 – ⌧ 5000 – **15 cam** 25/40000 – ½ P 30/35000.

ISOLA DELLA SCALA 37063 Verona ⌧ ④ – 10 523 ab. alt. 31 – ✪ 045.

Roma 497 – ♦Ferrara 83 – Mantova 34 – ♦Milano 168 – ♦Modena 83 – ♦Venezia 131 – ♦Verona 19.

X **Turismo** con cam, ✆ 7300177 – ⌧ ⌧ Ⓟ. ⌧. ✖
chiuso dal 10 al 25 agosto – Pas *(chiuso venerdì)* carta 23/36000 – ⌧ 7000 – **12 cam**
37/53000 – ½ P 42000.

a Gabbia SE : 6 km – ⌧ 37063 Isola della Scala :

XXX ❀ **Gabbia d'Oro,** ✆ 7330020, Coperti limitati; prenotare – ⌧ Ⓟ. ✖
chiuso martedì, mercoledì, dal 15 al 30 gennaio e dal 1° al 20 agosto – Pas carta 53/74000
(10%)
Spec. Millefoglie con stufato di luccio (marzo-novembre), Gnocchi di patate farciti di foie gras al sugo di
cannella, Lombo di agnello con funghi e pistacchi. **Vini** Soave, Le Sassine.

ISOLA DEL LIRI 03036 Frosinone ⌧ ㉖㉗ – 13 071 ab. alt. 217 – ✪ 0776.

Dintorni Abbazia di Casamari** O : 9 km.

Roma 107 – Avezzano 62 – Frosinone 23 – Isernia 91 – ♦Napoli 135.

X **Scala alla Cascata,** piazza Gregorio VII ✆ 85100, ⌧ – ⌧
chiuso mercoledì – Pas carta 23/36000.

a Carnello NE : 3 km – ⌧ 03030 :

⌧ **Fibreno** senza rist, ✆ 86291 – ⌧ ⌧. ✖
senza ⌧ – **15 cam** 29/39000.

X **Mingone,** ✆ 86140, ⌧ – Ⓟ. ⌧
chiuso lunedì – Pas carta 23/39000.

ISOLA DI CAPO RIZZUTO 88076 Catanzaro ⌧ ㊵ – 13 809 ab. alt. 196 – ✪ 0962.

Roma 612 – Catanzaro 58 – Crotone 17.

a Le Castella SO : 10 km – ⌧ 88076 Isola di Capo Rizzuto :

⌧ **Da Annibale,** ✆ 795004, ⌧, ⌧, ✖ – Ⓟ. ✖
Pas carta 33/45000 – ⌧ 3000 – **20 cam** 65/85000 – ½ P 78000.

ISOLA DOVARESE 26031 Cremona – 1 312 ab. alt. 34 – ✪ 0375.

Roma 499 – ♦Brescia 51 – Cremona 22 – Mantova 44 – ♦Milano 113 – ♦Parma 49.

XX **Molino Vecchio,** ✆ 946039, ⌧ – Ⓟ. ✖
chiuso lunedì a mezzogiorno, martedì, dal 7 al 22 gennaio e dal 1° al 25 agosto – Pas
carta 31/49000.

ISOLA MAGGIORE 06060 Perugia – alt. 260 – ✪ 075.

Da Passignano 15/30 mn in battello.

X **Sauro** ⌧ con cam, ✆ 826168 – ⌧ ⌧ ⌧ ⌧
chiuso dall' 11 gennaio al 19 febbraio – Pas carta 27/36000 – ⌧ 5000 – **10 cam** 55000 –
½ P 45/60000.

ISOLA SUPERIORE (dei Pescatori) Novara ⌧ ⑦ – Vedere Borromee (Isole).

ISOLA VARANO Foggia – Vedere Ischitella.

ISSENGO (ISSENG) Bolzano – Vedere Falzes.

SSOGNE 11020 Aosta – 1 398 ab. alt. 387 – ✆ 0125 – Vedere Castello★.
oma 713 – Aosta 39 – ♦Milano 151 – ♦Torino 80.

✗ **Al Maniero,** frazione Pied de Ville ✆ 929219, ⛱ – Ⓟ. ⓢ ⓞ E VISA. ✻
chiuso lunedì da ottobre a giugno – Pas carta 30/41000

STIA D'OMBRONE 58040 Grosseto – alt. 39 – ✆ 0564 – Roma 190 – Grosseto 7 – ♦Perugia 178.

✗ **Terzo Cerchio,** ✆ 409235, ⛱, Cucina tipica maremmana
chiuso lunedì e novembre – Pas carta 30/45000.

STRANA 31036 Treviso – 6 525 ab. alt. 42 – ✆ 0422.
oma 553 – ♦Milano 252 – Treviso 12 – ♦Trieste 157 – ♦Venezia 42.

✗ **Cà Bianca** con cam, località Villanova S : 1 km ✆ 73235 – ▤ TV ☎ ⇔ Ⓟ. ⓢ ⓞ E VISA
Pas *(chiuso venerdì)* carta 25/40000 – ☕ 5500 – **11 cam** 45/70000, ▤ 5000 – ½ P 45/50000.

ITRI 04020 Latina 988 ㉖㉗ – 7 852 ab. alt. 170 – ✆ 0771.
oma 144 – Frosinone 70 – Latina 69 – ♦Napoli 77.

✗ **Il Grottone** con cam, corso Vittorio Emanuele II ✆ 20014 – TV ☎. ⓢ. ✻
Pas *(chiuso lunedì)* carta 23/32000 (10%) – ☕ 3000 – **8 cam** 20/40000 – ½ P 45000.

IUTIZZO Udine – Vedere Codroipo.

IVREA 10015 Torino 988 ②, 219 ⑭ – 26 252 ab. alt. 267 – ✆ 0125 – Vedere Guida Verde.
ℹ corso Vercelli 1 ✆ 424005 – **A.C.I.** via dei Mulini 3 ✆ 423327.
Roma 683 – Aosta 71 – Breuil-Cervinia 74 – ♦Milano 115 – Novara 69 – ♦Torino 50 – Vercelli 50.

🏨 **La Serra,** corso Carlo Botta 30 ✆ 44341, Telex 216447, Fax 44341, 🏊 – |♦| ▤ TV ☎ ⇔ Ⓟ – 🎪 90 a 400. AE ⓢ ⓞ E VISA. ✻
Pas *(chiuso dal 20 luglio al 15 agosto)* carta 33/41000 – ☕ 10000 – **55 cam** 123/162000 appartamenti 179000.

🏨 **Eden** senza rist, corso Massimo D'Azeglio 67 ✆ 424741, Fax 40353 – |♦| TV ☎ Ⓟ. VISA
chiuso dal 24 dicembre al 6 gennaio – ☕ 8000 – **36 cam** 77/99000.

🏨 **Moro** senza rist, corso Massimo D'Azeglio 43 ✆ 40170, Fax 40170 – |♦| TV ☎ ⇔. AE ⓢ ⓞ E VISA. ✻
33 cam ☕ 72/92000.

✗ **Moro,** corso Massimo D'Azeglio 41 ✆ 422136 – AE ⓢ ⓞ E VISA
chiuso dal 23 dicembre al 7 gennaio e le sere di sabato e domenica da ottobre a marzo – Pas carta 27/41000 (12%).

all'ingresso dell'autostrada A 5 O : 2 km :

🏨 **Ritz** senza rist, ✉ 10010 Banchette ✆ 611200, Fax 611323 – |♦| TV ☎ Ⓟ. AE ⓢ ⓞ E VISA
☕ 15000 – **60 cam** 84/110000.

al lago Sirio N : 2 km :

🏨 **Sirio** ⛰, ✉ 10015 ✆ 424247, Telex 214583, ≤, 🌳 – |♦| TV ☎ ⇔ Ⓟ – 🎪 50. AE ⓢ E VISA
Pas *(chiuso dal 26 dicembre al 15 gennaio)* carta 31/55000 – ☕ 10000 – **53 cam** 78/100000 – ½ P 103000.

a San Bernardo S : 3 km – ✉ **10090** :

🏨 **La Villa** senza rist, via Torino 334 ✆ 631696, Fax 631950, 🌳 – TV ☎ Ⓟ. AE ⓢ E VISA
chiuso dal 15 al 31 luglio – ☕ 10000 – **12 cam** 77/90000.

Vedere anche : *Loranzè* E : 9,5 km.

JESI 60035 Ancona 988 ⑯ – 40 518 ab. alt. 96 – ✆ 0731.
Vedere Palazzo della Signoria★ – Pinacoteca★.
Roma 260 – ♦Ancona 32 – Gubbio 80 – Macerata 41 – ♦Perugia 116 – Pesaro 72.

🏨 **Federico II,** via Ancona 10 ✆ 543631, Telex 560619, Fax 57221, ≤, 🏊, 🌳 – |♦| ▤ TV ☎ ♿ ⇔ Ⓟ – 🎪 30 a 250. AE ⓢ ⓞ E VISA. ✻ rist
Pas carta 42/66000 – ☕ 12000 – **76 cam** 120/160000 appartamenti 200000 – ½ P 120/150000.

✗✗ **Italia** con cam, viale Trieste 28 ✆ 4844 – TV ☎. AE ⓢ ⓞ E. ✻
chiuso agosto – Pas *(chiuso sabato)* carta 30/50000 (10%) – ☕ 8000 – **13 cam** 55/90000 – P 85000.

✗✗ **Santa Lucia,** via Marche 2/b ✆ 64409, ⛱, Coperti limitati; prenotare – ▤. AE ⓢ ⓞ E VISA. ✻
chiuso mercoledì, dal 15 al 31 gennaio e dal 20 agosto al 5 settembre – Pas carta 46/70000.

✗✗ **Galeazzi,** via Mura Occidentali 5 ✆ 57944 – ✻
chiuso lunedì ed agosto – Pas carta 27/41000.

verso San Marcello NO : 2 km :

✗ ✿ **Ippocampo,** ✉ 60035 ✆ 57487, Solo piatti di pesce, 🌳, ✗ – Ⓟ. ✻
chiuso domenica sera, lunedì ed agosto – Pas 60000 bc
Spec. Antipasto di mare caldo e freddo, Pescatrice con fagioli, Calamaretti al vino bianco, Arrosto e fritto misto di pesce. **Vini** Verdicchio.

JESOLO 30016 Venezia ⑨⑧⑧ ⑤ − 22 121 ab. alt. 2 − a.s. 15 giugno-agosto − 🕻 0421.
Roma 560 − Belluno 106 − ◆Milano 299 − ◆Padova 69 − Treviso 50 − ◆Trieste 125 − Udine 94 − ◆Venezia 40.

XX   Il San Domenico, 🖉 350095, 🏠, 🍴 − 🅿.

X   **Udinese-da Aldo** con cam, 🖉 951409 − 🗏 rist ☎ 🅿. 🖭 🕃 ⓪ 🗷 *VISA*
    Pas *(chiuso mercoledì e dal 10 al 30 gennaio)* carta 25/46000 − **12 cam** ⊐ 40/70000
    ½ P 45/50000.

Vedere anche : *Lido di Jesolo* S : 4 km.

KALTENBRUNN = Fontanefredde.

KALTERN AN DER WEINSTRASSE = Caldaro sulla Strada del Vino.

KARERPASS = Costalunga (Passo di).

KARERSEE = Carezza al Lago.

KASTELBELL TSCHARS = Castelbello Ciardes.

KASTELRUTH = Castelrotto.

KIENS = Chienes.

KLAUSEN = Chiusa.

KRUEZBERGPASS = Monte Croce di Comelico (Passo).

LABICO 00030 Roma − 2 349 ab. alt. 319 − 🕻 06.
Roma 48 − Frosinone 44.

XXX ❀ **La Vecchia Osteria**, via Roma 89 🖉 9510032, Coperti limitati; prenotare − 🖭 🕃 ⓪ 🗷
     VISA. 🛠
     chiuso domenica sera, lunedì ed agosto − Pas 66/70000
     Spec. Tortino di funghi porcini, Tortelloni di magro al burro ed aromi, Capretto disossato con rucola e mentuccia,
     Vini Vernaccia, Dolcetto.

LABRO 02010 Rieti − 305 ab. alt. 628 − 🕻 0746.
Roma 101 − L'Aquila 80 − Rieti 23 − Terni 19.

X   **L'Arcolaio,** 🖉 646172, ← − 🛠
    chiuso lunedì escluso giugno-settembre − Pas carta 21/32000.

LA CALETTA Nuoro − Vedere Sardegna (Siniscola) alla fine dell'elenco alfabetico.

LACCO AMENO Napoli − Vedere Ischia (Isola d').

LACES (LATSCH) 39021 Bolzano ②①⑧ ⑱ − 4 176 ab. alt. 639 − 🕻 0473.
Roma 692 − ◆Bolzano 54 − Merano 26 − ◆Milano 352.

🏨 **Matillhof** 🐾, 🖉 623444, 🏊, 🔲, 🌲 − 🛋 🗏 rist ☎ 🅿. 🛠 rist
    15 marzo-30 ottobre − Pas (solo per clienti alloggiati) − **20 cam** ⊐ 55/90000 − ½ P 50/58000.

    a Morter SO : 3 km − ⊠ 39020 :

🏨 **Aquila-Adler** 🐾, 🖉 72038, 🏊, 🔲, 🌲, 🛠 − 🛋 ☎ 🅿. 🛠
◆   *marzo-ottobre* − Pas (solo per clienti alloggiati e *chiuso a mezzogiorno*) 15/25000 − **30 cam**
    ⊐ 33/72000 − ½ P 37/64000.

LACONI Nuoro ⑨⑧⑧ ㉝ − Vedere Sardegna alla fine dell'elenco alfabetico.

LADISPOLI 00055 Roma ⑨⑧⑧ ㉕ − 16 620 ab. − a.s. 15 giugno-agosto − 🕻 06.
Dintorni Cerveteri : necropoli della Banditaccia★★ N : 7 km.
Roma 34 − Civitavecchia 34 − Ostia Antica 43 − Tarquinia 53 − Viterbo 79.

🏠 **Villa Margherita e Rist. Cielo e Mare,** 🖉 9929089, Fax 9926430, ←, 🌲 − 🛋 🖭 🅿. 🖭
    🕃 ⓪ 🗷 *VISA*. 🛠
    15 marzo-15 novembre − Pas carta 25/48000 − ⊐ 6000 − **79 cam** 69/97000 − ½ P 58/73000.

X   **Sora Olga,** 🖉 9929088, − 🗏. 🖭 🕃 ⓪ *VISA*. 🛠
    chiuso mercoledì − Pas carta 32/45000 (12%).

LAGAZUOI (Monte) Belluno − Vedere Falzarego (Passo).

278

AGLIO 22010 Como [219] ⑨ – 933 ab. alt. 202 – ✪ 031.
Roma 638 – Como 13 – ♦Lugano 41 – Menaggio 22 – ♦Milano 61.
 XX **San Marino** con cam, via Regina Nuova 64 *&* 400383, ≤, 龠 – 瘣 **❷**. 㗊
   ❶ ☰ 𝗩𝗜𝗦𝗔. 𝒮𝒦 rist
   Pas carta 24/35000 – ☲ 4000 – **10 cam** 38/55000 – ½ P 50000.

AGO Vedere nome proprio del lago.

LAGO MAGGIORE o VERBANO ★★★ Novara, Varese e Cantone Ticino [988] ②③, [219] ⑤⑥⑦⑧⑨
Vedere Guida Verde

LAGUNDO (ALGUND) 39022 Bolzano [218] ⑩ – 3 771 ab. alt. 400 – a.s. aprile-maggio e 15
luglio-ottobre – ✪ 0473.
🛈 via Vecchia 33/b *&* 48600.
Roma 667 – ♦Bolzano 30 – Merano 2 – ♦Milano 328.
 🏨 **Algunderhof** ❧, *&* 48558, Fax 47311, ≤, « Giardino con ⌱ riscaldata » – 瘣 ☎ **❷**. 㗊 㗊
   ❶ ☰ 𝗩𝗜𝗦𝗔. 𝒮𝒦 rist
   17 marzo-11 novembre – Pas 35/45000 – **29 cam** ☲ 85/150000 appartamenti 150/180000 –
   ½ P 60/105000.
 🏨 **Der Pünthof e Rist. Romerkeller** ❧, *&* 48553, ≤, « Giardino-frutteto e laghetto », ⌱,
   𝒮𝒦 – 𝗧𝗩 ☎ & **❷**. 㗊 **❶ ☰ 𝗩𝗜𝗦𝗔**. 𝒮𝒦
   15 marzo-10 novembre – Pas (chiuso a mezzogiorno) carta 26/38000 – **11 cam** ☲ 91/182000.
 🏨 **Ludwigshof** ❧, *&* 220355, ≤, « Giardino », ⌱, – 瘣 ❀ ☎ & **❷**. 𝒮𝒦
 ↝ marzo-novembre – Pas (solo per clienti alloggiati e chiuso a mezzogiorno) 20/25000 –
   18 cam ☲ 45/80000 – ½ P 56/65000.
 XX **Maratscher** con cam, a Plars di Mezzo 30 *&* 48469, ≤ – **❷**. 㗊 㗊 **❶ ☰ 𝗩𝗜𝗦𝗔**
   Pas (chiuso giovedì e da febbraio al 15 marzo) carta 42/62000 – **6 cam**
   (15 marzo-15 novembre) ☲ 40/80000 – ½ P 53/58000.
 XX **Rusterkeller**, *&* 220202, « Servizio estivo all'aperto » – **❷**. 㗊 㗊 **❶ ☰ 𝗩𝗜𝗦𝗔**
   chiuso lunedì e da gennaio al 17 febbraio – Pas carta 33/57000.

LAIGUEGLIA 17020 Savona [988] ⑫ – 2 533 ab. – ✪ 0182.
🛈 via Milano 33 *&* 49059.
Roma 600 – ♦Genova 101 – Imperia 21 – ♦Milano 224 – San Remo 44 – Savona 55.
 🏨 **Splendid**, piazza Badarò 3 *&* 49325, Fax 49894, ⌱, 龠ₒ – 瘣 ❀ **❷**. 㗊 **❶ 𝗩𝗜𝗦𝗔**. 𝒮𝒦 rist
   Pasqua-settembre – Pas 25/34000 – **51 cam** ☲ 70/125000 – ½ P 80/96000.
 🏨 **Mediterraneo**, via Andrea Doria 18 *&* 49240 – 瘣 ❀ **❷**. 㗊 ☰ 𝗩𝗜𝗦𝗔. 𝒮𝒦 rist
 ↝ 23 dicembre-26 aprile e 20 maggio-settembre – Pas 20/25000 – ☲ 7000 – **35 cam** 40/70000
   – ½ P 50/65000.
 XX ❀ **Vascello Fantasma**, via Dante 105 *&* 49847, 龠 – 㗊 㗊 **❶ ☰ 𝗩𝗜𝗦𝗔**
   chiuso dal 10 novembre al 10 dicembre e mercoledì da ottobre a maggio – Pas carta 46/70000
   Spec. Antipasti caldi di mare, Chicche al pesto, Polpo accomodou (in umido). Vini Pigato.

LAIVES (LEIFERS) 39055 Bolzano [218] ⑳ – 13 482 ab. alt. 257 – ✪ 0471.
Roma 634 – ♦Bolzano 8 – ♦Milano 291 – Trento 52.
 🏨 **Al Moro-Zum Mohren**, *&* 954523 – 瘣 ☰ rist ☎ **❷**. 𝒮𝒦
 ↝ chiuso dal 15 gennaio al 15 febbraio – Pas (chiuso martedì) carta 17/31000 – ☲ 7000 –
   34 cam 30/45000 – ½ P 32/34000.
 🏨 **Rotwand**, NE : 2 km ⊠ 39050 Pineta di Laives *&* 954512, ≤, 龠 – ☎ **❷**. 㗊 ☰ 𝗩𝗜𝗦𝗔
 ↝ Pas carta 17/41000 – ☲ 7000 – **27 cam** 28/44000 – ½ P 35/40000.
MICHELIN, via B. Franklin 9, *&* 954031.

LA MAGDELEINE Aosta [219] ③ – 93 ab. alt. 1 640 – ⊠ **11020 Antey Saint André** – a.s. febbraio,
Pasqua, 15 luglio-agosto e Natale – ✪ 0166.
Roma 738 – Aosta 41 – Breuil-Cervinia 28 – ♦Milano 174 – ♦Torino 103.
 🏨 **Miravidi** ❧, *&* 48259, ≤ vallata – **❷**. 𝗩𝗜𝗦𝗔. 𝒮𝒦 rist
   chiuso dal 15 aprile al 15 maggio e novembre – Pas (chiuso mercoledì) carta 22/37000 – ☲
   6000 – **24 cam** 27/40000 – ½ P 30/48000.

LAMBRUGO 22045 Como [219] ⑩ – 1 991 ab. alt. 295 – ✪ 031.
Roma 616 – ♦Bergamo 42 – Como 16 – Lecco 22 – ♦Milano 42.
 X **Al Rustico**, *&* 608125, 龠 , prenotare – **❷**. 㗊 㗊
   chiuso domenica sera, lunedì ed agosto – Pas carta 28/50000.

 Gute Küche

 haben wir durch ❀, ❀❀ oder ❀❀❀ kenntlich gemacht.

LAMEZIA TERME 88046 Catanzaro – 68 561 ab. alt. 210 (frazione Nicastro) – ✪ 0968.

✈ a Sant'Eufemia Lamezia ✆ 53082 – Roma 580 – Catanzaro 44 – ♦Cosenza 73.

a Nicastro – ⊠ 88046 :

🏨 Savant, senza rist, via Manfredi 8 ✆ 26161 – 📳 🗏 🕸 🚗 – **40 cam**.

a Sant'Eufemia Lamezia S : 8,3 km – ⊠ 88040 :

🏨 **Aerhotel**, ✆ 51612 – 🗏 📺 ☎ 🅿. ﷼ 🕃 ⓘ 🇪 🌌. ✸
→ Pas carta 19/27000 – 🖙 3000 – **16 cam** 55/75000.

LA MORRA 12064 Cuneo – 2 351 ab. alt. 513 – ✪ 0173.

Roma 631 – Asti 45 – Cuneo 56 – ♦Milano 171 – ♦Torino 63.

✗ **Bel Sit,** via Alba 17 bis ✆ 50350, solo su prenotazione – 🄟
chiuso lunedì sera, martedì e dal 1° al 15 luglio – Pas carta 25/50000.

LAMPEDUSA (Isola di) Agrigento – Vedere Sicilia alla fine dell'elenco alfabetico.

LANA Bolzano 🎛 ④, 🎛 ㉚ – 8 383 ab. alt. 289 – ⊠ 39011 Lana d'Adige – a.s. aprile-maggio
e 15 luglio-ottobre – Sport invernali : a San Vigilio : 1 485/1 820 m ≼1 ≼4, ≰ – ✪ 0473.
🄴 via Andreas Hofer 7/b ✆ 51770.

Roma 661 – ♦Bolzano 24 – Merano 9 – ♦Milano 322 – Trento 82.

🏨 Pöder, ✆ 51258, 🍽, « Giardino con ⛴ », 🔲 – 📳 ☎ 🚗 🄟 – **45 cam**.

🏨 **Teiss-Cavallino Bianco,** ✆ 51101, Fax 53655, « Servizio rist. estivo all'aperto », ⛴, 🏊
– 📳 🗏 rist ☎ 🄟 – 🔬 40. 🕃 🇪 🌌
Pas *(chiuso mercoledì e dal 26 febbraio al 29 marzo)* carta 25/43000 – **35 cam**
(30 marzo-11 novembre) 🖙 90/150000 – ½ P 65/95000.

🏨 **Eichhof** ⑤, ✆ 51196, « Giardino ombreggiato con ⛴ », 🔲, ✸ – ☎ 🄟. 🕃 🇪 🌌. ✸ rist
aprile-15 novembre – Pas *(solo per clienti alloggiati)* – **21 cam** 🖙 50/100000 – ½ P 60/75000.

🏨 **Villa Arnica** ⑤ senza rist, ✆ 51260, « Giardino con ⛴ » – ☎ 🄟. ✸
aprile-ottobre – **13 cam** 🖙 60/110000.

🏠 **Rebgut** ⑤ senza rist, ✆ 51430, ⛴ riscaldata, 🍽 – 🕸 🄟. 🌌. ✸
marzo-ottobre – **12 cam** 🖙 55/100000.

a San Vigilio (Vigiljoch) NO : 5 mn di funivia – alt. 1 485 – ⊠ 39011 Lana d'Adige – a.s.
15 febbraio-marzo, luglio-settembre e Natale :

🏨 **Monte San Vigilio-Berghotel Vigiljoch** ⑤, ✆ 51236, Fax 52952, ≼ vallata e Dolomiti,
🍽, ⛴ riscaldata, 🍽 – ≍ ☎. ✸ rist
chiuso novembre – Pas carta 23/33000 – **40 cam** 🖙 45/80000 – ½ P 48/73000.

a Foiana (Völlan) SO : 5 km – alt. 696 – ⊠ 39011 Lana d'Adige :

🏨 **Völlanerhof** ⑤, ✆ 58033, Fax 58143, ≼, « Giardino con ⛴ riscaldata », 🔲, ✸ – 📳 ☎ 🕭
🄟. ✸
25 marzo-15 novembre – Pas *(chiuso a mezzogiorno)* 35/45000 – **40 cam** 🖙 89/178000 –
appartamenti 135000 – ½ P 82/115000.

🏨 **Waldhof** ⑤, ✆ 58081, ≼ monti, « Parco », 🔲, ✸ – 🗏 rist ☎ 🄟. ✸ rist
aprile-11 novembre – **26 cam** solo ½ P 82/113000.

LANCIANO 66034 Chieti 🎛 ㉗ – 34 541 ab. alt. 283 – a.s. 15 giugno-agosto – ✪ 0872.

Roma 199 – Chieti 48 – Isernia 113 – ♦Napoli 213 – ♦Pescara 40 – Termoli 73.

🏨 **Excelsior,** viale della Rimembranza 19 ✆ 23113 – 📳 🗏 📺 🕸 🚗 – 🔬 25 a 100. ﷼ ⓘ
🌌. ✸ rist
Pas *(chiuso venerdì)* 31/41000 – 🖙 12000 – **80 cam** 55/80000 appartamenti 160000, 🗏 5000
– ½ P 70000.

🏨 **Anxanum** senza rist, via San Francesco d'Assisi 8/10 ✆ 39042, ⛴ – 📳 🗏 📺 ☎ 🕭 🄟 –
🔬 80. ﷼ ⓘ 🌌
🖙 7000 – **42 cam** 55/77000.

✗ Pentagono, via Troilo 9 ✆ 44543 – 🗏.

✗ **La Ruota,** via per Fossacesia 62 ✆ 44590 – 🌌
chiuso domenica e giugno – Pas carta 26/45000.

LANZO D'INTELVI 22024 Como 🎛 ⑧ – 1 408 ab. alt. 907 – ✪ 031.

Dintorni Belvedere di Sighignola ★★★ : ≼ sul lago di Lugano e le Alpi SO : 6 km.

🄵 *(maggio-settembre; chiuso lunedì escluso agosto)* ✆ 840169, E : 1 km.
🄴 piazza Novi ✆ 840143.

Roma 653 – Argegno 15 – Como 35 – Menaggio 30 – ♦Milano 83.

🏨 **Milano,** ✆ 840119, 🍽 – 📳 ☎ 🄟. 🕃 🌌. ✸ cam
chiuso novembre – Pas *(chiuso mercoledì)* 25000 – 🖙 8000 – **28 cam** 45/72000 – ½ P 65000.

🏨 **Belvedere,** N : 1,2 km ✆ 840122, Fax 840122, ≼, 🍽 – 📳 🕸 🚗 🄟. ﷼ 🕃 🇪 🌌. ✸
chiuso novembre – Pas *(chiuso lunedì da settembre a maggio)* 27/30000 – 🖙 9000 –
36 cam 67/98000 – ½ P 60/80000.

XXX **Funicolare Miralago** 🦢 con cam, N : 1,5 km 🖋 840212, ≤ lago di Lugano e monti, 🛬 –
P. 🛂 𝗩𝗜𝗦𝗔
chiuso novembre – Pas *(chiuso mercoledì da settembre a maggio)* carta 35/50000 – **20 cam**
⚏ 37/60000 – ½ P 50000.

a Scaria E : 2,5 km – ⊠ **22020** :

🏠 **Altavalle,** 🖋 840414, ≤ – 🕾 **P**. 🕮 🛂 🗉 𝗩𝗜𝗦𝗔
chiuso novembre – Pas *(chiuso mercoledì dal 15 settembre al 15 giugno)* carta 25/40000 –
⚏ 6000 – **14 cam** 35/60000 – ½ P 45/50000.

LA PILA Livorno – Vedere Elba (Isola d') : Marina di Campo.

LA QUERCIA Viterbo – Vedere Viterbo.

*Le continue modifiche ed il costante miglioramento apportato
alla rete stradale italiana consigliano l'acquisto
dell' aggiornata **carta Michelin** 𝟵𝟴𝟴 in scala 1/1 000 000.*

L'AQUILA 67100 **P** 𝟵𝟴𝟴 ㉖ – 67 029 ab. alt. 721 – ✆ 0862.
Vedere Basilica di San Bernardino★★ Y – Castello★ Y : museo Nazionale d'Abruzzo★★ – Basilica
di Santa Maria di Collemaggio★ Z : facciata★★ – Fontana delle 99 cannelle★ Z.
Escursioni Massiccio degli Abruzzi★★★.
🛈 piazza Santa Maria di Paganica 5 🖋 410808 – via 20 Settembre 8 🖋 22306.
A.C.I. via Bone Novelle 6 🖋 26028.
Roma 119 ① – ♦Napoli 242 ① – ♦Pescara 105 ② – Terni 94 ①.

L'AQUILA

🏩 **Duca degli Abruzzi e Rist. Il Tetto,** viale Giovanni XXIII n° 10 🖉 28341, « Rist. panoramico » – 🛗 🗐 rist 🖵 ☎ 👄 🅿 – 🛕 100 a 300. 🖭 🛠 Y e
Pas carta 31/44000 – **125 cam** ⚏ 72/104000 – ½ P 84000.

🏩 **Gd H. del Parco,** corso Federico II n° 74 🖉 413248, Fax 65938 – 🛗 🖵 ☎ 🅿. 🖭 🛐 ⓞ 🅴
🎴 Z c
Pas vedere rist La Grotta di Aligi – ⚏ 9000 – **36 cam** 75/110000.

🏩 **Le Cannelle,** via Tancredi da Pentina 2 🖉 411194, Telex 600120, Fax 69109, 🔍, 🛠 – 🛗 🖵
☎ 🅿 – 🛕 25 a 200. 🛐 🖪 🎴. 🛠 rist Y v
Pas carta 28/40000 – **115 cam** ⚏ 66/99000 – ½ P 90000.

🏥 **Castello** senza rist, piazza Battaglione Alpini 🖉 29147 – 🛗 ⇄ ☎ 👄 – 🛕 100. 🛠
⚏ 11000 – **44 cam** 60/88000. Y r

🍴🍴 **Tre Marie,** via Tre Marie 3 🖉 20191, « Caratteristico stile abruzzese » Z b
chiuso domenica sera, lunedì, Natale e 31 dicembre – Pas carta 35/44000 (15%).

🍴🍴 **La Grotta di Aligi,** viale Rendina 2 🖉 65260 – 🖭 🛐 ⓞ 🖪 🎴. 🛠 Z c
chiuso lunedì – Pas carta 45/70000.

🍴 **Aquila-da Remo,** via San Flaviano 9 🖉 22010 Z a
chiuso sabato e dal 24 dicembre al 2 gennaio – Pas carta 25/36000 (12%).

🍴 **Renato,** via Indipendenza 9 🖉 25596 Z s
chiuso domenica e dal 20 luglio al 5 agosto – Pas carta 24/34000.

a Coppito per ① : 6 km – ⊠ **67010** :

🍴 **Le Salette Aquilane,** 🖉 311445 – 🖭 🛠
chiuso domenica sera, lunedì e luglio – Pas carta 27/41000.

verso Preturo per ① : 9 km :

🍴 **Cervo Bianco,** ⊠ 67100 🖉 461091 – 🅿. 🖭 🛠
chiuso lunedì – Pas carta 25/51000.

a San Vittorino per ① : 10 km – ⊠ **67010** :

🍴 **Il Vecchio Mulino,** strada statale 🖉 461036 – 🅿. 🛠
chiuso domenica sera, lunedì e dal 20 luglio al 10 agosto – Pas carta 35/50000.

*Si vous écrivez à un hôtelier à l'étranger,
joignez à votre lettre un coupon-réponse international
(disponible dans les bureaux de poste).*

LARI 56035 Pisa – 7 650 ab. alt. 129 – 🕿 0587.
Roma 335 – ◆Firenze 75 – ◆Livorno 33 – Pisa 36 – Pistoia 59 – Siena 98.

a Quattro Strade di Lavaiano NO : 6 km :

🍴🍴 **Lido** con cam, ⊠ 56030 Perignano 🖉 616020 – 🖵 ☎ 🅿 – 🛕 80. 🛐 🎴. 🛠 cam
chiuso dal 1° al 20 agosto – **Pas** *(chiuso lunedì sera e martedì)* carta 25/38000 – ⚏ 6000 –
6 cam 48/75000.

a Lavaiano NO : 9 km – ⊠ **56030** :

🍴 **Castero,** 🖉 616121, « Giardino » – ⇄ 🅿
chiuso domenica sera e lunedì – Pas carta 25/38000.

LARINO 86035 Campobasso 🔢 ⑦ – 8 257 ab. alt. 310 – 🕿 0874.
Roma 275 – Campobasso 54 – ◆Foggia 84 – ◆Pescara 116.

🏥 **Park Hotel Campitelli 2,** via San Benedetto 1 🖉 823541, ≤, 🔍 – 🛗 🗐 🖵 ☎ 👄 🅿 –
🛕 150. 🖭 🛐 ⓞ 🖪 🎴. 🛠
Pas carta 21/30000 – ⚏ 5000 – **52 cam** 40/65000 – ½ P 50/55000.

LARIO Vedere Como (Lago di).

LA SALLE 11015 Aosta 🔢 ①, 🔢 ⑨ – 1 531 ab. alt. 1 001 – a.s. luglio-agosto e Natale –
🕿 0165.
Roma 776 – Aosta 30 – ◆Milano 214 – Morgex 3.

🏥 **Derby,** strada statale 26 (S : 2 km) 🖉 650037, ≤, 🏖 – 🛗 👄 🅿. 🛐 🎴
Pas *(chiuso lunedì)* carta 30/52000 – ⚏ 4000 – **30 cam** 40/50000 – ½ P 54000.

LA SPEZIA 19100 🅿 🔢 ⑬ – 105 668 ab. – 🕿 0187.
Escursioni Riviera di Levante ★★★ NO.
🚤 Marigola (chiuso mercoledì) a Lerici ⊠ 19032 🖉 970193, per ③ : 6 km.
🛈 via Mazzini 47 🖉 36000.
A.C.I. via Costantini 18 🖉 511098.
Roma 418 ② – ◆Firenze 144 ② – ◆Genova 103 ② – ◆Livorno 94 ② – ◆Milano 220 ② – ◆Parma 115 ②.

LA SPEZIA

Cavour (Corso e Piazza) ..... AB
Chiodo (Pza e Via Domenico) . B 8
Prione (Via del) .... AB

Battisti (Piazza Cesare) ...... B 2

Beverini (Piazza G.) .... A 3
Brin (Piazza Benedetto) ..... A 4
Caduti del Lavoro (Piazzale) . A 6
Colli (Via dei) .... AB 9
Da Passano (Via) .... B 10
Europa (Piazza) .... B 12
Fieschi (Viale Nicolò) .... A 14
Manzoni (Via) .... B 15

Milano (Via) .... A 16
Mille (Via dei) .... A 17
Napoli (Via) .... A 18
Rosselli (Via Flli) .... A 20
Spallanzani (Via e Salita) .... A 22
Verdi (Pza Giuseppe) .... B 23
20 Settembre (Via) .... AB 24
27 Marzo (Via) .... AB 26

S 530 : PORTOVENERE
S 370 : RIOMAGGIORE

🏨 **Jolly**, via 20 Settembre 2 ℰ 27200, Telex 281047, ← – 🛗 🔲 📺 ☎ – 🕍 130. 🖭 🕄 ⓪ 🖃 B b
🆚 ⅏ rist
Pas 30000 – **110 cam** ⊇ 125/185000 – ½ P 123/155000.

🏨 **Hotel G.** senza rist, via Tino 62 ℰ 504141, Telex 273888, Fax 514989 – 🛗 📺 ☎ & 🚗 🅿. per ③
🖭 🕄 ⓪ 🖃 🆚
49 cam ⊇ 90/130000.

🏨 **Astoria** senza rist, via Roma 139 ℰ 35122, Fax 24332 – 🛗 📺 ☎. 🖭 🕄 ⓪ 🖃 🆚 A f
⊇ 10000 – **51 cam** 55/82000.

🏨 **Genova** senza rist, via Fratelli Rosselli 84 ℰ 30066, Fax 30323 – 🛗 📺 ☎. 🖭 🕄 ⓪ 🖃 🆚 A d
⊇ 8500 – **29 cam** 49/78000.

🏠 **Mary,** via Fiume 177 ℰ 37270 – 🛗 ☎. 🖭 🕄 🖃 🆚. ⅏ rist A a
Pas *(chiuso domenica)* 18/20000 – ⊇ 4000 – **37 cam** 52/75000 – ½ P 55/60000.

🏠 **Diana** senza rist, via Colombo 30 ℰ 25120 – 🕾. 🖭 🖃. ⅏ A u
⊇ 6000 – **19 cam** 34/59000.

🍴🍴 **La Posta,** via Don Minzoni 24 ℰ 34419 – 🔲. 🖭 🕄 ⓪ 🖃 🆚 B x
chiuso sabato, domenica ed agosto – Pas carta 33/54000 (12%).

🍴🍴 La Locandina, via Sapri 10 ℰ 27499 A b

🍴🍴 **Da Dino,** via Da Passano 19 ℰ 21360 – 🖭 🕄 🖃 🆚. ⅏ B z
chiuso domenica sera, lunedì e dal 16 al 30 luglio – Pas carta 24/42000 (5%).

🍴 **Rossetto,** via dei Colli 105 ℰ 31121, 🕾 – ⅏ per ①
chiuso martedì, gennaio e febbraio – Pas carta 22/33000.

🍴 **Da Sandro,** via del Prione 268 ℰ 37203 – 🖭 🕄 ⓪ 🖃 🆚. ⅏ A e
chiuso venerdì e dal 25 giugno al 10 luglio – Pas carta 22/31000.

🍴 **La Nuova Spezia,** viale Amendola 54 ℰ 24223, 🕾 – ⅌. ⅏ A c
chiuso martedì e giugno – Pas carta 23/39000.

Vedere anche : *Campiglia* SO : 9 km per S 530.
Lerici SE : 10 km per ③.
Portovenere S : 12 km per S 530.
Riomaggiore O : 14 km per S 370.

LASTRA A SIGNA 50055 Firenze 988 ⑭ – 17 051 ab. alt. 36 – ✪ 055.

Roma 283 – ◆Bologna 108 – ◆Firenze 13 – ◆Livorno 79 – Lucca 63 – Pisa 69 – Pistoia 29 – Siena 74.

  ✗ **Antica Trattoria Sanesi,** via Arione 33 ✆ 8720234 – ▤. Æ 🛇 ⓞ E 𝘝𝘐𝘚𝘈. ✛
    chiuso domenica sera, lunedì e dal 26 luglio al 29 agosto – Pas carta 35/50000 (10%).

LA THUILE 11016 Aosta 988 ①, 219 ①, 74 ⑱ – 745 ab. alt. 1 441 – a.s. febbraio-15 marzo,
Pasqua, 15 luglio-agosto e Natale – Sport invernali : 1 441/2 611 m ≼1 ≰13, ⅋ – ✪ 0165.

🛈 via Collomb ✆ 884179.

Roma 789 – Aosta 42 – Courmayeur 15 – ◆Milano 227 – Colle del Piccolo San Bernardo 13.

  🏨 **Planibel Hotel,** ✆ 884541, Telex 215016, Fax 884535, ≼, 🔲 – 🛗 📺 ☎ ৬ ⇔ 🅿 – 🔬 60
    a 120. Æ 🛇 ⓞ E 𝘝𝘐𝘚𝘈. ✛ rist
    23 dicembre-22 aprile – Pas 75000 – �ఆ 25000 – **254 cam** 180/240000 appartamenti
    270/420000 – ½ P 125/220000.

  🏨 **Kristal,** ✆ 884117, ≼, 🐜 – 🕾 ⇔ 🅿. ✛
    20 dicembre-15 aprile e luglio-10 settembre – Pas *(chiuso mercoledì)* 26/37000 – �ఆ 9000 –
    23 cam 55/80000 – ½ P 55/75000.

  🏠 **Martinet** 🐾 senza rist, ✆ 884656, ≼ – 🕾 ⇔. ✛
    chiuso maggio – �ఆ 5000 – **10 cam** 34/55000.

LATINA 04100 🅿 988 ㉘ – 100 633 ab. alt. 21 – ✪ 0773.

🛈 via Duca del Mare 19 ✆ 498711, Telex 680077.

A.C.I. via Aurelio Saffi 23 ✆ 497701.

Roma 70 – ◆Napoli 164.

  🏨 **De la Ville,** via Canova 12 ✆ 498921, Telex 680860, Fax 661153, 🐜 – 🛗 ⇗ ▤ 📺 ☎ ⇔
    – 🔬 50. Æ 🛇 ⓞ E 𝘝𝘐𝘚𝘈. ✛
    Pas *(chiuso dal 20 dicembre al 10 gennaio)* carta 35/45000 – **68 cam** �ఆ 95/135000 –
    ½ P 110000.

  ✗✗✗ ✿ **Enoteca dell'Orologio,** piazza del Popolo 20 ✆ 40654, Coperti limitati; prenotare – Æ
    🛇 ⓞ E 𝘝𝘐𝘚𝘈. ✛
    chiuso domenica – Pas carta 40/62000 (10%)
    Spec. Garganelli alle melanzane, Rombo in salsa di peperoni, Costolette d'agnello profumate all'aglio e timo.
    Vini Vintage Tunina.

  ✗✗ **Fioretto-di Nilo e Nora,** via dell'Agora 81 ✆ 495273, 🌧 – ▤ 🅿
    chiuso lunedì ed agosto – Pas carta 40/55000

  ✗ **Impero,** piazza della Libertà 19 ✆ 493140, 🌧 – ✛
    chiuso sabato e dal 14 al 31 agosto – Pas carta 24/35000 (15%).

    al Lido di Latina S : 9 km – ✉ **04010** Borgo Sabotino :

  🏨 **Miramare,** a Capo Portiere ✆ 273470, ≼, 🐜⊛ – 🕾 ⇔ 🅿. Æ 🛇 ⓞ E 𝘝𝘐𝘚𝘈. ✛
    Pas *(chiuso da novembre a Pasqua)* carta 30/50000 – �ఆ 10000 – **25 cam** 60/80000 –
    ½ P 60000.

  ✗✗ **La Risacca,** a Foce Verde ✆ 273223, ≼ – ▤ 🅿. Æ 🛇 ⓞ 𝘝𝘐𝘚𝘈. ✛
    chiuso giovedì e novembre – Pas carta 29/45000 (10%).

LATISANA 33053 Udine 988 ⑤⑥ – 10 908 ab. alt. 9 – a.s. luglio e agosto – ✪ 0431.

Roma 598 – Gorizia 60 – ◆Milano 337 – Portogruaro 14 – ◆Trieste 80 – Udine 49 – ◆Venezia 87.

  🏨 **Bella Venezia** 🐾, via Giovanni XXIII ✆ 59647, Fax 59649, 🌧, 🐜 – 🛗 📺 ☎ 🅿 – 🔬 100.
    Æ 🛇 ⓞ E 𝘝𝘐𝘚𝘈
    chiuso dal 22 dicembre al 10 gennaio – Pas carta 28/40000 – �ఆ 10000 – **22 cam** 58/88000 –
    ½ P 85/105000.

LATSCH = Laces.

LAURIA Potenza 988 ㊳ – 13 807 ab. alt. 430 – ✪ 0973.

Roma 406 – ◆Cosenza 126 – ◆Napoli 199 – Potenza 128.

    a Lauria Superiore – ✉ **85045** :

  🏨 **Santa Rosa,** ✆ 822113 – 🛗 📺 🕾 ⇔ 🅿. Æ 🛇 ⓞ E 𝘝𝘐𝘚𝘈. ✛
  ← Pas carta 18/26000 – ↖ 5000 – **35 cam** 27/44000 – ½ P 39/45000.

    a Lauria Inferiore – ✉ **85044** :

  🏨 **Isola di Lauria** 🐾, ✆ 823905, ≼ – 🛗 ▤ 📺 ☎ 🅿 – 🔬 150 a 400. Æ 🛇 ⓞ 𝘝𝘐𝘚𝘈. ✛
    Pas carta 25/35000 (10%) – ↖ 10000 – **36 cam** 35/55000 appartamento 100000 – P 80/90000.

    a Pecorone N : 5 km – ✉ **85040** :

  ✗ **Da Giovanni,** ✆ 821003 – 🅿. ✛
  ← *chiuso lunedì da ottobre a maggio* – Pas carta 19/30000.

LAUZACCO Udine – Vedere Pavia di Udine.

LAVAGNA 16033 Genova 🛇🛇🛇 ⑬ – 13 336 ab. – ✿ 0185.

🖪 piazza della Libertà 40 ☎ 392797.

Roma 464 – ♦Genova 41 – ♦Milano 176 – Rapallo 17 – ♦La Spezia 66.

🏠 **Admiral,** via dei Devoto 89 ☎ 306072, ≼, ⌷ – 🛊 ☎. 🕱
Pasqua-ottobre – Pas *(chiuso sino a giugno e dal 15 settembre ad ottobre)* 32000 – ⊑ 8000
– **22 cam** 58000 – ½ P 55/68000.

🏠 **Tigullio,** via Matteotti 3 ☎ 392965 – 🛊 ☎. 🕱 rist
aprile-ottobre – Pas *(chiuso lunedì)* carta 23/38000 – ⊑ 5000 – **40 cam** 35/65000 –
½ P 52/59000.

XX **Il Gabbiano,** via San Benedetto 26 (E : 1,5 km) ☎ 390228, Coperti limitati; prenotare,
« Servizio estivo in terrazza panoramica » – 🅿. 🖭 🛐 ⓞ 🗉 ꕺꕺ. 🕱
chiuso lunedì, dal 19 febbraio al 2 marzo e dal 5 novembre al 5 dicembre – Pas carta 40/72000.

XX **Il Bucaniere,** via 24 Aprile 69 ☎ 392830 – 🖭 🛐 ⓞ 🗉 ꕺꕺ. 🕱
chiuso mercoledì e dal 10 gennaio al 10 febbraio – Pas carta 35/60000 (10%).

a Cavi SE : 3 km – ⊠ 16030 :

🏠 **Tirreno,** via Como 41 ☎ 390411 – 🛊 ⟸ 🅿. 🛐. 🕱 rist
giugno-15 settembre – Pas carta 28/38000 – ⊑ 8000 – **57 cam** 48/85000 – ½ P 67000.

🏠 **La Scogliera** senza rist, via del Cigno 4 ☎ 390072, ≼ – 🕾 🅿
giugno-15 settembre – ⊑ 5500 – **21 cam** 36/60000.

XX **A Cantinn-a,** via Torrente Barassi 8 ☎ 390394 – 🅿
chiuso martedì, dal 15 al 28 febbraio e novembre – Pas carta 30/48000.

X **Raieû,** via Milite Ignoto 23 ☎ 390145 – 🛐 🗉 ꕺꕺ
chiuso lunedì e novembre – Pas carta 29/50000.

X **Cigno,** via del Cigno ☎ 390026, ≼
aprile-settembre; chiuso martedì – Pas carta 26/43000.

X **A Supressa,** via Aurelia 1028 ☎ 390318, Coperti limitati; prenotare
chiuso dal 20 dicembre al 15 gennaio, agosto e a mezzogiorno (esclusi i giorni festivi) – Pas
30/38000.

LAVAGNO 37030 Verona – 4 630 ab. alt. 70 – ✿ 045.

Roma 513 – ♦Brescia 80 – Trento 113 – ♦Verona 12 – Vicenza 43.

X **Antica Ostaria de Barco,** località Barco ⊠ 37030 San Briccio ☎ 982278, ≼, « Servizio
estivo in terrazza » – 🅿. 🖭 🛐. 🕱
chiuso domenica e dal 1° al 10 gennaio – Pas carta 23/41000.

LAVAIANO Pisa – Vedere Lari.

LAVARIANO 33050 Udine – alt. 49 – ✿ 0432.

Roma 615 – ♦Trieste 82 – Udine 14 – ♦Venezia 119.

XX **Blasut,** ☎ 767017, 🍽, Coperti limitati; prenotare – ⓞ
chiuso domenica sera, lunedì e dal 1° al 20 agosto – Pas carta 33/55000.

LAVARONE 38046 Trento 🛇🛇🛇 ④ – 1 101 ab. alt. 1 172 – a.s. Pasqua e Natale – Sport invernali :
1 172/1 555 m ≼7, ✧ – ✿ 0464.

🖪 a Gionghi, palazzo Comunale ☎ 73226, Telex 401499.

Roma 592 – ♦Milano 245 – Rovereto 29 – Trento 28 – Treviso 115 – ♦Verona 104 – Vicenza 64.

🏠 **Villa Maria,** a Chiesa ☎ 73230, ≼ – 🛊 🖃 rist 🕾 🅿. 🖭 🛐 🗉 ꕺꕺ. 🕱
20 dicembre-10 marzo e 20 giugno-10 settembre – Pas 25/35000 – ⊑ 9000 – **37 cam**
45/80000 – ½ P 55/65000.

🏠 **Capriolo** ⚶, a Bertoldi ☎ 73187, ≼, 🐖 – 🛊 ☎ 🅿. ꕺꕺ
➡ *21 dicembre-9 aprile e 2 giugno-19 settembre* – Pas *(chiuso giovedì)* carta 20/28000 – ⊑
5000 – **30 cam** 33/60000 – ½ P 55/60000.

🏠 **Monteverde,** a Gionghi ☎ 73174, ≼, 🐖 – 🛊 🅿. ꕺꕺ – **29 cam.**

🏠 **Caminetto,** a Bertoldi ☎ 73214, 🐖 – 🛊 ⟿ cam 📺 ☎ 🅿. 🗉. ꕺꕺ
➡ *dicembre-Pasqua e giugno-settembre* – Pas carta 19/28000 – ⊑ 5000 – **20 cam** 40/56000 –
½ P 40/55000.

🏠 **Esperia,** a Chiesa ☎ 73124 – ☎. 🗉. ꕺꕺ rist
➡ Pas *(chiuso martedì)* carta 18/27000 – ⊑ 5000 – **18 cam** 26/47000.

al Passo di Vezzena NE : 10 km :

🏠 **Vezzena** ⚶, alt. 1 450 ⊠ 38040 Luserna ☎ 73167 – 🛊 🅿. ꕺꕺ
chiuso ottobre – Pas carta 22/30000 – ⊑ 4500 – **47 cam** 42/70000 – ½ P 38/56000.

LAVELLO 85024 Potenza 🛇🛇🛇 ㉘ – 13 249 ab. alt. 313 – ✿ 0972.

Roma 359 – ♦Bari 107 – ♦Foggia 68 – ♦Napoli 166 – Potenza 77.

🏠 **San Barbato,** SO : 1,5 km ☎ 81392, Fax 83813, ⌷, 🐖, 🎾 – 🛊 🖃 📺 ☎ 🅿 – 🔬 50 a 400.
🚾 ꕺꕺ
Pas *(chiuso venerdì e dal 23 dicembre al 6 gennaio)* carta 21/40000 – ⊑ 5000 – **38 cam**
53/75000 – ½ P 70/75000.

285

LAVENA-PONTE TRESA 21037 Varese 219 ⑥ – 5 283 ab. alt. 271 – ✿ 0332.
Roma 654 – Bellinzona 37 – ✦Bern 270 – ✦Lugano 12 – ✦Milano 77 – Varese 21.

　🏠　**Du Lac,** ✍ 550308, ≤, 🏛, 🛋 – 🗏 rist ☎ ℗. 亜 🔂 ⓪ 🗲 *VISA*. ⛛ rist
　　　Pas *(chiuso lunedì da ottobre a marzo)* carta 27/46000 – ☷ 5000 – **22 cam** 40/58000 –
　　　½ P 32/47000.

LAVENO MOMBELLO 21014 Varese 988 ②③, 219 ⑦ – 8 764 ab. alt. 200 – ✿ 0332.
Vedere Sasso del Ferro★★ per cabinovia.
🚢 per Verbania-Intra giornalieri (20 mn) – Navigazione Lago Maggiore, ✍ 667128.
Roma 654 – Bellinzona 56 – Como 49 – ✦Lugano 39 – ✦Milano 77 – Novara 69 – Varese 22.

　🏠　**Moderno** senza rist, ✍ 668373 – 🎧 🐾. 🔂 🗲 *VISA*
　　　15 marzo-15 ottobre – ☷ 7000 – **14 cam** 51/71000.

　🍽　**Locanda Concordia,** ✍ 667380 – 亜 🔂 ⓪ 🗲 *VISA*. ⛛
　　　chiuso lunedì, dal 15 gennaio al 15 febbraio e dal 4 al 15 novembre – Pas carta 21/47000.

　🍽　**Lo Scoiattolo,** località Monteggia N : 3 km ✍ 668253, « Servizio estivo in terrazza con ≤
　　　lago e monti » – 亜 🔂 ⓪ *VISA*. ⛛
　　　chiuso lunedì e dal 7 gennaio al 2 febbraio – Pas carta 30/51000.

　　　sulla strada statale 629 O : 1,5 km :

　🍽🍽　**Il Porticciolo-Bellevue** con cam, ✉ 21014 ✍ 667257, Fax 666753, ≤ lago, « Servizio
　　　estivo in terrazza sul lago » – 📺 ☎ ℗. 亜 🔂 ⓪ 🗲 *VISA*. ⛛
　　　Pas *(chiuso dal 23 gennaio al 5 febbraio e mercoledì da novembre a marzo)* carta 35/60000 –
　　　☷ 8000 – **10 cam** 60/77000 – ½ P 85/95000.

LA VILLA (STERN) Bolzano 988 ⑤ – Vedere Badia.

LAVINIO LIDO DI ENEA Roma 988 ㉖ – Vedere Anzio.

LAVORGO 427 ⑮, 218 ⑫ – Vedere Cantone Ticino alla fine dell'elenco alfabetico.

LAZISE 37017 Verona 988 ④ – 5 537 ab. alt. 76 – ✿ 045.
🛈 via Francesco Fontana 14 ✍ 7580114.
Roma 521 – ✦Brescia 54 – Mantova 60 – ✦Milano 141 – Trento 92 – ✦Venezia 146 – ✦Verona 23.

　🏠🏠　**Lazise** senza rist, ✍ 7580075, ⤳, ⛱ – 🎧 🗏 ☎ 🚗 ℗. ⛛
　　　marzo-ottobre – **47 cam** ☷ 68/105000.

　🏠🏠　**Benacus** senza rist, ✍ 7580124 – 🎧 🐾 ℗. 亜. ⛛
　　　9 aprile-15 ottobre – ☷ 10000 – **23 cam** 50/62000.

　🏠　**Le Mura** senza rist, ✍ 6470100 – ☎ ℗. ⛛
　　　marzo-ottobre – **16 cam** ☷ 65/88000.

　🍽🍽　**Bastia,** ✍ 6470099 – 🔂 🗲 *VISA*
　✦　chiuso martedì e dall'8 gennaio all'8 febbraio – Pas carta 20/39000.

　🍽🍽　**La Taverna-da Oreste,** ✍ 7580019 – 亜 🔂 🗲 *VISA*
　　　chiuso mercoledì e gennaio – Pas carta 25/36000.

　🍽🍽　**Botticelli,** ✍ 7581194, 🏛 – 亜 🔂 🗲 *VISA*
　　　chiuso gennaio e lunedì da ottobre ad aprile – Pas carta 30/42000.

　　　sulla strada statale 249 S : 1,5 km :

　🏠🏠　**Casa Mia,** ✉ 37017 ✍ 7580058, Fax 7580054, 🏛, « Giardino », ⤳, ⛱ – 🎧 🐾 ℗ – ᴀ
　　　60. 亜 🔂 🗲 *VISA*. ⛛
　　　chiuso dal 21 dicembre all'11 gennaio – Pas *(chiuso lunedì da ottobre ad aprile)*
　　　carta 30/44000 – ☷ 10000 – **39 cam** 60/90000 – ½ P 70/90000.

LE CASTELLA Catanzaro – Vedere Isola di Capo Rizzuto.

LECCE 73100 ℗ 988 ㉚ – 101 968 ab. alt. 51 – ✿ 0832.
Vedere Basilica di Santa Croce★★ – Piazza del Duomo★★ : pozzo★ del Seminario – Museo
provinciale★ : collezione di ceramiche★★ Z M – Chiesa di San Matteo★ Z – Chiesa del Rosario★Z
– Altari★ nella chiesa di Sant'Irene Y.
🛈 via Rubichi 25 ✍ 46458.
A.C.I. via Candido 2 ✍ 28148.
Roma 601 ① – ✦Brindisi 39 ① – ✦Napoli 413 ① – ✦Taranto 86 ⑦.

Pianta pagina a lato

　🏠🏠🏠　**President,** via Salandra 6 ✍ 311881, Telex 860076, Fax 594321 – 🎧 🗏 📺 ☎ 🕭 🚗 – ᴀ
　　　25 a 350. 亜 🔂 ⓪ 🗲 *VISA*. ⛛　　　　　　　　　　　　　　　　　　　　　X　n
　　　Pas carta 34/48000 – **154 cam** ☷ 98/170000 – ½ P 120000.

　🏠🏠🏠　**Cristal** senza rist, via Marinosci 16 ✍ 594198, Telex 860014, Fax 315109, ⛱ – 🎧 ⇅ 🗏 📺
　　　☎ 🚗. 亜 🔂 ⓪ 🗲 *VISA*. ⛛　　　　　　　　　　　　　　　　　　　　　　X　a
　　　☷ 7500 – **64 cam** 85/126000.

286

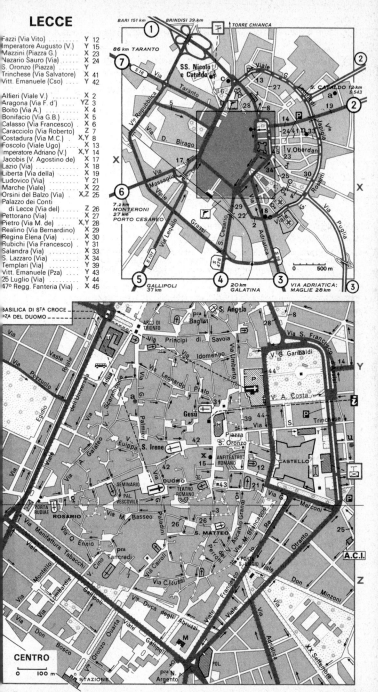

🏨 **Gd H. Tiziano e dei Congressi,** superstrada per Brindisi 🖉 4718, Telex 860285, Fax 4718 – 🛗
🔲 📺 ⚓ 👌 🅿 – 🛴 600
184 cam.
X ⓒ

🏨 **Delle Palme,** via di Leuca 90 🖉 647171, Fax 647171 – 🛗 🔲 📺 ☎ 🅿 – 🛴 40. 🖪 🔠 ⓞ 🇪
VISA. ⚒
Pas 29/32000 – ⚏ 10000 – **96 cam** 61/109000 – ½ P 86000.
X ⓔ

🏨 **Risorgimento,** via Imperatore Augusto 19 🖉 42125, Telex 860144 – 🛗 🔲 📺 👌 – 🛴 200.
🖪 🔠 ⓞ 🇪 *VISA*. ⚒
Pas 25000 – ⚏ 11500 – **57 cam** 54/99000 – ½ P 85000.
Y x

🍴🍴 **Carlo V,** via Palmieri 46 🖉 46042 – 🔠 ⓞ 🇪 *VISA*
chiuso domenica sera e lunedì – Pas carta 27/45000.
Y a

🍴🍴 **Plaza,** via 140° Fanteria 16 🖉 25093 – ⚒ 🔳. 🔠 *VISA*
✦ *chiuso domenica ed agosto* – Pas carta 20/32000.
Y u

sulla strada provinciale per Torre Chianca :

🍴🍴 **Gino e Gianni,** N : 3 km ✉ 73100 🖉 45888 – 🔳 🅿
chiuso mercoledì – Pas carta 28/43000.

🍴🍴 **Il Satirello,** N : 9 km ✉ 73100 🖉 656121, 🍽 – 🔳 🅿. 🖪 🔠 ⓞ 🇪 *VISA*
chiuso martedì e dal 3 al 17 luglio – Pas carta 29/41000.

LECCIO Firenze – alt. 128 – ✉ **50067** Rignano sull'Arno – 🕿 055.

Roma 253 – Arezzo 56 – ♦Firenze 29 – Siena 91.

🍴🍴🍴 **Castello di Sammezzano** ⛲ con cam, 🖉 8657911, Telex 573078, « Originale dimora in
un parco secolare » – 🛗 📺 ☎ 🅿 – 🛴 200. 🖪 🔠 ⓞ 🇪 *VISA*. ⚒
Pas *(chiuso martedì da ottobre a marzo)* 35/45000 – ⚏ 12000 – **14 cam** 145/185000 –
½ P 130000.

LECCO 22053 Como 🔟🔟🔟 ③, 🔢🔟 ⑨⑩ – 47 728 ab. alt. 214 – 🕿 0341.

Vedere Lago★★★.

🏌 Royal Sant'Anna (chiuso martedì) ✉ 22040 Annone di Brianza 🖉 577551, SO : 10 km.

🚢 per Bellagio-Tremezzo-Como aprile-settembre giornalieri (2 h 45 mn) – Navigazione Lago
di Como, largo Lario Battisti 🖉 364036.

🚢 per Bellagio-Tremezzo-Como aprile-settembre giornalieri (1 h 15 mn) – Navigazione Lago di
Como, largo Lario Battisti 🖉 364036.

🅸 via Nazario Sauro 6 🖉 362360.

Roma 621 – ♦Bergamo 33 – Como 29 – ♦Lugano 61 – ♦Milano 56 – Sondrio 82 – Passo dello Spluga 97.

🏨 **Croce di Malta,** via Roma 41 🖉 363134 – 🛗 🕿 🅿 – 🛴 25 a 140. 🖪 🔠 ⓞ 🇪 *VISA*
Pas *(chiuso sabato ed ottobre)* carta 27/55000 (10%) – ⚏ 4000 – **48 cam** 42/68000 –
½ P 47/56000.

🏨 **Moderno** senza rist, piazza Diaz 5 🖉 362340 – 📺 🕿. 🖪 🔠 ⓞ 🇪 *VISA*
⚏ 6000 – **25 cam** 40/65000 appartamento 120000.

🍴🍴 **Les Paysans,** lungo Lario Piave 14 (Caviate) 🖉 369233, « Servizio estivo in terrazza
fiorita » – 🅿. 🖪 🔠 🇪 *VISA*
*chiuso a mezzogiorno (esclusi i giorni festivi), lunedì, dal 15 al 30 maggio e dal 1° al 15
ottobre* – Pas carta 36/69000 (10%).

🍴🍴 **Al Porticciolo 84,** via Valsecchi 5/7 🖉 498103, 🍽, Coperti limitati; prenotare – 🖪 🔠
VISA. ⚒
chiuso a mezzogiorno (esclusi i giorni festivi), lunedì, dal 1° al 5 gennaio ed agosto – Pas
carta 40/60000.

🍴🍴 **Cermenati,** corso Matteotti 71 🖉 283017, 🍽, Coperti limitati; prenotare – 🖪 ⓞ
chiuso lunedì ed agosto – Pas carta 38/57000.

🍴🍴 **Don Abbondio** ⛲ con cam, piazza Era (Pescarenico) 🖉 366315 – 🕿 🅿
Pas *(chiuso lunedì a mezzogiorno)* carta 40/57000 – ⚏ 6500 – **18 cam** 58/80000 –
½ P 65/75000.

🍴🍴 **Larius,** via Nazario Sauro 2 🖉 363558 – 🖪 🔠 ⓞ 🇪 *VISA*
chiuso martedì e dal 1° al 15 agosto – Pas carta 41/71000.

🍴🍴 **Nicolin,** a Maggianico S : 3,5 km 🖉 422122, « Servizio estivo in terrazza » – 🅿. *VISA*
chiuso martedì ed agosto – Pas carta 30/49000.

🍴🍴 **Serra,** lungolago Cadorna 20 🖉 369293, 🍽 – *VISA*
chiuso mercoledì – Pas carta 31/45000.

🍴🍴 **Vecchia Lecco,** via Anghileri 5 🖉 365701.

🍴 **Pizzoccheri,** via Aspromonte 21 🖉 367126.

Vedere anche : *Malgrate* O : 2 km.
Valmadrera O : 3 km.
Garlate S : 6 km.

LE CLOTES Torino – Vedere Sauze d'Oulx.

LEGNAGO 37045 Verona 988 ④ ⑭ – 26 685 ab. alt. 16 – ✪ 0442.
Roma 476 – Mantova 44 – ✦Milano 195 – ✦Padova 64 – Rovigo 45 – ✦Venezia 101 – ✦Verona 42 – Vicenza 49.

🏨 **Salieri** senza rist, viale dei Caduti 64 ✆ 22100, Fax 85866 – 🛗 🗐 🕿. ⌷ 🕃 E 𝘝𝘐𝘚𝘈
   chiuso 25-26 dicembre, Capodanno e Pasqua – ⌷ 7500 – **31 cam** 54/80000.

✕✕ **Fileno,** corso della Vittoria 51 ✆ 20103 – ✦✦ 🗐. 🛠
   chiuso lunedì, dal 1° al 10 gennaio e dal 28 luglio al 30 agosto – Pas carta 22/38000.

   a San Pietro O : 3 km – ✉ 37048 San Pietro di Legnago :

🏨 **Pergola,** ✆ 27122, Fax 27886 – 🛗 🗐 🖵 🕿 🚗 🅿 – 🔬 150. ⌷ 🕃 ⓞ E 𝘝𝘐𝘚𝘈. 🛠
   Pas (chiuso mercoledì, venerdì sera, dal 1° al 10 gennaio e dal 5 al 20 agosto) carta 29/46000
   – ⌷ 12000 – **33 cam** 70/100000 – ½ P 90000.

LEGNANO 20025 Milano 988 ③, 219 ⑱ – 48 874 ab. alt. 199 – ✪ 0331.
Roma 605 – Como 33 – ✦Milano 28 – Novara 37 – Varese 32.

🏨 **Excelsior** senza rist, piazza Frua ✆ 593186, Fax 547530 – 🛗 🗐 🖵 🕾 – 🔬 50. ⌷ 🕃 E 𝘝𝘐𝘚𝘈
   chiuso dal 1° al 23 agosto – ⌷ 8000 – **53 cam** 74/106000.

🏨 **2 C** senza rist, via Colli di Sant'Erasmo 51 ✆ 440159, Fax 440159 – 🕾 🅿. ⌷ 🕃 E 𝘝𝘐𝘚𝘈. 🛠
   ⌷ 6000 – **24 cam** 58/82000.

✕✕ **Bel Sit,** via Crema 4 ✆ 592300 – 🗐. 🛠
   chiuso giovedì ed agosto – Pas carta 29/64000.

   Vedere anche : *Castellanza* N : 1 km.

LE GRAZIE La Spezia – Vedere Portovenere.

LEIFERS = Laives.

LEIVI Genova – Vedere Chiavari.

LEMIE 10070 Torino 77 ⑩ – 306 ab. alt. 957 – ✪ 0123 – Roma 734 – ✦Milano 180 – ✦Torino 54.

🏨 **Villa Margherita,** località Villa SE : 2 km ✆ 60225, ← – 🅿. 🕃
   chiuso ottobre e novembre – Pas (solo per clienti alloggiati e chiuso lunedì) carta 28/40000
   (15%) – ⌷ 5000 – **19 cam** 45/65000 – ½ P 48/53000.

LENNA 24010 Bergamo – 720 ab. alt. 463 – ✪ 0345.
Roma 639 – ✦Bergamo 38 – ✦Brescia 95 – ✦Milano 80.

✕✕ Da Moral, S : 1,2 km ✆ 81129 – 🅿.

LENNO 22016 Como 219 ⑨ – 1 602 ab. alt. 200 – ✪ 0344.
Roma 652 – Como 27 – Menaggio 8 – ✦Milano 75.

🏨 **San Giorgio** ⴺ, ✆ 40415, ← lago e monti, « Piccolo parco ombreggiato », 🛠 – 🛗 🕿 🅿.
   🕃 E 𝘝𝘐𝘚𝘈. 🛠
   12 aprile-settembre – Pas (solo per clienti alloggiati) 30000 – ⌷ 8000 – **29 cam** 64/95000 –
   ½ P 85/88000.

LEPORANO 74020 Taranto – 5 287 ab. alt. 48 – a.s. 15 giugno-agosto – ✪ 099.
Roma 546 – ✦Brindisi 66 – Lecce 77 – ✦Taranto 14.

🏨 Smeraldo, località Baia d'Argento ✆ 638013, Telex 860198, ←, 𝄃, – 🛗 🗐 🕾 ঌ 🅿
   54 cam.

LE REGINE Pistoia – Vedere Abetone.

LERICI 19032 La Spezia 988 ⑬⑭ – 13 163 ab. – ✪ 0187 – Vedere Guida Verde.
🏌 Marigola (chiuso mercoledì) ✆ 970193 – 🖪 via Roma 47 ✆ 967346.
Roma 408 – ✦Genova 107 – ✦Livorno 84 – Lucca 64 – Massa 25 – ✦Milano 224 – Pisa 65 – ✦La Spezia 10.

🏨 **Shelley e Delle Palme** senza rist, lungomare Biaggini 5 ✆ 968204, ← golfo – 🛗 🕾. ⌷ 🕃
   ⓞ E 𝘝𝘐𝘚𝘈
   ⌷ 10000 – **50 cam** 65/85000.

🏨 **Europa** ⴺ, via Carpanini 1 ✆ 967800, Fax 965957, ← golfo, 🐎 – 🛗 🖵 🕿 🅿. ⌷ 🕃 ⓞ E
   𝘝𝘐𝘚𝘈. 🛠
   Pas carta 24/40000 – ⌷ 12000 – **34 cam** 65/85000 – ½ P 60/95000.

🏨 **Italia,** senza rist, piazza Garibaldi 53 ✆ 966566 – 🕿
   14 cam.

🏨 **Venere Azzurra** senza rist, lungomare Biaggini 29 ✆ 965334, ← golfo – 🛗 🖵 🕾. ⌷ 🕃
   ⓞ E 𝘝𝘐𝘚𝘈
   ⌷ 10000 – **22 cam** 55/82000.

🏨 **Florida** senza rist, lungomare Biaggini 35 ✆ 967344, ← golfo – 🛗 🖵 🕾. ⌷ 🕃 ⓞ E 𝘝𝘐𝘚𝘈.
   chiuso dal 15 dicembre al 15 gennaio – ⌷ 10000 – **32 cam** 63/89000.

XX **Vecchia Lerici,** piazza Mottino 10 ✆ 967597, 余 – AE 🅂 ⓞ E VISA
chiuso giovedì, venerdì a mezzogiorno e da novembre al 25 dicembre – Pas carta 32/60000.

XX **La Barcaccia,** piazza Garibaldi 8 ✆ 967721 – AE 🅂 ⓞ E VISA
chiuso giovedì e febbraio – Pas carta 32/54000 (10%).

XX **Da Paolino,** via San Francesco 14 ✆ 967801 – AE 🅂. ✻
chiuso lunedì – Pas carta 43/63000 (10%).

XX **Due Corone,** via Vespucci 1 ✆ 967417, ≤, 余 – AE 🅂 ⓞ E VISA. ✻
chiuso giovedì e dal 21 dicembre al 14 gennaio – Pas carta 39/61000 (10%).

XX **Il Molo,** via Mazzini 1 ✆ 967108, 余 – AE 🅂 ⓞ E VISA
chiuso giovedì e novembre – Pas carta 35/47000.

X **Conchiglia,** piazza del Molo 3 ✆ 967334, ≤ – AE 🅂 ⓞ E VISA
chiuso mercoledì e febbraio – Pas carta 32/54000 (10%).

a San Terenzo NO : 2 km – ✉ **19036** :

X **La Palmira,** ✆ 971094 – AE 🅂 ⓞ E VISA
chiuso mercoledì, dal 20 dicembre al 20 gennaio e dal 24 settembre al 10 ottobre – Pas carta 25/46000 (10%).

a Fiascherino SE : 3 km – ✉ **19030** :

🏨 **Il Nido** 🐚, ✆ 967286, Fax 964225, ≤, « Terrazze-giardino », 🏖 – ▤ cam 📺 ☎ 🚗 🅿. AE 🅂 ⓞ E VISA. ✻
15 marzo-ottobre – Pas carta 44/67000 (10%) – ☕ 14000 – **38 cam** 60/97000 – ½ P 93/115000.

🏨 **Cristallo,** ✆ 967291, Fax 964269 – ☎ 🅿. AE 🅂 ⓞ E VISA. ✻
aprile-settembre – Pas 30/35000 – ☕ 10000 – **32 cam** 50/80000 – ½ P 70/85000.

a Tellaro SE : 4 km – ✉ **19030** :

🏨 **Miramare** 🐚, ✆ 967589, ≤, « Terrazza-giardino » – ☎ 🅿. ✻ cam
Pasqua-ottobre e dicembre – Pas carta 25/36000 – ☕ 6000 – **18 cam** 24/37000 – P 65000.

XX ✿ **Miranda** con cam, ✆ **968130, Coperti limitati; prenotare** – 🅿. 🅂 VISA. ✻ cam
marzo-novembre – Pas *(chiuso lunedì)* carta 50/85000 – ☕ 10000 – **6 cam** 55000 – ½ P 85000
Spec. Antipasti freddi e caldi di pesce, Linguine alle zucchine e vongole veraci, Scaloppe di orata brasata al vino rosso. **Vini** Vermentino, Rossese.

LERMA 15070 Alessandria – 783 ab. alt. 293 – ☎ 0143.

Roma 544 – Alessandria 48 – •Genova 59 – •Milano 122 – Savona 69 – •Torino 133.

X **Italia,** ✆ 877110
chiuso lunedì e dal 6 gennaio al 6 febbraio – Pas carta 17/29000.

LESA 28040 Novara 219 ⑦ – 2 324 ab. alt. 196 – ☎ 0322.

Roma 650 – Locarno 62 – •Milano 73 – Novara 49 – Stresa 7 – •Torino 127.

X **Lago Maggiore** con cam, ✆ 7259, ≤, 余 – ☎. AE 🅂 ⓞ E VISA
chiuso da dicembre al 15 febbraio – Pas carta 30/46000 (10%) – ☕ 7000 – **16 cam** 56/80000 – ½ P 50/55000.

LESSOLO 10010 Torino – 2 027 ab. alt. 277 – ☎ 0125.

Roma 693 – Aosta 62 – •Milano 123 – •Torino 53.

X **La Lampada di Aladino,** ✆ 58504, prenotare – AE
chiuso domenica e dal 15 luglio al 15 agosto – Pas carta 25/44000.

LETOJANNI Messina – Vedere Sicilia alla fine dell'elenco alfabetico.

LEVADA Treviso – Vedere Ponte di Piave.

LEVANTO 19015 La Spezia 988 ⑬ – 6 214 ab. – ☎ 0187.

🅸 piazza Colombo 12 ✆ 808125.

Roma 456 – •Genova 83 – •Milano 218 – Rapallo 59 – •La Spezia 36.

🏨 **Nazionale,** via Jacopo da Levanto 20 ✆ 808102, 余 – 🛗 ⇔ cam ☎. AE 🅂 ⓞ E VISA. ✻ rist
Pasqua-ottobre – Pas 22/28000 – ☕ 8500 – **30 cam** 45/75000 – ½ P 65/80000.

🏨 **Dora,** via Martiri della Libertà 27 ✆ 808168 – ☎ 🅿. 🅂 E VISA. ✻ rist
marzo-ottobre – Pas *(chiuso venerdì)* 20/25000 – ☕ 7000 – **37 cam** 29/47000 – ½ P 50/58000

X **Tumelin,** via Grillo 32 ✆ 808379, 余
chiuso giovedì e dal 7 gennaio al 7 febbraio – Pas carta 40/54000.

X Hostaria da Franco, via privata Olivi 8 ✆ 808647, 余.

X **La Gritta,** ✆ 808593, ≤, 余 – AE 🅂 ⓞ E VISA. ✻
Pasqua-settembre; chiuso mercoledì – Pas carta 28/45000 (10%).

LEVERONE Imperia – Vedere Borghetto d'Arroscia.

LEVICO TERME 38056 Trento 988 ④ – 5 529 ab. alt. 506 – Stazione termale (maggio-ottobre),
a.s. Pasqua e Natale – Sport invernali : a Panarotta (Vetriolo Terme) : 1 490/1 972 m ⥀1 ⟜4, ⟉ –
☎ 0461.
🔋 🏢 706101, Telex 400856, Fax 706004.

Roma 610 – Belluno 90 – ◆Bolzano 82 – ◆Milano 266 – Trento 22 – ◆Venezia 141.

🏨🏨 **Gd H. Bellavista**, 🏢 706136, Fax 706474, ≤, « Giardino ombreggiato », ⟘ riscaldata – 🛗
   🍽 rist 📺 ☎ ⟁ ➋ – ⟑ 120. 🅱 **E**. ⟬ rist
   Pasqua-ottobre e Natale-20 gennaio – Pas carta 26/40000 – ⟘ 10000 – **78 cam** 70/115000
   – ½ P 75/95000.

🏨 **Al Sorriso** ⟬, verso il lido 🏢 707029, ≤, « Grande giardino ombreggiato con ⟘ riscaldata
   e ⟬ » – 🛗 🍽 ☎ ➋. 🅱. ⟬ rist
   Pasqua-settembre e Natale-20 gennaio – Pas 24/30000 – ⟘ 12000 – **42 cam** 52/87000 –
   ½ P 70/80000.

🏨 **Liberty,** 🏢 701521 – 🛗 ☎. 🅱 **E** 💳. ⟬ rist
   maggio-ottobre e 20 dicembre-10 gennaio – Pas 25/30000 – ⟘ 5000 – **32 cam** 62/110000 –
   ½ P 61/70000.

🏨 **Villa Regina,** 🏢 707713 – 🛗 ☎ ⟁
   24 cam.

🏨 **Levico,** 🏢 706335, ≤, ⟿ – 🛗 ➋. ⟬
   giugno-settembre – Pas 22/28000 – ⟘ 5000 – **43 cam** 45/70000 – ½ P 43/54000.

🏨 **Romanda,** 🏢 707122, Fax 707123 – 🛗 ☎ – **39 cam**.

✗ **Scaranò** ⟬ con cam, verso Vetriolo Terme N : 2 km 🏢 706810, ≤ vallata – ➋. ⟬
   Pas *(chiuso domenica sera e lunedì in bassa stagione)* carta 20/31000 – ⟘ 3500 – **26 cam**
   30/40000 – ½ P 38/42000.

a Vetriolo Terme N : 13,5 km – alt. 1 490 – ✉ 38056 Levico Terme :

🏨 **Compet** ⟬, S : 1,5 km 🏢 706466, Fax 707815, ≤ – 🛗 ☎ ➋ – ⟑ 80. 🅱 **E**. ⟬
   chiuso dall'8 ottobre al 15 novembre – Pas 25/28000 – **43 cam** ⟘ 36/70000 – ½ P 55/60000.

🏨 **Italia Grand Chalet** ⟬, 🏢 706414, ≤, ⟿, ⟬ – ⟰ cam ☎ ➋. ⟬
   20 dicembre-15 aprile e 25 giugno-20 settembre – Pas 18/25000 – ⟘ 8000 – **50 cam**
   43/74000 – ½ P 58/75000.

LEZZENO 22025 Como 219 ⑨ – 1 981 ab. alt. 200 – ✪ 031.

Roma 649 – Bellagio 7,5 – Como 23 – ◆Milano 71.

✗ **Crotto del Misto,** sulla statale O : 3 km 🏢 914495, ≤, ⟿ – ➋. 🆎 💳. ⟬
   marzo-novembre; chiuso martedì – Pas carta 34/46000.

LIDO Livorno – Vedere Elba (Isola d') : Capoliveri.

LIDO ADRIANO Ravenna – Vedere Ravenna (Marina di).

LIDO DEGLI ESTENSI Ferrara 988 ⑮ – Vedere Comacchio.

LIDO DELLE NAZIONI Ferrara 988 ⑮ – Vedere Comacchio.

LIDO DEL SOLE Foggia – Vedere Rodi Garganico.

LIDO DI CAMAIORE 55043 Lucca 988 ⑭ – a.s. febbraio, Pasqua, 15 giugno-15 settembre e
Natale – ✪ 0584.
🔋 viale Colombo 342 🏢 617397.

Roma 371 – ◆Firenze 97 – ◆Livorno 47 – Lucca 27 – Massa 23 – ◆Milano 251 – Pisa 28 – ◆La Spezia 51.

🏨🏨 **Ariston,** viale Colombo 355 🏢 906633, Fax 906631, ⟿, « Grande parco con ⟘ e ⟬ » –
   🍽 📺 ☎ ➋. 🆎 🅱 ➊ **E** 💳. ⟬
   Pas *(chiuso da novembre a marzo)* 60/65000 – ⟘ 18000 – **45 cam** 180/250000 appartamenti
   350/450000 – ½ P 140/210000.

🏨🏨 **Caesar,** viale Colombo 325 🏢 617841, Fax 904877, ≤, ⟘, ⟿, ⟬ – 🛗 🍽 📺 ☎ ➋ – ⟑ 60.
   🅱 **E** 💳. ⟬
   Pas *(chiuso da ottobre a maggio)* 50/75000 – ⟘ 12000 – **49 cam** 120/170000, 🍽 10000 –
   ½ P 110/160000.

🏨 **Piccadilly,** viale Pistelli 101 🏢 617441, Fax 617443, ≤ – 🛗 ⟰. ➊ 💳. ⟬ rist
   26 maggio-29 settembre – Pas 25/35000 – ⟘ 15000 – **37 cam** 70/100000 – ½ P 90/115000.

🏨 **Bacco** ⟬, via Rosi 24 🏢 619540, Fax 67797, ⟿ – 🛗 ⟰. ⟬
   15 maggio-settembre – Pas 27000 – ⟘ 8000 – **21 cam** 55/75000 – ½ P 62/80000.

🏨 **Capri,** viale Pistelli 6 🏢 60001, ≤ – 🛗 ☎. 🅱 **E** 💳. ⟬
   aprile-ottobre – Pas 30/40000 – ⟘ 10000 – **47 cam** 50/82000 – ½ P 65/90000.

🏨 **Bracciotti,** viale Colombo 366 🏢 618401, Fax 618403, ⟘, ⟿ – 🛗 ⟰ cam 🍽 rist 📺 ⟰ ➋
   – ⟑ 100. 🅱. ⟬ rist
   Pas *(chiuso da novembre a marzo)* 20/30000 – ⟘ 7000 – **50 cam** 45/70000 – ½ P 55/70000.

🏨 **Siesta,** viale Colombo 327 🏢 619161, ≤, ⟿ – 🛗 ☎ ➋. 🅱 **E** 💳. ⟬ rist
   maggio-settembre – Pas *(solo per clienti alloggiati)* 35/38000 – ⟘ 8000 – **24 cam** 45/82000
   – ½ P 95000.

🏠 **Sylvia** 🦮, via Manfredi 15 📞 617994, « Giardino ombreggiato » – 📺 ☎ 🅿. VISA 🦟
  20 maggio-settembre – Pas (solo per clienti alloggiati) – 🖙 6000 – **21 cam** 35/60000 –
  ½ P 50/55000.

🏠 **Souvenir**, via Roma 247 📞 617694, 🐴 – 🅿. 🦟
➡ *maggio-settembre* – Pas 18/24000 – 🖙 7000 – **24 cam** 32/64000 – ½ P 50/59000.

🏠 **Villa Iolanda**, viale Pistelli 127 📞 617295, Fax 617297, ≤, 🐴 – 📺 ☎. AE 🕃 ⓞ VISA 🦟 rist
  15 aprile-15 ottobre – Pas 25/32000 – 🖙 7000 – **38 cam** 52/80000 – ½ P 70/80000.

XX **La Lanterna-dal Mario**, viale Colombo 388 📞 617254 – 🖙. AE 🕃 E VISA
  chiuso mercoledì e dal 15 novembre al 15 dicembre – Pas carta 38/66000 (10%).

XX **Da Clara**, via Aurelia 289 📞 904520 – 🗖 🅿. AE 🕃 ⓞ E VISA
  chiuso dall'8 al 31 gennaio, mercoledì e dal 15 settembre al 15 giugno anche martedì sera –
  Pas carta 37/65000 (15%).

in prossimità strada statale 1 - via Aurelia O : 1 km :

🏠 **Villa Petri** senza rist, 🖂 55043 📞 66222, « Giardino ombreggiato » – 🖙 🅿. 🕃 VISA 🦟
  chiuso dal 15 al 26 dicembre – 🖙 8000 – **24 cam** 55/80000.

LIDO DI CLASSE Ravenna 988 ⑮ – 🖂 48020 Savio – a.s. 15 giugno-agosto – 🕲 0544.
🗓 (stagionale) 📞 939278.
Roma 384 – ◆Bologna 96 – Forlì 30 – ◆Milano 307 – ◆Ravenna 19 – Rimini 40.

🏠 **Astor,** 📞 939437, ≤, 🐴 – 📺 🖙 cam ☎ 🅿. 🦟 rist
➡ *20 maggio-20 settembre* – Pas 18000 – 🖙 9000 – **24 cam** 38/55000 – ½ P 37/45000.

LIDO DI JESOLO 30017 Venezia 988 ⑤ – a.s. 15 giugno-agosto – 🕲 0421.
🗓 piazza Brescia 13 📞 370601, Telex 410334, Fax 370606.
Roma 564 – Belluno 110 – ◆Milano 303 – ◆Padova 73 – Treviso 54 – ◆Trieste 129 – Udine 98 – ◆Venezia 44.

🏨 **Palace Cavalieri**, via Mascagni 1 📞 971969, Telex 411147, Fax 972133, ≤, 🛴 riscaldata,
  🛥 – 📺 🖙 🗖 ☎ 🅿. AE 🕃 E VISA 🦟 rist
  15 marzo-15 ottobre – Pas carta 36/51000 – **58 cam** 🖙 85/150000 – ½ P 85/105000.

🏨 **Byron Bellavista**, via Padova 83 📞 371023, Fax 371073, ≤, 🛴, 🛥 – 📺 ☎ 🅿. AE 🕃 ⓞ
  E VISA 🦟 rist
  maggio-settembre – Pas (solo per clienti alloggiati) 25/40000 – 🖙 12000 – **56 cam** 85/150000
  – ½ P 80/120000.

🏨 **Park Hotel Brasilia**, via Levantina (2° accesso al mare) 📞 90851, Fax 92244, ≤, 🛴, 🛥,
  🐴 – 📺 🗖 📺 ☎ 🅿. AE ⓞ VISA 🦟 rist
  maggio-settembre – Pas carta 35/60000 – **40 cam** 🖙 100/160000, 🗖 5000 – ½ P 80/100000.

🏨 **Majestic Toscanelli**, via Canova 2 📞 371331, Telex 420366, Fax 371054, ≤, 🛴, 🛥 – 📺
  🗖 ☎ 🅿. AE 🕃 ⓞ E VISA 🦟
  15 maggio-21 settembre – Pas (solo per clienti alloggiati) – 🖙 20000 – **55 cam** 90/140000
  – ½ P 70/75000.

🏨 **Niagara,** viale Venezia 📞 90533, Telex 223522, Fax 90533, ≤, 🛴, 🛥 – 📺 ☎ 🅿. 🕃 E
➡ 🦟 rist
  chiuso dal 15 dicembre al 15 gennaio – Pas 18/25000 – **52 cam** 🖙 84/126000, 🗖 4000 –
  ½ P 47/72000.

🏨 **Universo**, via Treviso 11 📞 972298, Telex 433011, ≤, 🛴, 🛥, 🐴 – 📺 🗖 ☎ 🖏 🅿. 🕃 🗗
  VISA 🦟 rist
  maggio-settembre – Pas 30000 – 🖙 13000 – **56 cam** 62/110000, 🗖 8000 – ½ P 75/93000.

🏨 **Galassia**, via Treviso 7 📞 972271, ≤, 🛴, 🛥, 🐴 – 📺 🗖 rist 🖙 🖏 🅿. 🕃 E VISA 🦟 rist
  maggio-settembre – Pas 30000 – 🖙 13000 – **64 cam** 62/110000 – ½ P 75/93000.

🏨 **Ritz**, via Zanella 2 📞 972861, ≤, 🛴 riscaldata, 🛥 – 📺 🗖 rist ☎ 🅿. AE 🕃 ⓞ E VISA
  🦟 rist
  maggio-settembre – Pas 30/40000 – **45 cam** 🖙 65/120000 – ½ P 55/74000.

🏨 **Nettuno**, via Bafile (23° accesso al mare) 📞 370301, Fax 370789, ≤, 🛥 – 📺 🖙 🅿. 🕃 🗗
➡ VISA 🦟 rist
  15 maggio-settembre – Pas 20/24000 – **74 cam** 🖙 50/90000 – ½ P 47/63000.

🏨 **Heron**, via Padova 3 📞 371243, ≤, 🛴, 🛥 – 📺 🖙 🅿. AE 🕃 ⓞ E VISA 🦟
➡ *maggio-settembre* – Pas (solo per clienti alloggiati) 20000 – 🖙 52/90000 – **90 cam** 🖙 52/90000 –
  ½ P 55/62000.

🏨 **San Marco** senza rist, via Meduse 2 📞 91636, Telex 420144 – 📺 🖙 ☎ 🅿. AE 🕃 ⓞ E VISA
  chiuso dal 20 novembre al 20 dicembre – 🖙 4000 – **30 cam** 52/90000.

🏨 **Atlantico**, via Bafile 11 📞 91273, ≤, 🛥 – 📺 🗖 rist ☎ 🅿. AE VISA 🦟 rist
  10 maggio-20 settembre – Pas 25/29000 – **69 cam** 🖙 56/108000 – ½ P 64/67000.

🏨 **Vidi,** viale Venezia 📞 93003, Fax 93094, ≤, 🛥 – 📺 🖙 🅿. AE 🕃 ⓞ E VISA 🦟
➡ *chiuso dal 22 dicembre al 31 gennaio* – Pas (chiuso da novembre a marzo) 20/25000 –
  60 cam 🖙 50/85000 – ½ P 75/85000.

🏠 **Manila**, via Bafile 367 📞 370310, ≤, 🛥 – 📺 ☎ 🅿. 🦟
➡ *maggio-settembre* – Pas 17000 – **64 cam** 🖙 44/74000 – ½ P 52/57000.

🏠 **Rivamare**, via Bafile (17° accesso al mare) 📞 370432, Fax 370761, ≤, 🛥 – 📺 🖙 cam 🖙
  🅿. VISA 🦟
  10 maggio-settembre – Pas 21/24000 – 🖙 8000 – **55 cam** 50/75000 – ½ P 56/66000.

🏠 **La Bussola**, via Levantina 𝒫 93273, ≤, 🔟, 🛥 – 🕃 ☎ ❷. 🚾. 🦐 rist
➡ *maggio-settembre* – Pas 18/25000 – 🗷 7000 – **48 cam** 53/86000 – ½ P 47/66000.

🏠 **Costa Azzurra**, via Bafile 452 𝒫 370525, 🛥 – 🕃 🗖 rist ☎ ❷. 🕃 E. 🦐
➡ *28 aprile-settembre* – Pas 20/28000 – **51 cam** 🗷 41/72000 – ½ P 33/51000.

🏠 **Regina**, via Bafile 115 𝒫 380383, 🛥 – 🕃 🗖 rist ☎ ❷. 🦐 rist
Pasqua-settembre – Pas *(chiuso giovedì)* 25/30000 – **46 cam** 🗷 45/81000 – ½ P 50/60000.

XX **Le Restò**, piazza Nember 16 𝒫 972003, Coperti limitati; prenotare, « Servizio estivo in giardino » – 🖤 ❷. 🖭 🕃 ⓞ E 🚾
chiuso martedì in bassa stagione – Pas carta 33/53000.

a Jesolo Pineta E : 6 km – ⊠ **30017** Lido di Jesolo :

🏨 **Elite**, via Oriente 64 𝒫 961133, Fax 93522, ≤, « Giardino con 🔟 », 🛥 – 🕃 🗖 ☎ ❷. 🖭 🕃 ⓞ E 🚾. 🦐 rist
15 maggio-20 settembre – Pas 35000 – **44 cam** 🗷 90/120000 – ½ P 85/105000.

🏨 **Bellevue**, via Oriente 100 𝒫 961233, Fax 961238, ≤, « Giardino ombreggiato », 🔟 riscaldata, 🛥, 🦐 – 🕃 🗖 rist ☎ ❷. 🦐 rist
maggio-settembre – Pas 30/35000 – 🗷 16000 – **60 cam** 80/150000 – ½ P 84/112000.

🏨 **Gallia** 🦆, via del Cigno Bianco 3/5 𝒫 961018, « Giardino ombreggiato », 🔟 riscaldata, 🛥, 🦐 – 🕃 🗖 🗖 & ❷. 🕃 E 🚾. 🦐 rist
14 maggio-20 settembre – Pas 40/50000 – 🗷 15000 – **52 cam** 85/150000 – ½ P 93/104000.

🏨 **Negresco**, via Bucintoro 8 𝒫 961137, Fax 362228, ≤, 🔟, 🛥, 🌳, 🦐 – 🕃 🗖 ☎ ❷. 🦐
20 aprile-10 ottobre – Pas 35/45000 – 🗷 14000 – **42 cam** 90/200000, 🗏 10000 – ½ P 90/115000.

🏠 **Danmark** 🦆, via Airone 1 𝒫 961013, ≤, 🔟, 🛥, 🌳 – 🗖 rist ☎ ❷. 🦐
➡ *maggio-settembre* – Pas 15/30000 – **55 cam** 🗷 70/110000 – ½ P 50/60000.

XX **Alla Darsena**, via Oriente 166 𝒫 980081, « Servizio estivo all'aperto » – ❷. 🖭 🕃 ⓞ E 🚾
chiuso dal 15 novembre al 10 dicembre e giovedì dal 15 settembre al 15 maggio – Pas carta 31/49000.

LIDO DI LATINA Latina – Vedere Latina.

LIDO DI OSTIA o LIDO DI ROMA 00100 Roma 988 ㉘㉟ – a.s. 15 giugno-agosto – ✆ 06.
Vedere Scavi★★ di Ostia Antica N : 4 km.
Roma 31 – Anzio 45 – Civitavecchia 69 – Frosinone 108 – Latina 70.

🏨 **Sirenetta**, lungomare Toscanelli 46/48 ⊠ 00122 𝒫 5622720, ≤ – 🕃 📺 ☎ ❷
53 cam.

🏠 **Ping-Pong** senza rist, lungomare Toscanelli 84 ⊠ 00122 𝒫 5603252, ≤ – 🕃 🗖 📺 ☎. 🖭 🕃 ⓞ E 🚾
🗷 7000 – **25 cam** 75/95000, 🗏 10000.

XX **Ferrantelli**, via Claudio 7/9 ⊠ 00122 𝒫 5625751 – 🗏.

X **Negri-da Romano e Luciano**, via Claudio 50 ⊠ 00122 𝒫 5622295 – 🖤. 🖭 🕃 ⓞ E 🚾
chiuso giovedì da ottobre a maggio – Pas carta 34/51000.

LIDO DI POMPOSA Ferrara – Vedere Comacchio.

LIDO DI PORTONUOVO Foggia – Vedere Vieste.

LIDO DI SAVIO 48020 Ravenna 988 ⑮ – a.s. 15 giugno-agosto – ✆ 0544.
☒(maggio-settembre) viale Romagna 168 𝒫 949063.
Roma 385 – ♦Bologna 98 – Forlì 32 – ♦Milano 309 – ♦Ravenna 21 – Rimini 38.

🏨 **Concord**, via Russi 1 𝒫 949115, ≤, 🔟, 🦐 – 🕃 ☎ ❷. 🦐 rist
➡ *20 maggio-20 settembre* – Pas 25/27000 – 🗷 8000 – **55 cam** 38/60000 – ½ P 47/63000.

🏨 **Strand Hotel Colorado**, viale Romagna 201 𝒫 949002, 🔟, 🛥 – 🕃 🗖 rist ☎ ❷. 🦐 rist
➡ *20 maggio-20 settembre* – Pas 20/40000 – 🗷 10000 – **50 cam** 40/65000 – ½ P 35/68000.

🏨 **Caesar**, via Massalombarda 21 𝒫 949131 – 🕃 🗖 ☎ ❷. 🖭. 🦐 rist
➡ *15 maggio-20 settembre* – Pas 20/25000 – 🗷 10000 – **36 cam** 50/70000 – ½ P 38/60000.

🏨 **Rossi's**, via Lavezzola 2 𝒫 949001, ≤, 🛥, 🌳 – 🕃 ☎ ❷. 🦐 rist
➡ *10 maggio-settembre* – Pas 28000 – 🗷 16000 – **33 cam** 48/59000 – P 44/58000.

🏨 **Mediterraneo**, via Sarsina 11 𝒫 949018, ≤ – 🕃 ☎ ❷. 🦐 rist
➡ *15 maggio-15 settembre* – Pas 17000 – 🗷 7000 – **72 cam** 32/50000 – P 41/59000.

🏠 **San Francisco**, viale Romagna 270 𝒫 948154, ≤, 🛥, 🌳, 🦐 – 🕃 ❷. 🦐
➡ *10 maggio-25 settembre* – Pas 17/25000 – **48 cam** 🗷 25/40000 – ½ P 32/42000.

🏠 **Asiago**, viale Romagna 217 𝒫 949187, ≤, 🛥 – 🕃 ☎ ❷. 🕃 E 🚾. 🦐
➡ *aprile-ottobre* – Pas 20/22000 – 🗷 12000 – **36 cam** 36/55000 – ½ P 40/48000.

🏠 **Cosmopol**, viale Romagna 199 𝒫 949008, ≤, 🔟, 🛥, 🌳 – 🕃 ☎ ❷. 🖭 🕃 ⓞ. 🦐 rist
➡ *maggio-settembre* – Pas 15000 – 🗷 7000 – **38 cam** 40/50000 – ½ P 55000.

LIDO DI SOTTOMARINA Venezia 988 ⑤ – Vedere Chioggia.

LIDO DI SPINA Ferrara 988 ⑮ – Vedere Comacchio.

LIDO DI SPISONE Messina – Vedere Sicilia (Taormina) alla fine dell'elenco alfabetico.

LIDO DI TARQUINIA Viterbo – Vedere Tarquinia.

LIDO DI TORTORA Cosenza – Vedere Praia a Mare.

LIDO DI VENEZIA Venezia 988 ⑤ – Vedere Venezia.

LIDO RICCIO Chieti – Vedere Ortona.

LIDO SANT'ANGELO Cosenza – Vedere Rossano.

LIDO SILVANA Taranto 988 ㉙㉚ – Vedere Pulsano.

LIERNA 22050 Como 219 ⑨ – 1 570 ab. alt. 205 – ✪ 0341.
Roma 636 – ◆Bergamo 49 – Como 45 – Lecco 16 – ◆Milano 72 – Sondrio 66.

  XX **La Breva,** ☎ 741490, ≤, 霜, « Terrazza in riva al lago » – ❷. 𝔸𝔼 🕄 ⓞ Ε 𝘝𝘐𝘚𝘈. ✦
       chiuso dal 10 al 31 gennaio e lunedì dal 15 settembre al 15 giugno – Pas carta 35/50000.

  XX **Crotto,** ☎ 740134, 霜 – ❷
       chiuso martedì ed ottobre – Pas carta 29/45000 (10%).

LIGNANO SABBIADORO 33054 Udine 988 ⑥ – 5 899 ab. – a.s. luglio-agosto – ✪ 0431.
🛈 via Latisana 42 ☎ 71821, Telex 450193, Fax 70449.
Roma 619 – ◆Milano 358 – Treviso 95 – ◆Trieste 100 – Udine 69 – ◆Venezia 108.

  🏨 **Atlantic,** lungomare Trieste 160 ☎ 71101, Fax 71103, ≤, 🐜ₒ, 霜 – 🕄 ☎ ❷. 𝔸𝔼 🕄 ⓞ
    𝘝𝘐𝘚𝘈. ✦ rist
    12 maggio-20 settembre – Pas carta 28/50000 – ☲ 15000 – **68 cam** 59/90000 – ½ P 58/7800.

  🏨 **Bristol,** lungomare Trieste 132 ☎ 73131, Fax 720420, ≤, « Giardino », 🐜ₒ – 🕄 🚾 ☎
    – 🏊 70. 🕄 Ε 𝘝𝘐𝘚𝘈. ✦
    maggio-settembre – Pas 28000 – ☲ 17500 – **59 cam** 63/94000, 🖿 6000 – ½ P 62/91000.

  🏨 **Bellavista,** lungomare Trieste 70 ☎ 71313, Fax 428781, ≤, 🐜ₒ – 🕄 🖿 rist ☎ ❷. 𝔸𝔼 🕄 ⓞ
    Ε 𝘝𝘐𝘚𝘈. ✦ rist
    maggio-settembre – Pas carta 25/50000 – **48 cam** ☲ 60/100000 – ½ P 68/80000.

  🏨 **Astoria,** lungomare Trieste 150 ☎ 71315, Fax 720191, ≤, 🐜ₒ – 🕄 ⃔⃕ cam 🖿 rist ☎ ◄
    ❷. 🕄. ✦ rist
    Pasqua-ottobre – Pas carta 24/40000 – ☲ 9000 – **37 cam** 40/63000 – ½ P 49/70000.

  🏨 **Florida,** via dell'Arenile 22 ☎ 720101, Fax 71222, 🐜ₒ – 🕄 ☎ 🔓 ❷ – 🏊 50. 𝔸𝔼 🕄 ⓞ
➠   𝘝𝘐𝘚𝘈
    13 aprile- settembre – Pas (solo per clienti alloggiati) 15/25000 – ☲ 8000 – **71 cam** 63/940
    – ½ P 40/75000.

  🏨 **Vittoria,** lungomare Marin 28 ☎ 71221, ≤, 🐜ₒ – 🕄 🖿 rist ☎ ❷. Ε. ✦ rist
    10 maggio-20 settembre – Pas carta 25/39000 – ☲ 9000 – **48 cam** 44/72000 – ½ P 56/6900

  🏠 **Al Cavallino Bianco** senza rist, via dei Platani 88 ☎ 71509 – 🕄 ❷. 🕄 ⓞ 𝘝𝘐𝘚𝘈
    ☲ 7500 – **34 cam** 45/64000.

  XXX **Bidin,** viale Europa 1 ☎ 71988, 霜, Coperti limitati; prenotare – 🖿 ❷. 𝔸𝔼 🕄 ⓞ Ε 𝘝𝘐𝘚𝘈.
    chiuso mercoledì dal 15 settembre al 15 maggio – Pas carta 31/49000.

    a Lignano Pineta SO : 5 km – ⊠ 33054 Lignano Sabbiadoro.
    🛈 via dei Pini 53 ☎ 422169 :

  🏨 **Greif,** arco del Grecale 25 ☎ 422261, Fax 422261, « Parco con 🏊 », 🐜ₒ – 🕄 ⃔⃕ cam
    🚾 ☎ ❷. 𝔸𝔼 🕄 ⓞ Ε 𝘝𝘐𝘚𝘈. ✦ rist
    aprile-ottobre – Pas (chiuso aprile ed ottobre) 40/60000 – ☲ 15000 – **74 cam** 120/2200
    appartamenti 220/300000 – ½ P 90/150000.

  🏨 **Medusa Splendid,** raggio dello Scirocco 33 ☎ 422211, 🏊, 🐜ₒ, 霜 – 🕄 🖿 ☎ ❷. 𝔸𝔼
    ⓞ Ε 𝘝𝘐𝘚𝘈. ✦ rist
    15 maggio-15 settembre – Pas 25/30000 – ☲ 10000 – **56 cam** 58/81000 – ½ P 80/96000.

  🏨 **Bella Venezia Mare,** arco del Grecale 18/a ☎ 422184, 🐜ₒ, 霜 – 🕄 🖿 rist ☎ ❷
    maggio-settembre – Pas 28000 – ☲ 9000 – **45 cam** 47/75000 – ½ P 63/76000.

  🏨 **Park Hotel,** viale delle Palme 41/43 ☎ 422380, Fax 428079, 🏊, 🐜ₒ – 🕄 ☎ ❷. 🕄 Ε 🚾
    ✦ rist
    15 maggio-settembre – Pas 28000 – **44 cam** ☲ 55/90000 – ½ P 45/71000.

  🏨 **Carlton,** arco del Libeccio 39 ☎ 428531, 霜 – 🕄 🐜 ❷. 🕄 Ε 𝘝𝘐𝘚𝘈. ✦
➠   15 maggio-20 settembre – Pas 19000 – ☲ 8000 – **37 cam** 42/70000 – ½ P 48/63000.

🏠 **Martini,** viale delle Palme 47 ℰ 422666, ⌧, ⛱, 🐜 – 📶 ⇌ cam 📾 🅿. 🕮 ⚘ rist
➡ 20 maggio-settembre – Pas 19/25000 – ⌖ 7000 – **41 cam** 35/59000 – ½ P 47/55000.

🏠 **Erica,** arco del Grecale 21/23 ℰ 422123, ⛱ – 📶 ☎ 🅿. 🕮 🚧 ⚘ E 𝘝𝘐𝘚𝘈. ⚘ rist
15 maggio-settembre – Pas 25000 – **36 cam** ⌖ 49/90000 – ½ P 47/68000.

🏠 **Bellevue** senza rist, arco del Libeccio 37 ℰ 428521, 🐜 – 🅿. ⚘
15 maggio-15 settembre – ⌖ 7000 – **27 cam** 36/56000.

🏠 **Dany** senza rist, via dei Pini 48 ℰ 428333, 🐜 – 🅿. ⚘
aprile-settembre – ⌖ 8000 – **17 cam** 40/55000.

🍴🍴 **La Stalla,** via Lovato 2 ℰ 71510 – 🅿. 🕮 ⚘. ⚘
marzo-novembre; chiuso martedì – Pas carta 27/40000.

🍴🍴 **Sandrocchia,** raggio dello Scirocco 19 ℰ 422653, 🏠 – 🕮 ⚘ E 𝘝𝘐𝘚𝘈
maggio-settembre – Pas carta 29/47000.

a Lignano Riviera SO : 7 km – ✉ 33054 Lignano Sabbiadoro :

🏠🏠 **President,** calle Rembrandt 2 ℰ 428777, Telex 450498, ⛱, 🐜 – 📶 ⇌ cam ▤ 📺 ☎ 🅿.
🕮 🚧 ⚘ E 𝘝𝘐𝘚𝘈
21 aprile-13 ottobre – Pas *(chiuso a mezzogiorno e giovedì)* carta 42/54000 – **40 cam**
⌖ 141/246000 – ½ P 116/154000.

🏠🏠 **Eurotel** ⚘, calle Mendelssohn 13 ℰ 428992, Telex 450211, « Giardino-pineta con ⌧ »,
⛱ – 📶 ▤ 🅿 ♿. 🅿. 🕮 🚧 ⚘ E 𝘝𝘐𝘚𝘈. ⚘ rist
12 maggio-15 settembre – Pas 28000 – ⌖ 12000 – **60 cam** 66/108000 – ½ P 92/104000.

🏠🏠 **Arizona,** calle Prassitele 2 ℰ 428529, Fax 427373, ⌧, ⛱, 🐜 – 📶 ▤ rist ☎ 🅿. 🚧 𝘝𝘐𝘚𝘈.
➡ ⚘ rist
15 maggio-settembre – Pas 20000 – **36 cam** ⌖ 49/98000 – ½ P 60/69000.

🏠🏠 **Meridianus,** viale della Musica 1 ℰ 428561, Fax 428561, ⌧, ⛱, 🐜 – 📶 ▤ rist 📺 ☎ 🅿.
🕮 🚧 𝘝𝘐𝘚𝘈. ⚘ rist
maggio-settembre – Pas 25000 – **88 cam** ⌖ 68/103000 – ½ P 55/87000.

🏠🏠 **Smeraldo,** viale della Musica 4 ℰ 428781, Fax 423031, ⌧, ⛱ – 📶 ⇌ cam ☎ 🅿. 🚧 🚧
E 𝘝𝘐𝘚𝘈. ⚘ rist
13 aprile-settembre – Pas carta 26/36000 – **58 cam** ⌖ 60/110000 – ½ P 45/78000.

🍴🍴 **La Siesta,** corso delle Nazioni 50 ℰ 428673, 🏠 – ▤. 🕮 🚧 🚧 E 𝘝𝘐𝘚𝘈
25 aprile-settembre – Pas carta 35/50000.

🍴🍴 **Relax,** viale della Musica 14 ℰ 428770, « Servizio estivo in giardino », ⌧ – ▤ 🅿
stagionale.

🍴🍴 **Al Cason-da Ori,** corso dei Continenti 167 ℰ 427201 – 🕮 🚧 🚧 E 𝘝𝘐𝘚𝘈
chiuso dal 15 novembre al 15 dicembre e lunedì in bassa stagione – Pas carta 27/45000.

LILLAZ Aosta 🔢 ⑫ – Vedere Cogne.

LIMANA 32020 Belluno – 4 108 ab. alt. 319 – 🕿 0437.
ma 614 – Belluno 11 – ◆Padova 117 – Trento 101 – Treviso 72.

🍴 **Piol** con cam ℰ 97471 – ☎ 🅿. 🚧 E 𝘝𝘐𝘚𝘈. ⚘ cam
➡ Pas *(chiuso martedì)* carta 20/31000 – ⌖ 6000 – **22 cam** 50/70000 – ½ P 45/60000.

LIMONE PIEMONTE 12015 Cuneo 🔢 ⑫, 🔢 ⑧ – 1 633 ab. alt. 1 010 – a.s. febbraio-Pasqua,
glio-15 settembre e Natale – Sport invernali : 1 010/2 042 m ≤4 ≤21, ⚘ – 🕿 0171.
via Roma 30 ℰ 92101.
ma 670 – Cuneo 27 – ◆Milano 243 – Nice 97 – Colle di Tenda 6 – ◆Torino 121.

🏠🏠 **Principe,** ℰ 92389, ≤, 🐜 – 📶 📺 ☎ ⇌ 🅿. 🕮 🚧 E 𝘝𝘐𝘚𝘈. ⚘ rist
15 dicembre-15 aprile e luglio-agosto – Pas *(chiuso in estate)* 25/30000 – **42 cam**
⌖ 55/108000 – P 78/108000.

🏠🏠 **Tripoli,** ℰ 92397 – 📾. 𝘝𝘐𝘚𝘈. ⚘ rist
15 dicembre-15 aprile – Pas *(solo per clienti alloggiati)* 25000 – ⌖ 7000 – **33 cam** 45/76000
– ½ P 46/80000.

🍴🍴 **Mac Miche,** ℰ 92449, Coperti limitati; prenotare, « Caratteristica taverna » – 🕮 🚧 🚧 E
𝘝𝘐𝘚𝘈
chiuso lunedì sera, martedì, dal 15 giugno al 10 luglio e dal 5 al 25 novembre – Pas
carta 35/52000.

sulla strada statale 20 S : 1,5 km :

🏠 **Le Ginestre,** ✉ 12015 ℰ 927596, ≤ – 📾 ⇌ 🅿. 🚧 𝘝𝘐𝘚𝘈. ⚘
Pas carta 22/31000 – ⌖ 6000 – **18 cam** 47/79000 – ½ P 55/70000.

Si le coût de la vie subit des variations importantes,
les prix que nous indiquons peuvent être majorés.
Lors de votre réservation à l'hôtel, faites-vous préciser le prix définitif.

Vedere ≤ ★★★ dalla strada panoramica★★ dell'altipiano di Tremosine per Tignale.

🛉 (aprile-settembre) piazzale Alcide De Gasperi ✆ 954265, Telex 303289.

Roma 586 – ◆Brescia 65 – ◆Milano 160 – Trento 60 – ◆Verona 97.

🏨 **Park H. Imperial** ⑤, via Tamas 10/b ✆ 954591, Fax 954382, 🍽, ⤓, 🏊, ❄ – 🛗 🖂 📺 ❀
🕽 – 🏰 50. 🖭 🕸 ⓞ 🗲 𝖵𝖨𝖲𝖠. ❄
Pas carta 49/72000 – **50 cam** ⇌ 190/280000 appartamenti 200/380000 – ½ P 140/180000.

🏨 **Capo Reamol** ⑤, strada statale N : 3 km ✆ 954040, ≤, « Piccolo parco con ⤓ », 🏖
🛗 ❀ 🕽. 🕸 🗲 𝖵𝖨𝖲𝖠. ❄ rist
aprile-ottobre – Pas 35000 – **60 cam** ⇌ 80/130000 – ½ P 110/115000.

🏨 **Le Palme**, via Porto 36 ✆ 954681, ≤, 🍽 – 🛗 🕽 🛆 ❀
stagionale – **28 cam**.

🏨 **Lido** ⑤, via 4 Novembre 36 ✆ 954574, ≤, ⤓ riscaldata, 🏖, 🌲 – 🛗 ❀ 🛆 🕽. 🖭. ❄ rist
13 aprile-15 ottobre – Pas (chiuso martedì) 22000 – ⇌ 10000 – **26 cam** 70000 – ½ P 67000.

❌❌ **Gemma**, piazza Garibaldi 11 ✆ 954014, ≤, 🍽
marzo-ottobre; chiuso lunedì – Pas carta 21/34000.

🛉 ✆ 996379, Telex 350400.

Roma 801 – Bormio 38 – ◆Milano 240 – Sondrio 102 – Passo dello Stelvio 54.

🏨 **Intermonti**, ✆ 996331, Telex 320224, Fax 996786, ≤, 🖂 – 🛗 ❀ 🛆 🚗 🕽. 🖭 🕸 🗲 𝖵𝖨𝖲𝖠
❄ rist
2 dicembre-aprile e 16 giugno-23 settembre – Pas carta 25/43000 – **162 cam** ⇌ 80/150000
– ½ P 71/87000.

🏨 **Parè** ⑤, ✆ 996263, Fax 997435, ≤, 🖂 – 🛗 🖂 🚗 🕽. 𝖵𝖨𝖲𝖠. ❄
dicembre-16 aprile e 27 giugno-15 settembre – Pas (chiuso a mezzogiorno) 21/24000 – ⇌
8000 – **40 cam** 80/120000 – ½ P 71/87000.

🏨 **SportHotel** ⑤, ✆ 996186, ≤ – 🛗 ❀ 🚗 🕽. ❄ rist
◆ 20 dicembre-25 aprile e 15 luglio-5 settembre – Pas (solo per clienti alloggiati) 15/20000
– ⇌ 9000 – **35 cam** 38/62000 – ½ P 51/65000.

🏨 **Bucaneve**, ✆ 996201, Fax 996622, ≤, 🖂, ❄ – 🛗 ❀ 🚗 🕽. ❄
◆ novembre-aprile e 10 luglio-6 settembre – Pas 18/20000 – ⇌ 10000 – **41 cam** 43/66000
appartamenti 95/130000 – ½ P 44/69000.

🏨 **Paradiso** ⑤, ✆ 996633, Fax 996037, ≤ – 🛗 ❀ 🚗 🕽. 🕸 𝖵𝖨𝖲𝖠. ❄ rist
◆ 20 novembre-5 maggio e 3 luglio-settembre – Pas 18/20000 – ⇌ 9000 – **24 cam** 34/53000
½ P 44/64000.

🏨 **Sonne**, ✆ 996433 – 🛗 ❀ 🛆 🚗 🕽. ❄
◆ dicembre-aprile e luglio-15 ottobre – Pas 20/22000 – ⇌ 7000 – **28 cam** 40/65000
½ P 52/65000.

🏨 **Loredana**, ✆ 996330, ≤ – 🖂 🚗 🕽
stagionale – **26 cam**.

🏨 **Augusta** ⑤, ✆ 996163, ≤ – 🕽 ❄
dicembre-15 aprile e luglio-15 settembre – Pas (solo per clienti alloggiati e chiuso a mezzogiorno) 22000 – ⇌ 8000 – **21 cam** 34/53000 – ½ P 45/55000.

🏨 **Concordia**, ✆ 996061, Fax 996914 – 🛗 ❀ 🛆 🕽. 🖭 🕸 🗲 𝖵𝖨𝖲𝖠. ❄ rist
◆ Pas 18/32000 – **40 cam** ⇌ 40/66000 – ½ P 45/60000.

🏨 **Alpina**, ✆ 996007 – ❀ 🚗 🕽. 🖭 𝖵𝖨𝖲𝖠
◆ chiuso maggio e novembre – Pas 17/25000 – **34 cam** ⇌ 30/60000 – ½ P 50/55000.

🏨 **Bivio**, ✆ 996137, 🖂 – ❀ 🚗 🕽. 🕸 🗲 𝖵𝖨𝖲𝖠. ❄
◆ chiuso giugno e novembre – Pas 17/20000 – ⇌ 5000 – **23 cam** 37/63000 – ½ P 44/66000.

🏨 **Posta**, ✆ 996076, ❄ – 🛗 ❀ 🕽. 🖭 🕸 🗲 𝖵𝖨𝖲𝖠. ❄ rist
◆ Pas (dicembre-aprile) 18/20000 – **32 cam** ⇌ 40/70000 – ½ P 50/65000.

❌❌ **La Baita** con cam, ✆ 997070, Fax 997467 – ❀ 🕽. 🖭 𝖵𝖨𝖲𝖠. ❄ rist
chiuso novembre – Pas carta 27/42000 – **16 cam** ⇌ 40/80000 – ½ P 45/55000.

❌❌ **Camana Veglia** con cam, ✆ 996310, « Ambiente caratteristico » – 🖂. 🖭 🕸 ⓞ 🗲 𝖵𝖨𝖲
❄ rist
dicembre-13 aprile e giugno-settembre – Pas carta 22/39000 (15%) – **15 cam** ⇌ 35/60000
– ½ P 45/53000.

❌ **Steinbock** con cam, ✆ 996268 – 𝖵𝖨𝖲𝖠
◆ chiuso da maggio al 15 giugno e novembre – Pas carta 20/35000 – ⇌ 6000 – **9 cam**
30/48000 – ½ P 42/59000.

Vedere Monumento* a Ferdinando I de' Medici AY **A**.

🚢 per l'Isola d'Elba-Portoferraio 15 giugno-settembre giornaliero (3 h) e l'Isola di Capraia giornaliero (2 h 30 mn) – Toremar-agenzia Ardisson, via Calafati 4 ⊠ 57123 ✆ 896113, Telex 500304; per Olbia marzo-ottobre giornalieri (9 h) – Sardinia Ferries, calata Carrara ⊠ 57123 ✆ 81380, Telex 590262; per Palermo lunedì, martedì, giovedì e sabato (18 h) – Grandi Traghetti-agenzia Ghianda, via Vittorio Veneto 24 ⊠ 57123 ✆ 28314, Telex 500044, Fax 888630; per Porto Torres martedì, giovedì e sabato (12 h) – Tirrenia Navigazione-agenzia Laviosa, scali D'Azeglio 6 ⊠ 57123 ✆ 34732, Telex 624180.

🛈 piazza Cavour 6 ⊠ 57126 ✆ 33111 – Porto Mediceo ⊠ 57100 ✆ 895320.

A.C.I. via Verdi 32 ⊠ 57126 ✆ 899651.

Roma 321 ② – ✦Firenze 87 ① – ✦Milano 294 ①.

Pianta pagina seguente

🏨	**Gran Duca,** piazza Micheli 16 ⊠ 57123 ✆ 891024, ≤ – 劇 🔟 ☎ 🕭, 🅰 🛗 Pas vedere rist Gran Duca – ☑ 7000 – **47 cam** 60/80000 – ½ P 70000.	AY **b**
🏨	**Boston** senza rist, piazza Mazzini 40 ⊠ 57126 ✆ 882333 – 劇 🔟 ☎ 🅿. 🅰 🛗 ⓘ ᴇ 𝘝𝘐𝘚𝘈. ⋘ ☑ 9000 – **35 cam** 57/79000.	AZ **n**
🏨	**Giappone Inn,** via Grande 65 ⊠ 57123 ✆ 880241, Fax 899955 – 劇 🔟 ☎ **57 cam.**	AY **c**
🏨	**Touring** senza rist, via Goldoni 61 ⊠ 57125 ✆ 898035 – 劇 🔟 🚗. 🅰 🛗 ⓘ ᴇ 𝘝𝘐𝘚𝘈 ☑ 8000 – **37 cam** 60/80000.	BY **v**
🏨	**Universal,** viale di Antignano 4 ⊠ 57128 ✆ 500327, ≤, 🏊, – 劇 ⇆ cam 🔟 🚗 🅿. 🅰 🛗 ⓘ ᴇ 𝘝𝘐𝘚𝘈 per viale Italia Pas carta 25/49000 – ☑ 7000 – **25 cam** 52/74000 – ½ P 64/95000.	AZ
🏠	**Giardino** senza rist, piazza Mazzini 85 ⊠ 57126 ✆ 806330 – 🚗 🅿. ⋘ *chiuso dal 24 dicembre al 2 gennaio* – ☑ 7000 – **21 cam** 42/58000.	AZ **h**
XX	**Gran Duca,** piazza Micheli 16 ⊠ 57123 ✆ 891325 – ⋘ *chiuso lunedì e dal 16 al 31 dicembre* – Pas carta 26/39000 (12%).	AY **b**
XX	**La Barcarola,** viale Carducci 63 ⊠ 57122 ✆ 402367 – 🅰 🛗 ⓘ ᴇ 𝘝𝘐𝘚𝘈 *chiuso domenica e dal 5 al 26 agosto* – Pas carta 37/56000.	BY **a**
XX	**Il Fanale,** scali Novi Lena 15 ⊠ 57126 ✆ 881346 – 🍽. ⓘ *chiuso martedì, dal 1° al 15 gennaio e dal 25 agosto al 10 settembre* – Pas carta 31/41000 (10%).	AY **e**
XX	**Gennarino,** via Santa Fortunata 11 ⊠ 57123 ✆ 888093 – ⇆ 🅰 🛗 ⓘ ᴇ 𝘝𝘐𝘚𝘈. ⋘ *chiuso mercoledì* – Pas carta 27/45000 (10%).	AY **x**
XX	**La Gargotta del Buongustaio,** via San Carlo 7 ⊠ 57126 ✆ 895546 – 🅰 ⓘ 𝘝𝘐𝘚𝘈. ⋘ *chiuso a mezzogiorno e domenica* – Pas carta 29/44000.	AY **z**
X	**Da Rosina,** via Roma 251 ⊠ 57127 ✆ 800200 – 🅰 🛗 ⓘ ᴇ 𝘝𝘐𝘚𝘈. ⋘ *chiuso giovedì e dal 10 al 30 agosto* – Pas carta 29/49000 (10%).	BZ **p**
X	**La Parmigiana,** piazza Luigi Orlando ⊠ 57126 ✆ 807180 – 🍽	AZ **h**

sulla strada statale 1 - via Aurelia per ① : 5 km :

🏩	**MotelAgip,** ⊠ 57017 Stagno ✆ 943067 – 劇 🍽 🔟 ☎ 🅿 – 🔬 25 a 40. 🅰 🛗 ⓘ ᴇ 𝘝𝘐𝘚𝘈. ⋘ rist Pas *(chiuso domenica)* 28000 – **50 cam** ☑ 103/157000 – ½ P 114/140000.	

ad Ardenza per ② : 5 km – ⊠ **57128** Livorno :

XX	**L'Arco Vecchio,** via Pacinotti 55/57 ✆ 505193 – 🅰 🛗 ⓘ ᴇ 𝘝𝘐𝘚𝘈. ⋘ *chiuso lunedì* – Pas carta 27/44000 (10%).	

ad Antignano per ② : 8 km – ⊠ **57128** :

🏨	**Rex,** ✆ 580400, Telex 501022, ≤, 🏖 – 劇 🍽 ☎ 🅿 – 🔬 50. 🅰 🛗 ⓘ ᴇ 𝘝𝘐𝘚𝘈. ⋘ Pas *(chiuso a mezzogiorno, lunedì e dal 5 gennaio al 10 febbraio)* 24/28000 – **75 cam** ☑ 68/94000, 🍽 6000 – ½ P 75/85000.	

a Calafuria per ② : 11 km – ⊠ **57128** Livorno :

XX	**Rossi-la Torre di Calafuria,** ✆ 580547, ≤ – 🅿. 🅰 𝘝𝘐𝘚𝘈 *chiuso martedì e novembre* – Pas carta 24/39000 (12%).	

Le Ottime Tavole

per voi abbiamo contraddistinto

alcuni alberghi (🏠... 🏨) e ristoranti (X... XXXXX) con ☆, ☆☆ o ☆☆☆.

LIVORNO

S 224 MARINA DI PISA
TIRRENIA

PISA 22 km
VIA AURELIA

FIRENZE 87
per Autostrada
A 11 - 116

400 m

pza F.
Ferrucci

Barriera
Garibaldi

STAZIONE
S. MARCO

Via Mastacchi

Via Marco

STAZIONE
DI MARITIMA

FORTEZZA
NUOVA

Via Garibaldi

Via G. Galilei

STAZIONE
CENTR.

FORTEZZA
VECCHIA

P.za della
Repubblica

Viale Carducci

ZOO

PORTO
MEDICEO

POL.

Via Menana

Viale A.

Viale A. Gramsci

Via Maggi

V.i Rossi

V. Verdi

P.za d.
Vittoria

Via Ricasoli

Mazzini

pza
Orlando

Corso

Mazzini

V. G. Borsi

Chizabigi

Via Roma

Via Mameli

Via

Borgo S. Jacopo in Acquaviva

Capruccini

Viale

Matteotti

Montebello

PARCO DI
VILLA
MIMBELLI

PARCO DI
VILLA FABBRICOTTI

Viale della Libertà

ACQUARIO

PARCO DI
VILLA LLOYD

Via Italia

Via Narrato

Via Cattaneo

Via Sauro

Via dell'Ardenza

GROSSETO 134 km
ROMA 321 km

VIA AURELIA

LIVORNO FERRARIS 13046 Vercelli 🅐🅑🅑 ⑫ – 4 490 ab. alt. 189 – ✆ 0161.

Roma 673 – ♦Milano 104 – ♦Torino 41 – Vercelli 42.

XX **Giardino,** ℰ 47296 – 🖃. 🕮 🕄 ⓞ 𝓥𝓘𝓢𝓐. ⋘
  chiuso martedì e dal 1° al 15 agosto – Pas carta 25/42000.

LIVRASCO Cremona – Vedere Castelverde.

LIZZANO IN BELVEDERE 40042 Bologna 🅐🅑🅑 ⑭ – 2 312 ab. alt. 640 – a.s. luglio-agosto e Natale – Sport invernali : a Corno alle Scale : 1 195/1 945 m ≰8, ≰ – ✆ 0534.

🛈 piazza Marconi 6 ℰ 51052.

Roma 361 – ♦Bologna 70 – ♦Firenze 87 – Lucca 93 – ♦Milano 271 – ♦Modena 102 – Pistoia 51.

🏠 **Piccolo Hotel Riccioni,** ℰ 51107 – ☎ – **20 cam**.

  a Vidiciatico NO : 4 km – alt. 810 – ✉ 40049 :

🏠 **Montegrande,** ℰ 53210 – ⇆ cam ☎. 🕮 ⓞ 𝓥𝓘𝓢𝓐. ⋘
  chiuso maggio e novembre – Pas (chiuso mercoledì) carta 22/41000 – ⊃ 7000 – **10 cam**
  50/60000 – ½ P 45/50000.

LOANO 17025 Savona 🅐🅑🅑 ⑫ – 11 870 ab. – ✆ 019 – 🖪 corso Europa 19 ℰ 668044.

Roma 578 – ♦Genova 79 – Imperia 43 – ♦Milano 202 – Savona 33.

🏨 **Garden Lido,** lungomare Nazario Sauro 9 ℰ 669666, Telex 283178, Fax 668552, ≤, ⅃ ris-caldata, ⚓, ♣ – 🕸 🗏 rist ☎ ⇔ 🅿 – 🕿 50. 🕮 🕄 🅔 𝓥𝓘𝓢𝓐. ⋘
  Pas (chiuso martedì e dal 30 ottobre al 22 dicembre) 35/45000 – ⊃ 15000 – **92 cam** 68/88000
  – ½ P 70/114000.

🏨 **Palace Hotel Moderno,** via Carducci 3 ℰ 669266, Telex 272136, Fax 669260, « Terrazza »
  – 🕸 ⇆ cam ☎ 🅿 – 🕿 80. 🕮 🕄 ⓞ 🅔 𝓥𝓘𝓢𝓐. ⋘
  chiuso dall'11 ottobre al 19 dicembre – Pas (chiuso lunedì) 26/30000 – ⊃ 8000 – **86 cam**
  60/105000 – ½ P 46/81000.

🏠 **Perelli,** corso Roma 13 ℰ 668002, ≤, ⚓ – 🕸 ⊛ 🅿. ⋘ rist
  Pasqua-settembre – Pas 27000 – ⊃ 7500 – **41 cam** 50/67000 – ½ P 75/91000.

🏠 **Savoia,** lungomare Nazario Sauro 1 ℰ 668301, ≤ – 🕸 🗏
  27 cam.

🏠 **Villa Mary,** viale Tito Minniti 6 ℰ 668368 – 📺 ☎ 🅿. 🕄 𝓥𝓘𝓢𝓐. ⋘
← chiuso dal 27 settembre al 19 dicembre – Pas (chiuso martedì) 18/22000 – ⊃ 5000 –
  26 cam 40/70000 – ½ P 33/55000.

LOCARNO ④②⑦ ㉔, ②①⑨ ⑧, ②①⑧ ⑪⑫ – Vedere Cantone Ticino alla fine dell'elenco alfabetico.

LOCOROTONDO 70010 Bari 🅐🅑🅑 ㉙ – 13 183 ab. alt. 410 – ✆ 080.

Dintorni Valle d'Itria★★ (strada per Martina Franca) – ≤★ sulla città dalla strada di Martina Franca.

Roma 518 – ♦Bari 68 – ♦Brindisi 59 – ♦Taranto 36.

X **Casa Mia,** via Cisternino E : 3 km ℰ 711218 – 🅿. 🕄 𝓥𝓘𝓢𝓐. ⋘
  chiuso martedì e dal 7 gennaio al 5 febbraio – Pas carta 24/38000.

LOCRI 89044 Reggio di Calabria 🅐🅑🅑 ㉟ – 13 621 ab. – Vedere Guida Verde – ✆ 0964.

Dintorni Gerace : altare maggiore★ nella chiesa di San Francesco NO : 10 km.

Roma 702 – Catanzaro 98 – Gioia Tauro 53 – ♦Reggio di Calabria 98.

🏠 **Demaco,** lungomare ℰ 20247, ≤ – ⊛ 🅿 – 🕿 100. 🕄 🅔 𝓥𝓘𝓢𝓐. ⋘
  Pas carta 22/41000 – ⊃ 8000 – **32 cam** 55/85000 – P 70/85000.

LODI 20075 Milano 🅐🅑🅑 ③⑬ – 42 611 ab. alt. 80 – ✆ 0371.

🛈 piazza Broletto 4 ℰ 66313.

Roma 548 – ♦Bergamo 49 – ♦Brescia 67 – Cremona 54 – ♦Milano 36 – Pavia 36 – Piacenza 40.

🏠 **Europa** senza rist, viale Pavia 5 ℰ 35215, Fax 36281 – 🕸 📺 🕮 🕄 🅔 𝓥𝓘𝓢𝓐. ⋘
  chiuso dal 22 dicembre al 7 gennaio e dal 12 al 27 agosto – ⊃ 8500 – **44 cam** 70/85000.

🏠 **Lodi** senza rist, via Grandi 9 ℰ 35678, Telex 352822, Fax 36462 – 🕸 🗏 📺 ☎ 🅿 – 🕿 25 a
  80. 🕮 🕄 ⓞ 🅔 𝓥𝓘𝓢𝓐
  chiuso dal 25 dicembre al 1° gennaio ed agosto – **93 cam** ⊃ 100/140000.

🏠 **Anelli** senza rist, viale Vignati 7 ℰ 421354 – 🕸 📺 ☎. 🕮 🕄 🅔 𝓥𝓘𝓢𝓐. ⋘
  chiuso dal 23 dicembre al 6 gennaio e dal 10 al 24 agosto – ⊃ 8000 – **20 cam** 60/75000.

XXX **La Quinta,** piazza della Vittoria 20 ℰ 64232 (prenderà il 424232) – 🖃 – 🕿 40. 🕮 🕄 ⓞ 🅔
  𝓥𝓘𝓢𝓐
  chiuso domenica sera, lunedì ed agosto – Pas carta 32/50000.

XX **Antica Trattoria Sobacchi,** viale Pavia 76 ℰ 35041 – 🅿. 𝓥𝓘𝓢𝓐. ⋘
  chiuso lunedì sera, martedì, dal 24 dicembre al 2 gennaio ed agosto – Pas carta 24/38000.

XX **Isola di Caprera,** via Isola di Caprera 14 ℰ 63316 (prenderà il 421316), 😤, ♣ – 🅿. 🕮
  🕄 ⓞ 🅔 𝓥𝓘𝓢𝓐
  chiuso martedì, dal 1° al 10 gennaio e dal 16 al 31 agosto – Pas carta 38/55000.

XX **La Barbina,** località Cascina Barbina E : 2 km ℰ 58162 (prenderà il 425162), 😤 – 🅿. 🕮.
  ⋘
  chiuso mercoledì – Pas carta 43/59000.

LODRONE 38080 Trento – alt. 379 – a.s. Natale – ☎ 0465.

Roma 589 – ◆Brescia 56 – ◆Milano 146 – Trento 73.

🏨 **Castel Lodron,** 𝒫 65002, Fax 65399, 🔲, 🚗, ℁ – 🛗 🐃 ᴴ 🅿 – 🔏 200. ℁
Pas *(chiuso lunedì)* carta 25/35000 – ☲ 5000 – **41 cam** 40/80000 – ½ P 40/55000.

LOIANO 40050 Bologna 988 ⑭⑮ – 2 764 ab. alt. 714 – a.s. luglio-15 settembre – ☎ 051.

Roma 359 – ◆Bologna 36 – ◆Firenze 85 – ◆Milano 242 – Pistoia 100.

🏨 **Pineta,** 𝒫 921865, ≼, 🚗 – 🛗 ☎ 🅿. ᴬᴱ 𝗩𝗜𝗦𝗔 ℁ rist
Pas *(chiuso martedì)* carta 24/36000 – ☲ 5000 – **30 cam** 30/68000 – ½ P 35/60000.

LOMASO 38070 Trento – 1 260 ab. alt. 700 – Stazione termale, a.s. 15 dicembre-15 gennaio – ☎ 0465.

Roma 600 – ◆Brescia 98 – Trento 36.

a Campo – alt. 492 – ✉ 38070 Vigo Lomaso :

🏨 **Villa Luti,** 𝒫 72061, « Dimora patrizia dell'800 con parco ombreggiato », ℁ – 🛗 ᐸᐳ ris
📺 ☎ 🅿. ᴬᴱ 𝗕 E 𝗩𝗜𝗦𝗔 ℁
Pas carta 26/42000 – ☲ 10000 – **42 cam** 55/100000 appartamenti 120/150000 – ½ P 65/80000

a Ponte Arche N : 2 Km – alt. 398 – ✉ 38077 :

🏨 **Cattoni-Plaza,** 𝒫 71442, Fax 71444, ≼, 🚗 – 🛗 ▤ 📺 ☎ 🅿 – 🔏 80. ᴬᴱ 𝗕 ① E 𝗩𝗜𝗦𝗔 ℁
aprile-ottobre e 20 dicembre-10 gennaio – Pas 22/25000 – ☲ 9000 – **68 cam** 70/110000 –
½ P 45/76000.

🏨 **Nuovo Hotel Angelo,** 𝒫 71438, 🚗 – 🛗 ▤ rist ☎ 🅿. ᴬᴱ 𝗕 E 𝗩𝗜𝗦𝗔 ℁ rist
aprile-ottobre e 21 dicembre-10 gennaio – Pas carta 24/34000 – ☲ 8000 – **51 cam** 65/11000
– ½ P 62/76000.

🏨 Flora, verso Stenico NO : 1,5 km 𝒫 71549, ≼, 🚗, ℁ – 🐃 🅿
stagionale – **32 cam**.

a Comano Terme NE : 4 km – alt. 395 – ✉ 38077 Ponte Arche :

🏨 Grande Alb. Terme, 𝒫 71421, « Grande parco-pineta », ⚇ – 🛗 🐃 🅿
stagionale – **62 cam**.

LONATE POZZOLO 21015 Varese 219 ⑰ – 10 745 ab. alt. 205 – ☎ 0331.

Roma 621 – ◆Milano 43 – Novara 30 – Varese 28.

sulla strada statale 527 SO : 2 km :

✗✗ **F. Bertoni** con cam, ✉ 21015 Tornavento 𝒫 668020, 🚗 – 🅿 – 🔏 150. ᴬᴱ 𝗕 𝗩𝗜𝗦𝗔 ℁
chiuso dal 1° al 10 gennaio ed agosto – Pas *(chiuso domenica sera e lunedì)* carta 30/47000
– ☲ 6000 – **7 cam** 32/55000 – P 55/68000.

LONATO 25017 Brescia 988 ④ – 10 916 ab. alt. 188 – a.s. Pasqua e luglio-15 settembre – ☎ 030.

Roma 530 – ◆ Brescia 23 – Mantova 50 – ◆ Milano 120 – ◆ Verona 45.

✗✗ Al Lonatino, 𝒫 9131012 – 🅿.

✗✗ **Il Rustichello** con cam, 𝒫 9130461, 🚗 – ▤ rist ☎ 🅿. ᴬᴱ 𝗕 ① E 𝗩𝗜𝗦𝗔
Pas *(chiuso mercoledì e dal 20 luglio al 5 agosto)* carta 28/42000 – ☲ 6000 – **10 cam**
40/60000 – ½ P 40/50000.

a Barcuzzi N : 3 km – ✉ 25017 Lonato :

✗✗ **Da Oscar,** 𝒫 9130409, « Servizio estivo in terrazza » – 🅿. 𝗕 𝗩𝗜𝗦𝗔 ℁
chiuso dal 15 al 30 gennaio, martedì e da novembre ad aprile anche mercoledì a mezzogiorn
– Pas carta 29/38000.

LONGA Vicenza – Vedere Schiavon.

LONGARE 36023 Vicenza – 5 203 ab. alt. 29 – ☎ 0444.

Roma 528 – ◆Milano 213 – ◆Padova 27 – ◆Verona 60 – Vicenza 10.

a Costozza SO : 1 km – ✉ 36023 Longare :

✗✗ **Taverna Aeolia,** 𝒫 555036, « Edificio del 16° secolo con affreschi » – ᴬᴱ 𝗩𝗜𝗦𝗔 ℁
➔ chiuso martedì – Pas carta 18/35000.

LONGARONE 32013 Belluno 988 ⑤ – 4 316 ab. alt. 474 – a.s. 15 luglio-agosto – ☎ 0437.

Roma 619 – Belluno 18 – Cortina d'Ampezzo 53 – ◆Milano 358 – Udine 119 – ◆Venezia 108.

🏨 **Posta** senza rist, 𝒫 770702 – 🛗 📺 🅿. ᴬᴱ ① 𝗩𝗜𝗦𝗔 ℁
chiuso dal 10 al 31 marzo – ☲ 8000 – **23 cam** 72/89000.

LONGEGA (ZWISCHENWASSER) 39030 Bolzano – alt. 1 012 – a.s. febbraio-aprile, 15 luglio-agosto e Natale – 🕾 0474.

oma 720 – ◆Bolzano 83 – Brunico 14 – ◆Milano 382 – Trento 143.

🏠 **Gader,** 𝒫 51008 – ᴱᵂᴱ rist 🅿 ⚞
Pas *(chiuso lunedì)* carta 21/29000 – **9 cam** ⊑ 70000 – ½ P 35/50000.

ONIGO 36045 Vicenza 🔟🔟🔟 ④ – 12 784 ab. alt. 31 – 🕾 0444.

oma 533 – ◆Ferrara 95 – ◆Milano 186 – ◆Padova 56 – ◆Verona 33 – Vicenza 24.

✗ **Casa Mia,** viale Vicenza 10 𝒫 831087 – 🔲 🅿
➡ *chiuso lunedì ed agosto* – Pas carta 18/30000.

ORANZÈ 10010 Torino 🔟🔟🔟 ⑭ – 1 094 ab. alt. 404 – 🕾 0125.

oma 685 – Aosta 73 – Ivrea 9,5 – ◆Milano 123 – ◆Torino 52.

✗✗✗ **Panoramica** ⚞ con cam, 𝒫 76321, Fax 76822, ≤ colline e vallata, ✗ – 🔲 ☎ 🅿. 🅰🄴 🚫
🕦 🄴 𝘝𝘐𝘚𝘈. ⚞ cam
chiuso dal 27 dicembre al 7 gennaio – Pas *(chiuso sabato a mezzogiorno e domenica sera)*
carta 35/70000 – ⊑ 10000 – **10 cam** 70/90000 – ½ P 75/85000.

ORENZAGO DI CADORE 32040 Belluno – 670 ab. alt. 880 – 🕾 0435.

🄳 (giugno-15 settembre) 𝒫 75042.

oma 659 – Belluno 58 – Cortina d'Ampezzo 45 – ◆Milano 401 – Tolmezzo 60 – ◆Venezia 148.

🏠 **Dolomiti,** 𝒫 75002 – 🄴 𝘝𝘐𝘚𝘈. ⚞
Pas *(chiuso martedì)* 25000 – **35 cam** ⊑ 40/60000 – P 50/65000.

OREO 45017 Rovigo 🔟🔟🔟 ⑮ – 3 776 ab. – 🕾 0426.

oma 488 – ◆Ravenna 83 – Rovigo 32 – ◆Venezia 72.

✗ **Cavalli** con cam, riviera Marconi 67/69 𝒫 369868 – 🔲 ☎. 🚫 🄴 𝘝𝘐𝘚𝘈. ⚞
Pas *(chiuso lunedì)* carta 23/35000 – ⊑ 2000 – **10 cam** 30/45000 – ½ P 40/45000.

LORETO 60025 Ancona 🔟🔟🔟 ⑯ – 10 574 ab. alt. 125 – a.s. Pasqua, 15 luglio-15 settembre e 7-12 dicembre – 🕾 071.

Vedere Santuario della Santa Casa✶✶ – Piazza della Madonna✶ – Opere del Lotto✶ nella pinacoteca **M**.

🄳 via Solari 3 𝒫 977139.

oma 294 ② – ◆Ancona 31 ① – Macerata 31 ② – Pesaro 90 ② – Porto Recanati 5 ①.

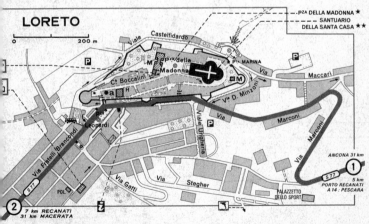

🏠 **Giardinetto,** corso Boccalini 10 𝒫 977135, Telex 560452 – 🛗 🔲 rist ☎. 🅰🄴 🚫 🕦 🄴 𝘝𝘐𝘚𝘈 a
Pas carta 25/39000 – ⊑ 8500 – **76 cam** 50/82000 – ½ P 54/70000.

🏠 **Orlando da Nino,** via Villa Costantina 89 𝒫 978501, ≤ – ☎. 🅰🄴 𝘝𝘐𝘚𝘈. ⚞
➡ Pas carta 17/24000 (10%) – ⊑ 5000 – **22 cam** 38/50000 – ½ P 35/40000.
E : 1,5 km per via Maccari

✗✗ **Orlando Barabani,** via Villa Costantina 93 𝒫 977696, ⛱ – ᴱᵂᴱ 🅿 🕦
chiuso mercoledì e luglio – Pas carta 27/38000 (12%).
E : 1,5 km per via Maccari

301

65014 Pescara 988 ㉗ – 7 263 ab. alt. 294 – ✆ 085.

Roma 226 – ◆Pescara 24 – Teramo 77.

🏠 **La Bilancia,** contrada Palazzo 10 (SO : 5 km) 𝒫 8289321 – 📺 ☎ 🅿. 🅰🅴 🆂 💳 🛒
  ⟵ chiuso dal 20 dicembre al 20 gennaio – Pas carta 19/27000 – 🍽 2000 – **19 cam** 37/49000 –
  ½ P 49/58000.

LORICA 87050 Cosenza 988 ㊳ – alt. 1 310 – Sport invernali : 1 310/1 879 m ✦1 ✦2 – ✆ 0984.

Vedere Lago Arvo★.

Escursioni Massiccio della Sila★★ Est per la strada S 108 bis.

Roma 565 – Catanzaro 82 – ◆Cosenza 46 – Crotone 72.

🏨 **Gd H. Lorica,** 𝒫 997039 (prenderà il 537039), ← – 🛗 🕾 🅿. ⓞ 💳. 🛒
  15 maggio-15 ottobre – Pas carta 26/41000 – **100 cam** 🍽 40/80000 – ½ P 60000.

LORO PICENO 62020 Macerata – 2 518 ab. alt. 436 – ✆ 0733.

Roma 248 – ◆Ancona 73 – Ascoli Piceno 78 – Macerata 22.

🍴🍴 **Girarrosto,** via Ridolfi 24 𝒫 509119 – 🅰🅴 ⓞ. 🛒
  chiuso mercoledì e dal 1° al 15 luglio – Pas carta 26/39000.

LOSONE 427 ㉔, 219 ⑦, 218 ⑪ – Vedere Cantone Ticino (Ascona) alla fine dell'elenco alfabetico.

LOTZORAI Nuoro – Vedere Sardegna alla fine dell'elenco alfabetico.

LOVENO Como 219 ⑨ – Vedere Menaggio.

During the season, particularly in resorts, it is wise to book in advance.

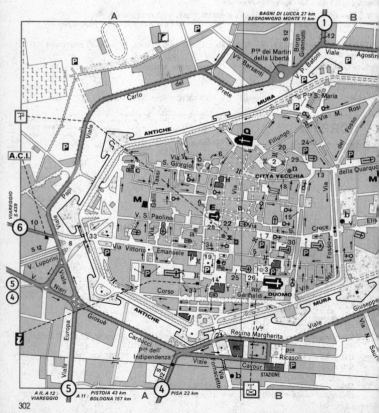

🏨 **S. Antonio,** piazza 13 Martiri 2 ☎ 961523, Fax 962654, 🏯 – |≋| 🖵 ☎ – 🛅 50. 🕃 🖪 𝒱𝒾𝒮𝒜. 🛠
Pas *(chiuso martedì dal 15 settembre al 15 giugno)* carta 27/42000 – ☑ 6000 – **22 cam** 38/59000 – ½ P 39/59000.

🏨 **Al Castello e Rist. Due Ruote** ⌂, via del Santo 1 ☎ 960228, ≤, « Servizio rist. estivo in terrazza » – 🖵 ☎. 🕃 🖪 𝒱𝒾𝒮𝒜. 🛠
Pas *(chiuso lunedì da ottobre ad aprile)* carta 25/37000 – ☑ 5000 – **20 cam** 28/50000 – ½ P 55000.

Vedere anche : *Costa Volpino* NE : 3 km.

🏨 **Napoleon** senza rist, viale Europa 1 ☎ 53141, Telex 590375, Fax 588398 – |≋| ▤ 🖵 ☎ 🅿 – 🛅 30. 🆎 🕃 ⓞ 🖪 𝒱𝒾𝒮𝒜. 🛠
per ⑤
☑ 12000 – **63 cam** 83/145000.

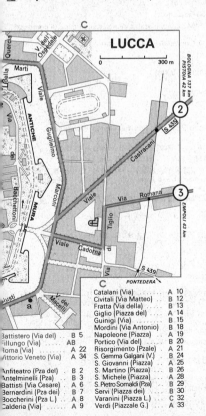

C

LUCCA

0   300 m

② S.435
③ EMPOLI 43 km
BOLOGNA 137 km PISTOIA 42 km
S.439
PONTEDERA

🏨 **Celide** senza rist, viale Giuseppe Giusti 27 ☎ 954106, Fax 954304 – |≋| 🖵 ☎ & 🅿 – 🛅 40. 🆎 🕃 🖪 𝒱𝒾𝒮𝒜. 🛠   C a
☑ 15000 – **57 cam** 62/92000.

🏨 **Universo,** piazza del Giglio 1 ☎ 43678, Telex 501840 – |≋| ☎. 𝒱𝒾𝒮𝒜
Pas vedere rist Del Teatro – ☑ 10000 – **72 cam** 58/88000 – ½ P 75/95000.   A e

🏨 **Ilaria** senza rist, via del Fosso 20 ☎ 47558 – ☎. 🆎 🕃 ⓞ 🖪 𝒱𝒾𝒮𝒜   B b
☑ 5000 – **17 cam** 40/65000.

🏨 **Moderno** senza rist, via Vincenzo Civitali 38 ☎ 55840 – ☎ &. 🕃 🖪. 🛠   A b
☑ 5500 – **12 cam** 40/65000.

XXX ❀ **Buca di Sant'Antonio,** via della Cervia 1/5 ☎ 55881 – ▤. 🆎 🕃 ⓞ 🖪 𝒱𝒾𝒮𝒜   A a
chiuso domenica sera, lunedì e dal 1° al 16 luglio – Pas carta 28/45000
Spec. Zuppa alla frantoiana, Capretto garfagnino allo spiedo, Tordelli lucchesi al sugo. **Vini** Montecarlo bianco, Rosso delle colline Lucchesi.

XX **Antica Locanda dell'Angelo,** via Pescheria 21 ☎ 47711, 🏯 – ▤. 🆎 ⓞ 𝒱𝒾𝒮𝒜. 🛠   A x
chiuso domenica sera e lunedì – Pas carta 36/51000 (12%).

XX **Del Teatro,** piazza Napoleone 25 ☎ 43740 – 🆎 🕃 ⓞ 🖪 𝒱𝒾𝒮𝒜   A e
chiuso giovedì – Pas carta 30/48000 (15%).

XX **Giglio,** piazza del Giglio ☎ 44058, 🏯 – ▤. 🆎 🕃 🖪 𝒱𝒾𝒮𝒜   A e
chiuso martedì sera, mercoledì e dal 30 gennaio al 14 febbraio – Pas carta 27/39000.

segue →

Catalani (Via) . . . . A 10
Civitali (Via Matteo) . . . B 12
Fratta (Via della) . . . . . B 13
Giglio (Piazza del) . . . . A 14
Guinigi (Via) . . . . B 15
Mordini (Via Antonio) . . B 18
Napoleone (Piazza) . . . . A 19
Portico (Via del) . . . . . B 20
Risorgimento (Pzale) . . . A 21
S. Gemma Galgani (V.) . . B 24
S. Giovanni (Piazza) . . . A 25
S. Martino (Piazza) . . . . B 26
S. Michele (Piazza) . . . . A 28
S. Pietro Somaldi (Pza) . B 29
Servi (Piazza dei) . . . . . B 30
Varanini (Piazza L.) . . . . C 32
Verdi (Piazzale G.) . . . . A 33

Battistero (Via del) . . . . B 5
Fillungo (Via) . . . . AB
Vittorio Veneto (Via) . . . A 34

Anfiteatro (Pza del) . . . B 2
Antelminelli (Pza) . . . . . B 3
Battisti (Via Cesare) . . . A 6
Bernardini (Pza dei) . . . B 7
Boccherini (Pza L.) . . . . A 8
Calderia (Via) . . . . A 9

X **Canuleia,** via Canuleia 14 ℰ 47470, Coperti limitati; prenotare   B
chiuso sabato e domenica – Pas carta 21/32000.

X **Da Giulio-in Pelleria,** via San Tommaso 29 ℰ 55948, prenotare   A
chiuso domenica, lunedì, agosto e dal 24 dicembre al 4 gennaio – **Pas** carta 22/29000.

sulla strada statale 435 : per ②

🏨 **Hambros-il Parco** 🦕 senza rist, E : 5,5 km ⊠ 55010 Lunata ℰ 935355, Fax 935396, 🌳
🛗 ☎ ❷ – 🔬 50. 🖭 🕃 ⓞ ⴹ 𝚅𝙸𝚂𝙰
🛏 9000 – **57 cam** 58/90000.

XX **Saloon,** E : 5 km ⊠ 55010 Lunata ℰ 936526 – ▤ ❷. 🖭
chiuso lunedì, sabato a mezzogiorno e dal 14 al 27 agosto – Pas carta 23/40000.

sulla strada statale 12 r per ④ : 4,5 km :

🏨 **Villa la Principessa** 🦕, ⊠ 55050 Massa Pisana ℰ 370037, Telex 590068, Fax 379019
« Dimora ottocentesca in un bel parco », 🏊, – 🛗 ▤ 📺 ❷ – 🔬 130. 🖭 🕃 ⓞ ⴹ 𝚅𝙸𝚂𝙰
🍽 rist
chiuso dal 7 gennaio al 18 febbraio – Pas *(chiuso mercoledì)* carta 59/85000 (15%) – 🛏
18000 – **36 cam** 200/360000 appartamento 450/530000 – ½ P 220/280000.

per via Luporini A E : 3,5 km :

X **Mecenate,** ⊠ 55050 Gattaiola ℰ 512167, 🍴 – ❷. 🖭 𝚅𝙸𝚂𝙰 🍽
chiuso a mezzogiorno, lunedì e gennaio – Pas carta 23/38000.

a San Macario in Piano per ⑥ : 6 km – ⊠ 55056 Ponte San Pietro :

XX **Solferino,** ℰ 59118, 🍴 – ❷. 🖭 🕃 ⓞ ⴹ 𝚅𝙸𝚂𝙰 🍽
chiuso mercoledì, giovedì a mezzogiorno, dall'11 al 18 gennaio e dal 9 al 23 agosto – Pa
carta 39/55000 (10%).

a Pieve Santo Stefano per ⑥ : 9 km – ⊠ 55100 Lucca :

XX **Vipore,** ℰ 59245, « Servizio estivo in terrazza con ≼ » – ▤ ❷. 🕃 ⴹ
chiuso lunedì e martedì a mezzogiorno – Pas carta 38/51000.

a Balbano per ⑥ : 10 km – ⊠ 55050 Nozzano :

🏠 **Villa Casanova** 🦕, S : 1,5 km ℰ 548429, ≼ vallata, « Villa settecentesca di campagna »
🏊, 🌳, 🍴 – 🛗 ❷ – 🔬 80. 🍽 rist
aprile-ottobre – Pas *(solo per clienti alloggiati e chiuso a mezzogiorno)* 24000 – **40 can**
🛏 48/80000 – ½ P 61000.

Vedere anche : *Capannori* per ③ : 6 km.
　　　　　　　　Ponte a Moriano per ① : 9 km.

▬ **LUCRINO (Lago)** Napoli – Vedere Pozzuoli.

▬ **LUGANA** Brescia – vedere Sirmione.

▬ **LUGANO** 🔢 ㉖, 🔢 ⑧ – Vedere Cantone Ticino alla fine dell'elenco alfabetico.

▬ **LUGO** Ravenna 🔢 ⑮ – 32 919 ab. alt. 15 – ⊠ 48022 Lugo di Ravenna – ✪ 0545.
Roma 385 – ✦Bologna 55 – Faenza 19 – ✦Ferrara 62 – Forlì 31 – ✦Milano 266 – Ravenna 28.

🏨 **San Francisco,** via Amendola 14 ℰ 22324, Fax 32421 – ✷ 📺 ☎. 🖭 🕃 ⓞ ⴹ 𝚅𝙸𝚂𝙰 🍽
chiuso dall'11 al 20 agosto – Pas vedere rist San Francisco – 🛏 10000 – **30 cam** 75/10500
appartamento 115/135000.

🏨 **Ala d'Oro,** corso Matteotti 56 ℰ 22388, Fax 30509 – 🛗 ▤ rist 📺 ☎ & ❷ – 🔬 40. 🖭 🕃
ⓞ ⴹ 𝚅𝙸𝚂𝙰 🍽 rist
Pas *(chiuso venerdì ed agosto)* carta 23/36000 (12%) – 🛏 7000 – **43 cam** 66/90000 –
½ P 80/90000.

XX **San Francisco,** via Amendola 16 ℰ 25198 – ▤ – 🔬 90. 🖭 ⓞ 𝚅𝙸𝚂𝙰
chiuso domenica ed agosto – Pas carta 28/50000.

sulla strada statale 253 NO : 2 km :

XX **La Meridiana-da Mario,** ⊠ 48022 ℰ 24111, 🍴 – ✷ ❷. 🖭 🕃 ⓞ 𝚅𝙸𝚂𝙰
chiuso lunedì e dal 1° al 20 agosto – Pas carta 37/50000 (13%).

▬ **LUINO** 21016 Varese 🔢 ③, 🔢 ⑦ – 15 373 ab. alt. 202 – ✪ 0332 – 🔲 viale Dante Alighieri 6 ℰ
530019 – Roma 661 – Bellinzona 40 – ✦Lugano 23 – ✦Milano 84 – Novara 85 – Varese 28.

🏨 **Camin,** viale Dante 35 ℰ 530118, Fax 532776, 🍴, 🌳 – ▤ 📺 ☎ ❷ – 🔬 30. 🖭 🕃 ⓞ ⴹ
chiuso dal 15 dicembre al 4 febbraio – Pas *(chiuso martedì)* carta 40/62000 (10%) – 🛏
18000 – **13 cam** 100/140000 appartamento 190000 – ½ P 123000.

🏠 **Internazionale** senza rist, viale Amendola ℰ 530193 – 🛗 & ❷
🛏 6000 – **40 cam** 37/48000.

XX **Internazionale,** piazza Marconi 18 ℰ 530037
chiuso martedì e dal 10 al 31 luglio – Pas carta 29/40000.

X **Due Scale,** piazza della Libertà 30 ℰ 530396 – 🖭 ⓞ 𝚅𝙸𝚂𝙰
chiuso venerdì e da dicembre al 7 gennaio – Pas carta 27/45000 (15%).

Vedere anche : *Brezzo di Bedero* SO : 3 km.

16024 Genova – 1 452 ab. alt. 353 – 🕲 0185.
ᴍᵃ 491 – ◆Genova 24 – ◆Milano 157 – Rapallo 27 – ◆La Spezia 93.

   a Pannesi SO : 4 km – alt. 535 – ⊠ **16024** Lumarzo :

✗ **Fuoco di Bosco,** ℰ 94048, « In un bosco » – 🅿. 🎇
   chiuso giovedì e dal 2 gennaio al 15 marzo – Pas carta 28/54000.

URAGO D'ERBA 22040 Como 👥👥👥 ⑧ – 4 291 ab. alt. 351 – 🕲 031.
ᴍᵃ 616 – ◆Bergamo 42 – Como 14 – Lecco 22 – ◆Milano 38.

✗✗ **Trattoria Veneta-da Nadia e Roberto,** ℰ 607771, prenotare la sera – 🔲 🅿. 🖭 🔛 ⑩
   🖪 𝐕𝐈𝐒𝐀. 🎇
   chiuso domenica, dal 1° al 10 gennaio ed agosto – Pas carta 26/61000.

URISIA Cuneo 👥👥👥 ⑩ – alt. 660 – ⊠ **12088** Roccaforte Mondovì – Stazione termale (giugno-
ᵗᵗembre), a.s. febbraio, luglio-15 settembre e Natale – Sport invernali : 660/1 810 m ⑤1 ⑤7 –
  0174.

via Madame Curie ℰ 683119.
ᴍᵃ 630 – Cuneo 21 – ◆Milano 226 – Savona 85 – ◆Torino 94.

🏨 **Reale,** ℰ 683105, ☞ – 🛠 ☜ ← 🅿 – 🔬 150. 🖭 🔛 ⑩ 𝐕𝐈𝐒𝐀. 🎇
→ *chiuso dal 15 ottobre al 15 dicembre* – Pas *(chiuso mercoledi)* 20/25000 – ☲ 6000 – **80 cam**
   50/80000 – ½ P 50/70000.

🏠 **Topazio,** ℰ 683107, 🔲, ☞ – 🛠 🅿. 🔛 🖪 𝐕𝐈𝐒𝐀. 🎇 rist
   20 dicembre-20 aprile e 20 maggio-settembre – Pas *(chiuso lunedi)* carta 22/35000 – ☲
   4500 – **45 cam** 40/75000 – P 54/65000.

🏠 **Scoiattolo** 🕭, ℰ 683103, ☞ – ⇆ cam ☏ 🅿. 🔛 🖪 𝐕𝐈𝐒𝐀. 🎇 rist
→ *chiuso ottobre e novembre* – Pas *(chiuso martedi)* carta 17/29000 – ☲ 6000 – **24 cam**
   38/65000 – ½ P 44/56000.

MACERATA 62100 🄿 👥👥👥 ⑯ – 43 674 ab. alt. 311 – a.s. 15 luglio-15 settembre – 🕲 0733.
piazza Libertà 12 ℰ 45807.
.C.I. via Roma 139 ℰ 31141.
ᵒᵐᵃ 256 – ◆Ancona 51 – Ascoli Piceno 92 – ◆Perugia 127 – ◆Pescara 138.

🏨 **MotelAgip** 🕭, via Roma 149/B ℰ 34246, Fax 32722, ⇐ – 🛠 🔲 🄲 ☏ 🅿 – 🔬 25 a 80. 🖭
   🔛 ⑩ 🖪 𝐕𝐈𝐒𝐀. 🎇 rist
   Pas 28000 – **51 cam** ☲ 90/154000 – ½ P 106/119000.

✗✗ **Da Secondo,** via Pescheria Vecchia 26 ℰ 44912 – 🔲. ⑩ 𝐕𝐈𝐒𝐀. 🎇
   chiuso lunedi e dal 23 agosto al 7 settembre – Pas carta 30/45000 (10%).

✗ **Da Silvano,** piaggia della Torre 15 ℰ 49916 – 🖭 ⑩. 🎇
   chiuso lunedi e settembre – Pas carta 24/44000.

   allo svincolo della superstrada SE : 7,5 km :

🏨 **Grassetti,** ⊠ 62014 Corridonia ℰ 281261 – 🛠 🄲 ☏ 🕭 🅿 – 🔬 130. 🖭 🔛 ⑩ 🖪 𝐕𝐈𝐒𝐀. 🎇
   Pas 30000 – ☲ 8000 – **60 cam** 80/120000 – ½ P 70/100000.

   Vedere anche : *Montecassiano* NO : 11 km.

MACOMER Nuoro 👥👥👥 ㉝ – Vedere Sardegna alla fine dell'elenco alfabetico.

MACUGNAGA 28030 Novara 👥👥👥 ②, 👥👥👥 ⑤ – 674 ab. alt. (frazione Staffa) 1 327 – a.s. 15
ᵘglio-agosto e Natale – Sport invernali : 1 327/3 000 m ⑤2 ⑤6, 🎿 – 🕲 0324.

frazione Staffa, piazza Municipio ℰ 65119.
ᵒᵐᵃ 716 – Domodossola 39 – ◆Milano 139 – Novara 108 – Orta San Giulio 65 – ◆Torino 182.

🏨 **Zumstein,** frazione Staffa ℰ 65118, Telex 223306, ⇐ Monte Rosa, ☞ – 🛠 ☏ 🅿. 🔛 🖪
   𝐕𝐈𝐒𝐀. 🎇 rist
   18 dicembre-25 aprile e 15 giugno-20 settembre – Pas *(chiuso giovedi)* 24/26000 – ☲ 12000
   – **44 cam** 52/80000 – ½ P 53/68000.

🏠 **Alpi,** frazione Borca ℰ 65135, ⇐, ☞ – ☏ 🅿. 🎇
   dicembre-aprile e giugno-settembre – Pas (solo per clienti alloggiati) 24000 – ☲ 6000 –
   13 cam 36/70000 – ½ P 40/60000.

✗ **Chez Felice** con cam, frazione Staffa ℰ 65229, solo su prenotazione, « Locanda caratteristica », ☞ – 🎇
   Pas *(chiuso giovedi)* carta 30/45000 – ☲ 8000 – **12 cam** 30/60000 – ½ P 40/50000.

✗ **Nordend** con cam, frazione Staffa ℰ 65102 – ☏. 🖭 🔛 ⑩ 🖪 𝐕𝐈𝐒𝐀. 🎇
   7 dicembre-aprile e 15 giugno-17 settembre – Pas *(chiuso martedi)* carta 37/53000 – ☲
   10000 – **16 cam** 50/80000 – ½ P 68/77000.

MADDALENA (Arcipelago della) Sassari 👥👥👥 ㉓㉔ – Vedere Sardegna alla fine dell'elenco
ᵃfabetico.

MADERNO Brescia – Vedere Toscolano-Maderno.

MADESIMO 23024 Sondrio 🔢 ③, 🔢 ⑬⑭ – 690 ab. alt. 1 536 – Sport invernali : 1 536/2 884 r
🚡 2, 🚠 17, 🎿 – ✪ 0343.

Escursioni Strada del passo dello Spluga★★ : tratto Campodolcino-Pianazzo★★★ Sud e Nord.
🛈 via Carducci 15 ✆ 53015, Fax 53782.

Roma 703 – ◆Bergamo 119 – ◆Milano 142 – Sondrio 80 – Passo dello Spluga 15.

🏨 **Cascata et Cristallo,** ✆ 53108, Fax 54470, 🔲 – 🛗 📺 ☎ ⇔ 🅿. 🆎 ⑤ ⑩ Ε 𝓥𝓘𝓢𝓐. ❤️ ris¹
   dicembre-maggio e luglio-agosto – Pas 44/50000 – ☑ 15000 – **80 cam** 75/130000 –
   ½ P 120/150000.

🏨 **Emet,** ✆ 53395 – 🛗 ☎ 🅿. ❤️
   dicembre-1° maggio e luglio-agosto – Pas 28/35000 – ☑ 15000 – **39 cam** 70/110000 –
   ½ P 75/130000.

🏨 **La Meridiana,** ✆ 53160 – 📺 ☎ 🅿. 🆎 ⑩ 𝓥𝓘𝓢𝓐. ❤️ rist
   chiuso maggio ed ottobre – Pas carta 24/45000 – ☑ 8500 – **25 cam** 43/76000 – ½ P 50/80000

🏠 **Liro,** ✆ 53057 – 🅿. 🆎 Ε 𝓥𝓘𝓢𝓐. ❤️
   dicembre-aprile e luglio-agosto – Pas 18/20000 – ☑ 5000 – **24 cam** 33/54000 – ½ P 50/65000

   a Pianazzo O : 2 km – ✉ **23020** :

✗ **Bel Sit** con cam, ✆ 53365 – 🏌⇔ 📺 ☎ ⇔ 🅿. 🆎 ⑤ ⑩ Ε 𝓥𝓘𝓢𝓐. ❤️ rist
   Pas *(chiuso lunedì)* carta 31/50000 – ☑ 7000 – **10 cam** 37/52000 – ½ P 60/65000.

   Vedere anche : *Montespluga* N : 11 km.

MADONNA DEI FORNELLI Bologna – Vedere San Benedetto Val di Sambro.

MADONNA DELL'ACQUA Pisa – Vedere Pisa.

MADONNA DELL'OLMO Cuneo – Vedere Cuneo.

MADONNA DEL MONTE Massa Carrara – Vedere Mulazzo.

MADONNA DI CAMPIGLIO 38084 Trento 🔢 ④, 🔢 ⑱⑲ – alt. 1 522 – a.s. dicembre-Epifan¹
e Febbraio-Pasqua – Sport invernali : 1 522/2 503 m 🚡 5 🚠 19, 🎿 – ✪ 0465.
Vedere Località★★.

Escursioni Massiccio di Brenta★★★ Nord per la strada S 239.

🛷 (luglio-15 settembre) a Campo Carlo Magno ✆ 41003, Telex 400882, o ✆ (019) 745074, N
2,5 km.

🛈 ✆ 42000, Fax 40404.

Roma 645 – ◆Bolzano 88 – ◆Brescia 118 – Merano 91 – ◆Milano 214 – Trento 74.

🏨 **Des Alpes,** ✆ 40000, Telex 401365, Fax 40186, ≤, 🔲 – 🛗 📺 ☎ ♿ ⇔ 🅿 – 🔬 30 a 40
   🆎 ⑤ ⑩ Ε 𝓥𝓘𝓢𝓐. ❤️
   dicembre-aprile e giugno-settembre – Pas 45/70000 – ☑ 15000 – **105 cam** 528000 apparta
   menti 1000000 – ½ P 140/320000.

🏨 **Savoia Palace,** ✆ 41004 – 🛗 📺 ☎ 🅿. 🆎 ⑩. ❤️
   4 dicembre-10 aprile – Pas 40/45000 – **57 cam** ☑ 110/195000 appartamenti 280000 –
   ½ P 150/200000.

🏨 **Cristallo,** ✆ 41132, ≤ – 🛗 ☎ ♿ ⇔ 🅿 – 🔬 120. 🆎 ⑩ 𝓥𝓘𝓢𝓐. ❤️ rist
   dicembre-20 aprile e 22 giugno-10 settembre – Pas 35/60000 – **43 cam** ☑ 110/210000 –
   ½ P 152/200000.

🏨 **Miramonti,** ✆ 41021, Fax 42207, ≤ – 🛗 📺 ☎ ⇔ 🅿. 🆎 ⑤ ⑩ Ε 𝓥𝓘𝓢𝓐. ❤️
   5 dicembre-15 aprile e luglio-5 settembre – Pas 40/45000 – ☑ 18000 – **31 cam** 95/19000
   appartamenti 140/200000 – ½ P 110/175000.

🏨 **Grifone,** ✆ 42002, Fax 40540 – 🛗 📺 ☎ ⇔. 🆎 ⑤ Ε 𝓥𝓘𝓢𝓐. ❤️
   dicembre-19 aprile e 9 luglio-10 settembre – Pas 35000 – ☑ 10000 – **38 cam** 150/270000 –
   ½ P 125/190000.

🏨 **Alpina,** ✆ 41075, Fax 41075, 🛏 – 🛗 ▤ rist 📺 ☎ ♿ 🅿. 🆎 ⑤ Ε 𝓥𝓘𝓢𝓐. ❤️
   dicembre-25 aprile e 15 giugno-20 settembre – Pas 20/28000 – ☑ 10000 – **27 cam** 83/12900
   – ½ P 55/125000.

🏨 **Dahu,** ✆ 40242, ≤ – 🛗 📺 ☎ ⇔ 🅿. 𝓥𝓘𝓢𝓐. ❤️
   dicembre-aprile e luglio-20 settembre – Pas (solo per clienti alloggiati) 25/34000 – **36 cam**
   ☑ 176000 – ½ P 82/140000.

🏨 **St. Hubertus,** ✆ 41144, ≤, 🔥 riscaldata, 🛏 – 🛗 📺 ☎ 🅿. 🆎 ⑤ ⑩ Ε 𝓥𝓘𝓢𝓐. ❤️
   dicembre-Pasqua e luglio-settembre – Pas 35/40000 – **32 cam** ☑ 101/168000 –
   ½ P 100/155000.

🏨 Bertelli, ✆ 41013, ≤ – 🛗 ▤ rist 📺 ☎ ⇔ 🅿
   stagionale – **34 cam**.

🏨 **Bonapace,** ✆ 41019, ≤, ❤️ – 🛗 ☎ ⇔ 🅿. ❤️ rist
   dicembre-Pasqua e luglio-agosto – Pas carta 29/58000 – ☑ 10000 – **50 cam** 81/129000 –
   ½ P 91/160000.

🏨 La Baita, ✆ 41066 – 🛗 ☎ ⇔
   stagionale – **22 cam**.

306

🏨 **Arnica** senza rist, ℰ 40377 – 📺 ☎
chiuso maggio ed ottobre – **22 cam** ⊊ 60/102000.

🏨 **Palù**, ℰ 41280, ≼, 🚗 – 📺 ☎ ❷. 🕃. 🛠
dicembre-Pasqua e luglio-settembre – Pas (solo per clienti alloggiati) 30000 – **17 cam**
⊊ 110000 – ½ P 67/100000.

🏨 **Oberosler**, ℰ 41136, Fax 41136, ≼ – 📺 📺 ☎ 🚗 ❷. 🕃 𝑉𝐼𝑆𝐴. 🛠
dicembre-20 aprile e luglio-15 settembre – Pas carta 25/40000 – ⊊ 18000 – **38 cam**
82/129000 – ½ P 113/168000.

🏩 **Touring** ⅌, ℰ 41051, ≼, 🚗 – 📺 📺 ☎ ❷. 🖭 🕃 ⓞ 🖪 𝑉𝐼𝑆𝐴. 🛠 rist
dicembre-Pasqua e luglio-28 settembre – Pas 30/45000 – **27 cam** ⊊ 84/131000 –
½ P 74/108000.

✕✕ **Cerana**, ℰ 41194 – 🖩 ❷. 🖭 🕃 🖪 𝑉𝐼𝑆𝐴. 🛠
dicembre-aprile e luglio-settembre – Pas carta 31/45000.

✕✕ **Artini**, ℰ 40122 – 🖭 🕃 ⓞ 🖪 𝑉𝐼𝑆𝐴. 🛠
dicembre-aprile e luglio-settembre – Pas carta 28/47000.

a Campo Carlo Magno N : 2,5 km – alt. 1 682 – ✉ **38084** Madonna di Campiglio.
Vedere Posizione pittoresca✶✶ – 🌟✶✶ sul massiccio di Brenta dal colle del Grostè SE per
funivia.

🏨🏨 **Golf Hotel** ⅌, ℰ 41003, Fax 40294, ≼ monti e pinete, 🚗, 🎋 – 📺 📺 ☎ ❷. 🖭 🕃 🖪 𝑉𝐼𝑆𝐴.
🛠 rist
dicembre-marzo e luglio-agosto – Pas 70000 – ⊊ 19000 – **124 cam** 160/254000 –
½ P 153/275000.

🏨 **Carlo Magno-Zeledria Hotel**, ℰ 41010, Telex 401158, ≼ monti e pinete, 🏊, 🚗 – 📺 📺 ☎
🚗 ❷. 🕃 ⓞ 🖪 🛠
4 dicembre-aprile e 24 giugno-23 settembre – Pas (solo per clienti alloggiati) 40000 –
104 cam ⊊ 130/250000 – ½ P 180000.

all'arrivo della funivia Pradalago NO : 5 mn di funivia – alt. 2 150 :

✕ **Pradalago**, ✉ 38084 ℰ 42388, Terrazza solarium – 🕃
dicembre-20 aprile e 15 luglio-15 settembre – Pas carta 22/31000.

MADONNA DI MONTALLEGRO Genova – Vedere Rapallo.

MADONNA DI SENALES (UNSERFRAU) Bolzano 𝟚𝟙𝟠 ⑨ – Vedere Senales.

MADONNA DI TIRANO Sondrio 𝟚𝟙𝟠 ⑯ – Vedere Tirano.

MAGAZZINI Livorno – Vedere Elba (Isola d') : Portoferraio.

MAGENTA 20013 Milano 𝟿𝟪𝟪 ③, 𝟚𝟙𝟡 ⑱ – 23 724 ab. alt. 141 – ✦ 02.
Roma 599 – ✦Milano 25 – Novara 21 – Pavia 43 – ✦Torino 114 – Varese 46.

✕✕ **L'Osteria**, a Ponte Vecchio SO : 2 km ℰ 9798461 (prenderà il 97298461), Coperti limitati;
prenotare – ❷. ⓞ 𝑉𝐼𝑆𝐴. 🛠
chiuso domenica sera, lunedì ed agosto – Pas carta 55/92000.

MAGGIO Como 𝟚𝟙𝟡 ⑩ – Vedere Cremeno.

MAGGIORE (Lago) – Vedere Lago Maggiore.

MAGLIANO IN TOSCANA 58051 Grosseto 𝟿𝟪𝟪 ㉖ – 4 180 ab. alt. 130 – ✦ 0564.
Roma 163 – Civitavecchia 118 – Grosseto 28 – Viterbo 106.

✕ **Da Guido**, via dei Faggi 9 ℰ 592447, 🌴 – 🕃 🖪 𝑉𝐼𝑆𝐴. 🛠
chiuso novembre e martedì da ottobre al 15 giugno – Pas carta 22/37000.

MAGLIANO SABINA 02046 Rieti 𝟿𝟪𝟪 ㉕ – 3 751 ab. alt. 222 – ✦ 0744.
Roma 69 – ✦Perugia 113 – Rieti 54 – Terni 44 – Viterbo 48.

sulla strada statale 3 - via Flaminia NO : 3 km :

✕ **La Pergola**, ✉ 02046 ℰ 91445 – ❷. 🕃 ⓞ 𝑉𝐼𝑆𝐴. 🛠
chiuso martedì e luglio – Pas carta 25/36000.

MAGLIASINA e MAGLIASO 𝟚𝟙𝟡 ⑧ – Vedere Cantone Ticino (Ponte Tresa) alla fine dell'elenco
alfabetico.

MAIANO Firenze – Vedere Fiesole.

60030 Ancona – 5 093 ab. alt. 409 – ✆ 0731.
Roma 251 – ♦Ancona 48 – Gubbio 69 – Macerata 57.

a Moie NE : 10 km – ✉ **60030** :

XX **Tullio,** ℰ 701068, 🏡 – [S] *VISA*. ℅
→ *chiuso lunedì e dal 15 al 30 agosto* – Pas carta 20/30000.

MAIORI 84010 Salerno 988 ⑳ – 6 038 ab. – a.s. Pasqua, 15 giugno-15 settembre e Natale ✆ 089.
Dintorni Capo d'Orso★ SE : 5 km.
🛈 via Capone 19 ℰ 877452.
Roma 267 – Amalfi 5 – ♦Napoli 57 – Salerno 20 – Sorrento 39.

🏩 **Pietra di Luna,** ℰ 877500, Telex 770168, Fax 877483, ≤, ⌐, 🐦 – 🛗 🗏 ☎ 🚗 🅿 – 🔬
80 a 350. 🆎 [S] ⑩ E *VISA*. ℅
aprile-ottobre – Pas carta 25/50000 – **96 cam** ⊊ 75/115000 – ½ P 75/100000.

🏩 **San Pietro,** ℰ 877220, Telex 721156, Fax 877025, ⌐, ℅ – 🛗 🏖 rist ☎ 🅿. 🆎 [S] ⑩ [
VISA. ℅
15 marzo-ottobre – Pas 30000 – ⊊ 10000 – **38 cam** 43/73000 – ½ P 58/78000.

🏩 **San Francesco,** ℰ 877070, 🐦, 🐡 – cam 🏖 🚗 🅿. ℅ rist
15 marzo-ottobre – Pas carta 24/35000 – ⊊ 6000 – **44 cam** 45/65000 – ½ P 55/65000.

🏩 **Miramare** senza rist, ℰ 877225, Telex 770132, Fax 877490 – 🛗 🏖 🏧 🅿. 🆎 [S] ⑩ E *VISA*
℅
aprile-ottobre – ⊊ 6000 – **46 cam** 45/71000.

🏠 **Torre di Milo,** ℰ 877011 – 🛗 ☎ 🚗 🅿. [S] ⑩ E *VISA*. ℅ rist
→ *aprile-settembre* – Pas (solo per clienti alloggiati) 17000 – ⊊ 8000 – **23 cam** 42/62000 –
½ P 55/60000.

X **Mammato,** ℰ 877036, 🏡
chiuso martedì e dal 15 novembre al 15 dicembre – Pas carta 23/37000.

MAJANO 33030 Udine – 5 865 ab. alt. 166 – ✆ 0432.
Roma 659 – Pordenone 54 – Tarvisio 77 – Udine 21 – ♦Venezia 147.

XX **Dal Asìn** con cam, ℰ 959015, 🐡 – 🔲 ☎ 🅿. ℅ rist
→ Pas *(chiuso giovedì, gennaio e luglio)* carta 20/28000 – ⊊ 6000 – **17 cam** 40/60000 –
½ P 42/50000.

MALALBERGO 40058 Bologna 988 ⑮ – 6 287 ab. alt. 12 – ✆ 051.
Roma 403 – ♦Bologna 27 – ♦Ferrara 12 – ♦Ravenna 84.

XX **Rimondi Giuseppe,** ℰ 872012 – 🗏 🅿. ⑩ *VISA*. ℅
chiuso lunedì sera, martedì e luglio – Pas carta 29/55000.

MALCESINE 37018 Verona 988 ④ – 3 546 ab. alt. 90 – ✆ 045.
Vedere ※★★★ dal monte Baldo E : 15 mn di funivia – Castello Scaligero★.
🛈 via Capitanato del Porto 6/8 ℰ 7400044.
Roma 556 – ♦Brescia 92 – Mantova 93 – ♦Milano 179 – Trento 61 – ♦Venezia 179 – ♦Verona 67.

🏩 **Vega,** ℰ 7400151, ≤, « Giardino », 🐦 – 🛗 🗏 🔲 🅿. 🆎 [S] ⑩ E *VISA*. ℅
aprile-ottobre – Pas *(chiuso lunedì)* carta 27/44000 – ⊊ 15000 – **19 cam** 70/90000 –
½ P 50/73000.

🏩 **Alpi** 🦢, ℰ 7400717, « Giardino con ⌐ » – 🏧 🅿. [S] E. ℅
→ *chiuso dal 22 gennaio al 5 febbraio e dal 15 novembre al 25 dicembre* – Pas *(chiuso lunedì)*
16/18000 – ⊊ 10000 – **40 cam** 45/62000 – ½ P 45/50000.

🏠 **Erika,** ℰ 7400451, 🐡 – 🏖. ℅
→ *chiuso novembre* – Pas *(chiuso giovedì)* 18/20000 – ⊊ 9000 – **14 cam** 48/64000 –
½ P 38/55000.

a Val di Sogno S : 2 km – ✉ 37018 Malcesine :

🏩 **Maximilian** 🦢, ℰ 7400317, ≤, « Giardino-oliveto in riva al lago », ⌐, 🐦, ℅ – 🗏 ris
☎ 🕭 🚗 🅿. ℅
Pasqua-23 ottobre – Pas *(chiuso a mezzogiorno)* – **33 cam** solo ½ P 56/90000.

🏩 **Olivi** 🦢, ℰ 7400444, Fax 7400602, ≤, « Giardino ombreggiato », ⌐ riscaldata, ℅ – ☎ 🅿
– 🔬 70. 🆎 *VISA*. ℅ rist
20 marzo-18 ottobre – Pas (solo per clienti alloggiati) 35/40000 – ⊊ 20000 – **106 cam**
70/100000 – ½ P 70/90000.

🏩 **Val di Sogno** 🦢, ℰ 7400108, Fax 7401694, 🐦, 🐡 – 🛗 🗏 rist ☎ 🅿. ℅ rist
→ *Pasqua-ottobre* – Pas 20/30000 – ⊊ 15000 – **39 cam** 80/100000 – ½ P 50/90000.

sulla strada statale 249 :

🏠 **Piccolo Hotel,** N : 3 km ✉ 37018 ℰ 7400264, ≤, ⌐ riscaldata, 🐦 – 🏧 🅿. ℅ rist
→ *25 marzo-10 ottobre* – Pas (solo per clienti alloggiati) 20000 – ⊊ 9000 – **21 cam** 31/58000 –
½ P 41/50000.

X **Da Mamma Ida,** S : 3 km ✉ 37018 ℰ 7400216, 🐡 – 🅿. ℅
Pasqua-ottobre; chiuso mercoledì escluso da giugno ad agosto – Pas carta 25/45000 (10%).

MALCONTENTA 30030 Venezia – alt. 4 – ✆ 041.
Vedere Villa Foscari★.
Roma 523 – ◆Milano 262 – ◆Padova 32 – Treviso 28 – ◆Venezia 15.

🏠 **Gallimberti,** ✆ 698099 – ✦✕ ▤ 🆀 ☎ 🅿. 🖭 🔄 ⓞ 𝗘 𝒱𝘐𝘚𝘈
   Pas vedere rist Da Bepi el Ciosoto – ⌨ 7000 – **22 cam** 55/80000 – ½ P 65000.

✕ **Da Bepi el Ciosoto** con cam, ✆ 698997, Solo piatti di pesce – ✦✕ 🅿. 🖭 🖲 ⓞ 𝗘 𝒱𝘐𝘚𝘈
   Pas *(chiuso domenica sera e lunedì a mezzogiorno)* carta 35/55000 – ⌨ 6000 – **19 cam**
   30/50000 – ½ P 45000.

MALÈ 38027 Trento 🕮🕮🕮 ④, 🕮🕮🕮 ⑱ – 1 967 ab. alt. 738 – a.s. febbraio-Pasqua e Natale –
✆ 0463.
🖏 viale Marconi ✆ 91280, Telex 400810.
Roma 641 – ◆Bolzano 65 – Passo di Gavia 58 – ◆Milano 236 – Sondrio 106 – Trento 59.

🏠 **Henriette,** ✆ 92114, Fax 92114, ← – 🖳 ✦✕ rist ☎ ⊶ 🅿. 🖭 ⓞ 𝒱𝘐𝘚𝘈. ⚘
   20 dicembre-4 aprile e 20 maggio-settembre – Pas carta 24/42000 – **36 cam** ⌨ 50/90000 –
   ½ P 45/70000.

🏠 **Rauzi** ⚲, ✆ 91228, ←, ☞ – 🖳 ✦✕ cam ☎ ⊷ 🅿. ⚘
   23 dicembre-24 marzo e 25 giugno-10 settembre – Pas 22000 – ⌨ 6000 – **38 cam** 43/69000
   – ½ P 58/67000.

✕ **La Segosta,** ✆ 91390, 🍽 – 🅿. 🖲. ⚘
   chiuso giovedì, dal 1° al 18 giugno e dal 21 settembre al 20 ottobre – Pas carta 22/32000.

MALEO 20076 Milano – 3 436 ab. alt. 58 – ✆ 0377.
Roma 527 – Cremona 23 – ◆Milano 60 – ◆Parma 77 – Pavia 51 – Piacenza 19.

✕✕ ❀ **Sole** con cam, ✆ 58142, Coperti limitati; prenotare, « Antica locanda con servizio estivo
   all'aperto » – 🆀 🅿. 🖭 🖲 𝒱𝘐𝘚𝘈
   chiuso gennaio ed agosto – Pas *(chiuso domenica sera e lunedì)* carta 49/70000 – **7 cam**
   ⌨ 165/225000 appartamenti 270/450000 – P 225/270000
   Spec. Terrina di gamberoni e patate (primavera-estate), Tagliatelle al sugo di astice e rana pescatrice (estate-
   autunno), Galletto alla diavola. **Vini** Sauvignon, Barbera.

✕✕ **Leon d'Oro,** ✆ 58149, 🍽, Coperti limitati; prenotare – ▤. 🖭 🖲 ⓞ 𝗘 𝒱𝘐𝘚𝘈. ⚘
   chiuso mercoledì ed agosto – Pas carta 39/63000.

MALESCO 28030 Novara 🕮🕮🕮 ⑥⑦ – 1 538 ab. alt. 761 – ✆ 0324.
Roma 718 – Domodossola 20 – Locarno 29 – ◆Milano 142 – Novara 111 – ◆Torino 185.

🏠 **Alpino,** ✆ 9118, ☞ – 🖳 ☎ 🅿. 🖭 𝗘. ⚘ rist
   15 dicembre-15 gennaio e aprile-settembre – Pas *(chiuso martedì)* carta 21/34000 – ⌨ 6000
   – **33 cam** 35/65000 – P 65000.

MALGA CIAPELA Belluno – Vedere Rocca Pietore.

MALGRATE 22040 Como 🕮🕮🕮 ⑨⑩ – 4 218 ab. alt. 224 – ✆ 0341.
Roma 623 – Bellagio 20 – Como 27 – Lecco 2 – ◆Milano 54.

🏠🏠 ❀❀ **Il Griso,** ✆ 283217, Fax 285209, ← lago e monti, « Piccolo parco », ☒ – 🖳 ▤ 🆀 ☎ 🅿
   – 🛦 30. 🖭 🖲 ⓞ 𝗘 𝒱𝘐𝘚𝘈
   chiuso dal 20 dicembre al 6 gennaio – Pas carta 64/97000 – ⌨ 15000 – **41 cam** 120/150000
   – ½ P 200000
   Spec. Insalata di gamberi, Scampi in cartoccio di porri, Scaloppe di vitello all'erba cipollina. **Vini** Pinot Cà del
   Bosco, Sassella.

🏠 **Promessi Sposi-da Giovannino,** ✆ 364089, ←, 🍽 – 🖳 🆀 ⊛ 🅿. 🖭 🖲 𝗘 𝒱𝘐𝘚𝘈
   Pas carta 33/70000 – ⌨ 6000 – **38 cam** 55/85000 – ½ P 70000.

MALLES VENOSTA (MALS) 39024 Bolzano 🕮🕮🕮 ④, 🕮🕮🕮 ⑱ – 4 600 ab. alt. 1 050 – a.s. luglio-
agosto e Natale – ✆ 0473.
Roma 721 – ◆Bolzano 84 – Bormio 57 – ◆Milano 260 – Passo di Resia 22 – Trento 142.

🏠 **Garberhof,** ✆ 81399, Fax 81950, ←, ☒ – 🖳 ☎ 🅿. 🖭 🖲 𝗘 𝒱𝘐𝘚𝘈. ⚘ rist
◆   chiuso dal 15 novembre al 20 dicembre – Pas *(chiuso lunedì)* 18/21000 – ⌨ 12000 – **29 cam**
   60/98000 – ½ P 50/67000.

   a Burgusio (Burgeis) N : 3 km alt. 1 215 – ✉ 39024 Malles Venosta :

🏠 **Plavina** ⚲, ✆ 81223, ←, ☒, ☞ – 🖳 🅿. 𝒱𝘐𝘚𝘈. ⚘
   chiuso dal 1° al 16 maggio e dal 9 novembre al 26 dicembre – Pas vedere rist Al Moro – ⌨
   12000 – **29 cam** 18/38000 – ½ P 44/60000.

✕✕ **Al Moro-Zum Mohren** con cam, ✆ 81222 – 🅿
◆   chiuso dal 1° al 16 maggio e dal 9 novembre al 26 dicembre – Pas *(chiuso martedì)*
   carta 18/26000 – ⌨ 12000 – **9 cam** 17/34000 – ½ P 28/44000.

MALO 36034 Vicenza 🕮🕮🕮 ④ – 10 966 ab. alt. 116 – ✆ 0445.
Roma 555 – ◆Milano 218 – ◆Padova 54 – Trento 79 – ◆Venezia 87 – ◆Verona 65 – Vicenza 17.

   sulla strada statale 46 N : 2 km :

✕ Ai Pini, ✉ 36034 ✆ 602498, ☞ – 🅿.

38013 Trento 🔢🔢 ⊚ – 315 ab. alt. 1 041 – a.s. Pasqua e Natale – ✆ 0463.

Roma 638 – ◆Bolzano 33 – Merano 40 – ◆Milano 295 – Trento 56.

🏠 **Baita Fiorita** ⤢, ℰ 81150, ≤, 🔲, 🚗 – 🛗 ❷ ❀ rist
   giugno-settembre – Pas 25/35000 – **33 cam** ☲ 50/90000 – ½ P 55/70000.

🏠 **Bel Soggiorno,** ℰ 81205, ≤, 🚗 – 🛗 ❡⤢ cam ❷, ❀ rist
→ *15 giugno-15 ottobre* – Pas 13/18000 – **29 cam** ☲ 36/58000 – ½ P 50/50000.

🏠 **Rosalpina,** ℰ 81186, ≤, « Giardino ombreggiato » – ❷. ❀
→ *20 dicembre-10 gennaio e 15 giugno-15 settembre* – Pas 20/25000 – ☲ 8000 – **19 cam**
   45/65000 – ½ P 40/50000.

MALS = Malles Venosta.

MANACORE Foggia – Vedere Peschici.

MANAROLA 19010 La Spezia – ✆ 0187.

Vedere Passeggiata★★ (15 mn a piedi dalla stazione).

Dintorni Regione delle Cinque Terre★★ NO e SE per ferrovia.

Roma 434 – ◆Genova 119 – ◆Milano 236 – ◆La Spezia 16.

🏠 **Cà d'Andrean** ⤢ senza rist, ℰ 920040 – ☎. ❀
   ☲ 5000 – **10 cam** 47/63000.

🍴 **Marina Piccola** con cam, ℰ 920103, ≤, 🍴 – ☎. 🖭 🕼 ⓪ ᴇ 𝘝𝘐𝘚𝘈. ❀ cam
   Pas *(chiuso giovedì e gennaio)* carta 28/58000 (10%) – ☲ 8000 – **6 cam** 50/65000 –
   ½ P 60/65000.

🍴 **Da Billy,** ℰ 920628, ≤, 🍴, Coperti limitati; prenotare – ❀
   aprile-settembre; chiuso giovedì – Pas carta 24/44000 (10%).

MANDRIA Padova – Vedere Padova.

MANDURIA 74024 Taranto 🔢🔢🔢 ⊚ – 32 665 ab. alt. 79 – a.s. 15 giugno-agosto – ✆ 099.

Roma 571 – ◆Brindisi 41 – Lecce 50 – ◆Taranto 36.

🍴 **Al Castello,** piazza Garibaldi ℰ 8795153 – ❷. 🕼 ⓪ ᴇ 𝘝𝘐𝘚𝘈
→ *chiuso lunedì e dal 1° al 15 luglio* – Pas carta 20/36000.

MANERBA DEL GARDA 25080 Brescia – 2 872 ab. alt. 132 – a.s. Pasqua e luglio-15 settembre
– ✆ 0365.

Roma 541 – ◆Brescia 32 – Mantova 80 – ◆Milano 131 – Trento 103 – ◆Verona 56.

🍴🍴🍴 **Capriccio,** a Montinelle, piazza San Bernardo 6 ℰ 551124, « Servizio estivo all'aperto con
   ≤ lago » – ❡⤢ ❷. 🕼 𝘝𝘐𝘚𝘈
   chiuso gennaio, febbraio e martedì in bassa stagione – Pas carta 42/68000.

MANFREDONIA 71043 Foggia 🔢🔢🔢 ⊚ – 58 671 ab. – a.s. agosto-15 settembre – ✆ 0884.

Vedere Chiesa di Santa Maria di Siponto★ S : 3 km.

Dintorni Portale★ della chiesa di San Leonardo S : 10 km.

Escursioni Isole Tremiti★ (in battello) : ≤★★★ sul litorale.

🅱 corso Manfredi 26 ℰ 21998.

Roma 411 – ◆Bari 119 – ◆Foggia 39 – ◆Pescara 211.

🏠 **Gargano,** viale Beccarini 2 ℰ 27621, Fax 26021, ≤, 🔲 – 🛗 🍽 ☎ ♿ 🚗 ◆ ❷ – 🕍 80. 𝘝𝘐𝘚𝘈
   Pas *(chiuso martedì)* carta 30/48000 (15%) – ☲ 6000 – **46 cam** 58/80000 – ½ P 78000.

🍴🍴 **Al Porto-da Michele,** piazza della Libertà 3 ℰ 21800 – 🕼 ᴇ 𝘝𝘐𝘚𝘈. ❀
   chiuso mercoledì – Pas carta 25/42000 (10%).

   a Siponto SO : 3 km – ⊠ **71040** :

🏠 **Apulia,** ℰ 541621, Telex 812031, Fax 541468, 🔲, 🚗 – 🛗 ❡⤢ 🍽 🚗 ❷. 🖭 🕼 ⓪ 𝘝𝘐𝘚𝘈
   ❀ rist
   Pas *(chiuso novembre)* carta 22/42000 – ☲ 6000 – **54 cam** 40/85000, 🍽 5000 – ½ P 70000.

🏠 **Gabbiano,** ℰ 22910, 🍴 – ❡⤢ cam 🍽 rist 🚗 ❷. 🕼 ᴇ 𝘝𝘐𝘚𝘈
   Pas carta 19/34000 (10%) – ☲ 5000 – **20 cam** 49/64000 – ½ P 55/63000.

MANSUÈ 31040 Treviso – 3 875 ab. alt. 17 – ✆ 0422.

Roma 574 – Pordenone 22 – Treviso 32 – Udine 71.

🍴🍴 **Da Paolo,** ℰ 741189 – 🍽 ❷. 🖭 🕼 ᴇ 𝘝𝘐𝘚𝘈. ❀
   chiuso martedì sera e mercoledì – Pas carta 26/42000.

MANTOVA 46100 🅿 🔢🔢🔢 ⊛ – 55 386 ab. alt. 19 – ✆ 0376.

Vedere Palazzo Ducale★★★ – Piazza Sordello★ – Piazza delle Erbe : Rotonda di San Lorenzo★
BY **B** – Basilica di Sant'Andrea★ BY **K** – Palazzo Te★ AZ **A.**

🅱 piazza Andrea Mantegna 6 ℰ 350681 – **A.C.I.** piazza 80° Fanteria 13 ℰ 325691.

Roma 469 ③ – ◆Brescia 66 ① – ◆Ferrara 89 ② – ◆Milano 158 ① – ◆Modena 67 ③ – ◆Parma 62 ④ – Piacenza
199 ④ – Reggio nell'Emilia 72 ③ – ◆Verona 39 ①.

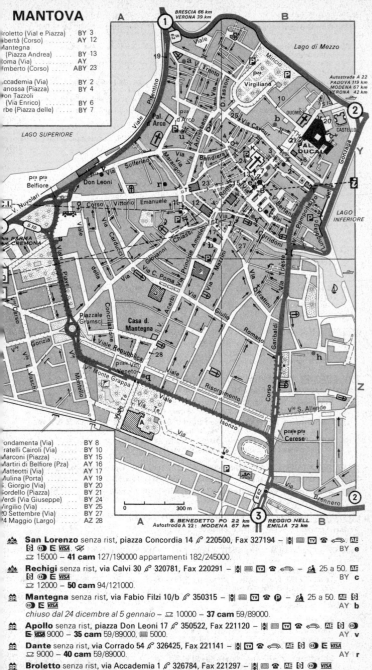

MANTOVA

LAGO SUPERIORE

BRESCIA 66 km
VERONA 39 km

Lago di Mezzo

Autostrada A 22
PADOVA 119 km
MODENA 67 km
VERONA 42 km

LAGO INFERIORE

0   300 m

A   S. BENEDETTO PO 22 km
Autostrada A 22 : MODENA 67 km

B   REGGIO NELL'
EMILIA 72 km

San Lorenzo senza rist, piazza Concordia 14 ℰ 220500, Fax 327194 – 🛗 🗏 📺 ☎ ⇔. 🖭
🖇 ⓞ Ε 🌇 ✕
☲ 15000 – **41 cam** 127/190000 appartamenti 182/245000.
BY **e**

Rechigi senza rist, via Calvi 30 ℰ 320781, Fax 220291 – 🛗 🗏 📺 ☎ ⇔ – 🔬 25 a 50. 🖭
🖇 ⓞ Ε 🌇
☲ 12000 – **50 cam** 94/121000.
BY **c**

Mantegna senza rist, via Fabio Filzi 10/b ℰ 350315 – 🛗 🗏 📺 ☎ 🅿 – 🔬 25 a 50. 🖭 🖇
ⓞ Ε 🌇
chiuso dal 24 dicembre al 5 gennaio – ☲ 10000 – **37 cam** 59/89000.
AY **b**

Apollo senza rist, piazza Don Leoni 17 ℰ 350522, Fax 221120 – 🛗 🗏 📺 ☎ ⇔. 🖭 🖇 ⓞ
Ε 🌇 9000 – **35 cam** 59/89000, 🗏 5000.
AY **v**

Dante senza rist, via Corrado 54 ℰ 326425, Fax 221141 – 🛗 📺 ☎ ⇔. 🖭 🖇 ⓞ Ε 🌇
☲ 9000 – **40 cam** 59/89000.
AY **r**

Broletto senza rist, via Accademia 1 ℰ 326784, Fax 221297 – 🛗 🗏 ☎. 🖭 🖇 ⓞ 🌇
chiuso dal 23 dicembre al 3 gennaio – ☲ 9000 – **16 cam** 59/89000.
BY **x**

XXX **San Gervasio,** via San Gervasio 13 𝓟 350504, 🍽, prenotare – 🖭 🕃 ⓞ 🖃 *VISA*   AY
chiuso mercoledì – Pas carta 40/52000.

XXX ⊛ **Aquila Nigra,** vicolo Bonacolsi 4 𝓟 350651 – 🍽. 🖭 🕃 ⓞ 🖃 *VISA*. 🍴   BY
chiuso domenica e lunedì – Pas carta 33/47000
Spec. Medaglioni di anguilla all'aceto balsamico, Tortelli di zucca, Dentice alla rucola. **Vini** Chardonnay, Lambrusco.

XXX ⊛ **Il Cigno,** piazza D'Arco 1 𝓟 327101, prenotare – 🍽. 🖭 🕃 ⓞ 🖃 *VISA*   AY
chiuso lunedì, martedì e dal 7 al 20 agosto – Pas carta 51/70000
Spec. Agnoli al burro fuso, Luccio in salsa tiepida, Petto di anitra in salsa di fegato. **Vini** Pinot grigio, Rubino.

XX **Rigoletto,** strada Cipata 10 𝓟 371167, « Servizio estivo in giardino » – ⓟ – 🛝 60 a 120
🖭   per ②
chiuso lunedì, dal 1° al 20 gennaio e dal 16 al 31 agosto – Pas carta 31/50000.

XX **Campana,** via Santa Maria Nuova (Cittadella) 𝓟 325679, Cucina tipica mantovana – 🍽
ⓟ 🕃. 🍴   per ①
chiuso venerdì, domenica sera ed agosto – Pas carta 28/43000.

XX **Ritz,** viale Piave 2 𝓟 326474, 🍽, Rist. e pizzeria – 🖭 🕃 ⓞ. 🍴   AY
chiuso lunedì – Pas carta 27/47000.

XX **Romani,** piazza delle Erbe 13 𝓟 323627, 🍽 – 🖭 🕃 ⓞ 🖃 *VISA*   BY
chiuso mercoledì sera, giovedì e luglio – Pas carta 25/37000.

X **Cento Rampini,** piazza delle Erbe 11 𝓟 366349, 🍽 – 🖭. 🍴   BY
chiuso domenica sera, lunedì e dal 1° al 15 agosto – Pas carta 28/40000.

X **Croce Bianca,** via Franchetti 9 𝓟 323414 – 🍴   BY
chiuso mercoledì – Pas carta 23/38000.

X **Chalet Te,** piazzale Vittorio Veneto 6 𝓟 320268 – 🕃 ⓞ 🖃 *VISA*. 🍴   AZ
chiuso martedì ed agosto – Pas carta 24/39000.

X **Due Cavallini,** via Salnitro 5 𝓟 322084, Tipica trattoria mantovana   BZ

a Cerese di Virgilio per ③ : 4 km – ✉ 46030 Virgilio :

🏨 **Cristallo,** 𝓟 448391, Telex 302060, Fax 440748, 🏊, 🐎, 🍴 – 🛗 🍽 📺 ☎ 🚗 ⓟ – 🛝 60 a
150. 🖭 🕃 ⓞ 🖃 *VISA*. 🍴
Pas *(chiuso martedì e dal 15 al 30 luglio)* carta 32/47000 – 🖙 7000 – **44 cam** 59/89000 –
½ P 50/55000.

⬛ **MANZANO** 33044 Udine – 7 368 ab. alt. 72 – ✿ 0432. Roma 646 – Gorizia 21 – ◆Trieste 52 – Udine 16.

XX **Il Borgo** 🦢 con cam, a Soleschiano S : 2 km 𝓟 755177, prenotare, « Servizio estivo
all'aperto », 🍽 – ⓟ. 🖭 🕃. 🍴
chiuso agosto – Pas *(chiuso martedì)* carta 32/53000 – **10 cam** 🖙 46000 – ½ P 60000.

⬛ **MARANELLO** 41053 Modena 🕮🕮🕮 ⑭ – 14 070 ab. alt. 137 – ✿ 0536.
Roma 411 – ◆Bologna 49 – ◆Firenze 137 – ◆Milano 179 – ◆Modena 16 – Reggio nell'Emilia 30.

🏨 **Europa** senza rist, via Mediterraneo 13 𝓟 940440 – 🛗 🍽 ☏ 🚗. 🖭 🕃 ⓞ 🖃 *VISA*. 🍴
chiuso dal 5 al 23 agosto – 🖙 7000 – **28 cam** 48/70000, 🍽 6000.

XX **Cavallino,** di fronte alle Officine Ferrari 𝓟 941160, 🍽 – ⓟ. 🖭 🕃 ⓞ 🖃 *VISA*. 🍴
chiuso domenica ed agosto – Pas carta 27/45000.

XX **William,** via Flavio Gioia 1 𝓟 941027 – 🍽. 🖭 🕃 ⓞ 🖃 *VISA*. 🍴
chiuso martedì ed agosto – Pas carta 38/66000.

⬛ **MARANO LAGUNARE** 33050 Udine 🕮🕮🕮 ⑥ – 2 224 ab. – a.s. luglio e agosto – ✿ 0431.
Roma 626 – Gorizia 51 – Latisana 21 – ◆Milano 365 – ◆Trieste 71 – Udine 40.

X **Alla Laguna-Vedova Raddi,** 𝓟 67109, Solo piatti di pesce – 🍴
chiuso mercoledì e dal 25 settembre al 25 ottobre – Pas carta 32/50000.

⬛ **MARATEA** 85046 Potenza 🕮🕮🕮 ㉘ – 5 362 ab. alt. 311 – ✿ 0973.
Vedere Località★★ – ❊★★ dalla basilica di San Biagio.
🛈 piazza del Gesù 40 ✉ 85040 Fiumicello di Santa Venere 𝓟 876908.
Roma 423 – Castrovillari 88 – ◆Napoli 217 – Potenza 137 – ◆Reggio di Calabria 340 – Salerno 166 – ◆Taranto
231.

🏨🏨 **Gd H. Pianeta Maratea** 🦢, località Santa Caterina SO : 3,5 km ✉ 85046 𝓟 876996,
Telex 812478, Fax 876385, ≼ costiera, 🏊 riscaldata, 🐝ᴼ, 🍴 – 🛗 🍽 📺 ☎ ⓟ – 🛝 100 a
400. 🖭 🕃 ⓞ 🖃 *VISA*. 🍴 rist
7 aprile-28 ottobre – Pas 55/65000 – **166 cam** 🖙 240/300000 appartamenti 500000 –
½ P 190/280000.

a Fiumicello di Santa Venere O : 5 km – ✉ 85040 :

🏨 **Santavenere** 🦢, 𝓟 876910, Telex 812387, Fax 876985, ≼ mare e costa, 🍽, « Parco e
scogliera », 🏊, 🐝ᴼ, 🍴 – 🗷 🍽 📺 ☎ ⓟ. 🖭 🕃 ⓞ 🖃 *VISA*. 🍴
14 aprile-14 ottobre – Pas 101000 – **44 cam** 🖙 262/476000 – ½ P 244/321000.

🏨 **Murmann,** 𝓟 876931 – ☏ 🚗 ⓟ 🕃 🖃 *VISA*. 🍴
chiuso dal 5 novembre al 5 gennaio – Pas *(chiuso lunedì)* 25/35000 – **18 cam** 🖙 76000 –
½ P 60/75000.

XX **Zà Mariuccia,** al Porto *&* 876163, ≤ – 𝔸𝔼 🕼 ⓪ 𝐄 𝘝𝘐𝘚𝘈. ⋘
chiuso gennaio, febbraio e dicembre – Pas carta 30/60000 (15%).

X **Villa Flora,** rione Fontana Vecchia ⊠ 85046 *&* 876101 – ⓟ. 🕼. ⋘
15 giugno-15 settembre – Pas carta 30/52000.

ad Acquafredda NO : 10 km – ⊠ 85041 :

🏠 **Villa del Mare,** strada statale S : 1,5 km *&* 878007, Telex 812390, Fax 878102, ≤ mare,
« Terrazze fiorite con ascensore per la spiaggia », ⤓, 🐎 – 🛗 ⋘ rist ☰ ☎ ⓟ – 🔬 200.
🕼 ⓪ 𝐄 𝘝𝘐𝘚𝘈. ⋘
aprile-15 ottobre – Pas carta 32/48000 – **75 cam** ⊑ 70/100000 – ½ P 80/150000.

🏠 **Villa Cheta Elite** ⑤, strada statale S : 1,5 km *&* 878134, « Terrazze fiorite e servizio rist.
estivo in giardino » – ☜ ⓟ. 𝔸𝔼 🕼 ⓪ 𝐄 𝘝𝘐𝘚𝘈. ⋘
aprile-settembre – Pas carta 30/46000 – ⊑ 14000 – **20 cam** 52/75000 – ½ P 70/98000.

🏠 **Gabbiano** ⑤, al mare *&* 878011, ≤, 🍴, 🐎 – ☰ rist ☎ ⓟ. 🕼. ⋘ rist
aprile-settembre – Pas 25/30000 – ⊑ 10000 – **31 cam** 52000 – ½ P 80/110000.

MARAZZINO Sassari – Vedere Sardegna (Santa Teresa Gallura) alla fine dell'elenco alfabetico.

MARCELLI Ancona – Vedere Numana.

MARCELLISE Verona – Vedere San Martino Buon Albergo.

MARCIANA e MARCIANA MARINA Livorno 🄌🄌🄌 ㉔ – Vedere Elba (Isola d').

MAREBELLO Forlì – Vedere Rimini.

MARESCA 51026 Pistoia – alt. 797 – a.s. luglio e agosto – ✪ 0573 – 🅱 via Gavinana *&* 64040.
Roma 334 – ◆Bologna 84 – ◆Firenze 60 – Lucca 56 – ◆Milano 285 – Pistoia 24.

🏠 **Miramonti** ⑤, *&* 64021, ≤, « Parco fiorito » – ⓟ. ⋘
luglio-agosto – Pas (solo per clienti alloggiati) 25/28000 – ⊑ 7000 – **37 cam** 32/58000 –
P 45/69000.

MARGHERA Venezia – Vedere Mestre.

MARGNO 22050 Como 🄌🄌🄌 ⑩ – 349 ab. alt. 730 – Sport invernali : a Pian delle Betulle :
1 503/1 700 m 🚡2, 🎿 – ✪ 0341 – Roma 650 – Como 59 – Lecco 30 – ◆Milano 86 – Sondrio 66.

a Pian delle Betulle E : 5 mn di funivia – alt. 1 503 :

🏠 **Baitock** ⑤, ⊠ 22050 *&* 840106, ≤ monti e pinete, 🍴 – ☜. ⋘ cam
Pas *(chiuso lunedì)* carta 26/38000 – ⊑ 6000 – **16 cam** 40/50000 – P 47/54000.

MARIANO COMENSE 22066 Como 🄌🄌🄌 ⑩ – 18 734 ab. alt. 250 – ✪ 031.
Roma 619 – ◆Bergamo 54 – Como 16 – Lecco 32 – ◆Milano 29.

XXX **San Maurizio,** via Matteotti 77 *&* 745574, 🍴 – ⓟ
chiuso mercoledì ed agosto – Pas carta 40/55000.

MARILLEVA Trento 🄌🄌🄌 ⑱⑲ – Vedere Mezzana.

MARINA DEL CANTONE Napoli – Vedere Massa Lubrense.

MARINA DI ANDORA Savona – Vedere Andora.

MARINA DI BELVEDERE MARITTIMO 87020 Cosenza – ✪ 0985.
Roma 452 – Castrovillari 88 – Catanzaro 131 – ◆Cosenza 71 – Paola 37 – Sapri 68.

🏠 **Poseidon,** *&* 88205, ≤, 🐎, 🍴, ⋘ – 🛗 ☰ ☜ ⓟ. 𝔸𝔼 🕼 ⓪ 𝐄 𝘝𝘐𝘚𝘈. ⋘
◆ *15 marzo-ottobre –* Pas 20/28000 – ⊑ 7000 – **50 cam** 65/95000 – ½ P 45/115000.

MARINA DI CAMEROTA 84059 Salerno 🄌🄌🄌 ㊳ – a.s. luglio e agosto – ✪ 0974.
Roma 385 – ◆Napoli 179 – Salerno 128 – Sapri 36.

🏠 **Delfino** *&* 932239 – ⓟ. 🕼 ⓪ 𝐄 𝘝𝘐𝘚𝘈. ⋘
◆ Pas (solo per clienti alloggiati e *chiuso da ottobre a marzo*) 17/32000 (10%) – ⊑ 5000 –
18 cam 23/36000 – ½ P 45/50000.

🏠 **Bolivar,** *&* 932036 – 🛗 ☜. 🕼 𝘝𝘐𝘚𝘈. ⋘
◆ *chiuso dall'8 dicembre all'8 gennaio –* Pas *(chiuso da ottobre a maggio)* carta 20/29000 –
21 cam ⊑ 26/40000 – P 55/60000.

X **Da Pepè,** *&* 932461, 🍴 – ⓟ. 𝔸𝔼 𝐄 𝘝𝘐𝘚𝘈
Pasqua-settembre – Pas carta 31/49000.

X **Valentone,** *&* 932004, 🍴
chiuso domenica da ottobre a Pasqua – **Pas** carta 26/38000.

MARINA DI CAMPO Livorno 988 ㉔ – Vedere Elba (Isola d').

MARINA DI CARRARA Massa-Carrara 988 ⑭ – Vedere Carrara (Marina di).

MARINA DI CASTAGNETO Livorno 988 ⑭ – Vedere Castagneto Carducci.

MARINA DI CECINA Livorno – Vedere Cecina (Marina di).

MARINA DI FUSCALDO 87020 Cosenza 988 ㊳ – ✆ 0982.
Roma 481 – Catanzaro 100 – ◆Cosenza 41 – ◆Reggio di Calabria 193 – Salerno 224.

🏨 Il Vascello, ℰ 686145, ⩽, 🐜 – 🛗 ☎ ❷
   48 cam

MARINA DI GIOIOSA JONICA 89046 Reggio di Calabria 988 ㊳ – 6 279 ab. – ✆ 0964.
Roma 693 – Catanzaro 89 – ◆Reggio di Calabria 107 – Roccella Jonica 7.

🏨 Number One, SO : 1 km ⋈ 89043 Grotteria ℰ 55624, ⩽, 🐜 – 🛗 ☎ ❷
   68 cam

🏨 **Miramare,** ℰ 55342, ⩽ – 🛗 ☎ ❷. 📭 🛇 ⓞ VISA. 🎇
   Pas vedere rist Miramare – � 5000 – **37 cam** 45/70000 – ½ P 40/70000.

✗ **Miramare,** ℰ 55034, ⩽ – 📭 🛇 ⓞ VISA. 🎇
   Pas carta 24/35000 (10%).

MARINA DI GROSSETO Grosseto 988 ㉔ – Vedere Grosseto (Marina di).

MARINA DI LEUCA 73030 Lecce 988 ㉚ ㊵ – ✆ 0833.
Roma 676 – ◆Bari 219 – ◆Brindisi 107 – Gallipoli 48 – Lecce 68 – ◆Taranto 141.

🏨 **L'Approdo,** ℰ 753016, Fax 753016, ⩽, ⎯, 🐜 – ☎ ❷. 📭 🛇 VISA. 🎇 rist
   Pasqua-ottobre – Pas carta 30/52000 – **50 cam** ⊏ 75/130000 – ½ P 60/120000.

🏨 **Terminal,** ℰ 753242, ⩽, ⎯, 🐜 – 🛗 ▤ ☎ ❷ – ⛴ 300. 🎇 rist
   Pas 22/30000 – ⊏ 10000 – **60 cam** 41/69000 – ½ P 58/80000.

MARINA DI MASSA Massa-Carrara 988 ⑭ – Vedere Massa (Marina di).

MARINA DI MODICA Ragusa – Vedere Sicilia alla fine dell'elenco alfabetico.

MARINA DI MONTEMARCIANO 60016 Ancona – a.s. luglio e agosto – ✆ 071.
Roma 282 – ◆Ancona 14 – ◆Ravenna 134.

✗✗✗ **Delle Rose,** ℰ 9198668, ⩽, 🍽, ⎯, ✗ – ❷ – ⛴ 40. 🛇 VISA. 🎇
   chiuso lunedì – Pas carta 30/57000.

MARINA DI PATTI Messina – Vedere Sicilia alla fine dell'elenco alfabetico.

MARINA DI PIETRASANTA Lucca 988 ⑭ – Vedere Pietrasanta (Marina di).

MARINA DI PISA Pisa 988 ⑭ – Vedere Pisa (Marina di).

MARINA DI RAGUSA Ragusa 988 ㊱ ㊲ – Vedere Sicilia (Ragusa, Marina di) alla fine dell'elenco alfabetico.

MARINA DI RAVENNA Ravenna 988 ⑮ – Vedere Ravenna (Marina di).

MARINA DI SAN VITO 66035 Chieti – a.s. 15 giugno-agosto – ✆ 0872.
Roma 234 – Chieti 43 – ◆Foggia 154 – Isernia 127 – ◆Pescara 28.

🏨 **Miramare,** ℰ 61072, ⩽ – 🛗 ☎. 📭 🛇 ⓞ E VISA. 🎇 rist
➡ Pas (chiuso domenica sera) 15/25000 – **36 cam** ⊏ 30/55000 – ½ P 30/55000.

MARINA DI VASTO Chieti – Vedere Vasto (Marina di).

MARINA EQUA Napoli – Vedere Vico Equense.

MARINA GRANDE Napoli – Vedere Capri (Isola di).

MARINA PICCOLA Napoli – Vedere Capri (Isola di).

MARINA ROMEA Ravenna – Vedere Ravenna (Marina di).

MARINELLA Trapani 988 ㉟ – Vedere Sicilia (Selinunte) alla fine dell'elenco alfabetico.

00047 Roma 🔲🔲🔲 ⑳ – 33 392 ab. alt. 355 – 🏙 06.
Roma 22 – Frosinone 73 – Latina 44.

🏨🏨 **Helio Cabala** ⤳, via Spinabella 13/15 (O : 3 km) ℰ 9384391, Telex 613209, Fax 9385432,
≼, « Terrazza ombreggiata con ⤳ » – 🛗 📺 🕿 🅿 – 🔬 25 a 400. 🆎 🕃 ⒶⒹ 🅴 𝐕𝐈𝐒𝐀. 🍴 rist
Pas 45/70000 – **40 cam** ⬜ 175/250000 appartamenti 220/300000 – ½ P 140/160000.

XX **La Perla**, via Mazzini 56 ℰ 9385430, Coperti limitati; prenotare – 🔳. 🆎 🕃 ⒶⒹ 🅴 𝐕𝐈𝐒𝐀. 🍴
chiuso mercoledì e dal 15 al 30 agosto – Pas carta 38/59000.

XX **Al Vigneto**, via dei Laghi al km 4,5 ℰ 9387034, « Servizio estivo in giardino » – 🅿. 🆎 🕃
ⒶⒹ 🅴 𝐕𝐈𝐒𝐀
chiuso martedì – Pas carta 29/40000.

(MARLING) 39020 Bolzano 🔲🔲🔲 ⑩⑳ – 2 050 ab. alt. 363 – a.s. aprile-maggio e 15
luglio-ottobre – 🏙 0473 – Roma 668 – ✦Bolzano 31 – Merano 3 – ✦Milano 329.

🏨🏨 **Oberwirt**, ℰ 47111, Fax 47130, « Servizio rist. estivo all'aperto », ⤳ riscaldata, 🔲, 🚲 –
📺 🕿 🅿. 🆎 🕃 🅴 𝐕𝐈𝐒𝐀
15 marzo-10 novembre – Pas carta 30/60000 – **45 cam** ⬜ 72/122000 appartamenti 180/220000
– ½ P 86/97000.

🏨🏨 **Marlena**, ℰ 47166, Fax 47441, ≼, ⤳ riscaldata, 🔲, 🚲, 🛳 – 🛗 🕿 🚗 🅿 – 🔬 45. 🕃 ⒶⒹ
🅴 𝐕𝐈𝐒𝐀. 🍴 rist
marzo-novembre – Pas (solo per clienti alloggiati) 24/32000 – **42 cam** ⬜ 95/170000 –
½ P 82/101000.

🏨🏨 **Sport Hotel Nörder**, ℰ 47000, Fax 47370, ≼, 🌿, ⤳ riscaldata, 🔲, 🚲, 🛳 – 🛗 📺 🕿
🚗 🅿. 🆎 𝐕𝐈𝐒𝐀
18 marzo-6 novembre – Pas *(chiuso martedì)* carta 29/50000 – **27 cam** ⬜ 81/140000 appartamenti 160/200000 – ½ P 85/95000.

🏠 **Jagdhof**, ℰ 47177, ⤳, 🔲, 🚲, 🛳 – 🛗 📺 🕿 🅿. 🍴 rist
15 marzo-6 novembre – Pas (solo per clienti alloggiati) – **26 cam** ⬜ 56/110000 appartamenti
180/220000 – ½ P 70/80000.

🏠 **Paradies**, ℰ 45202, 🔲, 🚲 – 🛗 ⤢ cam 📺 🕿 🚗 🅿
✦ *chiuso dal 12 gennaio al 12 febbraio* – Pas 20/28000 – **22 cam** ⬜ 45/80000 – ½ P 50/65000.

= Marlengo.

★★★ Belluno e Trento 🔲🔲🔲 ⑤ – Vedere Guida Verde.

Treviso – Vedere Mogliano Veneto.

Napoli – Vedere Ischia (Isola d') : Barano.

Parma – Vedere Parma.

36063 Vicenza 🔲🔲🔲 ⑤ – 12 481 ab. alt. 105 – 🏙 0424.
Vedere Piazza Castello★.
Roma 550 – Belluno 87 – ✦Milano 243 – ✦Padova 49 – Treviso 54 – ✦Venezia 82 – Vicenza 28.

🏠 **Europa**, via Pizzimano 19 ℰ 77842 – 🔳 📺 🕿 🅿. 🆎 🕃 ⒶⒹ 🅴 𝐕𝐈𝐒𝐀. 🍴 cam
✦ Pas carta 20/31000 – ⬜ 10000 – **30 cam** 80/100000 – ½ P 50/70000.

XX **Alla Scacchiera**, piazza Castello ℰ 72346 – 🔳. 🆎 ⒶⒹ 𝐕𝐈𝐒𝐀
chiuso domenica sera, lunedì, dal 30 luglio al 20 agosto e dal 28 dicembre al 10 gennaio –
Pas carta 23/36000.

a Valle San Floriano N : 3 km – alt. 127 – ✉ 36060 :

XX **Dalla Rosina** ⤳ con cam, N : 2 km ℰ 780900 – 📺 🕿 🅿 – 🔬 120. 🆎 𝐕𝐈𝐒𝐀. 🍴
chiuso dal 28 febbraio e dal 1° al 22 agosto – **Pas** *(chiuso lunedì sera e martedì)*
carta 24/36000 – ⬜ 8000 – **15 cam** 55/85000.

a San Luca NO : 8 km – alt. 495 – ✉ 36060 Crosara :

X **San Luca** ⤳ con cam, ℰ 702034, ≼ vallata e monti – 🅿. 🍴
2 aprile-ottobre – Pas carta 24/33000 – ⬜ 6000 – **7 cam** 40000 – ½ P 35/40000.

61035 Pesaro e Urbino 🔲🔲🔲 ⑯ – a.s. 15 giugno-agosto – 🏙 0721.
🅘 (15 maggio-settembre) viale Cristoforo Colombo 31 ℰ 96591.
Roma 305 – ✦Ancona 38 – ✦Perugia 125 – Pesaro 25 – Urbino 61.

🏠 **Imperial**, lungomare Faà di Bruno 119 ℰ 96145, ≼, 🏖, 🚲 – 🛗 🔳 rist 🕿 🅿. 🍴
✦ *20 maggio-settembre* – Pas 18/22000 – **36 cam** ⬜ 40/58000 – P 40/60000.

🏠 **Levante**, lungomare Colombo 107 ℰ 96647, ≼, 🏖 – 🛗 🅿. ⒶⒹ. 🍴 rist
maggio-25 settembre – Pas 19/30000 – ⬜ 7000 – **36 cam** 42/60000 – ½ P 50/62000.

🏠 **Caravel**, lungomare Faà di Bruno 135 ℰ 96670, ≼ – 🛗 ⤢ cam 🕿 🅿. 🍴 rist
✦ *maggio-settembre* – Pas 16/19000 – ⬜ 5000 – **32 cam** 30/45000 – ½ P 39/51000.

X **La Paglia**, via Tre Pini 40 (O : 2 km) ℰ 967632, 🌿, Solo piatti di pesce, « Grazioso
giardino », 🛳 – 🅿. ⒶⒹ 𝐕𝐈𝐒𝐀. 🍴
Pasqua-15 settembre; chiuso lunedì (escluso luglio-agosto) – **Pas** carta 28/41000.

315

MARSALA Trapani 988 ㊿ – Vedere Sicilia alla fine dell'elenco alfabetico.

MARSICO NUOVO 85052 Potenza – 5 846 ab. alt. 780 – ✪ 0975.
Roma 371 – ◆Napoli 165 – Potenza 60 – ◆Taranto 176.

 🏤 **Il Castello** ॐ, località Occhio N : 2 km ℰ 842182, ≤ monti e vallata – ☎ 🅿. ⛿
 ← Pas (chiuso mercoledì escluso luglio-agosto e da dicembre a febbraio) carta 20/33000 –
   9 cam ☷ 28/63000 – ½ P 38/43000.

MARTINA FRANCA 74015 Taranto 988 ㉙ – 45 145 ab. alt. 431 – ✪ 080.
Vedere Via Cavour★.
Dintorni Regione dei Trulli★★★ N-NE.
🛈 piazza Roma 35 ℰ 705702.
Roma 524 – Alberobello 15 – ◆Bari 74 – ◆Brindisi 59 – Matera 83 – Potenza 182 – ◆Taranto 32.

 🏤 **Dell'Erba,** viale dei Cedri 1 ℰ 901055, Telex 810014, Fax 901658, ⛲, ⛲, ⛿ – 🛗 🗐 rist 📺
   ☎ 🕭 🅿 – 🕸 60 a 200. 🝙 🕃 🕕 🅴 𝘝𝘐𝘚𝘈. ⛿
   Pas carta 30/53000 – **49 cam** ☷ 70/110000 – ½ P 73000.

 🏤 **Park Hotel San Michele,** viale Carella 9 ℰ 705355, Fax 705918, 🌣, ⛲, ⛿ – 🛗 📺 ☎ 🅿
   – 🕸 300. 🝙 🕃 🕕 🅴 𝘝𝘐𝘚𝘈. ⛿
   Pas (chiuso venerdì) carta 34/59000 – **78 cam** ☷ 62/101000 – ½ P 86000.

 ✕ **Trattoria delle Ruote,** via Ceglie E : 4,5 km ℰ 705429, Coperti limitati; prenotare, « Servizio estivo all'aperto » – 🅿. ⛿
   chiuso lunedì – Pas 30/35000.

MARTINSICURO 64014 Teramo – 11 261 ab. – a.s. luglio e agosto – ✪ 0861.
Roma 227 – ◆Ancona 98 – L'Aquila 118 – Ascoli Piceno 30 – ◆Pescara 64 – Teramo 45.

   a Villa Rosa S : 5 km – ✉ 64010 :

 🏤 **Maxim's,** lungomare Italia ℰ 72620, Fax 751609, ≤, ⛲, 🏖, ⛿, ✕ – 🛗 🗐 rist ☎ 🅿.
   ⛿ rist
   maggio-settembre – Pas 35000 – ☷ 15000 – **100 cam** 60/90000 – ½ P 65/75000.

 🏤 **Olimpic,** lungomare Italia 12 ℰ 72390, ≤, ⛲, 🏖, ⛿ – 🛗 🗐 & 🅿. ⛿
   20 maggio-20 settembre – Pas 22/36000 – ☷ 13000 – **55 cam** 38/78000 – P 52/90000.

 🏤 Park Hotel, 79ª strada 9 ℰ 77913, ⛲, ✕ – 🛗 🗐 rist ☎ 🅿
   63 cam.

 ✕✕ **Minerva,** via Franchi 17 ℰ 77400 – ⛿
   chiuso lunedì – Pas carta 27/51000.

 ✕✕ **Al Pescheto,** statale Adriatica ℰ 72455, ≤ – 🅿. 🝙 🕃 🕕 🅴 𝘝𝘐𝘚𝘈. ⛿
   chiuso novembre e martedì in bassa stagione – Pas carta 25/49000.

MARZAGLIA Modena – Vedere Modena.

MASER 31010 Treviso – 4 687 ab. alt. 147 – ✪ 0423.
Vedere Villa★★★ del Palladio.
Roma 562 – Belluno 59 – ◆Milano 258 – Trento 108 – Treviso 29 – Vicenza 54.

 ✕✕ **Da Bastian,** località Muliparte ℰ 565400, 🌣 – 🅿. ⛿
   chiuso mercoledì sera, giovedì ed agosto – Pas carta 24/35000.

MASERADA SUL PIAVE 31052 Treviso – 6 238 ab. alt. 33 – ✪ 0422.
Roma 553 – Belluno 74 – Treviso 13 – ◆Venezia 42.

 ✕✕ **Da Paolo Zanatta,** località Varago S : 1,5 km ℰ 778048, ⛿ – 🅿. 🝙 🕃 🕕 𝘝𝘐𝘚𝘈. ⛿
   chiuso domenica sera, lunedì, dall'8 al 15 gennaio e dal 30 luglio al 20 agosto – **Pas**
   carta 25/48000.

MASIO 15024 Alessandria – 1 568 ab. alt. 142 – ✪ 0131.
Roma 607 – Asti 14 – Alessandria 22 – ◆Milano 118 – ◆Torino 80.

 ✕✕ **Trattoria Losanna,** via San Rocco 36 (E : 1 km) ℰ 799525 – 🅿. 🝙 🕃 🅴 𝘝𝘐𝘚𝘈. ⛿
   chiuso lunedì e gennaio – Pas carta 25/50000.

MASSA 54100 🄿 988 ⑭ – 67 327 ab. alt. 65 – a.s. Pasqua e luglio-agosto – ✪ 0585.
🛈 a Carrara, piazza 2 Giugno 14 ℰ 70894.
A.C.I. via Europa 9 ℰ 831941.
Roma 389 – Carrara 7 – ◆Firenze 115 – ◆Livorno 65 – Lucca 45 – ◆Milano 235 – Pisa 46 – ◆La Spezia 35.

 ✕✕ Il Marcovardo, piazza Liberazione 21 ℰ 42650

   a Bergiola Maggiore N : 5,5 km – alt. 329 – ✉ 54100 Massa :

 ✕ **La Ruota,** ℰ 42030, ≤ città e litorale – 🅿
   chiuso lunedì da ottobre a marzo – Pas carta 30/43000.

🏌 viale Vespucci 23 ℰ 240063.

Roma 388 – ◆Firenze 114 – ◆Livorno 64 – Lucca 44 – Massa 5 – ◆Milano 234 – Pisa 45 – ◆La Spezia 34.

🏨 **Eco del Mare,** via Verona 1 (angolo lungomare di Ponente) ℰ 240459, ≤, 🔺, ☞ – 🗏 🕿
   🅿 ⅋ 🅱 ⓘ 🄴 𝘝𝘐𝘚𝘈. 𝒮𝒞 rist
   Pas 30/40000 – **20 cam** 🖙 60/100000 – ½ P 70/90000.

🏨 **Miramonti,** via Montegrappa 7 ℰ 241067, Fax 246180, ☞ – 🕿 🅿 ⅋ 🅱 ⓘ 🄴 𝘝𝘐𝘚𝘈. 𝒮𝒞 rist
➡ Pas (solo per clienti alloggiati) 20/25000 – 🖙 **14 cam** 42/60000 – ½ P 45/55000.

🍴🍴 **Da Riccà,** lungomare di Ponente ℰ 241070, 🍴, Solo piatti di pesce – 🖙 🅿 ⅋ 🅱 ⓘ 𝘝𝘐𝘚𝘈. 𝒮𝒞
   chiuso lunedì e dal 20 ottobre al 20 novembre – Pas carta 35/60000 (10%).

🍴🍴 **Jean Paul,** via Mattei (ang. via della Pineta) ℰ 242332, 🍴 – 🅱 ⓘ 🄴 𝘝𝘐𝘚𝘈
   15 giugno-15 settembre – Pas carta 31/49000 (10%).

   a Ronchi SE : 2 km – 🖂 **54039** :

🏨🏨 **Tropicana** senza rist, a Poveromo, via Verdi 47 ℰ 309041, Fax 309044, « Giardino ombreggiato con 🔺 riscaldata » – 🗏 🔲 🅿 ⅋ 🅱 ⓘ 🄴 𝘝𝘐𝘚𝘈. 𝒮𝒞
   🖙 15000 – 24 appartamenti 80/240000.

🏨🏨 **Villa Irene** 🦢, a Poveromo, via delle Macchie 125 ℰ 309310, Fax 308038, 🍴, « Parco-
   giardino con 🔺 riscaldata », ♣⚲ – 🕿 🅿 𝒮𝒞 rist
   aprile-ottobre – Pas (solo per clienti alloggiati) – **38 cam** 🖙 97/160000 – ½ P 138/145000.

🏨🏨 **Marina,** via Magliano 3 ℰ 245261, Fax 245132, ☞ – 🕿 🅿 𝒮𝒞
➡ maggio-settembre – Pas (solo per clienti alloggiati e chiuso a mezzogiorno) 18/24000 – 🖙
   12000 – **30 cam** 58/88000 – ½ P 75/90000.

🏨 **La Pergola,** a Poveromo, via Verdi 41 ℰ 240118, « Giardino ombreggiato » – 🕿 🅿 𝘝𝘐𝘚𝘈.
   𝒮𝒞 rist
   aprile-settembre – Pas carta 25/41000 – **25 cam** 🖙 50/80000 – ½ P 75/80000.

🏨 **Hermitage,** via Verdi 15 ℰ 240856, « Giardino con 🔺 », ♣⚲ – 🕿 🅿 🅱. 𝒮𝒞
   Pasqua-15 settembre – Pas 25/35000 – 🖙 10000 – **24 cam** 80000 – ½ P 75/80000.

Roma 508 – ◆Bari 76 – ◆Brindisi 84 – ◆Taranto 18.

🍴🍴 **La Ruota,** via Barulli 28 ℰ 687710 – 🗏. 🅱 ⓘ 𝘝𝘐𝘚𝘈. 𝒮𝒞
   chiuso domenica sera, lunedì e dal 1° al 10 agosto – **Pas** carta 25/50000.

   sulla strada statale 7 NO : 2 km :

🏨🏨 **Appia Palace Hotel,** 🖂 74016 ℰ 881501, Telex 860241, Fax 881506, 🍴 – 🛗 🗏 🔲 🕿 ♿
   🅿 – 🔺 30 a 350. 🅱 🅱 ⓘ 🄴 𝘝𝘐𝘚𝘈. 𝒮𝒞
   Pas carta 25/41000 – 🖙 4000 – **76 cam** 65/90000 appartamenti 110000 – ½ P 75000.

Roma 263 – ◆Napoli 54 – Positano 21 – Salerno 56 – Sorrento 6.

🏨🏨 **Delfino** 🦢, SO : 3 km ℰ 8789261, Fax 8089074, ≤ mare ed isola di Capri, « In una pittoresca
   insenatura », 🔺, ♣⚲, ☞ – 🛗 🅿 🅱 🅱 𝘝𝘐𝘚𝘈. 𝒮𝒞
   aprile-ottobre – Pas 35000 – 🖙 12000 – **49 cam** 110/130000 – ½ P 90/105000.

🏨🏨 **Bellavista Francischiello-da Riccardo,** N : 1 km ℰ 8789181, ≤ mare e isola di Capri,
   🔺 – 🛗 🖙 cam 🗏 cam 🚗 ♠ 🅿 🅱 🅱 ⓘ 🄴 𝘝𝘐𝘚𝘈. 𝒮𝒞 rist
   Pas (chiuso martedì in bassa stagione) carta 27/44000 – 🖙 8000 – **25 cam** 45/70000, 🗏 14000
   – ½ P 60/70000.

🏨🏨 **Maria,** S : 1 km ℰ 8789163, ≤ mare, « 🔺 su terrazza panoramica » – 🚗 🅿. 𝘝𝘐𝘚𝘈. 𝒮𝒞
   aprile-ottobre – Pas (chiuso venerdì) carta 28/44000 (15%) – 🖙 6000 – **30 cam** 65000 –
   ½ P 60/65000.

🏨 **Villa Pina,** N : 1,5 km ℰ 8771171, Fax 8071813, ≤ – 🛗 🖙 🅿. 𝒮𝒞
   Pas vedere rist Antico Francischiello-da Peppino – senza 🖙 – **11 cam** 30/50000.

🍴🍴 **Antico Francischiello-da Peppino** con cam, N : 1,5 km ℰ 8771171, ≤ mare – 🖙 🗏 🔲
   🅿. 🅱 ⓘ 𝘝𝘐𝘚𝘈. 𝒮𝒞
   Pas (chiuso mercoledì) carta 29/50000 (15%) – 🖙 5000 – **8 cam** 55000 – ½ P 55000.

🍴 **La Primavera** con cam, ℰ 8789125, ≤, 🍴 – 🚗. 𝘝𝘐𝘚𝘈. 𝒮𝒞
   Pas (chiuso mercoledì) carta 24/40000 (10%) – **8 cam** 🖙 50000 – ½ P 60000.

   a Nerano-Marina del Cantone SE : 11 km – 🖂 **80068** Termini :

🍴🍴 **Taverna del Capitano** con cam, ℰ 8081028, ≤, 🍴 – 🗏 cam 🚗. 🅱 ⓘ 𝘝𝘐𝘚𝘈. 𝒮𝒞
   chiuso dall'8 gennaio al 28 febbraio – Pas carta 30/43000 (12%) – 🖙 10000 – **18 cam**
   60/100000, 🗏 10000 – ½ P 70/100000.

🍴 **Delle Sirene** 🦢 con cam, ℰ 8081027, ≤, 🍴 – 🖙 rist 🕿. 𝒮𝒞 cam
   Pas (chiuso martedì) carta 22/35000 (15%) – 🖙 5000 – **16 cam** 60000 – ½ P 40/70000.

   Vedere anche : Sant'Agata sui Due Golfi E : 5 km.

MASSA MARITTIMA 58024 Grosseto 988 ⑭㉔ – 9 671 ab. alt. 400 – ✿ 0566.

Vedere Piazza Garibaldi★ – Duomo★ – Torre del Candeliere★, Fortezza e Arco senesi★.

Roma 249 – ◆Firenze 132 – Follonica 19 – Grosseto 62 – Siena 64.

🏠 Duca del Mare, piazza Dante Alighieri 1/2 ℰ 902284, ≤, 🚗 – ☜ ℗ – **18 cam**.

MASSAROSA 55054 Lucca 988 ⑭ – 18 585 ab. alt. 15 – ✿ 0584.

Roma 363 – ◆Livorno 52 – Lucca 19 – ◆La Spezia 60.

a Bargecchia NO : 9 km – ✉ 55040 Corsanico :

XX **Rino** ⅏ con cam, ℰ 954000, 🚗, 🚗, ❄ – Ⓑ ⓞ Ε VISA. ❄ cam
◆ Pas *(chiuso martedì da ottobre a giugno)* 20/30000 – **9 cam** ⊑ 35/50000.

MASSINO VISCONTI 28040 Novara 219 ⑦ – 980 ab. alt. 465 – ✿ 0322.

Roma 654 – ◆Milano 77 – Novara 52 – Stresa 10.

X **Trattoria San Michele,** ℰ 219101, Coperti limitati; prenotare, « Servizio estivo in terrazza con ≤ » – ❄
chiuso martedì, dal 20 al 30 gennaio e dal 25 agosto al 15 settembre – Pas carta 23/42000.

MATELICA 62024 Macerata 988 ⑯ – 10 138 ab. alt. 354 – ✿ 0737.

Roma 225 – ◆Ancona 77 – Ascoli Piceno 108 – Assisi 82 – Macerata 50.

sulla strada statale 256 N : 2 km :

🏠 **MotelAgip,** ✉ 62024 ℰ 84781 – 📺 ☎ ℗. AE Ⓑ ⓞ Ε VISA. ❄ rist
Pas *(chiuso sabato)* 23000 – ⊑ 8000 – **16 cam** 38/66000 – ½ P 65/70000.

MATERA 75100 ℗ 988 ㉙ – 53 765 ab. alt. 401 – ✿ 0835.

Vedere I Sassi★★ – Strada dei Sassi★★ – Duomo★ – ≤★★ sulla città dalla strada delle chiese rupestri NE : 4 km.

🛈 piazza Vittorio Veneto 19 ℰ 211188.

A.C.I. viale delle Nazioni Unite 47 ℰ 213963.

Roma 461 – ◆Bari 62 – ◆Cosenza 222 – ◆Foggia 178 – ◆Napoli 255 – Potenza 104.

🏠 **De Nicola,** via Nazionale 158 ℰ 214821 – 📶 ☎ ⟵. ❄
Pas carta 24/36000 – ⊑ 5500 – **76 cam** 36/58000 – ½ P 52000.

X **Il Terrazzino,** vico San Giuseppe 7 ℰ 222016, « Ambiente caratteristico » – AE Ⓑ ⓞ Ε VISA
chiuso martedì – Pas carta 25/41000 (10%).

X **Da Mario,** via 20 Settembre 14 ℰ 214569 – ▤. AE Ⓑ ⓞ Ε VISA. ❄
chiuso domenica e dal 7 al 18 agosto – Pas carta 28/47000.

sulla strada statale 99 :

🏠 **Motel Park** ⅏, N : 5 km ✉ 75100 ℰ 263625, Fax 381986, ☇, ❄ – ❄⟵ ▤ 📺 ☎ ℗ – 🔥 50 a 500. Ⓑ ⓞ Ε VISA. ❄
Pas carta 25/35000 – ⊑ 8000 – **58 cam** 50/65000, ▤ 5000 – ½ P 70000.

XX **Nonna Sara,** N : 6 km ✉ 75100 ℰ 259121, 🚗 – ▤ ℗.

MATTINATA 71030 Foggia 988 ㉘ – 6 245 ab. alt. 77 – a.s. luglio-15 settembre – ✿ 0884.

Roma 430 – ◆Bari 138 – ◆Foggia 58 – Monte Sant'Angelo 19 – ◆Pescara 222.

🏠 **Apeneste,** piazza Turati 3 ℰ 4743, ☇, 🍴⎈ – ▤ ⊛ ℗. AE Ⓑ ⓞ Ε VISA. ❄
Pas carta 33/54000 – **26 cam** ⊑ 55/90000 – ½ P 55/82000.

🏠 **Alba del Gargano,** corso Matino ℰ 4771, Fax 4772, 🚗 – ❄⟵ cam ⊛ ⟵ ℗. Ⓑ VISA. ❄
Pas *(chiuso martedì da ottobre a maggio)* carta 24/38000 – **37 cam** ⊑ 60/100000 – ½ P 60/85000.

XX **Trattoria dalla Nonna,** al lido E : 1 km ℰ 49205, ≤, 🚗 – ℗. AE Ⓑ ⓞ Ε VISA. ❄
chiuso lunedì e martedì da ottobre a maggio – Pas carta 36/68000.

X **Papone,** strada statale 89 (N : 1 km) ℰ 4749, 🚗, « In un antico frantoio » – ❄⟵ ℗. Ⓑ VISA. ❄
chiuso novembre e lunedì da ottobre a maggio – Pas carta 26/45000.

sulla strada litoranea NE : 17 km :

🏠 **Baia delle Zagare** ⅏, ✉ 71030 ℰ 4155, Fax 4884, ≤, « Palazzine fra gli olivi con ascensori per la spiaggia », ☇, 🍴⎈, ❄ – ☎ & ℗ – 🔥 300. ❄ rist
maggio-settembre – **144 cam** (solo pens) – P 90/140000.

MAULS = Mules.

MAZARA DEL VALLO Trapani 988 ㉟ – Vedere Sicilia alla fine dell'elenco alfabetico.

MAZZARÒ Messina 988 ㊲ – Vedere Sicilia (Taormina) alla fine dell'elenco alfabetico.

MAZZEO Messina – Vedere Sicilia (Taormina) alla fine dell'elenco alfabetico.

MAZZO DI VALTELLINA 23030 Sondrio ②⑧ ⑦ – 998 ab. alt. 552 – ✆ 0342.
Roma 734 – ◆Bolzano 172 – Bormio 29 – ◆Milano 173 – Sondrio 35.

　✗　**La Rusticana,** ✆ 861051 – _VISA_. ⬚
　　chiuso lunedì – Pas carta 23/36000.

MEANO Belluno – Vedere Santa Giustina.

MEDUNA DI LIVENZA 31040 Treviso – 2 421 ab. alt. 9 – ✆ 0422.
Roma 573 – Belluno 79 – ◆Milano 312 – Treviso 40 – Udine 84 – ◆Venezia 62.

　🏠　**Al Paradiso,** ✆ 767007 – 📺 ☎ 🚗 🅰🅴 🔲 🅴 _VISA_. ⬚
　　chiuso dal 15 luglio al 15 agosto – Pas (chiuso lunedì) 25/50000 – ⊒ 3000 – **20 cam**
　　30/55000 – ½ P 50000.

MEGLIADINO SAN FIDENZIO 35040 Padova – 1 865 ab. alt. 12 – ✆ 0429.
Vedere Montagnana★ : cinta muraria★★ O : 4 km.
Roma 475 – ◆Ferrara 57 – Mantova 63 – ◆Milano 214 – ◆Padova 46 – ◆Verona 61.

　✗✗　**I Ruzantini,** strada statale 16 (N : 1 km) ✆ 89413 – 🅿. 🅰🅴 🔲 🅾 🅴 _VISA_. ⬚
　　chiuso lunedì sera, martedì e dal 15 giugno al 15 luglio – Pas carta 23/40000 (10%)

MEINA 28046 Novara ⑨⑧⑧ ②, ②①⑨ ⑦ – 2 069 ab. alt. 214 – a.s. aprile e luglio-15 settembre –
✆ 0322.
Roma 645 – ◆Milano 68 – Novara 44 – Stresa 12 – ◆Torino 120.

　🏠　**Villa Paradiso,** ✆ 6488, Telex 200481, ≼, 🍴, « Parco ombreggiato », 🏖 – 🛗 ☎ 🅿. 🅰🅴
　　🔲 🅾 🅴 _VISA_. ⬚ rist
　　15 marzo-ottobre – Pas carta 34/52000 (10%) – ⊒ 9000 – **58 cam** 65/80000 – ½ P 65/75000.

　　a Pisano O : 3,5 km – alt. 396 – ✉ 28010 :

　✗　**Apollo,** verso Colazza ✆ 58143, ≼, « Servizio estivo in giardino » – 🅿. 🅾. ⬚
　　chiuso martedì e novembre – Pas carta 25/52000.

　　a Nebbiunc NO : 4 km – alt. 430 – ✉ 28010 :

　🏠　**Tre Laghi,** ✆ 58025, Telex 200073, Fax 58703, ≼ lago e monti, 🌳 – 🛗 📺 ☎. 🔲 🅾 🅴 _VISA_.
　　⬚ rist
　　chiuso dall'11 gennaio al 28 febbraio – Pas (chiuso martedì) carta 35/58000 – ⊒ 10000 –
　　43 cam 84/100000 – ½ P 70/76000.

MEL 32026 Belluno ⑨⑧⑧ ⑤ – 6 618 ab. alt. 353 – ✆ 0437.
Roma 609 – Belluno 15 – ◆Milano 302 – Trento 95 – Treviso 67.

　✗✗　Antica Locanda al Cappello, piazza Papa Luciani ✆ 753651, « Edificio seicentesco » – ⬛⬚

MELDOLA 47014 Forlì ⑨⑧⑧ ⑮ – 9 006 ab. alt. 57 – ✆ 0543.
Roma 418 – Forlì 13 – ◆Ravenna 40 – Rimini 54.

　✗　**Il Rustichello,** via Vittorio Veneto 7 ✆ 491611 – 🅰🅴 🔲 🅾 🅴 _VISA_. ⬚
　　chiuso martedì e dal 1° al 15 agosto – Pas carta 22/43000.

　✗　**Al Glicine,** via Indipendenza 5 ✆ 492350, 🍴 – 🅿. 🔲. ⬚
　　chiuso giovedì, dall'8 al 22 gennaio e dal 9 al 23 luglio – Pas carta 22/34000.

MELENDUGNO 73026 Lecce ⑨⑧⑧ ㉚ – 8 806 ab. alt. 36 – ✆ 0832.
Roma 619 – ◆Brindisi 57 – ◆Taranto 105.

　　a Torre dell'Orso E : 8 km – ✉ 73020 :

　🏠　**Pegaso** ⬚, località Sentinella ✆ 841311, « Terrazza-giardino con 🏊 » – 🛗 ☎ 🅿. 🅰🅴 🔲
　　🅾 _VISA_. ⬚
　　Pas (aprile-settembre) carta 23/32000 – ⊒ 5000 – **36 cam** 47/77000 – ½ P 60/98000.

MELFI 85025 Potenza ⑨⑧⑧ ㉘ – 16 204 ab. alt. 531 – ✆ 0972.
Roma 351 – ◆Bari 129 – ◆Foggia 59 – ◆Napoli 163 – Potenza 58.

　🏠　**Due Pini,** piazzale Stazione ✆ 21031 – 🛗 ▤ rist 📺 ☎ 🅵 🚗 🅿 – 🔏 50. 🅰🅴 🔲. ⬚
　　Pas carta 22/31000 – ⊒ 5000 – **45 cam** 40/65000 – ½ P 56/60000.

　✗　Vaddone, via Abruzzese ✆ 24323 – 🅿.

MELIDE ❹❷❼ ㉔, ②①⑨ ⑧ – Vedere Cantone Ticino alla fine dell'elenco alfabetico.

MELOSA (Colle della) Imperia ❶❾❺ ⑲ – alt. 1 540.
Roma 671 – ◆Genova 172 – Imperia 55 – ◆Milano 295 – Ventimiglia 41.

　🕊　**Colle Melosa** ⬚, ✉ 18037 Pigna ✆ (0184) 241032, ≼, 🌳 – 🅿. 🔲. ⬚ cam
　　Pas carta 28/42000 – ⊒ 4500 – **9 cam** 30000 – ½ P 45/50000.

MELS Udine – Vedere Colloredo di Monte Albano.

MELZO 20066 Milano 🔲🔲🔲 ⑳ – 18 118 ab. alt. 119 – 🕲 02.

Roma 578 – ◆Bergamo 33 – ◆Brescia 69 – ◆Milano 21.

🏠 **Due Spade,** via Bianchi 19 ℰ 9550267, Fax 95737194 – 📺 ☎ 🅿. 🕲 Ε 𝗩𝗜𝗦𝗔. 🛇 rist
Pas *(chiuso domenica)* carta 25/60000 – 🗄 12000 – **18 cam** 70/100000.

MENAGGIO 22017 Como 🔲🔲🔲 ③, 🔲🔲🔲 ⑨ – 3 216 ab. alt. 203 – 🕲 0344.

Vedere Località ★★.

🕱 (marzo-novembre; chiuso martedì) a Grandola ed Uniti ⊠ 22010 ℰ 32103, O : 4 km.

⛴ per Varenna giornalieri (15 mn) – Navigazione Lago di Como, al pontile ℰ 32255.

🅸 (Pasqua-ottobre) piazza Garibaldi 7 ℰ 32334.

Roma 661 – Como 35 – ◆Lugano 28 – ◆Milano 83 – Sondrio 68 – St-Moritz 98 – Passo dello Spluga 79.

🏨 **Gd H. Menaggio,** via 4 Novembre 69 ℰ 32640, Telex 328471, Fax 32350, ≤, 🍴, 🏊 riscaldata, 🞻 – 🛗 📺 ☎ 🅿 – 🔬 35 a 270. 🕮 🕲 Ε 𝗩𝗜𝗦𝗔. 🛇 rist
Pas ≈ 20000 – **49 cam** 120/180000 appartamenti 270000 – ½ P 150000.

🏨 **Gd H. Victoria e Rist. Le Tout Paris,** via Castelli 11 ℰ 32003 e rist ℰ 31166, Telex 324884, Fax 32992, ≤, 🍴, 🏊, 🞻 – 🛗 📺 ☎ 🕭 🅿 – 🔬 100. 🕮 🕲 ⓞ Ε 𝗩𝗜𝗦𝗔. 🛇 rist
Pas carta 35/60000 – 🗄 18000 – **53 cam** 110/160000 – ½ P 120/140000.

🏨 **Bellavista,** via 4 Novembre 21 ℰ 32136, Fax 31793, ≤ lago e monti, « Terrazza sul lago » – 🛗 ☎ 🅿. 🕮 🕲 ⓞ Ε 𝗩𝗜𝗦𝗔
aprile-15 ottobre – Pas carta 25/43000 – 🗄 10000 – **38 cam** 48/75000 – ½ P 50/65000.

🍴🍴 **Da Paolino,** piazza Cavour 3 ℰ 32335, 🍴 – 🕲 𝗩𝗜𝗦𝗔
chiuso martedì – Pas carta 34/51000.

a Loveno NO : 2 km – alt. 320 – ⊠ **22017** Menaggio :

🏨 **Royal e Rist. Chez Mario** 🦗, ℰ 31444, ≤, « Giardino con 🏊 » – ☎ 🅿. 🕲 Ε 𝗩𝗜𝗦𝗔
aprile-20 ottobre – Pas carta 32/55000 – 🗄 10000 – **10 cam** 59/89000 – ½ P 80000.

🏠 **Loveno,** ℰ 32110, ≤ lago e monti, « Piccolo giardino ombreggiato » – 🚗 🅿. 🕮 🕲 Ε 𝗩𝗜𝗦𝗔
aprile-ottobre – Pas carta 23/41000 – 🗄 9000 – **13 cam** 40/69000 – ½ P 50/60000.

MENDRISIO 🔲🔲🔲 ⑳, 🔲🔲🔲 ⑧ – Vedere Cantone Ticino alla fine dell'elenco alfabetico.

MENFI Agrigento 🔲🔲🔲 ⑮ – Vedere Sicilia alla fine dell'elenco alfabetico.

MERAN = Merano.

MERANO (MERAN) 39012 Bolzano 🔲🔲🔲 ④, 🔲🔲🔲 ⑳ – 33 643 ab. alt. 323 – Stazione termale, a.s. aprile-maggio e agosto-ottobre – Sport invernali : a Merano 2000 Β : 1 946/2 360 m ⛷1 ⛷7, ⛷ – 🕲 0473.

Vedere Passeggiata d'Inverno e d'Estate★★ Β – Passeggiata Tappeiner★★ ΑΒ – Volte gotiche★ e politttici★ nel Duomo Β – Via Portici★ ΑΒ – Castello Principesco★ Α C – Merano 2000★ accesso per funivia, Ε : 3 km Β – Tirolo★ Ν : 4 km.

Dintorni Avelengo★ SE : 10 km Β – Val Passiria★ per ①.

🅸 corso della Libertà 45 ℰ 35223, Telex 400026, Fax 35524.

Roma 665 ② – ◆Bolzano 28 ② – Brennero 73 ① – ◆Innsbruck 113 ① – ◆Milano 326 ② – Passo di Resia 79 ③ – Passo dello Stelvio 75 ③ – Trento 86 ②.

Pianta pagina a lato

🏨 **Palace Hotel,** via Cavour 2 ℰ 34734, Telex 400256, Fax 34181, ≤, « Parco ombreggiato con 🏊 », 🟰, 🏊 – 🛗 ⇆ rist 📺 🍴 ☎ 🕭 🅿 – 🔬 30 a 100. 🕮 🕲 ⓞ Ε. 🛇 rist   Β **h**
chiuso dal 6 gennaio al 19 marzo e dal 10 novembre al 18 dicembre – Pas 40/50000 ed al Rist. **Tiffany Grill-Schloss Maur** *(chiuso a mezzogiorno, martedì e dal 20 giugno al 15 luglio)* carta 38/68000 – **110 cam** 🗄 155/280000 appartamenti 360/430000 – ½ P 110/160000.

🏨 **Gd H. Bristol,** via Ottone Huber 14 ℰ 49500, Telex 400662, Fax 49299, 🍴, « 🏊 riscaldata su terrazza panoramica », 🟰, 🞻 – 🛗 🍴 rist 📺 ☎ 🕭 🅿 – 🔬 25 a 200. 🕮 🕲 ⓞ Ε 𝗩𝗜𝗦𝗔. 🛇 rist   Α **a**
15 marzo-ottobre – Pas carta 36/50000 – **81 cam** 🗄 98/174000 appartamenti 180/230000 – ½ P 90/115000.

🏨 **Meranerhof,** via Manzoni 1 ℰ 30230, Fax 33312, « Giardino con 🏊 riscaldata » – 🛗 🍴 rist 📺 ☎ 🅿 – 🔬 70. 🕮 🕲 ⓞ Ε 𝗩𝗜𝗦𝗔. 🛇 rist   Α **b**
Pas 30/40000 – **70 cam** 🗄 80/155000 – ½ P 90/100000.

🏨 **Kurhotel Castel Rundegg,** via Scena 2 ℰ 34100, Fax 37100, 🟰, 🞻 – 🛗 📺 ☎ 🅿. 🕮 🕲 ⓞ Ε 𝗩𝗜𝗦𝗔. 🛇   Β
chiuso dal 6 al 31 gennaio – Pas 40/60000 – **30 cam** 🗄 119/238000 – ½ P 140/159000.

🏨 **Riz Stefanie,** via Cavour 12 ℰ 37745, ≤, « Giardino ombreggiato con 🏊 riscaldata » – 🛗 📺 ☎ 🅿. 🕮 🕲 ⓞ Ε 𝗩𝗜𝗦𝗔. 🛇 rist   Β **k**
marzo-ottobre – Pas 30/40000 – **55 cam** 🗄 90/170000 appartamenti 140/180000 – ½ P 76/100000.

MERANO

Park Hotel Mignon ⑤, via Grabmayr 5 ℘ 30354, Telex 401011, Fax 30644, ≤, « Giardino ombreggiato con ⑤ riscaldata », ⑤ – ⑧ ⊟ rist ☎ ⬅ ⑭. ⚿ ⓪ ⴹ ⑤. ⚿ rist   B **v**
15 marzo-5 novembre – Pas 35/50000 – **47 cam** ⊡ 110/220000 appartamenti 180/256000 –
½ P 99/125000.

Irma ⑤, via Belvedere 17 ℘ 30124, Telex 401089, Fax 31355, ≤, « Parco-giardino con ⑤ e
❀ », ⑤ – ⑧ ☎ ⬅ ⑭. ⑤ ⴹ ⑤. ⚿ rist   B **m**
marzo-5 novembre – Pas (solo per clienti alloggiati) 22/40000 – **50 cam** ⊡ 90/172000
appartamenti 173/186000 – ½ P 72/105000.

✿ **Villa Mozart** ⑤, via San Marco 26 ℘ 30630, « Servizio rist. estivo all'aperto », ⑤, ❀ –
⑧ ⊟ rist ⑭ ⚿ ⑤. ⑤   per ②
Pasqua-novembre – Pas (chiuso a mezzogiorno; solo su prenotazione) 98000 – **10 cam**
⊡ 142/284000 – ½ P 189000.
Spec. Parfait di cervella con confit allo scalogno, Petto di piccione al prezzemolo in salsa di carote, Arrotolato
di saraceno con fragole e gelato allo zenzero. **Vini** Sauvignon, Pinot nero.

Adria ⑤, via Gilm 2 ℘ 36610, Fax 30644, ⑤, ❀ – ⑧ ⊟ rist ☎ ⑭. ⚿ rist   B **d**
marzo-ottobre – Pas (solo per clienti alloggiati) 35/45000 – **49 cam** ⊡ 82/164000 –
½ P 75/92000.

Anatol ⑤, via Castagni 3 ℘ 37511, Fax 37110, ≤, ⑤ riscaldata, ❀ – ⑧ ☎ ⑭. ⚿ rist   B
15 marzo-5 novembre – Pas 25000 – **42 cam** ⊡ 60/100000 – ½ P 59/86000.
                                                                    per via Christomannos B

Atlantic ⑤, via Santa Caterina 7/a ℘ 33093, « Giardino con ⑤ », ⑤ – ☎ – ⑧
⚿ ⚿ rist   per via Winkel B
marzo-novembre – Pas (solo per clienti alloggiati e chiuso a mezzogiorno) 25/30000 –
26 cam ⊡ 55/104000 – ½ P 54/64000.

Castel Labers ⑤, via Labers 25 ℘ 34484, Fax 34146, ≤, « Servizio rist. estivo in giardino »,
⑤ riscaldata, ❀, ❀ – ⑧ ⤝ ⬅ ⑭. ⚿ ⑤ ⴹ ⑤   3 km per via Scena B
aprile-1° novembre – Pas 20/25000 – **32 cam** ⊡ 80/160000 – ½ P 75/95000.

Sittnerhof ⑤, via Verdi 58 ℘ 46331, Telex 401437, Fax 220631, ♨, ⑤, ⑤, ❀ – ⑧ ⤝ rist
☎ ⑭. ⚿ rist   A
marzo-15 novembre – Pas 18/28000 – **32 cam** ⊡ 92/170000 – ½ P 70/96000.

Aurora, passeggiata Lungo Passirio 38 ℘ 33028, Fax 33307 – ⑧ ⑭ ☎ ♿. ⚿ ⑤ ⓪ ⴹ ⑤
⚿ rist   A **u**
15 marzo-15 novembre – Pas (solo per clienti alloggiati) 25/38000 – ⊡ 14000 – **34 cam**
79/146000 – ½ P 75/90000.

Juliane ⑤, via dei Campi 6 ℘ 30195, Fax 30176, « Giardino con ⑤ riscaldata », ⑤ – ⑧
⤝ ☎ ⑭. ⑭. ⚿ rist   per via Winkel B
15 marzo-5 novembre – Pas (solo per clienti alloggiati) 30/50000 – **38 cam** ⊡ 75/140000 –
½ P 74/96000.

Pollinger ⑤, via Santa Maria del Conforto 30 ☏ 32226, ≤, ⛱, ⛱, 🌳 – 🛗 ☎ 🚗 🅿. E. ✻ rist per ②
17 marzo-4 novembre – Pas (solo per clienti alloggiati) 32000 – **33 cam** ☐ 85/140000 – ½ P 78/90000.

Kurhotel Mirabella, via Garibaldi 35 ☏ 36512, ⚕, ⛱ riscaldata, ⛱, 🌳 – 🛗 TV ☎ 🅿 A s
stagionale – **30 cam**.

Augusta, via Ottone Huber 2 ☏ 49570, Telex 400632, Fax 220029, 🌳 – 🛗 ⇔ rist ▤ rist TV ☎ 🅿. AE Ⓢ E VISA. ✻ rist A e
15 marzo-ottobre – Pas 32/35000 – ☐ 10000 – **25 cam** 75/150000 – ½ P 85/93000.

Regina, via Cavour 101 ☏ 33432, Telex 401595, ≤, ⛱ riscaldata, 🌳 – 🛗 ☎ 🅿. AE Ⓢ ⓞ VISA. ✻ rist B w
22 dicembre-8 gennaio e aprile-ottobre – Pas 28000 – ☐ 12000 – **79 cam** 63/97000 – ½ P 76/99000.

Mendelhof-Mendola, via Winkel 45 ☏ 36130, « Giardino ombreggiato con ⛱ » – 🛗 ☎ ♿ 🅿. ✻ rist B r
15 marzo-ottobre – Pas (solo per clienti alloggiati) 18/20000 – **40 cam** ☐ 48/88000 – ½ P 58/64000.

Isabella, via Piave 58 ☏ 34700, Telex 401513, 🌳 – 🛗 ☎ 🅿 A y
marzo-15 novembre – Pas vedere rist Sportplatz – **28 cam** ☐ 50/85000 – ½ P 47/65000.

Zima ⑤ senza rist, via Winkel 83 ☏ 30408, ⛱ riscaldata, 🌳 – 🛗 ⇔ ☎ 🅿. AE. ✻ B
marzo-10 novembre – **23 cam** ☐ 50/86000.

Bel Sit, via Pendl 2 ☏ 46484 – 🛗 ☎ 🅿. ✻ rist A p
marzo-ottobre – Pas (solo per clienti alloggiati e *chiuso a mezzogiorno*) 16/22000 – **27 cam** ☐ 35/70000 – ½ P 37/46000.

Seisenegg ⑤ senza rist, via Giardini 1 ☏ 37212, « Giardino ombreggiato » – 🛗 ☎ 🅿. AE. ✻ B f
15 marzo-5 novembre – **37 cam** ☐ 60/110000.

Avivi senza rist, vicolo della Roggia 20 ☏ 30730, ⛱ riscaldata, 🌳 – 🛗 ☎ 🅿. AE ⓞ VISA per via Winkel B
chiuso dall'8 gennaio al 26 febbraio e dal 6 novembre al 25 dicembre – **13 cam** ☐ 45/82000.

Holzmann ⑤ senza rist, via Tobias Brenner 15 ☏ 37062, « Giardino con ⛱ riscaldata » – 🅿 – *marzo-ottobre* – ☐ 6000 – **28 cam** 41/70000. A g

XXX ✿ **Andrea,** via Galilei 44 ☏ 37400, Coperti limitati; prenotare – ▤. AE Ⓢ ⓞ E VISA. ✻
chiuso lunedì e dal 10 gennaio al 14 marzo – Pas carta 55/88000 AB x
Spec. Animelle di vitello rosolate con morchelle (funghi) e aceto balsamico, Zuppa di pesce, Fricassea di coniglio con basilico. Vini Sauvignon, Santa Maddalena.

XX ✿ **Flora,** via Portici 75 ☏ 31484, Coperti limitati; prenotare – AE Ⓢ ⓞ E VISA. ✻ B s
chiuso a mezzogiorno, domenica e dal 15 gennaio al 28 febbraio – Pas carta 46/85000
Spec. Penne con asparagi e tartufo nero (autunno-inverno), Gallinella di mare in umido con fili di zafferano, Crepinette di faraona con verza e polenta. Vini Terre di Tufo, Barolo.

XX **Sportplatz,** via Piave 50 ☏ 33443, « Servizio estivo all'aperto » – 🅿. VISA. ✻ A y
marzo-15 novembre; chiuso mercoledì – Pas carta 23/43000.

X **Terlaner Weinstube,** via Portici 231 ☏ 35571, Coperti limitati; prenotare – ⇔. ✻
chiuso mercoledì e dal 10 gennaio al 20 febbraio – Pas carta 29/57000. A d

X **Veneta,** via Monastero 2 ☏ 49310, « Servizio estivo all'aperto » A c
chiuso mercoledì – Pas carta 23/36000.

a Freiberg SE : 7 km per via Cavour B – alt. 800 – ✉ **39012** Merano – a.s. aprile-maggio e agosto-ottobre :

Castel Freiberg ⑤, ☏ 44196, Telex 401081, Fax 49090, ≤ monti e vallata, ⛱, ⛱, 🌳, 🎾 – 🛗 ☎ 🚗 🅿 – 🏛 70. AE Ⓢ ⓞ E VISA. ✻
22 aprile-4 novembre – Pas carta 55/80000 – **35 cam** ☐ 150/270000 – ½ P 185/200000.

Fragsburg-Castel Verruca ⑤, ☏ 44071, Fax 44493, ≤ monti e vallata, « Servizio rist. estivo in terrazza panoramica », ⛱ riscaldata, 🌳 – ⇔ cam ☎ 🅿. ✻ rist
10 aprile-10 novembre – Pas *(chiuso venerdì)* carta 25/52000 – **18 cam** ☐ 75/140000 – ½ P 60/100000.

Vedere anche : ***Lagundo*** per ③ : 2 km.
Marlengo per ② : 3 km.
Tirolo N : 4 km per via Monte San Zeno B.
Scena NE : 5 km per via Cavour B.
Lana (San Vigilio) per ② : 9 km e 5 mn di funivia.
Avelengo SE : 15 km per via Cavour B.

MERCATALE VAL DI PESA Firenze – Vedere San Casciano in Val di Pesa.

MERCOGLIANO 83013 Avellino – 8 662 ab. alt. 550 – ☎ 0825.

Roma 242 – Avellino 6 – Benevento 31 – ♦Napoli 53 – Salerno 45.

Mercurio, ☏ 647149, Fax 647584, ≤ – 🛗 TV ☎ 🚗 🅿 – 🏛 140. Ⓢ E VISA. ✻
Pas 25/40000 – **52 cam** ☐ 80/120000 – P 100/110000.

XX **Girarrosto,** ☏ 647049, ≤, Rist. e pizzeria – AE. ✻
chiuso martedì dal 15 settembre al 15 giugno – Pas carta 33/53000 (20%).

Novara – Vedere Arona.

MERGOZZO 28040 Novara 988 ②, 219 ⑥ – 1 995 ab. alt. 196 – ✆ 0323.

Roma 670 – Domodossola 28 – ♦Milano 93 – Novara 66 – Stresa 13 – ♦Torino 140 – Verbania 10.

🏨 **Due Palme,** ✆ 80112, Fax 80298, ≼, 🏖, 🐎 – 🛗 ⛻ rist 🕮. 🖭 🕃 ⑩ 🗉 *VISA*. 🦅
  chiuso dal 1° al 20 dicembre e dal 6 gennaio al 28 febbraio – Pas carta 30/52000 – ☑ 10000
  – **31 cam** 65/100000 – ½ P 80000.

MERONE 22046 Como 219 ⑨ ⑩ – 3 258 ab. alt. 284 – ✆ 031.

Roma 611 – Bellagio 32 – ♦Bergamo 47 – Como 18 – Lecco 19 – ♦Milano 43.

XX **Corazziere,** frazione Baggero ✆ 650141, « Giardino con voliere » – 🅿. 🖭 🕃 *VISA*
  chiuso martedì ed agosto – Pas carta 26/46000.

MESAGNE 72023 Brindisi 988 ㉚ – 30 074 ab. alt. 72 – ✆ 0831.

Roma 574 – ♦Bari 125 – ♦Brindisi 14 – Lecce 42 – ♦Taranto 56.

🏠 Duepi, ✆ 734096 – 🕿 🚗
  14 cam.

X Egidio, ✆ 326240 – 🅿.

MESE Sondrio – Vedere Chiavenna.

MESSINA 🅿 988 ㉗㉘ – Vedere Sicilia alla fine dell'elenco alfabetico.

MESTRE Venezia 988 ⑤ – alt. 4 – ☒ Venezia Mestre – a.s. 15 marzo-ottobre e Natale –
✆ 041.

📂ß e 📂ß Cá della Nave (chiuso martedì) a Martellago ☒ 30030 ✆ 5401555, Fax 5401962, per ⑧ :
8 km.

✈ Marco Polo di Tessera, per ③ : 8 km ✆ 661262.

🚗 ✆ 929472.

🚆 rotonda Romea ☒ 30175 ✆ 937764.

A.C.I. via Cà Marcello 67/A ☒ 30172 ✆ 5310362.

Roma 522 ⑦ – ♦Milano 259 ⑦ – ♦Padova 32 ⑦ – Treviso 21 ① – ♦Trieste 150 ② – ♦Venezia 9 ④.

Pianta pagina seguente

🏨 **Ambasciatori,** corso del Popolo 221 ☒ 30172 ✆ 5310699, Telex 410445, Fax 5310074 – 🛗
  ▤ 📺 ☎ 🅿 – 🛦 30 a 130. 🖭 🕃 ⑩ 🗉 *VISA*. 🦅   BY b
  Pas 36/40000 – ☑ 15000 – **97 cam** 135/190000 – ½ P 110/140000.

🏨 **Michelangelo** 🦢 senza rist, via Forte Marghera 69 ☒ 30173 ✆ 986600, Telex 431371, Fax
  986052 – 🛗 ▤ 📺 ☎ 🛗 🚗 🅿 – 🛦 60 a 150. 🖭 🕃 ⑩ 🗉 *VISA*   BX x
  ☑ 22000 – **51 cam** 165/231000 appartamenti 450000.

🏨 **Bologna,** via Piave 214 ☒ 30171 ✆ 931000, Telex 410678, Fax 931095 – 🛗 ▤ 📺 ☎ 🅿 –
  🛦 30 a 180. 🖭 🕃 ⑩ 🗉 *VISA*. 🦅   AY e
  Pas (chiuso domenica e da Natale al 2 gennaio) carta 34/55000 – ☑ 12000 – **128 cam**
  70/110000 appartamenti 110/150000 – ½ P 80/90000.

🏨 **President** senza rist, via Forte Marghera 99/a ☒ 30173 ✆ 985655 – 🛗 ▤ 📺
  ☎ 🛗 🚗 🅿. 🖭 🕃 ⑩ 🗉 *VISA*. 🦅   BXY t
  ☑ 11000 – **51 cam** 70/110000 appartamento 140000, ▤ 11000.

🏨 **Alexander,** via Forte Marghera 193/c ☒ 30173 ✆ 986788, Telex 440264, Fax 986788 – 🛗
  ⛻ cam ▤ 📺 ☎ 🅿 – 🛦 30 a 100. 🖭 🕃 ⑩ 🗉 *VISA*. 🦅   BY g
  Pas (solo per clienti alloggiati e chiuso a mezzogiorno) 25/40000 – ☑ 15000 – **61 cam**
  120/170000 – ½ P 95/125000.

🏨 **Plaza,** piazzale Stazione 36 ☒ 30171 ✆ 929388, Telex 410490, Fax 929385 – 🛗 ▤ 📺 ☎ 🛗
  – 🛦 110. 🖭 🕃 ⑩ 🗉 *VISA*. 🦅   AY f
  Pas (chiuso dal 5 novembre al 20 marzo) carta 32/46000 – ☑ 12000 – **222 cam** 70/110000
  appartamenti 160000 – ½ P 80/105000.

🏨 **Club Hotel** senza rist, via Villafranca 1 (Terraglio) ☒ 30174 ✆ 957722, Telex 433335 – 🛗
  ▤ 📺 ☎ 🅿. 🖭 🕃 ⑩ *VISA*   BZ c
  ☑ 8500 – **30 cam** 70/105000, ▤ 10500.

🏨 **Venezia,** via Teatro Vecchio 5 ☒ 30171 ✆ 985533, Telex 410693, Fax 985490 – 🛗 ▤ 📺 ☎
  🅿. 🖭 🕃 ⑩ 🗉 *VISA*. 🦅   BX z
  Pas (solo per clienti alloggiati e chiuso a mezzogiorno) 25000 – ☑ 10000 – **100 cam**
  70/100000 – ½ P 85000.

🏨 **Etoile** senza rist, via Pepe 18/20 ☒ 30172 ✆ 974422, Fax 974161 – 🛗 ▤ ☎ 🛗 🅿. 🖭 🕃 ⑩
  🗉 *VISA*   BX y
  ☑ 13000 – **16 cam** 70/110000.

segue →

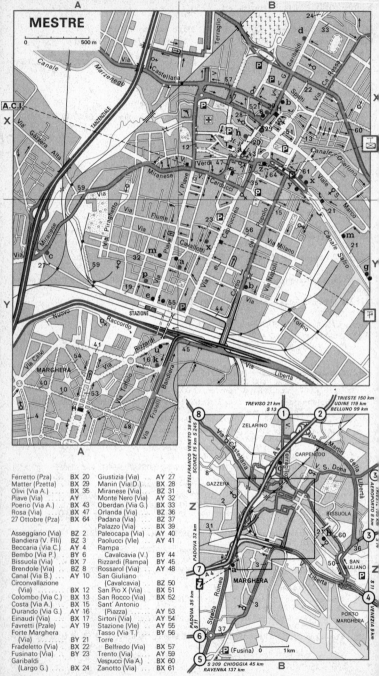

MESTRE

0   500 m

A.C.I.

🏠 **Delle Rose** senza rist, via Millosevich 46 ✉ 30173 ℰ 951711, Fax 5056425 – 📶 ☎ 🅿 📵
⬛ ⓔ 𝘝𝘐𝘚𝘈 🍽   BZ **b**
chiuso dal 27 novembre al 28 dicembre – ⌑ 9000 – **26 cam** 55/72000.

🏠 **San Giuliano**, via Forte Marghera 193 ✉ 30173 ℰ 957604, Telex 431329, Fax 989004 – 📶
🍴 ⬛ 📵 ⓔ ⓔ 𝘝𝘐𝘚𝘈 🍽   BY **g**
Pas *(chiuso da novembre a febbraio)* 25000 – ⌑ 9000 – **58 cam** 65/98000 – ½ P 83000.

🏠 **Vivit** senza rist, piazza Ferretto 75 ✉ 30174 ℰ 951385 – ☎ 🅿 ⓔ 📵 ⓔ ⓔ 𝘝𝘐𝘚𝘈   BX **a**
⌑ 8000 – **19 cam** 55/72000.

🏠 **Piave** senza rist, via Col Moschin 6/10 ✉ 30171 ℰ 929287, Telex 420205 – 📶 📺 ☎ 🅿
45 cam ⌑ 60/95000.   ABY **a**

🏠 **Garibaldi** senza rist, viale Garibaldi 24 ✉ 30173 ℰ 986162 – ☎ 🅿 ⓔ 📵 ⓔ ⓔ 𝘝𝘐𝘚𝘈 🍽
⌑ 8000 – **30 cam** 55/72000.   BX **b**

🏠 **Aurora** senza rist, piazza Giordano Bruno 15 ✉ 30174 ℰ 989832 – 📶 ⬛ ☎. ⓔ 𝘝𝘐𝘚𝘈 🍽
⌑ 7500 – **28 cam** 55/72000, ⬛ 7500.   BX **s**

🏠 **San Carlo** senza rist, via Forte Marghera 131 ✉ 30173 ℰ 970912 – 📶 🅿 ⓔ 📵 ⓔ ⓔ 𝘝𝘐𝘚𝘈
🍽   BY **m**
chiuso gennaio – ⌑ 8000 – **28 cam** 55/72000.

🏠 **Cris**, senza rist, via Monte Nero 3 ✉ 30171 ℰ 926773 – ⬛ ☎ 🅿 – **14 cam**.   AY **m**

XXX **Marco Polo**, via Forte Marghera 67 ✉ 30173 ℰ 989855 – ⬛. ⓔ 📵 ⓔ ⓔ 𝘝𝘐𝘚𝘈 🍽   BX **x**
chiuso domenica – Pas carta 47/70000.

XX ⊛ **Dall'Amelia-alla Giustizia** con cam, via Miranese 113 ✉ 30171 ℰ 913951, Telex
433258, Fax 913955 – ⬛ 📺 ☎. ⓔ 📵 ⓔ ⓔ 𝘝𝘐𝘚𝘈 🍽   AY **c**
Pas *(chiuso mercoledì da ottobre a giugno)* carta 40/65000 – ⌑ 7000 – **21 cam** 58/71000,
⬛ 7000
Spec. Gran piatto dell'Ostricaro, Ravioli di branzino, Insalata di capesante rucola e porcini all'aceto balsamico.
Vini Vespaiolo, Breganze.

XX ⊛ **Valeriano,** via Col di Lana 18 ✉ 30171 ℰ 926474 – ⬛. ⓔ 📵 𝘝𝘐𝘚𝘈   AY **p**
chiuso domenica sera, lunedì ed agosto – Pas carta 42/60000 (12%)
Spec. Cozze alla busara, Morette al granchio, Filetti di branzino al carciofo, Seppioline nere. Vini Prosecco,
Merlot.

XX **Ai Glicini**, calle Legrenzi 20 ✉ 30171 ℰ 972574, Coperti limitati; prenotare – ⬛. ⓔ 📵 📵
ⓔ 𝘝𝘐𝘚𝘈   BX **v**
chiuso domenica – Pas carta 30/48000.

XX **Al Gambero**, via Palazzo 26 ✉ 30174 ℰ 984856, Rist. e piano bar, prenotare – ⬛   BX **s**

XX **Hostaria Dante**, via Dante 53 ✉ 30171 ℰ 959421 – ⬛. ⓔ 📵 ⓔ 𝘝𝘐𝘚𝘈   BY **x**
chiuso dal 1° al 15 agosto, domenica e in luglio-agosto anche sabato – Pas carta 28/43000.

X **Ai Veterani**, piazza da Re 6 ✉ 30174 ℰ 959378 – ⬛   BX **h**
chiuso domenica e in luglio-agosto anche sabato – Pas carta 25/37000.

X **Da Sandro**, viale Garibaldi 91 ✉ 30174 ℰ 5343452, prenotare – ⬛. ⓔ 𝘝𝘐𝘚𝘈   BX **d**
chiuso giovedì, dal 1° al 15 gennaio e dal 1° al 20 agosto – Pas carta 50/70000.

X **Da Bepi**, via Sernaglia 27 ✉ 30171 ℰ 929357 – 🍽 ⬛. ⓔ 📵 ⓔ 𝘝𝘐𝘚𝘈   ABY **a**
chiuso domenica – Pas carta 24/38000.

a Marghera S : 1 km – ✉ **30175** Venezia Mestre :

🏨 **MotelAgip**, rotonda Romea 1 ℰ 936900, Telex 223446, Fax 936960 – 📶 ⬛ 📺 ☎ ♿ 🅿 –
⛽ 200. ⓔ 📵 ⓔ ⓔ 𝘝𝘐𝘚𝘈 🍽 rist   BZ **a**
Pas 31000 – **188 cam** ⌑ 190/259000 – ½ P 126/240000.

🏨 **Lugano-Torretta**, via Rizzardi 11 ℰ 936777, Telex 411155, Fax 921979, 🏊 – 📶 🍽 cam ⬛
📺 ☎ ♿ 🅿 – ⛽ 100. ⓔ 📵 ⓔ ⓔ 𝘝𝘐𝘚𝘈   AY **u**
Pas carta 31/42000 (10%) – ⌑ 10000 – **62 cam** 70/110000, ⬛ 11000 – ½ P 95/110000.

XX **Autoespresso**, via Fratelli Bandiera 34 ℰ 930214 – ⬛ 🅿. ⓔ 📵 ⓔ ⓔ 𝘝𝘐𝘚𝘈 🍽   AY **k**
chiuso domenica, dal 22 dicembre al 6 gennaio ed agosto – Pas carta 38/60000.

a Chirignago O : 2 km – ✉ **30030** :

XX **Tre Garofani**, via Assegiano 308 ℰ 991307, 🌳 – ⓔ 📵. 🍽
chiuso lunedì, dal 1° al 7 gennaio e dal 10 al 22 agosto – Pas carta 34/60000.

META 80062 Napoli – 7 381 ab. – a.s. aprile-settembre – 🕿 081.
Roma 253 – Castellammare di Stabia 14 – ♦Napoli 43 – Salerno 45 – Sorrento 5.

X **La Conchiglia**, ℰ 8786402, ≤, « Servizio estivo in terrazza sul mare » – ⓔ 📵 ⓔ ⓔ 𝘝𝘐𝘚𝘈
chiuso lunedì e dal 10 gennaio al 10 febbraio – Pas carta 35/50000 (12%).

METANOPOLI Milano 📶 ③ – Vedere San Donato Milanese.

METAPONTO 75010 Matera 📶 ㉙ – a.s. luglio e agosto – 🕿 0835.
🛈 (giugno-settembre) viale delle Sirene ℰ 741933.
Roma 469 – ♦Bari 114 – ♦Cosenza 157 – Matera 46 – Potenza 110 – ♦Taranto 48.

al lido SE : 2,5 km :

🏠 **Turismo**, ✉ 75010 ℰ 741918, 🏖 – 📶 ⬛ 🍴
aprile-10 ottobre – Pas carta 24/35000 – ⌑ 5500 – **61 cam** 37/59000 – P 59/67000.

METATO Pisa – Vedere Pisa.

MEZZANA Trento 図18 ⑱⑲ – 837 ab. alt. 941 – ⊠ **38020** Mezzana in Val di Sole – a.s. febbraio-Pasqua e Natale – Sport invernali : a Marilleva : 925/2 148 m ≼3 ≼7, ⤒ a Mezzana – ☎ 0463.
🖪 via Nazionale 🖉 77134.

Roma 652 – ♦Bolzano 76 – ♦Milano 239 – Passo del Tonale 20.

🏨 **Ravelli,** 🖉 77122, ≼, ☞ – 🛊 ☎ ⇐ ➋. 🖭 🛊 ⓞ 🄴 *VISA*. ⋘
    6 dicembre-10 aprile e 14 giugno-25 settembre – Pas carta 24/40000 – � 6000 – **38 cam** 60/100000 – ½ P 45/70000.

🏨 **Val di Sole,** 🖉 77240, ≼, 🔃 – 🛊 ☎ ⇐⇒ ➋. *VISA*. ⋘
    dicembre-20 aprile e giugno-settembre – Pas (solo per clienti alloggiati) 21000 – ⊒ 9000 – **48 cam** 38/60000 – ½ P 45/77000.

🏠 **Eccher,** 🖉 77146, ≼ – ⇐ ➋. ⋘
▬ *dicembre-aprile e giugno-settembre* – Pas *(chiuso venerdì in bassa stagione)* carta 17/28000 – **17 cam** ⊒ 38/65000 – ½ P 35/45000.

    a Marilleva S : 10 km – alt. 1 453 – ⊠ **38020** Mezzana in Val di Sole :

🏩 **Solaria** ⍐, 🖉 76191, Telex 400876, Fax 76175, ≼ monti e vallata, 🔃, ⋘ – 🛊 ☎ ➋ – 🏛 30 a 300. 🖭 🛊 ⓞ *VISA*. ⋘
    23 dicembre-21 aprile e giugno-settembre – Pas carta 27/42000 – ⊒ 9000 – **117 cam** 296000 – ½ P 103/186000.

MEZZANE DI SOTTO 37030 Verona – 1 675 ab. alt. 129 – ☎ 045.

Roma 519 – ♦Milano 173 – ♦Padova 83 – ♦Verona 17 – Vicenza 53.

✗✗ **Bacco d'Oro,** 🖉 8880269, « Servizio estivo in giardino » – ➋. 🖭 ⓞ. ⋘
    chiuso lunedì sera, martedì e dal 10 gennaio e dal 10 febbraio – Pas carta 28/45000.

MEZZANO SCOTTI 29020 Piacenza – alt. 257 – ☎ 0523.

Roma 558 – Alessandria 92 – ♦Genova 102 – ♦Milano 111 – Piacenza 46.

✗ **Costa Filietto** ⍐ con cam, NE : 7 km alt. 600, 🖉 937104 – ➋. ⋘
▬ *chiuso al 15 al 30 giugno* – Pas *(chiuso martedì)* carta 20/28000 – ⊒ 5000 – **12 cam** 32/46000 – ½ P 28/33000.

MEZZOCANALE Belluno – Vedere Forno di Zoldo.

MEZZOLAGO 38060 Trento – alt. 667 – a.s. Natale – ☎ 0464.

Roma 588 – ♦Brescia 88 – ♦Milano 183 – Trento 63 – ♦Verona 100.

🏠 **Mezzolago,** 🖉 508181, ≼, « Terrazza sul lago », ☞ – 🛊 ➋. ⋘
▬ *chiuso novembre* – Pas carta 20/31000 – ⊒ 6000 – **37 cam** 30/50000 – ½ P 45000.

MEZZOLOMBARDO 38017 Trento 9⑧⑧ ④ – 5 335 ab. alt. 227 – a.s. dicembre-aprile – ☎ 0461.

Roma 605 – ♦Bolzano 45 – ♦Milano 261 – Trento 21.

✗✗ **Al Sole,** con cam, via Rotaliana 5 🖉 601103 – 🛊 📺 ☎ ➋
    17 cam.

MEZZOVICO 4②⑦ ㉒, 2①⑨ ⑧ – Vedere Cantone Ticino alla fine dell'elenco alfabetico.

MIANE 31050 Treviso – 3 311 ab. alt. 259 – ☎ 0438.

Roma 587 – Belluno 37 – ♦Milano 279 – Trento 116 – Treviso 39 – Udine 101 – ♦Venezia 69.

✗✗ **Da Gigetto,** 🖉 893126, Fax 893000 – ➋. 🖭. ⋘
    chiuso lunedì sera, martedì, dal 1° al 15 gennaio e dal 1° al 15 agosto – Pas carta 35/50000.

MIGLIARA Napoli – Vedere Capri (Isola di) : Anacapri.

MIGLIARO Cremona – Vedere Cremona.

MIGNANEGO 16018 Genova – 3 506 ab. alt. 180 – ☎ 010.

Roma 516 – Alessandria 73 – ♦Genova 19 – ♦Milano 126.

    al Santuario della Vittoria NE : 5 km :

✗✗ **Belvedere** ⍐ con cam, ⊠ 16010 Giovi 🖉 7792285, ≼ – ⋘⋙ rist 📺 ☎. ⋘
    chiuso dal 1° al 15 marzo e dal 10 al 25 settembre – Pas *(chiuso mercoledì)* carta 28/44000 – ⊒ 6000 – **9 cam** 30/50000 – ½ P 54/60000.

EUROPE on a single sheet
Michelin map no 9②⓪.

326

MILANO 20100 **P** 📵 ③, 📵 ⑩ – 1 464 127 ab. alt. 122 – ❂ 02.

Vedere Duomo★★★ – Museo del Duomo★★ CV **M1** – Via e Piazza Mercanti★ – Teatro alla Scala★ – Pinacoteca di Brera★★ – Castello Sforzesco★★★ : collezioni civiche d'arte★★★ – Parco Sempione★ – Biblioteca Ambrosiana★★ : ritratti★★★ di Gaffurio e Isabella d'Este, cartone preparatorio★★★ di Raffaello nella pinacoteca – Museo Poldi-Pezzoli★★ : profilo di donna★★★ del Pollaiolo – Museo Nazionale della Scienza e della Tecnica Leonardo da Vinci★ AV **M2** : galleria Leonardo da Vinci★★ – Chiesa di Santa Maria delle Grazie★ AV A : Ultima Cena★★★ di Leonardo da Vinci – Basilica di Sant'Ambrogio★ AV B : paliotto★★ – Chiesa di Sant'Eustorgio★ BY C : cappella Portinari★★ – Ospedale Maggiore★ DX U – Chiesa di San Maurizio★ BV E – Chiesa di San Lorenzo Maggiore★ BX F – Cupola★ della chiesa di San Satiro CV K.

Dintorni Abbazia di Chiaravalle★ SE : 7 km HN.

🛅 e 🛅 (chiuso lunedì) al Parco di Monza ⊠ 20052 Monza ℰ (039) 303081, Telex (039) 304427, per ② : 20 km;

🛅 Molinetto (chiuso lunedì) a Cernusco sul Naviglio ⊠ 20063 ℰ (02) 9238500, per ⑤ : 14 km;

🛅 Barlassina (chiuso lunedì) a Birago di Camnago ⊠ 20030 ℰ (0362) 560621, per ① : 26 km;

🛅 (chiuso lunedì) a Zoate di Tribiano ⊠ 20067 ℰ (02) 90632183, SE : 20 km per ⑯;

🛅 Le Rovedine a Noverasco di Opera ⊠ 20090 Opera ℰ (02) 5242730, S : 8 km per via Ripamonti GN.

Autodromo al Parco di Monza per ② : 20 km, ℰ (039) 22366, vedere la pianta di Monza.

✈ Forlanini di Linate E : 8 km HMN ℰ 74852200 e della Malpensa per ⑱ : 45 km ℰ 74852200 – Alitalia, corso Como 15 ⊠ 20154 ℰ 62818 e via Albricci 5 ⊠ 20122 ℰ 62817.

🚗 ℰ 6690734.

🚆 via Marconi 1 ⊠ 20123 ℰ 809662 – Stazione Centrale ⊠ 20124 ℰ 6690532.

A.C.I. corso Venezia 43 ⊠ 20121 ℰ 77451.

Roma 572 ⑦ – ◆Genève 323 ⑫ – ◆Genova 142 ⑨ – ◆Torino 140 ⑬.

Piante : Milano p. 4 a 11.

Alberghi e Ristoranti

(Elenco alfabetico : Milano p. 2 e 3)

Zona urbana nord Piazza della Repubblica, Stazione Centrale, viale Zara, Stazione Porta Garibaldi, Porta Volta, corso Sempione (Pianta : Milano p. 6 e 7, salvo indicazioni speciali)

🏨 **Principe di Savoia,** piazza della Repubblica 17 ⊠ 20124 ℰ 6230, Telex 310052, Fax 6595838, 🚖 – 🛗 📺 📺 🔥 ❷ – 🔏 700. 🖭 🕃 ⓞ 🖪 🚾. 🛠 rist   DS **x**
Pas carta 96/140000 – ⊊ 25000 – **280 cam** 369/536000 appartamenti 798/1904000.

🏨 **Palace,** piazza della Repubblica 20 ⊠ 20124 ℰ 6336, Telex 311026, Fax 654485 – 🛗 🗏 📺 🖢 🔥 ❷ – 🔏 25 a 150. 🖭 🕃 ⓞ 🖪 🚾   DS **t**
chiuso agosto – Pas vedere rist Grill Casanova – ⊊ 24000 – **184 cam** 357/512000 appartamenti 774/1309000.

🏨 **Excelsior Gallia,** piazza Duca d'Aosta 9 ⊠ 20124 ℰ 6277, Telex 311160, Fax 656306 – 🛗 🗏 📺 🖢 – 🔏 500. 🖭 🕃 ⓞ 🖪 🚾   DR **a**
Pas carta 90/130000 – ⊊ 20000 – **266 cam** 381/512000 appartamenti 566/774000.

🏨 **Milano Hilton,** via Galvani 12 ⊠ 20124 ℰ 69831, Telex 330433, Fax 6071904 – 🛗 🗏 📺 🖢 🔥 🚗 – 🔏 250. 🖭 🕃 ⓞ 🖪 🚾. 🛠 rist   DR **t**
Pas carta 44/95000 – ⊊ 18500 – **332 cam** 460/560000 appartamenti 1140/1750000.

🏨 **Duca di Milano,** piazza della Repubblica 13 ⊠ 20124 ℰ 6284, Telex 325026 – 🛗 🗏 📺 🖢 – 🔏 30 – **60 cam.**   DS **v**

🏨 **Executive,** viale Luigi Sturzo 45 ⊠ 20154 ℰ 6294, Telex 310191, Fax 653240 – 🛗 🗏 📺 🖢 🔥 🚗 – 🔏 25 a 1000. 🖭 🕃 ⓞ 🖪 🚾. 🛠   CRS **v**
Pas (chiuso venerdì) carta 57/90000 – **420 cam** ⊊ 360000 appartamenti 500000.

🏨 **Michelangelo,** via Scarlatti 33 ⊠ 20124 ℰ 6755, Telex 340330, Fax 6694232 – 🛗 🐾 cam 🗏 📺 🖢 🔥 🚗 – 🔏 250. 🖭 🕃 ⓞ 🖪 🚾. 🛠 rist   DR **c**
Pas carta 80/115000 – **244 cam** ⊊ 330/450000 appartamenti 900000.

🏨 **Anderson** senza rist, piazza Luigi di Savoia 20 ⊠ 20124 ℰ 6690141, Telex 321018, Fax 6690331 – 🛗 🗏 📺 🖢 🚗. 🖭 🕃 ⓞ 🖪 🚾. 🛠   DR **v**
chiuso agosto – ⊊ 16000 – **102 cam** 175/225000 appartamenti 280/310000.

🏨 **Jolly Hotel Touring,** via Tarchetti 2 ⊠ 20121 ℰ 6335, Telex 320118, Fax 6592209 – 🛗 🗏 📺 🖢 – 🔏 80. 🖭 🕃 ⓞ 🖪 🚾. 🛠 rist   DT **v**
Pas 55000 – **270 cam** ⊊ 280/350000 – ½ P 230/335000.

🏨 **Auriga** senza rist, via Pirelli 7 ⊠ 20124 ℰ 66985851, Telex 350146, Fax 66980698 – 🛗 🗏 📺 🖢 – 🔏 25. 🖭 🕃 ⓞ 🖪 🚾. 🛠   DR **f**
chiuso agosto – ⊊ 15000 – **65 cam** 159/197000.

🏨 **Atlantic** senza rist, via Napo Torriani 24 ⊠ 20124 ℰ 6691941, Telex 321451, Fax 6706533 – 🛗 🗏 📺 🖢 🚗. 🖭 🕃 🖪 🚾   DS **q**
62 cam ⊊ 200/280000.

🏨 **Splendido,** viale Andrea Doria 4 ⊠ 20124 ℰ 6789, Telex 321413, Fax 656874 – 🛗 🗏 📺 🖢 – 🔏 100. 🖭 🕃 ⓞ 🖪 🚾. 🛠 rist   DR **x**
Pas carta 36/50000 – **129 cam** ⊊ 230/270000 – ½ P 210/328000.

ELENCO ALFABETICO DEGLI ALBERGHI E RISTORANTI

Entrez au restaurant le guide à la main et posez-le sur la table.

MILANO
PIANTA D'INSIEME

MICHELIN

MILANO p. 5

331

MILANO

Vedere indice toponomastico,
Milano p. 12 e 13.

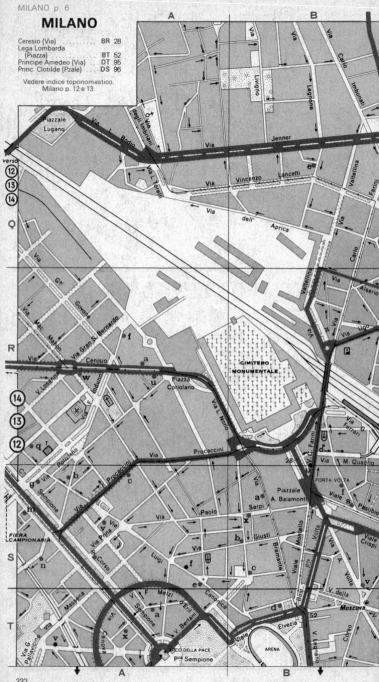

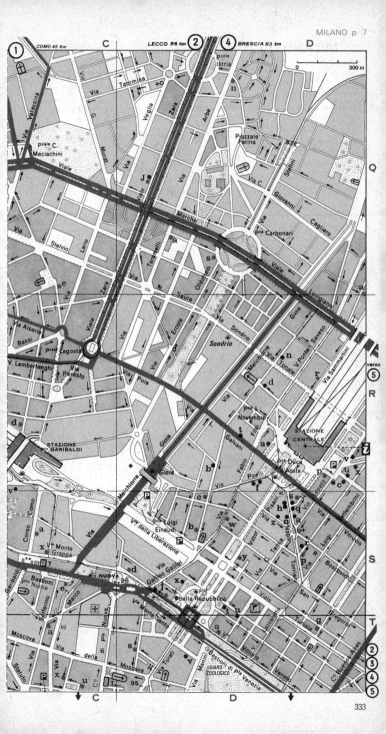

MILANO

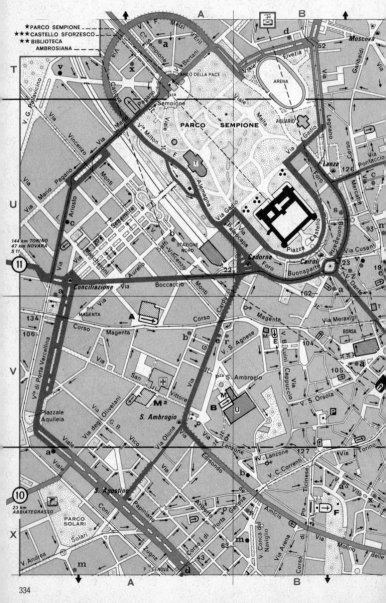

★ PARCO SEMPIONE
★★★ CASTELLO SFORZESCO
★★ BIBLIOTECA AMBROSIANA

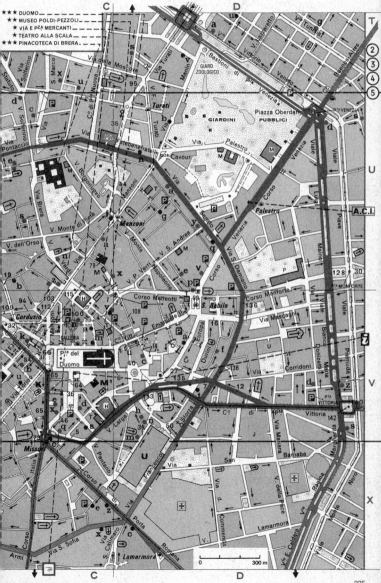

335

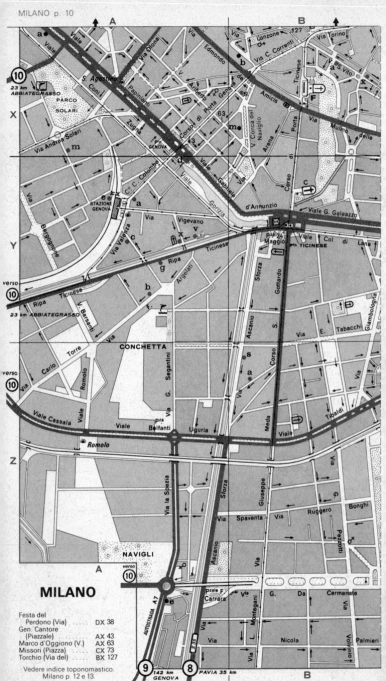

MILANO

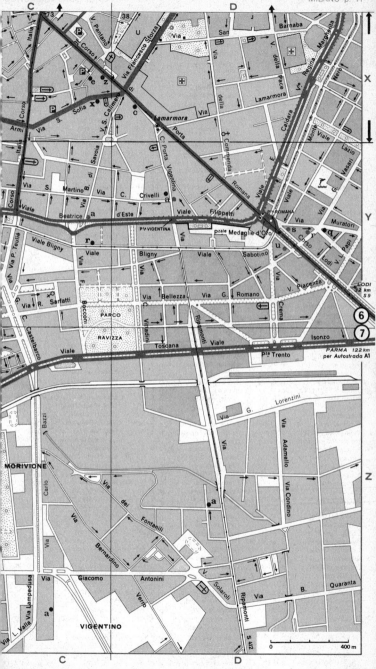

🏨 **Windsor**, via Galilei 2 ⊠ 20124 𝓟 6346, Telex 330562, Fax 6590663 – 🛗 �'s 📺 ☎ ⇌ – 🔦
40   DS **j**
114 cam.

🏨 **Madison** senza rist, via Gasparotto 8 ⊠ 20124 𝓟 6085991, Telex 326543, Fax 6887821 – 🛗
🖃 📺 ☎ – 🔦 100. ⒶⒺ 🖼 ⑩ Ⓔ 𝘝𝘐𝘚𝘈   DR **d**
92 cam ⊇ 180/260000 appartamenti 400000.

🏨 **Mediolanum** senza rist, via Mauro Macchi 1 ⊠ 20124 𝓟 6705312, Telex 310448, Fax
66981921 – 🛗 ⇋ 🖃 📺 ☎ ♿. ⒶⒺ 🖼 Ⓔ 𝘝𝘐𝘚𝘈   DS **r**
52 cam ⊇ 166/251000.

🏨 **Berna** senza rist, via Napo Torriani 18 ⊠ 20124 𝓟 6691441, Telex 334695, Fax 6693892 – 🛗
🖃 📺 ☎ – 🔦 30 a 60. ⒶⒺ 🖼 ⑩ Ⓔ 𝘝𝘐𝘚𝘈 ✂   DS **a**
⊇ 16500 – **83 cam** 146/200000.

🏨 **Bristol** senza rist, via Scarlatti 32 ⊠ 20124 𝓟 6694141, Fax 6702942 – 🛗 🖃 📺 ☎ – 🔦 50.
ⒶⒺ ⑩ Ⓔ 𝘝𝘐𝘚𝘈   DR **u**
chiuso agosto – ⊇ 15000 – **71 cam** 184/245000.

🏨 **Royal** senza rist, via Cardano 1 ⊠ 20124 𝓟 6709151, Telex 333167, Fax 6703024 – 🛗 ⇋ 🖃
📺 ☎ ♿ – 🔦 40. ⒶⒺ 🖼 ⑩ Ⓔ 𝘝𝘐𝘚𝘈   DR **b**
chiuso agosto – ⊇ 18000 – **110 cam** 198/255000.

🏨 **Augustus** 🐾 senza rist, via Napo Torriani 29 ⊠ 20124 𝓟 6575741, Telex 333112, Fax
6703096 – 🛗 🖃 📺 ☎ ⒶⒺ 🖼 ⑩ Ⓔ 𝘝𝘐𝘚𝘈   DS **h**
chiuso dal 23 dicembre al 5 gennaio e dal 5 al 25 agosto – **56 cam** ⊇ 118/179000.

🏨 **Europeo** senza rist, via Canonica 38 ⊠ 20154 𝓟 3314751, Telex 321237, 🛥 – 🛗 🖃 📺 ☎
⇌ – 🔦 25. ⒶⒺ 🖼 Ⓔ 𝘝𝘐𝘚𝘈 ✂   AS **f**
chiuso agosto – **45 cam** ⊇ 140/210000.

🏨 **Lancaster** senza rist, via Abbondio Sangiorgio 16 ⊠ 20145 𝓟 315602, Fax 344649 – 🛗 🖃
📺 ☎. ⒶⒺ 🖼 Ⓔ 𝘝𝘐𝘚𝘈. ✂   AT **v**
chiuso agosto – **29 cam** ⊇ 140/210000.

🏨 **San Carlo** senza rist, via Napo Torriani 28 ⊠ 20124 𝓟 656336, Telex 314324, Fax 6703116 –
🛗 🖃 📺 ☎. ⒶⒺ 🖼 ⑩ Ⓔ 𝘝𝘐𝘚𝘈   DS **s**
62 cam ⊇ 100/152000.

🏨 **Flora** senza rist, via Napo Torriani 23 ⊠ 20124 𝓟 650242, Telex 312547, Fax 66983594 – 🛗
🖃 📺 ☎ ⒶⒺ 🖼 ⑩ Ⓔ 𝘝𝘐𝘚𝘈. ✂   DS **h**
45 cam ⊇ 100/150000.

🏨 **Sempione**, senza rist, via Finocchiaro Aprile 11 ⊠ 20124 𝓟 6570323, Telex 340498, Fax 6556324 – 🛗
⇋ 🖃 📺 ☎. ⒶⒺ 🖼 Ⓔ 𝘝𝘐𝘚𝘈 ✂ rist   DST **u**
Pas *(chiuso sabato)* carta 35/57000 – ⊇ 16000 – **40 cam** 95/135000 – ½ P 120000.

🏨 **New York** senza rist, via Pirelli 5 ⊠ 20124 𝓟 6697267, Telex 325057 – 🛗 🖃 📺 ☎ – 🔦 40.
ⒶⒺ 🖼 ⑩ Ⓔ 𝘝𝘐𝘚𝘈   DR **f**
chiuso dal 24 dicembre al 5 gennaio e dal 1° al 28 agosto – ⊇ 15000 – **70 cam** 95/133000.

🏨 **San Guido** senza rist, via Carlo Farini 1/a ⊠ 20154 𝓟 6552261, Fax 6572890 – 🛗 🖃 📤. ⒶⒺ
🖼 Ⓔ 𝘝𝘐𝘚𝘈. ✂   BRS **u**
⊇ 9000 – **31 cam** 85/120000.

🏨 **Florida** senza rist, via Lepetit 33 ⊠ 20124 𝓟 6705921, Telex 314102, Fax 6692867 – 🛗 🖃 📺
☎. ⒶⒺ 🖼 ⑩ Ⓔ 𝘝𝘐𝘚𝘈   DR **c**
⊇ 15000 – **52 cam** 92/131000.

🏨 **Bolzano** senza rist, via Boscovich 21 ⊠ 20124 𝓟 6691451, Fax 6691455, 🛥 – 🛗 🖃 📺 📤.
ⒶⒺ 🖼 ⑩ Ⓔ 𝘝𝘐𝘚𝘈. ✂   DS **z**
⊇ 15000 – **35 cam** 81/118000.

🏨 **Club Hotel** senza rist, via Copernico 18 ⊠ 20125 𝓟 606128, Telex 323816, Fax 6682271 – 🛗
🖃 📺 📤. ⒶⒺ 𝘝𝘐𝘚𝘈   DR **n**
chiuso agosto – ⊇ 16000 – **53 cam** 92/135000.

🏨 **Gala** senza rist, viale Zara 89 ⊠ 20159 𝓟 6080365, Fax 66800463 – 🛗 🖃 ☎ Ⓟ. ⒶⒺ 🖼 Ⓔ 𝘝𝘐𝘚𝘈
chiuso agosto – ⊇ 14000 – **22 cam** 85/125000.   DQ **j**

🏨 **Canova**, senza rist, via Napo Torriani 15 ⊠ 20124 𝓟 6559541, Telex 324215, Fax 656392 – 🛗
🖃 📺 ☎   DS **n**
59 cam.

❌❌❌❌ ❀ **Grill Casanova,** piazza della Repubblica 20 ⊠ 20124 𝓟 650803, prenotare – 🖃. ⒶⒺ 🖼
⑩ Ⓔ 𝘝𝘐𝘚𝘈. ✂   DS **t**
chiuso agosto – Pas carta 80/100000
Spec. Tagliolini con verdure, Composizione di pesce al pomodoro fresco, Millefoglie di manzo alle olive. **Vini**
Gavi, Dolcetto.

❌❌❌ **Romani**, via Trebazio 3 ⊠ 20145 𝓟 340738 – 🖃. ⒶⒺ ⑩ 𝘝𝘐𝘚𝘈   AS **m**
chiuso sabato a mezzogiorno, domenica ed agosto – Pas carta 47/92000.

❌❌❌ **Dall'Antonio**, via Cenisio 8 ⊠ 20154 𝓟 33101511, Coperti limitati; prenotare – 🖃. ⒶⒺ 🖼
⑩ 𝘝𝘐𝘚𝘈. ✂   AR **a**
chiuso domenica ed agosto – Pas carta 56/83000.

❌❌❌ **Grattacielo**, via Vittor Pisani 6 ⊠ 20124 𝓟 6592359, « Servizio estivo all'aperto » – ⒶⒺ 🖼
⑩ Ⓔ 𝘝𝘐𝘚𝘈. ✂   DS **y**
chiuso venerdì sera, sabato, dal 26 dicembre all'8 gennaio ed agosto – Pas carta 36/58000
(11%).

XX ✿ **A Riccione,** via Taramelli 70 ✉ 20124 ✆ 6686807, Specialità di mare, prenotare – ▤ Ⓟ. AE ⓢ ⓞ E VISA DQ a
chiuso lunedì – Pas carta 73/101000
Spec. Pasta fresca con sugo di pesce, Paella valenciana, Grigliata mista di pesce alla brace. **Vini** del Collio, Barbaresco.

XX **Ai 3 Pini,** via Tullo Morgagni 19 ✉ 20125 ✆ 6898464, « Servizio estivo sotto un pergolato » – AE ⓢ ⓞ VISA DQ n
chiuso venerdì a mezzogiorno, sabato e dal 5 al 31 agosto – Pas carta 34/55000.

XX **Da Lino Buriassi,** via Lecco 15 angolo via Casati ✉ 20124 ✆ 228227, prenotare la sera – ▤. AE VISA DT g
chiuso sabato a mezzogiorno, domenica e dal 7 al 24 agosto – Pas carta 30/51000.

XX **Cavallini,** via Mauro Macchi 2 ✉ 20124 ✆ 6693174, 🏵 – ▤. AE ⓢ ⓞ E VISA. ✂ DS p
chiuso sabato, domenica, dal 22 dicembre al 4 gennaio e dal 3 al 23 agosto – Pas carta 36/59000 (12%).

XX **Le 5 Terre,** via Appiani 9 ✉ 20121 ✆ 653034, Specialità di mare – ▤. AE ⓢ ⓞ E VISA
chiuso sabato a mezzogiorno, domenica e dall'8 al 22 agosto – Pas carta 50/78000. DT s

XX **Gianni e Dorina,** via Pepe 38 ✉ 20159 ✆ 606340, prenotare – ▤. AE ⓢ ⓞ E VISA CR d
chiuso sabato a mezzogiorno, domenica e dal 25 luglio al 15 settembre – Pas carta 47/65000 (10%).

XX Solferino, con cam, via Castelfidardo 2 ✉ 20121 ✆ 6599886, Trattoria vecchia Milano, prenotare – TV ☎ CT a
11 cam.

XX **Vecchia Viscontea,** via Giannone 10 ✉ 20154 ✆ 3315372, 🏵 – AE ⓢ ⓞ E VISA BS c
chiuso sabato, domenica a mezzogiorno ed agosto – Pas carta 44/56000.

XX Taverna della Trisa, via Francesco Ferruccio 1 ✉ 20145 ✆ 341304, 🏵, Specialità trentine AS n

XX Olivo 2, viale Monte Santo 2 ✉ 20124 ✆ 653846 – ▤ DS j

XX **La Torre del Mangia,** via Procaccini 37 ✉ 20154 ✆ 314871, prenotare – ▤. AE ⓢ ⓞ VISA. ✂ AS c
chiuso domenica sera e lunedì – Pas carta 32/60000.

XX **Trattoria Vecchia Arena,** piazza Lega Lombarda 1 ✉ 20154 ✆ 3315538, Coperti limitati; prenotare – ▤. AE VISA BT d
chiuso domenica, lunedì a mezzogiorno, dal 30 dicembre al 10 gennaio e dall'8 al 25 agosto – Pas carta 43/59000.

XX **Cucina delle Langhe,** corso Como 6 ✉ 20154 ✆ 6554279, Specialità piemontesi – AE ⓢ ⓞ E VISA. ✂ CS a
chiuso domenica ed agosto – Pas carta 42/57000.

XX **San Fermo,** via San Fermo della Battaglia 1 ✉ 20121 ✆ 650901 – ✂. AE ⓢ VISA CT x
chiuso domenica, lunedì a mezzogiorno, dal 1° al 7 gennaio e dal 1° al 20 agosto – Pas carta 42/60000.

XX ✿ **Montecristo,** corso Sempione angolo via Prina ✉ 20154 ✆ 312760, Specialità di mare – ▤. AE ⓢ ⓞ E VISA. ✂ AS s
chiuso martedì, sabato a mezzogiorno, dal 25 dicembre al 2 gennaio ed agosto – Pas carta 48/70000
Spec. Antipasto di pesce Montecristo, Spaghetti all'aragosta, Branzino al sale. **Vini** Gavi, Gran Ruchet.

XX **Il Verdi,** piazza Mirabello 5 ✉ 20121 ✆ 651412 – ▤ CT u
chiuso sabato a mezzogiorno, domenica, dal 23 dicembre al 1° gennaio e dall'11 al 31 agosto – Pas carta 35/57000 (13%).

XX **Osteria del Vecchio Canneto,** bastioni Porta Nuova-via Solferino ✉ 20121 ✆ 6598498, Fax 6599232, Caratteristico rist. con specialità di mare – ▤. AE CS e
chiuso domenica, lunedì a mezzogiorno, dal 1° all'8 gennaio ed agosto – Pas 55000 bc.

XX ✿ **Alfredo-Gran San Bernardo,** via Borgese 14 ✉ 20154 ✆ 3319000, Specialità milanesi, Coperti limitati; prenotare – ▤. AE ⓢ ⓞ E VISA AR f
chiuso domenica ed agosto – Pas carta 44/58000
Spec. Risotto alla milanese ed al salto, Ossobuco in cremolata, Cotoletta alla milanese. **Vini** Arneis, Dolcetto.

XX **Endo,** via Fabio Filzi 8 ✉ 20124 ✆ 66986117, Fax 66983189, Rist. giapponese – ▤. AE ⓢ ⓞ E DS w
chiuso domenica – Pas carta 70/120000 (13%).

XX **Giglio Rosso,** piazza Luigi di Savoia 2 ✉ 20124 ✆ 6694174, 🏵 – ▤. AE ⓢ ⓞ E VISA
chiuso sabato, domenica a mezzogiorno ed agosto – Pas carta 29/55000 (12%). DR p

XX **La Tana del Lupo,** viale Vittorio Veneto 30 ✉ 20124 ✆ 6599006, Rist. tipico con specialità venete – ⓢ VISA DT a
chiuso a mezzogiorno, domenica, dal 1° al 7 gennaio ed agosto – Pas 45000 bc.

XX **La Buca,** via Antonio da Recanate ang. via Napo Torriani ✉ 20124 ✆ 6693176 – ✂ ▤. AE ⓢ ⓞ E VISA. ✂ DS s
chiuso venerdì sera, sabato, dal 25 dicembre al 6 gennaio ed agosto – Pas carta 34/65000.

XX **Terzilio,** via Gluck 10 ✉ 20125 ✆ 66982898, « Servizio estivo in giardino » – AE ⓢ E VISA
chiuso lunedì e martedì a mezzogiorno – Pas carta 30/44000. DQR a

XX **Serafino,** via Bramante 35 ✉ 20154 ✆ 3315363, Rist. con specialità piemontesi – AE ⓢ ⓞ E VISA BS a
chiuso lunedì, martedì a mezzogiorno ed agosto – Pas 35000 bc.

segue →

XX **Taverna del Gran Sasso,** piazzale Principessa Clotilde 10 ⊠ 20121 ℰ 6597578, Fax 6599232, Caratteristico rist. abruzzese – 🗏. 𝔸𝔼
DS **d**
chiuso venerdì a mezzogiorno, domenica, dal 1° all'8 gennaio ed agosto – Pas 45000 bc.

XX **Da Fumino,** via Bernina 43 ⊠ 20158 ℰ 606872, Trattoria toscana – 🗏. 𝔸𝔼 ⑤ ⑩ 𝐄
𝐕𝐈𝐒𝐀
BQ **e**
chiuso sabato a mezzogiorno, domenica ed agosto – Pas carta 33/63000.

XX **Elo-Wuè,** via Sabatelli 1 ⊠ 20154 ℰ 3315666, Rist. cinese a coperti limitati – 🗏. 𝔸𝔼 ⑤
⑩ 𝐄 𝐕𝐈𝐒𝐀 ⋘
AS **v**
chiuso domenica, lunedì a mezzogiorno ed agosto – Pas carta 31/58000 (12%).

XX **Le Colline Pisane,** largo La Foppa 5 ⊠ 20121 ℰ 6599136, Rist. toscano – 🗏. 𝔸𝔼 ⑤
𝐕𝐈𝐒𝐀
BS **v**
chiuso domenica ed agosto – Pas carta 32/48000.

XX **Wan Tong,** via Paolo Sarpi 20 ⊠ 20154 ℰ 3453633, Rist. cinese, Coperti limitati; prenotare
– 🗏. ⑩ 𝐕𝐈𝐒𝐀. ⋘
BS **x**
chiuso domenica, lunedì a mezzogiorno, agosto e dal 24 al 27 dicembre – Pas carta 42/55000 (10%).

XX **Altopascio,** via Gustavo Fara 17 ⊠ 20124 ℰ 6702458, Rist. toscano – 🗏. 𝔸𝔼 ⑤ ⑩ 𝐄
𝐕𝐈𝐒𝐀
DS **e**
chiuso sabato, domenica a mezzogiorno ed agosto – Pas carta 28/49000.

XX **Le Pietre Cavate,** via Castelvetro 14 ⊠ 20154 ℰ 344704 – 🗏. 𝔸𝔼 ⑤ ⑩ 𝐄 𝐕𝐈𝐒𝐀
AR **q**
chiuso mercoledì, giovedì a mezzogiorno e dal 30 luglio al 29 agosto – Pas carta 30/51000.

XX **Il Cormorano,** piazza 25 Aprile ang. via Rosales ⊠ 20124 ℰ 6554604 – 🗏. 𝔸𝔼 ⑤ ⑩ 𝐄
𝐕𝐈𝐒𝐀
CS **x**
chiuso sabato a mezzogiorno, domenica ed agosto – Pas carta 30/52000.

XX Osteria la Cagnola, via Cirillo 14 ⊠ 20154 ℰ 3319428, Coperti limitati; prenotare
AT **a**

XX **Il Palio,** piazza Diocleziano ang. via San Galdino ⊠ 20154 ℰ 3453687, 🏠, Trattoria
toscana – 🗏. 𝔸𝔼 ⑤ ⑩ 𝐄 𝐕𝐈𝐒𝐀
AR **w**
chiuso sabato e dal 6 al 28 agosto – Pas carta 29/42000.

XX **La Sirena,** via Poliziano 10 ⊠ 20154 ℰ 33603011, Rist. con specialità di mare – 🗏. ⑤ 𝐄
𝐕𝐈𝐒𝐀. ⋘
AS **g**
chiuso domenica e dal 1° al 21 agosto – Pas carta 25/50000.

X **Trattoria della Pesa,** viale Pasubio 10 ⊠ 20154 ℰ 6555741, Tipica trattoria vecchia
Milano con cucina lombarda – 🗏
BS **s**
chiuso domenica ed agosto – Pas carta 37/56000.

X **Arrow,** via Mussi 13 ⊠ 20154 ℰ 341533, Coperti limitati; prenotare – 🗏. 𝔸𝔼 ⑤ ⑩ 𝐄 𝐕𝐈𝐒𝐀.
⋘
AS **b**
chiuso domenica ed agosto – Pas carta 32/60000.

X **La Villetta,** viale Zara 87 ⊠ 20159 ℰ 6891981, 🏠
DQ **j**
chiuso lunedì sera, martedì ed agosto – Pas carta 25/40000.

X **Al Vecchio Passeggero,** via Gherardini 1 ⊠ 20145 ℰ 312461 – 🗏. 𝔸𝔼 ⑩ 𝐕𝐈𝐒𝐀
AT **x**
chiuso sabato a mezzogiorno, domenica, dal 26 dicembre al 1° gennaio e dal 1° al 26 agosto – Pas carta 29/52000.

X **Casa Fontana,** piazza Carbonari 5 ⊠ 20125 ℰ 6892684, Coperti limitati; prenotare – 🗏.
𝔸𝔼 ⑤ 𝐄 𝐕𝐈𝐒𝐀. ⋘
DQ **s**
chiuso dal 5 al 27 agosto, lunedì, sabato a mezzogiorno, in luglio anche sabato sera e domenica – Pas carta 45/63000.

X **Pechino,** via Cenisio 7 ⊠ 20154 ℰ 33101668, Rist. cinese con cucina pechinese, prenotare
– 🗏
AR **u**
chiuso lunedì, dal 20 dicembre al 4 gennaio e dal 15 luglio al 22 agosto – Pas carta 28/45000 (12%).

X **Il Tronco-da Vitaliano,** via Thaon di Revel 10 ⊠ 20159 ℰ 606072 – 🗏. 𝔸𝔼 ⑤ 𝐄
CQ **e**
chiuso sabato a mezzogiorno, domenica ed agosto – Pas carta 25/44000.

X **Osteria Veneta dei Bana,** via Cenisio 70 ⊠ 20154 ℰ 33101352 – 𝔸𝔼 ⑤ 𝐕𝐈𝐒𝐀
chiuso sabato, agosto e Natale – Pas carta 29/46000.
Milano p. 4 FL **m**

X **Da Rossano,** via Maroncelli 15 ⊠ 20154 ℰ 652618, Trattoria toscana – 🗏. 𝔸𝔼 ⑤ ⑩ 𝐄
𝐕𝐈𝐒𝐀. ⋘
BS **f**
chiuso sabato – Pas carta 40/65000.

X **La Veneta,** via Giusti 14 ⊠ 20154 ℰ 342881, Trattoria con specialità venete – ⋘
BS **b**
chiuso lunedì ed agosto – Pas carta 30/42000.

X **Pupurry,** via Canonica 27 ⊠ 20154 ℰ 3311829, Rist. d'artisti-soupers – 𝔸𝔼 ⑤ ⑩ 𝐄
𝐕𝐈𝐒𝐀
AS **e**
chiuso lunedì ed agosto – Pas (menu suggeriti dal proprietario) 35/45000.

X **Dalla Zia,** via Gustavo Fara 5 ⊠ 20124 ℰ 6556281, Trattoria toscana a coperti limitati – 𝔸𝔼
⑩
DS **b**
chiuso domenica, domenica a mezzogiorno e dal 1° al 28 agosto – Pas carta 28/79000.

X **Da Gori,** via Sammartini 21 ⊠ 20125 ℰ 6081607, Trattoria toscana – 🗏. 𝐕𝐈𝐒𝐀
DR **r**
chiuso sabato, domenica sera, dal 24 dicembre al 6 gennaio ed agosto – Pas carta 34/52000.

Zona centrale Duomo, Scala, Parco Sempione, Castello Sforzesco, Giardini Pubblici, corso Venezia, via Manzoni, Stazione Nord, corso Magenta, Porta Vittoria (Pianta : Milano p. 8 e 9)

🏨 **Jolly Hotel President,** largo Augusto 10 ⊠ 20122 ℰ 7746, Telex 312054, Fax 783449 – 📲 🖭 🖭 ⚒ ♿ – 🔬 110. 🖽 🗷 ① ⅇ 💳. 🛪 rist   DV   t
Pas 55000 – **220 cam** ⊑ 320/380000 – ½ P 245/375000.

🏨 **Gd H. et de Milan** senza rist, via Manzoni 29 ⊠ 20121 ℰ 801231, Telex 334505, Fax 872526 – 📲 🗏 🖭 🖭 – 🔬 150. 🖽 🗷 ① ⅇ 💳   CDU   f
chiuso dal 27 luglio al 20 agosto – ⊑ 22000 – **89 cam** 248/346000 appartamenti 550/690000.

🏨 **Galileo** senza rist, corso Europa 9 ⊠ 20122 ℰ 7743, Telex 322095, Fax 656319 – 📲 🗏 🖭 ☎. 🖽 🗷 ① ⅇ 💳. 🛪   DV   a
70 cam ⊑ 305/410000 appartamenti 450000.

🏨 **Gd H. Duomo,** via San Raffaele 1 ⊠ 20121 ℰ 8833, Telex 312086 – 📲 🗏 ☎   CV   m
160 cam.

🏨 **Brunelleschi e Rist. Le Volte,** via Baracchini 12 ⊠ 20123 ℰ 8843, Telex 312256, Fax 870144 – 📲 🗏 🖭 🖭 ☎. 🖽 🗷 ① ⅇ 💳. 🛪 rist   CV   s
Pas *(chiuso sabato, domenica ed agosto)* carta 60/100000 – **120 cam** ⊑ 330/450000 appartamenti 700000 – ½ P 295/445000.

🏨 **Dei Cavalieri** senza rist, piazza Missori 1 ⊠ 20123 ℰ 8857, Telex 312040, Fax 72021683 – 📲 ⇌ 🖭 🖭 ☎ – 🔬 40. 🖽 🗷 ① ⅇ 💳   CVX   c
169 cam ⊑ 230/271000.

🏨 **Carlton Hotel Senato,** via Senato 5 ⊠ 20121 ℰ 798583, Telex 331306, Fax 5456043 – 📲 🗏 🖭 ☎ ⇌. 🖽 🗷 ① ⅇ 💳. 🛪 rist   DU   q
chiuso agosto – Pas *(chiuso sabato, domenica e dal 20 dicembre al 7 gennaio)* carta 40/55000 – ⊑ 17000 – **71 cam** 180/230000 – ½ P 170/235000.

🏨 **Rosa,** via Pattari 5 ⊠ 20122 ℰ 8831, Telex 316067, Fax 8057964 – 📲 🗏 🖭 🖭 ☎ – 🔬 50 a 120. 🖽 🗷 ① ⅇ 💳. 🛪 rist   DV   u
Pas *(chiuso domenica)* carta 36/50000 – **166 cam** ⊑ 230/270000 – ½ P 210/328000.

🏨 **Manin,** via Manin 7 ⊠ 20121 ℰ 6596511, Telex 320385, Fax 6552160, 🖙 – 📲 🗏 🖭 🖭 ☎ – 🔬 150. 🖽 🗷 ① ⅇ 💳. 🛪 rist   DU   b
chiuso dal 7 al 23 agosto – Pas *(chiuso domenica)* carta 54/89000 – ⊑ 19000 – **110 cam** 180/226000 appartamenti 270/350000 – ½ P 172/239000.

🏨 **Cavour,** via Fatebenefratelli 21 ⊠ 20121 ℰ 650983, Telex 320498, Fax 6592263 – 📲 🗏 🖭 ☎ ♿. 🖽 🗷 ① ⅇ 💳. 🛪 rist   DU   n
Pas *(chiuso venerdì sera, sabato e domenica a mezzogiorno)* 50000 – ⊑ 15000 – **111 cam** 185/200000 appartamenti 230000.

🏨 **De la Ville** senza rist, via Hoepli 6 ⊠ 20121 ℰ 867651, Telex 312642, Fax 866609 – 📲 🗏 🖭 ☎. 🖽 🗷 ① ⅇ 💳. 🛪   CV   v
105 cam ⊑ 250/300000.

🏨 **Ariosto** senza rist, via Ariosto 22 ⊠ 20145 ℰ 4817844, Fax 4980516 – 📲 🗏 ☎ ♿ – 🔬 40. 🖽 🗷 ① ⅇ 💳   AU   c
⊑ 10000 – **53 cam** 98/139000.

🏨 **Manzoni** senza rist, via Santo Spirito 20 ⊠ 20121 ℰ 76005700, Fax 784212 – 📲 ☎ 🚗. 🛪   DU   g
⊑ 14000 – **52 cam** 100/140000.

🏨 **Casa Svizzera** senza rist, via San Raffaele 3 ⊠ 20121 ℰ 8692246, Telex 316064, Fax 3498190 – 📲 🗏 🖭 🖭 ☎. 🖽 🗷 ① ⅇ 💳   CV   a
chiuso dal 28 luglio al 24 agosto – **45 cam** ⊑ 107/163000.

🏨 **Centro,** senza rist, via Broletto 46 ⊠ 20121 ℰ 875232, Telex 332632 – 📲 🗏 🖭 ☎ ♿   BU   e
54 cam

🏨 **Star** senza rist, via dei Bossi 5 ⊠ 20121 ℰ 871703, Fax 8690978 – 📲 🗏 ☎. 🖽 🗷 ⅇ 💳   CU   b
chiuso agosto – ⊑ 15000 – **28 cam** 89/130000.

🏨 **Gritti** senza rist, piazza Santa Maria Beltrade 4 ⊠ 20123 ℰ 801056, Telex 350597, Fax 89010999 – 📲 ⇌ 🗏 🖭 ☎. 🖽 🗷 ① ⅇ 💳   CV   u
48 cam ⊑ 107/155000.

🏨 **London** senza rist, via Rovello 3 ⊠ 20121 ℰ 872988 – 📲 ☎. 🗷 💳. 🛪   BU   v
⊑ 10000 – **29 cam** 62/95000.

🏨🏨🏨🏨🏨 **Savini,** galleria Vittorio Emanuele II ⊠ 20121 ℰ 8058343, Fax 807306, Gran tradizione; prenotare, « Giardino d'inverno » – 🗏. 🖽 🗷 ① ⅇ 💳   CV   n
chiuso domenica, dal 23 dicembre al 3 gennaio e dal 10 al 19 agosto – Pas carta 72/124000 (15%).

🏨🏨🏨🏨 **El Toulà,** piazza Paolo Ferrari 6 ⊠ 20121 ℰ 870302, Confort accurato – 🗏. 🖽 🗷 ① ⅇ 💳. 🛪   CU   z
chiuso dal 23 dicembre al 6 gennaio, dal 6 al 21 agosto, domenica e da giugno ad agosto anche sabato – Pas carta 70/110000 (13%).

🏨🏨🏨🏨 **St. Andrews,** via Sant'Andrea 23 ⊠ 20121 ℰ 793132, Confort accurato – soupers, prenotare – 🗏. 🖽 🗷 ① ⅇ 💳. 🛪   DU   y
chiuso domenica ed agosto – Pas carta 80/100000 (15%).

segue →

XXX **Don Lisander,** via Manzoni 12/a ⌧ 20121 ℰ 790130, Fax 784573, 🏠, prenotare – ▤. 🄰
🕄 ⓪ ⎛ *VISA* CU
chiuso sabato sera e domenica – Pas carta 71/99000.

XXX ✿ **Peck,** via Victor Hugo 4 ⌧ 20123 ℰ 876774 – ▤. 🄰🄴 🕄 ⓪ ⎛ *VISA*. ⌘ CV
chiuso domenica e dal 2 al 23 luglio – Pas carta 64/101000
Spec. Terrina di San Pietro alle erbe, Spaghetti alla chitarra in salsa di astice, Filetti di branzino ai porri e frutti
di mare. **Vini** Pinot bianco.

XXX **Biffi Scala,** piazza della Scala ⌧ 20121 ℰ 866651, Tea-room e soupers – ▤. 🄰🄴 🕄 ⓪ ⎛
VISA CU
chiuso domenica, dal 25 dicembre al 6 gennaio e dal 10 al 20 agosto – Pas carta 65/99000
(15%).

XXX ✿ **Canoviano,** via Hoepli 6 ⌧ 20121 ℰ 8058472, prenotare – ▤. 🄰🄴 🕄 ⓪ ⎛ *VISA*. ⌘
chiuso sabato a mezzogiorno e domenica – Pas carta 56/96000 CV
Spec. Sfogliatina di capesante (primavera-estate), Risotto alla milanese con pistilli di zafferano, Branzino con
asparagi e funghi porcini (autunno). **Vini** Franciacorta bianco, Dolcetto.

XXX **Orti di Leonardo,** via Aristide de' Togni 6/8 ⌧ 20123 ℰ 4983476 – ▤. 🄿. 🄰🄴 🕄 ⓪ ⎛ *VISA*.
⌘ AV
chiuso domenica e dal 5 al 27 agosto – Pas carta 55/80000.

XXX **Suntory,** via Verdi 6 ⌧ 20121 ℰ 862210, Rist. giapponese – ▤. 🄰🄴 🕄 ⓪ ⎛ *VISA*. ⌘
chiuso domenica e dal 14 al 21 agosto – Pas carta 60/90000. ·CU

XXX **Stendhal,** via Solferino 12-via San Marco ⌧ 20121 ℰ 6555587, Confort accurato – 🄰🄴 🕄
⓪ ⎛ *VISA*. ⌘ CU
chiuso lunedì e dal 7 al 28 agosto – Pas 30000 (solo a mezzogiorno) e carta 65/90000 (solo
sera).

XXX **Tino Fontana,** piazza Diaz 5 ⌧ 20123 ℰ 800390 – ▤. 🄰🄴 🕄 ⓪ ⎛ *VISA*. ⌘ CV
chiuso domenica e dal 6 al 20 agosto – Pas carta 48/74000.

XXX **Alfio-Cavour,** via Senato 31 ⌧ 20121 ℰ 780731 – ▤. 🄰🄴 🕄 ⓪ ⎛ *VISA* DU
chiuso sabato, domenica a mezzogiorno, dal 23 dicembre al 3 gennaio ed agosto – Pas
carta 60/85000.

XXX **Boeucc,** piazza Belgioioso 2 ⌧ 20121 ℰ 790224, 🏠, prenotare – ▤. 🄰🄴. ⌘ CDU
chiuso sabato, domenica a mezzogiorno, dal 24 dicembre al 2 gennaio ed agosto – Pas
carta 52/82000.

XXX **Crispi,** corso Venezia 3 ⌧ 20121 ℰ 782010, 🏠 – ▤ – ♨ 35 DU

XXX **Royal Dynasty,** via Bocchetto 15 a ⌧ 20123 ℰ 872106, Fax 3313414, Rist. cinese
⌘ rist ▤. 🄰🄴 🕄 ⓪ ⎛ *VISA* BV
chiuso lunedì e dal 14 al 21 agosto – Pas carta 30/45000 (12%).

XX **Barbarossa-da Flavio,** via Cerva 10 ⌧ 20122 ℰ 781418, Ambiente vecchia Milano – ▤.
🄰🄴 ⓪ *VISA* DV
chiuso agosto, domenica e in luglio anche sabato – Pas carta 42/62000.

XX **Bagutta,** via Bagutta 14 ⌧ 20121 ℰ 76002767, 🏠, Rist. d'artisti, « Caratteristici dipinti
caricature » – 🄰🄴 🕄 ⓪ ⎛ *VISA*. ⌘ DU
chiuso dal 23 dicembre al 5 gennaio e dal 7 al 31 agosto – Pas carta 46/80000.

XX **Odeon,** via Bergamini 11 ⌧ 20122 ℰ 862917 – ▤. 🄰🄴 ⓪ *VISA*. ⌘ DV
chiuso sabato a mezzogiorno, domenica e dal 1° al 27 agosto – Pas carta 38/53000.

XX **Opera Prima,** via Rovello 3 ⌧ 20121 ℰ 865235 – ⌘ ▤. 🄰🄴 🕄 ⓪ *VISA* BU
chiuso domenica – Pas carta 45/75000.

XX **L'Infinito,** via Leopardi 25 ⌧ 20123 ℰ 4692276 – ▤. 🄰🄴 🕄 ⓪ ⎛ *VISA*. ⌘ AU
chiuso sabato a mezzogiorno e domenica – Pas carta 38/60000.

XX **Albric,** via Albricci 3 ⌧ 20122 ℰ 806356, « Raccolta di quadri » – ⌘ ▤. 🄰🄴 🕄 ⓪ ⎛ *VISA*.
⌘ CV
chiuso sabato a mezzogiorno, domenica e dal 28 luglio al 28 agosto – Pas carta 47/65000.

XX **Rigolo,** largo Treves angolo via Solferino ⌧ 20121 ℰ 8059768, Rist. d'habitués – ▤. 🄰
🕄 ⓪ ⎛ *VISA*. ⌘ CU
chiuso lunedì, martedì a mezzogiorno e luglio – Pas carta 34/53000.

XX **Kota Radja,** piazzale Baracca 6 ⌧ 20123 ℰ 468850, Rist. cinese – ▤. 🄰🄴 🕄 ⓪ ⎛ *VISA*
chiuso lunedì – Pas carta 24/61000 (12%). AU

XX **Il Peschereccio,** Foro Bonaparte ang. via Sella ⌧ 20121 ℰ 861418, Solo piatti di pesce
– ▤. 🄰🄴 🕄 ⓪ ⎛ *VISA* BU
chiuso lunedì – Pas carta 44/60000.

XX **Al Mercante,** piazza Mercanti 17 ⌧ 20123 ℰ 8052198, « Servizio estivo all'aperto »
chiuso domenica e dal 1° al 25 agosto – Pas carta 39/55000. CV

XX **Ponvèder,** via Ponte Vetero 6 ⌧ 20121 ℰ 861977, Coperti limitati; prenotare – ▤ BU

XX **Franco il Contadino,** via Fiori Chiari 20 ⌧ 20121 ℰ 808153, Rist. tipico e ritrovo d'artisti
– ▤. 🄰🄴 🕄 ⓪ ⎛ *VISA* CU
chiuso martedì e luglio – Pas carta 34/55000 (10%).

XX **Boccondivino,** via Carducci 17 ⌧ 20123 ℰ 866040, Specialità salumi, formaggi e vini
tipici, prenotare – ▤. ⌘ AV
chiuso a mezzogiorno, domenica ed agosto – Pas carta 40/60000.

XX **La Muraglia,** piazza Oberdan 2 ⌧ 20129 ℰ 279528, 🏠, Rist. cinese – ▤. 🄰🄴 🕄 ⎛ *VISA*
chiuso lunedì – Pas carta 29/37000. DU

XX **Le Api,** via Bagutta 2 ⊠ 20121 𝒫 76005780, 😋 – ▤. 🆎 🅱 ⓞ Ɛ 𝒱𝒾𝓈𝒶, ⋇   DUV **p**
chiuso sabato a mezzogiorno e domenica – Pas carta 41/68000.

XX **Da Marino-al Conte Ugolino,** piazza Beccaria 6 ⊠ 20122 𝒫 876134 – ▤. 🆎 🅱 ⓞ 𝒱𝒾𝓈𝒶
chiuso domenica ed agosto – Pas carta 40/58000 (11%).   DV **c**

XX Becco Rosso, via San Carpoforo 7 ⊠ 20121 𝒫 807113 – ▤   BU **c**

XX **I Matteoni,** piazzale 5 Giornate 6 ⊠ 20129 𝒫 55188293, Rist. d'habitués – ▤. 🆎 🅱 ⓞ Ɛ
𝒱𝒾𝓈𝒶   DV **s**
chiuso domenica ed agosto – Pas carta 33/55000.

XX **Francesco,** via Festa del Perdono 4 ⊠ 20122 𝒫 8053071, 😋 – ▤. 🆎 🅱 ⓞ Ɛ 𝒱𝒾𝓈𝒶
chiuso domenica, dal 12 al 24 agosto ed il 23 al 31 dicembre – Pas carta 35/55000.   DV **n**

XX **Ciovassino,** via Ciovassino 5 ⊠ 20121 𝒫 8053868, Coperti limitati; prenotare – ▤. 🆎 🅱
ⓞ Ɛ 𝒱𝒾𝓈𝒶. ⋇   CU **s**
chiuso sabato a mezzogiorno, domenica ed agosto – Pas carta 35/50000.

XX **Da Bruno,** via Maurizio Gonzaga 6 ⊠ 20123 𝒫 804364 – ▤. 🆎 🅱 ⓞ Ɛ 𝒱𝒾𝓈𝒶   CV **x**
chiuso sabato ed il 1° al 20 agosto – Pas carta 29/46000.

XX **La Pantera,** via Festa del Perdono 12 ⊠ 20122 𝒫 8057374, Rist. toscano – ▤. 🆎 🅱 ⓞ Ɛ
𝒱𝒾𝓈𝒶   DV **m**
chiuso martedì ed agosto – Pas carta 33/57000.

X **Trattoria dell'Angolo,** via Fiori Chiari ang via Formentini ⊠ 20121 𝒫 8058495 – ▤. 🆎
ⓞ 𝒱𝒾𝓈𝒶   CU **e**
chiuso sabato a mezzogiorno, domenica, dal 1° al 7 gennaio e dal 6 al 25 agosto – Pas
carta 42/55000.

X **Piccolo Padre,** viale Bianca Maria 2 ⊠ 20129 𝒫 5400118, Rist. caratteristico umbro – ▤.
🆎 🅱 Ɛ 𝒱𝒾𝓈𝒶   DV **z**
chiuso martedì – Pas 40000.

X **Al Chico,** via Sirtori 24 ⊠ 20129 𝒫 29406883, 😋, Rist. toscano – 🆎 🅱 ⓞ Ɛ 𝒱𝒾𝓈𝒶   DU **s**
chiuso sabato a mezzogiorno, domenica, dal 24 dicembre al 3 gennaio e dal 3 al 28 agosto –
Pas carta 36/50000.

X Giacomo, via Donizetti 11 ⊠ 20122 𝒫 795020   DV **d**

X **Ai 3 Fratelli,** via Terraggio 11/13 ⊠ 20123 𝒫 873281, 😋 – ▤. 𝒱𝒾𝓈𝒶. ⋇   AV **r**
chiuso domenica, dal 24 dicembre al 5 gennaio e dal 1° al 22 agosto – Pas carta 22/42000.

X **Rovello,** via Rovello 18 ⊠ 20121 𝒫 864396 – ▤. 🆎 🅱 ⓞ 𝒱𝒾𝓈𝒶   BU **z**
chiuso sabato a mezzogiorno, domenica e Natale – Pas carta 40/60000.

X **Le Briciole,** via Camperio 17 ⊠ 20123 𝒫 877185, Rist. e pizzeria – ▤. 🅱 Ɛ 𝒱𝒾𝓈𝒶. ⋇
*chiuso lunedì, sabato a mezzogiorno, dal 24 dicembre al 3 gennaio e dal 25 luglio al 24
agosto* – Pas carta 29/45000.   BU **a**

X **Allo Scudo,** via Mazzini 7 ⊠ 20123 𝒫 8052761, Rist. d'habitués – ▤. 🆎 🅱 ⓞ Ɛ 𝒱𝒾𝓈𝒶
chiuso domenica ed agosto – Pas carta 27/47000 (10%).   CV **e**

Zona urbana sud Porta Ticinese, Porta Romana, Stazione Genova, Navigli, Parco Ravizza,
Vigentino (Pianta : Milano p. 10 e 11)

🏨 **Pierre Milano,** via Edmondo de Amicis 32 ⊠ 20123 𝒫 72000581, Telex 333303, Fax
8052157 – 🛗 ⟷ cam ▤ 📺 ☎. 🆎 🅱 ⓞ Ɛ 𝒱𝒾𝓈𝒶. ⋇   BX **b**
Pas *(chiuso agosto)* 68/75000 – **47 cam** 430/640000 appartamenti 800/950000.

🏨 **Quark,** via Lampedusa 11/a ⊠ 20141 𝒫 84431, Telex 353448, Fax 8464190 – 🛗 ▤ 📺 ☎ &
⟷ 🄿 – 🏛 1100. 🆎 🅱 ⓞ Ɛ 𝒱𝒾𝓈𝒶. ⋇   CZ **a**
Pas *(chiuso dal 12 al 27 agosto)* 45/50000 – **140 cam** 🖙 210/265000 appartamenti 320/380000
– ½ P 145/205000.

🏨 **Lloyd** senza rist, corso di Porta Romana 48 ⊠ 20122 𝒫 58303332, Telex 335028, Fax
58303365 – 🛗 ▤ 📺 ☎ – 🏛 40 a 80. 🆎 🅱 ⓞ Ɛ 𝒱𝒾𝓈𝒶   CX **z**
🖙 16000 – **52 cam** 175/235000.

🏨 **Ascot** senza rist, via Lentasio 3/5 ⊠ 20122 𝒫 862946 (prenderà il 58303300), Telex 311303,
Fax 58303203 – 🛗 ▤ 📺 ☎. 🆎 🅱 ⓞ Ɛ 𝒱𝒾𝓈𝒶. ⋇   CX **e**
chiuso agosto – **58 cam** 🖙 185/265000.

🏨 **Crivi's** senza rist, corso Porta Vigentina 46 ⊠ 20122 𝒫 5463341, Telex 313255, Fax 5400637
– 🛗 ▤ 📺 ☎ ⟷ – 🏛 60. 🆎 🅱 ⓞ Ɛ 𝒱𝒾𝓈𝒶   DY **a**
chiuso agosto – 🖙 16000 – **62 cam** 150/195000.

🏨 D'Este, senza rist, viale Bligny 23 ⊠ 20136 𝒫 5461041, Telex 324216 – 🛗 ▤ 📺 ☎ – 🏛 50
a 80 – **54 cam**   CY **r**

🏨 **Sant'Ambroeus** senza rist, viale Papiniano 14 ⊠ 20123 𝒫 4697451, Telex 313373, Fax
3498092 – 🛗 ▤ 📺 ☎ – 🏛 50. 🆎 🅱 ⓞ Ɛ 𝒱𝒾𝓈𝒶. ⋇   AX **a**
chiuso agosto e Natale – 🖙 15000 – **52 cam** 98/138000.

🏨 Ambrosiano, senza rist, via Santa Sofia 9 ⊠ 20122 𝒫 5510445 – 🛗 ▤ ☎   CX **x**
62 cam.

🏨 Mediterraneo senza rist, via Muratori 14 ⊠ 20135 𝒫 5488151, Telex 335812, Fax 5488151
– 🛗 📺 ☎ & – 🏛 150. 🆎 🅱 ⓞ Ɛ 𝒱𝒾𝓈𝒶   DY **q**
chiuso dal 1° al 21 agosto – 🖙 12000 – **93 cam** 96/136000.

🏨 Adriatico, senza rist, via Conca del Naviglio 20 ⊠ 20123 𝒫 58104141, Fax 8324141 – 🛗 ▤
📺 ☎. 🆎 🅱 ⓞ Ɛ 𝒱𝒾𝓈𝒶   BX **m**
chiuso dal 1° al 21 agosto – 🖙 12000 – **105 cam** 90/128000.

segue →

🏨 **Imperial**, senza rist, corso di Porta Romana 68 ⊠ 20122 ✆ 5468241, Fax 5454396 – 🚷 📺 🕿
🅿
36 cam.
DX c

🏨 **Dei Fiori** senza rist, raccordo autostrada A7 ⊠ 20142 ✆ 8436441, Fax 89501096 – 🛗 🚷 📺
🕿 🕭 🅿. 🛐 🕦 🗲 𝘝𝘐𝘚𝘈
55 cam ⊊ 70/107000, 🛏 8000.
AZ e

🏨 **Garden** senza rist, via Rutilia 6 ⊠ 20141 ✆ 537368 – 🕿 🕭 🅿
chiuso agosto – ⊊ 6000 – **23 cam** 53/75000.
DZ a

XXX **L'Ulmet**, via Disciplini ang. via Olmetto ⊠ 20123 ✆ 8059260, prenotare – 🚷. 🖭 🛐 🗲
𝘝𝘐𝘚𝘈
chiuso domenica e lunedì a mezzogiorno – Pas carta 51/78000.
BX x

XXX **Il Punto Malatesta**, via Bianca di Savoia 19 ⊠ 20122 ✆ 58300079, Telex 335697, Fax
656047 – 🚷. 🖭 🕦 𝘝𝘐𝘚𝘈. 🦺
chiuso domenica, dal 1° al 7 gennaio ed agosto – Pas carta 60/70000.
CY a

XXX **San Vito da Nino**, via San Vito 5 ⊠ 20123 ✆ 8377029, Rist. a coperti limitati; prenotare
– 🚷. 𝘝𝘐𝘚𝘈. 🦺
chiuso lunedì ed agosto – Pas carta 55/70000 (13%).
BX a

XXX ⊛ **Scaletta**, piazzale Stazione Genova 3 ⊠ 20144 ✆ 8350290 o 58100290, Coperti limitati,
prenotare – 🚷. 🦺
chiuso domenica, lunedì, dal 24 dicembre al 6 gennaio, Pasqua ed agosto – Pas carta
65/85000
Spec. Terrina di trippa in gelatina, Ravioli ai legumi, Agnello alla crema d'aglio. **Vini** Villa Bucci, Castellare.
AY a

XX ⊛ **Al Porto**, piazzale Generale Cantore ⊠ 20123 ✆ 8321481, Rist. con specialità di mare,
prenotare – 🚷. 🖭 🕦 𝘈𝘟𝘠 c
chiuso domenica, lunedì a mezzogiorno, dal 24 dicembre al 3 gennaio ed agosto – Pas
carta 50/69000
Spec. Tagliolini freschi al nero di seppie, Rombo chiodato al rosmarino, Orata al pepe rosa. **Vini** Ribolla,
Dolcetto.

XX **Sadler-Osteria di Porta Cicca**, ripa di Porta Ticinese 51 ⊠ 20143 ✆ 58104451, Copert
limitati; prenotare – 🚷. 🖭 🛐 🕦 𝘝𝘐𝘚𝘈. 🦺
AY g
chiuso a mezzogiorno, domenica, dal 1° al 10 gennaio e dal 5 al 30 agosto – Pas
carta 48/71000.

XX **Al Genovese**, via Pavia 9/14 angolo via Conchetta ⊠ 20136 ✆ 8373180, 😤, Rist. con
specialità liguri – 🚷. 🖭 🛐 𝘝𝘐𝘚𝘈. 🦺
BZ e
chiuso domenica, lunedì a mezzogiorno, dal 1° al 7 gennaio e dal 10 al 25 agosto – Pas
carta 52/74000.

XX **Giordano**, via Torti angolo corso Genova 3 ⊠ 20123 ✆ 58100824, Rist. rustico moderno
con specialità bolognesi – 🚷. 🖭 🛐 🕦 🗲 𝘝𝘐𝘚𝘈
BX s
chiuso dal 5 al 28 agosto, domenica e in luglio anche sabato – Pas carta 28/39000
(12%).

XX **Il Torchietto**, via Ascanio Sforza 47 ⊠ 20136 ✆ 8372910, 😤 – 🚷. 🖭 🕦 𝘝𝘐𝘚𝘈. 🦺 BZ s
chiuso lunedì ed agosto – Pas carta 36/51000.

XX **El Brellin**, alzaia Naviglio Grande 14 ⊠ 20144 ✆ 58101351, 😤, Rist. e piano bar – 🖭 🛐
🕦 🗲 𝘝𝘐𝘚𝘈
AY v
chiuso a mezzogiorno, domenica ed agosto – Pas 45000 bc.

XX **Osteria del Binari**, via Tortona 1 ⊠ 20144 ✆ 89409428, 😤, Atmosfera vecchia Milano,
prenotare – 🦺. 🛐 🕦
AY e
chiuso a mezzogiorno, domenica e dal 10 al 17 agosto – Pas 39000 bc.

X **La Topaia**, via Argelati 46 ⊠ 20143 ✆ 8373469 – 🖭 🕦 𝘝𝘐𝘚𝘈
AY b
chiuso a mezzogiorno, domenica ed agosto – Pas carta 30/44000.

X **Osteria Via Pré**, via Casale 4 ⊠ 20144 ✆ 8373869, Trattoria tipica con specialità liguri –
🚷. 🖭 🛐 🕦 🗲 𝘝𝘐𝘚𝘈
AY c
chiuso lunedì, martedì ed agosto – Pas carta 36/55000.

X **Da Costantino**, corso Lodi 3 ⊠ 20135 ✆ 5451492 – 🚷. 🖭 🛐 🕦 🗲 𝘝𝘐𝘚𝘈
DY s
chiuso lunedì ed agosto – Pas carta 29/44000.

X **Trattoria all'Antica**, via Montevideo 4 ⊠ 20144 ✆ 8372849 – 🚷. 🦺
AX m
chiuso sabato a mezzogiorno, domenica, dal 26 dicembre al 7 gennaio ed agosto – Pas
carta 27/44000.

X **Alzaia**, alzaia Naviglio Grande 26 ⊠ 20144 ✆ 8379696 – 🖭 🛐 𝘝𝘐𝘚𝘈
AY x
chiuso lunedì, dal 5 al 15 gennaio ed agosto – Pas carta 34/53000.

X **Dongiò**, via Corio 3 ⊠ 20135 ✆ 5511372 – 🖭 🛐 🕦 🗲 𝘝𝘐𝘚𝘈
DY r
chiuso domenica ed agosto – Pas carta 28/41000.

X **La Baracca**, corso Lodi 4 ⊠ 20135 ✆ 55188577 – 🦺
DY v
chiuso lunedì, martedì a mezzogiorno ed agosto – Pas (menu suggerito dal proprietario)
22000 bc.

X **Gargantua**, corso Porta Vigentina 31 ⊠ 20122 ✆ 5462888, prenotare – 🚷
DY z
chiuso sabato a mezzogiorno, domenica e dal 10 al 25 agosto – Pas carta 40/56000.

Zone periferiche

Rioni : Bruzzano, Niguarda, Bicocca, viale Fulvio Testi – N : verso ① ② ③ e ④ : Monza, Lecco, Erba, Venezia (Pianta : Milano p. 4) :

Leonardhotel ⟨⟩, via Senigallia 6 ⊠ 20161 ℰ 64071, Telex 331552, Fax 64074839, ⬛, ☂ – ⧙⧘ ⇜ cam ⬛ �📺 ☎ ☎ ℗ – ♨ 1200. ⚏ ⑤ ⓞ ⓔ 𝘝𝘐𝘚𝘈. ⚘ GK a
Pas 50000 – **290 cam** ⌧ 220/312000 appartamenti 594/764000.

Tourist, viale Fulvio Testi 300 ⊠ 20126 ℰ 6437777, Telex 326852 – ⧙⧘ ⬛ 📺 ☎ ☎ ℗ – ♨ 70. ⚏ ⑤ ⓞ ⓔ 𝘝𝘐𝘚𝘈. ⚘ rist HK r
chiuso agosto – Pas (chiuso sabato) carta 31/43000 – **69 cam** ⌧ 120/180000 – ½ P 126/192000.

Rioni : corso Buenos Aires, Loreto, Lambrate – NE : verso ⑤ : Bergamo, Brescia (Pianta : Milano p.4 e 5)

Nasco senza rist, via Spallanzani 40 ⊠ 20129 ℰ 202301, Telex 333116, Fax 208679 – ⧙⧘ ⬛ 📺 ☎ ☎ – ♨ 50. ⚏ ⑤ ⓞ ⓔ 𝘝𝘐𝘚𝘈 HM t
150 cam ⌧ 230/270000 appartamenti 315/399000.

Concorde senza rist, via Petrocchi 1 ang. viale Monza ⊠ 20125 ℰ 2895853, Telex 315805, Fax 656802 – ⧙⧘ ⬛ 📺 ☎ ☎ ⚏ ⑤ ⓞ ⓔ 𝘝𝘐𝘚𝘈. ⚘ HL d
chiuso dal 1° al 24 agosto – ⌧ 20000 – **90 cam** 165//235000.

Galles senza rist, via Ozanam 1 ⊠ 20129 ℰ 29404250, Telex 322091, Fax 2040291 – ⧙⧘ ⬛ 📺 ☎. ⚏ ⑤ ⓞ ⓔ 𝘝𝘐𝘚𝘈. ⚘ HM f
93 cam ⌧ 214/321000.

Lombardia e Rist. La Festa, viale Lombardia 74 ⊠ 20131 ℰ 2824938, Telex 315327, Fax 2893430 – ⧙⧘ ⬛ 📺 ☎ ☎ ♨ – ♨ 30 a 100. ⚏ ⑤ ⓞ ⓔ 𝘝𝘐𝘚𝘈. ⚘ rist HLM p
Pas (chiuso sabato sera, domenica ed agosto) carta 29/48000 – **69 cam** ⌧ 109/162000 – ½ P 103/131000.

Gamma senza rist, via Valvassori Peroni 85 ⊠ 20133 ℰ 2141116, Fax 2640255 – ⧙⧘ ⬛ 📺 ☎. ⚏ ⑤ ⓔ 𝘝𝘐𝘚𝘈. ⚘ HM m
chiuso agosto – ⌧ 12000 – **55 cam** 96/133000.

Adam senza rist, via Palmanova 153 ⊠ 20132 ℰ 2592551, Fax 2591869 – ⧙⧘ ⬛ 📺 ☎. ⚏ ⑤ ⓔ 𝘝𝘐𝘚𝘈 HL e
⌧ 10000 – **48 cam** 84/118000.

XX ✿ Calajunco, via Stoppani 5 ⊠ 20129 ℰ 2046003, Rsit. con specialità eoliane – ⬛. ⑤ ⓞ ⓔ 𝘝𝘐𝘚𝘈. ⚘ HM v
chiuso sabato a mezzogiorno, domenica, dal 23 dicembre al 4 gennaio e dal 10 al 31 agosto – Pas carta 66/102000
Spec. Antipasto Trittico, Malfattine al pesce spada, Frittura di gamberetti calamari ostriche e fiori di zucchine.
Vini Chardonnay, Dolcetto.

XX Montecatini Alto, viale Monza 7 ⊠ 20125 ℰ 2846773 – ⬛. ⚏ HL m
chiuso domenica ed agosto – Pas carta 32/51000 (12%).

XX Osteria Corte Regina, via Rottole 60 ⊠ 20132 ℰ 2593377, ⌂, Rist. rustico moderno, Coperti limitati; prenotare HL t

XX Da Renzo, piazza Sire Raul ang. via Teodosio ⊠ 20131 ℰ 2846261, ⌂ – ⬛. ⚏ ⑤ ⓞ ⓔ 𝘝𝘐𝘚𝘈 HL x
chiuso lunedì sera, martedì ed agosto – Pas carta 32/48000.

XX Trattoria Vecchia Gorla-Franco l'Ostricaro, via Ponte Vecchio 6 ang. Monte San Gabriele ⊠ 20127 ℰ 2572310, Rist. tipico con specialità di mare HL a

X Canarino, via Mauro Macchi 69 ⊠ 20124 ℰ 6692376 HL c

X L'Aratro-da Sabatino, via Pietro Marocco 12 ⊠ 20127 ℰ 2850126, ⌂, Rist. e pizzeria – ⬛. ⚏ ⑤ ⓞ ⓔ 𝘝𝘐𝘚𝘈 HL j
chiuso domenica e dal 1° al 24 agosto – Pas carta 27/41000.

X La Paranza, via Padova 3 ⊠ 20127 ℰ 2613224, Rist. con specialità di mare, Coperti limitati; prenotare – ⬛. ⚏ 𝘝𝘐𝘚𝘈 HL r
chiuso lunedì ed agosto – Pas carta 35/52000 (10%).

Rioni : Città Studi, Monforte, corso 22 Marzo, viale Corsica – E : verso : aeroporto di Linate, Idroscalo, strada Rivoltana (pianta : Milano p. 5)

Zefiro senza rist, via Gallina 12 ⊠ 20129 ℰ 7384253 – ⧙⧘ ⬛ 📺 ☎ – ♨ 35. 𝘝𝘐𝘚𝘈 ⚘ HM a
chiuso dal 23 dicembre al 3 gennaio ed agosto – ⌧ 11000 – **55 cam** 88/123000.

Vittoria senza rist, via Pietro Calvi 32 ⊠ 20129 ℰ 55190196, Fax 55190246 – ⧙⧘ ⬛ 📺 ☎. ⚏ ⑤ ⓞ ⓔ 𝘝𝘐𝘚𝘈 HM c
⌧ 22000 – **18 cam** 98/138000.

Città Studi senza rist, via Saldini 24 ⊠ 20133 ℰ 744666, Fax 744602 – ⧙⧘ ☎. ⚏ ⑤ ⓔ 𝘝𝘐𝘚𝘈 HM q
⌧ 10000 – **45 cam** 55/80000.

segue →

XXXX ✿✿✿ **Gualtiero Marchesi,** via Bonvesin de la Riva 9 ✉ 20129 ✆ 741246, Fax 738407
Confort accurato, prenotare – ▤. AE ⑤ ⓓ E VISA. ✻ HM
chiuso dal 23 dicembre all'8 gennaio, dal 28 luglio al 3 settembre, i giorni festivi, domenic lunedì a mezzogiorno e sabato in luglio – Pas carta 95/140000
Spec. Raviolo aperto, Caponatina di melanzane in agrodolce con gamberi saltati, Costoletta di vitello a milanese con piccoli bouquets di verdure. **Vini** Soave Classico, Franciacorta rosso.

XXXX **Giannino,** via Amatore Sciesa 8 ✉ 20135 ✆ 5452948, Gran tradizione, « Originali decor zioni; giardino d'inverno » – Ⓟ. AE ⑤ ⓓ E VISA HN
chiuso domenica ed agosto – Pas carta 79/121000.

XXXX **Soti's,** via Pietro Calvi 2 ✉ 20129 ✆ 796838, Confort accurato, prenotare – ▤. AE ⑤ ⓓ VISA. ✻ HM
chiuso sabato a mezzogiorno, domenica ed agosto – Pas 65000 bc (solo a mezzogiorno) carta 80/100000 (solo la sera).

XXX ✿ **L'Ami Berton,** via Nullo 14 angolo via Goldoni ✉ 20129 ✆ 713669, Coperti limitat prenotare – ▤. AE ⑤ VISA. ✻ HM
chiuso sabato a mezzogiorno, domenica, agosto e Natale – Pas carta 55/88000
Spec. Gamberi con funghi caldi, Lasagnette al pesto e frutti di mare, Branzino in fumetto e pomodoro. **Vi** Sauvignon, Pinot nero.

XXX **La Zelata,** via Anfossi 10 ✉ 20135 ✆ 5484115, prenotare – ▤. AE ⑤ ⓓ E VISA. ✻
chiuso domenica, lunedì a mezzogiorno ed agosto – Pas carta 45/70000. HN

XX La Risacca 6, via Marcona 6 ✉ 20129 ✆ 5400029, 🍽 HM

XX **Hosteria del Cenacolo,** via Archimede 12 ✉ 20129 ✆ 5458962, « Servizio estivo giardino » – AE VISA. ✻ HM
chiuso sabato a mezzogiorno, domenica ed agosto – Pas carta 30/52000.

XX Nino Arnaldo, via Poerio 3 ✉ 20129 ✆ 705981, Coperti limitati; prenotare – ▤ HM

XX **Da Bimbi,** viale Abruzzi 33 ✉ 20131 ✆ 221416, Rist. d'habitués – ▤. AE ⑤ ⓓ VISA. ✻
chiuso domenica, lunedì a mezzogiorno ed agosto – Pas carta 37/73000. HM

XX **La Pesa-da Rino,** via Morosini 12 ✉ 20135 ✆ 592058, Rist. d'habitués – ▤. AE ⑤ ⓓ VISA HN
chiuso mercoledì e dal 1° al 28 agosto – Pas carta 43/69000.

X **Parmigiano,** via F.lli Bronzetti 8 ✉ 20129 ✆ 7382350, 🍽 – AE ⑤ E VISA HM
chiuso domenica, lunedì a mezzogiorno e dal 20 giugno al 10 luglio – Pas carta 29/48000.

X **Gourmandise,** viale Abruzzi 48 ✉ 20131 ✆ 206526, Rist. e pizzeria – ▤. AE ⑤ ⓓ E VISA
chiuso lunedì – Pas carta 28/52000. HM

X **Il Palio di Siena,** via Turroni 4 ✉ 20129 ✆ 7387928, 🍽, Trattoria toscana – ⑤ VISA. ✻
chiuso domenica sera, lunedì ed agosto – Pas carta 33/56000. HM

X **Al Grissino,** via Tiepolo 54 ✉ 20129 ✆ 730392 – ▤ HM
chiuso domenica sera, lunedì e dal 4 al 30 agosto – Pas carta 49/86000.

X **Doge di Amalfi,** via Sangallo 41 ✉ 20133 ✆ 730286, 🍽 – ▤ HM
chiuso lunedì ed agosto – Pas carta 24/45000.

X **Piero e Pia,** piazza Aspari 2 ✉ 20129 ✆ 718541 – ▤. AE ⑤ ⓓ E VISA HM
chiuso domenica, lunedì a mezzogiorno ed agosto – Pas carta 31/48000.

Rioni : corso Lodi, inizio Autostrada del Sole – SE : verso ⑥ : Lodi, Parma, via Emil (Pianta : Milano p. 5, salvo indicazioni speciali) :

🏨 **Molise** senza rist, via Cadibona 2/a ✉ 20137 ✆ 5464249, Fax 55184348 – |♦| ▤ 📺 ☎ Ⓟ AE ⑤ ⓓ E VISA. ✻ HN
chiuso dal 24 dicembre al 2 gennaio e dal 1° al 25 agosto – **32 cam** ☕ 102/152000.

🏨 **Mec** senza rist, via Tito Livio 4 ✉ 20137 ✆ 5456715, Fax 5456718 – |♦| ▤ ☎. AE ⑤ ⓓ VISA. ✻ HN
☕ 15000 – **40 cam** 89/128000.

XX **La Plancia,** via Cassinis 13 ✉ 20139 ✆ 5390558, Rist. con specialità di mare e pizzeria ▤. AE ⑤ ⓓ E VISA. ✻ HN
chiuso domenica ed agosto – Pas carta 29/60000.

XX **Da Angelo,** viale Umbria 60 ✉ 20135 ✆ 55184668, 🍽 – AE ⑤ ⓓ HN
chiuso sabato a mezzogiorno, domenica e dal 2 al 25 agosto – Pas carta 29/43000.

X **Masuelli San Marco,** viale Umbria 80 ✉ 20135 ✆ 55184138, prenotare la sera HN
chiuso domenica, lunedì a mezzogiorno e dal 1° al 25 settembre – Pas carta 29/40000 (10%

Rioni : Fiera Campionaria, San Siro, Porta Magenta – O : verso ⑩ e ⑪ : Novara, Torin (Pianta : Milano p. 5) :

🏨 **Gd H. Brun e Rist. Ascot** ⑤, via Caldera ✉ 20153 ✆ 45271 e rist ✆ 4526279, Tele 315370, Fax 4526055 – |♦| ▤ 📺 ☎ ♿ 🚗 Ⓟ – 🏛 500. AE ⑤ ⓓ E VISA. ✻ FM
Pas *(chiuso domenica)* carta 75/116000 – **330 cam** ☕ 285/370000 appartamenti 485/565000

🏨 **Gd H. Fieramilano,** viale Boezio 20 ✉ 20145 ✆ 3105, Telex 331426, Fax 314119, 🌳 – ▤ 📺 ☎ ♿ – 🏛 60. AE ⑤ ⓓ E VISA. ✻ rist FM
Pas (solo per clienti alloggiati) 70000 – **238 cam** ☕ 280/330000.

🏨 **Rubens** senza rist, via Rubens 21 ✉ 20148 ✆ 405051, Telex 333503, Fax 48193114 – |♦| ▤ 📺 ☎ Ⓟ. AE ⑤ ⓓ E VISA. ✻ FM
chiuso dal 1° al 21 agosto – **76 cam** ☕ 185/250000.

🏨 **Washington**, senza rist, via Washington 23 ⊠ 20146 ℰ 4813216, Fax 4814761 – 🛗 🖭 ☎
23 cam.　　　　　　　　　　　　　　　　　　　　　　　　　　　　　　　　　FM **y**

🏨 **Capitol**, via Cimarosa 6 ⊠ 20144 ℰ 4988851, Telex 316150, Fax 4694724 – 🛗 🖭 📺 ☎ –
🛗 60. 🖭 🕃 ⑩ ⴹ 𝚅𝙸𝚂𝙰. ⅍ rist　　　　　　　　　　　　　　　　　　　　　　　　FM **s**
Pas *(chiuso a mezzogiorno ed agosto)* snack – **96 cam** ⊆ 188/258000 – ½ P 226000.

🏨 **Mini Hotel Tiziano** senza rist, via Tiziano 6 ⊠ 20145 ℰ 4988921, Telex 325420, Fax
4812153, « Piccolo parco » – 🛗 🗐 📺 ☎ 🅿 – 🛗 60. 🖭 🕃 ⑩ ⴹ 𝚅𝙸𝚂𝙰　　　　　　FM **c**
⊆ 12000 – **54 cam** 95/135000.

🏨 **Green House** senza rist, viale Famagosta 50 ⊠ 20142 ℰ 8132451, Telex 335261 – 🛗 🗐 📺
☎ 🕭 🚗. 🖭 🕃 ⑩ ⴹ 𝚅𝙸𝚂𝙰. ⅍　　　　　　　　　　　　　　　　　　　　　　　　FN **c**
⊆ 10000 – **45 cam** 80/109000.

🏨 **Mini Hotel Portello**, senza rist, via Silva 12 ⊠ 20152 ℰ 4814944, Fax 4819243 – 🛗 🗐 ☎ 🕭
🅿 – 🛗 60 – **48 cam.**　　　　　　　　　　　　　　　　　　　　　　　　　　　FM **u**

🏨 **Domenichino** senza rist, via Domenichino 41 ⊠ 20149 ℰ 496757, Fax 496953 – 🛗 🗐 📺
☎ 🅿 – 🛗 50. 🖭 🕃 ⑩ ⴹ 𝚅𝙸𝚂𝙰. ⅍　　　　　　　　　　　　　　　　　　　　　FM **g**
⊆ 13000 – **43 cam** 96/140000.

🏨 **Fiera**, senza rist, via Spinola 9 ⊠ 20149 ℰ 4392374, Fax 4982791, « Piccolo giardino » – 🛗
☎ 🕭 – 🛗 30 – **29 cam.**　　　　　　　　　　　　　　　　　　　　　　　　　FM **q**

🏨 **Wagner**, senza rist, via Buonarroti 13 ⊠ 20149 ℰ 4696051, Telex 353121, Fax 3498148 – 🛗
🗐 📺 ☎ – **49 cam.**　　　　　　　　　　　　　　　　　　　　　　　　　　　　FM **n**

🏨 **Astoria**, viale Murillo 9 ⊠ 20149 ℰ 4046646, Telex 334201, Fax 48193111 – 🛗 🗐 📺 ☎ –
🛗 50. 🖭 🕃 ⑩ ⴹ 𝚅𝙸𝚂𝙰. ⅍ rist　　　　　　　　　　　　　　　　　　　　　　　FM **x**
Pas *(chiuso domenica)* 30/40000 – **75 cam** ⊆ 110/175000 appartamento 300000 –
½ P 130/145000.

🏨 **Montebianco**, senza rist, via Monte Rosa 90 ⊠ 20149 ℰ 4697941, Fax 490658 – 🛗 🗐 📺 ☎
🅿　　　　　　　　　　　　　　　　　　　　　　　　　　　　　　　　　　　　FM **f**
44 cam.

🍴🍴🍴 ❀❀ **Aimo e Nadia,** via Montecuccoli 6 ⊠ 20147 ℰ 416886, Coperti limitati; prenotare –
🗐. 🖭 ⑩ 𝚅𝙸𝚂𝙰. ⅍　　　　　　　　　　　　　　　　　　　　　　　　　　　　FN **x**
chiuso sabato a mezzogiorno, domenica ed agosto – Pas carta 68/108000
Spec. Alicette ripiene di ricotta e mentuccia, Fettuccine al tonno fresco con capperi ed erbe, Entrecôte di
vitello in crosta. **Vini** Verdicchio, Chianti.

🍴🍴🍴 **Raffaello**, via Monte Amiata 4 ⊠ 20149 ℰ 4814227 – 🗐　　　　　　　　　　　FM **n**

🍴🍴 **La Corba**, via dei Gigli 14 ⊠ 20147 ℰ 4158977, « Servizio estivo in giardino » – 🖭 ⑩ 𝚅𝙸𝚂𝙰
chiuso domenica sera, lunedì e dal 7 al 30 agosto – Pas carta 43/62000.　　　　FN **a**

🍴🍴 **Ribot**, via Cremosano 41 ⊠ 20148 ℰ 33001646, « Servizio estivo in giardino » – 🅿. 🖭 ⑩ ⴹ
𝚅𝙸𝚂𝙰. ⅍　　　　　　　　　　　　　　　　　　　　　　　　　　　　　　　　FM **h**
chiuso lunedì e dal 12 al 20 agosto – Pas carta 35/51000.

🍴🍴 **Al Primo Piatto**, via Raffaello Sanzio 22 ⊠ 20149 ℰ 4693206 – 🗐. 🖭 🕃 ⴹ 𝚅𝙸𝚂𝙰. ⅍
chiuso domenica e dal 6 al 19 agosto – Pas carta 40/65000.　　　　　　　　　FM **n**

🍴🍴 **Da Gino e Franco,** largo Domodossola 2 ⊠ 20145 ℰ 312003 – 🗐　　　　　　FM **b**

🍴 **Pace,** via Washington 74 ⊠ 20146 ℰ 468567, Rist. d'habitués – 🗐. 🕃 ⑩ ⴹ 𝚅𝙸𝚂𝙰. ⅍
chiuso martedì sera, mercoledì, dal 1° al 23 agosto e Natale – Pas carta 25/42000.　FM **d**

Rioni : Sempione-Bullona, viale Certosa – NO : verso ⑫ ⑬ e ⑭ : Varese, Como, Torino,
Aeroporto della Malpensa (Pianta : Milano p. 4 e 5) :

🏨 **Accademia** senza rist, viale Certosa 68 ⊠ 20155 ℰ 3271841, Telex 315550, Fax 33103878,
« Camere affrescate » – 🛗 🗐 📺 ☎ 🅿. 🖭 🕃 ⑩ ⴹ 𝚅𝙸𝚂𝙰　　　　　　　　　　　FL **a**
⊆ 20000 – **48 cam** 185/230000.

🏨 **Raffaello** senza rist, viale Certosa 108 ⊠ 20156 ℰ 3270146, Telex 315499, Fax 3270440 – 🛗
🗐 📺 ☎ 🕭 – 🛗 180. 🖭 🕃 ⑩ ⴹ 𝚅𝙸𝚂𝙰　　　　　　　　　　　　　　　　　　FL **x**
109 cam ⊆ 160/245000.

🏨 **Berlino** senza rist, via Plana 33 ⊠ 20155 ℰ 324141, Telex 312609 – 🛗 🗐 📺 ☎. 🖭 🕃 ⑩ ⴹ
𝚅𝙸𝚂𝙰　　　　　　　　　　　　　　　　　　　　　　　　　　　　　　　　FL **v**
⊆ 20000 – **47 cam** 91/129000.

🏨 **Corallo** senza rist, via Cesena 20 ⊠ 20155 ℰ 3450080 – 🛗 ⅍ 📺 🚗. 🖭 ⑩ 𝚅𝙸𝚂𝙰　FL **f**
⊆ 9000 – **35 cam** 62/95000.

🏨 **Mac Mahon** senza rist, via Mac Mahon 45/a ⊠ 20155 ℰ 341281, Fax 3491052 – 🛗 📺 🚗.
🖭 🕃 ⑩ ⴹ 𝚅𝙸𝚂𝙰. ⅍　　　　　　　　　　　　　　　　　　　　　　　　　　FL **m**
chiuso agosto e Natale – ⊆ 9000 – **24 cam** 63/95000.

🍴🍴 **La Pobbia**, via Gallarate 92 ⊠ 20151 ℰ 305641, Rist. rustico moderno, « Servizio estivo
all'aperto » – 🛗 40. 🖭 𝚅𝙸𝚂𝙰. ⅍　　　　　　　　　　　　　　　　　　　　FL **n**
chiuso domenica ed agosto – Pas carta 42/61000 (12%).

🍴🍴 **Da Stefano il Marchigiano**, via Arimondi 1 angolo via Plana ⊠ 20155 ℰ 33001869 – 🖭
🕃 ⑩ ⴹ 𝚅𝙸𝚂𝙰. ⅍　　　　　　　　　　　　　　　　　　　　　　　　　　　　FL **v**
chiuso venerdì sera, sabato ed agosto – Pas carta 35/58000.

🍴🍴 **Il Beccofino**, via Piero della Francesca 74 ⊠ 20154 ℰ 341219 – 🗐. 🖭 🕃 ⑩ ⴹ 𝚅𝙸𝚂𝙰
chiuso domenica e dal 6 al 24 agosto – Pas carta 46/63000.　　　　　　　　　FL **c**

🍴 **Al Vöttantott**, corso Sempione 88 ⊠ 20154 ℰ 3182114 – 🗐. 🖭　　　　　　　FM **r**
chiuso domenica ed agosto – Pas carta 28/43000.

Dintorni di Milano

a Chiaravalle Milanese SE : 7 km (pianta : Milano p. 5 HN) :

XX **Antica Trattoria San Bernardo,** via San Bernardo 36 ⊠ 20139 Milano *℘* 5690831, Ris
rustico elegante, « Servizio estivo all'aperto » – ⅜⊷ **℗. AE ⑧ VISA** ⅜⅜   HN
chiuso domenica sera, lunedì ed agosto – Pas carta 51/77000.

sull'autostrada A 7 per ⑨ : 7 km (pianta : Milano p. 5 FGN) :

🏨 **Motel f.i.n.i.** senza rist, via del Mare 93 ⊠ 20142 Milano *℘* 8464041, Fax 8467576 – 🖬 ▤
🔟 ☎ 📞 ⇔ **℗. AE ⑧ ⑩ E VISA** ⅜⅜   FGN
chiuso dal 5 al 28 agosto – ☲ 12000 – **78 cam** 88/124000.

X **Arc en Ciel,** via del Mare 49 ⊠ 20142 Milano *℘* 8431346 – ▤. AE ⑧ ⑩ E VISA   FGN
chiuso domenica e dal 2 al 27 agosto – Pas carta 31/52000.

sulla strada statale 35-quartiere Milanofiori per ⑧ : 10 km :

🏨 **Jolly Hotel Milanofiori,** Strada 2 ⊠ 20090 Assago *℘* 82221, Telex 325314, Fax 89200946
⅜⅜ – 🖬 ▤ 🔟 ☎ 👌 📞 – 🔬 120. AE ⑧ ⑩ E VISA. ⅜⅜ rist
Pas 50000 – **255 cam** ☲ 230/320000 – ½ P 210/280000.

al Parco Forlanini (lato Ovest) E : 10 km (pianta : Milano p. 5 HM) :

XX **Osteria I Valtellina,** via Taverna 34 ⊠ 20134 Milano *℘* 7561139, �, Rist. con specialità
valtellinesi – 📞. AE ⑧ ⑩ E VISA   HM
chiuso lunedì e dal 7 al 25 agosto – Pas carta 45/60000.

sulla strada Nuova Vigevanese-quartiere Zingone per ⑩ : 11 km per via Lorenteggio :

🏨 **Eur** senza rist, ⊠ 20090 Zingone di Trezzano *℘* 4451951, Fax 4451075 – 🖬 ▤ 🔟 ☎ 📞 –
🔬 80. AE ⑧ ⑩ E VISA
41 cam ☲ 150/199000.

🏨 **Tiffany,** ⊠ 20090 Zingone di Trezzano *℘* 4452859, � – 🖬 ▤ cam ☎ 📞 – 🔬 70. AE ⑧
E VISA. ⅜⅜
chiuso dall'11 al 21 agosto – Pas *(chiuso sabato sera, domenica e dal 28 luglio al 29 agosto)*
carta 41/85000 – ☲ 10000 – **36 cam** 73/105000, ▤ 5000 – P 180000.

sulla tangenziale ovest-Assago per ⑩ : 14 km :

🏨 **MotelAgip,** ⊠ 20094 Assago *℘* 4880441, Telex 325191, Fax 4880751, ⤨ – 🖬 ▤ 🔟 ☎ 👌
📞 – 🔬 300. AE ⑧ ⑩ E VISA. ⅜⅜ rist
Pas 31000 – **222 cam** ☲ 149/198000 – ½ P 162/212000.

Vedere anche : **Cesano Boscone** per ⑩ : 9 km.
San Donato Milanese per ⑥ : 9 km HN.
Opera S : 10 km per via Ripamonti.
Segrate E : 10 km HL.
Bollate per ⑭ : 11 km.
Trezzano sul Naviglio per ⑩ : 11 km.
San Giuliano Milanese per ⑥ : 12 km.
Cinisello Balsamo N : 13 km HK.
Cusano Milanino N : 13 km GK.
Peschiera Borromeo per ⑥ : 14 km.
Garbagnate Milanese per ⑭ : 16 km.

MICHELIN, corso Sempione 66 (FM Milano p. 5) – ⊠ 20154. *℘* 3882332, Telex 331313, Fax
3882224 via Bovisasca 87 (FL Milano p. 4) – ⊠ 20157, *℘* 3760447; ad Opera, via Armando Diaz
30/34 (per via Ripamonti GN Milano p. 5) – ⊠ 20090 Opera, *℘*5243745.

When in Europe never be without :

Michelin **Main Road** Maps (1:400 000 to 1:1 000 000);

Michelin Sectional Maps;

Michelin Red Guides

Benelux, Deutschland, España Portugal, Main Cities Europe, **France,
Great Britain and Ireland**

(hotels and restaurants listed with symbols; preliminary pages in English)

Michelin Green Guides :

**Austria, England : The West Country, Germany, Greece, Italy, London,
Portugal, Rome, Scotland, Spain, Switzerland,**

**Brittany, Burgundy, Châteaux of the Loire, Dordogne, French Riviera,
Ile-de-France**

**Normandy Cotentin, Normandy Seine Valley, Paris,
Provence**

(Sights and touring programmes described fully in English; town plans).

MILANO 2 Milano – Vedere Segrate.

MILANO MARITTIMA Ravenna 988 ⑮ – Vedere Cervia.

MILAZZO Messina 988 ㊲ ㊳ – Vedere Sicilia alla fine dell'elenco alfabetico.

MINERBIO 40061 Bologna 988 ⑮ – 6 455 ab. alt. 16 – ✆ 051.
oma 399 – ◆Bologna 23 – ◆Ferrara 30 – ◆Modena 59 – ◆Ravenna 93.

🏠 **Nanni,** ✆ 878276, Fax 876094, 🚗 – 🛗 ☰ 📺 ☎ 🅿. 🖭 🔂 ⑩ 🗉 𝗩𝗜𝗦𝗔. ⌘
　Pas *(chiuso dal 24 dicembre al 7 gennaio e dal 4 al 17 agosto)* carta 23/37000 – **38 cam**
　⇄ 75/110000 – ½ P 60/70000.

MINORI 84010 Salerno – 3 024 ab. – a.s. Pasqua, 15 giugno-15 settembre e Natale – ✆ 089.
oma 269 – Amalfi 3 – ◆Napoli 59 – Salerno 22.

🏠 **Santa Lucia,** ✆ 877142, Fax 877142 – 🚗. 🖭 🔂 ⑩ 🗉 𝗩𝗜𝗦𝗔. ⌘ rist
　marzo-ottobre – Pas carta 22/33000 (10%) – ⇄ 7000 – **25 cam** 25/40000 – ½ P 48/52000.

MINUSIO 427 ㉔, 219 ⑧, 218 ⑫ – Vedere Cantone Ticino (Locarno) alla fine dell'elenco
◆fabetico.

MIRA 30034 Venezia 988 ⑤ – 36 906 ab. alt. 6 – ✆ 041.
'edere Sala da ballo★ della Villa Costanzo.
scursioni Riviera del Brenta★★ per la strada S 11.
oma 514 – Chioggia 39 – ◆Milano 253 – ◆Padova 23 – Treviso 35 – ◆Venezia 21.

🍴🍴 **Nalin,** via Novissimo 29 ✆ 420083, Solo piatti di pesce, 🚗 – ☰ 🅿. 🖭 🔂 ⑩ 🗉 𝗩𝗜𝗦𝗔
　chiuso domenica sera, lunedì, dal 26 dicembre al 5 gennaio ed agosto – Pas carta 33/52000.

🍴 **Dall'Antonia,** via Argine Destro 75 (SE : 3 km) ✆ 5675618, Solo piatti di pesce – ☰
　🅿
　chiuso domenica sera, martedì, gennaio ed agosto – Pas carta 29/48000.

a Mira Porte O : 2 km – ✉ 30030 :

🏨 **Villa Margherita,** via Nazionale 416 ✆ 4265800, Fax 4265838, « Piccolo parco » – ☰ 📺
　☎ & 🅿. 🖭 🔂 ⑩ 🗉 𝗩𝗜𝗦𝗔. ⌘
　Pas vedere rist Margherita – ⇄ 1/2000 – **19 cam** 90/180000 – ½ P 140000.

🍴🍴 **Margherita,** via Nazionale 312 ✆ 420879, « Servizio estivo all'aperto in un piccolo parco »
　– ☰ 🅿. 🖭 🔂 ⑩ 𝗩𝗜𝗦𝗔. ⌘
　chiuso martedì sera, mercoledì e dal 1° al 20 gennaio – Pas carta 40/60000.

🍴 **Vecia Brenta** con cam, via Nazionale 403 ✆ 420114 – 🅿. 🖭 ⑩ 𝗩𝗜𝗦𝗔. ⌘
　chiuso gennaio – Pas *(chiuso mercoledì)* carta 26/39000 – ⇄ 5000 – **8 cam** 35/50000.

Vedere anche : *Dolo* O : 4 km.
　　　　　　　Oriago NE : 4,5 km.
　　　　　　　Malcontenta E : 8 km.

MIRAMARE Forli 988 ⑮⑯ – Vedere Rimini.

MIRANDOLA 41037 Modena 988 ⑭ – 21 604 ab. alt. 18 – ✆ 0535.
oma 436 – ◆Bologna 71 – ◆Ferrara 58 – Mantova 55 – ◆Milano 202 – ◆Modena 32 – ◆Parma 88 – ◆Verona 70.

🏨 **Pico,** S : 1 km ✆ 20050, Fax 26873 – 🛗 ⇆ rist ☰ 📺 🐎 🅿. 🖭 🔂 ⑩ 🗉. ⌘
　chiuso dal 3 al 26 agosto – Pas *(chiuso sabato)* carta 19/33000 – ⇄ 10000 – **26 cam**
　60/82000 – ½ P 70/85000.

MIRANO 30035 Venezia 988 ⑤ – 25 617 ab. alt. 9 – ✆ 041.
Roma 516 – ◆Milano 253 – ◆Padova 25 – Treviso 30 – ◆Trieste 158 – ◆Venezia 19.

🏨 **Park Hotel Villa Giustinian** senza rist, via Miranese 85 ✆ 5700200, Fax 5700355, « Grande
　parco con ⅃ » – 🛗 📺 ☎ 🅿. 🖭 𝗩𝗜𝗦𝗔
　⇄ 7000 – **16 cam** 80/100000 appartamenti 200/250000 – ½ P 65/70000.

🏠 **Leon d'Oro** ⌂, via Canonici 3 ✆ 432777, Fax 431501, ⅃ riscaldata, 🚗 – ⇆ cam ☰ 📺
◆ ☎ 🅿. 🖭 🔂 🗉 𝗩𝗜𝗦𝗔. ⌘ rist
　Pas *(solo per clienti alloggiati)* 20/25000 – **15 cam** ⇄ 80/120000 – ½ P 70/80000.

🍴🍴🍴 **El Tinelo dei Molini,** via Belvedere 8/10 ✆ 432344, Coperti limitati; prenotare – 🅿. 🖭 🔂
　⑩ 🗉 𝗩𝗜𝗦𝗔
　chiuso lunedì e martedì a mezzogiorno – Pas carta 44/66000.

🍴 **19 al Paradiso,** via Luneo 37 (N : 2 km) ✆ 431939, 🏕 – ☰ 🅿. 🖭 𝗩𝗜𝗦𝗔. ⌘
　chiuso lunedì ed agosto – Pas carta 33/50000.

🍴 Al Genio, piazza Martiri 37 ✆ 430007 – 🅿.

MISANO ADRIATICO 47046 Forlì – 8 504 ab. – a.s. 15 giugno-agosto – ✆ 0541.

🛈 via Platani 4 ✆ 615520.

Roma 318 – ◆Bologna 126 – Forlì 65 – ◆Milano 337 – Pesaro 20 – ◆Ravenna 68 – San Marino 38.

🏨 **Gala,** via Pascoli 8 ✆ 615109 – 🛗 🗏 🚗 🅿. 🝋 🗗 ⓘ 🗉 *VISA*. 🛠 rist
   aprile-settembre – Pas (solo per clienti alloggiati) 30/35000 – ☲ 15000 – **25 cam** 65/11000
   – ½ P 70/90000.

🏨 **Atlantic,** via Sardegna 28 ✆ 614161, 🟤 riscaldata – 🛗 🗏 rist 🕾 🅿
   maggio-15 settembre – Pas (solo per clienti alloggiati) 23/25000 – ☲ 9000 – **40 car**
   50/80000 – ½ P 50/72000.

🏨 **Villa Rosa,** Litoranea Sud 4 ✆ 613601, ≼ – 🛗 🕾 🅿. 🛠
   maggio-settembre – Pas 25/28000 – ☲ 10000 – **30 cam** 55/78000 – P 35/70000.

🏨 **Haway,** via Sardegna 21 ✆ 615563 – 🛗 🗏 rist 🕾 🅿. 🛠 rist
◆ *maggio-settembre* – Pas 14/17000 – ☲ 7000 – **39 cam** 40/50000 – ½ P 35/45000.

🏨 **Savoia,** viale della Repubblica 1 ✆ 615319, ≼ – 🛗 🕾 🅿. *VISA*. 🛠 rist
◆ *maggio-settembre* – Pas 20/30000 – ☲ 6000 – **81 cam** 35/60000 – ½ P 36/53000.

✗ **Lucullo Handy Sea,** a Portoverde ✆ 615202, ≼, 🟤 – 🅿. 🝋 ⓘ *VISA*. 🛠
   chiuso lunedì – Pas 32000.

✗ **La Quercia,** sulla strada provinciale 35 per Riccione-Morciano ✆ 614417, 🛋 – 🅿. 🝋 🗗
   ⓘ 🗉 *VISA*. 🛠
   *chiuso novembre, lunedì e a mezzogiorno dal 15 settembre al 30 maggio (escluso sabato
   domenica)* – Pas carta 27/41000.

MISSIANO (MISSIAN) Bolzano 218 ㉘ – Vedere Appiano.

MISURINA 32040 Belluno 988 ⑤ – alt. 1 756 – a.s. 15 febbraio-marzo, 15 luglio-agosto e Natal
– Sport invernali : 1 756/2 220 m ≼4, 🎿 – ✆ 0436.

Vedere Lago★★ – Paesaggio pittoresco★★★.

Roma 686 – Auronzo di Cadore 24 – Belluno 86 – Cortina d'Ampezzo 15 – ◆Milano 429 – ◆Venezia 176.

🏨 **Lavaredo,** ✆ 39127, ≼ Dolomiti e lago, 🛠 – 🕾 🅿. *VISA*. 🛠
   chiuso novembre – Pas carta 24/42000 – ☲ 8000 – **31 cam** 50/90000 – ½ P 75000.

🏨 **Miralago** 🐾, ✆ 39123, ≼ Dolomiti e lago – 🅿. 🛠
   chiuso dal 20 aprile al 31 maggio dal 15 ottobre al 20 dicembre – Pas carta 32/41000 – ☲
   6500 – **23 cam** 43/65000 – ½ P 58/63000.

MODENA 41100 🅿 988 ⑭ – 176 807 ab. alt. 35 – ✆ 059.

Vedere Duomo★★ AY – Metope★★ nel museo del Duomo AY – Galleria Estense★★, bibliotec
Estense★, sala delle medaglie★ nel palazzo dei Musei AY – Palazzo Ducale★ BY A.

🏌 e 🏌 (chiuso lunedì) a Colombaro di Formigine ✉ 41050 ✆ 553597, per ④ : 10 km.

🛈 via Emilia Centro 174 ✆ 222482.

A.C.I. via Emilia Est (angolo viale Verdi) ✆ 239022.

Roma 404 ④ – ◆Bologna 39 ③ – ◆Ferrara 84 ④ – ◆Firenze 130 ④ – ◆Milano 170 ⑥ – ◆Parma 56 ⑥ – ◆Veron
101 101 ⑥.

Pianta pagina a lato

🏨 **Fini Hotel,** via Emilia Est 441 ✆ 238091, Telex 510286, Fax 364804 – 🛗 🗏 📺 🕾 🖕 🚗 🗗
   – 🏛 40 a 600. 🝋 🗗 ⓘ 🗉 *VISA*   per ③
   chiuso dal 28 luglio al 19 agosto e dal 21 dicembre al 1° gennaio – Pas vedere rist Fini – ☲
   16500 – **93 cam** 160/240000 appartamento 400000 – ½ P 127/232000.

🏨 **Canalgrande,** senza rist, corso Canal Grande 6 ✆ 217160, Telex 510480, Fax 219669, « Sal
   settecentesche e giardino ombreggiato » – 🛗 🗏 📺 🕾   BZ ▾
   78 cam.

🏨 **Gd H. Raffaello e dei Congressi,** via per Cognento 5 ✆ 357035, Telex 226109 – 🛗 🗏
   📺 🚗 🗗 🅿 – 🏛 30 a 250. 🝋 🗗 ⓘ 🗉 *VISA*. 🛠 rist   3 km per ⑤
   Pas 41000 – ☲ 17000 – **127 cam** 127/188000 appartamento 233000, 🗏 10000 – P 185/220000

🏨 **Central Park Hotel** senza rist, viale Vittorio Veneto 10 ✆ 225858, Telex 224684, Fax
   219966 – 🛗 🗏 📺 🕾 🅿. 🝋 🗗 ⓘ 🗉 *VISA*. 🛠   AY ▴
   chiuso dal 23 dicembre al 6 gennaio e dal 3 al 25 agosto – **44 cam** ☲ 130/170000 apparta
   menti 250000.

🏨 **Donatello,** via Giardini 402 ✆ 351331, Fax 342803 – 🛗 🗏 📺 🕾 🚗 – 🏛 50. 🝋 🗗 ⓘ
   VISA. 🛠 rist   per ⑥
   Pas *(chiuso lunedì ed agosto)* carta 25/38000 – ☲ 6000 – **74 cam** 61/85000, 🗏 8000.

🏨 **Eden** senza rist, via Emilia Ovest 666 ✆ 335660, Telex 213474 – 🛗 🗏 📺 🕾 🚗 🅿 – 🏛
   60. 🝋 🗗 ⓘ 🗉 *VISA*   per ⑥
   51 cam ☲ 68/100000.

🏨 **Ritz,** via Rainusso 108 ✆ 338090, Telex 522250, Fax 337393 – 🛗 🗏 📺 🕾 🅿. 🝋 🗗 ⓘ 🗉
                                                                                     AY ▴
   Pas *(chiuso a mezzogiorno, domenica e dal 28 luglio al 27 agosto)* carta 29/42000 – ☲ 1000
   – **140 cam** 63/83000, 🗏 10000.

MODENA

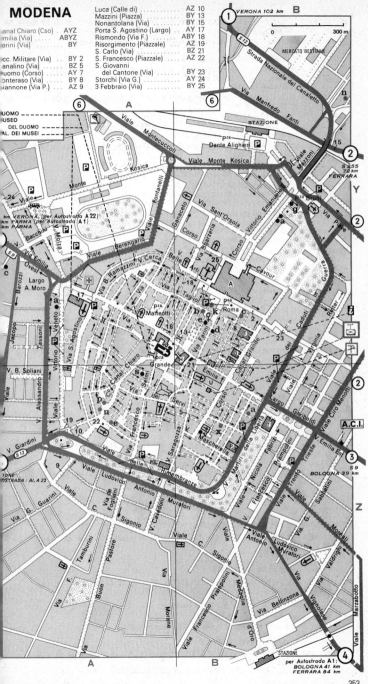

🏦 **Libertà** senza rist, via Blasia 10 ℰ 222365, Fax 222502 – 🛗 📺 🕾 ⇔. 🖭 🚺 ⓞ 🖪 🚾. 🛠
⬜ 8000 – **48 cam** 60/85000. BY

🏦 **Principe** senza rist, corso Vittorio Emanuele II n° 94 ℰ 218670, Fax 511187 – 🛗 🗏 📺 🕾
🖭 🚺 ⓞ 🖪 🚾. 🛠 BY
chiuso dal 10 al 20 agosto – ⬜ 10000 – **51 cam** 60/82000, 🗏 6000.

🏦 **Europa** senza rist, corso Vittorio Emanuele II n° 52 ℰ 217721, Telex 522331, Fax 222288 –
🛗 🛠 📺 🕾 ⇔ – 🛦 50. 🖭 🚺 ⓞ 🖪 🚾 BY
⬜ 7000 – **120 cam** 52/76000.

🏦 **Milano** senza rist, corso Vittorio Emanuele II n° 68 ℰ 223011, Telex 226329, Fax 225136 –
🛗 🗏 📺 🕾. 🖭 🚺 ⓞ 🖪 🚾 BY
⬜ 10000 – **62 cam** 57/83000.

🏦 **Lux** senza rist, via Galilei 218/a ℰ 353308 – 🛗 🗏 📺 🕾 🅿 – 🛦 80. 🖭 🚺 ⓞ 🖪 🚾
chiuso agosto – ⬜ 8000 – **43 cam** 60/80000. 3 km per ⑤

🏦 **Roma** senza rist, via Farini 44 ℰ 222218, Fax 223747 – 🛗 📺 🕾 ♦ ⇔. 🖭 🚺 ⓞ 🖪 🚾
⬜ 9000 – **53 cam** 57/79000. BY

🏛 **La Torre** senza rist, via Cervetta 5 ℰ 222615 – 🕾 ⇔. 🖭 ⓞ 🚾. 🛠
chiuso agosto – ⬜ 8000 – **26 cam** 38/60000. AZ

🎌 ❀❀ **Fini,** rua Frati Minori 54 ℰ 214250 – 🗏 – 🛦 200. 🖭 🚺 ⓞ 🖪 🚾. 🛠 AZ
chiuso lunedì, martedì, dal 30 luglio al 28 agosto e dal 24 al 31 dicembre – Pas carta 53/70000
Spec. Pasticcio di maccheroni, Fritto misto all'italiana, Bolliti misti dal carrello. Vini Albana, Lambrusco.

🎌 ❀ **Borso d'Este,** piazza Roma 5 ℰ 214114, prenotare – 🗏. 🖭 ⓞ 🚾. 🛠 BY
chiuso domenica ed agosto – Pas carta 47/65000
Spec. Insalata tiepida di scampi all'olio d'oliva, Tortelli di funghi in crema di tartufo, Sella d'agnello gratinata
alle erbe. Vini Chardonnay, Cabernet-Sauvignon.

🎌 **Oreste,** piazza Roma 31 ℰ 243324 – 🗏 – 🛦 40. 🖭 ⓞ 🚾
chiuso mercoledì, domenica sera e dal 10 al 31 luglio – Pas carta 33/55000. BY

🎌 **Bianca,** via Spaccini 24 ℰ 311524, 🏡 – 🖭 ⓞ 🚾. 🛠 BY
chiuso sabato a mezzogiorno, domenica, Natale, Pasqua ed agosto – Pas carta 37/55000.

🎌 **Osteria Toscana,** via Gallucci 21 ℰ 211312 – 🖭 🚺 ⓞ 🖪 🚾. 🛠 BZ
chiuso domenica, lunedì ed agosto – Pas carta 38/50000.

🎌 **Moka,** via Emilia Ovest 628 ℰ 334478 – 🗏. 🖭 🚺 ⓞ 🖪 🚾. 🛠 2,5 km per ⑥
chiuso domenica – Pas carta 33/55000.

🎌 **Aurora,** via Coltellini 24 ℰ 225191, 🏡 – 🗏. 🖭 🚺 ⓞ 🖪 🚾. 🛠 BY
chiuso lunedì ed agosto – Pas carta 31/47000 (10%).

🎌 **Al Boschetto-da Loris,** via Due Canali Nord 202 ℰ 251759, « Servizio estivo in giardino »
– 🅿. 🛠 per ②
chiuso la sera, sabato ed agosto – Pas carta 26/39000.

🎌 La Brasserie, via San Giacomo 56 ℰ 218294, 🏡, Rist.-piano bar AZ
chiuso a mezzogiorno.

🎌 Zelmira, via San Giacomo 27 ℰ 222351 AZ

🎌 **La Calamita,** largo Hannover 63 ℰ 214664, 🏡 – 🛠 BZ
chiuso domenica e dal 1° al 20 agosto – Pas carta 30/48000.

sulla strada statale 9 via Emilia :

🎌 **La Quercia di Rosa,** località Fossalta per ③ : 4 km ✉ 41100 Modena ℰ 280730, 🏡 –
🅿. 🖭 ⓞ 🚾. 🛠
chiuso domenica – Pas carta 30/50000.

🎌 **Green Grill-da Gaetano,** via Emilia Ovest 802 per ⑥ : 3 km ✉ 41100 Modena ℰ 330073
« Giardino con servizio estivo » – 🅿. 🖭 🚺 ⓞ 🖪 🚾. 🛠
chiuso sabato – Pas carta 27/40000.

🎌 Antica Trattoria da Felice, via Emilia Est 2445 per ③ : 7 km ✉ 41010 Gaggio di Piano ℰ
938003 – 🅿.

a Cognento per ⑤ : 4 km – ✉ 41010 :

🎌 **Aicardi,** ℰ 355131, Fax 340806, « Servizio estivo in giardino » – 🛠 🅿 – 🛦 100. 🖭 🚺
ⓞ 🖪 🚾
chiuso martedì – Pas carta 31/43000.

a Freto per ⑥ : 5 km – ✉ 41010 :

🎌 **Villa Freto,** via Ponte Alto Sud 145 ℰ 337729, 🏡 – 🅿. 🖭 🚺 ⓞ 🚾
chiuso lunedì e dal 1° al 20 gennaio – Pas carta 35/48000.

a Cittanova per ⑥ : 7 km – ✉ 41100 Modena :

🎌 **Annunciata,** ℰ 518119 – 🅿. 🛠
chiuso lunedì sera, martedì ed agosto – Pas carta 30/42000.

sull'autostrada A 1 Secchia per ⑥ : 7 km :

🏦 **MotelAgip,** ✉ 41100 Modena ℰ 518221, Telex 212826 – 🛗 🗏 📺 🕾 ♦ 🅿 – 🛦 30 a 150
🖭 🚺 ⓞ 🖪 🚾. 🛠 rist
Pas self-service 30000 circa – **184 cam** ⬜ 84/130000, 🗏 10000 – ½ P 94/113000.

sulla strada statale 12 per ⑤ : 7 km :

🏨 **Mini Hotel** senza rist, via Giardini 1270 ⋈ 41100 Modena ✆ 510051, Fax 511187 – 🛗 📺 ☎ 🅿 🆎 🕄 ⓪ 🖃 𝘝𝘐𝘚𝘈
chiuso dal 10 al 20 agosto – � 8000 – **26 cam** 55/75000.

per via Campogalliano per ⑥ : 7 km :

✕ Quattro Ville ⋈ 41100 Modena ✆ 525731 – 🅿.

a Montale per ④ : 8 km – ⋈ 41050 :

✕✕ **La Fazenda,** ✆ 309113, « Servizio estivo in giardino » – 🅿. 🆎 🕄 ⓪ 🖃 𝘝𝘐𝘚𝘈
chiuso lunedì ed agosto – Pas carta 29/58000.

a Marzaglia per ⑥ : 10 km – ⋈ 41010 :

✕✕ **La Masseria,** ✆ 389262, prenotare la sera – 🆎 🕄 ⓪
chiuso martedì – Pas carta 35/52000.

sulla via Vignolese :

✕✕ **Baia del Re** con cam, prossimità casello autostrada per ④ : 11 km ⋈ 41010 San Dàmaso ✆ 369135 – ☎ 🅿. 🆎 🕄 ⓪ 🖃 𝘝𝘐𝘚𝘈
chiuso dal 24 dicembre all'11 gennaio e dal 1° al 16 agosto – Pas *(chiuso domenica)* carta 44/67000 – � 7500 – **14 cam** 36/56000 – ½ P 65000.

✕✕ **La Tartaruga,** via Vignolese 426 per ④ : 2 km ⋈ 41100 Modena ✆ 363364 – 🆎 🕄 ⓪ 🖃 𝘝𝘐𝘚𝘈. 🎇
chiuso lunedì – Pas carta 31/43000.

MODICA Ragusa 🕮🕮🕮 ㊲ – Vedere Sicilia alla fine dell'elenco alfabetico.

MODIGLIANA 47015 Forlì 🕮🕮🕮 ⑮ – 4 837 ab. alt. 185 – ✪ 0546.
Roma 349 – ◆Bologna 75 – ◆Firenze 102 – Forlì 34.

✕✕ **Il Solieri,** via Garibaldi 32 ✆ 92493 – 🆎 ⓪. 🎇
chiuso martedì e dal 1° al 14 agosto – Pas carta 25/41000.

✕ **Il Veliero,** piazza Don Minzoni 44 ✆ 92541 – 🆎 ⓪. 🎇
chiuso mercoledì – Pas carta 25/47000.

MODUGNO 70026 Bari 🕮🕮🕮 ㉙ – 37 248 ab. alt. 79 – ✪ 080.
Roma 443 – ◆Bari 10 – Barletta 56 – Matera 53 – ◆Taranto 93.

sulla strada statale 96 :

🏨 Bari Nord, N : 1 km ⋈ 70026 Modugno ✆ 565222, Telex 810855, ⟰, 🐾, 🎇 – 🛗 🍽 ☎ ♿ ⟺ 🅿 – 🔬 50 a 400
155 cam.

🏨 **H R,** NE : 3 km ⋈ 70123 Bari Ovest ✆ 451500, Fax 451500, ⟰, 🐾, 🎇 – 🛗 🍽 📺 ☎ 🅿 – 🔬 25 a 150. 🎇 rist
Pas *(chiuso sabato sera, domenica e Ferragosto)* carta 50/70000 – � 8000 – **93 cam** 77/120000 – ½ P 134000.

MOENA 38035 Trento 🕮🕮🕮 ④⑤ – 2 581 ab. alt. 1 184 – a.s. febbraio-Pasqua e Natale – Sport invernali : ad Alpe Lusia : 1 184/2 347 m ⟋2 ⟋9, ⟲ (vedere anche passo San Pellegrino) – ✪ 0462.
piazza Cesare Battisti ✆ 53122, Telex 400677, Fax 54342.
Roma 671 – Belluno 69 – ◆Bolzano 45 – Cortina d'Ampezzo 74 – ◆Milano 329 – Trento 89.

🏨 **Monza** 🏖, ✆ 53205, ≼ – 🛗 📺 ☎ ⟺ 🅿. 🆎 ⓪. 🎇
20 dicembre-20 aprile e 15 giugno-20 settembre – Pas 22/28000 – � 8000 – **20 cam** 46/80000 appartamenti 98/120000 – ½ P 60/83000.

🏨 **Dolce Casa** 🏖, ✆ 53126, ≼ Dolomiti – 🛗 ☎ 🅿 – 🔬 90. 🎇
dicembre-aprile e giugno-settembre – Pas 30/40000 – � 6500 – **42 cam** 50/85000 – ½ P 72/95000.

🏨 **Alpi,** ✆ 53194, Fax 53844, ≼ – 🛗 ☎ 🅿. 🆎. 🎇
15 dicembre-20 aprile e 15 giugno-settembre – Pas 20/30000 – � 8000 – **38 cam** 57/90000 – ½ P 67/91000.

🏨 **La Romantica** 🏖, ✆ 53298, ≼, 🐾 – ☎ 🅿. 🎇 rist
dicembre-aprile e giugno-settembre – Pas 28000 – � 8000 – **29 cam** 70/118000 – ½ P 63/85000.

🏨 **Post Hotel,** ✆ 53760, Fax 54320 – 🛗 📺 ☎. 🆎 ⓪. 🎇
dicembre-Pasqua e 15 giugno-settembre – Pas vedere rist Tyrol – � 8000 – **17 cam** 90000 appartamenti 160000 – ½ P 95000.

🏨 **Leonardo** 🏖, ✆ 53355, ≼, 🐾 – 🛗 📺 ⊛ 🅿. 🎇 rist
20 dicembre-aprile e 15 giugno-settembre – Pas carta 25/32000 – ⊻ 8000 – **21 cam** 75/120000 – ½ P 60/90000.

🏠 Catinaccio ⑤, ℰ 53235, ≤ Dolomiti, ♨ – 🛗 🕾 🅿. ⅏ rist
20 dicembre-20 marzo e luglio-15 settembre – Pas 28/32000 – **41 cam** ⊒ 83/140000
½ P 60/70000.

🏠 Patrizia ⑤, ℰ 53185, Fax 54087, ≤, ♨ – 🛗 📺 🕾 🅿. 🕦. ⅏
20 dicembre-Pasqua e 20 giugno-20 settembre – Pas (solo per clienti alloggiati) 21000 – ⊒
12000 – **32 cam** 68/120000 – ½ P 74/80000.

🏠 Laurino, ℰ 53238, Fax 54354, ≤ – 🛗 🕾 🅿. ⅏ rist
20 dicembre-20 aprile e 15 giugno-19 settembre – Pas 22/27000 – ⊒ 7500 – **42 cam**
80/128000 – ½ P 80/100000.

XX Tyrol, ℰ 53760 – 🍴. 🆎 🕦. ⅏
dicembre-Pasqua e 15 giugno-settembre – Pas carta 24/50000.

XX Ja Navalge, ℰ 53930 – 🅷 ⅏
chiuso dal 15 giugno al 15 luglio e lunedì in bassa stagione – Pas carta 30/41000.

Vedere anche : *San Pellegrino (Passo di)* E : 12,5 km.

MOGGIONA Arezzo – Vedere Camaldoli.

MOGLIANO VENETO 31021 Treviso ⑨⑧⑧ ⑤ – 25 264 ab. alt. 8 – ✆ 041.

🏌 e 🏌 Villa Condulmer (chiuso lunedì) a Zerman ⊠ 31020 ℰ 457062, NE : 4 km.
Roma 529 – ♦Milano 268 – ♦Padova 38 – Treviso 12 – ♦Trieste 152 – Udine 121 – ♦Venezia 18.

a Marocco S : 3 km – ⊠ **31021** Mogliano Veneto :

XXX Al Postiglione, ℰ 942600 – 🍴 🅿.

a Zerman NE : 4 km – ⊠ **31020** :

🏛 Villa Condulmer ⑤, ℰ 457100, Fax 457134, « Villa veneta del 18° secolo in un fresc
parco », 🏊, ⅏, 🏌 – 🍴 cam 🕾 ふ 🅿 – 🔬 80. 🆎 🅷 🕦 Ɛ 📖. ⅏
Pas *(chiuso lunedì e dal 15 novembre al 15 marzo)* carta 40/60000 – ⊒ 15000 – **40 cam**
75/135000 appartamenti 200000.

MOIA DI ALBOSAGGIA Sondrio – Vedere Sondrio.

MOIE Ancona – Vedere Maiolati Spontini.

MOLFETTA 70056 Bari ⑨⑧⑧ ㉙ – 64 190 ab. – ✆ 080.
Roma 425 – ♦Bari 25 – Barletta 30 – ♦Foggia 108 – Matera 69 – ♦Taranto 115.

🏠 Garden, via provinciale Terlizzi ℰ 941722, ♨, ⅏ – 🛗 🍴 📺 🕾 🚗 🅿 – 🔬 80. 🆎 🅷 🕦
Ɛ 📖. ⅏
Pas *(chiuso venerdì e domenica sera)* 25/40000 – ⊒ 7000 – **60 cam** 57/77000. 🍴 8000
P 90000.

XX Bistrot, via Dante 33 ℰ 915812 – 🍴. 🆎 🕦 📖. ⅏
chiuso mercoledì – Pas carta 21/31000.

sulla strada statale 16 E : 2,5 km :

XX Alga Marina-da Marago, ⊠ 70056 ℰ 948091, ≤, ⛴ – 🅿. 🅷 📖
chiuso lunedì e novembre – Pas carta 20/35000 (10%).

MOLINI (MÜHLEN) Bolzano – Vedere Falzes.

MOLINI DI TURES (MÜHLEN) Bolzano – Vedere Campo Tures.

MOLLIÈRES Torino ⑦⑦ ⑧ ⑨ – Vedere Cesana Torinese.

MOLTRASIO 22010 Como ⑨⑧⑨ ⑧⑨ – 1 958 ab. alt. 247 – ✆ 031.
Roma 634 – Como 9 – Menaggio 26 – ♦Milano 57.

🏠 Caramazza ⑤, ℰ 290050, ≤, ⛴ – 🛗 🕾 🚗 🅿. 🅷 Ɛ 📖
aprile-ottobre – Pas *(chiuso martedì)* 25/35000 – ⊒ 7500 – **20 cam** 54/80000 – ½ P 70000.

🏠 Posta, ℰ 290444, ≤, ⛴ – 🛗 📺 🕾. 🆎 🅷 🕦 Ɛ 📖
chiuso gennaio e febbraio – Pas *(chiuso mercoledì)* carta 29/49000 – ⊒ 8000 – **20 cam**
50/80000 – ½ P 58/63000.

Les Bonnes Tables

Nous distinguons à votre intention

certains hôtels (🏠... 🏛) et restaurants (X... XXXXX) par ✿, ✿✿ ou ✿✿✿.

38018 Trento 988 ④ – 1 007 ab. alt. 864 – a.s. Pasqua e Natale – Sport invernali : 54/1 528 m ≤3 (vedere anche Andalo e Fai della Paganella) – ✆ 0461.

vedere Lago★★.

☐ piazza Marconi ✆ 586924.

Roma 627 – ◆Bolzano 65 – ◆Milano 211 – Riva del Garda 46 – Trento 45.

🏨 **Ischia,** ✆ 586057, ≤, « Giardino fiorito » – 🛗 TV ☎ & 🅿. AE ⑤ VISA. ✖ rist
20 dicembre-marzo e giugno-settembre – Pas 24000 – ☑ 7000 – **35 cam** 57/86000 –
½ P 54/70000.

🏨 **Belvedere,** ✆ 586933, Telex 401310, ≤, ◨ – 🛗 ☎ & 🅿. VISA ✖ rist
20 maggio-settembre – Pas 25/28000 – ☑ 7000 – **57 cam** 83/135000 – ½ P 70/90000.

🏨 **Lido,** ✆ 586932, « Grande giardino ombreggiato » – 🛗 ☎ – ☖ 80. ✖ rist
15 maggio-15 ottobre – Pas carta 23/31000 – ☑ 6000 – **59 cam** 62/100000 – ½ P 45/72000.

🏨 **Du Lac,** ✆ 586965, Fax 585498, ≤, ☞ – 🛗 ☎ 🅿. AE ⑤ VISA. ✖ rist
◆ 20 dicembre-10 gennaio e giugno-settembre – Pas 16/22000 – ☑ 6000 – **44 cam** 55/90000
– ½ P 45/72000.

🏨 **Miralago,** ✆ 586935, ≤, ♨ riscaldata, ☞ – 🛗 TV ☎ 🅿. AE ⓪ VISA. ✖ rist
Natale, febbraio-8 marzo e maggio-15 ottobre – Pas 22/27000 – ☑ 8000 – **35 cam** 60/110000
– ½ P 50/80000.

🏨 **Alexander H. Cima Tosa,** ✆ 586928, Fax 586950, ≤ Gruppo del Brenta e lago – 🛗 ✖ ☎
◆ 🅿 – ☖ 70. AE ⑤ E VISA. ✖ rist
24 dicembre-8 gennaio, 10 febbraio-10 marzo e 20 maggio-1° ottobre – Pas 20/26000 –
36 cam ☑ 65/110000 – ½ P 43/77000.

🏨 **Gloria** ⑤, ✆ 586962, ≤, ☞ – 🛗 ☎ 🅿. VISA. ✖ rist
◆ Natale e giugno-settembre – Pas 20/25000 – ☑ 7000 – **31 cam** 70/110000 – ½ P 60/80000.

🏨 **Ariston,** ✆ 586907, ≤ – 🛗 ▤ rist ☜ 🅿. AE ⑤ E VISA. ✖ rist
◆ 22 dicembre-10 gennaio e 20 giugno-20 settembre – Pas 19/23000 – ☑ 6000 – **48 cam**
60/110000 – ½ P 65/72000.

🏨 **Londra,** ✆ 586943, ≤, ☞ – ☎ & 🅿. ⑤. ✖ rist
◆ 20 dicembre-marzo e 15 maggio-10 ottobre – Pas 15/25000 – ☑ 6000 – **32 cam** 53/93000 –
½ P 39/69000

✖✖ **Antica Bosnia,** ✆ 586123, Coperti limitati; prenotare – VISA. ✖
chiuso mercoledì e novembre – **Pas** carta 21/41000.

15020 Alessandria – 1 122 ab. alt. 294 – ✆ 0142.

Roma 626 – Alessandria 46 – Asti 38 – ◆Milano 95 – ◆Torino 62 – Vercelli 39.

✖ **Hostaria dal Paluc,** località Zenevreto N : 2 km ✆ 944126, solo su prenotazione, « Servizio
estivo all'aperto con ≤ » – AE ⑤ E VISA. ✖
chiuso da gennaio al 15 febbraio, martedì e in agosto anche lunedì – Pas carta 30/46000.

✖ **Dubini,** ✆ 944116 – 🅿. ✖
chiuso mercoledì e dal 25 luglio al 18 agosto – Pas carta 33/45000.

Alessandria – Vedere Tortona.

28015 Novara 988 ②, 219 ⑰ – 2 882 ab. alt. 213 – ✆ 0321.

Roma 640 – ◆Milano 66 – Novara 15 – Stresa 45 – ◆Torino 110.

✖✖✖ **Macallè,** ✆ 96064 – ▤ 🅿. AE ⑤ ⓪ E VISA. ✖
chiuso mercoledì, dal 5 al 15 gennaio e dal 20 al 30 agosto – Pas carta 37/62000.

10059 Torino 77 ⑨ – 625 ab. alt. 531 – ✆ 0122.

Roma 718 – Briançon 57 – ◆Milano 192 – Col du Mont Cenis 32 – ◆Torino 55.

✖ **Da Camillo,** ✆ 2793, ✖ – 🅿. ⑤ E VISA. ✖
◆ chiuso mercoledì e dal 10 al 31 agosto – Pas carta 18/33000.

31050 Treviso – 3 300 ab. alt. 5 – ✆ 0422.

Roma 548 – ◆Milano 287 – ◆Padova 57 – Treviso 17 – ◆Trieste 125 – Udine 96 – ◆Venezia 37.

✖ **Menegaldo,** località Pralongo E : 4 km ✆ 798025 – ▤ 🅿. AE ⑤ ⓪ E VISA
chiuso mercoledì e dal 25 luglio al 20 agosto – Pas carta 22/36000.

10024 Torino 988 ⑫ – 61 362 ab. alt. 260 – ✆ 011.

Roma 662 – Asti 47 – Cuneo 86 – ◆Milano 148 – ◆Torino 8.

Pianta d'insieme di Torino (Torino p. 3)

🏨 **La Darsena,** strada Torino 29 ✆ 642448 – 🛗 ☜ ☜ 🅿 – ☖ 300. AE ⑤ ⓪ E VISA.   GU **p**
Pas *(chiuso domenica sera, lunedì ed agosto)* carta 41/61000 – ☑ 8000 – **25 cam** 68/90000
– ½ P 85/100000.

✖ **Rosa Rossa,** via Carlo Alberto 5 ✆ 645873   GU **r**
chiuso domenica sera, lunedì ed agosto – Pas carta 32/48000.

357

14036 Asti 🔢 ⑫ – 3 583 ab. alt. 305 – ✆ 0141.

Roma 633 – Alessandria 47 – Asti 21 – ♦Milano 98 – ♦Torino 64 – Vercelli 42.

✗ **Tre Re,** ✆ 91125, Coperti limitati; prenotare
  chiuso lunedì sera, martedì e luglio – Pas carta 29/51000.

  a Cioccaro SE : 5 km – ✉ **14030** Cioccaro di Penango :

🏨 **Locanda del Sant'Uffizio** ⚜, ✆ 91271, Fax 916068, ≤, « Parco », ⊥, ✗ – 📺 ☎ ⓟ
  🅰 80. 🖭 🛐 ⓞ ᴇ 𝘝𝘐𝘚𝘈. ✸
  chiuso dal 3 al 25 gennaio e dal 10 al 20 agosto – Pas vedere rist Da Beppe – 🖙 15000
  31 cam 100/140000 – ½ P 180/200000.

✗✗ ✿ **Da Beppe,** ✆ 91271, 🍴 – ⓟ. 🖭 🛐 ⓞ ᴇ 𝘝𝘐𝘚𝘈. ✸
  chiuso martedì, dal 3 al 25 gennaio e dal 10 al 20 agosto – Pas 60/80000
  Spec. Storione al vapore con salsa allo zafferano, Taglierini in carbonata di verdure, Anitra muta al miele
  Rhum. **Vini** Arneis, Freisa.

Palermo 🔢 ㉟ – Vedere Sicilia alla fine dell'elenco alfabetico.

Cuneo 🔢 ⑫ – 22 201 ab. alt. 559 – ✉ **12084** Mondovì Breo – ✆ 0174.

Roma 616 – Cuneo 27 – ♦Genova 117 – ♦Milano 212 – Savona 71 – ♦Torino 80.

🏨 **Park Hotel,** via del Vecchio 2 ✆ 46666, Fax 47771 – 🛗 📺 ☎ ⓟ. 🖭 🛐 ⓞ ᴇ 𝘝𝘐𝘚𝘈. ✸
  Pas carta 22/31000 – 🖙 7000 – **54 cam** 47/80000 appartamenti 120/130000 – ½ P 65000.

🏨 **Europa** senza rist, via Torino 29-Borgo Aragno ✆ 44389, Telex 225453 – 🛗 📺 ☎ 🚗 ⓟ
  🛐 ᴇ 𝘝𝘐𝘚𝘈
  🖙 6000 – **17 cam** 43/73000.

✗✗ Il Borgo, via Torino 41-Borgo Aragno ✆ 44500 – ⓟ.

✗✗ **Al Bozzolo,** via Tiro a Segno 55 ✆ 47083 – ⓟ. 🖭 🛐 ⓞ ᴇ 𝘝𝘐𝘚𝘈. ✸
  chiuso martedì, dall'8 al 23 gennaio e dal 5 al 25 agosto – Pas carta 23/43000.

16030 Genova – 2 758 ab. – ✆ 0185.

Roma 456 – ♦Genova 58 – ♦Milano 193 – Sestri Levante 12 – ♦La Spezia 58.

🏨 **Mondial,** O : 1 km ✆ 49339, Telex 272444, ≤, 🍴 – 🛗 ☎ ⓟ
  aprile-ottobre – Pas 35/50000 – 🖙 8000 – **50 cam** 40/65000 – ½ P 55/80000.

🏨 **Locanda Maggiore,** ✆ 49355, ≤ – 🛗 🚗 ⓟ. ✸
  25 marzo-settembre – Pas 22/25000 – 🖙 6000 – **33 cam** 25/45000 – ½ P 62/64000.

🏠 **Leopold** ⚜, O : 1 km ✆ 49240, ≤ – 🛗 🍽 rist ☎ 🚗. 🖭 ᴇ. ✸ rist
  chiuso dal 10 ottobre al 20 dicembre – Pas carta 49/56000 – 🖙 15000 – **22 cam** 70/80000 –
  ½ P 60/65000.

🏠 **Villa Edera,** ✆ 49291, Fax 49470, ≤ – 🍽 rist 📺 ☎ ⓟ. 🖭. ✸
➡ *20 marzo-25 ottobre* – Pas (solo per clienti alloggiati) 20/28000 – 🖙 10000 – **26 cam**
  32/55000 – ½ P 45/65000.

🏠 **Piccolo Hotel,** ✆ 49374 – 🛗 🗠 🚗 ⓟ. ✸
  marzo-25 ottobre – Pas *(chiuso giovedì)* 30/35000 – 🖙 8000 – **26 cam** 40/60000 –
  ½ P 55/70000.

  verso Lemeglio SE : 2 km :

✗ ✿ **La Ruota,** alt. 200 ✉ 16030 ✆ 49565, Coperti limitati; prenotare, « Servizio estivo in
  terrazza con ≤ mare e Moneglia » – ⓟ
  chiuso novembre e mercoledì (escluso 15 giugno-15 settembre) – Pas 80/90000
  Spec. Piatto mediterraneo (moscardini e verdure), Seppie con funghi porcini, Orata o branzino al sale. **Vini**
  Vermentino.

34074 Gorizia 🔢 ⑥ – 27 983 ab. – ✆ 0481.

Roma 641 – Gorizia 24 – Grado 24 – ♦Milano 380 – ♦Trieste 30 – Udine 43 – ♦Venezia 130.

🏨 **Sam,** via Cosulich 3 ✆ 481671, Telex 460580, Fax 44568 – 🛗 🗠 📺 ☎ 🚗. 🖭 🛐 ⓞ ᴇ 𝘝𝘐𝘚𝘈
  Pas vedere rist Alla Rosta – 🖙 12000 – **66 cam** 60/89000.

🏠 **Excelsior** senza rist, via Arena 4 ✆ 790226 – 🛗 🍽 📺 🗠 🚗 ⓟ. 🖭 🛐 ⓞ ᴇ 𝘝𝘐𝘚𝘈
  🖙 5000 – **46 cam** 45/70000, 🗟 3000.

✗✗ **Alla Rosta,** via Cosulich 7 ✆ 481803 – 🗟. 🖭 🛐 ⓞ ᴇ 𝘝𝘐𝘚𝘈
  chiuso domenica – Pas carta 25/43000.

✗✗ Hannibal-Approdo, via Bagni (Centro Motovelica) ✆ 798006.

12065 Cuneo – 1 988 ab. alt. 480 – ✆ 0173.

Roma 621 – Asti 46 – Cuneo 50 – ♦Milano 170 – Savona 77 – ♦Torino 75.

✗✗ ✿ **Giardino-da Felicin** ⚜ con cam, ✆ 78225, ≤ colline e vigneti, prenotare – ⓟ. 𝘝𝘐𝘚𝘈
  ✸ rist
  chiuso da gennaio al 5 febbraio e dal 28 giugno al 3 luglio – Pas *(chiuso mercoledì)*
  carta 25/48000 – 🖙 5000 – **11 cam** 35/54000 – ½ P 60000
  Spec. Sfogliatine con fonduta e tartufi (autunno), Ravioli al burro e salvia, Coniglio disossato alle erbe. **Vini**
  Arneis, Dolcetto.

MONFUMO 31010 Treviso – 1 401 ab. alt. 230 – ✆ 0423.
Roma 561 – Belluno 65 – Treviso 38 – Vicenza 54.

XX **Osteria alla Chiesa-da Gerry,** ✆ 545077 – 🅱 Ⓔ *VISA*. ✖
chiuso lunedì sera, martedì, febbraio e dal 10 al 19 agosto – Pas carta 25/45000.

MONGUELFO (WELSBERG) 39035 Bolzano 𝟿𝟾𝟾 ⑤ – 2 359 ab. alt. 1 087 – a.s. febbraio-aprile,
15 luglio-15 settembre e Natale – Sport invernali : 1 087/1 411 m ≰2 – ✆ 0474.
Roma 732 – ◆Bolzano 94 – Brunico 17 – Dobbiaco 11 – ◆Milano 390 – Trento 154.

🏠 **Dolomiti,** ✆ 74146, ≼ – Ⓟ. ✖
← chiuso maggio e da novembre al 18 dicembre – Pas *(chiuso giovedì in bassa stagione)*
14/18000 – � 8000 – **22 cam** 19/48000 – ½ P 34/48000.

a *Tesido* (Taisten) N : 2 km – alt. 1 219 – ✉ **39035** Monguelfo :

🏠 **Alpenhof** ⑤, O : 1 km ✆ 74212, ≼, ⊇ riscaldata, 🐎 – Ⓟ. ✖ rist
← 20 dicembre-10 aprile e 25 maggio-15 ottobre – Pas *(solo per clienti alloggiati)* 18/20000 –
13 cam ⊇ 32/64000 – ½ P 43/48000.

🏠 **Chalet Olympia** ⑤, ✆ 74079, ≼, 🍴, 🐎 – 🚗 Ⓟ. 🅱 Ⓔ *VISA*. ✖ cam
chiuso maggio, giugno e novembre – Pas *(chiuso lunedì)* carta 23/32000 – **12 cam** ⊇ 50000
– ½ P 37/48000.

MONIGA DEL GARDA 25080 Brescia – 1 361 ab. alt. 128 – a.s. Pasqua e luglio-15 settembre –
✆ 0365.
Roma 537 – ◆Brescia 28 – Mantova 76 – ◆Milano 127 – Trento 106 – ◆Verona 52.

XX **Al Gallo d'Oro,** ✆ 502405, 🍴, Coperti limitati; prenotare – 🅰Ⓔ 🅱 Ⓞ Ⓔ *VISA*. ✖
chiuso giovedì, venerdì a mezzogiorno e dal 15 gennaio al 15 febbraio – Pas carta 39/49000.

Das italienische Straßennetz wird laufend verbessert.
Die rote Michelin-Straßenkarte Nr. 𝟿𝟾𝟾 *im Maßstab 1:1 000 000*
trägt diesem Rechnung.
Beschaffen Sie sich immer die neuste Ausgabe.

MONOPOLI 70043 Bari 𝟿𝟾𝟾 ㉙ – 47 008 ab. – ✆ 080.
Roma 494 – ◆Bari 44 – ◆Brindisi 70 – Matera 80 – ◆Taranto 60.

🏠 **Max,** via Vittorio Veneto 241 ✆ 802591 – 🔊 ▤ rist 🕾 🚗 – 🏛 80. 🅰Ⓔ *VISA*. ✖ rist
← Pas *(chiuso lunedì da novembre a marzo)* carta 20/32000 – ⊇ 7000 – **32 cam** 55/89000 –
½ P 53/71000.

XXX **Il Melograno** ⑤, con cam, contrada Torricella 345 (SO : 4 km) ✆ 808656, Fax 747908,
« Giardino-frutteto con ⊇ e ✖ » – ▤ 🕾 🕹 Ⓟ – 🏛 100. 🅰Ⓔ Ⓞ *VISA*
Pas *(chiuso martedì)* carta 60/80000 – **10 cam** ⊇ 180/320000 – ½ P 200/260000.

X **Lido Bianco,** via Procaccia 3 ✆ 742711, ≼ – Ⓟ. 🅰Ⓔ 🅱 Ⓔ *VISA*. ✖
chiuso gennaio e lunedì (escluso da giugno a settembre) – Pas carta 21/41000.

sulla strada statale 16 SE : 7 km :

XX **Villa dei Pini,** ✉ 70043 ✆ 801309, 🍴 – Ⓟ. 🅱 Ⓞ Ⓔ *VISA*. ✖
chiuso mercoledì e dal 7 al 22 gennaio – Pas carta 30/53000.

verso Torre Egnazia SE : 8,5 km :

🏠 Lido Torre Egnazia ⑤, ✉ 70043 ✆ 801002, ≼, 🏖 – 🔊 🕾 Ⓟ
stagionale – **38 cam**.

MONREALE Palermo 𝟿𝟾𝟾 ㉟ – Vedere Sicilia alla fine dell'elenco alfabetico.

MONRUPINO 34016 Trieste – 854 ab. alt. 418 – ✆ 040.
Roma 669 – Gorizia 45 – ◆Milano 408 – ◆Trieste 16 – Udine 71 – ◆Venezia 158.

XX **Furlan,** ✆ 327125, 🍴 – Ⓟ. ✖
chiuso lunedì, martedì e gennaio – **Pas** carta 26/37000.

XX **Krizman** ⑤, con cam, a Rupingrande 76 ✆ 327115, 🍴 – 🔊 🕾 🕹 Ⓟ. 🅱 Ⓔ *VISA*. ✖
Pas *(chiuso martedì)* carta 22/37000 – ⊇ 5000 – **17 cam** 42/62000 – ½ P 48/58000.

MONSELICE 35043 Padova 𝟿𝟾𝟾 ⑤ – 17 470 ab. alt. 8 – ✆ 0429.
Vedere ≼★ dalla terrazza di Villa Balbi.
Roma 471 – Ferrara 54 – Mantova 85 – ◆Padova 24 – ◆Venezia 61.

🏨 **Ceffri e Rist. Villa Corner,** via Orti 7/b ✆ 782995, Telex 431531, « Parco con ⊇ » – 🔊
▤ 📺 🕾 🕹 🚗 Ⓟ – 🏛 40 a 200. ✖
Pas carta 30/41000 – ⊇ 9000 – **44 cam** 58/90000 appartamenti 110000 – ½ P 75000.

XX **La Torre,** piazza Mazzini 14 ✆ 73752, Coperti limitati; prenotare – Ⓞ *VISA*
chiuso domenica sera e lunedì – Pas carta 34/54000.

359

MONSUMMANO TERME 51015 Pistoia 988 ⑭ − 17 870 ab. alt. 23 − a.s. 15 luglio-settembre − ✿ 0572.

Roma 323 − ♦Firenze 49 − Lucca 31 − ♦Milano 301 − Pisa 49 − Pistoia 13.

  🏨 Grotta Giusti ♨, E : 2 km 🖉 51165, « Grande parco fiorito », ♨, ⴲ, ⚒ − 📶 📺 ☎ ⅙ ℗
    stagionale − **70 cam**.

  a Montevettolini E : 4 km − alt. 187 − ✉ 51010 :

  XX **San Michele** ♨, con cam, ≤ − ⵗ rist ☎. ⅍ℰ ⓪ 𝘝𝘐𝘚𝘈. ⌘ cam
    chiuso dal 7 al 27 gennaio e dal 12 al 28 agosto − Pas *(chiuso mercoledi)* carta 30/50000 −
    7 cam ☲ 40/50000 − ½ P 50/70000.

MONTAGNA (MONTAN) 39040 Bolzano 218 ⑳ − 1 343 ab. alt. 500 − a.s. aprile e luglio-15 ottobre − ✿ 0471.

Roma 630 − ♦Bolzano 24 − ♦Milano 287 − Ora 6 − Trento 48.

  🏠 **Tenz,** strada statale N : 2 km 🖉 819782, ≤, 🏦, ♨, 🖾, ⵗ, ⚒ − 📶 ☏ ℗. ⓪. ⌘ rist
    chiuso dal 25 novembre al 5 febbraio − Pas *(chiuso martedi)* carta 19/34000 − **40 cam**
    ☲ 45/80000 − ½ P 35/53000.

MONTAGNANA 35044 Padova 988 ④⑤ − 9 703 ab. alt. 16 − ✿ 0429.

Vedere Cinta muraria★★.

Roma 475 − ♦Ferrara 57 − Mantova 60 − ♦Milano 213 − ♦Padova 48 − ♦Venezia 85 − ♦Verona 58 − Vicenza 45.

  XXX **Aldo Moro** con cam, via Marconi 27 🖉 81351, 🏦 − 🖿 rist 📺 ☎ ⟷ − 🏛 30 a 60.
    ⌘ cam
    chiuso dal 20 luglio al 5 agosto − Pas *(chiuso lunedi)* carta 29/50000 (10%) − ☲ 8000 −
    25 cam 34/75000 appartamenti 115000 − ½ P 75000.

  Vedere anche : *Megliadino San Fidenzio* E : 4 km.

MONTAIONE 50050 Firenze 988 ⑭ − 3 382 ab. alt. 342 − ✿ 0571.

Roma 289 − ♦Firenze 56 − ♦Livorno 75 − Siena 59.

  🏠 **Vecchio Mulino** senza rist, viale Italia 10 🖉 697966, ≤ vallata, 🏦 − ☎ ℗. 🛃 ℰ 𝘝𝘐𝘚𝘈. ⌘
    chiuso novembre − **21 cam** ☲ 45/65000.

MONTALCINO 53024 Siena 988 ⑮ − 5 176 ab. alt. 564 − ✿ 0577.

Roma 213 − Arezzo 86 − ♦Firenze 109 − Grosseto 57 − ♦Perugia 111 − Siena 41.

  🏠 **Il Giglio,** 🖉 848167 − 📺 ☎. ⌘
    chiuso gennaio − Pas *(chiuso lunedi)* carta 24/36000 − ☲ 10000 − **12 cam** 55/80000.

  XX **La Cucina di Edgardo,** 🖉 848232, Coperti limitati; prenotare − ⅍ℰ 🛃 ⓪ 𝘝𝘐𝘚𝘈. ⌘
    chiuso dall'8 gennaio al 6 febbraio e mercoledi (esclusi festivi e da luglio ad ottobre) − Pas
    (menu suggerito dal proprietario) 32000 (10%).

  XX **Taverna dei Barbi,** fattoria dei Barbi SE : 4 km 🖉 849357, Telex 575210, Fax 849356 − ℗.
    🛃. ⌘
    chiuso dal 20 gennaio al 10 febbraio, dal 5 al 15 luglio, mercoledi e da ottobre a maggio
    anche martedi sera − Pas carta 25/33000.

  XX **Poggio Antico,** località Poggio Antico SO : 4 km 🖉 849200, ≤ − ℗. ⅍ℰ ⓪
    chiuso martedi − Pas carta 24/34000.

MONTALE Modena − Vedere Modena.

MONTALE 51037 Pistoia − 9 464 ab. alt. 85 − ✿ 0573.

Roma 303 − ♦Firenze 29 − Pistoia 9 − Prato 10.

  X **Il Cochino** con cam, via Fratelli Masini 15 🖉 55025, 🏦 − ℗. ⅍ℰ 🛃 ⓪ ℰ 𝘝𝘐𝘚𝘈. ⌘
    chiuso dal 10 al 25 agosto − Pas *(chiuso sabato)* carta 23/38000 − ☲ 4000 − **16 cam**
    38/60000 − ½ P 44/50000.

MONTALERO Alessandria − Vedere Cerrina.

MONTALTO 42030 Reggio nell'Emilia − alt. 396 − ✿ 0522.

Roma 449 − ♦Milano 171 − ♦Modena 47 − Reggio nell'Emilia 22 − ♦La Spezia 113.

  X **Hostaria Venturi,** località Casaratta 🖉 600157, prenotare − ℗. 🛃 ⓪ 𝘝𝘐𝘚𝘈. ⌘
    chiuso lunedi e dal 15 luglio al 18 agosto − Pas carta 22/32000.

  Do not mix up :

    Comfort of hotels   : 🏨🏨 ... 🏠, ☎

    Comfort of restaurants : XXXXX ... X

    Quality of the cuisine   : ✿✿✿, ✿✿, ✿

MONTALTO DI CASTRO **01014** Viterbo 988 ㉕ – 6 959 ab. alt. 44 – ✆ 0766.

Roma 114 – Civitavecchia 38 – Grosseto 73 – Orbetello 38 – Orvieto 78 – Viterbo 50.

sulla strada statale 1 - via Aurelia SE : 1,5 km :

⌂ **MotelAgip,** ✉ 01014 ℘ 89090, Fax 898603 – ⇅ ▤ cam ☎ Ⓟ. AE ⓢ ⓞ E VISA. ✱ rist
Pas *(chiuso martedì da ottobre a maggio)* 23000 – ☕ 8000 – **32 cam** 48/79000 – ½ P 67/81000.

MONTAN = Montagna.

MONTE ... MONTI Vedere mome proprio del o dei monti.

MONTE (BERG) Bolzano 218 ⑳ – Vedere Appiano.

MONTEBELLO Forlì – alt. 452 – ✉ **47030** Torriana – ✆ 0541.

Roma 354 – ♦Bologna 129 – Forlì 68 – ♦Milano 340 – Rimini 21.

✕ **Pacini,** ℘ 668261 (prenderà il 675410), ≤ – ✱
✦ *chiuso mercoledì (escluso luglio-agosto) e dal 31 gennaio al 14 febbraio* – Pas carta 18/28000.

MONTEBELLO VICENTINO **36054** Vicenza 988 ④ – 5 346 ab. alt. 48 – ✆ 0444.

Roma 534 – ♦Milano 188 – ♦Venezia 81 – ♦Verona 35 – Vicenza 17.

a Selva NO : 3 km – ✉ **36054** Montebello Vicentino :

✕✕ **La Marescialla,** ℘ 649216 – Ⓟ. AE ⓢ ⓞ VISA. ✱
chiuso domenica sera, lunedì e dal 7 al 28 agosto – Pas carta 35/57000.

MONTEBELLUNA **31044** Treviso 988 ⑤ – 24 958 ab. alt. 109 – ✆ 0423.

Dintorni Villa del Palladio★★★ a Maser N : 12 km.

Roma 548 – Belluno 82 – ♦Padova 48 – Trento 113 – Treviso 22 – Vicenza 49.

⌂⌂⌂ **Bellavista** ⛰, località Mercato Vecchio ℘ 301031, Fax 303612, ≤, ⛱, 🌳 – ⇅ 📺 ☎ 🚗 Ⓟ – 👥 50. AE ⓢ ⓞ E VISA. ✱
Pas vedere rist Al Tiglio d'Oro – **40 cam** ☕ 65/90000 appartamenti 110/150000 – ½ P 70000.

⌂⌂ **San Marco** ⛰ senza rist, via Buziol 19 ℘ 300776, Fax 22553, ≤ – ⇅ ▤ 📺 ☎ 🚗 Ⓟ – 👥 150. AE ⓢ ⓞ E VISA. ✱
chiuso dal 24 dicembre al 6 gennaio – ☕ 12500 – **31 cam** 55/85000, ▤ 8000.

✕✕ **Trattoria Marchi,** via Castellana 177 (SO : 2 km) ℘ 23875, ⛱
chiuso martedì sera, mercoledì, febbraio ed agosto – Pas carta 29/40000.

✕ **Al Tiglio d'Oro,** località Mercato Vecchio ℘ 22419, « Servizio estivo all'aperto », 🌳 – Ⓟ. AE ⓢ ⓞ E VISA. ✱
chiuso venerdì ed agosto – Pas carta 25/36000.

MONTECALVO VERSIGGIA **27047** Pavia – 605 ab. alt. 410 – ✆ 0385.

Roma 557 – ♦Genova 133 – ♦Milano 76 – Pavia 38 – Piacenza 45.

✕✕ **Prato Gaio** ⛰ con cam, località Versa E : 3 km ℘ 99726 – Ⓟ. ⓢ. ✱
chiuso gennaio – Pas *(chiuso martedì)* carta 28/43000 – ☕ 5000 – **7 cam** 40/60000 – P 55000.

MONTECARLO **55015** Lucca – 3 992 ab. alt. 163 – ✆ 0583.

Roma 332 – ♦Firenze 58 – ♦Livorno 65 – Lucca 17 – ♦Milano 293 – Pistoia 27.

✕✕ **La Nina,** NO : 2,5 km ℘ 22178, « Servizio estivo in giardino » – Ⓟ – 👥 50. AE ⓢ ⓞ E VISA. ✱
chiuso lunedì sera, martedì, dal 2 al 12 gennaio e dal 6 al 22 agosto – Pas carta 32/51000.

✕✕ **Forassiepi,** ℘ 22005, Fax 22039, ≤, « Servizio estivo in giardino » – Ⓟ. VISA. ✱
chiuso lunedì e martedì, in gennaio e febbraio anche mercoledì e giovedì – Pas carta 38/55000 (10%).

a San Martino in Colle NO : 4 km – ✉ **55015** Montecarlo :

✕✕ **La Legge,** ℘ 975601 – ▤ Ⓟ. VISA. ✱
chiuso lunedì e martedì a mezzogiorno – Pas carta 25/42000 (10%).

MONTECASSIANO **62010** Macerata – 5 813 ab. alt. 215 – ✆ 0733.

Roma 258 – ♦Ancona 40 – Ascoli Piceno 103 – Macerata 11 – Porto Recanati 31.

⌂⌂ **Villa Quiete** ⛰, località Vallecascia S : 3 km ℘ 599559, « Parco ombreggiato » – ⇅ ☎ ♿ Ⓟ – 👥 80 a 200. AE ⓢ ⓞ E VISA
Pas *(chiuso martedì da novembre a febbraio)* carta 35/48000 – ☕ 8000 – **38 cam** 80/120000 appartamenti 150/200000 – ½ P 70/100000.

segue →

sulla strada statale 77 S : 6 km :

🏤 **Roganti e Rist. 83,** ⊠ 62010 ℰ 598640 e rist ℰ 598808, Fax 598964, 🚗 – 🛊 🗏 📺 🐧 ⟷
🅿 – 🚲 250. 🖭 🛐 ⓞ 𝘝𝘐𝘚𝘈. ℅
Pas *(chiuso venerdì e dal 20 agosto al 5 settembre)* carta 22/35000 – ⚍ 7000 – **54 cam**
42/68000, 🛏 7000 – ½ P 58000.

MONTECASTELLI PISANO 56040 Pisa – alt. 494 – ✪ 0588.

Roma 296 – Pisa 122 – Siena 51.

✗ **Santa Rosa,** S : 1 km ℰ 29929, 🌣 – 🅿. 🛐 🖪 𝘝𝘐𝘚𝘈
chiuso lunedì e dal 16 agosto al 4 settembre – Pas carta 23/33000.

Le piante topografiche sono orientate col Nord in alto.

MONTECATINI TERME 51016 Pistoia 📲📲📲 ⑭ – 21 092 ab. alt. 27 – Stazione termale (maggio-ottobre), a.s. 15 luglio-settembre – ✪ 0572.
Vedere Guida Verde.

🎇 (chiuso martedì) località Pievaccia ⊠ 51015 Monsummano Terme ℰ 62218, SE : 9 km.

🛈 viale Verdi 66/a ℰ 70109.

Roma 323 ② – ♦Bologna 110 ① – ♦Firenze 49 ② – ♦Livorno 73 ② – ♦Milano 301 ② – Pisa 49 ② – Pistoia
15 ①.

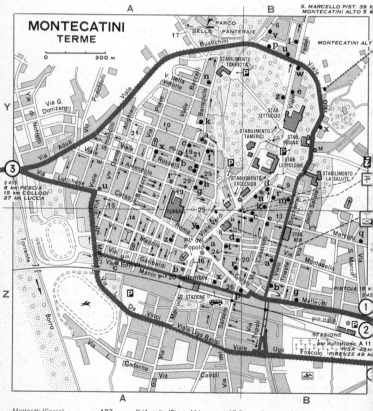

Gd H. e la Pace 🐾, via della Torretta 1 ℰ 75801, Telex 570004, Fax 78451, « Parco fiorito con ⌁ riscaldata », ℀ – ⮂ 🖧 📺 ఈ 🅿 – 🏛 250. 🆔 🕃 🕕 🗲 𝑽𝑰𝑺𝑨. 🍴 rist
AZ **y**
aprile-ottobre – Pas 75000 – 🖵 20000 – **150 cam** 230/390000 appartamenti 600/800000 – ½ P 230/270000.

Gd H. Bellavista Palace e Golf 🐾, viale Fedeli 2 ℰ 78122, Telex 580395, Fax 73352, « Terrazze-giardino », ⌁, 🖳, ℀ – ⮂ ⇔ cam 🖧 📺 ☎ ⇌ 🅿 – 🏛 250. 🆔 🕃 🗲 𝑽𝑰𝑺𝑨. 🍴 rist
BY **e**
chiuso febbraio – Pas 60000 – 🖵 20000 – **104 cam** 190/340000 appartamenti 400/770000 – ½ P 155/220000.

Gd H. Tamerici e Principe, viale 4 Novembre 2 ℰ 71041, Telex 574263, Fax 72992, « Terrazza-giardino con ⌁ riscaldata » – ⮂ ⇔ cam 🖧 📺 ☎ ఈ ⇌ – 🏛 100. 🆔 🕃 🕕 🗲 𝑽𝑰𝑺𝑨. 🍴 rist
AY **g**
aprile-novembre – Pas 55000 – 🖵 15000 – **157 cam** 145/250000 appartamenti 310/330000 – ½ P 120/160000.

Gd H. Croce di Malta, viale 4 Novembre 18 ℰ 75871, Telex 574041, Fax 767516, « Terrazze-giardino con ⌁ riscaldata » – ⮂ 🖧 📺 ☎ 🅿 – 🏛 80. 🆔 🕃 🗲 𝑽𝑰𝑺𝑨. 🍴 rist
AY **f**
Pas 30/50000 – **110 cam** 🖵 125/220000 appartamenti 280/350000 – ½ P 125/160000.

Gd H. Nizza et Suisse, viale Verdi 72 ℰ 79691, Telex 573335, Fax 74324, ⌁ – ⮂ 🖧 📺 ☎ 🅿. 🆔 🕃 🕕 🗲 𝑽𝑰𝑺𝑨. 🍴 rist
BY **n**
aprile-ottobre – Pas (solo per clienti alloggiati) 35000 – 🖵 15000 – **100 cam** 100/170000 – ½ P 105/145000.

Cristallino, viale Diaz 10 ℰ 72031, ⌁, 🌳 – ⮂ 🖧 📺 ☎ ఈ 🅿. 🆔. 🍴 rist
BY **x**
20 marzo-5 novembre – Pas 45000 – **45 cam** 🖵 110/180000 – ½ P 115000.

Gd H. Plaza e Locanda Maggiore, piazza del Popolo 7 ℰ 75004, Telex 574177, Fax 767985, ⌁ – ⮂ 🖧 📺 ☎ – 🏛 80. 🆔 🕃 🕕 🗲 𝑽𝑰𝑺𝑨. 🍴
AZ **a**
Pas 25/35000 – 🖵 10000 – **97 cam** 115/150000 – ½ P 90/120000.

Cappelli-Croce di Savoia, viale Bicchierai 139 ℰ 71151, Telex 580458, « Grazioso giardino fiorito », ⌁ riscaldata – ⮂ 🖧 rist ⇔ 🅿 – 🏛 70. 🆔 🕃 🗲 𝑽𝑰𝑺𝑨. 🍴 rist
BY **m**
aprile-15 novembre – Pas 30000 – 🖵 8500 – **72 cam** 54/86000 – ½ P 85/90000.

Francia e Quirinale, viale 4 Novembre 77 ℰ 70271, Fax 70275, ⌁ riscaldata – ⮂ 🖧 ⇔ – 🏛 80. 🆔 🕃 🗲 𝑽𝑰𝑺𝑨.
AY **e**
aprile-ottobre – Pas 35/50000 – 🖵 10000 – **118 cam** 100/140000 – ½ P 115000.

Gd H. Panoramic, viale Bustichini 65 ℰ 78381, Fax 78598, ⌁ – ⮂ 🖧 📺 ☎ ⇔ 🅿 – 🏛 80 a 150. 🆔 🕃 🗲 𝑽𝑰𝑺𝑨. 🍴 rist
BY **u**
Pasqua-ottobre – Pas 35000 – 🖵 9000 – **104 cam** 120/200000 – ½ P 90/115000.

Tettuccio, viale Verdi 74 ℰ 78051, Telex 572087, Fax 75711 – ⮂ 🖧 📺 ☎ ఈ 🅿
BY **n**
70 cam.

Astoria, viale Fedeli 1 ℰ 71191, Fax 71193, « Giardino con ⌁ riscaldata » – ⮂ ⇔ cam 🖧 rist 📺 🅿. 🆔. 🍴 rist
BY **z**
aprile-6 novembre – Pas 35/45000 – 🖵 10000 – **65 cam** 56/90000 – ½ P 90/105000.

San Marco, viale Rosselli 3 ℰ 71221 – ⮂ 🖧 📺 ☎ 🅿. 🆔 🕃 🕕 🗲 𝑽𝑰𝑺𝑨. 🍴 rist
AY **h**
aprile-novembre – Pas 36000 – 🖵 10000 – **61 cam** 60/90000 – ½ P 65/85000.

Belvedere, viale Fedeli 10 ℰ 70251, Telex 573190, « Giardino », 🖳, ℀ – ⮂ 🖙 ⇔ 🅿. 🆔 🕃 🕕 🗲 𝑽𝑰𝑺𝑨. 🍴 rist
BY **w**
aprile-ottobre – Pas 25/30000 – 🖵 6000 – **95 cam** 55/88000 – ½ P 70/80000.

President, corso Matteotti 119 ℰ 767201, Fax 767668, 🌳 – ⮂ 🖧 📺 🖙 🅿. 🆔 🕃 🕕 🗲 𝑽𝑰𝑺𝑨
BZ **g**
Pas 25000 – 🖵 8000 – **37 cam** 52/83000 – ½ P 60/75000.

Ercolini e Savi, via San Martino 18 ℰ 70331 – ⮂ ⇔ cam 🖧 rist 📺 ☎ ఈ – 🏛 25. 🆔 𝑽𝑰𝑺𝑨. 🍴
AZ **t**
aprile-15 novembre – Pas (solo per clienti alloggiati) 30000 – 🖵 8000 – **81 cam** 55/85000 – ½ P 70/85000.

Torretta, viale Bustichini 63 ℰ 70305, Fax 70307, « Giardino ombreggiato con ⌁ riscaldata » – ⮂ 🖧 rist 🖙 🅿. 🆔 🕕 🗲 𝑽𝑰𝑺𝑨. 🍴 rist
BY **p**
aprile-ottobre – Pas 30/35000 – 🖵 10000 – **56 cam** 54/86000 – ½ P 75/85000.

Boston, viale Bicchierai 20 ℰ 70379, Fax 770208, ⌁ – ⮂ 🖧 rist 📺 🖙 ఈ. 𝑽𝑰𝑺𝑨.
BZ **b**
aprile-ottobre – Pas 25/30000 – 🖵 6000 – **60 cam** 55/85000 – ½ P 55/75000.

Michelangelo 🐾, viale Fedeli 9 ℰ 74571, ⌁, 🌳, ℀ – ⮂ 🖧 📺 ☎ ఈ ⇔ 🅿. 🍴 rist
BY **f**
aprile-15 novembre – Pas 25/35000 – 🖵 8000 – **63 cam** 50/80000 – ½ P 65/75000.

Imperial Garden, viale Puccini 20 ℰ 71031, Fax 71033, « ⌁ su terrazza panoramica e giardino ombreggiato » – ⮂ 🖙. 🍴 rist
AY **c**
chiuso dal 22 novembre al 27 dicembre – Pas 28000 – 🖵 6000 – **86 cam** 57/90000 – ½ P 75/86000.

Corallo, via Cavallotti 116 ℰ 79642, Fax 78288, « ⌁ su terrazza panoramica » – ⮂ 🖧 rist 📺 🖙 🅿 – 🏛 40 a 100. 🆔 🗲 𝑽𝑰𝑺𝑨. 🍴 rist
BY **r**
Pas 20/40000 – 🖵 8000 – **54 cam** 55/90000 – ½ P 70/90000.

Augustus, viale Manzoni 21 ℰ 70119 – ⮂ 🖧 🖙 🅿 – 🏛 50. 🆔 🕃 🕕 🗲 𝑽𝑰𝑺𝑨. 🍴 rist
BZ **c**
aprile-novembre – Pas (solo per clienti alloggiati) 35000 – 🖵 5000 – **52 cam** 55/90000 – ½ P 80/90000.

segue →

🏨 **Villa Ida,** viale Marconi 55 🍴 78201 – 🛗 🗏 📺 ☎ 🚗. 🅰🅴 🔇 🔘 𝘝𝘐𝘚𝘈 ⚶ rist   BZ   **q**
    Pas *(chiuso da novembre a febbraio)* 25000 – ⚌ 5000 – **20 cam** 55/88000 – ½ P 65/70000.

🏨 **Biondi,** viale 4 Novembre 83 🍴 71341, Fax 73478, 🗏, – 🛗 🗏 rist 🐾 🄿.   AY   **e**
    aprile-ottobre – Pas 30000 – ⚌ 6000 – **91 cam** 55/85000 – P 55/85000.

🏨 **Mediterraneo** ⚶, via Baragiola 1 🍴 71321, Fax 71193, « Giardino ombreggiato » – 🛗
    🗏 rist 📺 ☎ 🄿. 🅰🅴. ⚶ rist   AY   **a**
    aprile-ottobre – Pas 33/40000 – ⚌ 8000 – **33 cam** 55/85000 – ½ P 70/80000.

🏨 **Adua,** via Cavallotti 100 🍴 78134, Telex 580579, 🗏, 🍃 – 🛗 🗏 📺 🄿 🅰🅴. ⚶ rist
               BZ   **e**
    aprile-ottobre – Pas 30000 – ⚌ 8000 – **72 cam** 55/85000 – P 65/80000.

🏨 **Ariston,** viale Manzoni 30 🍴 79535 – 🛗 📺 🐾 🚗 🄿. 🅰🅴 🔇 🔘 E 𝘝𝘐𝘚𝘈. ⚶ rist   BZ   **c**
    aprile-novembre – Pas 25/40000 – ⚌ 10000 – **50 cam** 55/86000 – ½ P 80/85000.

🏨 **Parma e Oriente,** via Cavallotti 135 🍴 72135, 🗏, 🍃 – 🛗 🗏 📺 ☎ 🕭 🄿. 🅰🅴 𝘝𝘐𝘚𝘈
    ⚶ rist   BY   **k**
    aprile-ottobre – Pas 27/36000 – ⚌ 6000 – **53 cam** 54/87000. 🗏 5000 – ½ P 77/82000.

🏨 **Reale,** via Palestro 7 🍴 78074, Fax 78076, 🍃 – 🛗 ⬗ cam 🗏 rist 📺 ☎ 🚗 – 🛁 50.
               AZ   **d**
    aprile-ottobre – Pas 30000 – ⚌ 7000 – **53 cam** 50/82000 – ½ P 65/75000.

🏨 **Minerva,** via Cavour 14 🍴 78621 – 🛗 🗏 🕭 🄿. ⚶ rist   AZ   **z**
    Pas 30/35000 – ⚌ 6000 – **75 cam** 55/90000 – ½ P 50/70000.

🏨 Lago Maggiore, corso Matteotti 70 🍴 70130, Telex 573188 – 🛗 🗏 rist ☎ 🚘   ABZ   **p**
    stagionale – **50 cam.**

🏨 **Settentrionale Esplanade,** via Grocco 2 🍴 70021, Fax 76748, 🗏, 🍃 – 🛗 🗏 cam ☎ 🚗
    – 🛁 110. ⚶ rist   BY   **d**
    aprile-6 novembre – Pas 26/28000 – ⚌ 8000 – **107 cam** 65/86000 – ½ P 82/89000.

🏡 **Rigoletto** ⚶, via Baragiola 5 🍴 70063, 🍃 – 🛗 📺 🐾   AY   **k**
    stagionale – **28 cam.**

🏡 **Casa Rossa,** viale Fedeli 68 🍴 79541 – 🛗 🗏 🕭 🄿. ⚶ rist   BY
    Pasqua-ottobre – Pas (solo per clienti alloggiati) 25/32000 – ⚌ 7000 – **30 cam** 35/55000 –
    ½ P 50/55000.

🏡 **Florida,** via Michelangelo 16 🍴 70227 – 🛗 🗏 rist ☎   AZ   **x**
    35 cam.

🏡 **Hermitage** ⚶, via Baragiola 31 🍴 78241 – 🛗 🗏 rist 🐾. 🔇. ⚶ rist   AY   **n**
    aprile-ottobre – Pas (solo per clienti alloggiati) 30000 – ⚌ 8000 – **35 cam** 54/85000 –
    ½ P 45/72000.

🏡 **Villa Splendor,** viale San Francesco d'Assisi 15 🍴 78630 – 🛗 🗏 rist. ⚶ rist   AY   **x**
    aprile-ottobre – Pas 18/20000 – ⚌ 3000 – **27 cam** 40/60000 – ½ P 37/45000.

🏡 **Maestoso,** viale Puccini 63 🍴 78214 – 🛗 🗏 rist ☎ 🕭. ⚶ rist   AY   **b**
    aprile-ottobre – Pas 18/23000 – ⚌ 5000 – **37 cam** 50/80000 – ½ P 43/60000.

🏡 **Nuovo Hotel Felsinea,** viale Bicchierai 67 🍴 78177 – 🛗 ⬗ cam 🗏 rist 🐾. ⚶
    maggio-ottobre – Pas 25000 – ⚌ 8000 – **25 cam** 50/80000 – ½ P 50/60000.   BZ   **a**

🏡 **Palo Alto,** via Bruceto 10 🍴 78554 – 🛗 🗏 rist ☎. 🔇 E 𝘝𝘐𝘚𝘈. ⚶ rist   BY   **v**
    15 marzo-15 novembre – Pas 20/25000 – ⚌ 4000 – **12 cam** 38/60000 – ½ P 52/54000.

🏡 **Umbria,** via delle Saline 19 🍴 71369 – 🛗 🕭. ⚶ rist   AZ   **r**
    aprile-ottobre – Pas 20/25000 – ⚌ 4500 – **32 cam** 35/56000 – ½ P 40/45000.

XXX **Pier Angelo,** viale 4 Novembre 99 🍴 771552, Coperti limitati; prenotare – ⬗ 🗏. 🅰🅴 🔇
    🔘 E 𝘝𝘐𝘚𝘈. ⚶
               AY   **a**
    chiuso domenica e dal 6 al 19 agosto – Pas carta 45/70000.

XXX **Gourmet,** viale Amendola 6 🍴 771012, Coperti limitati; prenotare – 🗏. 🅰🅴 🔇 🔘 E 𝘝𝘐𝘚𝘈.
    ⚶
               AY   **r**
    chiuso martedì e dal 1° al 20 agosto – Pas carta 34/67000 (16%).

XXX **San Francisco,** corso Roma 112 🍴 79632 – 🗏. ⚶   AY   **u**
    chiuso a mezzogiorno e giovedì – Pas carta 33/48000 (12%).

XX **Enoteca Giovanni,** via Garibaldi 25 🍴 71695 – 🗏. 🔇 🔘 E 𝘝𝘐𝘚𝘈   AZ   **b**
    chiuso lunedì – Pas carta 40/80000.

X **Pietre Cavate,** località Pietre Cavate 🍴 73664, ⇐ – ⬗ 🄿. 🅰🅴
    chiuso a mezzogiorno (escluso domenica), mercoledì e dal 9 al 24 agosto – Pas
    carta 26/40000.   2 km per viale Marconi   BZ

X **Egisto** con cam, piazza Cesare Battisti 13 🍴 78413 – ⬗ rist. 🅰🅴 🔘 𝘝𝘐𝘚𝘈 ⚶   AZ   **c**
    chiuso febbraio – Pas *(chiuso giovedì)* carta 26/35000 – ⚌ 8000 – **14 cam** 29/44000 –
    ½ P 48000.

    a Pieve a Nievole per ① : 2 km – ✉ 51018 :

🏨 **Park Hotel Le Sorgenti** ⚶, 🍴 83116, Telex 575487, « Grande parco con 🗏 » – 🛗 📺 ☎
    🄿. 🅰🅴 🔇 E 𝘝𝘐𝘚𝘈. ⚶ rist
    Pas carta 30/47000 – **52 cam** ⚌ 80/140000 – ½ P 90000.

X **Uno Più,** 🍴 83143, « Servizio estivo all'aperto » – 🄿
    chiuso lunedì – Pas carta 21/47000.

sulla via Marlianese per viale Fedeli :

🏨 **Santabarbara e Rist. La Polveriera** ⌂, N : 5 km ⌧ 51016 ℰ 67353, ≤, ☆ – 🍽 rist 🕿
🄿 🝙 🕃 ⑩ E 𝑉𝐼𝑆𝐴 ✎ rist
Pas *(chiuso martedì, a mezzogiorno da lunedì a venerdì, dal 1° al 15 agosto e dal 5 al 20 novembre)* carta 30/42000 – ⌁ 9000 – **37 cam** 55/75000.

✗ **Montaccolle**, N : 6,5 km ⌧ 51016 ℰ 72480, ≤ – 🄿 🝙 ⑩. ✎
chiuso dal 6 novembre al 10 dicembre, lunedì e martedì a mezzogiorno – Pas carta 26/39000.

Vedere anche : *Borgo a Buggiano* O : 3,5 km.
Monsummano Terme SE : 4,5 km.

MONTECCHIA DI CROSARA 37030 Verona – 3 777 ab. alt. 87 – ✆ 045.
Roma 534 – ◆Milano 188 – ◆Venezia 96 – ◆Verona 35 – Vicenza 33.

✗✗ **Baba-Jaga,** ℰ 7450222, ≤, ☆, ☆ – 🍽 🄿 𝑉𝐼𝑆𝐴 ✎
chiuso lunedì sera, martedì, gennaio e dal 1° al 15 agosto – Pas carta 35/55000.

al bivio per Roncà SE : 3 km :

✗ **Tregnago,** con cam, ⌧ 37030 ℰ 7460036 – 🄿 – 🔏 300
9 cam.

MONTECCHIO EMILIA 42027 Reggio nell'Emilia – 7 788 ab. alt. 99 – ✆ 0522.
Roma 443 – ◆Parma 18 – Reggio nell'Emilia 16.

✗ **Al Pavone,** ℰ 864565 – 🍽 🕃 E 𝑉𝐼𝑆𝐴 ✎
chiuso sabato a mezzogiorno, domenica e dall'8 al 23 agosto – Pas carta 25/38000.

Gli alberghi o ristoranti ameni sono indicati nella guida
con un simbolo rosso.
Contribuite a mantenere
la guida aggiornata segnalandoci
gli alberghi e ristoranti dove avete soggiornato piacevolmente.

🏨🏨 ... 🏠

✗✗✗✗✗ ... ✗

MONTECCHIO MAGGIORE 36075 Vicenza 🎯🎯🎯 ④ – 19 818 ab. alt. 72 – ✆ 0444.
Vedere ≤⋆ dai castelli – Salone⋆ della villa Cordellina-Lombardi.
Roma 544 – ◆Milano 196 – ◆Venezia 77 – ◆Verona 43 – Vicenza 13.

sulla strada statale 11 SE : 3 km :

🏨 **Dei Castelli** senza rist, ⌧ 36041 Alte di Montecchio Maggiore ℰ 697366, Telex 481366,
Fax 490489, ✎ – 🗘 🍽 📺 🕿 🄿 🝙 🕃 ⑩ E 𝑉𝐼𝑆𝐴
chiuso dal 24 dicembre al 2 gennaio – ⌁ 12000 – **114 cam** 94/130000.

MONTECCHIO PRECALCINO 36030 Vicenza – 4 254 ab. alt. 86 – ✆ 0445.
Roma 544 – Trento 84 – Treviso 67 – Vicenza 17.

✗✗ ✿ **La Locanda di Piero,** strada per Dueville S : 1 km ℰ 864827, Coperti limitati; prenotare,
« Servizio estivo in terrazza » – 🄿 🝙 🕃 ⑩. ✎
chiuso domenica, il mezzogiorno di lunedì e sabato, dal 1° al 10 gennaio e dal 1° al 21 agosto – Pas carta 32/58000
Spec. Ravioli di faraona al burro montato, Coscia di pollo brasata, Medaglione di manzo alle erbe fini. **Vini** Cà Rotte.

MONTECELIO Roma – Vedere Guidonia Montecelio.

MONTECOPIOLO 61014 Pesaro – 1 199 ab. alt. 1 033 – a.s. 15 giugno-agosto – ✆ 0722.
Roma 330 – Pesaro 90 – Rimini 58.

🏨 **Parco del Lago** ⌂, località Villaggio del Lago ℰ 78247, ≤, « Piccolo parco con laghetto
privato », ☆, ✎ – 🗘 🐾 🄿 – 🔏 150
20 dicembre-10 gennaio, Pasqua e maggio-15 ottobre – Pas carta 25/31000 – ⌁ 8000 –
37 cam 45/70000 – ½ P 40/70000.

✗ **Lo Zodiaco,** località Villaggio del Lago ℰ 78466 – 🄿. ✎
→ *chiuso gennaio, lunedì sera da giugno a settembre e lunedì negli altri mesi* – Pas carta 20/27000.

MONTECOSARO 62010 Macerata – 4 661 ab. alt. 252 – ✆ 0733.
Roma 266 – ◆Ancona 55 – Macerata 25 – ◆Perugia 147 – ◆Pescara 121.

✗✗ **La Luma,** via Bruscantini 1 ℰ 229176 – 🝙 𝑉𝐼𝑆𝐴 ✎
chiuso martedì e gennaio – Pas carta 32/53000.

MONTECRETO 41025 Modena – 1 063 ab. alt. 868 – a.s. luglio-agosto e Natale – 🕿 0536.

Roma 387 – ♦Bologna 89 – ♦Milano 248 – ♦Modena 79 – Pistoia 77 – Reggio nell'Emilia 93.

   ad Acquaria NE : 7 km – ⊠ 41020 :

   ✗   **Maria** con cam, 🖉 65007 – 🖭 🍴 rist
   🛏   *chiuso dal 25 settembre al 25 ottobre* – Pas *(chiuso lunedì)* carta 20/27000 – ⊑ 5000 –
       21 cam 28/44000 – ½ P 33/36000.

MONTE CROCE DI COMELICO (Passo) (KREUZBERGPASS) Belluno e Bolzano 🔢🔢🔢 ⑤ – alt.
1 636 – a.s. febbraio-aprile, 15 luglio-15 settembre e Natale.

Roma 690 – Belluno 89 – Cortina d'Ampezzo 52 – ♦Milano 432 – Sesto 7 – ♦Venezia 179.

   🏨   **Passo Monte Croce-Kreuzbergpass** 🏖, ⊠ 39030 Sesto in Pusteria 🖉 (0474) 70328,
       ≼, 🔥 riscaldata, 🛩 – 🖭 🕿 🅿. 🖭 🍴 rist
       dicembre-aprile e 10 giugno-settembre – Pas 25/30000 – **50 cam** ⊑ 50/90000 –
       ½ P 80/100000.

MONTEFIASCONE 01027 Viterbo 🔢🔢🔢 ㉙ – 12 663 ab. alt. 633 – 🕿 0761.

Vedere Chiesa di San Flaviano★.

Roma 121 – Chianciano Terme 83 – Civitavecchia 75 – Orvieto 28 – Siena 146 – Terni 79 – Viterbo 17.

   ✗✗   La Commenda, via Martana 🖉 86161 – 🅿.

MONTEFOLLONICO 53040 Siena – alt. 567 – 🕿 0577.

Roma 187 – ♦Firenze 112 – ♦Perugia 75 – Siena 60.

   ✗✗✗   ❀ **La Chiusa** 🏖 con cam, 🖉 669668, Fax 669593, Coperti limitati; prenotare, « In un'antica
         fattoria » – 🅿. 🖭 🛏 ⓪ ᴇ 𝘝𝘐𝘚𝘈
         Pas *(chiuso dal 6 gennaio al 15 marzo, dal 5 novembre al 5 dicembre e a mezzogiorno in
         luglio-agosto)* carta 70/90000 – ⊑ 15000 – **8 cam** 150/210000 appartamento 240000
         Spec. Collo d'oca ripieno con salsa di pecorino, Pappardelle Dania, Coniglio marinato. **Vini** Chardonnay,
         Brunello.

MONTEFORTE D'ALPONE 37032 Verona – 6 493 ab. alt. 35 – 🕿 045.

Roma 518 – ♦Brescia 92 – Trento 125 – ♦Verona 28 – Vicenza 29.

   ✗✗   **Riondo,** 🖉 7610638, Coperti limitati; prenotare – 🅿. 🖭 ⓪
       chiuso lunedì, dal 15 al 30 gennaio ed agosto – Pas carta 36/60000 (10%).

MONTEFRANCO 05030 Terni – 1 222 ab. alt. 414 – 🕿 0744.

Roma 120 – L'Aquila 92 – Ascoli Piceno 137 – Assisi 72 – Rieti 34 – Terni 15.

   🏨   **Fontegaia** 🏖, località Racognano S : 3 km 🖉 78241, Fax 50160, 🛩 – ⇎ rist 🖭 🕿 🅿 –
       🔼 50. 🖭 🛏 ᴇ 𝘝𝘐𝘚𝘈. 🛩
       Pas carta 23/32000 – ⊑ 5500 – **19 cam** 51/72000 appartamenti 100/108000 – ½ P 58/62000.

MONTEGALDELLA 36040 Vicenza – 1 500 ab. alt. 24 – 🕿 0444.

Roma 521 – ♦Milano 221 – ♦Padova 23 – ♦Venezia 56 – ♦Verona 68 – Vicenza 21.

   ✗   **Da Cirillo,** viale Lampertico 26 (SO : 2 km) 🖉 636025, « Servizio estivo sotto un pergolato »
       – 🅿. 🛩
       chiuso mercoledì sera, giovedì e dal 27 luglio al 20 agosto – Pas carta 22/30000.

MONTEGIORGIO 63025 Ascoli Piceno 🔢🔢🔢 ⑯ – 6 659 ab. alt. 411 – 🕿 0734.

Roma 249 – ♦Ancona 81 – Ascoli Piceno 72 – Macerata 30 – ♦Pescara 124.

   ✗✗   **Oscar e Amorina** con cam, strada statale 210 (S : 5 km) 🖉 968112, Fax 968345, 🍴, 🔥,
       🛩 – 🔲 🖭 🕿 🅿 🖭 ⓪ 𝘝𝘐𝘚𝘈 🛩
       Pas *(chiuso lunedì)* carta 24/38000 – ⊑ 3000 – **12 cam** 45/60000, 🛏 2000 – ½ P 50/60000.

Per viaggiare in Europa, utilizzate :

Le carte Michelin scala 1/400 000 a 1/1 000 000 **Le Grandi Strade ;**

Le carte Michelin dettagliate ;

Le guide Rosse Michelin (alberghi e ristoranti) :

   Benelux, Deutschland, España Portugal, Main Cities Europe, **France,**
   Great Britain and Ireland

Le guide Verdi Michelin che descrivono le curiosità e gli itinerari di visita :
musei, monumenti, percorsi turistici interessanti.

Vedere Guida Verde.

🛈 viale Stazione 60 ☎ 793384, Fax 795276.

Roma 482 – Mantova 97 – ♦Milano 246 – Monselice 12 – ♦Padova 12 – Rovigo 32 – ♦Venezia 49.

🏨🏨🏨 **International Bertha** ⏖, largo Traiano 1 ☎ 793100, Telex 430277, Fax 794563, 🏠, « Giardino con ⏚ riscaldata », ♨, 🔲, 🕴️ – 🛗 🖭 📺 ☎ 👌 🚗 Ⓟ – 🔬 120. 🖭 ⓞ Ⓔ 𝖵𝖨𝖲𝖠. 🍽️
chiuso dall'8 gennaio al 28 febbraio – Pas 40000 – 🖃 12500 – **126 cam** 95/170000 apparta-menti 230/280000 – ½ P 115/128000.

🏨🏨 **Esplanade Tergesteo**, via Roma 54 ☎ 793444, Telex 430033, ♨, ⏚ riscaldata, 🔲, 🚑, 🕴️ – 🛗 🝙 ☎ 👌 Ⓟ. 🖭 🕃 ⓞ Ⓔ 𝖵𝖨𝖲𝖠. 🍽️ rist
chiuso dal 7 gennaio al 5 marzo – Pas 30/35000 – **136 cam** 🖃 100/163000 appartamenti 94/163000 – ½ P 93/105000.

🏨🏨 **Gd H. Terme Caesar** ⏖, via Aureliana ☎ 793655, ♨, ⏚ riscaldata, 🔲, 🚑, 🕴️ – 🛗 ⋝⋝ cam 🝙 📺 ☎ 👌 Ⓟ – 🔬 30 a 100. 🕃 ⓞ Ⓔ 𝖵𝖨𝖲𝖠 🍽️ rist
chiuso dall'8 gennaio al 23 febbraio e dal 25 novembre al 21 dicembre – Pas 40000 – **135 cam** 🖃 73/128000 – ½ P 78/91000.

🏨🏨 **Terme Neroniane** ⏖, via Neroniana 21/23 ☎ 793466, Telex 431530, Fax 795331, 🏠, « Parco ombreggiato con ⏚ riscaldata », ♨, 🔲, 🕴️ – 🛗 ☎ Ⓟ. 🖭 𝖵𝖨𝖲𝖠. 🍽️ rist
chiuso dal 7 gennaio al 2 marzo – Pas 45000 – 🖃 15000 – **89 cam** 88/125000 – ½ P 68/101000.

🏨🏨 **Garden Terme**, viale delle Terme 7 ☎ 794033, Telex 430322, Fax 8910182, « Parco-giardino con ⏚ riscaldata », ♨, 🔲, 🕴️ – 🛗 🝙 rist ☎ 👌 Ⓟ. 🕃 𝖵𝖨𝖲𝖠. 🍽️ rist
marzo-novembre – Pas 26/32000 – 🖃 8000 – **112 cam** 73/120000 appartamenti 110/130000 – ½ P 77/100000.

🏨🏨 **Augustus Terme**, viale Stazione 150 ☎ 793200, Telex 430407, Fax 793518, « Terrazza con ⏚ riscaldata », ♨, 🔲, 🚑, 🕴️ – 🛗 🝙 ☎ 🚗 Ⓟ 🖭 🕃 Ⓔ 𝖵𝖨𝖲𝖠. 🍽️
chiuso dall'8 gennaio al 25 febbraio – Pas 38/50000 – **133 cam** 🖃 72/132000 appartamenti 132/153000, 🝙 5500 – ½ P 88000.

🏨🏨 **Montecarlo**, viale Stazione 109 ☎ 793233, Fax 793350, ♨, ⏚ riscaldata, 🔲, 🚑, 🕴️ – 🛗 🝙 ☎ Ⓟ. 🖭 🕃 ⓞ Ⓔ 𝖵𝖨𝖲𝖠. 🍽️ rist
marzo-novembre – Pas 33000 – **104 cam** 🖃 78/100000 – ½ P 66/85000.

🏨🏨 **Gd H. Terme**, viale Stazione 23 ☎ 793111, « Rist. roof-garden con ≤ », ♨, ⏚ riscaldata, 🔲, 🚑, 🕴️ – 🛗 🝙 ☎ 👌 Ⓟ – 🔬 60. 🖭 🕃 ⓞ Ⓔ 𝖵𝖨𝖲𝖠. 🍽️ rist
Pas 50000 – 🖃 20000 – **121 cam** 80/120000 appartamenti 100/150000 – ½ P 85/109000.

🏨🏨 **Des Bains**, via Mezzavia 22 ☎ 793500, ♨, ⏚ riscaldata, 🔲, 🚑, 🕴️ – 🛗 🝙 ☎ 👌 Ⓟ. 🖭 🕃 ⓞ Ⓔ 𝖵𝖨𝖲𝖠. 🍽️
chiuso dal 27 novembre al 22 febbraio – Pas 23/30000 – 🖃 10000 – **103 cam** 80/120000 appartamenti 110/130000 – ½ P 60/90000.

🏨🏨 **Terme Miramonti**, piazza Roma 19 ☎ 793455, « Giardino con ⏚ riscaldata », ♨, 🔲 – 🛗 🝙 rist ☎ Ⓟ – 🔬 80. 🖭 🕃 ⓞ Ⓔ 𝖵𝖨𝖲𝖠. 🍽️ rist
Natale e marzo-novembre – Pas 32000 – **95 cam** 🖃 83/160000 – ½ P 102/110000.

🏨🏨 **Terme Sollievo**, viale Stazione 113 ☎ 793600, Telex 430180, « Parco con ⏚ riscaldata e 🕴️ », ♨, 🔲 – 🛗 ⋝⋝ cam 🝙 ☎ 👌 Ⓟ. 🖭 🕃 ⓞ Ⓔ 𝖵𝖨𝖲𝖠. 🍽️ rist
marzo-novembre – Pas 25/30000 – **133 cam** 🖃 70/120000 – ½ P 60/77000.

🏨🏨 **Continental**, via Neroniana 8 ☎ 793522, Telex 430814, « Parco con ⏚ riscaldata », ♨, 🔲, 🕴️ – 🛗 🝙 ☎ Ⓟ. 🍽️ rist
chiuso dal 7 gennaio al 18 febbraio e dal 5 al 20 dicembre – Pas 25/28000 – **100 cam** 🖃 54/96000 appartamenti 73/87000 – ½ P 60/73000.

🏨 **Terme Olympia**, viale Stazione 25 ☎ 793499, ♨, ⏚ riscaldata, 🚑, 🕴️ – 🛗 🝙 ☎ Ⓟ. 🖭 🕃 ⓞ Ⓔ 𝖵𝖨𝖲𝖠. 🍽️ rist
marzo-ottobre – Pas 45000 – 🖃 16000 – **107 cam** 60/80000, 🝙 5000 – ½ P 65/84000.

🏨 **Terme Cristallo**, via Roma 69 ☎ 793377, ♨, ⏚ riscaldata, 🔲, 🚑, 🕴️ – 🛗 🝙 rist ☎ Ⓟ. 🖭 🕃 ⓞ Ⓔ 𝖵𝖨𝖲𝖠. 🍽️ rist
marzo-novembre – Pas 25000 – 🖃 8000 – **119 cam** 58/88000 – ½ P 63/77000.

🏨 **Antoniano**, via Fasolo 12 ☎ 794177, Telex 430287, ♨, ⏚ riscaldata, 🔲, 🚑, 🕴️ – 🛗 🝙 ☎ 👌 🚗 Ⓟ. 🍽️ rist
chiuso dal 6 novembre al 22 dicembre – Pas 25/28000 – 🖃 2000 – **144 cam** 47/80000, 🝙 4000 – ½ P 67/77000.

🏨 **Terme delle Nazioni**, via Mezzavia ☎ 793322, ♨, ⏚ riscaldata, 🔲, 🚑, 🕴️ – 🛗 🝙 rist 🏠 👌 Ⓟ. 🍽️ rist
chiuso dall'11 gennaio al 3 febbraio e dal 21 novembre al 19 dicembre – Pas 26000 – 🖃 8500 – **105 cam** 60/101000 – ½ P 77/83000.

🏨 **Terme Petrarca**, piazza Roma 23 ☎ 793387, Telex 431632, ♨, ⏚ riscaldata, 🔲, 🚑, 🕴️ – 🛗 ⋝⋝ rist 🝙 ☎ Ⓟ. 𝖵𝖨𝖲𝖠. 🍽️ rist
chiuso dall' 11 gennaio al 5 febbraio e dal 1° al 18 dicembre – Pas 22/30000 – 🖃 9000 – **129 cam** 58/94000, 🝙 6000 – ½ P 60/76000.

segue →

🏛 **Apollo** 🦢, via Pio X n° 4 ℰ 793900, Telex 431567, Fax 8910287, « Parco con 🗲 riscaldata »,
🛱, 🗔, 🗲 – 🛗 🖙 rist 🗐 🖀 🕁 🚗 🅿. 🛠
chiuso gennaio e febbraio – Pas (solo per clienti alloggiati) 25/29000 – **200 cam**
🖙 60/104000, 🗐 4000 – ½ P 69/80000.

🏛 **Terme Bellavista,** via dei Colli 5 ℰ 793333, Fax 793772, 🛱, 🗲 riscaldata, 🗔, 🖛 – 🛗 🖙
🅿. 🖺 🖪. 🛠 rist
marzo-novembre – Pas 28000 – **77 cam** 🖙 60/94000 – ½ P 62/74000.

🏛 **Terme Eliseo,** viale Stazione 12/a ℰ 793425, 🛱, 🗲 riscaldata, 🗔, 🖛 – 🛗 🗐 rist 🖀 🅿.
🛠 rist
14 marzo-13 novembre – Pas 25000 – 🖙 5000 – **95 cam** 50/80000 – ½ P 59/69000.

🏛 **Vulcania** 🦢, viale Stazione 6 ℰ 793451, « Parco con 🗲 riscaldata », 🛱, 🗔 – 🛗 🖙 🅿.
🛠
4 marzo-15 novembre – Pas 22/25000 – 🖙 4500 – **78 cam** 54/81000 – P 59/90000.

🍴🍴 **Da Mario,** viale delle Terme 4 ℰ 794090, prenotare – 🅿. 𝖵𝖨𝖲𝖠
chiuso martedì, mercoledì a mezzogiorno, dal 10 al 28 febbraio e dall'11 luglio al 1° agosto –
Pas carta 30/41000.

🍴🍴 **Da Cencio,** via Fermi 11 ℰ 793470, 🍽 – 🛠
chiuso lunedì e dal 15 al 30 agosto – Pas carta 28/40000.

Europe | Se il nome di un albergo è stampato in carattere magro,
chiedete al vostro arrivo le condizioni che vi saranno praticate.

MONTE ISOLA Brescia – 1 802 ab. alt. 190 – ✉ 25050 Peschiera Maraglio – a.s. Pasqua e
luglio-15 settembre – 🕿 030.
Vedere ❄❄ dal santuario della Madonna della Ceriola.
Da Sulzano 10 mn di barca; da Sulzano : Roma 586 – ◆Bergamo 44 – ◆Brescia 28 – ◆Milano 88.

🍴 **Del Pesce-Archetti,** a Peschiera Maraglio ℰ 9886137, ⩽
chiuso martedì (escluso agosto) e dal 1° al 15 novembre – **Pas** carta 25/35000.

🍴 **Del Sole,** a Sensole ℰ 9886101, « Servizio estivo in terrazza », 🖼, 🖛 – 🛠
chiuso mercoledì e novembre – Pas carta 27/41000.

MONTELPARO 63020 Ascoli Piceno – 1 042 ab. alt. 585 – 🕿 0734.
Roma 285 – Ascoli Piceno 54 – ◆Ancona 108.

🍴🍴 **La Ginestra** 🦢 con cam, contrada Coste E : 3 km ℰ 780449, ⩽ valli e colline, 🗲, 🖛, 🗲 –
📺 🅿
17 cam.

MONTELUCO Perugia 988 ㉘ – alt. 830 – ✉ 06049 Spoleto – 🕿 0743.
Vedere Facciata★ della chiesa di San Pietro.
Roma 136 – ◆Perugia 73 – Spoleto 8 – Terni 37.

🏛 **Paradiso** 🦢, ℰ 37182, 🖛 – 🖀 🅿. 🅰🅴 🖺 ⓪ 🖪 𝖵𝖨𝖲𝖠. 🛠
chiuso febbraio – Pas *(chiuso martedì)* 21/25000 – 🖙 7000 – **24 cam** 50/72000 –
½ P 40/50000.

MONTELUNGO Massa-Carrara – Vedere Pontremoli.

MONTELUPO FIORENTINO 50056 Firenze 988 ⑭ – 10 070 ab. alt. 40 – 🕿 0571.
Roma 295 – ◆Firenze 25 – ◆Livorno 66 – Siena 75.

🏛 **Baccio** senza rist, via Don Minzoni 3 ℰ 51215 – 🛗 🗐 📺 🖀 🅿. 🅰🅴 🖺 ⓪ 🖪 𝖵𝖨𝖲𝖠
chiuso agosto – 🖙 6000 – **19 cam** 63/90000.

🍴 **Trattoria del Sole,** via 20 Settembre 35 ℰ 51130 – 🅰🅴 🖺. 🛠
chiuso sabato sera, domenica ed agosto – Pas carta 23/40000.

MONTEMAGNO 14030 Asti 988 ⑫ – 1 264 ab. alt. 259 – 🕿 0141.
Roma 617 – Alessandria 29 – Asti 18 – ◆Milano 102 – ◆Torino 72 – Vercelli 50.

🍴🍴 **La Braja,** via San Giovanni Bosco 11 ℰ 63107, 🍽, Coperti limitati; prenotare – 🗐 🅿. 🅰🅴
🖺 ⓪ 🖪 𝖵𝖨𝖲𝖠. 🛠
chiuso lunedì e martedì – Pas 45/65000.

MONTEMARCELLO La Spezia – Vedere Ameglia.

MONTEMARZINO 15050 Alessandria – 410 ab. alt. 448 – 🕿 0131.
Roma 585 – Alessandria 36 – ◆Genova 89 – ◆Milano 89 – Piacenza 85.

🍴 **Da Giuseppe,** ℰ 878135 – 🅰🅴 🖺 🖪 𝖵𝖨𝖲𝖠. 🛠
chiuso mercoledì e dal 2 al 31 gennaio – Pas carta 29/45000.

58050 Grosseto – alt. 303 – ✪ 0564.
Roma 189 – Grosseto 51 – Orvieto 79 – Viterbo 85.

XX **Da Caino,** ℰ 602817 – 🆎 🕍 ⓞ 🗲 _VISA_. ✵
   chiuso mercoledì – Pas carta 42/70000.

XX **Laudomia** con cam, località Poderi di Montemerano SE : 2,5 km ℰ 620062, « Servizio
   estivo in terrazza » – ☎ 🅿. 🆎 🕍 ⓞ 🗲 _VISA_. ✵
   Pas _(chiuso martedì)_ carta 29/48000 – 🖵 10000 – **12 cam** 27/40000 – ½ P 62000.

53020 Siena – alt. 273 – ✪ 0577.
Vedere Affreschi** nel chiostro grande dell'abbazia – Stalli** nella chiesa abbaziale.
Roma 223 – ♦Firenze 104 – ♦Perugia 121 – Siena 36 – Viterbo 125.

X **La Torre,** ℰ 707022, 🎇, 🐎 – 🅿
   chiuso martedì – Pas carta 23/32000 (10%).

Padova – Vedere Abano Terme.

88060 Catanzaro – ✪ 0967.
Roma 632 – Catanzaro 33 – Crotone 85.

🏠 **Il Pescatore,** ℰ 6303, Fax 6304 – 🛗 ✵ cam ☎ 🅿. 🕍 _VISA_
   Pas carta 23/33000 – 🖵 5000 – **51 cam** 60/98000 – ½ P 75/80000.

   sulla strada statale 106 S : 3 km :

XX **'A Lumera,** ℰ 6290 – 🖵 🅿. 🆎 🕍 ⓞ. ✵
   chiuso novembre e martedì (escluso luglio-agosto) – Pas carta 24/45000.

Salerno – Vedere Positano.

00040 Roma – 8 098 ab. alt. 451 – a.s. luglio-15 settembre – ✪ 06.
Roma 24 – Frascati 4 – Frosinone 64 – Latina 55.

🏠 **Giovannella,** piazza Trieste 1 ℰ 9449038, 🎇, « Giardino ombreggiato » – 🛗 🚗 🅿 – 🔬
   25 a 100. 🆎 🕍 ⓞ 🗲 _VISA_. ✵
   Pas _(chiuso mercoledì)_ carta 26/32000 – **43 cam** 🖵 55/90000 – ½ P 65/75000.

XX Fontana Candida-da Micara, prossimità casello autostrada ℰ 9425714, 🎇 – 🅿.

X **Da Franco,** via Duca degli Abruzzi 19 ℰ 9449234, ⩽ – 🆎 🕍 ⓞ 🗲 _VISA_. ✵
   chiuso giovedì e dal 15 al 31 luglio – Pas carta 25/45000.

   sulla strada provinciale Colonna-Frascati :

XX **Richelieu,** località Pallotta NE : 2 km 🖂 00040 Montecompatri ℰ 9485293, 🎇 – 🅿. 🆎
   ⓞ. ✵
   chiuso domenica sera e lunedì – Pas carta 32/49000.

53045 Siena 🔢🔢🔢 ⑮ – 14 048 ab. alt. 605 – ✪ 0578.
Vedere Piazza Grande* : ✵*** dalla torre del palazzo Comunale*, palazzo Nobili-Tarugi*,
pozzo*, pala d'altare* nel Duomo – Palazzi* nella città antica – Chiesa della Madonna di San
Biagio** SE : 1 km.
Roma 176 – Arezzo 60 – ♦Firenze 119 – ♦Perugia 74 – Siena 65.

🏠 **Il Marzocco,** piazza Savonarola ℰ 757262 – ☎. 🆎 🕍 ⓞ _VISA_. ✵ rist
   chiuso dal 20 novembre al 5 dicembre – Pas carta 23/35000 (10%) – 🖵 6000 – **18 cam**
   33/60000 – ½ P 45/55000.

   sulla strada statale 146 SE : 3 km :

🏠 **Panoramic** 🏡 senza rist, 🖂 53045 ℰ 798398, ⩽, 🐎, ✵ – 🚗 ⴵ 🅿. 🆎 _VISA_. ✵
   aprile-settembre – 🖵 10000 – **25 cam** 60/95000.

   a Sant'Albino SE : 6 km – 🖂 53045 Montepulciano :

🏠 **Tre Stelle,** ℰ 798078, Fax 798008, 🐎 – 🛗 🚗 ⴵ 🅿. 🕍 🗲 _VISA_. ✵
   chiuso dal 7 gennaio al 14 marzo – Pas _(chiuso lunedì)_ carta 22/46000 – 🖵 8000 – **24 cam**
   45/68000 – ½ P 40/50000.

   sull'autostrada A 1 - lato ovest o Montepulciano Stazione NE : 12 km – 🖂 53040 :

🏠 **Il Grifo** senza rist, ℰ 738408 – 🛗 ✵ 📺 🚗 🅿. 🕍 🗲 _VISA_. ✵
   40 cam 🖵 45/70000.

   Vedere anche : _Montefollonico_ NO : 13 km.

Donnez-nous votre avis sur les restaurants que nous
recommandons,
leurs spécialités, leurs vins de pays.

MONTEREALE VALCELLINA 33086 Pordenone 988 ⑤ – 4 525 ab. alt. 317 – a.s. febbraio, agosto e Natale – ☎ 0427.

Roma 627 – ♦Milano 366 – Pordenone 23 – Treviso 77 – ♦Trieste 122 – Udine 54 – ♦Venezia 116.

XX **Da Orsini,** località Grizzo SO : 1 km ☎ 79042 – Ⓟ
chiuso lunedì e dal 10 giugno al 10 luglio – Pas carta 26/36000.

X **Motel Spia** con cam, località Plans SO : 3 km ☎ 79128, ☂, ☂ – ▤ rist Ⓟ. VISA. ✻ rist
Pas carta 22/35000 – ☐ 5000 – **10 cam** 20/30000 – ½ P 30/34000.

X **Da Gino,** località Malnisio SO : 5 km ☎ (0434) 656060, ☂, ☂ – Ⓟ. ✻
chiuso mercoledì e settembre – Pas carta 23/35000.

MONTERIGGIONI 53035 Siena 988 ⑭⑮ – 6 984 ab. alt. 274 – ☎ 0577.

Roma 245 – ♦Firenze 55 – ♦Livorno 103 – Pisa 93 – Siena 15.

XX **Il Pozzo,** ☎ 304127 – AE ⓓ. ✻
chiuso domenica sera, lunedì, dall'8 gennaio al 3 febbraio e dal 30 luglio al 14 agosto – Pas carta 32/50000 (15%).

a Strove SO : 4 km – ✉ 53035 Monteriggioni :

XX **Casalta** ⚘ con cam, ☎ 301002 – ✻
marzo-ottobre – Pas 25/40000 – ☐ 7000 – **10 cam** 35/70000 – ½ P 70000.

MONTEROSSO AL MARE 19016 La Spezia 988 ⑬ – 1 767 ab. – ☎ 0187.

ℹ (Pasqua-ottobre), ☎ 817506.

Roma 450 – ♦Genova 93 – ♦Milano 230 – ♦La Spezia 32.

🏨 **Porto Roca** ⚘, ☎ 817502, Fax 817502, ≤ mare e costa, ☂ – ☎. AE 🅂 E VISA. ✻ rist
marzo-ottobre – Pas 45/60000 – **43 cam** ☐ 120/190000 – ½ P 100/160000.

🏨 **La Colonnina,** ☎ 817439, « Terrazza ombreggiata » – |⇕| ☎. ✻
Pasqua-ottobre – Pas (solo per clienti alloggiati) 27000 – ☐ 10000 – **20 cam** 65000 – ½ P 57/67000.

XX **Il Gigante,** ☎ 817401 – AE 🅂 ⓓ E VISA
15 marzo-15 ottobre; chiuso martedì – Pas carta 31/44000 (10%).

X **La Cambusa,** ☎ 817546, ☂ – AE 🅂 ⓓ E VISA. ✻
15 marzo-15 ottobre; chiuso lunedì – Pas carta 35/58000.

MONTEROSSO GRANA 12020 Cuneo – 592 ab. alt. 720 – a.s. luglio e agosto – ☎ 0171.

Roma 664 – Cuneo 21 – ♦Milano 235 – Colle di Tenda 45 – ♦Torino 92.

🏨 **A la Posta,** ☎ 98720, « Giardino » – |⇕| Ⓟ. AE. ✻ rist
chiuso dal 3 novembre al 3 dicembre – Pas 20/30000 – **62 cam** ☐ 35/45000.

MONTEROTONDO 00015 Roma 988 ㉖ – 28 853 ab. alt. 165 – ☎ 06.

Roma 26 – Rieti 55 – Terni 84 – Tivoli 32.

X **Trattoria dei Leoni,** piazza del Popolo ☎ 9007394 – ▤. VISA
chiuso mercoledì – Pas carta 22/38000.

MONTE SAN PIETRO (PETERSBERG) Bolzano – Vedere Nova Ponente.

MONTE SAN SAVINO 52048 Arezzo 988 ⑮ – 7 812 ab. alt. 330 – ☎ 0575.

Roma 197 – Arezzo 22 – ♦Firenze 86 – ♦Perugia 77 – Siena 43.

🏨 **Sangallo** senza rist, piazza Vittorio Veneto 16 ☎ 843010 – TV ☎. AE ⓓ. ✻
☐ 4500 – **14 cam** 44/66000.

al Santuario di Santa Maria delle Vertighe E : 2 km :

🏨 **Domenico,** ✉ 52048 ☎ 849300 – |⇕| ▤ ☎ Ⓟ. 🅂 E. ✻
Pas *(chiuso sabato)* carta 29/39000 – ☐ 6000 – **27 cam** 40/65000 – ½ P 50/55000.

a Gargonza NO : 7 km – ✉ 52048 Monte San Savino :

X **Castello di Gargonza,** ☎ 847065 – AE 🅂 E VISA
chiuso lunedì e gennaio – Pas carta 21/35000 (10%).

MONTE SANTA CATERINA (KATHARINABERG) Bolzano 218 ⑨ – Vedere Senales.

Besonders angenehme Hotels oder Restaurants sind im Führer rot gekennzeichnet.

Sie können uns helfen, wenn Sie uns die Häuser angeben, in denen Sie sich besonders wohl gefühlt haben.

Jährlich erscheint eine komplett überarbeitete Ausgabe aller Roten Michelin-Führer.

🏨🏨🏨🏨🏨 ... 🏨

XXXXX ... X

MONTE SANT'ANGELO 71037 Foggia 988 ㉘ – 16 026 ab. alt. 843 – a.s. luglio-15 settembre – ✆ 0884.

Vedere Posizione pittoresca★★ – Santuario di San Michele★ – Tomba di Rotari★.

Escursioni Promontorio del Gargano★★★ E-NE.

Roma 427 – ◆Bari 135 – ◆Foggia 55 – Manfredonia 16 – ◆Pescara 203 – San Severo 57.

🏠 **Rotary** 🦢, O : 1 km ✆ 62146, ≤ golfo di Manfredonia – ⚓ 🕉 ₰ 🅿 🐾 rist
    chiuso novembre – Pas carta 21/35000 (10%) – �*立* 5000 – **24 cam** 44/63000 – ½ P 44/55000.

✗ **Poggio del Sole**, ✆ 61092, ≤ golfo di Manfredonia, ☀ – 🅿 ᴀᴇ
◆   chiuso novembre e mercoledì (escluso da maggio ad agosto) – Pas carta 16/24000 (10%).

MONTESARCHIO 82016 Benevento 988 ㉗ – 12 065 ab. alt. 300 – ✆ 0824.

Roma 223 – Avellino 54 – Benevento 18 – Caserta 30 – ◆Napoli 48.

🏡 **Cristina Park Hotel,** via Benevento E : 0,8 km ✆ 835888, ☀ – 🛗 🗏 rist ☎ 🅿 – 🔏 300.
◆ ⓞ ᴠɪsᴀ 🐾
    Pas (chiuso martedì) carta 18/35000 (11%) – ☲ 8000 – **16 cam** 48/72000 – ½ P 60000.

✗✗ **Dante's Tavern,** piazza Carlo Poerio 86 ✆ 834360, prenotare – 🗏 ᴀᴇ ⓞ 🐾
    chiuso domenica sera, mercoledì e dal 10 al 25 agosto – Pas carta 25/40000 (10%).

MONTESCANO 27040 Pavia – 385 ab. alt. 208 – ✆ 0385.

Roma 597 – Alessandria 69 – ◆Genova 142 – Pavia 27 – Piacenza 43.

✗✗ **Al Pino-da Mario,** ✆ 60479, Coperti limitati; prenotare – 🅿 ᴀᴇ 🔢 ⓞ 🗏 ᴠɪsᴀ 🐾
    chiuso martedì sera, mercoledì, dal 1° al 10 gennaio e dal 15 al 30 luglio – Pas carta 50/75000.

MONTESILVANO MARINA 65016 Pescara 988 ㉗ – a.s. luglio e agosto – ✆ 085.

🄳 viale Europa 79 ✆ 830396.

Roma 215 – L'Aquila 112 – Chieti 26 – ◆Pescara 8 – Teramo 50.

🏡 **City,** viale Europa 77 ✆ 838468, ☆, ☇ – 🛗 🗏 ☎ 🅿 – 🔏 70. ᴠɪsᴀ 🐾
    Pas 22/30000 – **44 cam** ☲ 65/90000 – ½ P 60/80000.

MONTESOVER Trento – alt. 1 129 – ✉ 38048 Sover – a.s. dicembre-aprile – ✆ 0461.

Roma 621 – ◆Bolzano 61 – Trento 33.

🏠 **Tirol** 🦢, ✆ 685247, ≤ – 🅿
    stagionale – **21 cam**.

MONTESPLUGA 23020 Sondrio 218 ⑬⑭ – alt. 1 908 – ✆ 0343.

Roma 711 – ◆Milano 150 – Sondrio 88 – Passo dello Spluga 3.

✗ **Posta,** ✆ 54234 – 🅿 🐾
    chiuso martedì e dal 10 gennaio al 10 febbraio – Pas carta 27/40000.

MONTEVARCHI 52025 Arezzo 988 ⑮ – 22 132 ab. alt. 144 – ✆ 055.

Roma 233 – Arezzo 39 – ◆Firenze 52 – Siena 47.

🏡 **Delta** senza rist, viale Diaz 137 ✆ 901213, Fax 901727 – 🛗 🗏 📺 ☎ ⊶ 🅿 – 🔏 25 a 100.
ᴀᴇ 🔢 ⓞ 🗏 ᴠɪsᴀ 🐾
☲ 9000 – **40 cam** 50/70000.

✗✗ **Piccolo Alleluia,** viale Diaz 137 ✆ 901488 – 🔢 🗏 ᴠɪsᴀ
    chiuso lunedì e dal 18 luglio al 15 agosto – Pas carta 24/35000 (10%).

MONTEVETTOLINI Pistoia – Vedere Monsummano Terme.

MONTEVIALE 36050 Vicenza – 1 760 ab. alt. 157 – ✆ 0444.

Roma 547 – ◆Milano 209 – ◆Verona 56 – Vicenza 9.

✗ **Zemin,** via Costigiola 58 (E : 1,5 km) ✆ 552054 – 🅿 ᴀᴇ 🔢 ⓞ 🐾
    chiuso mercoledì, giovedì a mezzogiorno e dal 2 al 16 gennaio – Pas carta 23/36000.

MONTICCHIO LAGHI 85020 Potenza – alt. 650 – ✆ 0972.

Roma 366 – Barletta 91 – ◆Foggia 75 – Potenza 57.

✗ **Restaino,** ✆ 731052 – 🅿 🐾
    marzo-novembre – Pas carta 21/31000 (10%).

MONTICELLI TERME 43023 Parma – alt. 99 – Stazione termale (marzo-15 dicembre), a.s. agosto-15 ottobre – ✆ 0521.

Roma 452 – ◆Bologna 92 – ◆Milano 134 – ◆Parma 12 – Reggio nell'Emilia 25.

🏨 **Delle Rose** 🦢, ✆ 65521, « Parco-pineta », ⚜, ☇ – 🛗 🗏 rist 📺 ☎ 🅿 – 🔏 100. ᴀᴇ ⓞ
ᴠɪsᴀ 🐾
    chiuso dal 16 dicembre al 14 marzo – Pas 26/30000 – **78 cam** ☲ 86/136000 – ½ P 82/97000.

371

MONTICIANO 53015 Siena 🔢 ⑤ − 1 485 ab. alt. 381 − ✆ 0577.

Dintorni Abbazia di San Galgano★ NO : 7 km.

Roma 245 − Grosseto 58 − Siena 35.

✗ **Da Vestro** con cam, ✆ 756618, « Giardino ombreggiato » − ℗. ⚘
  Pas *(chiuso lunedì)* carta 23/34000 − ♨ 6000 − **12 cam** 30/42000 − ½ P 45/50000.

MONTIERI 58026 Grosseto − 1 639 ab. alt. 750 − ✆ 0566.

Roma 269 − Grosseto 51 − Siena 50.

🏠 **Rifugio Prategiano** ♨, N : 1 km ✆ 997703, Fax 997826, ≤, ⊿, ≉, ✗ − ☞ ℗. 🏠 ☰ 𝚅𝙸𝚂𝙰.
  ✀
  chiuso dal 7 gennaio a Pasqua − Pas *(chiuso martedì)* 25/35000 − ♨ 15000 − **24 cam**
  60/100000 − ½ P 60/120000.

MONTIGLIO 14026 Asti − 1 466 ab. alt. 321 − ✆ 0141.

Roma 637 − Alessandria 57 − Asti 25 − ♦Milano 115 − ♦Torino 48 − Vercelli 52.

  a Carboneri O : 4 km − ✉ **14026** Montiglio :

✗ **'l Bric** ♨ con cam, ✆ 994040, ≤, ≉ − ℗. ✀
➡ *chiuso dal 1° al 15 agosto* − Pas *(chiuso venerdì)* carta 20/33000 − ♨ 2500 − **7 cam**
  40/50000 − ½ P 40/45000.

Die neuen Grünen Michelin-Reiseführer :
  − *ausführliche Beschreibungen*
  − *praktische, übersichtliche Hinweise*
  − *farbige Pläne, Kartenskizzen und Fotos*
  ... und natürlich stets gewissenhaft aktualisiert.
Benutzen Sie immer die neusten Ausgaben.

MONTIGNOSO 54038 Massa-Carrara − 9 110 ab. alt. 132 − ✆ 0585.

Roma 386 − ♦Firenze 112 − Lucca 42 − Massa 5 − ♦Milano 240 − Pisa 43 − ♦La Spezia 40.

✗✗✗✗ ✪ **Il Bottaccio** ♨ con cam, ✆ 340031, Fax 340103, 🍴, « In un antico frantoio del
  settecento », ≉ − ☎ ℗. 𝙰𝙴 🏠 ⓞ ☰ 𝚅𝙸𝚂𝙰
  Pas *(menu suggeriti)* 70/90000 − ♨ 25000 − 5 appartamenti 300/450000
  Spec. Scampi alla verbena, Maccheroncini di ostriche con salsa di peperoni, Involtini di vitella con radicchio e
  formaggio in salsa al Porto. **Vini** Terre di Tufo, Sammarco.

  a Cinquale SO : 5 km − ✉ **54030** − a.s. Pasqua e luglio-agosto :

🏠 **Giulio Cesare** ♨ senza rist, ✆ 309319, ≉ − ▤ ☞ ℗. ✀
  Pasqua e 25 maggio-15 settembre − **12 cam** ♨ 75/98000.

🏠 **Eden,** ✆ 309296, 🍴, ≉ − ☎ ℗. 𝙰𝙴. ✀ rist
  Pas 28/60000 − ♨ 10000 − **14 cam** 50/70000 − ½ P 60/80000.

✗ **Da Grazia,** ✆ 309070 ⸴ ✀
  chiuso giovedì da ottobre a maggio − Pas carta 54/76000.

  a Pasquilio N : 14 km − alt. 824 − ✉ **54038** Montignoso :

✗ **Pasquilio** ♨ con cam, ✆ 348070, solo su prenotazione, ≤ mare e litorale, 🍴, ≉ − ≼≽
  ℗. 𝚅𝙸𝚂𝙰. ✀ cam
  Pasqua-ottobre − Pas carta 29/42000 (10%) − ♨ 10000 − **15 cam** 45/60000 − ½ P 65/70000.

MONTISI 53020 Siena − alt. 413 − ✆ 0577.

Roma 197 − Arezzo 58 − ♦Perugia 82 − Siena 59.

✗ **La Romita,** ✆ 824186, Coperti limitati; prenotare, « Servizio estivo in giardino » − ℗. 𝙰𝙴
  🏠 ⓞ ☰ 𝚅𝙸𝚂𝙰. ✀
  chiuso mercoledì − Pas carta 41/58000 (10%).

MONTODINE 26010 Cremona − 2 142 ab. alt. 66 − ✆ 0373.

Roma 536 − ♦Bergamo 49 − ♦Brescia 57 − Crema 9 − Cremona 31 − ♦Milano 53 − Piacenza 29.

✗ **Trattoria Umberto I-da Brambini,** ✆ 66118 − ✀
  chiuso mercoledì ed agosto − Pas carta 29/45000.

MONTOGGIO 16026 Genova 🔢 ⑬ − 1 909 ab. alt. 440 − ✆ 010.

Roma 538 − Alessandria 84 − ♦Genova 39 − ♦Milano 131.

✗✗ **Roma,** ✆ 938925 − 🏠 ☰ 𝚅𝙸𝚂𝙰. ✀
  chiuso giovedì e luglio − Pas carta 25/39000.

Roma 307 – ◆Firenze 53 – ◆Livorno 44 – Lucca 40 – Pisa 34 – Pistoia 41 – Pontedera 12 – Siena 76.

🏠 **Quattro Gigli,** piazza Michele 2 ℰ 466940, ≼, « Originali terrecotte » – 🅰🅴 🕃 ⓞ 🅴 𝘝𝘐𝘚𝘈. ⚆
    chiuso dal 10 al 25 agosto – Pas (chiuso domenica sera e lunedì) carta 30/41000 (10%) – ☐
    6000 – **28 cam** 40/54000 – ½ P 55/60000.

MONTORFANO 22030 Como 🔢 ⑨ – 2 190 ab. alt. 410 – ✆ 031.
🏌 Villa d'Este (chiuso gennaio e febbraio) ℰ 200200.
Roma 631 – ◆Bergamo 50 – Como 7 – Lecco 24 – ◆Milano 49.

🏛 **Santandrea Golf Hotel,** via Como 19 ℰ 200220, ≼, 🏖, 🐎 – 📺 ☎ 🅿 – 🔬 30. 🅰🅴 🕃
    ⓞ 🅴 𝘝𝘐𝘚𝘈. ⚆
    chiuso dal 10 gennaio al 10 febbraio – Pas carta 50/70000 – ☐ 20000 – **10 cam** 95/135000
    appartamenti 280000.

MONTORIO DI RIOVEGGIO Bologna – Vedere Monzuno.

MONTORO INFERIORE 83025 Avellino – 9 089 ab. alt. 195 – ✆ 0825.
Roma 265 – Avellino 18 – ◆Napoli 69 – Salerno 20.

🍴🍴 **La Foresta,** uscita svincolo superstrada ✉ 83020 Piazza di Pàndola ℰ 511005, Fax 511010
    – ⇄ 🅿 🅰🅴 ⓞ 𝘝𝘐𝘚𝘈
    chiuso domenica sera e lunedì – Pas carta 19/32000 (15%).

MONTORSO VICENTINO 36050 Vicenza – 2 627 ab. alt. 118 – ✆ 0444.
Roma 553 – ◆Milano 193 – ◆Venezia 81 – ◆Verona 40 – Vicenza 17.

🍴 Belvedere-da Bepi, ℰ 685415, 🏖 – ▤.

MONTÙ BECCARIA 27040 Pavia – 1 836 ab. alt. 277 – ✆ 0385.
Roma 544 – ◆Genova 123 – ◆Milano 66 – Pavia 28 – Piacenza 32.

🍴 **Colombi,** località Loglio di Sotto S : 3 km ℰ 60049 – 🅿 ⓞ 𝘝𝘐𝘚𝘈
    Pas carta 31/43000.

MONZA 20052 Milano 🔢 ③, 🔢 ⑲ – 122 846 ab. alt. 162 – ✆ 039.
Vedere Parco** della Villa Reale – Duomo* : facciata**, corona ferrea** dei re Longobardi.
🏌 e 🏌 (chiuso lunedì) al Parco ℰ 303081, N : 5 km.
Autodromo al parco N : 5 km ℰ 22366.
Roma 592 – ◆Bergamo 38 – ◆Milano 15.

AUTODROMO DI MONZA

🏛 **De la Ville,** viale Regina Margherita 15 ℰ
    382581, Telex 332496, Fax 367647 – 📶 ▤ 📺 ☎
    🅿 – 🔬 25 a 220. 🅰🅴 🕃 ⓞ 🅴 𝘝𝘐𝘚𝘈. ⚆
    chiuso agosto – Pas (chiuso sabato e domenica
    a mezzogiorno) carta 40/72000 – ☐ 18000 –
    55 cam 186/196000 – P 220000.

🏨 **Della Regione,** via Elvezia (Rondò) 4 ℰ 387205,
    Fax 380254 – 📶 ▤ 📺 ☎ 🕭 🅿 – 🔬 25 a 200
    90 cam.

🍴🍴🍴 **Alle Grazie,** via Lecco 84 ℰ 387903, 🏖 – 🅿
    🅰🅴 🕃 ⓞ
    chiuso mercoledì e dal 1° al 14 agosto – Pas
    carta 40/50000.

🍴🍴 **La Riserva,** via Borgazzi 12 ℰ 386612, 🏖,
    Coperti limitati; prenotare – 🅿. 🅰🅴. ⚆
    chiuso venerdì, sabato a mezzogiorno. dal 24
    dicembre al 6 gennaio ed agosto – Pas car-
    ta 36/61000.

🍴🍴 **Lo Chef Giovanni,** via Luciano Manara 12/a
    ℰ 386462, 🏖 – 🅿. 🅰🅴 🕃 ⓞ 🅴 𝘝𝘐𝘚𝘈. ⚆
    chiuso martedì sera, mercoledì e dall'8 al 25
    agosto – Pas carta 38/70000.

🍴🍴 Gino, via Lecco 68 ℰ 320965 – ▤.

🍴 **Antica Trattoria dell'Uva** con cam, piazza Carrobiolo 2 ℰ 323825 – 📺. 🕃. ⚆
    chiuso agosto – Pas (chiuso venerdì) carta 28/40000 (10%) – ☐ 7000 – **12 cam** 44/73000 –
    ½ P 60/80000.

    al parco N : 5 km :

🍴🍴🍴 **Saint Georges Premier,** ingresso Porta Vedano ℰ 320600, Fax 747034, prenotare, « Villa
    settecentesca in un parco ombreggiato; arredamento d'epoca » – 🅿 – 🔬 60. 🅰🅴. ⚆   **a**
    chiuso martedì e dal 3 al 27 agosto – Pas carta 33/68000.

MONZUNO **40036** Bologna – 3 952 ab. alt. 620 – ✪ 051.

Roma 447 – ◆Bologna 45 – ◆Firenze 79 – ◆Ravenna 107.

a Montorio di Rioveggio SO : 10 km – ✉ **40036** Monzuno :

✗ **La Piazza,** ✆ 6777644, 🍽 – 🅱 ⓞ E 𝗩𝘐𝘚𝘈 ✁
◆ *chiuso lunedì e gennaio* – Pas carta 13/24000.

MORBEGNO **23017** Sondrio 𝟿𝟾𝟾 ③, 𝟸𝟷𝟿 ⑩ – 10 619 ab. alt. 255 – ✪ 0342.

Roma 673 – ◆Bolzano 194 – Lecco 57 – ◆Lugano 71 – ◆Milano 113 – Sondrio 25 – Passo dello Spluga 66.

🏨 **Margna,** via Margna 24 ✆ 610377 – 🛗 🗏 rist 📺 ☎ & 🚗 🅿. 🕮 ✁
Pas *(chiuso lunedì)* carta 26/41000 – ⊂⊃ 6000 – **36 cam** 35/55000 – ½ P 55000.

🏨 **La Ruota,** strada statale ✆ 612208, Fax 610117 – 🛗 ✁ rist 📺 ☎ & 🚗 🅿. 🕮 𝗩𝘐𝘚𝘈
◆ ✁ cam
Pas *(chiuso venerdì)* carta 18/34000 – ⊂⊃ 4000 – **20 cam** 30/50000 – ½ P 43/48000.

✗✗ **Vecchio Ristorante Fiume,** contrada di Cima alle Case 3 ✆ 610248
chiuso martedì sera, mercoledì e dal 15 giugno al 15 luglio – Pas carta 31/53000.

a Regoledo di Cosio Valtellino O : 1 km – ✉ **23013** :

🏨 **Bellevue,** ✆ 635107, ✾ – 🛗 📺 ☎ 🚗 🅿 – 🔏 40. 🕮 🅱 ⓞ E 𝗩𝘐𝘚𝘈
◆ Pas *(chiuso lunedì)* carta 20/34000 – ⊂⊃ 5000 – **35 cam** 36/59000 – ½ P 47/53000.

Vedere anche : *Gerola Alta* S : 15 km.

MORCIANO DI ROMAGNA **47047** Forlì 𝟿𝟾𝟾 ⑯ – 5 229 ab. alt. 83 – ✪ 0541.

Roma 323 – ◆Ancona 95 – ◆Ravenna 92 – Rimini 29.

✗✗ **Tuf-Tuf,** via Panoramica 34 ✆ 988770, Coperti limitati; prenotare – 🅿. 🕮 🅱 ⓞ E 𝗩𝘐𝘚𝘈.
✁
chiuso a mezzogiorno, lunedì e dal 24 maggio all'8 giugno – Pas carta 45/70000.

MORCONE **82026** Benevento 𝟿𝟾𝟾 ㉗ – 7 391 ab. alt. 683 – ✪ 0824.

Roma 231 – Benevento 30 – ◆Foggia 124 – Isernia 54 – ◆Napoli 87.

🏨 **La Formica,** ✆ 957100, ☌ (coperta d'inverno) – ☎ 🅿 – 🔏 100. 🅱
Pas carta 22/34000 – ⊂⊃ 3000 – **50 cam** 35/60000 – ½ P 40/45000.

MORCOTE 𝟺𝟸𝟽 ㉔, 𝟸𝟷𝟿 ⑧ – Vedere Cantone Ticino alla fine dell'elenco alfabetico.

MORDANO **40027** Bologna – 3 831 ab. alt. 21 – ✪ 0542.

Roma 396 – ◆Bologna 43 – Forlì 35 – ◆Ravenna 36.

🏨 **Panazza,** ✆ 51434, Fax 52165, « Piccolo parco », ☌, ✾ – 🗏 📺 ☎ 🅿 – 🔏 50. 🕮 🅱 ⓞ
𝗩𝘐𝘚𝘈. ✁
Pas *(chiuso martedì)* carta 33/48000 – ⊂⊃ 5000 – **19 cam** 50/65000 – ½ P 50000.

MORIMONDO **20081** Milano 𝟸𝟷𝟿 ⑱ – 1 090 ab. alt. 109 – ✪ 02.

Roma 595 – Alessandria 79 – ◆Milano 29 – Novara 34 – Pavia 26 – ◆Torino 120.

✗ Trattoria del Priore-da Angelo, via Roma 13 ✆ 945207 – 🅿.

MORLUPO **00067** Roma – 5 424 ab. alt. 207 – ✪ 06.

Roma 33 – Terni 79 – Viterbo 64.

✗✗ **Agostino al Campanaccio,** ✆ 9070008, 🍽 – 🕮 🅱. ✁
chiuso martedì e dal 17 agosto al 6 settembre – Pas carta 29/42000.

MORTARA **27036** Pavia 𝟿𝟾𝟾 ⑬ – 14 105 ab. alt. 108 – ✪ 0384.
Vedere Guida Verde.

Roma 601 – Alessandria 49 – ◆Milano 47 – Novara 24 – Pavia 38 – ◆Torino 94 – Vercelli 32.

✗✗ **San Michele** con cam, corso Garibaldi 20 ✆ 99106 – 📺 ☎ & 🅿. 🅱 𝗩𝘐𝘚𝘈
chiuso agosto e dal 23 dicembre al 2 gennaio – **Pas** *(chiuso lunedì)* carta 26/55000 – ⊂⊃
7000 – **16 cam** 50/70000 – ½ P 65000.

✗ **Guallina,** località Guallina E : 4 km ✆ 91962, prenotare – 🅿
chiuso lunedì, martedì a mezzogiorno e gennaio – Pas carta 35/50000.

MORTELLE Messina – Vedere Sicilia (Messina) alla fine dell'elenco alfabetico.

MORTER Bolzano 𝟸𝟷𝟾 ⑩ – Vedere Laces.

MOSCAZZANO 26010 Cremona – 712 ab. alt. 68 – © 0373.
Roma 539 – ◆Bergamo 52 – ◆Brescia 60 – Crema 12 – Cremona 34 – ◆Milano 56 – Piacenza 32.

XX Vecchio Mulino, 𝒫 66177, 🚗 – Ⓟ.

MOSO (MOOS) Bolzano – Vedere Sesto.

MOSSA 34070 Gorizia – 1 580 ab. alt. 73 – © 0481.
Roma 656 – Gorizia 6 – ◆Trieste 49 – Udine 31.

X **Blanch,** via Blanchis 35 𝒫 80020, 🏤 – Ⓟ. ⚘
   chiuso mercoledì e dal 27 agosto al 26 settembre – Pas carta 21/34000.

MOTTARONE (Stresa) 28040 ★★★ Novara 🔢 ⑥ – alt. 1 491 – a.s. aprile, 15 luglio-agosto e
Natale – Sport invernali : 1 270/1 491 m ≤6, ⚹ – © 0323.
Vedere Guida Verde.
Roma 676 – ◆Milano 99 – Novara 61 – Orta San Giulio 18 – Stresa 20 – ◆Torino 135.

X **Miramonti** ≫ con cam, 𝒫 24822 (prenderà il 924822), < Alpi – ⚘ cam
   Pas *(chiuso mercoledì)* carta 22/36000 – ⊂⊃ 5000 – **10 cam** *(dicembre-Pasqua e luglio-agosto)*
   38/54000 – ½ P 45000.

   Vedere anche : risorse alberghiere di Stresa.

   Die unentbehrlichen Ergänzungen zum Roten Hotelführer
   – *Die* **Michelin-Straßenkarte** *Nr.* 🔢 *im Maßstab 1:1 000 000*
   – *Der* **Grüne Michelin-Reiseführer** *„ Italien " :*
     Streckenvorschläge
     Museen
     Baudenkmäler und Kunstwerke

MOZZO 24035 Bergamo 🔢 ⑳ – 6 060 ab. alt. 252 – © 035.
Roma 607 – ◆Bergamo 6 – Lecco 28 – ◆Milano 49.

XX **Caprese,** via Crocette 38 𝒫 611148, Solo piatti di pesce, prenotare – ▤ Ⓟ. ⁂ ⑥ ⑩ Ε
   VISA. ⚘
   chiuso domenica sera, lunedì, dal 22 al 30 dicembre ed agosto – Pas 70000.

MUCCIA 62034 Macerata – 840 ab. alt. 451 – a.s. luglio-15 settembre – © 0737.
Roma 199 – ◆Ancona 101 – Ascoli Piceno 92 – Macerata 49 – ◆Perugia 79.

X **Il Cacciatore,** via Spinabello 11 𝒫 43121 – ⁂ ⑥ ⑩ Ε **VISA**. ⚘
   Pas carta 21/34000.

   sulla strada statale 77 Ε : 2 km :

🏨 **MotelAgip,** ⊠ 62034 𝒫 43138 – 📺 ⊛ Ⓟ. ⁂ ⑥ ⑩ Ε **VISA**. ⚘ rist
   Pas 23000 – ⊂⊃ 8000 – **37 cam** 38/66000 – ½ P 63/72000.

MUGGIA 34015 Trieste 🔢 ⑥ – 13 460 ab. – © 040.
Vedere Guida Verde.
🛈 corso Puccini 6 𝒫 273259.
Roma 684 – ◆Milano 423 – ◆Trieste 11 – Udine 86 – ◆Venezia 173.

🏨 **Lido,** via Cesare Battisti 22 𝒫 273338 – 🛗 ▤ rist 📺 ☎ Ⓟ – 🕿 100. ⁂ ⑥ ⑩ **VISA**.
   ⚘
   Pas *(chiuso lunedì)* carta 30/55000 – **47 cam** ⊂⊃ 63/94000 – ½ P 90000.
🏠 **Sole** ≫, strada per Lazzaretto O : 5 km 𝒫 271106, <, ⌧ – Ⓟ. ⚘
   chiuso da gennaio a marzo – Pas *(chiuso martedì)* carta 21/33000 – ⊂⊃ 3500 – **23 cam**
   37/67000 – ½ P 49/52000.
X **All'Arciduca** con cam, strada per Chiampore 46 𝒫 271019, 🏤 – ⇜ ☎ Ⓟ. ⁂ ⑥ ⑩ Ε
   VISA. ⚘
   Pas *(chiuso martedì)* carta 32/50000 – **12 cam** ⊂⊃ 45/75000 – ½ P 70000.

MÜHLBACH = Rio di Pusteria.

MULAZZO 54026 Massa Carrara – 2 805 ab. alt. 350 – © 0187.
Roma 434 – ◆Genova 121 – ◆Parma 83 – ◆La Spezia 38.

   a Madonna del Monte O : 8 km – alt. 870 – ⊠ 54026 Mulazzo :

X **Rustichello** ≫ con cam, 𝒫 839759, <, prenotare – Ⓟ. ⚘ rist
◆ Pas *(chiuso martedì escluso luglio e agosto)* carta 18/28000 – ⊂⊃ 4000 – **8 cam** 30/40000 –
   ½ P 35/40000.

MULES (MAULS) Bolzano – alt. 905 – ⊠ **39040** Campo di Trens – a.s. luglio e agosto – ✿ 0472.

Roma 699 – ◆Bolzano 61 – Brennero 23 – Brunico 44 – ◆Milano 360 – Trento 121 – Vipiteno 9.

⛪ **Stafler**, ℰ 67136, Fax 67136, « Parco ombreggiato », 🔲, ℀ – ⊞ 📺 ☎ 🅿 – 🏄 30 a 40. 🖭 🕼 Ɛ 𝗩𝗜𝗦𝗔
chiuso dal 17 al 29 giugno e dall'11 novembre al 21 dicembre – Pas *(chiuso mercoledì in bassa stagione)* carta 35/51000 (10%) – ⟱ 13000 – **38 cam** 50/72000 – ½ P 80/90000.

MURANO Venezia 🎱🎱🎱 ⑤ – Vedere Venezia.

MURAVERA Cagliari 🎱🎱🎱 ㉞ – Vedere Sardegna alla fine dell'elenco alfabetico.

MURIALDO 17010 Savona – 920 ab. alt. 527 – ✿ 019.

Roma 588 – Asti 102 – Cuneo 77 – ◆Genova 89 – ◆Milano 212 – Savona 43 – ◆Torino 120.

℀ **Ponte**, ℰ 53610 – 🅿
→ *chiuso dal 15 gennaio a marzo* – Pas carta 15/26000.

MURISENGO 15020 Alessandria – 1 680 ab. alt. 338 – ✿ 0141.

Roma 640 – Alessandria 56 – Asti 28 – ◆Milano 106 – ◆Torino 50.

℀ **Regina**, ℰ 993025 – 🅿 🕼 ℀
→ *chiuso mercoledì e dal 15 al 30 luglio* – Pas carta 18/31000.

MURO LUCANO 85054 Potenza 🎱🎱🎱 ㉘ – 7 401 ab. alt. 550 – ✿ 0976.

Roma 359 – ◆Bari 177 – ◆Foggia 127 – ◆Napoli 153 – Potenza 49 – Salerno 102.

℀ **Delle Colline** con cam, ℰ 2284 – ☏. ℀
→ Pas carta 19/25000 – ⟱ 4500 – **18 cam** 31/46000 – ½ P 34/36000.

MUSSOLENTE 36065 Vicenza – 5 867 ab. alt. 127 – ✿ 0424.

Roma 548 – Belluno 85 – ◆Milano 239 – ◆Padova 47 – Trento 93 – Treviso 42 – ◆Venezia 72 – Vicenza 40.

🏠 **Volpara** ⌂, NE : 2 km ℰ (0423) 567766, Fax 968841, ≤ – ☰ ☎ 🅿. 🖭 ⓞ 𝗩𝗜𝗦𝗔. ℀
Pas vedere rist Volpara – ⟱ 5000 – **10 cam** 40/60000.

℀ **Volpara**, NE : 2 km ℰ 87019, ≤, ☂ – 🅿 – 🏄 30. 🖭 ⓞ 𝗩𝗜𝗦𝗔. ℀
→ *chiuso mercoledì e dal 1° al 20 agosto* – Pas carta 19/27000.

MUZZANA DEL TURGNANO 33055 Udine 🎱🎱🎱 ⑥ – 2 629 ab. alt. 6 – ✿ 0431.

Roma 607 – Gorizia 48 – ◆Milano 346 – ◆Trieste 68 – Udine 29 – ◆Venezia 100.

℀ **Turgnano** con cam, via Circonvallazione ℰ 69050, ☂, ℀ – 🅿. ℀
chiuso febbraio – Pas *(chiuso lunedì)* carta 22/33000 – ⟱ 10000 – **10 cam** 40/60000 – ½ P 48000.

NALLES (NALS) 39010 Bolzano 🎱🎱🎱 ㉑ – 1 338 ab. alt. 331 – a.s. aprile-maggio e 15 luglio-ottobre – ✿ 0471.

Roma 651 – ◆Bolzano 14 – Merano 17 – ◆Milano 308.

⛪ **Nalserhof** ⌂, ℰ 678678, ≤, « Giardino fiorito con 🔳 », 🔲 – ☆☆ ☏ 🅿. 🖭. ℀
15 marzo-5 novembre – Pas *(solo per clienti alloggiati)* – **23 cam** ⟱ 62/116000 – ½ P 62/72000.

NALS = Nalles.

When in Europe never be without :

Michelin **Main Road** Maps (1:400 000 to 1:1 000 000);

Michelin Sectional Maps;

Michelin Red Guides

Benelux, Deutschland, España Portugal, Main Cities Europe, France, Great Britain and Ireland

(hotels and restaurants listed with symbols; preliminary pages in English)

Michelin Green Guides :

Austria, England : The West Country, Germany, Greece, Italy, London, Portugal, Rome, Scotland, Spain, Switzerland,

Brittany, Burgundy, Châteaux of the Loire, Dordogne, French Riviera, Ile-de-France

Normandy Cotentin, Normandy Seine Valley, Paris, Provence

(Sights and touring programmes described fully in English; town plans).

NAPOLI 80100 🅿 🔢🔢🔢 ② – 1 202 582 ab. – a.s. aprile-ottobre – 🕓 081.

Vedere Museo Archeologico Nazionale★★★ KY – Castel Nuovo★★ KZ – Porto di Santa Lucia★★ BU : ≤★★ sul Vesuvio e sul golfo – ≤★★★ notturna dalla via Partenope sulle colline del Vomero e di Posillipo FX – Teatro San Carlo★ KZ T – Piazza del Plebiscito★ JKZ – Palazzo Reale★ KZ – Certosa di San Martino★★ JZ : ≤★★★ sul golfo di Napoli dalla sala n° 25 del museo.

Quartiere di Spacca-Napoli★★ KY – Tomba★★ del re Roberto il Saggio nella chiesa di Santa Chiara★ KY **C** – Cariatidi★ di Tino da Camaino nella chiesa di San Domenico Maggiore KY **L** – Sculture★ nella cappella di San Severo KY V – Arco★, tomba★ di Caterina d'Austria, abside★ nella chiesa di San Lorenzo Maggiore LY **K** – Palazzo e galleria di Capodimonte★★ BT **M1.**

Mergellina★ BU : ≤★★ sul golfo – Villa Floridiana★ EVX : ≤★ – Catacombe di San Gennaro★ FU **X** – Chiesa di Santa Maria Donnaregina★ LY **B** – Chiesa di San Giovanni Carbonara★ LY **G** – Porta Capuana★ LMY **D** – Palazzo Cuomo★ LY **Q** – Sculture★ nella chiesa di Sant'Anna dei LombardiKYZ **R** – Posillipo★ AU – Marechiaro★ AU – ≤★★ sul golfo dal parco Virgiliano (o parco della Rimembranza) AU.

Escursioni Golfo di Napoli★★★ per la strada costiera verso Campi Flegrei★★ per ⑧, verso penisola Sorrentina per ⑦ – Isola di Capri★★★ – Isola d'Ischia★★★.

🏌 (chiuso lunedì) ad Arco Felice ⊠ 80072 ℰ 8674296, per ⑧ : 19 km.

✈ Ugo Niutta di Capodichino NE : 6 km CT (escluso domenica) ℰ 5425333 – Alitalia, via Medina 41 ⊠ 80133 ℰ 5425222.

🛥 per Capri giornalieri (1 h 15 mn) – Navigazione Libera del Golfo, molo Beverello ⊠ 80133 ℰ 5520763, Telex 722661; per Capri (1 h 15 mn), Ischia (1 h 15 mn) e Procida (1 h), giornalieri – Caremar-agenzia De Luca, molo Beverello ⊠ 80133 ℰ 5513882; per Cagliari giugno-settembre domenica e negli altri mesi martedì e giovedì (15 h 45 mn) e Palermo giornaliero (10 h 30 mn) – Tirrenia Navigazione, Stazione Marittima, molo Angioino ⊠ 80133 ℰ 5512181, Telex 710030, Fax 7201441; per Ischia giornalieri (1 h 15 mn) – Libera Navigazione Lauro, via Caracciolo 11 ⊠ 80122 ℰ 991889, Telex 720354.

🛥 per Capri (45 mn), Ischia (45 mn) e Procida (35 mn), giornalieri – Caremar-agenzia De Luca, molo Beverello ⊠ 80133 ℰ 5513882; per Ischia giornalieri (40 mn) – Alilauro, via Caracciolo 11 ⊠ 80122 ℰ 684288, Telex 720354; per Capri giornalieri (35 mn) e le Isole Eolie giugno-settembre giornaliero (da 3 a 5 h) e Procida-Ischia giornalieri (40 mn) – Aliscafi SNAV, via Caracciolo 10 ⊠ 80122 ℰ 660444, Telex 720446.

🛈 via Partenope 10/a ⊠ 80121 ℰ 406289 – piazza del Plebiscito (Palazzo Reale) ⊠ 80132 ℰ 418744 – Stazione Centrale ⊠ 80142 ℰ 268779 – Aeroposto di Capodichino ⊠ 80133 ℰ 7805761 – piazza del Gesù Nuovo 7 ⊠ 80135 ℰ 5523328 – Passaggio Castel dell'Ovo ⊠ 80132 ℰ 411461.

A.C.I. piazzale Tecchio 49/d ⊠ 80125 ℰ 614511.

Roma 219 ③ – ♦Bari 261 ⑤.

Piante : Napoli p. 2 a 7

🏨 **Excelsior,** via Partenope 48 ⊠ 80121 ℰ 417111, Telex 710043, Fax 411743, ≤ golfo, Vesuvio e Castel dell'Ovo – 🛗 🗐 🔟 ☎ – 🔬 30 a 200. 🆎 🕃 ⓞ 🖃 🎫. ℅ GX **w**
Pas carta 72/118000 – 🍽 25000 – **114 cam** 268/405000 appartamenti 600/1071000.

🏨 **Vesuvio,** via Partenope 45 ⊠ 80121 ℰ 417044, Telex 710127, Fax 417044, « Rist. roof-garden con ≤ golfo e Castel dell'Ovo » – 🛗 ⇄ 🗐 🔟 ☎ – 🔬 25 a 250. 🆎 🕃 ⓞ 🖃 🎫. ℅ rist FX **n**
Pas carta 48/70000 – **180** 🍽 190/270000 appartamenti 350/500000; 🗐 15000 – ½ P 147/232000.

🏨 **Britannique,** corso Vittorio Emanuele 133 ⊠ 80121 ℰ 7614145, Telex 722281, Fax 669760, ≤, « Giardino » – 🛗 🗐 🔟 🚗 – 🔬 25 a 100. 🆎 🕃 ⓞ 🖃 🎫. ℅ EX **r**
Pas 40000 – **80 cam** 162/195000 appartamenti 237000, 🗐 22000 – ½ P 170000.

🏨 **Jolly,** via Medina 70 ⊠ 80133 ℰ 416000, Telex 720335, Fax 5518010, « Rist. roof-garden con ≤ città, golfo e Vesuvio » – 🛗 🗐 🔟 ☎ – 🔬 250. 🆎 🕃 ⓞ 🖃 🎫 ℅ rist KZ **s**
Pas 40000 – **278 cam** 🍽 125/200000 – ½ P 150/205000.

🏨 **Paradiso,** via Catullo 11 ⊠ 80122 ℰ 7614161, Telex 722049, Fax 7613449, ≤ golfo, città e Vesuvio, 🍽 – 🛗 🗐 🔟 ☎ – 🔬 40 a 50. 🆎 🕃 ⓞ 🖃 🎫. ℅ BU **a**
Pas (chiuso dal 6 al 26 agosto) carta 35/56000 – **70 cam** 🍽 135/198000 – ½ P 134/175000.

🏨 **San Germano,** via Beccadelli 41 ⊠ 80125 ℰ 5705422, Telex 720080, Fax 5701546, « Grazioso parco-giardino », 🏊 – 🛗 🗐 🔟 ☎ 🚗 🅿 – 🔬 80. 🆎 🕃 ⓞ 🖃 🎫. ℅ rist AU **x**
Pas (solo per clienti alloggiati e chiuso domenica) 38000 – **101 cam** 🍽 115/185000 – ½ P 125/150000.

🏨 **Royal,** via Partenope 38 ⊠ 80121 ℰ 400244, Telex 710167, Fax 411561, ≤ golfo, Posillipo e Castel dell'Ovo, 🏊 – 🛗 🗐 🔟 ☎ 🕭 🚗 – 🔬 25 a 200. 🆎 🕃 ⓞ 🖃 🎫. ℅ rist FX **n**
Pas carta 60/98000 – **273 cam** 🍽 183/285000 appartamenti 470000, 🗐 40000 – ½ P 210/250000.

🏨 **Majestic,** largo Vasto a Chiaia 68 ⊠ 80121 ℰ 416500, Telex 720408, Fax 422884 – 🛗 🗐 🔟 ☎ 🚗 – 🔬 25 a 100 FX **b**
130 cam.

🏨 **Miramare** senza rist, via Nazario Sauro 24 ⊠ 80132 ℰ 427388, Fax 416775, ≤ – 🛗 🗐 🔟 ☎. 🆎 🕃 ⓞ 🖃 🎫. ℅ GX **e**
30 cam 🍽 160/220000.

🏨 **Serius,** viale Augusto 74 ⊠ 80125 ℰ 614844 – 🛗 🗐 ☎ 🚗. ℅ AU **d**
Pas 30000 – **69 cam** 🍽 90/130000 – ½ P 90000.

🏨 **Cavour,** piazza Garibaldi 32 ⊠ 80142 ℰ 283122 – 🛗 🕭. 🆎 🕃 ⓞ 🖃 🎫. ℅ MY **b**
Pas vedere rist Cavour – **94 cam** 🍽 78/122000 – ½ P 81/98000.

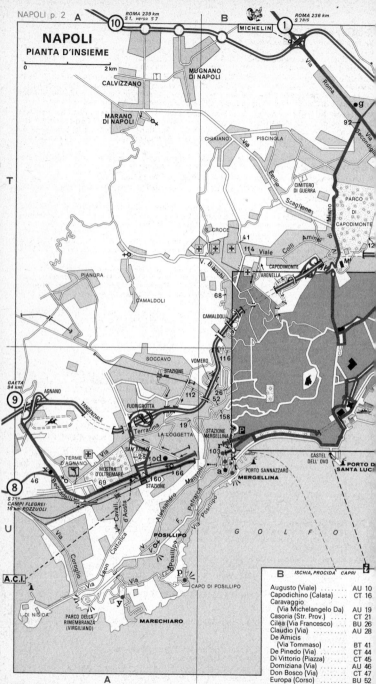

NAPOLI
PIANTA D'INSIEME

0   2 km

MICHELIN

MUGNANO
DI NAPOLI

CALVIZZANO

MARANO
DI NAPOLI

CHIAIANO   PISCINOLA

CIMITERO
DI GUERRA

PARCO
DI
CAPODIMONTE

V. Emilio Scaglione

S. CROCE

41

114   Viale   Colli   Amine

V. Bianchi   CAPODIMONTE

ARENELLA

68

PIANURA

CAMALDOLI

CAMALDOLI

SOCCAVO

VOMERO

116

STAZIONE

GAETA
94 km

AGNANO

TANGENZIALE

FUORIGROTTA

112

26
52

19

158

STAZIONE
MERGELLINA

Terracina

LA LOGGETTA

SAN PAOLO

MOSTRA
D'OLTREMARE

TERME
D'AGNANO

28

od

103

r

k

a

CASTEL
DELL'OVO

PORTO D
SANTA LU

46

69

(60)

66

STAZIONE

PORTO SANNAZZARO

MERGELLINA

CAMPI FLEGREI
16 km POZZUOLI
S 7ⁿ

V. Terracina

V. Cattolica d'Aosta

V. Alessandro Manzoni

F. Petrarch

Via Posillipo

G O L F O

A.C.I.

V. Coroglio

Via

V. Posillipo

CAPO DI POSILLIPO

DI NISIDA

PARCO DELLA
RIMEMBRANZA
(VIRGILIANO)

MARECHIARO

POSILLIPO

p

y

9

8

10

1

92

g

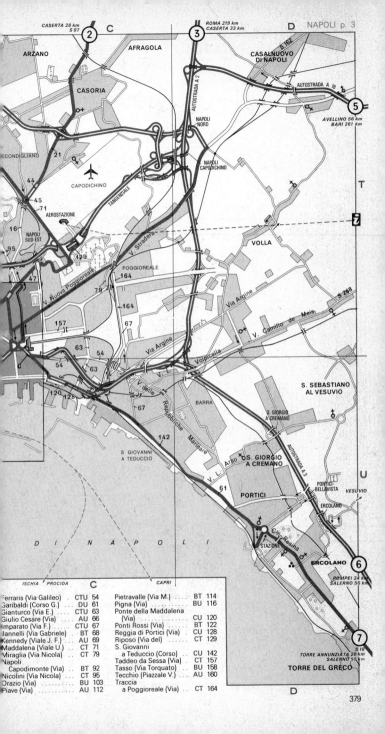

NAPOLI

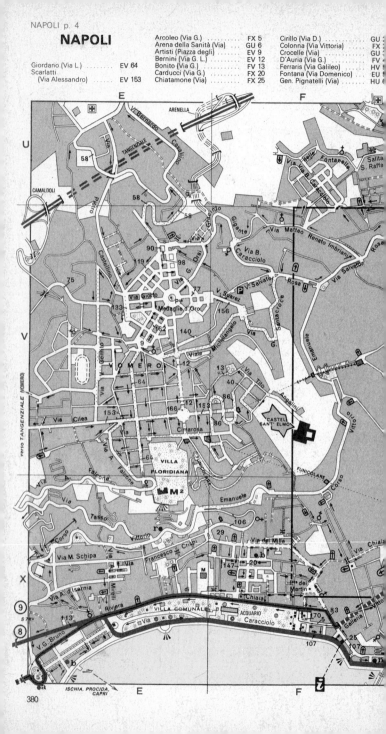

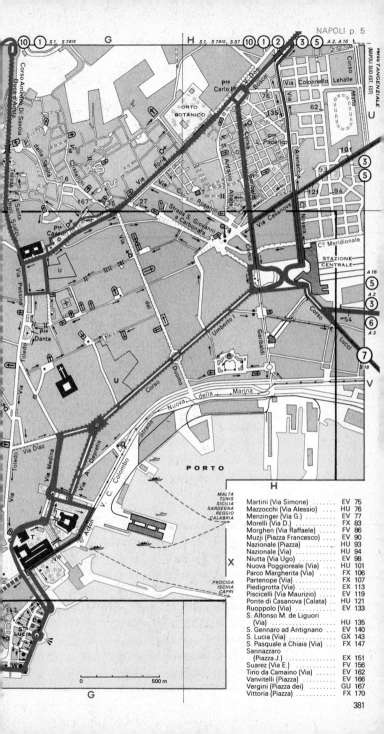

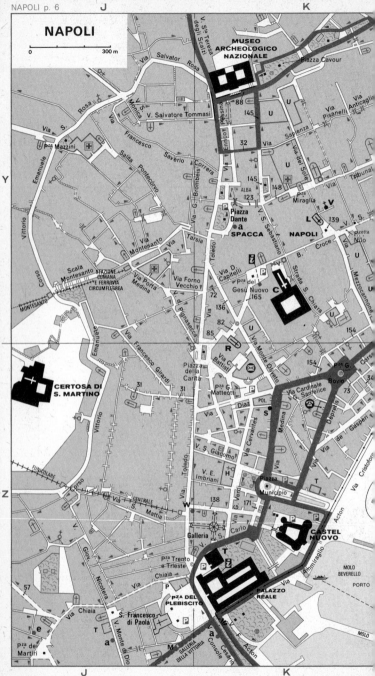

NAPOLI

0   300 m

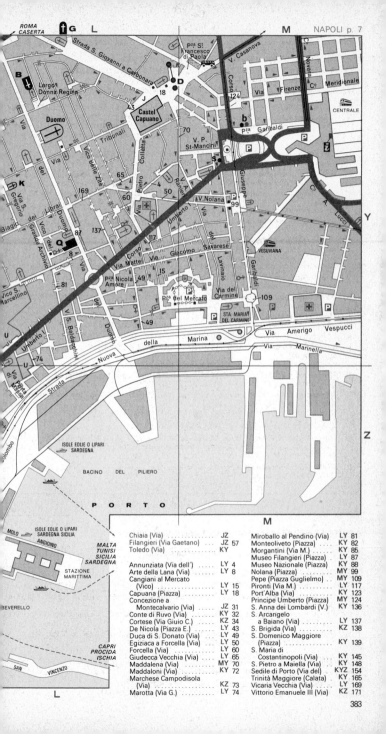

🏨 **Palace Hotel,** piazza Garibaldi 9 ⊠ 80142 ℘ 264575, Telex 720262, Fax 264306 – 🛗 ⑳ –
🔺 30 a 80. ⚿ 🅱 ⓞ 🄴 𝚅𝙸𝚂𝙰. ⑳   MY s
Pas carta 30/50000 – **102 cam** ⊇ 78/122000 – ½ P 81/98000.

🏨 **Rex** senza rist., via Palepoli 12 ⊠ 80132 ℘ 416388 – ↤⇥ 🔳 🕿. ⚿ 🅱 ⓞ 𝚅𝙸𝚂𝙰   GX r
⊇ 6500 – **40 cam** 60/86000, 🔳 15000.

🏛🏛🏛 **La Sacrestia,** via Orazio 116 ⊠ 80122 ℘ 664186, Rist. elegante, « Servizio estivo in
terrazza-giardino con ≤ » – 🔳. ⚿ ⓞ 𝚅𝙸𝚂𝙰. ⑳   BU k
chiuso agosto, domenica in luglio e mercoledì negli altri mesi – Pas carta 50/60000 (14%).

🏛🏛🏛 ❀ **La Cantinella,** via Cuma 42 ⊠ 80132 ℘ 405375, Fax 415523 – ⚿ 🅱 ⓞ 🄴 𝚅𝙸𝚂𝙰. ⑳
chiuso domenica, Natale, Capodanno ed agosto – Pas carta 60/70000 (14%)   GX v
Spec. Antipasti alla Cantinella, Linguine con scampi e frutti di mare, Pesce in brodetto. **Vini** Greco di Tufo, Taurasi.

🏛🏛 **Cavour,** piazza Garibaldi 34 ⊠ 80142 ℘ 264730 – 🔳. ⚿ 🅱 ⓞ 🄴 𝚅𝙸𝚂𝙰. ⑳   MY b
chiuso domenica – Pas carta 33/57000 (15%).

🏛🏛 **San Carlo,** via Cesario Console 18/19 ⊠ 80132 ℘ 426057, Coperti limitati; prenotare – ⑳
chiuso domenica sera e dal 10 al 20 agosto – Pas carta 42/56000 (10%).   KZ a

🏛🏛 **Don Salvatore,** strada Mergellina 4 A ⊠ 80122 ℘ 681817, Rist. e pizzeria – 🔳. ⚿ 🅱 ⓞ
🄴 𝚅𝙸𝚂𝙰   BU t
chiuso mercoledì – Pas carta 35/50000 (12%).

🏛🏛 Il Porticciolo, via Tommaso Campanella 7/9 ⊠ 80122 ℘ 7611382, Rist. e pizzeria – 🔳
     EX b

🏛🏛 ❀ **Giuseppone a Mare,** via Ferdinando Russo 13-Capo Posillipo ⊠ 80123 ℘ 7696002, Rist.
marinaro con ≤ – 🄿. ⚿ 🅱 ⓞ 𝚅𝙸𝚂𝙰. ⑳   AU p
chiuso domenica e dal 23 al 31 dicembre – Pas carta 45/65000 (12%)
Spec. Linguine con scampi, Polipetti al pignatiello, Spigola all'acqua pazza. **Vini** Ischia bianco e rosso.

🏛 **Amici Miei,** via Monte di Dio 78 ⊠ 80132 ℘ 405727, Rist. d'habitués – ⚿ 🅱 ⓞ 🄴 𝚅𝙸𝚂𝙰
chiuso domenica sera, lunedì ed agosto – Pas carta 20/34000 (15%).   JZ a

🏛 **Al Sarago,** piazza Sannazzaro 201/b ⊠ 80122 ℘ 7612587, � – ↤⇥ 🔳. ⚿ 🅱 ⓞ 🄴
𝚅𝙸𝚂𝙰   EX a
chiuso mercoledì – Pas carta 24/53000 (13%).

🏛 **Dante e Beatrice,** piazza Dante 44/45 ⊠ 80135 ℘ 349905, � – ⑳   KY a
chiuso mercoledì e dal 24 al 31 agosto – Pas carta 25/41000 (10%).

🏛 La Fazenda, via Marechiaro 58/a ⊠ 80123 ℘ 7697420, � – 🄿   AU y

🏛 **Ciro a Santa Brigida,** via Santa Brigida 73 ⊠ 80132 ℘ 5524072, Rist. e pizzeria – ↤⇥ 🔳.
⚿ 🅱 ⓞ 𝚅𝙸𝚂𝙰   JZ w
chiuso domenica e dal 10 al 25 agosto – Pas carta 32/49000.

🏛 **Umberto,** via Alabardieri 30 ⊠ 80121 ℘ 418555, Rist. e pizzeria – 🔳. ⚿ 🅱 ⓞ 🄴 𝚅𝙸𝚂𝙰. ⑳
chiuso mercoledì ed agosto – Pas carta 23/46000 (12%).   JZ e

🏛 **Sbrescia,** rampe Sant'Antonio a Posillipo 109 ⊠ 80122 ℘ 669140, Rist. tipico napoletano
con ≤ città e golfo – ⚿. ⑳   BU r
chiuso lunedì e dal 15 al 28 agosto – Pas carta 24/41000 (12%).

a Secondigliano N : 8 km BCT – ⊠ **80144** Napoli :

🏨 **MotelAgip,** ℘ 7540560, Telex 720165 – 🛗 🔳 📺 🕿 🄿 – 🔺 50. ⚿ 🅱 ⓞ 🄴 𝚅𝙸𝚂𝙰. ⑳ rist
Pas *(chiuso sabato a mezzogiorno e domenica)* carta 32/49000 – **57 cam** ⊇ 74/131000,
🔳 13000 – ½ P 85/103000.   BT g

MICHELIN, via Circumvallazione esterna, all'incrocio con la statale 7 bis-Appia (BT Napoli p. 2) –
⊠ 80017 Melito di Napoli, ℘ 7013047.

L'EUROPE en une seule feuille : **carte Michelin n⁰ 920**.

NAPOLI (Golfo di) ★★★ Napoli 988 ㉗ – Vedere Guida Verde.

NAREGNO Livorno – Vedere Elba (Isola d') : Capoliveri.

NARNI 05035 Terni 988 ㉖ – 20 695 ab. alt. 240 – ✿ 0744.
Roma 89 – ◆Perugia 84 – Terni 13 – Viterbo 45.

🏨 **Dei Priori e Rist. La Loggia,** vicolo del Comune 4 ℘ 726843 e rist ℘ 722744 – ⚿ 📺 🕿.
⚿ 🅱 ⓞ 🄴 𝚅𝙸𝚂𝙰
Pas *(chiuso lunedì)* carta 30/43000 – ⊇ 8000 – **19 cam** 80/115000 appartamenti 130/160000
– ½ P 75/90000.

🏛 **Il Cavallino,** via Flaminia Romana 220 (S : 2 km) ℘ 715122, � – 🄿. 🅱 🄴 𝚅𝙸𝚂𝙰. ⑳
chiuso martedì – Pas carta 22/36000.

NARZOLE 12068 Cuneo – 3 029 ab. alt. 323 – ✿ 0173.
Roma 635 – Cuneo 40 – ◆Genova 135 – ◆Milano 149 – ◆Torino 64.

🏛 **La Villa,** viale Rimembranze 1 ℘ 77587, 🌤 – 𝚅𝙸𝚂𝙰. ⑳
◆ *chiuso lunedì, gennaio e dal 1° al 10 agosto* – Pas carta 20/35000.

NATURNO (NATURNS) 39025 Bolzano 218 ⑨⑲ – 4 384 ab. alt. 554 – a.s. aprile-maggio e 15 luglio-ottobre – ☎ 0473.

ℹ via Municipio ☎ 87287.

Roma 680 – •Bolzano 43 – Merano 15 – •Milano 341 – Passo di Resia 64 – Trento 101.

Feldhof ⋟, ☎ 87264, ≤, ▢, ⌂ – |‡| ⇆ cam ▤ ▢ ☎ Ⓟ. ⋟ rist
15 marzo-15 novembre – Pas (solo per clienti alloggiati) 25000 – **27 cam** ▭ 88/176000 – ½ P 66/88000.

Sunnwies ⋟, ☎ 87157, ≤, ▢, ⌂, ✂ – |‡| ⇆ rist ☎ Ⓟ. ⋟ rist
aprile-10 novembre – Pas (solo per clienti alloggiati) – **38 cam** ▭ 70000 – ½ P 60/85000.

Lindenhof ⋟, ☎ 87208, Fax 88298, ≤, ▢, ⌂ – |‡| ▤ rist ▢ ☎ Ⓟ. ⋟ rist
aprile-4 novembre – Pas (solo per clienti alloggiati) 25/45000 – **25 cam** ▭ 55/85000 – ½ P 70/90000.

Nocturnes ⋟, ☎ 87055, ≤, ▢, ⌂ – |‡| ▢ ☎ ⇔. ⋟ rist
20 marzo-10 novembre – Pas (solo per clienti alloggiati e *chiuso a mezzogiorno*) – **18 cam** ▭ 47/75000 – ½ P 60/72000.

Weingarten ⋟, ☎ 87299, ≤, ▢, ⌂ – ☎ Ⓟ. ⋟
marzo-10 novembre – Pas (solo per clienti alloggiati) – **20 cam** ▭ 45/62000 – ½ P 55/66000.

XX Schnalserhof, con cam, strada statale O : 2 km ☎ 87219, ≤, ▢, ⌂ – ▢ ☎ Ⓟ
23 cam.

X **Wiedenplatzer-Keller,** via San Procolo 59 (E : 1,5 km) ☎ 87431, ⌂, « Caratteristico ambiente » – Ⓟ. ⋟
chiuso a mezzogiorno dal 10 novembre al 28 febbraio, martedì, marzo e dal 25 giugno al 12 luglio – Pas carta 39/62000.

NATURNS = Naturno.

NAVA (Colle di) Imperia 988 ⑫, 195 ⑩ – alt. 934.

Roma 620 – Cuneo 95 – •Genova 121 – Imperia 37 – •Milano 244 – San Remo 60.

Colle di Nava-Lorenzina, ✉ 18020 Case di Nava ☎ (0183) 38923, ⌂ – |‡| ⇔ Ⓟ – 🏛 70. ⋟ rist
chiuso novembre – Pas *(chiuso martedì)* carta 22/35000 – ▭ 6000 – **34 cam** 35/58000 – ½ P 40/50000.

NAVE 25075 Brescia 988 ④ – 9 809 ab. alt. 226 – ☎ 030.

Roma 544 – •Bergamo 59 – •Brescia 9 – •Milano 100.

X **Vaifro,** via Monteclana 40 ☎ 2632184 – Ⓟ. ⋟
chiuso giovedì ed agosto – Pas carta 26/35000.

NEBBIUNO Novara 219 ⑥⑦ – Vedere Meina.

NEIVE 12057 Cuneo – 2 679 ab. alt. 308 – ☎ 0173.

Roma 643 – Asti 31 – Cuneo 96 – •Milano 155 – •Torino 70.

XX **Contea,** ☎ 67126, Fax 67367, solo su prenotazione, « In un antico palazzo » – Ⓟ. AE ⓢ ⓞ E VISA
chiuso domenica sera e lunedì (escluso da settembre a novembre) – Pas (menu suggeriti dal proprietario) 55/70000.

NERANO Napoli – Vedere Massa Lubrense.

NERVESA DELLA BATTAGLIA 31040 Treviso 988 ⑤ – 6 382 ab. alt. 78 – ☎ 0422.

Roma 568 – Belluno 68 – •Milano 307 – Treviso 20 – Udine 95 – •Venezia 57 – Vicenza 65.

XX **La Panoramica,** strada Panoramica NO : 3 km ☎ 779068, ≤, « Servizio estivo all'aperto », ⌂ – Ⓟ – 🏛 30 a 150. ⓢ E VISA. ⋟
chiuso lunedì, martedì, dal 10 al 26 gennaio e dal 4 al 20 luglio – Pas carta 23/33000.

XX **Da Roberto Miron,** piazza Sant'Andrea 26 ☎ 779108 – VISA
chiuso domenica sera, lunedì, dal 30 gennaio al 15 febbraio e dal 17 luglio al 3 agosto – Pas carta 28/48000.

NERVI Genova 988 ⑬ – ✉ 16167 Genova-Nervi – ☎ 010.

ℹ piazza Pittaluga 4 ☎ 321504.

Roma 495 ① – •Genova 10 ② – •Milano 147 ② – Savona 58 ② – •La Spezia 97 ①.

Pianta pagina seguente

Astor, viale delle Palme 16 ☎ 328325, Telex 286577, Fax 328486, ⌂ – |‡| ▢ ☎ ♿ ⇔ Ⓟ – 🏛 45 a 115. AE ⓢ ⓞ E VISA. ⋟ **b**
Pas 35/49000 – ▭ 11500 – **41 cam** 131/174000.

Pagoda, via Capolungo 15 ☎ 326161, Fax 321218, « Piccolo parco ombreggiato » – |‡| ▢ ☎ Ⓟ – 🏛 30 a 120. AE ⓢ ⓞ E **d**
20 cam ▭ 152/184000 appartamenti 270/340000.

NERVI

0   300 m

GENOVA 10 km
AUTOSTRADA A 12 : 4 km

per QUINTO-STURLA : GENOVA 11 km

GOLFO   DI   GENOVA

🏨 **Nervi** senza rist, piazza Pittaluga 1 ☎ 322751 – ▮ ☎ 🅿. ⚘   s
  38 cam ☞ 65/110000.

🏨 **Esperia** ⚲, via Val Cismon 1 ☎ 321777, ☞ – ▮ ☎ 🅿. ⚘ rist   t
  Pas (solo per clienti alloggiati) 30000 – ☞ 10500 – **25 cam** 52/82000 – ½ P 85000.

🏨 **Internazionale**, piazza Pittaluga ☎ 321187, Fax 591555 – ▮ 📺 ☎. 🅂 🇪 𝘝𝘐𝘚𝘈. ⚘   a
  Pas 30/35000 – **23 cam** ☞ 65/85000 – ½ P 95000.

XX **Dai Pescatori**, via Casotti 6/8 ☎ 326168 – ▤. 🄰🄴 🅂 ① 🇪 𝘝𝘐𝘚𝘈. ⚘   f
  chiuso lunedì – Pas carta 40/58000.

XX **Harry's Bar**, via Donato Somma 13 ☎ 326074, Coperti limitati; prenotare – ▤. 🄰🄴 🅂 🇪   r
  𝘝𝘐𝘚𝘈
  chiuso mercoledì, dal 2 al 10 gennaio e dal 6 al 21 agosto – Pas carta 32/49000 (10%).

XX **Patan**, via Oberdan 157 r ☎ 328162   m

X **Da Pino**, al porto-via Caboto 8 r ☎ 326395, ☞ – 🇪   e
  chiuso giovedì e gennaio – Pas carta 36/52000.

X **La Ruota**, via Oberdan 215 r ☎ 326027 – 🄰🄴 🅂 ① 🇪 𝘝𝘐𝘚𝘈. ⚘   z
  chiuso lunedì ed agosto – Pas carta 35/60000.

X **Il Rustichello-da Don Pino**, via Murcarolo 4 r ☎ 331771 – ⚘   c
  chiuso martedì e dal 23 agosto al 25 settembre – Pas carta 26/56000.

NETTUNO 00048 Roma 🔢🔢🔢 ⊗ – 33 923 ab. – ✪ 06.

Roma 63 – Anzio 3 – Frosinone 78 – Latina 22.

🏨 **Astura**, lungomare Matteotti 79 ☎ 9800602, ≤ – ▮ ☎. 🄰🄴 🅂. ⚘
  Pas (chiuso novembre) 22/35000 – ☞ 7000 – **55 cam** 40/63000 – ½ P 70000.

XX **Il Gambero II**, via della Liberazione 50 ☎ 9800871, Solo piatti di pesce, « Servizio estivo
  in terrazza » – 🄰🄴 🅂 ① 🇪 𝘝𝘐𝘚𝘈. ⚘
  chiuso lunedì dal 15 settembre al 15 giugno – Pas carta 37/55000.

X **Al Giardino-da Salvatore**, via dei Volsci 22 ☎ 9804918, ☞ – 🄰🄴 ①. ⚘
  chiuso giovedì e novembre – Pas carta 25/46000 (15%).

  al bivio per Acciarella - Foceverde E : 8 km :

X **Torre Astura**, ✉ 00048 ☎ (0773) 452000, ☞ – 🅿. ⚘
  chiuso lunedì sera, martedì e luglio – Pas carta 25/34000 (10%).

NETTUNO (Grotta di) Sassari 🔢🔢🔢 ⊗ ⊗ – Vedere Sardegna alla fine dell'elenco alfabetico.

NEUSTIFT = Novacella.

NEVEGAL Belluno – alt. 1 000 – ✉ 32100 Belluno – Sport invernali : 1 000/1 675 m ✦2 ✦10, ✦
  – ✪ 0437 – 🛈 (20 dicembre-10 aprile e 15 luglio-agosto) piazzale Seggiovia ☎ 298149.

Roma 616 – Belluno 12 – Cortina d'Ampezzo 78 – ◆Milano 355 – Trento 124 – Treviso 76 – Udine 116
  – ◆Venezia 105.

🏨 **Olivier** ⚲, ☎ 298165, ≤ – ▮ ☎ 🅿 – 🔏 25 a 90. 🅂. ⚘
  dicembre-15 aprile e 10 giugno-settembre – Pas 30000 – ☞ 8000 – **32 cam** 60/100000 –
  ½ P 60/80000.

X **Al Ghiro**, località Faverghera E : 4 km ☎ 298187, ≤ – 🅿. ⚘
  chiuso da martedì a venerdì in giugno-luglio e ottobre-novembre – Pas carta 21/34000.

NICASTRO Catanzaro – Vedere Lamezia Terme.

NICOLOSI Catania 988 ⑰ – Vedere Sicilia alla fine dell'elenco alfabetico.

NICOSIA Enna – Vedere Sicilia alla fine dell'elenco alfabetico.

NICOTERA 88034 Catanzaro 988 ⑰ ㉟ – 7 722 ab. alt. 218 – ✿ 0963.
Roma 639 – Catanzaro 117 – ◆Cosenza 146 – ◆Reggio di Calabria 79.

  🏨 Miragolfo, via Corti 𝒫 81470, ≤ – 🔋 ☎ 🄿
    68 cam.

NIEDERDORF = Villabassa.

NOCERA SUPERIORE 84015 Salerno – 22 475 ab. alt. 55 – ✿ 081.
Roma 252 – Avellino 32 – ◆Napoli 42 – Salerno 14.

  ✗ Europa, via Nazionale 503 𝒫 933290 – 🗏 🄿 𝑉𝐼𝑆𝐴 ✻
  ➡ chiuso lunedì e dal 20 al 29 agosto – Pas carta 15/26000 (15%).

NOCERA TERINESE 88047 Catanzaro 988 ㊳ – 5 204 ab. alt. 485 – ✿ 0968.
Roma 570 – ◆Cosenza 55 – Catanzaro 58 – Reggio di Calabria 151.

    al mare O : 11 km :

  ✗✗ L'Aragosta, villaggio del Golfo ⊠ 88040 𝒫 93385, 🍽 – 🄿 𝐀𝐄 ① 𝑉𝐼𝑆𝐴
    chiuso lunedì da ottobre a maggio – Pas carta 40/45000.

NOCERA UMBRA 06025 Perugia 988 ⑯ – 6 047 ab. alt. 548 – Stazione termale (maggio-settembre) – ✿ 0742.
Roma 179 – ◆Ancona 112 – Assisi 37 – Foligno 22 – Macerata 80 – ◆Perugia 55 – Terni 81.

    a Bagnara E : 7 km – ⊠ 06025 Nocera Umbra :

  ✗ Pennino con cam, 𝒫 81391 – 🄿 𝐀𝐄 ①
  ➡ Pas *(chiuso mercoledì escluso luglio-settembre)* carta 17/30000 – ⚏ 2500 – **9 cam** 20/38000
    – ½ P 30/35000.

NOCETO 43015 Parma 988 ⑭ – 9 798 ab. alt. 76 – ✿ 0521.
Roma 472 – ◆Bologna 110 – ◆Milano 120 – ◆Parma 14 – Piacenza 59 – ◆La Spezia 104.

  ✗✗ ✿ Aquila Romana, via Gramsci 6 𝒫 62398, prenotare – 𝐀𝐄
    chiuso lunedì, martedì e dall'11 luglio al 10 agosto – Pas 40/50000 bc
    Spec. Prosciutto cotto affumicato in crosta, Risotti, Lombata di vitello in crosta con salsa al Madera. **Vini**
    Soave, Brunello.

NOCI 70015 Bari 988 ㉙ – 18 841 ab. alt. 424 – ✿ 080.
▮ via Siciliani 23 𝒫 738889.
Roma 497 – ◆Bari 59 – ◆Brindisi 79 – Matera 57 – ◆Taranto 47.

  🏨 Miramonte, via Gabrieli 32 𝒫 737285, 🍽 – 🔋 🗏 ☎ 🄿 – 🔬 60. 𝐀𝐄 🕄 𝑉𝐼𝑆𝐴. ✻ rist
    Pas carta 40/50000 – ⚏ 20000 – **26 cam** 55/98000 – ½ P 80000.
  🏨 Cavaliere, via Siciliani 47 𝒫 737589 – 🔋 🗏 rist ☎ 🄿 ①. ✻
  ➡ Pas carta 20/32000 – ⚏ 4000 – **28 cam** 35/55000 – ½ P 45000.

NOGARÈ 31035 Treviso – alt. 148 – ✿ 0423.
Roma 553 – Belluno 55 – ◆Milano 258 – ◆Padova 52 – Trento 110 – Treviso 27 – Vicenza 57.

  ✗✗ Villa Castagna, 𝒫 868177, « Piccolo parco » – 🄿.

NOLI 17026 Savona 988 ⑫ ⑬ – 3 078 ab. – ✿ 019.
Vedere Guida Verde.
▮ corso Italia 8 r 𝒫 748931.
Roma 563 – ◆Genova 64 – Imperia 61 – ◆Milano 187 – Savona 18.

  🏨 Miramare, corso Italia 2 𝒫 748926, ≤, 🍽 – ☎ 🚐 𝑉𝐼𝑆𝐴 ✻ rist
    chiuso dal 10 ottobre al 20 dicembre – Pas 35/48000 – ⚏ 8000 – **24 cam** 50/75000 –
    ½ P 52/72000.
  ✗ Ferrari, via Colombo 88 𝒫 748467 – 𝐀𝐄 𝑉𝐼𝑆𝐴
    chiuso mercoledì e dall'8 al 20 gennaio – Pas carta 35/57000.
  ✗ Ines con cam, via Vignolo 1 𝒫 748086 – 🗏 rist 📺 ☎ 𝑉𝐼𝑆𝐴 ✻
    Pasqua-ottobre e Natale – Pas *(chiuso lunedì)* carta 45/59000 – ⚏ 4000 – **16 cam** 60000 –
    P 58/60000.

a Voze NO : 4 km – ✉ **17026** Noli :

XX **Lilliput,** ℘ 748009, « Giardino ombreggiato con minigolf » – ⇔ 🅟. ✻
chiuso a mezzogiorno (escluso sabato-domenica), lunedì e dal 15 gennaio al 15 febbraio – Pas carta 35/60000.

a Tosse NO : 9 km – ✉ **17026** Noli :

X **Il Rustico,** ℘ 745992
chiuso mercoledì e gennaio – Pas carta 32/48000.

NONANTOLA **41015** Modena – 10 629 ab. alt. 24 – ☎ 059.

Vedere Sculture romaniche★ nell'abbazia.

Roma 415 – ♦Bologna 34 – ♦Ferrara 62 – Mantova 77 – ♦Milano 180 – ♦Modena 10 – ♦Verona 111.

X **Osteria di Rubbiara,** a Rubbiara ℘ 549019, ⛱, Coperti limitati; prenotare – 🅟. AE VISA ✻
chiuso domenica sera, martedì e dal 20 dicembre al 10 gennaio – **Pas** carta 22/28000.

NORCIA **06046** Perugia 988 ⑯㉖ – 4 737 ab. alt. 604 – ☎ 0743.

Roma 157 – L'Aquila 119 – Ascoli Piceno 75 – ♦Perugia 99 – Spoleto 48 – Terni 68.

Posta, ℘ 816274 – TV ☎. AE ⓢ E VISA
Pas carta 30/46000 (15%) – ☐ 7500 – **30 cam** 67/80000 – ½ P 60/70000.

Granaro del Monte, ℘ 816513 – ⧉ ⇔ TV ☎ ♿. AE ⓢ ⓓ E VISA
Pas carta 22/31000 (15%) – ☐ 4500 – **50 cam** 55/80000 appartamenti 80/100000 – ½ P 45/60000.

Garden, ℘ 816726, Fax 816687, ⛱ – ☎ 🅟. AE ⓢ ⓓ E VISA. ✻
Pas carta 26/37000 – ☐ 5000 – **19 cam** 52/80000 – ½ P 40/55000.

X **Dal Francese,** ℘ 816290 – AE ⓢ ⓓ E VISA. ✻
chiuso dal 10 al 22 giugno, dal 10 al 22 novembre e venerdì da ottobre a giugno – Pas carta 23/60000.

a Serravalle O : 7 km – ✉ **06040** Serravalle di Norcia :

Italia, ℘ 818185 – ☎ 🅟. AE ⓓ. ✻
Pas *(chiuso martedì da ottobre a giugno)* carta 31/63000 – ☐ 4000 – **20 cam** 55/80000 – ½ P 50/55000.

NOSADELLO Cremona – Vedere Pandino.

NOTO Siracusa 988 ㊲ – Vedere Sicilia alla fine dell'elenco alfabetico.

NOVACELLA (NEUSTIFT) Bolzano – alt. 590 – ✉ **39042** Bressanone – a.s. aprile, luglio-15 ottobre e Natale – ☎ 0472.

Vedere Convento★.

Roma 685 – ♦Bolzano 40 – Brennero 46 – Cortina d'Ampezzo 112 – ♦Milano 339 – Trento 103.

Pacher, ℘ 36570, « Servizio rist. estivo in giardino », ⛾ – ☎ 🅟
chiuso dall'11 gennaio al 19 febbraio – Pas *(chiuso lunedì)* carta 24/37000 – **23 cam** ☐ 40/75000 – ½ P 46/56000.

Brückenwirt-Ponte, ℘ 36692, ⛾ riscaldata, ⛱ – TV ☎ 🅟. E. ✻
chiuso dal 15 gennaio al 28 febbraio – Pas *(chiuso mercoledì)* 17/20000 – **19 cam** ☐ 43/80000 – ½ P 50/60000.

NOVAFELTRIA **61015** Pesaro e Urbino 988 ⑮ – 6 531 ab. alt. 293 – a.s. 15 giugno-agosto – ☎ 0541.

Roma 315 – ♦Perugia 129 – Pesaro 83 – ♦Ravenna 73 – Rimini 33.

XX **Due Lanterne** ⛰ con cam, S : 2 km ℘ 920200 – ⇔ cam 🚗 🅟. AE. ✻
Pas *(chiuso lunedì)* carta 22/31000 – ☐ 4000 – **7 cam** 35/48000 – P 50/60000.

X **Del Turista-da Marchesi** con cam, località Cà Gianessi O : 4 km ℘ 920148 – 🅟
chiuso dal 15 al 30 giugno – **Pas** *(chiuso martedì)* carta 21/32000 – **13 cam** ☐ 34/46000 – P 37/48000.

ROME

The English edition of the Michelin Green Guide
describes the Eternal City in 29 recommended walks :
the ancient monuments and beautiful buildings,
the historic sites and districts,
the museums and their works of art.

(WELSCHNOFEN) 39056 Bolzano 🔲🔲🔲 ④ – 1 684 ab. alt. 1 182 – a.s. febbraio-aprile, 15 luglio-settembre e Natale – Sport invernali : 1 182/2 320 m ≼15, ⚐ (vedere anche passo di Costalunga) – ✆ 0471.

Vedere Guida Verde.

Dintorni Lago di Carezza★★★ SE : 5,5 km.

🄳 via Carezza 21 ℰ 613126.

Roma 665 – ✦Bolzano 21 – Cortina d'Ampezzo 89 – ✦Milano 324 – Trento 85.

🏨🏨 **Posta-Cavallino Bianco,** ℰ 613113, Telex 400555, Fax 613390, ≼, ⤢, 🔲, 🖘, ☕, ✗ – 🕸 ❄️⇄ rist 🍴 rist ☎ 🕭 🅿. 🅰🅴 🕥 🚾. ✗ rist
19 dicembre-9 aprile e 21 maggio-2 novembre – Pas carta 27/44000 – ☲ 10000 – **47 cam** 68/98000 appartamenti 110/130000 – ½ P 100/130000.

🏨 **Angelo-Engel** ♨, ℰ 613131, ≼, 🔲, 🖘 – 🕸 ☎ 🕭 🅿. 🕥 ✗ rist
📣 22 dicembre-17 aprile e 2 giugno-6 ottobre – Pas (solo per clienti alloggiati) 18/30000 – **37 cam** ☲ 55/100000 – ½ P 55/65000.

🏨 **Centrale,** ℰ 613164, ⤢ riscaldata, 🖘 – ❄️⇄ rist 🕮 🅿. ✗
📣 18 dicembre-20 aprile e 3 giugno-14 ottobre – Pas (chiuso domenica) 15/18000 – ☲ 5000 – **19 cam** 30/60000 – ½ P 45/50000.

🏨 **Panorama** ♨, ℰ 613232, ≼, 🖘 – 🕮 🅿. ✗
📣 20 dicembre-15 aprile e giugno-15 ottobre – Pas (solo per clienti alloggiati) – **20 cam** ☲ 40/70000 – ½ P 45/55000.

🏨 **Stella-Stern,** ℰ 613125, ≼, 🔲, 🖘 – 🅿. 🄴. ✗ rist
📣 20 dicembre-15 aprile e giugno-10 ottobre – Pas 15/25000 – **33 cam** ☲ 50/90000 – ½ P 50/60000.

🏨 **Tyrol** ♨, ℰ 613261, ≼ – 🕮 🅿
📣 20 dicembre-6 gennaio, febbraio-Pasqua e giugno-ottobre – Pas (chiuso giovedì) carta 20/31000 – **12 cam** ☲ 31/58000 – ½ P 36/40000.

(DEUTSCHNOFEN) 39050 Bolzano – 3 130 ab. alt. 1 357 – a.s. febbraio-aprile, 15 luglio-settembre e Natale – ✆ 0471.

Roma 670 – ✦Bolzano 25 – ✦Milano 323 – Trento 84.

🏨 **Pfösl** ♨, E : 1,5 km ℰ 616537, ≼ Dolomiti, 🔲, 🖘 – 🕸 ❄️⇄ cam ☎ 🅿. ✗ rist
📣 chiuso dal 15 aprile al 5 maggio e da novembre al 15 dicembre – Pas 18/25000 – **27 cam** ☲ 38/62000 – ½ P 45/58000.

🏨 **Stella-Stern,** ℰ 616518, ≼, 🔲 – 🕸 ☎ ⇦ 🅿. ✗
📣 chiuso novembre – Pas (chiuso martedì) 15/23000 – ☲ 10000 – **28 cam** 45/60000 – ½ P 45/60000.

a Monte San Pietro (Petersberg) O : 8 km – alt. 1 389 – ✉ 39040 :

🏨 **Peter** ♨, ℰ 615143, ≼, 🔲, 🖘, ✗ – ❄️⇄ cam ☎ ⇦ 🅿. ✗ rist
📣 chiuso dal 1° al 13 aprile e da novembre al 21 dicembre – Pas 16/25000 – **25 cam** ☲ 45/90000 – ½ P 50/70000.

Vedere anche : **San Floriano** SE : 10 km.

28100 🅿 🔲🔲🔲 ③, 🔲🔲🔲 ⑰ – 103 096 ab. alt. 159 – ✆ 0321.

Vedere Basilica di San Gaudenzio★ AB : cupola★★ – Pavimento★ del Duomo AB.

🄳 via Dominioni 4 ℰ 23398, Fax 393291.

A.C.I. via Rosmini 36 ℰ 30321.

Roma 625 ① – Alessandria 78 ⑤ – ✦Milano 51 ① – ✦Torino 95 ⑥.

Pianta pagina seguente

🏨🏨 **Italia e Rist. La Famiglia,** via Solaroli 10 ℰ 399316, Telex 200021, Fax 399310 – 🕸 🗖 🖵
☎ ⇄ – 🔏 50 a 150. 🅰🅴 🕤 🕥 🄴 🚾. ✗ rist   B x
Pas (chiuso venerdì e dal 1° al 24 agosto) carta 33/52000 – **40 cam** ☲ 110/150000 appartamenti 180000 – ½ P 140000.

🏨 **La Rotonda,** rotonda Massimo d'Azeglio 6 ℰ 23691, Fax 23695 – 🗖 🖵 ☎ ⇦. 🅰🅴 🕤 🕥
🄴 🚾   A k
Pas (chiuso domenica e dal 10 al 18 agosto) carta 29/48000 – ☲ 10000 – **26 cam** 90/130000 – ½ P 115/145000.

🏨 **Maya,** via Boggiani 54 ℰ 450810, Telex 200149, Fax 452786 – 🕸 🗖 🖵 ☎ 🕭 🅿 – 🔏 30 a
450. 🅰🅴 🕤 🕥 🄴 🚾. ✗ rist   A h
Pas 25/45000 – **94 cam** ☲ 78/105000 – ½ P 78/99000.

XXX **Giorgio,** via delle Grazie 2 ℰ 27647, Solo piatti di pesce – 🗖. 🅰🅴   A n
chiuso lunedì, martedì a mezzogiorno e dal 24 agosto al 7 settembre – Pas carta 40/60000.

XX **Caglieri,** via Tadini 12 ℰ 456373, « Servizio estivo in giardino » – 🚾   A a
chiuso venerdì e dal 4 al 19 agosto – Pas carta 27/38000.

XX **La Cavallotta,** via Valsesia 6 ℰ 391169, 🖘 – 🗖 🅿. 🅰🅴 🚾. ✗   2 km per ⑥
chiuso lunedì sera, martedì, dicembre o gennaio – Pas carta 28/40000.

XX **Moroni,** via Solaroli 6 ℰ 29278 – 🗖. ✗   B x
chiuso lunedì sera, martedì ed agosto – Pas carta 30/42000.

X **La Noce,** corso Vercelli 1 ℰ 452378, 🖫 – 🅰🅴 🕤 🕥 🄴 🚾   A c
chiuso domenica e Natale – Pas carta 20/30000.

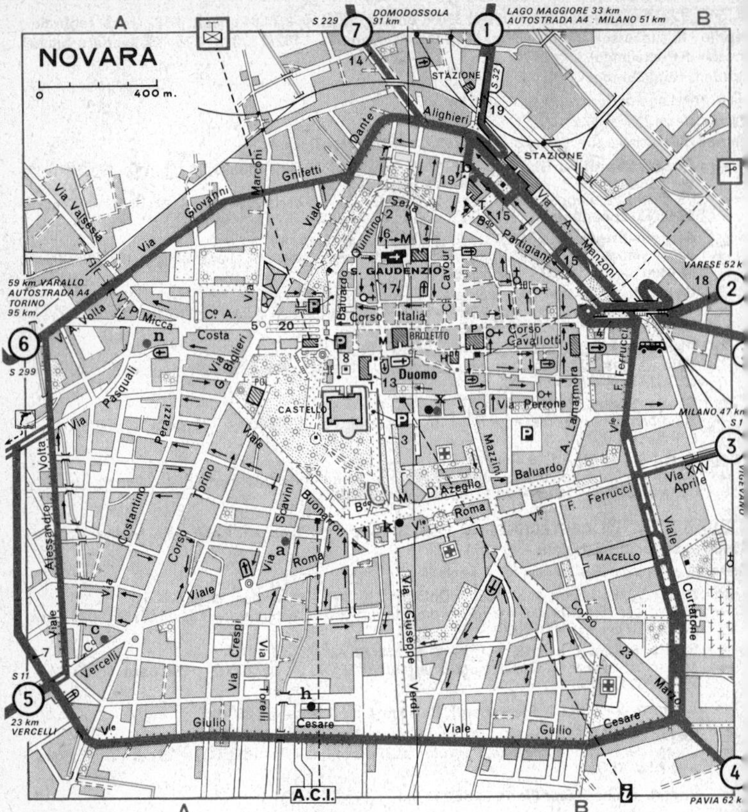
NOVARA
0
400 m.
A
B
DOMODOSSOLA 91 km
S 229
LAGO MAGGIORE 33 km
AUTOSTRADA A4 : MILANO 51 km
STAZIONE
STAZIONE
VARESE 52 k
59 km VARALLO
AUTOSTRADA A4
TORINO 95 km
S 299
MILANO 47 km
S 11
23 km VERCELLI
PAVIA 62 k
A.C.I.
S. GAUDENZIO
BROLETTO
Duomo
CASTELLO
MACELLO
Alighieri
Dante
Marconi
Griffetti
Viale
Sella
Quintino
Via Valsesia
Via Giovanni
Via
Bdo Partigiani
Via A. Manzoni
Cavour
Corso Italia
Corso Cavallotti
Baluardo
Cº A. Costa
P. Micca
V. A. Volta
Via G. Biglieri
Pasquali
Perazzi
Via Perrone
Lamarmora
Ferrucci
Mazzini
Baluardo
D'Azeglio
Bdo
Vle Roma
Vle F. Ferrucci
Via XXV Aprile
Viale
Viale Curtatone
Corso 23 Marzo
Via Volta
Costantino
Alessandro
Torino
Corso
Viale
Scavini
Buonarroti
Via Roma
Via Giuseppe Verdi
Via Crespi
Via Torelli
Cº Vercelli
Viale
Vle Giulio Cesare
Viale Giulio Cesare

Cavour (Corso)	B	
Italia (Corso)	AB	
Mazzini (Corso)	B	
Antonelli (Via)	A	2
Bellini (Largo)	A	3
Cavallotti (Corso F.)	B	4
Don Minzoni (Largo)	A	5
Ferrari (Via G.)	A	6
Galilei (Via Galileo)	A	7
Martiri della Libertà (Piazza)	A	8
Puccini (Via)	A	13
Risorgimento (Corso)	A	14
San Francesco d'Assisi (Via)	B	15
San Gaudenzio (Via)	A	17
Trieste (Corso)	B	18
Vittoria (Corso della)	B	19
20 Settembre (Corso)	A	20

sull'autostrada A 4 -Agognate o per via Case Sparse 8 per ⑥ : 5,5 km :

XX La Meridiana, ✉ 28100 ☎ 23156, ⛱, 🌳, 🎾 – ⇔ ▤ **P** – 🏛 40 a 120.

Vedere anche : ***Galliate*** per ② : 7 km.

NOVA SIRI STAZIONE 75020 Matera 988 ㉙ – ☎ 0835.

Roma 498 – •Bari 144 – •Cosenza 126 – Matera 76 – Potenza 139 – •Taranto 78.

🏨 **Siris,** via Magna Grecia 2 ☎ 877054, 🌳, 🎾 – |♦| ▤ ☎ 🚗 **P** – 🏛 150. AE 🅢 ⦿ E VISA ✱

Pas carta 25/35000 – ☕ 5000 – **70 cam** 45/75000 – ½ P 51/61000.

X Ai Tre Limoni, via Siris 134 ☎ 877178, 🍽.

X **La Trappola,** via Lido ☎ 877021, 🍽, ⛺ – **P**. AE. ✱
chiuso venerdì e dal 20 settembre al 10 ottobre – Pas carta 26/40000.

NOVELLARA 42017 Reggio nell'Emilia 988 ⑭ – 11 212 ab. alt. 24 – ☎ 0522.

Roma 442 – •Milano 160 – •Modena 38 – •Parma 46 – Reggio nell'Emilia 17 – •Verona 82.

X Bettolino, località Bettolino NE : 6 km ☎ 660900, 🍽 – **P**.

EUROPE on a single sheet Michelin map no 920.

NOVENTA DI PIAVE 30020 Venezia – 5 628 ab. alt. 3 – ۞ 0421.

Roma 554 – ♦Milano 293 – Treviso 30 – ♦Trieste 117 – Udine 86 – ♦Venezia 43.

　XX　**Guaiane,** E : 2 km ℰ 65002, 斎 – 🍽 ℗. 🕃 ⓞ E 𝚅𝙸𝚂𝙰. ℅
　　　chiuso lunedì, martedì sera, dal 1° al 20 gennaio e dal 1° al 20 agosto – Pas carta 26/54000.

　XX　**La Consolata,** via Romanziol 112 (NO : 2 km) ℰ 65160 – ℗. 🄰🄴 🕃 ⓞ 𝚅𝙸𝚂𝙰
　　　chiuso martedì – Pas carta 27/45000.

NOVENTA PADOVANA 35027 Padova – 7 544 ab. alt. 14 – ۞ 049.

Roma 501 – ♦Padova 6 – ♦Venezia 34.

　X　**Boccadoro,** via della Resistenza 49 ℰ 625029 – 🄰🄴 🕃 ⓞ E 𝚅𝙸𝚂𝙰. ℅
　　　chiuso martedì sera e mercoledì – Pas carta 26/40000.

　　　verso Strà E : 4 km :

　🏠　**Paradiso** senza rist, via Oltre Brenta 48 ✉ 35027 ℰ 503166, Fax 502804 – 🍽 📺 ☎ 🛏 ℗.
　　　🄰🄴 🕃 ⓞ E 𝚅𝙸𝚂𝙰
　　　chiuso dal 20 dicembre al 7 gennaio – ⲥⲭ 7000 – **23 cam** 50/70000.

NOVERASCO Milano – Vedere Opera.

NOVI LIGURE 15067 Alessandria 𝟿𝟪𝟪 ㉓ – 30 305 ab. alt. 197 – ۞ 0143.

Roma 552 – Alessandria 23 – ♦Genova 58 – ♦Milano 87 – Pavia 66 – Piacenza 94 – ♦Torino 125.

　🏠　**Viaggiatori,** corso Marenco 83 ℰ 2053 – 🍸 📺 🔊. 🄰🄴 🕃 ⓞ E 𝚅𝙸𝚂𝙰. ℅
　　　Pas carta 28/40000 – ⲥⲭ 9000 – **35 cam** 50/80000 – ½ P 60000.

　🏠　**Amedeo** senza rist, vicolo Cravenna 3 ℰ 741681 – 🔊 🛏 – 🛗 110. 🄰🄴 🕃 E. ℅
　　　ⲥⲭ 8000 – **24 cam** 35/50000.

　XX　**Corona,** con cam, corso Marenco 11 ℰ 2019 – ☎ ℗ – 🛗 50 – **12 cam**.

　XX　**Del Fattore,** via Cassano 126 (E : 4 km) ℰ 78289 – ℗. ℅
　　　chiuso martedì ed agosto – Pas carta 40/50000.

　　　a Pasturana O : 4 km – ✉ 15060 :

　XX　**Locanda San Martino,** via Roma 26 ℰ 58444, « Servizio estivo all'aperto » – ℗. 🄰🄴 🕃
　　　E 𝚅𝙸𝚂𝙰
　　　chiuso lunedì sera, martedì, dal 1° al 15 gennaio e dal 27 agosto al 12 settembre – Pas
　　　carta 29/48000.

NUCETTO 12070 Cuneo – 435 ab. alt. 450 – ۞ 0174.

Roma 598 – Cuneo 57 – Imperia 77 – Savona 53 – ♦Torino 98.

　X　**Osteria Vecchia Cooperativa,** via Nazionale ℰ 74279, Coperti limitati; prenotare – ℗.
　　　℅
　　　chiuso martedì e settembre – Pas carta 21/39000.

NUMANA 60026 Ancona 𝟿𝟪𝟪 ⑯ – 2 576 ab. – a.s. luglio e agosto – ۞ 071.

🄸 (giugno-settembre) piazza Santuario ℰ 936142.

Roma 303 – ♦Ancona 21 – Loreto 15 – Macerata 42 – Porto Recanati 10.

　🏠　**Eden Gigli** 🔊, ℰ 936182, ≤, « Parco ombreggiato con 🏊 e 🎾 », 🝨ₒ – 🛏 🛏 ℗. 𝚅𝙸𝚂𝙰.
　　　℅
　　　marzo-15 ottobre – Pas 30/35000 – ⲥⲭ 7500 – **30 cam** 55/88000 – ½ P 80/95000.

　🏠　**Scogliera,** ℰ 936152, ≤, 🏊, 🝨ₒ – 🍸 ☎ ℗. ℅
　　　Pasqua-settembre – Pas carta 32/54000 – ⲥⲭ 12000 – **36 cam** 60/90000 – ½ P 75/95000.

　🏠　**Fior di Mare** 🔊, ℰ 936155, ≤, 🝨ₒ – 🍸 ☎ ℗. ℅
　　　20 maggio-20 settembre – Pas carta 25/40000 – ⲥⲭ 7000 – **43 cam** 58/88000 – P 88/98000.

　XX　**Vincenzo,** corso Roma 10 ℰ 936569, Solo piatti di pesce; prenotare – 🍽. ℅
　　　chiuso martedì – Pas 60/100000.

　XX　**La Costarella,** ℰ 7360297, Coperti limitati; prenotare – ℅
　　　maggio-settembre – Pas carta 36/53000.

　　　a Marcelli S : 2,5 km – ✉ 60026 Numana :

　🏠　**Marcelli,** ℰ 7390125, ≤, 🏊, 🝨ₒ – 🍸 🔊 ℗. ℅ rist
　　　maggio-settembre – Pas (solo per clienti alloggiati) 30000 – ⲥⲭ 10000 – **38 cam** 90000 –
　　　½ P 60/85000.

　XX　**Mariolino,** ℰ 7390135, Solo piatti di pesce – 🄰🄴 🕃 ⓞ. ℅
　　　chiuso novembre e lunedì (escluso dal 15 giugno ad agosto) – Pas carta 40/62000.

NUORO 🄿 𝟿𝟪𝟪 ㉝ – Vedere Sardegna alla fine dell'elenco alfabetico.

NUS 11020 Aosta 𝟿𝟪𝟪 ②, 𝟸𝟷𝟿 ③ – 2 200 ab. alt. 535 – a.s. luglio-agosto e Natale – ۞ 0165.
Vedere Castello di Fenis⋆ E : 2,5 km.

Roma 734 – Aosta 14 – Colle del Gran San Bernardo 46 – ♦Milano 172 – ♦Torino 101.

　　　a Saint Barthélemy N : 18 km – alt. 1 638 – ✉ 11020 :

　X　**Luseney** 🔊 con cam, ℰ 760931, ≤ monti e vallata – ℗. ℅ rist
　➡　Pas *(chiuso martedì)* carta 18/23000 – **25 cam** ⲥⲭ 15/30000 – ½ P 25/28000.

NUVOLERA 25080 Brescia – 2 727 ab. alt. 167 – © 030.

Roma 542 – ◆Brescia 13 – ◆Milano 104 – ◆Verona 71.

※ **La Scaiola** con cam, via Gardesana 15 ℘ 6897760 – 📺 🅿. 🅱 ⑩ 𝘝𝘐𝘚𝘈. ❀
◆ chiuso dal 10 al 30 agosto – Pas (chiuso martedì) carta 20/32000 – **7 cam** 🖵 30/50000 –
½ P 35/40000.

OBEREGGEN = San Floriano.

OCCHIOBELLO 45030 Rovigo 🖫🖫🖫 ⑮ – 9 069 ab. alt. 8 – © 0425.

Roma 432 – ◆Bologna 59 – ◆Padova 61 – ◆Verona 90.

🏨 **Savonarola,** via Eridania 36 (strada statale 16) ℘ 750767, Telex 434870, Fax 750797, 🌴 –
🕃 🎾 rist 🗏 📺 ☎ 🅿 – 🔬 200. 🖭 🅱 ⑩ E 𝘝𝘐𝘚𝘈. ❀
Pas carta 42/65000 – 🖵 10000 – **36 cam** 80/150000 appartamento 250000 – ½ P 110/130000.

OFFANENGO 26010 Cremona – 5 139 ab. alt. 83 – © 0373.

Roma 551 – ◆Bergamo 45 – ◆Brescia 46 – Cremona 40 – ◆Milano 49 – Pavia 57 – Piacenza 43.

🏨 **Mantovani,** via Circonvallazione Sud 1 ℘ 780213, 🏊, 🌴 – 🕃 🖹 📺 ☎ 🅿. 🅱 ⑩ E 𝘝𝘐𝘚𝘈.
❀
Pas (chiuso venerdì e dal 1° al 20 agosto) carta 24/42000 – 🖵 7000 – **40 cam** 55/82000.

OGGIONO 22048 Como 🖫🖫🖫 ③, 🖫🖫🖫 ⑨ – 7 295 ab. alt. 267 – © 0341.

🇫 Royal Sant'Anna (chiuso martedì) ⊠ 22040 Annone di Brianza ℘ 577551, NO : 5 km.

Roma 616 – ◆Bergamo 36 – Como 25 – Erba 11 – Lecco 10 – ◆Milano 48.

al lago di Annone N : 1 km :

※※ **Le Fattorie di Stendhal** 🦢 con cam, ⊠ 22048 ℘ 576561, « Terrazza e giardino sul
lago », ❀ – 🕃 ☎ 🅿. 🖭 🅱 ⑩ E 𝘝𝘐𝘚𝘈
Pas (chiuso venerdì) carta 28/55000 – 🖵 8000 – **20 cam** 60/85000 – ½ P 85000.

OGNINA Catania – Vedere Sicilia (Catania) alla fine dell'elenco alfabetico.

OGNIO 16030 Genova – alt. 400 – © 0185.

Roma 492 – ◆Genova 26 – ◆Milano 158 – Rapallo 30 – ◆La Spezia 94.

※ **Del Pippo-da Ugo,** ℘ 934544, ⩽ – 🔬 50
◆ chiuso lunedì sera, martedì, gennaio e febbraio – Pas carta 20/30000.

OLANG = Valdaora.

OLBIA Sassari 🖫🖫🖫 ㉓㉔ – Vedere Sardegna alla fine dell'elenco alfabetico.

OLDA IN VAL TALEGGIO 24010 Bergamo 🖫🖫🖫 ⑩ – alt. 772 – a.s. luglio-agosto e Natale –
© 0345.

Roma 641 – ◆Bergamo 40 – Lecco 61 – ◆Milano 85 – San Pellegrino Terme 16.

🏨 **Della Salute,** ℘ 47006, ⩽, « Parco ombreggiato » – 🕃 ☎ 🚗 🅿. 🅱 E 𝘝𝘐𝘚𝘈. ❀ rist
chiuso gennaio – Pas carta 21/31000 – 🖵 5000 – **43 cam** 29/41000 – ½ P 36/41000.

OLEGGIO 28047 Novara 🖫🖫🖫 ②③, 🖫🖫🖫 ⑰ – 11 253 ab. alt. 236 – © 0321.

Roma 638 – ◆Milano 63 – Novara 18 – Stresa 36 – ◆Torino 107 – Varese 39.

🏨 **Oleggio** senza rist, via Verbano 19 ℘ 93301, Fax 93377, 🌴 – 📺 ☎ 🅿 – 🔬 70. 🖭 🅱 ⑩
E 𝘝𝘐𝘚𝘈
🖵 15000 – **26 cam** 70/95000 appartamento 135000.

※※ **Circonvallazione,** via Gallarate 126 (E : 3 km) ℘ 91130, 🌴 – 🅿. ❀
chiuso martedì sera, mercoledì ed agosto – Pas carta 25/45000.

※ **Roma,** via Don Minzoni 51 ℘ 91175 – ⑩
chiuso sabato e dal 1° al 20 agosto – Pas carta 22/34000.

OLGIASCA Como 🖫🖫🖫 ⑨ – alt. 313 – ⊠ 22050 Colico – © 0341.

Vedere Abbazia di Piona★ NE : 2 km.

Roma 657 – Chiavenna 31 – Como 65 – Lecco 36 – ◆Milano 92 – Sondrio 46.

※ **Conca Azzurra** 🦢 con cam, ℘ 940319, ⩽, 🌴 – 🚗 🅿
◆ Pas carta 19/29000 – 🖵 6000 – **10 cam** 25/35000 – ½ P 47000.

OLGIATE OLONA 21057 Varese 🖫🖫🖫 ⑱ – 10 029 ab. alt. 239 – © 0331.

Roma 604 – Como 35 – ◆Milano 32 – Novara 38 – Varese 29.

※※ **Ma.Ri.Na.,** piazza San Gregorio 11 ℘ 640463, Coperti limitati; prenotare – 🗏. 🖭 ⑩. ❀
chiuso a mezzogiorno (escluso i giorni festivi), mercoledì ed agosto – Pas carta 60/100000.

※※ **Idea Verde,** via San Francesco ℘ 629487, prenotare – 🅿. 🅱 ⑩ 𝘝𝘐𝘚𝘈. ❀
chiuso domenica sera, lunedì, agosto e dal 27 dicembre al 5 gennaio – Pas carta 46/63000.

OLIENA Nuoro 988 ③③④ – Vedere Sardegna alla fine dell'elenco alfabetico.

OLIVONE 427 ⑮, 218 ⑫ – Vedere Cantone Ticino alla fine dell'elenco alfabetico.

OLMI Treviso – Vedere San Biagio di Callalta.

OLMO Firenze – Vedere Fiesole.

OLMO Vicenza – Vedere Vicenza.

OLMO GENTILE 14050 Asti – 138 ab. alt. 615 – ✆ 0144.
ma 606 – Asti 52 – Acqui Terme 33 – ♦Milano 163 – Savona 72 – ♦Torino 103.

✗ **Della Posta,** ℰ 93034, prenotare – 🅿
➡ chiuso domenica sera e Natale – Pas carta 15/35000.

OLTRE IL COLLE 24013 Bergamo – 1 280 ab. alt. 1 030 – a.s. luglio-agosto e Natale – ✆ 0345.
ma 642 – ♦Bergamo 41 – ♦Milano 83 – San Pellegrino Terme 24.

🏨 **Manenti,** ℰ 95005, ≤, 🐖 – 🕿 ➡ 🅿 ℘
chiuso ottobre e novembre – Pas (chiuso giovedì) carta 25/39000 – ☲ 8000 – **32 cam** 40/60000 – ½ P 50/60000.

OME 25050 Brescia – 2 570 ab. alt. 240 – ✆ 030.
ma 573 – ♦Bergamo 47 – ♦Brescia 18 – ♦Milano 88.

✗✗ **Da Piero,** via Valle 35 ℰ 652061 – 🅿 ⁄AE⁄ ⁄VISA⁄ ℘
chiuso lunedì ed agosto – Pas carta 26/42000.

OMEGNA 28026 Novara 988 ②, 219 ⑥ – 15 776 ab. alt. 303 – ✆ 0323.
vedere Lago d'Orta★★.
ma 670 – Domodossola 36 – ♦Milano 93 – Novara 55 – Stresa 18 – ♦Torino 129.

🏨 **Croce Bianca,** via Mazzini 2 ℰ 642164, Fax 641439, ≤, 🐖 – 🛗 🗐 🕿 🅿 ⁄AE⁄ 🕃 ① E ⁄VISA⁄ ℘
chiuso gennaio – Pas (chiuso lunedì da ottobre a maggio) carta 24/45000 – ☲ 7500 – **36 cam** 58/82000 – ½ P 58/65000.

🏨 **La Pagoda,** via De Amicis 23 ℰ 62344 – ☎
11 cam.

✗✗ **Trattoria Toscana-da Franco,** via Mazzini 153 ℰ 62460, « Servizio estivo all'aperto » – 🕃 E ⁄VISA⁄
chiuso mercoledì e giugno – Pas carta 25/41000.

ONEGLIA Imperia 988 ⑫ – Vedere Imperia.

ONIGO DI PIAVE Treviso – Vedere Pederobba.

ONNO 22030 Como 219 ⑨ – alt. 205 – ✆ 031.
ma 633 – Bellagio 10 – Como 32 – Erba 18 – Lecco 12 – ♦Milano 67.

✗ **Italia-da Gino,** ℰ 969751, ≤, prenotare, « Servizio estivo in terrazza sul lago » – 🅿 ℘
chiuso mercoledì – Pas carta 31/52000.

OPERA 20090 Milano 219 ⑲ – 12 808 ab. alt. 99 – ✆ 02.
Le Rovedine, a Noverasco ⊠ 20090 Opera ℰ 5242730, N : 2 km.
ma 567 – ♦Milano 10 – Novara 62 – Pavia 24 – Piacenza 59.

a Noverasco N : 2 km – ⊠ 20090 Opera :

🏨 **Sporting Mirasole,** ℰ 5241724, Telex 340811, Fax 5241416 – 🛗 🗐 📺 🕿 🅿 – 🛎 120. ⁄AE⁄ 🕃 ① E ⁄VISA⁄ ℘
Pas (solo per clienti alloggiati) 30/40000 – ☲ 14000 – **71 cam** 200000 – ½ P 173000.

MICHELIN, via Armando Diaz 30/34, ℰ 5243745.

OPPIO (Passo di) Pistoia – alt. 821 – a.s. luglio e agosto.
ma 334 – ♦Bologna 84 – ♦Firenze 60 – Lucca 56 – ♦Milano 285 – Pisa 78 – Pistoia 24.

🏨 **Miravalle,** via Gavinana ⊠ 51022 Bardalone ℰ (0573) 630364, ≤, 🐖 – 🅿 ℘
15 marzo-ottobre e 15 dicembre-15 gennaio – Pas 18/30000 – ☲ 5000 – **20 cam** 38/56000 – ½ P 40/45000.

✗ **Monte Oppio,** ⊠ 51022 Bardalone ℰ (0573) 630033 – 🅿
➡ chiuso martedì e dal 2 al 30 ottobre – Pas carta 18/29000.

ORA (AUER) 39040 Bolzano 𝟿𝟾𝟾 ④, 𝟸𝟷𝟾 ⑳ – 2 608 ab. alt. 263 – a.s. aprile e luglio-15 ottobre
🅾 0471.
Roma 624 – Belluno 116 – ◆Bolzano 18 – ◆Milano 282 – Trento 42.

🏠 **Kaufmann**, 𝒫 810004, 🏊, 🌳 – 🛗 ⇔ rist ☎ 🅿
  35 cam.

🏠 **Elefant**, 𝒫 810129, 🍽, 🔍, 🌳 – 🛗 ☎ 🅿. ❀
  Pas *(chiuso giovedì)* carta 32/50000 – **32 cam** ☲ 48/75000 – ½ P 45/58000.

✗✗ **Cavallino**, N : 3 km 𝒫 810156, 🍽, 🌳 – 🛗 🅿.

ORBASSANO 10043 Torino 𝟿𝟾𝟾 ⑫ – 20 424 ab. alt. 273 – 🅾 011.
Roma 673 – Cuneo 99 – ◆Milano 162 – ◆Torino 14.

Pianta d'insieme di Torino (Torino p. 2)

🏠 **Eden** senza rist, strada Rivalta 15 𝒫 9002560 – ☎ 🅿. ❀   EU
  ☲ 6000 – **34 cam** 45/60000.

ORBELLO Vercelli 𝟸𝟷𝟿 ⑯ – Vedere Villa del Bosco.

ORBETELLO 58015 Grosseto 𝟿𝟾𝟾 ㉓ – 15 295 ab. – a.s. Pasqua e 15 giugno-15 settembre
🅾 0564.
Vedere Guida Verde.
Roma 152 – Civitavecchia 76 – ◆Firenze 183 – Grosseto 43 – ◆Livorno 177 – Viterbo 88.

🏠 **Presidi** senza rist, via Mura di Levante 34 𝒫 867601, ⩽ – 🛗 🍽 ☎ 🔥 🅿. **E**
  ☲ 5000 – **62 cam** 55/77000, 🔲 8000.

🏠 **Sole** senza rist, via Colombo (angolo corso Italia) 𝒫 860410 – 🛗 🍽 ☎. 🅰🄴 🇸 𝘝𝘐𝘚𝘈
  ☲ 6000 – **18 cam** 45/75000, 🔲 7000.

✗✗ **Osteria del Lupacante**, corso Italia 103 𝒫 867618 – 🅰🄴 🇸 ⓪ **E** 𝘝𝘐𝘚𝘈
  chiuso mercoledì e novembre – Pas carta 30/55000 (10%).

✗ **Da Egisto**, corso Italia 190 𝒫 867469 – 🅰🄴 🇸 ⓪ 𝘝𝘐𝘚𝘈. ❀
  chiuso lunedì e novembre – Pas carta 22/40000 (10%).

  a Terrarossa SO : 2 km – ✉ 58019 Porto Santo Stefano :

✗✗ **La Posada**, 𝒫 820180 – 🅿. 🅰🄴 ⓪. ❀
  chiuso gennaio, febbraio, martedì e in luglio-agosto anche a mezzogiorno escluso vener
  sabato e domenica – Pas carta 33/47000 (10%).

  sulla strada statale 1 - via Aurelia NE : 7 km :

✗✗ **Il Cacciatore** con cam, ✉ 58016 Orbetello Scalo 𝒫 862020, 🍽, 🏊, 🌳, ✗ – ☎ 🅿. **I**
  🇸 **E** 𝘝𝘐𝘚𝘈. ❀
  Pas carta 29/48000 – ☲ 6500 – **22 cam** 35/69000 – ½ P 70/85000.

✗ **La Ruota** con cam, ✉ 58016 Orbetello Scalo 𝒫 862137, 🍽, 🌳 – 🅿. 🅰🄴 🇸 ⓪ **E** 𝘝𝘐𝘚𝘈. ❀
  Pas *(chiuso giovedì)* carta 30/47000 (15%) – ☲ 6000 – **12 cam** 34/55000 – ½ P 68000.

  Vedere anche : *Porto Ercole* S : 7 km.
              Porto Santo Stefano O : 10 km.
              Ansedonia SE : 10 km.
              Albinia N : 11 km.
              Fonte Blanda N : 19 km.

ORIA Como 𝟸𝟷𝟿 ⑧ – Vedere Valsolda.

ORIAGO 30030 Venezia – alt. 4 – 🅾 041.
Roma 519 – Mestre 8 – ◆Milano 258 – ◆Padova 28 – Treviso 29 – ◆Venezia 16.

🏠 **Il Burchiello** senza rist, 𝒫 429555, Telex 410144, Fax 429728 – 🛗 🍽 📺 ☎ 🔥 ⟸ 🅿 –
  200. 🅰🄴 🇸 ⓪ **E** 𝘝𝘐𝘚𝘈
  ☲ 12500 – **59 cam** 80/140000.

✗✗ **Il Burchiello** con cam, 𝒫 472244, « Servizio estivo in terrazza » – 🍽 rist 📺 ☎ 🅿. 🅰🄴
  ⓪ **E** 𝘝𝘐𝘚𝘈. ❀ rist
  Pas *(chiuso lunedì)* carta 40/67000 – ☲ 7000 – **11 cam** 54/67000 – ½ P 91/141000.

✗ **Nadain** 𝒫 429665 – 🍽 🅿. ❀
  chiuso mercoledì, giovedì a mezzogiorno e luglio – Pas carta 32/50000.

ORIGGIO 21040 Varese 𝟸𝟷𝟿 ⑱ – 5 772 ab. alt. 193 – 🅾 02.
Roma 600 – ◆Bergamo 64 – Como 28 – ◆Milano 22 – Novara 50 – Varese 40.

✗✗ **Cascina Malingamba**, strada per Lainate 𝒫 96731279, prenotare – 🍽 🅿. 🅰🄴 🇸 ⓪
  𝘝𝘐𝘚𝘈
  chiuso domenica sera, lunedì, dal 2 al 24 agosto e dal 23 dicembre al 3 gennaio – F
  carta 45/72000.

ORIGLIO 𝟸𝟷𝟿 ⑧ – Vedere Cantone Ticino alla fine dell'elenco alfabetico.

ORISTANO 𝗣 𝟿𝟾𝟾 ㉝ – Vedere Sardegna alla fine dell'elenco alfabetico.

ORMEA 12078 Cuneo – 2 392 ab. alt. 719 – a.s. luglio-agosto e Natale – ✆ 0174.

Roma 626 – Cuneo 83 – Imperia 49 – ◆Milano 250 – ◆Torino 126.

🏨 **Italia,** ℰ 391147 – 🛗 🖥 rist ⬅. ⬅ rist
Pas *(chiuso giovedì)* carta 24/36000 – ⬜ 6000 – **39 cam** 30/40000 – ½ P 35/45000.

sulla strada statale 28 verso Ponte di Nava SO : 4,5 km :

🏨 **San Carlo,** ✉ 12070 Ponte di Nava ℰ 391917, ≤, ⬅, ⬅ e vivai di trote – 🛗 ❶ 𝘝𝘐𝘚𝘈.
⬅ rist
15 marzo-dicembre – Pas *(chiuso martedì)* carta 25/38000 – ⬜ 8000 – **37 cam** 37/56000 –
P 50/60000.

a Ponte di Nava SO : 6 km – ✉ 12070:

✗ **Ponte di Nava-da Beppe** con cam, ℰ 391924, ≤ – ⬅ ❶ 🛗 E 𝘝𝘐𝘚𝘈. ⬅
chiuso dal 7 al 22 gennaio e dal 15 al 30 giugno – **Pas** *(chiuso mercoledì)* carta 21/43000 –
⬜ 6000 – **18 cam** 25/50000 – ½ P 38/45000.

OROPA 13060 Vercelli 𝟿𝟪𝟪 ②, 𝟤𝟣𝟫 ⑮ – alt. 1 180 – ✆ 015.

Roma 689 – Biella 13 – ◆Milano 115 – Novara 69 – ◆Torino 87 – Vercelli 55.

✗ **Stazione al Santuario,** ℰ 55137 – ❶. 🅰🅴 🛗 ⓞ E 𝘝𝘐𝘚𝘈
chiuso mercoledì da ottobre a maggio – Pas carta 24/40000.

OROSEI Nuoro 𝟿𝟪𝟪 ㉞ – Vedere Sardegna alla fine dell'elenco alfabetico.

ORSELINA 𝟤𝟣𝟫 ⑦⑧, 𝟤𝟣𝟪 ⑫ – Vedere Cantone Ticino (Locarno) alla fine dell'elenco alfabetico.

ORSOGNA 66036 Chieti 𝟿𝟪𝟪 ㉗ – 4 160 ab. alt. 430 – ✆ 0871.

Roma 251 – Chieti 38 – ◆Pescara 42.

🏨 **Altamira,** strada statale NE : 2 km ℰ 86521, ⬅ – ⬅ ⭐ ❶. 🛗. ⬅
◆ Pas carta 18/26000 – ⬜ 5000 – **29 cam** 29/48000 – ½ P 35/42000.

ORTA SAN GIULIO 28016 Novara 𝟿𝟪𝟪 ②, 𝟤𝟣𝟫 ⑥ – 1 033 ab. alt. 293 – a.s. Pasqua e luglio-
settembre – ✆ 0322.

Vedere Lago d'Orta★★ – Palazzotto★ – Sacro Monte d'Orta★ 1,5 km.

Escursioni Isola di San Giulio★★ : ambone★ nella chiesa.

via Olina 9/11 ℰ 90355.

Roma 661 – Biella 58 – Domodossola 48 – ◆Milano 84 – Novara 46 – Stresa 30 – ◆Torino 119.

🏨 **San Rocco** ⬅, ℰ 905632, Telex 223342, Fax 905635, ≤ isola San Giulio, ⬅, « Terrazza
fiorita in riva al lago con 🏊 », ⬅ – 🛗 ⬅ rist 🖥 📺 ☎ ⬅ – 🔒 30 a 150. 🅰🅴 🛗 ⓞ E 𝘝𝘐𝘚𝘈.
⬅
Pas carta 65/98000 – ⬜ 19000 – **74 cam** 171/252000 – ½ P 160/205000.

🏨 **Orta** ⬅, ℰ 90253, Fax 905646, ≤ isola San Giulio – 🛗 🖥 ⬅ ⬅. 🅰🅴 🛗 ⓞ E 𝘝𝘐𝘚𝘈
marzo-ottobre – Pas carta 31/55000 – ⬜ 9000 – **33 cam** 56/83000 – ½ P 68/74000.

🏨 **La Bussola** ⬅, ℰ 90198, ≤ isola San Giulio, ⬅, « Giardino fiorito con 🏊 » – 🛗 ⬅ ❶.
🅰🅴 🛗 E 𝘝𝘐𝘚𝘈. ⬅ rist
chiuso da novembre al 3 gennaio – Pas *(chiuso martedì escluso da marzo ad ottobre)*
27/37000 – ⬜ 8500 – **16 cam** 60/85000 – ½ P 70/80000.

al Sacro Monte E : 1 km :

✗✗ **Sacro Monte,** ✉ 28016 ℰ 90220, « Ambiente rustico in zona verdeggiante » – ❶
🅰🅴. ⬅
chiuso martedì e dal 7 al 30 gennaio – Pas carta 33/51000 (10%).

ORTE 01028 Viterbo 𝟿𝟪𝟪 ㉕ ㉖ – 8 066 ab. alt. 134 – ✆ 0761.

Roma 77 – ◆Perugia 98 – Terni 31 – Viterbo 28.

🏨 **Letizia e Rist. Migagipale,** a Orte Scalo SE : 3,5 km ✉ 01029 Orte Scalo ℰ 400976, Fax
400977 – 🛗 🖥 📺 ☎ ⬅ – 🔒 40. 🅰🅴 🛗 ⓞ 𝘝𝘐𝘚𝘈
Pas *(chiuso venerdì)* carta 29/42000 – ⬜ 8000 – **38 cam** 68/95000 appartamenti 151/176000
– ½ P 60/70000.

ORTISEI (ST. ULRICH) 39046 Bolzano 𝟿𝟪𝟪 ④ – 4 154 ab. alt. 1 236 – a.s. febbraio-aprile,
luglio-agosto e Natale – Sport invernali : della Val Gardena : 1 236/2 450 m ⬅3 ⬅3, ⬅ –
0471.

Dintorni Val Gardena★★★ per la strada S 242 – Alpe di Siusi★★ per funivia.

piazza Stetteneck ℰ 76328, Telex 400305, Fax 76749.

Roma 677 – ◆Bolzano 35 – Bressanone 32 – Cortina d'Ampezzo 79 – ◆Milano 334 – Trento 95 – ◆Venezia 226.

🏨 **Aquila-Adler,** ℰ 76203, Fax 76210, « Giardino ombreggiato », 🔲, ⬅ – 🛗 ⬅ cam 🖥 rist
📺 ⭐ ⬅ ⬅ ❶ 🅰🅴 🛗 ⓞ E 𝘝𝘐𝘚𝘈. ⬅ rist
23 dicembre-20 aprile e 15 giugno-15 ottobre – Pas carta 28/44000 – **80 cam** ⬜ 136/238000
– ½ P 105/168000.

🏨 **Grien** 🦢, 𝒫 796340, Fax 796303, ≼ Dolomiti e vallata, 🌄 – 🛗 🌣 cam 📺 🖭 ☎ 🚗 ❷ ⚫
🛗 80. 🅑 🖽 🚾. 🕸 rist
chiuso dal 15 al 30 giugno e dal 5 al 30 novembre – Pas carta 31/43000 – **23 car**
🖙 140/280000 – ½ P 116/138000.

🏨 **Hell** 🦢, 𝒫 76785, Fax 78196, ≼, « Giardino » – 🛗 📺 ☎ ❷. 🕸
15 dicembre-21 aprile e 4 giugno-15 ottobre – Pas (solo per clienti alloggiati e *chiuso mezzogiorno*) 28/30000 – **27 cam** 🖙 84/148000 – ½ P 102/112000.

🏨 **La Rodes** 🦢, a Roncadizza SO : 1 km 𝒫 796108, ≼, 🔲, 🌄 – 🛗 🖭 rist 🍽 ❷. 🕸 rist
23 dicembre-21 aprile e 15 giugno-settembre – Pas 22/26000 – 🖙 12000 – **41 cam** 48/85000 – ½ P 60/90000.

🏨 **Gardena-Grödnerhof**, 𝒫 76315, ≼, 🌄, 🕸 – 🛗 📺 ☎ ❷. 🕸 rist
20 dicembre-Pasqua e giugno-ottobre – Pas 25000 – **45 cam** 🖙 60/120000 – ½ P 95000.

🏨 **La Perla** 🦢, via Digon 8 (SO : 1 km) 𝒫 796421, Fax 798198, ≼, 🔲, 🌄, 🕸 – 🛗 ☎ 🚗 ❷
➡ 🖽 ⓪. 🕸 rist
dicembre-aprile e giugno-settembre – Pas (solo per clienti alloggiati) 20/36000 – 🖙 8000 – **36 cam** 50/95000 – ½ P 58/95000.

🏨 **Genziana-Enzian**, 𝒫 796246, Fax 797598 – 🛗 📺 ☎ ❷. 🕸
➡ *Natale-20 aprile e 15 maggio-15 ottobre* – Pas carta 18/34000 – **48 cam** 🖙 50/100000 – ½ P 100000.

🏨 **Rainell** 🦢, 𝒫 796145, Fax 796279, ≼, 🌄 – 🛗 🖭 rist ☎ ❷. 🕸
➡ *20 dicembre-Pasqua e 15 giugno-settembre* – Pas 20/28000 – 🖙 6000 – **28 cam** 50/90000 – ½ P 50/90000.

🏨 **Angelo-Engel**, 𝒫 796336, Fax 796323, ≼, 🌄 – 🛗 ☎ ❷. 🖽 🖽 ⓪ 🖽 🚾. 🕸 rist
chiuso novembre – Pas (*chiuso martedì da maggio a giugno ed ottobre*) carta 25/35000 – **35 cam** 🖙 52/104000 – ½ P 58/95000.

🏠 **Ronce** 🦢, 𝒫 796383, ≼, 🌄 – 🍽 ❷. 🖽. 🕸 rist
20 dicembre-20 aprile e giugno-settembre – Pas (solo per clienti alloggiati e *chiuso mezzogiorno*) – **24 cam** 🖙 50/96000 – ½ P 46/76000.

🏠 **Villa Luise** 🦢, 𝒫 796498, ≼ Dolomiti e vallata – ☎ 🚗 ❷. 🕸
chiuso da novembre al 15 dicembre – Pas (*chiuso a mezzogiorno*) – **13 cam**
solo ½ P 50/92000.

🏠 **Cosmea**, 𝒫 796464 – ☎ ❷. 🖽 🅴. 🕸 cam
➡ *chiuso dal 15 ottobre al 15 dicembre* – Pas (*chiuso giovedì*) 16/25000 – **21 cam** 🖙 54/94000 – ½ P 48/76000.

🏠 **Piciuël** 🦢, verso Castelrotto SO : 3 km 𝒫 797351, ≼, 🌄 – ☎ 🚗 ❷. 🚾. 🕸
dicembre-Pasqua e giugno-settembre – **14 cam** solo ½ P 40/70000.

🍴🍴 ❀ **Ramoser**, 𝒫 76460, Coperti limitati; prenotare – 🖽 ⓪
chiuso giovedì, giugno e da novembre al 20 dicembre – Pas carta 37/59000 (10%)
Spec. Salmone salmistrato con blinis di saracena. Agnello arrosto con mele crauti blu e riso pilaf. Capesante e gamberi gratinati su foglie di spinaci. **Vini** Cabernet.

🍴🍴 Orlo del Bosco-Waldrand, ad Oltretorrente SE : 1 km 𝒫 76385, ≼, prenotare – ❷
chiuso a mezzogiorno.

Vedere anche : *Santa Cristina Valgardena* SE : 4 km.
Selva di Val Gardena SE : 7 km.

ORTOBENE (Monte) Nuoro – Vedere Sardegna (Nuoro) alla fine dell'elenco alfabetico.

ORTONA 66026 Chieti 🔢🔢🔢 ㉗ – 22 503 ab. – a.s. 15 giugno-agosto – ✿ 085.

🚢 per le Isole Tremiti giugno-settembre giornaliero (1 h 50 mn) – Adriatica di Navigazione agenzia Pompilio, via Porto 34 𝒫 912650, Telex 600173.
🛈 piazza della Repubblica 9 𝒫 9063841.
Roma 227 – L'Aquila 126 – Campobasso 139 – Chieti 36 – ✦Foggia 158 – ✦Pescara 22.

🏨 **D'Annunzio** senza rist, via Giro degli Ulivi 11 𝒫 9064361 – 🛗 🍽 ❷. 🖽 🖽 ⓪ 🅴 🚾
🖙 2500 – **27 cam** 42/57000.

🏠 **Ideale** senza rist, corso Garibaldi 65 𝒫 9063735, ≼ – 🛗 ☎ 🚗. 🖽 ⓪
🖙 6000 – **28 cam** 50/69000.

🍴 **Cantina Aragonese**, corso Matteotti 88 𝒫 9063217 – 🖽 ⓪ 🚾
chiuso domenica – Pas carta 24/61000.

🍴 **Miramare**, largo Farnese 15 𝒫 9066556 – 🕸
chiuso domenica e dicembre – Pas carta 23/44000 (10%).

a Lido Riccio NO : 5,5 km – ✉ **66026** Ortona :

🏨 **Mara** 🦢, 𝒫 9190428, Fax 9190522, ≼, « Giardino », 🏊, 🏖, 🕸 – 🛗 🖭 rist ☎ ❷. 🚾
🕸 rist
5 maggio-20 settembre – Pas carta 32/43000 – **75 cam** 🖙 66/101000 – ½ P 50/85000.

ORTOVERO 17037 Savona – 866 ab. alt. 78 – ✿ 0182.
Roma 594 – Albenga 11 – ✦Genova 95 – Imperia 39 – ✦Milano 218 – Savona 49.

🍴 **Tripoli** con cam, 𝒫 547017, 🌄 – 🕸
➡ *chiuso gennaio* – Pas (*chiuso lunedì*) carta 18/25000 – 🖙 8000 – **11 cam** 50000 – ½ P 40/50000.

Vedere Posizione pittoresca★★★ – Duomo★★★ – Pozzo di San Patrizio★★ – Palazzo del Popolo★ – Quartiere vecchio★ – Palazzo dei Papi★ A – Collezione etrusca★ nel museo Archeologico aina M.

piazza del Duomo 24 ✆ 41772.

Roma 121 ① – Arezzo 110 ① – ◆Milano 462 ① – ◆Perugia 86 ① – Siena 123 ① – Terni 75 ① – Viterbo 45 ②.

ORVIETO

0   500 m

PALAZZO DEL POPOLO ★
DUOMO ★★★
POZZO DI SAN PATRIZIO ★★

Cavour (Corso)	
Duomo (Via del)	7
Alberici (Via degli)	2
Angelo da Orvieto (Via)	3
Beato Angelico (Via)	4
Cavallotti (Via Felice)	5
Duomo (Piazza del)	6
Garibaldi (Via)	9
Malabranca (Via)	10
Popolo (Piazza del)	13
Pza del Popolo (Via di)	14
Repubblica (Pza della)	15

🏨 **La Badia** ⑤, località La Badia S : 5 km ✆ 90359, Fax 92796, « In un'abbazia del 12° e 13° secolo », ⌕, ⚲, ✗ – ▤ ☎ ℗ – ⚑ 200. ஊ 🕃 ⱱⱭ. ⅋
chiuso gennaio e febbraio – Pas *(chiuso mercoledì)* carta 58/88000 – ⊊ 13000 – **24 cam** 140/190000 appartamenti 272/300000 – ½ P 169/226000.   **a**

🏨 **Maitani** senza rist, via Maitani 5 ✆ 42011, Telex 564021 – ⃝ ▤ �🆅 ☎ ⮺ – ⚑ 60. ஊ 🕃 ① ㉣ ⱱⱭ. ⅋
chiuso dal 7 al 22 gennaio – ⊊ 13000 – **40 cam** 88/135000 appartamenti 165/185000.   **n**

🏨 **Aquila Bianca** senza rist, via Garibaldi 13 ✆ 41246, Fax 42273 – ⃝ ℗ – ⚑ 80. ஊ 🕃 ①
㉣ ⱱⱭ.
⊊ 10000 – **37 cam** 72/96000.   **m**

🏨 **Virgilio** senza rist, piazza del Duomo 5/6 ✆ 41882 – ⃝ ⮺
⊊ 13000 – **15 cam** 56/80000.   **e**

🏨 **Filippeschi** senza rist, via Filippeschi 19 ✆ 43275 – 🆅 ☎. ஊ 🕃 ⱱⱭ.
⊊ 10000 – **15 cam** 55/80000.   **c**

XXX **Giglio d'Oro**, piazza Duomo 8 ✆ 41903 – ▤. ஊ 🕃 ① ㉣ ⱱⱭ
chiuso mercoledì – Pas carta 40/66000.   **e**

XX **Maurizio**, via del Duomo 78 ✆ 41114, Fax 44438 – ⅋
chiuso martedì e gennaio – Pas carta 35/60000 (15%).   **x**

XX **Dell'Ancora**, via di Piazza del Popolo 7/11 ✆ 42766, � – ஊ 🕃 ① ㉣ ⱱⱭ
chiuso giovedì e gennaio – Pas carta 30/44000 (15%).   **d**

X **Del Cocco**, via Garibaldi 4/6 ✆ 42319 – ஊ 🕃 ① ㉣ ⱱⱭ
chiuso venerdì – Pas carta 19/31000 (10%).   **v**

X **Trattoria Etrusca**, via Maitani 10 ✆ 44016 – ஊ 🕃 ① ㉣ ⱱⱭ
chiuso lunedì e dal 20 gennaio al 20 febbraio – Pas carta 24/42000 (10%).   **b**

ad Orvieto Scalo per ① : 5 km – ⊠ **05019** :

🏨 **Orvieto** senza rist, via Costanzi 65 ✆ 91751 – ⃝ ⅋⅋ 🆅 ⮺ ⮺ ℗. ஊ 🕃 ① ⱱⱭ. ⅋
⊊ 5000 – **26 cam** 47/67000 appartamenti 160000.

🏨 **Kristall** senza rist, via Costanzi 69 ✆ 90703, Fax 91766 – ⅋⅋ 🆅 ☎ ⮺. ஊ 🕃 ① ⱱⱭ
⊊ 10000 – **22 cam** 55/80000.

sulla strada statale 71 per ② : 5 km :

X **Girarrosto del Buongustaio**, ⊠ 05018 Orvieto ✆ 41935, � – ℗. ஊ 🕃 ① ㉣ ⱱⱭ. ⅋
chiuso mercoledì e dal 10 gennaio al 1° febbraio – **Pas** carta 24/33000.

397

OSASCO 10060 Torino – 872 ab. alt. 344 – ✪ 0121.
Roma 697 – Asti 83 – Cuneo 59 – ♦Milano 191 – Sestriere 59 – ♦Torino 40.

🏠 **Nuovo Piemonte,** ℰ 541138 – 🅿. ※
   chiuso dal 1° al 15 agosto – Pas *(chiuso domenica)* carta 25/37000 – ☲ 3500 – **9 cam**
   25/50000 – ½ P 35000.

OSIMO 60027 Ancona 🎴🎴🎴 ⑯ – 27 488 ab. alt. 265 – ✪ 071.
Roma 308 – ♦Ancona 20 – Macerata 28 – Pesaro 82 – Porto Recanati 19.

🏠🏠 La Fonte, ℰ 714767, ≤ – 🐝
   35 cam.

   sulla strada statale 16 NE : 7,5 km :

✗ La Cantinetta del Conero, ✉ 60028 Osimo Scalo ℰ 7108651 – 🅿.

   in prossimità casello autostrada A 14 N : 9 km :

🏠🏠 **Palace del Conero,** ✉ 60027 Osimo ℰ 7108312, Fax 7108312 – 🛗 🗄 📺 ☎ ♿ 🅿 – 🔬 5◻
   🆎 🅂 ◑ E 𝖵𝖨𝖲𝖠
   chiuso dal 24 dicembre al 2 gennaio – Pas *(chiuso domenica)* 25/45000 – ☲ 8000 – **51 cam**
   70/120000, ▤ 6000.

OSIO SOTTO 24046 Bergamo 🎴🎴🎴 ⑳ – 9 818 ab. alt. 184 – ✪ 035.
Roma 606 – ♦Bergamo 11 – Lecco 36 – ♦Milano 37.

🏠🏠 **Continental,** ℰ 806707, Fax 806822 – 📺 ☎ 🅿 – 🔬 150. 🆎 🅂 ◑ E 𝖵𝖨𝖲𝖠. ※ cam
   Pas carta 38/52000 – ☲ 15000 – **48 cam** 42/61000 – ½ P 70000.

OSOPPO 33010 Udine – 2 647 ab. alt. 185 – ✪ 0432.
Roma 665 – ♦Milano 404 – Udine 30.

🏠🏠 **Pittis,** ℰ 975346 – 🛗 📺 ☎ 🅿. 🆎 𝖵𝖨𝖲𝖠. ※
   Pas *(chiuso domenica)* carta 27/40000 – ☲ 10000 – **40 cam** 50/80000 – ½ P 50/60000.

OSPEDALETTI 18014 Imperia 🎴🎴🎴 ⑫, 🎴🎴🎴 ⑨ ⑳ – 3 487 ab. – ✪ 0184.
🗿 corso Regina Margherita 1 ℰ 59085.
Roma 650 – ♦Genova 151 – Imperia 29 – ♦Milano 274 – Ventimiglia 11.

🏠🏠 **Madison,** via Aurelia Levante 1 ℰ 59713 – 🛗 🗄 cam ☎ 🅿. 🆎 🅂 ◑ 𝖵𝖨𝖲𝖠. ※ rist
   chiuso novembre – Pas 26000 – ☲ 6500 – **33 cam** 52/87000, ▤ 5000 – ½ P 70/75000.

🏠🏠 **Firenze e Rist. Da Luisa,** corso Regina Margherita 97 ℰ 59221, ≤ – 🛗 📺 🐝. 🆎 🅂 ◑
   E 𝖵𝖨𝖲𝖠. ※ rist
   Pas *(chiuso lunedì)* carta 34/46000 – ☲ 7500 – **44 cam** 48/77000 – ½ P 58/77000.

🏠🏠 **Alexandra,** corso Regina Margherita 9 ℰ 59356, ≤ – 🗄 rist 🐝. ※ rist
   Pas *(solo per clienti alloggiati)* 23000 – ☲ 6000 – **19 cam** 39/68000 – ½ P 60/63000.

🏠 **Delle Rose,** via De Medici 17 ℰ 59016, « Piccolo giardino con piante esotiche » – 🐝. ※
   Pas *(chiuso lunedì)* 22/25000 – ☲ 6000 – **14 cam** 28/60000 – ½ P 58/60000.

🏠 **Le Palme,** corso Regina Margherita 92 ℰ 59872, 🌲 – 🛗 🐝 ♿ 🅿. ※
⬥ chiuso dal 10 novembre al 10 dicembre – Pas *(solo per clienti alloggiati)* 20/25000 – ☲ 5000
   – **16 cam** 55/75000 – ½ P 60/65000.

🏠 **Floreal,** corso Regina Margherita 83 ℰ 59638 – 🛗 🐝. 🆎 🅂 ◑ E 𝖵𝖨𝖲𝖠. ※ rist
   chiuso dal 5 al 30 novembre – Pas carta 27/37000 – ☲ 6000 – **26 cam** 35/58000 –
   ½ P 57/62000.

OSPEDALETTO Verona – Vedere Pescantina.

OSPEDALETTO D'ALPINOLO 83014 Avellino – 1 664 ab. alt. 725 – ✪ 0825.
Roma 248 – Avellino 11 – Benevento 27 – ♦Napoli 59 – Salerno 50.

🏠 **Partenio,** ℰ 691097 – 🐝. E. ※ cam
   Pas carta 20/27000 (10%) – ☲ 4000 – **25 cam** 30/40000 – ½ P 35/40000.

🏠 **La Castagna** 🦌, ℰ 691047, ≤, « Servizio rist. estivo in terrazza ombreggiata », 🌲 – ⤶
   🅿. 𝖵𝖨𝖲𝖠
   aprile-ottobre – Pas carta 27/39000 – ☲ 6000 – **22 cam** 30/50000 – ½ P 50000.

OSPEDALICCHIO Perugia – Vedere Bastia.

OSPIATE Milano – Vedere Bollate.

OSTERIA DEL GATTO Perugia 🎴🎴🎴 ⑯ – Vedere Fossato di Vico.

OSTIA Roma – Vedere risorse di Roma, Lido di Ostia (o di Roma) ed Ostia Antica.

La carte Michelin nº 🎴🎴🎴 GRÈCE à 1/700 000.

OSTIA ANTICA 00119 Roma 𝟿𝟾𝟾 ㉕㉖ – ✪ 06.

vedere Piazzale delle Corporazioni★★★ – Capitolium★★ – Foro★★ – Domus di Amore e Psiche★★
– Schola del Traiano★★ – Terme dei Sette Sapienti★ – Terme del Foro★ – Casa di Diana★ –
Museo★ – Thermopolium★ – Horrea di Hortensius★ – Mosaici★★ nelle Terme di Nettuno.

Roma 24 – Anzio 49 – Civitavecchia 69 – Latina 73 – Lido di Ostia o di Roma 4.

 ✗ **Monumento,** piazza Umberto I n° 8 ℰ 5650021 – 𝖠𝖤 ⓄⒹ. ⛝
   chiuso lunedì e dal 20 agosto al 7 settembre – Pas carta 24/37000.

OSTIGLIA 46035 Mantova 𝟿𝟾𝟾 ④⑭ – 7 346 ab. alt. 15 – ✪ 0386.

Roma 460 – ◆Ferrara 56 – Mantova 33 – ◆Milano 208 – ◆Modena 56 – Rovigo 63 – ◆Verona 46.

  sulla strada statale 12 N : 6 km :

 ✗✗ **Pontemolino,** ✉ 46035 ℰ 2380 – ℗
   chiuso lunedì sera, martedì, dal 27 dicembre al 20 gennaio e dal 20 luglio al 10 agosto – Pas
   carta 27/37000.

OSTUNI 72017 Brindisi 𝟿𝟾𝟾 ㉚ – 32 312 ab. alt. 207 – a.s. luglio-15 settembre – ✪ 0831.

vedere Facciata★ della Cattedrale.

Dintorni Regione dei Trulli★★★ Ovest.

🏛 piazza della Libertà (Palazzo Comunale) ℰ 301268.

Roma 530 – ◆Bari 80 – ◆Brindisi 35 – Lecce 73 – Matera 101 – ◆Taranto 52.

 🏨 **Incanto** ⚘, via dei Colli ℰ 301781, Telex 813284, Fax 338302, ≤ città, pianura e mare – 🛗
   ☎ ℗ – 🏛 150. 𝖠𝖤 🅱 ⓄⒹ 𝖵𝖨𝖲𝖠. ⛝
   Pas 22/30000 – ☷ 4000 – **64 cam** 50/70000 – ½ P 50/75000.

 ✗✗ **Chez Elio,** via dei Colli ℰ 972030, ≤ città, pianura e mare – ℗. 𝖠𝖤
   chiuso lunedì e settembre – Pas carta 22/37000 (15%).

 ✗ **Spessite,** via Clemente Brancesi 43 ℰ 972866 – ⛝
   chiuso a mezzogiorno (escluso luglio-agosto), mercoledì ed ottobre – Pas 25000.

OTRANTO 73028 Lecce 𝟿𝟾𝟾 ㉚ – 5 182 ab. – ✪ 0836.

vedere Cattedrale★ : pavimento★★★.

Escursioni Costa meridionale★ Sud per la strada S 173.

🏛 via Rondachi ℰ 81436.

Roma 642 – ◆Bari 192 – ◆Brindisi 80 – Gallipoli 47 – Lecce 41 – ◆Taranto 122.

 🏛 **Previtero** senza rist, ℰ 81008 – 📺 ☎. 🅱 𝖵𝖨𝖲𝖠. ⛝
   8 cam ☷ 100000.

 ✗✗ Il Gambero, ℰ 81107, Solo piatti di pesce.

 ✗ **Il Duca d'Aragona,** ℰ 86165 – 𝖠𝖤 🅱 ⓄⒺ 𝖵𝖨𝖲𝖠
   chiuso mercoledì e dall'8 al 22 novembre – Pas carta 22/42000.

 ✗ **Vecchia Otranto,** ℰ 81575 – 🍴. 𝖠𝖤 🅱 ⓄⒺ 𝖵𝖨𝖲𝖠. ⛝
   chiuso lunedì e novembre – Pas carta 26/46000.

 ✗ **Il Gabbiano** con cam, ℰ 81251 – ☷. 𝖵𝖨𝖲𝖠. ⛝
   chiuso novembre e dicembre – Pas *(chiuso giovedì dal 15 febbraio al 15 giugno)*
   carta 20/37000 – ☷ 4500 – **11 cam** 34/55000 – ½ P 48000.

OTTONE Livorno – Vedere Elba (Isola d') : Portoferraio.

OVADA 15076 Alessandria 𝟿𝟾𝟾 ⑬ – 12 493 ab. alt. 186 – ✪ 0143.

Dintorni Strada dei castelli dell'Alto Monferrato★ (o strada del vino) verso Serravalle Scrivia.

Roma 549 – Acqui Terme 24 – Alessandria 40 – ◆Genova 51 – ◆Milano 114 – Savona 61 – ◆Torino 125.

 🏛 **Italia,** via San Paolo 54 ℰ 86502 – ⛝ rist ☷ ℗. 𝖠𝖤 🅱 ⓄⒺ 𝖵𝖨𝖲𝖠. ⛝
   chiuso dal 1° al 15 febbraio – Pas *(chiuso martedì e dal 25 luglio al 5 agosto)* carta 29/44000
   (10%) – ☷ 7000 – **14 cam** 40/75000 – ½ P 45/55000.

 ✗✗ **La Volpina,** strada Volpina 1 ℰ 86008, Coperti limitati; prenotare, « Servizio estivo
   all'aperto » – ℗. 𝖠𝖤 🅱 ⓄⒺ 𝖵𝖨𝖲𝖠
   chiuso domenica sera, lunedì, dal 22 dicembre al 15 gennaio e dal 27 luglio al 15 agosto –
   Pas carta 40/58000 (10%).

 ✗✗ **Da Pietro,** piazza Mazzini ℰ 80457
   chiuso lunedì, dal 7 al 19 gennaio e dal 1° al 20 luglio – Pas carta 26/51000.

OVINDOLI 67046 L'Aquila 𝟿𝟾𝟾 ㉖ – 1 247 ab. alt. 1 375 – a.s. 15 dicembre-Pasqua e luglio-
settembre – Sport invernali : 1 375/2 100 m ≰2 ≰6 – ✪ 0863.

Roma 129 – L'Aquila 37 – Frosinone 109 – ◆Pescara 119 – Sulmona 55.

 🏨 **Magnola Palace Hotel** ⚘, NO : 3 km ℰ 705145, Telex 601076, Fax 705147, ≤, 🌳 – 🛗 ☷
   ℗. ⛝
   chiuso novembre – Pas 20/25000 – ☷ 6000 – **80 cam** 55/75000 – ½ P 68/90000.

 🏛 **Moretti,** ℰ 705174, ≤ – 🛗 ☷ 🚗 ℗. 𝖠𝖤 🅱. ⛝
   Pas 20/30000 – ☷ 8000 – **36 cam** 40/68000 – ½ P 50/70000.

PADENGHE SUL GARDA 25080 Brescia – 2 733 ab. alt. 115 – a.s. Pasqua e luglio-15 settembre – 🕿 030.

Roma 535 – ◆Brescia 24 – Mantova 74 – ◆Milano 125 – Trento 109 – ◆Verona 50.

🏠 **West Garda Hotel** ⤶, S : 1 km 🖉 9907161, Fax 9907265, « Giardino ombreggiato co ▮ » – 🔟 🕿 🅿 – 🔬 25 a 150. 🖭 🚦 ◑ E 𝗩𝗜𝗦𝗔. 🛠 rist
chiuso dicembre e gennaio – Pas 27000 – ⇶ 10000 – **65 cam** 70/100000 – ½ P 90000.

PADERNO D'ADDA 22050 Como 𝟮𝟭𝟵 ⑳ – 2 548 ab. alt. 266 – 🕿 039.

Roma 604 – ◆Bergamo 20 – Como 39 – Lecco 24 – ◆Milano 36.

🏠 **Adda**, 🖉 514015, Fax 510796, ♨, 🛠 – 🗦 ▤ rist 🔟 🕿 🕭 🅿 – 🔬 100. 🖭 🚦 ◑ 𝗩𝗜𝗦𝗔. 🛠
Pas *(chiuso martedì)* carta 30/51000 – ⇶ 5000 – **35 cam** 67/93000 – P 97000.

PADERNO DI PONZANO Treviso – Vedere Ponzano Veneto.

PADOLA Belluno – Vedere Comelico Superiore.

PADOVA 35100 🅿 𝟵𝟴𝟲 ⑤ – 222 163 ab. alt. 12 – 🕿 049.

Vedere Affreschi di Giotto★★★, Vergine★ di Giovanni Pisano nella cappella degli Scrovegni BY – Basilica del Santo★★ BZ : ≤★ dai chiostri sulla basilica, statua equestre del Gattamelata★★ – Palazzo della Ragione★ BZ J : salone★★ – Chiesa degli Eremitani★ BY: affreschi del Guariento★★ – Museo Civico★ BZ M : Madonna con le armate celesti★★ del Guariento, Crocifissione★★ de Tintoretto, Spedizione di Uri★★ (arazzo) – Oratorio di San Giorgio★ BZ B – Scuola di Sant'Anto nio★ BZ B – Piazza della Frutta★ BZ 13 – Piazza delle Erbe★ BZ 8 – Torre dell'Orologio★ (in piazza dei Signori AYZ] – Pala d'altare★ nella chiesa di Santa Giustina BZ.

Dintorni Colli Euganei★ SO.

🄵ᵣ (chiuso gennaio, febbraio e lunedì) a Valsanzibio ⊠ 35030 Galzignano 🖉 9130078, E : 21 km.

🖪 Stazione Ferrovie Stato ⊠ 35131 🖉 8752077 – piazzale Boschetti 🖉 8206867 – Museo Eremitan 🖉 8751153.

A.C.I. via Enrico degli Scrovegni 19 ⊠ 35131 🖉 654935.

Roma 491 – ◆Milano 234 – ◆Venezia 37 – ◆Verona 81.

Pianta pagina a lato

🏨 **Plaza,** corso Milano 40 ⊠ 35139 🖉 656822, Telex 430360, Fax 661117 – 🗦 ▤ 🔟 🕿 🕭 ⇇ – 🔬 30 a 80. 🖭 🚦 ◑ E 𝗩𝗜𝗦𝗔. 🛠 rist AY m
Pas *(chiuso a mezzogiorno, domenica ed agosto)* carta 38/58000 – **142 cam** ⇶ 108/160000.

🏠 **Milano** senza rist, via Bronzetti 62 ⊠ 35138 🖉 8712555, Telex 432252, Fax 8713923 – 🗦 ▤ 🔟 🕿 🕭 ⇇ 🅿 – 🔬 80 a 100. 🖭 🚦 ◑ E 𝗩𝗜𝗦𝗔. 🛠 AY g
⇶ 9000 – **58 cam** 80/110000.

🏠 **Donatello e Rist. Sant'Antonio,** piazza del Santo ⊠ 35123 🖉 8750634, Fax 8750829, ≤ « Servizio rist. estivo in terrazza » – 🗦 ▤ cam 🔟 🕿 ⇇. 🖭 🚦 ◑ E 𝗩𝗜𝗦𝗔 BZ a
chiuso dal 15 dicembre al 15 gennaio – Pas *(chiuso mercoledì e da dicembre al 23 gennaio)* carta 27/42000 (12%) – ⇶ 10000 – **42 cam** 78/125000 – ½ P 96/101000.

🏠 **Biri** senza rist, via Grassi 2 ⊠ 35129 🖉 776566, Telex 432285, Fax 776566 – 🗦 ▤ 🔟 🕿 🅿 – 🔬 30. 🖭 🚦 ◑ E 𝗩𝗜𝗦𝗔. 🛠 per via Tommaseo BY
⇶ 13500 – **99 cam** 82/114000.

🏠 **Corso,** senza rist, corso del Popolo 2 ⊠ 35131 🖉 8750822 – 🗦 ▤ 🕿 BY a
70 cam.

🏠 **Majestic e Rist. Toscanelli,** piazzetta dell'Arco 2 ⊠ 35122 🖉 663244, Telex 430264, Fax 39202 – 🗦 ⇇ cam ▤ 🔟 🕿. 🖭 🚦 ◑ E 𝗩𝗜𝗦𝗔 BZ b
Pas *(chiuso a mezzogiorno, domenica e dal 22 luglio al 19 agosto)* carta 30/48000 – **32 cam** ⇶ 120/155000.

🏠 **Monaco** senza rist, piazzale Stazione 3 ⊠ 35131 🖉 664344 – 🗦 ▤ 🕿. 🖭 🚦 ◑ E 𝗩𝗜𝗦𝗔 BY z
⇶ 7000 – **54 cam** 59/84000, ▤ 6000.

🏠 **Leon Bianco** senza rist, piazzetta Pedrocchi 12 ⊠ 35122 🖉 8750814 – 🗦 ▤ 🔟 🕿 🕭. 🖭 🚦 ◑ E 𝗩𝗜𝗦𝗔 BY x
⇶ 13000 – **22 cam** 70/100000, ▤ 9000.

🏡 **Al Cason,** via Frà Paolo Sarpi 40 ⊠ 35138 🖉 662636 – 🗦 ▤ 🕿 🕭 ⇇ – 🔬 30. 🖭 🚦 ◑ E 𝗩𝗜𝗦𝗔. 🛠 ABY d
Pas *(chiuso sabato, domenica e dal 28 luglio al 3 settembre)* carta 28/35000 – ⇶ 6500 – **48 cam** 55/70000, ▤ 4000.

🏡 **Igea** senza rist, via Ospedale Civile 87 ⊠ 35121 🖉 8750577, Fax 660865 – 🗦 ▤ 🕿. 🖭 🚦 ◑ E 𝗩𝗜𝗦𝗔. 🛠 BZ d
⇶ 7000 – **52 cam** 42/64000, ▤ 6500.

🏡 **S. Antonio** senza rist, via San Fermo 118 ⊠ 35137 🖉 8751393 – 🗦 🕿. 🚦 ◑ E 𝗩𝗜𝗦𝗔 ABY v
chiuso dal 30 dicembre al 14 gennaio – ⇶ 6500 – **34 cam** 50/68000.

🏡 **Al Giardinetto** senza rist, Prato della Valle 54 ⊠ 35123 🖉 656569 – 🗦 🕿 🅿. E 𝗩𝗜𝗦𝗔 BZ x
⇶ 6500 – **18 cam** 75/95000.

🏡 **Al Fagiano,** via Locatelli 45 ⊠ 35123 🖉 8753396 – 🕿. 🛠 cam BZ n
Pas *(chiuso lunedì e luglio)* carta 20/34000 (10%) – ⇶ 6000 – **33 cam** 52/65000.

PADOVA

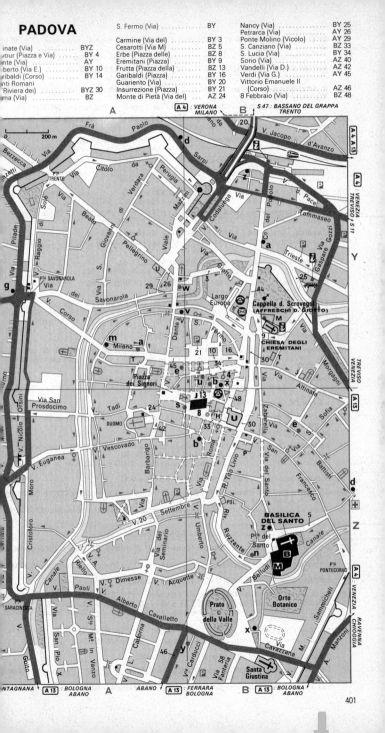

XXX **El Toulà**, via Belle Parti 11 ⌧ 35139 ☎ 8751822, Coperti limitati; prenotare – 🗐. 🖭 ⓞ
❀ ABY e
chiuso domenica, lunedì a mezzogiorno ed agosto – Pas carta 50/70000 (12%).

XXX **Antico Brolo**, vicolo Cigolo 14 ⌧ 35123 ☎ 664555, 🍴 – 🗐. 🖭 ⓞ. ❀ ABZ y
chiuso domenica e dal 1° al 21 agosto – Pas carta 42/70000.

XX **Il Michelangelo**, corso Milano 22 ⌧ 35139 ☎ 656088, 🍴 – ✳ 🗐. 🖭 🕲 ⓞ E
🖾. ❀ AY a
chiuso venerdì, sabato a mezzogiorno e dal 1° al 15 agosto – Pas carta 41/68000 (12%).

XX **Casa Veneta**, vicolo Ponte Molino 5 ⌧ 35137 ☎ 42166 – 🗐. 🖭 🕲 ⓞ E 🖾. ❀ ABY w
chiuso domenica ed agosto – Pas carta 29/45000.

XX **Ai Porteghi**, via Cesare Battisti 105 ⌧ 35121 ☎ 660746 – 🗐. 🖭. ❀ BZ e
chiuso domenica e da giugno a settembre anche lunedì a mezzogiorno – Pas carta 30/60000

XX **Alle Magnolie**, via Nazareth 39 ⌧ 35128 ☎ 756155 – 🗐 per via Morgagni BYZ

XX **Biri**, piazzale Stanga 1 ⌧ 35128 ☎ 776270 – 🗐 per via Tommaseo BY
chiuso sabato sera e domenica – Pas carta 22/37000 (10%).

XX **Giovanni**, via Maroncelli 22 ⌧ 35129 ☎ 772620 – Ⓟ. 🖭 per via Tommaseo BY
chiuso dal 26 luglio al 26 agosto – Pas carta 32/46000.

X **Isola di Caprera**, via Marsilio da Padova 11/15 ⌧ 35139 ☎ 39385 – 🖭 🕲 ⓞ E 🖾
chiuso domenica e dal 1° al 20 agosto – Pas carta 31/58000 (10%). BY b

X **Cavalca**, via Manin 8 ⌧ 35139 ☎ 39244 – 🗐. 🖭 🕲 ⓞ E 🖾. ❀ ABZ s
chiuso martedì sera, mercoledì, dal 16 al 25 gennaio e dal 28 giugno al 22 luglio – Pas
carta 30/42000 (12%).

X **Da Placido**, via Santa Lucia 59 ⌧ 35139 ☎ 8752252 – 🗐 BY u
chiuso sabato sera, domenica – Pas carta 25/42000 (12%).

X **Stocco**, via dei Colli 164 ⌧ 35143 ☎ 620219 – Ⓟ. 🖭 🕲 E 🖾. ❀ per via Sorio AZ
chiuso mercoledì ed agosto – Pas carta 24/40000.

X **Trattoria Falcaro-da Lele**, via Pelosa 4 ⌧ 35136 ☎ 8713898, 🍴 – Ⓟ. ❀
chiuso sabato, domenica a mezzogiorno, dal 1° al 22 agosto e dal 24 dicembre al 1° gennaio
– Pas carta 26/38000. per S 11 AY

a Tencarola O : 4 km per via Sorio AZ – ⌧ **35030** :

🏠 **Piroga**, ☎ 637966, Fax 637966, 🐎 – 🗐 🖭 ☎ Ⓟ – 🔬 250. 🖭 🕲 ⓞ E 🖾. ❀ cam
Pas *(chiuso lunedì e dal 1° al 15 agosto)* carta 25/38000 – 😄 5000 – **25 cam** 65/100000 –
½ P 80000.

🏠 **Burcio** senza rist, ☎ 638699 – 🗐 🖭 ☎ Ⓟ. 🖭 🕲 ⓞ E 🖾. ❀
😄 5000 – **12 cam** 65/100000.

a Camin E : 4 km per A 4 BY – ⌧ **35020** :

🏠 **Admiral** senza rist, ☎ 760544, Telex 432183, Fax 8700330 – 🛗 🗐 🖭 ☎ & Ⓟ – 🔬 65. 🖭
🕲 ⓞ E 🖾
36 cam 😄 65/95000.

🏠 **Executive**, corso Stati Uniti 14/b (zona industriale S : 1 km) ☎ 761900, Telex 432244 – 🛗
✳ 🗐 🖭 ☎ & 🚘 Ⓟ – 🔬 70 a 200. 🖭 🕲 ⓞ E 🖾. ❀
Pas *(chiuso sabato e domenica a mezzogiorno)* carta 26/41000 – **120 cam** 😄 73/110000.

in prossimità casello autostrada A 4 NE : 5 km per S 11 BY :

🏨 **Sheraton Padova Hotel**, ⌧ 35020 Ponte di Brenta ☎ 8070399, Telex 432222, Fax 807066
– 🛗 ✳ cam 🗐 🖭 ☎ & Ⓟ – 🔬 25 a 600. 🖭 🕲 ⓞ E 🖾. ❀ rist
Pas *(chiuso domenica)* carta 38/60000 – **224 cam** 😄 160/195000 appartamenti 375/750000 –
½ P 157/192000.

a Mandria S : 5 km per via Goito AZ – ⌧ **35142** Padova :

XX **All'Ancora-da Nino**, via Romana Aponense 137 ☎ 680994, 🍴 , Solo piatti di pesce, 🦐
– Ⓟ. 🖭 🕲 ⓞ E 🖾. ❀
chiuso domenica, dal 28 gennaio all'11 febbraio e dal 1° al 15 agosto – Pas carta 45/80000.

ad Altichiero N : 6 km per S 47 BY – ⌧ **35135** Padova :

🏠 **Park Hotel Villa Altichiero** 🌿, via Altichiero 2 ☎ 615111, Telex 432043, Fax 615542,
« Parco con 🏊 riscaldata » – 🛗 🗐 🖭 ☎ & Ⓟ – 🔬 40 a 200. 🖭 🕲 ⓞ E 🖾. ❀ rist
Pas *(chiuso domenica e dal 10 al 25 agosto)* carta 38/56000 – 😄 12000 – **70 cam** 80/120000
– ½ P 100/120000.

X **Trattoria Bertolini**, via Altichiero 162 ☎ 600357, 🍴 – Ⓟ. 🖭 ⓞ. ❀
chiuso venerdì sera, sabato e dal 1° al 20 agosto – Pas carta 29/42000.

a Ponte di Brenta NE : 6 km per S 11 BY – ⌧ **35020** :

🏨 **Le Padovanelle**, ☎ 625622, Telex 430454, Fax 625320, 🏊, 🏕, 🎾 – ✳ cam 🗐 🖭 ☎ &
Ⓟ – 🔬 200. 🖭 🕲 ⓞ E 🖾. ❀ rist
Pas *(chiuso lunedì e dal 28 luglio al 27 agosto)* carta 43/68000 – **40 cam** 😄 120/160000.

🏠 **Antenore** senza rist, via Bravi 14/b 🖉 629600 – 🛊 🗐 📺 ☎ 🚐 🄿. 🕮 🕃 ① 🗉 𝕍𝕀𝕊𝔸. 🛠
☲ 8000 – **29 cam** 80/115000.

🏠 **Sagittario,** via Randaccio 4/6 🖉 725877 – 🛊 🗐 📺 ☎ 🄿 – 🔏 30. 🕮 🕃 ① 🗉 𝕍𝕀𝕊𝔸. 🛠
chiuso dal 1° al 21 agosto – Pas vedere rist Dotto di Campagna – ☲ 7500 – **32 cam**
72/90000.

🏠 **Brenta** senza rist, 🖉 629800 – 🛊 🗐 📺 ☎ 🚐 🄿 – 🔏 30. 🕮 🕃 ① 𝕍𝕀𝕊𝔸. 🛠
☲ 10000 – **69 cam** 85/130000.

🗶🗶 **Dotto di Campagna,** via Randaccio 4/6 🖉 625469, 🈴, 🌱 – 🗐 🄿. 🕮 🕃 ① 🗉 𝕍𝕀𝕊𝔸
chiuso domenica sera, lunedì, dal 26 dicembre al 6 gennaio ed agosto – Pas carta 32/44000.

Vedere anche : *Noventa Padovana* E : 6 km.
Albignasego S : 7 km.
Ponte San Nicolò SE : 8 km.
Rubano O : 8 km.
Saonara E : 12 km.

MICHELIN, via Venezia 104 per S 11 BY – ✉ 35129, 🖉 8070072, Fax 772877.

PADULE Perugia – Vedere Gubbio.

PAESTUM 84063 Salerno 📖📖📖 ㉗ – a.s. Pasqua e 15 giugno-15 settembre – 🕿 0828.
Vedere Rovine★★★ – Museo★★.
via Magna Grecia 151/156 (zona Archeologica) 🖉 811016.
Roma 305 – ◆Napoli 99 – Potenza 101 – Salerno 48.

🏠🏠 **Le Palme** 🏖, a Laura 🖉 851025, Telex 721397, Fax 851507, 🏊, 🏖, 🌱, 🗶, – 🛊 🗐 🄿 –
🔏 200. 🕮 🕃 ① 🗉 𝕍𝕀𝕊𝔸. 🛠
aprile-ottobre – Pas carta 18/29000 (15%) – ☲ 8000 – **50 cam** 47/60000, 🗐 10000 –
½ P 80/95000.

🏠🏠 **Schuhmann** 🏖, a Laura 🖉 851151, Fax 851183, ≤, « In riva al mare », 🏖, 🌱 – ⁴🖙 cam
🗐 rist ☎ 🚐 🄿 – 🔏 100. 🕮 🕃 ① 🗉 𝕍𝕀𝕊𝔸. 🛠 rist
chiuso novembre – Pas 22/27000 – ☲ 8000 – **27 cam** 45/65000 – ½ P 65/90000.

🏠 **Taverna dei Re,** a Santa Venere 🖉 811555, 🏊, 🌱, 🗶 – 📺 🈷 🄿 – 🔏 200. 🕮 🕃 ①
𝕍𝕀𝕊𝔸. 🛠
Pas 18000 – ☲ 6000 – **17 cam** 37/47000 – ½ P 53000.

🏠 **Park Hotel** 🏖, a Linora 🖉 811134, ≤, « Piccola pineta », 🏖 – 🛊 ⁴🖙 cam 🚐 🄿. 🕮 🕃
① 🗉 𝕍𝕀𝕊𝔸. 🛠
Pas carta 23/47000 (25%) – ☲ 5000 – **28 cam** 42/65000 – ½ P 49/60000.

🏠 **Calypso** 🏖, a Licinella 🖉 811031, 🏖, 🌱 – 🈷 🄿. 🕮 🕃 𝕍𝕀𝕊𝔸. 🛠
Pas carta 21/37000 (15%) – ☲ 5000 – **30 cam** 40/65000 – ½ P 70000.

🏠 **Villa Rita** 🏖, zona Archeologica 🖉 811081, 🌱 – 🈷 🄿. 𝕍𝕀𝕊𝔸. 🛠
20 dicembre-10 gennaio e 15 marzo-ottobre – Pas vedere rist Nettuno – ☲ 7500 – **14 cam**
45000.

🗶🗶 **Nettuno,** zona Archeologica 🖉 811028, 🈴, 🌱 – 🄿. 🕮 🕃 ① 🗉 𝕍𝕀𝕊𝔸. 🛠
chiuso lunedì e la sera escluso luglio-agosto – Pas carta 37/55000 (15%).

PALAGANO 41046 Modena – 2 437 ab. alt. 732 – a.s. luglio-15 settembre – 🕿 0536.
Roma 413 – ◆Bologna 93 – Lucca 117 – ◆Milano 208 – ◆Modena 57 – Pistoia 103.

🏠 **Dragone,** 🖉 961513, ≤, 🌱 – 🄿. 🕮 🕃 ① 🗉 𝕍𝕀𝕊𝔸. 🛠
giugno-agosto – Pas carta 19/30000 – ☲ 5000 – **22 cam** 25/50000 – P 48000.

PALAU Sassari 📖📖📖 ㉓ – Vedere Sardegna alla fine dell'elenco alfabetico.

PALAZZOLO SULL'OGLIO 25036 Brescia 📖📖📖 ③ – 16 153 ab. alt. 166 – 🕿 030.
Roma 581 – ◆Bergamo 28 – ◆Brescia 32 – Cremona 77 – Lovere 38 – ◆Milano 69.

🏠 **La Villa e Roma,** via Bergamo 35 🖉 731203, « Parco-giardino » – 📺 ☎ 🄿. 🕮. 🛠 rist
Pas *(chiuso domenica sera, lunedì, dal 1° al 10 gennaio e dal 5 al 25 agosto)* carta 30/40000
– ☲ 6000 – **16 cam** 50/80000 – ½ P 60000.

PALERMO 📖 📖📖📖 ㉝ – Vedere Sicilia alla fine dell'elenco alfabetico.

PALESE 70057 Bari – 🕿 080.
SE : 2 km 🖉 374654.
Roma 441 – ◆Bari 9 – ◆Foggia 124 – Matera 66 – ◆Taranto 98.

🏠 **Palumbo** senza rist, via Vittorio Veneto 31/33 🖉 320222, 🏖 – 🛊 🗐 📺 ☎ 🄿. 🕮 🕃 ① 🗉
𝕍𝕀𝕊𝔸. 🛠
14 cam ☲ 70/110000, 🗐 10000.

🏠 **La Baia,** via Vittorio Veneto 29/a 🖉 320288, 🏖 – 🛊 ⁴🖙 rist 🗐 ☎ 🄿 – 🔏 80. 🕮 🕃 ①
🗉 𝕍𝕀𝕊𝔸. 🛠 rist
Pas carta 26/36000 (15%) – **55 cam** ☲ 60/100000, 🗐 10000 – ½ P 88000.

🗶🗶 **Da Tommaso,** lungomare Massaro 🖉 320038, 🈴.

PALESTRINA 00036 Roma 988 ㉖ – 15 393 ab. alt. 465 – ✆ 06.

Roma 38 – Anzio 69 – Frosinone 52 – Latina 58 – Rieti 91 – Tivoli 27.

🏠 **Stella e Rist. Coccia**, piazzale della Liberazione 3 ✆ 9558172, Fax 9573360 – 🕌 ☰ r
☎. 🖭 ⓪ 𝒱𝐼𝑆𝐴. �
Pas carta 19/32000 (12%) – ☲ 5500 – **15 cam** 30/55000 – ½ P 40/45000.

PALIANO 03018 Frosinone 988 ㉖ – 7 230 ab. alt. 476 – ✆ 0775.

Roma 59 – Frosinone 45 – ♦Napoli 182.

verso Colleferro SO : 8 km :

✕✕ **I Camini**, al Parco Uccelli La Selva ⊠ 03018 ✆ 533298, 🎇 – ❷. 🖭 𝐄 𝒱𝐼𝑆𝐴
chiuso lunedì sera – Pas carta 22/37000.

PALINURO 84064 Salerno 988 ㊳ – a.s. luglio e agosto – ✆ 0974.

Roma 376 – ♦Napoli 170 – Salerno 119 – Sapri 49.

🏨 **King's Residence** ⑊, ✆ 931324, Fax 931418, ≤ mare e costa, ⌁, – 🕌 ☰ ❷. 𝒱𝐼𝑆𝐴. ⋈ .
↔ aprile-settembre – Pas 20/50000 – **65 cam** ☲ 100/120000 – ½ P 65/130000.

🏨 **Gd H. San Pietro** ⑊, ✆ 931466, Fax 931919, ≤ mare e costa, ⌁, 🛥 – 🕌 ☰ 📺 ⅋ ❷
🛁 40 a 200. 🖭 🖪 ⓪ 𝐄 𝒱𝐼𝑆𝐴. ⋈
aprile-settembre – Pas carta 38/60000 – ☲ 12000 – **49 cam** 70/97000 – ½ P 110/125000.

🏠 **San Paolo** ⑊, ✆ 931214, ≤, ⌁, ✕ – ⊕ ❷ – **37 cam**.

🏠 **La Conchiglia**, ✆ 931018 – 🕌 ⊕ ❷. ⋈ rist
Pasqua-settembre – Pas *(chiuso sino a giugno)* carta 23/38000 – ☲ 7000 – **26 cam** 35/5800

🏠 **Lido Ficocella**, ✆ 931051, Fax 931052, ≤ mare e costa – 🕌 ⊕ ❷ 🖭 𝒱𝐼𝑆𝐴. ⋈ rist
↔ aprile-settembre – Pas carta 19/30000 – ☲ 7000 – **31 cam** 33/48000 – ½ P 66000.

✕ **Da Carmelo**, località Isca E : 2 km ✆ 931138 – ❷. 🖭 ⓪ 𝐄 𝒱𝐼𝑆𝐴. ⋈
chiuso dal 25 settembre al 10 dicembre – Pas carta 27/38000 (10%).

sulla strada statale 447 r NO : 1,5 km :

🏨 **Saline** ⑊, ⊠ 84064 ✆ 931112, Telex 770198, Fax 931418, ≤, ⌁, 🛥, ✕ – 🕌 ☰ ☎ ❷.
⓪ 𝒱𝐼𝑆𝐴. ⋈
aprile-ottobre – Pas carta 30/42000 – **54 cam** ☲ 80/120000 appartamenti 120/1500(
☰ 20000 – ½ P 70/160000.

PALLANZA Novara 988 ②, 219 ⑦ – Vedere Verbania.

PALLUSIEUX Aosta 219 ①, 74 ⑱ – Vedere Pré-Saint-Didier.

PALMA DI MONTECHIARO Agrigento 988 ㊱ – Vedere Sicilia alla fine dell'elenco alfabetic

PALMANOVA 33057 Udine 988 ⑥ – 5 530 ab. alt. 26 – ✆ 0432.

Roma 622 – Gorizia 31 – ♦Milano 361 – Treviso 98 – ♦Trieste 51 – Udine 24 – ♦Venezia 110.

🏠 **Palmanova**, strada statale NO : 1 km ✆ 928319 – ☎ ⅋ ❷ – 🛁 60. 𝐄. ⋈ rist
↔ Pas (solo per clienti alloggiati e *chiuso mercoledì*) 18/20000 – ☲ 5000 – **33 cam** 35/45000
½ P 38/42000.

PALOMBINA NUOVA Ancona – Vedere Ancona.

PAMPEAGO Trento – Vedere Tesero.

PANA (Monte) Bolzano – Vedere Santa Cristina Valgardena.

PANAREA (Isola) Messina 988 ㊲ ㊳ – Vedere Sicilia (Eolie, isole) alla fine dell'elenc
alfabetico.

PANCHIA 38030 Trento – 598 ab. alt. 981 – a.s. febbraio-Pasqua e Natale – ✆ 0462.

🖪 (luglio-agosto) ✆ 83076.

Roma 656 – Belluno 84 – ♦Bolzano 50 – Canazei 31 – ♦Milano 314 – Trento 74.

🏠 **Rio Bianco**, ✆ 83077, ≤, « Giardino ombreggiato con ⌁ riscaldata », ✕ – 🕌 ☎ ❷. 🖭
↔ ⋈
dicembre-20 aprile e 20 giugno-15 settembre – Pas (solo per clienti alloggiati) 18/25000
☲ 6000 – **37 cam** 55/90000 – ½ P 49/63000.

PANCOLE Siena – Vedere San Gimignano.

PANDINO 26025 Cremona 988 ③, 219 ㉑ – 6 603 ab. alt. 85 – ✆ 0373.

Roma 556 – ♦Bergamo 37 – Cremona 52 – Lodi 12 – ♦Milano 34.

a Nosadello O : 2 km – ⊠ 26025 Pandino :

✕ **Volpi**, via Indipendenza 36 ✆ 90100, 🎇 – 🖪 𝒱𝐼𝑆𝐴
chiuso domenica sera e lunedì – Pas carta 21/36000.

PANICAROLA Perugia – Vedere Castiglione del Lago.

PANNESI Genova – Vedere Lumarzo.

PANTELLERIA (Isola di) Trapani 988 ㊳ – Vedere Sicilia alla fine dell'elenco alfabetico.

PANZA Napoli – Vedere Ischia (Isola d') : Forio.

PANZANO Firenze – Vedere Greve in Chianti.

PAOLA 87027 Cosenza 988 ㊴ – 17 897 ab. – ✆ 0982.
Vedere Guida Verde.
Roma 487 – Catanzaro 94 – ◆Cosenza 35 – ◆Napoli 281 – ◆Reggio di Calabria 187 – Salerno 230.

🏨 **L'Ostrica,** strada statale ✆ 610009, ⏦ – 🖨 ⛌ 🗏 📺 ☎ 🅿
➙ Pas carta 18/29000 – ☷ 7000 – **70 cam** 40/70000 – ½ P 55/60000.

PARABIAGO 20015 Milano 219 ⑱ – 22 573 ab. alt. 180 – ✆ 0331.
Roma 598 – Bergamo 73 – Como 40 – ◆Milano 21.

%% **Da Palmiro,** via del Riale 16 ✆ 552024, Rist. con specialità di mare – 🗏 ⛌ 🛇 ⓪ Ε 𝘝𝘐𝘚𝘈.
🎉
chiuso martedì ed agosto – Pas carta 23/50000.

PARADISO Udine – Vedere Pocenia.

PARADISO – Vedere Cantone Ticino (Lugano) alla fine dell'elenco alfabetico.

PARAGGI 16038 Genova – ✆ 0185.
Roma 484 – ◆Genova 35 – ◆Milano 170 – Rapallo 7 – ◆La Spezia 86.

% **Argentina** con cam, ✆ 286708 – ☎. 🛇 ⓪ Ε 𝘝𝘐𝘚𝘈. 🎉 cam
marzo-ottobre – Pas carta 32/60000 – ☷ 10000 – **13 cam** 50/70000 – ½ P 105000.

PARATICO 25030 Brescia – 3 190 ab. alt. 232 – a.s. Pasqua e luglio-15 settembre – ✆ 035.
Roma 582 – ◆Bergamo 29 – ◆Brescia 33 – Cremona 78 – Lovere 29 – ◆Milano 70.

%% **Il Cuoco,** lungolago Mazzini 48 (E : 2 km) ✆ 913013 – 🗏 🅿. 🎉
chiuso lunedì sera, martedì e dal 1° al 20 febbraio – Pas carta 29/50000.

PARCINES (PARTSCHINS) 39020 Bolzano 218 ⑨ – 2 862 ab. alt. 641 – a.s. aprile-maggio e 5 luglio-ottobre – ✆ 0473.
🄸 ✆ 97157.
Roma 674 – ◆Bolzano 37 – Merano 8,5 – ◆Milano 335 – Trento 95.

🏨 **Peter Mitterhofer** 🐾, ✆ 97122, ⏦, 🌡 – 🖨 ⊚ 🅿. Ε
20 dicembre-10 gennaio e marzo-novembre – Pas (solo per clienti alloggiati) – **30 cam**
☷ 75/164000 – ½ P 65/99000.

a Tel (Töll) SE : 2 km – ✉ 39020 :

%% **Museumstube-Bad Egart Onkel Taa,** ✆ 97342, �௸, prenotare, « Rist. rustico tirolese »
– ⛌ 🅿. ⛌ 🛇 Ε 𝘝𝘐𝘚𝘈. 🎉
chiuso lunedì, dal 20 novembre al 26 dicembre e dal 15 gennaio al 1° marzo – Pas
carta 37/55000.

PARCO NAZIONALE D'ABRUZZO ★★★ L'Aquila-Isernia-Frosinone 988 ㉗
– Vedere Guida Verde.

PARGHELIA 88035 Catanzaro – 1 408 ab. – ✆ 0963.
Roma 633 – Catanzaro 89 – ◆Cosenza 137 – ◆Reggio di Calabria 137 – Tropea 3.

🏨 **Baia Paraelios** 🐾, località Fornaci O : 3 km ✆ 600004, Fax 600074, 🌡, « Villini indipendenti in un parco », ⏦, 🐾, 🌡, %% – ☎ 🅿. ⛌ ⓪ 𝘝𝘐𝘚𝘈. 🎉
giugno-settembre – **70 cam** (solo pens) – P 190/250000.

« Scoprite » l'**Italia** con la **guida** Verde Michelin :

descrizione dettagliata dei paesaggi pittoreschi e delle "curiosità" ;

storia e geografia ;

musei e belle arti ;

itinerari regionali ;

piante topografiche di città e monumenti.

Vedere Complesso Episcopale*** : battistero*** CY A, Duomo** CY – Galleria nazionale*
teatro Farnese**, museo nazionale di antichità* nel palazzo della Pilotta BY – Affreschi** d
Correggio nella chiesa di San Giovanni Evangelista CYZ D – Camera del Correggio* CY – Muse
Glauco Lombardi* BY M1 – Parco Ducale* ABY – Affreschi* del Parmigianino nella chiesa del
Madonna della Steccata BZ E.

🛪 La Rocca (chiuso gennaio, febbraio e lunedi) a Sala Baganza ⊠ 43038 𝒫 834037, SO : 8 km.

🛱 piazza Duomo 5 𝒫 34735.

A.C.I. via Cantelli 15 𝒫 36671.

Roma 458 ① – ◆Bologna 96 ① – ◆Brescia 114 ① – ◆Genova 198 ⑤ – ◆Milano 122 ① – ◆Verona 101 ①.

🏨 **Palace Hotel Maria Luigia e Rist. Maxim's,** viale Mentana 140 𝒫 281032, Tele
531008, Fax 31126 – 🛗 ⇆ 🗏 📺 🕾 🚗 – 🔬 300. 🆎 🕲 ⓪ Ɛ 🚾. 🛠
Pas (chiuso domenica ed agosto) carta 43/61000 – **105 cam** ⇆ 160/260000 appartamen
280/300000 – ½ P 200/230000.
CY

🏨 **Park Hotel Stendhal e Rist. La
Pilotta,** piazzetta Bodoni 3 𝒫 208057,
Telex 531216, Fax 285655 – 🛗 🗏 📺
🕾 🚗 – 🔬 60 a 150. 🆎 🕲 ⓪ Ɛ
🚾 🛠 rist
Pas (chiuso domenica sera, lunedi e
dal 1° al 22 agosto) carta 34/58000 –
⇆ 15000 – **60 cam** 125/175000 –
½ P 128/165000.
BY r

🏨 **Park Hotel Toscanini,** viale Toscanini 4 𝒫 289141 – 🛗 🗏 📺 🕾 🆎
🕲 ⓪ Ɛ 🚾. 🛠 rist
Pas (chiuso domenica) carta 30/45000
– ⇆ 14000 – **48 cam** 107/155000 –
½ P 110/142000.
BZ e

🏨 **Villa Ducale** senza rist, via del Popolo 35 ang. via Moletolo 𝒫 271142,
Fax 70756, « Parco ombreggiato », 🐎
– 🛗 🗏 📺 🕾 ⅋ ₱. 🆎 🕲 ⓪ Ɛ 🚾.
🛠
25 cam ⇆ 105/154000.
1,5 km per viale IV Novembre BY

🏨 **Farnese International Hotel,** via
Reggio 51/a 𝒫 994247, Fax 992317 –
🛗 🗏 📺 🕾 🚗 ₱ – 🔬 70. 🆎 🕲 ⓪
Ɛ 🚾. 🛠 rist
Pas (chiuso domenica) carta 27/39000
– **76 cam** ⇆ 75/112000 –
½ P 75/95000.
BY a

🏨 **Torino** senza rist, borgo Mazza 7 𝒫
281047, Fax 230725 – 🛗 ⇆ 📺 🕾
⇦. 🆎 🕲 ⓪ Ɛ 🚾
chiuso dal 25 al 30 dicembre e dal 1°
al 24 agosto – ⇆ 9000 – **33 cam**
58/81000.
BY v

🏨 **Daniel e Rist. Cocchi,** via Gramsci
16 𝒫 995147, Fax 292606 – 🛗 🗏 📺
🕾 ₱. 🆎 🕲 ⓪ Ɛ 🚾. 🛠
per ⑤
chiuso dal 22 dicembre al 1° gennaio
e dal 28 luglio al 27 agosto – Pas
(chiuso sabato) carta 34/48000 (15%)
– ⇆ 10000 – **32 cam** 65/93000 –
½ P 77/98000.

🏨 **Button** senza rist, strada San Vitale
7 𝒫 208039, Fax 238783 – 🛗 📺 🕾. 🆎
🕲 ⓪ Ɛ 🚾
chiuso luglio – ⇆ 8500 – **41 cam**
57/81000.
BZ f

🏨 **Savoy** senza rist, via 20 Settembre
3/a 𝒫 281101, Fax 281103 – 🛗 ⇆ 🕾.
🆎. 🛠
CY x
chiuso dal 23 dicembre al 1° gennaio
ed agosto – ⇆ 10000 – **27 cam**
50/75000.

🏨 **Principe,** via Emilia Est 46 𝒫 493847,
Fax 241775 – 🛗 ⇆ 🕾. 🕲 ⓪ Ɛ 🚾.
🛠 rist
per ②
chiuso dal 4 al 28 agosto – (chiuso
domenica e da dicembre a marzo) carta 27/42000 – ⇆ 8000 – **33 cam**
57/84000 – ½ P 82000.

PARMA

XXX ✿ **Parizzi,** strada della Repubblica 71 ℘ 285952, prenotare – 🍽 AE ⑤ ⑩ E VISA ❄   CZ **h**
   chiuso domenica sera, lunedì e dal 21 luglio al 17 agosto – Pas carta 33/56000 (12%)
   Spec. Anolini in brodo ristretto, Rognoncini di vitello trifolati, Porcini gratinati (settembre-novembre). **Vini**
   Malvasia, Rosso dei colli di Parma.

XX **Angiol d'Or,** vicolo Scutellari 1 ℘ 282632, prenotare – 🍽 AE ⑤ ⑩ E VISA ❄   CY **b**
   chiuso domenica e lunedì a mezzogiorno – Pas carta 37/60000 (10%).

XX **La Filoma,** via 20 Marzo 15 ℘ 234269, Coperti limitati; prenotare – ⇦✕. AE ⑤ ⑩ E VISA.
                                                                  CZ **a**
   chiuso domenica ed agosto – Pas carta 41/56000.

XX ✿ **La Greppia,** strada Garibaldi 39/a ℘ 233686, prenotare – 🍽 AE ⑤ ⑩ E VISA   BY **e**
   chiuso giovedì, venerdì, dal 24 dicembre al 2 gennaio e luglio – Pas carta 44/68000
   Spec. Carpaccio di vitello in salsa di fichi (estate, autunno), Malfattini di semola ai pistilli di zafferano italiano,
   Fagottino o sfogliata di verdure stagionali. **Vini** Cà Breo, Barolo.

Mazzini (Strada)	BZ 13	Pilotta (Piazza)	BY 17	Rustici (Viale G.)	BZ 24
Repubblica (Strada della)	CZ	Ponte Caprazucca	BZ 19	Salnitrara (Via)	BZ 26
		Ponte Italia	BZ 20	Studi (Borgo degli)	CY 27
Duomo (Strada al)	CY 8	Ponte di Mezzo	BZ 21	Toscanini (Viale)	BZ 28
Garibaldi (Piazza)	BZ 9	Ponte Verdi	BY 22	Trento (Via)	CY 30
Pace (Pza della)	BY 15	Regale (Borgo)	CZ 23	Varese (Via)	BZ 31

XX **Parma Rotta,** via Langhirano 158 ✆ 581323, « Servizio estivo sotto un pergolato » – ⇐ P. AE O VISA. ⛔ per viale Rustici BZ
chiuso domenica da giugno a settembre e lunedì negli altri mesi – Pas carta 28/47000.

XX **Il Cortile,** borgo Paglia 3 ✆ 285779, Coperti limitati; prenotare – ▤. AE O VISA. ⛔
chiuso domenica, lunedì a mezzogiorno ed agosto – Pas carta 27/41000. AZ

X **Gallo d'Oro,** borgo della Salina 3 ✆ 208846 – ▤. AE ⓢ O VISA. ⛔ BZ
chiuso domenica – **Pas** carta 23/35000.

X **Al Canòn d'Or,** via Nazario Sauro 3 ✆ 285234 – AE ⓢ O VISA. ⛔ BZ
chiuso lunedì, luglio ed agosto – Pas carta 29/41000.

X **Vecchio Molinetto,** viale Milazzo 39 ✆ 52672, « Servizio estivo in giardino » – P. ⛔
chiuso venerdì, sabato ed agosto – Pas carta 26/38000. AZ

sulla strada statale 9 - via Emilia per ③ : 3 km :

XX **Charly,** ✉ 43026 San Lazzaro Parmense ✆ 493974, « Villa del 18° secolo » – ⇐ P. AE ⓢ O E VISA. ⛔
chiuso domenica, lunedì, agosto e Natale – Pas carta 41/70000.

a Marore per strada provinciale 513 : 4 km CZ – ✉ **43100** Parma :

XX **Manzini,** ✆ 491877, Coperti limitati; prenotare – P. AE ⓢ O E VISA. ⛔
chiuso lunedì – Pas carta 26/48000 (10%).

a San Lazzaro Parmense per ③ : 3 km – ✉ **43026** :

XX **Al Tramezzino,** via Del Bono 5/b ✆ 45868 – AE ⓢ O E VISA
chiuso lunedì, martedì (escluso luglio-agosto) e dal 25 giugno al 10 luglio – Pas carta 28/48000.

a Ponte Taro per ⑤ : 10 km – ✉ **43010** :

🏨 **San Marco,** via Emilia 42 ✆ 61521 – |‡| ▤ TV ☎ P – 🏛 500. AE ⓢ O. ⛔ rist
Pas *(chiuso lunedì ed agosto)* carta 28/45000 – ☕ 9500 – **82 cam** 66/99000 – ½ P 95000.

Vedere anche : ***Viarolo*** NO : 11 km.
Torrile N : 15 km.

MICHELIN, via Nobel 5/A-località Paradigna per ①, ✆ 773656.

PARONA DI VALPOLICELLA Verona – Vedere Verona.

PARTSCHINS = Parcines.

PASQUILIO Massa-Carrara – Vedere Montignoso.

PASSARIANO Udine – Vedere Codroipo.

PASSIGNANO SUL TRASIMENO **06065** Perugia 988 ⑮ – 4 717 ab. alt. 289 – ☎ 075.
Roma 211 – Arezzo 48 – •Perugia 28 – Siena 80.

🏨 Villa Paradiso 🐦, via Rosselli ✆ 827824 – ☎ P
29 cam.

🏨 **La Vela** senza rist, via Rinascita 2 ✆ 827221 – |‡| ☎ 🚗 P. AE
☕ 4000 – **31 cam** 36/55000.

Vedere anche : ***Isola Maggiore*** SO : 15/30 mn di battello.
Castel Rigone NE : 10 km.

PASSO Vedere nome proprio del passo.

PASSO LANCIANO Chieti – alt. 1 306 – a.s. febbraio-15 aprile, 15 luglio-15 agosto e Natale – Sport invernali : 1 306/2 000 m ⛷4.
Roma 200 – Chieti 39 – Ortona 52 – •Pescara 57.

🏨 **La Maielletta** 🐦, alt. 1 280, ✉ 66010 Pretoro ✆ (0871) 896141 – ⇐ cam P. ⛔
Pas *(chiuso martedì)* carta 18/25000 (10%) – ☕ 6000 – **50 cam** 30/54000.

🏨 **Mamma Rosa** 🐦, via Maielletta S : 5 km, alt. 1 650, ✉ 66010 Pretoro ✆ (0871) 896143, ⇐ vallata – 🚗 P. ⛔
chiuso maggio ed ottobre – Pas *(chiuso mercoledì in bassa stagione)* carta 22/31000 – ☕ 6000 – **42 cam** 45/65000 – P 55/70000.

PASTRENGO **37010** Verona – 2 253 ab. alt. 192 – ☎ 045.
Roma 509 – Garda 16 – Mantova 49 – •Milano 144 – Trento 82 – •Venezia 135 – •Verona 17.

XX **Stella d'Italia,** piazza Carlo Alberto ✆ 7170034, 🍽 – ▤. ⓢ VISA. ⛔
chiuso domenica e mercoledì sera – Pas carta 25/41000.

a Piovezzano N : 1,5 km – ✉ **37010** Pastrengo :

XX **Eva,** ✆ 7170110, 🍽 – ▤ P. ⛔
chiuso martedì e dal 1° al 15 luglio – Pas carta 21/34000.

PATRICA 03010 Frosinone – 2 732 ab. alt. 436 – ☎ 0775.
Roma 113 – Frosinone 17 – Latina 49.

sulla strada provinciale per Ceccano E : 9 km :

✗ **Villa del Poggio,** ✉ 03010 ℰ 352291 – 🅿 🖭 🕼 ⑩ 🅴 *VISA*. ✼
chiuso sabato e dal 4 al 23 agosto – Pas carta 26/38000.

*Alterations and improvements are constantly being made
to the Italian road network.
Buy the latest edition of **Michelin Map** 988, at a scale of 1:1 000 000.*

PAVIA 27100 ℙ 988 ⑬ – 81 308 ab. alt. 77 – ☎ 0382.

Vedere Castello Visconteo★ BY – Duomo★ AZ **D** – Chiesa di San Michele★ BZ **B** – Arca di Sant'Agostino★ e portale★ della chiesa di San Pietro in Ciel d'Oro AY **E** – Tomba★ nella chiesa di San Lanfranco O : 2 km.

Dintorni Certosa di Pavia★★★ per ① : 9 km.

🛈 via Fabio Filzi 2 ℰ 22156.

A.C.I. piazza Guicciardi 5 ℰ 301381.

Roma 563 ③ – Alessandria 67 ③ – ✦Genova 121 ④ – ✦Milano 38 ⑤ – Novara 62 ④ – Piacenza 54 ③.

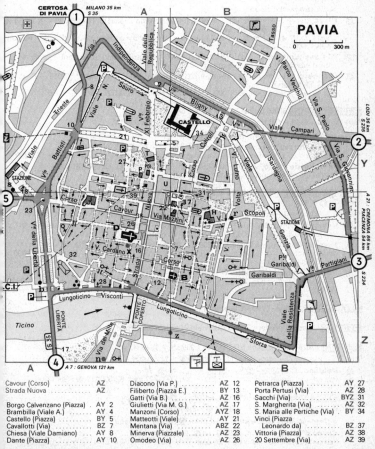

409

🏠 **Palace e Rist. La Serre,** via della Libertà 89 *℘* 27441, Fax 27441 – 🛗 🖥 📺 ☎. 🖭 🕄 ⓞ
E 𝚅𝙸𝚂𝙰. 🛠.   AZ **b**
Pas *(chiuso domenica ed agosto)* carta 30/47000 – 🖵 7500 – **51 cam** 74/102000 – ½ P 107000.

🏠 **Rosengarten,** piazza Policlinico *℘* 526312 – 🛗 📺 🕸 🚗 🅿. 🖭 𝚅𝙸𝚂𝙰. 🛠.   AY **c**
chiuso dal 5 al 26 agosto – Pas carta 30/40000 – 🖵 7500 – **84 cam** 55/85000 – P 90000.

🏠 **Ariston,** via Scopoli 10 *℘* 34334, Fax 25667 – 🛗 📺 ☎. 🖭 🕄 ⓞ E 𝚅𝙸𝚂𝙰. 🛠 rist   BZ **r**
Pas *(chiuso sabato a mezzogiorno, domenica ed agosto)* carta 35/50000 – 🖵 10000 –
60 cam 55/85000 – ½ P 80000.

🏠 **Excelsior** senza rist, piazza Stazione 25 *℘* 28596 – 📺 ☎. 🖭 🕄 ⓞ E 𝚅𝙸𝚂𝙰. 🛠   AYZ **s**
🖵 6000 – **22 cam** 44/75000.

XXX ✿ **Locanda Vecchia Pavia,** via Cardinal Riboldi 2 *℘* 304132, Coperti limitati; prenotare
– 🖥. 🖭 ⓞ 𝚅𝙸𝚂𝙰. 🛠.   AZ **x**
chiuso lunedì, mercoledì a mezzogiorno ed agosto – Pas carta 44/75000
Spec. Fricassea di branzino e molluschi allo zabaglione leggero, Ravioli di zucchine al pomodoro fresco, Salmone
al sale. **Vini** Riesling Renano, Pinot nero.

XX **Ferrari-da Tino,** via dei Mille 111 *℘* 31033 – ⓞ 𝚅𝙸𝚂𝙰   AZ **n**
chiuso domenica sera, lunedì e dal 15 luglio al 30 agosto – Pas carta 29/48000 (10%).

XX **Italia,** viale Bramante 8 *℘* 25086 – 🅿. 🖭 🕄 ⓞ E 𝚅𝙸𝚂𝙰. 🛠   per ④
chiuso venerdì sera e sabato – Pas carta 26/38000.

X **Antica Osteria del Previ,** località Borgo Ticino via Milazzo 65 *℘* 26203   ABZ **z**
chiuso martedì sera, mercoledì, dal 1° al 15 luglio e dal 1° al 15 dicembre – Pas carta 25/45000.

X **Francescon,** via dei Mille 146 *℘* 22331 – 🅿. 🛠   AZ
chiuso lunedì e luglio – Pas carta 24/40000.

sulla strada statale 35 :

🏠 **Plaza,** per ④ : 3 km ⊠ 27028 San Martino Siccomario *℘* 559413, Fax 556085 – 🛗 🖥 📺 ☎
🅿 – 🔬 30. 🖭 🕄 ⓞ E 𝚅𝙸𝚂𝙰. 🛠 rist
chiuso dal 1° al 15 agosto – Pas *(chiuso a mezzogiorno e sabato)* carta 35/52000 – **53 cam**
🖵 90/130000 – ½ P 95000.

XXX **Al Cassinino,** per ④ : 4 km ⊠ 27100 *℘* 422097, Coperti limitati; prenotare – 🖥 🅿. 🛠
chiuso mercoledì e dal 20 dicembre al 10 gennaio – Pas carta 61/98000.

XX **Giannino** con cam, per ④ : 3 km ⊠ 27028 San Martino Siccomario *℘* 559658 – 🖥 🕸 🅿.
🖭 🕄 ⓞ E 𝚅𝙸𝚂𝙰
Pas *(chiuso lunedì)* carta 35/71000 – 🖵 8000 – **16 cam** 53/84000 – ½ P 70/80000.

PAVIA DI UDINE 33050 Udine – 5 397 ab. alt. 68 – ✿ 0432.
Roma 635 – Gorizia 29 – ♦Milano 374 – ♦Trieste 64 – Udine 10 – ♦Venezia 124.

a Lauzacco SO : 3 km – ⊠ 33050 Risano :

XX **Al Fogolar,** sulla statale 352-Crosada *℘* 675173 – 🛬 🅿. 🖭 🕄 ⓞ E 𝚅𝙸𝚂𝙰
chiuso lunedì sera, martedì, dal 1° al 15 gennaio e dal 1° al 15 agosto – Pas carta 26/38000.

X **Al Gallo-da Paolo,** via Ippolito Nievo 7 *℘* 675161, 🍽 – 🅿. 🖭 ⓞ 𝚅𝙸𝚂𝙰. 🛠
chiuso lunedì e agosto – Pas carta 25/43000.

PAVULLO NEL FRIGNANO 41026 Modena 🔢🔢🔢 ⑭ – 13 133 ab. alt. 682 – a.s. luglio-agosto e
Natale – ✿ 0536.
Roma 411 – ♦Bologna 63 – ♦Firenze 137 – ♦Milano 222 – ♦Modena 47 – Pistoia 101 – Reggio nell'Emilia 61.

🏠 **Vandelli,** via Giardini Sud 7 *℘* 20288, Fax 23608 – 🛗 ☎ 🚗 – 🔬 120. 🖭 🕄 E 𝚅𝙸𝚂𝙰. 🛠
✦   Pas *(chiuso martedì)* 20/30000 – 🖵 10000 – **41 cam** 45/65000 – ½ P 50/55000.

🏠 **Ferro di Cavallo,** via Bellini 4 *℘* 20098 – 🛗 🖥 rist 🕸 🚗 🅿. 🕄 E 𝚅𝙸𝚂𝙰. 🛠 rist
chiuso febbraio – Pas *(chiuso lunedì)* carta 33/42000 – 🖵 10000 – **18 cam** 34/53000 –
½ P 45/48000.

XX **Parco Corsini,** viale Martiri 11 *℘* 20129, 🍽 – 🛠
chiuso lunedì (escluso luglio-15 settembre) e dal 14 al 28 giugno – **Pas** carta 23/33000
(10%).

PECORONE Potenza – Vedere Lauria.

PEDARA Catania – Vedere Sicilia alla fine dell'elenco alfabetico.

PEDASO 63016 Ascoli Piceno 🔢🔢🔢 ⑯⑰ – 1 955 ab. – ✿ 0734.
Roma 249 – ♦Ancona 72 – Ascoli Piceno 52 – Macerata 52 – ♦Pescara 86 – Porto San Giorgio 11.

🏠 **Valdaso,** *℘* 931349 – 🛗 🛬 rist 📺 🕸 ᗡ 🚗 🅿. 🛠
✦   Pas *(chiuso domenica)* carta 17/24000 – 🖵 3000 – **27 cam** 32/50000 – ½ P 38/42000.

PEDAVENA 32034 Belluno – 4 096 ab. alt. 359 – ✿ 0439.
Roma 596 – Belluno 33 – ♦Padova 97 – Trento 84 – Treviso 61.

a Croce d'Aune NO : 9 km – alt. 1 011 – ⊠ 32034 Pedavena :

X **Croce d'Aune** con cam, *℘* 98921 – 🅿. 🖭. 🛠 rist
Pas carta 25/34000 – 🖵 5000 – **25 cam** 35/50000 – ½ P 30/40000.

Verona – Vedere Verona.

Vicenza – Vedere Grancona.

PEDEROBBA 31040 Treviso – 6 399 ab. alt. 225 – ✪ 0423.
Dintorni Possagno : Deposizione✶ nel tempio di Canova O : 8,5 km.
Roma 560 – Belluno 47 – ✦Milano 265 – ✦Padova 59 – Treviso 35 – ✦Venezia 65.

✗ **Antica Locanda Monfenera-da Tino,** a cima Monfenera NO : 6 km alt. 780, ✆ 69705, ≼ pianura e fiume Piave – ℗. 𝘝𝘐𝘚𝘈. ✺
   chiuso martedì e dal 7 gennaio al 18 marzo – Pas carta 24/35000.

   ad Onigo di Piave SE : 3 km – ✉ **31050** :

✗✗ **Le Rive,** via Rive 32 ✆ 64267, « Servizio estivo all'aperto »
✦ *chiuso martedì, mercoledì, marzo ed ottobre* – Pas carta 20/32000.

PEDRACES (PEDRATSCHES) Bolzano – Vedere Badia.

PEGLI Genova 988 ⑬ – Vedere Genova.

PEIO 38020 Trento 988 ④, 218 ⑱ – 1 904 ab. alt. 1 389 – Stazione termale, a.s. febbraio-Pasqua e Natale – Sport invernali : 1 389/2 785 m ⟨1 ⟩4 – ✪ 0463.
🛈 alle Terme ✆ 73100.
Roma 669 – ✦Bolzano 93 – Passo di Gavia 54 – ✦Milano 256 – Sondrio 102 – Trento 87.

🏨 **Kristiania** ⟨, a Cò)golo ✉ 38024 ✆ 74157, ≼ – 📺 ☎ ⟨ ℗. 🄰🄴 🅂 ⑩ 🄴 𝘝𝘐𝘚𝘈. ✺
✦ *dicembre-aprile e 10 giugno-25 settembre* – Pas carta 19/35000 – ⇱ 6000 – **33 cam** 50/85000 – P 45/85000.

🏨 **Cevedale,** a Cògolo ✉ 38024 ✆ 74067 – 📳 ☎ ℗. 🅂 𝘝𝘐𝘚𝘈. ✺ rist
✦ *chiuso maggio e novembre* – Pas carta 20/30000 – ⇱ 7000 – **30 cam** 45/80000 – ½ P 52/62000.

🏨 **Alpino,** alle Terme ✆ 73212, ≼, 🔲 – 📳 ☎ ℗. ✺ rist
✦ *20 dicembre-14 aprile e 20 giugno-10 settembre* – Pas (solo per clienti alloggiati) 20000 – ⇱ 7500 – **44 cam** 50/85000 – ½ P 54/67000.

🏨 **Vioz** ⟨, alle Terme ✆ 73146, Fax 73333, ≼, 🚗, ✺ – ⟨ ⴺ ⟨ ℗. 🄰🄴 🅂 🄴 𝘝𝘐𝘚𝘈. ✺ rist
✦ *20 dicembre-10 aprile e 20 giugno-15 settembre* – Pas 15/25000 – ⇱ 6000 – **48 cam** 65/95000 – ½ P 45/70000.

🏨 **Biancaneve** ⟨, a Cògolo ✉ 38024 ✆ 74100, ≼ – ☎ ⟨ ℗. ✺
✦ *20 dicembre-Pasqua e luglio-10 settembre* – Pas carta 25/33000 – ⇱ 6000 – **22 cam** 38/64000 – ½ P 53/61000.

✗ **Il Mulino,** a Comasine ✆ 74244
   20 dicembre-20 aprile e 20 giugno-15 settembre – Pas carta 27/36000.

PELLESTRINA (Isola di) Venezia – Vedere Venezia.

PENIA Trento – Vedere Canazei.

PENNABILLI 61016 Pesaro 988 ⑮ – 3 179 ab. alt. 550 – a.s. 15 giugno-agosto – ✪ 0541.
Roma 307 – ✦Perugia 121 – Pesaro 76 – Rimini 67.

🏠 **Parco,** ✆ 918446, 🚗 – 📳 ⴺ. ✺
✦ *chiuso da novembre a gennaio* – Pas (chiuso martedì) carta 20/33000 – ⇱ 5000 – **22 cam** 35/47000 – ½ P 41000.

PENNE 65017 Pescara 988 ㉗ – 12 185 ab. alt. 438 – ✪ 085.
Roma 228 – L'Aquila 125 – Chieti 38 – ✦Pescara 32 – Teramo 69.

✗ **Tatobbe,** corso Alessandrini 45 ✆ 8279512 – ✺
✦ *chiuso lunedì e dal 18 dicembre al 2 gennaio* – Pas carta 20/31000.

PERA Trento – Vedere Pozza di Fassa.

PERGINE VALSUGANA 38057 Trento 988 ④ – 14 444 ab. alt. 482 – a.s. 15 dicembre-Epifania – ✪ 0461.
🛈 (giugno-settembre) piazza Gavazzi 1 ✆ 531258.
Roma 599 – Belluno 101 – ✦Bolzano 71 – ✦Milano 255 – Trento 11 – ✦Venezia 152.

🏨 **Al Ponte,** via Maso Grillo 4 (NO : 1 km) ✆ 531317, Fax 531288, « Giardino con 🔲 » – 📳
   📺 ☎ ⟨ ℗ – 🔼 25 a 80. 🄰🄴 🅂 ⑩ 🄴 𝘝𝘐𝘚𝘈. ✺
   Pas (chiuso domenica in bassa stagione) carta 29/41000 – ⇱ 10000 – **40 cam** 65/108000 – ½ P 80/90000.

🏨 **Turismo,** via Venezia 20 ✆ 531073, Telex 401119, Fax 531073, 🔲, 🚗 – 📳 📺 ☎ ℗. 🄰🄴 🅂 ⑩ 🄴 𝘝𝘐𝘚𝘈. ✺ rist
   Pas (chiuso domenica) carta 21/35000 – ⇱ 5000 – **38 cam** 45/77000 – ½ P 66000.

XX Al Castello ⤫ con cam, E : 2,5 km 𝒫 531158, ≤, « Castello del 13° secolo », ☞ – ⊗ 🅿
     stagionale – **19 cam**.

     a San Cristoforo al Lago S : 2 km – ✉ **38050**.
     🎌 (giugno-settembre) 𝒫 531119 :

🏨 Lido-Seehof ⤫, 𝒫 531044, Fax 530324, « Piccolo parco », ⚓, ⁂ – 🚿 ☎ 🅿
     stagionale – **74 cam**.

PERGUSA (Lago di) Enna – Vedere Sicilia (Enna) alla fine dell'elenco alfabetico.

PERINALDO 18030 Imperia 🎴 ㉚, 🎴 ⑲ – 907 ab. alt. 573 – ✿ 0184.
Roma 668 – ◆Genova 169 – Imperia 55 – ◆Milano 291 – San Remo 28 – Ventimiglia 17.

🏠 La Riana, 𝒫 552015, ≤ vallata e mare, « Giardino oliveto » – 🅿. ⁂
     chiuso ottobre e novembre – Pas *(chiuso giovedì)* 22000 – ☷ 8000 – **12 cam** 19/35000 –
     ½ P 45000.

PERLEDO 22050 Como 🎴 ⑨ – 817 ab. alt. 407 – ✿ 0341.
Roma 644 – ◆Bergamo 57 – Chiavenna 47 – Como 53 – Lecco 24 – ◆Milano 80 – Sondrio 62.

X   Il Caminetto, località Gittana 𝒫 830626, prenotare – 🅿. ⁂
     chiuso mercoledì, gennaio o giugno – Pas carta 25/39000.

     al lago :

XX La Cava, ✉ 22050 𝒫 831069, ≤, 🍽, « Terrazze in riva al lago » – 🅿. 🆎 🚿 ⓞ 🄴 🆅🅸🆂🅰
     chiuso lunedì e gennaio – Pas carta 27/49000.

PERTI ALTO Savona – Vedere Finale Ligure.

PERUGIA 06100 🅿 🎴 ⑯ – 148 422 ab. alt. 493 – ✿ 075.
Vedere Piazza 4 Novembre★★ BY : fontana Maggiore★★, palazzo dei Priori★★ D (galleria nazionale
dell'Umbria★★) – Chiesa di San Pietro★★ BZ **L** – Oratorio di San Bernardino★★ AY – Museo
Archeologico Nazionale dell'Umbria★★ BZ **M** – Collegio del Cambio★ BY E : affreschi★★ del
Perugino – ≤★★ dai giardini Carducci AZ – Porta Marzia★ e via Bagliona Sotterranea★ BZ Q –
Chiesa di San Domenico★ BZ – Porta San Pietro★ BZ **N** – Via dei Priori★ AY – Chiesa di
Sant'Angelo★ AY **R** – Arco Etrusco★ BY **K** – Via Maestà delle Volte★ ABY **29** – Cattedrale★ BY F
– Via delle Volte della Pace★ BY **55**.
Dintorni Ipogeo dei Volumni★ per ② : 6 km.
🛝 (chiuso lunedì) ad Ellera ✉ 06074 𝒫 79704, per ③ : 9 km.
🎌 corso Vannucci (Palazzo Donnini) 94/a 𝒫 23327.
A.C.I. via Mario Angeloni 1 𝒫 71941.
Roma 172 ② – ◆Firenze 154 ③ – ◆Livorno 222 ③ – ◆Milano 449 ③ – ◆Pescara 281 ② – ◆Ravenna 196 ②.

Pianta pagina a lato

🏨 Brufani, piazza Italia 𝒫 62541, Telex 662104, Fax 20210, ≤ – 🚿 🍽 📺 ☎ 🕭 ⟵ – 🔏 40 a
     70. 🆎 🚿 ⓞ 🄴 🆅🅸🆂🅰. ⁂   AZ **x**
     Pas carta 51/81000 – ☷ 18000 – **24 cam** 250/333000 appartamenti 400/500000.

🏨 Perugia Plaza Hotel, via Palermo 88 𝒫 34643, Telex 661165, Fax 30863 – 🚿 ≤★ rist 🍽 ⊗
     🕭 ⟵ ⊜ – 🔏 200. 🆎 🚿 ⓞ 🄴 🆅🅸🆂🅰. ⁂ rist   per via dei Filosofi BZ
     Pas *(chiuso lunedì)* carta 30/44000 – ☷ 13000 – **101 cam** 100/155000 appartamenti
     239/280000 – ½ P 117/130000.

🏨 La Rosetta, piazza Italia 19 𝒫 20841, Telex 563271, Fax 20841 – 🚿 📺 ☎. 🆎 🚿 ⓞ 🄴 🆅🅸🆂🅰.
     ⁂ cam   AZ **r**
     Pas *(chiuso lunedì)* carta 25/40000 (15%) – ☷ 10000 – **96 cam** 70/130000 – ½ P 95/130000.

🏨 Grifone, via Silvio Pellico 1 𝒫 32049, Telex 564038 – 🚿 🍽 rist 📺 🕭 ⟵ ⊜ – 🔏 25 a
     100. 🆎 🚿 ⓞ 🄴 🆅🅸🆂🅰. ⁂   per via dei Filosofi BZ
     Pas *(chiuso venerdì e dal 1° al 10 agosto)* carta 25/41000 – ☷ 12000 – **50 cam** 97/140000
     appartamento 210000 – ½ P 130000.

🏨 Fortuna senza rist, via Bonazzi 19 𝒫 22845, ≤ – 🚿 ≤★ 📺 ☎. 🆎 🚿 ⓞ 🄴 🆅🅸🆂🅰   AZ **b**
     ☷ 7000 – **31 cam** 95/136000.

🏠 Signa senza rist, via del Grillo 9 𝒫 61080 – 🚿 ☎. 🆎 ⓞ. ⁂   BZ **n**
     ☷ 7500 – **23 cam** 42/62000.

🏠 I Loggi ⤫, via del Brozzo 18 𝒫 33785, ≤, ☞ – ☎ 🅿. 🆎. ⁂   3 km : per ③
     Pas *(chiuso martedì)* 25/35000 – ☷ 8000 – **18 cam** 55/80000 – ½ P 70/80000.

XX Osteria del Bartolo, via del Bartolo 30 𝒫 61461 – 🆎 ⓞ 🆅🅸🆂🅰. ⁂   BY **a**
     chiuso martedì, dal 7 al 25 gennaio e dal 27 giugno al 4 luglio – Pas carta 38/54000.

XX Del Sole, via Oberdan 28 𝒫 65031, « Servizio estivo in terrazza con ≤ » – 🆎 🚿 ⓞ 🄴 🆅🅸🆂🅰
     chiuso lunedì e dal 23 dicembre al 10 gennaio – Pas carta 31/41000 (10%).   BZ **s**

XX Ricciotto, piazza Danti 19 𝒫 21956 – 🆎 🚿 ⓞ 🄴 🆅🅸🆂🅰. ⁂   BY **v**
     chiuso domenica e giugno – Pas carta 34/49000 (15%).

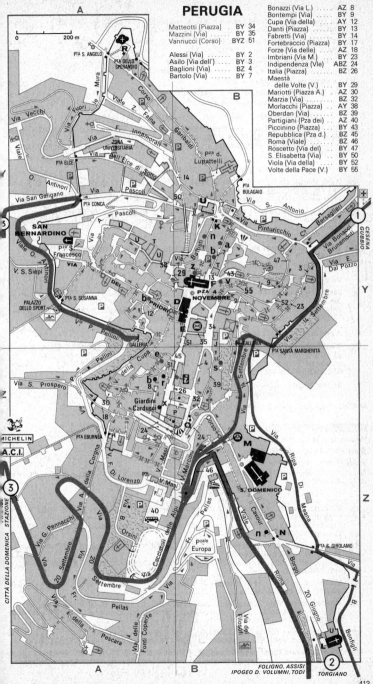

PERUGIA

XX **La Taverna,** via delle Streghe 8 *&* 61028, Fax 65888 – %, 🗏. 🖭 🖸 ⑩ 🗲 *VISA*   AZ **e**
   chiuso lunedì e dal 24 al 31 luglio – Pas carta 29/45000.

XX **Falchetto,** via Bartolo 20 *&* 61875 – 🖭 🖸 ⑩ 🗲 *VISA*. 🛠   BY **b**
   chiuso lunedì – Pas carta 25/40000 (15%).

XX **La Bocca Mia,** via Rocchi 36 *&* 23873 – 🖭 ⑩   BY **n**
   chiuso domenica e dal 1° al 20 agosto – Pas carta 28/41000 (10%).

X La Lanterna, via Rocchi 6 *&* 66064   BY **z**

X **Da Giancarlo,** via dei Priori 36 *&* 24314 – 🖭 ⑩ *VISA*. 🛠   AY **b**
   chiuso venerdì – Pas carta 21/43000.

   a Ferro di Cavallo per ③ : 6 km – alt. 287 – ⊠ **06074** Ellera Umbra :

🏨 **Hit Hotel,** strada Trasimeno Ovest 159 z/10 *&* 799247, Telex 661033, Fax 798947 – 🛗 🗏
   🖭 🕿 & 🅿 – 🏄 150. 🖭 🖸 ⑩ 🗲 *VISA*. 🛠
   Pas *(chiuso lunedì)* carta 26/38000 – 😅 10000 – **80 cam** 77/110000 appartamenti 200000 –
   ½ P 56/60000.

   a Ponte San Giovanni per ② : 7 km – alt. 189 – ⊠ **06087** :

🏨 **Park Hotel,** via Volta 1 *&* 394444, Telex 660112, Fax 397877 – 🛗 %, cam 🗏 🖭 🕿 & 🚗
   🅿 – 🏄 30 a 400. 🖭 🖸 ⑩ *VISA*
   Pas carta 29/40000 – 😅 10000 – **88 cam** 80/120000 appartamento 240000 – ½ P 78/95000.

🏨 **Tevere,** via Manzoni 421 *&* 394341, Fax 394342 – 🛗 🗏 🖭 🕿 🚗 🅿. 🖭 *VISA*. 🛠 cam
   Pas *(chiuso sabato)* carta 27/34000 – 😅 10000 – **50 cam** 55/78000. 🗏 5000 – ½ P 65/85000.

   sulla strada statale 75 bis per ③ : 8 km :

XX **Osteria dell'Olmo,** alt. 284 ⊠ 06073 Corciano *&* 799140, « Servizio estivo all'aperto » –
   🅿. 🖭 🖸 ⑩ *VISA*. 🛠
   chiuso lunedì – Pas carta 35/50000.

   verso Città della Domenica per ③ : 8 km :

🏨 **Sirius** 🏖, località San Marco ⊠ 06070 San Marco *&* 690142, ≤, 🚲, 🛠 – 🕿 🅿. 🖸 🗲
   VISA. 🛠
   chiuso dal 15 gennaio al 15 marzo – Pas (solo per clienti alloggiati e *chiuso a mezzogiorno*)
   22/25000 – 😅 6000 – **15 cam** 60/80000 – ½ P 65000.

   a Ponte Valleceppi per ① : 10 km – alt. 192 – ⊠ **06078** :

🏨 **Vegahotel,** sulla strada statale 318 (NE : 2 km) *&* 6929534, Fax 6929507 – 🖭 🕿 & 🅿 –
   🏄 60 a 80. 🖭 *VISA*. 🛠
   chiuso dal 24 dicembre al 10 gennaio – Pas *(chiuso mercoledì)* carta 24/35000 – 😅 7000 –
   42 cam 55/80000 – ½ P 58/68000.

   Vedere anche : *Corciano* per ③ : 13 km.
               Torgiano per ② : 16 km.

MICHELIN, strada delle Sette Valli 231 per ③ : 4 km, *&* 70665.

PESARO 61100 🅿 🎛 ⑯ – 90 279 ab. – a.s. luglio e agosto – 🕿 0721.

Vedere Museo Civico★ : ceramiche★★.

🖪 piazzale della Libertà *&* 69341 – via Rossini 41 *&* 63690.

A.C.I. via San Francesco 44 *&* 33368.

Roma 300 ① – ♦Ancona 76 ① – ♦Firenze 196 ② – Forlì 87 ② – ♦Milano 359 ② – ♦Perugia 134 ① – ♦Ravenna
92 ② – Rimini 40 ②.

                              Pianta pagina a lato

🏨 **Vittoria,** piazzale della Libertà 2 *&* 34343, Telex 561624, Fax 68874, 🔽 – 🛗 🗏 🖭 🕿 🚗
   – 🏄 80 a 150. 🖭 🖸 ⑩ 🗲 *VISA*. 🛠   Y **e**
   Pas *(chiuso a mezzogiorno e domenica da ottobre a maggio)* carta 28/51000 – 😅 18000 –
   27 cam 140/200000 appartamento 340000.

🏨 **Savoy,** viale della Repubblica 22 *&* 67440, Fax 64429, 🔽 – 🛗 %, cam 🗏 🖭 🕿 & 🚗 –
   🏄 450. 🖭 🖸 ⑩ 🗲 *VISA*. 🛠 rist   Z **n**
   Pas *(chiuso dal 20 settembre al 31 maggio)* carta 23/42000 – 😅 15000 – **54 cam** 100/160000
   – ½ P 80/130000.

🏨 **Mamiani** senza rist, via Mamiani 24 *&* 35541 – 🛗 🕿 🚗. 🖭 🖸 ⑩ 🗲 *VISA*. 🛠   Z **h**
   😅 8000 – **40 cam** 45/64000.

🏨 **Ambassador,** viale Trieste 291 *&* 34246, Fax 34248, ≤ – 🛗 🖭 🕿. 🖭 🖸 ⑩ 🗲 *VISA*. 🛠
   Pas (solo per clienti alloggiati e *chiuso dal 15 settembre al 15 giugno*) – 😅 8000 – **40 cam**   Y **s**
   45/64000 – ½ P 60/65000.

🏨 **Spiaggia,** viale Trieste 76 *&* 32516, ≤, 🔽, 🚲 – 🛗 🗏 rist 🕿 🅿. 🛠 rist   Z **d**
   maggio-10 ottobre – Pas 21/35000 – 😅 7500 – **74 cam** 42/60000 – ½ P 55/60000.

🏨 **Mediterraneo Ricci,** viale Trieste 199 *&* 31556 – 🛗 🖭 🖸 ⑩ 🗲 *VISA*. 🛠 rist   Z **c**
   chiuso dal 15 dicembre al 15 gennaio – Pas carta 21/40000 – 😅 7000 – **42 cam** 44/64000 –
   ½ P 38/54000.

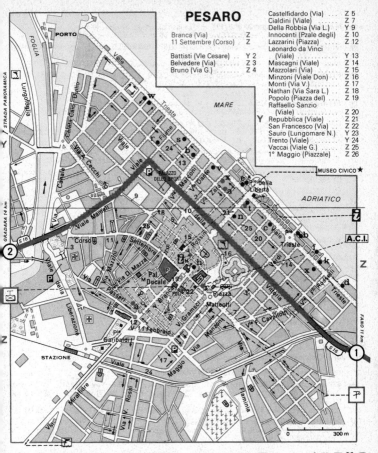

PESARO

Branca (Via) ..... Z
11 Settembre (Corso) ... Z

Battisti (Vle Cesare) ... Y 2
Belvedere (Via) ..... Y 3
Bruno (Via G.) ..... Z 4

Castelfidardo (Via) ..... Z 5
Cialdini (Viale) ..... Z 7
Della Robbia (Via L.) ... Z 9
Innocenti (Pzale degli) ... Z 10
Lazzarini (Piazza) ..... Z 12
Leonardo da Vinci
(Viale) ..... Y 13
Mascagni (Viale) ..... Z 14
Mazzolari (Via) ..... Z 15
Minzoni (Viale Don) ... Z 16
Monti (Via V.) ..... Z 17
Nathan (Via Sara L.) ... Z 18
Popolo (Piazza del) ... Z 19
Raffaello Sanzio
(Viale) ..... Z 20
Repubblica (Viale) ..... Z 21
San Francesco (Via) ... Y 22
Sauro (Lungomare N.) ... Y 23
Trento (Viale) ..... Y 24
Vaccai (Viale G.) ..... Z 25
1° Maggio (Piazzale) ... Z 26

🏨 **Des Bains**, viale Trieste 221 ℰ 33665, Fax 34025 – 📶 🗏 rist 📺 🐾 🚗 – 🔬 70. 🖭 🕃 ⓞ
E 💟💟. 🛠 rist   Y t
chiuso dal 23 al 30 dicembre – Pas (solo per clienti alloggiati e *chiuso domenica escluso da
giugno a settembre*) 22000 – 🖙 10000 – **67 cam** 45/64000 – ½ P 50/70000.

🏨 **Principe e Rist. Da Teresa**, viale Trieste 180 ℰ 30096, Fax 400156, ← – 📶 🐾 🅿. 🖭 🕃
ⓞ E 💟💟. 🛠 rist   Y e
chiuso gennaio e dicembre – Pas (chiuso lunedì da ottobre a maggio) carta 36/51000 – 🖙
7500 – **42 cam** 44/63000 – ½ P 50/59000.

🏨 **Due Pavoni**, viale Fiume 79 ℰ 69017, Fax 65977 – 📶 🗏 📺 ☎ 🕭 🚗. 🖭 🕃 ⓞ E 💟💟. 🛠
🍴 Pas (solo per clienti alloggiati; *chiuso a mezzogiorno e da ottobre a maggio anche venerdì,
sabato e domenica*) 18/23000 – 🖙 7000 – **48 cam** 52/72000 – ½ P 55/73000.   Y r

🏨 **Nettuno**, viale Trieste 367 ℰ 400440, ←, 🏖 – 📶 🛠 cam 🕭 🅿. 🕃 ⓞ E 💟💟. 🛠
🍴 *maggio-settembre* – Pas 15/30000 – 🖙 8000 – **65 cam** 44/65000 – ½ P 38/60000.   Y w

🏨 **Caravelle**, viale Trieste 269 ℰ 64078, ←, 🏖 – 📶 🗏 cam 🐾 🅿. 🖭 🕃 ⓞ 💟💟. 🛠 rist
10 maggio-20 settembre – Pas (solo per clienti alloggiati) – **75 cam** 🖙 48/73000 –
½ P 40/65000.   Y v

🏨 **Clipper**, viale Marconi 53 ℰ 30915 – 📶 🐾 🅿. ⓞ. 🛠   Y b
maggio-settembre – Pas 25000 – 🖙 8000 – **48 cam** 39/59000 – ½ P 36/67000.

🏨 **Atlantic**, viale Trieste 365 ℰ 61911, ← – 📶 🐾 🅿. 🛠   Y w
15 maggio-20 settembre – Pas (solo per clienti alloggiati) 23000 – 🖙 8000 – **41 cam**
40/58000 – ½ P 36/56000.

🏨 **Bellevue**, viale Trieste 88 ℰ 31970, ←, 🏖 – 📶 🐾 🚗. 🖭 🕃 ⓞ 💟💟. 🛠 rist   Z k
🍴 *maggio-settembre* – Pas 18/27000 – 🖙 8000 – **52 cam** 42/60000 – ½ P 40/60000.

🏨 **Nautilus,** viale Trieste 26 ℰ 67125, ≼, 🐟 riscaldata – 🛗 🐾 ⇔. 🕄 rist　　　　Z
➡ *maggio-settembre* – Pas 20/30000 – 🍽 8000 – **50 cam** 42/60000 – ½ P 60/68000.

🏨 **Diplomatic,** viale Parigi 2-Baia Flaminia ℰ 21677, Fax 400923, ≼, 🐟, 🐾, ⇔ – 🛗 🏢 🅿.
➡ ⓞ 𝗩𝗜𝗦𝗔. 🕄　　　　　　　　　　　　　　　　　　　　　　per Lungofoglia　Y
　giugno-13 settembre – Pas 14/18000 – **46 cam** 🍽 43/60000 – ½ P 35/63000.

🏨 **President's,** lungomare Nazario Sauro 33 ℰ 32976, ≼ – 🛗 ☎ 🅿. 🕮 🕄 ⓞ 🄴 𝗩𝗜𝗦𝗔. 🕄 rist
　15 maggio-20 settembre – Pas 25/35000 – 🍽 8000 – **50 cam** 42/60000 – ½ P 40/55000.
　　　　　　　　　　　　　　　　　　　　　　　　　　　　　　　　　　　　　　Z b

🏨 **Flying,** viale Verdi 126 ℰ 69219, ≼ – 🛗 ☎ ⇔ 🕮 🕄 ⓞ 🄴 𝗩𝗜𝗦𝗔. 🕄 rist　　Z b
　aprile-20 settembre – Pas 25/35000 – 🍽 7500 – **33 cam** 42/60000 – ½ P 39/55000.

🏛 **Caesar,** viale Trieste 125 ℰ 69227 – 🛗 🐾 ⇔ 🅿 🕮 🕄 ⓞ 𝗩𝗜𝗦𝗔. 🕄 rist　　Z x
➡ *maggio-settembre* – Pas (solo per clienti alloggiati e *chiuso a mezzogiorno*) 15/20000 – 🍽
　7000 – **40 cam** 40/60000 – ½ P 35/52000.

🏛 **La Bussola,** lungomare Nazario Sauro 43 ℰ 64937, Fax 54669, ≼ – 🛗 🐾. 🕮. 🕄　Z f
　15 aprile-15 ottobre – Pas 23/26000 – 🍽 9000 – **25 cam** 42/64000 – ½ P 39/56000.

XX **Da Alceo,** via Panoramica Ardizio 101 ℰ 51360, ≼, 🍽, Solo piatti di pesce, prenotare –
　🕮 𝗩𝗜𝗦𝗔. 🕄　　　　　　　　　　　　　　　　　　　　　　　　　　6 km per ①
　chiuso lunedì e gennaio – Pas carta 45/65000.

XX **Lo Scudiero,** via Baldassini 2 ℰ 64107, Fax 34248 – 🕮 🕄 ⓞ 🄴 𝗩𝗜𝗦𝗔. 🕄　　Z r
　chiuso giovedì e luglio – Pas carta 45/65000 (15%).

XX **Delle Sfingi,** viale Trieste 219 ℰ 69194, 🍽 – 🕄 𝗩𝗜𝗦𝗔. 🕄　　　　　　Y t
　chiuso domenica e dicembre – Pas carta 30/51000 (8%).

XX **Il Castiglione,** viale Trento 148 ℰ 64934, « Servizio estivo in giardino ombreggiato » –
　🍽. 🕮 ⓞ 𝗩𝗜𝗦𝗔. 🕄　　　　　　　　　　　　　　　　　　　　　　　　Y a
　chiuso lunedì – Pas carta 29/49000 (10%).

XX **Nuovo Carlo,** viale Zara 54 ℰ 68984, 🍽 – 🕮 🕄 ⓞ 🄴 𝗩𝗜𝗦𝗔. 🕄　　　Y x
　chiuso lunedì ed ottobre o novembre – Pas carta 31/50000 (10%).

X **L'Alto Palato,** viale Trieste 31 ℰ 34123　　　　　　　　　　　　　　　Z

X **Uldergo,** via Venturini 24 ℰ 33180 – 🕮　　　　　　　　　　　　　　Z a
　chiuso sabato e dal 20 luglio al 30 agosto – Pas carta 31/44000.

　Vedere anche : *Casteldimezzo* per ② : 12 km.

PESCANTINA 37026 Verona – 9 317 ab. alt. 80 – ✆ 045.

Roma 503 – ♦Brescia 69 – Trento 85 – ♦Verona 12.

　ad Ospedaletto NO : 3 km – ✉ **37026** Pescantina :

🏩 **Villa Quaranta Park Hotel,** ℰ 7156211, Telex 434358, Fax 7156315, « Chiesetta
　dell'11° secolo e parco percorso vita », 🐟, 🍽 – 🕄 ⇔ rist 🍴 🕦 ☎ 🕭 🅿 – 🔬 25 a 150.
　🕮 🕄 ⓞ 🄴 𝗩𝗜𝗦𝗔. 🕄
　Pas carta 36/54000 – **43 cam** 🍽 155/220000 appartamenti 250/310000 – ½ P 112/185000.

X **Alla Coà,** ℰ 7150380, prenotare – 𝗩𝗜𝗦𝗔. 🕄
　chiuso domenica, lunedì, dal 20 dicembre al 15 gennaio e dal 15 luglio al 15 agosto – Pas
　carta 30/47000.

PESCARA 65100 🅿 🔢 ⑳ – 129 199 ab. – a.s. luglio e agosto – ✆ 085.

🛫 Pasquale Liberi per ② : 4 km ℰ 206197 – Alitalia, Agenzia Cagidemetrio, via Ravenna 3 ✉
65122 ℰ 4213022, Telex 600008.

🛈 via Nicola Fabrizi 173 ✉ 65122 ℰ 4212939 – piazza della Rinascita 22 ✉ 65122 ℰ 378110.

A.C.I. via del Circuito 49 ✉ 65121 ℰ 32841.

Roma 208 ② – ♦Ancona 156 ④ – ♦Foggia 180 ① – ♦Napoli 247 ② – ♦Perugia 281 ④ – Terni 198 ②.

Pianta pagina a lato

🏩 **Carlton,** viale della Riviera 35 ✉ 65123 ℰ 373125, Telex 603023, Fax 4213922, ≼, 🐾 – 🛗
　🍴 🕦 ☎ 🅿 – 🔬 35 a 150. 🕮 🕄 ⓞ 🄴 𝗩𝗜𝗦𝗔. 🕄　　　　　　　　　AX g
　Pas carta 33/51000 – **71 cam** 🍽 75/130000 – ½ P 100/110000.

🏩 **Singleton** senza rist, piazza Duca d'Aosta 4 ✉ 65121 ℰ 374241, Fax 28233 – 🛗 🕦 ☎ –
　🔬 30 a 50. 🕮 🕄 ⓞ 🄴 𝗩𝗜𝗦𝗔. 🕄　　　　　　　　　　　　　　　　　AY c
　🍽 8000 – **77 cam** 55/107000.

🏛 **Maja,** viale della Riviera 201 ✉ 65123 ℰ 71545, ≼ – 🛗 🍴 rist 🕦 ☎. 🕮 🕄 ⓞ 🄴 𝗩𝗜𝗦𝗔. 🕄
　Pas *(chiuso domenica)* carta 28/45000 – 🍽 8000 – **44 cam** 65/90000 – ½ P 75/90000.　AX

🏛 **Plaza Moderno,** piazza Sacro Cuore 55 ✉ 65122 ℰ 375148, Fax 4213267 – 🛗 🍴 🕦 🕭 –
　🔬 40. 🕮 🕄 𝗩𝗜𝗦𝗔. 🕄　　　　　　　　　　　　　　　　　　　　　AX z
　Pas 22/24000 – **70 cam** 🍽 61/88000 – ½ P 77/81000.

🏛 **Ambra,** via Quarto dei Mille 28/30 ✉ 65122 ℰ 378247 – 🛗 ☎. 🕮 🕄 🄴. 🕄　　AX u
➡ Pas *(chiuso il 26000)* – 🍽 3000 – **55 cam** 32/55000 – P 65000.

🏛 **Alba** senza rist, via Forti 14 ✉ 65122 ℰ 389145 – 🛗 🐾. 𝗩𝗜𝗦𝗔　　　　　AX r
　🍽 2500 – **49 cam** 35/60000.

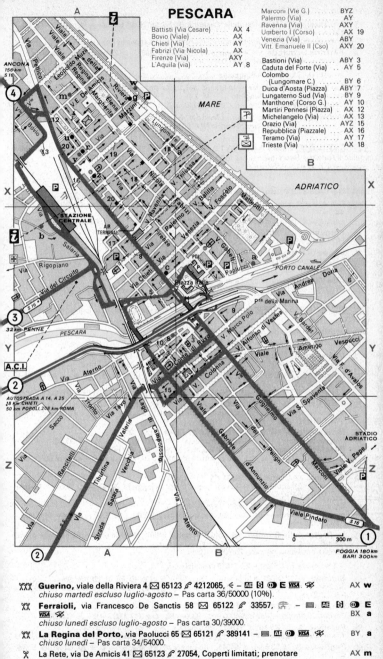

PESCARA

XXX **Guerino,** viale della Riviera 4 ⊠ 65123 ℰ 4212065, ⇐ – AE ⑤ ⑩ E VISA. ⅏   AX **w**
chiuso martedì escluso luglio-agosto – Pas carta 36/50000 (10%).

XX **Ferraioli,** via Francesco De Sanctis 58 ⊠ 65122 ℰ 33557, �👐 – ▤. AE ⑤ ⑩ E
VISA. ⅏   BX **a**
chiuso lunedì escluso luglio-agosto – Pas carta 30/39000.

XX **La Regina del Porto,** via Paolucci 65 ⊠ 65121 ℰ 389141 – ▤. AE ⑩ VISA. ⅏   BY **a**
chiuso lunedì – Pas carta 34/54000.

X La Rete, via De Amicis 41 ⊠ 65123 ℰ 27054, Coperti limitati; prenotare   AX **m**

X **Gaetano,** via Forti 21 ⊠ 65122 ℰ 28412 – ▤   AX **y**
chiuso lunedì e dal 18 dicembre al 16 gennaio – Pas carta 22/32000.

417

X **La Cantina di Jozz,** via delle Caserme 61 ⊠ 65127 ℱ 690383 – ⇔ 📖 🎩 🚻 ⓪ 🄴
 VISA   ABY **s**
 chiuso domenica sera, lunedì e dal 22 dicembre al 6 gennaio – **Pas** carta 21/32000 (20%).

X **Fattoria Fernando,** via Aremogna 13 ⊠ 65124 ℱ 28513, « Servizio estivo all'aperto »
 chiuso lunedì – Pas carta 21/30000.   AY **b**

 ai colli O : 3 km per via Rigopiano AY :

X **La Terrazza Verde,** largo Madonna dei Sette Dolori 6 ⊠ 65125 ℱ 413239, « Servizio
 estivo in giardino ombreggiato » – 🛇
 chiuso mercoledì e Natale – Pas carta 21/30000.

 Vedere anche : *Montesilvano Marina* N : 8 km.
               Città Sant'Angelo NO : 20 km.

PESCASSEROLI 67032 L'Aquila 🤍🤍🤍 ⑰ – 2 220 ab. alt. 1 167 – a.s. febbraio-aprile, 15 luglio-
agosto e Natale – Sport invernali : 1 167/1 945 m ⚡1 ⚡4, 🎿 – ⚙ 0863.

Vedere Guida Verde.
🄔 via Piave ℱ 91461.
Roma 163 – L'Aquila 109 – Castel di Sangro 42 – Isernia 64 – ✦Pescara 128.

🏨 **Gd H. del Parco,** ℱ 912745, Fax 912749, ≤, 🎔 riscaldata, 🚗 – 🛗 🕾 ⓟ 🎩 🚻 ⓪ 🄴 *VISA*.
 🛇
 chiuso da ottobre al 6 dicembre – Pas 25/35000 – **110 cam** ⊆ 95/130000 – ½ P 72/133000.

🏨 **Pinguino** 🛇, ℱ 912580, ≤ – 🕾 ⓟ 🎩 🚻 ⓪ 🄴 *VISA*. 🛇 rist
 Pas (solo per clienti alloggiati) – **17 cam** ⊆ 40/70000 – ½ P 40/75000.

X **Beppe di Sora** con cam, ℱ 91908 – 🎩 🚻 🄴 *VISA*. 🛇 cam
 Pas *(chiuso lunedì in bassa stagione)* carta 20/31000 (5%) – ⊆ 6500 – **13 cam** 30/45000 –
 ½ P 45/60000.

X **Alle Vecchie Arcate** con cam, ℱ 91381 – 🕾. *VISA*. 🛇
 Pas *(chiuso martedì)* carta 24/39000 (10%) – ⊆ 3000 – **21 cam** 35/45000 – ½ P 55000.

PESCHICI 71010 Foggia 🤍🤍🤍 ⑳ – 4 227 ab. – Vedere Guida Verde – a.s. luglio-15 settembre –
⚙ 0884.

Escursioni Promontorio del Gargano★★★ SE.

Roma 400 – ✦Bari 199 – ✦Foggia 114 – Manfredonia 80 – ✦Pescara 199.

🏨 **D'Amato,** O : 1 km ℱ 94412, 🎔, 🚗, 🛎 – 🕾 ⚽ ⟷ ⓟ. 🚻 🄴 *VISA*.
 aprile-settembre – Pas 25/30000 – **50 cam** ⊆ 100000 – P 80/100000.

🏨 **Solemar** 🛇, località San Nicola E : 2,5 km ℱ 94186, « In pineta », 🎔, 🏊 – 🕾 ⓟ. 🎩 🚻
 ⓪ *VISA*. 🛇 rist
 12 maggio-20 settembre – Pas 25000 – ⊆ 4000 – **30 cam** 100000 – ½ P 53/97000.

🏨 **Valle Clavia,** O : 1,5 km ℱ 94209, Fax 94303, 🚗, ⚽ – 🛗 🕾 ⓟ. 🛇 rist
 giugno-16 settembre – Pas (solo per clienti alloggiati) 30000 – ⊆ 7500 – **42 cam** 83/104000 –
 ½ P 101/122000.

🏨 **Morcavallo,** ℱ 94005, ≤ – 🛗 📖 🕾 ⓟ. 🎩 🚻 ⓪ 🄴 *VISA*. 🛇
✦ *maggio-settembre* – Pas 20/22000 – ⊆ 5000 – **41 cam** 50/80000 – ½ P 70/90000

✦ **Peschici,** via San Martino 31 ℱ 94195, ≤ – 🛗 🕾 ⚽ ⟷ ⓟ. 🚻 ⓪ 🄴 *VISA*. 🛇
 15 marzo-ottobre – Pas (solo per clienti alloggiati) 22/26000 – ⊆ 7000 – **42 cam** 50/70000 –
 ½ P 68/75000.

🏨 **Timiama,** via Libetta 71 ℱ 94321, 🎔 – 🕾 ⓟ. 🛇
✦ *26 maggio-22 settembre* – Pas (solo per clienti alloggiati) 20000 – ⊆ 5000 – **35 cam**
 40/70000 – ½ P 45/55000.

🏨 **Treviso** 🛇, O : 1,5 km ℱ 94096 – 🕾 ⓟ. 🛇
✦ *maggio-settembre* – Pas (solo per clienti alloggiati) 20000 – ⊆ 8000 – **26 cam** 46/60000 –
 P 50/80000.

XX **La Grotta delle Rondini,** sul molo O : 1 km ℱ 94007, 🎇, « In una grotta naturale » – 🎩
 ⓪. 🛇
 Pasqua-ottobre – **Pas** carta 26/40000 (10%).

 a Manacore E : 6,5 km – ⊠ **71010** Peschici :

🏨 **Gusmay** 🛇, ℱ 94032, « In pineta », 🏊, ⚽ – 🛗 🕾 🛎 ⓟ. 🎩 🚻 ⓪ *VISA*. 🛇
 maggio-25 settembre – Pas (solo per clienti alloggiati) – ⊆ 9000 – **62 cam** 70/100000 –
 P 60/120000.

🏨 **Mira** 🛇, E : 5 km ℱ 94511, 🎔, 🏊, ⚽ – 🛗 🕾 🛎 ⓟ. 🚻. 🛇
✦ *Pasqua-15 ottobre* – Pas 20/24000 – ⊆ 8000 – **48 cam** 60/110000 – ½ P 55/100000.

🏨 **Paradiso** 🛇, E : 3,5 km ℱ 94201, « In pineta », 🏊 – 📖 cam 🕾 ⓟ. 🛇
 15 maggio-settembre – Pas (solo per clienti alloggiati) – **45 cam** ⊆ 48/79000 – ½ P 56/94000.

🏨 **Paglianza** 🛇, E : 3,5 km ℱ 94044, « In pineta », 🎔, 🏊, ⚽ – 🛗 🕾 ⓟ. 🎩 🚻 ⓪ 🄴 *VISA*.
 🛇 rist
 maggio-settembre – Pas (solo per clienti alloggiati) 25/30000 – **50 cam** ⊆ 45/80000 –
 ½ P 70/86000.

PESCHIERA BORROMEO 20068 Milano 🔠🔠🔠 ⑲ – 17 308 ab. alt. 103 – 🌼 02.

Roma 573 – ♦Milano 14 – Piacenza 66.

🏨🏨 **Country Hotel Borromeo** senza rist, via Bruno Buozzi 4 ℰ 5475121, Telex 322807, Fax 55300708 – 🛗 🗐 📺 ☎ 📞. 🔠 🕃 ① 🖂 💳
  🍸 12000 – **51 cam** 167/212000.

🆇🆇 **La Viscontina**, località Plasticopoli ℰ 5470391, 🍴 – 📞. 🔠 🕃 ① 🖂 💳. 🕸
  chiuso mercoledì – Pas carta 35/50000.

🆇 **Dei Cacciatori,** località Longhignana N : 4 km ℰ 7531154, « Servizio estivo in giardino »
  – 📞. 🔠 🕃 🖂 💳
  chiuso domenica sera, lunedì, dal 24 dicembre al 6 gennaio ed agosto – Pas carta 26/48000.

PESCHIERA DEL GARDA 37019 Verona 🔠🔠🔠 ④ – 8 725 ab. alt. 68 – 🌼 045.

🛈 piazza Betteloni 15 ℰ 7550381.

Roma 513 – ♦Brescia 46 – Mantova 52 – ♦Milano 133 – Trento 97 – ♦Venezia 138 – ♦Verona 28.

🏨 **Residence Hotel Puccini** senza rist, via Puccini 2 ℰ 7553933, Fax 7553397, ⤢ – 🛗 🗐 📺
  ☎ 📞. 🔠 🕃 ① 🖂 💳. 🕸
  🍸 12000 – **32 cam** 92000.

🏨 **San Marco,** lungolago Mazzini 15 ℰ 7550077, ≼ – 🛗 🗐 📺 ☎ 🕭 📞. 🔠 💳. 🕸 cam
  ⟶ Pas carta 20/31000 – 🍸 7000 – **47 cam** 60/80000 – ½ P 60/65000.

🏨 **Garden** senza rist, via Stazione 18 ℰ 7553644, Fax 7553644 – 🛗 📺 ☎ ⟵ 📞. 🔠 🕃 ① 🖂
  💳
  🍸 7000 – **22 cam** 45/65000.

🆇🆇 **Piccolo Mondo,** piazza del Porto ℰ 7550025, Specialità di pesce – 🔠 ① 💳. 🕸
  chiuso martedì sera, mercoledì, dal 22 dicembre al 15 gennaio e dal 21 al 30 giugno – Pas
  carta 30/47000 (15%).

🆇🆇 **Nuova Barcaccia,** località Madonna del Frassino SE : 1,5 km ℰ 7550790 – 📞. 🔠 🕃 ①
  🖂 💳
  chiuso mercoledì e novembre – Pas carta 25/44000.

  a San Benedetto O : 2,5 km – ⌧ 37010 San Benedetto di Lugana :

🏨 **Peschiera** 🈯, località Bergamini ℰ 7550444, ⤢, 🍴 – ☎ 📞. 🔠 💳. 🕸
  marzo-ottobre – Pas (chiuso lunedì) 28000 – 🍸 11000 – **30 cam** 33/68000 – ½ P 55/67000.

🆇 **Papa,** con cam, via Bella Italia 40 ℰ 7550476, ⤢ – 🛗 📞
  19 cam.

PESCIA 51017 Pistoia 🔠🔠🔠 ⑭ – 18 145 ab. alt. 62 – 🌼 0572.

Roma 335 – ♦Firenze 61 – Lucca 19 – ♦Milano 299 – Montecatini Terme 8 – Pisa 41 – Pistoia 30.

🏨🏨 **Villa delle Rose e Rist. Piazza Grande** 🈯, ⌧ 51012 Castellare di Pescia ℰ 451301,
  Telex 580650, « Parco », ⤢ – 🛗 🗐 rist ☎ 🕭 📞 – 🔼 250. 🔠 ① 💳. 🕸
  Pas (chiuso lunedì e martedì a mezzogiorno) carta 31/42000 – 🍸 10000 – **106 cam** 56/81000
  appartamenti 104/131000.

🆇🆇 **Cecco,** via Forti 84 ℰ 477955, 🍴 – 🔠
  chiuso lunedì, dal 2 al 12 luglio e dal 12 novembre al 5 dicembre – Pas carta 25/45000 (13%).

🆇🆇 **La Fortuna,** via Colli per Uzzano 18 ℰ 477121, ≼, 🍴, Coperti limitati; prenotare – 📞. 🕃.
  🕸
  chiuso a mezzogiorno (escluso i giorni festivi), lunedì e dal 5 al 31 agosto – Pas carta 31/51000.

PESE Trieste – alt. 474 – ⌧ 34012 Basovizza – a.s. aprile-ottobre – 🌼 040.

Roma 678 – Gorizia 54 – ♦Milano 417 – Rijeka (Fiume) 63 – ♦Trieste 13.

🏨 **Motel Valrosandra** 🈯, NO : 2 km ℰ 226221, Telex 460519, ≼, ⟦⟧, 🍴 – ☎ 🕭 📞 – 🔼 60.
  🔠 🕃 ① 🖂 💳. 🕸 rist
  aprile-ottobre – Pas carta 38/57000 – 🍸 10000 – **76 cam** 63/94000 – ½ P 75/95000.

  a Draga Sant'Elia SO : 4,5 km – ⌧ 34010 Sant'Antonio in Bosco :

🆇 **Locanda Mario** 🈯 con cam, ℰ 228173, 🍴 – 📞. 🕃 ① 🖂 💳. 🕸
  Pas (chiuso martedì) carta 26/43000 – 🍸 5000 – **8 cam** 49000 – ½ P 50/55000.

PETRIGNANO Perugia – Vedere Assisi.

PETTENASCO 28028 Novara 🔠🔠🔠 ⑥ – 1 207 ab. alt. 301 – 🌼 0323.

Roma 663 – ♦Milano 86 – Novara 48 – Stresa 25 – ♦Torino 122.

🏨 **Giardinetto,** ℰ 89118, Fax 89483, ≼ lago, ⤢ riscaldata, 🐾, 🍴 – 🛗 📺 ☎ 📞 – 🔼 100.
  🔠 🕃 ① 🖂 💳. 🕸 rist
  marzo-ottobre – Pas 25/30000 – 🍸 13000 – **52 cam** 60/88000 – ½ P 48/72000.

🏨 **L'Approdo,** ℰ 89346, Fax 89338, ≼, ⤢ riscaldata, 🐾, 🕸 – 📺 ☎ 📞 – 🔼 50. 🔠 🔠
  ① 🖂 💳
  Pas (chiuso lunedì da ottobre a marzo) carta 34/52000 – 🍸 13000 – **71 cam** 80/115000 –
  ½ P 70/90000.

PFALZEN = Falzes.

419

Vedere Il Gotico★★ (palazzo del comune) B D – Statue equestri★★ B – Duomo★ B E.

Ⓘ (chiuso gennaio e martedì) a Croara di Gazzola ⊠ 29010 ✆ 977105, per ④ : 21 km.

🅱 piazzetta dei Mercanti 10 ✆ 29324.

A.C.I. via Chiapponi 37 ✆ 35344.

Roma 512 ② – ◆Bergamo 108 ① – ◆Brescia 85 ② – ◆Genova 148 ④ – ◆Milano 64 ① – ◆Parma 62 ②.

PIACENZA

🏨 **Grande Alb. Roma,** via Cittadella 14 ✆ 23201, Telex 530874, Fax 30548, « Rist. con ≼ »
– ⬛ ≣ 📺 ☎ 🚗, ☶ ⑤ ⓪ Ε 𝐕𝐈𝐒𝐀. ⅍
                                                                            B a
Pas *(chiuso sabato e dall' 11 al 18 agosto)* carta 39/50000 – � 12000 – **90 cam** 88/120000 –
½ P 110/120000.

🏨 **Florida,** via Colombo 29 ✆ 28296, Fax 31471 – ⬛ ≣ rist 📺 ☎ ℗ – 🔬 50. ☶ ⑤ ⓪ Ε 𝐕𝐈𝐒𝐀.
⅍ rist
                                                                            B b
Pas 23/25000 – ⊇ 8000 – **40 cam** 55/75000.

🏨 **Milano** senza rist, viale Risorgimento 47 ✆ 36843, Fax 385101 – 📺 ☎ 🚗, ☶ ⑤ Ε
𝐕𝐈𝐒𝐀
                                                                            B e
⊇ 10000 – **43 cam** 46/75000.

🍴🍴🍴 ✿ **Antica Osteria del Teatro,** via Verdi 16 ✆ 23777, Coperti limitati; prenotare – ≣. ☶
⑤ ⓪ Ε 𝐕𝐈𝐒𝐀. ⅍
                                                                            B f
chiuso domenica sera, lunedì, dal 1° al 6 gennaio e dal 1° al 25 agosto – Pas carta 60/88000
Spec. Tortelli dei Farnese, Treccia di branzino con timo pomodoro e sale grosso, Costolette d'agnello prèsalè
agli aromi. **Vini** Sauvignon, Gutturnio.

🍴🍴 **Ginetto,** piazza Sant'Antonino 8 ✆ 35785 – ≣. ⅍   B k
chiuso domenica ed agosto – Pas carta 32/48000.

🍴🍴 **Peppino,** via Roma 183 ✆ 29279, prenotare – ☶ ⓪. ⅍   B d
chiuso lunedì ed agosto – Pas carta 34/46000.

🍴 **La Palazzina,** via Vittorio Veneto 82 ✆ 72371 – ≣. ⑤ ⓪ 𝐕𝐈𝐒𝐀. ⅍   A a
chiuso domenica ed agosto – Pas carta 24/38000.

a San Nicolò per ④ : 4 km – ✉ **29010** :

✗✗ **La Colonna** ℰ 39343, 🌇 – 🟥 🏠 ⑨ 🅴 *VISA*. 🍽
chiuso martedì, dal 4 al 14 gennaio ed agosto – Pas carta 28/58000.

a Borghetto per ② : 10 km – ✉ **29010** :

✗ **Osteria di Borghetto,** ℰ 388133 – 🅿. 🍽
chiuso domenica sera, lunedì, dal 1° al 15 gennaio ed agosto – Pas carta 24/43000.

PIANAZZO Sondrio – Vedere Madesimo.

PIANCAVALLO Pordenone – alt. 1 267 – ✉ **33081** Aviano – a.s. febbraio, 1-15 agosto e Natale – Sport invernali : 1 267/1 802 m ✒10, ✒ – 🟢 0434.
🎿 (chiuso martedì) a Castel d'Aviano ✉ 33170 t° 652302, S : 2 km.
🅱 ℰ 655191, Telex 450816.
Roma 618 – Belluno 84 – ◆Milano 361 – Pordenone 30 – Treviso 81 – Udine 81 – ◆Venezia 111.

🏨 **Antares,** ℰ 655265, Telex 450897, ≼ – 🛗 📺 ☎ 🚗 🅿 – 🔔 150. 🟥 🏠 ⑨ 🅴 *VISA*. 🍽 rist
dicembre-aprile e luglio-agosto – Pas 30000 – 🍽 10000 – **62 cam** 66/96000 – ½ P 74/96000.

🏨 **Regina,** ℰ 655166, Fax 655128, ≼ – 🕭 🅿 🍽
chiuso maggio ed ottobre – Pas carta 23/38000 – 🍽 5500 – **47 cam** 36/52000 – ½ P 45/64000.

PIAN D'ALMA Grosseto – Vedere Punta Ala.

PIAN DELL'ARMA Pavia e Piacenza – alt. 1 476 – ✉ **27050** S. Margherita di Staffora – a.s. 15 giugno-agosto – 🟢 0383.
Roma 604 – Alessandria 82 – ◆Genova 90 – ◆Milano 118 – Pavia 86 – Piacenza 89.

a Capannette di Pej SE : 3 km – alt. 1 449 – ✉ **29020** Zerba :

🏨 **Capannette di Pej** 🦆, ℰ (0523) 935129, ≼ – 🅿. *VISA*. 🍽 rist
chiuso novembre – Pas *(chiuso martedì)* carta 25/32000 – **26 cam** 🍽 32/48000 – ½ P 30/36000.

PIAN DELLE BETULLE Como 🔢 ⑩ – Vedere Margno.

PIAN DI NOVELLO Pistoia – Vedere Cutigliano.

PIANELLO VAL TIDONE 29010 Piacenza – 2 351 ab. alt. 190 – 🟢 0523.
Roma 547 – ◆Genova 145 – ◆Milano 77 – Pavia 49 – Piacenza 35.

✗ **Trattoria Chiarone,** località Chiarone S : 5 km ℰ 99154
chiuso lunedì e luglio – **Pas** carta 21/32000.

PIANI Imperia – Vedere Imperia.

PIANIZZA DI SOPRA (OBERPLANITZING) Bolzano 🔢 ⑳ – Vedere Caldaro.

PIANO D'ARTA Udine – Vedere Arta Terme.

PIANO DEL CANSIGLIO Belluno – Vedere Tambre.

PIANO DI SORRENTO 80063 Napoli – 12 336 ab. – a.s. aprile-ottobre – 🟢 081.
Roma 253 – Castellammare di Stabia 15 – ◆Napoli 44 – Salerno 46 – Sorrento 4.

✗ La Tombola, via delle Rose 42 ℰ 8786177, « Servizio estivo in un aranceto » – 🅿.

PIANORO 40065 Bologna 🔢 ⑭ ⑮ – 13 965 ab. alt. 187 – 🟢 051.
Roma 372 – ◆Bologna 14 – ◆Firenze 95.

a Pianoro Vecchio S : 2 km – ✉ **40060** :

✗✗ **La Tortuga,** ℰ 777047, 🌇, Coperti limitati; prenotare – 🅿. 🟥 🏠 ⑨ 🅴
chiuso a mezzogiorno (escluso domenica), lunedì ed agosto – Pas carta 33/57000 (15%).

PIANOSINATICO 51020 Pistoia – alt. 948 – a.s. Pasqua, luglio-agosto e Natale – 🟢 0573.
Roma 352 – ◆Bologna 102 – ◆Firenze 78 – Lucca 56 – ◆Milano 279 – ◆Modena 104 – Pistoia 42.

🏨 **Quadrifoglio,** ℰ 670029, ≼ – 🍽
Pas *(chiuso giovedì in bassa stagione)* carta 22/30000 – 🍽 5000 – **14 cam** 27/35000 – ½ P 45/55000.

PIANO ZUCCHI Palermo – Vedere Sicilia alla fine dell'elenco alfabetico.

PIAZZA ARMERINA Enna 🔢 ⑯ – Vedere Sicilia alla fine dell'elenco alfabetico.

PIAZZATORRE **24010** Bergamo – 494 ab. alt. 868 – a.s. luglio-agosto e Natale – Sport invernali : 868/1 920 m ⛷4 – ☎ 0345.

Roma 650 – ♦Bergamo 49 – Foppolo 31 – ♦Milano 91 – San Pellegrino Terme 24.

Milano, ✆ 85027, ≤ – |♦| ☎ 🅟. 🅟. ✻ rist
chiuso ottobre e novembre – Pas carta 24/38000 – ☐ 6000 – **29 cam** 27/47000 – ½ P 40/55000.

PICCHIAIE Livorno – Vedere Elba (Isola d') : Portoferraio.

PICEDO Brescia – Vedere Polpenazze del Garda.

PIEGARO **06066** Perugia – 3 608 ab. alt. 356 – ☎ 075.

Roma 156 – ♦Firenze 147 – Orvieto 42 – ♦Perugia 28.

Da Elio, ✆ 8358017 – 🚗 🅟. ✻
Pas *(chiuso lunedì escluso da luglio a settembre)* carta 24/40000 – ☐ 5000 – **28 cam** 36/55000 – ½ P 40/45000.

PIENZA **53026** Siena 988 ⑮ – 2 394 ab. alt. 491 – ☎ 0578.

Vedere Cattedrale★ : Assunzione★★ – Palazzo Piccolomini★.

Roma 188 – Arezzo 61 – Chianciano Terme 22 – ♦Firenze 120 – ♦Perugia 86 – Siena 52.

Corsignano, ✆ 748501 – ☎ 🚗 🅟. AE 🅢 E VISA. ✻
chiuso dal 10 gennaio al 10 marzo – Pas *(chiuso martedì)* carta 30/38000 – ☐ 7000 – **36 cam** 40/65000.

XX **Dal Falco,** ✆ 748551 – AE 🅢 ⓓ E VISA. ✻
chiuso venerdì e novembre – Pas carta 25/38000 (10%).

X **Il Prato,** ✆ 748601 – AE ⓓ VISA. ✻
chiuso mercoledì e dal 1° al 20 luglio – **Pas** carta 25/34000 (10%).

PIETRACAMELA **64047** Teramo – 378 ab. alt. 1 005 – a.s. febbraio, Pasqua, 15 luglio-agosto e Natale – Sport invernali : a Prati di Tivo: 1 450/2 008 m ⛷1 ⛷4 – ☎ 0861.

Roma 174 – L'Aquila 59 – ♦Pescara 78 – Rieti 104 – Teramo 31.

a Prati di Tivo S : 6 km – alt. 1 450 – ✉ **64047** Pietracamela :

Gran Sasso 3, ✆ 95639, ≤ – TV ☎ 🚗. ⓓ. ✻
Pas carta 26/38000 – ☐ 5000 – **10 cam** 55000 – ½ P 35/49000.

PIETRA LIGURE **17027** Savona 988 ⑫ – 9 927 ab. – ☎ 019.

🅘 piazza Martiri della Libertà 31 ✆ 645222.

Roma 576 – ♦Genova 77 – Imperia 47 – ♦Milano 200 – Savona 31.

Royal, via Don Bado 129 ✆ 647192, ≤, 🏖 – |♦| ☎. AE 🅢 ⓓ E VISA. ✻ rist
chiuso dal 16 ottobre al 15 dicembre – Pas (solo per clienti alloggiati) – ☐ 8000 – **102 cam** 65/87000 – ½ P 73/88000.

Sartore, corso Italia 54 ✆ 615425, Telex 275031, ≤, 🏖 – |♦| ☎. ✻
aprile-ottobre – Pas 24/29000 – ☐ 9000 – **74 cam** 53/75000.

Paco, via Crispi 63 ✆ 645015, 🏊, 🎾 – |♦| ☎ ♿ 🚗 🅟. AE 🅢 ⓓ E VISA. ✻ rist
aprile-settembre – Pas (solo per clienti alloggiati) – ☐ 8000 – **44 cam** 65/87000 – ½ P 75/78000.

Miramare, via Don Bado 75 ✆ 647092 – |♦| ☎. AE 🅢. ✻
chiuso novembre – Pas (solo per clienti alloggiati) 25000 – ☐ 6000 – **22 cam** 55/60000 – ½ P 65000.

Azucena, viale della Repubblica 76 ✆ 615810 – |♦| ☎ 🅟. ✻
chiuso ottobre – Pas *(chiuso martedì)* 17/20000 – ☐ 8000 – **28 cam** 65/90000 – ½ P 60000.

PIETRAMALA **50030** Firenze – alt. 851 – ☎ 055.

Roma 344 – ♦Bologna 51 – ♦Firenze 55 – ♦Ravenna 103.

XX **Antica Casa Gualtieri** con cam, ✆ 813418, 🌳 – |♦| ☎ 🅟. AE 🅢 ⓓ VISA. ✻
chiuso dal 7 gennaio al 20 febbraio – Pas *(chiuso martedì)* carta 27/41000 – ☐ 8000 – **16 cam** 50/64000 – ½ P 40/60000.

PIETRASANTA (Marina di) **55044** Lucca 988 ⑭ – a.s. febbraio, Pasqua, 15 giugno-15 settembre e Natale – ☎ 0584.

🅘 a Tonfano, via Donizetti 14 ✆ 20331.

Roma 378 – ♦Firenze 104 – ♦Livorno 54 – Lucca 34 – Massa 18 – ♦Milano 246 – Pisa 35 – ♦La Spezia 46.

Palazzo della Spiaggia, a Focette, viale della Libertà 2 ✆ 21195, Telex 501383, Fax 22848, ≤, « Giardino fiorito con 🏊 », 🏖 – |♦| ▤ TV ☎ 🅟 – 🅰 40. AE 🅢 ⓓ E VISA. ✻ rist
maggio-15 ottobre – Pas 45000 – ☐ 20000 – **47 cam** 170/240000 – ½ P 190000.

Lombardi, a Fiumetto, viale Roma 27 ✆ 20431, Fax 23382, ≤, « Giardino con 🏊 riscaldata », 🏖, 🎾 – |♦| ☎ 🅟. VISA. ✻ rist
15 maggio-25 settembre – Pas (solo per clienti alloggiati) 45000 – ☐ 15000 – **41 cam** 118/165000 – P 135/160000.

🏨 **Ermione,** a Tonfano, viale Roma 183 ♪ 20652, Fax 20654, ≤, 🍴, « Giardino con 🌲 riscaldata », 🛆, – 🛗 🖩 📺 🅿. 🖭 🛜 ⓞ 🅴 𝚅𝙸𝚂𝙰. 🍴 rist
24 maggio-settembre – Pas (solo per clienti alloggiati) 35/40000 – 🗜 15000 – **38 cam** 170/230000 – ½ P 90/160000.

🏨 **Battelli,** a Motrone, viale Versilia 189 ♪ 20010, « Giardino ombreggiato », 🛆, 🍴 – 🛗 🕾 🛜 🅿. 𝚅𝙸𝚂𝙰. 🍴
15 maggio-settembre – Pas 40/48000 – 🗜 15000 – **38 cam** 55/80000 – P 80/108000.

🏨 **Esplanade,** a Tonfano, viale Roma 235 ♪ 21151, ≤ – 🛗 🖩 🛜 🛜 🅿
30 cam.

🏨 **Joseph,** a Motrone, viale Roma 323 ♪ 22662, ≤, 🍴 – 🛗 🖩 🛜 🅿. 🍴 rist
maggio-settembre – Pas (solo per clienti alloggiati) 29/35000 – 🗜 12000 – **34 cam** 57/85000, 🖩 20000 – ½ P 75000.

🏨 **Venezia** 🕭, a Motrone, via Firenze 48 ♪ 20731, 🍴 – 🛗 🛜 🅿. 🖭 ⓞ 🅴 𝚅𝙸𝚂𝙰. 🍴
25 maggio-20 settembre – Pas (solo per clienti alloggiati) 25/30000 – 🗜 8000 – **34 cam** 58/82000 – ½ P 66/87000.

🏩 **I Tamerici,** a Fiumetto, via Don Bosco 31 ♪ 20335, Fax 23424, 🍴 – ≤½ cam 🕾 🅿. 🖭 🛜 ⓞ 🅴 𝚅𝙸𝚂𝙰. 🍴 rist
(chiuso lunedì a mezzogiorno) 28/35000 – 🗜 10000 – **19 cam** 58/85000 – ½ P 54/80000.
Pas

🏩 **Coluccini,** a Fiumetto, piazza D'Annunzio 13 ♪ 23244, 🍴 – 🛜 🅿. 🖭 🛜. 🍴 rist
Pas 22/28000 – 🗜 6500 – **22 cam** 50/65000 – ½ P 50/65000.

🏩 **Grande Italia** 🕭, a Tonfano, via Torino 5 ♪ 20046, 🍴, 🍴 – 🅿. 🍴
◆ *giugno-14 settembre* – Pas 20/30000 – 🗜 7000 – **24 cam** 38/62000 – ½ P 40/70000.

PIETRELCINA 82020 Benevento – 3 069 ab. alt. 345 – ✆ 0824.

Roma 253 – Benevento 13 – ◆Foggia 109.

🏩 **Lombardi,** ♪ 991206 – 🖩 cam 📺 🕾 🛜 🅿. 🖭 ⓞ 𝚅𝙸𝚂𝙰. 🍴
Pas *(chiuso martedì)* carta 22/39000 (12%) – 🗜 6000 – **26 cam** 51/85000 – ½ P 55000.

PIEVALLE **(BEWALLER)** Bolzano – Vedere San Floriano.

PIEVE A NIEVOLE Pistoia – Vedere Montecatini Terme.

PIEVE D'ALPAGO 32010 Belluno – 2 065 ab. alt. 690 – ✆ 0437.

Roma 608 – Belluno 17 – Cortina d'Ampezzo 72 – ◆Milano 346 – Treviso 67 – ◆Venezia 96.

XXX ✿ **Dolada** 🕭 con cam, a Plois ♪ 479141, ≤, prenotare, 🛜 – 📺 🕾 🅿. 🖭. 🍴 cam
chiuso dal 29 gennaio al 9 febbraio – Pas *(chiuso lunedì escluso luglio-agosto)* carta 40/60000 – 🗜 15000 – **7 cam** 100000 – P 80/100000
Spec. Lumache alla paesana, Casunziei di patate e ricotta di casa, Petto d'anitra al profumo di lamponi.

X **Beyrouth** 🕭 con cam, a Torres ♪ 478056, 🍴 – 🛗 ½ cam 🅿
◆ *chiuso ottobre* – Pas *(chiuso lunedì)* carta 17/32000 – 🗜 5000 – **18 cam** 50/65000 – ½ P 35/45000.

PIEVE DI CADORE 32044 Belluno 👁👁👁 ⑤ – 4 112 ab. alt. 878 – a.s. 15 luglio-agosto e Natale – Sport invernali : 878/1 200 m ✿2 – ✆ 0435.

Vedere Guida Verde.

🖪 via 20 Settembre 18 ♪ 31644.

Roma 644 – Auronzo di Cadore 19 – Belluno 43 – Cortina d'Ampezzo 30 – ◆Milano 386 – Udine 143 – ◆Venezia 133.

🏨 **Sole,** ♪ 32118 – 🛗 🛜 🚐. 🖭 𝚅𝙸𝚂𝙰. 🍴
Pas carta 27/41000 – **26 cam** 🗜 60/90000 – ½ P 50/70000.

🏩 **Giardino,** ♪ 33141 – 🕾 🅿. ⓞ. 🍴
Pas *(chiuso domenica e giugno)* carta 22/35000 – 🗜 6000 – **24 cam** 37/62000 – ½ P 45/55000.

a Pozzale O : 2 km – alt. 1 054 – ✉ 32040 :

XX **La Pausa,** ♪ 30080, ≤ monti e lago, 🍴, Coperti limitati; prenotare – 🅿. 🍴
dicembre-marzo e 20 giugno-settembre – Pas carta 28/45000.

Vedere anche : *Tai di Cadore* SO : 1,5 km.

PIEVE DI CENTO 40066 Bologna – 6 582 ab. alt. 14 – ✆ 051.

Roma 408 – ◆Bologna 31 – ◆Ferrara 37 – ◆Milano 209 – ◆Modena 39 – ◆Padova 105.

XX **Il Caimano,** via Campanini 14 ♪ 974403 – 🖩. 🛜 ⓞ 🅴 𝚅𝙸𝚂𝙰. 🍴
chiuso lunedì ed agosto – Pas carta 24/31000.

PIEVE DI LIVINALLONGO 32020 Belluno – alt. 1 475 – a.s. 15 febbraio-15 aprile, 15 luglio-agosto e Natale – ✆ 0436.

Roma 716 – Belluno 68 – Cortina d'Ampezzo 29 – ◆Milano 373 – Passo del Pordoi 17 – ◆Venezia 174.

🏩 **Villa Padon** 🕭, ♪ 7109, ≤ monti e pinete – 🛜 🚐 🅿. 🖭 🛜 🅴 𝚅𝙸𝚂𝙰. 🍴 rist
◆ *chiuso novembre* – Pas carta 19/27000 – 🗜 8000 – **12 cam** 28/46000 – ½ P 42/52000.

31053 Treviso 988 ⑤ – 9 227 ab. alt. 132 – ✪ 0438.

Roma 579 – Belluno 42 – ♦Milano 318 – Trento 124 – Treviso 31 – Udine 95 – ♦Venezia 68.

🏨 **Loris** ⬧, NE : 2 km ℰ 82880, ☞ – ⬧ 🕿 ⅙ 🅿 – ⛌ 150. ⓞ 𝐕𝐈𝐒𝐀 ✁
　　Pas carta 29/43000 – ⊆ 15000 – **22 cam** 45/78000 – ½ P 60/68000.

　　a Solighetto N : 2 km – ✉ 31050 :

XX **Da Lino** con cam, ℰ 82150, ☜ – ■ 🖵 🕿 ⅙ 🅿 ⅍ 🕃 ⓞ 🄴 𝐕𝐈𝐒𝐀. ✁ cam
　　chiuso luglio – **Pas** *(chiuso lunedì)* carta 26/44000 – ⊆ 8000 – **10 cam** 50/70000 apparta-
　　menti 80/108000.

16030 Genova – 2 666 ab. – ✪ 010.

Roma 490 – ♦Genova 14 – ♦Milano 151 – Portofino 22 – ♦La Spezia 93.

X **Picco,** a Pieve Alta N : 2,5 km ℰ 3460234, « Servizio estivo in terrazza con ≤ mare
　　e costa » – 🅿 ⅍ 🕃 E 𝐕𝐈𝐒𝐀
　　chiuso martedì e dal 25 gennaio al 5 febbraio – Pas carta 30/44000.

41027 Modena 988 ⑭ – 2 232 ab. alt. 781 – a.s. luglio-agosto e Natale –
✪ 0536.

Roma 373 – ♦Bologna 100 – Lucca 77 – Massa 97 – ♦Milano 259 – ♦Modena 84 – Pistoia 63.

🏨 **Bucaneve,** ℰ 71383 – 🅿. ✁
→　　*chiuso novembre* – Pas *(chiuso martedì)* carta 20/27000 – ⊆ 5000 – **16 cam** 30/52000 –
　　½ P 32/46000.

Lucca – Vedere Lucca.

18037 Imperia 988 ②, 195 ⑲, 84 ⑳ – 1 121 ab. alt. 280 – ✪ 0184.

Roma 673 – ♦Genova 174 – Imperia 60 – ♦Milano 297 – San Remo 34 – Ventimiglia 21.

X **Terme** ⬧ con cam, SE : 0,5 km ℰ 241046 – 🅿 𝐕𝐈𝐒𝐀
　　chiuso dal 10 gennaio al 10 febbraio – Pas *(chiuso mercoledì)* carta 25/38000 – ⊆ 6000 –
　　17 cam 22/36000 – P 43/48000.

X **La Pigna d'Oro,** ℰ 241021 – 🕃. ✁
　　chiuso giovedì – Pas carta 23/40000.

　　Vedere anche : *Melosa (Colle della)* NE : 20 km.

　　Le pubblicazioni turistiche **Michelin**
　　offrono la possibilità di organizzare preventivamente il
　　viaggio, conseguendo vantaggi insperati.

Aosta 219 ⑫ 74 ⑳ – Vedere Aosta.

13020 Vercelli 219 ⑤ – 123 ab. alt. 686 – ✪ 0163.

Roma 696 – ♦Milano 122 – Novara 76 – Vercelli 82.

X **Trattoria della Pace,** ℰ 71144 – ✁
→　　*chiuso martedì* – Pas carta 19/34000.

43010 Parma – alt. 176 – a.s. luglio e agosto – ✪ 0521.

Roma 473 – ♦Milano 137 – ♦Parma 15 – Reggio nell'Emilia 36 – ♦La Spezia 113.

🏨 **Ai Tigli,** ℰ 639006, Fax 637742, ⅏, ☞ – ⬧ ■ cam 🖵 🕿 ⇔ 🅿. ⅍ 𝐕𝐈𝐒𝐀
　　chiuso agosto – Pas *(chiuso lunedì)* carta 33/44000 – ⊆ 7000 – **22 cam** 50/90000 –
　　½ P 50000.

25040 Brescia – alt. 195 – ✪ 030.

Roma 583 – ♦Bergamo 41 – ♦Brescia 25 – Edolo 75 – Iseo 2 – ♦Milano 82.

XX **La Fenice,** ℰ 981565, Coperti limitati; prenotare – 𝐕𝐈𝐒𝐀
　　chiuso giovedì, Natale e dal 15 al 31 agosto – Pas carta 46/66000 (12%).

Ravenna – Vedere Cervia.

10064 Torino 988 ⑫, 77 ⑳ – 36 029 ab. alt. 376 – ✪ 0121.

Roma 694 – Asti 80 – Cuneo 63 – ♦Milano 185 – Sestriere 55 – ♦Torino 38.

🏨 **Regina,** piazza Barbieri 22 ℰ 22157 – ☜ 🅿. 🕃 𝐕𝐈𝐒𝐀
　　chiuso dal 5 al 20 agosto – Pas *(chiuso domenica sera e lunedì a mezzogiorno)* carta 23/40000
　　– ⊆ 8000 – **15 cam** 60/73000 – ½ P 50/67000.

XX Taverna degli Acaia, corso Torino 106 ℰ 794727, prenotare – ■.

XX **Al Carbonaro,** corso Torino 147 ℰ 72480 – ✑ ■ 🅿. ⅍ 🕃 ⓞ E 𝐕𝐈𝐒𝐀. ✁
　　chiuso martedì – Pas carta 35/52000.

　　Vedere anche : *Osasco* S : 5 km.

PINETO **64025** Teramo 🌐 ⑰ ⑰ – 11 636 ab. – a.s. luglio e agosto – ✆ 085.

🛈 viale D'Annunzio 129 ✆ 9491745, Telex 401342.

Roma 216 – ♦Ancona 136 – L'Aquila 101 – ♦Pescara 21 – Teramo 37.

🏛 **Astoria,** via De Gasperi 1 ✆ 9490460, 🏖 – 🛗 🍽 ☎ ☻. ⚓
   giugno-settembre – Pas (solo per clienti alloggiati) – ☞ 6500 – **30 cam** 43/73000, 🛏 6000
   – ½ P 40/75000.

🏛 **Residence,** viale D'Annunzio 207 ✆ 9490404, « Giardino ombreggiato », 🏖 – 🛗 ☎ ☻.
   ⚑ ☻ 𝘝𝘐𝘚𝘈 ⚓ rist
   giugno-15 settembre – Pas 25/36000 – ☞ 8000 – **52 cam** 45/70000 – ½ P 65/70000.

🏛 **Rendez-Vous,** viale D'Annunzio 199 ✆ 9490679, 🏖, 🍴 – 🛗 ☎ ☻
◆ *maggio-settembre* – Pas 15/18000 – **65 cam** ☞ 28/55000 – ½ P 35/45000.

🏛 **Corfù,** via Michetti ✆ 9490482, 🏖 – 🛗 🍽 ☎ ☻. ⚑. ⚓
◆ *giugno-settembre* – Pas carta 19/31000 – ☞ 10000 – **51 cam** 50/70000 – ½ P 40/60000.

❌❌ **Pier delle Vigne,** a Borgo Santa Maria O : 2 km ✆ 9491071, 🍴, « In campagna » – ☻.
   ⚓
   chiuso dal 10 gennaio al 10 febbraio, martedì e da novembre a marzo anche domenica sera
   – Pas carta 28/45000.

PINO TORINESE **10025** Torino – 8 436 ab. alt. 495 – ✆ 011.

Dintorni ≤** su Torino dalla strada della Superga.

Roma 655 – Asti 41 – Chieri 6 – ♦Milano 149 – ♦Torino 10 – Vercelli 79.

Pianta d'insieme di Torino (Torino p. 3)

❌❌❌ **Pigna d'Oro,** via Roma 130 ✆ 841019, « Servizio estivo in terrazza » – ☻. ⚑ ⚐ ☻ E 𝘝𝘐𝘚𝘈
   chiuso lunedì e gennaio – Pas carta 35/60000.   HT **t**

❌❌ **La Griglia,** via Roma 77 ✆ 841450 – ⚑ ⚐ ☻ E 𝘝𝘐𝘚𝘈. ⚓   HT **p**
   chiuso mercoledì, dal 2 al 10 gennaio e dal 1° al 20 agosto – Pas carta 35/60000.

PINZOLO **38086** Trento 🌐 ④ – 2 972 ab. alt. 770 – a.s. febbraio-Pasqua e Natale – Sport
invernali : 770/2 092 m ⭢1 ⏣6, ⛷ – ✆ 0465.

Dintorni Val di Genova★★★ Ovest – Cascata di Nardis★★ O : 6,5 km.

🛈 via al Sole ✆ 51007, Telex 401342, Fax 52778.

Roma 629 – ♦Bolzano 103 – ♦Brescia 103 – Madonna di Campiglio 14 – ♦Milano 194 – Trento 59.

🏛 **Valgenova,** ✆ 51542, ≤, 🔲 – 🛗 🍽 rist ☎ 🚗 ☻. ⚑ E 𝘝𝘐𝘚𝘈. ⚓
   5 dicembre-25 aprile e 15 giugno-20 settembre – Pas 29000 – ☞ 10000 – **50 cam** 54/88000
   – ½ P 102000.

🏛 **Pinzolo Dolomiti,** ✆ 51024 – 🛗 ☎ ☻. ⚑ ⚐ ☻ E 𝘝𝘐𝘚𝘈. ⚓
   dicembre-aprile e giugno-settembre – Pas 25/35000 – ☞ 10000 – **44 cam** 50/96000 –
   ½ P 60/90000.

🏛 **Europeo,** ✆ 51115, ≤, 🍴 – 🛗 ☎ ☻ 占 🚗 ☻. ⚐ 𝘝𝘐𝘚𝘈. ⚓
   chiuso ottobre e novembre – Pas *(chiuso maggio)* 30/35000 – ☞ 15000 – **41 cam** 65/110000 –
   ½ P 86/104000.

🏛 **Centro Pineta,** ✆ 52758, 🍴 – 🛗 📺 ☎ ☻. ⚓
   Pas *(chiuso ottobre e novembre)* 22000 – ☞ 7000 – **24 cam** 110000 – ½ P 59/80000.

🏛 **Bepy Hotel** senza rist, S : 1 km ✆ 51641, ≤ – 🛗 ☎ ☻
   dicembre-aprile e 25 giugno-settembre – **22 cam** ☞ 36/70000.

🏠 **Corona,** ✆ 51030 – 🛗 🍴⮃ rist ☎ ☻. ⚑ ⚐ E 𝘝𝘐𝘚𝘈. ⚓ rist
   dicembre-aprile e giugno-settembre – Pas 22/24000 – ☞ 12000 – **45 cam** 53/90000 –
   ½ P 60/78000.

🏠 **Beverly** ⚘, ✆ 51158, ≤ – ☻. ⚐ E 𝘝𝘐𝘚𝘈. ⚓
◆ *chiuso maggio e novembre* – Pas *(chiuso martedì)* 18/22000 – **25 cam** ☞ 40/60000 –
   ½ P 45/60000.

🏠 **Ai Mughi,** ✆ 51242 – 🛗 ☻. ⚓
◆ *16 novembre-25 aprile e giugno-25 settembre* – Pas 20/22000 – ☞ 6000 – **20 cam** 43/68000
   – ½ P 54/58000.

❌❌ **Shangri Là,** ✆ 51443 – ☻. ⚑ ⚐ E 𝘝𝘐𝘚𝘈. ⚓
   chiuso lunedì e novembre – Pas carta 24/42000.

a Sant'Antonio di Mavignola NE : 5 km – alt. 1 122 – ✉ **38080** :

🏯 **Maso Doss** ⚘, NE : 2,5 km ✆ 52758, « Ambiente caratteristico » – ☻. ⚓ rist
   6 cam solo ½ P 58/78000.

❌❌ **Prima o Poi,** ✆ 57175, Coperti limitati; prenotare – ☻. ⚑ ⚐ ☻ E 𝘝𝘐𝘚𝘈
   chiuso mercoledì e giugno – Pas carta 31/50000.

Vedere anche : *Val di Genova* NO : 7 km.

PIOBBICO **61046** Pesaro e Urbino 🌐 ⑮ – 2 029 ab. alt. 334 – a.s. 15 giugno-agosto – ✆ 0722.

Roma 268 – ♦Ancona 117 – Arezzo 81 – ♦Perugia 91 – Pesaro 72 – San Marino 79 – Urbino 32.

🏛 **Trota Blu,** ✆ 9209 – 📺 ☎ ☻ – 🔬 100. ⚑ ⚐ 𝘝𝘐𝘚𝘈
   chiuso dal 20 gennaio al 10 marzo – Pas carta 23/31000 (10%) – ☞ 7000 – **49 cam** 42/58000
   – ½ P 46000.

PIODE 13020 Vercelli 219 ⑤ – 181 ab. alt. 752 – ✆ 0163.

Roma 699 – ♦Milano 125 – Novara 79 – ♦Torino 141 – Varallo 20 – Vercelli 85.

XX **Giardini**, ✆ 71157 – ⊟. ⅍
    chiuso lunedì e dal 7 al 20 settembre – Pas carta 25/38000.

XX **Dei Pescatori** con cam, ✆ 71156 – ⋈ ⊕. Æ ⊟. ⅍
    chiuso dal 7 al 21 gennaio e dal 1° al 15 giugno – Pas *(chiuso martedì)* carta 24/38000 – ⊆
    4000 – **18 cam** 28/55000 – ½ P 40/45000.

X **Da Ermanno**, località Riale ✆ 71677, prenotare – Æ ⊟ ⊕ E 𝚅𝚒𝚜𝚊. ⅍
    chiuso mercoledì – Pas carta 24/39000.

PIODINA 219 ⑦ – Vedere Cantone Ticino (Brissago) alla fine dell'elenco alfabetico.

PIOMBINO 57025 Livorno 988 ⑭㉔ – 37 898 ab. – a.s. 15 giugno-15 settembre – ✆ 0565.

Escursioni Isola d'Elba★.

🚢 per l'Isola d'Elba-Portoferraio giornalieri (1 h) – Navarma-agenzia Mirello Viegi, piazzale
Premuda 13 ✆ 39775; per l'Isola d'Elba-Portoferraio giornalieri (1 h) e l'Isola d'Elba-Rio Marina-
Porto Azzurro (esclusi mercoledì e sabato) giornalieri (1 h 20 mn) – Toremar-agenzia Dini e Miele,
piazzale Premuda 13/14 ✆ 31100, Telex 590387.

Roma 264 – ♦Firenze 161 – Grosseto 77 – ♦Livorno 82 – ♦Milano 375 – Pisa 101 – Siena 114.

🏨 **Centrale**, piazza Verdi 2 ✆ 32581 – ⋈ 🖵 📺 ⊛ ⅋ ⊟ ⊕ E 𝚅𝚒𝚜𝚊. ⅍
    Pas vedere rist Centrale – ⊆ 9000 – **38 cam** 86/135000 – ½ P 99000.

🏨 **Collodi** senza rist, via Collodi 7 ✆ 34272 – ⋈ ☎. ⊟ 𝚅𝚒𝚜𝚊. ⅍
    ⊆ 8000 – **27 cam** 55/70000.

XX **Centrale**, piazza Edison 2 ✆ 36466 – ▣. ⊟ ⊕ E 𝚅𝚒𝚜𝚊. ⅍
    chiuso sabato, domenica e dal 22 dicembre al 7 gennaio – Pas carta 38/60000 (10%).

XX **La Vecchia Marina**, via Salivoli 20 ✆ 41330, ≤, 🍽 – Æ ⊟ ⊕ E 𝚅𝚒𝚜𝚊. ⅍
    chiuso lunedì e dal 15 settembre al 15 ottobre – Pas carta 31/48000 (10%).

    a Baratti NO : 11,5 km – ⊠ **57020** Populonia :

X **Demos**, ✆ 29519, ≤ – ⊕. ⊟ ⊕ E 𝚅𝚒𝚜𝚊. ⅍
    chiuso martedì, gennaio e novembre – Pas carta 27/37000.

PIOPPI 84060 Salerno – a.s. luglio e agosto – ✆ 0974.

Dintorni Rovine di Velia★ SE : 10 km.

Roma 350 – Acciaroli 7 – ♦Napoli 144 – Salerno 98 – Sapri 108.

🏨 **La Vela e Rist. Il Grigliaro**, ✆ 905025, Fax 905140, ≤, « Servizio rist. estivo sotto un
    pergolato », 🞅⚓, ⅍ – ⋈ ⊕. ⅍
    chiuso dall'8 novembre all'8 febbraio – Pas carta 22/32000 (10%) – ⊆ 6000 – **42 cam**
    29/51000 – ½ P 50/67000.

PIOVE DI SACCO 35028 Padova 988 ⑤ – 17 494 ab. alt. 5 – ✆ 049.

Roma 514 – ♦Ferrara 88 – ♦Padova 18 – ♦Venezia 40.

XX **Alla Botta**, via Botta 4 ✆ 5840827, 🍽, Rist. con specialità di mare – ⊕. Æ 𝚅𝚒𝚜𝚊. ⅍
    chiuso lunedì sera e martedì – Pas carta 25/60000.

PIOVEZZANO Verona – Vedere Pastrengo.

PISA 56100 🅿 988 ⑭ – 102 908 ab. alt. 4 – ✆ 050.

Vedere Torre Pendente★★★ AY – Battistero★★★ AY R – Duomo★★ AY : facciata★★★, pulpito★★★
di Giovanni Pisano – Camposanto★★ AY S : affresco★★★ del Trionfo della Morte – Museo Nazio-
nale★★ BZ M2 – Chiesa di Santa Maria della Spina★★ AZ – Palazzo Agostini★ ABY Z – Piazza dei
Cavalieri★ AY : facciata★ del palazzo dei Cavalieri ABY F – Museo delle Sinopie★ AY M1 –
Facciata★ della chiesa di Santa Caterina BY E – Facciata★ della chiesa di San Michele in Borgo
BY L – Coro★ della chiesa del Santo Sepolcro BZ Q – Facciata★ della chiesa di San Paolo a Ripa
d'Arno AZ D.

Dintorni San Piero a Grado★ per ⑤ : 6 km.

🛪 Galileo Galilei S : 3 km BZ ✆ 28088 – Alitalia, via Corridoni (piazza Stazione) ⊠ 56125
✆ 48027.

🛈 piazza del Duomo ⊠ 56126 ✆ 560464.

A.C.I. via San Martino 1 ⊠ 56125 ✆ 47333.

Roma 335 ③ – ♦Firenze 77 ③ – ♦Livorno 22 ⑤ – ♦Milano 275 ① – ♦La Spezia 75 ①.

Pianta pagina a lato

🏩 **Cavalieri**, piazza Stazione 2 ⊠ 56125 ✆ 43290, Telex 590663, Fax 502242 – ⋈ 🖵 📺 ☎ –
    🕮 30 a 200. Æ ⊟ ⊕ E 𝚅𝚒𝚜𝚊. ⅍ rist   AZ a
    Pas carta 61/95000 – ⊆ 18500 – **100 cam** 186/273000 appartamenti 502/600000.

🏩 **Gd H. Duomo**, via Santa Maria 94 ⊠ 56126 ✆ 561894, Telex 590039, Fax 560418 – ⋈
    📺 ☎ – 🕮 80. Æ ⊟ ⊕ E 𝚅𝚒𝚜𝚊. ⅍ rist   AY c
    Pas carta 35/51000 – ⊆ 15000 – **94 cam** 150/215000 – ½ P 140/170000.

426

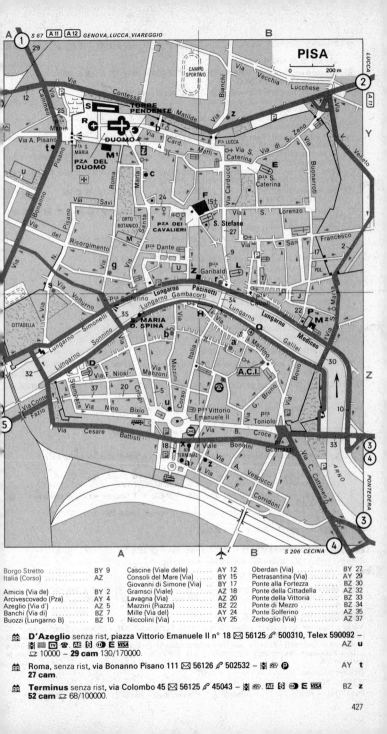

🏨 **D'Azeglio** senza rist, piazza Vittorio Emanuele II n° 18 ⊠ 56125 ℰ 500310, Telex 590092 –
🛗 🗏 📺 ☎. 🆎 🖲 ⓞ 🅴 𝘝𝘐𝘚𝘈
☲ 10000 – **29 cam** 130/170000.   AZ u

🏨 **Roma**, senza rist, via Bonanno Pisano 111 ⊠ 56126 ℰ 502532 – 🛗 🕾 🅿
27 cam.   AY t

🏨 **Terminus** senza rist, via Colombo 45 ⊠ 56125 ℰ 45043 – 🛗 🕾. 🆎 🖲 ⓞ 🅴 𝘝𝘐𝘚𝘈
52 cam ☲ 68/100000.   BZ z

🏠 **Touring** senza rist, via Puccini 24 ⊠ 56125 ℰ 46374, Fax 502148 – 🛗 📺 🚗. 🖭 🕃 ⓪ 🗉
VISA   AZ **x**
34 cam ⫘ 68/95000.

🏠 **Ariston** senza rist, via Maffi 42 ⊠ 56127 ℰ 561834 – 🚗 ♿. 🖭 🕃 ⓪ 🗉 **VISA**   AY **b**
⫘ 7000 – **33 cam** 55/75000.

XXX ❀ **Sergio,** lungarno Pacinotti 1 ⊠ 56126 ℰ 48245 – ▤. 🖭 🕃 ⓪ 🗉 **VISA**. 🍴   BY **r**
chiuso domenica, lunedì a mezzogiorno, dal 15 al 31 gennaio e dal 15 al 30 luglio – Pas
carta 45/79000
Spec. Zuppetta di gallinella di mare alla paprika dolce, Ravioli di pesce e borragine, Petto di fagiano al
Brunello. **Vini** Bianco delle Colline Pisane, Chianti.

XX ❀ **Al Ristoro dei Vecchi Macelli,** via Volturno 49 ⊠ 56126 ℰ 20424, Coperti limitati;
prenotare – ▤. 🖭 🕃 ⓪ 🗉 **VISA**. 🍴   AYZ **s**
chiuso domenica a mezzogiorno, mercoledì, dal 1° all'8 gennaio e dal 10 al 24 agosto – Pas
carta 47/69000 (10%)
Spec. Gamberi con burro al basilico e olive farcite, Ministra di fagioli rossi e frutti di mare, Petto d'anitra in
salsa di carote e basilico. **Vini** Montecarlo bianco, Veneroso.

XX **Emilio,** via Roma 28 ⊠ 56126 ℰ 26028, Fax 48510 – ✸▤ ▤. 🖭 🕃 ⓪ 🗉 **VISA**   AY **g**
chiuso lunedì – Pas carta 24/42000 (12%).

XX **Il Nuraghe,** via Mazzini 58 ⊠ 56125 ℰ 44368, Rist. con specialità sarde – 🖭 🕃 ⓪ 🗉 **VISA**.
🍴   AZ **b**
chiuso lunedì – Pas carta 29/50000.

X **Da Bruno,** via Bianchi 12 ⊠ 56123 ℰ 560818 – ✸▤ ▤. 🖭 🕃 ⓪ 🗉 **VISA**   BY **z**
chiuso lunedì sera, martedì e dal 5 al 18 agosto – Pas carta 37/51000 (12%).

X **Il Cucciolo,** via San Bernardo 9 ⊠ 56125 ℰ 29435 – 🕃 🗉 **VISA**   BZ **a**
chiuso domenica e lunedì sera – Pas carta 27/42000 (10%).

a Madonna dell'Acqua per ① : 4,5 km – ⊠ **56010** Arena Metato :

X **Da Inaco,** ℰ 890720 – 🅿. 🖭 🕃 🗉 **VISA**. 🍴
chiuso martedì sera, mercoledì e dal 25 giugno al 15 luglio – Pas carta 29/45000.

a Metato per ① : 6 km – ⊠ **56010** Arena Metato :

X **Girarrosto-la Botte,** ℰ 810282 – 🅿. 🖭 ⓪. 🍴
chiuso lunedì e dal 15 luglio al 15 agosto – Pas carta 27/38000.

sulla strada statale 206 per ④ : 10 km :

X **Da Antonio,** località Arnaccio ⊠ 56023 Navacchio ℰ 742494 – 🅿. 🖭 🕃 **VISA**
chiuso venerdì e dal 15 luglio al 9 agosto – Pas carta 30/44000.

MICHELIN, ad Ospedaletto per ④, via Barsanti 5/7 – ⊠ 56014 Ospedaletto di Pisa, ℰ 981261.

☞ *Questa Guida non contiene pubblicità a pagamento.*

───

PISA (Marina di) 56013 Pisa 988 ⑭ – a.s. luglio e agosto – ✪ 050.
Roma 346 – ✦Firenze 103 – ✦Livorno 16 – Pisa 11 – Viareggio 31.

XX **La Taverna dei Gabbiani,** via Crosio 2 ℰ 35704, Coperti limitati; prenotare
chiuso a mezzogiorno e domenica – Pas carta 41/52000.

X **L'Arsella,** via Padre Agostino ℰ 36615, ≤, Solo piatti di pesce, 🐜. – 🖭. 🍴
chiuso martedì sera, mercoledì e dall'11 gennaio al 27 febbraio – Pas carta 25/44000.

X **La Foce,** viale Gabriele D'Annunzio 258 ℰ 36723, ≤, « Servizio estivo in terrazza » – 🅿.
🖭 🕃 🗉 **VISA**
chiuso giovedì e da ottobre a maggio anche mercoledì sera – Pas carta 28/42000.

───

PISANO Novara 219 ⑥⑦ – Vedere Meina.

───

PISTICCI 75015 Matera 988 ㉙ – 18 153 ab. alt. 364 – ✪ 0835.
Roma 452 – ✦Bari 110 – Matera 49 – Potenza 93 – ✦Taranto 77.

sulla strada statale 407 N : 9 km :

🏨 **MotelAgip,** ⊠ 75010 Pisticci Scalo ℰ 462007 – ▤ 🚗 🅿. 🖭 🕃 ⓪ 🗉 **VISA**. 🍴 rist
Pas *(chiuso lunedì)* 25000 – ⫘ 8000 – **64 cam** 49/77000 – ½ P 77/87000.

───

PISTOIA 51100 🅿 988 ⑭ – 90 248 ab. alt. 65 – ✪ 0573.
Vedere Duomo✶ B : dossale di San Jacopo✶✶✶ – Battistero✶ B B – Chiesa di Sant'Andrea✶ A :
pulpito✶✶ di Giovanni Pisano – Fregio✶✶ dell'Ospedale del Ceppo B – Visitazione✶✶ (terracotta
invetriata di Luca della Robbia), pulpito✶ e fianco Nord✶ della chiesa di San Giovanni Fuorcivitas
B D – Facciata✶ del palazzo del comune B H – Pulpito✶ nella chiesa di San Bartolomeo in
Pantano B A.
🛈 piazza del Duomo (Palazzo dei Vescovi) ℰ 21622.
A.C.I. via Ricciardetto 2 ℰ 32101.
Roma 311 ④ – ✦Bologna 94 ① – ✦Firenze 37 ④ – ✦Milano 295 ① – Pisa 61 ④ – ✦La Spezia 113 ④.

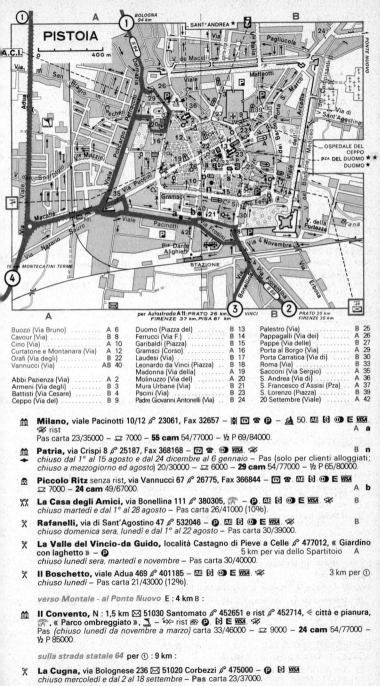

PISTOIA

BOLOGNA 94 km

SANT'ANDREA ★

A.C.I.

0   400 m

15 km MONTECATINI TERME

per Autostrada A 11 : PRATO 26 km,
FIRENZE 37 km, PISA 61 km — VINCI — PRATO 20 km
FIRENZE 35 km

OSPEDALE DEL CEPPO ★
PZA DEL DUOMO ★★
DUOMO ★

Buozzi (Via Bruno)	A 6	Duomo (Piazza del)	B 13	Palestro (Via)	B 25
Cavour (Via)	B 8	Ferrucci (Via F.)	B 14	Pappagalli (Via dei)	A 26
Cino (Via)	A 10	Garibaldi (Piazza)	B 15	Pappe (Via delle)	B 27
Curtatone e Montanara (Via)	A 12	Gramsci (Corso)	B 16	Porta al Borgo (Via)	A 29
Orafi (Via degli)	B 22	Laudesi (Via)	B 17	Porta Carratica (Via di)	B 30
Vannucci (Via)	AB 40	Leonardo da Vinci (Piazza)	B 18	Roma (Via)	B 33
		Madonna (Via della)	A 19	Sacconi (Via Sergio)	B 35
Abbi Pazienza (Via)	A 2	Molinuzzo (Via del)	A 20	S. Andrea (Via di)	B 36
Armeni (Via degli)	B 3	Mura Urbane (Via)	B 21	S. Francesco d'Assisi (Pza)	A 37
Battisti (Via Cesare)	B 4	Pacini (Via)	B 23	S. Lorenzo (Piazza)	B 39
Ceppo (Via del)	B 9	Padre Giovanni Antonelli (Via)	B 24	20 Settembre (Viale)	A 42

Milano, viale Pacinotti 10/12 ℰ 23061, Fax 32657 – 🛗 📺 ☎ 🅿 – 🔬 50. Ⅻ ⑤ ⑩ Ε 𝗩𝗜𝗦𝗔. A a
🌤 rist
Pas carta 23/35000 – ⇌ 7000 – **55 cam** 54/77000 – ½ P 69/84000.

Patria, via Crispi 8 ℰ 25187, Fax 368168 – 📺 ☎. ⑩ 𝗩𝗜𝗦𝗔. 🌤 B n
chiuso dal 1° al 15 agosto e dal 24 dicembre al 6 gennaio – Pas (solo per clienti alloggiati;
chiuso a mezzogiorno ed agosto) 20/30000 – ⇌ 6000 – **29 cam** 54/77000 – ½ P 65/80000.

Piccolo Ritz senza rist, via Vannucci 67 ℰ 26775, Fax 366844 – 📺 ☎. Ⅻ ⑤ ⑩ Ε 𝗩𝗜𝗦𝗔. A b
⇌ 7000 – **24 cam** 49/67000.

La Casa degli Amici, via Bonellina 111 ℰ 380305, 🏡 – 🅿. Ⅻ ⑤ ⑩ Ε 𝗩𝗜𝗦𝗔. 🌤 B
chiuso martedì e dal 1° al 28 agosto – Pas carta 26/41000 (10%).

Rafanelli, via di Sant'Agostino 47 ℰ 532046 – 🅿. Ⅻ ⑤ ⑩ Ε 𝗩𝗜𝗦𝗔. B
chiuso domenica sera, lunedì e dal 1° al 22 agosto – Pas carta 30/39000.

La Valle del Vincio-da Guido, località Castagno di Pieve a Celle ℰ 477012, « Giardino
con laghetto » – 🅿 5 km per via dello Spartitoio A
chiuso lunedì sera, martedì e novembre – Pas carta 30/40000.

Il Boschetto, viale Adua 469 ℰ 401185 – Ⅻ ⑤ ⑩ Ε 𝗩𝗜𝗦𝗔. 🌤 3 km per ①
chiuso lunedì – Pas carta 21/43000 (12%).

verso Montale - al Ponte Nuovo Ε : **4 km** B :

Il Convento, N : 1,5 km ⊠ 51030 Santomato ℰ 452651 e rist ℰ 452714, ≤ città e pianura,
🏡, « Parco ombreggiato », 🏊 – 🌤 rist 🐶 🅿. ⑤ Ε 𝗩𝗜𝗦𝗔. 🌤
Pas (chiuso lunedì da novembre a marzo) carta 33/46000 – ⇌ 9000 – **24 cam** 54/77000 –
½ P 85000.

sulla strada statale 64 per ① : **9 km** :

La Cugna, via Bolognese 236 ⊠ 51020 Corbezzi ℰ 475000 – 🅿. ⑤ 𝗩𝗜𝗦𝗔
chiuso mercoledì e dal 2 al 18 settembre – **Pas** carta 23/37000.

429

a Sammommè per ① : 13,5 km – alt. 553 – ✉ **51020** :

🏠 **Arcobaleno** 🐾, ℰ 470030, Fax 470147, ≼, ⅃, 🚗, ⛽ – ⇄⇆ 🚗 🅿. 🖭 🕅 🅴 𝗩𝗜𝗦𝗔
chiuso dal 10 gennaio al 10 febbraio – Pas *(chiuso mercoledì)* carta 23/35000 – ⴺ 10000 –
28 cam 56/81000 – ½ P 68/80000.

───────────────────────────────

PITIGLIANO 58017 Grosseto 🗓🗓🗓 ㉘ – 4 367 ab. alt. 313 – ✪ 0564.
Roma 169 – Civitavecchia 91 – Grosseto 75 – Viterbo 69.

🏠 **Guastini,** piazza Petruccioli ℰ 616065 – 🕾
chiuso dal 20 gennaio al 5 febbraio – Pas carta 28/41000 – ⴺ 8000 – **22 cam** 30/51000 –
½ P 51/58000.

───────────────────────────────

PIZZO 88026 Catanzaro 🗓🗓🗓 ㉚ – 8 941 ab. alt. 107 – ✪ 0963.
Roma 603 – Catanzaro 59 – ♦Cosenza 88 – Lamezia Terme (Nicastro) 33 – Paola 85 – ♦Reggio di Calabria 107.

🏨 **Grillo,** riviera Prangi ℰ 531632, ≼, 🍴, 🛥️⇆ – ⛽ 🅿. 🖪 🕦 🅴 𝗩𝗜𝗦𝗔. 🍽️ rist
Pas *(luglio-settembre)* carta 27/42000 – **62 cam** ⴺ 60/99000 – ½ P 60/90000.

🍴🍴 **Isolabella,** riviera Prangi ℰ 264128, 🍴 – ▤ 🅿. 🖪 🕦 🅴 𝗩𝗜𝗦𝗔
chiuso lunedì escluso luglio-agosto – Pas carta 24/38000 (10%).

🍴 **Medusa,** ℰ 531203, ≼ – 🅿. 🖭 🖪 🕦 🅴 𝗩𝗜𝗦𝗔
chiuso lunedì escluso da luglio a settembre – Pas carta 22/32000 (12%).

───────────────────────────────

PLANAVAL Aosta 🗓🗓🗓 ⑪, 🗓🗓 ⑨ – Vedere Valgrisenche.

───────────────────────────────

PLESIO 22010 Como 🗓🗓🗓 ⑨ – 805 ab. alt. 581 – ✪ 0344.
Roma 665 – Como 39 – ♦Lugano 32 – ♦Milano 87 – Sondrio 72 – St-Moritz 102 – Menaggio 4.

🏠 **Samaver,** località Ligomena ℰ 37039, ≼ lago e monti – 🅿. 🍽️ rist
➡ *Pasqua-ottobre* – Pas *(chiuso mercoledì)* 18/22000 – ⴺ 7000 – **16 cam** 35/60000 –
½ P 40/46000.

───────────────────────────────

PLOSE ★★★ Bolzano – alt. 2 446.
Vedere ⛷️★★★.
Roma 708 – ♦Bolzano 67 – Bressanone 27 – ♦Milano 363.

───────────────────────────────

POCENIA 33050 Udine – 2 573 ab. alt. 9 – ✪ 0432.
Roma 607 – Gorizia 53 – ♦Milano 346 – Pordenone 51 – ♦Trieste 73 – Udine 29.

a Paradiso NE : 7 km – ✉ **33050** Pocenia :

🍴 **Al Paradiso,** ℰ 777000, « Ambiente tipico » – 🅿. 🍽️
chiuso lunedì, gennaio e dal 1° al 15 luglio – Pas carta 21/33000.

───────────────────────────────

POCOL Belluno – Vedere Cortina d'Ampezzo.

───────────────────────────────

POETTO Cagliari – Vedere Sardegna (Cagliari) alla fine dell'elenco alfabetico.

───────────────────────────────

POGGIBONSI 53036 Siena 🗓🗓🗓 ⑭⑮ – 26 356 ab. alt. 115 – ✪ 0577.
Roma 262 – ♦Firenze 43 – ♦Livorno 89 – Pisa 79 – Siena 32.

🏨 **Europa** senza rist, località Calcinaia S : 2 km ℰ 933402, Fax 936069 – 🛗 ▤ 📺 ☎ 🅿 – 🏧
100. 🖭 🖪 🕦 🅴 𝗩𝗜𝗦𝗔. 🍽️
ⴺ 7000 – **40 cam** 42/65000.

🍴 **Il Sole,** via Trento 5 ℰ 936283 – 🖪 𝗩𝗜𝗦𝗔
chiuso lunedì e luglio o agosto – Pas carta 22/33000 (10%).

───────────────────────────────

POGGIO Livorno – Vedere Elba (Isola d') : Marciana.

───────────────────────────────

POGGIO A CAIANO 50046 Firenze – 7 572 ab. alt. 57 – ✪ 055.
Vedere Villa★.
Roma 293 – ♦Firenze 17 – ♦Livorno 99 – ♦Milano 300 – Pisa 75 – Pistoia 18.

🏨 **Hermitage** 🐾, via Ginepraia 112 ℰ 877040, Fax 8778085, ≼, ⅃, 🚗 – 🛗 ▤ 📺 ☎ 🅿 – 🏧
30 a 150. 🖭 🖪 🕦 🅴 𝗩𝗜𝗦𝗔. 🍽️ rist
Pas *(chiuso domenica sera, venerdì ed agosto)* carta 29/42000 – ⴺ 8000 – **60 cam** 65/85000
– ½ P 80/98000.

───────────────────────────────

POGGIO BERNI 47030 Forlì – 2 442 ab. alt. 151 – ✪ 0541.
Roma 338 – Forlì 33 – ♦Ravenna 59 – Rimini 16.

🍴🍴 **Tre Re,** ℰ 629760, ≼, prenotare – 🅿 – 🏧 35. 🍽️
chiuso lunedì e novembre – Pas carta 30/47000.

POGGIO RUSCO 46025 Mantova 988 ⑭ – 6 113 ab. alt. 16 – ✪ 0386.

Roma 448 – ◆Ferrara 68 – Mantova 43 – ◆Milano 216 – ◆Modena 44 – ◆Verona 58.

🏠 **Savoia,** via Matteotti 248 ℰ 51033 – 🖭 🕃 ⓞ ᴇ 💳 . 🛠
↔ Pas *(chiuso domenica)* carta 18/32000 – ☷ 5000 – **15 cam** 35/55000 – ½ P 40/45000.

POGGIRIDENTI 23020 Sondrio – 1 643 ab. alt. 615 – ✪ 0342.

Roma 705 – Edolo 43 – ◆Milano 144 – Sondrio 6 – Passo dello Stelvio 82.

✕ San Fedele, con cam, ℰ 380894, ← – ☎ ⓟ
12 cam.

POGNANA LARIO 22020 Como 219 ⑨ – 855 ab. alt. 307 – ✪ 031.

Roma 638 – Como 13 – ◆Milano 61.

✕ **La Meridiana,** ℰ 430259, ←, 🍽 – ⓟ
chiuso ottobre e mercoledì (escluso da aprile a settembre) – Pas carta 22/37000.

POIRINO 10046 Torino 988 ⑫ – 8 431 ab. alt. 249 – ✪ 011.

Roma 648 – Asti 34 – Cuneo 94 – ◆Milano 155 – ◆Torino 27.

✕ **Del Moro,** ℰ 9450139 – ⓟ. 🕃
chiuso martedì escluso maggio – Pas carta 25/39000.

POLCENIGO 33070 Pordenone 988 ⑤ – 3 280 ab. alt. 40 – ✪ 0434.

Roma 592 – Belluno 61 – ◆Milano 331 – Pordenone 17 – Treviso 52 – ◆Trieste 129 – Udine 67 – ◆Venezia 81.

✕✕✕ **Cial de Brent,** verso San Giovanni ℰ 748777 – ⓟ – 🏛 150
chiuso a mezzogiorno, lunedì, gennaio ed agosto – Pas carta 41/58000.

✕ **Al Gorgazzo-da Genio,** N : 1 km ℰ 74400, 🎢 – ⓟ
chiuso martedì – Pas carta 21/41000.

POLESINE PARMENSE 43010 Parma – 1 558 ab. alt. 35 – ✪ 0524.

Roma 496 – ◆Bologna 134 – Cremona 23 – ◆Milano 97 – ◆Parma 46 – Piacenza 35.

✕✕ **Al Cavallino Bianco,** ℰ 96136 – ⓟ 🖭 🕃
chiuso martedì, dal 7 al 22 gennaio e dal 20 al 30 luglio – Pas carta 28/46000.

a Santa Franca O : 2 km – ✉ 43010 Polesine Parmense :

✕✕ **Da Colombo,** ℰ 98114, 🍽 , prenotare – ⬌ ⓟ. 🖭. 🛠
chiuso lunedì sera, martedì, gennaio e luglio – Pas carta 36/50000.

POLICASTRO BUSSENTINO 84067 Salerno 988 ㊳ – a.s. luglio e agosto – ✪ 0974.

Roma 418 – ◆Cosenza 172 – ◆Napoli 212 – Salerno 161.

🏨 Torre Oliva 🕭, SO : 2 km ℰ 986191, Telex 721195, ←, 🏊, 🐾ₑ, 🎢, ✕ – 🗱 🚾 ⓟ – 🏛 100
stagionale – **154 cam**.

POLICORO 75025 Matera 988 ㉙ – 14 005 ab. alt. 31 – ✪ 0835.

Roma 487 – ◆Bari 134 – ◆Cosenza 136 – Matera 66 – Potenza 129 – ◆Taranto 68.

🏠 **Callà,** corso Pandosia 9 ℰ 972129 – ⓟ. 🖭
Pas *(chiuso venerdì)* carta 24/43000 – ☷ 5000 – **25 cam** 22/38000 – ½ P 45000.

al lido SE : 4 km :

🏨 **Heraclea** 🕭, ✉ 75025 ℰ 910144 – 🗱 🚾 ☎ ⓟ – 🏛 250. 🖭. 🛠
Pas carta 24/34000 – ☷ 6000 – **86 cam** 51/88000 – ½ P 58/68000.

POLIGNANO A MARE 70044 Bari 988 ㉙ – 15 994 ab. – ✪ 080.

Roma 486 – ◆Bari 36 – ◆Brindisi 77 – Matera 82 – ◆Taranto 70.

🏨 Grotta Palazzese 🕭, via Narciso 59 ℰ 740677, Fax 740767, ←, « Servizio rist. estivo in una grotta sul mare » – 🚾 ☎
14 cam.

🏨 **Castellinaria** 🕭, cala San Giovanni (strada statale NO : 2 km) ℰ 740233, 🍽 , 🐾ₑ, 🎢 –
🗱 🚾 ⓟ – 🏛 50. 🖭 🕃 ⓞ ᴇ 💳. 🛠 rist
chiuso dal 5 novembre al 6 dicembre – Pas carta 38/59000 – ☷ 11000 – **32 cam** 74/122000
– ½ P 151/161000.

🏠 **Covo dei Saraceni,** via Conversano 1/1 A ℰ 740696, Fax 740696, ←, 🍽 – 🗱 🚾 🚾 ☎. 🖭
🕃 ⓞ ᴇ 💳
Pas *(chiuso martedì)* carta 22/37000 (15%) – ☷ 8000 – **26 cam** 51/85000 – ½ P 75000.

✕✕ **Da Tuccino,** contrada Santa Caterina ℰ 741560, ←, 🍽 – ⓟ. 🖭 🕃 ᴇ 💳
chiuso dal 9 dicembre al 28 febbraio e lunedì da ottobre a maggio – Pas carta 33/56000.

POLISTENA 89024 Reggio di Calabria 988 ㊴ – 11 700 ab. alt. 239 – ✪ 0966.

Roma 652 – Catanzaro 120 – ◆Cosenza 138 – ◆Reggio di Calabria 73.

🏠 **Mommo,** ℰ 932233 – 🗱 🚾 rist 🕭 🚗 . 🛠
Pas carta 21/30000 – ☷ 6000 – **30 cam** 32/50000 – ½ P 45000.

25080 Brescia – 1 462 ab. alt. 207 – ✪ 0365.

Roma 540 – ◆Brescia 28 – Mantova 79 – ◆Milano 129 – Trento 104.

a Picedo E : 1,5 km – ✉ 25080 Polpenazze del Garda :

✗ **Taverna Picedo,** ✆ 674103, ☞ – ℗
chiuso martedì e gennaio – Pas carta 27/41000.

POMARANCE 56045 Pisa 🗺 ⑭ – 7 248 ab. alt. 367 – ✪ 0588.

Roma 310 – ◆Firenze 104 – ◆Livorno 77 – Siena 80.

🏨 **Il Pomarancio,** ✆ 64616, « Edificio del '700; terrazze-giardino con ⬙ » – 🛗 📺 ☎. 🅑
Pas carta 22/44000 – **18 cam** 🛏 45/70000 – ½ P 55/65000.

POMAROLO 38060 Trento – 1 856 ab. alt. 210 – ✪ 0464.

Roma 567 – Trento 28 – ◆Verona 85.

✗✗ **Conca Verde,** via Pasini 1 ✆ 411530 – 🆎 ⓪ 𝘝𝘐𝘚𝘈. ⚹
chiuso lunedì e dal 2 al 22 gennaio – Pas carta 30/41000.

POMEZIA 00040 Roma 🗺 ⑳ – 36 746 ab. alt. 108 – ✪ 06.

Roma 29 – Anzio 31 – Frosinone 105 – Latina 41 – Ostia Antica 32.

🏩 **Selene,** via Pontina ✆ 912901, Telex 613467, Fax 9121579, ⬙, ☞, ✗ – 🛗 📺 ☎ ℗ –
🕍 25 a 700. 🆎 🅑 ⓪ 🄴 𝘝𝘐𝘚𝘈. ⚹
Pas carta 36/55000 – 🛏 12000 – **200 cam** 135/210000 appartamenti 345000.

🏨 **Enea Hotel,** via del Mare 83 ✆ 9107021, Telex 616105, ⬙ – 🛗 ⬱ cam 🔲 📺 ☎ 🚗 ℗ –
🕍 25 a 300. 🆎 🅑 ⓪ 🄴 𝘝𝘐𝘚𝘈. ⚹
Pas carta 28/45000 – **92 cam** 🛏 100/140000.

POMONTE Livorno – Vedere Elba (Isola d') : Marciana.

POMPEI 80045 Napoli 🗺 ⑰ – 25 311 ab. alt. 16 – a.s. maggio-15 ottobre – ✪ 081.

Vedere Foro★★★ : Basilica★★, Tempio di Apollo★★, Tempio di Giove★★ – Terme Stabiane★★★ –
Casa dei Vettii★★★ – Villa dei Misteri★★★ – Antiquarium★★ – Odeon★★ – Casa del Menandro★★
– Via dell'Abbondanza★★ – Fullonica Stephani★★ – Casa del Fauno★★ – Porta Ercolano★★ –
Via dei Sepolcri★★ – Foro Triangolare★ – Teatro Grande★ – Tempio di Iside★ – Termopolio★ –
Casa di Loreius Tiburtinus★ – Villa di Giulia Felice★ – Anfiteatro★ – Necropoli fuori Porta
Nocera★ – Pistrinum★ – Casa degli Amorini Dorati★ – Torre di Mercurio★ : ≼★★ – Casa del
Poeta Tragico★ – Pitture★ nella casa dell'Ara Massima – Fontana★ nella casa della Fontana
Grande.

🄻 via Sacra 1 ✆ 8631041 ; agli Scavi, piazza Esedra ✆ 8610913.

Roma 237 – Avellino 49 – Caserta 50 – ◆Napoli 24 – Salerno 29 – Sorrento 28.

🏨 **Villa Laura** senza rist, via della Salle 13 ✆ 8631024, ☞ – 🔲 📺 📞 🚗. 🆎 ⓪ 𝘝𝘐𝘚𝘈. ⚹
🛏 7000 – **26 cam** 70/95000.

🏠 Del Santuario, piazza Bartolo Longo 2/6 ✆ 8631020 – 🛗 📞
51 cam.

🏠 **Diomede** senza rist, viale Mazzini 40 ✆ 8631520 – 🛗 🚗
🛏 6000 – **24 cam** 32/50000.

✗✗✗ **Il Principe,** piazza Bartolo Longo 8 ✆ 8633342, Fax 8633342 – 🔲. 🆎 𝘝𝘐𝘚𝘈
chiuso lunedì e dal 1° al 15 agosto – Pas carta 28/52000 (15%).

✗ Zi Caterina, via Roma 20 ✆ 8631263 – 🔲.

POMPONESCO 46030 Mantova – 1 450 ab. alt. 23 – ✪ 0375.

Roma 459 – Mantova 38 – ◆Milano 154 – ◆Modena 56 – ◆Parma 32.

✗✗✗ **Il Leone** con cam, ✆ 86077, « Caratteristiche decorazioni », ⬙ – 🆎 🅑 ⓪ 🄴 𝘝𝘐𝘚𝘈
chiuso gennaio – Pas (chiuso domenica sera e lunedì) carta 36/47000 – 🛏 6000 – **8 cam**
40/60000 – ½ P 65000.

PONDERANO 13058 Vercelli 🗺 ⑮ – 3 675 ab. alt. 357 – ✪ 015.

Roma 673 – Biella 4 – ◆Milano 100 – Vercelli 40.

✗✗ **Gran Paradiso-da Valdo,** via Mazzini 63 ✆ 541979 – 🔲 ℗. ⚹
chiuso mercoledì e dal 28 luglio al 22 agosto – Pas carta 29/55000.

PONT Aosta 🗺 ⑫ – Vedere Valsavarenche.

PONTASSIEVE 50065 Firenze 🗺 ⑮ – 20 310 ab. alt. 101 – ✪ 055.

Roma 263 – Arezzo 67 – ◆Firenze 18 – Forlì 91 – ◆Milano 317 – Siena 86.

🏨 **Moderno** senza rist, via Londra 5 ✆ 8315541, Telex 574381, Fax 8302848 – 🛗 🔲 ☎ 🚗 –
🕍 30 a 40. 🆎 ⓪ 𝘝𝘐𝘚𝘈
🛏 11500 – **120 cam** 88/135000.

PONT CANAVESE 10085 Torino 988 ②②, 219 ⑬ – 4 015 ab. alt. 461 – ✆ 0124.

Roma 704 – Aosta 92 – Ivrea 29 – ◆Milano 142 – Novara 96 – ◆Torino 47.

🏠 **Bergagna**, via Marconi 19 ℰ 85153 – 🅿 🖭 🕃 VISA ⁣ 🛠 cam
 ↔ *chiuso dal 1° al 20 ottobre* – Pas *(chiuso martedì)* carta 20/36000 – ☂ 5000 – **15 cam**
 30/47000 – ½ P 35/40000.

PONTE A CAPPIANO Firenze – Vedere Fucecchio.

PONTE A MORIANO 55029 Lucca – alt. 53 – ✆ 0583.

Roma 357 – ◆Firenze 83 – Lucca 9 – ◆Milano 283 – Pistoia 52.

XX **La Mora**, a Sesto NO : 2,5 km ℰ 57109 – 🖭 🕃 ① E VISA ⁣ 🛠
 chiuso mercoledì sera, giovedì, dal 26 giugno al 7° luglio e dal 10 al 20 ottobre – Pas
 carta 35/55000.

X **Antica Locanda di Sesto**, a Sesto NO : 2,5 km ℰ 57047 – 🅿 🖭 🕃 E VISA ⁣ 🛠
 chiuso sabato ed agosto – Pas carta 24/48000.

PONTE ARCHE Trento 988 ④ – Vedere Lomaso.

PONTE BUGGIANESE 51019 Pistoia – 7 161 ab. alt. 18 – ✆ 0572.

Roma 329 – ◆Firenze 55 – Lucca 23 – Pisa 41 – Pistoia 24.

🏠 **Meucci**, via Matteotti 79 ℰ 635017 – 🛗 ☎ 🖭 🕃. ⁣ 🛠
 Pas *(chiuso mercoledì)* carta 22/42000 – ☂ 4000 – **14 cam** 40/65000 – ½ P 44/70000.

PONTECAGNANO 84098 Salerno 988 ㉘ – alt. 28 – a.s. luglio e agosto – ✆ 089.

Roma 273 – Avellino 48 – ◆Napoli 68 – Salerno 9.

🏠🏠 **Europa**, via Europa 2 ℰ 848072 – 🛗 📺 📶 🅿. 🕃 E VISA ⁣ 🛠 rist
 chiuso dal 24 dicembre al 4 gennaio – Pas *(chiuso domenica da ottobre a maggio)* 20/26000
 (15%) – ☂ 3000 – **40 cam** 28/45000 – ½ P 43/46000.

 sulla strada statale 18 E : 2 km :

🏠🏠 **Carosello**, ✉ 84098 ℰ 381314, Fax 383910 – 🛗 🛏 rist 📶 ﹠ 🅿 – ▲ 120. 🖭 🕃 ① E VISA.
 ⁣ 🛠
 Pas *(chiuso sabato)* carta 23/38000 (12%) – ☂ 6000 – **40 cam** 45/70000 – ½ P 58/62000.

PONTECCHIO POLESINE 45030 Rovigo – 1 381 ab. alt. 5 – ✆ 0425.

Roma 456 – ◆Ferrara 31 – ◆Milano 287 – Rovigo 7.

X **Trattoria de la Vecia**, località San Pietro ℰ 492601 – ᵉ⁂ 🅿 VISA ⁣ 🛠
 chiuso lunedì ed agosto – Pas carta 32/40000.

PONTE DELL'OLIO 29028 Piacenza – 5 071 ab. alt. 210 – ✆ 0523.

Roma 548 – ◆Genova 127 – ◆Milano 100 – Piacenza 22.

X **Locanda Cacciatori** ⁑ con cam, località Castione E : 3 km ℰ 87105, 🌤 – ᵉ⁂ 🅿 – ▲
 100. 🕃. ⁣ 🛠
 chiuso gennaio – Pas *(chiuso mercoledì)* carta 21/35000 – ☂ 4000 – **13 cam** 28/52000 –
 ½ P 45/50000.

PONTEDERA 56025 Pisa 988 ⑭ – 27 156 ab. alt. 14 – ✆ 0587.

Roma 314 – ◆Firenze 61 – ◆Livorno 32 – Lucca 28 – Pisa 22 – Pistoia 45 – Siena 86.

🏠🏠 **La Rotonda**, via Dante 52 ℰ 54313 – 🛗 🛏 cam ☎ – ▲ 100
 Pas *(chiuso domenica ed agosto)* carta 24/35000 – ☂ 6000 – **65 cam** 60/80000, 🛏 12000 –
 ½ P 50/60000.

🏠 **Armonia**, piazza Duomo 11 ℰ 52240 – ᵉ⁂. 🕃
 ↔ Pas *(chiuso domenica)* 18/20000 – ☂ 6500 – **30 cam** 38/58000 – ½ P 55/60000.

X **Baldini**, via Tosco Romagnola 118 ℰ 52712 – ᵉ⁂ 🅿. 🖭 🕃 ① E VISA
 chiuso domenica – Pas carta 29/48000.

X **Al Cavallino Rosso**, via Pisana 94 ℰ 52549 – 🖭 🕃 ①. ⁣ 🛠
 chiuso lunedì – Pas carta 24/33000.

PONTE DI BRENTA Padova – Vedere Padova.

PONTE DI LEGNO 25056 Brescia 988 ④, 218 ⑰ – 2 024 ab. alt. 1 258 – a.s. febbraio, Pasqua,
luglio-agosto e Natale – Sport invernali : 1 258/2 117 m ≴3, ☈ (vedere anche Passo del Tonale)
– ✆ 0364.

🛷 (luglio-settembre) ℰ 92577.

🛈 corso Milano 41 ℰ 91122.

Roma 677 – ◆Bolzano 107 – Bormio 42 – ◆Brescia 119 – ◆Milano 167 – Sondrio 64.

🏠🏠 **Mirella**, ℰ 91661, Telex 305807, Fax 91663, ≤, 🔦, 🐾, 🎾 – 🛗 📺 ☎ ﹠ ↔ 🅿 – ▲ 30
 a 300 🖭 🕃 ① E VISA. ⁣ 🛠
 Pas *(chiuso mercoledì)* carta 39/58000 – ☂ 12000 – **61 cam** 100/170000 appartamenti 230000
 – ½ P 86/150000.

433

🏠 **Garden,** ℰ 91131, ≤, 🛲 – 🛗 📺 ☎ ⅙ 🚗 🅿. 🔂 ⓞ ⋿ 𝖵𝖨𝖲𝖠. ⅏ rist
dicembre-22 aprile e giugno-settembre – Pas *(chiuso martedì)* carta 25/35000 – ⊆ 10000 –
38 cam 56/88000 – ½ P 85/90000.

🏠 **Mignon,** ℰ 91195, ≤, 🛲 – ☎ 🚗 🅿. 🔂 ⓞ 𝖵𝖨𝖲𝖠. ⅏ rist
Pas *(chiuso giovedì, maggio, ottobre e novembre)* 22/25000 – ⊆ 8000 – **27 cam** 47/87000 –
½ P 68/76000.

XX **Al Maniero** con cam, ℰ 91093, ≤ – ☎ 🚗 🅿. 🖭 🔂 ⓞ 𝖵𝖨𝖲𝖠. ⅏ rist
chiuso dall'8 al 26 gennaio – Pas *(chiuso lunedì)* carta 27/42000 – ⊆ 7000 – **12 cam**
42/66000 – ½ P 58/68000.

Vedere anche : *Tonale (Passo del)* E : 11 km.

PONTE DI NAVA Cuneo – Vedere Ormea.

PONTE DI PIAVE 31047 Treviso 𝟿𝟪𝟪 ⑤ – 6 153 ab. alt. 10 – ✆ 0422.
Roma 563 – ◆Milano 302 – Treviso 19 – ◆Trieste 126 – Udine 95 – ◆Venezia 52.

a Levada N : 3 km – ⊠ 31047 Ponte di Piave :

XX **Al Gabbiano** con cam, ℰ 853205, Fax 853540, 🍽, prenotare, 🛲 – 🛗 ⅗ cam 📺 ☎ 🅿.
🖭 🔂 ⓞ ⋿ 𝖵𝖨𝖲𝖠. ⅏ cam
Pas *(chiuso domenica)* carta 31/46000 – ⊆ 6000 – **20 cam** 45/65000 – ½ P 70000.

PONTE DI TURBIGO Novara 𝟤𝟣𝟫 ⑰ – Vedere Galliate.

PONTE IN VALTELLINA 23026 Sondrio – 2 282 ab. alt. 500 – ✆ 0342.
Roma 709 – Edolo 39 – ◆Milano 148 – Sondrio 10 – Passo dello Stelvio 78.

XX **Cerere,** ℰ 482294, ≤, « In una antica dimora » – 🖭 ⓞ 𝖵𝖨𝖲𝖠
chiuso mercoledì (escluso agosto) e dal 1° al 25 luglio – Pas carta 26/39000.

PONTE NELLE ALPI 32014 Belluno 𝟿𝟪𝟪 ⑤ – 7 422 ab. alt. 400 – ✆ 0437.
Roma 609 – Belluno 8 – Cortina d'Ampezzo 63 – ◆Milano 348 – Treviso 69 – Udine 109 – ◆Venezia 98.

sulla strada statale 51 :

XX **Da Benito** con cam, località Pian di Vedoia N : 3 km ⊠ 32014 ℰ 99420, ≤ – 🛗 📺 ☎ 🅿 –
🏂 80. 🖭 🔂 𝖵𝖨𝖲𝖠. ⅏
chiuso dal 10 al 30 luglio – Pas *(chiuso domenica sera e lunedì)* carta 23/37000 (10%) – ⊆
8000 – **26 cam** 80/100000 – ½ P 40/80000.

XX **Alla Vigna,** località Cadola E : 2 km ℰ 999593 – 🖭
chiuso mercoledì e dal 20 settembre al 10 ottobre – Pas carta 28/44000.

PONTENURE 29010 Piacenza – 5 071 ab. alt. 64 – ✆ 0523.
Roma 505 – ◆Milano 72 – ◆Parma 50 – Piacenza 10.

🏠 **Savi,** ℰ 519244 – ▤ 📺 ☎ 🚗 🅿 – 🏂 60. 🖭 🔂 𝖵𝖨𝖲𝖠. ⅏
Pas 18000 – ⊆ 5000 – **20 cam** 60/90000 – ½ P 70000.

PONTERANICA 24010 Bergamo – 7 131 ab. alt. 381 – ✆ 035.
Roma 608 – ◆Bergamo 8 – ◆Milano 55.

XX **Parco dei Colli,** ℰ 572227, 🍽 – 🅿. 🖭 𝖵𝖨𝖲𝖠. ⅏
chiuso lunedì – Pas carta 38/55000.

PONTE SAN GIOVANNI Perugia – Vedere Perugia.

PONTE SAN LUDOVICO Imperia 𝟣𝟫𝟧 ㉘, 𝟪𝟦 ㉘ – Vedere Ventimiglia.

PONTE SAN NICOLÒ 35020 Padova – 9 950 ab. alt. 11 – ✆ 049.
Roma 498 – ◆Padova 8 – ◆Venezia 40.

🏠 **Marconi** senza rist, località Roncaglia ℰ 719122, Telex 432174, Fax 719122 – 🛗 ▤ 📺 ☎
🚗 🅿 – 🏂 20 a 80. 🖭 🔂 ⓞ ⋿ 𝖵𝖨𝖲𝖠. ⅏
⊆ 8000 – **41 cam** 73/103000.

PONTE TARO Parma – Vedere Parma.

PONTE TRESA – Vedere Lavena-Ponte Tresa o nel Cantone Ticino alla fine dell'elenco
alfabetico.

PONTE VALLECEPPI Perugia – Vedere Perugia.

52020 Arezzo – alt. 255 – ✆ 0575.
Roma 217 – Arezzo 15 – ◆Firenze 67.

🏠 **Country,** ℰ 898444 – 🛗 🖥 rist 📺 ☎ ℗ – 🏄 60. 🖭 🕃 ⓞ 🝰 ꌩꍟꍟ. 🎇
chiuso dal 1° al 13 agosto – Pas (chiuso lunedì) carta 27/42000 – 🖵 5000 – **14 cam**
46/73000 – ½ P 58/62000.

17040 Savona 988 ⑫ – 760 ab. alt. 425 – ✆ 019.
Roma 546 – Alessandria 77 – ◆Genova 61 – ◆Milano 173 – Savona 24 – ◆Torino 149.

a Il Giovo SE : 4 km – ⌧ 17040 Giovo Ligure :

🏠 **Ligure,** ℰ 705007, ꌩꍟ – ☎ ℗. ꌩꍟꍟ. 🎇
chiuso gennaio e febbraio – Pas (chiuso martedì da ottobre a giugno) carta 18/28000 –
31 cam 🖵 30/50000 – ½ P 35/40000.

54027 Massa-Carrara 988 ⑬ ⑭ – 9 662 ab. alt. 236 – ✆ 0187.
Roma 438 – Carrara 53 – ◆Firenze 164 – Massa 55 – ◆Milano 186 – ◆Parma 81.

🏦 **Golf Hotel** ⑤, via Pineta ℰ 831573, Fax 831591, ꌩꍟ – 🛗 ☎ ℗ – 🏄 200. 🖭 🕃 ⓞ 🝰 ꌩꍟꍟ.
🎇
Pas (chiuso lunedì) carta 29/42000 – 🖵 8000 – **82 cam** 52/78000 – ½ P 60/72000.

🏦 **Napoleon,** piazza Italia 2 bis ℰ 830544 – 🛗 🝰 ℗ – 🏄 30. 🖭 ⓞ 🝰 ꌩꍟꍟ. 🎇 rist
Pas (chiuso venerdì da ottobre a marzo) carta 30/47000 – 🖵 8500 – **33 cam** 49/81000 –
½ P 72000.

🍴🍴 **Cà del Moro,** via Casa Corvi ℰ 830588 – ℗. 🖭 🕃 🝰 ꌩꍟꍟ
chiuso domenica sera, lunedì e dal 10 gennaio al 10 febbraio – Pas carta 24/39000.

🍴 **Da Bussè,** piazza Duomo 31 ℰ 831371
chiuso venerdì e la sera escluso sabato-domenica – Pas carta 25/37000.

a Montelungo N : 14 km – alt. 756 – ⌧ 54027 Pontremoli :

🍴 **Appennino** con cam, ℰ 836671, ꌩꍟ – ℗. 🎇
Pasqua-novembre – Pas carta 28/42000 – 🖵 6000 – **21 cam** 50000 – P 55000.

11026 Aosta 988 ②, 219 ⑭ – 3 930 ab. alt. 345 – a.s. luglio e agosto –
✆ 0125.
Vedere Guida Verde.
Roma 699 – Aosta 51 – Ivrea 24 – ◆Milano 137 – Novara 91 – ◆Torino 66.

🍴🍴 **Dora,** con cam, via della Resistenza 148 ℰ 82035
8 cam.

★ Latina 988 ㉖ – 3 437 ab. alt. da 0 a 280 (monte Guardia) – a.s. Pasqua
e luglio-agosto – ✆ 0771.
La limitazione d'accesso degli autoveicoli è regolata da norme legislative.
Vedere Località★.
⛴ per Anzio 15 giugno-15 settembre giornaliero (2 h 30 mn) e Formia giornalieri (2 h 30 mn) –
Caremar-agenzia Regine, molo Musco ℰ 80565.
⛴ per Anzio giornalieri (1 h 10 mn) – Aliscafi SNAV e Agenzia Helios, ℰ 80078; per Formia
giornalieri (1 h 20 mn) – Caremar-agenzia Regine, molo Musco ℰ 80565.

Ponza – ⌧ 04027

🏯 **Gd H. Chiaia di Luna** ⑤, ℰ 80113, ≤, 🍽, 🌡 – ℗. 🖭 🕃 🝰 ꌩꍟꍟ. 🎇 rist
15 maggio-10 ottobre – Pas 40000 – **60 cam** solo ½ P 85/200000.

🏦 **La Baia** ⑤, senza rist, ℰ 80045, ≤ – 🛗 🖥 🝰
stagionale – **22 cam**.

🏠 **Bellavista** ⑤, ℰ 809827, ≤ costa e mare – 🛗 🝰. 🎇
aprile-settembre – Pas carta 35/44000 – 🖵 8500 – **24 cam** 52/90000 – ½ P 100/107000.

🍴 **Eéa,** ℰ 80100, ≤ costa e mare, 🍽.

🍴 **La Kambusa,** ℰ 80280, 🍽 – 🕃 ⓞ ꌩꍟꍟ. 🎇
giugno-settembre – Pas carta 32/49000 (10%).

31050 Treviso – 7 400 ab. alt. 28 – ✆ 0422.
Roma 546 – Belluno 74 – Treviso 5 – ◆Venezia 35 – Vicenza 62.

a Paderno di Ponzano NO : 2 km – ⌧ 31050 Ponzano Veneto :

🍴🍴🍴 **Relais el Toulà** ⑤, con cam, via Postumia 63 ℰ 969191, Telex 433029, Fax 969994, 🍽,
prenotare, « Parco con 🌡 » – 🖙 cam 📺 ☎ ℗. 🖭 ⓞ 🝰 ꌩꍟꍟ. 🎇 rist
Pas carta 56/82000 (15%) – 🖵 20000 – **10 cam** 225/320000 appartamenti 500000 –
½ P 240/340000.

15010 Alessandria – 1 219 ab. alt. 606 – ✆ 0144.
Roma 579 – Acqui Terme 13 – Alessandria 47 – ◆Genova 80 – ◆Milano 143 – Savona 48.

🍴 **Malò** con cam, piazza Garibaldi 1 ℰ 78124 – 🕃 🝰. 🎇 cam
Pas (chiuso mercoledì) carta 22/35000 – 🖵 6000 – **20 cam** (aprile-ottobre) 30/45000.

PORCIA 33080 Pordenone – 13 044 ab. alt. 29 – ✪ 0434.
Roma 608 – Belluno 64 – ◆Milano 333 – Pordenone 4 – Treviso 54 – ◆Trieste 117.

  XX **Da Gildo,** ℰ 921212, 🚗 – 🅿 – 🏡 300. ⅍ 🕃 ⓪ 🆅🆂🅰 🛇
    chiuso domenica sera, lunedì, dal 1° al 10 gennaio e dal 1° al 20 agosto – Pas carta 30/50000.

PORDENONE 33170 🅿 🗓🗓🗓 ⑤ – 50 586 ab. alt. 24 – ✪ 0434.

🔓 (chiuso martedì) a Castel d'Aviano ✉ 33170 ℰ 652302, NO : 10 km.

🅱 piazza della Motta 13 ℰ 21912 – **A.C.I.** viale Dante 40 ℰ 208965.
Roma 605 – Belluno 66 – ◆Milano 343 – Treviso 54 – ◆Trieste 113 – Udine 51 – ◆Venezia 93.

  🏨 **Villa Ottoboni,** via 30 Aprile ℰ 21967 – 🖀🖃📺☎🅿 – 🏡 100. ⅍ 🕃 🄴 🆅🆂🅰 🛇
    Pas *(chiuso sabato sera, domenica, dal 26 dicembre al 6 gennaio ed agosto)* carta 33/51000
    – **72 cam** 🚻 140/180000 appartamenti 250/320000.

  🏨 **Palace Hotel Moderno,** viale Martelli 1 ℰ 28215, Telex 450433, Fax 520315 – 🖀🖃📺☎
    🅿 – 🏡 150. ⅍ 🕃 ⓪ 🄴 🆅🆂🅰 🛇
    Pas *(chiuso venerdì)* carta 37/49000 – 🚻 7000 – **111 cam** 66/100000 – ½ P 90000.

  🏨 **Park Hotel** senza rist, via Mazzini 43 ℰ 27901 – 🖀🖃🖚🕭🅿. ⅍ 🆅🆂🅰 🛇
    🚻 7000 – **64 cam** 50/71000.

  XXX **Noncello,** viale Marconi 34 ℰ 523014 – 🖃. ⅍ 🕃 ⓪ 🆅🆂🅰
    chiuso domenica ed agosto – Pas carta 27/45000 (10%).

    Vedere anche : *San Quirino* N : 9 km.

PORDOI (Passo del) Belluno e Trento – alt. 2 239.
Vedere Posizione pittoresca★★★.
Roma 699 – Belluno 85 – ◆Bolzano 63 – Canazei 12 – Cortina d'Ampezzo 46 – ◆Milano 356 – Trento 116.

PORLEZZA 22018 Como 🗓🗓🗓 ⑨ – 3 997 ab. alt. 271 – ✪ 0344.
Vedere Lago di Lugano★★.
Roma 673 – Como 47 – ◆Lugano 16 – ◆Milano 95 – Sondrio 80.

  XX **Regina** con cam, ℰ 61228, ≤ – 🖀. ⅍ 🕃 ⓪ 🄴 🆅🆂🅰 🛇
    chiuso dall'11 gennaio al 28 febbraio – Pas *(chiuso lunedì)* carta 31/52000 (10%) – 🚻 6000
    – **22 cam** 45/90000 – ½ P 50/60000.

PORRETTA TERME 40046 Bologna 🗓🗓🗓 ⑭ – 4 800 ab. alt. 349 – Stazione termale (maggio-
ottobre), a.s. luglio-15 settembre – ✪ 0534 – 🅱 piazza Libertà 74 ℰ 22021.
Roma 345 – ◆Bologna 60 – ◆Firenze 71 – ◆Milano 261 – ◆Modena 92 – Pistoia 35.

  🏨 **Santoli,** via Roma 3 ℰ 23206, Fax 23834, 🐟, 🚗 – 🖀📺☎🖚🅿 – 🏡 30 a 180. ⅍ 🕃 ⓪
    🄴 🆅🆂🅰 🛇
    Pas *(chiuso lunedì)* carta 30/41000 – **48 cam** 🚻 90/150000 – ½ P 60/80000.

  🏨 **Sassocardo** 🛝, via della Piscina 2 ℰ 23075, Fax 24260, ≤, 🐟 – 🖀🖃 rist 📺 🖚 🅿. ⅍ 🕃 ⓪
    🆅🆂🅰 🛇
    aprile-novembre – Pas 27000 – **57 cam** 🚻 110/154000 – ½ P 51/109000.

  🏨 **Cini,** via Terme 37 ℰ 22161 – 🖀📺🖚. ⅍ 🕃 ⓪ 🆅🆂🅰 🛇 rist
    aprile-ottobre – Pas *(chiuso lunedì in bassa stagione)* carta 22/32000 – 🚻 5000 – **15 cam**
    40/70000 – ½ P 60/60000.

  X **La Volta,** a Borgo Capanne S : 4 km ✉ 40030 Borgo Capanne ℰ 60401, Coperti limitati;
    prenotare – ⅍ 🕃 ⓪ 🆅🆂🅰 🛇
    chiuso dal 20 gennaio al 10 febbraio e martedì (escluso agosto) – Pas carta 25/49000.

PORTESE Brescia – Vedere San Felice del Benaco.

PORTICELLO Palermo – Vedere Sicilia (Santa Flavia) alla fine dell'elenco alfabetico.

PORTICO DI ROMAGNA 47010 Forlì – alt. 301 – ✪ 0543.
Roma 320 – ◆Firenze 75 – Forlì 34 – ◆Ravenna 61.

  🏨 **Al Vecchio Convento,** ℰ 967752 – ☎. ⅍ ⓪ 🆅🆂🅰 🛇 rist
    Pas *(chiuso mercoledì escluso da luglio al 15 settembre)* carta 30/45000 – 🚻 7000 – **9 cam**
    45/60000 – ½ P 55000.

PORTO ALABE Oristano – Vedere Sardegna (Tresnuraghes) alla fine dell'elenco alfabetico.

PORTO AZZURRO Livorno 🗓🗓🗓 ㉔ – Vedere Elba (Isola d').

PORTO CESAREO 73010 Lecce 🗓🗓🗓 ㉚ – 4 040 ab. – ✪ 0833.
Roma 600 – ◆Brindisi 52 – Gallipoli 30 – Lecce 27 – Otranto 59 – ◆Taranto 65.

  🏨 **Lo Scoglio,** su un isolotto raggiungibile in auto ℰ 569079, Fax 569078, ≤, 🏖, 🚗 – 🖚 🖚
    🅿. ⅍ 🕃 ⓪ 🄴 🆅🆂🅰 🛇
    Pas *(chiuso martedì)* carta 25/38000 – 🚻 9000 – **50 cam** 45/80000 – ½ P 60/81000.

  XX **Il Veliero-da Oronzino,** via Muratori ℰ 569201 – 🖃. ⅍ 🕃 ⓪ 🄴 🆅🆂🅰 🛇
    chiuso martedì e novembre – Pas carta 23/43000.

PORTO CONTE Sassari – Vedere Sardegna alla fine dell'elenco alfabetico.

PORTO D'ASCOLI Ascoli Piceno – Vedere San Benedetto del Tronto.

PORTO ERCOLE 58018 Grosseto – a.s. Pasqua e 15 giugno-15 settembre – ✪ 0564.
Vedere Guida Verde.
Roma 159 – Civitavecchia 83 – ◆Firenze 190 – Grosseto 50 – Orbetello 7 – Viterbo 95.

🏠 **Villa Letizia** ⑤, N : 1 km ♪ 834181, ≤, ⌁ riscaldata, ☞, ⌘ – ▥ 🅐 🅿
stagionale – **19 cam**.

🏠 **Don Pedro,** ♪ 833914, ≤, ☜ – 🛦 🅐 ☎ 🅿, 🅗 E 𝘝𝘐𝘚𝘈, ⌘
Pasqua-ottobre – Pas carta 40/54000 – ☲ 9000 – **44 cam** 55/70000 – ½ P 70/110000.

XX **Taitù,** N : 1 km ♪ 834032, ≤, ☜ – 🅿
chiuso a mezzogiorno.

X **Il Gambero Rosso,** ♪ 832650, ≤ – 🝰 🅗 ⓞ E 𝘝𝘐𝘚𝘈
chiuso mercoledì e dal 10 gennaio al 10 febbraio – Pas carta 36/55000.

sulla strada Panoramica SO : 4,5 km :

🏠 **Il Pellicano** ⑤, ✉ 58018 ♪ 833801, Telex 500131, Fax 833418, ≤ mare e scogliere, ☜,
« Terrazze fiorite », ⌁ riscaldata, ▲ₒ, ☞, ⌘ – 🗏 ☎ 🅿, 🝰 🅗 ⓞ E 𝘝𝘐𝘚𝘈, ⌘
Pasqua-3 novembre – Pas 85000 – ☲ 25000 – **30 cam** 340/520000 appartamenti 630/950000
– ½ P 270/350000.

PORTOFERRAIO Livorno 𝟿𝟪𝟪 ⑳ – Vedere Elba (Isola d').

Leggete attentamente l'introduzione che rappresenta la « chiave » della guida.

PORTOFINO 16034 Genova 𝟿𝟪𝟪 ⑬ – 639 ab. – ✪ 0185.
Vedere Località e posizione pittoresca★★★ – ≤★★★ dal Castello.
Dintorni Passeggiata al faro★★★ E : 1 h a piedi AR – Strada panoramica★★★ per Santa Margherita
Ligure Nord – Portofino Vetta★★ NO : 14 km (strada a pedaggio) – San Fruttuoso★★ O : 20 mn di
motobarca.
🛈 via Roma 35 ♪ 269024.
Roma 485 – ◆Genova 36 – ◆Milano 171 – Rapallo 8 – Santa Margherita Ligure 5 – ◆La Spezia 87.

🏠 **Splendido** ⑤, ♪ 269551, Telex 281057, Fax 269614, ≤ promontorio e mare, ☜, « Parco
ombreggiato », ⌁ riscaldata, ⌘ – 🗏 🗏 cam ▥ ☎ ⇦ 🅿 – 🔬 45. 🝰 🅗 ⓞ E 𝘝𝘐𝘚𝘈,
⌘ rist
7 aprile-22 ottobre – Pas carta 81/103000 (19%) – ☲ 29500 – **65 cam** 315/530000 appartamenti 634/725000 – ½ P 354/404000.

🏠 **Nazionale** senza rist, ♪ 269575, Fax 269578 – ▥ ☎, 🅗 E 𝘝𝘐𝘚𝘈
chiuso dal 10 gennaio al 15 marzo e dal 1° al 20 dicembre – ☲ 10500 – **12 cam** 74/145000
appartamenti 252000.

🏠 **San Giorgio** ⑤ senza rist, ♪ 269261 – ▥ 🅐 ⇦ 🅿, 🝰 🅗 E 𝘝𝘐𝘚𝘈, ⌘
chiuso gennaio e febbraio – ☲ 10000 – **19 cam** 77/125000.

🏩 **Eden,** ♪ 269091, « Servizio rist. estivo in giardino » – 🅐, 🝰 🅗 ⓞ E 𝘝𝘐𝘚𝘈, ⌘ rist
chiuso dal 1° al 20 dicembre – Pas (aprile-novembre) carta 40/52000 – **9 cam** ☲ 80/140000
– ½ P 80/105000.

XX **Da Puny,** ♪ 269037, ≤, ☜
chiuso giovedì e dal 2 gennaio al 2 marzo – Pas carta 46/71000 (13%).

Vedere anche : *San Fruttuoso* 20 mn di motobarca.

PORTOFINO (Penisola di) ★★★ Genova – Vedere Guida Verde.

PORTO GARIBALDI Ferrara 𝟿𝟪𝟪 ⑮ – Vedere Comacchio.

PORTOGRUARO 30026 Venezia 𝟿𝟪𝟪 ⑤ – 25 098 ab. alt. 5 – ✪ 0421.
Roma 584 – Belluno 95 – ◆Milano 323 – Pordenone 28 – Treviso 60 – ◆Trieste 93 – Udine 62 – ◆Venezia 73.

🏠 **Antico Spessotto,** via Roma 2 ♪ 71040 e rist ♪ 75458, Fax 71053 – 🗏 🗏 ▥ ☎ 🅿 – 🔬
50. 🝰 𝘝𝘐𝘚𝘈, ⌘
chiuso dal 1° all'8 gennaio e dal 7 al 20 agosto – Pas (chiuso lunedì) carta 32/53000 – ☲
7000 – **46 cam** 54/69000.

XX **Alla Botte** con cam, viale Pordenone 46 ♪ 72564, ☞ – ⇶ ▥ ☎ 🅿 – 🔬 30. 🅗 ⓞ E
𝘝𝘐𝘚𝘈, ⌘
Pas (chiuso venerdì) carta 36/52000 – ☲ 7000 – **22 cam** 54/80000.

sulla strada statale 14 O : 2 km :

XX **Al Gallo Nero,** ✉ 30023 Concordia Sagittaria ♪ 72965 – 🗏 🅿, 🝰 ⓞ 𝘝𝘐𝘚𝘈, ⌘
chiuso domenica sera, lunedì, febbraio ed agosto – Pas carta 30/52000.

Vedere anche : *Pradipozzo* O : 6 km.

PORTOMAGGIORE 44015 Ferrara 988 ⑮ – 13 039 ab. alt. 3 – ✆ 0532.
Roma 435 – ◆Bologna 54 – ◆Ferrara 24 – ◆Ravenna 52.

🏠 **Speranza 2 Marisa,** ℰ 811230 – 📺 🛏 📺 ☎ 🅿 – 🔥 40. 🚫
↪ Pas (solo per clienti alloggiati) 15/25000 – ⊇ 5000 – **36 cam** 40/70000, 🛏 4000 – ½ P 50000.
✗ **Da Marisa,** ℰ 811194, Coperti limitati; prenotare – 🛏 🅱 𝘝𝘐𝘚𝘈 🚫
chiuso lunedì sera, martedì, dal 7 al 13 gennaio e dall'8 al 25 agosto – Pas carta 26/51000.

PORTO MAURIZIO Imperia 988 ⑫ – Vedere Imperia.

PORTONOVO Ancona – Vedere Ancona.

PORTOPALO DI CAPO PASSERO Siracusa – Vedere Sicilia alla fine dell'elenco alfabetico.

PORTO POTENZA PICENA 62016 Macerata – a.s. luglio e agosto – ✆ 0733.
Roma 284 – ◆Ancona 37 – Macerata 34 – ◆Pescara 120.

✗✗✗ **La Villa,** località Giardino Buonaccorsi O : 2,5 km ⊠ 62018 Potenza Picena ℰ 688917, 🍴,
prenotare, « In una villa patrizia del '700 con tipico giardino all'italiana » – 🌿 🅿 🖭 �‍
🚫
chiuso martedì e dal 15 novembre al 15 dicembre – Pas carta 34/45000 (10%).
✗✗ **Nettuno,** Lungomare ℰ 688258, ≼ – 🖭 �‍
chiuso lunedì e dal 20 dicembre al 20 gennaio – Pas carta 32/51000.

PORTO RECANATI 62017 Macerata 988 ⑯ – 7 864 ab. – a.s. luglio e agosto – ✆ 071.
🛈 corso Matteotti 111 ℰ 9799084.
Roma 292 – ◆Ancona 30 – Ascoli Piceno 96 – Macerata 32 – ◆Pescara 130.

🏠 **Bianchi Vincenzo,** via Garibaldi 15 ℰ 9799040, ≼, 🍴, 🚲 – 📺 ☎. 🖭 �‍ 🔅 E 𝘝𝘐𝘚𝘈 🚫
Pasqua-ottobre – Pas carta 29/42000 – ⊇ 6500 – **36 cam** 42/65000 – ½ P 45/65000.
🏠 **Grattacielo,** via Lepanto 12 ℰ 9799442, 🚲 – 📺
25 aprile-ottobre – Pas vedere H. Bianchi Vincenzo – ⊇ 6500 – **27 cam** 42/65000.
🏠 Enzo, corso Matteotti 21/23 ℰ 9799029 – 📺 🕿
30 cam.
🏠 **Mondial,** viale Europa 2 ℰ 9799169 – 📺 ☎ 🚗 🅿. 🖭 🔅 E 𝘝𝘐𝘚𝘈 🚫
chiuso dal 20 dicembre al 20 gennaio – Pas (chiuso domenica) carta 30/45000 (10%) – ⊇
4000 – **50 cam** 38/65000 – ½ P 55/70000.

PORTO ROTONDO Sassari 988 ㉔ – Vedere Sardegna (Olbia) alla fine dell'elenco alfabetico.

PORTO SAN GIORGIO 63017 Ascoli Piceno 988 ⑯⑰ – 16 129 ab. – a.s. luglio e agosto –
✆ 0734.
🛈 via Oberdan 8 ℰ 678461.
Roma 258 – ◆Ancona 62 – Ascoli Piceno 61 – Macerata 42 – ◆Pescara 95.

🏨 **Il Timone,** via Kennedy 61 ℰ 679475, Telex 560628, Fax 679556, ≼, 🔅, 🍽 – 📺 🛏 📺 ☎ 🅿
– 🔥 20 a 120. 🖭 🔅 �‍ E 𝘝𝘐𝘚𝘈 🚫
Pas carta 30/53000 – ⊇ 8000 – **78 cam** 90/130000, 🛏 6000 – ½ P 70/100000.
🏨 **Garden,** via Cesare Battisti 6 ℰ 679414, Fax 676457 – 📺 🛏 📺 ☎ – 🔥 80. 🖭 🔅 �‍ 𝘝𝘐𝘚𝘈
🚫
Pas 25/45000 – ⊇ 6000 – **61 cam** 55/90000, 🛏 3000 – ½ P 60/80000.
🏨 **Il Caminetto,** lungomare Gramsci 283 ℰ 675558, Fax 673477, ≼, 🍴 – 📺 📺 ☎ 🅿. 🖭 🔅
�‍ 𝘝𝘐𝘚𝘈 🚫 cam
Pas (chiuso lunedì e dal 1° al 15 novembre) carta 25/41000 – ⊇ 5000 – **24 cam** 55/85000 –
½ P 60/80000.
🏨 **Tritone,** via San Martino 26 ℰ 677104, Fax 677962, ≼, 🔅, 🎿 – 📺 📺 ☎ 🅿. 🖭 🔅 𝘝𝘐𝘚𝘈
🚫 rist
Pas carta 25/43000 – ⊇ 6000 – **36 cam** 41/64000 – ½ P 40/70000.
🏠 **Lanterna,** via 20 Settembre 298 ℰ 679073 – 📺 🌿 cam 🕿 🅿. 🖭 🔅 �‍ 𝘝𝘐𝘚𝘈 🚫 rist
↪ giugno-settembre – Pas 16/20000 – ⊇ 3500 – **39 cam** 40/60000 – ½ P 34/50000.
✗✗ **La Capannina,** via San Martino 3 ℰ 677332
chiuso lunedì e dal 24 dicembre al 6 gennaio – Pas carta 43/62000.
✗✗ **Davide,** via Mazzini 102 (angolo piazza Stazione) ℰ 677700 – 🛏 🖭 🔅 �‍ E 𝘝𝘐𝘚𝘈 🚫
chiuso dal 3 al 15 gennaio, dal 1° al 7 novembre, dal 22 al 27 dicembre e lunedì da settembre
a giugno – Pas carta 26/48000.
✗✗ **La Cascina,** via San Nicola 13 ℰ 676926, ≼ – 🅿. 🖭 🔅 𝘝𝘐𝘚𝘈 🚫
chiuso lunedì – Pas carta 32/44000.

PORTO SAN PAOLO Sassari – Vedere Sardegna alla fine dell'elenco alfabetico.

PORTO SANTA MARGHERITA Venezia – Vedere Caorle.

PORTO SANT'ELPIDIO 63018 Ascoli Piceno 988 ⑮ – 20 703 ab. alt. 4 – ✆ 0734.
Roma 265 – ♦Ancona 54 – Ascoli Piceno 70 – ♦Pescara 103.

XX **Il Gambero,** via Mazzini 55 ☎ 993546 – VISA. ℘
    chiuso domenica – Pas carta 28/56000.

PORTO SANTO STEFANO 58019 Grosseto 988 ㉔㉕ – a.s. Pasqua e 15 giugno-15 settembre –
✆ 0564.
Vedere ≤* dal forte aragonese.
⚓ per l'Isola del Giglio giornalieri (1 h) – Toremar-agenzia De Dominicis, piazzale Candi
☎ 814615, Telex 590197.
🛈 corso Umberto 55/a ☎ 814208.
Roma 162 – Civitavecchia 86 – ♦Firenze 193 – Grosseto 53 – Orbetello 10 – Viterbo 98.

🏨 **Vittoria** ⌖, strada del Sole 65 ☎ 818580, ≤ mare e costa, ♨, ℀ – 🛗 🐕 🅿
    Pasqua-ottobre – Pas carta 35/50000 – ☲ 10000 – **26 cam** 42/70000 – ½ P 80/110000.

🏨 **La Lucciola,** via Panoramica 245 ☎ 812976 – 🛗 🐕. ᴀᴇ 🚺 ⓞ ᴇ VISA. ℘
    chiuso gennaio – Pas 30/35000 – ☲ 8000 – **59 cam** 36/58000 – ½ P 65/73000.

XX **Armando,** via Marconi 1/3 ☎ 812568, ⌖ – ᴀᴇ ⓞ
    chiuso mercoledì e dal 1° al 25 dicembre – Pas carta 37/60000 (15%).

X **La Fontanina di San Pietro,** S : 3 km ☎ 825261, ≤, « Servizio estivo sotto un pergolato »
    – 🅿. ᴀᴇ ⓞ. ℘
    chiuso mercoledì e gennaio – Pas carta 33/63000 (12%).

X Formica, a Pozzarello E : 4 km ☎ 814205 – 🅿.

    a Santa Liberata E : 4 km – ✉ 58010 :

🏨 **Villa Domizia,** ☎ 812735, ≤ mare e costa, 🐾, 🌳 – ☎ 🅿. ℘
    15 aprile-15 ottobre – Pas (chiuso martedì) carta 27/41000 – ☲ 6500 – **24 cam** 50/75000 –
    ½ P 76/93000.

PORTOSCUSO Cagliari 988 ㉝ – Vedere Sardegna alla fine dell'elenco alfabetico.

PORTO TOLLE 45018 Rovigo 988 ⑮ – 11 050 ab. alt. 2 – ✆ 0426.
Roma 491 – ♦Ferrara 72 – ♦Ravenna 78 – ♦Venezia 87.

X **Da Brodon,** a Cà Dolfin E : 9 km ✉ 45010 Cà Dolfin ☎ 384021 – 🅿. ⓞ
    chiuso lunedì – Pas carta 23/50000.

X Da Renzo Veronese, a Cassella S : 12 km ☎ 88088, Solo piatti di pesce, prenotare – 🅿.

PORTO TORRES Sassari 988 ㉒㉝ – Vedere Sardegna alla fine dell'elenco alfabetico.

PORTOVENERE 19025 La Spezia 988 ⑬⑭ – 4 582 ab. – ✆ 0187.
Vedere Località**.
Roma 430 – ♦Genova 114 – Massa 47 – ♦Milano 232 – ♦Parma 127 – ♦La Spezia 12.

🏨🏨 **Royal Sporting,** ☎ 900326, Fax 514973, ≤, ♨, 🐾, 🌳, ℀ – 🛗 🍽 🔥 ⟵ – 🏛 70. ᴀᴇ 🚺
    ⓞ ᴇ VISA. ℘ rist
    Pasqua-15 ottobre – Pas carta 55/75000 – **62 cam** ☲ 115/190000 – ½ P 140/150000.

🏨 **Belvedere,** ☎ 900608, ≤ – 🐕. ᴀᴇ 🚺 ⓞ ᴇ VISA
    chiuso novembre – Pas (chiuso martedì) carta 31/41000 (15%) – ☲ 8000 – **19 cam** 30/65000
    – ½ P 68/73000.

XX **Taverna del Corsaro,** ☎ 900622, ≤ – ᴀᴇ 🚺 ⓞ ᴇ VISA
    chiuso martedì, dal 15 al 31 gennaio e dal 1° al 15 giugno – Pas carta 44/68000 (10%).

X **Da Iseo,** ☎ 900610, ≤, ⌖ – ᴀᴇ 🚺 ⓞ ᴇ VISA
    chiuso mercoledì, gennaio e febbraio – Pas carta 41/56000 (10%).

X Osteria Baracco, ☎ 901353, Coperti limitati; prenotare.

    a Le Grazie N : 3 km – ✉ 19022 Le Grazie Varignano :

🏨 **Della Baia,** ☎ 900798, Fax 900034, ≤, ♨, – ☎. 🚺 ᴇ VISA. ℘
    Pas (chiuso a mezzogiorno da ottobre a giugno) 30/35000 – **42 cam** ☲ 53/80000 – ½ P 80000.

X **Il Gambero,** ☎ 900325, ⌖ – ℘
    chiuso lunedì – Pas carta 29/49000.

    a Fezzano N : 6 km – ✉ 19020 :

X **Tritone,** ☎ 900113, ≤ – ᴀᴇ ⓞ VISA. ℘
    chiuso martedì (escluso giugno-settembre) e febbraio – Pas carta 25/40000.

> I prezzi del pernottamento e della pensione possono subire aumenti
> in relazione all'andamento generale del costo della vita ;
> quando prenotate fatevi precisare il prezzo dall'albergo.

84017 Salerno 988 ⑰ – 3 660 ab. – a.s. Pasqua, giugno-settembre e Natale – ✆ 089.

Vedere Località★★.

Dintorni Vettica Maggiore : ≤★★ SE : 5 km.

🛂 via del Saraceno 2 ℘ 875067.

Roma 266 – Amalfi 17 – ♦Napoli 57 – Salerno 42 – Sorrento 17.

🏨 **Le Sirenuse** ⑤, ℘ 875066, Telex 770066, Fax 811798, ≤mare e costa, 🍴, 🏊 riscaldata, 🌳 – 🛗 🖩 📺 🕿 ← 🅿 – 🔬 60. 🖭 🕃 ⑩ 🗲 🅅🅢🅐. ❤
Pas 60/70000 – **58 cam** ☷ 320/460000 appartamenti 750/950000 – ½ P 250/280000.

🏨 **Le Agavi** ⑤, località Belvedere Fornillo ℘ 875733, Telex 770186, Fax 875965, ≤mare e costa, Ascensore per la spiaggia, 🏊, 🄰⊙ – 🛗 🖩 📺 🕿 🅿 – 🔬 50 a 200. 🖭 🕃 ⑩ 🗲 🅅🅢🅐. ❤
15 aprile-15 ottobre – Pas carta 47/85000 – **68 cam** ☷ 180/280000 appartamenti 400000 – ½ P 185/245000.

🏨 **Poseidon,** ℘ 875014, Telex 770058, Fax 875833, ≤mare e costa, 🍴, « Terrazza panoramica con 🏊 », 🌳 – 🛗 📺 🕿 ← – 🔬 60. 🖭 🕃 ⑩ 🗲 🅅🅢🅐. ❤ rist
aprile-14 ottobre – Pas carta 34/48000 (15%) – **50 cam** ☷ 133/235000 appartamenti 300/450000 – ½ P 145/180000.

🏨 **Covo dei Saraceni** ⑤, ℘ 875059, Telex 722648, ≤mare e costa, 🍴, 🏊 – 🛗 🖩 📺 🕿. 🖭 🕃 ⑩ 🗲 🅅🅢🅐. ❤ rist
aprile-ottobre – Pas carta 31/62000 (15%) – ☷ 18000 – **58 cam** 180000 – ½ P 130/170000.

🏨 **Villa Franca e Residence,** ℘ 875035, Fax 875735, ≤mare e costa – 🛗 📺 🕿. 🖭 🕃 ⑩ 🗲 🅅🅢🅐. ❤ rist
aprile-ottobre – Pas (solo per clienti alloggiati) 30000 (15%) – ☷ 10000 – **38 cam** 110/140000 – ½ P 150/160000.

🏨 **Royal** ⑤, ℘ 875000, Telex 770098, ≤ mare e costa, « Terrazze panoramiche con 🏊 e ❤ » – 🛗 🕿 🅿. 🖭 🕃 ⑩ 🗲 🅅🅢🅐. ❤ rist
21 aprile-9 ottobre – Pas (chiuso a mezzogiorno) 48000 – ☷ 14000 – **65 cam** 98/168000 – ½ P 136/149000.

🏨 **Marincanto** ⑤ senza rist, ℘ 875130, ≤mare e costa, « Terrazza-giardino » – 🛗 🕿 🅿. 🖭 🕃 ⑩ 🗲 🅅🅢🅐
23 marzo-15 ottobre – ☷ 10000 – **25 cam** 90000.

🏨 **Buca di Bacco e Buca Residence** ⑤, ℘ 875699, Telex 722574, Fax 875731, ≤ mare e costa – 🛗 🕾. 🖭 🕃 ⑩ 🗲 🅅🅢🅐. ❤ rist
aprile-21 ottobre – Pas carta 30/62000 (15%) – ☷ 12000 – **54 cam** 75/136000 – ½ P 130000.

🏨 **L'Ancora** ⑤, ℘ 875318, ≤ mare e costa, « Terrazza fiorita » – 🕾 🅿. 🖭 🕃 ⑩ 🗲 🅅🅢🅐. ❤ rist
aprile-20 ottobre – Pas (solo per clienti alloggiati) – ☷ 8500 – **18 cam** 110000 – ½ P 90/105000.

🏨 **Savoia** senza rist, ℘ 875003, ≤ – 🛗 🕾. 🅅🅢🅐. ❤
15 aprile-15 ottobre – ☷ 9000 – **44 cam** 42/84000.

🏨 **Casa Albertina,** ℘ 875143, Fax 811540, ≤mare e costa – 🛗 ❤⊱ ▤ cam 🕾. 🖭 🕃 ⑩ 🗲 🅅🅢🅐. ❤ rist
Pas 35/50000 – **20 cam** ☷ 80/130000 – ½ P 85/95000.

❌ **Chez Black,** ℘ 875036, ≤, 🍴 – 🖭 🕃 ⑩ 🗲 🅅🅢🅐
chiuso dal 10 gennaio al 28 febbraio – Pas carta 32/50000 (15%).

❌ **Le Tre Sorelle,** ℘ 875452, ≤, 🍴 – 🖭 🕃 ⑩ 🗲 🅅🅢🅐
marzo-4 novembre – Pas carta 32/64000 (15%).

❌ **La Cambusa,** ℘ 875432, ≤, 🍴 – 🖭 🕃 ⑩ 🗲 🅅🅢🅐
Pas carta 25/60000 (15%).

❌ **Il Germano,** ℘ 875232 – 🖭 🕃 ⑩ 🗲 🅅🅢🅐. ❤
chiuso mercoledì, gennaio, febbraio e novembre – Pas carta 36/50000 (15%).

sulla costiera Amalfitana E : 2 km :

🏨 **San Pietro** ⑤, ℘ 875455, Telex 770072, Fax 811449, ≤ mare e costa, Ascensore per la spiaggia, « Terrazze fiorite », 🏊, 🄰⊙, ❤ – 🛗 ▤ cam 🕿 🅿. 🖭 🕃 ⑩ 🗲 🅅🅢🅐. ❤ rist
11 aprile-28 ottobre – Pas carta 68/91000 (15%) – **55 cam** ☷ 350/520000 appartamenti 600/1200000 – ½ P 250/330000.

a Montepertuso N : 4 km – alt. 355 – ⊠ 84017 Positano :

❌ **Scirocco,** ℘ 875786, ≤ – ⑩ 🅅🅢🅐
chiuso lunedì – Pas carta 22/40000 (10%).

❌ La Chitarrina, ℘ 875044 – ❤⊱ ▤.

(BURGSTALL) 39014 Bolzano 218 ⑳ – 1 250 ab. alt. 268 – a.s. 15 marzo-Pasqua e 15 giugno-15 ottobre – ✆ 0473.

Roma 657 – ♦Bolzano 20 – Merano 8 – ♦Milano 318 – Trento 78.

❌❌ **Föerstlerhof** con cam, N : 1 km ℘ 292288, Fax 291247, 🏊, 🏊, 🌳, 🍴 – 🕿 🅿. ⑩ 🅅🅢🅐. ❤
chiuso dal 16 dicembre al 31 gennaio – Pas (chiuso giovedì) carta 38/64000 – **25 cam** ☷ 35/80000 – ½ P 65/90000.

Vedere Portale★ della chiesa di San Francesco Y.

🛈 via Alianelli angolo via Plebiscito ✆ 21812.

A.C.I. viale del Basento, c/o Euromaglia Pisani ✆ 56466.

Roma 363 ③ – ♦Bari 151 ② – ♦Foggia 109 ① – ♦Napoli 157 ③ – Salerno 106 ③ – ♦Taranto 157 ②.

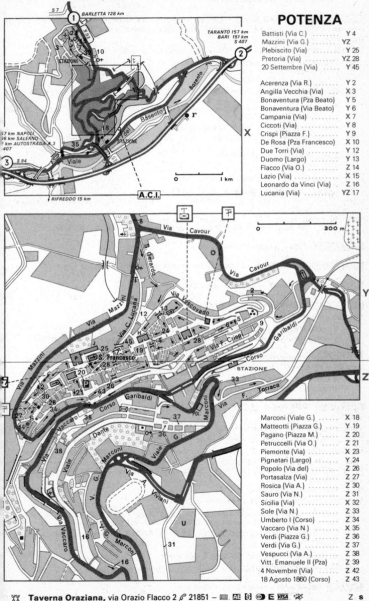

POTENZA

Battisti (Via C.)	Y 4
Mazzini (Via G.)	YZ
Plebiscito (Via)	Y 25
Pretoria (Via)	YZ 28
20 Settembre (Via)	Y 45
Acerenza (Via R.)	Y 2
Angilla Vecchia (Via)	X 3
Bonaventura (Pza Beato)	Y 5
Bonaventura (Via Beato)	Y 6
Campania (Via)	X 7
Ciccoti (Via)	Y 8
Crispi (Piazza F.)	Y 9
De Rosa (Pza Francesco)	X 10
Due Torri (Via)	Y 12
Duomo (Largo)	Y 13
Flacco (Via O.)	Z 14
Lazio (Via)	X 15
Leonardo da Vinci (Via)	Z 16
Lucania (Via)	YZ 17

Marconi (Viale G.)	X 18
Matteotti (Piazza G.)	Y 19
Pagano (Piazza M.)	Z 20
Petruccelli (Via O.)	Z 21
Piemonte (Via)	X 23
Pignatari (Largo)	Y 24
Popolo (Via del)	Z 26
Portasalza (Via)	Z 27
Rosica (Via A.)	Z 30
Sauro (Via N.)	Z 31
Sicilia (Via)	Z 32
Sole (Via N.)	Z 33
Umberto I (Corso)	Z 34
Vaccaro (Via N.)	X 35
Verdi (Piazza G.)	Z 36
Verdi (Via G.)	Z 37
Vespucci (Via A.)	Z 38
Vitt. Emanuele II (Pza)	Z 39
4 Novembre (Via)	Z 42
18 Agosto 1860 (Corso)	Z 43

※※ **Taverna Oraziana,** via Orazio Flacco 2 ✆ 21851 – 🍽. ㏂ 🅱 ⓞ Ε 𝖵𝖨𝖲𝖠. ⁒ 　　Z **s**
chiuso domenica – Pas carta 35/51000.

sulla strada statale 407 SE : 5 km :

🏨 **MotelAgip,** ✉ 85100 ℰ 69031, Telex 812471, Fax 26812 – 🛗 📺 ☎ 🅿 – 🔬 400. 🖭 🕄 ⑩
E 🆅🅸🆂🅰 . 🕸 rist   X r
Pas 31000 – **109 cam** ☲ 86/156000 – ½ P 112/121000.

Vedere anche : *Rifreddo* S : 14 km.

POZZA DI FASSA 38036 Trento – 1 647 ab. alt. 1 315 – a.s. febbraio-Pasqua e Natale – Sport invernali : 1 315/2 213 m ⛷1 ⛷5, ⛷ (vedere anche Vigo di Fassa) – ✆ 0462.
🛈 piazza Municipio 1 ℰ 64136.
Roma 677 – ◆Bolzano 41 – Canazei 10 – ◆Milano 335 – Moena 6 – Trento 95.

🏨 **Trento,** ℰ 64279, Fax 64888, ≼, 🔲 – 🛗 🍽 rist ☎ 🅿. 🕸
20 dicembre-15 aprile e 20 giugno-5 ottobre – Pas carta 25/35000 – ☲ 5000 – **49 cam**
75/120000 – ½ P 70/100000.

🏨 **Gran Baita,** ℰ 64284, Telex 401379, Fax 64745, ≼, « Giardino », 🔲 – 🕸 rist ☎ 🅿. 🖭 🕄
⑩ E 🆅🅸🆂🅰 . 🕸
20 dicembre-16 aprile e 15 giugno-20 settembre – Pas carta 35/52000 – ☲ 15000 – **30 cam**
81/128000 – ½ P 70/118000.

🏠 **René** 🦢, ℰ 64258, ≼, 🏬, 🍽 – 🛗 🖨 🅿. 🕸
↝ *18 dicembre-aprile e 20 giugno-settembre* – Pas 15/20000 – ☲ 6000 – **34 cam** 30/50000 –
½ P 40/54000.

🟎🟎 **Zirm,** ℰ 63254 – 🅿. 🖭 🕄 E 🆅🅸🆂🅰
chiuso lunedì in bassa stagione – Pas carta 23/37000.

a Pera N : 1 km – ✉ 38030 Pera di Fassa :

🏠 **Crepei,** ℰ 64103, ≼, 🏬 – 🛗 🖨 🅿. 🖭. 🕸
↝ *20 dicembre-25 aprile e 20 giugno-settembre* – Pas 15/22000 – **34 cam** ☲ 50/90000 –
½ P 40/65000.

🟎🟎 **Augusto Salin,** ℰ 64147, Coperti limitati; prenotare – 🅿
chiuso mercoledì, maggio e dal 15 ottobre al 15 novembre – Pas carta 23/34000.

POZZALE Belluno – Vedere Pieve di Cadore.

POZZALLO Ragusa 🎛🎛🎛 ㊲ – Vedere Sicilia alla fine dell'elenco alfabetico.

POZZOLATICO Firenze – Vedere Impruneta.

POZZOLENGO 25010 Brescia – 2 435 ab. alt. 135 – ✆ 030.
Roma 522 – ◆Brescia 40 – Mantova 36 – ◆Milano 128 – ◆Verona 38.

🟎 **Vecchio '800,** ℰ 918176, 🏵, Coperti limitati; prenotare – 🅿. 🕸
chiuso a mezzogiorno (escluso i giorni festivi), mercoledì e luglio – Pas carta 26/39000.

POZZOLO 46040 Mantova – alt. 49 – ✆ 0376.
Roma 488 – ◆Brescia 149 – Mantova 20 – ◆Verona 36.

🟎🟎 **Ancilla,** ℰ 460007 – 🖭 🕄 ⑩
chiuso lunedì sera e martedì – Pas carta 21/33000.

POZZUOLI 80078 Napoli 🎛🎛🎛 ㊲ – 75 208 ab. – Stazione termale, a.s. maggio-15 ottobre –
✆ 081.
Vedere Anfiteatro★★ – Solfatara★★ NE : 2 km – Tempio di Serapide★ – Tempio di Augusto★.
Dintorni Rovine di Cuma★ : Acropoli★★, Arco Felice★ NO : 6 km – Lago d'Averno★ NO : 7 km.
Escursioni Campi Flegrei★★ SO per la strada costiera – Isola d'Ischia★★★ e Isola di Procida★.
🛳 per Procida (30 mn) ed Ischia (1 h), giornalieri – Caremar-agenzia Ser.Mar., banchina
Villa ℰ 8672711; per Procida (40 mn) ed Ischia (1 h), giornalieri – Libera Navigazione Lauro,
ℰ 8673736.
🛈 via Campi Flegrei 3 ℰ 8672419.
Roma 235 – Caserta 48 – Formia 74 – ◆Napoli 16.

🏨 **Solfatara,** via Solfatara ℰ 5262666, ≼ – 🛗 📒 ☎ 🕭 🅿 – 🔬 100. 🖭 ⑩ 🆅🅸🆂🅰 . 🕸 rist
Pas carta 31/43000 – **31 cam** ☲ 80/110000, 🏠 10000 – ½ P 80/85000.

🟎🟎 Castello dei Barbari, via Fascione 4 (N : 1,5 km) ℰ 8676014, « Servizio estivo in terrazza con
≼ golfo » – 🅿.

al lago Lucrino O : 5 km – Vedere Guida Verde.

🟎🟎 La Ninfea, ✉ 80072 Arco Felice ℰ 8661326, ≼, 🏵, « In riva al lago » – 🅿.

PRADA Verona – Vedere San Zeno di Montagna.

PRAD AM STILFSERJOCH = Prato allo Stelvio.

Roma 587 – ◆Milano 328 – Pordenone 33 – Treviso 49 – ◆Trieste 98 – Udine 67 – ◆Venezia 78.

   ✕ **Tavernetta del Tocai,** ☎ 701280 – **Ⓟ**. ⒶⒺ 𝗩𝗜𝗦𝗔. ⅀
       chiuso lunedì e dal 15 luglio al 15 agosto – Pas carta 26/41000.

PRAGSER SEE = Braies (Lago di).

PRAIA A MARE 87028 Cosenza 🔢🔢🔢 ㊳ – 6 137 ab. – ✪ 0985.
Escursioni Golfo di Policastro** Nord per la strada costiera.
Roma 417 – ◆Cosenza 106 – ◆Napoli 211 – Potenza 139 – Salerno 160 – ◆Taranto 230.

   🏨 **Germania,** via Roma 44 ☎ 72016, ≤, 🐾, – 🔋 ⚋ **Ⓟ**. ⅀
       aprile-settembre – Pas 22/24000 – ⟺ 6000 – **62 cam** 50/75000 – P 55/90000.

   🏨 **Pian delle Vigne,** sulla strada statale 18 al km 248 ☎ 72626, ≤ – ☎ **Ⓟ**
       20 cam.

   🏨 **Garden,** via Roma 8 ☎ 72828, 🐾 – ☎ **Ⓟ**
       maggio-settembre – Pas carta 29/49000 – ⟺ 6000 – **40 cam** 65/105000 – ½ P 45/80000.

       a Lido di Tortora NO : 1,5 km – ✉ **87020** Tortora :

   🏨 **Harmony,** ☎ 72747, ≤, 🐾, ⚘ – 🔋 ▤ rist ☜ **Ⓟ**. ⅀
       Pas *(chiuso da ottobre a maggio)* carta 25/41000 (15%) – ⟺ 5000 – **45 cam** 55/80000 –
       ½ P 50/71000.

PRAIANO 84010 Salerno – 1 896 ab. – a.s. Pasqua, giugno-settembre e Natale – ✪ 089.
Roma 274 – Amalfi 9 – ◆Napoli 65 – Salerno 34 – Sorrento 25.

   🏨 **Tramonto d'Oro,** ☎ 874008, Telex 720397, ≤ mare e costa, ⊐ – 🔋 ☎ ⚐ **Ⓟ**. ⒶⒺ 🚩 ⓞ 🄴
       𝗩𝗜𝗦𝗔. ⅀ rist
       Pas carta 29/40000 (15%) – **40 cam** ⟺ 70/100000 – ½ P 60/75000.

   🏨 **Le Fioriere** senza rist, ☎ 874203, ≤ – ▤ ☜ **Ⓟ**. ⒶⒺ 🚩 ⓞ 🄴 𝗩𝗜𝗦𝗔. ⅀
       14 cam ⟺ 45/75000.

   🏨 **Onda Verde,** ☎ 874143, Fax 874627, ≤ mare e costa, 🐾 – ✥⚋ **Ⓟ**. ⒶⒺ 🚩 ⓞ 🄴 𝗩𝗜𝗦𝗔. ⅀
       15 marzo-15 ottobre – Pas carta 28/39000 – **15 cam** ⟺ 35/65000 – ½ P 60/65000.

   🏨 **Margherita** 🌭, ☎ 874227, ≤ – 🔋 ⇐⇒ **Ⓟ**. ⒶⒺ 🚩 ⓞ 𝗩𝗜𝗦𝗔
       Pas *(chiuso a mezzogiorno)* 22000 – ⟺ 7000 – **28 cam** 42000 – ½ P 50000.

   ✕✕ **La Bugia,** ☎ 874653, ≤ mare e costa, 🏛 – ⒶⒺ 🚩 ⓞ 🄴 𝗩𝗜𝗦𝗔
       chiuso giovedì da ottobre a marzo – Pas carta 23/35000 (10%).

   ✕ **Open Gate** con cam, ☎ 874148, ≤, 🏛 – **Ⓟ**. ⒶⒺ 🚩 ⓞ 🄴 𝗩𝗜𝗦𝗔. ⅀
       Pas carta 32/48000 (10%) – ⟺ 7500 – **12 cam** 50000 – ½ P 60/65000.

   ✕ **La Brace,** ☎ 874226, ≤, 🏛 – ⒶⒺ ⓞ 𝗩𝗜𝗦𝗔. ⅀
       chiuso mercoledì da novembre a marzo – Pas carta 31/45000 (10%).

       sulla strada statale 163 O : 2 km :

   🏨🏨 **Tritone** 🌭, ✉ 84010 ☎ 874333, Telex 770025, Fax 874374, ≤ mare e costa, Ascensore per
       la spiaggia, ⊐, 🐾 – 🔋 ✥⚋ ▤ cam ☎ **Ⓟ** – 🔏 150. ⒶⒺ 🚩 ⓞ 𝗩𝗜𝗦𝗔. ⅀ rist
       aprile-ottobre – Pas 44/56000 – ⟺ 16000 – **62 cam** 120/200000 appartamenti 220/280000,
       ▤ 10000 – ½ P 130/160000.

   ✕✕✕ **Cala delle Lampare,** ☎ 874333, Coperti limitati; prenotare, « In una grotta-servizio estivo
       in terrazza » – ▤ ⒶⒺ 🚩 ⓞ 🄴 𝗩𝗜𝗦𝗔. ⅀
       aprile-ottobre; chiuso a mezzogiorno, lunedì e dal 12 al 16 agosto – Pas carta 60/85000.

PRALBOINO 25020 Brescia – 2 483 ab. alt. 47 – ✪ 030.
Roma 550 – ◆Brescia 40 – Cremona 24 – Mantova 61 – ◆Milano 127.

   ✕✕ **Leon d'Oro,** ☎ 954156, « In un edificio seicentesco » – ⅀
       chiuso domenica sera, lunedì ed agosto – Pas carta 31/52000.

PRALORMO 10040 Torino – 1 486 ab. alt. 303 – ✪ 011.
Roma 654 – Asti 40 – Cuneo 82 – ◆Milano 165 – Savona 129 – ◆Torino 32.

   🏨 **Lo Scoiattolo,** strada statale ☎ 9481148 – ✥⚋ cam 📺 ☎ ⇐⇒ **Ⓟ**. 𝗩𝗜𝗦𝗔. ⅀ cam
   ← Pas *(chiuso domenica sera, martedì a mezzogiorno e dal 6 al 19 agosto)* carta 20/38000 – ⟺
       6000 – **30 cam** 42/68000 – ½ P 65000.

PRALUNGO 13050 Vercelli 🔢🔢🔢 ⑮ – 2 790 ab. alt. 554 – ✪ 015.
Roma 681 – Biella 5 – ◆Milano 107 – Novara 61 – ◆Torino 79 – Vercelli 47.

       a Sant'Eurosia N : 3 km – ✉ **13050** Pralungo :

   🏨 **Alp Hotel,** ☎ 444122, ≤ – 🔋 ⚋ **Ⓟ** – 🔏 30. ⅀ rist
       chiuso gennaio – Pas *(chiuso lunedì)* carta 30/50000 – ⟺ 7000 – **33 cam** 43/70000 –
       ½ P 50000.

PRANDAGLIO Brescia – Vedere Villanuova sul Clisi.

Roma 581 – Belluno 66 – Pordenone 9 – Treviso 45 – Udine 60 – ◆Venezia 78.

🏨 **Prata Verde** senza rist, ✆ 621619 – ☎ 🅿 – 🔬 50. 🆎 ⑩ ☰ 𝕍𝕀𝕊𝔸
⊵ 5000 – **60 cam** 30/45000.

XX Prata Verde, ✆ 621618 – 🅿.

a Villanova S : 5 km – ✉ 33080 Ghirano :

XX **Secondo** con cam, ✆ 626145 – 🚊 🆎 🚯 ⑩ ☰ 𝕍𝕀𝕊𝔸. ⅏
chiuso dal 2 al 12 gennaio e dal 5 al 25 agosto – Pas *(chiuso martedì e mercoledì)*
carta 24/44000 – ⊵ 5000 – **7 cam** 32/48000.

PRATI (WIESEN) Bolzano – Vedere Vipiteno.

PRATI DI TIVO Teramo 988 ㉘ – Vedere Pietracamela.

| Europe | Se il nome di un albergo è stampato in carattere magro, chiedete al vostro arrivo le condizioni che vi saranno praticate. |

Vedere Duomo★ : affreschi★★ dell'abside (Banchetto di Erode★★★) – Palazzo Pretorio★ – Castello dell'Imperatore★ – Interno★ della chiesa di Santa Maria delle Carceri K – Affreschi★ nella chiesa di San Francesco D – Pannelli★ al museo dell'Opera del Duomo M.

🅱 via Cairoli 48 ✆ 24112.

Roma 293 ④ – ◆Bologna 99 ② – ◆Firenze 19 ④ – ◆Milano 293 ② – Pisa 81 ④ – Pistoia 18 ④ – Siena 84 ④.

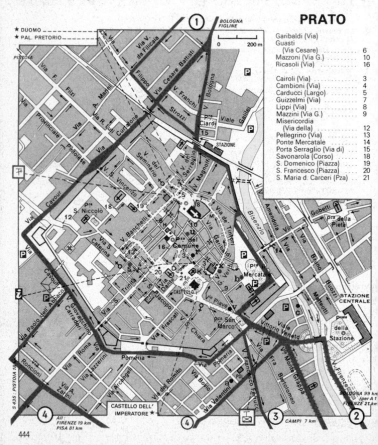

PRATO

Garibaldi (Via)
Guasti
(Via Cesare) 6
Mazzoni (Via G.) 10
Ricasoli (Via) 16

Cairoli (Via) 3
Cambioni (Via) 4
Carducci (Largo) 5
Guizzelmi (Via) 7
Lippi (Via) 8
Mazzini (Via G.) 9
Misericordia
(Via della) 12
Pellegrino (Via) 13
Ponte Mercatale 14
Porta Serraglio (Via di) . . . 15
Savonarola (Corso) 18
S. Domenico (Piazza) 19
S. Francesco (Piazza) 20
S. Maria d. Carceri (Pza) . . 21

🏨🏨 **Palace Hotel,** via Piero della Francesca 71 ☎ 592841, Telex 570505, Fax 595411, 🏊, 🎤 –
📶 🍴 📺 ☎ 🚗 ❷ – 🔬 150. 🆎 🕃 ⓞ 🗲 𝘝𝘐𝘚𝘈. 🍴 rist　　　　　per via Ferrucci
chiuso agosto – Pas *(chiuso sabato e domenica)* carta 37/52000 – 🖙 18000 – **85 cam**
105/160000.

🏨🏨 **President,** via Simintendi 20 ☎ 30251, Telex 571587 – 📶 🍴 📺 ☎ ❺ 🚗 ❷ – 🔬 170.
🕃 ⓞ 🗲 𝘝𝘐𝘚𝘈. 🍴 rist　　　　　　　　　　　　　　　　　　　　　　　　　　　　a
Pas *(chiuso sabato, domenica ed agosto)* 30/40000 – 🖙 13000 – **78 cam** 90/120000 –
½ P 90000.

🏨 **Flora** senza rist, via Cairoli 31 ☎ 20021, Telex 571358, Fax 40289 – 📶 🍴 📺 ☎ – 🔬 50. 🆎
🕃 ⓞ 🗲 𝘝𝘐𝘚𝘈. 🍴　　　　　　　　　　　　　　　　　　　　　　　　　　　　　　r
🖙 11000 – **30 cam** 74/98000.

🏨 **Milano,** via Tiziano 15 ☎ 23371, Fax 27706 – 📶 🍴 📺 ☎ 🚗. 🆎 🕃 ⓞ 🗲 𝘝𝘐𝘚𝘈. 🍴 rist　c
Pas carta 27/41000 – 🖙 12000 – **70 cam** 75/110000.

🏨 **Moderno** senza rist, via Balbo 11 ☎ 32351, Telex 570586 – 📶 ☎. 🆎 🕃 ⓞ 🗲 𝘝𝘐𝘚𝘈. 🍴
chiuso agosto – 🖙 8500 – **20 cam** 71/95000.　　　　　　　　　　　　per via Gobetti

🏨 **San Marco** senza rist, piazza San Marco ☎ 21321 – 📶 🍴 📺 🚗. 🆎 🕃 ⓞ 🗲 𝘝𝘐𝘚𝘈. 🍴　v
🖙 7000 – **47 cam** 65/90000.

🍴🍴🍴 ✿ **Il Piraña,** via Tobia Bertini angolo via Valentini ☎ 25746 – 🍴. 🆎 🕃 ⓞ 🗲 𝘝𝘐𝘚𝘈. 🍴
chiuso sabato, domenica ed agosto – Pas carta 55/78000　　　　　　per via Valentini
Spec. Insalatina di crostacei, Spaghetti alla mediterranea, Aragosta o scampi in salsa vinaigrette con primizie
di verdure. **Vini** Vernaccia, Chianti.

🍴🍴🍴 **Pietro,** via Balbo 9/a ☎ 23025 – 🍴. 🆎 🕃 ⓞ 🗲 𝘝𝘐𝘚𝘈. 🍴　　　　　　per via Gobetti
chiuso sabato a mezzogiorno e domenica – Pas carta 42/57000.

🍴🍴 **Villa Santa Cristina** 🦮 con cam, via Poggio Secco 58 ☎ 595951, Fax 572623, ≤, « Edificio
settecentesco con servizio rist. estivo all'aperto », 🏊, 🎤 – 📺 ☎ ❷. 🆎 🕃 ⓞ 🗲 𝘝𝘐𝘚𝘈.
🍴 rist　　　　　　　　　　　　　　　　　　　　　　　　　　　　　　　　　　　per ②
chiuso agosto – Pas *(chiuso domenica sera e lunedì)* carta 43/60000 – 🖙 15000 – **23 cam**
72/105000 – ½ P 100/140000.

🍴🍴 **Tonio,** piazza il Mercatale 161 ☎ 21266, 🍽 – 🍽 🍴. 🆎 🕃 ⓞ 🗲 𝘝𝘐𝘚𝘈　　　　　b
chiuso domenica, lunedì ed agosto – Pas carta 33/53000.

🍴🍴 **Baghino,** via dell'Accademia 9 ☎ 27920 – 🍴. 🆎 ⓞ　　　　　　　　　　　　u
chiuso domenica e lunedì a mezzogiorno – Pas carta 30/57000 (12%).

🍴🍴 **Bruno,** via Verdi 12 ☎ 23810 – 🆎 🕃 ⓞ 🗲. 🍴　　　　　　　　　　　　x
chiuso giovedì sera, domenica ed agosto – Pas carta 39/60000 (10%).

🍴🍴 **Da Francesco,** via Cambioni 27 ☎ 28040, 🍽 – 🆎 🕃 ⓞ 𝘝𝘐𝘚𝘈. 🍴　　　　　s
chiuso domenica e dal 12 al 27 agosto – Pas carta 28/39000.

PRATO ALLO STELVIO (PRAD AM STILFSERJOCH) 39026 Bolzano 🟦🟦🟦 ⑱ – 3 042 ab. alt. 915
– a.s. luglio-agosto e Natale – ✿ 0473.
🖪 via Principale ☎ 76034.
Roma 715 – ✦Bolzano 79 – Merano 51 – ✦Milano 264 – Trento 137.

🏨 **Prato allo Stelvio-Prad,** ☎ 76006, 🏊 riscaldata, 🎤 – 🍽 🚗 ❷. 🍴 rist
✦ *giugno-settembre* – Pas *(chiuso a mezzogiorno)* 15/20000 – **25 cam** 🖙 45/70000 –
½ P 40/55000.

PRATO DELLA CONTESSA Grosseto – Vedere Castel del Piano.

PRATOLINO 50036 Firenze – alt. 476 – ✿ 055.
Roma 289 – ✦Bologna 94 – ✦Firenze 12 – ✦Milano 288.

🍴 **Zocchi,** ☎ 409202 – ❷. 🍴
chiuso lunedì – Pas carta 26/46000.

PRATO NEVOSO Cuneo – Vedere Frabosa Sottana.

PRECI 06047 Perugia – 1 034 ab. alt. 593 – ✿ 0743.
Roma 153 – Ascoli Piceno 87 – Macerata 85 – ✦Perugia 105 – Terni 70.

🍴 **Agli Scacchi** con cam, ☎ 99224, 🏊 – 🍽 🚗. 🆎 ⓞ. 🍴
✦ *chiuso dal 1° al 15 novembre* – Pas carta 20/31000 – 🖙 8000 – **21 cam** 36/55000 –
½ P 40/45000.

PREDAIA Trento – Vedere Vervò.

Si le coût de la vie subit des variations importantes,
les prix que nous indiquons peuvent être majorés.
Lors de votre réservation à l'hôtel, faites-vous préciser le prix définitif.

PREDAZZO 38037 Trento 988 ④⑤ – 4 126 ab. alt. 1 018 – a.s. febbraio-Pasqua e Natale – Sport invernali : 1 018/2 347 m ≤5, ✠ – ☎ 0462.

🖪 piazza Santi Filippo e Giacomo 2 ℰ 51237, Telex 401329.

Roma 662 – Belluno 78 – ◆Bolzano 56 – Cortina d'Ampezzo 83 – ◆Milano 320 – Trento 80.

🏨 **Ancora,** via IX Novembre 1 ℰ 51651, Fax 51651 – 🛗 ↔️ rist 📺 ☎ 🕭 🅿. 🖭 🕃 ⑩ 🄴 VISA. ⁂
   chiuso maggio e novembre – Pas carta 25/41000 – 🖴 12000 – **40 cam** 70/100000 – ½ P 45/80000.

🏨 **Bellaria,** corso De Gasperi 20 ℰ 51369, Fax 51369, 🖾, 🐖 – 🛗 ☎ 🅿. 🖭 🕃 ⑩ 🄴 VISA. ⁂
◆ chiuso maggio, ottobre e novembre – Pas (chiuso mercoledì) 19/24000 – 🖴 6000 – **58 cam** 62/113000 – ½ P 57/83000.

🏠 **Vinella,** via Mazzini 76 ℰ 51151 – ↔️ rist ☎ 🅿
   29 cam.

PREDORE 24060 Bergamo – 1 624 ab. alt. 190 – a.s. luglio e agosto – ☎ 035.

Roma 590 – ◆Bergamo 37 – ◆Brescia 41 – ◆Milano 78.

🏨 **Eurovil,** ℰ 938327 – 🕭 🅿 – 🔬 150. 🖭 🕃 🄴 VISA. ⁂
   Pas (chiuso mercoledì) carta 21/42000 – 🖴 7000 – **23 cam** 34/50000 – ½ P 52/58000.

PREGANZIOL 31022 Treviso – 12 453 ab. alt. 12 – ☎ 0422.

Roma 534 – Mestre 13 – ◆Milano 273 – ◆Padova 43 – Treviso 7 – ◆Venezia 23.

🏨 **Magnolia,** N : 1 km ℰ 93375 e rist ℰ 93131, Fax 93713, 🐖 – 🗏 rist 📺 ☎ 🅿. 🖭 🕃 ⑩ 🄴
   VISA. ⁂ cam
   Pas (chiuso domenica sera, lunedì e dal 1° al 22 agosto) carta 21/38000 – 🖴 6000 – **29 cam** 40/70000 – ½ P 63000.

XX **Alle Grazie,** N : 1,5 km ℰ 381615 – 🅿. 🖭 🕃 ⑩ 🄴 VISA
   chiuso dal 7 al 21 gennaio, dal 2 al 17 agosto, sabato sera-domenica in luglio-agosto giovedì sera-venerdì negli altri mesi – Pas carta 32/49000.

PREGNANA MILANESE 20010 Milano 219 ⑱ – 5 853 ab. alt. 152 – ☎ 02.

Roma 592 – Como 39 – ◆Milano 18 – Novara 38 – Pavia 52 – ◆Torino 127 – Varese 47.

   in prossimità casello autostrada A 4 - Rho :

🏠 **Motel Monica,** ✉ 20010 ℰ 93290920, Fax 93290608, 🐖 – 🕭 🅿 – 🔬 40. 🖭
   Pas carta 26/38000 – 🖴 6000 – **36 cam** 75/100000 – ½ P 85000.

PREMENO 28057 Novara 219 ⑦ – 756 ab. alt. 817 – ☎ 0323.

🆃 Piandisole (aprile-novembre) ℰ 47100.

Roma 681 – Locarno 49 – ◆Milano 104 – Novara 81 – Stresa 24 – ◆Torino 155 – Verbania 11.

🏨 **Premeno** ⤳, ℰ 47021, Fax 47328, ≤, 🔼, 🐖 – 🛗 🅿. VISA. ⁂
   aprile-settembre – Pas 25/30000 – 🖴 8000 – **57 cam** 62/88000 – ½ P 55/65000.

PRÉ-SAINT-DIDIER 11010 Aosta 988 ①, 219 ①, 74 ⑱ – 947 ab. alt. 1 000 – a.s. febbraio-Pasqua, 15 luglio-agosto e Natale – ☎ 0165.

Roma 779 – Aosta 32 – Courmayeur 5 – ◆Milano 217 – Colle del Piccolo San Bernardo 23.

Pianta : vedere Courmayeur

🏠 **Edelweiss,** ℰ 87841, ≤ Monte Bianco, 🐖 – ☎ 🅿. ⁂ rist   BZ **m**
◆ chiuso ottobre e novembre – Pas 19/25000 – 🖴 5000 – **38 cam** 35/60000 – ½ P 50/55000.

XX **Universo,** ℰ 87971 – ⁂   BZ **x**
   chiuso giovedì – Pas carta 21/57000.

   a Pallusieux N : 2,5 km – alt. 1 100 – ✉ 11010 Pré-Saint-Didier :

🏨 **Beau Séjour** ⤳, ℰ 87801, ≤ Monte Bianco, 🐖 – ☎ 🚗 🅿. ⁂ rist   BYZ **b**
◆ chiuso maggio, ottobre e novembre – Pas (chiuso martedì) 20/30000 – 🖴 6500 – **33 cam** 40/62000 – ½ P 54/62000.

PRIMA CAPPELLA Varese 219 ⑦⑧ – Vedere Sacro Monte.

PRIMIERO Trento – Vedere Fiera di Primiero.

PRIMOLO Sondrio 218 ⑮ – Vedere Chiesa in Valmalenco.

PRINCIPINA A MARE Grosseto – Vedere Grosseto (Marina di).

PRIOLO GARGALLO Siracusa – Vedere Sicilia alla fine dell'elenco alfabetico.

PROCCHIO Livorno – Vedere Elba (Isola d') : Marciana Marina.

PROCIDA (Isola di) ★ Napoli – 10 630 ab. – a.s. maggio-15 ottobre – ✪ 081.
Vedere Guida Verde – La limitazione d'accesso degli autoveicoli è regolata da norme legislative.
🚢 per Napoli giornalieri (1 h); per Pozzuoli ed Ischia (30 mn), giornalieri – Caremar-agenzia Lubrano, al porto ℰ 8967280; per Pozzuoli giornalieri (40 mn) – Libera Navigazione Lauro, al porto.
🚤 per Napoli giornalieri (35 mn) – Caremar-agenzia Lubrano, al porto ℰ 8967280.
🛈 via Roma 92 ℰ 8969624

　　Procida 988 ㉗ – ⊠ **80079**.
✗ **La Medusa**, via Roma 112 ℰ 8967481, ≤, 🍴 – AE ⑤ ⑩ E 🚾
　　chiuso gennaio, febbraio e martedì da ottobre ad aprile – Pas carta 23/41000.

PROH Novara 219 ⑯ – Vedere Briona.

PROSECCO Trieste – alt. 250 – ⊠ **34010** Sgonico – ✪ 040.
Roma 660 – Gorizia 36 – ♦Milano 399 – ♦Trieste 9 – Udine 62 – ♦Venezia 149.
✗ **Hostaria ai Pini**, NO : 2 km ℰ 225324, « Servizio estivo sotto un pergolato », 🍴 – ⑫.
　　🎇
　　chiuso martedì e dal 10 gennaio al 10 marzo – Pas carta 22/36000 (10%).

PRUNETTA 51020 Pistoia 988 ⑭ – alt. 958 – a.s. luglio e agosto – ✪ 0573.
Roma 327 – ♦Firenze 53 – Lucca 48 – ♦Milano 291 – Pistoia 17 – San Marcello Pistoiese 14.
🏠 **Le Lari**, ℰ 672931, « Giardino » – ⑫. 🎇 rist
　　aprile-ottobre – Pas carta 20/31000 – **25 cam** ⊇ 29/48000 – ½ P 39/42000.

PUGNANO Pisa – Vedere San Giuliano Terme.

PULA Cagliari 988 ㉝ – Vedere Sardegna alla fine dell'elenco alfabetico.

PULSANO 74026 Taranto – 10 161 ab. alt. 37 – a.s. 15 giugno-agosto – ✪ 099.
Roma 548 – ♦Bari 110 – ♦Brindisi 64 – Lecce 75 – ♦Taranto 16.
　　a Lido Silvana SE : 6 km – ⊠ **74026** Pulsano :
🏨 Eden Park, ℰ 633091, Telex 860098, Fax 633094, 🏊, 🐎, 🍴, 🎾 – 🛗 🔄 cam 🆎 ⑫
　　55 cam.

PUNTA ALA 58040 Grosseto 988 ㉔ – a.s. Pasqua e 15 giugno-15 settembre – ✪ 0564.
🛥 ℰ 922121.
Roma 225 – ♦Firenze 170 – Follonica 18 – Grosseto 41 – Siena 102.
🏨 **Gallia Palace Hotel** ⟩, ℰ 922022, Telex 590454, Fax 920229, ≤, 🍴, « Giardino fiorito con 🏊 riscaldata », 🐎, 🎾 – 🛗 🖃 ☎ ⑫. 🆎 🎇 rist
　　14 maggio-1° ottobre – Pas 57000 – ⊇ 22000 – **98 cam** 215/365000 – ½ P 140/295000.
🏨 **Golf Hotel** ⟩, ℰ 922026, Telex 590538, Fax 922688, 🏊, 🔲, 🐎, 🍴, 🎾 – 🛗 🔄 🖃 📺 ☎
　　🖐 ⑫ – 🔔 100 a 300. 🆎 🚾 🎇 rist
　　Pas carta 46/65000 – **180 cam** ⊇ 190/310000 appartamenti 205/310000 – ½ P 125/270000.
🏨 **Cala del Porto** ⟩, ℰ 922455, Telex 590652, Fax 920716, ≤, 🍴, « Terrazze fiorite », 🏊,
　　🐎, 🍴 – 🛗 🖃 📺 ☎ ⑫. 🆎 ⑤ ⑩ E 🚾
　　aprile-26 settembre – Pas 70000 – **42 cam** ⊇ 562000 – ½ P 313000.
🏨 **Alleluja** ⟩, ℰ 922050, Telex 500449, Fax 920734, 🍴, « Parco ombreggiato », 🏊, 🐎, 🎾
　　– 🛗 🔄 cam 🖃 📺 ☎ ⑫. 🆎 ⑤ ⑩ E 🚾
　　15 marzo-ottobre – Pas carta 50/75000 – **38 cam** ⊇ 265/490000 – ½ P 165/305000.
✗✗ **Lo Scalino**, ℰ 922168, ≤, 🍴 – 🆎 ⑤ E 🚾
　　marzo-ottobre; chiuso martedì in bassa stagione – Pas carta 47/76000 (15%).
　　a Pian d'Alma NE : 9 km – ⊠ **58020** Scarlino :
✗ Il Fontino, ℰ 45173, 🍴 – ⑫.

PUNTA DEL LAGO Viterbo – Vedere Ronciglione.

PUNTALDIA Nuoro – Vedere Sardegna (San Teodoro) alla fine dell'elenco alfabetico.

PUOS D'ALPAGO 32015 Belluno – 2 250 ab. alt. 419 – ✪ 0437.
Roma 605 – Belluno 20 – Cortina d'Ampezzo 75 – ♦Venezia 95.
✗✗ **Locanda San Lorenzo** con cam, ℰ 454048, prenotare – 📺 ☎ ⑫. 🆎 ⑩ 🚾. 🎇 cam
　　chiuso febbraio – Pas *(chiuso mercoledì)* carta 29/39000 – ⊇ 8000 – **11 cam** 38/62000 –
　　½ P 40/56000.

PUTIGNANO 70017 Bari 988 ㉙ – 26 858 ab. alt. 368 – ✪ 080.
Roma 490 – ♦Bari 42 – ♦Brindisi 81 – ♦Taranto 54.
🏨 **Plaza** senza rist, via Roma ℰ 731266 – 🛗 🔄 🖃 🖐 – 🔔 80. 🆎 ⑤ ⑩ E 🚾. 🎇
　　⊇ 4500 – **41 cam** 66/82000.

51039 Pistoia – 20 799 ab. alt. 48 – ✿ 0573.
Roma 307 – ◆Firenze 25 – Lucca 53 – ◆Livorno 95 – Pistoia 13.

  XX **Da Silvione-Antica Trattoria dal 1901,** S : 1 km ℰ 750254, 🐾 – ❷. 🈺. ⋘
      chiuso lunedì, dal 1° al 14 gennaio e dal 5 al 26 agosto – Pas carta 27/43000.

QUARTACCIO Viterbo – Vedere Civita Castellana.

QUARTO CALDO Latina – Vedere San Felice Circeo.

QUARTO D'ALTINO 30020 Venezia 988 ⑤ – 5 983 ab. alt. 5 – ✿ 0422.
Roma 537 – ◆Milano 276 – Treviso 17 – ◆Trieste 134 – ◆Venezia 26.

  XX **Cà delle Anfore,** via Marconi 33 (SE : 3 km) ℰ 782153, 🐾 – 🍽 ❷. ⋘
      chiuso lunedì e gennaio – Pas carta 26/38000.

QUARTO DEI MILLE Genova – Vedere Genova.

QUARTO INFERIORE Bologna – Vedere Granarolo dell'Emilia.

QUARTU SANT'ELENA Cagliari 988 ㉝ – Vedere Sardegna alla fine dell'elenco alfabetico.

QUART-VILLEFRANCHE 11020 Aosta 219 ③ – 2 395 ab. alt. 545 – a.s. Pasqua, 15 luglio
15 settembre e Natale – ✿ 0165.
Roma 737 – Aosta 9 – Breuil-Cervinia 42 – ◆Milano 175 – ◆Torino 104.

  🏠 **Fey,** ℰ 765200, Telex 210636 – 🕼 ⋋⋋ rist ☎ ⟵ ❷. 🆎 🈺 E 𝘝𝘐𝘚𝘈
      chiuso gennaio – Pas (chiuso giovedì) carta 29/47000 – ☲ 7000 – **30 cam** 38/62000 –
      ½ P 55/60000.

  XX **Village Résidence et Rest. Le Bourricot Fleuri** con cam, ℰ 765333, Telex 215013, Fax
      765733, ≤, « Chalets indipendenti » – 📺 ☎ ❷. 🆎 🈺 ⓘ E 𝘝𝘐𝘚𝘈. ⋘ cam
      Pas (chiuso mercoledì da ottobre a giugno) carta 29/41000 – ☲ 10000 – **20 cam** 60/90000 –
      ½ P 65/80000.

QUERCE AL PINO Siena – Vedere Chiusi.

QUINCINETTO 10010 Torino 988 ②, 219 ⑭ – 1 114 ab. alt. 295 – ✿ 0125.
Roma 694 – Aosta 55 – Ivrea 18 – ◆Milano 131 – Novara 85 – ◆Torino 60.

  XX **Da Marino,** località Montellina ℰ 757952, ≤, 🐾 – ❷. 🆎 🈺 E 𝘝𝘐𝘚𝘈
      chiuso lunedì e dal 1° al 15 settembre – Pas carta 26/46000.

  X **Da Giovanni,** ℰ 757927 – 🆎 🈺 ⓘ E 𝘝𝘐𝘚𝘈. ⋘
      chiuso martedì, dal 10 gennaio al 1° febbraio e dal 15 giugno al 15 luglio – Pas carta 24/39000

QUINTO AL MARE Genova – Vedere Genova.

QUINTO DI TREVISO 31055 Treviso – 8 956 ab. alt. 17 – ✿ 0422.
Roma 548 – ◆Padova 40 – Treviso 7 – ◆Venezia 35 – Vicenza 57.

  XX **Locanda Righetto** con cam, ℰ 379101, 🐾 – 📺 ☎ ❷. 🆎 🈺 ⓘ E 𝘝𝘐𝘚𝘈. ⋘ cam
      Pas (chiuso lunedì e dal 27 dicembre al 6 gennaio) carta 21/35000 – ☲ 6000 – **9 cam**
      35/55000 – ½ P 35/42000.

QUISTELLO 46026 Mantova – 6 030 ab. alt. 17 – ✿ 0376.
Roma 458 – ◆Ferrara 61 – Mantova 29 – ◆Milano 203 – ◆Modena 56.

  XXX ✿ **Ambasciata,** via Martiri di Belfiore 33 ℰ 618255, prenotare – ❷. 🆎 ⓘ 𝘝𝘐𝘚𝘈. ⋘
      chiuso mercoledì, dal 7 al 23 gennaio e dal 4 al 21 agosto – Pas carta 69/124000
      Spec. Insalata di nervetti piedini di maiale e fagioli, Tagliatelle gialle con tartufi (autunno), Costolette d'agnello
      al profumo di campo. **Vini** Chardonnay, Franciacorta rosso.

  XX **Al Sole-Cincana,** piazza Semeghini ℰ 618146, Coperti limitati; prenotare – 𝘝𝘐𝘚𝘈
      chiuso domenica sera, mercoledì e da luglio al 10 agosto – Pas carta 40/58000.

RADDA IN CHIANTI 53017 Siena – 1 616 ab. alt. 531 – ✿ 0577.
Roma 261 – Arezzo 57 – ◆Firenze 52 – Siena 31.

  🏨 **Fattoria Vignale** senza rist, ℰ 738300, Telex 583003, Fax 738592, ≤, ⅀, 🐾 – ☎ ❷ – 🔌
      30 a 80. 🆎 🈺 E 𝘝𝘐𝘚𝘈. ⋘
      chiuso dall'8 gennaio al 18 marzo – **22 cam** ☲ 110/200000.

  XX **Vignale,** ℰ 738094 – 🆎 🈺 E 𝘝𝘐𝘚𝘈. ⋘
      chiuso giovedì e dal 12 gennaio all'8 marzo – Pas carta 41/60000.

RAGUSA ❷ 988 ㊲ – Vedere Sicilia alla fine dell'elenco alfabetico.

RAITO Salerno – Vedere Vietri sul Mare.

RANCATE 219 ⑧ – Vedere Cantone Ticino alla fine dell'elenco alfabetico.

Roma 651 – ♦Lugano 28 – Luino 12 – ♦Milano 74 – Varese 18.

XX **Gibigiana,** ℰ 724574, 斎, prenotare – **Ⓟ** 彩
   chiuso martedì e gennaio – Pas carta 23/41000.

RANCO 21020 Varese 219 ⑦ – 964 ab. alt. 214 – ✆ 0331.
Roma 644 – Laveno Mombello 21 – ♦Milano 67 – Novara 51 – Sesto Calende 12 – Varese 27.

🏨 **Conca Azzurra** ⚓, ℰ 976526, Fax 976721, ≤, 斎, 🐆ₑ, 🐎, 彩 – 📺 ☎ **Ⓟ** – 🔏 150. 🖭
   🚺 ⓞ **E** 🆅🆂🅰 彩 rist
   chiuso gennaio e febbraio – Pas *(chiuso venerdì da ottobre a maggio)* carta 35/60000 – 🍴
   11000 – **30 cam** 57/77000 – ½ P 70/100000.

XXX ✪✪ **Del Sole** ⚓ con cam, ℰ 976507, Fax 976620, ≤, Coperti limitati; prenotare, « Servizio
   estivo sotto un pergolato », 🐆ₑ, 🐎 – 📺 ☎ **Ⓟ** 🖭 🚺 ⓞ **E** 🆅🆂🅰 彩
   chiuso da gennaio all'11 febbraio – Pas *(chiuso lunedì sera e martedì)* carta 64/96000 (10%)
   – 7 appartamenti 🍴 180/200000 – ½ P 160000
   Spec. Terrina di foie gras affumicato, Lasagne al ragu di seppie e basilico, Storione laccato al vino rosso. **Vini**
   Ribolla Gialla, Barbaresco.

RANDAZZO Catania 988 ㊲ – Vedere Sicilia alla fine dell'elenco alfabetico.

RANZO 18028 Imperia – 631 ab. alt. 300 – ✆ 0183.
Roma 595 – Imperia 51 – Savona 58 – ♦Torino 191.

X **Moisello,** ℰ 318073 – **Ⓟ**. 彩
   chiuso lunedì sera, martedì e dal 10 al 30 ottobre – Pas carta 21/35000.

RAPALLO 16035 Genova 988 ⑬ – 29 606 ab. – a.s. 15 dicembre-febbraio, Pasqua e luglio-
settembre – ✆ 0185.
Vedere Lungomare Vittorio Veneto★.
Dintorni Penisola di Portofino★★★ per la strada panoramica★★ per Santa Margherita Ligure
e Portofino SO per ②.
🏌18 (chiuso martedì) ℰ 50210, per ④ : 2 km.
🛈 via Diaz 9 ℰ 51282.
Roma 477 ④ – ♦Genova 28 ④ – ♦Milano 163 ④ – ♦Parma 142 ① – ♦La Spezia 79 ④.

🏨 **Gd H. Bristol** ⚓, via Aurelia Orientale 369 ℰ 273313, Telex 270688, Fax 55800, « Rist.
   roof-garden con ≤ mare e golfo », 🛁 riscaldata, 🐆ₑ, 🐎 – 📳 🚻 📺 ☎ 🚗 **Ⓟ** – 🔏 250.
   🖭 🚺 ⓞ **E** 🆅🆂🅰 彩 rist
   chiuso gennaio e febbraio
   – Pas carta 70/90000 – 🍴
   18000 – **93 cam** 200/
   360000 appartamenti 650/
   850000 – ½ P 210/240000
   per ①

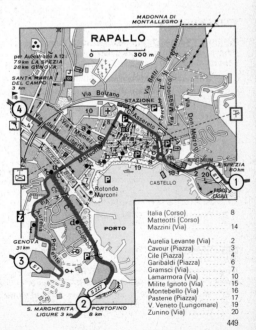

🏨 **Eurotel,** via Aurelia Ponente 22 ℰ 60981, Telex
   283851, Fax 50635, ≤
   mare, « Giardino con
   🛁 » – 📳 ⇆ cam 🗏 📺
   👌 🚗 **Ⓟ** – 🔏 100. 🖭
   🚺 ⓞ **E** 🆅🆂🅰 彩 rist   **f**
   Pas 45/50000 – **65 cam** ☲
   125/185000 –
   ½ P 135/160000.

🏨 **Astoria** senza rist, via
   Gramsci 4 ℰ 273533, Telex 272117, Fax 274093, ≤
   – 📳 🗏 📺 ☎ – 🔏 36.
   🖭 🚺 ⓞ **E** 🆅🆂🅰 彩   **r**
   *chiuso dal 1° al 28 dicem-
   bre* – ☲ 16000 – **20 cam**
   98/165000.

🏨 **Rosabianca,** senza rist,
   lungomare Vittorio Veneto 42 ℰ 50390, ≤ – 📳 🗏
   📺 ☎ – **18 cam**   **b**

🏨 **Giulio Cesare,** corso
   Cristoforo Colombo 52
   ℰ 50685, ≤ – 📳 🗏 ☎. 🖭
   🚺 **E** 🆅🆂🅰 彩 rist   **d**
   *chiuso da novembre al
   19 dicembre* – Pas 25000
   – ☲ 7000 – **33 cam** 30/
   60000 – ½ P 65000.

Italia (Corso) 8
Matteotti (Corso)
Mazzini (Via) 14

Aurelia Levante (Via) 2
Cavour (Piazza) 3
Cile (Piazza) 4
Garibaldi (Piazza) 6
Gramsci (Via) 7
Lamarmora (Via) 10
Milite Ignoto (Via) 15
Montebello (Via) 16
Pastene (Piazza) 17
V. Veneto (Lungomare) .. 19
Zunino (Via) 20

449

🏨 **Miramare,** via Vittorio Veneto 27 ✆ 50293, ≤ – 劇 ☎. 壓 🕄 ⓪ Ε 𝘝𝘐𝘚𝘈, 彩 rist
Pas carta 38/64000 – ☄ 9000 – **31 cam** 43/75000 – ½ P 80/95000.

🏨 **Vittoria,** via San Filippo Neri 11 ✆ 54838 – 劇 ☜. 壓 🕄 ⓪ Ε 𝘝𝘐𝘚𝘈. 彩
↦ chiuso dal 6 novembre al 5 dicembre – Pas *(chiuso martedi)* 20/25000 – ☄ 7000 – **40 cam**
28/49000 – ½ P 46/58000.

🏨 **Stella,** via Aurelia Ponente 10 ✆ 50367, Fax 272837 – 劇 ☎ ⇔. 壓 🕄 Ε 𝘝𝘐𝘚𝘈. 彩 rist
Pas *(chiuso da maggio a novembre)* carta 18/34000 (15%) – ☄ 6000 – **30 cam** 35/60000 -
½ P 45/55000.

XX **Da Monique,** lungomare Vittorio Veneto 6 ✆ 50541, ≤ – 壓 🕄 ⓪ Ε 𝘝𝘐𝘚𝘈
chiuso martedi e dal 20 gennaio al 20 febbraio – Pas carta 32/53000.

X **La Goletta,** via Magenta 28 ✆ 669261 – 壓 ⓪ 𝘝𝘐𝘚𝘈
chiuso lunedi e dal 10 al 30 gennaio – **Pas** carta 25/50000.

X **La Clocherie,** vico della Rosa 8 ✆ 55309
chiuso mercoledi e dal 10 novembre al 10 dicembre – Pas carta 29/47000.

X **Elite,** via Milite Ignoto 19 ✆ 50551 – 🍴. 壓 🕄 ⓪ Ε 𝘝𝘐𝘚𝘈
chiuso giovedi e novembre – Pas carta 25/45000.

a San Michele di Pagana per ② : 1,5 km – ✉ **16035** :

🏨 **Cuba e Milton,** ✆ 50610, ≤ giardini e mare – 劇 ☜ 🅿. 壓 🕄 ⓪ Ε 𝘝𝘐𝘚𝘈. 彩 rist
chiuso da novembre al 19 dicembre – Pas 35/40000 – **30 cam** ☄ 70/105000 – ½ P 80/95000.

a San Massimo per ④ : 3 km – ✉ **16035** Rapallo :

X **ü Giancu,** ✆ 260505, « Servizio estivo in giardino » – 🅿. 🕄
chiuso giovedi a mezzogiorno, dall'8 gennaio al 2 febbraio, dal 25 al 29 giugno, dal 1° all'
11 ottobre e dal 5 novembre al 6 dicembre – Pas carta 29/40000.

a Madonna di Montallegro NE : 11 km o 10 mn di funivia – alt. 612 – ✉ **16035** Rapallo :

X **Montallegro,** ✆ 50344, ≤ – 彩
chiuso dal 25 dicembre al 7 gennaio – Pas carta 25/37000.

*Richiedete nelle librerie il catalogo delle **pubblicazioni Michelin**.*

RAPOLANO TERME 53040 Siena 📖📖 ⑮ – 5 001 ab. alt. 334 – 🕿 0577.
Roma 202 – Arezzo 48 – ◆Firenze 96 – ◆Perugia 81 – Siena 28.

🏨 **2 Mari,** strada statale 326 (N : 0,5 km) ✆ 724070 – 劇 ☎ 🅿. 壓 🕄 Ε 𝘝𝘐𝘚𝘈. 彩
chiuso dal 15 al 31 luglio – Pas *(chiuso martedi)* carta 20/33000 – ☄ 8000 – **42 cam**
38/61000 – ½ P 45/55000.

RASEN ANTHOLZ = Rasun Anterselva.

RASUN ANTERSELVA (RASEN ANTHOLZ) 39030 Bolzano – 2 498 ab. alt. 1 000 – a.s. febbraio-
Pasqua, 15 luglio-15 settembre e Natale – 🕿 0474.
Roma 728 – ◆Bolzano 87 – Brunico 13 – Cortina d'Ampezzo 52 – Lienz 66 – ◆Milano 382.

a Rasun di Sopra (Oberrasen) SO : 2 km – alt. 1 091 – ✉ **39030** :

XX **Castello-Ansitz Heufler** con cam, ✆ 46288, « In un castello del '500 » – ☜ 🅿. 壓 🕄
⓪ Ε. 彩 rist
chiuso maggio e novembre – Pas *(chiuso mercoledi)* carta 27/48000 – **9 cam** ☄ 100000 –
½ P 75/85000.

ad Anterselva di Sotto (Antholz Niedertal) NE : 7 km – alt. 1 105 – ✉ **39030** :

🏨 **Antholzerhof** 🐾, ✆ 42148, ≤, 🔲, 🛲 – 🌣 cam 🍴 rist ☎ 🅿
chiuso dal 9 aprile al 27 maggio e dall'11 ottobre al 17 dicembre – Pas carta 31/49000 –
26 cam ☄ 65/105000 – ½ P 80/88000.

🏨 **Bagni di Salomone** 🐾, SO : 1,5 km ✆ 42199, 🛲 – ☎ 🅿. 𝘝𝘐𝘚𝘈. 彩 rist
↦ chiuso dal 15 al 30 giugno e novembre – Pas *(chiuso giovedi)* 18/25000 – **24 cam** ☄ 29/58000
– ½ P 38/54000.

ad Anterselva di Mezzo (Antholz Mittertal) NE : 10 km – alt. 1 235 – ✉ **39030** :

🏨 **Wegerhof** 🐾, ✆ 42130, ≤, 🛲 – ☜ 🅿
↦ 20 dicembre-15 aprile e maggio-novembre – Pas 13/20000 – **10 cam** ☄ 25/60000 –
½ P 34/40000.

RAVASCLETTO 33020 Udine – 787 ab. alt. 957 – a.s. 15 luglio-agosto e Natale – Sport invernali :
957/1 730 m ≼ 6 ≼4, 🎿 – 🕿 0433.
🛈 partenza funivia Monte Zoncolan ✆ 66035, Fax 66327.
Roma 712 – ◆Milano 457 – Monte Croce Carnico 28 – Tolmezzo 24 – ◆Trieste 146 – Udine 76.

🏨 **Valcalda,** ✆ 66120, ≤, 🛲 – 📺 ☎ ⇔. 壓 🕄 ⓪ 𝘝𝘐𝘚𝘈. 彩
↦ chiuso maggio e novembre – Pas carta 20/30000 – ☄ 6000 – **32 cam** 40/70000 –
½ P 55/55000.

Vedere Posizione e cornice pittoresche★★★ – Villa Rufolo★★★ – ⁂★★★ – Villa Cimbrone★★★ : ⁂★★★ – Pulpito★★ e porta in bronzo★ del Duomo – Chiesa di San Giovanni del Toro★.

🛈 piazza Duomo 10 ℰ 857096.

Roma 276 – Amalfi 6 – ◆Napoli 66 – Salerno 29 – Sorrento 40.

🏰 **Palumbo** ⍟, ℰ 857244, Telex 770101, ≤ golfo, capo d'Orso e monti, �, « Edificio del 12° secolo », ☞ – ▦ cam 📺 ☎ ⟷. ▦ ⓞ E 𝘝𝘐𝘚𝘈. ⚗ rist
Pas carta 55/86000 – ⮽ 22000 – **20 cam** 360000 appartamenti 500/550000 – ½ P 215/257000.

🏨 **Caruso Belvedere** ⍟, ℰ 857111, Fax 857372, ≤ golfo, capo d'Orso e monti, �, « Raccolta di dipinti dell'800 e terrazza giardino con belvedere » – ☜. ▦ ▦ ⓞ E 𝘝𝘐𝘚𝘈. ⚗ rist
chiuso febbraio – Pas 39000 – ⮽ 15000 – **24 cam** 80/120000 – ½ P 94/105000.

🏨 **Rufolo** ⍟, ℰ 857133, Fax 857935, ≤ golfo, capo d'Orso e monti, « Terrazza-giardino con ⤬ », – ☞ ⟷ ⓟ ▦ ▦ ⓞ E 𝘝𝘐𝘚𝘈. ⚗ rist
Pas (chiuso venerdì escluso da aprile ad ottobre) carta 33/48000 – ⮽ 15000 – **29 cam** 53/92000 – ½ P 75/95000.

🏨 **Giordano e Villa Maria** ⍟, ℰ 857170, Fax 857071, ≤, « Servizio rist. estivo sotto un pergolato », ⤬, � – ☜ ⓟ. ▦ ▦ E 𝘝𝘐𝘚𝘈. ⚗
Pas carta 24/37000 (15%) – ⮽ 12000 – **26 cam** 50/80000 – ½ P 70/85000.

🏨 **Graal**, ℰ 857222, Fax 857551, ≤ golfo, capo d'Orso e monti, ⤬, – ▤ ⟷ cam ☎ – 🛆 100. ▦ ▦ ⓞ E 𝘝𝘐𝘚𝘈. ⚗ rist
Pas (marzo-ottobre) carta 26/45000 – ⮽ 9000 – **32 cam** 52/90000 – ½ P 70/95000.

🏠 **Parsifal**, ℰ 857144, Fax 857972, ≤ golfo, capo d'Orso e monti, « Graziosa terrazza-giardino » – ☎. ▦ ▦ ⓞ E 𝘝𝘐𝘚𝘈. ⚗ rist
25 marzo-13 ottobre – Pas 20/27000 – ⮽ 9000 – **19 cam** 47/70000 – ½ P 60/68000.

XXX **Villa Barbaro**, SO : 2 km ℰ 872973, ≤, Coperti limitati; prenotare, « Servizio estivo in terrazza » – ⓟ
stagionale.

XX **Garden** con cam, ℰ 857226, « Servizio estivo in terrazza ombreggiata con ≤ golfo, capo d'Orso e monti » – ▦ 𝘝𝘐𝘚𝘈
Pas (chiuso martedì da novembre a marzo) carta 21/30000 (12%) – **10 cam** ⮽ 70000 – ½ P 60/65000.

X **Cumpa' Cosimo**, ℰ 857156 – ▦ ⓞ 𝘝𝘐𝘚𝘈
chiuso lunedì da novembre a marzo – Pas carta 24/37000.

sulla costiera amalfitana S : 6 km :

🏨 **Marmorata**, ✉ 84010 ℰ 877777, Telex 720667, Fax 877777, ≤ golfo, �, ⤬, 🛶 – ▤ ▦ 📺 ☎ ⓟ. ▦ ▦ ⓞ E 𝘝𝘐𝘚𝘈. ⚗ rist
chiuso novembre – Pas (chiuso da dicembre a marzo) 35/60000 – **40 cam** ⮽ 150/205000, ▦ 20000 – ½ P 120/160000.

Vedere Mausoleo di Galla Placidia★★ : mosaici★★★ Y – Chiesa di San Vitale★★ : mosaici★★★ Y – Battistero degli Ortodossi★ : mosaici★★★ Z – Basilica di Sant'Apollinare Nuovo★ : mosaici★★★ Z – Mosaici★★★ nel Battistero degli Ariani Y D – Cattedra d'avorio★★ e cappella arcivescovile★★ nel museo dell'Arcivescovado Z M1 – Mausoleo di Teodorico★ Y B – Statua giacente★ nella Pinacoteca Comunale Z M2.

Dintorni Basilica di Sant'Apollinare in Classe★★ : mosaici★★★ per ③ : 5 km.

🛈 via Salara 8/12 ℰ 35404 – viale delle Industrie 14 (15 marzo-ottobre)ℰ 451539.

A.C.I. piazza Mameli 4 ℰ 22567.

Roma 366 ④ – ◆Bologna 74 ⑤ – ◆Ferrara 74 ⑤ – ◆Firenze 136 ④ – ◆Milano 285 ⑤ – ◆Venezia 145 ①.

Pianta pagina seguente

🏰 **Bisanzio** senza rist, via Salara 30 ℰ 27111, � – ▤ ▦ 📺 ☎ – 🛆 50. ▦ ▦ ⓞ E 𝘝𝘐𝘚𝘈   Y f
36 cam ⮽ 90/158000.

🏨 **Centrale-Byron** senza rist, via 4 Novembre 14 ℰ 22225, Telex 551070 – ▤ ▦ 📺 ☎. ▦ ▦   Y e
ⓞ E 𝘝𝘐𝘚𝘈
57 cam ⮽ 53/86000, ▦ 7000.

🏨 **Argentario** senza rist, via di Roma 45 ℰ 22555 – ▤ ☜. ⚗   Z c
marzo-novembre – ⮽ 7000 – **34 cam** 47/74000.

🏠 **Trieste**, via Trieste 11 ℰ 421566 – ▤ ☎. 𝘝𝘐𝘚𝘈. ⚗ rist   Z s
chiuso gennaio – Pas (chiuso da novembre a febbraio) 22000 – ⮽ 7000 – **52 cam** 45/65000.

XXX **Brini**, viale Po 69 ℰ 67498 – ▦ ⓟ – 🛆 35. ▦ ▦ ⓞ E 𝘝𝘐𝘚𝘈. ⚗   1 km per ③
chiuso lunedì ed agosto – Pas carta 60/110000.

XX **Bella Venezia**, via 4 Novembre 16 ℰ 22746 – ▦ ▦ ⓞ E 𝘝𝘐𝘚𝘈   Y e
chiuso gennaio, domenica e da ottobre a marzo anche sabato – Pas carta 32/50000 (10%).

XX ✿ **Tre Spade**, via Rasponi 37 ℰ 32382, Coperti limitati; prenotare – ▦. ▦ ▦ ⓞ E 𝘝𝘐𝘚𝘈. ⚗
chiuso lunedì e dal 25 luglio al 31 agosto – Pas carta 40/56000 (12%)   Z x
Spec. Sformato di fagiano con salsa di porri (ottobre-marzo), Lasagnette agli strigoli (ottobre-marzo), Capicollo brasato con scalogno al vino Barba rossa. **Vini** Trebbiano, Sangiovese.

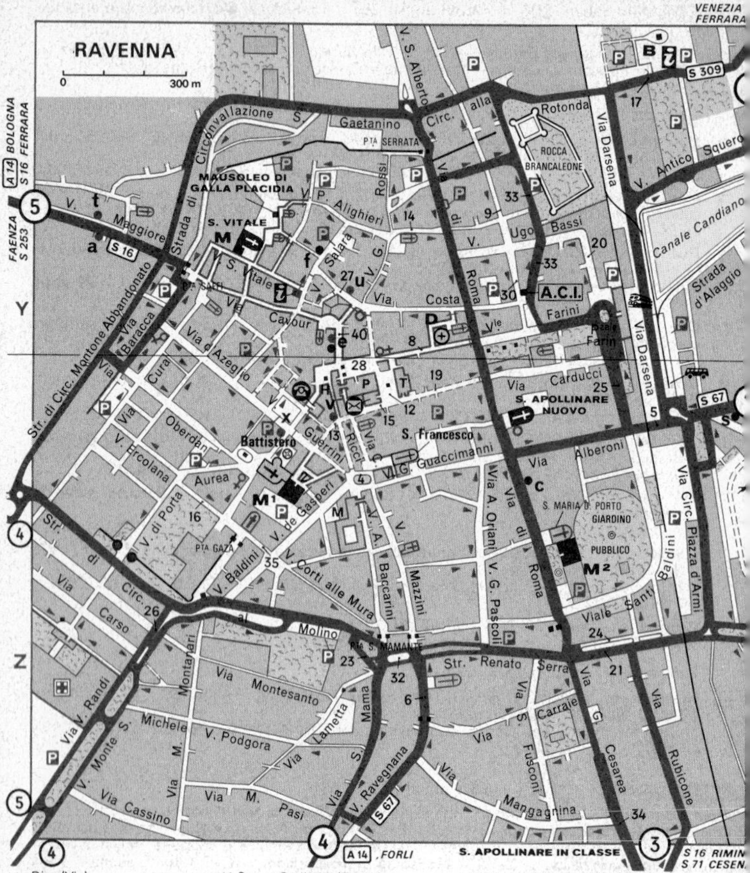

Diaz (Via)	Y 8		Garibaldi (Piazza)	Z 12		Pallavicini (Viale G.)	Z 25
Guerrini (Via)	Z		Gessi (Via Romolo)	Z 13		Piave (Via)	Z 26
Mariani (Via)	Z 19		Ghiselli (Via G.)	Y 14		Ponte Marino (Via)	Y 27
Ricci (Via C.)	Z		Gordini (Via)	Z 15		Popolo (Piazza del)	Z 28
			Guidarelli (Via)	Z 16		Rava (Via G.)	Y 30
Arcivescovado (Piazza)	Z 2		Industrie (Via delle)	Y 17		Ricci (Via Romolo)	Z 32
Caduti per la Libertà (Pza)	Z 4		Maroncelli (Viale)	Y 20		Rocca Brancaleone (Via)	Y 33
Candiano (Via)	Z 5		Molinetto (Strada di Circ. al)	Z 21		Romea (Via)	Z 34
Castel S. Pietro (Via)	Z 6		Molino (Via)	Z 23		S. Teresa (Via)	Z 35
Falier	Y 9		Monfalcone (Via)	Z 24		4 Novembre (Via)	Y 40

XX **Al Gallo,** via Maggiore 87 ✆ 23775, ☂, Coperti limitati; prenotare – AE ⓢ ⓞ E VISA. ✂
chiuso lunedì sera, martedì, dal 20 dicembre al 10 gennaio, Pasqua e dal 1° al 15 luglio – Pas carta 33/46000 (10%). Y **t**

XX **Chilò,** via Maggiore 62 ✆ 36206, ☂ – ⇔. AE ⓢ ⓞ E VISA. ✂ Y **a**
chiuso giovedì e dal 1° al 15 luglio – Pas carta 24/45000 (10%).

X **La Gardèla,** via Ponte Marino 3 ✆ 27147 – ▤. AE ⓢ ⓞ E VISA. ✂ Y **u**
chiuso giovedì e dal 10 al 25 agosto – Pas carta 18/29000.

X **Renato,** via Mentana 33 ✆ 23684 – VISA. ✂ Z **v**
Pas carta 21/33000.

sulla strada statale 16 **per ③ : 2,5 km :**

Romea e Rist. Ponte Nuovo, ✉ 48100 ✆ 61247 – ⇕ ⇔ ▤ TV ☎ Ⓟ – 100. AE ⓢ ⓞ E VISA. ✂ rist
Pas *(chiuso venerdì e dal 26 luglio al 26 agosto)* carta 33/48000 (10%) – ☕ 6000 – **44 cam** 49/75000, ▤ 10000 – ½ P 70000.

sulla strada statale 309 :

XX **Ca' del Pino,** per ① : 9,5 km ⊠ 48100 ℰ 446061, « In pineta-piccolo zoo » – ℗ – ⬛ 100.
ᴀᴇ ⑤ ⑩ ᴇ 𝘝𝘐𝘚𝘈. ⅏
chiuso lunedì sera e martedì (escluso agosto) – Pas carta 36/57000 (10%).

XX **Le Coq qui Rit,** per ① : 6,5 km ⊠ 48100 ℰ 451044, « Servizio estivo all'aperto », ⌇ –
℗. ⅏
chiuso lunedì e la sera da novembre a febbraio – Pas carta 27/48000.

Vedere anche : *Sant'Apollinare in Classe* per ③ : 6 km.

RAVENNA (Marina di) 48023 Ravenna 🕮🕮🕮 ⑮ – a.s. 15 giugno-agosto – ✪ 0544.
🛈 (maggio-settembre) viale delle Nazioni 159 ℰ 430117.
Roma 390 – ◆Bologna 103 – Forlì 42 – ◆Milano 314 – ◆Ravenna 13 – Rimini 61.

🏨 **Park Hotel Ravenna,** viale delle Nazioni 181 ℰ 531743, Telex 550185, Fax 530430, « Parco
ombreggiato con ⬛ e ⅏ », ⬛ – 🛗 🖃 📺 ☎ ℗ – ⬛ 500. ᴀᴇ ⑤ ⑩ ᴇ 𝘝𝘐𝘚𝘈. ⅏ rist
aprile-ottobre – Pas 40000 – **146 cam** ⊆ 130/190000 – ½ P 115/140000.

🏨 **Bermuda,** viale della Pace 363 ℰ 530560 – 📺 ☎ ℗. ᴀᴇ ⑤ ⑩ ᴇ 𝘝𝘐𝘚𝘈. ⅏
Pas *(chiuso dal 20 dicembre al 20 gennaio)* carta 32/50000 – ⊆ 8000 – **20 cam** 43/60000 –
½ P 45/50000.

🏠 **Internazionale,** viale delle Nazioni 163 ℰ 530486 – ☜ ℗. ⑩ 𝘝𝘐𝘚𝘈. ⅏
◆ *aprile-settembre* – Pas 20000 – ⊆ 8000 – **28 cam** 45/60000 – ½ P 52000.

XX **Gloria,** viale delle Nazioni 420 ℰ 530274, �ில், prenotare, « Wisckyteca e raccolta di
quadri » – ℗. ᴀᴇ ⑤ ⑩ ᴇ 𝘝𝘐𝘚𝘈. ⅏
chiuso mercoledì e novembre – Pas carta 36/59000 (18%).

XX **Da Saporetti,** via Natale Zen 13 ℰ 530208, « Servizio estivo in giardino » – ᴀᴇ ⑤ ⑩ 𝘝𝘐𝘚𝘈.
⅏
chiuso martedì e da gennaio al 20 febbraio – Pas carta 47/66000 (10%).

XX **Cottage,** viale delle Nazioni 277 ℰ 530418, « Servizio estivo in pineta » – ℗. ᴀᴇ ⑤ ⑩ ᴇ
𝘝𝘐𝘚𝘈
aprile-settembre; chiuso martedì – Pas carta 45/60000.

X **Al Porto,** viale delle Nazioni 2 ℰ 530105, �ில் – ℗. ᴀᴇ ⑤ ⑩ ᴇ 𝘝𝘐𝘚𝘈. ⅏
chiuso lunedì – Pas carta 40/50000 (10%).

X **Al Maneggio-da Oreste,** via Trieste 356 (S : 2 km) ℰ 530215, �ில் – ℗. ᴀᴇ ⑩ 𝘝𝘐𝘚𝘈. ⅏
chiuso lunedì – Pas carta 25/46000.

X **Maddalena** con cam, viale delle Nazioni 345 ℰ 530431 – ᴀᴇ ⑩ 𝘝𝘐𝘚𝘈. ⅏ rist
chiuso dal 15 dicembre al 20 gennaio – Pas *(chiuso lunedì da settembre a giugno)*
carta 37/50000 – ⊆ 5000 – **28 cam** 35/50000 – ½ P 35/45000.

a Marina Romea N : traghetto e 3 km – ⊠ **48023.**
🛈 (maggio-settembre) viale Italia 112 ℰ 446035 :

🏨 **Corallo,** viale Italia 102 ℰ 446107, ⬛, ⬛ – 🛗 🖃 rist ☎. ᴀᴇ ⑤ ⑩ ᴇ 𝘝𝘐𝘚𝘈. ⅏ rist
Pas carta 35/40000 – ⊆ 8000 – **95 cam** 50/75000 – ½ P 35/60000.

🏠 **Columbia e Rist. La Pioppa,** viale Italia 70 ℰ 446038, ⌇ – 🛗 ☜ ℗. ᴀᴇ ⑤ ⑩ ᴇ 𝘝𝘐𝘚𝘈.
⅏
aprile-settembre – Pas *(chiuso lunedì)* carta 24/37000 – ⊆ 7000 – **34 cam** 39/60000 –
½ P 34/49000.

a Lido Adriano S : 8 km – ⊠ **48020 Punta Marina.**
🛈 (maggio-settembre) ℰ 495353 :

🏨 **Gd H. Adriano,** viale Petrarca 402 ℰ 495446, Telex 551289, ≤, ⬛, ⌇, ⅏ – 🛗 ☜ ℗. ⑤
ᴇ 𝘝𝘐𝘚𝘈. ⅏ rist
26 maggio-10 settembre – Pas 26/36000 – ⊆ 13000 – **117 cam** 65/70000 – ½ P 61/84000.

RAVINA Trento – Vedere Trento.

RAZZES (RATZES) Bolzano – Vedere Siusi.

REANA DEL ROIALE 33010 Udine – 4 711 ab. alt. 168 – 0432.
Roma 648 – ◆Trieste 86 – Udine 10.

a Rizzolo SE : 1 km – ⊠ 33010 Reana del Roiale :

X **Da Otello** con cam, ℰ 857044, �ில் – ℗. ⑤
Pas *(chiuso domenica sera e lunedì)* carta 21/31000 – ⊆ 5000 – **8 cam** 22/35000 –
½ P 35/40000.

a Zompitta NE : 2,5 km – ⊠ 33010 Reana del Roiale :

X **Da Rochet,** ℰ 851090, « Servizio estivo in giardino » – ℗. 𝘝𝘐𝘚𝘈
chiuso mercoledì e dal 19 agosto al 9 settembre – **Pas** carta 25/35000.

REBECCU Sassari – Vedere Sardegna (Bonorva) alla fine dell'elenco alfabetico.

RECANATI 62019 Macerata 🔲🔲🔲 ⑯ – 19 300 ab. alt. 293 – a.s. luglio-15 settembre – ✪ 071.
🖪 piazza Leopardi 5 ✆ 981471.
Roma 271 – ♦Ancona 38 – Macerata 24 – Porto Recanati 12.

🏠 **La Ginestra**, via Calcagni 2 ✆ 980594 – ☎. 𝘝𝘐𝘚𝘈. ⌘
→ Pas *(chiuso martedì e dal 15 al 25 giugno)* carta 20/29000 – ⇋ 5000 – **27 cam** 32/52000 – ½ P 45/50000.

RECCO 16036 Genova 🔲🔲🔲 ⑬ – 10 388 ab. – ✪ 0185.
Roma 484 – ♦Genova 23 – ♦Milano 160 – Portofino 15 – ♦La Spezia 86.

🏠 **Elena**, via Garibaldi 5 ✆ 74022, ≼, 🔊 – ☎ 🅿. 🅰🅴 🅴 𝘝𝘐𝘚𝘈. ⌘ rist
Pas *(chiuso dal 2 novembre al 6 dicembre)* carta 30/47000 – ⇋ 12000 – **29 cam** 50/83000 – ½ P 63/80000.

🏠 **Oasi**, via Roma 262 (N : 1 km) ✆ 75364, 🚒 – 📺 ☎ 🅿
14 cam.

XX **Manuelina**, via Roma 278 (N : 1 km) ✆ 75364, Fax 721464 – 🗏 🅿. 🅰🅴 🕲 🕦 🅴 𝘝𝘐𝘚𝘈
chiuso mercoledì, dal 10 gennaio al 10 febbraio e dal 17 al 27 luglio – Pas carta 50/75000.

XX **Vitturin**, via dei Giustiniani 48 (N : 1,5 km) ✆ 720225 – 🗏 🅿 – 🚲 80. 🅰🅴 🕲 🕦 🅴 𝘝𝘐𝘚𝘈. ⌘
chiuso lunedì e dal 26 giugno all'11 luglio – Pas carta 40/65000.

XX **Da ö Vittorio** con cam, via Roma 160 ✆ 74029, 🚗 – 🛗 📺 ☎. 🅰🅴 🕲 🕦 🅴 𝘝𝘐𝘚𝘈. ⌘
chiuso dal 15 novembre al 10 dicembre – Pas *(chiuso giovedì)* carta 40/80000 – ⇋ 8000 –
20 cam 38/65000 – ½ P 60000.

XX Da Lino, via Roma 70 ✆ 74336 – 🗏.

XX **Alfredo**, via San Giovanni Battista 33 ✆ 74653 – 🅰🅴 🕲 🕦 🅴 𝘝𝘐𝘚𝘈
chiuso giovedì, dal 5 al 17 luglio e dal 24 dicembre al 5 gennaio – Pas carta 29/50000.

RECOARO TERME 36076 Vicenza 🔲🔲🔲 ④ – 7 528 ab. alt. 445 – Stazione termale (giugno-settembre), a.s. febbraio, luglio-agosto e Natale – Sport invernali : a Recoaro Mille : 1 007/1 700 m
≰3, 🎿 – ✪ 0445.
🖪 via Roma 25 ✆ 75070, Fax 75158.
Roma 576 – ♦Milano 227 – Trento 78 – ♦Venezia 108 – ♦Verona 74 – Vicenza 44.

🏠 **Verona**, via Roma 60 ✆ 75065 – 🛗 ☎. ⌘
maggio-settembre – Pas carta 24/32000 – ⇋ 5000 – **35 cam** 40/70000 – P 50/52000.

🏠 Pittore, via Roma 58 ✆ 75039 – 🛗
stagionale – **25 cam**.

REGGELLO 50066 Firenze 🔲🔲🔲 ⑮ – 12 328 ab. alt. 390 – ✪ 055.
Roma 250 – Arezzo 58 – ♦Firenze 43 – Forlì 128 – ♦Milano 339 – Siena 68.

XX **Da Archimede** con cam, N : 3,5 km ✆ 869055 e rist ✆ 868182, Fax 868584, ≼, « Servizio
estivo all'aperto », 🚒 – ☎ 🅿. 🅰🅴 🕲 🅴 𝘝𝘐𝘚𝘈. ⌘
Pas *(chiuso martedì)* carta 24/37000 – ⇋ 8000 – **18 cam** 65/90000 – ½ P 80000.

a Vaggio SO : 5 km – ⊠ **50066** :

🏛 **Villa Rigacci**, ✆ 8656562, Fax 8656537, ≼, 🏊, 🚒 – 📺 ☎ 🅿. 🅰🅴 🕲 🕦 🅴 𝘝𝘐𝘚𝘈. ⌘ rist
Pas *(prenotare e chiuso martedì escluso da luglio al 15 settembre)* carta 54/76000 – **17 cam**
⇋ 98/170000 – ½ P 120/160000.

REGGIO DI CALABRIA 89100 🅿 🔲🔲🔲 ㊲ ㊳ – 178 666 ab. – ✪ 0965.
Vedere Museo Nazionale★★ : Bronzi di Riace★★★ – Lungomare★.
✈ di Ravagnese per ③ : 4 km ✆ 642232 – Alitalia, Agenzia Simonetta, corso Garibaldi 521/525⊠
89127 ✆ 331444.
🚗 a Villa San Giovanni, ✆ 99940-int. 337.
🚢 per Messina giornalieri (45 mn) – Stazione Ferrovie Stato, ⊠ 89100 ✆ 97957.
🚢 per Messina giornalieri (15 mn) – SNAV, Stazione Marittima ⊠ 89100 ✆ 29568.
🖪 via Demetrio Tripepi 72 ⊠ 89125 ✆ 643291 – all'Aeroporto ✆ 320291 – corso Garibaldi 329/e ⊠ 89127
✆ 92012 – Stazione Centrale ✆ 27120.
A.C.I. via De Nava 43 ⊠ 89122 ✆ 97901.
Roma 705 ② – Catanzaro 161 ② – ♦Napoli 499 ②.

Pianta pagina a lato

🏛 **Ascioti**, via San Francesco da Paola 79 ⊠ 89127 ✆ 97041, Telex 912565 – 🛗 🗏 📺 ☎ 🔓
🚗
52 cam.
        Z a

🏛 **Palace Hotel Masoanri's** senza rist, via Vittorio Veneto 95 ⊠ 89121 ✆ 26433 – 🛗 🗏 📺
☎ 🔓. 🅰🅴 🕲 🕦 🅴 𝘝𝘐𝘚𝘈
        Y f
⇋ 10000 – **64 cam** 100/146000, 🗏 20000.

🏛 **Primavera**, via Pentimele 177 ⊠ 89121 ✆ 47081, Fax 47121, ≼ – 🛗 🗏 📺 🚗 🚙 🅿 – 🚲
100. 🅰🅴 🕲 🕦 𝘝𝘐𝘚𝘈. ⌘
        per ①
Pas carta 24/34000 – ⇋ 7000 – **52 cam** 70/100000 – ½ P 65/68000.

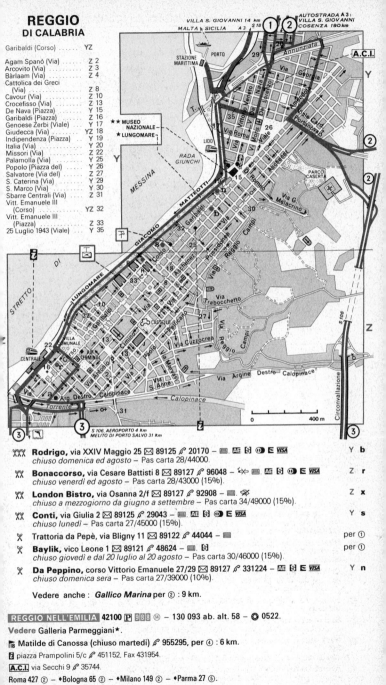

REGGIO
DI CALABRIA

XXX **Rodrigo,** via XXIV Maggio 25 ⌧ 89125 ✆ 20170 – 🍽 🅰🅴 🚫 ⓪ ⳇ 𝘝𝘐𝘚𝘈   Y b
   chiuso domenica ed agosto – Pas carta 28/44000.

XX **Bonaccorso,** via Cesare Battisti 8 ⌧ 89127 ✆ 96048 – ⇆ 🍽 🅰🅴 🚫 ⓪ ⳇ 𝘝𝘐𝘚𝘈   Z r
   chiuso venerdì ed agosto – Pas carta 28/43000 (15%).

XX **London Bistro,** via Osanna 2/f ⌧ 89127 ✆ 92908 – 🍽 ⌘   Z x
   chiuso a mezzogiorno da giugno a settembre – Pas carta 34/49000 (15%).

XX **Conti,** via Giulia 2 ⌧ 89125 ✆ 29043 – 🍽 🅰🅴 🚫 ⓪ ⳇ 𝘝𝘐𝘚𝘈   Y s
   chiuso lunedì – Pas carta 27/45000 (15%).

X **Trattoria da Pepè,** via Bligny 11 ⌧ 89122 ✆ 44044 – 🍽   per ①

X **Baylik,** vico Leone 1 ⌧ 89121 ✆ 48624 – 🍽 🚫   per ①
   chiuso giovedì e dal 20 luglio al 20 agosto – Pas carta 30/46000 (15%).

X **Da Peppino,** corso Vittorio Emanuele 27/29 ⌧ 89127 ✆ 331224 – 🅰🅴 🚫 ⳇ 𝘝𝘐𝘚𝘈   Y n
   chiuso domenica sera – Pas carta 27/39000 (10%).

   Vedere anche : *Gallico Marina* per ② : 9 km.

REGGIO NELL'EMILIA 42100 🅿 🤍🤍🤍 ⑭ – 130 093 ab. alt. 58 – ✆ 0522.

Vedere Galleria Parmeggiani★.

📷 Matilde di Canossa (chiuso martedì) ✆ 955295, per ④ : 6 km.

🛈 piazza Prampolini 5/c ✆ 451152, Fax 431954.

A.C.I. via Secchi 9 ✆ 35744.

Roma 427 ② – ✦Bologna 65 ② – ✦Milano 149 ② – ✦Parma 27 ⑤.

MANTOVA
62 km

per A1: MILANO 149 km, LA SPEZIA 149 km,
MANTOVA 72 km, VERONA 106 km, MODENA 27 km

155 km MILANO
27 km PARMA

S9
VIA
EMILIA

CORREGGIO 17 km

A.C.

STAZIONE

VIA EMILIA
MODENA 25 km

LA SPEZIA 128 km

CANALI

REGGIO
NELL'EMILIA

Gd H. Astoria e Rist. Girarrosto, viale Nobili 2 *℘* 435245, Telex 530534, Fax 48692, <,
🍴 – 劇 🗏 📺 ☎ 🚗 🅿 – 🛠 30 a 350. 🆎 🕲 ⓞ 🅴 🆅🅸🆂🅰 ⚡ rist   Y **f**
Pas *(chiuso domenica, dal 22 dicembre al 7 gennaio ed agosto)* carta 38/50000 – 🖃 16000 –
112 cam 140/190000 appartamenti 190/240000.

Posta senza rist, piazza Cesare Battisti 4 *℘* 432944, Telex 530036 – 劇 📺 🚗 – 🛠 100. 🆎
🕲 ⓞ 🅴 🆅🅸🆂🅰 ⚡   Z **c**
43 cam 🖃 130/185000 appartamenti 200/220000.

Cristallo senza rist, viale Regina Margherita 30 *℘* 511811, Fax 513073 – 劇 🗏 📺 ☎ 🚗
🅿 – 🛠 30. 🆎 🕲 ⓞ 🅴 🆅🅸🆂🅰 ⚡   Y **e**
🖃 9000 – **80 cam** 63/93000.

Europa, viale Olimpia 2 *℘* 451733, Fax 439040 – 劇 🗏 📺 ☎ 🕭 🚗 🅿 – 🛠 35 a 100   Z **g**
102 cam.

San Marco senza rist, piazzale Marconi 1 *℘* 435364 – 劇 ☎. 🆎 🕲 ⓞ 🅴 🆅🅸🆂🅰   Z **b**
chiuso dal 1° al 20 agosto – 🖃 6000 – **52 cam** 54/83000.

Park Hotel senza rist, via De Ruggero 1/b *℘* 292141 – 劇 📺 🕭 🅿 – 🛠 35. 🆎 ⓞ
🆅🅸🆂🅰   2 km per ④
chiuso dal 1° al 21 agosto – 🖃 8000 – **26 cam** 56/80000.

Ariosto senza rist, via San Rocco 12 *℘* 437320 – 劇 🕭. ⚡   Y **a**
chiuso agosto – 🖃 7000 – **22 cam** 35/55000.

XX **5 Pini-da Pelati,** viale Martiri di Cervarolo 46 ℘ 553663 – ▤ **Ⓟ**. ᴀᴇ ⓢ **①**. ⅌
chiuso martedì sera, mercoledì, dal 2 al 9 febbraio e dal 3 al 24 agosto – Pas carta 36/55000.
per viale Simonazzi   Z

XX **Caffè Arti e Mestieri,** via Emilia San Pietro 16 ℘ 432202 – ⓢ **①** E 𝘝𝘐𝘚𝘈   Z **y**
chiuso lunedì – Pas carta 29/58000.

XX **Osteria Campana,** viale Simonazzi 14/b ℘ 439673, Coperti limitati; prenotare – ▤. **①**
𝘝𝘐𝘚𝘈. ⅌   Z **a**
chiuso lunedì ed agosto – Pas carta 27/41000.

XX **La Zucca,** piazza Fontanesi 1 ℘ 485718   Z **u**
chiuso a mezzogiorno.

X **Aquila d'Oro,** via Emilia San Pietro 69 ℘ 32252   Z **x**

a Codemondo O : 6 km – ⊠ **42020** :

XX **La Brace,** ℘ 78800, Fax 73017 – ▤ **Ⓟ**. ᴀᴇ ⓢ 𝘝𝘐𝘚𝘈. ⅌
chiuso domenica – Pas carta 34/52000.

REGOLEDO DI COSIO VALTELLINO Sondrio 2̲1̲9̲ ⑩ – Vedere Morbegno.

RENON (RITTEN) Bolzano – 5 804 ab. alt. (frazione Collalbo) 1 154 – a.s. aprile, luglio-settembre
e Natale – ✿ 0471.
Da Collalbo : Roma 664 – ♦Bolzano 15 – Bressanone 52 – ♦Milano 319 – Trento 80.

a Collalbo (Klobenstein) – alt. 1 154 – ⊠ **39054.**

🮮 Municipio ℘ 56100 :

🏨 **Bemelmans Post,** ℘ 56127, 🐗, ⊒ riscaldata, ⇗, ⅌ – ▮ ✻ rist ☎ **Ⓟ**. ⓢ E 𝘝𝘐𝘚𝘈.
⅌ rist
chiuso gennaio e novembre – Pas *(chiuso mercoledì)* 17/20000 – **50 cam** ⊑ 44/84000 –
½ P 56/72000.

ad Auna di Sotto (Unterinn) SO : 4 km – alt. 909 – ⊠ **39050** :

X **Weber im Moos** con cam, NE : 2 km ℘ 56707, 🐗 – ☎ **Ⓟ**. ⅌
Pas *(chiuso martedì)* carta 26/38000 – **7 cam** ⊑ 30/60000 – ½ P 35/40000.

a Costalovara (Wolfsgruben) SO : 5 km – alt. 1 206 – ⊠ **39059** Soprabolzano :

🏨 **Am Wolfsgrubener See** ⟨, ℘ 55119, ≤, 🐗, « In riva al lago », ⇗ – ▮ ☎ **Ⓟ**. ⅌ rist
♦ *chiuso marzo e novembre* – Pas *(chiuso lunedì)* 20/30000 – **25 cam** ⊑ 45/90000 –
½ P 47/67000.

🏨 **Maier** ⟨, ℘ 55114, ≤, ⊒ riscaldata, ⇗, ⅌ – ▮ ☎ **Ⓟ**. ⅌ rist
♦ *aprile-5 novembre* – Pas *(solo per clienti alloggiati e chiuso lunedì)* 20/23000 – ⊑ 9000 –
24 cam 34/59000 – ½ P 66000.

🏨 **Lichtenstern** ⟨, NE : 1 km ℘ 55147, ≤ Dolomiti e pinete, 🐗, ⇗ – 📺 ☎ ₺ **Ⓟ**. ⓢ 𝘝𝘐𝘚𝘈.
♦ ⅌
chiuso dal 10 novembre al 25 dicembre – Pas *(chiuso martedì)* 16/22000 – ⊑ 8000 –
24 cam 36/60000 – ½ P 55/65000.

a Soprabolzano (Oberbozen) SO : 7 km – alt. 1 221 – ⊠ **39059.**

🮮 (Pasqua-ottobre) ℘ 55245 :

🏨 **Haus Fink,** ℘ 55340, ≤ Dolomiti e vallata, ⇗ – ✻ 🕾 **Ⓟ**. ⅌ rist
chiuso da novembre al 24 dicembre – Pas *(chiuso a mezzogiorno)* – **15 cam**
solo ½ P 55/65000.

🏨 **Regina** ⟨, ℘ 55142, ≤ Dolomiti e vallata – ▮ ☎ **Ⓟ**. E. ⅌ rist
♦ *chiuso dal 15 gennaio al 15 marzo* – Pas *(solo per clienti alloggiati)* 15/17000 – **24 cam**
⊑ 40/76000 – ½ P 45/55000.

RESCHEN = Resia.

RESIA (RESCHEN) Bolzano 2̲1̲8̲ ⑧ – alt. 1 494 – ⊠ **39027** Resia all'Adige – a.s. febbraio-Pasqua,
luglio-agosto e Natale – ✿ 0473.
🮮 ℘ 83101.
Roma 742 – ♦Bolzano 105 – Landeck 49 – ♦Milano 281 – Trento 163.

🏨 **Al Moro-Zum Mohren,** ℘ 83120, ⛄ – ▮ ☎ **Ⓟ**. ᴀᴇ 𝘝𝘐𝘚𝘈. ⅌ rist
chiuso dal 10 al 30 aprile e da novembre al 15 dicembre – Pas carta 31/45000 – **26 cam**
⊑ 55/105000 – ½ P 50/80000.

🏨 **Etschquelle,** ℘ 83125 – **Ⓟ**
♦ *chiuso dal 2 al 24 maggio e dal 20 novembre al 10 dicembre* – Pas *(chiuso lunedì in bassa
stagione)* carta 19/33000 – ⊑ 7000 – **20 cam** 36/60000 – ½ P 20/45000.

REVERE 46036 Mantova – 2 779 ab. alt. 15 – ✿ 0386.
Roma 458 – ♦Ferrara 58 – Mantova 35 – ♦Milano 210 – ♦Modena 54 – ♦Verona 48.

XX **Il Tartufo,** via Guido Rossa 13 ℘ 46404, Coperti limitati; prenotare – ▤. ⓢ 𝘝𝘐𝘚𝘈. ⅌
chiuso giovedì, dal 3 al 15 gennaio e dal 15 al 31 luglio – **Pas** carta 22/39000.

457

REVIGLIASCO D'ASTI 14010 Asti – 785 ab. alt. 203 – ✆ 0141.

Roma 626 – Asti 11 – Alessandria 49 – Cuneo 91 – ◆Torino 63.

XX **Il Rustico**, ℘ 208210, solo su prenotazione – ⇔ 📭 🛈 𝚅𝐼𝑆𝐴 ⚄
  chiuso a mezzogiorno, martedì ed agosto – Pas (menu suggeriti dal proprietario) 35/60000.

REVINE 31020 Treviso – alt. 260 – ✆ 0438.

Roma 590 – Belluno 37 – ◆Milano 329 – Trento 131 – Treviso 50.

XX **Ai Cadelach** con cam, ℘ 583421, 🏊, 🐎, ⚄ – ⇔ rist 🕿 🅿 🖪 𝚅𝐼𝑆𝐴 ⚄
  chiuso novembre – Pas *(chiuso mercoledì)* carta 23/33000 – 🖙 6000 – **18 cam** 40/60000 –
  ½ P 48/55000.

REZZANELLO 29010 Piacenza – alt. 380 – ✆ 0523.

Roma 538 – Alessandria 102 – ◆Milano 92 – Piacenza 27.

X **Pineta** 🌄 con cam, ℘ 970239, ← – 🅿 🖪 ⚄ cam
  chiuso dal 10 settembre al 10 ottobre – Pas *(chiuso martedì)* carta 21/30000 – 🖙 4000 –
  12 cam 18/35000 – P 40/45000.

RHÊMES-NOTRE-DAME 11010 Aosta 🟨🟨🟨 ①②, 🟨🟨🟨 ⑪⑫ – 92 ab. alt. 1 723 – a.s. febbraio,
aprile, luglio-agosto e Natale – Sport invernali : 1 723/2 000 m ✂2, ⚐ – ✆ 0165.

Roma 779 – Aosta 31 – Courmayeur 45 – ◆Milano 216.

a Chanavey N : 1,5 km – alt. 1 696 – ☒ 11010 Rhêmes-Notre-Dame :

🏨 **Granta Parey** 🌄, ℘ 96104, ← monti e vallata – 🛗 🅿 ⚄ rist
  chiuso maggio, ottobre e novembre – Pas carta 28/40000 – 🖙 8000 – **33 cam** 35/70000 –
  ½ P 60/65000.

RHO 20017 Milano 🟨🟨🟨 ③, 🟨🟨🟨 ⑲ – 50 282 ab. alt. 158 – ✆ 02.

Roma 590 – Como 36 – ◆Milano 14 – Novara 38 – Pavia 49 – ◆Torino 127.

XXX **Al Rhotaia**, via Magenta 42/44 ℘ 93180158, Coperti limitati; prenotare – ⇔ 🗏 🅿 📭 🖪
  🛈 𝐸 𝚅𝐼𝑆𝐴
  chiuso domenica, dal 1° al 10 gennaio e dal 5 al 20 agosto – Pas carta 34/55000.

X **Alla Barca-da Franco**, via Ratti 54 ℘ 9303976 – ⇔ 🗏 📭 🖪 🛈 𝐸 𝚅𝐼𝑆𝐴 ⚄
  chiuso martedì ed agosto – Pas carta 38/58000.

X **Al Cantuccio**, corso Garibaldi 57 ℘ 9303152, Coperti limitati; prenotare – ⚄
  chiuso lunedì e dal 4 al 22 agosto – Pas carta 30/40000.

RICAVO Siena – Vedere Castellina in Chianti.

RICCIONE 47036 Forlì 🟨🟨🟨 ⑮⑯ – 32 319 ab. – a.s. 15 giugno-agosto – ✆ 0541.

🏛 piazzale Ceccarini 10 ℘ 43361.

Roma 326 – ◆Bologna 120 – Forlì 59 – ◆Milano 331 – Pesaro 30 – ◆Ravenna 64 – Rimini 12.

🏩 **Gd H. Des Bains**, viale Gramsci 56 ℘ 601650, Fax 606350, 🏊, 🔲 – ⇔ cam 🗏 📺 🕿 🚗
  – 🏋 120 a 500. 📭 🖪 🛈 𝐸 𝚅𝐼𝑆𝐴 ⚄ rist
  Pas 70/80000 – **70 cam** 🖙 220/400000 – ½ P 280/300000.

🏩 **Atlantic**, lungomare della Libertà 15 ℘ 601155, Telex 550192, Fax 606402, ←, 🏊 riscalda
  – 🛗 🗏 📺 🕿 🚗 – 🏋 80. 📭 🖪 🛈 𝐸 𝚅𝐼𝑆𝐴 ⚄ rist
  aprile-ottobre – Pas 40/50000 – **62 cam** 🖙 180000 appartamenti 280/350000 – ½ P 80/140000.

🏩 **Savioli Spiaggia**, viale D'Annunzio 2/6 ℘ 43252, Telex 551038, Fax 42651, ←, 🏊 riscaldata,
  🐎 – 🛗 🗏 📺 🕿 🅿 📭 🖪 🛈 𝐸 𝚅𝐼𝑆𝐴 ⚄ rist
  Pasqua-ottobre – Pas 35000 – 🖙 15000 – **84 cam** 85/145000 – ½ P 100/150000.

🏩 **De la Ville**, via Spalato 5 ℘ 41329, « Giardino ombreggiato con 🏊 » – 🛗 🗏 📺 🕿 🅿 –
  🏋 60 a 100. 📭 🛈 𝚅𝐼𝑆𝐴 ⚄ rist
  aprile-settembre – Pas (solo per clienti alloggiati e *chiuso sino al 20 maggio*) 30/35000 –
  58 cam 🖙 105/180000 – ½ P 120/130000.

🏩 **Boemia**, viale Gramsci 87 ℘ 602055, ←, 🐎 – 🛗 🗏 📺 🕿 – 🏋 60. 📭 🖪 🛈 𝐸 𝚅𝐼𝑆𝐴 ⚄ rist
  maggio-settembre – Pas 35/40000 – 🖙 15000 – **70 cam** 95/150000 – ½ P 105/135000.

🏩 **President**, viale Virgilio 12 ℘ 41190 – 🛗 🗏 📺 🕿 – 🏋 30. 📭 🛈 𝚅𝐼𝑆𝐴 ⚄
  Pas (solo per clienti alloggiati) – 🖙 15000 – **26 cam** 100/155000.

🏩 **Abner's**, lungomare della Repubblica 7 ℘ 600601, Telex 550153, ←, 🏊 riscaldata – 🛗 🗏
  📺 🕿 🅿 📭 🖪 𝐸 𝚅𝐼𝑆𝐴 ⚄ rist
  Pas 28/50000 – **50 cam** 🖙 110/190000, 🗏 20000 – ½ P 85/125000.

🏩 **Lungomare**, lungomare della Libertà 7 ℘ 41601, Fax 41601, ←, 🛗 🗏 📺 🕿 🅿 – 🏋 70.
  📭 🖪 🛈 𝐸 𝚅𝐼𝑆𝐴 ⚄ rist
  febbraio-ottobre – Pas *(20 maggio-settembre)* 30/40000 – **58 cam** 🖙 90/120000 –
  ½ P 60/100000.

🏩 **Promenade**, viale Milano 67 ℘ 600852, ←, 🏊, 🐎 – 🛗 🗏 🚗 🖪 🛈 𝐸 𝚅𝐼𝑆𝐴 ⚄
  maggio-settembre – Pas 25/35000 – 🖙 10000 – **39 cam** 75/140000 – ½ P 80/120000.

🏩 **Augustus**, viale Oberdan 18 ℘ 43434, 🏊, 🐎 – 🛗 🗏 📺 🕿 🅿 📭 𝚅𝐼𝑆𝐴 ⚄ rist
  aprile-ottobre – Pas (solo per clienti alloggiati) – 🖙 10000 – **48 cam** 92/155000 –
  ½ P 90/115000.

Diamond, viale Fratelli Bandiera 1 ℘ 602600, – |‡| cam ▤ TV ☎ P
stagionale – **40 cam**.

Luna, viale Ariosto 5 ℘ 40034, Fax 41755, riscaldata – |‡| ▤ ☎ P. AE E VISA. ✻ rist
febbraio-ottobre – Pas (solo per clienti alloggiati) 30/40000 – **59 cam** 95/130000 – ½ P 65/105000.

Alexandra-Plaza, viale Torino 61 ℘ 610344, Telex 550330, <, « Giardino con riscaldata » – |‡| ☎ P. AE E VISA. ✻ rist
aprile-settembre – Pas 25/50000 – 13000 – **60 cam** 90/145000 – ½ P 68/90000.

Roma, viale Milano 17 ℘ 43202, Fax 42358, <, – |‡| ▤ TV ☎ P. AE VISA. ✻ rist
Pasqua-ottobre – Pas (solo per clienti alloggiati) 20/40000 – **34 cam** 90/160000 – ½ P 80/105000.

Club Hotel, viale D'Annunzio 58 ℘ 42105, < – |‡| ☎ P. ✻ rist
Pasqua-6 ottobre – Pas (solo per clienti alloggiati) – 12000 – **68 cam** 45/80000 – P 55/72000.

Sarti, piazzale Di Vittorio ℘ 600978, < – |‡| ▤ rist TV ☎. AE E VISA. ✻ rist
Pas *(marzo-novembre)* 30/35000 – **48 cam** 60/100000 – ½ P 60/85000.

Marzia, viale De Amicis 18 ℘ 642323 – ▤ TV ☎ P. AE VISA. ✻
Pas 18/25000 – 12000 – **19 cam** 48/80000, ▤ 7000 – ½ P 40/63000.

Poker, viale D'Annunzio 61 ℘ 40463, – |‡| ▤ rist ☎ P. ✻ rist
Pasqua-settembre – Pas 20/35000 – 8000 – **53 cam** 45/75000 – ½ P 45/70000.

Gemma, viale D'Annunzio 82 ℘ 43251, Fax 643436, <, , – |‡| ☎ ♿ P. AE VISA. ✻ rist
10 febbraio-15 ottobre – Pas 25/50000 – **41 cam** 50/80000 – ½ P 53/64000.

Dory, viale Puccini 4 ℘ 642896, – |‡| ▤ ☎ P. E VISA. ✻ rist
Pasqua-20 settembre – Pas 23/33000 – 20000 – **50 cam** 45/90000, ▤ 6000 – ½ P 49/72000.

Anna, viale Trento Trieste 48 ℘ 601503, – |‡| ☎ P. ✻ rist
Pasqua-settembre – Pas 25/35000 – 6500 – **28 cam** 45/80000 – ½ P 30/60000.

Eliseo, viale Monteverdi 3 ℘ 41282, – |‡| ☎ P. ✻
Pasqua-settembre – Pas 22/27000 – 7500 – **29 cam** 47/63000 – ½ P 35/52000.

Atlas, viale Catalani 28 ℘ 41374 – |‡| ▤ rist ☎ ♿ P. ✻
10 maggio-25 settembre – Pas 15/20000 – **34 cam** 40/65000 – ½ P 32/38000.

Maestri, viale Gorizia 4 ℘ 43201 – |‡| ☎ P. ✻ rist
25 maggio-20 settembre – Pas 40/45000 – 9000 – **51 cam** 50/85000 – ½ P 55/65000.

Ardea, viale Monti 77 ℘ 641846, riscaldata – |‡| ▤ ☎ P. ✻
Pasqua e maggio-settembre – Pas (solo per clienti alloggiati) 15/20000 – 5000 – **36 cam** 35/70000, ▤ 5000 – ½ P 40/60000.

Margareth, viale Mascagni 2 ℘ 42765, < – |‡| ☎ ♿ P. ✻ rist
15 maggio-settembre – Pas 25/30000 – 8000 – **50 cam** 45/78000 – P 50/65000.

Arizona, viale D'Annunzio 22 ℘ 48520, Fax 644108, <, – |‡| ☎ ♿ P. AE VISA. ✻ rist
10 maggio-settembre – Pas 16/40000 – 9000 – **56 cam** 45/80000 – ½ P 50/76000.

Mon Chéri, viale Milano 9 ℘ 601104, < – |‡| ▤ rist ☎ P. ✻ rist
Pasqua e giugno-20 settembre – Pas 18/25000 – 6000 – **43 cam** 47/79000 – ½ P 36/66000.

Pierre, viale Giordano Bruno 19 ℘ 600663, – |‡| ☎ P
stagionale – **45 cam**.

Gran San Bernardo, viale D'Annunzio 149 ℘ 642044 – |‡| ☎ P. ✻ rist
maggio-settembre – Pas (solo per clienti alloggiati) 15/25000 – **35 cam** 35/60000 – ½ P 32/55000.

Romagna, viale Gramsci 64 ℘ 600604 – |‡| ☎ P. ✻
giugno-10 settembre – Pas (solo per clienti alloggiati) 25/28000 – 8000 – **40 cam** 48/80000 – ½ P 40/60000.

Morri, viale D'Annunzio 42 ℘ 42753 – |‡| ☎. AE VISA. ✻ rist
marzo-settembre – Pas *(chiuso venerdì)* carta 29/38000 – 6000 – **25 cam** 50/80000 – ½ P 35/55000.

Select, viale Gramsci 89 ℘ 600613, – |‡| ▤ rist ☎ P. ✻
15 maggio-20 settembre – Pas (solo per clienti alloggiati) 18/22000 – 11000 – **35 cam** 50/85000 – ½ P 42/65000.

Selene, viale Gramsci 122 ℘ 600614 – |‡| ☎ P. ✻ rist
15 maggio-20 settembre – Pas 21000 – 9000 – **30 cam** 45/80000 – ½ P 40/58000.

Carignano, viale Oberdan 9 ℘ 601663 – |‡| ☎ P. ✻
Pasqua e 20 maggio-settembre – Pas (solo per clienti alloggiati) 26/31000 – 12000 – **36 cam** 45/70000 – ½ P 47/61000.

Ida, viale D'Annunzio 59 ℘ 41116 – |‡| ☎ P. ✻ rist
15 maggio-settembre – Pas 19000 – 5000 – **36 cam** 39/60000 – ½ P 32/55000.

Lugano, viale Trento Trieste 75 ℘ 606611 – |‡| ☎ P. ✻ rist
15 maggio-settembre – Pas (solo per clienti alloggiati) 20/25000 – **32 cam** 50/60000 – ½ P 30/44000.

XX **Conti** con cam, via Flaminia 3 *&* 640315 – 🏧 🅿. 🝙 🚾 ⓘ 🗲 🚾
Pas *(chiuso lunedì in bassa stagione)* carta 23/42000 – ☲ 5000 – **33 cam** 27/43000 –
½ P 42000.

XX **Al Pescatore** con cam, via Ippolito Nievo 11 *&* 42526 – 📺 🏧 🅿. 🛠
Pas *(chiuso novembre, dicembre e martedì in bassa stagione)* carta 48/75000 – ☲ 7500 –
8 cam 38/65000.

X **Fino,** viale Galli 1 (Darsena) *&* 43326, ≼ – 🝙 ⓘ 🗲 🚾
chiuso dal 15 ottobre al 15 novembre e mercoledì in bassa stagione – Pas carta 37/62000.

X Gambero Rosso, molo Levante *&* 41200, ≼.

RIDANNA (RIDNAUN) Bolzano 2️⃣1️⃣8️⃣ ⑩ – Vedere Vipiteno.

RIETI 02100 🄿 9️⃣8️⃣8️⃣ ⊗ – 44 385 ab. alt. 402 – 🕲 0746.
Vedere Giardino Pubblico★ in piazza Cesare Battisti – Volte★ del palazzo Vescovile.
🄱 portici del Comune *&* 43220.
A.C.I. via Lucandri 26 *&* 43339.
Roma 78 – L'Aquila 58 – Ascoli Piceno 113 – ♦Milano 565 – ♦Pescara 166 – Terni 37 – Viterbo 99.

🏨 **Miramonti,** piazza Oberdan 5 *&* 41333, Fax 45790 – 🛗 🚾 📺 🕿 – 🔬 40. 🝙 🚾 ⓘ 🗲 🚾
🛠
Pas vedere rist Da Checco al Calice d'Oro – ☲ 5000 – **30 cam** 60/95000.

🏨 **Cavour** senza rist, via Velina ang. piazza Cavour *&* 485252 – 🛗 📺 🕿 🅿. 🝙 🚾 ⓘ 🗲 🚾
☲ 8000 – **38 cam** 49/72000.

🏨 **Quattro Stagioni** senza rist, piazza Cesare Battisti 14 *&* 43306 – 🛗 🏧 – 🔬 70. 🝙 ⓘ
🚾
☲ 10000 – **36 cam** 52/70000.

XX **Da Checco al Calice d'Oro,** via Marchetti 10 *&* 44271 – 🗏. 🝙 🚾 ⓘ 🗲 🚾 🛠
chiuso lunedì e luglio – Pas carta 33/44000.

Vedere anche : *Terminillo* NE : 21 km.

RIFREDDO 85010 Potenza – alt. 1 090 – 🕲 0971.
Roma 370 – Potenza 12.

🏨 **Giubileo** 🌊, *&* 21804, Fax 21807, « Parco », 🛠 – 🛗 ⋈ 🚾 📺 🕿 🕭 🚗 🅿 – 🔬 25 a 300.
🕙 🗲 🚾 🛠
Pas carta 34/51000 – **76 cam** ☲ 65/100000 – ½ P 65/90000.

RIGOLI Pisa – Vedere San Giuliano Terme.

RIMINI 47037 Forlì 9️⃣8️⃣8️⃣ ⑮⑯ – 130 644 ab. – a.s. 15 giugno-agosto – 🕲 0541.
Vedere Tempio Malatestiano★.
🛬 di Miramare (stagionale) per ① : 5 km *&* 373132.
🚗 *&* 53477 o 53512.
🄱 piazzale Cesare Battisti *&* 27927 – piazzale Indipendenza *&* 24511.
A.C.I. via Roma 66 *&* 26408.
Roma 334 ① – ♦Ancona 107 ① – ♦Milano 323 ④ – ♦Ravenna 52 ④.

Pianta pagina a lato

🏨 **Duomo** senza rist, via Giordano Bruno 28/d *&* 56399, Fax 27842 – 🛗 📺 🕿 🕭 🚗 – 🔬 60.
🝙 🕙 ⓘ 🗲 🚾   AZ r
46 cam ☲ 100/150000 appartamenti 120/180000.

🏨 **Napoléon** senza rist, piazzale Cesare Battisti 22 *&* 27501, Fax 50010 – 🛗 📺 🏧 🅿. 🝙 🕙
ⓘ 🗲 🚾   BZ a
☲ 9000 – **64 cam** 58/98000.

XX **Europa da Piero e Gilberto,** via Roma 51 *&* 28761 – 🝙 🕙 ⓘ 🚾 🛠   BZ e
chiuso domenica – Pas carta 35/48000.

XX **La Bicocca da Ada e Alberto,** vicolo Santa Chiara 105 *&* 781148 – 🝙 ⓘ 🚾 🛠
chiuso domenica e dal 1° al 15 luglio – Pas carta 25/38000.   AZ a

X **Dallo Zio,** vicolo Santa Chiara 18 *&* 786160, Solo piatti di pesce   AZ b
chiuso mercoledì e luglio – Pas carta 31/40000.

zona al mare :

🏨🏨🏨 **Grand Hotel,** piazzale Indipendenza 2 *&* 56000, Telex 550022, Fax 56866, ≼, « Giardino
ombreggiato con ☷ riscaldata », 🏖, 🛠 – 🛗 ⋈ 🚾 📺 🕿 🕭 🅿 – 🔬 30 a 300. 🝙 🕙 ⓘ
🗲 🚾 🛠 rist   BY g
Pas carta 53/80000 – **169 cam** ☲ 190/380000 appartamenti 731000 – ½ P 178/243000.

🏨🏨 **Imperiale e Rist. Il Melograno,** viale Vespucci 16 *&* 52255, Telex 550273, Fax 28806, ≼,
☷ riscaldata (coperta in inverno) – 🛗 ⋈ rist 🚾 📺 🕿 🅿 – 🔬 30 a 70. 🝙 🕙 ⓘ 🗲 🚾
🛠 rist   BY k
Pas 50/65000 – **64 cam** ☲ 210/270000 – ½ P 190/250000.

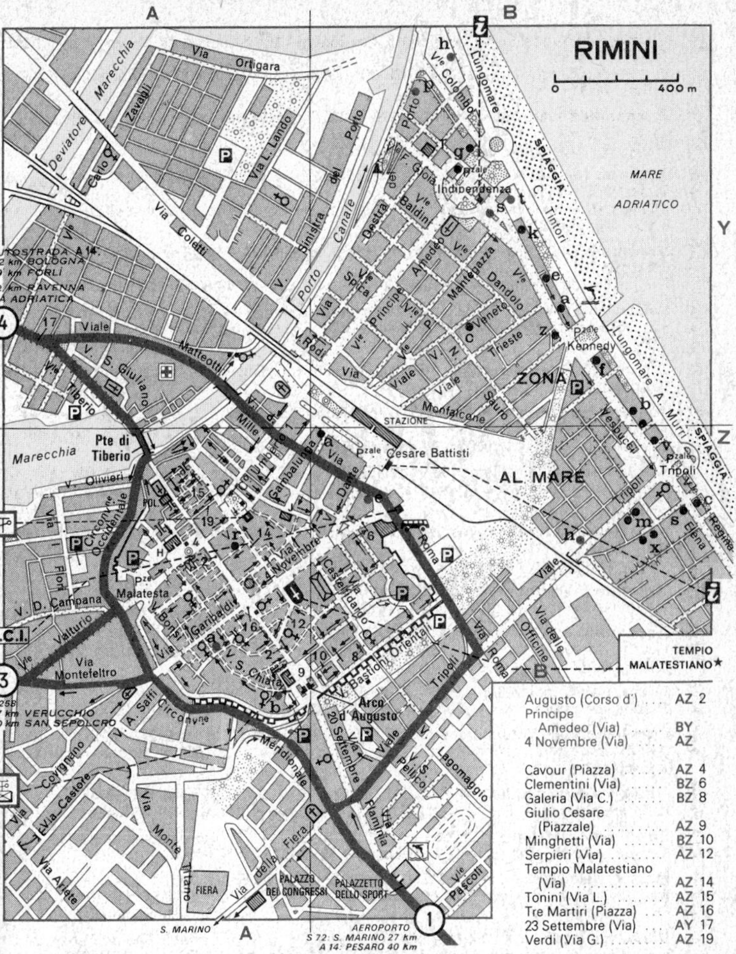
RIMINI
0
400 m
MARE ADRIATICO
SPIAGGIA
Lungomare
Lungomare A. Murri
ZONA
AL MARE
STAZIONE
Pzale Cesare Battisti
Pzale Indipendenza
Pzale Kennedy
Pzale Tripoli
Pte di Tiberio
Marecchia
Pze Malatesta
Arco d'Augusto
PALAZZO DEI CONGRESSI
PALAZZETTO DELLO SPORT
FIERA
TEMPIO MALATESTIANO
AUTOSTRADA A 14
BOLOGNA
FORLÌ
RAVENNA
ADRIATICA
VERUCCHIO
SAN SEPOLCRO
S. MARINO
AEROPORTO
S 72: S. MARINO 27 km
A 14: PESARO 40 km
Via Ortigara
Via L. Lando
Via Coletti
Via Sinistra del Porto
Porto Canale
Destra del Porto
Viale Matteotti
V. S. Giuliano
V.le Tiberio
Via Mille
Corso d'Augusto
Via Gambalunga
Via Dante
Via Roma
Via Tripoli
Via Flaminia
Via Lagomaggio
Via Castelfidardo
Via 4 Novembre
V. Bastioni Orientali
Via Garibaldi
V. Bonsi
S. Chiara
Via Montefeltro
Via Valturio
V. D. Campana
Via Flori
Circonvne Occidentale
Circonvne Meridionale
A. Saffi
Via Covignano
Via Castore
Via Ariete
Via Monte Titano
Via della Fiera
Via 20 Settembre
V. Pellico
V.le Pascoli
Via delle Officine
V.le Vespucci
V.le Tripoli
V.le Regina Elena
V.le Trieste
V.le Dandolo
V.le Mantegazza
V.le Amedeo
V.le Baldini
V.le Principe
V.le Spica
Via Roma
V.le Sauro
Viale Monfalcone
V.le Colombo
V.le C. Tintori
V. Olivieri
V. Rodi
V.le Veneto

Ambasciatori, viale Vespucci 22 ☎ 55561, Telex 550132, Fax 23790, ←, 🏊 riscaldata – 🛗 ▤ 📺 ☎ 🅟 – 🏛 40 a 200. AE 🅢 ⓓ E VISA. ✻ rist — BY **e**
Pas 40/50000 – **66 cam** ☕ 176/302000 appartamenti 244/352000 – ½ P 130/180000.

Bellevue senza rist, piazzale Kennedy 12 ☎ 54116, Telex 550546, Fax 54708, ← – 🛗 ▤ 📺 ☎ ♿ 🅟 – 🏛 30 a 140. AE 🅢 ⓓ E VISA — BY **f**
67 cam ☕ 150/210000 appartamenti 210/250000.

Waldorf, viale Vespucci 28 ☎ 54725, Telex 551262, Fax 53153, ←, « Terrazza con 🏊 » – 🛗 ▤ 📺 ☎ 🅟 – 🏛 30 a 50. AE 🅢 ⓓ E VISA. ✻ rist — BY **a**
Pas *(chiuso domenica)* carta 38/45000 – **60 cam** ☕ 135/220000 – ½ P 130/165000.

Club House senza rist, viale Vespucci 52 ☎ 52166, Fax 52020, ← – 🛗 ▤ 📺 ☎ ♿ 🅟 – 🏛 40. AE 🅢 ⓓ E VISA – **28 cam** ☕ 140/220000. — BZ **v**

Residenza Grand Hotel, piazzale Indipendenza ☎ 56000, 🏖, 🎾 – 🛗 ▤ 📺 ☎ 🅟. AE 🅢 ⓓ E VISA — BY **g**
maggio-ottobre – Pas vedere Grand Hotel – **50 cam** ☕ 130/260000 – ½ P 124/189000.

Park Hotel, viale Regina Elena 6 ☎ 54303, Telex 550624, Fax 22916, ←, 🏊, 🌳 – 🛗 ▤ 📺 ☎ 🅟 – 🏛 25 a 100. AE 🅢 ⓓ E VISA. ✻ rist – Pas *(chiuso a mezzogiorno e da ottobre a maggio)* 35/50000 – **65 cam** ☕ 110/180000 – ½ P 100/140000 — BZ **c**

National, viale Vespucci 42 ☎ 24963, Fax 24944, ←, 🏊 riscaldata – 🛗 📺 ☎ 🅟. VISA. ✻ rist – *10 maggio-15 ottobre* – Pas (solo per clienti alloggiati) 27/30000 – **72 cam** ☕ 60/105000 – ½ P 50/80000 — BYZ **b**

🏨 **Vienna,** via Regina Elena 11 🖊 56043, Fax 25870 – |🛗| ⇌ cam 🔲 📺 ☎ 🚗 – 🏛 120. 🖭
🕃 🖼 **VISA** ⋘ rist   BZ **s**
Pas *(chiuso da ottobre a maggio)* 30/40000 – **46 cam** ⊊ 100/160000 appartamento 195000 –
½ P 85/105000.

🏨 **Rosabianca** senza rist, viale Tripoli 195 🖊 22577, Fax 53969 – |🛗| 🔲 📺 ☎ 🚗 🅿 – 🏛 60.
🖭 🕃 🖼 🖻 **VISA**   BZ **m**
chiuso dal 20 dicembre al 9 gennaio – ⊊ 6000 – **52 cam** 52/85000.

🏨 **Admiral,** via Pascoli 145 🖊 381771, Telex 550527, Fax 389562 – |🛗| 🔲 rist ☎ 🚗 🅿 – 🏛 80.
➡ 🖭 🕃 🖼 🖻 **VISA** ⋘ rist   per viale Regina Elena
chiuso dal 15 dicembre al 10 gennaio – Pas *(chiuso da novembre a febbraio)* 20/26000 – ⊊
6000 – **86 cam** 48/80000 – ½ P 48/65000.

🏨 **Ariminum,** viale Regina Elena 159 🖊 380472, Fax 389301 – |🛗| 📺 ☎ & 🅿 – 🏛 60. 🖭 🕃
➡ 🖼 🖻 **VISA** ⋘   BZ
Pas *(chiuso da novembre a febbraio)* 20/25000 – **37 cam** ⊊ 48/80000 – ½ P 52/64000.

🏨 **Lotus,** via Rovani 3 🖊 381680, « Terrazza giardino con 🏊 » – |🛗| 🔲 rist ⊚ 🅿. ⋘ rist
➡ *15 maggio-settembre* – Pas 10/15000 – ⊊ 3500 – **46 cam** 46/70000 – ½ P 34/57000.
                                                       per viale Regina Elena   BZ

🏨 **Continental,** viale Vespucci 40 🖊 500300, Telex 563181, Fax 50460, ≤ – |🛗| 📺 ☎ 🅿   BY **b**
106 cam.

🏨 **Junior,** viale Parisano 40 🖊 52209, Telex 550340, Fax 52342 – |🛗| ⇌ cam 📺 ☎ 🚗 🅿 –
🏛 80. 🕃 🖼 🖻 **VISA** ⋘ rist   BZ **x**
Pas carta 21/30000 – ⊊ 6000 – **57 cam** 45/72000 – ½ P 38/50000.

🏨 **Aristeo,** viale Regina Elena 106 🖊 381150, ≤, 🏊, 🐎 – |🛗| 🔲 rist ☎ 🅿. 🖭 🖼 **VISA**. ⋘
➡ *chiuso dal 4 novembre al 4 febbraio* – Pas 20000 – ⊊ 9000 – **40 cam** 51/75000 – ½ P 60/
62000.   BZ

🏨 **Villa Rosa Riviera** senza rist, viale Vespucci 71 🖊 22506 – |🛗| ⊚ & – 🏛 100. 🖭 🕃 🖼 🖻
VISA   BY **z**
maggio-settembre – **51 cam** ⊊ 56/92000.

🏨 **Spiaggia Marconi,** viale Regina Elena 100 🖊 380368, ≤, 🐎 – |🛗| 🔲 rist ⊚ 🅿. ⋘ rist
maggio-settembre – Pas 25/35000 – ⊊ 6000 – **44 cam** 45/77000 – ½ P 45/55000.   BZ

🏠 **Acasamia,** viale Parisano 34 🖊 22840, Fax 21089 – |🛗| ⊚ 🅿. 🖭 🕃 🖼 🖻 **VISA**. ⋘   BZ **x**
➡ *marzo-ottobre* – Pas (solo per clienti alloggiati) 23/30000 – **40 cam** ⊊ 58/98000 –
½ P 42/58000.

🏠 **Luxor,** viale Tripoli 203 🖊 25610 – |🛗| ⊚ 🅿. ⋘ rist   BZ **m**
➡ *Pasqua-settembre* – Pas 15/20000 – ⊊ 6000 – **39 cam** 45/79000 – ½ P 40/60000.

🏠 **Villa Lalla,** viale Vittorio Veneto 22 🖊 55155 – |🛗| rist ☎. 🖭 🕃 🖼 🖻 **VISA** ⋘ rist   BY **c**
➡ Pas *(chiuso dal 25 settembre al 19 maggio)* 18/24000 – ⊊ 7000 – **35 cam** 42/67000 –
½ P 48000.

🏠 **Atlas,** viale Regina Elena 74 🖊 380561, ≤, 🐎 – |🛗| ⊚ 🅿. 🖭 🕃 🖼 🖻 **VISA** ⋘ rist   BZ
➡ *maggio-settembre* – Pas 13/16000 – ⊊ 4000 – **66 cam** 30/50000 – ½ P 36/54000.

🏠 **Rondinella,** via Neri 3 🖊 380567 – |🛗| ⊚ 🅿. ⋘ rist   per viale Regina Elena   BZ
➡ *Pasqua-ottobre* – Pas 12/15000 – **31 cam** ⊊ 35/55000 – ½ P 28/45000.

🏠 **Nancy,** viale Leopardi 11 🖊 381731 – |🛗| ☎ 🅿. 🖭 🕃 🖼 🖻 **VISA**. ⋘ rist
➡ *maggio-settembre* – Pas 15/20000 – **33 cam** ⊊ 30/64000 – ½ P 29/44000.
                                                  per viale Regina Elena   BZ

🏠 **Viola,** via Imperia 2 🖊 380674 – |🛗| ⊚ 🅿. ⋘ rist   per viale Regina Elena   BZ
➡ Pas *(chiuso da maggio a Pasqua)* 12/15000 – **21 cam** ⊊ 35/55000 – ½ P 28/45000.

✕✕✕ **Caffè delle Rose,** viale Vespucci 2 🖊 25416 – 🔲. 🖭 🕃 🖼 🖻 **VISA**. ⋘   BY **s**
chiuso martedì in bassa stagione – Pas carta 31/46000.

✕✕ **Lo Squero,** lungomare Tintori 7 🖊 27676, ≤, 🎇 – 🖭 🕃 🖼 🖻 **VISA**. ⋘   BY **h**
10-20 febbraio e 19 marzo-24 ottobre; chiuso martedì – Pas carta 40/55000.

✕✕ **La Quercia,** lungomare Tintori 21 🖊 24219 – 🖭 🕃 🖼 🖻 **VISA**
chiuso lunedì e settembre – Pas carta 28/56000.

✕✕ **Belvedere,** molo Levante 🖊 50178, ≤, 🎇, Solo piatti di pesce – 🖭 🕃 🖼 🖻 **VISA**. ⋘
19 marzo-20 settembre; chiuso lunedì (escluso luglio-agosto) – Pas 35/55000.
                                                per via Destra del Porto   BY

✕ **Il Veliero,** viale Tripoli 218 🖊 51457, Solo piatti di pesce – 🔲   BZ **h**

✕ **Da Oberdan-il Corsaro,** via Destra del Porto 🖊 27802, Solo piatti di pesce – 🔲. 🖭 🕃
🖼 🖻 **VISA**. ⋘   BY **p**
marzo-novembre; chiuso mercoledì in bassa stagione – Pas 50/55000.

    a Bellariva per ① : 2 km – ✉ 47037.

    🗓 viale Regina Elena 43 🖊 371057 :

🏠 **Acerboli,** via Bertinoro 14 🖊 373051 – |🛗| ⊚ 🅿. 🕃 🖻. ⋘ rist
➡ *giugno-settembre* – Pas 16/18000 – **33 cam** ⊊ 32/56000 – ½ P 29/44000.

a Marebello per ① : 3 km – ✉ **47037** Rimini :

🏨 **Carlton,** viale Regina Margherita 6 ☎ 372361, ≤ – ⒮ 🍴 cam 📺 ☎ 🅿. ❀ rist
chiuso novembre – Pas *(chiuso da ottobre a Pasqua)* 26000 – ☲ 8000 – **59 cam** 47/79000,
🛏 5000 – ½ P 37/63000.

🏨 **Ravello,** viale Rapallo 3 ☎ 373119 – ⒮ ✕✕ cam 🅿. ❀
→ *22 aprile-settembre –* Pas 15/20000 – ☲ 5000 – **31 cam** 40/50000 – ½ P 40/42000.

a Rivazzurra per ① : 4 km – ✉ **47037** :

🏨 **Grand Meeting,** viale Regina Margherita 46 ☎ 372123, ≤, ⌁ – ⒮ 🍴 ☎ 🅿. Ⅿ. ❀ rist
15 aprile-settembre – Pas 25000 – ☲ 6000 – **40 cam** 55/75000 – ½ P 50/55000.

🏨 **De France,** viale Regina Margherita 48 ☎ 371551, Fax 710001, ≤, ⌁ – ⒮ 🍴 rist ☎ & 🅿.
→ ⅯⒷⓄⒺ VISA ❀ rist
5 maggio-settembre – Pas *(chiuso a mezzogiorno)* 20/30000 – ☲ 16500 – **65 cam** 49/83000
– ½ P 48/85000.

✕✕ **Quo Vadis?** con cam, via Flaminia 339 ☎ 372018 – 📺 ☎ 🅿. ⓄⒺ VISA.
Pas *(chiuso sabato escluso da giugno ad agosto)* carta 23/36000 (15%) – ☲ 4000 – **27 cam**
40/75000.

sulla superstrada per San Marino per ① : 4 km – ✉ **47037** San Fortunato :

✕✕ **C'era una volta,** ☎ 751318, 🍽 – 🅿. ⅯⒷⓄⒺ VISA.
chiuso lunedì e dal 20 dicembre al 20 gennaio – Pas carta 33/46000.

a Miramare per ① : 5 km – ✉ **47045** Miramare di Rimini.
🛈 via Martinelli 11/A ☎ 372112 :

🏨 **Ascot,** viale Principe di Piemonte 38 ☎ 371561, ≤ – ⒮ ☎ 🅿 – *stagionale* – **42 cam**.

🏨 **Giglio,** viale Principe di Piemonte 18 ☎ 372073, ≤, 🌿 – ⒮ ✕✕ cam ☎ 🅿. ❀ rist
→ *Pasqua-settembre –* Pas 18/20000 – ☲ 5000 – **36 cam** 44/72000 – ½ P 38/61000.

🏨 **Coronado Airport,** via Flaminia 390 ☎ 373161 – ⒮ 📺 ☎ 🅿. ⅯⒷⓄⒺ VISA. ❀
Pas *(chiuso venerdì)* 28/38000 – ☲ 7500 – **32 cam** 75/100000 – ½ P 60/65000.

🏨 **Belvedere,** viale Regina Margherita 80 ☎ 370554, ≤ – ⒮ ☎ 🅿. ❀
→ *20 maggio-20 settembre –* Pas *(solo per clienti alloggiati)* 20/25000 – ☲ 6000 – **57 cam**
45/80000 – ½ P 63/70000.

🏨 **Giannini,** viale Principe di Piemonte 10 ☎ 370736, ≤ – ⒮ ☎ 🅿. ❀ rist
→ *giugno-settembre –* Pas 20/30000 – ☲ 10000 – **36 cam** 30/50000 – ½ P 30/50000.

🏨 **Miramare,** viale Ivo Oliveti 93 ☎ 372510 – ⒮ ☎. ⅯⒷⓄⒺ VISA. ❀
→ *15 aprile-settembre –* Pas 15/20000 – **55 cam** ☲ 43/65000 – ½ P 35/55000.

a Viserba per ① : 5 km – ✉ **47049.**
🛈 viale Dati 79 ☎ 738115 :

🏨 **Zeus,** via Porto Palos 1 ☎ 738410, ≤ – ⒮. ⅯⒷⓄⒺ VISA. ❀
→ *10 maggio-20 settembre –* Pas 15/20000 – ☲ 5000 – **48 cam** 40/75000 – ½ P 45/55000.

a Viserbella per ④ : 6 km – ✉ **47049** :

🏨 **Sirio,** via Spina 3 ☎ 734639, ⌁, 🌿 – ⒮ ☎ 🅿. ❀
→ *13 maggio-settembre –* Pas 20/25000 – ☲ 10000 – **42 cam** 60/80000 – ½ P 51/58000.

🏨 **Albatros,** via Porto Palos 170 ☎ 720300, ≤, ⌁, 🌿 – ⒮ & 🅿. ❀ rist
→ *10 maggio-settembre –* Pas 18/22000 – ☲ 6000 – **34 cam** 45/61000 – ½ P 35/53000.

🏨 **Palos,** via Porto Palos 154 ☎ 721840, ≤, 🌿 – ⒮ 🅿. ❀ rist
→ *15 maggio-20 settembre –* Pas 16/20000 – ☲ 7000 – **34 cam** 35/60000 – ½ P 35/46000.

🏨 **Biagini,** via Porto Palos 85 ☎ 721202, ≤, ⌁, 🏖 – ⒮ 🅿. ⅯⒷⓄⒺ VISA. ❀
→ *maggio-settembre –* Pas 15/20000 – ☲ 10000 – **22 cam** 40/70000 – ½ P 45/62000.

🏨 **Diana,** via Porto Palos 15 ☎ 738158, ≤, 🏖 – ⒮ rist ☎ 🅿. ⅯⒷⓄ VISA. ❀ rist
aprile-settembre – Pas 25/30000 – ☲ 7000 – **41 cam** 50/70000 – ½ P 34/46000.

a Spadarolo per ③ : 6 km – ✉ **47037** Rimini :

✕ **Bastian Contrario,** ☎ 727827, « Ambiente caratteristico » – 🅿
chiuso a mezzogiorno (escluso i giorni festivi) e novembre – Pas 28/30000.

a Torre Pedrera per ④ : 7 km – ✉ **47040.**
🛈 via San Salvador 72 ☎ 720182 :

🏨 **Doge,** via San Salvador 156 ☎ 720170, ≤ – ⒮ rist ☎ 🅿. ❀ rist
→ *10 maggio-settembre –* Pas *(solo per clienti alloggiati)* 20/25000 – ☲ 10000 – **50 cam**
40/70000 – ½ P 46/48000.

🏨 **Du Lac,** via Lago Tana 12 ☎ 720462, 🌿 – ⒮ ✕✕ ☎ 🅿. ❀
→ *maggio-settembre –* Pas 15/21000 – ☲ 8000 – **52 cam** 32/62000 – ½ P 33/49000.

🏨 **Bolognese,** via San Salvador 134 ☎ 720210, ≤ – ☎ 🅿. ⅯⒷⓄ VISA. ❀
→ *maggio-settembre –* Pas *(solo per clienti alloggiati)* 18/30000 – ☲ 8000 – **38 cam** 42/66000
– ½ P 32/47000.

🏨 **Graziella,** via San Salvador 56 ☎ 720316, ≤ – ⒮ 🅿. ❀
→ *20 maggio-20 settembre –* Pas *(solo per clienti alloggiati)* 19000 – ☲ 6500 – **69 cam**
43/66000 – ½ P 39/57000.

RIO DI PUSTERIA (MÜHLBACH) 39037 Bolzano – 2 367 ab. alt. 777 – a.s. febbraio-aprile, luglio-settembre e Natale – ✿ 0472.

Roma 689 – ◆Bolzano 52 – Brennero 43 – Brunico 25 – ◆Milano 351 – Trento 112.

🏨 **Panoramik** 🦢, ℰ 49535, ≼ monti e vallata, 🔲, ☞ – 🛏 ⇄ rist ☎ 🅿
33 cam.

🟵🟵 **Pichler,** ℰ 49458 – 🅿. 🆎 ⓪
chiuso martedì e luglio – Pas carta 37/57000.

🟵 **Giglio Bianco-Weisse Lilie** con cam, ℰ 49940 – 🕸 cam
➥ chiuso novembre – Pas (chiuso domenica sera e lunedì) carta 19/33000 – **13 cam**
⊑ 28/56000 – ½ P 32/38000.

  a Valles (Vals) NO : 7 km – alt. 1 354 – ⊠ 39037 Rio di Pusteria :

🏠 **Huber,** ℰ 57186, ≼, ☞ – 🅿. 🕸 rist
chiuso novembre – Pas (chiuso martedì) carta 22/30000 – **20 cam** ⊑ 31/60000 –
½ P 32/48000.

RIOLO TERME 48025 Ravenna 🔢🔢🔢 ⑮ – 4 844 ab. alt. 98 – Stazione termale (15 aprile-ottobre), a.s. 15 luglio-settembre – ✿ 0546.

🛈 via Aldo Moro 2 ℰ 71044.

Roma 368 – ◆Bologna 49 – ◆Ferrara 97 – Forlì 30 – ◆Milano 265 – ◆Ravenna 48.

🏨 **Cristallo,** ℰ 71160 – 🛏 ☕ 🅿 – 🔏 120. 🆎. 🕸
Pas carta 25/38000 – ⊑ 5500 – **68 cam** 42/55000 – ½ P 40/44000.

🏠 **Italia,** ℰ 71447 – 🛏 ⇄ cam ☕ 🔏. 🆎 ⓪ ⒠. 🕸 rist
➥ marzo-10 novembre – Pas (chiuso lunedì) 20/30000 – ⊑ 5000 – **36 cam** 40/60000 –
½ P 38/46000.

🏠 Paradiso, ℰ 70981
24 cam.

RIOMAGGIORE 19017 La Spezia 🔢🔢🔢 ⑬⑭ – 2 204 ab. – ✿ 0187.

Vedere Guida Verde.

Roma 432 – ◆Genova 116 – Massa 49 – ◆Milano 234 – ◆La Spezia 14.

🟵 **Due Gemelli** 🦢 con cam, località Campi E : 9 km ℰ 29043, ≼ – ☎ 🅿. 🕸
Pas (chiuso martedì dal 15 settembre al 15 giugno) carta 34/43000 – ⊑ 5000 – **14 cam**
30/50000 – ½ P 55/60000.

RIO MARINA Livorno – Vedere Elba (Isola d').

RIONERO IN VULTURE 85028 Potenza 🔢🔢🔢 ㉘ – 12 857 ab. alt. 662 – ✿ 0972.

Roma 364 – ◆Bari 133 – ◆Foggia 68 – ◆Napoli 176 – Potenza 46.

🏠 **La Pergola,** via Lavista 27/31 ℰ 721819 – 🛏 📺 ☎ 🚗. 🕽 ⒠ 𝗩𝗜𝗦𝗔. 🕸
➥ Pas (chiuso martedì) carta 20/29000 (10%) – ⊑ 7500 – **43 cam** 38/57000 – ½ P 50/60000.

RIPALTA CREMASCA 26010 Cremona – 2 836 ab. alt. 77 – ✿ 0373.

Roma 542 – ◆Bergamo 44 – ◆Brescia 55 – Cremona 39 – ◆Milano 48 – Piacenza 34.

  a Bolzone NO : 3 km – ⊠ 26010 Ripalta Cremasca :

🟵 **Via Vai,** ℰ 68697, 🍽, Coperti limitati; prenotare – 🕸
chiuso martedì sera, mercoledì ed agosto – Pas carta 26/42000.

RISCONE (REISCHACH) Bolzano – Vedere Brunico.

RITTEN = Renon.

RIVA DEI TESSALI Taranto – Vedere Castellaneta Marina.

RIVA DEL GARDA 38066 Trento 🔢🔢🔢 ④ – 13 282 ab. alt. 70 – a.s. 15 dicembre-gennaio e Pasqua – ✿ 0464.

Vedere Lago di Garda★★★ – Città vecchia★.

🛈 Parco Lido (Palazzo dei Congressi) ℰ 554444, Telex 400278, Fax 555255.

Roma 576 – ◆Bolzano 103 – ◆Brescia 75 – ◆Milano 170 – Trento 50 – ◆Venezia 199 – ◆Verona 87.

🏰 **Du Lac et du Parc** 🦢, viale Rovereto 44 ℰ 520202, Telex 400258, Fax 555200, « Grande
parco con laghetti e 🏊 riscaldata », 🔲, 🕸 – 🛏 ▤ rist 📺 ☎ 🅿 – 🔏 60 a 250. 🆎 🕽 ⓪ ⒠
𝗩𝗜𝗦𝗔. 🕸
7 aprile-20 ottobre – Pas (chiuso lunedì) 45000 – ⊑ 18000 – **175 cam** 100/220000 appartamenti 260/290000 – ½ P 135/150000.

🏰 **Lido Palace** 🦢, viale Carducci 10 ℰ 552664, Telex 401314, Fax 551957, ≼, « Parco con
🏊 », – 🛏 ▤ rist 📺 ☎ & 🅿 – 🔏 200. 🕽 🕸 rist
25 marzo-ottobre – Pas 35/40000 – **63 cam** ⊑ 140/240000 – ½ P 100/130000.

🏰 **Gd H. Riva,** piazza Garibaldi 10 ℰ 521800, Telex 401675, Fax 552293, « Rist. roof-garden »
– 🛏 ▤ rist 📺 ☎ – 🔏 35 a 120. 🆎 🕽 ⓪ ⒠ 𝗩𝗜𝗦𝗔. 🕸 rist
marzo-ottobre – Pas carta 34/45000 – ⊑ 15000 – **77 cam** 90/140000 – ½ P 90/110000.

🏨🏨 **Parc Hotel Flora,** viale Rovereto 54 ℰ 553221, Fax 554434, « Giardino » – 劇 ⇖ cam ▤
🔲 ☎ 🚗 🅿 – 🔏 45. 🖭 🕃 ① 🖻 𝒱𝒮𝒜. 🛠
chiuso novembre – Pas *(chiuso mercoledì)* carta 35/45000 – 🖭 10000 – **32 cam** 72/135000
– ½ P 100/110000.

🏨🏨 **International Hotel Liberty,** viale Carducci 3/5 ℰ 553581, Fax 551144, 🔲, 🦞 – 劇 ☎
🅿. 🖭 🕃 ① 🖻 𝒱𝒮𝒜
Pas *(chiuso martedì in bassa stagione)* carta 30/41000 – **84 cam** 🖭 96/170000 –
½ P 90/110000.

🏨 **Europa,** piazza Catena 9 ℰ 521777, Telex 401350, ≤, 斎 – 劇 ▤ rist ☎ ఉ – 🔏 100. 🖭 🕃
① 🖻 𝒱𝒮𝒜. 🛠
Pasqua-ottobre – Pas 25000 – **63 cam** 🖭 90/150000 – ½ P 80/94000.

🏨 **Bristol,** viale Trento 71 ℰ 521000, Telex 401102, 🏊, 🦞 – 劇 ☎ ఉ 🅿. 🕃 𝒱𝒮𝒜. 🛠
Pas 20/30000 – 🖭 15000 – **55 cam** 70/100000 – ½ P 50/70000.

🏨 **Mirage,** viale Rovereto 97/99 ℰ 552671, Telex 401663, ≤, 🏊 – 劇 ▤ rist ☎ 🚗 🅿 – 🔏
100. 🖭 🕃 ① 🖻 𝒱𝒮𝒜. 🛠
Pasqua-ottobre – Pas 22000 – **55 cam** 🖭 75/256000 – ½ P 75/85000.

🏨 **Bellavista** senza rist, piazza Cesare Battisti 4 ℰ 554271, ≤ – 劇 ☎. 🕃 ① 🖻 𝒱𝒮𝒜. 🛠
aprile-5 novembre – **31 cam** 🖭 140000.

🏨 **Miravalle,** via Monte Oro ℰ 552335, Fax 521707, « Giardino ombreggiato », 🏊, 🕭 🅿.
🖭 ①. 🛠 rist
maggio-ottobre – Pas 20/25000 – **30 cam** 🖭 60/110000 – ½ P 60/78000.

🏨 **Luise,** viale Rovereto 9 ℰ 552796, Telex 401168, 🏊, 🦞, 🛇 – 劇 ☎ 🅿. 🕃 🖻 𝒱𝒮𝒜
marzo-2 novembre – Pas carta 22/38000 – 🖭 6000 – **58 cam** 70/100000 – ½ P 65/75000.

🏨 **Astoria,** viale Trento 9 ℰ 552658, Telex 401042, 🏊, 🦞 – 劇 ☎ 🅿 – 🔏 100. 🖭 🕃 ① 🖻
𝒱𝒮𝒜. 🛠 rist
aprile-ottobre – Pas 22/30000 – **96 cam** 🖭 70/120000 – ½ P 70/80000.

🏨 **Villa Giuliana** 🐾, via Belluno 12 ℰ 553338, Telex 401363, Fax 521490, 🏊 – 劇 ☎ ఉ 🅿. 🕃
𝒱𝒮𝒜. 🛠
febbraio-ottobre – Pas carta 24/38000 – 🖭 10000 – **52 cam** 50/90000 – ½ P 65000.

🏨 **Riviera,** viale Rovereto 95 ℰ 552279, Fax 554140, ≤, 🏊 – 劇 ▤ rist ☎ 🚗 🅿. 🕃 ① 🖻
𝒱𝒮𝒜. 🛠 rist
aprile-ottobre – Pas 18000 – 🖭 8000 – **36 cam** 46/72000 – ½ P 56/68000.

🏨 **Sole,** piazza 3 Novembre 35 ℰ 552686, ≤ – 劇 🕭. 🖭 🕃 🖻 𝒱𝒮𝒜. 🛠
Pasqua-ottobre – Pas 20/25000 – 🖭 10000 – **48 cam** 80/120000 – ½ P 82/92000.

🏨 **Gardesana,** via Brione 1 ℰ 552793, Fax 518584, 🏊, 🦞 – ▤ rist ☎ 🅿. 🛠
aprile-ottobre – Pas *(chiuso venerdì)* 16/20000 – 🖭 50/90000 – ½ P 51/60000.

🏨 **Venezia** 🐾, viale Rovereto 62 ℰ 552216, 🏊, 🦞 – 🕭 🖻 𝒱𝒮𝒜. 🛠 rist
10 marzo-ottobre – Pas 30/33000 – 🖭 14000 – **24 cam** 53/79000 – ½ P 62/72000.

🏨 **Gabry** 🐾, via Longa 6 ℰ 553600, Fax 553600, 🏊, 🦞 – 劇 🅿. 🛠 rist
aprile-settembre – Pas (solo per clienti alloggiati e *chiuso a mezzogiorno*) – **36 cam**
🖭 60/90000 – ½ P 45/50000.

XXX **Vecchia Riva,** via Bastione 3 ℰ 555061, Coperti limitati; prenotare – ⇖. 🖭 🕃 ① 🖻
𝒱𝒮𝒜
chiuso martedì in bassa stagione – Pas carta 32/53000.

XX **San Marco,** viale Roma 20 ℰ 554477 – ▤. 🖭 🕃 ① 🖻 𝒱𝒮𝒜. 🛠
chiuso lunedì e febbraio – Pas carta 32/55000.

XX **La Rocca,** piazza Cesare Battisti ℰ 552217, 斎 – 🖭 ① 𝒱𝒮𝒜
chiuso dal 15 novembre al 15 dicembre e mercoledì in bassa stagione – Pas carta 34/52000.

XX **La Caneva,** via Fiume 38 ℰ 553586, prenotare – ▤. 🖭 🕃 ① 🖻 𝒱𝒮𝒜. 🛠
chiuso novembre e lunedì da ottobre ad aprile – Pas carta 30/46000.

X **Al Volt,** via Fiume 73 ℰ 552570 – 🖭 🕃 ① 🖻 𝒱𝒮𝒜
chiuso lunedì e febbraio – Pas carta 33/43000.

X **Bastione** con cam, via Bastione 19 ℰ 552652, Coperti limitati; prenotare, 🦞 – 🅿. 🛠
chiuso dal 1° al 15 novembre – Pas carta 26/46000 – 🖭 6000 – **9 cam** 45000 – ½ P 42000.

RIVA DI FAGGETO 22020 Como 👀 ⑨ – alt. 202 – 📞 031.

Roma 636 – Bellagio 20 – Como 11 – ♦Lugano 43 – ♦Milano 59.

X **Il Pescatore,** strada statale ℰ 430263, prenotare, « Servizio estivo in terrazza con ≤
lago » – 🅿. 🛠
marzo-15 novembre ; chiuso martedì – Pas carta 27/46000.

RIVA DI SOLTO 24060 Bergamo – 842 ab. alt. 190 – 📞 035.

Roma 604 – ♦Bergamo 40 – ♦Brescia 55 – Lovere 7 – ♦Milano 85.

XX **Zu,** località Zu S : 2 km ℰ 986004, « Servizio estivo in terrazza con ≤ lago d'Iseo » – 🅿.
🕃 🖻 𝒱𝒮𝒜. 🛠
chiuso mercoledì (escluso luglio-agosto) e dal 15 gennaio al 15 febbraio – Pas carta 28/43000.

a Zorzino NO : 1,5 km – alt. 329 – ⊠ **24060** Riva di Solto :

XX **Miranda-da Oreste** ⑤ con cam, ℰ 986021, ≤ lago d'Iseo e Monte Isola, « Giardino con
⅃ » – **Ⓟ**. ⅋⅋
chiuso dal 15 gennaio al 15 febbraio – **Pas** *(chiuso martedì da novembre a marzo)*
carta 25/31000 – ☲ 6000 – **14 cam** 22/44000 – ½ P 36/38000.

Vedere anche : *Solto Collina* NO : 3 km.

RIVALTA DI TORINO 10040 Torino – 14 722 ab. alt. 294 – **✿** 011.

Roma 675 – ◆Milano 155 – Susa 43 – ◆Torino 16.

Pianta d'insieme di Torino (Torino p. 2)

🏛 **Rio** senza rist, via Griva 75 ℰ 9091313 – 🛗 📺 ☎ **Ⓟ** – 🔏 60. ⅋⅋   EU **b**
← ☲ 10000 – **76 cam** 60/80000.

RIVALTA TREBBIA Piacenza – alt. 135 – ⊠ **29010** Gazzola – **✿** 0523.

Roma 533 – Alessandria 110 – ◆Genova 126 – ◆Milano 93 – Piacenza 22.

X Locanda del Falco, ℰ 978101, 🍽, « In un caratteristico borgo medioevale » – **Ⓟ**.

RIVANAZZANO 27055 Pavia – 3 947 ab. alt. 157 – **✿** 0383.

Roma 581 – Alessandria 35 – ◆Genova 87 – ◆Milano 71 – Pavia 39 – Piacenza 71.

X **Selvatico** con cam, ℰ 91352 – ⅋⅋
← *chiuso dal 2 al 20 gennaio* – Pas *(chiuso lunedì escluso agosto)* carta 19/32000 – ☲ 3000 –
13 cam 27/45000 – ½ P 32000.

RIVAROLO CANAVESE 10086 Torino 🔢 ⑫, 🔢 ⑬⑭ – 11 694 ab. alt. 304 – **✿** 0124.

Roma 726 – Aosta 88 – ◆Milano 138 – ◆Torino 31 – Vercelli 75.

🏛 Europa, viale Losego 22 ℰ 26097, 🍽 – 🛗 🗐 📺 🐾 ☎ **Ⓟ**
28 cam.

RIVA TRIGOSO Genova – Vedere Sestri Levante.

RIVAZZURRA Forlì – Vedere Rimini.

RIVERGARO 29029 Piacenza – 4 565 ab. alt. 140 – **✿** 0523.

Roma 531 – ◆Bologna 169 – ◆Genova 121 – ◆Milano 84 – Piacenza 19.

XX **Castellaccio-da Attendolo,** dopo il ponte di Statto ℰ 957333, ≤, 🍽 – **Ⓟ**. 🗐 E 𝘝𝘐𝘚𝘈.
⅋⅋
chiuso martedì, mercoledì a mezzogiorno, dal 10 al 31 gennaio e dal 1° al 10 agosto – Pas
carta 34/45000.

XX **La Vêccia Ostaria** ℰ 957133, Coperti limitati; prenotare – 🗐 𝘝𝘐𝘚𝘈. ⅋⅋
chiuso a mezzogiorno, lunedì e gennaio – **Pas** carta 27/38000.

RIVIERA DI LEVANTE *** Genova e La Spezia 🔢 ⑬⑭ – Vedere Guida Verde.

RIVISONDOLI 67036 L'Aquila 🔢 ⑦ – 828 ab. alt. 1 056 – a.s. febbraio-aprile, 15 luglio-agosto
e Natale – Sport invernali : a Monte Pratello : 1 365/2 100 m ⊰2 ⰾ4 – **✿** 0864.
🚩 ℰ 601351.

Roma 188 – L'Aquila 101 – Campobasso 92 – Chieti 96 – ◆Pescara 107 – Sulmona 34.

🏛 **Como,** ℰ 641941, ≤, 🍽 – 🛗 ☎ **Ⓟ**. ◭. ⅋⅋
Pas *(chiuso lunedì)* 25/30000 – ☲ 5000 – **44 cam** 40/60000 – ½ P 50/80000.

🏛 **Victoria,** ℰ 601113 – **Ⓟ**. ⅋⅋ rist
← *dicembre-marzo e luglio-15 settembre* – Pas 20/25000 – **33 cam** ☲ 35/70000 – ½ P 55/60000.

X **Da Giocondo,** ℰ 601123, Coperti limitati; prenotare – 🗐 E 𝘝𝘐𝘚𝘈. ⅋⅋
chiuso martedì e dal 15 settembre al 15 ottobre – Pas carta 24/37000.

RIVODORA 10099 Torino – alt. 330 – **✿** 011.

Roma 666 – Asti 52 – ◆Milano 143 – ◆Torino 14.

X Torinese, ℰ 9460025.

RIVOLI 10098 Torino 🔢 ⑫ – 52 672 ab. alt. 386 – **✿** 011.

Roma 678 – Asti 64 – Cuneo 103 – ◆Milano 155 – ◆Torino 14 – Vercelli 82.

Pianta d'insieme di Torino (Torino p. 2)

XX **Nazionale,** corso Francia 4 ℰ 9580275, prenotare – 🔏 60. 🗐 E 𝘝𝘐𝘚𝘈. ⅋⅋   ET **a**
chiuso sabato ed agosto – Pas carta 27/50000 (15%).

RIVOLTA D'ADDA 26027 Cremona 988 ③, 219 ⑳ – 6 983 ab. alt. 102 – ✪ 0363.

Roma 569 – ♦Brescia 64 – Cremona 60 – ♦Milano 27 – Piacenza 60 – Treviglio 11.

　XX　**Al Capanno,** ✆ 78024, 🏡, 🛥 – ▤ 🅿
　　chiuso dal 7 gennaio al 4 febbraio, martedì e da ottobre a marzo anche lunedì sera – Pas
　　carta 33/48000.

RIZZOLO Udine – Vedere Reana del Roiale.

ROANA 36010 Vicenza – 3 591 ab. alt. 992 – a.s. febbraio, luglio-agosto e Natale – Sport invernali : vedere Asiago – ✪ 0424.

Roma 588 – Asiago 6 – ♦Milano 270 – Trento 64 – ♦Venezia 121 – Vicenza 54.

　🏠　**All'Amicizia,** ✆ 66014 – 🛗 🖂 ☎ 🚗. 🍽
　←　Pas (chiuso mercoledì) carta 18/27000 – 🍴 5000 – **25 cam** 30/60000 – ½ P 42/45000.

ROBECCO D'OGLIO 26010 Cremona – 2 264 ab. alt. 46 – ✪ 0372.

Roma 537 – ♦Brescia 36 – Cremona 15 – ♦Milano 82.

　X　Le Lanterne, ✆ 91556.

ROCCA DI CAMBIO 67047 L'Aquila – 503 ab. alt. 1 434 – ✪ 0862.

Roma 142 – L'Aquila 23 – Pescara 99.

　🏨　**Montecagno,** ✆ 918186, ≤ – 🛗 ☎ 🅿. 🍽 rist
　　10 dicembre-18 aprile e luglio-10 settembre – Pas 40000 – 🍴 10000 – **40 cam** 70/90000 –
　　½ P 75/85000.

　🏠　**Cristall Hotel,** ✆ 918119, ≤, 🚝 – 🚗 🅿. 🛗 🕚 E. 🍽
　←　Pas carta 20/30000 – 🍴 7000 – **19 cam** 40/55000 – ½ P 50/60000.

ROCCA DI PAPA 00040 Roma 988 ⑳ – 10 468 ab. alt. 685 – a.s. luglio-15 settembre – ✪ 06.

Dintorni ≤★ dal Monte Cavo SO : 5,5 km.

Roma 27 – Frascati 8 – Frosinone 76 – Latina 43 – Velletri 14.

　XX　**Angeletto** 🦌 con cam, via del Tufo 32 ✆ 949020, ≤ campagna romana, 🏡, 🚝 – 🛗 🕰
　　🅿. 🍽
　　Pas carta 32/39000 – 🍴 8000 – **30 cam** 85000 – P 80/85000.

ROCCA DI ROFFENO Bologna – Vedere Castel d'Aiano.

ROCCA PIETORE 32020 Belluno – 1 703 ab. alt. 1 142 – Sport invernali : a Malga Ciapela : 1 428/3 270 m (Marmolada) 🚡2 🚠4 (anche sci estivo), 🎿 – ✪ 0437.

🛈 a Rocca Pietore ✆ 721319, Fax 721319.

Roma 671 – Belluno 56 – Cortina d'Ampezzo 38 – ♦Milano 374 – Passo del Pordoi 30 – ♦Venezia 162.

　🏨　**Töler,** località Boscoverde O : 3 km, alt. 1 200 ✆ 722030, Fax 722188, ≤ – 🛗 ☎ 🚗 🅿. 🍽
　　dicembre-aprile e giugno-settembre – Pas carta 23/39000 – **30 cam** 🍴 45/70000 –
　　½ P 40/79000.

　　a Digonera N : 5,5 km – alt. 1 158 – ✉ 32020 Laste di Rocca Pietore :

　🏠　**Digonera,** ✆ 721193, ≤ – 🕰 🅿. 🆅🆂🅰 🍽 rist
　　chiuso giugno e novembre – Pas (chiuso lunedì) carta 28/36000 – **22 cam** 🍴 70/89000 –
　　½ P 70000.

　　a Malga Ciapela O : 7 km – alt. 1 428 – ✉ 32020 Rocca Pietore – a.s. marzo-aprile,
　　15 luglio-15 settembre e Natale :.

　　Vedere Marmolada★★★ : 🏔★★★ sulle Alpi per funivia – Lago di Fedaia★ NO : 6 km.

　🏠　**Tyrolia** 🦌, ✆ 722054, ≤ pinete e monti, 🎿 – 🖂 rist 🕰 🅿. 🍽
　　23 dicembre-aprile e 20 giugno-settembre – Pas (chiuso martedì) carta 25/35000 (10%) –
　　23 cam 🍴 50/90000 – ½ P 35/75000.

ROCCAPORENA Perugia – Vedere Cascia.

ROCCARASO 67037 L'Aquila 988 ㉗ – 1 662 ab. alt. 1 236 – a.s. febbraio-aprile, 15 luglio-agosto e Natale – Sport invernali : 1 236/2 140 m 🚡3 🚠7, 🎿 – ✪ 0864.

🛈 via Roma 60 ✆ 62210.

Roma 190 – L'Aquila 102 – Campobasso 87 – Chieti 98 – ♦Napoli 149 – ♦Pescara 109.

　🏨　**Excelsior,** via Roma 27 ✆ 62479 – 🛗 📺 ☎ 🚗 🅿. 🍽
　　18 dicembre-15 aprile e 24 giugno-4 settembre – Pas 25/30000 – 🍴 10000 – **35 cam**
　　45/70000 – P 60/120000.

　🏨　**Iris,** viale Iris 5 ✆ 62194 – 🛗 📺 ☎. 🆎 🛗 🕚 E 🆅🆂🅰. 🍽
　　Pas carta 25/40000 – 🍴 10000 – **40 cam** 80000 – ½ P 80/100000.

🏠 **Suisse,** via Roma 22 🖉 62139, Fax 62139 – 🛗 📺 🕿 🚗. 🔄 ⑩. ⚸
↝ Pas 20/26000 – ⊆ 6000 – **48 cam** 40/70000 – ½ P 62/92000.

🏠 **Trieste,** via Mori 15 🖉 62571 – 🛗 ☞. ⚸
↝ *dicembre-15 maggio e 15 giugno-settembre* – Pas carta 18/26000 – ⊆ 8000 – **42 cam** 31/58000 – ½ P 45/85000.

✕ Il Girarrosto, via Roma 15 🖉 62329.

sulla strada statale 17 NO : 1 km :

🏨 **MotelAgip,** ✉ 67037 🖉 62443, ≼ – 🛗 🍽 rist ☞ ⑫. 🅰🅴 🔄 ⑩ 🝙 🚾. ⚸ rist
Pas 28000 – ⊆ 10000 – **57 cam** 41/65000 – ½ P 74/83000.

ad Aremogna SO : 9 km – alt. 1 622 – ✉ **67030** :

🏨 **Boschetto** 🦢, 🖉 62297, ≼ – 🛗 🕿 🚗 ⑫. ⚸
dicembre-Pasqua e 10 luglio-agosto – Pas 25000 – ⊆ 8000 – **48 cam** 35/60000 – P 47/90000.

ROCCA SAN CASCIANO **47017** Forlì 🟨🟨🟨 ⑮ – 2 217 ab. alt. 210 – 🕾 0543.
Roma 326 – ✦Bologna 91 – ✦Firenze 81 – Forlì 28.

✕ **La Pace,** piazza Garibaldi 16 🖉 960137 – 🅰🅴. ⚸
↝ *chiuso martedì escluso agosto* – Pas carta 14/22000.

ROCCA SANT'ANGELO Perugia – Vedere Assisi.

ROCCHETTA NERVINA **18030** Imperia 🟨🟨🟨 ⑲, 🟨🟨 ⑳ – 270 ab. alt. 225 – 🕾 0184.
Roma 668 – ✦Genova 169 – Imperia 55 – ✦Milano 292 – San Remo 29 – Ventimiglia 15.

✕ **Lago Bin** con cam, 🖉 206661, Fax 207827 – 🛗 🚗 ⑫. 🅰🅴 🔄 ⑩ 🝙 🚾
chiuso dal 6 gennaio al 6 marzo – Pas *(chiuso martedì)* carta 28/43000 – ⊆ 7000 – **29 cam** 38/70000 – ½ P 60/65000.

RODDI **12060** Cuneo – 1 019 ab. alt. 284 – 🕾 0173.
Roma 650 – Asti 35 – Cuneo 60 – ✦Torino 70.

🏠 **Enomotel il Convento,** via Cavallotto 1 (E : 2 km) 🖉 615286, Fax 615286 – 📺 🕿 ⑫. 🅰🅴
↝ 🔄 ⑩ 🝙 🚾. ⚸
Pas (solo per clienti alloggiati e *chiuso a mezzogiorno*) 20/35000 – **25 cam** ⊆ 55/95000 –
½ P 70/80000.

✕ **La Cròta,** piazza Principe Amedeo 1 🖉 615187 – 🅰🅴 🚾. ⚸
↝ *chiuso martedì e dal 20 luglio al 10 agosto* – Pas carta 20/36000.

RODI GARGANICO **71012** Foggia 🟨🟨🟨 ㉘ – 4 155 ab. – a.s. luglio-15 settembre – 🕾 0884.
⛴ per le Isole Tremiti aprile-maggio mercoledì, giovedì e giugno-settembre giornaliero
(1 h 30 mn) – Adriatica di Navigazione-agenzia delle Fave, via Trieste 6 🖉 95031.
Roma 385 – ✦Bari 192 – Barletta 131 – ✦Foggia 100 – ✦Pescara 184.

🏨 **Parco degli Aranci** 🦢, E : 2 km 🖉 95033, ≼, « Parco-agrumeto », 🏊, 🐾, 🎾 – 🛗 ☞
⑫. 🅰🅴 🔄 ⑩ 🚾. ⚸
marzo-ottobre – Pas carta 23/40000 – ⊆ 5000 – **72 cam** 65/80000 – ½ P 40/87000.

🏨 **Baia Santa Barbara** 🦢, O : 1,5 km 🖉 965253, Telex 812014, Fax 965414, ≼, « In pineta »,
↝ 🏊, 🐾, 🎾 – ☞ ♿ ⑫. ⚸
aprile-settembre – Pas 20/25000 – **134 cam** ⊆ 90/140000 – ½ P 105/120000.

✕ Da Franco, 🖉 95003, ☂.

a Lido del Sole O : 5 km – ✉ **71012** Rodi Garganico :

🏨 **Mizar,** 🖉 97021, Fax 97022, ≼, 🐾 – 🛗 🍽 rist ☞ 🚗 ⑫. 🅰🅴 🔄 🚾. ⚸ cam
16 maggio-20 settembre – Pas carta 21/31000 (10%) – ⊆ 5000 – **50 cam** 70/95000 –
½ P 80/105000.

ROÈ VOLCIANO **25077** Brescia – 3 635 ab. alt. 240 – 🕾 0365.
Roma 550 – ✦Brescia 29 – ✦Milano 124 – Trento 100 – ✦Verona 65.

✕ **Valle** con cam, SO : 1,5 km 🖉 63006, ≼ – ⑫. ⚸ cam
Pas *(chiuso mercoledì)* carta 25/40000 – ⊆ 10000 – **13 cam** 35/40000 – ½ P 40000.

ROGENO **22040** Como 🟨🟨🟨 ⑨ ⑲ – 2 321 ab. alt. 290 – 🕾 031.
Roma 613 – ✦Bergamo 45 – Como 20 – Erba 6 – Lecco 15 – ✦Milano 45.

✕✕ **5 Cerchi,** località Maglio 🖉 865587, prenotare – ⑫. 🚾. ⚸
chiuso lunedì ed agosto – Pas carta 32/48000.

ROLO **42047** Reggio nell'Emilia – 3 344 ab. alt. 21 – 🕾 0522.
Roma 442 – Mantova 38 – ✦Modena 36 – ✦Verona 67.

✕✕ **L'Osteria dei Ricordi,** 🖉 658111, ☂, Coperti limitati; prenotare – 🍽 ⑫. 🅰🅴 ⑩. ⚸
chiuso lunedì, dal 24 gennaio al 14 febbraio ed agosto – Pas carta 40/54000.

Roma

ROMA 00100 ⓟ 🄈🄈🄈 ㉖ – 2 816 474 ab. alt. 20 – ✪ 06.

Curiosità
La maggior parte delle più note curiosità di Roma è ubicata sulle piante da p. 4 a 11.
Per una visita turistica più dettagliata consultate la guida Verde Michelin Italia.

Curiosités
Les plans des p. 4 à 11 situent la plupart des grandes curiosités de Rome. Pour une
visite touristique plus détaillée, consultez le guide Vert Italie et plus particulièrement
le guide Vert Rome.

Sehenswürdigkeiten
Auf den Städtplänen S. 4 bis 11 sind die hauptsächlichsten Sehenswürdigkeiten ver-
zeichnet. Eine ausführliche Beschreibung aller Sehenswürdigkeiten finden Sie im
Grünen Reiseführer Italien.

Sights
Rome's most famous sights are indicated on the town plans pp. 4 to 11. For a more
complete visit see the Green Guide to Rome.

🏌 (chiuso lunedì) ad Acquasanta ⊠ 00178 Roma 🅟 783407, SE : 12 km MS

🏌 e 🏌 (chiuso lunedì) ad Olgiata ⊠ 00123 Roma 🅟 3789141, per ⑩ : 19 km.

🏌 Fioranello (chiuso mercoledì) a Santa Maria delle Mole ⊠ 00040 🅟 608291, per S2 LQ : 19 km.

✈ di Ciampino SE : 15 km NS 🅟 724241 e Leonardo da Vinci di Fiumicino per ⑥ : 26 km 🅟 60121
– Alitalia, via Bissolati 13 ⊠ 00187 🅟 46881 e piazzale Pastore o dell'Arte (EUR) ⊠ 00144
🅟 54442151.

🚂 Termini 🅟 464923 – Tiburtina 🅟 4956626.

🛈 via Parigi 5 ⊠ 00185 🅟 463748 ; alla stazione Termini 🅟 465461 ; all'aeroporto di Fiumicino 🅟 6011255.

A.C.I. via Cristoforo Colombo 261 ⊠ 00147 🅟 5106 e via Marsala 8 ⊠ 00185 🅟 49981, Telex 610686.

Distanze : nel testo delle altre città elencate nella Guida è indicata la distanza chilometrica da Roma.

ALBERGHI

E RISTORANTI

Zona nord Monte Mario, Stadio Olimpico, via Flaminia-Parioli, Villa Borghese, via Salaria, via Nomentana (Pianta : Roma p. 6 e 7, salvo indicazioni speciali) :

🏨🏨🏨 **Cavalieri Hilton** ॐ, via Cadlolo 101 ⊠ 00136 𝒫 31511, Telex 625337, Fax 31512241, ≤ città, « Terrazze e parco », 🟰, 🛱 – 🛗 🗐 📺 ☎ ৬ ⇌ 🅟 – 🔬 25 a 2500. ᴁ ᴴ ◍ ᴇ 𝑉𝐼𝑆𝐴. ⬥ rist   AT n
Pas carta 56/87000 – ⊊ 26000 – **374 cam** 350/495000 appartamenti 800/2300000.

🏨🏨 **Lord Byron** ॐ, via De Notaris 5 ⊠ 00197 𝒫 3220404, Telex 611217, Fax 3220405, ⇜ – 🛗 🗐 📺 ☎. ᴁ ᴴ ◍ ᴇ 𝑉𝐼𝑆𝐴   ET a
Pas vedere rist Relais le Jardin – ⊊ 20000 – **50 cam** 320/470000 appartamenti 520/800000.

🏨🏨 **Aldrovandi Palace Hotel,** via Aldrovandi 15 ⊠ 00197 𝒫 8841091, Telex 616141, Fax 3221433, 🟰, ⇜ – 🛗 🗫 🗐 📺 ☎ ৬ ⇌ 🅟 – 🔬 50 a 300. ᴁ ᴴ ◍ ᴇ 𝑉𝐼𝑆𝐴. ⬥   ET c
Pas al Grill Le Relais carta 75/105000 – **130 cam** ⊊ 280/330000 appartamenti 550/1500000 – ½ P 315/415000.

🏨 **Polo** senza rist, piazza Gastaldi 4 ⊠ 00197 𝒫 3221041, Telex 623107, Fax 3221359 – 🛗 🗐 📺 ☎ – 🔬 80. ᴁ ᴴ ◍ ᴇ 𝑉𝐼𝑆𝐴. ⬥   ET d
66 cam ⊊ 215/310000.

🏨 **Borromini,** senza rist, via Lisbona 7 ⊠ 00198 𝒫 8841321, Telex 621625, Fax 8841321 – 🛗 🗐 📺 ☎ ৬ ⇌. ⬥   GT e
75 cam.

🏨 **Albani** senza rist, via Adda 41 ⊠ 00198 𝒫 84991, Fax 8499399 – 🛗 🗐 📺 ☎ ⇌ – 🔬 100. ᴁ ◍ 𝑉𝐼𝑆𝐴. ⬥   GT g
157 cam ⊊ 230/320000 appartamenti 400000.

🏨 **Degli Aranci,** via Oriani 11 ⊠ 00197 𝒫 870202, 🍽 – 🛗 🗐 📺 ☎ – 🔬 50. ᴁ ᴴ. ⬥
Pas 30000 – **40 cam** ⊊ 140/200000.   ET r

🏨 **Panama** senza rist, via Salaria 336 ⊠ 00199 𝒫 862558, Telex 620189, Fax 864454, ⇜ – 📺 ☎ ⇌ 🅟. ᴁ ᴴ ◍ ᴇ 𝑉𝐼𝑆𝐴. ⬥   HT e
43 cam ⊊ 110/170000.

🏨 **Fenix,** viale Gorizia 5 ⊠ 00198 𝒫 850741, ⇜ – 🛗 🗐 📺 ☎ ⇌. ᴁ ᴴ ◍ ᴇ 𝑉𝐼𝑆𝐴. ⬥
Pas *(chiuso sabato sera, domenica ed agosto)* 30/35000 – **69 cam** ⊊ 110/180000, 🗐 12000.   JT g

🏨 **Villa Florence** senza rist, via Nomentana 28 ⊠ 00161 𝒫 4403036, Telex 624626, Fax 8411664, ⇜ – 🛗 🗫 🗐 📺 ☎ ৬ 🅟. ᴁ ◍. ⬥   HT r
⊊ 25000 – **33 cam** 110/140000, 🗐 20000.

🏨 **Clodio** senza rist, via di Santa Lucia 10 ⊠ 00195 𝒫 317541, Telex 625050, Fax 3250745 – 🛗 📺 ☎. ᴁ ᴴ ◍ ᴇ 𝑉𝐼𝑆𝐴. ⬥   ABT e
115 cam ⊊ 150/200000.

🏨 **Buenos Aires** senza rist, via Clitunno 9 ⊠ 00198 𝒫 864854 – 🗐 ☎ 🅟 – 🔬 50. ᴁ ᴴ ᴇ 𝑉𝐼𝑆𝐴   HT a
⊊ 16000 – **49 cam** 92/132000, 🗐 20000.

🏨 **Lloyd** senza rist, via Alessandria 110/a ⊠ 00198 𝒫 850432, Telex 612598, Fax 850432 – 🛗 🗐 📺 ☎ ⇌. ᴁ ᴴ ◍ ᴇ 𝑉𝐼𝑆𝐴   HT f
48 cam ⊊ 140000, 🗐 23000.

🏨 **Rivoli,** via Torquato Taramelli 7 ⊠ 00197 𝒫 870141, Telex 614615, Fax 870143 – 🛗 🗫 rist 📺 ☎ – 🔬 40. ᴁ ᴴ ◍ ᴇ 𝑉𝐼𝑆𝐴. ⬥   ET b
Pas carta 28/44000 – **55 cam** ⊊ 150/200000 – ½ P 126/132000.

🏨 **Villa del Parco** senza rist, via Nomentana 110 ⊠ 00161 𝒫 864115, Fax 850410, ⇜ – ⬥. ᴁ ◍ 𝑉𝐼𝑆𝐴   JT n
23 cam ⊊ 105/160000, 🗐 20000.

🏨 **Colony Flaminio** senza rist, via Monterosi 18 ⊠ 00191 𝒫 3276843, Fax 6799603 – 🛗 🗐 🅟. ᴁ ᴴ ◍ ᴇ 𝑉𝐼𝑆𝐴   Roma p. 5 MQ a
⊊ 10000 – **72 cam** 70/110000.

ROMA
PERCORSI DI
ATTRAVERSAMENTO E
DI CIRCONVALLAZIONE

DELLE PIANTE DI ROMA

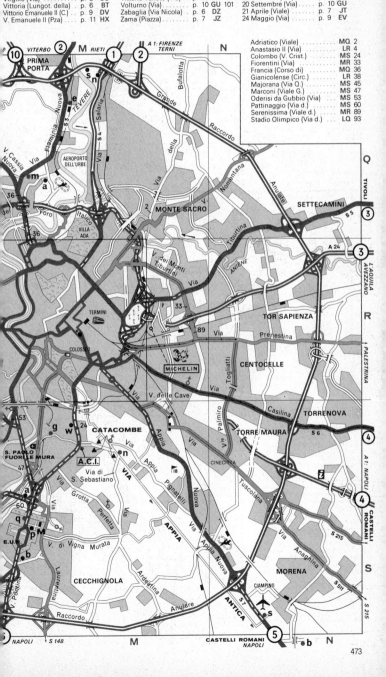

A

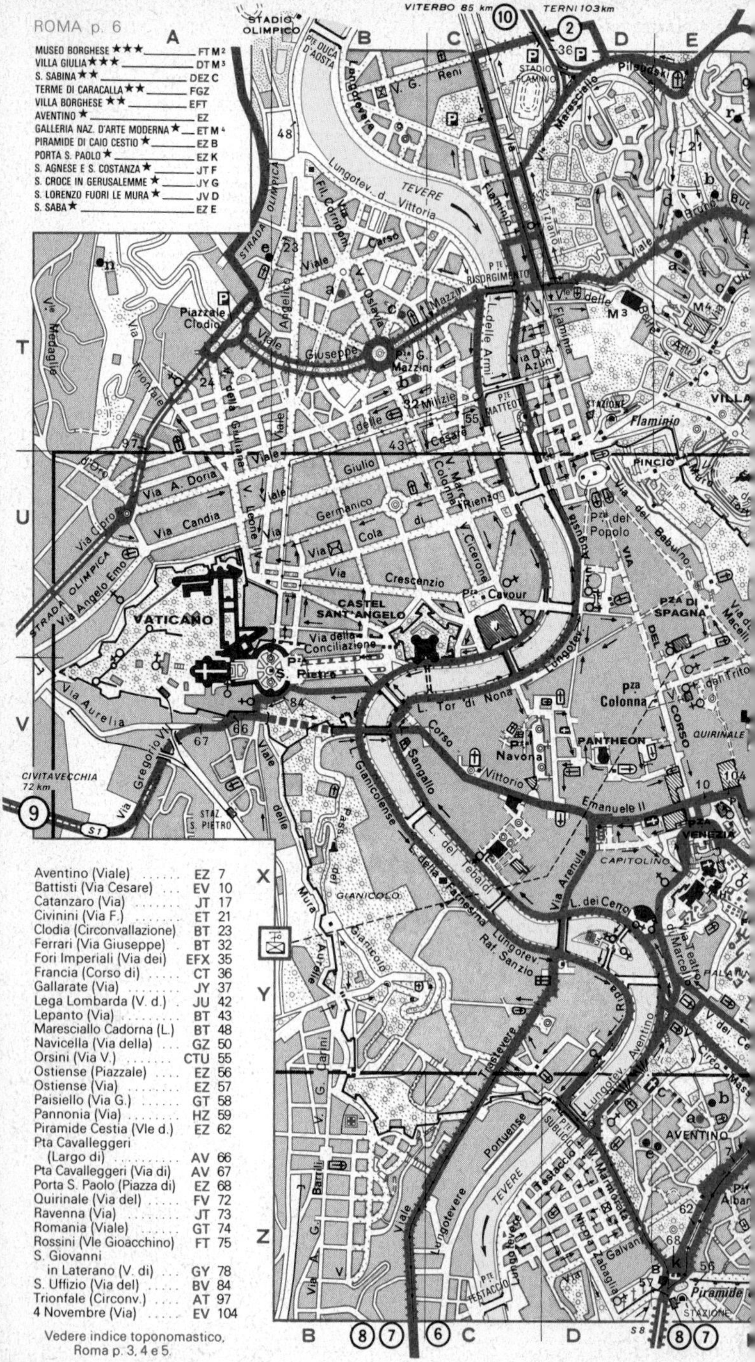

VITERBO 85 km   TERNI 103 km

STADIO OLIMPICO

⑩   ②

C   **D**   **E**

T

U

V

CIVITAVECCHIA 72 km

⑨

X

Y

Z

Vedere indice toponomastico,
Roma p. 3, 4 e 5.

474

B   ⑧ ⑦   **C** ⑥   **D**   ⑧ ⑦

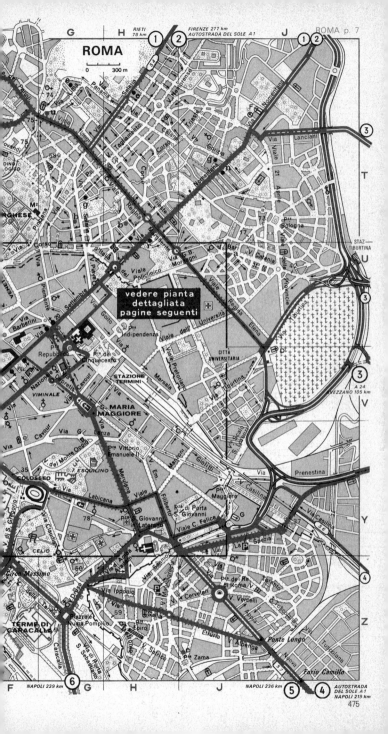

ROMA

0 — 400 m

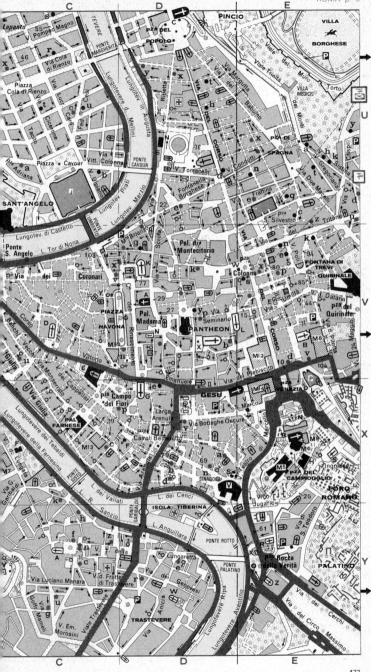

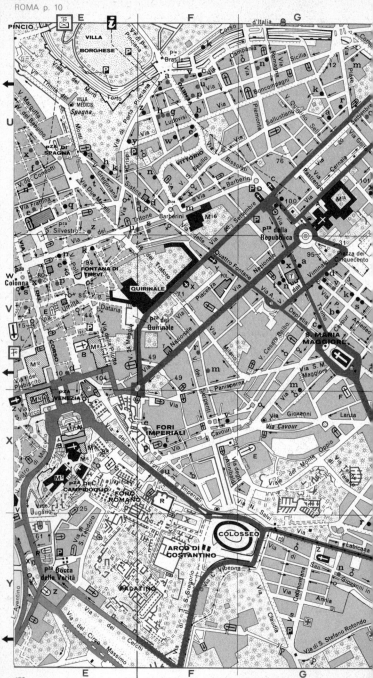

ROMA

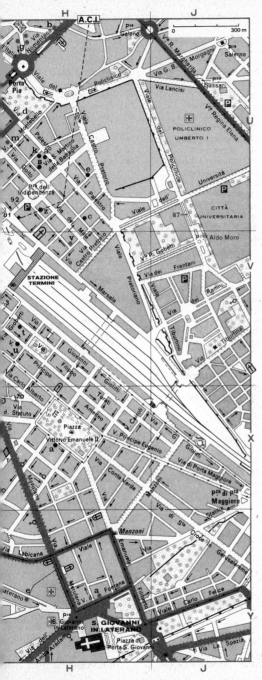

ROMA ANTICA

ARCO DI COSTANTINO ★★★	FY
BASILICA DI MASSENZIO ★★★	FX R
COLONNA TRAIANA ★★★	EX L
COLOSSEO ★★★	FGY
FORI IMPERIALI ★★★	FX
FORO ROMANO ★★★	EX
PALATINO ★★★	EFY
TEATRO DI MARCELLO ★★	EX V
COLONNA DI MARCO AURELIO ★	EV W
TEMPIO DELLA FORTUNA VIRILE ★	EY X
TEMPIO DI VESTA ★	EY Y

ROMA CRISTIANA

GESÙ ★★★	EX Z
S. GIOVANNI IN LATERANO ★★★	HY
S. MARIA MAGGIORE ★★★	GV
S. ANDREA AL QUIRINALE ★★	FV X
S. CARLO	
ALLE QUATTRO FONTANE ★★	FV Y
S. CLEMENTE ★★	GY Z
S. MARIA DEGLI ANGELI ★★	GU A
S. MARIA D'ARACOELI ★★	EX B
S. MARIA DELLA VITTORIA ★★	GU C
S. SUSANNA ★★	GU D
ORATORIO DEL CROCIFISSO ★	EV E
S. IGNAZIO ★	EV L
S. GIOVANNI DECOLLATO ★	EY R
S. LUCA E S. MARTINA ★	EX S
S. MARIA IN COSMEDIN ★	EY Z
S. PIETRO IN VINCOLI ★	GX E
S. PRASSEDE ★	GVX F
SANTI APOSTOLI ★	EV B

PALAZZI E MUSEI

MUSEO NAZIONALE ROMANO ★★★	GU M¹⁵
MUSEO DEL PALAZZO	
DEI CONSERVATORI ★★★	EX M⁵
PALAZZO NUOVO ★★★ :	
MUSEO CAPITOLINO ★★	EX M⁶
PALAZZO SENATORIO ★★★	EX H
PALAZZO BARBERINI ★★	FU M¹⁶
PALAZZO DEL QUIRINALE ★★	EV
GALLERIA DEL PALAZZO COLONNA ★	EV M⁸
MUSEO DEL RISORGIMENTO ★	EX M⁹
PALAZZO E GALLERIA	
DORIA PAMPHILI ★	EV M¹²
PALAZZO VENEZIA ★	EX M¹⁴

PASSEGGIATE

FONTANA DI TREVI ★★★	EV
PIAZZA DEL CAMPIDOGLIO ★★★	EX
MONUMENTO VITTORIO	
EMANUELE : ≤ ★★	EX N
PIAZZA DEL QUIRINALE ★★	FV
PIAZZA DI SPAGNA ★★	EU
VIA VITTORIO VENETO ★★	FU
PIAZZA BOCCA DELLA VERITÀ ★	EY
PIAZZA COLONNA ★	EV
PIAZZA DI PORTA MAGGIORE ★	JX
PIAZZA VENEZIA ★	EX
PORTA PIA ★	HU

Amendola (Via Giov.)	GV	3
Battisti (Via Cesare)	EV	10
Calabria (Via)	GU	12
Caravita (Via del)	EV	15
Consolazione		
(Via della)	EX	25
Einaudi (Viale Luigi)	GV	31
Lucchesi (Via dei)	EV	44
Mazzarino (Via)	FV	49
Petroselli (Via L.)	EY	61
Quirinale (Via del)	FV	71
Salandra (Via A.)	GU	76
S. Maria in Via		
(Via di)	EV	80
S. Vincenzo (Via di)	EV	85
Scienze (Via della)	JV	87
Solferino (Via)	HU	92
Stamperia (Via della)	EV	94
Terme Diocleziano (V.)	GV	95
Tulliano (Via del)	EX	98
Vittorio Emanuele		
Orlando (Via)	GU	100
Volturno (Via)	GU	101

Vedere indice toponomastico,
Roma p. 3, 4 e 5.

ELENCO ALFABETICO DEGLI ALBERGHI E RISTORANTI

ROME

le Guide Vert Michelin
Édition française

29 promenades dans la Ville Éternelle :

les sites les plus prestigieux,
les quartiers chargés de 30 siècles d'histoire,
les trésors d'art des musées.

XXXX ✿✿ **Relais le Jardin,** via De Notaris 5 ✉ 00197 ✆ 3220404, Fax 3609541, Rist. elegante, Coperti limitati; prenotare – ▤. AE ⑤ ⓓ E VISA. ✻ ET a
chiuso domenica – Pas carta 86/140000
Spec. Tortino di parmigiana di zucchine (primavera-estate), Risotto con astice asparagi e zafferano (primavera), Sfogliatina di quaglie con porcini. **Vini** Marino, Torre Ercolana.

XXX **Relais la Piscine,** via Mangili 6 ✉ 00197 ✆ 3216126, 帝 – ▤ ET c
chiuso domenica sera – Pas carta 75/105000.

XXX **Il Peristilio,** via Monte Zebio 10/d ✉ 00195 ✆ 382900, Fax 388929 – ▤. AE ⑤ ⓓ E VISA. ✻ BT c
chiuso lunedì – Pas carta 40/70000 (12%).

XX **Al Fogher,** via Tevere 13/b ✉ 00198 ✆ 857032, Rist. tipico con specialità venete – ▤. AE ⓓ. ✻ GT b
chiuso domenica – Pas carta 41/71000.

XX Primavera, via Cagliari 25 ✉ 00198 ✆ 861847, Rist. con specialità di mare – ▤ HT b
chiuso a mezzogiorno.

XX **Da Benito,** via Flaminia Nuova 230/232 ✉ 00191 ✆ 3272752 – ▤. AE ⑤ ⓓ
chiuso lunedì – Pas carta 37/60000. Roma p. 5 MQ m

XX **Al Ceppo,** via Panama 2 ✉ 00198 ✆ 8449696, 帝, Rist. caratteristico – ▤. AE ⑤ ⓓ VISA
chiuso lunedì e dal 12 al 30 agosto – Pas carta 35/57000. GT u

XX **Il Caminetto,** viale dei Parioli 89 ✉ 00197 ✆ 803946, 帝 – ▤. AE ⑤ ⓓ VISA. ✻ ET q
chiuso giovedì e dal 12 al 18 agosto – Pas carta 35/50000.

X **Delle Vittorie,** via Monte Santo 62/64 ✉ 00195 ✆ 386847 – AE ⑤ ⓓ E VISA. ✻ BT a
chiuso domenica, dal 23 dicembre al 3 gennaio e dal 1° al 20 agosto – Pas carta 33/50000.

X **La Scala,** viale dei Parioli 79/d ✉ 00197 ✆ 803978, 帝 – ▤. AE ⑤ ⓓ E VISA. ✻ ET q
chiuso mercoledì e dal 10 al 24 agosto – Pas carta 28/47000.

X Nuraghe Sardo, viale Medaglie d'Oro 50 ✉ 00136 ✆ 382485, Rist. con specialità sarde – ▤ Roma p. 4 LR s

X **Micci,** via Luigi Settembrini 25 ✉ 00195 ✆ 380245 – AE ⓓ BT b
chiuso domenica e dal 10 al 31 agosto – Pas carta 37/48000 (12%).

Zona centro ovest San Pietro (Città del Vaticano), Gianicolo, corso Vittorio Emanuele, piazza Venezia, Pantheon e Quirinale, Pincio e Villa Medici, piazza di Spagna, Palatino e Fori (Pianta : Roma p. 8 e 9, salvo indicazioni speciali) :

🏨 **Hassler,** piazza Trinità dei Monti 6 ✉ 00187 ✆ 6792651, Telex 610208, Fax 6799278, ≤ città dal rist. roof-garden – |♦| ▤ TV ☎. AE VISA. ✻ EU a
Pas carta 89/155000 – ☕ 24000 – **100 cam** 380/560000.

🏨 **Eden,** via Ludovisi 49 ✉ 00187 ✆ 4743551, Telex 610567, Fax 4821584, « Rist. roof-garden con ≤ città » – |♦| ▤ TV ☎. AE ⑤ ⓓ E VISA. ✻ rist EU y
Pas carta 74/108000 – ☕ 19500 – **110 cam** 328/375000 appartamenti 649/1238000.

🏨 **D'Inghilterra** senza rist, via Bocca di Leone 14 ✉ 00187 ✆ 672161, Telex 614552, Fax 6840828 – |♦| ▤ TV ☎ ♿. AE ⓓ E VISA. ✻ EU n
☕ 25000 – **102 cam** 316/404000.

🏨 **Jolly Leonardo da Vinci,** via dei Gracchi 324 ✉ 00192 ✆ 39680, Telex 611182, Fax 3610138 – |♦| ▤ TV ☎ 🚗 – 🏛 800. AE ⑤ ⓓ E VISA. ✻ rist CU r
Pas 45000 – **245 cam** ☕ 220/320000 – ½ P 205/265000.

🏨 **Plaza** senza rist, via del Corso 126 ✉ 00186 ✆ 672101, Telex 624669 – |♦| ▤ ☎ – 🏛 50. AE ⑤ ⓓ E VISA. ✻ DU d
☕ 17000 – **207 cam** 153/236000 appartamenti 460000, ▤ 15000.

🏨 **De la Ville Inter-Continental,** via Sistina 69 ✉ 00187 ✆ 67331, Telex 620836, Fax 6784213 – |♦| ▤ TV ☎ 🚗 – 🏛 40 a120. AE ⑤ ⓓ E VISA. ✻ EU h
Pas carta 52/87000 – **189 cam** ☕ 317/410000 appartamenti 510/980000 – ½ P 255/367000.

🏨 **Visconti Palace** senza rist, via Cesi 37 ✉ 00193 ✆ 3684, Telex 622489, Fax 3600551 – |♦| ▤ TV ☎ ♿ 🚗 – 🏛 25 a 150. AE ⑤ ⓓ E VISA. ✻ CU u
247 cam ☕ 200/280000 appartamenti 350000.

🏨 **Cicerone e Rist. Robià,** via Cicerone 55/c ✉ 00193 ✆ 3576, Telex 622498, Fax 6799584 – |♦| ▤ TV ☎ 🚗 – 🏛 160. AE ⑤ ⓓ E VISA. ✻ CU t
Pas carta 38/57000 – ☕ 20000 – **237 cam** 200/280000 appartamenti 380/620000 – ½ P 180/240000.

🏨 **Atlante Star,** via Vitelleschi 34 ✉ 00193 ✆ 6879558, Telex 622355, Fax 6872300, « Rist. roof-garden con ≤ Basilica di San Pietro » – |♦| ⇔ ▤ TV ☎ – 🏛 70. AE ⑤ ⓓ E VISA. ✻ rist BU r
Pas al **Rist. Les Etoiles** carta 80/115000 – ☕ 25000 – **61 cam** 330/380000 appartamenti 480/850000 – ½ P 250/270000.

🏨 **Delle Nazioni** senza rist, via Poli 7 ✉ 00187 ✆ 6792441, Telex 614193 – |♦| ▤ TV ☎. AE ⑤ ⓓ E VISA. ✻ EV e
74 cam ☕ 220/290000 appartamento 385000.

🏨 **Colonna Palace** senza rist, piazza Montecitorio 12 ✉ 00186 ✆ 6781341, Telex 621467, Fax 6794496 – |♦| ▤ TV ☎. AE ⑤ ⓓ E VISA. ✻ EV s
☕ 20000 – **105 cam** 245/305000 appartamenti 450000.

🏨 **Giulio Cesare** senza rist, via degli Scipioni 287 ✉ 00192 ✆ 3210751, Telex 613010, Fax 3211736, 🌳 – |♦| ▤ TV ☎ Ⓟ – 🏛 60. AE ⑤ ⓓ E VISA. ✻ CU s
86 cam ☕ 240/340000.

🏨 **Columbus,** via della Conciliazione 33 ⊠ 00193 ℰ 6865435, Telex 620096, « Decorazioni d'epoca in una costruzione quattrocentesca », ☞ – 🛗 📺 ☎ 🅿 – 🔬 30 a 200. 🖭 🕄 ⑩ 🖪 𝘝𝘐𝘚𝘈. ❄ rist
BV m
Pas carta 53/71000 – **107 cam** � 115/185000 appartamenti 250/400000 – ½ P 110/165000.

🏨 **Internazionale** senza rist, via Sistina 79 ⊠ 00187 ℰ 6793047, Telex 614333, Fax 6784764 – 🛗 🗏 📺 ☎. 🖭 🕄 🖪 𝘝𝘐𝘚𝘈. ❄
EU k
37 cam ⊋ 135/215000 appartamenti 450/500000.

🏨 **Gerber** senza rist, via degli Scipioni 241 ⊠ 00192 ℰ 3216485, Fax 3217048 – 🛗 ☎. 🖭 🕄 ⑩ 🖪 𝘝𝘐𝘚𝘈. ❄
BU s
27 cam ⊋ 103/155000.

🏨 **Atlante Garden** senza rist, via Crescenzio 78/a ⊠ 00193 ℰ 6872361, Telex 623172, Fax 6872315 – 🛗 ✕↦ 🗏 📺 ☎. 🖭 🕄 🖪 𝘝𝘐𝘚𝘈
BU f
43 cam ⊋ 295/360000.

🏨 **Della Torre Argentina** senza rist, corso Vittorio Emanuele 102 ⊠ 00186 ℰ 6548251, Telex 623281, Fax 623281 – 🛗 🗏 ☎. 🖭 🕄 ⑩ 𝘝𝘐𝘚𝘈. ❄
DX e
⊋ 18000 – **32 cam** 120/160000.

🏨 **Siena** senza rist, via Sant'Andrea delle Fratte 33 ⊠ 00187 ℰ 6796121, Fax 6787509 – 🛗 ☎. 🖭 🕄 ⑩ 🖪 𝘝𝘐𝘚𝘈
EU c
21 cam ⊋ 134/204000.

🏨 **Diplomatic,** via Vittoria Colonna 28 ⊠ 00193 ℰ 6542084, Telex 610506, ☞ – 🛗 ✕↦ 🗏 📺 ☎. 🖭 🕄 ⑩ 🖪 𝘝𝘐𝘚𝘈. ❄ rist
CU b
Pas carta 28/53000 – **40 cam** ⊋ 140/220000 – ½ P 135/145000.

🏨 **Gregoriana** senza rist, via Gregoriana 18 ⊠ 00187 ℰ 6794269 – 🛗 ✕↦ 🗏 ☎
EU t
19 cam ⊋ 120/180000.

🏨 **Arcangelo** senza rist, via Boezio 15 ⊠ 00192 ℰ 6896459 – 🛗 📺 ☎. 🖭 🕄 ⑩ 🖪 𝘝𝘐𝘚𝘈. ❄
BU e
30 cam ⊋ 108/176000.

🏨 **Della Conciliazione** senza rist, borgo Pio 165 ⊠ 00193 ℰ 6867910, Fax 6541164 – 🛗 ☎ &. 🖭 🕄 ⑩ 🖪 𝘝𝘐𝘚𝘈
BU k
⊋ 8000 – **55 cam** 66/110000.

🏨 **Tritone** senza rist, via del Tritone 210 ⊠ 00187 ℰ 6782624, Telex 614254, Fax 6785897 – 🛗 🗏 📺 ☎. 🖭 🕄 ⑩ 🖪 𝘝𝘐𝘚𝘈. ❄
EV n
42 cam ⊋ 123/188000.

🏨 **Madrid,** senza rist, via Mario de' Fiori 95 ⊠ 00187 ℰ 6791243, Telex 625339 – 🛗 🗏 📺 🗏
EU q
24 cam.

🏨 **Accademia** senza rist, piazza Accademia di San Luca 75 ⊠ 00187 ℰ 6786705, Fax 6785897 – 🛗 🗏 ☎. 🖭 🕄 ⑩ 🖪 𝘝𝘐𝘚𝘈. ❄
EV k
50 cam ⊋ 123/188000.

🏠 **Sant'Anna** senza rist, borgo Pio 134 ⊠ 00193 ℰ 6541602, Fax 6548717 – 🗏 📺 ☎. 🖭 🕄 ⑩ 🖪 𝘝𝘐𝘚𝘈 '
BU h
18 cam ⊋ 120/175000.

🏠 **Senato** senza rist, piazza della Rotonda 73 ⊠ 00186 ℰ 6793231, Fax 6840297, ≤ Pantheon – 🛗 🗏 📺 🗏. ❄
DV y
⊋ 12500 – **51 cam** 105/130000, 🗏 25000.

🏠 **Margutta** senza rist, via Laurina 34 ⊠ 00187 ℰ 3614193 – 🛗 🗏. 🖭 🕄 ⑩ 🖪 𝘝𝘐𝘚𝘈. ❄
DU t
21 cam ⊋ 97000.

🏠 **Portoghesi** senza rist, via dei Portoghesi 1 ⊠ 00186 ℰ 6864231, Fax 6876976 – 🛗 🗏 ☎. 🕄 🖪 𝘝𝘐𝘚𝘈
DV g
27 cam ⊋ 65/108000, 🗏 20000.

XXX **El Toulà,** via della Lupa 29/b ⊠ 00186 ℰ 6873498, Fax 6871115, Rist. elegante, prenotare – 🗏. 🖭 🕄 ⑩ 🖪 𝘝𝘐𝘚𝘈. ❄
DU e
chiuso sabato a mezzogiorno, domenica, agosto e dal 24 al 26 dicembre – Pas carta 57/92000 (15%).

XXX ❀ **Patrizia e Roberto del Pianeta Terra,** via Arco del Monte 95 (via dei Pettinari) ⊠ 00186 ℰ 6869893, Rist. elegante, Coperti limitati; prenotare – 🗏. 🖭 🕄 ⑩ 🖪 𝘝𝘐𝘚𝘈
CX c
chiuso a mezzogiorno, lunedì ed agosto – Pas carta 80/120000
Spec. Mazzancolle al pomodoro con pecorino caldo, Risotto alle zucchine e zafferano, Piccione disossato e ripieno. Vini Vermentino, Chianti.

XXX **I Preistorici,** vicolo Orbitelli 13 ⊠ 00186 ℰ 6892796, Rist. elegante, Coperti limitati; prenotare – 🖭 🕄 ⑩ 🖪 𝘝𝘐𝘚𝘈
BV b
chiuso domenica – Pas carta 42/63000.

XXX **Ranieri,** via Mario de' Fiori 26 ⊠ 00187 ℰ 6791592, Rist. a coperti limitati; prenotare – 🗏. 🖭 🕄 ⑩ 🖪 𝘝𝘐𝘚𝘈
EU f
chiuso domenica – Pas carta 45/73000.

XXX **4 Colonne,** via della Posta 4 ⊠ 00186 ℰ 6547152, prenotare – 🗏. ❄
DV n
chiuso domenica e dal 5 al 31 agosto – Pas carta 47/73000.

XXX **Passetto,** via Zanardelli 14 ⊠ 00186 ℰ 6540569 – ✕↦ 🗏. 🖭 🕄 ⑩ 𝘝𝘐𝘚𝘈. ❄
CV v
chiuso domenica, lunedì a mezzogiorno e novembre – Pas carta 44/72000.

XX ✿ **La Rosetta,** via della Rosetta 9 ✉ 00187, 𝒫 6861002, Trattoria con specialità di mare
prenotare – 🔲. ⓄⒹ 𝘝𝘐𝘚𝘈. ⚬   DV
chiuso sabato a mezzogiorno, domenica ed agosto – Pas carta 70/120000 (15%)
Spec. Insalata di rucola e calamari, Strozzapreti agli scampi, Filetti di pesce al sidro. **Vini** Pinot bianco, Chianti

XX Piperno, Monte de' Cenci 9 ✉ 00186, 𝒫 6540629, Rist. con specialità romane – 🔲   DX
XX **Vecchia Roma,** piazza Campitelli 18 ✉ 00186, 𝒫 6864604, Rist. tipico con specialit
romane e di mare – 🔲   DX
chiuso mercoledì – Pas carta 39/63000 (12%).

XX La Toscana, via dei Crociferi 12 ✉ 00187, 𝒫 6789971 – 🔲   EV
XX **Eau Vive,** via Monterone 85 ✉ 00186, 𝒫 6541095, Missionarie cattoliche-cucina interna
zionale, prenotare la sera, « Edificio cinquecentesco » – 🔲. ⒶⒺ 🕄 𝘝𝘐𝘚𝘈   DV
chiuso domenica ed agosto – Pas carta 30/44000.

XX **Piccola Roma,** via Uffici del Vicario 36 ✉ 00186, 𝒫 6798606 – ⒶⒺ ⓄⒹ 𝘝𝘐𝘚𝘈. ⚬   DV
chiuso domenica – Pas carta 30/44000.

XX **Dante Taberna dei Gracchi,** via dei Gracchi 266 ✉ 00192, 𝒫 3213126, Fax 3221976 – Ⓐ
ⓄⒹ 𝘝𝘐𝘚𝘈. ⚬   CU
chiuso domenica, lunedì a mezzogiorno ed agosto – Pas carta 40/65000.

XX **Taverna Giulia,** vicolo dell'Oro 23 ✉ 00186, 𝒫 6869768, Rist. con specialità liguri, prenotar
la sera – 🔲. ⒶⒺ ⓄⒹ 𝘝𝘐𝘚𝘈. ⚬   BV
chiuso domenica ed agosto – Pas carta 39/51000 (15%).

XX **Lo Squalo Bianco,** via Federico Cesi 36 ✉ 00193, 𝒫 3214700, Rist. con specialità di mare
prenotare – 🔲. ⒶⒺ ⓄⒹ. ⚬   CU
chiuso domenica ed agosto – Pas carta 45/70000.

XX **La Maiella,** piazza Sant'Apollinare 45/46 ✉ 00186, 𝒫 6864174, 🍽, Rist. con specialit
abruzzesi – 🔲. ⒶⒺ 🕄 ⓄⒹ Ⓔ 𝘝𝘐𝘚𝘈. ⚬   CDV
chiuso domenica e dal 10 al 25 agosto – Pas carta 39/68000.

XX **Pierdonati,** via della Conciliazione 39 ✉ 00193, 𝒫 6543557 – 🕄 Ⓔ 𝘝𝘐𝘚𝘈   BV n
chiuso giovedì ed agosto – Pas carta 36/66000 (15%).

XX **Il Drappo,** vicolo del Malpasso 9 ✉ 00186, 𝒫 6877365, Rist. con specialità sarde, prenotar
– 🔲. ⒶⒺ   CV
chiuso domenica ed agosto – Pas (menu suggeriti dal proprietario) 55000 bc.

XX **Da Pancrazio,** piazza del Biscione 92 ✉ 00186, 𝒫 6861246, « Taverna ricostruita sui ruder
del Teatro di Pompeo » – ⚬❭. ⒶⒺ 🕄 ⓄⒹ Ⓔ 𝘝𝘐𝘚𝘈. ⚬   CDX
chiuso mercoledì e dal 10 al 18 agosto – Pas carta 33/62000.

XX **La Cabana,** via del Mancino 7/9 ✉ 00187, 𝒫 6791190, Trattoria d'habitués – 🔲. ⚬   EV
chiuso domenica – Pas carta 24/43000.

XX **Da Mario,** via della Vite 55 ✉ 00187, 𝒫 6783818, Rist. con specialità toscane – 🔲. ⒶⒺ 🕄
ⓄⒹ Ⓔ 𝘝𝘐𝘚𝘈   EU
chiuso domenica ed agosto – Pas carta 30/43000.

XX Al Pompiere, via Santa Maria dei Calderari 38 ✉ 00186, 𝒫 6868377   DX
XX **Al 34,** via Mario dè Fiori 34 ✉ 00187, 𝒫 6795091 – 🔲   EU
chiuso lunedì e dal 5 al 29 agosto – Pas carta 30/50000.

X **L'Orso 80,** via dell'Orso 33 ✉ 00186, 𝒫 6864904 – 🔲. ⒶⒺ 🕄 ⓄⒹ Ⓔ 𝘝𝘐𝘚𝘈. ⚬   CDV
chiuso lunedì e dall'8 al 20 agosto – Pas carta 40/58000.

X Al 59-da Giuseppe, via Brunetti 59 ✉ 00186, 𝒫 3619019, Rist. con specialità bolognesi – 🔲
DU

X **Al Moro,** vicolo delle Bollette 13 ✉ 00187, 𝒫 6783495, Trattoria romana, prenotare – 🔲
⚬   EV
chiuso domenica ed agosto – Pas carta 48/73000.

X **Hostaria da Cesare,** via Crescenzio 13 ✉ 00193, 𝒫 6861227, Trattoria-pizzeria con spe
cialità di mare – ⚬❭ 🔲. ⒶⒺ 🕄 ⓄⒹ Ⓔ 𝘝𝘐𝘚𝘈. ⚬   CU
chiuso domenica sera, lunedì, Pasqua, agosto e Natale – Pas carta 39/62000.

X Orfeo-da Cesaretto, vicolo d'Orfeo 20 ✉ 00193, 𝒫 6879269   BU
X **Il Falchetto,** via dei Montecatini 12/14 ✉ 00186, 𝒫 6791160, Trattoria rustica – ⒶⒺ ⓄⒹ 𝘝𝘐𝘚
chiuso venerdì e dal 5 al 20 agosto – Pas carta 29/46000.   EV

X **La Buca di Ripetta,** via di Ripetta 36 ✉ 00186, 𝒫 3619391, Trattoria d'habitués – 🔲. ⚬
chiuso domenica sera, lunedì ed agosto – Pas carta 26/38000.   DU

X **Tritone,** via dei Maroniti 1 ✉ 00187, 𝒫 6798181 – ⒶⒺ 𝘝𝘐𝘚𝘈   EUV
chiuso sabato – Pas carta 27/41000 (10%).

X **Il Buco,** via Sant'Ignazio 8 ✉ 00186, 𝒫 6793298, Rist. con specialità toscane – 🔲. ⒶⒺ
ⓄⒹ 𝘝𝘐𝘚𝘈. ⚬   DV
chiuso lunedì e dal 15 al 31 agosto – Pas carta 30/46000.

X **Il Giardino,** via Zucchelli 29 ✉ 00187, 𝒫 465202 – ⒶⒺ ⓄⒹ 𝘝𝘐𝘚𝘈   EU
chiuso lunedì ed agosto – Pas carta 29/55000.

X **La Tavernetta,** via del Nazareno 3/4 ✉ 00187, 𝒫 6793124 – ⒶⒺ 🕄 ⓄⒹ Ⓔ 𝘝𝘐𝘚𝘈   EU
chiuso lunedì ed agosto – Pas carta 25/42000 (12%).

X **Da Giggetto,** via del Portico d'Ottavia 21/a ✉ 00186, 𝒫 6861105, 🍽, Trattoria tipica co
specialità romane   DX
chiuso lunedì e luglio – Pas carta 28/45000.

✗ Il Matriciano, via dei Gracchi 55 ⊠ 00193 ℰ 3595247, 佘, Rist. d'habitués   BU **a**

✗ **Al Salanova,** via Florida 23 ⊠ 00186 ℰ 6861409 – 🝙 🕃 ⓞ 🗲 ₥₥ ₩   DX **v**
  chiuso lunedì, dal 4 al 20 gennaio e dal 4 al 20 luglio – Pas carta 25/47000 (15%).

✗ **La Sacrestia,** via del Seminario 89 ⊠ 00186 ℰ 6797581, Rist.-pizzeria-soupers, « Caratteristiche decorazioni ». – 🝙 🕃 ⓞ 🗲 ₥₥   DV **p**
  chiuso mercoledì, dal 24 al 26 dicembre e dal 13 al 16 agosto – Pas carta 32/48000 (15%).

✗ **Campana,** vicolo della Campana 18 ⊠ 00186 ℰ 6867820, Trattoria d'habitués – 🗐, 🝙
  ⓞ ₩   DUV **a**
  chiuso lunedì ed agosto – Pas carta 35/48000.

Zona centro est via Vittorio Veneto, via Nazionale, Viminale, Santa Maria Maggiore, Colosseo, Porta Pia, via Nomentana, Stazione Termini, Porta San Giovanni (Pianta : Roma p. 10 e 11, salvo indicazioni speciali) :

🏨🏨🏨 **Le Grand Hotel,** via Vittorio Emanuele Orlando 3 ⊠ 00185 ℰ 4709, Telex 610210, Fax 4747307 – 🛗 🗐 🛏 🕿 🕹 – 🔬 25 a 500. 🝙 🕃 ⓞ 🗲 ₥₥ ₩ rist   GU **t**
  Pas carta 95/130000 – ₪ 25000 – **168 cam** 320/460000 appartamenti 700/1200000.

🏨🏨🏨 **Excelsior,** via Vittorio Veneto 125 ⊠ 00187 ℰ 4708, Telex 610232, Fax 4756205 – 🛗 🗐 🛏
  🕿 🕹 – 🔬 25 a 450. 🝙 🕃 ⓞ 🗲 ₥₥ ₩ rist   FU **b**
  Pas carta 90/120000 – ₪ 25000 – **322 cam** 357/524000 appartamenti 774/1429000.

🏨🏨🏨 **Ambasciatori Palace,** via Vittorio Veneto 70 ⊠ 00187 ℰ 47493, Telex 610241, Fax 6799303 – 🛗 🗐 🛏 🕿 🕹 – 🔬 50 a 200. 🝙 🕃 ⓞ 🗲 ₥₥ ₩ rist   FU **e**
  Pas al Rist. **Grill Bar ABC** carta 57/100000 – ₪ 20000 – **149 cam** 260/350000 appartamenti 450/700000.

🏨🏨 **Bernini Bristol,** piazza Barberini 23 ⊠ 00187 ℰ 463051, Telex 610554, Fax 4824266 – 🛗
  🕪 cam 🗐 🛏 🕿 – 🔬 40 a 120. 🝙 🕃 ⓞ 🗲 ₥₥ ₩   FU **m**
  Pas carta 61/101000 – ₪ 20500 – **125 cam** 340/468000 appartamenti 536/1190000.

🏨🏨 **Jolly Vittorio Veneto,** corso d'Italia 1 ⊠ 00198 ℰ 8495, Telex 612293, Fax 8841104 – 🛗
  🗐 🛏 🕿 🛏 – 🔬 35 a 700. 🝙 🕃 ⓞ 🗲 ₥₥ ₩ rist   FU **k**
  Pas 45000 – **200 cam** ₪ 240/350000 – ½ P 220/285000.

🏨🏨 Mediterraneo, via Cavour 15 ⊠ 00184 ℰ 464051 – 🛗 🗐 🛏 🕿 – 🔬 25 a 120   GV **k**
  272 cam.

🏨🏨 **Regina Carlton,** via Vittorio Veneto 72 ⊠ 00187 ℰ 476851, Telex 620863, Fax 485483 – 🛗
  🕪 cam 🗐 🛏 🝙 🕃 🗲 ₥₥ ₩   FU **e**
  Pas carta 46/95000 – **132 cam** ₪ 280/390000 appartamenti 500/900000.

🏨🏨 **Quirinale,** via Nazionale 7 ⊠ 00184 ℰ 4707, Telex 610332, Fax 4820099, 佘, 🛋 – 🛗
  🕪 cam 🗐 🛏 🕹 – 🔬 250. 🝙 ⓞ 🗲 ₥₥ ₩.   GV **x**
  Pas 35/4500 – **193 cam** ₪ 220/300000 appartamenti 400/650000.

🏨🏨 **Victoria,** via Campania 41 ⊠ 00187 ℰ 473931, Telex 610212, Fax 4941330 – 🛗 🗐 🛏 🕿 🕹.
  🝙 🕃 ⓞ 🗲. ₩ rist   FU **c**
  Pas carta 46/80000 – **110 cam** ₪ 185/295000 – ½ P 220000.

🏨🏨 **Genova** senza rist, via Cavour 33 ⊠ 00184 ℰ 476951, Telex 621599 – 🛗 🗐 🛏 🕿 🕹. 🝙 🕃
  ⓞ ₥₥. ₩   GV **b**
  91 cam ₪ 160/220000.

🏨🏨 **Londra e Cargill,** piazza Sallustio 18 ⊠ 00187 ℰ 473871, Telex 622227 – 🛗 🗐 🛏 🕿 🛏 –
  🔬 25 a 200   GU **k**
  105 cam.

🏨🏨 **Forum,** via Tor de' Conti 25 ⊠ 00184 ℰ 6792446, Telex 622549, Fax 6799337, « Rist. roof-garden con ≤ Fori Imperiali » – 🛗 🗐 🛏 🕿 🛏 – 🔬 100. 🝙 🕃 ⓞ 🗲 ₥₥. ₩
  Pas *(chiuso domenica)* carta 70/123000 – ₪ 25000 – **81 cam** 260/370000 appartamenti 460/630000.   FX **t**

🏨🏨 Massimo D'Azeglio, via Cavour 18 ⊠ 00184 ℰ 460646, Telex 610556 – 🛗 🗐 🛏 🕿 – 🔬 200   GV **s**
  210 cam.

🏨🏨 **Eliseo,** via di Porta Pinciana 30 ⊠ 00187 ℰ 460556, Telex 610693, « Rist. roof-garden con ≤ Villa Borghese » – 🛗 🗐 🛏 🕿 – 🔬 50   FU **r**
  53 cam.

🏨🏨 Pullman Boston, via Lombardia 47 ⊠ 00187 ℰ 473951, Telex 622247 – 🛗 🗐 🛏 🕿 – 🔬 25 a 100   FU **z**
  121 cam.

🏨🏨 **Imperiale,** via Vittorio Veneto 24 ⊠ 00187 ℰ 4756351, Telex 621071 – 🛗 🕪 rist 🗐 🛏 🕿.
  🝙 🕃 ⓞ 🗲 ₥₥. ₩ rist   FU **n**
  Pas 35/2000 – **85 cam** ₪ 220/330000 – ½ P 220/250000.

🏨🏨 **Mondial** senza rist, via Torino 127 ⊠ 00184 ℰ 472861, Telex 612219, Fax 472861 – 🛗 🗐 🛏
  🕿 🛏 – 🔬 25. 🝙 🕃 ⓞ 🗲 ₥₥ ₩   GV **a**
  ₪ 18000 – **77 cam** 170/250000.

🏨🏨 **Napoleon,** piazza Vittorio Emanuele 105 ⊠ 00185 ℰ 737646, Telex 611069 – 🛗 🗐 🛏 – 🔬 25 a 60. 🝙 🕃 ⓞ 🗲 ₥₥. ₩   HX **a**
  Pas *(solo per clienti alloggiati e chiuso a mezzogiorno)* 30000 – **80 cam** ₪ 135/218000 – ½ P 135/161000.

🏨🏨 San Giorgio, senza rist, via Amendola 61 ⊠ 00185 ℰ 4751341 – 🛗 🗐 🛏 🕿   GV **s**
  186 cam.

🏨 **La Residenza** senza rist, via Emilia 22 ⊠ 00187 ℰ 4744480, Fax 485721 – 🛗 🗏 📺 ☎ 🄿. ⋙
FU w
27 cam 🖵 95/170000.

🏨 **Universo**, via Principe Amedeo 5 ⊠ 00185 ℰ 476811, Telex 610342 – 🛗 🗏 📺 ☎ ᵭ – 🛦 25 a 300
GV e
207 cam.

🏨 **Britannia** senza rist, via Napoli 64 ⊠ 00184 ℰ 463153, Telex 611292, Fax 462343 – 🛗 🗏 📺 ☎. 🄰🄴 🕃 ⑩ 🖿 𝘝𝘐𝘚𝘈
GV t
32 cam 🖵 136/216000.

🏨 **Commodore** senza rist, via Torino 1 ⊠ 00184 ℰ 485656, Telex 612170, Fax 6799279 – 🛗 🗏 📺 ☎. 🄰🄴 🕃 ⑩ 🖿 𝘝𝘐𝘚𝘈
GV c
🖵 25000 – **60 cam** 165/250000.

🏨 **Marcella** senza rist, via Flavia 106 ⊠ 00187 ℰ 4746451, Telex 621351, Fax 6799401 – 🛗 🗏 📺 ☎. 🄰🄴 🕃 ⑩ 🖿 𝘝𝘐𝘚𝘈. ⋙
GU r
68 cam 🖵 135/205000.

🏨 **Regency** senza rist, via Romagna 42 ⊠ 00187 ℰ 4819281, Telex 622321, Fax 4746850 – 🛗 🗏 📺 ☎. 🄰🄴 🕃 ⑩ 🖿 𝘝𝘐𝘚𝘈
GU n
51 cam 🖵 180/260000.

🏨 **Sitea** senza rist, via Vittorio Emanuele Orlando 90 ⊠ 00185 ℰ 4827560, Telex 614163, Fax 4817637 – 🛗 ⋙ 🗏 📺 ☎ 🄰🄴 🕃 ⑩ 🖿 𝘝𝘐𝘚𝘈
GU t
37 cam 🖵 145/225000.

🏨 **Siviglia**, senza rist, via Gaeta 12 ⊠ 00185 ℰ 4041195, Telex 612225 – 🛗 ☎
HU k
40 cam.

🏨 **Edera** ॐ senza rist, via Poliziano 75 ⊠ 00184 ℰ 7316341, Telex 621472, Fax 899371, 🚗 – 🛗 📺 ☎ 🄿. 🄰🄴 🕃 ⑩ 🖿 𝘝𝘐𝘚𝘈. ⋙
GY r
48 cam 🖵 125/190000.

🏨 **Milani** senza rist, via Magenta 12 ⊠ 00185 ℰ 4457051, Telex 614356, Fax 492317 – 🛗 📺 ☎. ⋙
HU z
73 cam 🖵 100/145000.

🏨 **Colosseum** senza rist, via Sforza 10 ⊠ 00184 ℰ 4827228, Fax 4827285 – 🛗 ☎. 🄰🄴 🕃 ⑩ 🖿 𝘝𝘐𝘚𝘈
GVX m
50 cam 🖵 92/150000.

🏨 **Diana**, via Principe Amedeo 4 ⊠ 00185 ℰ 4827541, Telex 611198, Fax 486998 – 🛗 🗏 📺 ☎. 🄰🄴 🕃 ⑩ 🖿 𝘝𝘐𝘚𝘈 rist
GV e
Pas (solo per clienti alloggiati) 32000 – **187 cam** 🖵 105/160000 – ½ P 108/133000.

🏨 **Canada** senza rist, via Vicenza 58 ⊠ 00185 ℰ 4957385, Telex 613037, Fax 4450749 – 🛗 🗏 📺 ☎. 🄰🄴 🕃 ⑩ 🖿 𝘝𝘐𝘚𝘈. ⋙
HU e
62 cam 🖵 105/156000.

🏨 **King** senza rist, via Sistina 131 ⊠ 00187 ℰ 4741515, Telex 626246, Fax 491047 – 🛗 🗏 ☎. 🄰🄴 🕃 ⑩ 🖿 𝘝𝘐𝘚𝘈
FU d
75 cam 🖵 120/175000.

🏨 **Nord-Nuova Roma**, senza rist, via Amendola 3 ⊠ 00185 ℰ 465441 – 🛗 🗏 📺 ☎
GV d
156 cam.

🏨 **Galileo** senza rist, via Palestro 33 ⊠ 00185 ℰ 4041205, Telex 623178, Fax 4041208 – 🛗 ⋙ ☎. 🄰🄴 🕃 ⑩ 🖿 𝘝𝘐𝘚𝘈. ⋙
HU a
38 cam 🖵 91/152000.

🏨 **Alpi** senza rist, via Castelfidardo 84/a ⊠ 00185 ℰ 4041242, Telex 611677 – 🛗 📺 ☜. 🄰🄴 🕃 ⑩ 🖿 𝘝𝘐𝘚𝘈
HU s
46 cam 🖵 100/145000.

🏨 **Lux Messe** senza rist, via Volturno 32 ⊠ 00185 ℰ 4741741, Telex 612376 – 🛗 ⋙ 🗏 ☎. 🄰🄴 🕃 ⑩ 🖿 𝘝𝘐𝘚𝘈
GU x
🖵 12000 – **99 cam** 82/126000, 🗏 16000.

🏨 **Ariston** senza rist, via Turati 16 ⊠ 00185 ℰ 7310341, Telex 614479 – 🛗 ⋙ ☎. 🄰🄴 🕃 ⑩ 🖿 𝘝𝘐𝘚𝘈. ⋙
HV f
96 cam 🖵 85/130000.

🏨 **Medici** senza rist, via Flavia 96 ⊠ 00187 ℰ 4744370 – 🛗 ☜. 🄰🄴 🕃 ⑩ 🖿 𝘝𝘐𝘚𝘈. ⋙
GU a
69 cam 🖵 83/140000.

🏨 **Venezia** senza rist, via Varese 18 ⊠ 00185 ℰ 4457101, Telex 616038, Fax 6865078 – 🛗 ☎. 🄰🄴 🕃 ⑩ 🖿 𝘝𝘐𝘚𝘈. ⋙
HU c
59 cam 🖵 100/155000.

🏨 **Centro** senza rist, via Firenze 12 ⊠ 00184 ℰ 464142, Telex 612125, Fax 4741652 – 🛗 🗏 ☎. 🄰🄴 🕃 ⑩ 🖿 𝘝𝘐𝘚𝘈
GV r
36 cam 🖵 125/175000.

🏨 **Igea** senza rist, via Principe Amedeo 97 ⊠ 00185 ℰ 7311212 – 🛗 ☜. ⋙
HV u
🖵 8000 – **42 cam** 60/90000.

🏨 **Alba** senza rist, via Leonina 12 ⊠ 00184 ℰ 484712 – 🛗 ☜. 🄰🄴 🕃 ⑩ 🖿 𝘝𝘐𝘚𝘈
FX v
26 cam 🖵 75/110000.

XXXX ⚙ **Sans Souci,** via Sicilia 20/24 ✉ 00187 ℰ 4821814, Rist. elegante-soupers, prenotare –
▣. ᴬᴱ 🕃 ⓞ 🖹 𝘝𝘐𝘚𝘈 ⬧⬧ FU **p**
chiuso a mezzogiorno e dal 13 agosto al 4 settembre – Pas carta 74/128000 (15%)
Spec. Insalata di astice ed erbe aromatiche all'aceto di lampone, Risotti e soufflé, Agnello pré-salé in crosta
alla salsa di timo. **Vini** Sauvignon, Rubesco.

XXX **Harry's Bar,** via Vittorio Veneto 150 ✉ 00187 ℰ 4745832, Coperti limitati; prenotare –
▣. ᴬᴱ ⓞ. ⬧⬧ FU **a**
chiuso domenica – Pas carta 60/85000.

XX **Piccolo Mondo,** via Aurora 39/d ✉ 00187 ℰ 4814595, Tavernetta elegante – ▣. ᴬᴱ 🕃
ⓞ 🖹 𝘝𝘐𝘚𝘈 ⬧⬧ FU **h**
chiuso domenica e dal 30 luglio al 25 agosto – Pas carta 38/53000.

XX **Coriolano,** via Ancona 14 ✉ 00198 ℰ 861122, Coperti limitati; prenotare – ▣. ᴬᴱ 🕃 ⓞ
🖹 𝘝𝘐𝘚𝘈 HU **g**
chiuso domenica e dal 3 agosto al 2 settembre – Pas carta 73/115000 (15%).

XX **Cesarina,** via Piemonte 109 ✉ 00187 ℰ 460828, Rist. con specialità bolognesi – ▣. ᴬᴱ 🕃
ⓞ 🖹 𝘝𝘐𝘚𝘈 GU **n**
chiuso domenica – Pas carta 34/55000.

XX **Loreto,** via Valenziani 19 ✉ 00187 ℰ 4742454, Rist. con specialità di mare – ▣. ᴬᴱ. ⬧⬧
chiuso domenica e dal 10 al 28 agosto – Pas carta 50/75000. GU **m**

XX Andrea, via Sardegna 28 ✉ 00187 ℰ 493707, Coperti limitati; prenotare – ▣ FU **v**

XX **Girarrosto Toscano,** via Campania 29 ✉ 00187 ℰ 493759, Taverna moderna – ▣. ᴬᴱ 🕃
ⓞ 𝘝𝘐𝘚𝘈 ⬧⬧ FU **v**
chiuso mercoledì – Pas carta 42/70000.

XX **Mario's Hostaria,** piazza del Grillo 9 ✉ 00184 ℰ 6793725, prenotare – ᴬᴱ 🕃 𝘝𝘐𝘚𝘈. ⬧⬧
chiuso domenica – Pas carta 25/60000. FX **e**

XX **Giovanni,** via Marche 64 ✉ 00187 ℰ 493576, Rist. d'habitués – ▣. ᴬᴱ 𝘝𝘐𝘚𝘈 FU **u**
chiuso venerdì sera, sabato ed agosto – Pas carta 41/64000.

XX **Angelino ai Fori,** largo Corrado Ricci 40 ✉ 00184 ℰ 6791121, 🏠 – 🕃 🖹 𝘝𝘐𝘚𝘈. ⬧⬧ FX **u**
chiuso martedì – Pas carta 32/50000.

XX **Bonne Nouvelle,** via del Boschetto 73 ✉ 00184 ℰ 486781, Coperti limitati; prenotare –
▣. ᴬᴱ 🕃 ⓞ 🖹 𝘝𝘐𝘚𝘈 FV **m**
chiuso domenica, agosto e Natale – Pas carta 46/70000 (12%).

XX **Al Chianti,** via Ancona 17 ✉ 00198 ℰ 861083, Trattoria toscana con taverna, prenotare –
▣. ᴬᴱ 🕃 ⓞ 🖹 𝘝𝘐𝘚𝘈 HU **g**
chiuso domenica e dal 6 al 22 agosto – Pas carta 36/56000 (15%).

XX **Dai Toscani,** via Forlì 41 ✉ 00161 ℰ 8831302, Rist. con specialità toscane – ᴬᴱ JU **a**
chiuso domenica ed agosto – Pas carta 42/55000.

XX Mino, via Magenta 48 ✉ 00185 ℰ 4959202, Telex 621357 – ▣ HV **v**

XX **Peppone,** via Emilia 60 ✉ 00187 ℰ 483976 – ▣. ᴬᴱ 🕃 ⓞ 🖹 𝘝𝘐𝘚𝘈. ⬧⬧ FU **g**
chiuso domenica ed agosto – Pas carta 31/57000.

XX **Charly's Saucière,** via di San Giovanni in Laterano 270 ✉ 00184 ℰ 736666, Coperti
limitati; prenotare – ▣. ᴬᴱ 🕃 🖹 𝘝𝘐𝘚𝘈. ⬧⬧ HY **e**
chiuso domenica ed agosto – Pas carta 34/51000.

XX **Grappolo d'Oro,** via Palestro 4/8 ✉ 00185 ℰ 4941441 – ▣. ᴬᴱ 🕃 ⓞ 🖹 𝘝𝘐𝘚𝘈 HU **d**
chiuso domenica ed agosto – Pas carta 32/47000.

XX **Tullio,** via di San Nicola da Tolentino 26 ✉ 00187 ℰ 4818564, Trattoria toscana – ▣. ᴬᴱ
🕃 ⓞ 🖹 𝘝𝘐𝘚𝘈. ⬧⬧ FU **x**
chiuso domenica ed agosto – Pas carta 35/55000.

X **La Taverna,** via Massimo d'Azeglio 3/f ✉ 00184 ℰ 4744305 – ▣. ᴬᴱ 🕃 ⓞ 🖹 𝘝𝘐𝘚𝘈 GV **v**
chiuso venerdì e dal 1° al 26 agosto – Pas carta 22/39000 (12%).

X **Hostaria Costa Balena,** via Messina 5/7 ✉ 00198 ℰ 8417686, Trattoria con specialità di
mare – ▣. ᴬᴱ 🕃 ⓞ 🖹 𝘝𝘐𝘚𝘈. ⬧⬧ HU **b**
chiuso domenica e dal 10 al 29 agosto – Pas carta 27/52000.

X **Crisciotti-al Boschetto,** via del Boschetto 30 ✉ 00184 ℰ 4744770, 🏠 , Trattoria rustica
– ᴬᴱ FV **r**
chiuso sabato ed agosto – Pas carta 24/38000 (12%).

X **Tempio di Bacco,** via Lombardia 36/38 ✉ 00187 ℰ 4814625, « Saletta con affresco
murale » – ▣. ᴬᴱ 🕃 ⓞ 🖹 𝘝𝘐𝘚𝘈 FU **h**
chiuso sabato – Pas carta 31/50000 (16%).

X **Hostaria da Vincenzo,** via Castelfidardo 6 ✉ 00185 ℰ 484596 – ▣. ᴬᴱ 🕃 ⓞ 🖹 𝘝𝘐𝘚𝘈
chiuso domenica, lunedì a mezzogiorno ed agosto – Pas carta 28/45000. GU **c**

X **Cannavota,** piazza San Giovanni in Laterano 20 ✉ 00184 ℰ 775007 – ▣. ᴬᴱ 🕃 ⓞ 🖹 𝘝𝘐𝘚𝘈.
⬧⬧ HY **a**
chiuso mercoledì e dal 1° al 20 agosto – Pas carta 30/51000.

X **Monte Arci,** via Castelfidardo 33 ✉ 00185 ℰ 4941347, Trattoria con specialità sarde – ᴬᴱ
🕃 ⓞ 🖹 𝘝𝘐𝘚𝘈. ⬧⬧ HU **m**
chiuso domenica – Pas carta 22/39000.

X **Colline Emiliane,** via degli Avignonesi 22 ✉ 00187 ℰ 4817538, Rist. con specialità emiliane, prenotare – ▣ FU **s**
chiuso venerdì ed agosto – Pas carta 36/51000.

✗ **Al Bersagliere-da Raffone,** via Ancona 43 ⊠ 00198 ℰ 861003, Rist. rustico caratteristico
  – 🗐, ⒶⒺ ⓸ 𝚅𝙸𝚂𝙰, ⴲ   HU **q**
  chiuso sabato e dal 5 al 20 agosto – Pas carta 32/67000.

✗ **Elettra,** via Principe Amedeo 72 ⊠ 00185 ℰ 4745397, Trattoria d'habitués – ⒶⒺ Ⓢ ⎐ 𝚅𝙸𝚂𝙰
  ⴲ – *chiuso venerdì sera, sabato e dal 5 al 28 agosto* – Pas carta 26/39000.   GHV **F**

✗ **Da Domenico,** via di San Giovanni in Laterano 134 ⊠ 00184 ℰ 734774, Trattoria d'habitués
  – 🗐 – *chiuso lunedì ed agosto* – Pas carta 22/45000.   GY **u**

Zona sud Aventino, Porta San Paolo, Terme di Caracalla, via Appia Nuova (Pianta : Roma
p. 6 e 7)

🏨 **Sant'Anselmo** senza rist, piazza Sant'Anselmo 2 ⊠ 00153 ℰ 5743547, Telex 622812, 🐎
  – ⴲⴲ 🏡, ⒶⒺ Ⓢ 𝚅𝙸𝚂𝙰, ⴲ   DEZ **e**
  45 cam ⚏ 90/145000.

🏨 **Villa San Pio** senza rist, via di Sant'Anselmo 19 ⊠ 00153 ℰ 5755231, 🐎 – 🛗 ⴲⴲ 🏡. ⒶⒺ
  𝚅𝙸𝚂𝙰. ⴲ   DEZ **e**
  59 cam ⚏ 90/145000.

🏨 **Domus Maximi** ⴲ senza rist, via Santa Prisca 11/b ⊠ 00153 ℰ 5782565 – ☎. Ⓢ   EZ **k**
  23 cam ⚏ 76/131000.

✗✗ **Da Severino,** piazza Zama 5/c ⊠ 00183 ℰ 7000872 – 🗐. ⒶⒺ Ⓢ ⓸ 𝚅𝙸𝚂𝙰. ⴲ   JZ **e**
  chiuso domenica sera, lunedì, dal 1° al 28 agosto e dal 24 al 30 dicembre – Pas carta 43/65000.

✗✗ **Apuleius,** via Tempio di Diana 15 ⊠ 00153 ℰ 5742160, « Taverna ispirata allo stile dell'antica
  Roma »   EZ **a**

Zona Trastevere (quartiere tipico) (Pianta : Roma p. 9) :

✗✗ ⴲ **Alberto Ciarla,** piazza San Cosimato 40 ⊠ 00153 ℰ 5818668, Fax 6884377, 🍽, Coperti
  limitati; prenotare – ⒶⒺ Ⓢ ⎐ 𝚅𝙸𝚂𝙰. ⴲ   CY **v**
  chiuso a mezzogiorno, domenica, dal 23 dicembre al 6 gennaio e dal 12 al 28 agosto – Pas
  carta 70/116000
  Spec. Scampi al caviale, Zuppa di pasta e fagioli ai frutti di mare, Panacea calda di pesci e crostacei. Vini
  Velletri bianco.

✗✗ **Corsetti-il Galeone,** piazza San Cosimato 27 ⊠ 00153 ℰ 5816311, Rist. con specialità di
  mare, « Ambiente caratteristico » – 🗐. ⒶⒺ Ⓢ ⓸ ⎐ 𝚅𝙸𝚂𝙰. ⴲ   CY **g**
  chiuso mercoledì – Pas carta 32/58000.

✗✗ **Carlo Menta,** via della Lungaretta 101 ⊠ 00153 ℰ 5803737, Rist. con specialità di mare;
  prenotare – 🗐. ⒶⒺ Ⓢ ⓸ ⎐ 𝚅𝙸𝚂𝙰. ⴲ   CY **r**
  chiuso a mezzogiorno, lunedì, gennaio ed agosto – Pas carta 50/77000 (15%).

✗✗ Sabatini a Santa Maria in Trastevere, piazza di Santa Maria in Trastevere 13 ⊠ 00153
  ℰ 582026, 🍽, Rist. con specialità romane e di mare.   CY **n**

✗✗ **Galeassi,** piazza di Santa Maria in Trastevere 3 ⊠ 00153 ℰ 5803775, 🍽, Rist. con
  specialità romane e di mare – 🗐. ⴲ   CY **r**
  chiuso lunedì e dal 20 dicembre al 20 gennaio – Pas carta 45/63000.

✗✗ Sabatini, vicolo Santa Maria in Trastevere 18 ⊠ 00153 ℰ 5818307, 🍽, Rist. con specialità
  romane e di mare   CY **n**

✗✗ **Checco er Carettiere,** via Benedetta 10 ⊠ 00153 ℰ 5817018, 🍽, Rist. tipico con specialità romane e di mare – 🗐. ⒶⒺ ⓸. ⴲ   CX **u**
  chiuso domenica sera, lunedì e dal 10 agosto al 10 settembre – Pas carta 40/58000.

✗✗ **Pastarellaro,** via di San Crisogono 33 ⊠ 00153 ℰ 5810871, Rist. con specialità romane e
  di mare – 🗐. ⒶⒺ Ⓢ ⓸ ⎐ 𝚅𝙸𝚂𝙰   DY **e**
  chiuso martedì ed agosto – Pas carta 33/49000 (10%).

✗✗ **Taverna Trilussa,** via del Politeama 23 ⊠ 00153 ℰ 5818918, 🍽, Rist. tipico con specialità
  romane – 🗐. ⒶⒺ ⓸ 𝚅𝙸𝚂𝙰   CY **n**
  chiuso domenica sera, lunedì e dal 30 luglio al 28 agosto – Pas carta 26/40000.

✗✗ **Paris,** piazza San Callisto 7/a ⊠ 00153 ℰ 585378 – ⒶⒺ Ⓢ ⓸ ⎐ 𝚅𝙸𝚂𝙰. ⴲ   CY **e**
  chiuso domenica sera, lunedì ed agosto – Pas carta 37/62000.

✗✗ **Er Comparone,** piazza in Piscinula 47 ⊠ 00153 ℰ 5816249, 🍽, Rist. tipico con specialità
  romane – ⴲⴲ 🗐. ⒶⒺ Ⓢ ⓸ 𝚅𝙸𝚂𝙰   DY **v**
  chiuso lunedì e dal 20 dicembre al 1° gennaio – Pas carta 42/57000 (10%).

Dintorni di Roma

sulla strada statale 1 - via Aurelia (Pianta : Roma p. 4) :

🏨 **Jolly Hotel Midas,** via Aurelia al km 8 ⊠ 00165 ℰ 6506, Telex 622821, Fax 6808457, ⤢
  ⴲ, ⴲ – 🛗 🗐 📺 ☎ 👤 🅿 – 🔬 800. ⒶⒺ ⓸ 𝚅𝙸𝚂𝙰. ⴲ   LR **v**
  Pas 30000 – **360 cam** ⚏ 180/270000 appartamenti 600000 – ½ P 210000.

🏨 **Villa Pamphili,** via della Nocetta 105 ⊠ 00164 ℰ 5862, Telex 626539, Fax 6257747,
  ⤢ (coperta d'inverno), 🐎, ⴲ – 🛗 🗐 📺 ☎ 👤 🅿 – 🔬 25 a 500. ⒶⒺ Ⓢ ⓸ ⎐ 𝚅𝙸𝚂𝙰. ⴲ rist
  Pas carta 37/63000 – **253 cam** ⚏ 180/240000.   LR **v**

🏨 **Holiday Inn St. Peter's,** via Aurelia Antica 415 ⊠ 00165 ℰ 5872, Telex 625434, Fax
  6237190, 🐎, ⴲ – 🛗 ⴲⴲ cam 🗐 📺 ☎ 👤 🅿 – 🔬 25 a 300. ⒶⒺ Ⓢ ⓸ ⎐ 𝚅𝙸𝚂𝙰. ⴲ   LR **v**
  Pas carta 50/75000 – ⚏ 15000 – **330 cam** 202/293000.

🏨 **MotelAgip,** via Aurelia al km 8 ⊠ 00165 ℰ 6379001, Telex 613699, Fax 6379001, ⤢ – 🛗 🗐
  📺 ☎ 👤 🅿 – 🔬 25 a 160. ⒶⒺ Ⓢ ⓸ ⎐ 𝚅𝙸𝚂𝙰. ⴲ rist   LR **v**
  Pas 31000 – **222 cam** ⚏ 150/245000 – ½ P 139/187000.

XX **Le Cigalas**, via Madonna del Riposo 36 ⊠ 00165 ℰ 620742, 😋, Rist. con specialità di
mare – 🆎 ⓘ Ɛ. 🛠   LR **x**
chiuso lunedì ed agosto – Pas carta 46/57000 (22%).

XX **La Maieletta**, via Aurelia Antica 270 ⊠ 00165 ℰ 6374957, Rist. tipico con specialità
abruzzesi – **℗**. 🆎 🕃 ⓘ Ɛ 🔤. 🛠   LR **f**
chiuso lunedì – Pas carta 32/52000.

   sulla strada statale 3 - via Flaminia Nuova (Pianta : Roma p. 5) :

XX **La Cuccagna**, via Flaminia al km 16,500 ⊠ 00188 ℰ 6912827, 😋, Rist. di campagna, 🚗
– 🐾 **℗**. 🆎 ⓘ   per ②
chiuso lunedì e dal 10 al 20 agosto – Pas carta 29/43000.

X Ai Due Ponti, via Flaminia 858 ⊠ 00191 ℰ 3288291 – **℗**   MQ **e**

   sulla strada statale 4 - via Salaria (Pianta : Roma p. 5) :

🏨 **Eurogarden** senza rist, raccordo anulare Salaria-Flaminia ⊠ 00138 ℰ 6910117, 🏊, 🚗 –
🔟 ☎ & **℗**. 🆎 ⓘ 🔤. 🛠   MQ **s**
♨ 15000 – **40 cam** 150000.

🏨 **Motel la Giocca**, via Salaria 1223 ⊠ 00138 ℰ 6910755, 🏊 – 🛗 🗐 ☎ 🚗 **℗** – 🔬 30. 🆎
🕃 ⓘ Ɛ 🔤. 🛠   MQ **n**
Pas *(chiuso dall'8 al 28 agosto e le sere di sabato e domenica)* carta 40/80000 (12%) – ♨
12000 – **54 cam** 94/145000. 🗐 10000.

   a Ciampino SE : 15 km NS – ⊠ **00043** :

XX **Da Giacobbe,** via Appia Nuova 1681 ℰ 7240131, 😋, prenotare – 🗐 **℗**. 🆎 ⓘ. 🛠
chiuso lunedì ed agosto – Pas carta 30/48000.   NS **s**

X **Cesarino**, via Romana 70 (S : 2 km) ℰ 6170026, 😋 – **℗**. 🆎 🕃 ⓘ 🔤. 🛠   NS **b**
chiuso martedì – Pas carta 25/43000.

   sulla via Appia Antica (Pianta : Roma p. 5) :

XX Cecilia Metella, via Appia Antica 125/127 ⊠ 00179 ℰ 5136743, 😋, « Giardino ombreggiato » – **℗**   MS **n**

   sulla via Ostiense (Pianta : Roma p. 5) :

XX **Angelino 3 Gatti,** via delle Sette Chiese 68 ⊠ 00145 ℰ 5135272, 😋, Coperti limitati;
prenotare – 🗐. 🆎 🕃 ⓘ Ɛ 🔤. 🛠   MS **g**
chiuso domenica ed agosto – Pas carta 60/90000.

   sulla via Cristoforo Colombo (Pianta : Roma p. 5) :

🏨 **Caravel** senza rist, via Colombo 124/c ⊠ 00147 ℰ 5115046, Fax 5134721 – 🛗 🚗 – 🔬 60.
🛠   MS **w**
100 cam ♨ 95/130000.

   all'E.U.R. Città Giardino (Pianta : Roma p. 5) :

🏨 **Sheraton,** viale del Pattinaggio ⊠ 00144 ℰ 5453, Telex 626073, Fax 5423281, 🏊, 🛠 – 🛗
🗐 🔟 ☎ & 🚗 **℗** – 🔬 25 a 1800. 🆎 🕃 ⓘ Ɛ 🔤. 🛠   MS **a**
Pas carta 51/106000 – **591 cam** ♨ 290/385000 appartamenti 567/1307000.

🏨 **Shangri Là-Corsetti,** viale Algeria 141 ⊠ 00144 ℰ 5916441, Telex 614664, Fax 5146140,
🏊 riscaldata, 🚗 – 🗐 🔟 ☎ & **℗** – 🔬 25 a 80. 🆎 🕃 ⓘ Ɛ 🔤. 🛠   MS **b**
Pas carta 32/57000 – ♨ 12000 – **52 cam** 160/200000 appartamenti 250/350000.

🏨 **Dei Congressi** senza rist, viale Shakespeare 29 ⊠ 00144 ℰ 5926021, Telex 614140, Fax
5911903 – 🛗 🗐 ☎ – 🔬 25 a 300. 🆎 🕃 ⓘ Ɛ 🔤. 🛠   MS **p**
96 cam ♨ 135/200000.

XX **Vecchia America-Corsetti,** piazza Marconi 32 ⊠ 00144 ℰ 5926601, Rist. tipico e birreria
– 🗐. 🆎 🕃 ⓘ Ɛ 🔤   MS **q**
chiuso martedì – Pas carta 40/65000.

   sull'autostrada per Fiumicino in prossimità raccordo anulare (Pianta : Roma p. 4) :

🏨 Holiday Inn-Eur Parco dei Medici, viale Castello della Magliana 65 ⊠ 00148 ℰ 68581, Telex
613302, Fax 6857005, 🏊, 🚗, 🛠 – 🛗 🗐 🔟 ☎ & **℗** – 🔬 160 a 800   LS **r**
324 cam.

   Vedere anche : *Ostia Antica* per ⑦ : 24 km.
                Fiumicino per ⑥ : 28 km.
                Lido di Ostia o di Roma per ⑦ : 31 km.

MICHELIN, via Alberto Pollio 10-Portonaccio (MR Roma p. 5) – ⊠ 00159, ℰ 4382541, Fax **433648**
e via del Trullo 560 (LS Roma p. 4) – ⊠ 00148, ℰ 5232875.

Benutzen Sie für Ihre Ausflugsfahrten in die Nordlombardei und das Aostatal
die gelbe **Michelin-Abschnittskarte**
Nr. 🔲🔟🗿 im Maßstab 1:200 000.

ROMAGNANO SESIA 28078 Novara 988 ②, 219 ⑯ – 4 445 ab. alt. 268 – ☎ 0163.
Roma 650 – Biella 32 – ♦Milano 76 – Novara 30 – Stresa 40 – ♦Torino 94 – Vercelli 37.

✕ **Baiardo** con cam, via Novara 221 (S : 2 km) ☎ 832000, – ▣ ☎ ℗. ⚔
chiuso luglio o agosto – Pas *(chiuso mercoledì)* carta 27/43000 – ☕ 6000 – **9 cam** 45/68000.

ROMANO D'EZZELINO 36060 Vicenza – 11 516 ab. alt. 132 – ☎ 0424.
Roma 547 – Belluno 81 – ♦Milano 238 – ♦Padova 47 – Trento 89 – Treviso 51 – ♦Venezia 80 – Vicenza 39.

✕✕ **Da Giuliano,** N : 1 km ☎ 36478 – ℗. ⚔
chiuso domenica sera, lunedì ed agosto – Pas carta 24/41000.

ROMANO DI LOMBARDIA 24058 Bergamo – 15 112 ab. alt. 120 – ☎ 0363.
Roma 596 – ♦Bergamo 25 – ♦Brescia 47 – Cremona 52 – ♦Milano 53.

⌂ **Mariet,** ☎ 910987 – |♦| ▤ ☎. ⚔ rist
◆ Pas *(chiuso sabato)* carta 20/31000 – ☕ 2000 – **32 cam** 23/33000 – ½ P 39000.

RONCADE 31056 Treviso 988 ⑤ – 11 391 ab. alt. 8 – ☎ 0422.
Roma 543 – ♦Milano 107 – Treviso 13 – ♦Trieste 133 – ♦Venezia 32.

✕ **Al Cacciatore** con cam, via Roma 82 ☎ 707065, – ▤ rist ☎. AE ⊕ ⊙ E VISA. ⚔
chiuso dal 18 luglio al 13 agosto – Pas *(chiuso lunedì sera e martedì)* carta 24/38000 – ☕ 3500 – **15 cam** 25/45000 – ½ P 35/40000.

RONCADELLE Brescia – Vedere Brescia.

RONCEGNO 38050 Trento 988 ④ – 2 263 ab. alt. 505 – a.s. Pasqua e Natale – ☎ 0461.
ℹ piazza de Giovanni 2 ☎ 764028.
Roma 621 – Belluno 83 – ♦Milano 277 – ♦Padova 101 – Trento 33 – ♦Venezia 134.

🏨 **Palace Hotel** ⛰, ☎ 764012, Fax 764500, « Parco ombreggiato con ⛱ », ⛱, ✕ – |♦| ⚔ ☎ ℗ – 🏛 150. ⚔ rist
maggio-ottobre – Pas 38/45000 – ☕ 15000 – **85 cam** 120/180000 – ½ P 110/130000.

RONCHI Massa-Carrara – Vedere Massa (Marina di).

RONCHI DEI LEGIONARI 34077 Gorizia 988 ⑥ – 9 737 ab. alt. 11 – ☎ 0481.
✈ O : 2 km, ☎ 7731.
Roma 639 – Gorizia 22 – ♦Milano 378 – ♦Trieste 31 – Udine 41.

🏨 **Doge Inn,** viale Serenissima 71 ☎ 779401, Fax 474194 – ⚔ rist ▤ ▣ ☎ ♿. AE ⊙ VISA
Pas *(chiuso a mezzogiorno, domenica ed agosto)* carta 27/42000 – ☕ 8000 – **21 cam** 62/90000, ▤ 8000 – ½ P 79/89000.

RONCIGLIONE 01037 Viterbo 988 ㉕ – 7 419 ab. alt. 441 – ☎ 0761.
Vedere Lago di Vico* NO : 2 km.
Dintorni Caprarola : scala elicoidale** della Villa Farnese* NE : 6,5 km.
Roma 54 – Civitavecchia 65 – Terni 80 – Viterbo 21.

sulla via Cimina NE : 2 km :

✕✕ **Il Cardinale,** ✉ 01037 ☎ 626523, – ℗ – 🏛 100. ⊕. ⚔
chiuso lunedì e dal 7 gennaio al 5 febbraio – Pas carta 28/39000.

a Punta del Lago NO : 3 km – ✉ **01037** Ronciglione :

🏨 **Sans Soucis** ⛰, ☎ 612052, ≤, ⛵, – |♦| ☎ ℗. AE ⊙ VISA. ⚔ rist
Pas 25/30000 (10%) – ☕ 9000 – **24 cam** 70/80000 – P 85000.

RONCITELLI Ancona – Vedere Senigallia.

RONCOBELLO 24010 Bergamo – 473 ab. alt. 1 009 – ☎ 0345.
Roma 648 – ♦Bergamo 47 – ♦Milano 89 – San Pellegrino Terme 22.

⌂ **Milano** ⛰, E : 1 km ☎ 84035, ≤ – |♦| 🚗 ℗. ⚔
Pas *(chiuso mercoledì)* 25000 – ☕ 6000 – **31 cam** 24/44000.

RONCOBILACCIO Bologna 988 ⑭⑮ – alt. 710 – ✉ **40031** Baragazza – a.s. luglio-15 settembre – ☎ 0534.
Roma 324 – ♦Bologna 58 – ♦Firenze 50 – ♦Milano 252 – Pistoia 64.

🏨 **Roncobilaccio,** al casello autostrada A1 ☎ 97577, Telex 226163, Fax 97579, ≤ – |♦| ☎ ℗ – 🏛 120. AE ⊕ ⊙ E VISA. ⚔
chiuso da gennaio al 15 febbraio – Pas *(chiuso lunedì)* 25/30000 – ☕ 8000 – **86 cam** 80/120000.

RONCO SOPRA ASCONA 427 ㉔, 219 ⑦ – Vedere Cantone Ticino alla fine dell'elenco alfabetico.

Roma 634 – ◆Bolzano 33 – Merano 43 – ◆Milano 291 – Trento 52.

🏨 **Regina del Bosco-Waldkönigin,** ℰ 81267, ⊠, 🚗 – 🛗 🐕 🅿. ⋙
20 dicembre-aprile e giugno-ottobre – Pas carta 22/34000 – **34 cam** ☂ 30/40000 –
½ P 65/75000.

🏠 **Stella delle Alpi,** ℰ 82151, Fax 7156315, ≤, 🚗 – 🛗 🐕 ♿ 🅿. 🔤 🚾 ⋙
21 dicembre-gennaio e giugno-settembre – Pas *(chiuso lunedì)* carta 22/31000 – ☂ 5000 –
36 cam 42/60000 – ½ P 45/61000.

XX **Orso Grigio,** ℰ 82198 – 🅿. ⏏. ⋙
chiuso martedì e dal 10 gennaio al 10 febbraio – **Pas** carta 27/39000.

RORE Cuneo 📇 ⊘ – Vedere Sampèyre.

Roma 644 – Catanzaro 100 – ◆Cosenza 63 – ◆Reggio di Calabria 67.

🏨 **Vittoria,** ℰ 712041, Fax 712045 – 🛗 🗏 🐕 🚙 🅿 – 🛂 30 a 200. 🔤 🛃 ⏏ 🗉 🚾. ⋙
◆ Pas carta 18/25000 – ☂ 6000 – **68 cam** 45/70000, 🗏 3000 – ½ P 48/50000.

🛈 piazza della Libertà 38 ℰ 8991157.
Roma 214 – ◆Ancona 131 – L'Aquila 99 – Ascoli Piceno 54 – Chieti 51 – ◆Pescara 30 – Teramo 32.

🏨 **Palmarosa,** lungomare Trento 3 ℰ 8941615, 🏖 – 🛗 🐕 🚙 🅿
stagionale – **42 cam**.

🏨 **Bellavista,** lungomare Trento 2 ℰ 8991294, ≤, 🏖, 🚗 – 🛗 🐕 🅿. 🚾 ⋙ rist
giugno-settembre – Pas 24000 – ☂ 8000 – **88 cam** 45/70000 – ½ P 35/64000.

🏠 **Tonino,** via Mazzini 15 ℰ 8993110, 🌇 – 🅿. ⋙ cam
Pasqua-settembre – Pas *(chiuso lunedì)* carta 24/42000 – ☂ 4000 – **20 cam** 28/49000 –
½ P 42/48000.

🏠 **La Tartaruga,** via Marcantonio 3 ℰ 8992188, 🏖 – 🚾. ⋙
◆ *chiuso novembre* – Pas *(chiuso martedì)* carta 18/32000 – ☂ 6000 – **30 cam** 30/60000 –
½ P 45/55000.

XX **Tonino** con cam, via Volturno 11 ℰ 8990274, 🌇 – 🗏 rist 📺. 🚾 ⋙ cam
chiuso dal 15 dicembre al 15 gennaio – Pas *(chiuso lunedì)* carta 28/53000 (10%) – ☂ 4000
– **7 cam** 25/40000 – ½ P 38/45000.

XX **Al Focolare di Bacco,** NE : 3 km ℰ 8941004, ≤ – 🅿. ⋙
chiuso mercoledì e novembre – Pas carta 21/32000.

Roma 294 – Grosseto 107 – ◆Livorno 24 – Siena 104.

🏨 **Elba Hotel** senza rist, via Aurelia 301 ℰ 760915 – 🛗 🗏 📺 ☎ 🅿. 🔤 🛃 ⏏ 🗉 🚾. ⋙
☂ 9000 – **27 cam** 53/75000, 🗏 15000.

🛏 (chiuso martedì) all'Isola Albarella ⊠ 45010 Rosolina ℰ 67124, Telex 434659, E : 16 km.
🛈 piazza Albertin 16 ℰ 664541, Fax 664543.
Roma 493 – ◆Milano 298 – ◆Ravenna 78 – Rovigo 39 – ◆Venezia 67.

a Rosolina Mare NE : 11 km – ⊠ **45010.**
🛈 (giugno-settembre) viale dei Pini 66 ℰ 68012 :

🏨 **Olympia,** ℰ 68057, Fax 68284, « Giardino ombreggiato », 🏖 – 🛗 ☎ 🅿. 🔤 🛃 ⏏ 🗉 🚾.
⋙ rist
10 maggio-settembre – Pas 22000 – ☂ 9000 – **62 cam** 50/70000 – ½ P 40/64000.

🏨 Alexander, ℰ 68047, ⊠, 🏖 – 🛗 ☎ 🅿
stagionale – **64 cam**.

all'isola Albarella E : 16 km – ⊠ **45010 Rosolina** :

🏩 **Golf Hotel** 🐾, ℰ 67373, Telex 434659, Fax 67009, 🌇, « Terrazza-giardino », ⊠, 🏖, ✕,
🛏 – 🛗 🗏 📺 ☎ ♿ 🅿 – 🛂 50
stagionale – **22 cam**.

🏠 Capo Nord 🐾, ℰ 67139, ⊠, 🏖, 🚗, ✕ – 🛗 🗏 🐕 ♿ 🅿
stagionale – **42 cam**.

Segnalateci il vostro parere sui ristoranti che
raccomandiamo, indicateci le loro specialità
ed i vini di produzione locale da essi serviti.

87068 Cosenza 🔟🔟🔟 ㉚ – alt. 35 – 🕒 0983.

Dintorni Rossano : Codex Purpureus★ nel museo Diocesano S : 6,5 km.

Roma 512 – Catanzaro 160 – ♦Cosenza 104 – Crotone 90 – ♦Taranto 163.

🏨 **Europa Lido Palace,** sulla strada statale 106 (N : 1 km) 𝒫 22095, Fax 22096 – 🛗 🗏 📺 🕸
↔ 🚗 🅿. 🅰🅴 🕙 🕕 🅴 𝘝𝘐𝘚𝘈. 🕸
Pas *(chiuso domenica)* 18/25000 – 🛏 8000 – **55 cam** 70/95000, 🗏 5000 – ½ P 80000.

🏨 **Scigliano,** 𝒫 21846 – 🛗 🗏 rist 📺 🕸 🅿. 🅰🅴 🕙 🕕 🅴 𝘝𝘐𝘚𝘈
Pas carta 21/29000 – 🛏 6000 – **36 cam** 45/72000 – ½ P 50/60000.

a Lido Sant'Angelo N : 2 km – ✉ **87068** Rossano Stazione :

🏨 **Murano,** 𝒫 21788, ≼, 🏤, 🎿, 🕸 – 🛗 🅿. 🅰🅴 🕙 🕕 𝘝𝘐𝘚𝘈. 🕸
Pas *(chiuso venerdì)* carta 24/34000 – 🛏 7000 – **37 cam** 50/80000 – ½ P 50/60000.

(RADSBERG) Bolzano – Vedere Dobbiaco.

24037 Bergamo 🔟🔟🔟 ⑩ – 795 ab. alt. 665 – a.s. luglio e agosto – 🕒 035.

Roma 628 – ♦Bergamo 27 – Lecco 40 – ♦Milano 64.

🏨 **Miramonti** 🐎, 𝒫 868000, ≼ – 🛗 🅿. 🅰🅴. 🕸
15 maggio-15 ottobre – Pas *(chiuso mercoledì)* carta 28/44000 – 🛏 3000 – **54 cam** 30/45000
– ½ P 44/48000.

85048 Potenza 🔟🔟🔟 ㉚ – 3 975 ab. alt. 634 – 🕒 0973.

Roma 426 – ♦Cosenza 101 – ♦Napoli 220 – Potenza 165 – ♦Taranto 177.

🏨 **Santa Filomena,** 𝒫 661149 – ☎ 🅿
14 cam

25038 Brescia 🔟🔟🔟 ③ – 13 051 ab. alt. 172 – 🕒 030.

Roma 570 – ♦Bergamo 35 – ♦Brescia 18 – ♦Milano 76.

🍴 ❀ **Tortuga,** via Abate Angelini 10 𝒫 722980, Solo piatti di pesce, « Servizio estivo sotto un pergolato » – 🅰🅴 🕙 🕕 𝘝𝘐𝘚𝘈. 🕸
chiuso domenica sera, lunedì, dal 1° al 15 gennaio, dal 13 al 20 agosto e a mezzogiorno in agosto – Pas carta 42/62000.

46048 Mantova – 7 446 ab. alt. 42 – 🕒 0376.

Roma 483 – ♦Brescia 66 – Mantova 14 – ♦Milano 153 – ♦Verona 31.

🍴 **La Rovere** con cam, 𝒫 694000 – 🅿. 🕸
↔ Pas *(chiuso venerdì)* carta 19/27000 – 🛏 2000 – **7 cam** 22/34000 – P 55000.

38068 Trento 🔟🔟🔟 ④ – 32 951 ab. alt. 212 – a.s. dicembre-aprile – 🕒 0464.

🅱 via Dante 63 𝒫 430363.

Roma 561 – ♦Bolzano 80 – ♦Brescia 129 – ♦Milano 216 – Riva del Garda 22 – Trento 28 – ♦Verona 75 – Vicenza 72.

🏨 **Leon d'Oro** senza rist, via Tacchi 2 𝒫 437333 – 🛗 📺 ☎ 🚗 🅿 – 🔼 70. 🅰🅴 🕙 🕕 🅴
𝘝𝘐𝘚𝘈
52 cam 🛏 75/120000.

🏨 **Rovereto,** corso Rosmini 82 𝒫 435222, Telex 401010, Fax 439644, 🏤 – 🛗 🗏 rist 📺 ☎ 🅿 – 🔼 50. 🅰🅴 🕙 🕕 🅴 𝘝𝘐𝘚𝘈
Pas *(chiuso venerdì e domenica sera)* carta 28/44000 – **49 cam** 🛏 70/110000 – ½ P 85/95000.

🏨 **Flora,** via Abetone 94 𝒫 438333 – 🛗 🕸 cam 📺 ☎ 🕭 🅿. 🅰🅴 🕙 🕕 🅴 𝘝𝘐𝘚𝘈. 🕸 rist
Pas *(chiuso mercoledì)* carta 28/40000 – 🛏 7000 – **33 cam** 80/110000 – ½ P 80/90000.

🏨 **Rialto,** via Carducci 13 𝒫 434599, Telex 340160, Fax 438247 – 🛗 🕸 cam 📺 ☎ 🕭 – 🔼 40. 🅰🅴 🕙 🕕 🅴 𝘝𝘐𝘚𝘈
Pas *(chiuso sabato, domenica sera e dal 1° al 28 agosto)* carta 30/45000 – 🛏 7000 – **62 cam** 60/100000 – ½ P 55/65000.

🍴🍴🍴 ❀ **Al Borgo,** via Garibaldi 13 𝒫 436300, prenotare – 🅰🅴 🕙 🕕 🅴 𝘝𝘐𝘚𝘈. 🕸
chiuso domenica sera, lunedì, dal 1° al 10 febbraio e dal 15 luglio al 15 agosto – Pas carta 51/79000
Spec. Code di scampi con purea di porri, Tortelloni di pesce in salsa di cozze e vongole, Rombo ai finocchi. **Vini** Pinot grigio, Marzemino.

🍴🍴 **Mozart 1769,** via Portici 36/38 𝒫 430727, Coperti limitati; prenotare – 🅰🅴 🕙 🅴 𝘝𝘐𝘚𝘈. 🕸
chiuso martedì, mercoledì a mezzogiorno ed agosto – Pas carta 40/60000.

41030 Modena – alt. 22 – 🕒 059.

Roma 435 – ♦Ferrara 68 – ♦Milano 186 – Modena 28 – Reggio nell'Emilia 37 – ♦Verona 97.

🍴🍴 **Belzebù,** 𝒫 671078, Solo piatti di pesce – 🗏 🕙 🕕 🅴 𝘝𝘐𝘚𝘈. 🕸
chiuso sabato a mezzogiorno e lunedì – Pas carta 42/73000.

oma 638 – ◆Bergamo 37 – ◆Brescia 84 – Edolo 75 – ◆Milano 83.

🏠 **S. Ambroeus**, O : 1 km 𝒫 71228, ☞ – 🅿 – 🍽 200. ⚡ rist
    Pas *(chiuso mercoledi)* carta 23/35000 – 🛏 4500 – **23 cam** 27/40000 – ½ P 46/56000.

    Vedere anche : *Fino del Monte* E : 1 km.

ROVIGO 45100 🅿 🟦 988 ⑤ ⑮ – 52 484 ab. alt. 6 – © 0425.

via Dunant 10 𝒫 361481 – ACI. piazza 20 Settembre 9 𝒫 25833.

oma 457 ④ – ◆Bologna 79 ④ – ◆Ferrara 33 ③ – ◆Milano 285 ① – ◆Padova 41 ① – ◆Venezia 78 ①.

ROVIGO

Popolo	
(Corso del) .... AY, BZ	
Umberto I (Via) .... AY 23	
Vitt. Emanuele II	
(Piazza) .... ABY 24	

ngeli (Via) .... AY 2
latteotti (Piazza G.) .... AY 15

Bedendo (Via N.) .... BY 3
Carducci (Via G.) .... BZ 4
Casalini (Via A.) .... AZ 6
Cavour (Via) .... BZ 7
Fonderia (Via Ponte della) .... BZ 8
Garibaldi (Piazza) .... BY 10
Garibaldi (Via A.) .... BY 12
Grimani (Via M.) .... AY 13
Repubblica (Piazza della) .... AY 16
Ricchieri (Via) .... AY 17
Speroni d. Alvarotti (V.) .... ABZ 19
Trento (Via) .... AZ 21
10 Luglio (Via) .... BYZ 25
20 Settembre (Piazza) .... BY 26

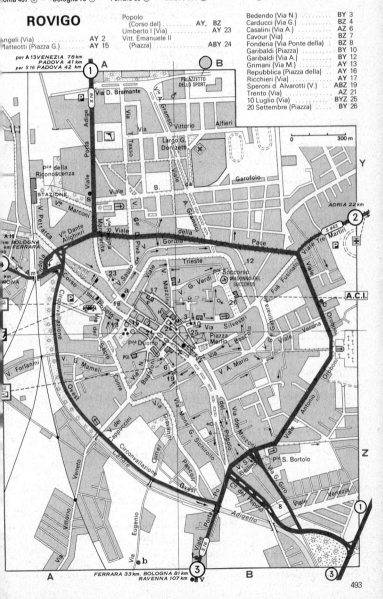

🏠 Corona Ferrea senza rist, via Umberto I n° 21 *&* 26201 – 🛗 🖎 📺 ☎ 👫 🚗 – 🚗 50. 🅰
🗑 ⓪ 🖪 *VISA*　　　　　　　　　　　　　　　　　　　　　　　　　　　　　　　　　　　　　　AY
chiuso agosto – 🗜 7500 – **28 cam** 92/116000, 🖩 4000.

🏠 Europa Palace, viale Porta Po 92 *&* 474797, Fax 474888 – 🛗 🖎 📺 ☎ 🚗 – 🚗 30
200. 🅰🖪 🗑 ⓪ 🖪 *VISA*　　　　　　　　　　　　　　　　　　　　　　　　　　　　　　　　　BZ
Pas *(chiuso domenica sera e lunedì)* carta 26/38000 – 🗜 6000 – **56 cam** 65/90000 –
½ P 65/75000.

🏠 Cristallo, viale Porta Adige 1 *&* 30701, Fax 31083 – 🛗 🖎 📺 ☎ 🄿 – 🚗 200. 🅰🖪 🗑 ⓪ ⊡
VISA　　　AY
Pas *(chiuso venerdì)* carta 30/48000 (15%) – 🗜 8000 – **36 cam** 48/80000 – ½ P 55/65000.

🏠 Granatiere senza rist, corso del Popolo 235 *&* 22301 – 🛗 🖎 📺 🚗. 🅰🖪 🗑 ⓪ 🖪 *VISA*
🗜 6000 – **31 cam** 48/80000, 🖩 8000.　　　　　　　　　　　　　　　　　　　　　　　　　BZ

XX 3 Pini, viale Porta Po 68 *&* 27111 – 🖩 🄿　　　　　　　　　　　　　　　　　　　　　　BZ

XX La Campana, via Eugenio Curiel 23 *&* 27552, �, 🍴 – 🄿. 🅰🖪 *VISA*　　　　　AZ
chiuso martedì ed agosto – Pas carta 24/36000.

X Cauccio con cam, viale Oroboni 50 *&* 31639 – 🄿　　　　　　　　　　　　　　　　　　BY
(chiuso lunedì) carta 24/34000 – 🗜 6000 – **13 cam** 35/47000 – ½ P 50/55000.

Vedere anche : **Pontecchio Polesine** per ③ : 7 km.

ROVIO 🔲 ㉔, 🔲 ⑧ – Vedere Cantone Ticino alla fine dell'elenco alfabetico.

RUBANO 35030 Padova – 12 121 ab. alt. 18 – 🕓 049.
Roma 499 – ♦Milano 224 – ♦Padova 8 – ♦Venezia 48 – ♦Verona 72 – Vicenza 25.

🏛 La Bulesca 🐾, via Fogazzaro 2 *&* 630288, Telex 430402, Fax 8975543, 🌳 – 🛗 🖎 📺 ☎ 🄿
– 🚗 30 a 300. 🅰🖪 🗑 ⓪ 🖪 *VISA* 🐾
Pas *(chiuso domenica)* carta 34/55000 – 🗜 10000 – **59 cam** 70/110000 appartamenti
140/160000 – ½ P 85/95000.

🏛 El Rustego, via Rossi 16 *&* 631466, Fax 631558, 🌳 – 🛗 🖎 📺 👫 – 🚗 60. 🅰🖪 🗑 🖪 *VISA*
Pas vedere rist El Rustego – 🗜 10000 – **41 cam** 68/100000 – ½ P 84/102000.

XX El Rustego, via Rossi 16 *&* 634997 – 🄿. 🅰🖪 *VISA*
chiuso domenica e dal 1° al 20 agosto – Pas carta 31/57000.

a Sarmeola SE : 3 km – ✉ 35030 :

🏠 Le Calandre, strada statale *&* 635200, Fax 635961 – 🛗 🖎 📺 ☎ 🄿. 🅰🖪 🗑 ⓪ 🖪 *VISA*
chiuso dal 23 dicembre al 6 gennaio – Pas vedere rist Le Calandre – 🗜 8000 – **35 cam**
62/90000.

XX Le Calandre, strada statale *&* 630303 – 🖩 🄿. 🅰🖪 🗑 ⓪ 🖪 *VISA*
chiuso lunedì e dal 10 al 24 agosto – Pas carta 35/62000.

RUBIERA 42048 Reggio nell'Emilia 🔲 ⑭ – 9 715 ab. alt. 55 – 🕓 0522.
Roma 415 – ♦Bologna 53 – ♦Milano 162 – Modena 12 – ♦Parma 40 – Reggio nell'Emilia 13.

🏠 Aquila d'Oro, piazza 24 Maggio 3 *&* 62124, Fax 628145 – 🛗 📺 ☎. 🅰🖪 🗑 ⓪ 🖪 *VISA*. 🐾
chiuso Natale, Pasqua ed agosto – Pas vedere rist Arnaldo-Clinica Gastronomica – 🗜
13000 – **36 cam** 55/85000.

XX ⊛ Arnaldo-Clinica Gastronomica, piazza 24 Maggio 3 *&* 62124 – 🅰🖪 🗑 ⓪ 🖪 *VISA*. 🐾
chiuso domenica e lunedì a mezzogiorno – Pas carta 34/52000
Spec. Spugnolata (pasta), Arrosto al Barolo, Faraona all'indiana. Vini Malvasia, Lambrusco.

RUFINA 50068 Firenze – 5 705 ab. alt. 115 – 🕓 055.
Roma 271 – Arezzo 74 – ♦Bologna 120 – ♦Firenze 25 – Forlì 84 – ♦Milano 314 – Siena 109.

🏠 La Speranza-da Grazzini, *&* 839027, 🌳 – 🚗. 🄿 🗑 🖪 *VISA*
⟵ Pas *(chiuso mercoledì e dal 15 al 31 luglio)* carta 17/27000 (10%) – 🗜 4500 – **28 cam**
30/50000 – ½ P 40/44000.

RUMO 38020 Trento – 853 ab. alt. 939 – a.s. Pasqua e Natale – 🕓 0463.
Roma 639 – ♦Bolzano 62 – ♦Milano 300 – Trento 55.

🏠 Du Parc 🐾, località Mocenigo *&* 30179, ≼, 🌳 – ☎ 🄿. 🗑 *VISA*. 🐾
chiuso dal 10 gennaio al 10 febbraio – Pas *(chiuso mercoledì)* carta 22/37000 – 🗜 7500 –
17 cam 45/90000 – ½ P 60/65000.

RUSSI 48026 Ravenna 🔲 ⑮ – 10 934 ab. alt. 13 – 🕓 0544.
Roma 374 – ♦Bologna 67 – Faenza 16 – ♦Ferrara 82 – Forlì 20 – ♦Milano 278 – ♦Ravenna 15.

a Godo NE : 4 km – ✉ 48010 :

X La Barca, *&* 419595, Solo piatti di pesce, Coperti limitti; prenotare – ⟵. 🅰🖪 🗑 ⓪ 🖪 *VISA*.
🐾
chiuso giovedì e dal 10 al 25 luglio – Pas carta 39/60000.

a San Pancrazio SE : 5 km – ✉ 48020 :

X La Cucoma, *&* 534147, Solo piatti di pesce – ⟵ 🄿. 🅰🖪
⟵ *chiuso domenica sera, lunedì e dal 20 luglio al 20 agosto* – Pas carta 20/32000.

UTA Genova – Vedere Camogli.

UTIGLIANO **70017** Bari 988 ㉙ – 16 209 ab. alt. 122 – ☎ 080.
oma 463 – •Bari 19 – •Brindisi 100 – •Taranto 87.

XX **La Locanda,** via Leopardi 71 ✆ 661152, 余 – 🅂 ⓞ E VISA
chiuso martedì e dal 5 al 20 agosto – Pas carta 25/46000.

UTTARS Gorizia – Vedere Dolegna del Collio.

UVO DI PUGLIA **70037** Bari 988 ㉙ – 24 280 ab. alt. 256 – ☎ 080.
edere Cratere di Talos★★ nel museo Archeologico Jatta – Cattedrale★.
oma 441 – •Bari 34 – Barletta 32 – •Foggia 105 – Matera 64 – •Taranto 117.

Pineta ⛰, via Carlo Marx 5 ✆ 811578 – ▤ rist ☎ Ⓟ – 🅰 200. ⓞ. ✂
chiuso novembre – Pas *(chiuso venerdì)* carta 35/45000 – ☕ 8000 – **22 cam** 40/68000 – P 78000.

SABAUDIA **04016** Latina 988 ㉖ – 14 140 ab. – a.s. Pasqua e luglio-agosto – ☎ 0773.
oma 96 – Frosinone 56 – Latina 28 – •Napoli 149 – Terracina 26.

XX **La Pineta,** corso Vittorio Emanuele III ✆ 55053, 余 – AE ⓞ. ✂
chiuso dal 20 dicembre al 20 gennaio e mercoledì escluso luglio-agosto – Pas carta 30/50000 (10%).

sul lungomare SO : 2 km :

Le Dune ⛰, ✉ 04016 ✆ 55551, Telex 680163, Fax 55643, ←, 余, ⛱, ▲, ✂ – 🅂 ☎ Ⓟ – 🅰 80. ✂
aprile-ottobre – Pas 50/69000 – **77 cam** ☕ 90/156000 – ½ P 155/165000.

SABBIONETA **46018** Mantova 988 ⑭ – 4 567 ab. alt. 18 – ☎ 0375.
edere Insieme urbano★ – Teatro Olimpico★ – Chiesa dell'Incoronata★ – Galleria delle Antichità★ nel palazzo del Giardino.
oma 469 – •Bologna 107 – Mantova 34 – •Milano 142 – •Modena 67 – •Parma 28.

Al Duca, ✆ 52474 – AE 🅂 ⓞ E VISA. ✂
chiuso gennaio – Pas *(chiuso lunedì)* carta 26/37000 – ☕ 5000 – **10 cam** 40/60000.

XX **Parco Cappuccini,** a Vigoreto ✆ 52005, « Parco ombreggiato » – ⇔ Ⓟ. AE
chiuso lunedì, mercoledì sera e dal 1° al 25 gennaio – Pas carta 24/48000.

SACCA Parma – Vedere Colorno.

SACRA DI SAN MICHELE ★★★ Torino 988 ⑫, 77 ⑩ – alt. 962.
edere Abbazia★★★ : ←★★★.
oma 702 – Aosta 147 – Briançon 97 – Cuneo 102 – •Milano 174 – •Torino 37.

SACROFANO **00060** Roma – 4 183 ab. alt. 260 – ☎ 06.
Roma 28 – Viterbo 59.

X **Al Grottino,** ✆ 9086263, 余, « Ambiente caratteristico »
chiuso agosto – Pas 35000 bc.

SACRO MONTE Novara 219 ⑥ – Vedere Orta San Giulio.

SACRO MONTE Varese 219 ⑦⑧ – alt. 880 – ☎ 0332.
Roma 641 – Como 35 – Luino 30 – •Milano 64 – Varese 8.

a Prima Cappella S : 2 km – alt. 585 – ✉ **21030** Santa Maria del Monte :

XX **La Samaritana** ⛰ con cam, ✆ 225035, ←, 余 – AE VISA. ✂
chiuso dall'8 al 23 novembre – Pas *(chiuso lunedì)* carta 30/51000 – ☕ 5000 – **8 cam** 45/60000 – P 75000.

SAGNO 219 ⑧ – Vedere Cantone Ticino alla fine dell'elenco alfabetico.

SAINT BARTHÉLEMY Aosta 219 ③ – Vedere Nus.

SAINT-CHRISTOPHE **11020** Aosta 219 ②, 74 ⑳ – 2 462 ab. alt. 700 – ☎ 0165.
Roma 744 – Aosta 4 – Colle del Gran San Bernardo 36 – •Milano 182 – •Torino 111.

XX **Sanson,** ✆ 541410, prenotare – Ⓟ. VISA. ✂
chiuso mercoledì – Pas carta 30/52000.

XX **Casale,** ✆ 541203 – Ⓟ. AE 🅂 ⓞ E VISA
chiuso lunedì – Pas carta 30/50000.

sulla strada statale 26 SE : 1,5 km

Hotelalp senza rist, ✉ 11100 Aosta ✆ 40007, ←, 余 – ☎ ♿ Ⓟ. AE VISA
chiuso novembre – ☕ 6000 – **52 cam** 55/85000.

SAINT-NICOLAS 11010 Aosta 219 ②⑫ – 266 ab. alt. (frazione Fossaz) 1 196 – a.s. lug e agosto – ✆ 0165.

Roma 764 – Aosta 17 – Courmayeur 36 – ◆Milano 202 – Colle del Piccolo San Bernardo 54.

🏠 **Saint Nicolas** ॐ, ✆ 98824, ≤ monti e vallate, 🚗 –
  20 giugno-settembre – Pas carta 24/42000 – ☲ 5500 – **22 cam** 40/63000 – ½ P 50/60000.

SAINT-VINCENT 11027 Aosta 988 ②, 219 ③④ – 4 792 ab. alt. 575 – Stazione terma (maggio-ottobre), a.s. 15 giugno-settembre e Natale – ✆ 0166 – 🛈 via Roma 52 ✆ 2239.

Roma 722 – Aosta 29 – Colle del Gran San Bernardo 61 – Ivrea 46 – ◆Milano 159 – ◆Torino 88 – Vercelli 97.

🏨 **Gd H. Billia**, viale Piemonte 18 ✆ 3446, Telex 212144, Fax 201799, ≤, « Parco ombreggia con ⤓ riscaldata », ℅ – 🛗 🗐 rist 📺 ☎ ఈ 🅿 – 🔏 50 a 500. ﷼ 🕃 ⓞ 🕒 🖾 ⅙ rist
  Pas carta 50/90000 – ☲ 16000 – **250 cam** 190/270000 appartamenti 550000 – ½ P 210000.

🏠 **Elena** senza rist, piazza Monte Zerbion ✆ 2140 – 🛗 📺 ☎. ﷼ 🕃 🕒 🖾 ⅙
  chiuso novembre – ☲ 7000 – **48 cam** 53/85000.

🏠 **Haiti** senza rist, via Chanoux 19 ✆ 2114 – 📺 🕿 🚗. ﷼ 🖾 ⅙
  chiuso dal 15 gennaio al 15 febbraio – ☲ 7000 – **25 cam** 50/70000.

🏠 **Posta**, piazza 28 Aprile ✆ 2250 – 🛗 📺 🕿. ⅙
  Pas *(chiuso giovedì)* 26000 – ☲ 7000 – **39 cam** 50/80000 – ½ P 76000.

🏠 **Bijou** senza rist, piazza Vittorio Veneto ✆ 2770 – 🛗 🕿. ⅙
  ☲ 7000 – **30 cam** 41/68000.

🏠 **Leon d'Oro**, via Chanoux 26 ✆ 2202, 🚗 – ☎ 🅿. ﷼ 🕃 🕒 🖾 ⅙ rist
  Pas 22/25000 – ☲ 6000 – **50 cam** 40/60000 – ½ P 50/55000.

XXX ✿ **Nuovo Batezar-da Renato**, via Marconi 1 ✆ 3164, prenotare – 🗐. ﷼ 🕃 ⓞ 🕒 🖾
  chiuso a mezzogiorno (escluso sabato, domenica e i giorni festivi), mercoledì, dal 20 febbra al 10 marzo e dal 10 al 24 dicembre – Pas carta 60/97000
  Spec. Mosaico di antipasti, Gnocchetti ai pinoli, Filetti di coniglio con fiori di zucchine. **Vini** Morgex, Torrette.

XX **Le Grenier,** piazza Monte Zerbion 1 ℘ 2224, « Ambiente tipico » – 𝔸𝔼 ⑤ ⓞ 𝙴 𝗩𝗜𝗦𝗔
chiuso lunedì a mezzogiorno, martedì, dal 6 al 26 gennaio e dal 6 al 26 luglio – Pas
carta 46/65000.

XX **I Due Nani,** via Roma 30 ℘ 3407 – 𝔸𝔼 ⑤ ⓞ 𝗩𝗜𝗦𝗔
chiuso lunedì, martedì a mezzogiorno (escluso luglio-agosto) e novembre – Pas
carta 31/59000.

a Salirod SE : 8 km – alt. 1 090 – ⊠ **11027** Saint Vincent :

XX **Da Ezio,** ℘ 2322 – 𝒮𝒮
chiuso martedì sera e mercoledì – Pas carta 25/35000.

SALA BAGANZA 43038 Parma – 3 945 ab. alt. 162 – ✿ 0521.

Dintorni Torrechiara★ : affreschi★ e ≼★ dalla terrazza del Castello SE : 10 km.

🏌 La Rocca (chiuso gennaio, febbraio e lunedì) ℘ 834037.

Roma 472 – ◆Milano 136 – ◆Parma 14 – ◆La Spezia 105.

XX **Da Eletta,** ℘ 833304, prenotare – ❶ 𝗩𝗜𝗦𝗔
chiuso a mezzogiorno (escluso i giorni festivi), lunedì, martedì e dal 16 luglio al 24 agosto –
Pas carta 35/43000.

XX **I Pifferi,** E : 1 km ℘ 833243, « Servizio estivo all'aperto » – ❶. 𝒮𝒮
chiuso lunedì e dal 6 al 31 gennaio – Pas carta 38/54000.

SALA COMACINA 22010 Como ②①⑨ ⑨ – 582 ab. alt. 213 – ✿ 0344.

Roma 649 – Como 24 – ◆Lugano 39 – Menaggio 11 – ◆Milano 72.

X **Taverna Blu,** ℘ 55107, « Servizio estivo in giardino con ≼ » – ❶
chiuso martedì e settembre – Pas 35/40000 bc.

Vedere anche : *Isola Comacina* E : 5 mn di barca.

Luciani (Piazza M.)	A 17
Plebiscito (Largo)	B 19
Portacatena (Via)	A 20
Porta di Mare (Via)	A 21
Porta Rotese (Piazza)	B 23
Principati (Via dei)	BC 24
S. Eremita (Via)	B 25

S. Francesco d'Assisi (Piazza)	C 27
S. Tommaso d'Aquino (Largo)	B 28
Sedile del Campo (Piazza)	A 29
Sedile di Pta Nuova (Piazza)	B 31
Sorgente (Via Camillo)	B 32
Umberto 1º (Piazza)	A 33
24 Maggio (Piazza)	B 35

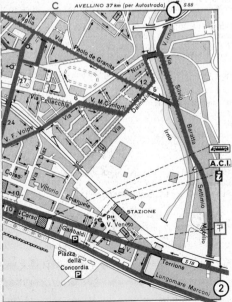

SALA CONSILINA 84036 Salerno ⑨⑧⑧ ㉘ – 12 756 ab. alt. 614 – ✿ 0975.

Roma 350 – Castrovillari 104 – ◆Napoli 144 – Potenza 64 – Salerno 93.

sulla strada statale 19 SE : 3 km :

🏠 **La Pergola,** ⊠ 84030 Trinità ℘ 45054 – 📶 🚗 ❶ ⓞ
Pas carta 17/24000 (15%) – 🛏 6000 – **28 cam** 24/38000 – ½ P 38/40000.

SALE MARASINO 25057 Brescia – 3 081 ab. alt. 194 – a.s. Pasqua e luglio-15 settembre – ✿ 030 – Roma 589 – ◆Bergamo 47 – ◆Brescia 31 – Iseo 8 – ◆Milano 88 – ◆Verona 104.

XX **La Posada** con cam, ℘ 986181, ≼, 🏠, 🚗 – 🚗 ❶. 𝔸𝔼 ⑤ ⓞ 𝙴 𝗩𝗜𝗦𝗔. 𝒮𝒮 rist
chiuso gennaio – Pas *(chiuso lunedì)* carta 23/39000 – 🛏 5000 – **13 cam** 45/60000 – ½ P 49000.

SALERNO 84100 🄿 ⑨⑧⑧ ㉗㉘ – 153 091 ab. – ✿ 089.

Vedere Duomo★★ – Via Mercanti★ – Lungomare Trieste★. Escursioni Costiera Amalfitana★★★.

🅱 piazza Ferrovia o Vittorio Veneto ℘ 231432 – piazza Amendola 8 ℘ 224744 – **A.C.I.** via Giacinto Vicinanza 11 ℘ 232339.

Roma 263 ④ – ◆Foggia 154 ① – ◆Napoli 56 ④.

🏨 **Lloyd's Baia,** strada statale ✆ 210145, Telex 770043, Fax 210186, ≤ golfo di Salerno Ascensore per la spiaggia, ⃫, 🐾, 🐎 – 🛗 🖭 🕾 🖂 🅿 – 🔬 30 a 250. 🖭 🕄 ⑩ 🗲 𝖵𝖨𝖲𝖠, 🕸 rist
3 km per ③
Pas 40000 – **120 cam** ☲ 120/175000 – ½ P 121/153000.

🏨 **Jolly,** lungomare Trieste 1 ✆ 225222, Telex 770050, Fax 237571, ≤ – 🛗 🖭 🖭 🕾 🅿 – 🔬
➤ 80. 🖭 🕄 ⑩ 🗲 𝖵𝖨𝖲𝖠, 🕸 rist
A a
Pas 18000 – **105 cam** ☲ 130/170000 – ½ P 103/148000.

🏨 **Plaza** senza rist, piazza Ferrovia o Vittorio Veneto ✆ 224477 – 🛗 🖭 🕾. 🖭 🕄 ⑩ 🗲 𝖵𝖨𝖲𝖠
🕸
C e
☲ 10000 – **42 cam** 48/78000, 🖿 13000.

🏨 **Fiorenza** senza rist, a Mercatello via Trento 145 ✆ 751160, Fax 751924 – 🖿 cam 🖭 🕾 –
🔬 100. 🖭 🕄 ⑩ 🗲 𝖵𝖨𝖲𝖠
per ②
☲ 9000 – **30 cam** 50/80000, 🖿 12000.

🏨 **Montestella** senza rist, corso Vittorio Emanuele 156 ✆ 225122 – 🛗 🖕 🖭 🕾 🖕. 🖭 🕄 🗲
𝖵𝖨𝖲𝖠, 🕸
B s
☲ 10000 – **51 cam** 55/89000.

🍴🍴 **Nicola dei Principati,** corso Garibaldi 201 ✆ 225435 – 🖿. 🖭 🕄 ⑩ 𝖵𝖨𝖲𝖠
B u
chiuso lunedì – Pas carta 25/36000 (10%).

🍴🍴 **La Brace,** lungomare Trieste 11 ✆ 225159 – 🖕 🖿 🖭. 🖭 🕄 ⑩ 🗲 𝖵𝖨𝖲𝖠
A g
chiuso domenica e dal 20 al 31 dicembre – Pas carta 27/35000 (15%).

🍴 **Fusto d'Oro,** via Fieravecchia 29 ✆ 224685 – 🖕 🖿 🖭 🕄 ⑩. 🕸
B x
chiuso mercoledì e dal 12 al 24 agosto – Pas carta 26/44000.

SALGAREDA 31040 Treviso – 4 603 ab. alt. 7 – ✆ 0422.
Roma 560 – ♦Milano 299 – Pordenone 38 – Treviso 22 – ♦Venezia 49.

🍴🍴 **Alle Marcandole,** via Argine Piave ✆ 747026 – 🅿. 🖭. 🕸
chiuso giovedì – Pas carta 21/40000.

SALICE TERME 27056 Pavia 𝟵𝟴𝟴 ⑬ – alt. 171 – Stazione termale (marzo-dicembre) – ✆ 0383.
🖪 via Marconi 8 ✆ 91207.
Roma 583 – Alessandria 37 – ♦Genova 89 – ♦Milano 73 – Pavia 41.

🏨 **President Hotel Terme** 🖕, via Enrico Fermi ✆ 91941, Telex 351288, Fax 92342, 🐟, ⃫,
🐾 – 🛗 🖿 cam 🖭 🕾 🅿 – 🔬 40 a 350. 🖭 🕄 ⑩ 🗲 𝖵𝖨𝖲𝖠, 🕸
Pas 29/35000 – ☲ 10000 – **122 cam** 94/120000 appartamenti 214/240000 – ½ P 98/108000.

🏨 **Ligure,** via Gennaro 1 ✆ 91305, ⃫, 🐾 – 🛗 🖿 rist 🕾 🅿 🖭 🕄 ⑩ 𝖵𝖨𝖲𝖠, 🕸 rist
aprile-ottobre – Pas 30/47000 – ☲ 6000 – **28 cam** 55/75000 – ½ P 65/70000.

🏨 **Roby,** via Cesare Battisti 15 ✆ 91323 – 🅿. 🕸 rist
➤ aprile-ottobre – Pas (chiuso mercoledì) carta 18/26000 – ☲ 3000 – **23 cam** 30/45000 –
½ P 38000.

🍴🍴🍴 **Il Caminetto,** via Cesare Battisti 11 ✆ 91391, 🎄 – 🖿 🅿. 🖭 🕄 ⑩ 🗲 𝖵𝖨𝖲𝖠, 🕸
chiuso lunedì e dal 4 al 28 gennaio – Pas carta 45/55000.

🍴🍴 **Guado,** viale delle Terme 57 ✆ 91223, 🎄 – 🖭 🕄 ⑩ 𝖵𝖨𝖲𝖠, 🕸
chiuso mercoledì e dal 15 gennaio al 15 febbraio – Pas carta 31/44000.

SALINA (Isola) Messina 𝟵𝟴𝟴 ㊱㊲㊳ – Vedere Sicilia (Eolie, isole) alla fine dell'elenco alfabetico.

SALINE IONICHE 89060 Reggio di Calabria – ✆ 0965.
Roma 728 – Catanzaro 184 – ♦Reggio di Calabria 23.

🍴 **La Lanterna,** ✆ 782241 – 🕄
➤ chiuso lunedì e novembre – Pas carta 20/25000.

SALIROD Aosta – Vedere Saint Vincent.

SALÒ 25087 Brescia 𝟵𝟴𝟴 ④ – 10 190 ab. alt. 75 – a.s. Pasqua e luglio-15 settembre – ✆ 0365.
Vedere Lago di Garda★★★ – Polittico★ nel Duomo.
🖪₈ e 🖪₉ Gardagolf (chiuso lunedì) a Soiano del Lago ⊠ 25080 t° 67470, N : 12 km.
🖪 lungolago Zanardelli 39 ✆ 21423.
Roma 548 – ♦Bergamo 85 – ♦Brescia 31 – ♦Milano 126 – Trento 94 – ♦Venezia 173 – ♦Verona 63.

🏨 **Laurin,** ✆ 22022, Telex 303342, Fax 22382, 🎄, « Giardino con ⃫ » – 🛗 🕾 🅿 – 🔬 25 a
35. 🖭 🕄 ⑩ 🗲 𝖵𝖨𝖲𝖠, 🕸 rist
chiuso dal 20 dicembre al 20 gennaio – Pas carta 60/75000 – ☲ 15000 – **35 cam** 105/165000
– ½ P 125/145000.

🏨 **Duomo,** ✆ 21026, Fax 21028, ≤, 🎄 – 🛗 🖿 cam 🖭 🕾 🖂 🅿 – 🔬 30. 🖭 🕄 ⑩ 🗲 𝖵𝖨𝖲𝖠,
🕸 rist
Pas (chiuso lunedì, martedì a mezzogiorno e dal 10 novembre al 4 dicembre) carta 42/72000
– ☲ 15000 – **22 cam** 80/120000 – ½ P 135000.

🏨 **Vigna,** ✆ 520141, ≤ – 🛗 🖿 rist 🕾. 🕄 ⑩ 🗲 𝖵𝖨𝖲𝖠, 🕸 rist
chiuso gennaio – Pas carta 40/50000 – ☲ 6000 – **22 cam** 43/67000 – ½ P 62000.

✗ **Antica Trattoria da Nando,** località Campoverde ✆ 40027, Fax 40027, 🦌 – 🅿 ✗
chiuso martedì e gennaio – Pas carta 23/32000.

✗ **Alla Campagnola,** ✆ 22153 – 🅰🅴 🕼 🇪 VISA ✗
chiuso lunedì, martedì a mezzogiorno e gennaio – Pas carta 27/48000.

a Barbarano NE : 2,5 km verso Gardone Riviera – ✉ **25087** Salò :

🏨 **Spiaggia d'Oro** ⬙, ✆ 20764, Fax 20770, ≤, 🌲, « Giardino sul lago con 🏊 » – 🛗 🔲 📺
☎ ♿ 🅰🅴 🕼 🕦 🇪 VISA ✗ rist
Pas 32/45000 – **39 cam** 🖙 120/210000, 🛏 8000 – ½ P 130/150000.

🏠 **Barbarano al Lago** ⬙ senza rist, ✆ 20324, ≤, « Piccolo parco ombreggiato », 🏊 – 🅿
VISA
10 maggio-6 ottobre – 🖙 8000 – **16 cam** 48/92000.

🏠 **Barbarano Galeazzi,** ✆ 20256, 🦌 – 🛗 🅿 VISA ✗ rist
20 aprile-8 ottobre – Pas carta 26/39000 – 🖙 8000 – **35 cam** 48/82000 – ½ P 54/67000.

Vedere anche : *Gardone Riviera* NE : 3,5 km.
San Felice del Benaco SE : 7 km.

SALSOMAGGIORE TERME 43039 Parma 9⃞8⃞8⃞ ③⃞⑭⃞ – 17 644 ab. alt. 160 – Stazione termale, a.s.
agosto-ottobre – ✪ 0524.

🛈 viale Romagnosi 7 ✆ 78265, Telex 530104.
Roma 488 ① – Cremona 57 ① – ◆Milano 113 ① – ◆Parma 33 ① – Piacenza 52 ① – ◆La Spezia 128 ①.

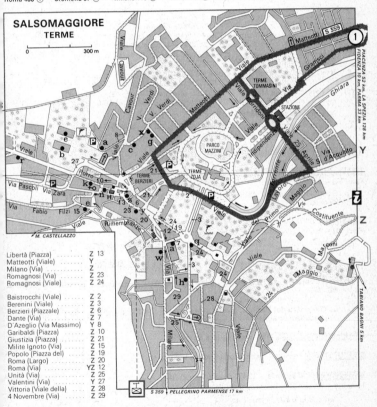

🏨🏨🏨 **Gd H. et de Milan,** via Dante 1 ✆ 572241, Telex 530370, « Piccolo parco ombreggiato con
🏊 », ♨, 🛗 ✓✗ cam 🛏 cam 📺 ☎ 🅿 – 🔏 80, 🅰🅴 🕼 🕦 🇪 VISA ✗ rist   Z a
aprile-novembre – Pas 55/65000 – 🖙 16000 – **112 cam** 150/200000 appartamenti 250/300000
– ½ P 170/230000.

🏨🏨 **Porro** ⬙, viale Porro 10 ✆ 78221, « Parco ombreggiato », ♨ – 🛗 🛏 rist 📺 ☎ 🅿   Y b
82 cam.

499

🏨 **Daniel,** via Massimo D'Azeglio 8 ☎ 572341, 🛋 – ▮ 🗐 cam 📺 ☎ 🅿 AE ⑩ , ⚘ rist
10 aprile-10 novembre – Pas 35000 – ⊑ 13000 – **36 cam** 55/95000 – ½ P 70/80000. Y a

🏨 **Valentini** ⭒, viale Porro 10 ☎ 78251, « Parco ombreggiato », ⚘ – ▮ 🗐 rist 🅿 – 🏛 200
stagionale – **126 cam.** Y e

🏨 **Excelsior,** viale Berenini 3 ☎ 70641, Fax 70641, 🔲 – ▮ 🗐 cam 📺 ☎ 🅿 – 🏛 30 a 40
▦ *15 aprile-8 novembre* – Pas 35000 – **63 cam** ⊑ 75/125000. Z

🏨 **Tiffany's,** viale Berenini 1 ☎ 77540, Fax 70055 – ▮ 🗐 📺 ☎ 🅿 🗐 ⑩ E ▦ , ⚘ rist
aprile-novembre – Pas 28/35000 – **30 cam** ⊑ 75/115000 – ½ P 70/90000. Z c

🏨 **Roma,** via Mascagni 10 ☎ 573371 – ▮ 🗐 📺 ☎ 🅿 🗐 ⑩ E ▦ , ⚘ rist
aprile-novembre – Pas 30/35000 – ⊑ 10000 – **33 cam** 60/80000 – ½ P 66/76000. Y x

🏨 **Cristallo,** via Rossini 1 ☎ 77241 – ▮ 🗐 rist 📺 ☎ 🅿 AE 🗐 ⑩ E ▦ , ⚘ rist Y g
aprile-novembre – Pas 30/35000 – **59 cam** ⊑ 68/105000 – ½ P 70/90000.

🏨 **Ritz,** via Milite Ignoto 5 ☎ 77744 – ▮ ⚘ cam 🅿 🗐 , ⚘
aprile-novembre – Pas 29/33000 – ⊑ 9000 – **27 cam** 62/70000 – ½ P 71000. Z e

🏨 **De la Ville,** piazza Garibaldi 1 ☎ 573526 – ▮ 🕮 🗐 E ▦ , ⚘ rist Z n
➜ *15 aprile-15 novembre* – Pas 20/24000 – ⊑ 6000 – **40 cam** 41/59000 – ½ P 60/63000.

🏨 **Villa Fiorita,** via Milano 2 ☎ 77841, 🛋 – ▮ ☎ 🅿 , ⚘ rist Z w
25 aprile-ottobre – Pas 25/35000 – ⊑ 6000 – **43 cam** 40/65000 – ½ P 50/64000.

🏨 **Suisse,** viale Porro 5 ☎ 79077, 🛋 – ▮ 🕮 🅿 🗐 E ▦ , ⚘ Z k
20 marzo-15 novembre – Pas *(chiuso martedì)* 24/26000 – ⊑ 6000 – **23 cam** 43/64000 –
½ P 63000.

🏨 **Panda,** via Mascagni 6 ☎ 79448 – ▮ 🕮 ⟵ 🅿 Y c
aprile-novembre – Pas 21/23000 – ⊑ 6000 – **27 cam** 45/65000 – ½ P 58/65000.

🏨 **Brescia,** via Romagnosi 1 ☎ 573517 – ▮ 🕮 AE 🗐 ⑩ E ▦ , ⚘ Z s
aprile-novembre – Pas 22/25000 – ⊑ 7000 – **32 cam** 38/58000 – ½ P 58000.

🏨 **Peracchi,** via Romagnosi 8 ☎ 571406, 🛋 – 🕮 AE 🗐 ⑩ E ▦ , ⚘ rist Z y
marzo-novembre – Pas 28000 – ⊑ 6000 – **31 cam** 40/65000.

🏨 **Rex,** viale Porro 37 ☎ 71281 (prenderà il 574381) – ▮ ⚘ rist ☎ 🅿 , ⚘ Y r
15 marzo-15 novembre – Pas 23/25000 – ⊑ 5000 – **27 cam** 35/50000 – ½ P 51/55000.

🍴🍴🍴 **Al Tartufo,** viale Marconi 30 ☎ 573696, prenotare, ⟵ – 🅿 AE 🗐 ⑩ E ▦ Z t
chiuso lunedì e dal 15 gennaio al 15 febbraio – Pas carta 40/61000.

sulla strada statale 359 NE : 3 km :

🍴🍴 **Vecchio Parco,** ✉ 43039 ☎ 573492, 🛋 – 🅿 AE 🗐 ⑩ E ▦ , ⚘
chiuso martedì e gennaio – Pas carta 31/51000.

SALTINO Firenze – Vedere Vallombrosa.

SALUGGIA 13040 Vercelli ⑨⑧⑧ ⑫ – 4 053 ab. alt. 194 – ✪ 0161.
Roma 678 – Asti 55 – ◆Milano 113 – ◆Torino 39 – Vercelli 40.

🍴🍴 **Quarello,** con cam, ☎ 48151 – 🗐 rist 📺 ☎
25 cam.

SALUZZO 12037 Cuneo ⑨⑧⑧ ⑫ – 16 378 ab. alt. 395 – ✪ 0175.
Roma 662 – Asti 76 – Cuneo 32 – ◆Milano 202 – Sestriere 86 – ◆Torino 52.

🏨 **Astor** senza rist, piazza Garibaldi 39 ☎ 45506 – ▮ 🕮 AE 🗐 ⑩ E ▦
⊑ 7000 – **26 cam** 50/80000.

🍴🍴 **Corona Grossa,** via Silvio Pellico 3 ☎ 45384 – 🏛 30. AE 🗐 E ▦
chiuso lunedì sera, martedì e luglio – Pas carta 23/41000.

🍴🍴 **La Taverna di Porti Scür,** via Volta 14 ☎ 41961, Coperti limitati; prenotare – 🗐 ⑩ E
▦ , ⚘
chiuso lunedì – Pas carta 30/48000 (10%).

🍴🍴 **La Gargotta del Pellico,** piazzetta Mondagli 5 ☎ 46833, prenotare – AE 🗐 ⑩ E ▦
chiuso lunedì ed agosto – Pas carta 30/50000 (10%).

SALVAROLA TERME Modena – Vedere Sassuolo.

SALVAROSA Treviso – Vedere Castelfranco Veneto.

SALZANO 30030 Venezia – 10 472 ab. alt. 11 – ✪ 041.
Roma 520 – ◆Padova 29 – Treviso 34 – ◆Venezia 23.

verso Noale NO : 4 km :

🍴 **Da Flavio e Fabrizio,** ✉ 30030 ☎ 440645 – 🅿 AE 🗐 ▦ , ⚘
chiuso lunedì e dal 10 al 20 agosto – Pas carta 25/41000.

SAMBUCA Firenze – Vedere Tavarnelle Val di Pesa.

SAMMOMMÈ Pistoia – Vedere Pistoia.

SAMPÈYRE 12020 Cuneo 🔢 ㉘ – 1 488 ab. alt. 976 – a.s. luglio-agosto e Natale – ✆ 0175.

Roma 680 – Cuneo 51 – ✦Milano 238 – ✦Torino 88.

    a Rore E : 3 km – alt. 883 – ✉ 12020 :

✗ **Degli Amici** con cam, ☏ 96119, ≤ – ❀
➡ Pas *(chiuso giovedì escluso luglio e agosto)* carta 19/25000 – ☲ 4000 – **11 cam** 28/38000 – ½ P 30/35000.

SAN BARTOLOMEO AL MARE 18016 Imperia – 2 908 ab. – ✆ 0183.

🛈 via Aurelia 115 ☏ 400200 – Roma 606 – ✦Genova 107 – Imperia 11 – ✦Milano 231 – San Remo 34.

🏨 **Bergamo**, ☏ 400060, ☰ – 🛗 ☎ ⇔. ❀
    chiuso da ottobre al 19 dicembre – Pas carta 25/35000 – ☲ 10000 – **54 cam** 45/65000 – P 65/70000.

SAN BASSANO 26020 Cremona – 2 108 ab. alt. 59 – ✆ 0374.

Roma 532 – ✦Bergamo 59 – ✦Brescia 55 – Cremona 22 – ✦Milano 63 – Piacenza 32.

✗ **Leon d'Oro** con cam, ☏ 73119 – ☏. 🛇 VISA. ❀
    chiuso agosto – Pas *(chiuso domenica sera e lunedì)* carta 26/40000 – ☲ 3000 – **7 cam** 28/50000 – ½ P 42000.

SAN BENEDETTO Verona – Vedere Peschiera del Garda.

SAN BENEDETTO DEL TRONTO 63039 Ascoli Piceno 🔢🔢🔢 ⑯⑰ – 45 368 ab. – a.s. luglio-settembre – ✆ 0735 – 🛈 viale delle Tamerici 5 ☏ 2237 – piazzale Stazione (giugno-settembre) ☏ 4436.

Roma 231 – ✦Ancona 89 – L'Aquila 122 – Ascoli Piceno 34 – Macerata 69 – ✦Pescara 68 – Teramo 49.

🏨 **Roxy**, viale Buozzi 6 ☏ 4441, Fax 4446, ☲ – 🛗 🖭 📺 ☎ ☏. 🛇 VISA. ❀
    Pas *(luglio-agosto)* 30000 – ☲ 10000 – **73 cam** 87/140000 – ½ P 90/100000.

🏨 **Sabbiadoro**, viale Marconi 46 ☏ 81911, ≤, « Terrazza panoramica con ☰ », 🐾 – 🛗 🖭 ☎ ❀
    25 maggio-15 settembre – Pas 20/25000 – ☲ 8000 – **63 cam** 50/70000 – ½ P 79000.

🏨 **Bahia**, viale Europa 98 ☏ 81711, ≤, 🐾 – 🛗 🖭 rist ☎ ☏. 🖭 🛇 ⓞ E VISA. ❀ rist
    20 maggio-settembre – Pas 25/30000 – ☲ 12000 – **44 cam** 50/75000 – ½ P 58/72000.

🏨 **Solarium**, viale Europa 102 ☏ 81733, Fax 81616, 🐾 – 🛗 🖭 📺 ☎ ☏. 🖭 🛇 ⓞ E VISA. ❀ rist
    chiuso dal 22 dicembre al 10 gennaio – Pas carta 38/62000 – ☲ 6000 – **45 cam** 90/120000 – ½ P 75/90000.

🏨 **Garden**, viale Buozzi 8 ☏ 60246, Fax 68245 – 🛗 🖭 rist 📺 ☎ ⇔. ❀
    chiuso dal 23 dicembre al 7 gennaio – Pas 25/50000 – ☲ 6500 – **54 cam** 48/70000 – ½ P 60/70000.

🏨 **Calabresi**, via Milanesi 1-lungomare Colombo ☏ 60548, Fax 3553 – 🛗 🖭 📺 ☎ ☏ – 🛁 450. 🖭 🛇 E VISA. ❀
    Pas carta 27/41000 – ☲ 7000 – **68 cam** 60/90000, 🖭 5000 – ½ P 60/70000.

🏨 **Royal**, via Ristori 24 ☏ 81950, ☰, 🐾, ❀ – 🛗 🖭 ☎ ⇔ ☏. ❀
➡ maggio-settembre – Pas 20/25000 – ☲ 5000 – **30 cam** 55/60000 – ½ P 65000.

🏨 **Villa Corallo**, viale Europa 50 ☏ 81822, ≤, 🐾 – 🛗 🖭 ☎ ❀
    stagionale – **36 cam**.

🏨 **Girasole**, viale Europa 126 ☏ 82162, ≤, ❀ – 🛗 🖭 ☎ ☏. 🛇 E VISA. ❀ rist
➡ 15 maggio-15 settembre – Pas 15/30000 – ☲ 4000 – **27 cam** 35/55000 – ½ P 40/55000.

🏨 **Sydney**, via Properzio 2-viale Marconi ☏ 81910, ≤, 🐾 – 🛗 🖭 rist ☎ ☏. 🖭 🛇 VISA. ❀
➡ 20 maggio-23 settembre – Pas 15/20000 – ☲ 6000 – **30 cam** 35/50000 – ½ P 35/55000.

✗✗ **Il Pescatore**, viale Trieste 27 ☏ 83782, ≤ – ❀
    chiuso gennaio e lunedì dal 15 settembre al 15 giugno – Pas carta 35/58000.

✗ **Angelici**, via Piemonte 1 ☏ 84674 – ❀
    chiuso dal 23 dicembre al 20 gennaio e lunedì (escluso luglio-agosto) – Pas carta 26/38000.

✗ **La Stalla**, contrada Marinuccia ☏ 4933, « Servizio estivo in terrazza panoramica » – ☏
    chiuso lunedì escluso luglio-agosto – Pas carta 21/31000.

    a Porto d'Ascoli S : 5 km – ✉ 63037.

    🛈 (giugno-settembre) via del Mare ☏ 659229 :

🏨 **Excelsior Gd H. des Bains**, viale Rinascimento 137 ☏ 650945, ≤, 🐾, ☞ – 🛗 ☏. VISA. ❀ rist
    maggio-settembre – Pas 28000 – ☲ 5500 – **126 cam** 40/65000 – ½ P 44/71000.

🏨 **Ambassador**, via Cimarosa 5 ☏ 659443, ≤, ☰, 🐾, ☞, ❀ – 🛗 🖭 ☎ ☏. 🖭 🛇 ⓞ E VISA. ❀ rist
    maggio-settembre – Pas (solo per clienti alloggiati) 30000 – ☲ 12000 – **63 cam** 70/100000 – ½ P 70/85000.

🏨 **International**, viale Rinascimento 45 ☏ 650241, ≤, ☰, 🐾 – 🖭 ☎ ☏. VISA. ❀
    maggio-15 settembre – Pas 29000 – ☲ 8000 – **50 cam** 65/90000 – ½ P 55/85000.

🏨 **Pierrot**, viale Rinascimento 63 ☏ 659541, ≤, ☰, 🐾 – 🖭 ☎ ☏. 🖭 🛇 ⓞ E VISA. ❀
    maggio-settembre – Pas 28/40000 – ☲ 6000 – **45 cam** 46/66000 – ½ P 45/78000.

🏨 **Panama**, via Puccini 3 ☏ 659844, ☰, 🐾 – 🛗 🖭 ☎ ⇔ ☏. VISA. ❀
➡ 20 maggio-settembre – Pas 13/20000 – ☲ 6000 – **44 cam** 40/59000 – ½ P 40/70000.

- **7 Bello,** viale dei Mille 21 ℰ 656541 – 🛊 ☎ 🅿 ⅍
  15 maggio-settembre – Pas carta 25/35000 – ⌻ 7000 – **38 cam** 40/70000 – ½ P 45/65000.
- **Poseidon,** via San Giacomo 34 ℰ 650720, 🐾 – 🛊 🗐 rist 🕲 🅿 🖭 ⅍ rist
  maggio-settembre – Pas 25000 – ⌻ 8000 – **39 cam** 45/60000 – ½ P 49/57000.
- **Rivamare,** via San Giacomo 13 ℰ 659328, 🐾 – 🛊 🗐 ⅍⌇ cam ☎. ⅍ rist
  maggio-ottobre – Pas 23000 – ⌻ 5500 – **26 cam** 27/50000 – ½ P 39/60000.
- **Mocambo,** via Cimarosa 4 ℰ 659670, 🐾, 🚲 – 🛊 🅿 ⅍
  30 maggio-15 settembre – Pas 25/35000 – **51 cam** ⌻ 25/48000 – P 39/65000.
- **Mattia,** via Fratelli Cervi 20 ℰ 659597, 🚲 – 🗐 🅿 – 🛣 80. 🖭 🕽 ◑ E 𝖵𝖨𝖲𝖠 ⅍
  chiuso lunedì e novembre – Pas carta 34/61000.

  sulla strada statale 16 S : 7 km :

- **Quadrifoglio,** ⊠ 63037 Porto d'Ascoli ℰ 655247, Fax 655247 – 🛊 🗐 📺 ☎ 🅿 – 🛣 40 a 350. 𝖵𝖨𝖲𝖠. ⅍
  chiuso dal 23 dicembre all'8 gennaio – Pas *(chiuso lunedì)* carta 33/60000 (15%) – ⌻ 8000 – **40 cam** 80/120000.

SAN BENDETTO VAL DI SAMBRO 40048 Bologna – 4 107 ab. alt. 612 – 😋 0534.
Roma 350 – ◆Bologna 61 – ◆Firenze 73 – ◆Ravenna 123.

  a Madonna dei Fornelli S : 3,5 km – ⊠ **40048** :

- **Musolesi,** ℰ 94100, Telex 518519 – 🛊 ☎ 🅿. 🕽 E 𝖵𝖨𝖲𝖠. ⅍ rist
  Pas *(chiuso lunedì)* carta 21/31000 – **24 cam** ⌻ 40/70000 – ½ P 35/45000.

SAN BERNARDINO Torino – Vedere Trana.

SAN BERNARDO Torino – Vedere Ivrea.

Lesen Sie die Einleitung, sie ist der Schlüssel zu diesem Führer.

SAN BIAGIO DI CALLALTA 31048 Treviso – 10 627 ab. alt. 10 – 😋 0422.
Roma 547 – Pordenone 43 – Treviso 11 – ◆Trieste 134 – ◆Venezia 36.

- **L'Escargot,** località San Martino O : 3 km ⊠ 31050 Olmi ℰ 799006 – 🅿. ◑. ⅍
  chiuso lunedì sera, martedì e dal 10 agosto al 1° settembre – Pas carta 23/35000.

  ad Olmi O : 3,5 km – ⊠ **31050** :

- **Agli Olmi** senza rist, ℰ 792208 – 📺 ☎ 🅿. 🖭 🕽 E 𝖵𝖨𝖲𝖠. ⅍
  ⌻ 6000 – **20 cam** 50/69000.

SAN BONIFACIO 37047 Verona 🏙 ④ – 15 644 ab. alt. 31 – 😋 045.
Roma 523 – ◆Milano 177 – Rovigo 71 – ◆Venezia 94 – ◆Verona 24 – Vicenza 31.

- **Bologna e Rist. Caravel,** al quadrivio ℰ 7610233, Fax 7613733, 🚲 – 🛊 🗐 rist 📺 ☎ 🚗
  🅿 – 🛣 25 a 500. 🕽 E 𝖵𝖨𝖲𝖠 ⅍
  Pas *(chiuso lunedì)* carta 25/36000 – ⌻ 12000 – **46 cam** 58/85000 – ½ P 58/65000.

SAN CALOGERO Agrigento – Vedere Sicilia (Sciacca) alla fine dell'elenco alfabetico.

SAN CANDIDO (INNICHEN) 39038 Bolzano 🏙 ⑤ – 3 030 ab. alt. 1 175 – a.s. febbraio-Pasqua, luglio-agosto e Natale – Sport invernali : 1 175/1 550 m ⅍4, ⅍; a Versciaco : 1 132/2 200 m ⅍3 – 😋 0474.
Vedere Guida Verde.
🛈 piazza del Magistrato 2 ℰ 73149, Telex 400329, Fax 73677.
Roma 710 – Belluno 109 – ◆Bolzano 110 – Cortina d'Ampezzo 38 – Lienz 42 – ◆Milano 409 – Trento 170.

- **Cavallino Bianco-Weisses Rossl,** ℰ 73135, Fax 73733, 🔲, 🚲 – 🛊 🗐 rist 📺 ☎ 🖢 🚗
  🅿
  20 dicembre-Pasqua e giugno-settembre – Pas *(chiuso mercoledì in bassa stagione)* carta 31/58000 – ⌻ 8000 – **55 cam** 50/120000 – ½ P 100/130000.
- **Sporthotel Tyrol,** ℰ 73198, 🔲, 🚲, ⅍⌇ – 🛊 ⅍⌇ rist 🗐 rist ☎ 🅿. 🖭 🕽 ◑ E 𝖵𝖨𝖲𝖠
  7 dicembre-20 aprile e 20 maggio-7 ottobre – Pas *(chiuso martedì in bassa stagione)* 25/35000 (10%) – ⌻ 12000 – **28 cam** 60/120000 – ½ P 65/105000.
- **Panoramahotel Leitlhof** 🐾, ℰ 73440, Fax 73733, ≤ Dolomiti e vallata, 🏠, 🔲 – 🛊
  🗐 rist ☎ 🚗 🅿
  Natale-Pasqua e maggio-10 ottobre – Pas *(chiuso giovedì in bassa stagione)* 22/40000 – ⌻ 8000 – **14 cam** 50/130000 – ½ P 70/105000.
- **Posta-Post,** ℰ 73133, Fax 73677, 🔲 – 🛊 🗐 rist ☎ 🖢 🚗. 🖭 ◑ 𝖵𝖨𝖲𝖠
  20 dicembre-25 aprile e 30 maggio-settembre – Pas *(chiuso mercoledì in bassa stagione)* carta 25/34000 – ⌻ 10000 – **39 cam** 60/120000 – ½ P 65/110000.

🏨 **Park Hotel Sole Paradiso-Sonnenparadies** ⑤, ℰ 73120, « Parco pineta », 🔲, ✕ –
🛏 ✕⊷ rist ☎ 🅿. 🕃 Ε 𝘝𝘐𝘚𝘈. ✕
21 dicembre-marzo e giugno-7 ottobre – Pas *(chiuso giovedì in bassa stagione)* 25/35000
(10%) – � 15000 – **41 cam** 75/150000 – ½ P 56/105000.

🏨 **San Candido-Innichen**, ℰ 73102 – 🛏 ✕⊷ ☎ ⊶ 🅿. ✕ cam
⊷ *20 dicembre-20 aprile e 20 maggio-15 ottobre* – Pas 15/22000 (10%) – ⊒ 5000 – **25 cam**
40/90000 – ½ P 35/60000.

🏨 **Schmieder** ⑤, ℰ 73144, ☞ – 🛏 ☎ 🅿. 🕃. ✕
20 dicembre-10 aprile e 20 maggio-15 ottobre – Pas carta 25/42000 – ⊒ 7000 – **25 cam**
50/85000 – ½ P 50/79000.

🏨 **Orso Grigio-Grauer Bär**, ℰ 73115 – ☎ 🅿. 🕃 Ε 𝘝𝘐𝘚𝘈. ✕
⊷ *chiuso dal 10 al 30 giugno* – Pas *(chiuso giovedì in bassa stagione)* carta 20/58000 – ⊒
7000 – **21 cam** 50/105000 – ½ P 41/75000.

a Versciaco (Vierschach) E : 4 km – ✉ **39038** San Candido :

🏨 **Blaslerhof** ⑤, N : 4,5 km, alt. 1 450 ℰ 76755, ≤ Dolomiti e vallata – ✕⊷ cam ☎ 🅿
23 dicembre-Pasqua e 24 giugno-settembre – Pas carta 21/36000 – **15 cam** ⊒ 28/60000 –
½ P 28/50000.

SAN CASCIANO IN VAL DI PESA 50026 Firenze 🔢🔢🔢 ⑭⑮ – 15 794 ab. alt. 306 – ✪ 055.
Roma 283 – ◆Firenze 18 – ◆Livorno 84 – Siena 53.

XXX ❀ **Antica Posta** con cam, piazza Zannoni 1 ℰ 820116, prenotare – 📺 ☎. 🄰🄴 🕃 ⓞ Ε 𝘝𝘐𝘚𝘈.
✕ rist
chiuso agosto – Pas *(chiuso lunedì)* carta 63/95000 – ⊒ 8000 – **10 cam** 61/90000
Spec. Paté di beccaccia, Raviolo di patate con crema di formaggi e peperoni, Sella di capriolo al Brunello. **Vini**
Malvasia, Chianti.

XX **Il Fedino**, via Borromeo 9 ℰ 828612, prenotare – 🅿. 𝘝𝘐𝘚𝘈. ✕
chiuso a mezzogiorno – Pas carta 21/36000.

X **Trattoria del Pesce**, località Bargino S : 5 km ℰ 8249045, ☞, Specialità di mare – 🅿.
🄰🄴 🕃 ⓞ
chiuso mercoledì ed agosto – Pas carta 33/47000.

a Mercatale Val di Pesa SE : 5 km – ✉ **50024** :

X **La Biscondola**, via Grevigiana ℰ 821381, « Servizio estivo all'aperto » – 🅿. 🄰🄴 ⓞ 𝘝𝘐𝘚𝘈
chiuso lunedì e martedì a mezzogiorno – Pas carta 27/39000.

a Cerbaia NO : 6 km – ✉ **50020** :

XXX ❀ **La Tenda Rossa**, ℰ 826132, prenotare – 🍽. 🄰🄴 🕃 ⓞ Ε 𝘝𝘐𝘚𝘈. ✕
chiuso mercoledì, giovedì a mezzogiorno e dall'8 al 31 agosto – Pas carta 60/88000 (10%)
Spec. Carpaccio di scampi, Crespelle al basilico con pomodoro, Petto di piccione ai due fegati, Rombo allo
scalogno. **Vini** Chardonnay, Chianti.

SAN CASSIANO (ST. KASSIAN) Bolzano – Vedere Badia.

SAN CATALDO Caltanissetta 🔢🔢🔢 ㊱ – Vedere Sicilia alla fine dell'elenco alfabetico.

SAN CESARIO SUL PANARO 41018 Modena – 5 184 ab. alt. 54 – ✪ 059.
Roma 412 – ◆Bologna 30 – ◆Milano 189 – ◆Modena 17.

🏨 **Rocca Boschetti**, via Libertà 53 ℰ 930093 – 🛏 ✕⊷ 🍽 📺 ☎ 🅿 – 🏛 100 a 200. 🄰🄴 🕃 ⓞ
Ε 𝘝𝘐𝘚𝘈. ✕
Pas *(chiuso mercoledì)* carta 25/50000 – **33 cam** ⊒ 140/200000 – ½ P 170000.

SAN CIPRIANO (ST. ZYPRIAN) Bolzano – Vedere Tires.

SAN CIPRIANO Genova – alt. 239 – ✉ **16010** Serra Riccò – ✪ 010.
Roma 511 – Alessandria 75 – ◆Genova 16 – ◆Milano 136.

XX **Ferrando**, ℰ 751925, ☞, ☞ – 🅿. 🕃 Ε 𝘝𝘐𝘚𝘈. ✕
chiuso lunedì sera, martedì, dall'11 al 19 gennaio e dal 1° al 20 agosto – Pas carta 25/43000
(10%).

SAN CLEMENTE A CASAURIA (Abbazia di) ✶✶ Pescara 🔢🔢🔢 ㉗
Vedere Abbazia✶✶ : ciborio✶✶✶.
Roma 172 – L'Aquila 68 – Chieti 29 – ◆Pescara 40 – Popoli 13.

SAN CRISTOFORO 15060 Alessandria – 587 ab. alt. 301 – ✪ 0143.
Roma 559 – Alessandria 34 – ◆Genova 64 – ◆Milano 80 – Savona 76.

X Della Pace, ℰ 682123, solo su prenotazione.

SAN CRISTOFORO AL LAGO Trento – Vedere Pergine Valsugana.

503

Roma 629 – Alessandria 51 – Asti 15 – Cuneo 80 – ◆Milano 142 – ◆Torino 52.

  ※   **La Lanterna,** piazza 1275 n° 2 ♪ 975089, Coperti limitati; prenotare – **℗**. ⅋⅋
      chiuso mercoledì ed agosto – Pas carta 21/38000.

SAN DANIELE DEL FRIULI 33038 Udine 🔢🔢🔢 ⑤ ⑥ – 7 352 ab. alt. 252 – ✆ 0432.
Roma 632 – ◆Milano 371 – Tarvisio 80 – Treviso 108 – ◆Trieste 92 – Udine 24 – ◆Venezia 120.

  🏛   **Alla Torre** senza rist, via del Lago 1 ♪ 954562 – 🔋 🍴 📺 ☎ 🚗. 🆎 🔃 🔟 **E**
      ⟷ 6000 – **27 cam** 58/79000.

  🏠   **Al Picaron,** colle Picaron ♪ 957187, ≤, 🏖 , 🛋 – **℗** – 🏰 100
      11 cam.

  ※※   **Al Cantinon,** via Cesare Battisti 2 ♪ 955186, « Ambiente rustico » – 𝘝𝘐𝘚𝘈. ⅋⅋
      chiuso giovedì ed ottobre – Pas carta 33/44000.

SAN DEMETRIO NE' VESTINI 67028 L'Aquila – 1 567 ab. alt. 672 – ✆ 0862.
Roma 136 – L'Aquila 17 – ◆Napoli 259 – ◆Pescara 101.

  ※   **La Pergola** con cam, ♪ 810975 – **℗**. ⅋⅋
      chiuso domenica ed ottobre – Pas carta 24/35000 – ⟷ 3500 – **15 cam** 30/50000 –
      ½ P 40/45000.

SAN DESIDERIO Genova – Vedere Genova.

SAND IN TAUFERS = Campo Tures.

SAN DOMENICO Firenze – Vedere Fiesole.

SAN DOMENICO Novara – Vedere Varzo.

SAN DOMINO (Isola) Foggia – Vedere Tremiti (Isole).

SAN DONÀ DI PIAVE 30027 Venezia 🔢🔢🔢 ⑤ – 33 185 ab. alt. 3 – ✆ 0421.
Roma 558 – Lido di Jesolo 20 – ◆Milano 297 – ◆Padova 67 – Treviso 34 – ◆Trieste 121 – Udine 90
– ◆Venezia 47.

  🏛   **Park Hotel Heraclia,** via XIII Martiri 215 ♪ 43148, Fax 41728 – 🔋 🍴 📺 ☎ **℗** – 🏰 35 a
  ⟶   90. 🆎 🔃 🔟 **E** 𝘝𝘐𝘚𝘈
      Pas *(chiuso domenica)* 20/40000 – ⟷ 10000 – **30 cam** 70/95000 – ½ P 70/80000.

  🏛   **Kristall,** corso Trentin 16 ♪ 52862 e rist ♪ 54500 – 🔋 🍴 cam 📺 ☎ 🚗 🔜 **℗** – 🏰 50. 🔃
      🔟 𝘝𝘐𝘚𝘈. ⅋⅋ rist
      Pas *(chiuso lunedì, martedì a mezzogiorno e settembre)* carta 24/44000 – ⟷ 7000 – **47 cam**
      70/93000, 🍴 9000.

    a Calvecchia NE : 2,5 km – ✉ **30027** San Donà di Piave :

  ※※   **Al Paiolo,** ♪ 320602 – **℗**. 🆎 🔃 🔟 **E** 𝘝𝘐𝘚𝘈. ⅋⅋
      chiuso giovedì, dal 1° al 10 febbraio e dal 1° al 15 luglio – Pas carta 34/47000.

    a Isiata SE : 4 km – ✉ **30027** San Donà di Piave :

  ※※   **Siesta,** ♪ 466030, Solo piatti di pesce – **℗**. ⅋⅋
      chiuso martedì, dal 2 al 7 gennaio e dal 20 giugno al 15 luglio – Pas carta 22/44000.

SAN DONATO IN POGGIO Firenze – Vedere Tavarnelle Val di Pesa.

SAN DONATO MILANESE 20097 Milano 🔢🔢🔢 ⑩ – 32 148 ab. alt. 102 – ✆ 02.
Roma 566 – ◆Milano 9 – Pavia 36 – Piacenza 57.

Pianta d'insieme di Milano (Milano p. 4 e 5)

  🏛🏛   **Santa Barbara** senza rist, piazzale Supercortemaggiore 4 ♪ 5279041, Telex 326645, Fax
      5279169 – 🔋 🍴 📺 ☎. 🆎 🔃 🔟 **E** 𝘝𝘐𝘚𝘈. ⅋⅋   HN **e**
      149 cam ⟷ 145/200000.

  🏛   **Delta** senza rist, via Emilia 2/A ♪ 5231021, Telex 318566, Fax 5231418 – 🔋 ⇆ 🍴 📺 ☎
      🚗 **℗** 🆎 🔃 🔟 **E** 𝘝𝘐𝘚𝘈. ⅋⅋   HN **s**
      ⟷ 10000 – **52 cam** 100/140000.

  ※※   **Osterietta,** via Emilia 26 ♪ 5275082, 🏖 – **℗**. 🆎 🔃 🔟 **E** 𝘝𝘐𝘚𝘈. ⅋⅋   HN **x**
      chiuso mercoledì ed agosto – Pas carta 33/53000.

    sull'autostrada A 1 - Metanopoli o per via Emilia :

  🏛   **MotelAgip,** ♪ 512941, Telex 320132, Fax 512941 – 🔋 🍴 📺 ☎ **℗** – 🏰 50 a 180. 🆎 🔃 🔟
      E 𝘝𝘐𝘚𝘈. ⅋⅋ rist   HN **n**
      Pas al Rist. **Executive** *(chiuso sabato, domenica, dal 23 dicembre al 7 gennaio ed agosto)*
      carta 50/70000 self-service 24000 circa – **275 cam** ⟷ 149/198000 – ½ P 162/212000.

04017 Latina 🔡🔡🔡 ⊗ – 8 346 ab. – a.s. Pasqua e luglio-agosto – ✿ 0773.

Roma 106 – Frosinone 64 – Latina 36 – ♦Napoli 141 – Terracina 18.

🏨 **Maga Circe** ⌘, 𝒫 527821, Telex 680078, Fax 526224, ≤, 🍽, ⊼, 🚗 – ⧉ 📶 cam 🖥 📺 ᇰ
  🅿 – 🕍 250. 🆎 🕃 ⑩ 🇪 𝘝𝘐𝘚𝘈. ⊛
  Pas 68000 – **65 cam** ⊡ 157/278000 appartamenti 350000 – ½ P 165/235000.

🏨 **Circeo e Rist. La Stiva,** 𝒫 527276, ≤, 🍽, ⊼, 🚣₆, 🚗 – ⧉ 📶 cam 🕾 🅿 – 🕍 120. 🆎
  🕃 ⑩ 🇪 𝘝𝘐𝘚𝘈. ⊛
  Pas *(chiuso da novembre ad aprile)* 50000 – **48 cam** ⊡ 77/140000 – P 85/128000.

  a Faro di Torre Cervia O : 3,5 km – ✉ 04017 San Felice Circeo :

✗✗ **Da Alfonso al Faro** ⌘ con cam, 𝒫 528019, ≤, 🍽, « Sulla scogliera », 🚣₆ – 🕾 🅿
  18 cam.

  a Quarto Caldo O : 4 km – ✉ 04017 San Felice Circeo :

🏨 **Punta Rossa** ⌘, 𝒫 528085, Fax 528075, ≤, « Sulla scogliera », ⊼, 🚣₆, 🚗 – 🖥 cam 📺
  🕿 🅿. 🆎 🕃 ⑩ 🇪 𝘝𝘐𝘚𝘈. ⊛
  Pas carta 55/85000 – ⊡ 32000 – **33 cam** 160/320000 appartamenti 420000 – ½ P 235000.

25010 Brescia – 2 443 ab. alt. 119 – a.s. Pasqua e luglio-15 settembre – ✿ 0365.

Roma 544 – ♦Brescia 35 – ♦Milano 134 – Salò 7 – Trento 102 – ♦Verona 59.

  a Portese N : 1,5 km – ✉ 25010 San Felice del Benaco :

🏨 **Garden** ⌘, O : 2 km 𝒫 43688, ≤, « Terrazza-giardino sul lago », 🚣₆ – 🕾 🅿. ⊛ rist
↝ aprile-10 ottobre – Pas (solo per clienti alloggiati) 20/30000 – ⊡ 10000 – **29 cam** 46/70000
  – P 75000.

✗ **Piero Bella** ⌘ con cam, 𝒫 626090, ≤, « Servizio estivo in terrazza sul lago », 🚣₆, 🚗,
  ⊛ – 📺 🕾 🅿. 🆎 🕃 🇪 𝘝𝘐𝘚𝘈. ⊛
  aprile-15 ottobre – Pas *(aperto da febbraio e chiuso lunedì)* carta 32/52000 – ⊡ 10000 –
  14 cam 50/90000 – ½ P 50/70000.

71046 Foggia 🔡🔡🔡 ⊗ – 13 429 ab. alt. 66 – ✿ 0883.

Roma 382 – ♦Bari 82 – ♦Foggia 54 – ♦Napoli 194.

✗ **Roma** con cam, 𝒫 761027 – 🖥 rist 🅿. 🕃. ⊛ cam
  Pas *(chiuso domenica sera)* carta 21/34000 (10%) – senza ⊡ – **14 cam** 30/50000 –
  ½ P 45/50000.

(OBEREGGEN) Bolzano – alt. 1 512 – ✉ 39050 Ponte Nova – Sport invernali :
1 512/2 170 m ✂7 – ✿ 0471.

Roma 666 – ♦Bolzano 24 – Cortina d'Ampezzo 103 – ♦Milano 321 – Trento 82.

🏨 **Sporthotel Obereggen** ⌘, 𝒫 615797, Telex 401205, Fax 615637, ≤, ⊼, – ⧉ 📺 🕾 🚗
  🅿. ⊛ rist
  dicembre-23 aprile e giugno-settembre – Pas carta 28/38000 – ⊡ 16000 – **55 cam** 75/136000
  – ½ P 87/115000.

🏨 **Cristal** ⌘, 𝒫 615627, Fax 615698, ≤ monti e pinete, ⊼ – ⧉ 🕾 🚗 🅿. ⊛
  dicembre-aprile e giugno-settembre – Pas carta 22/41000 – **28 cam** ⊡ 85/154000 –
  ½ P 54/86000.

  a Pievalle (Bewaller) NE : 1,5 km – alt. 1 491 – ✉ 39050 San Nicolò in Val d'Ega :

🏨 **Bewallerhof** ⌘, 𝒫 615729, ≤ monti e pinete, 🚗 – 🅿. ⊛
  20 dicembre-10 aprile e giugno-15 ottobre – **19 cam** solo ½ P 55/65000.

34070 Gorizia – 855 ab. alt. 278 – ✿ 0481.

🎏 (chiuso gennaio, febbraio e lunedì) 𝒫 884131.

Roma 653 – Gorizia 4 – ♦Trieste 47 – Udine 41.

🏨 **Golf Hotel** ⌘, 𝒫 884051, Fax 884214, « Parco con ⊼ e 🎏 », ⊛ – 📺 🕾 🕾 🅿. 🆎 🕃 ⑩
  🇪 𝘝𝘐𝘚𝘈
  chiuso gennaio e febbraio – Pas vedere rist Castello Formentini – **13 cam** ⊡ 120/200000
  appartamento 250000 – ½ P 145000.

✗✗ **Castello Formentini,** 𝒫 884034 – 🅿. 🆎 ⑩ 𝘝𝘐𝘚𝘈
  chiuso lunedì, gennaio e febbraio – Pas carta 34/48000 (10%).

Gli alberghi o ristoranti ameni sono indicati nella guida
con un simbolo rosso.   🏨🏨🏨 ... 🏠

Contribuite a mantenere   ⌖⌖⌖⌖⌖ ... ✗
la guida aggiornata segnalandoci
gli alberghi e ristoranti dove avete soggiornato piacevolmente.

SAN FRUTTUOSO Genova – ⊠ **16030** San Fruttuoso di Camogli – ✆ 0185.

Vedere Posizione pittoresca★★.

Camogli 30 mn di motobarca – Portofino 20 mn di motobarca.

✗ **Da Giovanni,** ✆ 770047, ≤ piccolo golfo
chiuso mercoledì – Pas carta 38/61000.

SAN GEMINI 05029 Terni 988 ㉖ – 4 138 ab. alt. 337 – ✆ 0744.

Roma 99 – ◆Perugia 72 – Rieti 52 – Terni 13.

🏨 **Duomo,** ✆ 630005 – 📞 🕿 – 🔝 60. 🗚 ⑩ . 🛠
chiuso gennaio – Pas carta 24/33000 – ⌧ 7500 – **22 cam** 50/74000 – ½ P 48/57000.

a San Gemini Fonte N : 2 km – ⊠ 05029 :

✗✗ **All'Antica Carsulae** con cam, ✆ 630164 – 🕄 ⑩ 🗲 VISA . 🛠
Pas (chiuso martedì da ottobre a maggio) carta 26/34000 – ⌧ 3000 – **7 cam** 35/55000 –
½ P 45000.

SAN GIACOMO (ST. JACOB) Bolzano 218 ⑳ – Vedere Bolzano.

SAN GIACOMO Cuneo – Vedere Boves.

SAN GIACOMO Perugia – Vedere Spoleto.

SAN GIACOMO DI ROBURENT Cuneo – alt. 1 011 – ⊠ **12080** Roburent – a.s. luglio-agosto e
Natale – Sport invernali : 1 011/1 610 m ≰7, ✦ – ✆ 0174.

Roma 622 – Cuneo 40 – Savona 77 – ◆Torino 92.

🏨 **Nazionale,** ✆ 227127 – 📞 🕿 . 🛠
➡ chiuso maggio e novembre – Pas (chiuso mercoledì) carta 18/30000 – ⌧ 4500 – **33 cam**
40/70000 – P 55/65000.

SAN GIACOMO DI TEGLIO 23030 Sondrio – alt. 394 – ✆ 0342.

Roma 712 – Edolo 32 – ◆Milano 151 – Sondrio 13 – Passo dello Stelvio 71.

✗✗ La Corna-da Pola, ✆ 785070, ≤ – 🅿.

Des modifications et des améliorations sont constamment apportées
au réseau routier italien.
Achetez l'édition la plus récente de la **carte Michelin** 988 à 1/1 000 000.

SAN GIACOMO DI VEGLIA Treviso – Vedere Vittorio Veneto.

SAN GIACOMO PO Mantova – Vedere Bagnolo San Vito.

SAN GILLIO 10040 Torino – 2 065 ab. alt. 320 – ✆ 011.

Roma 688 – ◆Milano 153 – Susa 44 – ◆Torino 17.

✗✗ **Rosa d'Oro** con cam, ✆ 9840890, 🍴, 🍴 – 🗐 rist 🅿. 🗚 🕄 🗲 VISA . 🛠 rist
chiuso dal 2 al 12 gennaio e dal 16 al 24 agosto – Pas (chiuso domenica sera e lunedì, in
agosto a mezzogiorno escluso domenica) 30/40000 – ⌧ 5000 – **8 cam** 35/50000 – ½ P 60000.

SAN GIMIGNANO 53037 Siena 988 ⑭ – 7 079 ab. alt. 332 – ✆ 0577.

Vedere Località★★★ – Piazza della Cisterna★★ – Piazza del Duomo★★ : affreschi★★ di Barna da
Siena nella Collegiata★ B, ≤★★ dalla torre del palazzo del Popolo★ H – Affreschi★★ nella chiesa
di Sant'Agostino L.

Roma 268 ② – ◆Firenze 54 ② – ◆Livorno 89 ① – ◆Milano 350 ② – Pisa 79 ① – Siena 38 ②.

Pianta pagina a lato

🏨 **La Cisterna e Rist. Le Terrazze** 🏖, ✆ 940328, Telex 575152, ≤, « Sala in stile quattro-
centesco » – 📞 🕿 🕭. 🗚 🕄 ⑩ 🗲 VISA . 🛠 rist   e
10 marzo-10 novembre – Pas (chiuso martedì e mercoledì a mezzogiorno) carta 37/58000 –
⌧ 8000 – **50 cam** 50/84000 – ½ P 75/85000.

🏨 **Pescille** 🏖, verso Castel San Gimignano ✆ 940186, Fax 940375, ≤ campagna e San
Gimignano, 🔟, 🍴, ✗ – 🕿 🅿. 🗚 🕄 ⑩ 🗲 VISA . 🛠   4,5 km per ②
chiuso gennaio e febbraio – Pas vedere rist I 5 Gigli – ⌧ 8000 – **32 cam** 55/82000 –
½ P 85000.

🏨 **Bel Soggiorno** 🏖, ✆ 940375, Fax 940375, ≤ campagna, « Ambiente trecentesco » – 📞
🕿. 🗚 🕄 ⑩ 🗲 VISA . 🛠   n
Pas (chiuso lunedì e dal 15 gennaio al 15 febbraio) carta 30/46000 – ⌧ 7000 – **25 cam**
55/73000 – ½ P 70000.

🏨 **Leon Bianco** 🏖 senza rist, ✆ 941294, Fax 941294 – 🕿 🛺. 🗚 🕄 ⑩ 🗲 VISA   s
chiuso dal 15 gennaio a febbraio – **25 cam** ⌧ 42/73000.

506

XXX **I 5 Gigli,** verso Castel San Gimignano ℰ 940186 – 🅰🅴 🛇 ⓸ 🄴 𝘝𝘐𝘚𝘈 ❀
chiuso mercoledì e gennaio – Pas carta 30/46000 (10%).
4,5 km per ②

XX **La Griglia,** ℰ 940005, ≼, ☂ – 🅰🅴 ⓸ 𝘝𝘐𝘚𝘈 v
chiuso giovedì e dal 15 dicembre al 1° marzo – Pas carta 27/57000 (15%).

a Pancole per ① : 6 km –
✉ 53037 San Gimignano :

🏨 **Le Renaie e Rist. Leonetto** ☞, ℰ 955044, Fax 955044, ≼, ☂, ⚓ – ☂ – 🄿 🅰🅴 🛇 ⓸ 🄴 𝘝𝘐𝘚𝘈 ❀ rist
chiuso dal 10 al 30 novembre – Pas *(chiuso martedì)* carta 25/33000 (10%) – ⬓ 7500 – **26 cam** 53/80000 – ½ P 70/75000.

☛ *Use this year's Guide.*

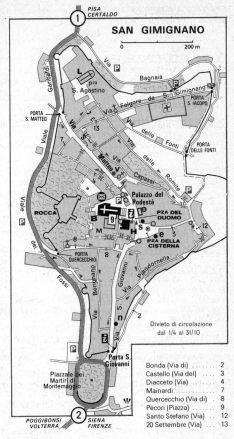

---

0   200 m

L — pza S. Agostino

Via Garibaldi — Bagnaia

Via Folgore da S. Gimignano — PORTA S. IACOPO

PORTA S. MATTEO — Via delle Fonti — PORTA DELLE FONTI

13 — Via Matteo V — Via delle Fonti — Capassi — Romite

ROCCA — Palazzo del Podestà — B — 9 — 7 — PZA DEL DUOMO — S — 12

M — H — PZA DELLA CISTERNA — 8

PORTA QUERCECCHIO — Via Berignano — Via S. Giovanni — Via Bandornella — Viale dei Fossi

n — 2

Divieto di circolazione dal 1/4 al 31/10

Porta S. Giovanni

Piazzale dei Martiri di Montemaggio

POGGIBONSI VOLTERRA — SIENA FIRENZE

Bonda (Via di) 2
Castello (Via del) 3
Diacceto (Via) 4
Mainardi 7
Quercecchio (Via di) . 8
Pecori (Piazza) 9
Santo Stefano (Via) .. 12
20 Settembre (Via) ... 13

87020 Cosenza – 🕿 0982.
Roma 456 – Castrovillari 88 – Catanzaro 126 – ✦Cosenza 66 – Sapri 72.

🏨 **5 Stelle** ☞, ℰ 96091, Fax 96027, ≼, ☂, « Palazzine fra il verde », 🏊, 🛥, ☂, ❀ – 🕿 🄿 🅰🅴 ⓸ 𝘝𝘐𝘚𝘈 ❀
15 aprile-15 ottobre – Pas 25000/45000 – **144 cam** ⬓ 70/90000 – ½ P 80/115000.

X **La Calabrisella** con cam, ℰ 96061, ☂ – 🄿 🅰🅴 ⓸ 𝘝𝘐𝘚𝘈 ❀
Pas *(chiuso lunedì)* carta 19/30000 – ⬓ 5000 – **15 cam** 42/70000 – ½ P 43/65000.

(ST. GEORGEN)
Bolzano – Vedere Brunico.

82018 Benevento 🤍🤍🤍 ㉘ – 8 319 ab. alt. 380 – 🕿 0824.
Roma 276 – Avellino 27 – Benevento 11 – ✦Foggia 103.

🏨 **Villa San Marco,** uscita svincolo superstrada ℰ 49601 – 🕿 🄿 🅰🅴 𝘝𝘐𝘚𝘈
Pas carta 20/27000 – ⬓ 5000 – **16 cam** 38/55000 – ½ P 40/50000.

XX **Ricci,** ℰ 40990 – ⇆ 🄿 🅰🅴 ⓸ 𝘝𝘐𝘚𝘈 ❀
chiuso lunedì – Pas carta 20/37000 (10%).

Venezia – Vedere Caorle.

35010 Padova – 5 101 ab. alt. 29 – 🕿 049.
Roma 524 – ✦Padova 23 – Treviso 44 – ✦Venezia 54 – Vicenza 30.

sulla strada statale 47 S : 3 km :

🏨 **Posta 77,** ✉ 35010 ℰ 5996700, Fax 5996884 – 🛗 🍽 📺 🕿 🚗 🄿 – 🔬 200. 🅰🅴 🛇 ⓸ 🄴 𝘝𝘐𝘚𝘈 ❀
Pas *(chiuso lunedì)* carta 29/46000 – ⬓ 6000 – **38 cam** 58/82000 – ½ P 76/91000.

15020 Alessandria – 1 305 ab. alt. 281 – 🕿 0142.
Roma 610 – Alessandria 30 – ✦Milano 83 – Pavia 74 – ✦Torino 75 – Vercelli 31.

XXX ❀ **Castello di San Giorgio** ☞ con cam, ℰ 806203, « Piccolo parco ombreggiato » – 📺 ☂ 🄿 – 🔬 60. 🅰🅴 ⓸ 𝘝𝘐𝘚𝘈 ❀ cam
chiuso dal 1° al 10 gennaio e dal 3 al 20 agosto – Pas *(chiuso lunedì)* carta 49/71000 (10%) – ⬓ 12000 – **11 cam** 96/140000 appartamento 240000 – ½ P 140000
Spec. Antipasti caldi alla piemontese, Gnocchi di peperone al formaggio, Filetto al Barbaresco. **Vini** Arneis, Dolcetto.

507

SAN GIORIO DI SUSA 10050 Torino 🞮🞮 ⑩ – 938 ab. alt. 420 – ✪ 0122.

Roma 708 – ◆Milano 180 – Susa 11 – ◆Torino 43.

  ✗ **Castelnuovo,** ✐ 49507 – ❷. ✸
  ✦ *chiuso lunedì e dal 25 settembre all'8 ottobre* – Pas carta 18/26000.

SAN GIOVANNI AL NATISONE 33048 Udine – 5 751 ab. alt. 66 – ✪ 0432.

Roma 653 – Gorizia 19 – Udine 18.

  🏠 **Wiener,** ✐ 757378, Telex 450301, Fax 757359 – 🛗 📺 ☎ ᕒ 🚗 ❷ 🖭 🗟 ⓞ 🗲 🆅🆂🅰
    ✸ rist
    chiuso da agosto al 3 settembre – Pas carta 27/45000 – ⇌ 10000 – **50 cam** 63/94000,
    ▤ 10000 – ½ P 58/85000.

SAN GIOVANNI IN MARIGNANO 47048 Forlì – 7 016 ab. alt. 29 – ✪ 0541.

Roma 318 – Forlì 69 – ◆Ravenna 74 – Rimini 23.

  ✗ **Il Granaio,** via 20 Settembre 18 ✐ 957205 – ▤. 🆅🆂🅰 ✸
    chiuso martedì – Pas carta 22/36000.

SAN GIOVANNI IN PERSICETO 40017 Bologna 🞮🞮🞮 ⑭ – 22 273 ab. alt. 21 – ✪ 051.

Roma 392 – ◆Bologna 21 – ◆Ferrara 49 – ◆Milano 193 – ◆Modena 23.

  ✗ **Giardinetto,** circonvallazione Italia 20 ✐ 821590, 🍽, Coperti limitati; prenotare – ❷. ✸
    chiuso lunedì e dal 16 agosto al 20 settembre – Pas carta 29/46000.

  ✗ **Al Cannone,** via D'Azeglio 3 ✐ 826099.

  ✗ **La Posta,** con cam, via 4 Novembre 16 ✐ 821235 – ☎
    22 cam.

SAN GIOVANNI LA PUNTA Catania – Vedere Sicilia alla fine dell'elenco alfabetico.

SAN GIOVANNI ROTONDO 71013 Foggia 🞮🞮🞮 ㉘ – 23 456 ab. alt. 557 – a.s. 15 agosto-
settembre – ✪ 0882.

🛈 piazza Europa 104 ✐ 856240.

Roma 352 – ◆Bari 142 – ◆Foggia 41 – Manfredonia 23 – Termoli 86.

  🏠 **Gaggiano,** viale Cappuccini 144 ✐ 453701, Fax 856650, 🍽 – 🛗 ᕒ cam 📼 🍽 🚗 – 🅰
    90. 🖭 ⓞ
    Pas carta 27/40000 – **55 cam** ⇌ 36/55000, ▤ 4000 – ½ P 55000.

  🏠 **Fini,** viale Cappuccini 108 ✐ 856559 – 🛗 📼 ☎ 🚗 ❷ 🖭 ✸
    Pas carta 27/44000 – ⇌ 5000 – **29 cam** 33/58000 – ½ P 51000.

  🏠 **San Michele,** viale Cappuccini 55 ✐ 856034, Telex 810672 – 🛗 ᕒ ▤ rist 🍽 ❷ 🗟 ⓞ 🗲
  ◆ 🆅🆂🅰. ✸
    Pas carta 19/29000 – ⇌ 5000 – **55 cam** 35/55000 – ½ P 45/50000.

  🏠 **California,** viale Cappuccini 69 ✐ 453983 – ᕒ cam ▤ rist 🍽 🚗. ✸
    Pas carta 23/35000 – ⇌ 5000 – **25 cam** 35/50000 – ½ P 50/53000.

  🏠 **Vittoria,** via Santa Vittoria 4 ✐ 856292 – 🛗 🍽 ❷ 🆅🆂🅰 ✸ rist
  ◆ *chiuso gennaio e febbraio* – Pas *(chiuso venerdì)* 19/24000 – ⇌ 5000 – **31 cam** 30/45000 –
    ½ P 40000.

  ✗✗ **Da Costanzo,** via Santa Croce 9 ✐ 852285 – ▤. 🖭 🗟 ⓞ. ✸
    chiuso domenica sera, lunedì e dal 15 ottobre al 15 novembre – Pas carta 24/35000.

SAN GIOVANNI VALDARNO 52027 Arezzo 🞮🞮🞮 ⑮ – 18 495 ab. alt. 134 – ✪ 055.

Roma 234 – Arezzo 37 – ◆Firenze 45 – Siena 51.

  ✗ **Castellucci,** ✐ 941679 – 🖭 🗟 🆅🆂🅰
    chiuso sabato a mezzogiorno, domenica e dal 15 luglio al 15 agosto – Pas carta 27/50000.

SAN GIULIANO MILANESE 20098 Milano 🞮🞮🞮 ⑲ – 32 343 ab. alt. 97 – ✪ 02.

Roma 562 – ◆Bergamo 55 – ◆Milano 12 – Pavia 33 – Piacenza 54.

  ✗✗ **La Ruota,** via Roma 57 ✐ 9848394, 🍽 – ▤ ❷ – 🅰 40. 🖭 🗟 ⓞ 🗲 🆅🆂🅰. ✸
    chiuso lunedì sera, martedì ed agosto – Pas carta 29/44000.

    sulla strada statale 9 - via Emilia SE : 3 km :

  ✗✗ **La Rampina,** ✉ 20098 ✐ 9833273, 🍽 – ▤ ❷ 🖭 🗟 ⓞ 🗲 🆅🆂🅰. ✸
    chiuso mercoledì – Pas carta 50/68000.

SAN GIULIANO TERME 56017 Pisa – 27 232 ab. alt. 10 – ✪ 050.

Roma 358 – ◆Firenze 85 – Lucca 15 – ◆La Spezia 85.

    a Rigoli NO : 3 km – ✉ **56010** :

  🏠 **Villa di Corliano** ⓢ senza rist, ✐ 818193, « In un parco villa cinquecentesca con affreschi
    del 1600 » – ❷. 🖭 🗟 ⓞ 🗲 🆅🆂🅰
    ⇌ 15000 – **18 cam** 70000.

    a Pugnano NO : 6 km – ✉ **56017** San Giuliano Terme :

  ✗ **Le Arcate,** ✐ 850105 – ᕒ 🗟 🗲 🆅🆂🅰. ✸
    chiuso lunedì ed agosto – Pas carta 21/35000.

SAN GODENZO 50060 Firenze – 1 113 ab. alt. 430 – ✿ 055.
Roma 290 – Arezzo 94 – ◆Bologna 121 – ◆Firenze 45 – Forlì 64 – ◆Milano 314 – Siena 129.

  ✗ **Agnoletti,** 🏠 8374016. 🎭
  ← *chiuso martedì e dal 1° al 20 settembre* – Pas carta 15/22000.

SAN GREGORIO Perugia – Vedere Assisi.

SAN GREGORIO Verona – Vedere Veronella.

SAN GREGORIO NELLE ALPI 32030 Belluno – 1 424 ab. alt. 527 – ✿ 0437.
Roma 611 – Belluno 21 – ◆Padova 111 – Trento 99 – Treviso 69.

  ✗✗ **Baita a l'Arte,** 🏠 800124, 🏡, prenotare – **🅿**.

SANGUINETTO 37058 Verona – 4 270 ab. alt. 19 – ✿ 0442.
Roma 477 – ◆Ferrara 73 – Mantova 31 – ◆Milano 204 – ◆Modena 73 – ◆Padova 77 – ◆Venezia 114 – ◆Verona 40.

  ✗✗ **Ilva** con cam, via Dossi 147 (E : 2 km) 🏠 81119 – 🛗 ▤ rist ☎ **🅿** – 🔼 100. 𝘝𝘐𝘚𝘈. 🎭
      chiuso dal 1° al 15 gennaio ed agosto – Pas *(chiuso lunedì)* carta 26/45000 – ⌤ 6500 –
      13 cam 50/64000 – ½ P 78000.

SANKT CHRISTINA IN GRÖDEN = Santa Cristina Valgardena.

SANKT LEONHARD IN PASSEIER = San Leonardo in Passiria.

SANKT MARTIN IN PASSEIER = San Martino in Passiria.

SANKT ULRICH = Ortisei.

SANKT VALENTIN AUF DER HAIDE = San Valentino alla Muta.

SANKT VIGIL ENNEBERG = San Vigilio di Marebbe.

SAN LAZZARO DI SAVENA 40068 Bologna 🗺️🟢🟢 ⑭⑮ – 30 229 ab. alt. 62 – ✿ 051.
Roma 390 – ◆Bologna 6 – Imola 27 – ◆Milano 219.

Pianta d'insieme di Bologna

  ✗✗✗ **Il Sambuco,** via Repubblica 5 🏠 464212, Solo piatti di pesce, Coperti limitati; prenotare
      – ▤ 𝗔𝗘 🚺 ⓞ 𝗘 𝘝𝘐𝘚𝘈. 🎭   GU **b**
      chiuso domenica sera, lunedì e dal 28 luglio al 28 agosto – Pas carta 48/84000.

  ✗✗ **Cerfoglio,** via Kennedy 11 🏠 463339 – ▤. 𝗔𝗘 🚺 ⓞ 𝗘 𝘝𝘐𝘚𝘈. 🎭   GU **c**
      chiuso sabato a mezzogiorno, domenica e dal 1° al 26 agosto – Pas carta 30/50000.

  ✗✗ **La Campagnola,** via Caselle 60 🏠 460197, 🏡 – **🅿** 𝘝𝘐𝘚𝘈. 🎭   GU **a**
      chiuso lunedì e dal 1° al 25 agosto – Pas carta 26/41000.

SAN LAZZARO PARMENSE Parma – Vedere Parma.

SAN LEO 61018 Pesaro e Urbino 🗺️🟢🟢 ⑮ – 2 515 ab. alt. 589 – a.s. 15 giugno-agosto – ✿ 0541.
Vedere Posizione pittoresca★★ – Forte★ : ❄❄★★★.
Roma 320 – ◆Ancona 142 – ◆Milano 351 – Pesaro 70 – Rimini 32 – San Marino 24.

  ✗ **La Rocca** 🍃 con cam, 🏠 916241 – 🆎. 🎭 cam
      chiuso dal 29 ottobre al 30 novembre – Pas *(chiuso lunedì)* carta 22/32000 – ⌤ 3000 –
      7 cam 34/46000 – P 35/50000.

SAN LEONARDO IN PASSIRIA (ST. LEONHARD IN PASSEIER) 39015 Bolzano 🗺️🟢🟢 ④, 🟦🟦 ⑩
– 3 247 ab. alt. 689 – a.s. febbraio-Pasqua, 15 luglio-settembre e Natale – ✿ 0473.
Dintorni Strada del Passo di Monte Giovo★ : ❄★★ verso l'Austria NE : 20 km – Strada del Passo
del Rombo★ NO.
Roma 685 – ◆Bolzano 48 – Brennero 53 – Bressanone 65 – Merano 20 – ◆Milano 346 – Trento 106.

  🏨 **Stroblhof,** 🏠 86128, ≤, 🏊, 🏊, 🌲, 🎾 – 🛗 🍴 🚗 ← **🅿**
      chiuso dall'11 al 31 gennaio e dal 1° al 19 dicembre – Pas carta 25/40000 – **65 cam**
      ⌤ 70/120000 – ½ P 55/80000.

  🏨 **Theresia,** 🏠 86228, ≤, 🏊, 🌲 – 🛗 🚗 **🅿**. 🎭 rist
      15 marzo-ottobre e 20 dicembre-10 gennaio – Pas *(solo per clienti alloggiati)* – **20 cam**
      ⌤ 35/70000 – ½ P 44/50000.

  🏨 **Christophorus,** 🏠 86303, ≤, 🌲 – 🛗 **🅿**
      marzo-ottobre – Pas *(solo per clienti alloggiati)* – **21 cam** ⌤ 30/60000 – ½ P 40/45000.

  🏠 **Tirolerhof,** 🏠 86117, 🏡 – **🅿**
  ← Pas *(chiuso mercoledì da novembre a marzo)*10/16000 – **32 cam** ⌤ 23/46000 – ½ P 29/33000.

  🏠 **Passeirerhof,** 🏠 86161, ≤, 🏊 – 🛗 ☎ **🅿**
      stagionale – **30 cam**.

SAN LEONE Agrigento – Vedere Sicilia (Agrigento) alla fine dell'elenco alfabetico.

SAN LORENZO AL MARE 18017 Imperia – 1 411 ab. – 🍴 0183.
Roma 622 – Imperia 6 – ◆Milano 246 – San Remo 17 – Savona 77 – ◆Torino 185.

🏠 **Mini Hotel**, via Aurelia 2 🍴 91125 – 🚗 **℗**
  Pas carta 24/36000 – 🍽 6000 – **10 cam** 50000 – ½ P 48/55000.

SAN LORENZO IN BANALE 38078 Trento – 1 088 ab. alt. 720 – a.s. 15 dicembre-15 gennaio – 🍴 0465.
Roma 609 – ◆Brescia 109 – ◆Milano 200 – Riva del Garda 35 – Trento 36.

🏨 **Soran**, 🍴 74330 – 🛗 ☎ **℗**
  stagionale – **23 cam**.

🏠 **Castel Mani** 🦢, 🍴 74017, ← – 🛗 🕾 **℗**. ⚘
  Pas *(chiuso giovedì)* 14/18000 – 🍽 4000 – **36 cam** 28/50000 – ½ P 40/44000.

SAN LORENZO IN CAMPO 61047 Pesaro e Urbino – 3 306 ab. alt. 209 – a.s. 15 giugno-agosto – 🍴 0721.
Roma 257 – ◆Ancona 59 – ◆Perugia 105 – Pesaro 51.

🏨 **Giardino**, via Mattei 4 (O :1,5 km) 🍴 776803, Fax 776236, ⤵, 🛅 – 📺 ☎ **℗** – 🔬 30. 🆎 🕄 ⑩
  E 𝘝𝘐𝘚𝘈. ⚘
  Pas *(chiuso lunedì)* carta 26/38000 – **20 cam** 🍽 50/70000 – ½ P 55/60000.

SAN LUCA Vicenza – Vedere Marostica.

SANLURI Cagliari 988 ⑬ – Vedere Sardegna alla fine dell'elenco alfabetico.

SAN MACARIO IN PIANO Lucca – Vedere Lucca.

SAN MAMETE Como 219 ⑧ – Vedere Valsolda.

SAN MARCELLO PISTOIESE 51028 Pistoia 988 ⑭ – 7 869 ab. alt. 623 – a.s. luglio e agosto – 🍴 0573.
🛈 via Marconi 14 🍴 630145.
Roma 340 – ◆Bologna 90 – ◆Firenze 66 – Lucca 50 – ◆Milano 291 – Pisa 72 – Pistoia 30.

🏨 **Villa Ombrosa** 🦢, 🍴 630156, « Parco ombreggiato » – **℗**. 🆎. ⚘ rist
  25 giugno-10 settembre – Pas 30/45000 – 🍽 7000 – **27 cam** 36/60000 – ½ P 65000.

🏠 **Il Cacciatore**, 🍴 630533 – ☎ **℗**. 🆎 🕄 ⑩ E 𝘝𝘐𝘚𝘈. ⚘
  chiuso novembre – Pas *(chiuso lunedì)* carta 27/40000 – 🍽 5000 – **25 cam** 40/70000 –
  ½ P 50/60000.

SAN MARCO Salerno – Vedere Castellabate.

SAN MARIANO Perugia – Vedere Corciano.

SAN MARINO 47031 Repubblica di San Marino 988 ⑮ – 4 178 ab. nella Capitale, 22 746 ab.nello Stato di San Marino alt. 749 (monte Titano) – a.s. 15 giugno-settembre – 🍴 0549.

Vedere Posizione pittoresca*** – ←*** sugli Appennini e il mare dalle Rocche.
🛈 palazzo del Turismo 🍴 992102.
Roma 355 ① – ◆Ancona 132 ① – ◆Bologna 135 ① – Forlì 74 ① – ◆Milano 346 ① – ◆Ravenna 78 ①
– Rimini 27 ①.

Pianta pagina a lato

🏩 **Gd H. San Marino e Rist. Arengo**, viale Antonio Onofri 31 🍴 992400, Telex 0505555, Fax 992274, ← – 🛗 🍽 cam 📺 🕭 🚗 – 🔬 80. 🆎 🕄 ⑩ E 𝘝𝘐𝘚𝘈. ⚘ rist   **a**
  15 febbraio-novembre – Pas carta 25/41000 – 🍽 7500 – **54 cam** 63/80000, 🍽 5000 –
  ½ P 65/83000.

🏩 **Titano**, contrada del Collegio 21 🍴 991006, Telex 0505444, « Terrazza rist. con ← » – 🛗
  📺. 🆎 🕄 ⑩ E 𝘝𝘐𝘚𝘈   **u**
  15 marzo-15 novembre – Pas carta 28/52000 – 🍽 7000 – **50 cam** 55/70000 – ½ P 60/75000.

🏨 **Panoramic**, via Voltone 91 🍴 992359, Telex 0505474, Fax 990356 – 📺 ☎ 🚗 **℗**. 🆎 🕄
  ⑩ E 𝘝𝘐𝘚𝘈. ⚘ rist   **w**
  chiuso dal 10 al 27 gennaio e dal 10 al 30 novembre – Pas *(chiuso mercoledì)* carta 23/36000
  (15%) – 🍽 6000 – **27 cam** 40/65000 appartamenti 75/85000 – ½ P 45/60000.

🏠 **Quercia Antica**, via Cella Bella 🍴 991257, Fax 990044 – 🕾 🕭 🚗. 🆎 ⑩. ⚘ rist **v**
  Pas carta 24/32000 (15%) – 🍽 6000 – **26 cam** 43/62000 – ½ P 47000.

🏠 **Joli San Marino**, via Federico d'Urbino 233 🍴 991009 – 🛗 🕾 🚗. 🆎 🕄 ⑩ E 𝘝𝘐𝘚𝘈 **r**
  chiuso dal 5 gennaio al 10 febbraio – Pas carta 28/45000 – 🍽 6000 – **22 cam** 42/65000 –
  ½ P 43/53000.

_ ROCCA GUAITA ░░░ ★★★
_ TORRE CESTA ★★★
ROCCA MONTALE ░░ ★★★

SAN MARINO

Circolazione automobilistica
vietata entro le mura.

XX **Righi la Taverna,** piazza della Libertà ℰ 991196, Fax 991196, « Caratteristico arredamento » – 🍴. 🖭 🕄 ⓪ 𝗩𝗜𝗦𝗔   **n**
chiuso dal 24 dicembre al 1° febbraio e mercoledì da ottobre a marzo – Pas carta 25/45000
(15%).

X **Buca San Francesco,** piazzetta Placito Feretrano 3 ℰ 991462 – 🎇   **x**
marzo-ottobre – Pas carta 20/29000.

a Borgo Maggiore per ① : 2 km – ⊠ **47031** San Marino :

X **Hostaria da Lino** con cam, piazza Grande 48 ℰ 903975 – ☎. 🖭 ⓪ 𝗩𝗜𝗦𝗔   **d**
chiuso febbraio – Pas carta 24/33000 (15%) – 🖙 5000 – **16 cam** 38/56000 – ½ P 40/46000.

a Domagnano per ① : 4 km – ⊠ **47031** San Marino :

🏠 **Rossi,** ℰ 902263, ≤ – 🛗 📺 ☎ 🅿. 🖭 🕄 ⓪ 🄴 𝗩𝗜𝗦𝗔. 🎇
chiuso novembre – Pas *(chiuso sabato in bassa stagione)* carta 22/33000 – 🖙 5500 –
19 cam 38/54000 – ½ P 45/55000.

SAN MARTINO Livorno – Vedere Elba (Isola d') : Portoferraio.

SAN MARTINO AL CIMINO Viterbo – Vedere Viterbo.

SAN MARTINO BUON ALBERGO 37036 Verona – 13 369 ab. alt. 45 – ✪ 045.
Roma 510 – ◆Milano 164 – ◆Padova 74 – ◆Verona 8 – Vicenza 44.

X **Da Momi,** via Serena 38 ℰ 990752.

a Marcellise N : 5 km – alt. 102 – ⊠ 37030 :

X **Agli Olivi,** ℰ 8740052, 🌳 – 🅿. 🎇
chiuso lunedì, martedì e dal 3 al 19 agosto – Pas carta 21/28000.

Alle **Michelin**-Straßenkarten werden ständig überarbeitet und aktualisiert.

SAN MARTINO DELLA BATTAGLIA 25010 Brescia – alt. 87 – ✪ 030.

Roma 515 – ◆Brescia 37 – ◆Milano 125 – ◆Verona 35.

 ✗ **Da Renato,** ✆ 9108117 – 🅿. 🆎 🕦 🕦 🅴 *VISA*. ✦
 ◆ *chiuso mercoledì e dal 1° al 15 luglio* – Pas carta 18/28000.

SAN MARTINO DI CASTROZZA 38058 Trento 🔢 ⑤ – alt. 1 467 – a.s. 15 dicembre-Epifania e febbraio-Pasqua – Sport invernali : 1 467/2 609 m ✆2 ≰14, ⪫; al passo Rolle : 1 884/2 279 m ≰4, ⪫ – ✪ 0439.

Vedere Località★★.

🛈 via Passo Rolle 165 ✆ 768101, Telex 401543.

Roma 629 – Belluno 79 – ◆Bolzano 86 – Cortina d'Ampezzo 113 – ◆Milano 349 – Trento 109 – Treviso 105 – ◆Venezia 135.

 🏨 **Savoia,** ✆ 68094, Fax 68188, ≤ gruppo delle Pale e vallata – 🛗 ☎ & 🚗 🅿. 🆎 🕦 🕦 🅴 *VISA*. ✦ rist
 20 dicembre-10 aprile e luglio-10 settembre – Pas carta 29/45000 – ☱ 15000 – **68 cam** 106/144000 appartamenti 144/171000 – ½ P 95/134000.

 🏨 **Des Alpes,** ✆ 68518, Fax 68570, ≤ – 🛗 📺 ☎ 🚗 🅿 – 🏃 50. ✦
 23 dicembre-18 aprile e 25 giugno-10 settembre – Pas 25/40000 – ☱ 15000 – **55 cam** 200000 – ½ P 75/170000.

 🏨 **San Martino,** ✆ 68011, Fax 68841, ≤ gruppo delle Pale e vallata, 🔲, 🌳, ✗ – 🛗 ☎ 🚗 🅿. *VISA*. ✦ rist
 20 dicembre-20 aprile e luglio-15 settembre – Pas 25/30000 – ☱ 12000 – **52 cam** 65/110000 – ½ P 65/95000.

 🏨 **Orsingher,** ✆ 68544, ≤ – 🛗 ☎ 🅿 🕦 🅴 *VISA*. ✦
 ◆ *20 dicembre-Pasqua e 25 giugno-25 settembre* – Pas 18/25000 – ☱ 9000 – **32 cam** 85/125000 – ½ P 77/96000.

 🏨 **Cristallo,** ✆ 68134, ≤ – 🛗 🅿. ✦
 20 dicembre-aprile e luglio-15 settembre – Pas 25/32000 – ☱ 8000 – **24 cam** 70/100000 – ½ P 58/90000.

 🏨 **Paladin,** ✆ 768680, ≤ – 🛗 📺 ☎ & 🚗 🅿. *VISA*. ✦
 20 dicembre-20 aprile e 20 giugno-20 settembre – Pas 28000 – ☱ 9000 – **28 cam** 81/129000 – ½ P 100000.

 🏨 **Panorama,** ✆ 768667, ≤ – 🛗 📺 ☎ 🚗 🅿. 🕦. ✦
 20 dicembre-15 aprile e 28 giugno-16 settembre – Pas carta 23/31000 – ☱ 15000 – **22 cam** 105000 – ½ P 100000.

 🏨 **Rosetta,** ✆ 68056, ≤ gruppo delle Pale – 🛗 🅿. ✦
 20 dicembre-aprile e luglio-15 settembre – Pas 25/32000 – ☱ 8000 – **50 cam** 70/100000 – ½ P 58/90000.

 🏨 **Regina,** ✆ 68017, ≤ gruppo delle Pale – 🛗 📺 ☎ 🅿. 🕦 🅴 *VISA*. ✦ rist
 ◆ *20 dicembre-20 aprile e 15 giugno-20 settembre* – Pas 20/25000 – ☱ 10000 – **35 cam** 82/129000 – ½ P 55/114000.

 🏠 **Letizia,** ✆ 768615, ≤ – 🛗 📺 ☎ 🚗 🅿. *VISA*. ✦ rist
 ◆ *4 dicembre-Pasqua e 26 giugno-15 settembre* – Pas 18/26000 – **21 cam** ☱ 80000 – ½ P 40/93000.

 🏠 **Madonna,** ✆ 68137 – 🛗 ☎ 🅿. ✦
 8 dicembre-Pasqua e 20 aprile-20 settembre – Pas 23/40000 – ☱ 6000 – **25 cam** 70/100000 – ½ P 75/95000.

 🏠 **Alpino,** ✆ 68193, ≤ gruppo delle Pale – 🛗 ✦ rist ☎ 🚗 🅿. 🅴. ✦
 20 dicembre-aprile e luglio-settembre – Pas 28000 – ☱ 9000 – **31 cam** 52/90000 – ½ P 91000.

 ✗✗ **Drei Tannen,** ✆ 68325 – 🅿. 🆎 🕦 🕦 🅴 *VISA*. ✦
 24 dicembre-28 marzo e 3 luglio-28 agosto; chiuso lunedì – Pas carta 32/50000.

 ✗✗ **Malga Ces,** O : 3 km ✆ 68145 – 🅿. 🆎. ✦
 8 dicembre-15 aprile e 16 giugno-settembre – Pas carta 24/40000.

SAN MARTINO IN COLLE Lucca – Vedere Montecarlo.

SAN MARTINO IN PASSIRIA (ST. MARTIN IN PASSEIER) 39010 Bolzano 🔢 ⑩ – 2 671 ab. alt. 597 – a.s. febbraio-Pasqua, 15 luglio-settembre e Natale – ✪ 0473.

Roma 682 – ◆Bolzano 44 – Merano 16 – ◆Milano 342 – Trento 102.

 🏨 **Quellenhof-Sorgente e Forellenhof,** S : 5 km ✆ 645474, Fax 645499, ≤, 🌳, 🔲 riscaldata, 🔲, 🌳, ✗ – 🛗 📺 ☎ & 🅿
 marzo-17 novembre – Pas carta 30/51000 – **40 cam** ☱ 50/100000 – ½ P 40/70000.

 🏨 **Kennenhof** 🦌, S : 5 km ✆ 645740, ≤, 🔲 riscaldata, 🔲, 🌳, ✗ – 📺 ☎ & 🅿
 marzo-novembre – Pas (solo per clienti alloggiati e *chiuso a mezzogiorno*) carta 28/47000 – **15 cam** ☱ 50/100000 – ½ P 45/75000.

SAN MARTINO SPINO 41030 Modena – alt. 10 – ✪ 0535.

Roma 453 – ◆Bologna 65 – ◆Ferrara 39 – Mantova 68 – ◆Milano 223 – ◆Modena 53.

 ✗✗ **Sabbioni,** ✆ 31186 – 🅿. ✦
 chiuso domenica, lunedì, luglio ed agosto – Pas carta 21/38000.

512

SAN MARZANO OLIVETO 14050 Asti – 936 ab. alt. 301 – © 0141.

Roma 598 – Alessandria 37 – Asti 32 – ♦Genova 101 – ♦Milano 128 – ♦Torino 80.

%% **Da Bardon,** località Case Vecchie SE : 5 km & 831340, 🌳 – **℗**. 🖭 🕄 *VISA*. ❀
chiuso giovedì – Pas carta 21/34000.

SAN MASSIMO Genova – Vedere Rapallo.

SAN MAURIZIO D'OPAGLIO 28017 Novara 𝟸𝟷𝟿 ⑥ – 2 780 ab. alt. 373 – © 0322.

Roma 658 – Domodossola 50 – ♦Milano 81 – Novara 43 – ♦Torino 117 – Varese 49.

%% **Da Grissino,** & 96173 – **℗**. 🕄 ① **E** *VISA*. ❀
chiuso mercoledì, dal 7 al 13 gennaio e dal 1° al 25 agosto – Pas carta 29/53000.

SAN MAURO A MARE 47030 Forlì – a.s. 15 giugno-agosto – © 0541.

Roma 353 – ♦Bologna 103 – Forlì 42 – ♦Milano 314 – ♦Ravenna 36 – Rimini 16.

🏨 **Internazionale,** & 346475, ≤, 🏖, ❀ 🌳 rist
15 maggio-20 settembre – Pas (solo per clienti alloggiati) – ☷ 8000 – **36 cam** 38/56000 –
½ P 40/45000.

🏨 **Europa,** & 346312, Telex 550317, Fax 346400, 🔟 – 🛗 ▤ rist **℗**. 🖭 ① **E** *VISA*. ❀ rist
Pasqua-15 ottobre – Pas (solo per clienti alloggiati) 15/20000 – **50 cam** ☷ 30/40000 –
½ P 44/48000.

SAN MAURO TORINESE 10099 Torino – 16 602 ab. alt. 211 – © 011.

Roma 666 – Asti 54 – ♦Milano 136 – Torino 9 – Vercelli 66.

Pianta d'insieme di Torino (Torino p. 3)

🏨 **La Pace** senza rist, via Roma 36 & 8221945 – 🛗 ☎ **℗**. 🖭 *VISA*. ❀   HT s
chiuso dall'8 al 26 agosto – ☷ 6000 – **30 cam** 56/69000.

%% **Della Pace,** via Roma 34 & 8221120, 🌳 – **℗**. 🕄 ① **E** *VISA*. ❀   HT s
chiuso domenica sera, lunedì e dal 5 al 27 agosto – Pas carta 28/52000.

%% **Frandin,** via Settimo 14 & 8221177, 🌳 – 🖭 🕄 ① *VISA*   HT a
chiuso martedì – Pas carta 25/42000.

SAN MENAIO 71010 Foggia – a.s. luglio-15 settembre – © 0884.

Roma 389 – ♦Bari 188 – ♦Foggia 104 – San Severo 71.

🏨 **Nettuno,** E : 1,5 km & 98131, ≤ – 🛗 🕮 🚗 **℗**. ❀
aprile-settembre – Pas 17/30000 – ☷ 5000 – **28 cam** 35/45000 – P 45/70000.

SAN MICHELE (ST. MICHAEL) Bolzano 𝟸𝟷𝟾 ⑳ – Vedere Appiano.

SAN MICHELE ALL'ADIGE 38010 Trento 𝟿𝟾𝟾 ④ – 2 019 ab. alt. 229 – a.s. dicembre-aprile –
© 0461.

Roma 603 – ♦Bolzano 41 – ♦Milano 257 – Moena 70 – Trento 16.

🏨 **Lord Hotel** senza rist, N : 1 km & 650120, ≤, ❀ – 🛗 🕮 🕹 🚗 **℗**. 🕄 ① *VISA*
chiuso dal 24 dicembre al 5 gennaio – ☷ 5000 – **33 cam** 43/69000.

%% **Da Silvio,** N : 1 km & 650324, Fax 650604 – **℗** – 🔏 60. 🖭 🕄 ① **E** *VISA*. ❀
chiuso lunedì – Pas carta 31/44000.

SAN MICHELE AL TAGLIAMENTO 30028 Venezia – 12 172 ab. alt. 7 – © 0431.

Roma 599 – ♦Milano 338 – Pordenone 44 – ♦Trieste 81 – Udine 50 – ♦Venezia 88.

%% ❀ **Mattarello,** strada statale & 50450 – ▤ **℗**. ❀
chiuso lunedì dal 15 settembre al 15 giugno – Pas carta 41/65000
Spec. Salmone marinato alle mandorle, Raviolo nero alle noci di mare, Filetti di San Pietro al tartufo. **Vini**
Chardonnay, Cabernet franc.

SAN MICHELE DI PAGANA Genova – Vedere Rapallo.

SAN MINIATO 56027 Pisa 𝟿𝟾𝟾 ⑭ – 25 126 ab. alt. 140 – © 0571.

Roma 297 – ♦Firenze 43 – ♦Livorno 52 – Pisa 42 – Siena 66.

🏨 **Miravalle** ⬙, piazza Castello 3 & 418075, Fax 419681, ≤ – 🛗 ☎ – 🔏 45. 🖭 🕄 ① **E** *VISA*.
❀
Pas (chiuso venerdì e dal 6 al 24 agosto) carta 23/44000 – ☷ 7500 – **21 cam** 65/85000 –
½ P 60000.

SANNAZZARO DE' BURGONDI 27039 Pavia 𝟿𝟾𝟾 ⑬ – 5 736 ab. alt. 87 – © 0382.

Roma 586 – Alessandria 42 – ♦Milano 45 – Piacenza 84.

%% Da Siro, località Mezzano E : 2 km & 997047 – **℗**.

SANNICOLA 73017 Lecce – 6 465 ab. alt. 75 – © 0833.

Roma 627 – Gallipoli 8 – Lecce 32 – ♦Taranto 92.

%% Al Quadrifoglio, via San Simone & 231246, 🌳, « Parco », 🔟 (coperta d'inverno) – **℗**.

513

SAN NICOLA ARCELLA 87020 Cosenza – 1 344 ab. alt. 110 – ✆ 0985.
Roma 425 – Castrovillari 77 – Catanzaro 158 – ♦Cosenza 99 – ♦Napoli 217.

- 🏛 **Principe,** 𝒫 3125, ≤ mare e costa – 🛗 ⇔ cam ☎ ⇦ 🅿 🚻 ⓞ. ❄️
  Pas carta 25/33000 – ☐ 5000 – **28 cam** 65/95000 – ½ P 64000.

  sulla strada statale 18 S : 1,5 km :

- ✕ **San Giorgio** ⊠ 87020 𝒫 3103 – 🅿
  chiuso mercoledì, dal 23 al 30 settembre e dal 1° all'8 novembre – Pas carta 23/33000.

SAN NICOLA LA STRADA Caserta – Vedere Caserta.

SAN NICOLAO Vercelli 219 ⑮⑯ – Vedere Curino.

SAN NICOLÒ (ST. NIKOLAUS) Bolzano 218 ⑱ – Vedere Ultimo.

SAN NICOLÒ Piacenza – Vedere Piacenza.

SAN NICOLÒ DI RICADI Catanzaro – Vedere Tropea.

SAN PANCRAZIO Ravenna – Vedere Russi.

SAN PANTALEO Sassari – Vedere Sardegna alla fine dell'elenco alfabetico.

SAN PAOLO (ST. PAULS) Bolzano 218 ⑳ – Vedere Appiano sulla Strada del Vino.

SAN PAOLO CERVO 13060 Vercelli 219 ⑮ – 197 ab. alt. 795 – ✆ 015.
Roma 690 – Biella 14 – ♦Milano 116 – Novara 70 – ♦Torino 88 – Vercelli 56.

- ✕ **Asmara** con cam, 𝒫 60021, ≤ – 🅿. ❄️
- ← Pas *(chiuso martedì)* carta 20/33000 – ☐ 4000 – **7 cam** 26/50000 – ½ P 35/40000.

SAN PELLEGRINO (Passo di) Trento 988 ⑤ – alt. 1 918 – ⊠ 38035 Moena – a.s. febbraio-Pasqua e Natale – Sport invernali : 1 918/2 526 m ⛷1 ⛷11, ⛷ – ✆ 0462.
Roma 682 – Belluno 58 – ♦Bolzano 56 – ♦Milano 340 – Trento 100.

- 🏨 **Monzoni** ⟍, 𝒫 53339, ≤ Dolomiti – 🛗 ☎ ♿ 🅿 – 🏛 120. ⓞ ❄️
  20 dicembre-21 aprile e 15 luglio-11 settembre – Pas carta 36/46000 – ☐ 10000 – **87 cam**
  95/140000 – ½ P 72/126000.

- 🏨 **Costabella** ⟍, 𝒫 53326, ≤ Dolomiti – 🛗 ⇔ cam ☎ 🅿. ❄️ rist
  dicembre-aprile e luglio-settembre – Pas 24/26000 – ☐ 9000 – **27 cam** 50/88000 –
  ½ P 70/74000.

- ✕✕ **Miralago,** ⟍ con cam, E : 1 km ⊠ 38030 Soraga 𝒫 53088, ≤, « In riva ad un laghetto » –
- ← �📺 ☎ 🅿. ❄️ cam
  chiuso maggio – Pas *(chiuso martedì in bassa stagione)* 12/18000 – **10 cam** ☐ 35/70000 –
  ½ P 45/65000.

SAN PELLEGRINO TERME 24016 Bergamo 988 ③ – 5 376 ab. alt. 354 – Stazione termale
(maggio-settembre), a.s. luglio e agosto – ✆ 0345.
Dintorni Val Brembana★ Nord e Sud per la strada S 470.
🛈 via Bernardo Tasso 1 𝒫 21020.
Roma 626 – ♦Bergamo 25 – ♦Brescia 77 – Como 71 – ♦Milano 67.

- 🏨 **Terme,** 𝒫 21125, ≡ – 🛗 ☎ 🅿 – 🏛 50. 🆎 ⓞ. ❄️
  16 giugno-15 settembre – Pas 40/50000 – ☐ 8000 – **50 cam** 60/80000 – ½ P 90/100000.
- 🏨 **Bigio,** 𝒫 21058, ≡ – 🛗 ☎ 🅿 – 🏛 100. ❄️
  Pas carta 25/43000 – ☐ 6000 – **50 cam** 42/60000 – ½ P 62/69000.
- ✕ **La Ruspinella** con cam, S : 1,5 km 𝒫 21333 – ☎ 🅿. 🆎 🚻 ⓞ 𝗩𝗜𝗦𝗔. ❄️
  chiuso dal 15 al 30 settembre – Pas *(chiuso venerdì)* carta 33/39000 – ☐ 3000 – **18 cam**
  44/63000 – ½ P 51000.

SAN PIER D'ARENA Genova – Vedere Genova.

SAN PIERO A SIEVE 50037 Firenze 988 ⑮ – 3 585 ab. alt. 210 – ✆ 055.
Roma 318 – ♦Bologna 82 – ♦Firenze 26.

- ✕ **La Felicina** con cam, 𝒫 848016, Fax 8456836 – 🆎. ❄️
  chiuso dal 19 febbraio al 3 marzo e dal 3 al 15 settembre – Pas *(chiuso sabato)* carta 21/33000
  – ☐ 8000 – **10 cam** 40/70000 – ½ P 60/70000.

SAN PIETRO Savona – Vedere Andora.

SAN PIETRO Verona – Vedere Legnago.

SAN PIETRO (Isola di) Cagliari 988 ㉝ – Vedere Sardegna alla fine dell'elenco alfabetico.

SAN PIETRO IN CARIANO 37029 Verona – 10 267 ab. alt. 160 – ✪ 045.

Roma 510 – ✦Brescia 77 – ✦Milano 164 – Trento 85 – ✦Verona 15.

🏨 **Valpolicella International e Rist. Corallo**, ℰ 7703555 e rist ℰ 7704966, Fax 7703555 –
🛗 ▤ 📺 ☎ 🅿 – 🔬 30 a 200. 🆎 🕃 🇪 🆅🆂🅰 🕸
Pas *(chiuso domenica sera e venerdì escluso da maggio a settembre)* carta 22/42000 – ☲
7000 – **42 cam** 100000.

SAN PIETRO IN GU 35010 Padova – 4 136 ab. alt. 45 – ✪ 049.

Roma 543 – Belluno 104 – ✦Milano 219 – ✦Padova 33 – Trento 109 – Treviso 48 – ✦Venezia 66 – Vicenza 14.

🍴🍴 **Ca' Bianca** con cam, strada statale ℰ 5991078, Specialità di mare – ▤ 📺 ☎ 🚗 🅿 🆅🆂🅰
🕸
chiuso dal 1° al 28 agosto – Pas *(chiuso domenica sera e lunedì)* carta 26/42000 – ☲ 3000
– **14 cam** 30/45000, ▤ 3000 – ½ P 40000.

SAN PIETRO IN VOLTA Venezia – Vedere Venezia.

SAN POLO Parma – Vedere Torrile.

SAN POLO DI PIAVE 31020 Treviso – 3 953 ab. alt. 27 – ✪ 0422.

Roma 563 – Belluno 65 – Cortina d'Ampezzo 120 – ✦Milano 302 – Treviso 23 – Udine 99 – ✦Venezia 52.

🍴🍴 ✿ **Gambrinus**, ℰ 855043, Fax 855246, prenotare, « Servizio estivo in giardino con voliere
e ruscello » – ⇔ ▤ 🅿 – 🔬 80. 🆎 🕤 🆅🆂🅰 🕸
chiuso lunedì (escluso i festivi) e dal 7 gennaio al 7 febbraio – Pas carta 26/55000
Spec. Cuoricini di radicchio rosso dorati (dicembre-marzo). Gamberi di acqua dolce alla Gambrinus, Petti
d'anatra muta all'uva Raboso Piave. Vini Incrocio Manzoni, Cabernet.

SAN PROSPERO 41030 Modena – 3 879 ab. alt. 22 – ✪ 059.

Roma 423 – ✦Bologna 58 – ✦Ferrara 61 – ✦Milano 189 – ✦Modena 19 – ✦Verona 83.

🍴🍴 **San Silvestro-da Mario**, N : 1 km ℰ 908824, 🌲 – ⇔ ▤ 🅿 – 🔬 70. 🆎 🕃 🕤 🇪 🆅🆂🅰
🕸
chiuso lunedì, mercoledì ed agosto – Pas carta 31/50000.

SAN QUIRICO D'ORCIA 53027 Siena 👲👲👲 ⑮ – 2 324 ab. alt. 424 – ✪ 0577.

Roma 196 – Chianciano Terme 31 – ✦Firenze 111 – ✦Perugia 96 – Siena 43.

a Bagno Vignoni SE : 5 km – ✉ **53020** :

🏨 **Posta-Marcucci** ⤳, ℰ 887112, Telex 580117, Fax 887119, ≤, 🌊 riscaldata, 🌲, 🕸 – 🛗
☎ 🕭 🅿 🆎 🕃 🕤 🇪 🆅🆂🅰 🕸 rist
chiuso dal 10 al 31 gennaio – Pas 30/50000 – ☲ 15000 – **48 cam** 86/120000 – ½ P 80/110000.

SAN QUIRINO 33080 Pordenone – 3 835 ab. alt. 116 – ✪ 0434.

Roma 613 – Belluno 75 – ✦Milano 352 – Pordenone 9 – Treviso 63 – ✦Trieste 121 – Udine 59.

🍴🍴 ✿ **La Primula** con cam, ℰ 91005 – ▤ rist ☜ 🅿 – 🔬 40. 🆎 🕃 🇪 🆅🆂🅰 🕸
Pas *(chiuso domenica sera, martedì, dal 10 al 30 gennaio e dal 10 al 30 luglio)* carta 35/56000
– **8 cam** ☲ 59/92000 – ½ P 60/80000
Spec. Mosaico di funghi porcini (estate-autunno). Lasagne alle vongole veraci e fiori di zucca (primavera-estate),
Petto d'anitra alla senape. Vini Pinot grigio, Refosco.

SAN REMO 18038 Imperia 👲👲👲 ⑫, 👫👫👫 ⑳ – 60 115 ab. – ✪ 0184.

Vedere Località✶✶ – La Pigna✶ (città alta) : ≤✶ dal santuario della Madonna della Costa.
Dintorni Monte Bignone✶✶ : ✷✶✶ N : 13 km – 🇫 (chiuso martedì) ℰ 557093, N : 5 km.
🆸 corso Nuvoloni 1 ℰ 85615 (prenderà il 571571). Telex 271677.
🅰.🅲.🅸 corso Raimondo 47 ℰ 500295, Fax 72900.

Roma 638 ① – ✦Milano 262 ① – ✦Nice 59 ② – Savona 93 ①.

Pianta pagina seguente

🏨🏨🏨 **Royal**, corso Imperatrice 80 ℰ 79991 (prenderà il 5391), Telex 270511, Fax 61445, ≤,
« Giardino fiorito con 🌊 riscaldata e servizio rist. estivo all'aperto », 🕸 – 🛗 ▤ 📺 📞 🅿 –
🔬 30 a 250. 🆎 🕃 🇪 🆅🆂🅰 A h
chiuso dal 18 settembre al 18 dicembre – Pas 70000 – **140 cam** ☲ 210/360000 appartamenti
370/900000, ▤ 7000 – ½ P 170/240000.

🏨🏨🏨 **Astoria West-End**, corso Matuzia 8 ℰ 70791 (prenderà il 667701), Telex 283834, Fax
65616, « Piccolo parco », 🌊 – 🛗 📺 ☎ 🅿 – 🔬 100. 🆎 🕃 🕤 🇪 🆅🆂🅰 🕸 rist A a
Pas 50000 – ☲ 20000 – **120 cam** 110/190000 appartamenti 260/290000 – ½ P 130/175000.

🏨🏨🏨 **Gd H. Londra**, corso Matuzia 2 ℰ 668000, Telex 271420, Fax 880359, « Giardino », 🌊 riscaldata – 🛗 ⇔ 📺 ☎ 🕭 🅿 – 🔬 250. 🆎 🕃 🕤 🇪 🆅🆂🅰 🕸 A b
chiuso dal 10 ottobre al 17 dicembre – Pas 63/83000 – **140 cam** ☲ 121/190000 appartamenti
250/650000 – ½ P 138/163000.

🏨🏨🏨 **Méditerranée**, corso Cavallotti 76 ℰ 571000, Telex 271533, Fax 690106, 🌲, « Parco con B q
🌊 » – 🛗 ▤ 📺 ☎ 🚗 🅿 – 🔬 40 a 250. 🆎 🆅🆂🅰 🕸 rist
Pas *(chiuso lunedì)* 45/55000 – ☲ 18000 – **62 cam** 105/165000 appartamento 245/330000 –
½ P 125/150000.

🏨🏨 **Des Etrangers,** corso Garibaldi 82 ℰ 79951 (prenderà il 534051), Telex 271485, 🏊 – 🛗 🗏
& ⟷ – 🏊 200. AE 🕃 ⓪ E VISA. 🛠 rist   B
Pas 40000 – **97 cam** � 115/160000, 🍽 10000 – ½ P 84/117000.

🏨🏨 **Villa Mafalda** 🌦 senza rist, corso Nuvoloni 18 ℰ 572572, Fax 41484, 🌿 – 🛗 📺 ☎. AE 🕃
🕃 E VISA. 🛠   A
⊊ 11000 – **57 cam** 130000.

🏨 **Paradiso** 🌦, via Roccastorone 12 ℰ 85112 (prenderà il 532415), Telex 272264, 🌿 – 🛗 📺
☎ ⟷ 🅿. AE 🕃 ⓪ E VISA. 🛠 rist   A
Pas 22/37000 – ⊊ 9000 – **41 cam** 61/96000 – ½ P 75/95000.

🏨 **Garden Lido Residence** senza rist, via Barabino 21 ℰ 883668 (prenderà il 667985), ⩽, 🌿
– 🛗 🕃 ⟷ 🅿. AE 🕃 E VISA. 🛠   A
⊊ 8000 – **38 cam** 70/95000 appartamenti 132/173000.

🏨 **Nike** 🌦 senza rist, via F.lli Asquasciati 37 ℰ 83058 (prenderà il 531428), Fax 41484 – 🛗 🛠
🌿 ⟷. AE 🕃 ⓪ E VISA   A c
chiuso dal 12 al 20 dicembre – ⊊ 11000 – **43 cam** 76/122000.

🏨 **Morandi,** corso Matuzia 51 ℰ 73686 (prenderà il 667641), 🌿 – 🛗 📺 🅿. AE 🕃 ⓪ E VISA
🛠 rist   A m
Pas 25/32000 – ⊊ 7500 – **32 cam** 60/92000 – ½ P 70/90000.

🏨 **Miramare,** corso Matuzia 9 ℰ 882381, Telex 275566, ⩽, « Giardino fiorito » – 🛗 📺 & 🅿
AE 🕃 ⓪ E VISA. 🛠 rist   A u
chiuso dal 30 settembre al 21 dicembre – Pas 50/60000 – ⊊ 15000 – **57 cam** 95/160000 –
½ P 110/155000.

🏨 **Villa Maria,** corso Nuvoloni 30 ℰ 882882 (prenderà il 531422), 🌿 – 🛗 📺 🅿. AE. 🛠   A e
Pas 35000 – ⊊ 9000 – **19 cam** 60/93000 – ½ P 84/96000.

🏨 **Nazionale e Rist. Panoramico,** via Matteotti 5 ℰ 577577, Telex 275567 – 🛗 🍽 rist 📺 –
🏊 40. AE. 🛠 rist   A v
Pas (chiuso mercoledi) carta 50/60000 – ⊊ 13000 – **87 cam** 69/110000 appartamenti 145000
– ½ P 105/115000.

🏨 **Europa e Pace,** corso Imperatrice 27 ℰ 578170, Telex 272024, Fax 578156 – 🛗 ☎ AE 🕃
⓪ E VISA   A t
Pas carta 33/51000 – **77 cam** ⊊ 75/125000 – ½ P 105/115000.

🏨 **De la Ville e Tivoli,** corso Matuzia 187 ℰ 61661, Telex 272454, Fax 61664 – 🛗 ☎ ⟷. AE
🕃 ⓪ E VISA. 🛠   per ②
Pas (chiuso dal 6 novembre al 21 dicembre) 28000 – ⊊ 7000 – **46 cam** 45/82000 –
P 88000.

🏨 **Lolli Palace Hotel,** corso Imperatrice 70 ℰ 85696 (prenderà il 531496), ⩽ – 🛗 📺 ☎. AE
🕃 E VISA. 🛠 rist   A s
Pas 25/35000 – ⊊ 8000 – **50 cam** 63/85000 – ½ P 75/82000.

🏠 **Eletto,** via Matteotti 44 ℰ 85614 (prenderà il 531548) – 🛗 📺 🅿. 🕃 E VISA. 🛠 rist   B u
✦ Pas 18/25000 – ⊊ 6000 – **29 cam** 50/80000 – ½ P 60/65000.

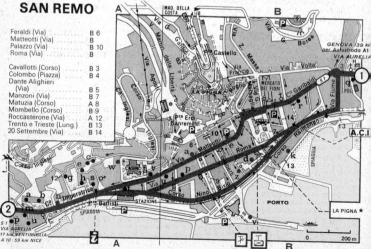

SAN REMO

Feraldi (Via) .... B 6
Matteotti (Via) .... B
Palazzo (Via) .... B 10
Roma (Via) .... B

Cavallotti (Corso) ...... B 3
Colombo (Piazza) ...... B 4
Dante Alighieri
(Via) .... B 5
Manzoni (Via) .... B 7
Matuzia (Corso) .... A 8
Mombello (Corso) ...... B 9
Roccastorone (Via) ..... A 12
Trento e Trieste (Lung.) .. B 13
20 Settembre (Via) ...... B 14

XXX ✿ **Da Giannino,** lungomare Trento e Trieste 23 ✆ 70843 (prenderà il 504014), Coperti limitati; prenotare – ▤. AE ⓢ ⓓ E VISA. ✻ B **k**
chiuso domenica e lunedì a mezzogiorno – Pas carta 56/90000 (15%)
Spec. Taglierini con gamberi zucchine e pomodori, Pesce spada al pepe verde, Branzino con funghi e patate.
Vini Cervaro della Sala, Chianti.

XX ✿ **Pesce d'Oro,** corso Cavallotti 300 ✆ 576332, Coperti limitati; prenotare – AE ⓢ E VISA per ①
chiuso lunedì e dal 15 febbraio al 15 marzo – Pas carta 43/62000 (15%)
Spec. Lasagnette al pesto, Zuppa di frutti di mare, Spiedini di scampi e gamberi ai ferri. **Vini** Pigato, Rossese.

XX **Il Bagatto,** via Matteotti 145 ✆ 85500 (prenderà il 531925) – ▤. AE ⓢ ⓓ E VISA B **e**
chiuso domenica e giugno – Pas carta 42/64000 (15%).

XX **Sciabecco,** via Gaudio 42 ✆ 84555 (prenderà il 501990), Coperti limitati; prenotare – ▤. AE ⓢ ⓓ E VISA B **z**
chiuso martedì e giugno – Pas carta 40/70000.

XX **La Pignese,** piazza Sardi 7 ✆ 531929 – AE ⓢ ⓓ E VISA B **d**
chiuso lunedì e giugno – Pas carta 33/54000 (10%).

XX **Paolo e Barbara,** via Roma 47 ✆ 83087, Coperti limitati; prenotare – ▤. AE ⓢ ⓓ E VISA B **p**
chiuso mercoledì, dal 1° al 15 luglio e dal 15 al 30 novembre – Pas carta 50/70000 (15%).

XX Gambero Rosso, via Matteotti 71 ✆ 83037 (prenderà il 572469) B **a**

XX **L'Angolo di Beppe,** corso Inglesi 31 ✆ 76431 (prenderà il 531748) – AE ⓢ ⓓ E VISA A **w**
chiuso mercoledì e novembre – Pas carta 26/50000 (10%).

X **La Broche,** corso Imperatrice 112 ✆ 83901 (prenderà il 667871) – AE ⓢ ⓓ E VISA A **n**
chiuso mercoledì e da novembre al 22 dicembre – Pas carta 36/60000 (15%).

X **La Lanterna,** via Molo di Ponente 16 ✆ 506855, ☂ – AE B **v**
chiuso giovedì e dal 15 dicembre al 15 febbraio – Pas carta 31/45000 (15%).

sulla strada statale 1 - via Aurelia :

Napoleon senza rist, per ② : 1,5 km ✉ 18038 ✆ 62244, ≤, « Giardino » – ⇅ ☎ ⇔ Ⓟ. VISA
chiuso novembre – ☐ 10000 – **29 cam** 65/99000.

Ariston-Montecarlo, per ① : 4 km ✉ 18038 ✆ 889255 (prenderà il 513655), Telex 272241, Fax 510702, ≤, ⛱ – ⇅ TV ☎ Ⓟ. AE ⓢ ⓓ E VISA. ✻ rist
Pas *(chiuso da novembre al 15 dicembre)* 28/32000 – **43 cam** ☐ 60/109000 – ½ P 78/82000.

Bobby Motel, per ② : 2,5 km ✉ 18038 ✆ 60255, Telex 271249, ≤, ⛱ – ⇅ ☎ Ⓟ. AE ⓓ E VISA
chiuso dal 25 ottobre al 20 dicembre – Pas 30/50000 – ☐ 10000 – **75 cam** 60/100000 – ½ P 80/100000.

a San Romolo NO : 15 km – alt. 786 – ✉ **18038** San Remo :

X **Dall'Ava,** ✆ 54019 (prenderà il 669998), prenotare – Ⓟ. AE ⓢ E VISA
chiuso giovedì, dal 15 al 27 febbraio e dal 15 al 27 novembre – Pas carta 22/49000.

SAN RIZZO (Colle) Messina – Vedere Sicilia (Messina) alla fine dell'elenco alfabetico.

SAN ROCCO Genova – Vedere Camogli.

SAN ROMOLO Imperia 195 ⑳ – Vedere San Remo.

SAN SALVATORE Piacenza – Vedere Bobbio.

SAN SALVATORE (Monte) 427 ㉔, 219 ⑧ – Vedere Cantone Ticino alla fine dell'elenco alfabetico.

SAN SEBASTIANO CURONE **15056** Alessandria – 544 ab. alt. 336 – ☎ 0131.
Roma 591 – Alessandria 45 – ♦Genova 75 – ♦Milano 97 – ♦Torino 135 – Tortona 24.

XX **Corona,** ✆ 786203 – AE VISA
chiuso la sera, lunedì e dal 15 giugno al 10 luglio – Pas carta 18/44000.

Le guide Vert Michelin **ITALIE** (nouvelle présentation en couleur)

Paysages, monuments
Routes touristiques
Géographie
Histoire, Art
Itinéraires de visite
Plans de villes et de monuments.

SANSEPOLCRO 52037 Arezzo 988 ⑮ – 15 753 ab. alt. 330 – ☎ 0575.
Vedere Opere di Piero della Francesca★★ nel museo Civico.
Roma 258 – Arezzo 39 – ♦Firenze 114 – ♦Perugia 69 – Rimini 90 – Urbino 71.

- **La Balestra,** via dei Montefeltro 29 ✆ 735151, – 🛗 📺 ☎ ♿ 🚗 🅿 – 🏛 200. AE ⑤ ⓓ E VISA. ✻ rist
  Pas *(chiuso domenica sera e lunedì)* carta 23/34000 – ☕ 5000 – **51 cam** 50/70000 – ½ P 55/60000.
- **Fiorentino,** via Luca Pacioli 60 ✆ 76033 – ☎. AE ⑤ ⓓ E VISA. ✻
  Pas *(chiuso venerdì e dal 15 giugno al 15 luglio)* carta 23/34000 (10%) – ☕ 3500 – **26 cam** 26/50000 – ½ P 45/55000.
- XX **Oroscopo,** località Pieve Vecchia NO : 1 km ✆ 734875, Coperti limitati; prenotare – E VISA. ✻
  chiuso a mezzogiorno e martedì – Pas carta 45/75000.
- XX **Da Ventura** con cam, via Aggiunti 30 ✆ 76560 – AE ⑤ ⓓ E VISA. ✻
  chiuso dal 1° al 20 agosto – Pas *(chiuso sabato)* carta 30/42000 – ☕ 3000 – **7 cam** 25/40000.

SAN SEVERO 71016 Foggia 988 ㉘ – 55 252 ab. alt. 89 – a.s. 15 giugno-settembre – ☎ 0882.
Roma 320 – ♦Bari 153 – ♦Foggia 33 – Monte Sant'Angelo 57 – ♦Pescara 151.

- **Milano,** via Teano Appulo 10 ✆ 75643 – 🛗 ☎ ♿ 🚗 🅿 – 🏛 50 a 100. ⑤ ⓓ VISA. ✻ rist
  Pas *(chiuso domenica)* carta 18/25000 – ☕ 4000 – **59 cam** 50/82000 – ½ P 45/62000.
- XX **La Botte,** via Colonna 10 ✆ 75048, « Taverna d'intonazione medioevale » – ▤. AE ⑤ ⓓ E VISA. ✻
  chiuso martedì – Pas carta 26/41000 (15%).
- X **Le Arcate,** piazza Cavallotti 29 ✆ 26025 – ▤
  chiuso lunedì – Pas carta 25/40000.

SAN SICARIO Torino 77 ⑧ ⑨ – Vedere Cesana Torinese.

SAN SIGISMONDO (ST. SIGMUND) Bolzano – Vedere Chienes.

SANTA CATERINA PITTINURI Oristano 988 ㉝ – Vedere Sardegna alla fine dell'elenco alfabetico.

SANTA CATERINA VALFURVA 23030 Sondrio 988 ④, 218 ⑦⑧ – alt. 1 738 – Sport invernali : 1 738/2 726 m ⛷8, ⛷ – ☎ 0342.
Roma 776 – ♦Bolzano 136 – Bormio 13 – ♦Milano 215 – Sondrio 77 – Passo dello Stelvio 33.

- **Alle 3 Baite,** ✆ 935545, Fax 935561 – 🛗 📺 ☎ 🚗 🅿. ✻
  dicembre-15 maggio e 25 giugno-15 settembre – Pas 15/40000 – ☕ 9000 – **25 cam** 45/70000.
- **Santa Caterina,** ✆ 935469, Fax 935561 – 🛗 ☎ 🚗 🅿 – 🏛 50. ✻
  6 dicembre-15 aprile e giugno-settembre – Pas 22000 – ☕ 7000 – **38 cam** 72000 appartamenti 150000 – ½ P 50/90000.
- San Matteo, ✆ 935426 – 🛗 ☎ 🚗 – *stagionale* – **15 cam**.

SANTA CRISTINA VALGARDENA (ST. CHRISTINA IN GRÖDEN) 39047 Bolzano – 1 598 ab. alt. 1 428 – a.s. febbraio-aprile, luglio-agosto e Natale – Sport invernali : della Val Gardena 1 428/2 498 m 🚡2 ⛷11, ⛷ – ☎ 0471 – **ℹ** Palazzo Comunale ✆ 73046, Fax 73198.
Roma 681 – ♦Bolzano 39 – Cortina d'Ampezzo 75 – ♦Milano 338 – Trento 99.

- **Sporthotel Maciaconi,** ✉ 39048 Selva di Val Gardena ✆ 76229, – 🛗 ☎ ♿ 🚗 🅿. ✻ rist
  Pas *(chiuso martedì in bassa stagione)* carta 26/38000 (10%) – **40 cam** ☕ 70/130000 – ½ P 70/94000.
- **Posta,** ✆ 796678, ≤, 🏊 riscaldata, , 🎾 – 🛗 ☎ 🅿. ✻ rist
  chiuso maggio e novembre – Pas *(chiuso martedì)* 22/37000 – **58 cam** ☕ 65/110000 – ½ P 75/95000.
- **Interski** ⛰, ✆ 73460, ≤ Sassolungo e vallata, 🏊, – ☎ 🅿. ✻ rist
  20 dicembre-15 aprile e 25 giugno-ottobre – Pas (solo per clienti alloggiati e *chiuso a mezzogiorno*) 21/30000 – **23 cam** ☕ 60/96000 – ½ P 65/110000.
- **Dosses,** ✆ 73326, – 🛗 rist 📺 ☎ 🅿. ✻ rist
  chiuso maggio e novembre – Pas *(chiuso giovedì)* 20/25000 – ☕ 10000 – **50 cam** 45/80000 – ½ P 53/82000.
- **Kristiania** ⛰, ✉ 39048 Selva di Val Gardena ✆ 76847, ≤ Sassolungo e vallata, – 🛗 ▤ rist ☎ 🅿. ✻
  Natale-Pasqua e 25 giugno-25 settembre – Pas carta 24/41000 – ☕ 6000 – **32 cam** 59/103000 – ½ P 65/84000.
- **Villa Martha** ⛰, ✆ 796628, ≤ – ☎ 🅿. ✻ rist
  Natale-Pasqua e giugno-settembre – Pas (solo per clienti alloggiati e *chiuso a mezzogiorno*) – **20 cam** ☕ 48/90000 – ½ P 50/75000.

sulla strada statale 242 O : 2 km :

- **Diamant,** ✉ 39047 ✆ 796780, ≤ Sassolungo e pinete, 🏊, , 🎾 – 🛗 📺 ☎ ♿ 🅿. ✻ rist
  3 dicembre-Pasqua e 20 giugno-10 ottobre – **29 cam** (solo pens) – P 74/135000.

al monte Pana S : 3 km – alt. 1 637 :

🏨 **Sport Hotel Monte Pana** ⑤, ✉ 39047 ℰ 796128, Telex 401689, Fax 793527, ≤ pinete e Dolomiti, 🔲, 🛋, ⚒ – 📺 ☎ 🅿. 🆎 ⑪. 🍴 rist
20 dicembre-10 aprile e luglio-20 settembre – Pas carta 34/50000 – **71 cam** � 105/190000
appartamenti 180/195000 – ½ P 145/155000.

all'arrivo della funivia Ruacia Sochers SE : 10 mn di funivia – alt. 1 985 :

🏨 **Sochers Club** ⑤, ✉ 39048 Selva di Val Gardena ℰ 796601, ≤ Dolomiti – 📶 🖁🗲 cam 📺 ☎. ⑪. 🍴
dicembre-15 aprile – **23 cam** (solo pens) – P 100/130000.

Vedere anche : *Selva di Val Gardena* E : 3 km.
Ortisei NO : 4 km.

SANTA CROCE DEL LAGO 32010 Belluno – alt. 401 – ✪ 0437.
Roma 596 – Belluno 21 – Cortina d'Ampezzo 76 – ✦Milano 335 – Treviso 56 – ✦Venezia 85.

🍴 **La Baita,** ℰ 471008, ≤ – 🅿
↔ *chiuso lunedì e da novembre al 7 dicembre* – Pas carta 20/37000.

SANTA CROCE DEL SANNIO 82020 Benevento – 1 182 ab. alt. 650 – ✪ 0824.
Roma 243 – Benevento 37 – Campobasso 48 – Isernia 66.

🍴 La Grotta del Vescovo, via Finanzieri 3 ℰ 950125, prenotare.

SANTA FIORA 58037 Grosseto 🈯🈯🈯 ㉕ – 3 138 ab. alt. 687 – ✪ 0564.
Roma 189 – Grosseto 76 – Siena 84 – Viterbo 75.

a Bagnolo E : 5 km – ✉ **58030** :

🏠 **Il Fungo,** località Case Fioravanti ℰ 953025, ≤ – 🅿. 🍴
↔ Pas carta 19/27000 – ⊡ 4000 – **14 cam** 30/51000 – ½ P 38/50000.

SANTA FLAVIA Palermo – Vedere Sicilia alla fine dell'elenco alfabetico.

SANTA FRANCA Parma – Vedere Polesine Parmense.

SANT'AGATA DI MILITELLO Messina 🈯🈯🈯 ㊱㊲ – Vedere Sicilia alla fine dell'elenco alfabetico.

SANT'AGATA SUI DUE GOLFI 80064 Napoli – alt. 391 – a.s. aprile-settembre – ✪ 081.
Dintorni Penisola Sorrentina** (circuito di 33 km) : ≤** su Sorrento dal capo di Sorrento (1 h a piedi AR), ≤** sul golfo di Napoli dalla strada S 163.
Roma 266 – Castellammare di Stabia 28 – ✦Napoli 57 – Salerno 56 – Sorrento 9.

🏨 **Gd H. Hermitage,** ℰ 8780062, ≤ golfo di Napoli e Vesuvio, 🔲, 🛋 – 📶 🖁🗲 rist 🍷 🅿. 🆎. 🍴 rist
aprile-ottobre – Pas 25000 – ⊡ 12000 – **74 cam** 40/85000 – ½ P 55/75000.

🏨 **Jaccarino,** ℰ 8780294, ≤ golfo di Napoli e Vesuvio, « Terrazza con 🔲 », 🛋 – 📶 🖁🗲 rist 🍷 🅿 – 🛠 100. 🆎 ⑪ E 🆅🆂🅰. 🍴 rist
marzo-ottobre – Pas carta 32/51000 – ⊡ 20000 – **89 cam** 75/120000 – ½ P 90/100000.

🏠 **Sant'Agata,** ℰ 8080363 – 🖁 📺 🍷 🅿. 🆎. 🍴
15 marzo-ottobre – Pas carta 23/33000 – ⊡ 7000 – **28 cam** 31/52000 – ½ P 45/53000.

🍴🍴🍴 ❀ **Don Alfonso 1890,** ℰ 8780026, ☂, prenotare – 🅿. 🆎 ⑪ 🆅🆂🅰. 🍴
chiuso dal 7 gennaio al 26 febbraio, domenica sera e lunedì (escluso Natale, Capodanno, Pasqua e dal 15 luglio al 15 settembre) – Pas carta 47/69000 (15%)
Spec. Insalata di aragosta o astice agli agrumi, Linguine alle vongole e zucchine, Agnello alle erbe mediterranee.
Vini Falanghina, Solopaca.

SANT'AGATA SUL SANTERNO 48020 Ravenna – 2 025 ab. alt. 14 – ✪ 0545.
Roma 390 – ✦Bologna 47 – ✦Ferrara 57 – ✦Ravenna 30.

🍴🍴 Da Arnaldo, ℰ 45043 – 🍽 🅿.

SANTA GERTRUDE (ST. GERTRAUD) Bolzano 🈯🈯🈯 ④, 🈂🈂🈂 ⑬ – Vedere Ultimo.

SANTA GIUSTINA Belluno – 6 063 ab. alt. 298 – ✉ 32035 Santa Giustina Bellunese – ✪ 0437.
Roma 607 – Belluno 17 – ✦Milano 302 – ✦Padova 107 – Trento 95 – ✦Venezia 97.

🍴🍴 **Al Porton,** località San Martino ℰ 88524, prenotare – 🅿. 🆎 🖁 ⑪ E 🆅🆂🅰. 🍴
chiuso a mezzogiorno (escluso i giorni festivi), lunedì e dal 18 giugno al 9 luglio – Pas 25/35000.

a Meano NE : 2 km – ✉ **32030** :

🍴🍴 **Da Nando,** ℰ 86142, ☂, Solo piatti di pesce, prenotare – 🅿. 🆎 🖁 ⑪ E 🆅🆂🅰. 🍴
chiuso mercoledì e sabato a mezzogiorno – Pas carta 30/60000.

SANT'AGNELLO 80065 Napoli – 8 182 ab. – a.s. aprile-settembre – ✆ 081.

🖪 a Sorrento, via De Maio 35 ✆ 8782104.

Roma 255 – Castellammare di Stabia 17 – ◆Napoli 46 – Salerno 48 – Sorrento 2.

🏨 **Cocumella** ⚶, via Cocumella 7 ✆ 8782933, Telex 720370, Fax 8783712, « Agrumeto, giardino ed ascensore per la spiaggia », ⤳, 🐾, ⚒ – 🛗 ▤ 📺 ☎ 🄿 – 🔏 40 a 550. 🝙 🛐
🕥 🅔 **VISA**. 🛠 rist
Pas 40/60000 – **60 cam** ⊑ 160/275000 appartamenti 365000 – ½ P 180/200000.

🏨 **Corallo** ⚶, rione Cappuccini 12 ✆ 8785069, Fax 8772537, ≤ – 🛗 🄶 ▤ 📺 ☎ 🄿 – 🔏 70.
🝙 **VISA**. 🛠
Pasqua-ottobre – Pas 40000 – **58 cam** ⊑ 90/160000 appartamenti 200/300000 – ½ P 120000.

🏨 **Villa Garden** ⚶, rione Cappuccini 7 ✆ 8781387, Telex 722533, ≤, 🌣, ⤳, 🍃 – 🛗 ▤ ☎.
🝙 🅔 **VISA**. 🛠
aprile-ottobre – Pas (solo per clienti alloggiati) 22/31000 – **24 cam** ⊑ 105/170000 –
½ P 105/120000.

🏨 **Alpha**, viale dei Pini 14 ✆ 8785487, Telex 722028, « Giardino-agrumeto con ⤳ » – 🛗 🐾
🚗. 🝙 🄶 🕥 🅔 **VISA**. 🛠 rist
15 marzo-ottobre – Pas 35000 – ⊑ 12500 – **46 cam** 125000 – ½ P 80/100000.

🏨 **Eliseo Park's** ⚶, via Cocumella 3 ✆ 8781843, « Giardino » – 🛗 🐾 ⭑ 🚗. 🛠
chiuso febbraio, ottobre e dal 24 al 31 dicembre – Pas 24/28000 – **35 cam** ⊑ 60/95000 –
½ P 70/80000.

✕ **Il Capanno**, rione Cappuccini 58 ✆ 8782453, 🌣 – 🝙 **VISA**. 🛠
20 aprile-15 ottobre – Pas carta 19/33000 (10%).

SANT'AGOSTINO 44047 Ferrara – 5 960 ab. alt. 15 – ✆ 0532.

Roma 428 – ◆Bologna 52 – ◆Ferrara 23 – ◆Milano 220 – ◆Modena 50 – ◆Padova 91.

✕✕ **Trattoria la Rosa**, ✆ 84098 – ▤ 🄿. 🝙 🕥 **VISA**. 🛠
chiuso domenica sera, lunedì, Natale, dal 9 al 17 gennaio, Pasqua e dal 3 al 29 luglio – Pas
carta 24/60000.

SANT'ALBINO Siena – Vedere Montepulciano.

SANT'ALESSIO SICULO Messina – Vedere Sicilia alla fine dell'elenco alfabetico.

SANTA LIBERATA Grosseto – Vedere Porto Santo Stefano.

SANTA LUCIA DEI MONTI Verona – Vedere Valeggio sul Mincio.

SANTA LUCIA DELLE SPIANATE Ravenna – Vedere Faenza.

SANTA MARGHERITA Cagliari 🆈🅰🅰 ㉝ – Vedere Sardegna (Pula) alla fine dell'elenco alfabetico.

SANTA MARGHERITA LIGURE 16038 Genova 🆈🅰🅰 ⑬ – 11 505 ab. – a.s. 15 dicembre-15 gennaio, Pasqua e giugno-settembre – ✆ 0185.

Dintorni Penisola di Portofino*** per la strada panoramica** Sud – Strada panoramica** del golfo di Rapallo Nord.

🖪 via 25 Aprile 2/b ✆ 287485.

Roma 480 – ◆Genova 31 – ◆Milano 166 – ◆Parma 149 – Portofino 5 – ◆La Spezia 82.

🏰 **Imperial Palace**, via Pagana 19 ✆ 288991, Telex 271398, Fax 284223, ≤ golfo, « Parco-giardino sul mare con ⤳ riscaldata », 🐾 – 🛗 ▤ 📺 ☎ 🄿 – 🔏 30 a 180. 🝙 🄶 🕥 🅔 **VISA**.
🛠 rist
23 marzo-ottobre – Pas carta 74/112000 – **96 cam** ⊑ 233/407000 appartamenti 404/557000
– ½ P 210/280000.

🏰 **Gd H. Miramare**, lungomare Milite Ignoto 30 ✆ 287013, Telex 270437, Fax 284651, ≤ golfo, « Parco fiorito e terrazza con ⤳ riscaldata », 🐾 – 🛗 ▤ 📺 ☎ ⭑ 🄿 – 🔏 300. 🝙
🄶 🕥 🅔 **VISA**. 🛠 rist
Pas 75000 – **81 cam** ⊑ 185/320000 appartamenti 370/530000 – ½ P 185/245000.

🏨 **Continental**, via Pagana 8 ✆ 286512, Telex 271601, Fax 284463, ≤ golfo, « Parco sul mare », 🐾 – 🛗 ▤ 📺 ☎ 🄿 – 🔏 100. 🝙 🄶 🕥 🅔 **VISA**. 🛠 rist
Pas 40/52000 – **76 cam** ⊑ 125/220000 – ½ P 100/160000.

🏨 **Regina Elena**, lungomare Milite Ignoto 44 ✆ 287003, Telex 271563, Fax 284473, ≤, 🐾 –
🛗 ▤ 📺 ☎ 🄿 – 🔏 200. 🝙 🄶 🕥 🅔 **VISA**. 🛠 rist
Pas 42/54000 – **94 cam** ⊑ 123/211000 – ½ P 116/163000.

🏨 **Metropole**, via Pagana 2 ✆ 286134, Telex 272022, Fax 283495, ≤, « Parco fiorito sul mare », 🐾 – 🛗 ▤ 📺 ☎ 🄿. 🝙 🄶 🕥 🅔 **VISA**. 🛠 rist
chiuso da novembre al 15 dicembre – Pas 49000 – **50 cam** ⊑ 95/160000 – ½ P 85/136000.

🏨 **Lido Palace** senza rist, via Doria 3 ✆ 285821, Telex 271101, Fax 284708, ≤ – 🛗 ▤ 📺 ☎.
🝙 🕥 🅔 **VISA**
chiuso dal 5 novembre al 2 dicembre – ⊑ 12500 – **54 cam** 95/199000.

🏨 **Laurin** senza rist, lungomare Marconi 3 ℰ 289971, Telex 275043, Fax 285709, ≤ – ▨ ▤ 📺 🕿 ♿, ஈ ⑤ ⑩ Ε VISA
41 cam ⊂⊃ 111/174000.

🏨 **La Vela,** via Nicolò Cuneo 21 ℰ 286039, ≤ – 🕿 🅟 ⚘
Pas (solo per clienti alloggiati e *chiuso da novembre al 23 dicembre e dal 7 gennaio a Pasqua*) 25/40000 – ⊂⊃ 10000 – **16 cam** 56/98000 – ½ P 65/85000.

🏨 **Helios e Rist. La Darsena,** via Gramsci 6 ℰ 287471, Fax 287802, ≤ – ▨ 📺 🕿 ஈ ⑤ ⑩ Ε VISA
chiuso dall'8 gennaio al 28 febbraio – Pas *(chiuso lunedì)* carta 45/75000 – ⊂⊃ 15000 – **20 cam** 160/200000 – ½ P 140/160000.

🏨 **Minerva** ⏚, via Maragliano 34/d ℰ 286073 – ▨ 👜 ⟸⟹. ஈ ⑤ ⑩ Ε VISA ⚘
Pas (solo per clienti alloggiati) 38000 – **33 cam** ⊂⊃ 80/132000 – ½ P 80000.

🏨 **Fiorina,** piazza Mazzini 26 ℰ 287517 – ▨ 🕿. ⑤ Ε VISA ⚘
chiuso da novembre al 21 dicembre – Pas *(chiuso lunedì)* 28000 – ⊂⊃ 8500 – **55 cam** 43/74000 – ½ P 65/73000.

🏠 **Conte Verde,** via Zara 1 ℰ 287139 – ▨ 🕿. ஈ ⑤ ⑩ Ε VISA ⚘
← *chiuso da novembre al 22 dicembre* – Pas *(chiuso lunedì)* 20/30000 – ⊂⊃ 12500 – **37 cam** 45/75000 – ½ P 50/85000.

🏠 **Fasce,** via Bozzo 3 ℰ 286435, Fax 283580 – 📺 🕿 ⟸⟹. ஈ ⑤ VISA ⚘ rist
Pas (solo per clienti alloggiati) 25000 – ⊂⊃ 9000 – **16 cam** 35/65000 – ½ P 57/65000.

🏠 **Jolanda,** via Costa 6 ℰ 287512 – ▨ ✂⟷ 👜. ஈ. ⚘ rist
← *chiuso novembre* – Pas (solo per clienti alloggiati) 20/25000 – ⊂⊃ 6500 – **20 cam** 27/55000 – ½ P 45/60000.

🏠 **Ulivi,** via Maragliano 28 ℰ 287890 – 👜. ஈ ⑤ ⑩ Ε VISA ⚘ rist
chiuso da novembre al 20 dicembre – Pas (solo per clienti alloggiati) 30/40000 – ⊂⊃ 12000 – **9 cam** 65000 – ½ P 55/85000.

🏠 **Europa,** via Trento 5 ℰ 287187 – 👜. ⑤ ⑩ Ε VISA ⚘
chiuso dal 10 gennaio al 10 febbraio – Pas (solo per clienti alloggiati) 26/30000 – ⊂⊃ 8500 – **16 cam** 53000 – ½ P 48/58000.

XX ❀ **Trattoria Cesarina,** via Mameli 2/c ℰ 286059, prenotare – ▤. VISA ⚘
chiuso mercoledì, dal 12 al 27 dicembre e dal 5 al 17 marzo – Pas 80000
Spec. Salmone marinato a crudo, Acciughe ripiene, Taglierini al sugo di granseola, Pesce cappone al forno con patate cipolle e pomodori. **Vini** Vermentino, Pigato.

XX **La Ghiaia,** via Doria 5 ℰ 283708, ≤, �ూ – ▤. ஈ ⑤ ⑩ Ε VISA
chiuso mercoledì e novembre – Pas carta 31/55000.

XX **Skipper,** calata del Porto 6 ℰ 289950, �ూ, Coperti limitati; prenotare – ▤. ஈ ⑤ ⑩ Ε VISA
chiuso febbraio, novembre e mercoledì (escluso luglio-agosto) – Pas carta 52/76000.

X **La Paranza,** via Ruffini 46 ℰ 283686, ≤ – ஈ ⑤ ⑩ Ε VISA
chiuso dal 15 dicembre al 15 gennaio e giovedì (in luglio-agosto solo giovedì a mezzogiorno) – Pas carta 45/66000 (12%).

X **Beppe Achilli,** via Bottaro 29 ℰ 286516 – ஈ ⑤ ⑩ Ε VISA
chiuso mercoledì e dal 9 al 25 dicembre – Pas carta 44/53000 (10%).

X Bassa Prora, via Garibaldi 7 ℰ 286586 – ▤.

Vedere anche : *Paraggi* S : 4 km.

▭ SANTA MARIA Salerno – Vedere Castellabate.

▭ SANTA MARIA (AUFKIRCHEN) Bolzano – Vedere Dobbiaco.

▭ SANTA MARIA AL BAGNO 73050 Lecce – ✪ 0833.
Roma 621 – ♦Brindisi 70 – Gallipoli 10 – Lecce 31 – ♦Taranto 87.

🏨 **Gd H. Riviera,** strada litoranea N : 1 km ℰ 573221, ≤, ⛲, ㉓, ⚓, ⚘ – ▨ ▤ rist ⟺ 🅟 – 🔒 150. ஈ ⑤ ⑩ Ε VISA. ⚘
giugno-settembre – Pas 40000 – ⊂⊃ 11000 – **105 cam** 57/100000 – ½ P 69/118000.

▭ SANTA MARIA DEGLI ANGELI Perugia – Vedere Assisi.

▭ SANTA MARIA DELLE VERTIGHE (Santuario di) Arezzo – Vedere Monte San Savino.

▭ SANTA MARIA DI LEUCA Lecce – Vedere Marina di Leuca.

▭ SANTA MARIA DI SETTE Perugia – Vedere Umbertide.

Per escursioni a nord della Lombardia e nella Valle d'Aosta
utilizzate la **carta stradale** n. ▨▨▨ in scala 1/200 000.

SANTA MARIA MAGGIORE 28038 Novara 988 ② , 219 ⑥ – 1 272 ab. alt. 816 – a.s. luglio-agosto e Natale – Sport invernali : a Piana di Vigezzo : 1 610/2 064 m ≰ 1 ≰ 3, ≉ – ✪ 0324.
🛈 piazza Risorgimento ℰ 9091.
Roma 715 – Domodossola 17 – Locarno 32 – ◆Milano 139 – Novara 108 – ◆Torino 182.

🏨 **Oscella,** via Matteotti 70 ℰ 9170, ≼, ☞ – 🛊 🕾 ℗
   stagionale – **62 cam**.

🏨 **La Scheggia,** località Crana ℰ 9098, ≼, ☞ – 🛊 ≍ cam ☜ ♣ ↞ ℗. ℀ rist
↞ *chiuso ottobre e novembre* – Pas carta 18/28000 – ☷ 6000 – **45 cam** 35/65000 –
   ½ P 40/60000.

SANTA MARIA REZZONICO 22010 Como 219 ⑨ – 1 158 ab. alt. 205 – ✪ 0344.
Roma 667 – Chiavenna 42 – Como 42 – ◆Milano 90 – Sondrio 61.

🏠 **Chez Angelo** senza rist, località Molvedo ℰ 50024, ≼, ☞ – ℗
   aprile-settembre – ☷ 5000 – **14 cam** 25/40000.

SANTA MARIA ROSSA Milano 219 ⑱ – Vedere Garbagnate Milanese.

SANTA MARINELLA 00058 Roma 988 ㉕ – 11 869 ab. – a.s. 15 giugno-agosto – ✪ 0766.
🛈 via Aurelia ℰ 737376.
Roma 69 – Lago di Bracciano 42 – Civitavecchia 10 – Ostia Antica 60 – Viterbo 68.

🏨 **Cavalluccio Marino,** lungomare Marconi 64 ℰ 534888, Fax 535456, ≼, ㈜, ♠ – 🛊 🕾
   ℗ – ⚱ 150. 🖭. ℀ rist
   chiuso dicembre – Pas 30/40000 – **40 cam** ☷ 85/120000 – ½ P 90/110000.

🏨 **Le Najadi** senza rist, lungomare Marconi 23 ℰ 737019, ≼, ♠ – 🛊 🕾 ℗. 🖭 🛊 ⓪ 🗲 𝗩𝗜𝗦𝗔.
   ℀
   chiuso novembre – ☷ 6000 – **25 cam** 45/75000.

✕✕ **Mare Sole,** lungomare Marconi 104 ℰ 735479, ㈜ – 🖭 🛊 ⓪ 🗲 𝗩𝗜𝗦𝗔. ℀
   chiuso mercoledì in bassa stagione e dal 15 dicembre al 20 gennaio – Pas carta 24/48000.

✕ **Dei Cacciatori,** via Aurelia 274 ℰ 711777 – ℀
   chiuso mercoledì e dal 20 dicembre al 20 gennaio – Pas carta 20/27000 (12%).

   Vedere anche : *Santa Severa* E : 7 km.

SANT'AMBROGIO DI VALPOLICELLA 37010 Verona – 9 162 ab. alt. 180 – ✪ 045.
Roma 511 – ◆Brescia 65 – Garda 19 – ◆Milano 152 – Trento 80 – ◆Venezia 136 – ◆Verona 19.

✕✕ **Groto de Corgnan,** ℰ 7731372, Coperti limitati; prenotare – 🖭 🛊 ⓪. ℀
   chiuso domenica sera e lunedì – Pas carta 45/67000.

SANT'ANDREA Cagliari – Vedere Sardegna (Quartu Sant'Elena) alla fine dell'elenco alfabetico.

SANT'ANDREA Livorno – Vedere Elba (Isola d') : Marciana.

SANT'ANGELO Napoli – Vedere Ischia (Isola d').

SANT'ANGELO IN VADO 61048 Pesaro e Urbino 988 ⑮ – 3 771 ab. alt. 359 – a.s. 15 giugno-
agosto – ✪ 0722.
Roma 302 – ◆Ancona 127 – Arezzo 82 – Pesaro 64 – San Marino 55 – Urbino 28.

🏠 **Da Lucia,** via Nazionale 37 ℰ 88636 – 🕾 ℗. ℀ cam
   chiuso dal 14 settembre al 1° ottobre e dal 24 al 28 dicembre – Pas *(chiuso sabato da
   ottobre a giugno)* carta 25/50000 – ☷ 3000 – **24 cam** 34/50000 – ½ P 40/50000.

SANT'ANTIOCO Cagliari 988 ㉝ – Vedere Sardegna alla fine dell'elenco alfabetico.

SANT'ANTONIO DI MAVIGNOLA Trento – Vedere Pinzolo.

SANT'APOLLINARE IN CLASSE Ravenna 988 ⑮ – alt. 3 – ✉ 48100 Ravenna – ✪ 0544.
Vedere Basilica✶✶ : mosaici✶✶✶.
Roma 375 – ◆Bologna 88 – Cervia 16 – Forlì 27 – ◆Milano 299 – ◆Ravenna 6 – Rimini 46.

✕ **Classensis Tourist** con cam, ℰ 527015, ㈜, ☞ – 🕾 ℗. 🖭 ⓪
   Pas carta 25/45000 (14%) – ☷ 5500 – **10 cam** 35/50000 – ½ P 50000.

SANTARCANGELO DI ROMAGNA 47038 Forlì 988 ⑮ – 17 000 ab. alt. 42 – ✪ 0541.
Roma 345 – ◆Bologna 104 – Forlì 43 – ◆Milano 315 – ◆Ravenna 53 – Rimini 10.

✕✕ **Rugantino,** via Cavour 1 ℰ 625466, prenotare – 🗎 🖭 ⓪ 𝗩𝗜𝗦𝗔. ℀
   chiuso mercoledì e gennaio – Pas carta 23/39000.

✕ **La Buca,** via Porta Cervese ℰ 626208, ㈜ – 🖭 ⓪ 🗲 𝗩𝗜𝗦𝗔. ℀
   chiuso martedì e giugno – Pas carta 30/36000.

✕ **Zaghini** con cam, piazza Gramsci ℰ 626136 – 🗎 cam. 🖭
   Pas *(chiuso lunedì)* carta 23/31000 – ☷ 3000 – **12 cam** 20/40000. 🗎 5000 – P 50/60000.

SANTA SEVERA 00050 Roma 988 ② – a.s. 15 giugno-agosto – ✪ 0766.
Roma 63 – Lago di Bracciano 36 – Civitavecchia 18 – Viterbo 75.

🏛 **Pino al Mare,** 𝒫 740027, ≤, ஆ, 🚗 – 🛗 ☎ 🅿. 🖸 ⓪ 🔤 *VISA*. 🛠
chiuso dal 20 dicembre al 10 gennaio – Pas carta 41/62000 (15%) – ☲ 6000 – **49 cam**
40/61000 – ½ P 65/70000.

🏋 **Da Armando,** 𝒫 741812, ☎ – 🖸 🔤 *VISA*. 🛠
chiuso martedì e dal 22 dicembre a gennaio – Pas carta 34/46000.

SANTA SOFIA 47018 Forlì 988 ⑮ – 4 283 ab. alt. 257 – ✪ 0543.
Roma 303 – Arezzo 98 – ♦Bologna 104 – ♦Firenze 88 – Forlì 41 – ♦Milano 323.

🏋 **La Contessa,** 𝒫 970137 – 🖽 🖸 ⓪ 🔤 *VISA*. 🛠
➤ chiuso mercoledì – Pas carta 20/32000.

SANTA TECLA Catania – Vedere Sicilia (Acireale) alla fine dell'elenco alfabetico.

SANTA TERESA GALLURA Sassari 988 ② – Vedere Sardegna alla fine dell'elenco alfabetico.

SANTA VITTORIA D'ALBA 12069 Cuneo – 2 331 ab. alt. 346 – ✪ 0172.
Roma 655 – Alba 10 – Asti 37 – Cuneo 53 – ♦Milano 163 – ♦Torino 63.

🏛 **Soggiorno** 🛎, 𝒫 478198, Fax 478465, ≤, ஆ – 🛗 📺 ☎ 🚗 🅿 – 🔬 100. 🖽 🖸 ⓪ 🔤 *VISA*. 🛠 cam
chiuso gennaio – Pas vedere rist Al Castello – ☲ 7000 – **40 cam** 45/75000 – ½ P 40/50000.

🏋 **Al Castello,** 𝒫 478147 – 🅿. 🖸 🔤 *VISA*. 🛠
chiuso mercoledì, gennaio e dal 1° al 20 agosto – Pas carta 22/38000.

SANT'ELIA Cagliari – Vedere Sardegna (Cagliari) alla fine dell'elenco alfabetico.

SANT'ELIA Palermo – Vedere Sicilia (Santa Flavia) alla fine dell'elenco alfabetico.

SANTENA 10026 Torino – 10 280 ab. alt. 237 – ✪ 011.
Roma 651 – Asti 37 – Cuneo 89 – ♦Milano 162 – ♦Torino 20.

🏋 **Andrea** con cam, via Torino 48 𝒫 9492783 – 🛗 🅿. 🖽 🖸 ⓪ 🔤 *VISA*. 🛠 cam
chiuso dal 15 al 31 luglio – Pas (chiuso martedì) carta 28/49000 – ☲ 7000 – **12 cam**
60/80000.

SAN TEODORO Nuoro – Vedere Sardegna alla fine dell'elenco alfabetico.

SAN TERENZO La Spezia – Vedere Lerici.

SANT'EUFEMIA DELLA FONTE Brescia – Vedere Brescia.

SANT'EUFEMIA LAMEZIA Catanzaro 988 ㉞ – Vedere Lamezia Terme.

SANT'EUROSIA Vercelli 219 ⑮ – Vedere Pralungo.

SANTHIA 13048 Vercelli 988 ② ⑫, 219 ⑮ – 9 359 ab. alt. 183 – ✪ 0161.
Roma 657 – Aosta 99 – Biella 27 – ♦Milano 93 – Novara 47 – ♦Torino 55 – Vercelli 20.

sulla variante della strada statale 143 NO : 1 km :

🏋 **San Massimo** con cam, ✉ 13048 𝒫 94617, ஆ – 🅿
Pas (chiuso lunedì) carta 24/38000 (10%) – ☲ 5000 – **8 cam** 70000 – P 70/100000.

SANT'ILARIO D'ENZA 42049 Reggio nell'Emilia – 9 214 ab. alt. 58 – ✪ 0522.
Roma 444 – ♦Bologna 82 – ♦Milano 134 – ♦Parma 12 – ♦Verona 113.

🏋 **Prater,** via Val d'Enza 5 𝒫 672375 – 🖳 🅿. 🖽 🖸 🔤 *VISA*. 🛠
chiuso mercoledì ed agosto – Pas carta 27/40000.

SANT'OLCESE 16010 Genova – 6 546 ab. alt. 327 – ✪ 010.
Roma 515 – Alessandria 79 – ♦Genova 20 – ♦Milano 140.

🏋 **Agnese** 🛎 con cam, via Vicomorasso 22 (S : 1 km) 𝒫 709895, ஆ – 🛗 ☎ 🅿. 🖽 🖸
chiuso dal 2 al 30 novembre – Pas carta 30/40000 – ☲ 7000 – **15 cam** 32/60000 –
½ P 50/55000.

SANT'OMOBONO IMAGNA 24038 Bergamo 219 ⑩ – 2 921 ab. alt. 498 – ✪ 035.
Roma 625 – ♦Bergamo 24 – Lecco 39 – ♦Milano 60.

🏋 **La Roncaglia,** località Cepino 𝒫 851767, « Servizio estivo in terrazza con ≤ » – 🅿. 🛠
chiuso martedì sera e mercoledì – Pas carta 31/45000.

🏋 **Taverna 800,** località Mazzoleni 𝒫 851162, « Ambiente rustico » – 🖸. 🛠
chiuso martedì – Pas carta 26/46000.

Roma 439 – ◆Bari 11 – Barletta 44 – ◆Foggia 122.

🏨 **Riviera**, via Tito Schipa 7 ℰ 320582 – 🛗 🖭 rist 📺 ☎ 🄿 🆎 🕄 ① 🗷 𝗩𝗜𝗦𝗔
Pas *(chiuso lunedì)* carta 32/45000 – ☑ 4000 – **35 cam** 58/86000 – ½ P 78000.

🕸 **L'Aragosta**, lungomare Colombo ℰ 435427, 🍴 – 🆎 🕄 ① 🗷 𝗩𝗜𝗦𝗔 ✀
chiuso martedì e novembre – Pas carta 24/33000 (15%).

Roma 628 – Imperia 12 – ◆Milano 252 – San Remo 12 – Savona 83 – ◆Torino 193.

🏨 **Lucciola**, ℰ 484236, ≤, 🐎 – ☎ 🄿 🕄 ① 🗷 𝗩𝗜𝗦𝗔 ✀ rist
Pas carta 25/42000 – ☑ 8000 – **24 cam** 47/71000 – ½ P 70/75000.

🕸 **La Riserva**, ℰ 484134, « Ambiente caratteristico » – 🏛 80 🆎 🕄 ① 🗷 𝗩𝗜𝗦𝗔 ✀
chiuso domenica sera, lunedì e settembre – Pas carta 45/69000.

🛈 piazza del Popolo 1 ℰ 98046.
Roma 512 – ◆Genova 88 – ◆Milano 224 – Rapallo 64 – ◆La Spezia 114.

🏨 **Leon d'Oro**, ℰ 98041 – 🛗 ☎. ✀
chiuso novembre – Pas *(chiuso lunedì)* carta 24/44000 – ☑ 5000 – **35 cam** 28/55000 – P 42/70000.

🕸 **Doria** con cam, ℰ 98052 – 🄿. 🕄. ✀
chiuso dal 20 ottobre al 20 dicembre – Pas *(chiuso mercoledì)* carta 24/37000 – ☑ 5000 – **21 cam** 22/44000 – P 50/60000.

🛈 via Venezia ℰ 62230.
Roma 668 – Belluno 67 – Cortina d'Ampezzo 54 – ◆Milano 410 – Udine 111 – ◆Venezia 157.

🏨 **Monaco Sport Hotel**, ℰ 62430, Fax 62218, ≤ – 🛗 ≼⋙ ☎ 🄿 🆎 𝗩𝗜𝗦𝗔 ✀
Pas *(chiuso giovedì)* carta 27/45000 – ☑ 8000 – **28 cam** 70/100000 – ½ P 46/68000.

🏨 **Kratter**, ℰ 62302 – ✀
15 dicembre-15 gennaio e 15 giugno-15 settembre – Pas carta 23/31000 – ☑ 7000 – **33 cam** 42/63000 – ½ P 35/61000.

Roma 420 – ◆Genova 105 – ◆La Spezia 12 – ◆Parma 107.

🕸 **Il Mulinetto**, via Luciano Tavilla 57 ℰ 69287 – ✀
chiuso lunedì, gennaio ed agosto – Pas carta 30/46000.

🛈 ℰ 84603.
Roma 733 – ◆Bolzano 96 – ◆Milano 272 – Passo di Resia 10 – Trento 154.

🏨 **Stocker**, ℰ 84632, ≤, 🍴 – ☎ 🄿 🕄 🗷 𝗩𝗜𝗦𝗔. ✀
◆ *chiuso dal 10 ottobre al 15 dicembre* – Pas *(chiuso lunedì)*12/22000 – **21 cam** ☑ 32/59000 – ½ P 31/41000.

🏨 **Sporthotel Laret**, ℰ 84666, ≤ – ☎ 🄿 🆎 🕄 🗷 𝗩𝗜𝗦𝗔
◆ *chiuso dal 10 ottobre al 15 dicembre* – Pas vedere Hotel Stocker – **16 cam** ☑ 32/59000.

🛈 Ciasa Dolomites, via al Plan 97 ℰ 51037.
Roma 724 – ◆Bolzano 87 – Brunico 18 – ◆Milano 386 – Trento 147.

🏨 **Floralp** 🐾, ℰ 51115, Fax 51633, ≤, 🔲, 🍴 – ☎ 🚗 🄿 🔟 ① ✀
20 dicembre-20 aprile e giugno-settembre – Pas *(chiuso lunedì)* 24/40000 – **32 cam** ☑ 65/130000 – ½ P 60/80000.

🏨 **Almhof-Hotel Call**, ℰ 51043, Fax 51569, 🍴 – 🛗 ☎ 🅲 🄿. 🕄 ① 🗷 𝗩𝗜𝗦𝗔 ✀ rist
dicembre-10 aprile e giugno-10 ottobre – Pas 25/50000 – **39 cam** ☑ 70/130000 – ½ P 60/95000.

🏨 **Monte Sella**, ℰ 51034, ≤ – 🛗 ☎ 🄿 🗷 𝗩𝗜𝗦𝗔 ✀ rist
15 dicembre-Pasqua e giugno-settembre – Pas (solo per clienti alloggiati) 25/35000 – **31 cam** ☑ 60/90000 – ½ P 50/80000.

🏠 **Condor,** ℰ 51017, ≤ – ☎ **Ⓟ**
  stagionale – **24 cam**.

🏠 **Olympia** ⑊, ℰ 51028, ≤ – ☎ ⇐ **Ⓟ**. ⅌ rist
  dicembre-aprile e luglio-settembre – Pas 25/35000 – **22 cam** ⊑ 50/80000 – ½ P 65/80000.

✗ **Fana Ladina,** ℰ 51175, 🌂, Cucina ladina – **Ⓟ**. ⅌
  20 dicembre-aprile e luglio-20 ottobre; chiuso mercoledì in bassa stagione – Pas carta 27/36000.

✗ **Da Attilio,** ℰ 51109 – **Ⓟ**
  4 dicembre-Pasqua e 12 giugno-15 settembre; chiuso lunedì – Pas carta 23/40000.

SAN VINCENZO 57027 Livorno 🔢 ⑭ – 7 223 ab. – a.s. 15 giugno-15 settembre – ✪ 0565.
🛈 via Vittorio Emanuele 124 ℰ 701533.
Roma 260 – ◆Firenze 146 – Grosseto 73 – ◆Livorno 60 – Piombino 21 – Siena 109.

🏨 **Gd H. I Lecci** ⑊, via della Principessa 114 (S : 1,7 km) ℰ 704111, Telex 501536, Fax 703224, « Grande parco con 🏊 e ⚓ », ▱ₒ – 🛗 🔲 📺 ☎ ♿ **Ⓟ** – 🔟 180. 🏧 🅱 ⓞ E 💳.
  ⅌ rist
  Pas carta 34/50000 – **74 cam** ⊑ 200/300000 – ½ P 130/180000.

🏨 **Villa Marcella,** viale Serristori 41 ℰ 701646, Fax 702154, ▱ₒ, 🌂 – 🔁 🔲 rist ☎ ♿ 🅱 ⓞ E 💳 ⅌ rist
  Pas carta 36/48000 – ⊑ 7000 – **33 cam** 55/75000 – ½ P 93000.

🏨 **La Vela** senza rist, via Vittorio Emanuele II n° 72 ℰ 701529 – 🚗. 🏧 🅱 ⓞ 💳. ⅌
  ⊑ 6000 – **14 cam** 50/70000.

🏨 **Lo Scoglietto,** senza rist, via del Corallo 7 ℰ 701614, ≤, ▱ₒ, 🌂 – 🛗
  34 cam.

🏠 **Il Delfino,** via Cristoforo Colombo 15 ℰ 701179, ≤, ▱ₒ – 🛗 ☎. 🏧 🅱 ⓞ 💳. ⅌
  Pas vedere rist Il Delfino – ⊑ 8000 – **39 cam** 40/55000 – ½ P 52/70000.

✗✗✗ ✪ **Gambero Rosso,** piazza della Vittoria 13 ℰ 701021, ≤, Coperti limitati; prenotare – 🍴. 🏧 🅱 ⓞ E 💳. ⅌
  chiuso martedì e novembre – Pas carta 65/90000 (10%)
  Spec. Insalata di rana pescatrice, Agnolotti di formaggio in crema di astice, Merluzzetto con pomodoro e melanzane. Vini Pinot bianco, Sassicaia.

✗ **Il Delfino,** via Cristoforo Colombo 15 ℰ 701179, ≤ – 🏧 🅱 ⓞ 💳. ⅌
  giugno-settembre – Pas carta 22/35000.

SAN VITO DI CADORE 32046 Belluno 🔢 ⑤ – 1 593 ab. alt. 1 010 – a.s. febbraio, 15 marzo-Pasqua, 15 luglio-agosto e Natale – ✪ 0436.
Vedere Guida Verde.
🛈 via Nazionale 9 ℰ 9119, Fax 99345.
Roma 661 – Belluno 60 – Cortina d'Ampezzo 11 – ◆Milano 403 – Treviso 121 – ◆Venezia 150.

🏨 **Marcora,** via Roma 28 ℰ 9101, ≤, « Parco », 🏳, ⚓ – 🛗 📺 ☎ ♿ **Ⓟ** – 🔟 80
  stagionale – **46 cam**.

🏨 **Ladinia** ⑊, via Ladinia ℰ 9562, ≤ Dolomiti e pinete, 🌂, ⚓ – 🛗 ☎ **Ⓟ**. ⓞ 💳. ⅌
  20 dicembre-20 aprile e 15 giugno-15 settembre – Pas 25/30000 – ⊑ 10000 – **40 cam** 70/90000 – ½ P 110000.

🏨 **Cima Belprà,** località Chiapuzza N : 1,5 km ℰ 9118, ≤ – 🛗 ⚓ cam ☎ **Ⓟ**. 🏧 🅱 ⓞ E 💳. ⅌ rist
  chiuso dal 5 novembre al 5 dicembre – Pas *(chiuso lunedì)* carta 30/40000 – ⊑ 7000 – **45 cam** 80/100000 – ½ P 60/90000.

🏠 **Dolomiti,** via Roma 33 ℰ 9146, ≤, 🌂 – 🛗 ☎ ⇐ **Ⓟ**. ⅌ rist
  20 dicembre-Pasqua e 20 giugno 20 settembre – Pas 22000 – ⊑ 6000 – **31 cam** 50/82000 – ½ P 60/70000.

🏡 **Cantore,** località Chiapuzza N : 1,5 km ℰ 9142, 🌂 – ☎ **Ⓟ**. 🏧 🅱 E 💳. ⅌
  23 dicembre e 30 giugno-14 ottobre – Pas *(chiuso a mezzogiorno)* carta 24/42000 – **12 cam** ⊑ 60/100000 – ½ P 65/80000.

SAN VITO LO CAPO Trapani 🔢 ㉟ – Vedere Sicilia alla fine dell'elenco alfabetico.

SAN VITO ROMANO 00030 Roma – 3 231 ab. alt. 693 – ✪ 06.
Roma 62 – Frosinone 62 – Latina 68 – Rieti 103 – Tivoli 26.

🏠 **Ai Pini,** ℰ 9571019, ≤, 🌂 – 🛗 **Ⓟ**. ⅌
  Pas *(chiuso mercoledì)* carta 22/30000 – ⊑ 5000 – **57 cam** 25/50000 – P 50/75000.

SAN VITTORE OLONA 20028 Milano 🔢 ⑱ – 6 781 ab. alt. 197 – ✪ 0331.
Roma 604 – Como 31 – ◆Milano 27 – Novara 40 – Varese 33.

✗✗ **La Fornace,** via Gioberti 4 ℰ 518308, « Servizio estivo all'aperto » – **Ⓟ**.

SAN VITTORINO L'Aquila – Vedere L'Aquila.

SAN ZENO DI MONTAGNA 37010 Verona – 1 096 ab. alt. 590 – ✆ 045.

Roma 544 – Garda 17 – ◆Milano 168 – Riva del Garda 48 – ◆Venezia 168 – ◆Verona 56.

🏨 **Diana,** ✆ 7285113, ≤, « Boschetto-giardino » – 📺 ⇆ rist ☎ ⊕ – 🏛 100. ⚗
   Natale, Pasqua e giugno-settembre – Pas 24/26000 – ⊊ 8000 – **44 cam** 75000 –
   ½ P 37/57000.

🏨 **San Zeno,** ✆ 7285031, ≤ – 📺 ☎ க் ⊕. ⚗
→ *chiuso da novembre al 20 dicembre* – Pas *(chiuso martedì)* 16000 – ⊊ 5000 – **50 cam**
   35/51000 – ½ P 40000.

🏨 **Bellavista,** ✆ 7285014, ≤, « Prato-giardino » – 📺 ⇦ ⊕. ⚗
   Pasqua-settembre – Pas *(chiuso martedì)* 22/26000 – **41 cam** ⊊ 32/58000 – ½ P 37/40000.

   a Prada NE : 8 km – alt. 935 – ✉ 37010 San Zeno di Montagna :

🏨 **Genziana** ⚘, ✆ 7285122, ≤ – ⊕. ⚗
→ *chiuso dal 15 ottobre al 15 dicembre* – Pas *(chiuso mercoledì)* carta 20/27000 – **16 cam**
   ⊊ 62000 – ½ P 35000.

SAN ZENO NAVIGLIO 25010 Brescia – 3 112 ab. alt. 112 – ✆ 030.

Roma 553 – ◆Brescia 9 – Cremona 42 – ◆Milano 100.

XX **Il Forchettone,** ✆ 2667363 – ⊕. ⒜
   chiuso agosto, mercoledì e le sere di lunedì e martedì – Pas carta 28/49000.

SAN ZENONE DEGLI EZZELINI 31020 Treviso – 5 099 ab. alt. 117 – ✆ 0423.

Roma 551 – Belluno 71 – ◆Milano 247 – ◆Padova 50 – Trento 96 – Treviso 39 – ◆Venezia 69 – Vicenza 43.

XX **Alla Torre,** località Sopracastello N : 2 km ✆ 567086, « Servizio estivo in terrazza con ≤ »
   – ⊕. ⒜ ⑤ ⓪ VISA. ⚗
   chiuso martedì, mercoledì a mezzogiorno e febbraio – Pas carta 27/41000.

SAONARA 35020 Padova – 6 780 ab. alt. 10 – ✆ 049.

Roma 498 – Chioggia 35 – ◆Milano 245 – ◆Padova 12.

X **4 Pini,** località Villatora NO : 3 km ✆ 640086, ⇽, ⚘ – ⊕. ⚗
   chiuso lunedì, venerdì sera ed agosto – Pas carta 28/38000.

X **Al Boccalon,** località Villatora NO : 3 km ✆ 640088, ⇽ – 🖃 ⊕. ⒜ ⑤ ⓪ VISA
   chiuso lunedì, mercoledì sera ed agosto – Pas carta 23/31000.

SAPPADA 32047 Belluno 988 ⑤ – 1 403 ab. alt. 1 250 – a.s. febbraio, 15 luglio-agosto e Natale
– Sport invernali : 1 250/2 020 m ≰11, ≴ – ✆ 0435.

🞧 via Bach 20 ✆ 69131, Fax 66233.

Roma 680 – Belluno 79 – Cortina d'Ampezzo 66 – ◆Milano 422 – Tarvisio 110 – Udine 99 – ◆Venezia 169.

🏨 **Posta,** via Palù 21 ✆ 69116, ≤ – 📺 ☎ ⊕. ⚗
   dicembre-aprile e giugno-settembre – Pas *(chiuso lunedì)* carta 21/32000 – ⊊ 8000 –
   15 cam 40/80000 – ½ P 43/65000.

🏨 **Corona Ferrea,** borgata Kratten 17 ✆ 69103, ≤ – 📺 ☎ ⊕. ⒜. ⚗ rist
→ *20 dicembre-marzo e luglio-settembre* – Pas 20/25000 – ⊊ 6000 – **20 cam** 40/80000 –
   ½ P 45/55000.

🏨 **Cristina,** borgata Hoffe 14 ✆ 469430, ≤ – 📺 ☎ ⊕. VISA. ⚗
   dicembre-aprile e giugno-settembre – Pas carta 23/36000 – ⊊ 8000 – **8 cam** 80/100000 –
   ½ P 65/70000.

   a Cima Sappada E : 4 km – alt. 1 295 – ✉ 32047 Sappada :

🏨 **Belvedere,** ✆ 469112, ≤ – 📺 📺 ☎ ⊕. ⒜ ⑤ VISA. ⚗
   dicembre-aprile e giugno-settembre – Pas carta 25/43000 – ⊊ 8000 – **14 cam** 45/80000 –
   ½ P 50/70000.

🏨 **Bellavista** ⚘, ✆ 66194, ≤ monti e vallata – 📺 📺 ☎ ⊕. ⚗ rist
→ *dicembre-aprile e giugno-settembre* – Pas *(chiuso martedì)* 17/20000 – ⊊ 8000 – **25 cam**
   45/75000 – ½ P 45/70000.

🏨 **Alle Alpi,** ✆ 69102, ≤, ⚘ – ⇦ ⊕. ⚗
   dicembre-aprile e 20 giugno-20 settembre – Pas *(chiuso lunedì)* carta 22/29000 – ⊊ 5000 –
   16 cam 33/60000 – ½ P 40/64000.

SAPRI 84073 Salerno 988 ㊳ – 7 415 ab. – a.s. luglio e agosto – ✆ 0973.

Escursioni Golfo di Policastro★★ Sud per la strada costiera.

Roma 407 – Castrovillari 94 – ◆Napoli 201 – Potenza 121 – Salerno 150.

🏨 **Mediterraneo,** ✆ 391774, ≤, ⇽ – ⊕. ⚗ rist
   maggio-novembre – Pas carta 24/36000 (15%) – ⊊ 8000 – **20 cam** 39/65000 – ½ P 64/74000.

XX La Pergola, ✆ 391428.

   Vedere anche : *Villammare* O : 4 km.

SARDEGNA (Isola) 988 ㉓ ㉔ ㉝ ㉞ – Vedere alla fine dell'elenco alfabetico.

(SARNTAL) 39058 Bolzano 988 ④ – 6 249 ab. alt. 966 – a.s. luglio e agosto –
🕿 0471.
Roma 662 – ◆Bolzano 21 – ◆Milano 316.

🏋🏋 **Auener Hof** 🦢 con cam, O : 7 km, alt. 1 600, 𝒫 623055, ≤ Dolomiti e pinete, 🌲 – 🏕
◆ 🄿
chiuso dal 3 novembre al 19 dicembre – Pas *(chiuso lunedì)* carta 20/35000 – ▧ 5000 –
7 cam 58000 – ½ P 48/59000.

SARMEGO Vicenza – alt. 27 – ⊠ **36040** Grumolo delle Abbadesse – 🕿 0444.
Roma 521 – ◆Milano 213 – ◆Padova 22 – Trento 104 – Treviso 64 – ◆Venezia 55 – Vicenza 12.

🏋 **Ai Cacciatori,** 𝒫 580065 – 🄿. 🕉
◆ *chiuso mercoledì e dal 15 luglio al 15 agosto* – Pas carta 19/25000.

SARMEOLA Padova – Vedere Rubano.

SARNANO 62028 Macerata 988 ⑯ – 3 348 ab. alt. 539 – Stazione termale, a.s. luglio-agosto e
Natale – Sport invernali : a Sassotetto e Maddalena : 1 287/1 585 m ≼6 – 🕿 0733.
🛈 largo Enrico Ricciardi 𝒫 657144, Fax 657390.
Roma 237 – ◆Ancona 89 – Ascoli Piceno 54 – Macerata 39 – Porto San Giorgio 68.

🏠 **Eden** 🦢, O : 1 km 𝒫 657197, ≤, « Giardino e pinetina », 🌲 – 🛗 🕿 🄿. 🄾. 🕉
◆ *chiuso febbraio o novembre* – Pas 19/25000 – ▧ 4000 – **33 cam** 36/60000 – ½ P 44/50000.
🏠 **Terme e Rist. Il Girarrosto,** piazza della Libertà 82 𝒫 657166 – 🛗 🕿. 𝗩𝗜𝗦𝗔. 🕉
chiuso dal 15 ottobre al 15 novembre – Pas *(chiuso martedì)* carta 21/30000 – ▧ 3000 –
23 cam 32/54000 – ½ P 38/45000.

SARNICO 24067 Bergamo 988 ③ – 5 613 ab. alt. 197 – 🕿 035.
Roma 585 – ◆Bergamo 32 – ◆Brescia 36 – Iseo 10 – Lovere 26 – ◆Milano 73.

🏠 **Cantiere,** 𝒫 910091, ≤, « Servizio rist. estivo in terrazza-giardino sul lago » – 🛗 📺 🕿 🄿.
🄰🄴 🛃 🄾 🄴 𝗩𝗜𝗦𝗔. 🕉
Pas carta 45/60000 – ▧ 12000 – **25 cam** 66/96000 – ½ P 106000.
🏠 **Turistico del Sebino,** 𝒫 910043, �௺ – 🛗 🕿. 🄰🄴 🛃. 🕉
Pas *(chiuso lunedì)* 25/40000 – ▧ 6000 – **16 cam** 18/35000 – ½ P 40/50000.
🏋🏋 **La Scaletta,** 𝒫 910740, 🌺.

SARNTAL = Sarentino.

SARONNO 21047 Varese 988 ③, 219 ⑱ – 38 323 ab. alt. 212 – 🕿 02.
Roma 603 – ◆Bergamo 67 – Como 26 – ◆Milano 26 – Novara 54 – Varese 29.

🏠 **Mercurio** senza rist, via Hermada 2 𝒫 9602795 – 🕿 🚗. 🄰🄴 🛃 🄾 🄴 𝗩𝗜𝗦𝗔
▧ 5000 – **26 cam** 46/62000.
🏋🏋🏋 **Mezzaluna-La Rotonda di Saronno,** svincolo autostrada 𝒫 9601101, Fax 9601077 – 🔳
🄿 – 🛎 50 a 200. 🄰🄴 🛃 𝗩𝗜𝗦𝗔. 🕉
chiuso lunedì – Pas carta 42/60000.
🏋🏋 **Boeucc,** via Mazzini 17 𝒫 9623227 – 🔳. 🄰🄴 🛃 🄴 𝗩𝗜𝗦𝗔
chiuso domenica e dal 29 luglio al 21 agosto – Pas carta 28/51000.

SARRE 11010 Aosta 219 ② – 3 513 ab. alt. 780 – 🕿 0165.
Roma 752 – Aosta 5 – Courmayeur 32 – ◆Milano 190 – Colle del Piccolo San Bernardo 50.

🏠 **Sarre,** 𝒫 57096, ≤ – 🕿 🚗 🄿. 🄰🄴 🛃 🄴 𝗩𝗜𝗦𝗔. 🕉
Pas *(chiuso giovedì)* carta 26/42000 – ▧ 10000 – **27 cam** 50/80000 – ½ P 50/70000.
🏠 **Panoramique** 🦢, località Pont d'Avisod NE : 2 km 𝒫 551246, ≤ monti e vallata – 🕿 🄿.
◆ 𝗩𝗜𝗦𝗔. 🕉
Pas 20000 – ▧ 6500 – **20 cam** 40/65000 – ½ P 45/53000.
🏋🏋 **Mille Miglia,** 𝒫 57227, prenotare – 🄿. 𝗩𝗜𝗦𝗔. 🕉
chiuso lunedì, dal 1° al 15 febbraio e dal 1° al 15 luglio – Pas carta 32/52000.
🏋 **Trattoria di Campagna,** 𝒫 57448, 🌲 – 🄿. 🄰🄴 🛃 🄾 🄴 𝗩𝗜𝗦𝗔. 🕉
chiuso martedì sera, mercoledì, dal 20 al 30 giugno e dal 20 al 30 settembre – Pas
carta 25/36000.

a Ville sur Sarre N : 7 km – alt. 1 212 – ⊠ **11010** Sarre :

🏠 **Des Salasses** 🦢, 𝒫 57093, ≤ – 🄿
◆ *aprile-settembre* – Pas *(chiuso lunedì)* 20000 – ▧ 5000 – **18 cam** 48000 – ½ P 50000.
🏠 **Mont Fallère** 🦢, frazione Bellon O : 2,5 km 𝒫 257255, ≤ monte Grivola e vallata – 🄿.
◆ 🕉 rist
Pas *(chiuso martedì dal 15 settembre al 16 giugno)* 20000 – ▧ 7000 – **16 cam** 26/55000 –
½ P 40/50000.

SARSINA 47027 Forlì 988 ⑮ – 3 972 ab. alt. 243 – © 0547.

Roma 305 – Arezzo 100 – ◆Bologna 115 – ◆Firenze 113 – Forlì 48 – ◆Milano 333 – ◆Ravenna 62 – Rimini 66.

🏠 **Al Piano** ⑤, via San Martino SO : 2 km ℰ 94848, « Antica dimora patrizia », ⌐, 🐎, ℀ – 🌐 ☎ 🅟, 🅷 ⑩ 𝑉𝐼𝑆𝐴, ℀
　chiuso dal 10 ottobre al 30 novembre – Pas (chiuso lunedì escluso da luglio al 15 settembre) carta 26/47000 – 🖙 5000 – **16 cam** 40/60000 – P 55/65000.

SARZANA 19038 La Spezia 988 ⑭ – 19 698 ab. alt. 27 – © 0187.

Vedere Pala scolpita★ e crocifisso★ nella Cattedrale – Fortezza di Sarzanello★ : ⁂★★ NE : 1 km.

Roma 403 – ◆Genova 102 – Massa 20 – ◆Milano 219 – Pisa 60 – Reggio nell'Emilia 148 – ◆La Spezia 17.

🏨 **MotelAgip,** Nuova Circonvallazione 32 ℰ 621491, Telex 272350 – 🛗 🔲 📺 ☎ 🅟, 🅰 🅷 ⑩ 🄴 𝑉𝐼𝑆𝐴, ℀ rist
　Pas 28000 – **51 cam** 🖙 77/12700 – ½ P 93/106000.

✗ **Girarrosto-da Paolo,** via dei Molini 136 (N : 2,5 km) ℰ 621088 – 🅟
✦ chiuso mercoledì – Pas carta 18/26000.

✗ **La Scaletta,** via Bradia 3 ℰ 620585, 🏡 – 🅟 🅷 ⑩ 🄴 𝑉𝐼𝑆𝐴
✦ chiuso martedì, dal 1° al 20 settembre e dal 24 dicembre al 2 gennaio – Pas carta 19/26000.

SASSARI 🅿 988 ㉝ – Vedere Sardegna alla fine dell'elenco alfabetico.

SASSO MARCONI 40037 Bologna 988 ⑭ – 13 048 ab. alt. 124 – © 051.

Roma 361 – ◆Bologna 17 – ◆Firenze 87 – ◆Milano 218 – Pistoia 78.

🏨 **3 Galletti,** via Val di Setta 148 ℰ 841128 – 📺 ☎ 🅟, 🅰 🅷 ⑩ 🄴 𝑉𝐼𝑆𝐴, ℀
　Pas (chiuso domenica sera e lunedì) 40/48000 – 🖙 8000 – **24 cam** 70/100000.

✗✗ **L'Oasi,** casello autostrada A 1 ℰ 841608, 🏡 – 🅟, 🅰 🅷 ⑩ 🄴 𝑉𝐼𝑆𝐴, ℀
　chiuso martedì sera e mercoledì – Pas carta 40/60000.

✗✗ **La Palazzina,** via Porrettana 339/12 ℰ 842606, Rist.-pizzeria – 🅟, 🅰 ⑩ 𝑉𝐼𝑆𝐴, ℀
　chiuso lunedì – Pas carta 27/45000.

✗ **La Bettola** con cam, via Porrettana 361 ℰ 841376, Fax 841376, 🏡 – ✦ 📺 ☎ 🅟, ⑩ 𝑉𝐼𝑆𝐴 ℀
　chiuso dal 15 al 30 gennaio – Pas (chiuso martedì) carta 30/43000 – 🖙 6000 – **19 cam** 58/78000 – ½ P 55000.

SASSO MORELLI Bologna – Vedere Imola.

SASSUOLO 41049 Modena 988 ⑭ – 39 709 ab. alt. 123 – © 0536.

Roma 427 – ◆Bologna 67 – Lucca 153 – ◆Modena 17 – Reggio nell'Emilia 23.

✗✗ **La Paggeria,** piazzale della Rosa 19 ℰ 805190 – ⑩
　chiuso sabato a mezzogiorno, domenica ed agosto – Pas carta 21/32000.

　a Salvarola Terme SO : 3 km – ✉ 41049 :

🏨 **Terme Salvarola** ⑤, ℰ 871788, Telex 520340, Fax 872160, 🏡, ⌐, 🐎, ℀ – 🛗 🔲 📺 ☎ 🅟 – 🔬 100. 🅰 🅷 ⑩ 🄴 𝑉𝐼𝑆𝐴, ℀
　chiuso dal 17 dicembre al 7 gennaio – Pas carta 30/50000 – 🖙 15000 – **45 cam** 95/145000.

SATURNIA 58050 Grosseto – alt. 294 – © 0564.

Roma 195 – Grosseto 57 – Orvieto 85 – Viterbo 91.

🏠 **Villa Clodia** senza rist, ℰ 601212, ≤, 🐎 – 𝑉𝐼𝑆𝐴, ℀
　chiuso dal 15 gennaio al 28 febbraio – **12 cam** 🖙 44/80000.

✗✗ **I Due Cippi-da Michele,** ℰ 601074, 🏡 – 🅰 🅷 ⑩ 🄴 𝑉𝐼𝑆𝐴, ℀
　chiuso martedì e dal 10 gennaio al 10 febbraio – Pas carta 35/50000 (5%).

　alle terme SE : 3 km :

🏩 **Terme di Saturnia** ⑤, ℰ 601061, Telex 500172, Fax 601266, ≤, « Giardino ombreggiato », ♨, ⌐ riscaldata, ℀ – 🛗 ✦ rist 🔲 📺 ☎ 🅖 🅟 – 🔬 90. 🅰 ⑩, ℀
　Pas (chiuso lunedì da ottobre a marzo) 45/50000 – 🖙 20000 – **93 cam** 155/280000 – ½ P 195/215000.

SAURIS 33020 Udine 988 ⑤ – 490 ab. alt. 1 390 – © 0433.

Roma 723 – Cortina d'Ampezzo 102 – Udine 97.

🏠 Neider, ℰ 86137 – 📺 ☎
　10 cam.

✗ **Locanda alla Pace,** ℰ 86010 – ℀
　chiuso mercoledì (escluso luglio-agosto), dal 10 al 31 maggio e dal 10 al 25 ottobre – Pas carta 21/35000.

L'EUROPA su un solo foglio
Carta Michelin nº 920.

10050 Torino 🔢 ⑩, 🔢 ⑨ – 971 ab. alt. 1 509 – a.s. febbraio-15 marzo, Pasqua, luglio-15 agosto e Natale – Sport invernali : 1 509/2 490 m ≤ 16, ☇ – 🚇 0122.

🛈 piazza Assietta 18 ℰ 85009.

Roma 746 – Briançon 37 – Cuneo 145 – ♦Milano 218 – Sestriere 27 – Susa 28 – ♦Torino 81.

🏨 **Gran Baita** ᔕ, ℰ 85183, Fax 858500, ☞ – |$|$| ⇔ cam 🅿. ℅ rist
→ *dicembre-20 aprile e luglio-agosto* – Pas 18/20000 – **28 cam** ☲ 70/96000 – ½ P 55/85000.

🏨 **Hermitage**, ℰ 85385, ≤ – 🅿. 匝 🖼 ⑩ 🗉 𝘝𝘐𝘚𝘈 ℅ rist
→ *6 dicembre-25 aprile e 28 giugno-2 settembre* – Pas 18/30000 – ☲ 6000 – **25 cam** 60/73000
– ½ P 45/80000.

✕ **Villa Daniela** con cam, ℰ 85196 – ℅ cam
5 dicembre-aprile – Pas carta 26/38000 – ☲ 6000 – **14 cam** 35/60000 – ½ P 55/60000.

a Le Clotes 5 mn di seggiovia o E : 2 km (solo in estate) – alt. 1 790 – ✉ 10050 Sauze
d'Oulx :

🏨 **Il Capricorno** ᔕ, ℰ 85273, ≤ monti e vallate, « In pineta » – ☎ 🅿. ℅ cam
dicembre-aprile e 9 giugno-16 settembre – Pas carta 38/68000 – ☲ 12000 – **8 cam** 130000
– ½ P 115000.

72015 Brindisi – a.s. 15 giugno-agosto – 🚇 080.

Roma 509 – ♦Bari 59 – ♦Brindisi 54 – Matera 92 – ♦Taranto 55.

✕✕ **Da Renzina**, ℰ 729075, ≤, 🍴 – 🅿. 匝 🖼 ⑩ 🗉 𝘝𝘐𝘚𝘈 ℅
chiuso venerdì e gennaio – Pas carta 26/49000 (15%).

12038 Cuneo 🔢 ⑫ – 18 850 ab. alt. 321 – 🚇 0172.

Roma 650 – Asti 63 – Cuneo 33 – Savona 104 – ♦Torino 57.

✕✕ **Locanda Due Mori**, piazza Cesare Battisti 5 ℰ 31521 – 匝 ⑩. ℅
chiuso mercoledì ed agosto – Pas carta 28/43000.

41056 Modena – 7 552 ab. alt. 102 – 🚇 059.

Roma 394 – ♦Bologna 29 – ♦Milano 196 – ♦Modena 26 – Pistoia 110 – Reggio nell'Emilia 52.

✕✕ **Il Formicone**, verso Vignola SO : 3 km ℰ 771506 – 🅿. 🖼 🗉 𝘝𝘐𝘚𝘈
chiuso martedì e dal 15 luglio al 15 agosto – Pas carta 30/40000.

In questa guida
uno stesso simbolo, uno stesso carattere
stampati in rosso o in nero, in magro o in **grassetto**
hanno un significato diverso.
Leggete attentamente le pagine esplicative.

17100 🄿 🔢 ⑫⑬ – 70 642 ab. – 🚇 019.
Vedere Guida Verde.

🛈 via Paleocapa 59 r ℰ 820522.

A.C.I. via Guidobono 23 ℰ 386671.

Roma 545 ② – ♦Genova 46 ② – ♦Milano 169 ②.

Pianta pagina seguente

🏨 **Riviera Suisse** senza rist, via Paleocapa 24 ℰ 820683, Telex 272421, Fax 853435 – |$|$| ▤ 📺
☎ – 🛎 100. 匝 🖼 ⑩ 🗉 𝘝𝘐𝘚𝘈   BY **v**
chiuso dal 23 al 27 dicembre – **70 cam** ☲ 85/125000. ▤ 5000.

🏨 **MotelAgip**, via Nizza 62 ℰ 861961, Fax 861535 – |$|$| ▤ 📺 ☎ ᵶ 🅿 – 🛎 30 a 100. 匝 🖼
⑩ 🗉 𝘝𝘐𝘚𝘈. ℅ rist   AY **e**
Pas *(chiuso domenica ed ottobre)* 28000 – **60 cam** ☲ 91/133000 – ½ P 96/1200000.

🏨 **Ariston** senza rist, via Giordano 11 r ℰ 805633 – 📺 ☎ 🅿. 🖼 🗉 ⑩ 🗉 𝘝𝘐𝘚𝘈   BX **x**
☲ 7500 – **16 cam** 55/75000.

✕✕ **La Playa**, via Nizza 103 r ℰ 881151 – ▤ 🅿. 🖼 ⑩ 🗉 𝘝𝘐𝘚𝘈   AY **u**
chiuso lunedì – Pas carta 43/71000.

✕✕ **Da Cesco**, via Nizza 162 r ℰ 862198 – 🅿. 匝 🖼 ⑩ 🗉 𝘝𝘐𝘚𝘈   AY **u**
chiuso martedì e novembre – Pas carta 35/58000.

✕✕ Sodano, piazza della Maddalena 7 ℰ 38446, Coperti limitati; prenotare   CY **a**
chiuso a mezzogiorno.

✕ **Antica Osteria Bosco delle Ninfe**, via Ranco 10 ℰ 823976, Coperti limitati; prenotare,
« Servizio estivo in terrazza » – 🅿. ℅   BV **b**
chiuso domenica sera, lunedì e a mezzogiorno (esclusi i giorni festivi); da luglio a settembre
chiuso solo a mezzogiorno – Pas 30000 bc.

✕ **Sole**, via Stalingrado 66 ℰ 862177 – ▤   AX **a**
→ *chiuso sabato e dal 7 al 28 settembre* – Pas carta 18/30000.

529

SAVONA

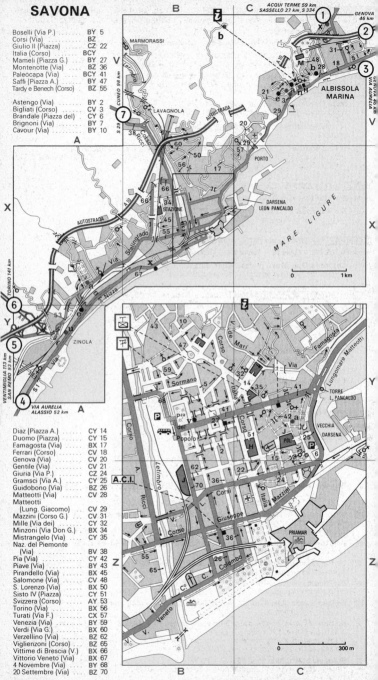

SCAGLIERI Livorno − Vedere Elba (Isola d') : Portoferraio.

SCALA 84010 Salerno − 1 489 ab. alt. 374 − a.s. Pasqua, giugno-settembre e Natale − ✆ 089.
Roma 277 − Amalfi 7 − ✦Napoli 67 − Salerno 30.

🏛 **La Margherita e Villa Giuseppina** ⌕, ✆ 857219, ≤ vallata, Ravello e mare, ⌁ − 🚗 **🅿**. ❄ cam
Pas carta 20/31000 (15%) − ⌕ 14000 − **21 cam** 40/70000 − ½ P 65000.

SCALEA 87029 Cosenza 🔢 ⊛ − 8 315 ab. − ✆ 0985.
Roma 428 − Castrovillari 72 − Catanzaro 153 − ✦Cosenza 94 − ✦Napoli 222.

🏛 **Gd H. De Rose** ⌕, ✆ 20273, Telex 800070, Fax 920194, ≤, ⌁, 🏖, ☂, ❄ − 🛗 🖰 📺 ☎ **🅿**. 🖭 ◉ 𝐕𝐈𝐒𝐀. ❄ rist
chiuso dal 20 dicembre al 20 gennaio − Pas carta 32/45000 − ⌕ 7000 − **66 cam** 75/110000
appartamenti 190/200000 − ½ P 82/147000.

🏛 **Talao**, ✆ 20444, Fax 20927, ≤, ⌁, 🏖, ❄ − 🛗 🖰 ☎ **🅿** − 🔏 45. 🖭 🚾 ◉ 𝐄 𝐕𝐈𝐒𝐀. ❄
Pas 22/26000 − ⌕ 7000 − **45 cam** 72/105000 − P 57/97000.

SCANDIANO 42019 Reggio nell'Emilia 🔢 ⑭ − 22 001 ab. alt. 95 − ✆ 0522.
Roma 426 − ✦Bologna 64 − ✦Milano 162 − ✦Modena 23 − Reggio nell'Emilia 13.

🏛 **Sirio e Rist. La Bussola**, via Palazzina 30 ✆ 981144, Fax 984084 − 🛗 🖰 📺 ☎ 🚗 **🅿**. 🖭 🚾 ◉ 𝐄 𝐕𝐈𝐒𝐀. ❄
chiuso dal 5 al 20 agosto − Pas (chiuso agosto) carta 30/43000 − ⌕ 6000 − **32 cam** 49/75000, 🖿 3000 − ½ P 64/74000.

🍽🍽 **Al Portone**, piazza Boiardo 4 ✆ 855985, Coperti limitati; prenotare − ❄
chiuso martedì e dal 15 luglio al 15 agosto − Pas carta 51/67000.

🍽🍽 **Scuderia Sant'Antonio**, località Pratissolo NO : 1 km ✆ 856519, Coperti limitati; prenotare, « In un'antica scuderia; servizio estivo all'aperto », ☂ − **🅿**. ❄
chiuso lunedì sera, martedì ed agosto − Pas carta 36/51000.

🍽🍽 **Bosco**, località Bosco NO :4 km ✆ 857242 − **🅿**. 🖭 🚾 ◉ 𝐄 𝐕𝐈𝐒𝐀. ❄
chiuso lunedì sera e martedì − Pas carta 32/52000.

ad Arceto NE : 3,5 km − ✉ **42010** :

🍽🍽 **Rostaria al Castello**, ✆ 989157, Coperti limitati; prenotare − **🅿**. ❄
chiuso domenica sera, lunedì, dal 15 al 28 febbraio e dal 15 agosto al 15 settembre − Pas carta 30/47000.

SCANDICCI 50018 Firenze − 54 656 ab. alt. 49 − ✆ 055.
Roma 277 − ✦Firenze 6 − Siena 68.

Pianta di Firenze : percorsi di attraversamento

🍽🍽 **Luciano**, via Poccianti 6 ✆ 252703 − ⌕⊗ 🖿. 🖭 🚾 ◉ 𝐄 𝐕𝐈𝐒𝐀. ❄   EU **b**
chiuso lunedì e dal 1° al 18 agosto − Pas carta 39/54000 (12%).

SCANNO 67038 L'Aquila 🔢 ⑰ − 2 444 ab. alt. 1 050 − Sport invernali : 1 050/1 870 m ≤ 4, ⚷ − ✆ 0864.
Vedere Lago di Scanno★ NO : 2 km.
Dintorni Gole del Sagittario★★ NO : 6 km.
🅸 piazza Santa Maria della Valle 12 ✆ 74317.
Roma 155 − L'Aquila 101 − Campobasso 124 − Chieti 87 − ✦Pescara 98 − Sulmona 31.

🏛 **Mille Pini** ⌕, ✆ 74387, ☂ − ⊗ 🚗 **🅿**. ❄
Pas (chiuso martedì) carta 31/40000 − ⌕ 10000 − **19 cam** 70/90000 − ½ P 80000.

🏛 **Miramonti**, ✆ 74369, ≤ − 🛗 ☎ 🚗 **🅿**. ❄
✦ Pasqua-settembre − Pas carta 18/30000 − ⌕ 10000 − **38 cam** 55/73000 − ½ P 55/65000.

🏛 **Vittoria**, ✆ 74398, ≤, ❄ − 🛗 🖰 ⚬ **🅿**. ❄
Pas (chiuso mercoledì) 24/26000 − ⌕ 9000 − **27 cam** 48/68000 − P 70/75000.

🏛 **Belvedere**, ✆ 74314 − ☎. ❄
✦ Pas (chiuso lunedì) 20/22000 − ⌕ 9000 − **32 cam** 35/55000 − ½ P 45/55000.

🍽🍽 **Birreria la Baita** ⌕ con cam, ✆ 747264 − 🚗 **🅿**. ❄
Pas (chiuso lunedì) carta 23/38000 − ⌕ 6000 − **5 cam** 60000 − ½ P 60000.

🍽 **Gli Archetti**, ✆ 74645
chiuso martedì − Pas carta 26/37000.

🍽 **Grotta dei Colombi**, ✆ 74393, ☂
✦ Pas carta 16/24000.

al lago N : 3 km :

🏛 **Park Hotel**, ✉ 67038 ✆ 74624, ≤ lago, ⌁, ❄ − 🛗 ☎ 🖰 🚗 **🅿**. ❄
Pasqua, giugno-settembre e Natale − Pas carta 23/36000 − ⌕ 10000 − **65 cam** 45/70000 − ½ P 60/70000.

SCANZOROSCIATE 24020 Bergamo − 8 076 ab. alt. 279 − ✆ 035.
Roma 606 − ✦Bergamo 7 − ✦Brescia 49 − ✦Milano 54.

🍽🍽 **La Taverna**, via Martinengo Colleoni 35 ✆ 661068, ☂ − **🅿**. 🖭 🚾 ◉ 𝐄. ❄
chiuso domenica sera e lunedì − Pas carta 41/71000.

SCARIA Como 219 ⑧ – Vedere Lanzo d'Intelvi.

SCARIO 84070 Salerno – a.s. luglio e agosto – ✿ 0974.
Roma 421 – ♦Napoli 216 – Salerno 165 – Sapri 15.

🏨 **Marcaneto Palace Hotel** ⑤, località Marcaneto ℰ 986353, Fax 986512, ≤, ⊥ – 🛗 ☰
📺 ☎ 🄿 – 🔬 200. 🄰🄴 🄾. ॐ
aprile-ottobre – Pas 30/40000 – ☷ 12000 – **40 cam** 125000 – P 105/140000.

🏠 **Approdo,** ℰ 986070, ≤, 🛶, ⋍ – ☎ 🄿. 🄱. ॐ
aprile-settembre – Pas *(chiuso sino a maggio)* carta 19/29000 (10%) – ☷ 8000 – **23 cam**
45/60000 – P 60/79000.

SCARLINO 58020 Grosseto – 2 583 ab. alt. 230 – ✿ 0566.
Roma 231 – Grosseto 44 – ♦Livorno 97.

✗✗ **Da Balbo,** via Roma 9 ℰ 37204, 🦐 – 🄿 🄱 🄴 𝘝𝘐𝘚𝘈. ॐ
chiuso martedì e da ottobre a dicembre – **Pas** carta 27/38000 (15%).

SCAURI 04028 Latina – a.s. Pasqua e luglio-agosto – ✿ 0771.
🄱 via Marconi 23 ℰ 683400.
Roma 155 – Caserta 62 – Latina 85 – ♦Napoli 77.

🏠 **Villa Edy,** Lungomare 315 ℰ 680808, ≤, 🛶 – ☰ ☎ 🄿. 🄰🄴 🄱 🄾 🄴 𝘝𝘐𝘚𝘈. ॐ
➦ Pas *(chiuso da novembre ad aprile)* 20/25000 – **18 cam** ☷ 57/76000 – ½ P 50/70000.

SCENA (SCHENNA) 39017 Bolzano 218 ⑩ – 2 497 ab. alt. 640 – a.s. 15 marzo-ottobre – ✿ 0473.
🄱 ℰ 95669, Telex 401018, Fax 95581.
Roma 670 – ♦Bolzano 33 – Merano 5 – ♦Milano 331.

🏨 **Hohenwart,** ℰ 95629, Telex 400059, Fax 95996, ≤ monti e vallata, 🦐, ⊥, 🏊, ⋍, ॐ – 🛗
☰ rist 📺 ☎ 🄿. ॐ cam
chiuso dal 10 gennaio al 15 marzo – Pas carta 31/41000 – **60 cam** ☷ 98/200000 –
½ P 78/117000.

🏨 **Starkenberg,** ℰ 95665, ≤, 🏊, ⋍ – 🛗 📺 ☎ 🄿
➦ *chiuso dal 25 novembre al 3 febbraio* – Pas 20/27000 – **40 cam** ☷ 60/150000 appartamenti
170/190000 – ½ P 70/120000.

🏨 **Schennerhof,** ℰ 95623, Fax 95582, ≤, 🦐, ⋍ – 🛗 📺 ☎ 🄿. 🄰🄴 🄱 𝘝𝘐𝘚𝘈
Pas *(chiuso martedì)* carta 30/49000 – **20 cam** ☷ 62/144000 – ½ P 55/87000.

🏠 **Schlosswirt,** ℰ 95620, Fax 45453, ≤, 🦐, ⊥, ⋍ – 🛗 ☎ 🄿
➦ *chiuso dal 15 gennaio al 7 marzo* – Pas *(chiuso lunedì)* carta 19/34000 – **31 cam** ☷ 53/90000
– ½ P 47/55000.

SCHENNA = Scena.

SCHIAVON 36060 Vicenza – 2 182 ab. alt. 74 – ✿ 0444.
Roma 554 – ♦Milano 237 – ♦Padova 56 – Treviso 60 – Vicenza 24.

a Longa S : 2 km – ✉ 36060 :

🏨 **Alla Veneziana,** ℰ 665500, Telex 434320 – 🛗 ☰ 📺 ☎ 🄿. 🄰🄴 🄾 𝘝𝘐𝘚𝘈. ॐ
Pas *(chiuso lunedì)* carta 25/40000 – ☷ 8000 – **43 cam** 60/95000, ☰ 5000 – ½ P 70/90000.

SCHIO 36015 Vicenza 988 ④ – 36 207 ab. alt. 200 – ✿ 0445.
Roma 562 – ♦Milano 225 – ♦Padova 61 – Trento 72 – ♦Venezia 94 – ♦Verona 72 – Vicenza 23.

🏨 **Nuovo Miramonti,** senza rist, via Marconi 3 ℰ 29900, Fax 28134 – 🛗 📺 ☎
67 cam.

🏨 **Eden,** viale dell'Industria 33 ℰ 670044 – 🛗 ☰ 📺 ☎ 🄿. 🄰🄴 🄱 🄾 🄴 𝘝𝘐𝘚𝘈. ॐ
➦ *chiuso dal 25 al 31 dicembre* – Pas (solo per clienti alloggiati e *chiuso a mezzogiorno*)
20/25000 – ☷ 10000 – **30 cam** 80/95000, ☰ 5000 – ½ P 65/80000.

✗✗ **Nuovo Miramonti-da Bruno,** via Marconi 5 ℰ 20119 – ☰. 🄰🄴 🄱 🄾 🄴 𝘝𝘐𝘚𝘈. ॐ
chiuso domenica e dal 1° al 21 agosto – Pas carta 30/43000.

✗✗ **Da Ghezzo,** via Almerigo da Schio ℰ 23433, Coperti limitati; prenotare – ⬳. 🄰🄴 🄱 🄴
𝘝𝘐𝘚𝘈
chiuso domenica ed agosto – Pas carta 22/37000.

SCHLANDERS = Silandro.

SCHNALS = Senales.

SCIACCA Agrigento 988 ㉟ – Vedere Sicilia alla fine dell'elenco alfabetico.

SCOPELLO Trapani – Vedere Sicilia (Castellammare del Golfo) alla fine dell'elenco alfabetico.

13028 Vercelli 🗺️ ②, 🗺️ ⑤ – 442 ab. alt. 659 – a.s. 15 dicembre-15 gennaio e 15 luglio-agosto – Sport invernali : 659/1 541 m ≤1, ≤; ad Alpe di Mera : 1 570/1 742 m ≤6 – 🅾 0163.

Roma 695 – ◆Milano 121 – Novara 75 – ◆Torino 137 – Varallo 16 – Vercelli 81.

🏠 **Rosetta,** 𝒫 71136, ≤ – ⇔ cam ☎ 🅿. 🖭 🛏 𝓥𝓘𝓢𝓐
chiuso maggio, ottobre e novembre – Pas carta 22/33000 – ⥥ 5000 – **39 cam** 28/50000 – ½ P 50/65000.

ad Alpe di Mera S : 20 mn di seggiovia – alt. 1 570 :

🏠 **Sport Hotel Camparient** ⑤, ✉ 13028 𝒫 78002, ≤ Monte Rosa e vallata – 🛗 ⇔ cam 🛏. 🖭 🛏. ⚘
dicembre-aprile e luglio-settembre – Pas carta 35/51000 – ⥥ 8000 – **34 cam** 50/85000 – ½ P 59/72000.

67019 L'Aquila – 2 149 ab. alt. 800 – 🅾 0862.

Roma 146 – L'Aquila 10 – ◆Napoli 269 – ◆Pescara 111.

sulla strada statale 17 SO : 4 km :

🏠 New York, ✉ 67019 𝒫 717703, ☂ – 🛗 🛏 🅿 – 🏛 100
24 cam.

30037 Venezia 🗺️ ⑤ – 15 262 ab. alt. 16 – 🅾 041.

Roma 527 – ◆Milano 266 – ◆Padova 30 – Treviso 17 – ◆Venezia 24.

🏠 **Villa Conestabile,** via Roma 1 𝒫 445027, Fax 5840088, « Parco e laghetto » – 📺 ☎ 🅿 – 🏛 25 a 150. 🖭 🛏 🇪 𝓥𝓘𝓢𝓐
Pas *(chiuso domenica e dal 1° al 20 agosto)* carta 30/46000 – ⥥ 10000 – **22 cam** 55/75000 – ½ P 70/80000.

🏠 **Piccolo Hotel** senza rist, via Moglianese 37 𝒫 445312 – 📺 ☎ 🅿. 𝓥𝓘𝓢𝓐. ⚘
⥥ 6000 – **20 cam** 50/70000.

Vedere Iseo (Lago d').

Modena – Vedere Modena.

Napoli – Vedere Napoli.

Trapani 🗺️ ㊲ – Vedere Sicilia alla fine dell'elenco alfabetico.

00037 Roma 🗺️ ㉙ – 8 565 ab. alt. 650 – 🅾 06.

Roma 57 – Frosinone 41 – Latina 52 – ◆Napoli 176.

🏠 **La Pace,** 𝒫 9767084 – 🛗 ☎ 🅿 – 🏛 300. 🛏 𝓥𝓘𝓢𝓐. ⚘
Pas 22000 – ⥥ 5000 – **46 cam** 35/45000 – ½ P 40000.

20090 Milano 🗺️ ⑲ – 33 001 ab. alt. 116 – 🅾 02.

Roma 575 – ◆Bergamo 48 – ◆Milano 10.

Pianta d'insieme di Milano (Milano p. 4 e 5)

a San Felice S : 2 km – ✉ **20090** Segrate :

%% **I Malavoglia,** centro Commerciale 𝒫 7532449 – 🍽. 🖭 🛏 🇴 🇪 𝓥𝓘𝓢𝓐. ⚘
chiuso sabato a mezzogiorno e lunedì – Pas carta 49/74000 (12%).

per viale Forlanini HM

a Milano 2 NO : 3 km – ✉ **20090** Segrate :

🏨 **Jolly Milano 2** ⑤, 𝒫 2175, Telex 321266, Fax 26410115 – 🛗 🍽 📺 ☎ – 🏛 450. 🖭 🛏 🇴 🇪 𝓥𝓘𝓢𝓐. ⚘ rist HL **a**
Pas 53000 – **149 cam** ⥥ 245/295000 – ½ P 201/298000.

= Siusi.

= Alpe di Siusi.

Forlì – Vedere Forlimpopoli.

Trapani 🗺️ ㊱ – Vedere Sicilia alla fine dell'elenco alfabetico.

(SELLA JOCH) ★★★ Bolzano 🗺️ ⑤ – alt. 2 240.
Vedere ⁜★★★.

Roma 694 – ◆Bolzano 53 – Canazei 12 – Cortina d'Ampezzo 60 – ◆Milano 352 – Trento 113.

SELLA NEVEA Udine 988 ⑥ – alt. 1 155 – ✉ 33010 Chiusaforte – a.s. luglio-agosto e Natale – Sport invernali : 1 155/1 841 m ✦1 ✦2, ✦ – ✆ 0433.

Roma 711 – Cortina d'Ampezzo 152 – ◆Milano 456 – Tarvisio 20 – ◆Trieste 145 – Udine 75.

🏠 **Canin** ♦, ✆ 54019, ≤ – ⇔ ℗. ⅊ rist
dicembre-aprile e luglio-10 settembre – Pas 25000 (10%) – ⊊ 6000 – **27 cam** 44/80000 – ½ P 45/75000.

SELVA Brindisi – Vedere Fasano.

SELVA Vicenza – Vedere Montebello Vicentino.

SELVA DI CADORE 32020 Belluno – 606 ab. alt. 1 415 – ✆ 0437.

Roma 676 – Belluno 65 – ◆Bolzano 81 – Cortina d'Ampezzo 24.

🏠 **Nigritella,** frazione Santa Fosca ✆ 720041, Telex 440297, Fax 720491, ≤, ☒ – 🛗 ☎ ⇔ ℗. ⅊
dicembre-aprile e giugno-settembre – Pas 25000 – ⊊ 8000 – **59 cam** 45/80000 – ½ P 60/70000.

SELVA DI VAL GARDENA (WOLKENSTEIN IN GRÖDEN) 39048 Bolzano 988 ⑤ – 2 336 ab. alt. 1 567 – a.s. febbraio-marzo, luglio-agosto e Natale – Sport invernali : della Val Gardena 1 567/2 682 m ✦5 ✦28, ✦ – ✆ 0471.

Vedere Postergale★ nella chiesa.

Dintorni Passo Sella★★★ : ❄★★★ S : 10,5 km – Val Gardena★★★ per la strada S 242.

🇮 palazzo Cassa Rurale ✆ 75122, Telex 400359, Fax 74245.

Roma 684 – ◆Bolzano 42 – Brunico 59 – Canazei 23 – Cortina d'Ampezzo 72 – ◆Milano 341 – Trento 102.

🏨 **Gran Baita** ♦, ✆ 795210, Telex 401432, Fax 795080, ≤ Dolomiti, ☒, ☞, ⅊ – 🛗 ▤ rist ☎ ⇔ ℗. ☒ ⅊ rist
20 dicembre-14 aprile e 15 giugno-settembre – Pas *(chiuso mercoledì)* carta 28/50000 – **60 cam** ⊊ 70/150000 – ½ P 100/170000.

🏨 **Oswald,** ✆ 795151, Fax 794131, ≤ – 🛗 ▤ rist 📺 ☎ ℗. ☒ ⊙ ☒. ⅊
8 dicembre-15 aprile e 23 giugno-settembre – Pas carta 28/45000 – ⊊ 15000 – **56 cam** 90/150000 – ½ P 80/130000.

🏨 **Tyrol** ♦, ✆ 795270, Fax 794022, ≤ Dolomiti, ☒, ☞ – 🛗 📺 ☎ ⇔ ℗. ⅊ rist
18 dicembre-20 aprile e 16 giugno-5 ottobre – Pas *(chiuso lunedì)* 28/40000 – ⊊ 15000 – **40 cam** 90/160000 appartamenti 220/360000 – ½ P 98/138000.

🏨 **Residence Hotel Antares,** ✆ 795400, Fax 933241, ☒, ☞ – 🛗 📺 ☎ ⅊ ⇔ ℗ – 🏛 70. ⅊
dicembre-Pasqua e 20 giugno-15 settembre – Pas 28/34000 – ⊊ 13000 – **49 cam** 116/202000 – ½ P 75/130000.

🏨 **Aaritz,** ✆ 795011, ≤, ☒, ☞ – 🛗 ▤ rist 📺 ☎ ℗. ☒ ☒ ⅊
20 dicembre-10 aprile e 10 luglio-10 settembre – Pas (solo per clienti alloggiati e *chiuso a mezzogiorno)* – **41 cam** ⊊ 80/130000 – ½ P 100/135000.

🏠 **Genziana,** ✆ 795187, ≤, ☒, ☞ – 🛗 📺 ☎ ℗. ⅊
20 dicembre-20 aprile e 25 giugno-settembre – Pas (solo per clienti alloggiati e *chiuso a mezzogiorno)* 38/50000 – ⊊ 19000 – **27 cam** 78/125000 – ½ P 80/145000.

🏠 **Chalet Portillo,** ✆ 795205, ≤, ⅊ – 🛗 📺 ☎ ℗. ⅊
dicembre-20 aprile e 25 giugno-28 settembre – Pas (solo per clienti alloggiati) 25/35000 – **25 cam** ⊊ 55/100000 – ½ P 65/90000.

🏠 **Solaia** ♦, ✆ 795104, Fax 795121, ≤ Dolomiti, ☒, ☞ – ☎ ℗. ⅊
dicembre-10 aprile e 15 giugno-settembre – Pas 20/35000 – **30 cam** ⊊ 55/110000 – ½ P 75/95000.

🏠 **Laurin,** ✆ 795105, ≤ – 🛗 ☎ ⇔ ℗. 🚽 ⊙ ☒ ⅊
6 dicembre-14 aprile e luglio-20 settembre – Pas (solo per clienti alloggiati) 20/30000 – **30 cam** ⊊ 30/50000 – ½ P 55/100000.

🏠 **Condor,** ✆ 795055, ≤ Dolomiti, ☞ – 🛗 ☎ ⇔ ℗. ⅊
dicembre-20 aprile e 20 giugno-settembre – Pas (solo per clienti alloggiati) – **26 cam** ⊊ 60/120000 – ½ P 55/85000.

🏠 **Dorfer** ♦, ✆ 795204, ≤ Dolomiti, ☞ – 📺 ☎ ℗. ⅊ rist
18 dicembre-15 aprile e 4 giugno-settembre – Pas carta 29/45000 – **30 cam** ⊊ 45/90000 – ½ P 70/103000.

🏠 **Astor,** ✆ 795207, Fax 795207, ≤ Dolomiti – ☎ ℗. 🚽 ⅊ rist
dicembre-aprile e 15 giugno-settembre – **24 cam** solo ½ P 80/100000.

🏠 **Armin,** ✆ 795347 – 📺 ☎ ℗
5 dicembre-15 aprile e 20 maggio-20 settembre – Pas carta 31/50000 – ⊊ 10000 – **20 cam** 70/120000 – ½ P 60/100000.

🏠 **Olympia,** ✆ 795145, Fax 795403, ≤ – ☎ ℗. 🚽 ☒ ⅊ rist
dicembre-Pasqua e giugno-settembre – Pas carta 22/31000 – ⊊ 10000 – **45 cam** 47/86000 – ½ P 60/90000.

534

🏡 **Malleier** 🦌, 🏠 795296, ≤ Dolomiti, 🍴 – 🛗 ☎ 🅿. ❄
dicembre-aprile e giugno-settembre – Pas (solo per clienti alloggiati) – **34 cam** ≃ 38/75000 – ½ P 70/88000.

🏡 **Miravalle,** 🏠 795166, ≤, 🍴 – ☎ 🅿
stagionale – **30 cam**.

🏡 **Pralong,** 🏠 795370, ≤ – 🛗 ☎ ⇔ 🅿
dicembre-aprile e luglio-settembre – Pas (solo per clienti alloggiati) – **25 cam** ≃ 45/80000 – ½ P 50/85000.

verso Passo Gardena (Grödner Joch) SE : 6 km :

✗ **Gerard** 🦌 con cam, 🖂 39048 🏠 795274 – ☎ 🅿. ❄ cam
18 dicembre-15 aprile e 25 giugno-15 ottobre – Pas carta 22/41000 – ≃ 10000 – **7 cam** 35/70000.

Vedere anche : *Santa Cristina Valgardena* O : 3 km.
Ortisei NO : 7 km.

SELVINO 24020 Bergamo 🔲🔲🔲 ③ – 1 870 ab. alt. 956 – a.s. luglio-agosto e Natale – Sport invernali : 956/1 400 m 🎿1 🎿3 – 🅾 035.
🛈 corso Milano 19 🏠 761362 – Roma 622 – ◆Bergamo 21 – ◆Brescia 73 – ◆Milano 68.

🏨 **Elvezia** 🦌, 🏠 761058, 🍴 – ☎ 🅿. ⒶⒺ 🚩. ❄
chiuso dal 1° al 20 settembre – Pas *(chiuso lunedì)* 25/28000 – ≃ 8000 – **17 cam** 40/55000 – ½ P 50000.

🏡 **Aquila** 🦌, 🏠 761000, 🍴 – 🅿. 🚩. ❄
Pas *(chiuso mercoledì)* carta 24/35000 – ≃ 7000 – **22 cam** 28/50000 – ½ P 55000.

SEMENTINA 🔲🔲🔲 ㉔, 🔲🔲🔲 ⑧, 🔲🔲🔲 ⑫ – Vedere Cantone Ticino (Bellinzona) alla fine dell'elenco alfabetico.

SEMOGO Sondrio 🔲🔲🔲 ⑰ – Vedere Valdidentro.

SENALES (SCHNALS) 39020 Bolzano 🔲🔲🔲 ⑨ – 1 368 ab. alt. (frazione Certosa) 1 327 – a.s. 15 febbraio-aprile, luglio-agosto e Natale – Sport invernali : a Maso Corto : 2 009/3 212 m 🎿1 🎿5 (anche sci estivo), 🎿 – 🅾 0473 – 🛈 a Certosa 🏠 89148, Telex 401593.
Da Certosa : Roma 692 – ◆Bolzano 55 – Merano 27 – ◆Milano 353 – Passo di Resia 70 – Trento 113.

a Madonna di Senales (Unserfrau) NO : 4 km – alt. 1 500 – 🖂 39020 Senales :

🏨 **Berghotel Tyrol** 🦌, 🏠 89690, ≤, 🔲 – 🛗 ☎ 🅿. ❄
chiuso maggio – **25 cam** solo ½ P 48/58000.

a Monte Santa Caterina (Katharinaberg) SE : 4 km – alt. 1 245 – 🖂 39020 Senales :

🏨 **Am Fels** 🦌, 🏠 89139, ≤, 🔲 – 🛗 ↙⇒ cam ☎ ⇔ 🅿. 🚩. ❄ rist
➡ Pas (solo per clienti alloggiati) 15/20000 – **26 cam** ≃ 35/70000 – ½ P 40/52000.

🏡 **Katharinabergerhof** 🦌, 🏠 89171, ≤ – ☎ 🅿. 🚩 ⒶⒺ 🄰 🚩. ❄ rist
Pas *(chiuso a mezzogiorno)* – **11 cam** solo ½ P 33/37000.

a Vernago (Vernagt) NO : 7 km – alt. 1 700 – 🖂 39020 Senales :

🏨 **Vernagt** 🦌, 🏠 89636, Fax 89720, ≤ lago e monti, 🔲 – 🛗 ☎ ⇔ 🅿. 🚩 Ⓔ 🄰 ❄ rist
chiuso maggio e dal 20 novembre al 20 dicembre – Pas carta 29/44000 – ≃ 10000 – **50 cam** 69/129000 – ½ P 75000.

SENIGALLIA 60019 Ancona 🔲🔲🔲 ⑯ – 40 991 ab. – a.s. luglio e agosto – 🅾 071.
🛈 piazzale Giardini Morandi 2 🏠 7922725, Telex 560358, Fax 7924930.
Roma 296 – ◆Ancona 29 – Fano 28 – Macerata 79 – ◆Perugia 153 – Pesaro 39.

🏩 **Ritz,** lungomare Dante Alighieri 142 🏠 63563, Fax 7922080, ≤, « Giardino con percorso vita », 🏊, ❄ – 🛗 🍴 rist ☎ 🚲 🅿 – 🄰 100. ⒶⒺ 🚩 Ⓞ Ⓔ 🗺. ❄
19 maggio-23 settembre – Pas 30/35000 – ≃ 10000 – **150 cam** 57/92000 – ½ P 77/85000.

🏩 **Senb Hotel,** viale Bonopera 26 🏠 64892, Fax 64814 – 🛗 🍴 rist 📺 ☎ ⇔ 🅿 – 🄰 150. ⒶⒺ 🚩 Ⓞ Ⓔ 🗺. ❄
Pas *(chiuso venerdì e domenica sera)* carta 24/36000 – ≃ 8000 – **51 cam** 60/80000 – ½ P 66/74000.

🏨 **Metropol,** lungomare Leonardo da Vinci 11 🏠 7925991, ≤, 🏊, 🍴 – 🛗 ☎ 🅿. 🚩 Ⓞ Ⓔ
➡ 🗺. ❄
19 maggio-16 settembre – Pas (solo per clienti alloggiati) 20/25000 – ≃ 6000 – **65 cam** 40/49000 – ½ P 62/73000.

🏨 **Palace Hotel,** piazza della Libertà 7 🏠 63453, Fax 7925969, ≤ – 🛗 📺 ☎ 🚲. ⒶⒺ 🚩 Ⓞ Ⓔ 🗺. ❄ rist
Pas *(chiuso venerdì)* 25/30000 – ≃ 6000 – **57 cam** 53/80000 – ½ P 60/65000.

🏨 **Cristallo,** lungomare Dante Alighieri 2 🏠 7925767, Fax 7925767, ≤ – 🛗 ☎. ⒶⒺ 🚩 Ⓔ 🗺. ❄ rist
maggio-settembre – Pas (solo per clienti alloggiati) carta 20/31000 (15%) – ≃ 5000 – **60 cam** 52/76000 – ½ P 40/63000.

🏨 **Baltic,** lungomare Dante Alighieri 66 ℰ 7925757, ≤ – 🛗 ☎ 🅿. 🕃 E 𝚅𝙸𝚂𝙰. 🎇 rist
maggio-settembre – Pas carta 21/31000 (15%) – 🍴 5000 – **60 cam** 73000 – ½ P 40/60000.

🏨 **Europa,** lungomare Dante Alighieri 108 ℰ 63800, Fax 7925969, ≤ – 🛗 🍽 rist 🐾. 🕃 🕃 🄾
➡ 𝚅𝙸𝚂𝙰. 🎇 rist
giugno-15 settembre – Pas 20/30000 – 🍴 7000 – **45 cam** 50/75000 – ½ P 55/60000.

🏨 **Luxembourg,** lungomare Marconi 37 ℰ 60497, ≤ – 🛗 🐾. 🄰🄴 🕃 🄾 𝚅𝙸𝚂𝙰. 🎇 rist
➡ *25 maggio-20 settembre* – Pas 19/20000 – 🍴 5000 – **30 cam** 43/62000 – ½ P 49/56000.

🏨 **Mareblù,** lungomare Mameli 50 ℰ 7920104, Fax 7925402, ≤ – 🛗 🍽 rist ☎ 🅿. 🄰🄴 🕃 𝚅𝙸𝚂𝙰
➡ 🎇
Pasqua-settembre – Pas 20/35000 – **54 cam** 🍴 50/72000 – ½ P 40/60000.

🏨 **Eden,** via Podesti 194 ℰ 63405, 🚗 – 🛗 ☎ 🅿. 🕃 E 𝚅𝙸𝚂𝙰
Pas *(chiuso sabato)* carta 22/31000 – 🍴 6000 – **25 cam** 38/55000 – ½ P 38/48000.

🏨 **Argentina,** lungomare Dante Alighieri 82 ℰ 7924665, ≤ – 🛗 🐾. 🎇
➡ *15 aprile-20 settembre* – Pas 20/22000 – **37 cam** 🍴 47/57000 – ½ P 58/60000.

✕✕ **Riccardone's,** via Rieti 69 ℰ 64762 – 🍽. 🄰🄴 🄾 𝚅𝙸𝚂𝙰
chiuso dal 1° al 15 marzo, novembre e lunedì in bassa stagione – Pas carta 35/65000.

✕ **Skorpion,** lungomare Mameli 48 ℰ 60341 – 🕃 E 𝚅𝙸𝚂𝙰. 🎇
chiuso martedì e dal 20 novembre al 10 dicembre – Pas carta 30/33000.

✕ **La Madonnina del Pescatore,** lungomare Italia 9 ℰ 698267, 🌴, Solo piatti di pesce –
🄰🄴 🕃 🄾 E 𝚅𝙸𝚂𝙰. 🎇
*chiuso dal 20 al 28 febbraio, dal 1° al 15 settembre, dal 15 al 30 novembre e lunedì (escluso
luglio-agosto)* – Pas carta 33/55000 (10%).

a Cesano NO : 5 km – ✉ **60012** Cesano di Senigallia :

✕ **Pongetti,** strada statale ℰ 660064, Solo piatti di pesce – 🅿. 🎇
chiuso domenica sera, lunedì e dal 10 al 30 settembre – Pas carta 30/50000.

a Roncitelli O : 8 km – ✉ **60010** :

✕ **Degli Ulivi,** ℰ 66309 – 𝚅𝙸𝚂𝙰. 🎇
chiuso martedì e dal 15 al 30 gennaio – Pas carta 26/50000.

SEQUALS 33090 Pordenone – 1 872 ab. alt. 234 – ✪ 0427.
Roma 642 – ◆Milano 380 – Pordenone 37 – Udine 38.

🏨 **Belvedere,** via Odorico 54 ℰ 93016 – 📺 ☎ 🅿. 🄰🄴 🕃 🄾 𝚅𝙸𝚂𝙰. 🎇
➡ Pas *(chiuso lunedì)* 18/26000 – 🍴 5000 – **22 cam** 30/50000 – ½ P 40/45000.

SEREGNO 20038 Milano 🖷🖷🖷 ③, 🖷🖷🖷 ⑲ – 38 132 ab. alt. 224 – ✪ 0362.
Roma 594 – ◆Bergamo 51 – Como 24 – Lecco 31 – ◆Milano 26 – Novara 66.

🏨 **Umberto I°,** via Dante 63 ℰ 223377, Telex 350214, Fax 221931 – 🛗 🍽 📺 ☎ 🚗 – 🔏 30 a
120. 🄰🄴 🕃 🄾 E 𝚅𝙸𝚂𝙰. 🎇
Pas *(chiuso domenica ed agosto)* carta 31/49000 – 🍴 11000 – **52 cam** 95/140000 –
½ P 120000.

SERINA 24017 Bergamo – 2 073 ab. alt. 820 – a.s. luglio e agosto – ✪ 0345.
Roma 632 – ◆Bergamo 31 – ◆Milano 73 – San Pellegrino Terme 14.

🏨 **Rosalpina,** ℰ 66020 – 🅿. 🎇
dicembre-aprile e giugno-settembre – Pas *(chiuso lunedì)* carta 21/29000 – 🍴 5000 –
22 cam 31/43000 – ½ P 37/39000.

SERPIOLLE Firenze – Vedere Firenze.

SERRADA Trento – Vedere Folgaria.

SERRA DEL MONTE Pavia – Vedere Cecima.

SERRAVALLE Perugia – Vedere Norcia.

SERRAVALLE PISTOIESE 51030 Pistoia – 8 424 ab. alt. 182 – ✪ 0573.
Roma 320 – ◆Firenze 43 – ◆Livorno 75 – Lucca 34 – Pistoia 8 – Pisa 51.

🏨 **Charleston** senza rist, via Provinciale Lucchese 131 ℰ 51066 – 🍽 📺 ☎ 🅿. 🄰🄴 🄾 𝚅𝙸𝚂𝙰. 🎇
🍴 3500 – **19 cam** 54/76000.

SERRAVALLE SESIA 13037 Vercelli 🖷🖷🖷 ⑯ – 5 110 ab. alt. 313 – ✪ 0163.
Roma 660 – Biella 43 – ◆Milano 86 – Novara 40 – ◆Torino 101 – Vercelli 45.

a Vintebbio SE : 2,5 km – ✉ **13030** :

✕✕ **La Gerla,** ℰ 450248 – 🎇
chiuso martedì e dal 16 al 31 agosto – Pas carta 23/37000.

63029 Ascoli Piceno 🇪🇺🇸🇵🇮 ⑯ – 2 386 ab. alt. 216 – ✆ 0734.

Roma 224 – ✦Ancona 85 – Ascoli Piceno 64 – Macerata 43.

🏠 **San Marco,** ℰ 750761 – 🔧 ✖ rist ☎. 🅰🅴 𝚅𝙸𝚂𝙰. ✖
◆ Pas *(chiuso giovedì)* 20/35000 – ⬭ 5000 – **20 cam** 35/55000 – ½ P 50000.

(SEXTEN) **39030** Bolzano 🇪🇺🇸🇵🇮 ⑤ – 1 804 ab. alt. 1 311 – a.s. 15 febbraio-aprile, luglio-15 settembre e Natale – Sport invernali : 1 311/2 205 m ✆1 ✆11, ✆; a Versciaco : 1 132/2 050 m ✆1 ✆2 – ✆ 0474.

Dintorni Val di Sesto★★ Nord per la strada S 52 e Sud verso Campo Fiscalino.

🛈 ℰ 70310, Telex 400196, Fax 70318.

Roma 697 – Belluno 96 – ✦Bolzano 116 – Cortina d'Ampezzo 44 – ✦Milano 439 – Trento 173.

🏠 **San Vito-St. Veit** ⑤, ℰ 70390, ≤ Dolomiti e vallata, 🔲 – ☎ 🅿. ✖ rist
◆ 20 dicembre-marzo e 10 giugno-10 ottobre – Pas 16/20000 – **23 cam** ⬭ 48/800000 – ½ P 42/70000.

🏠 **Sesto-Sextnerhof,** ℰ 70314, Fax 70161 – 🔧 🍽 rist ☎. 🅱 🅴 𝚅𝙸𝚂𝙰. ✖ rist
◆ chiuso dal 20 aprile al 20 maggio e dal 15 novembre al 6 dicembre – Pas *(chiuso martedì)* 16/30000 – **31 cam** ⬭ 46/86000 – ½ P 48/65000.

🏠 **Monika** ⑤, ℰ 70384, ≤, 🚗 – 🔧 ✖ rist ☎ 🅱 🚗 🅿. ✖
◆ 20 dicembre-20 aprile e 20 maggio-10 ottobre – Pas 16/20000 – ⬭ 12000 – **27 cam** 39/70000 – ½ P 44/70000.

🏠 Tonyhof ⑤, ℰ 70393, ≤ Dolomiti e vallata – 📺 ☎ 🅿
stagionale – **16 cam.**

a Moso (Moos) SE : 2 km – alt. 1 339 – ✉ **39030** Sesto :

🏨 **Sporthotel Val Fiscalina-Fischleintal** ⑤, ℰ 70365, Fax 70509, ≤ Dolomiti, ⚕, 🔲, 🔲,
🚗 – 🔧 🍽 rist 📺 ☎ 🅱 🚗 🅿 – 🔒 150. ✖ rist
15 dicembre-20 aprile e 25 maggio-20 ottobre – Pas carta 25/55000 – **48 cam** ⬭ 91/188000 – ½ P 90/108000.

🏨 **Rainer,** ℰ 70366, Fax 70163, ≤ Dolomiti e valle Fiscalina, 🔲, 🚗 – 🔧 🍽 rist 📺 ☎ 🅱. 🅰🅴
◆ 20 dicembre-18 aprile e 20 maggio-10 ottobre – Pas 20/30000 – **30 cam** ⬭ 55/75000 – ½ P 80/107000.

🏨 **Berghotel Tyrol** ⑤, ℰ 70386, ≤ Dolomiti e valle Fiscalina, 🚗 – ✖ cam 🍽 rist ☎ 🚗 🅿 ✖
20 dicembre-marzo e 25 maggio-10 ottobre – **30 cam** solo ½ P 70/90000.

🏨 **Tre Cime-Drei Zinnen,** ℰ 70321, ≤ Dolomiti e valle Fiscalina, 🔲 riscaldata, 🚗 – ☎ 🚗 🅿 ✖ rist
◆ 22 dicembre-marzo e 20 giugno-25 settembre – Pas 20/32000 – **41 cam** ⬭ 70/120000 – ½ P 80/95000.

🏠 **Alpi** ⑤, ℰ 70378, ≤ – 🔧 🍽 rist ☎ 🚗. ✖
◆ 20 dicembre-23 aprile e 3 giugno-16 ottobre – Pas *(chiuso a mezzogiorno)* 17/22000 – **18 cam** ⬭ 44/88000 – ½ P 58/62000.

✕ **Leone-Löwen** con cam, ℰ 70338 – ✖ cam
◆ chiuso dal 15 aprile al 15 maggio e dal 20 ottobre al 30 novembre – Pas carta 19/40000 – **11 cam** ⬭ 32/64000 – ½ P 38/50000.

a Campo Fiscalino (Fischleinboden) S : 4 km – alt. 1 451 – ✉ **39030** Sesto :

🏨 **Dolomiti-Dolomitenhof** ⑤, ℰ 70364, ≤ pinete e Dolomiti, 🚗 – 🔧 ☎ 🅱 🅿
18 dicembre-7 aprile e giugno-7 ottobre – Pas *(chiuso sabato in bassa stagione)* carta 24/39000 – **30 cam** ⬭ 65/116000 – ½ P 58/77000.

Vedere anche : *Monte Croce di Comelico (Passo)* (Kreuzbergpass) SE : 7 km.

21018 Varese 🇪🇺🇸🇵🇮 ②③, 🇪🇺🇸 ⑰ – 9 648 ab. alt. 198 – ✆ 0331.

Roma 632 – Como 50 – ✦Milano 55 – Novara 39 – Stresa 25 – Varese 23.

🏨 **Tre Re,** piazza Garibaldi 25 ℰ 924229, Fax 924402, ≤ – 🔧 ☎. 🅰🅴 🅱 🅴 𝚅𝙸𝚂𝙰
◆ marzo-novembre – Pas *(chiuso venerdì)* carta 30/51000 – ⬭ 12000 – **34 cam** 55/72000 – ½ P 80/85000.

🏠 **David,** via Roma 56 ℰ 920182, Fax 931997 – 🔧 🈺 🚗 🅿. 🅰🅴 🅱 🅾 🅴 𝚅𝙸𝚂𝙰. ✖
◆ chiuso dicembre – Pas *(chiuso lunedì)* carta 26/47000 – ⬭ 9000 – **13 cam** 55/74000 – P 85000.

a Lisanza NO : 3 km – ✉ **21018** Sesto Calende :

✕✕✕ ✿ **Da Mosè,** ℰ 977210, prenotare – 🅿. 🅰🅴 🅱 🅾 🅴 𝚅𝙸𝚂𝙰. ✖
◆ chiuso lunedì, martedì, gennaio e dal 10 al 20 agosto – Pas carta 45/78000
Spec. Bavette saltate con melanzane e pomodori, Orata al forno profumata al timo e limone, Petto d'anitra in salsa al vino rosso e aceto balsamico. **Vini** Chardonnay, Barbaresco.

Vedere anche : *Somma Lombardo* SE : 9 km.

When touring in Northern Lombardy and in the Valle d'Aosta,
use **Michelin Map** 🇪🇺🇸 at a scale of 1:200 000.

SESTOLA 41029 Modena 988 ⑩ – 2 742 ab. alt. 1 020 – a.s. febbraio-15 marzo, 15 luglio-agosto e Natale – Sport invernali : 1 020/1 976 m ∕⫶7 ∕⫶11, ≰ – ✆ 0536.

🛈 piazza Pier Maria Passerini 18 ℘ 62324.

Roma 387 – ♦Bologna 81 – ♦Firenze 113 – Lucca 99 – ♦Milano 240 – ♦Modena 71 – Pistoia 77.

🏨 **San Marco** ⑤, ℘ 62330, ≤, « Parco-pineta con 🎾 » – 🛗 ➋ – 🏂 100
    stagionale – **40 cam**.

🏨 **Tirolo** ⑤, ℘ 62523, ≤, ☞, 🎾 – ☎ ➋. 🎾
→   *20 dicembre-10 marzo e 25 giugno-8 settembre* – Pas 20/30000 – 🖵 8000 – **39 cam** 40/70000
    – ½ P 47/57000.

🏨 **Elena,** ℘ 61010, Fax 61298 – ☎. 🎾 rist
→   *dicembre-aprile e giugno-15 ottobre* – Pas 20/35000 – 🖵 6000 – **16 cam** 40/58000 –
    ½ P 40/60000.

🏨 **Capriolo,** ℘ 62325, ≤, ☞ – ☎ ➋. 🎾
→   *dicembre-aprile e luglio-agosto* – Pas 18/25000 – 🖵 7000 – **26 cam** 30/60000 – ½ P 45/55000

🏨 **Nuovo Parco,** ℘ 62322, ≤, « Giardino » – ➋
    41 cam.

🏨 **Cristallo,** ℘ 62551, ≤, ☞ – 🛗 ➋. 🅲 ⓞ 🅴. 🎾 rist
    dicembre-aprile e luglio-settembre – Pas carta 25/43000 – 🖵 10000 – **26 cam** 37/56000 –
    ½ P 45/65000.

🍴🍴 **San Rocco** con cam, ℘ 62382, Coperti limitati; prenotare – 📺 📞. 🅰🅴 🅲 ⓞ 🅴 🆅🅸🆂🅰. 🎾
    chiuso ottobre e novembre – Pas *(chiuso lunedì)* carta 40/70000 – 🖵 10000 – **11 cam**
    40/65000 – ½ P 55/65000.

🍴 **Il Faggio,** ℘ 62211 – 🅰🅴 🅲 ⓞ 🅴 🆅🅸🆂🅰. 🎾
    chiuso lunedì e giugno – Pas carta 35/43000.

SESTRIERE 10058 Torino 988 ⑪, 77 ⑨ – 825 ab. alt. 2 033 – a.s. febbraio-15 marzo, Pasqua e Natale – Sport invernali : 2 033/2 840 m ∕⫶1 ∕⫶20, ≰ – ✆ 0122.

🏌 (luglio-15 settembre) ℘ 76276.

🛈 piazza Agnelli 10 ℘ 76045.

Roma 750 – Briançon 32 – Cuneo 118 – ♦Milano 240 – ♦Torino 93.

🏨🏨 **Gd H. Principi di Piemonte** ⑤, via Sauze ℘ 7941, Fax 70270, ≤ – 🛗 📺 ☎ ⇌ ➋ – 🏂
    70. 🅰🅴 🅲 ⓞ 🅴 🆅🅸🆂🅰. 🎾 rist
    dicembre-aprile – Pas carta 40/67000 – **94 cam** 🖵 210/360000 – ½ P 130/210000.

🏨 **Gd H. Sestriere,** via Assietta 1 ℘ 76476, ≤ – 🛗 📺 ☎ ⇌ – 🏂 40
    stagionale – **89 cam**.

🏨 **Cristallo,** via Pinerolo 5 ℘ 77234, ≤ – 🛗 ➋ – 🏂 70. 🅰🅴 🅲 ⓞ 🆅🅸🆂🅰. 🎾 rist
    dicembre-16 aprile – Pas carta 45/70000 – **76 cam** 🖵 110/160000 – ½ P 100/140000.

🏨 **Miramonti,** via Cesana 3 ℘ 77048, ≤ – ☎ ⇌ ➋. 🅲 ⓞ 🅴 🆅🅸🆂🅰. 🎾 rist
→   *25 novembre-1° maggio e 29 giugno-9 settembre* – Pas *(chiuso martedì)* 20/30000 – 🖵 8000
    – **36 cam** 70/85000 – ½ P 55/85000.

🏨 **Savoy Edelweiss,** via Fraiteve 7 ℘ 77040 – ⫶≈⫶ rist ☎. 🎾
    dicembre-aprile e 10 luglio-30 agosto – Pas *(solo per clienti alloggiati)* 25/32000 – **28 cam**
    🖵 75/95000 – ½ P 60000.

🏨 **Sud-Ovest,** via Monterotta 17 ℘ 77393 – ☎ ⇌ ➋. 🅲 🅴 🆅🅸🆂🅰. 🎾 rist
    novembre-aprile e giugno-settembre – Pas 22/30000 – 🖵 7000 – **21 cam** 60/90000 –
    ½ P 50/80000.

🏨 **Olimpic,** via Monterotto 9 ℘ 77344 – ☎ ➋. 🅲 🅴 🆅🅸🆂🅰. 🎾 rist
→   *dicembre-aprile e luglio-25 agosto* – Pas 20/26000 – 🖵 10000 – **29 cam** 70/96000 –
    ½ P 50/90000.

🍴🍴 **Last Tango,** via La Glesia 5/a ℘ 76337, Coperti limitati; prenotare – ⓞ. 🎾
    chiuso martedì e novembre – Pas carta 32/48000.

SESTRI LEVANTE 16039 Genova 988 ⑬ – 21 020 ab. – ✆ 0185.

🛈 viale 20 Settembre 33 ℘ 41422.

Roma 457 – ♦Genova 50 – ♦Milano 183 – Portofino 34 – ♦La Spezia 59.

🏨🏨 **Gd H. dei Castelli** ⑤, via alla Penisola 26 ℘ 41044, Fax 44767, ≤ golfo, ☞, « Grande
    parco sul mare con ascensore per la spiaggia in un bacino naturale », ⚓ – 🛗 📺 ☎ ➋ –
    🏂 150. 🅰🅴 🅲 ⓞ 🅴 🆅🅸🆂🅰. 🎾 rist
    15 maggio-10 ottobre – Pas 80000 – 🖵 18000 – **45 cam** 162/280000 appartamenti 450/49000
    – ½ P 210/225000.

🏨🏨 **Gd H. Villa Balbi,** viale Rimembranze 1 ℘ 42941, Fax 482459, ☞, « Parco-giardino con
    🏊 riscaldata », ⚓ – 🛗 ☎ ➋. 🅰🅴 🅲 ⓞ 🅴 🆅🅸🆂🅰. 🎾
    7 aprile-22 ottobre – Pas 55/65000 – 🖵 18000 – **100 cam** 95/155000 appartamenti 255/27500
    – ½ P 120/140000.

🏨🏨 **Miramare** ⑤, via Cappellini 9 ℘ 480855, Fax 41055, ≤, ⚓ – 🛗 📺 ☎ ⇌ – 🏂 40 a 80.
    🅰🅴 🅲 🅴 🆅🅸🆂🅰. 🎾
    Pas carta 35/58000 – **35 cam** 🖵 105/180000 – ½ P 125/140000.

🏨🏨 **Vis à Vis** ⑤, via della Chiusa 28 ℘ 42661, Telex 272443, ≤ mare e città, 🏊 riscaldata, ☞
    – 🛗 🍴 rist 📺 ☎ ➋. 🅰🅴 🅲 🅴 🆅🅸🆂🅰. 🎾 rist
    chiuso dall'8 gennaio al 20 marzo – Pas 30/50000 – 🖵 10000 – **47 cam** 🖵 84/140000 – ½ P 80/130000.

🏨 **Helvetia** 🏖 senza rist, via Cappuccini 43 𝒫 41175, Telex 272003, ≤ baia del Silenzio, « Terrazze-giardino fiorite », 🏖 – 劇 📺 🕿 🖭 🗎 ⓘ 🖻 𝘝𝘐𝘚𝘈
15 marzo-ottobre **28 cam** ≈ 90/110000.

🏨 **Due Mari,** vico del Coro 18 𝒫 42696, Fax 42698, ≤, 🛥, – 劇 🕿 🚗 – 🛄 50. 🛇 rist
chiuso da novembre al 21 dicembre – Pas 35/45000 – ≈ 10000 – **26 cam** 55/75000 – ½ P 75/80000.

🏨 **Sereno** 🏖, via Val di Canepa 96 𝒫 43303 – 📺 🕿. 🗎 ⓘ 🖻 𝘝𝘐𝘚𝘈 Pas 25000 – ≈ 7500 – **10 cam** 60000 – ½ P 50/60000.

🏛 **Angiolina,** viale Rimembranze 49 𝒫 41198 – 🖭 🗎 ⓘ 🖻 𝘝𝘐𝘚𝘈
chiuso martedì e febbraio – Pas carta 56/80000 (10%).

🏛 **San Marco,** al porto 𝒫 41459, ≤ – 🖭 🗎 ⓘ 🖻 𝘝𝘐𝘚𝘈
chiuso mercoledì, dal 1° al 15 febbraio e dal 15 al 30 novembre – Pas carta 38/56000 (10%).

🏛 **El Pescador,** al porto 𝒫 41491, ≤ – 🖭 🗎 🖻 𝘝𝘐𝘚𝘈
chiuso martedì e dal 15 dicembre al 15 febbraio – Pas carta 41/62000.

🏛 **Sant'Anna,** lungomare De Scalzo 60 𝒫 41004, ≤ – 🖭 🗎 ⓘ 𝘝𝘐𝘚𝘈
chiuso giovedì e dal 10 al 25 gennaio – Pas carta 33/54000 (10%).

🏛 **Mira** con cam, viale Rimembranze 15 𝒫 41576 – ≤ rist 🕿. 🛇 cam
chiuso novembre – Pas (chiuso mercoledì in bassa stagione) carta 35/58000 – ≈ 10000 – **13 cam** 50/95000 – ½ P 70/80000.

a Riva Trigoso SE : 2 km – ✉ **16037** :

🏛 **Fiammenghilla Fieschi,** via Pestella 6 𝒫 481041, Coperti limitati; prenotare – 🅿 🖭 🗎 ⓘ 🖻 𝘝𝘐𝘚𝘈
chiuso a mezzogiorno (escluso i giorni festivi), lunedì, dal 23 gennaio al 6 febbraio e dal 23 ottobre al 6 novembre – Pas carta 49/78000.

🏛 **Asseü,** via G. B. da Ponzerone 2 𝒫 42342, ≤, « Servizio estivo in terrazza sul mare » – 🅿 🗎
chiuso mercoledì e novembre – Pas carta 36/61000.

SESTRI PONENTE Genova – Vedere Genova.

SETTEQUERCE (SIEBENEICH) Bolzano 𝟸𝟷𝟾 ㉙ – alt. 264 – ✉ **39018** Terlano – a.s. aprile e luglio-15 ottobre – 🕿 0471.
Roma 643 – ◆Bolzano 6 – Merano 22 – ◆Milano 300 – Trento 59.

🏛 **Greifenstein** senza rist, 𝒫 918451, ≤, ⅃, 🏖 – 🕿 🅿. 🛇
10 marzo-10 novembre – ≈ 4500 – **12 cam** 35/57000.

🏛 **Patauner,** 𝒫 918502, 🎇 – 🅿
chiuso giovedì, dal 1° al 20 febbraio e dal 1° al 14 luglio – Pas carta 19/33000.

SETTIMO MILANESE 20019 Milano 𝟸𝟷𝟿 ⑱ – 13 212 ab. alt. 134 – 🕿 02.
Roma 586 – ◆Milano 12 – Novara 43 – Pavia 45 – Varese 51.

🏛 **Il Palio,** via Gramsci 75 𝒫 3285735 – 🗏 🅿. 🖭 🗎 ⓘ 𝘝𝘐𝘚𝘈. 🛇
chiuso lunedì e dal 5 al 28 agosto – Pas carta 27/44000.

🏛 **Olonella,** via Gramsci 3 𝒫 3281267 – 🗏 🅿. 🖭 🗎 ⓘ 🖻 𝘝𝘐𝘚𝘈
chiuso sabato e agosto – Pas carta 26/52000.

SETTIMO TORINESE 10036 Torino 𝟿𝟾𝟾 ⑫ – 45 333 ab. alt. 207 – 🕿 011.
Roma 698 – Aosta 109 – ◆Milano 132 – Novara 86 – ◆Torino 11 – Vercelli 62.

Pianta d'insieme di Torino (Torino p. 3)

🏛 **Trattoria Tipica Boschetti,** via Leini 17 𝒫 8000072 – 🖭 🗎 ⓘ. 🛇
chiuso sabato sera, domenica ed agosto – Pas carta 21/41000.   per via Torino   HT

sull'autostrada al bivio A4 - A5 O : 5 km :

🏨 **MotelAgip,** ✉ 10036 𝒫 8001855, Telex 214546, Fax 8001855 – 劇 🗏 📺 🕿 🅿 – 🛄 90. 🖭 🗎 ⓘ 🖻 𝘝𝘐𝘚𝘈. 🛇 rist   HT   n
Pas 31000 – **100 cam** ≈ 103/148000 – ½ P 109/137000.

SETTIMO VITTONE 10010 Torino 𝟸𝟷𝟿 ⑭ – 1 710 ab. alt. 282 – 🕿 0125.
Roma 693 – Aosta 56 – Ivrea 10 – ◆Milano 125 – Novara 79 – ◆Torino 59.

🏛 **Gambino,** con cam, strada statale S : 1 km 𝒫 758429, ≤, 🎇, 🏖 – 🅿
8 cam.

🏛 **La Baracca,** località Cornaley E : 4 km 𝒫 758109, ≤, 🎇, 🏖 – 🅿. 🖭 🗎 ⓘ. 🛇
chiuso lunedì e dal 7 gennaio al 15 febbraio – Pas carta 22/40000.

SEXTEN = Sesto.

SICILIA (Isola) 𝟿𝟾𝟾 ㉟㊱㊲ – Vedere alla fine dell'elenco alfabetico.

89048 Reggio di Calabria 🔲🔲🔲 ㊴ – 16 676 ab. – ✆ 0964.

Roma 697 – Catanzaro 93 – Crotone 144 – ◆Reggio di Calabria 103.

🏨 **Gd H. President,** strada statale 106 (SO : 2 km) ℰ 343191, Telex 890020, Fax 342746, ≤,
🏊, 🐾, ℅ – 🛗 🗏 rist ☎ & ❷ – 🔬 400. ◫ 🕃 ⓪ Ε 𝒱𝒮𝒜, ℅ rist
Pas carta 24/36000 – 🍽 5000 – **110 cam** 75/110000 appartamenti 130/190000 –
½ P 45/100000.

🏨 **Dei Gelsomini,** via Amendola ℰ 381996, ℅ – 🛗 ⇚ rist ☎ ❷
58 cam.

= Settequerce.

Le carte stradali Michelin sono costantemente aggiornate.

53100 🅿 🔲🔲🔲 ⑮ – 58 700 ab. alt. 322 – ✆ 0577.

Vedere Piazza del Campo★★★ BZ : palazzo Pubblico★★★, ※★★ dalla torre del Mangia –
Duomo★★★ AZ – Museo dell'Opera del Duomo★★ ABZ M – Battistero di San Giovanni★ : fonte
battesimale★★ AZ V – Palazzo Buonsignori★ : pinacoteca★★ BZ – Via di Città★ BZ – Via Banchi di
Sopra★ BYZ – Piazza Salimbeni★ BY – Tabernacolo★ di Giovanni di Stefano, affreschi★ del
Sodoma nella basilica di San Domenico AYZ – Adorazione del Crocifisso★ del Perugino, opere★
di Ambrogio Lorenzetti, Matteo di Giovanni e Sodoma nella chiesa di Sant'Agostino BZ **D.**

🚩 via di Città 43 ℰ 42209 – piazza del Campo 56 ℰ 280551.

A.C.I. viale Vittorio Veneto 47 ℰ 49001.

Roma 230 ② – ◆Firenze 68 ⑤ – ◆Livorno 116 ⑤ – ◆Milano 363 ⑤ – ◆Perugia 107 ② – Pisa 106 ⑤.

SIENA

Banchi di Sopra (Via)	BYZ
Banchi di Sotto (Via)	BZ 5
Città (Via di)	BZ
Montanini (Via dei)	AY

Aretina (Via)	X 2
Beccafumi (Via D.)	BY 6
Bracci (Viale Mario)	V 9
Caduti di Vicobello (Via)	V 12
Cantine (Via delle)	BZ 13
Capitano (Via del)	AZ 14
Casato di Sopra (Vicolo)	BZ 15
Cavour (Vle C. Benso di)	V 16
Esterna di Fontebranda (Via)	X 18
Fiorentina (Via)	V 19
Fusari (Via)	AZ 20
Galluzza (Via della)	AZ 21
Gazzani (Via)	AY 22
Gigli (Via Girolamo)	X 24
Maitani (Via Lorenzo)	BY 25
Malizia (Strada di)	V 27
Montluc (Via Biagio di)	AY 33
Orlandi (Via Nazareno)	V 36
Pellegrini (Via dei)	BZ 37
Peruzzi (Via B.)	VX 39
Piccolomini (Via E.S.)	X 42
Pispini (Via di)	X 43
Porrione (Via del)	BZ 44
Postierla (Piazza)	BZ 45
Ricasoli (Via)	V 46
Rinaldini (Via)	BZ 47
Roma (Via)	X 48
Rosselli (Ple Carlo)	V 49
Rossi (Via dei)	BY 50
San Girolamo (Via)	BZ 51
S. Caterina (Via di)	AZ 52
Sardegna (Viale)	V 53
Scacciapensieri (Strada)	V 55
Sclavo (Via Achille)	V 57
Tolomei (Piazza)	BY 58
Tufi (Via dei)	X 60
Vittorio Emanuele II (Vle)	AY 61
Vittorio Veneto (Viale)	V 63

🏨 **Park Hotel** ⏦, via di Marciano 18 ℰ 44803, Telex 571005, Fax 49020, ≤, 🍴, « Costruzione
del 15° secolo in un parco », 🏊, ℅ – 🛗 🗏 📺 ☎ & ❷ – 🔬 80. ◫ 🕃 ⓪ Ε 𝒱𝒮𝒜, ℅ rist
Pas *(chiuso mercoledì)* carta 80/90000 – 🍽 22000 – **69 cam** 232/321000 appartamenti 583000.
V a

🏨 **Jolly Excelsior,** piazza La Lizza ℰ 288448, Telex 573345, Fax 41272 – 🛗 🗏 📺 ☎ – 🔬
150 a 200. ◫ 🕃 ⓪ Ε 𝒱𝒮𝒜, ℅ rist
AY a
Pas 35000 – **126 cam** 🍽 195/320000 – ½ P 195/230000.

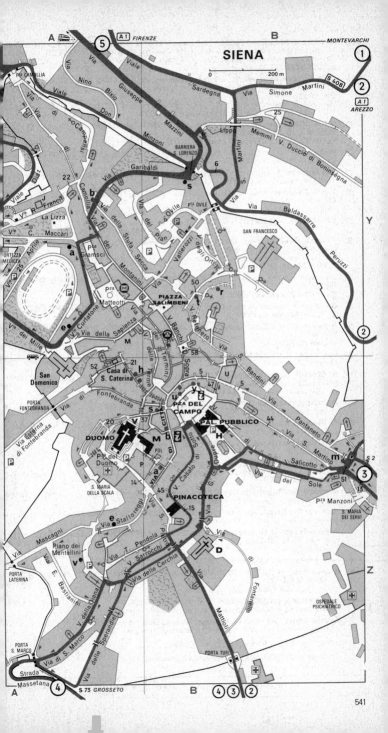

🏛 **Certosa di Maggiano** ⟩, strada di Certosa 82 ℰ 288180, Telex 574221, ≼, « Certosa del 14° secolo; giardino con ⤴ riscaldata », ⸙ – ⟵⟶ rist 📺 ☎ 🅿. 🅰🅴 🕃 ① 🅴 𝒱𝐼𝒮𝒜. ⸙ rist
Pas *(chiuso martedì)* carta 85/125000 – **14 cam** ⊊ 300/350000 appartamenti 450/580000 – ½ P 265/380000.
X m

🏛 **Villa Scacciapensieri** ⟩, via di Scacciapensieri 10 ℰ 41442, Telex 573390, « Servizio rist. estivo in giardino fiorito e parco con ≼ città e colli », ⤴, ⸙ – 🛗 ▤ 📺 ☎ 🅿. 🅰🅴 🕃 ① 🅴 𝒱𝐼𝒮𝒜. ⸙ rist
V k
25 marzo-3 novembre – Pas *(chiuso mercoledì)* carta 47/66000 – ⊊ 17500 – **27 cam** 145/215000 appartamenti 275/315000 – ½ P 160/200000.

🏛 **Gd H. Villa Patrizia** ⟩, via Fiorentina 58 ℰ 50431, Telex 574366, ≼, « Parco », ⤴, ⸙ – 🛗 📺 ☎ 🔩 🅿. 🅰🅴 🕃 ① 🅴 𝒱𝐼𝒮𝒜. ⸙ rist
V d
Pas 60/90000 – ⊊ 20000 – **33 cam** 180/260000 – ½ P 170/200000.

🏨 **Italia** senza rist, via Cavour 67 ℰ 41177, Fax 44554 – 🛗 🅿. 🅰🅴 🕃 ① 🅴 𝒱𝐼𝒮𝒜. ⸙
V e
⊊ 9500 – **73 cam** 51/80000.

🏨 **Castagneto** ⟩ senza rist, via dei Cappuccini 39 ℰ 45103, ≼ città e colli, 🎋 – ☜ 🅿. ⸙
X r
15 marzo-novembre – ⊊ 10000 – **11 cam** 60/85000.

🏨 **Santa Caterina** senza rist, via Piccolomini 7 ℰ 221105, Telex 575304 – ▤ ☎. 🅰🅴 🕃 ① 🅴 𝒱𝐼𝒮𝒜. ⸙
X a
marzo-10 novembre – ⊊ 10000 – **19 cam** 85000, ▤ 6000.

🏛 **Chiusarelli,** viale Curtatone 9 ℰ 280562 – ☎ 🅿. ⸙ rist
AY e
Pas *(chiuso sabato)* carta 24/36000 (10%) – ⊊ 7000 – **50 cam** 41/61000.

🏛 **Palazzo Ravizza,** Piano dei Mantellini 34 ℰ 280462, « Costruzione del 17° secolo con giardino » – 🛗 ☎. 🅰🅴 🕃 ① 🅴 𝒱𝐼𝒮𝒜. ⸙
AZ v
Pas *(solo per clienti alloggiati; chiuso a mezzogiorno e da gennaio a marzo)* 35000 – ⊊ 10000 – **28 cam** 85000 – ½ P 88000.

🏛 **Duomo** senza rist, via Stalloreggi 38 ℰ 289088, Telex 583035, Fax 43043 – 🛗 ☎. 🅰🅴 🕃 🅴 𝒱𝐼𝒮𝒜. ⸙
AZ e
⊊ 10000 – **21 cam** 48/77000.

🏛 **Anna** senza rist, località Fontebecci NO : 3 km ℰ 51371 – 🛗 ☜ 🅿. 🅰🅴 🕃 ① 🅴 𝒱𝐼𝒮𝒜
V c
⊊ 7000 – **30 cam** 45/70000.

🏛 **Minerva** senza rist, via Garibaldi 72 ℰ 284474, Telex 572267 – 🛗 ☎ 🔩 ☜. 🅰🅴 🕃 ① 🅴 𝒱𝐼𝒮𝒜
BY s
49 cam ⊊ 60/99000.

🏛 **Lea** senza rist, viale 24 Maggio 10 ℰ 283207, 🎋 – ☜
X n
13 cam ⊊ 37/75000.

XXX **Al Marsili,** via del Castoro 3 ℰ 47154, Fax 280970, « In un edificio d'origine quattrocentesca ». 🅰🅴 🕃 ① 🅴 𝒱𝐼𝒮𝒜
BZ a
chiuso lunedì – Pas carta 32/49000 (15%).

XX **Il Campo,** piazza del Campo 50 ℰ 280725, ≼ piazza, 🎋, prenotare – 🕃. ⸙
BZ y
chiuso martedì – Pas carta 43/65000 (12%).

XX **Al Mangia,** piazza del Campo 42 ℰ 281121, Fax 281121, ≼ piazza, 🎋 – 🅰🅴 🕃 ① 🅴 𝒱𝐼𝒮𝒜
BZ u
chiuso lunedì e febbraio – Pas carta 38/54000 (12%).

XX **L'Angolo,** via Garibaldi 15 ℰ 289251 – 🅰🅴 🕃 ① 🅴 𝒱𝐼𝒮𝒜
AY b
chiuso sabato – Pas carta 27/41000 (10%).

XX **Le Campane,** via delle Campane 6 ℰ 284035 – 🅰🅴 ① 𝒱𝐼𝒮𝒜
BZ b
chiuso novembre, domenica da giugno a settembre e lunedì negli altri mesi – Pas carta 30/55000 (12%).

XX **Mariotti-da Mugolone,** via dei Pellegrini 8 ℰ 283235 – ⸙
BZ s
chiuso giovedì – Pas carta 27/40000 (13%).

XX **Tullio ai Tre Cristi,** vicolo di Provenzano 1 ℰ 280608 – 🅰🅴 🕃 ① 🅴 𝒱𝐼𝒮𝒜. ⸙
BY r
chiuso lunedì e febbraio – Pas carta 28/42000 (12%).

X **Antica Trattoria Botteganuova,** via Chiantigiana 29 ℰ 284230, Coperti limitati; prenotare – 🅿. 🅰🅴 🕃 ① 🅴 𝒱𝐼𝒮𝒜. ⸙
V g
chiuso domenica – Pas carta 30/50000.

X Cane e Gatto, via Pagliaresi 6 ℰ 220751, Coperti limitati; prenotare
BZ m

X **Medio Evo,** via dei Rossi 40 ℰ 280315, « In un antico palazzo dell'11° secolo » – 🔩 50. 🅰🅴 🕃 ① 🅴 𝒱𝐼𝒮𝒜. ⸙
BY t
chiuso giovedì – Pas carta 29/37000 (15%).

X **Gambassino,** via della Galluzza 10 ℰ 47554 – ▤. 🅴 𝒱𝐼𝒮𝒜. ⸙
AZ h
chiuso martedì sera e mercoledì – Pas carta 25/35000 (10%).

X **Grotta Santa Caterina-da Bagoda,** via della Galluzza 26 ℰ 282208 – 🕃 𝒱𝐼𝒮𝒜
AZ h
chiuso domenica sera, lunedì e dal 10 al 25 luglio – Pas carta 26/34000 (10%).

a Vagliagli NE : 11,5 km per S 222 V – ✉ 53019 :

X La Taverna, ℰ 322532, 🎋, Coperti limitati; prenotare

La carta Michelin della **GRECIA** n° 🈯🈯🈯 a 1:700 000.

(SCHLANDERS) 39028 Bolzano 988 ④, 218 ⑱⑲ – 5 190 ab. alt. 721 – a.s. aprile-maggio e 15 luglio-ottobre – 🕿 0473.

🛈 via Cappuccini 10 🎣 70155, Telex 401412.

Roma 699 – ♦Bolzano 62 – Merano 34 – ♦Milano 360 – Passo di Resia 45 – Trento 120.

🏨 **Vier Jahreszeiten,** 🎣 71400, Fax 71533, ≤, 🔄, 🞉, 🞉 – 🛗 🍽 rist 📺 🕿 🕭 🅿. 🖭 🕃 🖪 𝘝𝘐𝘚𝘈. 🞉 rist
aprile-5 novembre – Pas (solo per clienti alloggiati) 25/35000 – **48 cam** 🖙 100/160000 – ½ P 83/115000.

🏨 **Schlossgarten** 🞉, 🎣 70424, 🔄, 🞉 – 🛗 🕿 🚗 🅿. 🞉 rist
aprile-ottobre – Pas (chiuso a mezzogiorno) 10/15000 – **20 cam** 🖙 40/70000 – ½ P 40/48000.

🏨 **Montone Nero-Schwarzer Widder,** 🎣 70000 – 🛗 🞉 cam ☜
chiuso da novembre al 15 dicembre – Pas (chiuso martedì) 14/17000 – **24 cam** 🖙 18/25000 – ½ P 36/38000.

a Vezzano (Vezzan) E : 4 km – ✉ 39028 Silandro :

🏨 **Sporthotel Vetzan** 🞉, 🎣 70360, ≤, 🔄, 🞉, 🞉 – 🛗 📺 🕿 🚗. 🞉 rist
Pasqua-ottobre – Pas (solo per clienti alloggiati e chiuso a mezzogiorno) – **18 cam** 🖙 100000 – ½ P 60/70000.

31057 Treviso – 8 510 ab. alt. 7 – 🕿 0422.

Roma 541 – ♦Padova 50 – Treviso 5 – ♦Venezia 30.

🍴 **Da Dino,** via Lanzaghe 17 🎣 360765, prenotare – 🅿. 🞉
chiuso martedì sera, mercoledì, dal 15 giugno al 10 luglio e dal 24 al 31 dicembre – Pas carta 23/36000.

64029 Teramo 988 ㉗ – 12 322 ab. – a.s. luglio e agosto – 🕿 085.

🛈 viale Garibaldi 158 🎣 930343.

Roma 216 – L'Aquila 114 – Ascoli Piceno 77 – ♦Pescara 13 – Teramo 45.

🏨 **Mion,** viale Garibaldi 8 🎣 9350935, Fax 9350864, ≤, « Terrazza fiorita », 🐾 – 🛗 🕿 🕭 🚗 🅿. 🖭 🕃 🕦 🖪 𝘝𝘐𝘚𝘈. 🞉
maggio-settembre – Pas carta 37/54000 – 🖙 18000 – **70 cam** 70/120000 – ½ P 85/130000.

🏨 **Parco delle Rose,** viale Garibaldi 30 🎣 932342, Fax 9350987, ≤, 🔄, 🐾, 🞉 – 🛗 ☜ 🅿. 🕦 𝘝𝘐𝘚𝘈. 🞉
26 maggio-19 settembre – Pas 25/35000 – **65 cam** 🖙 61/95000 – ½ P 65/100000.

🏨 **Florida,** via La Marmora 🎣 930153, 🐾 – ☜ 🚗 🅿. 🞉 rist
Pas 28000 – 🖙 4000 – **18 cam** 29/51000 – P 38/60000.

🏨 **Ideal,** via Rampa Fiume 12 🎣 930339, 🐾, 🞉 – 🛗 🞉 🅿 🖭 🕃 🕦 🖪 𝘝𝘐𝘚𝘈. 🞉 cam
aprile-ottobre – Pas 25000 – 🖙 7000 – **44 cam** 35/65000 – ½ P 35/55000.

🍴 Il Pescatore, viale Europa 52 🎣 930878.

a Silvi Alta NO : 5,5 km – alt. 242 – ✉ 64028 :

🍴 **Vecchia Silvi,** 🎣 930141, 🞉 – 🅿 – 🚲 80. 🖭 🕦 𝘝𝘐𝘚𝘈. 🞉
chiuso gennaio e martedì dal 15 settembre al 15 giugno – Pas carta 24/34000.

53048 Siena 988 ⑮ – 11 542 ab. alt. 365 – 🕿 0577.

Roma 188 – Arezzo 44 – ♦Firenze 103 – ♦Perugia 65 – Siena 45.

🏨 **Motel Santorotto,** E : 1 km 🎣 679012 – ☜ 🚗 🅿. 🞉 rist
Pas (solo per clienti alloggiati) 16/18000 – 🖙 4000 – **22 cam** 29/50000 – ½ P 45/47000.

🍴 **Locanda dell'Amorosa** 🞉 con cam, S : 2 km 🎣 679497, Telex 580047, Fax 678216, Coperti limitati; prenotare, « In un'antica fattoria » – 📺 🕿 🅿 🖭 🕃 🕦 𝘝𝘐𝘚𝘈. 🞉
Pas (chiuso lunedì, martedì a mezzogiorno e dal 20 gennaio al 28 febbraio) carta 52/82000 – 🖙 18000 – **8 cam** 200/290000 appartamenti 350/450000 – ½ P 200/225000.

🍴 **Osteria delle Grotte,** 🎣 630269, « Servizio estivo in giardino », 🞉 – 🅿. 🖭 🕃 🕦 🖪 𝘝𝘐𝘚𝘈
chiuso mercoledì – Pas carta 25/41000.

a Bettolle E : 6,5 km – ✉ 53040 :

🏨 **Apogeo,** in prossimità casello autostrada A 1 🎣 624186, Fax 624186, 🔄, 🞉 – 🞉 rist 📺 🕿 🅿 – 🚲 100. 🖭 🕃 🕦 𝘝𝘐𝘚𝘈. 🞉
Pas (chiuso martedì a mezzogiorno) carta 25/33000 – 🖙 9000 – **36 cam** 52/83000 – P 59/70000.

Nuoro 988 ㉞ – Vedere Sardegna alla fine dell'elenco alfabetico.

Foggia – Vedere Manfredonia.

🅿 988 ㊲ – Vedere Sicilia alla fine dell'elenco alfabetico.

Torino 219 ⑭ – Vedere Ivrea.

Vedere Località★★ – Grotte di Catullo : cornice pittoresca★★ – Rocca Scaligera★.

🛈 viale Marconi 2 ☎ 916245, Telex 300395.

Roma 524 – ◆Bergamo 86 – ◆Brescia 40 – ◆Milano 127 – Trento 108 – ◆Venezia 149.

🏩 **Villa Cortine** ⬙, via Grotte 12 ☎ 916021, Telex 300171, Fax 916390, 🍴, « Grande parco digradante sul lago », ⫘ riscaldata, 🏖, ⚒ – 🛗 🗐 📺 ☎ 🅿. 🆎 🗓 ⑨ ☰ 💳
25 marzo-25 ottobre – Pas 70/80000 – **57 cam** ⚏ 240/340000 appartamenti 520/580000 – ½ P 260000.

🏩 **Olivi** ⬙, via San Pietro 5 ☎ 916266, ≤, ⫘, 🌱 – 🛗 🗐 📺 ☎ 🅿. 🆎 🗓 ☰ 💳 🍴 rist
chiuso gennaio – Pas 40000 – ⚏ 15000 – **60 cam** 85/130000, 🗐 10000 – ½ P 110/120000.

🏩 **Continental** ⬙, punta Staffalo 7 ☎ 916031, Telex 305033, ≤, « Terrazza in riva al lago », ⫘ riscaldata, 🌱 – 🛗 🗐 📺 ☎ 🅿 – 🏖 70. 🆎 🗓 🍴 rist
marzo-novembre – Pas 35/50000 – ⚏ 10000 – **53 cam** 86/140000, 🗐 7000 – ½ P 128000.

🏩 **Gd H. Terme**, viale Marconi 7 ☎ 916261, Telex 305573, Fax 916568, ≤, « Giardino in riva al lago con ⫘ riscaldata », ⚒, 🏖 – 🛗 🗐 rist 📺 ☎ 🅿 – 🏖 30 a 80. 🆎 🗓 ⑨ ☰ 💳 🍴 rist
14 aprile-ottobre – Pas 55/65000 – **57 cam** ⚏ 182/340000 appartamento 480000 – ½ P 179/220000.

🏩 **Sirmione**, piazza Castello ☎ 916331, Fax 916558, ≤, « Pergolato in riva al lago », ⚒, ⫘ riscaldata – 🛗 🗐 cam 📺 ☎. 🆎 🗓 ⑨ ☰ 💳 🍴 rist
aprile-ottobre – Pas 45000 – ⚏ 18000 – **73 cam** 84/146000 – ½ P 125000.

🏩 **Eden** senza rist, piazza Carducci 17/18 ☎ 916481, ≤ – 🛗 🗐 📺 ☎ 🚗 🅿. 🆎 🗓 ☰ 💳
chiuso dicembre e gennaio – ⚏ 11000 – **33 cam** 77/110000, 🗐 6000.

🏰 **Du Lac**, via 25 Aprile 60 ☎ 916026, ≤, 🏖, 🌱 – 📺 ☎ 🅿. 💳 🍴
4 aprile-28 ottobre – Pas (chiuso a mezzogiorno) 38000 – ⚏ 13000 – **34 cam** 60/82000 – ½ P 65/75000.

🏨 **Ideal** ⬙, via Catullo 31 ☎ 916020, « Servizio rist. estivo serale in terrazza », 🏖, 🌱 – ☎ 🅿. 🆎 🗓 ☰ 💳 🍴
aprile-ottobre – Pas carta 35/45000 – ⚏ 8000 – **25 cam** 65/90000 – ½ P 80/90000.

🏨 **Golf et Suisse** senza rist, via Condominio 2 ☎ 916176, Fax 916304, ⫘, 🌱 – 🛗 📺 🚗 🅿. 🆎 🗓 ☰ 💳
4 marzo-27 ottobre – ⚏ 15000 – **30 cam** 85/90000.

🏨 **Flaminia** senza rist, piazza Flaminia 8 ☎ 916078, ≤, « Terrazza in riva al lago » – 🛗 🗐 📺 ☎ 🅿 🆎 🗓 ⑨ ☰ 💳
marzo-ottobre – **44 cam** ⚏ 83/127000, 🗐 7000.

🏨 **Broglia**, via Piana 36 ☎ 916172, Fax 916305, « Terrazza ombreggiata », ⫘ riscaldata – 🛗 🌱🍴 rist 📺 ☎ 🅿. 🆎 🗓 ☰ 💳 🍴 rist
aprile-ottobre – Pas 37000 – ⚏ 12000 – **34 cam** 96/135000 – ½ P 100/135000.

🏨 **Fonte Boiola**, viale Marconi 1 ☎ 916431, ≤, « Giardino in riva al lago », ⚒, 🏖 – 🛗 🚗 🅿. 🆎 🗓 ⑨ ☰ 💳 🍴 rist
aprile-ottobre – Pas 35000 – ⚏ 11000 – **60 cam** 50/80000 – ½ P 76/86000.

🏨 **Miramar**, via 25 Aprile 22 ☎ 916239, ≤, 🏖, 🌱 – ☎ 🅿. 🆎 🗓 ☰ 💳 🌱
chiuso gennaio e febbraio – Pas (solo per clienti alloggiati e chiuso marzo, novembre e dicembre) 25000 – ⚏ 8000 – **30 cam** 34/72000 – ½ P 67/69000.

🏠 **Mon Repos** ⬙, via Arici 2 ☎ 916260, ≤, « Piccolo parco » – 📺 ☎ 🅿
stagionale – **25 cam**.

🏠 **Brunella** ⬙, via Catullo 29 ☎ 916115, « Servizio rist. estivo in terrazza », 🌱 – 🅿. 🗓 💳 🌱
aprile-ottobre – Pas 28000 – ⚏ 7000 – **20 cam** 56/88000 – ½ P 75/83000.

🏠 **La Rondine** ⬙, via Benaco 24 ☎ 916124, 🏖, 🌱 – 🗐 rist 🚗 🅿. 🍴 rist
aprile-15 ottobre – Pas 23000 – ⚏ 7500 – **36 cam** 40/69000 – ½ P 58/65000.

🏠 **La Paül** senza rist, via 25 Aprile 32 ☎ 916077, ≤, « Giardino in riva al lago », 🏖, 🅿. 🌱
aprile-10 ottobre – ⚏ 9000 – **20 cam** 28/67000.

🍴🍴 **Grifone-da Luciano,** via delle Bisse 5 ☎ 916097, ≤, 🍴, « Terrazza in riva al lago » – 🆎 🗓 ⑨ ☰ 💳 🌱
10 marzo-ottobre; chiuso mercoledì – Pas carta 26/45000 (15%).

🍴🍴 **Antica Taverna del Marinaio**, via Casello 20 ☎ 916056, ≤, « Servizio estivo in terrazza sul lago »
stagionale.

🍴 **Risorgimento-dal Rösa**, piazza Carducci 5 ☎ 916325, 🍴 – 🆎 🗓 ⑨ ☰ 💳 🌱
marzo-15 novembre – Pas carta 25/40000 (15%).

🍴 **Osteria al Pescatore,** via Piana 20 ☎ 916216 – 🗓 ⑨ ☰ 💳
chiuso gennaio e mercoledì in bassa stagione – Pas carta 22/37000 (10%).

a Colombare S : 3,5 km – ⊠ **25010** Colombare di Sirmione :

🏨 **Europa** ⤸, ℰ 919047, ≼, ⤴, 🐾, 🌼 – 🗐 cam 📺 🕿 🅿 – 🔏 25. 🖭 🛐 ⑩ 🄴 𝗩𝗜𝗦𝗔. 🌼
marzo-novembre – Pas (solo per clienti alloggiati e *chiuso venerdì*) 25000 – � 10000 –
25 cam 50/70000, 🖵 6000 – P 65/78000.

🏨 **Mirage** senza rist, ℰ 9196504 – 🗐 🖵 📺 🕿 🅿. 🖭 🛐 ⑩ 🄴 𝗩𝗜𝗦𝗔. 🌼
chiuso dicembre e gennaio – ⊒ 10000 – **16 cam** 53/65000, 🖵 6000.

🏠 **Azzurra** senza rist, ℰ 9197070 – 🗐 🕿 ⟵ 🅿. 🛐 𝗩𝗜𝗦𝗔. 🌼
marzo-ottobre – ⊒ 6500 – **18 cam** 41/51000.

XX **La Griglia**, ℰ 919223 – 🅿. 🖭 🛐 🄴 𝗩𝗜𝗦𝗔
chiuso venerdì e dal 20 novembre al 29 dicembre – Pas carta 26/46000.

X **Al Pozzo da Silvio**, ℰ 919138 – 🅿. 🖭
chiuso mercoledì, giovedì a mezzogiorno e novembre – Pas carta 23/41000 (10%).

a Lugana SE : 5 km – ⊠ **25010** Colombare di Sirmione:

🏨 **Dogana-da Virgilio**, ℰ 919026, 🏤, 🌼 – 🗐 🖵 📺 🕿 ⟵ 🅿 – 🔏 80
24 cam.

🏨 **Derby**, ℰ 919482 – 📺 🕾 🅿. 🌼 rist
━ *chiuso dal 2 al 31 gennaio* – Pas (solo per clienti alloggiati e *chiuso a mezzogiorno*) 19000 –
⊒ 9000 – **14 cam** 45/60000 – ½ P 50/55000.

XX 🕸 **Vecchia Lugana**, ℰ 919012, Fax 919012, « Servizio estivo in terrazza sul lago » – 🅿 –
🔏 80. 🖭 🛐 ⑩ 🄴 𝗩𝗜𝗦𝗔. 🌼
chiuso lunedì sera e martedì – Pas carta 32/68000 (15%)
Spec. Terrina di pesce gardesano con salsa alle erbe fini, Pasticcio di verdure, Pesci del lago alla griglia. **Vini**
Lugana, Bardolino.

XX **Nuova Lugana** con cam, ℰ 919003, ≼, « Servizio estivo in terrazza sul lago », 🐾, 🌼 –
🅿 🖭 🛐 🄴 𝗩𝗜𝗦𝗔. 🌼
Pas *(chiuso domenica sera e lunedì da ottobre ad aprile)* carta 35/49000 – ⊒ 10000 –
12 cam 40/65000 – ½ P 65/75000.

X **Dai Campagnola**, ℰ 9196009, 🏤 – 🅿. 🛐 🄴 𝗩𝗜𝗦𝗔. 🌼
chiuso mercoledì, giovedì a mezzogiorno e gennaio – Pas carta 28/47000.

SIROLO 60020 Ancona 𝟵𝟴𝟴 ⑯ – 3 074 ab. – a.s. luglio e agosto – 🕜 071.

🏌 e 🏌 Conero (chiuso lunedì e dal 15 gennaio al 15 febbraio) ℰ 7360613, Fax 7360612.
🛈 (giugno-settembre) piazza Vittorio Veneto ℰ 936141.
Roma 304 – ◆Ancona 20 – Loreto 16 – Macerata 43 – Porto Recanati 11.

🏨 **La Conchiglia Verde**, ℰ 936888, ⤴, 🌼 – 🕾 ⟵ 🅿. 𝗩𝗜𝗦𝗔. 🌼 rist
Pas 25/40000 – ⊒ 5000 – **27 cam** 55/90000 – ½ P 70/75000.

🏠 **Beatrice**, ℰ 936301, ≼ – 🔆 rist 🅿. 🌼
15 maggio-settembre – **28 cam** (solo pens) – P 65/70000.

al monte Conero (Badia di San Pietro) NO : 5,5 km – alt. 572 – ⊠ **60020** Sirolo :

🏨 **Monteconero** ⤸, ℰ 936122, ≼ mare e costa, ⤴, 🌾, – 🕿 🅿 – 🔏 70. 🖭 ⑩ 𝗩𝗜𝗦𝗔. 🌼
Pasqua-ottobre – Pas carta 27/37000 (10%) – ⊒ 6000 – **38 cam** 50/85000 – ½ P 67/80000.

SISTIANA 34019 Trieste 𝟵𝟴𝟴 ⑥ – 🕜 040.

🛈 bivio per Sistiana Mare ℰ 299166.
Roma 651 – Gorizia 26 – Grado 35 – ◆Milano 390 – ◆Trieste 19 – Udine 53.

🏨 **Posta** senza rist, ℰ 299103, Fax 291001 – 🗐 🔆 🕿 🅿. 🖭 𝗩𝗜𝗦𝗔
chiuso dal 20 dicembre al 20 gennaio e sabato-domenica (escluso da giugno a settembre) –
⊒ 7000 – **30 cam** 57/88000.

🏠 **Villa Pia**, ℰ 299237, ≼, 🌼 – ⑤. 🅿. 🌼 rist
aprile-novembre – Pas (solo per clienti alloggiati) 28000 – ⊒ 6500 – **12 cam** 38/58000 –
½ P 55000.

SIUSI (SEIS) 39040 Bolzano 𝟵𝟴𝟴 ④ – alt. 988 – a.s. febbraio-aprile, luglio-settembre e Natale –
Sport invernali : vedere Alpe di Siusi – 🕜 0471.

🛈 ℰ 71124.
Roma 664 – ◆Bolzano 23 – Bressanone 29 – ◆Milano 322 – Ortisei 15 – Trento 83.

🏨 **Stella Alpina-Edelweiss** ⤸, ℰ 706130, Fax 705439, ≼ Sciliar, ⤴, ⛄, 🌼, 🌾 – 🗐 🕿 🅿.
━ 🌼 rist
18 dicembre-20 aprile e 15 maggio-15 ottobre – Pas 25000 – **28 cam** ⊒ 70/140000 –
½ P 75/88000.

🏨 **Genziana-Enzian**, ℰ 705050, ≼, ⛄, 🌼 – 🗐 🖵 rist 🕿 🖧 🅿. 🖭. 🌼 rist
20 dicembre-25 aprile e giugno-15 ottobre – Pas (solo per clienti alloggiati) – **32 cam**
⊒ 55/100000 – ½ P 75/88000.

🏨 **Dolomiti-Dolomitenhof** ⤸, ℰ 71128, ≼ Sciliar, ⛄, 🌼 – 🗐 🕿 🅿. 🌼 rist
17 dicembre-25 aprile e giugno-settembre – Pas 22/35000 – ⊒ 11000 – **27 cam** 36/72000 –
½ P 69/83000.

🏨 **Sporthotel Europa,** 🖉 706174, 🛲 – 🗐 📾 🅟. ❄ rist
➡️ *20 dicembre-21 aprile e 25 maggio-28 ottobre* – Pas (solo per clienti alloggiati) 20/35000 – **34 cam** � 45/90000 – ½ P 43/62000.

🏨 **Florian** 🦢, 🖉 71137, ≤ Sciliar, 🔟 riscaldata, 🛲 – ☎ 🚗 🅟. ❄ rist
20 dicembre-20 aprile e giugno-settembre – **20 cam** solo ½ P 45/60000.

🏨 Schlosshotel Mirabell 🦢, N : 1 km 🖉 71134, ≤ Sciliar, 🛲 – ⇔ cam ☎ 🅟
stagionale – **36 cam**.

🏨 **Waldrast** 🦢 🖉 71117, 🔟 riscaldata, 🛲 – ☎ 🅟
dicembre-Pasqua e maggio-settembre – **30 cam** solo ½ P 56/77000.

a Razzes (Ratzes) SE : 4 km – alt. 1 205 – ✉ 39040 Siusi :

🏨 **Bad Ratzes** 🦢, 🖉 71131, ≤ Sciliar e pinete, « Prato-giardino », 🔲 – 🗐 ☎ 🚗 🅟
❄ cam
18 dicembre-18 aprile e 20 maggio-settembre – Pas 25/35000 – **49 cam** � 50/100000 – ½ P 65/79000.

Vedere anche : *Alpe di Siusi* E : 10 km.

SIZZANO 28070 Novara 🔢 ⑯ – 1 451 ab. alt. 225 – 🕓 0321.
Roma 641 – Biella 42 – ♦Milano 66 – Novara 20.

✗ **Impero,** 🖉 820290 – 🗐 E 𝘝𝘐𝘚𝘈
chiuso lunedì – Pas carta 26/45000.

SOAVE 37038 Verona 🔢 ④ – 5 875 ab. alt. 40 – 🕓 045.
Roma 524 – ♦Milano 178 – Rovigo 76 – ♦Venezia 95 – ♦Verona 25 – Vicenza 32.

✗✗ **Al Gambero** con cam, corso Vittorio Emanuele 5 🖉 7680010 – 🏠 30. 🗐 E 𝘝𝘐𝘚𝘈
chiuso dal 20 luglio al 15 agosto – Pas *(chiuso mercoledì sera e giovedì)* carta 21/31000 – ⊡ 5000 – **13 cam** 25/50000.

SOLAROLO 48027 Ravenna – 3 925 ab. alt. 24 – 🕓 0546.
Roma 373 – ♦Bologna 62 – Forlì 29 – ♦Ravenna 38 – Rimini 72.

✗ **Centrale e Rist. L'Ustarejà di Du Butò** con cam, 🖉 51109 – 📠. 🆎 🗐 ⓪ E
𝘝𝘐𝘚𝘈 ❄
Pas *(chiuso lunedì)* carta 23/38000 – ⊡ 4000 – **15 cam** 32/45000 – ½ P 38000.

SOLDA (SULDEN) 39029 Bolzano 🔢 ④, 🔢 ⑱ – alt. 1 906 – a.s. febbraio-aprile, luglio-agosto
e Natale – Sport invernali : 1 906/3 050 m ≤1 ≤8, 🎿 – 🕓 0473.
🛂 🖉 75415, Telex 400656.
Roma 733 – ♦Bolzano 96 – Merano 68 – ♦Milano 281 – Passo di Resia 50 – Passo dello Stelvio 29 – Trento 154.

🏨 **Zebrù** 🦢, 🖉 75425, Fax 75437, ≤ gruppo Ortles e vallata, 🔲 – ☎ 🅟 ⓪. ❄ rist
➡️ *22 dicembre-5 maggio e 30 giugno-23 settembre* – Pas 20/26000 – ⊡ 10000 – **45 cam**
44/70000 – ½ P 72/78000.

🏨 **Marlet** 🦢, 🖉 75475, ≤ gruppo Ortles e vallata, 🔲 – 🗐 ☎ 🅟. ❄ rist
➡️ *25 novembre-6 maggio e 30 giugno-22 settembre* – Pas (solo per clienti alloggiati) 17/20000
– **25 cam** ⊡ 56/106000 – ½ P 67/73000.

🏨 **Alpina,** 🖉 75422, ≤, 🛲, 🔲 – 🗐 ☎ 👶 🚗 🅟. 🗐 ⓪ E 𝘝𝘐𝘚𝘈. ❄ rist
➡️ *dicembre-10 maggio e 25 giugno-10 ottobre* – Pas 17/28000 – ⊡ 10000 – **24 cam** 58/116000
– ½ P 52/73000.

🏨 **Eller,** 🖉 75421, Fax 75521, ≤, 🛲 – ☎ 🅟. ❄ rist
➡️ *dicembre-5 maggio e 16 giugno-29 settembre* – Pas carta 28/34000 – **50 cam** ⊡ 53/100000
– ½ P 47/64000.

🏨 **Cristallo,** 🖉 75436, Fax 76292, ≤, 🔲 – 🗐 ☎ 🅟. ⓪. ❄ rist
➡️ *16 novembre-aprile e 29 giugno-25 settembre* – Pas 13/19000 – **30 cam** ⊡ 37/70000 –
½ P 48/72000.

🏨 **Paradiso-Paradies,** 🖉 75424, ≤ – ⇔ ☎ 🅟. 🗐 ⓪ E. ❄ rist
➡️ *chiuso dal 6 al 31 maggio e dal 25 settembre al 20 ottobre* – Pas 16/20000 – **20 cam**
⊡ 30/50000 – ½ P 38/58000.

🏨 **Mignon,** 🖉 75445, ≤ – ☎ 🅟. ❄
➡️ Pas *(chiuso martedì)* 18/25000 – **20 cam** ⊡ 53/100000 – ½ P 56/63000.

✗✗ **Roland's Bistrò,** 🖉 75555 – 🅟. ❄
chiuso martedì e dal 1° al 15 novembre – Pas carta 26/41000.

SOLFERINO 46040 Mantova 🔢 ④ – 2 085 ab. alt. 131 – 🕓 0376.
Roma 506 – ♦Brescia 35 – Cremona 59 – Mantova 36 – ♦Milano 127 – ♦Parma 80 – ♦Verona 44.

✗ **Da Claudio-al Nido del Falco,** 🖉 854249 – 🅟. ❄
chiuso lunedì e martedì a mezzogiorno – Pas carta 25/39000.

SOLIERA 41019 Modena – 11 185 ab. alt. 29 – 🕿 059.
Roma 420 – ♦Milano 176 – ♦Modena 12 – Reggio nell'Emilia 33 – ♦Verona 91.

　XX **Da Lancellotti** con cam, via Grandi 120 🕾 567406, 🏤 – 🕿 🅿. 🖭 🕼 ⑩ 🗲 𝘝𝘐𝘚𝘈. 🞕 rist
　　 chiuso dal 24 dicembre al 7 gennaio e dal 1° al 19 agosto – Pas (chiuso sabato a mezzogiorno
　　 e domenica) carta 32/46000 – 🖙 4500 – **17 cam** 40/70000.

SOLIGHETTO Treviso – Vedere Pieve di Soligo.

SOLIGO Treviso – Vedere Farra di Soligo.

SOLTO COLLINA 24060 Bergamo – 1 289 ab. alt. 449 – 🕿 035.
Roma 607 – ♦Bergamo 37 – ♦Brescia 58 – ♦Milano 82.

　X **La Romantica** 🐾 con cam, località Esmate N : 2 km 🕾 986174 – 🔄 cam 🅿. 🞕 rist
　　 Pas (chiuso lunedì) carta 25/38000 – 🖙 8000 – **11 cam** 30/38000 – ½ P 30/40000.

　　 Vedere anche : **Riva di Solto** SE : 3 km.

SOMERARO Novara 𝟤𝟣𝟫 ⑥ – Vedere Stresa.

SOMMACAMPAGNA 37066 Verona – 10 730 ab. alt. 121 – 🕿 045.
🖪 (chiuso martedì) 🕾 510060.
Roma 500 – ♦Brescia 56 – Mantova 39 – ♦Milano 144 – ♦Verona 16.

　X **Merica** con cam, località Palazzo 🕾 515160 – 🅿. 🞕
　　 chiuso dal 1° al 20 agosto – Pas (chiuso lunedì e giovedì sera) carta 25/39000 – 🖙 5000 –
　　 11 cam 35/60000.

SOMMA LOMBARDO 21019 Varese 𝟤𝟣𝟫 ⑰ – 16 645 ab. alt. 281 – 🕿 0331.
Roma 626 – Como 58 – ♦Milano 49 – Novara 38 – Stresa 34 – Varese 26.

　　 a Coarezza O : 5,5 km – ✉ **21010** Golasecca :

　XX **Da Pio**, in riva al Ticino 🕾 256667, ≤ – 🗖 🅿. 🞕
　　 chiuso mercoledì, dal 2 al 20 gennaio e dal 20 al 31 agosto – Pas carta 42/66000 (12%).

SONCINO 26029 Cremona 𝟫𝟪𝟪 ③⑬ – 7 231 ab. alt. 89 – 🕿 0374.
Roma 554 – ♦Bergamo 42 – ♦Brescia 34 – Cremona 35 – ♦Milano 62 – Piacenza 55.

　XX **Le Lame**, strada per Orzinuovi E : 1 km 🕾 85797, 🏤 – 🅿. 🖭
　　 chiuso lunedì sera, martedì e dal 10 gennaio al 10 febbraio – Pas carta 29/53000.

SONDRIO 23100 🄿 𝟫𝟪𝟪 ③ – 22 783 ab. alt. 307 – 🕿 0342.
🖪 via Cesare Battisti 12 🕾 512500, Fax 212590.
A.C.I. viale Milano 12 🕾 212213.
Roma 698 – ♦Bergamo 115 – ♦Bolzano 171 – ♦Lugano 96 – ♦Milano 138 – St-Moritz 110 – Passo dello Stelvio 64.

　🏨 **Della Posta e Rist. Sozzani**, piazza Garibaldi 19 🕾 211222, Fax 210359, 🏤 – 🛊 🗏 rist
　　 🗺 🕿 🕭 🅿 – 🔬 100. 🖭 🕼 🗲 𝘝𝘐𝘚𝘈
　　 Pas (chiuso domenica ed agosto) carta 32/47000 – 🖙 12000 – **42 cam** 77/106000 –
　　 ½ P 100/110000.

　🏦 **Europa**, lungo Mallero Cadorna 27 🕾 211444, Fax 512895 – 🛊 🗺 🕿. 🖭 🕼 ⑩ 🗲 𝘝𝘐𝘚𝘈.
　　 🞕 rist
　　 Pas (chiuso domenica) carta 28/44000 – 🖙 10000 – **43 cam** 49/76000 – ½ P 63/68000.

　XX **La Fermata**, viale dello Stadio 112 🕾 218481 – 🅿. 🖭 🞕
　　 chiuso martedì – Pas carta 30/51000.

　XX **La Scala**, via Piazzi 38 🕾 217180 – 🗏. 🖭 ⑩ 𝘝𝘐𝘚𝘈
　　 chiuso lunedì e dal 15 al 31 agosto – Pas carta 31/50000.

　　 verso Montagna in Valtellina NE : 2 km – alt. 567 – ✉ **23020** Montagna in Valtellina :

　XX **Dei Castelli**, 🕾 380445, prenotare – 🅿. 🖭 𝘝𝘐𝘚𝘈. 🞕
　　 chiuso domenica sera, lunedì, dal 1° al 15 maggio e dal 1° al 15 ottobre – Pas carta 33/44000.

　　 a Moia di Albosaggia S : 5 km – alt. 409 – ✉ **23100** Sondrio :

　🏦 **Campelli**, 🕾 510662, 🏤, 🏤 – 🛊 🗺 🕿 🚗. 🖭 🕼 ⑩ 𝘝𝘐𝘚𝘈. 🞕
　　 chiuso dal 1° al 20 agosto – Pas (chiuso lunedì) carta 32/52000 – 🖙 6000 – **20 cam**
　　 48/74000.

　　 Vedere anche : **Poggiridenti** E : 6 km.
　　　　　　　　　　 Ponte in Valtellina E : 10 km.

SOPRABOLZANO (OBERBOZEN) Bolzano – Vedere Renon.

SOPRAZOCCO Brescia – Vedere Gavardo.

SORA 03039 Frosinone 988 ㉘㉗ – 27 104 ab. alt. 300 – ✆ 0776.
Roma 111 – Avezzano 55 – Frosinone 30 – Latina 86 – ◆Napoli 138 – Terracina 85.

🏨 **Motel Valentino,** via Napoli 1 ✆ 831071 – 🛗 ⇔ 🍽 rist ☎ ⇔ ❷
　 Pas carta 28/43000 – ☲ 10000 – **56 cam** 50/77000 – ½ P 58/68000.

XX **Griglia d'Oro-Cercine,** via Campo Boario 7 ✆ 831512, 🌿 – ❷
　 chiuso lunedì – Pas carta 25/57000.

SORAGA 38030 Trento – 576 ab. alt. 1 209 – a.s. febbraio-Pasqua e Natale – ✆ 0462.
🏂 ✆ 68114.
Roma 673 – ◆Bolzano 43 – Canazei 14 – ◆Milano 331 – Trento 91.

🏨 **Park Hotel Avisio,** ✆ 68130, ≤ – 🛗 ❷. 🄴. 🍴 cam
　 20 dicembre-10 aprile e 20 giugno-settembre – Pas (chiuso venerdì) 20000 – ☲ 8000 –
　 34 cam 44/66000 – ½ P 56/66000.

SORAGNA 43019 Parma 988 ⑭ – 4 026 ab. alt. 47 – ✆ 0524.
Roma 480 – ◆Bologna 118 – Cremona 35 – Fidenza 10 – ◆Milano 104.

XXX **Locanda del Lupo** con cam, ✆ 690444, Telex 533283 – 🍽 📺 ☎ – 🏡 150. 🄰🄴 ⓞ. 🍴 rist
　 chiuso dal 30 luglio al 19 agosto – Pas carta 44/65000 – ☲ 8000 – **20 cam** 90/140000 –
　 ½ P 95/115000.

SORBOLO 43058 Parma – 7 285 ab. alt. 34 – ✆ 0521.
Roma 470 – Mantova 55 – ◆Milano 133 – ◆Modena 50 – ◆Parma 12.

X **Bella Parma,** ✆ 69102 – 🍴
　 chiuso lunedì ed agosto – Pas carta 30/40000 bc.

SORDEVOLO 13050 Vercelli 219 ⑭⑮ – 1 354 ab. alt. 630 – ✆ 015.
Roma 684 – Biella 8 – ◆Milano 110 – Novara 64 – ◆Torino 82 – Vercelli 50.

X **Da Sisto,** ✆ 62180 – ❷. 🍴
　 chiuso mercoledì – Pas carta 24/46000.

SORENGO 219 ⑧ – Vedere Cantone Ticino (Lugano) alla fine dell'elenco alfabetico.

Wenn Sie an ein Hotel im Ausland schreiben,
fügen Sie Ihrem Brief einen internationalen Antwortschein bei
(im Postamt erhältlich).

SORGONO Nuoro 988 ㉝ – Vedere Sardegna alla fine dell'elenco alfabetico.

SORI 16030 Genova – 4 641 ab. – ✆ 0185.
Roma 488 – ◆Genova 16 – ◆Milano 153 – Portofino 20 – ◆La Spezia 91.

XX Scandelin, ✆ 700963, 🌿 – 🍽.
X **Al Boschetto,** ✆ 700659 – 🍴
　 chiuso martedì, dal 15 al 25 marzo e dal 15 settembre al 15 ottobre – Pas carta 33/55000.

SORIANO NEL CIMINO 01038 Viterbo 988 ㉕ – 7 822 ab. alt. 510 – ✆ 0761.
Roma 95 – Terni 50 – Viterbo 17.

XX **Gli Oleandri** con cam, ✆ 748383 – ⇔ cam 🐾 ❷. 🍴
　 chiuso dal 15 al 27 dicembre – Pas (chiuso martedì) carta 23/34000 – ☲ 6000 – **16 cam**
　 45/70000 appartamenti 80/130000 – ½ P 55/60000.

SORICO 22010 Como 219 ⑩ – 1 197 ab. alt. 208 – ✆ 0344.
Roma 686 – Como 61 – ◆Lugano 53 – ◆Milano 109 – Sondrio 43.

X **Beccaccino,** località Boschetto S : 1,5 km ✆ 84241 – ❷
　 chiuso martedì – Pas carta 19/31000.

SORISO 28018 Novara 219 ⑯ – 748 ab. alt. 452 – ✆ 0322.
Roma 654 – Arona 20 – ◆Milano 78 – Novara 40 – ◆Torino 114 – Varese 46.

XXXX ❀❀ **Al Sorriso** con cam, ✆ 983228, Fax 983328, prenotare – 📺 ☎. 🅵 🄴 𝚅𝙸𝚂𝙰. 🍴
　 chiuso dal 10 al 31 gennaio e dal 13 al 24 agosto – Pas (chiuso lunedì e martedì a mezzogiorno)
　 carta 80/124000 – ☲ 10000 – **8 cam** 65/90000
　 Spec. Sauté di capesante e fagioli al pomodoro fresco, Bavettine con gamberi e fiori di zucca, Filetto gratinato
　 con midollo e asparagi. **Vini** Chardonnay, Gattinara.

SORMANO 22030 Como 219 ⑨ – 619 ab. alt. 750 – ✆ 031.
Roma 627 – Bellagio 19 – ◆Bergamo 58 – Como 29 – Erba 15 – ◆Milano 59.

🏨 **Miravalle,** ✆ 683570, ≤ – ❷. 🍴
　 Pas (chiuso martedì da ottobre a giugno) 22/30000 – ☲ 5000 – **8 cam** 60000 – ½ P 33000.

Vedere Villa Comunale : ≤★★ – Belvedere di Correale : ≤★★ A – Museo Correale di Terranova★ M – Chiostro★ della chiesa di San Francesco F.

Dintorni Penisola Sorrentina★★ : ≤★★ su Sorrento dal capo di Sorrento (1 h a piedi AR), ≤★★ sul golfo di Napoli dalla strada S 163 per ② (circuito di 33 km).

Escursioni Costiera Amalfitana★★★ – Isola di Capri★★★.

🚢 per Capri giornalieri (45 mn) – Caremar-agenzia Morelli, piazza Marinai d'Italia ✆ 8781282 – e Navigazione Libera del Golfo, al porto ✆ 8781861.

🚢 per Capri giornalieri (30 mn) – Alilauro, al porto ✆ 8771506.

🛈 via De Maio 35 ✆ 8782104.

Roma 257 ① – Avellino 69 ① – Caserta 74 ① – Castellammare di Stabia 19 ① – ◆Napoli 48 ① – Salerno 50 ①.

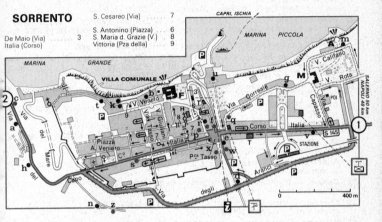

SORRENTO

De Maio (Via) 3	S. Cesareo (Via) 7
Italia (Corso)	S. Antonino (Piazza) ... 6
	S. Maria d. Grazie (V.) . 8
	Vittoria (Pza della) 9

🏨🏨🏨🏨 **Gd H. Excelsior Vittoria** ⑤, piazza Tasso 34 ✆ 8071044, Telex 720368, Fax 8771206, ≤ golfo di Napoli e Vesuvio, « Giardino-agrumeto con ⧖ » – 🛗 ☎ 🄿 – 🔬 40. 🖭 🕙 ① 🄴 🖾 🛠 rist
Pas 55000 – **114 cam** ☲ 199/277000 appartamenti 435/765000 – ½ P 182/243000.   u

🏨🏨🏨 **Imperial Tramontano** ⑤, via Vittorio Veneto 1 ✆ 8781940, Telex 722424, ≤ golfo di Napoli e Vesuvio, « Giardino ombreggiato con ⧖ ed ascensore per la spiaggia » – 🛗 ▤ rist 📺 🄿 – 🔬 50 a 200. 🖭 🖾 🛠 rist   b
chiuso gennaio e febbraio – Pas 45000 – **105 cam** ☲ 120/215000 appartamenti 270/370000 – ½ P 150000.

🏨🏨🏨 **Sorrento Palace** ⑤, via Sant'Antonio ✆ 8784141, Telex 722025, Fax 8783933, ≤, 🏊, « Giardino-agrumeto con ⧖ », 🏊, ⛷ – 🛗 ▤ 📺 ☎ 🕭 🄿 – 🔬 180 a 1700. 🖭 🕙 ① 🄴 🖾 🛠 rist   n
Pas 38/50000 – **390 cam** ☲ 197/274000 appartamenti 390000, ▤ 10000 – ½ P 230000.

🏨🏨 **Parco dei Principi** ⑤, via Rota 1 ✆ 8784644, Telex 721090, ≤ golfo di Napoli e Vesuvio, « Parco ombreggiato con ⧖ ed ascensore per la spiaggia » – 🛗 ▤ 📺 🄿 – 🔬 100
stagionale – **95 cam**.   verso Est

🏨🏨 **Royal**, via Correale 42 ✆ 8781920, Telex 722345, Fax 8772905, ≤ golfo di Napoli e Vesuvio, 🏊, « Giardino-agrumeto con ⧖ ed ascensore per la spiaggia », 🏊, – 🛗 ▤ 📺 ☎ 🕭 🖭 ① 🖾 🛠 rist   g
marzo-ottobre – Pas 45000 – **96 cam** ☲ 140/230000 appartamento 290000, ▤ 20000 – ½ P 135/165000.

🏨🏨 **Gd H. Ambasciatori**, via Califano 18 ✆ 8782025, Telex 710645, ≤ golfo di Napoli e Vesuvio, « Terrazze fiorite, agrumeto con ⧖ ed ascensore per la spiaggia », 🏊, – 🛗 ▤ 📺 ☎ 🄿 – 🔬 200. 🖭 🖾 🛠 rist   m
Pas 45000 – **103 cam** ☲ 130/210000 appartamenti 210/270000, ▤ 20000 – ½ P 125/155000.

🏨🏨 **Bristol**, via del Capo 22 ✆ 8784522, Telex 710687, Fax 8071910, ≤ golfo di Napoli e Vesuvio, « Terrazza panoramica con ⧖ » – 🛗 ▤ 📺 ☎ 🄿 – 🔬 80 🖭 🕙 ① 🄴 🖾 🛠 rist   a
Pas carta 31/50000 – **132 cam** ☲ 115/210000 appartamenti 200/300000 – ½ P 100/140000.

🏨🏨 **Gd H. Capodimonte**, via del Capo 14 ✆ 8784067, Telex 721210, Fax 8772905, ≤ golfo di Napoli e Vesuvio, « Agrumeto e terrazze fiorite con ⧖ » – 🛗 ▤ 📺 ☎ 🄿 – 🔬 100. 🖾 🛠 rist   h
marzo-ottobre – Pas 43000 – **131 cam** ☲ 120/190000, ▤ 10000 – ½ P 105/155000.

🏨🏨 **Continental**, piazza della Vittoria 4 ✆ 8781476, Fax 8782255, Ascensore per la spiaggia, ⧖, ▤ rist – 🔬 70. 🛠 rist   k
aprile-ottobre – Pas 30/40000 – **80 cam** ☲ 100/160000 – ½ P 120/140000.

🏨 **Michelangelo,** corso Italia 275 ℰ 8784844, Telex 722018, Fax 8781816 – 🛗 🗐 rist 🅿 – 🏊
100. 🖭 ⓘ 𝓥𝓘𝓢𝓐. ⚹ rist   **v**
chiuso gennaio e febbraio – Pas 35/40000 – ☷ 15000 – **100 cam** 100/170000 –
½ P 130/140000.

🏨 **Gd H. Cesare Augusto,** via degli Aranci 108 ℰ 8782700, Telex 720056, Fax 8071029,
« Terrazza panoramica con 🏊 », 🦮 – 🛗 🗐 rist ⟵⟶ – 🏊 170. 🖭 ⓘ. ⚹ rist   **d**
Pas 40000 – ☷ 16000 – **120 cam** 90/130000 – ½ P 120/130000.

🏨 **Regina** ⑤ senza rist, via Marina Grande 10 ℰ 8782722, 🌦 – 🛗 🏖 ⟸⟹ 🅿. 🖭. ⚹ rist   **t**
aprile-ottobre – **36 cam** ☷ 49/88000.

🏨 **Bellevue Syrene** ⑤, piazza della Vittoria 5 ℰ 8781024, ≤ golfo di Napoli e Vesuvio,
« Giardino, terrazze fiorite ed ascensore per la spiaggia », 🦮ₒ – 🛗 🗐 rist 🅿. 🖭 🕄 ⓘ 🎗
𝓥𝓘𝓢𝓐. ⚹ rist   **k**
aprile-ottobre – Pas 40000 (15%) – **50 cam** ☷ 100/160000 – ½ P 140000.

🏨 **Gran Paradiso** ⑤, via Privata Rubinacci ℰ 8782911, Fax 8783555, ≤ golfo di Napoli e
Vesuvio, « Frutteto e terrazza panoramica con 🏊 » – 🛗 ↞↠ cam 🏖 🅿. 🖭 🕄 ⓘ 🎗 𝓥𝓘𝓢𝓐.
⚹ rist   per ①
24 marzo-ottobre – Pas 26/35000 – **83 cam** ☷ 79/120000 – ½ P 58/75000.

🏨 **La Solara,** via del Capo 118 (O : 2 km) ✉ 80060 Capo di Sorrento ℰ 8071526, Telex
721465, Fax 8071501, ≤, 🏊 – 🛗 🖭 🕿 🕭 🅿. 🖭 🕄 ⓘ 🎗 𝓥𝓘𝓢𝓐. ⚹ rist   per ②
Pas 32/40000 – **37 cam** ☷ 110//170000 – ½ P 80/120000.

🏨 **Villa di Sorrento** senza rist, via Fuorimura 4 ℰ 8781068 – 🛗 🕿. 🖭 🕄 ⓘ 𝓥𝓘𝓢𝓐   **e**
☷ 15000 – **20 cam** 57/90000.

🏨 **Désirée** ⑤ senza rist, via del Capo 31/bis ℰ 8781563, Ascensore per la spiaggia, 🦮ₒ, 🌦
– 🅿. ⚹   **y**
aprile-ottobre – **22 cam** ☷ 35/60000.

🏨 **Britannia** senza rist, via del Capo 72 ✉ 80060 Capo di Sorrento ℰ 8782706, ≤, 🌦 – 🛗.
⚹   per ②
marzo-ottobre – ☷ 10000 – **28 cam** 40/65000.

🏨 **Apollo** senza rist, via De Maio 13 ℰ 8783701, Fax 8783701 – 🛗 🏖. 🖭 🕄 🎗 𝓥𝓘𝓢𝓐. ⚹   **r**
23 cam ☷ 80000.

🍴🍴 **Caruso,** via Sant'Antonino 12 ℰ 8784176 – 🗐. 🖭 🕄 ⓘ 🎗 𝓥𝓘𝓢𝓐. ⚹   **f**
chiuso lunedì – Pas carta 29/48000.

🍴🍴 **Kursaal,** via Fuorimura 7 ℰ 8781216, ☕ – 🖭 🕄 ⓘ 🎗 𝓥𝓘𝓢𝓐   **x**
chiuso lunedì – Pas carta 30/42000 (15%).

🍴🍴 **Il Glicine,** via Sant'Antonio 2 ℰ 8772519 – 🖭 🕄 ⓘ 🎗 𝓥𝓘𝓢𝓐   **z**
chiuso dal 15 gennaio al 1° marzo e mercoledì in bassa stagione – Pas carta 36/55000 (15%).

🍴🍴 **Al Cavallino Bianco,** via Correale 11/a ℰ 8785809, ☕ – 🖭 🕄 ⓘ 🎗 𝓥𝓘𝓢𝓐. ⚹   **q**
chiuso martedì e dal 15 dicembre al 15 gennaio – Pas carta 22/39000 (15%).

🍴 **La Favorita-o' Parrucchiano,** corso Italia 71 ℰ 8781321, « Servizio estivo in giardino »
– 🅿. 𝓥𝓘𝓢𝓐   **s**
chiuso mercoledì da novembre a maggio – Pas carta 22/35000 (15%).

🍴 **La Tonnarella** ⑤ con cam, via del Capo 31 ℰ 8781153, ≤ golfo di Napoli e Vesuvio, ☕,
Ascensore per la spiaggia, « Terrazze panoramiche sul mare », 🦮ₒ, 🌦 – 🛗 ↞↠ 🅿. 🖭 🕄
ⓘ 𝓥𝓘𝓢𝓐   **y**
marzo-novembre – Pas carta 18/28000 (15%) – ☷ 7500 – **16 cam** 50000 – ½ P 50/53000.

🍴 **La Pentolaccia,** via Fuorimura 8 ℰ 8785077 – 🗐. 🖭 🕄 ⓘ 🎗 𝓥𝓘𝓢𝓐. ⚹   **w**
chiuso martedì – Pas carta 34/54000 (15%).

🍴 **La Minervetta** con cam, via del Capo 25 ℰ 8781098, ≤ golfo di Napoli e Vesuvio, ☕ –
✦ 🅿. ⓘ 𝓥𝓘𝓢𝓐   **c**
Pas *(chiuso mercoledì da novembre a febbraio)* carta 18/45000 – **12 cam** ☷ 60000 –
½ P 48/58000.

🍴 **La Lanterna,** via San Cesareo 23 ℰ 8781355, ☕ – 🗐. 🖭 🕄 ⓘ 🎗 𝓥𝓘𝓢𝓐   **p**
Pas carta 30/53000.

🍴 **Russo-Zi'ntonio,** via De Maio 11 ℰ 8781623 – ↞↠ 🗐. 🖭 🕄 ⓘ 🎗 𝓥𝓘𝓢𝓐   **r**
chiuso giovedì e febbraio – Pas carta 23/41000 (10%).

sulla strada statale 145 per ② :

🏨 **Gd H. Vesuvio,** via Nastro Verde 7 (O : 1 km) ✉ 80067 Sorrento ℰ 8782645, Fax 8071170,
≤ golfo di Napoli e Vesuvio, 🏊, 🦮 – 🛗 🗐 🖭 🕿 🕭 ⟵⟶ 🅿 – 🏊 600. 🖭 🕄 ⓘ 🎗 𝓥𝓘𝓢𝓐.
⚹ rist
chiuso gennaio e febbraio – Pas 35000 – **194 cam** ☷ 120/220000 – ½ P 130000.

🏨 **President** ⑤, via Nastro Verde 26 (O : 3 km) ✉ 80067 Sorrento ℰ 8782262, ≤ golfo di
Napoli e Vesuvio, « Giardino fiorito e terrazze con 🏊 » – 🛗 🖭 🕿 🅿 – 🏊 100. 🖭 🕄 🕄 ⓘ
🎗 𝓥𝓘𝓢𝓐. ⚹ rist
15 marzo-ottobre – Pas 30/40000 – **82 cam** ☷ 115/198000 – ½ P 110/130000.

Vedere anche : *Sant'Agnello* per ① : 2 km.
              Piano di Sorrento per ① : 4 km.
              Meta per ① : 5 km.
              Massa Lubrense per ② : 6 km.

SOSPIROLO 32037 Belluno – 3 374 ab. alt. 457 – ✿ 0437.

Roma 629 – Belluno 13.

🏠 **Sospirolo Park Hotel** ⊛, località Susin 🖉 89185, Fax 89185, ≼, « Parco » – 🛗 ⁜ rist ☎
      🅿 🖭 ⑩ 𝚅𝙸𝚂𝙰. 🎉
      Pas *(chiuso lunedì)* carta 24/57000 – 🖵 7000 – **24 cam** 55/80000 – ½ P 60000.

🎇 **Rosolin**, 🖉 89350, ≼ – 🅿. 🖭 𝚅𝙸𝚂𝙰. 🎉
      chiuso lunedì sera e martedì (escluso da luglio a settembre) – Pas carta 22/40000.

SOVANA 58010 Grosseto – alt. 291 – ✿ 0564.

Roma 172 – ◆Firenze 226 – Grosseto 82 – Orbetello 70 – Orvieto 61 – Viterbo 68.

🎇 Taverna Etrusca, con cam, 🖉 616183 – ☎
      7 cam.

SOVERATO 88068 Catanzaro 🎱🎱🎱 ⑳ – 10 704 ab. – ✿ 0967.

🛈 via San Giovanni Bosco 192 🖉 23586.

Roma 636 – Catanzaro 32 – ◆Cosenza 123 – Crotone 83 – ◆Reggio di Calabria 164.

🏠 **San Domenico,** via della Galleria 🖉 23121, Fax 521109, ≼, 🎇🎇 – 🛗 🖃 ☎ 🅿 – 🔬 200.
      🖭 🔵 ⑩ 🅴 𝚅𝙸𝚂𝙰. 🎉
      Pas carta 24/40000 – 🖵 5000 – **80 cam** 75/120000 – ½ P 104000.

🏠 **Nettuno,** via Magna Grecia 42 🖉 25371, 🎇🎇 – 🛗 ⁜ cam 🖃 ☎. 🎉
      giugno-settembre – Pas 23/27000 – 🖵 5000 – **45 cam** 70/90000 – ½ P 65/80000.

🎇 **Il Palazzo,** corso Umberto I n° 40 🖉 25336, 🎇 – 🖃. 🖭 🔵 ⑩ 🅴
      chiuso lunedì e dal 1° al 22 novembre – Pas carta 30/45000.

🎇 Sirenetta, via Cristoforo Colombo 8, 🎇.

SOVICILLE 53018 Siena – 7 532 ab. alt. 265 – ✿ 0577.

Roma 240 – ◆Firenze 78 – ◆Livorno 122 – ◆Perugia 117 – Siena 10.

🏠 **Torre Pretale** ⊛, località Borgo Pretale SO : 7 km 🖉 345401, Fax 345625, « Grande parco
      con 🏊 e 🎇 » – ☎ 🅿 – 🔬 60. 🖭 🔵 ⑩ 🅴 𝚅𝙸𝚂𝙰. 🎉 rist
      15 marzo-15 novembre – Pas 50000 – **26 cam** 🖵 210/290000 appartamenti 440/470000 –
      ½ P 170/195000.

SPADAROLO Forlì – Vedere Rimini.

SPARONE 10080 Torino 🎱🎱🎱 ⑬ – 1 225 ab. alt. 552 – ✿ 0124.

Roma 708 – Aosta 97 – ◆Milano 146 – ◆Torino 51.

🎇 **La Rocca**, 🖉 808867, prenotare – 🅿. 🖭 𝚅𝙸𝚂𝙰. 🎉
      chiuso giovedì e dal 15 gennaio al 15 marzo – Pas carta 38/61000.

SPARTAIA Livorno – Vedere Elba (Isola d') : Marciana Marina.

SPELLO 06038 Perugia 🎱🎱🎱 ⑯ – 7 843 ab. alt. 314 – ✿ 0742.

Vedere Affreschi✶✶ del Pinturicchio nella chiesa di Santa Maria Maggiore.

Roma 165 – Assisi 12 – Foligno 5 – ◆Perugia 31 – Terni 66.

🎇 **Il Molino,** piazza Matteotti 6 🖉 651305, 🎇 – 🖭 ⑩. 🎉
      chiuso martedì – Pas carta 30/53000.

🎇 **Il Cacciatore** con cam, via Giulia 42 🖉 651141, ≼ – 🚗. 🎉
      chiuso dal 20 giugno al 6 luglio – Pas *(chiuso lunedì)* carta 28/40000 – 🖵 5000 – **17 cam**
      42/65000 – ½ P 55/65000.

SPERLONGA 04029 Latina 🎱🎱🎱 ㉖ – 3 704 ab. – a.s. Pasqua e luglio-agosto – ✿ 0771.

Roma 127 – Latina 57 – ◆Napoli 106 – Terracina 18.

🏠 **Parkhotel Fiorelle** ⊛, 🖉 54092, « Giardino », 🏊, 🎇🎇 – ⁜ rist 🅿 – 🔬 50. 🎉 rist
      marzo-ottobre – Pas 27000 – 🖵 7000 – **33 cam** 35/49000 – ½ P 70/80000.

🏠 **La Sirenella,** 🖉 549186, Fax 549189, ≼, 🎇🎇 – ☎ 🅿. 🖭 🔵 𝚅𝙸𝚂𝙰. 🎉
      Pas *(chiuso giovedì)* carta 29/42000 – **40 cam** 🖵 52/90000 – ½ P 65/90000.

🏠 **Major,** 🖉 549245, Fax 549189, 🎇🎇 – 🖃 ☎ 🚗 🅿. 🖭 🔵 ⑩ 𝚅𝙸𝚂𝙰. 🎉
      Pas (solo per clienti alloggiati) 25/35000 – 🖵 10000 – **16 cam** 33/55000 – ½ P 50/60000.

🎇 Laocoonte-da Rocco, 🖉 54122, 🎇.

SPEZZANO ALBANESE TERME 87010 Cosenza 🎱🎱🎱 ㉙ – alt. 74 – ✿ 0981.

Roma 477 – ◆Cosenza 50 – ◆Napoli 305 – ◆Taranto 147.

🏠 San Francesco, 🖉 953068, ≼ – 🛗 ☎ 🅿 – **36 cam**.

SPIAZZO 38088 Trento – 1 082 ab. alt. 650 – a.s. febbraio-Pasqua e Natale – ✿ 0465.

Roma 622 – ◆Bolzano 112 – ◆Brescia 96 – Madonna di Campiglio 21 – ◆Milano 187 – Trento 52.

🏠 Turismo, 🖉 81058 – 🛗 ☎ 🚗 – *stagionale* – **54 cam**.

41057 Modena – 10 510 ab. alt. 69 – ✿ 059.
Roma 408 – ✦Bologna 31 – ✦Modena 16.

✗ **Da Cesare,** via San Giovanni 38 ✆ 784259, Coperti limitati; prenotare – 𝖠𝖤 ⓢ 𝑉𝐼𝑆𝐴 ✄
chiuso domenica sera, lunedì, dal 1° al 10 gennaio e dal 20 luglio al 20 agosto – Pas
carta 25/40000.

in prossimità casello autostrada A 1 NO : 5 km:

✗✗ **Antica Trattoria la Busa** ⊠ 41057 ✆ 369422 – ⓟ 𝖠𝖤 ⓢ ⓞ 𝐄 𝑉𝐼𝑆𝐴 ✄
chiuso lunedì – Pas carta 27/32000.

33097 Pordenone 𝟵𝟴𝟴 ⑤ – 11 126 ab. alt. 132 – ✿ 0427.
Roma 625 – ✦Milano 364 – Pordenone 33 – Tarvisio 97 – Treviso 101 – ✦Trieste 98 – Udine 30.

🏨 **Gd H. President,** via Cividale ✆ 50050 – 🛗 📺 ☎ ᗡ ⓟ – 🏧 120. 𝖠𝖤 𝑉𝐼𝑆𝐴 ✄
Pas carta 30/41000 – 🍽 9000 – **33 cam** 70/120000.

✗✗ **Torre Orientale,** via di Mezzo 2 ✆ 2998, Fax 2998, Coperti limitati; prenotare – 𝖠𝖤 ⓢ ⓞ
𝐄 𝑉𝐼𝑆𝐴 ✄
chiuso martedì e domenica sera – Pas carta 36/52000.

70058 Bari 𝟵𝟴𝟴 ㉘ – 7 912 ab. alt. 435 – ✿ 0883.
Roma 395 – ✦Bari 80 – ✦Foggia 89 – Potenza 78 – ✦Taranto 134.

🏨 **Golden Ear,** via Coppa 27 ✆ 981525 – 🛗 ✄ rist ☎ ✄
➡ Pas (chiuso domenica sera) 20/35000 – 🍽 8000 – **21 cam** 40/50000 – ½ P 50/60000.

26016 Cremona 𝟤𝟣𝟫 ㉒ – 4 985 ab. alt. 84 – ✿ 0373.
Roma 558 – ✦Bergamo 40 – Cremona 54 – ✦Milano 29 – Piacenza 51.

✗✗ **Paredes y Cereda,** ✆ 965041, 🍽 – ⓟ ⓢ 𝑉𝐼𝑆𝐴
chiuso lunedì, dal 7 al 26 gennaio e dal 13 al 20 agosto – Pas carta 31/49000.

24050 Bergamo – 4 010 ab. alt. 156 – ✿ 035.
Roma 591 – ✦Bergamo 13 – ✦Brescia 48 – ✦Milano 42 – Piacenza 75.

✗ **Le 3 Noci-da Camillo,** ✆ 877158, 🍽 – 𝖠𝖤 ⓢ 𝐄 𝑉𝐼𝑆𝐴 ✄
chiuso lunedì e dal 1° al 20 agosto – Pas carta 27/41000.

06049 Perugia 𝟵𝟴𝟴 ⑯㉖ – 37 854 ab. alt. 405 – ✿ 0743.
Vedere Piazza del Duomo★ : Duomo★★ Y – Ponte delle Torri★★ Z – Chiesa di San Gregorio
Maggiore★ Y D – Basilica di San Salvatore★ Y B.
Dintorni Strada★ per Monteluco per ②.
🛈 piazza Libertà 7 ✆ 28111.
Roma 130 ② – Ascoli Piceno 123 ① – Assisi 48 ① – Foligno 28 ① – Orvieto 84 ③ – ✦Perugia 65 ① – Rieti 58
② – Terni 31 ②.

Pianta pagina a lato

🏨 **Gattapone** ⚯ senza rist, via del Ponte 6 ✆ 36147, ≤, 🍽 – ☎ – 🏧 30. 𝖠𝖤 ⓢ ⓞ 𝐄 𝑉𝐼𝑆𝐴
🍽 12000 – **13 cam** 75/10000 appartamenti 150000.   Z d

🏨 **Dei Duchi,** viale Matteotti 4 ✆ 44541, Fax 44543, ≤, 🍽, 🍽 – 🛗 📺 ☎ ᗡ ⓟ – 🏧 40. 𝖠𝖤
ⓢ ⓞ 𝐄 𝑉𝐼𝑆𝐴   Z c
Pas 35/40000 – 🍽 12000 – **50 cam** 85/130000 – ½ P 90/105000.

🏨 **Charleston** senza rist, piazza Collicola 10 ✆ 38135, Telex 563219 – 🛗 📺 ☎ – 🏧 50. 𝖠𝖤
ⓢ ⓞ 𝐄 𝑉𝐼𝑆𝐴   Z v
🍽 12000 – **18 cam** 55/80000.

🏨 **Europa** senza rist, viale Trento e Trieste 201 ✆ 46949 – 🛗 ▤ ☎. 𝖠𝖤 ⓢ ⓞ 𝐄 𝑉𝐼𝑆𝐴   Y
🍽 10000 – **24 cam** 55/80000. ▤ 7000.

🏨 **Nuovo Clitunno,** piazza Sordini 8 ✆ 38240 – 📺 ☎. 𝖠𝖤 ⓞ 𝑉𝐼𝑆𝐴   Z a
Pas (chiuso mercoledì) 21/25000 – 🍽 7500 – **32 cam** 47/70000 – ½ P 65/80000.

🏨 **Clarici** senza rist, piazza della Vittoria 32 ✆ 46706 – 🛗 ▤ 📺 ☎ ⓟ. 𝖠𝖤 ⓢ ⓞ 𝐄 𝑉𝐼𝑆𝐴   Y n
🍽 12000 – **24 cam** 55/80000. ▤ 10000.

✗✗ **Il Tartufo,** piazza Garibaldi 24 ✆ 40236 – ▤. 𝖠𝖤 ⓢ ⓞ 𝐄 𝑉𝐼𝑆𝐴 ✄   Y m
chiuso mercoledì e dal 15 luglio al 5 agosto – Pas carta 28/52000.

✗✗ **Sabatini,** corso Mazzini 52/54 ✆ 37233, « Servizio estivo all'aperto »   Z b
chiuso lunedì, dal 16 al 30 gennaio e dal 1° al 10 agosto – Pas carta 36/51000.

✗ **La Barcaccia,** piazza Fratelli Bandiera 3 ✆ 21171, 🍽 – 𝖠𝖤 ⓞ ✄   Z e
chiuso martedì e dal 6 al 25 gennaio – Pas carta 23/33000 (15%).

sulla strada statale 3 - via Flaminia :

🏨 **MotelAgip,** per ① : 1,5 km ⊠ 06049 ✆ 49340, Fax 49293 – 🛗 📺 🍽 ᗡ 🚗 ⓟ. 𝖠𝖤 ⓢ ⓞ
𝐄 𝑉𝐼𝑆𝐴 ✄ rist
Pas (chiuso venerdì) 25000 – **57 cam** 🍽 66/101000 – ½ P 71/93000.

✗✗ **Il Madrigale,** per ② : 13,5 km ⊠ 06040 Strettura ✆ 54144, ≤ – ⓟ. 𝖠𝖤 ⓞ ✄
chiuso martedì – Pas carta 39/44000.

SPOLETO

Garibaldi (Corso) ..... Y
Mazzini (Corso) ..... Z

Arringo (Via dell') ..... YZ 2
Cecili (Via) ..... Y 3
Duchi (Via dei) ..... Z 4
Filitteria (Via) ..... Y 6
Giustolo (Via) ..... Y 7
Libertà (Piazza) ..... Z 8
Mentana (Piazza) ..... Y 9
Ponzianina (Via) ..... Y 12
Saffi (Via Aurelio) ..... Z 13
Salara Vecchia
   (V. della) ..... Y 14
Seminario (Via) ..... Y 15
Sordini (Piazza) ..... Z 16
Torre dell'Olio (Piazza) ..... Y 18
Vaita S. Andrea (Via) ..... Y 20

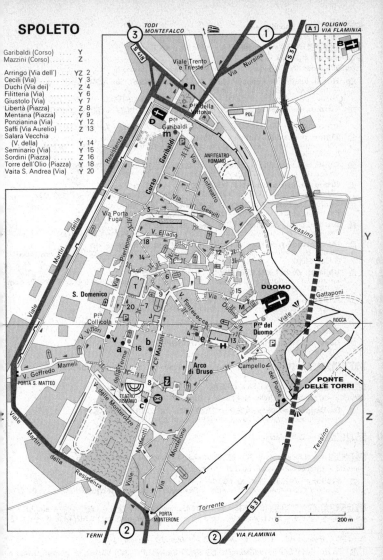

a San Giacomo per ① : 8 km – ⊠ **06048** :

✗ **Al Palazzaccio-da Piero,** ℰ 520168, 🏠 – 🅿. 🅰🄴 🕦. ⍚
   chiuso lunedì – **Pas** carta 22/33000.

   Vedere anche : *Monteluco* per ② : 8 km.
                  Campello sul Clitunno per ① : 11 km.

SPONDIGNA **(SPONDINIG)** Bolzano 🗺 ⑱ – alt. 885 – ⊠ **39026** Prato allo Stelvio – a.s. aprile
e luglio-settembre – 🕿 0473.

Roma 713 – ✦Bolzano 76 – ✦Milano 261 – Passo di Resia 30 – Passo dello Stelvio 27 – Trento 134.

🏠 **Post Hirsch-Cervo,** ℰ 76021, 🚲 – ⍟ rist 🅿
✦   *chiuso dal 15 gennaio al 15 febbraio* – Pas *(chiuso giovedì)* 18/22000 (10%) – **40 cam**
    🛏 35/65000 – ½ P 48/50000.

SPOTORNO 17028 Savona 🔟🔢🔢 ⑫⑬ – 4 446 ab. – ✪ 019.
🇮 via Aurelia 43 ℘ 745128.
Roma 560 – Cuneo 105 – ◆Genova 61 – Imperia 61 – ◆Milano 184 – Savona 15.

🏨 **Royal,** lungomare Kennedy 125 ℘ 745074, Telex 283867, Fax 745075, ≤, ⏟, 🏖, 🏊 – 🛗
📺 rist ☎ 🅿 – 🏛 200. 🖭 🗟 ⓘ 🖪 𝘝𝘐𝘚𝘈. 🛠 rist
Pasqua-ottobre – Pas 25/50000 – 🍽 14000 – **100 cam** 95/160000 – ½ P 65/110000.

🏨 **Tirreno,** via Aurelia 2 ℘ 745106, Fax 745061, ≤, 🏖 – 🛗 📺 rist 📺 ☎ 🅿. 🖭 🗟 ⓘ 🖪 𝘝𝘐𝘚𝘈
🛠 rist
marzo-ottobre – Pas 28/45000 – 🍽 8000 – **39 cam** 55/90000 – ½ P 60/80000.

🏨 **Ligure,** piazza della Vittoria 1 ℘ 745118, ≤ – 📺 🖭 🗟 𝘝𝘐𝘚𝘈 🛠 rist
aprile-novembre – Pas *(chiuso mercoledì)* carta 35/45000 – 🍽 12000 – **36 cam** 75000 –
½ P 45/75000.

🏨 **Roma** senza rist, piazza Colombo 7 ℘ 745125 – 🛗 📺 🏧. 🖭 🗟 ⓘ 🖪 𝘝𝘐𝘚𝘈
chiuso dal 7 gennaio a Pasqua – 🍽 9000 – **19 cam** 55/79000.

🏨 **Premuda,** piazza Rizzo 10 ℘ 745157, ≤, 🏖 – 🏧 🅿. 🛠 rist
maggio-settembre – Pas carta 25/41000 – 🍽 9000 – **23 cam** 50/75000 – P 55/75000.

🏨 **Zunino,** via Serra 23 ℘ 745441 – 🛗 📺 ☎ 🅿. 🖭 🗟 🖪 𝘝𝘐𝘚𝘈
Pas carta 24/46000 – 🍽 6000 – **29 cam** 50/70000 – ½ P 50/60000.

🏨 **Aurora,** piazza Rizzo 9 ℘ 745169, 🏖 – 🛗 🗟 ⓘ 𝘝𝘐𝘚𝘈 🛠 rist
Pas *(chiuso mercoledì)* 23/26000 – 🍽 8000 – **33 cam** 43/63000 – ½ P 45/65000.

🏠 **Mediterranée,** via Rapallo 3 ℘ 745189 – 🛗 📺 ☎. 🖭 🖪 𝘝𝘐𝘚𝘈 🛠 rist
◆ *chiuso da ottobre al 20 dicembre* – Pas carta 19/32000 – 🍽 7000 – **35 cam** 65000 –
½ P 35/64000.

🏠 **Vallega,** via 25 Aprile 12 ℘ 745137 – 🛗 ⤬ rist ☎. 🖭 𝘝𝘐𝘚𝘈. 🛠
chiuso dal 15 ottobre al 15 gennaio – Pas *(chiuso mercoledì)* 28/38000 – 🍽 8000 – **27 cam**
50/65000 – ½ P 45/65000.

✕ **A Sigögna,** via Garibaldi 13 ℘ 745016, 🌳 – 🖭 𝘝𝘐𝘚𝘈
chiuso martedì e da ottobre al 10 dicembre – Pas carta 28/47000.

Per i grandi viaggi d'affari o di turismo,
Guida MICHELIN rossa : Main Cities EUROPE.

STABIO 🔢🔢🔢 ㉔, 🔢🔢🔢 ⑧ – Vedere Cantone Ticino alla fine dell'elenco alfabetico.

STAFFOLI 56020 Pisa – alt. 28 – ✪ 0571.
Roma 312 – ◆Firenze 58 – ◆Livorno 46 – Pisa 36 – Pistoia 33 – Siena 85.

✕✕ **Da Beppe,** via Livornese 35/b ℘ 37002, 🌳 – 🗐. 🖭 🗟 ⓘ 𝘝𝘐𝘚𝘈. 🛠
chiuso lunedì e dal 1° al 20 agosto – **Pas** carta 25/42000.

STEINEGG = Collepietra.

STELLA Ascoli Piceno – alt. 32 – ✉ **63030** Monsampolo del Tronto – ✪ 0735.
Roma 212 – ◆Ancona 102 – Ascoli Piceno 21 – ◆Pescara 68.

🏨 **Stella,** ℘ 704225 – 🛗 🏧 🅿. ⓘ. 🛠
◆ *chiuso dal 23 dicembre al 10 gennaio* – Pas 18000 – 🍽 5000 – **32 cam** 39/60000 – ½ P 47000.

STELVIO (Passo dello) (STILFSER JOCH) Bolzano e Sondrio 🔟🔢🔢 ④, 🔢🔢🔢 ⑰⑱ – alt. 2 757 –
a.s. luglio e agosto – Sport invernali : solo sci estivo (giugno-ottobre) : 2 757/3 420 m 🚠1 🚡12,
🎿.
Roma 740 – ◆Bolzano 103 – Bormio 20 – Merano 75 – ◆Milano 222 – Trento 161.

🏨 Passo dello Stelvio-Stilfserjoch, ✉ 39020 Stelvio ℘ (0342) 903162, ≤ gruppo Ortles e
vallata – 🛗 🏧 ⬌ 🅿
stagionale – **60 cam**.

sulla strada statale 38 E : 7 km – alt. 2 189 :

🏠 Sottostelvio-Franzenshöhe 🦌, ✉ 39020 Trafoi ℘ (0473) 611768, ≤ monti e vallata, ⬛, 🛠
– 🅿
stagionale – **24 cam**.

STENICO 38070 Trento – 996 ab. alt. 660 – a.s. 15 dicembre-15 gennaio – ✪ 0465.
Roma 603 – ◆Brescia 103 – ◆Milano 194 – Riva del Garda 29 – Trento 33.

a Villa Banale E : 3 km – ✉ **38070** :

🏠 **Alpino,** ℘ 71459 – 🛗 ☎ 🅿. 🗟. 🛠
◆ Pas *(chiuso martedì e da novembre a marzo)* 20/24000 – 🍽 7000 – **33 cam** 35/60000 –
½ P 38/57000.

554

STERZING = Vipiteno.

STILFSER JOCH = Stelvio (Passo dello).

STINTINO Sassari 988 ㉓ – Vedere Sardegna alla fine dell'elenco alfabetico.

STRADELLA 27049 Pavia 988 ⑬ – 11 484 ab. alt. 101 – ☎ 0385.

Roma 547 – Alessandria 62 – •Genova 116 – •Milano 59 – Pavia 21 – Piacenza 36.

X **Gallo** con cam, vicolo Parea 7 ✆ 48323 – ⇔ P. ✈. ✻
chiuso dal 6 al 26 agosto – Pas *(chiuso lunedì)* carta 21/30000 – ☐ 3000 – **19 cam** 22/45000 – ½ P 35000.

STRESA 28049 Novara 988 ②, 219 ⑦ – 4 846 ab. alt. 200 – a.s. Pasqua e luglio-15 settembre – Sport invernali : vedere Mottarone – ☎ 0323.

Vedere Cornice pittoresca★★ – Villa Pallavicino★ Y.

Escursioni Isole Borromee★★★ : giro turistico da 5 a 30 mn di battello – Mottarone★★★ O : 29 km (strada di Armeno) o 18 km (strada panoramica di Alpino, a pedaggio da Alpino) o 15 mn di funivia Y.

18 Des Iles Borromeés (aprile-novembre; chiuso lunedì) ✆ 30243, per ① : 5 km;

9 Alpino (aprile-settembre; chiuso martedì in bassa stagione) a Vezzo ✉ 28040 ✆ 20101, per ② : 7,5 km.

per le Isole Borromee giornalieri (da 10 a 30 mn) – Navigazione Lago Maggiore, ✆ 30393.

piazzale Europa 1 (Palazzo dei Congressi) ✆ 30150, Telex 200396.

Roma 657 ① – Brig 108 ③ – Como 75 ① – Locarno 55 ③ – •Milano 80 ① – Novara 56 ① – •Torino 134 ①.

Pianta pagina seguente

Des Iles Borromées, lungolago Umberto I n° 67 ✆ 30431, Telex 200377, Fax 32405, « Parco e giardino fiorito con ≤ isole Borromee », ⛱, ✻ – |⇕| TV ☎ ♿ P – 🏔 30 a 250. AE ✈ ⦿ E VISA. ✻ rist Y w
Pas 84000 – ☐ 22500 – **120 cam** 256/381000 appartamenti 536/1071000 – ½ P 303/368000.

Regina Palace, lungolago Umberto I n° 27 ✆ 30171, Telex 200381, Fax 30176, ≤ isole Borromee, « Parco e giardino fiorito con ⛱ riscaldata », ✻ – |⇕| TV ☎ ♿ P – 🏔 30 a 200. AE ✈ ⦿ E VISA. ✻ rist Y b
chiuso gennaio – Pas 45/55000 – ☐ 16000 – **175 cam** 165/240000 appartamenti 400/480000 – ½ P 130/190000.

Bristol, lungolago Umberto I n° 73 ✆ 32601, Telex 200217, Fax 924515, ≤ lago e monti, « Parco », ⛱, ⛱, ✻ – |⇕| ⇔ cam TV ☎ P – 🏔 30 a 280. AE ✈ ⦿ E VISA. ✻ rist Y c
15 marzo-20 novembre – Pas carta 50/78000 – ☐ 20000 – **250 cam** 110/195000 appartamenti 240/350000 – ½ P 65/175000.

La Palma, lungolago Umberto I n° 33 ✆ 32401, Telex 200541, Fax 32404, ≤ lago e monti, ⛱ riscaldata, ✻ – |⇕| TV ☎ ♿ 🚗 P – 🏔 30 a 200. AE ✈ ⦿ E VISA. ✻ rist Y e
marzo-25 novembre – Pas 32/40000 – ☐ 15000 – **118 cam** 115/165000 appartamenti 190/220000 – ½ P 80/115000.

Astoria, lungolago Umberto I n° 31 ✆ 32566, Telex 200085, Fax 30259, ≤ lago e monti, ⛱ riscaldata, ✻ – |⇕| TV ☎ P – 🏔 30 a 40. AE ✈ ⦿ E VISA. ✻ rist Y d
20 marzo-25 ottobre – Pas 35000 – **98 cam** ☐ 140/180000 – ½ P 75/130000.

Milan au Lac, piazza Imbarcadero ✆ 31190, Telex 200113, Fax 32729, ≤ – |⇕| ☎ – 🏔 30 a 150. AE ✈ ⦿ E VISA. ✻ rist Y s
24 marzo-28 ottobre – Pas 28/35000 – ☐ 13000 – **80 cam** 85/120000 – ½ P 60/90000.

Royal, strada statale del Sempione 22 ✆ 32777, ≤, ✻, « Giardino fiorito » – |⇕| ☎ P – 🏔 60. ✈ E VISA. ✻ rist Y z
aprile-ottobre – Pas 25/30000 – ☐ 10000 – **45 cam** 65/85000 – ½ P 55/75000.

Speranza au Lac, piazza Imbarcadero ✆ 31178, ≤ – |⇕| ☎ – 🏔 60. AE ✈ ⦿ E VISA
24 marzo-28 ottobre – Pas vedere Hotel Milan au Lac – ☐ 13000 – **85 cam** 85/120000 – ½ P 60/90000. Y s

Moderno, via Cavour 33 ✆ 30468, Telex 200340, Fax 31537, ✻ – |⇕| ☎. AE ✈ ⦿ E VISA. ✻ rist Y r
marzo-ottobre – Pas carta 35/55000 – ☐ 8000 – **53 cam** 50/85000 – ½ P 60/75000.

Meeting, via Bonghi 9 ✆ 32741 – |⇕| ☎. AE ✈ ⦿ E VISA. ✻ rist Y g
Pas 35000 – **24 cam** ☐ 70/90000 – ½ P 70/80000.

Della Torre, strada statale del Sempione 45 ✆ 32555, « Giardino fiorito » – |⇕| ☎ P. ✈ ⦿ E VISA. ✻ rist Y a
marzo-ottobre – Pas 20/28000 – ☐ 10000 – **44 cam** 58/80000 – ½ P 55/70000.

La Fontana senza rist, strada statale del Sempione 1 ✆ 32707, ≤, « Piccolo parco ombreggiato » – ☎ P. AE ✈ VISA Y f
chiuso novembre – ☐ 7000 – **20 cam** 55/80000.

Flora, strada statale del Sempione 26 ✆ 30524, Fax 33372, ≤, ✻ – P. AE ✈ E VISA. ✻ rist Y p
chiuso dal 7 gennaio al 20 marzo – Pas 23/35000 – ☐ 8000 – **21 cam** 46/65000 – ½ P 45/63000.

XXX ❀ **Emiliano,** corso Italia 52 ☎ 31396, Fax 33474, prenotare – 🅰🅴 🆂 🅾 🅴 𝖵𝖨𝖲𝖠, ❀ Y u
chiuso martedì e dal 15 novembre al 20 dicembre – Pas carta 65/105000 (10%)
Spec. Scaloppa di fegato d'oca su cipolle fondenti all'aceto di lampone, Minestra di scampi al curry, Gamberoni con melanzane all'agrodolce. **Vini** Chardonnay, Barbera.

XX **Da Angelo,** via Roma 88 ☎ 31147, 🏯 – 🅰🅴 🆂 🅾 🅴 𝖵𝖨𝖲𝖠, ❀ Y h
chiuso lunedì e novembre – Pas carta 32/52000.

X **Ariston** con cam, corso Italia 60 ☎ 31195, ≤ lago e monti, 🏯 – 📶 🅰🅴 🆂 🅾 🅴 𝖵𝖨𝖲𝖠
chiuso dal 9 dicembre al 28 febbraio – Pas carta 27/43000 – ☷ 5000 – **13 cam** 48/72000 –
½ P 52/65000. Y q

X **Il Triangolo,** via Roma 61 ☎ 32736, 🏯, Rist. e pizzeria – 🅰🅴 🆂 🅾 🅴 𝖵𝖨𝖲𝖠, ❀ Y k
chiuso martedì da ottobre a maggio – Pas carta 22/42000.

X **Del Pescatore,** vicolo del Poncivo 3 ☎ 31986 Y n
chiuso Natale e mercoledì da ottobre a maggio – Pas carta 23/45000.

X **Luina,** via Garibaldi 21 ☎ 30285 – 🅰🅴 🆂 🅾 🅴 𝖵𝖨𝖲𝖠 Y x
19 marzo-ottobre – Pas carta 33/61000 (10%).

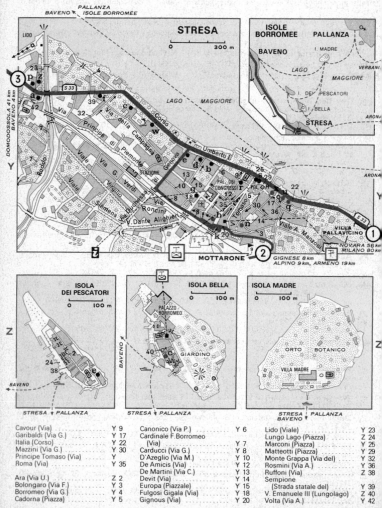

sulla strada statale 33 per ③ : 1,5 km :

🏨 **Villaminta**, strada statale del Sempione 123 ⌧ 28049 ℰ 32444, Telex 223316, ≼ isole Borromee, ⌂, « Parco fiorito e terrazza con ⌤ riscaldata », ⚓, ⟿, ⌘ – ▮ ❷ – 🏊 50. ⌶ ❸ ⍟ 🄴 ⅦⅼⅼⅠ ⌘ rist
marzo-15 novembre – Pas carta 40/63000 – ⌷ 15000 – **62 cam** 125/150000 appartamenti 140/200000 – ½ P 100/125000.

a Someraro per ③ : 4 km – ⌧ **28049** Stresa :

🍴🍴 **Al Rustico**, ℰ 32172, Coperti limitati; prenotare – ❸ Ⅽ ⅦⅼⅼⅠ ⌘
chiuso mercoledì e febbraio – Pas carta 25/38000.

Vedere anche : ***Vezzo*** per ② : 5 km.
             Alpino per ② : 9 km.
             Borromee (Isole) N : da 5 a 30 mn di battello.
             Mottarone per ② : 20 km per strada a pedaggio o 15 mn di funivia.

STROMBOLI (Isola) Messina 🎞🎞🎞 ㊲㊳ – Vedere Sicilia (Eolie, isole) alla fine dell'elenco alfabetico.

STROVE Siena – Vedere Monteriggioni.

STUPINIGI 10040 Torino – alt. 244 – ❸ 011.
Vedere Palazzina Mauriziana★.
🏌 (chiuso lunedì ed agosto) ℰ 343975, NE : 2 km FU (vedere Torino p. 1);
🏌 (chiuso lunedì e dal 24 dicembre al 18 gennaio) a Vinovo ⌧ 10048 ℰ 9653880, S : 2 km FU (vedere Torino p.1).
Roma 668 – Cuneo 92 – ✦Milano 161 – Sestriere 81 – ✦Torino 11.

Pianta d'insieme di Torino (Torino p. 2)

🍴🍴 **Le Cascine,** O : 2 km ℰ 9002581, « Parco fiorito con laghetto », ⌘ – ⇠✦ ▤ ❷. ⌶ ❸ Ⅽ
     ⅦⅼⅼⅠ   FU v
15 maggio-settembre; chiuso lunedì e dal 16 al 31 agosto – Pas carta 40/60000.

STURLA Genova – Vedere Genova.

SUBIACO 00028 Roma 🎞🎞🎞 ㊳ – 9 137 ab. alt. 408 – Sport invernali : al Monte Livata : 1 350/1 745 m ⚞4, ⚘ – ❸ 0774 – Vedere Monastero di San Benedetto★ SE : 3 km.
🅸 via Cadorna 59 ℰ 85397.
Roma 72 – Avezzano 68 – Frosinone 52 – ✦Pescara 174 – Rieti 80 – Tivoli 42.

al monte Livata NE : 16 km – alt. 1 350 :

🏨 **Livata,** ⌧ 00028 ℰ 86031, ≼, ⟿, ⌘ – ⍟ ❷. ⌶. ⌘
Natale-Pasqua e luglio-settembre – Pas 22/27000 – ⌷ 7000 – **84 cam** 41/54000 – ½ P 40/70000.

SU GOLOGONE Nuoro – Vedere Sardegna (Oliena) alla fine dell'elenco alfabetico.

SULDEN = Solda.

SULMONA 67039 L'Aquila 🎞🎞🎞 ㊲ – 24 781 ab. alt. 375 – ❸ 0864.
Vedere Palazzo dell'Annunziata★★ – Porta Napoli★.
Escursioni Massiccio degli Abruzzi★★★.
🅸 via Roma 21 ℰ 53276.
Roma 154 – L'Aquila 73 – Avezzano 57 – Chieti 62 – Isernia 76 – ✦Napoli 186 – ✦Pescara 73.

🏨 **Europa Park Hotel,** strada statale N : 3,5 km ℰ 34641, Telex 600344, ⟿, ⌘ – ▮ ⌚ ❷ – 🏊 40 a 250. ⌶ ⍟ ⅦⅼⅼⅠ ⌘
Pas *(chiuso venerdì)* carta 21/33000 – ⌷ 8000 – **105 cam** 65/82000 – ½ P 65/75000.

🏨 **Armando's,** via Montenero 15 ℰ 31252 – ▮ ⌚ ❷. ⌶ ❸ ⍟ Ⅽ ⅦⅼⅼⅠ. ⌘
→ Pas 19000 – ⌷ 5000 – **18 cam** 30/46000.

🏨 **Salvador,** viale della Repubblica NO : 2 km ℰ 51276 – ▮ ⌚ ⚮ ❷. ⌶ ❸ ⍟ Ⅽ ⅦⅼⅼⅠ
Pas *(chiuso dal 20 dicembre al 2 gennaio)* 21000 – ⌷ 5000 – **34 cam** 25/38000 – ½ P 35/38000.

🍴 **Italia,** piazza 20 Settembre 26 ℰ 33070 – ⌶ ❸ ⍟ Ⅽ ⅦⅼⅼⅠ
→ *chiuso lunedì e luglio* – Pas carta 20/28000.

🍴 **Tartana 2,** strada statale N : 2,5 km ℰ 33023, Solo piatti di pesce
chiuso lunedì – Pas carta 50/66000.

SULPIANO Torino – alt. 175 – ⌧ **10020** Verrua Savoia – ❸ 0161.
Roma 648 – Asti 47 – ✦Milano 122 – ✦Torino 49 – Vercelli 37.

🍴 **Palter,** ℰ 846193 – ❷. ❸. ⌘
→ *chiuso lunedì e luglio* – Pas carta 19/34000.

25058 Brescia – 1 336 ab. alt. 205 – a.s. Pasqua e luglio-15 settembre – ✪ 030.
Roma 586 – ◆Bergamo 44 – ◆Brescia 28 – Edolo 72 – ◆Milano 85.

🏛 **Aquila**, ℘ 985383, 🍴, 🚗 – 🅿. 🛇 cam
▬ *chiuso gennaio e febbraio* – Pas *(chiuso lunedì in bassa stagione)* 16/30000 – ☷ 7000 – **19 cam** 25/60000 – ½ P 33/43000.

🍴🍴 **Le Palafitte**, S : 1,5 km ℘ 985145, ≤, 🍴, prenotare, « Padiglione sul lago » – 🅿. 🖼 𝗩𝗜𝗦𝗔. 🛇
chiuso novembre, martedì, anche lunedì sera in bassa stagione – Pas carta 30/49000 (12%).

Vedere anche : *Monte Isola* NO : 10 mn di barca.

Torino – alt. 670.
Vedere Basilica★ : ≤★★★, tombe reali★.
Roma 662 – Asti 48 – ◆Milano 144 – ◆Torino 10 – Vercelli 75.

10059 Torino 🔲🔲🔲 ⑪, 🔲🔲 ⑨ – 6 905 ab. alt. 503 – a.s. giugno-settembre e Natale – ✪ 0122.
Roma 718 – Briançon 55 – ◆Milano 190 – Col du Mont Cenis 30 – ◆Torino 53.

🏛 **Napoleon**, via Mazzini 44 ℘ 2704, Fax 31900 – 🕴 ⊛ 🚗. 🖼 𝗘 𝗩𝗜𝗦𝗔. 🛇 rist
chiuso gennaio – Pas *(chiuso sabato da ottobre a giugno)* 25/30000 – ☷ 9000 – **40 cam** 55/85000 – ½ P 65/70000.

🍴 **Pesce**, via Montegrappa 25 (statale 24) ℘ 2476, 🍴, solo su prenotazione, 🚗 – 🅿. 🛇
chiuso giovedì e dal 20 settembre al 22 ottobre – Pas carta 27/43000.

46029 Mantova 🔲🔲🔲 ⑭ – 17 983 ab. alt. 20 – ✪ 0376.
Roma 453 – Cremona 74 – Mantova 21 – ◆Milano 167 – ◆Modena 51 – ◆Parma 45 – Reggio nell'Emilia 41.

🍴🍴 **Cavallino Bianco** con cam, via Luppi Menotti 11 ℘ 531676, « Raccolta di quadri moderni » – 🔳 ⊛. 🖼. 🛇 rist
chiuso agosto – Pas *(chiuso sabato)* carta 28/46000 – ☷ 5000 – **16 cam** 40/60000 – ½ P 45000.

43030 Parma – alt. 162 – Stazione termale (marzo-novembre), a.s. agosto-ottobre – ✪ 0524.
🛈 viale delle Fonti ℘ 66245.
Roma 486 – ◆Bologna 124 – Fidenza 8 – ◆Milano 110 – ◆Parma 31 – Salsomaggiore Terme 5.

🏛 **Astro** 🦢, ℘ 66523, Telex 532297, Fax 66497, ≤, ⚕ – 🕴 📺 ☎ 🚗 🅿 – 🛆 30 a 600. 🖼 ⓪ 𝗘 𝗩𝗜𝗦𝗔. 🛇 rist
Pas carta 42/59000 – ☷ 15000 – **115 cam** 122/160000 – ½ P 120/150000.

🏛 **Rossini** 🦢, ℘ 66425 – 🕴 ⤬ rist ⊛ 🅿. 🛇 rist
aprile-novembre – Pas 30000 – ☷ 7000 – **57 cam** 35/55000 – ½ P 55/64000.

🏛 **Napoleon**, ℘ 66621 – 🕴 ⤬ 🔳 rist ⊛ 🅿. 🖼 𝗩𝗜𝗦𝗔. 🛇
aprile-novembre – Pas 25/30000 – ☷ 7000 – **48 cam** 50/70000 – ½ P 65/70000.

🏛 **Farnese**, ℘ 66127, Fax 66210, 🚗 – 🕴 ⤬ rist ☎ ⚙ 🅿 – 🛆 50. 🖼 𝗩𝗜𝗦𝗔. 🛇 rist
aprile-15 novembre – Pas carta 30/39000 – ☷ 7000 – **58 cam** 50/70000 – ½ P 60/65000.

🏛 **Ducale**, ℘ 66125, Fax 66541, ≤ – 🕴 ☎ 🅿. 🛇
15 aprile-5 novembre – Pas carta 23/36000 – ☷ 7000 – **112 cam** 60/90000 – ½ P 55/70000.

🏛 **Quisisana**, ℘ 66216, Fax 66282, 🚗 – 🕴 📺 ⊛ 🅿. 🛇 rist
15 aprile-15 novembre – Pas 22/25000 – ☷ 5000 – **52 cam** 32/50000 – P 58/68000.

🏛 **Pandos** 🦢, ℘ 66234, 🚗 – 🕴 ⤬ 📺 ⊛ 🅿. 🖼 🖼 𝗘 𝗩𝗜𝗦𝗔. 🛇 rist
15 aprile-4 novembre – Pas 30/40000 – **57 cam** ☷ 65/79000 – ½ P 60/68000.

🏛 **Royal**, ℘ 66227 – 🕴 ⤬ rist ☎ 🅿
35 cam.

🏛 **Panoramik**, ℘ 66423, ≤, 🏊, 🕴 ⤬ rist ⊛ 🅿. 𝗘 𝗩𝗜𝗦𝗔. 🛇
marzo-novembre – Pas carta 25/35000 – ☷ 7000 – **37 cam** 32/59000 – ½ P 55/70000.

🏛 **Plaza**, ℘ 66121 – 🕴 🔳 rist ☎
stagionale – **37 cam**.

🏛 **Boomerang**, ℘ 66183 – 🕴 ⊛ 🅿. 🛇
▬ *aprile-novembre* – Pas 20/22000 – ☷ 6000 – **22 cam** 32/52000 – ½ P 48/52000.

🍴 **Locanda del Colle-da Oscar**, al Castello S : 3,5 km ℘ 66676, Coperti limitati; prenotare – 🅿. 🖼 ⓪ 𝗘 𝗩𝗜𝗦𝗔. 🛇
chiuso gennaio e lunedì da novembre a luglio – Pas carta 29/43000.

67069 L'Aquila 🔲🔲🔲 ㉖ – 6 711 ab. alt. 775 – ✪ 0863.
🛈 piazza Argoli 15 ℘ 6318.
Roma 91 – L'Aquila 55 – Avezzano 19 – Frosinone 92 – ◆Pescara 126 – Rieti 79.

🏛 **Miramonti**, ℘ 6581 – 🅿
17 cam.

Ravenna – Vedere Cervia.

TAGLIOLO MONFERRATO 15070 Alessandria – 1 369 ab. alt. 315 – ✆ 0143.

Roma 552 – Acqui Terme 27 – Alessandria 43 – ◆Genova 54 – ◆Milano 117 – Savona 64 – ◆Torino 128.

- ✗ **Gino,** ℰ 89483
  chiuso mercoledì, le sere di lunedì e martedì, gennaio e luglio – Pas carta 31/46000.

TALAMONE Grosseto – Vedere Fonte Blanda.

TALONNO Novara 219 ⑮ – Vedere Invorio.

TAMBRE Belluno – 1 687 ab. alt. 922 – ✉ 32010 Tambre d'Alpago – ✆ 0437.

↟ (aprile-novembre) a Pian del Cansiglio ✉ 31029 Vittorio Veneto ℰ (0438) 585398, S : 11 km.

🛈 piazza 11 Gennaio 1945 ℰ 49277.

Roma 613 – Belluno 28 – Cortina d'Ampezzo 83 – ◆Milano 352 – Treviso 73 – ◆Venezia 102.

- 🏠 **Alle Alpi,** via Campei 32 ℰ 49022, ☜, ✗ – 🛗 🅿. ✿ rist
  ◆ Pas *(chiuso mercoledì)* 16000 – 🖙 6000 – **24 cam** 40/70000 – ½ P 35/60000.

- ✗ **Col Indes** ⬡ con cam, SE : 5 km, alt. 1 250 ℰ 49274, ⪕ – ☎ 🅿
  ◆ *dicembre-aprile e giugno-settembre* – Pas 15/20000 – **6 cam** 🖙 60/80000 – ½ P 30/40000.

  a Piano del Cansiglio S : 11 km – alt. 1 028 – ✉ 32010 Spert d'Alpago :

- ✗ **Rifugio Sant'Osvaldo,** ℰ 585353, ⪕ – 🅿 🖃 VISA
  chiuso lunedì e novembre – Pas carta 24/38000.

TAMION Trento – Vedere Vigo di Fassa.

TAORMINA Messina 988 ㊲ – Vedere Sicilia alla fine dell'elenco alfabetico.

Der Rote MICHELIN-Hotelführer : Main Cities EUROPE
für Geschäftsreisende und Touristen.

TARANTO 74100 ℙ 988 ㉘ – 244 694 ab. – ✆ 099.

Vedere Museo Nazionale★★ : ceramiche★★★, sala degli ori★★★ – Lungomare Vittorio Emanuele★★ – Giardini Comunali★ – Cappella di San Cataldo★ nel Duomo.

↟ (chiuso martedì da ottobre a maggio) a Riva dei Tessali ✉ 74011 Castellaneta ℰ 6439251, Telex 860086, per ③ : 34 km.

🛈 corso Umberto 113 ℰ 21233.

A.C.I. viale Magna Grecia 108 ℰ 335911.

Roma 532 ③ – ◆Bari 94 ③ – ◆Napoli 344 ③.

Pianta pagina seguente

- 🏨 Gd H. Delfino, viale Virgilio 66 ℰ 3205, Telex 860113, Fax 3205, ⪕, ☷, ☜ – 🛗 🗐 📺 ☎ ♿ 🅿 – 🕍 300
  198 cam u

- 🏨 Palace, viale Virgilio 10 ℰ 94771, Telex 860183, Fax 94771, ⪕ – 🛗 🗐 📺 ☎ ⟺ 🅿 – 🕍 150 a 300
  73 cam

- 🏨 Park Hotel Mar Grande, viale Virgilio 90 ℰ 330861, ⪕, ☷ – 🛗 🗐 📺 ☎ 🅿 – 🕍 200 a 300 per ②
  Pas *(chiuso martedì)* carta 30/48000 – 🖙 13500 – **93 cam** 94/140000 – ½ P 104000.

- 🏨 Principe, via Solito 27 ℰ 3201 – 🛗 🗐 📺 ☎ ⟺ – 🕍 100 per via Dante Alighieri
  153 cam

- 🏨 Plaza senza rist, via d'Aquino 46 ℰ 91925 – 🛗 🗐 ☜ – 🕍 150 a 250. 🖃 🛈 ⓞ 🇪 VISA. ✿ z
  🖙 2500 – **112 cam** 63/90000.

- 🏨 President, senza rist, via Campania 136 ℰ 3207 – 🛗 🗐 📺 ☎ ♿ 🅿 – 🕍 80 per ②
  115 cam

- 🏠 La Spezia senza rist, via La Spezia 23 ℰ 337950 – 🛗 ☜. 🖃. ✿ per via Cesare Battisti
  🖙 2500 – **28 cam** 40/68000.

- ✗✗ Al Gambero, vico del Ponte 4 ℰ 411190, ⪕, ☷ – 🅿. 🖃 ⓞ VISA. ✿ f
  chiuso lunedì e novembre – Pas carta 27/47000 (15%).

- ✗✗ La Nuova Lampara, viale Jonio 198 (località San Vito) ℰ 531051, ⪕ mare e città – 🗐 🅿 per ②

- ✗✗ Il Caffè, via d'Aquino 8 ℰ 25097 – 🖃 🛈 ⓞ VISA b
  chiuso domenica sera, lunedì a mezzogiorno e dal 12 al 20 agosto – Pas carta 28/47000.

- ✗✗ Hiding, piazza Ebalia 7/d ℰ 28142 – 🛈 🇪 VISA c
  chiuso sabato a mezzogiorno, domenica sera e dal 15 al 30 agosto – **Pas** carta 24/35000 (10%).

- ✗✗ L'Assassino, lungomare Vittorio Emanuele III n° 29 ℰ 92041 – 🗐. 🖃 🛈 ⓞ 🇪 VISA. ✿ a
  chiuso domenica – Pas carta 25/43000.

- ✗ La Sirenetta-da Emilio, via Madonna della Pace 3 ℰ 407657 – 🗐 d

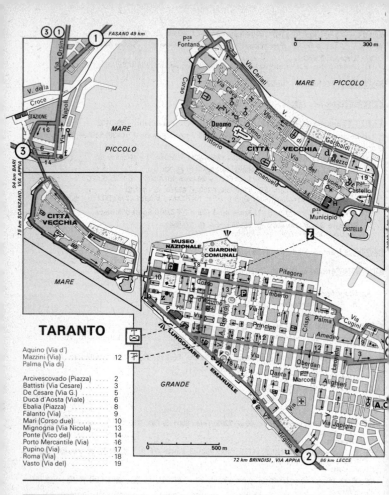

TARANTO

TARCENTO 33017 Udine 988 ⑥ – 8 782 ab. alt. 230 – a.s. 15 luglio-15 settembre – ☎ 0432.

Roma 657 – ◆Milano 396 – Tarvisio 76 – ◆Trieste 90 – Udine 19 – ◆Venezia 146.

🏠 **Centrale,** ℰ 785150, ☎ – 🛗 🕾 ⇔ 🅿 VISA ⁂
  chiuso dal 6 al 31 gennaio – Pas (chiuso lunedì) 25/35000 – ☷ 6000 – **26 cam** 40/65000 –
  ½ P 50/60000.

✗✗ **Al Mulin Vieri,** ℰ 785076 – 🅿 AE 🚊 ⑩ VISA ⁂
  chiuso martedì e dal 10 al 30 giugno – Pas carta 29/40000.

✗ **Ostarie di Santine,** località Pradandons SE : 2,5 km ℰ 785119, « Giardino ombreggiato »
◆ – 🅿 VISA ⁂
  chiuso mercoledì e dal 23 agosto al 15 settembre – Pas carta 20/30000.

TARQUINIA 01016 Viterbo 988 ㉖ – 14 006 ab. alt. 133 – ☎ 0766.

Vedere Necropoli Etrusca★★ : pitture★★★ nelle camere funerarie SE : 4 km – Palazzo Vitelleschi★ :
cavalli alati★★★ nel museo Nazionale Tarquiniense★ – Chiesa di Santa Maria in Castello★.

🏌 (chiuso mercoledì) a Marina Velca ⊠ 01016 Tarquinia ℰ 812109, O : 6 km.

🛈 piazza Cavour 1 ℰ 856384 – Roma 96 – Civitavecchia 20 – Grosseto 92 – Orvieto 90 – Viterbo 45.

🏨 **Tarconte,** via Tuscia 19 ℰ 856141, Telex 612172, ≤ – 🛗 🕾 🕭 🅿 AE ⑩. ⁂ rist
  Pas carta 26/38000 – ☷ 7000 – **53 cam** 65/95000 – ½ P 85000.

✗✗ **Il Bersagliere,** via Benedetto Croce 2 ℰ 856047, ☎ – 🅿 AE 🚊 ⑩ E VISA ⁂
  chiuso domenica sera, lunedì e novembre – Pas carta 33/52000 (10%).

a Lido di Tarquinia SO : 6 km – ⊠ **01010** :

🏨 **Gd H. Helios,** ℰ 88615, Fax 88295, ⌥ – 🛗 ↔ cam 📺 🅿 – 🚗 100 a 250. 🎥 rist
Pas carta 25/46000 – **89 cam** ⧉ 100/165000 appartamenti 300000 – ½ P 125000.

🏨 **La Torraccia,** ℰ 88375, Fax 88296, 🚲 – 🗐 rist ☎. 🖭 🕃 ⓞ 🗜 𝘝𝘐𝘚𝘈. 🎥
chiuso dicembre o gennaio – Pas (solo per clienti alloggiati e *chiuso da ottobre a maggio*)
– **18 cam** ⧉ 90000 – ½ P 78000.

🏨 **Velcamare,** ℰ 88024, 🍽, 🚲 – ↔ 🗐 rist ☎ & 🅿. 🕃 🗜 𝘝𝘐𝘚𝘈. 🎥 rist
febbraio-ottobre – Pas *(chiuso martedì da ottobre a maggio)* carta 32/56000 (10%) – ⧉
7000 – **20 cam** 99000 – ½ P 70/74000.

TARSOGNO 43050 Parma – alt. 822 – a.s. luglio e agosto – ✪ 0525.
Roma 472 – ♦Bologna 182 – ♦Genova 108 – ♦Milano 161 – ♦Parma 86 – Piacenza 97 – ♦La Spezia 77.

🏨 **Sole,** ℰ 89142, ≤ – 🛗 ↔ ☎ & 🅿. 🖭. 🎥 rist
chiuso ottobre – Pas *(chiuso giovedì)* carta 27/40000 – **24 cam** ⧉ 24/40000 – ½ P 45/50000.

TARTANO 23010 Sondrio – 407 ab. alt. 1 147 – ✪ 0342.
Roma 695 – Chiavenna 61 – Lecco 77 – ♦Milano 133 – Sondrio 38.

🏨 **La Gran Baita,** ℰ 645043 – 🛗 ↔ rist ☎ 🅿. 🎥 cam
♦ *chiuso gennaio, febbraio e marzo* – Pas carta 17/29000 – **34 cam** ⧉ 30/50000 – ½ P 30/35000.

TARVISIO 33018 Udine 🟨🟨🟨 ⑥ – 6 004 ab. alt. 754 – a.s. luglio-agosto e Natale – Sport
invernali : 754/1 760 m ≰1 ≰4, ≵ – ✪ 0428.
🖪 via Roma 10 ℰ 2135.
Roma 730 – Cortina d'Ampezzo 170 – Gorizia 133 – Klagenfurt 67 – Ljubljana 100 – ♦Milano 469 – Udine 96.

🏨 **Nevada,** ℰ 2332, Telex 450636 – 🛗 🕮 🚗 🅿. 🖭 🕃 ⓞ 🗜 𝘝𝘐𝘚𝘈. 🎥
Pas *(chiuso martedì dal 15 settembre al 15 dicembre e dal 15 gennaio al 15 giugno)*
carta 27/43000 – ⧉ 7000 – **60 cam** 50/80000 – ½ P 60/75000.

✗ **Italia,** ℰ 2041 – 🅿. 🖭 ⓞ 𝘝𝘐𝘚𝘈. 🎥
chiuso martedì sera, mercoledì, dal 15 maggio al 15 giugno e dal 15 ottobre al 15 novembre
– Pas carta 22/38000.

TAUFERS IM MÜNSTERTAL = Tubre.

TAVAGNACCO 33010 Udine – 11 219 ab. alt. 137 – ✪ 0432.
Roma 645 – Tarvisio 84 – ♦Trieste 78 – Udine 8 – ♦Venezia 134.

✗✗ **Al Grop,** ℰ 660240, 🍽 – 🅿. 🖭 𝘝𝘐𝘚𝘈. 🎥
chiuso giovedì sera, venerdì e luglio – Pas carta 21/34000.

✗✗ **Antica Locanda al Parco** con cam, ℰ 660898, « Servizio estivo in giardino », 🚲 – ☎
🅿. 🖭 🕃 ⓞ 🗜 𝘝𝘐𝘚𝘈
Pas *(chiuso lunedì)* carta 28/45000 – ⧉ 7000 – **13 cam** 40/60000 – ½ P 45/60000.

TAVAGNASCO 10010 Torino 🟨🟨🟨 ⑭ – 810 ab. alt. 280 – ✪ 0125.
Roma 693 – Aosta 58 – Ivrea 10 – ♦Milano 125 – ♦Torino 60.

✗✗ **Miramonti,** ℰ 758213 – 🕃 𝘝𝘐𝘚𝘈
♦ *chiuso lunedì e gennaio* – Pas carta 20/40000.

TAVARNELLE VAL DI PESA 50028 Firenze 🟨🟨🟨 ⑭⑮ – 6 856 ab. alt. 378 – ✪ 055.
Roma 268 – ♦Firenze 29 – ♦Livorno 92 – Siena 38.

a Sambuca E : 4 km – ⊠ **50020** :

🏨 **Torricelle-Zucchi** senza rist, ℰ 8071780, 🚲 – 🕮 🅿
⧉ 6000 – **13 cam** 39/59000.

in prossimità uscita superstrada Firenze-Siena NE : 5 km :

🏨 **Park Hotel Chianti,** ⊠ 50028 ℰ 8070106, Telex 571006, 🚲 – 🛗 🗐 📺 ☎ & 🅿. 🕃 🗜 𝘝𝘐𝘚𝘈
Pas vedere rist Pontenovo – ⧉ 10000 – **43 cam** 69/95000.

✗ **Pontenovo,** ⊠ 50028 ℰ 8070148, 🍽 – 🅿. 𝘝𝘐𝘚𝘈. 🎥
chiuso lunedì e dal 1° al 15 agosto – Pas carta 22/40000 (10%).

a San Donato in Poggio SE : 7 km – ⊠ **50020** :

✗ **La Toppa,** ℰ 8072900 – 🖭 🕃 ⓞ
chiuso lunedì e dal 2 al 27 gennaio – Pas carta 22/32000.

TAVERNE 🟨🟨 ㉔, 🟨🟨🟨 ⑧ – Vedere Cantone Ticino alla fine dell'elenco alfabetico.

TAVERNELLE Vicenza – Vedere Altavilla Vicentina.

TAVERNERIO 22038 Como 🗺️🗺️🗺️ ⑨ – 5 091 ab. alt. 460 – ✪ 031.

Roma 630 – Como 6 – Lecco 26 – ◆Milano 47 – Varese 34.

XX **Gnocchetto,** a Solzago O : 1 km 🏠 426133 – 🅿. 🖂 VISA
chiuso martedì e dal 1° al 20 agosto – Pas carta 22/40000.

TEGLIO 23036 Sondrio – 5 107 ab. alt. 856 – ✪ 0342.

Roma 719 – Edolo 37 – ◆ Milano 158 – Sondrio 20 – Passo dello Stelvio 76.

🏠 **Meden,** 🏠 780080, 🚗 – 🛏️ 🚗 🅿. 🛇
dicembre-gennaio e giugno-settembre – Pas *(chiuso lunedì)* carta 26/35000 – 🖂 3000 –
36 cam 30/50000 – ½ P 40/45000.

TEL (TÖLL) Bolzano 🗺️🗺️🗺️ ⑩ – Vedere Parcines.

TELESE 82037 Benevento 🗺️🗺️🗺️ ㉗ – 4 651 ab. alt. 50 – ✪ 0824.

Roma 218 – Benevento 23 – ◆Napoli 65 – Salerno 98.

🏨 **Gd H. Telese** 🏊, N : 2 km 🏠 940500, Telex 721395, Fax 976735, « Grande parco con 🏊
e 🎾 » – 🛏️ 🍴 🗐 ☎ 🅿 – 🛗 30 a 600. 🖭 🖾 ⓘ 🅴 VISA 🛇 rist
Pas carta 30/48000 – **75 cam** 🖂 65/115000 – ½ P 84/92000.

TELLARO La Spezia – Vedere Lerici.

TEMPIO PAUSANIA Sassari 🗺️🗺️🗺️ ㉓ – Vedere Sardegna alla fine dell'elenco alfabetico.

TENCAROLA Padova – Vedere Padova.

TENNA 38050 Trento – 695 ab. alt. 556 – a.s. 15 dicembre-Epifania – ✪ 0461.

🔲 (giugno-settembre) 🏠 706396.

Roma 607 – Belluno 93 – ◆Bolzano 79 – ◆Milano 263 – Trento 19 – ◆Venezia 144.

🏨 **Margherita** 🏊, NO : 2 km 🏠 706445, 🌳, « In pineta », 🏊, 🚗, 🎾 – 🛏️ ☎ 🅿 – 🛗 100.
VISA 🛇 cam
aprile-ottobre – Pas carta 25/35000 – 🖂 6000 – **55 cam** 42/80000 – ½ P 45/65000.

TENNO 38060 Trento – 1 630 ab. alt. 435 – a.s. 15 dicembre-15 gennaio e Pasqua – ✪ 0464.

Roma 585 – ◆Brescia 84 – ◆Milano 179 – Riva del Garda 9 – Trento 59.

🏨 **Clubhotel Lago di Tenno e Rist. Mama Giosi,** NO : 3,5 km 🏠 500631, ≤, « Servizio
rist. estivo all'aperto », 🏊, 🚗, 🎾 – ☎ 🅿. 🖭 🖾 VISA 🛇 rist
aprile-ottobre – Pas *(chiuso martedì)* carta 28/44000 – 🖂 10000 – **44 cam** 35/70000 –
½ P 65/75000.

X **Piè di Castello,** località Calogna E : 2,5 km 🏠 521065 – 🅿.

TEOLO 35037 Padova 🗺️🗺️🗺️ ⑤ – 7 538 ab. alt. 175 – ✪ 049.

Roma 498 – Abano Terme 14 – ◆Ferrara 83 – Mantova 95 – ◆Milano 240 – ◆Padova 20 – ◆Venezia 57.

🏠 **Alla Posta,** 🏠 9925003, ≤, 🌳, 🚗 – 🛏️ 🅿 – 🛗 200
Pas *(chiuso mercoledì)* carta 28/41000 – 🖂 8000 – **27 cam** 40/70000 – P 60000.

TERAMO 64100 🅿 🗺️🗺️🗺️ ㉖㉗ – 52 478 ab. alt. 265 – ✪ 0861.

🔲 via del Castello 10 🏠 54243.

A.C.I. corso Cerulli 81 🏠 53244.

Roma 182 – ◆Ancona 137 – L'Aquila 66 – Ascoli Piceno 35 – Chieti 72 – ◆Pescara 57.

🏨 **Sporting e Rist. Il Carpaccio,** via De Gasperi 41 🏠 414723, 🔲 – 🛏️ 🗐 ☎ 🅿 – 🛗 100.
🖾 🅴 VISA
Pas *(chiuso lunedì e dal 14 al 21 agosto)* carta 27/39000 – 🖂 10000 – **55 cam** 65/100000,
🗐 20000 – ½ P 80/90000.

🏨 **Abruzzi** senza rist, viale Mazzini 18 🏠 241043 – 🛏️ 🗐 🚗 🚗 – 🛗 80. 🛇
🖂 9500 – **50 cam** 44/66000.

XX **Duomo,** via Stazio 9 🏠 321274 – 🗐. 🖭 🖾 ⓘ 🅴 VISA. 🛇
chiuso domenica sera, lunedì ed agosto – **Pas** carta 23/45000.

TERLAN = Terlano.

TERLANO (TERLAN) 39018 Bolzano 🗺️🗺️🗺️ ㉓ – 3 028 ab. alt. 246 – a.s. aprile e luglio-15 ottobre –
✪ 0471.

Roma 646 – ◆Bolzano 9 – Merano 19 – ◆Milano 307 – Trento 67.

🏠 **Weingarten,** 🏠 57174, « Giardino ombreggiato con 🏊 riscaldata » – ☎ 🅿
15 marzo-5 novembre – Pas *(chiuso domenica)* carta 26/43000 – **18 cam** 🖂 45/89000 –
½ P 42/59000.

Vedere anche : *Vilpiano* NO : 4 km.

562

TERME – Vedere qui sotto o al nome proprio della località termale.

TERME LUIGIANE Cosenza 988 ㊴ – alt. 178 – ✉ 87020 Acquappesa – Stazione termale (maggio-ottobre) – ✆ 0982.
🛈 via Santa Lucia ✆ 94056.
Roma 475 – Castrovillari 107 – Catanzaro 110 – ♦Cosenza 51 – Paola 16.

🏠 **Parco delle Rose,** ✆ 94090, 🏊, ✵ – 🛗 ☎ 🅿. ⓪ 𝐕𝐼𝐒𝐀 ❀ rist
    maggio-ottobre – Pas carta 25/48000 – ☳ 5000 – **50 cam** 40/70000 – ½ P 45/75000.

TERMENO SULLA STRADA DEL VINO (TRAMIN AN DER WEINSTRASSE) 39040 Bolzano 218 ㉘ – 2 902 ab. alt. 276 – a.s. aprile e luglio-15 ottobre – ✆ 0471.
Roma 630 – ♦Bolzano 24 – ♦Milano 288 – Trento 48.

🏠 **Arndt,** ✆ 860336, ≤, 🏊 riscaldata, ☞ – 🛗 ☞ 🅿. 🅾 E 𝐕𝐼𝐒𝐀 ❀
    aprile-10 novembre – Pas 20/30000 – **20 cam** ☳ 49/90000 – ½ P 51/64000.

🏠 **Traminer Hof,** ✆ 860384, 🏊, ☞ – 🛗 🍴 rist ☞ ⇔ 🅿 ❀ rist
    Pasqua-5 novembre – Pas (chiuso martedì) 20/25000 – ☳ 15000 – **39 cam** 33/60000 –
    ½ P 53/62000.

🏠 **Tirolerhof,** ✆ 860163, ≤, 🏊 riscaldata, ☞ – ☎ 🅿. ❀ rist
    Pasqua-ottobre – Pas 20000 – **30 cam** 46/92000 – ½ P 50/61000.

TERMINILLO 02017 Rieti 988 ㉘ – alt. 1 620 – Sport invernali : 1 620/2 101 m ⟨ 1 ⟨ 11, ⟨ –
✆ 0746.
🛈 a Pian de' Valli ✆ 61121.
Roma 99 – L'Aquila 79 – Rieti 21 – Terni 58 – Viterbo 120.

🏠 **Cristallo** ⑤, ✆ 61112 – 🛗 📺 ☞ ⇔ 🅿. 𝐕𝐈𝐒𝐀 ❀
    20 dicembre-15 aprile e luglio-15 settembre – Pas 35000 – ☳ 15000 – **50 cam** 100/145000 –
    P 100/140000.

🏠 **Togo Palace,** ✆ 61272 – 🛗 ⇔ cam 📺 ☞ ⇔. 🅰🅴 🕃 ⓪ 𝐕𝐈𝐒𝐀 ❀
    5 dicembre-aprile e luglio-15 settembre – Pas carta 40/60000 – ☳ 12000 – **43 cam** 85/125000
    – ½ P 80/90000.

🏠 **Il Bucaneve** ⑤, ✆ 61237, ≤ vallata – 🅿. ❀
    dicembre-aprile e luglio-settembre – Pas (chiuso lunedì) 25000 – ☳ 8000 – **14 cam** 30/50000
    – ½ P 60000.

🏠 **La Lucciola,** ✆ 61138 – ⓪. ❀
    15 dicembre-Pasqua e luglio-settembre – Pas 19000 – ☳ 6000 – **18 cam** 38/65000 –
    ½ P 60/70000.

TERMOLI 86039 Campobasso 988 ㉗㉘ – 26 479 ab. – ✆ 0875.
⛴ per le Isole Tremiti giornaliero (1 h 45 mn) – Adriatica di Navigazione-agenzia Intercontinental, corso Umberto I n° 93 ✆ 491341, Telex 602051; per le Isole Tremiti 15 maggio-settembre giornaliero (1 h 40 mn) – Navigazione Libera del Golfo-agenzia Di Brino, al porto ✆ 4859, Telex 722661.
⛵ per le Isole Tremiti maggio-settembre giornalieri (45 mn) – Adriatica di Navigazione-agenzia Intercontinental, corso Umberto I n° 93 ✆ 491341, Telex 602051.
🛈 piazza Bega ✆ 2754.
Roma 300 – Campobasso 69 – ♦Foggia 88 – Isernia 112 – ♦Napoli 200 – ♦Pescara 100.

🏨 **Corona e Rist. Bel Ami,** via Mario Milano 2/a ✆ 84041 e rist ✆ 84042, Telex 603060 – 🛗
    🍴 📺 ☎. 🅰🅴 🕃 ⓪ E 𝐕𝐈𝐒𝐀. ❀ cam
    Pas (chiuso domenica e dal 20 dicembre al 10 gennaio) carta 32/46000 – ☳ 12000 – **39 cam**
    70/110000 appartamenti 110/150000, 🍴 12000.

🏠 **Rosary,** via Cristoforo Colombo 52 ✆ 84944, ≤ – 🛗 ☞ & 🅿. ❀ rist
    chiuso dicembre – Pas (chiuso da ottobre a marzo) carta 27/39000 – ☳ 6000 – **72 cam**
    75000 – ½ P 50/55000.

🏠 **Meridiano,** via Cristoforo Colombo ✆ 491946, ≤ – 🛗 ☞ & 🅿. ❀ rist
    Pas (chiuso da ottobre a maggio) carta 21/30000 – ☳ 5000 – **56 cam** 47/68000 –
    ½ P 60/67000.

✕✕ **Squalo Blu,** via De Gasperi 49 ✆ 83203 – 🅰🅴 🕃 ⓪ E 𝐕𝐈𝐒𝐀
    chiuso lunedì – Pas carta 36/48000.

✕✕ **San Carlo,** piazza Duomo ✆ 491295 – 🅰🅴 🕃 𝐕𝐈𝐒𝐀. ❀
    chiuso martedì, Natale e dal 1° al 15 gennaio – Pas carta 30/45000.

✕ **Il Drago,** corso Vittorio Emanuele III n° 58 ✆ 491139 – 🍴. 🅰🅴 ⓪ 𝐕𝐈𝐒𝐀. ❀
    chiuso mercoledì e da ottobre a maggio anche domenica sera – Pas carta 32/45000.

    sulla strada statale 16 O : 4 km :

🏠 **Jet** senza rist, ✉ 86039 ✆ 52354, 🏊, ⚓ – 🛗 📺 ☞ & 🅿. 🅰🅴 🕃 ⓪ 𝐕𝐈𝐒𝐀
    ☳ 10000 – **41 cam** 68/108000.

Michelin cura il costante e scrupoloso aggiornamento delle sue
pubblicazioni turistiche, in vendita nelle librerie.

Dintorni Cascata delle Marmore★★ per ② : 7 km.

🛈 viale Cesare Battisti 7/a ☏ 43047.

A.C.I. viale Cesare Battisti 121/c ☏ 59946.

Roma 103 ④ – ◆Napoli 316 ④ – ◆Perugia 82 ④.

TERNI

Tacito (Corso)	AY
Adriatico (Piazza)	ABZ 2
Angeloni (Via)	BY 3
Barberini (Via)	AY 4
Beccaria (Via)	AZ 5
Faustini (Via B.)	AY 7
Goldoni (Via)	AY 9
Manassei (Via)	AZ 10
Nobili (Via)	AY 14
Repubblica (Piazza della)	AZ 15
Vescovado (Via)	AZ 17
Villa Glori (Largo)	AY 18
1º Maggio (Via)	AY 19

🏨🏨 **Valentino e Rist. La Fontanella,** via Plinio il Giovane 3 ☏ 55246, Telex 660876, Fax 58197 – 🛗 ▦ 📺 🕭 🛗 🖘 ⓟ – 🛗 180. 🖭 🛐 ⑩ 🅴 𝐕𝐈𝐒𝐀 ⊁ rist   BY **u**
Pas *(chiuso domenica)* carta 30/48000 – **57 cam** ⊐ 98/145000 appartamenti 195000 – ½ P 100/117000.

🏨🏨 **Garden,** viale Bramante 4 ☏ 300041, Fax 300414, ⊿, 🖈 – 🛗 ▦ 📺 🕭 🖘 ⓟ – 🛗 30 a 300. 🖭 🛐 ⑩ 𝐕𝐈𝐒𝐀 ⊁ rist   per ④
Pas *(chiuso lunedì)* 26/35000 – **55 cam** ⊐ 80/120000 appartamenti 120/170000, ▤ 16000 – ½ P 90/110000.

🏨 **Allegretti** senza rist, strada Staino ☏ 57747 – 🛗 🕭 🖘 ⓟ. 🖭 ⑩   BZ **v**
⊐ 4000 – **35 cam** 47/72000.

🏨 **De Paris** senza rist, via della Stazione 52 ☏ 58047 – 🛗 ▦ 🕾. 🖭 🛐 ⑩ 🅴 𝐕𝐈𝐒𝐀 ⊁
⊐ 4000 – **64 cam** 55/80000, ▤ 3000.   BY **b**

🏨 **Brin,** viale Benedetto Brin 148 ☏ 454141 – 🕭 ⓟ   BY **a**
9 cam.

XX **Lu Pilottu,** strada delle Grazie 5 _&_ 274412, 🐾, prenotare – AE 🕄 ⑩ _VISA_. 🍴
   chiuso lunedì ed agosto – Pas carta 23/39000.　　　　　per via Montegrappa　AZ

XX San Marco, via San Marco 4 _&_ 44178 – 👀　　　　　　　　　　　　　　AY **x**

XX **Alfio,** via Galileo Galilei 4 _&_ 420120　　　　　　　　　　　　　　AY **a**
   chiuso sabato e dal 1° al 24 agosto – Pas carta 24/33000 (12%).

XX **Lu Somaru,** viale Cesare Battisti 106 _&_ 300486, 🐾 – ❷. AE 🕄 ⑩　　　AY **e**
   chiuso venerdì e dal 28 dicembre al 7 gennaio – Pas carta 25/35000.

XX **L'Erba Dolce,** via Castello 2 _&_ 418297, Coperti limitati; prenotare – ▤. AE ⑩. 🍴
   chiuso martedì – Pas carta 30/50000.　　　　　　　　　　　　　　　BY **g**

X **Da Carlino,** via Piemonte 1 _&_ 420163, 🐾 – 🍴　　　　　　　　　　　BY **x**
   chiuso lunedì ed agosto – Pas carta 22/33000.

X **Da Armando,** viale Brenta 12 _&_ 285888 – 🍴　　　　　　　　　　　AZ **n**
→ _chiuso sabato_ – Pas carta 20/29000.

   sulla strada statale 209 BY :

🏠 Rossi, località Casteldilago E : 11 km ✉ 05031 Arrone _&_ 78837 e rist _&_ 78105 – ☎ ❷
   16 cam.

X **Grottino del Nera,** E : 11 km ✉ 05031 Arrone _&_ 78104 – ❷. ⑩. 🍴
   chiuso mercoledì, dal 10 al 24 gennaio, febbraio e dal 7 al 21 giugno – **Pas** carta 22/38000.

TERNO D'ISOLA 24030 Bergamo 219 ⑳ – 3 322 ab. alt. 229 – ✪ 035.

Roma 612 – ◆Bergamo 12 – Lecco 29 – ◆Milano 43.

X **2 Camini,** strada provinciale _&_ 904165 – ❷. 🍴
→ _chiuso martedì sera e mercoledì_ – Pas carta 20/42000.

TERRACINA 04019 Latina 988 ㉖ – 39 136 ab. – a.s. Pasqua e luglio-agosto – ✪ 0773.

Vedere Tempio di Giove Anxur★ : 🌼★★ E : 4 km e 15 mn a piedi AR – Candelabro pasquale★ nel
Duomo.

🛈 via Leopardi _&_ 727759.

Roma 109 – Frosinone 60 – Gaeta 35 – Latina 39 – ◆Napoli 123.

🏨 River 🌳, via Pontina al km 106 _&_ 730681, 🏊, 🚤, 🐾 – 🚿 ▤ ☎ ❷
   stagionale – **94 cam.**

XX La Tartana-da Mario l'Ostricaro, via Appia al km 102 _&_ 752461, ≤, 🐾, Solo piatti di pesce
   – ❷.

XX Grappolo d'Uva, lungomare Matteotti 1 _&_ 752521, ≤ – ▤ ❷.

XX **Meson Feliz** 🌳 con cam, via Pontina al km 102 _&_ 71026, 🐾, 🚤 – 🐾 ❷. AE 🕄 ⑩ E
   VISA. 🍴
   Pas _(chiuso lunedì)_ carta 25/40000 (10%) – ☲ 6000 – **14 cam** 25/40000 – ½ P 60/70000.

XX **Hostaria Porto Salvo,** via Appia al km 102 _&_ 752151, ≤, 🐾 – ❷. AE 🕄 ⑩ E _VISA_
   chiuso lunedì e novembre – Pas carta 38/65000.

X Taverna del Porto, a Porto Badino _&_ 718434, 🐾 – ❷.

X **Hostaria la Lanterna-Rendez Vous,** piazza della Repubblica 27 _&_ 702527 – ▤. AE ⑩
   VISA. 🍴
   chiuso mercoledì – Pas carta 31/44000.

X **La Capannina,** via Appia al km 103 _&_ 702539, ≤, 🐾 – ❷. AE 🕄 ⑩ E _VISA_
   chiuso giovedì e novembre – Pas carta 26/43000 (15%).

X **Hostaria Gambero Rosso,** via Lungolinea 82 _&_ 724787 (prenderà il 700687) – ▤. AE. 🍴
   chiuso martedì e dal 20 dicembre al 10 gennaio – Pas carta 30/35000.

TERRANUOVA BRACCIOLINI 52028 Arezzo 988 ⑮ – 10 069 ab. alt. 156 – ✪ 055.

Roma 250 – Arezzo 36 – ◆Firenze 50 – ◆Perugia 110 – Siena 50.

🏨 **Motel Michelangelo** senza rist, in prossimità casello autostrada A 1 (O : 2 km) _&_ 9199393,
   Telex 574162 – 👀 ▤ 🖵 & ⟲ ❷ – 🔏 100. AE 🕄 ⑩ E _VISA_
   ☲ 14000 – **53 cam** 49/80000.

XX **Amicorum,** via Manzoni 11 _&_ 9199558 – ❷. AE 🕄 ⑩ E _VISA_. 🍴
   chiuso mercoledì, giovedì a mezzogiorno ed agosto – Pas carta 43/53000.

TERRAROSSA Grosseto – Vedere Orbetello.

TERRASINI Palermo – Vedere Sicilia alla fine dell'elenco alfabetico.

TERRUGGIA 15030 Alessandria – 711 ab. alt. 199 – ✪ 0142.
Roma 623 – Alessandria 25 – Asti 38 – ♦Milano 125 – ♦Torino 92.

XX **Ariotto,** ℰ 801200, « Servizio estivo all'aperto con ≪ » – 🔟
chiuso mercoledì e gennaio – Pas carta 35/50000.

TESERO 38038 Trento – 2 521 ab. alt. 991 – a.s. febbraio-Pasqua e Natale – Sport invernali : a
Pampeago 1 750/2 399 m ⚡10, ⚡ a Tesero – ✪ 0462.
🎿 via Roma 35 ℰ 83032.
Roma 653 – Belluno 87 – ♦Bolzano 47 – Canazei 34 – ♦Milano 311 – Trento 71.

🏠 **Alma,** ℰ 83074, ≤, 🐎 – 🖼 🚗 ℗. 🍽
→ 20 dicembre-aprile e 15 giugno-ottobre – Pas (solo per clienti alloggiati) 18/25000 – 🛏
14500 – **30 cam** 42/70000 – ½ P 41/67000.

a Pampeago N : 8 km – alt. 1 750 – ✉ 38038 Tesero :

🏨 **Sport H. Pampeago** ⛷, ℰ 83167, Telex 400082, Fax 83500, ≤ – 🛗 🖼 ℗. 🍽 rist
→ dicembre-15 aprile e 29 giugno-8 settembre – Pas (solo per clienti alloggiati) – 🛏 7000 –
95 cam 78/123000 – ½ P 43/90000.

TESIDO (TAISTEN) Bolzano – Vedere Monguelfo.

TESTACCIO Napoli – Vedere Ischia (Isola d') : Barano.

THIENE 36016 Vicenza 🔢🔢🔢 ④⑤ – 19 609 ab. alt. 147 – ✪ 0445.
Roma 559 – Belluno 105 – ♦Milano 241 – Trento 70 – ♦Treviso 72 – ♦Venezia 91 – Vicenza 20.

🏠 **Belvedere,** via Val Posina 51 ℰ 361605 – ☎ ℗. 𝑽𝑰𝑺𝑨. 🍽
→ chiuso dal 27 luglio al 17 agosto – Pas (chiuso sabato sera e domenica) carta 19/28000 – 🛏
4500 – **14 cam** 42/62000 – P 65/73000.

X **Ai Milanesi-da Elio e Angelo,** via del Costo 57 ℰ 362486, 🌿 – ℗. 🆎 🇮 𝑽𝑰𝑺𝑨
chiuso domenica – Pas carta 24/35000.

sulla strada statale 349 NO : 4 km :

X **Diana** con cam, ✉ 36010 Carrè ℰ 365299, 🍽 – 🔄 🖼 ℗
12 cam.

Vedere anche : Zugliano NE : 5 km.

TIERS = Tires.

TIGLIETO 16010 Genova – 586 ab. alt. 510 – ✪ 010.
Roma 550 – Alessandria 54 – ♦Genova 51 – ♦Milano 130 – Savona 52.

🏨 **Pigan,** ℰ 929015, « Boschetto » – 🔄 cam ℗. 🍽
Pas (chiuso martedì da ottobre a giugno) carta 22/31000 – 🛏 5500 – **12 cam** 26/48000 –
P 57/61000.

TIGLIOLE 14016 Asti – 1 450 ab. alt. 239 – ✪ 0141.
Roma 628 – Alessandria 49 – Asti 14 – Cuneo 91 – ♦Milano 139 – ♦Torino 54.

XX **Vittoria,** ℰ 667123, 🌿 – 🆎 🇮 𝑽𝑰𝑺𝑨. 🍽
chiuso lunedì, gennaio e dal 16 agosto al 2 settembre – Pas carta 35/50000.

TIGNALE 25080 Brescia – 1 243 ab. alt. 560 – a.s. Pasqua e luglio-15 settembre – ✪ 0365.
Roma 574 – ♦Brescia 57 – ♦Milano 152 – Salò 26 – Trento 82.

sulla strada statale 45 bis E : 11,5 km :

🏨 **Forbisicle,** ✉ 25010 Campione del Garda ℰ 73022, ≤, 🏔, 🌿 – ☎ ℗. 🆎. 🍽
aprile-ottobre – Pas carta 23/33000 – **22 cam** 🛏 50/100000 – ½ P 58/66000.

TIONE DI TRENTO 38079 Trento 🔢🔢🔢 ④ – 3 167 ab. alt. 565 – a.s. Natale – ✪ 0465.
Dintorni Valle Rendena★ Nord per la strada S 239.
Roma 613 – ♦Bolzano 103 – ♦Brescia 87 – Merano 129 – ♦Milano 178 – Trento 43.

🏠 **Milano,** ℰ 21096 – 🛗 ℗
22 cam.

TIRANO 23037 Sondrio 🔢🔢🔢 ③④, 🔢🔢🔢 ⑯ – 8 956 ab. alt. 450 – ✪ 0342.
Roma 725 – Passo del Bernina 35 – ♦Bolzano 163 – ♦Milano 164 – Sondrio 26 – Passo dello Stelvio 58.

X **Bernina** con cam, piazza Stazione ℰ 701302 – 🆎
chiuso dal 10 novembre al 21 gennaio – Pas (chiuso domenica) carta 24/53000 (15%) – 🛏
7500 – **8 cam** 48000 – ½ P 50/60000.

a Madonna di Tirano O : 1,5 km – ✉ 23030 :

X **Altavilla** con cam, ℰ 701779 – 🛗 🆎 𝑽𝑰𝑺𝑨. 🍽 cam
chiuso novembre – Pas (chiuso venerdì) carta 35/40000 – 🛏 8000 – **13 cam** 25/45000.

566

Roma 658 – ✦Bolzano 17 – Bressanone 40 – ✦Milano 316 – Trento 77.

a San Cipriano (St. Zyprian) E : 3 km – ✉ 39050 Tires :

🏠 **Stefaner** ⊜, ℰ 642175, ≤ Catinaccio e pinete, 🌫 – 🛏 🕴 rist 🅿. ⛝
◆ *chiuso dal 10 novembre al 15 dicembre* – Pas (solo per clienti alloggiati e *chiuso a mezzogiorno*) 12/20000 – **15 cam** ☑ 40/80000 – ½ P 42/48000.

✗ **Zyprianer Hof** ⊜ con cam, ℰ 642143, ≤ Catinaccio e pinete, 🌇, 🌫 – 🅿 🅿. ⛝ rist
chiuso dal 10 novembre al 20 dicembre e dal 10 al 30 gennaio – Pas (chiuso mercoledì escluso giugno-ottobre) carta 23/44000 – **12 cam** ☑ 60/90000 – ½ P 45/60000.

TIRLI Grosseto – Vedere Castiglione della Pescaia.

TIROL = Tirolo.

TIROLO (TIROL) 39019 Bolzano 🔲🔲🔲 ⑩ – 2 175 ab. alt. 592 – a.s. aprile-maggio e 15 luglio-ottobre – ✆ 0473.
🏌 ℰ 93314.

Roma 669 – ✦Bolzano 32 – Merano 4 – ✦Milano 330.

🏠 **Castel** ⊜, ℰ 93693, Fax 93113, ≤ monti e Merano, 🏊 riscaldata, 🔲, 🌫, ✗ – 🕴 ▤ rist 📺 ☎ ⟵ 🅿 – 🔏 70. ⛝
marzo-novembre – **30 cam** solo ½ P 120/150000.

🏠 **Gartner,** ℰ 93414, ≤, « Giardino con 🏊 », 🔲 – 🕴 📺 ☎ 🅿. ⑩. ⛝ rist
marzo-novembre – Pas carta 29/46000 – **30 cam** solo ½ P 90/115000.

🏠 **Erika,** ℰ 93338, Fax 93066, ≤, 🏊 riscaldata, 🔲, 🌫, ✗ – 🕴 ▤ rist ☎ ⟵ 🅿
marzo-novembre – **32 cam** solo ½ P 84/120000.

🏠 **Küglerhof** ⊜, ℰ 93428, ≤, 🏊 riscaldata, 🌫 – 🕴 🅿 🔏 🅿. 🕴 E 🆅🆂🅰. ⛝
25 marzo-5 novembre – Pas (solo per clienti alloggiati e *chiuso a mezzogiorno*) – **23 cam** ☑ 65/120000 – ½ P 70/90000.

🏠 **Lisetta,** ℰ 93422, 🏊, 🔲, 🌫 – 🕴 ▤ rist 📺 ☎ 🅿. ⛝ rist
30 marzo-15 novembre – Pas (solo per clienti alloggiati) – **29 cam** ☑ 120000 – ½ P 59/80000.

🏠 **Marini,** ℰ 93666, ≤ monti e vallata, 🏊, 🔲, 🌫 – 🕴 ▤ rist ☎ 🅿. ⛝
15 marzo-15 novembre – Pas (solo per clienti alloggiati e *chiuso a mezzogiorno*) – **21 cam** ☑ 50/100000 – ½ P 42/75000.

🏠 Küchelberg ⊜, Monte Zeno-Zenoberg 15 ℰ 31313, ≤, 🏊 riscaldata, 🌫 – ☎ 🅿
stagionale – **23 cam**.

TIRRENIA 56018 Pisa 🔲🔲🔲 ⑭ – a.s. luglio e agosto – ✆ 050.
🏌 (chiuso martedì dal 15 settembre al 15 giugno) ℰ 37518.
🏌 (giugno-settembre) largo Belvedere ℰ 32510.

Roma 332 – ✦Firenze 108 – ✦Livorno 11 – Pisa 16 – Siena 123 – Viareggio 36.

🏨 **Gd H. Golf** ⊜, via dell'Edera 29 ℰ 37545, Telex 502080, « Parco con 🏊 e ✗ », 🏖 – 🕴 ▤ 📺 ☎ 🔏 🅿 – 🔏 80. 🕮 🕴 ⑩ E 🆅🆂🅰. ⛝ rist
Pas 35/50000 – **90 cam** ☑ 135/200000 – ½ P 130/150000.

🏨 **Gd H. Continental,** largo Belvedere ℰ 37031, Telex 500103, Fax 37283, ≤, 🏊, 🏖, ✗ – 🕴 ▤ 📺 ⟵ – 🔏 30 a 350. 🕮 🕴 ⑩ E 🆅🆂🅰. ⛝ rist
Pas (solo per clienti alloggiati) 25/40000 – **184 cam** ☑ 140/196000 appartamenti 225/300000 – ½ P 100/125000.

🏠 **Il Gabbiano,** via della Bigattiera 14 ℰ 32223, 🌫 – 🅿 🅿 – 🔏 40. 🕴 ⑩ E 🆅🆂🅰. ⛝
◆ *10 marzo-ottobre* – Pas (chiuso ottobre e sino al 30 maggio escluso Pasqua) 20/30000 – ☑ 7500 – **16 cam** 80000 – ½ P 59/68000.

🏠 **Bristol** senza rist, via delle Felci 38 ℰ 37161, ✗ – 🕴 ▤ ☎ 🅿. 🆅🆂🅰. ⛝
☑ 8000 – **36 cam** 60/95000, ▤ 14000.

🏠 **Medusa,** via degli Oleandri 37 ℰ 37125, Fax 37125 – ☎ 🅿. 🕮 🕴 ⑩ E 🆅🆂🅰. ⛝ rist
Pasqua-ottobre – Pas 24000 – ☑ 8000 – **32 cam** 60/80000 – ½ P 47/65000.

✗✗ **La Bettola,** via delle Rose 17 ℰ 37657 – 🅿. 🕮 🕴 ⑩ E 🆅🆂🅰. ⛝
chiuso giovedì, venerdì a mezzogiorno e dal 10 al 30 novembre – Pas carta 30/52000 (15%).

« Scoprite » l'**Italia** con la guida Verde **Michelin** :

    descrizione dettagliata dei paesaggi pittoreschi e delle ''curiosità'' ;

    storia e geografia ;

    musei e belle arti ;

    itinerari regionali ;

    piante topografiche di città e monumenti.

00019 Roma 🔲🔲🔲 ② – 54 112 ab. alt. 225 – 🟢 0774.

Vedere Località★★★ – Villa d'Este★★★ – Villa Gregoriana★ : grande cascata★★.

Dintorni Villa Adriana★★★ per ③ : 6 km.

🛈 piazza Garibaldi 𝒫 21249.

Roma 31 ③ – Avezzano 74 ② – Frosinone 79 ③ – ◆Pescara 180 ② – Rieti 76 ③.

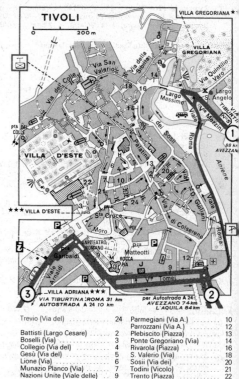

XX **Sibilla,** via della Sibilla 50 𝒫 20281, « Servizio estivo nel giardino dei templi di Vesta e di Sibilia »   **a**

XX **5 Statue,** largo Sant'Angelo 1 𝒫 20366 – 🍴 🔳 **x**
chiuso venerdì – Pas carta 31/60000 (12%).

a Villa Adriana per ③ : 6 km – ⊠ 00010 :

X **Adriano,** 𝒫 529174, « Servizio estivo all'aperto », 🐎, 🍴 – 🅿 🆎 🅾 **VISA**
chiuso lunedì – Pas carta 31/45000 (15%).

42010 Reggio nell'Emilia – 3 964 ab. alt. 844 – a.s. luglio-15 settembre – 🟢 0522.

Roma 455 – ◆Bologna 93 – ◆Milano 205 – ◆Modena 54 – Reggio nell'Emilia 56.

🏠 **Miramonti,** 𝒫 805540 –
◆ 🗄 ⇄ 🐴 🅿 🛇
Pas *(chiuso lunedì)* 18/24000 – ☲ 6000 – **27 cam** 31/48000 – ½ P 35000.

🏠 **Posta,** 𝒫 805117, 🏡 –
◆ 🗄 ⇄ 🆎 **VISA** 🛇 cam
chiuso dal 1° al 20 ottobre – Pas *(chiuso martedì)* 20/27000 – ☲ 7000 – **18 cam** 30/46000 – ½ P 35/40000

= Dobbiaco.

06059 Perugia 🔲🔲🔲 ㉕㉖ – 16 994 ab. alt. 411 – 🟢 075.

Vedere Piazza del Popolo★★ : palazzo dei Priori★, palazzo del Capitano★, palazzo del Popolo★ – Chiesa di San Fortunato★★ – ≤★★ sulla vallata da piazza Garibaldi – Duomo★ – Chiesa di Santa Maria della Consolazione★ O : 1 km per la strada di Orvieto.

🛈 piazza del Popolo 𝒫 883158.

Roma 130 – Assisi 60 – Orvieto 39 – ◆Perugia 45 – Spoleto 45 – Terni 40.

🏨🏨 **Bramante,** via Orvietana 𝒫 8848382, Telex 661043, Fax 8848074, « Servizio estivo in terrazza con ≤ », 🐎, 🍴 – 🗄 🔳 📺 🐴 🛗 🅿 – 🔬 150. 🆎 🕲 🅾 **VISA**
Pas *(chiuso lunedì)* carta 36/52000 – ☲ 10000 – **43 cam** 120/150000 appartamenti 170000 – ½ P 115/135000.

🏨 **Villaluisa,** via Cortesi 147 (E : 1 km) 𝒫 8848571, Fax 8848472, « Parco » – 🗄 🐴 🛗 🅿 – 🔬 40. 🆎 🕲 🅾 🅴 **VISA**. 🛇 rist
Pas *(chiuso mercoledì da ottobre a marzo)* 25/35000 – ☲ 9000 – **43 cam** 60/80000 – ½ P 60/70000.

🏠 **Tuder,** via Maestà dei Lombardi 13 𝒫 882184 – 🕿 🅿. 🆎 🕲 🅾 🅴 **VISA**. 🛇 rist
Pas carta 28/40000 – ☲ 5000 – **20 cam** 55/80000 – ½ P 50/58000.

X **Umbria,** via San Bonaventura 13 𝒫 882737, « Servizio estivo in terrazza con ≤ » – 🆎 🕲 🅾 🅴 **VISA**. 🛇
chiuso martedì e dal 19 dicembre all'8 gennaio – Pas carta 36/51000.

X **Jacopone-da Peppino,** piazza Jacopone 5 𝒫 882366 – 🛇
chiuso lunedì e dal 15 al 30 luglio – Pas carta 25/42000.

X **Lucaroni,** via Cortesi 57 𝒫 882694, Fax 8848379
chiuso martedì – Pas carta 26/35000 (10%).

TOFANA DI MEZZO Belluno – alt. 3 244.

Vedere ✳✳✳***.

Cortina d'Ampezzo 15 mn di funivia.

TOLMEZZO 33028 Udine 988 ⑤⑥ – 10 478 ab. alt. 323 – ✪ 0433.

Roma 688 – Cortina d'Ampezzo 105 – ◆Milano 427 – Tarvisio 63 – ◆Trieste 121 – Udine 52 – ◆Venezia 177.

🏨 **Cimenti,** via della Vittoria 28 ℰ 2926 – 🛗 📺 ☎ 🅿. 🄰🄴 🛏 🅾 🄴 💳. ⌘
chiuso dal 25 giugno al 15 luglio – **Pas** *(chiuso venerdì e domenica sera)* carta 30/46000 –
⚏ 7000 – **15 cam** 62/88000 – ½ P 64/76000.

TONALE (Passo del) Brescia e Trento 988 ④, 218 ⑱ – alt. 1 883 – a.s. febbraio-Pasqua
e Natale – Sport invernali : 1 883/3 016 m ≼ 1 ≰ 11 (anche sci estivo), ⚞.

🛈 ℰ (0364) 91343.

Roma 688 – ◆Bolzano 94 – ◆Brescia 130 – ◆Milano 177 – Ponte di Legno 11 – Sondrio 75 – Trento 90.

🏨 **Sporthotel Vittoria,** ⌧ 38020 Passo del Tonale ℰ (0364) 91348, Fax 91348, ≤, 🔲 – 🛗 ☎
◆ 🅿. 🛏 💳. ⌘
dicembre-aprile e luglio-settembre – Pas 16/22000 – ⚏ 5000 – **41 cam** 75/118000 –
½ P 82/108000.

🏨 **Redivalle,** ⌧ 38020 Passo del Tonale ℰ (0364) 91349, ≤ – 🚗. 🛏. ⌘
◆ *dicembre-1° maggio e 15 giugno-2 ottobre* – Pas carta 20/29000 – ⚏ 7000 – **49 cam**
37/66000 – ½ P 57/104000.

🏨 **Serodine,** ⌧ 25056 Ponte di Legno ℰ (0364) 91838, ≤ – ☎. 🛏 🅾 🄴 💳. ⌘ rist
◆ Pas 20/26000 – ⚏ 10000 – **23 cam** 45/70000 – ½ P 50/80000.

TONDI DI FALORIA Belluno – alt. 2 343.

Vedere ✳✳✳***.

Cortina d'Ampezzo 20 mn di funivia.

TORBOLE 38069 Trento 988 ④ – alt. 85 – a.s. 15 dicembre-15 gennaio e Pasqua – ✪ 0464.

Vedere Guida Verde.

🛈 lungolago Verona 19 ℰ 505177, Telex 401303.

Roma 569 – ◆Brescia 79 – ◆Milano 174 – Trento 46 – ◆Verona 83.

🏨 **Piccolo Mondo,** ℰ 505271, Fax 505295, 🏊, 🐟, 🎾 – 🛗 ☎ 🅿. ⌘ rist
chiuso dal 20 gennaio al 15 marzo – Pas carta 41/58000 – ⚏ 12000 – **36 cam** 80/120000 –
½ P 86000.

🏨 **Lago di Garda,** ℰ 505111, Telex 401530, ≤ – 📺 ☎ – 🔬 80. 🄰🄴 🛏 🅾 🄴 💳. ⌘ rist
Pasqua-ottobre – Pas carta 35/49000 – ⚏ 12000 – **36 cam** 78/116000 – ½ P 73/90000.

🏨 **Caravel,** ℰ 505724, Telex 401191, Fax 509958, 🏊, – 🛗 🍽 rist 📺 ☎ 🅿. 🅾 💳. ⌘ rist
marzo-novembre – Pas carta 25/34000 – ⚏ 12000 – **58 cam** 54/81000 – ½ P 63000.

🏨 **Villa Magnolia** senza rist, ℰ 505050, 🏊, 🐟 – 🛗 ☎ 🅿. 💳. ⌘
aprile-4 novembre – ⚏ 5000 – **24 cam** 27/48000.

🏨 **Geier,** ℰ 505131, ≤, 🏖, 🐟 – 🅿
◆ *aprile-ottobre* – Pas *(chiuso lunedì)* carta 16/27000 – ⚏ 5000 – **34 cam** 30/55000 –
½ P 40/45000.

sulla strada statale 249 S : 4 km :

🏨 **Villabella** 🦢, località Tempesta ⌧ 38069 ℰ 505100, ≤, « Sulla scogliera », 🏊, 🐟, 🐟
– ☎ 🅿. 🄰🄴 🛏 🄴 💳. ⌘ rist
maggio-settembre – Pas 28/35000 – ⚏ 17000 – **12 cam** 50/80000 – ½ P 80000.

TORCELLO Venezia 988 ⑤ – Vedere Venezia.

TORGIANO 06089 Perugia – 4 903 ab. alt. 219 – ✪ 075.

Vedere Museo del Vino*.

Roma 158 – Assisi 27 – Orvieto 60 – ◆Perugia 16 – Terni 69.

🏨 **Le Tre Vaselle,** ℰ 982447, Telex 564028, Fax 985214, ≤ – 🛗 🍽 ☎ 🅿 – 🔬 300. 🄰🄴 🛏 🅾
🄴 💳. ⌘
chiuso dal 15 gennaio al 15 febbraio – Pas *(prenotare)* carta 50/70000 – **47 cam** ⚏ 180/260000 –
appartamento 360000.

TORGNON 11020 Aosta 219 ③ – 470 ab. alt. 1 489 – a.s. 15 febbraio-15 marzo, Pasqua,
15 luglio-agosto e Natale – ✪ 0166.

Roma 737 – Aosta 39 – Breuil-Cervinia 26 – ◆Milano 173 – ◆Torino 102.

🏨 **Panoramique,** ℰ 40215, ≤, 🐟 – 🛗 🅿. ⌘ rist
dicembre-aprile e luglio-settembre – Pas carta 26/44000 – ⚏ 5000 – **35 cam** 38/68000 –
½ P 57/70000.

TORINO 10100 🄿 🄖🄘🄘 ⑫ – 1 012 180 ab. alt. 239 – 🕃 011.

Vedere Piazza San Carlo★★ CXY – Museo Egizio★★, galleria Sabauda★★ nel palazzo dell'Accademia delle Scienze CX **M** – Duomo★ CX : reliquia della Sacra Sindone★★★ – Mole Antonelliana★ : ⚹★★ DX – Palazzo Madama★ : museo d'Arte Antica★ CX **A** – Palazzo Reale★ : Armeria Reale★ CDVX – Museo del Risorgimento★ a palazzo Carignano CX **M2** – Museo dell'Automobile Carlo Biscaretti di Ruffia★ GU **M3** – Borgo Medioevale★ nel parco del Valentino CDZ.

Dintorni Basilica di Superga★ : ⩽★★★, tombe reali★ : ⩽★★★ – Circuito della Maddalena★ GHTU : ⩽★★ sulla città dalla strada Superga-Pino Torinese, ⩽★ sulla città dalla strada Colle della Maddalena-Cavoretto.

🄅₈ e 🄅₅ I Roveri (marzo-novembre; chiuso lunedì) a La Mandria ⊠ 10070 Fiano ℰ 9235667, per ① : 18 km;

🄅₈ e 🄅₉ (chiuso gennaio, febbraio e lunedì) a Fiano ⊠ 10070 ℰ 9235440, per ① : 20 km;

🄅₉ (chiuso lunedì ed agosto) a Stupinigi ⊠ 10135 ℰ 343975 FU;

🄅₉ (chiuso lunedì e dal 24 dicembre al 18 gennaio) a Vinovo ⊠ 10048 ℰ 9653880 FU.

✈ Città di Torino di Caselle per ① : 15 km ℰ 5778361 – Alitalia, via Lagrange 35 ⊠ 10123 ℰ 57697.

🚗 ℰ 537766.

🛱 via Roma 222 (piazza C.L.N.) ⊠ 10121 ℰ 535901 – Stazione Porta Nuova ⊠ 10125 ℰ 531327.

A.C.I. via Giovanni Giolitti 15 ⊠ 10123 ℰ 57791.

Roma 669 ⑦ – Briançon 108 ⑪ – Chambéry 209 ⑪ – ♦Genève 252 ③ – ♦Genova 170 ⑦ – Grenoble 224 ⑪ – ♦Milano 140 ③ – ♦Nice 220 ⑨.

🏨 **Turin Palace Hotel,** via Sacchi 8 ⊠ 10128 ℰ 515511, Telex 221411, Fax 5612187 – 🛗 🖿
🖹 ☎ க ⇜ – 🔬 30 a 150. 🄰🄴 🄱 🄾 🄴 🆅🆂🄰. ⛎ rist CY **u**
Pas *(chiuso dal 4 al 27 agosto)* carta 50/85000 – � 25000 – **125 cam** 255/300000 appartamenti 350/550000 – ½ P 220/325000.

🏨 **Jolly Principi di Piemonte,** via Gobetti 15 ⊠ 10123 ℰ 519693, Telex 221120, Fax 510270
– 🛗 🖿 🖹 ☎ – 🔬 200. 🄰🄴 🄱 🄾 🄴 🆅🆂🄰. ⛎ rist CY **z**
Pas 55000 – **107 cam** ⊏ 240/300000 – ½ P 205/255000.

🏨 **Jolly Hotel Ligure,** piazza Carlo Felice 85 ⊠ 10123 ℰ 55641, Telex 220167, Fax 535438 –
🛗 🖿 🖹 ☎ க – 🔬 30 a 200. 🄰🄴 🄱 🄾 🄴 🆅🆂🄰. ⛎ rist CY **b**
Pas 50000 – **156 cam** ⊏ 220/280000 – ½ P 190/330000.

🏨 **Jolly Ambasciatori,** corso Vittorio Emanuele 104 ⊠ 10121 ℰ 5752, Telex 221296, Fax 544978 – 🛗 🖿 🖹 ☎ ⇜ – 🔬 400. 🄰🄴 🄱 🄾 🄴 🆅🆂🄰. ⛎ rist BX **a**
Pas 50000 – **197 cam** ⊏ 198/250000 – ½ P 175/248000.

🏨 **Gd H. Sitea,** via Carlo Alberto 35 ⊠ 10123 ℰ 5570171, Telex 220229, Fax 548090 – 🛗 🖿
🖹 ☎ – 🔬 150. 🄰🄴 🄱 🄾 🄴 🆅🆂🄰. ⛎ rist CY **t**
Pas carta 55/75000 – **116 cam** ⊏ 195/260000 appartamenti 290000 – ½ P 160/170000.

🏨 **Diplomatic** senza rist, via Cernaia 42 ⊠ 10122 ℰ 5612444, Telex 225445, Fax 540472 – 🛗
🖿 🖹 ☎ – 🔬 50 a 120. 🄰🄴 🄱 🄾 🄴 🆅🆂🄰 BX **g**
129 cam ⊏ 190/240000.

🏨 **City** senza rist, via Juvarra 25 ⊠ 10122 ℰ 540546, Telex 216228, Fax 548188 – 🛗 🖿 🖹 ☎
– 🔬 25. 🄰🄴 🄱 🄾 🄴 🆅🆂🄰. ⛎ BV **e**
chiuso agosto, Natale e Capodanno – **44 cam** ⊏ 230/300000.

🏨 **Concord,** via Lagrange 47 ⊠ 10123 ℰ 5576756, Telex 221323, Fax 5576305 – 🛗 🖿 🖹 ☎ க
⇜ – 🔬 100. 🄰🄴 🄱 🄾 🄴 🆅🆂🄰. ⛎ rist CY **s**
Pas 48000 – **139 cam** ⊏ 195/245000 – ½ P 160/230000.

🏨 **Majestic,** corso Vittorio Emanuele II n° 54 ⊠ 10123 ℰ 539153, Telex 216260, Fax 534963 –
🛗 🖿 🖹 ☎ க ⇜ – 🔬 30 a 150. 🄰🄴 🄱 🄾 🄴 🆅🆂🄰. ⛎ rist CY **e**
Pas carta 35/45000 – **140 cam** ⊏ 210/270000 – ½ P 175/275000.

🏨 **Royal,** corso Regina Margherita 249 ⊠ 10144 ℰ 748444, Telex 220259, Fax 748393, ⚹ – 🛗
🖿 🖹 ☎ ⇜ – 🔬 700. 🄰🄴 🄱 🄾 🄴 🆅🆂🄰 BV **u**
chiuso dal 1° al 28 agosto – Pas vedere rist La Dea – ⊏ 15000 – **72 cam** 140/190000.

🏨 **Genio** senza rist, corso Vittorio Emanuele II n° 47 ⊠ 10125 ℰ 6505771, Telex 220308, Fax 6508264 – 🛗 🖿 🖹 ☎ க – 🔬 35. 🄰🄴 🄱 🄾 🄴 🆅🆂🄰 CYZ **w**
75 cam ⊏ 96/140000, 🖿 12000.

🏨 **Victoria** senza rist, via Nino Costa 4 ⊠ 10123 ℰ 553710, Telex 212580, Fax 5611806 – 🛗 🖿
☎. 🄰🄴 🄱 🄾 🆅🆂🄰. ⛎ CY **v**
70 cam ⊏ 95/130000.

🏨 **Stazione e Genova** senza rist, via Sacchi 14 ⊠ 10128 ℰ 545323, Telex 224242, Fax 519896
– 🛗 🖿 ☎ – 🔬 40. 🄰🄴 🄱 🄾 🄴 🆅🆂🄰 ⛎ CZ **b**
41 cam ⊏ 97/138000.

🏨 **Alexandra** senza rist, lungo Dora Napoli 14 ⊠ 10152 ℰ 858327, Telex 221562 – 🛗 🖿 🖹 🖿
⇜. 🄰🄴 🄱 🄾 🄴 🆅🆂🄰. ⛎ CV **c**
50 cam ⊏ 127/165000.

🏨 **Boston** senza rist, via Massena 70 ⊠ 10128 ℰ 500359, Fax 599358 – 🖿 🖹 🖿 ☎ ⇜. 🄰🄴
🄴 🆅🆂🄰 BZ **c**
⊏ 20000 – **40 cam** 84/110000, 🖿 24000.

🏦 **Luxor** senza rist, corso Stati Uniti 7 🖂 10128 ℰ 531529 – 🛗 ☰ 📺 ☎ 🅰🅴 🛵 ⓞ 🅴 *VISA*.
🚇 18000 – **64 cam** 84/110000, ☰ 15000.
CZ s

🏦 **Venezia** senza rist, via 20 Settembre 70 🖂 10122 ℰ 513384, Fax 513386 – 🛗 📺 ☎ 🚗 –
🏤 70. 🅰🅴 🛵 ⓞ 🅴 *VISA*.
CX r
🚇 14000 – **66 cam** 84/110000.

🏦 **President**, senza rist, via Cecchi 67 🖂 10152 ℰ 859555, Telex 220417 – 🛗 ☰ 📺 ☎ – 🏤 60
72 cam.
CV s

🏦 **Gran Mogol** senza rist, via Guarini 2 🖂 10123 ℰ 513360, Fax 513160 – 🛗 ☰ 📺 ☎. 🅰🅴 🛵
ⓞ 🅴 *VISA*
CY r
chiuso agosto – **45 cam** 🚇 96/140000, ☰ 12000.

🏦 **Crimea** senza rist, via Mentana 3 🖂 10133 ℰ 6699551, Telex 224276, Fax 6699804 – 🛗 📺
☎ 🚗. 🅰🅴 🛵 ⓞ 🅴 *VISA*. ⚓
DZ e
48 cam 🚇 83/120000.

🏦 **Lancaster** senza rist, corso Filippo Turati 8 🖂 10128 ℰ 501720, Fax 500116 – 🛗 ☰ ☎
chiuso agosto – 🚇 10000 – **81 cam** 78/105000, ☰ 10000.
BZ r

🏦 **Giotto** senza rist, via Giotto 27 🖂 10126 ℰ 637172, Fax 637173 – 🛗 ☰ 📺 ☎ & 🅿. 🅰🅴 🛵
ⓞ 🅴 *VISA*
CZ c
🚇 10000 – **45 cam** 80/105000, ☰ 10000.

🏦 **Piemontese** senza rist, via Berthollet 21 🖂 10125 ℰ 6698101, Fax 6690571 – 🛗 ✵ ☰ cam
📺 ⚓ 🅿. 🅰🅴 🛵 ⓞ 🅴 *VISA*. ⚓
CZ x
🚇 10000 – **33 cam** 73/95000, ☰ 10000.

🏦 **Cairo** senza rist, via La Loggia 6 🖂 10134 ℰ 3171555 – 🛗 📺 ⚓ 🅿. *VISA*. ⚓
GU v
chiuso dal 1° al 28 agosto – 🚇 12000 – **44 cam** 84/110000.

🏦 **Goya** senza rist, via Principe Amedeo 41 bis 🖂 10123 ℰ 874951, Fax 874953 – 🛗 ☰ 📺 ☎.
🅰🅴 🛵 ⓞ 🅴 *VISA*
DY n
chiuso dal 1° al 26 agosto – 🚇 10000 – **26 cam** 80/105000, ☰ 10000.

🏦 **Giada** senza rist, via Gasparo Barbera 6 🖂 10135 ℰ 3489383 – 🛗 ⚓ 🅿. *VISA*
FU u
🚇 9000 – **24 cam** 60/73000.

🏦 **Cristallo** ⚓ senza rist, corso Traiano 28/9 🖂 10135 ℰ 618383, Fax 618384 – ⚓. 🅰🅴 ⓞ *VISA*
– **20 cam** 🚇 80/110000.
GU b

🏦 **Smeraldo** senza rist, piazza Carducci 169/b 🖂 10126 ℰ 634577 – 📺 ☎. 🅰🅴 🛵 ⓞ 🅴 *VISA*.
⚓
CZ q
chiuso dal 7 al 21 agosto – 🚇 8000 – **12 cam** 53/71000. ,

🏦 **Universo**, corso Peschiera 166 🖂 10138 ℰ 336480 e rist ℰ 386317 – 🛗 ✵ cam ⚓. 🅰🅴 ⓞ
VISA
AY a
Pas *(chiuso domenica ed agosto)* carta 25/35000 – 🚇 7000 – **33 cam** 80/100000 –
½ P 75/105000.

XXXX **Villa Sassi-El Toulà** ⚓ con cam, strada al Traforo del Pino 47 🖂 10132 ℰ 890556, Telex
225437, Fax 890095, 🌳, « Villa settecentesca in un grande parco » – 🛗 ☰ rist 📺 ☎ 🅿.
🏤 100. 🅰🅴 🛵 ⓞ 🅴 *VISA*. ⚓
HT c
chiuso agosto – Pas *(chiuso domenica)* carta 83/110000 – 🚇 20000 – **16 cam** 220/310000
appartamento 500000 – ½ P 270000.

XXXX ✿ **Vecchia Lanterna,** corso Re Umberto 21 🖂 10128 ℰ 537047, Confort accurato, prenotare – ☰. 🅰🅴 🛵 ⓞ 🅴 *VISA*. ⚓
CY x
chiuso sabato a mezzogiorno, domenica e dal 10 al 20 agosto – Pas carta 67/97000
Spec. Sformato di tartufi con bagna cauda, Millefoglie con fegato d'oca alla salsa di scalogno, Filetto di
branzino all'essenza di crostacei in salsa al Barolo. **Vini** Sauvignon, Nebbiolo.

XXXX **Del Cambio,** piazza Carignano 2 🖂 10123 ℰ 546690, Gran tradizione, prenotare, « Decorazioni ottocentesche » – ☰. 🅰🅴 🛵 ⓞ *VISA*. ⚓
CX a
chiuso domenica e dal 27 luglio al 27 agosto – Pas carta 54/90000 (15%).

XXX **Al Saffi,** via Aurelio Saffi 2 🖂 10138 ℰ 442213, solo su prenotazione, Confort accurato –
✵ ☰. ⓞ *VISA*
AV n
chiuso domenica ed agosto – Pas carta 50/65000.

XXX ✿ **Due Lampioni da Carlo,** via Carlo Alberto 45 🖂 10123 ℰ 8397409 – ✵ ☰. *VISA*. ⚓
CY n
Pas carta 56/79000
Spec. Mousse di trota con salsa al Barolo, Risotto con finanziera, Quenelle di carciofi con fonduta e tartufo.
Vini Sauvignon, Barbaresco.

XXX **Balbo,** via Andrea Doria 11 🖂 10123 ℰ 511743 – 🅰🅴 🛵 ⓞ 🅴 *VISA*. ⚓
CY n
chiuso lunedì e dal 18 luglio al 18 agosto – Pas carta 56/99000.

XXX **Caval 'd Brôns,** piazza San Carlo 157 🖂 10123 ℰ 553491, prenotare – ✵ ☰. 🅰🅴 🛵 ⓞ
VISA
CXY v
chiuso domenica e dal 1° al 15 luglio – Pas carta 50/85000.

XXX **Al Gatto Nero,** corso Filippo Turati 14 🖂 10128 ℰ 590414 – ☰. 🅰🅴 🛵 ⓞ 🅴 *VISA*. ⚓
BZ z
chiuso domenica e dal 5 al 25 agosto – Pas carta 50/75000.

XX **Al Bue Rosso,** corso Casale 10 🖂 10131 ℰ 830753 – ☰. 🅰🅴 ⓞ *VISA*
DY e
chiuso lunedì, sabato a mezzogiorno ed agosto – Pas carta 36/60000 (10%).

XX **Della Rocca,** via della Rocca 22/b 🖂 10123 ℰ 831814, prenotare – ☰
DY a

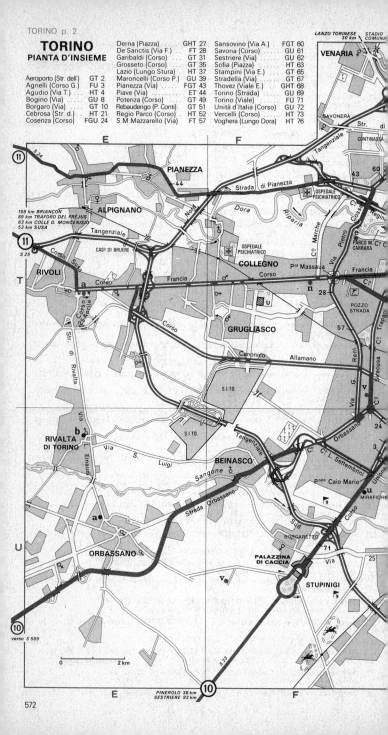

TORINO
PIANTA D'INSIEME

Aeroporto (Str. dell') . . . . GT 2
Agnelli (Corso G.) . . . . FU 3
Agudio (Via T.) . . . . HT 4
Bogino (Via) . . . . GU 8
Borgaro (Via) . . . . GT 10
Cebrosa (Str. d.) . . . . HT 21
Cosenza (Corso) . . . FGU 24

Derna (Piazza) . . . . GHT 27
De Sanctis (Via F.) . . . FT 28
Garibaldi (Corso) . . . GT 31
Grosseto (Corso) . . . GT 35
Lazio (Lungo Stura) . . HT 37
Maroncelli (Corso P.) . GU 39
Pianezza (Via) . . . . FGT 43
Piave (Via) . . . . ET 44
Potenza (Corso) . . . GT 49
Rebaudengo (P. Conti) GT 51
Regio Parco (Corso) . . HT 52
S.M. Mazzarello (Via) . FT 57

Sansovino (Via A.) . . FGT 60
Savona (Corso) . . . . GU 61
Sestriere (Via) . . . . GU 62
Sofia (Piazza) . . . . HT 63
Stampini (Via E.) . . . GT 65
Stradella (Via) . . . . GT 67
Thovez (Viale E.) . . . GHT 68
Torino (Strada) . . . . GU 69
Torino (Viale) . . . . FU 71
Unità d'Italia (Corso) . GU 72
Vercelli (Corso) . . . . HT 73
Voghera (Lungo Dora) . HT 76

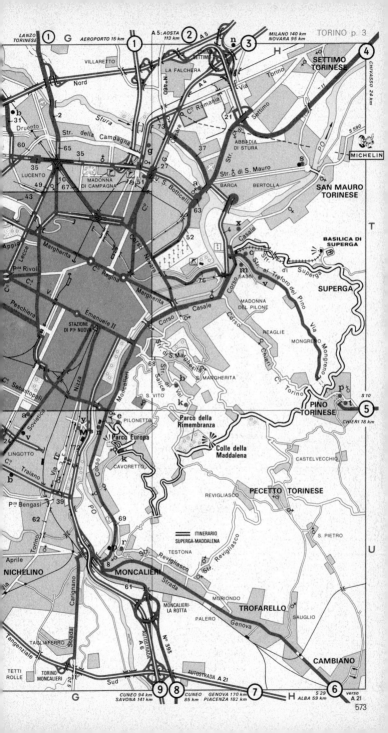

TORINO

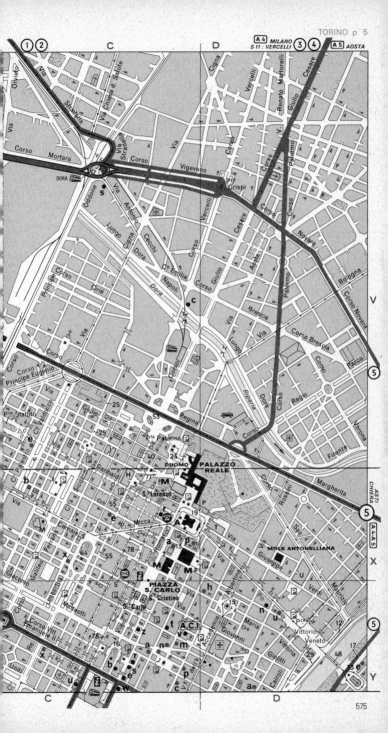

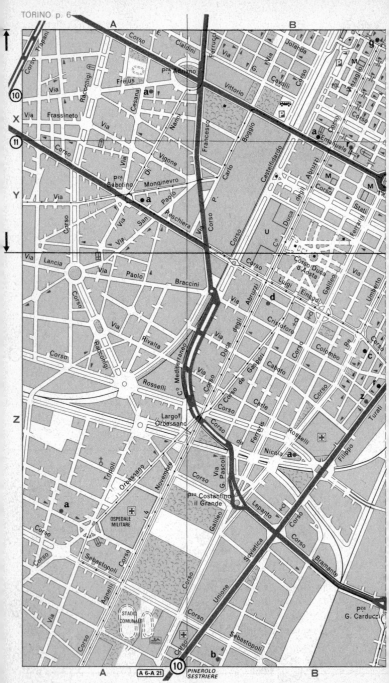

TORINO

XX ✿ **La Smarrita,** corso Unione Sovietica 244 ✉ 10134 ✆ 390657, Coperti limitati; prenotare
– 🍴. 🆎 ⓪ 𝘝𝘐𝘚𝘈. ❄️   GTU a
chiuso lunedì e dal 3 al 27 agosto – Pas carta 45/75000
 Spec. Insalata tiepida di funghi reali con pistacchi e tartufo (autunno). Maltagliati alle ortiche (primavera).
 Costata di bue al sale e rosmarino. **Vini** Gavi, Nebbiolo.

XX **La Cloche,** strada al Traforo del Pino 106 ✉ 10132 ✆ 8999462, Ambiente tipico – 🍴 🅿 –
 🚗 100. 🆎 🕭 ⓪ E 𝘝𝘐𝘚𝘈. ❄️   HT v
chiuso domenica sera e lunedì – Pas (menu a sorpresa) 49/84000.

XX Al Dragone, via Pomba 14 ✉ 10123 ✆ 547019   CY m

XX **Due Mondi-da Ilio,** via San Pio V n° 3 ✉ 10125 ✆ 6692056 – 🍴. 🆎 🕭 E 𝘝𝘐𝘚𝘈   CZ k
chiuso sabato e dal 25 luglio al 20 agosto – Pas carta 41/62000.

XX **Montecarlo,** via San Francesco da Paola 37 ✉ 10123 ✆ 830815, prenotare – 🍴. 🆎 🕭 ⓪
 E 𝘝𝘐𝘚𝘈. ❄️   CY c
chiuso sabato a mezzogiorno, domenica ed agosto – Pas carta 42/67000.

XX Al Camin, corso Francia 339 ✉ 10142 ✆ 4115085, Rist. rustico moderno – 🍴   FT n

XX **Il Porticciolo,** via Barletta 58 ✉ 10136 ✆ 321601, Rist. con specialità di mare – ⤡ 🍴. 🆎
 ⓪ 𝘝𝘐𝘚𝘈. ❄️   AZ a
chiuso lunedì, sabato a mezzogiorno ed agosto – Pas carta 34/70000.

XX **Al Ghibellin Fuggiasco,** via Tunisi 50 ✉ 10134 ✆ 3196115, Fax 3196103 – 🍴. 🆎 🕭 ⓪ E
 𝘝𝘐𝘚𝘈. ❄️   BZ b
chiuso sabato, domenica sera ed agosto – Pas carta 31/48000.

XX **Il Papavero,** corso Raffaello 5 ✉ 10126 ✆ 6505168, 🌫, prenotare – 🍴. 🆎 🕭 ⓪ E 𝘝𝘐𝘚𝘈   CZ d
chiuso domenica – Pas carta 38/69000.

XX **Gianfaldoni,** via Pastrengo 2 ✉ 10128 ✆ 5575041, Rist. con specialità toscane – 🍴. 🆎
 ⓪ 𝘝𝘐𝘚𝘈   CZ h
chiuso mercoledì ed agosto – Pas carta 34/50000.

XX **3 Colonne,** corso Rosselli 1 ✉ 10128 ✆ 587029, 🌫, Rist. d'habitués – 🆎 ⓪ 𝘝𝘐𝘚𝘈. ❄️   BZ a
chiuso lunedì e sabato a mezzogiorno – Pas carta 38/61000.

XX **Perbacco,** via Mazzini 31 ✉ 10123 ✆ 882110 – 🍴. ⓪ 𝘝𝘐𝘚𝘈   DZ x
chiuso domenica e lunedì a mezzogiorno – Pas carta 35/60000.

XX Arcadia, galleria Subalpina 16 ✉ 10123 ✆ 532029   CX p

XX **La Capannina,** via Donati 1 ✉ 10121 ✆ 545405, Rist. con specialità piemontesi – 🍴
chiuso domenica ed agosto – Pas carta 34/55000.   BXY r

XX **La Dea,** corso Regina Margherita 251 ✉ 10144 ✆ 740357 – 🍴. 🆎 🕭 ⓪ E 𝘝𝘐𝘚𝘈. ❄️   BV u
chiuso domenica ed agosto – Pas carta 28/48000.

XX **Galante,** corso Palestro 15 ✉ 10122 ✆ 544093 – 🍴. 🆎 🕭 ⓪ 𝘝𝘐𝘚𝘈   CX b
chiuso domenica – Pas carta 35/55000.

XX **Mara e Felice,** via Foglizzo 8 ✉ 10149 ✆ 731719, Rist. con specialità di mare – 🍴. 🆎 🕭
 ⓪ E 𝘝𝘐𝘚𝘈. ❄️   AV s
chiuso sabato a mezzogiorno, domenica ed agosto – Pas carta 43/75000.

XX **La Gondola,** corso Moncalieri 190 ✉ 10133 ✆ 6961105, 🌫, Solo piatti di pesce – 🍴. 🆎
 🕭 𝘝𝘐𝘚𝘈. ❄️   CZ r
chiuso domenica, lunedì a mezzogiorno e dall'8 agosto all'8 settembre – Pas carta 47/78000.

XX **Da Benito,** corso Siracusa 142 ✉ 10137 ✆ 3090353, Solo piatti di pesce – 🍴. 🆎 ⓪ 𝘝𝘐𝘚𝘈
 ❄️   FT v
chiuso lunedì ed agosto – Pas carta 45/60000.

XX **Mina,** via Ellero 36 ✉ 10126 ✆ 6963608, Rist. con specialità piemontesi – ⤡ 🍴. 🆎 🕭 ⓪
 E 𝘝𝘐𝘚𝘈   GU y
chiuso lunedì ed agosto – Pas carta 34/67000.

X **Crocetta,** via Marco Polo 21 ✉ 10129 ✆ 582820, 🌫 – 🍴. 🆎 🕭 ⓪ E 𝘝𝘐𝘚𝘈. ❄️   BZ d
chiuso domenica ed agosto – Pas carta 30/48000.

X **Il Ciacolon,** via 25 Aprile 11 ✉ 10133 ✆ 6610911, Rist. veneto – 🆎 🕭 ⓪ E 𝘝𝘐𝘚𝘈   GU e
chiuso a mezzogiorno (escluso i giorni festivi), domenica sera, lunedì ed agosto – Pas
 (menu a sorpresa) 45/50000.

X **Ostu Bacu,** corso Vercelli 226 ✉ 10155 ✆ 264579, Trattoria moderna con specialità
 piemontesi – 🍴. 🕭 ⓪ E 𝘝𝘐𝘚𝘈   GT g
chiuso domenica e dal 25 luglio al 25 agosto – Pas carta 31/60000.

X **Porta Rossa,** corso Appio Claudio 227 ✉ 10146 ✆ 790963, 🌫, prenotare – 🆎 🕭 ⓪
 𝘝𝘐𝘚𝘈. ❄️   FT u
chiuso sabato a mezzogiorno, domenica ed agosto – Pas carta 36/64000.

X La Cicala, con cam, strada Fioccardo 3 ✉ 10133 ✆ 690188, 🌫 – ☎ 🅿   GU k
 9 cam.

X **Da Giovanni,** via Gioberti 24 ✉ 10128 ✆ 539842 – 🍴. 🆎 🕭 ⓪ 𝘝𝘐𝘚𝘈. ❄️   CZ t
chiuso domenica ed agosto – Pas carta 29/42000.

X **Alberoni,** corso Moncalieri 288 ✉ 10133 ✆ 6963255, 🌫, 🛋 – 🅿. ❄️   GU n
chiuso martedì e gennaio – Pas carta 30/46000.

X Vittoria, via Carlo Alberto 34 ✉ 10122 ✆ 541923   CY a

✗ **Taverna delle Rose,** via Massena 24 ⊠ 10128 ℰ 545275 – 𝔸𝔼 🕼 ⓞ 𝙀 𝘷𝘪𝘴𝘢   CZ a
   chiuso sabato a mezzogiorno, domenica ed agosto – Pas carta 40/63000.

✗ **La Cuccagna,** corso Casale 371 ⊠ 10132 ℰ 890069, Rist. tipico romagnolo   HT x
   chiuso lunedì ed agosto – Pas (menu a sorpresa) 25/40000.

✗ **Il Buco,** via Lombriasco 4 ⊠ 10139 ℰ 442210, Rist. tipico, prenotare – ⇐✖ 🖃 𝔸𝔼 🕼 ⓞ
   𝘷𝘪𝘴𝘢   AX a
   chiuso domenica e dall'8 al 26 agosto – Pas carta 31/56000.

✗ **Buca di San Francesco,** via San Francesco da Paola 27 ⊠ 10123 ℰ 8398464 – 🖃. ℅
   chiuso lunedì e dal 18 luglio al 20 agosto – Pas carta 30/48000.   CY p

✗ **C'era una volta,** corso Vittorio Emanuele II n° 41 ⊠ 10125 ℰ 655498, Rist. con specialità
   piemontesi, prenotare – 🖃. 𝔸𝔼 🕼 ⓞ 𝙀 𝘷𝘪𝘴𝘢   CZ k
   chiuso a mezzogiorno, domenica ed agosto – Pas 40000.

✗ **Trômlin,** a Cavoretto, via alla Parrocchia 7 ⊠ 10133 ℰ 697804, Coperti limitati; prenotare
   chiuso a mezzogiorno (escluso i giorni festivi), lunedì ed agosto – Pas (menu a sorpresa)
   35000.   GU k

✗ **Pollastrini,** corso Palestro 2 ⊠ 10122 ℰ 535031, Rist. d'habitués – 🖃. 𝔸𝔼 ⓞ 𝘷𝘪𝘴𝘢   CV e
➡ *chiuso mercoledì e dal 5 al 21 agosto* – Pas carta 21/37000.

✗ **Firenze,** via San Francesco da Paola 41 ⊠ 10123 ℰ 8395808 – ⇐✖ 🖃. 𝘷𝘪𝘴𝘢   CZ a
   chiuso lunedì, martedì a mezzogiorno e luglio – Pas carta 23/39000.

✗ **La Pace,** via Galliari 22 ⊠ 10125 ℰ 6505325, Rist. toscano d'habituès – 𝔸𝔼 🕼 ⓞ 𝙀
   𝘷𝘪𝘴𝘢   CZ m
   chiuso domenica e lunedì a mezzogiorno – Pas carta 27/46000.

✗ **Cafasso,** strada Valsalice 178 ⊠ 10131 ℰ 6601495, 🌤, ☞ – ⓟ. 𝔸𝔼 🕼 ⓞ 𝘷𝘪𝘴𝘢. ℅
   chiuso mercoledì e gennaio – Pas carta 30/48000.   HT k

✗ **Spada Reale,** via Principe Amedeo 53 ⊠ 10123 ℰ 832835, Rist. toscano – 𝔸𝔼 🕼 ⓞ 𝙀
   𝘷𝘪𝘴𝘢   DY u
   chiuso domenica e dal 20 luglio al 21 agosto – Pas carta 30/45000.

✗ **Da Mauro,** via Maria Vittoria 21 ⊠ 10123 ℰ 8397811, Trattoria toscana d'habitués – 🖃.
   ℅   DY h
   chiuso lunedì e luglio – Pas carta 21/34000

✗ **Anaconda,** via Angiolino 16 (corso Potenza) ⊠ 10143 ℰ 752903, Trattoria rustica, « Servizio estivo all'aperto » – ⓟ. 𝔸𝔼 🕼 ⓞ 𝙀 𝘷𝘪𝘴𝘢   AV m
   chiuso venerdì sera, sabato ed agosto – Pas 35/40000 bc.

✗ **Da Giudice,** strada Valsalice 78 ⊠ 10131 ℰ 6602020, « Servizio estivo sotto un pergolato »
   – ⇐✖ ⓟ. 𝔸𝔼 🕼 ⓞ 𝘷𝘪𝘴𝘢. ℅   HT b
   chiuso martedì, mercoledì a mezzogiorno ed agosto – Pas carta 30/45000.

✗ **Piero e Federico,** via Monte di Pietà 23 ⊠ 10122 ℰ 541062, Rist. con specialità sarde –
   𝔸𝔼 🕼 ⓞ 𝘷𝘪𝘴𝘢   CX e
   chiuso domenica e dal 15 agosto al 15 settembre – Pas carta 22/43000.

✗ **Del Buongustaio,** corso Taranto 14 ⊠ 10155 ℰ 263284 – 🖃. ℅   GT z
➡ *chiuso domenica e dall'8 al 28 agosto* – Pas 18/28000.

✗ **Trattoria della Posta,** strada Mongreno 16 ⊠ 10132 ℰ 890193, Trattoria d'habitués con
   specialità formaggi piemontesi – 🖃. ℅   HT m
   chiuso domenica sera, lunedì e dal 10 luglio al 20 agosto – **Pas** carta 26/40000.

✗ **Da Babbo,** corso Regina Margherita 252 ⊠ 10144 ℰ 481759, Trattoria d'habituès. 𝔸𝔼 🕼 𝙀
   𝘷𝘪𝘴𝘢. ℅   BV v
   chiuso sabato sera da luglio a settembre, domenica ed agosto – Pas carta 21/40000.

   Vedere anche :   ***Moncalieri*** per ⑧ : 8 km GU.
                    Borgaro Torinese N : 9 km.
                    San Mauro Torinese NE : 9 km HT.
                    Pino Torinese per ⑤ : 10 km HTU.
                    Settimo Torinese NE : 11 km HT.
                    Stupinigi per ⑩ : 11 km FU.
                    Caselle Torinese per ① : 14 km.
                    Orbassano SO : 14 km EU.
                    Rivoli per ⑪ : 14 km ET.
                    Pecetto Torinese SE : 16 km HU.
                    Cambiano per ⑥ : 17 km HU.
                    San Gillio per strada di Druento FT : 17 km.

MICHELIN, corso Giulio Cesare 424 int. 15 (HT Torino p. 3) – ⊠ 10156, ℰ 2624447, Fax 2622176.

Non confondete :

   Confort degli alberghi : 🏨🏨🏨 ... 🏠, 🏡
   Confort dei ristoranti   : ✗✗✗✗✗ ... ✗
   Qualità della tavola   : ✿✿✿, ✿✿, ✿

TORNO 22020 Como 🔟🔟🔟 ⑨ – 1 096 ab. alt. 225 – ✆ 031.

Vedere Portale✱ della chiesa di San Giovanni.

Roma 633 – Bellagio 23 – Como 8 – ♦Lugano 40 – ♦Milano 56.

🏠 **Villa Flora** ⬦, ✆ 419222, ≤, 🏯, 🐾, 🛥, – ☎ ❷ 🖰 🗉 E VISA. ❄️
marzo-ottobre – Pas (chiuso martedì) carta 27/48000 (10%) – ☲ 8000 – **20 cam** 45/70000 –
½ P 48000.

ᛉᛉ **Vapore,** ✆ 419311, ≤, « Servizio estivo in terrazza ombreggiata » – VISA ❄️
marzo-ottobre; chiuso mercoledì – Pas carta 30/53000.

ᛉ **Taverne du Clochard,** strada statale E : 1,5 km ✆ 419022, ≤ lago, Coperti limitati;
prenotare – ❷ VISA. ❄️
chiuso a mezzogiorno, domenica sera e dal 6 gennaio al 15 febbraio – Pas carta 39/56000
(10%).

TORRAZZA COSTE 27050 Pavia – 1 361 ab. alt. 158 – ✆ 0383.

Roma 581 – Alessandria 45 – ♦Genova 101 – ♦Milano 71 – Piacenza 65.

ᛉ **La Piazza,** ✆ 77496 – ᴁᴇ ❶ VISA ❄️
chiuso mercoledì (escluso dal 5 luglio a settembre) – Pas carta 24/33000.

TORRE A MARE 70045 Bari – ✆ 080.

Roma 463 – ♦Bari 12 – ♦Brindisi 101 – ♦Foggia 144 – ♦Taranto 94.

🏠 **MotelAgip,** E : 2,5 km ✆ 300001, Telex 812288, Fax 300739, ≤ – 🗑 🗉 📺 ☎ ❷ – 🔏 50
a 100 ᴁᴇ 🖰 ❶ E VISA. ❄️ rist
Pas 25000 – **95 cam** ☲ 68/124000, 🛏 7000 – ½ P 77/107000.

🏠 **Apelusion,** ✆ 300600, Fax 300352, 🏯, 🏊, ℁, – 🗑 🗉 📺 🐾 ❷ – 🔏 150. ᴁᴇ 🖰 ❶ E VISA.
❄️ rist
Pas 25/30000 (15%) – ☲ 6000 – **51 cam** 80/110000 – ½ P 80/90000.

ᛉᛉ **La Conchiglia,** ✆ 300428, 🏯 – ᴁᴇ 🖰. ❄️
chiuso martedì e dal 23 dicembre al 2 gennaio – Pas carta 30/50000.

Si vous écrivez à un hôtelier à l'étranger,
joignez à votre lettre un coupon-réponse international
(disponible dans les bureaux de poste).

TORRE ANNUNZIATA 80058 Napoli 🔟🔟🔟 ㉗ – 56 869 ab. – a.s. 15 maggio-ottobre – ✆ 081.

Vedere Villa romana di Oplonti✱✱ – Scavi di Pompei✱✱✱ E : 3 km.

Dintorni Vesuvio✱✱✱ N : 9,5 km per strada a pedaggio e 45 mn a piedi AR.

Roma 235 – Avellino 54 – ♦Napoli 22 – Salerno 35 – Sorrento 28.

sull'autostrada A 3 :

🏠 **Autogrill Hotel Pavesi,** ✆ 8611401 – 🛏 🐾 ❷. VISA ❄️ rist
⬅ Pas self-service 18/28000 circa – ☲ 3000 – **17 cam** 47000.

TORREBELVICINO 36036 Vicenza – 4 838 ab. alt. 260 – ✆ 0445.

Roma 568 – Trento 70 – ♦Verona 77 – Vicenza 26.

ᛉᛉᛉ ❀ **Al Cacciatore,** a Pievebelvicino SE : 2 km ✆ 661302, Coperti limitati; prenotare – ❷
🖰 E VISA. ❄️
chiuso lunedì e dal 3 al 22 luglio – Pas carta 37/62000.

ᛉᛉ **Torre,** via Galilei 57 ✆ 660139 – ❷ – 🔏 80. ❶. ❄️
chiuso martedì ed agosto – Pas carta 27/46000.

TORRE BOLDONE 24020 Bergamo – 7 573 ab. alt. 283 – ✆ 035.

Roma 605 – ♦Bergamo 4,5 – ♦Milano 52.

ᛉᛉ **Papillon,** NO : 1,5 km ✆ 340555, ≤ – ❄❀ ❷. ᴁᴇ 🖰 VISA
chiuso martedì, mercoledì ed agosto – Pas carta 38/50000.

ᛉ **Don Luis-da Enrica,** ✆ 341393, 🏯 – ❷. ᴁᴇ VISA
chiuso lunedì sera, martedì ed agosto – Pas carta 33/65000.

TORRE CANNE 72010 Brindisi 🔟🔟🔟 ㉙㉚ – Stazione termale (marzo-ottobre), a.s. 15 giugno-
agosto – ✆ 080.

Roma 517 – ♦Bari 67 – ♦Brindisi 48 – ♦Taranto 57.

🏠 **Del Levante** ⬦, ✆ 720026, Telex 813881, Fax 720096, ≤, 🏯, 🏊, 🐾, 🛥, ℁ – 🗑 🛏 🐾
🛴 ❷. ᴁᴇ 🖰 ❶ E VISA. ❄️
aprile-ottobre – Pas carta 25/30000 – ☲ 9000 – **149 cam** 74/102000 – ½ P 87/125000.

🏠 **Eden** ⬦, ✆ 720280, Telex 813876, Fax 720290, 🏊, 🐾, – 🛏 🛴 ☎ ❷. ᴁᴇ 🖰 ❶ E VISA. ❄️
⬅ aprile-15 ottobre – Pas 15/30000 – ☲ 15000 – **75 cam** 75/100000 – ½ P 80/110000.

sulla superstrada per Fasano O : 3 km :

ᛉᛉ La Macina, ✉ 72010 ✆ 720071, 🏯, « In una vecchia masseria », 🛥, ℁ – 🛏 ❷.

80059 Napoli 988 ⑰ – 104 258 ab. – a.s. maggio-15 ottobre – ✿ 081.

Vedere Scavi di Ercolano★★ NO : 3 km.

Dintorni Vesuvio★★★ NE : 13 km e 45 mn a piedi AR.

Roma 227 – Caserta 40 – Castellammare di Stabia 17 – ◆Napoli 14 – Salerno 43.

in prossimità casello autostrada A 3 :

🏨 **Sakura** ⬙, via De Nicola 26/28 ⊠ 80059 ℰ 8810602, Fax 8491122, « Parco » – 🛗 🞐 📺 ☎
🅿 – 🔬 140. 🆔 🖂 ⑥ 🗉 *VISA*. 🛠
Pas 57/70000 – ⧆ 12000 – **72 cam** 140/210000, 🖿 12000 – ½ P 156/178000.

🏨 **Marad**, via San Sebastiano 24 ⊠ 80059 ℰ 8828794, Fax 8828716, 🛋, 🚲 – 🛗 📺 ☎ 🅿 –
🔬 100. 🆔 🖂 🗉 *VISA*. 🛠
Pas 30/33000 – **79 cam** ⧆ 61/90000 – ½ P 70/90000.

55048 Lucca – a.s. febbraio, Pasqua, 15 giugno-15 settembre e
Natale – ✿ 0584.

Roma 369 – ◆Firenze 95 – Lucca 25 – Massa 31 – ◆Milano 260 – Pisa 16 – Viareggio 5.

XX **Lombardi**, ℰ 341044 – 🖿 🅿. 🆔 ⑥. 🛠
chiuso lunedì sera e martedì – Pas carta 26/45000 (10%).

al lago di Massaciuccoli E : 1 km :

X **Da Cecco**, ⊠ 55048 ℰ 341022 – 🖿
chiuso lunedì e dal 20 novembre al 15 dicembre – Pas carta 25/36000 (12%).

X **Butterfly** con cam, ⊠ 55048 ℰ 341024, 🚲 – 🞐 🛠
chiuso ottobre o novembre – Pas *(chiuso giovedì)* carta 22/37000 (15%) – ⧆ 7000 – **10 cam**
31/49000 – ½ P 50/55000.

Lecce – Vedere Melendugno.

26038 Cremona – 1 996 ab. alt. 39 – ✿ 0375.

Roma 498 – ◆Brescia 52 – Cremona 23 – Mantova 43 – ◆Parma 48.

XX ✿ **Italia**, ℰ 94108 – 🗉
chiuso domenica sera, lunedì e dal 20 luglio al 12 agosto – Pas carta 32/45000.

23020 Sondrio 218 ⑮ – 974 ab. alt. 796 – ✿ 0342.

Roma 708 – ◆Bergamo 125 – ◆Milano 148 – Sondrio 10.

XX **Al Prato**, S : 3 km ℰ 454288 – 🞐
chiuso dal 1° al 20 giugno e lunedì (escluso luglio-agosto) – Pas carta 24/40000.

35038 Padova – 5 553 ab. alt. 18 – ✿ 049.

Roma 486 – Abano Terme 5 – ◆Milano 251 – ◆Padova 17 – Rovigo 36 – ◆Venezia 54.

XX **Antica Trattoria Ballotta**, O : 1 km ℰ 5211061, Fax 5211385, « Servizio estivo all'aperto »
– 🞐. 🆔 🗉 🗉 *VISA*. 🛠
chiuso martedì, dal 2 al 18 gennaio e dal 24 giugno al 12 luglio – Pas carta 24/37000.

X **Al Castelletto-da Tàparo**, S : 1,5 km ℰ 5211060, « Servizio estivo in giardino » – 🞐. 🗉
⑥ *VISA*
chiuso lunedì e dal 15 gennaio al 15 febbraio – **Pas** carta 21/31000.

a Torreglia Alta SO : 2 km – alt. 300 – ⊠ 35038 Torreglia :

XX **Rifugio Monte Rua**, S : 1 km ℰ 5211049, « Servizio estivo in terrazza con ≤ colli Euganei
e pianura » – 🞐. 🛠
chiuso martedì, gennaio e febbraio – Pas carta 28/43000.

Oristano 988 ㉝ – Vedere Sardegna (Oristano) alla fine dell'elenco alfabetico.

Messina – Vedere Sicilia alla fine dell'elenco alfabetico.

71017 Foggia 988 ㉘ – 17 604 ab. alt. 169 – ✿ 0882.

Roma 325 – ◆Bari 161 – ◆Foggia 37 – ◆Pescara 159 – Termoli 67.

X **Da Alfonso**, via Costituente 66 ℰ 291324 – 🛠
chiuso lunedì sera, martedì e novembre – Pas carta 20/30000 (15%).

Forlì – Vedere Rimini.

10066 Torino 988 ⑫, 77 ⑳ – 4 490 ab. alt. 516 – ✿ 0121.

Roma 708 – Cuneo 64 – ◆Milano 201 – Sestriere 71 – ◆Torino 54.

🏨 **Gilly**, corso Lombardini 1 ℰ 932477, Fax 932924, 🛋, 🚲 – 🛗 📺 ☎ 🞐 – 🔬 25 a 150. 🆔 🗉
🗉 *VISA*. 🛠 rist
Pas carta 35/72000 – ⧆ 12000 – **50 cam** 120/140000 appartamenti 150/200000 – ½ P 120000.

XX **Flipot**, corso Gramsci 17 ℰ 91236 – 🖛. 🆔 🗉 🗉 *VISA*. 🛠
chiuso martedì – Pas carta 29/50000.

TORRE SALINAS Cagliari – Vedere Sardegna (Muravera) alla fine dell'elenco alfabetico.

TORRE SAN GIOVANNI Lecce – ✉ **73059** Ugento – ☎ 0833.

Roma 652 – Gallipoli 24 – Lecce 62 – Otranto 50 – •Taranto 117.

Hyencos, ☎ 931088, ←, ..., – ▤ TV ☎ P – 100. AE ⓈD VISA. ✻
chiuso novembre – Pas carta 30/45000 – ☐ 10000 – **63 cam** 65/100000 – P 80/110000.

Tito, NO : 1,5 km ☎ 931054, Telex 860877, ←, ... – ☎ ⇔ P. ⓈD VISA. ✻ rist
2 giugno-15 settembre – Pas 25/32000 – ☐ 9000 – **26 cam** 67000 – ½ P 53/89000.

TORRETTE Ancona – Vedere Ancona.

TORRE VADO Lecce – ✉ **73040** Morciano di Leuca – ☎ 0833.

Roma 678 – Lecce 78 – •Taranto 137.

Il Milanese con cam, ☎ 741106 – AE ⓈD VISA
15 maggio-settembre – Pas carta 24/48000 – **18 cam** ☐ 60/75000.

TORRI DEL BENACO **37010** Verona 988 ④ – 2 552 ab. alt. 68 – ☎ 045.

per Toscolano-Maderno giornalieri (30 mn) – a Toscolano Maderno, Navigazione Lago di Garda, Imbarcadero ☎ 641389.

ℹ viale F.lli Lavanda 1 ☎ 7225120.

Roma 535 – •Brescia 72 – Mantova 73 – •Milano 159 – Trento 81 – •Venezia 159 – •Verona 47.

Gardesana, ☎ 7225411, Fax 7225771, ← – ▤ cam ☎ ♿. AE ⓈD E VISA. ✻
chiuso da novembre al 26 dicembre – Pas *(chiuso a mezzogiorno e dal 10 ottobre ad aprile)* 30/40000 – ☐ 19000 – **34 cam** 80/100000 – ½ P 55/85000.

Europa ⊗, ☎ 7225086, Fax 7226482, ←, « Parco-oliveto », – ☎ P. Ⓢ E VISA. ✻
aprile-5 ottobre – Pas (solo per clienti alloggiati e *chiuso a mezzogiorno*) 21/23000 – **18 cam** solo ½ P – ½ P 50/60000.

Romeo ⊗, ☎ 7225040, Fax 7226482, riscaldata – ☎ P. ⓈD VISA. ✻ rist
Pasqua-ottobre – Pas 22000 – **44 cam** ☐ 42/82000 – ½ P 50/56000.

Al Caval con cam, ☎ 7225666 – ☎ P. ⓈD VISA. ✻
chiuso dal 20 gennaio al 28 febbraio e da novembre al 15 dicembre – Pas *(chiuso lunedì)* carta 29/51000 – ☐ 10000 – **22 cam** 40/65000 – ½ P 46/58000.

Al Castello con cam, ☎ 7225065 – P. Ⓢ E VISA. ✻
chiuso gennaio ed ottobre – Pas *(chiuso lunedì)* carta 28/35000 – **21 cam** ☐ 28/52000 – ½ P 42/46000.

TORRILE **43030** Parma – 4 504 ab. alt. 32 – ☎ 0521.

Roma 470 – Mantova 51 – •Milano 134 – •Parma 15.

a San Polo SE : 4 km – ✉ **43056** :

Ducathotel, via Achille Grandi 7 ☎ 819929 – ▤ TV ☎ P – 40. AE ⓈD E VISA. ✻
Pas 22/30000 – ☐ 9000 – **18 cam** 45/69000, ▤ 5000.

TORTOLI Nuoro 988 ㉞ – Vedere Sardegna alla fine dell'elenco alfabetico.

TORTONA **15057** Alessandria 988 ⑬ – 28 129 ab. alt. 114 – ☎ 0131.

Roma 567 – Alessandria 21 – •Genova 73 – •Milano 73 – Novara 71 – Pavia 52 – Piacenza 76 – •Torino 112.

Vittoria senza rist, corso Romita 57 ☎ 861325, Fax 318406 – TV ☎ ⇔ P. AE ⓈD E VISA. ✻
☐ 8500 – **26 cam** 50/80000.

Cavallino San Marziano, corso Romita 83 ☎ 861750 – ▤ P. VISA
chiuso lunedì, dal 1° al 10 gennaio, dal 24 luglio al 24 agosto e Natale – Pas carta 37/62000.

sulla strada statale 10 NE : 1,5 km :

Oasi, ✉ 15057 ☎ 861356 – ☎ P. AE Ⓢ E VISA
Pas *(chiuso venerdì e dal 24 dicembre al 7 gennaio)* carta 28/41000 (12%) – ☐ 8000 – **27 cam** 39/62000 – ½ P 75/80000.

sulla strada statale 35 S : 1,5 km :

Aurora e Rist. Girarrosto, ✉ 15057 ☎ 861188, ✻ – ☎ P – 60. AE Ⓢ E VISA. ✻
Pas *(chiuso lunedì e dal 6 al 27 agosto)* carta 39/65000 – ☐ 9000 – **18 cam** 50/80000.

a Vho SE : 3 km – ✉ **15057** Tortona :

Trattoria Lampino, ☎ 811633 – ✻
chiuso giovedì e dal 10 al 25 luglio – Pas carta 19/31000.

a Mombisaggio SE : 5,5 km – ✉ **15057** Tortona :

Montecarlo, ☎ 879114 – P – 70. Ⓢ. ✻
chiuso martedì ed agosto – Pas carta 33/50000.

verso Sale NO : 6 km – ✉ **15057** Tortona :

Hostaria ai Due Gioghi, ☎ 815369 – P. AE ⓈD E VISA. ✻
chiuso lunedì ed agosto – carta 30/48000.

🖪 via Archimede 15 *℘* 787726.

Roma 215 – ◆Ancona 108 – L'Aquila 106 – Ascoli Piceno 39 – ◆Pescara 45 – Teramo 33.

    a Tortoreto Lido E : 3 km – ⊠ **64019** – a.s. luglio e agosto :

🏨 **Costa Verde,** *℘* 787096, ≤, ⌇, ⚓, ⚞ – 🛗 📵 ⚍ **۞**. ⅍ rist
➡   *maggio-settembre* – Pas 18/22000 – ⚏ 8000 – **50 cam** 35/65000 – P 50/65000.

🏠 **Sayonara,** *℘* 787060, ⚓, ⚞ – 🛗 ☎ **۞**. ▦ ⅍
➡   *aprile-ottobre* – Pas (solo per clienti alloggiati) – **60 cam** ⚏ 40/70000 – ½ P 36/66000.

🏠 **River,** *℘* 786125, ⚓ – 🛗 ⚙ **۞** ⓞ ▦ ⅍
➡   *maggio-settembre* – Pas (solo per clienti alloggiati) 15000 – ⚏ 5000 – **27 cam** 30/52000 – ½ P 38/50000.

Roma 43 – Anzio 25 – Latina 50 – Lido di Ostia 20.

🏠 **Miramare e Rist. Biagio,** piazza Ungheria 24 *℘* 9157028, ≤ – **۞**. ▦ ⑤ ⓞ **E** ▦
  Pas *(chiuso lunedì e novembre)* carta 30/40000 (10%) – ⚏ 5000 – **35 cam** 45/65000.

✕✕ **Rendez Vous** con cam, piazza Italia 72 *℘* 9156797, 🍴 – ☎. ▦ ⑤ ⓞ **E** ▦. ⅍
  Pas *(chiuso lunedì e gennaio)* carta 39/56000 – ⚏ 7000 – **15 cam** 80/85000.

✕ Zi Checco, lungomare delle Sirene 1 *℘* 9157157, ≤, 🍴, Solo piatti di pesce, ⚓ – **۞**.

⛴ per Torri del Benaco giornalieri (30 mn) – Navigazione Lago di Garda, Imbarcadero *℘* 641389.

🖪 a Maderno, via lungolago Zanardelli 18 ⊠ 25080 *℘* 641330.

Roma 556 – ◆Bergamo 93 – ◆Brescia 39 – Mantova 95 – ◆Milano 134 – Trento 86 – ◆Verona 71.

    a Maderno – ⊠ **25080** :

🏨 **Milano,** *℘* 641223, ≤, « Giardino ombreggiato » – 🛗 **۞**. ▦ ▦. ⅍ rist
➡   *25 aprile-15 ottobre* – Pas (solo per clienti alloggiati) 20000 – ⚏ 8000 – **34 cam** 85000 – ½ P 70000.

🏨 **Maderno,** *℘* 641070, Fax 644277, « Giardino ombreggiato », ⌇ – **۞**. ▦ ⑤ ⓞ **E** ▦. ⅍ rist
➡   *aprile-settembre* – Pas *(chiuso martedì)* 26/32000 – ⚏ 12000 – **30 cam** 60/85000 – ½ P 60/80000.

🏠 **Eden,** *℘* 641305, « Giardino » – **۞**. ⅍ rist
➡   *aprile-15 ottobre* – Pas (solo per clienti alloggiati) 20/25000 – ⚏ 5500 – **28 cam** 32/42000 – ½ P 43/45000.

✕✕ **Milani,** *℘* 641042, 🍴 – ▦ ▦
  marzo-novembre; chiuso lunedì in bassa stagione – Pas carta 28/46000.

Roma 382 – ◆Bologna 47 – ◆Firenze 84 – Forlì 44 – ◆Ravenna 59.

✕✕✕ ❀ **Locanda della Colonna,** via Nuova 10/11 *℘* 91006, 🍴, Coperti limitati; prenotare, « Costruzione del 15° secolo » – ▦ ⑤ ⓞ **E** ▦. ⅍
  chiuso domenica, lunedì, dal 10 gennaio al 10 febbraio e dal 15 al 31 agosto – Pas carta 60/80000
  Spec. Storione fresco con macedonia di verdure crude, Garganelli con peperoni e zucchine, Carré di coniglio all'aceto. **Vini** Albana, Sangiovese.

Roma 575 – Imperia 49 – Savona 30 – ◆ Torino 163.

✕ **Cà di Giurni,** *℘* 648075 – ▦ ⑤ **E** ▦. ⅍
  chiuso mercoledì, dal 15 febbraio al 2 marzo e dal 26 ottobre all'11 novembre – **Pas** carta 24/35000.

Pleasant hotels or restaurants are shown

in the Guide by a red sign.

Please send us the names

of any where you have enjoyed your stay.

Your Michelin Guide will be even better.

🏨🏨🏨 ... 🏠

✕✕✕✕✕ ... ✕

TRADATE 21049 Varese 219 ⑱ – 16 189 ab. alt. 303 – ✪ 0331.
Roma 614 – Gallarate 12 – ♦Milano 37 – Varese 14.

　XX　**Antico Ostello Lombardo,** via Vincenzo Monti 4 ☎ 842832, Coperti limitati; prenotare –
　　　⬛ E 𝗩𝗜𝗦𝗔. ⋘
　　　chiuso sabato a mezzogiorno, lunedì ed agosto – Pas carta 40/56000.

　XX　**Tradate** con cam, via Volta 20 ☎ 841401 – 𝖠𝖤 ⬛ ⓞ E 𝗩𝗜𝗦𝗔. ⋘ cam
　　　chiuso dal 24 dicembre al 5 gennaio ed agosto – Pas *(chiuso domenica)* carta 39/68000 – �
　　　5000 – **8 cam** 48/60000 – P 95/110000.

TRAFOI 39020 Bolzano 988 ④, 218 ⑰ – alt. 1 543 – a.s. 15 febbraio-aprile, luglio-agosto
e Natale – Sport invernali : 1 543/2 300 m ⬳3 – ✪ 0473.
Roma 726 – ♦Bolzano 89 – Merano 61 – ♦Milano 274 – Passo dello Stelvio 14 – Sondrio 98 – Trento 147.

　🏠　**Tannenheim-Abeti,** ☎ 611704, ≤ – 🚗 ℗ E. ⋘
　　　19 dicembre-10 aprile e 20 maggio-5 novembre – Pas carta 21/38000 – **32 cam** 31/51000 –
　　　½ P 40/50000.

TRAMIN AN DER WEINSTRASSE = Termeno sulla Strada del Vino.

TRANA 10090 Torino – 2 878 ab. alt. 372 – ✪ 011.
Roma 685 – Briançon 90 – ♦Milano 167 – ♦Torino 25.

　　　a San Bernardino E : 3 km – ✉ 10090 Trana

　XX　✿ **La Betulla,** ☎ 933106, prenotare – ▭ ℗. ⬛ E 𝗩𝗜𝗦𝗔
　　　chiuso lunedì sera, martedì e gennaio – Pas carta 36/56000
　　　Spec. Insalata di fegato d'anitra, Crespelle alle melanzane e pomodoro fresco al basilico (giugno-ottobre),
　　　Petto d'anitra al pepe verde. **Vini** Ramandolo, Ghemme.

TRANI 70059 Bari 988 ㉙ – 48 868 ab. – ✪ 0883.
Vedere Cattedrale★★ – Giardino pubblico★.
🅱 piazza della Repubblica ☎ 43295.
Roma 414 – ♦Bari 49 – Barletta 13 – ♦Foggia 97 – Matera 78 – ♦Taranto 132.

　🏨　**Royal,** via De Robertis 29 ☎ 588777, 🍴 – 🛗 📺 ☎ ℗. 𝖠𝖤 ⬛ ⓞ E 𝗩𝗜𝗦𝗔. ⋘ rist
　　　Pas carta 25/40000 – ⊳district 10000 – **42 cam** 63/90000 – ½ P 80/95000.

　🏨　**Trani,** corso Imbriani 137 ☎ 588010, Fax 587625 – 🛗 ☎ 🚗 – 🛠 300. 𝖠𝖤 ⬛ ⓞ E
　　　𝗩𝗜𝗦𝗔. ⋘
　　　Pas carta 24/41000 – ⊳district 7000 – **50 cam** 48/77000 – ½ P 64/74000.

　🏠　**Al Duomo-Antica Cattedrale,** piazza Archivio 2 ☎ 586568 – ☎ ℗. 𝖠𝖤 ⬛ ⓞ E
　　　𝗩𝗜𝗦𝗔. ⋘
　　　Pas *(chiuso lunedì)* carta 30/50000 – **12 cam** ⊳district 40/75000 – ½ P 60/85000.

　XX　**Cristoforo Colombo,** lungomare Colombo 21 ☎ 41146 – ▭ ℗. 𝖠𝖤 ⬛ ⓞ 𝗩𝗜𝗦𝗔. ⋘
　　　chiuso martedì e novembre – Pas carta 25/35000 (18%).

TRAPANI ℗ 988 ㉟ – Vedere Sicilia alla fine dell'elenco alfabetico.

TRAVEDONA-MONATE 21028 Varese 219 ⑦ – 3 269 ab. alt. 273 – ✪ 0332.
Roma 638 – ♦Milano 61 – Stresa 39 – Varese 19.

　XX　**Antica Trattoria-da Cesare,** via Aldo Moro 25 ☎ 790136 (prenderà 977007), Coperti
　　　limitati; prenotare – ⋘
　　　chiuso martedì e dal 15 dicembre al 15 gennaio – Pas carta 35/51000.

TRAVERSELLA 10080 Torino – 512 ab. alt. 827 – ✪ 0125.
Roma 703 – Aosta 91 – ♦Milano 142 – ♦Torino 70.

　🏠　**Miniere,** ☎ 749026, ≤ – ☎
　　　25 cam.

TREBISACCE 87075 Cosenza 988 ㊵ – 8 758 ab. – ✪ 0981.
Roma 484 – Castrovillari 40 – Catanzaro 183 – ♦Cosenza 90 – ♦Napoli 278 – ♦Taranto 115.

　🏠　**Stellato,** ☎ 51546, ≤, 🏖 – 🛗 ℗. ⋘
　　　aprile-settembre – Pas *(chiuso lunedì)* carta 24/36000 – ⊳district 6000 – **21 cam** 48/68000 –
　　　P 69/73000.

TRECATE 28069 Novara 988 ③, 219 ⑰ – 14 707 ab. alt. 136 – ✪ 0321.
Roma 621 – ♦Milano 47 – Novara 10 – ♦Torino 102.

　🏠　**Moderno,** via Mazzini 8 ☎ 71394 – ☎ ℗ – 🛠 30. ⬛. ⋘
　　　Pas *(chiuso martedì)* carta 25/37000 – ⊳district 4000 – **13 cam** 30/50000 – ½ P 47/50000.

TREGNAGO 37039 Verona 988 ④ – 4 561 ab. alt. 317 – 🕾 045.

Roma 529 – ◆Brescia 95 – ◆Milano 182 – Trento 128 – ◆Verona 26.

%   **Michelin,** 𝒫 7808049
     chiuso dal 1° al 21 agosto, lunedì e le sere di martedì, mercoledì e giovedì – Pas
     carta 32000.

TREMEZZO 22019 Como 988 ③, 219 ⑨ – 1 373 ab. alt. 245 – 🕾 0344.

Vedere Località★★★ – Villa Carlotta★★★ – Parco comunale★.

Dintorni Cadenabbia★★ : ≤★★ dalla cappella di San Martino (1 h e 30 mn a piedi AR).

🛈 (maggio-ottobre) piazzale Trieste 3 𝒫 40493.

Roma 655 – Como 30 – ◆Lugano 33 – Menaggio 5 – ◆Milano 78 – Sondrio 73.

🏨🏨   **Tremezzo Palace,** 𝒫 40446, Telex 320810, Fax 40201, ≤ lago, ☆, « Parco », ⏄ riscaldata,
      ※ – 🛗 📺 ☎ 🅿 – 🔬 70 a 300. 🖭 🗗 ⏺ 🗲 𝘝𝘐𝘚𝘈. ⅏ rist
      Pas carta 63/106000 (10%) – **100 cam** ⚏ 115/180000 – ½ P 110/115000.

🏨   **Villa Edy** ⑤ senza rist, località Bolvedro N : 1 km 𝒫 40161, ⏄, ☞, ※ – ☎ 🅿. ⅏
      aprile-ottobre – ⚏ 9000 – **12 cam** 70000.

🏨   **Rusall** ⑤, località Rogaro N : 1,5 km 𝒫 40408, ≤ lago e monti, « Giardino » – 🅿. 🗗 🗲
◂   𝘝𝘐𝘚𝘈. ⅏ rist
      chiuso dal 7 gennaio al 15 marzo – Pas carta 20/31000 – **19 cam** ⚏ 40/65000 – ½ P 40/45000.

%%   **Al Veluu,** località Rogaro N : 1,5 km 𝒫 40510, ≤ lago e monti, ☆ – 🅿. 🖭 𝘝𝘐𝘚𝘈
      marzo-ottobre; chiuso martedì – Pas carta 38/59000.

%   **La Fagurida,** località Rogaro N : 1,5 km 𝒫 40676, ☆ – 🅿. 🖭 🗗. ⅏
      chiuso lunedì e dal 25 dicembre al 7 febbraio – Pas carta 26/42000.

TREMITI (Isole) ★ Foggia 988 ㉘ – 358 ab. alt. da 0 a 116 – a.s. agosto-15 novembre – 🕾 0882.

La limitazione d'accesso degli autoveicoli è regolata da norme legislative.

Vedere Isola di San Domino★ – Isola di San Nicola★.

🚢 per Termoli giornaliero (1 h 45 mn); per Rodi Garganico aprile-maggio mercoledì, giovedì
e giugno-settembre giornaliero (1 h 30 mn); per Punta Penna di Vasto luglio-agosto giornaliero
(2 h 30 mn) – Adriatica di Navigazione-agenzia Domenichelli, via degli Abbati 10 𝒫 663008; per
Termoli 15 maggio-settembre giornaliero (1 h 40 mn) – a Termoli, Navigazione Libera del Golfo-
agenzia Di Brino, al porto 𝒫 4859, Telex 722661.

🚤 per Termoli maggio-settembre giornaliero (45 mn); per Ortona giugno-settembre giornaliero
(1 h 50 mn); per Punta Penna di Vasto giugno e settembre giornaliero (1 h 10 mn) – Adriatica di
Navigazione-agenzia Domenichelli, via degli Abbati 10 𝒫 663008.

      San Domino (Isola) – ⊠ 71040 San Nicola di Tremiti

🏨🏨   **Kyrie** ⑤, 𝒫 663055, « In pineta », ⏄, ☞, ※
      stagionale – **63 cam.**

🏨   **San Domino** ⑤, 𝒫 663027 – ☜. ⅏
      Pas carta 28/44000 – **28 cam** ⚏ 50/90000 – ½ P 79000.

🏨   **Gabbiano** ⑤, 𝒫 663044, ≤ mare e pinete, ☆ – ⅏ rist ☜. 🖭 ⏺. ⅏ rist
      Pas carta 37/53000 – **35 cam** ⚏ 50/90000 – ½ P 63/72000.

TREMOSINE 25010 Brescia – 1 892 ab. alt. 414 – a.s. Pasqua e luglio-15 settembre – 🕾 0365.

Roma 581 – ◆Brescia 64 – ◆Milano 159 – Riva del Garda 19 – Trento 69.

🏨🏨   **Le Balze** ⑤, a Campi-Voltino 𝒫 957179, Fax 957053, ≤ lago e monte Baldo, 🔳, ☞, ※ –
      🛗 ⑤ ♿ 🅿 – 🔬 130. 🗗 ⏺ 🗲 𝘝𝘐𝘚𝘈. ⅏ rist
      15 marzo-7 novembre – Pas carta 26/37000 – ⚏ 11000 – **69 cam** 53/90000 – ½ P 50/80000.

🏨   **Pineta Campi** ⑤, a Campi-Voltino 𝒫 957158, Fax 957015, ≤ lago e monte Baldo, 🔳, ☞,
◂   ※ – ♿ 🅿. ⅏ rist
      15 marzo-ottobre – Pas carta 20/28000 – ⚏ 8500 – **66 cam** 39/64000 – ½ P 43/61000.

🏨   **Park Hotel Faver,** a Voltino 𝒫 957017, ≤, 🔳, ☞, ※ – 🅿. 🖭 𝘝𝘐𝘚𝘈. ⅏
      19 marzo-22 ottobre – Pas carta 22/35000 – **30 cam** ⚏ 40/60000 – ½ P 33/44000.

🏨   **Lucia** ⑤, ad Arias 𝒫 953088, ≤ lago e monte Baldo, ☞, ※ – ☜ 🅿
◂   *marzo-novembre* – Pas carta 20/31000 – ⚏ 6000 – **19 cam** 36/49000 – ½ P 44/47000.

🏨   **Paradiso** ⑤, a Pieve 𝒫 953012, « Terrazza panoramica con ⏄ e ≤ lago e monte Baldo »,
      ☞ – 🅿. ⅏
      marzo-settembre – Pas *(chiuso mercoledì)* carta 30/52000 – **22 cam** ⚏ 49/78000 –
      ½ P 53/57000.

🏨   **Benaco e Rist. Miralago,** a Pieve 𝒫 953001, ≤ lago e monte Baldo – 🛗 ☎
      Pas *(chiuso giovedì da settembre a maggio)* carta 21/31000 – ⚏ 6000 – **25 cam** 31/49000 –
      ½ P 35/45000.

585

vedere Bondone (Monte) – ☎ 0461.

Vedere Piazza del Duomo★ AZ : Duomo★, museo Diocesano – Castello del Buon Consiglio★ BY
– Palazzo Tabarelli★ BZ F.

Escursioni Massiccio di Brenta★★★ per ⑤.

🅗 via Alfieri 4 𝒫 983880, Telex 400289 – piazza Duomo (giugno-settembre) 𝒫 981289.

A.C.I. via Pozzo 6 𝒫 24575.

Roma 588 ⑥ – ◆Bolzano 57 ⑥ – ◆Brescia 117 ⑤ – ◆Milano 230 ⑤ – ◆Verona 101 ⑥ – Vicenza 96 ③.

TRENTO

Battisti (Piazza Cesare)	BYZ 3
Carducci (Largo)	BZ 5
Duomo (Piazza)	AZ 6
Garibaldi (Via)	ABZ 7
Manci (Via)	ABY
Mazzini (Via)	ABZ
Oriola (Via)	BZ 9
Oss Mazzurana (Via)	BZ 10
S. Pietro (Via)	BYZ 15
S. Simonino (Via)	BZ 16
S. Vigilio (Via)	BZ 17

Alpini (Corso degli)	AY 2
Belenzani (Via R.)	AZ 4
Giovanelli (Via)	BZ 8
Pio X (Via)	AZ 12
Prepositura (Via)	AZ 13
S. Lorenzo (Cavalc.)	AY 14
Ventuno (Via dei)	BYZ 19

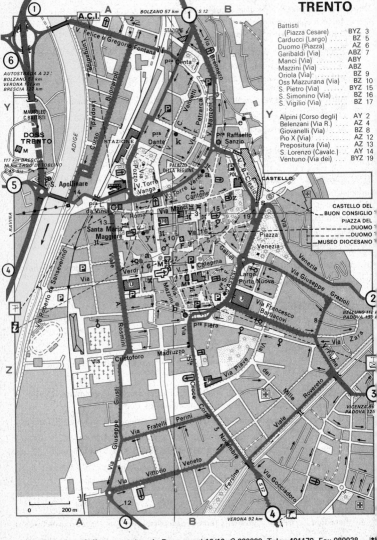

CASTELLO DEL
BUON CONSIGLIO
PIAZZA DEL
DUOMO
DUOMO
MUSEO DIOCESANO

🏨 **Buonconsiglio,** senza rist, via Romagnosi 16/18 𝒫 980089, Telex 401179, Fax 980038 – 📶
📺 🛋 🛗 – 🔬 40. 🖼 ⓞ 🎗 ☑ 🖼
ABY k
🕳 10000 – **45 cam** 120/170000 appartamento 250000.

🏨 **Accademia,** vicolo Colico 4 𝒫 981011, Telex 400556 – 📶 📺 ☎ 🖼 🖼 ⓞ 🎗 ☑ AZ y
Pas vedere rist Accademia – 🕳 20000 – **42 cam** 90/135000.

🏨 **America,** via Torre Verde 50 🖋 983010 – 😤 🍴 rist 📺 ☎ 🅿 – 🛦 80. 🖭 🕄 ⓓ 🗲 *VISA*
Pas carta 21/33000 – 🍷 8000 – **43 cam** 70/104000 – ½ P 94000.   BY **a**

🏨 **Monaco e Rist. La Predara** 🌢, via Torre d'Augusto 25 🖋 983060, Fax 983681, 🔲 – 😤
📺 ☎ 🅿 – 🛦 25 a 80. 🕄 🗲 *VISA*. 🎘
Pas *(chiuso venerdì)* carta 23/36000 – 🍷 8000 – **50 cam** 81/129000.   BY **e**

XXX **Chiesa,** via San Marco 64 🖋 985577 – 🖭 🕄 ⓓ 🗲 *VISA*   BY **z**
chiuso domenica, mercoledì sera ed agosto – Pas carta 46/60000.

XX **Orso Grigio,** via degli Orti 19 🖋 984400, 🍴, Rist. con cucina francese – 🖭 🕄 ⓓ 🗲 *VISA*
🎘   ABZ **b**
chiuso domenica e gennaio – Pas carta 30/40000.

XX **Accademia,** vicolo Colico 6 🖋 981580, prenotare   AZ **y**

XX **Le Bollicine,** via dei Ventuno 1 🖋 983161, Rist.-piano bar, Coperti limitati; prenotare –
BY **s**
chiuso a mezzogiorno, lunedì e dal 15 al 31 luglio – Pas carta 32/45000.

XX **Roma,** via San Simonino 6 🖋 984150 – 🍽. 🖭 🕄 ⓓ 🗲 *VISA*   BZ **v**
chiuso domenica e dal 20 luglio al 20 agosto – Pas carta 31/46000.

XX **Osteria a le due spade,** via Don Rizzi 11 🖋 234343, Coperti limitati; prenotare – 🖭 🕄
ⓓ 🗲 *VISA*   AZ **a**
chiuso domenica e luglio – Pas carta 27/58000.

sulla variante della strada statale 47 per ② : 2 km :

X **La Fattoria,** località Piazzina ✉ 38040 Martignano 🖋 821124, 🍴, Cucina pugliese a coperti
limitati; prenotare – 🅿.

a Ravina SO : 2,5 km AZ – ✉ **38040** :

🏨 **Castello** 🌢, 🖋 912593, 🍴 – 🍽 rist 📺 ☎ 🅿. 🖭 🕄 ⓓ 🗲 *VISA*. 🎘
Pas *(chiuso domenica sera e lunedì)* carta 24/40000 – 🍷 8000 – **13 cam 60/90000** –
½ P 70/80000.

a Cognola per ② : 3 km – ✉ **38050** Cognola di Trento :

🏨 **Villa Madruzzo** 🌢, 🖋 986220, ≤, « Villa ottocentesca in un parco ombreggiato » – 😤 🖭
🛦 🅿 – 🛦 80. 🖭
Pas 25/35000 – 🍷 8000 – **51 cam** 79/115000 – ½ P 85000.

a Gardolo per ① : 3 km – ✉ **38014** :

🏨 **Capitol,** 🖋 993232, Fax 993232 – 😤 🍽 📺 ☎ 🅿. 🖭 🕄 🗲 *VISA*. 🎘 rist
Pas *(chiuso lunedì)* carta 25/44000 – 🍷 7000 – **44 cam** 75/110000.

a Civezzano per ② : 5,5 km – ✉ **38045** :

XX **Maso Cantanghel,** O : 1 km 🖋 858714, Coperti limitati; prenotare – 🅿. 🎘
chiuso domenica, dal 24 dicembre al 2 gennaio ed agosto – Pas 50/65000.

Vedere anche : **Verla di Giovo** per ① : 15 km.
Bondone (Monte) per ⑤ : 23 km.

TRENZANO 25030 Brescia – 4 330 ab. alt. 108 – ☎ 030.
Roma 570 – ◆Bergamo 45 – ◆Brescia 18 – ◆Milano 77.

XX **Convento,** località Convento N : 2 km 🖋 977698, 🍴, Specialità di mare, Coperti limitati;
prenotare – 🖭 🕄 🗲 *VISA*
chiuso mercoledì – Pas carta 33/60000.

TREPORTI Venezia – Vedere Cavallino.

TRESCORE BALNEARIO 24069 Bergamo 🔢 ③ – 6 878 ab. alt. 271 – a.s. luglio e agosto –
☎ 035.
Roma 593 – ◆Bergamo 14 – ◆Brescia 44 – Lovere 27 – ◆Milano 60.

🏨 **Della Torre,** piazza Cavour 26 🖋 940021, 🍴, 🎿 – ☎ 🚗 🅿 – 🛦 300. 🖭 🕄 ⓓ 🗲 *VISA*.
🎘
Pas *(chiuso lunedì e dal 15 settembre al 15 giugno anche domenica sera)* carta 29/52000 –
🍷 8000 – **30 cam** 44/62000 – ½ P 52/58000.

X **La Cascina,** via Nazionale 11 🖋 940138, Fax 249206 – 🅿. 🖭 🕄 ⓓ 🗲 *VISA*. 🎘
chiuso domenica sera, lunedì, dal 1° al 15 gennaio ed agosto – Pas carta 27/40000.

TRESCORE CREMASCO 26017 Cremona 🔢 ⑳ – 2 054 ab. alt. 86 – ☎ 0373.
Roma 554 – ◆Brescia 54 – Cremona 45 – ◆Milano 40 – Piacenza 45.

XX ✿ **Trattoria del Fulmine,** 🖋 70203, 🍴, Coperti limitati; prenotare – 🖭 🕄 ⓓ 🗲 *VISA*. 🎘
chiuso domenica sera, lunedì, dal 1° al 10 gennaio ed agosto – Pas carta 41/59000
Spec. Raviolo d'anitra con burro al fegato d'oca, Zuppa di cotenne e fagioli con salsiccia alla lodigiana
(autunno-inverno), Faraona ai funghi chiodini. Vini Riesling, Oltrepò Pavese rosso.

X **Bistek,** 🖋 70146, 🍴 – 🅿 🕄 🗲 *VISA*. 🎘
chiuso mercoledì, dall'8 al 14 gennaio e dal 16 luglio al 10 agosto – Pas carta 25/41000.

TRESNURAGHES Oristano – Vedere Sardegna alla fine dell'elenco alfabetico.

TRESTINA 06018 Perugia – alt. 263 – ✪ 075.

Roma 215 – Arezzo 53 – Assisi 60 – ✦Firenze 137 – ✦Perugia 44 – Pesaro 122.

🏠 **Mencuccio,** 𝒸 854409 – 🛗 ☎ 🄿. 🄰🄴 🛗 ① 🄴 𝘝𝘐𝘚𝘈
    Pas *(chiuso domenica ed agosto)* carta 22/30000 – 🖙 5000 – **19 cam** 38/55000.

TREVI 06039 Perugia 𝟿𝟾𝟾 ⑯ – 7 322 ab. alt. 412 – ✪ 0742.

Roma 150 – Foligno 13 – ✦Perugia 50 – Spoleto 21 – Terni 52.

✗ **L'Ulivo,** N : 3 km 𝒸 78969, 🍽 – 🄿. 🄰🄴 ①. ✣
    chiuso lunedì e martedì – Pas *(menu tipici suggeriti dal proprietario)* 35/40000 bc.

✗ **Il Cochetto** con cam, 𝒸 78229, ≤ – 🄰🄴 ①
    Pas *(chiuso martedì)* carta 28/38000 – 🖙 6500 – **22 cam** 42/60000 – ½ P 50/58000.

Jährlich eine neue Ausgabe,
Aktuellste Informationen,
jährlich für Sie !

TREVIGLIO 24047 Bergamo 𝟿𝟾𝟾 ③, 𝟤𝟣𝟿 ⑳ – 25 310 ab. alt. 126 – ✪ 0363.

Roma 576 – ✦Bergamo 20 – ✦Brescia 57 – Cremona 62 – ✦Milano 36 – Piacenza 68.

🏨 **Treviglio,** piazza Verdi 7 𝒸 43744 – 🛗 🗏 📺 ☎ 🄿. 🄰🄴 🛗 🄴 𝘝𝘐𝘚𝘈. ✣
    Pas carta 29/51000 – 🖙 6000 – **16 cam** 45/65000, 🗏 4000 – ½ P 60000.

✗✗ **Taverna Colleoni,** via Portaluppi 75 𝒸 43384, 🍽, prenotare – ✣
    chiuso domenica sera, lunedì ed agosto – Pas carta 35/59000.

✗✗ **San Martino,** viale Cesare Battisti 3 𝒸 49075 – ✣
    chiuso lunedì, dal 1° al 15 gennaio ed agosto – Pas carta 48/68000.

sulla strada statale 11 SE : 2,5 km :

🏨 **La Lepre,** ✉ 24047 𝒸 48233, ⅃ riscaldata, ✣ – 🛗 ✸ 📺 🗏 🚗 🄿 – 🔬 200. 🄰🄴 🛗 ① 🄴 𝘝𝘐𝘚𝘈
    Pas *(chiuso lunedì, dal 2 al 10 gennaio e dal 10 al 25 agosto)* carta 30/45000 (10%) – 🖙 8000 – **63 cam** 40/55000, 🗏 3000.

TREVIGNANO ROMANO 00069 Roma 𝟿𝟾𝟾 ㉕ – 3 231 ab. alt. 166 – ✪ 06.

Roma 46 – Civitavecchia 63 – Terni 86 – Viterbo 45.

🏠 **Villa Belvedere** ✣ senza rist, via per Sutri NO : 1,5 km 𝒸 9017030, ≤, – 🖭
    10 cam.

TREVISO

0   300 m

5 km AEROPORTO

48 km PADOVA
58 km FELTRE
60 km VICENZA
140 km TRENTO

A.C.I.

S. NICOLO

Calmaggiore (Via)	BY	
Indipendenza (Pza e Via)	BY	3
Popolo (Corso del)	BZ	
20 Settembre (Via)	BY	24
Filippini (Via)	BY	2
Monte di Pietà (Piazza)	BY	4
Municipio (Via)	BY	6
Palestro (Via)	CY	7
Pescheria (Via)	CY	10
Regg. Italia Libera (Via)	CZ	12
S. Antonio da Padova (Vle)	BY	13
S. Caterina (Via)	CY	14
S. Francesco (Pza e Via)	CY	15
S. Leonardo (Pza e Via)	CY	17
S. Parisio (Via)	CY	17
S. Vito (Piazza e Via)	BY	19
Signori (Piazza dei)	BY	21
Vittoria (Piazza della)	BZ	23

✗ **Villa Valentina** con cam, via della Rena 96 ℰ 9019038, ≤, « Servizio estivo all'aperto »,
🛏 – 🕮 🅿 AE VISA ✗
chiuso novembre – Pas *(chiuso mercoledì)* carta 26/57000 – ⌑ 6000 – **20 cam** 40/60000 –
½ P 50000.

✗ **La Grotta Azzurra,** piazza Vittorio Emanuele 18 ℰ 9019420, ≤, prenotare, « Servizio
estivo in giardino » – AE ✗
chiuso martedì e dal 24 al 31 dicembre – Pas carta 33/45000.

TREVISO 31100 🅿 🄈🄇🄈 ⑤ – 84 478 ab. alt. 15 – ✆ 0422.

Vedere Piazza dei Signori★ BY **21**: palazzo dei Trecento★ **A**, affreschi★ nella chiesa di Santa
Lucia **B** – Chiesa di San Nicolò★ AZ – Museo Civico Bailo★ AY **M**.

✈ San Giuseppe, SO : 5 km AZ ℰ 20393 – Alitalia, via Collalto 3 ℰ 579433.

🅹 via Toniolo 41 ℰ 547632, Fax 541397.

A.C.I. piazza San Pio X ℰ 547801.

Roma 541 ④ – ◆Bolzano 197 ⑤ – ◆Milano 264 ④ – ◆Padova 50 ④ – ◆Trieste 145 ② – ◆Venezia 30 ④.

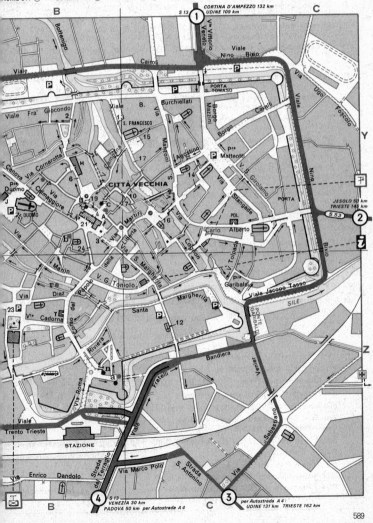

Cà del Galletto, via Santa Bona Vecchia 30 ℰ 23831, Fax 262872, ℅ – ⌘ ⊱⟨ cam ▤ ▥
🕿 ⚙ ☮ – 🅰 25. 🆎 🚻 🕦 🅴 𝑽𝑰𝑺𝑨.   per viale Luzzatti   AY
Pas vedere rist Da Marian – � 8000 – **50 cam** 65/104000, ▤ 8000.

Continental senza rist, via Roma 16 ℰ 57216, Telex 420385, Fax 55054 – ⌘ ▤ ▥ 🕿 – 🅰
50 a 100. 🆎 🚻 🕦 🅴 𝑽𝑰𝑺𝑨   BZ
82 cam � 110/167000 appartamenti 285000.

Al Foghèr, viale della Repubblica 10 ℰ 20686 e rist ℰ 21687, Fax 430391 – ⌘ ▤ ▥ 🕿 🅖
– 🅰 90. 🆎 🚻 🕦 🅴 𝑽𝑰𝑺𝑨. ℅ cam   per ⓖ
Pas carta 29/43000 – � 10000 – **48 cam** 60/98000, ▤ 10000 – ½ P 84000.

Carlton senza rist, largo Porta Altinia 15 ℰ 55221, Telex 410041, Fax 579793 – ⌘ ▤ ▥ 🕿
🅿. 🆎 🚻 🕦 🅴 𝑽𝑰𝑺𝑨. ℅   BZ
⊱ 8500 – **93 cam** 75/120000, ▤ 12000.

Scala, viale Felissent 1 ℰ 670600, Fax 65048 – ▤ ▥ 🕿 🅿 – 🅰 30. 🆎 🚻 🕦 🅴 𝑽𝑰𝑺𝑨
℅ rist   per ⓘ
Pas *(chiuso lunedì e dal 2 al 22 agosto)* carta 26/40000 – ⊱ 7000 – **20 cam** 59/92000.

Campeol, piazza Ancillotto 10 ℰ 540871 – 🕿. 🆎 🚻 🕦 🅴 𝑽𝑰𝑺𝑨. ℅   BY
Pas vedere rist Beccherie – ⊱ 5000 – **16 cam** 40/68000.

Alfredo-Relais El Toulà, via Collalto 26 ℰ 540275 – ▤. 🆎 🚻   BZ
chiuso domenica sera, lunedì e dal 26 luglio al 25 agosto – Pas carta 41/60000 (13%).

Al Bersagliere, via Barberia 21 ℰ 541988, Coperti limitati; prenotare – ▤. 🆎 🚻 🕦 🅴
𝑽𝑰𝑺𝑨   BY
chiuso domenica e dal 1° al 16 agosto – Pas carta 32/51000.

Beccherie, piazza Ancillotto 10 ℰ 540871, ☞ – ▤. 🆎 🚻 🕦 🅴 𝑽𝑰𝑺𝑨. ℅   BY
chiuso giovedì sera, venerdì e dal 14 al 31 luglio – Pas carta 35/40000.

L'Incontro, largo Porta Altinia 13 ℰ 547717 – ▤. ℅   BZ
chiuso mercoledì, giovedì a mezzogiorno ed agosto – Pas carta 39/53000 (12%).

Da Marian, via Santa Bona Vecchia 30 ℰ 260372 – ▤ 🅿   per viale Luzzatti   AY
chiuso domenica sera, lunedì e dal 1° al 20 agosto – Pas carta 23/36000.

All'Antica Torre, via Inferiore 55 ℰ 53694, Trattoria con specialità di mare – ▤. 🆎 🚻
𝑽𝑰𝑺𝑨. ℅   BY
chiuso domenica ed agosto – Pas carta 32/56000.

Al Portico, via Santa Bona Nuova 178 ℰ 23488 – 🅿. 🆎 🚻 🅴 𝑽𝑰𝑺𝑨. ℅
chiuso domenica sera e lunedì – Pas carta 25/38000.   3 km per viale Monferrera   AY

Vedere anche : *Preganziol* per ④ : 7 km.

TREZZANO SUL NAVIGLIO **20090** Milano 🗺️ ⑱ – 20 177 ab. alt. 116 – ✆ 02.
Roma 577 – ◆Milano 11 – Novara 50 – Pavia 36.

El Negher, via Vittorio Veneto 36 ℰ 4451113, ☞ – 🅿. ℅
chiuso sabato ed agosto – Pas carta 37/61000 (12%).

TRICESIMO **33019** Udine 🗺️ ⑥ – 6 761 ab. alt. 198 – ✆ 0432.
Roma 650 – ◆Milano 389 – ◆Trieste 83 – Udine 12 – ◆Venezia 139.

Boschetti, piazza Mazzini 10 ℰ 851230, Fax 851216 – ⌘ ▤ rist ▥ 🕿 🅿. 🆎 🚻 🕦 🅴 𝑽𝑰𝑺𝑨.
℅ rist
chiuso dal 5 al 20 agosto – Pas *(chiuso lunedì)* carta 46/67000 (12%) – ⊱ 12000 – **32 cam**
75/110000 – ½ P 100000
Spec. Zuppa di orzo fagioli e trippe, Spaghetti alla Boschetti, Capesante alla gradese. Vini Tocai, Cabernet.

Benutzen Sie auf Ihren Reisen in Europa :

die Michelin-Länderkarten (1:400 000 bis 1:1 000 000) ;

die Michelin-Abschnittskarten (1:200 000) ;

die Roten Michelin-Führer (Hotels und Restaurants) :

**Benelux, Deutschland, España Portugal, Main Cities Europe, France,
Great Britain and Ireland**

die Grünen Michelin-Führer (Sehenswürdigkeiten und interessante Reisegebiete) :
Italien, Spanien

die Grünen Regionalführer von **Frankreich**

(Sehenswürdigkeiten und interessante Reisegebiete) :

**Paris, Bretagne, Côte d'Azur (Französische Riviera), Elsaß Vogesen Champagne,
Korsika, Provence, Schlösser an der Loire.**

Vedere Colle San Giusto★★ AY – Piazza della Cattedrale★ AY **9** – Basilica di San Giusto★ AY : mosaico★★ nell'abside, ≤★ su Trieste dal campanile – Collezioni di armi antiche★ nel castello AY – Vasi greci★ e bronzetti★ nel museo di Storia e d'Arte AY **M1** – Piazza dell'Unità d'Italia★ AY – Museo del Mare★ AY : sezione della pesca★★.

Dintorni Castello di Miramare★ : giardino★ per ① : 8 km – ≤★★ su Trieste e il golfo dal Belvedere di Villa Opicina per ② : 9 km – ⁒★★ dal santuario del Monte Grisa per ① : 10 km.

ᴦ (chiuso martedì) ℰ 226159, per ② : 7 km.

✈ di Ronchi dei Legionari per ① : 32 km ℰ (0481) 7731 – Alitalia, Agenzia Cosulich, piazza Sant'Antonio 1 ⊠ 34122 ℰ 68017.

🛈 Castello di San Giusto ⊠ 34121 ℰ 762032 – Stazione Centrale ⊠ 34135 ℰ 420182.

A.C.I. via Cumano 2 ⊠ 34139 ℰ 393225.

Roma 669 ① – Ljubljana 100 ② – ◆Milano 408 ① – ◆Venezia 158 ① – ◆Zagreb 236 ②.

Pianta pagine seguenti

🏨 **Duchi d'Aosta e Rist. Harry's Grill,** via dell'Orologio 2 ⊠ 34121 ℰ 7351, Telex 460358, Fax 366092 – 🛗 ≤⁒ cam 🔲 🔲 📺 ☎ – 🅰 30. 🆎 🚹 ⑩ 🅔 🆅🆂🅰   AY **r**
Pas carta 49/87000 – 🖵 17500 – **48 cam** 158/196000 appartamenti 409000 – ½ P 148/238000.

🏨 **Savoia Excelsior Palace,** riva del Mandracchio 4 ⊠ 34124 ℰ 7690, Telex 460503, Fax 77733, ≤ – 🛗 🔲 📺 ☎ – 🅰 25 a 200. 🆎 🚹 ⑩ 🅔 🆅🆂🅰   AY **e**
Pas (chiuso domenica) carta 37/51000 – **154 cam** 🖵 190/250000 – ½ P 221/250000.

🏨 **San Giusto,** via Belli 3 ⊠ 34137 ℰ 763826 – 🛗 🚹 🔲 📺 ☎ ⇦, 🆎 ⑩ . 🛠 rist   BZ **b**
Pas (solo per clienti alloggiati: chiuso sabato, domenica e a mezzogiorno) – 🖵 10000 –
60 cam 63/94000.

🏨 **Colombia** senza rist, via della Geppa 18 ⊠ 34132 ℰ 69434, Fax 68729 – 🛗 🚹 🕭. 🆎 ⑩ 🅔 🆅🆂🅰   AX **a**
🖵 13000 – **40 cam** 63/94000.

🏨 **Abbazia** senza rist, via della Geppa 20 ⊠ 34132 ℰ 369434 – 🛗 📺 ☎. 🆎 🚹 ⑩ 🅔 🆅🆂🅰   AX **a**
🖵 8000 – **21 cam** 63/94000.

XX **Antica Trattoria Suban,** via Comici 2 ⊠ 34128 ℰ 54368, Fax 579020, « Servizio estivo sotto un pergolato » – 🆎 🚹 ⑩ 🅔 🆅🆂🅰 🛠   per via Giulia CX
chiuso lunedì e mezzogiorno, martedì e dal 1° al 15 agosto – Pas carta 30/48000.

XX **Elefante Bianco,** riva 3 Novembre 3 ⊠ 34121 ℰ 365784, prenotare – 🆎. 🛠   AX **x**
chiuso sabato a mezzogiorno e domenica – Pas carta 31/51000.

XX **Grifone,** viale Miramare 133 ⊠ 34136 ℰ 414274, « Servizio estivo sotto un pergolato » – 🆎 🚹 ⑩ 🅔 🆅🆂🅰. 🛠   per ①
chiuso martedì e gennaio – Pas carta 29/44000.

XX **L'Ambasciata d'Abruzzo,** via Furlani 6 ⊠ 34149 ℰ 730330, Specialità abruzzesi – 🅿. 🆎 🆅🆂🅰   CZ **x**
chiuso lunedì ed agosto – Pas carta 25/36000.

XX **Al Granzo,** piazza Venezia 7 ⊠ 34123 ℰ 306788, 🌣 – 🆎 🚹 ⑩ 🅔 🆅🆂🅰   AY **a**
chiuso domenica sera, mercoledì e dal 7 al 20 gennaio – Pas carta 30/47000.

XX **Al Bragozzo,** via Nazario Sauro 22 ⊠ 34123 ℰ 303001, 🌣 – ≤⁒ 🔳. 🚹 ⑩ 🅔 🆅🆂🅰 🛠 31/41000
chiuso lunedì, dal 20 dicembre al 10 gennaio e dal 20 giugno al 10 luglio – Pas carta 31/41000
(12%).   AY **a**

XX **Ai Fiori,** piazza Hortis 7 ⊠ 34124 ℰ 300633 – 🔳. 🆎 🚹   AY **b**
chiuso domenica e lunedì – Pas carta 31/44000.

X **Menarosti,** via del Toro 12 ⊠ 34125 ℰ 730256 – 🔳. 🆎 🚹 🅔 🆅🆂🅰. 🛠   BXY **r**
chiuso venerdì sera, sabato ed agosto – Pas carta 23/42000.

X **Trattoria alle Cave-da Mario,** via Valerio 142 ⊠ 34128 ℰ 54555, 🌣 – 🅿   per ②
chiuso domenica escluso da ottobre a maggio – Pas carta 31/45000.

X **Allo Squero,** viale Miramare 42 ⊠ 34135 ℰ 410884, « Servizio estivo all'aperto con ≤ »
– 🅿 🛠   per ①
chiuso domenica sera, lunedì e febbraio – Pas carta 28/41000 (10%).

X **Tavernetta da Silvio,** via del Lloyd 15 ⊠ 34143 ℰ 304403, Coperti limitati; prenotare
chiuso dal 15 luglio al 28 agosto, domenica e dal 15 maggio al 30 agosto anche sabato – Pas
40/60000 bc.   AZ **s**

Vedere anche : **Prosecco** per ① : 9 km.
                 Villa Opicina N : 11 km.
                 Muggia per ③ : 11 km.
                 Pese per ② : 13 km.
                 Monrupino N : 16 km.
                 Sistiana per ① : 19 km.
                 Duino Aurisina per ① : 22 km.

TRINITÀ D'AGULTU Sassari 988 ㉓ – Vedere Sardegna alla fine dell'elenco alfabetico.

TRINO 13039 Vercelli 988 ⑫ – 8 326 ab. alt. 130 – ✪ 0161.
Roma 623 – Alessandria 42 – ◆Milano 103 – ◆Torino 58 – Vercelli 19.

X **Massimo** con cam, via Giolito Ferrari 7 ℰ 81325 – 🔳. 🆎
➡ chiuso agosto – Pas (chiuso lunedì) carta 18/34000 – 🖵 4000 – **11 cam** 26/50000, 🔳 4000
– ½ P 38/44000.

TRIESTE

★ PZA DELL'UNITÀ D'ITALIA
★★ COLLE SAN GIUSTO
★ MUSEO DEL MARE

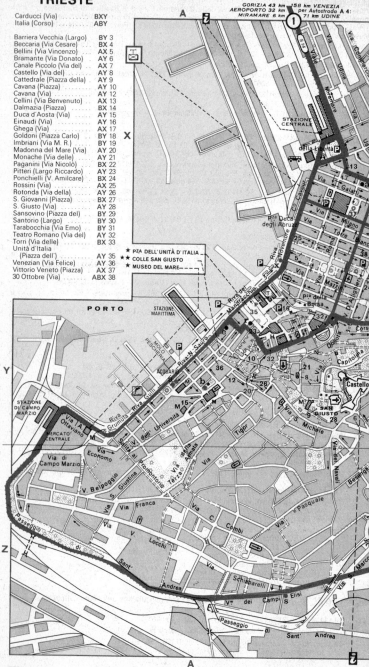

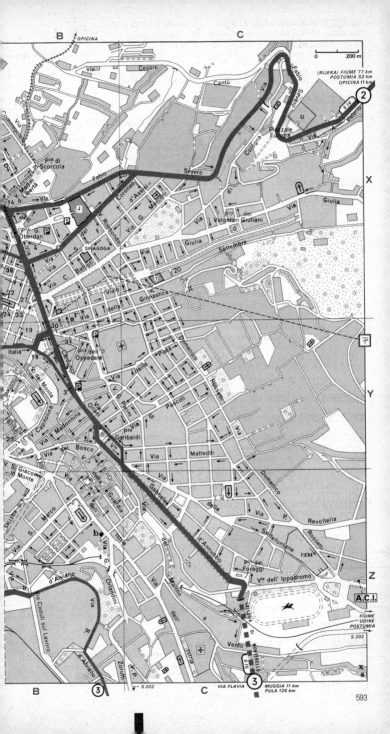

TRIORA 18010 Imperia 988 ⑫, 195 ⑳ – 437 ab. alt. 776 – ✿ 0184.
Roma 661 – ◆Genova 162 – Imperia 45 – ◆Milano 285 – San Remo 37.

🏛 **Colomba d'Oro,** ℰ 94051, ≤, ☞ – & 🅟
  Pas *(chiuso lunedì, martedì e dall'8 gennaio a Pasqua)* carta 21/33000 – ☵ 4500 – **28 cam** *(15 aprile-ottobre)* 25/40000 – ½ P 37/42000.

✗ **Santo Spirito,** a Molini di Triora E : 5 km ℰ 94019 – ⊷⊷ 🛏 ⌺ 𝗩𝗜𝗦𝗔
▸ *chiuso mercoledì da settembre a maggio* – Pas carta 18/28000.

TRISSINO 36070 Vicenza – 7 308 ab. alt. 221 – ✿ 0445.
Roma 550 – ◆Milano 204 – ◆Verona 51 – Vicenza 21.

✗✗✗ ❀ **Cà Masieri** ⑊ con cam, O : 2 km ℰ 962100 e hotel ℰ 490122, prenotare, « Servizio estivo all'aperto » – 📺 ☎ 🅟, 🆎 𝗩𝗜𝗦𝗔 ⌺ ℁
  chiuso dal 26 dicembre al 12 gennaio – Pas *(chiuso domenica e lunedì a mezzogiorno)* carta 44/68000 – ☵ 12000 – **8 cam** 80/110000 appartamento 130000
  Spec. Insalata di funghi capesante e gamberi allo zenzero, Risotto con fiori di zucca ortiche e formaggio (maggio-settembre), Stufato di castrato. **Vini** Soave, Cabernet franc.

TROINA Enna 988 ㊱ – Vedere Sicilia alla fine dell'elenco alfabetico.

TROPEA 88038 Catanzaro 988 ㊲㊳ – 7 225 ab. – ✿ 0963.
Vedere Cattedrale★.
Roma 636 – Catanzaro 92 – ◆Cosenza 121 – Gioia Tauro 77 – ◆Reggio di Calabria 140.

🏨 **La Pineta,** ℰ 61700, ℁ – ▭ ☎ 🅟 – 🏇 60. 𝗩𝗜𝗦𝗔 ℁ rist
  aprile-ottobre – Pas 25/30000 – ☵ 5000 – **59 cam** 65/120000 – ½ P 80/110000.

🏛 **Virgilio,** ℰ 61978 – ▮ ☜ ⇌ 🆎 🛏 ⓞ ☰ 𝗩𝗜𝗦𝗔 ℁ cam
▸ Pas 19/22000 – ☵ 4000 – **48 cam** 48/89000 – P 60/80000.

✗✗ **Pimm's,** ℰ 666105, Coperti limitati; prenotare – 𝗩𝗜𝗦𝗔 ℁
  chiuso lunedì e novembre – Pas carta 28/53000.

  a San Nicolò di Ricadi SO : 9 km – ✉ **88030** :

✗ **La Fattoria,** località Torre Ruffa ℰ 663070 – 🅟 🛏 ⓞ ℁
  giugno-settembre – Pas carta 23/30000.

  a Capo Vaticano SO : 10 km – ✉ **88030** San Nicolò di Ricadi :

🏨 **Park Hotel-Santa Maria** ⑊, ℰ 63121, ≤, 🅰⊙, ☞, ℁ – ▮ ☜ 🅟 ℁ rist
  maggio-settembre – **53 cam** solo ½ P 90000.

🏛 **Punta Faro** ⑊, ℰ 663139 – ⊷⊷ cam 🅟 🛏 ☰ ℁
▸ *giugno-settembre* – Pas carta 20/32000 – **25 cam** ☵ 50/80000 – ½ P 36/65000.

  Vedere anche : *Drapia* SE : 4 km.

TRUCCO Imperia 195 ⑲, 84 ⑳ – Vedere Ventimiglia.

TRULLI (Regione dei) ★★★ Bari e Taranto – Vedere Guida Verde.

TUBRE (TAUFERS IM MÜNSTERTAL) 39020 Bolzano 988 ④, 218 ⑦⑰ – 936 ab. alt. 1 230 – a.s. aprile e luglio-settembre – ✿ 0473.
Roma 728 – ◆Bolzano 91 – Merano 63 – ◆Milano 246 – Passo di Resia 37 – Trento 149.

🏨 **Agnello-Lamm,** ℰ 82168, ≤, 🔲 – ▮ ☜ 🅟
▸ *chiuso dal 12 gennaio al 1° febbraio e dal 10 novembre al 20 dicembre* – Pas *(chiuso mercoledì)* carta 18/27000 – ☵ 8500 – **29 cam** 26/47000 – P 39/49000.

TUENNO 38019 Trento 218 ⑱ – 2 221 ab. alt. 629 – a.s. dicembre-aprile – ✿ 0463.
Dintorni Lago di Tovel★★★ SO : 11 km.
Roma 621 – ◆Bolzano 59 – ◆Milano 275 – Trento 37.

🏛 **Tuenno,** ℰ 40454, Fax 41606 – ▮ ☎ ℁
▸ *chiuso dal 7 al 14 gennaio* – Pas carta 20/32000 – ☵ 5000 – **19 cam** 37/65000 – ½ P 40/45000.

TULVE (TULFER) Bolzano – Vedere Vipiteno.

TURBIGO 20029 Milano 219 ⑰ – 7 147 ab. alt. 146 – ✿ 0331.
Roma 624 – Como 69 – ◆Milano 50 – Novara 14 – Stresa 58 – Varese 37.

🏛 **Le Giare,** via Stazione ℰ 890205 – ▮ – 🏇 90. 🛏 ⓞ ℁
  chiuso dall'8 al 28 agosto – Pas *(chiuso domenica)* carta 24/32000 – ☵ 6000 – **18 cam** 30/50000 – ½ P 48000.

TUSCANIA 01017 Viterbo 988 ㉕ – 7 641 ab. alt. 166 – ✿ 0761.
Vedere Chiesa di San Pietro★★ : cripta★★ – Chiesa di Santa Maria Maggiore★ : portali★★.
Roma 89 – Civitavecchia 44 – Orvieto 54 – Siena 144 – Tarquinia 25 – Viterbo 24.

✗ **Al Gallo** con cam, via del Gallo 24 ℰ 435028, 🍽 – 🛏 ⓞ ☰ 𝗩𝗜𝗦𝗔 ℁ cam
  Pas *(chiuso martedì)* carta 25/35000 – ☵ 4000 – **19 cam** 25/40000 – ½ P 42000.

594

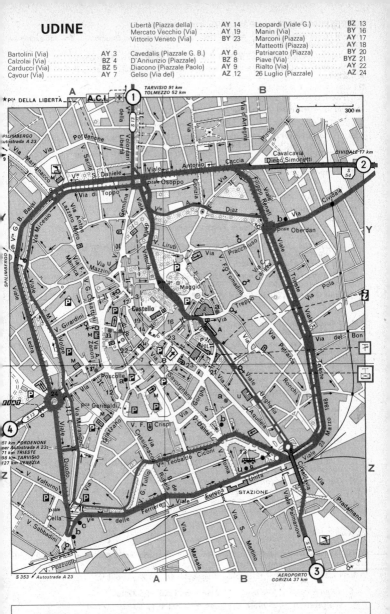

UDINE

ROME

The English edition of the **Michelin Green Guide**
describes the Eternal City in 29 recommended walks :
the ancient monuments and beautiful buildings,
the historic sites and districts,
the museums and their works of art.

595

UDINE 33100 🄿 ⑨⑧⑧ ⑥ – 99 359 ab. alt. 114 – ✿ 0432.

Vedere Piazza della Libertà★★ AY **14** – Decorazioni interne★ nel Duomo ABY **B** – Affreschi★ nel palazzo Arcivescovile BY **A**.

🏌₉ (chiuso martedì) a Fagagna ⊠ 33034 ℘ 800418, O : 15 km per via Martignacco AY.

✈ di Ronchi dei Legionari per ③ : 37 km ℘ (0481) 7731 – Alitalia, Agenzia Paretti, via Cavour 1 ℘ 293940.

🚂 piazza I Maggio 6 ℘ 504743.

A.C.I. viale Tricesimo 46 per ① ℘ 482565.

Roma 638 ④ – ◆Milano 377 ④ – ◆Trieste 71 ④ – ◆Venezia 127 ④.

Pianta pagina precedente

🏨 **Astoria Hotel Italia,** piazza 20 Settembre 24 ℘ 505091, Telex 450120, Fax 505091 – ⋮| ▤
📺 ☎ ౿ – 🔬 50 a 400. ◭ 🕃 ⓞ E 𝘝𝘐𝘚𝘈. ⋎ rist _____ AZ **a**
Pas carta 34/53000 (15%) – ⊑ 16000 – **80 cam** 125/165000 appartamenti 230/250000 –
½ P 140/165000.

🏨 **Ambassador Palace,** via Carducci 46 ℘ 503777, Telex 450538, Fax 503711 – ⋮| ▤ 📺 ▤
– 🔬 200. ◭ 🕃 ⓞ E 𝘝𝘐𝘚𝘈. ⋎ rist _____ BZ **b**
Pas (chiuso domenica) carta 35/53000 – ⊑ 16000 – **87 cam** 125/165000 appartamenti
300/330000 – ½ P 134000.

🏨 **Là di Moret,** viale Tricesimo 276 ℘ 471250, Fax 471250, ≈, ⋎ – ⋮| ⋈ 📺 ☎ ⇐ 🅿 –
🔬 200. 🕃 ⓞ E 𝘝𝘐𝘚𝘈. ⋎ _____ per ①
Pas (chiuso domenica sera e lunedì a mezzogiorno) carta 29/48000 – ⊑ 8000 – **46 cam**
65/100000 – ½ P 68000.

🏨 **President** senza rist, via Duino 8 ℘ 509905, Fax 507287 – ⋮| ▤ 📺 ☎ ౿ ⇐ – 🔬 30. ◭
🕃 ⓞ E 𝘝𝘐𝘚𝘈. ⋎ _____ BY **b**
⊑ 10000 – **67 cam** 63/94000.

🏨 **Cristallo,** piazzale D'Annunzio 43 ℘ 501919 – ⋮| ≈ – 🔬 90. ◭ 🕃 ⓞ 𝘝𝘐𝘚𝘈. ⋎ rist BZ **x**
Pas (chiuso domenica) carta 26/42000 – ⊑ 8000 – **81 cam** 55/90000 – ½ P 60/80000.

🏨 **San Giorgio,** piazzale Cella 4 ℘ 505577, Fax 506110 – ⋮| 📺 ☎ 🅿. ◭ 🕃 ⓞ E 𝘝𝘐𝘚𝘈. ⋎ rist
Pas (chiuso lunedì) carta 20/40000 (10%) – ⊑ 10000 – **37 cam** 63/94000 – ½ P 80/100000. AZ **c**

🏨 **Principe,** viale Europa Unita 51 ℘ 501625, Fax 506000 – ⋮| 📺 ☎ 🅿. ◭ 🕃 ⓞ E 𝘝𝘐𝘚𝘈.
Pas carta 25/35000 – ⊑ 7000 – **29 cam** 55/88000 – ½ P 75/80000. _____ BZ **u**

🏨 **Continental,** viale Tricesimo 71 ℘ 46969 – ⋮| ≈ ౿ ⇐ 🅿 – 🔬 100. ⋎ rist _____ per ①
Pas 30/40000 – ⊑ 9000 – **60 cam** 60/95000 – ½ P 75000.

🏨 **Quo Vadis e Rist. Al Cavallino,** piazzale Cella 28 ℘ 21091 e rist ℘ 25907, 🏠 – 📺 ▤
◆ ⋎ _____ AZ **b**
chiuso settembre – Pas (chiuso lunedì) carta 20/31000 – ⊑ 5000 – **14 cam** 39/63000.

🍴🍴 **Antica Maddalena,** via Pellicceria 4 ℘ 25111 – ◭ 🕃 ⓞ E 𝘝𝘐𝘚𝘈. ⋎ _____ AY **e**
chiuso domenica, lunedì a mezzogiorno, dal 1° al 15 gennaio e dal 1° al 15 ottobre – Pas
carta 32/44000 (15%).

🍴🍴 **Alla Buona Vite,** via Treppo 10 ℘ 21053 – ▤. ◭ ⓞ 𝘝𝘐𝘚𝘈. ⋎ _____ BY **a**
chiuso domenica sera, lunedì ed agosto – Pas carta 26/50000 (12%).

🍴 **Vitello d'Oro,** via Valvason 4 ℘ 291982 (prenderà il 508982), 🏠 – ▤. ◭ 🕃 ⓞ E 𝘝𝘐𝘚𝘈
chiuso mercoledì e luglio – Pas carta 29/48000 (12%). _____ AY **n**

🍴 **Alla Vedova,** via Tavagnacco 9 ℘ 470291, « Servizio estivo in giardino » – 🅿. ⋎ __ per ①
chiuso domenica sera, lunedì e dal 1° al 21 agosto – Pas carta 28/40000.

🍴 **Gambrino,** via Aquileia 19 ℘ 295486 – ⋎ _____ BZ **a**
chiuso agosto, sabato e in luglio anche domenica sera – Pas carta 23/46000.

🍴 **Al Lepre,** via Poscolle 27 ℘ 295798 – ◭ 🕃 ⓞ 𝘝𝘐𝘚𝘈. ⋎ _____ AZ **r**
chiuso domenica ed agosto – Pas carta 24/37000.

ULTEN = Ultimo.

ULTIMO (ULTEN) Bolzano ②①⑧ ⑲ – 2 948 ab. alt. (frazione Santa Valburga) 1 190 – a.s. feb-braio-aprile, luglio-settembre e Natale – ✿ 0473.

Da Santa Valburga : Roma 680 – ◆Bolzano 43 – Merano 28 – ◆Milano 341 – Trento 102.

a *San Nicolò* (St. Nikolaus) SO : 8 km – alt. 1 256 – ⊠ 39010 :

🏨 **Waltershof** ⋙, ℘ 79144, ≤, ☒, ≈, ⋎ – ⟆ ☎ 🅿. ⋎ rist
chiuso dal 22 aprile al 25 maggio e dal 5 novembre al 19 dicembre – Pas (solo per clienti
alloggiati e chiuso a mezzogiorno) – **20 cam** ⊑ 66/116000 – ½ P 68/75000.

a *Santa Gertrude* (St. Gertraud) SO : 13 km – alt. 1 501 – ⊠ 39010 :

🍴 ✿ **Genziana-Enzian** ⋙ con cam, al lago di Fontana Bianca O : 6 km, alt. 1 870, ℘ 79133,
≤, ≈, Coperti limitati; prenotare – 🅿. ⋎
chiuso da novembre al 26 dicembre – Pas (chiuso giovedì sera e venerdì) carta 28/50000 –
8 cam ⊑ 28/48000 – ½ P 48000
Spec. Biscotto di salmone, Costata di manzo al vino rosso, Semifreddo ai mirtilli. **Vini** Terlano, Santa Maddalena.

UMBERTIDE 06019 Perugia 988 ⑮ – 14 462 ab. alt. 247 – ☎ 075.
Roma 200 – Arezzo 63 – ♦Perugia 31 – Siena 109.

Rio, strada statale S : 1 km ℘ 935033, Fax 937029 – |♦| cam ☎ & P – 500. AE ⑤ ⓓ E VISA.
Pas *(chiuso lunedì)* carta 20/40000 – ☐ 4000 – **40 cam** 47/70000 – ½ P 43/50000.

a Santa Maria di Sette N : 3 km – ✉ **06014** Montone :

Il Rustichello, ℘ 935291 – P. ⓓ
chiuso martedì – Pas carta 29/42000.

URBINO 61029 Pesaro e Urbino 988 ⑮⑯ – 15 522 ab. alt. 451 – a.s. luglio-settembre – ☎ 0722.
Vedere Palazzo Ducale★★ : studiolo★★★, galleria nazionale delle Marche★★ **M** – Strada panoramica★★ : ≤★★ – Affreschi★★ nella chiesa-oratorio di San Giovanni Battista **F** – Presepio★ nella chiesa di San Giuseppe **B** – Casa di Raffaello★ **A**.
via Puccinotti 35 ℘ 2441.
Roma 270 ② – ♦Ancona 103 ① – Arezzo 107 ③ – Fano 47 ② – ♦Perugia 101 ② – Pesaro 36 ①.

URBINO

Vitt. Veneto (Via) 27

Barocci (Via) 2
Chiara (Via) 3
Comandino (Viale) 4
Don Minzoni (Viale) 5
Duca Federico (Pza) 6
Gerolamo (Via) 7
Giro dei Debitori (Via) 8
Matteotti (Via) 10
Mazzini (Via) 12
Mercatale (Borgo) 13
Nazionale (Via) 14
Piave (Via) 16
Puccinotti (Via) 17
Raffaello (Via) 19
Repubblica (Pza) 20
Rinascimento (Pza) 22
S. Francesco (Pza) 23
Virgili (Via) 25

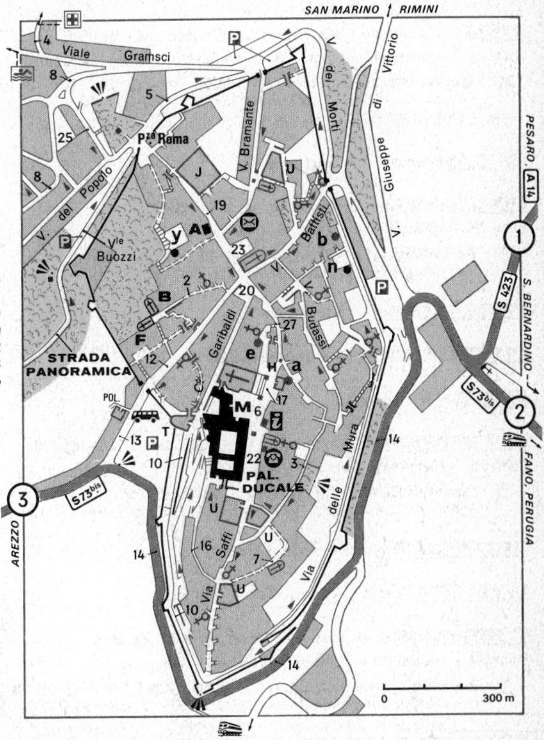

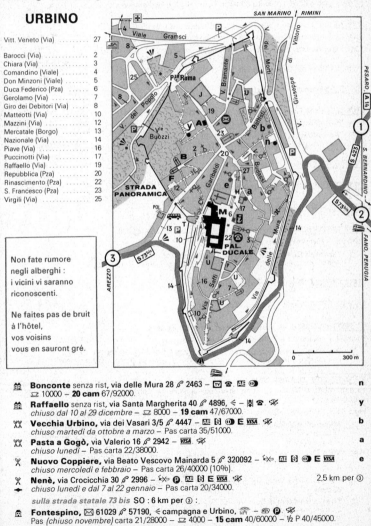

Non fate rumore
negli alberghi :
i vicini vi saranno
riconoscenti.

Ne faites pas de bruit
à l'hôtel,
vos voisins
vous en sauront gré.

Bonconte senza rist, via delle Mura 28 ℘ 2463 – TV ☎. AE ⓓ **n**
☐ 10000 – **20 cam** 67/92000.

Raffaello senza rist, via Santa Margherita 40 ℘ 4896, ≤ – |♦| ☎. **y**
chiuso dal 10 al 29 dicembre – ☐ 8000 – **19 cam** 47/67000.

Vecchia Urbino, via dei Vasari 3/5 ℘ 4447 – AE ⑤ ⓓ E VISA. **b**
chiuso martedì da ottobre a marzo – Pas carta 35/51000.

Pasta a Gogò, via Valerio 16 ℘ 2942 – VISA. **a**
chiuso lunedì – Pas carta 22/38000.

Nuovo Coppiere, via Beato Vescovo Mainarda 5 ℘ 320092 – . AE ⑤ ⓓ E VISA **e**
chiuso mercoledì e febbraio – Pas carta 26/40000 (10%).

Nenè, via Crocicchia 30 ℘ 2996 – P. AE ⑤ E VISA. 2,5 km per ③
chiuso lunedì e dal 7 al 22 gennaio – Pas carta 20/34000.

sulla strada statale 73 bis SO : 6 km per ③ :

Fontespino, ✉ 61029 ℘ 57190, ≤ campagna e Urbino, – P.
Pas *(chiuso novembre)* carta 21/28000 – ☐ 4000 – **15 cam** 40/60000 – ½ P 40/45000.

USMATE VELATE **20040** Milano 219 ⑲ – 6 767 ab. alt. 231 – ☎ 039.

Roma 596 – •Bergamo 30 – Lecco 26 – •Milano 26 – Monza 9,5.

XX **Il Chiodo,** ☎ 674275, ⛱ – Ⓟ. VISA
chiuso mercoledì e dal 10 al 20 agosto – Pas carta 49/61000.

USSITA **62030** Macerata – 461 ab. alt. (frazione Fluminata) 737 – a.s. luglio-agosto e Natale – Sport invernali : a Frontignano : 1 342/2 155 m 🚡5 ⛷5 (anche sci estivo) – ☎ 0737.

Roma 184 – •Ancona 132 – Macerata 71 – Spoleto 54 – Terni 74.

🏨 **Ussita,** ☎ 99171, Fax 99400 – |‡| ☎. VISA. ✻ rist
chiuso dal 24 settembre al 22 ottobre – Pas *(20 dicembre-25 aprile e 10 giugno-23 settembre)* carta 21/30000 – ☕ 7000 – **24 cam** 35/60000 – ½ P 50/55000.

USTICA (Isola di) Palermo 988 ㉟ – Vedere Sicilia alla fine dell'elenco alfabetico.

VACALLO 219 ⑧ – Vedere Cantone Ticino alla fine dell'elenco alfabetico.

VADA **57018** Livorno – a.s. 15 giugno-15 settembre – ☎ 0586.

Roma 292 – •Firenze 143 – •Livorno 29 – Piombino 53 – Pisa 48 – Siena 101.

🏨 **Quisisana,** via del Mare 37 ☎ 788220, 🌳 – Ⓟ. 🅷 E VISA. ✻ rist
Pas 25000 – ☕ 5000 – **23 cam** 40/55000 – ½ P 55/60000.

XX Le Volte del Cio, via Aurelia Sud 20 (S : 1 km) ☎ 787349 – Ⓟ.

VAGGIO Firenze – Vedere Reggello.

VAGLIA **50030** Firenze – 4 158 ab. alt. 308 – ☎ 055.

Roma 295 – •Bologna 88 – •Firenze 18 – •Milano 282.

🏨 **Padellino** 🐌, ☎ 407902, 🌳 – Ⓟ. AE 🅷 E VISA. ✻ rist
Pas *(chiuso venerdì)* carta 21/30000 (12%) – ☕ 7000 – **15 cam** 70000 – ½ P 60/70000.

VAGLIAGLI Siena – Vedere Siena.

VAGLIO Vercelli 219 ⑮ – Vedere Biella.

VAHRN = Varna.

VALBREMBO **24030** Bergamo 219 ⑳ – 3 095 ab. alt. 260 – ☎ 035.

Roma 606 – •Bergamo 8 – Lecco 29 – •Milano 52.

XX **Ponte di Briolo,** ☎ 611197, ⛱ – Ⓟ. AE VISA. ✻
chiuso mercoledì, dal 1° al 10 gennaio ed agosto – Pas carta 37/61000.

VALCANALE Bergamo – Vedere Ardesio.

VAL CANALI Trento – Vedere Fiera di Primiero.

VALDAGNO **36078** Vicenza – 27 626 ab. alt. 266 – ☎ 0445.

Roma 561 – •Milano 219 – Trento 86 – •Verona 54 – Vicenza 34.

🏨 **Pasubio** 🐌, via dello Sport 6 ☎ 408042 – |‡| TV ☎ ♿ Ⓟ. AE ⓞ VISA. ✻ rist
Pas *(chiuso domenica)* 25/30000 – ☕ 5000 – **31 cam** 50/80000 – ½ P 60/68000.

VALDAORA **(OLANG)** **39030** Bolzano – 2 510 ab. alt. 1 083 – a.s. febbraio-aprile, 15 luglio-15 settembre e Natale – Sport invernali : a Plan de Corones : 1 083/2 275 m 🚡7 ⛷23, ⛷ – ☎ 0474.

Roma 726 – •Bolzano 88 – Brunico 11 – Cortina d'Ampezzo 50 – Dobbiaco 19 – •Milano 387 – Trento 148.

🏨 **Mirabell,** a Valdaora di Mezzo ☎ 46191, ≤, 🏊, 🌳, 🎾 – ⇔ rist ☎ 🚗 Ⓟ. ✻ rist
15 dicembre-10 aprile e 20 maggio-10 ottobre – Pas 19/28000 – ☕ 8500 – **32 cam** 52/80000 – ½ P 45/72000.

🏨 **Villa Tirol,** a Valdaora di Mezzo ☎ 46422, ≤, 🏊, 🌳 – TV ☎ 🚗 Ⓟ. ✻ rist
15 dicembre-Pasqua e 15 maggio-15 ottobre – Pas carta 25/42000 – **21 cam** ☕ 85/130000 – ½ P 50/75000.

🏨 Messnerwirt, a Valdaora di Sopra ☎ 46178 – ☎ Ⓟ
20 cam.

🏨 **Post,** a Valdaora di Sopra ☎ 46127, Fax 48019, ≤, 🏊 riscaldata – |‡| ☎ Ⓟ. ✻ rist
2 dicembre-22 aprile e 12 maggio-21 ottobre – Pas carta 25/44000 – **38 cam** ☕ 48/96000 – ½ P 47/79000.

🏨 **Berghotel Zirm** 🦌, a Sorafurcia, alt. 1 360 ☏ 46054, ≼ vallata e monti, 🔲 – ☎ 🚗 🅿.
🔹 ⓪. 🎾 rist
dicembre-10 aprile e giugno-10 ottobre – Pas (solo per clienti alloggiati) 18/28000 – **23 cam**
🛏 85/150000 – ½ P 65/86000.

🏨 **Markushof** 🦌, a Valdaora di Sopra ☏ 46250, ≼, 🍴 – ⫶✕⫶ ☎ 🚗 🅿. 🎾 rist
17 dicembre-21 aprile e 19 maggio-20 ottobre – Pas (chiuso giovedì) carta 21/24000 – 🛏
8000 – **26 cam** 38/74000 – ½ P 65/75000.

🏛 **Christoph**, a Sorafurcia, alt. 1 360 ☏ 46426, ≼ monti, 🔲 – 🅿
16 cam

VALDENGO 13060 Vercelli ❷❶❾ ⑤ – 2 401 ab. alt. 364 – ✪ 015.
Roma 675 – Biella 8 – ◆Milano 122 – Vercelli 42.

🍽 **'I Cup** con cam, ☏ 680083 – 🅿 – 🔥 40. 🄰🄴 🅂 *VISA* 🎾
Pas (chiuso lunedì e dal 16 al 27 agosto) carta 22/40000 – 🛏 3000 – **6 cam** 28/46000 –
½ P 42000.

VALDERICE Trapani – Vedere Sicilia alla fine dell'elenco alfabetico.

VALDIDENTRO 23038 Sondrio ❷❶❽ ⑦ – 3 670 ab. alt. (frazione Isolaccia) 1 345 – ✪ 0342.
Roma 774 – Bormio 11 – ◆Milano 213 – Sondrio 75.

ad Isolaccia – ✉ **23038** Valdidentro :

🏛 **Cima Piazzi,** ☏ 985050, ≼ – 🚗 🅿. 🎾
Pas (chiuso mercoledì) carta 21/34000 – 🛏 5000 – **20 cam** 30/50000 – ½ P 41/49000.

a Semogo O : 2 km – ✉ **23030** :

🏨 **Del Cardo,** località San Carlo S : 1,5 km ☏ 985290, Fax 985898, ≼ – 🚠 🚗 🅿. 🄰🄴 *VISA*
🔹 🎾 rist
dicembre-aprile e 15 giugno-15 ottobre – Pas (chiuso mercoledì) 20/30000 – **28 cam**
🛏 30/47000 – ½ P 35/49000.

VAL DI GENOVA Trento ❾❽❽ ④
Vedere Vallata★★★ – Cascata di Nardis★★.
Roma 636 – ◆Bolzano 106 – ◆Brescia 110 – Madonna di Campiglio 17 – ◆Milano 201 – Trento 66.

🍽 **Cascata Nardis,** alt. 945 ✉ 38080 Carisolo ☏ (0465) 51454, ≼ cascata, 🍴 – 🅿. 🎾
maggio-ottobre – Pas carta 28/40000.

VAL DI SOGNO Verona – Vedere Malcesine.

VALDOBBIADENE 31049 Treviso ❾❽❽ ⑤ – 10 845 ab. alt. 252 – Sport invernali : a Pianezze:
1 070/1 496 m ⛷ 4, ⛷ – ✪ 0423.
Roma 563 – Belluno 46 – ◆Milano 268 – Trento 105 – Treviso 36 – Udine 112 – ◆Venezia 66.

a Bigolino S : 5 km – ✉ **31030** :

🍽 **Tre Noghere,** ☏ 980316, Fax 981333 – 🅿. 🎾
chiuso domenica sera, lunedì, dal 1° al 6 gennaio e dal 10 al 30 agosto – Pas carta 29/40000.

VALEGGIO SUL MINCIO 37067 Verona ❾❽❽ ④⑭ – 9 281 ab. alt. 88 – ✪ 045.
Roma 496 – ◆Brescia 56 – Mantova 25 – ◆Milano 143 – ◆Venezia 147 – ◆Verona 25.

🍽 **Lepre,** via Marsala 5 ☏ 7950011 – 🄰🄴 🅂 🄴 *VISA*
chiuso mercoledì, giovedì a mezzogiorno, dal 15 al 31 gennaio e dal 6 al 31 luglio – Pas
carta 34/47000.

🍽 **Borsa,** via Goito 2 ☏ 7950093 – 🍴 🅿. 🅂 *VISA* 🎾
chiuso martedì sera, mercoledì e dal 10 luglio al 10 agosto – Pas carta 26/37000.

a Borghetto O : 1 km – alt. 68 – ✉ **37067** Valeggio sul Mincio :

🍽 **Antica Locanda Mincio,** ☏ 7950059, « Servizio estivo in terrazza ombreggiata in riva al
fiume » – 🅿
*chiuso dal 3 al 17 marzo, dal 13 al 27 ottobre, giovedì e da ottobre a luglio anche mercoledì
sera* – Pas carta 35/52000.

a Santa Lucia dei Monti NE : 5 km – alt. 145 – ✉ **37067** Valeggio sul Mincio :

🍽 **Belvedere** 🦌 con cam, ☏ 6301019, ≼, « Servizio estivo in giardino » – 🍴 cam ☎ 🅿. 🅂
⓪ 🄴 *VISA* 🎾
chiuso dal 15 giugno al 10 luglio – Pas (chiuso mercoledì sera e giovedì) carta 23/31000 –
🛏 10000 – **7 cam** 38/52000, 🍴 5000 – P 65000.

VALENZA 15048 Alessandria ❾❽❽ ⑬ – 21 799 ab. alt. 125 – ✪ 0131.
🔳 La Serra (chiuso lunedì) ☏ 954778, SO : 4 km.
Roma 592 – Alessandria 14 – ◆Milano 84 – Novara 59 – Pavia 56 – ◆Torino 102 – Vercelli 47.

🍽 Italia, via del Castagnone 26 ☏ 91262.

VAL FERRET Aosta 219 ①, 74 ⑨ — Vedere Courmayeur.

VALGIOIE 10094 Torino 77 ⑩ — 475 ab. alt. 860 — ✪ 011.
Roma 702 — Cuneo 101 — ◆Milano 176 — Sestriere 89 — ◆Torino 39.

🏠 **Centrale-Maritano,** ℰ 937944, ⇐ – 🛗 🅿 ❄ cam
Pas *(chiuso martedì)* carta 35/46000 (15%) — ⊑ 5000 — **24 cam** 31/54000 — P 50/55000.

VALGRISENCHE 11010 Aosta 219 ⑪ — 200 ab. alt. 1 664 — a.s. luglio e agosto — ✪ 0165.
Roma 776 — Aosta 30 — Courmayeur 39 — ◆Milano 215 — Colle del Piccolo San Bernardo 57.

🏠 **Grande Sassière** ⇘, frazione Gerbelle N : 1 km ℰ 97113, ⇐ – 🅿 ❄ rist
Pas *(chiuso lunedì)* carta 25/36000 — ⊑ 7000 — **25 cam** 36/65000 — ½ P 43/58000.

✕ **Maison des Myrtilles,** ⇘ con cam, frazione Chez Carral NE : 1,5 km ℰ 97118, ⇐ –
🅿
stagionale – **10 cam**.

a Planaval NE : 5 km — alt. 1 557 — ✉ 11010 Valgrisenche :

🏠 **Paramont** ⇘, ℰ 97106, ⇐ – ⇔ 🅿 ❄
↠ Pas 18/20000 — ⊑ 5000 — **20 cam** 35/55000 — ½ P 50000.

VALLADA AGORDINA 32020 Belluno — 619 ab. alt. 969 — a.s. 15 luglio-agosto e Natale —
✪ 0437.
Roma 660 — Belluno 43 — ◆Bolzano 71 — ◆Milano 361 — Trento 115 — ◆Venezia 149.

✕ **Val Biois,** frazione Celat ℰ 591233 — 🅿 🗚 [S] VISA
chiuso lunedì — Pas carta 30/48000.

VALLE AURINA (AHRNTAL) Bolzano — 5 262 ab. — a.s. febbraio-aprile, luglio-15 settembre e
Natale — Sport invernali : 1 052/2 350 m ⫷1, ⫸ — ✪ 0474.
Da Lutago : Roma 734 — ◆Bolzano 96 — Brennero 87 — Dobbiaco 47 — ◆Milano 395 — Trento 156.

a Casere (Kasern) NE : 21 km — alt. 1 600 — ✉ 39030 Predoi :

🏠 **Alpenhof-Kasern** ⇘, ℰ 64114, ⇐ – 🅿
↠ *chiuso novembre* — Pas *(chiuso martedì)* 10/15000 — **25 cam** ⊑ 30/55000 — ½ P 35/
40000.

VALLECROSIA 18019 Imperia 195 ㉘, 84 ⑳ — 7 582 ab. — ✪ 0184.
Roma 654 — ◆Genova 155 — Imperia 41 — ◆Milano 277 — San Remo 14.

✕ **Pescatori-da Antonio,** lungomare Marconi 31 ℰ 292301
chiuso lunedì ed ottobre — Pas carta 38/56000.

VALLE DI CADORE 32040 Belluno — 2 144 ab. alt. 819 — ✪ 0435.
Roma 646 — Belluno 45 — ◆Bolzano 159 — Cortina d'Ampezzo 26.

✕✕ **Il Portico,** ℰ 30236 — 🅿 🗚 VISA ⇐
chiuso giugno, domenica sera e lunedì da ottobre a marzo — Pas carta 34/55000.

VALLE DI CASIES (GSIES) 39030 Bolzano — 1 978 ab. — ✪ 0474.
Roma 746 — Brunico 31 — Cortina d'Ampezzo 56.

🏨 **Quelle,** a Santa Maddalena alt. 1 398 ℰ 78401, ⇐, ⊠, ⇌ – 🛗 ⇖ ☎ ♿ 🅿 ❄ rist
chiuso novembre — Pas carta 29/44000 — **35 cam** ⊑ 38/60000 — ½ P 38/60000.

✕ **Durnwald,** a Planca di Sotto alt. 1 223 ℰ 76920 — 🅿
chiuso lunedì e dal 1° al 15 giugno — **Pas** carta 21/35000.

VALLES (VALS) Bolzano — Vedere Rio di Pusteria.

VALLE SAN FLORIANO Vicenza — Vedere Marostica.

VALLOMBROSA 50060 Firenze 988 ⑮ — alt. 958 — ✪ 055.
Roma 263 — Arezzo 71 — ◆Firenze 33 — Forlì 106 — ◆Milano 332 — Siena 81.

a Saltino O : 1 km — ✉ 50060.
🅱 (15 giugno-15 settembre) ℰ 862003 :

🏨 **Gd H. Vallombrosa** ⇘, ℰ 862012, ⇐ vallata, « Parco ombreggiato » — 🛗 ⇖ 🕾 🅿 🗚
❄ rist
luglio-agosto — Pas 30/40000 — ⊑ 14000 — **76 cam** 80/110000 — ½ P 80/100000.

🏨 **Croce di Savoia** ⇘, ℰ 862035, ⇌, ✕ — 🛗 ⇖ 🅿 🗚 ❄ rist
luglio-agosto — Pas 25/35000 — ⊑ 10000 — **82 cam** 45/67000 — ½ P 45/71000.

VALLONGA Trento — Vedere Vigo di Fassa.

VALSAVARENCHE 11010 Aosta 988 ①②, 219 ⑫ – 203 ab. alt. 1 540 – a.s. luglio e agosto –
✪ 0165.
Roma 776 – Aosta 29 – Courmayeur 42 – ✦Milano 214.

🏨 **Parco Nazionale,** località Degioz ℰ 95706, ⩽ – ⅍
luglio-settembre – Pas *(chiuso giovedì)* 22000 – ☲ 4500 – **21 cam** 28/55000 – ½ P 47/52000.

a Pont S : 9 km – alt. 1 946 – ✉ 11010 Valsavarenche :

🏨 **Genzianella** ⌾, ℰ 95709, ⩽ Gran Paradiso – ☎ ❶. ⅍ rist
20 giugno-20 settembre – Pas carta 27/44000 – ☲ 7500 – **26 cam** 39/67000 – ½ P 65000.

VALSOLDA 22010 Como 219 ⑧ – 1 956 ab. alt. (frazione San Mamete) 265 – ✪ 0344.
Roma 664 – Como 42 – ✦Lugano 9,5 – Menaggio 18 – ✦Milano 87.

ad Albogasio :

XX **Ombretta** con cam, ℰ 68275, ⩽, 🍽, « Terrazza-giardino sul lago », 🚣 – ❶. ⌸ 🅱 🄴
𝘝𝘐𝘚𝘈
22 marzo-ottobre – Pas *(chiuso lunedì)* carta 27/40000 – ☲ 7000 – **12 cam** 35/56000 –
½ P 42/52000.

a San Mamete :

🏨 **Stella d'Italia,** ℰ 68139, Fax 68729, ⩽, 🍽, « Terrazza-giardino sul lago », 🚣 – 📶 ☎
🚗, ⌸ 🅱 ⓞ 🄴 𝘝𝘐𝘚𝘈. ⅍ rist
aprile-ottobre – Pas *(chiuso mercoledì)* 26/28000 – ☲ 9000 – **35 cam** 48/70000 –
½ P 52/72000.

VALTOURNENCHE 11028 Aosta 988 ②, 219 ③ – 2 182 ab. alt. 1 524 – a.s. febbraio-Pasqua,
15 luglio-agosto e Natale – Sport invernali : 1 524/3 085 m ⛷1 ⛷5, ⛷ (anche sci estivo a Breuil-
Cervinia) – ✪ 0166.
🅗 via Roma 48 ℰ 92029, Telex 226620.
Roma 740 – Aosta 44 – Breuil-Cervinia 9 – ✦Milano 178 – ✦Torino 107.

🏨 **Bijou,** ℰ 92109, ⩽ – 📶 ☎ ❶. 𝘝𝘐𝘚𝘈. ⅍
↝ chiuso maggio ed ottobre – Pas *(chiuso lunedì in bassa stagione)* 20/25000 – ☲ 5500 –
20 cam 38/65000 – ½ P 40/57000.

🏨 **Tourist,** ℰ 92070, ⩽ – 📶 ☎ 🚗 ❶. 🅱. ⅍ rist
↝ dicembre-aprile e luglio-settembre – Pas *(chiuso giovedì)* 20/30000 – ☲ 5500 – **35 cam**
44/70000 – ½ P 55/60000.

🏨 **Delle Alpi,** ℰ 92053, ⩽ – 🚭 ❶. 🅱 ⓞ 𝘝𝘐𝘚𝘈. ⅍ rist
↝ chiuso dal 15 maggio al 15 giugno – Pas *(chiuso giovedì)* 20000 – ☲ 6500 – **26 cam**
35/60000 – ½ P 50/55000.

🏠 **Al Caminetto,** ℰ 92150, ⩽ – ⅍
↝ Pas *(chiuso giovedì)* 16000 – ☲ 3500 – **15 cam** 30/50000 – ½ P 35/38000.

X **Jaj Alaj,** ℰ 92185 – ⓞ 𝘝𝘐𝘚𝘈. ⅍
chiuso giovedì in bassa stagione – Pas carta 26/37000.

VAL VENY Aosta 219 ①, 74 ⑨ – Vedere Courmayeur.

VALVERDE Forlì – Vedere Cesenatico.

VAPRIO D'ADDA 20069 Milano 219 ⑳ – 6 015 ab. alt. 161 – ✪ 02.
Roma 602 – ✦Bergamo 20 – ✦Brescia 66 – Lecco 43 – ✦Milano 31 – Piacenza 73.

XX **Terrazza Belvedere,** ℰ 9097467, « Servizio estivo in terrazza ombreggiata » – ❶. ⅍
chiuso mercoledì, gennaio e febbraio – Pas carta 33/60000.

Discover **ITALY** with the Michelin Green Guide

Picturesque scenery, buildings

History and geography

Works of art

Touring programmes

Town plans

Vedere Sacro Monte★★.

🛈 corso Roma 38 ℰ 51280.

Roma 679 – Biella 59 – ◆Milano 105 – Novara 59 – ◆Torino 121 – Vercelli 65.

🏠 **Ellebi Club Hotel,** ℰ 53992 e rist ℰ 52801, Fax 53992 – 🛗 ☎ ℗
chiuso gennaio – Pas *(chiuso mercoledì)* carta 25/40000 – � 8000 – **38 cam** 55/85000 –
½ P 60/65000.

XX **Piane Belle,** località Pianebelle ℰ 51320 – ℗. ✼
chiuso lunedì e dal 1° al 20 settembre – Pas carta 23/39000.

a Crosa E : 3 km – ⊠ **13019** Varallo :

X **Delzanno,** ℰ 51439, 🍴 – 🖭 🛐 E 𝓥𝓘𝓢𝓐. ✼
chiuso lunedì e dal 1° al 10 settembre – Pas carta 21/31000.

VARALLO POMBIA 28040 Novara 219 ⑦ – 4 134 ab. alt. 299 – ✆ 0321.

Roma 639 – Biella 63 – ◆Milano 62 – Novara 30 – ◆Torino 119 – Varese 30.

XX **Hostaria del Castello-da Pinin,** ℰ 95240, « Giardino fiorito » – ℗
chiuso lunedì, martedì, dal 6 al 30 gennaio e dal 16 al 27 agosto – Pas carta 34/53000.

*Le continue modifiche ed il costante miglioramento apportato
alla rete stradale italiana consigliano l'acquisto
dell' aggiornata carta Michelin 988 in scala 1/1 000 000.*

VARAZZE 17019 Savona 988 ⑬ – 14 229 ab. – ✆ 019.

🛈 viale Nazioni Unite (Palazzo Municipio) ℰ 97298.

Roma 534 – Alessandria 82 – Cuneo 112 – ◆Genova 35 – ◆Milano 158 – Savona 12 – ◆Torino 153.

🏠 **Eden,** via Villagrande 1 ℰ 932888, Fax 96315 – 🛗 🗏 📺 ☎ ⟵ ℗ – 🏛 40 a 60. 🖭 🛐 ⑩
E 𝓥𝓘𝓢𝓐. ✼ rist
chiuso novembre – Pas 25/34000 – ⊇ 10000 – **45 cam** 80/120000 – ½ P 50/90000.

🏠 **El Chico,** via Aurelia 63 (E : 1 km) ℰ 931388, Fax 932423, ≤, « Parco ombreggiato con 🔟 »
– ☎ ℗ – 🏛 150. 🛐 E 𝓥𝓘𝓢𝓐. ✼
chiuso dal 20 dicembre al 31 gennaio – Pas 30/33000 – ⊇ 6500 – **45 cam** 55/105000 –
½ P 80/90000.

🏠 **Savoy,** via Marconi 4 ℰ 97056, ≤, 🐝 – 🛗 ⤢ cam ☎ ℗. 🖭 🛐 ⑩ E 𝓥𝓘𝓢𝓐. ✼
chiuso dicembre e gennaio – Pas *(chiuso da ottobre a marzo)* 30/35000 – ⊇ 8000 – **45 cam**
100000 – ½ P 90000.

🏠 **Cristallo,** via Cilea 4 ℰ 97264, Fax 96392, 🐝 – 🛗 🗏 📺 ☎ ⟵ ℗ – 🏛 60. 🖭 🛐 ⑩ E
𝓥𝓘𝓢𝓐. ✼ rist
chiuso novembre e dicembre – Pas *(chiuso ottobre)* carta 28/41000 – ⊇ 8000 – **47 cam**
70/95000 – ½ P 75/84000.

🏠 **Royal,** via Cavour 25 ℰ 97641, Fax 850495, ≤ – 🛗 🗏 📺 ☎ ℗. 🖭 🛐 E 𝓥𝓘𝓢𝓐. ✼ rist
Pas carta 27/43000 – ⊇ 7000 – **31 cam** 75/95000 – ½ P 65/75000.

🏠 **Palace,** via Gaggino 37 ℰ 97706, Fax 932175 – 🛗 📺 ☎ ℗. 🖭 🛐 ⑩ E 𝓥𝓘𝓢𝓐. ✼ rist
← chiuso novembre – Pas 20/35000 – ⊇ 10000 – **42 cam** 90/120000 – P 50/90000.

🏠 **Manila,** via Villagrande 3 ℰ 97137, 🍴 – ☎ ℗. 🛐 E 𝓥𝓘𝓢𝓐. ✼ rist
chiuso dal 15 settembre al 20 dicembre – Pas carta 28/53000 – ⊇ 5000 – **14 cam** 35/42000
– ½ P 40/50000.

XX **Cavetto,** piazza Santa Caterina 7 ℰ 97311 – 🗏. 🖭 🛐 ⑩ E. ✼
chiuso giovedì, dal 15 al 30 gennaio e dal 1° al 15 novembre – Pas carta 32/61000 (15%).

ad Alpicella NO : 8,5 km – alt. 550 – ⊠ **17010** :

X **Ai Marmi,** ℰ 918002, 🍴 – ℗. 🖭 🛐 ⑩ E 𝓥𝓘𝓢𝓐
chiuso lunedì e martedì – Pas carta 22/36000.

VARENNA 22050 Como 988 ③, 219 ⑨ – 807 ab. alt. 220 – ✆ 0341.

Vedere Giardini★★ di villa Monastero.

🚢 per Bellagio (15 mn), Cadenabbia (30 mn) e Menaggio (15 mn), giornalieri – Navigazione
Lago di Como, ℰ 830270.

Roma 642 – ◆Bergamo 55 – Chiavenna 45 – Como 51 – Lecco 22 – ◆Milano 78 – Sondrio 60.

🏠 **Royal Victoria,** ℰ 830102, Telex 326170, Fax 830722, ≤, 🐝, 🍴 – 🛗 📺 ☎ – 🏛 40
a 100 🖭 🛐 ⑩ E 𝓥𝓘𝓢𝓐. ✼ rist
Pas carta 33/76000 – **43 cam** ⊇ 120/145000 – ½ P 90/145000.

🏠 **Du Lac** ⑤, ℰ 830238, Fax 831081, ≤, 🍴 – 🛗 📺 ☎ ⟵ ℗. 🖭 🛐 ⑩ E 𝓥𝓘𝓢𝓐. ✼ rist
chiuso gennaio e febbraio – Pas *(chiuso da ottobre a marzo)* 38000 – ⊇ 12000 – **18 cam**
92/125000 – ½ P 105/115000.

X **Vecchia Varenna,** ℰ 830793, 🍴, « Terrazza sul porticciolo con ≤ lago e monti » – 🛐
𝓥𝓘𝓢𝓐
chiuso lunedì, ottobre o novembre – Pas carta 32/44000.

Dintorni Sacro Monte★★ : ≼★★ NO : 8 km – Campo dei Fiori★★ : ❄★★ NO : 10 km.

🏌 (chiuso lunedì) a Luvinate ✉ 21020 ✆ 229302, per ⑤ : 6 km.

🛈 piazza Monte Grappa 5 ✆ 283604 – viale Ippodromo 9 ✆ 284624.

A.C.I. viale Milano 25 ✆ 285150.

Roma 633 ④ – Bellinzona 65 ② – Como 27 ② – ◆Lugano 32 ② – ◆Milano 56 ④ – Novara 53 ③ – Stresa 48 ③.

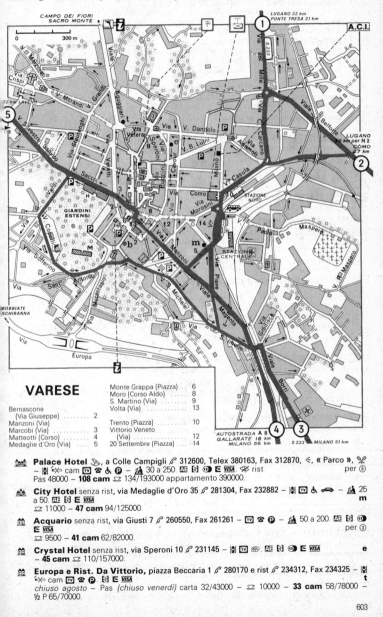

VARESE

Bernascone (Via Giuseppe)	2
Manzoni (Via)	
Marcobi (Via)	3
Matteotti (Corso)	4
Medaglie d'Oro (Via)	5
Monte Grappa (Piazza)	6
Moro (Corso Aldo)	8
S. Martino (Via)	9
Volta (Via)	13
Trento (Piazza)	10
Vittorio Veneto (Via)	12
20 Settembre (Piazza)	14

🏨🏨🏨 **Palace Hotel** ⅏, a Colle Campigli ✆ 312600, Telex 380163, Fax 312870, ≼, « Parco », ⚒
– 🛗 ✎⟷ cam 📺 ☎ & ℗ – 🛗 30 a 250. ⅃Ⅎ 🏦 ⓞ 🄴 ᴠɪꜱᴀ ⚒ rist   per ⑤
Pas 48000 – **108 cam** ☑ 134/193000 appartamento 390000.

🏨🏨 **City Hotel** senza rist, via Medaglie d'Oro 35 ✆ 281304, Fax 232882 – 🛗 📺 ♿ 🚗 – 🛗 25
a 50. ⅃Ⅎ 🏦 🄴 ᴠɪꜱᴀ   **m**
☑ 11000 – **47 cam** 94/125000.

🏨🏨 **Acquario** senza rist, via Giusti 7 ✆ 260550, Fax 261261 – 📺 ☎ ℗ – 🛗 50 a 200. ⅃Ⅎ 🏦 ⓞ
🄴 ᴠɪꜱᴀ   per ③
☑ 9500 – **41 cam** 62/82000.

🏨🏨 **Crystal Hotel** senza rist, via Speroni 10 ✆ 231145 – 🛗 📺 ⟲. ⅃Ⅎ 🏦 ⓞ 🄴 ᴠɪꜱᴀ   **e**
– **45 cam** ☑ 110/157000.

🏨🏨 **Europa e Rist. Da Vittorio,** piazza Beccaria 1 ✆ 280170 e rist ✆ 234312, Fax 234325 – 🛗
✎⟷ cam 📺 ☎ ℗ 🏦 🄴 ᴠɪꜱᴀ   **t**
chiuso agosto – Pas (chiuso venerdi) carta 32/43000 – ☑ 10000 – **33 cam** 58/78000 –
½ P 65/70000.

XXX ❀ **Lago Maggiore,** via Carrobbio 19 ℰ 231183, prenotare – 🍽. 🝙 🕄 ⓞ 🖻 *VISA*. 𝄖   **b**
    chiuso domenica, lunedì a mezzogiorno, 25-26 dicembre e 1° gennaio – Pas carta 48/80000
    Spec. Insalata di coniglio ai finferli e pinoli (primavera-estate), Melanzane e gramigna gratinate (primavera-
    estate), Fricassea di faraona. **Vini** Franciacorta, Sassella.

XX **Montello,** via Montello 8 ℰ 286181, 🛱 – ⓟ. 🝙 🕄 ⓞ 🖻 *VISA*   per viale Aguggiari
    chiuso lunedì, dal 1° al 15 gennaio e dal 15 al 30 agosto – Pas carta 32/48000.

XX **Teatro,** via Croce 3 ℰ 241124 – 🍽. 🝙 🕄 ⓞ 🖻 *VISA*   **a**
    chiuso martedì e dal 25 luglio al 25 agosto – Pas carta 36/63000.

XX **Vecchio Convento,** viale Borri 348 ℰ 261005, 🛱 – ⓟ. 🝙 🕄 ⓞ 🖻 *VISA*   per ③
    chiuso lunedì – Pas carta 35/57000.

XX **Ai Tigli,** viale Valganna 128 ℰ 283170, prenotare – ⓟ. 🝙 🕄 ⓞ 🖻 *VISA*. 𝄖
    chiuso mercoledì sera ed agosto – Pas carta 27/47000.   per viale dei Mille

X **Papik,** via Daverio 3 ℰ 312240   per via Sant' Antonio
    chiuso giovedì e giugno – Pas carta 33/52000.

    a Capolago SO : 5 km – ✉ **21100** Varese :

XX **Da Annetta,** ℰ 285420, 🛱 – 🝙 🕄 🖻 *VISA*
    chiuso martedì sera e mercoledì – Pas carta 30/40000.

    Vedere anche : *Sacro Monte* NO : 8 km.

VARESE LIGURE **19028** La Spezia 🄈🄏🄏 ⑬ – 2 804 ab. alt. 353 – ❀ 0187.
Roma 457 – ♦Bologna 194 – ♦Genova 90 – ♦Milano 203 – ♦Parma 98 – Piacenza 139 – ♦La Spezia 59.

🏚 **Amici,** via Garibaldi 80 ℰ 842139 – ☎ ⓟ
 ➖ *chiuso dal 24 dicembre al 2 gennaio* – Pas carta 18/26000 – 🖵 5000 – **31 cam** 25/36000 –
    ½ P 29/38000.

VARIGOTTI **17029** Savona – ❀ 019.
🄱 (maggio-settembre) via Aurelia 79 ℰ 698013.
Roma 567 – ♦Genova 68 – Imperia 58 – ♦Milano 191 – Savona 22.

🏩 **Nik Mehari,** via Aurelia 104 ℰ 698096, Fax 698292, « Piccola terrazza fiorita », 🐦 – 🛗
    😋 🍽 rist 📺 ☎ 🚗 🝙 🕄 ⓞ 🖻 *VISA*. 𝄖 rist
    Pas carta 55/98000 – 🖵 18000 – **40 cam** 77/129000 – ½ P 100/130000.

🏩 **Al Saraceno,** via al Capo 2 ℰ 698092, ≤, 🐦 – 🛗 🍽 rist 📺 ☎ ⓟ. 𝄖
    giugno-settembre – Pas 50/55000 – 🖵 17000 – **66 cam** 85/120000 – ½ P 110/130000.

XX **Muraglia-Conchiglia d'Oro,** via Aurelia 133 ℰ 698015, Solo piatti di pesce – ⓟ. *VISA*.
    𝄖
    chiuso dal 15 dicembre al 15 gennaio, mercoledì e da ottobre a maggio anche martedì – Pas
    carta 50/71000.

X **La Caravella,** via Aurelia 56 ℰ 698028, ≤ – 😋 ⓟ. *VISA*. 𝄖
    chiuso martedì da giugno a settembre e lunedì negli altri mesi – Pas carta 30/54000.

    Vedere anche : *Finale Ligure* O : 5 km.

VARNA (VAHRN) **39040** Bolzano – 3 178 ab. alt. 670 – ❀ 0472.
Roma 683 – ♦Bolzano 42 – Cortina d'Ampezzo 107 – Trento 102.

🏚 **Clara,** ℰ 33777, ≤ – 🛗 ☎ ⓟ. 🖻 *VISA*. 𝄖
    chiuso dal 9 gennaio al 2 febbraio e dal 21 novembre al 17 dicembre – Pas carta 23/33000 –
    31 cam 🖵 42/76000 – ½ P 43/56000.

VARZO **28039** Novara 🄈🄏🄏 ⑨ – 2 455 ab. alt. 568 – ❀ 0324.
Roma 711 – Domodossola 13 – Iselle 5 – ♦Milano 135 – Novara 104 – ♦Torino 176.

🏚 **Tronconi,** ℰ 72791, 🍴 – ☎ ⓟ. 🝙 🕄 ⓞ 🖻 *VISA*. 𝄖
    Pas *(chiuso lunedì)* carta 25/36000 – 🖵 4000 – **33 cam** 40/55000 – ½ P 35/45000.

    a San Domenico NO : 11 km – alt. 1 420 – ✉ **28039** Varzo :

🏚 **Cuccini** 😋, ℰ 7061, ≤, 🍴 – ⓟ. 𝄖
    20 dicembre-10 aprile e giugno-settembre – Pas *(chiuso mercoledì)* carta 22/38000 (10%) –
    🖵 6000 – **27 cam** 28/55000 – ½ P 40/45000.

VASON Trento – Vedere Bondone (Monte).

VASTO **66054** Chieti 🄈🄏🄏 ㉗ – 33 256 ab. alt. 144 – a.s. 15 giugno-agosto – ❀ 0873.
🚢 da Punta Penna per le Isole Tremiti luglio-agosto gionaliero (2 h 30 mn) – Adriatica di
Navigazione-agenzia Massacesi, piazza Diomede 3 ℰ 516180, Telex 600205.
🚢 da Punta Penna per le Isole Tremiti giugno e settembre giornaliero (1 h 10 mn) – Adriatica di
Navigazione-agenzia Massacesi, piazza Diomede 3 ℰ 516180, Telex 600205.
🄱 piazza del Popolo 18 ℰ 2312.
Roma 271 – L'Aquila 166 – Campobasso 96 – Chieti 75 – ♦Foggia 118 – ♦Pescara 68.

XX **Delle Lame,** piazza San Pietro 29 ☎ 51081, ≤, Solo piatti di pesce, Coperti limitati; prenotare
chiuso mercoledì escluso luglio-agosto – Pas carta 35/45000.

X **Lo Scudo,** via Garibaldi 39 ☎ 2782, 🏡 – AE ⑤ ⓞ E VISA
chiuso martedì in bassa stagione e dal 24 dicembre al 3 gennaio – Pas carta 35/45000.

VASTO (Marina di) 66055 Chieti – a.s. 15 giugno-agosto – 🕿 0873.

🗓 (15 giugno-settembre) viale Dalmazia ☎ 801751.

Roma 275 – Chieti 78 – ♦Pescara 74 – Vasto 3.

🏦 **Caravel** senza rist, viale Dalmazia 124 ☎ 801477, 🐝 – 🗷 🅟 AE ⑤ ⓞ E VISA 🛇
⊊ 6000 – **18 cam** 44/60000.

🏠 **Baiocco,** viale Dalmazia 137 ☎ 801976, 🐝 – 🗷 🅟 AE ⓞ VISA 🛇 rist
Pas carta 21/42000 (10%) – ⊊ 6000 – **32 cam** 40/55000 – ½ P 55/60000.

🏠 **Royal,** viale Dalmazia 132 ☎ 801950, 🐝 – 🗷 🅟
➤ *maggio-ottobre* – Pas carta 20/30000 – ⊊ 5000 – **26 cam** 43/60000 – ½ P 35/55000.

🏠 **Principe,** viale Dalmazia 124 ☎ 801457 – 🗷 🅟 ⑤ ⓞ 🛇 rist
maggio-settembre – Pas carta 22/31000 (10%) – ⊊ 8000 – **32 cam** 47/63000 – P 40/70000.

sulla strada statale 16 :

🏘 **Sabrina,** S : 1,5 km ⊠ 66055 ☎ 802020, ≤, 🐝 – 🍽 rist TV 🕿 🅟 – 🛄 100. AE ⑤ ⓞ E
VISA 🛇 rist
Pas 16/20000 – ⊊ 6000 – **73 cam** 46/65000 – ½ P 60/65000.

🏦 **Sporting,** S : 2,5 km ⊠ 66055 ☎ 801404, « Terrazza-giardino fiorita », 🛇 – 🗷 🚗 🅟 AE
ⓞ VISA 🛇
Pas carta 26/40000 – ⊊ 6000 – **22 cam** 44/66000 – ½ P 50/60000.

XXX **Villa Vignola** 🐺 con cam, località Vignola N : 6 km ⊠ 66054 Vasto ☎ 310050, ≤, 🏡,
prenotare, 🐛 – ➤ rist 🍽 TV 🕿 🅟 AE 🛇
Pas carta 42/65000 – **5 cam** ⊊ 150/250000 appartamenti 180/280000.

XX **Il Corsaro,** località Punta Penna-Porto di Vasto N : 8 km ⊠ 66054 Vasto ☎ 310113, ≤, 🏡,
Solo piatti di pesce, prenotare, 🐝 – 🗷 🅟
chiuso lunedì da novembre a marzo – Pas carta 50/62000 (15%).

X **Zi Nicola,** località Casarsa N : 3 km ⊠ 66054 Vasto ☎ 2648, ≤, « Servizio estivo in terrazza sul mare » – 🅟

VELESO 22020 Como 219 ⑨ – 241 ab. alt. 828 – 🕿 031.

Roma 649 – Como 24 – ♦Milano 72.

X **Bella Vista** 🐺 con cam, ☎ 917920, « Servizio estivo in terrazza con ≤ su lago e monti » –
🅟
Pas *(chiuso martedì)* carta 22/35000 – ⊊ 5000 – **11 cam** 25/50000 – P 40/46000.

VELLETRI 00049 Roma 988 ㉖ – 44 710 ab. alt. 352 – 🕿 06.

Escursioni Castelli romani★★ NO per la via dei Laghi o per la strada S 7, Appia Antica (circuito di 60 km).

🗓 viale dei Volsci 8 ☎ 9630896.

Roma 40 – Anzio 43 – Frosinone 61 – Latina 29 – Terracina 63 – Tivoli 56.

XX **Da Benito,** via Lata 241 ☎ 9632220 – AE ⓞ 🛇
chiuso lunedì ed agosto – Pas carta 24/33000.

VELLO Brescia – alt. 190 – ⊠ **25054** Marone – 🕿 030.

Roma 591 – ♦Brescia 34 – ♦Milano 100.

X **Glisenti,** ☎ 987222, Specialità pesce di lago – 🛇
chiuso giovedì e gennaio – Pas carta 21/32000.

VENARIA 10078 Torino – 30 713 ab. alt. 258 – 🕿 011.

Roma 685 – Aosta 116 – ♦Milano 142 – ♦Torino 9.

Pianta d'insieme di Torino (Torino p. 2)

🏦 **Galant** senza rist, corso Garibaldi 155 ☎ 210854 – 🛗 🖥 🕿 🚗 🅟 – 🛄 50. AE ⑤ E VISA
🛇
⊊ 12000 – **35 cam** 85/110000.
           GT **b**

VENEGONO INFERIORE 21040 Varese 219 ⑱ – 5 610 ab. alt. 327 – 🕿 0331.

Roma 618 – Como 23 – ♦Milano 42 – Varese 14.

XX **Aero Club,** all'aeroporto ☎ 864292, ≤, prenotare – 🅟 AE 🛇
chiuso lunedì ed agosto – Pas carta 45/62000.

Vedere Piazza San Marco*** FGZ :

Basilica*** GZ – Palazzo Ducale*** GZ – Campanile** – ⁂** FGZ **F** – Procuratie** FZ – Libreria Vecchia* GZ – Museo Correr* FZ **M** – Torre dell'Orologio* FZ **K** – Ponte dei Sospiri* GZ.

Canal Grande*** :

Ponte di Rialto* FY – Riva destra : Cà d'Oro*** : galleria Franchetti** EX – Palazzo Vendramin-Calergi** BT **R** – Cà Loredan* EY **H** – Palazzo Grimani** EY **Q** – Palazzo Corner-Spinelli** BTU **D** – Riva sinistra : galleria dell'Accademia*** BV – Palazzo Dario** BV **S** – Collezione Peggy Guggenheim** nel palazzo Venier dei Leoni BV **M2** – Palazzo Rezzonico** AU : capolavori del Guardi**, affreschi** del Tiepolo nel museo del Settecento Veneziano* – Palazzo Giustinian** AU **X** – Cà Foscari** AU **Y** – Palazzo Bernardo** BT **Z** – Palazzo dei Camerlenghi** FX **A** – Palazzo Pesaro** : museo d'arte moderna* EX.

Chiese :

Santa Maria della Salute** : Nozze di Cana*** del Tintoretto BV – San Giorgio Maggiore** : ⁂*** dal campanile**, opere del Tintoretto*** CV – San Zanipolo** : polittico*** di San Vincenzo Ferrari, soffitto*** della cappella del Rosario GX – Santa Maria Gloriosa dei Frari** : opere di Tiziano*** AT – San Zaccaria** : pala*** del Bellini, pale** del Vivarini e di Ludovico da Forlì GZ – Decorazione interna** del Veronese nella chiesa di San Sebastiano AU – Dipinti* del Guardi nella chiesa dell'Angelo Raffaele AU – Soffitto* della chiesa di San Pantaleone AT – Santa Maria dei Miracoli** FGX – Madonna col Bambino* nella chiesa di San Francesco della Vigna DT – Madonna col Bambino* nella chiesa del Redentore (isola della Giudecca) AV.

Scuola di San Rocco*** AT – Scuola dei Carmini* : dipinti** del Tiepolo AU – Scuola di San Giorgio degli Schiavoni* : dipinti** del Carpaccio DT – Palazzo Querini-Stampalia* GY – Rio dei Mendicanti* GX – Facciata* della scuola di San Marco GX – Affreschi* del Tiepolo nel palazzo Labia AT.

Lido** – Murano** : museo Vetrario***, chiesa dei Santi Maria e Donato** – Burano** – Torcello** : mosaici*** nella cattedrale di Santa Maria Assunta**, portico esterno** e colonne** all'interno della chiesa di Santa Fosca*.

🖇 (chiuso lunedì) al Lido Alberoni ⊠ 30011 𝒫 731333, 15 mn di vaporetto e 9 km;

🖇 e 🖇 Cà della Nave (chiuso martedì) a Martellago ⊠ 30030 𝒫 5401555, Fax 5401926, NO : 12 km.

✈ Marco Polo di Tessera, NE : 13 km 𝒫 661262 – Alitalia, San Marco 1166 ⊠ 30124 𝒫 5216222.

⛴ da piazzale Roma (Tronchetto) per il Lido-San Nicolò giornalieri (35 mn); da Riva degli Schiavoni per Punta Sabbioni giornalieri (40 mn); dal Lido Alberoni per l'Isola di Pellestrina-Santa Maria del Mare giornalieri (1 h 15 mn); dalle Fondamente Nuove per le Isole di Murano (10 mn), Burano (40 mn), Torcello (45 mn), giornalieri; dalle Fondamenta Nuove per Treporti di Cavallino giornalieri (1 h 10 mn) – Informazioni: ACTV-Azienda Consorzio Trasporti Veneziani, piazzale Roma ⊠ 30124 𝒫 5287886, Telex 223487.

🛈 San Marco Ascensione 71/c ⊠ 30124 𝒫 5226356 – Stazione Santa Lucia ⊠ 30121 𝒫 715016.

A.C.I. fondamenta Santa Chiara 518/a ⊠ 30125 𝒫 5200300.

Roma 528 ① – ✦Bologna 152 ① – ✦Milano 267 ① – ✦Trieste 158 ①.

Piante pagine seguenti

🏨🏨🏨 **Cipriani** 🏊, isola della Giudecca 10 ⊠ 30133 𝒫 5207744, Telex 410162, Fax 5203930, ≼, 🌳, « Giardino fiorito con ⏋ riscaldata », ⚞ – 📶 🗏 📺 ☎ ㅎ – 🔏 100. 🖭 🕄 ① **E** 𝑽𝑰𝑺𝑨. ⚞ rist
15 marzo-10 novembre – Pas carta 110/160000 – **98 cam** ⊒ 550/780000 appartamenti 1400/2300000.
CV **h**

🏨🏨🏨 **Gritti Palace,** campo Santa Maria del Giglio 2467 ⊠ 30124 𝒫 794611, Telex 410125, Fax 5200942, ≼ Canal Grande, « Servizio rist. estivo all'aperto sul Canal Grande » – 📶 🗏 📺 ☎ ㅎ – 🔏 50. 🖭 🕄 ① **E** 𝑽𝑰𝑺𝑨. ⚞ rist
Pas carta 90/130000 – **98 cam** ⊒ 471/679000 appartamenti 1250/1726000.
EZ **a**

🏨🏨🏨 **Danieli,** riva degli Schiavoni 4196 ⊠ 30122 𝒫 5226480, Telex 410077, Fax 5200208, ≼ canale di San Marco, « Hall in cortiletto stile veneziano e servizio rist. estivo in terrazza panoramica » – 📶 🗏 📺 ☎ – 🔏 70 a 150. 🖭 🕄 ① **E** 𝑽𝑰𝑺𝑨. ⚞ rist
Pas carta 103/165000 – ⊒ 25000 – **222 cam** 357/560000 appartamenti 1012/1547000.
GZ **a**

🏨🏨🏨 **Bauer Grünwald,** campo San Moisè 1459 ⊠ 30124 𝒫 5231520, Telex 410075, Fax 5207557, ≼ Canal Grande, 🌳 – 📶 ⚞ cam 🗏 📺 ☎ – 🔏 25 a 180. 🖭 🕄 ① **E** 𝑽𝑰𝑺𝑨. ⚞ rist
Pas carta 80/110000 – **214 cam** ⊒ 290/460000 appartamenti 780/1080000.
FZ **h**

🏨🏨 **Londra Palace,** riva degli Schiavoni 4171 ⊠ 30122 𝒫 5200533, Telex 431315, Fax 5225032, ≼ canale di San Marco – 📶 🗏 📺 ☎ – 🔏 200. 🖭 🕄 ① **E** 𝑽𝑰𝑺𝑨
Pas vedere rist Les Deux Lions – ⊒ 19000 – **69 cam** 230/360000.
GZ **t**

🏨🏨 **Europa e Regina,** calle larga 22 Marzo 2159 ⊠ 30124 𝒫 5200477, Telex 410123, Fax 5231533, ≼ Canal Grande, 🌳 – 📶 🗏 📺 ☎ ㅎ – 🔏 30 a 140. 🖭 🕄 ① **E** 𝑽𝑰𝑺𝑨. ⚞ rist
Pas 75/85000 – ⊒ 25000 – **189 cam** 274/429000 appartamenti 488/952000.
FZ **d**

🏨🏨 **Monaco e Grand Canal,** calle Vallaresso 1325 ⊠ 30124 𝒫 5200211, Telex 410450, Fax 5200501, ≼ Canal Grande, 🌳 – 📶 🗏 📺 ☎ ㅎ – 🔏 40. 🖭 🕄 ① **E** 𝑽𝑰𝑺𝑨. ⚞ rist
Pas al Rist. **Grand Canal** carta 78/120000 – **72 cam** ⊒ 240/370000 – ½ P 220/260000.
FZ **e**

🏨🏨 **Metropole** senza rist, riva degli Schiavoni 4149 ⊠ 30122 𝒫 5205044, Telex 410340, Fax 5223679, ≼ canale di San Marco, « Collezioni di piccoli oggetti d'epoca » – 📶 🗏 📺 ☎ – 🔏 40. 🖭 🕄 ① **E** 𝑽𝑰𝑺𝑨
– **63 cam** ⊒ 235/340000.
DU **t**

🏨🏨🏨 **Splendid-Suisse,** San Marco-Mercerie 760 ⌧ 30124 *℘* 5200755, Telex 410590, Fax
5286498 – 🛗 🗏 📺 ☎ 🕭 – 🔬 150. 🄰🄴 🕄 ⓞ 🄴 𝗩𝗜𝗦𝗔. 🎇 rist   FY **n**
Pas carta 45/62000 – **157 cam** ☑ 250/350000 appartamenti 231/383000 – ½ P 240/332000.

🏨🏨🏨 **Pullman Park Hotel,** giardini Papadopoli ⌧ 30125 *℘* 5285394, Telex 410310, Fax 5230043
– 🛗 🗏 📺 ☎ – 🔬 60. 🄰🄴 🕄 ⓞ 🄴 𝗩𝗜𝗦𝗔. 🎇   AT **k**
Pas carta 50/78000 – **100 cam** ☑ 195/300000 appartamenti 350/450000.

🏨🏨🏨 **Luna,** calle larga dell'Ascensione 1243 ⌧ 30124 *℘* 5289840, Telex 410236, Fax 5287160 –
🛗 🗏 📺 ☎ – 🔬 70 a 150. 🄰🄴 🕄 ⓞ 🄴 𝗩𝗜𝗦𝗔. 🎇 rist   FZ **p**
Pas 65000 – **125 cam** ☑ 245/425000 appartamenti 700/1000000.

🏨🏨 **Saturnia-International e Rist. Il Cortile,** calle larga 22 Marzo 2398 ⌧ 30124 *℘* 5208377,
Telex 410355, Fax 5207131, 🏡, « Palazzo patrizio del 14° secolo » – 🛗 🗏 📺 – 🔬 60.
🄰🄴 🕄 ⓞ 🄴 𝗩𝗜𝗦𝗔. 🎇 rist   EZ **n**
Pas *(chiuso mercoledì)* carta 55/79000 – **95 cam** ☑ 210/330000.

🏨🏨 **Gabrielli Sandwirth,** riva degli Schiavoni 4110 ⌧ 30122 *℘* 5231580, Telex 410228, Fax
5209455, ≤ canale di San Marco, « Cortiletto e giardino » – 🛗 🗏 ☎. 🄰🄴 🕄 ⓞ 🄴 𝗩𝗜𝗦𝗔.
🎇 rist   DU **b**
15-28 *febbraio e 16 marzo-15 novembre* – Pas 38/55000 – **100 cam** ☑ 205/340000 –
½ P 125/255000.

🏨🏨 **La Fenice et des Artistes** senza rist, campiello de la Fenice 1936 ⌧ 30124 *℘* 5232333,
Telex 411150, Fax 5203721 – 🛗 🗏 📺 ☎. 🕄 🄴 𝗩𝗜𝗦𝗔. 🎇   EZ **v**
61 cam ☑ 118/180000 appartamenti 230/280000, 🗏 18000.

🏨🏨 **Cavalletto e Doge Orseolo,** calle del Cavalletto 1107 ⌧ 30124 *℘* 5200955, Telex 410684,
Fax 5238184, ≤ – 🛗 🗏 📺 ☎. 🄰🄴 🕄 ⓞ 🄴 𝗩𝗜𝗦𝗔. 🎇   FZ **f**
Pas carta 55/85000 – **80 cam** ☑ 180/305000.

🏨 **Concordia** senza rist, calle larga San Marco 367 ⌧ 30124 *℘* 5206866, Telex 411069, Fax
5206775 – 🛗 🗏 ☎. 🄰🄴 🕄 ⓞ 🄴 𝗩𝗜𝗦𝗔. 🎇   GZ **r**
☑ 12000 – **55 cam** 163/286000.

🏨 **Santa Chiara,** senza rist, Santa Croce 548 ⌧ 30125 *℘* 5206955, Telex 215621, Fax 5228799 –
🛗 🗏 📺 ☎ ᕃ   AT **c**
28 cam.

🏨 **Flora** 🌳 senza rist, calle larga 22 Marzo 2283/a ⌧ 30124 *℘* 5205844, Telex 410401, Fax
5228217, « Piccolo giardino fiorito » – 🛗 🗏 ☎. 🕄 ⓞ 🄴 𝗩𝗜𝗦𝗔   EZ **t**
chiuso dal 15 novembre al 27 gennaio – **44 cam** ☑ 122/184000.

🏨 **Rialto,** riva del Ferro 5149 ⌧ 30124 *℘* 5209166, Telex 223448, Fax 5238958 – 🗏 📺 ☎. 🄰🄴
🕄 ⓞ 🄴 𝗩𝗜𝗦𝗔. 🎇   FY **v**
Pas *(chiuso giovedì e da novembre al 15 marzo)* carta 30/61000 (12%) – **71 cam** ☑ 141/191000
appartamenti 230/350000. 🗏 15000 – ½ P 126/171000.

🏨 **San Cassiano** senza rist, Santa Croce 2232 ⌧ 30125 *℘* 5241733, Telex 223479, ≤ – 🗏 📺
☎ ᕃ. 🄰🄴 🕄 ⓞ 🄴 𝗩𝗜𝗦𝗔   EX **f**
35 cam ☑ 120/180000.

🏨 **Ala** senza rist, campo Santa Maria del Giglio 2494 ⌧ 30124 *℘* 5208333, Telex 410275, Fax
5206390 – 🛗 🗏 ☎. 🄰🄴 🕄 ⓞ 🄴 𝗩𝗜𝗦𝗔   EZ **e**
77 cam ☑ 135/200000.

🏨 **Torino** senza rist, calle delle Ostreghe 2356 ⌧ 30124 *℘* 5205222, Fax 5228227 – 🗏 ☎. 🄰🄴
🕄 ⓞ 🄴 𝗩𝗜𝗦𝗔   EZ **z**
20 cam ☑ 125/190000.

🏨 **Pausania San Barnaba** senza rist, Dorsoduro 2824 ⌧ 30123 *℘* 5222083, Telex 420178 –
⥥⥥ 🗏 📺 ☎. 🄰🄴 𝗩𝗜𝗦𝗔   AU **a**
25 cam ☑ 120/180000.

🏨 **Castello** senza rist, Castello-calle Figher 4365 ⌧ 30122 *℘* 5230217, Telex 311879, Fax
5211023 – 🗏 📺 ☎. 🄰🄴 🕄 ⓞ 🄴 𝗩𝗜𝗦𝗔   GY **b**
26 cam ☑ 115/180000.

🏨 **Bisanzio** 🌳 senza rist, calle della Pietà 3651 ⌧ 30122 *℘* 5203100, Telex 420099, Fax
5204114 – 🛗 🗏 📺 ☎. 🄰🄴 🕄 ⓞ 🄴 𝗩𝗜𝗦𝗔   DU **d**
39 cam ☑ 120/180000.

🏨 **Casanova** senza rist, San Marco-Frezzeria 1284 ⌧ 30124 *℘* 5206855, Telex 223553 – 🛗 🗏
📺 ☎. 🄰🄴 🕄 ⓞ 🄴 𝗩𝗜𝗦𝗔   FZ **u**
43 cam ☑ 124/189000 appartamenti 231000, 🗏 12500.

🏨 **Panada** senza rist, San Marco-calle dei Specchieri 646 ⌧ 30124 *℘* 5209088, Telex 410153,
Fax 5209619 – 🛗 🗏 ☎. 🄰🄴 🕄 ⓞ 🄴 𝗩𝗜𝗦𝗔   GY **v**
45 cam ☑ 120/185000.

🏨 **Gardena** senza rist, fondamenta dei Tolentini 239 ⌧ 30135 *℘* 5235549 – 🛗 🗏 📺 ☎. 🄰🄴
🕄 ⓞ 🄴 𝗩𝗜𝗦𝗔   AT **e**
22 cam ☑ 110/180000.

🏨 **Montecarlo** senza rist, calle dei Specchieri 463 ⌧ 30124 *℘* 5207144, Telex 411098, Fax
5207789 – 🛗 🗏 ☎. 🄰🄴 🕄 ⓞ 🄴 𝗩𝗜𝗦𝗔   GY **q**
48 cam ☑ 143/195000.

🏨 **Savoia e Jolanda,** riva degli Schiavoni 4187 ⌧ 30122 *℘* 5224130, Telex 410620, Fax
5207494, ≤ canale di San Marco – 🛗 ☎. 🄰🄴 🕄 🄴 𝗩𝗜𝗦𝗔. 🎇 rist   GZ **x**
Pas *(chiuso martedì)* 35000 – ☑ 17000 – **56 cam** 103/148000 – ½ P 129/158000.

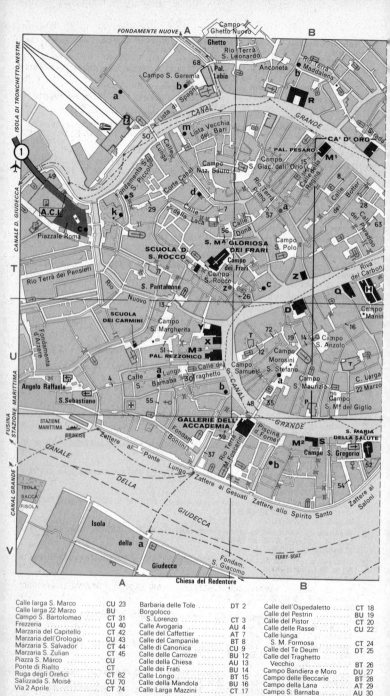

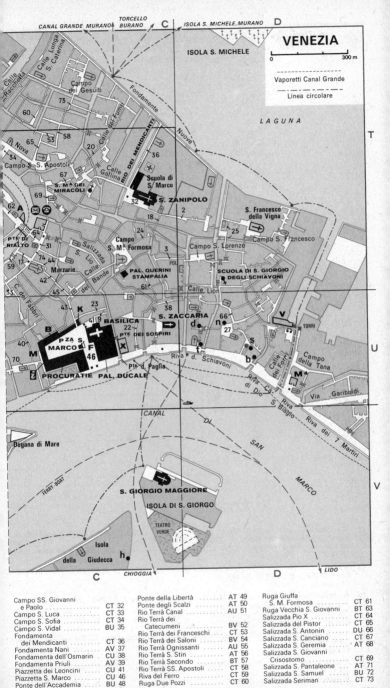

VENEZIA

0   300 m

- - - - - - Vaporetti Canal Grande
- · - · - · Linea circolare

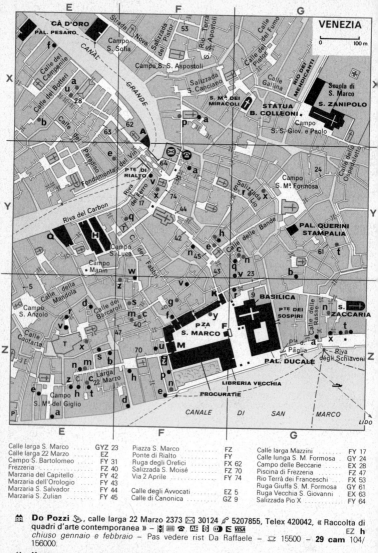

VENEZIA

0   100 m

🏛 **Do Pozzi** ⑤, calle larga 22 Marzo 2373 ⊠ 30124 ℰ 5207855, Telex 420042, « Raccolta di quadri d'arte contemporanea » – ⬛ ▤ ☎. 🅰🅴 🅢 ⑩ Ⓔ 𝗩𝗜𝗦𝗔   EZ **h**
chiuso gennaio e febbraio – Pas vedere rist Da Raffaele – ⬭ 15500 – **29 cam** 104/156000.

🏛 **Kette** senza rist, San Marco-piscina San Moisè 2053 ⊠ 30124 ℰ 5207766, Telex 311877, Fax 5228964 – ⬛ ▤ 📺 ☎. 🅰🅴 𝗩𝗜𝗦𝗔. ⋇   EZ **s**
51 cam ⬭ 120/190000.

🏛 **Al Malibran,** Cannaregio-corte del Milion 5864 ⊠ 30131 ℰ 5228028, Telex 420337 – ⬛
⋇ cam 📳. 🅰🅴 ⑩ Ⓔ 𝗩𝗜𝗦𝗔. ⋇ rist   FX **a**
Pas (chiuso martedì sera e mercoledì in bassa stagione) carta 29/46000 – ⬭ 14000 –
29 cam 103/148000 – ½ P 141000.

🏠 **San Moisè** senza rist, San Marco 2058 ⊠ 30124 ℰ 5203755, Telex 223534 – 📺 ☎. 🅰🅴 🅢
⑩ Ⓔ 𝗩𝗜𝗦𝗔   EZ **b**
16 cam ⬭ 125/191000.

🏠 **Ateneo** senza rist, San Marco 1876-calle Minelli ⊠ 30124 ℰ 5200588 – ▤ 📺 📳. 🅰🅴 🅢 Ⓔ
𝗩𝗜𝗦𝗔   EZ **d**
20 cam ⬭ 125/191000, ▤ 15000.

610

🏠 **Nuovo Teson** senza rist, calle de la Pescaria 3980 ⊠ 30122 𝒫 5205555, Fax 5285335 – 📞
&. 🄰🄴 🕃 🄴 *VISA*
DU **s**
chiuso dal 10 al 30 novembre – **30 cam** ⇆ 60/105000.

🏠 **Carpaccio** ⚭ senza rist, San Polo-calle Corner 2765 ⊠ 30125 𝒫 5235946, Fax 5242134, ≤
Canal Grande – 📞. 🕃 🄴 *VISA*
BT **c**
16 marzo-12 novembre – **17 cam** ⇆ 118/178000.

🏠 **American** senza rist, San Vio 628 ⊠ 30123 𝒫 5204733, Telex 410508, Fax 5204048 – ▤ 📺
📞. 🄰🄴 🄾 🄴 *VISA*
BV **b**
29 cam ⇆ 125/185000.

🏠 **San Stefano** senza rist, San Marco-campo San Stefano 2957 ⊠ 30124 𝒫 5200166, Fax
5224460 – 📳 ▤ 📺 📞. ⚭
BU **a**
chiuso dal 7 al 31 gennaio – **12 cam** ⇆ 65/110000, ▤ 10000.

🏠 **San Zulian** senza rist, San Marco 535 ⊠ 30124 𝒫 5225872 – ▤ 📺 📞. 🄰🄴 🕃 🄴 *VISA*
FY **h**
18 cam ⇆ 61/108000, ▤ 10000.

🏠 **Paganelli** senza rist, riva degli Schiavoni 4687 ⊠ 30122 𝒫 5224324 – ▤ rist 📞. 🄰🄴 🕃 🄴
VISA
GZ **t**
22 cam ⇆ 83/116000 – ½ P 70/90000.

🏠 **Abbazia** senza rist, calle Priuli 66 ⊠ 30121 𝒫 717333, Telex 433249 – 📞. 🄰🄴 🄾 🄴 *VISA*.
⚭
AT **a**
37 cam ⇆ 60/104000.

🏠 **Accademia** senza rist, Dorsoduro-fondamenta Bollani 1058 ⊠ 30123 𝒫 5237846 – 📞. 🄰🄴
🕃 🄾 🄴 *VISA*. ⚭
AU **b**
25 cam ⇆ 87/152000.

🏠 **La Residenza** senza rist, campo Bandiera e Moro 3608 ⊠ 30122 𝒫 5285315, Fax 5238859,
« Edificio del 14° secolo » – ▤ 📺 📞. 🄰🄴 🕃 🄾 *VISA*. ⚭
DU **n**
chiuso dall'8 gennaio al 20 febbraio – **15 cam** ⇆ 78/110000, ▤ 10000.

🏠 **Basilea** senza rist, rio Marin 817 ⊠ 30135 𝒫 718477, Telex 420320, Fax 718477 – 📞 &. *VISA*.
⚭
AT **d**
30 cam ⇆ 59/103000.

🏠 **Serenissima** senza rist, calle Goldoni 4486 ⊠ 30124 𝒫 5200011 – 📞. 🄰🄴 🕃 🄴 *VISA*
FYZ **w**
24 febbraio-5 novembre – **34 cam** ⇆ 58/102000.

🏠 **La Forcola** senza rist, Cannaregio-Ponte dell'Anconeta 2356 ⊠ 30121 𝒫 720277 – 📞. 🕃
🄾 🄴 *VISA*
BT **b**
⇆ 7000 – **22 cam** 43/72000.

🏠 **Caprera** senza rist, lista di Spagna 219 ⊠ 30121 𝒫 715271 – 🕃 *VISA*
AT **b**
⇆ 8000 – **20 cam** 39/81000.

🏠 **San Fantin** senza rist, campiello de la Fenice 1930/a ⊠ 30124 𝒫 5231401 – ⚭
EZ **r**
aprile-10 novembre – **14 cam** ⇆ 51/106000.

🏠 **Ai 2 Fanali** senza rist, campo San Simeon Grando 946 ⊠ 30135 𝒫 718344, Fax 718344 – 🄰🄴
🕃 🄾 🄴 *VISA*
AT **m**
chiuso da novembre al 26 dicembre – **16 cam** ⇆ 55/95000.

🏠 **Astoria** senza rist, calle Fiubera 951 ⊠ 30124 𝒫 5225381, Fax 5200771 – 🄰🄴 🕃 🄾 🄴 *VISA*.
⚭
FZ **v**
15 marzo-15 novembre – ⇆ 10000 – **28 cam** 65/81000.

🍴🍴🍴🍴 **Caffè Quadri,** piazza San Marco 120 ⊠ 30124 𝒫 5289299 – 🄰🄴 🕃 🄾 🄴 VISA. ⚭
FZ **y**
chiuso lunedì – Pas carta 80/110000.

🍴🍴🍴🍴 **Antico Martini,** campo San Fantin 1983 ⊠ 30124 𝒫 5224121, Fax 5289857 – ▤. 🄰🄴 🕃 🄾
🄴 *VISA*. ⚭
EZ **x**
*chiuso martedì, mercoledì a mezzogiorno, dal 2 novembre al 21 dicembre e dall'8 gennaio al
24 marzo (escluso Carnevale) –* Pas carta 63/110000 (15%).

🍴🍴🍴 ⚜ **Harry's Bar,** calle Vallaresso 1323 ⊠ 30124 𝒫 5236797, Rist.-american bar – ▤. 🄰🄴 🄾
🄴 *VISA*
FZ **n**
chiuso lunedì e dal 4 gennaio al 15 febbraio – Pas carta 76/110000 (20%)
Spec. Tagliolini alle seppie (15 luglio-15 ottobre), Filetti di San Pietro al radicchio (inverno), Scampi alla
Thermidor (estate), Pasticceria della Casa. **Vini** Soave, Cabernet.

🍴🍴🍴 **Les Deux Lions,** riva degli Schiavoni 4175 ⊠ 30122 𝒫 5200533, Fax 5225032, Rist. elegante,
Coperti limitati; prenotare, « Servizio estivo sulla riva » – ▤. 🄰🄴 🕃 🄾 🄴 *VISA*. ⚭
GZ **t**
chiuso martedì escluso dal 20 giugno al 20 ottobre – Pas carta 60/80000.

🍴🍴🍴 ⚜ **La Caravella,** calle larga 22 Marzo 2397 ⊠ 30124 𝒫 5208901, Rist. caratteristico,
Coperti limitati; prenotare – ▤. 🄰🄴 🕃 🄾 🄴 *VISA*. ⚭
EZ **m**
chiuso mercoledì – Pas carta 68/105000.
Spec. Bigoli in salsa, Scampi allo Champagne, Filetto di bue Caravella. **Vini** Chardonnay, Cabernet Sauvignon.

🍴🍴🍴 **Taverna La Fenice,** San Marco 1938 ⊠ 30124 𝒫 5223856, ☂, Rist. elegante – ▤. 🄰🄴 🕃
🄾 🄴 *VISA*. ⚭
EZ **v**
chiuso domenica, lunedì a mezzogiorno e dall'8 gennaio al 22 febbraio – Pas carta 52/88000
(15%).

🍴🍴🍴 **Malamocco,** campiello del Vin 4650 ⊠ 30122 𝒫 5227438, Rist. elegante-confort accurato
– ▤. 🄰🄴 🕃 🄾 🄴 *VISA*
GZ **n**
chiuso giovedì e dall'8 gennaio al 5 febbraio – Pas carta 48/75000.

XXX **Al Campiello,** calle dei Fuseri 4346 ⊠ 30124 ℘ 5206396, Rist.-american-bar-soupers, Coperti limitati; prenotare – 🗐 🗚 🖾 🗲 𝘝𝘐𝘚𝘈 FZ **z**
chiuso lunedì ed agosto – Pas carta 45/68000 (13%).

XXX **La Colomba,** piscina di Frezzeria 1665 ⊠ 30124 ℘ 5221175, 😋, « Raccolta di quadri d'arte contemporanea » – 🗐 🗚 🖾 🗲 𝘝𝘐𝘚𝘈 FZ **m**
chiuso mercoledì da ottobre a marzo – Pas carta 47/91000 (15%).

XX **Do Forni,** calle degli Specchieri 457/468 ⊠ 30124 ℘ 5237729, Telex 433072, Rist. rustico moderno – 🗐 🗚 🖾 🗲 𝘝𝘐𝘚𝘈 GY **c**
chiuso dal 22 novembre al 5 dicembre e giovedì (escluso da giugno ad ottobre) – Pas carta 53/75000.

XX **Al Graspo de Ua,** calle dei Bombaseri 5094 ⊠ 30124 ℘ 5223647, Taverna caratteristica – 🗐, 🗚 🖾 ⓞ 🗲 𝘝𝘐𝘚𝘈 FY **x**
chiuso lunedì, martedì, dal 20 dicembre al 13 gennaio e dal 25 luglio al 10 agosto – Pas carta 47/74000 (16%).

XX **Harry's Dolci,** Giudecca 773 ⊠ 30133 ℘ 5224844, « Servizio estivo all'aperto sul Canale della Giudecca » – 🗐, 🗚 🖾 ⓞ 🗲 𝘝𝘐𝘚𝘈 AV **a**
chiuso lunedì (escluso luglio-settembre) e dal 7 novembre al 7 marzo – Pas carta 35/64000 (15%).

XX **Noemi** con cam, calle dei Fabbri 909 ⊠ 30124 ℘ 5225238 e hotel ℘ 5238144 – 🗐 rist. 🗚 🖾 ⓞ 🗲 𝘝𝘐𝘚𝘈 FZ **g**
Pas *(chiuso domenica, lunedì a mezzogiorno e dal 16 dicembre al 31 gennaio)* carta 46/68000 (13%) – 🍴 8000 – **15 cam** 35/55000.

XX **Osteria da Fiore,** San Polo-calle del Scaleter 2202 ⊠ 30125 ℘ 721308, Solo piatti di pesce, Coperti limitati, prenotare – 🗐, 🗚 🖾 ⓞ 🗲 𝘝𝘐𝘚𝘈 😋 BT **a**
chiuso domenica, lunedì, da Natale al 6 gennaio e dal 7 al 30 agosto – Pas carta 44/68000 (10%).

XX **Antico Pignolo,** calle dei Specchieri 451 ⊠ 30124 ℘ 5228123, 😋, Rist. rustico moderno – 🗚 🖾 ⓞ 🗲 𝘝𝘐𝘚𝘈 GY **n**
chiuso martedì e dal 10 al 31 gennaio – Pas carta 50/71000.

XX **Da Raffaele,** calle larga 22 Marzo 2347 ⊠ 30124 ℘ 5232317, 😋, « Collezione di armi antiche » – 🗐, 🗚 🖾 ⓞ 🗲 𝘝𝘐𝘚𝘈 EZ **c**
chiuso giovedì e dal 10 dicembre al 25 gennaio – Pas carta 40/70000 (12%).

XX **Fiaschetteria Toscana,** San Giovanni Crisostomo 5719 ⊠ 30121 ℘ 5285281 – 🗐 🗚 🖾 🗲 𝘝𝘐𝘚𝘈 FX **p**
chiuso dal 1° al 15 luglio e martedì da novembre a giugno – Pas carta 30/51000 (12%).

XX **Ai Barbacani,** Castello-San Lio 5746 ⊠ 30122 ℘ 5210234, prenotare – 🗚 🖾 ⓞ 🗲 𝘝𝘐𝘚𝘈 GY **x**
chiuso lunedì – Pas carta 43/76000 (12%).

XX **Da Ivo,** calle dei Fuseri 1809 ⊠ 30124 ℘ 5285004, Coperti limitati; prenotare – 🗐, 🗚 🖾 ⓞ 🗲 𝘝𝘐𝘚𝘈 😋 FZ **s**
chiuso domenica e gennaio – Pas carta 47/77000 (13%).

XX **Al Conte Pescaor,** piscina San Zulian 544 ⊠ 30124 ℘ 5221483, Rist. rustico – 🗐, 🗚 🖾 ⓞ 🗲 𝘝𝘐𝘚𝘈 FY **h**
chiuso domenica e lunedì a mezzogiorno – Pas carta 34/56000.

XX **Città di Milano,** San Marco 590 ⊠ 30124 ℘ 5285437 – 🗚 🖾 ⓞ 🗲 𝘝𝘐𝘚𝘈 FY **e**
chiuso lunedì e dal 15 novembre al 15 dicembre – Pas carta 32/54000 (12%).

X **Madonna,** calle della Madonna 594 ⊠ 30125 ℘ 5223824, Trattoria veneziana – 🗐, 🗚 🖾 🗲 𝘝𝘐𝘚𝘈 EY **e**
chiuso mercoledì, dal 24 dicembre al 31 gennaio e dal 4 al 17 agosto – **Pas** carta 28/42000 (12%).

X **Antica Carbonera,** calle Bembo 4648 ⊠ 30124 ℘ 5225479, Trattoria veneziana – 🗐, 🗚 🖾 ⓞ 🗲 𝘝𝘐𝘚𝘈 FY **q**
chiuso martedì e dal 20 luglio al 10 agosto – Pas carta 30/51000 (12%).

X **Da Bruno,** Castello-calle del Paradiso 5731 ⊠ 30122 ℘ 5221480 – 🍴 🗐 🗚 GY **r**
chiuso mercoledì e dal 15 al 30 luglio – Pas carta 25/35000 (10%).

X **Antica Trattoria Poste Vecie,** Pescheria 1608 ⊠ 30125 ℘ 721822, 😋, Tipica trattoria veneziana – 🗚 🖾 ⓞ 🗲 𝘝𝘐𝘚𝘈 😋 EX **a**
chiuso martedì escluso settembre ed ottobre – Pas carta 37/62000.

X **Agli Amici,** San Polo-calle Botteri 1544 ⊠ 30125 ℘ 5241309, Coperti limitati; prenotare EX **b**
chiuso mercoledì – Pas carta 24/36000 (10%).

X **Ai Mercanti,** San Polo 1588 ⊠ 30125 ℘ 5240282 – 🗚 🖾 ⓞ 🗲 𝘝𝘐𝘚𝘈 EX **u**
chiuso giovedì – Pas carta 35/67000 (12%).

X **Al Covo,** campiello della Pescaria 3968 ⊠ 30122 ℘ 5223812 – 🗚 🖾 ⓞ 🗲 𝘝𝘐𝘚𝘈 DU **s**
chiuso mercoledì, giovedì, gennaio e dal 3 al 17 agosto – Pas carta 39/66000.

X **Al Giardinetto-da Severino,** ruga Giuffa 4928 ⊠ 30122 ℘ 5285332, 😋 – 🗚 🖾 ⓞ 🗲 𝘝𝘐𝘚𝘈 GY **t**
chiuso sabato e dal 10 gennaio al 10 febbraio – Pas carta 27/41000 (12%).

X **Trattoria S. Tomà,** campo San Tomà 2864/a ⊠ 30125 ℘ 5238819, Rist. e pizzeria – 🗚 🖾 ⓞ 🗲 𝘝𝘐𝘚𝘈 ABT **z**
chiuso martedì – Pas carta 24/42000 (12%).

X **Da Nico,** piscina di Frezzeria 1702 ⊠ 30124 ℘ 5221543 – 🗚 🖾 ⓞ 🗲 𝘝𝘐𝘚𝘈 FZ **c**
chiuso lunedì e dal 15 al 31 luglio – Pas carta 25/55000 (12%).

DINTORNI DI VENEZIA CON RISORSE ALBERGHIERE

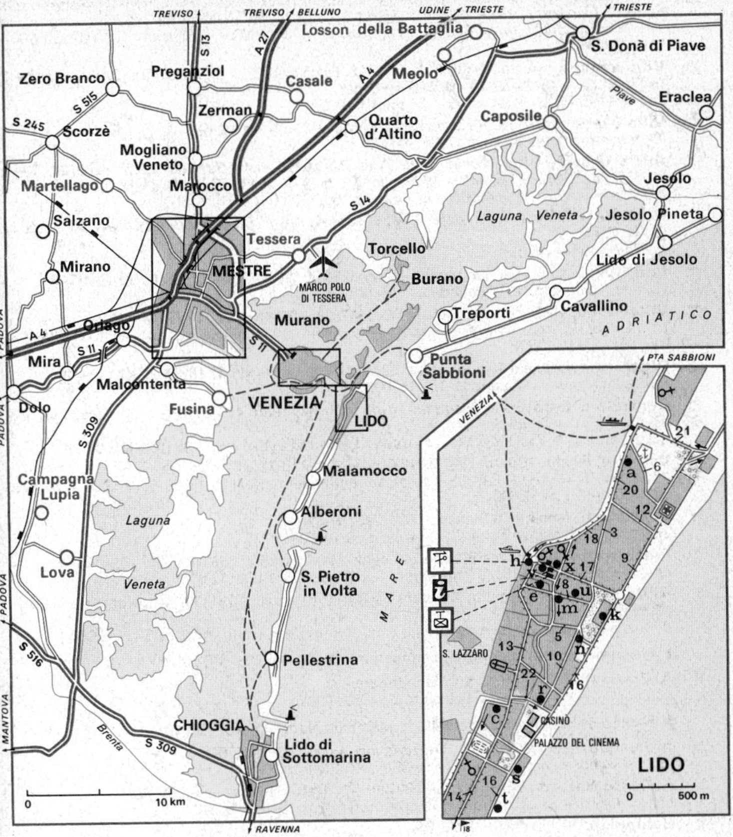

Aquileia (Via)	3	Dardanelli (Via)	10	S. M. Elisabetta (Gr.Viale)	17
Bragadin (Via M.A.)	5	Duodo (Via F.)	12	S. M. Elisabetta (Riviera)	18
Cipro (Via)	6	Gallo (Via S.)	13	S. Nicolò (Riviera)	20
Dandolo (Viale E.)	8	Malamocco (Via)	14	Selva (Via G.)	21
D'Annunzio (Lungomare)	9	Marconi (Lungomare)	16	4 Fontane (Via)	22

al Lido : 15 mn di vaporetto da San Marco FZ – ✉ **30126** Venezia Lido.

Accesso consentito agli autoveicoli durante tutto l'anno.

ℹ Gran Viale S. M. Elisabetta 6 ✆ 5235779 :

Excelsior, lungomare Marconi 41 ✆ 5260201, Telex 410023, Fax 5267276, ≤, ⛱, 🏖, 🎾, 18 – 🛗 ▤ 📺 ☎ ♿ 🅿 – 40 a 600. AE ⑨ ⓞ E VISA. ✗ rist **s**
marzo-ottobre – Pas carta 90/140000 – ☕ 21000 – **219 cam** 381/512000 appartamenti 1071/1478000 – ½ P 115000.

Des Bains, lungomare Marconi 17 ✆ 5265921, Telex 410142, Fax 5260113, ≤, « Parco fiorito con ⛱ riscaldata e 🎾 », 🏖 – 🛗 ▤ 📺 ☎ 🅿 – 90 a 380. AE ⑨ ⓞ E VISA. ✗ **k**
aprile-ottobre – Pas 69/99000 – ☕ 22000 – **193 cam** 257/393000 appartamento 927000 – ½ P 346/406000.

Quattro Fontane 🌿, via 4 Fontane 16 ✆ 5260227, Telex 411006, Fax 5260726, 🌳, 🎾 – ▤ 📺 ☎ 🅿 – 40. AE ⑨ E VISA. ✗ rist **r**
21 aprile-15 ottobre – Pas carta 59/95000 – ☕ 17000 – **68 cam** 160/250000 – ½ P 170/220000.

Le Boulevard e Rist. Grimod, Gran Viale S. M. Elisabetta 41 ✆ 5261990, Telex 410185, Fax 5261917 – 🛗 ⊁ ▤ 📺 ☎ 🅿 – 60. AE ⑨ ⓞ E VISA. ✗ rist **x**
chiuso gennaio – Pas carta 32/58000 – ☕ 20000 – **45 cam** 150/270000, ▤ 15000 – ½ P 180/223000.

🏠🏠 **Villa Mabapa,** riviera San Nicolò 16 ℰ 5260590, Telex 410357, Fax 5269441, « Servizio rist. estivo in giardino », 🌳 – 🔊 🗏 cam 📺 ☎ 👌 – 🔬 60. 🖭 🚹 ⑨ 🗲 🚾. 🎇 rist **a**
Pas *(chiuso dal 3 novembre al 15 marzo)* carta 37/54000 – **62 cam** 🖙 140/230000 –
½ P 115/155000.

🏠🏠 **Villa Laguna,** via San Gallo 6 ℰ 5260342, Fax 5268922, 🔽 laguna di San Marco, 🌤 – 🔊
🗏 📺 ☎ 👂 – 🔬 25. 🖭 🚹 ⑨ 🗲 🚾. 🎇 rist **h**
Pas carta 40/52000 – 🖙 18000 – **34 cam** 178/302000 – ½ P 198000.

🏠 **Villa Otello** senza rist, via Lepanto 12 ℰ 5260048 – 🔊 🌤 🐜 👂 **m**
15 marzo-ottobre – **34 cam** 🖙 85/140000.

🏠 **Adria Urania, Villa Nora, Villa Ada-Biasutti,** viale Dandolo 29 ℰ 5260120, Telex
410666, Fax 5261259, 🌤, 🌳 – 🔊 🗏 cam 📺 ☎ 👂 – 🔬 50. 🖭 🚹 ⑨ 🗲 🚾. 🎇 rist **u**
marzo-novembre – Pas 40000 – **87 cam** 🖙 160/270000 – ½ P 90/150000.

🏠 **Helvetia** senza rist, Gran Viale S. M. Elisabetta 4/6 ℰ 5260105, Telex 420045, 🌳 – 🔊 🐜
👂. 🚹 🗲 🚾. 🎇 **v**
aprile-ottobre – **56 cam** 🖙 115/180000.

🏠 **Petit Palais** senza rist, lungomare Marconi 54 ℰ 5261707, 🔽 – 🔊 ☎. 🖭 🚹 ⑨ 🗲 🚾 **t**
15 marzo-6 novembre – **26 cam** 🖙 115/175000.

🏠 **Villa Parco,** via Rodi 1 ℰ 5260015, Fax 5267620 – 📺 ☎ 👂. 🖭 🚹 🗲 🚾. 🎇 **c**
chiuso dal 15 novembre a gennaio – Pas (solo per clienti alloggiati) 20/40000 (9%) –
22 cam 🖙 80/140000.

🏠 **Rigel** senza rist, viale Dandolo 13 ℰ 5268810 – 🔊 🐜 🗏 ☎. 🖭 🚹 ⑨ 🗲 **e**
febbraio-ottobre – **42 cam** 🖙 101/152000.

🏠 **Centrale e Byron,** via Bragadin 30 ℰ 5260052, Telex 410391, 🌳 – 🔊 🗏 🐜. 🖭 🚾.
🎇 rist **n**
marzo-ottobre – Pas 20/35000 – **36 cam** 🖙 80/130000, 🗏 10000 – ½ P 60/125000.

🏠 **Vianello,** località Alberoni 🖂 30011 Alberoni ℰ 731072, 🌳 – 🎇 rist
15 marzo-15 ottobre – Pas *(chiuso da settembre a maggio)* 15/18000 – 🖙 5000 – **20 cam**
65/81000 – ½ P 52/62000.

XX **Ai Murazzi,** località Cà Bianca ℰ 5267278, 🔽 – 🗏 👂
aprile-ottobre; chiuso martedì – Pas carta 30/78000 (12%).

X **Trattoria da Ciccio,** via S.Gallo 241-verso Malamocco ℰ 5265489, 🌤 – 👂. 🚾
chiuso martedì e dal 15 al 30 novembre – Pas carta 26/41000 (12%).

X **Al Vecio Cantier,** località Alberoni 🖂 30011 Alberoni ℰ 731130, 🌤, prenotare – 🖭 🚹
⑨ 🗲 🚾
chiuso novembre, lunedì e da ottobre a maggio anche martedì – Pas carta 34/50000.

a Murano 10 mn di vaporetto dalle fondamenta Nuove CT – 🖂 30121 :

X **Ai Frati,** ℰ 736694, 🌤, Trattoria marinara
chiuso giovedì e febbraio – Pas carta 30/47000 (12%).

a Burano 50 mn di vaporetto dalle fondamenta Nuove CT – 🖂 30012 :

XX **Ai Pescatori,** ℰ 730650, 🌤, Trattoria marinara – 🚹 ⑨ 🗲 🚾
chiuso lunedì e gennaio – Pas carta 35/60000 (10%).

X **Al Gatto Nero-da Ruggero,** ℰ 730120, 🌤, Trattoria tipica – 🚹 ⑨ 🚾
chiuso lunedì e dal 20 ottobre al 20 novembre – Pas carta 34/60000.

X **Galuppi,** ℰ 730081, 🌤 – 🚹 🗲 🚾
chiuso giovedì e dal 15 gennaio al 15 febbraio – Pas carta 33/46000 (10%).

a Torcello 45 mn di vaporetto dalle fondamenta Nuove CT – 🖂 30012 Burano :

XX ✿ **Locanda Cipriani,** ℰ 730150, Fax 735433, « Servizio estivo in giardino » – 🗏. 🖭 🚹 ⑨
🗲 🚾. 🎇
19 marzo-10 novembre; chiuso martedì – Pas carta 66/94000 (15%)
Spec. Risotto alla torcellana (con verdure). Scampi alla Carlina, Scaloppine di vitello alle erbe. Vini Soave,
Cabernet.

XX **Ostaria al Ponte del Diavolo,** ℰ 730401, 🌤 – 🖭 🚹 ⑨ 🗲 🚾
marzo-15 novembre; chiuso giovedì e la sera (escluso sabato) – Pas carta 45/64000 (10%).

a Pellestrina - San Pietro in Volta 1 h e 10 mn di vaporetto da riva degli Schiavoni GZ o
30 mn di autobus dal Lido – 🖂 30010 :

X **Da Nane,** ℰ 688100, 🌤, Trattoria marinara con 🔽 – 🐜 🗏. 🖭. 🎇
chiuso lunedì e dal 7 gennaio al 28 febbraio – Pas carta 32/42000.

Vedere anche : **Mestre** per ① : 9 km.

VENOSA 85029 Potenza 🏙 ㉘ – 12 144 ab. alt. 412 – ☎ 0972.

Roma 327 – ♦Bari 128 – ♦Foggia 85 – ♦Napoli 139 – Potenza 68.

🏠 **Villa del Sorriso**, via Appia 135 ♮ 35897 – ☎ 🚗 🅿
23 cam.

VENTIMIGLIA 18039 Imperia 🏙 ⑫, 🏙 ㉙, 🏙 ㉘ – 25 873 ab. – ☎ 0184.

Dintorni Giardini Hanbury★★ a Mortola Inferiore O : 6 km.

Escursioni Riviera di Ponente★ Est.

🖪 via Cavour 61 ♮ 351183 – Stazione Ferrovie Stato ♮ 358197.

Roma 658 ① – Cuneo 89 ① – ♦Genova 159 ① – ♦Milano 282 ① – ♦Nice 40 ① – San Remo 17 ②.

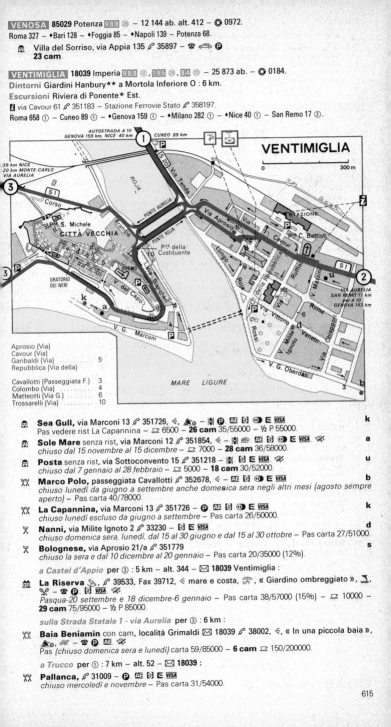

Aprosio (Via)
Cavour (Via)
Garibaldi (Via) 5
Repubblica (Via della)

Cavallotti (Passeggiata F.) . . 3
Colombo (Via) 4
Matteotti (Via G.) 6
Trossarelli (Via) 10

🏠 **Sea Gull,** via Marconi 13 ♮ 351726, ≤, ♨ – 📶 🅿 🆎 🕃 ⓞ ⋿ 𝘝𝘐𝘚𝘈　　　　　**k**
Pas vedere rist La Capannina – ⌧ 6500 – **26 cam** 35/55000 – ½ P 55000.

🏠 **Sole Mare** senza rist, via Marconi 12 ♮ 351854, ≤ – 📶 🅿 🆎 🕃 ⓞ ⋿ 𝘝𝘐𝘚𝘈 ❀　　　**a**
chiuso dal 15 novembre al 15 dicembre – ⌧ 7000 – **28 cam** 36/58000.

🏠 **Posta** senza rist, via Sottoconvento 15 ♮ 351218 – 📶 🕃 ⋿ 𝘝𝘐𝘚𝘈 ❀　　　　　　　**u**
chiuso dal 7 gennaio al 28 febbraio – ⌧ 5000 – **18 cam** 30/52000.

✕✕ **Marco Polo,** passeggiata Cavallotti ♮ 352678, ≤ – 🆎 🕃 ⓞ ⋿ 𝘝𝘐𝘚𝘈　　　　　　**b**
chiuso lunedì da giugno a settembre anche domenica sera negli altri mesi (agosto sempre aperto) – Pas carta 40/78000.

✕✕ **La Capannina,** via Marconi 13 ♮ 351726 – 🅿 🆎 🕃 ⓞ ⋿ 𝘝𝘐𝘚𝘈　　　　　　　**k**
chiuso lunedì escluso da giugno a settembre – Pas carta 26/50000.

✕ **Nanni,** via Milite Ignoto 2 ♮ 33230 – 🕃 ⋿ 𝘝𝘐𝘚𝘈　　　　　　　　　　　　　**d**
chiuso domenica sera, lunedì, dal 15 al 30 giugno e dal 15 al 30 ottobre – Pas carta 27/51000.

✕ **Bolognese,** via Aprosio 21/a ♮ 351779　　　　　　　　　　　　　　　　　**s**
chiuso la sera e dal 10 dicembre al 20 gennaio – Pas carta 20/35000 (12%).

a Castel d'Appio per ③ : 5 km – alt. 344 – ⊠ 18039 Ventimiglia :

🏨 **La Riserva** ⓢ, ♮ 39533, Fax 39712, ≤ mare e costa, 🍴, « Giardino ombreggiato », ⤢,
❀ – 📶 🅿, 🕃 𝘝𝘐𝘚𝘈 ❀
Pasqua-20 settembre e 18 dicembre-6 gennaio – Pas carta 38/57000 (15%) – ⌧ 10000 –
29 cam 75/95000 – ½ P 85000.

sulla Strada Statale 1 - via Aurelia per ③ : 6 km :

✕✕ **Baia Beniamin** con cam, località Grimaldi ⊠ 18039 ♮ 38002, ≤, « In una piccola baia »,
♨ – ☎ 🅿 🆎 ❀
Pas (chiuso domenica sera e lunedì) carta 59/85000 – **6 cam** ⌧ 150/200000.

a Trucco per ① : 7 km – alt. 52 – ⊠ 18039 :

✕✕ **Pallanca,** ♮ 31009 – 🅿 🆎 🕃 ⋿ 𝘝𝘐𝘚𝘈
chiuso mercoledì e novembre – Pas carta 31/54000.

a Ponte San Ludovico per ③ : 8 km – ⊠ **18039** Ventimiglia :

✕✕✕ ❀ **Balzi Rossi,** alla frontiera San Ludovico ℰ 38132, Coperti limitati; prenotare, « Servizio estivo in terrazza con ≤ mare e costa » – ▤. 🆎 𝘝𝘐𝘚𝘈
chiuso dal 1° al 15 marzo, dal 13 novembre al 1° dicembre, domenica sera (escluso luglio-agosto) e lunedì – Pas carta 69/131000
Spec. Terrina di coniglio con confit di cipolle, Ravioli di carciofi con pomodoro e maggiorana (dicembre-15 maggio), Scaloppa di branzino in salsa "Balzi Rossi". **Vini** Pigato, Rossese.

VENTURINA 57029 Livorno 🄧🄧🄧 ⑭ – alt. 11 – ❀ 0565.

Roma 250 – ◆Firenze 157 – Grosseto 63 – ◆Livorno 71 – Piombino 14 – Siena 99.

🏠 **Rossi** senza rist, ℰ 851256 – 🚗. 🄴
⊊ 5000 – **15 cam** 35/49000.

✕ **Otello,** ℰ 851212 – 🄿. 🖏 🄴 𝘝𝘐𝘚𝘈
◆ *chiuso venerdì e settembre* – Pas carta 19/29000.

VERBANIA Novara 🄧🄧🄧 ②, 🄯🄱🄾 ⑦ – 30 783 ab. alt. 197 (frazione Pallanza) – a.s. Pasqua e luglio-15 settembre – ❀ 0323.

Vedere Pallanza** – Lungolago** – Villa Taranto** – **Escursioni** Isole Borromee*** (giro turistico : da Intra 25-50 mm di battello e da Pallanza 10-30 mm di battello).

🏌️ Piandisole (aprile-novembre) a Premeno ⊠ 28057 ℰ 47100, NE : 11 km.

⚓ da Intra per Laveno-Mombello giornalieri (20 mm); da Pallanza per le Isole Borromee giornalieri (da 10 a 30 mn) – Navigazione Lago Maggiore: a Intra ℰ 42321 e a Pallanza ℰ 503220.

🛈 a Pallanza, corso Zannitello 8 ℰ 503249.

Roma 674 – Domodossola 38 – Locarno 42 – ◆Milano 95 – Novara 72 – Stresa 15 – ◆Torino 146.

a Pallanza – ⊠ **28048** :

🏨 **Majestic e Rist. La Beola,** via Vittorio Veneto 32 ℰ 504305, Telex 223339, Fax 556379, ≤, « Giardino in riva al lago », 🏊, 🐜, 🎾 – 📶 ▤ rist 🄿 – 🛗 30 a 200. ⊙. ℛ rist
Pasqua-ottobre – Pas carta 45/65000 – ⊊ 18000 – **119 cam** 115/180000 appartamenti 200/210000 – ½ P 100/140000.

🏨 **Europalace,** viale delle Magnolie 16 ℰ 556441, Fax 556442, ≤ – 📶 ▤ 🕿 – 🛗 25. 🄰🄴 🄾 🄴 𝘝𝘐𝘚𝘈 ℛ
Pas vedere rist La Cave – **44 cam** ⊊ 90/140000 appartamenti 125/140000 – ½ P 90/110000.

🏨 **Astor,** via Vittorio Veneto 17/b ℰ 504261, ≤, ☞ – 📶 🄿. 🄰🄴 🖏 ⊙ 🄴 𝘝𝘐𝘚𝘈. ℛ rist
Pasqua-10 ottobre – Pas 30000 – ⊊ 12000 – **52 cam** 60/80000 – ½ P 50/70000.

🏨 **San Gottardo,** piazza Imbarcadero ℰ 504465, Fax 504466, ≤ – 📶 🚗. 🄰🄴 🖏 ⊙ 🄴 𝘝𝘐𝘚𝘈
ℛ rist
marzo-ottobre – Pas *(chiuso giovedì)* 21/26000 – ⊊ 5000 – **37 cam** 62/88000 – ½ P 60/70000.

🏨 **Belvedere,** piazza Imbarcadero ℰ 503202, Telex 200269, ≤ – 📶 🚗. 🄰🄴 🖏 ⊙ 🄴 𝘝𝘐𝘚𝘈
ℛ rist
25 marzo-10 ottobre – Pas *(chiuso venerdì)* 21/26000 – ⊊ 5000 – **52 cam** 62/88000 – ½ P 60/70000.

🏠 **Italia** senza rist, viale delle Magnolie 10 ℰ 503206 – 🖏 🄴 𝘝𝘐𝘚𝘈
marzo-10 novembre – ⊊ 6000 – **14 cam** 48/65000.

✕✕ **Milano,** corso Zannitello 2 ℰ 556816, Fax 556613, « Terrazza sul lago » – 🄿. 🄰🄴 🖏 ⊙ 🄴 𝘝𝘐𝘚𝘈
chiuso martedì, gennaio e dal 3 al 9 luglio – Pas carta 41/56000 (10%).

✕✕ ❀ **Il Torchio,** via Manzoni 20 ℰ 503352, Coperti limitati; prenotare – 🄰🄴 🖏 ⊙ 🄴 𝘝𝘐𝘚𝘈
chiuso lunedì, dal 10 al 20 dicembre e dal 20 giugno al 20 luglio – Pas carta 34/54000
Spec. Paté di coniglio, Pennette di Vittorino, Filetti di lavarello alla Borromeo. **Vini** Greco colli Novaresi, Pelaverga di Verduno.

✕✕ **La Cave,** viale delle Magnolie 16 ℰ 506441 – ▤. 🄰🄴 🖏 ⊙ 🄴 𝘝𝘐𝘚𝘈. ℛ
chiuso mercoledì – Pas carta 31/53000 (10%).

✕ **Bella Pallanza,** via Manzoni 12 ℰ 556332, �──. – 🄰🄴 🖏 ⊙ 🄴 𝘝𝘐𝘚𝘈
chiuso mercoledì da novembre a marzo – Pas carta 30/46000 (15%).

a Intra NE : 3 km – ⊠ **28044** :

🏨 **Miralago,** corso Mameli 173 ℰ 44080, ≤ – 📶 ▤ rist 🕿. 🖏 𝘝𝘐𝘚𝘈
Pas *(chiuso venerdì)* carta 28/41000 – ⊊ 6000 – **42 cam** 52/75000 – ½ P 60000.

🏠 **Touring,** corso Garibaldi 26 ℰ 44040 – 🕿 🄿. 🖏 🄴 𝘝𝘐𝘚𝘈
Pas *(chiuso lunedì)* carta 21/35000 – ⊊ 7000 – **24 cam** 40/68000 – ½ P 55/60000.

a Fondotoce NO : 6 km – ⊠ **28040** :

✕✕ **Piccolo Lago** con cam, NO : 2 km ℰ 496045, ≤, �──, 🐜, ☞ – 📺 🕿 🄿. 🄰🄴 🖏 ⊙ 🄴 𝘝𝘐𝘚𝘈. ℛ
Pas *(chiuso lunedì escluso da aprile ad ottobre)* carta 45/81000 (10%) – ⊊ 8000 – **18 cam** 55/79000 – ½ P 75000.

Vedere anche : *Borromee (Isole)* SO : da 10 a 50 mm di battello.

VERBANO Vedere Lago Maggiore.

VERCELLI 13100 P 988 ② ⑫, 219 ⑯ – 50 476 ab. alt. 131 – ☎ 0161.

ℹ viale Garibaldi 90 ☎ 64632.

A.C.I. piazza Alciati 11 ☎ 65031.

Roma 633 ⑤ – Alessandria 54 ③ – Aosta 121 ③ – ♦Milano 74 ⑤ – Novara 23 ① – Pavia 70 ① – ♦Torino 80 ③.

VERCELLI

Cavour (Piazza)
Dante Alighieri (Via)
Ferraris (Via G.)
Libertà (Corso)

Borgogna (Via Antonio) 2
Brigata Cagliari (Via) 3
Cagna (Via G. A.) 4
D'Angennes (Piazza Alessandro) 8
De Amicis (Via Edmondo) 10
Fratelli Ponti (Via) 12
Goito (Via) 13
Martiri della Libertà (Piazza) 15
Matteotti (Corso) 16
Mazzucchelli (Piazza) 17
Monte di Pietà (Via) 18
S. Eusebio (Piazza) 19
Vallotti (Via) 21
20 Settembre (Via) 22

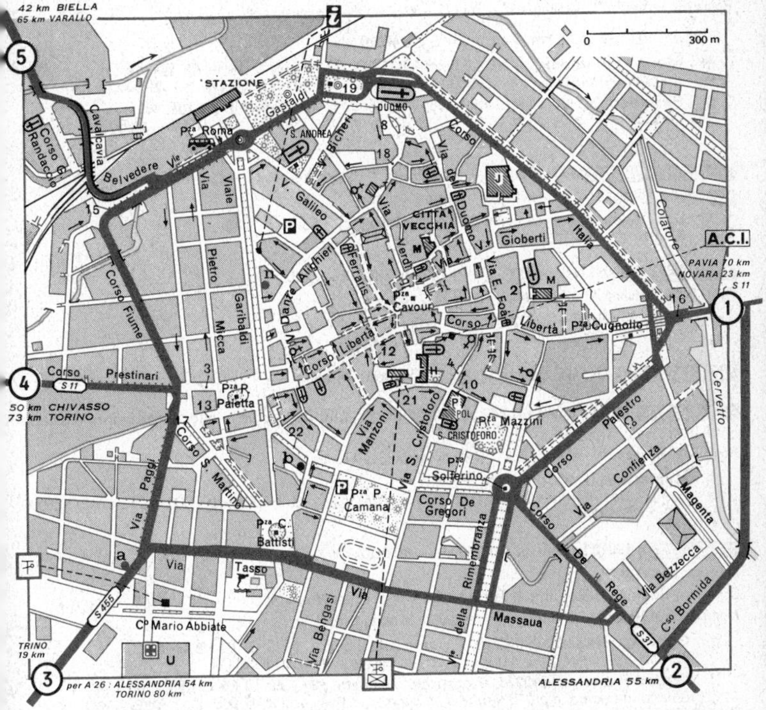

Modo Hotel e Rist. Il Faro, piazza Medaglie d'Oro 21 ☎ 57481, Fax 58325 – ♿ ▤ TV ☎ ♿ 🚗 P. AE ⓓ VISA. ✗ rist — per via Bengasi
Pas *(chiuso sabato e dal 1° al 25 agosto)* carta 28/43000 – ☕ 7000 – **32 cam** 52/88000.

Europa e Rist. 'L Nos Gal, via Santorre di Santarosa 16 ☎ 66847 – ▤ ▤ rist ☎. ✗ — **b**
Pas *(chiuso mercoledì)* carta 20/40000 – ☕ 7000 – **21 cam** 48/80000 – P 80000.

Cerruti senza rist, strada per Novara ☎ 54147 – P. 🄴 VISA — 3 km per ①
☕ 4500 – **10 cam** 32/45000.

Il Paiolo, viale Garibaldi 74 ☎ 53577 – AE 🄴 ⓓ E VISA — **n**
chiuso giovedì e dal 20 luglio al 20 agosto – Pas carta 30/45000.

Da Giuseppe, via Trino 18 ☎ 65369 – ▤. 🄴 VISA — **a**
chiuso lunedì e dall'8 al 28 agosto – Pas carta 18/32000.

Trattoria San Giovanni, via Trino 84 ☎ 392073 – ▤ P. ✗ — per ③
chiuso lunedì ed agosto – Pas carta 18/35000.

L'EUROPE en une seule feuille
Carte Michelin nº 920.

VERCURAGO 24030 Bergamo 219 ⑩ – 2 811 ab. alt. 241 – ✆ 0341.
Roma 617 – ◆Bergamo 27 – Como 35 – Lecco 6 – ◆Milano 49.

  ✕ **Pesce d'Oro,** Lungolago 13 ✆ 420226, ≤, ⇱ – ✖
      chiuso martedì – Pas carta 24/36000.

VERDUNO 12060 Cuneo – 427 ab. alt. 378 – ✆ 0172.
Roma 645 – Asti 45 – Cuneo 56 – ◆Milano 165 – Savona 98 – ◆Torino 60.

  ✕✕ **Falstaff,** ✆ 459244, solo su prenotazione – ✖
       chiuso lunedì e gennaio – Pas 45/55000.

VEREZZI Savona – Vedere Borgio Verezzi.

VERGHERETO 47028 Forlì – 2 539 ab. alt. 812 – ✆ 0543.
Roma 287 – Arezzo 72 – ◆Firenze 97 – Forlì 72 – ◆Milano 354 – ◆Ravenna 96.

     a Balze SE : 12,5 km – alt. 1 091 – ✉ 47020 :

  🏠 **Monte Fumaiolo** ⚘, NO : 1,5 km, alt. 1 227, ✆ 906614, ≤, ⇱ – ℗. 𝘝𝘐𝘚𝘈. ✖
  ◆   *maggio-settembre* – Pas 20/35000 – ⌸ 4500 – **49 cam** 28/55000 – ½ P 40/50000.

  🏠 **Paradiso** ⚘, NO : 3 km, alt. 1 408, ✆ 906653, ≤, ⇱ – ⇌ ℗ ⓞ 𝘝𝘐𝘚𝘈. ✖
      chiuso dal 1° al 15 giugno e dal 1° al 15 novembre – Pas carta 24/41000 – ⌸ 5000 – **14 cam**
      60000.

VERLA DI GIOVO 38030 Trento – alt. 496 – a.s. dicembre-aprile – ✆ 0461.
Roma 603 – ◆Bolzano 55 – ◆Milano 259 – Trento 15.

  ✕ **Doss Pules** ⚘ con cam, NE : 1 km ✆ 684046, « In pineta » – ℗
     8 cam.

VERMEZZO 20081 Milano 219 ⑱ – 1 793 ab. alt. 116 – ✆ 02.
Roma 589 – ◆Milano 21 – Novara 36 – Pavia 33.

  ✕ **Cacciatori,** ✆ 9440312, ⇱, ⇱ – ℗ 𝘈𝘌 🅢 ⓞ ✖
     chiuso giovedì ed agosto – Pas carta 31/50000.

VERNAGO (VERNAGT) Bolzano 218 ⑨ – Vedere Senales.

VERNANTE 12019 Cuneo – 1 487 ab. alt. 799 – a.s. febbraio-aprile, luglio-15 settembre e Natale
– ✆ 0171.
Roma 663 – Cuneo 20 – ◆Milano 236 – Colle di Tenda 13 – ◆Torino 114.

  🏠 **Nazionale,** ✆ 920181 – ℗
  ◆   Pas *(chiuso mercoledì e dal 2 al 30 novembre)* carta 19/29000 – ⌸ 3000 – **21 cam** 30/55000 –
      ½ P 45/50000.

VERNAZZA 19018 La Spezia – 1 266 ab. – ✆ 0187.
Vedere Località★★.
Dintorni Regione delle Cinque Terre★★ SE e O per ferrovia.
Monterosso al Mare 5 mn di ferrovia – Riomaggiore 10 mn di ferrovia.

  ✕ **Gambero Rosso,** ✆ 812265, ≤ porticciolo e costa, ⇱ – 𝘈𝘌 🅢 ⓞ 𝐄 𝘝𝘐𝘚𝘈
     chiuso lunedì, febbraio e dal 1° al 20 novembre – Pas carta 38/78000.
  ✕ **Gianni Franzi,** ✆ 812228, ≤ porticciolo e costa, ⇱ – 𝘈𝘌 🅢 ⓞ 𝐄 𝘝𝘐𝘚𝘈
     chiuso mercoledì e dall'8 gennaio all'8 marzo – Pas carta 35/67000.

VEROLI 03029 Frosinone 988 ㉖ – 19 295 ab. alt. 570 – ✆ 0775.
Roma 97 – Avezzano 76 – Frosinone 14 – ◆Napoli 159.

     sulla strada statale 214 :

  🏠 **Sora Laura,** località Giglio S : 6 km ✉ 03020 Giglio ✆ 335016 – ⁍ ⇇ rist ℗ 𝘈𝘌 ⓞ 𝘝𝘐𝘚𝘈.
      ✖
      Pas *(chiuso lunedì)* carta 25/41000 – ⌸ 5000 – **34 cam** 25/40000 – ½ P 50000.

  ✕ **Mensa de la Posta,** località Castelmassimo S : 8 km ✉ 03020 Castelmassimo ✆ 308680,
     « Ambiente tipico », ⇱ – ℗ ✖
     chiuso agosto, domenica e il mezzogiorno di lunedì-martedì-mercoledì – Pas carta 26/45000.

Les hôtels ou restaurants agréables sont indiqués
dans le guide par un signe rouge.   🏚🏚🏚 … 🏠
Aidez-nous en nous signalant les maisons où, par expérience,
vous savez qu'il fait bon vivre.   ✕✕✕✕✕ … ✕
Votre guide Michelin sera encore meilleur.

618

Vedere Chiesa di San Zeno Maggiore★★ : porte★★★, trittico del Mantegna★★ AY – Piazza delle Erbe★★ CY – Piazza dei Signori★★ CY – Arche Scaligere★★ CY – Arena★★ : ☀★★ BCYZ – Castelvecchio★★ : museo d'Arte★★ BY – Ponte Scaligero★★ BY – Chiesa di Sant'Anastasia★ : affresco★★ di Pisanello CY F – ≼★★ dalle terrazze di Castel San Pietro CY D – Teatro Romano★ CY C – Duomo★ CY A – Chiesa di San Fermo Maggiore★ CYZ B.

🏌 (chiuso martedì) a Sommacampagna ✉ 37066 ℰ 510060, O : 13 km.

✈ di Villafranca, per ③ : 12 km ℰ 513039 – Alitalia, corso Porta Nuova 61 ✉ 37122 ℰ 594222.

🚗➔ ℰ 28312.

🛈 piazza delle Erbe 42 ✉ 37121 ℰ 30086 – via Dietro Anfiteatro 6 ✉ 37121 ℰ 592828 – piazzale Europa (casello autostrada Verona Sud) ✉ 37135 ℰ 584019.

A.C.I. via della Valverde 34 ✉ 37122 ℰ 595333.

Roma 503 ③ – ♦Milano 157 ③ – ♦Venezia 114 ②.

Pianta pagine seguenti

🏨 **Due Torri e Rist. L'Aquila**, piazza Sant'Anastasia 4 ✉ 37121 ℰ 595044 e rist ℰ 595381, Telex 480524, Fax 8004130, « Elegante arredamento » – 🛗 ⇄ cam 🗏 📺 ☎ – 🕍 50 a 200. 🝙 🗗 ⑩ 🗲 *VISA*. 🗫 rist   CY **x**
Pas carta 60/75000 – ⬌ 20000 – **96 cam** 230/340000 appartamenti 350/510000.

🏨 **Palace Hotel Galvani** senza rist, via Galvani 19 ✉ 37138 ℰ 575700, Telex 484810, Fax 578131 – 🛗 🗏 📺 ☎ ⇠ – 🕍 100. 🝙 🗗 ⑩ 🗲 *VISA*   AY **x**
64 cam ⬌ 180/280000 appartamenti 500000.

🏨 **Accademia**, via Scala 12 ✉ 37121 ℰ 596222, Telex 596222 – 🛗 🗏 cam 🐞
🕍 40 a 120. 🝙 🗗 ⑩ 🗲 *VISA*. 🗫   CY **d**
Pas vedere rist Accademia – **100 cam** ⬌ 165/230000 appartamenti 300/350000 – ½ P 150/170000.

🏨 **Montresor** senza rist, via Giberti 7 ✉ 37122 ℰ 8006900, Telex 434448, Fax 8010313 – 🛗 🗏
📺 ☎ 🐞 ⇠ 🝙 🗗 ⑩ 🗲 *VISA*   BZ **e**
⬌ 16000 – **80 cam** 154/218000.

🏨 **Leopardi** senza rist, via Leopardi 16 ✉ 37138 ℰ 575444, Telex 351817, Fax 568723 – 🛗 🗏
📺 ☎ ⇠ 🅿 – 🕍 30 a 80. 🝙 🗗 ⑩ 🗲 *VISA*. 🗫   AY **a**
54 cam ⬌ 117/168000.

🏨 **Victoria** 🗢 senza rist, via Adua 6 ✉ 37121 ℰ 590566, Telex 431109, Fax 590155 – 🛗 🗏 📺
☎ ⇠ 🝙 🗗 ⑩ 🗲   BY **r**
⬌ 16000 – **46 cam** 108/152000 appartamenti 199/273000.

🏨 **Colomba d'Oro** senza rist, via Cattaneo 10 ✉ 37121 ℰ 595300, Telex 480872 – 🛗 🗏 📺
☎ ⇠ – 🕍 50 a 90. 🝙 🗗 ⑩ 🗲 *VISA*. 🗫   BY **h**
⬌ 17000 – **49 cam** 118/189000 appartamenti 290/350000.

🏨 **Nuovo San Pietro** senza rist, via Santa Teresa 1 ✉ 37135 ℰ 582600, Telex 480523, Fax 582600 – 🛗 🗏 📺 ☎ 🐞 🅿. 🝙 🗗 ⑩ 🗲 *VISA*   1 km per ③
⬌ 13000 – **54 cam** 98/142000.

🏨 **Firenze** senza rist, corso Porta Nuova 88 ✉ 37122 ℰ 590299, Telex 431111, Fax 590299 – 🛗
🗏 📺 ☎ – 🕍 80. 🝙 🗗 ⑩ 🗲 *VISA*   BZ **d**
chiuso dal 20 dicembre al 2 gennaio – ⬌ 20000 – **60 cam** 108/140000.

🏨 **San Marco** senza rist, via Longhena 42 ✉ 37138 ℰ 569011, Telex 481562, Fax 572299, 🗖 – 🛗 🗏 📺 ☎ 🐞 ⇠ – 🕍 80. 🝙 🗗 ⑩ 🗲 *VISA*. 🗫   AY **n**
⬌ 14000 – **36 cam** 136/170000.

🏨 **Grand Hotel**, corso Porta Nuova 105 ✉ 37122 ℰ 595600, Telex 481198, Fax 596385, « Giardino » – 🛗 🗏 cam 📺 ☎ 🝙 🗗 ⑩ 🗲 *VISA*. 🗫 rist   BZ **b**
Pas (solo per clienti alloggiati) 45/60000 – ⬌ 18000 – **48 cam** 115/154000, 🗏 15500 – ½ P 155/193000.

🏨 **San Luca** senza rist, vicolo Volto San Luca 8 ✉ 37122 ℰ 591333, Telex 481464, Fax 8002143 – 🛗 🗏 📺 ☎ ⇠. 🝙 🗗 ⑩ 🗲 *VISA*. 🗫   BZ **a**
chiuso dal 20 dicembre al 5 gennaio – ⬌ 15000 – **39 cam** 97/140000.

🏨 **Novo Hotel Rossi** senza rist, via delle Coste 2 ✉ 37138 ℰ 569022, Fax 578297 – 🛗 🗏 📺
☎ 🐞 ⇠ 🅿. 🝙 🗗 🗲 *VISA*   AZ **a**
38 cam ⬌ 110/152000.

🏨 **Bologna**, via Alberto Mario 18 ✉ 37121 ℰ 8006990, Telex 480838, Fax 8010602 – 🛗 🗏 📺
☎. 🝙 🗗 ⑩ 🗲 *VISA*. 🗫 cam   BY **x**
Pas vedere rist Rubiani – ⬌ 12000 – **30 cam** 80/100000, 🗏 10000 – ½ P 92/122000.

🏨 **Italia**, via Mameli 58/64 ✉ 37126 ℰ 918088, Telex 431064, Fax 48028 – 🛗 🗏 rist 📺 ☎
⇠. 🝙 🗗 ⑩ 🗲 *VISA*. 🗫 cam   BY **p**
Pas (chiuso domenica) carta 26/36000 – ⬌ 12000 – **53 cam** 80/100000.

🏨 **Giulietta e Romeo**, senza rist, vicolo Tre Marchetti 3 ✉ 37121 ℰ 8003554 – 🛗 🗰   CY **z**
29 cam.

🏨 **Mastino** senza rist, corso Porta Nuova 16 ✉ 37122 ℰ 595388 – 🛗 🗏 📺 ☎ – 🕍 50. 🝙 🗗
🗲 *VISA*   BZ **x**
chiuso dal 22 dicembre al 7 gennaio – ⬌ 18000 – **33 cam** 80/100000, 🗏 10000.

🏨 **Piccolo Hotel** senza rist, via Camuzzoni 3 ✉ 37138 ℰ 569128, Telex 223605, Fax 577620 – 🗏 🗏 🅿. 🗗 ⑩ 🗲 *VISA*   AZ **p**
chiuso dal 22 dicembre all'8 gennaio – ⬌ 12000 – **45 cam** 80/100000, 🗏 10000.

🏨 **Milano** senza rist, vicolo Tre Marchetti 11 ✉ 37121 ℰ 596011 – 🛗 🗏 📺 🗰 ⇠   CY **z**
⬌ 10000 – **49 cam** 80/100000.

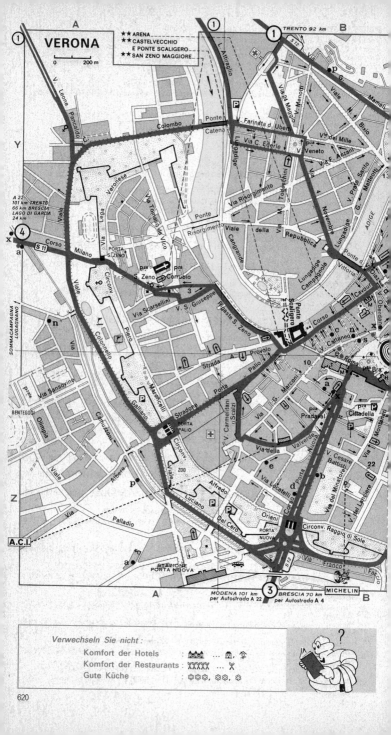

VERONA

0   200 m

★★ ARENA
★★ CASTELVECCHIO
E PONTE SCALIGERO
★★ SAN ZENO MAGGIORE

TRENTO 92 km

S 12

A 22
101 km TRENTO
66 km BRESCIA
LAGO DI GARDA
24 km

S 11

A.C.I.

Corso Milano

Colombo   Ponte Catena   Farinata d. Uberti

Via C. Ederle   Via Veneto

Via Risorgimento

Viale della Repubblica

Lungadige Campagnola

Corso   Ponte Scaligero

Via S. Giuseppe   Fosse S. Zeno

Provolo   Strada

Porta   Pallio

Via Marconi

Pradaval   Cittadella

Via della   Valverde

Via Locatelli   Via Cesare Battisti

ZOO   Via

Alfredo   Luciano

Oriani   Circonv. Raggio di Sole

PORTA NUOVA   Dal Cero

STAZIONE
PORTA NUOVA

MODENA 101 km
per Autostrada A 22

BRESCIA 70 km
per Autostrada A 4

MICHELIN

Verwechseln Sie nicht :

Komfort der Hotels   : 🏨 ... 🏩, 🏤
Komfort der Restaurants : XXXXX ... X
Gute Küche   : 🕸🕸🕸, 🕸🕸, 🕸

?

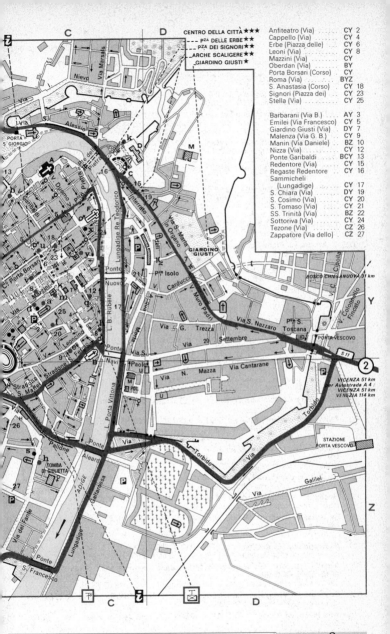

BOSCO CHIESANUOVA 31 km

VICENZA 51 km
per Autostrada A 4 :
VICENZA 51 km
VENEZIA 114 km

PORTA VESCOVO

STAZIONE
PORTA VESCOVO

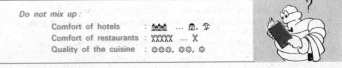

Do not mix up :

Comfort of hotels
Comfort of restaurants
Quality of the cuisine

621

🏨 **De' Capuleti** senza rist, via del Pontiere 26 ⊠ 37122 ℰ 8000154, Telex 351609 – 🛗 🗐 📺
☎. 🖭 🕄 ⓪ � ⋙
chiuso dal 24 dicembre al 10 gennaio – ⌑ 13000 – **36 cam** 80/100000, 🗐 10000.
CZ s

🏨 **Torcolo** senza rist, vicolo Listone 3 ⊠ 37121 ℰ 8007512 – 🛗 🗐 ☎
⌑ 10000 – **19 cam** 54/72000.
BY s

🏨 **Cavour** senza rist, vicolo Chiodo 4 ⊠ 37121 ℰ 590508 – 🗐 ☎. ⋙
⌑ 9000 – **17 cam** 55/68000, 🗐 10000.
BY c

XXX ❀ **Il Desco**, via Dietro San Sebastiano 7 ⊠ 37121 ℰ 595358 – 🗐. 🖭 🕄 ⓪ 🄴 𝘝𝘐𝘚𝘈. ⋙
chiuso domenica, 25-26 dicembre e 15-16 aprile – Pas carta 52/80000 (15%)
Spec. Torta di luccio, Risotto di zucca e Amarone, Petto di piccione al miele. Vini Soave, Amarone.
CY q

XXX ❀ **12 Apostoli**, corticella San Marco 3 ⊠ 37121 ℰ 596999 – 🖭 🕄 ⓪ 𝘝𝘐𝘚𝘈. ⋙
chiuso dal 2 al 9 gennaio, dal 2 al 16 luglio, lunedì, domenica sera e in luglio-agosto anche domenica a mezzogiorno – Pas carta 53/87000 (15%)
Spec. Millefoglie con tartufi neri, Tortelli in sapor verde (salsa con gorgonzola ed erbe), Filetto alla Capuleti.
Vini Soave, Valpolicella.
CY v

XXX ❀ **Nuovo Marconi**, via Fogge 4 ⊠ 37121 ℰ 591910, 🍴, prenotare – 🗐. 🖭 🕄 ⓪ 🄴 𝘝𝘐𝘚𝘈
chiuso domenica – Pas carta 59/78000 (13%)
Spec. Insalata di crostacei e molluschi, Taglierini con frutti di mare, Trancio di storione al cartoccio. Vini Soave, Bardolino.
CY r

XXX **La Ginestra,** corso Milano 101 ⊠ 37138 ℰ 575455 – 🗐. 🖭 🕄 ⓪ 🄴 𝘝𝘐𝘚𝘈. ⋙
chiuso domenica, dal 1° al 10 gennaio e dal 1° al 24 agosto – Pas carta 44/61000.
AY a

XXX ❀ **Arche,** via Arche Scaligere 6 ⊠ 37121 ℰ 8007415, Solo piatti di pesce, Coperti limitati; prenotare
chiuso domenica, lunedì a mezzogiorno e dal 1° al 23 luglio – Pas carta 55/74000 (16%)
Spec. Carpaccio di branzino alle foglioline di menta, Cartoccio di crostacei, Noci di capesante con lamelle di tartufo nero all'astice. Vini Bianco di Custoza, Ribolla Gialla.
CY y

XXX **Maffei,** piazza delle Erbe 38 ⊠ 37121 ℰ 591206, 🍴 – 🗐 – 🚗 80. 🖭 🕄 ⓪ 🄴 𝘝𝘐𝘚𝘈. ⋙
chiuso febbraio, lunedì in luglio-agosto e mercoledì negli altri mesi – Pas carta 48/75000.
CY u

XX **Accademia,** via Scala 10 ⊠ 37121 ℰ 8006072 – 🗐. 🖭 🕄 ⓪ 🄴 𝘝𝘐𝘚𝘈
chiuso domenica sera e mercoledì – Pas carta 40/66000.
CY d

XX **Diga,** lungadige Attiraglio 65 ⊠ 37124 ℰ 942942, 🍴 – 🅿. 🖭 🕄 ⓪ 🄴 𝘝𝘐𝘚𝘈   4,5 km per ①
chiuso lunedì – Pas carta 35/47000 (10%).

XX **El Cantinon,** via San Rocchetto 11 ⊠ 37121 ℰ 595291 – 🗐. 🖭 🕄 ⓪ 🄴 𝘝𝘐𝘚𝘈. ⋙
chiuso giovedì e febbraio – Pas carta 34/55000.
CY s

XX **Rubiani,** piazzetta Scaletta Rubiani 3 ⊠ 37121 ℰ 8006990, 🍴 – 🖭 🕄 ⓪ 🄴 𝘝𝘐𝘚𝘈. ⋙
chiuso venerdì e dal 2 al 22 gennaio – Pas carta 34/53000 (15%).
BY x

XX Re Teodorico, piazzale Castel San Pietro ⊠ 37129 ℰ 49990, ≤ città e fiume Adige, « Servizio estivo in terrazza »
CY k

XX **Torcoloti,** via Zambelli 24 ⊠ 37121 ℰ 8006777 – 🗐. 🖭 🕄 ⓪ 🄴 𝘝𝘐𝘚𝘈
chiuso domenica, lunedì sera, dal 6 giugno al 4 luglio e dal 23 dicembre al 2 gennaio – Pas carta 37/54000.
CY f

XX **Baracca,** via Legnago 120 ⊠ 37134 ℰ 500013, 🍴, Solo piatti di pesce – 🅿. 🖭 🕄 ⓪ 🄴 𝘝𝘐𝘚𝘈. ⋙
2,5 km per ③
chiuso martedì – Pas carta 52/72000.

XX **Antica Trattoria-da l'Amelia,** lungadige Rubele 32 ⊠ 37121 ℰ 8005526 – 🕄 🄴 𝘝𝘐𝘚𝘈
chiuso domenica – Pas carta 24/46000.
CY h

XX **Greppia,** vicolo Samaritana 3 ⊠ 37121 ℰ 8004577 – 🗐. 🖭 ⓪ 𝘝𝘐𝘚𝘈
chiuso lunedì e dal 15 al 30 giugno – Pas carta 26/38000.
CY m

XX **La Serra di Mamma Sinico,** via Leoncino 11/b ⊠ 37121 ℰ 8006150 – 🗐. 🖭 🕄 ⓪ 🄴 𝘝𝘐𝘚𝘈
chiuso martedì sera e mercoledì – Pas carta 38/60000.
CY e

XX **Al Bragozzo,** via del Pontiere 13 ⊠ 37122 ℰ 30035, 🍴 – 🖭 ⓪ 𝘝𝘐𝘚𝘈
chiuso lunedì e dal 26 giugno al 17 luglio – Pas carta 33/50000 (12%).
CZ h

X **Antica Trattoria alla Genovesa,** strada della Genovesa 44 ⊠ 37135 ℰ 541122, 🍴 –
🗐 🅿. 🖭 🕄 ⓪ 🄴 𝘝𝘐𝘚𝘈
2 km per ③
chiuso martedì sera (escluso da ottobre a maggio) – Pas carta 26/35000.

X **Bottega del Vino,** via Scudo di Francia 3 ⊠ 37121 ℰ 8004535 – 🖭 🕄 ⓪ 🄴 𝘝𝘐𝘚𝘈. ⋙
chiuso martedì – Pas carta 35/52000.
CY a

X **Alla Fiera,** via Scopoli 9 ⊠ 37136 ℰ 508808, 🍴, Solo piatti di pesce – 🗐 – 🚗 50. 🖭 🕄
🄴 𝘝𝘐𝘚𝘈
1 km per ③
chiuso domenica – Pas carta 35/59000.

X Alla Pergola, piazzetta Santa Maria in Solaro 10 ⊠ 37121 ℰ 8004744
CY b

X **Hong-Kong,** via Cattaneo 25 ⊠ 37121 ℰ 30544, Rist. cinese – 🖭 🕄 ⓪ 🄴 𝘝𝘐𝘚𝘈. ⋙
chiuso martedì e mercoledì a mezzogiorno – Pas carta 25/38000.
BY e

X **Ciopeta** con cam, vicolo Teatro Filarmonico 2 ⊠ 37121 ℰ 8006843, 🍴 – ⋙ cam   BYZ k
chiuso dal 20 dicembre al 15 gennaio – Pas *(chiuso venerdì sera e sabato escluso luglio-agosto)* carta 27/45000 (12%) – **5 cam** ⌑ 32/52000 – ½ P 55/60000.

🏨 **MotelAgip,** via Unità d'Italia 346 (per ② : 4 km) ⊠ 37132 San Michele Extra *𝒫* 972033, Telex 223833, Fax 972677 – 📶 🗎 📺 ☎ 🅿 – 🔬 50 a 140. 🆎 🕃 ⓞ 🗲 𝒱𝒾𝒮𝒜. 🛠 rist
Pas *(chiuso domenica)* 31000 – **116 cam** ⊏⊐ 87/136000 – ½ P 100/120000.

🏨 **Gardenia,** via Unità d'Italia 350/A (per ② : 4 km) ⊠ 37132 San Michele Extra *𝒫* 972122, Fax 8920157, ☞ – ▤ cam 📺 ☎ 🅿. 🆎 🕃 ⓞ 🗲 𝒱𝒾𝒮𝒜. 🛠
Pas *(chiuso domenica e dal 13 al 30 giugno)* carta 24/38000 – ⊏⊐ 7000 – **28 cam** 55/72000 – ½ P 60/65000.

🍴🍴 **Elefante** con cam, via Bresciana 27 (per ④ : 5 km) ⊠ 37139 Verona *𝒫* 573300, 🏠, ☞ – 📺 🕃 ☎ 🅿. 🆎 🕃 ⓞ 🗲 𝒱𝒾𝒮𝒜. 🛠
Pas *(chiuso sabato sera e domenica)* carta 28/38000 – ⊏⊐ 8000 – **7 cam** 75000.

🍴🍴 **Cà de l'Ebreo,** via Bresciana 48/B (per ④ : 5,5 km) ⊠ 37139 Verona *𝒫* 8510240, 🏠 – 🅿. 🆎 🕃 ⓞ 🗲 𝒱𝒾𝒮𝒜. 🛠
chiuso lunedì sera, martedì e dal 1° al 20 agosto – Pas carta 27/43000.

a Parona di Valpolicella per ① : 6 km – ⊠ **37025 :**

🏨 Brennero Mini Hotel senza rist, via Brennero 3 *𝒫* 941100 – 📶 ☎
20 cam.

sulla strada statale 62 :

🍴🍴 **Cavour,** per ③ : 10 km ⊠ 37062 Dossobuono *𝒫* 513038 – 🅿. 🆎 🕃 ⓞ 🗲 𝒱𝒾𝒮𝒜. 🛠
chiuso domenica sera, mercoledì ed agosto – Pas carta 32/45000.

a Pedemonte per ① : 10,5 km – ⊠ **37020 :**

🏨 **Gran Can** senza rist, *𝒫* 7701911, Fax 7701911, 🔲 – ▤ 📺 ☎ 🅿 – 🔬 40 a 200. 🆎 🕃 🗲 𝒱𝒾𝒮𝒜
⊏⊐ 8000 – **30 cam** 85/100000, ▤ 5000.

Vedere anche : *Castel d'Azzano* S : 10 km.
San Martino Buon Albergo - Marcellise per ② : 13 km.
Sommacampagna SO : 16 km.

MICHELIN, via del Minatore 3 BZ – ⊠ 37122, *𝒫* 595377.

VERONELLA 37040 Verona – 3 426 ab. alt. 22 – ✪ 0442.
Roma 512 – Mantova 62 – ♦Milano 184 – ♦Padova 62 – ♦Verona 31 – Vicenza 38.

a San Gregorio NO : 2 km – ⊠ **37040 :**

🍴 **Bassotto,** *𝒫* 47177, 🏠, Solo piatti di pesce – 🅿
chiuso domenica sera, lunedì e dal 1° al 15 luglio – Pas carta 27/46000.

VERRÈS 11029 Aosta 🔠🔠🔠 ②, 🔲🔲🔲 ⑭ – 2 723 ab. alt. 395 – a.s. luglio e agosto – ✪ 0125.
Roma 711 – Aosta 37 – Ivrea 35 – ♦Milano 149 – ♦Torino 78.

🏨 **Evançon,** via Circonvallazione 9 *𝒫* 929035, « Giardino » – ✖ 🐾 🅿 – 🔬 100. 🆎 🕃 ⓞ 🗲 𝒱𝒾𝒮𝒜. 🛠 rist
chiuso dal 25 ottobre al 10 novembre – Pas *(chiuso lunedì)* carta 23/44000 – ⊏⊐ 7000 – **20 cam** 49/68000 – ½ P 52/62000.

🍴🍴 **Da Pierre** con cam, via Martorey 73 *𝒫* 929376, Telex 222314, 🏠 – ✖ rist 📺 ☎ 🅿. 🆎 🕃 ⓞ 🗲 𝒱𝒾𝒮𝒜. 🛠
chiuso dall'11 al 29 giugno e dal 9 al 24 novembre – Pas *(chiuso martedì escluso agosto)* carta 48/68000 – ⊏⊐ 10000 – **12 cam** 40/80000 – ½ P 80000.

VERSCIACO **(VIERSCHACH)** Bolzano – Vedere San Candido.

VERUCCHIO 47040 Forlì 🔠🔠🔠 ⑮ – 7 025 ab. alt. 333 – ✪ 0541.
Roma 351 – ♦Bologna 125 – Forlì 64 – ♦Milano 336 – ♦Ravenna 66 – Rimini 17.

🍴 **La Rocca,** *𝒫* 668122, ✦ – 🆎 ⓞ. 🛠
chiuso martedì – **Pas** carta 25/33000.

a Villa Verucchio NE : 3 km – ⊠ **47040 :**

🍴 **Zanni,** *𝒫* 678449, 🏠, « Ambiente caratteristico » – 🅿. 🆎 🕃 ⓞ 𝒱𝒾𝒮𝒜. 🛠
chiuso venerdì dal 15 settembre al 15 giugno – Pas carta 28/38000.

🍴 **Hostaria Rò e Buni,** *𝒫* 678484, Fax 678876, 🏠, « Insieme rustico », ☞ – 🅿. 🆎
chiuso lunedì, dal 10 al 25 gennaio, dal 9 al 22 ottobre e in luglio-agosto a mezzogiorno escluso domenica – **Pas** 25/28000 bc.

🍴 **Pesce Azzurro,** *𝒫* 678237, 🏠, Solo piatti di pesce azzurro – 🅿. 🆎
↔ chiuso mercoledì e gennaio – **Pas** 20/30000.

VERVÒ 38010 Trento 🔲🔲🔲 ⑳ – 643 ab. alt. 886 – a.s. dicembre-aprile – ✪ 0463.
Roma 626 – Bolzano 55 – Milano 282 – Trento 42.

a Predaia E : 3 km – alt. 1 250 – ⊠ **38010** Vervò :

🍴 **Rifugio Sores** 📶 con cam, *𝒫* 43147, ☞ – 🅿. 🛠
chiuso novembre – Pas *(chiuso martedì)* carta 21/33000 – ⊏⊐ 5000 – **30 cam** 30/50000 – ½ P 42/46000.

VESCOVADO Siena – alt. 317 – ⊠ **53016** Murlo – ✪ 0577.
Roma 233 – Grosseto 64 – Siena 24.

🏦 **Di Murlo,** via Martiri di Rigosecco 1/3 ℰ 814033, Fax 814243, ≤, ⑊, ℁ – 📺 ☎ 🅿. 🅱 E
➡ *VISA*. ⅏
    Pas *(chiuso lunedì)* carta 20/32000 – ⚏ 7000 – **24 cam** 45/77000 – ½ P 40/55000.

VESCOVATO **26039** Cremona – 3 329 ab. alt. 46 – ✪ 0372.
Roma 523 – ◆Brescia 55 – Cremona 11 – Mantova 57 – ◆Milano 102 – ◆Parma 73.

✗ **Spedini,** ⊠ 26030 Cà de' Stefani ℰ 81021, ☞ – 🅿
    chiuso mercoledì ed agosto – Pas carta 22/31000.

VESUVIO ★★★ Napoli 🟦🟦🟦 ㉗ – Vedere Guida Verde.

VETRIOLO TERME Trento 🟦🟦🟦 ④ – Vedere Levico Terme.

VEZIA 🟦🟦🟦 ⑧ – Vedere Cantone Ticino (Lugano) alla fine dell'elenco alfabetico.

VEZZA D'ALBA **12040** Cuneo – 1 943 ab. alt. 353 – ✪ 0173.
Roma 641 – Asti 30 – Cuneo 68 – ◆Milano 170 – ◆Torino 54.

    a Borbore E : 2 km – ⊠ **12040** Vezza d'Alba :

✗✗ **Trifula Bianca,** ℰ 65110 – 🅿. 🅱 ⓪ *VISA*
    chiuso mercoledì e dal 3 al 13 agosto – Pas carta 24/37000.

VEZZANO **(VEZZAN)** Bolzano 🟦🟦🟦 ⑱⑲ – Vedere Silandro.

VEZZANO **38070** Trento 🟦🟦🟦 ④ – 1 709 ab. alt. 385 – a.s. dicembre-aprile – ✪ 0461.
Vedere Lago di Toblino★ S : 4 km.
Roma 599 – ◆Bolzano 68 – ◆Brescia 104 – ◆Milano 197 – Trento 13.

✗✗ **Al Vecchio Mulino,** E : 2 km ℰ 44277, « Laghetto con pesca sportiva » – 🅿. 🆎 🅱 E
    VISA. ⅏
    chiuso mercoledì e dall'8 al 30 gennaio – Pas carta 31/40000.

✗✗ **Fior di Roccia,** località Lon N : 2 km ℰ 44029, prenotare – 🅿. 🅱
    chiuso lunedì, dal 10 al 20 gennaio e luglio – Pas carta 28/45000.

VEZZANO SUL CROSTOLO **42030** Reggio nell'Emilia – 3 323 ab. alt. 165 – ✪ 0522.
Roma 441 – ◆Milano 163 – Reggio nell'Emilia 14 – ◆La Spezia 114.

✗ **Antica Locanda Posta,** ℰ 601141 – ⅋⅋. 🆎 🅱 ⓪ E *VISA*. ⅏
    chiuso mercoledì e dal 2 al 23 agosto – Pas carta 31/45000.

VEZZENA (Passo di) Trento – Vedere Lavarone.

VEZZO **28040** Novara 🟦🟦🟦 ⑥⑦ – alt. 530 – ✪ 0323.
🏠 Alpino (aprile-settembre; chiuso martedì in bassa stagione) ℰ 20101, O : 2,5 km.
Roma 662 – ◆Milano 85 – Novara 61 – Stresa 5 – ◆Torino 139.

🏨 **Bel Soggiorno** ⅏, ℰ 20226, ☞ – ☎ 🅿. 🅱 E *VISA*. ⅏ rist
➡   *aprile-settembre* – Pas *(chiuso lunedì)* 19/24000 – ⚏ 9000 – **26 cam** 38/65000 –
    ½ P 45/55000.

✗✗ **Bardelli,** ℰ 20329, prenotare, « Servizio estivo all'aperto » – 🅿
    chiuso lunedì – Pas carta 32/56000.

VHO Alessandria – Vedere Tortona.

VIADANA **46019** Mantova 🟦🟦🟦 ⑭ – 15 776 ab. alt. 26 – ✪ 0375.
Roma 458 – Cremona 52 – Mantova 39 – ◆Milano 149 – ◆Modena 56 – ◆Parma 26 – Reggio nell'Emilia 33.

🏨 **Europa,** vicolo Ginnasio 9 ℰ 81034 – ▤ rist ☎ 🅿. 🆎 🅱 E *VISA*. ⅏
    chiuso agosto – Pas *(chiuso martedì)* carta 25/40000 – ⚏ 9000 – **18 cam** 37/59000 –
    ½ P 50000.

    a Cicognara NO : 2 km – ⊠ **46015** :

🏨 Vittoria e Rist. Da Franco, ℰ 889927 – ☎ 🅿 – 🏛 70
    11 cam.

VIANO **42030** Reggio nell'Emilia – 2 564 ab. alt. 275 – ✪ 0522.
Roma 435 – ◆Milano 171 – ◆Modena 35 – Reggio nell'Emilia 22.

✗ **La Capannina,** ℰ 988526 – 🅿
    chiuso domenica, lunedì, dal 24 dicembre al 6 gennaio e dal 19 luglio al 22 agosto – **Pas**
    carta 28/40000.

VIAREGGIO 55049 Lucca 988 ⑭ – 60 053 ab. – a.s. febbraio, Pasqua, 15 giugno-15 settembre e Natale – ⊛ 0584.

ℹ viale Carducci 10 ☏ 962233.

Roma 371 ② – ♦Bologna 180 ② – ♦Firenze 97 ② – ♦Livorno 39 ③ – ♦La Spezia 55 ①.

Pianta pagina seguente

🏨🏨🏨🏨 **Astor,** viale Carducci 54 ☏ 50301, Telex 501031, Fax 55181, 🏊 – ⇅ ▤ 📺 ☎ ♿ 🚗 – 👥 120. AE ⓢ ⓓ E VISA. 🚫🐕 Y **f**
Pas *(chiuso novembre, domenica sera e lunedì in bassa stagione)* 45/60000 – ☕ 15000 – **68 cam** 190/300000 appartamenti 400/500000 – ½ P 130/170000.

🏨🏨🏨 **Palace Hotel e Rist. Il Cancello,** via Flavio Gioia 2 ☏ 46134 e rist ☏ 31320, Telex 501044, Fax 47351 – ⇅ ▤ 📺 ☎ – 👥 200. AE ⓢ ⓓ E VISA. 🚫🐕 rist Z **k**
Pas *(chiuso lunedì in bassa stagione)* carta 34/55000 (15%) – ☕ 15000 – **68 cam** 160/230000 appartamento 330000 – ½ P 120/170000.

🏨🏨🏨 **Excelsior,** viale Carducci 88 ☏ 50726, Fax 50729, ⩽ – ⇅ 📺 ☎ 🚗. AE ⓢ ⓓ E VISA. 🚫🐕 rist Y **b**
29 aprile-ottobre – Pas 30/40000 – **78 cam** ☕ 150/200000 – ½ P 90/120000.

🏨🏨🏨 Principe di Piemonte, piazza Puccini 1 ☏ 50122, Telex 501285, ⩽, 🏊 – ⇅ ▤ rist ☎ 🅿
stagionale – **123 cam**. Y **a**

🏨🏨 **Eden** senza rist, viale Manin 27 ☏ 30902, Fax 30905 – ⇅ ☎. AE ⓢ ⓓ E VISA. 🚫🐕 Z **p**
☕ 12000 – **42 cam** 58/85000.

🏨🏨 **Bristol** senza rist, viale Manin 14 ☏ 46441, Fax 46441 – ⇅ ☎. AE ⓢ ⓓ E VISA Z **t**
☕ 8000 – **33 cam** 57/84000.

🏨🏨 American Hotel, senza rist, piazza Mazzini 6 ☏ 47041 – ⇅ ▤ ☎ Z **a**
30 cam.

🏨🏨 **Garden,** via Ugo Foscolo 70 ☏ 45444, Fax 45445 – ⇅ ☎. AE ⓢ ⓓ E VISA. 🚫🐕 Z **n**
Pas *(chiuso lunedì)* carta 29/41000 – ☕ 10000 – **41 cam** 55/85000 – ½ P 65/90000.

🏨🏨 **San Francisco** senza rist, viale Carducci 68 ☏ 52666 – ⇅ ▤ ☎. AE ⓢ ⓓ E VISA Y **d**
chiuso novembre e dicembre – ☕ 10000 – **31 cam** 55/81000, ▤ 10000.

🏨 **Lupori** senza rist, via Galvani 9 ☏ 962266 – ⇅ ☎ 🚗. AE ⓢ ⓓ E VISA. 🚫🐕 Z **w**
☕ 9000 – **19 cam** 40/65000.

🏨 **Metropol,** via Aurelio Saffi 2 ☏ 44450 – ⇅ ☎. ⓓ VISA. 🚫🐕 rist Y **h**
febbraio-ottobre – Pas (solo per clienti alloggiati e *chiuso sino a maggio*) 30000 – ☕ 8000 – **17 cam** 41/65000 – P 63/69000.

XXX ✿ **Il Patriarca,** viale Carducci 79 ☏ 53126, prenotare – ▤. AE ⓢ ⓓ E VISA Y **c**
chiuso mercoledì escluso dal 14 giugno al 15 settembre – Pas carta 66/98000
Spec. Risotto al curry con astice o aragosta, Zuppa di crostacei, Pesci e crostacei al vapore. **Vini** Cabreo Rosso di Cercatoia.

XXX **Tito del Molo,** lungomolo Corrado del Greco 3 ☏ 962016, ⛱ – 👥 50. AE ⓢ ⓓ E VISA. 🚫🐕 Z **z**
chiuso mercoledì e gennaio – Pas carta 55/80000.

XXX **Margherita,** lungomare Margherita 30 ☏ 962553 – 👥 100. AE ⓢ ⓓ E VISA. 🚫🐕 Z **u**
chiuso mercoledì – Pas carta 40/67000.

XX ✿ **Romano,** via Mazzini 120 ☏ 31382 – ▤. AE ⓢ ⓓ E VISA Z **m**
chiuso lunedì, dall'8 al 26 gennaio e dal 2 al 9 luglio – Pas carta 57/78000
Spec. Sparnocchi con fagioli pomodori e basilico, Spaghetti con frutti di mare e pesce, Rombo al forno con patate. **Vini** Montecarlo, Chianti.

XX **Montecatini,** viale Manin 8 ☏ 962129, ⛱ – AE ⓢ ⓓ E VISA Z **t**
chiuso lunedì escluso da luglio al 15 settembre – Pas carta 43/61000 (12%).

XX **Gusmano,** via Regia 58/64 ☏ 31233 – ▤. AE ⓢ ⓓ E VISA. 🚫🐕 Z **w**
chiuso a mezzogiorno dal 15 luglio al 15 agosto, martedì e dal 6 al 20 novembre – Pas carta 50/65000.

XX **Mirage** con cam, via Zanardelli 12/14 ☏ 32222 – ⇅ ▤ 📺 ☎. AE VISA Z **s**
Pas *(chiuso martedì e novembre)* carta 35/54000 – ☕ 6000 – **10 cam** 60/85000, ▤ 20000.

XX **Dei Gigli** con cam, via Giusti 13 ☏ 50145 – ☎. ⓢ E VISA. 🚫🐕 Y **e**
chiuso dal 15 novembre al 15 dicembre – Pas *(chiuso mercoledì)* carta 25/45000 – **10 cam** ☕ 38/60000 – ½ P 50/55000.

X **Da Giorgio,** via Zanardelli 71 ☏ 44493 – AE ⓢ ⓓ E VISA. 🚫🐕 Z **v**
chiuso mercoledì e novembre – Pas carta 33/58000.

X **Fedi-da Michelangelo,** via Verdi 111 ☏ 48519 – AE ⓢ ⓓ E VISA Z **r**
chiuso mercoledì (escluso da luglio al 15 settembre) e dal 6 al 25 ottobre – Pas carta 25/52000.

X **Bombetta,** via Fratti 27 ☏ 961380 – 🚫🐕 Z **y**
chiuso lunedì sera, martedì e novembre – Pas carta 48/72000.

X **Da Remo,** via Paolina Bonaparte 49 ☏ 48440 – ⓢ ⓓ E VISA Z **x**
chiuso lunedì e dal 1° al 15 novembre – Pas carta 26/42000.

sulla strada statale 1-via Aurelia N : 3 km per ① :

XXX **L'Oca Bianca,** ✉ 55049 ☏ 64191, prenotare – 🅿. AE ⓢ E VISA
chiuso dal 15 novembre al 15 dicembre, mercoledì, giovedì a mezzogiorno e in luglio-agosto aperto solo la sera – Pas carta 51/70000 (10%).

VIAREGGIO

43010 Parma – alt. 41 – ✪ 0521.

Roma 469 – ◆Milano 133 – ◆Parma 11.

XX **Gelmino,** 🏠 605123, 😋 , 🛋 – ▤ 🅿. 🖭 🗓 ➊ ⤵ **VISA** 😵
chiuso mercoledì, dal 2 al 9 gennaio e dal 1° al 20 agosto – **Pas** carta 28/48000.

88018 Catanzaro 🆘🆘🆘 ⑳ – 33 514 ab. alt. 476 – ✪ 0963.

🅱 via Forgiari 🏠 42008.

Roma 613 – Catanzaro 69 – ◆Cosenza 98 – Gioia Tauro 40 – ◆Reggio di Calabria 106.

🏨 **501 Hotel,** via Madonnella 🏠 43951, Telex 912564, Fax 43400, ≼, 🐟, 😵 – 🛗 ▤ 🖭 ☎ 🅿 –
🔼 250. 🖭
Pas 30/49000 – 🍽 10000 – **124 cam** 94/145000 appartamenti 170/195000 – ½ P 96/102000.

a Vibo Valentia Marina N : 10 km – ✉ **88019.**

🚢 per le Isole Eolie luglio-15 settembre giornaliero escluso lunedì e martedì (da 2 a 3 h) –
a Lamezia Terme, Aliscafi SNAV-agenzia Foderaro, via Carducci 14 🏠 23321.

XX **Maria Rosa,** 🏠 572538 – 🗓 ➊ ⤵ **VISA**
chiuso dal 15 dicembre al 15 gennaio e domenica dal 15 settembre al 15 giugno – **Pas**
carta 25/44000.

XX **L'Approdo,** 🏠 572640, 😋 – ▤ 🅿. 🖭 🗓 ➊ ⤵ **VISA**
chiuso lunedì – Pas carta 24/40000.

X **Il Fortino,** 🏠 572591 – 🖭 🗓 ➊ ⤵ **VISA**
chiuso martedì e novembre – Pas carta 21/35000.

Novara 🈁🈁🈁 ⑲ – Vedere Crodo.

36100 🅿 🆘🆘🆘 ④ ⑤ – 109 537 ab. alt. 40 – ✪ 0444.

Vedere Teatro Olimpico★★ BY A : scena★★★ – Piazza dei Signori★★ BYZ **27** : Basilica★★ B, Torre
Bissara★ C, Loggia del Capitano★ D – Museo Civico★ BY M : Crocifissione★★ di Memling –
Battesimo di Cristo★★ del Bellini, Adorazione dei Magi★★ del Veronese, soffitto★ nella chiesa
della Santa Corona BY E – Corso Andrea Palladio★ ABYZ – Polittico★ nel Duomo AZ F – Villa
Valmarana ai Nani★★ : affreschi del Tiepolo★★★ per ④ : 2 km – La Rotonda★ del Palladio per ④ :
2 km – Basilica di Monte Berico★ : ※★★ 2 km BZ.

🅱 Colli Iberici (chiuso lunedì) a Brendola ✉ 36040 🏠 601780, Fax 322015.

🅱 piazza Matteotti 12 🏠 320854 – piazza Duomo 5 🏠 544122.

A.C.I. viale della Pace 258/260 🏠 510855.

Roma 523 ③ – ◆Milano 204 ⑤ – ◆Padova 32 ③ – ◆Verona 51 ⑤.

🏨 **Europa,** viale San Lazzaro 🏠 564111, Telex 341138, Fax 564382 – 🛗 ▤ 🖭 ☎ 🅿 – 🔼 25 a
90. 🖭 🗓 ➊ ⤵ **VISA** 😵 rist   2 km per ⑤
Pas *(chiuso a mezzogiorno, sabato e domenica)* carta 25/39000 – 🍽 16500 – **72 cam**
94/130000, ▤ 2500 – ½ P 100/125000.

🏨 **Campo Marzio,** viale Roma 21 🏠 545700, Fax 320495 – 🛗 ▤ 🖭 ☎ 🅿. 🖭 🗓 ➊ ⤵ **VISA**
😵   AZ **a**
Pas *(chiuso a mezzogiorno, sabato, domenica ed agosto)* carta 29/45000 – **35 cam**
🍽 115/175000 – ½ P 108000.

🏨 **Continental,** viale Trissino 89 🏠 505478, Telex 434154 – 🛗 ⤙ rist ▤ cam 🖭 ☎. 🖭 🗓
➊ ⤵ **VISA** 😵   BZ **a**
Pas *(chiuso sabato, domenica ed agosto)* carta 29/62000 – 🍽 9000 – **53 cam** 63/87000,
▤ 9000 – ½ P 90/105000.

🏨 **Cristina** senza rist, corso SS. Felice e Fortunato 32 🏠 323751, Fax 543656 – 🛗 ▤ 🖭 📠 🅿.
🖭 🗓 ➊ ⤵ **VISA**   AZ **r**
🍽 9000 – **30 cam** 70/90000.

XXX ✿ **Cinzia e Valerio,** piazzetta Porta Padova 65/67 🏠 505213, Solo piatti di pesce – ⤙ ▤.
🖭 ➊ **VISA**   BY **s**
chiuso lunedì, dal 1° al 7 gennaio ed agosto – Pas carta 49/77000
Spec. Antipasti di crostacei e molluschi, Risotto alle seppie, Rana pescatrice in casseruola. **Vini** Soave, Breganze.

XX **Scudo di Francia,** contrà Piancoli 4 🏠 320898 – 🖭 ➊ **VISA** 😵   BZ **c**
chiuso domenica sera, lunedì ed agosto – Pas carta 40/54000.

XX **Gran Caffè Garibaldi,** piazza dei Signori 5 🏠 544147 – ▤ – 🔼 80. 🖭 🗓 ➊ ⤵
VISA 😵   BZ **e**
chiuso martedì sera e mercoledì – Pas carta 39/59000.

XX Al Pozzo, via Sant'Antonio 1 🏠 221411 – ▤   BZ **b**

XX **Da Remo,** via Caimpenta 14 🏠 911007, « Casa colonica con servizio estivo all'aperto » –
🅿. 🖭 🗓 ➊ ⤵ **VISA** 😵   2 km per ③
chiuso domenica sera, lunedì, dal 23 dicembre al 12 gennaio e dal 25 luglio al 20 agosto –
Pas carta 32/50000.

XX Robina, via Alessandro Rossi 84 🏠 566506, Solo piatti di pesce, prenotare   per ⑤

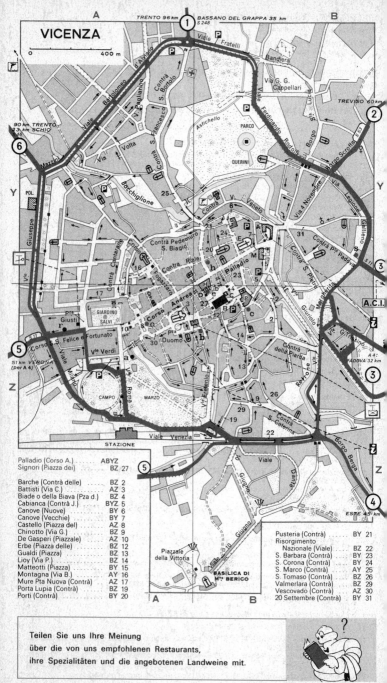

Teilen Sie uns Ihre Meinung
über die von uns empfohlenen Restaurants,
ihre Spezialitäten und die angebotenen Landweine mit.

XX Pedavena, viale Verona 93 *&* 563064, *&* – ▤ ❷ – ▲ 200   per ⑤

XX Al Dinosauro, via Edolo 54 *&* 564463 – ❷ – ▲ 200. 🅑 𝒱𝐼𝒮𝐀   1 km per ⑥
    chiuso martedì – Pas carta 24/39000.

XX Agli Schioppi, via del Castello 26/28 *&* 543701 – 🖭 🅑 ⓞ 🅔 𝒱𝐼𝒮𝐀. ⅏   AZ c
    chiuso domenica e dal 1° al 16 agosto – Pas carta 27/53000.

X   Tre Visi, contrà Porti 6 *&* 324868 – ᛥ. 🖭 🅑 ⓞ 🅔 𝒱𝐼𝒮𝐀. ⅏   BY h
    chiuso domenica sera, lunedì, dal 25 dicembre al 1° gennaio e dal 15 luglio all'8 agosto –
    Pas carta 45/65000 (10%).

X   Il Tinello, corso Padova 181 *&* 500325 – 🖭 ⓞ 𝒱𝐼𝒮𝐀   2 km per ③
    chiuso domenica sera, lunedì ed agosto – Pas carta 25/44000.

    sulla strada statale 11 per ⑤ : 2 km :

🏨 Nord Hotel senza rist, ✉ 36051 Creazzo *&* 522775, Fax 522397 – 🛗 ⚙ ⇔ ❷ – ▲ 100.
    🅑 ⓞ 🅔 𝒱𝐼𝒮𝐀
    56 cam ☲ 53/94000.

    in prossimità casello autostrada A 4 - Vicenza Ovest per ⑤ : 3 km :

🏨 MotelAgip, viale degli Scaligeri 68 ✉ 36100 *&* 564711, Telex 223102, Fax 566852 – 🛗 ▤
    📺 ☎ & ❷ – ▲ 120. 🖭 🅑 ⓞ 🅔 𝒱𝐼𝒮𝐀. ⅏ rist
    Pas 31000 – 132 cam ☲ 128/199000 – ½ P 107/162000.

🏨 Alfa Hotel e Rist. L'Incontro, via dell'Oreficeria 50 ✉ 36100 *&* 565455 e rist *&* 571577,
    Telex 434550, Fax 566027 – 🛗 ▤ 📺 ☎ & ❷ – ▲ 25 a 500. 🖭 🅑 ⓞ 🅔 𝒱𝐼𝒮𝐀. ⅏ rist
    chiuso dal 20 al 30 dicembre – Pas *(chiuso domenica a mezzogiorno e lunedì)* carta 26/34000
    – ☲ 16500 – 87 cam 94/130000 appartamenti 111/220000 – ½ P 70/140000.

    ad Olmo per ⑤ : 4 km – ✉ 36050 :

X   De Gobbi, *&* 520509 – ❷. ⅏
    chiuso venerdì, sabato a mezzogiorno e dal 1° al 25 agosto – Pas carta 27/42000.

X   Story, *&* 521065 – ❷. 🖭 🅑 𝒱𝐼𝒮𝐀. ⅏
    chiuso lunedì e dal 1° al 22 agosto – Pas carta 23/38000.

    a Cavazzale per ① : 7 km – ✉ 36010 :

🏠 Rizzi e Rist. Da Giancarlo, *&* 597326 – 🛗 ☎. 🖭 🅑 ⓞ 🅔 𝒱𝐼𝒮𝐀. ⅏
    Pas *(chiuso martedì)* carta 19/30000 – ☲ 5000 – 12 cam 55/68000 – ½ P 45/50000.

X   Al Giardinetto, *&* 595044 – ❷. ⅏
    chiuso mercoledì, dal 25 gennaio al 6 febbraio e dal 20 luglio al 20 agosto – Pas carta 19/26000.

    in prossimità casello autostrada A 4-Vicenza Est per ③ : 7 km :

🏨 Viest Motel senza rist, via Pelosa 241 ✉ 36100 *&* 582677, Telex 481819, Fax 582434 – ▤
    📺 ☎ & ❷. 🖭 🅑 ⓞ 🅔 𝒱𝐼𝒮𝐀
    ☲ 16500 – 61 cam 94/130000.

VICO 🅑🅑🅑 ⑧ – Vedere Cantone Ticino (Morcote) alla fine dell'elenco alfabetico.

VICO EQUENSE 80069 Napoli 🅑🅑🅑 ㉗ – 18 876 ab. – a.s. luglio-settembre – ❸ 081.

Dintorni Monte Faito✶✶ : ⅏✶✶✶ dal belvedere dei Capi e ⅏✶✶✶ dalla cappella di San Michele
E : 14 km.

🅑 corso Umberto I n° 10 *&* 8798343.

Roma 248 – Castellammare di Stabia 10 – ♦Napoli 39 – Salerno 41 – Sorrento 9.

🏨 Aequa, *&* 8798000, Fax 8798128, « Terrazza ombreggiata », ⌇, *&* – 🛗 ᛥ cam ▤ rist ⚙
    ⇔ – ▲ 50 a 100. ⅏ rist
    Pas 30000 – 57 cam ☲ 70/100000 – ½ P 70/90000.

XX San Vincenzo, località Montechiaro S : 3 km *&* 8028001, ☞ – 🖭 🅑 ⓞ 🅔 𝒱𝐼𝒮𝐀. ⅏
    chiuso mercoledì dal 15 settembre al 15 giugno – Pas carta 37/65000.

    a Marina Equa S : 2,5 km – ✉ 80069 Vico Equense :

🏨 Le Axidie ⅏, *&* 8798181, Telex 722650, ≼, ☞, ⌇, 🐟, *&*, ⅏ – ☎ ❷. 🅑 🅔 𝒱𝐼𝒮𝐀
    ⅏ rist
    25 aprile-ottobre – Pas 45000 – ☲ 14000 – 30 cam 80/150000 – ½ P 90/130000.

    a Capo la Gala N : 3 km – ✉ 80069 Vico Equense :

🏨 Capo la Gala ⅏, *&* 8798278, ≼ mare, ☞, « Sulla scogliera », ⌇, 🐟, *&* – 🛗 ᛥ ❷.
    🖭 𝒱𝐼𝒮𝐀. ⅏ rist
    aprile-ottobre – Pas *(chiuso aprile)* carta 43/66000 (15%) – 18 cam ☲ 140/190000 –
    ½ P 145/155000.

VIDICIATICO Bologna – Vedere Lizzano in Belvedere.

VIESTE 71019 Foggia 988 ㉘ – 13 734 ab. – a.s. luglio-15 settembre – ✆ 0884.

Vedere ≤★ sulla cala di San Felice dalla Testa del Gargano S : 8 km.

Escursioni Strada panoramica★★ per Mattinata SO.

🅱 piazza Santa Maria delle Grazie 8/9 ✆ 76482.

Roma 420 – ◆Bari 179 – ◆Foggia 100 – San Severo 101 – Termoli 127.

   🏨 **Pizzomunno Vieste Palace Hotel** ⤬, ✆ 708741, Telex 810267, Fax 707325, 🎬, 🛎,
   🌳, ☀, ⬉ – 🕴 🍴 ☎ 🅟 – 🔬 600. 🖭 🚉 ⓞ Ɛ 🆅🆂🅰. ⚘
   11 aprile-26 ottobre – Pas 55/70000 – **183 cam** ⥮ 165/280000 – ½ P 150/290000.

   🏨 **Mediterraneo,** via Madonna della Libera ✆ 707025, Telex 810531, Fax 708934, 🌳, 🛎,
   ✦ ☀ – 🕴 ☎ 🅟. 🚉 Ɛ 🆅🆂🅰. ⚘ rist
   chiuso gennaio e febbraio – Pas 20/30000 – **85 cam** ⥮ 45/65000 – ½ P 62/107000.

   ✗ **Vecchia Vieste,** via Mafrolla 32 ✆ 707083 – 🍴. 🚉 ⓞ Ɛ 🆅🆂🅰
   aprile-20 ottobre; chiuso lunedì in bassa stagione – Pas carta 25/37000 (10%).

   ✗ **La Kambusa,** viale 24 Maggio 13 ✆ 708625 – 🚉 🚉 Ɛ 🆅🆂🅰. ⚘
   aprile-settembre; chiuso giovedì in bassa stagione – **Pas** carta 20/36000 (10%).

   ✗ San Michele, viale 24 Maggio 72 ✆ 78143, 🎬.

   a Lido di Portonuovo SE : 5 km – ✉ **71019** Vieste :

   🏨 Gargano, ✆ 78685, ≤ mare, isolotti e Vieste, 🌳, 🛎, 🎬, ☀ – 🕴 🍴 🖼 🐾 🅟
   stagionale – **71 cam**.

   a Faro di Pugnochiuso S : 19 km – ✉ **71019** Vieste :

   🏨 **Del Faro** ⤬, ✆ 79011, Telex 810122, ≤ mare e scogliere, « Su un promontorio verdeggiante », 🌳, 🛎, ☀ – 🕴 🐾 🅟 – 🔬 100 a 500. 🚉 🚉 ⓞ Ɛ 🆅🆂🅰
   Pas 70000 – ⥮ 23000 – **191 cam** 73/121000 – P 131/221000.

VIETRI SUL MARE 84019 Salerno 988 ㉗㉘ – 10 208 ab. – a.s. Pasqua, giugno-settembre e
Natale – ✆ 089.

Vedere ≤★ sulla costiera amalfitana.

Roma 259 – Amalfi 20 – Avellino 41 – ◆Napoli 50 – Salerno 5.

   🏨 **Bristol,** ✆ 210800, ≤ golfo di Salerno – 🕴 🛎 🐾 🅟. 🚉 ⓞ 🆅🆂🅰. ⚘
   Pas 20/40000 – ⥮ 9000 – **20 cam** 40/60000 – ½ P 65000.

   a Raito O : 3 km – alt. 100 – ✉ **84010** :

   🏨 **Raito** ⤬, ✆ 210033, Telex 770125, Fax 211434, ≤ golfo di Salerno, 🌳 – 🕴 ⤬ cam 🍴 📺
   ☎ 🐾 ⬅ 🅟 – 🔬 100. 🚉 🚉 ⓞ Ɛ 🆅🆂🅰. ⚘ rist
   Pas carta 45/72000 – ⥮ 12000 – **50 cam** 110/160000, 🍴 20000 – ½ P 140/160000.

VIGANÒ 22060 Como 219 ⑨ – 1 504 ab. alt. 395 – ✆ 039.

Roma 607 – ◆Bergamo 33 – Como 30 – Lecco 20 – ◆Milano 33.

   ✗✗ ❀ **Pierino,** ✆ 956020, ≤ – 🅟 – 🔬 50. 🚉 🚉 ⓞ. ⚘
   chiuso domenica sera, lunedì, dal 2 al 10 gennaio e dal 30 luglio al 20 agosto – Pas
   carta 39/59000
   Spec. Toast di gamberi ed erbe aromatiche (estate), Ravioli di carote e mandorle, Filetto di San Pietro al
   Traminer. **Vini** Franciacorta bianco, Valcalepio.

VIGARANO MAINARDA 44049 Ferrara – 6 590 ab. alt. 11 – ✆ 0532.

Roma 435 – ◆Bologna 59 – ◆Ferrara 12 – ◆Milano 230 – ◆Modena 60 – ◆Padova 80.

   ✗ **Elsa** con cam, via Cento 318 ✆ 43222, 🎬, 🍴 – 📺 🅟 🆅🆂🅰
   chiuso dal 1° al 15 agosto – Pas *(chiuso martedì)* carta 20/45000 – ⥮ 4000 – **16 cam**
   22/40000.

VIGEVANO 27029 Pavia 988 ③⑬ – 62 151 ab. alt. 116 – ✆ 0381.

Vedere Piazza Ducale★★.

🕋 Santa Martretta (chiuso lunedì) ✆ 76872, SE : 3 km.

A.C.I. viale Mazzini 40 ✆ 85120.

Roma 601 – Alessandria 61 – ◆Milano 35 – Novara 27 – Pavia 37 – ◆Torino 106 – Vercelli 44.

   🏨 **Europa** senza rist, via Trivulzio 8 ✆ 82255, Fax 87054 – 🕴 📺 ☎ ⬅. 🆅🆂🅰
   chiuso dal 3 al 23 agosto – ⥮ 8000 – **42 cam** 85/110000.

   ✗✗ Da Maria, al Ponte sul Ticino NE : 3 km ✆ 86001, 🎬 – 🅟.

   ✗ Broglio, Lungoticino 60 (NE : 3,5 km) ✆ 70460, 🎬 – 🅟.

VIGGIANO 85059 Potenza 988 ㉘ – 3 203 ab. alt. 975 – ✆ 0975.

Roma 389 – ◆Cosenza 184 – ◆Napoli 194 – Potenza 79.

   🏨 **Kiris,** località Case Rosse O : 6 km ✆ 61533, Fax 61694, 🌳 riscaldata, ⚘ – 🕴 ⤬ rist 🍴 🍴
   🅟 – 🔬 1000. 🚉 🚉 ⓞ 🆅🆂🅰. ⚘ rist
   Pas carta 18/28000 – ⥮ 5000 – **60 cam** 32/50000 – ½ P 45/55000.

Roma 398 – ◆Bologna 33 – ◆Milano 192 – ◆Modena 22 – Pistoia 110 – Reggio nell'Emilia 47.

  ✗ **La Bolognese,** via Muratori 1 🖉 771207
      chiuso sabato ed agosto – Pas carta 27/39000.

     a Campiglio SO : 2 km – ✉ **41058** Vignola :

  ✗✗ **Sagittario,** S : 2 km 🖉 772747, 🐎, ✖ – 🅿 – 🏛 60. 🖭 🖼 ⓪ Ɛ 𝘝𝘐𝘚𝘈. ✖
      chiuso martedì, mercoledì e gennaio – Pas carta 29/38000.

VIGODARZERE **35010** Padova – 8 903 ab. alt. 17 – 🏵 049.

Roma 498 – ◆Milano 241 – ◆Padova 7.

  ✗ **Dorio-da Bepi,** via Roma 26 🖉 702091, 🍴 – 🅿. ✖
      chiuso giovedì e dal 13 al 19 agosto – Pas carta 22/36000.

VIGO DI CADORE **32040** Belluno – 1 728 ab. alt. 951 – 🏵 0435.

🅱 (giugno-15 settembre) 🖉 77058.

Roma 658 – Belluno 57 – Cortina d'Ampezzo 44 – ◆Milano 400 – ◆Venezia 147.

  🏠 **Sporting** 🦌, a Pelos 🖉 77103, ≤, 🏊 riscaldata, 🐎 – ☎ 🅿. ✖
      15 giugno-15 settembre – Pas carta 25/38000 – ☷ 12000 – **24 cam** 72/89000 – ½ P 56/76000.

VIGO DI FASSA **38039** Trento 🔢 ④⑤ – 920 ab. alt. 1 382 – a.s. febbraio-Pasqua e Natale –
Sport invernali : 1 382/2 096 m ≰1 ≴7, ⚡ (vedere anche Pozza di Fassa) – 🏵 0462.

Vedere Guida Verde.

🅱 via Roma 2 🖉 64093, Telex 400540.

Roma 676 – ◆Bolzano 38 – Canazei 13 – Passo di Costalunga 9 – ◆Milano 334 – Trento 94.

  🏨🏨 **Park Hotel Corona,** 🖉 64211, Telex 400180, Fax 64777, ≤, 🔲, 🐎, ✖ – 🛗 ᶘ✕ᶅ cam
      ≣ rist 📺 ☎ 🅿. 🖭. ✖ rist
      18 dicembre-23 aprile e 16 giugno-8 ottobre – Pas carta 29/45000 – **70 cam** ☷ 110/180000
      appartamenti 180/210000 – ½ P 70/135000.

  🏨 **Catinaccio,** 🖉 64209, ≤ – ☎ 🅿. ✖
  → *dicembre-20 aprile e giugno-25 settembre* – Pas *(chiuso venerdì a mezzogiorno in bassa*
      stagione) 17/23000 – ☷ 8000 – **26 cam** 43/68000 – ½ P 38/70000.

  🏨 **Andes,** 🖉 64575, ≤ – ▐ ☎ ⇌ 🅿. ✖
      chiuso maggio e novembre – Pas *(chiuso lunedì in bassa stagione)* carta 21/32000 – ☷
      7500 – **24 cam** 57/99000 – ½ P 49/67000.

  🏠 **Olympic,** 🖉 64225, ≤ – 🅿. ✖
  → *chiuso novembre* – Pas *(chiuso martedì a mezzogiorno)* carta 19/28000 – ☷ 8000 – **15 cam**
      32/54000 – ½ P 42/55000.

     a Vallonga SO : 2,5 km – ✉ **38039** Vigo di Fassa :

  🏠 **Mille Fiori,** 🖉 64644, ≤ Dolomiti e pinete – 📺 ☎ ⇌ 🅿. ✖ rist
  → Pas carta 20/33000 – **12 cam** ☷ 40/70000 – ½ P 47/55000.

     a Tamion SO : 3,5 km – ✉ **38039** Vigo di Fassa :

  🏠 **Gran Mugon** 🦌, 🖉 64208, ≤ – ᶘ✕ᶅ rist ☎ 🅿 𝘝𝘐𝘚𝘈. ✖ rist
  → *20 dicembre-24 aprile e 25 giugno-15 ottobre* – Pas (solo per clienti alloggiati) 18000 – ☷
      8000 – **21 cam** 55/72000 – ½ P 48/54000.

     Vedere anche : *Costalunga (Passo di)* O : 10,5 km.

VIGONE **10067** Torino 🔢 ⑫ – 5 004 ab. alt. 260 – 🏵 011.

Roma 691 – Cuneo 58 – ◆Milano 185 – Pinerolo 15 – ◆Torino 33.

  ✗✗ **Ippocampo,** via Bosca 22 🖉 9809893 – 🅿. ✖
      chiuso lunedì sera e martedì – Pas carta 25/35000.

VILLA Brescia – Vedere Gargnano.

VILLA ADRIANA Roma 🔢 ㉖ – Vedere Tivoli.

VILLA AGNEDO **38050** Trento – 644 ab. alt. 351 – a.s. dicembre-aprile – 🏵 0461.

Roma 591 – Belluno 71 – Trento 41 – Treviso 100 – Venezia 130.

  🏨 **Cà Bianca 2** 🦌, NE : 2 km 🖉 762788, ≤ vallata, 🐎 – ᶘ✕ᶅ rist 📺 ☎ 🅿. 🖭 𝘝𝘐𝘚𝘈. ✖
      Pas carta 30/52000 – ☷ 6000 – **15 cam** 30/45000 – ½ P 58000.

VILLA BANALE Trento – Vedere Stenico.

(NIEDERDORF) 39039 Bolzano – 1 214 ab. alt. 1 158 – a.s. 15 luglio-agosto e Natale – Sport invernali : 1 158/1 212 m ≰1, ≴ (vedere anche Dobbiaco) – 🕄 0474.
Roma 738 – ♦Bolzano 100 – Brunico 23 – Cortina d'Ampezzo 36 – ♦Milano 399 – Trento 160.

🏨 **Aquila-Adler,** 𝒫 75128, Telex 401402, Fax 75278, 🔲 – 🕸 ☎ 🅿. 🅰🅴 🕄 🅾 🄴 𝘝𝘐𝘚𝘈. 🕸 rist
  chiuso dal 3 novembre al 15 dicembre – Pas *(chiuso martedì in bassa stagione)* carta 25/37000
  – **45 cam** ⊐ 40/71000 – ½ P 50/80000.

🏠 **Vivaio-Weiherbad** 🌭, 𝒫 75106, 🚗 – 🅿
➤ chiuso dal 15 aprile al 15 maggio – Pas *(chiuso sabato)* 13/15000 – **22 cam** ⊐ 25/40000 –
  ½ P 37/40000.

XX **Friedlerhof,** 𝒫 75003 – 🅿. 🕄 🄴 𝘝𝘐𝘚𝘈. 🕸
  chiuso martedì e giugno – Pas carta 31/47000.

13060 Vercelli ②⑨ ⑱ – 405 ab. alt. 290 – 🕄 0163.
Roma 663 – Biella 25 – ♦Milano 89 – Novara 43 – ♦Torino 85 – Vercelli 45.

  ad Orbello SE : 6 km – ✉ **13060** Villa del Bosco :

XX Al Torciu, 𝒫 860269 – 🅿.

23029 Sondrio ②⑧ ⑭ – 1 224 ab. alt. 625 – 🕄 0343.
Roma 692 – Chiavenna 8 – ♦Milano 131 – Saint Moritz 41 – Sondrio 69.

XX **La Lanterna Verde,** a San Barnaba SE : 2 km 𝒫 40559, 🍴 – 🅿. 🅰🅴 𝘝𝘐𝘚𝘈. 🕸
  chiuso mercoledì, giovedì a mezzogiorno e novembre – Pas carta 25/51000.

37069 Verona ⑨⑧⑧ ④ – 26 257 ab. alt. 52 – 🕄 045.
✥ NE : 1 km 𝒫 513039.
Roma 492 – ♦Brescia 63 – Mantova 23 – ♦Milano 150 – ♦Venezia 131 – ♦Verona 16.

XX **Cà 21,** 𝒫 7900986 – ✂ ▤ 🅿. 🅰🅴 🕄 🅾 🄴 𝘝𝘐𝘚𝘈
  chiuso lunedì e dal 15 al 31 luglio – Pas carta 26/46000.

Palermo – Vedere Sicilia (Carini) alla fine dell'elenco alfabetico.

Forlì – Vedere Cesenatico.

84070 Salerno – a.s. luglio e agosto – 🕄 0973.
Roma 411 – ♦Napoli 205 – Salerno 154 – Sapri 4.

🏠 **Rivamare,** 𝒫 365282, ≼, ⛱, 🚗 – ☎ 🅿. 🅰🅴 🄴. 🕸
  15 giugno-15 settembre – Pas (solo per clienti alloggiati) 22000 – ⊐ 6500 – **20 cam**
  31/43000 – ½ P 45/55000.

Bologna – Vedere Bologna.

65010 Pescara – alt. 55 – 🕄 085.
Roma 199 – L'Aquila 88 – Chieti 9 – ♦Pescara 15.

XX **La Lanterna,** 𝒫 9771700, 🚗 – ▤ 🅿 – 🛗 100. 🅰🅴 🕄 🅾 🄴 𝘝𝘐𝘚𝘈. 🕸
  chiuso domenica sera, lunedì, dal 14 al 21 agosto e novembre – Pas carta 24/38000.

Pordenone – Vedere Prata di Pordenone.

45020 Rovigo – 2 167 ab. alt. 9 – 🕄 0425.
Roma 471 – ♦Ferrara 48 – ♦Padova 47 – ♦Verona 75.

  in prossimità strada statale 499 :

X **Trattoria al Ponte,** località Bornio N : 4 km ✉ 45020 𝒫 69890 – ▤ 🅿. 🅰🅴 🕄 🅾 🄴 𝘝𝘐𝘚𝘈.
  🕸
  chiuso lunedì – Pas carta 24/32000.

25089 Brescia – 4 394 ab. alt. 216 – 🕄 0365.
Roma 576 – ♦Brescia 25 – ♦Milano 119 – Trento 92.

  a Prandaglio NE : 4,5 km – ✉ **25089** Villanuova sul Clisi :

XX **Il Palazzo,** 𝒫 35717, ≼ vallata e lago, prenotare – 🅿. 🕸
  chiuso lunedì e dal 1° al 18 gennaio – Pas carta 30/45000.

34016 Trieste ⑨⑧⑧ ⑥ – alt. 348 – 🕄 040.
Vedere ≼★★ su Trieste e il golfo – Grotta Gigante★ NO : 3 km.
Roma 664 – Gorizia 40 – ♦Milano 403 – ♦Trieste 11 – Udine 66 – ♦Venezia 153.

X **Daneu** con cam, 𝒫 214214, « Servizio estivo all'aperto », 🚗 – ☎ 🅿. 🅰🅴 🕄 🅾 🄴 𝘝𝘐𝘚𝘈. 🕸
  Pas *(chiuso lunedì, dal 15 al 31 gennaio e dal 15 al 30 novembre)* carta 23/36000 – ⊐ 4500 –
  17 cam 35/65000 – ½ P 50/55000.

VILLA POMA **46020** Mantova – 2 151 ab. alt. 13 – ✆ 0386.

Roma 451 – ◆Ferrara 71 – ◆Milano 216 – ◆Modena 47 – ◆Verona 55.

🕱🕱🕱🕱 **Concorde**, ℰ 566682 o 566642, Confort accurato, prenotare – ℗ – 🛄 150. 🅰🅴 🕃 ⓞ 𝑽𝑰𝑺𝑨. ✿

 chiuso a mezzogiorno, lunedì ed agosto – Pas carta 62/86000.

VILLA ROSA Teramo – Vedere Martinsicuro.

VILLAR PEROSA **10069** Torino – 4 194 ab. alt. 530 – ✆ 0121.

Roma 707 – Cuneo 74 – ◆Milano 195 – Sestriere 44 – ◆Torino 49.

🕱🕱 **Da Milio Osteria dei Viaggiatori**, frazione Caserme ℰ 51103, Coperti limitati; prenotare
 chiuso lunedì, martedì e a mezzogiorno esclusi i giorni festivi – Pas 50000.

VILLA SAN GIOVANNI Reggio di Calabria 🎯🎯🎯 ③⑨ – ✆ 0965.

Escursioni Costa Viola★ a Nord per la strada S 18.

🚗 ℰ 751026.

🚢 per Messina giornalieri (30 mn) – Società Caronte, via Marina 30 ℰ 756725, Telex 890132, Fax 751651 e Stazione Ferrovie Stato, via Garibaldi ℰ 758241.

Roma 694 – Catanzaro 150 – ◆Cosenza 179 – ◆Napoli 488 – ◆Reggio di Calabria 15.

VILLASIMIUS Cagliari 🎯🎯🎯 ㉞ – Vedere Sardegna alla fine dell'elenco alfabetico.

VILLASTRADA **46030** Mantova – alt. 22 – ✆ 0375.

Roma 461 – Mantova 33 – ◆Milano 161 – ◆Modena 58 – ◆Parma 39 – Reggio nell'Emilia 38.

🕱🕱 **Nizzoli**, ℰ 89150 – 🅰🅴. ✿
 chiuso mercoledì – Pas carta 31/45000.

VILLA VERUCCHIO Forlì – Vedere Verucchio.

VILLE SUR SARRE Aosta 🎯🎯 ②, 🎯🎯 ⑳ – Vedere Sarre.

VILLETTA BARREA **67030** L'Aquila 🎯🎯🎯 ㉗ – 640 ab. alt. 990 – ✆ 0864.

Roma 179 – L'Aquila 151 – Isernia 50 – ◆Pescara 138.

🏠 **Il Pescatore,** ℰ 89347 – ☎ ℗ – 🛄 80. 🅰🅴. ✿
 Pas carta 22/30000 – 🖙 5000 – **30 cam** 19/38000 – ½ P 40/45000.

🕱 **Trattoria del Pescatore**, ℰ 89152, prenotare – ✿
 Pas carta 24/35000.

VILLNOSS = Funes.

VILLORBA **31050** Treviso – 15 297 ab. alt. 38 – ✆ 0422.

Roma 558 – Belluno 72 – Treviso 10 – ◆Venezia 47.

 sulla strada statale 13 NE : 4 km :

🕱🕱 Cucchi Albertini, ✉ 31050 ℰ 928102, 🍽, Solo piatti di pesce – ℗.

VILPIAN = Vilpiano.

VILPIANO **(VILPIAN)** **39010** Bolzano 🎯🎯 ⑳ – alt. 264 – a.s. aprile e luglio-15 ottobre – ✆ 0471.

Roma 650 – ◆Bolzano 13 – Merano 15 – ◆Milano 310 – Trento 71.

🏠 **Sparerhof,** via Nazionale 91 ℰ 678671, Fax 678671, « Galleria d'arte contemporanea »,
 ◄ ⌫ riscaldata, 🐎 – ℗. ✿ rist
 Pas (chiuso domenica a mezzogiorno e da novembre a marzo) carta 20/33000 –
 21 cam ⌫ 35/70000 – ½ P 40/45000.

🕱🕱🕱 **Andreas** con cam, via Nazionale 114 (S : 1 km) ℰ 678816, prenotare – ℗
 Pas (chiuso lunedì e in bassa stagione anche domenica sera) carta 35/70000 – **7 cam**
 ⌫ 75000 – ½ P 55/60000.

VINADIO **12010** Cuneo 🎯🎯🎯 ②, 🎯🎯 ⑩ – 809 ab. alt. 904 – ✆ 0171.

Roma 680 – Barcelonnette 64 – Cuneo 36 – ◆Milano 252 – Colle di Tenda 53 – ◆Torino 130.

🏠 **Italia,** ℰ 959148, 🍽 – 🐎 🚗. 🕃 𝑽𝑰𝑺𝑨 ✿
 Pas (chiuso lunedì dal 15 settembre al 15 giugno) carta 27/46000 – ⌫ 7500 – **20 cam**
 55/85000 – ½ P 50/60000.

VINTEBBIO Vercelli 🎯🎯 ⑯ – Vedere Serravalle Sesia.

VIPITENO (STERZING) 39049 Bolzano 988 ④ – 5 459 ab. alt. 948 – a.s. 15 febbraio-aprile, luglio-settembre e Natale – Sport invernali : 948/2 104 m ✠1 ✠3, ✠ – ✿ 0472.

Vedere Via Città Nuova* – 🅱 piazza Città 3 ✆ 765325, Fax 765441.

Roma 708 – ◆Bolzano 70 – Brennero 13 – Bressanone 30 – Merano 58 – ◆Milano 369 – Trento 130.

🏨 **Aquila Nera-Schwarzer Adler,** ✆ 764064, Fax 766522, 🔲 – 🕸 ✠ cam 📺 ✆ 🅿, 🕸 🄴 *VISA*
   chiuso dal 27 giugno al 7 luglio e dall'8 novembre al 20 dicembre – Pas *(chiuso lunedì)* carta 28/57000 (10%) – **42 cam** ⊇ 70/120000 – ½ P 85/90000.

🏨 **Corona-Krone e Maria,** ✆ 765210, 🖼 – ✆ 🚗 🅿, 🄰🄴 🕸 🄾 🄴 *VISA*
   chiuso giovedì e dall'8 gennaio al 16 febbraio – Pas carta 36/55000 – **20 cam** ⊇ 44/88000 – ½ P 76/79000.

   a Casateia(Gasteig) SO : 2,5 km – alt. 970 – ✉ 39040 Racines :

🏨 **Gasteigerhof,** ✆ 765701, Fax 764573, ≤, 🖼, 🔲, 🖼 – ✠ ✆ 🅿, 🄰🄴 🕸 🄴. ✠ rist
   chiuso dal 20 novembre al 15 dicembre – Pas carta 31/49000 – **25 cam** ⊇ 48/74000 – ½ P 44/52000.

   a Prati(Wiesen) E : 3 km – alt. 948 – ✉ 39049 Vipiteno :

🏨 **Wiesnerhof,** ✆ 765222, ≤, 🔲, 🖼, ✠ – 🕸 ✆ 🅿, 🕸 🄴 *VISA*
◆ *chiuso dal 10 novembre al 20 dicembre* – Pas *(chiuso lunedì)* 18/25000 – **34 cam** ⊇ 45/74000 – ½ P 48/55000.

   a Tulve(Tulfer) E : 8 km – alt. 1 280 – ✉ 39049 Vipiteno :

✕✕ **Pretzhof,** ✆ 764455, ≤, 🖼, « Ambiente caratteristico » – 🅿
   chiuso lunedì, martedì a mezzogiorno, gennaio e dal 15 al 25 giugno – Pas carta 25/43000.

   a Calice(Kalch) SO : 10 km – alt. 1 443 – ✉ 39040 Racines :

🏨 **Kalcherhof** ⚏, ✆ 66615, ≤, 🔲 – 🕸 ✆ 🚗 🅿
   chiuso da novembre al 15 dicembre – Pas *(chiuso giovedì)* carta 24/41000 – **30 cam** ⊇ 48/71000 – ½ P 43/53000.

   a Ridanna(Ridnaun) O : 12 km – alt. 1 342 – ✉ 39040 :

🏨 **Sonklarhof** ⚏, ✆ 66212, ≤, 🔲, 🖼, ✠ – ✠ rist ✆ 🅿, ✠ rist
   20 dicembre-10 aprile e 25 maggio-15 ottobre – Pas carta 30/41000 – **40 cam** ⊇ 50/90000 – ½ P 45/60000.

VIRA-GAMBAROGNO 427 ⑳, 219 ⑧ – Vedere Cantone Ticino alla fine dell'elenco alfabetico.

VISERBA e VISERBELLA Forlì 988 ⑮ – Vedere Rimini.

VISNADELLO 31050 Treviso – alt. 46 – ✿ 0422.

Roma 555 – Belluno 67 – Treviso 11 – Vicenza 69.

✕✕ **Da Nano,** ✆ 928911, Solo piatti di pesce – 🍽 🅿, 🄰🄴 🕸 🄾 *VISA*
   chiuso domenica sera, lunedì ed agosto – Pas carta 25/60000.

VITERBO 01100 🅿 988 ㉕ – 59 687 ab. alt. 327 – ✿ 0761.

Vedere Piazza San Lorenzo** Z – Palazzo dei Papi** Z – Quartiere San Pellegrino** Z.

Dintorni Villa Lante** a Bagnaia per ① : 5 km – Teatro romano* di Ferento 9 km a Nord per viale Baracca Y – 🅱 piazzale dei Caduti 14 ✆ 234795 – piazza Verdi 4/a ✆ 226666.

A.C.I. via Marini 16 ✆ 224806.

Roma 104 ③ – Chianciano Terme 100 ④ – Civitavecchia 58 ③ – Grosseto 123 ③ – ◆Milano 508 ④ – Orvieto 45 ④ – ◆Perugia 127 ④ – Siena 143 ④ – Terni 62 ①.

Pianta pagina a lato

🏨 **Mini Palace Hotel** senza rist, via Santa Maria della Grotticella 2 ✆ 239742, Fax 341930 –   **Z n**
   🕸 📺 ✆ – 🔬 25. 🄰🄴 🕸 🄾 *VISA*. ✠
   38 cam ⊇ 80/120000.

🏨 **Balletti Palace Hotel** senza rist, viale Trento 100 ✆ 344777 – 🕸 📺 ✆ 🅿, 🄰🄴 🕸 🄾 *VISA*   **Y**
   105 cam ⊇ 83/113000.

🏨 **Leon d'Oro** senza rist, via della Cava 36 ✆ 344444, Fax 344444 – 🕸 ✠ ✆. 🄰🄴 🕸 🄾 🄴   **Y u**
   VISA. ✠
   chiuso dal 20 dicembre al 15 febbraio – ⊇ 8000 – **44 cam** 55/75000.

🏨 **Tuscia** senza rist, via Cairoli 41 ✆ 223377 – ✠ 🚗. 🕸 🄾 🄴 *VISA*. ✠   **Y r**
   ⊇ 6000 – **45 cam** 38/68000.

✕✕ **La Zaffera,** piazza San Carluccio 7 ✆ 226114, 🖼   **Z b**
   chiuso lunedì – Pas carta 30/46000.

✕ **I 2 L,** via Cairoli 24 ✆ 235921 – 🄰🄴 🕸. ✠   **Y a**
   chiuso domenica sera – Pas carta 23/49000.

   a La Quercia per ① : 3 km – ✉ 01030 :

✕✕ **Aquilanti,** ✆ 341701 – 🍽. 🄰🄴 🕸 *VISA*. ✠
   chiuso domenica sera, martedì, dal 22 febbraio al 7 marzo e dal 1° al 15 agosto – Pas carta 27/45000 (15%).

634

a San Martino al Cimino S : 6,5 km Z – alt. 561 – ⊠ 01030 :

🏨 **Balletti Park Hotel** ⚐, 🖉 379777, Telex 623059, Fax 379777, ≼, 🏛, ⌁ riscaldata, 🐾,
%% – 🛗 ▤ 📺 ☎ 🅿 – 🕍 30 a 350. 🆎 🕃 ⓞ 𝘝𝘐𝘚𝘈. %%
Pas carta 30/46000 – ⚌ 13000 – **134 cam** 76/152000 appartamenti 152/192000 –
½ P 75/154000.

Vedere anche : *Bagnaia* per ① : 5 km.

VITERBO

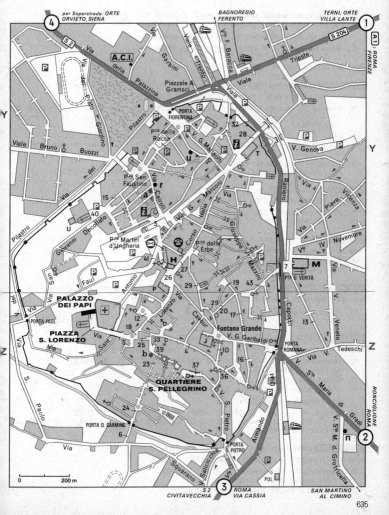

VITICCIO Livorno – Vedere Elba (Isola d') : Portoferraio.

VITORCHIANO 01030 Viterbo – 2 417 ab. alt. 285 – ✿ 0761.
Roma 113 – Orvieto 45 – Terni 55 – Viterbo 9.

※※ **Nando-al Pallone,** al quadrivio S : 3 km ℰ 370344, 斎, 屏 – ℗. ℀ ⓞ ⱽⁱˢᴬ
chiuso martedì sera, mercoledì, dal 7 al 25 gennaio e dal 4 al 16 luglio – Pas carta 29/49000.

VITTORIA (Santuario della) Genova – Vedere Mignanego.

VITTORIO VENETO 31029 Treviso 988 ⑤ – 29 522 ab. alt. 136 – ✿ 0438.
Vedere Affreschi★ nella chiesa di San Giovanni.
🅱 (aprile-novembre) a Pian del Cansiglio ⊠ 31029 Vittorio Veneto ℰ 585398, NE : 21 km.
🅱 piazza del Popolo ℰ 57243.
Roma 581 – Belluno 37 – Cortina d'Ampezzo 92 – ◆Milano 320 – Treviso 41 – Udine 80 – ◆Venezia 70.

🏨 **Terme,** viale della Vittoria ℰ 554345, 屏 – 🛗 🅿 ☎ 🚗 – 🔬 200. ᴁ 🕃 ⱽⁱˢᴬ. ⅙
Pas (chiuso lunedì) carta 34/48000 – ⊆ 10000 – **39 cam** 75/100000 – ½ P 80000.

🏨 **Flora,** viale Trento e Trieste 28 ℰ 53142 – 🛗 ☎ 🚗 ℗ 🕃 🅴 ⱽⁱˢᴬ. ⅙
chiuso novembre – Pas (chiuso domenica) carta 24/34000 – ⊆ 8000 – **21 cam** 48/76000 –
½ P 65000.

※※ **Locanda al Postiglione,** via Cavour 39 ℰ 556924, 斎 – ℗. ᴁ 🕃 🅴 ⱽⁱˢᴬ. ⅙
chiuso martedì e dal 15 giugno all'8 luglio – **Pas** carta 26/38000.

a San Giacomo di Veglia SE : 2,5 km – ⊠ 31020 :

🏨 **Sanson** senza rist, ℰ 500161 – 📺 ☎ ℗. ᴁ 🕃 ⱽⁱˢᴬ. ⅙
⊆ 7000 – **28 cam** 50/65000.

✗ Da Carlo ℰ 500319 – ℗.

VIVERONE 13040 Vercelli 219 ⑮ – 1 355 ab. alt. 407 – a.s. luglio-15 settembre – ✿ 0161.
Roma 661 – Biella 23 – Ivrea 16 – ◆Milano 97 – Novara 51 – ◆Torino 59 – Vercelli 32.

🏨 **Marina** ⌂, frazione Comuna ℰ 98079, Fax 98689, ≤, ⚓, 🔥₀, 屏, ⅙ – 🛗 📺 ☎ ℗. ⱽⁱˢᴬ
⅙ – chiuso gennaio – Pas (chiuso martedì escluso dal 10 maggio al 10 settembre)
carta 23/35000 – ⊆ 8000 – **20 cam** 52/85000 – ½ P 55/65000.

🏨 **Lido,** al lido ℰ 987358, ≤, 屏 – 📺 ⊛ 🚗 ℗ ⊛ 70. ᴁ 🕃 🅴 ⱽⁱˢᴬ. ⅙ rist
Pas (chiuso lunedì da ottobre ad aprile) carta 26/43000 – ⊆ 8000 – **25 cam** 60/85000 –
½ P 55/65000.

🏨 **Royal,** al lido ℰ 98038, ≤, 屏 – 🛗 📺 ☎ 🚗 ℗. ᴁ 🕃 🅴 ⱽⁱˢᴬ
Pas (chiuso martedì) carta 26/40000 – ⊆ 7000 – **35 cam** 53/85000 – ½ P 50/60000.

VÒ 35030 Padova – 3 476 ab. alt. 12 – ✿ 049.
Roma 494 – Este 14 – ◆Milano 235 – ◆Padova 25 – Rovigo 43 – ◆Venezia 62 – ◆Verona 82 – Vicenza 35.

✗ **Al Speo d'Oro,** ℰ 9940021, 屏 – ℗. ⅙
↔ chiuso venerdì e luglio – Pas carta 18/26000.

VOBARNO 25079 Brescia – 7 458 ab. alt. 246 – ✿ 0365.
Roma 555 – ◆Brescia 33 – ◆Milano 126 – Trento 96 – ◆Verona 69.

🏨 **Eureka,** località Carpeneda NO : 2 km ℰ 61067 – 📺 ⊛ ℗
Pas carta 21/35000 – ⊆ 6000 – **17 cam** 37/53000 – ½ P 50000.

VODO CADORE 32040 Belluno – 967 ab. alt. 901 – a.s. 15 luglio-agosto e Natale – ✿ 0435.
Roma 654 – Belluno 49 – Cortina d'Ampezzo 22 – ◆Milano 392 – ◆Venezia 139.

※※ **Al Capriolo,** ℰ 89207 – ℗. ᴁ ⓞ ⱽⁱˢᴬ. ⅙
5 dicembre-20 aprile e 20 giugno-10 ottobre; chiuso martedì – Pas carta 38/58000.

VOGHERA 27058 Pavia 988 ⑬ – 41 216 ab. alt. 93 – ✿ 0383.
Roma 574 – Alessandria 38 – ◆Genova 94 – ◆Milano 64 – Pavia 32 – Piacenza 64.

🏨 **Domus** senza rist, via Matteotti 40 ℰ 49630 – 🛗 📺 ☎. ᴁ 🕃 ⓞ 🅴 ⱽⁱˢᴬ. ⅙
⊆ 8000 – **27 cam** 50/75000.

✗ **Cristina,** via Ricotti 36 ℰ 48436, 斎
↔ chiuso sabato sera, domenica e dal 1° al 25 agosto – Pas carta 18/31000.

sulla strada statale 10 SO : 2 km :

🏨 **Rallye,** via Tortona 51 ⊠ 27058 ℰ 45321, 屏 – 📺 ☎ ℗. ᴁ 🕃 ⓞ 🅴 ⱽⁱˢᴬ
chiuso dal 2 al 20 gennaio – Pas (chiuso domenica) carta 26/43000 – ⊆ 8000 – **32 cam**
45/70000 – ½ P 60000.

VOGHIERA 44019 Ferrara – 4 154 ab. alt. 7 – ✿ 0532.
Roma 444 – ◆Bologna 53 – ◆Ferrara 16 – ◆Ravenna 61.

※※ **Trattoria del Belriguardo,** ℰ 815503 – ▤. ⅙
chiuso mercoledì – Pas carta 33/45000.

※※ Al Pirata, ℰ 818281, Solo piatti di pesce.

XX **La Noce,** corso Regina Marherita 19 ℰ 9882383, Coperti limitati; prenotare – 🆎 🚯 🐽.
🎜
chiuso sabato a mezzogiorno, domenica, dal 25 dicembre al 6 gennaio e dal 7 al 27 agosto –
Pas 75/85000.

VÖLS AM SCHLERN = Fiè allo Sciliar.

VOLTERRA 56048 Pisa 🖼🖼🖼 ⑭ – 13 143 ab. alt. 531 – 🕲 0588.
Vedere Quartiere Medioevale★★ : piazza dei Priori★★, Duomo★ e Battistero★ **A** – ≤★★ dal viale
dei Ponti – Museo Etrusco Guarnacci★ **M1** – Porta dell'Arco★.
🖪 via Turazza 2 ℰ 86150.
Roma 287 ② – ◆Firenze 81 ② – ◆Livorno 73 ③ – ◆Milano 377 ② – Pisa 64 ① – Siena 57 ②.

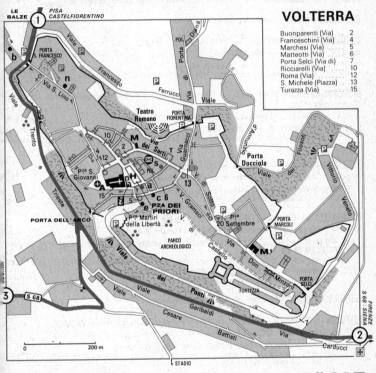

VOLTERRA

Buonparenti (Via) 2
Franceschini (Via) 4
Marchesi (Via) 5
Matteotti (Via) 6
Porta Selci (Via di) 7
Ricciarelli (Via) 10
Roma (Via) 12
S. Michele (Piazza) 13
Turazza (Via) 15

🏠 **San Lino,** via San Lino 26 ℰ 85250, Telex 502017, 🎜 – 🛗 🕾 🚗. 🆎 🚯 🐽 ᴇ 𝘝𝘐𝘚𝘈
🎜 rist   **n**
Pas *(chiuso mercoledì e dal 3 novembre al 15 marzo)* carta 25/37000 – 🖙 7000 – **44 cam**
65/100000 – ½ P 75/85000.

🏠 **Villa Nencini** 🌿 senza rist, borgo Santo Stefano 55 ℰ 86386, ≤, « Giardino e boschetto »
– 🕾 🄿 🚯 ᴇ 𝘝𝘐𝘚𝘈   **b**
🖙 7000 – **14 cam** 50/73000.

🏠 **Nazionale,** via dei Marchesi 11 ℰ 86284, Fax 84097 – 🛗 🕾 🕭. 🚯 🐽 ᴇ 𝘝𝘐𝘚𝘈   **e**
Pas *(chiuso venerdì)* carta 21/30000 (12%) – 🖙 7000 – **33 cam** 48/73000 – ½ P 52/
55000.

🏠 **Etruria** senza rist, via Matteotti 32 ℰ 87377, 🚗 – 🕾. 🚯 ᴇ 𝘝𝘐𝘚𝘈   **c**
🖙 8000 – **22 cam** 45/67000.

XX **Etruria,** piazza dei Priori 6 ℰ 86064 – 🆎 🚯 🐽 ᴇ 𝘝𝘐𝘚𝘈   **a**
chiuso giovedì, dal 10 al 30 giugno e novembre – Pas carta 24/45000 (15%).

X **Da Beppino,** via delle Prigioni 15/19 ℰ 86051 – 🆎 🚯 🐽 ᴇ 𝘝𝘐𝘚𝘈   **s**
chiuso mercoledì e dal 10 al 20 gennaio – Pas carta 22/31000 (10%).

VOZE Savona – Vedere Noli.

VULCANO (Isola) Messina 988 ③⑧ – Vedere Sicilia (Eolie,isole) alla fine dell'elenco alfabetico.

WELSBERG = Monguelfo.

WELSCHNOFEN = Nova Levante.

WOLKENSTEIN IN GRÖDEN = Selva di Val Gardena.

ZADINA PINETA Forlì – Vedere Cesenatico.

ZAFFERANA ETNEA Catania – Vedere Sicilia alla fine dell'elenco alfabetico.

ZERMAN Treviso – Vedere Mogliano Veneto.

ZERO BRANCO 31059 Treviso – 7 575 ab. alt. 18 – ✪ 0422.
Roma 538 – ♦Milano 271 – ♦Padova 35 – Treviso 13 – ♦Venezia 27.

   XX **Da Sauro,** ℘ 97116 – 🍽 ⅍ ✧ ⑩ *VISA* ⅍
       chiuso lunedì sera, martedì e dal 13 luglio al 15 agosto – Pas carta 30/44000.

ZIANO DI FIEMME 38030 Trento – 1 376 ab. alt. 953 – a.s. febbraio-Pasqua e Natale – ✪ 0462.
🛈 piazza Italia ℘ 55133.
Roma 657 – Belluno 83 – ♦Bolzano 51 – Canazei 30 – ♦Milano 315 – Trento 75.

   🏠 **Polo,** ℘ 55131, ⇌ – 🛗 ✧ ✧ 🍽 E *VISA* ⅍
       18 dicembre-25 aprile e giugno-20 ottobre – Pas *(chiuso giovedì)* carta 22/31000 – **44 cam**
       ⊇ 56/94000 – ½ P 50/70000.

ZIBELLO 43010 Parma – 2 260 ab. alt. 35 – ✪ 0524.
Roma 493 – Cremona 28 – ♦Milano 103 – ♦Parma 35 – Piacenza 41.

   X **Trattoria la Buca,** ℘ 99214, prenotare – ⓟ ⅍
       chiuso martedì – Pas carta 30/45000.

ZINGONIA 24040 Bergamo 219 ⑳ – alt. 173 – ✪ 035.
Roma 604 – ♦Bergamo 15 – ♦Brescia 62 – ♦Milano 37 – Piacenza 78.

   🏨 **Gd H. Zingonia,** ℘ 883225, Telex 300242, Fax 885699 – 🛗 🍽 📺 ✧ ⇌ ⓟ – 🏛 40 a 250.
       AE 🍽 ⑩ E *VISA* ⅍
       chiuso agosto – Pas vedere rist Le Giromette – ⊇ 12000 – **100 cam** 95/140000 – ½ P 130000.

   XXX **Le Giromette,** ℘ 883091, 🍴 – 🍽 ⓟ. AE 🍽 ⑩ E *VISA* ⅍
       chiuso domenica ed agosto – Pas carta 35/57000.

ZINZULUSA (Grotta) Lecce – Vedere Castro Marina.

ZOCCA 41059 Modena – 4 165 ab. alt. 758 – a.s. luglio-agosto e Natale – ✪ 059.
Roma 385 – ♦Bologna 57 – ♦Milano 218 – ♦Modena 49 – Pistoia 84 – Reggio nell'Emilia 75.

   🏠 **Panoramic,** via Tesi 690 ℘ 987010, ≤, ⇌ – 🛗 ⑳ ⓟ ⑩. ⅍ cam
       chiuso dal 6 gennaio al 6 febbraio – Pas *(chiuso lunedì in bassa stagione)* carta 21/32000 –
       ⊇ 4500 – **28 cam** 36/56000 – ½ P 40/60000.

ZOGNO 24019 Bergamo – 8 619 ab. alt. 334 – ✪ 0345.
Roma 619 – ♦Bergamo 18 – ♦Brescia 70 – Como 64 – ♦Milano 60 – San Pellegrino Terme 7.

    ad Ambria NE : 2 km – ✉ **24019** Zogno :

   X **Da Gianni** con cam, ℘ 91093 – ✧ ⇌ ⓟ. AE 🍽 ⑩ E *VISA* ⅍
       chiuso dal 1° al 20 settembre – Pas *(chiuso lunedì dal 21 settembre al 15 giugno)*
       carta 21/35000 – ⊇ 5000 – **9 cam** 25/35000 – P 45000.

ZOLA PREDOSA 40069 Bologna – 15 424 ab. alt. 82 – ✪ 051.
Roma 378 – ♦Bologna 13 – ♦Milano 209 – ♦Modena 33.

   🏨 **Zolahotel** senza rist, via Risorgimento 186 ℘ 751101, Fax 751101 – 🛗 🍽 📺 ✧ ⇌ – 🏛
       50 a 250. AE 🍽 ⑩ E *VISA*
       ⊇ 10000 – **108 cam** 130/200000.

   X **Masetti,** via Gesso 70 ℘ 755131, 🍽 – ⓟ. AE ⑩ *VISA* ⅍
       chiuso venerdì, sabato a mezzogiorno, dal 15 al 30 gennaio ed agosto – Pas carta 24/35000.

SARDEGNA

988 ㉒㉔㉝㉞ – 1 655 859 ab. alt. da 0 a 1 834 (Punta La Marmora, monti del Gennargentu).

🎿 vedere : Alghero, Cagliari, Olbia e Sassari.

⚓ per la Sardegna vedere : Civitavecchia, Genova, Livorno, Napoli, Palermo, Trapani; dalla Sardegna vedere : Cagliari, Olbia, Porto Torres, Tortoli (Arbatax).

ALGHERO 07041 Sassari 988 ㉝ – 40 592 ab. – a.s. luglio-15 settembre – ✆ 079.
Vedere Città vecchia★.

🛬 di Fertilia NO : 11 km ℰ 935048.

🛈 piazza Porta Terra 9 ℰ 979054.

♦Cagliari 227 – ♦Nuoro 136 – ♦Olbia 137 – Porto Torres 35 – ♦Sassari 35.

🏨 **Carlos V,** lungomare Valencia 24 ℰ 979501, Telex 791054, ≼, 🍸, 🏖, ※ – 🛗 🗏 📺 ☎ 🅿 – 🚗 60 a 250
110 cam.

🏨 **Calabona,** località Calabona ℰ 975728, Telex 790242, Fax 981046, ≼, 🍸, 🐎 – 🛗 🗏 ☎ ♿
🅿 – 🚗 30 a 400. 🆎 🗟 ⓪ 🆇 𝚅𝙸𝚂𝙰, ※ rist
aprile-ottobre – Pas 30000 – **113 cam** 🛏 110/140000 – ½ P 120/160000.

🏨 **Villa Las Tronas** ⌕, lungomare Valencia 1 ℰ 975390, Fax 981044, ≼ mare e scogliere, « Giardino », 🍸, 🐎 – 🛗 📺 🅿. 🆎 🗟 ⓪ 🆇 𝚅𝙸𝚂𝙰. ※
Pas (chiuso mercoledì e dal 20 settembre al 15 maggio) 38/46000 – 🛏 12000 – **30 cam** 100/190000 – ½ P 120/175000.

🏩 **Florida,** via Lido 15 ℰ 950535, 🍸, 🏖 – 🛗 🍽 🅿. ※ rist
aprile-15 ottobre – Pas (solo per clienti alloggiati) 25000 – 🛏 10000 – **47 cam** 58/80000 – ½ P 99/109000.

🏩 **Continental** senza rist, via Fratelli Kennedy 66 ℰ 975250, Fax 981046, 🏖 – 🛗 🍽 🅿. 🆎
🗟 ⓪ 🆇 𝚅𝙸𝚂𝙰
maggio-settembre – **32 cam** 🛏 65/90000.

🏩 **Il Gabbiano,** via Garibaldi 97 ℰ 950407, Telex 792143, ≼ – 🛗 🍽
stagionale – **48 cam**.

XX **Il Pavone,** piazza Sulis 3/4 ℰ 979584, 🍴 – 🆎 🗟 ⓪ 🆇 𝚅𝙸𝚂𝙰. ※
chiuso mercoledì e dal 20 dicembre al 20 gennaio – Pas carta 48/83000.

X **Rafel,** via Lido 20 ℰ 950385, ≼ – ※
chiuso novembre e giovedì in bassa stagione – Pas carta 36/63000.

X **Dieci Metri,** vicolo Adami 37 ℰ 979023 – 🆎 🗟 ⓪ 🆇 𝚅𝙸𝚂𝙰. ※
chiuso mercoledì e dal 10 gennaio al 28 febbraio – Pas carta 24/36000 (10%).

X **Riu,** piazza Civica 2 ℰ 977240 – 🆎 🗟 ⓪ 🆇 𝚅𝙸𝚂𝙰. ※
chiuso giovedì, domenica sera e novembre – Pas carta 29/47000.

a Fertilia NO : 6 km – ✉ 07040 :

🏠 **Bellavista,** ℰ 930124, ≼ – 🛗 🗏. 🗟 ⓪ 🆇 𝚅𝙸𝚂𝙰. ※
Pas carta 23/39000 – 🛏 8000 – **43 cam** 40/65000 – ½ P 59/68000.

Vedere anche : **Porto Conte** NO : 13 km.

ARBATAX Nuoro 988 ㉞ – Vedere Tortoli.

ARBOREA 09092 Oristano 988 ㉝ – 3 735 ab. alt. 7 – a.s. luglio-15 settembre – ✆ 0783.
♦Cagliari 85 – ♦Olbia 210 – ♦Oristano 17 – Porto Torres 154.

al mare NO : 4,5 km :

🏩 **Ala Birdi** ⌕, ✉ 09092 ℰ 800512, Telex 791167, Fax 801086, 🍸, 🐎, 🏖, ※ – ☎ 🅿 – 🚗 200. 🗟 ⓪ 🆇 𝚅𝙸𝚂𝙰. ※ rist
Pas carta 25/50000 – 🛏 7000 – **25 cam** 51/81000 – ½ P 100/124000.

ARITZO 08031 Nuoro 988 ㉝ – 1 713 ab. alt. 796 – a.s. luglio-15 settembre – ✆ 0784.
Escursioni Monti del Gennargentu★★ NE – Strada per Villanova Tulo : ≼★★ sul lago di Flumendosa.

♦Cagliari 114 – ♦Nuoro 80 – ♦Olbia 184 – ♦Oristano 85 – Porto Torres 177.

🏠 **Park Hotel,** ℰ 629201, ≼ – 🗟. ※
Pas carta 23/30000 (20%) – 🛏 2500 – **22 cam** 30/60000 – ½ P 45/48000.

ARZACHENA 07021 Sassari 988 ⑳ – 9 019 ab. alt. 83 – a.s. luglio e agosto – ✿ 0789.

Dintorni Costa Smeralda★★ – Tomba dei Giganti di Li Muri★ SO : 10 km per la strada di Luogosanto.

⌖ Pevero, a Porto Cervo (Costa Smeralda) ⌗ 07020 ℰ 96072, Telex 790037, NE : 18,5 km.

↗ della Costa Smeralda : vedere Olbia.

🛈 piazza Risorgimento ℰ 82624.

◆Cagliari 311 – ◆Olbia 26 – Palau 14 – Porto Torres 147 – ◆Sassari 129.

 🏠   **Citti** senza rist, ℰ 82662, ⅃ – ☜ & ❶. ❦
   ⌑ 4000 – **41 cam** 36/57000.

 ✕   **Vecchia Arzachena,** ℰ 82723, Coperti limitati; prenotare – 🈐 ⑩ 🍽 𝖵𝖨𝖲𝖠 ❦
   Pasqua-settembre; chiuso lunedì – Pas carta 55/102000 (12%).

   a Cannigione NE : 8,5 km – ⌗ 07020 :

 ✕✕   La Sciumara, ℰ 88150, ⇐ – ❶
   stagionale.

   sulla strada per Baia Sardinia NE : 8,5 km :

 ✕✕✕   ✿ **Grazia Deledda** con cam, ⌗ 07021 Arzachena ℰ 98988, Fax 98990, prenotare – 🖥 cam
   📺 ☎ ❶. 🅰🅴 🈐 ⑩ 🍽 𝖵𝖨𝖲𝖠 ❦
   chiuso dal 30 dicembre al 30 gennaio – Pas carta 52/78000 – ⌑ 20000 – **11 cam** 84/104000
   appartamento 134000 – ½ P 160/180000
   Spec. Tigullitas ai gamberi, Zuppa di ovoli, Spigola al sale. **Vini** Cala Luna, Nastarre.

   a Baia Sardinia NE : 16,5 km – ⌗ 07021 Arzachena – a.s. 15 giugno-15 settembre :

 🏛   **Club Hotel e Rist. Casablanca,** ℰ 99006, Telex 792108, ⇐, �, « Terrazze fiorite », ⚓⌑
   – 🛄 ☎ ❶. 🅰🅴 ⑩ 𝖵𝖨𝖲𝖠 ❦
   Pasqua-15 ottobre – Pas 70/95000 – ⌑ 20000 – **83 cam** 110/155000 – ½ P 105/205000.

 🏠   **La Bisaccia,** ℰ 99002, Fax 99002, ⇐ arcipelago della Maddalena, ⅃, ⚓⌑ – 🛄 ☎ ❶ – 🔬
   60. 🅰🅴 🈐 ⑩ 🍽 𝖵𝖨𝖲𝖠
   aprile-10 ottobre – Pas 72000 – ⌑ 20000 – **62 cam** 87/125000 – P 125/290000.

 🏠   **Mon Repos,** ℰ 99011, ⇐, ⅃, ⚓⌑, 🌿 – ⊱ cam 🖥 rist ☜ ❶. 🅰🅴 🈐 ⑩ 𝖵𝖨𝖲𝖠 ❦
   Pasqua-15 ottobre – Pas 35000 (15%) – ⌑ 20000 – **44 cam** 90/180000 – ½ P 120/160000.

 🏠   **Olimpia** ☜ senza rist, ℰ 99176, ⅃ – ❶. 🅰🅴 ⑩ 𝖵𝖨𝖲𝖠
   10 maggio-settembre – ⌑ 9000 – **17 cam** 52/92000.

   sulla Costa Smeralda – ⌗ 07020 Porto Cervo – a.s. 15 giugno-15 settembre :

 🏯   **Cala di Volpe** ☜, a Cala di Volpe E : 16,5 km ℰ 96083, Telex 790274, Fax 96442, ⇐ baia e
   porticciolo, ⅃, ⚓⌑, ❦ – 🛄 🖥 📺 ☎ ❶. 🅰🅴 ⑩ 🍽 𝖵𝖨𝖲𝖠 ❦
   15 maggio-settembre – **123 cam** solo ½ P 510000.

 🏯   **Romazzino** ☜, a Romazzino E : 19 km ℰ 96020, Telex 790059, Fax 96528, ⇐ mare ed
   isolotti, « Giardino con ⅃ », ⚓⌑, ❦ – 🛄 🖥 📺 ☎ ❶. 🅰🅴 ⑩ 🍽 𝖵𝖨𝖲𝖠 ❦
   16 maggio-14 ottobre – **90 cam** solo ½ P 498000.

 🏛   **Pitrizza** ☜, a Pitrizza NE : 19 km ℰ 91500, Telex 792079, Fax 91629, ⇐ baia, « Ville indipendenti », ⅃, ⚓⌑, 🌿 – ⊱ cam 🖥 ☎ ❶. 🅰🅴 ⑩ 🍽 𝖵𝖨𝖲𝖠 ❦
   16 maggio-settembre – **27 cam** solo ½ P 522000.

 🏛   **Cervo** ☜, a Porto Cervo NE : 18,5 km ℰ 92003, Telex 790037, Fax 92593, ⇐, « Piccolo
   patio », ⅃ riscaldata – 🖥 📺 ☎. 🅰🅴 ⑩ 🍽 𝖵𝖨𝖲𝖠 ❦
   aprile-ottobre – **90 cam** solo ½ P 334000.

 🏛   **Le Ginestre** ☜, verso Porto Cervo NE : 17 km ℰ 92030, Telex 792163, Fax 94087, ⇐, ⅃,
   🌿, ❦ – 🖥 ☎ ❶ – 🔬 80. 🅰🅴 🈐 ⑩ 🍽 𝖵𝖨𝖲𝖠 ❦
   aprile-settembre – Pas 65/80000 – **79 cam** solo ½ P 235000.

 🏛   **Cervo Tennis Club** ☜ senza rist, a Porto Cervo NE : 18,5 km ℰ 92244, Fax 96020, ⇐, ⅃,
   ⅃, 🌿, ❦ – 🖥 📺 ☎ ❶ – 🔬 80 a 200. 🅰🅴 🍽 𝖵𝖨𝖲𝖠 ❦
   16 cam ⌑ 126/251000.

 🏠   **Luci di la Muntagna,** a Porto Cervo NE : 18,5 km ℰ 92051, Telex 791114, Fax 92290, ⇐ porto,
   ⅃ – ⊱ ☎ ❶
   stagionale – **70 cam**.

 🏠   **Balocco** ☜, a Liscia di Vacca NE : 20 km ℰ 91555, Fax 91561, ⇐ mare e porto, ⅃, 🌿 –
   🖥 ☎ ❶. 🅰🅴 🈐 ⑩ 🍽 𝖵𝖨𝖲𝖠 ❦
   aprile-15 ottobre – **32 cam** ⌑ 240000.

 🏠   **Nibaru** ☜ senza rist, a Cala di Volpe E : 16,5 km ℰ 96038, Fax 96474, ⅃ – ☜ & ❶. 🅰🅴
   ⑩ 🍽 𝖵𝖨𝖲𝖠 ❦
   15 aprile-15 ottobre – ⌑ 18000 – **45 cam** 110/160000.

 ✕✕   Il Pescatore, a Porto Cervo NE : 18,5 km ℰ 92296, 🌞
   stagionale ; chiuso a mezzogiorno.

BAIA SARDINIA Sassari 988 ⑳⑳ – Vedere Arzachena.

BONORVA 07012 Sassari 988 ⑳ – 4 677 ab. alt. 508 – ✿ 079.

Alghero 67 – ◆Nuoro 74 – ◆Olbia 108 – ◆Sassari 51.

   a Rebeccu E : 7 km – ⌗ 07012 :

 ✕   Su Lumarzu, ℰ 867933 – ❶.

BOSA MARINA 08013 Nuoro 988 ③ – a.s. luglio-15 settembre – ⊙ 0785.

Alghero 64 – ◆Cagliari 172 – ◆Nuoro 86 – ◆Olbia 151 – ◆Oristano 64 – Porto Torres 99 – ◆Sassari 99.

🏠 **Al Gabbiano,** ℰ 374123 – ⊛. 🖭 🛐 E 𝓥𝓘𝓢𝓐. 🛠
  Pas *(chiuso da novembre a marzo)* carta 30/45000 (10%) – 🗌 7000 – **30 cam** 42/55000 – ½ P 75000.

BUDONI 08020 Nuoro – 3 319 ab. – a.s. luglio-15 settembre – ⊙ 0784.

◆Cagliari 248 – ◆Nuoro 67 – ◆Olbia 37 – Porto Torres 154 – ◆Sassari 136.

🏠 **Motel Isabella,** ℰ 844048, 🛥, 🛠 – ⊟ rist ☎ ℗. 🛠 rist
  chiuso ottobre – Pas carta 24/32000 – 🗌 5000 – **26 cam** 38/52000 – ½ P 70/75000.

CAGLIARI 09100 ℗ 988 ③ – 220 192 ab. – ⊙ 070.

Vedere Museo Nazionale Archeologico* : bronzetti*** Y – ≤** dalla terrazza Umberto I Z –
Pulpiti** nella Cattedrale Y – Torre di San Pancrazio* Y B – Torre dell'Elefante* Y A.

Escursioni Strada*** per Muravera per ①.

✈ di Elmas per ② : 6 km ℰ 240047 – Alitalia, via Caprera 14 ⊠ 09123 ℰ 60107.

🚢 per Civitavecchia giornaliero (13 h) e Genova giugno-settembre lunedi e negli altri mesi
mercoledi e venerdi (20 h 45 mn); per Napoli giugno-settembre sabato e negli altri mesi lunedi e
mercoledi (15 h 45 mn); per Arbatax mercoledi e domenica (4 h 30 mn); per Palermo venerdi
(13 h) e Trapani domenica (11 h) – Tirrenia Navigazione-agenzia Agenave, via Campidano 1
ℰ 666065, Telex 790013, Fax 663853.

🛈 piazza Matteotti 9 ⊠ 09123 ℰ 669255 – Aeroporto di Elmas ⊠ 09132 ℰ 240200.

A.C.I. via Carboni Boi 2 ⊠ 09129 ℰ 492881.

◆Nuoro 182 ② – Porto Torres 229 ② – ◆Sassari 211 ①.

Pianta pagina a lato

🏨 **Regina Margherita** senza rist, viale Regina Margherita 44 ⊠ 09124 ℰ 670342, Telex
  792156, Fax 668325 – 🛗 ⊟ 🖭 ☎ ➜ – 🕍 30 a 350. 🖭 🛐 ⊙ E 𝓥𝓘𝓢𝓐. 🛠   Z g
  99 cam 🗌 154/189000.

🏨 **Mediterraneo,** lungomare Cristoforo Colombo ⊠ 09125 ℰ 301271, Telex 613572, Fax
  301274, ≤, 🛥 – 🛗 ⊟ 🖭 🛠 & ℗ – 🕍 50 a 650. 🖭 🛐 ⊙ E 𝓥𝓘𝓢𝓐. 🛠 rist   Z s
  Pas al Rist. **Al Golfo** *(chiuso domenica)* carta 48/66000 – **136 cam** 🗌 138/175000 appartamenti
  211/248000 – ½ P 115/180000.

🏨 **Panorama,** viale Armando Diaz 231 ⊠ 09126 ℰ 307691, Telex 791119, ⅃ – 🛗 ⊟ 🖭
  ➜ – 🕍 30 a 150. 🖭 🛐 ⊙ E 𝓥𝓘𝓢𝓐. 🛠 rist   Z
  Pas *(chiuso domenica sera e lunedi)* carta 44/63000 – **97 cam** 🗌 116/149000 appartamenti
  195000 – ½ P 100/153000.

🏩 **Moderno** senza rist, via Roma 159 ⊠ 09124 ℰ 653971, Telex 792131, Fax 658215, ≤ – 🛗 ⊟
  ☎ & – 🕍 25. 🖭 🛐 E 𝓥𝓘𝓢𝓐   Z a
  🗌 10000 – **93 cam** 72/98000.

🏩 **Italia** senza rist, via Sardegna 31 ⊠ 09124 ℰ 655772, Fax 650240 – 🛗 ⊟ 🖭 ☎ – 🕍 50. 🖭
  🛐 ⊙ 𝓥𝓘𝓢𝓐. 🛠   Z c
  113 cam 🗌 65/92000.

🏩 **MotelAgip,** circonvallazione Nuova ⊠ 09134 Pirri ℰ 521373, Telex 792104 – 🛗 ⊟ 🖭 ☎
  ℗. 🖭 🛐 ⊙ E 𝓥𝓘𝓢𝓐. 🛠 rist   3 km per via Baccaredda   Y
  Pas *(chiuso sabato)* 31000 – **57 cam** 🗌 66/107000 – ½ P 83/95000.

🏩 **Quadrifoglio,** circonvallazione Quadrifoglio ⊠ 09134 Pirri ℰ 543093, Fax 543036 – 🛗 ⊟
  🖭 🖭 ☎ – 🕍 30. 🖭 🛐 ⊙ E 𝓥𝓘𝓢𝓐. 🛠   3,5 km per via Baccaredda   Y
  Pas *(chiuso lunedi e dal 5 al 22 agosto)* carta 29/48000 – 🗌 7500 – **63 cam** 49/74000.

🏠 **Al Solemar** senza rist, viale Armando Diaz 146 ⊠ 09126 ℰ 301360 – 🛗 ☎ ℗ – 🕍 80. 🖭
  ⊙. 🛠   Z
  🗌 7000 – **42 cam** 55/91000.

XXX ❀ **Dal Corsaro,** viale Regina Margherita 28 ⊠ 09124 ℰ 664318 – ⊟. 🖭 🛐 ⊙ 𝓥𝓘𝓢𝓐. 🛠
  chiuso domenica – Pas carta 51/62000 (14%)   Z e
  Spec. Tagliatelle fresche con cozze e gamberi, Spigola in tegame con lo zafferano, Sarago ai grani di pepe
  verde. Vini Vermentino, Cannonau.

XX **Antica Hostaria,** via Cavour 60 ⊠ 09124 ℰ 665870, « Raccolta di quadri » – ⊟. 🖭
  ⊙ E 𝓥𝓘𝓢𝓐. 🛠   Z x
  chiuso domenica ed agosto – Pas carta 35/55000 (12%).

XX St. Remy, via Torino 16 ⊠ 09124 ℰ 657377   Z v

XX **Italia,** via Sardegna 26 ⊠ 09124 ℰ 657987 – 🗌⊟ ⊟. 🖭. 🛠   Z r
  chiuso domenica e dal 15 dicembre al 15 gennaio – Pas carta 22/38000 (12%).

XX **La Pineta,** via della Pineta 108 ⊠ 09126 ℰ 303313 – ⊟. 🛠   per via Pessina   Z
  chiuso lunedi e dal 15 settembre al 15 ottobre – Pas carta 28/41000 (12%).

X **La Lanterna,** via Cugia 7 ⊠ 09129 ℰ 308207 – ⊟. 𝓥𝓘𝓢𝓐. 🛠   per via Pessina   Z
  chiuso domenica, agosto o settembre – Pas carta 21/41000 (14%).

X **La Rosetta,** via Sardegna 44 ⊠ 09124 ℰ 663131 – ⊟. 🖭 🛐 ⊙ E 𝓥𝓘𝓢𝓐. 🛠   Z b
  chiuso lunedi – Pas carta 22/42000 (12%).

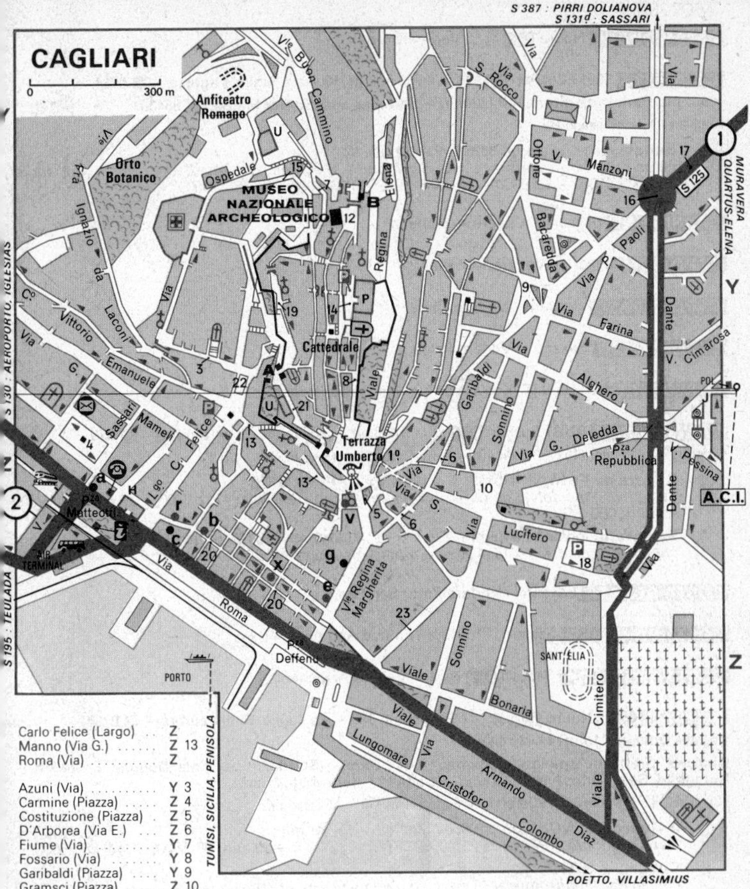

Carlo Felice (Largo)	Z	
Manno (Via G.)	Z	13
Roma (Via)	Z	
Azuni (Via)	Y	3
Carmine (Piazza)	Z	4
Costituzione (Piazza)	Z	5
D'Arborea (Via E.)	Z	6
Fiume (Via)	Y	7
Fossario (Via)	Y	8
Garibaldi (Piazza)	Y	9
Gramsci (Piazza)	Z	10
Indipendenza (Piazza)	Y	12
Martini (Via)	Y	14
Porceli (Via)	Y	15
S. Benedetto (Piazza)	Y	16
S. Benedetto (Via)	Y	17
S. Cosimo (Piazza)	Z	18
S. Croce (Via)	Y	19
Sardegna (Via)	Z	20
Università (Via)	Z	21
Yenne (Piazza)	Y	22
20 Settembre (Via)	Z	23

a Poetto SE : 9 km Z – ⊠ **09126** :

XX Ottagono, ✆ 372879, ≤.

a Sant'Elia SE : 5 km per viale Armando Diaz Z – ⊠ **09126** :

XX Lo Scoglio, ✆ 371927, Solo piatti di pesce – Ⓟ.

al bivio per Capoterra per ② : 12 km :

XX **Sa Cardiga e Su Schironi,** ⊠ 09012 Capoterra ✆ 71652 – ▤ Ⓟ. AE ⓢ ◑ E VISA. ⅌
chiuso lunedì e dal 24 ottobre al 12 novembre – Pas (solo piatti di pesce suggeriti dal proprietario) carta 36/60000.

Vedere anche : ***Quartu Sant'Elena*** E : 7 km.

MICHELIN, a Sestu, strada statale 131 al km 7,200 per ② – ⊠ 09028 Sestu, ✆ 22122.

> **The rates shown may be revised if the cost of living changes to any great extent.
> Before making your reservations,
> confirm with the hotelier the exact price that will be charged.**

CALA GONONE Nuoro 988 ㉞ – Vedere Dorgali.

CALASETTA 09011 Cagliari 988 ㉝ – 2 799 ab. alt. 10 – a.s. luglio e agosto – ✿ 0781.
🚢 per Carloforte giornalieri (30 mn) – Saremar-agenzia Ser.Ma.Sa., ✆ 88430.
◆Cagliari 105 – ◆Oristano 145.

🍴 **Bellavista** con cam, ✆ 88211, ← – 🏢. 🛏. 🐖
chiuso dal 4 novembre al 15 dicembre – Pas *(chiuso lunedì da ottobre ad aprile)*
carta 26/41000 – ⚏ 9000 – **12 cam** 38/52000, 🍽 4000 – ½ P 66/76000.

CANNIGIONE Sassari – Vedere Arzachena.

CAPO BOI Cagliari – Vedere Villasimius.

CAPO CERASO Sassari – Vedere Olbia.

CAPO D'ORSO Sassari – Vedere Palau.

CARLOFORTE Cagliari 988 ㉝ – Vedere San Pietro (Isola di).

CASTELSARDO 07031 Sassari 988 ㉝ – 5 463 ab. – a.s. luglio-15 settembre – ✿ 079.
◆Cagliari 243 – ◆Nuoro 152 – ◆Olbia 100 – Porto Torres 34 – ◆Sassari 32.

🏠 **Riviera da Fofò,** ✆ 470143, ← – 🛗 🖤 🅿. 🆎 🛏 🕐 🄴 *VISA*. 🐖
Pas *(chiuso mercoledì da novembre ad aprile)* carta 29/52000 – ⚏ 7000 – **26 cam** 31/52000
– ½ P 70000.

🍴🍴 **Sa Ferula,** località Lu Bagnu SO : 4 km ✆ 474049, ← – 🅿. 🆎 🛏 🕐 🄴 *VISA*. 🐖
chiuso mercoledì e dal 15 al 30 novembre – Pas carta 34/52000.

COSTA DORATA Sassari – Vedere Porto San Paolo.

COSTA PARADISO Sassari – Vedere Trinità d'Agultu.

COSTA SMERALDA Sassari 988 ㉝㉞ – Vedere Arzachena.

DORGALI 08022 Nuoro 988 ㉞ – 7 972 ab. alt. 387 – a.s. luglio-15 settembre – ✿ 0784.
Vedere Dolmen Motorra★ N : 4 km.
Dintorni Grotta di Ispinigoli : colonna★★ N : 8 km – Strada★★ per Cala Gonone E : 10 km –
Nuraghi di Serra Orios★ NO : 10 km – Strada★★★ per Arbatax Sud.
◆Cagliari 213 – ◆Nuoro 32 – ◆Olbia 114 – Porto Torres 170 – ◆Sassari 152.

🏠 **Il Querceto,** NO : 1 km ✆ 96509, ☞, 🍴 – 🅿. 🐖 rist
2 aprile-ottobre – Pas carta 23/40000 (10%) – ⚏ 7000 – **20 cam** 38/58000 – ½ P 65/75000.

🍴 **Colibrì,** ✆ 96054 – 🐖
chiuso dal 15 dicembre al 15 gennaio e domenica da ottobre a maggio – Pas carta 20/35000
(10%).

a Cala Gonone E : 9 km – ✉ 08020 :

🏠 **Costa Dorada** 🌊, ✆ 93332, Fax 93445, ← – ✸ rist 📺 ☎. 🆎 🛏 🕐 🄴 *VISA*. 🐖 rist
Pasqua-ottobre – Pas carta 28/37000 – ⚏ 12000 – **25 cam** 50/68000 – ½ P 65/90000.

🏠 **L'Oasi** 🌊, ✆ 93111, Fax 93444, ← mare e costa, 🌳, « Giardino fiorito a terrazze » – 🅿.
← *VISA*. 🐖
Pasqua-settembre – Pas (solo per clienti alloggiati) 20000 – ⚏ 9000 – **26 cam** 55000 –
½ P 58/66000.

🏠 **Miramare,** ✆ 93140, ← – 🛗 🖤 🅿. 🆎 🛏 🕐 *VISA*. 🐖 rist
aprile-15 ottobre – Pas *(chiuso sino a maggio e dal 1° al 15 ottobre)* carta 24/40000 (15%) –
35 cam ⚏ 50/78000 – ½ P 70/85000.

FERTILIA Sassari 988 ㉝ – Vedere Alghero.

FONNI 08023 Nuoro 988 ㉝ – 4 775 ab. alt. 1 000 – a.s. Pasqua, 15 luglio-agosto e Natale –
✿ 0784.
Escursioni Monti del Gennargentu★★ Sud.
◆Cagliari 161 – ◆Nuoro 33 – ◆Olbia 137 – Porto Torres 149 – ◆Sassari 131.

🏠 **Cualbu,** via del Lavoro 21 ✆ 57054 – 🛗 ✸ rist 🖤 ♿ 🅿. 🐖
← Pas 20/30000 – ⚏ 5000 – **61 cam** 35/55000 – ½ P 58/65000.

FOXI Cagliari – Vedere Quartu Sant'Elena.

GAVOI 08020 Nuoro 988 ㉝ – 3 122 ab. alt. 777 – ✪ 0784.
♦Nuoro 46 – ♦Oristano 86 – ♦Sassari 144.

al lago di Gusana S : 7 km :

🏠 Taloro, ✉ 08020 ℘ 57174 – ☎ 🅿
45 cam.

GOLFO ARANCI 07020 Sassari 988 ㉔ – 1 986 ab. – a.s. 15 giugno-15 settembre – ✪ 0789.
♦Cagliari 304 – ♦Olbia 19 – Porto Torres 140 – ♦Sassari 122 – Tempio Pausania 64.

🏠 **Margherita** senza rist, ℘ 46906, ≤, 🚗 – 📶 📺 ☎ 🅿. 🖭 🕃 ⓞ E 𝘝𝘐𝘚𝘈
⟷ 15000 – **26 cam** 60/90000.

GOLFO DI MARINELLA Sassari – Vedere Olbia.

GUSANA (Lago di) Nuoro – Vedere Gavoi.

LA CALETTA Nuoro – Vedere Siniscola.

LACONI 08034 Nuoro 988 ㉝ – 2 549 ab. alt. 555 – ✪ 0782.
♦Cagliari 86 – ♦Nuoro 108 – ♦Olbia 212 – ♦Oristano 59 – Porto Torres 189 – ♦Sassari 171.

✕ **Sardegna** con cam, ℘ 869033 – ⛛
↔ Pas carta 20/32000 – ⟷ 4000 – **10 cam** 40000 – ½ P 35/40000.

LOTZORAI 08040 Nuoro – 1 960 ab. alt. 16 – a.s. luglio-15 settembre – ✪ 0782.
♦Cagliari 145 – Arbatax 9,5 – ♦Nuoro 91.

✕ **L'Isolotto,** ℘ 669431 – 🅿. 🖭 ⓞ 𝘝𝘐𝘚𝘈. ⛛
chiuso da gennaio al 15 febbraio, lunedì e da ottobre a maggio anche la sera (escluso sabato e domenica) – **Pas** carta 24/40000 (10%).

MACOMER 08015 Nuoro 988 ㉝ – 11 542 ab. alt. 551 – ✪ 0785.
Alghero 85 – ♦Cagliari 141 – ♦Nuoro 55 – ♦Olbia 124 – ♦Oristano 51 – Porto Torres 87 – ♦Sassari 69.

🏨 **MotelAgip,** ℘ 71066 – ☎ 🅿 – 🔬 200. 🖭 🕃 ⓞ E 𝘝𝘐𝘚𝘈. ⛛ rist
Pas *(chiuso lunedì)* 25000 – **96 cam** ⟷ 51/84000 – ½ P 66/77000.

MADDALENA (Arcipelago della) ✭✭ Sassari 988 ㉔㉔ – alt. da 0 a 212 (monte Teialone).
Vedere Isola della Maddalena✭✭ – Isola di Caprera✭ : casa-museo✭ di Garibaldi.

La Maddalena Sassari 988 ㉔㉔ – 12 032 ab. – ✉ 07024 – a.s. 15 giugno-15 settembre
– ✪ 0789.

🛳 per Palau (15 mn) e Santa Teresa Gallura (1 h), giornalieri – Saremar-agenzia Contemar, via Amendola 15 ℘ 737660, Telex 630514, Fax 857577.

🛈 via XX Settembre 24 ℘ 736321

🏨 **Cala Lunga** 📎, a Porto Massimo N : 6 km ℘ 737389, Fax 737540, ≤, 🏊, 🚣 – 📶. 🖭. ⛛
maggio-settembre – Pas 40000 – ⟷ 15000 – **72 cam** 138000.

🏨 **Nido d'Aquila** 📎, O : 3 km ℘ 722130, Fax 722159, ≤ mare e costa, 🚗 – 📶 🖃 ☎ 🅿
44 cam.

🏨 **Garibaldi** 📎 senza rist, ℘ 737314 – 📶 📺 ☎. 🖭 🕃 ⓞ E 𝘝𝘐𝘚𝘈. ⛛
chiuso dal 20 dicembre al 5 gennaio – ⟷ 9000 – **19 cam** 62/105000.

✕✕ **Mistral,** ℘ 738088 – 🖃. 🖭 🕃 E 𝘝𝘐𝘚𝘈. ⛛
chiuso novembre e venerdì in bassa stagione – Pas carta 34/62000.

✕ **Mangana,** ℘ 738477 – 🖭 🕃 ⓞ E 𝘝𝘐𝘚𝘈. ⛛
chiuso mercoledì e dal 20 dicembre al 20 gennaio – Pas carta 29/44000.

MARAZZINO Sassari – Vedere Santa Teresa Gallura.

MURAVERA 09043 Cagliari 988 ㉔ – 4 363 ab. alt. 11 – ✪ 070.
Escursioni Strada✭✭✭ per Cagliari SO.
🛈 via Europa 22 ℘ 9930760.
♦Cagliari 64 – ♦Nuoro 166 – ♦Olbia 253 – Porto Torres 288.

a Torre Salinas SE : 10,5 km – ✉ 09043 Muravera – a.s. luglio-15 settembre :

🏨 **Colostrai** 📎, ℘ 9930496, Fax 99625, ≤, 🚣, 🚗, ✕ – 📶 ☎ 🔬 🅿. 🖭 🕃 ⓞ E 𝘝𝘐𝘚𝘈. ⛛ rist
Pas 30/45000 – ⟷ 15000 – **31 cam** 55/99000 – P 120/125000.

NETTUNO (Grotta di) ✭✭✭ Sassari 988 ㉒㉓ – Vedere Guida Verde.

NUORO 08100 🄿 🄖🄖🄖 ㉝ – 37 968 ab. alt. 553 – ✿ 0784.

Vedere Museo della vita e delle tradizioni popolari sarde★.

Dintorni Monte Ortobene★ E : 9 km.

🄗 piazza Italia 9 ℘ 30083.

A.C.I. via Sicilia 39 ℘ 30034.

◆Cagliari 182 – ◆Sassari 120.

🏨 **Grazia Deledda,** via Lamarmora 175 ℘ 31257 – 🛗 🗐 🖭 – 🔬 200
72 cam.

🏨 **MotelAgip,** via Trieste 44 ℘ 34071, Telex 630585 – 🛗 🗐 🖵 ☎ 🄿 🝙 🖪 ➊ E 🅅🅸🅂🅰 🛠 rist
Pas *(chiuso sabato sera e domenica)* 25000 – **51 cam** 🖙 56/84000, 🗐 8500 – ½ P 63/78000.

🏛 **Grillo,** via Monsignor Melas 14 ℘ 32005 – 🛗 ☎ 🝙 🖪 ➊ E 🅅🅸🅂🅰 🛠
➡ Pas carta 17/29000 (10%) – 🖙 6000 – **46 cam** 42/58000 – ½ P 45/55000.

✕ **Canne al Vento,** viale Repubblica 66 ℘ 201762 – 🛠
chiuso domenica, dal 18 dicembre al 7 gennaio e dal 10 al 21 agosto – Pas carta 21/32000
(10%).

al monte Ortobene E : 9 km – alt. 955 :

✕✕ **F.lli Sacchi** 🦐 con cam, ⊠ 08100 Nuoro ℘ 34030 – 🕾 🄿 – 🔬 30. 🝙 🖪 E 🅅🅸🅂🅰
Pas carta 25/37000 – 🖙 7000 – **21 cam** 35/42000 – ½ P 50000.

OLBIA 07026 Sassari 🄖🄖🄖 ㉓㉔ – 36 642 ab. – a.s. 15 giugno-15 settembre – ✿ 0789.

🏌 della Costa Smeralda SO : 4 km ℘ 52600 – Alisarda, corso Umberto 193/195 ℘ 52600.

🛳 per Livorno marzo-ottobre giornalieri (9 h) – Sardinia Ferries, corso Umberto 4 ℘ 25200,
Telex 790297; per Civitavecchia giornaliero (7 h); per Genova giugno-settembre giornaliero e
ottobre-dicembre lunedì, mercoledì e sabato (13 h); per Arbatax giugno, luglio e settembre
giovedì e sabato (4 h 30 mn) – Tirrenia Navigazione, corso Umberto I n° 17/19 ℘ 24691, Telex
790023, Fax 22688.

🄗 via Catello Piro 1 ℘ 21453.

◆Cagliari 268 – ◆Nuoro 102 – ◆Sassari 103.

🏨 **Mediterraneo,** via Montello 3 ℘ 24173, Telex 792017, Fax 24162 – 🛗 🗐 🖵 ☎ 🝙 🖪 ➊
E 🅅🅸🅂🅰 🛠
Pas *(chiuso venerdì in bassa stagione)* 25000 – 🖙 8000 – **80 cam** 67/100000 – ½ P 92/100000.

🏛 **Centrale** senza rist, corso Umberto 85 ℘ 23017 – 🖙 🕾 🛠
🖙 6000 – **22 cam** 47/70000.

✕ **Da Bartolo,** viale Aldo Moro 133 ℘ 51348 – 🗐.

✕ **Canne al Vento,** via Vignola 33 ℘ 51609 – 🄿 🛠
chiuso domenica, dal 5 al 19 marzo e al 1° al 15 novembre – Pas carta 24/38000 (10%).

sulla via Panoramica :

✕✕ **Da Nino's,** località Pittulongu NE : 4 km ⊠ 07026 ℘ 39027 – 🄿 🝙.
chiuso mercoledì, dicembre e gennaio – Pas carta 50/90000 (10%).

sulla strada statale 125 N : 2 km :

🏨 **Royal,** ⊠ 07026 ℘ 50253, Fax 50215, ☎ – 🛗 🗐 🖵 🕾 🄿 🝙 🖪 ➊ E 🅅🅸🅂🅰 🛠 rist
Pas 25/30000 – 🖙 10000 – **65 cam** 66/101000 – ½ P 94/100000.

a Golfo di Marinella NE : 13 km – ⊠ 07026 Olbia :

🏨 **Abi d'Oru** 🦐, ℘ 32001, Telex 790135, Fax 32044, ≤ baia, « Giardino fiorito con ☄ », 🐚,
🛠 – 🛗 🗐 🖵 ☎ 🝙 🖪 ➊ E 🅅🅸🅂🅰 🛠 rist
12 maggio-2 ottobre – Pas 50/60000 – **60 cam** 🖙 213/268000 appartamenti 297/468000 –
½ P 225/238000.

a Capo Ceraso E : 13 km – ⊠ 07026 Olbia :

🏨 **Li Cuncheddi** 🦐, ℘ 36126, Telex 791163, Fax 36194, ≤ mare e costa, ☄, 🐚, 🚤, 🛠 –
🗐 ☎ 🄿 – 🔬 180. 🝙 🖪 ➊ E 🅅🅸🅂🅰 🛠
maggio-settembre – Pas 45/60000 – **75 cam** solo ½ P 130/240000.

a Porto Rotondo N : 15,5 km – ⊠ 07020 :

🏨 Sporting 🦐, ℘ 34005, Telex 790113, ≤ mare e costa, 🍽, ☄, 🐚, 🚤 – 🖵 ☎ 🄿
stagionale – **27 cam**.

Vedere anche : *Porto San Paolo* SE : 15 km.
Golfo Aranci NE : 19 km.

OLIENA 08025 Nuoro 🄖🄖🄖 ㉓㉔ – 7 526 ab. alt. 378 – a.s. luglio-15 settembre – ✿ 0784.

Dintorni Sorgente Su Gologone★ NE : 8 km.

◆Cagliari 193 – ◆Nuoro 12 – ◆Olbia 116 – Porto Torres 150.

alla sorgente Su Gologone NE : 8 km :

✕✕ **Su Gologone** 🦐 con cam, ⊠ 08025 ℘ 287512, Telex 792110, ≤, 🍽, ☄, 🚤, 🛠 – 🗐 ☎
🄿 – 🔬 200. 🝙 🖪 E 🅅🅸🅂🅰
chiuso novembre – Pas carta 30/45000 (10%) – 🖙 9000 – **65 cam** 54/68000 – ½ P 88000.

ORISTANO 09170 🅿 🟨🟨🟨 ㊹ – 32 327 ab. alt. 9 – ✪ 0783.

Vedere Opere d'arte★ nella chiesa di San Francesco – Basilica di Santa Giusta★ S : 3 km.

🖪 via Cagliari 278 ✆ 74191.

A.C.I. via Cagliari 50 ✆ 212450.

Alghero 137 – ◆Cagliari 93 – Iglesias 97 – ◆Nuoro 92 – ◆Sassari 121.

🏨 **Mistral,** via Martiri di Belfiore ✆ 212505, Fax 210058 – 🛗 ▤ 📺 ☎ 🄿 – 🔬 70. 🖭 🚾 ① 🖻
🚾 ⚗️
Pas carta 23/42000 – 🖵 7000 – **49 cam** 48/74000 – ½ P 68000.

🏨 **CA.MA.,** via Vittorio Veneto 119 ✆ 74374 – 🛗 ▤ 📺 ☎ 🄿 – 🔬 200. 🖻 ⚗️
Pas *(chiuso domenica)* carta 25/35000 – 🖵 8000 – **54 cam** 43/67000 – ½ P 65/70000.

🏴🏴🏴 ✿ **Il Faro,** via Bellini 25 ✆ 70002 – ▤. 🖭 🚾 ① 🖻 🚾 ⚗️
chiuso domenica sera, lunedì, dal 2 al 16 gennaio e dal 17 al 30 luglio – Pas carta 49/67000
(15%)
Spec. Anguilline al pecorino e menta secca, Fregoline con vongole veraci in brodo (primavera-estate), Zuppa di
aragosta (primavera-estate). **Vini** Vermentino, Cannonau.

🏴🏴 **La Forchetta d'Oro,** via Giovanni XXIII ✆ 70462 (prenderà il 302731) – ▤. 🖭 ①. ⚗️
chiuso domenica – Pas carta 22/39000.

🏴 **Da Salvatore,** vico Mariano 2 ✆ 71309 – ▤. 🚾 🖻 🚾 ⚗️
chiuso domenica e dal 15 al 31 agosto – Pas carta 24/42000.

a Torre Grande O : 8,5 km – ⊠ 09072 – a.s. luglio e agosto :

🏨 **Del Sole,** ✆ 22000, ≤, 🔬 – 🛗 ▤ rist ☎ 🄿 🄿. 🖭 🚾 ① 🖻 🚾 ⚗️ rist
aprile-ottobre – Pas carta 27/48000 – 🖵 8000 – **54 cam** 49/81000 – ½ P 69/84000.

sulla strada statale 131 al bivio per Siamaggiore NE : 7,5 km :

🏴🏴 Da Renzo, ⊠ 09170 Oristano ✆ 33658 – ▤ 🄿.

OROSEI 08028 Nuoro 🟨🟨🟨 ㉞ – 5 169 ab. alt. 19 – a.s. luglio-15 settembre – ✪ 0784.

Dorgali 18 – ◆Nuoro 40 – ◆Olbia 93.

🏨 **Maria Rosaria,** via Grazia Deledda 1 ✆ 98657 – 🕸 🄿 🄿. 🖭 ⚗️
Pas 22/32000 – 🖵 5000 – **22 cam** 35/54000 – ½ P 57/62000.

ORTOBENE (Monte) Nuoro – Vedere Nuoro.

PALAU 07020 Sassari 🟨🟨🟨 ㉓ – 2 717 ab. – a.s. luglio e agosto – ✪ 0789.

Dintorni Arcipelago della Maddalena★★ – Costa Smeralda★★.

⛴ per La Maddalena giornalieri (15 mn) – Saremar-agenzia D'Oriano, piazza del Molo 2
✆ 709270.

🖪 via Nazionale 94 ✆ 709570.

◆Cagliari 325 – ◆Nuoro 144 – ◆Olbia 40 – Porto Torres 127 – ◆Sassari 117 – Tempio Pausania 48.

🏨 **Altura** 🐾, O : 1,5 km ✆ 709655, ≤, 🐎 – ☎ 🄿. ⚗️ rist
Pasqua-ottobre – Pas carta 27/40000 – 🖵 7000 – **55 cam** 45/75000 – ½ P 90/92000.

🏨 **Del Molo** senza rist, ✆ 708042 – ▤ 🕸 🄿. ① 🚾
🖵 6500 – **14 cam** 51/63000, ▤ 7000.

🏨 **Piccada** senza rist, ✆ 709344 – 🕸 ⟵. 🚾. ⚗️
🖵 5500 – **18 cam** 50/60000.

🏨 **La Roccia** senza rist, ✆ 709528 – 🕸 🄿. 🖭 ①
🖵 5000 – **22 cam** 36/60000.

🏴🏴 **Da Franco,** ✆ 709558 – 🄿. 🖭 🚾 ① 🖻 🚾. ⚗️
chiuso dicembre e lunedì da ottobre a marzo – Pas carta 47/80000 (15%).

🏴 Da Robertino, via Nazionale 20 ✆ 709670 – ▤.

🏴 **La Griglia,** S : 2 km ✆ 708143, 🌤 – 🄿. 🚾 ⚗️
aprile-ottobre; chiuso lunedì e a mezzogiorno in alta stagione – Pas carta 38/53000.

🏴 **Vecchia Gallura,** sulla strada statale 133 (SO : 3 km) ✆ 708194 – 🄿. 🖭 🚾 ① 🖻 🚾. ⚗️
maggio-settembre – Pas carta 31/53000.

a Capo d'Orso E : 5 km – ⊠ 07020 Palau :

🏨🏨 **Capo d'Orso** 🐾, ✆ 708100, Telex 791124, ≤, « In pineta », 🔬 riscaldata, 🏖, 🐎, ⚗️, 🎾
– ▤ 📺 ☎ 🄿. 🖭 🚾 ① 🖻 🚾
maggio-ottobre – Pas carta 40/50000 – **58 cam** 🖵 220/300000 – ½ P 110/250000.

POETTO Cagliari – Vedere Cagliari.

PORTO ALABE Oristano – Vedere Tresnuraghes.

Michelin road map of GREECE (scale 1:700 000), no 🟨🟨🟨

PORTO CONTE Sassari – ✉ 07041 Alghero – a.s. luglio-15 settembre – ✆ 079.

Vedere Nuraghe Palmavera★ E : 2 km.

Dintorni Grotta di Nettuno★★★ SO : 9 km – Strada per Capo Caccia : ⇐★★.

Alghero 13 – ◆Cagliari 240 – ◆Nuoro 149 – ◆Olbia 142 – Porto Torres 41 – ◆Sassari 41.

🏨 **El Faro** ⚓, ⌂ 942010, Telex 790107, Fax 942030, ⇐ golfo, 🌄, 🏊, ⛴ – 🛗 ☎ ☻ ☻ – 🏛 150. 🎫 🅱 ⑨ 🄴 𝘝𝘐𝘚𝘈, 🛰 rist
aprile-ottobre – Pas 50000 – **92 cam** ☟ 122/200000 – ½ P 165/190000.

🏨 **Corte Rosada** ⚓, ⌂ 942038, Telex 613565, Fax 942158, « Ville indipendenti in pineta », 🏊, 🐎, 🛰 – 🛗 ☎ ☻ – 🏛 220. 🎫 🅱 ⑨ 🄴 𝘝𝘐𝘚𝘈 🛰
aprile-ottobre – Pas 40000 – **160 cam** ☟ 115/190000 – ½ P 180/220000.

PORTO ROTONDO Sassari 𝟿𝟾𝟾 ㉚ – Vedere Olbia.

PORTO SAN PAOLO Sassari – ✉ 07020 Vaccileddi – a.s. luglio e agosto – ✆ 0789.

◆Cagliari 268 – ◆Nuoro 87 – ◆Olbia 15 – ◆Sassari 114.

🏨 **San Paolo,** ⌂ 40001, ⇐ mare ed isola di Tavolara, 🐎, 🍴 – ☎ ☻ 🎫 🛰
giugno-settembre – Pas 60000 – ☟ 16500 – **39 cam** 52/94000 – ½ P 89/163000.

a Costa Dorata SE : 1,5 km – ✉ 07020 Vaccileddi :

🏨 **Don Diego** ⚓, ⌂ 40007, Fax 40026, ⇐ mare ed isola di Tavolara, « Villini indipendenti e terrazze fiorite con 🏊 », 🐎, 🛰 – 📺 ☎ ☻. 🛰 rist
Pas 30000 – ☟ 20000 – **49 cam** 100/200000 – ½ P 145/180000.

PORTOSCUSO 09010 Cagliari 𝟿𝟾𝟾 ㉝ – 6 007 ab. – a.s. luglio e agosto – ✆ 0781.

⚓ da Portovesme per l'Isola di San Pietro-Carloforte giornalieri (40 mn) – a Portovesme, Saremar-agenzia Ser.Ma.Sa., ⌂ 509065.

◆Cagliari 77 – ◆Oristano 119.

🏠 **Panorama** senza rist, via Giulio Cesare 42 ⌂ 509327 – 🛗 🗏 ☻. 𝘝𝘐𝘚𝘈, 🛰
☟ 10000 – **37 cam** 45/70000.

🍴🍴 **La Ghinghetta,** via Cavour 28 ⌂ 508143, Fax 508144, ⇐, Coperti limitati; prenotare – 🗏 🎫 🅱 ⑨ 🄴 🅱 🛰
chiuso domenica e dal 18 dicembre al 10 gennaio – Pas carta 44/58000.

PORTO TORRES 07046 Sassari 𝟿𝟾𝟾 ㉛㉜ – 21 842 ab. – a.s. luglio e agosto – ✆ 079.

Vedere Chiesa di San Gavino★.

⚓ per Genova giornaliero (12 h 30 mn) – Tirrenia Navigazione, Stazione Marittima ⌂ 514107, Telex 790019, Fax 514109.

Alghero 35 – ◆Sassari 19.

🏨 Torres, via Sassari 75 ⌂ 501604 – 🛗 🗏 ☻ ☻
70 cam.

🏠 La Casa, senza rist, via Petrarca 8 ⌂ 514288 – 🛗 ☻
52 cam.

sulla strada statale 131 :

🏨 Libyssonis, SE : 2 km ✉ 07046 ⌂ 501613, 🏊, 🐎, 🛰 – 🛗 ☻ ☻
42 cam.

🍴 Li Lioni, SE : 3 km ✉ 07046 ⌂ 502286, 🐎 – ☻.

PULA 09010 Cagliari 𝟿𝟾𝟾 ㉝ – 5 882 ab. alt. 10 – a.s. luglio-15 settembre – ✆ 070.

🏌 Is Molas, a Santa Margherita di Pula, Casella Postale 49 ✉ 09010 Pula ⌂ 9209062, Fax 9209996, SO : 6 km.

◆Cagliari 29 – ◆Nuoro 210 – ◆Olbia 314 – ◆Oristano 122 – Porto Torres 258.

a Santa Margherita SO : 6 km – ✉ 09010 Pula :

🏨 **Is Morus** ⚓, ⌂ 921171, Telex 791053, Fax 921596, ⇐, « In pineta », 🏊, 🐎, 🛰 – ☎ ☻ ♿ ☻. 🎫 🅱 ⑨ 🄴 𝘝𝘐𝘚𝘈. 🛰
Pasqua-ottobre – Pas 55/75000 – ☟ 30000 – **83 cam** 154/284000 – ½ P 150/260000.

🏨 Flamingo ⚓, ⌂ 9208361, Telex 790115, ⇐, 🏊, 🐎, 🍴, 🛰 – ☻
stagionale – **122 cam**.

🏨 Abamar ⚓, ⌂ 921555, Telex 790145, ⇐, « In pineta », 🏊, 🐎, 🛰 – 🛗 🗏 ☻ ☻
stagionale – **79 cam**.

🍴🍴 Urru, ⌂ 921491, « Servizio estivo in terrazza », 🐎 – ☻. 🎫 🅱 ⑨ 🄴 𝘝𝘐𝘚𝘈, 🛰
chiuso lunedì dal 15 settembre al 15 giugno – Pas carta 27/40000 (12%).

PUNTALDIA Nuoro – Vedere San Teodoro.

QUARTU SANT'ELENA **09045** Cagliari 🔢 ㉛ – 57 348 ab. alt. 6 – ✪ 070.
♦Cagliari 7 – ♦Nuoro 184 – ♦Olbia 288 – Porto Torres 232 – ♦Sassari 214.

🏡 **Diran,** 𝄞 815271, Telex 791127, Fax 815278 – 📶 📧 ☎ ⛵ 🚗 👄 ℗ – 🔔 330. 🆎 🅱 ⑩ Ⅎ 𝖵𝖨𝖲𝖠. 🍴 rist
Pas *(chiuso domenica)* 40/55000 – 🛏 13000 – **141 cam** 83/120000, 📧 4000 – ½ P 120000.

a Foxi E : 6 km – ✉ **09045** Quartu Sant'Elena :

🏨 **Califfo,** 𝄞 890131, Fax 890134, 🏊, 🏖, 🎾 – 📶 📧 📺 ☎ 👄 ℗ – 🔔 100 a 200. 🆎 🅱 ⑩ Ⅎ
🚗 𝖵𝖨𝖲𝖠. 🍴
Pas 20/25000 – 🛏 10000 – **99 cam** 72/90000 – ½ P 90/100000.

a Sant'Andrea E : 8 km – ✉ **09045** Quartu Sant'Elena :

✕✕ Su Meriagu, 𝄞 890842, 🌳 – 📧 ℗.

REBECCU Sassari – Vedere Bonorva.

SANLURI **09025** Cagliari 🔢 ㉛ – 8 618 ab. alt. 135 – ✪ 070.
♦Cagliari 45 – Iglesias 54 – ♦Nuoro 136 – ♦Olbia 240 – Porto Torres 184 – ♦Sassari 166.

sulla strada statale 131 SE : 1,5 km :

🏡 **Motel Ichnusa,** ✉ 09025 𝄞 9307073 – ☎ ℗. 🍴 rist
Pas *(chiuso sabato)* carta 22/33000 – 🛏 3000 – **18 cam** 30/44000 – ½ P 38/48000.

SAN PANTALEO **07020** Sassari – alt. 169 – a.s. 15 giugno-15 settembre – ✪ 0789.
♦Cagliari 306 – ♦Olbia 21 – ♦Sassari 124.

🏨 **Rocce Sarde** 🦌, SE : 3 km 𝄞 65265, Telex 790276, ≼ costa Smeralda, 🏊, 🌳, ✕ – ☎
℗. 🆎 🅱 ⑩ Ⅎ 𝖵𝖨𝖲𝖠. 🍴
aprile-ottobre – Pas 33000 – **70 cam** 🛏 74/87000 – ½ P 84000.

SAN PIETRO (Isola di) Cagliari 🔢 ㉛ – 6 684 ab. alt. da 0 a 211 (monte Guardia dei Mori) –
✪ 0781.

Carloforte 🔢 ㉛ – ✉ **09014** – a.s. 15 giugno-15 settembre.
⚓ per Portovesme di Portoscuso (40 mn) e Calasetta (30 mn), giornalieri – Saremar-
agenzia Ser.Ma.Sa., corso Carlo Emanuele 20 𝄞 854005, Fax 855559.

🏨 **Hieracon,** 𝄞 854028, ≼, 🌳 – 📧 🈂 ℗. 🆎 🅱 ⑩
Pas 18/22000 – **17 cam** 🛏 50/86000 – ½ P 75/82000.

🏡 **Paola-Primo Maggio** 🦌, località Tacca Rossa N : 3 km 𝄞 854898, ≼, 🌳 – ✦✦ ℗. 🆎 🅱
Pasqua-ottobre – Pas 24/35000 – 🛏 6000 – **14 cam** 32/48000 – ½ P 42/52000.

✕ **Da Nicolo,** 𝄞 854048 – 🆎 🅱 Ⅎ 𝖵𝖨𝖲𝖠. 🍴
chiuso lunedì e dicembre – Pas carta 30/50000.

SANTA CATERINA PITTINURI Oristano 🔢 ㉛ – ✉ **09073** Cùglieri – ✪ 0785.
♦Cagliari 118 – ♦Nuoro 106 – ♦Olbia 174 – ♦Oristano 25 – Porto Torres 135 – ♦Sassari 117.

🏡 **La Baja** 🦌, 𝄞 38105, ≼ mare e costa – 📶 ℗. 🍴
chiuso dal 20 novembre al 20 dicembre – Pas 30000 – 🛏 7000 – **24 cam** 35/60000 –
½ P 55/70000.

SANTA MARGHERITA Cagliari 🔢 ㉛ – Vedere Pula.

SANT'ANDREA Cagliari – Vedere Quartu Sant'Elena.

SANT'ANTIOCO **09017** Cagliari 🔢 ㉛ – 12 642 ab. – a.s. luglio e agosto – ✪ 0781.
Vedere Vestigia di Sulcis★ : tophet★, collezione di stele★ nel museo.
♦Cagliari 92 – Calasetta 9 – ♦Nuoro 224 – ♦Olbia 328 – Porto Torres 272 – ♦Sassari 254.

🏡 **Moderno,** 𝄞 83105 – ℗. 🍴
chiuso dal 20 dicembre al 10 gennaio – Pas *(chiuso domenica)* carta 24/35000 (10%) –
🛏 4000 – **10 cam** 26/38000 – ½ P 58000.

SANTA TERESA GALLURA **07028** Sassari 🔢 ㉛ – 4 142 ab. – a.s. 15 giugno-15 settembre –
✪ 0789 – **Escursioni** Arcipelago della Maddalena★★.
⚓ per La Maddalena giornaliero (1 h) – Saremar-agenzie Marittime Sarde, via del Porto 51
𝄞 754156, Telex 780175.
🅱 piazza Vittorio Emanuele 24 𝄞 754127 – ♦Olbia 61 – Porto Torres 105 – ♦Sassari 103.

🏨 **Li Nibbari** 🦌, località La Testa S : 2 km 𝄞 754453, 🏊, 🌳, ✕ – 🈂 ℗
15 giugno-20 settembre – Pas (solo per clienti alloggiati) 30000 – 🛏 8000 – **38 cam**
52/70000 – P 75/93000.

🏨 **Bacchus,** 𝄞 754556 – 🈂. 🆎 🅱 ⑩ Ⅎ 𝖵𝖨𝖲𝖠. 🍴
chiuso dal 20 dicembre al 20 gennaio – Pas carta 38/56000 – 🛏 12000 – **14 cam** 38/58000 –
½ P 82/90000.

🏠 **Belvedere,** *&* 754160, ≤ – 📷. 🖭 🕃 ⓞ 🗉 *VISA*. 🛠
   chiuso dal 20 dicembre al 20 gennaio – Pas *(chiuso martedì)* carta 28/50000 (10%) – 🖙 9000
   – **22 cam** 39/60000 – ½ P 60/70000.

🏠 **Esit-Miramare** 🐾, *&* 754103, ≤ mare e Corsica – 📷 ⓟ. 🕃 ⓞ 🗉 *VISA*. 🛠
   20 aprile-20 ottobre – Pas *(chiuso aprile, maggio ed ottobre)* 25/30000 – 🖙 9000 – **14 cam**
   40/58000 – ½ P 65/70000.

🏠 **Marinaro,** *&* 754112 – 🖭 🕃 ⓞ 🗉 *VISA*. 🛠
   aprile-settembre – Pas *(chiuso venerdì)* carta 30/43000 – 🖙 8000 – **20 cam** 33/48000 –
   ½ P 52/64000.

✕✕ **Riva Vittorio,** *&* 754392 – 🖭 🕃 ⓞ 🗉 *VISA*
   chiuso mercoledì e dal 10 gennaio al 10 febbraio – Pas carta 39/69000.

✕ **Canne al Vento-da Brancaccio,** *&* 754219 – ⓟ. 🕃. 🛠
   chiuso ottobre, novembre e sabato in bassa stagione – Pas carta 32/51000 (10%).

✕ **Thomas,** *&* 754237 – 🕃 🗉 *VISA*
   chiuso gennaio e domenica in bassa stagione – Pas carta 25/42000.

   verso Capo Testa :

🏨 Shardana 🐾, O : 2,5 km ✉ 07028 *&* 754031, Telex 613561, ≤ mare e scogliere, 🏊, 🛠 –
   📺 rist ⓟ
   stagionale – **51 cam**.

   a Marazzino E : 5 km – ✉ **07028** Santa Teresa Gallura :

✕ **La Stalla,** *&* 751514, 🌧 – ⓟ. 🖭 🕃 🗉 *VISA*
   maggio-settembre – Pas carta 30/51000.

SANT'ELIA Cagliari – Vedere Cagliari.

SAN TEODORO 08020 Nuoro – 2 460 ab. – a.s. luglio-15 settembre – 🛠 0784.
◆Cagliari 258 – ◆Nuoro 77 – ◆Olbia 29 – Porto Torres 146 – ◆Sassari 128.

🏨 **Bungalow Hotel** 🐾, *&* 865786, Fax 865178, « Villini indipendenti fra il verde », 🏊, 🐾,
   🌧, 🛠 – 📷 ⓟ. 🛠
   aprile-ottobre – Pas 32/50000 – 🖙 8000 – **118 cam** 36/93000 – ½ P 60/115000.

   a Puntaldia N : 6 km – ✉ **08020** San Teodoro :

🏨 **Due Lune** 🐾, *&* 864075, Telex 791043, ≤ mare e golfo, 🏊, 🐾, 🌧, 🛠 – 🖩 📺 ☎ ⓟ –
   🛂 120. 🖭 🕃 ⓞ 🗉 *VISA*. 🛠
   17 marzo-27 ottobre – Pas carta 75/100000 – **25 cam** 🖙 193/247000 – ½ P 160/274000.

SASSARI 07100 🅿 9⃞8⃞8⃞ ③ – 119 734 ab. alt. 225 – 🛠 079.

Vedere Museo Nazionale Sanna★ Z M – Facciata★ del Duomo Y.

Dintorni Chiesa della Santissima Trinità di Saccargia★★ per ① : 15 km.

✈ di Alghero-Fertilia, SO : 30 km *&* 935048 – Alitalia, Agenzia Sardaviaggi, via Cagliari 30 *&*
234498.

🖪 viale Caprera 36 *&* 233751 – via Brigata Sassari 19 *&* 233534 – via Molescot 1 *&* 231777.
A.C.I. viale Adua 2/b *&* 271462.
◆Cagliari 211.

Pianta pagina a lato

🏨 **Grazia Deledda,** viale Dante 47 *&* 271235, Telex 790056, Fax 280884 – 🖩 🖃 📺 ☎ ⓟ –
   🛂 40 a 250. 🖭 🕃 ⓞ 🗉 *VISA*   Z a
   Pas 33000 – 🖙 11000 – **125 cam** 89/135000 – ½ P 139/171000.

🏨 **MotelAgip,** località Serra Secca ✉ 07100 *&* 271440, Telex 792095 – 🖩 🖃 📺 ☎ ⓟ – 🛂
   150. 🖭 🕃 ⓞ 🗉 *VISA*. 🛠 rist   per ②
   Pas 28000 – **57 cam** 🖙 74/117000 – ½ P 72/98000.

🏨 **Frankhotel,** via Armando Diaz 20 *&* 276456 – 🖩 📺 ☎   Z d
   103 cam.

🏨 **Marini 2,** via Chironi *&* 277282, Fax 280300 – 🖩 📺 ☎ 🕭 ⓟ – 🛂 30 a 120. 🕃 *VISA*. 🛠 rist
   Pas carta 26/43000 – **72 cam** 🖙 45/60000 – ½ P 60000.   per ②

🏠 **Giusy** senza rist, piazza Sant'Antonio 21 *&* 233327 – 🖩 📷. 🛠   Y e
   24 cam 🖙 30/50000.

✕ **Trattoria del Giamaranto di Gianni e Amedeo,** via Alghero 69 *&* 274598 – 🖃. 🖭 🕃
   ⓞ 🗉 *VISA*. 🛠   Z s
   chiuso domenica e dal 22 luglio al 22 agosto – Pas carta 29/50000.

   sulla strada statale 131 : NO : 10 km :

🏨 **Marini,** regione Ottava ✉ 07040 San Giovanni *&* 20716, 🛠 – 🖩 🖃 📺 ☎ ⓟ – 🛂 200.
   VISA
   Pas carta 25/35000 – 🖙 5000 – **31 cam** 40/55000 – ½ P 55000.

SASSARI

Vitt. Emanuele II (Cso)	Y	
Alberto (Via C.)	Z	2
Azuni (Piazza)	Y	6
Cavallotti (Largo)	Y	8
Duomo (Piazza)	Y	9
Fiume (Piazza)	Z	12
Gazometro (Vicolo)	Y	14
Nuova (Porta)	Z	15
Rosello (Via)	Y	18
Saffi (Via A.)	Y	20
S. Antonio (Piazza)	Y	21
S. Caterina (Via)	Y	22
S. Donato (Via)	Y	23
S. Elisabetta (Via)	Y	24
Sicilia (Viale)	Y	26
Turritana (Via)	Z	28

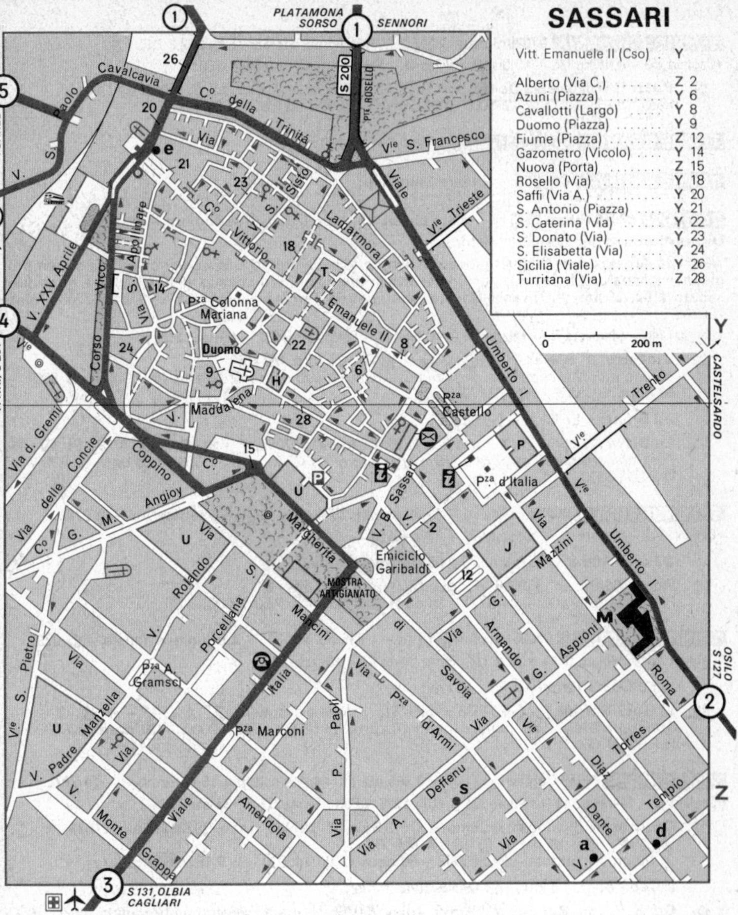

SINISCOLA 08029 Nuoro 988 ㉞ – 9 862 ab. alt. 42 – ☎ 0784.
♦Nuoro 47 – ♦Olbia 57.

a La Caletta NE : 6,5 km – ✉ **08029** Siniscola :

L'Aragosta, ☎ 810046, – ☎ Ⓟ – 60
30 cam.

SORGONO **08038** Nuoro 988 ㉝ – 2 119 ab. alt. 688 – ☎ 0784.
♦Cagliari 124 – ♦Nuoro 70 – ♦Olbia 174 – Porto Torres 155 – ♦Sassari 137.

Da Nino, con cam, ☎ 60127 – Ⓟ
24 cam.

STINTINO **07040** Sassari 988 ㉓ – a.s. luglio e agosto – ☎ 079.
Alghero 53 – ♦Cagliari 258 – ♦Nuoro 167 – ♦Olbia 150 – Porto Torres 29 – ♦Sassari 48.

Geranio Rosso, ☎ 523292 – TV ☎
7 cam.

Silvestrino con cam, ☎ 523007 – cam ☎. AE E VISA.
marzo-ottobre – Pas carta 32/55000 – 8000 – **13 cam** 28/52000 – ½ P 65/80000.

SU GOLOGONE Nuoro – Vedere Oliena.

TEMPIO PAUSANIA 07029 Sassari 🔢 ㉓ – 13 794 ab. alt. 566 – ✪ 079.

♦Cagliari 253 – ♦Nuoro 135 – ♦Olbia 45 – Palau 48 – Porto Torres 89 – ♦Sassari 69.

🏨 **Petit Hotel,** piazza De Gasperi 10 ℰ 631134 – 🛗 ☜ 🕭 ⬅ ⬛ 🅰🅴 🕃 🕕 🄴 𝘝𝘐𝘚𝘈 ⬚
Pas carta 25/45000 – ⬚ 5000 – **40 cam** 47/57000 – ½ P 62/72000.

TORRE GRANDE Oristano 🔢 ㉓ – Vedere Oristano.

TORRE SALINAS Cagliari – Vedere Muravera.

TORTOLI 08048 Nuoro 🔢 ㉞ – 8 818 ab. alt. 15 – a.s. luglio-15 settembre – ✪ 0782.
Dintorni Strada per Dorgali★★★ Nord.

⚓ da Arbatax per: Cagliari giovedi e sabato (4 h 30 mn) ed Olbia giugno-luglio e settembre giovedi e sabato (4 h 30 mn); per Civitavecchia mercoledi e domenica (9 h) e Genova giovedi e sabato (18 h 30 mn) – Tirrenia Navigazione-agenzia Torchiani, lungomare 40 ℰ 667268, Telex 790168.

♦Cagliari 140 – Muravera 76 – ♦Nuoro 96 – ♦Olbia 177 – Porto Torres 234 – ♦Sassari 216.

🏨 **Victoria,** ℰ 623457 – 🛗 📺 ☜ ☻ – 🛋 35. 🅰🅴 🕃 🄴 𝘝𝘐𝘚𝘈 ⬚
chiuso dal 22 dicembre al 7 gennaio – Pas *(chiuso domenica)* carta 24/36000 – ⬚ 8000 –
40 cam 55/75000 – ½ P 65/70000.

ad Arbatax E : 5 km – ✉ 08041 :

✗ **La Bitta** ⬚ con cam, a Porto Frailis E : 1,5 km ℰ 667080, ≼ – ☻ ☻ – 🛋 70. 🅰🅴 🕃 🕕 . ⬚
Pas *(chiuso dal 15 ottobre al 15 marzo)* carta 21/33000 – ⬚ 12000 – **28 cam** 52/82000 –
½ P 55/85000.

TRESNURAGHES 09079 Oristano – 1 489 ab. alt. 257 – a.s. luglio-15 settembre – ✪ 0785.

♦Cagliari 144 – ♦Nuoro 83 – ♦Oristano 51 – ♦Sassari 88.

a Porto Alabe O : 5,5 km – ✉ 09079 Tresnuraghes :

🏨 **Porto Alabe,** ℰ 359056, ≼, 🛝⬚, ⬚ – ☻ ☻ 🕃 𝘝𝘐𝘚𝘈 ⬚
Pas carta 23/34000 – ⬚ 8000 – **20 cam** 33/54000 – ½ P 50/70000.

TRINITA D'AGULTU 07038 Sassari 🔢 ㉓ – 1 935 ab. alt. 365 – a.s. luglio e agosto – ✪ 079.

♦Cagliari 271 – ♦Nuoro 180 – ♦Olbia 73 – Porto Torres 62 – ♦Sassari 60.

sulla Costa Paradiso NE : 16 km :

🏨 **Li Rosi Marini** ⬚, ✉ 07038 ℰ 689731, ≼ mare e scogliere, 🏊, 🛝⬚, ⬚ – ☻ ☻. ⬚ rist
aprile-ottobre – Pas *(chiuso martedi)* carta 39/53000 – ⬚ 10000 – **30 cam** 76/92000 –
½ P 90/99000.

VILLASIMIUS 09049 Cagliari 🔢 ㉞ – 2 665 ab. alt. 44 – a.s. luglio-15 settembre – ✪ 070.

♦Cagliari 49 – Muravera 43 – ♦Nuoro 225 – ♦Olbia 296 – Porto Torres 273 – ♦Sassari 255.

🏨 **Cormoran** ⬚, località Campus O : 3,5 km ℰ 791401, Telex 792062, Fax 791633, ≼, 🏊,
🛝⬚, ☞, ⬚ – ⬛ rist ☎ ☻ 🅰🅴 🕕 𝘝𝘐𝘚𝘈 ⬚
21 maggio-2 ottobre – Pas 65000 – **66 cam** ⬚ 86/140000 – ½ P 152/187000.

a Capo Boi O : 6 km – ✉ 09049 Villasimius :

🏩 **Gd H. Capo Boi** ⬚, ℰ 791515, Telex 790266, ≼ mare, « Parco ombreggiato », 🏊, 🛝⬚,
⬚ – 🛗 ⬛ ☜ ☻ – 🛋 40 a 500. ⬚
20 maggio-settembre – **180 cam** solo ½ P 150/170000.

SICILIA

988 ㉟㊱㊲ – 5 164 266 ab. alt. da 0 a 3 340 (monte Etna).

✈ vedere : Catania, Lampedusa, Marsala, Palermo, Pantelleria, Trapani.

🚢 per la Sicilia vedere : Cagliari, Genova, Livorno, Napoli, Reggio di Calabria, Villa San Giovanni; dalla Sicilia vedere : Catania, Isole Eolie, Messina, Palermo, Siracusa Trapani.

ACI CASTELLO 95021 Catania 988 ㊲ – 18 349 ab. – ✿ 095.

♦Catania 9 – Enna 92 – ♦Messina 95 – ♦Palermo 217 – ♦Siracusa 68.

XX **Villa delle Rose,** strada statale ℰ 271024, ≤ – ℗. 🆎 🛇 ⑩ 𝚅𝙸𝚂𝙰. ❄
  chiuso lunedì – Pas carta 26/39000 (15%).

  Vedere anche : *Cannizzaro* SO : 2 km.

ACIREALE 95024 Catania 988 ㊲ – 46 784 ab. alt. 161 – Stazione termale – ✿ 095.

Vedere Facciata★ della chiesa di San Sebastiano.

🛈 corso Umberto 179 ℰ 604521.

A.C.I. via Mancini 60 ℰ 601085.

♦Catania 17 – Enna 100 – ♦Messina 86 – ♦Palermo 225 – ♦Siracusa 76.

🏨 **Grande Alb. Maugeri,** piazza Garibaldi 27 ℰ 608666 – 📶 ☎ 🚗 – 🔄 30 a 50. ❄
  Pas carta 25/37000 – **40 cam** ⌑ 44/82000 – ½ P 60000.

sulla strada statale 114 :

🏨 Orizzonte Acireale Hotel, N : 2,5 km ⊠ 95024 ℰ 886006, Telex 971515, Fax 886006, ≤, 🏖,
  ⫞ riscaldata, 🦶 – 📶 🖿 📺 ☎ ℗ – 🔄 30 a 200
  135 cam.

XX **Panoramico,** N : 3 km ⊠ 95024 ℰ 885291, ≤, 🏖 – ℗. 🆎 🛇 ⑩ Ɛ 𝚅𝙸𝚂𝙰. ❄
  chiuso lunedì e novembre – Pas carta 35/45000 (15%).

a Santa Tecla N : 3 km – ⊠ **95020 :**

🏨 **Santa Tecla Palace** ⑆, ℰ 604933, Telex 971548, Fax 607705, ≤, ⫞, 🦶, ❨ – 📶 🖿 ☎
  ℗ – 🔄 30 a 400. 🆎 🛇 ⑩ 𝚅𝙸𝚂𝙰. ❄ rist
  Pas 29/40000 – **238 cam** ⌑ 115/160000 appartamenti 135/220000 – ½ P 60/100000.

ACI TREZZA 95026 Catania 988 ㊲ – ✿ 095.

♦Catania 11 – Enna 94 – ♦Messina 92 – ♦Palermo 219 – ♦Siracusa 70.

🏨 **I Malavoglia,** via Provinciale 3 ℰ 276711, 🏖, ⫞, ❨ – 📶 🖿 ☎ 🚗 ℗ – 🔄 50. 🆎 🛇
  ⑩ Ɛ 𝚅𝙸𝚂𝙰. ❄ rist
  Pas carta 29/48000 – **86 cam** ⌑ 62/90000, 🖿 16000 – ½ P 69/78000.

🏨 **Lachea,** via Dusmet 4 ℰ 276784, ≤, ⫞ – 📶 🖿 📺 ☎ ℗ – 🔄 150. 🆎 ⑩ 𝚅𝙸𝚂𝙰. ❄
  Pas carta 25/35000 – ⌑ 6500 – **24 cam** 60/85000, 🖿 6000 – ½ P 70000.

X **La Cambusa del Capitano,** via Marina 65 ℰ 276298 – 🖿. 🆎 🛇 ⑩ Ɛ
  chiuso mercoledì – Pas carta 33/47000 (10%).

AGRIGENTO 92100 ℗ 988 ㊱ – 56 026 ab. alt. 326 – ✿ 0922.

Vedere Valle dei Templi★★★ BY : Tempio della Concordia★★★ A, Tempio di Giunone★★ B, Tempio d'Ercole★★ C, Tempio di Giove★★ D, Tempio dei Dioscuri★★ E – Museo Archeologico Regionale★ BY M1 – Oratorio di Falaride★ BY F – Quartiere ellenistico-romano★ BY G – Tomba di Terone★BY K – Sarcofago romano★ e ≤★ dalla chiesa di San Nicola BY N – Città moderna★ : bassorilievi★ nella chiesa di Santo Spirito BZ.

🛈 viale della Vittoria 255 ℰ 26926 – piazzale Aldo Moro 5 ℰ 20454.

A.C.I. via San Vito 25 ℰ 55932.

♦Caltanissetta 58 ③ – ♦Palermo 128 ② – ♦Siracusa 212 ③ – ♦Trapani 175 ⑤.

Pianta pagina seguente

🏨 **Colleverde,** via dei Templi ℰ 29555, ≤, 🏖 – 🖿 ☎ ℗. 🆎 🛇 ⑩ Ɛ 𝚅𝙸𝚂𝙰   BY m
  Pas carta 26/41000 – ⌑ 7000 – **31 cam** 45/77000 – ½ P 52/61000.

XX **Kalo's,** piazza San Calogero ℰ 26389, prenotare – 🖿. 🆎 ⑩ 𝚅𝙸𝚂𝙰   BZ b
  chiuso domenica – Pas carta 29/46000 (20%).

XX **Le Caprice,** strada Panoramica dei Templi 51 ℰ 26469, ≤, 🏖 – 🖿 ℗. 🆎 🛇 ⑩ Ɛ 𝚅𝙸𝚂𝙰   BY e
  chiuso venerdì e dal 1° al 15 luglio – Pas carta 31/51000 (15%).

X **Black Horse,** via Celauro 8 ℰ 23223, prenotare – ⑩   BZ a
  chiuso domenica e dal 24 dicembre al 6 gennaio – Pas carta 19/30000 (15%).

sulla strada statale 115 :

🏨 **Jolly dei Templi**, per ④ : 8 km ✉ 92100 ℰ 606144, Telex 910086, Fax 606685, ⤵ – ⧴ 🔲
📺 ☎ ⅃ 🅿 – 🔬 40 a 750. 🅰🅴 🕄 ① 🅴 𝑉𝐼𝑆𝐴 ⁂ rist
Pas 30000 – **146 cam** ⬚ 110/175000 – ½ P 118/140000.

🏨 **Tre Torri**, per ④ : 8 km ✉ 92100 ℰ 606733, Telex 910546, ⤵ – 🕄 🔲 ☎ 🅿 – 🔬 300. 🕄
🅴 𝑉𝐼𝑆𝐴 ⁂ rist
Pas 30000 – **118 cam** ⬚ 57/100000 – ½ P 75000.

🍴🍴 **Cioffi**, per ④ : 8 Km ✉ 92100 ℰ 606333, 🏖 – 🅿. 🅰🅴 🕄 ① 🅴 𝑉𝐼𝑆𝐴
chiuso lunedì – Pas carta 28/52000 (15%).

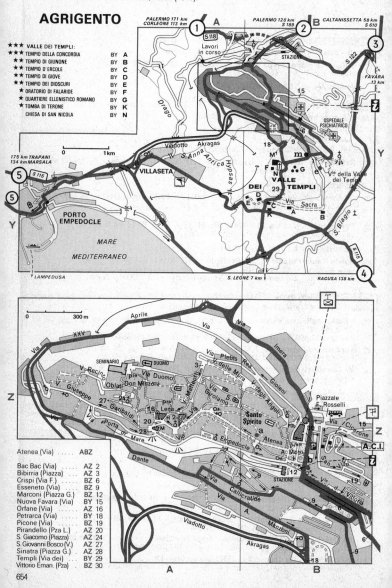

AGRIGENTO

PALERMO 171 km
CORLEONE 113 km

PALERMO 128 km S 189

CALTANISSETTA 58 km S 610

★★★ VALLE DEI TEMPLI:
★★★ TEMPIO DELLA CONCORDIA — BY A
★★★ TEMPIO DI GIUNONE — BY B
★★ TEMPIO D'ERCOLE — BY C
★★ TEMPIO DI GIOVE — BY D
★★ TEMPIO DEI DIOSCURI — BY E
★ ORATORIO DI FALARIDE — BY F
★ QUARTIERE ELLENISTICO ROMANO — BY G K
★ TOMBA DI TERONE — BY K
CHIESA DI SAN NICOLA — BY N

175 km TRAPANI
134 km MARSALA

LAMPEDUSA

MARE MEDITERRANEO

S. LEONE 7 km

RAGUSA 138 km

Atenea (Via)	ABZ
Bac Bac (Via)	AZ 2
Bibirria (Piazza)	AZ 3
Crispi (Via F.)	BZ 6
Esseneto (Via)	BZ 9
Marconi (Piazza G.)	BZ 12
Nuova Favara (Via)	BY 15
Orfane (Via)	AZ 16
Petrarca (Via)	BY 18
Picone (Via)	BZ 19
Pirandello (Pza L.)	AZ 20
S. Giacomo (Piazza)	AZ 24
S. Giovanni Bosco (V.)	AZ 27
Sinatra (Piazza G.)	AZ 28
Templi (Via dei)	BY 29
Vittorio Eman. (Pza)	BZ 30

a San Leone S : 7 km BY – ⊠ **92100** Agrigento :

🏠 **Pirandello Mare,** ℰ 412333, Fax 413693 – 📶 🗐 🕾 🅿 🛐 𝓥𝓘𝓢𝓐 . ⥍ rist
Pas carta 25/39000 – ⥏ 8000 – **45 cam** 44/72000 – ½ P 60/64000.

✕ **Del Pescatore,** ℰ 414342
chiuso lunedì escluso da giugno al 15 settembre – Pas carta 22/33000 (15%).

ALCAMO 91011 Trapani 988 ㉟ – 43 292 ab. alt. 256 – ✪ 0924.
♦Agrigento 145 – ♦Catania 254 – ♦Messina 280 – ♦Palermo 46 – ♦Trapani 52.

✕ **La Funtanazza,** al Monte Bonifato S : 6 km ℰ 25314, ≤, 🚗 – 🅿 . ⥍
➡ *chiuso venerdì e dal 10 settembre al 10 ottobre* – Pas carta 17/32000.

AUGUSTA 96011 Siracusa 988 ㊲ – 39 695 ab. – ✪ 0931.
♦Catania 42 – ♦Messina 139 – ♦Palermo 250 – Ragusa 103 – ♦Siracusa 32.

✕✕ **Donna Ina,** località Faro Santa Croce E : 6,5 km ℰ 983422 – ⥍
chiuso lunedì e dall'8 al 14 gennaio – Pas carta 33/43000 (15%).

BARCELLONA POZZO DI GOTTO 98051 Messina 988 ㊲㊳ – 39 717 ab. alt. 60 – ✪ 090.
♦Catania 130 – Enna 181 – ♦Messina 41 – Milazzo 12 – ♦Palermo 195 – Taormina 85.

🏠 **Conca d'Oro,** località Spinesante N : 3 km ℰ 9710128, 🍽 – 📺 🕾 🅿 . 🆑 🛐 🅴 𝓥𝓘𝓢𝓐
⥍ cam
Pas *(chiuso lunedì)* carta 21/38000 – ⥏ 4500 – **13 cam** 52000 – ½ P 46/55000.

🏠 **S. Andrea,** via Sant'Andrea 12 ℰ 9796684, « Servizio rist. estivo in giardino » – 📶 🕾 🅿 .
⥍
Pas *(chiuso lunedì)* carta 31/41000 – ⥏ 12000 – **22 cam** 28/54000 – ½ P 70000.

BONAGIA Trapani – Vedere Valderice.

I prezzi
Per ogni chiarimento sui prezzi qui riportati
consultate le spiegazioni alle pagine dell'introduzione.

CALTAGIRONE 95041 Catania 988 ㊱㊲ – 38 435 ab. alt. 608 – ✪ 0933.
♦Agrigento 153 – ♦Catania 64 – Enna 75 – Ragusa 71 – ♦Siracusa 100.

🏨 **Gd H. Villa San Mauro,** via Portosalvo 18 ℰ 26500, Telex 971420, Fax 31661, 𝕵 – 📶
📺 🕾 🅿 – 🛦 300. 🆑 ⑪ 𝓥𝓘𝓢𝓐 . ⥍ rist
Pas 35/60000 – ⥏ 15000 – **92 cam** 100/125000, 🗐 15000 – ½ P 128/143000.

✕ Floriano, via Fisicara 29 ℰ 53550 – 🅿 .

CALTANISSETTA 93100 🅿 988 ㊱ – 62 448 ab. alt. 588 – ✪ 0934.
🛈 viale Conte Testasecca 20 ℰ 21089.
A.C.I. contrada Sant'Elia ℰ 35911.
♦Catania 109 – ♦Palermo 127.

🏠 **Diprima,** via Kennedy 16 ℰ 26088 – 📶 ⥍ rist 🗐 rist 🕾 – 🛦 30 a 200. 🆑 🛐 ⑪ 𝓥𝓘𝓢𝓐 .
⥍ rist
Pas carta 19/27000 (15%) – ⥏ 5000 – **115 cam** 36/63000 – ½ P 65000.

✕✕ **Cortese,** viale Sicilia 166 ℰ 31686 – 🗐 – 🛦 140
chiuso lunedì – **Pas** carta 22/33000 (12%).

Vedere anche : *San Cataldo* SO : 8 km.

CANICATTÌ 92024 Agrigento 988 ㊱ – 34 453 ab. alt. 470 – ✪ 0922.
♦Agrigento 39 – ♦Caltanissetta 28 – ♦Catania 137 – Ragusa 133.

🏠 **Collina e Rist. Al Faro,** via Puccini ℰ 852550, 🍽 – ⥍ rist 🗐 🕾 🅿 . 🛐 🅴 𝓥𝓘𝓢𝓐 . ⥍
Pas *(chiuso lunedì e dal 10 al 22 agosto)* carta 22/31000 – ⥏ 5000 – **27 cam** 41/70000,
🗐 5000 – ½ P 43000.

CANNIZZARO 95020 Catania – ✪ 095.
♦Catania 7 – Enna 90 – ♦Messina 97 – ♦Palermo 215 – ♦Siracusa 66.

🏨 **Catania Sheraton Hotel,** ℰ 271557, Telex 971438, Fax 271380, ≤, 🍽, 𝕵, 🏖, ✕ – 📶
🗐 📺 🕾 🅿 – 🛦 600. 🆑 🛐 ⑪ 🅴 𝓥𝓘𝓢𝓐 . ⥍
Pas carta 52/92000 – **166 cam** ⥏ 139/205000 appartamenti 535/642000 – ½ P 136/173000.

🏨 **Gd H. Baia Verde,** ℰ 491522, Telex 970285, Fax 494464, ≤, 🍽, « Sulla scogliera », 𝕵,
🏖, 🚗, ✕ – 📶 🗐 📺 🕾 🅿 – 🛦 30 a 400. 🆑 ⑪ 𝓥𝓘𝓢𝓐 . ⥍ rist
Pas 50/65000 – **127 cam** ⥏ 154/231000 – ½ P 165/204000.

✕✕ **Selene,** via Mollica 24/26 ℰ 494444, ≤, « Servizio estivo in terrazza sul mare » – 🅿 . 🆑 🛐
⑪ 🅴 𝓥𝓘𝓢𝓐 . ⥍
chiuso martedì e dal 4 al 27 agosto – Pas carta 36/55000 (15%).

CAPO D'ORLANDO 98071 Messina 🔲🔲🔲 ㊱㊲㊳ – 11 778 ab. – 🕒 0941.

⛴ per le Isole Eolie giugno-settembre giornalieri (1 h) – Aliscafi SNAV, al porto.

♦Catania 135 – Enna 143 – ♦Messina 88 – ♦Palermo 149 – Taormina 132.

🏨 **Il Mulino,** via Andrea Doria 46 ℰ 902431, Fax 911614, ≼, 🌿 – 🛗 ▤ 📺 ☎. 🝙 🕃 ⓞ 🄴 _VISA_. 🛠
Pas *(chiuso domenica da novembre a marzo)* carta 26/41000 – ☲ 9000 – **40 cam** 52/82000, ▤ 5000 – ½ P 87000.

🏩 **Bristol,** via Umberto 37 ℰ 901390 – 🛗 ☜ ⇐. _VISA_
Pas *(chiuso sabato)* carta 21/36000 – ☲ 4500 – **75 cam** 26/52000 – ½ P 50/57000.

a Fiumara SE : 10 km – ✉ **98074** Naso :

XX **Bontempo,** ℰ 961065, 🌿 – ⇦ ▤ 🅿. 🝙 🕃 ⓞ _VISA_. 🛠
chiuso lunedì – Pas 35/60000 bc.

CAPO TAORMINA Messina – Vedere Taormina.

CARINI 90044 Palermo 🔲🔲🔲 ㊲ – 20 003 ab. alt. 181 – 🕒 091.

♦Catania 234 – ♦Messina 260 – ♦Palermo 26 – Punta Raisi 15 – ♦Trapani 88.

a Villagrazia NO : 7 km – ✉ **90040** :

🏨 **Residence Hotel Azzolini** 🝐, ℰ 8674755, Telex 910355, 🏊, 🐎, 🐟, ✗ – 🛗 ▤ 📺 ☎
🅿 – 🏛 30 a 300. 🝙 🕃 ⓞ 🄴 _VISA_. 🛠 rist
Pas carta 28/53000 – **76 cam** ☲ 75/120000 – ½ P 68/84000.

CASTELLAMMARE DEL GOLFO 91014 Trapani 🔲🔲🔲 ㊲ – 14 553 ab. – 🕒 0924.

Dintorni Rovine di Segesta★★★ S : 16 km.

♦Agrigento 144 – ♦Catania 269 – ♦Messina 295 – ♦Palermo 61 – ♦Trapani 34.

a Scopello NO : 10 km – ✉ **91010** :

X **Torre Bennistra** 🝐 con cam, ℰ 596003, ≼ – 🛠
Pas carta 25/32000 – ☲ 4500 – **8 cam** 28/41000 – ½ P 54/58000.

CASTELMOLA Messina – Vedere Taormina.

CASTELVETRANO 91022 Trapani 🔲🔲🔲 ㊲ – 31 970 ab. alt. 190 – 🕒 0924.

Dintorni Rovine di Selinunte★★ S : 14 km.

♦Agrigento 96 – ♦Catania 263 – ♦Messina 338 – ♦Palermo 104 – ♦Trapani 55.

🏨 **Selinus,** via Bonsignore 22 ℰ 902638 – 🛗 ☜ ⇐. 🝙 ⓞ 🄴 _VISA_. 🛠
Pas carta 22/36000 – ☲ 7000 – **46 cam** 42/64000 – ½ P 50/55000.

CATANIA 95100 🄿 🔲🔲🔲 ㊲ – 370 679 ab. – 🕒 095.

Vedere Via Etnea★ : villa Bellini★ DXY – Piazza del Duomo★ DZ – Castello Ursino★ DZ.

Escursioni Etna★★★ Nord per Nicolosi.

✈ di Fontana Rossa S : 4 km BV ℰ 252111 – Alitalia, corso Sicilia 111 ✉ 95131 ℰ 252222.

🚆 largo Paisiello 5 ✉ 95124 ℰ 317720 – via Etnea 83 ✉ 95124 ℰ 313993 – Stazione Ferrovie Stato ✉ 95129 ℰ 531802 – Aeroporto Fontana Rossa ℰ 341900.

A.C.I. via Sabotino 1 ✉ 95129 ℰ 533380.

♦Messina 97 ① – ♦Siracusa 59 ③.

Piante pagine seguenti

🏨 **Excelsior,** piazza Verga 39 ✉ 95129 ℰ 325733, Telex 972250, Fax 321540 – 🛗 ▤ 📺 ☎ ♿
– 🏛 30 a 300. 🝙 🕃 ⓞ 🄴 _VISA_. 🛠   EX c
Pas *(chiuso domenica)* 45000 – **163 cam** ☲ 126/200000 – ½ P 145000.

🏨 **Jolly,** piazza Trento 13 ✉ 95129 ℰ 316933, Telex 970080, Fax 316832 – 🛗 ▤ 📺 ☎ 🅿 –
🏛 30 a 200. 🝙 🕃 ⓞ 🄴 _VISA_. 🛠 rist   EX n
Pas 30000 – **159 cam** ☲ 135/175000 – ½ P 118/165000.

🏨 **Central Palace,** via Etnea 218 ✉ 95131 ℰ 325344, Telex 971383, Fax 328939 – 🛗 ▤ 📺 ☎
⇐ – 🏛 200   DY e
107 cam.

🏨 **Nettuno,** viale Ruggero di Lauria 121 ✉ 95127 ℰ 493533, Telex 971451, Fax 498066, ≼, 🏊
– 🛗 ▤ 📺 ☎ 🅿 – 🏛 260. 🝙 🕃 ⓞ 🄴 _VISA_. 🛠   CU s
Pas carta 30/45000 – **80 cam** ☲ 87/133000, ▤ 12000 – ½ P 94/114000.

🏨 **Poggio Ducale,** via Paolo Gaifami 5 ✉ 95126 ℰ 330016 – 🛗 ▤ 📺 ☎ 🅿. 🝙 🕃 ⓞ 🄴 _VISA_.
🛠   BU g
Pas *(chiuso domenica sera e lunedì a mezzogiorno)* 30/45000 – **26 cam** ☲ 66/106000,
▤ 10000 – ½ P 100000.

🏨 **Villa Dina** senza rist, via Caronda 129 ✉ 95128 ℰ 447103, 🐎 – 📺 ☜ 🅿. 🝙 🕃 ⓞ 🄴 _VISA_
☲ 10000 – **27 cam** 57/88000.   DX a

CATANIA

CATANIA

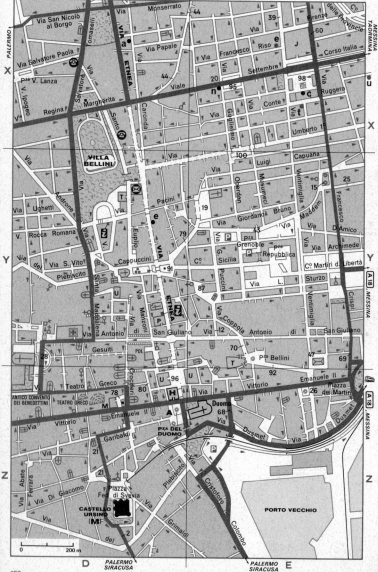

XX **La Siciliana,** viale Marco Polo 52 ⊠ 95126 𝒫 376400, « Servizio estivo in giardino » – 𝔸𝔼
🛐 ⓞ 𝔼 𝘝𝘐𝘚𝘈   CU x
chiuso domenica sera, lunedì e dal 15 al 31 luglio – Pas carta 33/47000 (15%).

XX **Il Giardino d'Inverno,** via Asilo Sant'Agata 34 ⊠ 95129 𝒫 532853, prenotare – 𝔸𝔼 🛐 ⓞ
𝔼 𝘝𝘐𝘚𝘈   CV h
chiuso lunedì ed agosto – Pas carta 34/54000 (10%).

XX **Enzo 2,** via Malta 26 ⊠ 95127 𝒫 370878 – 🍴. 𝔸𝔼 ⓞ 𝘝𝘐𝘚𝘈   CU y
chiuso lunedì ed agosto – Pas carta 21/30000.

X **La Lampara,** via Pasubio 49 ⊠ 95127 𝒫 383237 – 🍴. 𝘝𝘐𝘚𝘈   CU d
chiuso mercoledì – Pas carta 27/33000 (15%).

X **Pagano,** via De Roberto 37 ⊠ 95129 𝒫 322720 – 🍴. 𝔸𝔼 ⓞ 𝘝𝘐𝘚𝘈. ⬧⬧   EX t
chiuso sabato e in agosto anche la sera – **Pas** carta 25/43000 (15%).

X **Da Rinaldo,** via Simili 59 ⊠ 95129 𝒫 532312 – 🛐   EX u
chiuso martedì ed agosto – Pas carta 27/36000.

X **Il Commercio,** via Francesco Riso 8/10 ⊠ 95128 𝒫 447289 – 🍴. 𝔸𝔼 🛐 ⓞ 𝔼 𝘝𝘐𝘚𝘈. ⬧⬧
chiuso sabato sera e Ferragosto – Pas carta 22/38000.   EX e

ad Ognina NE : 4 km CU – ⊠ **95126** Catania :

🏨 **MotelAgip** senza rist, via Messina 626 𝒫 492233, Telex 972379 – 🛗 🖪 📺 ☎ 🅿 – 🔬 50.
𝔸𝔼 🛐 ⓞ 𝔼 𝘝𝘐𝘚𝘈   CU a
– 56 cam ⊽ 70/123000, 🍽 11000.

XX **Costa Azzurra,** via De Cristofaro 4 𝒫 494920, ≤, « Servizio estivo all'aperto » – 🅿. 𝔸𝔼
🛐 ⓞ 𝔼 𝘝𝘐𝘚𝘈. ⬧⬧   CU a
chiuso venerdì – Pas carta 34/52000 (15%).

XX **Sporting Mignemi,** viale Artale Alagona 4 𝒫 491117, ≤, 🛋 – 🅿. 𝔸𝔼 🛐 ⓞ 𝘝𝘐𝘚𝘈. ⬧⬧
chiuso mercoledì – Pas carta 32/58000.   CU b

verso Gravina N : 5 km – ⊠ **95030** Gravina :

🏨 Hotel Sport Rasula Alta, 𝒫 417023, ⬛ – 🛗 📺 ☎ 🅿   per via del Bosco
32 cam.

Vedere anche : *Cannizzaro* per ② : 7 km.

MICHELIN, a Misterbianco, per ⑤ : 5 km, corso Carlo Marx 71 – ⊠ 95045 Misterbianco, 𝒫
471133.

CEFALÙ 90015 Palermo ⑨⑧⑧ ㊱ – 14 501 ab. – 🕾 0921.

Vedere Posizione pittoresca★★ – Cattedrale★★.

🖪 corso Ruggero 77 𝒫 21050 Telex 910294.
♦Agrigento 140 – ♦Caltanissetta 101 – ♦Catania 182 – Enna 107 – ♦Messina 166 – ♦Palermo 68.

🏨 **Carlton H. Riviera,** località Capo Plaia O : 8 km 𝒫 20004, Telex 910040, Fax 20263, ≤, 🔁,
🐟, ⬧⬧ – 🛗 ☎ 🅿 – 🔬 40 a 250. 𝔸𝔼 𝘝𝘐𝘚𝘈. ⬧⬧
marzo-ottobre – Pas carta 25/35000 – **144 cam** ⊽ 75/132000 – ½ P 78/115000.

🏨 **Tourist,** viale Lungomare O : 1 km 𝒫 21750, ≤, 🛋, 🔁 – 🛗 🖻 ⇌ 🅿 𝔸𝔼 ⓞ. ⬧⬧
maggio-15 ottobre – Pas carta 23/31000 – **46 cam** ⊽ 60/90000 – ½ P 50/90000.

🏨 **Baia del Capitano** 🐦, località Mazzaforno O : 5 km 𝒫 20003, Fax 20163, 🔁, 🐟, 🏖, ⬧⬧
– 🛗 🖪 cam ☎ 🅿. 🛐 𝔼 𝘝𝘐𝘚𝘈. ⬧⬧ rist
Pas *(chiuso da novembre a marzo)* carta 28/50000 (10%) – **34 cam** ⊽ 55/109000 –
½ P 59/95000.

🏨 Riva del Sole, lungomare Colombo 𝒫 21230, ≤, 🐟 – 🛗 🖻 🅿
28 cam.

XX **Kentia,** via Nicola Botta 15 𝒫 23801, « Servizio estivo all'aperto » – 𝔼 𝘝𝘐𝘚𝘈. ⬧⬧
chiuso a mezzogiorno (escluso sabato-domenica), lunedì e dal 24 dicembre al 6 gennaio –
Pas carta 30/50000.

X **La Brace,** via 25 Novembre 10 𝒫 23570, prenotare – 𝔸𝔼 ⓞ 𝘝𝘐𝘚𝘈
chiuso a mezzogiorno, lunedì, dicembre e gennaio – Pas carta 21/42000.

X **Ostaria del Duomo,** via Seminario 5 𝒫 21838, 🛋 – 𝔸𝔼 🛐 ⓞ 𝘝𝘐𝘚𝘈. ⬧⬧
chiuso dicembre e lunedì (escluso luglio-agosto) – Pas carta 29/41000.

CHIARAMONTE GULFI 97012 Ragusa ⑨⑧⑧ ㊲ – 8 130 ab. alt. 668 – 🕾 0932.

♦Agrigento 133 – ♦Catania 88 – ♦Messina 185 – ♦Palermo 257 – Ragusa 20 – ♦Siracusa 77.

X **Majore,** 𝒫 928019 – 🛐
← *chiuso lunedì* – **Pas** carta 13/22000 (20%).

X **U Dammusu,** 𝒫 927506, « Decorazioni rustiche »
← *chiuso martedì* – Pas carta 15/24000 (20%).

EUROPE on a single sheet
Michelin map no ⑨⑳⓪.

659

CINISI 90045 Palermo 988 ㉟ – 9 043 ab. alt. 75 – ✪ 091.

♦Catania 240 – ♦Messina 259 – ♦Palermo 14 – ♦Trapani 64.

verso Terrasini NO : 4 km :

🏨 **Azzolini Palm Beach,** ⊠ 90049 Terrasini ℰ 8682033, ≈꜀, ❀ – ▤ ▤ 🖙 ☎ 🅿 – 🔥 50
a 150 🆎 🕃 ◑ 🝙 🆅🆂🅰 ℅
Pasqua-settembre – Pas *(chiuso a mezzogiorno escluso Pasqua, luglio ed agosto)* 25/30000
– **38 cam** ⊑ 65/95000 – ½ P 60/70000.

COMISO 97013 Ragusa 988 ㊲ – 29 708 ab. alt. 246 – ✪ 0932.

♦Agrigento 121 – ♦Catania 121 – ♦Siracusa 96 – ♦Palermo 250.

🏠 **Cordial Hotel** senza rist, strada statale 115 (O : 1 km) ℰ 967866, Fax 967867 – ▤ 📺 ☎ 🅿
🆎 🕃 🝙 🆅🆂🅰 ℅
⊑ 4000 – **25 cam** 32/40000.

DONNALUCATA 97010 Ragusa – ✪ 0932.

♦Agrigento 139 – ♦Catania 136 – ♦Messina 233 – ♦Palermo 268 – Ragusa 32 – ♦Siracusa 85.

✗ Al Sorcio, con cam, ℰ 937615, ≼, � – ▤ 🍽 🅿
22 cam.

EGADI (Isole) Trapani 988 ㉟ – 4 728 ab. alt. da 0 a 686 (monte Falcone nell'isola di Marettimo)
– ✪ 0923.

Vedere Favignana★ : cave di Tufo★, grotta Azzurra★ – Levanzo★ – Marettimo★ : porto★.

Favignana (Isola) 988 ㉟ – ⊠ 91023.
Vedere Cave di tufo★, Grotta Azzurra★.

🛳 per Trapani giornalieri (1 h) – Siremar-agenzia Media, molo San Leonardo ℰ 921368.
🛥 per Trapani giornalieri (20 mn) – Siremar-agenzia Media, molo San Leonardo ℰ 921368.

🏠 **Egadi,** ℰ 921232 – ℅
Pas *(maggio-settembre; chiuso a mezzogiorno)* 40000 – ⊑ 5000 – **11 cam** 25/40000 –
½ P 55000.

✗ **Rais,** ℰ 921233, 🌤
chiuso mercoledì dal 15 settembre a maggio – Pas carta 28/41000 (10%).

For business or tourist interest :
MICHELIN Red Guide, Main Cities EUROPE.

ENNA 94100 🅿 988 ㊱ – 29 318 ab. alt. 942 – ✪ 0935.

Vedere Posizione pittoresca★★ – Castello★ : ☀★★★ – ≼★ dal belvedere.

🅱 piazza Garibaldi 1 ℰ 21184 – piazza Colaianni ℰ 26119.

A.C.I. via Roma 200 ℰ 26365.

♦Agrigento 92 – ♦Caltanissetta 34 – ♦Catania 83 – ♦Messina 180 – ♦Palermo 133 – Ragusa 138 – ♦Siracusa 136
– ♦Trapani 237.

🏨 **Grande Albergo Sicilia,** senza rist, piazza Colaianni 7 ℰ 21644, Fax 500488 – ▤ 📺 ☎ ⇦
80 cam.

✗ Ariston, via Roma 365 ℰ 26038 – ▤.

✗ **Centrale,** piazza 6 Dicembre 9 ℰ 21025
chiuso sabato e dal 1° al 15 settembre – Pas carta 24/35000 (10%).

al lago di Pergusa S : 10 km – alt. 667 :

🏨 **Riviera,** ⊠ 94010 Pergusa ℰ 36267, Fax 36267, ≼, ⊒, – ☎ 🅿 🕃 🆅🆂🅰 ℅
Pas carta 31/44000 – **26 cam** ⊑ 45/66000 – ½ P 53/58000.

🏠 **Park Hotel la Giara** ⑤, ⊠ 94010 Pergusa ℰ 42287, ≼, ⊒, ❀ – 🅿 ℅
Pas carta 27/38000 – **20 cam** ⊑ 44/64000 – ½ P 54/58000.

EOLIE o LIPARI (Isole) ★★★ Messina 988 ㊱㊲㊳ – 13 050 ab. alt. da 0 a 962 (monte
Fossa delle Felci nell'isola di Salina) – ✪ 090.

Vedere Vulcano★★★ : gran cratere★★★ (2-3 h a piedi AR) – Stromboli★★★ – Lipari★★ : ☀★★★ dal
belvedere di Quattrocchi, giro dell'isola in macchina★★, escursione in battello★★ lungo la costa
SO, museo★.

🛳 per Milazzo giornalieri (da 2 h 15 mn a 6 h) – a Lipari, Siremar-agenzia Eolian Tours, via
Amendola ℰ 9811312, Telex 980120, Fax 9880170.

🛥 per Milazzo giornalieri (da 50 mn a 2 h) – a Lipari, Siremar-agenzia Eolian Tours, via Amendola
ℰ 9811312, Telex 980120, Fax 9880170; Aliscafi SNAV-agenzia Eoltravel, via Vittorio Emanuele 116
ℰ 9811122; per Messina giornalieri (da 15 mn a 2 h), Capo d'Orlando giugno-settembre giornalieri
(1 h) e Cefalù-Palermo giugno-settembre giornaliero escluso sabato (3 h circa); per Vibo Valentia
Marina luglio-15 settembre giornaliero esclusi lunedì e martedì (da 2 a 3 h) e Napoli giugno-
settembre giornaliero (da 3 a 5 h) – a Lipari, Aliscafi SNAV-agenzia Eoltravel, via Vittorio Emanuele
116 ℰ 9811122.

Lipari (Isola) 988 ⑰㉞ – 10 687 ab. – ✉ **98055**.

🛈 via Vittorio Emanuele 202 ℰ 9880095, Telex 980133, Fax 9811190 – a Marina Corta (giugno-settembre) ℰ 9811108

🏨 **Carasco** ⌂, a Porto delle Genti ℰ 9811605, Telex 980095, Fax 9811828, ≤ mare e costa, 🏊, 🚤, 🌳 – 🛗 ⇄ cam 🛏 rist ☎ ℗ 🛇
aprile-27 settembre – Pas 60000 – 🖵 15000 – **89 cam** 49/93000 appartamenti 157000 – ½ P 149000.

🏨 **Meligunis**, via Marte ℰ 9812426, Telex 981117, Fax 9880149, 🌳 – 🛗 🛏 📺 ☎. 🖭 🛇 🔕 ⓞ
E 𝘝𝘐𝘚𝘈 🛇 rist
Pas *(chiuso da novembre a febbraio)* 30/40000 – **32 cam** 🖵 119/148000 appartamenti 150/188000 – ½ P 115/123000.

🏨 **Giardino sul Mare** ⌂, via Maddalena 65 ℰ 9811004, Fax 9880150, ≤ mare e costa, 🌳, « 🏊 su terrazza fiorita », 🚤 – 🛗 🛏 ⑳. 🖭 🔕 ⓞ E 𝘝𝘐𝘚𝘈 🛇 rist
aprile-ottobre – Pas 20/40000 – 🖵 10000 – **30 cam** 100000 – ½ P 80/110000.

🏨 **Gattopardo Park Hotel** ⌂, via Diana ℰ 9811035, Telex 911574, Fax 9880207, « Terrazze fiorite », 🌳 – ☎. 🔕 E 𝘝𝘐𝘚𝘈. 🛇
Pas *(aprile-ottobre)* carta 20/30000 – 🖵 6500 – **62 cam** 60/100000.

🏨 **Oriente** senza rist, via Marconi 35 ℰ 9811493, Fax 9880198, « Giardino ombreggiato » – ⇄ ⑳ ⅙. 🖭 🔕 ⓞ E 𝘝𝘐𝘚𝘈
Pasqua-ottobre – **25 cam** 🖵 42/75000.

🏨 **La Filadelfia** senza rist, via Tronco ℰ 9812795, Fax 9812486 – 🛗 ☎ ℗. 🔕 E
🖵 15000 – **47 cam** 35/65000.

XX ⑳ **Filippino**, piazza Municipio ℰ 9811002, Telex 981055, 🌳 – 🖭 🔕 ⓞ E 𝘝𝘐𝘚𝘈. 🛇
chiuso dal 10 novembre al 26 dicembre e lunedì da ottobre a maggio – Pas carta 36/47000 (12%)
Spec. Maccheroni alla Filippino, Ravioloni di cernia in salsa paesana (marzo-ottobre), Zuppa di pesce alla pescatora (marzo-novembre). Vini Salina, Duca Enrico.

XX **E Pulera**, via Diana ℰ 9811158, Cucina tipica isolana, « Servizio estivo in giardino fiorito con pergolato » – 🖭 🔕 E 𝘝𝘐𝘚𝘈. 🛇
giugno-ottobre; chiuso a mezzogiorno – Pas carta 36/50000 (15%).

X **La Nassa**, via Franza 36 ℰ 9811319, 🌳 – 🔕 E 𝘝𝘐𝘚𝘈. 🛇
chiuso gennaio e febbraio – Pas carta 39/60000.

X **A Loggia**, a Piano Conte ℰ 9822387, 🌳 – 𝘝𝘐𝘚𝘈. 🛇
chiuso martedì (escluso i giorni festivi) – Pas carta 28/40000.

Panarea (Isola) 988 ⑰㉞ – ✉ **98050**.
La limitazione d'accesso degli autoveicoli è regolata da norme legislative.

🏨 **Cincotta** ⌂, ℰ 983014, ≤ mare ed isolotti, 🌳, 🏊 – ☎. 🛇
Pasqua-settembre – Pas 30/40000 – **29 cam** 🖵 110000 – ½ P 80/110000.

🏨 **La Piazza** ⌂, ℰ 983003, ≤ mare ed isolotti, 🌳, 🏊, 🚤 – ☎
aprile-settembre – Pas carta 35/55000 (10%) – **25 cam** 🖵 110000 – ½ P 80/110000.

🏨 **Lisca Bianca** ⌂ senza rist, ℰ 983004, ≤ mare ed isolotti – ⑳. 🔕 E 𝘝𝘐𝘚𝘈
Pasqua-20 ottobre – **25 cam** 🖵 112000.

Salina (Isola) 988 ㊱⑰㉞ – 2 363 ab.
🛈 (giugno-settembre) ℰ 9843003

🏨 **Signum** ⌂, a Malfa ✉ 98050 Malfa ℰ 9844222, ≤ mare e costa, 🌳, 🌳 – ☎. 🛇 cam
aprile-27 ottobre – Pas 35/45000 – **16 cam** 🖵 65/122000 – ½ P 65/110000.

🏨 **Punta Scario** ⌂, a Malfa ✉ 98050 Malfa ℰ 9844139, ≤ mare, Panarea e Stromboli, 🌳 – 🛇
giugno-settembre – Pas (solo per clienti alloggiati e *chiuso a mezzogiorno*) 24/26000 – 🖵 9000 – **17 cam** 33/44000 – ½ P 53/57000.

🏨 **Villa Orchidea**, a Malfa ✉ 98050 Malfa ℰ 9844079, Fax 9844043 – ⑳. 🖭 🔕 E 𝘝𝘐𝘚𝘈. 🛇
Pas carta 31/45000 – **18 cam** solo ½ P 85000.

X **L'Ariana** con cam, a Rinella ✉ 98050 Leni ℰ 9809075, ≤, 🌳 – 🔕 E 𝘝𝘐𝘚𝘈
Pas *(Pasqua-ottobre)* carta 30/58000 – 🖵 8000 – **15 cam** 28/55000 – ½ P 56/74000.

X **Porto Bello**, a Santa Marina ✉ 98050 Leni ℰ 9843125, ≤, « Servizio estivo sotto un pergolato » – 🔕 E 𝘝𝘐𝘚𝘈. 🛇
chiuso novembre – Pas carta 28/40000.

X **La Marinara** ⌂ con cam, a Lingua ✉ 98050 Leni ℰ 9843022, 🌳
14 cam.

Ne confondez pas :

Confort des hôtels : 🏨🏨 ... 🏠, ⌂
Confort des restaurants : XXXXX ... X
Qualité de la table : ⑳⑳⑳, ⑳⑳, ⑳

▮ Stromboli ▮ (Isola) 🔢🔢🔢 ⑰⑱ – ✉ 98050.
La limitazione d'accesso degli autoveicoli è regolata da norme legislative.
🛈 (giugno-settembre) ✆ 986023

🏛 **La Sciara Residence** ♨, a Piscità ✆ 986005, Fax 986004, 🍴, ⌛, 🐾, 🚤, ✖ – ☎ 🅰🅴 ⓓ 🆅🆂🅰. 🛇
19 maggio-10 ottobre – Pas 40/60000 – **60 cam** 🖵 146000 appartamenti 500/600000 – ½ P 110/148000.

🏛 **La Sirenetta-Park Hotel** ♨, a Ficogrande ✆ 986025, Telex 980020, Fax 986124, ≤, ⌛, 🐾 – ☎. 🅰🅴 🅱 🅴 🆅🆂🅰. 🛇
26 marzo-29 ottobre – Pas 30/50000 – **43 cam** 🖵 68/132000 – ½ P 74/119000.

🏠 **Villaggio Stromboli** ♨, a Ficogrande ✆ 986018, ≤, 🐾 – 🅰🅴 🆅🆂🅰
15 marzo-ottobre – Pas 25/30000 – **30 cam** 🖵 40/70000 – ½ P 68/82000.

▮ Vulcano ▮ (Isola) 🔢🔢🔢 ⑰⑱ – ✉ 98050.
La limitazione d'accesso degli autoveicoli è regolata da norme legislative.
🛈 (giugno-settembre) a Porto Ponente ✆ 9852028

🏛 **Eolian** ♨, a Porto Ponente ✆ 9852152, Telex 980119, Fax 9852153, ≤, 🍴, 🐎 – ☜ 🅿. 🅰🅴 ⓓ 🆅🆂🅰. 🛇 rist
28 aprile-7 ottobre – Pas 36000 – **80 cam** solo ½ P 70/115000.

🏛 **Arcipelago** ♨, a Vulcanello ✆ 9852002, Telex 980162, ≤ mare e Lipari, 🍴, ⌛ – 🛗 ☜ 🅿
stagionale – **80 cam**.

🏠 **Conti** ♨, ✆ 9852012, Fax 9880150, 🍴 – ☜ 🐾 🆅🆂🅰. 🛇 rist
aprile-20 ottobre – Pas 22/30000 – 🖵 10000 – **62 cam** 40/60000 – ½ P 53/73000.

✗ **Lanterna Bleu**, a Porto Ponente ✆ 9852287, 🍴 – 🅿.

▮ ERICE ▮ 91016 Trapani 🔢🔢🔢 ⑲ – 29 481 ab. alt. 751 – 🕐 0923.
Vedere Posizione pittoresca★★★ – ≤★★ dal castello di Venere.
🛈 viale Conte Pepoli 56 ✆ 869173, Fax 869544.
◆Catania 304 – Marsala 45 – ◆Messina 330 – ◆Palermo 96 – ◆Trapani 14 .

🏛 **Elimo,** via Vittorio Emanuele 75 ✆ 869377, ≤ – 🛗 ☎. 🅰🅴 🅱 ⓓ 🅴 🆅🆂🅰. 🛇
Pas 36/60000 – **21 cam** 🖵 56/92000 – ½ P 86/95000.

🏛 **Moderno,** via Vittorio Emanuele 63 ✆ 869300, Fax 869139 – 🛗 ⇆ 📺 ☎. 🅰🅴 🅱 ⓓ 🅴 🆅🆂🅰. 🛇 rist
Pas 25/40000 – **40 cam** 🖵 60/100000 – ½ P 75/85000.

🏠 **Edelweiss,** cortile Padre Vincenzo ✆ 869420 – ⅃. 🅰🅴 🅱 ⓓ 🅴 🆅🆂🅰. 🛇
Pas vedere rist Nuovo Edelweiss – 🖵 6000 – **15 cam** 32/60000 – ½ P 55/60000.

✗✗ **Taverna di Re Aceste,** viale Conte Pepoli ✆ 869084, Fax 869139 – 🅰🅴 🅱 ⓓ 🅴 🆅🆂🅰. 🛇
chiuso mercoledì e novembre – Pas carta 26/37000.

✗ **Nuovo Edelweiss,** piazza Umberto I ✆ 869158 – 🅰🅴 🅱 ⓓ 🅴 🆅🆂🅰. 🛇
chiuso lunedì – Pas carta 38/58000 (20%).

▮ ETNA ▮ ★★★ Catania 🔢🔢🔢 ⑰ – Vedere Guida Verde.

▮ FAVIGNANA (Isola di) ▮ Trapani 🔢🔢🔢 ⑲ – Vedere Egadi (Isole).

▮ FIUMARA ▮ Messina – Vedere Capo d'Orlando.

▮ FONTANE BIANCHE ▮ Siracusa – Vedere Siracusa.

▮ FRANCAVILLA DI SICILIA ▮ 98034 Messina 🔢🔢🔢 ⑰ – 5 212 ab. alt. 330 – 🕐 0942.
◆Catania 69 – ◆Messina 69 – ◆Palermo 238.

✗ **D'Orange Alcantara** con cam, ✆ 981374, Fax 981704, 🍴 – ☎. 🅰🅴 🅱 🅴 🆅🆂🅰
Pas carta 21/30000 – 🖵 5000 – **30 cam** 31/40000 – ½ P 38000.

▮ FURCI SICULO ▮ 98023 Messina – 3 339 ab. – 🕐 0942.
◆Catania 65 – ◆Messina 34 – ◆Palermo 260 – Taormina 20.

🏠 **Foti,** ✆ 791815, Telex 981066, 🍴 – 🛗 ▭ 📺 ☎. 🅰🅴 🅱 ⓓ 🅴 🆅🆂🅰. 🛇
Pas carta 26/40000 – 🖵 8000 – **27 cam** 45/70000 – ½ P 60/75000.

▮ GANZIRRI ▮ Messina – Vedere Messina.

▮ GELA ▮ 93012 Caltanissetta 🔢🔢🔢 ⑮ – 79 712 ab. – 🕐 0933.
Vedere Fortificazioni greche★★ a Capo Soprano – Museo Archeologico Regionale★.
🛈 via Giacomo Navarra Bresmes 105 ✆ 913788.
◆Agrigento 77 – ◆Caltanissetta 82 – ◆Catania 97 – ◆Messina 194 – ◆Palermo 206 – Ragusa 61 – ◆Siracusa 146.

🏛 **MotelAgip,** località Giardinelli ✆ 911144, Fax 907236 – 🛗 ▭ 📺 ☎ 🅿 – 🏛 80. 🅰🅴 🅱 ⓓ 🅴 🆅🆂🅰. 🛇 rist
Pas (chiuso domenica) 28000 – **91 cam** 🖵 63/102000, ▭ 5500 – ½ P 81/93000.

✗ **Aurora,** piazza Vittorio Veneto 1 ✆ 917711.

GIARDINI-NAXOS 98030 e **98035** Messina 🔲🔲🔲 ⑰ – 9 062 ab. – ✿ 0942.

🚗 via Tysandros 76/e ⊠ 98035 🖋 51010, Telex 981161, Fax 52848.

♦Catania 47 – ♦Messina 54 – ♦Palermo 257 – Taormina 5.

🏨 **Arathena Rocks** ⑤, via Calcide Eubea 55 ⊠ 98030 🖋 51349, ≤, 🍽, ☒, 🐦, 🏖, 💥 –
🛗 ☎ 🅿. 🖺 🖭 *VISA*. 🕸
10 aprile-20 ottobre – Pas (solo per clienti alloggiati) 29/34000 – ☒ 13000 – **37 cam**
39/74000 – ½ P 84000.

🏨 **Hellenia Yachting Hotel,** via Jannuzzo 41 ⊠ 98030 🖋 51737, Telex 980104, Fax 51739,
≤, ☒, 🐦, 🏖 – 🛗 🖺 ☎ 🅿. 🖺 🖭 ⓪ *VISA*. 🕸
aprile-ottobre – Pas 45000 – ☒ 14000 – **70 cam** 120000. 🖺 2000 – ½ P 109/119000.

🏨 **Sant'Alfio Garden Hotel** ⑤, via Recanati ⊠ 98030 🖋 51383, Telex 981015, Fax 53934, ☒,
🐦 – 🛗 🖺 ☎ 🅿
101 cam.

🏨 **Kalos Hotel** ⑤, via Calcide Eubea 29 ⊠ 98030 🖋 52116, ≤, 🐦, 🏖 – 🛗 ☎ 🅿. 🖺 🖺 ⓪
🖺 *VISA*. 🕸 rist
aprile-ottobre – Pas 28000 – **27 cam** ☒ 40/79000 – ½ P 68000.

🏨 **La Riva,** via Tysandros 24 ⊠ 98035 🖋 51329, ≤ – 🛗 🕸 ☎ 🚗. 🖺 🖺 *VISA*. 🕸 rist
🔸 chiuso novembre – Pas (solo per clienti alloggiati) 20000 – **38 cam** ☒ 45/70000 –
½ P 55/65000.

🏨 **Palladio** senza rist, via Umberto 470 ⊠ 98035 🖋 52267 – 🛗 🖾. 🖺 ⓪ *VISA*
15 dicembre-10 gennaio e 24 marzo-ottobre – ☒ 5500 – **15 cam** 40/47000.

🏨 **La Sirenetta,** via Naxos 177 ⊠ 98035 🖋 53637, ≤ – 🖺 rist. 🖺 🖺 *VISA*. 🕸
🔸 chiuso dal 20 novembre al 15 febbraio – Pas 19/24000 – **14 cam** ☒ 53000 – ½ P 43/51000.

🍴 La Cambusa, via Schisò ⊠ 98030 🖋 51437, ≤ mare e Taormina, 🍽.

🍴 **Sea Sound,** via Jannuzzo 37/A ⊠ 98030 🖋 54330, 🍽 – 🖺 🖺 ⓪ 🖺 *VISA*
maggio-ottobre – Pas carta 35/47000.

LAMPEDUSA (Isola di) Agrigento – 5 480 ab. alt. da 0 a 133 (Albero Sole) – ✿ 0922.

Lampedusa – ⊠ 92010.
🛥 🖋 970299.

🏨 **Guitgia Tommasino** ⑤, 🖋 970879 – ☎ 🅿
Pas carta 30/51000 – **28 cam** solo ½ P 95000.

🏨 Alba d'Amore ⑤, 🖋 970272 – ☎ 🅿 – **47 cam**

🏨 Vega, senza rist, 🖋 970099 – 🖾 🖪
13 cam

🏨 Sirio ⑤, 🖋 970401 – ☎ 🅿 – **9 cam**

🍴🍴 **Gemelli,** 🖋 970699 – 🖺 🖺 🖺 *VISA*. 🕸
Pasqua-ottobre; chiuso a mezzogiorno in luglio-agosto – Pas carta 28/44000.

🍴 **Pepp Top 2,** 🖋 971250 – 🕸 🅿. 🕸
Pas carta 25/39000.

LETOJANNI 98037 Messina – 2 463 ab. – ✿ 0942.

♦Catania 53 – ♦Messina 47 – ♦Palermo 274 – Taormina 8.

🏨 **Park Hotel Silemi** ⑤, NE : 1 km 🖋 36228, Telex 981063, Fax 36229, ≤, 🍽, ☒, 🐦 – 🛗
🖺 ☎ 🅿. 🖺 🖺 *VISA*. 🕸
15 marzo-15 novembre – Pas 35/45000 – **49 cam** ☒ 125000 – ½ P 80/95000.

🍴🍴 **Paradise Beach Club,** 🖋 36944, 🍽, ☒, 🐦, 🏖 – 🅿 🖺 🖺 ⓪ 🖺 *VISA*. 🕸
giugno-ottobre; chiuso la sera (escluso dal 15 luglio al 31 agosto) – Pas carta 38/68000.

🍴 **Peppe** con cam, 🖋 36159, 🍽, 🐦 – 🛗 🖺 🖺 ⓪ 🖺 *VISA*
15 marzo-15 novembre – Pas carta 28/50000 – ☒ 5000 – **26 cam** 35/46000 – ½ P 50/60000.

LIDO DI SPISONE Messina – Vedere Taormina.

LIPARI (Isola) Messina 🔲🔲🔲 ⑰ ⑱ – Vedere Eolie (Isole).

MARINA DI PATTI 98060 Messina – ✿ 0941.

♦Catania 155 – ♦Messina 66 – ♦Palermo 174.

🏨 La Playa, 🖋 361326, ≤, ☒, 🐦, 🏖, 💥 – 🛗 🖾 🅿
stagionale – **41 cam**.

🏨 **Park Philip Hotel,** via Capitano Zuccarello 🖋 361332, Fax 361184, ☒ – 🛗 🖺 🖾 ☎ – 🖊
120. 🖺 🖺 ⓪ 🖺 *VISA*. 🕸 rist
Pas 25/30000 – ☒ 7000 – **43 cam** 40/65000. 🖺 4000 – ½ P 75/90000.

🍴🍴 Cani Cani, con cam, località Saliceto 🖋 361022, 🍽 – 🖺 cam 🖾 🅿
15 cam.

MARINELLA Trapani 🔲🔲🔲 ⑳ – Vedere Selinunte.

MARSALA 91025 Trapani 988 ③ – 80 773 ab. – ✆ 0923.

Vedere Relitto di una nave da guerra punica★ al museo Archeologico.

✈ di Birgi N : 15 km ℰ 841124 – Alitalia, Agenzia Ruggieri, via Mazzini 111 ℰ 951444.

🛈 via Garibaldi 45 ℰ 958097.

♦Agrigento 134 – ♦Catania 301 – ♦Messina 358 – ♦Palermo 124 – ♦Trapani 31.

🏨 **President,** via Nino Bixio 1 ℰ 999333, Fax 999115, ⊥ – ⊟ 🖭 📺 ☎ ⅄ ⊘ – 🛦 50 a 600. ⴄ
⌖ E 𝚅𝙸𝚂𝙰. ⅏ rist
Pas 23000 – ⊂⊐ 10000 – **68 cam** 55/89000 appartamenti 151000 – ½ P 85/96000.

🏨 **Cap 3000,** via Trapani 161 ℰ 989055, Telex 910460, ⊥ – ⊟ 🖭 📺 📽 ⊘ – 🛦 200. ⴄ ⌖
𝚅𝙸𝚂𝙰. ⅏ rist
Pas carta 21/28000 – ⊂⊐ 5000 – **50 cam** 47/73000. 🖭 4500 – ½ P 60/65000.

🏨 **Stella d'Italia,** via Rapisardi 7 ℰ 953003 – ⊟ 🖭 📺 📽 ⅄ 📶 – 🛦 80. ⴄ ⌖ ⊙ ⌖
𝚅𝙸𝚂𝙰
Pas 22/25000 – ⊂⊐ 8000 – **51 cam** 48/84000, 🖭 6000 – ½ P 60/70000.

🏨 **MotelAgip,** via Mazara 14 ℰ 999166 – ⊟ 🖭 rist 📽 ⊘ . ⴄ ⌖ ⊙ ⌖ 𝚅𝙸𝚂𝙰. ⅏ rist
Pas 25000 – ⊂⊐ 8000 – **41 cam** 45/69000 – ½ P 71/81000.

✕✕ **Delfino,** lungomare Mediterraneo S : 4 km ℰ 998188, 🏠 – ⊘. ⴄ ⌖ 𝚅𝙸𝚂𝙰
chiuso martedì (escluso da giugno a settembre) – Pas carta 27/45000.

MAZARA DEL VALLO 91026 Trapani 988 ③ – 48 994 ab. – ✆ 0923.

🛈 piazza della Repubblica 9 ℰ 941727.

♦Agrigento 116 – ♦Catania 283 – Marsala 22 – ♦Messina 361 – ♦Palermo 127 – ♦Trapani 53.

✕✕ **Del Pescatore,** via Castelvetrano 191 ℰ 947580 – 🖭 ⊘. ⴄ ⌖ ⊙ ⌖ 𝚅𝙸𝚂𝙰. ⅏
chiuso lunedì e dal 12 luglio al 3 agosto – Pas carta 28/42000 (10%).

✕✕ **Papaya,** via Romano 1 ℰ 946221 – 🖭. ⴄ ⌖ ⊙ ⌖ 𝚅𝙸𝚂𝙰. ⅏
chiuso mercoledì (escluso da giugno a settembre) – Pas carta 28/46000 (10%).

✕✕ La Bettola, corso Diaz 20 ℰ 946203 – 🖭

✕ **La Chela,** via Mattarella 9 ℰ 946329 – 🖭. ⅏
chiuso sabato da ottobre a marzo – Pas carta 21/33000.

*I nomi delle principali vie commerciali sono scritti in rosso
all'inizio dell'indice toponomastico delle piante di città.*

MAZZARÒ Messina 988 ③ – Vedere Taormina.

MAZZEO Messina – Vedere Taormina.

MENFI 92013 Agrigento 988 ③ – 13 703 ab. alt. 119 – ✆ 0925.

♦Agrigento 79 – ♦Palermo 122 – ♦Trapani 100.

in prossimità del bivio per Porto Palo SO : 4 km :

✕ **Il Vigneto** ⊠ 92013 ℰ 71732, 🏠 – ⊘. ⴄ ⌖ 𝚅𝙸𝚂𝙰
chiuso domenica sera e lunedì (escluso da luglio a settembre) – Pas carta 21/32000 (10%).

MESSINA 98100 ℙ 988 ③⑧ – 272 119 ab. – ✆ 090.

Vedere Museo Nazionale★ – Portale★ del Duomo e orologio astronomico★ sul campanile.

🚢 per Reggio di Calabria (45 mn) e Villa San Giovanni (35 mn), giornalieri – Stazione Ferrovie
Stato, ℰ 675201 int. 552; per Villa San Giovanni giornalieri (20 mn) – Società Caronte, largo San
Francesco da Paola ⊠ 98121 ℰ 44982.

🚢 per le Isole Eolie giornalieri (da 15 mn a 2 h) – Aliscafi SNAV, via Vittorio Emanuele II ⊠
98165 ℰ 364044.

🛈 via Calabria 301 bis ⊠ 98122 ℰ 675356 – piazza Stazione ⊠ 98122 ℰ 674236, Telex 980112, Fax 675358 –
piazza Cairoli 45 (4° piano) ⊠ 98123 ℰ 2933541, Telex 981095, Fax 2933542.

A.C.I. via Manara, isol. 125/127 ⊠ 98123 ℰ 2933031.

♦Catania 97 ④ – ♦Palermo 235 ⑤.

Pianta pagina a lato

🏨 **Royal Palace Hotel,** via Tommaso Cannizzaro is. 224 ⊠ 98122 ℰ 2921161, Telex 981080,
Fax 2921075 – ⊟ 🖭 📺 ☎ 📶 – 🛦 400. ⴄ ⌖ ⊙ ⌖ 𝚅𝙸𝚂𝙰. ⅏   BZ e
Pas (solo per clienti alloggiati) 48000 – ⊂⊐ 20000 – **83 cam** 150000 appartamenti 210000 –
½ P 170000.

🏨 **Jolly,** corso Garibaldi 126 ⊠ 98126 ℰ 43401, Telex 980074, Fax 5902526, ⇐ – ⊟ 🖭 📺 ☎ –
🛦 150. ⴄ ⌖ ⊙ ⌖ 𝚅𝙸𝚂𝙰. ⅏ rist   BY v
Pas 30000 – **99 cam** ⊂⊐ 135/175000 – ½ P 118/165000.

🏨 Paradis e Rist. L. Borgia, via Consolare Pompea 441 ⊠ 98164 ℰ 650682 e rist ℰ 650006,
Telex 981047, ⇐ – ⊟ 🖭 📺 ☎ 📶 ⊘   N : 3 km per viale della Libertà BY

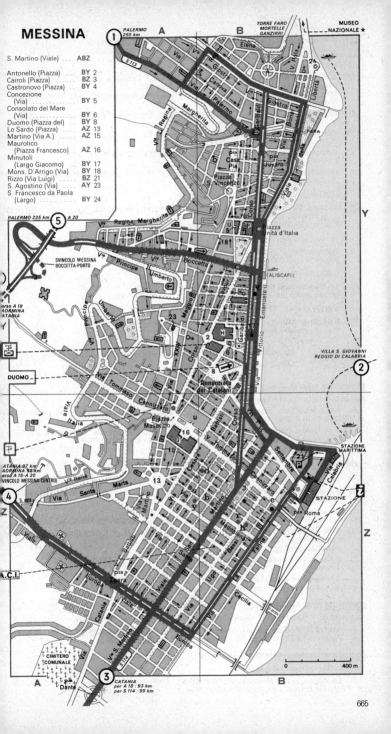

XXXX ✿ **Alberto,** via Ghibellina 95 ⊠ 98123 ℰ 710711 – 🗐. 📧 ⑩ 𝘝𝘐𝘚𝘈. ⋘ BZ **d**
chiuso domenica e dal 30 luglio al 1° settembre – Pas carta 60/75000
Spec. Filetti di spigola marinata in salsa di capperi, Trenette mare e monti, Trancio di pesce spada al vapore.
Vini Alcamo.

XXX ✿ **Pippo Nunnari,** via Ugo Bassi is. 157 ⊠ 98123 ℰ 2938584 – 🗐. 📧 🖪 🗉 𝘝𝘐𝘚𝘈. ⋘
chiuso lunedì e dal 1° al 15 luglio – Pas carta 33/45000 BZ **h**
Spec. Fettuccine alla Nunnari, Braciolette di carne alla messinese, Involtini di pesce spada, Spiedini di gamberi
impanati. **Vini** Regaleali, Libecchio rosso.

XXX **Agostino,** via Maddalena 70 ⊠ 98123 ℰ 718396, Coperti limitati; prenotare – 🗐. ⋘
chiuso lunedì ed agosto – Pas carta 50/70000. BZ **b**

XX **Piero,** via Ghibellina 121 ⊠ 98123 ℰ 718365 – 🗐. 📧 🖪 🗉 𝘝𝘐𝘚𝘈. ⋘ AZ **s**
chiuso domenica ed agosto – Pas carta 31/46000.

XX **Antonio,** via Maddalena is. 156 ⊠ 98123 ℰ 2939853 – 📧 ⑩ 🗉 𝘝𝘐𝘚𝘈. ⋘ BZ **r**
chiuso martedì – Pas carta 22/40000.

X **Orchidea,** via Risorgimento 106/108 ⊠ 98123 ℰ 771537 – 🗐. 📧 🖪 ⑩ 🗉 𝘝𝘐𝘚𝘈. ⋘ AZ **y**
chiuso venerdì – Pas carta 25/41000.

sulla strada statale 114 per ③ : 5,5 km :

🏨 **Europa,** ⊠ 98013 Pistunina ℰ 2711601, Telex 980151, Fax 2711768, 🏖, ⋘ – 🛗 🗐 📺 ☎ ℗
– 🏊 30 a 200. 📧 🖪 ⑩ 🗉 𝘝𝘐𝘚𝘈. ⋘
Pas carta 29/41000 – 🖵 12000 – **115 cam** 61/102000 – ½ P 102000.

verso Colle San Rizzo per ① : 9 km – alt. 465 – ⊠ **98124** Messina :

🏛 **Panoramic,** ℰ 370228, ≤, 🐴 – 🛗 ⊛ ℗. ⑩ 𝘝𝘐𝘚𝘈. ⋘ rist
Pas carta 21/32000 – 🖵 6000 – **12 cam** 25/44000 – P 52/54000.

a Ganzirri NE : 9 km – ⊠ **98015** :

X **La Napoletana da Salvatore,** ℰ 391032, ≤ – 𝘝𝘐𝘚𝘈. ⋘
chiuso mercoledì (escluso luglio-agosto) – Pas carta 34/45000.

a Mortelle NE : 12 km BY – ⊠ **98019** Torre Faro :

XXX **Sporting-Alberto,** ℰ 321009, ≤, 🍽 – ℗. 📧 ⑩. ⋘
chiuso venerdì e novembre – Pas carta 42/58000.

Die Preise	Einzelheiten über die in diesem Reiseführer angegebenen Preise finden Sie in der Einleitung.

MILAZZO 98057 Messina 🔢 ㉗ ㉞ – 32 069 ab. – ✿ 090.

Escursioni Isole Eolie★★★ per motonave o aliscafo.

🚢 per le Isole Eolie giornalieri (da 2 h 15 mn a 6 h) – Siremar-agenzia Alliatur, via dei Mille
ℰ 9283242, Telex 980090, Fax 9283243.
🚤 per le Isole Eolie giornalieri (da 50 mn a 2 h) – Siremar-agenzia Alliatur, via dei Mille
ℰ 9283242, Telex 980090, Fax 9283243 – e Aliscafi SNAV, via Rizzo 14 ℰ 9284509.

♦Catania 130 – Enna 193 – ♦Messina 41 – ♦Palermo 209 – Taormina 85.

🏩 **Eolian Inn Park Hotel** 🏖, ℰ 9286133, Telex 980179, Fax 9282855, ≤, 🍽, 🏊, 🐴, ⋘ – 🛗
🗐 ☎ ℗ – 🏊 40 a 250
stagionale – **250 cam.**

🏨 **Saverly** senza rist, via Colonnello Magistri ℰ 9281002 – 🛗 ⬆ ⊛ 🚗 📧 🖪 ⑩ 🗉 𝘝𝘐𝘚𝘈
🖵 7000 – **37 cam** 38/70000.

🏛 **Mignon Riviera,** via Tono 68 ℰ 9283150, ≤ – ℗. ⑩. ⋘ cam
◆ *aprile-settembre* – Pas 15/18000 – 🖵 10000 – **10 cam** 22/38000 – ½ P 38/42000.

XXX **Villa Marchese,** strada panoramica N : 3,5 km ℰ 9282514, ≤, « Servizio estivo in terrazza
panoramica » – ℗. 📧 🖪 🗉 𝘝𝘐𝘚𝘈. ⋘
chiuso lunedì e novembre – Pas carta 41/60000 (15%).

XX **Il Covo del Pirata,** via Marina Garibaldi ℰ 9284437 – 🗐. 📧 🖪 ⑩ 🗉 𝘝𝘐𝘚𝘈. ⋘
chiuso mercoledì – Pas carta 24/40000 (15%).

X **Al Pescatore,** via Marina Garibaldi 119 ℰ 9286595, 🍽 – 𝘝𝘐𝘚𝘈
chiuso giovedì dal 15 settembre al 15 giugno – Pas carta 24/45000 (10%).

MODICA 97015 Ragusa 🔢 ㉗ – 50 309 ab. alt. 381 – ✿ 0932.

♦Agrigento 153 – ♦Catania 119 – ♦Messina 216 – ♦Palermo 282 – Ragusa 15 – ♦Siracusa 71.

🏛 **Motel di Modica,** corso Umberto ℰ 941022 – ⬆ rist 📺 ⊛ 🚗 ℗. 📧 ⑩ 𝘝𝘐𝘚𝘈. ⋘ rist
◆ Pas carta 19/27000 – 🖵 6000 – **36 cam** 31/45000 – ½ P 40/45000.

MODICA (Marina di) 97010 Ragusa – ✿ 0932.

Agrigento 155 – ♦Catania 121 – Ragusa 24.

X **Le Alghe,** piazza Mediterraneo 10 ℰ 902282, ≤, 🍽 – 🗐. 📧 🖪 𝘝𝘐𝘚𝘈
chiuso martedì – Pas carta 28/41000 (25%).

MONDELLO Palermo 988 ⑤ – ⊠ Palermo – ☺ 091.

♦Catania 219 – Marsala 117 – ♦Messina 245 – ♦Palermo 11 – ♦Trapani 97.

Pianta di Palermo : pianta d'insieme

🏨 **Mondello Palace,** viale Principe di Scalea 2 ⊠ 90151 ℰ 450001, Telex 911097, Fax 450657, « Piccolo parco con ⛲ », 🏖 – 🕃 🗏 📺 ☎ 🅿 – 🔬 30 a 300. 🖭 🕃 𝑽𝑰𝑺𝑨 ⚒
Pas 46/48000 – **83 cam** ⚏ 120/180000 appartamenti 230/280000 – ½ P 125/145000. EU c

🏨 **La Torre** ⚓, via Piano di Gallo 11 ⊠ 90151 ℰ 450222, Telex 910183, Fax 450033, ≤, 🍽,
« Scogliere », ⛲, 🐎, ⚒ – 🕃 🗏 📺 ☎ 🅿 – 🔬 30 a 300. 🖭 🕃 ⓞ 🖻 𝑽𝑰𝑺𝑨 ⚒ EU z
Pas carta 39/52000 – **177 cam** ⚏ 78/122000 – ½ P 86/100000.

🏨 **Esplanade,** via Gallo 22 ⊠ 90151 ℰ 450003, ≤ – 🕃 🕬 🚗 🖭 🕃 🖻 𝑽𝑰𝑺𝑨 ⚒ EU d
chiuso dal 15 dicembre al 15 febbraio – Pas *(chiuso mercoledì)* carta 28/48000 – **32 cam** ⚏ 40/68000 – ½ P 56/61000.

XXX ✿ **Charleston le Terrazze,** viale Regina Elena ⊠ 90151 ℰ 450171, ≤, 🍽, « Terrazza sul mare » – 🖭 🕃 ⓞ 🖻 𝑽𝑰𝑺𝑨 ⚒ EU v
giugno-settembre – Pas carta 50/75000
Spec. Risotto all'onda di mare, Pesce spada in crosta, Gelato cassata siciliana. **Vini** Regaleali, Corvo.

X **Al Gabbiano,** via Piano di Gallo ⊠ 90151 ℰ 450313, ≤, 🍽 – ❀ 🅿 🖭 🕃 ⓞ 🖻 𝑽𝑰𝑺𝑨 ⚒ EU e
chiuso mercoledì e novembre – Pas carta 30/41000 (15%).

X **La Barcaccia,** via Piano di Gallo 4/6 ⊠ 90151 ℰ 454079 – 🖭 🕃 ⓞ 🖻 𝑽𝑰𝑺𝑨 ⚒ EU a
chiuso martedì – Pas carta 31/42000.

MONREALE 90046 Palermo 988 ⑤ – 27 400 ab. alt. 301 – ☺ 091.

Vedere Località★★★ – Duomo★★★ – Chiostro★★★ – ≤★★ dalle terrazze.

♦Agrigento 136 – ♦Catania 216 – Marsala 108 – ♦Messina 242 – ♦Palermo 8 – ♦Trapani 88.

sulla strada statale 186 :

XX **La Botte,** SO : 3 km ⊠ 90046 ℰ 414051, « Servizio estivo all'aperto » – 🅿 🖭 ⓞ 𝑽𝑰𝑺𝑨 ⚒
chiuso luglio, agosto, lunedì e a mezzogiorno (escluso sabato, domenica e giugno) – Pas carta 29/43000.

X **Conca d'Oro,** NE : 4,5 km ⊠ 90046 ℰ 6402297, 🍽 – 🅿 𝑽𝑰𝑺𝑨
chiuso lunedì – Pas carta 20/32000 (10%).

X **Villa 3 Fontane,** NE : 4 km ⊠ 90046 ℰ 6405400, ≤ – 🗏 🅿 𝑽𝑰𝑺𝑨 ⚒
chiuso martedì – Pas carta 27/53000.

MORTELLE Messina – Vedere Messina.

NICOLOSI 95030 Catania 988 ⑦ – 5 326 ab. alt. 698 – ☺ 095.

♦Catania 15 – Enna 90 – ♦Messina 91 – ♦Palermo 217 – Taormina 46.

X **Grotta del Gallo,** strada per Mascalucia ℰ 911301, ≤, 🍽 – 🅿 🖭 🕃 ⓞ 🖻 𝑽𝑰𝑺𝑨
chiuso novembre e martedì (escluso da aprile a settembre) – Pas carta 29/47000.

NICOSIA 94014 Enna 988 ㊱ – 15 621 ab. alt. 700 – ☺ 0935.

♦Catania 103 – Enna 48 – ♦Messina 174 – ♦Palermo 150.

🏨 **Pineta** ⚓, ℰ 647002, ≤ – 🕃 🕬 ♿ 🅿 – 🔬 100
🚗 Pas 20/35000 – ⚏ 5000 – **48 cam** 30/46000 – ½ P 50/60000.

NOTO 96017 Siracusa 988 ⑰ – 23 192 ab. alt. 159 – ☺ 0931.

Vedere Corso Vittorio Emanuele★★ – Via Corrado Nicolaci★.

♦Catania 91 – ♦Messina 188 – ♦Palermo 299 – Ragusa 53 – ♦Siracusa 32.

X **Trieste,** via Napoli 21 ℰ 835495
🚗 *chiuso lunedì* – Pas carta 16/22000.

OGNINA Catania – Vedere Catania.

ROME

le Guide Vert Michelin
Édition française

29 promenades dans la Ville Éternelle :

les sites les plus prestigieux,
les quartiers chargés de 30 siècles d'histoire,
les trésors d'art des musées.

SICILIA

PALERMO 90100 🅿 9⃞8⃞8⃞ ㉟ – 731 483 ab. – ✪ 091.

Vedere Palazzo dei Normanni★★ : cappella Palatina★★★, mosaici★★★ AZ – Galleria Regionale della Sicilia★★ nel palazzo Abbatellis★ : Trionfo della Morte★★★ di Antonello da Messina CY M1 – Piazza Bellini★★ BY : chiesa della Martorana★★, chiesa di San Cataldo★★ – Chiesa di San Giovanni degli Eremiti★★ AZ – Catacombe dei Cappuccini★★ EV – Piazza Pretoria★ BY : fontana★★ B – Museo Archeologico★ : metope dei Templi di Selinunte★★, ariete★★ BY M – Palazzo Chiaramonte★ : ficus magnolioides★★ nel giardino Garibaldi CY – Oratorio di San Lorenzo★ CY N – Quattro Canti★ BY – Cattedrale★ AYZ – Villa Bonanno★ AZ – Palazzo della Zisa★ EV E – Orto Botanico★ CDZ – Carretti siciliani★ al museo Etnografico EU M.

Dintorni Monreale★★★ per ② : 8 km – Monte Pellegrino★★ FU per ③ : 14 km.

✈ di Punta Raisi per ③ : 30 km 𝒫 591414 – Alitalia, via della Libertà 29 ✉ 90139 𝒫 6019200.

🚢 per Genova martedì, venerdì e domenica (22 h) e Livorno lunedì, mercoledì, venerdì e domenica (18 h) – Grandi Traghetti, via Mariano Stabile 53 ✉ 90141 𝒫 587832, Telex 910098, Fax 589629; per Napoli giornaliero (10 h 30 mn), Genova giugno-settembre mercoledì e negli altri mesi lunedì, venerdì e sabato (23 h 30 mn) e Cagliari domenica (13 h) – Tirrenia Navigazione, via Roma 385 ✉ 90133 𝒫 333300, Telex 910020, Fax 6021221; per Ustica giornaliero (2 h 20 mn) – Siremar-agenzia Prestifilippo, via Crispi 118 ✉ 90133 𝒫 582403.

🚤 per Ustica giornaliero (1 h 15 mn) – Siremar-agenzia Prestifilippo, via Crispi 118 ✉ 90133 𝒫 582403; per Cefalù-Isole Eolie giugno-settembre giornaliero escluso domenica (3 h circa) – Aliscafi SNAV-agenzia Barbaro, piazza Principe di Belmonte 51 ✉ 90139 𝒫 586533.

🛈 piazza Castelnuovo 34 ✉ 90141 𝒫 583847, Telex 910179 – Aeroporto Punta Raisi 𝒫 591698 – Stazione Centrale ✉ 90127 𝒫 6166000 int. 3010.

A.C.I. via delle Alpi 6 ✉ 90144 𝒫 266393.

♦Messina 235 ①.

Piante pagine seguenti

🏨🏨 **Villa Igiea Gd H.** 🦢, salita Belmonte 43 ✉ 90142 𝒫 543744, Telex 910092, Fax 547654, ≼, 🏊, « Terrazze fiorite sul mare », 🛋, ♨, 🎾 – ≣ 🛗 📺 ☎ ♿ 🅿 – 🛆 50 a 500. 🆎 🚩 ⓞ 🇪 𝘃𝘪𝘴𝘢 ⚑ rist FV b
Pas 65000 – **117 cam** � 240/370000 appartamenti 530/600000 – ½ P 210/245000.

🏨🏨 **Astoria Palace,** via Monte Pellegrino 62 ✉ 90142 𝒫 6371820, Telex 911045, Fax 6372178, – ≣ 🛗 📺 ☎ 🅿 – 🛆 30 a 1000. 🆎 🚩 ⓞ 𝘃𝘪𝘴𝘢 ⚑ FV a
Pas 60000 – **325 cam** ⊒ 130/190000 appartamenti 320000 – ½ P 140/180000.

🏨🏨 **Gd H. et des Palmes,** via Roma 398 ✉ 90139 𝒫 583933, Telex 911082, Fax 331545, « Rist. roof-garden serale » – ≣ ≣ 📺 ☎ – 🛆 30 a 250. 🆎 🚩 ⓞ 🇪 𝘃𝘪𝘴𝘢 ⚑ rist BX g
Pas 50000 – **187 cam** ⊒ 138/187000 – ½ P 144000.

🏨🏨 **President,** via Crispi 230 ✉ 90139 𝒫 580733, Telex 910359, Fax 6111588, ≼, « Rist. roof-garden » – ≣ 🛗 📺 ☎ – 🛆 30 a 150. 🆎 🚩 ⓞ 🇪 𝘃𝘪𝘴𝘢 ⚑ BX e
Pas carta 28/41000 – ⊒ 10000 – **129 cam** 90/110000 – ½ P 90/110000.

🏨🏨 **Jolly,** Foro Italico 22 ✉ 90133 𝒫 6165090, Telex 910076, Fax 6161441, 🌴, 🛋, ♨ – ≣ ≣ 🛗 📺 ☎ 🅿 – 🛆 50 a 500. 🆎 🚩 ⓞ 🇪 𝘃𝘪𝘴𝘢 ⚑ rist DY s
Pas 30000 – **290 cam** ⊒ 135/175000 – ½ P 118/165000.

🏨 **Excelsior Palace,** via Marchese Ugo 3 ✉ 90141 𝒫 6256176, Telex 911149, Fax 342139 – ≣ ⇔ rist ≣ 🛗 ☎ – 🛆 50 a 100. 🆎 🚩 ⓞ 🇪 𝘃𝘪𝘴𝘢 ⚑ rist AX c
Pas 27/32000 – **128 cam** ⊒ 114/136000 appartamenti 156/200000 – ½ P 100000.

🏨 **Politeama Palace,** piazza Ruggero Settimo 15 ✉ 90139 𝒫 322777, Telex 911053, Fax 6111589 – ≣ ≣ 📺 ☎ – 🛆 50 a 130. 🆎 🚩 ⓞ 🇪 𝘃𝘪𝘴𝘢 ⚑ AX s
Pas (chiuso domenica) carta 35/48000 – **102 cam** ⊒ 115/160000 – ½ P 140000.

🏨 **Europa,** via Agrigento 3 ✉ 90141 𝒫 6256323, Fax 6256323 – ≣ ≣ 📺 ☎ 🆎 🚩 ⓞ 🇪 𝘃𝘪𝘴𝘢 AX r
Pas (solo per clienti alloggiati) 25/30000 – ⊒ 10000 – **73 cam** 65/95000.

🏨 **Mediterraneo,** via Rosolino Pilo 43 ✉ 90139 𝒫 581133, Telex 912140, Fax 586974 – ≣ ≣ 📺 ☎ – 🛆 50. 🆎 🚩 ⓞ 🇪 𝘃𝘪𝘴𝘢 ⚑ rist BX k
Pas (solo per clienti alloggiati) 25/30000 – ⊒ 10000 – **106 cam** 66/88000 – ½ P 79/88000.

🏠 **Ponte,** via Crispi 99 ✉ 90139 𝒫 583744, Telex 910492, Fax 581845 – ≣ ≣ 📺 ☎ BX a
Pas carta 30/38000 – ⊒ 6000 – **137 cam** 65/90000 – ½ P 75/95000.

🏠 **MotelAgip,** viale della Regione Siciliana 2620 ✉ 90145 𝒫 552033, Telex 911196 – ≣ 📺 ☎ 🅿 – 🛆 50. 🆎 🚩 ⓞ 🇪 𝘃𝘪𝘴𝘢 ⚑ rist EV y
Pas 28000 – **105 cam** ⊒ 73/131000 – ½ P 95/102000.

🏚 **Sausele** senza rist, via Vincenzo Errante 12 ✉ 90127 𝒫 6161308 – ≣ ⇔ 🚗 ☖ 🆎 🚩 ⓞ 🇪 𝘃𝘪𝘴𝘢 BZ u
⊒ 8000 – **39 cam** 37/56000.

🏚 **Touring** senza rist, via Mariano Stabile 136 ✉ 90139 𝒫 584444 – ≣ ≣ 🚗. 🆎 🚩 ⓞ 🇪 𝘃𝘪𝘴𝘢 BX h
⊒ 7500 – **22 cam** 45/68000, ≣ 18000.

🏚 **Villa Archirafi** senza rist, via Lincoln 30 ✉ 90133 𝒫 6168827 – ≣ 🚗 🅿. 🆎 🚩 𝘃𝘪𝘴𝘢 CZ m
⊒ 7500 – **30 cam** 35/52000.

🏚 **Liguria** senza rist, via Mariano Stabile 128 ✉ 90139 𝒫 581588 – 🚗. ⚑ BX b
⊒ 4000 – **16 cam** 26/53000.

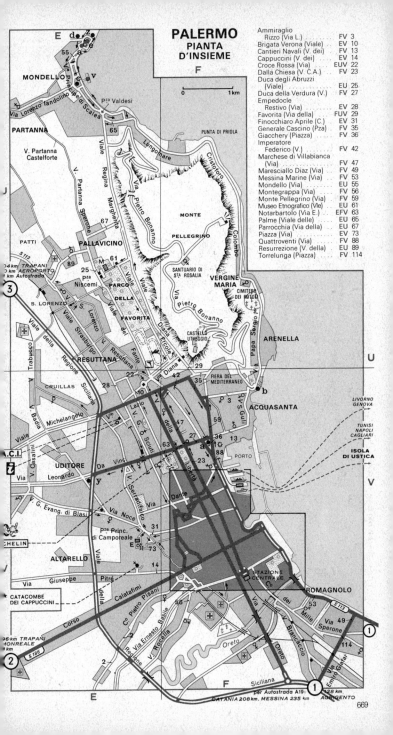

PALERMO
PIANTA D'INSIEME

0   1km

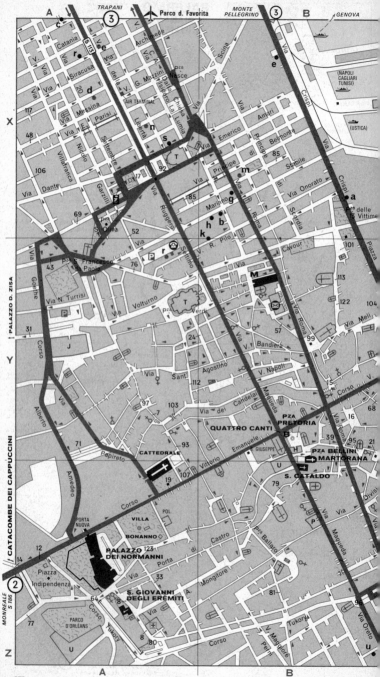

PALERMO

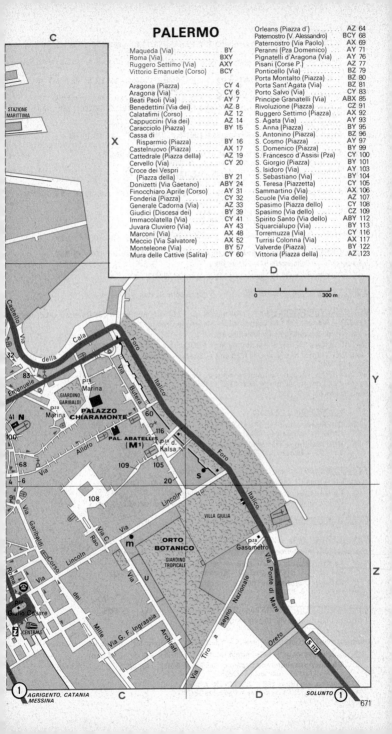

671

XXXX ✦ **Charleston,** piazzale Ungheria 30 ⊠ 90141 🐾 321366 – 🗐. 🖭 🔝 ⓞ 🖻 𝘝𝘐𝘚𝘈. ⌘   AY   **r**
    chiuso domenica e dal 16 giugno al 25 settembre – Pas carta 50/75000
    Spec. Melanzana Charleston, Involtini di pesce spada alla brace, Parfait di mandorle con salsa alla cioccolata.
    Vini Regaleali, Corvo.

XXXX ✦ **Gourmand's,** via della Libertà 37/e ⊠ 90139 🐾 323431 – 🗐. 🖭 🔝 ⓞ 🖻 𝘝𝘐𝘚𝘈. ⌘
    chiuso domenica e dal 5 al 25 agosto – Pas carta 44/66000   AX   **e**
    Spec. Pesce spada affumicato, Margherita all'uovo di tonno, Entrecote a sfincione . **Vini** Rapitalà.

XXX **L'Approdo da Renato,** via Messina Marine 224 ⊠ 90123 🐾 6302881, 🍴, prenotare –
    ⓞ. ⌘   FV
    chiuso mercoledì e dal 10 al 25 agosto – Pas carta 40/56000 (18%).

XXX **Friend's Bar,** via Brunelleschi 138 ⊠ 90145 🐾 201401, 🍴 – 🗐. 🖭 🔝 ⓞ
    chiuso lunedì e dal 7 al 19 agosto – Pas carta 31/45000.   per viale Michelangelo   EV

XX **Regine,** via Trapani 4/a ⊠ 90141 🐾 586566 – 🗐. 🖭 🔝 ⓞ 𝘝𝘐𝘚𝘈. ⌘   AX   **d**
    chiuso domenica ed agosto – Pas carta 28/40000.

XX **Savoya,** via Torrearsa 22 ⊠ 90139 🐾 582173 – 🗐   AX   **n**
    chiuso lunedì ed agosto – Pas carta 32/40000.

X **A Cuccagna,** via Principe Granatelli 21/a ⊠ 90139 🐾 587267 – 🗐. 🖭 🔝 ⓞ 🖻 𝘝𝘐𝘚𝘈. ⌘
    chiuso lunedì e dal 7 al 30 agosto – Pas carta 24/41000.   BX   **m**

    Vedere anche : **Monreale** per ② : 8 km.
                     Mondello N : 11 km EU.

MICHELIN, via Duca della Verdura 28 FV – ⊠ 90143. 🐾 343300.

PALMA DI MONTECHIARO 92020 Agrigento 📖📖📖 ㊱ – 25 285 ab. alt. 165 – ✪ 0922.
♦Agrigento 25 – ♦Caltanissetta 53 – Ragusa 112.

X **Da Vittorio,** sulla strada statale 115 S : 2 km 🐾 968677 – ⓟ.

PANAREA (Isola) Messina 📖📖📖 ㊲㊳ – Vedere Eolie (Isole).

PANTELLERIA (Isola di) ✯✯ Trapani 📖📖📖 ㊳ – 7 673 ab. alt. da 0 a 836 (Montagna Grande) –
✪ 0923 – *Vedere* ⬅✯✯ da Dietro Isola – Montagna Grande✯✯ SE : 13 km.
Escursioni Giro dell'isola in macchina✯✯.

🛬 SE : 4 km 🐾 911037 – Alitalia, Agenzia La Cossira, via Borgo 🐾 911078.

🚢 per Trapani giornaliero (4 h 30 mn) – Siremar-agenzia Rizzo, via Borgo Italia 12 🐾 911104,
Telex 910109.

🚤 per Trapani giugno-settembre martedì, venerdì e domenica (2 h 15 mn) – Aliscafi SNAV-
agenzia La Cossira, via Borgo Italia 21 🐾 911566.
🛈 via San Nicola 🐾 911838

    Pantelleria – ⊠ 91017

🏨 **Del Porto** senza rist, 🐾 911257, Fax 911516, ⬅ – 🛗 🗐 🏧. 🔝 𝘝𝘐𝘚𝘈. ⌘
    🍽 6000 – **42 cam** 44/74000.

🏨 **Bue Marino** senza rist, E : 2 km 🐾 911054, ⬅, 🔟 – ⬅🏧 🏧 ⓟ
    🍽 7000 – **28 cam** 33/53000.

PEDARA 95030 Catania – 7 612 ab. alt. 610 – ✪ 095.
♦Catania 17 – Enna 93 – ♦Messina 84 – ♦Palermo 220 – Taormina 43.

X **La Bussola,** 🐾 915477, 🍴 – 🗐. 🖭 ⓞ 𝘝𝘐𝘚𝘈. ⌘
    chiuso lunedì (escluso da giugno a settembre) – Pas carta 21/33000.

PERGUSA (Lago di) Enna – Vedere Enna.

PIANO ZUCCHI Palermo – alt. 1 105 – ⊠ 90010 Isnello – ✪ 0921.
♦Agrigento 137 – ♦Caltanissetta 79 – ♦Catania 160 – ♦Messina 207 – ♦Palermo 80.

🏨 **La Montanina** ⍟, 🐾 62030, ⬅, 🥩 – ⓟ. ⌘
    Pas carta 23/35000 – 🍽 8000 – **42 cam** 35/55000 – ½ P 60/65000.

X **Rifugio Orestano,** 🐾 62159, ⬅ – ⓟ. ⌘
➡ Pas carta 18/26000.

PIAZZA ARMERINA 94015 Enna 📖📖📖 ㊱ – 22 302 ab. alt. 697 – ✪ 0935.
Dintorni Villa romana del Casale✯✯ SO : 6 km.
🛈 via Cavour 25 🐾 81201.
♦Caltanissetta 49 – ♦Catania 84 – Enna 34 – ♦Messina 181 – ♦Palermo 164 – Ragusa 103 – ♦Siracusa 134.

🏨 Selene, senza rist, via Generale Gaeta 30 🐾 682254 – 🛗 🏧 – **42 cam**

X **Da Battiato,** contrada Casale O : 3,5 km 🐾 82453 – ⓟ. ⌘
    chiuso la sera – Pas carta 21/32000.

X **Pepito,** via Roma 138 🐾 82737 – 🔝 🖻 𝘝𝘐𝘚𝘈
➡ *chiuso martedì e dicembre* – Pas carta 18/24000.

PORTICELLO Palermo – Vedere Santa Flavia.

PORTOPALO DI CAPO PASSERO 96010 Siracusa – 3 299 ab. alt. 20 – ✪ 0931.
♦Catania 121 – ♦Palermo 325 – Ragusa 56 – ♦Siracusa 58.

X **Da Maurizio,** via Tagliamento 22 ℰ 842644 – 🅢 ⓪ 𝖵𝖨𝖲𝖠
  chiuso martedì – Pas carta 35/58000.

POZZALLO 97016 Ragusa 𝟿𝟾𝟾 ⑰ – 16 815 ab. – ✪ 0932.
♦Catania 120 – Ragusa 33 – ♦Siracusa 61.

🏠 **Villa Ada,** corso Vittorio Veneto 3 ℰ 953234 – 🛗 🐾 𝖵𝖨𝖲𝖠. ✚
  Pas 15/18000 – 🍽 5000 – **27 cam** 28/44000 – ½ P 50/55000.

X **Delfino,** piazzetta delle Sirene 4 ℰ 954732, 🌳
  chiuso lunedì – Pas carta 18/31000 (15%).

PRIOLO GARGALLO 96010 Siracusa – 11 731 ab. alt. 30 – ✪ 0931.
♦Catania 45 – ♦Siracusa 14.

XX **La Bussola,** sulla strada statale SE : 1 km ℰ 761115 – 🖂 🅿 🆎 🅢 ⓪ 🇪 𝖵𝖨𝖲𝖠. ✚
  Pas carta 24/41000.

RAGUSA 97100 🅿 𝟿𝟾𝟾 ⑰ – 68 468 ab. alt. 498 – a.s. luglio e agosto – ✪ 0932.
Vedere ≤★★ sulla città vecchia dalla strada per Siracusa – Posizione pittoresca★ – Ragusa Ibla★ : chiesa di San Giorgio★.
🖪 via Natalelli 131 ℰ 21421.
A.C.I. via Ercolano 22 ℰ 21183.
♦Agrigento 138 – ♦Caltanissetta 143 – ♦Catania 104 – ♦Palermo 267 – ♦Siracusa 79.

🏠 **Montreal,** via San Giuseppe 6 ang. corso Italia ℰ 621133 – 🛗 ✚ 🖂 📺 🕿 🚗
  Pas *(chiuso domenica e dal 1° al 15 agosto)* 15/18000 – 🍽 6000 – **63 cam** 38/57000, 🖿 3000
  – ½ P 48/50000.

XX **U' Saracinu,** via del Convento 9 (Ibla) ℰ 46976 – 🖂. 🅢 ⓪ 🇪 𝖵𝖨𝖲𝖠
  chiuso mercoledì (escluso da giugno a settembre) – **Pas** carta 19/36000.

X **Orfeo,** via Sant'Anna 117 ℰ 621035 – ✚
  chiuso sabato sera, domenica e dal 1° al 15 agosto – Pas carta 17/25000 (10%).

  sulla strada provinciale per Marina di Ragusa SO : 5 km :

XX Villa Fortugno, 🖂 97100 ℰ 28656, « In un'antica dimora nobiliare » – 🅿.

RAGUSA (Marina di) 97010 Ragusa 𝟿𝟾𝟾 ⑱⑰ – ✪ 0932.
♦Agrigento 131 – ♦Catania 128 – ♦Messina 225 – ♦Palermo 260 – Ragusa 24 – ♦Siracusa 93.

X **Alberto,** lungomare Doria 48 ℰ 39023, ≤, 🌳 – ✚
  chiuso mercoledì e dal 1° al 20 novembre – Pas carta 25/39000 (15%).

RANDAZZO 95036 Catania 𝟿𝟾𝟾 ⑰ – 11 728 ab. alt. 754 – ✪ 095.
♦Catania 69 – ♦Caltanissetta 133 – ♦Messina 88 – Taormina 45.

X **Trattoria Veneziano,** via Romano 8 ℰ 921418 – 🅢 🇪 𝖵𝖨𝖲𝖠. ✚
  chiuso domenica sera e dal 1° al 15 luglio – **Pas** carta 18/32000.

SALINA (Isola) Messina 𝟿𝟾𝟾 ㉖⑰㉘ – Vedere Eolie (Isole).

SAN CALOGERO Agrigento – Vedere Sciacca.

SAN CATALDO 93017 Caltanissetta 𝟿𝟾𝟾 ㉖ – 23 424 ab. alt. 625 – ✪ 0934.
♦Messina 214 – ♦Agrigento 55 – Caltanissetta 8 – ♦Catania 117 – ♦Palermo 135.

🏠 **Helios,** contrada Zubi San Leonardo ℰ 43000, ≤ – 📺 🕿 🅿. 🅢 🇪 𝖵𝖨𝖲𝖠. ✚
  Pas carta 19/25000 (10%) – 🍽 5000 – **38 cam** 40/48000 – ½ P 55000.

  sulla strada di scorrimento Caltanissetta-Agrigento S : 2 km :

XX **Al 124,** bivio Stazione di San Cataldo 🖂 93017 ℰ 68037, 🌳 – 🖂 🅿. ✚
  chiuso lunedì e dal 1° al 15 agosto – **Pas** carta 29/37000 (15%).

SAN GIOVANNI LA PUNTA 95037 Catania – 17 354 ab. alt. 355 – ✪ 095.
♦Catania 9 – Enna 92 – ♦Messina 88.

XX **Nuovo Calatino,** via della Regione 62 ℰ 822005, 🌳 – 🅿. 𝖵𝖨𝖲𝖠
  chiuso martedì – Pas carta 23/31000 (15%).

SAN LEONE Agrigento – Vedere Agrigento.

SAN RIZZO (Colle) Messina – Vedere Messina.

SANTA FLAVIA 90017 Palermo – 8 214 ab. – ✆ 091.

Vedere Rovine di Solunto* : posizione pittoresca**, ≤** dalla cima del colle NO : 2,5 km – Sculture* di Villa Palagonia a Bagheria SO : 2,5 km.

♦Agrigento 130 – ♦Caltanissetta 116 – ♦Catania 197 – ♦Messina 223 – ♦Palermo 18.

    a Porticello NE : 1 km – ⊠ **90010** :

    XX **La Muciara-Nello el Greco,** 𝒫 957868, 🏠 – 🗏. ⒶⒺ 🅱 ⓞ Ⓔ 𝚅𝙸𝚂𝙰. ⁇
        chiuso giovedì – Pas carta 37/65000 (10%).

    a Sant'Elia NE : 2 km – ⊠ **90010** :

    🏨 **Kafara** ⑊, 𝒫 957377, Telex 910264, Fax 957021, ≤, 🏠, « Terrazze fiorite con ⟋ », 🐟,
        🌫, ⁇ – 🕿 ⓟ. ⒶⒺ 🅱 ⓞ Ⓔ 𝚅𝙸𝚂𝙰. ⁇
        Pas carta 35/55000 – ⊡ 25000 – **63 cam** 61/120000 – ½ P 106000.

SANT'AGATA DI MILITELLO 98076 Messina 🅈🅈🅈 ⓢ – 12 941 ab. – ✆ 0941.

♦Catania 122 – Enna 126 – ♦Messina 102 – ♦Palermo 132 – Taormina 148.

    🏨 **Roma Palace Hotel,** via Nazionale 𝒫 703516, Fax 703519 – 🛗 🗏 📺 🕿 ⓟ. ⒶⒺ 🅱 ⓞ Ⓔ
        𝚅𝙸𝚂𝙰. ⁇
        Pas carta 23/34000 – ⊡ 6000 – **48 cam** 60000. 🗏 5000 – ½ P 60/65000.

SANT'ALESSIO SICULO 98030 Messina – 1 434 ab. – ✆ 0942.

♦Catania 60 – ♦Messina 40 – ♦Palermo 266 – Taormina 15.

    🏨 **Kennedy,** 𝒫 751176, Telex 980184, ≤, 🗋, 🐟 – 🛗 🗏 🕿 ⓟ. 🅱 𝚅𝙸𝚂𝙰. ⁇ rist
        23 dicembre-7 gennaio e marzo-ottobre – Pas 28/35000 – ⊡ 7000 – **79 cam** 37/63000 –
        P 59/89000.

SANTA TECLA Catania – Vedere Acireale.

SANT'ELIA Palermo – Vedere Santa Flavia.

SAN VITO LO CAPO 91010 Trapani 🅈🅈🅈 ⓢ – 3 952 ab. – ✆ 0923.

♦Palermo 108 – ♦Trapani 38.

    🏨 **Egitarso,** 𝒫 972111, ≤ – 🗏 🕿 ⟵. ⒶⒺ 🅱 ⓞ 𝚅𝙸𝚂𝙰
        marzo-ottobre – Pas carta 25/35000 – ⊡ 10000 – **17 cam** 37/64000 – ½ P 60000.

    X Simpathy, 𝒫 972037, ≤, 🏠.

SCIACCA 92019 Agrigento 🅈🅈🅈 ⓢ – 40 121 ab. alt. 60 – Stazione termale (15 aprile-15 novembre) – ✆ 0925.

🛈 corso Vittorio Emanuele 84 𝒫 21182.

♦Agrigento 63 – ♦Catania 230 – Marsala 71 – ♦Messina 327 – ♦Palermo 134 – ♦Trapani 112.

    🏨 **Grande Alb. Terme,** lungomare Nuove Terme 𝒫 23133, ≤, 🛁, ⟋ riscaldata, 🌫 – 🛗 🕿
        ⓟ. ⒶⒺ 🅱 ⓞ Ⓔ 𝚅𝙸𝚂𝙰. ⁇
        Pas *(chiuso dicembre e gennaio)* 24000 – ⊡ 6000 – **72 cam** 44/73000 – ½ P 61000.

    verso San Calogero NE : 4 km :

    XX Le Gourmet, ⊠ 92019 𝒫 26460, ≤, 🏠 – 🗏 ⓟ.

    sulla strada statale 115 SE : 9 km :

    🏨 **Club Hotel Torre Macauda** ⑊, ⊠ 92019 𝒫 26800, Telex 910108, Fax 992499, ≤, ⟋, 🗋,
        🐟, 🌫, ⁇ – 🛗 🕿 ⓟ – 🔬 30 a 300. ⒶⒺ 🅱 ⓞ Ⓔ 𝚅𝙸𝚂𝙰. ⁇ rist
        chiuso da novembre a gennaio – Pas 25000 – **192 cam** ⊡ 60/100000 – ½ P 105/135000.

SCOPELLO Trapani – Vedere Castellammare del Golfo.

SEGESTA *** Trapani 🅈🅈🅈 ⓢ – alt. 318 (Ruderi di un'antica città ellenistica).

Vedere Rovine*** – Tempio*** – ≤** dalla strada per il Teatro – Teatro*.

♦Agrigento 146 – ♦Catania 283 – ♦Messina 305 – ♦Palermo 75 – ♦Trapani 35.

SELINUNTE Trapani 🅈🅈🅈 ⓢ (Ruderi di un'antica città sorta attorno al 500 avanti Cristo).

Vedere Rovine**.

♦Agrigento 102 – ♦Catania 269 – ♦Messina 344 – ♦Palermo 114 – ♦Trapani 92.

    a Marinella S : 1 km – ⊠ **91020** :

    🏨 **Alceste,** 𝒫 (0924) 46184, ≤, 🏠 – 🛗 ⓟ. 🅱 Ⓔ 𝚅𝙸𝚂𝙰. ⁇ cam
        marzo-novembre – Pas carta 21/33000 (10%) – ⊡ 7000 – **26 cam** 35/54000 – ½ P 53/59000.

Ganz Europa auf einer Karte : Michelin-Karte Nr. 🄹🄹🄾

SIRACUSA 96100 ℙ 𝟵𝟴𝟴 ㊲ – 124 400 ab. – ✆ 0931.

Vedere Zona archeologica★★★ AY : Teatro Greco★★★, Latomia del Paradiso★★★ L (Orecchio di Dionisio★★★ B, grotta dei Cordari★★ G), Anfiteatro Romano★ AY C – Museo Archeologico Nazionale★★ AY M1 – Catacombe di San Giovanni★★ AY – Latomia dei Cappuccini★★ BY F – Città vecchia★★ BZ : Duomo★ D, Fonte Aretusa★ E – Museo Regionale di palazzo Bellomo★ BZ M.

Escursioni Passeggiata in barca sul fiume Ciane★★ fino a Fonte Ciane★ SO : 4 h di barca (a richiesta) o 8 km.

🄱 via San Sebastiano 43 ℘ 67710 – via Paradiso (zona archeologica) ℘ 60510 – via della Maestranza 33 ℘ 66932 – Stazione Centrale ℘ 24411, Telex 971448, Fax 60204.

A.C.I. Foro Siracusano 27 ℘ 66656.

♦Catania 59 ①.

SIRACUSA

Gelone (Corso)	....	AY
Matteotti (Corso Giacomo)	....	BZ 15
Umberto (Corso)	....	AZ
Archimede (Piazza)	....	BZ 2
Capodieci (Via)	....	BZ 3
Castello Maniace (Via)	....	BZ 4
Catania (Via)	....	AZ 5
Crispi (Via Francesco)	....	AZ 6
Diaz (Viale Armando)	....	AZ 7
Dionisio il Grande (Via)	....	BY 8

Duomo (Piazza)	....	BZ 9
Federico di Svevia (Piazza)	....	BZ 10
Foro Siracusano	....	AZ 12
Marconi (Piazzale)	....	AZ 14
Necropoli Grotticelli (Via dei)	....	AY 16
Pancali (Piazza)	....	BZ 17
Paradiso (Via)	....	AY 18
Regina Margherita (Viale)	....	AZ 20
S. Giovanni (Viale)	....	AY 21
Teracati (Viale)	....	AY 22
Testaferrata (Via G.)	....	AY 24
20 Settembre (Via)	...	BZ 25

🏨 **Jolly**, corso Gelone 45 ℰ 64744, Telex 970108 – 🛗 🗐 📺 ☎ Ⓟ – 🖽 100. 🖭 🕼 ⓞ E 𝓥𝓘𝓢𝓐
%̸ rist   AYZ **e**
Pas 30000 – **100 cam** ☲ 135/175000 – ½ P 118/165000.

🏨 **MotelAgip**, viale Teracati 30 ℰ 66944, Telex 972480 – 🛗 🗐 📺 ☎ Ⓟ. 🖭 🕼 ⓞ E 𝓥𝓘𝓢𝓐
%̸ rist   AY **b**
Pas 28000 .– **76 cam** ☲ 95/143000 – ½ P 101/124000.

🏨 **Park Hotel**, via Filisto 80 ℰ 32644, Telex 972475, Fax 38096, ☴, ☞, %̸ – 🛗 🗐 📺 ☎ Ⓟ –
🖽 100. 🖭 🕼 ⓞ E 𝓥𝓘𝓢𝓐   per via Gradina   BY
Pas carta 30/47000 – **103 cam** ☲ 60/102000 – ½ P 75000.

🏠 **Panorama** senza rist, via Necropoli Grotticelle 33 ℰ 32122 – 🛗 ☎ Ⓟ. 🕼 E 𝓥𝓘𝓢𝓐. %̸
☲ 6000 – **51 cam** 40/60000.   AY

XX **Arlecchino**, via dei Tolomei 5 ℰ 66386, ☇   AZ **a**

XX **Jonico-a Rutta e Ciauli**, riviera Dionisio il Grande 194 ℰ 65540, Cucina tipica siciliana,
« Servizio estivo in terrazza con ≤ mare e scogliera » – 🖭 🕼 E 𝓥𝓘𝓢𝓐   BY **c**
chiuso martedì, Natale, Capodanno, Pasqua e Ferragosto – Pas carta 44/50000 (15%).

XX **Minosse**, via Mirabella 6 ℰ 66366 – 🗐. 🕼 𝓥𝓘𝓢𝓐   BZ **s**
chiuso lunedì – Pas carta 26/45000.

XX **Don Camillo**, via Maestranza 92/100 ℰ 67133 – 🗐. 🖭 🕼 E 𝓥𝓘𝓢𝓐   BZ **a**
chiuso domenica sera e lunedì – Pas carta 23/43000 (15%).

XX **Darsena-da Ianuzzo**, riva Garibaldi 6 ℰ 66104, ≤ – 🗐. 🖭 🕼 ⓞ E 𝓥𝓘𝓢𝓐. %̸   BZ **r**
chiuso mercoledì – Pas carta 35/46000 (10%).

X **Bandiera-da Lino**, via Eritrea 2 ℰ 68546, ☇   BZ **e**
chiuso mercoledì – Pas carta 33/43000 (20%).

X **Archimede**, via Gemellaro 8 ℰ 69701 – 🗐 𝓥𝓘𝓢𝓐   BZ **b**
chiuso domenica – Pas carta 32/48000 (10%).

X **Rossini**, via Malta 37 ℰ 24317 – 🖭 🕼 ⓞ E 𝓥𝓘𝓢𝓐. %̸   AZ **x**
chiuso martedì, Natale, Capodanno, Pasqua e Ferragosto – carta 24/32000 (15%).

a Fontane Bianche per ② : 15 km – ⊠ **96010** Cassibile :

🏨 **Fontane Bianche**, ℰ 790611, Fax 790571, ☴, 🏖, %̸ – 🛗 🗐 ☜ Ⓟ – 🖽 40 a 500. 🖭 🕼
ⓞ E 𝓥𝓘𝓢𝓐. %̸ rist
10 marzo-ottobre – Pas 28/35000 – **128 cam** ☲ 59/84000 – ½ P 72/78000.

X **La Spiaggetta**, ℰ 790334, ≤ – 🗐 Ⓟ.

Messina 988 ⑰⑳ – Vedere Eolie (Isole).

TAORMINA 98039 Messina 988 ㉗ – 10 779 ab. alt. 250 – 🕿 0942.

Vedere Località★★★ – Teatro Greco★★ : ≤★★★ B – Giardino pubblico★★ B – ☀★★ dalla piazza
9 Aprile A**9** – Corso Umberto★ A – Belvedere★ B – Castello★ : ≤★ A.

Escursioni Etna★★★ SO per Linguaglossa.

🅱 (giugno-settembre) largo Santa Caterina (Palazzo Corvaja) ℰ 23243, Telex 981167, Fax 24941.

♦Catania 52 ② – Enna 135 ② – ♦Messina 52 ① – ♦Palermo 255 ② – ♦Siracusa 111 ② – ♦Trapani 359 ②.

Pianta pagina a lato

🏨 **San Domenico Palace** %̧, piazza San Domenico 5 ℰ 23701, Telex 980013, Fax 625506,
☇, « Convento del 15° secolo con giardino fiorito e ≤ mare, costa ed Etna », ☴ riscaldata
– 🛗 🗐 📺 ☎ – 🖽 400. 🕼 🕼 ⓞ E 𝓥𝓘𝓢𝓐. %̸ rist   A **m**
Pas 100000 – **101 cam** ☲ 275/460000 appartamenti 650/710000 – ½ P 295/335000.

🏨 **Excelsior Palace** %̧, via Toselli 8 ℰ 23975, Telex 980185, ≤ mare, costa ed Etna, « Piccolo
parco e ☴ riscaldata su terrazza panoramica » – 🛗 🗐 📺 ☎ Ⓟ – 🖽 100. 🖭 ⓞ 𝓥𝓘𝓢𝓐. %̸
Pas 65000 – **89 cam** ☲ 110/183000 – ½ P 150000.   A **v**

🏨 **Jolly Diodoro**, via Bagnoli Croci 75 ℰ 23312, Telex 980028, Fax 23391, ≤ mare, costa ed
Etna, « ☴ su terrazza panoramica », ☞ – 🛗 🗐 📺 ☎ Ⓟ – 🖽 250. 🖭 🕼 ⓞ E 𝓥𝓘𝓢𝓐. %̸ rist
Pas carta 43/65000 – **102 cam** ☲ 140/198000 – ½ P 134/175000.   B **q**

🏨 **Bristol Park Hotel**, via Bagnoli Croci 92 ℰ 23006, Telex 980005, ≤ mare, costa ed Etna,
☴ – 🛗 🗐 📺 ☎ ☜. 🖭 ⓞ E 𝓥𝓘𝓢𝓐. %̸ rist   B **r**
marzo-ottobre – Pas 50000 – **50 cam** ☲ 104/208000 appartamenti 209/245000 –
½ P 100/150000.

🏨 **Vello d'Oro**, via Fazzello 2 ℰ 23788, Telex 980186, « Terrazza-solarium con ≤ mare e
costa » – 🛗 🗐. 🖭 🕼 ⓞ E 𝓥𝓘𝓢𝓐. %̸   A **r**
15 marzo-ottobre – Pas (chiuso a mezzogiorno) 25/30000 – ☲ 10000 – **57 cam** 50/83000 –
½ P 70/80000.

🏨 **Monte Tauro** %̧, via Madonna delle Grazie 3 ℰ 24402, Telex 980048, Fax 24403, ≤ mare e
costa – 🛗 🗐 📺 ☎ Ⓟ 🖭 🕼 ⓞ E 𝓥𝓘𝓢𝓐. %̸ rist   AB **u**
Pas 30/40000 – **67 cam** ☲ 120/184000 – ½ P 120/132000.

🏨 **Villa Paradiso**, via Roma 2 ℰ 23922, Fax 625800, ≤ mare, costa ed Etna – 🛗 🗐 📺 ☎. 🖭
🕼 ⓞ E 𝓥𝓘𝓢𝓐. %̸ rist   B **h**
chiuso da novembre al 18 dicembre – Pas 30/40000 – **33 cam** ☲ 95/170000 – ½ P 80/130000.

TAORMINA

Umberto (Corso) . . . . A

Dionisio (Via) . . . . A 2
Duomo (Piazza) . . . . A 3
Rotabile Castelmola . . . . . . A 5

S. Antonio (Piazza) . . . . A 6
Vittorio Emanuele (Pza) . . . . B 8
9 Aprile (Piazza) . . . . A 9

🏨 **Villa Fiorita** senza rist, via Pirandello 39 ℰ 24122, ≤ mare e costa, ☑, 🛋 – 📶 🗄 📺 🚗
  ☜. 🖭 💈 E 𝘝𝘐𝘚𝘈. 🛇   B s
  ☕ 7000 – **24 cam** 76000.

🏨 **Villa Belvedere** senza rist, via Bagnoli Croci 79 ℰ 23791, ≤ giardini, mare ed Etna, « ☑
  su terrazza panoramica », 🛋 – 📶 🗄 ☎ 📵. 💈 E 𝘝𝘐𝘚𝘈   B b
  5 aprile-ottobre – **40 cam** ☕ 63/110000.

🏨 **Villa Sirina**, contrada Sirina ℰ 51776, Fax 51671, ☑, 🛋 – 🗄 ☎ 📵. 🖭 💈 ① E 𝘝𝘐𝘚𝘈.
  🛇 rist   2 km per via Crocifisso   A
  chiuso da novembre al 20 dicembre – Pas carta 36/56000 – ☕ 12000 – **15 cam** 75/96000 –
  ½ P 96000.

🏨 **Villa Riis** 🏡, via Rizzo 13 ℰ 24874, ≤ mare, costa ed Etna, 🛋, ☑, 🛋 – 📶 🗄 ☎ 🛅 📵. 🖭
  💈 E 𝘝𝘐𝘚𝘈. 🛇 rist   A b
  marzo-ottobre – Pas (chiuso a mezzogiorno) carta 40/55000 – **30 cam** ☕ 75/140000 –
  ½ P 110000.

🏨 **Continental**, via Dionisio I n° 2/a ℰ 23805, Telex 981144, 🏔, « Terrazza panoramica con
  ≤ mare e costa », 🛋 – 🗄 🗐 🚗. 🖭 💈 ① E 𝘝𝘐𝘚𝘈. 🛇 rist   A s
  Pas (chiuso a mezzogiorno da maggio a settembre) 23/35000 – ☕ 12000 – **43 cam** 55/90000
  – ½ P 60/80000.

🏨 **Sole-Castello**, Rotabile Castelmola 83 ℰ 28036, Fax 28444, ≤ mare, costa ed Etna, ☑,
  🛇 – 📶 🗄 ☎ 🚗 📵. 💈 🛇   A p
  15 marzo-ottobre – Pas (solo per clienti alloggiati e chiuso a mezzogiorno) – ☕ 9000 –
  54 cam 55/85000 – ½ P 75000.

🏠 **Andromaco** senza rist, via Fontana Vecchia ℰ 23436, Fax 24985, ≤, ☑ – 🗄 ☎. 🖭 🛇
  16 cam ☕ 50/100000.   per via Cappuccini   A

🏠 **La Campanella** senza rist, via Circonvallazione 3 ℰ 23381, ≤ – 🛇   A g
  12 cam ☕ 40/75000.

🏠 **Villa Carlotta** senza rist, via Pirandello 81 ℰ 23732, Fax 23732, ≤ mare e costa, 🛋 – ☎.
  🛇   B a
  15 marzo-ottobre – ☕ 11500 – **21 cam** 42/57000.

🏠 **Condor** senza rist, via Cappuccini 25 ℰ 23124, ≤ – ☎   A a
  ☕ 6000 – **12 cam** 38/58000.

🏠 **Belsoggiorno**, via Pirandello 60 ℰ 23342, ≤ mare e costa, 🛋 – 📵. 🖭 💈 ① 𝘝𝘐𝘚𝘈 🛇 rist
  Pas (chiuso a mezzogiorno e da novembre al 15 marzo) 22/28000 – ☕ 7000 – **19 cam**
  40/70000 – ½ P 60/68000.   B u

🍴🍴🍴 **La Giara**, vico La Floresta 1 ℰ 23360, Fax 23233 – 🗐. 🖭 💈 ① E 𝘝𝘐𝘚𝘈. 🛇   A f
  chiuso a mezzogiorno – Pas carta 45/73000.

🍴🍴 **Al Castello da Ciccio**, via Madonna della Rocca ℰ 28158, « Servizio estivo all'aperto con ≤
  Giardini-Naxos, mare ed Etna »   A e

🍴🍴 **La Griglia**, corso Umberto 54 ℰ 23980 – 🖭 💈 ① E 𝘝𝘐𝘚𝘈. 🛇   A c
  chiuso martedì – Pas carta 31/54000.

XX **Giova Rosy Senior,** corso Umberto 38 𝄞 24411, 🍴 – ⬜ 🅑 ⓘ Ε 𝑉𝐼𝑆𝐴   A c
chiuso lunedì e dall'8 gennaio al 14 febbraio – Pas carta 31/53000 (15%).

XX **Quattropini,** contrada Sant'Antonio 𝄞 24832, ≤, 🍴 – 🅟 ⬜ 🅑 ⓘ Ε 𝑉𝐼𝑆𝐴   1 km per ①
chiuso lunedì – Pas carta 29/38000.

X **La Chioccia d'Oro,** rotabile Castelmola 𝄞 28066, ≤   A d
chiuso mercoledì – Pas carta 22/33000.

X **Ciclope,** corso Umberto 𝄞 23263, 🍴 – ⬛. ⬜ 🅑 Ε 𝑉𝐼𝑆𝐴. ⚘   A y
chiuso mercoledì e dal 10 al 31 gennaio – Pas carta 26/38000.

X Antonio, via Crocifisso 𝄞 24570 – 🅟   A z

    a Capo Taormina per ② : 3 km – ✉ 98030 Mazzarò :

🏨 **Grande Alb. Capotaormina,** 𝄞 24000, Telex 980147, Fax 625467, ≤ mare e costa, 🏊,
🏖 – 📶 🏢 ☎ ⇦⇨ 🅟 – 🚗 150 a 350. ⬜ 🅑 ⓘ Ε 𝑉𝐼𝑆𝐴. ⚘ rist
aprile-ottobre – Pas 80000 – **207 cam** 🍽 141/211000 appartamenti 281000 – ½ P 185000.

    a Lido di Spisone per ① : 4 km – ✉ 98030 Mazzarò :

🏨 **Lido Méditerranée,** 𝄞 24422, Telex 980175, Fax 24774, ≤ mare, 🍴 🏖 – 📶 🏢 ☎ 🅟.
🅑 Ε 𝑉𝐼𝑆𝐴. ⚘ rist
aprile-ottobre – Pas 50000 – **72 cam** 🍽 200000 – ½ P 150000.

    a Castelmola NO : 5 km A – alt. 550 – ✉ 98030 :

X **Il Faro,** contrada Petralia 𝄞 28193, ≤ mare e costa, 🍴 – 🅟
chiuso mercoledì – Pas carta 21/32000.

    a Mazzarò per ② : 5,5 km – ✉ 98030 :

🏨 **Mazzarò Sea Palace,** 𝄞 24004, Telex 980041, Fax 24004, ≤ piccola baia, 🍴, 🏊 riscaldata,
🏖 – 📶 📺 🏢 ⇦⇨ – 🚗 200. ⬜ 🅑 ⓘ Ε 𝑉𝐼𝑆𝐴. ⚘ rist
aprile-ottobre – Pas 70000 – 🍽 25000 – **81 cam** 220/350000 appartamenti 410/600000 –
½ P 185/240000.

🏨 **Villa Sant'Andrea,** 𝄞 23125, Telex 980077, Fax 24838, ≤ piccola baia, 🍴 « Terrazze
ombreggiate », 🏖, 🍴 – 🏢 ☎ 🅟. ⬜ 🅑 ⓘ Ε 𝑉𝐼𝑆𝐴
Pas al Rist. **Oliviero** *(chiuso a mezzogiorno;* prenotare *)* carta 59/76000 – 🍽 20000 – **48 cam**
80/160000 – ½ P 175000.

X **Il Pescatore,** 𝄞 23460, ≤ mare, scogliere ed Isolabella – 🅟
3 marzo-ottobre; chiuso lunedì – Pas carta 32/50000.

X Drago d'Oro, 𝄞 24212, Rist. cinese
chiuso a mezzogiorno.

X **Il Delfino-da Angelo,** 𝄞 23004, ≤ piccola baia, 🍴 – ⬜ 🅑 ⓘ Ε 𝑉𝐼𝑆𝐴
15 marzo-ottobre – Pas carta 26/44000.

X **Da Giovanni,** 𝄞 23531, ≤ mare ed Isolabella – ⬜ 🅑 ⓘ Ε 𝑉𝐼𝑆𝐴. ⚘
chiuso lunedì e dal 7 gennaio al 7 febbraio – Pas carta 32/55000.

    a Mazzeo per ① : 5,5 km – ✉ 98030 Mazzarò

X Il Ficodindia, 𝄞 36301, « Servizio estivo in giardino »

    Vedere anche : ***Giardini-Naxos*** per ② : 5 km.
                Letojanni per ② : 8 km.

TERRASINI 90049 Palermo – 10 071 ab. alt. 35 – ✿ 091.
♦Palermo 29 – ♦Trapani 71.

    in prossimità strada statale S : 6 km :

🏨 Perla del Golfo, ✉ 90049 𝄞 8695058, Telex 910634, Fax 8695072, ≤, 🏊, 🏖, 🏸 – 🏢 ☎ 🅟
– 🚗 30 a 500
162 cam.

TORREGROTTA 98040 Messina – 5 617 ab. alt. 48 – ✿ 090.
♦Catania 141 – ♦Messina 55 – ♦Palermo 215.

🏠 **Thomas,** località Scala 𝄞 9981947 – ⚘
Pas *(chiuso lunedì)* carta 22/31000 – 🍽 4000 – **18 cam** 22/40000 – ½ P 48/50000.

TRAPANI 91100 P 988 ㊱ – 73 103 ab. – ✆ 0923.

Vedere Museo Pepoli★ Y M – Cappella della Madonna★ nel santuario dell'Annunziata Y.

Escursioni Isola di Pantelleria★★ Sud per motonave – Isole Egadi★ Ovest per motonave o aliscafo.

✈ di Birgi S : 15 km Y ✆ 841124 – Alitalia, Agenzia Salvo, corso Italia 52/56 ✆ 27480.

🚢 per Cagliari martedi (11 h) – Tirrenia Navigazione-agenzia Salvo, corso Italia 42/46 ✆ 23819, Telex 910132; per le Isole Egadi giornalieri (1 h) e Pantelleria giornaliero (4 h 30 mn) – Siremar-agenzia Salvo, molo Sanità ✆ 40515, Telex 910132, Fax 28436.

🚤 per le Isole Egadi giornalieri (20 mn) – Siremar-agenzia Salvo, molo Sanità ✆ 40515, Telex 910132, Fax 28436; per l'Isola di Pantelleria giugno-settembre martedi, venerdi e domenica (2 h 15 mn) – Aliscafi SNAV-agenzia Sud-Ovest, via Torre Arsa 11 ✆ 27101.

🛈 piazza Saturno ✆ 29000, Fax 29430.

A.C.I. via Virgilio 71/81 ✆ 27292.

♦Palermo 104 ②.

TRAPANI

Fardella (Via G.B.)	BZ	13
Vitt. Emanuele (C.)	AZ	
Bixio (Via Nino)	Y	2
Crociferi (Via dei)	BZ	6
Cuba (Via della)	AZ	8
Duca d'Aosta (Viale)	AZ	9
Fardella (Prolungamento Giovan Battista)	Y	12
Madonna di Fatima (Via)	Y	19
Malta (Via)	BZ	21
Mercè (Via)	BZ	25
Monte S. Giuliano (Via)	Y	27
Ninfe (Largo delle)	AZ	28
Pepoli (V. Conte A.)	Y	33
Portogallo (Largo)	BZ	35
Procida (Via Giov. da)	AZ	36
Regina Margherita (Vle)	BZ	37
S. Francesco di Paola (V.)	BZ	38
S. Giovanni Bosco (Via)	BZ	39
Scalo d'Alaggio (Pza)	AZ	40
Scarlatti (Piazza)	AZ	41

Scio (Pza Generale)	AZ	42
Scontrino (Via A.)	BZ	44
Serisso (Via)	AZ	45
Tartaglia (Via Giacomo)	AZ	48
Torre di Ligny (Viale)	AZ	49
Torrearsa (Via)	AZ	50
Umberto I (Piazza)	BZ	52
Vespri (Via)	Y	55
Vittorio Veneto (Piazza)	BZ	57

🏨🏨 **Astoria Park Hotel,** lungomare Dante Alighieri ✆ 562400, Telex 911228, ≤, 🏊, 🐎, ⚓ – 🛗 📺 🖵 ☎ 🅟 – 🔬 30 a 400   Y c
    92 cam.

🏨 **Vittoria,** senza rist, via Crispi 4 ✆ 27244 – 🛗 ⚞   BZ s
    56 cam.

🏨 **Cavallino Bianco,** lungomare Dante Alighieri ✆ 21549, ≤ – 🛗 ⚞ 🈂️. 🈹 ① E 💳. ⚓ rist
♦   Pas carta 17/23000 – 🗌 7000 – **56 cam** 32/52000 – ½ P 50/55000.   Y a

XX **P e G,** via Spalti 1 ✆ 547701, Coperti limitati; prenotare – 🈹. 🅰🈹 🈹 ① E 💳   BZ e
    chiuso domenica ed agosto – Pas carta 22/36000 (12%).

X **Trattoria del Porto,** via Ammiraglio Staiti 45 ✆ 547822, 🏮 – ⚓   BZ a
    chiuso mercoledì – Pas carta 23/39000.

    Vedere anche : *Erice* NE : 14 km.

TROINA **94018** Enna 🔢 ⊗ – 10 953 ab. alt. 1 116 – ✪ 0935.
♦Catania 70 – Enna 81 – ♦Messina 141 – ♦Palermo 183.

  ✗ Eden, contrada Piano Fossi NO : 2 km 𝄞 654407 – ☎.

USTICA (Isola di) Palermo 🔢 ⊗ – 1 236 ab. alt. da 0 a 238 (Monte Guardia dei Turchi) – ✪ 091.
La limitazione d'accesso degli autoveicoli è regolata da norme legislative.

  🛳 per Palermo giornaliero (2 h 20 mn) – Siremar-agenzia Militello, piazza Longo 3 𝄞 8449002, Telex 910586.

  🚤 per Palermo giornaliero (1 h 15 mn) – Siremar-agenzia Militello, piazza Longo 3 𝄞 8449002, Telex 910586.

  Ustica – ✉ 90010.

  🏨 **Grotta Azzurra** 🦋, 𝄞 8449048, ≤ mare, 🍽, « Costruzione mediterranea con terrazze sulla scogliera », 🏊 – ⇆ cam 🚗. 🛥
    giugno-settembre – Pas 35/40000 – ⌁ 10000 – **52 cam** 40/80000 – ½ P 95/120000.

  ✗ **Trattoria le Campanelle**, 𝄞 8449136 – 📧. 🛥
    chiuso dicembre – Pas carta 37/52000.

VALDERICE **91019** Trapani – 10 719 ab. alt. 250 – ✪ 0923.
♦Agrigento 99 – ♦Palermo 184 – ♦Trapani 9.

  🏨 **« Baglio » Santacroce** 🦋, E : 2 km 𝄞 891111, Fax 891192, ≤, 🍽, 🏊 – 🚗. 📧 🛏 ⑩ 🄴
    VISA. 🛥
    Pas *(chiuso lunedì)* carta 22/35000 – ⌁ 5000 – **25 cam** 44/68000 – ½ P 57/66000.

    a Bonagia N : 6 km – alt. 2 – ✉ 91010 :

  ✗ Sirena, 𝄞 573176, ≤ – 📧.

VILLAGRAZIA Palermo – Vedere Carini.

VULCANO (Isola) Messina 🔢 ⑰ ⊗ – Vedere Eolie (Isole).

ZAFFERANA ETNEA **95019** Catania – 7 215 ab. alt. 600 – ✪ 095.
♦Catania 24 – Enna 104 – ♦Messina 79 – ♦Palermo 231 – Taormina 35.

  🏩 **Primavera dell'Etna**, O : 1,5 km 𝄞 7082348, ≤, ✗ – 🛗 🚗 ☎ – 🔏 150 a 600. *VISA*. 🛥
    Pas carta 19/27000 (15%) – ⌁ 6000 – **50 cam** 29/49000 – ½ P 50/55000.

  🏩 **Airone** 🦋, 𝄞 7081819, Fax 7082142, ≤, 🍽 – 🛗 ⇆ cam 🚗 ☎. 📧 🛏 ⑩ 🄴 *VISA*
    Pas 22/30000 – **41 cam** ⌁ 33/56000 – ½ P 45/52000.

CANTONE TICINO (Svizzera)

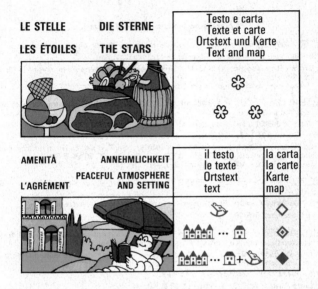

LE STELLE DIE STERNE	Testo e carta
LES ÉTOILES THE STARS	Texte et carte Ortstext und Karte Text and map

	il testo	la carta
AMENITÀ ANNEHMLICHKEIT	le texte Ortstext	la carte Karte
L'AGRÉMENT PEACEFUL ATMOSPHERE AND SETTING	text	map

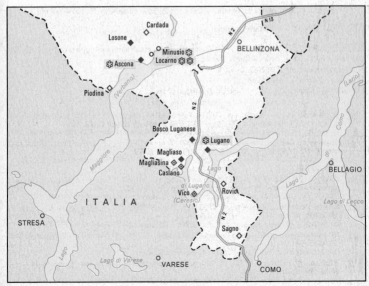

⚃⚁⚀ ⑮㉔㉕ ⚁⚀⚈ ⑦⑧ ⚁⚀⚇ ⑪⑫ – 280 630 ab. alt. da 210 (Ascona) a 3 402 (monte Rhein-waldhorn)

I prezzi sono indicati in franchi svizzeri.

AGARONE 6597 ⚁⚀⚈ ⑧ – alt. 400 – a.s. luglio-ottobre – ☻ 092, dall'Italia 00.41.92.
Roma 690 – Bellinzona 13 – ◆Lugano 37 – Locarno 10 – ◆Milano 112.

  ✗ **Grotto Romitaggio,** ℰ 641577, « Servizio estivo in terrazza panoramica » – ℗. ㏂ E
     VISA. ⅏ rist
     chiuso lunedì a mezzogiorno e dal 7 gennaio al 28 febbraio – Pas carta 31/50.

AGNO 6982 ⚃⚁⚆ ㉔ ⚁⚀⚈ ⑧ – 3 080 ab. alt. 274 – a.s. Pasqua, luglio-agosto e ottobre –
☻ 091, dall'Italia 00.41.91.
✈ E : 3 km ℰ 505001 – a Lugano, Swissair, via Pretorio 9 ℰ 236331.
Roma 660 – Bellinzona 32 – ◆Bern 263 – ◆Lugano 6 – Luino 17 – ◆Milano 83 – Varese 26.

  🏨 **La Perla,** ℰ 593921, Telex 844593, Fax 594039, « Servizio rist. estivo in terrazza ombreg-
     giata », ⌿ riscaldata, ☐, ≈, ⅌ – 📧 ㏬ ☎ & ◑ ⚑ 300. ㏂ ① E VISA
     Pas carta 59/106 – **105 cam** ☲ 155/230 appartamenti 300 – ½ P 172/192.

AGNUZZO ⚁⚀⚈ ⑥ – alt. 305 – ✉ 6933 Muzzano-Piodella – a.s. luglio e agosto – ☻ 091,
dall'Italia 00.41.91.
Roma 655 – Bellinzona 34 – ◆Bern 265 – ◆Lugano 4 – Luino 19 – ◆Milano 81 – Varese 28.

  ✗✗ La Piodella, ℰ 546306 – ℗.

AIROLO 6780 ⚃⚁⚆ ⑮ ⚁⚀⚇ ⑪ – 1 742 ab. alt. 1 142 – a.s. gennaio-febbraio e luglio-agosto
– Sport invernali : 1 142/2 100 m ⛷1 ⛷3, ⤳ – ☻ 094, dall'Italia 00.41.94.
Escursioni Strada★★ del passo della Novena Ovest – Strada★ del San Gottardo Nord verso
Andermatt e SE verso Giornico.
Roma 738 – Bellinzona 58 – Locarno 77 – ◆Milano 164.

  🏠 **Delle Alpi,** ℰ 881722, ≤ – 📧 ⊛ ℗. ㏂ ① E VISA. ⅏ rist
     chiuso dal 1° gennaio al 15 marzo – Pas carta 29/49 – **24 cam** ☲ 55/90.

  🏠 **Forni,** ℰ 881297, Fax 881523, ≤ – 📧 ⅋ cam ☎ – 🕭 30. ㏂ ① E VISA. ⅏ rist
     chiuso dal 29 ottobre al 7 dicembre – Pas carta 26/50 – **18 cam** ☲ 60/106 – ½ P 69/76.

ALDESAGO ⚁⚀⚈ ⑧ – Vedere Lugano.

ASCONA 6612 ⚃⚁⚆ ㉙ ⚁⚀⚈ ⑦⑧ – 4 736 ab. alt. 210 – a.s. Pasqua e luglio-ottobre – ☻ 093,
dall'Italia 00.41.93 – Vedere Guida Verde Svizzera.
📷 (marzo-novembre) ℰ 352132, E : 1,5 km Y.
🅱 via Papio ℰ 355544, Telex 846085.
Roma 698 ② – Bellinzona 22 ② – ◆Milano 119 ② – Stresa 52 ④.

Pianta pagina a lato

  🏨 **Eden Roc** ⸖, via Albarelle ℰ 350171, Telex 846164, Fax 351571, ≤, ☂, « Giardino in riva
     al lago con ⌿ riscaldata », ☐, ♨▲ ⟶ ℗ ㏂ ① E VISA ⅏   Y r
     aprile-ottobre – Pas carta 49/70 – **48 cam** ☲ 300/480 appartamenti 520/720 – ½ P 190/330.

  🏨 **Europe au Lac** ⸖, via Albarelle ℰ 352881, Telex 846075, ≤, ☂ « Giardino in riva al lago
     con ⌿ riscaldata », ☐, ♨▲ – 📧 & ⟶ ℗ ㏂ ① E VISA   Y n
     15 marzo-ottobre – Pas carta 64/96 – **52 cam** ☲ 210/405 appartamenti 500/540 –
     ½ P 170/240.

  🏨 **Ascona** ⸖, via Collina ℰ 351135, Telex 846035, Fax 361748, ≤ lago e monti, ☂ « Giardino
     e terrazza fiorita con ⌿ riscaldata » – 📧 & ℗. ㏂ ① E VISA. ⅏ rist   X d
     chiuso gennaio e febbraio – Pas carta 38/60 – **75 cam** ☲ 145/330 – ½ P 175/195.

  🏨 **Sasso Boretto,** via Locarno 45 ℰ 357115, Telex 846026, ☂, ⌿, ☐ – 📧 ⊛ & ⟶ ℗. ㏂
     ① E VISA. ⅏ rist   X c
     chiuso dal 4 gennaio al 27 marzo – Pas 25/45 – **42 cam** ☲ 115/200 – ½ P 128/143.

  🏨 **Michelangelo,** strada della Collina 81 ℰ 358042, ≤, ☂, ⌿ riscaldata – 📧 ㏬ ☎ & ⟶
     ㏂ ① E VISA. ⅏ rist   Y m
     Pas *(chiuso mercoledì)* carta 35/57 – **17 cam** ☲ 135/220.

  🏨 **Riposo** ⸖, via Borgo ℰ 353164, « Terrazza-solarium panoramica con ⌿ riscaldata » – 📧
     ☎ ℗. VISA. ⅏ rist   Z x
     20 marzo-25 ottobre – Pas 28/38 – **30 cam** ☲ 85/170 – ½ P 90/104.

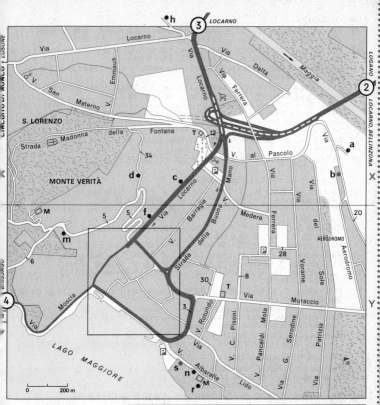

ASCONA

*I nomi delle principali
vie commerciali
sono scritti in rosso all'inizio
dell'indice toponomastico
delle piante di città.*

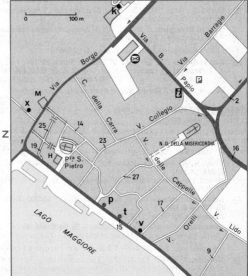

🏠 **Tamaro,** piazza Motta 🏖 350282, Telex 846132, Fax 352928, ≼, 🍃 – 🛗 ☎. ﹏ ⅇ 𝑽𝑰𝑺𝑨
15 marzo-15 novembre – Pas carta 33/51 – **51 cam** � 120/210 – ½ P 130/145.   Z v

🏠 **Moro,** strada della Collina 🏖 351081, 🔲, ﹏ – 🛗 🗐 rist 🆚 ☎ ⅇ. ⅏ rist   Z k
marzo-novembre – Pas 22/40 – **36 cam** ⊂ 67/154 – ½ P 85/95.

🏠 **La Perla,** strada della Collina 14 🏖 353577, Telex 846088, ≼ lago e monti, ﹏ – 🛗 ☎ ⅇ
stagionale – **30 cam**   Y f

𝗫𝗫𝗫 ❀ **Ascolago** 🍴 con cam, via Albarelle 🏖 352055, Fax 354226, ≼, 🍃, « Giardino in riva al
lago », 🔧 riscaldata, 🔲 – 🛗 🗐 rist 🆚 ☎ ⅇ. ﹏ ⅇ ⅏   Y s
chiuso dal 5 novembre al 20 dicembre – Pas *(chiuso sino al 1° marzo e lunedì in bassa
stagione)* carta 55/85 – ⊂ 15 – **22 cam** 210/310 appartamenti 280/500 – ½ P 145/200
Spec. La cassolette di legumi con bocconcini di coniglio, Carré di maialino da latte al forno con salsa di mele al
Calvados, Tronco di cioccolato con crema di frutta. **Vini** Chardonnay, Merlot del Ticino.

𝗫𝗫 **Al Porto,** con cam, piazza Motta 🏖 351321, Telex 846126, ≼, 🍃, ﹏ – 🛗 ☎ ⅆ   Z p
35 cam

𝗫𝗫 **Al Pontile,** piazza Motta 31 🏖 354604, ≼, 🍃 – ▤. ﹏ 𝑽𝑰𝑺𝑨. ⅏   Z t
Pas carta 32/58.

all'Aerodromo NE : 1,5 km per via Muraccio Y :

🏩 **Castello del Sole** 🍴, O : 0,5 km ⊠ 6612 🏖 350202, Telex 846138, Fax 361118, 🍃,
« Parco-giardino », 🔧 riscaldata, 🔲, ⚓, ⅏ – 🛗 🆚 ☎ ⅆ ⅇ. ⅏
31 marzo-27 ottobre – Pas carta 75/115 – **70 cam** ⊂ 245/420 appartamenti 520/560 –
½ P 220/265.

🏩 **Giardino** 🍴, O : 0,5 km ⊠ 6612 🏖 350101, Telex 846223, Fax 361094, 🍃, 🔧 riscaldata,
⅏ – 🛗 🆚 ☎ ⚓ ⅆ ⅇ. ﹏ ⅇ ⅏ 𝑽𝑰𝑺𝑨. ⅏
marzo-novembre – Pas 60/75 – **54 cam** ⊂ 280/500 appartamenti 660/700 – ½ P 270/300.

🏩 **Park Hotel Delta** 🍴, E : 0,5 km ⊠ 6612 🏖 351105, Telex 846101, Fax 356724, 🍃,
« Giardino con 🔧 riscaldata », 🔧, ⅏ – 🛗 🆚 ☎ ⅆ ⅇ. ﹏ ⅇ ⅏ 𝑽𝑰𝑺𝑨 rist   X a
aprile-ottobre – Pas 55/100 (vedere anche rist Giardino) – **50 cam** ⊂ 300/480 appartamenti
550/850 – ½ P 180/240.

𝗫𝗫𝗫 ❀ **Giardino,** O : 0,5 km ⊠ 6612 🏖 350101, Coperti limitati; prenotare – ▤ ⅆ. ﹏ ⅇ ⅇ
𝑽𝑰𝑺𝑨. ⅏
marzo-novembre; chiuso a mezzogiorno, lunedì e martedì – Pas 100/120
Spec. Salade d'été au filet de perche (estate), Fond d'artichaut aux bolets gratinés, Panaché de poissons aux
concombres à la creme. **Vini** Chardonnay, Barbaresco.

𝗫 **Aerodromo** ⊠ 6612 🏖 351373, 🍃, 🔧 – ⅆ. ﹏ ⅇ ⅇ 𝑽𝑰𝑺𝑨. ⅏   X b
chiuso dal 10 gennaio al 28 febbraio e mercoledì in novembre e dicembre – Pas carta 35/60.

a Losone N : 2 km per via Locarno X – ⊠ 6616 :

🏩 **Losone** 🍴, 🏖 350131, Telex 846080, Fax 361101, 🍃, « Giardino con 🔧 riscaldata » – 🛗
🆚 ☎ ⅆ ⅇ – ⅏ 30. ﹏ ⅇ 𝑽𝑰𝑺𝑨. ⅏   X h
15 marzo-10 novembre – Pas carta 51/74 – **78 cam** ⊂ 210/350 – ½ P 190/225.

🏠 **Alle Arcate,** 🏖 354242, 🍃, 🔧 riscaldata, ﹏ – 🛗 🆚 ☎ ⅆ. ﹏ ⅇ ⅇ 𝑽𝑰𝑺𝑨
Pas *(chiuso domenica e gennaio)* carta 26/58 – **15 cam** ⊂ 85/150 – ½ P 100/110.

🏠 **Elena** 🍴 senza rist, 🏖 356326, « Giardino con 🔧 riscaldata » – 🆚 ⅆ ⅇ
15 marzo-15 novembre – **20 cam** ⊂ 75/150.

𝗫 **Grotto Broggini,** 🏖 351567, 🍃, « Ambiente tipico ticinese », ﹏ – ⅆ. ﹏ ⅇ ⅇ 𝑽𝑰𝑺𝑨
Pasqua-ottobre – Pas carta 20/40.

sulla strada panoramica di Ronco O : 3 km :

🏩 **Casa Berno** 🍴, ⊠ 6612 🏖 353232, Telex 846167, Fax 361114, ≼ lago e monti, 🍃,
« Terrazza con 🔧 riscaldata », ﹏ – 🛗 🆚 ☎ ⅆ ⅇ. ﹏ ⅇ 𝑽𝑰𝑺𝑨. ⅏ rist
marzo-novembre – Pas 30/55 – **60 cam** ⊂ 160/320 appartamenti 350/450 – ½ P 148/195.

Vedere anche : *Ronco Sopra Ascona* SO : 4,5 km per ④.

BELLINZONA 6500 🔢 ⊗⊚, 🔢 ⑧, 🔢 ⑫ – 16 898 ab. alt. 233 – a.s. luglio-settembre –
🕿 092, dall'Italia 00.41.92.

Vedere Castelli★ : castello di Montebello★, ≼★ dal castello di Sasso Corbaro.

🚗 via Lugano 21 (Villa Turrita) 🏖 257056, Telex 846260 – via Camminata 6 🏖 252131.

Roma 681 – ◆Bern 232 – Como 62 – ◆Genève 347 – Locarno 19 – ◆Lugano 31 – ◆Milano 107 – Varese 58.

🏠 **Unione,** via Generale Guisan 1 🏖 255577, Telex 846277, ﹏ – 🛗 🆚 ☎ ⅆ – ⅏ 120. ﹏
ⅇ 𝑽𝑰𝑺𝑨. ⅏ rist
chiuso dal 20 dicembre al 20 gennaio – Pas *(chiuso domenica)* carta 44/66 – **33 cam**
⊂ 95/170 – ½ P 105/115.

🏠 **Internazionale** senza rist, piazza Stazione 🏖 254333, Telex 846474, Fax 261359 – 🛗 🆚 ☎
ⅆ. ﹏ ⅇ ⅇ 𝑽𝑰𝑺𝑨
20 cam ⊂ 95/145 – ½ P 75/85.

𝗫𝗫 **Corona,** via Camminata 5 🏖 252844 – ﹏ ⅇ ⅇ 𝑽𝑰𝑺𝑨. ⅏
chiuso domenica e dal 20 luglio al 15 agosto – Pas carta 44/72.

a Sementina SO : 3,5 km – ⊠ 6514 – a.s. Pasqua e luglio-settembre :

🏠 **Cereda,** 🏖 272431, Fax 274371, 🔧 riscaldata, ﹏ – ⅏ rist ⊗ ⅆ. ﹏ ⅇ ⅇ 𝑽𝑰𝑺𝑨
chiuso dal 26 dicembre al 15 marzo – Pas *(chiuso lunedì)* carta 30/60 – **21 cam** ⊂ 85/110 –
½ P 70/110.

BIASCA 6710 🗺 ⑮, 🗺 ⑫ – 5 682 ab. alt. 304 – Vedere Guida Verde Svizzera – a.s. giugno-settembre – ☎ 092, dall'Italia 00.41.92.

Dintorni Malvaglia : campanile★ della chiesa N : 6 km.

🛈 ✆ 723327.

Roma 701 – Bellinzona 21 – Locarno 40 – ♦Milano 127.

XX **Della Posta** con cam, ✆ 722121 – ☎ 🅿 🅰🅴 ① 🄴 𝗩𝗜𝗦𝗔
   chiuso dal 1° al 15 marzo – Pas carta 44/102 – **11 cam** 😄 80/140 – ½ P 80/100.

X **Al Giardinetto** con cam, ✆ 721771, 🍽 – 🅿 🅰🅴 ① 🄴 𝗩𝗜𝗦𝗔
   chiuso gennaio – Pas carta 25/54 – **15 cam** 😄 58/110.

BIOGGIO 6934 🗺 ㉘, 🗺 ⑧ – 1 226 ab. alt. 321 – a.s. Pasqua, luglio-agosto e ottobre – ☎ 091, dall'Italia 00.41.91.

Roma 661 – Bellinzona 31 – ♦Bern 264 – ♦Lugano 8 – Luino 19 – ♦Milano 85 – Varese 28.

XX **Grotto Antico**, ✆ 591239, prenotare, « Servizio estivo in giardino ombreggiato » – 🅿.
   🅰🅴 ① 🄴 𝗩𝗜𝗦𝗔
   Pas carta 40/62.

BISSONE 6816 🗺 ㉔, 🗺 ⑧ – 719 ab. alt. 274 – a.s. Pasqua, luglio-settembre – ☎ 091, dall'Italia 00.41.91.

Roma 646 – Bellinzona 38 – ♦Bern 270 – Como 24 – ♦Lugano 8 – ♦Milano 69.

XX **Elvezia**, ✆ 687374, 🍽 – 🅿 ① 🄴 𝗩𝗜𝗦𝗔
   chiuso lunedì e febbraio – Pas carta 35/48.

BOSCO LUGANESE 6935 🗺 ⑧ – 272 ab. alt. 533 – a.s. Pasqua, luglio-agosto e ottobre – ☎ 091, dall'Italia 00.41.91.

Roma 667 – ♦Lugano 11 – ♦Milano 88.

🏨 **Villa Margherita** ⑤, ✆ 591431, Telex 844547, Fax 506149, ≤ lago di Lugano e monti, « Parco-giardino con ⌣ riscaldata », 🔲 – ⅍ rist 📺 ☎ 🚗 🅿 – 🔬 60. 🅰🅴 ① 🄴 𝗩𝗜𝗦𝗔.
   ⅌ rist
   aprile-20 ottobre – Pas carta 54/88 – **33 cam** 😄 170/290 appartamenti 330/390 – ½ P 148/245.

   ### Die im Michelin-Führer
   verwendeten Zeichen und Symbole haben
   *- dünn oder **fett** gedruckt, rot oder **schwarz***
   jeweils eine andere Bedeutung.
   Lesen Sie daher die Erklärungen aufmerksam durch.

BREGANZONA 6932 🗺 ⑧ – 4 167 ab. alt. 439 – a.s. luglio e agosto – ☎ 091, dall'Italia 00.41.91.

Roma 655 – Bellinzona 27 – ♦Lugano 4 – ♦Milano 81.

🏨 **Villa Marita**, ✆ 560561, « Giardino con ⌣ riscaldata » – ⊛ 🅿 𝗩𝗜𝗦𝗔 ⅌ rist
   chiuso dal 22 dicembre al 1° febbraio – Pas *(chiuso a mezzogiorno)* 22/25 – **19 cam** 😄 70/115 – ½ P 75/85.

BRIONE 🗺 ㉔, 🗺 ⑧, 🗺 ⑫ – Vedere Locarno.

BRISSAGO 6614 🗺 ㉘, 🗺 ⑦ – 1 857 ab. alt. 210 – a.s. luglio e agosto – ☎ 093, dall'Italia 00.41.93.

🛈 via Cantonale ✆ 651170.

Roma 706 – Bellinzona 30 – ♦Bern 262 – Locarno 11 – ♦Milano 127 – Stresa 44.

🏨 **Villa Caesar** ⑤, ✆ 652766, Telex 846144, Fax 653104, ≤ lago e monti, 🍽, ⌣ riscaldata, 🔲 – 🛗 🍽 rist 📺 ☎ 🚗 🅿 – 🔬 35. 🅰🅴 🄴 𝗩𝗜𝗦𝗔 ⅌ rist
   aprile-ottobre – Pas carta 60/83 – **32 cam** 😄 210/360 appartamenti 380/440 – ½ P 150/260.

🏨 **Mirto au Lac** ⑤, ✆ 651328, Fax 651333, ≤ – 🛗 ⅍ rist ☎ ♿ 𝗩𝗜𝗦𝗔 ⅌
   aprile-novembre – Pas carta 33/58 – **24 cam** 😄 65/160 – ½ P 73/98.

🏨 **Rivabella** senza rist, ✆ 651137, ≤, « Terrazza-giardino sul lago » – 🛗 ☎ 🅿 ⅌
   aprile-ottobre – **17 cam** 😄 80/106.

🏩 **Mirafiori**, ✆ 651234, ≤, « Terrazza ombreggiata sul lago », ⌣ – 🛗 ⅍ cam 🅿
   20 marzo-ottobre – Pas 20/46 – **17 cam** 😄 70/130 – ½ P 85/90.

🏩 **Verbano** senza rist, ✆ 651232, ≤ – 🛗 ♿ 🅿 ① 🄴 𝗩𝗜𝗦𝗔
   chiuso dal 21 dicembre al 27 gennaio – **19 cam** 😄 38/80.

   a Piodina SO : 3 km – alt. 360 – ✉ 6614 Brissago :

🏨 **La Favorita** ⑤, ✆ 652061, ≤ lago e monti, 🍽, ⌣ riscaldata, 🌳 – 🛗 ⅍ 📺 ☎ 🅿 🅰🅴 ①
   𝗩𝗜𝗦𝗔
   chiuso febbraio – Pas carta 25/44 – **16 cam** 😄 100/150 – ½ P 100/125.

CANTONE TICINO

CADEMARIO 6936 219 ⑧ – 468 ab. alt. 770 – a.s. Pasqua, luglio-agosto e ottobre – ✆ 091, dall'Italia 00.41.91.

Dintorni Monte Lema★ : ✳**★★** per seggiovia da Miglieglia.

Roma 666 – Bellinzona 35 – ♦Bern 268 – ♦Lugano 13 – Luino 24 – ♦Milano 90 – Varese 33.

XX **Cacciatori** ⬟ con cam, NE : 1,5 km 𝒫 592236, ≤, « Servizio estivo all'aperto » ☛ – 📺 🞉 🅿 🖭 🕦 🗲 𝘝𝘐𝘚𝘈
   20 marzo-3 novembre – Pas carta 35/78 – **16 cam** ⌂ 65/150 – ½ P 85/100.

CARDADA 219 ⑦⑧ 219 ⑪ – Vedere Locarno.

CARONA 6914 219 ⑧ – 605 ab. alt. 602 – ✆ 091, dall'Italia 00.41.91.

Roma 663 – Bellinzona 39 – ♦Bern 295 – Como 40 – ♦Lugano 8,5 – ♦Milano 86.

XX Pan Perdü, 𝒫 689192, ☂ – 🅿
   stagionale.

CASLANO 427 ㉔ 219 ⑧ – Vedere Ponte Tresa.

CASTAGNOLA 219 ⑧ – Vedere Lugano.

CERESIO Vedere Lugano (Lago di).

CHIASSO 6830 427 ㉔㉕ 219 ⑧ – 8 549 ab. alt. 236 – a.s. Pasqua e luglio-settembre – ✆ 091, dall'Italia 00.41.91.

Roma 627 – Como 5 – ♦Lugano 26 – Menaggio 34 – ♦Milano 50.

🏨 **Corso,** via Valdani 𝒫 445701, Telex 842309 – 🛗 ✳ cam ▦ 📺 ☎ ♿ – 🛢 90. 🖭 🕦 🗲 𝘝𝘐𝘚𝘈. ✳ rist
   Pas (chiuso domenica) carta 32/65 – **26 cam** ⌂ 80/130 – ½ P 95/110.

🏨 **Centro** senza rist, corso San Gottardo 80 𝒫 434402 – 📺 ☎ ⇌ 🖭 🕦 🗲 𝘝𝘐𝘚𝘈
   18 cam ⌂ 75/120.

XXX **Antico** con cam, via Favre 12 𝒫 447221, ☂ , ☛ – 🞉 🅿 🖭 🗲 𝘝𝘐𝘚𝘈. ✳ rist
   chiuso dal 3 al 16 gennaio e dal 3 al 16 agosto – Pas (chiuso domenica sera e lunedì)
   carta 28/60 – **17 cam** ⌂ 70/135.

CHIGGIOGNA 6799 427 ⑮ 218 ⑫ – 393 ab. alt. 668 – ✆ 094, dall'Italia 00.41.94.

Roma 725 – Bellinzona 41 – Locarno 60 – ♦Milano 147.

XX **La Conca,** 𝒫 382366, ☂ , « Ambiente tipico ticinese » – 🅿 🖭 🕦 🗲 𝘝𝘐𝘚𝘈
   chiuso mercoledì – Pas carta 30/83.

CUREGLIA 219 ⑧ – Vedere Lugano.

FAIDO 6760 427 ⑮ 218 ⑫ – 1 580 ab. alt. 717 – a.s. luglio e agosto – ✆ 094, dall'Italia 00.41.94.

Vedere Guida Verde Svizzera.

🛈 piazza Franscini 𝒫 381616.

Roma 722 – Bellinzona 41 – Locarno 60 – ♦Milano 147.

🏨 **Pedrinis,** 𝒫 381241 – 🖭 🕦 🗲 𝘝𝘐𝘚𝘈
◆ chiuso dal 23 dicembre al 30 gennaio – Pas (chiuso domenica e lunedì sera da ottobre
   a Pasqua) 22/26 – **17 cam** ⌂ 38/68 – P 62/65.

GANDRIA 6978 427 ㉔ 219 ⑧ – 201 ab. alt. 295 – ✆ 091, dall'Italia 00.41.91.

Vedere Guida Verde Svizzera.

Roma 659 – Bellinzona 36 – ♦Bern 269 – Como 37 – ♦Lugano 5 – Luino 28 – ♦Milano 82.

X **Antico-da Bartolini,** 𝒫 514871, « Terrazza con ≤ »
   chiuso dal 10 gennaio al 15 febbraio e mercoledì da novembre a marzo – Pas carta 35/55.

X Locanda Gandriese, 𝒫 518573, ≤.

GENEROSO (Monte) 427 ㉔㉕ 219 ⑧ – alt. 1 703 – a.s. Pasqua e luglio-settembre.

Vedere ✳★★★.

Capolago 50 mn di ferrovia a cremagliera.

da Capolago : Roma 641 – Bellinzona 45 – ♦Bern 278 – Como 19 – ♦Lugano 13 – ♦Milano 64 – Varese 22.

X **Vetta** con cam, ⊠ 6825 Capolago 𝒫 (091) 687722, Fax 481107, ✳ Alpi e laghi – 🛗
◆ 15 marzo-15 novembre – Pas 22/32 – **7 cam** ⌂ 30/60.

GIUBIASCO 6512 427 ②⑳ 219 ⑧ – 6 822 ab. alt. 239 – a.s. Pasqua e luglio-settembre – ☎ 092, dall'Italia 00.41.92.

Roma 679 – Bellinzona 2 – ◆Bern 235 – Locarno 18 – ◆Lugano 31 – ◆Milano 105.

XX San Giobbe, con cam, ℰ 272972, 舜 – ℗ – **10 cam**.

X **Unione** con cam, ℰ 271616, 舜 舟 – **E** VISA
chiuso dal 21 dicembre al 15 gennaio – Pas *(chiuso sabato)* carta 30/39 – **8 cam** � 35/65 – ½ P 60.

GNOSCA 6525 427 ② ⑳ 219 ⑫ – 412 ab. alt. 277 – ☎ 092, dall'Italia 00.41.92.

Roma 688 – Bellinzona 8 – ◆Milano 115.

X **Lessy-da Mano,** ℰ 291941, 舜 舟 – ℗. AE ① VISA. ⅍
chiuso lunedì e dal 1° al 21 agosto – Pas carta 35/70.

INTRAGNA 6655 427 ⑳ 219 ⑦ 218 ⑪ – 856 ab. alt. 362 – a.s. Pasqua e luglio-ottobre – ☎ 093, dall'Italia 00.41.93.

Roma 704 – Domodossola 40 – Locarno 9 – ◆Milano 125.

XX **Stazione-da Agnese** con cam, ℰ 811212, ≼, 🏊 riscaldata, 舟 – 📺 ℗. **E** VISA
chiuso gennaio e febbraio – Pas carta 47/70 – ⊏ 15 – **10 cam** 95/150 – ½ P 120.

LAGO MAGGIORE o VERBANO ★★★ Cantone Ticino, Novara e Varese 427 ⑳ 219 ⑥⑦⑧⑰
Vedere Guida Verde Italia

LAVORGO 6746 427 ⑮ 218 ⑫ – alt. 622 – a.s. febbraio e dicembre – ☎ 094, dall'Italia 00.41.94 – Dintorni Chiesa di San Nicolao★ a Giornico S : 5,5 km.

Roma 715 – Bellinzona 35 – Locarno 54 – ◆Milano 141.

☖ **Defanti,** ℰ 391434 – **E** VISA. ⅍ rist
◆ chiuso gennaio – Pas 15/30 – **28 cam** ⊏ 39/78 – ½ P 55/65.

LOCARNO 6600 427 ⑳ 219 ⑧ 218 ⑪⑫ – 14 167 ab. alt. 214 – a.s. Pasqua e luglio-ottobre – Sport invernali : a Cardada : 1 350/1 671 m ⅀5 – ☎ 093, dall'Italia 00.41.93.

Vedere Lago Maggiore★★★ – Santuario della Madonna del Sasso★ : ≼★ AY per via ai Monti della Trinità o per funicolare (6 mn) – ≼★★ dall'Alpe di Cardada Nord per funivia – Monte Cimetta★★ : ※★★ Nord per seggiovia.

Escursioni Circuito di Ronco★★ : ≼★★ sul lago dalla strada per Losone e Ronco.

🏌 (marzo-novembre) ad Ascona ⊠ 6612 ℰ 352132, per ② : 6,5 km.

🛈 via Balli 2 ℰ 318633, Telex 8646147.

Roma 695 ① – Bellinzona 19 ① – ◆Bern 252 ① – ◆Genève 327 ② – ◆Lugano 40 ① – ◆Milano 116 ①.

Pianta pagina seguente

🏨 **Reber au Lac,** viale Verbano 55 ℰ 330202, Telex 846074, Fax 337981, ≼, 舜 « Terrazza fiorita », 🏊 riscaldata, 🏖, 舟, ※ – 🛗 📺 ℗ – 🛎 100. AE ① E VISA. ⅍ rist   BY **s**
Pas 48/70 – **90 cam** ⊏ 190/330 appartamenti 450/550 – ½ P 150/230.

🏨 **Gd H. Locarno,** via Sempione 17 ℰ 330282, Telex 846143, Fax 333013, ≼, « Parco con 🏊 riscaldata », ※ – 🛗 📺 ☎ ℗ – 🛎 80. AE ① E VISA. ⅍ rist   BY **e**
◆ 15 marzo-1° novembre – Pas al Rist. **Alle Grotte** carta 35/55 – **80 cam** ⊏ 140/280 – ½ P 165.

🏨 **Muralto,** piazza Stazione 8 ℰ 330181, Telex 846126, Fax 334395, ≼ – 🛗 ▤ rist 📺 ☎ – 🛎 200. AE ① E VISA   BY **z**
Pas 28/60 – **76 cam** ⊏ 158/256 – ½ P 158/188.

🏨 **Arcadia,** lungolago Motta 2 ℰ 310282, Telex 846005, Fax 315803, ≼, 🏊 riscaldata, 舟 – 🛗 ☎ 🏖 ⇦ ℗. AE ① E VISA. ⅍ rist   BZ **a**
chiuso gennaio e febbraio – Pas 24/49 – **90 cam** ⊏ 150/217 – ½ P 110/140.

🏨 **Quisisana,** viale del Sole 17 ℰ 330141, Telex 846020, Fax 337534, ≼, « Terrazze fiorite », 🏊, 舟, ※ – 🛗 ▤ rist 🏖 ℗. AE ① E VISA. ⅍ rist   BY **a**
chiuso dal 7 gennaio al 28 febbraio – Pas carta 40/80 – **65 cam** ⊏ 130/240 – ½ P 120/135.

🏨 **Beau Rivage,** lungolago Motta ℰ 331355, Telex 846152, ≼ – 🛗 ☎ ℗. AE ① E VISA. ⅍ rist   BY **u**
marzo-ottobre – Pas 26/32 – **50 cam** ⊏ 88/194 – ½ P 113/122.

🏨 **Du Lac** senza rist, via Ramogna 3 ℰ 312921, ≼ – 🛗 ☎ 🏖. AE ① VISA   BY **d**
marzo-15 novembre – **31 cam** ⊏ 65/120.

🏨 **Dell'Angelo,** piazza Grande ℰ 318175, Telex 846544 – 🛗 ☎. AE ① E VISA. ⅍ rist   AY **a**
Pas carta 29/52 – **50 cam** ⊏ 90/140 – ½ P 70/85.

☖ **Zurigo,** viale Verbano 9 ℰ 331617, ≼, 舜 – 🛗 ⅍ rist ☎ – 🛎 40. AE ① E VISA   BY **w**
◆ Pas 13/28 – **28 cam** ⊏ 98/178 – ½ P 114/123.

☖ **Villa Palmiera,** via del Sole 1 ℰ 331441, « Piccolo giardino fiorito » – 🛗 ⅍ rist ☎ ℗. AE VISA. ⅍ rist   BY **f**
◆ chiuso dal 15 novembre al 1° marzo – Pas 20/30 – **25 cam** ⊏ 60/120 – ½ P 57/82.

☖ **Montaldi** senza rist, piazza Stazione 7 ℰ 330222, Fax 335496 – 🛗 🏖 ℗. AE ① E VISA
chiuso dal 10 gennaio al 10 marzo – **49 cam** ⊏ 62/116.   BY **n**

XXX 🕸🕸 **Centenario,** lungolago Motta 17 🔎 338222, prenotare – 🖭 ⓪ 🖻 ⓥ🇸🇦, 🕸 BY **m**
chiuso domenica, lunedì (escluso i festivi), dal 4 al 24 febbraio e dal 1° al 15 luglio – Pas
carta 64/76
Spec. Langoustines tièdes en salade aux mangues, Pigeon des Landes aux truffes, Soufflé aux fruits de saison.
Vini Dezaley, Merlot del Ticino.

XX **Cittadella,** via Cittadella 18 🔎 315885 – 🔳 🖭 🖻 ⓥ🇸🇦 AY **r**
chiuso lunedì e martedì a mezzogiorno – Pas carta 40/85.

XX **Cervo** con cam, via Torretta 11 🔎 314131 – 🕸 rist AY **g**
Pas *(chiuso domenica sera, lunedì e novembre)* carta 24/57 – **6 cam** ⓩ 60/100 – ½ P 63/78.

X **Antica Osteria,** via dei Pescatori 8 🔎 338794, 🕸 BY **b**
chiuso martedì, febbraio e dal 25 giugno al 15 luglio – Pas carta 32/62.

ad Orselina N : 2 km ABY – alt. 456 – ⌧ 6644 :

🏨 **Orselina** 🕸, 🔎 330232, Telex 846161, Fax 336221, ≤ lago e monti, 🕸, « Giardino con 🏊
riscaldata », 🏊 – 🛗 🔲 🕸 ⓟ. 🕸 rist AY **c**
marzo-novembre – Pas 38/48 – **76 cam** ⓩ 140/280 – ½ P 135/160.

🏨 **Mirafiori,** 🔎 331877, Fax 337739, ≤, « Servizio rist. estivo all'aperto », 🏊 riscaldata, 🎾 –
🛗🔲🕸ⓟ 🖭 ⓪ 🖻 ⓥ🇸🇦 🕸 rist AY **h**
marzo-10 novembre – Pas carta 38/52 – **28 cam** ⓩ 95/160 – ½ P 89/104.

X **Della Posta,** 🔎 334645, Coperti limitati; prenotare – 🖭 ⓪ 🖻 ⓥ🇸🇦 AY **b**
chiuso mercoledì e febbraio – Pas carta 30/70.

a Minusio per ① : 2 km – alt. 246 – ⌧ 6648 :

🏨 **Remorino** senza rist, 🔎 331033, Fax 337429, « Giardino con 🏊 riscaldata » – 🛗 🕸
ⓟ
10 marzo-ottobre – **25 cam** ⓩ 100/200.

Grande (Piazza) ..... ABY		Collegiata (Via della) .. BY 5	
Ramogna (Via) ...... BY 12		Motta (Via della) ... AYZ 9	
		Municipio (Via del) .... BY 10	
Balli (Via F.) ...... BY 2		S. Antonio (Via) ..... AY 13	
Castello (Piazza) ..... AZ 3		Vallemaggia (Via) .... AY 16	
Cittadella (Via) ...... AYZ 4		Varesi (Via Dr) .... AZ 17	

XXX ✿ **Pierre de Lusi-Le Petit Champignon,** ℰ 331166, solo su prenotazione, 🍴 – 🅿 AE
① E VISA ✛
chiuso martedì – Pas carta 70/100
Spec. Feuilleté de langoustines, Truite du lac au basilic (aprile-settembre), Noisettes de chevreuil aux raisins à l'Armagnac (autunno). **Vini** Dezaley, Merlot del Ticino.

XX **Navegna** con cam, ℰ 332222, Fax 333150, ≤, « Terrazza ombreggiata in riva al lago » – 🕾
🅿 ① E VISA ✛ rist
marzo-ottobre – Pas carta 53/80 – **19 cam** 🖙 75/150 – ½ P 97.

X **Campagna,** con cam, ℰ 332054, ≤, « Insieme rustico ticinese con servizio estivo all'aperto »
– 🕾 🅿
stagionale – **15 cam**.

a Brione per ① : 4,5 km – alt. 450 – ⊠ 6645 :

🏠 **Dellavalle e Rist. Landò** ⑤, ℰ 330121, Telex 846153, Fax 333517, ≤ lago e monti,
« Terrazza panoramica con ⛴ riscaldata », 🍴, 🛠 – 🛗 ✛ rist 🗏 rist ⓣⓥ ☎ 🅿 AE ① E
VISA ✛ rist
chiuso da gennaio al 15 marzo – Pas carta 40/74 – **50 cam** 🖙 160/230 appartamenti 240/350
– ½ P 150/195.

a Cardada NO : 5 mn di funicolare e 10 mn di funivia AY – alt. 1 350 – ⊠ 6611 :

X **Cardada** ⑤ con cam, ℰ 315591, ≤ monti e lago
14 cam.

LOSONE 427 ㉔ 219 ⑦ 218 ⑪ – Vedere Ascona.

☞ Benutzen Sie für weite Fahrten in Europa die *Michelin-Länderkarten* :
920 *Europa,* 980 *Griechenland,* 984 *Deutschland,* 985 *Skandinavien-Finnland,*
986 *Großbritannien-Irland,* 987 *Deutschland-Österreich-Benelux,* 988 *Italien,*
989 *Frankreich,* 990 *Spanien-Portugal,* 991 *Jugoslawien.*

LUGANO 6900 427 ㉔ 219 ⑧ – 26 463 ab. alt. 273 – a.s. Pasqua-ottobre – ✿ 091, dall'Italia
00.41.91.

Vedere Pinacoteca★★★ nella Villa Favorita BX – Lago★★ BX – Parco Civico★★ ABX – Affreschi★★
nella chiesa di Santa Maria degli Angeli Z.

Dintorni Monte San Salvatore★★★ 15 mn di funicolare AX – Monte Brè★★ E : 10 km o 20 mn di
funicolare BVX – ≤★★ dalla strada per Morcote – Morcote★ : santuario di Santa Maria del
Sasso★★ S : 12 km.

🏌 a Magliaso ⊠ 6983 ℰ 711557, per ⑤ : 10 km.

✈ di Agno SO : 6 km AX ℰ 505001 – Swissair via Pretorio 9 ℰ 236331.

🚢 riva Albertolli 5 ℰ 214664, Telex 73170.

Roma 654 ④ – ♦Bergamo 90 ④ – Como 34 ④ – Locarno 40 ① – ♦Milano 77 ④ – Novara 105 ④.

Pianta pagina seguente

🏛 **Principe Leopoldo** ⑤, via Montalbano 5 ℰ 558855, Telex 843250, Fax 558825, ≤ lago
e monti, « Giardino con ⛴ riscaldata », 🛠 – 🛗 ⓣⓥ ☎ 🚗 🅿 – 🔔 60. AE ① E VISA
✛ rist AX m
Pas 75/105 – **24 cam** 🖙 350/400.

🏛 **Splendide Royal,** riva Caccia 7 ℰ 542001, Telex 844273, Fax 548931, ≤ lago e monti, 📺 –
🛗 🗏 ⓣⓥ ☎ 🚗 🅿 – 🔔 200. AE ① E VISA ✛ rist AX e
Pas carta 68/98 – **112 cam** 🖙 240/420 appartamenti 450/900 – ½ P 260/290.

🏛 **Gd H. Villa Castagnola** ⑤, viale Castagnola 31 ⊠ 6906 Lugano-Cassarate ℰ 512213,
Telex 841200, Fax 527271, 🍴, « Parco fiorito », 📺, 🏖, 🛠 – 🛗 ⓣⓥ ☎ 🚗 🅿 – 🔔 30. AE
① E VISA ✛ rist BX n
chiuso gennaio e febbraio – Pas 35/45 – **97 cam** 🖙 200/300 appartamenti 350/650 –
½ P 145/235.

🏛 **Pullman Commodore e Rist. Nettuno,** riva Caccia 6 ℰ 543921, Telex 844353, Fax
543744, ≤ lago e monti – 🛗 🗏 ⓣⓥ ☎ 🚗 – 🔔 50. AE ① E VISA ✛ rist AX e
Pas carta 49/77 – **58 cam** 🖙 170/220 appartamenti 250/330 – ½ P 155//215.

🏛 **Bellevue au Lac,** riva Caccia 10 ℰ 543333, Telex 844348, Fax 541273, ≤ lago e monti,
« Servizio rist. estivo in terrazza », ⛴ riscaldata – 🛗 ☎ 🅿 – 🔔 40. AE E VISA ✛ rist
aprile-ottobre – Pas carta 34/59 – **70 cam** 🖙 140/250 – ½ P 160/175. AX s

🏛 **Lugano-Dante** ⑤, senza rist, piazza Cioccaro 5 ℰ 229561, Telex 844149, Fax 226402 – 🛗
🗏 ⓣⓥ ☎, AE ① E VISA ✛ Y a
55 cam 🖙 150/230.

🏛 **Excelsior e Grill Riviera,** riva Vela 4 ℰ 228661, Telex 844187, Fax 228189, ≤ lago e monti
– 🛗 🗏 rist ⓣⓥ ☎ – 🔔 120. AE ① E VISA Z g
Pas carta 60/88 – **81 cam** 🖙 130/190 appartamenti 260 – ½ P 130/165.

🏛 **De la Paix,** via Cattori 18 ℰ 542331, Telex 844321, Fax 549518, ≤, ⛴, 🍴 – 🛗 🗏 cam ⓣⓥ
☎ 🅿 – 🔔 100 a 180. AE ① E VISA ✛ rist AX r
Pas carta 43/70 – **85 cam** 🖙 180/270 appartamenti 350/450 – ½ P 170/215.

689

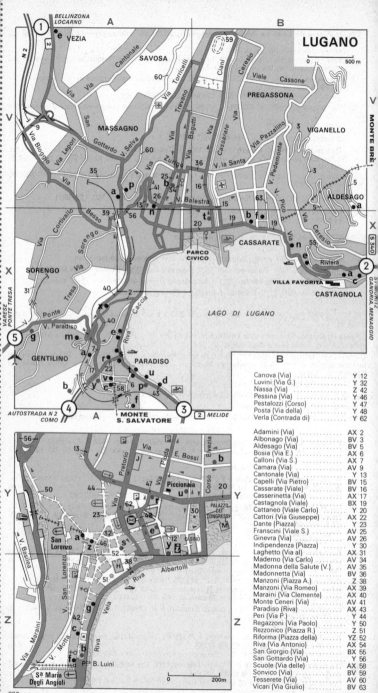

LUGANO

0   500 m

690

🏨 **International au Lac,** via Nassa 68 ⊠ 6901 ℰ 227541, Telex 840017, Fax 227544, ≼, 🐎 –
➡ 🛗 🕿. 🖭 ⑩ 🖻 *VISA*. ⋙ rist   Z f
aprile-ottobre – Pas 19/26 – **80 cam** � 114/194 – ½ P 87/136.

🏨 **Delfino,** via Casserinetta 6 ⊠ 6902 Lugano-Paradiso ℰ 545333, Telex 844359, 🏊 riscaldata
– 🛗 🗐 rist ☜ 🚗. 🖭 ⑩ 🖻 *VISA*. ⋙ rist   AX a
marzo-ottobre – Pas 27/32 – **50 cam** � 120/150.

🏨 **Cassarate Lago,** viale Castagnola 21 ⊠ 6906 Lugano-Cassarate ℰ 522412, Telex 841252,
Fax 527962, 🏊 riscaldata – 🛗 🗐 📺 🕿 🚗. 🖭 ⑩ 🖻 *VISA*. ⋙ rist   BX b
Pas carta 30/55 – **44 cam** � 120/200 – ½ P 135/155.

🏨 **Ticino** 🦢, piazza Cioccaro 1 ℰ 227772, Telex 841324 – 🛗 ↤ cam 🗐 cam 🕿. 🖭 🖻 *VISA*
⋙ rist   Y z
chiuso dal 1° gennaio al 15 febbraio – Pas carta 62/108 – **22 cam** � 180/320 – ½ P 205/225.

🏨 **La Residenza,** piazza della Riscossa 16 ⊠ 6906 Lugano-Cassarate ℰ 521831, Telex 841154
– 📺 🕿 🅿. 🖭 🖻 *VISA*. ⋙ rist   BX f
Pas 20/25 – **40 cam** � 95/150 – ½ P 97/117.

🏨 **Arizona,** via Massagno 20 ℰ 229343, Telex 844179, Fax 238143, 🏊 riscaldata – 🛗 🕿 🅿. 🖭
⑩ 🖻 *VISA*. ⋙   AV p
Pas carta 54/75 – **50 cam** � 120/180 – ½ P 136/166.

🏨 **Washington,** via San Gottardo 55 ⊠ 6903 ℰ 564136, « Parco ombreggiato » – 🛗 ↤ rist
➡ 🗐 rist 🕿 🕭 🅿. 🖭 ⑩ 🖻 *VISA*. ⋙   AV a
aprile-ottobre – Pas 20/24 – **41 cam** � 72/124 – ½ P 68/88.

🏨 **Colorado,** via Maraini 19 ⊠ 6901 ℰ 541631, Telex 844356, Fax 549065 – 🛗 📺 🕿 🅿 – 🔬
90. 🖭 ⑩ 🖻 *VISA*. ⋙   AX x
Pas *(chiuso luglio)* carta 45/65 – **32 cam** � 90/160 appartamento 250 – P 150/200.

🏨 **Everest** senza rist, via Ginevra 7 ℰ 229555, Telex 840057 – 🛗 📺 🕭. 🖭 🖻 *VISA*   AV n
50 cam � 95/170.

🏨 **Nassa** senza rist, via Nassa 62 ℰ 232833, ≼ – 🛗 🕭 🚗. 🖭 ⑩ 🖻   Z c
30 cam � 120/186.

XXX ❀ **Al Portone,** viale Cassarate 3 ℰ 235995, Coperti limitati; prenotare – 🖭 ⑩ 🖻 *VISA*
       BX t
chiuso domenica, lunedì a mezzogiorno, dal 1° al 15 gennaio ed agosto – Pas carta 77/125
Spec. Rognone di vitello al forno, Carpaccio di salmone e San Pietro, Mousse al caramello. **Vini** Dezaley, Merlot
del Ticino.

XXX **Parco Saroli,** viale Franscini 6 ℰ 235314, Fax 228805 – 🗐 – 🔬 30. 🖭 ⑩ 🖻 *VISA*. 🖻
chiuso domenica e i giorni festivi – Pas carta 70/110.   AV b

XX **Galleria,** via Vegezzi 4 ℰ 236288, prenotare –   Y e

XX **Huguenin,** riva Albertolli 1 ℰ 228801 – 🖭 ⑩ 🖻 *VISA*   YZ y
Pas carta 38/52.

XX **Orologio,** via Nizzola 2 ℰ 232338 – 🗐. 🖭 ⑩ 🖻 *VISA*. ⋙   Y r
chiuso sabato e dal 2 al 21 agosto – Pas carta 36/62.

XX **Da Armando,** via Luigi Canonica 5 ℰ 233766, Coperti limitati; prenotare – 🖭 ⑩ 🖻
VISA   Y b
chiuso sabato a mezzogiorno, domenica ed agosto – Pas carta 50/90.

XX **Scala,** via Nassa 29 ℰ 220958 – 🗐. 🖭 ⑩ 🖻 *VISA*. ⋙   Z b
chiuso domenica – Pas carta 40/80.

XX **Gambrinus,** piazza della Riforma ℰ 231955, 🍴 – 🗐. 🖭 ⑩ 🖻 *VISA*   Y s
Pas carta 41/75.

X **Locanda del Boschetto,** via al Boschetto 8 (Cassarina) ℰ 542493, « Servizio estivo
all'aperto » – 🅿. 🖭 ⑩ 🖻 *VISA*   AX b
chiuso lunedì e gennaio – Pas carta 35/57.

X **Cyrano,** corso Pestalozzi 27 ℰ 232879, prenotare – 🅿. 🖭 ⑩ 🖻 *VISA*   Y u
chiuso sabato a mezzogiorno e domenica – Pas carta 27/57.

a Lugano-Paradiso S : 1,5 km AX – ⊠ **6902** :

🏨🏨 **Gd H. Eden e Rist. L'Oasis,** riva Paradiso 7 ℰ 550121, Telex 844330, Fax 542895, ≼ lago
e monti, 🍴 « Terrazza sul lago con 🔲 », 🏖 – 🛗 🗐 📺 🕿 ☜ 🅿 – 🔬 120. 🖭 ⑩ 🖻
VISA. ⋙ rist   AX t
Pas 45/75 – **130 cam** � 220/400 appartamenti 1000/1200.

🏨 **Du Lac-Seehof e Rist. L'Arazzo,** riva Paradiso 3 ℰ 541921, Telex 844355, Fax 546173,
≼ lago e monti, « Terrazza sul lago con 🏊 riscaldata » – 🛗 📺 🕿 🕭 🅿 – 🔬 40. 🖭 ⑩ 🖻
VISA. ⋙   AX u
chiuso dal 5 gennaio al 10 marzo – Pas carta 45/80 – **53 cam** � 160/270 appartamento 380
– ½ P 165/195.

🏨 **Admiral e Rist. Nelson Grill,** via Geretta 15 ℰ 542324, Telex 844281, Fax 542548, « 🏊
su terrazza panoramica », 🔲 – 🛗 🕿 🕭 🚗 – 🔬 70. 🖭 ⑩ 🖻 *VISA*. ⋙ rist   AX v
Pas carta 42/84 – **92 cam** � 180/280 appartamenti 320/560 – ½ P 180/220.

🏨 **Europa au Lac,** via Cattori 1 ℰ 550171, Telex 844333, Fax 542757, ≼ lago e monti, 🔲 – 🛗
🗐 cam 📺 🕿 🅿 – 🔬 30 a 120. 🖭 ⑩ 🖻 *VISA*. ⋙ rist   AX s
Pas carta 50/67 – **100 cam** � 175/270 appartamenti 400/500 – ½ P 135/175.

🏨 **Alba,** via delle Scuole 11 *&* 543731, Telex 844371, Fax 544523, « Giardino fiorito » – |≹|
🍽 rist 📺 ☎. 𝔸𝔼 ⓞ 🄴 𝓥𝓘𝓢𝓐. ⅀⅀ rist AX **c**
Pas carta 38/60 – **21 cam** ⥥ 180/208 – ½ P 142/168.

🏨 **Conca d'Oro,** riva Paradiso 7 *&* 543131, Telex 841308, ≼ lago e monti, 🏠 – |≹| ☎ ⓟ 𝔸𝔼
ⓞ 🄴 𝓥𝓘𝓢𝓐. ⅀⅀ rist AX **d**
marzo-3 novembre – Pas carta 25/55 – **35 cam** ⥥ 100/220 – ½ P 145/155.

🏨 **Nizza** ⅀, via Guidino 14 *&* 541771, Telex 844305, Fax 541773, ≼ lago e monti, « Giardino
ombreggiato con ⅃ riscaldata » – |≹| ⅏ ⓟ 🄴 𝓥𝓘𝓢𝓐. ⅀⅀ rist AX **f**
aprile-15 ottobre – Pas *(chiuso a mezzogiorno)* 25/40 – **33 cam** ⥥ 94/176 – ½ P 85/105.

❌❌ **Al Faro,** riva Paradiso 36 *&* 545141, Solo piatti di pesce – 🍽 ⓟ. 𝔸𝔼 ⓞ 🄴 𝓥𝓘𝓢𝓐. ⅀⅀ AX **p**
Pas carta 53/115.

❌ **Geretta-da Erika e Nicola,** via Geretta 2 *&* 543151, 🏠 – 𝔸𝔼 🄴 𝓥𝓘𝓢𝓐. ⅀⅀ AX **y**
chiuso agosto, domenica e i giorni festivi – Pas carta 34/66.

a Lugano-Castagnola E : 3 km BX – ⊠ **6976** :

🏨 **Belmonte,** via Serenella 29 *&* 514033, Telex 844461, Fax 526139, ≼ lago e monti, 🏠,
⅃ riscaldata – |≹| 📺 ☎ ⇦ ⓟ – 🔬 80. 𝔸𝔼 ⓞ 🄴 𝓥𝓘𝓢𝓐. ⅀⅀ BX **e**
marzo-novembre – Pas carta 47/67 – **45 cam** ⥥ 150/250 – ½ P 118/183.

🏨 **Carlton Hotel Villa Moritz** ⅀, via Cortivo 9 *&* 513812, Telex 840003, ≼, 🏠, « ⅃
riscaldata su terrazza panoramica », 🞤 – |≹| ⅏ 🅖 ⇦. 𝔸𝔼 🄴 𝓥𝓘𝓢𝓐. ⅀⅀ rist BX **a**
25 marzo-25 ottobre – Pas 27/34 – **60 cam** ⥥ 73/142 – ½ P 85/91.

🏨 **Aniro** ⅀, via Violetta 1 *&* 525031, ≼, 🏠, « Giardino con ⅃ riscaldata » – |≹| ⥅ rist ☎
↤ ⇦ ⓟ. 𝔸𝔼 ⓞ 🄴 𝓥𝓘𝓢𝓐 BX **c**
marzo-novembre – Pas carta 22/36 – **38 cam** ⥥ 76/148 – ½ P 95/97.

a Sorengo O : 3 km AX – alt. 385 – ⊠ **6924** :

❌❌❌ **Santabbondio,** via ai Grotti di Gentilino *&* 548535, 🏠, prenotare – ⓟ. 𝔸𝔼 ⓞ 🄴 𝓥𝓘𝓢𝓐. ⅀⅀
*chiuso sabato a mezzogiorno, domenica sera, lunedì, dal 1° al 15 gennaio e dal 6 al 20
agosto* – Pas carta 67/103. AX **g**

a Vezia N : 3,5 km AV – alt. 368 – ⊠ **6943** :

🏨 **Motel Vezia,** *&* 563631, Fax 567022, ⅃ riscaldata, 🞤 – 📺 ☎ ⇦ ⇦ ⓟ. 𝔸𝔼 🄴 𝓥𝓘𝓢𝓐. ⅀⅀
↤ *marzo-15 novembre* – Pas carta 20/41 – ⥥ 9 – **60 cam** 98/139. AV **e**

a Cureglia N : 5 km – alt. 433 – ⊠ **6951** :

❌ **Della Posta,** *&* 562140, Coperti limitati; prenotare – 𝔸𝔼 🄴 𝓥𝓘𝓢𝓐 per ①
chiuso giovedì e da luglio al 15 agosto – Pas carta 50/60.

ad Aldesago E : 6 km BV verso Brè – alt. 600 – ⊠ **6974** :

🏨 **Colibrì,** *&* 514242, Telex 843211, Fax 519016, ≼ lago e città, « ⅃ su terrazza panoramica »
– |≹| 📺 ⅏ ⓟ. ⅀⅀ rist BV **a**
chiuso dal 15 gennaio al 28 febbraio – Pas carta 29/79 – **22 cam** ⥥ 95/160 – ½ P 70/105.

Vedere anche : *Gandria* per ② : 5 km.
Taverne per ① : 8 km.

MAGLIASINA e MAGLIASO 219 ⑧ – Vedere Ponte Tresa.

MELIDE 6815 427 ㉔ 219 ⑧ – 1 351 ab. alt. 277 – 🕾 091, dall'Italia 00.41.91.
Vedere Svizzera in miniatura★.
🛈 via Pocobelli 14 *&* 686383.
Roma 653 – Bellinzona 38 – ◆Bern 271 – Como 26 – ◆Lugano 7 – ◆Milano 71.

🏨 **Seehotel Riviera,** *&* 687912, ≼, 🏠, 🛥 – |≹| ⅏. ⓞ 🄴 𝓥𝓘𝓢𝓐. ⅀⅀ rist
↤ *16 aprile-25 ottobre* – Pas 20/28 – **21 cam** ⥥ 75/140 – ½ P 60/80.

Vedere anche : *Carona* SO : 15 km o 5 mn di funivia.

MENDRISIO 6850 427 ㉔, 219 ⑧ – 6 471 ab. alt. 355 – a.s. Pasqua e luglio-settembre –
🕾 091, dall'Italia 00.41.91.
🛈 via Zorzi, uscita autostrada *&* 465761, Telex 842236.
Roma 637 – Bellinzona 49 – ◆Bern 281 – Como 15 – ◆Lugano 19 – ◆Milano 60 – Varese 17.

🏨 **Milano,** *&* 465741, Telex 842227, ⅃ riscaldata – |≹| 🍽 📺 ⅏ ⇦ ⇦. 𝔸𝔼 ⓞ 🄴 𝓥𝓘𝓢𝓐. ⅀⅀ rist
Pas carta 39/88 – **25 cam** ⥥ 90/130 – ½ P 96/115.

❌❌ **Stazione** con cam, *&* 462244, Fax 468227, 🏠 – |≹| ⥅ cam 📺 ⅏ ⇦. 𝔸𝔼 ⓞ 🄴 𝓥𝓘𝓢𝓐. ⅀⅀ rist
Pas *(chiuso domenica sera)* carta 30/82 – **25 cam** ⥥ 80/120 – ½ P 85/105.

Michelin cura il costante e scrupoloso aggiornamento delle sue
pubblicazioni turistiche, in vendita nelle librerie.

MEZZOVICO 6849 427 ㉔, 219 ⑥ – 756 ab. alt. 465 – a.s. luglio e agosto – ✆ 091, dall'Italia 00.41.91.

Roma 665 – Bellinzona 17 – Lugano 11 – ♦Milano 87.

XX   Della Palazzina, strada Cantonale E : 1 km ✆ 951172 – ℗.

MINUSIO 427 ㉔, 219 ⑧, 218 ⑫ – Vedere Locarno.

MONTE Vedere nome proprio del monte.

MORCOTE 6922 427 ㉔, 219 ⑧ – 664 ab. alt. 277 – ✆ 091, dall'Italia 00.41.91.

Vedere Località★★ – Santuario di Santa Maria del Sasso★★.

Dintorni Strada per Lugano : ≤★★.

Roma 658 – Bellinzona 42 – ♦Bern 275 – Como 30 – ♦Lugano 12 – ♦Milano 75.

🏨   **Olivella au Lac e Rist. Voile d'Or**, NE : 1,5 km ✆ 691001, Telex 844786, Fax 691960, ≤ lago e monti, « Terrazze-giardino con ⌓ riscaldata », ⬜, ▲o – 🛗 📺 ☎ ℗ – 🔬 60. 🖭 ⓪ 🖪 VISA. ⅏ rist
chiuso gennaio e febbraio – Pas carta 60/126 – **92 cam** ⚌ 204/340 appartamenti 380/460 – ½ P 215/249.

🏨   **Carina**, ✆ 691131, ≤, 🛋, ⌓ riscaldata, 🚗 – 📺 ☎
stagionale – **23 cam**.

X   **Posta**, ✆ 691127, ≤, 🛋
stagionale.

X   **Grotto del Parco**, ✆ 692297, ≤, 🛋, prenotare la sera – 🖭 VISA
15 marzo-dicembre; chiuso lunedì (escluso da giugno ad ottobre) – Pas carta 34/64.

a Vico N : 4 km – alt. 420 – ✉ 6921 :

XX   **Bellavista** 🌳 con cam, ✆ 691143, prenotare, « Servizio estivo in terrazza con ≤ lago e monti » – 📺 ☎ 🖭 🖪 VISA
Pas (chiuso dal 4 gennaio al 14 febbraio e lunedì da ottobre a luglio) carta 55/74 – ⚌ 10 – **5 cam** 110/150 appartamento 250.

The new-formula Michelin Green Tourist Guides offer :

— more detailed descriptive texts,

— accurate practical information,

— town plans, local maps and colour photographs,

— frequent fully revised editions.

Always make sure you have the latest edition.

OLIVONE 6718 427 ⑮, 218 ⑫ – 779 ab. alt. 893 – ✆ 092, dall'Italia 00.41.92.

Dintorni Chiesa del Negrentino★ a Prugiasco : affreschi★★ S : 8 km e 30 mn a piedi AR.

Escursioni Strada★ del passo del Lucomagno Ovest.

Roma 723 – Bellinzona 43 – Locarno 62 – ♦Milano 149.

🏨   **Olivone e Posta**, ✆ 701366, 🛋 – ☎ ℗. 🖭 ⓪ 🖪 VISA
Pas carta 25/40 – **25 cam** ⚌ 60/100 – ½ P 60.

🏨   **San Martino**, ✆ 701521, ≤ – ☎ ℗. 🖭 ⓪ 🖪 VISA. ⅏
Pas (chiuso lunedì escluso da giugno a settembre) carta 28/45 – **15 cam** ⚌ 40/80 – ½ P 65.

X   **Arcobaleno**, con cam, ✆ 701362, ≤ – ℗
5 cam.

ORIGLIO 6945 219 ⑧ – 902 ab. alt. 420 – a.s. luglio e agosto – ✆ 091, dall'Italia 00.41.91.

Roma 664 – Bellinzona 26 – Como 43 – Locarno 35 – ♦Lugano 8 – ♦Milano 88.

🏨   **Origlio Country Club** 🌳, ✆ 931921, Telex 844735, Fax 931031, « Servizio estivo all'aperto », ⌓ riscaldata, ⬜, 🚗, ⅍ – 🛗 ☎ 🚙 ℗ – 🔬 100. 🖭 ⓪ 🖪 VISA. ⅏ rist
chiuso dal 18 dicembre al 17 marzo – Pas carta 51/86 – **60 cam** ⚌ 160/280 appartamento 500 – ½ P 182/202.

XX   **Deserto**, ✆ 931216, « Servizio estivo all'aperto », 🚗 – ℗. 🖭 ⓪ 🖪 VISA
chiuso mercoledì – Pas carta 40/75.

ORSELINA 219 ⑦⑧, 218 ⑫ – Vedere Locarno.

PARADISO – Vedere Lugano.

PIODINA 219 ⑦ – Vedere Brissago.

PONTE TRESA 6988 ⁴²⁷ ㉔ ²¹⁹ ⑧ – 787 ab. alt. 275 – a.s. Pasqua, luglio-agosto ed ottobre – ✆ 091, dall'Italia 00.41.91.

🛏 a Magliaso ⊠ 6983 ✆ 711557, NE : 2,5 km.

🏌 a Caslano ✆ 712986.

Roma 654 – Bellinzona 37 – ♦Bern 270 – ♦Lugano 11 – Luino 12 – ♦Milano 77 – Varese 21.

  a Magliasina NE : 1,5 km – ⊠ **6987** :

❌❌ **Locanda Estérel** con cam, ✆ 714313, Coperti limitati; prenotare, ⌁ riscaldata, 🐕 – ᐸᗕ
📺 🕿 🅿, 🆀🅴 ⓪ 🄴 *VISA*
chiuso febbraio – Pas *(chiuso mercoledì sera da novembre a marzo)* carta 46/75 – **10 cam** ⊊ 110/170 – ½ P 120/145.

  a Caslano E : 2 km – ⊠ **6987** :

🏨 **Gardenia,** ✆ 711716, Telex 844651, Fax 712642, « Giardino fiorito con ⌁ riscaldata » – 🛗
🍴 rist 📺 🕿 🅿, 🆀🅴 ⓪ 🄴 *VISA*, 🍴 rist
Pas carta 54/68 – **23 cam** ⊊ 130/290 – ½ P 160/175.

  a Magliaso NE : 2,5 km – ⊠ **6983** :

🏨 **Golf Hotel e Rist. Villa Magliasina** ⌂, ✆ 713471, Telex 844640, 🌴, « Giardino fiorito con ⌁ riscaldata » – 📺 🕿 🅿, 🆀🅴 🄴 *VISA*, 🍴 rist
chiuso da gennaio al 15 marzo – Pas carta 40/70 – **25 cam** ⊊ 140/270 – ½ P 140/180.

RANCATE 6862 ²¹⁹ ⑧ – 1 242 ab. alt. 359 – a.s. Pasqua e luglio-settembre – ✆ 091, dall'Italia 00.41.91.

Roma 638 – Como 17 – ♦Lugano 21 – ♦Milano 58 – Varese 17.

❌ Grotto del Bosco, N : 1 km ✆ 463693, ᐸ – 🅿.

RONCO SOPRA ASCONA 6622 ⁴²⁷ ㉔ ²¹⁹ ⑦ – 757 ab. alt. 351 – ✆ 093, dall'Italia 00.41.93.

Vedere Posizione pittoresca★★.

Escursioni Circuito di Ronco★★ : ᐸ★★ sul lago Maggiore dalla strada di Losone, verso Locarno.

🛈 piazza della Madonna ✆ 354650.

Roma 705 – Bellinzona 29 – ♦Bern 262 – Locarno 10 – ♦Lugano 50 – ♦Milano 126 – Stresa 50.

🏨 **La Rocca** ⌂, S : 1 km ⊠ 6613 Porto Ronco ✆ 355344, Fax 354064, ᐸ lago e monti, 🌴
🍴, – 🕿, *VISA*, 🍴
31 marzo-21 ottobre – Pas 32/36 – **20 cam** ⊊ 194 – ½ P 124.

❌ **Ronco** ⌂ con cam, ✆ 355265, ᐸ lago e monti, 🌴, ⌁ riscaldata, 🐕 – 🚗, 🆀🅴 🄴 *VISA*.
🍴 rist
chiuso da dicembre a febbraio – Pas carta 30/52 – **21 cam** ⊊ 90/200 – ½ P 95/120.

ROVIO 6821 ⁴²⁷ ㉔ ²¹⁹ ⑧ – 523 ab. alt. 500 – a.s. Pasqua e luglio-settembre – ✆ 091, dall'Italia 00.41.91.

Roma 646 – Como 24 – ♦Lugano 13 – ♦Milano 69.

🏨 **Park Hotel** ⌂, ✆ 687372, Telex 844685, ᐸ lago e monti, « Parco ombreggiato con ⌁ riscaldata » – 🛗 🐕 🅿 – 🕿 50. 🆀🅴 ⓪ 🄴 *VISA*, 🍴 rist
marzo-15 novembre – Pas carta 33/40 – **48 cam** ⊊ 80/152 – ½ P 75/95.

SAGNO 6831 ²¹⁹ ⑧ – 231 ab. alt. 700 – ✆ 091, dall'Italia 00.41.91.

Roma 639 – Como 15 – ♦Bern 295 – ♦Lugano 32 – ♦Milano 61.

❌❌ **San Michele** ⌂ con cam, ✆ 431212, 🌴, 🐕 – 🛗 ᐸᗕ 📺 🐕 🅿, 🆀🅴 ⓪ 🄴 *VISA*, 🍴
chiuso dal 15 dicembre al 28 febbraio – Pas *(chiuso lunedì da novembre a giugno)* carta 53/75 – **20 cam** ⊊ 90/160 – ½ P 105/120.

SAN SALVATORE (Monte) ★★★ ⁴²⁷ ㉔ ²¹⁹ ⑧ – Vedere Guida Verde Svizzera.

SEMENTINA ⁴²⁷ ㉔ ²¹⁹ ⑧ ²¹⁶ ⑫ – Vedere Bellinzona.

SORENGO ²¹⁹ ⑧ – Vedere Lugano.

STABIO 6855 ⁴²⁷ ㉔ ²¹⁹ ⑧ – 3 150 ab. alt. 374 – a.s. Pasqua e luglio-settembre – ✆ 091, dall'Italia 00.41.91.

Roma 641 – Como 16 – ♦Lugano 23 – ♦Milano 61 – Varese 13.

❌❌ **Montalbano,** località San Pietro N : 1 km ⊠ 6854 San Pietro di Stabio ✆ 471206, 🐕 –
🅿, 🆀🅴 ⓪ 🄴 *VISA*, 🍴
chiuso sabato a mezzogiorno, domenica sera e lunedì – Pas carta 40/74.

TAVERNE **6807** 427 29 219 8 – 2 081 ab. alt. 450 – a.s. luglio e agosto – 🕓 091, dall'Italia 00.41.91.

Roma 662 – Bellinzona 23 – Locarno 32 – ◆Lugano 8 – ◆Milano 86.

XXX **Motto del Gallo,** 𝒫 932871, Coperti limitati; prenotare, « Servizio estivo all'aperto » – ⚘ 𝐏. AE ⊙ E *VISA*
chiuso domenica e dal 21 dicembre al 15 gennaio – Pas carta 65/87

VACALLO **6833** 219 8 – 2 737 ab. alt. 375 – a.s. Pasqua e luglio-settembre – 🕓 091, dall'Italia 00.41.91.

Roma 632 – Como 7,5 – ◆Milano 53.

XX **Conca Bella** con cam, 𝒫 437474, ≼, ☆ – 𝐏. AE ⊙ E *VISA*. ⚘
Pas *(chiuso domenica sera e lunedì)* carta 62/88 – **10 cam** ⊆ 65/90 – ½ P 60/72.

VEZIA 219 8 – Vedere Lugano.

VICO 219 8 – Vedere Morcote.

VIRA-GAMBAROGNO **6574** 427 29 219 8 – 605 ab. alt. 209 – a.s. Pasqua e luglio-ottobre – 🕓 093, dall'Italia 00.41.93.
🛈 𝒫 611866.

Roma 687 – Bellinzona 17 – ◆Bern 249 – Locarno 14 – ◆Lugano 34 – ◆Milano 110.

🏠 **Touring-Bellavista** ⚘, S : 1 km 𝒫 611116, Fax 612518, ≼ lago e monti, « Parco e terrazza con 🏊 riscaldata » – 📺 ⚘ rist ☎ 𝐏. ⊙ E *VISA*. ⚘ rist
15 marzo-15 novembre – Pas carta 34/51 – **62 cam** ⊆ 89/174 – ½ P 88/108.

Piante di Ascona, Locarno e Lugano

con l'autorizzazione della Direzione Federale delle Misurazioni Catastali del 2 gennaio 1989.

DISTANZE
DISTANCES
ENTFERNUNGEN

Qualche chiarimento :

Nel testo di ciascuna località troverete la distanza dalle città limitrofe e da Roma. Quando queste città sono quelle della tabella a lato, il loro nome è preceduto da una losanga ♦.

Le distanze fra le città di questa tabella completano quelle indicate nel testo di ciascuna località. La distanza da una località ad un'altra non è sempre ripetuta in senso inverso : vedete al testo dell'una o dell'altra. Utilizzate anche le distanze riportate a margine delle piante.

Le distanze sono calcolate a partire dal centro delle città e seguendo la strada più pratica, ossia quella che offre le migliori condizioni di viaggio ma che non è necessariamente la più breve.

Quelques précisions :

Au texte de chaque localité vous trouverez la distance des villes environnantes et celle de Rome. Lorsque ces villes sont celles du tableau ci-contre, leur nom est précédé d'un losange noir ♦.
Les distances intervilles de ce tableau complètent ainsi celles données au texte de chaque localité.

La distance d'une localité à une autre n'est pas toujours répétée en sens inverse : voyez au texte de l'une ou de l'autre. Utilisez aussi les distances portées en bordure des plans.

Les distances sont comptées à partir du centre-ville et par la route la plus pratique, c'est-à-dire celle qui offre les meilleures conditions de roulage, mais qui n'est pas nécessairement la plus courte.

Einige Erklärungen :

In jedem Ortstext finden Sie Entfernungen zu größeren Städten in der Umgebung und nach Rom. Wenn diese Städte auf der nebenstehenden Tabelle aufgeführt sind, sind sie durch eine schwarze Raute ♦ gekennzeichnet. Die Kilometerangaben dieser Tabelle ergänzen somit die Angaben des Ortstextes.

Da die Entfernung von einer Stadt zu einer anderen nicht immer unter beiden Städten zugleich aufgeführt ist, sehen Sie bitte unter beiden entsprechenden Ortstexten nach. Eine weitere Hilfe sind die am Rande der Stadtpläne erwähnten Kilometerangaben.

Die Entfernungen gelten ab Stadtmitte unter Berücksichtigung der günstigsten (nicht immer kürzesten) Strecke.

Commentary :

The text on each town includes its distance from its immediate neighbours and from Rome. Those cited opposite are preceded by a diamond ♦ in the text.

The kilometrage in the table completes that given under individual town headings for calculating total distances.

A town's distance from another is not necessarily repeated in the text under both town names, you may have to look, therefore, under one or the other to find it. Note also that some distances appear in the margins of the town plans.

Distances are calculated from centres and along the best roads from a motoring point of view - not necessarily the shortest.

90 km

Beispiel
Example
Esempio
Exemple
Bergamo – Lugano

SARDEGNA

	Cagliari	Nuoro	Olbia	Oristano	Sassari
	182	268	93	211	
	102	92	120		
	178	103			
	121				

SICILIA

	Agrigento	Caltanissetta	Catania	Messina	Palermo	Siracusa	Trapani
	58	109					
	167	97	206				
	264	127	208	235			
	128	156	61	158	255		
	214	233	314	341	104	361	
	175						

Città sulla diagonale / Towns on the diagonal:
Ancona, Bari, Bergamo, Bern, Bologna, Bolzano, Brescia, Brindisi, Cosenza, Ferrara, Firenze, Foggia, Genève, Genova, Innsbruck, Livorno, Lugano, Milano, Modena, Napoli, Nice, Padova, Parma, Perugia, Pescara, Ravenna, Reggio di Calabria, Roma, La Spezia, Taranto, Torino, Trieste, Venezia, Verona, Zagreb, Zürich

Genova	Milano	Torino	Venezia	
1228	1088	1154	1283	*Amsterdam*
850	973	779	1229	*Barcelona*
483	343	409	605	*Basel*
1180	1040	1157	1079	*Berlin*
448	357	314	619	*Bern*
1314	1251	1140	1513	*Birmingham*
1000	1123	864	1379	*Bordeaux*
1237	1174	1063	1436	*Bristol*
1034	894	905	1156	*Bruxelles-Brussel*
1329	1452	1257	1708	*Burgos*
1110	1047	936	1309	*Cherbourg*
658	629	492	891	*Clermont-Ferrand*
1011	871	937	1066	*Düsseldorf*
1821	1758	1647	2020	*Edinburgh*
810	670	736	891	*Frankfurt*
386	323	252	585	*Genève*
1257	1117	1220	1275	*Hamburg*
1110	1047	936	1309	*Le Havre*
1554	1414	1517	1433	*København*
1044	953	961	1215	*Lille*
2080	2203	2008	2459	*Lisboa*
1503	1440	1329	1702	*Liverpool*
1251	1188	1077	1450	*London*
817	677	688	939	*Luxembourg*
465	436	299	698	*Lyon*
1520	1643	1449	1899	*Madrid*
1846	1969	1775	2225	*Málaga*
381	504	407	760	*Marseille*
691	560	620	492	*München*
1106	1043	903	1305	*Nantes*
2137	1997	2100	2016	*Oslo*
918	855	744	1117	*Paris*
1901	2024	1829	2280	*Porto*
1063	932	980	783	*Praha*
1085	1208	1013	1464	*San Sebastián*
2184	2044	2147	2063	*Stockholm*
628	488	554	750	*Strasbourg*
754	877	683	1133	*Toulouse*
1002	871	1006	598	*Wien*
760	629	764	379	*Zagreb*

Esempio   Exemple

Beispiel   Example

Hamburg - Milano

1117 km

PRINCIPALI STRADE

Autostrada _____

N° di strada statale _____ S 10

Distanza chilometrica _____ 12

Esercizi sulle autostrade :
- Motel _____ ■
- Self-Service o Ristorante _____ ■
Solo i motel sono citati nella guida

Stazione di servizio con benzina
senza piombo sulle autostrade ____ ■

PRINCIPALES ROUTES	HAUPTVERKEHRSSTRASSEN	MAIN ROADS
Autoroute	Autobahn	Motorway
N° de route d'Etat ___ S 10	Nummer der Staatsstraße ___ S 10	State road number ___ S 10
Distance en kilomètres ___ 12	Entfernung in Kilometern ___ 12	Distance in kilometres ___ 12
Hôtels et restaurants d'autoroute :	Hotels und Restaurants an der Autobahn :	Hotels and restaurants on motorways :
-Hôtel ___ ■	- Motel ___ ■	- Motel ___ ■
- Self-Service ou restaurant ___ ■	- Selbstbedienungsrestaurant oder Restaurant ___ ■	- Self-service or restaurant ___ ■
Seuls les hôtels sont cités dans le guide	In diesem Führer werden nur die Motels erwähnt	Only the motels are listed in the guide
Station-service avec essence sans plomb sur autoroute ___ ■	Bleifrei-Tankstelle an der Autobahn ■	Motorway petrol station selling unleaded petrol ___ ■

699

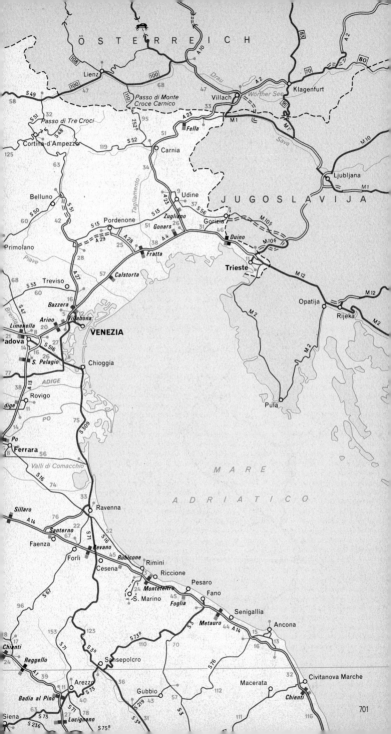

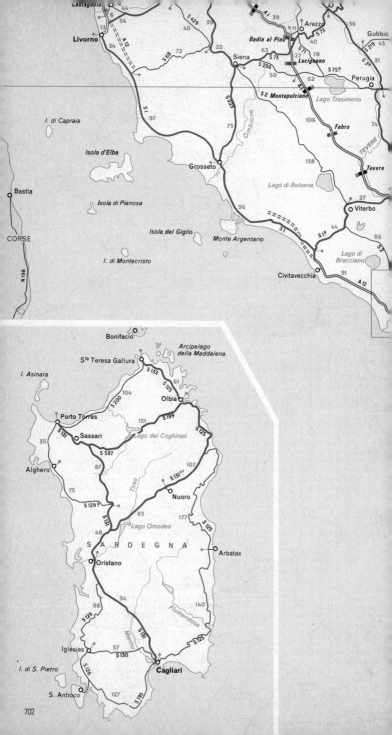

703

MARE ADRIATICO

A 14
46
Dolmen di
Bisceglie
Bari
8
Murge
S 16
S 96
A 14
71
113
S 379
Brindisi
138
96
S 96
54
72
Matera
54
S 7
S 7
39
Bradano
39
17
S 7
S 7ter
86
Lecce
29
S 106
47
Taranto
45
Otranto
72
S 407
35
S 16
Agri
78
34
Sibari
S 534
24
52
Crati
110
S 18
105
S 107
S 101
aola
Cosenza
34
Crotone
62
A 3
97
S 19
68
61
S 106
Catanzaro
S 280
34
14
74
84
MARE JONIO
51
S 111
A 3
Locri
53
S 106
**Reggio
Calabria**
98

DA DOVE VIENE QUESTA VETTURA ?

L'immatricolazione delle vetture italiane è suddivisa per provincia.
Le lettere che precedono il numero di immatricolazione rappresentano la sigla della provincia d'origine del veicolo. I numeri di immatricolazione iniziano o terminano con lettere convenzionali quando superano il milione.

D'OÙ VIENT CETTE VOITURE ?

En Italie, les lettres qui précédent le numéro d'immatriculation indiquent la province d'origine du véhicule. Quand le numéro atteint le million, les premiers ou les derniers chiffres sont remplacés par des lettres.

WOHER KOMMT DIESER WAGEN ?

In Italien geben die Buchstaben, die vor dem amtlichen Kennzeichen stehen, die Herkunfts-Provinz des Fahrzeuges an. Wenn die Erkennungsnummer eine Million erreicht, werden die ersten oder die letzten Zahlen durch Buchstaben ersetzt.

WHERE DOES THAT CAR COME FROM ?

In Italy, the letters preceding the registration number indicate the province of origin of the car. For numbers from one million upwards, the initial or the last figures are replaced by letters.

Sigla	Provincia	Sigla	Provincia	Sigla	Provincia
AG	Agrigento	FO	Forlì	PT	Pistoia
AL	Alessandria	FR	Frosinone	PV	Pavia
AN	Ancona	GE	Genova	PZ	Potenza
AO	Aosta	GO	Gorizia	RA	Ravenna
AP	Ascoli Piceno	GR	Grosseto	RC	Reggio di Calabria
AQ	L'Aquila			RE	Reggio nell' Emilia
AR	Arezzo	IM	Imperia	RG	Ragusa
AT	Asti	IS	Isernia	RI	Rieti
AV	Avellino			RO	Rovigo
		LE	Lecce	Roma	Roma
BA	Bari	LI	Livorno		
BG	Bergamo	LT	Latina	SA	Salerno
BL	Belluno	LU	Lucca	SI	Siena
BN	Benevento			SO	Sondrio
BO	Bologna	MC	Macerata	SP	La Spezia
BR	Brindisi	ME	Messina	SR	Siracusa
BS	Brescia	MI	Milano	SS	Sassari
BZ	Bolzano	MN	Mantova	SV	Savona
		MO	Modena		
CA	Cagliari	MS	Massa-Carrara	TA	Taranto
CB	Campobasso	MT	Matera	TE	Teramo
CE	Caserta			TN	Trento
CH	Chieti	NA	Napoli	TO	Torino
CL	Caltanissetta	NO	Novara	TP	Trapani
CN	Cuneo	NU	Nuoro	TR	Terni
CO	Como			TS	Trieste
CR	Cremona	OR	Oristano	TV	Treviso
CS	Cosenza				
CT	Catania	PA	Palermo	UD	Udine
CZ	Catanzaro	PC	Piacenza		
		PD	Padova	VA	Varese
EN	Enna	PE	Pescara	VC	Vercelli
		PG	Perugia	VE	Venezia
FE	Ferrara	PI	Pisa	VI	Vicenza
FG	Foggia	PN	Pordenone	VR	Verona
FI	Firenze	PS	Pesaro-Urbino	VT	Viterbo

INDICATIVI TELEFONICI DEI PAESI EUROPEI

INDICATIFS TÉLÉPHONIQUES EUROPÉENS

EUROPEAN DIALLING CODES

TELEFON-VORWAHLNUMMERN EUROPÄISCHER LÄNDER

	da de from von		in en to nach	dall' de from von		in en to nach
A	Austria	040	Italia		0043	Austri
B	Belgio	0039	»		0032	Belgio
DK	Danimarca	00939	»		0045	Danimarca
SF	Finlandia	99039	»		00358	Finlandia
F	Francia	1939	»		0033	Francia
D	Germania	0039	»		0049	Germania
GB	Gran Bretagna	01039	»		0044	Gran Bretagna
GR	Grecia	0039	»		0030	Grecia
YU	Jugoslavia	9939	»		0038	Jugoslavia
FL	Liechtenstein	0039	»		0041	Liechtenstein
L	Lussemburgo	0039	»		00352	Lussemburgo
N	Norvegia	09539	»		0047	Norvegia
NL	Olanda	0939	»		0031	Olanda
P	Portogallo	0139	»		00351	Portogallo
E	Spagna	0739	»		0034	Spagna
S	Svezia	00939	»		0046	Svezia
CH	Svizzera	0039	»		0041	Svizzera

Importante : Per comunicare con l'Italia da un paese straniero non bisogna comporre lo zero (0) iniziale dell'indicativo interurbano.

Important : Pour les communications d'un pays étranger vers l'Italie, le zéro (0) initial de l'indicatif interurbain n'est pas à chiffrer.

Note : When making an international call to Italy do not dial the first "0" of the city codes.

Wichtig : Bei Gesprächen vom Ausland nach Italien darf die voranstehende Null (0) der Ortsnetzkennzahl nicht gewählt werden.

MANUFACTURE FRANÇAISE DES PNEUMATIQUES MICHELIN

Société en commandite par actions au capital de 875 000 000 de F.

Place des Carmes-Déchaux - 63 Clermont-Ferrand (France)

R.C.S. Clermont-Fd B 855 200 507

© MICHELIN et Cie, Propriétaires-Éditeurs 1990

Dépôt légal 12-88 – ISBN 2.06.006.709.X

Printed in France 11-89-307

Carte e piante disegnate dall' Ufficio Cartografico Michelin
Piante topografiche : autorizzazione I.G.M. Nr. 3 del 18-1-1989
Photocomposition programmée : Imprimerie S.C.I.A. - La Chapelle d'Armentières
Impression - Reliure : MAURY Imprimeur à Malesherbes N° J 89 28214.

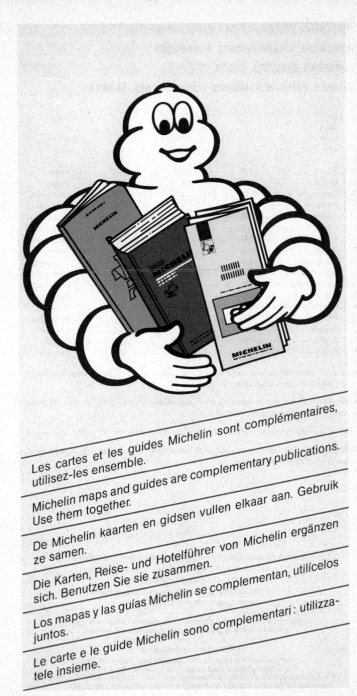

Les cartes et les guides Michelin sont complémentaires, utilisez-les ensemble.

Michelin maps and guides are complementary publications. Use them together.

De Michelin kaarten en gidsen vullen elkaar aan. Gebruik ze samen.

Die Karten, Reise- und Hotelführer von Michelin ergänzen sich. Benutzen Sie sie zusammen.

Los mapas y las guías Michelin se complementan, utilícelos juntos.

Le carte e le guide Michelin sono complementari : utilizzatele insieme.

GUIDE VERDI TURISTICHE

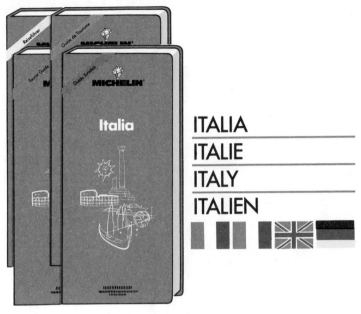

ITALIA
ITALIE
ITALY
ITALIEN

ROME

CARTE STRADALI

1/1 000 000

**VALLE D'AOSTA
MILANO
LAGHI**
1/200 000